2011

鄭州年鑑

ZHENGZHOU YEAR BOOK

郑州市政区图

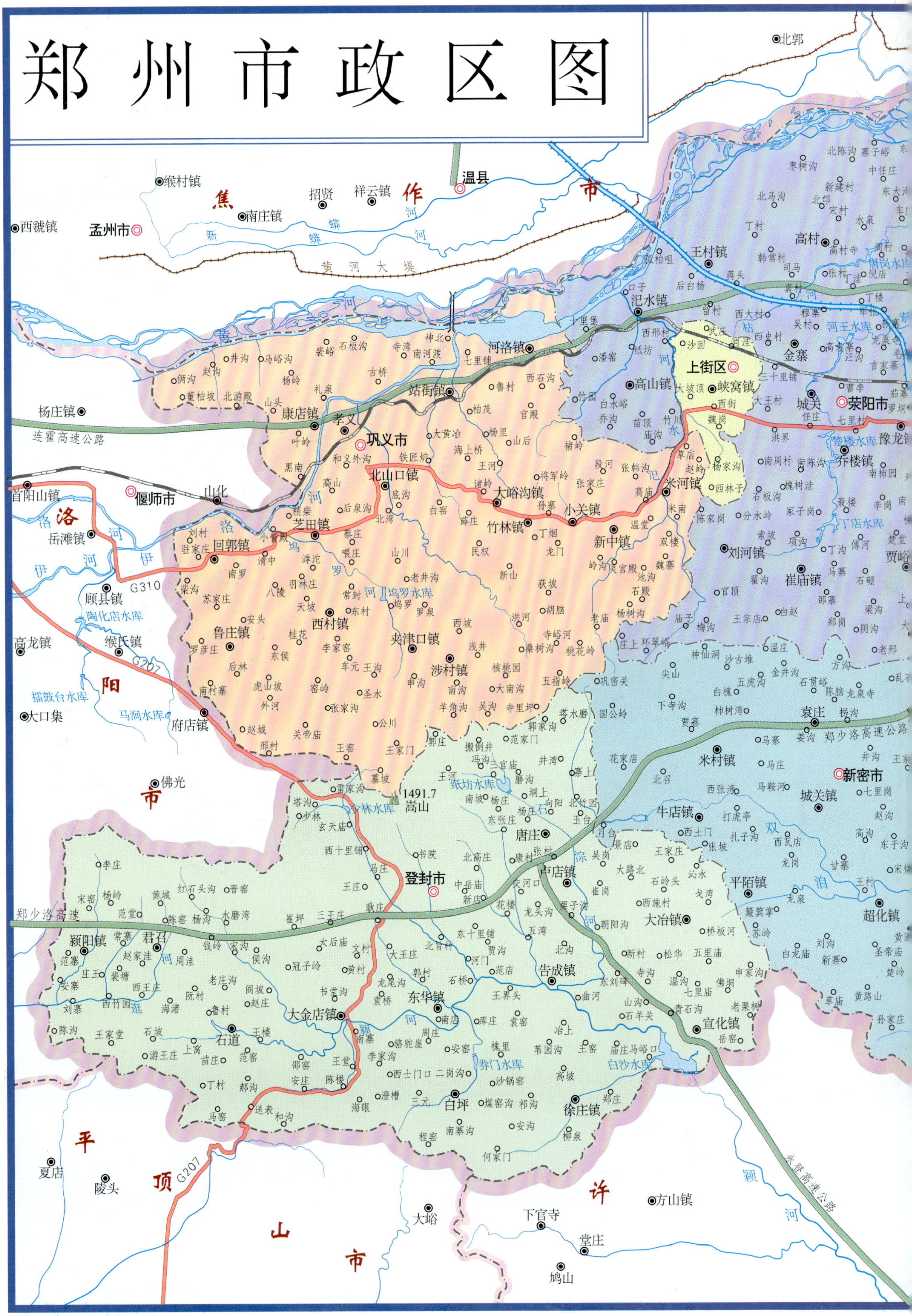

焦作市
温县
孟州市
西虢镇
南庄镇
招贤
祥云镇
黄河大堤
北郭
王村镇
高村
汜水镇
上街区
峡窝镇
高山镇
荥阳市
河洛镇
站街镇
康店镇
巩义市
杨庄镇
连霍高速公路
偃师市
首阳山镇
洛阳市
岳滩镇
顾县镇
缑氏镇
高龙镇
大口集
府店镇
北山口镇
大峪沟镇
米河镇
小关镇
竹林镇
新中镇
回郭镇
芝田镇
鲁庄镇
西村镇
夹津口镇
涉村镇
刘河镇
崔庙镇
贾峪
豫龙镇
乔楼镇
袁庄
郑少洛高速公路
米村镇
新密市
城关镇
牛店镇
平陌镇
超化镇
嵩山
1491.7
少林水库
唐庄
登封市
卢店镇
大冶镇
颍阳镇
君召
告成镇
东华镇
大金店镇
石道
宣化镇
白坪
徐庄镇
白沙水库
平顶山市
夏店
陵头
大峪
下官寺
方山镇
堂庄
鸠山
许
永登高速公路
G310
G207

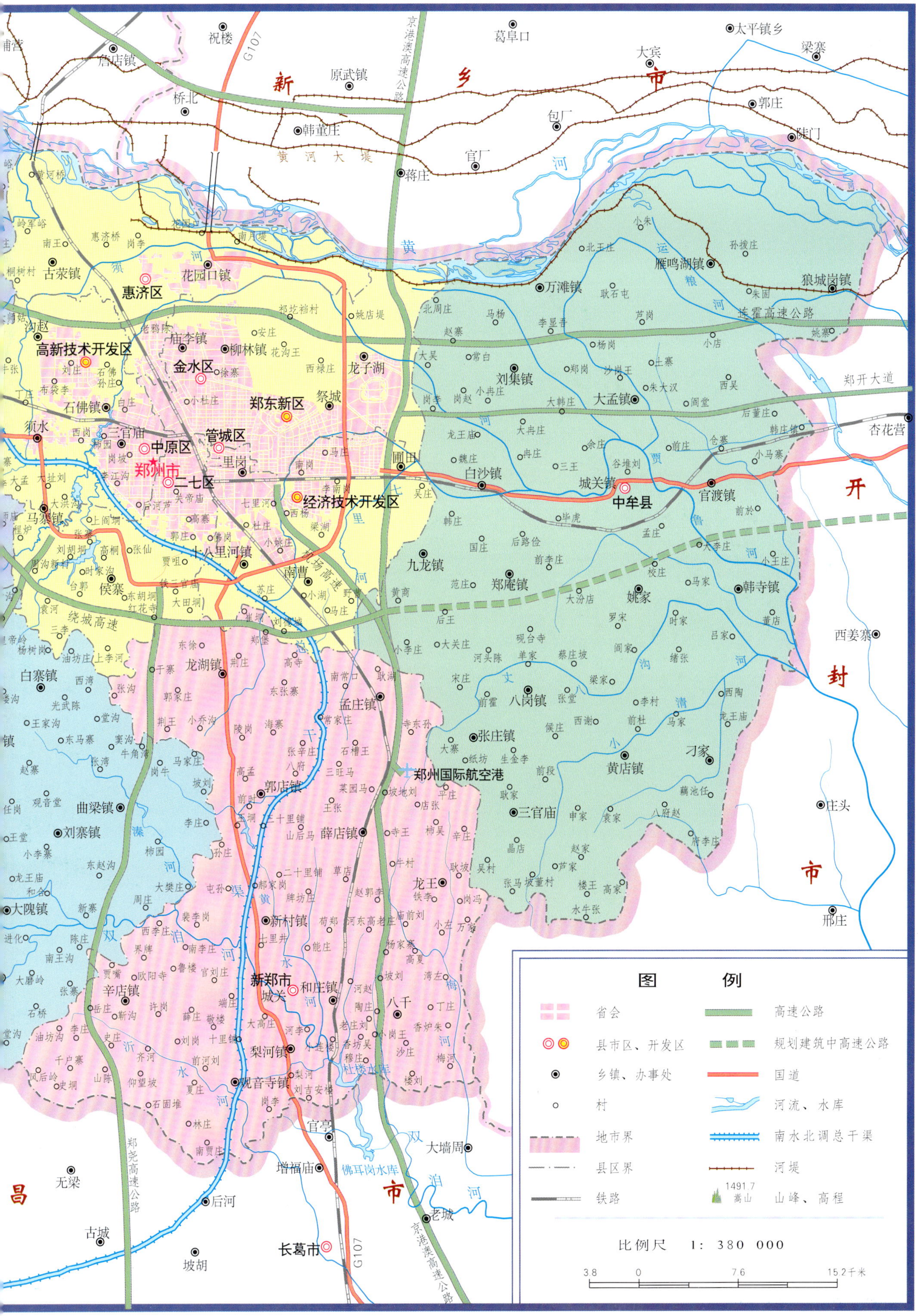

新
乡
市
开
封
市
昌
市
黄河大堤
黄
河
郑州市
中原区
二七区
管城区
金水区
惠济区
郑东新区
高新技术开发区
经济技术开发区
中牟县
新郑市
城关
长葛市
郑州国际航空港
花园口镇
古荥镇
沟赵
须水
石佛镇
马寨镇
侯寨
柳林镇
庙李镇
祭城
龙子湖
圃田
南曹
十八里河镇
龙湖镇
孟庄镇
郭店镇
薛店镇
龙王镇
新村镇
和庄镇
八千
梨河镇
观音寺镇
辛店镇
刘寨镇
曲梁镇
白寨镇
大隗镇
官亭
增福庙
后河
老城
大墙周
万滩镇
雁鸣湖镇
狼城岗镇
刘集镇
大孟镇
白沙镇
城关镇
官渡镇
九龙镇
郑庵镇
姚家
韩寺镇
八岗镇
张庄镇
黄店镇
刁家
三官庙
杏花营
西姜寨
庄头
邢庄
太平镇乡
梁寨
大宾
郭庄
陡门
葛岗口
祝楼
詹店镇
原武镇
桥北
韩董庄
包厂
官厂
蒋庄
无梁
古城
坡胡
杜楼水库
佛耳岗水库
连霍高速公路
郑开大道
绕城高速
京港澳高速公路
郑尧高速公路
G107
运粮河
贾鲁河
七里河
南水北调总干渠
双洎河
图例
省会
县市区、开发区
乡镇、办事处
村
地市界
县区界
铁路
高速公路
规划建筑中高速公路
国道
河流、水库
南水北调总干渠
河堤
1491.7
嵩山
山峰、高程
比例尺 1: 380 000
3.8
0
7.6
15.2千米

郑州市城区图

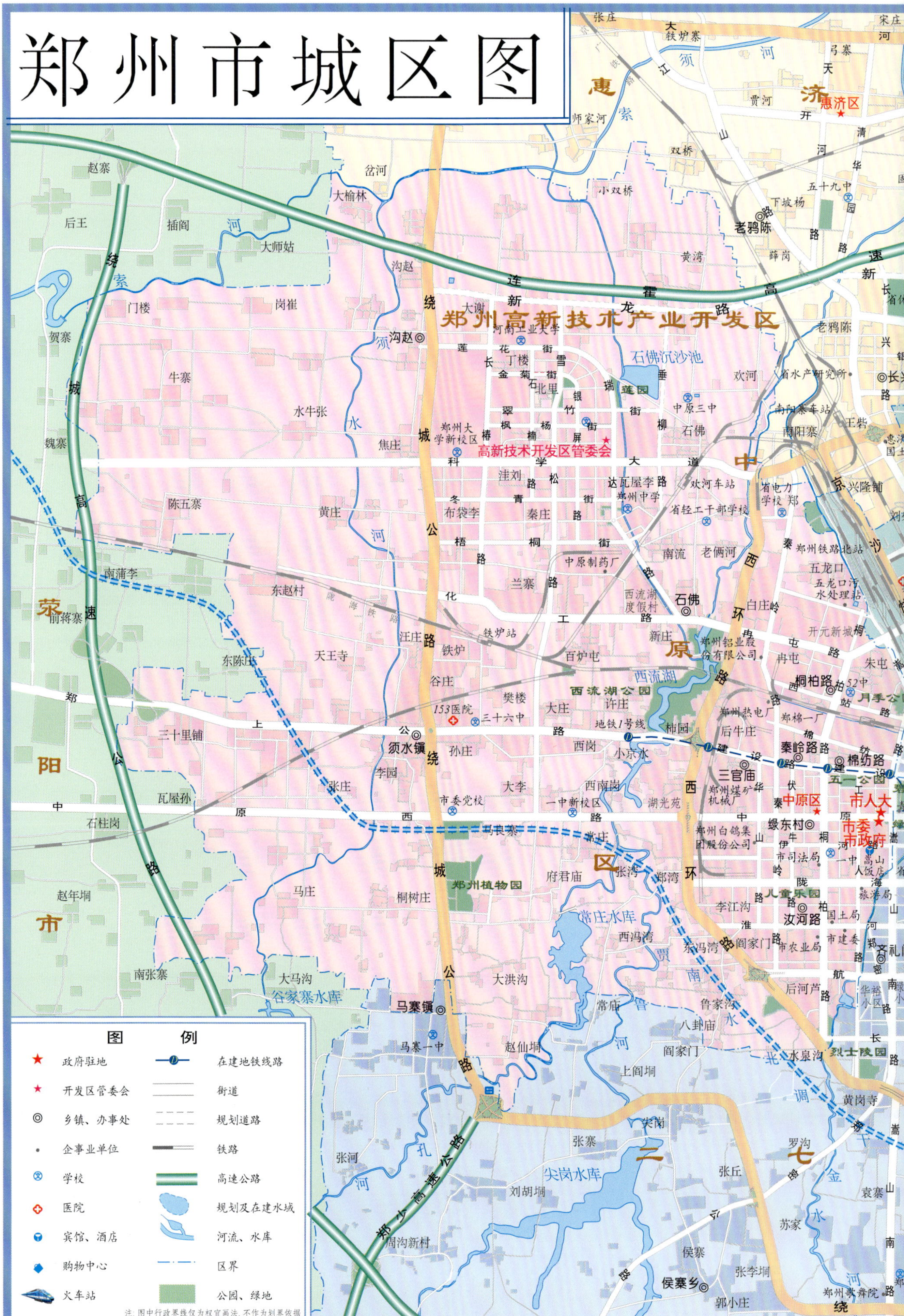

郑州高新技术产业开发区
高新技术开发区管委会
惠济区
中原区
市人大
市委
市政府
惠济
中原区
荥阳市
二七
连霍高速
绕城高速公路
西四环路
郑少高速公路
科学大道
中原西路
郑上路
建设路
石佛沉沙池
西流湖
西流湖公园
郑州植物园
常庄水库
尖岗水库
谷家寨水库
须水镇
马寨镇
侯寨乡
沟赵
石佛
老鸦陈
月季公园
碧沙岗
烈士陵园
儿童乐园
五一公园
郑州铁路北站
153医院
地铁1号线
南水北调
索须河
贾鲁河
金水河
图例
政府驻地
开发区管委会
乡镇、办事处
企事业单位
学校
医院
宾馆、酒店
购物中心
火车站
在建地铁线路
街道
规划道路
铁路
高速公路
规划及在建水域
河流、水库
区界
公园、绿地
注：图中行政界线仅为权宜画法，不作为划界依据

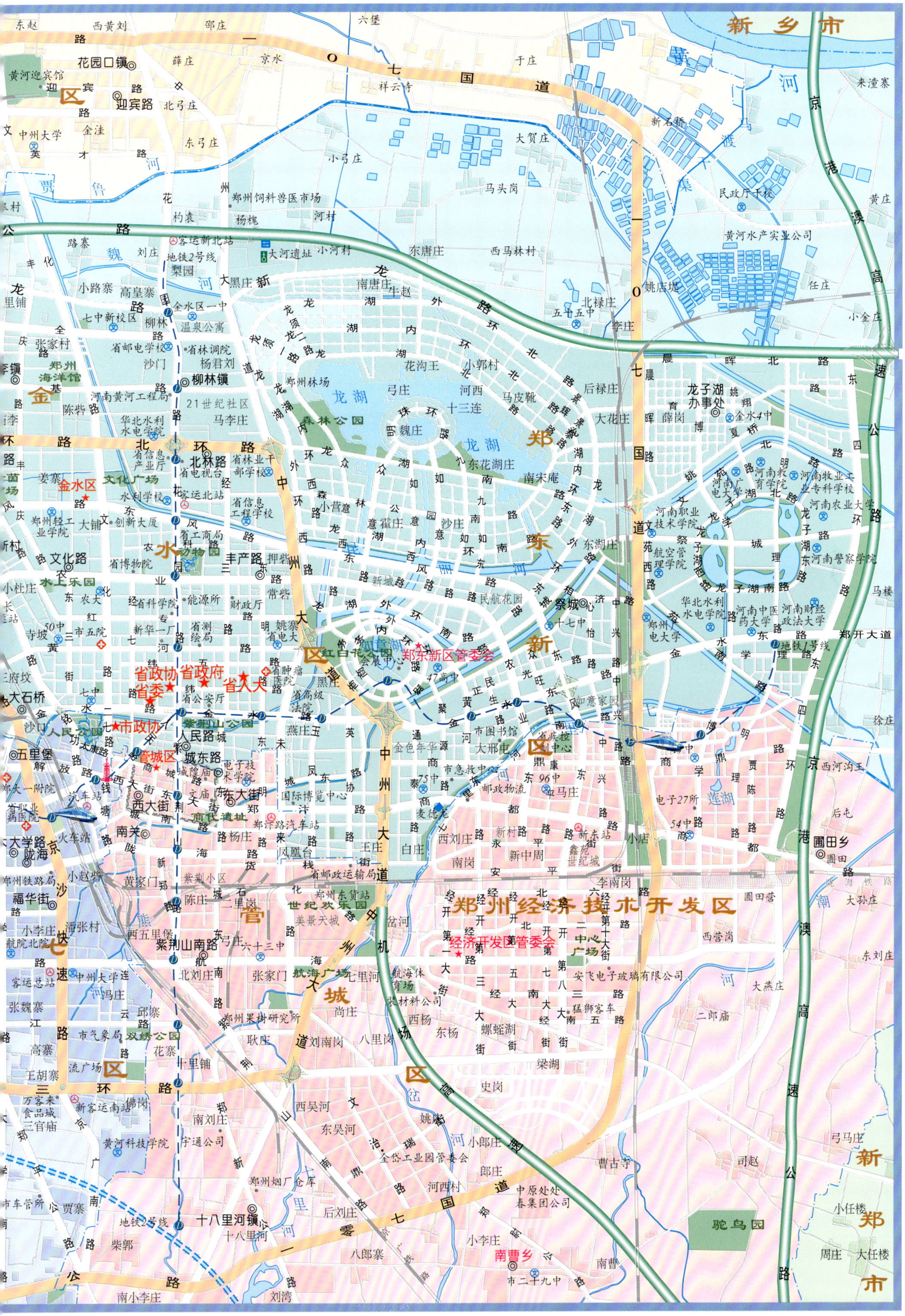

新乡市
黄河
金水区
郑东新区
管城区
郑州经济技术开发区
新郑市
一〇七国道
中州大道
京港澳高速公路
北环路
北三环路
南三环路
东风渠
龙湖
龙子湖
如意湖
紫荆山公园
人民公园
世纪欢乐园
森林公园
驼鸟园
省政协
省政府
省委
省人大
市政协
郑东新区管委会
经济开发区管委会
南曹乡
花园口镇
柳林镇
十八里河镇
圃田乡
火车站
郑州汽车站
郑州东货站
国际博览中心
会展中心
金色年华
龙子湖办事处
黄河迎宾馆
郑州大学
河南大学
河南中医药大学
河南财经政法大学
华北水利水电学院
河南农业大学
河南警察学院
河南牧业工业专科学校
河南职业技术学院
航空管理学院
郑州轻工业学院
黄河科技学院
郑州果树研究所
郑州饲料兽医市场
黄河水产实业公司
安飞电子玻璃有限公司
中原处处春集团公司
金岱工业园管委会
大河遗址
地铁1号线
地铁2号线
商代遗址
紫荆山南路
航海广场
中心广场
郑开大道
花园路
文化路
农业路
金水路
人民路
城东路
大学路
京广路
紫荆山路

郑州市交通图

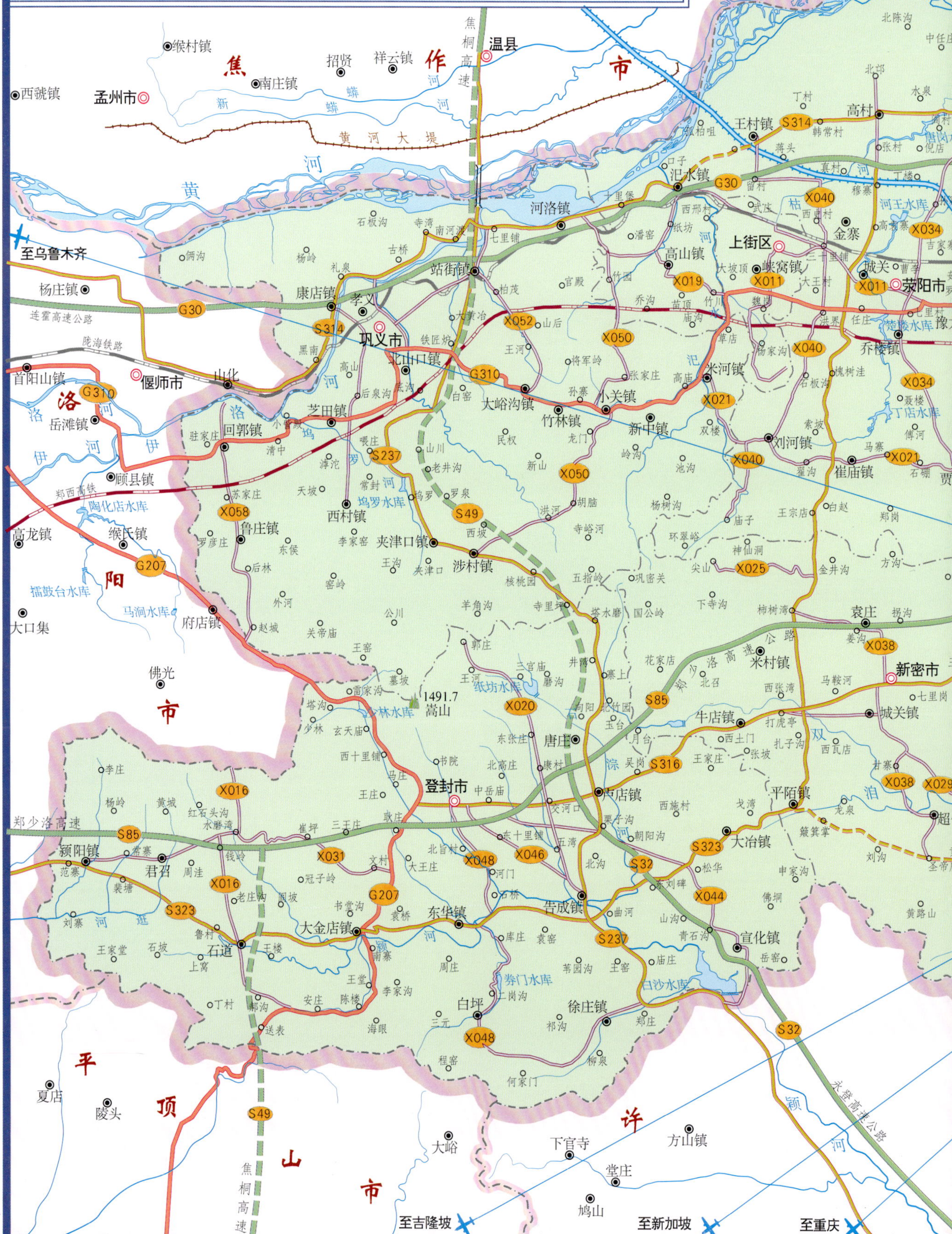
3.8 0 7.6 15.2千米
焦作市
温县
孟州市
缑村镇
西虢镇
南庄镇
招贤
祥云镇
新蟒河
黄河大堤
黄河
焦桐高速
北郭
北陈沟
中任庄
北邙
水泉
丁村
高村
王村镇
S314
韩常村
双柏咀
口子
汜水镇
G30
留村
真村
丁楼
穆寨
河王水库
X040
西邢村
纸坊
上街区
金寨
高寨
X034
吉家寨
河洛镇
十里堡
潘窑
高山镇
大坡顶
峡窝镇
城关
X011
荥阳市
至乌鲁木齐
石板沟
寺湾
南河渡
七里铺
古桥
杨岭
礼泉
站街镇
官殿
竹园
柏茂
X019
苗顶
竹川
魏岗
楚楼水库
豫龙
杨庄镇
康店镇
孝义
G30
连霍高速公路
S314
巩义市
大黄冶
X052
山后
乔沟
南沟
洪界
任庄
乔楼镇
陇海铁路
黑南
铁匠炉
王河
X050
草店
杨家沟
X040
首阳山镇
偃师市
山化
北山口镇
高山
G310
将军岭
汜河
米河镇
槐树洼
X034
G310
洛河
岳滩镇
后泉沟
涉沟
白窑
大峪沟镇
孙寨
小关镇
张家庄
高庙
石板沟
聂楼
丁店水库
伊河
芝田镇
竹林镇
新中镇
X021
驻家庄
回郭镇
小寨
坞罗河
清中
喂庄
S237
山川
民权
龙门
双楼
索坡
刘河镇
傅河
郑西高铁
顾县镇
淳沱
老井沟
新山
X050
岭沟
池沟
X040
马寨
X021
崔庙镇
翟沟
贾峪
石硼
苏家庄
天坡
常封
坞罗水库
鸡罗
罗泉
胡脑
陶化店水库
X058
西村镇
S49
洪沟
杨树沟
王宗店
白赵
高龙镇
缑氏镇
鲁庄镇
西坡
寺峪河
庙子
郑岗
罗彦庄
东侯
李家窑
夹津口镇
环翠峪
神仙洞
G207
王沟
夹津口
涉村镇
尖山
X025
金井沟
方沟
后林
五指岭
巩密关
阳
摇鼓台水库
马涧水库
府店镇
窑岭
外沟
羊角沟
核桃园
寺里坪
塔水磨
国公岭
下寺沟
大口集
公川
柿树湾
袁庄
拐沟
赵城
关帝庙
姜沟
X038
王窑
郭庄
花家店
米村镇
郑少洛高速公路
三官庙
井湾
佛光
墓坡
王河
磨沟
北召
马鞍河
新密市
市
雷家沟
1491.7
嵩山
纸坊水库
寨上
西张湾
七里岗
塔沟
少林水库
X020
北向阳
北庄
S85
城关镇
牛店镇
少林
玄天庙
东张庄
玉台
月台
西土门
打虎亭
唐庄
吴岗
王家庄
张坡
扎子沟
双洎河
西十里铺
书院
北高庄
康村
S316
西瓦店
君寨
李庄
马庄
X016
登封市
中岳庙
卢店镇
西施村
戈湾
平陌镇
X038
X029
杨岭
黄城
王庄
交河口
龙泉
超化
红石头沟
三王庄
敢庄
栗子沟
郑少洛高速
水磨湾
崔坪
东十里铺
五湾
朝阳沟
箕笆掌
S85
颍阳镇
常寨
君召
钱岭
文村
北自村
X048
X046
北沟
S323
大冶镇
刘沟
范寨
周洼
X031
大王庄
S32
松华
申家沟
苌湾
冠子岭
河门
东刘碑
裴塘
X016
老庄沟
顺坡
G207
石桥
X044
佛垌
S323
书堂沟
袁桥
东华镇
告成镇
曲河
山沟
黄路山
刘寨
颍河
鲁村
大金店镇
青石沟
宣化镇
王家堂
石坡
石道
王楼
南寨
颍河
库庄
袁窑
S237
上窝
周庄
庙底
岳窑
王堂
李家沟
券门水库
苇园沟
王窑
白沙水库
丁村
郜沟
安庄
陈楼
白坪
上岗沟
徐庄镇
送表
三元
海眼
X048
祁沟
郑庄
S32
程窑
柳泉
何家门
永登高速公路
平顶山市
夏店
陵头
S49
许
大峪
下官寺
方山镇
颍河
焦桐高速
堂庄
鸠山
至吉隆坡
至新加坡
至重庆

至北京
至天津
至哈尔滨
至首尔
至台北
至上海
至香港
至广州
新 乡 市
开 封 市
昌 市
黄河大堤
黄河
郑州市
中原区
二七区
管城区
金水区
惠济区
郑东新区
高新技术开发区
经济技术开发区
中牟县
新郑市
长葛市
郑州国际航空港
祝楼
詹店镇
桥北
原武镇
韩董庄
葛阜口
太平镇乡
大宾
梁寨
郭庄
包厂
官厂
陡门
蒋庄
古荥镇
花园口镇
雁鸣湖镇
狼城岗镇
万滩镇
庙李镇
柳林镇
龙子湖
祭城
刘集镇
大孟镇
杏花营
须水
石佛
沟赵
马寨镇
侯寨
十八里河镇
南曹
白沙镇
九龙镇
郑庵镇
官渡镇
姚家
韩寺镇
西姜寨
龙湖镇
孟庄镇
张庄镇
八岗镇
黄店镇
刁家
白寨镇
岳村镇
曲梁镇
郭店镇
刘寨镇
薛店镇
三官庙
龙王
庄头
邢庄
大隗镇
新村镇
和庄镇
八千
辛店镇
梨河镇
观音寺镇
官亭
大墙周
增福庙
后河
老城
古城
无梁
坡胡
G107
G4
G30
G310
G220
G3001
S314
S316
S88
S321
S323
S102
S223
S82
S1
S103
X005
X006
X013
X022
X023
X026
X028
X014
X029
X033
X035
X004
连霍高速
郑开大道
物流大道
郑民高速
郑徐高铁
陇海铁路
京港澳高速公路
武西高速公路
京广铁路
石武高铁
图 例
省会
县市区、开发区
乡镇、办事处
村
地市界
县区界
铁路
客运专线
高速公路及编号
规划及在建高速
国道及编号
规划国道
省道及编号
规划省道
县市道路及编号
机场及航线
河流、水库
南水北调总干渠
河堤
1491.7 嵩山
山峰、高程
比例尺 1: 380 000

郑州市地势图

北郭
缑村镇
焦
作
市
招贤
祥云镇
温县
西虢镇
孟州市
南庄镇
新蟒河
黄河大堤
黄河
王村镇
高村
唐岗水库
汜水镇
河洛镇
枯河
金寨
河王水库
上街区
峡窝镇
荥阳市
杨庄镇
康店镇
孝义
站街镇
高山镇
城关
连霍高速公路
巩义市
楚楼水库
乔楼镇
豫龙
首阳山镇
偃师市
山化
北山口镇
大峪沟镇
小关镇
米河镇
洛
洛河
芝田镇
竹林镇
新中镇
岳滩镇
回郭镇
伊河
刘河镇
贾峪
崔庙镇
G310
顾县镇
陆浑店水库
西村镇
坞罗水库
高龙镇
寇店镇
鲁庄镇
夹津口镇
涉村镇
G207
阳
摇鼓台水库
马涧水库
大口集
府店镇
袁庄
郑少洛高速公路
米村镇
新密市
佛光
市
纸坊水库
1491.7
嵩山
少林水库
牛店镇
城关镇
石
唐庄
双洎河
登封市
卢店镇
平陌镇
郑少洛高速
超化
颍阳镇
君召
大冶镇
告成镇
东华镇
大金店镇
石道
颍河
宣化镇
券门水库
白沙水库
白坪
徐庄镇
高程表（米）
1250
1000
700
500
300
200
150
100
G207
平
顶
山
市
许
大峪
下官寺
方山镇
颍河
永登高速公路
堂庄
鸠山

新 乡 市
开 封 市
昌
市
黄 河
黄河大堤
京港澳高速公路
G107
连霍高速公路
郑开大道
机场高速
郑州市
惠济区
金水区
郑东新区
管城区
中原区
二七区
高新技术开发区
经济技术开发区
中牟县
新郑市
城关
长葛市
郑州国际航空港
佛耳岗水库
庙李镇
柳林镇
龙子湖
祭城
石佛镇
须水
三官庙
二里岗
马寨镇
十八里河镇
南曹
侯寨
龙湖镇
孟庄镇
白寨镇
曲梁
郭店镇
刘寨镇
薛店镇
新村镇
辛店镇
和庄镇
八千
梨河镇
观音寺镇
官亭
增福庙
后河
无梁
古城
坡胡
老城
大墙周
龙王
三官庙
张庄镇
八岗镇
黄店镇
刁家
庄头
邢庄
西姜寨
韩寺镇
姚家
九龙镇
郑庵镇
白沙镇
城关镇
官渡镇
杏花营
大孟镇
刘集镇
万滩镇
雁鸣湖镇
狼城岗镇
古荥镇
沟赵
花园口镇
桥北
韩董庄
原武镇
祝楼
詹店镇
葛屯口
太平镇乡
大宾
梁寨
郭庄
陡门
包厂
官厂
蒋庄
图 例
省会
县市区、开发区
乡镇、办事处
地市界
县区界
铁路
高速公路
在建高速公路
国道
省道
河流、水库
南水北调总干渠
河堤
山峰、高程
等高线
比例尺 1: 380 000
3.8
0
7.6
15.2千米

会展中心

解放路立交桥

北环花园路立交

大石桥

二七区改造后的城中村

东风渠美景

璀璨金水路

郑州大学新校区

美景天城住宅小区

位于郑州西区的大学科技园

胡公祠夏景

鸿　沟

郑州文庙

商代遗址

三皇像

“五一”期间郑州街头布满鲜花

花儿流瀑

写意郁金香

舞动的春天

桃花峪

公园景区内的湖滨茶社

绿博园景区

霸王举鼎

郁金香花展

金秋菊展

人民公园俯瞰

中共中央政治局委员、国务院副总理回良玉（右三）在荥阳市察看小麦生长情况

国务委员兼国务院秘书长马凯（中）在荥阳市调研信访工作

全国人大常委会副委员长桑国卫院士（左二）在郑州市考察国家基本药物制度落实情况

全国政协副主席厉无畏（中）在郑东新区调研

国家司法部部长吴爱英在郑州市陇海司法所调研

国家人口计生委主任李斌（右二）在郑州市调研人口计生工作

国家粮食局局长聂振邦（右一）在郑州市中原库检查工作

国家文物局局长单霁翔（右一）在郑州市视察大河村遗址保护工作

国家电监会主席王旭东（前排左二）在郑州供电公司视察指导工作

国务院南水北调办主任鄂竟平（前排左四）在郑州视察南水北调工作

中央组织部副部长张纪南（前排左二）在郑州市轨道交通有限公司视察

黄河防总副总指挥、黄委会主任李国英（左二）在郑州检查黄河防汛工作

国家工信部副部长杨学山（左四）视察中铝河南分公司

环保部副部长张力军（前排右三）在中牟县视察环保工作

司法部副部长张苏军（中）在郑州视察工作

省委书记卢展工调研黄帝故里

省委书记卢展工在郑州新区视察

省委书记卢展工到郑州纺织产业园进行专题调研

省长郭庚茂参加富士康郑州科技园项目动土奠基仪式

省长郭庚茂调研第二批移民安置情况

省长郭庚茂调研航空港区富士康项目建设

市委书记连维良视察中牟汽车工业园

市委书记连维良视察园林绿化建设工作

市委书记连维良深入郑州火车站站区调研

市委书记连维良到二七区调研

市长赵建才视察绿博园建设

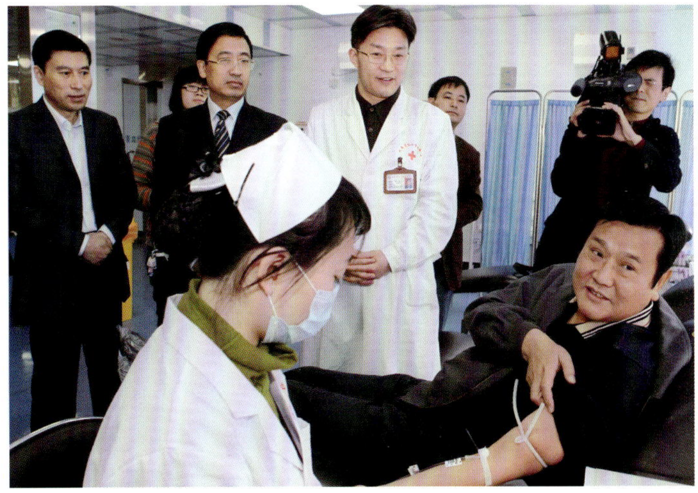

市长赵建才参加无偿献血活动

市长赵建才视察富士康项目建设

市长赵建才视察中州大道北段园林绿化工程

郑州新区

省委书记卢展工在郑州新区视察

省长郭庚茂视察航空港区富士康项目建设情况

常务副省长李克视察郑州新区日产汽车有限公司

省委常委、市委书记连维良视察郑州新区规划建设情况

副省长张大卫视察郑州新区综合保税区建设

市长赵建才视察富士康科技园

副市长、郑州新区管委会主任赵瑞东调研郑州新区重点项目建设

中原文化艺术学院奠基仪式

管 理 委 员 会

郑州日产第二工厂竣工典礼

富士康郑州科技园项目动土奠基仪式

中粮（郑州）产业园奠基仪式

海马集团郑州基地十五万辆轿车项目竣工仪式

郑州华强文化科技产业基地奠基典礼

绿博园景点

会展中心

益海嘉里粮油食品项目暨铁路物流项目奠基仪式

中共巩义市委

省委书记、省人大主任卢展工到竹林镇调研

省长郭庚茂在巩义深入企业调研

省委常委、郑州市委书记连维良在今麦郎（巩义）调研

郑州市市长赵建才在巩义产业集聚区调研

豫联产业集聚区

伊洛河蓄水工程—五龙橡胶坝

巩义市新区风貌

巩义市人民政府

郑州市委常委、巩义市委书记李公乐深入企业调研

巩义市市长张春阳察看夏粮生产工作

恒星科技公司光伏3800兆瓦太阳能电池片及组件项目奠基仪式

益丰光伏1000兆瓦太阳能电池片及组件项目奠基仪式

投资1.2亿元的杜甫故里纪念馆

60个教学班的巩义新市区高中已投入使用

民权村新农村建设风貌

新密市人民政府

省委书记卢展工在郑州市委书记连维良，新密市委书记王铁良，新密市市长谢霜云等领导陪同下视察

郑州市委书记连维良在新密市委书记王铁良、新密市市长谢霜云陪同下视察新密市西区建设

新密市委书记王铁良在工作一线现场办公

新密市市长谢霜云在防汛一线视察

实施大招商、改造传统产业、发展新兴产业

裕中电厂二期2×100万千瓦机组扩建工程

清洁能源——新密港华燃气建成供气

高标准煤矿监控系统

新密市人民政府

新密古城（县衙）开发项目主体建筑修复工程

曲梁产业集聚区建设初具规模

郑州汇特耐火材料有限公司回收综合利用项目

新村新貌——于湾村农民新居一角

亚乐生物科技股份有限公司年产1.5万吨苦参碱生物制剂生产线

改造后环境优美的城中村

郑州拜纳沸生物工程股份有限公司

城中村改造及廉租房建设

登　封　市

申遗成功，外国代表向登封市委书记王福松表示祝贺

登封市委、市政府举行庆祝申遗成功表彰大会

各国代表团向中国代表团表示祝贺

中国申遗代表团在巴西的巴西利亚庆祝申遗成功

登封群众欢庆申遗成功

人民政府

中国申遗代表团等待大会表决结果

营造申遗的浓厚宣传氛围

登封市燃放烟花庆祝申遗成功

中岳办事处庆祝申遗成功庆典

新郑市人民政府

省委书记卢展工调研黄帝故里

省长郭庚茂到新郑调研“创先争优”活动

郑州市委书记连维良调研新港产业集聚区

郑州市市长赵建才到岗周调研移民新村建设

新郑市委书记吴忠华调研“三农”工作

新郑市市长王广国调研安全饮水工程

新郑市人民政府

庚寅年黄帝故里拜祖大典盛况

美丽的风光

美丽的城市面貌

河南新能开发有限公司

润弘制药公司厂景

雏鹰股份第一生猪出口基地

农村新貌

荥阳市人民政府

中共中央政治局委员、国务院副总理回良玉在荥阳察看小麦生长情况

国务委员兼国务院秘书长马凯在荥阳调研信访工作

省委书记卢展工在荥阳调研

省委常委、郑州市委书记连维良在荥阳调研

副省长刘满仓在荥阳指挥抢险救灾

郑州市市长赵建才在荥阳了解农民生产生活情况

荥阳市人民政府

郑州市委常委、荥阳市委书记舒庆调研工业生产情况

荥阳市建立廉政风险防控机制，成为中央党校中国马克思主义研究基金会“党风廉政建设调研基地”

荥阳市组织营救被困黄河滩区的武陟县群众

国电荥阳电厂点火发电

清华园·澎湖湾水上乐园

郑州四维机电有限公司生产的具有国际领先水平的液压支架

新农村社区服务中心

中　牟　县

省委书记卢展工视察绿博园建设

省长郭庚茂向客商赠送司母戊鼎仿制品

省长郭庚茂在绿博会开幕式上致辞

国务院南水北调办公室主任鄂竟平在中牟视察

电监会主席王旭东视察中牟电网工作

环保部副部长张力军视察中牟环保工作

省委常委、市委书记连维良视察中牟县工业生产

省委常委、市委书记连维良视察中牟汽车工业园

副省长刘满仓视察中牟水利工作

人民政府

市长赵建才视察绿博园建设

市长赵建才视察中牟产业园工作

市政协主席李秀奇在中牟视察

县长马锁文代表全国850个农田水利重点县在会上作典型发言

庆祝连续获“红杯”20年和冬春农田水利基本建设表彰会

汽车零部件（郑州）产业基地揭牌仪式

第二届中国绿博会开幕

大闸蟹美食节开幕

郑州市金水

省委常委、政法委书记李新民带领省政法委调研组，在金水区调研平安建设和“五五普法”工作

省委常委、市委书记连维良在金水区调研

时任省委常委、纪委书记叶青纯一行到纬三路小学慰问

国家科技部高新技术发展及产业化司巡视员耿战修一行到金水区视察科技与产业园区发展情况

城市韵律

区人民政府

市长赵建才看望慰问金水区环卫工人

河北沧州市委书记郭华到未来路街道办事处调研燕庄城中村改造项目

“京沙”快速通道谱写“和谐拆迁”绚丽篇章

东风渠美景

璀璨金水路

大石桥

郑州市二七

省委书记卢展工到二七区看望居民群众

华润万象城落户二七，省长郭庚茂等领导参加奠基仪式

省委常委、省政法委书记李新民到二七区调研

省委常委、市委书记连维良到二七区调研

省人大常委会副主任张程峰等领导到二七区视察工作

市长赵建才视察南水北调工程项目

区人民政府

原省委常委、市委书记王文超视察火车站西广场

中国剧协副主席、著名词作家阎肃到二七区参加“礼乐中国”歌曲大赛

区委书记朱是西调研城中村改造项目

区长王鹏调研路网规划建设项目

区四个班子领导参加义务劳动

二七新城展望

解放路立交桥

崛起的城中村

郑州市管城回

全国人大常委会副委员长、农工党中央主席、中国工程院院士桑国卫一行在管城区考察

国家民委主任杨晶在省长郭庚茂等领导的陪同下，到北大街清真寺、北下街办事处、国香茶城考察调研

国家司法部部长吴爱英一行在省委常委、市委书记连维良等领导的陪同下，到陇海司法所调研

国家文物局局长单霁翔一行视察商城遗址保护工作

省委常委、统战部长刘怀廉，省委常委、郑州市委书记连维良等领导出席正商国际广场签约奠基仪式

省委常委、市委书记连维良在管城区视察

省委常委、纪委书记尹晋华到宇通客车股份有限公司进行调研

副省长秦玉海在管城区调研

族区人民政府

市委常委、组织部长姚待献一行在管城区城东路办事处硝滩社区视察重点社区集中帮扶工作进展情况

市委常委、组织部长姚待献等领导参加“党员爱心超市”揭牌暨“为党旗增辉在职党员奉献日”启动仪式

区委书记法建强在茶城调研

区长岳希荣检查辖区垃圾清运工作

商代遗址

郑州文庙

古老与现代交映

美景天城住宅小区

郑州市中原

省委书记卢展工、市长赵建才在区委书记王贵欣、区长王东亮陪同下到郑州纺织产业园进行专题调研

市委书记连维良在区委书记王贵欣、区长王东亮的陪同下视察郑州纺织产业园建设

区委书记王贵欣在常西湖生态公园用地拆迁现场调研

区长王东亮在南水北调工程特味村拆迁现场调研

中国（郑州）家具产业转移高峰论坛

中原万达广场奠基

区人民政府

新建的帝湖小学投入使用

为参合农民报销医药费

村容村貌路容路貌整治

中原万达广场夜景效果图

郑州市惠济

国务委员兼国务院秘书长马凯调研惠济区信访工作

市委书记连维良视察惠济区防汛工作

全国人大农业与农村委员会委员王明义到惠济区参观盆景园—德惠园

中组部、国家公务员局调研组视察惠济区花园口

区委书记张俊峰视察惠济区毛庄市场、实验小学、水产大世界、刘寨市场

区委书记张俊峰视察区重点项目建设

区人民政府

区委书记 张俊峰

区　长 常继红

区长常继红视察花卉市场占地及古荥镇计生工作

区长常继红视察防汛工作

区长常继红参加在线访谈活动

洛阳市洛龙区党政考察团参观惠济区现代农业、花园口、马拉湾

春溢郑州、悠然惠济休闲游暨惠济旅游日启动仪式

非洲选矿设备出口生产基地奠基仪式

格力公司仓储物流项目奠基仪式

惠济区实验小学动工典礼仪式

郑州经贸学院新校区奠基仪式

郑州市上街

省委书记、省人大常委会主任卢展工视察林肯合力焊剂公司

国家工信部副部长杨学山在省工信厅厅长杨盛道等陪同下视察中铝河南分公司

市委书记连维良到区规划馆参观调研

市长赵建才视察上街区城市建设

区委书记黄卿视察晶鑫实业二期氢氧化铝项目

区长戴春枝视察“五小”单位

区人民政府

河南华泰特缆有限公司生产的特种电线

连霍高速上街段高速引线工程通车

双羽公司首批20万株鲜切菊花出口日本

建业四星级酒店——雅乐轩建成

国际铝土矿和氧化铝委员会高层研讨会在轻金属研究院召开

郑州市郑东新

全国政协副主席厉无畏一行到郑东新区调研

中组部副部长张纪南在郑东新区调研

省委书记卢展工到郑东新区七号停车场工地调研

市委书记连维良到郑东新区调研

原市委书记王文超到郑东新区龙子湖高校园区调研

市长赵建才参加郑东新区龙湖工程现场办公会

区管理委员会

郑东新区商务区管理处、商住物流区管理处、龙子湖区管理处成立

华丰钢铁物流园开业

郑东新区绿地中央广场开工奠基

河南台湾月暨郑州台湾产品节在郑东新区开幕

郑州引黄灌溉龙湖调蓄工程启动仪式

河南豫鑫日立物流配送中心项目奠基仪式

郑州高新技术产业

省委书记卢展工到郑州高新区考察调研产业发展情况

省长郭庚茂视察郑州高新区重点项目建设情况

市委书记连维良到郑州高新区调研

市长赵建才到小樱桃及国家动漫产业基地调研

郑州华晶金刚石股份有限公司的股票

“豫金刚石”成功在深圳证券交易所上市交易

国家动漫产业基地亮相郑州高新区

开发区管理委员会

家电巨头格力电器入驻郑州高新区，打造中原地区最大空调生产基地

管委会夜景鸟瞰图

锚

郑州大学新校区

火炬大厦

竞

光机电园办公楼

郑州经济技术开

省委书记、省人大常委会主任卢展工在河南九州通医药有限公司调研

省长郭庚茂参加郑州旭飞光电科技有限公司液晶玻璃基板项目一期投产暨二期开工仪式

海马集团郑州基地第三工厂奠基暨电动汽车示范运行交车仪式上，省委常委、市委书记连维良，省人大常委会副主任王文超向示范运行单位颁发车钥匙

河南保税物流中心顺利通过国家四部委联合验收，副省长张大卫与联合验收组组长、海关总署加贸司副司长孙群共同为河南省保税物流中心揭牌

管委会主任张延明率队慰问安飞电子玻璃有限公司春节期间坚守岗位的一线职工

中粮（郑州）产业园奠基仪式

恒天重工载货汽车项目开工奠基仪式

海马集团（郑州基地）零部件工业园（一期）奠基仪式

发区管理委员会

省委常委、市委书记连维良在郑州日产第二工厂项目工地调研汽车产业

富士康科技集团富泰华精密电子（郑州）有限公司投产庆典仪式上，省市领导连维良、宋璇涛、赵建才，管委会主任张延明和富士康集团高层林政辉、曾至宽共同启动水晶球

市长赵建才专题调研郑州日产第二工厂项目扩产问题

中国龙工集团中原基地项目签约仪式上，管委会主任张延明与中国龙工集团董事局主席李新炎签订合作协议

益海嘉里（郑州）食品工业有限公司暨铁路物流项目奠基仪式

河南中烟工业有限责任公司郑州和新郑卷烟厂联合易地技术改造项目奠基仪式

郑州旭飞光电科技有限公司液晶玻璃基板项目一期投产暨二期开工仪式

郑州市第七人民医院

郑州航空港区

省长郭庚茂参加富士康郑州科技园项目动土奠基仪式

全国人大常委会委员、财经委副主任委员牟新生视察郑州新郑综合保税区

省长郭庚茂调研保税区建设

省长郭庚茂调研航空港区富士康项目建设

省长郭庚茂视察郑州新郑综合保税区

省长郭庚茂视察航空港区锦绣枣园建设

省委副书记、组织部长叶冬松视察富士康公司

省委常委、市委书记连维良、市长赵建才带领四大班子调研郑州航空港区

省委常委、市委书记连维良在机场调研

管理委员会

副省长张大卫视察郑州新郑综合保税区报关大厅

副省长张大卫视察海关卡口

市人大常委会主任白红战视察港区规划与重点项目建设

市长赵建才视察航空港区豫康新城

市长赵建才视察富士康项目

中央编办领导调研郑州新郑综合保税区建设

省政协领导视察航空港区

国家七部委关于郑州设立综合保税区调研汇报会

郑州市人民政府召开郑州航空城概念性总体规划及城市设计国际征集启动会

郑州市中牟产业

省委书记卢展工出席中原文化艺术学院奠基仪式

省长郭庚茂向我国著名爱国爱乡慈善家、世纪金源董事局主席黄如论先生赠送仿制司母戊方鼎

省长郭庚茂听取华强项目负责人汇报

市委书记连维良视察绿博园建设

郑州新区管委会副主任、郑州市中牟产业园区管委会主任崔绍营参加项目集中奠基仪式

园区项目集中奠基

华强文化科技产业基地奠基

园区管理委员会

河南财税高等专科学校一期工程

绿博园一角

河南财税高等专科学校新校区效果图

河南省委党校迁建工程

中原文化艺术学院
效果图

郑州市火车站

市委书记连维良深入郑州火车站站区调研

市委常务副书记马懿实地察看火车站地区综合整治情况

常务副市长胡荃、管委会党工委书记刘国正迎接富士康来豫工作人员

省委组织部副部长马新华和市委组织部部长姚待献共同为站区党工委成立揭牌

副市长、市公安局局长黄保卫调研火车站地区安全整治工作

市委办公厅督查室主任张志泉到火车站地区督导察看整治工作

火车站地区召开"四项秩序"综合整治动员大会

加强政风行风建设，畅通行风评议渠道

市委、市政府召开火车站地区综合整治新闻发布会

地区管理委员会

省纪委副书记李建设、市纪委书记王璋、市纪委副书记姚芸来参加站区纪工委成立大会暨揭牌仪式并与站区领导班子成员合影

郑州火车站西广场启用，管委会党工委书记刘国正到西出站口察看

管委会在东广场设置服务大学生工作站

管委会干部职工参加歌咏比赛

查处假烟，打造无假货站区

制定督查方案 细化考核标准，研究部署综合整治方案

郑州火车站广场

郑州市人口和计划生育委员会

国家人口计生委主任李斌在市计生委主任杨传文陪同下调研郑州市人口计生工作

省人口计生委主任高体健在郑调研

副市长王哲在全市人口计生形势分析会上讲话

召开全市人口计划生育工作会暨"双提高"工程动员会

举办出生人口性别比偏高问题综合治理工作培训班

在全市开展以"六进家"活动为内容的"提高出生人口素质 提高家庭发展能力"工程，图为"双提高"工程专家座谈会

在《中共中央关于控制我国人口增长问题致全体共产党员、共青团员的公开信》发表30周年之际，广泛开展生育关怀宣传活动

举行"双节"宣传服务月暨《郑州市城乡居民基本养老保险计划生育补贴办法》实施启动仪式

组织学习张可山先进事迹，掀起"立足岗位、学习先进、努力创建先进党总支、争做优秀共产党员"的热潮

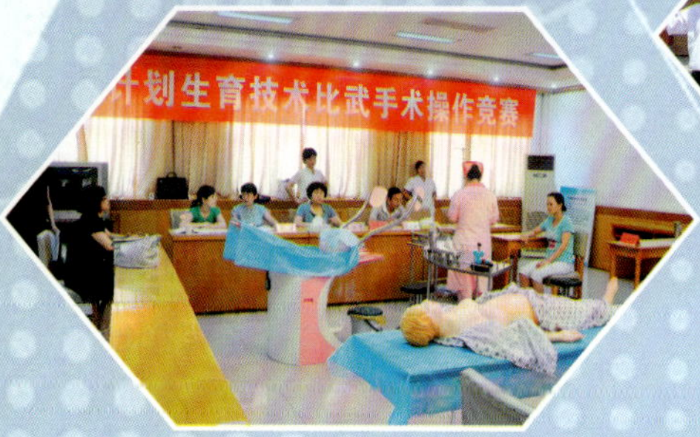

开展计划生育技术服务岗位练兵技能比武竞赛

举办生殖健康讲座 提高新生代农民工健康意识

郑州年鉴编纂委员会

郑州年鉴编辑部

主　　编　马斐颖
常务副主编　梁豫生
副 主 编　范鹏飞
编　　辑　贾建英　蒋晓娜　刘　恒
彩页编辑　吕根尚
装帧设计　白欢欢

本卷编校人员

范鹏飞　第十二、十五、十七、十九、二十、二十八、二十九篇
贾建英　第二、十六、十八、二十五、二十六、二十七、二十八篇
蒋晓娜　第一、三、四、五、六、七、八、九、十、十一、二十九篇
刘　恒　第十三、十四、二十一、二十二、二十三、二十四篇

郑州年鉴各县(市)区编辑组

巩义市

组　长　袁　斌(副市长)
副组长　郅笃威(市史志办主任)
组　员　邢月克　曲玉霞　魏小艳

新密市

组　长　刘月楼(市委常委、市委办主任)
副组长　王西林(市委史志办主任)
组　员　朱中华

登封市

组　长　赵华敏(市委常委、常务副市长)
副组长　吕宏军(市史志办主任)
组　员　闫新松

新郑市

组　长　孙淑芳(市委常委、常务副市长)
副组长　李俊鹏(市政府办主任)
组　员　刘占军　左留根　王　昱

荥阳市

组　长　王　伟(副市长)
副组长　杨瑞敏(市政府办副主任、市史志办主任)
组　员　李建民　刘朝阳　袁　磊

中牟县

组　长　王洪波(副县长)
副组长　张海献(县政府办副主任)
组　员　马振民　王朝晖　徐　园

金水区

组　长　许广佑(区委常委、常务副区长)
副组长　许银欣(区政府办副主任、区史志办主任)
组　员　赵　阳

二七区

组　长　袁新生(副区长)
副组长　郭法章(区史志办主任)
组　员　宋艳霞

管城回族区

组　长　李　峰(区委常委、常务副区长)
副组长　周遂枝(区史志办主任)
组　员　崔　涛　王　忠　何　蕾

中原区

组　长　成小波(副区长)
副组长　王冬梅(区政府办副主任、史志办主任)
组　员　赵志平　尹园园

惠济区

组　长　万永生(区委常委、常委副区长)
副组长　李　果(区地方志办公室主任)
组　员　张路燕　徐玲玲

上街区

组　长　杨金军(区委常委、常务副区长)
副组长　刘　敏(区政府办主任)
组　员　朱昌伟　周昱宏

编 辑 说 明

一、《郑州年鉴》是郑州市人民政府主办、郑州市地方史志办公室承办的地方综合年鉴。该鉴旨在按年度全面系统地记载郑州市经济社会发展的主要情况,为机关、企事业单位等组织及外来投资者和社会各界人士了解郑州、研究郑州、建设郑州提供丰富翔实的地情资料。《郑州年鉴》已被中国年鉴研究会确定为中国年鉴资源全文数据库核心年鉴之一,本版年鉴是1985年创刊以来连续出版的第27部年鉴。

二、《郑州年鉴》采用条目体和分类编辑法,辑录内容按篇目、类目、条目三个层次排列。条目是全书的基本单位,以黑体字外加【】排版显示。

三、为方便读者检索,《郑州年鉴》除在正文前设置目录外,还在附录后设置了主题词索引,索引标目按汉语拼音声母音序分类排列。

四、2011卷《郑州年鉴》共设二十九篇,分别是:特载、大事记、市情概要、中国共产党、人民代表大会、人民政府、人民政协、民主党派与工商联、群众团体、人民武装、法制建设、非公有制经济、农业水利、工业经济、商贸流通、交通邮电、银行保险、旅游业、城乡建设与管理、经济监督与管理、科学技术、教育事业、文化事业、卫生体育、社会生活、开发区建设、县(市)区概况、荣誉榜、附录。全书除文字内容外,还收录了反映领导活动、部门工作、行业发展、城乡新貌、重要成绩等方面的彩色图片。

五、《郑州年鉴》所辑录的内容由市直各部、委、办、局,各县(市)、区及部分驻郑单位组织提供,资料真实可靠。有些统计数据由于统计方法、统计口径、资料来源及使用角度的不同可能不尽一致,在引用本书的有关数据时,应以附录中的“统计资料”为准。

六、《郑州年鉴》在组稿、编撰、印刷、发行过程中得到各有关部门和领导的大力支持,资料收集和初稿撰写人员付出了艰辛努力,在此一并谢忱。本卷《郑州年鉴》中的疏漏和错误之处,敬请专家和读者批评指正。

目　　录

第一篇　特　载

第二篇　大事记

2010年郑州大事记

第三篇　市情概要

自然环境

行政区划

人口状况

发展综述

组织机构

第四篇　中国共产党

市委全局工作

纪律检查工作

组织工作

宣传工作

统战工作

编制管理

老干部工作

党史工作

党校工作

第五篇 人民代表大会

人大全会

人大常委会议

人大常委会主任会议

工作及活动

第六篇 人民政府

市政府全局工作

人力资源和社会保障工作

外事侨务工作

对台工作

信访工作

机关后勤工作

投资促进工作

第七篇 人民政协

政协全会

政协常委会议

工作及活动

第八篇 民主党派与工商联

综 述

民革郑州市委员会

民盟郑州市委员会

民建郑州市委员会

民进郑州市委员会

农工党郑州市委员会

九三学社郑州市委员会

工商联

第九篇 群众团体

工会工作

共青团工作

妇联工作

第十篇 人民武装

郑州警备区

武警郑州市支队

人民防空

第十一篇 法制建设

政法工作

公安工作

检察工作

法院工作

司法行政工作

仲裁工作

政法大事及典型案例

第十二篇 非公有制经济

综 述

非公经济管理

非公经济发展

第十三篇　农业、水利

农业综述

扶贫开发

种植业

水产业

畜牧业

林 业

农业机械

水利建设

黄河治理

第十四篇 工业经济

工业综述

电力工业

电力概述

郑州新力电力有限公司

食品工业

煤炭工业

烟草工业

第十五篇　商贸流通

商业贸易

供销合作

粮油购销

第十六篇 交通、邮电

铁 路

郑州铁路局

郑州铁路办事处

郑州车站

郑州东站

郑州北站

郑州客运段

公　路

综　述

交通基础设施建设

道路运输

城市公共交通

行业管理

民　航

新郑国际机场

南航河南分公司

蓝天河南分公司

邮　政

综　述

邮政基础设施建设

邮政业务发展

电　信

郑州移动公司

郑州市联通公司

郑州市电信分公司

第十七篇　银行、保险

人民银行

工商银行

农业银行

建设银行

第二十篇 经济监督与管理

发展计划管理

财政管理

国税管理

地税管理

工商行政管理

审计监督

物价管理

质量技术监督管理

安全生产监督管理

国有资产监督管理

食品药品监督管理

统计工作

海关工作

第二十一篇 科学技术

科技综述

科技活动

气象服务

地震预防

社会科学

第二十二篇　教育事业

综　　述

义务教育

普通高中教育

职业教育

高等教育

成人教育和社区教育

民办教育

教育设施

教育队伍

教育管理

第二十三篇 文化事业

社会文化

文物管理

新闻出版

广播电视

市属媒体

文学艺术

档案工作

地方史志工作

图书发行

第二十四篇 卫生、体育

卫 生

体 育

第二十五篇 社会生活

城乡居民生活

精神文明建设

爱国卫生工作

人口和计划生育

民族与宗教

民政工作

慈善事业

红十字事业

残疾人事业

第二十六篇 开发区建设

郑州新区

郑东新区

郑州高新技术产业开发区

郑州经济技术开发区

郑州航空港区

第二十七篇 县(市)区概况

巩义市

新密市

登封市

新郑市

荥阳市

中牟县

金水区

二七区

管城回族区

中原区

惠济区

上街区

第二十八篇 荣誉榜

2010年全国劳动模范和先进工作者

2010年河南省“五一劳动奖章”获得者名单

2010年河南省“五一劳动奖状”获得单位名单

先进单位

第二十九篇　附录

统计资料

重要文件目录

第一篇　特　载

在市委经济工作会议上的讲话

市委书记　　连维良

（2010年12月29日）

同志们：

这次会议的主要任务是，学习贯彻中央、省委经济工作会议精神，分析当前经济形势，安排部署明年经济工作，动员全市上下开拓创新，扎实工作，为持续推进跨越式发展、努力实现郑州都市区建设和“十二五”发展良好开局而努力奋斗。刚才，赵市长总结了今年的工作，对明年的经济工作进行了全面安排部署，希望大家认真抓好贯彻落实。

今年以来，面对复杂多变的国内外经济形势，全市上下深入贯彻落实科学发展观，坚持实施跨越式发展战略，保持和巩固了经济发展的良好态势。以地区生产总值、财政收入等主要指标的快速增长为标志，经济运行的质量和效益有了新提高；以产业集聚区快速发展和宇通集团、中烟公司等5户企业进入中国企业500强为标志，产业转型升级迈出新步伐；以富士康、格力电器等重大项目的成功入驻为标志，招商引资和项目建设有了新突破；以新区开发、中心城区改造、新农村建设全面推进为标志，城镇化建设有了新进展；以联审联批、首席服务官、机关干部下基层等制度的落实为标志，发展环境得到了新优化；以“天地之中”历史建筑群成功申遗、第二届绿博会、国际少林武术节、河南台湾月暨郑州台湾产品节的成功举办为标志，省会的美誉度得到了新提升；以“十大实事”推进、“畅通郑州”建设、生态水系建设为标志，民生得到了新改善。经过全市上下共同努力，我们胜利完成了“十一五”目标任务，经济社会发展迈上了一个新台阶，为“十二五”加快发展奠定了良好基础。

同时，我们发展中面临的挑战也日趋严峻：经济结构调整的任务十分繁重；城市基础设施、公共服务能力同发展要求和群众需要还不相称；经济社会发展受到土地指标、环保容量、能源供应、资金供应等多种因素制约；安全生产和社会稳定的压力仍然较大；与群众利益密切相关的一些民生问题还没有得到很好解决；机关效能建设和作风建设有待进一步加强，等等。这些问题需要我们在今后的工作中认真加以解决。

关于明年工作，赵市长已作了系统安排。下面，我再强调讲三个方面的问题。

一、以郑州都市区建设统揽全局，突出以转变发展方式促跨越

明年是“十二五”开局之年，同时也是中原经济区、郑州都市区建设的起步之年。我们要开好局、起好步，必须抓住大事要事求突破、促跨越。

(一)大力推进都市区的统筹规划与建设。建设郑州都市区,是我们落实省委、省政府中原经济区总体战略的具体举措,就是以交通为纽带,以产业为桥梁,按照组团发展、产城融合、复合型和生态型的发展路径,将郑州周边的县(市)、乡(镇)统一纳入中心城区,按照新的城市功能区的标准,着眼于建设千万人口的现代化大都市的目标进行规划和建设。同时,左右逢源,上下衔接,呼应周边城市发展,着力打造中原经济区的核心增长极,建设全国区域性中心城市。围绕这一目标,明年重点要抓好九个层面的谋划和建设。一是着力加快郑州新区建设。突出抓好龙湖地区、航空城、国际物流园区、综合交通枢纽地区、高校和职教园区、绿博园周边区域等重点区域的开发和建设。龙湖区域要以加快引黄调蓄工程建设和启动轨道交通4号线工程为带动,争取一大批工程开工建设。航空城要以综合保税区和富士康郑州科技园区项目为带动,争取有更多配套项目入驻和更多配套基础设施项目开工。国际物流园区要以新加坡物流园区的实质性运作为带动,加快基础设施建设和合村并城步伐,争取出口加工区易地扩区早日获得批准,尽早发挥保税物流的政策优势,使一批现代物流项目尽快落地。综合交通枢纽地区要以高铁火车站站前广场商业配套开发及各类服务设施建设为带动,尽快形成高铁枢纽、公路物流港、铁路集装箱中心站联动发展的局面。二是着力加快中心城区建设。重点是抓好城中村改造。要创新思路,通过适度控制容积率、异地捆绑改造、利用集体土地开发等措施,积极稳妥地推进城中村改造,使之成为中心城区完善功能、提升层次、扩大规模的带动工程和群众受益的民心工程。当前,城中村改造既面临着较好的政策机遇,也面临着拆迁成本相对较低、社会环境相对较为适宜的良好时机,行动的越晚,拆迁成本较高,难度越大。推进城中村改造要适度控制容积率,过高的容积率会给城市公共服务特别是交通带来难以弥补的隐患。要善于运用异地捆绑改造,对容积率本身已经较高、开发面积不足的地方,可以异地捆绑其它地块进行改造。要积极探索利用集体土地进行开发改造,在国有土地出让受到土地指标、占补平衡指标限制的情况下,可以在利用集体土地开发上进行研究和探索。三是着力推进中心城区商贸业态提升。优化中心城区商贸布局,加快推进中心商圈、城市商业综合体、特色商业街区、大型产品交易市场建设,让现代商贸业成为中心城区的支柱产业。四是着力推进棚户区改造和危旧房改造。坚持把棚房区改造与改善困难群众生活条件相结合,与土地节约集约利用相结合,2011年要完成棚户区改造104.7万平方米,其中市区完成58.7万平方米。五是着力做好新的城市组团的规划建设。全面做好宜居教育城、宜居健康城、宜居商贸城、宜居特色产业城、宜居航空城的深入论证和规划编制工作。按照新城区功能组团的要求,加快启动宜居教育城、宜居健康城的选址和规划建设,特别是国土、规划部门要加快进度,确保规划尽快到位。六是着力推进城郊村合村并城。学习借鉴新型农村社区的建设经验,从城郊村的特殊地理位置出发,探索运用集体土地建设、城市社区标准开发、村改居转换等办法,加快合村并城步伐。能否在合村并城方面上取得大的进展,是对各县(市)区创造性工作能力的一个检验。2011年,我们将把合村并城工作作为县(市)区绩效考核的一个重点,希望各县(市)区能够高度重视,加大推进力度。七是着力推进卫星城融城发展。以交通通道建设为先导,加快推进基础设施和公共服务设施向周边城市延伸,引导周边县城作为郑州都市区的重要组团进行规划和建设,加快推进中心城区同卫星城融合发展。八是着力推进产业聚集区的产城融合发展。加强产业集聚区的基础设施和公共服务体系建设,使产业集聚区尽快成为以宜业为主的城市功能宜居区。对高新区、经开区等区位优越和基础相对较好的产业集聚区,要强化宜居理念,加快服务业发展,力争成为产城融合发展示范区。九是着力推进新型农村社区和新农村建设。对条件适宜的农村,加快合村并镇、合村建镇、合乡建镇步伐;对于其它农村,以村容村貌整治和基础设施完善为重点,带动农村生产生活条件的持续改善。

(二)大力推进都市区高成长性产业、高成长性企业、高成长性区域发展。产业发展是都市区建设的重要支撑。要围绕转变发展方式,切实加快产业结构调整步伐。“总体要求轻”,就是要加快电子信息、物流商贸、文化创意、纺织服装、食品加工等产业的发展,把结构求轻作为完成节能减排目标的“致胜”措施来抓。“十一五”期间,我们节能减排指标的顺利完成主要靠的是管理措施和技术措施。新的五年,我们在现有的基础上要再完成接近同样的节能减排任务,仅靠管理和技术措施,难度越来越大,必须靠调整结构节能、靠调整结构减排。我市前11个月万元GDP累计能耗为1.18吨标准煤,其中重工业万元GDP能耗高达1.419吨标准煤,轻工业万元GDP能耗仅0.36吨标准煤。如果能耗低的轻工业比重能够提高几个百分点,我们的整体能耗水平就会大幅度下降。所以,节能减排最管用、最直接的措施就是结构轻型化。目前我市重工业在工业中的比重为77.8%,轻工业仅占22.2%,重工业比重大,调整结构的空间也就越大。我们要抓住"十二五"期间产业转移特别是以劳动密集型为主的轻工业产业加快转移的机遇,研究制定结构轻型化的经济补偿和经济激励措施,加快推进结构轻型化。"重工要求优",总体求轻绝不是以放慢重工业的发展为代价来换取轻工业比重的提高,而是在不断提升发展重工业的前提下,让轻工业发展得更快。重化工产业是郑州市的优势产业,但能耗高、污染物排放量大,同时产业技术水平不够高。我们必须加快运用高新技术和先进适用技术改造提升汽车及装备制造、铝及铝加工、能源、耐材建材等产业,着力拓展高水平的深加工,提高产品的科技含量和附加值。"新兴要求多",结构调整的实质是增量优化,可以说是用增量重塑结构。因此,结构调整的重点是增量求高、求优、求轻。我们要努力培育和加快发展新能源、新材料、服务外包、生物医药、节能环保、新能源汽车和物联网等战略新兴产业,抢占未来发展的制高点。我国产业发展的特点是"兴什么,什么多",新兴产业一样竞争激烈,我们不要寄希望于在没有竞争的领域求发展,我们要靠竞争能力求发展,以抢先致胜、以科技致胜,努力在新兴领域有大作为。我们必须以抢先致胜、以科技致胜。"大企力求强",就是要通过实施大企业、大集团和知名品牌培育计划,推进规模企业做大做强,力争更多企业进入中国500强乃至世界500行列。"分散力求聚",就是要着力提高产业集聚区的发展层次和水平,每个产业集聚区都要有清晰的发展定位,市里对每个产业集聚区突出1个主导产品或产品集群进行重点扶持,避免相互之间同质化和无序发展。近期,发改委、工信委正在制定有关政策。我们的原则是,不强求哪个产业集聚区必须发展什么产品或产业,只要是好的项目,只要有市场空间,只要企业愿意投资,我们不限制在哪个产业集聚区发展。但我们会对各个产业集聚区有重点、有选择地进行扶持,作为政策导向,引导企业向相应的集聚区聚集,引导各个产业集聚区之间差别化发展。

(三)大力推进都市区开放型经济发展。充分发挥我市的区位优势、生产要素成本优势和综合保税区的政策优势,加大招商引资力度。积极实施大项目招商,市级领导要轮流外出招商,县(市)区领导要经常带队外出招商。具体操作中,既要重视出去招的项目,又要重视上门找的项目;既要重视新招项目,也要重视已招项目和本地企业扩能项目;既要重视项目的筛选汇总,又要重视项目的深度研究;既要重视招商引资,又要重视亲商增资;既要重视按客商意愿上项目,又要重视引导客商按我们的发展规划上项目;既要善于用政策环境招项目,又要善于用优势资源换项目;既要不折不扣地兑现各项优惠政策,又要注意利用合同规避风险;既要注重会展招商、活动招商,又要克服形式主义,提高招商引资的落地率。2011年要把招商引资的重点放在与富士康、格力配套的电子产品领域,与东风日产、宇通、海马、恒天等配套的汽车零部件领域,物流及关联企业和对物流依赖性强的企业。要加大食品、服装等劳动密集型产业转移趋向明显领域、太阳能光伏等新兴产业领域的招商引资力度。要利用好航空城和综合保税区的区位、政策优势,积极引进和大力发展航空物流业。

(四)大力推进都市区基础设施支撑能力建设。突出抓好交通、能源、基础设施方面的重大工程建设:大力推进石武、郑徐客运专线和郑州—机场、郑州—开封、郑州—焦作、郑州—登封、郑州—新乡、机场—许昌等城际铁路建设。大力推进高速公路建设。大力推进城市周边路网工程建设。大力推进高速公路与快速通道立交工程建设。加快机场二期工程建设。加快电源项目争取和建设,力争核准和开工180万千瓦的装机规模,在建规模达到440万千瓦。加快总投资35.5亿元电网建设。加快煤炭项目建设,及早做好一批大项目的前期工作,力争核准和开工210万吨的建设规模,在建规模达到435万吨。加快总投资21亿元的城市供水工程建设,新建刘湾水厂。加快推进新建污水处理厂工程建设。加快积水点治理,63

个积水点治理工程中没有完工的37个要在明年汛期前完成治理任务。改造提升城市管网体系，对超限使用和超负荷运行的水、电、气、暖管网逐步改造到位。

(五)大力推进都市区现代农业建设。发展都市农业，是郑州农业发展的基本方向、基本要求，就是要围绕城市需求调整农业结构，以城市发展带动农民增收、农业增效，用工业的、景观的、生态的理念发展都市农业。要围绕千万人口城市的大市场作文章，重点发展环城市及城市组团的蔬菜、苗木、花卉、林果、畜牧、水产等高效农业和设施农业，培育壮大农产品加工业，大力发展休闲农业、观光农业。要加快建立新型农业生产发展模式，用工业化的组织形式提高农业生产规模化和机械化水平，用标准化、品牌化的理念组织农业生产流通全过程，积极发展各种类型的农民专业合作组织，提高农业的市场化、组织化程度。要加快构建新型农业流通体系，大力发展会展农业和农产品物流业。要加快培育新型农业生产主体，积极推进生产要素向专业大户、农业龙头企业、农产品加工企业集中，着力培育一批规模化、集约化经营的新型农业生产主体，提高农业产业化经营水平。

(六)大力推进都市区可持续发展能力建设。要以巩固提升国家环保模范城市创建成果、争创生态城市为载体，深入开展环境综合整治活动，全面实施贾鲁河流域、双洎河流域、饮用水水源保护区等重点区域的生态治理工程，加快城市生态水系和城市周边森林公园建设。要坚持在调整转型中节能减排，做优增量、调优存量，在大力支持轻工业、高新技术产业和现代服务业发展的同时，对现有的重化工业逐行业进行治理，加快运用现代环保技术和节能技术改造提升落后生产工艺，鼓励高能耗企业捆绑服务业发展，对配套发展低能耗服务业的高能耗企业，在生产能力、资源配置上给予倾斜。要抓住国家支持环保产业和环境服务业发展的政策机遇，加快我市已具备一定规模的太阳能系统产品、节能照明、环保成套设备等产业发展，大力推广清洁生产，鼓励和支持绿色经济和循环经济发展。

(七)大力推进都市区安全发展能力建设。进一步加强和改进安全生产领导体制，切实加强安全生产领导力量。进一步加强和改进监管制度，严格落实监管责任和措施，确保真监真管。进一步提高技防手段，重点行业、重点区域的监管要全部实现网络化、数字化。要建立政府对安全生产技术投入的奖补机制和政策优惠机制，切实增加对安全生产的投入，特别是增加对安全生产的技术和装备投入。要进一步完善基础设施供应保障和安全运行例会制度，及时掌握各项基础设施运行情况。进一步加大问责力度，凡发生煤矿违法违规生产的，所在乡(镇)的党委书记、乡(镇)长就地免职，主管县(市)区长、县(市)区党政一把手接受相应的组织处理。安全涉及到生产生活的方方面面，哪个领域工作防范不到位，就可能出现问题。近日发生在湖南的校车坠河事件应当引起我们的高度警觉。我市一些学校布局调整后，异地上学的学生不断增多，许多学校都是靠自主运输的方式接送学生，这些车辆有证的少、无证的多，存在很大隐患。希望各县(市)区尤其是学校布局调整力度比较大的地区要高度重视，加大排查力度，完善管理措施，确保师生安全。要切实做好食品药品生产流通和销售监督检查工作，工商、质监、卫生、食品药品监督等部门节日期间要安排三分之二的班子成员深入生产销售一线，带队监督检查，确保食品药品安全。

二、以着力民生、着力民心为出发点和落脚点，突出以改善民生促跨越

(一)以优质教育资源倍增工程为重点，大力发展教育事业。采取扩建挖潜、一校多区、强校托管、联合办学等模式，两年内实现优质教育资源翻一番。启动宜居教育园区建设。再选址规划一个郑州职业教育园区，完善各大学园区的功能和服务，加快高等教育和职业教育发展，加快郑州幼师升专等提升工程。深化与省属院校合作，新增市区优质中小学招生学位1万个以上。加快中小学校舍建设，新建、改扩建市区中小学校25所，新增学位6.2万个。继续推进全市校舍安全工程建设，新建加固校舍18万平方米。加快发展学前教育，市本级明年要拿出不少于1个亿的资金扶持幼儿园建设，新建、改扩建幼儿园97所，扶持336所民办幼儿园达标升级，各县(市)区也要加大学前教育的投入力度和扶持力度。实施中学优质化项目和梯级名师培养工程，创建10所优质特色学校。

(二)以优质医疗资源倍增工程为重点，大力发展卫生健康事业。加快宜居健康城建设。大力

支持郑大一附院东区分院、洛阳正骨医院郑州分院建设,积极促成省人民医院、省肿瘤医院、省胸科医院、省中医院附院等省属医院新建项目,加快推进市儿童医院、市三院、市一院、市中心医院、市人民医院等市属医院新建扩建工程,力争三年内实现优质医院床位翻一番。鼓励社会资本参与公立医院改制,完成1~2家公立医院体制改革,积极探索医疗集团化管理,支持1~3家优质医疗机构发展成为区域医疗中心。大力推广"片医负责制",形成覆盖中心城区的15分钟社区医疗服务圈。利用好医保政策,把医保定点增加与社区卫生保障体系建设挂钩,推进优质医疗向基层延伸。启动提高农村儿童重大疾病医疗保障水平试点工作,开展市县乡新农合定点医疗机构住院费用直补和跨区域直补工作,解决好困难群众的就医问题。

(三)以保障性安居工程为重点,切实加大住房供应。加快保障性住房建设,2011年全市新开工建设经济适用住房193万平方米,竣工110万平方米;新开工廉租住房19万平方米,竣工13万平方米;新开工公共租赁住房85万平方米,竣工41万平方米;市区廉租住房租赁补贴发放标准由每月每平方米6元提高到8元,在确保符合廉租住房保障条件家庭应保尽保的基础上,逐步实现符合廉租住房保障条件家庭50%以上住得上实物配租廉租住房、符合经济适用住房供应条件的低收入家庭买得上经济适用住房、新就业及外来务工人员租得上公共租赁住房的目标。要提高房地产市场调控措施的针对性、灵活性和有效性,切实增加住房供应,抑制房价过快上涨,2011年全市商品住房建设用地供应初步定为7548亩,力求提供更多的开发土地,新开工建设商品住房面积要超过1200万平方米。解决房价过快上涨的根本措施在于增加供应。房价上涨较快有多方面因素,其中关键的因素是城市化进程加快带来市场需求的快速增长。郑州的商品房60%以上由外地人购买。如果我们只考虑现有户籍人口的市场需求肯定不能满足供应,从城市发展的角度看,必须进一步加快房地产业的发展。我们通过限制需求稳定房价的调控措施是阶段性的。因为限制需求就意味着限制发展,并不能从根本上解决问题。着眼长远,我们必须切实加大供应,通过加快房地产业发展,来解决房价上涨过快的问题。希望房地产企业要坚定信心,抓住机遇,加快发展步伐。

(四)以劳动技能培训为重点,千方百计扩大就业,增加城乡居民收入。大力发展劳动密集型产业、中小企业和服务业,大力表彰新增就业和规范就业先进单位和企业,积极开发公益性岗位,多渠道增加就业岗位,实现新增城镇就业再就业13万人、新增转移就业农村劳动力10万人,确保"零就业"家庭动态为零。以创业带就业,2~5万元就可以让一个人创业,一个人创业就可以带动5人左右就业,我们要通过发放小额贷款帮助更多的群众自主创业,明年小额担保贷款发放要力争达到10亿元。推进全民技能振兴工程示范市建设,充分发挥好省会职业教育资源丰富的优势,搞好职业技能培训,完成创业培训5500人,再就业培训3万人,职业技能培训5万人。积极服务好富士康员工招聘工作,开展校企合作,建立培训基地,为富士康提供高素质的技术工人和管理专业人才。各县(市)区要利用农民工节日返乡的机会,做好宣传发动工作,帮助富士康完成招聘任务,让更多劳动力能够就地就业,让富士康切实感受我们的劳动力优势。

(五)以菜篮子工程和两店进社区工程为重点,切实保障城乡居民必需品供应与安全。坚持扩大生产、搞好流通、强化监管三管齐下,拿出5000万元支持设施农业发展,新增设施农业面积8000亩;拿出1亿元扶持农副产品流通体系建设,大力推进便民快餐店和蔬菜便利店进社区,支持在城市周边规划、建设和改造蔬菜等农产品批发市场;要坚决清理农副产品生产和流通环节的不合理收费项目,建立产销信息公共服务平台和市场监测预警体系,建立农产品质量安全信息化监控体系,切实让人民群众吃上放心菜、放心粮。过去,由于缺乏规划,市场业态层次低,往往是城市发展撵着市场向外迁,造成市区内市场严重不足。解决好这一问题,必须及早做好规划。规划部门要从城市长远发展考虑,在三环与四环之间甚至四环以外,高标准规划一批永久性批发市场特别是农副产品批发市场,为今后的发展奠定基础。

(六)以群众性文体活动和出精品为重点,大力发展文化事业和文化产业。大力开展群众性文化活动,继续实施文化惠民工程,新建改建100个社区文化活动中心、200个农村文化大院和682个农家书屋。大力推进文化精品工程,支持发展演艺业、娱乐业、文化动漫创意等产业发展,提高《风中少林》、《小樱桃》、《快乐星球》、《水月洛神》等品牌的影响力。大力推进文化设施建设,加强文化遗址保护,抓好郑州图书馆新馆、郑州大剧院、广电二期等重点工程建设,积极推进登封嵩山文化产业园申报国家级文化产业园区工作。

(七)以社区帮扶和社区建设为重点,大力发展城乡社区服务业。加强城乡社区基础设施建设,健全社区信息服务网络系统,完善社区服务功能。以开展"创先争优"活动为载体,加强社区基层党组织建设,带动基层政权组织、群团组织和群防群治组织建设。继续组织好市直机关干部下社区、联点共建、"结对帮扶惠民生"等活动。健全城乡基层群众自治机制,扩大城市社区直选范围,依法落实好城乡居民民主自治权利。

(八)以优化服务、落实政策为重点,大力完善社会保障。要加大养老、医疗、失业、工伤和生育等保险的扩面征缴工作,重点抓好城乡养老保险、城镇居民医疗保险、农村新型合作医疗保险的扩面工作,努力实现城乡养老保险、医疗保险全覆盖。明年要做好企业退休人员养老金标准调整和养老保险关系转移接续工作;做好城镇居民医保门诊统筹工作;做好进城务工农民、事业单位人员参加工伤保险工作;做好被征地农民社会保障工作;做好机关公务人员走访慰问帮扶困难群众工作;做好扶贫开发工作;做好城乡最低生活保障和特困救助工作,不断提高社会保障能力和救助水平。

总之,我们要始终把改善民生作为市委、市政府做好各项工作的出发点和落脚点,切实加大在民生领域投入,加快民生工程进度,完善为人民群众办实事的工作机制,确保人民群众在改革发展中得到更多实惠。

三、以注重运作、优化环境为切入点,突出以转变领导方式促跨越

实现郑州都市区建设的良好开局,必须转变领导方式,当前的重点是提高运作水平,优化发展环境。

(一)要认识挑战,应对挑战。明年国内外经济形势十分复杂,我们面临诸多挑战,必须深入研究,积极应对,有效应对。

1.要积极应对国内外经济形势复杂多变的严峻挑战。美国进一步推行量化宽松货币政策,将加大人民币升值压力、加剧通胀压力、挤压我国商品出口利润。人民币升值对我们来讲有挑战,但是也有机遇,这个机遇就是有利于降低进口成本。我们要利用这一机遇做好三个方面的工作:一是加大对国外先进设备、先进技术的引进,加快技术改造;二是有选择地进口原材料,综合比较国内外市场价格,多引进国外价格较低的原材料,降低企业生产成本;三是积极争取利用国际金融组织贷款。市发改委、市财政局、市商务局要加大向国家推荐利用国际金融组织贷款项目,争取更多的国际贷款。

2.要积极应对融资难度增加的严峻挑战。今年央行六次上调存款准备金率,共上调了3个百分点,冻结银行资金约2万亿元。资金问题将会成为明年的重要制约。在信贷规模减小、银根紧缩的情况下最大限度地争取到资金,是能力和水平的体现,是我们进一步赢得竞争优势的关键。明年我们要在银企合作方面加大力度,针对各家银行,分别成立一个领导小组、组建一个联席会议、落实一个牵头责任部门、建立一个多部门的联合工作队伍,领导小组组长由胡荃市长担任,主管领导担任常务副组长,金融办牵头抓总,发改、财政、商务、科技、建委等部门分别承担一家或多家银行的对接和争取工作。职能部门所联系银行对地方的支持力度要作为部门的业绩纳入年底绩效考核。要进一步加强政府融资平台建设,国家加大对政府融资平台的监管,并不是完全限制融资,主要目的是为了规范融资平台发展。我们一定要把握国家政策,一方面,让政府融资平台更加符合银行贷款的条件;另一方面,要优化资产,提高融资能力。2011年,财政预算支出中用于固定资产投资部分的支出,不再采取直接拨付的办法,一律通过政府融资平台拨付,进而提高政府的融资能力。要在BT模式运作上加大力度,政府投资项目要更多地选择BT模式进行建设,我们要选择有实力的优质企业,建立规范的长期合作关系,通过政府长期提供工程,让企业为我们提供低成本BT模式合作。另外,对投资公司、证券公司和信托公司,我们也可以逐家建立固定的对接机制,开展长期的有效合作。同时,也希望大家在其它融资方式上积极探索,不断拓宽融资渠道。2011年我们

将把政府融资规模、辖区内企业市场融资规模纳入对地方政府的绩效考核。

3.要积极应对发展空间不足的严峻挑战。当前我市土地供需矛盾十分突出。今年省下达我市土地利用指标为1.7万亩，通过积极争取，现追加到3.16万亩，而全市目前已上报的土地需求为12万亩，供需差距较大。同时，占补平衡资源匮乏，易地补充耕地难度大且成本高。我们必须在盘活存量上下功夫，做好闲置土地清理整治工作。我们现在存在的问题一方面是土地指标严重不足，另一方面还存在有批而未供、供而未用的现象。据前段土地利用清查结果显示，全市批而未征面积有1.36万亩，征而未供面积有2.89万亩。为此，下一步要重点抓好两个治理：一是批而未供、供而未用土地的治理；二是违法用地的治理。违法用地意味着全市用地限批。我们一定要认识到在国家严格土地管理的新形势下依法依规用地的重要性，在这方面绝不能闯红灯。要在集约用地上下功夫，大力推进标准化厂房建设。标准化厂房是个多赢的措施，既可以利用国土部门支持标准化厂房建设的政策申请建设用地，又有利于对外招商引资。我们要动员一部分房地产开发商和政府合作发展工业地产，加快标准化厂房建设。2011年对各县(市)区指标考核中要增加对工业地产发展情况的考核。市发改委、市国土局要认真研究，在进一步争取上级支持的同时，选择2~3个补充耕地资源比较丰富的农业大市建立长期的经济战略合作关系，谋划拓展发展空间。

4.要积极应对生产要素成本提高的严峻挑战。能源、劳动力、技术等生产要素供应不足、成本上升的问题日益突出，对此我们要认真应对。各级党委、政府要建立专门队伍帮助企业争取各种生产要素；要建立经济运行每日协调会制度；善于运用政策，根据企业成本的区域性差异，通过变更企业注册地、帮助企业落实税收政策等方式，降低企业成本。企业成本的降低，需要企业自身的努力，但也需要政府为企业创造一个低成本环境。现在煤炭供应紧张，主要问题在于有煤运不出，只要我们争取了铁路运力，也就意味着为企业争取到相对便宜的优质煤炭。我们要保证企业用电需要，为企业争取足够的用电指标，今后凡因此停产限产一个企业，必须向市委、市政府报告。要切实做好企业的供水、供热、供暖工作，既要保证供应安全，又要降低成本。要帮助企业落实税收优惠政策，既要做到应缴尽缴，也要按照各项优惠政策，做到应退尽退。国税、地税部门要针对企业举办税收优惠政策培训班，切实让企业享受到优惠政策。要搞好谋划和运作，在郑州的县(市)区要有一部分低成本区域，在法律政策允许范围内充分利用政策降低企业成本。

5.要积极应对自身矛盾进一步凸显的严峻挑战。从我们自身发展看，基础设施建设滞后，发展中遇到的瓶颈问题日渐凸显。特别是城市交通压力不断加大，高峰期每天新上牌车辆超过2000辆，畅通工程面临新的挑战。我们要下大气力提高道路通行能力，加快推进高速出入口、地铁轻轨、环城快速路、干线快速路、干线高架路、支线路网、停车场站、立体通道、交通场站等工程建设。要加快发展公共交通，下大气力改善交通秩序，强化路口线路管理、机动车管理、数字化管理、社会化管理，提高交通疏导和管理水平，努力使交通状况得到新的改善。

(二)要认识机遇，抢抓机遇。卢展工书记在省委八届十一次全会上强调："机遇并不常有，机遇来之不易，机遇稍纵即逝。机遇不但来自于客观存在，更重要的是来自于自身作为。应对危机是机遇，突破风险是机遇，破解难题是机遇，敢于负责、勇于创新也是机遇。"2011年我们必须在危机中找机遇，在挑战中找机遇；我们要化风险为机遇，化难题为机遇；我们要靠认真负责创造机遇，靠勇于创新创造机遇。

1.要认识政策机遇，抢抓政策机遇。国家围绕"十二五"规划出台和实施了一系列政策，明确了鼓励和限制的方向，能在鼓励方面找项目，能在限制方面找比较优势，我们就能够得到项目建设方面的更多支持。产业发展方面，中央制定实施了十大重点产业调整和振兴规划，明确重点培育和发展节能环保、信息技术、生物、高端装备制造、新能源、新材料、新能源汽车等产业。围绕这些产业发展，工信部出台了《关于推进消费品工业两化融合的指导意见》，指出要以轻工、纺织、医药、食品等行业为重点，大力推进消费品工业"两化融合"；工信部《汽车产业十二五规划》、科技部《电动汽车"十二五"专项规划》，突出了节能减排、企业重组、新能源汽车、自主品牌等发展战略；国务院日前出台《轻工业调整和振兴规划细则》，指出要逐步推进家电行业向中西部地区转移。政策就是导向,就是投资的重点,符合政策才会得到信贷的支持、项目审批的支持。我们一定要围绕国家产业政策谋项目、上项目、引项目,积极争取国家、省各项产业发展试点工作。“三农”方面,中央着眼于抑制通胀和农副产品价格过快增长,强调财政支出重点向“三农”倾斜。明年水利投资将比今年增加1倍,有望达到4000亿元。农村“一事一议”将要进一步扩大范围。我们要抓住机遇,充分利用“一事一议”等制度,争取上级资金支持,加大社会筹资筹劳的力度,加快“三农”发展。民生方面,国家在保障性住房、就业创业、医疗改革、教育均衡发展等方面从政策扶持、税收优惠、资金补助上进一步加大了力度,为我们实施优质教育资源倍增、优质医疗资源倍增、住房保障等工程,解决好民生问题提供了机遇。

2.要认识市场机遇,抢抓市场机遇。明年及今后相当长的时间内,中央将会继续实施刺激消费、扩大内需的一揽子措施。市场需求稳步增长将会带动形成较大的产业增长和消费拉动空间。在投资方面,公路建设自明年开始,国道改造升级为一级公路,国家每公里补助500万元。我市现有国道260公里,“十二五”期间,可改造和建设达到一级公路标准的有600公里,我们要抓住这一政策加快建设进度。据有关信息,“十二五”期间国家在环保方面的投资计划为3.1万亿元,是“十一五”的2倍;高铁建设明后两年国家投资至少维持在8000亿元;物联网“十二五”规划确定智能电网总投资2万亿元;软件服务业“十二五”规划确定的目标是年均增长超过20%,此前8年我国软行业实现了38%的年均增长。另据专家预测,到2015年中国汽车后市场销售额将突破2000亿美元,中国也将成为世界第一大入境游接待国和第四大出境游客源国,等等。我们要善于从高成长性产业领域找机遇,善于从国家重点扶持的产业领域找机遇,从大企业的扩张规划中找机遇。

3.要认识自身机遇,努力创造机遇。中央提出实施区域发展总体战略和主体功能区战略,中原经济区有望上升为国家战略。《中原经济区建设纲要(试行)》对郑州发展提出了新定位、新要求,省委、省政府希望郑州发挥好龙头作用、重心作用和示范带动作用。今年10月,郑州新郑综合保税区获批,这是目前国内最优惠的政策高地。我们要发挥综合保税区在保税加工、保税贸易、保税仓储、保税物流等方面的政策优势,在服务好现有富士康项目的同时,积极引导3C(计算机、通信和消费类电子产品)产品生产制造、国际物流、国际配送、国际贸易与分拨、国际金融结算等项目入区发展,把综合保税区建设成为促进中原经济区扩大开放的重要平台。发改委、商务局、郑州新区要围绕如何发挥好综合保税区的作用进行深入研究,给市委、市政府作专题报告。

(三)要注重运作,善于运作。我们的目标任务已经明确,思路也更加清晰,形成了广泛共识,眼下的关键问题在于做、在于怎么做,也就是如何运作。提高运作能力是当前各级领导干部的迫切任务。

1.在项目建设上提升运作能力。要坚持向重大项目建设和招商引资工作进一步倾斜领导力量、倾斜机构编制、倾斜干部导向。坚持重大项目周例会制度,坚持联审联批日例会、基层现场办公、先路条后手续和领导分包等制度,加快审批效率,提高服务质量,及时解决问题。2011年要着手启动对各县(市)区、各产业集聚区和市直相关部门的大项目建设业绩专项评价工作,对县(市)区、产业集聚区主要是大项目建设业绩评价,对市直部门主要是服务大项目建设的业绩评价。

2.在税源建设上提升运作能力。要善于培育新税源。围绕总部经济发展研究制定优惠政策,加大争取力度,吸引国内外大企业大集团和跨区域企业在郑设立总部、研发中心、结算中心、配送中心和分支机构,扩大我市税源。各职能部门每季度要向市委、市政府报告税源建设情况。要挖掘地方有权调整税种的征收潜力,比如土地使用税,土地使用税的范围是1.5元-30元,我市土地使用税最高征收标准为18元,2009年全市土地使用税收入8.86亿元,而来自工矿区的土地使用税还不足500万元。我们一方面可以扩大工矿区范围,另一方面可以提高征收标准,发挥好税收政策的作用。

3.在融资平台建设上提升运作能力。围绕如何让政府融资平台具备银行贷款条件,加强与银行的横向对接,谋划与银行投向相匹配的好项目。注重利用政府性开户资源,加强与银行的合作,调动商业银行支持地方建设的积极性。探索和推进政府融资平台与有实力的企业协同融资,实现互利双赢。

4.在发挥省会优势上提升运作能力。要把交通枢纽优势发挥到极致，形成物流、信息流、资金流的区域性中心，带动生产要素加快流动和优化配置；要把全省政治中心的优势发挥到极致，建立与省直部门经常性的业务联系，争取省直部门更多的倾斜支持；要把金融中心的优势发挥到极致，加强与各商业银行省行的沟通和合作，最大限度地争取银信部门支持。要把科教中心优势发挥到极致，加快与省属高校和中央、省驻郑科研院所的合作，建立联合办校、产学研结合、人才培训的有效对接机制。要把文化中心的优势发挥到极致，加强文化建设，提升省会文化影响力。要把中央、省常驻单位集中的优势发挥到极致，服务好各驻郑单位，积极创造条件，让中央、省驻郑单位参与和支持郑州发展。

5.在拓展发展空间上提升运作能力。重点要解决好土地和环境容量的瓶颈制约。关于土地问题，要坚决执行土地闲置超时收回政策，杜绝土地闲置浪费现象；加快推进城乡建设用地增减挂钩工作；继续争取上级国土部门的支持，争取重大项目进入省重点扶持范围，更多地利用省直供指标；积极探索易地补耕新途径，采取先注资开发、后进行指标购买的形式，解决耕地后备资源匮乏的问题。关于环境容量问题，要严格市场准入，从严控制“两高一资”项目；深化减排潜力，全面实施减排工程；严格污染物排放总量、环境质量目标考核，强化企业的环境责任；坚持科学配置环保指标，利用好污染物排放权交易机制，优先保障产业集聚区、高新技术产业和重点工程的总量控制指标。现在，许多工程建设主体单位反映土地规划审批慢，分析原因，有些是慢在土地审批环节，因没有用地指标，或者有了用地指标没有占补平衡指标，或者手续比较复杂，但是还有一部分是慢在用地单位，这些单位对土地申报的要件、程序不清楚。所以，土地、环保部门明年要举办项目单位、项目企业参加的培训班，让建设主体单位掌握相关政策、规定和程序，切实做好项目的前期工作。

6.在与央企、省企合作上提升运作能力。要抓住央企、省企“十二五”布局调整的机遇，加强与央企、省企的沟通，建立长期的跟踪服务机制，支持央企、省企重组我市企业，鼓励驻郑央企、省企新上项目、扩大规模。

7.在招商引资和接受产业转移上提升运作能力。善于利用现成的项目、现成的土地和现成的标准化厂房招商引资，善于利用综合保税区、保税物流区的优惠政策招商引资，善于利用现有落地外来企业的示范效应以商招商，善于利用现有产业基础聚集相关产业、上下游企业，善于利用合同规避招商引资中的风险。

8.在城中村改造和合村并城上提升运作能力。城中村改造和合村并城要妥善处理好各方面利益，既要提前拆迁、降低成本，又要稳妥有序、规范操作；既要适度增容，充分利用集体土地，又要兼顾承载能力。明年市内各区都要启动合村并城试点工作。各县(市)要学习推广竹林镇“村改居”经验，在合村并镇、合村建镇上积极探索，加大推进力度。

9.在政府购买服务上提升运作能力。对应由政府提供的公共服务，凡能确认受益主体且能衡量受益程度，进而具备收费条件的公共产品或公共服务，都可以推行市场生产、政府购买，减少政府直接设立机构、增加编制、供养人员的传统公共服务模式。要探索建立公开透明、市场招标、质量考核、社会评估的运作机制，推进政府向社会购买服务的规范化、标准化，以低成本的付出换取高质量的公共服务。

10.在体制机制创新上提升运作能力。要创新行政管理机制。建立动态的部门职责运行补充机制，完善职责不清即报制度和首问负责、合署办公等制度。研究探索向县级镇级下放管理审批权限工作。要创新城市建管体制。推进户籍、土地流转、住房等制度改革，为人口向城镇转移创造条件。实行区域差异化户籍管理和城市基础设施配套费征收办法，引导城市人口均衡分布。要创新企事业单位经营体制。加快国有企业改制改组步伐，积极推进文教卫体等社会事业单位产权制度和运行机制转换。探索推进在民办公益性事业单位派驻党员负责同志。要创新领导经济工作的体制机制。建立会议活动减少、合并、审批机制，让领导干部有精力抓工作。各县(市)区委书记的重要责任就是让承担有重要任务的领导和部门有精力抓工作，如果县(市)区委书记把大家的精力都牵扯到会议上，浪费在节会和活动上，我们部署的很多工作就无法落实。这里再次强调，市直各部门没有经过市委、市政府批准，不允许自作主张承办上级的会议和活动。坚持实行重点工程、重点项目、重大信访案件和不稳定因素市级领导分包和单位主要领导负责制,让有位有权的干部抓克难攻坚工作。坚持向工作一线倾斜工作力量和干部导向,在重点工作一线选拔干部。全面推行"目标、业绩、过错"三位一体的绩效考核体系,推行以干部优先条件为基础的干部任用导向,用正确的干部导向促进工作,让干部选拔的过程成为促进工作的过程。

(四)要注重环境,改善环境。环境建设是一个永恒的课题,是一个永恒的任务。环境是生产力,抓环境就是抓发展、就是抓民生。当前我市的发展环境还存在不少问题,各级各部门必须敢于正视问题,勇于查摆问题,迅速整改问题,切实做好环境优化工作。

1.以"四个最佳"为目标,持续改善经济发展环境。前段时间,市委、市政府组织有关部门围绕"最佳投资环境、最佳就业创业环境、最佳人居环境、最佳旅游环境"建设,在充分调研、广泛征求意见的基础上起草了相关文件,明年将下发全市贯彻执行。"四个最佳环境"建设核心是以人为本,具体体现在以居住者为本、以投资者为本、以就业者为本、以外来旅游者为本,与此相适应,郑州要在不断巩固国家卫生城市、园林城市、绿化模范城市、环保模范城市创建成果的同时,还要争创全国最佳投资环境城市、最佳人居环境城市和文明城市。市直各部门都要围绕"四个环境"建设承担各自责任,分别制定具有可操作性的实施方案。各部门围绕"四个最佳环境"建设制定的实施方案都要通过媒体网络向社会公布,围绕提高部门工作效率向社会公开承诺,向市委、市政府递交承诺书。客观地讲,现在我们党政机关的审批效率、决策效率、服务效率仍然很慢。前年,联合国经济合作组织对一些重要城市环境进行评估,其中一个重要指标是企业与政府打交道的天数,我们是七、八十天,而杭州只有八天,也就是说我们的工作效率只是人家的十分之一。下一步,我们要重点抓案例,一是要开展案例抽查;二是要请市直部门一把手以案例为主,向市委、市政府做提高机关效率的述职报告。我们要建立评优评差机制,2011年每个季度搞一次市直机关工作效率的评优评差,树立一些快的典型,也要找一些慢的典型。对市直部门效率评价工作要纳入年度绩效考核。希望每个单位的一把手要把明年的工作重点放在机关建设上,探索建立有效机制,成为提高机关运行效率的内行和专家。

2.以提质提效为重点,持续改善党政服务环境。要牢固树立"以服务求地位、以绩效求发展"的思想,规范行政服务网络建设,努力打造行政审批、公共管理、社会服务、效能监察四位一体的行政服务平台。坚持实行项目代理和首席服务官制度,建立完善主动发现问题、解决问题、反映问题的长效机制。继续实施好机关干部"四下一联系"制度,落实好解决基层疑难问题周例会制度,形成为企业为基层服务的长效机制。要时刻牢记"三具两基一抓手、两转两提、注重运作、首问负责、第一时间到现场、两个不允许、联审联批、当日不结上门服务、先路条后手续、立即召开(请办事项)协调会"等关键词,切实转变工作作风,提高工作效率。在此,我再强调一下首问负责。首问负责并不是要求你必须去办理企业和群众的请办事项;职责范围之内的事项必须办理,不在职责范围之内的必须负责找到承办人、联系承办人,让承办人与请办人对接上;如不清楚应该由谁承办,要报告市委、市政府值班室,由市委、市政府值班室来落实承办单位。如果简单地回复"这事不归我管",就是"首问不负责"。希望市直各部门要进一步落实好这一要求,下一步我们将抓一些反面典型。

3.以依法诚信为重点,持续改善社会环境。要加强依法行政。劝阻一切违法行为,杜绝一切违法行为,消除一切违法现象的生存空间。进一步加大对涉企收费的清理力度,禁止利用任何形式加重企业负担。进一步规范涉企检查行为,实行涉企检查备案、"首次不罚、低限罚款"制度,规范行政处罚裁量权。要进一步加强执法队伍建设,严格执法纪律,做到文明执法,不允许出现任何一起野蛮执法的情况。要进一步加大查案和问责力度,重点查处损害企业周边环境和项目建设环境等案件,细化环境不优问责领导、问责单位的具体措施。要加强诚信建设。制定出台优惠政策要从实际出发,慎重承诺,诺必兑现。要加快建立中小企业信用评判体系和社会公布制度,整合金融、税务、工商等部门信息资源,加大对失信行为的惩处力度。要加强社会管理。深入推进社会矛盾化解、社会管理创新、公正廉洁执法三项重点工作，积极开展违法转包工程、违法建设、违法经营等专项治理活动，维护正常社会秩序。对社会不稳定因素，一定要见微知著，宁可花大钱排查，不要花大钱处置；宁可早动干戈不出事，不要大动干戈不顶事；一定要第一时间到现场，宁可到场没有工作量，不要事大到场处置来不及；一定要第一时间报告，宁可虚惊一场，不要亡羊补牢；一定要加大投入，加强治安防范体系建设，确保社会大局稳定。

我们要紧密团结在以胡锦涛同志为总书记的党中央周围，深入贯彻落实科学发展观，认真落实中央、省委经济工作会议精神，抢抓机遇，乘势而上，聚精会神，扎实工作，为加快建设郑州都市区、持续推进跨越式发展、打造中原经济区核心增长极而努力奋斗！

祝大家新年愉快，全家幸福，一切如意！

政府工作报告

2011年2月11日在郑州市第十三届人民代表大会第三次会议上

市 长 赵建才

各位代表：

现在，我代表市人民政府向大会作工作报告，请予审议，并请各位政协委员和列席人员提出意见。

一、2010年及"十一五"工作回顾

2010年，面对复杂形势和严峻挑战，在省委、省政府和市委的正确领导下，全市上下深入贯彻落实科学发展观，继续大力实施跨越式发展战略，团结拼搏，克难攻坚，较好地完成了市十三届人大二次会议确定的目标任务，经济社会继续保持跨越式发展的良好态势。初步统计，全市实现生产总值4000亿元，增长13%。财政总收入完成643亿元，增长23.2%，其中，一般预算收入完成386.8亿元，增长28.1%。规模以上工业完成增加值1600亿元，增长18%；实现利税1009亿元，增长27.1%。全社会固定资产投资完成2757亿元，增长20.8%。实现社会消费品零售总额1678亿元，增长19%。市属及以下企业出口总额达到33.1亿美元，增长62.8%。城镇居民人均可支配收入达到18897元，增长10.4%；农民人均纯收入达到9225元，增长13.6%。全市万元生产总值能耗下降3.6%，化学需氧量和二氧化硫排放量控制在省定目标以内。

(一)结构调整和产业升级迈出新步伐。在保持经济平稳较快发展的同时，更加注重经济结构调整和产业转型升级，着力增强产业竞争力。工业结构进一步优化。全面实施产业调整振兴规划，加快新型工业化进程。新开工转型升级项目86个，竣工98个，完成投资457.5亿元。富士康、宇通、海马、东风日产、郑州日产、中国龙工、格力电器、旭飞光电、保绿能源等企业的一批重大项目开工建设，为全市工业经济结构调整奠定了基础。扶优扶强成效明显，年销售收入超百亿元企业达到7家，其中，郑煤、宇通、中烟等3家企业销售收入均超过200亿元。现代服务业快速发展。我市被确定为国家服务业综合改革试点城市。现代化商贸城总体规划、商业网点规划及城区商业网点控规和郑州国际物流园区、航空港物流园区等功能区控规编制进展顺利，新加坡国际物流园被正式确定为国家层面战略合作项目，中南邮政物流集散中心开工建设。38个重点商贸物流项目实现投资78.1亿元，完成年度投资计划的127.4%。金融中心建设稳步推进，全市银行类金融机构达到24家；郑州商品交易所期货交易规模达到61.8万亿元，增长223.4%；地方金融机构发展步伐加快，郑州银行成立多家县域支行；郑煤机等4家企业成功上市，全市上市公司达到30家。成功举办了第二届中国绿化博览会、第八届中国国际农产品交易会、台湾产品月、中国国际汽车后市场博览会等100余场展会，展会面积达到132万平方米。旅游业快速发展，全年旅游总收入达到510亿元，增长16.4%。现代农业稳步推进。粮食生产再获丰收，连续8年实现增产。加快农业发展方式转变，编制实施了都市型现代农业发展规划以及蔬菜、花卉、水产等专项规划。新建3个现代农业示范园区，新增45家市级以上农业龙头企

业,新增428个农民专业合作社。推进农业生产由小规模分散经营向规模化经营转变,全市土地流转面积达到36万亩。非公有制经济规模不断壮大。拓宽中小企业融资渠道,完善中小企业信用担保体系,加强企业服务,支持非公有制企业发展。全市非公有制经济完成增加值2400亿元,增长13.4%,占全市生产总值的60%。对外开放和招商引资成效明显。郑州新郑综合保税区获国务院批准,成为中部地区第一个综合保税区,河南保税物流中心(B型)园区一期项目通过国家验收,出口加工区B区加快建设,综合保税区、保税物流中心和出口加工区成为我市对外开放的三大平台。坚持"大招商、招大商",以国内外500强企业为重点,瞄准央企和港澳台大项目,积极承接产业转移。实际利用外商直接投资19亿美元,增长17%;引进市外境内资金721亿元,增长18.4%。成功引进富士康项目,实现了承接产业转移和招商引资的重大突破,在洽谈、签约、厂房建设以及综合保税区申建等方面创造了"郑州速度"。

(二)经济发展方式转变取得新进展。把加快经济发展方式转变作为贯彻落实科学发展观的核心和关键环节,不断提高经济发展质量和效益,增强可持续发展能力。产业实现集聚发展。科学编制并实施产业集聚区各项规划,在基础设施、融资担保、财政激励等方面加大扶持力度,进一步理顺管理体制,产业集聚区承载功能不断完善,已成为新的经济支撑点。38个产业集聚区基础设施投入达到172亿元,增长30.1%;规模以上企业销售收入完成3075.7亿元,增长31.2%。全市年销售收入超百亿元集聚区达到18个。消费需求进一步扩大。积极实施促进消费的政策措施,加大"万村千乡"市场工程和家电下乡、汽车和家电以旧换新、特色商业街建设等工作推进力度。促进房地产业健康发展,房地产销售面积达到1558.7万平方米,增长29.8%。自主创新能力得到加强。大力实施科技自主创新工程,68个重点项目完成投资46.4亿元,占年度计划的127%。实施企业自主研发项目145项,郑煤机液压支架电液控制系统等14个项目达到国际先进水平。新批建设国家级重点实验室1家,新认定省级工程技术研究中心21家。我市被确定为国家创新型试点城市,高新区被确定为第一批国家创新型园区。知识产权专利授权量增长49.2%,荣获国家知识产权示范市称号。节能减排和生态建设力度进一步加大。大力淘汰落后产能,兼并重组煤炭企业133家,关闭、取缔污染严重的企业396家。十七里河、熊儿河、金水河等主要河道实现截污排放,投资14.4亿元的生态水系工程已具备通水条件,河岸绿化工作全面展开。加强水资源保护工作,我市被评为全国节水型社会建设示范城市。新造林19万亩,建成12个林业生态乡镇、100个林业生态村。郑州绿博园建成开园。中心城区新增绿地635万平方米,空气质量优良天数达到318天,饮用水源地水质达标率保持在100%。

(三)城乡面貌发生新变化。全面实施城市总体规划,加快编制郑州新区规划,完善城市功能,提升城市品位,城镇化水平进一步提高。郑州新区规划建设快速推进。郑汴新区总体规划经省人大常委会审议通过,综合交通、城镇体系、产业发展等30项规划的编制工作顺利完成,形成较为完善的规划体系。推进龙湖地区、高校和职教园区、航空港区、汽车及装备制造产业园区等重点区域的开发建设,在重大项目布局、基础设施配套、土地征用等方面取得了新的突破。加快新区基础设施配套建设,各个组团基础支撑与保障能力不断增强。中心城区建设和管理水平进一步提高。强力推进"畅通郑州"工程,不断完善城市交通基础设施,有效改善了城市交通状况。轨道交通1号线一期工程除东明路站外的所有站点全部开工,2号线开工建设。科学大道—西三环立交、东风路—文化路下穿隧道、中州大道北段综合整治、解放路立交等工程相继竣工通车。京沙快速通道全线开工,部分路段投入使用。客运北站开工建设,客运南站建成投入使用。列入计划的20条断头路全部打通,又开工26条。完成雨污水改造工程33项,完成背街小巷道路改造106条。新购置公交车661辆,公交线路达到225条。王新庄、五龙口、马头岗等污水处理厂实现不间断达标运行。新建垃圾中转站26座、改造28座,敷设供水管道47公里,新建、改建市区燃气管网121.6公里,新建供热管网35公里。城中村、旧城和棚户区改造步伐不断加快。开展占道经营、户外广告、垃圾运输车和环境卫生整治,加快数字城市建设,城市精细化管理水平进一步提高。交通枢纽地位不断强化。郑西客专投入运营,石武客专、郑民高速、郑州综合交通枢纽公路客运站等工程顺利推进,郑州至焦作、郑州至开封城际铁路相继开工建设,黄河公铁两用桥公路桥和花园口互通式立交新建工程主线建成通车。郑州机场建设步伐加快,旅客吞吐量突破870万人次,年货邮吞吐量达到8.58万吨。农村生产生活条件得到改善。改造中低产田13万亩,新建、改建农村公路578公里,解决了农村51万人的饮水安全问题。完成29个贫困村的整村推进和1992户7295人的扶贫搬迁任务,1.3万人实现脱贫。完成127个新农村建设项目。深入开展文化、科技、卫生"三下乡"活动,建成500个农村文化大院、299个农家书屋。

(四)民生保障和社会建设实现新突破。始终坚持经济发展与民生改善相统一、经济发展与社会建设相协调,让人民群众共享发展成果。向社会承诺为群众办好的"十大实事",件件得到落实,群众关注的一些热点、难点问题得到有效解决。就业工作扎实推进。落实扶持就业的各项优惠政策,新增城镇就业13.4万人,农村劳动力转移就业11.2万人。以创业带动就业,发放小额担保贷款8亿元。开展系列就业服务活动,促进高校毕业生就业。零就业家庭动态为零。城镇登记失业率控制在3%以内。社会保障不断完善。新型农村合作医疗人均筹资标准提高到150元,参合率达到98%。城乡居民养老保险范围进一步扩大,企业退休人员基本养老金人均月增加148元,城市和农村低保人均标准分别提高15元、10元。加强保障性住房建设,经济适用房新开工166万平方米,竣工112万平方米;开工建设廉租住房15.4万平方米,竣工5.7万平方米。加强物价监测和管理,严厉打击价格违法行为,发放物价补贴,保障了低收入群体及困难群众的基本生活。社会事业加快发展。制定实施教育、人才改革发展规划。市区新建、改扩建15所中小学校全部开工,顺利实施校舍安全工程,实施中小学校现代远程教育"班班通"工程。在全省率先实现郑州户籍中职生免费教育。郑州师专升格为郑州师范学院,郑州幼师新校区开工建设。基本公共卫生服务不断加强,基层医疗卫生条件得到改善。新建27个片医负责制单位,全市588个片医小组服务居民达280万人。郑州图书馆新馆(市民文化中心)完成主体工程建设,新建、改建100个社区文化活动中心,公共文化服务体系更加完善。登封"天地之中"历史建筑群成功列入世界遗产名录。成功举办了庚寅年黄帝故里拜祖大典和第八届中国郑州国际少林武术节。竞技体育和群众体育取得新成绩,我市培养和输送的运动员在第十六届亚运会上共获得7枚金牌。低生育水平持续稳定,人口自然增长率为5.2‰,我市被确定为全国人口和计划生育综合改革示范市、全国流动人口均等化服务综合改革试点城市。社会大局和谐稳定。严格落实安全生产责任制,安全生产形势总体平稳。加强食品药品安全管理,产品质量和食品安全保障水平继续提高。信访工作机制不断创新,应急管理体制不断完善。推进平安郑州建设,完善社会治安综合防控体系,深入开展"四严一创"活动,命案破案率达97.12%,群众安全感和满意度大幅提升,我市成为全国最具安全感的城市之一。

(五)民主法制和精神文明建设得到新提升。自觉接受人民代表大会及其常委会的法律监督和工作监督,接受人民政协的民主监督,认真听取民主党派、工商联、无党派人士和各人民团体的意见。全年办复市人大代表议案、建议和政协委员提案1206件。坚持依法治市,社会法治化管理水平不断提高,提请通过地方性法规2件,制定政府规章16件。廉政建设和反腐败斗争取得新成效。坚持"三具两基一抓手",深入推进"两转两提",认真开展"创先争优"活动,团结拼搏、干事创业的氛围更加浓厚。加强精神文明建设,公民道德水平和文明程度不断提高。

大力开展国防教育,积极做好"双拥"工作。驻郑解放军和武警部队在支持地方经济建设、维护社会稳定方面作出了重要贡献。外事、侨务、对台工作不断加强,民族、宗教、统计、史志、文物、地质、气象、地震、人防、社科研究等工作取得新成绩。高标准完成省下达的南水北调征地拆迁和移民安置任务。第六次人口普查工作进展顺利。圆满完成四川江油四镇灾后援建工作。

各位代表!

2010年各项工作目标的顺利实现,标志着我市"十一五"主要任务圆满完成。过去的五年,面对各种复杂形势和困难局面,特别是面对国际金融危机的严重冲击,我们发扬顽强拼搏的精神,凝心聚力,开拓创新,办成了一批具有深远意义的大事,办好了一批深受群众欢迎的实事,办妥了一批前所未有的难事,谱写了我市全面建设小康社会的崭新篇章。

——过去的五年，是全市经济社会不断实现新跨越、综合实力显著增强的五年。全市生产总值由不足2000亿元到突破4000亿元，年均增长13.7%。财政一般预算收入是“十五”末的2.8倍，全部工业增加值由不足800亿元到2000亿元，金融机构各项存款余额由3000亿元到8000亿元。

——过去的五年，是经济结构加速调整、发展方式加快转变的五年。以构建“一个载体、三个体系”为重点，深入推进经济结构调整和发展方式转变。产业结构不断优化，二、三产业比重由95.6%提高到96.9%。自主创新能力不断增强，全市专利申请量和专利授权量分别达到8203件和5677件，比“十五”末分别增长233%和429%。单位生产总值能耗累计下降20.4%，“十一五”节能减排目标顺利完成。

——过去的五年，是城乡面貌日新月异、城市形象大幅提升的五年。建成区面积由262平方公里扩大到316平方公里，城镇化率提高7.2个百分点。开工建设了一大批道路桥梁工程，水电气暖保障能力明显提升，污水处理和垃圾处理设施不断完善。城市生态水系基本形成，市区河段初步实现“水通、水清”目标，提前4年完成森林生态城100万亩林木栽植任务。郑东新区顺利实现“三年出形象、五年成规模”的目标，成为展示郑州乃至河南的名片。郑州新区建设顺利启动。我市先后荣获国家卫生城、国家园林城、全国绿化模范城称号。新建、改建农村公路累计达到5989公里，解决159万人饮水安全问题，投入130亿元完成了332个新农村建设项目，农村面貌得到明显改善。

——过去的五年，是各项改革深入推进、对外开放取得重大成果的五年。国企改革迈出新步伐，210户国有企业成功实现改制重组，一批困难企业焕发出新活力。创新投融资模式，组建投融资公司9家，累计融资353.5亿元。坚持“大招商、招大商”，累计引进外资项目577个，富士康、日产、杜邦、汇丰等19家世界500强企业在郑投资，国开投、东风、海马等95家国内500强企业在郑设立机构和投资，中石油、中石化、中粮、中铁等34家央企在郑投资，实际利用外商直接投资由3.4亿美元到19亿美元。鼓励企业对外投资，境外投资涉及42个国家和地区。

——过去的五年，是民生保障进一步加强、人民群众得到实惠最多的五年。公共财政用于教育、社会保障、就业、医疗卫生等民生领域的支出累计达500亿元。“十大实事”累计投入135亿元，一大批群众关心的热点问题得到有效解决。城镇累计新增就业63.5万人，农村劳动力转移就业62万人。新建、改扩建中小学校70所。在全国率先推行了市属国有破产和困难企业退休人员大病统筹医疗保险，在全国省会城市率先建立了城乡居民养老保险制度，民生保障体系初步形成。建成经济适用房454万平方米、廉租住房13万平方米，累计有3万余户低收入住房困难家庭享受到了廉租住房政策。安全生产水平提高，治安防控能力增强，社会大局和谐稳定。

回顾五年来的奋斗历程，特别是应对国际金融危机的实践，进一步深化了我们对贯彻落实科学发展观的认识，提高了应对复杂局面的能力，坚定了跨越式发展的信心和决心。我们有以下体会：一是始终坚持以科学发展观为统领，不断提高可持续发展能力。坚持把发展作为解决一切问题的关键，创新发展思路，突破发展瓶颈，转变发展方式，突出发展效益，千方百计保持经济又好又快发展。二是始终坚持实施跨越式发展战略，不断增强干事创业的凝聚力。大力实施跨越式发展三年行动计划，以重点工程为抓手，以重大项目为载体，凝聚全市力量，推动经济社会发展实现新跨越。三是始终坚持改革开放不动摇，不断强化发展驱动力。把改革开放作为解决深层次矛盾的根本对策，以改革创新破解发展难题、强化发展保障，以扩大开放加快发展步伐、增创发展优势。四是始终坚持自主创新，不断夯实科技支撑力。全面提高自主创新能力，实现资源资本推动向科技推动转变、粗放管理向科学管理转变、经营产品向经营品牌转变。促进产学研紧密结合，集中力量攻克带动性强、关联度大、作用突出的关键技术，用科技创新加速推进经济社会发展。五是始终坚持改善民生这个根本，不断提升公共服务能力。把保障和改善民生作为发展的根本出发点和落脚点，逐年提高财政用于民生的投入，每年坚持为人民群众办理“十大实事”，以改善民生凝聚民心，以凝聚民心汇聚民力，以汇聚民力共谋发展。

各位代表！

五年取得的成绩来之不易，积累的经验弥足珍贵，创造的精神财富影响深远。“十一五”期间取得的成就，是全面贯彻落实党和国家路线方针政策的结果,是省委、省政府和市委正确领导的结果,是市人大、市政协监督支持的结果,是全市人民共同努力的结果。在此,我代表市人民政府,向工作在各条战线上的工人、农民、知识分子和干部,向驻郑人民解放军、武警官兵、公安政法干警,向各民主党派、工商联、人民团体和各界人士,向关心和支持郑州发展的港澳台同胞、海外侨胞和国际友人,表示衷心的感谢和崇高的敬意!

在回顾成绩的同时,我们也清醒地看到经济社会发展中的一些困难和问题。一是结构性矛盾仍然比较突出,高耗能、资源型工业比重较大,现代服务业发展不够充分,加快发展方式转变任务艰巨。二是瓶颈制约因素较多,资金、土地和环境等要素约束进一步加剧,一些重要领域的体制机制障碍仍然存在。三是创新能力还不强,高科技企业和高端科技人才相对不足,科技创新和科技成果转化能力有待提高。四是公共服务能力有待进一步提升,上学难、看病难等民生问题依然存在,城市交通问题尚未得到有效解决,水电气暖等基础设施需要进一步完善。五是一些政府部门职能转变还不到位,自身建设有待加强。这些问题,都需要在今后的工作中高度重视并认真加以解决。

二、"十二五"发展的指导思想和目标任务

"十二五"时期是贯彻落实科学发展观、加快经济发展方式转变、全面建设小康社会的关键时期,是建设郑州都市区、打造中原经济区核心增长极、加快建设国家区域性中心城市的攻坚时期,也是必须紧紧抓住并可以大有作为的重要战略机遇期。面对新形势、新要求,我们必须以世界眼光和战略思维,发挥优势,抢抓机遇,乘势而上,继续保持经济社会跨越式发展的良好态势。

"十二五"时期我市经济社会发展的指导思想是:高举中国特色社会主义伟大旗帜,以邓小平理论和"三个代表"重要思想为指导,深入贯彻落实科学发展观,按照"四个重在"的实践要领,紧紧抓住中原经济区建设重大机遇,以科学发展为主题,以加快经济发展方式转变为主线,以建设国家区域性中心城市为总目标,以富民强市为中心任务,以加快建设郑州都市区、持续推进跨越式发展、形成中原经济区核心增长极为总体思路,着力扩大需求,着力优化结构,着力改革开放,着力自主创新,着力环境保障,着力改善民生,充分发挥龙头作用、重心作用和示范带动作用,促进经济又好又快发展,促进社会和谐稳定和全面进步,为全面建成更高水平的小康社会打下坚实基础。

主要目标是:生产总值年均增长13%,财政总收入年均增长13%,财政一般预算收入年均增长13%,规模以上工业增加值年均增长16%,全社会固定资产投资年均增长20%,社会消费品零售总额年均增长15%,进出口总额年均增长25%,实际利用外商直接投资年均增长20%,城镇居民人均可支配收入年均增长10%,农民人均纯收入年均增长10%,新增城镇就业65万人,转移农村劳动力50万人,万元生产总值能耗完成省下达目标。

实现上述目标任务,必须突出以下几个方面:

一是大力推进郑州都市区建设。按照组团发展的理念,以推进交通基础设施和生态环境建设为重点,加速形成以中心城区和外围组团为核心、中等城市为支撑、重点镇为节点、小城镇为拱卫的现代大都市,合理调整城市空间布局和功能分区,努力形成组合有序、优势互补、整体协调的发展新格局。

二是切实转变经济发展方式。坚持把经济结构战略性调整作为主攻方向,坚持把科技进步和自主创新作为重要支撑,坚持把建设资源节约型、环境友好型社会作为重要着力点,加快推进创新型城市和低碳生态城市建设,切实做到在发展中促转变、在转变中谋发展。

三是加快富民强市步伐。坚持富民优先、强市为要,在不断增强我市综合实力的基础上,千方百计增加居民收入。大力实施"畅通郑州"工程、"菜篮子"工程、安居工程和教育、医疗、社会保障等民生工程,提高公共服务供给能力,推进公共服务均等化。

四是继续深化改革开放。把改革创新作为破解发展瓶颈和难题的根本途径,坚定不移地推进重点领域和关键环节的改革,建立健全有利于转变经济发展方式、促进科学发展的体制机制,最大限度地解放和发展生产力。把对外开放作为借势跨越、加快发展的根本举措,积极实施开放带动主战略,加大招商引资力度,承接产业转移,构建全方位、多层次、宽领域的开放格局。

五是进一步优化发展环境。继续实行联审联批、限时办结、审批代办、首席服务官和重大项目

领导分包等制度,完善绩效考评和奖惩制度,全面提高行政服务效能,切实营造公平正义的法制环境、宽松优良的政策环境、廉洁高效的政务环境、诚实守信的信用环境,努力打造最佳投资环境城市、最佳人居环境城市、最佳创业环境城市和最佳旅游环境城市。

《郑州市国民经济和社会发展第十二个五年规划纲要(草案)》及说明已印发各位代表,请予审议。

三、2011年工作安排

2011年是实施“十二五”规划的开局之年,也是郑州都市区建设的起步之年。新的一年,世界经济将继续缓慢复苏,我国经济发展持续向好的趋势没有改变,我省“一个载体、三个体系”建设扎实推进,中原经济区建设正式启动。我市区位、交通、资源和产业优势进一步显现,一批事关长远发展的重大项目取得突破性进展,发展动力和活力明显增强,这些都为我们实现科学发展、跨越发展提供了难得机遇。同时,我们也认识到,世界经济复苏的过程中不稳定不确定因素仍然较多,国家宏观调控政策进入转换期,特别是在土地供给、项目审批、节能减排等方面将提出新的要求,经济发展将面临偏紧的宏观环境和要素供给形势。我市面临的区域竞争压力不断加大,存在的矛盾和问题依然较多。因此,我们一定要保持清醒,增强忧患意识,抓住机遇,迎接挑战,顺势而为,扎实工作。坚持以郑州都市区建设为载体,以有效承接产业转移为关键,以项目建设为抓手,把经济结构战略性调整作为转变发展方式的主攻方向,把改造提升传统产业作为调整优化结构的首要任务,把搭建对外开放主平台作为以增量调结构促转型的有效载体,把强化综合交通枢纽地位作为提高区域竞争力打造竞争新优势的重要举措,努力实现“十二五”良好开局,充分发挥在中原经济区建设中的核心和示范带动作用。

今年经济社会发展主要预期目标是:生产总值增长13%,财政一般预算收入增长15%,全社会固定资产投资增长23%,社会消费品零售总额增长17%,进出口总额增长25%,实际利用外商直接投资增长22%,居民消费价格涨幅控制在4%左右,城镇居民人均可支配收入增长10%,农民人均纯收入增长10%,新增城镇就业13万人,城镇登记失业率控制在4%以内,人口自然增长率控制在6.5‰以内,节能减排完成省下达目标。

围绕上述目标,今年将着重抓好以下几个方面工作:

(一)加快郑州都市区建设,打造中原经济区核心增长极。以现代化大都市的战略思维和发展理念,超前谋划并扎实推进郑州都市区建设,主动融入并服务于中原经济区建设。做好规划编制工作。高标准做好郑州都市区空间战略规划、建设规划和交通专项规划,制定新增组团的总体规划,编制宜居教育城、宜居健康城等宜居组团规划。拓展都市区发展空间。加快中心城区和郑州新区发展,加大三环至四环以及四环至黄河南岸、郑州新区、西南绕城高速区域内的城市基础设施建设力度,拉大城市框架,实现延伸发展;推动新郑、荥阳、新密、上街、高新技术开发区等组团的开发建设,推进融合发展;加快巩义、登封等组团的建设,实施向心发展。加快城乡统筹发展。坚持以产兴城、以城带乡,壮大都市区各组团经济规模。按照城市建设标准,着力推进重点镇向小城市方向发展。加快新农村建设,开展新型农村社区建设。稳步推进合村并城、合村并镇、合村并点,实现人口向城镇和农村社区集中、土地向规模经营集中、产业向集聚区集中,加快城乡一体化进程。

(二)推进郑州新区发展,构建复合型新城区。进一步完善专项规划、控制性详规和修建性详规,实现控制性详规全覆盖。加快航空港和高速铁路两大综合交通枢纽建设,加快郑汴物流通道、万洪公路等道路工程建设,推进重大产业集聚区周边道路和水电气等基础设施配套建设,加快郑州引黄灌溉龙湖蓄水工程项目建设。加强城市东出入市口的交通整治和环境综合整治,疏通新区交通瓶颈。集中力量抓好航空港区、龙湖地区、国际物流园区、高校和职教园区、综合交通枢纽地区和绿博园周边地区等重点区域的开发建设,以点带面,推动新区整体发展。全力推进富士康郑州科技园建设,确保按建设进度完成任务,同时,积极引进新的合作项目,形成富士康项目的产业集群。加快东风日产、郑州日产、海马、宇通等整车生产基地建设,加快汽车零部件产业园和新能源汽车研发基地建设,为百万辆汽车生产规模如期达产奠定坚实基础。建设好综合保税区、保税物流中心、出口加工区三大海关特殊监管区。依托郑东新区CBD、CBD副中心,大力发展金融服务业、现代物流业、会展业、总部经济和楼宇经济。

(三)加强经济运行调控调节,保持经济平稳健康发展。积极扩大消费需求,大力优化投资结构,为经济平稳较快发展创造条件。努力扩大消费需求。增加政府支出用于改善和扩大消费的比重,增强居民消费能力。落实商贸城建设总体规划和城市商业网点规划,出台加快现代化商贸城发展的意见。继续实施家电下乡、以旧换新等刺激消费政策,深入推进"万村千乡"市场工程和新网工程。制定蔬菜流通体系建设规划,加快批发市场、农贸市场、社区便利店建设,推进蔬菜店、早餐店进社区。培育文化、教育、养老、医疗保健等消费热点,完善家政服务体系,争取成为国家家政服务体系试点城市。优化投资结构。发挥好政府投资对经济结构调整的引导作用。认真落实国家关于鼓励引导民间投资的政策措施,引导社会资本进入基础设施、公用事业、保障性住房、金融服务等领域。加强银企衔接,扩大直接融资规模。支持郑州银行等金融机构推进金融产品和服务方式创新,争取更多信贷资金投向实体经济。加强经济运行监控监测。加大煤电油气运等生产要素的保障力度,千方百计帮助企业解决手续办理、土地审批、融资等难题。加强房地产市场宏观调控,强化市场监管,保持房地产市场平稳健康发展。综合运用调控手段,全力保障市场供应,努力把价格总水平控制在合理范围。

(四)优化产业结构,提升产业核心竞争力。完善产业政策,构建现代产业体系,推动产业结构调整。发展壮大战略支撑产业。重点发展汽车及装备制造、物流商贸、文化创意旅游和电子信息四大战略支撑产业。加快宇通2万辆客车产能提升、海马第三工厂、东风日产年产60万辆轿车、旭飞光电液晶玻璃基板项目二期、恒天重工、新大方工业园、中船重工核电设备研制生产等项目建设;重点支持郑州铁路集装箱中心站、华润万象城、万达广场等大型物流商贸项目建设,推动美国联合包裹服务公司郑州项目、新加坡国际物流园项目尽快落地;推进郑州华强文化科技产业基地、国家动漫产业发展基地(河南基地)、郑州信息创意产业园等文化产业园区建设。推进富士康郑州科技园、中国电科27所郑州电子信息产业园、威科姆国际软件生态园、河南物联网科技产业园等信息产业项目建设。加快信息化和工业化融合步伐,积极争取国家级云计算中心落户郑州,创建国家电子商务示范城市,推进电子信息产业实现新跨越。培育发展战略新兴产业。重点实施新能源、新材料、节能环保、生物医药、物联网等重大科技专项,努力建成一批标志性科技工程。推进海马新能源汽车、中航电动汽车动力总成系统、郑州日产年产5万辆电动汽车研发及产业化等项目建设,推进桑达能源、华晶超硬材料等一批新能源、新材料项目建设,支持辅仁药业科技产业园、安图生物等重点生物医药项目,做好"十城万盏"半导体照明和"十城千辆"新能源汽车试点工作。改造提升传统优势产业。围绕铝及铝制品、食品和纺织服装等传统产业,坚持技术创新、升级改造、延伸链条、降本提效。积极发展煤电铝一体化,开发铝加工高端产品;提升食品工业制作技术,扩大生产规模;大力发展高档面料,培育国际知名品牌,提升服装产业层次。推进豫联集团电解槽升级改造、东方铝业精深加工、中粮(郑州)工业园、益海嘉里、双汇食品工业园、三全食品工业园、思念食品新工业园、泰阳纺织有限公司高档纺织面料生产线等项目建设。大力发展现代服务业。重点发展食品冷链、医药、钢铁、粮食、汽车、家电等行业物流,加快建设专业物流园区、国家级区域性分拨中心和配送网络。着力引进国际国内知名金融机构入驻我市,支持地方金融机构和地方融资平台的发展。以郑州商品交易所为龙头做大做强期货经营机构,加快郑州期货定价、信息和交易中心建设。调整优化商贸布局,大力发展城市综合体。推动会展业加快发展,举办好全国药品交易会、中国国际五金博览会、中国国际汽车后市场博览会等重要展会。加快旅游基础设施建设,完善配套服务功能,加快与港中旅合作项目的推进,再引进一批国内外知名的新型旅游业态项目。以"天地之中"历史建筑群列入世界遗产名录为契机,支持嵩山风景名胜区加快发展。加快实施自主创新。围绕国家创新型城市建设,推进重大科技创新工程,实施重点科技攻关计划,加快产学研结合及科技成果转化。支持中铁隧道盾构技术、宇通客车安全控制技术、郑州机械研究所等国家级和省级企业研发中心、工程实验室建设。力争全市高新技术产业总产值突破2500亿元,专利授权量突破6000件,科技进步贡献率达到56%。

（五）狠抓重大项目建设，加大固定资产投资力度。把项目建设作为推进跨越式发展的重要抓手，以项目调结构，以项目促增量。加强综合交通基础设施建设。继续配合国家、省加快石武客专、郑徐客专、郑州机场二期以及机场至许昌、机场至登封、机场至洛阳城际铁路等综合交通体系建设，推进郑州至开封、郑州至焦作、郑州至机场城际铁路项目建设，配合做好郑渝铁路前期工作，配合省加快连霍高速、焦桐高速、郑民高速郑州段等项目建设，开工建设机场至少林寺高速公路。完成国道107郑州段改建等快速路项目，加快推进郑新快速通道、航海路至郑少高速连接线等快速路项目。加快郑州综合交通枢纽公路客运站等项目建设。加快基础产业发展。做好国电荥阳电厂二期2×100万千瓦、大唐巩义2×60万千瓦发电机组等项目的前期工作，推进新密电厂二期2×100万千瓦、河南华辕年产240万吨李粮店煤矿等重大项目建设，确保海马郑州年产15万台节能高效发动机、格力电器郑州产业园一期、友旺手机产业园、郑煤机高端液压支架基地等25个亿元以上项目如期竣工达产，开工建设中国家居CBD郑州产业园、保绿能源二期、河南龙工中原基地、青岛海尔（郑州）物流产业园一期等项目。推进产业集聚区建设。按照企业集中布局、产业集群发展、资源集约利用、功能集合构建和促进人口向城镇转移等“四集一转”的要求，完善产业集聚区推进机制和管理办法，整合产业资源，培育特色产业集群。加快产业集聚区服务平台建设，加大产业集聚区招商引资力度。

（六）扎实做好“三农”工作，夯实农业农村发展基础。在工业化、城镇化加快发展的同时，进一步加快现代农业和都市农业发展，推动“三化”协调发展。认真落实强农惠农政策。财政支出重点向农业农村倾斜，确保用于农业农村的总量、增量均有提高。加强农村金融体系建设，引导农村信用社、县域村镇银行等金融机构支持“三农”发展，推进农业政策性保险工作，发展农产品期货市场，保护和调动农民发展农业生产的积极性。加快都市型现代农业发展。加快实施近郊蔬菜、花卉、水产等发展规划，推进都市农业、观光农业等现代农业发展。大力实施“菜篮子”工程，新建、改建标准化菜田2万亩，其中，发展设施生产面积8000亩。抓好中牟现代农业示范区起步区和中国红枣综合产业园等农业特色区建设。加大对龙头企业的扶持力度，发展农民专业合作社。强化农业科技支撑，健全基层农业技术推广服务体系。加强农业农村基础设施建设。贯彻落实中央一号文件精神，加大农村水利基础设施建设力度，加快推进病险水库除险加固、中小河流治理、水土保持等项目建设，完成中央投资大型泵站改造和引黄灌区节水配套改造项目。新修、改造农村公路500公里。加大农业综合开发力度，改造中低产田20万亩，治理水土流失面积80平方公里，新增有效灌溉面积3万亩。继续为南水北调工程建设创造良好环境，全面完成第二批移民搬迁安置任务。加大扶贫开发力度，帮助1万人实现脱贫。

（七）加强城市建设与管理，提升城市综合承载能力。以郑州都市区规划建设为契机，加快中心城区保护改造步伐，着力提升城市管理水平。完善实施各项规划。认真落实郑州市城市总体规划，做好各层次规划的衔接。尽快完成郑州航空城空间战略规划及城市设计，上半年编制完成市区城乡空间发展引导规划。继续实施“畅通郑州”工程。加快轨道交通建设，力争1号线全线贯通，开工建设1号线二期和4号线部分市政工程，做好5号线前期工作。完善城市快速路系统，升级改造10个出入市口，推动郑开大道与京港澳高速、花园路与连霍高速等互通式立交建设，力争京沙快速通道一期工程建成投入使用，开工建设陇海路高架和农业路高架快速路，加快三环快速路、西三环北延、北三环东延、南三环东延等道路工程建设。加快城市路网建设，修通城市支线路网26条。充分利用地下空间，加快停车场、步行系统等静态交通的规划建设，新增公共停车泊位1万个以上。继续优先发展城市公共交通，加快中心城区公交换乘站、首末站、枢纽站建设，新购置公交车500辆，新开通公交线路20条，优化线路50条。提高公共设施保障能力。开工建设刘湾水厂、马头岗污水处理厂二期等市政工程，加大自来水、供热、供气等管网新建和改造力度，加快推进积水点改造、雨污水管网建设，主汛期前确保完成37处积水点改造任务。加大城中村改造力度，科学制定城中村改造规划，合理控制新建小区人口密度，完善学校、绿地、停车场等公共配套设施，提高综合承载能力。加强城市管理。集中力量整治交通秩序和市容市貌，开展占道经营、户外广告、报刊亭、城市养犬、建筑垃圾运输车等专项整治活动。加强市政工程的施工组织和管理,确保各项工程协调、有序、安全、快速推进。完善数字化城市管理系统,推进城市管理的标准化、精细化。大力开展爱国卫生运动,巩固国家卫生城市创建成果。

(八)深入推进改革,继续扩大开放。积极稳妥地推进国企改革发展,做好郑州百货大楼、百文集团、开普集团等企业的改制工作。鼓励、支持和引导非公有制经济发展,营造各种所有制经济依法平等使用生产要素、公平参与市场、同等受到法律保护的体制环境。加快医药卫生体制改革,巩固完善新农合制度,积极探索公立医院改革,支持非公立医疗卫生机构发展。着力推进公益性文化事业单位和艺术表演团体的改革,探索设立文化产业投资基金,推动出版集团上市工作。深化投融资体制改革,规范投融资平台建设,增强企业自身造血功能和国有资本运营能力。做好36家省定重点上市后备企业的培育工作,全年力争4家企业在境内外上市。深化农村体制改革。实施城乡建设用地增减挂钩,探索集体建设用地流转机制,建立城乡统一的交易市场。健全农村土地承包经营权流转机制,推进农用地和农村集体资产产权制度改革,稳步推进土地规模经营。推进集体林权制度、水利投融资体制、县级供销社体制改革。推进县(市)户籍制度改革,逐步降低入户门槛,加快城镇化进程。

继续实施开放带动和大招商战略,加强与国内外500强企业、跨国公司、大型央企和知名民营企业的战略合作,力争再引进一批大项目。落实“引进来、走出去”战略。巩固驻地招商成果,加大对长三角、珠三角、环渤海地区等重点区域的引资力度,积极承接产业转移。着力提升招商质量和层次,重点引进高新技术、新材料、新能源、生物医药、节能环保、新能源汽车和物联网等新兴产业。高度重视对外贸易工作。做好服务外包工作,积极申报全国服务外包基地示范城市。进一步扩大对外经济技术合作,培育外经龙头企业,提升国际竞争力。

(九)持续推进节能减排,切实加强环境保护。加强节能降耗工作,重点对冶金、水泥、耐材、化工、煤炭、电力、造纸、纺织等高耗能行业实施综合改造。推广可再生能源建筑应用技术,推进绿色建筑示范项目。加快循环经济发展,实施20个循环经济重点项目,支持粉煤灰、尾矿废渣等废弃物资源化利用,推进废钢铁、电子产品等废旧资源的再生利用。加强生态环境建设,启动国家生态市创建工作。加快生态水系建设,完成东风渠上游、潮河上游、贾鲁河等河道治理工程,加快推进常(庄)西(流)湖生态公园建设。市区新增绿地500万平方米,新植乔木50万株。继续实施林业生态市建设工程,新造林19万亩,抚育改造中幼林10万亩。加强森林生态城的管护工作,切实发挥生态效益。加快黄河湿地自然保护区和黄河湿地公园建设。巩固和提升国家环保模范城创建成果,加大污染物化学需氧量、二氧化硫、氨氮、氮氧化物的减排力度,饮用水源地水质达标率达到98%以上,市区空气质量达标率达到85%以上。推进农村环境综合整治工作。

(十)着力保障和改善民生,确保社会大局和谐稳定。以办好省、市确定的“十大实事”为重点,大力加强民生工程和社会事业建设。实施更加积极的就业政策。全市新增城镇就业13万人,农村劳动力转移就业10万人。加强对高校毕业生、失业人员、农民工等重点群体的就业服务与技能培训,推动全民创业。加强社会保障工作。不断完善社会保险制度,着力提高社会保险统筹层次,继续扩大社会保险参保覆盖面。建立低收入群体和困难群众社会救助、保障标准与物价上涨挂钩联动制度,完善企业退休人员基本养老金、城乡居民低保标准正常调整机制,加强残疾人、孤儿、五保户等困难群体的保障体系和服务体系建设,高度重视失地农民的社会保障工作。推进教育优先发展。市区新建、改扩建中小学校25所、幼儿园97所,在全市农村中小学校实施现代远程教育“班班通”工程。强力推动郑州职业教育园区建设,支持郑州幼师升专工作。推动优质教育资源倍增工程。实施人才强市战略,统筹抓好高层次人才和高技能人才队伍建设。发展医疗卫生事业。实施优质医疗资源倍增工程,新建、改扩建市二院、市三院等6所医院,支持河南省医疗中心、郑大一附院郑东院区、洛阳正骨医院郑州医院等项目建设。新增片医负责制单位6个,使我市片医单位服务人口达到300万人。对城乡低保对象、低收入家庭重病患者、重度残疾人和农村五保对象实施大病救助,启动提高农村儿童重大疾病医疗保障水平试点工作。强化精神卫生健康服务。加快安居工程建设。以公共租赁住房和廉租住房建设为重点,编制保障性住房发展规划,加强保障性住房用地供给,扩大建设规模。开工建设经济适用房165万平方米、廉租住房17万平方米,筹措公共租赁住房65万平方米,改造棚户区58万平方米。推进文化、体育、人口和计划生育等社会事业发展。实施文化惠民工程,继续建设一批农村文化大院、社区文化中心和农家书屋,加快郑州图书馆新馆(市民文化中心)等重点工程建设。做好大遗址保护规划编制工作,支持少林功夫申报世界非物质文化遗产,加快商城遗址公园项目建设。深入开展"扫黄打非"专项斗争,加强网吧、音像、图书等文化市场的管理。继续做好人口和计划生育工作,深化人口和计划生育综合改革,稳定低生育水平,促进人的全面发展。加强妇女儿童保护工作。维护残疾人的合法权益。大力推动慈善事业发展。完善社会组织扶持政策,支持社会工作者队伍和志愿者队伍建设。开展全民健身运动,发展竞技体育。加强精神文明建设,弘扬郑州精神,营造积极向上、文明健康的精神文化氛围。维护社会和谐稳定。加强非煤矿山、化工、烟花爆竹、道路交通、燃气、消防等重点行业的安全治理,完善重大事故隐患防控体系,坚决遏制重特大事故的发生。严格落实煤矿安全生产责任制,严厉打击违法违规行为。继续强化食品药品安全监管,加强餐厨废弃物的回收管理。健全社会治安防控体系,积极开展法律服务和法律援助,努力调处化解社会矛盾纠纷,解决信访突出问题。加强应急管理,有效防范并妥善处置群体性事件和突发公共事件。严厉打击各类违法犯罪行为,努力维护社会大局稳定,为人民群众营造安全、祥和的社会环境。

继续做好国防动员、人民防空工作,加强全民国防教育和民兵预备役建设,深入开展"双拥"共建活动。巩固平等、团结、互助、和谐的社会主义民族关系,发挥宗教界人士和信教群众在促进经济社会发展中的积极作用。继续做好统计、审计、外事、侨务、对台事务、社科研究、史志、档案、地质、气象和地震监测等工作。

四、加强政府自身建设

做好今年各项工作,全面推进郑州都市区建设,要坚持"三具两基一抓手",深入推进"两转两提",扎实开展"创先争优"活动,切实提高政府行政效能和施政水平,努力建设依法治理、务实为民、清正廉洁、人民满意的政府。

(一)转变职能,提高政府执行力。继续推进政府职能转变,切实发挥经济调节、市场监管、社会管理和公共服务职能。正确履行经济调节职能,综合运用经济、法律和行政手段推动结构调整和发展方式转变;加强市场监管职能,强化对涉及人民群众生命财产安全领域的监管,特别是把涉及人民群众身体健康和生命安全的食品、药品等作为监管重点;更加注重社会管理职能,深入推进社会矛盾化解和社会管理创新;更加注重公共服务职能,加强公共基础设施建设,健全公共财政政策,完善公共服务体系,提高公共服务质量。

(二)依法行政,提高政府公信力。认真执行人大及其常委会的决议和决定,自觉接受人大及其常委会的法律监督、工作监督和政协的民主监督,认真办理人大代表议案、建议和政协委员提案。广泛听取各民主党派、工商联、无党派人士意见,支持工会、共青团、妇联等人民团体发挥桥梁纽带作用。规范行政执法,建立健全行政决策制度和行政执法责任追究制度,做到严格执法、公正执法、文明执法。完善政务公开制度,切实保障群众的知情权、参与权和表达权。落实廉政建设责任制,严格执行部门预算、政府采购等制度,从源头上预防腐败。加强对重点领域、关键部位、特殊岗位的监督管理,开展违法转包工程、违法建设、违法经营等专项治理活动。重视舆论监督和网络监督,确保人民群众的监督权利得到充分行使。

(三)转变作风,提高政府推动力。简化办事程序,精简会议文件,改进会风文风,提高工作效率。弘扬求真务实的作风,反对形式主义、官僚主义,反对弄虚作假,不搞劳民伤财的"形象工程"、"政绩工程"。弘扬艰苦奋斗的作风,带头厉行节约,勤俭办事,降低行政成本。弘扬调查研究之风,做到问政于民、问需于民、问计于民,使政府工作思路、工作部署、政策措施更加符合民意。健全公务员考核评价、激励约束机制,深入开展人民满意公务员创建活动。

(四)务实为民,提高政府凝聚力。牢固树立宗旨意识,坚持以人为本、执政为民,着力解决就业、就学、就医、住房等人民群众最直接、最关心的问题。把群众满意不满意、高兴不高兴、拥护不拥护、赞成不赞成作为评判各项工作的最终标准,坚决纠正损害群众利益的不正之风,真心实意为群众排忧解难,努力实现好、维护好、发展好最广大人民的根本利益和合法权益。

各位代表!

告别了成就辉煌的“十一五”,承载着全市人民的热切期盼,我们踏上了“十二五”的伟大征程。我们深知,前进的道路上会遇到曲折和坎坷;我们坚信,郑州的明天将会更加美好。让我们紧密团结在以胡锦涛同志为总书记的党中央周围,高举中国特色社会主义伟大旗帜,深入贯彻落实科学发展观,解放思想,开拓创新,抢抓机遇,加快发展,努力实现“十二五”的良好开局,为加快郑州都市区建设、推动中原经济区建设作出新的更大的贡献。

第二篇 大事记

2010年郑州大事记

一月

4日

△在2007—2008年度全国科技进步考核中，郑州市再次荣获“全国科技进步先进市”荣誉称号，这已是郑州市四度折桂。全市所辖12个县(市)区也全部通过此次考核。

△市长赵建才会见来郑考察的珠海格力电器股份有限公司副董事长、总裁董明珠一行。珠海格力电器股份有限公司是目前全球最大的集研发、生产、销售、服务于一体的专业化空调企业之一，在全球拥有珠海、重庆、合肥、巴西、巴基斯坦、越南六大生产基地，至今已开发出包括家用空调、商用空调在内的20大类、400个系列、7000多个品种规格的产品。此次考察，格力电器拟在郑州惠济区选址建设格力电器制冷产业园。

5日

△省委常委、市委书记王文超在航空港区调研。他指出，要用国际一流的意识、标准和人才，把港区建设成设施最先进、管理水平最高、服务功能最完善的国际一流港区。在航空港区，王文超一行视察了北区的路网建设情况，并实地察看了郑飞研发中心、后羿集团和鸿宾木艺有限公司等，听取企业负责人相关工作汇报，了解企业的生产、运营和市场开拓等情况。市领导李柳身、薛云伟，郑州新区副主任、航空港区主任崔凡等陪同调研。

△市长赵建才到管城区调研。他要求，要理清发展思路，坚定发展信心，谋好局，起好步，力争实现“开门红”。赵建才现场察看了天荣时装城现状及规划设计、商城遗址拆迁工作、宛西制药工程进展、大商千盛生活广场建设和国香茶城市场经营等情况，并召开现场办公会，听取管城区负责人相关工作进展情况的汇报，现场协调解决问题。副市长张建慧，市长助理、市政府秘书长张学军参加调研。

△市政府下发通知，公布了第七批取消、下放、变更和新增的行政审批项目。取消的行政审批项目包括：城市桥梁上架设各种管线审批、集资建设经济适用住房出售审批、房地产转让核准。下放的行政审批项目为执业护士注册核准。审批项目“矿产资源开采登记、转让、租赁、承包经营审批”，变更为“划定矿产范围及开采登记”。新增行政审批项目包括：举办宗教培训班审批、举办大型宗教活动审批、辐射安全许可证核发。

△全国医药卫生系统先进集体和先进个人表彰大会在北京召开，市食品药品监督管理局荣获“全国医药卫生系统先进集体”称号。

6日

△省委常委、市委书记王文超在荥阳市调研。他指出，要进一步加大结构调整力度，加大招商引资力度，抓重大项目，抓城乡规划，将荥阳打造成高品位、现代化新城区。王文超一行先后深入少林汽车5000台大客车生产线、龙祥铝业有限公司、郑州四维机电公司荥阳制造基地、清华·忆江南房地产项目等地，全面了解了荥阳市经济社会发展情况。

△全国绿化委员会、国家林业局和省政府联合在北京举行新闻发布会，正式向社会公布第二届中国绿博会会徽、吉祥物和主题口号的评选结果。会徽为双手呈伸展与呵护状的图案，吉祥物为郑州市市树法桐树树叶塑造的天真可爱孩童形象——“绿童”，主题口号为“和谐绿博会，生态新郑州”。

7日

△省委常委、市委书记王文超在金水区调研。他指出，要不断加大产业结构调整力度，转变经济发展方式，把金水区打造成生态文明创新和谐的首善之区。王文超一行先后到燕庄、沈庄、凤凰名优建材城、西关虎屯等地，实地察看了金水区城中村改造情况。

△省委常委、市委书记王文超到郑州新区调研重大项目进展情况，先后到郑州宝钢钢材加工配送中心、郑煤机高端液压支架生产基地、第二十二大街、第二十五大街、中国电子科技集团二十七研究所、绿地高铁站前广场、宝龙广场康城·奥特莱斯品牌折扣店、CBD7号地下停车场等项目建设现场，实地察看了项目进展情况。市领导李柳身、王哲、牛西岭陪同调研。

△市长赵建才到新郑市调研，现场察看重点建设项目进展情况，与地方领导干部座谈，共同研究新一年发展思路、发展举措。赵建才先后到兰

郑长成品油管道郑州输油站、郭店镇小杨庄移民点、薛店镇常刘中心村和中央储备粮新郑直属库等处进行了实地察看,详细了解新郑市重点项目建设和新农村建设情况。

12日

△省委常委、市委书记王文超在上街区调研。他指出,要大力推进产业集聚区建设,不断改善人居环境,提升居民生活质量,把上街建设成一流的精品城区。王文超一行察看了建业星级酒店建设、上街区社会党建工作新模式、上街区环保局干部队伍作风建设、中铝郑州研究院、林肯电器合力(郑州)焊材有限公司,全面了解上街区经济社会发展情况。

△省委常委、市委书记王文超在中原区调研。他指出,要继续坚持"工业立区、三产兴区、教育强区"战略,通过改革推动体制机制、发展方式的转化,实现中原区经济社会发展新飞跃。王文超一行先后到郑煤集团、河南弘大心血管病医院、锦艺·国际华都、大中原果品物流港等地,实地察看了中原区经济社会发展情况。

△市政府下发通知,将郑州经济技术开发区管委会、郑州航空港区管委会、郑州出口加工区管委会正式交由郑州新区管委会统一管理。

13日

△省委常委、市委书记王文超在郑州高新区调研。他指出,要进一步打造产业新高地,加强城市改造力度,率先建成"三化两型"新城区。王文超详细了解了谷晶创艺动漫及国家动漫产业发展基地(河南基地)建设、发展情况,还实地察看了河南省国家大学科技园(东区)、阿格斯薄膜太阳能电池、生茂电池、辉煌科技、河南新中基电动车生产等重点项目建设情况。

△副省长张大卫带领省发改委、国土资源厅、住房和城乡建设厅、重点项目办、口岸办负责人到郑州新区,就重点项目建设、物流等产业发展、体制改革创新等情况进行调研。市委常委、郑州新区管委会主任李柳身,副市长王哲参加调研。

14日

△由北京大学和郑州大学联合编制的《郑州新区环境保护规划》通过评审。以国家环保部国家环境咨询委员会金鉴明院士为组长的专家评审组认为,该规划理念先进,指导思想明确,符合郑州新区实际情况。

15日

△郑州市南水北调干渠征地拆迁动员大会召开,对征地工作进行全面部署。市长赵建才要求,切实做好南水北调郑州干渠征迁工作,确保工程建设顺利实施。市委常务副书记马懿主持会议,副市长王跃华对相关工作进行安排。

16日

△占地80公顷、投资2亿美元的中国国际农机交易中心落户郑东新区。中国农业机械流通协会与美国河南总商会共同建设的"中国郑州国际农机交易中心"项目正式签约。中国农业机械流通协会会长崔本中、美国河南总商会会长翟金城,省市领导王文超、刘满仓、王跃华等出席签约仪式。

18日

△省委常委、市委书记王文超察看市部分重点交通工程建设情况。他指出,施工单位要在确保工程质量的前提下,千方百计加快施工进度,最大限度地降低施工对交通和市民的影响。王文超一行先后察看了轨道交通1号线建设情况、文化路与东风路下穿隧道建设项目、中州大道精品街改造、花园口互通式立交建设情况等。副市长张建慧参加察看。

19日

△省委副书记、省长郭庚茂在郑州市调研电力保障工作。他要求,确保电力正常供应,为全省经济社会发展和人民群众生产生活提供有力支撑和保障。在省委常委、郑州市委书记王文超,副省长史济春、张大卫,郑州市市长赵建才的陪同下,郭庚茂一行到郑州新力电力有限公司考察了电煤供应、发电运转等情况。

21日

△省政府、市政府与中国电子科技集团签署战略合作框架协议。省委副书记、省长郭庚茂表示,该框架协议的签署,将推进河南电子科技产业加快发展。省市领导王文超、史济春、赵建才、孙金献等出席签约仪式。中国电子科技集团公司是以原信息产业部直属研究院所和高科技企业为基础组建而成的国有大型企业集团,也是国资委评定的A级国企。

△由上海同济城市规划设计研究院编制的郑州新区城镇体系规划方案通过专家评审。省委常委、市委书记王文超,市长赵建才,市委常委、郑州新区管委会主任李柳身,副市长张建慧出席评审会。

22日

△市长赵建才到市交警支队调研,与交警部门和市政委有关部门共同研究解决交通拥堵工作,并针对存在的具体问题现场办公。他要求,要多策并举,综合施策,建立起科学、规范、合理的交通运行秩序,切实解决交通拥堵问题。副市长、市公安局局长黄保卫,市长助理、市政府秘书长张学军参加调研。

26日

△国家住房和城市建设部在北京举行第七批国家级风景名胜区新闻发布会,并举行授牌仪式。继嵩山风景名胜区后,郑州黄河风景名胜区被授予"国家级风景名胜区"称号。

27日

△郑州市中心城区铁路跨线桥主桥顺利完成60度转体,成功地转到京广、陇海铁路上方,这标志着我国在转体斜拉桥施工技术上取得重大突破。市长赵建才现场察看了转体工程,并对工程转体成功表示祝贺。副市长张建慧,市长助理、市政府秘书长张学军等陪同察看。

△市委常务副书记马懿、副市长

王跃华带领相关部门负责人到荥阳市移民安置村——东魏营村调研移民工作，看望移民群众。

28日

△全国民政部救灾司司长米勇生、中央党校教授以及南开大学、河南社科院等全国各地专家学者、省市民政部门领导齐聚郑州，共同研讨二七区民政局“爱心110”捐赠救助模式。专家建议把二七区民政救助的创新举措作为建设和谐社会的样本深入探讨，把好经验在全国推广。

30日

△零时30分，河南省郑州市公安局特巡警支队特警四大队民警沈战东同志因连续工作劳累过度，牺牲在新疆维稳工作第一线，年仅28岁。沈战东同志牺牲后，中央领导同志就学习宣传沈战东同志先进事迹作出重要批示。

△郑州火车站西站房、无柱风雨棚及站前广场正式启用。

31日

△政协郑州市第十二届委员会第二次会议在市青少年宫开幕。大会由市政协副主席岳喜忠主持，市政协主席李秀奇，市党政军领导王文超、赵建才等在主席台就座。李秀奇作常委会工作报告，舒安娜作提案工作情况报告。

二月

1日

△郑州市第十三届人民代表大会第二次会议在市青少年宫开幕。大会执行主席、主席团常务主席王文超、马懿、白红战等，市领导赵建才、李秀奇、李柳身等在主席台就座。白红战主持会议，赵建才作政府工作报告。

4日

△政协郑州市第十二届委员会第二次会议闭幕。朱建国、陈斌当选为政协郑州市第十二届委员会常务委员。大会通过了政协郑州市第十二届委员会第二次会议政治决议、政协郑州市第十二届委员会第二次会议关于常务委员会工作报告的决议、政协郑州市第十二届委员会第二次会议关于十二届一次会议以来提案工作情况报告的决议和政协郑州市第十二届委员会提案审查委员会关于十二届二次会议提案审查情况的报告。

5日

△郑州市第十三届人民代表大会第二次会议闭幕。会议通过了大会的六项决议：关于郑州市人民政府工作报告的决议；关于郑州市2009年国民经济和社会发展计划执行情况与2010年计划及其报告的决议；关于郑州市2009年财政预算执行情况和2010年财政预算及其报告的决议；关于郑州市人民代表大会常务委员会工作报告的决议；关于郑州市中级人民法院工作报告的决议；关于郑州市人民检察院工作报告的决议。

6日

△上午11点25分，满载旅客的G2003次国产CRH2“和谐号”高速动车组列车，作为郑西高铁郑州的首发列车，从郑州火车站徐徐开出，郑州至西安高速铁路正式投入运营。省领导王全书、曹维新、王文超、刘新民、史济春，铁道部党组成员、纪委书记安立敏，市领导赵建才、张建慧参加了首发仪式。

△市领导赵建才、王璋、栗培青、王哲、王薇、张民服到管城区和新郑市，看望困难企业、困难职工和农村优抚对象、计生贫困户，并送去慰问品和慰问金。

8日

△省委常委、市委书记王文超到郑州大学国际交流中心，看望慰问申长雨、钟香崇、吴养洁、霍裕平等四位院士，向他们致以亲切问候。申长雨、钟香崇、吴养洁、霍裕平均为中国科学院院士，并且都在郑州大学工作。

△市委常务副书记马懿走访慰问部分驻郑院士。首先到河南农科院，向正在工作的中国工程院院士、河南省农科院副院长张改平送上鲜花、祝福和慰问金；随后又看望了郑州烟草研究院名誉院长、中国工程院院士朱尊权。

△省市领导徐济超、胡荃一行先后到郑州四中西藏班、郑州七中新疆班慰问师生，并送去慰问金和慰问品。

9日

△郑州市首家慈善医院在市第二人民医院挂牌成立。当日，“慈善健康行”公益活动也揭开帷幕。市领导姚待献、王薇等出席仪式。

10日

△市长赵建才、副市长张建慧到解放军信息工程大学，看望郭江兴、王家耀、高俊、许其凤等四位在郑工作的院士，给他们送去新春祝福。

△省委常委、市委书记王文超到巩义市和上街区，走访慰问困难企业、困难职工和群众。市领导李公乐、王旭彤、赵明恩、李元法、孙金献、岳喜忠等参加慰问。

12日

△省委常委、市委书记王文超先后到供电、供水、供暖和城管等部门，走访慰问节日期间坚守岗位的一线干部职工。市长助理、市政府秘书长张学军参加慰问。

14日

△由市政府主办的“龙腾虎跃闹新春”2010年郑州市春节民间文艺大巡游活动在二七塔南广场启动。省委常委、市委书记王文超，省文化厅厅长杨丽萍，市领导赵建才、丁世显、雷志、黄保卫、刘东、王薇等出席启动仪式。

20日

△省委常委、市委书记王文超到郑州经济技术开发区实地察看海马第二工厂、日产第二工厂的生产建设情况。市领导李柳身、孙金献等陪同察看。

21日

△郑州市被国家知识产权局正

式批准为国家知识产权工作示范城市。这标志着郑州市知识产权工作进入新的发展阶段。

△副省长刘满仓到郑州市,就南水北调郑州2段工程进展情况及征迁安置工作进行调研,副市长王跃华陪同。

22日

△省委常委、市委书记王文超察看京广路—沙口路快速通道、郑州市中心区铁路跨线桥、科学大道立交等重点工程建设情况。他指出,在确保工程质量和安全的前提下,有关部门要高度重视、密切配合,全力以赴推进工程建设,争取提前实现通车,方便市民出行。市领导高方斌、张建慧,市长助理赵武安等参加察看。

23日

△全国妇联党组书记、副主席、书记处第一书记宋秀岩一行6人到郑州调研妇女工作。省妇联主席陈砚秋、市委常务副书记马懿陪同。

24日

△国家人力资源和社会保障部副部长张小建在郑调研郑州市人力资源市场就业服务工作。省人力资源和社会保障厅厅长郭俊民,市长赵建才,市长助理、市政府秘书长张学军陪同调研。

△市人大常委会主任、市交通枢纽工程指挥部指挥长白红战察看交通重点工程建设进展情况,协调解决工程建设中遇到的实际问题。白红战先后到西绕城公路、花园口互通式立交、G107线郑州段改建项目等多处重点工程施工现场,详细了解了工程进展情况。

25日

△人力资源和社会保障部、公安部联合追授沈战东同志“全国公安系统一级英雄模范”荣誉称号。

△2010年郑州市大招商暨重点项目建设工作会议召开。省委常委、市委书记王文超要求,以招商促项目建设,以项目建设保招商效果,通过招商和项目建设调结构、促转型,推动经济跨越式发展。市领导马懿、白红战、李秀奇、胡荃、孙金献、薛云伟、张建慧等出席会议。

26日

△全市召开跨越式发展2010年动员大会。省委常委、市委书记王文超指出,各级各部门要抢抓机遇,务实重干,确保完成全年跨越式发展各项目标任务。市委副书记、市长赵建才回顾总结了全市2009年跨越式发展工作。

△由连捷投资集团与升龙投资集团联合开发的郑州升龙广场项目开工。市领导王文超、赵建才、李柳身、薛云伟,连捷投资集团董事长许连捷参加开工仪式。升龙广场项目位于东风东路与商鼎路交叉口,紧邻郑州新客站交通枢纽中心。

△全市组织工作会议召开。市委常务副书记马懿出席会议并讲话。

△市重点工业项目——海马集团郑州基地零部件工业园(一期)在郑州经济技术开发区破土动工,省市领导王文超、张大卫、赵建才、白红战、李秀奇、李柳身、孙金献等出席开工仪式并为项目奠基培土。

27日

△畅通郑州活动动员大会召开。市领导王文超、赵建才、白红战、李秀奇、丁世显、李元法、周长松、黄保卫等出席会议。

△副省长刘满仓带领省直有关部门负责人,察看郑州绿博园建设情况,并现场协调解决建设中遇到的问题。副市长王跃华陪同察看。

28日

△全市召开学习实践科学发展观活动总结电视电话大会。市领导王文超、赵建才、李秀奇、姚待献、胡荃等出席会议。

△中国军事科学院政委刘源一行对郑州市城市建设和工业发展情况进行考察。省市领导张大卫、李柳身、高方斌、孙金献、王哲陪同考察。

△市长赵建才会见来访的中国保绿能源有限公司执行主席曹贵宜一行。中国保绿能源有限公司是香港上市公司中国保绿资产投资有限公司的全资子公司,与郑州高科技创业投资有限公司共同投资设立了河南保绿能源有限公司。

三月

1日

△总投资约5亿元的中铁隧道装备制造有限公司盾构研发制造基地,在郑州经济技术开发区正式开工奠基;同日,总投资为40亿元的500兆瓦非晶硅薄膜太阳能电池项目,在郑州高新区开工。省委常委、市委书记王文超为两个项目下达开工令,省市领导史济春、赵建才、白红战、李秀奇、孙金献等出席奠基仪式。

3日

△省委常委、市委书记王文超先后到轨道交通1号线二七广场站、紫荆山站实地察看市轨道交通建设情况。他指出,有关方面要综合考虑社会效益和大局利益,研究创新施工工艺,早日实现为民谋利。

△9时许,随着市领导王文超、张建慧、党普选启动水晶球,“郑州1号”盾构机冲破最后的阻挡,探出巨大的刀盘,市轨道交通1号线一期工程七里河站至农业东路站右线区间隧道贯通。这是郑州市地铁施工以来首条贯通的隧道。

△公安部作出决定,号召全国公安机关和广大公安民警开展向沈战东同志学习的活动。

4日

△2010郑州春风行动暨就业招聘会在绿城广场全面启动,6万名下岗失业人员、农民工及大学生参会,市领导王文超、白红战、李秀奇、姚待献、胡荃、李元法等出席启动仪式。

△省委常委、市委书记王文超调研火车站地区综合整治情况。他指出,各级各部门要完善统一有效的行政管理体制,将火车站地区打造成彰显郑州新形象的窗口。市领导姚待

献、张建慧参加调研，并就有关工作提出要求。

5日

△省会迎接国家卫生城市复审动员会暨爱国卫生工作会议召开。省委常委、市委书记王文超要求，集中力量，狠抓整改任务落实，确保顺利通过国家卫生城市复审。市领导马懿、白红战、王璋、姚待献等出席会议。

△共青团中央、全国青联作出决定，追授沈战东同志“中国青年五四奖章”。

8日

△全市政法暨平安建设信访工作会议召开。省委常委、市委书记王文超强调，各级党委、政府及政法机关一定要扎实工作，努力维护社会公平正义，维护社会大局和谐稳定。会议由市委常务副书记马懿主持。市委常委、政法委书记高建慧对2009年政法暨平安建设信访工作进行了总结，对2010年相关工作进行了部署。

△副省长刘满仓到河南万庄化肥交易市场、新郑市供销社察看春耕农资供应情况。副市长王跃华陪同。刘满仓一行先后察看了万庄化肥交易市场、新郑薛店镇农资超市、梨河镇供销超市，了解农资储备、流通及销售情况。

9日

△市委农村工作会议暨新农村建设工作会议召开。市领导王文超、马懿、栗培青、王跃华、陈西川、李新有等出席会议，并为2009年度“三农”工作先进集体和个人颁奖。

11日

△省委常委、市委书记王文超对全市住房保障和房地产业发展工作进行调研。先后察看了“滨河花园”在建保障性住房项目、“蓝钻”已建普通商品住房项目、市住房保障和房地产管理局办事大厅，详细了解全市居民住房情况。副市长张建慧参加调研，并对相关问题提出了具体意见。

△市领导马懿、王跃华到中牟县察看特色蔬菜标准化示范区建设情况，并对全市农业发展提出了新要求。

15日

△省委常委、市委书记王文超到中牟，察看省委党校新校区、绿博园等重点工程建设情况。他要求，加快推进重点工程、重点项目建设，统筹城乡发展，建设“现代化、国际化、信息化和生态型、创新型”新城区。

△省委常委、市委书记王文超到位于龙子湖高校园区的河南财经政法学院、河南公安高等专科学校、郑州牧业工程高等专科学校、河南经贸职业学院和郑州银行郑东新区营业办公大楼、CBD广场、丹尼斯商业步行街等项目建设现场，听取工程进度汇报，现场办公，协调解决有关问题。市领导王哲、牛西岭等陪同察看。

16日

△郑州援疆特警沈战东先进事迹报告会在北京人民大会堂举行。报告会前，中共中央政治局常委、中央政法委书记周永康会见了沈战东同志亲属和报告团成员。

17日

△郑州组工干部下基层活动经验成为全国典型。全国组织系统深入推进“讲党性、重品行、作表率”活动视频会议召开，郑州市委常委、组织部部长姚待献在全国会议上作典型发言。

△市交通综合整治实施畅通工程领导小组组长、市长赵建才率领市建委、市政执法管理局、规划局等有关部门负责人，察看畅通郑州工程项目进展情况。赵建才要求，各相关单位要精心组织，科学施工，争取在雨季到来前形成施工高峰。副市长张建慧、市长助理赵武安参加察看。

18日

△省市党政军领导卢展工、郭庚茂、李克、叶冬松、李新民、曹维新、王文超、刘怀廉、颜纪雄、李柏拴、张程锋、铁代生、储亚平、史济春、张大卫、刘满仓、赵建才、马懿、白红战、李秀奇、李柳身等到郑州绿博园，和广大干部群众一起参加义务植树活动。

19日

△省政府与中国邮政集团公司签署共同推进河南邮政事业发展战略合作协议，进一步加快推进河南邮政事业发展。协议约定中国邮政集团公司支持中国邮政航空公司将郑州纳入“全夜航”集散范围，使郑州与北京、上海、天津、广州、南京、深圳等全国邮政航空通航城市建立邮政速递进出口邮件直达业务，并在此基础上，不断开通新的邮政航线，提高郑州邮政航空网络辐射能力。

20日

△G107辅道至中信路(南三环东段)新建工程开工建设。市领导赵建才、白红战、高方斌等参加开工仪式。

21日

△市长赵建才带领市工信委、市国土局等相关部门负责人，到经济技术开发区察看重点项目建设情况。赵建才一行先后察看了中烟、旭飞光电科技、益海嘉里、中粮集团食品工业园等新开工及续建项目，详细了解项目进展情况，并召开现场办公会，协调解决项目建设中遇到的困难和问题。市领导胡荃、孙金献参加察看。

△郑州市布展的作品“虎虎生威”在香港花展最佳景点评比中，以综合评分第一名的优势荣获“最佳景点金奖”。这是郑州市园林作品首次参加境外展览会并获得最高奖项。每年一度的香港花卉展览是康乐及文化事务署推广园艺和绿化意识的重点项目。

22日

△“恒天重工·郑州宏达汽车工业有限公司”挂牌成立，这标志着郑纺机公司机构重组又迈出了实质性一步，也是郑州向打造百万辆汽车城迈出的又一步。中国恒天集团总裁刘海涛、郑州市市长赵建才为公司揭牌，副市长孙金献等出席仪式。

23日

△2010年中国经济社会论坛在郑州开幕。中共中央政治局委员、全国政协副主席、中国经济社会理事会主席王刚出席会议并讲话。

24日

△全国政协外事委员会主任、中国经济社会理事会副主席赵启正,全国政协常委、中国经济社会理事会副主席李昌鉴带领中国经济社会论坛视察团,到新密市、新郑市参观考察。省市领导龚立群、李秀奇等陪同。

25日

△市新农村建设工程指挥部指挥长会议召开。市委常务副书记、市新农村建设工程指挥部指挥长马懿、市领导王跃华、陈西川出席会议。

26日

△深圳—郑州经贸洽谈采购会暨宝安产品展销会在郑州国际会展中心开幕。省市领导叶青纯、张大卫、王璋、薛云伟,深圳市委常委、副市长陈应春等出席开幕式。副省长张大卫在开幕式上致辞。郑州市副市长薛云伟和深圳市宝安区区长李文龙在开幕式上分别作了市情和区情介绍。

27日

△市长赵建才带领有关部门负责人,察看石武客运专线建设、城际铁路项目征地拆迁以及西四环改线段工程建设情况。副市长张建慧,市长助理、市政府秘书长张学军参加察看。

△郑州大学首届EMBA开学典礼暨"育商界精英,促转型发展"高层论坛在郑州大学举行。该班也是河南省首次开办的EMBA项目教育。副省长徐济超参加开学典礼。

28日

△郑开国际马拉松赛在郑开大道举行。国家体育总局副局长、中国田径协会主席段世杰,省委常委、宣传部部长、副省长孔玉芳,省政府副秘书长李建庄,中国田径协会副主席、国家田径运动管理中心副主任王大卫,河南省体育局局长韩时英,河南省体育局党组书记彭德胜,副市长刘东等参加起跑仪式。来自中、美、日等26个国家和地区的2万余名选手参加了比赛。

29日

△嵩山南路与南四环立交新建工程开工,工程计划10月底完工。市领导赵建才、白红战、高方斌等参加开工仪式。

30日

△国家动漫产业发展基地(河南基地)在郑州高新区正式破土动工,项目建成后预计每年可生产5万分钟动画片,年产值超30亿元。全国政协副主席厉无畏发来贺信。市领导赵建才、李秀奇、丁世显等出席开工仪式。

△市长赵建才在高新区调研动漫文化创意产业。他指出,要采取有效措施巩固提升动漫产业,立足实际谋划长远,真正使文化创意产业成为区域经济发展的顶梁柱。赵建才一行先后到郑州小樱桃卡通公司、麦草动漫、漂亮宝贝美饰有限公司、摩多文化传媒、河南华夏尚古艺术创意有限公司以及石佛艺术公社进行实地调研,详细了解了动漫创意产业和艺术文化产业发展现状。

△市长赵建才分别到上街区和荥阳市调研,为期两天。赵建才先后到上街区的装备制造业基地、河南华泰特种电缆有限公司、林肯电力(郑州)焊材有限公司、中铝郑州研究院绿色冶金与材料实验基地和东林子、营坡村搬迁安置小区进行了实地察看。在荥阳市,赵建才察看了新农村建设、王村镇西大村千亩日光温室蔬菜项目和中部生物科技产业园建设情况,并察看了市"新网工程"电子信息技术中心的运行情况。察看结束后,赵建才与两地负责人座谈,听取了上街区和荥阳市当前经济运行和规划发展情况的汇报。

31日

△省委书记、省人大常委会主任卢展工在郑州会见沈战东同志亲属和先进事迹报告团成员。

△沈战东先进事迹报告会在省人民会堂举行。省委常委、政法委书记李新民,副省长、省公安厅厅长秦玉海,省委宣传部副部长马正跃、权红军,副市长、市公安局局长黄保卫等出席报告会。

四月

1日

△省委常委、市委书记王文超在郑州新区察看重点工程和重点项目。他指出,各级各部门要加强协调,抓项目、抓工程、抓进度、抓质量,为项目建设进展顺利提供优质服务,全力以赴推进郑州新区建设。副市长、郑东新区管委会主任王哲参加察看。

2日

△市委常务副书记马懿、副市长王跃华一行到绿博园施工现场,了解工程进度,现场解决有关问题。

7日

△市长赵建才再次召开紧急会议,进一步研究解决西流湖区域乱倒垃圾、填湖造地建房等严重污染西流湖区域环境问题。副市长张建慧,市长助理、市政府秘书长张学军出席会议。

8日

△全国妇联党组副书记、副主席、书记处书记陈秀榕到郑州视察妇女工作,副市长刘东陪同。陈秀榕一行到二七区嵩山路亚星社区察看了文化长廊、办事大厅、妇女儿童活动室,观看了老年模特队的表演。

9日

△国务院副秘书长、国务院机关事务管理局局长焦焕成一行到郑东新区考察。市领导李柳身等陪同考察。

10日

△全国人大科教文卫委员会副主任委员刘永治带领调研组莅郑,重

点考察文化产业发展情况。在市领导白红战、丁世显、雷志、刘东等陪同下，调研组一行听取了郑州市文化产业发展情况的汇报，实地考察了快乐星球拍摄基地和小樱桃卡通有限公司等处。

12日

△全国人大常委会副委员长周铁农、全国政协副主席厉无畏到巩义市竹林镇调研，实地考察竹林镇城镇化及新农村建设情况，听取了竹林镇相关情况汇报。省市领导李英杰、白红战、李公乐、赵明恩、刘东参加调研。

13日

△全国政协副主席阿不来提·阿不都热西提，全国政协经济委员会副主任刘江率领全国政协“城镇化与新农村建设”专题调研组莅临郑州。省市领导张亚忠、马懿、李秀奇、王跃华、陈西川等陪同调研。

△国土资源部副部长、国家测绘局局长徐德明到郑州市，重点考察“数字郑州”地理空间框架建设与应用进展情况。市长赵建才在汇报会上表示，郑州将在应用系统建设上加大力度，确保项目顺利运行。徐德明听取了副市长张建慧有关进展情况的汇报。

△“中华慈善文化论坛暨超越慈善工程启动仪式”在郑州举行。全国工商联副主席孙晓华，省委常委、统战部部长刘怀廉，省人大常委会副主任李柏拴，省政协副主席、省工商联主席梁静出席仪式。

△市长赵建才会见由澳大利亚亚太商会主席罗斯·墨克里洛率领的澳大利亚高级商务访问团一行。澳大利亚高级商务访问团本次访问是应省侨联邀请，参加庚寅年黄帝故里拜祖大典。

14日

△作为庚寅年黄帝故里拜祖大典重要主题活动之一的第四届黄帝文化国际论坛在省人民会堂开幕。余秋雨、傅佩荣、王忠明等著名专家学者齐聚郑州，围绕“同根、同祖、同源”这一论坛主题发表精彩演讲。中央国家机关工委原常务副书记刘正威，省政协主席、中华炎黄文化研究会副会长王全书，中华炎黄文化研究会第一副会长张文彬，中华炎黄文化研究会副会长谭泽民，中共中央党校原副校长刘海藩，中国中外名人文化研究会副会长陈建国，省政协副主席王训智，市长赵建才，副市长刘东等出席论坛开幕式。

△“庚寅年黄帝故里拜祖大典”邮票首发式在郑州举行。市领导赵建才、丁世显等参加首发式。

15日

△全国政协副主席张榕明到登封进行参观考察。市政协主席李秀奇陪同。

16日

△2010世界华商领袖峰会在郑州国际会展中心轩辕堂开幕。全国政协副主席、全国工商联主席黄孟复，河南省委副书记、省长郭庚茂，全国侨联主席林军，全国工商联党组副书记、副主席褚平，香港中华总商会副会长蔡冠深，省市领导梁静、安惠元、赵建才、薛云伟出席开幕式。

△庚寅年黄帝故里拜祖大典在新郑市举行，来自省内外、海内外的各界嘉宾两万余人亲临现场，共拜人文始祖。出席拜祖大典的领导和嘉宾有：全国政协副主席张榕明，十届全国人大常委会副委员长许嘉璐，十届全国政协副主席李蒙；中国侨联主席林军，全国台联会长梁国扬，中华炎黄文化研究会第一副会长张文彬等主办单位领导，最高人民法院副院长奚晓明，中国人民银行副行长苏宁等中央和国家机关部委领导，中国商用飞机有限公司董事长张庆伟等大型企业领导；中国国民党副主席林丰正先生及夫人，中国国民党荣誉主席吴伯雄先生的代表、中华国际观光协会理事长刘宗明，台湾黄埔同学会百名退役老将军，澳门特别行政区政府经济财政司司长谭伯源，金利来集团有限公司董事局主席曾宪梓等港澳台同胞；河南省委书记、省人大常委会主任卢展工，省委副书记、省长郭庚茂，省政协主席王全书等省四大班子领导；河南省委常委、省人大常委会副主任、郑州市委书记王文超，市长赵建才等市四大班子领导，新郑市委书记吴忠华、市长王广国及新郑市社会各界代表。王全书主持大典，十届全国人大常委会副委员长、中华炎黄文化研究会会长许嘉璐恭读拜祖文。境内外300余家新闻媒体的800多名记者报道了大典盛况。

17日

△第三届中国·郑州炎黄文化周开幕。省市领导王全书、王文超、王训智、丁世显、王旭彤、牛西岭等出席开幕式。

19日

△省委常委、市委书记王文超会见在郑州市参观访问的中国国民党副主席林丰正一行。省市领导曹维新、王林贺参加会见。

20日

△全国首届城市民族区发展论坛在中州宾馆举行，来自国内的专家学者和全国五个城市民族区的相关负责人参会，共同探讨城市民族区的发展大计。省委常委、统战部部长刘怀廉，省人大常委会副主任储亚平，省政协副主席李英杰，中央统战部和国家民委有关方面负责人参加论坛开幕式。市委常委、统战部部长王林贺致欢迎词。

△畅通郑州活动领导小组组长、市长赵建才召集领导小组会议，听取畅通郑州工作情况汇报，研究解决工作进展中出现的困难和问题。

22日

△恒天重工股份有限公司载货汽车项目和新纺机工程项目分别在郑州经济技术开发区和郑州纺织产业园奠基。这标志着恒天重工“立足纺机、超越纺机、转变方式、调整升级”迈出了实质性步伐。两项目建成投产后，恒天重工未来几年的年销售

收入将达到156亿元。省长郭庚茂,国资委派驻中央企业监事会主席熊志军,省委常委、市委书记王文超,副省长史济春,省长助理、省政府秘书长安惠元,市长赵建才,市委常委、郑州新区管委会主任李柳身等出席奠基仪式。

△"2010春季郑州国际微笑行动"在郑州市第一人民医院正式启动。国内外60余名顶尖整形专家,为来自全省的300余名唇裂、腭裂患者进行术前筛查,符合手术指征者将接受免费手术。省市领导梁静、周长松、刘东、王薇出席启动仪式。

23日

△益海嘉里(郑州)食品工业有限公司粮油项目和益嘉铁路物流项目同时在郑州经济技术开发区奠基。益海嘉里董事长郭鹤年,省市领导郭庚茂、宋璇涛、赵建才、李柳身、胡荃、薛云伟,省长助理、省政府秘书长安惠元及省市有关厅局负责人出席奠基仪式。益海嘉里(郑州)食品工业有限公司粮油项目由新加坡上市公司丰益投资公司投资。益嘉铁路物流项目是由益海嘉里(郑州)食品工业有限公司、拓普物资储运有限公司和郑州铁路金林实业开发公司三家共同出资组建的铁路仓储物流项目,总投资1.36亿元。

24日

△市政府与中国中铁股份有限公司签订战略合作框架协议。根据协议,中国中铁在郑州建立盾构研发和总装基地,国家盾构实验室也将落户郑州。市长赵建才、副市长张建慧、中国中铁股份有限公司总裁李长进等出席签约仪式。

25日

△中州大学举行建校三十周年校庆。教育部、中国残联为中州大学校庆发来贺信,市领导王文超、赵建才、白红战、李秀奇、胡荃等到场祝贺。

26日

△市政府与东软集团股份有限公司签署战略合作协议,决定在软件产业发展和信息化建设方面建立战略合作关系,开展全方位合作。省委常委、市委书记王文超,市长赵建才,东软集团股份有限公司董事长兼首席执行官刘积仁等出席签约仪式。市委常委、常务副市长胡荃与东软集团高级副总裁卢朝霞分别代表双方在协议上签字。东软集团是国内最大的离岸软件外包提供商,主营业务涉及行业解决方案、产品工程解决方案、软件产品与平台服务等;曾获得"全球IT服务100强"和"2008最具全球竞争力中国公司20强"等荣誉,在软件及服务外包产业处于领军地位。

28日

△市长赵建才会见来郑州考察的澳洲联邦银行副行长白力恩一行。澳洲联邦银行成立于1911年,是一家储蓄及商业银行,在新西兰、中国、香港、新加坡等11个国家和地区开展有银行业务及投资业务。按照市值计算,澳洲联邦银行在全球排名第13位。

29日

△郑州生态水系通水仪式在南四环十八里河分水口举行。省市领导王文超、赵建才、马懿、白红战、李秀奇、康定军等出席通水仪式。

△河南中烟郑州和新郑卷烟厂联合易地技术改造项目奠基仪式在郑州经济技术开发区举行。省市领导王文超、史济春、赵建才、李柳身、孙金献等为项目开工奠基培土。

30日

△郑州综合交通枢纽公路客运站工程开工建设。省市领导张大卫、赵建才、白红战、李秀奇、李柳身等参加开工仪式。郑州综合交通枢纽公路客运站项目是郑州综合交通枢纽工程的重要组成部分。该项目总投资5.1亿元,建设工期24个月。

△副省长宋璇涛到市儿童医院调研手足口病防治工作。在省卫生厅及郑州市有关部门负责人陪同下,宋璇涛先后到发热门诊分诊处、诊断室和重症监护室,详细了解了手足口病防治工作措施落实情况及患者诊疗救治情况。

五月

1日

△市长赵建才带领市建委、市城管局、二七区、金水区、市交警支队、市轨道交通公司等部门负责人,察看市政重点工程进展情况,并看望慰问在节日期间坚守一线的工人。副市长张建慧,市长助理、市政府秘书长张学军参加活动。

5日

△由市委宣传部、市红十字会联合举办的"生命的红十字——纪念5·8世界红十字会日"公益募捐晚会举行,现场募集捐款1100余万元。市领导白红战、李秀奇、丁世显、胡荃等观看晚会,并为"红十字爱心医院"等颁发奖牌,为"红十字形象大使"、"红十字爱心大使"颁发聘书。

△国家林业局副局长李玉才、全国绿化委员会办公室秘书长王祝雄一行,在副省长刘满仓、省林业厅厅长王照平、市领导马懿、王跃华等陪同下,实地察看郑州绿博园建设情况。

6日

△第二届中国绿化博览会绿博园建设工作会议在郑州召开。全国绿化委员会委员、国家林业局党组副书记、副局长李育才对绿博园建设进展及郑州的服务工作给予了充分肯定。

△中纪委、中组部召开贯彻实施四项监督制度、进一步提高选人用人公信度视频会议,河南省委常委、组织部部长叶东松在会上以《开展县委书记离任检查,完善用人激励约束机制》为题作典型发言,专门介绍了郑州市的经验。

△河南省三级纠风网络建设工作经验交流会议在巩义市召开。中纪委纠风室副主任董仲波,省纪委副书记、监察厅厅长王流章,市领导王

璋、胡荃、李公乐出席会议。

7日

△国家安全生产监督管理总局副局长、国家安全生产应急救援指挥中心主任王德学一行莅临郑州，对郑州市安全生产工作进行调研。先后到石武铁路客运专线郑州东站、郑州会展宾馆、铁道交通郑州地铁京广路出站口等施工一线进行了实地察看。

8日

△在建设部和济南市人民政府共同主办的第七届中国(济南)国际园林花卉博览会颁奖典礼上，郑州市建设的郑州园获综合奖、设计奖、施工奖、建筑小品奖四大奖项，是园博会创办以来郑州园所获最高奖项。

△解放军总后勤部副部长谷俊山少将到郑州绿博园建设工地，察看绿博园及解放军展园建设进展情况。省军区副司令员罗爱国、后勤部部长郝高潮、省林业厅副厅长刘有富、副市长王跃华及郑州警备区司令员李恕海、政委刘贵新等陪同。

9日

△市政协主席李秀奇带领市政协考察团赴西安考察学习生态城市建设和文化产业发展情况，为期三天，今日回郑。

10日

△由著名豫籍作家、鲁迅文学奖获得者邢军纪创作的报告文学《风雅大郑州》在郑州举行首发式暨作品研讨会。市领导王文超、丁世显、刘东等出席。来自中国作协报告文学学会及河南省内的知名专家、作家对作品进行了研讨。

△全市深入开展创先争优活动动员部署会议召开。省委常委、市委书记王文超强调，要加强基层组织建设，不断增强党组织的创造力、凝聚力和战斗力。

11日

△省委常委、常务副省长李克，副省长史济春带领省直有关部门负责人莅临郑州，督促检查郑州市煤炭企业兼并重组工作进展情况。李克强调，煤炭企业兼并重组工作要在6月底基本完成。省委常委、市委书记王文超，市委常委、常务副市长胡荃，副市长张建慧陪同。李克一行实地考察了新密市双鑫煤业有限公司、河南神和煤业有限公司神和煤矿，随后在新密市召开了煤炭企业兼并重组工作座谈会。

△省委常委、市委书记王文超察看四港联动大道、郑汴物流通道、绿博园等市重点工程建设情况。他要求，在保证质量的前提下加快施工进度，使这些体现城市形象、造福广大市民的工程早日竣工。市领导王跃华、赵武安参加察看。

△市委常务副书记马懿、副市长王跃华带领市农委、财政、规划、土地等部门负责人，深入上街区调研新农村建设及现代农业发展情况。

12日

△全市召开人口计生工作会暨“提高出生人口素质、提高家庭发展能力”工程动员会。省委常委、市委书记王文超强调，牢固树立抓计生就是抓发展、抓民生的理念，坚定不移地走统筹解决人口问题的道路，为实现经济社会跨越式发展创造良好的人口环境。市领导王文超、马懿、丁世显等出席会议。

13日

△省委常委、市委书记王文超察看京沙快速通道、中州大道综合整治、花园口互通式立交和北四环、西四环改线等市重点交通工程建设情况。他指出，各有关单位要全力以赴使这些重点交通工程早日竣工，为广大市民创造良好的出行环境。副市长张建慧、市长助理赵武安参加察看。

△省助残济困总会、台北曹仲植基金会、省残疾人福利基金会共同举办轮椅发放活动，将为河南省贫困重残者捐赠23300辆轮椅，其中为郑州市残疾人发放1200辆轮椅。省市领导曹维新、王文超、秦玉海、王旭彤、黄保卫等出席仪式。

16日

△郑州师范学院正式挂牌成立，填补了郑州市没有本科层次全日制普通高校的空白。省委常委、市委书记王文超，副省长徐济超，教育部师范教育司司长管培俊，省教育厅厅长蒋笃运共同为郑州师范学院揭牌。省市领导龚立群、赵建才、白红战、李秀奇、王璋出席挂牌仪式。郑州师范学院是2010年3月18日经教育部批准、在原郑州师范高等专科学校基础上建立的全日制普通本科院校。学院实行省、市共建，以郑州市政府管理为主的管理体制。

17日

△全市加快推进煤炭企业兼并重组工作会议召开。省委常委、市委书记王文超强调，要切实加强领导，确保6月底前完成全市煤炭企业兼并重组工作。市领导赵建才、胡荃、李公乐、孙金献、张建慧出席会议。

18日

△市长赵建才会见正在郑州市考察的美国佩卡国际集团主席马克·皮格特一行。赵建才向客人介绍了郑州市经济社会发展概况，并重点介绍了全市汽车工业发展情况。

19日

△省委常委、市委书记王文超到新郑市调研，实地察看西亚斯国际学院二期工程、郑风苑建设情况，并听取了新郑市中心城区、黄帝故里景区二期扩建工程及具茨山国家森林公园规划情况的汇报。

△郑州市召开南水北调丹江口库区移民安置第一批推进暨第二批动员会议。市领导马懿、王跃华出席会议。

20日

△喜来登酒店签约暨美盛中心奠基仪式在郑东新区举行。这是全球顶尖酒店集团——“喜达屋”在河南省乃至中西部七省开设的首家五星级国际连锁酒店。按照计划，喜来登酒店将于两年后在郑州开门迎客。省市领导李柏拴、张大卫、靳绥

东、赵建才、丁世显、李元法、王薇等出席奠基仪式。

△工业和信息化部党组副书记、副部长苗圩一行在郑州调研汽车及装备制造业发展情况,为期两天。省市领导王文超、史济春、赵建才、孙金献等陪同。苗圩一行先后到宇通集团、新大方重工科技有限公司、郑州煤矿机械集团股份有限公司和郑州日产汽车有限公司进行了察看。

△中共中央政治局委员、国务院副总理回良玉在河南考察农业生产并主持召开夏粮生产工作座谈会,为期两天。他强调,夺取夏粮丰收,对保持全年粮食和农业稳定发展,促进经济社会健康运行,具有特殊重要的意义。回良玉先后到原阳、新乡、荥阳等县市,实地查看了小麦生产情况。

21日

△市委常务副书记马懿带领市煤炭管理局等部门负责人到登电集团新玉煤矿,调研督导煤矿安全生产工作。他指出,要明确责任,加强监管,真正把煤矿安全生产的各项措施落实到位,千方百计防止各类事故发生。

△市人大常委会主任、市交通枢纽工程指挥部指挥长白红战察看市部分交通重点工程,了解项目进展情况,现场解决存在的问题和困难。白红战一行相继察看了西绕城公路改建工程、郑汴物流通道新建工程、花园口立交工程。

22日

△2010中原论建·郑州经济高层论坛在郑州国际会展中心举行,来自全国各地的民营企业精英,围绕"后金融危机时期面临的机遇与挑战——坚持科学发展,加快民营企业发展方式转变"这一主题,展开研讨与交流,为加快郑州发展建言献策。论坛由市委、市政府主办,市委统战部、市工商联等单位承办。市领导王文超、赵建才、马懿、白红战、李秀奇、李柳身、胡荃等出席论坛。

23日

△郑州中华之源与嵩山文明研究会成立暨郑州嵩山文明研究院揭牌大会举行。省委常委、市委书记王文超在会上指出,加强嵩山文明研究,是深化对中原文明认识和理解、弘扬和传承中华传统文化的需要,推动嵩山文明的探索和研究是中华儿女义不容辞的责任。省市领导李柏拴、赵建才、丁世显出席大会。

△作为2010中原论建·郑州经济高层论坛活动之一,郑州市市情推介会暨经贸洽谈会在郑州国际会展中心举行。共签约4个项目,意向投资总额328亿元,投资领域涉及商业地产、食品加工和体育休闲等行业。省市领导曹维新、王文超、宋璇涛、赵建才、胡荃等出席会议。

24日

△由我国著名爱国爱乡慈善家、世纪金源集团董事局主席黄如论先生投资捐建的中原文化艺术学院正式破土动工。这也将是河南省首个独立设置的公办艺术类本科院校。省委书记、省人大常委会主任卢展工,省委副书记、省长郭庚茂及省市领导王全书、孔玉芳、曹维新、王文超、李柏拴、徐济超、赵建才等出席奠基仪式。

25日

△副省长刘满仓到郑州市调研南水北调工程建设和移民征迁工作。副市长王跃华陪同。刘满仓一行到郑州2段1标施工现场,详细了解工程进展、干线征迁、施工组织、原材料价格、度汛方案、施工环境等情况。随后又到新郑市第一批移民新村岗周安置点进行了察看。

27日

△郑州市大招商高层研讨会召开。国家部委、招商引资工作先进城市专家以及部分世界500强企业高管齐聚一堂,共同把脉招商引资之道,为推动郑州实现跨越式发展建言献策。省市领导王文超、赵建才、马懿、李秀奇、王林贺等出席研讨会。出席研讨会的嘉宾有:商务部研究院外国投资部主任马宇,商务部投资促进事务局项目开发部主任孙万松,罗兰贝格大中华区副总裁丁杰,国际新能源合作组织副总干事兼秘书长、联合国工业发展组织中国处项目主管、国际投资环境研究院院长黄静,惠普亚太区副总裁周宏骐,安永中国区执行总监王世文,西门子中国区副总裁吴永新,昆山经济技术开发区政策研究室主任黄承Ⅱ等。

△由郑州大学西亚斯学院承办的第十一届亚太大学联合会学习与分享论坛暨中外合作办学教育发展国际论坛在郑州开幕,为期两天。来自美国、日本、泰国、菲律宾等8个亚太地区国家近百名大学校长和嘉宾参加会议。副省长徐济超出席开幕式。

△郑州经济技术开发区与海尔集团在郑州签订海尔(郑州)物流产业园项目进区协议。市长赵建才出席签约仪式。

29日

△金水区黑朱庄城中村改造居民安置项目开工奠基。省委常委、市委书记王文超,副市长张建慧参加开工奠基仪式。

△经过26个月的建设,郑州市西绕城公路改建工程全线通车。市领导王文超、赵建才、李秀奇等出席通车典礼。西绕城公路改建工程是全市跨越式发展和畅通郑州工程的重要交通建设项目,工程全长50.12公里。

△科学大道与西三环互通式立交工程竣工通车。市领导王文超、赵建才、李秀奇等出席通车仪式。

30日

△市委组织部发出《关于在全市基层党组织和广大共产党员中开展向张可山同志学习活动的决定》,号召基层党组织和党员学习张可山先进事迹和崇高精神。张可山是巩义市站街镇巴沟村人,历任站街公社巴沟大队主要负责人、社办企业厂长、村委会主任、党支部书记兼村委会主任。几十年来,他始终以党和人

民的事业为重，无私奉献，致力发展，强村富民，以实际行动践行科学发展观，赢得了广大干部群众的充分肯定和高度评价。2010年1月27日，因积劳成疾，张可山累倒在工作岗位上，享年68岁。

31日

△郑州—浙江经济合作洽谈会在杭州举行。市委副书记、市长赵建才热情相邀广大浙商，到郑州参观考察，投资兴业。浙江省政协副主席王玉娣、郑州市政协主席李秀奇、郑州市副市长薛云伟出席会议，郑州新区、郑东新区、高新区、经开区、航空港区、中牟产业园、市内六区等主要负责人和浙江广厦、娃哈哈、德力西等57家知名民营企业高管参加洽谈会。

六月

1日

△省委常委、市委书记王文超调研巩义市竹林镇党建工作，指导创先争优活动。他指出，全市各级党委要认真学习、推广竹林经验，迅速掀起创先争优活动高潮，推动经济社会跨越式发展。郑州市委常委、巩义市委书记李公乐，郑州市人大常委会副主任赵明恩参加调研。

2日

△国家财政部、科技部、工信部、发改委等部门联合发文，增加天津、郑州、海口、厦门、苏州、唐山、广州等7个城市为国家节能与新能源汽车示范推广试点城市。

△市长赵建才率团先后赴安徽芜湖、江苏南京，有针对性地考察知名企业，并就有关项目合作等深入洽谈对接。市政协主席李秀奇，副市长孙金献、薛云伟，以及郑州新区、航空港区、经开区、中牟产业园、二七区、荥阳市等相关县（市）区主要负责人参加考察。

3日

△全市召开迎接国家卫生城市复审工作汇报会，市委副书记、市长赵建才要求，上下联动，齐抓共管，以决战姿态打好集中整治攻坚战，确保通过国家卫生城市复审。市领导李秀奇、姚待献、丁世显等出席会议。

4日

△省委常委、市委书记王文超到荥阳市察看“三夏”生产。他指出，有关部门要为农民群众做好技术、安全等方面的服务工作，确保夏粮高产高收。副市长王跃华参加察看。

△省委常委、市委书记王文超察看南水北调建设及移民安置工作。他指出，各有关部门要高度重视，为项目创造良好的建设环境，确保工程质量。副市长王跃华参加察看。

7日

△市长赵建才带领有关部门负责人察看“三夏”生产和防汛抗旱情况，并召开现场办公会，听取相关部门工作汇报，对“三夏”生产和防汛准备工作进行再检查再落实。

8日

△市长赵建才在规划局召开市长办公会议，听取陇海路高架快速路等8个畅通郑州重点交通工程前期工作进展情况汇报，研究解决相关问题。副市长张建慧、市长助理赵武安以及郑州铁路局、市规划局、建委、交通委等相关单位负责人参加会议。

9日

△省会郑州召开创建全国文明城市动员会，总结十年来的创建工作，部署下一阶段迎接中央文明办组织的全国城市公共文明指数测评工作。省委常委、市委书记王文超，市长赵建才，省文明办专职副主任郭守占，市领导马懿、李柳身、王璋、姚待献、丁世显等出席会议。

△省委常委、市委书记王文超察看常庄水库除险加固工程、索须河治理、黄河南裹头险工等防汛工作。他指出，各级党委政府要切实加强防汛工作的责任感和紧迫感，确保全市安全度汛。副市长王跃华、郑州警备区政委刘贵新参加察看。

11日

△由国家旅游局和省政府主办，市政府承办的2010中国（郑州）世界旅游城市市长论坛在郑州国际会展中心开幕。来自国内外108个城市的市长及代表参加会议。全国政协副主席李金华宣布论坛开幕。国家旅游局局长邵琪伟，联合国世界旅游组织特别代表桑德拉·卡吾奥，世界旅游业理事会总裁鲍姆加藤，亚太旅游协会副首席执行官约翰·张科德等出席论坛。省、市领导郭庚茂、王文超、张程锋、张亚忠、薛云伟等出席论坛。省委常委、宣传部部长、副省长孔玉芳主持开幕式。

12日

△中央纪委党风廉政建设室副主任林翼民到郑州调研农村基层党风廉政建设工作。省纪委副书记、省监察厅厅长王流章，市委常委、纪委书记王璋陪同。

13日

△省会郑州举行第9个全国“安全生产宣传咨询日”、河南省首个“全民安全教育日”活动。副省长史济春、省安监局局长张国辉、副市长孙金献等出席启动仪式。

△交通运输部党组副书记、副部长翁孟勇到郑州市考察交通工作，副市长张建慧陪同。

18日

△郑州市与人民电器集团签约，在中牟建设中国人民电器（河南）总部基地，项目合同金额达60亿元。该项目位于中牟县前程路以东，新安路南北两侧，占地面积暂定为133.33公顷。人民电器集团是世界机械500强企业，主要以工业电器为核心产业，横跨船舶制造、基础能源、城市建设等领域，其产品畅销全球50多个国家和地区，是中国电器行业产销量最大的企业之一。

△国内最大的综合性原创动画公司中南卡通公司与市政府签订合作框架协议，在郑州建设中南集团的动漫产业基地。该动漫产业基地选址在

郑州市惠济区信息创意产业园,占地133.33公顷,总投资将达80亿元。

△中华全国供销合作总社党组书记、理事会主任李成玉到郑州市调研。在省市领导刘满仓、赵建才、马懿、王跃华等陪同下,李成玉一行先后到郑州供销超市建业花园店、郑州田园有限公司、郑州"新网工程"信息技术中心进行考察,并听取了市供销社负责人关于"新网工程"建设情况的汇报。

20日

△由省委常委、常务副省长李克,副省长徐济超带队的省重点项目观摩团第二观摩组到郑,观摩考察郑州市重点项目和产业集聚区建设情况。市领导赵建才、马懿、胡荃等陪同。

△中国(郑州)国际汽车后市场产业园开工奠基仪式在郑州新区(中牟)汽车工业园举行。

21日

△市长赵建才带领市建委、城市管理局等有关单位负责人,现场察看京沙快速路、东风路下穿文化路隧道、中州大道整治、花园口立交等市政重点工程进展情况。他要求,项目部和施工单位要确保质量,文明施工,尽可能减少对交通和市民生活的影响。

22日

△南水北调中线穿黄工程上游线隧洞盾构掘进顺利完工,实现全线贯通。国务院南水北调办公室主任张基尧,省市领导刘满仓、赵建才、王跃华等出席贯通仪式。穿黄工程位于郑州市境内黄河上游,隧洞共两条,每条长4250米。

△市政府召开煤矿安全生产工作紧急电视电话会议。市长赵建才要求,各级各有关部门要思想认识到位,措施落实和责任追究到位,确保全市安全生产形势大局稳定。市委常委、常务副市长胡荃,市长助理、市政府秘书长张学军出席会议。

23日

△市长赵建才带领农业、物价、商务等有关部门负责人到中原区、高新区、惠济区、金水区的农贸市场、蔬菜和花卉生产基地、批发市场进行调研,并与相关企业负责人、农户进行座谈。赵建才强调,各级党委和政府要积极发展都市农业,大力推进新一轮"菜篮子"工程建设。

△洛阳正骨医院郑州医院在郑东新区开工奠基。省市领导宋璇涛、靳绥东、王哲,国家中医药管理局副局长李大宁出席开工仪式。

△市委作出决定,在全市各级党组织和广大共产党员中开展向张可山同志学习的活动。

△邯郸市委副书记、市长郭大建率邯郸市政府考察团到郑州市考察旅游产业发展情况。市领导赵建长、薛云伟、刘东等陪同考察。

25日

△新疆哈密地委书记郭连山率领哈密地区党政代表团到郑州市考察。市委常务副书记马懿陪同。

△张可山先进事迹报告会在郑州市举行。市领导王文超、赵建才、白红战、李秀奇、姚待献、胡荃等会见了张可山家属及报告团成员,并听取了先进事迹报告。

27日

△郑州市首个赴台新闻交流团完成交流访问任务,今日回郑。交流团由市委常委、宣传部部长丁世显带队,一行13人,随行媒体有郑州日报、郑州晚报、郑州电视台、郑州人民广播电台。此行主要目的是增进两地新闻沟通,学习借鉴台湾传媒好的做法和经验,寻求新闻深层次的交流合作。在台期间,交流团先后拜访参观了《中国时报》、《工商时报》、《旺报》、中国电视公司、中天电视台等台湾媒体。

△陕西省委常委、政法委书记宋洪武带领陕西省委政法委考察团到郑州,就平安建设工作进行考察。省委常委、市委书记王文超,市长赵建才,市委常委、政法委书记高建慧陪同。

29日

△郑州华强文化科技产业基地在郑州新区正式破土动工,中国"迪斯尼"将在此拔地而起。作为河南省最大的文化科技产业项目,其建成投产后,将大大提升中原地区文化、科技、旅游产业发展水平和层次。省市领导郭庚茂、王全书、孔玉芳、王文超、马懿、李柳身、王哲,深圳华强集团有限公司董事长、总裁梁光伟等出席项目开工仪式,并挥锹为项目奠基培土。投资建设该项目的深圳华强集团为中国500强企业,是一家以文化科技、高端电子服务、电子制造等为主导的多元化发展的大型企业集团。

△农业部副部长高鸿宾视察郑州市农产品加工业及观光休闲农业,市领导王跃华、李新有等陪同。

30日

△省政协主席王全书,市委常委、郑州新区管委会主任李柳身,中国机械工业联合会执行副会长张小虞,中国汽车零部件工业公司总裁陈康仁共同为中国汽车零部件(郑州)产业基地揭牌。该项目占地133.33公顷,总投资30亿元,位于郑州新区(中牟)汽车工业园内,比邻刚刚开工建设的中国(郑州)国际汽车后市场产业园。

七月

1日

△新加坡贸工部兼人力资源部政务部长李奕贤带领新加坡政府代表团和企业家代表团一行20人到郑州,为推动河南(郑州)新加坡物流产业园项目的顺利实施进行座谈和专题考察。省长郭庚茂,省委常委、市委书记王文超,副省长宋璇涛,省长助理安惠元,市委常委、郑州新区管委会主任李柳身参加了省政府与新加坡贸工部的国际物流合作座谈会。

2日

△市政府召开畅通郑州省会媒体座谈会,市长赵建才与省会新闻媒

体代表面对面交流，认真听取意见和建议。

△新加坡贸工部政务部长李奕贤率领代表团在郑州考察。市长赵建才会见了代表团一行。

3日

△浙江舟山市委书记、市人大常委会主任梁黎明率舟山市考察团一行23人到郑州市，就粮贸市场和城市建设等方面进行考察。市领导王文超、李秀奇等陪同考察并宴请舟山客人。

5日

△凌晨4时许，荥阳境内黄河水位突然上涨，31名在荥阳市王村镇丁村黄河滩区看管农作物的焦作武陟群众被困水中。副省长刘满仓、副市长王跃华亲临现场指挥，经过3个多小时的全力救援，31名被困群众全部被安全救出，并得到妥善安置。

6日

△郑州市汽车产业联盟正式成立，这是郑州市成立的第一个产业联盟。省委常委、市委书记王文超，副省长史济春为汽车产业联盟理事会揭牌，市领导胡荃、孙金献等出席成立大会。联盟由全市110家汽车整车、零部件生产供应、分销服务、后市场企业和相关科研院所、社会团体联合发起设立，是一个行业合作组织。

7日

△副省长张大卫带领省直有关单位负责人，察看交通基础设施建设情况。张大卫一行先后察看了中州大道、花园口互通式立交、东风路下穿隧道、金水路下穿铁路隧道、京沙快速路和汝河路—大学路打通工程施工现场，详细了解工程进展情况和施工中遇到的困难和问题。座谈会上，市长赵建才汇报了开展畅通郑州活动中重点项目建设情况，省、市有关部门还针对畅通工作中的具体问题进行了协调解决。

△市委常委副书记马懿、副市长王跃华带领市农委、发改委、财政局、规划局、土地局等单位负责人到惠济区调研指导新农村建设工作。

9日

△全市县(市)区委书记队伍建设座谈会召开。省委常委、市委书记王文超从县(市)区委书记应该具备的修养、风格和领导方法等方面提出了具体要求。会议由市委常务副书记马懿主持，市委常委、组织部部长姚待献传达了中央、省委关于加强县(市)区委书记队伍建设的有关精神。

10日

△由中国银行业协会、省政府金融办、市政府和全国地方金融论坛办公室联合主办的“2010年亚太金融高峰论坛”在郑州国际会展中心开幕。中国证监会前主席周道炯，全国政协原副秘书长保育钧，中国银行业协会专职副会长杨再平，省政府副秘书长孙延喜，市委常委、常务副市长胡荃，东方资产管理集团总裁梅兴保及国内金融行业专家和企业负责人出席论坛。

12日

△中国农业发展银行行长郑晖一行莅郑，就农发行投资扶持建设的农业项目进行考察。省市领导刘满仓、王跃华陪同。

13日

△市委召开全市领导干部会议，传达省委关于郑州市主要领导变动的任免决定，听取省委对郑州市领导班子建设工作的指示精神。省委副书记叶冬松和王文超、连维良同志分别发表讲话。省委组织部副部长安平首先宣读了省委关于连维良、王文超同志职务任免的决定：连维良同志任中共郑州市委书记，不再担任中共洛阳市委书记、常委、委员职务；王文超同志不再担任中共郑州市委书记、常委、委员职务。

△全市召开安全生产工作会议，研究部署安全生产和防汛工作。市委书记连维良强调，要强化措施、强化责任、强化落实、强化安全隐患的排查与治理，全力做好安全生产工作。

14日

△市委书记连维良带领省直有关部门负责人，先后到科学大道—西三环互通式立交工程、中州大道北段综合整治工程、连霍高速沟赵站、花园口互通式立交、新郑州东站、郑汴路与107国道互通式立交、中州大道与郑新快速通道等项目建设现场，实地调研城市交通建设工作，了解畅通郑州工程项目进展情况，研究解决交通拥堵问题的方案。

16日

△市委书记连维良带领市直有关部门负责人察看市区断头路，并到交通运行一线、畅通工程建设现场和公交公司，慰问交警和工程建设人员，调研公交运行情况。市领导马懿、孙金献、黄保卫、张建慧等一同调研。

△市长赵建才主持召开市政府第28次常务会议，原则通过了《郑州市关于打好节能减排攻坚战，确保实施“十一五”节能减排目标的意见》。

△市政协主席、市科技自主创新工程指挥部指挥长李秀奇，市政协副主席、市科技自主创新工程指挥部副指挥长朱专兴，到郑州市部分科技自主创新工程企业进行调研。

17日

△全市召开省会创建全国文明城市工作会议。会议要求，各级党政领导要下大力气抓好创建全国文明城市各项工作落实，必须亲自抓、亲自检查、亲自督察。市领导连维良、赵建才、丁世显等出席会议。

△作为河南本土最大的民营物流企业——河南长通物流公司进驻郑州北区。长通旗下的八骏物流有限公司在金水区杨金产业园奠基。市人大常委会主任白红战出席奠基仪式。

18日

△市委、市政府召开专题会议，听取全市防汛工作和生态水系工程建设情况汇报，安排部署防汛工作。市领导连维良、孙金献、王跃华、张建

慧,郑州警备区副司令员韩世联参加会议。

△市委书记连维良带领市直有关部门负责人到郑州新区调研。先后听取了郑州新区建设和规划情况汇报,并实地察看CEO丹尼斯商业步行街、九如路跨东风渠桥建设情况,还到华北水利水电学院、中电科二十七所等单位进行了调研。

△市委市政府设立的网络新闻发言人ZZIC首次亮相,他在给广大网民朋友的信中表示,将和各位网民一起,集中网民智慧,解决网民诉求,促进郑州科学发展。

19日

△在市人大常委会主任白红战,副主任王旭彤、栗培青、周长松带领下,在有关技术专家和市民代表的积极参与下,部分驻郑全国、省和市三级人大代表分三组察看遍布郑州市区内所有人行过街天桥和地下通道,共同"会诊",为破解交通基础设施建设中存在的问题出良方。

△市委书记连维良带领市直有关部门负责人察看市区个别严重雨水积堵路段,实地调研城市出入口与环城高速互通式立交桥建设规划。副市长张建慧一同调研。

20日

△全市召开畅通郑州城市交通综合治理专家座谈会,为畅通郑州建设引入智力支持。市领导连维良、马懿、孙金献等出席座谈会。来自清华大学、同济大学、建设部等高校和单位的13位交通规划专家深入市区主干道,对郑州市交通状况进行了现场勘察。

△郑州新区概念性城市设计方案评审会召开,市领导连维良、赵建才、李柳身等出席评审会。

21日

△市委书记连维良带领市直有关部门负责人到部分重点城建工程项目现场进行调研。市领导要求,要千方百计拓宽融资渠道,积极协调解决相关问题,全力加快工程建设进度。市领导一行先后到郑州火车站出口站前广场及地下停车场、京广路拓宽改造及地下隧道、京广路—沙口路快速通道、解放路跨线桥工程等项目建设现场,听取各项目建设进展情况汇报,察看工程进度,现场协调解决相关问题。

△斯里兰卡总理贾亚拉特纳率高级访问团参观郑东新区、宇通集团和少林寺。中联部副部长刘结一、副省长宋璇涛、斯里兰卡驻华大使阿穆努加马、常务副市长胡荃等陪同。

△郑州新区领导干部会议召开,会议传达了省委、市委关于郑州新区主要负责同志职务调整的决定:李柳身同志任郑州新区党工委书记,免去其郑州新区管委会主任职务;赵瑞东同志任郑州新区管委会主任。

23日

△市长赵建才主持召开市政府第30次常务会议,审议并原则通过《关于提高我市城乡低保和医疗救助标准的方案》和《郑州市公共租赁住房管理暂行办法》。

24日

△第六届中国国际会展文化节在浙江省义乌市举行。会议揭晓了2009—2010年度中国会展业大奖,郑州市入选十大品牌会展城市,郑州国际会展中心被评为中国十大品牌会展场馆。

△市委书记连维良带领市直有关部门负责人到郑州煤炭工业集团有限公司调研,听取全市煤炭企业兼并重组情况汇报。市领导胡荃、孙金献一同调研。

25日

△全国人大常委会副委员长、农工党中央主席、中国工程院院士桑国卫一行到郑州市,考察国家基本药物制度试点工作。全国政协常委、副秘书长、农工党中央专职副主席刘晓峰,卫生部副部长、国家食品药品监督管理局局长邵明立,省委常委、统战部部长刘怀兼,中央统战部一局局长吴晓礼等随同考察。

27日

△市领导连维良带领市直有关部门负责人调研汽车产业发展情况。市领导一行先后到郑州宇通客车股份有限公司、海马汽车郑州基地和郑州日产第二工厂的生产车间、技术实验中心和项目建设工地,了解企业生产经营、产品研发销售和项目建设情况,协调解决企业发展中遇到的困难和问题。

28日

△市委书记连维良带领市直有关部门负责人检查防汛工作。市领导一行先后察看了西流湖整治、常庄水库除险加固、索须河整治等工程,以及黄河南裹头险工和花园口将军坝防汛准备情况。市领导还对西流湖生态公园规划建设、城市出入口整治和建立城市垃圾处理长效机制等提出明确要求。

29日

△即日起,全市将取消公务用车豫AAA号段车牌,之前全市已悬挂豫AAA号段车牌的公务用车将按照民用号牌自编自选方式重新挂牌,公务车将不设专用号段。

△市长赵建才到登封市和新密市,调研产业集聚区建设情况,研究解决产业集聚区建设过程中出现的困难和问题,督导重大项目建设。赵建才先后到登封市和新密市的产业集聚区,察看园区道路和基础设施建设的施工现场,走访进驻园区的部分企业,现场听取当地负责人关于产业集聚区建设情况的汇报。

30日

△市长赵建才主持召开市政府第31次常务会议,审议并原则通过《关于统筹推进新一轮"菜篮子"工程建设的意见》。

△家电以旧换新今日起在全市开始实施,市民只要家中有电视、冰箱、洗衣机、电脑、空调五类旧家电,就可以到中标企业"以旧换新"购买新家电,享受国家财政给予购买新家电每台10%的补贴,最高补贴400

元。全市首批发放凭证11.2万份。

31日

△市委书记连维良带领市直有关部门负责人到荥阳市调研工业企业生产和南水北调工程移民安置点建设情况。市领导一行先后到郑州清华·大溪地房地产项目、郑州煤机综机设备有限公司、国电荥阳煤电一体化有限公司、少林汽车股份有限公司、中原利达铁路轨道技术发展有限公司等地,实地察看了解项目建设进展和企业生产经营情况。市领导一行还察看了荥阳市高村乡南水北调工程移民安置新区,了解移民小区建设和移民生产生活情况。

八月

1日

△在第34届世界遗产大会上,中国登封"天地之中"历史建筑群经联合国教科文组织世界遗产委员会批准,被正式列入《世界遗产名录》。这次申遗的内容共有8处11项,即:观星台、太室阙和中岳庙、启母阙、少室阙、会善寺、嵩阳书院、嵩岳寺塔、少林寺建筑群(常住院、塔林、初祖庵)等。

2日

△市委书记连维良带领市直有关部门负责人,到郑州经济技术开发区调研企业生产经营情况。市领导一行先后到经济技术开发区投资服务中心、河南龙工机械制造有限公司、郑州电缆有限公司、郑州钻石精密制造有限公司、晶诚(郑州)科技有限公司、河南四方达超硬材料股份有限公司等处,了解企业生产经营和发展规划情况,协调解决企业反映的困难和问题。市委常委、秘书长孙金献一同调研。

△富士康科技集团在郑州出口加工区举行IT零部件生产项目投产仪式。省市领导连维良、宋璇涛、赵建才、李柳身等与省市有关厅局负责人出席议式。

△副省长张大卫带领省直有关部门负责人,到商城遗址、商城遗址棚户区改造安置区紫楠小区、郑州铁路局棚户区改造项目建设工地调研,召开座谈会听取畅通郑州相关工作情况汇报,现场办公解决在"畅通郑州1+1"工作方面存在的问题。

△省人大常委会副主任张程锋带领视察组一行到郑州,就法院民事执行工作和检察机关反渎职侵权工作进行为期两天的视察。市人大常委会副主任王旭彤陪同。

3日

△位于中原路与秦岭路交会处的郑州中原万达广场正式拉开建设序幕。省委副书记、省长郭庚茂出席奠基仪式,并和市领导连维良、赵建才及全国政协常委、全国工商联副主席、大连万达集团董事长王健林共同启动奠基仪式。

4日

△市委常务副书记马懿到郑州市科技市场、经六路水产品批发市场等地,就车辆乱停乱放造成道路交通拥堵情况进行实地调研,认真研究规范停车管理,缓解交通拥堵具体措施。副市长、市公安局局长黄保卫一同调研。

△省政协副主席、民建河南省委主委龚立群带领构建中原经济区省民建调研团到郑州调研新兴产业发展情况。市委常委、统战部部长王林贺陪同。

5日

△畅通郑州交通综合整治领导小组召开工作例会。市委常务副书记马懿、副市长张建慧出席会议。会议对市委市政府部署的12项交通综合整治任务进行责任分解,对市区20个拥堵路口的整治工程作出具体安排,对部分出租车、公交车交通违法行为,占道经营、车辆乱停乱放行为和一些地下停车场挪作他用的做法提出了整改要求。

△中国(郑州)—东盟会展经济合作论坛在郑州国际会展中心举行。中国—东盟商务理事会中方秘书处常务秘书长许宁宁,东盟北京委员会轮值主席、越南驻华大使馆大使阮文诗,柬埔寨驻华大使馆大使凯·西索达,马来西亚驻华大使馆公使衔参赞施志光,菲律宾驻华大使馆商务参赞希梅翁·赫尔南德斯,印尼驻华大使馆商务参赞马龙珞,文莱国家工商会会长拉扎里,越南工商会副会长段维姜,柬埔寨中国港澳侨商总会会长任瑞生,泰国工商会秘书长杨派乐,马来西亚中华工商联合会秘书长蔡国治,以及东盟各国其他政界、工商会和企业界代表莅郑参会。副省长宋璇涛、省发改委副主任朱焕然、省贸易促进会副会长梁杰一等,以及市领导连维良、赵建才、薛云伟等出席论坛。

6日

△市长赵建才带领市发改委、工信委、国土局、环保局等有关部门负责人,先后到高新技术产业开发区和经济技术开发区,实地察看郑州日产第二工厂等重点项目进展情况,现场办公研究解决项目推进过程中遇到的困难和问题。

7日

△由教育部组织的"长江杯"第十一届全国中小学电脑制作大赛落下帷幕,代表河南省参赛的金水区庙李镇丰庆路小学足球机器人代表队以全胜的战绩夺得冠军,成为全国第一支在该项比赛中蝉联冠军的队伍。

8日

△在海峡两岸青年联欢节活动中,两岸青年700余人到新郑参加黄帝故里拜祖仪式,并举行了文体联欢活动。团中央书记处常务书记、全国青联主席王晓,台湾青年企业家协会总会长陈文益,省市领导叶冬松、刘怀廉、张程锋、邓永俭、马懿、王林贺等出席相关活动。

△市委书记连维良带领市直有关部门负责人,分别到中牟县和郑州高新技术产业开发区调研企业生产经营、科技研发、产业园区建设等情

况，为期五天。市领导一行先后到郑州日产汽车有限公司、郑州泰新汽车内饰件有限公司、河南红宇集团、海马商务汽车有限公司、中牟汽车工业园、郑州东工实业有限公司、郑州宇傲汽车部件有限公司、河南省国家大学科技园(西区)、河南华晶超硬材料股份有限公司、河南辉煌科技股份有限公司、郑州威科姆科技股份有限公司、郑州高新信息港、国家动漫产业发展基地(河南基地)等处，了解企业生产经营和科技研发等情况，协调解决企业发展中存在的困难和问题。

9日

△郑州中兴产业园项目签约仪式在中州皇冠假日酒店举行。市领导连维良、赵建才、李柳身、胡荃、孙金献、赵瑞东等出席签约仪式。副市长、郑州新区管委会主任赵瑞东代表郑州新区与中兴通讯代表签署郑州中兴产业园合作协议。中兴通讯是全球领先的综合性通信制造业上市公司和全球通信解决方案提供商之一，是在深港两地上市的我国最大的通信设备上市公司。

10日

△丹江口库区淅川县2000多名移民顺利抵达新郑、荥阳，将在郑州市开始新的生活。

11日

△市委、市政府召开全市公务员岗位练兵动员大会，即日起，覆盖全市两万余名公务员的岗位练兵专项活动正式拉开帷幕。

12日

△市委书记连维良带领市直有关部门负责人到郑州新区现场办公，听取郑州新区工作汇报，专题研究讨论需加快启动的新区重大项目和加快重大项目建设的有关工作。市领导李柳身、孙金献、赵瑞东、张建慧等参加现场办公会。

△市委常务副书记马懿带领火车站地区管委会、火车站地区综合整治调研组负责人到火车站地区，就交通秩序、社会治安等方面工作进行实地调研。副市长黄保卫，市长助理赵武安参加调研。

13日

△十一届全国政协副主席、致公党中央主席、国家科学技术部部长万钢在郑州宇通客车股份有限公司调研。他要求，汽车整车生产企业和零部件生产企业要联合起来，依托产业联盟加快发展，提升汽车生产企业的市场竞争力和汽车产业的发展水平和层次。全国政协常委、副秘书长、致公党中央常务副主席王钦敏，省委常委、统战部部长刘怀廉，副省长徐济超等一同调研。市领导连维良等陪同调研。

△省委常委、市委书记连维良，省长助理卢大伟到郑州新区召开专题会议，研究解决中原文化艺术学院在建设中遇到的困难和问题。市领导李柳身、孙金献等出席会议。

△中共中央政治局委员、国务院副总理张德江深入河南省平顶山、郑州等地，看企业、进工地、下矿井，调研安全生产工作，并召开加强安全生产工作座谈会。他强调，要认真贯彻《国务院关于进一步加强企业安全生产工作的通知》，有效防范和坚决遏制重特大事故发生。国家安全生产监督管理总局局长骆琳，公安部副部长杨焕宁，国务院副秘书长肖亚庆，工业和信息化部副部长苗圩，国家安全生产监督管理总局副局长、煤矿安监局局长赵铁锤，国家能源局副局长吴吟，国家煤矿安监局副局长黄毅随同调研；省委书记、省人大常委会主任卢展工，省委副书记、省长郭庚茂，省委常委、秘书长曹维新，省委常委、郑州市委书记连维良，副省长史济春、张大卫，郑州市市长赵建才参加调研。张德江在郑先后到郑煤集团大平煤矿、位于郑东新区的石家庄至武汉铁路客运专线郑州东站进行了调研。

15日

△市长赵建才带领有关方面负责人到郑州新区，就郑州国际物流产业园和郑州新加坡国际物流园项目建设进行现场办公，部署园区建设和项目推进工作。市领导李柳身、胡荃、赵瑞东参加现场办公。

16日

△随着副省长史济春一声令下，郑州旭飞光电科技有限公司液晶玻璃基板项目一期投产，二期开工建设。这标志着我国将进一步突破液晶显示产业瓶颈，有效解决同类产品长期依靠进口的问题，同时也将推动河南省、郑州市光电显示产业乃至整个工业结构的转型升级。

△省委书记、省人大常委会主任卢展工到郑州市调研，为期四天。卢展工先后到辉煌科技、威科姆科技、三全、思念、少林汽车、郑州日产、豫联能源、裕中能源、娅丽达、九州通医药等企业进行了考察；还到巩义市竹林镇、新密市于湾村、郑州绿博园进行了察看。

17日

△农业部副部长陈晓华莅郑，对郑州市农业产业化发展情况进行调研。省农业厅厅长朱孟洲、副市长王哲、市政协副主席李新有陪同。

18日

△国务院南水北调办主任鄂竟平抵达郑州，察看移民新村情况，看望丹江口库区移民。国务院南水北调办投资计划司司长刘春生、建设管理司司长李新军、征地移民司司长袁松龄随同；副省长刘满仓，省长助理何东成，省水利厅厅长王仕尧，省南水北调办主任、省政府移民办主任王树山，市长赵建才及中牟县、市移民局负责人陪同。鄂竟平一行到中牟县姚湾移民试点安置区，对移民新村的居住环境、建设质量、生活条件进行全面了解，并走访慰问移民户，向所有为支持国家重点工程建设作出贡献的移民群众转达了国务院的关心和问候。

△由中央统战部主办、郑州市委统战部协助承办的第二期中青年爱

国宗教界代表人士研讨会在郑州举行。中央统战部常务副部长朱维群，国家宗教局局长王作安，省委常委、统战部部长刘怀廉，市委常委、统战部部长王林贺出席会议。

19日

△国务院南水北调办公室主任鄂竟平对南水北调中线一期穿黄工程进行调研，副省长刘满仓、省长助理何东成、副市长刘东陪同。

21日

△国家电力监管委员会党组书记、主席王旭东一行，在副省长史济春、副市长王跃华及省电力公司党组书记胡玉海等陪同下，到中牟县电业局检查指导工作。

△市委书记连维良会见中国恒天集团有限公司董事长、党委书记张杰和公司总裁、党委副书记刘海涛等人。中国恒天是隶属于国务院国资委监管的国有独资大型企业集团，现有员工5万余人，直属子公司15家，企业分布在包括河南在内的国内20多个省、市、自治区及境外近20个国家和地区，业务涵盖机械、纺织、地产等三大板块。

△市委书记连维良带领有关市直部门和城区负责人调研轨道工程建设情况。市领导要求，要高质量、高速度、低成本建设世纪工程。市领导先后到地铁1号线绿城广场站、中原东路站、市体育馆站、东明路站，察看了站点建设情况。

△首届(2010)中国城市科学发展论坛在北京举行。论坛从总结城市科学发展实践的角度，评出了2010年在转变经济发展方式方面的典范和示范城市。郑州、大连、东莞、中山被评为“2010中国城市科学发展转变经济发展方式典范城市”。

22日

△全国绿化委员会委员、国家林业局副局长、第二届中国绿博会筹备委员会副主任李育材到郑州绿博园调研。省林业厅厅长王照平、市委常务副书记马懿、副市长王跃华陪同。

23日

△港澳深地区闽籍企业家代表团抵达郑州市进行参观访问。市政府举行欢迎仪式，省委常委、省委秘书长曹维新，省政府副秘书长寇武江，市领导赵建才、胡荃、王哲等出席。

△省会企业献爱心·捐赠公交车仪式在绿城广场举行，郑州宇通集团有限公司、河南少林汽车股份有限公司等14家企业向郑州市捐赠151台标准新型公交车。在捐赠仪式上，郑州宇通集团有限公司董事长汤玉祥、河南建业住宅集团董事长胡葆森代表捐赠企业发言。市委书记连维良向各企业负责人分别颁发了捐赠证书。

24日

△第十八届中日韩青少年运动会开幕式在郑州(河南电视台8号演播厅)举行。中华全国体育总会副主席、国家体育总局局长助理、第十八届中日韩青少年运动会组委会主任晓敏，省委常委、宣传部部长、副省长孔玉芳，省委常委、市委书记连维良，国家体育总局青少年体育司司长、第十八届中日韩青少年运动会组委会执行主任、中国代表团团长郭建军，日本代表团团长尾崎宏，韩国代表团团长金福炫等出席开幕式。

25日

△市委书记连维良带领市直有关部门负责人与郑州铁路局领导召开联席办公会，协商解决铁路项目建设中的有关问题，并就郑州市经济社会发展中的重大问题征求郑州铁路局的意见和建议。郑州铁路局领导张军邦、杨建祥、李会林、杨伟军，市领导赵建才、孙金献、张建慧等参加联席办公会。

26日

△第六届中国河南国际投资贸易洽谈会开幕式在郑州国际会展中心广场举行。全国政协第十届委员会副主席张怀西，中国国际贸易促进委员会会长万季飞，中国人民对外友好协会党组书记、副会长李小林，省委书记、省人大常委会主任卢展工，省委副书记、省长郭庚茂，省政协主席王全书等出席开幕式。

△市委书记连维良会见中国南车股份有限公司董事长、党委书记赵小刚一行。

27日

△为期四天的第十八届中日韩青少年运动会，在郑州七中落下帷幕。

△市委书记连维良带领市直有关部门负责人，分别到金水区和巩义市调研产业集聚区发展、教育改革、新农村建设、城中村改造及第三产业发展等情况，为期两天。市领导一行先后到金水区郑州市第七十一中、城中村改造项目——西史赵村、河南辉瑞生物医电技术有限公司、楷林国际，以及巩义市今麦郎饮品(郑州)公司、郑州永通特钢有限公司、河南鑫泰铝业有限公司、河南永顺铝业有限公司、河南万达铝业有限公司、河南明泰铝业股份有限公司进行调研，听取各单位工作情况汇报，并现场协调解决有关问题。

30日

△在环绕城区的京港澳和连霍高速公路上，郑开大道与京港澳高速互通式立交、花园路与连霍高速互通式立交开工建设。这两座立交桥将于2011年年底投用，可大大缓解郑州市东出入市口和北出入市口的行路难问题。

△畅通郑州活动重点工程之一的北三环辅道下穿铁路编组站工程正式开工。工程位于郑州市北三环段，西起电厂路、东至南阳路，规划道路红线宽67米(含北环大桥)，全长约1.5公里。

△市长赵建才主持召开市政府第32次常务会议，审议并原则通过《关于加快推进郑州国际物流中心建设的意见》、《开展批而未供、低效闲置土地和重点项目用地情况的清查工作》、《关于郑州市城乡建设用地增

减挂钩工作管理暂行办法》和《关于推进农村土地综合整治促进城乡统筹协调发展的若干意见》。

31日

△市长赵建才察看生态水系建设进展情况,并现场办公研究解决工程建设中的具体问题。赵建才带领市水务局、城管局等部门负责人,先后到滨河名家、帝湖花园、郑州市救助站、站马屯明沟、天河路泵站等处,察看了金水河上游综合整治工程生态水系截污治理工作进展情况。

九月

2日

△洛阳市人大常委会主任常振义率领洛阳市城中村改造考察团莅郑,对郑州市城中村改造情况进行考察。市人大常委会主任白红战、副主任周长松,副市长张建慧等陪同。

△省委副书记、省长郭庚茂在郑州专题调研教育工作。先后到河南机电学校、新郑市薛店观沟移民小学、新郑市八千乡第一初级中学、郑州大学西亚斯国际学院进行察看,并召开教育工作座谈会,听取了部分学校、幼儿园负责人和郑州部分县(市)区教育局长的工作汇报。副省长徐济超,省政府副秘书长、省政府研究室主任宗长青等参加调研,市领导连维良、赵建才等陪同调研。

3日

△省会各界代表纪念抗日战争胜利65周年暨向革命先烈纪念碑敬献花篮仪式在郑州烈士陵园举行。省领导卢展工、郭庚茂、王全书、叶冬松、李克、孔玉芳、连维良等出席仪式,市领导赵建才、马懿等及省会各界代表3000余人参加了活动。

△市政府举行金融工作座谈会。围绕畅通郑州工程等重大建设项目,市长赵建才与驻郑各金融机构负责人对话经济形势,寻求合作机会。副市长张建慧介绍了畅通郑州工程项目规划,郑州新区管委会相关负责人介绍了郑州新区规划,并就全市基础项目和产业项目作了说明。省政府金融办主任孙新雷,市领导李柳身、胡荃等参加会议。

△市长赵建才带领有关部门负责人察看畅通郑州部分重点工程建设情况,现场办公研究解决相关问题。赵建才一行先后到京沙快速通道、地铁人民路站以及铭功路积水点等处进行了实地察看。副市长张建慧、市长助理赵武安参加察看。

5日

△2010年中国企业500强榜单揭晓,包括管理机构在郑州的央企分支单位和省属企业在内,郑州市共有8家企业跻身其中。分别是:河南煤业化工集团有限责任公司(第60位);郑州铁路局(第159位);河南中烟工业有限责任公司(第261位);河南省农村信用社联合社(第311位);郑州煤炭工业(集团)有限责任公司(第369位);郑州宇通集团有限公司(第385位);登封电厂集团有限公司(第483位);河南豫联能源集团有限责任公司(第493位)。此外,郑州铁路局、河南省农村信用社联合社、郑州市公交总公司等3家企业入围2010年中国服务业企业500强。

6日

△副省长张大卫带领省直有关部门负责人,到郑州航空港区现场办公,听取机场规划建设情况汇报,协调解决项目建设中遇到的困难和问题。省政府副秘书长张庆义、省发改委副主任裴志扬,市领导连维良、孙金献、张建慧等参加现场办公会。

△以"安全饮食,健康生活"为主题的河南省暨郑州餐饮服务食品安全宣传周活动在黄河科技大学礼堂启动。副省长宋璇涛、副市长刘东等出席启动仪式。在启动仪式上,餐饮企业代表宣读了《餐饮服务食品安全承诺书》。

△全国机关党建工作研讨会在郑州召开。中央国家机关工委副书记俞贵麟出席会议,省委副书记、组织部部长叶冬松致辞,中央国家机关有关部委机关党委和各省(自治区、直辖市)、部分计划单列市及部分市、县级机关工委负责人参加会议。

△国家林业局副局长张永利,全国绿化委员会办公室秘书长、国家林业局造林绿化管理司司长王祝雄到绿博园调研。市委常务副书记马懿等陪同。

10日

△首届郑州农产品期货(棉花)高峰论坛举行。省长郭庚茂,国家发改委副主任朱之鑫,中国证监会纪委书记李小雪,全国供销合作总社理事会副主任戴公兴,省委常委、常务副省长李克,副市长薛云伟等出席论坛。国内涉棉企业、期货公司及美国、英国、巴基斯坦等国家和地区的代表500余人参加论坛。本次论坛由郑州商品交易所主办,主题是"棉花产业发展、全球市场与风险管理"。

11日

△全国绿化委员会办公室常务副秘书长曹清尧到郑州绿博园,察看各项建设和会务筹备情况。省林业厅副厅长张胜炎、副市长王跃华陪同。

13日

△南阳市委书记黄兴维,市委副书记、市长穆为民率领南阳市党政考察团莅郑,考察郑州市高新技术产业、物流产业发展及城市建设情况。市委书记连维良会见考察团一行,市领导马懿、白红战、王璋、姚待献等参加会见或陪同考察。

16日

△富士康郑州科技园项目动土奠基仪式在郑州举行,省委副书记、省长郭庚茂宣布开工。省领导李克、史济春,富士康科技集团总经理钟依华,市领导连维良、赵建才等出席仪式。富士康郑州科技园项目主要生产计算机、通讯、手机、消费性电子等

零组件、机构件及系统等，项目厂房建设面积约140万平方米。

△国务院南水北调办副主任蒋旭光到新郑市观沟移民新村调研郑州市丹江口库区第一批移民安置工作，省南水北调办公室副主任薛显林、王小平，副市长王哲陪同。

17日

△2010城市发展（郑州）论坛开幕，来自国内外300余名专家抵郑，共同交流新形势下城市发展的新实践、新理念，探讨城市创新和可持续发展问题。本届论坛由中国社会科学院和市政府共同主办。中国社会科学院常务副院长王伟光，省人大常委会副主任王文超，副省长史济春，中国城市科学研究会秘书长李迅，俄罗斯萨玛拉市副市长康斯坦丁·舒克诺夫，罗马尼亚克鲁日·纳波卡市城市投资部主任卢佩娅·露西亚，南昌市副市长黄春平，省住房和城乡建设厅厅长刘洪涛等，以及市领导连维良、马懿出席开幕式。

18日

△郑州—莫斯科—法兰克福国际货运航线正式开通，河南与欧洲之间架起了一座货运的“空中金桥”。这也是河南省首条欧洲定期货运航线。副省长张大卫，省长助理、省政府秘书长安惠元，副市长、郑州新区管委会主任赵瑞东参加开通仪式。

△河南省暨郑州市“全国科普日”活动在绿城广场拉开帷幕，数万名省会市民参加。副省长徐济超，省科协党组书记、主席李建中，市领导连维良、孙金献等出席启动仪式。

20日

△以日产全球最高标准设计并建造的东风汽车有限公司郑州日产第二工厂正式竣工投产，郑州日产汽车有限公司的产能由此提升到20万辆以上。日产汽车公司总裁兼首席执行官卡洛斯·戈恩，东风汽车公司董事长、党委书记徐平及日产、东风两公司高层西川广人、周文杰、朱福寿、中村公泰、桥本泰昭等出席投产仪式。

21日

△全国节水型社会建设经验交流会在郑州召开。水利部副部长胡四一就节水型社会建设“十一五”期间工作和“十二五”规划情况作主题报告。包括郑州在内的8个城市被授予“全国节水型社会建设示范市”称号。会议由水利部水资源司司长孙雪涛主持，副省长刘满仓、市长赵建才分别代表河南省和郑州市向大会致辞。

△中国邮政集团公司党组书记、总经理刘安东一行到新郑市龙王乡“河南邮政万亩试验田”等处进行调研。省、市领导张大卫、赵建才、张建慧及省、市邮政部门负责人陪同。

25日

△市委书记连维良带领市直有关部门负责人，分别到新密市和上街区调研产业集聚区和城乡建设发展情况。市领导一行先后到新密产业集聚区、永祥煤炭有限公司、来集镇中心村、西城区，以及上街区产业集聚区、规划展览馆、中铝河南分公司、中铝郑州研究院科技孵化园，调研产业集聚区、城市规划建设、煤炭资源整合和安全生产、新农村建设等情况，现场协调解决相关问题。

26日

△由全国绿化委员会、国家林业局和河南省人民政府共同主办的第二届中国绿化博览会在郑州开幕。中共中央政治局委员、国务院副总理回良玉向大会发来贺信。全国政协副主席罗富和宣布大会开幕。省委副书记、省长郭庚茂，国家林业局局长贾治邦致辞。原林业部部长高德占，全国绿化委员会委员、第二届中国绿化博览会组委会副主任李育材，国家林业局副局长张永利，国土资源部副部长王世元，铁道部副部长彭开宙，武警部队副司令员何映华，全国总工会书记处书记李世明等出席开幕式；省领导王全书、叶冬松、曹维新、连维良等，以及郑州市四大班子领导出席开幕式。副省长刘满仓主持开幕式。

△全国政协副主席罗富和到郑东新区参观考察。省领导郭庚茂、刘满仓、袁祖亮，市领导连维良、李秀奇、李柳身、赵瑞东陪同。

28日

△由国务院台湾事务办公室、河南省人民政府共同主办的“2010河南台湾月暨郑州台湾产品节”在郑州开幕。省委副书记、省长郭庚茂宣布开幕。中共中央台湾工作办公室和国务院台湾事务办公室主任王毅，海峡两岸关系协会副会长王在希、国务院台湾事务办公室交流局局长李维一、中华全国台湾同胞联谊会副会长王松，中国国民党中央评议委员会主席团主席徐立德、新党主席郁慕明等，省领导王全书、叶冬松、刘怀廉、李柏拴等，市领导连维良、赵建才、马懿、白红战等，以及台湾工商企业界、妇女界有关人士出席开幕式。

△河北省副省长龙庄伟率领河北省科技教育考察团到郑州市，就科技和教育事业发展情况进行为期两天的参观考察。省市领导徐济超、赵建才、赵瑞东、王跃华、刘东等陪同。

29日

△世界上最长的公铁两用大桥、河南省第一座跨越黄河的公铁两用大桥——郑新黄河大桥公路桥正式通车。省市领导张大卫、赵建才、党普选参加通车仪式。

30日

△黄河路下穿北编组站工程正式开工。工程位于市中心城区西北部，西起嵩山北路与二环支路交叉口，下穿铁路西干道、霁月南路及北编组站，东至沙口路与黄河路交叉口，全长约870米。

十月

6日

△罗马尼亚克鲁日市市长索林一行两人对郑州市进行访问，市长赵

建才会见客人,畅谈两地友谊,展望双方合作。

8日

△市委书记连维良带领市直相关部门和金水区、郑东新区负责人到部分中小学校区,调研学校办学情况和实施优质教育资源倍增工程有关情况。省教育厅副厅长李敏,市领导孙金献、刘东一同调研。市领导一行先后到省第二实验中学、省实验小学、省实验中学,实地察看了校园、教学楼,听取学校情况介绍,了解学校发展情况和制约发展的瓶颈问题。

9日

△珠海格力电器股份有限公司郑州产业园项目在郑州高新区开工。这是家电巨头格力电器继珠海、重庆、合肥之后在国内兴建的第四个生产基地,预计年产值可超过150亿元。副省长史济春,格力电器公司董事长朱江洪,副董事长、总裁董明珠等出席开工仪式;市委书记连维良宣布项目开工,市领导白红战、胡荃等出席仪式。格力电器是全球最大的集研发、生产、销售、服务于一体的专业化空调企业,业务遍及100多个国家和地区,全球用户超过8800万家。

△市人大常委会主任白红战到二七区调研便民快餐店和蔬菜流通环节建设情况,实地察看该区便民快餐销售网点和企业运营情况。

10日

△全市召开畅通郑州交通综合整治领导小组工作会议,听取出入市口、停车场、人行天桥建设及断头路打通工程进展等情况汇报。市领导连维良、赵建才、马懿、高建慧、周长松、黄保卫等出席会议。

11日

△市委书记连维良会见河南康利达集团董事长薛景霞一行。市委常委、秘书长孙金献,市慈善总会会长武国瑞等一同会见。在第三个郑州慈善日到来之际,河南康利达集团捐资1000万元,成立"薛景霞教育慈善基金",用于资助郑州市贫困大学新生和助残、济困、赈灾等社会慈善事业。这是郑州慈善总会成立以来接收的最大一笔民营企业捐款,也是郑州市首次以个人名字冠名成立爱心基金。

△全市首家定向出口非洲专业生产基地项目——河南非洲选矿设备出口生产基地正式奠基。该基地总投资2.5亿元,总建筑面积6万平方米。

△"2010年驻华使节走进世界文化遗产"活动启动仪式在登封举行,来自埃塞俄比亚、智利等七国的驻华使节及夫人走进登封"天地之中"历史建筑群遗产点,感受厚重的中原文化。在启动仪式上,国家文物局副局长董保华代表国家文物局对本次活动的举办表示祝贺。

△市长赵建才带领市农业、财政、环保等部门负责人到登封市察看"三秋"生产情况。他强调,各级党委政府一定要把"三秋"生产当成一项重要的中心工作抓好抓实。

12日

△市委书记连维良带领市直有关部门负责人,对市属中学教育工作进行调研。市领导一行先后到郑州八中、郑州外国语学校和郑州一中,察看学校校舍、教育教学配套设施等情况,听取学校教学管理、教育创新等方面的做法,还到郑州实验高级中学建设工地了解项目进展情况,现场解决项目建设中存在的问题。

13日

△市轨道交通建设委员会主任、市长赵建才召集工作会议,听取轨道交通建设进展情况汇报,研究解决轨道交通建设项目推进中的有关问题,部署下一阶段轨道交通建设工作。副市长张建慧参加会议。

△市委常务副书记马懿实地察看火车站地区综合整治相关情况,要求乘势而上,全力完成阶段性整治任务。市长助理赵武安陪同察看。

△市委书记连维良带领市直有关部门负责人,分别到中国船舶重工集团公司第七一三所、郑州磨料磨具磨削研究所和郑州机械研究所等驻郑科研院所,察看科研机构研发和生产情况,现场协调解决企业发展中遇到的困难和问题。市领导孙金献、王跃华等一同调研。

△市长赵建才带领市水务、规划、发改、国土等相关部门负责人,先后到郑东新区小营村和霍庄村等处,实地察看龙湖调蓄工程施工准备、征地拆迁安置等工作进展情况。

14日

△市委书记连维良、市长赵建才会见中国保绿资产投资有限公司执行董事兼行政总裁曹贵宜一行。

△市委书记连维良会见美国通用电气(中国)有限公司副总裁梁毅强一行,并介绍了郑州市基本情况。

△市长赵建才带领规划、建设、交通、城管、园林等有关部门负责人,实地察看畅通郑州部分重点工程,并召开市长办公会,研究部署畅通工程有关工作。

15日

△市长赵建才带领市工信委、国土局、中牟县等相关负责人到宇通集团现场办公。他要求,全市各级各部门要加大对汽车生产企业的扶持力度,做大做强汽车产业。市领导赵瑞东、王跃华参加现场办公会。

16日

△焦作隆丰皮草企业有限公司与美国德克斯公司合资新建高档皮革制品项目入驻郑州纺织产业园签约仪式在嵩山饭店举行。省市领导铁代生、李元法、王跃华等参加仪式。

17日

△市委书记连维良、市长赵建才在市政府一楼会见厅会见世界贸易中心协会首席运营官科菲·波腾一行。世界贸易中心协会创办于1970年,是高度集约化的国际贸易机构,拥有遍布全球的一体化网络化商贸信息服务平台,在国际上具有较强的品牌影响力。

19日

△市长赵建才就富士康郑州项目进展情况进行专题调研。他要求，加强协调，确保富士康郑州项目按计划顺利推进。赵建才一行先后到富士康中牟项目基地、出口加工区项目基地和正在建设中的富士康郑州科技园，实地察看了富士康项目生产车间及员工宿舍、食堂等配套设施的建设、使用情况，详细了解并协调解决项目进展中遇到的困难和问题。

21日

△全市召开二七广场地区综合整治工作会议，市委常务副书记马懿、副市长张建慧出席会议。本次综合整治范围包括太康路以南、北下街以西、彩虹路以北、民主路以东区域，主要对市容市貌、交通秩序、社会治安等方面进行综合整治。

22日

△第八届中国郑州国际少林武术节在省体育中心开幕。全国人大常委会副委员长、民革中央主席周铁农宣布开幕，第八届中国郑州国际少林武术节组委会名誉主任、省长郭庚茂致辞，省委常委、宣传部部长、副省长孔玉芳主持开幕式。省政协主席王全书，国家体育总局副局长、中国奥委会副主席冯建中，中国武术协会主席高小军，国际武术联合会副主席安东尼·吴，国际武术联合会秘书长王筱麟，省委副书记、组织部部长叶冬松，省委常委、统战部部长刘怀廉，省委常委、市委书记连维良，省人大常委会副主任王菊梅、王文超，省政协副主席李英杰、龚立群，市领导赵建才、白红战、李秀奇等出席开幕式。

△市委、市政府召开电视电话会议，对农村村容村貌路容路貌专项综合整治行动进行部署。市委常务副书记马懿、副市长王哲出席会议。

23日

△第八届中国郑州国际少林武术节在登封举行迎宾式。国家体育总局副局长、中国奥委会副主席冯建中，国家体育总局武术运动管理中心主任高小军、副主任刘北剑，省体育局局长韩时英、党组书记彭德胜，市领导连维良、赵建才等出席迎宾式。

24日

△市委书记连维良带领市直有关部门负责人，到交警支队调研交通管理工作。市领导马懿、孙金献、黄保卫等一同调研并参加了座谈会。

△市委、市政府召开专题会议，研究郑州商代都城遗址公园规划建设工作。市领导连维良、赵建才、马懿等出席会议。

△国务院正式批准设立郑州新郑综合保税区。这是经国务院批准的全国第十三个综合保税区，也是中部地区唯一的一个综合保税区。

26日

△第八届中国郑州国际少林武术节闭幕式举行，武术节组委会部分成员与百余名境内外武术团队代表相聚一堂，市领导赵建才、雷志、刘东等参加闭幕式。

△郑州幼儿师范学校新校区奠基典礼在中牟产业园区举行。市领导李秀奇、李柳身、刘东等出席典礼并为新校区奠基培土。

27日

△商务部副部长蒋耀平莅郑，调研郑州市部分重点项目建设情况。市长赵建才陪同。蒋耀平一行先后到航空港区、经开区、郑州出口加工区，实地察看了富士康郑州科技园项目、郑州日产第二工厂项目和富士康手机零组件生产项目。

△市委书记连维良在市委二楼会见厅会见联强国际集团总裁杜书伍一行。联强国际集团是全球第三、亚太第一的高科技信息产业通路商。主要对信息产业供应链提供垂直整合服务，涵盖整个信息产业供应链上下游渠道。集团计划在郑州高新区投资建设联强国际在中部地区的区域管理中心、技术总部。

28日

△市政府办公厅下发《关于设立网评窗口对政府及其职能部门和公共服务单位的工作进行评价的通知》，决定在郑州市人民政府网、中原网设置网评窗口，网友可在网上对全市各级政府、各职能部门和公共服务单位的工作进行评价。

△市委书记连维良带领市直有关部门负责人到郑州商品交易所调研。市领导一行实地察看了风险监控室、技术监控室、交易大厅等；还到市图书馆新馆、郑州商品交易所在建的期货大厦等项目工地，实地察看了解项目建设进展情况。

29日

△第十届中国农机论坛暨第八届亚洲农机峰会在郑州国际会展中心举行。本届论坛由中国农机流通协会等单位主办，主题是“农机的政策与发展”。

△市长赵建才主持召开市政府第37次常务会议，审议并原则通过《关于进一步加强保障性住房建设管理的意见》。

30日

△市委书记连维良带领相关部门负责人，到枣庄热源厂和郑东新区热电有限公司察看集中供热准备情况。连维良一行还乘坐快速公交，与同乘公交的市民进行交谈，详细了解大家对郑州公交工作的意见和建议。

十一月

1日

△市长赵建长带领有关单位负责人到畅通郑州重点工程中心区铁路跨线桥施工现场，实地察看工程建设进度，并要求施工单位加班加点，力争提前通车。副市长张建慧陪同察看。

2日

△以国务院残疾人工作委员会副主任、人力资源和社会保障部副部长张小建为组长，中国残联副理事长程凯为副组长的国务院残工委检查组莅临郑州，检查郑州市残疾人事业

"十一五"发展规划执行情况。省政府副秘书长詹洪方,市领导李公乐、黄保卫及省市人力资源和社会保障部门有关人员陪同检查。

3日

△市长赵建才实地察看生态水系工程建设情况,要求各部门科学统筹,查漏补缺,加快进度,力争早日实现"水通、水清、水美"。赵建才实地察看了索须河沿岸污水收集工程、邙山输水干渠二期工程以及金水河上游疏挖工程进展情况;随后召开现场办公会,全面听取水务、城管、环保等部门关于水源输送、沿河截污、河道清淤及水系衔接等工作进展情况的汇报。

△市长赵建才实地察看交通重点工程建设情况。先后察看了公路运输枢纽客运南站项目、嵩山南路与南四环立交新建工程,详细了解全市客货运和交通重点工程建设进展情况。副市长张建慧参加调研。

4日

△按照省委统一安排,由省委组织部和省委党校联合举办的"市长大讲堂"在省委党校开讲。作为首讲嘉宾,市长赵建才应邀以《郑州市城市规划与经济社会发展情况》为题,给正在省委党校参加学习的纪检、选调、市厅等六个主体班学员上了生动一课。

5日

△第十六届郑州全国商品交易会暨消费品博览会在郑州国际会展中心开幕。商务部商贸服务管理司副司长张蜀东、中国商业联合会副书记安惠民,中国东盟商务理事会中方秘书处、部分东盟国家、友好城市和省辖市有关领导及国内外知名企业界嘉宾出席开幕式。省委常委、市委书记连维良,副省长刘满仓,省政协副主席梁静,省商务厅厅长李清树,市领导赵建才、孙金献、刘全心等出席开幕式。

△副省长史济春到郑州市调研郑州国际物流园区和河南(郑州)新加坡国际物流产业园规划建设情况。市领导赵建才、李柳身等陪同调研。

△市长赵建才会见香港金马凯旋集团董事长兼总裁肖铠旋一行。香港金马凯旋集团创建于1997年,是一家复合型地产开发运营商与家具商业运营的大型集团公司。此次公司组成考察团到郑州市主要是考察相关投资事宜。

8日

△市委书记连维良、市长赵建才带领市直相关部门负责人到郑州新区调研,听取新区工作汇报,现场协调解决新区建设发展中遇到的困难和问题。市领导白红战、李秀奇、李柳身、赵瑞东、孙金献等一同调研。

9日

△全国政协副主席李金华率全国政协考察团到郑东新区进行考察,听取了郑州新区、郑东新区规划建设等情况汇报,观看了《现代新城》专题片,察看了沙盘模型。

11日

△省长郭庚茂在郑州就富士康厂区及生活区、郑州新郑综合保税区、郑州航空港区及机场建设、新加坡国际物流产业园区等情况进行专题调研,并召开现场办公会。郭庚茂指出,重大项目建设事关河南发展大局,加强科学规划和体制创新,千方百计加快项目建设进度,确保如期完工投产。省委常委、常务副省长李克,省委常委、郑州市委书记连维良,副省长史济春、张大卫等一同调研。

△百事集团在华第23家灌装厂郑州百事饮料有限公司新厂在经开区第十五大街奠基。这是百事公司在河南的首个投资项目。郑州百事饮料有限公司是又一家在经开区投资的世界500强企业。副市长王跃华出席奠基仪式。

13日

△济南市委副书记、市长张建国带领市政府考察团莅临郑州市,对城市建设和文化产业发展进行考察。市领导赵建才、胡荃等陪同考察。

15日

△市政府与郑州海关就新郑综合保税区、河南保税物流中心等项目建设工作进行座谈,共同研究解决项目推进中遇到的困难和问题。市长赵建才、郑州海关关长栗洪显出席座谈会。

△市委书记连维良到郑州宇通客车股份有限公司调研,察看企业生产经营情况,现场研究解决企业发展中的有关问题。市委常委、秘书长孙金献一同调研。

16日

△市长赵建才召开城市快速路系统规划建设、户外广告综合整治等工作汇报会,研究部署全市交通综合整治和城市管理工作。副市长张建慧出席会议。

17日

△上午10点44分,位于郑上路、西环路立交桥南侧的柿园水厂一条直径800毫米的出厂供水主干管突发爆裂,引发柿园水厂泵房进水,水厂全面停产,造成南三环以北、棉纺路以南、西四环以东、京广铁路以西柿园水厂供水区域大范围停水。事故发生后,市委、市政府立即启动应急预案。省委常委、市委书记连维良专题听取抢修汇报,并要求不惜一切代价全力抢修,争取以最短的时间恢复正常供水。市长赵建才赶赴现场,实地察看事故抢修情况,全面部署抢修工作,安排重点单位用水保障及居民生活用水应急运送工作。

△由司法部副部长张苏军带队的国家环保专项行动督导组到郑州市新郑、新密、巩义等地检查专项行动落实情况,为期两天。

19日

△上午8点37分,因柿园水厂主干管爆裂导致停水的西区供水基本恢复正常。

△在亚运会跆拳道女子67公斤级决赛中,郑州姑娘郭耘菲夺得金牌。

21日

△市委书记连维良带领市直相关部门负责人到郑州警备区调研。市委常委、警备区政委刘贵新,警备区司令员李恕海陪同调研,警备区领导王金宇、韩世联、司马武当等参加座谈会。

△市长赵建才召集市政府第39次常务会议,专题研究部署《国务院关于稳定消费价格总水平保障群众基本生活的通知》相关精神的贯彻落实工作。

22日

△市政府召开富士康项目联席办公会,市长赵建才召集富士康科技集团高层管理人员林政辉等,共同听取富士康郑州项目建设进展情况汇报,并就下阶段的推进工作进行研究和对接。市领导胡荃、薛云伟参加会议。

△全国纺织产业集群会议在北京召开,郑州市二七区被授予"中国服装商贸名城"称号,同时再次获"中国女裤名城"称号。

△今日13点07分,中法原水水厂干管突发爆裂,为配合抢修,中法原水暂时关闭水泵。受其影响,市区京广铁路以东、中州大道以西、航海路以北、桥南新区以南区域暂时中断供水。接到报告后,市领导连维良、赵建才、孙金献、张建慧第一时间赶赴现场,察看事故情况,并责成相关部门,立即展开抢修工作。

23日

△畅通郑州综合整治领导小组组长、市长赵建才实地察看畅通郑州重点工程项目情况,并召集畅通郑州综合整治领导小组全体会议,研究部署畅通工程有关工作。赵建才实地察看了大学路与中原路交叉口路口渠化、京沙快速路、解放路立交、沙口路高架、数码路断头路打通、智能化交通系统、东风路积水点改造、四港联动大道、郑开大道与京港澳高速互通式立交等畅通郑州重点工程建设进展情况,详细了解工程推进中的问题。

24日

△市长赵建才在巩义市抽查煤矿安全生产工作,并召集现场会,他要求,各级各有关部门要强化安全监管措施,坚决杜绝和避免煤矿安全事故的发生。赵建才先后抽查了华泰煤矿、金龙煤矿的安全生产和停工停产情况。

25日

△以国家人口计生委主任李斌为组长的国家人口发展"十一五"规划终期督导评估组到郑州市进行调研。省人大常委会副主任王菊梅、副市长王哲等陪同。督导组先后到管城区北下街办事处、航海东路紫光社区,以及惠济区爱康服务中心、长兴路办事处老鸦陈村委会等地,了解了郑州市"十一五"期间人口计生工作开展与落实情况。

△市政府与省人力资源和社会保障厅、省外国专家局分别签署《共建全民技能振兴工程示范市框架协议》和《引进国外智力为促进郑州经济社会跨越式发展合作框架协议》。

28日

△省委常委、市委书记连维良会见以黄祯潭理事长为团长的菲律宾华商联合总会访问团一行。

△市长赵建才带领市物价、商务、发改、农业等相关部门负责人,调研郑州市蔬菜供应和市场价格情况,并召开办公会,对近期全市出台的稳定消费价格、确保群众基本生活十项措施落实工作进行再检查、再部署。

30日

△以工业和信息化部总经济师周子学为组长的国务院稳定物价保障群众基本生活督查组莅临郑州,对郑州市相关工作进行督查指导。省发改委副巡视员王红,市委常委、常务副市长胡荃等陪同。

△由郑州市人民政府、郑州新区管委会主办,富士康科技集团协办的郑州航空城概念性总体规划暨城市设计国际征集方案评审会在索菲特国际饭店举行。省委副书记、省长郭庚茂,富士康科技集团总裁郭台铭,省委常委、常务副省长李克,省委常委、郑州市委书记连维良,副省长张大卫等参加评审会。

十二月

1日

△中组部副部长张纪南到郑视察城市建设情况。省市领导叶冬松、连维良、赵建才、姚待献、张建慧陪同。

2日

△全市人才暨教育工作会议召开。会议要求努力打造区域性人才集聚高地,为持续推进经济社会跨越式发展提供强大人才保障和广泛智力支持。市委书记连维良、市长赵建才出席会议并讲话,市领导白红战、李秀奇、刘东等出席会议。

△副省长刘满仓到郑州市调研南水北调干渠征迁和丹江口库区移民安置工作。省南水北调办、省政府移民办主任王树山,副市长王哲等陪同调研。

5日

△副省长张大卫带领省国土资源厅、发改委、环保厅等有关部门负责人,就荥阳市城市建设与发展进行调研。他强调,荥阳市要抢抓发展机遇,积极调整产业结构,做大做强优势产业,努力融入郑州都市区。

7日

△原创舞剧新作《水月洛神》在河南艺术中心大剧院上演。省市领导卢展工、郭庚茂、王全书、李克、孔玉芳、曹维新、连维良、李柏拴、赵建才等观看演出。

8日

△全省唯一一家当年获批当年挂牌的保税物流中心——河南保税物流中心在索菲特国际饭店举行颁证暨揭牌仪式。副省长张大卫、省政协副主席梁静、海关总署加贸司副司长孙群、郑州海关关长栗洪显、省工商局局长董光峰、市长赵建才等出席

揭牌仪式。

△市委书记连维良会见雨润集团董事局主席祝义材一行。

10日

△省委常委、常务副省长李克到郑州调研。他指出，要抓紧时间、加快进度，确保顺利完成经济社会发展目标任务。调研期间，李克专门听取了郑州市工作汇报，现场协调解决有关问题。赵建才代表市委、市政府汇报了郑州市经济社会发展情况。

△全市召开质量兴市暨市长质量奖表彰大会，市长赵建才为郑州三全食品股份有限公司等5家获得首届市长质量奖的企业颁奖。省质监局局长张庆义出席会议。

11日

△总投资30亿元的海马集团郑州基地第三工厂在郑州经济技术开发区开工奠基。省人大常委会副主任王文超，副省长史济春，省地税局局长赵亚平，市领导连维良、赵建才等出席奠基仪式。

13日

△美国UPS(联合包裹服务公司)中国有限公司与郑州市政府在中州皇冠假日酒店签署战略合作备忘录，标志着世界最大的快递承运商与包裹快递公司正式布局中原。

△副省长刘满仓到位于中牟县的河南农业职业学院、河南师范大学新联学院进行调研，并对两院校的建设、人才培养定位等工作提出了新要求。市长赵建才、副市长王哲陪同。

14日

△市委、市政府召开全市煤矿安全生产专题会议，对全市煤矿安全生产工作进行部署。市领导连维良、赵建才、胡荃、王跃华等出席会议。

△G107线郑州段改建工程北段启用通车，市人大常委会主任、市交通枢纽工程指挥部指挥长白红站出席通车仪式并发布通车令。G107线郑州段改建工程孟庄至龙湖连接线和中州大道与郑新快速通道立交工程同时开工建设。

△市委书记连维良带领市直有关部门负责人，先后到郑州大学、新郑龙湖高校园区和郑州新区龙子湖高校园区调研，了解驻郑高校建设发展情况，协调解决学校发展面临的困难和问题。市领导李柳身、孙金献、刘东、牛西岭等一同调研。

16日

△河南传媒大厦举行开工奠基仪式，副省长史济春、市长赵建才出席仪式。河南传媒大厦位于郑东新区CBD商务外环路，大厦总投资3亿多元，总面积5.42万平方米。

17日

△全国爱卫会下发《关于2010年国家卫生城市、区、镇复审工作的通报》，公布前一阶段对全国国家卫生城市(区)、镇(县城)复审结果，郑州市成功通过复审。

18日

△郑州市与国家投资开发公司、上海交通大学共同组建的国投交大郑州清洁能源技术研发中心成功签约揭牌。市长赵建才，国家投资开发公司副总裁秦明，上海交通大学副校长吴旦，市委常委、郑州新区党工委书记李柳身等出席签约揭牌仪式。

20日

△市长赵建才到航空港区调研富士康郑州项目建设情况，并就项目推进中遇到的问题进行现场办公。他要求，各级各部门要全面贯彻"加速、增量、提质、融合"的思想，保质、保时、保量地完成各项目标任务。

22日

△市委召开全市领导干部廉政谈话会，市委书记连维良强调，全市党员领导干部要牢记廉政承诺，自觉做到自尊尊人、自爱爱人、率先垂范、廉政勤政。

26日

△郑州大学第一附属医院郑东新区建设项目在郑东新区龙湖湖畔奠基。该项目规划总建筑面积50万平方米，拟设置病床位3000张。省市领导孔玉芳、连维良、王菊梅等出席奠基仪式。

27日

△郑州客运北站开工建设仪式举行，市人大常委会主任、市交通枢纽工程指挥部指挥长白红战出席仪式并下达开工令。新客运北站按照国家交通运输部部颁标准一级客运站规划建设，项目位于郑花公路东侧、连霍高速公路南侧，总投资估算为34026万元，总占地面积11.33公顷。

28日

△市轨道交通2号线一期工程正式开工建设。省人大常委会副主任王文超、副省长张大卫出席开工仪式。2号线起于天山路，止于站马屯，途经开元路、郑花路、花园路、紫荆山路、花寨路，全长27.7公里。全线共设车站21座。

△绿地中央广场项目开工奠基。绿地中央广场由两栋300米高楼组成，这一建筑将成为河南省开工建设的最高双塔式建筑和建筑体量最大的超高层建筑。上海市人大常委会副主任胡炜、河南省人大常委会副主任王文超、副省长张大卫出席开工仪式。

30日

△郑汴路与G107新线互通式立交、金水东路与G107新线分离式立交和东南四环连接线新建工程同时开工建设。市长赵建才下达开工令。三项工程建成后，将全线贯通G107线郑州段，形成航空港、公路港、铁路港和信息港的四港联动。

△市长赵建才察看格力电器郑州产业园工程建设进展情况，并现场办公，协调解决项目建设中遇到的困难和问题。副市长王跃华参加现场办公会。 (西　贝)

第三篇　市情概要

自然环境

【地理位置】　郑州市地处黄河中下游和伏牛山脉东北翼向黄淮平原过渡的交接地带，地理坐标为东经112°42′～114°14′、北纬34°16′～34°58′。郑州市是河南省省会，位居河南省中部偏北，东接开封，西依洛阳，北临黄河与新乡、焦作相望，南部与许昌、平顶山接壤，辖区东西长135～143公里，南北宽70～78公里，面积7446.2平方公里，占全省总面积的4.5%。

【地质地貌】　郑州地区地质构造复杂，西部为嵩山、箕山隆起区，东部为开封、大金店坳陷区。地壳发展的5个历史时期形成的地层单元在郑州地区均有出露，有"五世同堂"美称的中岳嵩山已被命名为世界地质公园。郑州地区现代地貌结构的基本轮廓是西部多山地丘陵，占总面积的2/3弱；东部多平原，占总面积的1/3强。基本地势由西南向东北倾斜，呈阶梯状降低，山地、丘陵、平原分界明显。在总土地面积中，山地2377平方公里，占31.9%；丘陵2255平方公里，占30.3%；平原2815平方公里，占37.8%。

【山脉水系】　郑州市境内的山脉多分布在京广铁路线以西、交结于登封、巩义、荥阳、新密、新郑5市边界一带。主要山脉有嵩山、箕山、邙山、具茨山、五指山等；著名山峰有少室山主峰连天峰、太室山主峰峻极峰、箕山老婆寨、五指岭鸡鸣峰、始祖山风后岭等。

郑州市地跨黄河、淮河两大流域。黄河流域面积1830平方公里，占全市总面积的24.6%；淮河流域面积5616.2平方公里，占全市总面积的75.4%。境内有大小河流124条，流域面积较大的河流有29条，其中黄河流域6条，淮河流域23条。过境河流有黄河、伊洛河，其中黄河在郑州市境内河长160公里，堤防71.42公里。

【矿产资源】　郑州市矿产资源种类丰富，已发现各类矿产36种，占全省的1/3。探明储量的16个矿种分别为煤、铝土矿、铁矿、硫铁矿、熔剂灰岩、耐火粘土、冶金用石英岩、水泥配料用灰岩、水泥配料用砂岩、天然油石、锂、镓、陶瓷土、水泥配料用粘土、水泥配料用黄土、冶金用白云岩等。全市有大型矿床11处，中型矿床69处，小型矿床120处。全市矿产资源探明保有储量潜在价值为3010.64亿元，单位国土面积（每平方公里）矿产资源潜在价值为4043.19万元。

郑州市矿产资源储量巨大，煤矿累计探明储量55.26亿吨，保有储量50.66亿吨，探明储量位居全省第一。铝土矿累计探明储量14209.7万吨，保有储量12825.6万吨，储量位居全省第一。耐火粘土矿累计探明储量12080.1万吨，保有储量11504.1万吨，储量位居全省第一。溶剂用灰岩累计探明储量13429万吨，保有储量12168.9万吨。金属锂累计探明储量和保有储量均为5617吨；金属镓累计探明储量和保有储量均为6932吨。

【气候气象】　郑州市地处中原腹地，属北温带大陆性季风气候，冷暖气团交替频繁，春夏秋冬四季分明。冬季漫长而干冷，雨雪稀少；春季干燥少雨多春旱，冷暖多变大风多；夏季比较炎热，降水高度集中；秋季气候凉爽，时间短促。全年平均气温15.6℃；8月份最热，月平均气温25.9℃；1月份最冷，月平均气温2.15℃。全年平均降雨量542.15毫米，无霜期209天。全年日照时间约1869.7小时。

（玉　生）

行政区划

【建置沿革】　1948年10月郑州解放，人民政府实行市县分设政策，在郑县城区设立郑州市，下辖第一、第二、第三区，面积5.23平方公里，人口16.4万人。

1949年12月，郑县的104个自然村、3.6万人划归郑州市管辖，在原设三个区的基础上，郑州市新设第四、第五区。1950年4月，为统一领导四郊的工作，郑州市撤销第四、第五区，设立郊区。1953年1月，为贯彻民族区域自治政策，郑州市设立回族自治区；同年3月，为适应大规模城市建设需要，经政务院批准，原郑县大部和荥阳县、成皋县一部划归郑州市管辖。

1954年10月,河南省会由开封迁到郑州,郑州市遂成为全省政治、经济、文化中心。1955年10月,郑州市城区行政区划调整,将第一、第二、第三区分别更名为陇海区、二七区、建设区。1956年,郑州市将回族自治区更名为金水回族区。1958年4月,为大力发展工业,将荥阳县马固镇和巩县小关一带的河南铝业公司采矿区划归郑州市管辖,并在此处设立郑州市上街区;同年8月,郑州市将金水回族区与陇海区合并为管城区;同年12月,经国务院批准,开封专区西部的荥阳县、巩县、登封县、密县、新郑县划归郑州市管辖。1960年6月,郑州市撤销建设区,新设中原区、金水区。1961年12月,荥阳县、巩县、登封县、密县、新郑县复归开封专区管辖。1966年,郑州市管城区更名为向阳区。1971年11月,荥阳县划归郑州市管辖。至此,郑州市共辖6个区、1个县,即二七区、金水区、中原区、向阳区、郊区、上街区和荥阳县。

1981年11月,郑州市向阳区更名为向阳回族区。1982年1月,为解决城市蔬菜供应问题,郑州市设立金海区。1982年12月,为加强矿区开发与管理,郑州市在密县境内设立新密区。1983年7月,郑州市向阳回族区更名为管城回族区。1983年8月,为实行市带县体制,将开封地区所辖的巩县、登封县、密县、新郑县、中牟县划归郑州市。至此,郑州市共辖中原区、二七区、金水区、管城回族区、郊区、上街区、金海区、新密区8个区和荥阳县、巩县、登封县、密县、新郑县、中牟县6个县。

1987年2月,郑州市撤销郊区、金海区、新密区,新设邙山区。1991年6月,经国务院批准,撤销巩县,设立巩义市(县级)。1994年4月,经国务院批准,撤销荥阳县、密县,设立荥阳市(县级)、新密市(县级)。1994年5月,经国务院批准,撤销新郑县、登封县,设立新郑市(县级)、登封市(县级)。2004年5月,郑州市邙山区更名为惠济区。至2010年底,郑州市共辖金水区、二七区、管城回族区、中原区、惠济区、上街区6个区和巩义市、新密市、登封市、新郑市、荥阳市、中牟县5市1县,总面积7446.2平方公里,人口866.08万人。

(玉 生)

【区划调整】 2010年,郑州市有4个县(市)、区进行了行政区划调整。

(1)中牟县:1月4日撤销雁鸣湖乡,设立雁鸣湖镇;3月19日撤销城关镇,设立青年路、东风路、广惠街3个街道办事处。

(2)中原区:4月10日成立须水、西流湖2个街道办事处。

(3)新密市:9月8日撤销曲梁乡,设立曲梁镇。

(4)金水区:10月29日调整祭城路、龙子湖街道办事处行政管辖区域,增设兴达路街道办事处。

【区划现状】 2010年,郑州市共辖12个县(市)、区,其中,县级市5个、县1个、市辖区6个;另有2个经济开发区。全市共有80个街道个办事处、74个镇、18个乡。2010年底,各县(市)、区所属乡镇、街道办事处情况如下:

巩义市共辖5个街道办事处、15个镇,分别是:新华街道办事处,孝义街道办事处,永安街道办事处,杜甫街道办事处,紫荆街道办事处;米河镇,新中镇,小关镇,竹林镇,大峪沟镇,站街镇,康店镇,北山口镇,西村镇,芝田镇,回郭镇,鲁庄镇,夹津口镇,涉村镇,河洛镇。

新密市共辖3个街道办事处、12个镇、1个乡,分别是:西大街街道办事处,青屏街街道办事处,新华路街道办事处;牛店镇,平陌镇,超化镇,大隗镇,苟堂镇,刘寨镇,白寨镇,岳村镇,来集镇,城关镇,米村镇,曲梁镇;袁庄乡。

登封市共辖3个街道办事处、8个镇、4个乡,分别是:嵩阳街道办事处,少林街道办事处,中岳街道办事处;颍阳镇,大金店镇,卢店镇,告成镇,大冶镇,宣化镇,徐庄镇,东华镇;君召乡,石道乡,白坪乡,唐庄乡。

新郑市共辖3个街道办事处、9个镇、3个乡,分别是:新建路街道办事处;新烟街道办事处,新华路街道办事处;辛店镇,观音寺镇,梨河镇,和庄镇,薛店镇,孟庄镇,龙湖镇,郭店镇,新村镇;城关乡,八千乡,龙王乡。

荥阳市共辖2个街道办事处、9个镇、3个乡,分别是:索河街道办事处,京城路街道办事处;乔楼镇,豫龙镇,广武镇,王村镇,汜水镇,高山镇,刘河镇,崔庙镇,贾峪镇;城关乡,高村乡,金寨回族乡。

中牟县共辖3个街道办事处、13个镇、3个乡,分别是:青年路街道办事处,东风路街道办事处,广惠街街道办事处;韩寺镇,白沙镇,官渡镇,狼城岗镇,万滩镇,张庄镇,大孟镇,九龙镇,黄店镇,郑庵镇,刘集镇,八岗镇,雁鸣湖镇;刁家乡,三官庙乡,姚家乡。

金水区共辖16个街道办事处、2个镇,分别是:文化路街道办事处,东风路街道办事处,南阳新村街道办事处,南阳路街道办事处,大石桥街道办事处,经八路街道办事处,花园路街道办事处,人民路街道办事处,未来路街道办事处,北林路街道办事处,丰产路街道办事处,杜岭街道办事处,龙子湖街道办事处,祭城路街道办事处,凤凰台街道办事处,兴达路街道办事处;庙李镇,柳林镇。

二七区共辖13个街道办事处、1个镇、1个乡,分别是:五里堡街道办事处,蜜蜂张街道办事处,大学路街道办事处,建中街街道办事处,淮河路街道办事处,福华街街道办事处,一马路街道办事处,铭功路街道办事处,解放路街道办事处,德化街街道办事处,长江路街道办事处,京广路街道办事处,嵩山路街道办事处;马寨镇;侯寨乡。

管城回族区共辖9个街道办事处、1个镇、2个乡,分别是:北下街街道办事处，南关街道办事处，陇海马路街道办事处，二里岗街道办事处，城东路街道办事处，西大街街道办事处，东大街街道办事处，紫荆山南路街道办事处，航海东路街道办事处；十八里河镇；南曹乡，圃田乡。

中原区共辖12个街道办事处、1个镇、1个乡，分别是：桐柏路街道办事处，绿东村街道办事处，棉纺路街道办事处，三官庙街道办事处，汝河路街道办事处，秦岭路街道办事处，林山寨街道办事处，建设路街道办事处，中原西路街道办事处，航海西路街道办事处，须水街道办事处，西流湖街道办事处；石佛镇；沟赵乡。

惠济区共辖6个街道办事处、2个镇，分别是：刘寨街道办事处，老鸦陈街道办事处，长兴路街道办事处，迎宾路街道办事处，新城街道办事处，大河路街道办事处；花园口镇，古荥镇。

上街区共辖5个街道办事处、1个镇，分别是：济源路街道办事处，新安路街道办事处，中心路街道办事处，工业路街道办事处，矿山街道办事处；峡窝镇。

（秦培丰）

2010年郑州市行政区划情况

县(市)区	街道办事处	乡	镇	社区委员会	村委会
巩义市	5		15	23	292
新密市	3	1	12	46	303
登封市	3	4	8	20	303
新郑市	3	3	9	24	309
荥阳市	2	3	9	15	284
中牟县	3	3	13	8	419
金水区	16		2	164	54
二七区	13	1	1	88	15
管城回族区	9	2	1	78	38
中原区	12	1	1	100	46
惠济区	6		2	7	54
上街区	5		1	24	30
合计	80	18	74	597	2147

（统计时间为2010年4月30日）

（秦培丰　贾爱丽）

人口状况

【人口总量】 2010年底，郑州市常住人口866.08万人，其中市区人口428.4万人，占全市总人口的49.5%；县(市)人口为437.7万人，占全市总人口的50.5%。城镇化率66.4%。

2010年，郑州市出生人口80418人，人口出生率为9.34‰；死亡人口35287人，死亡率4.10‰。人口自然增长率5.24‰。

（黄　飞）

发展综述

【经济总量及结构】 2010年，郑州市完成生产总值4000亿元，比上年增长13.0%；人均生产总值4.9万元。其中第一产业增加值124.6亿元，增长3.0%；第二产业增加值2269.9亿元，增长15.1%；第三产业增加值1605.5亿元，增长10.5%。三次产业结构由上年的3.1∶54.0∶42.9调整为3.1∶56.7∶40.2。非公有制经济完成增加值2408.0亿元，增长13.4%，占生产总值的比重为60.2%，比上年提高2.8个百分点。年末全市城镇化率达到66.4%。

【劳动就业状况】 至2010年末，郑州市从业人员469.3万人，比上年增长5.4%。其中，城镇从业人员198.1万人，增长7.2%；乡村从业人员271.2万人，增长4.1%。分三次产业看，第一产业从业人员101.0万人，下降3.5%；第二产业从业人员158.8万人，增长2.9%；第三产业从业人员209.5万人，增长12.5%。三次产业从业人员结构为21.5∶33.8∶44.7。全年城镇新增就业人员13.4万人，农村劳动力转移就业人数11.2万人。年末城镇

2010年末郑州市人口基本情况

	年末常住人口(人)	出生人口(人)	死亡人口(人)	出生率(‰)	死亡率(‰)	自增率(‰)
郑州市	8 660 789	80 418	35 287	9.34	4.10	5.24
巩义市	808 239	7 775	4 518	9.64	5.60	4.04
新密市	797 378	7 383	4 939	9.27	6.20	3.07
登封市	669 157	7 140	3 452	10.70	5.17	5.53
新郑市	760 279	7 291	3 676	9.64	4.86	4.78
荥阳市	613 857	6 936	3 289	11.33	5.37	5.96
中牟县	727 817	8 311	3 869	11.46	5.34	6.13
金水区	1 601 999	12 664	3 358	7.99	2.12	5.87
二七区	714 983	5 709	2 069	8.03	2.91	5.12
管城区	651 141	5 031	1 837	7.80	2.85	4.96
中原区	911 413	8 087	2 763	8.95	3.06	5.89
惠济区	271 935	3 149	842	11.30	3.14	8.16
上街区	132 591	942	675	7.17	5.14	2.03

(黄　飞)

登记失业率2.8%。

【农业与农村经济】 2010年,郑州市完成农林牧渔业增加值124.6亿元,比上年增长3.0%。粮食总产量166.7万吨,增长0.4%。其中,夏粮总产量79.9万吨,增长0.5%;秋粮总产量86.8万吨,增长0.3%。全年棉花总产量0.4万吨,下降2.4%;油料总产量19.0万吨,与上年持平;蔬菜总产量283.3万吨,增长3.2%;水果总产量30.0万吨,增长1.9%。肉、蛋和水产品产量分别为23.8万吨、20.9万吨和13.5万吨,分别增长3.0%、1.6%和2.5%,奶产品产量46.5万吨,下降0.6%。

全年农作物播种面积509.8千公顷,比上年增长0.1%。其中,粮食作物种植面积361.8千公顷,增长0.1%;蔬菜种植面积81.1千公顷,增长2.5%;油料种植面积53.4千公顷,下降1.0%;棉花种植面积4.7千公顷,下降17.5%。

全年完成林业育苗面积2.9千公顷,比上年下降29.3%;幼林抚育面积38.7千公顷,下降5.8%;成林抚育面积23.1千公顷,下降17.2%;造林面积11.7千公顷,下降44.6%;四旁植树658.5万株,下降51.7%。

全年农田新增有效灌溉面积14.2千公顷,比上年增长85.7%;新增节水灌溉面积7.5千公顷,下降5.6%。年末全市农业机械总动力504.3万千瓦,比上年末增长11.2%。农用拖拉机和农用运输车分别为12.5万台和11.8万辆,分别增长4.0%和5.6%。全年农村用电量40.7亿千瓦小时,比上年增长2.5%。化肥施用量(折纯)22.7万吨,比上年增长1.0%。

【工业和建筑业】 2010年,郑州市全部工业完成增加值1996.4亿元,比上年增长15.6%。其中,规模以上工业企业完成增加值1756.1亿元,增长18.0%;非公有制工业完成增加值1255.4亿元,增长18.1%;高技术产业完成增加值43.9亿元,增长29.3%;工业新产品产值158.7亿元,增长24.4%。

分经济类型看,国有企业完成增加值345.5亿元,比上年增长11.8%;集体企业完成增加值30.2亿元,增长7.1%;股份制企业完成增加值876.2亿元,增长17.7%;股份合作企业完成增加值8.0亿元,增长16.6%;外商及港澳台商投资企业完成增加值143.4亿元,增长20.6%;私营及其他经济类型企业完成增加值352.8亿元,增长22.4%。分轻重工业看,轻工业完成增加值470.4亿元,比上年增长12.4%;重工业完成增加值1285.7亿元,增长19.7%。

主要行业完成情况:交通运输设备制造业完成增加值88.9亿元,增长57.0%;专用设备制造业完成增加值104.2亿元,增长28.6%;非金属矿物制品业完成增加值454.0亿元,增长23.4%;黑色金属冶炼及压延加工业完成增加值53.8亿元,增长20.3%;有色金属冶炼及压延加工业完成增加值91.7亿元,增长10.8%;食品制造业完成增加值55.0亿元，增长7.4%；电力、热力生产和供应业完成增加值80.7亿元，增长4.3%；煤炭开采和洗选业完成增加值168.0亿元，下降0.6%。

主要工业产品产量多数快速增长，其中汽车产量22.5万辆，增长99.5%；软饮料产量216.6万吨，增长53.8%；钢材产量377.0万吨，增长25.3%；耐火材料制品产量1807.7万吨，增长20.0%；服装产量10950万件，增长9.3%；发电量292.8亿千瓦时，增长5.0%；速冻米面食品产量100.6万吨，增长3.2%；化肥产量8.3万吨，下降37.6%。

全年规模以上工业企业实现产品销售收入6828.8亿元，比上年增长25.2%；实现利税1140.4亿元，增长27.1%；实现利润690.6亿元，增长32.7%；产销率达到98.0%，比上年增长0.2个百分点。

全市建筑业完成增加值273.5亿元，比上年增长11.1%。具有建筑业资质的独立核算建筑业企业共完成总产值1357.4亿元，增长20.6%。

【固定资产投资】 2010年，郑州市全社会固定资产投资完成2757.0亿元，比上年增长20.8%。其中，城镇固定资产投资完成2432.5亿元，比上年增长21.9%。城镇投资中，国有及国有控股单位完成投资558.2亿元，增长23.4%；民间投资完成1716.3亿元，增长16.1%。第一产业完成投资28.4亿元，下降20%；第二产业完成投资 972.1亿元，增长4.7%。工业投资完成970.1亿元，增长4.7%。其中，电子行业完成投资40.3亿元，增长92.7%；冶金行业完成投资120.7亿元，增长51.5%；机械行业完成投资267.1亿元，增长26.4%；纺织行业完成投资17.2亿元，下降19.9%；食品行业完成投资64.5亿元，增长18.4%；化工行业完成投资67.0亿元，下降4.4%；建材行业完成投资186.0亿元，下降15.8%；煤炭行业完成投资67.5亿元，下降28.9%。第三产业完成投资1432.0亿元，增长37.9%。全年固定资产施工项目3117个，计划总投资4145.8亿元，比上年增长46.7%；新开工项目2741 个，计划总投资2514.5亿元，比上年增长35.4%。全市230项重点工程共完成投资505.4亿元,增长19.8%。

全年房地产开发完成投资775.2亿元，比上年增长50.9%。其中，住宅投资555.7亿元，增长41.0%。商品房屋施工面积6255.5万平方米，比上年增长20.1%。其中，住宅施工4582.9万平方米，增长16.3%。商品房新开工面积1811.8万平方米，增长25.5%。商品房屋竣工面积944.6万平方米，增长46.9%。商品房屋销售面积1558.7万平方米，增长29.8%；销售金额772.7亿元，增长50.0%。

【国内贸易】 2010年，郑州市完成社会消费品零售总额1678.0亿元，比上年增长19.0%。分城乡看，城市消费品零售额1536.6亿元，增长19.2%；县及县以下消费品零售额141.4亿元，增长16.4%。分行业看，批零贸易业零售额1407.8亿元，增长19.5%；住宿餐饮业零售额270.2亿元，增长16.2%。

年末全市共有批零贸易、住宿餐饮业网点21.1万个，比上年增长1.4%。商品交易市场359个，其中，综合市场198个、专业市场149个。

全年批零贸易企业完成商品销售总额2676.5亿元，比上年增长26.8%。其中，批发总额1855.0亿元，增长27.2%。

在限额以上批发和零售业零售额中，汽车类比上年增长37.2%，通讯器材类增长19.5%，食品、饮料、烟酒类增长23.8%，家用电器和音像器材类增长22.6%，服装类增长15.7%，化妆品类增长23.9%，金银珠宝类增长13.9%。

【对外经济】 2010年，郑州市直接进出口总额51.6亿美元，比上年增长43.3%。其中，进口17.0亿美元，增长21.4%；出口34.6亿美元，增长57.2%。市属及以下企业直接进出口总额45.2亿美元，比上年增长51.9%。其中，进口12.1亿美元，增长31.5%；出口33.1亿美元，增长62.8%。一般贸易出口29.1亿美元，增长66.5%；加工贸易出口1.9亿美元，增长3.9%。

全年新批外资企业91个，比上年增长1.1%。合同利用外资额19.2亿美元，增长1.4%；实际利用外商直接投资19.0亿美元，增长17.4%。

全年国外经济合作合同额6.7亿美元，比上年增长71.5%；国外经济合作营业额8.0亿美元，增长45.9%。

【交通、邮电和旅游】 2010年，郑州市交通运输业各种运输方式完成货运周转量479.8亿吨公里，比上年增长18.7%。其中，铁路199.4亿吨公里，增长3.4%；公路279.8亿吨公里，增长32.7%；航空0.6万吨公里，增长12.1%。完成客运周转量301.4亿人公里，比上年增长14.4%。其中，铁路113.9亿人公里，增长10.4%；公路137.7亿人公里，增长21.3%；航空49.8亿人公里，增长6.7%。

全年完成邮电业务总量296.3亿元（按2000年不变价计算），比上年增长15.4%。其中，邮政业务总量9亿元，增长35.6%；电信业务总量287.3亿元，增长14.9%。移动电话用户年末达到871.9万户，增长6.6%，其中，本年新增用户53.9万户。本地电话用户年末达到264.7万户，比上年增长1.5%，其中，本年新增用户3.8万户。计算机互联网宽带接入用户144.9万户，增长17.5%。

年末全市民用车辆拥有量达到150.7万辆，比上年增长15.7%。在民用车辆拥有量中，汽车96.3万辆，增长26.3%，其中，个人拥有量77.8万辆，增长30.4%。在汽车拥有量中，轿车46.3万辆，增长33.7%，其中，个人拥有量40.2万辆，增长36.8%。

全年实现旅游总收入509.0亿元，比上年增长27.6%。其中，国内旅游收入500.0亿元,增长27.9%;旅游外汇收入1.3亿美元,增长11.5%。接待国际旅游人数34.9万人次,比上年增长8.7%。其中,接待港澳台同胞15万人次,增长7.1%。接待国内旅游者4797.3万人次,增长16.0%。年末共有国际国内旅行社215家,星级宾馆111个。

【财政、金融和保险】 2010年,郑州市完成财政总收入643.0亿元,比上年增长23.2%;地方财政一般预算收入386.8亿元,增长28.1%。其中,市本级收入169.1亿元,增长22.9%。在一般预算收入中,增值税31.7亿元,增长17.2%;营业税119.3亿元,增长35.8%;企业所得税46.7亿元,增长22.4%;个人所得税15.0亿元,增长26.9%。全年地方财政一般预算支出426.8亿元,比上年增长20.9%。其中,教育经费支出67.3亿元,增长17.2%;社会保障与就业支出43.6亿元,增长24.7%;一般公共服务支出54.8亿元,增长15.8%;公共安全支出25.2亿元,增长7.8%;医疗卫生支出27.6亿元,增长28.0%;农林水事务支出30.3亿元,增长6.4%;环境保护支出8.5亿元,下降10.6%。

年末全市金融机构各项存款余额7990.9亿元,比年初增加1450.6亿元,增长22.2%。其中,城乡居民储蓄存款余额2911.0亿元,比年初增加399.8亿元,增长15.9%。金融机构各项贷款余额5717.5亿元,比年初增加795.4亿元,增长16.2%。其中,短期贷款1773.3亿元,比年初增加144.0亿元;中长期贷款3366.5亿元,比年初增加841.0亿元;票据融资476.2亿元,比年初减少251.7亿元。

全年有4家企业在境内外首发上市,其中,境内上市公司3家、境外1家。全年首次发行和再融资募集资金83.2亿元,其中通过境内市场募集资金78.8亿元。截至2010年底,全市已有30家境内外上市公司,发行股票30只,其中,境内发行股票16只、境外14只,募集资金总额达135.6亿元。年末,境内市场流通股总市值747.9亿元。

全年全市保费收入151.3亿元,比上年增长46.9%。其中,财产险收入39.0亿元,增长358.4%;人寿险收入102.9亿元,增长320.0%;健康险和意外伤害险收入9.5亿元,下降86.5%。全年赔付额28.8亿元,比上年下降0.3%。其中,财产险赔付额15.6亿元,增长438.7%;人寿险赔付额9.0亿元,下降19.6%;健康险和意外伤害险赔付额4.2亿元,下降71.6%。

【科学技术和教育】 2010年,郑州市共组织实施科技项目837项,比上年下降2.3%。其中,省级以上项目213项,增长22.4%;市级项目624项,下降8.6%。全年完成重大科技成果201项,增长2.0%。全年专利申请量达到8000件,增长21.0%;授权量5600件,增长47.3%。其中,发明专利2450件。全年共签订技术合同4606份,技术合同成交金额达43.0亿元,增长13.1%。

年末全市共有研究生培养单位11个,招生6082人,比上年增长5.5%;在校研究生16788人,增长7.1%;毕业4650人,增长10.1%。全市普通本专科学校48所,招生20.6万人,比上年增长2.5%;在校学生64.9万人,增长6.8%;毕业17.5万人,增长16.3%。中等职业技术教育学校127所,在校学生30.3万人,下降1.4%;毕业10万人,增长10.1%。普通高中104所,招生5.6万人,比上年下降4.9%;在校学生17.0万人,下降4.6%;毕业6.2万人,下降5.5%。普通初中262所,招生9.3万人,比上年增长2.9%;在校学生26.9万人,下降2.1%;毕业9.5万人,下降8.0%。普通小学1027所,招生11.3万人,比上年增长5.3%;在校学生61.0万人,增长4.1%;毕业9.2万人,增长0.2%;小学适龄儿童入学率达100%。幼儿园在园幼儿22.2万人,比上年增长24.9%。全市共有专任教师122554人,比上年增长4.0%。其中,普通本专科学校32588人,增长9.7%;普通中等职业学校11914人,下降1.8%;普通中学30601人,下降3.8%;小学32372人,增长0.8%。

【文化、卫生和体育】 2010年末,郑州市共有公共图书馆13个,群众艺术馆、文化馆12个,博物馆7个,综合档案馆14个,艺术表演场馆12个,艺术表演团体19个。广播电台2座,电视台2座。全市广播和电视综合覆盖率达100%。

年末全市共有卫生机构1346个,比上年下降6.3%;床位47074张,增长9.6%。卫生技术人员49399人,增长5.1%。其中,执业医师、执业助理医师19403人,增长5.4%;注册护士19476人,增长6.1%。疾病预防控制中心、防疫站16个,卫生技术人员1320人;妇幼卫生机构14个,卫生技术人员2572人。专科疾病防治医院2个,卫生监督检验机构11个。乡镇卫生院107个,卫生技术人员4448人,床位4147张。

全年共获得世界冠军2个,亚洲冠军124个,全国冠军35个,获得金牌(全国以上)161块。

【城市建设和环境】 2010年,郑州市建成区面积342.7平方公里(含上街区26.6平方公里)。中心城区全年新铺设城市自来水供水管道52.3公里,新铺设城市排水管道58.8公里,新扩建城市道路长度33.3公里,面积105.2万平方米。全年全社会用电量410.1亿千瓦时,比上年增长12.1%。其中,工业用电量293.1亿千瓦时,增长11.7%;城乡居民生活用电量50.9 亿千瓦时,增长18.9%。供水总量达3.8亿立方米,日供水能力124.4万立方米。城市居民燃气化率达88.5%。

全年新开公交线路12条,更新、增加公交车辆651辆,年末实有公交汽(电)车4788辆,比上年增长8.2%;

城市公交客运量达8.3亿人次，增长5.5%。市区主、次干道路路通公交，便利了居民出行。

全年新增绿地734万平方米；建成区人均公共绿地10.5平方米，建成区绿化覆盖率34.9%。公园达到59个，公厕936座。

全市烟尘控制区36个，面积409.7平方公里；环境噪声达标区65个，达标区面积299.5平方公里；城市集中式饮用水源地水质达标率100%。全年完成环境污染限期治理项目20个。全年市区环境空气质量达到一（优）、二（良）级天数为318天，占全年总天数的87.1%。

【人民生活和社会保障】 2010年，郑州市城镇单位在岗职工平均工资32779元，比上年增长9.9%。城镇居民人均可支配收入18897元，扣除价格因素，比上年实际增长7.2%；人均消费性支出12790元，比上年实际增长15.0%。其中，市区城镇居民人均可支配收入19376元，比上年实际增长8.0%；人均消费性支出12588元，比上年实际增长19.5%。农村居民人均纯收入9225元，比上年实际增长10.0%；人均生活消费支出6254元，比上年实际增长12.7%。

2010年城镇居民消费价格比上年上涨3%。食品价格上涨7.5%，其中，肉禽及其制品类上涨3.6%、蛋类上涨7.4%、菜类上涨17.1%。烟酒及用品价格上涨1.0%，衣着价格上涨0.2%，娱乐教育文化用品及服务价格上涨0.3%，居住价格上涨2.8%，医疗保健及个人用品价格上涨2.4%，交通和通讯价格与上年持平，家庭设备用品及维修服务价格下降0.4%。全市民生福利总指数为107.4%。

2010年，城市居民人均住房建筑面积28.2平方米；农村居民人均住房面积55.95平方米，比上年增加6.3平方米。

全年发放城镇居民最低生活保障金9813.3万元，比上年增长6.4%；发放农村居民最低生活保障金12898.5万元，增长24.5%。城市居民最低生活保障人数4.5万人，比上年增长0.7%；农村居民最低生活保障人数12.7万人，增长9.4%。全市参加失业保险的职工89.7万人，比上年增长 2.2%；年平均领取失业保险金者2.4万人。参加基本养老保险总人数为157 万人，比上年增长11.3%，其中职工126万人，增长8.6%。参加医疗保险总人数为89.8万人，比上年增长8.3%，其中职工65.9万人，增长9.1%。

年末全市各类福利院床位数15.9千张，比上年增长12.5%；各类收养性福利单位收养10102人，增长6.2%。建立各种城镇社区服务设施522处。全年社会销售福利彩票7.5亿元，募集社会福利资金4045万元，接受社会捐赠214.5万元。

2010年郑州市城镇居民消费价格指数

（以上年平均价格为100，单位：%）

指标	2010年累计	指标	2010年累计
居民消费价格总指数	103.0	衣着	100.2
食品	107.5	家庭设备用品及维修服务	99.6
#肉禽及其制品	103.6	医疗保健和个人用品	102.4
蛋	107.4	交通和通讯	100.0
菜	117.1	娱乐教育文化用品及服务	100.3
烟酒及用品	101.0	居住	102.8

2010年郑州市农业主要产品产量

产品名称	产品产量（万吨）	比上年增减%	产品名称	产品产量（万吨）	比上年增减%
粮食	166.7	0.4	蔬菜	283.3	3.2
#夏粮	79.9	0.5	水果	30.0	1.9
秋粮	86.8	0.3	肉类	23.8	3.0
油料	19.0	0.0	#猪牛羊肉	18.3	3.7
#油菜籽	1.5	-8.1	禽蛋	20.9	1.6
花生	17.3	0.7	奶类	46.5	-0.6
芝麻	0.2	0.0	#牛奶	42.3	4.0
棉花	0.4	-2.4	水产品	13.5	2.5
烟叶	0.2	-4.5			

2010年郑州市工业主要产品产量

产品名称	计量单位	产品产量	比上年增减%	产品名称	计量单位	产品产量	比上年增减%
原煤	吨	59 630 148	–7.5	水泥	吨	20 957 306	–0.6
发电量	万千瓦小时	2 927 631	5.0	耐火材料制品	吨	18 076 813	20.0
供热量	万百万千焦	2 851	24.6	石墨及碳素制品	吨	3 116 355	22.0
自来水生产量	万立方米	29 368	5.0	磨具	吨	93 988	–54.6
小麦粉	吨	1 679 633	–13.6	粗钢	吨	173 311	–11.1
饲料	吨	1 481 061	12.0	钢材	吨	3 770 185	25.3
精制食用植物油	吨	352 539	17.2	氧化铝	吨	2 217 922	32.6
速冻米面食品	吨	1 005 700	3.2	原铝(电解铝)	吨	583 932	–2.8
方便面	吨	444 810	48.8	铝材	吨	1 927 813	28.3
啤酒	千升	560 364	14.4	阀门	吨	799 041	26.5
软饮料	吨	2 166 474	53.8	采矿专用设备	吨	637 185	34.4
卷烟	万支	16 504 449	2.3	棉纺织设备	吨	86 138	–12.5
纱	吨	40 975	82.0	农作物收获机械	台	27 266	30.9
布	万米	81 715	52.5	汽车	辆	225 196	99.5
服装	万件	10 950	9.3	改装汽车	辆	17 799	10.9
机制纸及纸板	吨	2 601 669	–0.7	变压器	千伏安	2 473 135	13.0
化学肥料总计	吨	83 456	–37.6	电线	公里	1 381 554	48.1
中成药	吨	3 941	9.1	电力电缆	千米	83 450	32.3
塑料制品	吨	1 126 294	7.4	工艺美术制品	千元	2 388 246	20.3

(统计公报)

组织机构

中共郑州市委

书　记　王文超(7月免)
　　　　连维良(7月任)
副书记　赵建才　马　懿
常　委　王文超　赵建才　马　懿
　　　　李柳身　王　璋　姚待献
　　　　丁世显　胡　荃
　　　　高建慧(女)
　　　　王林贺　李公乐
　　　　孙金献(6月任)
　　　　高方斌(6月免)
　　　　刘贵新(6月任)
　　　　舒　庆(10月任)
秘书长　孙金献(6月任)
常务副秘书长　李玉辉
副秘书长　谢建国　郑冠勤
　　　　刘旭光　宋建国
　　　　袁巧珠(女)　吴志强
　　　　刘啸峰

·市委工作部门·

组织部

部　长　姚待献
常务副部长　张进峰
副部长　张　亮　白　云　周春辉
　　　　吴晓君(2月任)

宣传部

部　长　丁世显
常务副部长　张晓圻
副部长　龚首鹏(10月免)
　　　　李宪敏　李淑荣(女)
　　　　潘新红(女)
　　　　常绪东(1月任)
文明办常务副主任　朱晓东(1月免)
文明办副主任　孙德勋(1月免)
　　　　邓智柏　薛士岭
　　　　姬月莲　马　雷
　　　　尚　杰(12月任)

统战部

部　长　王林贺
常务副部长　王杰民(5月免)
副部长　路宏建　李祥钟(5月免)
　　　　倪启明　刘卫光　李元中

政法委(综治委办公室)

书　记　高建慧(女)
副书记　黄保卫(兼)
常务副书记　付为民
副书记　曹建华(10月免)
　　　　孙桂林　牛扶劳
　　　　高春祥(5月免)

政研室

主　任　葛震远(12月免)
副主任　汤清典　马军显　左巧娈

机构编制委员会办公室（1月成立）

主　任　吴晓君
副主任　王学军　王晓燕

·市委派出机构·

市直属机关工委

书　记　刘旭光
常务副书记　王合生（女）
副书记　高春菊（女）　陈官信
　　　　王永福
委　员　王　东　蒋维亚

·部门管理机构·

老干部局

局　长　李世英
副局长　蔡宗泽　战文胜

保密委办公室（国家保密局）

主　任（局长）　黄忠田
副主任（副局长）　尹宏府
　　　杜建强　李春鑫（12月任）

机要局

局　长　陈杰
副局长　朱培龙　魏来圈　李红轩

·市委直属事业单位·

市委党校

校长　马懿（兼）
常务副校长　何建生
副校长　赵建春（女）
　　　　肖　玲（女）
　　　　李国成　裘保顺

郑州日报社

书记、社长　李　甦
日报总编辑　王家坤（5月免）
副社长　黄红雨（女）　王天亮
　　　　张子明
副总编辑　李洪太　杨玉玺
　　　　许聪（女）
　　　　张利民（12月免）
　　　　王　伟

·办公厅领导的事业单位·

档案局

局　长　张义德
副局长　李淑兰（女，1月免）
　　　　贾欣营　李永强

党史研究室

主　任　薛稳定
副主任　王宗民　李红霞（女）
　　　　杨洪良

中共郑州市纪委

书　记　王　璋
副书记　姚芸来　李国辉（女）
　　　　李树生
常　委　高希浩　白二增　赵国锋
　　　　王传美

（王玮宏）

郑州市十三届人大常委会

市人大常务委员会

主　任　白红战
副主任　王旭彤　栗培青（女）
　　　　王　平（女）　赵明恩
　　　　雷　志　刘全心　贾记鑫
　　　　李元法　周长松
秘书长　刘焕成
副秘书长　任广林　沈丕黎（女）
　　　　陈少敏（1月免）
　　　　常宗贤
　　　　李金鹏（1月任）
　　　　司久贵（1月任）
　　　　张　辉（1月任）
委　员　王东升　王建亭　王瑞桐
　　　　左文岐（1月辞）
　　　　曲盘根　刘金柱
　　　　许抗美（女）　许福亮
　　　　杨贵钧　李国辉（女）
　　　　李建华　余　健　沈世鹏
　　　　宋丰年　张文田　张正平
　　　　张江涛　张进峰　邵福根
　　　　虎美玲（女，回族）
　　　　岳德常　郑党宽　郑高飞
　　　　孟　蕊（女）　贺广勋
　　　　柴国合　柴清玉
　　　　徐慧俐（女）　高京燕（女）
　　　　崔豫琳（女）　焦大宏
　　　　薛景霞（女）

市人大法制委员会

主任委员　刘金柱
副主任委员　赵烈江　曲盘根
　　　　司久贵
委　员　郭在州　王瑞新　刘桉银
　　　　郭锦艳（女）　任慧军（女）

·市人大常委会工作机构·

办公厅

主　任　刘焕成（1月免）
　　　　李金鹏（1月任）
副主任　张　辉（1月免）
　　　　蔡振国（1月免）
　　　　姜朝红（女）

内务司法工作委员会

主　任　许福亮
副主任　王保仁

经济工作委员会

主　任　贺广勋
副主任　李永祥

教育科学文化卫生工作委员会

主　任　许抗美（女）
副主任　寇　仲

城乡建设环境保护工作委员会

主　任　张文田
副主任　曹进元

选举任免代表联络工作委员会

主　任　柴国合
副主任　张国强

农村工作委员会

主 任 王瑞桐
副主任 刘 华(女)

民族侨务外事工作委员会

主 任 岳德常
副主任 王子勋

预算工作委员会

主 任 张正平
副主任 贾庆贤 何绵忠

高新技术开发区人大工作委员会

主 任 余 健

经济技术开发区人大工作委员会

主 任 柴清玉

研究室

主 任 张江涛
副主任 张国宏

法制室

主 任 司久贵(1月免)
李 艳(女,1月任)
副主任 李 艳(女,1月免)
罗 丽(女,1月任)

信访室

主 任 刘桉银
副主任 张文随

(司久贵 牛志熳)

郑州市人民政府

市 长 赵建才
常务副市长 胡 荃
副市长 孙金献(6月免)
赵瑞东(7月任) 王 哲
薛云伟 王跃华 黄保卫
刘东(女) 张建慧
市长助理 王建平(12月免)
刘本昕(1月免)
楚保国(1月免)
赵武安
秘书长 张学军
副秘书长 李宪召(1月免)
宋柏松 姜现钊
龙同胜
姚朝社(12月免)
陈 新 冯卫平
张 吉 郑灏东
高建东
李 杰(1月任)
王新亭(1月任)

·市政府组成部门·

发展和改革委员会

主 任 蔡 红(女)
副主任 陈 新 何 青 陈 哲
于 雷 魏 东 范建华

建设委员会

主 任 郭庆宽
副主任 姜 海(1月免)
杨双灿(10月免)
赖郑华(10月免) 潘开名
李 亚 王 凯 王立新

工业和信息化委员会(4月设立)

主 任 史占勇
副主任 韩先敏 张玉聚 印 龙
刘有群 徐 笠(女)
巫怀民(12月任)
杜设亮 张士成

教育局

局 长 翟幸福
常务副局长 王霄鹂(女)
副局长 刘鹏利
郭金汉(10月免)
崔秀兰(女,5月免)
葛 飞 田保华 张大龙

科学技术局

局 长 王济昌
常务副局长 苗晋琦
副局长 杨长松 顾建广 乔英奎
赵学庆 石桂林 任 灿

公安局

局 长 黄保卫(兼)
常务副局长 杨玉章
副局长 刘一凡 张书军
李珂(1月任)
罗永生 常志军(1月任)
李奎业(1月任)
周廷新(1月任)
张武清(1月任)

监察局

局 长 姚芸来
副局长 白二增 李留宪

民政局

局 长 李建民
常务副局长 李俊超
副局长 李英杰 韩学军(5月免)
牛育英(女)
张同亮(1月免) 刘鲁豫
杨抗军 王万民

审计局

局 长 李连渠
常务副局长 李忠仁
副局长 刘安杰(1月免)
徐 平(女)
金振亚(5月免)
王学荣(1月免) 马志峰
桑富强 于世营

司法局

局 长 郑友军
常务副局长 周海林
副局长 刘玉华(1月免)
朱专兴(1月免) 席现军
王长义 乔 俐(女)
王东风 申德礼(12月任)

财政局

局 长 王春山
常务副局长 刘 睿
副局长 郝 伟 张东红 刘 健
石 歆
丁二勇(1月任)

交通运输委员会

局　长　范　强
常务副局长　赵亚峰
副局长　武伟邦　曹培林
宋保谦(12月免)
陆秀玲(女)
赵治业　施笃铮
魏　予(1月任)
姚明辉(1月任)
李　刚(1月任)

城乡规划局

局　长　张京祖(女)
副局长　逯　军　张　伟　周定友
金建新　高　峰　张　凯
许　振　张新兴　李成祥

环境保护局

局　长　刘炳辰
常务副局长　刘建武
副局长　王舟山　李俊杰　韩俊远
杨照建　叶光林　李　保
翟巧枝　李春德(12月任)
王　利

农业农村工作委员会

局　长　韩绍林
副局长　张建玉(女)　李新有
董　锐　马占军
刘同德　王小红
宋俊英(女)　吴　蒙

水务局

局　长　陈松林
常务副局长　史传春
副局长　吴耀田　孙　黎
陈俊至(1月免)　张中锋
孙书河　梁书信　卢守富
高国振　刘德坡(12月任)

林业局

局　长　史广敏
常务副局长　王凤枝(女)
副局长　周　铭　冯长有
曹　萍(女)　贾体铭
张卫东　宋万党　牛培玲

文化广电新闻出版局(1月成立)

局　长　李宪敏(1月任)
副局长　舒安娜(女)　徐凤鸣
朱晓东　丁春萍(女)
董　娣(女)　张晓明
吴安德　宋庆海　吴玉琦
张文书　范守艾

卫生局

局　长　顾建钦
常务副局长
副局长　武亚东(女)
吴予红(女)
姚　峰(12月免)
原学岭　许迎喜(12月任)

人力资源和社会保障局(1月成立)

局　长　周春辉
常务副局长　王清芬(女)
副局长　崔　鸿(女)　王连伟
徐翠萍(女)　娄渊胜
王翠玲(女)　张　伟
卞　薇(女)　王松亭

人口和计划生育委员会

主　任　杨传文
常务副主任　宋书杰
副主任　赵宏伟　兰维娜(女)
李长友　段新国

商务局

局　长　宋加利
常务副局长　李　杰(1月免)
赵新民(1月任)
副局长　于思忠　张福清　张海亮
张延廷　郭建平　林继民

统计局

局　长　李德耀
常务副局长　张向明
副局长　韩彦北　赵广程　祝遵刚
江　滨

民族事务委员会

主　任　杨郑安
副主任　丁四方(1月免)
刘佩伦　王保敬(1月任)
雷建生(12月任)

市城市管理局

局　长　余遂盈
副局长　刘光访　张运通(5月免)
司同义　王　平
牛彦民　徐建军　李　峰
张醒民
张根群(5月免)
魏天亮(12月任)
郭克河(12月任)

住房保障和房地产管理局

局　长　王万鹏
副局长　王长兴(5月免)
李武建(1月免)　高胜利
李全云(女)　梁裕民
李葆华　冯德平
潘　冰　贺明理

外事侨务办公室

主　任　李陶然
副主任　张水兰(女)　刘培林
张树忱　王留钦
黄改玲　吕　剑

·市政府直属机构·

国有资产管理委员会

主　任　胡　荃(兼,12月免)
常务副主任　秦晓辉
副主任　李中正　贺纪祥　黄名坤
曹苏菲　岳启明
郭耀伟(1月任)

粮食局

局　长　王顺生
副局长　张新华　高新喜(10月免)
井喜亮　郑伟业　王　黎
高　杰　张旭东　董新河

信访局

局　长　姚朝社
副局长　魏诗昌　李应旺　冯　明

杨爱玲　赵向东
王随府(12月任)
田书黎　金爱江(12月任)

物价局

局　长　陈军安
常务副局长　朱巨亚
副局长　姜　艳(女)　王文强
韦泽建　王宏元　郑德邦
朱孝忠　王志昂
王为民(12月任)

文物局

局　长　阎铁成
常务副局长　任　伟
副局长　黄　静(女)　王　杰
汪文道　任晓红　闫凤岗

体育局

局　长　李庆山
副局长　赵国强　李伟建　陈来安
赵俊峰　张国防　周朝晖

旅游局

局　长　岳俊华(女)
常务副局长　张　杰
副局长　吴建中(12月免)
何宏波　方建华　刘根成
薛宝霞　李明伟(12月任)

法制办公室

主　任　万建中
副主任　张炎勋(1月免)　王　新
李文德　吴运浦　李庆伟
李建超(1月任)
李惟锋(12月任)

安全生产监督管理局

局　长　李书良(1月免)
冯留卷(1月任)
常务副局长　常新河
副局长　李喜安　柴栓庆　潘建华
王彦华　朱永红　徐志忠
朱建勋　丁清卫
郭项峰(12月任)

台湾事务办公室

主　任　李元中
副主任　李秀文　欧阳军　曹东梅

煤炭管理局

局　长　李书峰
副局长　张信磊　秦文理(5月免)
徐建林　王少宗
王国占　王志远　师志刚
黄保臣(12月任)

(王玮宏)

·省市双重管理机构·

国土资源局

局　长　吴洪杰(女)
副局长　刘玉凤(女)
王东方(10月免)
李俊宇　徐铭杰　吕安民
宋占国　邱应厚　崔留森
陈思格
总工程师　陈永灿
局长助理　王　敏

工商行政管理局

局　长　赵中祥
副局长　潘公社　王锡建　普亚飞
赵小林

国家税务局

局　长　李和圈
副局长　常　磊　周明山　马松伟
赵　东
总会计师　任闽涛

地方税务局

局　长　吕太昌(1月免)
李新峰(1月任)
副局长　王　钢
孙雪群(5月免)
刘洁玲(女)
裴国庆　孙武江(5月任)
总会计师　李顺利(5月免)
张　锐(5月免)
韩培鸿(5月任)
总经济师　吴州成(5月免)
陈庆大(5月任)

质量技术监督局

局　长　刘建峰
常务副局长　杨　杰
副局长　张新才　马元杰　韩冬生
冯　磊　尚建国

烟草专卖局(分公司)

局长(经理)　徐鸿飞
副经理　李新民　王茂欣
副局长　张俊生
副经理　施鹏跃

邮政局

局　长　庞殿超
副局长　张文静(女)　李平(女)

供电公司

总经理　王政涛
副总经理　付迎拴　陈希正
郑　盾　刘发展　杜利民
总会计师　薄　林

(范鹏飞　贾建英　刘　恒)

·市政府直属事业单位·

地震局

局　长　周新萍
副局长　高　峰　赵景尧　侯清卫

接待办公室

主　任　袁巧珠(女)
副主任　陈　斌　陈春梅　彭起信
宋林杰(1月任)
陈培民(1月任)

仲裁委员会办公室

主　任　张灵芝(女)
副主任　董福来　禹殿卿　梁立群

地产集团

总经理　李俊宇
副总经理　郭　枋(女)　索　虎

中小企业局

局　长　杨虎臣

副局长　郜献民　张建洲　侯国强
　　　　袁留增　李聚云

园林局

局　长　邢建新
常务副局长　崔正明
副局长　罗信义(1月免)　姚喜民
　　　　牛振民　薛永卿　陈平山

畜牧局

局　长　蔡仲友
常务副局长　程改生(5月免)
副局长　李文波　郑保华　朱纯良
　　　　张军峰(1月任)
　　　　徐宝龙(12月任)

地方史志办公室

主　任　经书威(1月免)
　　　　李俊超(1月任)
常务副主任　李志刚
副主任　梁豫生　时春红(女)

市场发展局

局　长　杜金满
副局长　朱　庆　田跃平　唐文革
　　　　李学文　任立公

建设投资总公司

总经理　陈　新
副总经理　秦广远　沈建焜
　　　　马建军　刘增学

供销社

主　任　郑福有
常务副主任　郭　良
副主任　贾耀刚　丁庆彪　田跃平
　　　　常建青　杨燕青
　　　　苏现民　赵文生(12月任)

市直机关事务管理局

局　长　王　微
副局长　魏诗昌(1月任)
　　　　耿宏旭(1月免)　姚希岗
　　　　韩　勇　常　利　王敬安
　　　　李洪建　冯西亮

住房公积金管理中心

主　任　丁二勇(1月免)
　　　　朱蜀辽(5月任)
副主任　朱蜀辽(5月免)
　　　　薛佩玲(女)　李力刚
　　　　罗　鸣

(王玮宏)

·议事协调机构的办事机构·

人民防空办公室

主　任　张德印
副主任　刘玉华(1月免)
　　　　万社芬(女)
　　　　于　明　袁世臣　许晓常
　　　　秦　勇　刘和平　项忠阳

农业综合开发领导小组(扶贫开发领导小组)办公室

主　任　李刚良
副主任　马学艺　常　青　郑深怀
　　　　张振祥　徐军安

爱国卫生运动委员会办公室

主　任　侯保卫
副主任　许付华　吴孔宝

(王玮宏)

·市政府派出机构·

郑州新区管委会

主　任　赵瑞东(兼,7月任)
副主任　马　健(兼)　王广灿
　　　　崔　凡(兼)　崔绍营(兼)

郑东新区管委会

主　任　王　哲(兼,8月免)
副主任　牛西岭(兼)
常务副主任　吴福民
副主任　胡文杰　张子亮　赵兴斌
　　　　张良才　张胜利(11月任)
　　　　周定友(10月免)　李华军
　　　　杨东方　席　挺
主任助理　苏西刚　张予西
　　　　魏宁娣(女)　李　晗(女)

郑州高新技术产业开发区管委会

主　任　张建国
常务副主任　王建肃
副主任　贺炳岱　樊福太　吴永昭
　　　　宋旭光　廖义芝(女,5月免)
　　　　穆　勇　郝军峰　时连渠
　　　　周军营　贾有林
主任助理　翟纯厚(兼)

郑州经济技术开发区管委会

主　任　张延明
常务副主任　李喜安
副主任　李东明　秦土旺(12月免)
　　　　时云辉　赵长根
　　　　黄　楠　马斐颖　李国立
　　　　孙新平　王义民
　　　　孟庆平(10月免)　武　斌
主任助理　何汝伟

郑州出口加工区管委会

主　任　张延明(兼)
常务副主任　秦土旺(12月免)
　　　　赵长根(12月任)
副主任　师淑君　任永桥　张保成
　　　　李春德(12月免)　梁安东

郑州火车站地区管委会

主　任　刘国正
副主任　郝国军　李国献　冯现朝
　　　　韩道俊　李雪林
　　　　王　伟(12月任)

郑州航空港区管委会

主　任　崔　凡
常务副主任　张胜利(1月任)
副主任　孙　兵　杨玉光　马安庄
　　　　丁建国　荆　姣(女)
　　　　杨买军　汤晓义　周海涛

(李晓黎)

·市政府驻外办事机构·

市政府驻北京联络处

主　任　张管城
副主任　张党权　常宏瑞

市政府驻广州办事处

主　任　张春喜

副主任　田柱东　刘　刚

市政府驻深圳办事处

主　任　张信生

副主任　王忠文

市政府驻海口办事处

主　任　王铁桩

副主任　巴剑中

市政府驻上海联络处

主　任　王　强

副主任　阴建国

（周遂鹏）

政协郑州市第十二届委员会

主　席　李秀奇

副主席　岳喜忠　王　薇(女)
朱专兴
舒安娜(女,土家族)
牛西岭　陈西川　党普选
张冬平　李新有　张民服

秘书长　张桂兰(女)

副秘书长　谭　哲　张文定
朱润生
崔　平(女,10月免)
李素坤(1月免)
汤　燕(女)
李献峰(1月任)
陈　斌(1月任)
王松涛(10月任)
李海铁(11月任)

常务委员(共109人)
谢建国　王志民　王　健
王杰民　王源海　史根周
冯德平　刘　林　刘献志
李发臣　李利英(女)
李国庆　李宪召
李蝴蝶(女)　宋丰强
张　英　张铁秀
张慧云(女)　周晓光(女)
胡华敏(女)　赵学庆
徐　平(女)　徐鸿飞
黄海碧　龚首鹏　谭　哲
李树生　牛培玲(女)
马金营　马新海　王　锋
朱润生　闫玉明
杨　娜(女)　杨惠岭(女)
李　伟　李　倩(女)
李　琳　李建云(女,回族)
李海波　李海铁　李祥钟
张之鹏　张文定　张玉笋
张全利　陈观壤
虎云峰(回族)　周雅洲
赵文瑛(女)　唐　海
曹冬冰　雷从芳　王志坚
吴予红(女)　高方斌
王秀荣(女)　王进平
王明德　石聚彬　孙东辉
朱建国　刘五一
纪东平(女)　杨保成
李大文　李　群　李政军
李顺兴　李留宪
李富玲(女)　李素坤(女)
张松正　周可义
郑金泉　钟　波　倪启明
崔　平(女)　曾　平
谢淑芳(女)　廖义芝(女)
文广轩　王水龙
王秀霞(女)　王松涛
毛鸿雁(女)　孙　黎(女)
刘花明(女)　刘宝琦(回族)
汤　燕(女)　杨郑安(回族)
杨海平　李刚毅　李献峰
吴爱芬(女)　吴营昌
张自福　张志华
张艳华(女)　陈　斌
胡桂平(女)　袁小杰
康玛水　阎书刚　曹建华
韩纪中　傅建军
温荣丽(女)　翟明玉

·市政协工作机构·

办公厅

主　任　谭　哲

调研室

主　任　张　英

副主任　邢　进

提案委员会

主　任　李献峰(1月免)
李素坤(女,1月任)

副主任　李建云(女)　张沄龙
谢建国(兼)　李宪召(兼)
邢建新(兼)

经济委员会

主　任　李海铁(11月免)
王济昌(11月任)

副主任　朱　庆　李　杰(兼)
王源海(兼)　李　刚(兼)
李福科(兼)

农业委员会

主　任　周可义

副主任　鹿社先　史广敏(兼)
张建玉(女,兼)
栗进朝(兼)　贾莉(女,兼)

人口资源环境委员会

主　任　吴爱芬(女)

副主任　杨合法　兰维娜(女,兼)
吕安民(兼)　杨照建(兼)
秦文理(兼)

教科文卫体委员会

主　任　史根周

副主任　蔡爱芬(女)　文广轩(兼)
王霄鹂(女,兼)
赵学庆(兼)
吴予红(女,兼)
黄海碧(兼)

社会和法制委员会

主　任　周雅洲

副主任　侯艳芳(女)
李建云(女,兼)
王志民(兼)
崔　鸿(女,兼)
张艳华(女,兼)

民族和宗教委员会

主　任　郑金泉

副主任　杨国怀　刘佩伦(兼)
帖增敏(兼)　马培明(兼)

文史资料委员会

主　任　韩纪中
副主任　孙春杰　安惠萍(女,兼)
　　　　任　伟(兼)
　　　　张松林(兼)

港澳台侨和外事委员会

主　任　周晓光(女)
副主任　牛文广　李元中(兼)
　　　　杜雪萍(女,兼)
　　　　方建华(兼)

委员管理联络委员会

主　任　王松涛(10月免)
　　　　崔　平(女,10月任)
副主任　赵先玲(女)　王杰民(兼)
　　　　刘建峰(兼)　马新海(兼)

城市建设委员会

主　任　朱建国
副主任　王重建　赵亚峰(兼)
　　　　张　伟(兼)
　　　　张运通(兼)　李国庆(兼)

(朱选举)

民主党派与工商联

民革郑州市第十一届委员会

名誉主委　张世诚
主任委员　刘　东(女,兼)
副主任委员　林功顺　张自福
　　　　　　牛培玲(女)
秘书长　牛培玲(女,兼,3月免)
　　　　张　路(3月任)

民盟郑州市第十一届委员会

主任委员　朱专兴
副主任委员　王志昂　白金尧
　　　　　　李蝴蝶(女)　张帅旗
　　　　　　郝　伟(女,1月任)
秘书长　王志昂(兼,1月免)
　　　　张洛通(1月任)

民建郑州市第十三届委员会

主任委员　张冬平
副主任委员　王明德　孙黎(女)
　　　　　　崔豫琳(女)　刘忠明
秘书长　崔豫琳(女,兼)

民进郑州市第三届委员会

主任委员　张民服
副主任委员　王中朝　孟蕊(女)
　　　　　　徐　平(女)
　　　　　　谢淑芳(女)　赵学庆
秘书长　孟蕊(女,兼)

农工党郑州市第五届委员会

主任委员　李新有
副主任委员　沈世鹏　吴予红(女)
　　　　　　李顺兴　孙中党
秘书长　纪东平(女)

九三学社郑州市第四届委员会

主任委员　舒安娜(女)
副主任委员　郑高飞　王秀霞(女)
　　　　　　李　琳
秘书长　郑高飞(兼)

(杨飞雁)

郑州市工商联第十六届执行委员会

主　席　王　平(女,兼)
副主席　李祥钟(兼)　闫玉明
　　　　郭留章　李清四　肖前诗
　　　　薛景霞(女)　李　伟
　　　　蒋继明　王凤山　周聚民
　　　　徐顺卿　张全利　张歌伟
　　　　张学溥　王源海　付俊杰
　　　　雒新代　袁小杰　陈　南
　　　　陈中有　温荣丽　张淑云
　　　　王海民　肖存兴　王清祥
秘书长　李清四(兼,3月免)
　　　　王清祥(3月任)

郑州市中级人民法院

院　长　王新生
常务副院长　谢红星
副院长　李广湖　王胜利(1月免)
　　　　王志民　刘玉华(1月任)
　　　　李玉杰　段占青
　　　　祝二军(2月免)
　　　　李保甫　赵永纯
院长助理　刘祖一

(杨静波　卢新合)

郑州市人民检察院

检察长　杨祖伟
常务副检察长　张战军
副检察长　朱专兴(1月任)
　　　　　尚清霞(女)
　　　　　宋　楠(女)　范　俊
　　　　　宋　超　苏志广
检察长助理　张惠云

(李广建　李　丹)

郑州市群众团体组织

总工会

主　席　李元法
常务副主席　陈观壤
副主席　李建霞(女)　施　展
　　　　陈明洋　张建涛　林增志

共青团郑州市委员会

书　记　高京燕(女)
副书记　张艳华(女)　陈　定
　　　　史启新　李　磊

妇女联合会

主　席　徐惠俐(女)
副主席　于素云(女)　李淑萍(女)
　　　　李　芳(女,1月免)
　　　　侯淑玲(女)

科学技术协会

主　席　文广轩
副主席　马国明　崔光伟　王世珍
　　　　霍梅旭

文学艺术界联合会

主　席　钟海涛
副主席　姜　阳(女)　马素芳

社会科学界联合会

主　席　赵　君
副主席　宫银峰　窦志力(1月免)
　　　　许颖杰

归国华侨联合会

主　席　李刚毅
副主席　赵思群

残疾人联合会

理　事　长　杨惠春
常务副理事长　程广平
副理事长　周长信　陈　卓(女)

红十字会

会　长　刘　东(女,兼)
常务副会长　张春香(女)
副会长　刘　红(12月免)
　　　　董彦臣(1月免)

(王玮宏)

驻郑部属及省属单位

·交通通信机构·

郑州铁路办事处

主　任　杨学禹
副主任　徐自臣　张　磊(5月免)
　　　　张建泽(5月免)
　　　　刘家湖(5月免)
　　　　吕恩平(5月任)
　　　　彭和平(5月任)
　　　　田维勤(5月任)
　　　　崔德志(5月任)

郑州车站

站　长　马锡忠
副站长　王跃虎　于佩离　杨　光
　　　　王予刚　黄培源　赵立炜
　　　　彭　辉

中国联合网络通信有限公司郑州市分公司

总经理　王宜科
副总经理　耿保刚　陈健敏
　　　　李　钢　朱建勇
王跃武　谢敬国　张卫华　吴振魁

·金融机构·

人民银行郑州中心支行

行　长　计承江
副行长　杜迎伟　庞贞燕(女)
　　　　毛德君　周　波
　　　　田文雄(8月免)

中国工商银行河南省分行营业部

总经理　许　杰
副总经理　夏宗福　姜　林
　　　　王晓东(8月免)　雷晓峰
　　　　孙　翔(6月免)
　　　　史卫红(8月任)
　　　　荣卫民(8月任)

中国农业银行河南省分行郑州营业部

总经理　陈茂杰(10月免)
　　　　周贵恒(10月任)
副总经理　蔡　丽(女,1月免)
　　　　付大贤(10月免)
　　　　杜红兵　海军干
　　　　韩　旭(11月任)

·保险机构·

中国人寿保险股份有限公司郑州市分公司

总经理　杜　强
副总经理　吉海跃
　　　　孙鸿雁(5月免)
　　　　刘国强
　　　　姜　静(12月免)
　　　　刘浩燕(女)
　　　　李冰川(5月任)

中国太平洋人寿保险股份有限公司河南分公司

总经理　周晓楠
副总经理　丰慧琴(女)
　　　　徐　静(女)
总经理助理　陈力钧　陈　林

·其他单位·

郑州市黄河河务局

局　长　刘培中
副局长　董小五(3月免)
　　　　王庆伟　马水庆
　　　　崔景霞(女)
　　　　申家全　蔡长治(2月任)
总工程师　余孝志

郑州银行股份有限公司(市属)

董事长　焦金荣(11月免)
　　　　王天宇(11月任)
行　长　王天宇(兼)
监事长　李文斌
副董事长　张荣顺
副行长　范大路　乔均安
　　　　赵丽娟(女)　白效锋
行长助理　孙海刚
　　　　郭志彬(12月任)
　　　　张文建(12月任)

(范鹏飞　贾建英　刘　恒)

中国人民解放军郑州警备区

司令员　李建华　大校(2月免)
　　　　李恕海　大校(2月任)
政治委员　高方斌　大校(4月免)
　　　　刘贵新　大校(4月任)
副司令员　王金宇　大　校
　　　　韩世联　大　校
副政委　司马武当　大校
　　　　苏理明　大校(2月任)
参谋长　姚　健　上校(4月免)
　　　　李国记　大校(4月任)
政治部主任　史安平　大校
后勤部长　李成先　上校

(灏　森)

中国人民武装警察部队郑州市支队

支队长　孙海涛　大校

第一政治委员　黄保卫(兼)
政治委员　冯元喜　大校
副支队长　王润洲　上校
　　　　　杨宏乔　上校(3月免)
　　　　　张智军　上校(3月任)
副政治委员　张明俊　上校
参谋长　张立强　上校(3月免)
　　　　张培杰　上校(3月任)
政治部主任　付占伟　中校(3月免)
　　　　　　杨　威　上校(3月任)
后勤部部长　苑志明　中校

(黄　捷)

第四篇　中国共产党

市委全局工作

【概况】 2010年,中共郑州市委坚持以邓小平理论和“三个代表”重要思想为指导,深入贯彻落实科学发展观,坚持“四个重在”实践要领,按照“三具两基一抓手”要求,团结带领全市广大干部群众,全面加强和推进经济建设、政治建设、文化建设、社会建设以及生态文明建设和党的建设,保持了经济社会发展好的态势。全年生产总值完成4000亿元,同比增长13%左右;全市财政总收入完成643亿元,其中一般预算收入386.8亿元,同比增长28.1%;全社会固定资产投资完成2757亿元,同比增长20.8%;城镇居民人均可支配收入18897元,同比增长10.4%;农民人均纯收入9225元,同比增长13.6%。郑州市获得了“中国十大最佳投资环境城市”、“中国最具投资潜力城市”、“全国最具安全感城市”和“中国最具海外影响力城市”等一系列荣誉称号,城市的知名度、美誉度大幅提升。

2010年,中共郑州市委认真贯彻落实党的十七届五中全会精神和省委八届十一次全会精神,深刻领会省委书记卢展工到郑调研指示精神,全面研究谋划郑州今后五年的发展。提出要紧紧抓住中原经济区建设重大机遇,加快建设郑州都市区,持续推进跨越式发展,形成中原经济区核心增长极,使郑州真正成为全国重要的区域性中心城市。把富民强市作为中心任务,积极实施项目引资双带动的跨越式发展战略,工业强市、服务业优先的产业优化升级战略,组团发展、产城融合的都市区扩张战略,民生优先、环境优先的软实力提升战略,努力实现增长速度、发展质量和综合效益居于全省和中西部地区前列,地区生产总值和人均生产总值较“十一五”末翻一番以上的目标。

加快重点产业发展,推进现代工业体系建设。2010年,郑州市加快推进产业集聚区发展,启动《郑州市产业集聚区发展规划(2010—2020年)》编制工作,15个省级重点产业集聚区的发展规划全部完成,落实省、市财政扶持资金1.998亿元。全市38个重点产业集聚区基础设施投入累计完成158.5亿元,同比增长27.5%;引进域外资金200.85亿元,同比增长25.89%;新入驻企业491家。加快战略支撑产业发展,坚持以发展战略性支撑产业为突破口,积极运用先进适用技术改造提升优势传统产业,加快产业转型。汽车及装备制造、电子信息产业快速发展,增加值达到360亿元,增速超过30%。资源型产业和高耗能行业所占比重逐步下降,六大高耗能行业占全市规模以上工业比重为54%,比“十五”末下降7.3个百分点。加快推进重点企业发展,进一步调整和完善扶优扶强政策,加强对重点企业的检测和监控,加大服务支持力度,引导企业做大做强。全年扶优扶强工程88个项目完成投资200亿元,实现销售收入1450亿元,同比增长30%。规模以上工业增加值完成1600亿元,同比增长18%;实现销售收入5968亿元,同比增长25.2%;实现利润674亿元,同比增长32.7%。河南中烟、郑煤、宇通、豫联和登电等5家企业进入2010年中国企业500强。

加快服务业发展,不断提高服务业在经济发展中的比重。2010年,郑州市成功申报成为全国服务业综合改革试点城市,出台了《关于进一步加快郑州国际物流中心建设的意见》,编制实施了《郑州市现代化商贸城建设总体规划》,物流、会展、文化创意旅游、金融服务等现代服务业快速发展。郑州华强科技文化园、国家动漫产业基地等一批大项目在郑落户;成立了郑州国际物流园区管委会,制定《郑州国际物流中心战略暨规划布局》,国家干线公路物流港、铁路集装箱站、中南邮政物流集散中心等工程进展顺利;河南保税物流中心顺利通过国家验收,郑州新郑综合保税区获国务院批准;金融中心建设稳步推进,郑州期货大厦项目进展顺利,东亚银行入驻郑州,国内外银行类金融机构总数达到24家;房地产业发展强劲,全年房地产业投资突破680亿元,开工面积1500万平方米。积极实施促进消费的政策措施,加大万村千乡、家电下乡、汽车和家电以旧换新、特色商业街建设等项目的推进力度。全年实现社会消费品零售总额1678亿元,同比增长19%;居民消费价格总指数累计上涨3%左右。

高度重视“三农”工作,新农村建设扎实推进。农业生产再获丰收,全年粮食总产量达到166.7万吨,比上年增长0.4%,实现连续第8年增产。加快农业结构调整步伐,积极推进

《郑州市都市型现代农业发展规划》、《郑州市蔬菜产业发展规划》、《郑州市花卉产业发展规划》和《郑州市现代渔业发展规划》编制工作。全年蔬菜产量达到305万吨，比上年增长11.1%；水果产量30万吨，比上年增长1.8%；水产品产量13.5万吨，比上年增长2.3%。大力发展设施农业，推进标准化生产，农业综合效益进一步提高。全市新建农民专业合作社364个，累计达到1036个；新建3个现代农业示范园区，累计达到25个；市级以上农业龙头企业达到331家，比上年增加42家。全年农产品加工型龙头企业实现销售收入360亿元，比上年增长20%。加快新农村建设步伐，按照"中心村、新型农村社区、综合整治村"3种建设模式，建成新型农村社区（中心村）98个、综合整治村19个，新建住房3.1万户，累计投资51亿元。全年投入扶贫资金1.2444亿元，实现1.3万人脱贫，完成目标任务的108.3%。南水北调一期移民集中搬迁圆满结束。

狠抓节能减排，推动经济发展方式转变。坚持在发展中节能减排、在生产中节能减排、在调整中节能减排、在转型中节能减排，制定《关于打好节能减排攻坚战，确保实现"十一五"节能减排目标的意见》，实行节能调控预警制度，大力支持低耗能、低污染、高效益的生产企业加快生产和发展，对部分高能耗、高污染企业实施强制性清洁生产，狠抓综合能耗5万吨标准煤及以上企业的节能降耗工作，整合煤炭企业135家，关闭、取缔污染严重的企业396家。全年万元生产总值能耗下降3.6%左右，化学需氧量和二氧化硫排放量分别控制在5.21万吨和14.4万吨以内，"十一五"节能减排目标全面完成。

着力构建科技创新体系，提高自主创新能力。围绕建设创新型城市战略部署，继续实施重大科技专项计划、创新主体培育计划、创新人才培育计划，积极搭建企业研发平台、科技资源共享平台、科技成果转化交易平台，打造区域创新体系。新建国家级重点实验室2个、省级工程技术研究中心21家、市级工程技术研究中心和实验室71家。全年高新技术产业增加值完成709亿元，同比增长34.9%。

坚持改革开放，经济社会发展活力和动力进一步增强。坚持把改革作为推动跨越式发展的重要举措，狠抓重点领域和关键环节的体制创新。结合跨越式发展确定了十项改革，决定用三年时间逐步解决制约郑州市经济社会发展的难点、热点问题，初步建立起与经济社会发展相适应的体制机制。各项改革稳妥推进，初见成效，市、县两级政府机构改革基本到位；企业改革上市和战略重组稳步推进，正道花园重组商业大厦和郑荣集团、长春欧亚集团参与百货大楼重组等进展顺利，郑煤机、雏鹰农牧等4家企业成功上市。煤炭企业兼并重组扎实推进，事业单位岗位改革、医药卫生体制改革、文化体制改革迈出新步伐。大力实施开放带动主战略，抓住全球资本加快流动和沿海地区产业转移的重大机遇，不断扩大对外开放。坚持开展"大招商、招大商"活动，以国内外500强为重点，瞄准央企和港澳台大项目，积极承接产业转移。富士康郑州首条生产线正式投产，综合保税区正式获批，郑州新加坡国际物流产业园项目列入中新双边合作联委会议题，上升至国家层面，一批与世界500强、国内500强企业合作项目顺利实施。积极实施"走出去"战略，引导和支持企业加强对外经济合作，扩大对外贸易。全年实际利用外资19亿美元，同比增长17.4%；引进市外资金710亿元，同比增长16.6%；外贸出口32亿美元，同比增长60%；外经合同额6.6亿美元，同比增长73%，完成营业额6.9亿美元，同比增长26%；实现境外投资1.5亿美元，同比增长44%。

【城市建设与管理】　2010年，中共郑州市委全面加强城市建设和管理，城市面貌日新月异。坚持把郑州新区建设作为"一号工程"，按照建设复合型城市的理念，创新机制，全力推进，龙湖工程开工建设，各项基础设施和部分重大产业项目加快实施。郑州新区全年实现地区生产总值400亿元，同比增长13.5%；完成城镇固定资产投资532亿元，同比增长38.7%；完成规模以上工业企业增加值144亿元，同比增长26.7%。不断完善基础设施骨干网络，路网、水网、电网、气网和立体通讯传输等工程建设进展顺利。轨道交通1号线一期工程除东明路站外全部开工，2号线监理及土建施工招标工作完成；敷设供水管道33.5公里，新改建市区燃气管网107公里，建成供热管网33公里。加快城中村、棚户区改造和合村并城步伐，累计批准96个城中村实施改造，有38个项目开工建设，投入资金超过350亿元。30个城中村共完成土地出让899公顷，开工建设群众安置房304万平方米。编制完成棚户区改造规划，开工建设14个项目。以全国文明城市创建和国家卫生城市复审为载体，实施"城市管理年"活动，狠抓"五小"整治和违法违规建筑治理，市容市貌得到较大改善。完成背街小巷道路改造100条，总长74公里；新建垃圾中转站26座，改造28座；拆除户外广告8万平方米，清理占道4万余起，查处违规运输垃圾车978台次。把中心城区与周边县（市）纳入郑州都市区统筹规划和建设，加快卫星城、小城镇和新农村建设，对6个所辖县（市）按照功能定位进行布局规划，对38个重点城镇加大了建设扶持力度，实施"百村示范、千村整治"工程，部分行政村已建设成新型农村社区。加大农村基础设施项目建设，新改建农村公路578公里，解决了51万人的安全饮水问题，新增农村户用沼气10010户。加强生态建设和环境保护，森林生态城建设顺利推进，成功举办了第二届中国绿博会；市区新增绿地635万平方米，栽植乔木56万株。生态水系建设累计完成投资14.4亿元,先后对14条河道渠段进行了大规模生态治理,治理总长度108.3公里,至年底基本完成河道治理和输水工程,实现水通、水清;全市饮用水源地水质达标率保持在100%,城区环境空气质量达标率达到87.9%以上,人居环境显著改善。

【民主法制建设】 2010年,中共郑州市委继续加强民主法制建设,努力维护社会公平正义。认真贯彻落实中央关于进一步发挥人大代表作用、加强人大常委会制度建设的意见精神,指导和支持市人大及其常委会正确行使立法权,制定和修改了《郑州市城市供水管理条例》、《郑州市农业投资保障条例》等地方性法规;完成了65件地方性法规清理工作。支持人大及其常委会依法行使监督权、任免权和对重大事项的决定权。支持人大代表围绕全市中心工作和民生工程开展执行检查、集中视察和专题调研活动,认真办理代表的议案、建议、批评和意见。支持市人大常委会围绕"畅通郑州"建设、早餐工程、城中村改造、积水点治理、幼儿园建设、"十二五"规划等开展工作,为市委决策提供依据。支持政协围绕团结和民主两大主题履行职能,推进政治协商、民主监督和参政议政的制度建设。市政协围绕加快经济发展方式转变、科学谋划"十二五"发展等全市中心工作积极开展调研视察、协商议政,提出了大量富有建设性的意见;加强提案办理工作,共办理委员提案597件。积极开展公益活动,组织委员赴社区、乡村、学校开展义诊、义演、捐助、帮扶等送温暖、献爱心活动,为弱势群体和困难群众排忧解难。切实做好新形势下的统一战线工作,按照"团结和谐求稳定、招商引资促发展"和围绕中心、服务大局的要求,不断加强民族、宗教、对台、侨联、侨务等工作,积极承办中原论建·郑州经济高层论坛、河南台湾月和郑州台湾产品节,组织赴台、赴澳招商引资活动,扩大经贸交流和文化交流,开创了与港、澳、台经贸合作新局面。充分发挥各民主党派参政议政、建言献策、服务社会职能,实施"三百工程",开展"社会帮扶",取得良好效果。进一步规范行政审批,建立了首席服务官、联审联批等工作机制,简化行政审批程序,提高行政效率和服务质量。建立和实行网络问政制度,进一步扩大政务公开,强化网络媒体监督。制定了公务员日常管理、考核、轮岗交流实施办法和奖惩实施意见,健全了公务员管理的运行机制,深入开展争做"人民满意的公务员"活动,公务员队伍整体素质得到明显提高。以"法治郑州"创建活动为载体,全面贯彻落实法制宣传教育和依法治市规划,进一步深化社会主义法治理念教育,完善法律援助体系和基层人民调解体系,加强各级党委依法执政能力建设和法治政府建设,加强地方性法规和规章制度建设,推进依法治市进程。高度重视行政执法和司法队伍建设,强化行政监督和司法监督,规范执法和司法行为,促进公正执法,切实维护社会公平正义。深入推进基层依法治理,扎实开展民主法治村(社区)创建活动。积极推进基层民主政治建设,全面实施"四议两公开"工作法和家庭联户代表制,政务、厂务、村务和公用事业单位办事公开制度进一步完善。大力支持工会、共青团、妇联等人民团体依照法律和各自章程开展工作,群团组织的作用得到较好发挥。深入开展双拥工作,连续五次荣获"全国双拥模范城"称号、七次荣获"全省双拥模范城"称号。

【精神文明建设】 2010年,中共郑州市委把创建全国文明城市作为文化建设的龙头工程、党和政府为人民群众办实事的民心工程来强力推进,市民文明素质全面提高,城市品位明显提升。坚持不懈地用中国特色社会主义理论体系武装党员、教育群众,营造了良好的舆论氛围。深入开展社会主义核心价值体系学习教育,大力弘扬以爱国主义为核心的民族精神和以改革创新为核心的时代精神,开展"知荣辱、讲正气、促和谐"等主题教育实践活动,推进社会公德、职业道德、家庭美德建设,涌现出了公安战线优秀民警沈战东、新农村建设带头人张可山、优秀人民警察常献忠等一批先进典型。以创建全国文明城市为载体,深入开展群众性精神文明创建活动,全社会的文明程度明显提高,两次获得全国创建文明城市工作先进单位称号,2010年在中央文明办文明指数测评中,郑州在省会和副省级城市中排名第八位。大力发展文化事业。加强文化阵地建设,全市基本实现县有文化馆、图书馆,乡镇有文化站,社区和行政村有文化活动室。加强文化基础设施建设,新建、改建了市广电中心、歌舞剧院、群艺宫等一批群众文化体育设施。大力发展文化产业,实施了中华炎黄二帝巨塑、商城遗址公园等一批重点项目,登封"天地之中"历史建筑群成功申遗,黄帝故里拜祖大典、舞剧《风中少林》、《水月洛神》、实景演出《禅宗少林·音乐大典》、电视剧《快乐星球》、动漫《小樱桃》成为名扬海内外的文化品牌。文化创意旅游产业蓬勃发展,华强科技文化园、国家动漫产业基地等一批大项目落户郑州。精心策划和承办了全球商报论坛、第十届亚洲艺术节、中国公民道德论坛、中国(郑州)国际动漫论坛等一批重大活动,文化影响力不断扩大。

【和谐社会建设】 2010年,中共郑州市委坚持把改善民生作为构建和谐郑州的着力点,关注民生,认真办好省"民生工程"和市"十大实事"。加强就业再就业工作,全市新增城镇就业人员13.32万人,农村劳动力转移就业11.24万人,职业技能培训7.2万人,城镇登记失业率控制在3.2%以内。切实做好社会保障工作,进一步提高企业退休人员基本养老金、城乡低保补助标准。城镇职工基本养老保险、基本医疗保险、失业保险、工伤保险、生育保险参保人数(职工)分别达到104.39万人、89.49万人、89.65万人、57.29万人、39.38万人,城乡居民养老保险、城镇居民基本医疗保险参保人数分别达到99.21万人和137.97万人。出台《郑州市被征地农民就业培训和社会保障暂行办法》,征地农民的利益得到了保障。坚持优先发展教育事业,市区新建10所、改扩建6所中小学校,新增学位17685个;加固改造校舍9.6万平方米;启动中等职业教育建设项目11个,积极推行郑州户籍中等职业教育学生免学费政策和贫困家庭学生就学资助制度,进城务工人员子女入学问题得到了较好解决。加快高等教育和职业教育发展,郑州师专升格为郑州师范学院,职教园区建设进展顺利。全面构筑公共卫生服务体系,新建796所标准化村卫生所工程进展顺利,继续推进"片医"负责制工作,服务群众范围扩大到280万人;进一步提高新型农村合作医疗门诊统筹财政补助标准和人均大病住院报销额度,新农合人均筹资标准提高至150元,全市参合农民416.8万人,参合率达98.08%。加强保障性住房建设和管理,全市新开工经济适用房面积166万平方米,竣工面积112万平方米;开工建设廉租住房15.4万平方米,累计有2.7万户低收入住房困难家庭享受廉租住房政策。高度重视计划生育工作,加强人口和计生工作长效机制建设,继续稳定低生育水平,综合治理出生人口性别比偏高问题。积极发展残疾人事业,扎实推进社会救助和社会福利事业、老龄事业和慈善事业。按照"负责必稳,预防必安,为民必和"的总要求,深入推进社会矛盾化解、社会管理创新、公正廉洁执法三项重点工作,创新工作机制,狠抓措施落实,维护全市社会大局稳定。完善落实信访联席会议、领导接访下访、信访稳定一岗双责、信访稳定评估、矛盾纠纷排查和责任追究六项矛盾化解机制,深入开展重复信访问题专项治理和涉法涉诉案件集中处理活动。全市共排查一般性矛盾9120起,化解率98%以上,解决重大不稳定问题40起;调处各类矛盾纠纷60542起,调成58761件,调成率97%;办理各类涉法涉诉案件679件,办结622件,结案率91.6%;办理中央、省交办信访案件265件,按期办结率100%。信访案件办结率、群众满意率和矛盾排查化解率不断提升。深化政法队伍体制机制改革,积极推进警务体制改革,将原有市区内124个局、所整合为29个派出所,基层一线警力明显加强。加强治安打防体系建设,深入开展"命案攻坚"、"打黑除恶"、打击"两抢一盗"、禁毒、打拐等专项行动,严厉打击各种刑事犯罪。加强流动人口管理,建立教育、就业、管理、维权、服务五位一体的工作体系;加强网络虚拟社会的管理与引导,制定了《关于进一步加强我市互联网管理工作的意见》,净化了网络环境。加强刑释解教人员管理。持续开展治安乱点综合整治,省、市、县三级挂牌整治(警示)的治安乱点全部得到有效整治。深化安全生产工作。坚持"安全第一、预防为主、综合治理"的方针,严格落实安全生产责任制,持续开展安全生产大检查和专项检查,严厉打击非法违法生产行为,认真做好隐患排查治理工作,构建安全生产长效机制,着力减少各类事故发生。切实加强对食品研发、生产、流通等环节的监督,大力开展食品药品专项整治,确保食品药品安全。

【党的建设】 2010年,中共郑州市委大力加强党的执政能力和先进性建设,提升党的建设科学化水平,为经济社会跨越式发展提供了坚强的政治和组织保障。扎实开展共产党员先进性教育、解放思想大讨论、深入学习实践科学发展观、创先争优等主题教育活动。加强党员干部教育培训,开展领导干部读书竞赛活动,大力实施"干部素质提升万人培训工程"。全年共举办各级各类培训班380期,培训干部22800人次。依托高等院校、培训机构举办高级研修班6期,培训干部460余人次。加强基层各级党组织建设,强力推进农村党支部书记"双强"工程,全市"双强"支部书记和"双强"两委干部分别占总数的80%和60%以上。选聘高校毕业生到村任职,深入开展社区党建"三级四方共建"活动,建设城市流动党员"红色家园",进一步夯实了党在基层的执政基础。积极推行"四议两公开"工作法和家庭联户代表制,全市行政村实现全落实、全覆盖。在全市非公有制经济组织中开展把支部建在企业上、市场上、路段上、楼宇上、商会上的"五建"活动,全市规模以上非公企业党组织组建率达到99.6%。扎实开展分行业争创"五好"党组织活动,全市89.6%的城市基层党组织达到"五好"标准。按照科学发展观对干部工作的新要求,探索完善县(市)、区党政领导班子和领导干部年度考核评价体系,向重大项目建设和招商引资工作倾斜,把节能减排、民生保障、资源环境、综合治理、社会进步等指标纳入考核内容,按照"五重五不简单"选用干部,树立了正确的选人用人导向。以"讲、树、促"和"两转两提"活动为载体,加强作风建设。建立完善市级领导干部联系帮扶一个困难企业、一个落后贫困村、一户城镇困难居民、一户农村困难家庭的"四个一"制度,以及市级领导干部承担重点调研课题制度、分包重大不稳定案(事)件制度,坚持市委常委分包县(市)区制度和跨越式发展重点工程制度,形成了领导干部带头调查研究、带头深入基层解决问题的良好风气。严格控制活动,精减会议,压缩文件,建立作风建设监督追究体系,促进了全市党风政风的明显好转。认真执行党风廉政建设责任制,深入开展反腐倡廉工作。加强"四会一课"廉政教育,增强全社会反腐倡廉意识。全面贯彻落实《廉政准则》,严格执行领导干部个人有关事项报告、述职述廉、廉政谈话、诫勉谈话和离任审计等制度,深入推进纪检监察派驻机构统一管理工作,积极开展行风评议活动,不断拓宽监督渠道。进一步加大腐败案件查处力度,全市纪检监察机关共受理信访举报3732件(次),立案1338件,党(政)纪处分1451人(其中县处级干部29人),挽回经济损失1956.1万元,收到了良好的社会和法纪效果。

【大招商暨重点项目建设工作会议】 2010年2月25日,市委、市政府召开全市大招商暨重点项目建设工作会议,会议总结了2009年郑州市对外开放和重点项目建设工作,明确了2010年郑州市对外开放各项工作的主要目标。省委常委、市委书记王文超出席会议并作重要讲话。

王文超对2009年全市对外开放工作取得的成绩给予了充分肯定。他指出,当前郑州市经济发展正处于关键时期,既面临严峻挑战,也面临重大机遇,全市广大干部要树立危机意识和机遇意识,紧紧抓住发展这个第一要务,坚定信心,乘势而上,迅速掀起大招商和重点项目建设工作的新一轮热潮。要明确任务,把握重点,以大招商和重点项目建设推动经济跨越式发展,加速经济结构调整和发展方式转变。要大力实施"走出去"战略,促进出口稳步回升,着力完善开放型经济体系;要把握大招商的方向和重点,围绕提高科技创新能力、培育现代产业体系、推进中心城区保护改造和郑州新区建设进行招商;要强力推进跨越式发展十项重点工程和省市重点项目建设,在全市形成项目建设高潮。

王文超强调,全市各级各部门要加强组织领导,强化统筹协调,狠抓工作落实,以招商促项目建设、以项目建设保招商效果,通过招商和项目建设调结构、促转型,开创大招商和重点项目建设工作的新局面。

【全市跨越式发展总结暨动员大会】 2010年2月26日,市委、市政府召开全市跨越式发展2009年工作总结暨2010年动员大会。会议的主要任务是总结跨越式发展新三年行动计划实施一年来的工作,并对2010年的跨越式发展工作作出安排,进一步动员全市上下坚定信心,乘势而上,加快推进经济社会跨越式发展。会上,对在2009年度跨越式发展工作中表现突出的先进单位和先进个人进行了表彰。市委副书记、市长赵建才同志作主题报告,总结成绩,部署今后工作;省委常委、市委书记王文超就抓落实问题作重要讲话。

赵建才指出,全面完成2010年跨越式发展目标任务,要做好十方面工作:继续坚持扶优扶强,为实现跨越式发展提供强劲动力;不断加快产业集聚区建设,为实现跨越式发展培育坚实载体;进一步强化科技创新,为实现跨越式发展注入生机活力;扎实推进新农村建设,为实现跨越式发展奠定稳固基础;着力加强城市建设和管理,为跨越式发展创造优良环境;强化交通枢纽地位,为实现跨越式发展增强竞争优势;发挥文化资源优势,为实现跨越式发展提供精神动力;抓好节能减排和生态环境建设,为实现跨越式发展打造生态屏障;大力发展物流商贸业,为实现跨越式发展提供有力支撑;切实加强社会建设,为实现跨越式发展提供坚实基础。

王文超强调,郑州市正处于加快推进跨越式发展的重要关口,各级各部门要认真贯彻中央和省委、市委经济工作会议精神,把思想统一到市委、市政府决策部署上来,进一步坚定信心,抢抓机遇,奋力拼搏,务实重干,确保完成全年跨越式发展各项目标任务,为实现全市经济社会跨越式发展,加快建设现代化、国际化、信息化和生态型、创新型城市作出新的更大贡献。

针对跨越式发展目标,王文超提出了提高思想认识、坚持改革创新、优化发展环境、更加注重运作等4个明确要求。一要统一思想,坚定不移地推进经济社会跨越式发展。2010年郑州市面对的外部竞争压力进一步加大,但宽松的政策环境和良好的发展机遇前所未有,全市上下要进一步增强加快发展的责任感和紧迫感,再接再厉,努力把好的发展态势持续下去,推动经济社会发展迈上新的台阶。二要坚持改革创新,不断增强跨越式发展的动力和活力。创新思想观念,坚决破除目光短浅、小进即满的平庸思想,开阔思路,不断推进跨越式发展;创新发展方式,加快科技成果向现实生产力转化,强化科技人才队伍建设,为加快经济发展方式转变提供强有力支撑;要创新体制机制,坚定不移地推进十项改革工作,努力在城乡一体化、财税、投融资、教育、文化、卫生等重要领域和关键环节的体制改革上实现突破,着力构建充满活力、有利于科学发展的体制机制。三要优化发展环境,努力营造跨越式发展的良好氛围。要增强大局意识,无论干什么事都要以跨越式发展大局为重,坚持部门利益服从整体利益;要提升服务质量,继续深化行政审批制度改革,完善网上审批制度,真正落实一站式办公、一条龙服务;要维护社会和谐稳定,树立抓稳定促发展、靠发展促稳定的大局观,确保社会大局稳定。四要更加注重运作,确保完成全年跨越式发展目标任务。要切实加强组织领导,通过明确任务、明晰责任、奖惩分明,树立正确的用人导向,凭工作成绩用干部,调动方方面面的工作积极性;要切实提高统筹水平,统筹各方面力量、统筹工作部署,推动整体工作上台阶;要切实抓好工作落实,领导同志要切实转变工作作风,把更多的精力放在研究工作和解决问题上,坚持和落实好行之有效的工作推进制度,把各项工作做得更好、更有实效。

【学习实践科学发展观活动总结电视电话会议】 2010年2月28日,中共郑州市委召开学习实践科学发展观活动总结电视电话会议,对学习实践活动进行全面总结,对活动的后续工作进行部署。会前,与会人员收看了全省深入学习实践科学发展观总结电视电话大会。

省委常委、市委书记王文超对郑州市深入学习实践科学发展观活动取得的成效给予充分肯定，并对继续做好后续工作，进一步巩固扩大学习实践活动成果提出了具体要求。

王文超指出，当前和今后一段时间，各级各单位要抓好几项工作。一是要抓好第三批学习实践活动“回头看”工作。从3月上旬到4月底，全市要集中两个月时间，对学习实践活动进行一次“回头看”，重点检查整改责任目标的落实情况、党员干部受教育情况、解决突出问题情况、党的基层组织建设情况、广大党员干部认可情况和各项规章制度的“废、改、立”情况等六大方面内容。二是要抓好三批联动整改落实工作。对前三批整改情况进行一次全面细致的摸底和梳理，已经解决好的问题要做好巩固工作，对解决效果不够好、部分解决、到期还没解决的问题，分门别类查找原因，及时修订措施，强力整改。三是要抓好建立完善体制机制工作。在前期建立完善体制机制的基础上，固强补弱，把有效做法制度化、好的经验常态化。要认真总结经验，进一步健全完善党员干部理论学习教育制度、党员领导干部民主生活会制度、领导班子和领导干部考核评价办法、基层党建领导机制和工作机制，以及改进干部作风的制度措施，形成保障和促进科学发展的长效机制。

王文超要求，要积极转变经济发展方式，增强可持续发展能力，推动经济社会跨越式发展。要积极推进产业结构调整，统筹一、二、三产业协调发展，完善现代企业体系，做强做大战略支撑产业。在统筹城乡区域发展、加快推进城乡一体化进程中贯彻落实科学发展观。要坚持“加快建设郑州新区、保护改造中心城区、带动中小城市发展”的思路，大力推进郑州新区建设，进一步完善城市功能，提升城市品位。要大力发展县域经济和城区经济，充分发挥各自比较优势，争取错位发展、特色发展、科学发展，做到相互促进、共同进步。要大力推进新农村建设，重视城乡规划，加强农村基础设施和公用设施建设，从根本上改善农村生产生活条件，加快城乡一体化进程。

在着力保障和改善民生、让人民共享改革发展成果中贯彻落实科学发展观。要坚持更加积极的就业政策，实施就业促进行动计划。要进一步健全完善社会救助、社会保险、社会福利、社会优抚等保障制度，加快建设城乡一体的社会保障体系，解决好群众反映强烈的教育、医疗、住房等问题，构筑坚实的民生保障线。要更加注重围绕改善民生来谋划发展，精心抓好2010年民生工程的“十大实事”，把惠及民生的事情办实办好。

在深入推进改革开放、增强科学发展的动力和活力中贯彻落实科学发展观。要坚持把贯彻落实中央、省改革方针政策与郑州市实际结合起来，继续深化十大领域的改革。要坚持开放带动战略，不断提高对外开放的质量和水平。

在加强和改进党的建设、提高党的建设科学化水平中贯彻落实科学发展观。要围绕建设“三化两型”城市的现实需要，深化干部人事制度改革，完善竞争性干部选拔任用机制，加大干部教育培训力度，努力提高各级领导干部转变发展方式、推动科学发展的能力。要不断完善和实施促进科学发展的干部考核评价体系，促使各级领导班子和领导干部以正确政绩观落实科学发展观。要着力加强基层党组织建设，为郑州跨越式发展提供强有力的人才支撑。

省委巡回检查组组长、省委组织部巡视员宁建华出席会议并对郑州市巩固和扩大学习实践活动成果工作提出了指导性意见。

【省会迎接国家卫生城市复审动员会暨爱国卫生工作会议】 2010年3月5日，市委、市政府召开省会迎接国家卫生城市复审动员会暨爱国卫生工作会议。会议的主要任务是动员全市上下迅速行动起来，明确任务，集中整治，全力以赴做好国家卫生城市复审迎检工作。会上对创建工作先进单位进行了表彰，对以市容整治为主要内容的复审迎检进行了全面部署。省委常委、市委书记王文超作重要讲话。

王文超要求，全市各级各部门要增强责任感和紧迫感，集中力量，狠抓整改任务落实，确保顺利通过国家卫生城市复审。他指出，十年创建，郑州国家卫生城市这块牌子来之不易，对提升郑州的影响力和吸引力至关重要。但是，保住这一荣誉更需要付出不懈的努力，需要全社会的共同参与。应当清醒地认识到存在的突出问题和薄弱环节，切实增强责任感和紧迫感，把思想和行动迅速统一到市委、市政府的工作要求上来，按照“属地管理、条块结合、以块为主”的原则，对照标准，精心组织，认真整改，集中力量，狠抓落实。既要突出重点、抓出亮点，又要统筹兼顾、点面结合；既要抓好当前，又要注重长远，边整治边建立长效机制，巩固整治效果，防止反弹现象发生；既要推进整治，又要文明执法。要通过整治，实现确保取得群众看得见、摸得着的“六个明显”效果，即城区摊点管理明显加强、清扫保洁质量明显提高、农贸市场脏乱差现象明显扭转、中小饮食店铺卫生状况明显改善、公共场所形象明显提升，以及城乡接合部、城中村环境卫生明显改观。

王文超强调，要采取明察暗访、新闻曝光等多种形式，对迎检工作实施全程督导，并继续坚持爱国卫生工作黑、红旗评比制度，做到鼓励先进、鞭策后进、奖优罚劣。总之，做好国家卫生城市复审迎检工作，任务光荣而艰巨，全市上下要坚定信心，齐心协力，以市容整治为载体，携手共创美好家园。

【全市农村工作会议暨新农村建设工作会议】 2010年3月9日，市委、市政府召开全市农村工作会议暨新农村建设工作会议。会议的主要任务是贯彻落实中央和省委农村工作会议精神，推进农村改革发展，特别是对促进2010年农业稳定发展、农民持续增收作出进一步部署。省委常委、市委书记王文超作重要讲话。

会议指出，2010年郑州市要做好六方面的工作，以加大统筹城乡发展力度，增加农民收入。即健全强农惠农政策体系，积极推动资源要素向农村配置；加快构建现代农业产业体系，促进农业发展方式转变；加强农业基础设施建设，提高农业综合生产能力；加快改善农村民生，促进城乡公共事业均衡发展；扎实推进新农村建设，加快城乡一体化进程；深化农村改革，增强农业农村发展活力。

针对工作重点和部署，王文超指出，要坚持以统筹城乡发展的理念指导“三农”工作，以都市型农业为主导，加快农业发展方式转变。认真落实直补政策，多渠道增加农业效益，提高农民收入；大力推广新型农业生产模式，把农业生产全过程纳入标准化轨道，打造在全省、全国叫得响的名优产品，提高市场占有率；积极构建现代农业服务体系，加快培育大学毕业生、工商企业等新型农业生产主体，努力提高农业产业化经营水平。

王文超要求，以农村新型社区和中心村建设为抓手，加快推进新农村建设。2010年要继续按照综合整治村、中心村、新型农村社区三种模式分步推进新农村建设；要进一步扩大农村需求，在继续扩大家电、汽车、摩托车下乡的基础上，启动建材下乡，鼓励和支持农民在新型农村社区和中心村建设中依法依规建设自用住房，改善生产生活条件；要继续抓好“万村千乡市场”工程和“新网工程”，完善农村商品流通网络体系建设，进一步扩大农村消费需求。

王文超强调，要加强对“三农”工作的领导，通过拓宽农民就业渠道、扎实推进新型农村社会养老保险制度建设等举措，千方百计改善农村民生，努力缩小城乡差距；要进一步完善农村基本经营制度，深化土地管理制度改革、农村金融改革、农村综合配套改革，解决制约农村发展的突出问题，努力开创农村改革发展新局面。

【全市领导干部会议】 2010年7月13日，中共郑州市委召开全市领导干部会议，传达省委关于郑州市主要领导变动的任免决定，听取省委对市领导班子建设工作的指示精神。省委副书记叶冬松和王文超、连维良同志分别发表讲话。会议由市委副书记、市长赵建才主持。

省委组织部副部长安平首先宣读了省委关于连维良、王文超同志职务任免的决定：连维良同志任中共郑州市委书记，不再担任中共洛阳市委书记、常委、委员职务；王文超同志不再担任中共郑州市委书记、常委、委员职务。

叶冬松在讲话中指出，这次郑州市委主要领导同志职务调整，是省委从全省工作大局出发，根据工作需要和省委常委分工，通盘考虑，慎重研究决定的。他强调，郑州市委主要领导调整变动，是全市政治生活中的一件大事，全市上下乃至全省都很关注，实现顺利交接和平稳过渡，对于继续保持郑州市经济社会发展的良好局面十分重要，希望全市各级领导干部把思想和行动统一到省委的要求上来，带头讲政治、顾大局、守纪律，努力维护全市和谐稳定的良好局面，让省委放心，让郑州人民满意。

叶冬松强调，省委对郑州市的领导班子寄予厚望。以连维良同志为书记的新的市委班子要认真贯彻卢展工书记“四个重在”、求实求效、“两个着力”的要求，坚持“三具两基一抓手”的科学方法，团结和带领全市人民艰苦创业、开拓奋进，使郑州市在现有基础上更好更快发展。

叶冬松代表省委对郑州市领导班子提出四点希望：一是在加强学习中提升素质。要向书本学习，多读书、读好书；要向实践学习，不断开阔眼界、开拓思路，真抓实干；要向周围的同志学习，向群众学习，形成推动科学发展的强大合力。二是在勤奋工作中创造业绩。经过历届班子带领全市人民共同努力，郑州的现代化建设取得了令人瞩目的成就，要牢记党和人民的重托，牢记肩上的重任和使命，把精力集中到做事上，把工夫下到落实上，兢兢业业完成组织交给的各项任务。三是在合作共事中增进团结。大家要像支持王文超同志一样支持连维良同志的工作，无论是党委、政府班子还是人大、政协班子都要团结，无论是主要领导还是班子成员都要有包容之量，共同维护建立在党的原则基础上的团结、建立在民主集中制基础上的团结、建立在同志友谊基础上的团结，带动全市上下同心同德、合心合拍干事业。四是在廉洁自律中树立形象。作为领导干部，既要干事，又要干净。要自觉地做到三点：一要严肃用权，牢记手中的权力是人民赋予的，用权要出于公心、符合民心，绝不能滥用权力，更不能以权谋私；二要严于律己，始终清清白白做人，干干净净干事；三要严格监督，以提高接受党内监督和群众监督的自觉性为人民群众谋利益，以廉洁的操守、良好的品行赢得群众的尊重和信任，以自己的良好形象维护党和政府的形象。

连维良在讲话中表示，郑州作为河南省的省会，在中原崛起中发挥着龙头作用，中央和省委、省政府寄予厚望，全省人民都非常关注，自己将在加强学习中提升素质、在勤奋工作中创造业绩、在合作共事中增进团结、在廉洁自律中树立形象，和大家一道尽心尽力把工作做好，不辜负组织的信任和全市人民的重托。一是认真落实“四个重在”，全力巩固经济社会跨越式发展的良好势头。卢展工书记“重在持续、重在提升、重在统筹、重在为民”的要求，是当前做好郑州工作的重要指导思想，一定要持续发展的意识、发展的思路、发展的举措、发展的进程；继续解放思想，注重改革开放和科技创新，提升工作水平；统筹把握经济发展和社会发展、城市建设和农村发展、人口与资源环境、市场机制与宏观调控、长远与近期等各种关系，创造性地开展工作；坚持以人为本、执政为民，始终牢记全心全意为人民服务的宗旨，做到发展为了人民、发展依靠人民、发展成果与人民共享，在注重人民群众长远利益、根本利益的前提下，更加注重解决好人民群众的实际利益、具体利益，使涉及群众切身利益的重点、难点问题逐步得到解决，使民生持续得到改善。二是迅速投入工作，着力抓好各项工作落实。对省委、省政府的各项决策部署，对市委、市政府已经确定的各项具体工作，按照卢展工书记提出的“三具两基一抓手”的工作方法，切实抓好各项工作落实。三是深入学习调研，尽快形成协同有效的工作机制。坚持向群众学习、向实践学习，加强调查研究，尽快适应新的工作和新的环境，坚持民主集中制原则，充分释放大家的聪明才智，把全社会的智慧和力量凝聚到加快郑州跨越式发展上来。四是严格要求自己，持续保持省会城市风清气正的良好环境。带头遵守廉洁从政的各项规定，管好家属和身边的工作人员，履行好党风廉政建设第一责任人的职责，当好勤政廉洁的表率，由衷地欢迎大家给予监督、帮助和指导。

连维良指出，郑州的发展正处在一个很高的起点上，现在又面临许多新的发展机遇，郑州市有一支高素质的干部队伍，有勤劳智慧、进取开放的全市人民，在省委、省政府的坚强领导下，在历届市委工作的基础上，全市上下齐心协力，同心同德，共同奋斗，郑州的各项工作一定能够继续保持和发展现有的良好态势，让省委放心，让全市人民满意。

【“畅通郑州”工作会议】　2010年7月13日，市委、市政府召开“畅通郑州”工作汇报会，专题研究了“畅通郑州”建设的近期重点工作。市委副书记、市长赵建才对具体工作进行了安排，省委常委、市委书记连维良作了重要讲话。

连维良指出，对城市交通拥堵问题，要从几个方面来认识和看待。第一，交通拥堵问题是郑州经济社会快速发展的一个重要标志；第二，郑州交通存在先天性不足；第三，当前是郑州发展非常特殊的时期，是城市交通从先天不足走向相对完善的必经阶段，是阶段性的阵痛；第四，交通拥堵问题是城市发展中的共性问题；第五，交通拥堵问题是必须加快解决的民生问题和发展环境问题；第六，交通拥堵问题是可以解决的问题；第七，交通拥堵问题是必须不断解决的动态问题。

连维良强调，有关部门要进一步深入研究讨论，制定切实可行的措施，尽快抓好落实。一是必须建立一个常设的、权威的综合治堵机构。二是必须动态地论证和提升“畅通郑州”综合交通建设规划。三是必须增加公共交通投入。四是必须加快工程建设进度。五是必须协调好建设时序。六是必须更好地发挥公共交通的作用。七是必须抓紧研究一些见效快的治堵措施。八是必须下大力气治理交通秩序。九是必须建立背水一战的工作推进制度和激励约束机制。十是必须在治堵的同时研究疏堵的问题。

连维良要求，治理交通拥堵问题是一个重大课题，必须承担起解决当前交通拥堵的责任，没有任何理由让这个问题再进一步加剧。近期，大家要把精力重点放到治堵上，要用一段时间集中解决交通拥堵问题，直到找到短期内可明显见效、长期能够治本的措施为止。希望通过多方面的努力，尽快解决郑州交通拥堵问题，构建起交通可持续发展的良性循环体系，使市区交通满足城市发展和人民群众出行的需要。

【全市安全生产工作会议】　2010年7月13日，市委、市政府召开全市安全生产工作会议，研究和部署全市安全生产和防汛工作。

市委副书记、市长赵建才指出，当前郑州市已进入主汛期，要切实把防汛工作摆在更加突出的位置上抓紧抓好；要以“六个不放过”为主要内容，做好汛期安全生产大检查；要切实加强煤炭、交通运输、危险化学品等行业和领域的安全生产工作，围绕重大隐患抓检查、抓落实；要全面落实安全工作各项责任制，尤其是落实安全工作的领导责任。赵建才强调，当前还要突出抓好煤矿兼并重组期间的安全生产工作，全面做好防汛工作和人防、建筑工地的安全生产。

省委常委、市委书记连维良就全市安全生产工作强调了三点意见。一要把安全生产作为第一要务，摆到首要位置。当前正值汛期，灾害性天气较多，各级党委政府要把安全生产工作放在全局工作的首要地位，加以高度重视，抓好安全生产各项措施的落实。只有保证安全生产，各级领导才能集中精力，推动经济社会持续、快速、健康发展。二要强化措施、强化责任、强化落实。措施不落实、责任不落实是当前安全生产的第一隐患，市直各部门和各县(市)、区，要用硬措施、硬责任来实现硬落实，做到责任到人。要强化领导责任，各级领导必须抓具体、具体抓。要强化监管责任，尤其强化各个职能部门的责任，做到“两个不允许”(不允许发现不了问题，不允许发现问题解决不了又不报告)。要强化隐患的排查与治理。隐患的排查与治理是安全生产的基本工作内容、工作方法和所有职能部门工作的重中之重，要建立经常性隐患排查制度、隐患排查专家队伍、各级领导干部挂牌分包督办安全隐患制度等。要强化相关职能部门安全生产措施的失察失职暗访制度、平时责任调查制度。要建立重点危险源的监测制度。要建立完善安全生产例会制度、应急救援机制、安全生产重点管理单位机制。要落实安全生产党政同责制度。三要抓住关键、抓住重点、抓住主体。抓安全生产,关键是抓好安全生产隐患的排查和清除,重点是抓好煤炭行业,主体是监管主体、领导主体和企业主体。当前,要加快完成煤矿兼并重组工作;切实做好煤矿兼并重组期间的安全生产工作和未列入兼并重组煤矿企业的安全生产工作;认真组织好汛期安全生产检查,全力做好防汛工作;切实加强执法、安监、审批等机构的廉政建设,严惩失职失察、为违法犯罪充当保护伞的行为,凡有发现,从严问责。

【省会创建全国文明城市工作会议】 2010年7月17日,中共郑州市委召开省会创建全国文明城市工作会议。市委常委、宣传部部长丁世显就全国文明城市公共文明指数测评工作作了全面系统的安排部署,省委常委、市委书记连维良作了重要讲话。

丁世显指出,创建全国文明城市是当前郑州市的全局性重点工作,要切实加强九个方面工作的落实,即社区环境综合整治,公共场所环境整治,交通秩序整顿,对出租车、公交车和车站的综合治理,社会文化环境整治,大力推进窗口服务优化,大力推进社会志愿服务,认真做好审核材料的整理,加强宣传教育工作等。

连维良指出,郑州市已连续三次获得创建全国文明城市工作先进城市称号,全市各级各有关部门要十分珍惜来之不易的创建局面,再接再厉,努力争取进入全国文明城市行列。创建全国文明城市是一项综合性的民生工程,抓好这项工作,有利于推动交通拥堵治理,有利于承办好第二届中国绿化博览会和第八届中国郑州国际少林武术节等重大活动,要站在重在为民和全局的高度,全力以赴,打好这场硬仗。

连维良强调,要下大力气抓好各项工作的落实,党政领导必须亲自抓、亲自检查、亲自督察。要集中精力抓好市容市貌、社会秩序、文明交通、社区环境等薄弱环节;要抓好具体问题的解决,对于网民、媒体和群众反映的问题,必须立即受理,过问、调查、解决并及时回复。解决不了的问题必须报告,职责不清的事项要先解决问题,再报相关部门进行职责划分;要制定一系列的硬措施,强力推进工作开展。在规定时间内完不成工作、达不到要求的,必须加班加点往前推进;要通过典型示范带动,推动各项工作的落实。

【全市重大项目推进工作会议】 2010年7月19日,市委、市政府召开全市重大项目推进工作会议。省委常委、市委书记连维良,市委副书记、市长赵建才出席会议并作了重要讲话。

会议听取了市发改委关于上半年全市重大项目进展情况和下半年拟开工重大项目情况的汇报,以及部分县(市)区、市直有关部门的工作汇报。

会议指出,项目建设是整个经济工作的"牛鼻子",没有项目就没有投资,没有投资就没有发展,抓发展就要抓项目。要把项目建设作为全市工作的重中之重,通过上大项目拉动投资增长,通过项目带动增强全市经济发展后劲。

会议要求,下半年要从十个方面打好项目建设攻坚战:第一,要向重大项目建设和招商引资倾斜领导力量、机构编制和干部使用导向;第二,要建立过硬的激励鞭策机制,加快项目进度,要善于发现和解决项目推进中的问题,加快项目建设,对延误项目建设的要追究相关人员责任;第三,完善联审联批制度,要把项目联审联批会作为项目前期工作协调会,实行联备、联审、联批,加快项目的立项、审批进度;第四,完善交叉推进、并联推进机制,提高实施效率;第五,建立提前拆迁机制,加强组织协调,优化建设环境;第六,拓展融资渠道,解决资金短缺问题;第七,千方百计降低工程造价;第八,着力解决土地短缺瓶颈,为项目建设拓展空间;第九,加快产业集聚区建设,探索利用标准化厂房、符合产业政策的项目和经过审批的土地招商引资;第十,加大项目谋划力度,争取更多项目进入国家、部委、央企和省"十二五"规划,使郑州市项目建设走在全省前列。

【市委工作会议】 2010年7月27日,市委工作会议在嵩山饭店召开。会议回顾总结了全市上半年的工作,分析了当前形势,安排部署了下半年的工作。会议要求,要认真学习贯彻胡锦涛总书记、温家宝总理视察河南时的重要讲话精神,全面落实省委上半年经济形势分析会和全省经济运行电视电话会议精神,动员全市广大党员干部群众进一步统一思想,增强加快发展的信心,持续跨越式发展的良好势头;突出工作重点,持续注重落实的良好作风;加强廉政勤政建设,持续风清气正的良好氛围;开拓进取,确保全年目标任务的圆满完成。省委常委、市委书记连维良,市委副书记、市长赵建才在会上讲话。

赵建才对全市2010年下半年的工作进行安排部署,要求各级各部门要紧紧抓住结构调整、郑州新区建设、重大项目建设、城市交通综合整治和新农村建设五大战役,多措并举,狠抓落实,重点做好十个方面的工作:一是加快经济结构调整和产业升级,提高经济运行的质量和效益;二是继续开展大招商活动,加快推进项目建设;三是全面推进郑州新区建设,努力构建复合型新城区;四是扎实推进以"畅通郑州"工程为重点的基础设施建设,努力缓解交通拥堵状况;五是加快发展现代农业,推进新农村建设;六是加大节能减排和环境保护力度,建设生态郑州;七是坚持改革创新,努力破解经济社会发展难题;八是进一步发展社会事业,着力改善民生;九是高度重视安全生产,确保社会大局稳定;十是切实提高执行力,狠抓各项工作落实,确保完成2010年和"十一五"的各项目标任务。

连维良强调，做好全市下半年的工作，重点要做好三个方面的工作：

（一）增强加快发展的信心，持续跨越式发展的良好势头。郑州市认真贯彻落实科学发展观，全面实施跨越式发展战略，各项工作持续保持良好发展势头，实现了又好又快发展。上半年，全市财政总收入、地方财政一般预算收入和税收收入三项指标增幅均在30%以上，在各省辖市中均居前列，既反映了速度，更反映了效益，是又好又快发展的具体体现。要从近年来特别是2010年上半年平稳较快的发展形势中看到希望，持续增强加快发展的信心和动力。

（二）突出工作重点，持续注重落实的良好作风。2010年下半年是“十一五”的最后半年，全市各项工作任务繁重，既关系到全年目标的完成，也关系到“十一五”目标的精彩结局。要认真学习贯彻胡锦涛总书记、温家宝总理视察河南时的重要讲话精神，全面落实省委上半年经济形势分析会和全省经济运行电视电话会议精神，坚持“四个重在”的要求，按照“三具两基一抓手”的工作方法，突出抓好七个方面的重点工作。一是提高认识，创新举措，认真抓好产业集聚区建设、重大项目建设和招商引资三项重点工作，为圆满完成全年目标任务奠定坚实基础。二是围绕五大战役，打好六场硬仗。要以攻坚作战的精神，认真组织实施综合保税区申报；多策并举，远近结合，治理交通拥堵，建设“畅通郑州”；严管重罚，持之以恒，搞好节能减排和生态水系建设；长短结合，民生为重，全面治理城市积水点；做好南水北调移民搬迁安置工作；积极推进煤炭产业兼并重组。三是深入研究，积极推动，认真破解发展资金紧张、土地供需失衡、铝工业发展受阻、房地产业阶段性萎缩等四大难题。四是上下合力，狠抓落实，切实办好第二届中国绿博会和中国郑州国际少林武术节两件大事。五是切实做好“十二五”规划编制、郑州市城市总体规划编制、土地利用综合规划编制三项基础性工作。六是明确责任，切实做好民生改善、安全生产、信访稳定三项保障性工作。七是积极谋划长远，认真研究论证郑州在未来的中原经济区中发挥什么作用、如何优化学前教育和职业教育以实现教育均衡、“四港联动”的交通优势如何释放、公立医院改革等重大专题。

（三）加强廉政勤政建设，持续风清气正的良好氛围。廉政建设是确保经济社会快速健康发展的重要条件，要做到廉洁从政，一靠加强管理，二靠严格自律，三靠警钟长鸣。各级干部必须从现在做起，切实履行责任，全面净化自己的人际关系，慎重处理好自己与上级、下级以及服务对象之间的关系，严格约束自己的思想和行为，自觉做廉洁自律的模范。在今后的工作中，各级党员干部要继续坚持和发扬勤政为民的好传统，做到落实工作不过夜，落实不了要报告；落实必须有结果，结果必须有反馈；工作当中决不允许发现不了问题，决不允许发现了问题解决不了却不报告；要高度重视网上行政工作，对网民反映的问题要及时处理、认真答复；要严格执行工作纪律和会议纪律。要通过务实高效的工作，进一步提升郑州的首位度、美誉度和影响力。

【贯彻卢展工书记调研讲话精神会议】 2010年8月21日，市委召开全市领导干部会议，学习贯彻落实省委书记、省人大常委会主任卢展工在郑州调研时的重要讲话精神。会议要求，全市各级各部门要迅速行动、快速部署，尽快落实卢展工书记在郑州调研中所安排部署的各项工作，在具体落实中学习贯彻卢展工书记讲话精神，在具体落实中谋划和加快郑州经济社会发展，努力在中原经济区建设中发挥好龙头作用、重心作用和示范带动作用。

会议指出，省委书记卢展工来郑州调查研究、指导工作，充分体现了省委、省政府对郑州发展的高度重视和格外关心，体现了省委主要领导对郑州的亲切鼓励和殷切期望，是对河南发展的全局性战略谋划，也是对郑州发展和郑州在中原经济区建设中发挥作用的具体指导，既帮助郑州市理清了工作思路，也为做好各项工作创造了极为有利的氛围和条件。卢展工书记对郑州的发展给予了充分肯定，对下一步的工作提出了要求，使郑州市当前和今后一个时期的工作重点、目标任务、努力方向进一步明确。

会议要求，全市各级各部门要充分认识学习贯彻落实卢展工书记在郑州调研重要讲话精神的重大意义，把卢展工书记和省委、省政府对郑州的关心指导转化为推进全市经济社会跨越式发展的强大动力；要认真学习领会精神实质，牢记卢展工书记的重托，既倍加珍惜已经取得的成绩，进一步总结近年来郑州市在推动发展中探索形成的好思路、好举措、好做法，又要始终保持清醒头脑，切实增强忧患意识，认真分析郑州发展面临的机遇和挑战，研究破解经济社会发展中存在的困难和问题，努力保持经济发展好的趋势、好的态势、好的气势。要围绕卢展工书记提出的要求，密切联系实际，进一步提升和发挥好省会城市的地位和作用；进一步谋划省会中心城市的发展和带动；进一步加快城市化进程，带动“三化”协调发展；进一步强化以人为本和执政为民理念；进一步加强党的先进性建设和党的执政能力建设，以更加开阔的视野、更加昂扬的斗志、更加扎实的作风，认真抓好各项工作落实，加快经济社会跨越式发展。

会议强调，要加强组织领导，把学习贯彻落实卢展工书记重要讲话精神作为当前和今后一个时期的重要政治任务，精心组织，周密部署，扎实推进，迅速兴起学习贯彻卢展工书记重要讲话精神的高潮。要深入学习、深入贯彻、深入宣传，坚持与完成全年目标任务、谋划“十二五”发展规划、在中原经济区建设中发挥作用等紧密结合，找准切入点，及时调查研究，创新工作思路、工作机制体制和工作举措，使各项工作有新举措、新局面。要认真研究、认真落实、认真反馈，在具体工作实践中落实卢展工书记的讲话精神，在加强督查中保证各项工作部署落到实处，及时研究落实过程中遇到的新情况、新问题，制定进一步解决问题和推进工作的措施和办法。

会议着重就卢展工书记提出的五个方面工作要求和“畅通郑州”工程所涉及的具体事项等，对七个方面近50项具体工作进行了详细安排部署。重点围绕如何在中原经济区建设中发挥龙头作用、重心作用和示范带动作用，认真谋划和编制好“十二五”规划；全面推进郑州新区建设，提升中心城市的带动作用；围绕郑洛产业走廊，在产业布局、基础设施建设方面抓紧制定相关政策和规划；高标准修编高新区整体规划，建设高科技产业新城。融入全局、找准定位、拉高坐标，在全国区域经济发展中找位置；立足全市通盘规划，把中心城区建设与周边县市发展有机结合，共同协调发展；规划建设动漫主题公园；制定食品城总体规划，实现二、三产业联动发展；加快数字郑州建设，尽快完善规划、组织实施；制定鼓励高新技术产业和劳动密集型产业发展的政策措施，优化产业结构。以中心城市带动城市化，以城市化带动城镇化，以城镇化带动城乡一体化，以城乡一体化带动社会主义新农村建设；加快城中村改造、旧城改造、城郊村合村并城、县城新区建设、中心镇建设等工作，认真总结竹林镇城乡一体化发展经验，研究制定推进城乡统筹发展的政策措施。实践好“三具两基一抓手”，推动领导方式和工作作风转变；围绕教育、卫生、经适房、廉租房、食品安全、菜篮子工程等方面，着力改善民生。围绕“五重五不简单”，建立良好的干部导向；围绕市委、市政府中心工作的落实，开展创先争优活动；在市直机关开展“以服务求地位”学习竞赛活动，广泛推行承诺书制度，提高运作力和执行力。加大交通基础设施建设力度，综合整治和升级改造高速公路出入口，加快智能交通体系建设，落实公交优先的各项措施，进一步推进“畅通郑州”建设；研究解决一线艰苦岗位职工的住房、医疗保险等实际问题。认真做好绿博会各项工作，放大绿博会的经济社会效益；高度重视安全生产工作，落实党政同责和属地监管责任，继续排查和整治安全隐患，防范重特大安全事故发生。会议对各项工作逐项分解任务，明确责任部门和责任人，明确落实时限和要求。

会议对下半年的各项工作进行了再安排、再部署。围绕提高经济增长的质量和效益，努力完成全年各项目标任务；围绕在中原经济区建设中发挥龙头带动作用，认真谋划编制“十二五”规划；围绕转变经济发展方式，加快经济结构调整和产业升级；继续开展大招商活动，加快推进重大项目建设；全面推进郑州新区建设，加快城乡一体化进程；扎实推进以“畅通郑州”工程为重点的基础设施建设，持续有效地保障市区畅通；加快发展现代农业，积极推进新农村建设；着力改善民生，进一步发展社会事业；坚持改革创新，努力破解资金、土地、环境、铝工业发展和房地产发展阶段性难题；切实加强社会管理，高度重视安全生产，确保社会大局稳定。切实加强廉政勤政建设，加强基层党组织建设和干部队伍建设，为跨越式发展提供有力保障。

【全市社会治安综合治理暨信访稳定工作会议】 2010年8月22日，市委、市政府召开全市社会治安综合治理暨信访稳定工作会议。会议的主要任务是深入贯彻落实全国、全省社会治安综合治理工作会议和卢展工书记在郑调研时的重要讲话精神，安排部署当前和今后一个时期的社会治安综合治理、信访稳定工作。

关于今后一个时期的工作，会议要求：一要学习宣传、贯彻落实全国、全省社会治安综合治理工作会议精神，积极推动社会建设和社会管理思路、体制机制、方法创新，全面提升郑州市社会建设和社会管理水平。二要开展以大宣传、大排查、大整治，提升公众安全感和执法满意度，促进平安郑州建设为主要内容的“三大两提升一促进”活动，解决平安建设的突出问题。三要开展社会矛盾化解，抓好社会建设和社会管理的基础性工作。严格落实责任制、社会稳定风险评估制度和信访责任追究制度。四要提升社会管理效能，提高人民群众对社会管理服务的满意度。加强流动人口管理、刑释解教人员安置帮教、社会组织管理，以及网络虚拟社会的建设和管理。五要加强执法规范化建设，促进政法队伍公正廉洁执法。配合省评查组纠正错案、解决问题，加强长效机制建设和队伍思想作风能力建设。六要强化防控打击能力，提高人民群众的安全感。做好打击各类犯罪、突发事件预防处置、技防建设、综治工作中心建设等。

会议强调，全市各级各部门必须按照“负责必稳、预防必安、为民必和”的理念和要求，努力建设平安郑州、安全郑州、和谐郑州。一是负责必稳，就是只要有高度的责任心、有完善的责任制，就一定能够抓好信访稳定工作。必须负责地接访，一定要有责任人接访；必须负责地下访，一定要有工作组下访；必须负责地劝访，一定要有领导劝访；必须负责地研究群众诉求，一定要有决策者研究；必须负责地落实，一定要有责任人落实；必须负责地帮扶，一定要用爱心帮扶；必须负责地疏导，一定要用耐心疏导；必须负责地稳控，一定要依法有效地稳控；必须负责地问责，一定要善于从小从严从爱地问责。二是预防必安，就是只要不放过每一个不稳定因素，第一时间发现、第一时间交办、第一时间调查、第一时间化解、领导干部第一时间到现场，一定能够未雨绸缪，一定能够控隐患于萌芽，一定能够化危为安。一定要见微知著，宁可花大钱排查，不要花大钱善后；一定要高度重视，宁可虚惊一场，不要亡羊补牢；一定要尽早处置，宁可早动干戈不出事，不要大动干戈不顶事。三是为民必和，就是只要坚持以人为本、执法为民，创新社会管理体制，一定能够在服务群众中实现社会的和谐稳定。一定要加强为群众办事的机制建设；一定要加强为群众服务的基层组织建设；一定要加强为群众解忧的社会防控体系建设；一定要加强为群众执法的政法队伍建设，要加强思想政治教育、业务素质培训，强化监督管理制度，严格错案查究；一定要加强对特殊群体的服务能力建设，加强对新经济组织、新社会组织和特殊人群的管理服务；一定要加强对社会建设和社会管理工作的领导，全面落实一把手责任，制定完善加强社会建设、创新社会管理的各项规划，搞好社会管理创新试点工作。

【推进城乡建设、加快城镇化进程座谈会】 2010年9月1日，市委、市政府召开推进城乡建设、加快城镇化进程座谈会。会议的主要任务是学习贯彻全省推进城乡建设、加快城镇化进程工作电视电话会议精神。各县（市）、区和市直有关部门负责同志围绕郭庚茂省长讲话精神，就进一步解放思想、统筹城乡规划、强力推进城中村和城郊村改造、完善城乡基础设施等发言，积极为推进城乡建设、加快城镇化进程建言献策。

会议指出，推进城乡建设、加快城镇化进程，要做好六个方面的工作：首先，要充分认识省委、省政府对郑州加快城镇化进程提出的目标要求，发挥好郑州市在中原经济区建设中的龙头作用、重心作用、示范带动作用，提升郑州全国区域性中心城市地位。第二，要认识推进城乡建设、加快城镇化进程的推进思路和发展方向。要谋划郑州作为省会中心城市的发展和带动作用，发挥优势统筹周边发展，强化郑州的枢纽地位，增强对周边的辐射带动作用，上下衔接、左右逢源，与周边地区互动联动、形成板块。加快郑汴新区规划建设和郑洛产业走廊建设，积极推进产业链接，尽快实现郑州发展与开封、许昌、新乡、焦作、洛阳的对接，积极推进大郑州都市圈建设，带动推动全省融合发展。第三，要明确推进城乡建设、加快城镇化进程的重点和任务。要大力推进中心城区和县城新区建设，以及产业集聚区建设，继续加大城中村改造与旧城改造力度，积极推进城郊村合村并城，因地制宜推进中心镇新镇区建设与合村并镇、中心村合村建镇，继续抓好新农村建设。第四，要创新工作措施，解决好推进城乡建设、加快城镇化进程的一系列难点问题，如规划审批、土地供应、资金保障、各种管网入地、进城人口就业、产业集聚区建设、违章建筑治理、项目审批、城市建设管理、交通整治、工程质量监管等。第五，要重点把握好推进城乡建设、加快城镇化进程的原则。做到既要注重规划的连续性，又要注重规划的提升；既要适度举债，抢抓机遇，又要降低成本，减少风险；既要做好规划宣传工作，又要做到多做少说；既要打破常规，加快建设，又要依法依规，完善手续；既要善于利用常设机构，也要善于组织专门力量；既要注重公益性设施功能完善，也要注重功能共享和资源共享。第六，要研究出台相关规定，提高机关办事效率，解决基层反映项目建设中手续办理慢的问题。对基层符合规定的请办事项，市直各有关部门必须做到"有求必应，当天办结；当天不结，上门服务；三天不结，报告市府；逾期不结，责任追究"。

会议强调，加快城镇化进程是河南省现代化建设的综合性战略举措。今后一个时期，必须把城镇化放到更加突出的位置，以城镇化促进工业化、带动农业现代化，实现"三化"在更高水平上协调发展。郑州作为省会城市、中原城市群的核心城市，一定要发挥好三个作用，提升中心地位，走在全省推进城乡建设、加快城镇化进程的最前列。

【深化落实跨越式发展行动计划暨"一会两节"动员大会】 2010年9月12日，市委、市政府召开深化落实跨越式发展行动计划暨"一会两节"动员大会，主要任务是全面贯彻落实卢展工书记、郭庚茂省长近期在郑州调研时的重要讲话精神，动员全市上下抢抓中原经济区建设的历史性机遇，深化落实跨越式发展行动计划，高水平、高质量办好第二届中国绿化博览会、2010河南台湾月暨郑州台湾产品节和第八届中国郑州国际少林武术节，号召全市机关干部统一思想、深入一线、注重运作、精于细节、求实求效，积极服务市委、市政府中心工作，努力完成跨越式发展各项目标任务。

会议首先对做好"一会两节"的各项工作，如建立市直机关干部轮值从事市委市政府中心工作长效机制、城区重点社区集中帮扶、机关效能建设、反腐倡廉检查考核、建立首席服务官、完善限时办结制度等进行了部署。

会议指出，跨越式发展战略和行动计划是市委、市政府2006年初作出的一项重大决策，是市委、市政府推动工作落实的有效载体，必须坚持不懈地推进落实。要按照卢展工书记、郭庚茂省长在郑州调研时的重要讲话精神，结合"十二五"规划，进一步研究谋划跨越式发展的新目标、新任务、新举措。一要按照"五个进一步"的要求，即进一步思考省会中心城市的地位和作用、进一步谋划省会中心城市的发展和带动、进一步提升以城市化带动"三化"协调发展的思路、进一步强化以人为本和执政为民的理念、进一步加强党的先进性建设和党的执政能力建设，着力提升跨越式发展的总体思路；二要按照"一化带三化"的要求，进一步提升跨越式发展的重大举措;三要更好实现“项目、筹资、谋地”三环联动,进一步抓好跨越式发展的工作落实;四要抓住抓好高成长区域(产业集聚区)、高成长产业、高成长企业“三高”优先发展战略,着力培育跨越式发展的增长点;五要切实抓好优质教育倍增工程、优质医疗倍增工程、交通畅通工程、水系畅通工程、住房安居保障工程、菜篮子保障工程,着力做好跨越式发展的惠民实事;六要实施好干部下项目、下企业、下社区、下农村、下基层等“五下”措施,优化跨越式发展的社会环境。

会议指出,要注重运作,高效执行,切实抓好跨越式发展的工作落实。同时,深入分析了不落实的原因和抓落实的措施办法。

会议要求,要建立“任务明确、职责清晰、运转高效、协调有力”的长效落实机制:一要改进决策机制,做到决策要快。领导签文不能过夜,组织决策不能过周,主管领导要敢于决策。二要改进指令传递机制,做到指令传递要快。高效率地加快公文流转,勇于打破常规,一切按照有利于提高效率的原则加以处理解决。三要改进执行机制,做到落实要快。分工负责,建立责任链条,加强督查。重要工作、重要任务分工到单位、分解到个人,对于工作落实不到位的单位,该批评的批评,该整改的整改,对有重大失误、造成重大影响的单位要严肃处理。四要改进协同机制,做到合作要好。涉及两个或多个部门的事项,要明确牵头单位、参与单位的职责,实行部门牵头责任制、部门参与责任制。五要改进协调机制,做到再决策要快。落实立即办理制度、现场办公制度,及时发现解决工作中遇到的问题。六要改进帮扶机制,做到支持基层有力。向基层倾斜领导力量、资源配置和政策支持,如抽调机关干部任首席服务官、首席项目专员、首席信访专员、首席安全专员等,参与重大项目建设、招商引资、重要会展节庆活动和交通治理、积水点治理、农村和社区帮扶等工作。七要改进反馈机制,做到沟通要快。合理选择效率最高、时效最快、成本最低、效果最好、对他人干扰最少的反馈形式,不必拘泥于当面汇报等习惯做法,特别是对重要工作推进节点、重要时间节点、重大突发事件等,更要注意及时反馈。八要改进传统机制,做到会议、检查要少。要严格会议审批制度,控制和规范各种检查评比活动。九要改进督查机制,做到督促有力。善于运用日询问、周报旬报月报季报、承诺书、述职报告、接受媒体网络监督、平时考察、制度化暗访、定期评差评慢评错等进行督查。在落实九大机制中,要牢牢把握十个关键词:三具两基一抓手、两转两提、注重运作、首问负责、第一时间到现场、两个不允许、联审联批、当日不结上门服务、先路条后手续、立即召开(请办事项)协调会。同时,要发挥问责在工作推进、干部管理监督中的约束、督促和警示作用,增加不落实和落实不力的成本,减少不落实和落实不力的行为,既重视“过错问责”,又重视“无为问责”,以对个人问责为主转向以对单位问责为主,由重事后追究问责为主转向事中从小从严从关爱问责,树立“以服务求地位、以绩效求发展”的思想,切实提高执行力,确保各项工作任务快速高效落实到位。

会议强调,“一会两节”层次高、规模大,各界关注,影响深远,要高标准、高水平办好。会议要求,大型活动要加快筹备、保质保量,接待工作要热情细致、周到有序,工作期间相互沟通要不厌其烦、责到人知,经贸洽谈要注重实效、扩大战果,环境整治要多管齐下、提升形象,安全保障和交通保障要周密部署、万无一失,宣传工作要注重策划、保证效果,市民参与要充分发动、文明有序,领导干部要顾全大局、全力配合,切实把“一会两节”办出水平、办出特色、办出成果、办出效益。

【**前三季度经济形势讲评会**】 2010年10月18日,市委、市政府召开前三季度经济形势讲评会。会议的主题是贯彻全省经济运行工作电视电话会议精神,进一步贯彻落实卢展工书记和郭庚茂省长在郑州调研时的重要讲话精神,总结分析和讲评前三季度全市经济运行情况,安排部署四季度重点工作,动员全市上下进一步增强紧迫感、使命感和责任感,统一思想、振奋精神、奋力冲刺,确保圆满完成全年和“十一五”各项目标任务。

在上午的专题汇报会上,各县(市)、区汇报了前三季度经济运行情况,全年及“十一五”主要指标完成情况预测,项目建设、产业集聚区、招商引资情况,节能减排、安全生产情况,“十二五”主要经济指标安排情况,连维良、赵建才作了点评,并提出意见和建议。

在下午的大会上,市委副书记、市长赵建才对全市前三季度经济运行情况进行分析讲评。关于做好四季度工作,赵建才要求,要深入贯彻落实科学发展观,坚持“四个重在”,围绕年初确定的工作思路,以确保年度生产总值增长13%和“十一五”能耗下降20%的“两保”目标为基本工作方针,以三项重点带全局,以城乡建设扩内需,以改革创新破难题,认真处理好优质增长和淘汰落后产能两个问题,打好五大战役,长短结合、统筹兼顾,全力以赴、狠抓落实,确保经济平稳较快增长和各项目标任务圆满完成,努力保持经济社会跨越式发展基本态势。

会议要求,四季度主要做好以下十个方面工作:一是围绕项目建设抓投资。加快项目建设,扩大有效投资,坚决克服畏难情绪,全力以赴抓投资、上项目,咬定全社会固定资产投资3000亿元的目标不动摇。二是加快产业集聚区建设。做好与省相关部门的沟通衔接工作,力争使一批发展势头好、具备一定规模的产业集聚区列入省级产业集聚区。三是抓好三秋生产和农村基础设施建设。

加强技术服务和生产管理指导，确保秋粮丰产丰收。高度重视农产品质量安全，扩大监督抽检的覆盖面，加强对重点市场和重点环节农产品质量安全监管力度，严防重大农产品质量安全事故的发生。四是围绕"畅通郑州"工程狠抓城市建设与管理。着眼于"保畅通"，突出标本兼治和综合治理。强力推进市政重点工程建设，三环上的4座立交、花园路与连霍高速和金水路与京珠高速互通立交、黄河路下穿编组站、陇海路和农业路高架、107辅道下穿铁路隧道要抓紧完成前期工作，力争年内开工。五是强力推进郑州新区建设。对年内确定开工的重点项目，逐个排查、逐个落实，集中力量研究解决项目前期工作存在的突出问题，确保四季度再新开工20个项目。六是高度重视节能减排、煤炭企业兼并重组和土地开发整理工作。严格按照全省关于确保实现"十一五"节能减排目标的意见要求，处理和把握好确保生产总值增速和确保节能减排目标这两个关系。七是继续做好改革开放工作。抓好重点领域的改革，稳步推进经营性文化事业单位和艺术院团改革，年内完成市属事业单位岗位设置管理工作，稳妥推进医疗卫生体制改革。八是切实抓好以"十大实事"为重点的民生工程。一定要毫不松懈地抓好落实，特别是要抓好薄弱环节和重点工作，把实事做细、做实。九是高度重视安全生产和信访稳定工作。深入领会并贯彻执行《国务院关于进一步加强企业安全生产工作的通知》精神，重点引导和督促各生产经营企业负责人和从业人员牢固树立以人为本、安全发展的科学理念。以煤矿、非煤矿山等行业和领域为重点，继续深入开展安全生产大检查和专项整治活动。加大对事故隐患的排查治理力度，确保一般隐患整改率达到100%。十是切实搞好"十二五"规划编制和重大项目谋划。各级各部门要紧密配合，上下联动，全面谋划事关全市长远发展的重大基础设施、产业转型、生态环保、民生工程和社会事业项目，加强与国家部委和省直部门衔接，力争更多的项目进入国家和省级规划盘子，把强基础、转方式、调结构、重民生的要求全面落实到"十二五"规划中去，确保编制出科学合理、切实可行、引导有力的发展规划。要认真筹办好第八届中国郑州国际少林武术节，做好金融博览会、承接产业转移接洽会以及第十六届郑交会、第八届中国国际农产品交易会、第三届郑州农业博览会的筹备工作。

连维良在会上作了题为《以具体促跨越》的讲话，充分肯定了经济社会发展取得的成绩，特别是富士康项目取得实质性进展，保绿非晶硅薄膜太阳能项目六个月实现投产，格力电器生产基地项目正式开工，东风日产郑州第二工厂竣工投产并确定了新增产能的发展规划，"畅通郑州"建设取得阶段性成效，积水点改造工作加快实施，登封"天地之中"历史建筑群的成功申遗进一步带热了郑州旅游，第二届绿博会成功举办，河南台湾月暨郑州台湾产品节活动取得丰硕成果，全社会关注的新区龙湖工程正式启动，生态水系即将实现水通、水清、水美目标，一系列重大交通基础设施项目相继开工或建成投入使用，城中村改造和新农村建设加快推进，等等。

就做好下一阶段的工作，连维良提出七个方面要求：一是以超额目标、节能减排为重点，切实搞好四季度的经济运行。按照"目标不变、任务不减"的要求，全面盘点今年及"十一五"规划执行情况，对照和紧盯各项指标，在加强薄弱环节和突破难点上狠下工夫，争取超额完成各项目标任务。要狠抓各项措施落实，向节能要速度、要效益，向速度、结构、管理、技术要节能，确保完成节能减排目标。二是以筹措资金、落实土地为重点，切实搞好四季度的项目建设。要以筹措资金、落实土地等为突破口，巧搭平台，务实招商，全力谋地，日清难点，向节约集约用地要项目、要投资，解决瓶颈制约问题，积极推进项目建设。三是以谋划项目、进入规划为重点，切实做好"十二五"规划编制工作。今天的项目就是明天的发展，全市各级领导干部要在"学建议"上下工夫，积极主动学习中央和省委关于国民经济和社会发展第十二个五年规划的建议，吃透精神、把握实质、结合实际谋划好落实举措。要在"进规划"上下大气力，抓住"十二五"规划制定的重大机遇，搞好汇报衔接。要在"编规划"上见真工夫，积极听取各方意见、建议和研究成果，认真吸收整理，抓紧修订完善，确保规划科学可行，指导未来五年郑州市经济社会发展。四是以改善民生、兑现承诺为重点，切实做好社会事业发展工作。不折不扣地落实好承诺为民办的"十大实事"，保证年底前全面完成。持续抓好"畅通郑州"工程，加快谋划和实施优质教育资源倍增工程、优质医疗倍增工程、安居住房保障工程，实施好维护好生态水系工程、菜篮子保障工程，抓好宣传和思想文化建设，认真扎实做好就业再就业和社会保障工作、市直部门联系帮扶农村和社区等工作。五是以安全生产、社会稳定为重点，切实做好社会大局维稳工作。要按照"负责必稳、防范必安、为民必和"的总要求，深入推进社会矛盾化解、社会管理创新、公正廉洁执法三项重点工作，坚决维护社会稳定大局，营造良好发展环境。加强安全生产，坚决避免各类事故特别是重特大事故的发生；严查煤炭企业兼并重组期间的违法违规生产，确保不发生安全生产事故。六是以优化环境、求实求效为重点，切实做好提高党政机关效能工作。进一步加大抓党政机关效能建设的执行力度，落实三具两基一抓手、两转两提、注重运作、首问负责、第一时间到现场、两个不允许、联审联批、当日不结上门服务、先路条后手续、立即召开（请办事项）协调会等主要措施。七是以沟通汇报、争取支持为重点，积极谋划2011年工作。提前思考、积极谋划，确定2011年工作的指导思想、工作原则和目标任务。加强与上级部门沟通,积极争取项目、资金、土地、政策等方面的支持。

连维良强调,抓落实是跨越式发展的核心。抓落实,就要按照省委书记卢展工"三具两基一抓手"的要求,加快转变领导方式,在抓具体上下工夫、求实效。

连维良指出,领导干部要抓具体,必须解决好五个方面问题。一是必须解决认识问题。领导干部要勇于抓具体,视抓具体为本职。二是必须解决思路问题。领导干部要慎于抓具体,揽事不要揽权。三是必须解决技巧问题。领导干部要精于抓具体,注意运用"管用、长效、低成本、大家易于接受"的方式抓具体。四是必须解决合作问题。领导干部要善于抓具体,尤其要善于沟通合作,调动相关关系人的积极性。五是必须解决环境问题。每一位同志都要配合抓具体。

【市委九届二十次全体(扩大)会议】 2010年11月25—26日,中共郑州市委召开九届二十次全体(扩大)会议。会议的主要议题是深入学习贯彻党的十七届五中全会和省委八届十一次全会精神,审议《郑州市国民经济和社会发展第十二个五年规划纲要(讨论稿)》、《市委常委会工作报告》,审议通过《中国共产党郑州市第九届委员会第二十次全体会议决议》。

全会充分肯定了2010年市委常委会的工作,全面回顾了"十一五"时期的工作。在高度评价"十一五"期间全市经济社会发展取得重大成就的同时,深入分析了今后一个时期经济社会发展面临的新形势。

全会指出,制定"十二五"规划,必须高举中国特色社会主义伟大旗帜,以邓小平理论和"三个代表"重要思想为指导,深入贯彻落实科学发展观,按照"四个重在"的发展要求,紧紧抓住中原经济区建设重大机遇,以科学发展为主题,以加快经济发展方式转变为主线,以建设全国区域性中心城市为总目标,以富民强市为中心任务,以加快建设郑州都市区,持续推进跨越式发展,形成中原经济区核心增长极为总体思路,着力改善民生、扩大内需、优化结构、改革开放、自主创新、环境优化,充分发挥龙头作用、重心作用和示范带动作用,促进经济提速、提质、提效,实现又好又快发展;促进社会和谐稳定和全面进步,为全面建成更高水平的小康社会打下坚实基础。

全会提出,郑州市"十二五"时期经济社会发展目标是:持续和提升跨越式发展的良好势头,经济平稳较快发展,经济结构进一步优化,综合实力和城市竞争力大幅提升,人民物质文化生活显著改善,加快郑州都市区建设,形成中原经济区核心增长极,使郑州真正成为全国区域性中心城市,实现发展速度、增长质量和综合效益居于全省和中西部地区前列的目标,到"十二五"末,实现地区生产总值和人均生产总值较"十一五"末翻一番。

全会强调,"十二五"时期要继续保持全市经济社会又好又快发展,必须坚持率先发展、转型发展、创新发展、协调发展、开放发展及和谐发展的原则,全面实施项目、引资双带动的跨越式发展战略,工业强市、服务业优先的产业优化升级战略,组团发展、产城融合的都市区发展战略,民生优先、环境优先的软实力提升战略。坚持把实施深化改革、锐意创新,绩效考核、提升运作执行能力和科学用人、精神聚人作为重要战略举措。

全会指出,要牢牢把握"十二五"时期发展的主要任务,加快富民强市步伐,全力改善民生,着力打造最佳投资环境城市、最佳人居环境城市、最佳创业就业环境城市和最佳旅游环境城市。加快推动工业结构调整,按照高质、高端、高效的方向,建设全国先进制造业基地。大力发展服务业,建立公平、规范、透明的市场准入标准,建设区域性现代服务业中心。加快农业发展方式转变,坚持工业反哺农业、城市支持农村和多予少取放活的方针,建设现代都市农业示范区。优先发展高成长性区域、高成长性产业和高成长性企业,加快产业集聚区和大型企业集团的培育和建设。按照统筹规划、合理布局、完善功能、以大带小的原则,加快建设现代化全国区域性中心城市。发挥中原经济区交通节点新优势,推进航空、铁路、公路枢纽联动发展,加快建设国际交通枢纽。坚持可持续发展战略,按照资源节约、环境友好要求,建设低碳生态城市。不断拓展改革开放的广度和深度,建设开放型活力城市。强化党风廉政责任制,建设法治和服务政府。

全会强调,党的领导是实现"十二五"时期经济社会发展目标的根本保证。要坚持立党为公、执政为民的本质要求,加强党的执政能力建设和先进性建设。扎实开展创先争优活动,大力推进基层党组织建设。坚持惩防并举,推进反腐倡廉建设。各级领导干部要坚持全心全意为人民服务的根本宗旨,始终保持同人民群众的血肉联系,牢牢树立务实为民、以身作则、具体求效、勤政廉政、抢抓机遇和尊重科学、尊重规律的作风,充分调动人民群众的积极性、主动性和创造性,形成推动郑州持续跨越发展的强大力量。

【全市人才暨教育工作会议】 2010年12月2日,市委、市政府召开全市人才暨教育工作会议。省委常委、市委书记连维良,市委副书记、市长赵建才出席会议并发表讲话。

会议总结了郑州市近年来的人才和教育工作,并明确了今后一个时期的主要任务。人才工作方面,要以建设人才强市为目标,以提升人才能力素质为核心,以高层次人才、急需紧缺人才和基层一线岗位实用人才为重点,以实施重大人才工程为载体，统筹推进各类人才队伍建设，优先加大重点领域的人才培养，力争到2015年，全市人才规模总量增加到160万人左右、高层次创新型科技人才达到5000人左右、科技创新团队达到100个左右，到2020年把郑州市建设成为全国省会城市中具有人才竞争比较优势的区域性人才高地。教育工作方面，完成更高水平的普及教育，形成惠及全民的公平教育，实现高位发展的均衡教育，提供更加丰富的优质教育，力争到2015年，在全省率先基本实现教育现代化，基本建成学习型社会，人力资源开发水平迈入全国先进行列。

赵建才在讲话中指出，为推动全市人才工作取得新成效，要重点做好四个方面的工作。第一，要加大重点领域人才优先培养力度。围绕创新型城市建设，加紧培养造就高层次创新人才；围绕经济社会跨越式发展，加紧培养引进城市规划、城市建设与管理、轨道建设、金融期货、交通管理等重点领域急需紧缺人才；围绕提升城市公共服务水平，加大一线艰苦岗位人才培养、使用力度。第二，要切实加强各类人才队伍建设。加强党政人才、高技能人才、农村实用人才、社会工作人才队伍建设；围绕加快经济发展方式转变，加强汽车和装备制造、物流商贸、文化创意旅游、电子信息等支撑产业和生物医药、新能源、新材料、低碳环保等新兴产业专业技术人才队伍建设。第三，要围绕构建现代产业体系、自主创新体系、社会公共服务体系，着力打造区域性人才集聚高地。第四，要加强对人才工作的组织领导，完善人才发展政策措施，落实人才工作目标任务，不断创新人才强市体制机制。

赵建才要求，全市教育工作今后要力求在以下几个方面取得新突破。第一，义务教育要以均衡发展为重点，普通高中要以优质多元发展为重点，职业教育要以面向市场办学为重点，高等教育要以提升自身内涵为重点，学前教育要以普及公益发展为重点，推进教育实现全面发展。第二，推进教育管理体制、办学体制机制、学校管理体制、教育对外开放机制创新，提升教育体制机制创新能力。第三，牢固树立素质教育观念，深化课程教学改革，改进教育评价和招生考试制度，努力提升素质教育实施水平。第四，实施优质教育资源倍增工程等八项工程，着力打造区域教育现代化特色和品牌。第五，加大教育统筹力度，落实教育优先发展战略，改革教育人事制度，推进依法治教，切实优化教育发展环境。

关于人才工作，连维良强调要着重做好三个方面的工作：一是要提高对人才工作方法的认识。要把有用、能用、管用做为衡量人才工作的最重要标准，结合全市经济社会发展实际，大胆改革工作方法，科学设定工作标准，真正引进、留住、用好对发展发挥重要作用的各种人才。二是要注重创新。首先要区分用人主体和党委、政府的职责，对用人单位自己能做的事情，要放手放权，党委、政府重点做好用人单位不能做、做不了或做不好的工作，要以扶持用人单位为主，而不是以扶持人才本人为主；其次要以有用、能用、管用为标准，在实战中选拔人才，用人才选拔的过程促进工作，让选拔上来的人才有能力干好工作；要改进人才工作考核办法，注重对实效的考核。三是要认真研究人才需求，尤其是关系郑州发展的关键领域的人才需求。要围绕推进未来发展的战略支撑产业和战略新兴产业，从党委、政府重点工作领域发现人才需求，研究制定强化扶持的政策措施，要特别注重招商引资、项目建设方面的专门人才和金融、证券、城市规划方面的人才选拔，要向物流商贸、保税区运行、地铁建设管理、智能交通建设、国家重点实验室建设、能创作文艺精品的艺术人才等重点领域倾斜，用优秀专业技术人才促进重点领域工作。

关于教育工作，连维良强调，教育既是民生，更是重要的发展环境。优化郑州市发展环境，教育工作责任重大。当前要重点做好五个方面的工作：第一，要在协调发展各类教育上抓好落实。要大力发展义务教育，把义务教育放在首要位置抓实抓好，加大实施优质教育资源倍增工程力度；要大力发展职业教育，通过加快职教园区建设，强化校企合作，加强实习基地建设；要完善高校各类配套基础设施，加大高校周边环境治理，优化高校发展环境，支持高等教育发展；加快发展学前教育，扶持民办幼儿园健康发展，兴建一批公办幼儿园，支持社会机构、省属高校等垂直单位兴办幼儿园。第二，要在改革创新、破解难题上抓好落实。要充分发挥社会力量的作用，大力发展民办教育，积极稳妥优化教育布局，大力支持中外合资办学、合作办学，创新教师、校长和教育管理人才选拔机制，推动教育管理职业化。第三，要在促进教育公平上抓好落实。要加强薄弱学校建设，实现办学条件的公平；通过学区制、集团化建设，实现教育质量的公平；完善助学制度，帮扶困难家庭，实现就学机会的公平；规范外来人员就学管理，实现教育资源分配的公平。第四，要在提高教育质量、推进素质教育上抓好落实。要探索考核办法，加强在职培训，全面提高教师队伍素质。第五，要在结合实际实施《教育中长期发展规划纲要》上抓好落实。要按照中央和河南省的决策部署，结合实际，抓住关键，明确项目，解决好教育发展的热点难点问题，把贯彻《纲要》的重点项目落实到位，用教育事业的大发展营造良好环境，推进全市经济社会实现跨越式发展。

【市委经济工作会议】 2010年12月29日，中共郑州市委召开经济工作会议，主要任务是学习贯彻中央、省委经济工作会议精神，分析当前经济形势，安排部署2011年经济工作，动员全市上下开拓创新、扎实工作，为持续推进跨越式发展、努力实现郑州都市区建设和“十二五”发展良好开局而努力奋斗。市委副书记、市长赵建才总结了2010年的工作,对2011年的经济工作进行了全面安排部署。省委常委、市委书记连维良作了题为《抢抓机遇、应对挑战、注重运作、优化环境,努力实现中原经济区郑州都市区建设良好开局》的讲话。

2011年郑州市经济工作的总体要求是:全面贯彻党的十七大和十七届三中、四中、五中全会精神,以邓小平理论和“三个代表”重要思想为指导,深入贯彻科学发展观,认真落实中央经济工作会议和省委经济工作会议精神,坚持“四个重在”实践要领,以科学发展为主题,以加快经济发展方式转变为主线,加快郑州都市区建设,加快“一个载体、三个体系”建设,着力扩大需求,着力调整结构,着力改革开放,着力改善民生,继续保持经济更好较快发展和跨越式发展的良好态势。

2011年经济社会发展主要预期目标是:地区生产总值增长13%;地方财政一般预算收入增长13%;全社会固定资产投资增长23%;社会消费品零售总额增长17%;进出口总额增长20%;外商直接投资增长22%;居民消费价格涨幅控制在4%左右;城镇居民人均可支配收入增长10%;农民人均纯收入增长11%;城镇新增就业13万人,城镇登记失业率控制在4%以内;人口自然增长率控制在6.5‰以内;节能减排完成省下达目标。

赵建才强调,做好2011年的经济工作,要具体抓好以下十个方面:一是加快产业结构调整,提升产业核心竞争力;二是积极扩大消费需求,增强消费拉动能力;三是切实抓好“三农”工作,确保农产品有效供给;四是推进重大项目建设,着力优化投资结构;五是推动郑州都市区建设,加强城市建设与管理;六是加快郑州新区发展,掀起开发建设新高潮;七是深入推进改革,继续扩大开放;八是突出抓好节能减排,加强环境保护;九是加强社会建设,保障和改善民生;十是高度重视安全生产,扎实做好信访稳定工作。当前要重点做好以下八项工作:贯彻落实好本次市委经济工作会议精神、做好2011年“两会”筹备、加强麦田管理、关心群众生活、精心安排群众的物质文化生活、做好安全生产和社会稳定工作、认真执行党风廉政建设的各项规定、争取更多项目列入国家和省“十二五”规划等。

连维良强调,要以郑州都市区建设统揽全局,突出以转变发展方式促跨越。一是大力推进都市区的统筹规划与建设。按照组团发展、产城融合、复合型和生态型的发展路径,着力加快郑州新区和中心城区建设,推进中心城区商贸业态提升,推进棚户区改造和危旧房改造,做好新的城市组团的规划建设,推进城郊村合村并城,推进卫星城融城发展、产业聚集区的产城融合发展、新型农村社区和新农村建设。二是要大力推进都市区高成长性产业、高成长性企业、高成长性区域发展。产业结构调整要按照“总体要求轻、重工要求优、新兴要求多、大企力求强、分散力求聚”的思路,加快电子信息、物流商贸、文化创意、纺织服装、食品加工等产业的发展,加快运用高新技术和先进适用技术改造提升汽车及装备制造、铝及铝加工、能源、耐材建材等产业,努力培育和加快发展新能源、新材料、服务外包、生物医药、节能环保、新能源汽车和物联网等战略新兴产业,推进规模企业做大做强,着力提高产业集聚区的发展层次和水平。三是大力推进都市区开放型经济发展。充分发挥郑州市的区位优势、生产要素成本优势和综合保税区的政策优势,加大招商引资力度。要把招商引资的重点放在与富士康、格力配套的电子产品领域,与东风日产、宇通、海马、恒天等配套的汽车零部件领域,物流及关联企业和对物流依赖性强的企业。要加大食品、服装等产业转移趋向明显领域、太阳能光伏等新兴产业领域的招商引资力度。要利用好航空城和综合保税区的区位、政策优势,积极引进和大力发展航空物流业。四是大力推进都市区基础设施支撑能力建设。突出抓好交通、能源、基础设施方面的重大工程建设,提高城市基础设施的承载和保障能力。五是大力推进都市区现代农业建设。用工业的、景观的、生态的理念发展都市农业,重点发展环城市及城市组团的蔬菜、苗木、花卉、林果、畜牧、水产等高效农业和设施农业,大力发展休闲农业、观光农业。加快建立新型农业生产发展模式和新型农业流通体系,积极培育新型农业生产主体,提高农业产业化经营水平。六是大力推进都市区可持续发展能力建设。以争创生态城市为载体,深入开展环境综合整治活动;坚持在调整转型中节能减排,加快运用现代环保技术和节能技术改造提升落后生产工艺;大力推广清洁生产,鼓励和支持绿色经济和循环经济发展。七是大力推进都市区安全发展能力建设。进一步加强和改进安全生产领导体制,加强和改进监管制度,确保安全生产和食品药品安全。

连维良指出,要以着力民生、着力民心为出发点和落脚点,突出以改善民生促跨越。一是以优质教育资源倍增工程为重点,大力发展教育事业。采取扩建挖潜、一校多区、强校托管、联合办学等模式,两年内实现优质教育资源翻一番。二是以优质医疗资源倍增工程为重点,大力发展卫生健康事业,加快宜居健康城建设。大力推进省属医疗机构和市属优质医疗机构新建扩建工程,力争三年内实现优质医院床位翻一番。鼓励社会资本参与公立医院改制,积极探索医疗集团化管理。大力推广“片医负责制”,形成覆盖中心城区的15分钟社区医疗服务圈。三是以保障性安居工程为重点,切实加大住房供应。加快保障性住房建设,在确保符合廉租住房保障条件家庭应保尽保的基础上,逐步实现符合廉租住房保障条件家庭50%以上住得上实物配租廉租住房、符合经济适用住房供应条件的低收入家庭买得上经济适用住房、新就业及外来务工人员租得上公共租赁住房的目标。要提高房地产市场调控措施的针对性、灵活性和有效性，切实增加住房供应，抑制房价过快上涨。四是以劳动技能培训为重点，千方百计扩大就业，增加城乡居民收入。实现新增城镇就业再就业13万人、新增转移就业农村劳动力10万人，确保"零就业"家庭动态为零。以创业带就业，力争发放小额担保贷款达到10亿元。推进全民技能振兴工程示范市建设，加强技能培训。五是以菜篮子工程和两店进社区工程为重点，切实保障城乡居民必需品供应与安全，让人民群众吃上放心菜、放心粮。六是以群众性文体活动和出精品为重点，大力发展文化事业和文化产业。七是以社区帮扶和社区建设为重点，大力发展城乡社区服务业。八是以优化服务、落实政策为重点，大力完善社会保障，切实提高社会保障和救助水平。

连维良要求，实现郑州都市区建设的良好开局，必须以注重运作、优化环境为重点和切入点，突出以转变领导方式促跨越。一要认识挑战，应对挑战。要积极应对国内外经济形势复杂多变的严峻挑战，利用人民币升值有利于降低进口成本的机遇，引进国外先进设备进行技术改造和基本建设，有选择地进口原材料，积极争取利用国际金融组织贷款；积极应对融资难度增加的严峻挑战，着力破解融资难题；积极应对发展空间不足的严峻挑战，解决好用地难题，拓展发展空间；积极应对生产要素成本提高的严峻挑战，帮助企业降低生产成本；积极应对自身矛盾进一步凸显的严峻挑战，特别是要加快"畅通郑州"建设，努力使交通状况得到新的改善。二是要认识机遇，抢抓机遇。要在危机中找机遇，在挑战中找机遇；要化风险为机遇，化难题为机遇；要靠认真负责创造机遇，靠勇于创新创造机遇；要认识政策机遇，抢抓政策机遇；要认识市场机遇，抢抓市场机遇；要认识自身机遇，努力创造机遇。三是要注重运作，善于运作。重点要在项目建设、税源建设、融资平台建设、发挥省会优势、拓展发展空间、与央企省企合作、招商引资和承接产业转移、城中村改造和合村并城、政府购买服务、体制机制创新等方面提升运作能力。四要注重环境，改善环境。要以"最佳投资环境、最佳就业创业环境、最佳人居环境、最佳旅游环境"建设为目标，进一步完善各项推进方案，积极运用评差评优推进环境优化，持续改善经济发展环境。以提质提效为重点，持续改善党政服务环境，牢固树立"以服务求地位、以绩效求发展"的思想，加强机关效能建设和作风建设，切实提高行政服务效率。以依法诚信为重点，持续改善社会环境，重点要加强依法行政，严格执法纪律，做到文明执法；加强诚信建设，加大对失信行为的惩处力度；加强社会管理，深入推进社会矛盾化解、社会管理创新、公正廉洁执法三项重点工作，确保社会大局稳定。

【十大实事】 2010年初，市委、市政府以实现好、维护好、发展好广大人民群众的根本利益为出发点，坚持为民谋利，通过广泛征集社会各界意见，确定了2010年要为群众办好的"十大实事"，共涉及民生项目60余个，负责承办职能单位和部门近40个，投入资金超过60亿元。

一是支农惠农再加力。继续实施粮食直补、农资综合直补和农机具购置补贴；小麦、玉米、水稻等良种补贴以现金形式直补给农民；继续做好玉米保险保费补贴工作。认真落实国家小麦、稻谷等粮油收购政策，小麦最低收购价格平均每斤提高0.03元。继续实施"万村千乡市场"工程，新增100个农村连锁超市，全市行政村连锁超市覆盖率达到90%。认真落实"家电下乡"政策，对农民购买国家规定品牌和型号的彩电、冰箱、手机、洗衣机、空调、电脑、热水器、微波炉、电磁炉等家电产品，按销售价格给予13%的直接补贴。继续做好汽车"以旧换新"工作，补贴标准由每台3000～6000元提高到5000～18000元。新修、改造农村道路500公里。新增农村沼气用户3万户、大中型沼气工程60处。实施"村村通"自来水工程，使40万农民群众用上自来水。加大扶贫开发力度，完成10个重点村的整村推进和1800户6500人的搬迁任务。

二是新增饭碗13万个。城镇新增就业再就业13万人，"零就业"家庭动态为零。继续实施"阳光工程"、"扶贫雨露"和农村劳动力技能培训计划，新增转移就业农村劳动力10万人、职业技能培训5万人。实施放心早餐工程，扶持早餐经营龙头企业4家；市内各区至少规划建设1条规范化的夜市步行街，扩大就业途径，重点扶持"4050"人员就业，方便市民生活。

三是密织社会保障网。进一步提高企业退休人员基本养老金，人均每月增加120元。在全市推广国家新型农村养老保险试点工作。在全市35～59周岁农村妇女中免费开展"两癌"检查，分别完成宫颈癌检查6万人、乳腺癌检查4万人。免费推行出生缺陷一级干预，孕前优生康检率达到70%以上，已婚待孕夫妇出生缺陷知识培训覆盖率、孕产妇出生缺陷基本常识普及率、高风险孕妇叶酸营养素增补接受率均达到90%以上。继续实施计划生育奖励扶助政策，对全市子女年龄在0～18周岁且领取独生子女父母光荣证的夫妻，每人每月发放不低于20元的奖励费。对农村只有一个子女或两个女孩的计划生育家庭，夫妇年满60周岁后每人每年发放不低于1000元的奖励扶助金。继续实施计划生育家庭特别扶助制度，独生子女(含收养子女)死亡后未再生育也未再收养的夫妻，按每人每月不低于100元的标准发放扶助金；独生子女(含收养子女)伤、病残后未再生育也未再收养的夫妻，按每人每月不低于80元的标准发放扶助金。实施“阳光家园”计划，对符合居家托养条件的残疾人，每人每年补助1000元；对符合条件的残疾人托养服务机构，按托养人数每人每年补助3000元。实施残疾人康复进社区、进农村工程，依托现有乡镇卫生院、行政村卫生所和城市社区卫生服务中心，为残疾人配备康复训练器材。新建“农村留守儿童之家”和“流动儿童之家”30个。扩大法律援助案件范围，完善援助受理大厅功能，全市新增法律援助受理点(站)100个，法律援助服务实现“应援尽援”。

四是修路建桥解拥堵。打通市区断头路20条，移除占道线杆。新建下穿式隧道5个、人行过街天桥8座。在三环内建设公共停车场23处，设置停车泊位5360个。完善智能化交通管理系统，畅通出入市口。开展背街小巷示范街创建活动，升级改造市区100条背街小巷，为30条无灯道路安装路灯。改造积水点10个。市区新增公厕50个，增设公厕指向标志2000个。开工建设南郊热源厂，铺装供热管道10公里，新增供热面积50万平方米。新建改建天然气管道80公里，新增用户8万户。

五是缓解群众就医难。进一步扩大城镇居民基本医疗保险覆盖面，全面推行新农合门诊统筹，将财政补助标准提高到每人每年120元，人均总筹资额达到150元，大病住院报销封顶线提高到6万元。在全市乡镇卫生院和公办社区卫生服务中心全面推行国家基本药物制度，探索试行异地就医结算。新建796所标准化村卫生所，全面完成每个行政村都有1所标准化卫生所的任务；为新建村卫生所各配备2万元的基本医疗和健康教育设备。加强农村卫生人才队伍建设，免费培训1716名乡村医生。新增片医负责制单位23个，覆盖人口达到280万人。为全市低保家庭60周岁以上的老人开展“送健康、送温暖”活动，每人发放一张价值100元的体检卡并建立健康档案。完善全市统一的紧急医疗救援体系，实现120急救报警网络全覆盖，新建7个市区急救站和67个乡镇卫生院急救站，为全市所有急救站各配备3辆专用急救摩托车，为乡村医生配备便携式急救包、急救箱。

六是注重投入办教育。市区新建、改扩建15所中小学校。实施中小学现代远程教育“班班通”工程，市区所有中小学校班级开通远程教育学习站点。为50所农村寄宿制中小学校配齐学生用床和餐桌椅。实施农村中小学教师培训计划，免费培训2730名体音美专业教师。加大职业教育扶持力度，自2010年秋季起对具有郑州户籍并在市属及县(市)、区属中等职业学校就读的学生免除学费，实现郑州户籍中职生免费教育。

七是继续文化惠民。继续实施文化惠民工程，完成商城遗址公园一期、市图书馆新馆主体工程，开工建设大河村遗址博物馆二期工程。新建改建100个社区文化活动中心、500个农村文化大院，培训1000名基层文化骨干。继续实施农村电影放映工程，每月为每个行政村免费放映一场电影。继续举办“周末戏曲大舞台”，全年演出不少于100场。开展舞台艺术进乡村送农民活动，免费演出优秀戏曲剧目60场。在国道、省道及主要景区增设旅游指示标识350个。继续实施全民健身工程，开工建设市奥体中心、体育馆。为500个行政村建设“一场两台”(1个标准篮球场、2张室外乒乓球台)，行政村“一场两台”建设任务全面完成。加强对全市健身园(含健身路径)健身器材的维护，更新885件、维修1763件。

八是力推生态城建设。继续推进生态城市建设，建成12个林业生态乡(镇)和100个林业生态村。市区新增绿地500万平方米，新植乔木50万株。继续实施郑州黄河湿地保护工程，扩建西流湖公园。加快生态水系建设，开工建设金水河上游、东风渠上游和潮河等河道综合治理工程，启动实施贾鲁河生态水系治理与河道复合型湿地建设工程。加强节能环保工作，拆除建成区10蒸吨以下燃煤锅炉20台、废弃烟囱500根。市区和各县(市)城区的生活污水集中处理率分别达到90%和80%以上，机动车尾气排放达标率达到80%以上。加大噪声污染综合整治力度，做到“有投诉、有回应、查处及时、群众满意”，查处率达到80%以上。新建132座村镇垃圾中转站，形成“组保洁、村收集、乡运输、县处理”的农村生活垃圾处理新机制。全市饮用水源地水质达标率达到98%以上。市区空气质量优良天数超过315天。

九是多建保障性住房。新开工建设经济适用房150万平方米，竣工100万平方米；新开工建设廉租房15万平方米，竣工5万平方米。将廉租住房月补贴标准提高到每平方米6元，符合条件并申请廉租住房保障的家庭实现“应保尽保”。结合实施村镇规划，加快迁村并点和中心村建设步伐。继续对全市农村贫困家庭的危房进行改造，全面改善其住房条件。

十是保障公共安全。加强食品药品安全监管，蔬菜监测率达到92%以上，食品和药品市场抽验合格率分别保持在96%和98%以上。深化平安建设，在整合现有视频监控资源的基础上，为市区所有未安装视频监控设施的主次干道和社区安装视频监控设施，为30%以上城市家庭和70%以上农户安装技防设施。

(宋建国　李伟革　程嵩峰　胡　坤　司现仓　祖武斌　郑宏杰　李松贵　陈　锋)

纪律检查工作

【概况】　2010年，全市纪检监察机关以党的十七届三中、四中、五中全会精神和中纪委十七届五次全会精神为指导，认真贯彻落实中央、省委和市委关于反腐倡廉建设的部署和要求，坚持反腐倡廉战略方针，按照“六个为重”的总体思路，深入推进惩治和预防腐败体系建设，党风廉政建设和反腐败工作保持了良好的发展势头，有力保障和促进了全市经济社会跨越式发展。

【反腐倡廉教育监督】　2010年，全市纪检监察机关认真贯彻落实《建立健全惩治和预防腐败体系2008—2012年工作规划》和实施办法，按照更加注重预防的要求，着力提升教育监督实效。一是深入开展以学习贯彻《廉政准则》为主题的反腐倡廉宣传教育，在市属媒体开辟“学准则、话廉政”专栏（专题），组织开展廉洁从政知识竞赛，并在全省“中原清风杯”知识竞赛中获得第一名。二是深入开展“四会一课”廉政教育深化年活动，成功组织“反腐倡廉郑州行——庆祝建党89周年”集中宣传报道活动，组织开展“四会一课”主题演讲比赛及巡回宣讲活动，全年共宣讲22场，直接受教育领导干部2万多人。三是廉政文化建设扎实推进，与中纪委电教中心、省纪委联合制作《钟声鸣响正当时》电教片，纳入《廉政中国》面向全国发行；会同河南电视台摄制《“四会一课”促廉政》专题片，并在河南电视台播出；举办“清风和谐满园春——省会迎新春廉政戏曲文艺晚会”，获得省委主要领导好评；丰富廉政文化形式，完成大型现代戏《清风茶社》创作，开展“阳光绿城、和谐郑州”廉政公益广告作品创作评选展播活动，取得了良好的社会反响。四是加强对重点领域、薄弱环节、关键部位权力运行的监督制约。开展干部作风明察暗访跟踪问效活动和以公职人员工作时间到休闲娱乐场所活动为主要内容的专项检查，重点纠察上班期间从事与工作无关的违纪行为，促进了党政机关工作作风的进一步转变；加大对政府投资工程招投标活动的监督检查力度，对全市抗震救灾物资、资金管理使用及援建项目建设情况进行全程监督，确保廉洁高效运行；认真落实“四议两公开”工作法和《村情民意》小报制度，深入开展政务公开、村务公开和农村基层党务公开工作，深化农村集体“三资”监督管理，全面推行村务监督委员会制度，全年全市各级村务监督委员会参与监督村级重大事项4354件（次），审核农村集体资金近40亿元，化解群众矛盾4907件。

【保障重大决策部署落实】　2010年，全市各级纪检监察机关紧紧围绕中央、省委和市委的重大决策部署，全面履行自身职能，严明党的纪律特别是政治纪律，为郑州市经济社会又好又快发展创造了良好环境，有力地维护了社会和谐稳定。认真组织实施“扩内需、促增长”政策落实情况的监督检查，推动全市新增中央投资项目顺利开展；深入开展对节能减排政策措施落实情况的监督检查，确保节能减排攻坚战目标顺利完成；加强对规范和节约用地政策措施落实情况的监督检查，严肃查处违法用地问题，全市共排查出未报即用违法用地63宗，涉及耕地30.6公顷。围绕重点项目和企业，优化发展环境。建立并认真落实企业首席服务官制度，通过向重点项目或企业派出首席服务官及工作小组，帮助企业解决发展难题32个；对京珠高速郑州至漯河段改扩建、连霍高速郑州至洛阳段改扩建、黄河公铁两用大桥、郑民高速等重点建设项目开展专项效能监察，解决铁路、公路、电网等项目涉及的问题227个。通过抓决策部署落实，着力消除影响科学发展的不利因素，有力服务了全市跨越式发展大局。

【突出问题治理】　2010年，全市各级纪检监察机关认真履行职责，通过加大专项治理和纠风治乱力度，着力解决反腐倡廉建设中人民群众反映强烈的突出问题。一是全力抓好厉行节约专项治理工作。继续治理奢靡之风，坚决制止奢侈浪费行为，全市车辆购置及运行费用实际支出、公务接待费实际支出、因公出国（境）费用实际支出和用油、用电、用水支出同比均有明显下降。进一步做好公务用车清理及备案工作，集中查处一批公车私用行为，开展规范公职人员和公务车辆交通行为活动，对违反交通法规的公务用车按照规定予以没收，对违反交通法规的相关责任人进行严肃处理。二是突出开展纠风治理工作。继续深入开展教育收费、医疗卫生收费、公路“三乱”专项检查，组织开展农民负担检查和审计、全市惠农资金专项清理和检查工作，纠正涉农乱收费、乱罚款和各种集资摊派行为为28件，纠正违法违规征占农村土地行为为99件；拓展政风行风评议范围，延伸至全市基层站所、重点处室、市属学校及市属医院，形成了全方位、多层次的评议体系，评议实效不断提高；县、乡、村三级纠风网络建设不断深入，全市纠风工作组和纠风监督员共化解各类矛盾和问题1800多个。三是深入治理工程建设领域突出问题。全市共排查政府投资和使用国有资金且投资额在500万元以上的项目857个，整改问题859个；罚没、补交各种款项278万元，收缴土地出让金1419万多元；认真开展国土资源领域腐败问题治理工作，着力健全完善国土资源系统反腐倡廉的长效机制。四是注重检查涉及民生项目的实施情况。积极督促各县（市）、区和有关部门加快保障性住房建设，对低收入家庭认定情况、廉租住房项目建设及资金筹集情况、公共租赁住房立项和建设用地征用情况等开展深入检查，纠正违法违规行为，促进民生项目优质高效实施。五是严肃追究生产安全事故责任。深入检查安全生产法律法规和安全生产责任制落实情况，严肃查处玩忽职守、失职渎职造成安全事故的行为。此外，高等学校、国有企业和城市社区党风廉政建设取得了新成效，“小金库”专项治理工作进一步深入。

【源头治理腐败】　2010年，市纪检监察局采取多种措施，深入开展源头治理。一是调查研究寻求治本之策。围绕党风廉政建设中心工作，开展具有前瞻性和针对性的调查研究，顺利推进重点课题《“三权交易”问题研究》，完成《关于加强医药购销过程监管的思考》、《关于推行〈村情民意〉小报工作的调研》、《切实发挥派驻机构监督作用研究》等研究课题，通过调查研究寻找治理腐败的有效措施。二是制定实施一批反腐倡廉制度规定。为加强反腐倡廉法规制度体系建设，着力解决重要工作、重点领域党风廉政和行政效能工作中存在的突出问题，报经市委研究同意，颁布施行了《郑州市反腐倡廉建设工作检查考核实施办法(试行)》、《郑州市首席服务官工作暂行办法》、《被省通报批评工作事项询察试行办法》、《关于明察暗访工作的问责规定》、《关于切实加强我市房地产领域党风廉政建设和反腐败工作的补充规定》等一批制度规定。三是深入推进机制创新。建设行政效能电子监察系统，在全省率先成立“行政效能电子监察中心”，推广行政审批机构整建制进驻中心(大厅)模式，完善行政服务中心联审联批、绿色通道等措施，建立健全运行、管理、监督机制，推动服务型政府建设；积极开展领导干部经济责任审计工作，进一步完善和落实政府采购制度，全年通过政府采购节约财政资金3亿多元，资金节约率4.96%。

【案件查办】 2010年，全市纪检监察机关坚持把查办案件作为反腐败斗争的中心工作和重要手段，坚持以公平办案为重，在坚决惩治腐败、增强纪律威慑的同时，注意发挥案件查处的治本功能，实现案件查处的政治效果、社会效果、法纪效果相统一。全市纪检监察机关全年受理群众信访举报3732件次，初核案件线索1111件，立案1338件，给予党政纪处分145人，其中县(处)级干部29人、乡科级干部165人。深入开展商业贿赂治理工作，全市共查处商业贿赂案件54起，涉案金额959万元。发挥信访办理职能作用，积极配合市委中心工作，以审慎负责的态度办理市委主要领导批示135件(不含重复件)信访件，着力做好办理反馈和稳定工作，得到市委主要领导和信访群众的肯定。严格落实依纪依法安全文明廉洁办案要求，实行办案安全“分级负责、案案有检查、月月有报告”制度，建立选派案件监督管理人员全程跟踪重大复杂案件查办的长效机制，办案质量和水平得到进一步提高。严格案件审理，重视申诉复查复议工作，坚持严肃慎重、区别对待、宽严相济的原则，既维护党纪政纪的严肃性，又保障当事人的合法权利，确保处分结果的公平公正。认真落实“一案三报告”制度，惩治和预防腐败的综合效应更加显现。

【纪检监察机关自身建设】 2010年，全市纪检监察机关坚持把机关自身建设摆在突出位置，深化“做党的忠诚卫士、当群众的贴心人”主题实践活动成果，树立纪检监察干部可亲、可信、可敬的良好形象。以“五型”机关建设为载体，把扎实开展创先争优和深化拓展“岗位大练兵、业务大竞赛、争当权威人”、集中开展机关作风建设等活动有机结合起来，建立健全纪检监察干部素能提升机制，着重提高纪检监察干部工作能力、工作效率和执行力，增强纪检监察干部的政治意识、大局意识、省会意识、公权公心公仆意识和独当一面的意识。组织全市纪检系统干部参加全市公务员岗位练兵活动，并取得优异成绩，营造了努力学习、奋勇争先、求真务实、雷厉风行、勇于负责的良好氛围。起草《郑州市纪委监察局机关干部绩效考核暂行办法》，进一步优化了机关目标考核机制。继续推进中央纪委〔2009〕9号、10号文件精神的贯彻落实，进一步夯实基层纪检监察机关组织建设。以市直、县(市)直、区直机关纪委副书记和乡(镇、街道)纪委(纪工委)书记、副书记为主要对象，开展综合业务培训，提升基层纪检监察队伍整体素质。

(郭学远)

组织工作

【概况】 2010年，全市各级组织部门以深入开展学习实践科学发展观活动、创先争优活动为重点，围绕中心、服务大局，创新创优、抓细做实，各项工作取得了新的进展。在全省组织工作满意度民意调查中，郑州市各项指标均居前列。

【学习实践科学发展观和创先争优活动】 2010年，郑州市各级组织部门按照中央和省、市委统一部署，扎实深入开展学习实践科学发展观活动和创先争优活动。一是善始善终抓好学习实践科学发展观活动。认真做好全市第三批学习实践活动收尾工作，抓好整个学习实践活动的整改落实和总结，得到中央、省委巡回检查组充分肯定。二是扎实推进创先争优活动。建立了以党组织关系隶属为主、行业指导为辅的立体组织管理模式，覆盖到全市1.6万个党组织、40多万名党员和6000多名外来流动党员；各级党组织和党员作出承诺事项72万多项，完成68.7万项。在全市选树了优秀村支书张可山、宋留志和优秀公安特警沈战东等一批先进典型；管城区分系统、分行业开展创先争优活动。在全省创先争优推进会上，郑州市作了典型发言。

【服务市委中心全局】 2010年，市委组织部采取有力措施，服务市委中心全局更加有效。一是下发了《党政机关工作人员下基层轮岗锻炼办法》、《关于建立市直机关干部轮值从事市委市政府中心工作长效机制的若干意见》等文件，抽调700多名机关干部参加“四下一联系”工作。市、区两级抽调2307名干部，在全市480个社区开展集中帮扶工作，投资7800万元，排查、解决问题2012个。二是认真抓好全市扶优扶强工程督导、城中村食品安全整治督导、“五小”单位综合整治、富士康公司在郑投资项目人资保障等重点工作，保障了市委、市政府中心工作和重大工程项目的顺利推进。

【干部人事制度改革】 2010年，郑州市干部人事制度改革实现重点突破。一是研究制定了《关于进一步深化干部人事制度改革的意见》，起草下发了《关于落实“五重五不简单”选人用人试行办法》、《县(市)区和市直单位绩效考核暂行办法》和《干部优先选用条件暂行办法》。二是加大竞争性方式选用干部力度。指导县(市)区、市直单位采用“两推荐一票决”、“四个差额”等方式，选拔交流了一批乡(科)级正职领导干部，树立了正确的用人导向。市卫生局、财政局对局机关、局属单位中层职位进行了竞争交流，二七区、荥阳市采用“双向选择、竞争上岗”、“公推票决”等办法选拔了一大批优秀干部。三是积极探索破解干部工作中的热点难点问题。登封市通过加强领导干部德的量化考核，激发了领导干部重德养德的内在动力。中组部、省委组织部先后六次到郑调研深化干部人事制度改革工作，对郑州市的做法给予了充分肯定。

【干部教育培训】 2010年，郑州市干部教育培训水平显著提高。一是研究制定了《干部教育培训改革纲要实施意见》；深化拓展领导干部读书竞赛活动，举办了绿城读书节；组织演讲比赛、征文比赛、理论知识会考等系列活动，全市1.3万余名干部参加，深化了学习活动内涵。中原区举办“浓郁书香漫中原”读书节，取得较好效果。二是启动干部自主选学工作。组织市直单位和中州大学、郑州师专的1067名县(处)级干部，参加13所省内高校开设的200多门课程的学习，提升了干部素质。三是全方位加大教育培训力度。全年举办各级各类培训班410余期，培训干部2.25万余人次；举办高级研修班6期，培训干部460余人；开设“跨越式发展与领导干部素质跃升高端讲坛”，邀请国内知名专家学者，举办“当前的经济形势与任务”等专题讲座30余场，培训干部2700余人次。市教育局组织100名校级干部和100名中层干部赴上海、苏州进行了学习交流。

【领导班子和干部队伍建设】 2010年，郑州市进一步加强领导班子和干部队伍建设。一是认真做好全市机构改革干部调整配备工作。对28个市直单位的395名干部进行了调整。新郑市采取“双推荐、双票决”的方式对涉及政府机构改革的单位进行人员调配，取得较好效果。二是切实加强重点岗位干部管理。研究制定了《关于加强县(市)区委书记队伍建设的意见》、《关于加强市直机关职权服务岗位干部监督管理，提高办事效率的办法》。中牟县出台从严管理干部意见，从干部行为规范、执行力建设、作风纪律等三个方面强化对干部的日常管理。三是研究制定《2010—2020年全市党政领导班子后备干部队伍建设规划》，集中调整建立了1067人的县(处)级后备干部队伍。四是采取功绩量化、依分自选的办法，安置军转团职干部100余名，实现部队、地方、军转干部三满意，得到中央军委的肯定。五是认真抓好干部选拔任用工作四项监督制度的贯彻落实，全面开展“一报告两评议”工作，县(市)、区干部选拔任用工作满意率超过90%。中组部《组工信息》刊发了郑州市开展县委书记离任检查的做法。

【人才队伍建设】 2010年，郑州市人才工作取得新的进步。一是组织召开全市人才工作会议，制定了《郑州市关于贯彻国家、省中长期人才发展规划纲要实施意见》。二是创新专业技术拔尖人才评选办法。采取资格初审、专家评审、集体会审办法，评选出150名全市第十批专业技术拔尖人才。三是大力搭建培育人才的载体平台。先后与中国人民大学公共管理学院、清华大学继续教育学院签订合作协议，建立了人才强市科研合作基地。四是推进实施博士领导干部“十个一”计划，为服务重大项目建设、破解发展难题提供决策咨询、指导。经开区、高新区以主导产业和领军型高端人才引进为抓手，吸引了一大批人才来郑创业。

【基层组织和党员队伍建设】 2010年，郑州市基层组织和党员队伍建设全面推进。一是大力加强农村党建。全覆盖新跃升工程稳步推进，“四议两公开”工作法和家庭联户代表制度不断深化拓展；新密市推行“四议两公开一监督”，完善了村级民主自治机制。村党支部书记队伍建设进一步加强，全市“双强”型村党支部书记达2116名，占93%；村党支部书记月均报酬达1139元。巩义市实施“一定两评三补”机制，使基层党组织活动经费有了制度保障。全市256个村级组织活动场所全部建成并投入使用。大学生村干部创办领办致富项目234个，招商引资(投资)5432万元。“百村集中教育帮扶”活动成效显著，先后排查出各类问题125个，下派指导组、工作组97个，解决了100多个影响农村改革发展的热点、难点问题。二是统筹推进各区域、各领域党建。在出租车行业建立“红色的士家园”，实现了党建工作与行业发展相互促进；以惠济区为试点，探索推行社区物业党建联建，有效整合了社区党建资源；金水区积极开展“双联双促”活动，组织49个区直部门与52个行政村、1342名区直机关党员与1463户党员群众结成对子，在推动城乡党建一体化上迈出了新步伐。三是制定了《中国共产党郑州市代表大会代表任期制实施办法》等八项制度，开展了集中征集党代表提议活动，确定有效提议232份，进一步加强了党内民主建设。四是深入开展“党建活动月”活动。全市召开各类表彰大会319场，党员领导干部上党课2100余场次，直接受教育党员17.2万名。五是稳步提升党员教育管理水平。构建流动党员服务“三级网络”，积极探索城乡党员一体化管理办法，得到了中组部、省委组织部的充分肯定。上街区开展了党员星级评定和党员议事提案活动，效果较好。加强基层党员干部培训，培训乡镇主要领导207人、村党支部书记(村委会主任)2150人。党员电教“五抓一创”活动不断深化，由郑州市独立拍摄的11部电教片在河南电视台播出。

【机关自身建设】 2010年，郑州市组织部门自身建设持续跃升。围绕忠诚教育、行为训练、能力培养，大力开展“组工文化月”，先后组织开展了“竹林创业先锋行”、军事体验日、警示教育、践行部风演讲比赛等系列活动，营造了和谐向上氛围。继续深化“讲党性、重品行、作表率”活动和“四大两解”下基层活动。在全国组织系统深入推进“讲党性、重品行、作表率”活动视频会议上，郑州市作为唯一省辖市作了典型发言。

(曹　勇)

宣传工作

【概况】 2010年，郑州市宣传思想文化战线按照“高举旗帜、围绕大局、服务人民、改革创新”的总要求，坚决贯彻市委、市政府决策部署，抓具体、抓创新、抓实效，较好地发挥了导向作用、凝聚作用、支撑作用，有力地服务了全市中心工作和改革发展稳定大局，为全面完成“十一五”各项目标任务，持续推进跨越式发展提供了强大的思想保证、舆论支持、精神动力和文化条件。

【政治理论学习】 2010年，郑州市以建设学习型党组织为主线，深入推进理论武装工作，全市人民团结奋斗的共同思想基础进一步巩固。年初起草印发了《关于推进学习型党组织建设的实施意见》，进一步建立健全各项学习制度。运用讲坛、读书会、知识竞赛、论文征集等多种手段，深入开展“争创学习型党组织、争当学习型党员”活动，广大党员干部理论水平进一步提升、党性修养进一步加强、工作本领进一步增强。以党委(党组)学习为重点，在全省率先出台《郑州市党委(党组)中心组学习述学制度》，将考核结果作为干部选拔任用的重要依据，形成了完善的领导班子和领导干部述职、述廉、述学三位一体的考核机制。理论宣传吸引力、覆盖面不断提高。积极运用报刊、广播、电视、网络等多种途径和报告会、宣讲团等多种方式，广泛开展中国特色社会主义理论体系宣传普及活动。

【理论研究】 2010年，全市理论研究支撑力、指导力不断提升。8月5日召开“中原经济区形势下郑州发展思路与对策”理论研讨会，分析解读了郑州在中原经济区中的地位和作用，提出了有价值的意见和建议。高质量举办“’2010城市发展(郑州)论坛”，中国社科院、科学院等权威机构知名专家学者围绕中原经济区核心城市发展战略深入研讨，为市委、市政府确定郑州都市区发展战略提供了坚实的理论支撑。紧紧围绕回答重大理论问题和实际问题，完成《加快郑州城乡一体化发展研究》等一批重点课题。

【对外宣传工作】 2010年，郑州市以中国(郑州)世界旅游城市市长论坛、第二届绿博会、第八届国际少林武术节、2010河南台湾月暨郑州台湾产品节、’2010城市发展(郑州)论坛等重大活动为契机，精心组织对外宣传。国际少林武术节举办前，分别在《中国体育报》和《经济日报》上刊发宣传专版，在中央电视台投放电视宣传片；武术节举办期间，组织境内外120余家新闻媒体的700余名记者采访报道，形成了强大的宣传声势。成功接待“精彩河南”亚太电视新闻采访团、“博采中部看发展”中部六省巡回采访团、“俄通社—塔斯社”记者代表团等20余批中央及境外媒体来郑采访，成功组织市属新闻媒体赴台湾学习交流，宣传了城市形象，扩大了城市影响。

4月16日(农历三月初三)上午，庚寅年黄帝故里拜祖大典在新郑隆重举行，来自37个国家和地区的69个华人华侨商会、社团组织，以及广大市民群众近万人参加。大典举办前，分别在北京、郑州举办两场新闻发布会，在中央电视台、东南卫视等多家卫视投放宣传片，在《人民日报》和境外6家主要华文媒体刊发宣传专版，利用手机报、手机短信、QQ弹出窗口对全国3140万手机用户、7890万QQ在线用户进行了信息提示。大典当天，邀请200多家媒体的600多位记者实地采访，组织香港凤凰卫视、台湾东森电视台、深圳卫视B版3家电视媒体和世界50多家广播电台进行连线直播，协调175家网络媒体进行视频直播，形成了多媒体、广覆盖、全过程的宣传格局。经百度搜索自动聚合，当日下午大典新闻列百度焦点新闻第一位，“拜祖大典　直播”位列百度新闻热搜词第一位，成为网民最关注的新闻焦点。在人民日报社网络中心主办的2010首届中国节庆创新论坛上，拜祖大典成为唯一荣获“最具国际影响力祭拜大典”殊荣的节庆活动。

以加强对外新闻发布为龙头，进一步推动新闻发布及新闻发言人的制度化、规范化建设，全年协助有关单位召开了12场新闻发布会，及时客观地向外界传达党委、政府的声音。与复旦大学新闻学院联合举办全市“新闻发言人高级研修班”，进一步提升了全市新闻发言人的业务素养。精心策划制作了图书《中国郑州2010》等外宣品，与中央电视台合作拍摄了专题片《城市新体验》、《生命之水》郑州篇。建成郑州图片库，打造了一个展现郑州魅力的窗口。各地、各部门把外宣工作纳入总体工作，全市大外宣格局初步形成。二七区与香港凤凰都市传媒签署战略合作协议，通过多种手段开展城区形象的包装、传播；新郑市精心制作系列宣传品，出版了《具茨山岩画》、《高拱大传》等书籍。

【新闻宣传工作】 2010年，郑州市新闻宣传工作坚持正面宣传为主，唱响主旋律，打好主动仗，营造了加快发展的良好舆论氛围。成功开展党的十七届五中全会、省委八届十一次全会、市委九届二十次全会等重大会议的宣传报道，深入解读了会议精神；成功组织庚寅年黄帝故里拜祖大典、第二届绿博会、第八届国际少林武术节、中国(郑州)世界旅游城市市长论坛等重大活动的宣传报道，扩大了活动影响；成功完成“天地之中”历史建筑群申报世界文化遗产、创先争优活动、学习型党组织建设、“畅通郑州”等重点工作的宣传报道，有力推动了工作开展；精心策划“新世纪·郑州十年”等重大主题宣传活动，取得突出效果，产生深远影响。

充分发挥新闻媒体作用，媒体助政取得新成效。紧紧围绕市委、市政府出台的一系列惠民新举措、转变作风新要求、谋划发展新思路，通过新闻节目造声势、专题节目求深度、资讯节目搞疏导、新闻曝光抓监督，当好党委、政府的“传达室、督查室、监察室”。发挥媒体宣传主张、引导热点、疏导情绪的作用，开展了“畅通郑州”系列报道；发挥媒体统一思想、增进共识、明确方向的作用，开展了“抓具体、抓落实”、“建设郑州都市区”系列报道；发挥媒体发现问题、改进工作、监督检查的作用，下发《市属新闻媒体开展专项舆论监督工作实施方案》，先后对影响重大项目和重点工程的问题、市容市貌脏乱差区域、机关网上评议结果等进行了持续曝光和新闻跟踪。持续开展的“加快建设、畅通郑州”系列报道被省委书记卢展工称赞为“媒体协力助民生的一次有效行动”；《郑州日报》开展的“市容环境卫生脏乱差”、《郑州晚报》开展的“机场高速沿线广告牌混乱”等专题监督反响大、效果好。下发《关于进一步改进会议和领导同志活动新闻报道的实施意见》，新闻报道更加注重新闻价值和社会效果；下发《郑州市加强突发公共事件新闻报道管理的实施细则》和《关于加强新闻发布管理工作的通知》，对突发公共事件新闻报道指导原则、应急机制、组织管理、工作要求作出了明确规定，在多起突发事件的舆论引导中，抢占主动位置，统一宣传口径，促进了问题的妥善处理。坚持突出抓重点媒体的重点栏目、重要版面的工作思路，密切与主流媒体的联系与合作，据不完全统计，中央主要媒体全年刊播正面宣传报道郑州市文章400余篇。

【“新世纪·郑州十年”主题宣传活动】 “新世纪·郑州十年”大型主题宣传活动按照“努力破解‘四难’，创新新闻宣传模式，做大做强正面报道，提高舆论引导能力”的总体思路，从2010年初策划、开始刊播到结束，历时近半年，全方位、多侧面、立体展示了新世纪第一个十年郑州在科学发展观引领下发生的巨大变化、积累的成功经验。报道在市委宣传部统一领导下，以《郑州日报》10篇文章为主，《郑州晚报》、郑州电台、郑州电视台、中原网、郑州手机报充分发挥各自优势，推出了各具特色的重磅力作，文字、音频、视频紧密配合，相互呼应，形成了强大的宣传合力。报道既有记者深入扎实的采访、又有专家高屋建瓴的点评，既有决策层的深刻总结、又有群众的切身体验，真实、客观、全面、辩证，深度解读了郑州十年来发展的脉络、决策的过程、取得的成就、积累的经验，引起强烈反响，很多党政机关、社会团体、科研机构的干部职工和人民群众把每期《郑州日报》、《郑州晚报》的报道剪下来留存资料，社会各界大为赞誉，一些学者评价这次报道“立意高远、材料翔实、论述到位，鼓舞人心”，省会及外地媒体纷纷向市属媒体表示祝贺，《河南日报》全文转载，《河南新闻阅评》认为“浓墨重彩、振奋人心”，中宣部新闻局《内部通信》给予高度肯定。

【社会宣传工作】 2010年，郑州市把社会主义核心价值体系建设作为宣传思想文化工作的基础工程，贯穿到工作的各方面和全过程。广泛开展宣传教育。统一订购并免费发放《社会主义核心价值体系学习读本》2.5万本，组织各地各部门采取集中学习、专家辅导、座谈讨论、征文比赛、报告会等形式开展深入系统的学习宣传。精心组织主题教育活动。结合清明、端午等传统节日特点，在全市策划开展“我们的节日”系列活动，弘扬了中华优秀传统文化；以“和谐和睦，阳光生活”为主题，举办第六届邻居节，开展活动400余场次，弘扬了守望互助、和睦相处的传统美德；以纪念抗日战争胜利65周年和国庆节等重大节庆为契机，大力开展爱国主义教育，先后举办了知识竞赛、集中升挂国旗、图片巡回展览等活动。大力加强典型宣传。结合学习宣传实践“三平”精神，扎实推进“我推荐、我评议身边好人”活动，沈战东、张可山等8人、陇海大院1个集体先后荣登“中国好人榜”；举办郑州市首届道德模范评选，对罗文彬等10名道德模范进行了隆重表彰；通过组织报告团、开设新闻专题等形式，大力宣传道德模范的感人事迹，引导广大干部群众追求先进、崇尚先进、学习先进。多形式开展形势政策宣传。“回顾十年建设辉煌成就，展望跨越式发展美好前景”、“我看郑州新变化”等活动反响热烈,"商都讲坛"全年共邀请有关领导和专家学者作专题报告13场,对全市各级领导干部深入思考郑州如何加快发展、改善民生,发挥了重要的启示和指导作用。基层思想政治工作得到进一步加强和改进,涌现出了郑州宇通等一批企业思想政治工作先进典型;巩义市开展的"阳光行动"社区心理咨询援助服务活动,有力推动了和谐社区建设。

【网络建设与管理】 2010年,市委宣传部先后指导市管新闻网站围绕市委、市政府重点工作开办39个新闻专题,组织开展"全国知名网络媒体看郑州"、"省会知名网站论坛版主走进黄帝故里"等集中采访活动,向全国重点网站和知名商业网站推荐150余篇稿件(每次覆盖50家以上),掀起了网络宣传新高潮。进一步加强网络管理,成立全市互联网宣传管理工作领导小组。全年关闭违规网站11个,持续开展整治互联网低俗之风专项行动,打造了文明健康的网络环境。中原网全面改版,流量高速增长,在全国新闻类网站中排名20位左右,向全国一流地方新闻门户网站迈进。中原网盟成员单位发展到45家,从省内扩展到国内中东部广大区域。

积极顺应新形势新要求,突出做好网络问政。加强党委、政府与网民良性互动。建立网络新闻发言人制度,配合有关部门建立市委、市政府网络新闻发言人ZZIC,出台《郑州市党政机关网上事项办理工作绩效考核办法》,协调大河网、商都网、中原网开设"绿城快递",使党委、政府通过网络了解民情、畅通民意、汇集民智、服务民生。积极有效引导网络舆论。不断加强网络评论员队伍建设,初步打造了一支听指挥、高素质的"网军"队伍。精心策划、积极主动开展了交通拥堵治理、公务车辆治理、市容市貌整治、机关工作作风整顿、非法营运机动车辆治理等重大决策出台的前置舆论引导,共组织编发各类新闻通稿100多篇、评论70多篇,论坛贴文1800多条,迅速在全社会营造了支持市委、市政府决策的良好氛围。切实做好突发事件和网络热点事件应急处置工作,有效处置突发事件和网上热点69起,避免了重大舆论危机的发生。登封市注册成立了"网友协会",探索网络宣传和舆论引导的有效方式。全面监测敏感信息,推动实际问题解决。坚持24小时值班,全年发现敏感信息11372条,累计向市委、市政府主要领导报送《网上舆情》、《郑州市网上敏感信息日报》等各类网络舆情信息3000多篇(条)。认真做好网络舆情分析研判,及时召开不同层次网络舆情处置联席会商会议,坚持下发《舆情提示函》,强化线下处置和实际问题解决。

【文化体制改革】 2010年,郑州市积极探索新型国有文化资产管理体制改革,努力协调解决市影剧公司、市杂技团等已转制文化企业的遗留问题,全市12个县(市)、区完成文化行政管理部门整合,文化发展的活力进一步迸发。市新华书店深化体制改革,优化产业结构,实现销售收入2.27亿元,净增2700万元,步入良性发展快车道。政府扶持、引导力度不断加大。联合市财政局制定《郑州市市级文化产业发展专项资金管理暂行办法》,下发专项资金,有效帮扶了一批文化企业做大做强。积极开展对全市文化产业的宣传报道,组织文化企业参加杭州动漫节、深圳文博会、厦门文博会等大型文化会展活动,签约金额达7亿元。广泛开展"优秀文化企业"、"文化企业带头人"评选活动,发挥了优秀文化企业、文化企业带头人示范引路作用。

【文化建设工程】 2010年,全市文化产业保持良好发展势头,整体实力和竞争力显著增强。重点项目进展顺利。以项目建设为抓手,强力协调解决文化创意旅游工程重点项目各类问题41个,重点项目全年完成投资14.6亿元,超额完成17.8%。华强科技文化园、荥阳故城保护工程等7个重大项目开工建设,点点梦想动漫城少儿职业体验馆、黄河碑林一期工程等5个项目顺利完工。产业园区呈现良好发展态势。国家动漫产业发展基地(河南基地)开工建设,52家动漫企业成功入驻,其中外省市入驻企业21家。郑州市动漫产业基地主体封顶。全市全年共制作动画片11691分钟,其中《小樱桃》(第二部)、《少年司马光》等6部原创动画片先后在中央电视台少儿频道播出。

【文艺作品创作】 2010年,大型新编舞剧《水月洛神》全新亮相,获得专家学者和普通观众一致好评,被誉为"一部具有文化厚度、高雅品质的舞剧,不仅是河南文化建设中取得的新成果,更代表河南文化的大发展、大繁荣"。电视剧《河洛康家》摄制完成,中央领导同志对该剧"深入挖掘地域文化资源、政府引导支持、公司化运作"的制作模式给予了充分肯定。《风中少林》外出巡演26场,品牌影响力进一步巩固。《快乐星球》第四部在中央电视台八套首播,平均收视率超出原收视率两倍以上,1—3部的维语版、哈萨克语版在新疆电视台开播。

【文化资源保护和展示】 经过12年锲而不舍的努力,五易申遗文本的登封"天地之中"历史建筑群于2010年8月1日成功列入《世界遗产名录》,不仅向世界展示了郑州市、河南省深厚的历史文化底蕴,也极大地扩大了中原文化乃至中华文化的国际知名度、影响力。《郑州商代都城遗址保护规划》、《郑韩故城文物保护规划》获国家文物局批准。大运河、丝绸之路郑州段申遗项目稳步推进。扎实开展第三次全国文物普查,新公布市级文物保护单位243处,有4项列入全国100项文物普查新发现,新申报第七批国家重点文物保护单位70处。

【企业文化建设】 2010年,郑州市企业文化建设以推进"转变经济发展方式”为主题，召开了企业文化建设座谈会，郑州宇通客车股份有限公司、郑州大方桥梁有限责任公司等18家大型企业交流了以企业文化建设促进企业转变经济发展方式的经验。组织开展了企业文化专题培训活动，邀请中国组织文化测评基地理事长、中国组织文化测评专家委员会主任郑启清和中国组织文化测评基地副理事长、中国组织文化测评专家委员会委员解云天来郑为全市200余家企业做企业文化建设专题辅导报告，并现场指导部分企业文化建设工作，对全市企业文化建设工作的深入推进、工业化进程的进一步加快、按照“一化带三化”的要求提升跨越式发展能力具有重要启示意义。组织开展2010年度郑州“最具文化魅力十大企业”、“最具文化影响力十大企业家”评选活动，选树企业文化建设的先进典型，达到了示范引领的作用。

【青少年思想道德建设】 2010年，在全市未成年人中广泛开展“学三理知识，做美德少年”系列教育实践活动，先后举办第十四届全市爱国主义教育读书活动、“我爱祖国的蓝天”读书知识竞赛和“做一个有道德的人”活动，在潜移默化中培养和提高青少年品德修养。组织志愿导师团，深入到全市中小学校开展未成年人教育，探索了未成年人教育新模式。

【主题党课教育】 2010年，郑州市党课教育围绕经济社会发展的热点问题，组织专家学者编辑出版、面向全市发放《理论学习热点·2010》；以贯彻落实“四个重在”为主题，组织全市领导干部讲党课1300余场，受教育党员30余万人次。抽调精干力量组成党的十七届五中全会精神宣讲团，深入机关、社区、企业、学校宣讲100余场，较好地起到了解疑释惑、统一思想的作用。

【基层党校建设】 2010年，郑州市围绕基层党校建设，参照《河南省基层党校工作条例》，草拟了《郑州市基层党校建设工作条例》。1月，组织两个考评小组，对各县（市）、区申报的基层党校举行检查考评，筛选出41所基层党校，作为市级先进基层党校给予命名表彰。进一步扩大基层党校覆盖面，积极利用新技术、新媒体加强党员教育，金水区在非公有制企业中建立了基层党校，中原区、上街区等建成网络党校，中牟县开通了党员教育手机短信平台。在5月21日召开的全省基层党校建设暨动员教育工作会议上，全市22所基层党校获得“河南省先进基层党校”称号。

【文化活动】 2010年，“写郑州、咏商都、唱郑州”系列文化活动贯穿全年，面向全国征集了一批优秀文学艺术作品，进入终评阶段的小说、纪实文学、剧本、诗歌、散文等文学作品330部（篇）、歌词150首、歌曲177首，举办朗诵活动500多场，活动持续时间长、影响范围广、征集作品多，是一次党委政府主导、人民群众踊跃参与文艺创作、享受文艺之美的成功尝试，也是一次提升城市文化品位的积极探索。精心组织、大胆创新，“清风和谐满园春”——河南省省会迎新春廉政戏曲文艺晚会、2010年郑州市青年戏曲演员大赛、2010海峡两岸戏曲名家中秋演唱会等文化活动呈现出较高的艺术水准。第八届国际少林武术节开幕式大型文艺晚会气势恢宏、形式新颖，高66米、宽26米、有12层平台的仿金字塔3D舞台大气精美。整个晚会以武术为主线，灯光、音乐、舞美、焰火完美结合，以强烈的视觉冲击力，充分展示了中华武术的魅力和深厚的中原文化底蕴。

群众文化活动蓬勃开展。将2010年确定为“群众文化展示年”，组织开展了郑州市春节民间文艺大巡游、2010年民间文艺展演活动、“中原风”——中原民间传统文化展演、“欢乐中原、魅力郑州”、“周末戏曲大舞台”、“舞台艺术进乡村送农民”、“送欢乐、进社区”慰问演出等十多个系列数千场文化活动，吸引了数百万人次参与，极大地丰富了全市人民的精神文化生活。

文化惠民落到实处。加大投入，加快推进重大文化设施建设，市图书馆新馆、市档案馆新馆主体实现封顶。全年升级改造5个文化信息共享工程县级支中心、633个基层村级点，建成农家书屋299个、农村文化大院500个、社区文化活动中心100个，农村放映公益电影27048场，培训1000名基层文化骨干，全市公共文化服务能力和水平进一步提高。保持对非法出版物高压态势，先后组织开展了“剑网行动”等9次扫黄打非集中行动，有效净化了文化出版市场。

【舆情信息和调研工作】 2010年，郑州市舆情信息工作质量和水平明显提高。通过专家讲坛、学者报告会、以会代训等形式，广泛开展不同层次培训，进一步普及强化全市舆情意识和信息观念。选聘35名社会舆情信息联络员、8名舆情信息分析员，确立23个乡镇、街道为舆情信息直报点，进一步完善全市舆情信息汇集分析机制。加强对社情民意的深度分析和重要社会思想动态的综合研判，提出针对性的对策建议，向市四个班子报送《舆情摘报》12期。灵敏高效、及时准确地为中宣部、省委宣传部提供舆情信息服务，中宣部《舆情摘报》、《舆情参阅》等刊用136条，在中宣部108个舆情信息直报点和网络直报点中位居前列；上报省委宣传部宣传信息1200余篇，被省委宣传部部刊《河南宣传信息》采用160多条，扩大了郑州市宣传思想文化工作的影响。

围绕宣传思想文化工作的中心任务，深入开展调查研究。下发《关于进一步加强调查研究的意见》，提升认识、明确要求、分解任务，推动全市宣传思想文化系统大兴调查研究之风。“宣传思想文化工作影响力调研”、“加强基层宣传思想文化队伍建设调研”、“郑州文化创意产业园区调研”等一批专题调研数据翔实、分析透彻、建议科学,体现出较高的指导价值。制定下发《部机关公文处理办法》,加强公文审核,公文准确性、规范性极大提高。高水平办好部刊《郑州宣传》,继被省新闻出版局批准为连续性内部刊物后,又在第21次全国城市宣传刊物年会上被评为全国城市优秀宣传刊物。

【庚寅年黄帝故里拜祖大典】 2010年4月16日(农历三月初三)上午,由政协河南省委员会、中华炎黄文化研究会、中华全国归国华侨联合会和中华全国台湾同胞联谊会主办,郑州市人民政府、郑州市政协和新郑市人民政府承办的庚寅年黄帝故里拜祖大典在新郑隆重举行。大典以"同根同祖同源、和平和睦和谐"为主题,共分"迎亲"和"拜祖"两个部分。迎亲线路自京珠高速公路新郑入市口起至黄帝故里景区止,沿途设立"迎亲"、"昌运"2个牌楼和东入市口、人民路、炎黄广场、轩辕路、百家姓广场5个表演节点,组织3000余人进行盘鼓、舞龙、舞狮、团体舞蹈等丰富多彩、喜庆热烈的文艺表演活动,表现了故里人民对炎黄子孙回家拜祖的热烈欢迎。拜祖仪式延承规制,分为"盛世礼炮、敬献花篮、净手上香、行施拜礼、恭读拜文、高唱颂歌、乐舞敬拜、祈福中华、天地人和"九项仪程。国家领导人张榕明、许嘉璐、李蒙,中央有关部委领导、兄弟省市领导,河南省、郑州市四大班子领导,中国国民党副主席林丰正及夫人,"草原英雄小姐妹"龙梅、玉荣等7位全国"双百"人物代表,中国探月工程副总设计师龙乐豪等25位中国科学院、中国工程院院士,大寨村党总支书记郭凤莲等39位全国"三八"红旗手,徐虎等8位全国优秀建设者,马金成等11位全国民族团结先进个人,邓亚萍、周洋等5位奥运会、冬奥会冠军,张伟、彭云飞等2位中国赴海地维和警察,以及世界华人协会、世界客家总会、香港中华总商会、中华博士后联合会、澳洲慈善基金会、美国文化交流基金会等来自37个国家和地区的63个各类华人华侨商会、社团组织和6个姓氏宗亲会、同乡会的上千位境外嘉宾参加了大典。

大典期间还组织了一系列活动,主要有2010世界华商领袖峰会、活力澳门推广周、经贸旅游推介、第三届中华炎黄文化周、第四届黄帝文化国际论坛、全国书画名家作品暨画虎村农民"虎年画虎"书画展、中国水墨"故乡行"画展、中原乡土情——中原民间传统文化展演、黄帝故里拜祖大典个性化邮票首发仪式、黄帝文化讲座等。世界华商领袖峰会于4月16日至18日在郑州国际会展中心举行,由全国工商联、河南省政府、香港中华总商会主办,分为主题演讲和专题研讨两个部分,共邀请了马来西亚IOI集团执行主席李深静、香港中华总商会会长蔡冠深、大连万达集团董事长王健林等100多位来自世界各地的知名华商领袖出席。第三届炎黄文化周主题为"生态黄河·炎黄家园",于4月17日至23日在黄河生态旅游风景区炎黄广场举行,在展示传统文化魅力的同时,突出表达了生态环保、低碳经济的理念。展览现场除集中展示南阳木版烙画、朱仙镇木版年画、黄河澄泥砚、淮阳泥泥狗等非物质文化遗产外,还以图文并茂的形式为游客介绍了世博会和绿博会有关内容。整个展览趣味横生、多姿多彩,共吸引近10万群众前往景区参观体验。开幕式上的黄河御林军表演和大型音诗画表演"山水中华",大气磅礴,引人入胜。历经20年建设、融园林景观艺术与书法瑰宝于一体的黄河碑林也在文化周上精彩亮相、一展风采。第四届黄帝文化国际论坛于4月14日至15日在省人民会堂举行,主题为"同根同祖同源"。本届论坛由央视著名主持人马东主持,著名文化学者余秋雨任论坛主席和主讲嘉宾,台湾大学教授傅佩荣,国务院国有资产监督管理委员会研究中心主任王忠明、国务院发展研究中心金融研究所所长夏斌等作演讲嘉宾。与会的专家学者们围绕"在世界金融危机的大背景下,如何传承黄帝文化、凝聚民族精神、促进祖国统一、致力经济复兴"等内容,从不同领域、不同学科、不同侧面探究历史,解读当代。全国书画名家作品暨画虎村农民"虎年画虎"书画展于4月14日上午开幕,面向全国书画家及全球华人、华侨征集到300余幅颂扬黄帝伟大业绩、光大民族文化艺术、歌颂改革开放的优秀作品。同时,还展示了河南民权县"画虎村"王公庄农民朋友的30余幅老虎画作,体现了河南民间的强大文化创造力。中国水墨"故乡行"画展于4月17日上午开幕,本次展览共展出中国国家画院院长杨晓阳等在当代中国画坛享有盛名的22位画家的150余幅作品,涉及山水、人物,丹青寄情,翰墨流韵,充分展示了"同根同祖同源、和平和睦和谐"的拜祖主题。"中原乡土情"——中原民间传统文化集中展演活动于4月13日至17日在绿城广场举办。来自全省各地的民间艺术家、民间艺术团、非物质文化遗产传承人,展示了各种绝技绝活和具有河南特色的民间曲艺。黄帝文化讲座于3月28日开讲,主讲人从黄帝文化的重要组成部分河洛文化讲起,分四讲为大家讲解了河洛文化的形成和发展、在全国乃至世界各地的迁播,以及由此形成的客家文化及吴越文化等,充分阐释了黄帝文化在中华民族文明发展长河中的历史地位和重要意义。市情推介和经贸洽谈活动于4月16日下午在郑州国际会展中心举行,由郑州新区对辖区内重大项目进行了重点推介,由市旅游局发布了"魅力郑州"旅游推介,一批重大项目在会上签约。4月17日至19日在郑州国际会展中心精心组织"活力澳门推广周",深化豫澳间的交流合作。推广周上举办了大型展览活动,以"活力澳门、欢乐购物"为主题,展览面积6000平方米,展位220个,共有100多家澳门企业携1000多种特色产品现场展销;为使豫澳商贸风貌在展馆内集中展现，还邀请到河南省十多家知名企业参展，与澳门参展商形成互动。同时，还举行了“豫澳商贸推介暨洽谈会”、“商务旅游洽谈及交流晚宴”、“文化创意产业讲座与洽谈”等商贸互动活动，全省100多家企业与澳门100多家企业进行了洽谈对接。澳门特区政府经济局局长苏添平评价此次活动“有希望推动澳门与河南经贸合作”，并表示“澳门将充分发挥优势，为河南拓展国际市场，特别是与葡语系国家开展经贸合作搭建桥梁、提供服务”。从全市项目储备库中挑选了200多个重点项目，汇总编印了《项目招商手册》向参加大典客商发放，并专门召开郑州市情说明会，对郑州新区和全市旅游产业的部分项目作重点推介。各县(市)、区积极主动与前来拜祖的客商沟通协商，寻求合作领域，签约了一大批投资合同。据统计，全市于拜祖大典期间签约项目66个，合同金额220多亿，涵盖新能源、生物科技、装备制造等多个行业，仅10亿元以上项目就达8个，这些投资额度大、发展前景好、符合郑州市产业布局的项目，将极大地优化全市产业结构，增强郑州市经济实力。

【机关干部队伍建设】　2010年，为切实加强宣传思想文化系统领导班子建设，配合政府机构改革，调整配备了市文化市场综合执法支队领导班子，对市网管办领导班子和中层干部进行了调整配备；对全市宣传思想文化系统18个县级事业单位开展了年度考核，并对连续3年的考核情况进行定性、定量分析，研究总结了变化规律和发展趋势。切实加强干部队伍建设，在全系统扎实开展“创先争优”活动和岗位大练兵活动，有效提高了队伍整体素质。在全市岗位练兵竞赛中，市委宣传部获得第一名。大力加强教育培训，举办全市宣传思想文化战线领导干部培训班、党的十七届五中全会精神培训班等，组织43名宣传思想文化系统干部参加了中央、省、市举办的各级各类培训。对部机关中层副职进行调整，选调9名同志进入部机关工作，充实了队伍、优化了结构。认真做好人才培养，组织申报了全市第十批拔尖人才和全省第三批“四个一批”人才。认真贯彻落实《廉政准则》，全面完成党风廉政建设各项目标任务。

（杨俊卿　杨　晋）

统战工作

【概况】　2010年，郑州市统战工作坚持以科学发展观为指导，认真贯彻党的十七届四中、五中全会和全国统战工作会议、全省统战工作会议、卢展工同志关于全省统战工作的重要讲话精神，按照省委常委、市委书记连维良同志“团结和谐求稳定、招商引资促发展”的要求，锁定中心，服务大局，开拓创新，扎实工作，进一步巩固了和谐的政党关系、民族关系、宗教关系、阶层关系和海内外同胞关系，为郑州市团结和谐局面和跨越式发展作出了积极而独特的贡献。

郑州市委始终高度重视统战工作。2月5日，郑州市委常委会听取全市统战工作汇报，时任省委常委、市委书记王文超对全市统战工作给予了充分肯定，并提出要切实把统战工作摆在重要的位置上来。为进一步发挥统战工作的重要作用，市委常委会又研究增加了统战工作政治特支费、民主党派经费和机关内设编制。7月22日，郑州市委召开贯彻落实中发〔2006〕15号文件精神座谈会，省委常委、市委书记连维良同志出席会议，就如何做好新世纪、新阶段的统战工作发表了重要讲话，并与各民主党派、工商联负责同志和无党派代表人士、统战部门负责人一起，畅谈贯彻落实文件精神的体会。省委常委、统战部长刘怀廉同志对连维良书记刚到郑州工作就立即召开座谈会、认真听取统战系统意见、对统战工作作出安排部署等一系列做法，给予了高度评价，省委统战部《统战专报》第14期对此进行了专题报道。两任市委书记关于统战工作的重要讲话，充分体现了市委对统战工作的高度重视、对民主党派的尊重支持和对党外人士的关心爱护，进一步增强了全市统一战线各界坚持党的领导的自觉性和投身中国特色社会主义事业的积极性。

【服务经济社会发展大局】　2010年，郑州市统战系统充分发挥自身优势，大力开展招商引资活动，积极发展非公有制经济，助推郑州经济社会实现了新发展。

(一)充分发挥统战资源优势，招商引资取得丰硕成果。一是利用重大活动邀商。在庚寅年黄帝故里拜祖大典、河南省第六届投资贸易洽谈会等活动中，市直统战系统各单位邀请海内外知名人士和企业家代表共26个代表团650人来郑参观考察，签订合作意向8个，总投资额9亿元，到位资金1.6亿多元。二是主动“走出去”招商。配合省市“大招商”活动，分别赴福建、浙江、南京等地举办承接产业转移洽谈会，为郑州市引进了一批较大的投资项目。组团参加中韩经贸洽谈会、城市友好商会(南京)会长会、山西侯马经贸文化艺术节等活动，寻求经贸合作意向，吸引外来投资。市委常委、统战部长王林贺同志亲自组团带队赴台湾、澳门招商，取得了好的成效。三是开展“以台引台”招商。通过为台资企业搞好服务、排忧解难，帮其发展壮大，发挥“以台引台”的示范带动作用，吸引了台湾友旺科技股份有限公司、鼎之奇等企业入驻郑州。截至年底，全市新增生产型台资企业20家，合同利用台资5.2亿美元，实际利用台资4.8亿美元。召开了学习贯彻《海峡两岸经济合作框架协议》座谈会，进一步研究了对台招商引资的政策性意见。

(二)成功举办“2010中原论建·郑州经济高层论坛”，为郑州发展献计出力。5月21日至23日,由市委、市政府主办,市委统战部、市工商联、金鼎俱乐部承办的“2010中原论建·郑州经济高层论坛”活动在郑东新区国际会展中心成功举行。论坛以“后金融危机时期面临的机遇与挑战——坚持科学发展,加快民营企业发展方式转变”为主题,共同探讨和研究后金融危机时期郑州市民营企业面临的重大机遇、挑战及发展策略,为郑州乃至河南的发展出谋划策、献计献言。金鼎俱乐部16位会员代表参加了本次活动;省、市主要领导高度重视,并给予了高度评价。在郑州市市情推介会暨经贸洽谈会上,共有4个项目达成投资意向,涉及商业地产、食品加工和体育休闲等行业领域,投资总额328亿元。召开学习贯彻《国务院关于鼓励和引导民间投资健康发展的若干意见》座谈会,进一步研究了推进非公有制经济发展的有关政策性意见。

(三)加强协调帮扶力度,民族经济持续健康发展。2010年,郑州市积极筹措少数民族发展资金,申请和争取项目,帮助少数民族群众协调小额信贷资金,帮助民族聚居地区培育支柱产业、发展特色经济,民族经济持续健康发展。至年底,全市协调少数民族发展资金372万元,协调少数民族小额信贷资金17408.6万元;全市少数民族企业上缴税收2.96亿元。

【促进多党合作与政治协商】 2010年,郑州市调整了市委在统一战线深入实施凝聚力工程领导小组。市委统战部把统战方针政策的贯彻落实转化为具体鲜活的实践活动,并以各项活动为载体,坚持和完善中国共产党领导的多党合作和政治协商制度。按照中央和省委统战部的要求,结合郑州工作实际,制定了工作方案,大力支持各民主党派树立和践行社会主义核心价值体系,进一步推动了郑州市多党合作事业向前发展,其经验和做法,在第十九届全国大中城市统战工作暨落实中央统战部“十大行动”经验交流会上作了重点发言。

(一)以多种形式的学习教育活动提高对社会主义核心价值体系的认识。各民主党派、工商联和无党派代表人士联合中心组连续两次集中学习了中央关于树立和践行社会主义核心价值体系有关文件精神,并进行学习体会交流。市委领导与各民主党派主委、工商联负责人和无党派代表人士举办暑期恳谈会,对北京、哈尔滨等城市立体交通建设情况进行了考察,赴红色教育基地接受了革命传统教育。举办“郑州市统一战线庆国庆61周年书画展”,展出作品100余幅,从不同角度庆祝多党合作事业取得的伟大成就,展示全市统一战线学习践行社会主义核心价值体系取得的成果。通过学习交流,形成民主党派成员积极热情、主动参与的局面,更加坚定了各民主党派成员和无党派人士坚持中国共产党的领导、坚持中国特色社会主义政治发展道路的决心和信心。

(二)以调查研究活动提高践行社会主义核心价值体系能力。积极参政议政、建言献策,各民主党派发挥人才荟萃、智力密集优势,围绕市委、市政府中心工作,认真开展调查研究,共提意见建议51条,其中《关于在郑州开展便民自行车公共服务系统项目的建议》等备受关注。各民主党派围绕市委阶段性中心工作,组织开展“我为‘畅通郑州’献一策”活动,共发出倡议书3000多份,反映意见建议139条,撰写专题调研报告6篇。

(三)以“六项帮扶”活动身体力行社会主义核心价值体系。全市6个民主党派发挥党派优势,开展“六项帮扶”活动(帮扶100名贫困学生、100名“4050”人员、1所学校、1个敬老院、1个卫生所、1个果蔬基地),积极参与改善民生。民革郑州市委免费培训120名“4050”人员;民盟郑州市委积极开展帮扶敬老院、献爱心活动;民建郑州市委帮扶50名贫困学生完成学业;民进郑州市委积极帮扶涉村镇桃园小学;农工党郑州市委组织医疗专家赴五指岭村开展义诊活动,并捐赠药品;九三学社郑州市委组织10名专家到五指岭村为村民进行农业科技指导,免费发放豆角、黄瓜、番茄等蔬菜优良种子十余种共800袋。

【党外代表人士队伍建设】 2010年,郑州市不断加强党外代表人士队伍建设,调动一切积极因素参与中国特色社会主义事业建设,促进了统一战线可持续发展。一是加强党外代表人士的信息化管理。下发了《关于开展全市党外代表人士队伍调查统计工作的通知》(郑统〔2010〕24号),对全市党外代表人士“六支队伍”(民主党派、党外知识分子、民族、宗教、新的社会阶层、港澳台海外代表人士)进行统计摸底、登记造册、建立信息库,实行动态管理。二是召开郑州市党外代表人士队伍建设现场学习暨理论研讨会,在党外代表人士的发现、培养、使用、管理等方面进行积极探索,为进一步推动全市党外代表人士队伍建设提供借鉴参考。三是成立郑州市党外知识分子联谊会筹委会和新社会阶层代表人士联谊会筹委会,制定了联谊会筹委会各项工作制度和工作细则,为党外知识分子和新社会阶层代表人士搭建起交流平台。四是加强党外代表人士的培养教育。举办了郑州市党外后备干部培训班、党外骨干成员培训班、新社会阶层代表人士培训班,推荐8名党外干部参加第42、43期中青年干部培训班学习。通过培训学习,切实提高党外代表人士政治把握能力、参政议政能力、合作共事能力、开拓创新能力,进一步提升了党外干部的综合素质。

【民族宗教与社会稳定】 2010年,郑州市统战系统认真贯彻落实党的民族宗教政策,深入开展和谐寺观教堂和民族团结进步创建活动,进一步巩固了全市民族宗教领域的和谐稳定。

（一）不断将“和谐寺观教堂”创建活动引向深入。制定下发了《郑州市创建“和谐寺观教堂”活动考核方案》，将“和谐寺观教堂”8项标准细化为48个小项内容，并赋予相关分值，使各创建单位进一步明确任务、落实目标。加强对创建活动的督促指导。5月，对市内五区有关宗教活动场所进行了一次督导检查，各县（市）、区确定了拟于2010年验收达标的场所名单，使创建活动抓住重点，取得实效。7月29日，在惠济区组织召开了“和谐寺观教堂”创建活动经验交流会，创建活动不断走向深入。

（二）积极开展民族团结宣传教育和民族团结进步创建活动。以抓好“三进六争创”活动为载体，以加强民族团结、维护和睦为重点，将民族工作纳入党政工作年度考评目标，细化考评办法，量化考评体系，有效地加强促进了民族工作。建立和完善民族宗教工作制度。建立健全了排查不稳定因素周报制度，加强信息沟通，各县（市）区、高新区、经开区、各乡（镇）、街道办事处每周定时向市委统战部、民族宗教事务局报告矛盾隐患和不稳定情况；建立不安定因素排查报告制度，发现情况，及时进行处理解决，确保民族宗教领域的和谐稳定。

（三）积极做好民族宗教领域矛盾隐患的排查化解工作。及时果断化解了3起回汉冲突事件：新密市政府部门依法查处一回族群众因违规开办“灯火酒吧”且严重扰民，引发部分回民群众串联上访并围堵新密市政府大门事件；管城区十八里河镇后刘庄村一汉族村民在回族家门口放置猪头污辱少数民族事件；郑州市第三人民医院一外来经商的回族群众就医时突然死亡，引发回民群众围堵三院并砸毁部分医疗设施事件。3起事件发生后，市委、市政府高度重视，分管领导坐镇一线指挥，各有关部门密切配合，由于信息掌握及时、工作措施得力，最终使问题得到依法妥善解决，避免了可能引发严重后果的事件发生。针对排查出的“岳山寺安全隐患”问题，多次与有关部门协调，形成初步意见。认真研究二七区天主教堂要求落实房产政策问题，召开协调会，初步商定了解决办法。

【对台工作及海外交流合作】　2010年，郑州市统战系统加强港澳台和海外统战工作，不断拓宽对外联系和交流交往领域。一是成功召开海外联谊会第四届理事会。4月15日，郑州市海外联谊会第四届理事会召开，海内外300多名知名人士参会，并完成了联谊会换届工作，为加强与港澳台和海外人士的交流交往，团结和密切联系港澳同胞、台湾同胞和海外侨胞打下了良好基础。全年通过海外联谊会吸引港澳台海外社团和宗亲会来郑开展寻根谒祖、观光考察、贸易洽谈、招商引资等各种活动16次。二是全面加强对台工作。通过开展对台大招商、大交流、大服务、大宣传，重点抓好“三台一节”（台商投资园区、台商大厦，台商生活园区和郑州台湾产品节）项目和活动，全面提升对台工作水平。至年底，全市2个台商投资园区升格为省级台商工业园区，园区的软硬件建设得到加强，投资环境进一步改善，台商聚集效应初步显现；台商大厦于9月28日在郑东新区奠基，该大厦位于郑东新区高速铁路核心区，设计占地0.86公顷；台商生活园区于5月5日在郑州经济技术开发区奠基，该园区计划总投资约2.4亿元，规划建筑面积80420平方米；郑州台湾产品节于9月28日至10月7日在郑东新区CBD丹尼斯步行街成功举办，设立展位256个，展出面积1万平方米，参展商80余家，参展产品数百种。“三台一节”的成功实施，进一步推动了郑台之间的深层次交流与合作，在争取台湾民心方面收到了良好效果。积极开展对台方针政策宣讲学习活动，受教育人数达800余人次，培训涉台干部374人次。3月2日，全省涉台教育进社区现场会在金水区举行，郑州市经验在全省推广，并受到国台办的高度重视。

【参与公益事业】　2010年，郑州市统战系统关注关心民生，紧紧围绕人民群众最关心、最现实、最直接的“三就两保”（就学、就医、就业、社会保障和住房保障）问题，积极组织和动员统一战线各方面参与公益事业，开展各种捐助帮扶活动，大建利民之言，大办惠民之事，进一步促进了郑州经济社会的和谐发展。

（一）认真抓好统一战线10件实事。围绕郑州市跨越式发展计划，制定了《2010年全市统一战线十件实事实施方案》，通过认真组织，10件实事各项工作得到顺利开展：争创省级精神文明单位工作稳步推进；建立了全市党外代表人士信息库；成功举办了“中原论建·2010郑州经济高层论坛”；圆满完成了郑州市海外联谊会换届；台商大厦开工奠基；台湾产品节顺利举办；郑州台商生活园区顺利开工奠基；依托工商联组织和会员企业，帮助条件成熟的5个区成立了金融担保公司，为中小企业融资提供便利条件；向省市两级财政争取少数民族发展资金372万元，帮助部分民族聚居村解决了资金短缺难题；发挥党派优势，服务社会发展，“六项帮扶”活动取得了良好的社会效益。

（二）扎实开展“三百工程”。为更好地调动全市各级工商联组织及行业商会、异地商会、基层商会的力量，服务经济建设、助推经济发展，2010年在全市实施“三百工程”（百商（会）活郑州、百企进郑州、百企帮百村），成立了专门的领导小组、制定下发了实施方案，并于4月27日召开全市统战系统“三百工程”动员大会，形成上下联动的工作体制。至年底，“百商（会）活郑州”活动中，全市各级工商联组织和各行业、异地商会共提供就业岗位11000多个，安置就业人员3600余人；“百企进郑州”活动中，各级工商联和各行业、异地商会共引进企业141家、项目102个、资金31.7

亿元;"百企帮百村"活动中,共有160家企业与150个村结成帮扶对子,建设帮扶项目173个,投入资金617815.03万元。

(三)积极组织动员统一战线各界参与社会公益活动。2010年,郑州市统一战线各界通过慈善总会、红十字会、希望工程、春蕾计划等各种渠道,积极开展助学、助困、助医、救灾等捐助活动。全年全市统一战线各界捐建学校197所,捐资助学金额37459.5万元,捐赠医疗事业927万元,开展义诊、咨询和送医下乡活动14次、各项帮扶活动19次。组织民营企业开展招聘周活动20次,提供岗位11850个,参加招聘人员2万余人。引导非公有制企业缴纳社会保障基金109203.6万元。引导房地产界非公有制企业积极承接经济适用房建设,全年投资总额220707万元。通过这些活动,进一步促进了社会和谐稳定。

【统战调研与宣传信息工作】 2010年,郑州市委统战部大力开展宣传调研活动,扩大了郑州统战工作在国内外的影响。一是加强统战工作调研。结合全市统战工作实际,制定下发了《2010年度郑州市统战理论研究课题计划》。部领导带头撰写调研文章,并亲自参与各种形式的调研活动。围绕统战工作发展和市委、市政府中心工作,充分调动统一战线力量进行调查研究,为促进统战工作科学发展和推动经济社会跨越式发展作出了积极贡献。全年统战系统各单位撰写调研文章300余篇,其中20余篇得到党委、政府主要领导的批示,部分调研成果转化成意见等指导性文件;共编印《统战调研参考》6期。二是加强统战新闻宣传。加强对统战理论和方针政策的学习宣传,将统战理论方针政策纳入到党委中心组学习内容、党校教学计划和宣传、新闻工作计划,并列入国民教育内容。通过举办文艺晚会、书画展等大型活动,扩大统一战线在社会上的宣传力度。加强主流新闻媒体宣传,全年在《人民政协报》、《中华工商时报》、《中国统一战线》、《党的生活》、《河南日报》等报刊杂志发稿93篇。三是加强统战信息宣传。紧跟形势发展需要,抓住信息工作的重点、要点。不断加强对信息工作的指导,在扩大信息"量"的同时,重点做好信息"质"的提高。全年共上报信息800多条,《河南统战信息》采用30多条、《上报信息》采用70条、省级《两会信息》采用29条、中央《每日汇报》和《统战工作》采用20多条;编印《郑州统战信息》37期。四是加强统战网络宣传。充分利用"根在中原"网站郑州网页加强对全市统一战线工作的宣传,扩大郑州统战的影响力。各县(市)、区和市直统战系统各单位全部开通了"根在中原"网页,并认真维护网站,及时更新信息。至年底,"根在中原"网站郑州网页累计更新信息2000多条,被"根在中原"网站首页采用450条。

【机关自身建设】 2010年,郑州市委统战部紧密结合全市统战工作实际,积极开展以"创先争优"为主题的各项教育活动,加强机关思想政治建设、精神文明建设、干部队伍建设,进一步提高了机关自身建设水平。

(一)加强学习,不断提高机关干部职工政治理论水平。深入开展社会主义核心价值体系学习教育,努力把社会主义核心价值体系贯穿到党员干部教育管理全过程,融入到党员干部日常工作学习生活中。认真学习省委书记卢展工关于统战工作的重要讲话精神,把"四个重在"要求落实到具体工作中。坚持机关干部周二、周五政治理论学习制度,坚持每人每季度读一本好书、撰写一篇读书心得,通过读书征文比赛等形式的评比活动,促进读书学习活动的深入开展。

(二)全面部署,稳步推进创先争优活动深入有效开展。紧密结合部门中心工作,明确目标任务,扎实开展创先争优活动。在活动中,不断创新活动载体,将创先争优活动与统战工作实际相结合,做出特色;与日常工作相结合,做到"两促进,两不误";与党建活动月相结合,以增强党建意识;与机关精神文明建设相结合,争做精神文明先进单位;与服务城乡相结合,深入开展联动共建工作;与争创"学习型、思考型、实干型、创新型、自律型"机关相结合,不断加强自身建设;与岗位练兵活动相结合,不断提高机关干部素质,确保了创先争优活动取得实效。

(三)创新载体,切实加强党组织和党员队伍建设。组织统战系统党组织和党员干部,认真学习贯彻全国机关党的建设工作会议精神和《中国共产党党和国家机关基层组织工作条例》。组织党员干部向张可山等先进典型学习,切实做好对口帮扶工作。积极参与献爱心活动,部机关全体党员向青海玉树地震灾区捐款5900元。积极参加市直机关工委组织的"迎绿博、健康行"活动和"文明单位交通志愿服务百日行动"活动。通过丰富多彩的活动,全面提升了机关党建工作水平。

(四)强化教育,推进机关作风建设和反腐倡廉工作深入开展。加强党性党风党纪、廉洁从政和国家法律法规教育,开展事业观、工作观、政绩观教育,增强党员干部拒腐防变的意识和能力。深入开展廉政文化进机关活动,营造反腐倡廉的浓厚氛围。坚持"四会一课"制度,定期组织全体党员观看廉政教育专题片,学习《中国共产党党员领导干部廉洁从政若干准则》,开展反腐倡廉专题教育。认真履行《中国共产党党内监督条例(试行)》和《中国共产党党和国家机关基层组织工作条例》赋予的监督职责,严格执行党内监督各项制度。发挥廉政信息员作用,减少和预防了违纪问题的发生。

(五)规范制度,推动统战工作实现科学发展。在实施《中共郑州市委统战部机关工作制度》的基础上,进一步健全完善了《中共郑州市委统战部办公室关于进一步加强部机关管理若干细则》、《全市统战工作综合评价体系（试行）》、《无党派人士建言献策工作制度（试行）》和《无党派人士考察调研制度（试行）》等14个方面的规章制度。特别是结合郑州市实际，参照《全省统战工作综合评价体系》制订的《全市统战工作综合评价体系(试行)》，作为考核全市统战工作的标准，调动了各级统战部门围绕中心、服务大局的积极性、主动性和创造性，进一步促进了统一战线更好地服务全市科学发展和实现自身科学发展。

（牛满仓）

编制管理

【行政管理体制改革】 2010年，郑州市以科学配置行政资源为目标，扎实做好政府机构改革。

（一）顺利完成市政府机构改革。市编办把政府机构改革工作作为全年工作的重中之重，围绕“转变职能、优化结构、强化责任、严控编制”的总目标，连续运转，全力推进。至6月底，改革涉及的41个部门的“三定”规定已全部印发。此次政府机构改革在转变政府职能、理顺职责关系、明确和强化责任、调整优化组织结构、完善管理体制，特别是根据经济社会发展需要，合理配置机构编制资源、严格控制机构编制等方面，取得了明显成效。一是政府职能进一步转变。围绕“政府该干什么、不该干什么”的问题，全面审视经济社会发展的实际需要和改善民生的迫切需要，认真梳理政府职能，加快推进“四个分开”，共取消、下放和转移职能100余项，加强了政府部门的社会管理和公共服务等方面的职能。二是部门职责关系进一步理顺。市编办从部门职责交叉、关系不顺等政府职能运行中的突出问题产生的根源入手，逐一梳理、分类突破，按照“一件事情原则上由一个部门负责”的要求，在“三定”规定中进行明确和细化，科学界定各部门职责分工，理顺职责关系，解决了一些长期存在的交叉扯皮问题。三是组织结构进一步优化。此次改革着力整合了职能相近的部门，共撤销合并机构8个、新设立机构6个、新列入机构3个、更名机构7个、整合撤并具有行政管理职能的事业单位15个。同时，积极探索职能有机统一的“大部门”工作体制，选择新组建的人力资源和社会保障局等5个单位进行“大部门”制和“大处室”制试点，要求其内设机构综合设置，每个内设机构编制不得少于6名。四是人员编制得到严格控制。严格控制机构编制是本次政府机构改革的重要内容和原则要求，一方面严格按中央和河南省要求，坚持精简统一效能的原则，加大职能相同或相近机构的整合力度；另一方面，围绕促进经济社会发展和改善民生等全市工作大局，切实加强薄弱环节的职能机构，“有保有压、有增有减”。采取编制随职责划转、从空余编制中调剂、从职能弱化部门带编调整等办法，既优化了编制资源配置，也较好地落实了中央提出的行政编制总量不突破的要求。

（二）全力推进县（市）、区政府机构改革。针对县（市）、区政府机构改革情况复杂、任务繁重、协调难度大等问题，深入调研、周密安排、全力推进。一是拟订了《郑州市县（市）区政府机构改革意见》，并及时报省编办批准；二是在市委、市政府召开动员会议进行动员部署后，随即召开县（市）、区编办主任会议进行具体安排；三是多次召开主任办公会议，研究工作情况，分析遇到的困难和问题，并派人到兄弟省市学习先进经验；四是由常务副市长胡荃和市编办主任吴晓君带队，多次到中央编办、省编办请示汇报和沟通协调，最大限度地争取上级的理解和支持。市编办与12个县（市）、区进行多次沟通协调，对上报的机构改革方案进行认真审核，对各地提出的共性问题进行研究并提出解决办法，7月，县（市）、区政府机构改革圆满完成。

【事业单位和重点领域改革】 2010年，郑州市以提供优质公共服务为目标，积极推进事业单位和重点领域改革。一是按“大部制”改革要求，积极整合了承担行政职能的市勘界工作领导小组办公室等15家事业单位。针对被整合单位的不同情况，积极与主管部门沟通协商，采取撤销机构、编制划转、行政职能上收、保留公益职能、成立机构接纳人员等不同方式，完成了涉及359名编制、370名人员的调整工作，实现了职能的规范调整和人员的平稳过渡。二是深化医药卫生体制改革。根据基层医疗卫生机构人员编制标准，在摸清服务人口、床位数量等数据的基础上，重新核定了全市乡镇卫生院人员编制，为深化医药卫生体制改革提供体制保障；同时，开展专题调研，科学界定了市六院（市结核病防治所）、市八院（市精神卫生中心）等单位性质，研究确定了全市公共卫生和基层医疗卫生事业单位的范围和实施绩效工资的人员范围，为具体实施工作提供了可靠的依据和保障。三是深入开展产业集聚区管理体制调研工作。为全力支持郑州新区和集聚区建设，市编办由领导班子亲自带队，组成专项调研组，深入全市35家产业集聚区和工业园区调研，针对存在的管理体制不顺、机构不健全、编制不到位等问题，解放思想、创新思路，克服困难，理顺体制机制，明确和强化职责，为强力推进新区和集聚区快速发展提供了保障。

【行政审批制度改革】 2010年，郑州市以营造良好的经济社会发展环境为目标，扎实推进行政审批制度改革。按照国务院和省政府2010年政府机构改革中一部分审批项目要随政府职能的变化调整到其他部门的新要求，市编办将政府部门职能调整和审批项目调整一并进行调研,对全市各部门的行政审批项目进行了整理,对改革中可能涉及的部门和审批项目进行了归纳分类。上半年,根据《关于印发8个优化经济发展环境工作实施方案的通知》(郑办〔2010〕33号)精神,要求各单位结合法律法规变化和本轮政府机构改革中职能调整、机构撤并情况,重新梳理本单位行政审批项目,认真进行清理检查;10月,下发了《关于认真做好行政审批项目清理工作的通知》,各单位按要求完成了行政审批项目的清理调整工作,对现行行政审批事项的项目名称、审批内容、审批依据、审批程序、审批时限和收费标准等,逐条逐项进行自查清理,并形成了专题报告。

【机构编制管理】 2010年,郑州市以严格控制、规范管理为目标,不断加强机构编制管理。一是认真做好党政机关消化超编工作。在对全市各级党政机关编制配备和实有人员情况进行全面彻底的摸底清查,以及认真分析各县(市)、区形成超编原因的基础上,研究下发了《郑州市党政机关消化超编人员工作实施意见》和《关于实行县(市)区机关事业单位进人用编备案制度的通知》。成立了以市政府主要领导为组长的党政机关消化超编人员工作领导小组,明确各县(市)、区党政主要负责人是本地区消化党政机关超编人员的第一责任人;明确要求各地要严格实行进人用编审核制度,杜绝超编进人;县(市)、区党政机关招考公务员,必须在本单位有空编且全县(市)、区机关总体不超编的情况下,才能申报录用计划;严禁超职数安置领导干部,杜绝一般人员从企事业单位违规超编调入县(市)、区党政机关;规定各县(市)、区编办每周要报送消化超编人员情况,市编办定期对各地进展情况进行通报。二是规范市直机关事业单位使用编制进人程序。为进一步贯彻落实机构编制实名制管理,规范市直机关事业单位进人履行编制审核程序,研究出台《郑州市机关事业单位进人履行编制审核程序规定》,对市直机关事业单位进人用编审核原则、审核程序和有关情况进行了详细说明和规范。三是不断加强事业单位登记管理。先后建立了事业单位法人年检结果公开制度、事业单位法人年度报告内容公开制度和事业单位登记管理专办员制度,有效加强了事业单位的规范管理,提高了登记质量和工作效率。至6月,全市共有事业单位法人573家,除机构改革整合单位20家(含原转制、合并、撤销等需办理注销登记的事业单位法人)不再列入年检范围外,应纳入年检553家,已参加年检事业单位法人540家,年检率达到了97.6%。为确保2011年全面实施事业单位网上登记管理工作,10月,组织13名网上登记人员参加了人社部举办的培训班,熟练掌握了网上登记软件的操作;11月,制定郑州市网上登记实施方案,召开县(市)、区登记工作会议,进行市直事业单位网上登记培训,为网上登记工作全面实施奠定了良好基础。组织开展了对农、林、水、牧系统的事业单位法人所挂牌子和刻制印章等专项监督检查。至年底,对农、林、水、牧系统的48家事业单位法人所挂63块牌子和其使用的71枚印章进行审查,对不符合规定的1块牌子提出更正整改要求,对3块属不符合规定乱挂的牌子进行摘除,销毁印章5枚,圆满完成了专项检查任务。11月,精心组织了4期事业单位登记管理专办员培训班,培训专办员近500人。

【机构编制工作创新】 为解决郑州社会经济发展中遇到的体制机制障碍,促进政府职能转变,2010年,郑州市以服务中心、服务经济社会发展为目标,深入开展调查研究,积极探索创新,在构建运行机制、探索绩效评估等方面进行了创新。一是探索实施"十定",促进政府职能转变。将市直部门的"三定"拓展为"十定",在定职责、定机构、定人员编制的基础上,新增了审办事项、联办事项、工作制度、工作目标、工作责任、绩效考核、督导评估等7项内容,形成了闭合化管理线路,使部门职责更加明晰、部门责任明显强化、权力运行更加规范,提高了政府工作的整体效能。二是建立科学的绩效评估制度。以各部门主要职责为依据,会同组织部门研究制定了绩效考核制度,对食品监管、出租车营运、洗车行管理等百姓关注的行业,分别制定相应的考核办法和服务承诺书,作为各单位履行职能情况的考评依据,并在新闻媒体上公布,接受社会监督,为加强机构编制管理和监督检查提供了强有力的保障。三是拓展服务领域。积极探索事业编制多元化管理方法,引入"政府购买服务、养事不养人"的理念,在以专业技术人员为主的事业单位(如郑州绿博园管理中心)探索试行合同制管理办法,将教育、文化、卫生等系统的编外聘用人员纳入管理服务范围,拓展了机构编制部门的服务领域,稳定了人才队伍,最大限度地化解了有限的编制资源与不断增长的实际需求之间的突出矛盾。四是因地制宜设置机构。围绕郑州构建现代产业体系和产业结构优化升级,支持郑州汽车及装备制造、商贸物流、电子信息和文化创意旅游等四大战略支撑产业发展,为服务相关产业配置了机构,调整了人员编制。积极向市委、市政府建言献策,成立城区综合交通管理办公室,促进郑州全国交通枢纽城市建设,努力缓解日益突出的城市交通拥堵问题。五是认真完成领导批示件的办理工作和市直各部门的绩效考核工作。全年先后完成了市编委会事项和市委常委会事项100余件,完成督查件106件,受理机构编制事项800余件。此外,积极配合绩效办做好市直机关各部门的绩效考核内容和考核范围、考核方法制定工作。先后承办了电厂东街界线划分、市18个窨井盖产权单位维护承诺书联审、食品安全监管执法机构绩效考核办法联审、市出租车管理绩效考核办法联审及出租车行业管理评议委员会推选、县(市)区平安建设工作考核办法联审等事项。

【机关自身建设】 2010年，郑州市编办以创建“学习型、研究型、创新型机关”为目标，切实加强自身建设。一是加强队伍建设。市编办单设后，行政编制增加到30名，内设机构6个，下设事业单位3个。按照省委书记卢展工提出的“五重五不简单”的要求，通过自愿报名、资格审查、竞争演讲、民主推荐、组织考察、集体讨论、公示任命等程序，选拔任用了10名德才兼备的中层干部，干部队伍活力进一步增强；通过全省公开招录的方式，选拔录用了2名法律和行政管理专业、研究生以上学历、有基层工作经历的年轻同志，干部队伍结构进一步改善，增强了发展后劲。二是加强班子建设。新班子组建后，先后制订了《关于加强市编办领导班子自身建设的意见》、《办公会议制度》等规章制度，改进领导方式和工作方法，班子整体功能得到充分发挥；市编办主任兼任市委组织部副部长，扩大了编办的协调力和影响力。三是加强作风建设。坚持把作风建设摆在重要位置切实抓紧抓好，对基层和部门遇到的困难和问题，主动听取意见，想方设法予以妥善解决；对部门申请的机构编制事项，既按政策规定严格审批，又端正态度、热情服务，搞好协调沟通，争取理解和支持。四是加强信息化建设。在办公经费相对紧张的情况下，积极争取各方支持，加快机构编制管理信息化建设步伐，建立了自己的门户网站，进一步提高了工作效率和服务水平。五是指导县(市)、区编办抓好自身建设。下发了《关于加强县(市、区)编办自身建设的通知》，对县(市)、区编办领导班子和人员编制、硬件设施等提出明确要求；与县(市)、区党委政府主要领导沟通，强调编办在配置执政资源中的地位和作用，提出县区编办自身建设的要求，推动编办主任在党委重要部门兼职。至年底，12个县(市)、区编办共核定行政编制86名、事业编制87名，新郑市、荥阳市、中牟县和上街区编办主任兼任组织部副部长，为各项工作的顺利开展奠定了良好基础。

（郭　伟）

老干部工作

【概况】 2010年，全市各级老干部工作部门围绕中心、服务大局，以科学发展观为统领，以“让老干部满意，让市委放心”为标准，以贯彻落实中组发〔2008〕10号文件为重点，以深入开展“创先争优”活动为载体，按照“四抓三加强”(抓重点工作、机制建设、品牌培育、发挥作用，加强组织领导、调查研究、队伍建设)的要求，圆满完成各项工作任务，为构建和谐郑州、实现跨越式发展作出了积极贡献。在全省老干部工作会议上，省委老干部局局长汪晓微对郑州市老干部工作给予充分肯定；在全省老干部工作政策业务知识竞赛中，郑州市获得一等奖；北京、江苏等省市130多人次来郑考察学习老干部“四就近”工作；市老干部活动中心改扩建工程顺利奠基开工；市老干部大学实现“百班万人”目标；市关工委荣获全国、全省先进集体。郑州市老干部工作的知名度和美誉度不断提升。

省委常委、市委书记连维良到郑工作后，把老干部工作作为党的组织工作和干部工作的重要组成部分来重视，建立了市委书记亲自抓、组织部长具体抓的工作机制，定期看望老干部，定期向老干部通报工作，重大事项征求老干部意见建议，对老干部工作部门遇到的困难和问题做到“有求必应”；同时，要求各县(市)、区委、市直各单位党委(党组)都要依此抓好老干部工作。全社会关心爱护老干部的氛围更加浓厚，全市老干部工作部门的工作积极性更加高涨。

据统计，截至2010年底，全市共有离休干部4770人，其中，80岁(含80岁)以上3325人、80岁以下1445人；平均年龄83.5岁，年减少率6.85%；红军时期9人；副省部级15人，副厅级293人，县处级2059人，科级(含科级)以下2403人。退休干部53574人，年增长率4%。

【落实老干部政治待遇】 2010年，根据市委要求，全市各级党委政府认真落实离退休干部参加重要会议和重大活动、向老干部通报工作、组织参观考察和走访慰问等各项制度，使离退休干部及时了解党的路线方针政策、国际国内形势和市委、市政府重大决策部署，自觉关心支持市委中心工作。市委常委会多次研究老干部工作，并就如何关心、重视、支持老干部工作，如何更好地让老干部发挥作用，印发两期市委《工作部署》，进一步激发了老同志的政治热情。全市各级老干部工作部门紧紧围绕市委、市政府和各级党委政府重大决策部署，组织广大离退休干部学习党的十七大和十七届五中全会精神，广泛开展形势教育，以创建“五好”党支部、争当“四好”党员为目标创先争优，使广大离退休干部保持信念坚定、思想常新，主动融入大局，服务郑州都市区建设。市委老干部局先后组织老干部参加全省市厅级离退休干部党支部书记培训班、赴台湾参观考察、黄帝故里拜祖大典和国际少林武术节，并承办了迎新春联欢会和欢度重阳节“情满金秋”文艺晚会等活动，使老干部开阔视野、增长知识、丰富生活、陶冶情操。市政府办公厅倡导老干部与困难党员结对帮扶，发起“我为办公厅献一策”活动；二七区坚持每季度向老干部通报区委全会、人代会、政协会、跨越式发展推进会工作情况；荥阳市创办《荥阳老年报》，免费发放给老同志，宣传党的老干部政策和老干部的历史功绩。

【落实老干部生活待遇】 一是保障离休干部“三个机制”有效运转。在实现离休干部离休费社会化发放的基础上,通过督促协调,2010年底实现了市属离休干部医疗统筹全员覆盖,财政补贴医保统筹资金1333.2万元;市属离休干部就医范围,从原来3家医院扩大到27家;组织8场离退休干部健康专题讲座,编发《科学养生》四季手册,共计21200本。巩义、管城等县(市)、区的老干部体检改两年一次为一年一次。二是广泛开展困难离休干部和易地安置离休干部慰问活动。全年走访慰问了68家改制破产困难企业的395名离休干部;按照有关规定,提高易地安置离休干部慰问标准,由500元增加到2000元,并改两年一次慰问为一年一次;在抗战胜利65周年之际,看望了376名抗战老干部。三是科学组织老领导外出考察疗养。针对老领导年迈体弱的实际,建立健康评估制度,条件允许的外出考察,条件不允许的采取合理方式疗养。中牟县在组织老干部参观考察的基础上,制定了老干部联系重点乡镇(企业)制度,促进了经济社会发展。四是建立健全市级老领导联系服务机制。按照"首问负责"、"及时办结"的要求,向市级老领导发放联系服务卡,公布局班子成员、有关处室和值班电话;坚持登门服务,及时为老领导解疑释惑,解决了一批涉及老干部切身利益的实际问题,老干部对工作的满意度不断提高。两个干休所开展了"真心、孝心、爱心"敬老服务活动,使老干部安心、舒心、开心。

【老干部学习活动阵地建设】 2010年,市委、市政府把市老干部活动中心改扩建工程列为市重点工程项目,按照"整体规划、分期建设"的原则,分两期对市老干部活动中心进行改扩建,其中一期工程——综合活动楼建筑面积38860平方米,投资概算12898万元,规划学习、文体、保健等50余种学习活动项目。市委书记连维良、市长赵建才、常务副市长胡荃等多次到现场办公和召开协调会,对推进项目建设作出重要指示,研究解决具体问题;成立了工程建设领导小组,由市委组织部长姚待献任组长;市直有关部门紧密配合,特事特办;社会各界广泛关注,大力支持;市委老干部局履职尽责,保证了一期工程的顺利奠基开工。新郑市新建并启用了占地约2.6公顷、建筑面积9000平方米的老干部活动中心,为老干部学习活动创造了良好条件;巩义市进一步加强对老年人活动场所的管理,坚持节假日正常开放老干部活动中心和市内活动场点,方便老同志学习活动;市直各有关单位在元宵节、重阳节等节日,开展了形式多样、内容丰富的活动,促进了老干部身心健康。

市老干部大学积极推进省级示范校建设,扩大办学范围,严抓质量建校。全年共开设8个专业系(书画系、文学语言系、计算机系、艺术器乐系、戏曲系、体育舞蹈系、卫生保健系、综合系),46个专业,125个班级,以及公共课程6门(时事政治、消防知识讲座、老年心血管用药常识、老年眼病防治、老年自救常识、家庭花卉养殖)。除校本部外,还充分利用社会资源,在各县(市)区、社区分设7所分校、22个教学点。全年共招收学员13202人次(其中校内学员7338人次、校外教学点和实践点学员5864人次),完成了年初制定的"百班万人"的招生目标。惠济区依托市老干部大学惠济分校和社会资源,深入开展了"老干部文化进社区"活动。

【发挥老干部作用】 2010年,全市各级老干部工作部门注重激发离退休干部创先争优、为经济社会发展作贡献的积极性。广大离退休干部在各级党委、政府的领导下,大力弘扬党的优良传统和作风,积极开展创先争优活动,充分发挥自身优势,在经济社会发展、全国文明城市创建、困难群体帮扶和关心教育青少年健康成长等方面发挥了积极作用,取得了可喜成绩。全市广大离退休干部创造工农业总产值5425万元,上交国家利税567万元;举办各类技术培训班486期,受益群众15321人;开展各种形式的法制和文艺宣传活动2350次,涌现出了一批心系党委、服务群众的离退休干部典型。登封市聘请老干部担任纪检监察、景区建设义务监督员和新农村建设顾问,促进了经济社会的发展。

进一步推动关心下一代工作。注重创新载体、丰富内容,积极开展形式多样的教育实践活动,推进主旋律教育和社会主义核心价值体系教育。拓宽组织队伍建设,健全基层关工委组织。探索民营企业建立关工委组织的新路子;实施村级关工委组织吸纳大学生村干部计划,不断拓展农村关心下一代工作的新内容。深入开展关心下一代工作大宣传活动,全面提升关心下一代工作的社会影响力和公信力,争取党委政府更大支持,打造独具特色的工作品牌,坚持为青少年健康成长办实事、办好事。召开了首次全市民营企业关工委工作现场会;成功举办了全市"新三好"青少年表彰大会,表彰"新三好"青少年135名。市关工委被评为全国、全省先进集体;登封市关工委等8个基层单位被评为全省先进集体,王金民等29名工作人员被评为先进工作者。金水区退休教师张秀丽利用网络疏导青少年,引起社会各界广泛关注,被评为全国关心下一代先进工作者;中原区通过心理咨询辅导站、思想教育报告会等形式,帮助青少年解决成长中遇到的困惑和难题。

【离退休干部"四就近"工作】 离退休干部"四就近"工作是一项新的挑战性任务,没有现成的路可走,需要不断探索创新。2010年,郑州市委老干部局按照"先易后难、以点带面、逐步推广"的思路,联合组织部、民政局、财政局、人力资源和社会保障局、卫生局等6部门出台了《关于利用社会资源做好离退休干部"四就近"服务管理工作的实施意见》(郑老字〔2010〕31号),对开展"四就近"工作提出了指导性意见。走访调研了100

多个社区，结合本地发展实际，解剖外地典型社区，分析工作机制利弊，广泛征求意见建议，提出了关于《争创“四有两好”离退休干部工作示范社区标准》(郑老〔2010〕76号文件)，明确了阶段性工作目标。组织各县(市)区委老干部局局长、工作人员及试点街道(社区)负责人，召开了全市离退休干部“四就近”工作经验交流会，登封市、管城回族区、上街区分别从不同角度介绍了开展“四就近”工作的经验，观看了上街区盛世社区、三湾社区和管城回族区商城花园社区、金水区文北社区等老干部工作幻灯片，并参观考察了上街区盛世社区、三湾社区，为开展“四就近”工作奠定了良好基础，各县(市)区委老干部局、街道(社区)参与“四就近”试点工作的主动性、积极性不断增强，老干部的满意度不断提高。省委老干部局《老干部工作》内刊全文转发文件、全省进行推广。管城区结合老城区的实际，突出特色，培育试点，扎实推进“四有两好”示范社区工作；上街区联合长铝公司，整合社会资源，实现了区域化“四就近”服务。

【队伍自身建设】 根据市委组织部长姚待献提出的建设一支“党性强、业务精、作风正、感情真”的老干部工作队伍的要求，2010年，市委老干部局采取针对性措施，使老干部工作人员综合素能不断提升。一是大局意识进一步增强。以局领导班子调整为契机，开展领导干部讲党课，坚持中心组学习制度和机关干部理论、业务学习制度，切实加强自身建设，局系统广大干部职工的大局意识、服务意识、责任意识进一步增强。组织开展“传承井冈山精神，加强党性修养”主题活动，成立临时党支部，全程放权，历练干部，增强了凝聚力，营造了和谐氛围。二是工作作风进一步转变。按照“三具两基一抓手”和“以具体求跨越”的要求，紧抓队伍作风建设不放松，突出“服务、具体、求实和创新”。设立工作落实、加班记录台账，强化对各项工作的督促检查，鼓励干部职工无私奉献。加强对基层老干部工作的督查指导，全年共对100多个社区(村)进行工作督查，树立基层老干部工作典型11个，设立老干部工作创新奖、教育奖、活动阵地建设奖，召开县(市)、区委老干部局长座谈会，推动全市各级老干部工作部门作风不断转变。三是服务能力进一步提高。扎实开展“忠诚教育、能力培养、行为训练和强化服务”的“四项教育”，不断提升老干部工作者的自身素质，服务水平明显提高。以“三个主题年”为载体，深入推动创先争优活动。编印《老干部工作问答》，组织开展郑州市“扬承杯”老干部工作政策业务知识竞赛；积极参加全省老干部工作政策业务知识竞赛，赢得了荣誉。新密市开展了“学政策、用政策”活动，并选派骨干队员参加全省比赛，取得好的成绩。四是良好形象进一步展现。围绕困难企业离休干部服务管理、困难离退休干部帮扶机制、老干部工作满意度、社区“四就近”工作和队伍建设等热点、难点问题，广泛进行调研，及时形成报告和文件指导工作；《老人春秋》发行量保持全省第一，编发《郑州老干部工作》内刊4期、《工作简报》13期，创建“中共郑州市委老干部局网站”，对外展示了工作，树立了形象。局系统全年无一例违法违纪现象。此外，根据市委的安排，扎实抓好帮困活动、畅通工程、社区帮扶等工作。荥阳市高度重视老干部工作理论研究，2010年作为全国唯一的县级单位，参加了中组部召开的“做好新形势下老干部工作”征文表彰大会。

(孙　庆　刘建中)

党史工作

【概况】 2010年，郑州市党史部门认真贯彻落实党的十七届五中全会和中央10号文件精神，紧紧围绕全市中心工作，深入开展创先争优活动，抓具体、抓运作、抓落实，全力做好党史研究、资料征编、宣传教育和机关建设等重点工作，为服务大局、推进郑州市经济社会跨越式发展，提供了智力支持和精神动力。

【党史资料征编研】 2010年，市委党史研究室持续开展党史资料征集活动，深入推进党史研究工作，进一步丰富了党史研究成果，全力夯实了党史工作基础。一是《中共郑州地方历史》撰写工作扎实推进。在广泛占有资料的基础上，启动二卷撰写工作，成立了以室主任薛稳定为组长、以业务副主任和退休老干部为成员的领导小组。至年底，已完成其中两编近10万字，约占全书的1/2。二是郑州党史大事记完成编写出版。本着细征、精编的原则，先后整理出版了市委书记2009年工作大事记，市长2009年工作大事记、郑州党史2009年大事年编；完成了2010年市委书记、市长大事记的收集整理工作，并征集工作照片68幅。郑州党史大事记做到了按月整理、按月上报，全年上报省委党史研究室近200条，采用94条，约8万余字。三是党史人物研究取得新成果。组织专门人员对郑州早期革命活动领导人李震瀛进行专题研究，编写出《李震瀛传》一书，约26万字。该书资料详尽，客观真实，评述得当，具有开创性和前瞻性，填补了河南省和郑州市党史人物研究的空白。

【党史宣传教育活动】 2010年，市委党史研究室积极配合市委的中心工作，勇于创新，不断开拓党史宣传教育新领域，为保证市委中心工作的圆满完成贡献了力量。一是出版发行《郑州党史纵览》杂志、建立开通郑州党史网站，拓宽党史宣传教育覆盖面。经积极筹备、报请有关部门同意，出版了《郑州党史纵览》创刊号，着重反映党史重大事件、历届党代会和建国以来在党的领导下取得的革命、建设和改革的光辉成就,发行2000册。开通郑州党史网站,发布党史信息69条。利用"七一"、"十一"等重大节日,组织举办图片展3场、报告会2场、文艺晚会4场、红色影视展演9场,撰写纪念文章8篇、约11万字,出版党史图书 6种、6200册、约42万字。二是以庆祝建党90周年为节点,认真筹备系列活动。为隆重庆祝中国共产党建党90周年,市委党史研究室提前谋划,积极筹备,开展系列庆祝活动。拍摄党史专题片《走向光荣——党史郑州90年》,重点反映建党以来郑州党组织的重大活动和领导全市人民艰苦奋斗、奋发图强,在各个历史阶段取得的辉煌成就;举办座谈会、研讨会、演讲会、茶话会和文艺晚会等活动,大力讴歌共产党好、社会主义好,普及革命传统教育和爱国主义教育。三是广泛开展革命遗址普查工作,为发展红色旅游奠定基础。年初下发了《关于开展全市革命遗址普查工作的通知》,在全市开展革命遗址遗迹普查工作,并撰写出郑州市革命遗址遗迹普查工作报告。至年底,已查明全市有革命遗址遗迹93处,其中,重要历史事件和重要机构旧址41处、重要历史事件及人物活动纪念地21处、革命领导人故居4处、革命烈士墓5处、革命纪念设施22处,为扩大党史宣传教育、布局红色旅游提供了依据。四是积极服务中心工作,为发挥党史工作优势作贡献。在党史工作任务重、人手紧的情况下,先后抽出7人参与市委核心部门挂职、"畅通郑州"工程疏堵、筹办全国第二届绿博会、社区集中帮扶等工作,采取多种方式宣传党史,开展党史教育,为服务中心、服务大局作出了应尽的贡献。在集中帮扶中,帮助建设路办事处计划路社区筹措资金2万元修复损毁路面180平方米、更换窨井盖9个,向社区阅览室赠送图书108套,受到社区群众一致好评。

【组织建设】 2010年,市委党史研究室以"创先争优"为动力,加强组织建设,着力营造争创氛围。从5月份起,按照市委的统一部署,在全市党史系统深入开展了"争先创优"活动,努力营造基层党组织创先进、党员争优秀的氛围。为保障活动顺利进行,根据需要及时组建了机关党总支和3个基层党支部,党员领导干部既负责组织领导,又作为普通一员积极参与。以"争一流、创佳绩,力争走在全省前列"为目标,开展"服务中心,提供保障,立足本质,多做奉献"活动,把大家的思想意志统一到"创先争优"上来。

认真贯彻落实中央10号文件精神,力促党史工作上水平。7月21日全国党史工作会议召开后,郑州市立即组织各党史部门认真学习贯彻全国党史工作会议和中央10号文件精神,对加强和改进新形势下党史工作有了新的认识、新的领悟和新的把握。9月3日,召开了全市党史工作会议。市委常委、秘书长孙金献,省委党史研究室副主任王世宣到会分别作了重要讲话,对新形势下郑州市党史工作提出了更高要求;以市委名义及时下发了《关于加强和改进新形势下党史工作的实施意见》,各县(市)、区委党史部门以此为依据,搞好传达贯彻;室领导班子成员分别深入12个县(市)、区,广泛开展调查研究活动,就基层党史部门存在的机构设置、人员编制、资金设备等突出问题,积极向上一级领导反映,共同协调解决。至年底,金水区、二七区健全了机构,新密市、新郑市增加了人员编制,登封市、中牟县和市直机关全面推行了党史联络员制度。各县(市)、区党史机构基本健全、党史队伍基本齐整、硬件设施基本齐全、经费基本有保障,确保了党史工作正常健康运转,党史各项工作都有了新的起色和进步。

【队伍建设】 2010年,郑州市委党史研究室组织多种形式培训和业务指导,全面提高党史队伍素质。以提升素质、增强能力为重点,积极开展岗位练兵活动。采取以会代培、专题培训、外出受训等方式,先后组织多期培训班,培训人员60多人次,其中24人分别到内蒙古和上海、成都、长沙等省市进行考察培训,32人分别在市和县(市)、区党校接受专题培训。通过培训,进一步提高了理论水平和业务能力。党史研究室深入到各县(市)、区,就党史资料征集、图书出版宣传教育的开展情况,进行现场指导,确保了基层党史工作的快节奏、高质量、高水平。

(任 征)

党校工作

【概况】 2010年,郑州市委党校以邓小平理论和"三个代表"重要思想为指导,全面落实科学发展观,深入贯彻党的十七大、十七届四中、五中全会和《中国共产党党校工作条例》精神,紧紧围绕市委、市政府中心工作,以加强党风廉政建设为保证,坚持改革创新,促进科学发展,较好地发挥了干部教育的主渠道作用,为郑州市的干部教育事业作出了应有贡献。

4月,首次召开了新的党校办学体制下的全市党校系统年度工作会议,市委主要领导在肯定全市党校工作成绩的同时,指出了贯彻《党校工作条例》和落实全国、全省、全市党校工作会议精神中存在的问题,明确了今后一个时期党校工作的方向。会议表彰了一批先进单位和个人,安排部署了今后两年的工作任务,对加强和改进党校工作起到了积极的推动作用。

【干部教育培训工作】 2010年,郑州市委党校以深化党校办学体制改革为中心,科学设置教学内容,不断改进教学方法,建立完善管理机制,开创了教育培训工作的新局面。全年共培训干部3252人,比2009年增长

62.6%。其中完成常规主体干部培训1582人，包括县处级干部研修班、科级干部培训班、中青年干部培训班、河南省领导干部自主选学专题培训班、组工干部培训班、党外骨干成员培训班、新社会阶层代表人士培训班、党外后备干部培训班、公务员公文写作骨干成员培训班、军队转业干部培训班等共20个班次；完成跨越式发展与领导干部素质跃升（高端论坛）培训1200人；完成短期专题培训470人。一是科学设置教学内容。按照干部培训要"强化培训需求导向，真正做到科学发展需要什么就培训什么，干部成长缺什么就补什么"的指导方针，在坚持提高党员领导干部理论水平和增强党性锻炼的前提下，紧跟国际、国内形势，紧贴郑州经济社会发展的实际，突出讲好"地方话"设置教学内容，以增强教学的针对性、时效性和实用性。二是不断改进教学方法。在坚持传统教学的基础上，不断增强案例式、研讨式、体验式、情景模拟式等新方法的教学力度，注重教与学的双向互动，充分提高学员学习的积极性和主动性，激发学员在学习中的参与热情。为保证异地学习的效果，对异地学习进行了深度的探索与改革，将异地学习和革命传统教育、党性锻炼的现场教学结合起来。组织学员赴广西异地学习，在百色探寻了邓小平同志早期革命的足迹，利用南宁市委党校的现场教学资源，通过让学员穿红军衣、走红军路、吃红军饭，以及唱红歌和参观百色起义纪念馆、瞻仰百色起义纪念碑、重温入党誓词，使大家接受了一次灵魂洗礼，深受学员欢迎。三是建立完善管理机制。在建设和完善相关制度的基础上，积极推行项目制教学。在优化教学资源、调动教师积极性、增强团队意识、激发教学活力、提高教学质量的同时，推行教管一体化。成立了教研协调指导小组，负责统筹全校主体班的课程设计研发、审定、落实，研究模块教学和项目制教学的规划设计、立项及成果转化，推行新的教学手段和教学方式，审查教师上课资格，组织新专题的试讲、竞讲。同时，成立了教学综合服务小组，初步建立了教学、行政、后勤协调配合、高效运转的一体化教学管理机制，为教学工作的扎实开展提供了有力保障。四是稳定函授办学规模。以稳定函授办学规模为基础，以统筹教学管理、统筹师资配备、统筹教学考评，进一步深化函授精细化管理考评机制为手段，以提高函授办学质量为中心，努力搞好函授工作。2010年共招收函授生1759人。同时，在总结以往四年中央党校研究生招生经验的基础上，通过周密安排，狠抓落实，在全国招生总量仅有1000人的情况下，招收研究生47人，占全国招生总数的1/25以上。各项管理工作受到了上级党校的充分肯定。五是不断拓展社会办学渠道。利用党校现有办学资源，努力拓展联合办学新渠道，在2009年建立社会培训体制机制的基础上，把社会培训制度化、规范化作为今年的工作重点，取得了初步成效。全年采取不同形式，共举办社会培训19期，培训各级各类人员2661人。

【领导干部自主选学工作】 自主选学是新形势下加强领导干部教育培训的新举措，是进行领导干部教育培训的新形式。经过认真准备，在省委组织部组织的全省领导干部自主选学专题公开招标中，郑州市委党校的《党建党务》、《新闻监督》、《公共管理》、《法律法学》4个专题中标，成为18个省辖市市委党校中唯一一家承担全省领导干部自主选学教学工作的教学单位。至年底，已培训省直单位和郑州市的县处级领导干部525人次，经省委组织部教学质量评估，满意率接近100%，在全省13个领导干部自主选学教学单位中名列前茅，受到省委组织部的充分肯定，实现了领导干部教育培训工作的新突破。通过参与全省领导干部自主选学教学工作，检验了党校实力，凝聚了力量，锻炼了队伍，鼓舞了士气，在全省范围内树立了郑州市委党校的良好形象，为党校今后参与全省领导干部自主选学工作奠定了良好基础。

【发挥科研基础作用】 2010年，郑州市委党校把科研工作作为党校的基础工作来抓，充分发挥其党委思想库作用，取得了丰硕成果。全年公开发表论文98篇（比2009年增长13%），其中，国家级23篇（核心期刊14篇）、省级32篇，公开出版专著6部，完成各级各类科研课题107项（比2009年增长91%），申报各级各类科研课题144项（立项118项），获得各级各类科研奖励26项。涌现出一批科研标兵，获得了社会认可，扩大了社会影响。全年有1人获得河南省十大科技女杰称号，有4人通过郑州市技术拔尖人才和学术带头人评审。校刊《中共郑州市委党校学报》，始终坚持以社会效益为中心的办刊原则，再次被确定为河南省一级期刊。一是咨政服务思路进一步理清。在一贯坚持党校科研"四个服务"的基础上，特别强调为市委市政府决策服务，发挥党委咨询部和思想库作用。结合党校自身特点，制定了《中共郑州市委党校关于加强市情社情研究工作的意见》，引导、支持和鼓励教研人员紧紧围绕市委市政府的重大决策和工作部署，对郑州市经济社会发展的实际问题进行研究，努力为市委市政府决策提供参考，取得了初步成效。1项科研课题被市政府编发的2010年郑州发展报告采用；完成重点研究项目10个，整理后上报市委、市政府。二是教研一体化迈出新步伐。本着科研为提高教学质量服务的指导思想，建立和完善教学科研的互动机制，努力实现科研课题向教学专题的转化。全年有9项科研课题成功走进了主体班课堂，占主体班教学专题的42%。

【党风廉政建设】 2010年，郑州市委党校加强党风廉政建设，推动党校事业健康发展。一是按责任制要求，认真签订党风廉政建设责任书。校党委高度重视党风廉政建设责任制工作,将搞好党风廉政建设、落实好党风廉政建设责任制作为全校的共同目标,与校领导及各处室负责人分别签订了《党风廉政建设目标责任书》,并按照责任制的要求,通过经常性的督促检查,使各项制度和措施都真正落到了实处。二是加强宣传教育,筑牢思想道德防线。采取不同形式,加强广大党员干部理想信念、党纪政纪和反腐倡廉教育,要求党员干部在实践中讲党性、重品行、作表率,认真遵守中央关于廉洁自律的各项规定。同时,发挥干部教育的主渠道优势,通过多种形式不断加强对广大学员的党风廉政教育,警示广大学员在新形势下,要常修为政之德、常思贪欲之害、常怀律己之心。三是重视制度建设,构建惩治预防长效机制。校党委注重制度建设,充分发挥制度在惩治和预防腐败中的保证作用。2010年,根据实际制定完善了《食堂财务管理办法》、《对外签订合同暂行规定》、《现金管理暂行办法》和《纪律督查制度》等。真正形成了用制度规范从政行为、按制度办事、靠制度管人的长效机制。四是实行校务公开,自觉接受群众监督。校党委坚持民主集中制原则,坚持情为教职工所系、权为教职工所用、利为教职工所谋,把群众赞成不赞成、满意不满意做为衡量工作成败的关键,把权力的运作置于群众的监督之下。每次校务委员会办公会议后,都及时向广大教职工发布会议信息,通报会议内容,保障了教职员工的知情权、参与权和监督权。校园绿化、新建学员公寓和其它大宗物品的采购,以及新校区二期工程的地质勘探、初步设计和施工图设计等工作,严格按照政府采购的有关规定,全部采取公开招标的方式,校纪委参与招标的全过程,保证了招标工作的公开、公正、透明。

【党校自身建设】 2010年,郑州市委党校加强后勤保障工作,服务教学科研。一是加强基础设施建设,优化功能配置。为使党校的发展与郑州经济社会发展相适应,确保党校在干部教育培训中主渠道、主阵地作用的充分发挥,在市委市政府的大力支持下,投资2千万元,续建了1万余平方米的学员公寓,增加床位400余张,工程于2月竣工,9月正式投入使用;二期工程图书电子信息综合中心、学员运动中心已完成初步设计,进入最后审批程序;为优化校园环境,对原校园绿化进行了全面改造,绿化面积2.6万平方米,基本完工;完成了党校双回路电源项目的设计和申报工作,改造了校区内的双水源供应。二是加强信息化建设,提高办公自动化水平。开发了数字化办公平台,建立了手机短信通讯平台;在全国党校系统中唯一一家运用单点登录技术,完成了数字化办公系统的优先登录,保证了只有在首先访问本校办公系统后,才能访问其它网站,从而建立了利用门户网站、内部办公系统、手机短信平台、电子显示屏四位一体、互为补充的立体化办公自动化信息平台,大大提高了办公自动化水平。同时,进一步完善了校园网络的安全监控,完成了新建学员楼网络线路搭建的布局施工设计。三是完善制度措施,提高后勤保障能力。先后制订完善了《学员宿舍管理规定》、《食堂管理制度》、《餐厅考核标准》、《水电管理规定》、《节约用水用电措施》、《物资采购制度》、《固定资产管理办法》和《节能减排措施》等。努力做到用制度管人,按制度办事,初步实现了后勤管理的制度化、规范化。同时,总结经验,查找不足,继续探索物业社会化管理的有效方法,逐步完善制度措施,切实提高服务质量。四是加强财务管理,保障办学经费。积极筹措资金,严格财务管理,优化支出结构,不断提高资金使用效率,保证了教学科研和行政后勤等各项工作的正常运行。

(郝宇杰)

第五篇　人民代表大会

人大全会

【市十三届人大二次会议】 2010年2月1日至5日，郑州市第十三届人民代表大会第二次会议召开。巩义市、新密市、登封市、新郑市、荥阳市、中牟县、金水区、二七区、管城回族区、中原区、惠济区、上街区、解放军和武警部队13个代表团，500余名人大代表出席会议；另有91人列席会议，30名本市公民旁听会议。

2月1日上午，大会在市青少年宫举行开幕式和第一次全体会议。会议听取了市长赵建才作的《政府工作报告》，并印发了《关于郑州市2009年国民经济和社会发展计划执行情况与2010年计划草案的报告》、《关于郑州市2009年财政预算执行情况和2010年财政预算草案的报告》。2月1日下午至2月2日下午，各代表团分别审议了市政府3个工作报告。

2月3日上午，大会举行第二次全体会议。会议听取了市人大常委会主任白红战作的《郑州市人民代表大会常务委员会工作报告》、市中级人民法院院长王新生作的《郑州市中级人民法院工作报告》、市人民检察院检察长杨祖伟作的《郑州市人民检察院工作报告》。

2月5日上午，大会举行闭幕式。闭幕式前，大会举行了第三次全体会议，以举手表决的方式，通过了大会的6项决议：关于郑州市人民政府工作报告的决议、关于郑州市2009年国民经济和社会发展计划执行情况与2010年计划及其报告的决议、关于郑州市2009年财政预算执行情况和2010年财政预算及其报告的决议、关于郑州市人民代表大会常务委员会工作报告的决议、关于郑州市中级人民法院工作报告的决议、关于郑州市人民检察院工作报告的决议。

市人大常委会主任白红战在闭幕式上讲话。他指出，这次会议高举中国特色社会主义伟大旗帜，以邓小平理论和“三个代表”重要思想为指导，深入贯彻落实科学发展观，牢牢把握科学发展，建设“三化两型城市”这个主题，始终坚持“四个重在”的要求，紧紧围绕转变发展方式、推动科学发展、着力改善民生这条主线，以及关系经济社会发展全局的重大问题和涉及人民群众切身利益的热点、难点问题，认真听取审议了政府工作报告和其他各项报告，围绕大会的各项议程，突出了民主，宣传了基层，形成了共识，凝聚了力量；通过了6项重要决议，提出了议案、建议和意见。真正把会议开成了一个团结、民主、求实、奋进的大会，又一次展示了人民代表大会制度的优越性和人民群众的当家作主，展示了郑州市人民代表大会和人大代表对人民高度负责的形象。

白红战主任强调，2010年的目标已经指明，人民代表必须要坚定克难攻坚、勇于创新的信念，坚持只争朝夕、奋发有为的精神，发扬脚踏实地、求真务实的作风，全面完成大会确定的各项任务，为实现郑州市经济社会跨越式发展和全面建设小康社会的宏伟目标贡献力量。

（司久贵　牛志熳）

人大常委会议

【郑州市十三届人大常委会第八次会议】 2010年1月20日，市十三届人大常委会举行第八次会议。会议由市人大常委会主任白红战主持。市人大常委会副主任王旭彤、栗培青、王平、赵明恩、雷志、刘全心、贾记鑫、李元法、周长松，秘书长刘焕成出席会议。市政府副市长孙金献、市政协副主席王薇、市中级人民法院院长王新生、市人民检察院检察长杨祖伟等列席会议。会议决定，市十三届人民代表大会第二次会议将于2月1日召开，会议为期4天半。

会议听取了市人大常委会副主任刘全心、市政府副市长黄保卫有关人事任免案的说明，市人大常委会秘书长刘焕成有关市十三届人大二次会议筹备工作情况的汇报，刘全心关于市十三届人大二次会议代表变化情况和补选代表的代表资格审查报告。

会议以无记名投票方式表决通过了人事任免案，并以按表决器的方式，通过了市政府关于提请审议郑州新区基础建设企业债券信用增级有关事项的议案，关于召开市十三届人大二次会议时间、会议议程（草案）的决定，市人大常委会工作报告（草案），市十三届人大二次会议主席团和秘书长名单（草案）、计划财政预算审查委员会名单(草案)、议案审查委员会名单(草案)、会议列席人员名单(草案)。会议还表决通过了市十三届人民代表大会代表变化情况和补选代表的代表资格审查报告。

【郑州市十三届人大常委会第九次会议】 2010年3月17日,市十三届人大常委会举行第九次会议。会议由市人大常委会主任白红战主持。市人大常委会副主任王旭彤、栗培青、王平、赵明恩、雷志、刘全心、贾记鑫、李元法、周长松,秘书长刘焕成出席会议。市政府副市长孙金献、市政协副主席王薇,以及9名人大代表列席会议;9名公民旁听会议。

会议听取了全国人大代表薛景霞传达的十一届全国人大三次会议精神,市政府法制办主任万建中关于《郑州市城市供水用水管理条例(草案)》的说明,副市长王跃华关于2009年度市人大常委会决议和审议意见贯彻落实情况的报告,以及市中级人民法院院长王新生、市人民检察院检察长杨祖伟关于人事任免案的说明。

经过认真审议,会议表决通过了有关人事任免案,向被任命的41名法律职务人员颁发了任命书,并举行了庄严的宣誓就职仪式。

白红战主任针对创新人大工作,强调指出要监督重大决策部署的贯彻落实,围绕持续发展决定重大事项,坚持做到"四个着力"(着力加快经济结构调整、着力推进节能减排、着力提高自主创新能力、着力促进中小企业发展)。同时,要加强立法,统筹各项事业发展;加强监督,促进城市、城乡协调发展;发挥代表作用,形成发展合力;加强财政监督,建设公共财政;加强工作监督和法律监督,解决人民群众的实际问题。他指出,2010年市人大常委会将通过听取和审议社区医疗卫生服务、重点群体就业等专项工作报告,对未成年人保护法、食品安全法、郑州市中小学校幼儿园规划建设条例和郑州市市区中小学校布局规划的实施情况进行检查,使这些问题不断得到解决,民生不断得到改善。

【郑州市十三届人大常委会第十次会议】 2010年4月26日至27日,郑州市第十三届人大常委会举行第十次会议。会议由市人大常委会主任白红战主持。市人大常委会副主任王旭彤、栗培青、王平、雷志、刘全心、贾记鑫、李元法、周长松,秘书长刘焕成出席会议。市政府常务副市长胡荃、市政协副主席王薇、市人民检察院检察长杨祖伟列席会议。

会议听取了市政府常务副市长胡荃关于2010年政府投资项目年度计划以及重大项目变更事项的报告、市人大法制委员会主任委员刘金柱关于《郑州市城市供水用水管理条例(草案)》审议修改情况的说明、市政府副秘书长龙同胜关于城市社区医疗卫生服务工作情况的报告。经过认真审议,表决通过了关于批准郑州市2010年度政府投资项目计划的决议、市政府关于城市社区医疗卫生服务工作情况的报告。

白红战主任在讲话中指出,人大常委会始终要把关注民生、保障民生和改善民生作为依法履职的出发点和落脚点,通过发挥人大职能作用,让广大人民群众切实感受到经济社会发展实实在在的成果。强调突出监督重点,推动民生改善关注四个问题,即教育问题、就业问题、社会保障体系建设问题和社会稳定问题;要做到五个坚持,即坚持以人为本、坚持依法推进、坚持与时俱进、坚持立足人大职能、坚持依靠人大代表,使人大代表表达民意、依法履职的作用得到充分发挥。

【郑州市十三届人大常委会第十一次会议】 2010年6月24日至25日,郑州市十三届人大常委会举行第十一次会议。会议由市人大常委会主任白红战主持。市人大常委会副主任王旭彤、栗培青、王平、赵明恩、雷志、刘全心、李元法、周长松,秘书长刘焕成出席会议;市政府常务副市长胡荃、市政协副主席王薇、市中级人民法院院长王新生、市人民检察院检察长杨祖伟,以及9名人大代表列席会议;9名公民旁听会议。

第一次会议听取了副市长薛云伟关于实施《台湾同胞投资保护法》、《台湾同胞投资保护法实施细则》和《河南省实施〈台湾同胞投资保护法〉办法》情况的报告,市人大法制委员会主任委员刘金柱关于《郑州市城市供水管理条例(草案)》审议修改情况的汇报,市政府法制办主任万建中关于《郑州市农业投资保障条例(修订草案)》的起草说明,市人民检察院检察长杨祖伟关于法律监督工作情况的报告和有关人事任免案的说明。小组会议审议了《郑州市农业投资保障条例(修订草案)》、关于接受孙金献辞去市政府副市长职务的决定(草案)和《郑州市城市供水管理条例(草案)》。

第二次会议听取了市人大法制委员会主任委员刘金柱关于《郑州市城市供水管理条例(草案)》审议结果的报告,并表决通过了《郑州市城市供水管理条例》。此外,还表决通过了市政府关于实施《台湾同胞投资保护法》、《台湾同胞投资保护法实施细则》和《河南省实施〈台湾同胞投资保护法〉办法》情况的报告,市检察院关于法律监督工作情况的报告;表决通过了关于接受孙金献辞去市政府副市长职务的决定。会议新任命了5名法律职务人员。

白红战主任在讲话中指出,常委会组成人员作为地方国家权力机关的主体,必须提高对学习重要性的认识,增强学习的自觉性。要突出重点,讲求方法,增强学习的针对性和实效性,做到勤于学习、善于学习、乐于学习,合格地担当起常委会组成人员的重要职责,努力提高依法履职能力,努力创建学习型机关,并在建设学习型党组织和学习型社会中作出表率。

【郑州市十三届人大常委会第十二次会议】 2010年7月21日,市十三届人大常委会举行第十二次会议。会议由市人大常委会主任白红战主持。市人大常委会副主任王旭彤、栗培青、王平、雷志、刘全心、贾记鑫、李元法、周长松,秘书长刘焕成参加会议。

会议首先传达了胡锦涛总书记在河南考察工作时的重要讲话精神,以及省委书记、省人大常委会主任卢展工在全省人大工作研讨会上的重要讲话精神。

会议听取了市政府常务副市长胡荃有关人事任免案的说明,并以无记名投票的方式,表决通过了人事任免案。会议决定,任命赵瑞东为郑州市人民政府副市长。赵瑞东在发言中表示,要兢兢业业做好本职工作,尽心尽力当好人民公仆。

会议还表决通过了《郑州市人大常委会关于推进"畅通郑州"交通综合整治的决议》。《决议》指出,"畅通郑州"交通综合整治是一项重要的民生工程,是促进郑州科学发展、和谐发展的重要基础工程。全市各行业、各部门、各单位和市民都要统一思想,充分认识其重要性和必要性。《决议》要求,市人民政府要科学规划、切实增强通行能力;全市各类新闻媒体要加强宣传,积极营造良好氛围;城市交通管理部门要严格执法,综合治理交通秩序;全市各级国家机关工作人员要率先垂范,引导全体市民积极投身整治行动,保障交通畅通有序;全市各级人大常委会要把"畅通郑州"交通综合整治列入工作日程,监督和保障整治行动扎实推进,取得实效,为"畅通郑州"交通综合整治贡献力量。

会上,白红战主任就常委会组成人员应如何牢固树立政治意识,不断提高履职水平提出要求:要认真学习领会贯彻胡锦涛总书记在河南考察工作时的重要讲话精神,以及省委书记、省人大常委会主任卢展工在全省人大工作研讨会上的重要讲话精神,为做好人大工作、促进郑州市跨越式发展提供强大动力;要把重要讲话精神体现到做好人大工作、推动跨越式发展的生动实践中去;要以重要讲话精神为指导,立足当前、谋划长远,扎实做好2010年的各项工作。他强调,常委会组成人员要牢固树立政治意识,增强党的领导意识、大局意识、民本意识、民主意识、法治意识和责任意识,不断提高履职水平,为推进全市经济社会又好又快发展和民主政治建设作出新的更大贡献。

【郑州市十三届人大常委会第十三次会议】 2010年8月25日至27日,郑州市十三届人大常委会举行第十三次会议。会议由市人大常委会主任白红战主持。市人大常委会副主任王旭彤、栗培青、王平、赵明恩、雷志、贾记鑫、李元法、周长松出席会议;常务副市长胡荃、市政协副主席王薇、市人民检察院检察长杨祖伟,以及9名人大代表列席会议;10名公民旁听会议。

第一次全体会议分别听取了市政府副秘书长商建东关于《专利法》、《河南省专利保护条例》和《郑州市专利促进和保护条例》实施情况的报告,市政府副秘书长姜现钊关于郑州市生态水系规划实施情况的报告,市政府副秘书长龙同胜关于《郑州市城市中小学校幼儿园规划建设管理条例》、《郑州市市区中小学布局规划》实施情况的报告;分别听取了市人大法制委员会主任委员刘金柱、法制室主任李艳关于《郑州市农业投资保障条例(修订草案)》审议修改情况,关于《市人大常委会关于废止部分地方性法规的决定(草案)》和《郑州市人大常委会关于修改部分地方性法规的决定(草案)》的说明;听取了市发改委主任蔡红关于郑州市上半年国民经济和社会发展计划执行情况报告,市财政局局长王春山关于郑州市2009年财政决算和2010年1—6月份财政预算执行情况的报告,市审计局局长李连渠关于2009年市本级财政预算执行和其他财政收支的审计工作报告;听取了市中级人民法院院长王新生有关人事任免案的说明,市人大常委会副主任、代表资格审查委员会主任委员刘全心关于补选市人大代表的审查报告。

第二次全体会议听取了市人大法制委员会主任委员刘金柱关于《郑州市农业投资保障条例(修订草案)》审议结果的报告,并表决通过了《郑州市农业投资保障条例》。表决通过了《关于废止部分地方性法规的决定》和《关于修改部分地方性法规的决定》,市政府关于2010年上半年国民经济和社会展计划执行情况、2009年财政决算和2010年1—6月份财政预算执行情况、2009年市本级财政预算执行和其他财政收支的审计工作报告,以及批准2009年市本级财政决算的决议;表决通过了市政府关于郑州市生态水系规划实施情况的报告,关于《专利法》、《河南省专利保护条例》、《郑州市专利促进和保护条例》和《郑州市市区中小学布局规划》实施情况的报告,郑州市人大常委会关于加强检察机关法律监督工作的决议。

会议表决通过了市人大常委会关于连维良为市十三届人大代表的代表资格审查报告和有关人事任免案,任免了部分法律职务人员和人民陪审员。

白红战主任针对增强计划、预算和审计监督工作实效发表讲话。他指出,要准确站位,提升认识水平,围绕大局,突出审查重点,坚持依法依规,提高初审质量。同时,要完善监管机制,强化落实整改力度确保监督实效,切实提高审议水平,为促进郑州市发挥好在中原经济区的龙头示范作用做出积极贡献。

【郑州市十三届人大常委会第十四次会议】 2010年10月26日至28日,郑州市十三届人大常委会举行第十四次会议。市人大常委会主任白红战主持会议。市人大常委会副主任王旭彤、王平、赵明恩、雷志、刘全心、贾记鑫、李元法、周长松,秘书长刘焕成出席会议;市政协副主席王薇、市中级人民法院院长王新生、市人民检察院负责人,以及9名人大代表列席会议;9名公民旁听会议。

第一次全体会议听取了市政府常务副市长胡荃所作的关于加快制定《郑州市火车站地区管理条例》等7项代表议案和市十三届人大二次会议以来代表建议、批评和意见办理工作情况的报告，还听取了关于2009年非税收入收支决算及2010年1—9月份非税收入收支预算执行情况、《中华人民共和国食品安全法》实施情况、“畅通郑州”交通综合整治工作情况、郑州市大招商工作情况、第二届中国绿化博览会情况、法院行政审判工作情况的报告。市政府关于检查《中华人民共和国食品安全法》实施情况报告，以及市法院、市交通运输委员会、市城市管理局关于市十三届人大二次会议以来代表建议、批评和意见办理情况的汇报以书面形式印发至与会人员。

第二次全体会议表决通过了市政府关于2009年非税收入收支决算及2010年1—9月份非税收入收支预算执行情况的报告、关于《中华人民共和国食品安全法》实施情况的报告、关于郑州市大招商工作情况的报告及关于绿博园建设、绿博会情况的报告；通过了市政府关于加快制定《郑州市火车站地区管理条例》等7项代表议案办理情况的报告，关于市十三届人大二次会议以来代表建议、批评和意见办理工作情况的报告；通过了市中级人民法院关于行政审判工作情况，关于市十三届人大二次会议以来代表建议、批评和意见办理情况的报告。

会议听取审议了市政府关于“畅通郑州”交通综合整治工作情况的报告。认为“畅通郑州”交通综合整治工作取得了阶段性成果，但交通拥堵状况还没有很好解决，群众满意度不高；“畅通郑州”交通综合整治是一项长期的综合性系统工程，政府及有关部门要看到差距，切实把工作做实做好。市人大常委会将继续加强跟踪监督，适时再听取政府专项工作报告。经主任会议研究，决定推迟表决市政府关于“畅通郑州”交通综合整治工作情况的报告。

白红战主任在讲话中指出，提高办理议案、建议质量，要着力提高办理实效，创新办理方式，实行代表议案、建议办理工作责任制、限时制、公示制和责任追究制，以完善的制度促进和规范办理工作；要在提高实际问题解决率、落实率上下工夫，把办理工作考评标准由答复满意率逐渐转为问题解决率和落实率，切实改变重答复、轻落实的状况；要建立跨年度督办制度，对于当年不能办理落实的议案、建议，特别是每年占相当大比例的正在办理的建议，常委会要建立台账制度，进行跨年度跟踪督办，并专题听取政府办理跨年度议案、建议情况的报告，做到不落实不罢休、不见成效不罢休。

【郑州市十三届人大常委会第十五次会议】 2010年12月21日至23日，郑州市十三届人大常委会举行第十五次会议。会议由市人大常委会主任白红战主持。市人大常委会副主任王旭彤、栗培青、王平、赵明恩、雷志、刘全心、李元法、周长松，秘书长刘焕成出席会议。市政府常务副市长胡荃、市政协副主席王薇、市中级人民法院院长王新生、市人民检察院检察长杨祖伟，以及9名人大代表列席会议；9名公民旁听会议。

会议听取了常务副市长胡荃所作的关于为民办理“十大实事”落实情况的报告，副市长、郑州新区管委会主任赵瑞东所作的关于郑州新区规划建设情况的报告，市政府关于社会主义新农村建设情况的报告、关于2009年度市本级预算执行审计工作报告中反映问题整改落实情况的报告、关于郑州市产业集聚区发展及工业经济结构调整情况的报告，以及代表资格审查委员会关于补选和罢免郑州市出席河南省十一届人民代表大会代表情况的说明。

会议审议了市政府关于“十大工程”建设情况的报告、关于郑州市物业管理工作情况的报告及关于郑州市安全生产工作情况的报告，还审议了关于召开郑州市第十三届人民代表大会第三次会议的决定(草案)。

会议表决通过了关于召开郑州市第十三届人民代表大会第三次会议的决定、各项报告和决议，市政府关于为民办理“十大实事”落实情况的报告、关于郑州新区规划建设情况的报告、关于社会主义新农村建设情况的报告、关于2009年度市本级预算执行审计工作报告中反映问题整改落实情况的报告、关于产业集聚区发展及工业经济结构调整情况的报告，以及关于进一步加强安全生产的决议。

市政府关于“十大工程”建设情况、物业管理工作、安全生产工作等3项工作报告书面印发会议，既是贯彻落实市委对人大工作的指示要求，也是人大监督工作的创新举措。

全体会议结束后，传达了全市领导干部会议精神，总结了2010年市人大常委会工作，对2011年工作进行了部署。

(司久贵　牛志熳)

人大常委会主任会议

【市十三届人大常委会第十一次主任会议】 2010年1月18日，市人大常委会主任白红战主持召开市十三届人大常委会主任会议第十一次会议。会议听取了市委组织部常务副部长张进峰关于市十三届人大二次会议各项名单草案的说明和人事调整情况的说明；市人大副秘书长李金鹏关于市十三届人大二次会议筹备工作情况汇报、关于市十三届人大二次会议时间的决定(草案)、市十三届人大二次会议议程(草案)和日程安排意见，以及出席、列席人员名单；市人大选工委主任柴国合关于市十三届人民代表大会代表变动的情况汇报和代表提出议案和审议处理规定(草案)的说明，研究室副主任张国宏关于市人大常委会工作报告(草案)的说明,法制委主任委员刘金柱关于市人大法制委员会工作报告(草案)的说明,法制室主任司久贵关于地方性法规清理工作方案(草案)的说明,预算工委主任张正平关于对市政府组成部门预(决)算草案开展初步审查的建议。

【市十三届人大常委会第十二次主任会议】 2010年3月9日,市人大常委会主任白红战主持召开市十三届人大常委会主任会议第十二次会议。会议听取了市科技局局长王济昌代表市政府所作的关于《郑州市国家科技示范市建设与发展规划》编制有关情况的说明,市中级人民法院院长王新生、市人民检察院检察长杨祖伟所作的关于人事任免案说明;市人大选工委主任柴国合关于《2010年市人大常委会主任、副主任接待代表日安排意见》说明及关于《市十三届人大二次会议议案、建议督办转办工作安排意见》,法制室主任李艳关于调整2010年常委会立法计划的方案及2010年地方立法工作安排意见说明,城建工委主任张文田关于《郑州市城市供水用水条例(草案)》有关情况的说明,副秘书长李金鹏关于《市人大常委会2010年工作要点(草案)》和《2010年市人大常委会会议、主任会议议题安排意见》的说明,《市政府关于2009年度市人大常委会决议、决定和审议意见落实情况的报告》有关情况的汇报,关于市十三届人大常委会第九次会议议程(草案)、日程安排意见及出席、列席和旁听人员名单。

【市十三届人大常委会第十三次主任会议】 2010年4月13日,市人大常委会主任白红战主持召开市十三届人大常委会主任会议第十三次会议。会议听取了市人大内司工委主任许福亮关于司法咨询组人员调整方案有关情况的说明,选工委主任柴国合关于2010年度评选市十三届人大先进代表组和优秀代表工作方案、关于2009年度优秀代表议案和建议表彰意见的说明、关于市人大代表卢建军有关情况的汇报,研究室主任张江涛关于纪念市人大常委会设立30周年活动方案的说明,法制室主任李艳关于《郑州市城市供水用水管理条例(草案)》审议修改情况的说明,经济工委主任贺广勋关于《郑州市2010年政府投资项目计划(草案)》初审情况的汇报,教科文卫工委主任许抗美关于城市社区医疗卫生服务工作视察情况的报告,以及副秘书长李金鹏关于市十三届人大常委会第十次会议议程(草案)、日程安排意见及出席、列席和旁听人员名单(草案)。

【市十三届人大常委会第十四次主任会议】 2010年5月19日,市人大常委会主任白红战主持召开市十三届人大常委会主任会议第十四次会议。会议听取了市政府副秘书长张吉受市政府委托所作的关于郑州市煤炭管理工作情况的报告以及市人大经济工委主任贺广勋关于全市煤炭管理工作情况的视察报告,市政府副秘书长李杰受市政府委托所作的关于郑州市社区管理工作情况的报告以及市人大内司工委主任许福亮关于全市社区管理工作情况的视察报告,市国土资源局局长吴洪杰受市政府委托所作的关于郑州市国土资源管理工作情况的报告以及市人大城建工委主任张文田关于全市国土资源管理工作情况的视察报告,以及市人大副秘书长李金鹏关于6月份常委会会议议题的安排意见(草案)。

【市十三届人大常委会第十五次主任会议】 2010年6月18日,市人大常委会主任白红战主持召开市十三届人大常委会主任会议第十五次会议。会议听取了市防汛抗旱指挥部副指挥长、市水务局局长陈松林受市政府委托所作的关于2010年郑州市防汛准备工作情况的报告以及市人大农工委主任王瑞桐关于全市防汛准备工作视察情况的报告,市人民检察院常务副检察长张战军代表市检察院所作的关于人事任免案的说明,市人大副秘书长李金鹏关于市十三届人大常委会第十一次会议议程、日程安排意见及出席、列席和旁听人员名单(草案)。此外,还听取了关于纪念市人大常委会设立30周年活动方案准备情况的汇报、关于市十三届人大常委会第十一次会议议题准备情况的汇报。

【市十三届人大常委会第十六次主任会议】 2010年7月21日,市人大常委会主任白红战主持召开市十三届人大常委会主任会议第十六次会议。会议听取了市委组织部常务副部长张进峰关于人事任免案的说明,市政府副秘书长郑灏东关于《中华人民共和国统计法》、《河南省统计管理条例》实施情况的报告以及市人大经济工委主任贺广勋关于《中华人民共和国统计法》、《河南省统计管理条例》实施情况的执法检查报告;市人大内司工委主任许福亮关于《郑州市人大常委会关于推进“畅通郑州”交通综合整治的决议(草案)》起草情况的说明、法制室主任李艳关于郑州市地方性法规清理工作情况的报告;市人大副秘书长李金鹏关于市十三届人大常委会第十二次会议议程、日程和出席、列席人员名单(草案),以及市十三届人大常委会第十三次会议议题安排意见(草案)的汇报。

【市十三届人大常委会第十七次主任会议】 2010年8月18日,市人大常委会主任白红战主持召开市十三届人大常委会主任会议第十七次会议。会议听取了市政府副市长张建慧关于迎接国家卫生城市复审准备工作情况的报告和关于城中村改造工作情况的报告,市人大城建工委主任张文田关于迎接国家卫生城市复审准备工作情况的视察报告和关于城中村改造工作情况的视察报告,市中级人民法院院长王新生关于人事任免案的说明,市政府副秘书长郑灏东关于重点群体就业工作情况的报告和市人大选工委主任柴国合关于重点群体就业工作情况的视察报告,以及有关方面关于市十三届人大常委会第十三次会议议题准备情况的汇报。

【市十三届人大常委会第十八次主任会议】 2010年9月16日,市人大常委会主任白红战主持召开市十三届人大常委会主任会议第十八次会议。会议听取了副市长张建慧关于《郑州市城市房地产开发经营管理条例》实施情况的报告和市人大城建工委主任张文田关于《郑州市城市房地产开发经营管理条例》实施情况的执法检查报告,市人大民侨外工委主任岳德常关于《郑州市旅游业管理条例》贯彻实施情况的调研报告,高新区人大工委主任余健关于高新区人大工作进展情况和经开区人大工委主任柴清玉关于经开区人大工作进展情况的汇报,以及市人大副秘书长李金鹏关于人大常委会组成人员编组调整方案的情况说明、关于市十三届人大常委会第十四次会议议题安排意见的汇报。会议还听取了市发改委主任蔡红关于国民经济和社会发展"十二五"规划纲要编制情况的汇报。

【市十三届人大常委会第十九次主任会议】 2010年10月20日,市人大常委会主任白红战主持召开市十三届人大常委会主任会议第十九次会议。会议听取了市人大选工委主任柴国合关于市人大代表专业组活动情况的报告、研究室主任张江涛关于全市人大工作研讨会筹备工作情况的报告和关于纪念市人大常委会设立30周年图书编辑工作情况的报告;市人大副秘书长李金鹏关于纪念市人大常委会设立30周年书画摄影展筹备工作情况的报告,《郑州市人大常委会机关职责过错行为责任追究暂行办法(草案)》和《郑州市人大常委会办公厅关于开展厉行节约专项治理加强经费支出管理的意见(草案)》起草修订情况的说明,关于市十三届人大常委会第十四次会议议程、日程、常委会组成人员编组名单,以及出席、列席人员和旁听人员名单(草案)。会议听取了关于市十三届人大常委会第十四次会议议题准备情况的汇报。

【市十三届人大常委会第二十次主任会议】 2010年11月19日,市人大常委会主任白红战主持召开市十三届人大常委会主任会议第二十次会议。会议听取了市政府副市长张建慧关于《郑州市城乡规划管理条例》实施情况的报告和市人大城建工委副主任曹进元关于《郑州市城乡规划管理条例》实施情况的执法检查报告,市发改委主任蔡红关于郑州市进国家、省"十二五"规划重大项目情况的报告;市人大选工委主任柴国合关于全国、省、市三级人大代表集中视察活动方案的汇报,法制室主任李艳关于《郑州市人大常委会2011年度地方立法计划(草案)》的说明,以及副秘书长李金鹏关于市十三届人大常委会第十五次会议议题安排意见及郑州市十三届人民代表大会第三次会议筹备工作情况的汇报。会议还听取了纪念市人大常委会设立30周年活动筹备工作情况的报告。

【市十三届人大常委会第二十一次主任会议】 2010年12月16日,市人大常委会主任白红战主持召开市十三届人大常委会主任会议第二十一次会议。会议学习传达了中央经济工作会议精神及省委常委、市委书记连维良关于人大工作的谈话要点。听取了市财政局局长王春山关于市本级2010年财政收入预计完成情况及超收安排意见的报告,市发改委主任蔡红关于郑州市"十二五"规划编制情况和战略支撑产业规划情况的报告,市国税局局长李和圈、市地税局局长吕太昌关于税收征管情况的报告;市人大信访室主任刘桉银关于人大涉法涉诉信访工作情况的汇报,研究室主任张江涛关于人大理论研究工作情况的汇报,选工委主任柴国合关于郑州市出席河南省十一届人大代表变化情况的说明,预算工委主任张正平关于2009年度市本级预算执行审计工作报告中反映问题整改落实情况的报告,经济工委主任贺广勋关于代表视察产业集聚区发展及工业经济结构调整情况的报告,农工委主任王瑞桐关于代表视察社会主义新农村建设情况的报告;副秘书长李金鹏关于代表视察郑州新区规划建设情况及为民办理"十大实事"落实情况的报告、关于召开郑州市第十三届人民代表大会第三次会议的决定(草案)的说明,以及关于市十三届人大常委会第十五次会议日程安排意见的汇报。

(司久贵　牛志熳)

工作及活动

【代表议案和建议办理】 2010年2月1日至5日,市十三届人大二次会议上,代表向大会提出议案165件,经大会议案审查委员会初审并提请大会主席团审议通过,有9件作为议案处理(17件合并为9件),其余148件转作代表建议、批评和意见(以下简称建议)办理;会议期间代表对郑州市各方面的工作提出建议489件;截至9月份,闭会期间代表又提出建议6件。作为代表建议处理的共计643件。以上议案和建议,转交市人大常委会有关工作部门办理的议案3件、建议3件;转交市人民政府办理的议案7件(14件合并为7件)、建议627件(其中列为重点建议20件);转交市中级人民法院办理的建议8件;转交党群社团办理的建议5件。

2010年3月15日,市人大常委会召开市十三届人大二次会议代表议案和建议转办工作会议。市人大常委会主任白红战,市委常委、常务副市长胡荃，市人大常委会副主任刘全心、秘书长刘焕成和各委、厅、室负责人，以及承接办理工作的市政府办公厅、市法院、市委组织部、市委宣传部、市编办等有关部门负责人参加会议，共同研究部署代表议案、建议办理工作。白红战主任要求：一要提高认识。办理好代表议案和建议是依法治国、人民当家作主的具体体现，是尊重代表，对代表依法行使职权的支持，是改善和保障民生的重要途径。二要明确任务。要明确时限，尽可能早办理、早答复；要落实责任，各承办单位要把办理工作落实到人，明确责任和任务；要加大督查和监督工作力度，及时掌握议案和建议办理的进度。三要确保质量。要提高办结率和满意率，注重议案和建议办理的实际落实率。市委常委、市政府常务副市长胡荃代表市政府表态，一定要把2010年的代表议案和建议办理好、落实好，给代表一个满意的答复。

为使议案和建议办理工作提高到一个新的水平，市人大常委会加大督办力度，改进和创新了督办方法。一是对议案件进行专题督办。7月27—30日，市人大常委会选工委、市政府督查室有关负责人及议案领衔代表对市政府有关委局（市农业局、财政局、扶贫办、卫生局、火车站地区管理委员会、司法局、法制办、交运委、工信委、民政局）办理的7件议案进行逐件检查督办，对议案办理情况表示满意。二是对建议件进行集中督办。9月，市人大常委会负责督办议案、建议的有关工作部门，组织省、市人大代表100余人分成11个视察组，按照各自对口部门，分别对承办单位办理代表议案及建议工作进行视察，有效促进了办理工作。人大代表对办理工作的满意率达到98.5%。三是对不满意件进行重点督办。对于代表不满意的8件建议，10月14—15日市人大常委会选工委与市政府督查室一起，邀请市教育局、财政局、城管局、发改委、规划局等部门负责人和部分人大代表，再次进行督办检查，督促办理部门加大力度、抓紧办理，并进一步与代表沟通，起到明显效果。如韦强启代表提出的关于郑州市启动“企业学校化”试点企业的建议和禹舜代表提出的关于解决惠济区金洼干沟郑花路涵洞两侧光缆阻水问题的建议，经过重新办理，代表表示满意和理解。此外，对一些涉及省管权限的建议，联系了有关省人大代表向省人代会提出。

截至12月底，市十三届人大二次会议期间代表提出的议案和建议全部办结完毕，并答复了代表；闭会期间代表提出的6件建议办结，并答复了代表。经对议案和建议办理情况进行梳理，已经办结或基本办结的213件，占32.5%；正在办理并有望办结的377件，占57.7%；因受政策和当前条件限制或其他原因暂无法办理的64件，占9.8%。10月28日市十三届人大常委会第十四次会议表决通过了市人民政府和市中级人民法院办理代表议案和建议情况的汇报。

【代表调研及视察活动】 2010年，郑州市十三届人大常委会根据《郑州市人民代表大会代表视察办法》，对2010年人大代表视察题目的选择、视察的准备、视察的组织和视察成果的运用等作出明确规定。围绕市委、市政府工作和人民群众关注的热点问题，组织人大代表开展了视察、调研、执法检查和监督等活动。

1月19日，市人大常委会副主任周长松带领市人大常委会城建代表专业组一行13人，到郑州市邮政局进行调研。

1月28日，市人大常委会召开地方性法规清理工作会议，对地方性法规清理工作进行全面部署和动员。市人大常委会法规清理工作领导小组组长贾记鑫出席会议并讲话。

2月24日，市人大常委会主任、市交通枢纽工程指挥部指挥长白红战对全市交通枢纽重点工程建设情况进行视察。市人大常委会副主任周长松、秘书长刘焕成陪同视察。

3月15日，市人大常委会召开市十三届人大二次会议代表议案和建议转办工作会议。市人大常委会主任白红战、副主任刘全心和秘书长刘焕成参加会议。

3月26日，市人大常委会主任白红战带领部分市人大常委会委员和人大代表，到中州大学调研郑州市职业教育发展情况。市人大常委会副主任王旭彤、雷志，秘书长刘焕成参加调研。市人大常委会副主任贾记鑫带领部分市人大常委会委员、人大代表对郑州市贯彻实施《妇女权益保障法》情况进行执法检查。

3月30日，市人大常委会副主任周长松到郑州航空港区调研规划建设情况。

3月31日，市人大常委会副主任雷志带领部分市人大常委会委员和人大代表，视察全市社区医疗卫生服务工作。

4月1日，省人大常委会副主任铁代生到郑州市调研人大代表工作及闭会期间代表小组活动情况。市人大常委会主任白红战、秘书长刘焕成陪同调研。

4月7日，市人大常委会副主任李元法到市公安局调研台商代表反映的出入境签证有效期时限短和驾驶证更换难问题。

4月9日，市人大常委会主任、市交通枢纽工程指挥部指挥长白红战再次对全市交通枢纽重点工程建设情况进行视察。市人大常委会秘书长刘焕成陪同视察。

4月9—10日，全国人大教科文卫委员会副主任委员刘永治率领全国人大常委会文化产业调研组来郑调研文化产业发展情况。市人大常委会主任白红战、副主任雷志，市人大常委会秘书长刘焕成陪同调研。

4月15日，市人大常委会副主任王旭彤主持主任接待代表日，就禹舜等代表提出的“关于在惠济区建立一所二级以上综合性医院的建议”、王发田等代表提出的“关于加强我市医用耗材管理 进一步降低医疗成本的建议”和韩丽华等代表提出的“关于督促河南农业大学养鸡场尽快搬出市区的建议”,分别听取了代表对所反映问题的说明、市政府有关职能部门的办理情况和办理方案,并就如何解决这些问题与有关部门进行协调,提出了具体的办理要求。

4月19日,市人大常委会副主任栗培青到市水务局对全市生态水系规划落实和2010年防汛准备工作情况进行调研。

4月21日,市人大常委会副主任贾记鑫带领部分全国、省、市三级人大代表组成的视察组,对全市城市社区建设管理工作情况进行视察。

4月29日,省人大常委会法制室主任陈铁平一行来郑对《河南省未成年人保护条例(修订草案)》进行专题调研。市人大常委会副主任贾记鑫陪同调研。

5月6日,市人大常委会主任白红战带领部分市人大常委会委员和市人大代表,对全市国土资源管理情况进行视察。市人大常委会副主任周长松、秘书长刘焕成参加视察。

5月7日,市人大常委会副主任栗培青到中牟县调研绿博园建设情况。

5月6—7日,省人大常委会副主任储亚平率领执法检查组对郑州市贯彻实施《中华人民共和国归侨侨眷权益保护法》和《河南省实施<中华人民共和国归侨侨眷权益保护法>办法》情况进行执法检查。市人大常委会主任白红战,副主任王旭彤、李元法,秘书长刘焕成陪同检查。

5月12—13日,市人大常委会副主任雷志带领部分市人大代表对全市的学校、幼儿园安全保卫工作落实情况进行明察暗访。

5月13日,市人大常委会副主任刘全心、秘书长刘焕成带领部分市人大常委会委员和市人大代表对郑州市煤炭管理工作情况进行视察。

5月14日,市人大常委会副主任栗培青主持接待代表日。就王志昂、邵翠霞两位市人大代表提出的“关于促进我市农民收入较快增长的建议”、“关于对安全水工程项目进行科学规划和建管的建议”,分别听取了代表对所反映问题的说明及有关部门对建议办理情况的答复,并提出了具体办理要求。

5月17—18日,全国人大外事委员会副主任委员南振中带领立法调研组对郑州市出入境管理工作进行考察。市人大常委会副主任李元法陪同考察。

5月20日,市人大常委会主任白红战、副主任周长松和秘书长刘焕成带领部分市人大常委会委员和市人大代表,对郑州二七商业中心区城市设计和交通规划情况进行视察。

6月1日,市人大常委会副主任李元法带领部分常委会组成人员和市人大代表对郑州市贯彻实施《中华人民共和国台湾同胞投资保护法》、《中华人民共和国台湾同胞投资保护法实施细则》和《河南省实施<中华人民共和国台湾同胞投资保护法>办法》情况进行执法检查。

6月7—8日,省人大法制委员会副主任委员王四川一行来郑对《河南省实施〈中华人民共和国城乡规划法〉办法(草案)》进行专题调研。

6月11日,市人大常委会主任白红战带领部分常委会委员和市人大代表到中牟县调研“三夏”生产和“创先争优”活动开展情况。市人大常委会副主任周长松参加调研。

6月12日,市人大常委会副主任王平主持主任接待代表日。就常凤山、刘树森、王志昂等3位市人大代表提出的“关于增设郑州市车辆购置税办理网点的建议”,听取了有关单位负责人对该建议办理情况的答复。

6月12—13日,省人大常委会副主任储亚平带领省执法检查组,对郑州市贯彻实施《清洁生产促进法》情况进行执法检查。市人大常委会主任白红战、副主任周长松陪同检查。

6月22—23日,省人大常委会副主任刘新民率调研组到郑调研加快民营企业发展情况。市人大常委会主任白红战、副主任刘全心、秘书长刘焕成陪同调研。

7月14日,市人大常委会副主任栗培青到市河务局调研黄河防汛情况。

7月15日,市人大常委会副主任雷志主持主任接待代表日。就黄国瑞代表提出的“关于加快建设石佛艺术文化园区的建议”,分别听取了代表对所反映问题的说明和有关职能部门对建议办理情况的答复,并就如何解决该问题进行沟通协调,提出了具体的办理要求。

7月19日,市人大常委会主任白红战,副主任王旭彤、栗培青、周长松和秘书长刘焕成,分别带领由全国、省、市人大代表和有关技术专家、公安交警及市民代表组成的视察组,对全市建成区内36座人行天桥及6条地下通道建设管理情况进行视察。

8月2—3日,省人大常委会副主任张程峰带领视察组,对郑州市法院执行工作和检察院反渎职侵权检察工作进行视察。市人大常委会副主任王旭彤陪同视察。

8月4日,市人大常委会副主任刘全心到高新技术产业开发区内的企业进行调研。

8月5日,市人大常委会副主任王旭彤、栗培青带领部分全国、省、市三级人大代表,对全市生态水系规划实施情况进行视察。

8月6日,市人大常委会副主任王旭彤、刘全心带领部分常委会委员和省、市人大代表,对全市重点群体就业工作情况进行视察。

8月9日,市人大常委会副主任雷志带领部分常委会委员和市人大代表,对《专利法》、《河南省专利保护条例》和《郑州市专利促进和保护条例》的贯彻落实情况开展执法检查。

8月10—11日,省人大常委会委员、教科文卫工作委员会主任孙泉砀一行7人,到郑调研科技创新工作。市人大常委会副主任雷志陪同调研。

9月1日,市人大常委会副主任

栗培青到陆浑灌区郑州管理局调研。

9月14日，市人大常委会副主任王平带领部分市人大常委会组成人员和人大代表，对市财政、审计、税务、金融等部门承办的有关议案、建议的办理情况进行视察。

9月15日，市人大常委会举办全国、省、市三级人大代表廉政教育专题讲座，市委常委、市纪委书记王璋授课。市人大常委会主任白红战，副主任王旭彤、王平、雷志、贾记鑫、周长松，秘书长刘焕成参加讲座。市人大常委会副主任贾记鑫主持主任接待代表日，就任慧军、豆雨霞、海鸥3位代表提出的《关于加快发展我市老龄事业，构建社会化养老服务体系的议案》，听取有关部门的汇报，并对做好下一步工作提出要求。

9月20日，市人大常委会内司工委组织部分常委会委员及人大代表对代表议案、建议办理情况进行视察，市人大常委会副主任贾记鑫参加视察。

9月26日，市人大常委会副主任周长松带领部分人大代表到市规划局、市交运委等单位视察城建环保系统代表议案、建议办理情况。

9月30日，市人大常委会副主任贾记鑫带领部分市人大常委会委员和人大代表对全市法院行政审判工作进行视察。

10月9日，市人大常委会副主任王平带领部分市人大常委会组成人员和人大代表对全市非税收入收支管理情况进行视察。

10月11日，市人大常委会副主任雷志带领由常委会委员和人大代表组成的执法检查组，对《中华人民共和国食品安全法》贯彻执行情况开展执法检查。

10月12日，市人大常委会副主任栗培青带领部分全国、省、市三级人大代表对绿博园建设及绿博会情况进行视察。市人大代表工作会议在中牟县召开，副主任刘全心出席会议并讲话。

10月14日，市人大常委会副主任李元法带领部分常委会组成人员和人大代表对全市旅游标识牌建设情况进行视察。

10月15日，市人大常委会副主任李元法主持主任接待代表日，就巴顺利等代表提出的“关于把回民公墓建设列入我市‘十二五’规划的建议”，听取有关部门对办理情况的汇报，并就如何解决问题提出具体的办理要求。

10月19日，市人大常委会主任白红战，副主任王旭彤、贾记鑫分别带领部分常委会委员和人大代表，对“畅通郑州”交通综合整治决议的贯彻执行情况进行视察。市人大常委会秘书长刘焕成参加视察。

11月3—4日，市人大常委会主任白红战、副主任周长松、秘书长刘焕成带领部分常委会委员和人大代表，对交通枢纽建设工程、城乡建设和管理工程、节能减排和生态环境建设工程进展情况进行视察。

11月4日，市人大常委会主任白红战，副主任栗培青、王平、刘全心和秘书长刘焕成前往中牟县、二七区、中原区、惠济区，调研机关驻基层干部工作，并看望机关驻基层干部。

11月9—10日，市人大常委会主任白红战带领驻郑部分全国和省十一届人大代表赴南阳市视察，全面了解南阳市重大建设项目、文化产业项目、新农村建设及南水北调工程等情况。市人大常委会副主任刘全心、李元法，秘书长刘焕成参加视察。

11月10日，市人大常委会副主任周长松带领部分人大代表对《郑州市城乡规划管理条例》贯彻执行情况进行执法检查。

11月15日，市人大常委会副主任周长松主持主任接待代表日，就市人大代表张子明、金红提出的关于打通郑州市化工路与荥阳市建设路、在人行道铺设吸水砖、在城市绿化中增植高大乔木等建议，分别听取有关部门办理情况的汇报，并就如何解决问题提出具体的办理要求。

11月22日，全市人大工作研讨会第18次会议在二七区召开，市人大常委会主任、副主任、秘书长、副秘书长、各委厅室主任及各县(市)区人大常委会主任、办公室主任参加会议。会议全面回顾总结了30年来郑州市两级人大常委会的工作及其经验，并讨论了《郑州市国民经济和社会发展第十二个五年规划纲要(征求意见稿)》。

12月1日，市人大常委会主任白红战带领部分常委会组成人员和人大代表视察郑州新区规划建设进展情况。

12月2日，市人大常委会主任白红战、副主任栗培青带领部分常委会组成人员和人大代表到巩义市、荥阳市视察社会主义新农村建设情况。

12月3日，市人大常委会主任白红战、副主任王旭彤、秘书长刘焕成陪同驻洛全国、省人大代表一行48人在郑视察。

12月7日，市人大常委会主任白红战，副主任王旭彤、王平，秘书长刘焕成带领部分常委会组成人员和人大代表视察全市税收征管情况。

12月8日，市人大常委会副主任王旭彤、秘书长刘焕成带领部分常委会组成人员和人大代表视察为民承诺“十大实事”办理情况。

12月24日，市人大常委会主任白红战，副主任王旭彤、雷志、李元法、刘全心，秘书长刘焕成带领驻郑部分全国和省人大代表对郑州市重大项目建设、教育发展、金融中心建设和稳物价、保民生等情况进行集中视察。

12月29日，郑州市人大常委会设立30周年纪念大会隆重举行。省人大常委会副主任王文超出席会议。市领导连维良、白红战、李秀奇、王璋、姚待献、胡荃、孙金献、王旭彤、栗培青、王平、赵明恩、雷志、刘全心、贾记鑫、李元法、周长松、王薇，市中级人民法院院长王新生，市人民检察院检察长杨祖伟，往届市人大常委会主任岳修武、郝建生，市人大常委会秘书长刘焕成等出席纪念大会。

（司久贵　牛志熳）

第六篇 人民政府

市政府全局工作

【概况】 2010年,郑州市人民政府在省委、省政府和市委的正确领导下,团结带领全市人民,深入贯彻落实科学发展观,大力实施跨越式发展战略,团结拼搏,克难攻坚,经济社会继续保持跨越式发展的良好态势。全市实现生产总值4000亿元,同比增长13%。财政总收入完成643亿元,同比增长23.2%,其中,一般预算收入完成386.8亿元,同比增长28.1%。规模以上工业完成增加值1600亿元,同比增长18%;实现利税1009亿元,同比增长27.1%。全社会固定资产投资完成2757亿元,同比增长20.8%。实现社会消费品零售总额1678亿元,同比增长19%。市属及以下企业出口总额达到33.1亿美元,同比增长62.8%。城镇居民人均可支配收入达到18897元,同比增长10.4%;农民人均纯收入达到9225元,同比增长13.6%。全市万元生产总值能耗下降3.6%,化学需氧量和二氧化硫排放量控制在省定目标以内。

【结构调整和产业升级】 2010年,郑州市在保持经济平稳较快发展的同时,更加注重经济结构调整和产业转型升级,着力增强产业竞争力。

工业结构进一步优化。全面实施产业调整振兴规划,加快新型工业化进程。新开工转型升级项目86个,竣工98个,完成投资457.5亿元。富士康、宇通、海马、东风日产、郑州日产、中国龙工、格力电器、旭飞光电、保绿能源等企业的一批重大项目开工建设,为全市工业经济结构调整奠定了基础。扶优扶强成效明显,年销售收入超百亿元企业达到7家,其中,郑煤、宇通、中烟等3家企业销售收入均超过200亿元。

现代服务业快速发展。郑州市被确定为国家服务业综合改革试点城市。现代化商贸城总体规划、商业网点规划及城区商业网点控规和郑州国际物流园区、航空港物流园区等功能区控规编制进展顺利,新加坡国际物流园被正式确定为国家层面战略合作项目,中南邮政物流集散中心开工建设。38个重点商贸物流项目实现投资78.1亿元,完成年度投资计划的127.4%。金融中心建设稳步推进,全市银行类金融机构达到24家;郑州商品交易所期货交易规模达到61.8万亿元,增长223.4%;地方金融机构发展步伐加快,郑州银行成立多家县域支行;郑煤机等4家企业成功上市,全市上市公司达到30家。成功举办了第二届中国绿化博览会、第八届中国国际农产品交易会、台湾产品月、中国国际汽车后市场博览会等100余场展会,展会面积达到132万平方米。旅游业快速发展,全年旅游总收入达到510亿元,增长16.4%。

现代农业发展稳步推进。粮食生产再获丰收,连续8年实现增产。加快农业发展方式转变,编制实施了都市型现代农业发展规划及蔬菜、花卉、水产等专项规划。新建3个现代农业示范园区,新增45家市级以上农业龙头企业,新增428个农民专业合作社。推进农业生产由小规模分散经营向规模化经营转变,全市土地流转面积达到2.4万公顷。

非公有制经济规模不断壮大。拓宽中小企业融资渠道,完善中小企业信用担保体系,加强企业服务,支持非公有制企业发展。全市非公有制经济完成增加值2400亿元,增长13.4%,占全市生产总值的60%。

对外开放和招商引资成效明显。郑州新郑综合保税区获国务院批准,成为中部地区第一个综合保税区,河南保税物流中心(B型)园区一期项目通过国家验收,出口加工区B区加快建设,综合保税区、保税物流中心和出口加工区成为郑州市对外开放的三大平台。坚持"大招商、招大商",以国内外500强企业为重点,瞄准央企和港澳台大项目,积极承接产业转移。全年实际利用外商直接投资19亿美元,增长17%;引进市外境内资金721亿元,增长18.4%。成功引进富士康项目,实现了承接产业转移和招商引资的重大突破,在洽谈、签约、厂房建设以及综合保税区申建等方面创造了"郑州速度"。

【经济发展方式转变】 2010年,郑州市把加快经济发展方式转变作为贯彻落实科学发展观的核心和关键环节,不断提高经济发展质量和效益,增强可持续发展能力。

产业实现集聚发展。科学编制并实施产业集聚区各项规划,在基础设施、融资担保、财政激励等方面加大扶持力度,进一步理顺管理体制,产业集聚区承载功能不断完善，已成为新的经济支撑点。38个产业集聚区基础设施投入达到172亿元，增长30.1%；规模以上企业销售收入完成3075.7亿元，增长31.2%。全市年销售收入超百亿元集聚区达到18个。

消费需求进一步扩大。积极实施促进消费的政策措施，加大“万村千乡”市场工程和家电下乡、汽车和家电以旧换新、特色商业街建设等工作推进力度。促进房地产业健康发展，房地产销售面积达到1558.7万平方米，增长29.8%。

自主创新能力得到加强。大力实施科技自主创新工程，68个重点项目完成投资46.4亿元，占年度计划的127%。实施企业自主研发项目145项，郑煤机液压支架电液控制系统等14个项目达到国际先进水平。新批建设国家级重点实验室1家，新认定省级工程技术研究中心21家。郑州市被确定为国家创新型试点城市，高新区被确定为第一批国家创新型园区。知识产权专利授权量增长49.2%，荣获“国家知识产权示范市”称号。

节能减排和生态建设力度进一步加大。大力淘汰落后产能，兼并重组煤炭企业133家，关闭、取缔污染严重的企业396家。十七里河、熊儿河、金水河等主要河道实现截污排放，投资14.4亿元的生态水系工程具备了通水条件，河岸绿化工作全面展开。加强水资源保护工作，郑州市被评为全国节水型社会建设示范城市。新造林近1.3万公顷，建成12个林业生态乡镇、100个林业生态村。郑州绿博园建成开园。中心城区新增绿地635万平方米，空气质量优良天数达到318天，饮用水源地水质达标率保持在100%。

【城乡规划与建设管理】 2010年，郑州市全面实施城市总体规划，加快编制郑州新区规划，完善城市功能，提升城市品位，城镇化水平进一步提高。

郑州新区规划建设快速推进。郑汴新区总体规划经省人大常委会审议通过，综合交通、城镇体系、产业发展等30项规划的编制工作顺利完成，形成较为完善的规划体系。推进龙湖地区、高校和职教园区、航空港区、汽车及装备制造产业园区等重点区域的开发建设，在重大项目布局、基础设施配套、土地征用等方面取得了新的突破。加快新区基础设施配套建设，各个组团基础支撑与保障能力不断增强。

中心城区建设和管理水平进一步提高。强力推进“畅通郑州”工程，不断完善城市交通基础设施，有效改善了城市交通状况。轨道交通1号线一期工程除东明路站外的所有站点全部开工，2号线开工建设。科学大道—西三环立交、东风路—文化路下穿隧道、中州大道北段综合整治、解放路立交等工程相继竣工通车。京沙快速通道全线开工，部分路段投入使用。客运北站开工建设，客运南站建成投入使用。列入计划的20条断头路全部打通，又新开工26条。完成雨污水改造工程33项、背街小巷道路改造106条。新购置公交车661辆，公交线路达到225条。王新庄、五龙口、马头岗等污水处理厂实现不间断达标运行。新建垃圾中转站26座、改造28座，敷设供水管道47公里，新建、改建市区燃气管网121.6公里，新建供热管网35公里。城中村、旧城和棚户区改造步伐不断加快。开展占道经营、户外广告、垃圾运输车和环境卫生整治，加快数字城市建设，城市精细化管理水平进一步提高。

交通枢纽地位不断强化。郑西客专投入运营，石武客专、郑民高速、郑州综合交通枢纽公路客运站等工程顺利推进，郑州至焦作、郑州至开封城际铁路相继开工建设，黄河公铁两用桥公路桥和花园口互通式立交新建工程主线建成通车。郑州机场建设步伐加快，旅客吞吐量突破870万人次，年货邮吞吐量8.58万吨。

农村生产生活条件得到改善。改造中低产田8666.67公顷，新建、改建农村公路578公里，解决了农村51万人的饮水安全问题。完成29个贫困村的整村推进和1992户7295人的扶贫搬迁任务，1.3万人实现脱贫。完成127个新农村建设项目。深入开展文化、科技、卫生“三下乡”活动，建成500个农村文化大院、299个农家书屋。

【民生保障和社会建设】 2010年，郑州市始终坚持经济发展与民生改善相统一、经济发展与社会建设相协调，让人民群众共享发展成果。向社会承诺为群众办好的“十大实事”，件件得到落实，群众关注的一些热点、难点问题得到有效解决。

就业工作扎实推进。落实扶持就业的各项优惠政策，新增城镇就业13.4万人，农村劳动力转移就业11.2万人。以创业带动就业，发放小额担保贷款8亿元。开展系列就业服务活动，促进高校毕业生就业。零就业家庭动态为零。城镇登记失业率控制在3%以内。

社会保障不断完善。新型农村合作医疗人均筹资标准提高到150元，参合率达到98%。城乡居民养老保险范围进一步扩大，企业退休人员基本养老金人均月增加148元，城市和农村低保人均标准分别提高15元、10元。加强保障性住房建设，经济适用房新开工166万平方米，竣工112万平方米；开工建设廉租住房15.4万平方米，竣工5.7万平方米。加强物价监测和管理，严厉打击价格违法行为，发放物价补贴，保障了低收入群体及困难群众的基本生活。

社会事业加快发展。制定实施教育、人才改革发展规划。市区新建、改扩建15所中小学校全部开工，顺利实施校舍安全工程和中小学校现代远程教育“班班通”工程。在全省率先实现郑州户籍中职生免费教育。郑州师专升格为郑州师范学院，郑州幼师新校区开工建设。基本公共卫生服务不断加强，基层医疗卫生条件得到改善。新建27个片医负责制单位，全市588个片医小组服务居民达280万人。郑州图书馆新馆(市民文化中心)完成主体工程建设，新建、改建100个社区文化活动中心，公共文化服务体系更加完善。登封“天地之中”历史建筑群成功列入世界遗产名录。成功举办了庚寅年黄帝故里拜祖大典和第八届中国郑州国际少林武术节。竞技体育和群众体育取得新成绩，郑州市培养和输送的运动员在第十六届亚运会上共获得7枚金牌。低生育水平持续稳定，人口自然增长率为5.2‰，郑州市被确定为全国人口和计划生育综合改革示范市、全国流动人口均等化服务综合改革试点城市。

社会大局和谐稳定。严格落实安全生产责任制，安全生产形势总体平稳。加强食品药品安全管理，产品质量和食品安全保障水平继续提高。信访工作机制不断创新，应急管理体制不断完善。推进“平安郑州”建设，完善社会治安综合防控体系，深入开展“四严一创”活动，命案破案率达97.12%，群众安全感和满意度大幅提升，郑州市成为全国最具安全感的城市之一。

【民主法制和精神文明建设】 2010年，郑州市政府自觉接受人民代表大会及其常委会的法律监督和工作监督，接受人民政协的民主监督，认真听取民主党派、工商联、无党派人士和各人民团体的意见。全年办复市人大代表议案、建议和政协委员提案1206件。坚持依法治市，社会法治化管理水平不断提高，提请通过地方性法规2件，制定政府规章16件。廉政建设和反腐败斗争取得新成效。坚持“三具两基一抓手”，深入推进“两转两提”，认真开展创先争优活动，团结拼搏、干事创业的氛围更加浓厚。加强精神文明建设，公民道德水平和文明程度不断提高。

大力开展国防教育，积极做好“双拥”工作。驻郑解放军和武警部队在支持地方经济建设、维护社会稳定方面作出了重要贡献。外事、侨务、对台工作不断加强，民族、宗教、统计、史志、文物、地质、气象、地震、人防、社科研究等工作取得新成绩。高标准完成省下达的南水北调征地拆迁和移民安置任务。第六次人口普查工作进展顺利。圆满完成四川江油四镇灾后援建工作。

【跨越式发展2010年动员大会】 2010年2月26日，市委、市政府召开了跨越式发展动员大会，主要任务是回顾总结2009年全市跨越式发展工作，安排部署2010年跨越式发展的目标任务，进一步动员全市上下解放思想、凝心聚力、开拓创新，努力实现经济社会跨越式发展。市委常委、市长赵建才作重要讲话，对全市跨越式发展工作进行了总结和再动员。

首先，赵建才指出，2009年是郑州市实施跨越式发展新三年行动计划的第一年，也是新世纪以来全市经济发展最为困难的一年。一年来，全市上下以科学发展观为指导，坚定不移地实施跨越式发展战略，按照“目标不变、任务不减”的工作原则，以结构调整为主线、以项目建设为抓手，齐心协力，克难攻坚，在逆境中迈出了跨越式发展的新步伐：扶优扶强成效显著，产业集聚区建设步伐加快，现代服务业实现新跨越，科技自主创新能力进一步增强，新农村建设进展顺利，城乡建设和管理取得新进展，交通枢纽建设成效明显，文化事业扎实推进，节能减排和生态环境保护力度进一步加大，社会事业稳步发展。同时，工作中仍存在一些不足和问题：一是个别同志对推进跨越式发展工作思想上存在松懈畏难情绪。二是工作开展不平衡，个别县(市)、区还没有建立起跨越式展的推进机制，机构人员机制不完善。三是一些单位抓落实不够，对市委、市政府的决策部署落实不及时，效率低下，办事拖拉。四是跨越式发展工作推进机制还需要进一步健全，特别是在督查考核和项目推进机制等方面还需要进一步完善。

关于2010年的工作，赵建才强调，2010年是郑州市经济发展最为复杂的一年，也是力争全面走出国际金融危机、推动新一轮发展步入良性轨道的关键之年。2010年跨越式发展的预期目标是，全市生产总值增长14%以上，力争突破4000亿元；地方财政总收入增长12%以上，突破600亿元，其中，地方财政一般预算收入增长15%以上，达到350亿元；全社会固定资产投资增长35%，突破3000亿元；利用域外资金力争突破1000亿元；规模以上工业增加值增长25%。为完成上述目标，要做好以下几个方面的工作：一是继续坚持扶优扶强，为实现跨越式发展提供强劲动力；二是不断加快集聚区建设，为实现跨越式发展培育坚实载体；三是进一步强化科技创新，为实现跨越式发展注入生机活力；四是扎实推进新农村建设，为实现跨越式发展奠定稳固基础；五是着力加强城市建设和管理，为实现跨越式发展创造优良环境；六是强化交通枢纽地位，为实现跨越式发展增强竞争优势；七是发挥文化资源优势，为实现跨越式发展提供精神动力；八是抓好节能减排和生态环境建设，为实现跨越式发展打造生态屏障；九是大力发展物流商贸业，为实现跨越式发展提供有力支撑；十是切实加强社会事业建设，为实现跨越式发展提供坚实基础。

【全市领导干部会议】 2010年4月10日，市委、市政府召开了全市领导干部会议，主要任务是贯彻落实全省加快经济发展方式转变研讨班和经济运行工作会议精神，分析全市经济运行情况，部署下一阶段工作，把加快发展方式转变作为当前和今后一个时期的首要任务，统一思想，提高认识，齐心协力，开拓创新，努力保持经济平稳较快发展的态势，推动全市经济社会跨越式发展。

市长赵建才作了重要讲话，他指出，2010年以来，全市上下深入贯彻落实科学发展观，紧紧围绕跨越式发展十大工程这一重要抓手和“一二三四五”的工作思路，振奋精神，团结拼搏，全市经济实现了首季“开门红”。初步统计，一季度全市生产总值完成795亿元，与上年同期相比增长16.5%左右，增幅同比提高12.1个百分点，是2005年以来增速最高的一个季度。在充分肯定成绩的同时，赵建才强调，一季度主要指标同比增速虽然较高，但主要是由于上年基数较低。经济发展面临的形势还很复杂，发展趋势还有很多不确定性，经济运行还存在诸多困难和挑战：一是工业增速虽然高位运行，但回升情况仍不乐观，增长的结构也不尽合理。二是实际利用外资虽然增长较快，但合同利用外资大幅下降，利用外资的后劲不足。三是财政收入虽然大幅上涨，但税收稳定增长机制比较脆弱。四是经济运行虽然总体健康，但保持健康运行的难度加大。因此，要认真分析当前面临的形势和任务，高度重视和认真解决面临的问题和挑战，坚定信心，乘势而上，努力保持经济发展的好态势、好气势，推动经济社会跨越式发展。

最后，赵建才对二季度的重点工作进行了安排部署，一是加强经济运行调控调节，二是强力推进跨越式发展重点工程建设，三是进一步加快重点项目建设，四是尽快掀起招商引资新高潮，五是积极推进产业集聚区建设，六是抓好物流、会展等现代服务业发展，七是努力做好春耕生产和新农村建设，八是加大城市建设和管理力度，九是加快推进郑州新区建设，十是切实抓好安全生产和社会稳定。

【全市经济形势讲评会】 2010年10月18日，市委、市政府召开经济形势讲评会，主要任务是贯彻省经济运行工作电视电话会议精神，总结分析和讲评前三季度全市经济运行情况，安排部署四季度重点工作，动员全市上下统一思想、振奋精神、奋力冲刺，全面完成2010年及“十一五”各项目标任务。市委常委、市长赵建才在会上作重要讲话。

首先，赵建才充分肯定了前三季度取得的成绩，他指出，全市上下围绕年初确定的“一二三四五”工作思路，克服国际金融危机带来的不利影响，坚定不移地推进经济社会跨越式发展，创造性地开展工作，经济社会发展保持了良好势头。一是经济保持高位运行，平稳增长的势头进一步巩固。二是产业调整步伐加快，经济结构进一步优化。三是发展方式转变加快，质量效益水平进一步提高。总体上看，前三季度全市经济运行的态势是好的，正在朝着宏观调控的预期方向发展。在国际金融危机影响尚未消除的情况下，一方面要发展经济保增长，另一方面还要兑现承诺完成节能降耗，在产业结构调整还不到位、内需拉动还不明显的背景下，取得这样的成绩来之不易。

同时，赵建才强调，应更加清醒地认识到，发展环境仍极为复杂，还面临很多矛盾和问题，遏制经济增速回落、保持经济平稳较快增长的难度还很大：一是世界经济复苏进程的曲折性，二是国内宏观调控政策的复杂性，三是完成全年目标任务的艰巨性，四是区域经济发展的不均衡性。一定要高度重视这些问题，认真研究，把加快发展方式转变和调整优化结构放在更加突出的位置，强化措施，狠抓落实，千方百计确保全年及“十一五”目标任务的圆满完成。

最后，赵建才对四季度的工作进行了部署：一要围绕项目建设抓投资，二要加快产业集聚区建设，三要抓好“三秋”生产和农村基础设施建设，四要围绕“畅通郑州”工程狠抓城市建设与管理，五要强力推进郑州新区建设，六要高度重视节能减排、煤炭企业兼并重组和土地开发整理工作，七要继续做好改革开放工作，八要切实抓好以“十大实事”为重点的民生工程，九要高度重视安全生产和信访稳定工作，十要切实搞好“十二五”规划编制和重大项目谋划。

（王永平）

【政务信息编发和上报】 2010年，市政府办公厅信息联络处紧紧围绕市政府中心工作，认真落实办公厅的各项部署，强化目标管理，严格落实信息工作责任制，积极为市政府领导做好信息服务。全年共编发信息刊物958期，其中，编发《政务要闻》188期、《政府工作快报》562期、《信息专报》208期，所编信息被省、市领导批示76条。连续18年被省政府办公厅评为河南省政务信息工作先进单位，被市委办公厅评为《郑州工作》宣传报道先进单位。组织汇编了系列《落实2010政府工作报告 推进跨越式发展专题》、《坚定不移地推进经济社会跨越式发展专题》、《全市深化落实跨越式发展行动计划暨“一会两节”动员会议精神贯彻落实情况》、《有关县（市、区）实施城郊村合村并城试点工作的思路和做法》、《全市确保完成全年经济发展目标任务推进会议精神贯彻落实情况》等专期报道。不断提高信息刊物质量和提供领导决策、服务领导信息需求的能力，进一步加强与市委宣传部、市政府驻外办事处的信息交流，及时收集外地市经济社会发展的有益资料供领导参阅，共编发《外埠信息》49期、信息297条。

（巩　煌）

人力资源和社会保障工作

【概况】 2010年，根据市委、市政府机构改革统一部署，在整合原人事局、劳动和社会保障局职能的基础上，组建了人力资源和社会保障局。面对机构改革与繁重工作任务的双重考验，全市人力资源和社会保障部门以“民生为本，人才优先”

作为工作主线，大力实施人力资源和社会保障“211”民生工程，推动人力资源和社会保障各项工作取得新的进展。

全力做好“十二五”规划编制工作，《郑州市人力资源和社会保障事业发展“十二五”规划纲要》、《郑州市人力资源开发“十二五”规划纲要》、《郑州市人才发展“十二五”规划纲要》等三个规划通过了专家论证。扎实开展普法和依法治理工作，完成了《郑州市公益性岗位开发使用管理办法》等政府规章的制定，并做好行政诉讼、行政复议案件的应诉工作。开展了社会保险政策调整和市级统筹等政策调研活动。认真做好新闻宣传和政务信息工作，被各级报刊、媒体采用宣传稿件460余篇，在郑州电视台《郑州新闻》栏目推出“劳动者风采”电视专题片，在《河南日报》、《郑州日报》等连续介绍郑州市高校大学生就业工作措施；组织赴深圳富士康作专题采访报道，制作“郑州市装备制造职业学院”汇报短片，有力推动了重点工作开展。加快推进人力资源和社会保障信息系统整合工作，着力构建全市统一的网络平台。充分发挥12333综合服务平台作用，整合了原人事和劳动保障部门所有的政策法规、办事程序，充实咨询系统资料库，提高投诉举报和咨询服务工作水平。全年12333咨询服务系统受理来电52万多个，受理市长电话、政府网、人力资源和社会保障信息网等群众来信6000多件，开展12333进基层服务活动和局领导接听12333活动24次，参加市长电话进基层服务等活动15次，服务群众45万多人(次)，在宣传政策、维护职工权益、加强机关效能建设、建立服务型政府等方面发挥了重要作用。加强考试管理，严肃考风考纪，加大科技投入，规范操作流程，认真做好各项人事考试工作，全年共组织各类人事考试26次，参考12.42万人，办理各类证书17类9597本，完成社会化考试40项。开展庆祝建党89周年诗歌朗诵、建国61周年书画摄影等比赛活动，成立书画、摄影、球类兴趣小组，丰富干部职工业余文化生活。认真做好离退休老干部服务工作，加强离退休党支部建设，确保离退休干部政治、生活待遇的落实。

【“211”民生工程】 2010年初，在深入分析全市人力资源和社会保障工作形势的基础上，郑州市人力资源和社会保障局做出了着力实施“211”民生工程的战略部署，成立了领导小组和8个专项工作指挥部，明确任务，落实责任，细化措施，扎实推进，取得显著成效。

(一)就业状况调查顺利完成。为摸清全市人力资源和社会保障工作基础性数字，科学实施决策，在全市开展了为期两个月，以“4050”人员、大学生和农民工等群体为重点的就业状况和就业需求调查，客观全面地分析各类群体就业形势，制定实施有针对性的工作措施，为做好全年的就业工作打下了坚实的基础。

(二)业务工作和队伍建设双跃升活动深入开展。印发了全局“业务工作和队伍建设双跃升”教育活动方案，在全系统掀起“双跃升”教育活动高潮；以“立足岗位比作为、创先争优当模范”为主题，深入开展创先争优活动，取得了积极成效。积极开展优质服务窗口单位创建活动，评出20个市级、4个省级、1个国家级优质服务窗口，促进了服务水平的提高。加强精神文明建设，郑州市商业技师学院、郑州市职业介绍中心、郑州市社会医疗保险中心成功创建省级文明单位。加强干部培训，参加局领导干部自主选学活动，组织读书竞赛活动，邀请专家开展专题讲座，选派干部到上海交大、清华大学深造学习；组织公务员岗位练兵活动，专项业务对口培训，基本技能全局组织集中培训，有效提高了公务员业务素质。

(三)城乡就业工作目标超额完成。2010年，全市新增城镇就业再就业13.40万人，完成全年目标任务的103.1%。其中，下岗失业人员4.02万人、“4050”等就业困难人员1.49万人、公益性岗位就业8297人，分别是目标任务的133.9%、114.2%、127.6%。帮助73户“零就业家庭”的104名成员实现就业，达到了城镇“零就业家庭”动态为零的目标。城镇登记失业率控制在3%以内。全年共发放小额担保贷款7.99亿元，完成目标任务的114.16%。接收大中专毕业生8.15万人(比上年增加23.4%)，其中，研究生0.23万人(含博士生34人)，占2.88%；本科生2.46万人，占30.2%；专科生4.90万人，占60.1%。6.28万名高校毕业生实现就业，就业率达到82%。全市实现农村劳动力转移就业11.24万人，农村劳动力职业技能培训7.2万人，是年度目标任务的112.4%和144.1%。帮助富士康科技集团在郑招聘和培训员工工作高效落实。成立了以局长周春辉为总负责人的工作组，明确分工，落实责任，全面做好政策宣传、组织招聘、优惠政策落实和人员的体检、运送、管理等各项工作。全市全年共组织报名6.08万人，面试4.13万人，合格3.54万人，累计向富士康输送3.05万人，其中参加社会实践学生1.26万人、普工1.79万人。各项建设工程进度加快，人力资源东市场、创业者孵化楼奠基开工，郑州农村人力资源中心市场改建工程完成投资约1456万元，“农民工超市”建设积极推进。

(四)社会保障工作不断深入。截至2010年底，全市企业养老保险参保总人数1075149人，机关事业养老保险参保196884人，失业保险参保897509人，基本医疗保险参保898302人，工伤保险参保578409人，女工生育保险参保399532人，居民医疗保险参保955527人，居民养老保险参保954547人。全市社会保险费征缴合计103.835645亿元。其中，企业养老保险费实征558766万元，完成省定目标任务的129.3%；失业保险费实征39888.41万元，完成省定目标任务的354.8%；工伤保险费实征16445万元，完成省定目标任务的144.8%。

社会保险费发放方面，至2010年底，社会保险待遇支付87.963951亿元。其中，企业养老保险为250417名离退休人员和死亡离退休人员遗属支付待遇459055万元（养老金428525万元、丧葬补助和抚恤金15196万元、其他15334万元）；机关事业养老保险为58999人支付待遇145851万元，其中，养老金144424万元、丧葬补助和抚恤金965万元、转移支出462万元；失业保险为13440人支付待遇23997.61万元，其中，失业金10789.49万元、医疗补助金1122.54万元、丧葬补助和抚恤金8.21万元、职业培训补贴498.04万元、农民合同制工人一次性生活补助248.46万元；城镇职工基本医疗保险支付158708万元，其中，统筹基金支付103282万元、个人帐户支付55426万元；城镇居民医疗保险为57015人次支付待遇17258万元；工伤保险为2747人支付待遇6041万元；女工生育保险为6408人支付待遇3679万元。

（五）全民技能振兴工程全面推进。11月25日，省人力资源和社会保障厅与郑州市政府签署了共建全民技能振兴工程示范市框架协议，在更大范围、更高层次上促进全市的人才建设。截至2010年底，全市共有24.45万人接受了职业技能培训，完成全年目标任务的133.94%。其中，城乡新成长劳动力参加预备制培训5.75万人、农村富余劳动力职业技能培训7.2万人、再就业培训4.07万人、创业培训0.57万人、技能提升培训6.85万人。郑州商业技师学院建设职业技能公共实训基地项目已规划、立项，《可行性研究报告》得到批复。

（六）事业单位岗位改革工作进展顺利。全市1551家事业单位完成了岗位设置方案的核准工作，并抓紧组织实施，占全市事业单位总数的80%以上。

（七）技工院校整合抓紧实施。市政府常务会议审核通过了郑州市职工大学、郑州市技师学院、郑州交通技师学院三校整合，成立郑州装备制造职业学院的方案。整合工作积极推进，顺利通过省考核验收组第一次预评估。经过广泛调研和论证评估，市政府常务会议批准设立郑州市高技能实训服务管理中心。

【公务员管理制度建设】 2010年，郑州市不断建立和完善符合全市实际的公务员管理制度。起草了《公务员职位使用统计管理办法》，完善公务员职位管理；印发了《关于转发党政机关公开遴选公务员工作的意见的通知》，将公务员录用的重点向长期在基层一线工作的人员倾斜；起草了《郑州市机关事业单位工作人员年度考核等次标准条件》、《郑州市公务员绩效考核实施意见》等，进一步丰富了考核奖励工作的内涵；出台了《郑州市公职人员违反交通法规处理意见（试行）》，健全了公务员管理监督体系。

【公务员招录】 2010年，郑州市公务员考录工作成效明显。率先在全省18个省辖市中实现网上报名，共组织18881人参加了河南省2010年招录公务员考试，为全市23家市直单位和乡镇机关招录新公务员76名。顺利完成2010年河南省政法干警招录培养体制改革中郑州公安机关的面试、体检工作，为全市公安机关招录106名新警员。分两期组织市和县（市）、区负责公务员管理的处长、局长、科长共计200余人进行封闭式面试考官培训，进一步加强了公务员录用考官队伍的建设。

【公务员队伍管理】 2010年，郑州市加强了公务员队伍管理。一是全面部署使用公务员综合管理信息系统，做好公务员日常登记、非领导职务任职备案和参照公务员法管理审核报批工作，严格按照公务员登记、任职备案和参照《公务员法》管理的有关规定开展工作，共办理公务员登记审批412人，参照单位工作人员登记审批71人；办理各类非领导职务任职备案356人；审核市接待办公室等17家单位报参条件，并报省公务员局审批。二是积极推进市直单位中层干部竞争上岗工作。积极发挥部门职能作用，加强对市直单位中层干部竞争上岗工作的指导，要求各机关开展竞争上岗时要提前报送工作方案，审查任职条件和工作程序，并监督实施，切实增强选拔任用干部的公平性和科学性。全年共有14家单位实施科级职位竞争上岗，竞争科级职位104个，298人参与。三是认真办理公务员交流调动工作。细化条件，规范程序，依法依规办理各类公务员交流调动手续。全年累计受理调动手续92件，办理完毕调任14件、调出转任21件、调入转任40件。积极协调有关部门，做好市市政管理执法局郑东新区分局向郑东新区管委会整建制移交人员工作，对原市市政管理执法局郑东新区分局44名职工的档案进行了审理，在补齐相关材料后，对所有人员进行了公示、移交。四是顺利开展机关事业单位年度考核工作。完成机关事业单位2009年度考核工作。共备案606家单位195788人，其中优秀15766人、称职176827人，核发奖励资金881万元，给予256名公务员记功嘉奖，督促有关部门对12名基本称职人员和56名不称职人员提出处理意见。

【公务员表彰奖励】 2010年，郑州市在公务员管理工作中，政府表彰奖励工作效果明显。全年完成市级表彰22项，其中，2009年表彰执行了16项（集体669个、个人479名），2010年表彰执行了6项（集体116个、个人240名）。领导小组表彰11项，其中，2009年执行了10项（集体214个、个人361名），2010年表彰执行了1项

2010年郑州市参照管理人员基本情况统计表

项目	代码	合计	女	少数民族	中共党员	博士	硕士	学士	非领导职务	具有2年以上基层工作经历	学历				年龄					
											研究生	大学本科	大学专科	中专及以下	35岁及以下	36岁至40岁	41岁至45岁	46岁至50岁	51岁至54岁	55岁及以上
行	列	1	2	3	4	5	6	7	8	9	10	11	12	13	14	15	16	17	18	19
总计	1	2390	747	53	1890	6	65	226	1625	610	141	1473	645	131	854	433	350	396	205	152
正省部级职务	2								–											
副省部级职务	3								–											
正厅局级职务	4																			
副厅局级职务	5																			
正县处级职务	6	57	9		55	2	5	7	23	26	17	20	19	1			6	11	16	24
副县处级职务	7	170	26	3	169	4	13	19	36	47	35	104	27	4	4	7	27	74	36	22
正乡科级职务	8	462	118	10	438		10	57	125	126	31	271	144	16	17	73	107	142	69	54
副乡科级职务	9	419	126	8	365		13	47	159	103	19	270	109	21	112	106	73	74	31	23
科员	10	1266	460	31	853		21	88	1266	306	36	795	346	89	705	247	137	95	53	29
办事员	11																			
试用期人员及其他	12	16	8	1	10		3	8	16	2	3	13			16					

郑州市国家公务员统计表（止于2010年12月）

行政机关公务员					
项目	总计	研究生	本科	专科	中专以下
	23077	1499	11629	8287	1162
市	11863	801	6427	3987	648
县（市）	9252	580	4302	3592	778
乡镇	1962	118	900	708	236

参照公务员管理事业单位					
项目	总计	研究生	本科	专科	中专以下
	4778	186	2645	1647	300
市	2390	141	1473	645	131
县（市）	2388	45	1172	1002	169

（集体39个、个人70名）。工作部门系统表彰62项，其中，2009年表彰执行了54项（集体1009个、个人3168名），2010年表彰执行了8项（集体143个、个人967名）。2010年向河南省推荐先进集体42个、先进个人95名，向国家推荐先进集体4个、个人6名。完成了市领导交办的在“环卫、公交、公安等基层一线艰苦岗位开展评先表彰活动”、“在评选表彰活动中开展评差工作”等事项；完成重大项目表彰奖励工作，开展登封成功申遗、首届市长质量奖、第二届中国绿化博览会等表彰活动，充分发挥了政府表彰的激励、导向和约束作用。

【公务员培训】 2010年，郑州市加大了公务员培训和监督力度。组织2009年新录用公务员初任培训、市直机关公文写作骨干培训，并筹备了公务员职位管理及考核奖惩制度培训团赴英国伍斯特大学培训；举办了“市直机关处长执行力提升专题培训”，邀请清华大学、北京大学等知名高校专家和市纪委书记王璋、市委组织部长姚待献等具有丰富工作经验的市领导授课，全市803名处长参加培训。从8月开始，开展了以“强素质、比技能、育作风、树形象”为主题的郑州市公务员岗位练兵活动，各县（市）、区和市直各单位共组织各类练兵培训500余场次、各类竞赛比武活动150余场，2.8万名公务员及参照《公务员法》管理单位工作人员参加活动，有效提升了全市公务员的素质和能力。

【军转干部安置】 一是圆满完成2010年军转干部及随调家属安置工作。按照省军转办和市军转安置领导小组的统一安排，先后完成了审档、遴选考试、见习锻炼、岗前适应性培训、定岗定位等任务。全年实际接收军队转业干部487名，其中计划分配424名（正团职54名、副团职51名、营职以下及技术干部319名），自主择业63名。计划分配的营职以下和技术级军转干部中，进党政机关、县（市）区机关、政法系统的152名，进各级各类执法单位的53名，进其他单位的110名，按照本人意愿分配进企业单位的2名。此外，接收随调家属档案65份。二是落实政策，全力做好企业军转干部稳定工作。按时足额发放生活困难补助，坚持在春节、“八一”等重大节日开展企业军转干部走访慰问活动，为师团职企业军转干部征订“一报一刊”，并组织部分师团职、授功模范或因公致残的企业军转干部进行健康体检，做好部分企业退休军转干部养老金和生活困难补助调整工作。开展系列宣传报道活动，宣传企业军转干部解困工作政策，以及他们珍惜荣誉、自强自立的典型事迹。建立了24小时值班制度，确保节日期间稳定。三是推动军转干部管理和服务工作的不断深入。认真落实自主择业干部的退役金、医疗保险、住房补贴等各项政策待遇。根据国转办〔2010〕26号《关于印发〈军队转业干部教育培训大纲〉——计划分配公共类（试用）的通知》要求和省军转办有关安排，结合郑州市近几年军转干部培训工作实际，拓展教学内容、探索培训模式，结合下步安置工作，前移军转干部教育培训工作，重点抓好安置前培训工作。按照省委常委、市委书记连维良同志关于在军转干部安置工作中加强岗位锻炼的有关指示要求，研究制定了《2010年度计划安置军转干部安置前岗位锻炼工作的意见》和《2010年度军队转业干部岗位锻炼量化考评细则》，通过让军转干部参与到市委市政府的中心任务、应急处置等工作，帮助他们了解和熟悉地方工作特点，拓宽视野，全面提升综合素质，尽快适应岗位和角色的转换。同时，通过对军转干部见习岗位锻炼期间的“德、能、绩、效”等方面的综合性考查考核和量化考评，对每一名军转干部

2010年郑州市事业单位管理人员基本情况统计表

项目	序号	合计	女	少数民族	中共党员	博士	硕士	学历：研究生	学历：大学本科	学历：大学专科	学历：中专	学历：高中及以下	年龄：35岁及以下	年龄：36岁至40岁	年龄：41岁至45岁	年龄：46岁至50岁	年龄：51岁至54岁	年龄：55岁及以上	层次：中央	层次：省（区、市）	层次：地（市、州、盟）	层次：县（市、区、旗）	层次：乡（镇）
甲	乙	1	2	3	4	5	6	7	8	9	10	11	12	13	14	15	16	17	18	19	20	21	22
总计	1	37336	15449	1078	20416	74	557	1122	17450	14661	3202	901	18093	7480	5384	3670	1629	1080	0	0	11720	22708	2908
其中：参照公务员管理人数	2	5418	1988	128	3902	3	50	142	2520	1953	638	165	1955	1172	947	753	356	235	0	0	2226	3102	90
一级职员岗位（部级正职）	3	0	0	0	0	0	0	0	0	0	0	0	0	0	0	0	0	0	0	0	0	0	0
二级职员岗位（部级副职）	4	0	0	0	0	0	0	0	0	0	0	0	0	0	0	0	0	0	0	0	0	0	0
三级职员岗位（厅级正职）	5	0	0	0	0	0	0	0	0	0	0	0	0	0	0	0	0	0	0	0	0	0	0
四级职员岗位（厅级副职）	6	5	1	0	5	1	1	3	2	0	0	0	0	0	0	1	2	2	0	0	5	0	0
五级职员岗位（处级正职）	7	214	30	5	205	5	17	49	110	53	1	1	0	3	12	55	41	103	0	0	211	3	0
六级职员岗位（处级副职）	8	737	125	22	659	24	35	122	454	154	6	1	7	53	156	251	169	101	0	0	667	67	3
七级职员岗位（科级正职）	9	2445	574	59	2123	7	81	188	1356	801	76	24	151	445	612	616	349	272	0	0	1667	750	28
八级职员岗位（科级副职）	10	3921	1180	111	3063	11	164	291	2249	1205	141	35	1016	1051	900	569	204	181	0	0	1999	1748	174
九级职员岗位（科员）	11	27273	12318	816	13743	26	242	433	12544	11310	2525	461	14829	5709	3533	2057	771	374	0	0	6094	18584	2595
十级职员岗位（办事员）	12	1400	668	41	302	0	4	8	302	710	370	10	1250	77	38	22	9	4	0	0	318	1000	82
其他	13	1341	553	24	316	0	13	28	433	428	83	369	840	142	133	99	84	43	0	0	759	556	26

2010年郑州市事业单位专业技术人员基本情况统计表

项目	序号	合计	女	少数民族	中共党员	博士	硕士	港澳台及外籍人士	学历：研究生	学历：大学本科	学历：大学专科	学历：中专	学历：高中及以下	年龄：35岁及以下	年龄：36岁至40岁	年龄：41岁至45岁	年龄：46岁至50岁	年龄：51岁至54岁	年龄：55岁及以上	层次：中央	层次：省(区、市)	层次：地(市、州、盟)	层次：县(市、区、旗)	层次：乡(镇)
甲	乙	1	2	3	4	5	6	7	8	9	10	11	12	13	14	15	16	17	18	19	20	21	22	23
总计	1	86262	52194	1560	24414	46	1498	0	2670	40543	33359	9165	525	40302	15942	11516	8733	6388	3381	0	0	20342	38683	27237
专业技术岗位 高级岗位 一级	2	0	0	0	0	0	0	0	0	0	0	0	0	0	0	0	0	0	0	0	0	0	0	0
二级	3	0	0	0	0	0	0	0	0	0	0	0	0	0	0	0	0	0	0	0	0	0	0	0
三级	4	0	0	0	0	0	0	0	0	0	0	0	0	0	0	0	0	0	0	0	0	0	0	0
四级	5	348	157	8	190	4	17	0	24	279	33	9	3	0	1	71	153	64	59	0	0	322	26	0
五级	6	0	0	0	0	0	0	0	0	0	0	0	0	0	0	0	0	0	0	0	0	0	0	0
六级	7	0	0	0	0	0	0	0	0	0	0	0	0	0	0	0	0	0	0	0	0	0	0	0
七级	8	9318	4414	185	4197	18	169	0	453	6651	2075	131	8	114	1681	3195	2279	1285	764	0	0	4296	3576	1446
中级岗位 八级	9	0	0	0	0	0	0	0	0	0	0	0	0	0	0	0	0	0	0	0	0	0	0	0
九级	10	0	0	0	0	0	0	0	0	0	0	0	0	0	0	0	0	0	0	0	0	0	0	0
十级	11	39845	23767	663	12592	22	587	0	1061	16684	16720	5189	191	10422	10515	6699	5396	4560	2253	0	0	8631	17189	14025
初级岗位 十一级	12	0	0	0	0	0	0	0	0	0	0	0	0	0	0	0	0	0	0	0	0	0	0	0
十二级	13	29779	19429	541	6213	2	497	0	823	14653	11375	2691	237	23694	3233	1322	841	424	265	0	0	5935	14462	9382
十三级	14	5693	3588	143	1059	0	137	0	184	1641	2700	1088	80	4824	494	221	61	54	39	0	0	920	2889	1884
其他	15	1279	839	20	163	0	91	0	125	635	456	57	6	1248	18	8	3	1	1	0	0	238	541	500
1.工程技术人员	16	4011	1469	47	1609	1	29	0	66	1416	1843	632	54	1923	882	615	351	137	103	0	0	1243	2435	333
2.农业技术人员	17	1297	498	16	596	0	7	0	23	379	572	277	46	399	304	269	157	99	69	0	0	173	918	206
3.科学研究人员	18	130	61	0	59	4	18	0	31	62	25	12	0	57	22	19	24	7	1	0	0	129	0	1
4.卫生技术人员	19	11429	7555	148	2613	24	632	0	714	3263	4363	2871	218	4554	2396	2036	1421	630	392	0	0	4758	5201	1470
5.教学人员	20	65082	40099	1221	17526	15	768	0	1731	33505	24813	4890	143	31811	11282	7774	6291	5257	2667	0	0	11764	28330	24988
6.经济人员	21	1075	600	17	579	0	5	0	22	547	441	62	3	389	316	191	104	42	33	0	0	368	593	114
7.会计人员	22	1089	792	17	477	0	6	0	16	406	553	101	13	379	312	197	110	66	25	0	0	509	502	78
8.统计人员	23	154	91	0	69	0	0	0	0	50	63	40	1	81	23	24	14	6	6	0	0	25	108	21
9.翻译人员	24	8	8	0	1	0	0	0	1	4	2	1	0	2	2	3	1	0	0	0	0	6	2	0
10.图书档案、文博人员	25	577	390	26	283	2	20	0	37	292	227	19	2	190	104	124	88	51	20	0	0	361	197	19
11.新闻、出版人员	26	517	231	19	277	0	9	0	21	361	118	11	6	178	146	75	47	41	30	0	0	411	106	0
12.律师、公证人员	27	4	1	0	0	0	0	0	0	1	1	2	0	1	0	3	0	0	0	0	0	1	3	0
13.播音人员	28	65	38	5	23	0	0	0	2	37	24	2	0	29	15	11	6	2	2	0	0	47	18	0
14.工艺美术人员	29	25	12	0	6	0	0	0	0	7	16	2	0	9	4	6	1	3	2	0	0	18	6	1
15.体育人员	30	127	54	8	38	0	4	0	2	79	37	8	1	58	21	27	13	6	2	0	0	123	4	0
16.艺术人员	31	425	192	34	81	0	0	0	2	57	105	225	36	184	66	76	59	19	21	0	0	330	95	0
17.政工人员	32	247	103	2	177	0	0	0	2	77	156	10	2	58	47	66	46	22	8	0	0	76	165	6

2010年郑州市各类型公有经济企业经营管理人才基本情况统计表

项目	序号	合计	女	少数民族	中共党员	博士	硕士	港澳台及外籍人士	学历：研究生	学历：大学本科	学历：大学专科	学历：中专	学历：高中及以下	年龄：35岁及以下	年龄：36岁至40岁	年龄：41岁至45岁	年龄：46岁至50岁	年龄：51岁至54岁	年龄：55岁及以上	配置方式：委任和直接聘任	配置方式：选任	配置方式：市场化选聘	在当前岗位任职年限：不满3年	在当前岗位任职年限：3年至不满5年	在当前岗位任职年限：5年至不满7年	在当前岗位任职年限：7年以上	年薪酬水平：不足1万	年薪酬水平：1万至不足3万	年薪酬水平：3万至不足5万	年薪酬水平：5万至不足10万	年薪酬水平：10万至不足20万	年薪酬水平：20万至不足30万	年薪酬水平：30万至不足40万	年薪酬水平：40万至不足50万	年薪酬水平：50万及以上
甲	乙	1	2	3	4	5	6	7	8	9	10	11	12	13	14	15	16	17	18	19	20	21	22	23	24	25	26	27	28	29	30	31	32	33	34
总计	1	5042	1482	97	3082	1	57	0	82	1407	1956	663	934	1294	1149	1152	807	405	235	3275	985	782	1453	1666	695	1228	156	2266	1799	652	169	0	0	0	0
一、中央管理的大型集团公司	2	0	0	0	0	0	0	0	0	0	0	0	0	0	0	0	0	0	0	0	0	0	0	0	0	0	0	0	0	0	0	0	0	0	0
董事、监事	3	0	0	0	0	0	0	0	0	0	0	0	0	0	0	0	0	0	0	0	0	0	0	0	0	0	0	0	0	0	0	0	0	0	0
经理人	4	0	0	0	0	0	0	0	0	0	0	0	0	0	0	0	0	0	0	0	0	0	0	0	0	0	0	0	0	0	0	0	0	0	0
党委（党组）负责人	5	0	0	0	0	0	0	0	0	0	0	0	0	0	0	0	0	0	0	0	0	0	0	0	0	0	0	0	0	0	0	0	0	0	0
部门负责人	6	0	0	0	0	0	0	0	0	0	0	0	0	0	0	0	0	0	0	0	0	0	0	0	0	0	0	0	0	0	0	0	0	0	0
其他经营管理人员	7	0	0	0	0	0	0	0	0	0	0	0	0	0	0	0	0	0	0	0	0	0	0	0	0	0	0	0	0	0	0	0	0	0	0
二、其他大型企业	8	2096	695	65	1393	1	17	0	25	810	889	174	198	507	508	439	358	197	87	1581	10	505	581	744	297	474	75	668	741	474	138	0	0	0	0
董事、监事	9	40	8	2	38	1	3	0	5	15	19	1	0	3	1	13	9	5	9	40	0	0	7	28	1	4	0	2	30	8	0	0	0	0	0
经理人	10	40	13	1	40	0	11	0	6	17	17	0	0	0	1	11	11	10	7	40	0	0	15	9	4	12	0	2	9	9	20	0	0	0	0
党委（党组）负责人	11	11	2	1	11	0	0	0	2	5	4	0	0	0	0	2	5	3	1	11	0	0	5	3	0	3	0	1	3	6	1	0	0	0	0
部门负责人	12	115	19	1	103	0	3	0	4	55	38	9	9	4	10	33	35	23	10	108	7	0	22	31	8	54	5	41	28	29	12	0	0	0	0
其他经营管理人员	13	1890	653	60	1201	0	0	0	8	718	811	164	189	500	496	380	298	156	60	1382	3	505	532	673	284	401	70	622	671	422	105	0	0	0	0
三、中型企业	14	896	254	20	484	0	26	0	37	318	377	94	70	353	135	168	144	62	34	618	269	9	329	323	53	191	4	513	333	41	5	0	0	0	0
出资人代表、企业负责人	15	119	13	2	91	0	5	0	12	38	50	14	5	24	24	25	28	7	11	113	4	2	44	31	7	37	2	82	20	10	5	0	0	0	0
其他经营管理人员	16	777	241	18	393	0	21	0	25	280	327	80	65	329	111	143	116	55	23	505	265	7	285	292	46	154	2	431	313	31	0	0	0	0	0
四、小型企业及其他企业	17	2050	533	12	1205	0	14	0	20	279	690	395	666	434	506	545	305	146	114	1076	706	268	543	599	345	563	77	1085	725	137	26	0	0	0	0

2010年郑州市公有经济企业专业技术人才基本情况统计表

项目	序号	合计	女	少数民族	中共党员	博士	硕士	港澳台及外籍人士	学历：研究生	学历：大学本科	学历：大学专科	学历：中专	学历：高中及以下	年龄：35岁及以下	年龄：36岁至40岁	年龄：41岁至45岁	年龄：46岁至50岁	年龄：51岁至54岁	年龄：55岁及以上	专业技术职务：高级	专业技术职务：正高级	专业技术职务：中级	专业技术职务：初级
甲	乙	1	2	3	4	5	6	7	8	9	10	11	12	13	14	15	16	17	18	19	20	21	22
总计	1	5390	2100	121	2084	3	56	0	84	1702	2302	769	533	1873	1267	950	647	374	279	278	0	1748	2151
其中：1.在管理岗位工作的	2	2023	661	29	752	1	31	0	43	699	855	189	237	519	480	424	322	152	126	127	0	790	724
2.具有职业资格的	3	2016	673	32	687	1	24	0	33	546	845	327	265	731	441	347	236	116	145	110	0	621	936
专业技术职务：高级职务	4	302	66	9	210	2	23	0	37	206	59	0	0	9	47	91	67	50	38	0	0	0	0
其中：正高级职务	5	0	0	0	0	0	0	0	0	0	0	0	0	0	0	0	0	0	0	0	0	0	0
中级职务	6	2159	832	50	935	1	21	0	34	944	881	162	138	487	647	462	249	177	137	0	0	0	0
初级职务	7	2746	1119	61	897	0	5	0	6	525	1288	572	355	1285	529	374	312	144	102	0	0	0	0
未聘任专业技术职务	8	183	83	1	42	0	7	0	7	27	74	35	40	92	44	23	19	3	2	0	0	0	0
专业类别：工程技术人员	9	2727	752	37	818	3	43	0	60	1010	1041	385	231	1149	572	475	255	130	146	166	0	878	1357
农业技术人员	10	31	11	0	4	0	0	0	0	2	8	15	6	12	13	4	2	0	0	0	0	4	13
科学研究人员	11	0	0	0	0	0	0	0	0	0	0	0	0	0	0	0	0	0	0	0	0	0	0
卫生技术人员	12	212	152	9	53	0	0	0	1	41	75	69	26	76	44	27	27	34	4	3	0	51	84
教学人员	13	69	43	1	30	0	0	0	0	28	26	7	8	12	26	22	8	1	0	5	0	33	13
经济人员	14	855	326	23	467	0	6	0	11	296	348	118	82	235	239	162	107	65	47	26	0	332	287
会计人员	15	737	500	21	270	0	3	0	3	145	409	93	87	251	219	118	85	47	17	25	0	220	191
统计人员	16	56	42	1	17	0	0	0	0	11	30	11	4	15	13	14	11	2	1	3	0	17	27
翻译人员	17	7	5	0	1	0	0	0	0	5	2	0	0	0	3	2	2	0	0	0	0	3	4
图书档案、文博人员	18	37	28	1	17	0	0	0	0	8	25	2	2	7	11	10	8	1	0	2	0	15	13
新闻、出版人员	19	0	0	0	0	0	0	0	0	0	0	0	0	0	0	0	0	0	0	0	0	0	0
律师、公证人员	20	2	0	0	2	0	1	0	1	1	0	0	0	0	1	0	1	0	0	0	0	1	1
播音人员	21	0	0	0	0	0	0	0	0	0	0	0	0	0	0	0	0	0	0	0	0	0	0
工艺美术人员	22	4	2	0	0	0	0	0	0	1	2	1	0	1	1	2	0	0	0	0	0	0	4
体育人员	23	0	0	0	0	0	0	0	0	0	0	0	0	0	0	0	0	0	0	0	0	0	0
艺术人员	24	9	6	1	2	0	0	0	0	2	5	2	0	0	4	3	1	0	1	0	0	3	6
政工人员	25	644	233	27	403	0	3	0	8	152	331	66	87	115	121	111	140	94	63	48	0	191	151

能力素质实施更加科学、全面的考察。

【引进国外智力】 2010年,郑州市引进国外智力工作成效明显。一是成功建立省市引智合作机制。11月25日,省外国专家局与郑州市人民政府签署引智合作框架协议,合作内容包括全力支持郑州新区建设、全市关键领域和产业发展、社会主义新农村建设和重点实施经济社会跨越式发展创新型人才培养工程,加强外国专家管理与服务,开展外国专家来华工作许可、外国专家证发放委托办理试点工作,营造更为优质、高效的引智环境,进一步推动全市实现更高层次的国际人才交流与合作。二是加大引进外国专家工作力度。全年共引进国外人才项目66项,引进来自法、德、荷、美、英等国优秀专家260余人次,帮助企业引进国外新技术工艺50余项、解决关键技术难题40余个、研发新产品30余个,产生直接经济效益近6亿元,并取得良好的社会效益和生态效益。三是出国(境)培训项目顺利实施。全年共有9个项目获得国家外专局批准,其中审核类8项、审批类1项(获国家外专局60%的资金资助)。加大了对出国境培训项目的指导、督导力度,认真组织出国预培训,确保了出国(境)培训项目的顺利实施。至年底,9个项目按照国家和省、市要求,全部执行完毕。四是国际人才交流与合作工作深入开展。赴深圳参加2010年中国国际人才交流大会,积极与德、荷、法等国的专家组织洽谈,投递20余项寻找专家项目,涉及畜牧、化工、建材、纺织、汽车、电子信息等多个领域,郑州市获得大会"最佳组织奖"。邀请德国高级专家组织(SES)负责人到郑访问并洽谈项目,14个2011年度寻找专家项目被SES组织接受,部分项目当场确定专家人选,郑州市被SES列为向中国派遣专家的优先城市。五是引智示范推广工作积极推进。邀请日本专家内田正先生举办"一村一品"报告会,成功举办引进国外智力成果展。重点引智项目单位——登封电厂集团铝合金有限公司被命名为国家引智示范单位,新密市曲梁乡、上街区峡窝镇柏庙村等4家单位被命名为2010年度省级"一村一品"基地。六是中等以下教育机构聘请外国专家单位资格认可及年检工作顺利开展。自6月份郑州市受理中等以下教育机构聘请外国专家单位资格认可及资格单位年检业务以来,加大了与市教育局、公安局、外侨办等单位的沟通,建立了协调机制,出台了相关政策,为文教专家管理工作的顺利开展提供了政策保障。至年底,初审报批5家聘请外国专家单位资格认可申请,其中4家已获省外专局批准;全市中等以下教育机构具备聘用外国专家资格的单位达58家,资格单位年检工作圆满完成。郑州市在资格认可和年检方面走在了全省各地市前列。

【人才队伍建设】 2010年,郑州市人才队伍建设进一步加强。一是加强高层次专业人才队伍建设。编制了《郑州市人力资源开发"十二五"规划纲要》、《郑州市人才发展"十二五"规划纲要》,制定出台了《郑州市高层次专家决策咨询顾问团工作规则》,修订完善了《郑州市人民政府津贴专家选拔管理办法》、《郑州市博士后科研工作站(研发基地)管理暂行办法》、《商都杰出人才选拔管理办法》。组织2010年度全市学术技术带头人评选工作,选出了100名市级学术技术带头人和5名省级学术技术带头人候选人。二是加大人才引进力度。认真统计全市高层次人才需求情况,发布高层次人才需求计划,全年有3000余人报名,引进高层次人才63人。三是全面实施全民技能振兴工程。推荐郑州市技师学院等学校12个项目申报河南省全民技能振兴工程项目,扎实推进职业教育攻坚计划。组织7.2万人参加职业技能鉴定。全市技工院校春秋两季共招生33927人,超额完成全年招生计划。积极开展校企合作,承办了河南省技工院校服务产业集聚区发展"百校千企"校企合作大会,市属5所技工院校与富士康集团签订校企合作协议。组织开展全市技能人才宣传月活动,营造良好的社会氛围。开展就业准入专项检查和民办职业培训机构专项清理整顿工作,促进了民办职业培训机构规范发展。四是积极做好人才服务工作。举办日常人才招聘会189次、专场人才交流会7次,提供岗位28万多个,引进各类专业技术人才1463人。开展机关事业单位工勤技能岗位培训,考核9474人。

【就业再就业工作】 2010年,郑州市积极推进就业政策的全面落实。一是积极做好高校毕业生就业服务工作。在结合郑州市实际、借鉴外地经验、保持政策连续性的基础上,以市政府名义出台了《关于做好2010年普通高校毕业生就业工作的意见》(郑政文〔2010〕127号),明确和完善高校毕业生就业各项优惠政策,为毕业生就业工作提供了政策支持。继续拓宽毕业生面向基层就业渠道,组织实施"高校毕业生进社区、服务农村"计划,公开招收1200名具有郑州市户口的高校毕业生到基层服务。做好高校毕业生就业见习工作,高校毕业生就业见习基地扩大到130家,为高校毕业生提供了7000余个见习岗位。积极为毕业生搭建双选平台,参加校园招聘会,提供就业指导;组织"高校毕业生就业服务月"、"秋季全国人力资源市场高校毕业生就业服务周"等专项活动,开展就业创业培训服务和毕业生就业政策进高校活动,开设"郑州市人才创业学堂",举办日常招聘会500多场,有4000多名毕业生通过人力资源市场实现了就业。二是扶持就业的各项优惠政策有效落实。2010年,政府投入资金3500余万元,购买公益性岗位6400余个,安置就业困难对象3549人。截至12月底,全市共发放小额担保贷款7.81亿元，完成省定目标任务的316.2%、市定目标任务的111.6%，直接扶持9200余人创业，累计带动就业8万余人。三是加大对就业困难群体的援助力度。举办了“就业援助月”、“春风行动”、“民营企业招聘周”、“就业援助周”和“高校毕业生推进行动及专场招聘会”等活动，开展了高校毕业生、城镇就业困难人员、农村富余劳动力就业需求情况调查，建立了就业困难人员“五清一明”、一对一帮扶、跟踪回访、“双卡制”等就业援助长效工作机制。全年各县（市）、区通过各种形式，共帮扶“4050”等就业困难人员7500余人实现就业。四是加强基层平台及公共服务机构建设。深入开展创建充分就业社区活动，全面加强基层人力资源和社会保障平台建设，中原区建设路街道协作路社区被评为国家级充分就业示范社区。五是做好农村富余劳动力培训和转移就业工作。继续完善县、乡、村三级劳动保障工作平台，有效开展就业服务。以定点培训机构为主体，采取定单培训、定向培训、校企联合等形式，深入开展农村劳动力补贴性培训；推广指纹考勤系统，加强补贴资金监管，提高培训实效。在全市开展“春暖行动”，推动各类用人单位依法与农民工签订劳动合同，维护农民工合法权益。

【职称评定】 2010年，郑州市按照全省职称工作会议要求，开拓创新，积极稳妥地推进新时期全市职称改革，努力加强职称管理工作。

职称评审工作。全市职称工作会议召开后，专门组织召开各县(市)、区和市直部分事业单位职称工作座谈会，对各事业单位专业技术人员的情况进行全面摸底和统计分类，在此基础上，按照省厅对事业单位专业技术职务（岗位）机构比例新的政策规定，研究审核了各单位专业技术人员岗位结构比例，严格按照此结构比例收取各系列（专业）的申报材料。组织、指导各系列（专业）中级职称任职资格评审工作，先后组织了教育、工程、文化等18个系列（专业）的中级专业技术职务任职资格评审委员会，共有3570人参加评审，通过3128人，通过率87.6%。此外还上报各系列（专业）高级评审材料1200余份。

职称考试资格审查工作。全年对涉及卫生、工程、律师等多个系列的专业考生的考试资格材料进行了审查。一是专业技术资格考试报名工作。共审查护师(士)、医师(士)申报人员材料11283份，10796人符合报考条件。二是执业资格考试报名工作。审查注册安全工程师考试材料440份，413人符合报考条件；审查质量专业技术人员职业资格考试报考人员材料403份，359人符合报考条件；审查一级建造师考试报考人员材料11966份，8876人符合报名条件；审查二级建造师考试报考人员材料4382份，3758人符合报名条件；审查物业管理师考试报考1200人，954人符合报名条件；审查注册造价工程师考试材料966份，877人符合报名条件。审查房地产估价师考试材料109人，通过79人；审查房地产经纪人考试材料254人，通过213人；审查执业药师考试材料293人，通过187人；审计专业资格审查184人，通过162人；审查企业法律顾问103人，通过81人；审查注册城市规划师85人，通过62人。

职称业务培训工作。紧紧围绕实施人力资源和社会保障“211”民生工程，以“抓教育、强意识、提素质、上水平”为主线，进一步抓好全市职称工作人员思想建设、业务能力建设和队伍建设，实现全市职称队伍“双跃升”，职称处于6月16—27日在济源组织举办了3期职称工作业务培训班，参加培训人员近800人。通过集中学习国家和省市有关职称政策、职称工作办事流程及职称软件的使用，研讨了职称工作面临的形势和任务，分析了当前职称工作中存在的问题和矛盾，进一步明确了职称工作发展方向、理清了职称工作思路，为职称工作圆满完成奠定了坚实的基础。

文件办理、办证及聘任工作。全年共起草、印发各类文件123份；打印卫生资格证书6382本、二级建造师资格证书1270本；办理各类中级任职资格证书3784份；办理全市各系列高级任职资格证书1762本。办理硕士、博士生初聘和调转人员资格确认、事业单位聘用、专业技术资格聘任384人。

【工资福利】 2010年，郑州市工资福利改革创新进一步加强，制定并印发了对机关经常加班人员实施关爱和对困难职工帮扶方面的相关政策文件。完成各类人员调动、职务晋升、军转干部工资确定、晋级晋档、考核奖、精神文明奖审核发放等日常工资审批，全年共审批500余家单位，6.1万余人。完成基础绩效工资审批和全市义务教育学校人员2010年和2011年度绩效工资总量的核定工作，全年共审批39家义务教育学校，4991名教职员工。

公共卫生与基层医疗卫生事业单位实施绩效工资是国家关于事业单位实施绩效工资分三步走的第二步，也是深化医药卫生体制改革的重要组成部分。为切实做好此项工作，针对全市公共卫生与基层医疗卫生事业单位经费来源渠道不统一、人员编制复杂、工资发放水平相差较大等情况，及时组织对全市相关单位人员编制、收入水平和收入来源等进行了统计调查和调研，结合全市实际，制定了《郑州市公共卫生和基层医疗卫生事业单位绩效工资实施办法》，就郑州市实施绩效工资范围、绩效工资水平确定等难点和敏感问题提出处理意见。此后，会同财政、卫生部门联合印发了《郑州市公共卫生与基层医疗卫生事业单位实施绩效工资若干问题的处理意见》和《公共卫生与基层医疗卫生事业单位绩效工资分配考核指导意见》，加强工作指导；同时，倒排市直公共卫生单位工作进度，在对单位工资发放情况进行严格审计确认的基础上，核定了绩效工资总量，审批了基础性绩效工资，确保了市直单位绩效工资如期兑现。结合工作重点，采取多种形式，对部分公共卫生与基层医疗卫生事业单位工作人员开展了政策业务培训。

【干部离退休服务】 2010年，郑州市根据国家和省机关事业单位退休制度有关规定，按照“规范化、程序化和制度化”的要求，扎实做好机关事业单位退休制度落实工作。全年办理市直机关事业单位工作人员退休手续1016人。认真审阅拟退人员个人档案，做到基本信息、退休费项目与标准、退休执行时间“三准确”，保证退休制度落实。进一步加强到龄清查工作，全年停发在职工资42人，其中县级以上27人、科级以下15人，实行“一票否决”，取消单位年度评先资格。全年共核算发放机关离退休人员生活费3.6亿元，人均月发放生活费3500余元，均做到了按时准确发放。在全市机关事业退休人员提高退休费计发比例工作中，采取随到随审随批与集中到县(市)、区现场办公相结合的灵活办法，保证相关人员退休待遇的落实，全年共计办理此类手续669人，其中优秀教师享受100%退休待遇审批330人、特殊贡献待遇报批55人、重大贡献待遇审批24人、核准审批死亡人员的福利待遇260人。

坚持改革创新，扎实做好全市机关事业单位医务鉴定工作。一是进一步规范鉴定办法。6月份，组织召开了全市机关事业单位医务鉴定工作会议，制定下发《郑州市机关事业单位医务鉴定操作规程》，对受理范围、申报条件、鉴定办法等进行了规范统一。二是进一步加强制度落实。按照集中病检的有关要求，严格执行本人、档案、身份证“病检现场三对照”制度，严防冒名顶替、弄虚作假现象的发生。三是广泛接受社会监督。加强公示制度，建立单位报送材料、鉴定结果下发前两次公示制度，保证了病退鉴定公开、公正、公平地开展。参加2010年病退(伤残等级)鉴定的共计288人，通过率为66%。同时，组织专家上门对申请护理费的138名老同志进行了检查，130人符合条件，通过率为98%。

【人才交流服务】 2010年，郑州市人事代理数量平稳增长。新增单位代理136家，注销17家，单位代理总数为953家；新增个人人事代理37592份，在库个人人事代理总数为185578份；新接收学生档案60581人，学生档案改派6249人；新增入户4870人，转出5213人，户口总数为36808人；新增党员6102人，转出1569人，转正980人，党员总数为20139人；办理职称初定手续864人、中级职称申报327人、高级职称申报95人，受理职称报名考试239人，发放初级职称证456人、中级职称证150人；统筹新增及转入1536人，转出及停保713人，统筹在保总数4895人；办理流动人员婚育证360人、离退休手续19人、经济适用房申请手续1314人。

2010年，举办日常人才招聘会189次，参会单位13680家，提供岗位273600个；组织召开专场人才交流会7次，参会单位348家，提供岗位6960个；积极参与各方联动组织的大型、高校毕业生招聘会10次，组织参会企业1543家，提供工作岗位33813个，全年累计接待求职者突破80万人次。此外，积极做好富士康集团在市人才交流中心的招聘工作。全年引进各类专业技术人才1463人，其中硕士学位78人，比上年同期增长了32.2%；本科学历850人，比上年同期增长了21.43%。从专业技术职称上看，具有高级职称的14人、中级职称的83人。

不断拓展各类社会化培训，主要有计算机培训和创业学堂培训。创业学堂旨在为高校毕业生免费提供自主创业知识培训，传播创业理念，增设自主创业的法律知识讲座、女子专场创业培训、网店创业培训指导等内容，同时利用现代网络技术建立创业学堂QQ群，及时发布创业培训信息，解答创业疑惑，有效加强了与创业学员的沟通与联系。全年组织计算机应用能力考核143人，举办创业学堂39场，培训学员756人次；协助工考办进行技工培训779人，协助公务员管理处进行公务员初任培训85人。

加强人才市场人才中介的管理与服务工作。2—3月份与工商、公安部门联合清理整顿郑州市人力资源市场秩序；5月份进行了人力资源中介机构从业人员培训工作，培训人数144人；6月底前完成了所有中介机构新证发放工作，取缔4家中介机构，处理投诉举报中介事件8起，新审批人才中介机构1家，受理11家人才中介机构变更，清理马路非法招聘单位300多家；网上咨询91起，及时回复91起；网上审批4起。

为加快农村人才资源开发力度，全年搜集整理和发布农业技术实用技术信息731条。全面开展人才派遣业务，全年新增合作单位13家，累计合作单位75家；办理员工入职877人，离职643人，累计派遣员工3632人；累计发放工资18259人次，累计发放工资金额47875663.07元。

【人事争议仲裁】 2010年，郑州市加大劳动人事争议案件的处理力度，确保法定时效内结案率100%，年末结案率95%以上，提高调解结案率，重大案件当年结案。全年全市劳动仲裁机构共立案3305件，结案3140件，年末结案率为95%，调解结案率为49%，重大案件全部结案。实行重大案件“三方”办案、简易办案、独任办案和“谁主张、谁举证，谁决定、谁举证”等庭审办法，拓宽办案渠道，提高办案效率。进一步规范劳动争议调解程序，加强调解力度，将劳动争议案件化解在基层，2010年全市劳动争议案件调解成功率达49%，比上年提高11个百分点。按照《关于加快劳动人事争议仲裁机构实体化建设的通知》(郑人社〔2010〕155号)的要求，积极推进并督导各县(市)、区仲裁院建设的进度。至年底,巩义市、新郑市和金水区、管城区的劳动人事争议仲裁院建设通过编委批复,正在组建。整合原劳动争议仲裁委员会和人事争议仲裁委员会,组建了新的郑州市劳动人事争议仲裁委员会,并于8月份召开委员会第一次全体会议,下发了委员会工作职责和工作制度;督促各县(市)、区完成了劳动人事争议仲裁委员会的组建工作。建立了郑州市劳动人事争议仲裁院专题网站,及时发布劳动人事仲裁信息,为困难弱势群体提供法律援助、排忧解难,对弱势群体的劳动争议案件快立、快审、快结。各县(市)、区举办了劳动保障法律法规进广场和劳动人事仲裁进社区活动,并开辟专栏等宣传《劳动争议调解仲裁法》和市劳动仲裁工作。

【社会保险工作】 2010年,郑州市积极推进社会保险工作。一是待遇水平进一步提高。顺利完成2010年企业退休人员基本养老金待遇调整工作,23.18万名退休人员月人均增加养老金148.4元,增加的养老金于春节前全部发放到位;将城镇职工基本医疗保险统筹基金最高支付限额由每年36000元提高到60000元,门诊规定病种由15种扩大到22种,允许患有多种慢性病的患者同时申报两个病种。二是进一步完善各项社会保险政策。积极推进社会保险市级统筹工作,完成了前期调研,并起草了初步方案。出台了《郑州市被征地农民就业培训和社会保障暂行办法》。认真处理好各类关闭破产企业退休人员和困难企业职工医疗保障问题,市属国有破产(困难)企业38939名退休人员享受了城镇职工基本医疗保险待遇;出台《郑州市职工生育保险办法》,完善城镇职工生育保险政策;认真做好老工伤人员待遇纳入基金支付工作,全市已确认老工伤人员待遇纳入基金支付人数3595人,支付待遇195.2万元。进一步推进集体企业、破产企业等漏保人员纳入企业养老保险工作。三是继续做好减负稳岗工作。全市审核认定受金融危机影响的困难企业125户,涉及职工371960人。用于稳岗减负的失业保险基金达3.4亿元,其中,降低失业保险费率减征失业保险费26498万元、发放岗位补贴7341.95万元、发放转岗培训补贴121.07万元。四是启动实施城镇职工基本养老保险关系转移接续工作;积极研究事业单位改制后的养老保险改革办法,较好解决了郑州市燃气公司等改制后养老保险遗留问题。五是推进新型农村养老保险试点工作。首批纳入国家新农保试点的荥阳市各项工作进展顺利,登封市、中牟县被批准为国家第二批新农保试点。六是加强社保基金监管,确保基金安全完整。完成全市医疗保险基金管理使用情况专项检查工作。认真开展社保基金专项治理"回头看",巩固专项治理工作成果。加强社会保险稽查,全年全市共稽查各险种缴费单位30913户,稽查新增参保84534人,补缴及追缴各项社会保险欠费17617.55万元,查出冒领社保待遇人数145人。七是公开、公正、公平地做好劳动能力鉴定和工伤认定工作。全年共受理各项劳动能力鉴定申请1997人,法定时效内鉴定率达到100%。

【企事业单位改革】 2010年,郑州市企事业单位工资收入分配制度和人事制度改革稳步推进。一是认真做好事业单位岗位设置管理工作。出台了《郑州市事业单位岗位设置管理工作实施细则(试行)》(郑办〔2010〕36号),选择卫生、教育、文化等行业的43家单位先行试点,在试点的基础上全面推进、进展顺利。至年底,全市共有1291家事业单位完成了岗位设置方案的核准工作,其中,市直单位完成84.5%、县以下完成25.1%。二是稳步推进事业单位转企改制工作。组织起草了《关于推进市属生产经营性事业单位转企改制工作的实施意见(征求意见稿)》,积极做好市属生产经营性事业单位改革的准备工作。三是做好职称工作。积极做好职称评审和职称考试资格审查工作;改革专业技术人员评价方式,创新开展了晋升中学高级教师人员讲课、答辩工作,使评审工作向一线教师倾斜。四是加强对义务教育学校实施绩效工资工作的检查指导,完成了全市义务教育学校基础性和奖励性绩效工资兑现发放工作。制定了《郑州市公共卫生和基层医疗卫生事业单位绩效工资实施办法》,扎实稳妥地做好实施工作。五是做好企业工资分配工作。加强企业工资宏观管理,发布劳动力市场工资指导价位和企业人工成本信息。推进特殊工时审批制度改革,规范企业工时制度管理。严格实行最低工资制度,从7月1日起,郑州市区最低工资标准调整为800元/月、9元/小时。

【劳动关系建设】 2010年,郑州市和谐劳动关系建设工作不断深入。一是全面实行劳动用工备案制度,大力推进劳动合同制度实施,企业劳动合同签订率进一步提高。全年共办理招工备案4537人,办理劳动关系转移手续379人,为69户企业办理了综合计算和不定时工作制的审批。二是继续加大劳动保障监察执法工作力度,全面督促用人单位落实各项劳动保障法律、法规和政策。全年共检查用人单位12534户,涉及劳动者30.81万人;查处投诉案件1943件,结案率100%;处理突发案件263件,涉及劳动者3.32万人;追发劳动者工资9369.86万元,涉及劳动者3.06万人,其中为2.63万名农民工追讨工资8824.19万元;督促366户单位缴纳社会保险费1553.31万元;补签劳动合同12.26万人,取缔非法职介75家。三是做好劳动争议案件处理工作。坚持积极稳妥、从速从快处理劳动争议案件,及时化解矛盾。

【信息化建设】 2010年,郑州市加快推进人力资源和劳动保障工作信息化建设。一是数据、设备、技术资源整合稳步推进。制定整合方案,实现了社会保险信息设备资源和技术资源的统一管理;采购先进设备,完成全省统一应用软件网络应用平台建设;进行全省统一应用软件本地化差异分析和软件修改、功能测试,对各社会保险经办机构数据进行模拟转换,确保年底前具备上线运行基本条件。二是完成了市劳动保障监察"两网化"管理信息系统建设。开发了管理网络平台,完成了市级劳动保障监察指挥中心建设,开展了"两网化"软件培训工作。三是抓好容灾备份中心工程建设。一期工程顺利通过竣工验收,二期建设工程科研报告已获批复。四是业务工作进一步加强。完成城乡居民养老保险应用软件开发及人员培训;做好劳动保障管理信息系统、劳动用工备案系统、补贴性培训系统运行维护工作;完成局门户网站升级改版,规范了门户网站信息发布。

【信访工作】 2010年,郑州市人力资源和社会保障部门认真做好信访稳定工作。大力开展"社会矛盾化解百日行动"和"畅通渠道、解决问题、治理重访"集中活动,畅通信访渠道。全年全市接待职工群众来访8045批9522人(次),其中集体来访85批1007人(次);处理职工来信447封(含网上来信)。受理信访案件232件,结案228件,法定期限内办结率达100%。局信访处被评为"全国人社系统2010年度优质服务窗口单位"。

(支晶晶)

外事侨务工作

【礼宾接待】 随着郑州市对外开放水平不断提升、在国内外知名度不断扩大,2010年,来郑访问考察、商贸洽谈、友好交流的境外团组数量显著增加,全年共接待境外来访团组82批2337人次。其中,重要的团组有斯里兰卡总理贾亚拉特纳代表团、新加坡贸工部政务部长李奕贤代表团、奥地利驻华大使马丁·赛迪科代表团、印度驻华大使苏杰生代表团、日本驻华使馆山田重夫公使代表团、约旦反腐败代表团、美国维吉尼亚州商会会长朱天活代表团、美国佩卡国际集团代表团、日产汽车公司总裁戈恩代表团、苹果公司副总裁代表团等。

【团组出访】 2010年,郑州市积极开展国际交流与合作,出访团组全方位、宽领域、多层次地促进了全市对外开放。主要团组有:市长赵建才、宣传部长丁世显率团赴法国、巴西参加34届世界遗产委员会会议,圆满完成嵩山"天地之中"历史建筑群申遗工作;市长赵建才赴香港开展走访企业活动;副市长王哲率团赴新加坡、阿联酋就城市规划建设管理方面进行访问交流;市人大主任白红战赴西班牙、瑞士进行物流项目洽谈和招商推介;市人大副主任栗培青率团赴英国、俄罗斯进行畜牧业发展项目洽谈;市人大副主任周长松赴加拿大、巴西进行项目洽谈;市政协主席李秀奇率团赴美国、加拿大和墨西哥进行招商项目洽谈,取得丰硕成果;市政协副主席李新有赴南非、埃及进行都市农业和旱作农业项目洽谈;市政协副主席岳喜忠率团赴巴西、智利和古巴进行友好城市访问和项目合作洽谈;市政协副主席党普选率团赴意大利、英国进行友好交流活动,并签定合作意向书;郑州新区管委会党工委书记李柳身赴俄罗斯、阿联酋进行招商活动。

【因公出国(境)审批】 根据中央和省委、省政府关于加强因公出国(境)管理的有关要求,2010年,郑州市的因公出国(境)在不突破2009年经费的基础上,出国(境)人数再压缩10%。市外侨办一方面严格控制,计划管理;另一方面突出重点,简化程序,积极做好有关重大建设项目和招商引资方面的出访审批工作,积极支持和鼓励企事业单位"走出去"开展对外合作交流活动,确保对外经贸活动顺利完成。全年共审批办理因公出国(境)手续598人次。

【友好城市】 2010年,郑州市积极与12个国际友好城市开展友好互访和交流活动,增进了了解和友谊。市政协副主席王薇率团访问约旦伊尔比德市期间,与伊市签署了两市文化和教育交流的备忘录;与巴西若茵维莱市的留学生交流活动进展良好。美国里士满市举办美国国际友好城市大会,郑州市派遣106名中学生代表参加了青少年艺术家与作家比赛并获得奖项;罗马尼亚克鲁日·纳波卡市市长索林·阿波斯图于10月来郑访问,加强两市在高科技、速冻食品和教育等方面的交流与合作;与韩国晋州的交往多姿多彩,全年晋州有8个代表团来郑访问,其中,应邀前来绿博园建园参展、韩国美术协会晋州支部与市文学艺术界联合会进行书画交流,都取得了良好效果。在谋求新的友好城市对象方面有了较大的进展。6月份,与奥地利因斯布鲁克市签署友好城市谅解备忘录,与比利时那幕尔市初步达成了缔结友好城市意向,荷兰马斯特里赫特市、澳大利亚新南威尔士州伍伦贡市也分别表达了与郑州市结好的意愿。

【加入国际组织】 继加入世界历史都市联盟后,经省友协上报全国友协同意,2010年3月,郑州市又加入了世界城市和地方政府联合组织(UCLG)。世界城市和地方政府联合组织成立于2004年5月,是目前最大的世界城市和地方政府国际组织,其会员包括112个国家和地区的地方政府协会和来自95个国家及地区的超过1000个城市。郑州市的加入,进一步拓展了国际交流的途径,为与更多国际知名城市和地方政府的交流与合作创造了良机。

【对外宣传】 为拓展对外宣传的渠道，2010年，郑州市人民政府外事侨务办公室开通了英语网站，以便让更多的外国人了解中国、了解河南、了解郑州。同时，为让更多的人了解郑州市的外事侨务工作，关注郑州市的对外开放和经济社会发展，通过外侨办互联网站向社会公开发布工作信息207条（其中，外侨动态145条、政策法规24条、政府公开作息20条、其它信息18条），英文版更新信息55条；向省外侨办上报工作信息104条，采纳74条；向市政府上报工作信息59条，采纳40条；此外，国侨办采用信息4条，省政府采用信息2条。中新网、搜狐网、网易、凤凰网、中国日报网等17家媒体网络共转载外侨办公开信息32条；协调接待了日、美、韩、印度、斐济、阿尔巴尼亚等7国记者来郑采访工作，其中，较好的完成了印度记者采访薛云伟副市长的接待事宜，以及应国家广电总局邀请来河南省进行采访的斐济、阿尔巴尼亚国家广播电视台的采访工作等。此外，还成功推荐高新技术开发区光力科技有限公司总经理胡延艳（加拿大籍）获得河南省"黄河友谊奖"。

【签发邀请函电】 2010年，在邀请一些外专、外教、技术人员参与到郑州市经济建设的工作中，郑州市人民政府外事侨务办公室在外国人入境上严格把关，特别是对来自热点国家和地区的人员进行严格审查，确保不把不安定因素带进国内，促进郑州市各项工作的有序开展。全年共签发办理签证通知函105人次。

【为侨服务】 2010年，在侨务工作方面，坚持以人为本、为侨服务的宗旨，认真落实侨务政策，加大惠侨工作力度，使广大归侨侨眷共享改革发展的成果。认真倾听侨界呼声，关注侨界民生，千方百计为他们办好事、办实事，努力做到想侨之所急、谋侨之所需、解侨之所困。全年共发放困难归侨生活补助金30多万元，向市财政局和市统筹办上报了2010年归侨退休补贴的发放计划，共71人85200元；先后办理归侨侨眷证43个，为全市52名归侨侨眷考生办理了身份认证工作，其中高招考生25名、中招考生27名。开展并圆满完成了困难归侨就业和再就业技能培训，积极推进"万侨助万村"工作，并认真总结了"侨爱工程"工作经验。为积极推进侨务依法行政工作，不断提高依法护侨工作水平，组织全市涉侨部门和企事业单位参加省"四侨"部门联合组织的全省侨务法律法规有奖知识竞赛，获得2个优秀组织奖、3个组织奖、9个纪念奖。

【海外华侨华人交往】 2010年，郑州市外侨办高度重视海外联谊工作，与海外广大华侨华人建立密切联系，扩大交往交流。定期向海外华侨华人重点人士寄送外宣资料和招商项目册，发送问侯邮件，对他们的来信来访悉心接待，认真服务；在春节、端午节、中秋节等传统节日时，向海外寄发贺卡、信件及电子邮件共600多封（件），为海外侨胞送上节日的祝福。经推荐，7名海外侨领担任了郑州市海外联谊会的荣誉主席，3名郑州市教师赴泰国开展对外华文教学任务，与海外重点社团领袖人物和经济、科技界重要人士进一步加深了友谊，建立了更深的互信关系。此外，高度重视华侨华人捐款助建华侨小学工作，通过电话等方式及时向他们通报援建项目进展情况，介绍家乡的变化、招商引资政策，积极争取华侨华人对全市各项社会事业的支持。经省外侨办牵线搭桥，争取到加拿大河南同乡会捐资项目，助建新郑市观音寺镇唐庄完全小学和二七区侯寨乡樱桃沟小学，计划捐资总金额48万元，相关手续已报省外侨办；美国应善良基金会为巩义市捐建的2所小学（南河渡镇和芝田镇各1所），追加助学经费5000美元（折合人民币34050元）。

【重大涉外活动】 2010年，郑州市外侨办围绕市委、市政府工作大局，充分发挥外事侨务部门职能作用，积极协同有关部门做好各项重大涉外活动的外宾邀请、接待、翻译等工作，为郑州市经济建设和对外开放服务。

将庚寅年黄帝故里拜祖大典作为工作重点，积极挖掘资源，开拓渠道，明确重点，理清思路，确保邀请工作成果丰硕，拜祖大典期间，实际邀请参会华人华侨206人，特别是美国美中商贸总会代表团、加拿大中华总商会代表团、巴西侨领代表团、澳门宗源联谊总会代表团等一大批政治上有影响、经济上有实力的海外朋友和海外华侨社团，受到了省、市领导的接见，提升了所邀贵宾的整体层次和质量。

6月10—14日，2010中国（郑州）世界旅游城市市长论坛在郑州国际会展中心举行，市外侨办负责大会的外宾接待任务。通过与各归口接待单位加强沟通和衔接，确保了每个境外代表团得到周到细致的接待服务，为论坛的成功举办作出了贡献。论坛期间，共接待来自境外20个国家58个城市及联合国世界旅游组织秘书长特别代表、世界旅游业理事会总裁、亚太旅游协会副首席执行官在内的境外代表130名。

积极参与嵩山申遗、2010环中国国际公路自行车赛郑州赛段比赛、2010城市发展（中国·郑州）论坛、"中国（郑州）—东盟会展经济合作论坛"、中日韩青少年运动会、第二届中国绿化博览会、华合论坛等大型涉外活动的组织筹备工作；在富士康项目入驻郑州筹备工作中，承担了大量资料翻译和现场翻译等工作。通过努力，以上活动均取得圆满成果，受到与会外宾的一致好评，树立了郑州市对外的良好形象。

（侯翊佳）

对台工作

【概况】 2010年，郑州市对台工作以

深入学习胡锦涛总书记“12·31”重要讲话精神、全面落实贯彻中央和省委对台工作部署和要求为首要任务，充分发挥“三缘”优势，围绕省委“重在持续、重在提升、重在统筹、重在为民”的要求，以“大招商、大交流、大宣传、大服务”为主线，以“三台一节”为抓手，创新工作思路，强化工作载体，真抓实干，锐意进取，各项工作取得了突破性进展。

【全市对台工作会议】 2010年3月30日，郑州市委召开全市对台工作会议。会议由副市长薛云伟主持，市委常委、统战部长王林贺，市人大副主任李元法，市政协副主席王薇出席会议。市委对台工作领导小组成员单位，各县(市)、区委统战部长，分管招商工作的副县(市)、区长和台办主任，市委各部委、市直机关各单位主要负责同志共160多人参加了会议。

会议在充分肯定2009年全市对台工作成绩的基础上，确立了2010年“大招商、大交流、大宣传、大服务”的工作目标，明确了实施“三台一节”的工作重点。会议要求全市建立以台办为主导的对台招商引资联动机制，搭建郑台产业对接、物流中转、贸易合作的平台，大力引进台湾核心技术产业、现代农业和服务业进驻，做好在建、签约和意向投资项目的跟进服务工作，加快“三台一节”的建设和筹备工作；充分发挥对台工作的血缘、文缘、商缘优势，广开渠道，推动郑台交流交往大发展；精心谋划，着眼长远，创新思路，形成全市各部门联动的对台大宣传格局，形成市—县—乡(镇、办)三级涉台教育网络；转变服务观念，优化投资环境，积极落实各项惠及台湾同胞的政策和措施，解决好台胞、台属和台商的民生、权益问题，进一步健全台商服务体系。

【“三台一节”建设】 2010年，郑州市台办将“三台一节”建设作为年度工作的重中之重，作为优化台商投资环境树郑州新形象、承接产业梯度转移促郑州新发展的重大举措，凝心聚力，狠抓落实。

兴建台商生活园区。为给在郑台商及其眷属营造良好的生活环境，经市委、市政府批准，建设台商生活园区。园区位于郑州经济技术开发区第四大街与经南六路交叉口，总投资2.4亿元，占地2.3公顷，规划建筑面积80420平方米，设计有台商住宅区、办公区、商务区等。5月5日，台商生活园区奠基，市领导王林贺、李元法、薛云伟、王薇等参加奠基仪式。

启动台商投资大厦项目。为支持台商在郑兴业，让台商在郑更好地形成集群发展之势，经市委、市政府批准，郑州台商投资大厦于9月28日奠基。全国台企联副会长何世忠、中国国民党中评委主席团主席徐立德、新党主席郁慕明等嘉宾和部分台湾民意代表，省委常委、统战部长刘怀廉和市领导连维良、赵建才、马懿、李秀奇、王林贺、孙金献、李元法、张学军等出席奠基仪式。项目位于郑东新区商鼎东路与心怡路交叉口，占地0.86公顷，建筑面积43000平方米，规划设计有台商总部办公大楼、台湾商品展览区、高档精品商业区等。

加强台商工业园区建设。为吸引来郑台商投资创业，打造台商聚集交流的平台，市委、市政府加大对台商投资园区的扶持力度，全市形成了两大省级台商工业园区。一是位于郑州经济技术开发区的台商工业园，现有晶诚科技、台塑集团、椿长仪表仪器等25家台资企业入驻；二是郑州航空港区台商投资区，已引进统一集团、正林集团、久芳生物科技等台资企业13家。2010年，富士康集团分别进驻两家园区。

举办郑州台湾产品节。为搭建郑台交流平台，惠及两地民众，9月28日至10月7日，成功举办郑州台湾产品节。该活动主要包含“2010河南台湾月暨郑州台湾产品节”开幕式、郑州台商大厦奠基和郑州—台湾经贸旅游推介会3项内容。中共中央台湾工作办公室、国务院台湾事务办公室主任王毅，海峡两岸关系协会副会长王在希，全国台企联副会长何世忠，国务院台湾事务办公室交流局局长李维一，中华全国台湾同胞联谊会副会长王松；中国国民党中央评议委员会主席团主席徐立德，新党主席郁慕明，中国国民党中央评议委员会主席团主席张昌邦；省领导郭庚茂、王全书、叶冬松、刘怀廉、李柏拴、史济春、王训智，市领导连维良、赵建才、马懿、白红战、李秀奇、王林贺，以及台湾工商企业界、妇女界有关人士，省市有关单位负责人出席了活动。展会共设256个展位，分台湾县市馆区、台湾特色美食区、台湾精品百货区三大展区，展出面积1万平方米，参展商80余家，数百种台湾产品在豫首次大规模集中展出；期间，还有台湾民俗风景、高山族舞蹈和特色茶艺表演。此次活动既为郑州市民提供了一场两岸产品展示和文化、旅游交流的盛筵，也向岛内各界民众展示了郑州城市发展的新形象和中原地区无限的商机，有力地推动了郑台大交流、大合作、大发展新局面的形成和发展。继富士康集团投资郑州后，再次引起了海内外对郑州的关注，掀起了新一轮台商来郑考察交流、投资兴业的高潮。

【对台经贸合作】 2010年，郑州市对台工作部门全力配合省市重大活动，以节(会)为媒招商、发挥行业协会优势招商、发动台胞台属招商、开展岛内招商活动，积极搭建郑台产业对接、物流中转、贸易合作的平台，大力引进台湾核心技术产业、现代农业和服务业进驻。全年新增台资企业38家，合同利用台资11.6亿美元，实际利用台资7.5亿美元；达成签约项目17个，合同利用台资22.3亿美元。新增企业呈现规模大、技术含量高、带动性强等特点。台湾友旺科技股份有限公司斥资20亿元人民币在高新技术开发区建3G手机生产基地，打造集手机研发、展示、销售为一体的综合性科技园区；台湾鼎之奇等4家业内LED知名企业联合成立的河南光维新电子有限公司落户经济技术开发区；台湾鸿海集团(富士康)在郑州设立了富泰华精密电子有限公司、鸿富锦精密电子有限公司和富鼎精密工业有限公司，分别入驻经济技术开发区、航空港区和中牟县，并在航空港区启动了规划面积140余万平方米的富士康郑州科技园项目，主要生产计算机、通讯设备、手机、消费性电子产品等的零组件。

【郑台交流】 2010年，郑州市坚持以做台湾人民工作为重心，以对台经贸、文化、学术交流为重点，充分发挥郑州与台湾人血缘相亲、文缘相近、商缘相联的优势，积极开展对台交流活动，实现郑台交流多层次、多领域的发展。全年共进行了149个项目交流，直接参加人数达2378人。其中，郑州市应邀赴台交流项目有经贸、旅游、文化、教育等共62个团、702人；接待了中国国民党副主席林丰正、台湾环宇投资公司考察团徐立德、海基会副董事长高孔廉、台湾中华两岸文经观光协会荣誉会长许文彬等台湾交流团组87个、1676人。同时，重视做好赴台团组的行前教育工作，坚持每团必教，以提高赴台人员对党的对台方针政策的认识，自觉抵制台湾和境外敌对势力的思想腐蚀和政治渗透；认真会同有关部门，积极筛选优势项目，确保交流效果。市委常委、宣传部长丁世显，市委常委、统战部长王林贺和市检察院检察长杨祖伟分别率团赴台进行专项交流，提升了郑州市对台交流的层次，巩固了全市的台商资源，为吸引台商来郑创造了良好条件。郑州市农委、农机局、农技中心等单位的农业专家和"好想你"集团、毛庄绿园等企业负责人，赴台就现代农业、休闲观光农业进行了考察，与台湾顶新国际集团就在郑进行农产品市场开发建设和热带水果经营方面达成了合作协议。

【对台宣传与涉台教育】 2010年，全市对台宣传教育工作坚持以扩大宣传入岛为中心，以营造大对台工作格局为目标，采取"借船出海"、"借人代言"等形式，多策并举，有效宣传了党的对台方针政策和郑州经济社会发展新成就，营造有利于增进郑台交流与合作的舆论氛围。市台办全年共接待台湾中天电视台《台湾脚逛大陆》栏目组、"走进中原、寻根河洛"两岸记者采访团、台湾中时集团《旺报》"中部崛起"栏目组、台湾三立电视台等岛内外媒体7批123人来郑系列采访，他们从不同角度多层次地展示了郑州，拉近了岛内民众与郑州的距离。利用接待和交流活动等机会，进行面对面宣传，向来访团体和台湾同胞赠送反映郑州市情和历史文化的宣传资料，均在岛内得到一定程度的传播。广泛开展涉台教育，积极营造全社会关心对台工作、人人做对台工作的良好氛围。全年在市委党校、县(市)区机关、厂矿企事业单位及广大台胞台属中进行宣讲学习活动235场，受教育人数达34150余人；培训涉台干部1180人次。3月初，全省涉台教育进社区现场会在郑州市金水区举行，省台办主任宋丽萍要求全省各级涉台部门学习郑州经验，推进涉台教育进社区活动的全面开展。6月中下旬，由市外宣办、台办联合主办，市委常委、宣传部长丁世显带队的郑州市新闻交流团入岛进行为期8天的交流活动，这是郑台新闻交流的破冰之旅，实现了郑州媒体人的首度入岛宣传。在《闽台大姓氏，祖根在河南》丛书编纂工作中，郑州市完成了《郑氏起源》一书的组织编写工作。该书20余万字，分为郑姓起源、姓氏迁徙、郑姓分布现状、郑氏名人、郑氏名胜和遗迹、郑氏祖地概况、郑氏祖谱及宗亲组织现状等部分，详细解析了郑氏文化，是天下郑氏了解其族系文化和祖地荥阳的详实资料。

【对台服务】 2010年，郑州市对台工作部门围绕"台商服务年"开展系列活动，优化台商投资环境，稳定台商队伍，赢得台商的好评，增强了他们增资扩产、做大做强的信心。一是开展了对台商投资企业大回访活动。6月份起，由市台办领导带队，分3个工作组走访了椿长仪器仪表有限公司、安佑生物科技有限公司、荥阳生物科技产业园、友旺科技产业园等企业和园区，看望台商，倾听台商呼声，了解、解决企业存在的困难和问题，并集中力量重点对新入驻科技类企业、教育类企业及台商工业园区企业进行了调研。二是积极做好涉台矛盾和纠纷的调处工作，依法维护台湾同胞的合法权益，确保涉台工作大局稳定。至年底，市台办共受理台商投诉案件24起，其中，国台办、省台办转来投诉案件12起，均已办结。三是配合市人大的执法检查，优化投资环境。3月份起，积极配合市人大的执法检查，先后开展了向台资企业发放调查问卷、召开台商代表座谈会和实地走访台资企业、出入境管理处、经开区等活动。6月初，市人大常委会副主任李元法带领市人大各工委主任和部分人大代表20余人，就郑州市关于《中华人民共和国台湾同胞投资保护法》贯彻执行情况进行了视察和检查。6月24—25日，市十三届人大常委会第十一次会议审议并通过了副市长薛云伟所作的《关于我市贯彻实施〈中华人民共和国台湾同胞投资保护法〉等法律法规情况的报告》。

【台胞台属联谊会】 2010年，郑州市发挥各级台联会桥梁和纽带作用，认真做好台胞台属联谊服务工作。做好郑州市台胞普查工作，摸清在郑台胞数量、分布、生活及从业情况，并建立档案；坚持例会制度，积极组织郑州市台胞台属关注台海局势，关心党的对台方针政策，进一步发挥他们在对台"民心工程"中的特殊作用；坚持走访慰问制度，做好重点台胞台属的慰问走访工作；坚持困难台胞扶助制度，认真落实《关于居住在我省的台湾省籍同胞发放生活困难补贴的通知》(豫财社〔2003〕98号)精神，继续做好困难台胞的生活补助发放工作，为台胞台属排忧解难，凝聚台胞台属力量，为密切郑台交流交往，推动郑州经济发展贡献力量。

【台资企业协会】 2010年，市台协秉承“联系政府、服务台商”的宗旨，扎实开展工作。

(一)“以台引台”、“以商引商”。发挥联系广泛的优势，主动参与重大社会活动，内引外联，积极帮助政府招商引资。一方面，配合市台办将“三台一节”活动作为服务招商引资的新平台，全程参与、全力筹备。台协会长王任生的丹尼斯百货有限公司具体承办了“2010河南台湾产品节”、“台湾产品展销”活动，他还亲自带队邀商，实现50余家大陆台企、89家岛内企业来郑参展，并积极促成19家台湾企业的产品落户郑东新区。另一方面，广邀岛内外企业界代表来郑参观考察、投资洽谈。2010年共接待台湾工商企业界、大陆台商企业来郑投资考察团组46个1095人。在协会的不懈努力和在郑台企示范带动下，一批新的台资企业在郑落户，在郑企业也纷纷增资扩产，如安佑(河南)科技饲料有限公司增资1亿元人民币、郑州福豫木业有限公司增资10万元人民币。

(二)搭建桥梁、当好纽带。3月下旬，市人大围绕“涉台执法”调研，市台协组织益辉食品(郑州)有限公司、畅泰服装有限公司等十余家台资企业参加座谈，客观评价了全市涉台部门的执法情况，并围绕保护法修订提出意见和建议。6月底，与省知识产权局联合召开了知识产权座谈会，宣传普及知识产权政策和企业保护自身知识产权的手段。在省知识产权局等部门协调下，河南典洋生物科技有限公司顺利解决进口产品商标合法化问题，有效维护了自身权益。与相关涉台部门加强联络与沟通，为“三台工程”的高效率报批、高标准规划、高质量建设做好基础工作。

(三)强化服务、排忧解难。做好“一法一细则一办法”等涉台法律知识宣传和普及工作，提高在郑台商台企依法维权、依法经营的意识和能力。为满足台商子女求学的需求，向市教育部门申报台商子女升学、转学就读十余人；与市公安局车辆管理部门协调为台商更换机动车驾驶证照10人；为台商企业协调矛盾、纠纷和减免各种罚款，提供法律咨询，为岛内企业寻求合作伙伴等，真正为其排忧解难，办实事，办好事。

(四)建“台商之家”，壮大协会。坚持会议和走访制度，及时向会员通报协会工作，了解企业发展状况，帮助企业出谋划策。积极吸纳会员，壮大协会力量，2010年共发展台资企业和台商个人会员20余家。强化培训力度，切实提高企业经营管理能力，分别邀请台湾中国生产力中心、台北世界贸易中心、台北市经贸协进会来郑进行两岸经贸框架协议、大陆台商经营管理实务等讲座。在新春佳节、端午节、中秋节之际，举办形式多样的联谊活动，增进企业间的交流互动，凝聚台商台胞的向心力。加强友协联谊，参加了惠州、深圳、广州、重庆、沈阳、厦门、襄樊等地台协的换届或经贸活动，促进了协会间的交流交往，扩大了相互间联系，提升了协会的知名度和影响力。在全国台企联第二届换届活动中，郑州市台协会长王任生当选为常务副监事长，丹尼斯集团副董事长王尚卿当选为副会长。

(五)建郑州绿博园台湾风情园。郑州绿博园台湾风情园由丹尼斯百货有限公司出资兴建，台湾著名园林景观设计师设计，耗资近150万元。园区占地1592平方米，运用中国传统园林的“叠山环水”手法，将台湾的平面图、日月潭、阿里山、特色民居等浓缩景致作为设计的主要元素，融台湾的高山、溪谷、丘陵、平原为一体，再现了宝岛的秀美。

(六)热心公益，回馈社会。广大在郑台商在发展经济、壮大企业的同时，关注社会发展，关心弱势群体，积极投身社会公益事业，彰显了两岸同胞手足情深。全年市台协捐助现金实物共计1572万元人民币。其中丹尼斯百货向玉树灾区捐助50万元、向省慈善总会捐赠400万、向省助残济困总会捐款60万元、向郑州公交系统捐赠650万元、捐资助学5万元；台湾教育家王广亚斥资230万元为巩义市捐建了海上桥文化广场；河南典洋科技有限公司组织志愿者公益团队募捐图书，向社会、学校和贫困山区捐赠各类图书30万册等。

(张　晖)

信访工作

【概况】 2010年，全市各级信访部门认真贯彻落实中央和省关于信访工作的一系列决策部署，紧紧围绕“保增长、保民生、保稳定”工作大局，以“抓接访、解民忧、降访量”为工作主线，畅通信访渠道，排查化解矛盾，坚持信访评估，依法规范秩序，强化督查督办，加强自身建设，最大限度地增加和谐因素，减少不和谐因素，控源治本，标本兼治，取得了明显成效。郑州市被省委信访工作领导小组授予“2010年度信访工作成效显著省辖市”称号；巩义市、二七区和惠济区被省委、省政府表彰为“全省用群众工作统揽信访工作先进单位”；登封市、新郑市、荥阳市、管城区、中原区、上街区被省委信访工作领导小组授予“2010年度信访工作成效显著县(市、区)”称号。郑州市的信访信息宣传工作名列全省第一，被评为“全省信访信息宣传工作先进单位”。

群众来信情况：全年共办理各类群众来信事项13792件(其中纸质来信9990件、连维良书记交办件361件、网上信访3156件、国投办285

件),与2009年同期(13218件)相比,上升了4%。群众来信反映问题主要集中在涉法涉诉、纪律监察和城建拆迁等,分别占来信总量的11.7%、8.7%和7.2%。

个人来访情况:全年共发生1309次、1771人,与上年同期相比,次数、人数分别下降31.7%和28.9%。其中,重访50次,重访率为3.8%。来市个人上访反映问题主要集中在城建拆迁、企业改制和涉法涉诉等,分别占来市个人上访总量的18.7%、17.7%和8.2%。

集体上访情况:全年共发生来市集体上访628批14300人,与上年同期相比,批数、人数分别下降0.5%和14.5%。来市集体上访反映问题主要集中在城建拆迁、企业改制和双拖欠等,分别占来市集访总量的42.7%、26.4%和14%。

赴京非正常上访情况:全年共发生赴京非正常上访86人101人次,与上年同期相比,人数、人次数分别下降61.3%和68%。赴京非正常上访反映问题主要集中在涉法涉诉和农村问题,分别占非正常上访总量的46.5%和15.8%。

信访案件办结情况:全年共立案交办信访案件1243起,其中,中央、省交办478起,到期应结407起,按期结案401起,按期结案率98.5%;自立案765起,结案640起。

案件复查复核情况:全年共接待申请复查复核信访事项534起,经审查受理197起,其中复查19起;复核178起,已经复查复核结案133起,其中复查11起(含协调化解撤诉3起)、复核122起(含协调化解撤诉16起)。经审议,直接更正15起;事实不清、依据不充分,发回重新办理43起。另有337起经做解释工作息访或通过其他途径处理解决。省复核郑州市信访复查事项5起,均予以维持。从复查复核终结的信访事项看,信访人对市政府做出的复查复核意见基本满意,大多不再上访,稳定率在98%以上。

【信访工作领导责任制】 2010年,市委、市政府始终把群工信访工作作为构建社会主义和谐社会的基础性工作强力推进,多次召开会议进行研究部署。市委、市政府领导率先垂范,带头落实"一岗双责"信访工作领导责任制,亲自阅批群众来信,亲自分包信访案件,密切关注信访工作动态,及时掌握信访工作情况,严格执行"首办责任制",定期或不定期研究分管或联系单位的信访工作,着重解决"钉子案"、"骨头案",消除不稳定因素;认真坚持每月一次的领导接待及下访日活动,公开接待来访群众,现场协调解决问题,对涉及群众反映强烈的突出问题和重大信访事项,积极组织召开联席会议和协调会议,妥善处理问题。8月至年底,省委常委、市委书记连维良亲自阅批群众来信454件;市委副书记、市长赵建才多次召集联席会议,研究解决了一大批重大疑难信访问题。市委常委、政法委书记高建慧和副市长黄保卫,多次主持召开信访联席会议和专题会议,统筹安排全年工作,重点部署阶段工作,并带头深入基层和一线接待来访群众、督导信访工作开展,强力推动信访工作各项措施和制度的落实。在市领导的示范带动下,各县(市)、区和市直各单位主要领导也主动担责,将信访工作作为关心和解决民生、维护社会和谐稳定的重要工作来抓。巩义市、登封市、二七区、惠济区党政主要领导经常深入一线,主动约见上访群众,包案处理重点信访事项;新密市开通"市委书记QQ",运用网络,倾听群众诉求,解决信访问题;金水区每天召集四大班子有关领导开"碰头会",分析前一天信访工作情况,部署当天信访工作。全市上下形成了一级抓一级、层层抓落实的信访工作体系,营造了抓信访、保稳定、促发展的浓厚氛围。

【疑难信访问题救助专项资金】 为妥善处置一些"法度之外、情理之中"的信访积案,达到上访群众息诉罢访,切实维护社会大局稳定,2010年,郑州市不断完善信访救助基金机制。在市、县两级积极筹措资金的同时,还争取中央、省专项资金224万元(中央95.5万元、省128.5万元)。对一批长期积累、久拖未决、难以划分责任主体的特殊疑难信访问题,严格按照专项资金适用范围及"四个签字、一个承诺书"的要求进行审查后,给予救助,全年解决特殊疑难信访问题97起,全部息访罢诉,共涉及资金412.66万元。

【信访接待场所建设】 2010年,郑州市将加强各级信访部门接待场所建设作为工作的重中之重,积极开展"信访工作服务年"活动,强力推进信访接待场所的建设和改扩建工作。全年全市各级信访部门共改扩建信访接待场所近1万平方米。郑州市接待大厅面积580平方米(其中群众候访大厅330平方米),设7个接待窗口、4个大协调室、3个小协调室,配备有安检设备、监控系统、LED显示屏;创建了50多米长的信访文化宣传长廊,悬挂《信访条例》、《走访程序》和信访温馨提示等宣传版面,并配备了空调、饮水机等设施和物品,努力为群众创造方便、干净、温馨、和谐的接待环境。各县(市)、区积极建设信访接待大厅,2010年成为接访大厅建设投入最大的一年。金水区委主要领导亲自带领有关职能部门为接访大厅选址,并提出接访大厅要按照"场地宽敞、设施齐全、服务一流"的标准兴建,建成后要将相关职能部门、公检法机关等全部纳入接访大厅,把接访大厅建设成为一个为群众提供综合信访服务的平台,到年底新的接访大厅已基本完工,面积近1000平方米;管城区从区财政拨款120余万元,积极筹建信访联合接待大厅,包括领导接访室、群众候谈室等,建筑面积400余平方米,与群众生产生活紧密相关的各职能部门在接待大厅设立各自的接待窗口,努力实现信访事项的提出、受理、办理、督办和回复等环节都在联合接访大厅完成，为群众提供“一站式”服务。

【信访工作机制建设】 2010年，郑州市认真贯彻落实中央和省委有关信访工作决策部署，积极探索建立和完善体制机制，在畅通渠道、解决问题、规范秩序和工作创新上下工夫。

（一）狠抓畅通渠道、落实领导接访制度落实。在大力推广“网上信访”、“书记市长信箱”等创新做法的同时，继续深入开展领导干部大接访活动，市级领导干部定期约访、定点下访，面对面与群众进行沟通交流；县级领导干部的接待安排情况全部通过《郑州日报》等媒体向社会公示，做到“六公开”（公开领导姓名、职务、分管工作、接待时间和地点、陪同接访部门、联系电话），方便群众参与监督领导接访活动；乡镇领导干部按要求随时接访，确保群众“来访有人接待、诉求有人倾听、困难有人解决、结果有人落实”，极大的畅通和拓宽了民意表达渠道。市纪委、市委组织部、市信访局等部门组成联合督查组，先后到全市14个县（市）、区和57个市直单位，以及195个乡（镇、街道）现场检查接访和领导在岗情况，并在全市通报了7个发现问题的单位，提高了领导接访的自觉性。

（二）全力推动“事要解决”，切实维护群众合法权益。2010年，市信访局共接待受理群众来信来访2万多人次，有效处理了来信来访反映的问题，大量矛盾纠纷被解决在当地，化解在萌芽状态；开展“畅通渠道、解决问题、治理重访”集中活动，对发生的到市以上重访案件进行集中交办，并全程督查督办，解决重访案件1428起，一大批长期重复信访的群众息诉罢诉。

（三）狠抓源头治理，切实预防和排查化解矛盾纠纷。市委信访工作领导小组督促指导全市各级各部门严格按照省委、省政府《关于对涉及群众利益的重大决策事项进行信访评估的意见》和市委、市政府《信访评估暂行办法》，逐步建立健全社会稳定风险评估联动机制，明确要求各级各部门对涉及“三农”利益、重大项目建设等工作做出重大决策前，首先要进行社会稳定风险评估，对群众反映强烈、反对面较大、存在信访隐患的，暂缓决策或做出调整，从源头上减少信访事项。2010年开展的178次社会稳定风险评估中，共有4起因没有通过评估被要求整改后再实施。同时，通过充实信访信息员队伍，在全市范围内建立健全市、县、乡、村四级信访信息报送网络，建立了由6529名基层信访信息员组成的队伍，形成市、县、乡、村四级矛盾排查化解网络，全年共排查出不稳定因素402起，全部实施了领导包案，化解182起。

（四）狠抓双向查究，进一步规范信访秩序。对在信访工作中失职渎职导致严重后果的17名领导干部给予党政纪处分，提高了各级各部门做好信访工作的责任感；加大处置力度，依法对全市发生的86人101人次的赴京非访进行了处置。同时，充分发挥思想教育和宣传教育的作用，通过群众工作培训中心，对8批85名违法上访人员进行教育转化工作；指导各县（市）、区加强对《信访条例》等相关法律法规的宣传工作力度，大力营造良好有序的信访新秩序。

（五）加强队伍建设，提高信访工作水平。（1）不断把创先争优活动引向深入。继续深入开展“创先争优、能力建设”活动，围绕“迎接建党90周年”和“向党的十八大献礼”两个重要节点，抓好公开服务承诺、领导干部点评、党员群众评议等工作，带动广大信访干部立足岗位，确保创先争优上水平、干部职工得实惠、信访系统有发展。（2）加大信访干部培训和教育力度。通过以会代训、对口培训、经验交流会等形式，继续办好基层信访干部和基层分管领导业务培训班，切实加强全市各级信访干部的作风建设，努力提升信访干部的思想政治素质、理论政策水平、综合业务能力，不断增强各级信访部门的凝聚力和战斗力，努力建设一支政治合格、品格高尚、心系群众、作风优良的信访工作队伍。（3）着力提升机关各项建设水平。加强机关党的建设，通过举办座谈会、专题宣传等形式，把社会主义核心价值体系贯穿于党员干部教育管理全过程。开展党性党风党纪教育和廉洁从政教育，督促机关干部严格遵守廉洁自律各项规定。规范机关内部管理，关心干部职工的工作和生活，提高机关后勤服务水平，推进和谐机关建设。加强干部队伍建设，树立良好导向，进一步把大家的精力引导到工作上、干事创业上。

（孙建峰）

机关后勤工作

【市直机关国有资产管理】 2010年，郑州市市直机关事务管理局对市直机关租用临时办公用房和统管办公区各单位办公用房使用、纬五路原省农行办公楼和机构改革涉及单位办公用房调整等进行深入调研，形成方案上报市政府，为市领导决策提供参考；完成机关基建工作五年整体规划和2个院区的拆迁改造方案；办理百花路46号院、工人路52号院土地证（总占地面积约4.37公顷），为开发建设创造条件。在办公房源紧缺的情况下，努力为11家单位调整办公用房2099平方米；为6家单位租赁办公用房7680平方米，通过控制面积，节约财政支出254.3万元；收交闲置办公房10个自然间165平方米，维修办公用房2915平方米；完成98户房产证办理和33位市直机关干部职工货币化补贴工作。

【公共机构节能管理】　2010年，郑州市市直机关事务管理局坚持以《节约能源法》和《公共机构节能条例》为依据，认真履行公共机构节能工作推进、指导、协调、监督职能。建立健全节能工作管理体制，形成覆盖全市的节能工作管理网络；开展公共机构“十二五”节能规划调研，起草完成《郑州市公共机构“十二五”节能规划（草稿）》；实行能源消耗公示制度，对各县(市)、区和市直机关各单位季度能耗数据进行公示；组织开展“节能宣传月”、举办节能新产品推广会等系列宣传活动；先后组织市直和各县（市）、区节能统计人员开展业务培训10次1200余人。截至第三季度，全市公共机构单位面积耗电量下降10.85%，人均耗水量下降8.82%，公务车单车百公里油耗下降5.51%，综合能耗下降8.39%，超额完成2010年度和“十一五”确定的节能降耗目标任务。

【机关服务保障工作】　一是贯彻落实综合治理、群防群治、以防为主的方针，做好统管区域治安消防工作。完善安全监控系统，全年新装摄像头44部、红外对射9对，实现机关南北院监控无盲区。对重点区域、重点部位、重点对象加强人防和排查，确保领导机关和各级领导驻地安全有序；接待办理公务人员10万余人，协助接待集体上访1121起14280人次、个访1826人次；完成机关北院地下停车场智能化系统升级改造及2010年机关通行证换发工作；建立消防月查制度、隐患单位通报制度，组织消防演练2次。全年实现统管区域刑事案件、治安案件、火灾等级事故“三零”目标。二是以“卫生、可口、实惠、多样”为目标做好膳食服务。围绕“吃”字做文章、在“变”中求突破。根据季节变化及服务对象的需求，增设服务项目，严把食品安全关口，保证了膳食服务的安全、多样与均衡。克服物价上涨压力，内部挖潜，开源节流，确保食堂物价相对稳定，全年共保障各级领导和公职人员78万余人次就餐。三是以“快速、热情、细致、周到”为目标，着力提高综合服务保障水平。完成机关北院3号楼、保密局办公楼、市人大常委会主席团会议室整修及兴华南街38号院暖气改造等工程。全年日常维修9000余项次，零星土建维修150余项，确保了统管办公区、家属区的正常运转。积极探索适合机关特色的物业发展道路，全年物业费收入35万元，同比增加5%。四是围绕“优质、文明”做好通信服务，提升服务保障质量。一号台坚持优质服务、畅通文明，赢得了好评；完成市直机关、县（市）区领导干部和办公电话簿编制发放工作；完成市直机关通信光（电）缆9项施工、8项改造和11项电话扩容及迁移工作。全年共安装电话1209部，移机、换号、维修3219部，净增电话1301部，装机容量突破14953部，服务保障范围达到100平方公里。五是制定会议服务、保洁服务质量考核细则，提升会议管理服务水平。紧扣“规范、标准、精细、温馨”要求，全年接待会议1788余次10.6万余人，成功接待香港、新加坡、马来西亚等参观考察团，圆满完成市四大班子重要会议接待。六是规范公务用车管理，完成了车辆数字化管理系统建设，车辆节能降耗成效显现，各项指标同比下降13%；完成市四大班子公务接待及拜祖大典、绿博会等大型活动车辆服务保障任务696台次，完成局用车保障6987台次，实现安全行驶68万余公里。七是后勤经营取得新成绩。按照“酒店有限、中心无限”要求，服务中心以中心酒店为依托，内部挖潜，搞活经营，加强管理，提升服务，转变理念，全员营销。全年营业收入实现1191.69万元，同比增长约62.98%；净利润实现131.41万元，同比增长513.2%。经济效益、社会效益及队伍建设上取得了丰硕成果。

【机关自身建设】　2010年，郑州市市直机关事务管理局新一届领导班子立足机关事务工作实际，以“夯实基础工作、彰显管理职能、实现经营突破”为目标，在全局深入开展基础工作建设年活动。通过开展“三查三看三落实”学习讨论、基础数据整理工作、岗位练兵、完善规章制度规范管理行为和政策调研等活动，局内部制度建设、作风建设、思想建设、队伍建设得到进一步加强，为实现机关事务工作目标奠定了坚实基础。以落实上级安排部署的重大活动为重点，加大教育培训力度。在全局党员干部中开展“创先争优”活动，结合工作实际开展“四个重在”主题党课活动，先后组织了4次集中授课和1次爱国主义教育基地实地授课，全局干部职工对“四个重在”的理解进一步加深；开展领导干部读书竞赛活动，为干部职工购买发放200多本学习书籍，全局营造出良好的学习氛围；加强干部职工能力素质培训，全年共安排42批次450余人次参加各种类型的培训。积极开展精神文明建设和文明单位创建工作。组织开展月评文明市民活动，推荐上报9名文明市民候选人（其中1人荣获“郑州市首届道德模范”称号）、3个文明家庭；指导市直机关44个省级文明单位、11个市级文明单位复查及11个新申报省级文明单位、6个新申报市级文明单位考评验收；建立完善了市直机关文明单位统计体系。加强群团工作，发挥群团作用，营造发展氛围。由局工会、妇委、团委牵头组织女职工50余人外出培训，组织团员青年开展“关爱生命，文明出行”教育实践，组织优秀党员及支委成员30余人赴井冈山革命圣地学习参观，开展局秋季文体系列活动等。通过形式多样、内容丰富的活动开展，有效促进了全局合力的形成与发挥。此外，先后3次上调局合同用工、短期用工工资，改善了职工待遇。

（王　慧）

投资促进工作

【概况】 2010年,郑州市投资促进服务中心紧紧围绕全市经济工作中心,紧盯重点招商项目,努力发掘招商资源,认真做好投资促进工作。在加强新亚欧大陆桥区域经济联络、开展国内友好城市交流与合作、组织外地驻郑办事机构积极开展活动、推进精神文明和廉政建设等方面取得了明显成效。此外,认真完成市委、市政府交办的其他工作,全年共抽调16名同志参与到市商务局、畅通办、富士康项目及人口普查工作。

【新亚欧大陆桥区域经济联络】 2010年,郑州市投资促进服务中心积极加强新亚欧大陆桥区域经济及陆桥沿线城市的联络与服务。(1)关注、收集和交流新亚欧大陆桥区域经济发展信息,做好新亚欧大陆桥及陇兰经济促进会文件收发工作,全年共计收发文件30余万份。指定专人负责,密切关注大陆桥网站信息;每月及时收发《大陆桥视野》杂志,收集、整理有价值的经济信息。(2)热情接待陆桥沿线城市来郑考察调研活动。先后安排协调新亚欧大陆桥协调机制办公室和青岛中远物流有限公司一行5人、陇兰经济促进会一行8人、新亚欧大陆桥(北京)发展研究中心一行4人来郑考察活动;协调中国太平洋建设集团副总裁张艺馨一行对郑州市市政基础设施建设、产业园区建设情况的考察调研活动;接待新疆阿克苏地区招商系统代表团对郑州市棉纺和农产品深加工企业的考察活动;接待浙江保亿置业集团来郑投资考察,分别考察了二七新区和金水北区。(3)积极组织、参加新亚欧大陆桥区域经济联络各项会议。3月11日,在北京参加陆桥沿线部分城市联络员会议,为陆桥沿线部分城市第八次联谊活动做好前期准备工作;12日,陆桥部分城市领导第八次联谊会召开,副市长薛云伟参加。会议研究讨论了陆桥沿线部分城市所提出的议案和建议,并联合签署向十一届全国人大会议提交。4月,参加在西安市召开的第十四届中国东西部合作与投资贸易洽谈会。5月,江苏省连云港服务河南发展推介会在郑召开,积极做好会议的协调服务工作。6月,赴连云港市参加陇海兰新经济促进会2010年秘书处主任办公会,提出了郑州市的工作意见和建议。9月,参加在连云港市举办的中日新丝绸之路企业合作论坛,积极联系企业,组织河南省进口物资公共保税中心、中国外运河南公司的负责人作为企业代表参会并接受了连云港新闻媒体的采访,郑州市新闻媒体赴会采访并作了详细报道。11月30日至12月2日,参加在连云港市召开的"大陆桥论坛2010年年会"。

【友好城市交流与合作】 2010年,郑州市投资促进服务中心遵循"优势互补、互利互惠、长期合作、共同发展"的原则,加强同各友好城市、友好合作城市的联络。6—9月,先后走访广州、杭州、昆明、厦门、南宁、青岛、连云港、银川、长春等国内友好城市及友好合作城市,积极推进城市间的经贸交流与合作。6月18日,参加河南—浙江投资合作项目洽谈会,承接浙江民营企业产业转移项目对接会的工作。6—11月,积极做好第十六届郑州全国商品交易会暨日用消费品博览会的邀商及会务协调工作,共邀请国内友好城市及友好合作城市21个、政府组团参会城市11个,使用展位面积700平方米。9月,为配合郑州市档案馆在2011年举办的"郑州记忆"展览,收集了大量郑州市缔结友好城市的文字资料和图片,进一步宣传了郑州市与友好城市在经贸、旅游、文化等方面的交流与合作。

【服务外地驻郑办事机构】 2010年,郑州市投资促进服务中心按照"政务公开、程序规范、减少环节、按时办结"的原则,做好外地驻郑办事机构的联络服务工作。搞好日常业务咨询、人员接待、业务受理、证件办理工作,至12月份,新登记外地驻郑办事机构123家,换证33家。通过驻郑机构做好邀商工作。11月12—13日,中国(郑州)2010产业转移合作洽谈会在郑召开,邀请天津港(集团)有限公司、经纬纺织机械股份有限公司等12家知名企业参会。做好档案管理工作。对外地驻郑办事机构提供的备案材料及时归档,规范管理,并及时更新驻郑机构电子档案库。

【参与重大招商活动】 2010年,郑州市投资促进服务中心按照市委、市政府的部署安排,积极参与重大招商活动,推动了重大招商引资项目的顺利实施。配合市政府六处做好郑州市重点招商引资项目落实和重大项目推进工作周例会,负责每期参会单位的通知、接待和服务,了解全市重大项目存在的突出问题。参加商务局在庚寅年黄帝故里拜祖大典经贸活动中的协调联络工作,在完成负责协调工作的同时,主动与大会组委会各部联系,做好安保、车辆编号、各种证件发放等保障工作,并联络各邀商单位确定参加郑州市市情说明会的人员名单,保证各项工作顺利展开。在河南省投洽会期间,负责接待福建企业家代表团在郑的参观考察活动,积极和省商务厅联系,并根据福建企业家的要求,多次和郑州市有关单位联系,安排考察了河南长通物流有限公司和升龙地产公司和登封少林寺景区。在港澳深地区闽籍企业家访豫活动中,配合商务局做好联系协调工作。积极配合上级部门做好"2010河南台湾月"招商引资工作,承担各项联络任务。积极与县(市)、区商务部门联系,掌握各单位招商情况;加强与省商务部门的联系,了解活动的最新动态,组织各单位参加会议;在驻地招商活动中,出主意、想办法,为参加活动的单位提供一切便利条件,为招商工作做好服务。

(陈　丹)

第七篇　人民政协

政协全会

【市政协十二届二次会议】 2010年1月31日至2月4日，政协郑州市第十二届委员会第二次会议在郑州召开。

1月31日上午，市政协十二届二次会议隆重开幕。大会由市政协副主席岳喜忠主持。大会审议通过了市政协十二届二次会议议程和日程，市政协主席李秀奇代表政协郑州市第十二届委员会常务委员会作常委会工作报告，市政协副主席舒安娜向大会报告市政协十二届一次会议以来提案工作情况。

市委常委、统战部长、市政协党组副书记王林贺，市政协副主席朱专兴、牛西岭、陈西川、党普选、张冬平、李新有、张民服，秘书长张桂兰和副秘书长谭哲、张文定、朱润生、崔平、汤燕、李献峰、陈斌参加会议。市党政军领导王文超、赵建才、马懿、白红战、李柳身、郝建生、杨惠琴、岳修武、祖松臣、王鑫、康定军、王璋、姚待献、丁世显、胡荃、李公乐、高方斌、王旭彤、栗培青、王平、雷志、刘全心、贾记鑫、李元法、周长松、孙金献、王哲、薛云伟、王跃华、李建华，市中级人民法院院长王新生、市人民检察院检察长杨祖伟等副市级领导同志在主席台就座。往届市政协老领导应邀出席会议。

1月31日下午，出席市政协十二届二次会议的委员分组审议政协常委会工作报告和提案工作报告，市政协领导李秀奇、岳喜忠、王薇、朱专兴、舒安娜、牛西岭、陈西川、党普选、张冬平、李新有、张民服、张桂兰、谭哲、张文定、朱润生、崔平、汤燕、李献峰、陈斌参加分组审议，认真听取大家的意见建议。

2月1日上午，出席市政协十二届二次会议的委员们列席了市人大十三届二次会议开幕会，听取了市长赵建才代表市政府向大会作的《政府工作报告》。市政协主席李秀奇，副主席岳喜忠、王薇、朱专兴、舒安娜、牛西岭、陈西川、党普选、张冬平、李新有、张民服，秘书长张桂兰和副秘书长谭哲、张文定、朱润生、崔平、汤燕、李献峰、陈斌列席了会议。

2月1日下午，市政协举行十二届二次会议表彰大会，对2009年提案工作和"创建委员之家、树立委员形象"活动涌现出来的先进集体和先进个人进行表彰。市政协主席李秀奇主持会议，市委常委、统战部长王林贺，市政协副主席岳喜忠、王薇、朱专兴、舒安娜、牛西岭、陈西川、党普选、张冬平、李新有、张民服，秘书长张桂兰和副秘书长谭哲、张文定、朱润生、崔平、汤燕、李献峰、陈斌出席会议。

2月2日上午，出席市政协十二届二次会议的委员分组讨论《政府工作报告》，市领导赵建才、马懿、李秀奇、李柳身、王璋、丁世显、胡荃、王林贺、高方斌、王哲、薛云伟、王跃华、刘东、岳喜忠、王薇、朱专兴、舒安娜、牛西岭、陈西川、党普选、张冬平、李新有、张民服，市政协秘书长张桂兰和副秘书长谭哲、张文定、朱润生、崔平、汤燕、李献峰、陈斌参加分组讨论，认真听取委员们的意见建议。

2月2日下午，市政协十二届二次会议举行第二次全体会议。会议由市政协副主席朱专兴主持。市委常委、市委常务副书记马懿，市委常委、常务副市长胡荃，市委常委、统战部长王林贺应邀到会听取了委员们的发言；吴予红等5位委员分别代表党派、专委会进行大会发言。市政协主席李秀奇，副主席岳喜忠、王薇、舒安娜、牛西岭、陈西川、党普选、张冬平、李新有、张民服，秘书长张桂兰和副秘书长谭哲、张文定、朱润生、崔平、汤燕、李献峰、陈斌参加会议。

2月3日上午，出席市政协十二届二次会议的政协委员列席了市人大十三届二次会议第二次全体会议，听取了市人大常委会主任白红战作的市人大常委会工作报告、市中级人民法院院长王新生作的市中级人民法院工作报告、市人民检察院检察长杨祖伟作的市人民检察院工作报告。市政协主席李秀奇，副主席岳喜忠、王薇、朱专兴、舒安娜、牛西岭、陈西川、党普选、张冬平、李新有、张民服，秘书长张桂兰和副秘书长谭哲、张文定、朱润生、崔平、汤燕、李献峰、陈斌列席了会议。

2月3日下午，市政协召开十二届十六次主席会议。会议由市政协主席李秀奇主持。听取了大会秘书长关于小组讨论情况的汇报和市委统战部关于增选政协郑州市第十二届委员会常务委员情况的说明；审议了市政协十二届六次常委会议的有关材料。市政协副主席岳喜忠、王薇、朱专兴、舒安娜、牛西岭、陈西川、党普选、张冬平、李新有、张民服,秘书长张桂兰出席会议,副秘书长谭哲、张文定、朱润生、崔平、汤燕、李献峰、陈斌列席了会议。

2月4日上午,市政协召开十二届六次常委会议。会议由市政协主席李秀奇主持。会议首先审议通过了市政协十二届六次常委会议议程,听取了大会秘书长关于小组讨论情况的汇报和市委统战部关于增选市政协常务委员情况的说明,审议并原则通过了有关选举和人事安排事项、政协郑州市第十二届委员会第二次会议有关决议(草案)和报告(草案)。市政协副主席岳喜忠、王薇、朱专兴、舒安娜、牛西岭、陈西川、党普选、张冬平、李新有、张民服,秘书长张桂兰和副秘书长谭哲、张文定、朱润生、崔平、汤燕、李献峰、陈斌出席会议。

2月4日下午,市政协十二届二次会议举行第三次全体会议,增选政协郑州市第十二届委员会常务委员。会议由市政协副主席岳喜忠主持。市政协主席李秀奇,市委常委、统战部长、市政协党组副书记王林贺,市政协副主席王薇、朱专兴、舒安娜、牛西岭、陈西川、党普选、张冬平、李新有、张民服,秘书长张桂兰在主席台就座,副秘书长谭哲、张文定、朱润生、崔平、汤燕、李献峰、陈斌出席会议。

2月4日下午,市政协召开十二届七次常委会议,听取市政协十二届二次会议选举大会选举情况报告。市政协主席李秀奇,副主席岳喜忠、王薇、朱专兴、舒安娜、牛西岭、陈西川、党普选、张冬平、李新有、张民服,秘书长张桂兰和副秘书长谭哲、张文定、朱润生、崔平、汤燕、李献峰、陈斌参加了会议。

2月4日下午,市政协十二届二次会议胜利闭幕。闭幕大会由市政协主席李秀奇主持。会议首先公布了增选政协郑州市第十二届委员会常务委员计票结果,朱建国、陈斌当选为政协郑州市第十二届委员会常务委员。大会通过了政协郑州市第十二届委员会第二次会议政治决议、政协郑州市第十二届委员会第二次会议关于常务委员会工作报告的决议、政协郑州市第十二届委员会第二次会议关于政协十二届一次会议以来提案工作情况报告的决议和政协郑州市第十二届委员会提案审查委员会关于十二届二次会议提案审查情况的报告。市委常委、统战部长、市政协党组副书记王林贺,市政协副主席岳喜忠、王薇、朱专兴、舒安娜、牛西岭、陈西川、党普选、张冬平、李新有、张民服,秘书长张桂兰和副秘书长谭哲、张文定、朱润生、崔平、汤燕、李献峰、陈斌参加会议。市党政军领导王文超、赵建才、马懿、白红战、李柳身、郝建生、杨惠琴、岳修武、祖松臣、王鑫、康定军、王璋、姚待献、丁世显、李公乐、高方斌、王旭彤、栗培青、王平、赵明恩、雷志、刘全心、贾记鑫、李元法、周长松、孙金献、王哲、王跃华、刘东、张建慧、李建华,市中级人民法院院长王新生等副市级领导同志在主席台就座。往届市政协老领导应邀出席会议。

(朱选举)

政协常委会议

【市政协十二届五次常委会议】 2010年1月19日,市政协召开十二届五次常委会议。会议由市政协主席李秀奇主持。会议决定,市政协十二届二次会议于1月31日至2月4日举行。会议听取了市政协秘书长关于市政协十二届二次会议筹备情况的汇报、市委组织部关于有关人事情况的说明、市委统战部关于增补委员情况的说明和市政府关于《政府工作报告》起草情况的说明;审议通过了市政协十二届二次会议有关事项,讨论了《政府工作报告(征求意见稿)》。市政协主席李秀奇在会上作重要讲话。市政协副主席岳喜忠、王薇、朱专兴、舒安娜、牛西岭、陈西川、党普选、张冬平、李新有、张民服,秘书长张桂兰和副秘书长谭哲、张文定、朱润生、崔平、李素坤、汤燕、李献峰、陈斌参加了会议。

【市政协十二届八次常委会议】 2010年3月29日,市政协召开十二届八次常委会议。会上,全国政协委员、市政协副主席、市九三学社主委舒安娜和全国政协委员王超斌分别传达了十一届全国人大三次会议和十一届全国政协三次会议精神。郑州市副市长刘东通报了全市深化医药卫生体制改革工作情况。会议审议通过了政协郑州市委员会常务委员会关于授权主席会议对违纪违法政协委员及时作出处理的决定及其它决定。常委们围绕学习贯彻全国“两会”精神、郑州市医药卫生体制改革情况,以及新一年的政协工作畅所欲言、坦陈己见,提出了很多有价值的意见和建议。市政协主席李秀奇在讲话中要求,全市各级政协组织和政协委员要认真学习、深刻领会“两会”重要文件和胡锦涛等中央领导同志在会议期间的重要讲话精神,把学习贯彻“两会”精神与学习胡锦涛总书记在庆祝人民政协成立60周年大会上的讲话精神结合起来,与深入学习实践科学发展观结合起来,与学习政协理论和统战知识结合起来,与郑州的发展实际结合起来,与政协履行职能结合起来,切实把思想和认识统一到全国“两会”精神上来,把学习成果转化到推动政协工作上来。针对全年政协工作,李秀奇强调,一定要继续创新工作思路、工作理念和工作方法,进一步解放思想,开拓进取,真抓实干,勇争一流,努力做到政治协商更有建设性、民主监督更有针对性、参政议政更有实效性、自身建设更具活跃性。要在2009年工作良好开局的基础上,继续保持好、发扬好积极进取、奋发有为的精神状态,进一步推动政协工作开创新局面,取得新发展。市政协副主席岳喜忠、王薇、朱专兴、舒安娜、牛西岭、陈西川、党普选、张冬平、李新有、张民服，秘书长张桂兰出席会议。市人大常委会副主任王平应邀出席会议。市政府办公厅、市发改委等部门主要负责同志，各县(市)、区政协主席，市政协机关副县级以上干部列席会议。

【市政协十二届九次常委会议】 2010年6月28—29日，市政协在登封市召开了十二届九次常委会议。会议的主题是围绕加快经济发展方式转变和经济结构调整进行专题议政。会议期间，常委们视察了登封市加快经济发展方式转变和经济结构调整情况，听取了郑州市政府副市长刘东关于加快经济发展方式转变和经济结构调整情况的通报，以及市政协经济委员会、港澳台侨和外事委员会、城市建设委员会、民革郑州市委、民盟郑州市委等单位所作的专题发言。各位常委围绕会议主题畅所欲言、坦陈己见，提出了许多富有建设性的意见建议，综合起来有以下几个方面：一是以调整优化产业结构为主线，着力构建现代产业体系；二是以提高自主创新能力为核心，着力提升产业整体竞争能力；三是以拓展内需增长空间为关键，着力增强经济增长的内生动力；四是以加强资源环境保护为重点，着力推进“两型”社会的建设；五是以深化改革、扩大开放为保障，着力建立促进科学发展的长效机制。市政协主席李秀奇在讲话中指出，加快经济发展方式转变，是中国经济领域的一场深刻变革，事关改革开放和社会主义现代化建设的全局，全市各级政协要深入贯彻科学发展观，把促进经济发展方式转变作为政协工作的一项重要任务，政协委员要更多地关注和参与全市加快转变经济发展方式的工作，做出自己应有的贡献。要充分发挥政协议政建言的优势，为转方式促发展多献良策；充分发挥政协联系广泛的优势，为转方式促发展宣传鼓劲；充分发挥政协人才荟萃的优势，为转方式促发展贡献力量。市政协副主席岳喜忠、王薇、朱专兴、舒安娜、牛西岭、陈西川、李新有、张民服，秘书长张桂兰出席会议。市人大常委会副主任王平应邀出席会议。市政府办公厅、市发改委、市科技局、市工信委、市人保局、市建委、市环保局、市农委、市商务局等单位负责同志列席会议。

【市政协十二届十次常委会议】 2010年9月29日，市政协召开十二届十次常委会议。会议的主要议题是围绕科学编制《郑州市国民经济和社会发展第十二个五年规划纲要》进行专题议政。会议期间，常委们认真听取了郑州市政府副市长刘东所作的关于郑州市“十二五”规划编制情况的通报和10个课题组代表的大会发言。各位常委围绕会议主题和刘东副市长的通报情况进行了分组讨论，并从公共安全防御体系建设、文化创意产业发展、资本市场建设、城乡一体化建设、战略新兴产业发展、综合交通规划编制、都市型现代农业发展、现代服务业发展、城市精细化管理、基本公共服务均等化等方面，为科学编制郑州市“十二五”规划提出了许多中肯的意见和建议。市政协主席李秀奇在讲话中强调，在编制“十二五”规划时，要认真总结分析“十一五”期间郑州经济社会发展的成就和经验，准确把握“十二五”期间的国际国内宏观环境和郑州市经济社会发展的总体目标定位，深刻认识经济社会发展面临的重大机遇和挑战，充分体现“十二五”规划的科学性、前瞻性和指导性，要广泛征求社会各界的意见和建议，集思广益，集中民智，共同绘制出一个导向鲜明、科学务实、特色鲜明、操作性强的发展蓝图。他要求，全市各级政协组织要充分发挥人民政协人才荟萃、智力密集、联系面广、位置超脱的优势，广泛动员和组织广大政协委员、各民主党派、工商联和专家学者，围绕编制郑州市“十二五”规划协商议政，多建睿智之言，多献务实之策。要加强与党委、政府及有关职能部门的沟通与联系，注重发挥委员的主体作用，努力推动委员的献策转化为党委、政府的决策，让委员们的意见和建议充分体现在“十二五”规划之中。市政协副主席岳喜忠、王薇、朱专兴、舒安娜、牛西岭、陈西川、张冬平、李新有、张民服，秘书长张桂兰出席会议。市委常委、统战部长王林贺，市人大常委会副主任王平应邀出席会议。市政府办公厅、市委宣传部、市政府金融办、市政府应急办、市发改委、市教育局、市科技局、市工信委、市公安局、市财政局、市人保局、市安监局、市建委、市交运委、市城市管理局、市农业农村工作委员会、市文广新局、市卫生局、市人防办等单位负责同志，各县(市)、区政协主席，市政协机关副县级以上干部列席会议。

(朱选举)

工作及活动

【履行政协职能】 2010年，市政协坚持把推动科学发展作为履行政协职能的第一要务，紧紧围绕事关郑州市经济社会发展的全局性、战略性和前瞻性问题协商议政，为促进全市跨越式发展献计出力。

(一)紧扣中心任务咨政建言。市政协把加快经济发展方式转变和经济结构调整作为市政协十二届九次常委会议的中心议题进行专题议政。通过精心拟定调研课题和调研方案，组织委员深入基层和企业进行调研，提出了以调整优化产业结构为主线，着力构建现代产业体系；以提高自主创新能力为核心，着力提升产业整体竞争能力；以拓展内需增长空间为关键，着力增强经济增长的内生动力；以加强资源环境保护为重点，着力推进“两型”社会的建设；以深化改革、扩大开放为动力，着力建立促进科学发展的长效机制等意见建议，向党委、政府提交了《关于加快转变经济发展方式,促进郑州经济结构调整的调查与建议》、《关于做大做强我市建筑业的调查与建议》、《大力引进海外高层次人才,促进我市经济发展方式转变》和《关于我市职业教育的调查与建议》等12份调研报告,为党委、政府科学决策提供了重要参考。

(二)着眼“十二五”规划献计献策。市政协把协助党委、政府制定好“十二五”规划作为2010年的工作重点,组织开展了一系列协商议政活动。着眼综合性、全局性、前瞻性,确定十大调研课题,市政协主席们分别带队,赴发达地区学习考察,借鉴经验,拓宽思路;受市委委托,开展向省政协现任和往届老领导“求策问计促跨越”征求意见建议活动;组织委员召开“十二五”规划意见征求会,围绕经济发展、民生保障、交通建设、生态建设等方面,提出96条意见建议。在市政协十二届十次常委会议上,委员们畅所欲言、集思广益,就“十二五”期间郑州市加快战略新兴产业发展和城乡一体化进程、推进基本公共服务均等化、公共安全防御体系建设等工作,提出了65条富有见地的意见建议。省委常委、市委书记连维良对常委会议《情况报告》作出重要批示,要求市发改委认真研究吸纳,有效进入了决策。

(三)围绕重点工作调研视察。市政协紧紧围绕全市重点、难点工作,充分发挥委员队伍的集体力量和智慧,组织驻郑的全国、省和市三级政协委员对郑州市跨越式发展十项重点工程的进展情况进行集中视察,召开座谈会13个、实地察看建设项目40个、反映问题45条、提出意见建议69条,并向市政府及相关部门进行情况反馈,有力推动了各项工程的顺利实施。市政协各专门委员会依照分工,组织委员,联合民主党派、工商联和无党派人士、党政部门、大专院校和科研单位,围绕绿博会筹备、城中村改造、生态水系工程建设、二七商业中心规划设计、城市防汛、南水北调工程中文物发掘与保护等工作,先后开展专题调研22次、视察43次,形成调研视察报告24份,提出意见建议200余条,起到了检查、督促、推动工作的积极作用。

【凝聚社会力量】 2010年,市政协牢牢把握团结和民主两大主题,充分发挥人民政协作为最广泛爱国统一战线组织的特殊优势,密切联系各界,加强沟通协调,扩大交流交往,为构建和谐郑州凝心聚力。

(一)大力促进党派合作。认真贯彻落实《中共中央关于进一步加强中国共产党领导的多党合作和政治协商制度建设的意见》,积极促进参加人民政协的各民主党派、工商联和无党派人士的团结合作,在政协的各种会议上努力营造民主和谐、合作共事的政治氛围,为各民主党派、工商联和无党派人士表达主张和意见创造条件。坚持定期向各民主党派、工商联和无党派人士通报工作,主动邀请他们协商讨论政协工作中的共同性事务,参与政协组织的学习、调研、视察等活动,为他们参政议政、建言献策搭建平台,对他们提出的提案、社情民意和意见建议,重点报送、及时办理。

(二)广泛汇聚各界力量。高度重视与少数民族和宗教界代表人士的联系,利用传统节日走访民族宗教界政协委员和知名人士,组织委员就民族教育工作、宗教活动场所管理等进行专题调研,巩固和发展平等、团结、互助、和谐的社会主义民族关系。高度重视与港澳台侨界委员的联系,利用座谈会、茶话会、走访慰问等形式,增进感情、加深友谊。组织委员对全市外资企业发展及重点外资项目进展情况、引进港澳台侨资等工作进行调研视察,协助党委、政府做好招商、亲商、安商、富商的工作。积极协助省政协和市委、市政府办好庚寅年黄帝故里拜祖大典活动,热情接待台中市海峡两岸交流协会和台湾捷安特投资有限公司代表团来访,为扩大郑州市对外开放、促进祖国和平统一贡献力量。充分发挥政协组织联系广泛、代表性强的优势,积极拓展团结联谊工作,热情接待各地政协来郑参观考察,进一步加强了政协组织之间的交流与合作。

(三)加强政协文化建设。坚持“广征博采、存真求实”的方针,编辑出版了以郑州市文化名人艺术人生为专题的《郑州文史资料第31辑——艺海星空》,进一步发挥了文史资料存史、资政、团结、育人的社会功能。精心组织举办了元旦联欢会、庆“七一”演唱会、庆“八一”拥军笔会、迎国庆书画展、“和谐之春”大型摄影展等一系列文娱活动,全方位展示了郑州市改革开放取得的辉煌成就和各级政协组织、广大政协委员和政协工作者围绕中心、服务大局、履职为民的时代风采,进一步营造了民主和谐的浓厚氛围,扩大了政协工作的社会影响,得到了省、市领导和社会各界的一致好评。

【服务改善民生】 2010年,市政协始终把发展和维护人民群众的根本利益放在重要位置,紧紧围绕人民群众最关心、最直接、最现实的问题开展政协工作,在关注民生、体察民情、反映民意、为民服务上倾注力量。

(一)助推“畅通工程”。“畅通工程”是促进郑州市科学发展、和谐发展的一项基础工程。为全力配合好这项工作,市政协充分发动,向驻郑全国、省、市、县(市)区四级政协委员发出公开信,号召广大委员迅速行动起来,进一步增强大局意识,自觉践行交通文明,努力为推进“畅通工程”发挥示范带头作用。同时,市政协切实加大监督力度,组织委员实地察看立交桥、地铁、快速路等重点交通工程建设进展情况,对群众反映强烈的道路积水、人行天桥质量不合格等问题进行调研视察,针对存在的问题提出意见建议。遵照市委指示,组织相关人员赴发达城市学习城市交通建设及管理的先进经验,提出了加快城市立体交通体系建设、进一步完善郑东新区的道路交通规划、大力发展公共交通和进一步加强交通智能化、信息化建设等意见建议，市委书记连维良给予了充分肯定和高度评价。

（二）关注民生民情。广大政协委员紧紧围绕人民群众普遍关心的热点、难点、焦点问题，广泛倾听群众呼声，密切关注社会舆情，积极反映社情民意。组织开展了食品市场安全、大学生就业、户籍改革、医疗卫生等民生问题的调研视察。面向社会公开征集提案线索，扩大公民有序参与政治。通过提案现场办理会、主席督办重点提案、编发提案快报和“我为郑州发展献良策”专题广播节目等多种形式，加大提案办理力度。通过政协例会、委员信箱及政协网站等渠道，广泛收集社情民意，向党委、政府报送了大量高质量的信息。促成一大批诸如提高最低工资标准、关注农村留守儿童教育、扩大医保门诊特殊病种、抑制房价过快上涨等民生问题的妥善解决。

（三）多办好事实事。按照市政协《关于开展“服务城乡、联点共建”活动的实施意见》要求，组织委员赴社区、乡村、学校开展义诊、义演、捐助、帮扶等送温暖、献爱心活动，受到人民群众的热烈欢迎。如组织郑州市第三人民医院的医学专家到南阳新村办事处荣华社区开展共建活动，免费义诊群众200多人次；组织委员到市盲聋哑学校开展助残活动，向师生们捐献学习用品和体育器材，为残疾儿童送上一份爱心；积极响应市委、市政府号召，组织委员和机关干部深入省级贫困村登封市大金店镇崔坪村开展帮扶工作，积极争取资金、技术、政策支持，帮助该村大力推进社会主义新农村建设。在郑州市开展的第一批城区社区联系帮扶工作中，市政协办公厅被评为先进单位。青海玉树地震和甘肃舟曲泥石流灾害发生后，广大政协委员和政协机关干部心系灾区、情牵灾民，积极伸援手、献爱心、送温暖，以多种形式参与抗震救灾工作，为灾区捐款捐物1550余万元，展示了人民政协与国家民族同舟共济、共克时艰，为民解难、为国分忧的精神风貌。

【加强提案办理】 2010年，市政协委员、政协各参加单位和各专门委员会围绕郑州市中心工作，结合经济社会发展中的重大问题以及群众普遍关心的难点、热点问题，深入实际调查研究，积极通过提案建言献策。全年共提交提案689件，其中委员提案568件，各民主党派、人民团体和政协各专门委员会的集体提案28件，界别小组提案1件。涉及经济城建类374件，科教文卫体类109件，政法统战劳动人事类114件。提案选题侧重于经济建设、节能减排、城市交通、社会事业、民生改善等方面，较好地切中了全市中心工作。

针对政协提出的提案，市委、市政府给予了高度重视，市委常委、常务副市长胡荃参加政协提案交办会并要求承办单位认真研究吸纳，把办理好政协提案作为坚持和完善中国共产党领导的多党合作和政治协商制度的重要体现，放在全局工作中加以部署。市政府办公厅专门下发了《关于认真做好人大代表建议和政协委员提案办理工作的通知》，全面安排部署提案办理工作。承办单位的主要负责同志专门就办理工作提出要求并参与重点提案办理，着力推动办理工作的落实。截至2010年底，提案已全部办复。从整体办理情况看，已经解决或采纳的占28.5%，列入计划拟解决或采纳的占62.8%。对一些前瞻性较强的提案，承办单位深入调研，积极推进。对一些一时难以采纳的提案，承办单位通过多种方式加强与民主党派、政协委员的沟通协商。

在争取市委、市政府对政协提案工作支持的同时，市政协常委会按照“围绕中心、服务大局、提高质量、讲求实效”的提案工作方针，认真总结经验，不断推进理论创新、制度创新和工作创新。一是着力提高提案质量。抓好提案线索征集。在全会召开前通过媒体向社会公开征集提案线索，通过电话、信函、电子邮件征集到线索516条，整理出50条选题供全体委员参考。抓好知情服务。为拓宽委员知情明政渠道，进一步提高提案的针对性，以调研、视察等形式，深入基层，与12个部门座谈，夯实提案工作基础。抓好提案审查工作。进一步明确了审查标准、审查程序，严把审查关，为提案质量提供保证。二是着力增强办理实效。围绕“转方式、调结构”，以及反映强烈的交通拥堵问题和市民关注热点难点民生问题等重点提案，市政协主席、副主席亲自督办，现场视察18次，召开座谈会6次，豫外调研2次，提出意见和建议52条。通过重点提案督办工作，加强沟通协商，落实提案内容，以点带面，推动办理工作落到实处。三是着力完善工作机制。2010年印发了《关于进一步提高提案质量的通知》，进一步明确了提案具备的要素（有情况、有分析、有具体的意见和建议），引导委员注重选题、注重调研、注重建议。为方便委员，提交提案时间由全会集中提交拓宽为提前提交、提前初审，为进一步完善和补充提案内容提供服务平台。加强《重要提案摘报》报送工作，围绕提升科技创新能力、扩大就业、食品安全等方面提案，报送《重要提案摘报》11期，充分发挥政协提案建言献策的作用，为市委、市政府科学决策提供参考。四是着力抓好舆论宣传。以新闻媒体为平台，做好“我为郑州发展献良策”专题节目，围绕不同时期、不同阶段热点难点的提案，广泛邀请各界别委员和承办单位参与节目，深入宣传政协中心工作和提案作用。全年共播出52期，政协委员参与节目200余人次。播出了全会专题、提案督办、幼儿园高收费、城中村私搭乱建、发展低碳经济、传统文化传承、环境保护等多个专题，其中如何缓解交通拥堵专题播出6期。政协委员、政府部门、广大听众进行互动,产生了良好的社会反响。五是着力提升信息化水平。近两年市政协接收提案实现了“无纸化”,为进一步加强提案工作信息化建设,市政协学习借鉴外地政协的经验,结合实际,完善建立具有郑州特色的政协提案动态管理系统,功能由原来单一的网上提交拓展为网上签收、网上催办、网上答复、网上反馈意见等,为提、办、服三方全程参与提案工作开辟了新渠道,为进一步做好提案工作注入了新的活力。

【政协自身建设】 2010年,市政协立足固本强基,坚持探索创新,着力加强政协自身建设,努力提高履职的能力和水平。

(一)加强委员队伍建设。通过举办学习报告会、常委学习培训班、编发学习资料等形式,组织委员学习政策理论和政协知识,进一步提高政协常委、委员的政治业务素质。通过召开专题座谈会、经济社会运行情况通报会等形式,帮助委员知情明政。创新委员管理形式,研究制定了市政协《关于授权主席会议对违纪违法政协委员及时处理的决定》和《关于加强市政协会议纪律的规定》,教育和引导委员增强责任意识,珍惜荣誉、忠于职守。积极推荐政协委员担任有关职能部门监督员,支持委员参加执法检查督察、政风行风评议活动,依法保障委员履行职责的权利。坚持政协领导、各专门委员会联系走访委员制度,加强交流,沟通思想。坚持开展政协领导联系帮扶委员企业活动,主动为企业做大做强出主意、提建议、办实事,帮助委员企业解决在新上项目投融资、工程建设、生产经营等方面存在的困难和问题,促进委员企业健康发展。

(二)加强政协机关建设。按照建设“学习型、创新型、服务型、和谐型”政协机关的要求,不断强化机关干部的核心意识、中心意识、团结意识、勤政意识、服务意识、学习意识,进一步提高政协机关为政协履行职能和为全体委员服务的质量和水平。按照市委统一部署,深入开展“创先争优”活动,创新组织生活内容和形式,增强了政协机关党组织的生机和活力。加强对机关干部的培训和管理,高度重视干部的培养教育和选拔使用,优化干部队伍结构。加强政协宣传工作,及时报道政协的重要工作和活动,大力宣传委员的先进事迹,在《人民政协报》等全国和省、市级新闻媒体发稿400余篇。认真办好政协门户网站和政协刊物,《郑州政协》杂志以其鲜明的导向性、较强的可读性和上乘的编校质量,荣获2010年度全市“十佳内资”称号。

(三)加强履职平台建设。开展“创建委员之家,树立委员形象”活动是市十二届政协的创新之举。自2009年活动开展以来,得到了全市各级政协和广大委员的热烈欢迎和积极响应。广大委员充分利用贴近基层、贴近群众、贴近实际的“委员之家”,组织开展形式多样的学习教育、社会公益、收集提案和社情民意活动,提高自身素质、服务社会大众、反映民声民意,对促进当地经济发展、维护社会稳定起到了积极的作用。为把活动继续推向深入,2010年2月,市政协对在2009年度“创树”活动中涌现出来的先进集体和先进个人进行了隆重表彰;3月,召开观摩交流会,总结经验,查找不足,对下一步工作提出了六个“重在”(重在普及、重在提升、重在创新、重在管理、重在发挥主体作用、重在树立委员形象)的要求;7月,举行新闻发布会,邀请中央、省、市20多家媒体,对活动开展情况参观采访,宣传报道,进一步扩大“创树”活动的社会影响;12月,在管城区组织召开 “创建委员之家,树立委员形象”活动经验交流会,进一步总结和宣传“创建委员之家,树立委员形象”活动中涌现的先进经验和典型事迹。据统计,全年全市“委员之家”共向各级党委、政府提交提案1640件、反映社情民意1994条;组织社会公益活动343次,救济困难群众3204人,捐款捐物9786万元;620名各级委员分别受到了国家、省、市级别的表彰。

(丁明星　朱选举)

第八篇 民主党派与工商联

综 述

【发挥民主党派作用】 2010年，郑州市委统战部充分发挥民主党派参政议政、民主监督作用，为全市跨越式发展献计出力。(1)协助民主党派开展调查研究。坚持和完善“党委出题、党派调研、政府采纳、部门落实”工作机制。经与民主党派充分协商，确定了12个重点调研课题，以《市委办公厅关于转发〈2010年各民主党派重点调研课题〉的通知》(郑办〔2010〕30号)文件下发全市各有关单位，要求进一步协助各民主党派按照重点调研课题开展调查研究。各民主党派市委组建专家队伍，走访职能部门、进行实地考察，经过集体讨论，起草了调研报告初稿，经党派调研委员会审议后，报主委会研究，反复修改后形成调研报告12篇。这些调研报告选题准确、角度科学、研究问题起点高、意见建议有分量，具有重要的参考价值。召开郑州市各民主党派调研成果座谈会，17家相关职能部门负责人围绕调研报告中的涉及内容，与民主党派面对面进行研究探讨，促进成果的有效转化。(2)组织各民主党派开展“我为畅通郑州献一策”活动。通过宣传发动、深入调研、形成报告、编发简报等方式，共反映意见建议139条，撰写专题调研报告6篇，形成了《“我为畅通郑州献一策”汇总》，报市“畅通工程”领导小组，省委常委、市委书记连维良和市长赵建才作了批示，市城乡规划局、公安局等相关单位针对提出的建议作出详细回复，部分重要意见和建议被采纳，为治理交通拥堵工作提供了参考。(3)协助民主党派开展“六项帮扶”活动。3月4日参加各民主党派秘书长联席会，就“六项帮扶”活动的目标任务、措施办法、时间进度、督促检查等具体内容进行充分协商。3月10日协助4个党派机关负责同志前往巩义市涉村镇五指岭村进行实地考察，研究设计出统一格式，制定了帮扶实施方案。一年来，民革郑州市委为123名“4050”人员免费进行家政服务技能培训，使他们全部走上工作岗位；民盟郑州市委为巩义市涉村镇敬老院孤寡老人捐赠了生活用品；民建郑州市委资助100名贫困大学生完成学业；民进郑州市委到巩义市桃园小学开展送教下乡系列活动；农工党郑州市委定点帮扶巩义市五指岭村卫生所，捐赠药品和健康教育宣传手册；九三学社郑州市委向巩义市五指岭村捐赠农科书籍，现场传授蔬菜种植技术。全市民主党派服务社会工作取得新进展，赢得了社会的高度赞誉。(4)协助民主党派加强民主监督。协助市政府二处和市教育局，组织各民主党派副主委和秘书长参加全市教育评估督学现场会启动仪式，并全程参与教育评估和督学工作。

【加强民主党派自身建设】 2010年，郑州市委统战部积极支持民主党派加强自身建设，进一步推动民主党派的思想、组织、作风再上新台阶。(1)协助民主党派加强思想建设。全年共进行4次联合中心组学习活动。经过共同协商，创新了学习方法，由以往单一、传统的封闭型学习模式向理论研讨与实地考察等相结合的开放型学习模式转变。全市民主党派、工商联、无党派代表人士积极参加联合中心组学习，在学习中加强思想建设、提高综合素质，为更好地履行参政党职能、发挥参政党作用奠定了良好基础，达到了统一思想、提高认识、坚定信念的目的，进一步提高了党派领导班子的政治把握能力，巩固了多党合作的思想政治基础。按照中央统战部的统一部署，以“树立和践行社会主义核心价值体系”为主线开展系列学习教育活动，通过学习，充分认识各民主党派和无党派人士树立和践行社会主义核心价值体系是当前和今后一个时期的重要政治任务。(2)协助民主党派加强组织建设。一是协助民盟召开第十一届委员会第五次会议，增选2名市委委员，选举1名副主任委员，提名任命了秘书长。协助民革召开第十一届委员会第十一次会议，顺利完成各项会议议程，增选2名市委委员，提名任命了秘书长。二是根据豫统〔2010〕4号文件精神，协助各民主党派加强领导班子后备干部队伍建设，按照工作程序，完成了民主推荐阶段的工作，进入协商沟通阶段。三是根据市委干部教育工作领导小组《关于同意市委统战部举办统战系统干部培训班的批复》(郑干教办〔2010〕3号)文件精神，举办了2010年郑州市党外骨干成员培训班，进一步提高了各民主党派成员的理论政策水平和参政议政、民主监督能力。(3)协助各民主党派开展有关团体的考察调研工作。协助民革郑州市委,安排“第八届台湾高校杰出青年赴大陆参访团”一行35人,于2月3日来郑参观访问;安排“第三届中国国民党青年菁英大陆参访团”一行29人,于6月8日来郑参访交流。协助九三学社郑州市委,协办九三学社中央组织工作研讨会,于6月25日在登封召开。

【推动制度机制建设】 一是坚持各项制度,完善市委同各民主党派的政治协商。2010年,郑州市委统战部健全重大事项通报制度、政府及职能部门同民主党派联系制度、市委领导与各民主党派恳谈制度等,市委先后组织召开各类通报会、协商会、座谈会、恳谈会5次,向各民主党派通报了经济运行情况、党风廉政建设和“十二五”规划等重大问题,听取意见和建议,统一思想、增进共识,进一步加强了郑州市多党合作和政治协商制度建设,不断推进决策的科学化、民主化。二是建立工作机制,党派中央(省委)与郑州市的交流合作向纵深发展。在中原经济区的战略谋划过程中,组织做好党派中央(省委)在郑期间的考察调研和项目合作工作。民革中央主席周铁农一行来郑调研“进一步推进农村城镇化建设”、农工党中央主席桑国卫一行来郑调研“国家基本药物制度基层试点情况”、致公党中央主席万钢一行来郑调研“科技创新与区域创新体系建设”、民建河南省委主委龚立群一行来郑调研“发展新兴产业、打造高新技术密集区”等有关问题,为构建中原经济区和加快转变经济发展方式把脉问诊,并分别向中共中央、国务院提交了建设中原经济区的建议。通过党派中央和省委的考察调研活动,郑州市委统战部建立了党派中央和省委来郑调研的服务协调机制,与市委办公厅、市政府办公厅、市接待办、市警备处及有关职能部门、县(市)区等单位,共同做好党派中央(省委)考察团来郑调研的项目推荐、踩点安排、参观考察、座谈汇报、安全保卫和后期的项目跟踪服务等工作。

【学习教育和宣传调研】 2010年,郑州市委统战部组织各民主党派和无党派人士,认真做好学习、宣传和调研工作。(1)学习教育方面根据省委统战部转发中央统战部《关于支持民主党派树立和践行社会主义核心价值体系的意见》通知精神,结合郑州实际,制定了《中共郑州市委统战部关于协助民主党派和无党派人士深入开展树立和践行社会主义核心价值体系教育活动方案》(郑统〔2010〕22号),充分发扬民主党派自我教育的传统,重点协助各民主党派开展专家辅导、学习考察等6项活动。中央统战部一局副局长陈延武来豫调研,听取郑州的工作汇报后,予以充分肯定。按照中央统战部安排,制作了“党派成员受教育　围绕中心促发展——郑州市协助民主党派开展树立和践行社会主义核心价值体系学习教育活动”专题片,在第十九届全国大中城市统战工作暨落实中央统战部“十大行动”经验交流会上播放,受到与会领导的高度评价。(2)扩大宣传方面,一是5月10日至12日,组织统一战线知名书画家和特别邀请的省、市著名书画家20余人赴焦作市云台山、嘉应观采风,在丰乐农庄举办笔会,现场创作作品40余幅,并对作品进行了详细的登记造册。二是9月20日,在商都艺术馆举办了“郑州市统一战线庆国庆61周年书画展”,展出作品100余幅,从不同角度庆祝多党合作事业取得的伟大成绩,讴歌祖国山河的秀丽壮美,赞颂中华大地的蓬勃气象,展示了全市统一战线学习践行社会主义核心价值体系取得的成果。(3)调查研究方面,为掌握基层党派工作开展情况,6月,对12个县(市)、区和2所市属高校贯彻落实中发〔2005〕5号文件的情况进行调查研究,掌握了第一手资料。根据对各县(市)、区党派工作开展情况的调研,针对存在问题,于10月12日在管城区举办郑州市党派暨党外知识分子工作座谈会,交流基层党派工作经验,探索建立基层统战部与党派基层组织的联系机制。

(杨飞雁)

民革郑州市委员会

【思想建设】 2010年,民革郑州市委组织广大党员继续深入学习贯彻科学发展观和中共十七届五中全会精神,学习践行社会主义核心价值体系,省、市委各重要会议精神,以及民革中央重要会议精神,采用学习培训、座谈会、演讲比赛等多种形式对党员进行思想教育。同时,广大党员还通过支部生活会集中学习和阅读《团结报》、机关报纸进行自学。

国庆节前夕,承办了市委统战部举办的“全市统一战线系统庆国庆书画展览”,经过广泛宣传和动员,全市统战系统成员积极参与,共报送作品170多幅,经过认真评选,展出书画作品100幅,并出版了《全市统一战线迎国庆书画作品集》。为深入学习践行社会主义核心价值体系,7月8—12日,组织全体市委会委员,党员中市级以上人大代表、政协委员,各支部主委、各支部筹备小组负责人,以及机关工作人员等30余人赴承德进行为期5天的学习考察。

通过开展丰富多彩、形式多样的思想教育活动,广大民革党员学习了历史,对中国政党制度有了进一步的了解和认识,对社会主义核心价值体系有了更深的理解,进一步增强了坚持中国共产党领导、坚定不移地走中国特色社会主义道路的信心和决心,也进一步提高了履行参政党职能、发挥参政党作用的积极性和主动性。在省民革主办的评优评先活动中,林冬、芦万庆、齐清芬、陶先舟4位同志被评为“民革河南省基层工作先进个人”,金水支部、商业支部、荥阳支部3个支部被评为“民革河南省先进基层组织”；金水支部被评为“民革全国先进基层组织”。“三八”节期间，市民革王玲、齐林、马依丽、徐志红4位党员被授予“民革河南省优秀女党员”称号。

宣传工作取得新成绩。一年来，市委会共编印《郑州民革》6期，坚持正确的舆论导向，积极宣传报道市民革各项活动和思想理论方面的文章，对广大党员起到了积极的引导和教育作用。在省民革、市委统战部、市政协统计数字中，市民革宣传报道均处于领先地位。宣传稿件被《人民政协报》采用3篇、被《团结报》采用14篇、被《河南民革》采用31篇、被《根在中原网站》采用35篇、被《郑州统战信息》采用21篇、被《郑州政协》采用7篇，超额完成省民革下达的在省级以上刊物发表8篇稿件的任务，有力地扩大了市民革的影响。

【组织建设】 2010年，民革郑州市委共发展党员23人，其中，大学本科以上学历21人、中级以上职称13人，平均年龄38岁，有力地改善了市民革党员的年龄结构。至年底，全市有民革党员461人，平均年龄53.2岁，党员的年龄结构、知识结构进一步得到改善。为进一步体现市委会关爱老党员、尊重老党员的良好风气，自2010年起由市委会出资，为80岁以上老党员赠送生日蛋糕。为提高新发展党员的政治素质，加深其对民革党史党章的了解，提高参政议政和社会服务水平，于11月30日举办了新党员培训班，对39名新党员进行民革党史党章、参政议政和学习践行社会主义核心价值体系等相关内容的培训。

经过近三年的组织发展和经验积累，市民革在2010年成立了惠济一支部筹备组、金水二支部筹备组、中原一支部和机关支部。至年底，有支部18个、支部筹备组5个，支部设置覆盖郑州市6个区，逐步实现按行业划分转向按地域划分；对税务支部进行了换届，医务支部、粮油支部、学校支部的班子成员进行了调整；对4个专委会进行了调整。为进一步充实市委会力量，增强市委会战斗力，增补张路、兰海、刘五一3位同志为市委委员。

机关建设方面，在3月16日的民革郑州市委员会十一届十一次委员会上，任命张路为秘书长。新的领导班子团结和谐、务实高效、积极履责，机关工作人员严以律己，在日常工作中强化服务意识，本着分工不分家的精神，各处室之间各司其责、通力合作，机关工作效率得以提高。后备干部队伍的培养和使用稳步推进，张路参加了民革中央主办的第六期民革中青年干部培训班和省委统战部主办的第六期民主党派干部培训班。全年共有6名党员分别参加了市委统战部举办的后备干部培训班和党外骨干分子培训班；机关新调入工作人员1名。为庆祝第二届中国绿化博览会在郑召开，倡导低碳生活，培养民革党员的爱绿意识、生态意识，市委会组织各支部党员130余人到绿博园参观游览。各专委会、各支部根据各自情况，开展了丰富多彩的学习和游览活动。

【参政议政】 2010年，民革郑州市委会继续深入贯彻落实科学发展观，紧紧围绕全市“保增长、保民生、保稳定”的中心任务，对经济社会发展中具有综合性、全局性、前瞻性的课题深入开展调查研究，积极建言献策，为党和政府科学决策、民主决策服务，为实现产业结构调整、建设中原经济区和郑州都市区作出积极贡献。

2010年“两会”期间，民革界别的政协委员共提交政协提案84件，其中3件是集体提案；人大代表提交建议7份。市民革在市政协全会上作了题为《关于加快郑州市撤县(市)设区的建议》的大会发言，被新闻媒体广泛报道；民革党员张自福的提案《郑州交通堵塞到了非解决不可程度》被市政协十二届二次会议定为一号提案；民革政协委员齐林被邀请到“两会”直播间，与有关人士共同探讨未成年人保护问题；张新旗的《发挥政府职能，促进“4050”人员就业》、秦培丰的《建立市委新闻发言人制度》、汪得勇的《规范家政服务市场》、刘虹的《为轨道交通储备人才》等受到媒体广泛关注，反响强烈；秦培丰的《关于解决我市养老安全问题的几点建议》，被政协提案委员会作为第一期《郑州政协重要提案摘报》印发。

市委会积极发挥参政议政作用，完成了多项调研任务，在政协常委会上作了题为《关于加快郑州市申办“国家服务外包示范城市”的建议》的大会发言。在民主党派、工商联调研成果汇报会上，这个调研报告得到了市委统战部长王林贺的高度重视。市委会《关于在我市建立秸秆反应堆技术推广试点的建议》，被市政协作为主席督办重点提案进行了办理。

为配合郑州市委、市政府开展的“治理拥堵、畅通郑州”工作，号召全市民革党员为治理拥堵积极建言献策，共收到有价值的调研报告13篇、党员个人治理交通拥堵建议150多条，部分建议经市委统战部统一上报市委，得到市委书记连维良和市长赵建才的批示。同时，向党员发放文明交通倡议书，要求党员严格要求自己，自觉遵守交通规则，文明出行；号召部分党员和机关干部争当志愿者，走上街头，在上下班高峰期协助交警和协管指挥交通，收到良好效果，包括《团结报》在内的多家媒体进行了宣传报道。

【社会服务工作】 2010年，民革郑州市委会组织形式多样的社会服务活动，取得良好的社会效益。1月份组织党员为环翠峪小学捐献20条棉被、300余件棉衣、500余册图书，郑东新区聚源路小学与环翠峪小学建立了手拉手结对帮扶关系。2月8日，组织郑州市中山书画研究会书画家们到金水区庙里镇北辰社区，现场为村民们书写春联200余幅、向社区赠送书画作品20余幅；金水支部和北辰社区建立手拉手结对共建关系，并对10个困难家庭进行了慰问。3月，积极响应市委统战部的号召，开展帮扶百名“4050”人员培训就业活动，与市人社局通力合作，对130多名“4050”人员进行了以家政服务为重点内容的就业培训，培训合格的123名学员全部与家政服务企业签订了劳动就业合同。“六一”儿童节前夕，带领学校支部党员及聚源路小学部分教师、学生和机关工作人员，到荥阳市环翠峪小学进行帮扶，为其送去2万元现金、100个书包、200册图书和300份儿童食品。6月28日，为支援舟曲地震灾区，郑州中山书画研究会参加郑州电视台和郑州红十字会联合举办的慈善捐助活动，3位书画家现场创作3幅书画作品，并将义卖善款2万元通过红十字会捐献给舟曲灾区同胞。8月11日，为迎接全市残疾人文化活动周，组织书画家到市残疾人康复教育中心进行慰问，并现场创作了近30幅书画作品赠送给残疾朋友。

【和平统一工作】 2010年，民革郑州市委会顺应两岸和平发展大局，加强对台交流合作，发挥优势为促进祖国和平统一出力。2月3日，盛情接待“第八届台湾高校杰出青年大陆参访团”一行35人参观游览少林寺景区，向他们介绍河南的名胜古迹和深厚的历史文化，通过交流，加深了彼此了解，结下了深厚友谊，为进一步做好台湾青少年工作积累了经验。6月8日，在登封接待了以中国国民党中常委、立法委员江玲君为团长的“第二届中国国民党青年菁英大陆参访团”一行20余人，带领他们参观嵩阳书院和少林寺，观看“禅宗少林·音乐大典”实景演出和塔沟武校万人武术表演，得到了民革中央的高度评价。

【对外交流工作】 为加强交流、共同提高、增进友谊，2010年2月25日，民革郑州市委会组织郑州市中山书画研究会与宝丰书画研究院在平顶山市宝丰县举行了“郑州·宝丰新春书画联展”，共展出作品110余幅，其中郑州作品75幅。4月，在黄帝故里拜祖大典举行之际，联手民革承德市委、民革保定市委、民革唐山市委，在郑州当代艺术馆联合举办“四市民革书画摄影展”，共展出作品150幅。7月8日，民革上海市委会参政议政培训班一行来郑考察，与市民革交流参政议政工作，此次座谈使民革郑州市委会更加深入的了解了发达地区先进的参政议政工作经验，为更好的推进市民革参政议政提供了借鉴。

（林晓敏）

民盟郑州市委员会

【思想建设】 2010年，在民盟省委和中共郑州市委的正确领导下，盟市委团结和带领全市各级盟组织和广大盟员，以邓小平理论和“三个代表”重要思想为指导，深入贯彻科学发展观，认真学习中共十七届五中全会、民盟十届三中全会和中共河南省委八届十一次全会精神，积极践行社会主义核心价值体系，盟的自身建设水平进一步提高，参政议政和服务社会的能力进一步增强，盟的各项工作取得进步和发展。

坚持把树立和践行社会主义核心价值体系作为中国特色社会主义主题学习教育活动的深化和延伸，牢牢把握坚持中国共产党的领导、坚持中国特色社会主义政治发展道路的主题，不断丰富内容、创新形式，扎实推进思想理论建设，不断巩固与中国共产党共同的政治立场、奋斗目标和核心价值观念。3月，按照民盟中央和市委统战部的要求，盟市委成立了树立和践行社会主义核心价值体系学习活动领导小组，制定了实施方案，及时转发了《民盟河南省委转发中央统战部<关于支持民主党派树立和践行社会主义核心价值体系的意见>的通知》和《民盟中央关于把树立和践行社会主义核心价值活动不断推向深入的通知》。领导班子率先垂范，引领学习和践行社会主义核心价值体系。全市各级盟组织积极行动，统筹安排，认真部署，先后两次组织市委委员和机关干部进行集中学习和座谈。在中共郑州市委统战部举办的2010年各民主党派市委、市工商联和无党派人士联合中心组第二次集中学习活动上，民盟郑州市委就树立和践行社会主义核心价值体系作了题为《以开展树立和践行社会主义核心价值体系教育活动为契机，加强民盟思想建设》的典型发言。下发学习中共十七届五中全会精神和中共郑州市委九届二十次全会精神的通知，号召组织广大盟员认真学习、深刻领会、准确把握会议精神；组织全市优秀盟员、盟务干部先后两次赴西安、昆明学习考察调研，组织机关干部职工到上海世博会学习，让大家真切体验了“城市，让生活更美好”的世博会主题。

【组织建设】 2010年，继续推进“人才强盟”战略，进一步打牢组织工作基础。盟市委认真贯彻落实盟中央“人才兴盟、人才强盟”战略，内强素质求发展，把人才发展作为组织建设的第一要务，在注重政治素质、保证质量、优化结构的基础上，按照政策，严格程序，加大高层次、高素质人才的发展力度，全年新发展48名政治素质好、业务能力强、有代表性的知识分子，为盟组织注入了新的活力。

开展创建活力支部活动，加强基层组织建设。2010年，按照盟中央加强基层组织工作的意见和民盟河南省委关于在全省基层组织中开展创建活力支部的通知精神，全市42个基层组织对照活力支部的条件，积极开展活动。活动中把树立和践行社会主义核心价值体系作为思想建设核心内容，认真学习，不断提高自身素质，树立新世纪新阶段郑州民盟参政党新形象；各支部积极参与盟市委组织的“我为解决交通建一策”活动、为玉树地震捐款活动、庆祝建国61周年书画展、为巩义涉村镇敬老院捐助等大型活动。各基层支部不断探索组织活动形式，基层组织建设进一步规范化、制度化。郑州文艺支部、郑州师院总支、郑州外语中学支部、上街总支、郑州二支支部等6个支部荣获2010年民盟河南省委“活力支部”称号，唐海、牛尔为等9人被评为民盟省委社会服务工作先进个人。在郑州市先进支部评选活动中，对管城等12个先进支部和刘昌东等63名优秀盟员进行了表彰。

高度重视后备干部队伍建设，初高中、高校作为民盟后备干部重要来源的地位得到进一步加强。民盟市委站在战略高度，以干部队伍建设民主化、科学化、制度化为目标，逐步建立健全一套发现选拔、培养锻炼、管理考核、推荐使用、跟踪监督的良性工作机制；坚持走群众路线，从参政议政工作、机关和基层工作取得成绩的盟员中发现人才，切实建立了一支高素质的后备干部队伍，为盟的事业薪火相传提供了充足的人才保证。

进一步做好盟员培训工作。盟市委坚持每年组织两次新盟员和骨干盟员培训，共培训盟员116人。4月和8月先后两批推荐4人参加了市委党校为期两个月的培训班，推荐8人参加了省委党校培训，进一步提高了参与培训盟员的统一战线理论水平。

【机关建设】 2010年，民盟郑州市委把加强机关建设、提高专职工作人员综合素质作为重要内容来抓，以打造“和谐机关”、“服务型机关”为目标，进一步建立健全岗位目标责任制、机关办公会议制度、机关学习制度、考勤制度、慰问老领导和离退休干部制度以及为老盟员过生日制度等。全年看望慰问家庭困难、住院盟员30人次，给70岁以上老盟员过生日20人次；对机关处室工作量化管理，责任到人，大大调动了机关工作人员的积极性、主动性和自觉性。民盟机关建设进一步加强，工作作风更加务实，总体工作水平和整体素质进一步提高。

【履行参政党职责】 2010年，盟市委坚持把履行参政党职能的重点放在市委、市政府的工作大局之中，在事关全局和民生的重大问题上，提出具有综合性、全局性、前瞻性或关键性的意见和建议，为促进经济平稳较快发展、维护社会和谐稳定作出了积极贡献。

认真准备，积极参与高层协商。盟市委主要领导应邀先后参加了中共郑州市委、市政府、市委统战部召开的政治协商会、情况通报会等党外人士座谈会，分别就全市经济运行情况、党风廉政建设情况、市“十二五”规划等提出意见建议，朱专兴主委提出的“发展立体交通”等相关建议得到市委、市政府的肯定和高度重视。

充分发挥人才荟萃、智力密集的优势，围绕市委、市政府的中心工作，认真履行参政党职能。在郑州市“两会”召开期间，盟市委及盟员人大代表、政协委员共提交议案、提案和建议53份，其中，盟市委集体提案1件、代表建议2件、委员提案50件，涉及教育改革、城市交通、网吧治理、“三农”问题、抑制房价及社会困难群体就业等多个方面的内容，体现出了盟员人大代表、政协委员心系民生、推进和谐的崇高社会责任感和使命感。同时，加大调研力度，多次组织盟员中的人大代表、政协委员及各专业领域的专家就公共安全、畅通郑州、促进就业、经济发展等问题到公安局、地震局、应急办、发改委、人社局等单位调研，撰写了《关于“十二五”期间郑州市公共安全防御体系建设规划的建议》、《努力实现社会充分就业，推进我市和谐稳定发展》和《发展低碳经济，建设低碳郑州》等调研报告，取得了良好的评价和社会影响。

【社会服务活动】 2010年，民盟郑州市委团结带领全市广大盟员，努力服务社会和谐稳定大局，积极投身社会公益活动。为庆祝新中国成立61周年，积极组织盟内知名书画家陈玉莲、王留民等近十人参加市委统战部组织的郑州统一战线书画家采风笔会活动和书画展。书画名家作品主题鲜明、题材多样、风格各异，讴歌了新中国成立61周年来，中国共产党和各民主党派、无党派人士风雨同舟、亲密合作的光辉历程和丰功伟绩，抒发了广大书画家热爱党、热爱祖国的高尚情怀。响应市委统战部在民主党派中举办“六个一”帮扶活动的号召，发动民盟盟员共捐款6200余元，衣物1000余件。重阳节前，中共郑州市委统战部副部长倪启明、民盟郑州市委副主委李蝴蝶等一行十余人到巩义市涉村镇敬老院进行帮扶活动，举行了“民盟郑州市委帮扶巩义市涉村镇敬老院捐赠仪式”，现场为敬老院的30位孤寡老人捐赠了30条新棉被、32件新大衣、20桶食用油。玉树地震发生后，及时向各支部发出倡议书，在最短时间内募集救灾款项6000余元捐献灾区。

（朱珊珊）

民建郑州市委员会

【思想建设】 2010年，民间郑州市委采取多种形式，加强思想建设。(1)树立和践行社会主义核心价值体系。按照民建中央和全国社会主义核心价值体系学与行电视电话会精神，市委会把践行活动作为当前和今后一段时期思想政治建设的重心，领导班子率先学习，起到较好的表率作用；及时成立领导小组，制定了《学习和践行社会主义核心价值体系的活动方案》，并下发各支部。一是引导会员认真研读《社会主义核心价值体系学习读本》、《社会主义核心价值体系学与行宣讲报告集》等书籍和领导讲话，增强对社会主义核心价值体系内涵的认识、理解和掌握。二是组织会员继承和发扬民建优良传统,学习老一辈代表人物的高尚风范。市委会向基层支部下发了《关于开展追思、学习孙起孟同志活动的通知》, 组织会员观看电视剧《黄炎培》,将观看电视剧作为开展“弘扬民建优良传统,努力践行社会主义核心价值体系”活动和纪念民建成立65周年活动的重要内容之一,与深化政治交接学习教育活动和追思、学习孙起孟同志活动相结合,并通过座谈交流、撰写观后感等形式增强学习教育的效果。市委会收到各支部会员的观后感十余篇,经过筛选,向民建中央、民建省委报送优秀文章5篇。三是以纪念民建成立65周年暨民建省委成立30周年为契机,开展爱党、爱国、爱社会主义的学习教育活动。组织会员参加庆祝民建成立65周年及民建河南省委成立30周年征文活动,向省民建报送征文3篇。(2)加强学习,提高思想政治觉悟。市委会领导多次参加中共郑州市委中心组、各民主党派市委和市工商联、无党派联合中心组学习,利用基层调研、支部活动、办学习班等机会举办专题讲座。全市民建组织及广大会员系统学习了2010年全国“两会”、中共十七届五中全会精神等,民建中央九届三次全会、九届十至十三次常委会议、全国自身建设工作会议、省级主委工作会议等民建中央精神,中共河南省八届十一次全会、省委经济工作会议等精神。通过学习,进一步提高了广大会员对多党合作和政治协商制度的认识,增强了参政议政的责任感,激发了参加各种会务活动的热情。(3)深入开展理论研究工作。市委会组织会员以建会65周年、民建河南省委成立30周年来自身建设的基本经验为课题,做好理论研究工作,共收到理论研究文章8篇,向省民建报送6篇。(4)注重宣传,畅通会情塑造形象。各支部设有1~2名宣传员,及时把支部的活动情况向市委会报送,市委会不定期更新网站信息,全面展示市委会工作动态、基层支部丰富多彩的活动和会员在本职岗位上的精神风貌。全年市委会的稿件被民建中央网站采用7篇、《民讯》采用2篇、《河南民建》采用27篇、省民建网站采用19 篇、根在中原网站采用15篇、《经济视点报》采用1篇、新浪网采用2篇、中国乡村发现网采用1篇、中原网采用1篇、《河南日报》采用1篇、《大河报》采用1篇、《郑州日报》采用1篇、河南省工商联网站采用3篇。

【组织建设】 (1)加强领导班子队伍建设。2010年,民建郑州市委会按照集体领导、民主集中、个别酝酿、会议决定的原则进行重大决策,并完善了领导班子的各项工作会议制度。明确了主委、副主委、秘书长、委员、机关职责,形成各司其责、分工协作的工作模式。不断提高领导班子的政治把握能力、参政议政能力、组织领导能力和合作共事能力,增强了集体领导的凝聚力和战斗堡垒作用,形成了团结、民主、和谐的工作氛围,促进了全会的团结,增强了会组织的凝聚力。全年参加各民主党派、工商联和无党派人士联合中心组学习4次;召开主委办公会6次、谈心会6次。(2)做好会员发展培养工作。坚持“高学历、高职称、高职务、影响大、贡献大”的原则,全年发展新会员19人,其中,本科15人、硕士研究生以上3人。至年底,全市共有会员491人,其中,男会员321人、女会员170人,平均年龄53岁;本科以上文化程度者242人,占全体会员的49.3%;具有中高级职称的304人,占全体会员的61.9%。(3)加强基层组织建设。4月,市委会对2009年度支部工作进行评比,按照《民建郑州市委基层组织考核方案》的要求,对各支部的各项工作完成情况进行了打分;在各支部主任汇报支部工作的基础上,主副委、各支部主任采取无记名方式对各支部进行现场测评打分,各支部总成绩以量化考核分占60%、现场测评分占40%进行测算,评选出了一、二、三等奖。考核方案的实施,起到了良好的导向作用,各支部按照市委会的考核要求,结合自身特点,制定了切实可行的计划,以支部生活会为载体,开展内容丰富、形式多样的活动,基层支部的凝聚力和活力得到增强,会员参政议政、参与社会服务的热情得到提高。市委会把2010年确定为基层组织建设年,制定了《民建郑州市委基层组织建设年工作实施方案》,明确了基层组织建设的指导思想、目标要求、工作安排、措施要求、考核评比等事项,加快推进基层组织活动的规范化、制度化建设。制定《民建郑州市委关于基层组织换届的意见》等相关文件,推进基层领导班子的政治交接,保证新一届领导班子能够继承和发扬优良传统,继续沿着中共领导的多党合作道路不断前进。至年底,惠济支部完成换届,直属二支部拆分为两个支部并成立支部委员会,中原成立四支部并顺利完成中原一、二、三支部的换届工作,并进一步完善了《民建郑州市委基层组织考核方案》。同时,加强市委会主副委与各基层支部的联系,切实加强对基层组织建设工作的领导。通过2010年基层组织建设年各项工作的顺利开展,推动了全市民建基层组织工作上台阶,12月,在民建河南省委七届四次委员全会上,省委会对全省16个市级组织的各项工作进行了考核测评,市委会再次以总分第一的成绩获得一等奖,受到表彰和奖励。(4)加强后备干部队伍建设。按照市委统战部《关于开展全市党外代表人士队伍调查统计工作的通知》要求,对符合条件的近百名会员进行了登记汇总,更新了原有信息,建立了代表人士队伍和后备队伍,形成了一支层次错落、配置合理的后备干部队伍,并在会务工作中发挥起重要的骨干作用。市委会领导及时与市委统战部、各区统战部及政协进行经常性的联系沟通,为后备干部的提高和进步创造条件、提供机会。9月,举办了支部主任学习班；选派5名会员参加郑州市党外骨干成员培训班、1名会员参加郑州市党外后备干部培训班。(5)向省委会推荐优秀会员和先进支部，并做好会中央和省委会的纪念建会表彰工作。为纪念中国民主建国会成立65周年和民建河南省委成立30周年，民建中央和民建省委于2010年12月分别召开纪念大会，表彰优秀会员和先进基层组织，经民主推荐、评比，王桂堂被评选为“民建全国优秀会员”，金水总支荣获“民建全国先进基层组织”称号；王维哲、钟波、张朝祥、崔建强4位会员荣获“全省优秀会员”称号，二七一支部被评为“全省先进基层组织”。

【参政议政】 (一)积极开展重点课题调研。2010年，民建郑州市委按照“党委出题、党派调研、政府采纳、部门落实”的工作机制，发挥民建以经济界人士为主体的特点和优势，组织专家有侧重的开展调查研究，形成题为《关于进一步提高融资效率、优化区域融资结构的建议》的调研成果，提交市委、市政府决策参考。市委会组织民建界别的政协委员参与民建中央、民建省委组织的“十二五”规划课题研究，结合郑州实际，带领民建界别的政协委员到市金融办、市财政局进行座谈，了解情况，到二七服装加工中心、经济技术开发区进行调研并召开座谈会。经深入调查研究，向政协提交了题为《低碳经济条件下产业结构优化升级的思路与对策探讨》的调研报告，向民建省委提交了《郑州市产业集聚区建设的调查与建议》的调研报告，为民建省委重点调研课题提供材料。9月，张冬平主委带领民建郑州市委调研组一行前往深圳等城市就“资本市场建设课题”进行调研，考察学习运用资本市场优化经济结构、转变增长方式，为区域经济发展提供动力的经验，形成了题为《关于充分运用资本市场功能，促进区域经济发展的建议》的调研报告。集体提案《关于加快构建产业技术创新联盟、进一步做大做强我市产业集群的建议》，被市政协列为2010年重点提案，是市政协主席李秀奇负责督办的4个提案之一。

(二)立足“两会”，建言献策。1月30日至2月5日“两会”召开期间，市民建会员中的8名人大代表、26名政协委员积极参政议政，分别就食品安全、大学生就业、保障性住房建设、城市公共供水管理、教育、医保、慈善福利事业、低碳经济发展等方面提出建议、提案80余件，以市委会名义提交集体提案7件，并提交《加大扶贫工作力度，积极推进城乡一体化和谐社会建设》的大会发言。集体提案《关于对我市城市社区居委会专职干部开展职业化教育培训的建议》被评为优秀提案。《郑州日报》、郑州电台、郑州电视台等新闻媒体对民建部分人大代表和政协委员进行了专访。

(三)开展“我为‘畅通郑州’献一策”活动。市委会积极参与郑州市委、市政府开展的“畅通郑州”交通综合整治工程，开展“我为‘畅通郑州’献一策”活动，广泛动员，向全体会员发出“文明交通，从我做起”倡议书，并召开座谈会，组织会员中的各级人大代表、政协委员积极建言献策。座谈会上针对郑州城市拥堵现象，从规划、管理、设施、政策等4个方面展开讨论，市委会通过认真梳理，整理出了有代表性的20条建议，汇总成册，供市委、市政府决策参考。市委会依托调研委员会，组织了专家组，就交通拥堵问题进行深入调研，形成了《关于郑州市交通拥堵状况及治理意见》和《关于在金水河上建高架快速路　缓解郑州交通拥堵的建议》两篇调研报告，其中，《关于在金水河上建高架快速路　缓解郑州交通拥堵的建议》受到市委书记连维良批示。

(四)参与政治协商、民主监督。市委会领导积极参加中共郑州市委、市政府、市政协、市委统战部举行的情况通报会、征求意见会、协商会、座谈会等，并综合会员意见就一些重要决策，认真坦诚地提出意见和建议，为党和政府的正确决策提供了有力支持，很好地发挥了参政党职能。至年底，会员中有省人大代表1人、省政协委员8人(其中常委1名)，市人大代表8人(其中常委1名)、市政协委员27人(其中常委8名、副主席1名)，区人大代表8人、区政协委员34人(其中常委6名)，他们积极参与各项视察、检查，针对实际情况建言献策，发挥了民主监督作用；会员中被聘为市级特约人员的17人、区级特邀人员的20人，他们在做好本职工作的同时，积极参加社会活动，认真履行职责，通过开展明察暗访活动，以多种形式提出批评和建议，较好地发挥了民主监督的作用。

(五)积极反映社情民意。市委会组织金水区会员参加金水区委统战部2010年重点课题征选工作，金水总支提交的题为《努力实践科学发展观　促进社会经济大发展　使首善之区成为科学发展示范区》的调研报告被《金水区民主党派2010年调研课题汇编》收录，列为重点报告，并受到区委书记批示。全年民建会员反映社情民意50余条。被民建河南省委采用5篇(单篇3件、合篇2件)，被民建中央采用2篇；被省政协采用3篇。

【社会服务工作】 (1)为企业界会员服务。5月，市委会举办“民营企业创新发展论坛”，通过企业家相互间的研讨交流，认清创新在中小企业发展中的重要作用，加强自主创新意识，树立自主创新信心，培养自主创新能力，鼓励中小企业勇于创业创新转型升级，并为中小企业的创新发展提供指导。9月，组织企业界会员3人参加“’2010中国非公有制经济发展论坛”，为企业界会员构筑了交流经验、沟通信息、合作经营的平台。(2)抗震救灾积极献爱心。4月，玉树地震发生后，市委会及时发出通知，号召广大会员为受灾同胞捐款捐物，广大会员慷慨解囊，在最短的时间内捐款56470元，通过郑州慈善总会捐给灾区,献上了民建会员的一片爱心。(3)开展"帮扶100名贫困大学生"活动。响应市委统战部开展"六项帮扶"活动的号召,主动承担了帮扶百名贫困大学生的活动。广泛发动会员,尤其是企业界会员积极参与、奉献爱心、回报社会。11月,市委会把募集到的5万元发放到郑州理工学院和郑州黄河职业技术培训学校的100名贫困大学生手中,鼓励他们掌握一技之长,改变人生命运,为建设文明和谐郑州作出贡献。

2010年,民建会员捐资助学168人,培训教师100人,信息咨询20人,科技培训353人,参加"三农"活动120人次,植树造林上千亩,培训农村劳动力和下岗职工1705人,帮助再就业890人,社会公益捐款120余万元。

(百金丽)

民进郑州市委员会

【思想建设】 2010年,民进郑州市委带领全市各级组织和广大会员深入开展树立和践行社会主义核心价值体系活动。认真贯彻落实省、市委统战部和民进省委有关树立和践行社会主义核心价值体系的文件精神,并将其作为促进各项会务工作深入开展的强大动力。5月28日,民进市委召开主委会议,专题研究部署,并制订出活动计划。为更好地继承和发扬民进优良传统,7月5日,民进郑州市委和民进郑州大学委员会在郑州大学联合举行主题为"树立和践行社会主义核心价值体系,认真履行参政党职能"学习报告会。8月1日上午,民进河南省委和民进郑州市委在省政协礼堂联合举办专题报告会,民进河南省委、民进郑州市委的主要领导和省会民进骨干会员100余人参加。报告会上,民进中央办公厅主任高友东围绕"发扬优良传统、重温光辉历程"这一主线,讲述了民进的创立和发展历史,以及民进前辈实践爱国、报国、富国、强国的宗旨理想和坚定信念的感人事迹。丰富的历史资料、生动的语言让会员们深入了解了民进和中国共产党风雨同舟、并肩战斗的历史,进一步明确了参政党职责。

将开展树立和践行社会主义核心价值体系活动与民主党派自身建设、形式多样的会务活动结合起来。在第26个教师节,组织全体在职会员游览了郑州绿博园,起到了增进友谊、加强团结、开阔视野、拓展认知的目的,为做好今后的会务工作创造了良好条件。

【组织建设】 2010年,民进郑州市委切实加强领导班子建设。市委领导班子成员积极参加中共郑州市委统战部组织的讲座、培训班;主委会和全委会议认真学习民进中央、民进省委和中共郑州市委相关会议精神及文件,不断提高政治把握能力、合作共事能力、参政议政能力和组织协调能力。市委领导班子坚持和完善民主集中制和联系基层制度,通过各种形式与广大会员深入交流,倾听他们对会务工作的意见和建议。市委重要的会务工作都要经过主委会集体讨论研究,有力推进了决策的科学化、民主化。

以多种活动为载体,增强党派的组织合力。民进郑州市委树立为全体会员服务的宗旨,处处体现"以人为本"的指导思想。以暖人心、聚人心的实际行动增强组织的凝聚力;以内容实、形式活的具体活动调动会员的积极性。1月,召开了2009年度表彰大会,对在2009年会务工作中表现突出的基层组织和个人予以表彰。为庆祝"三八"妇女节,组织全体在职女会员和各支部主任赴山西皇城相府参观考察。8月4日至9日,组织市委委员、基层支部主任和民进部分省市两级人大代表、政协委员共20余人赴承德等地学习考察,不仅为大家提供了一个互动交流、联络感情的机会,还在积极履行参政党参政议政、民主监督职能、更好服务社会等方面进行了深入探讨。10月16日重阳节,组织老会员参观游览绿博园,向老会员们致以节日的慰问。

2010年,民进郑州市委组织建设成效显著。惠济支部被评为民进全国先进基层组织,二七第一支部、管城第三支部、金水第五支部、中原第五支部被评为全省先进基层组织,汪德峰、张强、许睿、程绍南、刘培菊、马喆、燕伟、郝宏伟8位同志被评为全省优秀会员。民进会员在本职工作中表现突出,高新一支的赵晓亮和金水二支的吴建增,被推选为河南省学科带头人;高新一支的程关平获得5项全国、省、市论文奖和优秀辅导奖。

【参政议政】 2010年,民进郑州市委紧紧把握中共郑州市委、市政府"保增长、保态势、保民生、保稳定"的中心工作,充分发挥参政党职能,凝聚力量,发挥优势,积极带领各级组织和会员围绕保持全市经济平稳较快发展和民生问题,深入开展调研,精心撰写提案,建言献策,形成了一批见解深刻、可操作性强的参政议政成果。民进省、市两级人大代表和政协委员共向省、市人大提交议案6件,向市政协十二届二次全会提交提案20余件,向省政协全会提交提案5件。其中《充分利用历史文化资源,促进我市旅游业发展》作为市委集体提案在市政协全会上作了大会发言。7月30日,在中共郑州市委统战部召开的由各民主党派、工商联负责人及无党派代表人士参加的"我为'畅通郑州'献一策"座谈会上,民进郑州市委提出的《关于大力发展公共交通,破解郑州市交通拥堵难题的建议》得到了市委、市政府领导的高度评价。在市政协第二季度常委会上,民进市委会提交的《加强创新人才培养,占领高新技术产业发展人才高地》,被列为大会发言,得到肯定。省政协委员、管城四支汪德峰撰写的《关于家电下乡政策有力措施需要配套的建议》,获得省政协优秀提案奖。

由于参政议政成绩突出,民进郑州市委会被民进省委评为2010年度参政议政先进单位。

【社会服务】　为使社会服务工作更加贴近实际,收到实效,2010年,民进市委会积极贯彻落实中共郑州市委统战部提出的“六个一”帮扶活动和民进省委对社会服务工作的总体要求,经过实地考察并召开专题主委会议,确定了巩义市涉村镇桃园小学作为帮扶对象,从桃园小学最迫切需要解决的困难做起,制定了切实可行的帮扶实施方案,“六一”儿童节时,由谢淑芳副主委带领部分市委委员和机关人员一行4人赴桃园小学,为师生送去各种学习用品和节日的祝福。12月27日,张民服主委、徐平副主委和市委委员许睿一行,赴管城区列子小学送书、送教,赠送图书2000余册,受到师生的热烈欢迎;在教学交流活动中,许睿老师积极引导、循循善诱,为列子小学的老师上了一堂生动的教学技能示范课。“送书送教”活动,不仅为学校搭建了一个学习交流的平台,让农村教师有了一个交流经验和学习的机会;也是民进市委参与社会主义新农村建设和全面建设小康社会的一项重要举措,是发挥民进特色和优势,积极履行参政党职能的体现。各基层支部结合自身特点,加入社会服务行列之中,高新一支的屈解放老师积极参加外国语学校对口帮扶登封二中的教学工作,获得好评。民进会员积极参加各项社会慈善活动,多次捐款捐物,为社会作出了贡献。

(李　艳)

农工党郑州市委员会

【思想建设】　2010年,农工党郑州市委会坚持把树立和践行社会主义核心价值体系作为思想理论建设的一项具体举措和有效载体,团结带领全市农工党员自觉接受中国共产党的领导,坚定走中国特色社会主义政治发展道路的信念。论文《关于构建民主党派内部监督机制　加强内部监督的思考》荣获农工党中央“2009年理论研究优秀成果奖”。

年初,市委会组织基层骨干党员30余人参加农工党省委举办的学习贯彻中共十七届四中全会精神培训班。3月,在海口市举办了市委委员、基层组织负责人理论培训班,并与海口市政协、农工党海口市委就树立和践行社会主义核心价值体系、参政议政、社会服务、自身建设等内容进行了交流座谈。组织党员收看了《民主之澜》、《黄炎培》两部爱国主义教育电视剧;积极参加郑州市政协和市委统战部举办的庆祝建国61周年书画展,党员王新华、牛东霞的作品分别入选并获奖。9月3日,市委会组织100余名党员参加了农工党河南省委在郑州举办的首场社会主义核心价值体系学与行巡回宣讲报告会,党员赵悦玲经选拔成为巡回宣讲报告会成员。为在树立和践行社会主义核心价值体系活动中进一步提高农工党郑州市委基层组织负责人和新党员的自身素质,11月6—7日,农工党郑州市委社会主义核心价值体系学与行、基层班子成员、新党员理论培训班在许昌花都温泉举办,农工党中央党史研究室副主任姜天麟、中共郑州市委统战部调研员王杰民应邀参加并授课,参加培训班的党员有100余人,进一步坚定了走中国特色社会主义道路的政治信念和共同理想。

【组织建设】　2010年,农工党郑州市委切实加强党员队伍建设,全年新发展党员17人,全市共有党员473人。党员结构比例医药卫生界占72.9%,大学以上文化程度占86%,为形成良好的新老交替机制奠定了基础。不断加强后备干部队伍建设。全年共选送12人次到省、市社会主义学院学习,提高后备干部素质;建立后备干部档案,实行动态管理。稳步推进基层组织建设。按照参政党建设目标和原则,加强市委领导与基层支部的交流与沟通,把工作的重心向基层组织转移,增强了基层组织活力。举办丰富多彩的各类活动。与农工党河南省委联合举办了新春联欢会;春节期间,市委会领导慰问历届老主副委,征求他们对市委会工作的意见和建议;“三八”妇女节期间,与农工党省委联合组织100多名女党员到陈寨花卉市场参观调研;10月18日,组织老年党员参观调研了郑州绿博园;为75岁以上老党员过集体生日;基层支部多次举办调研联谊活动,营造了团结和谐的氛围,增强了农工党郑州市委的凝聚力;出版《郑州农工》3期,信息反映19期;各支部小组高度重视《前进论坛》的征订工作,在职党员订阅率达100%,市委被评为农工党中央2010年度《前进论坛》发行工作先进单位。

【参政议政】　2010年,农工党郑州市委会紧密围绕中共中央和中共郑州市委、市政府的重大决策和中心工作,把促进保障和改善民生、服务科学发展作为参政议政工作的着力点,充分发挥优势,积极建言献策。3月,按照农工党河南省委农工豫发〔2010〕9号文件要求,配合农工党中央进行了“基本药物制度基层试点情况”考察调研准备工作。7月,全国人大副委员长、农工党中央主席桑国卫考察调研了管城区北下街社区卫生服务中心和圃田乡卫生院,并听取了农工党郑州市委主委李新有对市委会工作的汇报,给予高度评价和充分肯定。

为提高基层组织的参政议政能力,市委会决定2009—2011年连续在全市基层组织开展“议政月”活动,2010年基层支部共提交12件提案,从中筛选出6件提案作为市政协全会集体提案。其中,《关于建立扶持农民工就业创业培训及社会保障长效机制的建议》被评为优秀集体提案,《关于加快我市新型农村合作医疗制度建设的建议》在政协全会上被列为大会一号提案并作了大会发言。《关于成立第三方医疗纠纷处理机构,缓解医患矛盾的建议》受到河南省委、省政府和郑州市委、市政府的高度重视,4月12日,《人民政协报》第三版以“农工党郑州市委建议设立第三方机构处理医疗纠纷”为题,刊登了市委会的集体提案;8月,省卫生厅、省司法厅、省公安厅、河南保监局经过调研后,联合制定了《河南省医疗纠纷预防与处置暂行办法》,引入第三方调解机制,10月1日起在全省开始实施第三方调解机制,如果患者和医院发生争执,可免费向代表中立的第三方——人民调解委员会申请帮助,调解员将帮患者解决纠纷,缓解医患矛盾,利于医疗纠纷的化解。7月,全市开展了“强化交通综合治理,打造文明畅通郑州”活动,市委会向全市农工党员发出了“文明畅通郑州我先行”倡议书;组成以参政议政调研委员会为主体的“我为‘畅通郑州’献一策活动”调研专家组,市委会共收到有价值的调研提案3篇、治理交通拥堵的建议60多条,其中重点提案《关于将我市公交车停车场迁至三环以外,将现有公交车停车场改造成普通机动车停车场的建议》、《关于规范交通标识,缓解交通拥堵》的提案得到中共郑州市委、市委统战部的高度重视。9月,李新有主委带领党员李银良、陈飞赴北京、福州、厦门等地调研,提出了《加快转变农业发展方式,积极发展都市型现代农业》的建议,并在市政协第三季度常委会议上进行发言,建议被郑州市委、市政府采纳,郑州市农委根据建议编制了《郑州市都市型现代农业发展规划》并开始实施。9月19日,参政调研委员会组织人员赴巩义市就新农合运行情况进行调研,形成了调研报告《关于加快完善新型农村合作医疗长效机制建设的建议》,作为重点调研成果上报中共郑州市委。

市人大代表王景枝领衔提出的《尽快成立医疗纠纷调解委员会,维护医疗机构正常秩序》等3件医疗方面的建议,得到了郑州市政府的高度重视,经考察论证后出台了政府令《郑州市医疗纠纷预防和处理办法》;纪东平的《关于让独生子女家庭享有更多奖励优惠政策的建议》和张煜华的《缓解医患矛盾,维护医疗执业环境》被评为优秀委员提案;李俊卿被评为市政协2009年度“创树”先进个人。管城支部提交13份市、区提案及2件人大议案;新郑小组提交5份关于医疗方面的提案;上街支部提交提案5份、集体提案1份,调研报告《方顶村古民居抢救性保护刻不容缓》被列为区政协重点提案,上街支部获区统战工作综合评比二等奖,李俊卿、苏梅茹被上街区监察局聘为特邀监察员;市三院支部提交提案5份,二七支部提交提案5份;市直二支部提交调研报告1份;一院支部提交的《加大保护商城遗址力度　发展我区旅游产业的建议》被管城区政协列为现场办理提案,刘亚梅被区政协评为优秀提案人。

【社会服务工作】 2010年,农工党郑州市委始终坚持把群众受益作为社会服务工作的出发点和落脚点,充分发挥界别优势,不断提升社会服务水平。郑州市第三人民医院支部被评为农工党中央“社会服务先进基层组织”,陈伟民、李凤芝获得农工党中央“社会服务先进个人”荣誉称号。

(一)实施百千万农村健康行动计划。按照农工党河南省委农工豫发〔2010〕41号文件精神的要求,配合农工党省委对农村卫生技术人员开展适宜技术培训的工作计划,完成了农工党省委下达的“百千万农村健康行动计划”方案分配的指标,落实了各项适宜技术需培训的人数和具体名单。

(二)围绕定点帮扶和专题活动开展社会服务。6月5日市委会与农工党河南省委在绿城广场联合举办了第三届“中国环境与健康宣传周”广场大型义诊活动;10月16日“郑州慈善日”,农工党郑州市委副主委、郑州交通学院院长李顺兴为郑州慈善总会捐善款100万元。对巩义市涉村镇五指岭村卫生所进行重点帮扶。按照市委统战部“六个一帮扶”活动要求,市委会两次组织医疗专家组赴五指岭村进行送医送药下乡义诊活动,向当地群众发放了价值1.5万余元的药品、计生用品和防治疾病的宣传册,受益群众数百人。为玉树地震灾区踊跃捐款。4月4日青海玉树发生7.1级地震后,牵动了全市农工党员的心,河南百思特总经理、党员张道库捐款1万元,市委会共计收到捐款19790元,为支援灾区和灾后重建献出了一份爱心。

(三)基层组织积极开展义诊和社会公益活动。市二院支部到新密市尖山村、荥阳市庄河贫困村、刘村和郑州老年公寓开展了6次义诊调研活动,捐赠药品3000余元。市六院支部为京广路办事处辖区老党员、老红军和13名低保老人进行了免费健康体检,到郑州交通职业技术学校等5所院校开展义诊,受益学生和家长达数千名;为外来务工的农民工和齐礼闫劳教所106名在押在教人员进行了免费体检。市直二支部组织党员并邀请省市医疗机构的专家,到豫中女子监狱开展关爱女性、送健康知识活动;组织党员深入到万滩镇农村一线开展义诊工作;党员王连宇在捐资助学活动中带头捐献1500元。三院支部两次下社区服务。人民医院支部王慧君、刘金权、李雪莉多次作为郑州市“卫生健康大讲堂”的专家授课讲座,健康教育达2000多人;王新、刘平承担了卫生部“百万贫困白内障复明工作”300例手术的繁重工作。管城支部向圃田卫生院捐助药品3000余元;金水支部组织党员到柳林镇大贺庄进行义诊;儿童医院支部3次组织党员配合医院开展义诊活动;上街支部组织成员到峡窝镇沙顾村进行义诊;疾控中心支部到帮扶村开展健康生活大讲堂活动,发放价值4000多元的家庭常用药品和600多件宣传品；二七支部积极参加义诊帮扶、环保宣传、灾区捐款等各项社会活动；金水支部、中原二支部、职防所小组积极参加"万名医护送健康"、"健康大讲堂"等宣传活动，到热力公司等厂矿企业现场宣传职业病防治知识，发放各种宣传资料；新郑小组组织党员到郭店、薛店移民新村和敬老院等人多集中的地方开展送医送药活动。

一年来，许多党员被各级政府部门及司法机关聘为特约检察员、监督员、审计员、教育督导员等，广大党员爱岗敬业，在各自专业领域和工作岗位上取得了优异成绩。据不完全统计，全市农工党员中担任省、市各专业委员会的主任委员、副主任委员50余人；在国家、省部级核心期刊发表论文55篇，出版专著4部，出科研成果8项。副主委孙中党获国家科技进步二等奖1项、河南省科技进步一等奖1项；翟明玉获省卫生厅科技进步二等奖1项、省科委科技进步三等奖1项、郑州市科技进步二等奖1项，并被推选为郑州市科技拔尖人才；中医院支部获省科技进步奖2项；王慧君参与国家级科研2项，并完成国家级新药三期临床研究课题1项；于江红、李雪莉主持市科技公关项目1项。赵悦玲获河南省"三八"红旗手称号，王新获河南省"五一"劳动奖章，刘平分别荣获郑州市"五一"劳动奖章和郑州市巾帼英雄奖，毋心灵被评为郑州市"三八"红旗手。人民医院支部党员王新、张颖莹分别获得郑州人民医院名医、服务标兵称号，在郑州人民医院的中层竞聘上岗换届工作中，先后有9名农工党员竞聘上岗成为科主任；牛卫东被授予郑州市卫生系统"人民健康好卫士"荣誉称号；妇幼小组党员胡玉莲在省、市卫生系统技能比赛中，分别获得第二名、第三名的好成绩。

【庆祝中国农工民主党建党80周年】 2010年5月，农工党郑州市委会按照农工党中央部署，号召广大农工党员为农工党创始人邓演达纪念园捐款，党员们怀着一片赤诚之心迅速行动起来，市政协委员、党员张道库在接到通知后第二天捐款1万元，市委会共计收到捐款24160元。8月9日是中国农工民主党成立80周年纪念日，结合郑州作为省会城市的特点，市委会开展了系列活动。8月6日至7日组织参加农工党河南省委庆祝建党80周年纪念系列活动，党员赵悦玲获演讲比赛第一名；组织100多名党员观看文艺演出；市委会制作了庆祝中国农工民主党成立80周年展板；党员王新华的书画入选画展并获二等奖；组织400名党员参加农工党中央举办的庆祝建党80周年知识竞赛，完成了400份答题卡；组织党员积极参加农工党中央纪念建党80周年征文活动，陈亦学主任的征文《变化的二十年》刊登在《前进论坛》第八期上。

（张亚平）

九三学社郑州市委员会

【思想建设】 2010年，九三学社郑州市委深入开展学习和践行社会主义核心价值体系活动，成立了活动领导小组，主委舒安娜任组长，下发了活动方案。坚持社市委主委会及市委会学习制度，认真领悟学习和践行社会主义核心价值体系活动中要求的学习内容，进一步增强领导班子的凝聚力。为提高学习效果，社市委购买了《社会主义核心价值体系学习读本》，下发到各基层组织。各基层委员会、支社采取集中学习、自学及研讨会等多种形式，进一步促进了学习践行活动的深入开展。

社市委根据社省委的通知精神，下发了《关于深入学习贯彻中共十七届五中全会精神的通知》，并于11月17日召开了学习贯彻中共十七届五中全会精神座谈会，市委委员、基层委员会、支社主委和部分新社员参加会议。会上学习了十七届五中全会公报和人民日报社论。中原三支社、郑州果树所支社、郑州锅炉公司支社等纷纷组织社员学习座谈，收到了良好效果。

全年社市委召开主委会议7次，学习有关会议精神，提高思想理论水平，并对社的重大活动进行研究。社市委领导班子成员积极参加由市委统战部组织的各民主党派、工商联和无党派人士中心组学习，提高了领导班子成员的政治理论素质，夯实了领导班子成员政治思想基础。

【组织建设】 2010年，社市委共举办2期申请入社积极分子培训班，34名同志参加培训；召开了2次新社员座谈会。全年发展新社员30人，其中，高级职称18人、中级职称10人，市人大代表1人，市政协委员1人。至年底，共有社员414人，其中高级职称290人，大学以上学历379人。根据九三学社章程规定，社市委所属20个支社积极收缴社费，缴费率达90%以上（另有30余名社员因出国定居等原因无法收缴）。6月，社中央组织工作研讨会在登封召开，此次会议由社省委与社郑州市委联合承办，社市委高度重视、积极投入，切实把社市委承担的会务工作的各项细节落在实处，保证了会议圆满成功进行，得到了与会人员的一致好评。

为加强基层干部队伍建设，社市委推荐1人参加2010年郑州市党外后备干部培训班，推荐5人参加郑州市党外骨干成员培训班。3人参加了社省委在中央社会主义学院举办的培训班。社市委于7月9日召开了四届八次委员会议，民主推荐社市委领导班子后备干部。为进一步提高机关工作人员的综合素质和工作效率，社市委对办公室工作人员分工进行了调整。

高度重视宣传和信息工作，组成了社委会办公室人人参与的通讯员队伍，分工明确，任务落实到人，宣传社的组织和社员在思想政治建设、组织建设、作风建设、制度建设等方面的经验和做法,在履行参政职能、立足岗位发挥职能优势、建功立业方面涌现出的先进集体与个人,努力扩大社的凝聚力和影响力。全年被中央级报刊杂志媒体采用5件,被省级报刊杂志媒体采用5件;向社省委《河南九三》及社省委网站投稿共计28篇,向市政协及市委统战部投稿28篇;编印《郑州九三》简报4期。社员张根山撰写的为第五届"九三论坛"征文《加快构建农业产业体系建设促进农业结构转型》获得好评。在郑州市政协举行的"和谐之春大型摄影展"中,社员共有13幅作品获奖,其中,一等奖1幅、三等奖2幅、优秀奖6幅、纪念奖4幅;社市委获"优秀组织奖";冯涛的作品"隧道曙光"先后被市委宣传部及社省委等多家单位采用。关心社员生活,3月5日,社市委组织广大女社员观看电影,庆祝"三八"妇女节。10月14日,社市委老龄工作委员会组织60岁以上老社员到郑州绿博园参观游览,在重阳节为老社员送去慰问。

各基层委员会、支社根据社市委的要求,切实加强自身建设,积极开展各项活动,进一步增强了基层组织的凝聚力。在7月24—25日召开的九三学社"晋豫合作"社务工作交流会上,郑州果树研究所支社副主委刘文革博士作为河南省先进基层组织工作代表作了经验介绍,并被社省委授予社会服务工作先进个人光荣称号;郑州果树研究所支社被社中央授予优秀基层组织光荣称号。管城综合支社、金水综合一支社被社省委授予先进支社光荣称号。7月,金水基层委员会依托中共金水区委统战部和金水区大石桥街道办事处,举办了流动普法宣传车万里行活动,活动启动仪式共展出《道路交通安全法》、《劳动合同法》、《安全生产法》、《信访条例》、《统计法》等内容的版面30余块,邀请20余家律师事务所,设立20个法律咨询台,共解答500人次咨询,吸引2000余名群众观看。

广大社员立足本职,建功立业,涌现出了一批先进工作者。据不完全统计,2010年,社员承担了国家"863计划"项目、河南省科技重大攻关项目及地方科技项目等近50余项,发表论文65篇,主编或参加编写著作24本,制订并发布行业标准4项;获国家实用新型专利2项,河南省科技进步二等奖1项,河南省农业科研系统科技成果一等奖1项,中国有色金属行业协会一等奖1项,河南省教育科技成果二等奖1项,河南省国土资源科学技术一等奖1项,郑州市科技进步一等奖1项、二等奖3项,洛阳市科技进步二等奖1项。2人荣获九三学社中央优秀社员,1人被中国农业科学院研究生院聘为博士研究生指导教师;3人被郑州市科技局认定为郑州市创新骨干人才,1人荣获郑州市科技拔尖人才称号;1人获郑州市优秀片医光荣称号,1人被评为郑州市卫生监督执法先进工作者。

【参政议政】 (1)在"两会"上积极建言献策。郑州市"两会"召开期间,九三学社中的市政协委员共提交提案45件,其中,集体提案2件、大会发言3件;人大代表提交建议案5件。大会发言《普及环保科普知识,推行环境终身教育》(舒安娜执笔)获委员一致好评;集体提案《关于大力普及环保科普知识的建议》和《关于提升科技创新能力 发展民营企业经济的建议》受到广泛重视;集体提案《加强食品安全工作,保障人民身体健康》(舒安娜执笔)和张根山委员提案《关于尽快建立市政地下管网信息管理系统的建议》获市政协优秀提案奖;贺湘的《对我市高架立交桥实施隔声降噪防护的建议》、祖英姿的《关于建立公共服务统一平台 统一公共服务号码的建议》等2个提案被确定为市政协领导分包重点督办提案。《关于发展高新技术产业,促进我市经济结构调整的调研》和《关于加快战略新兴产业发展,引领中原经济区转型的建议》等2篇市政协常委会议调研报告,作为大会发言,受到普遍好评。社市委组织部分社员对卫生、农业、科技部门进行调研,形成了《关于加强新农合服务体系建设的建议》等2篇调研报告,提交到郑州市委统战部。(2)积极为"畅通郑州"建言献策。"畅通郑州"交通综合整治是我市开展的重要民生工程,社市委按照中共郑州市委、市政府要求,在市委统战部的安排部署下,积极行动,召开主委会议,研究制定实施方案。各基层组织和广大社员积极行动,采用不同形式,组成25个调研组,体验和调研郑州交通的现状和存在的问题。整个活动参与人数达230人,提出建议100余条,经过整理归类分为5方面,形成建议57条、专题调研报告4份。由于社市委参政议政成绩突出,被社省委评为参政议政工作先进集体。

【社会服务工作】 开展帮扶活动。2010年,按照市委统战部的要求,积极开展扎实有效的扶贫村"帮扶活动",成立"帮扶活动"领导小组,明确帮扶目标和任务,并制定了切实可行的实施方案。召开帮扶工作专题会议,成立了专家组,到巩义市涉村镇五指岭村进行农业科技进村暨帮扶活动,专家深入田间地头,实地考察了蔬菜基地的建设情况和蔬菜生长状况,耐心细致地讲解传授蔬菜的育苗、栽培、施肥、防病、除害等各项专业技术知识。全年共接受各种咨询100多人次,发放农业种植等科普技术书籍200余本、技术资料300份,免费发放豆角、黄瓜、番茄等蔬菜优良种子十余种共800袋。

开展送科技、送卫生和送法律活动。11月7日,社市委举办了第22届中国"国际科学与和平周"义诊活动暨"百名专家进百村"活动。20名优秀医务工作者到登封市卢店镇中心广场开展义诊活动,热心为前来就诊的每一位群众诊断;8名农业专家、3名知名律师送科技、送法律下乡,耐心细致地解答当地群众提出的农业生产技术问题和生活中的有关法律问题。当天到场的卢店镇群众400余人，其中，接受诊断的200余人次、农业科技咨询150人次、法律咨询50人次；共免费发放健康教育、农业科技、法律常识类书籍500册。

奉献爱心，捐助灾区。社市委机关工作人员及社员周燕琳、王霞通过社市委为玉树地震灾区捐款人民币3850元。据不完全统计，郑州市九三学社社员在工作单位或通过其他渠道为玉树地震灾区共捐款10万余元。

（尚秋霞）

工商联

【概况】 2010年，郑州市工商联以科学发展观统揽工作全局，认真履行商会职能，积极团结和带领全市各级工商联组织和广大非公有制经济人士，服务全市经济社会发展，推动全市非公有制经济健康快速增长，取得显著成绩。先后荣获了“河南省工商联2010年目标考核先进单位”、河南省“庚寅年黄帝故里拜祖大典活动优秀组织奖”、郑州市对外开放先进单位等多项荣誉。

至2010年底，郑州市工商联下属13个县（市）、区（含国家级高新技术开发区）工商联组织，各县（市）、区工商联所辖办事处、乡(镇)全部成立基层组织，共计156家。按照省工商联最新会员统计标准，全市共有会员24004个，其中，企业会员17159个、团体会员75个、个人会员6770个（其中原工商业者16个）。郑州市工商联直属异地商会15家：温州、潮汕、浙中、泉州、台州、福清、福州、舞钢、睢州、东阳、莆田、平江、邵阳、许昌、宁波商会；驻外商会1家：郑州市工商联北京商会；直属行业商会16家：服装业、饮食业、鞋业、汽车（摩托车）业、冷冻食品业、古玩业、家庭装饰装修业、阀门业和汽车备件、建材、茶叶、照明灯饰、化工、小商品、石材、钢铁贸易商会。

【思想政治工作】 2010年，郑州市工商联创新方法，围绕中心，做好非公有制经济人士思想政治工作。

（一）深入贯彻中央精神。一是学习贯彻全国“两会”期间胡锦涛总书记在看望民建、工商联界别政协委员时提出的“三个更大作为”。“三个更大作为”是新形势下对非公有制经济人士和工商联工作提出的新要求、新使命，市工商联组织主席会和常委会等，认真学习其重大意义和现实途径，领会其精神实质。二是学习贯彻国务院颁布实施的“民间投资36条”。“民间投资36条”是在党和国家的正式文件中，首次大篇幅、大力度、大面积地使用“民营企业”、“民间投资”、“民间资本”的概念，明确提出着力解决制约民营经济发展的行业准入难题，对推动民营经济的发展具有划时代意义。市工商联及时召开了非公有制经济代表人士座谈会，并向市委、市政府提出了贯彻落实“民间投资36条”的意见和建议。三是学习贯彻《意见》精神开局良好。中共中央、国务院出台的《关于加强和改进新形势下工商联工作的意见》（简称《意见》），是进一步加强和改进新形势下工商联工作的纲领性文件，为深入贯彻《意见》精神，市工商联召开了主席及机关全体工作人员座谈会；市委统战部、市工商联联合召开各县（市）区统战部长、工商联主席和党组书记，以及市属各行业和异地商会会长座谈会，市委常委、统战部长王林贺和市人大副主任、市工商联主席王平分别对学习贯彻《意见》精神提出要求，并在深入调研、广泛征求意见的基础上,形成了学习贯彻《意见》的调研报告，上报市委、市政府。

（二）“创先争优”活动成效明显。一是加强领导，制定方案。成立了以市委统战部、市工商联、市工商局等部门组成的郑州市非公有制经济组织“创先争优”活动指导小组，研究制定各项实施方案，指导“创先争优”活动的顺利开展。二是抓好典型，推广经验。以党的建设基础较好、工作比较扎实的企业为典型，进行广泛宣传，收到了以点带面的效果。河南鑫山实业有限公司党委开展了以“争做科学发展排头兵，我为党旗添光彩”为主题的“创先争优”活动动员会，为广大商户树立了榜样；河南辉煌科技股份有限公司党委把科技创新作为“创先争优”活动的重心，组织基层党组织和党员在科技创新中彰显作为，研发的“铁路信号微机检测系统”获得国家科技进步二等奖。三是明确目标，整体推进。通过到企业走访座谈、现场测评、查阅档案等形式，开展调查研究工作，掌握了开展“创先争优”活动的市工商联会员企业中党组织的基本情况、存在的困难和问题，并提出意见和建议，推进活动顺利开展。截至年底，全市各县（市）、区非公有制经济组织中共有1152个党组织、11049名党员参加了此次活动。活动中新建党组织9个，发展党员1085人、入党积极分子1422人，建立团支部65个、工会309个。

（三）表彰“优秀建设者”。“五一”前夕，市委统战部、市人事和社会保障局、市工商局、市工商联等单位联合开展了“第二届优秀中国特色社会主义事业建设者”评选表彰活动。通过公开推荐、认真考察、综合评比，共评选出97名“优秀中国特色社会主义事业建设者”，并召开了表彰大会。时任市委常务副书记马懿，市委常委、统战部长王林贺，市人大副主任、市工商联主席王平，副市长薛云伟等领导出席大会，并为获奖者颁发了奖章和奖牌，鼓舞和增强了广大非公有制经济人士的爱国热情和投身社会主义事业建设的信心。

【参政议政】 2010年，郑州市工商联创新思路，充分发挥工商联特色和优势，深入开展调查研究，积极参政议政。围绕非公有制经济发展的现状、政策、环境等方面问题，深入非公有制企业走访调研，及时把握发展中存在的关键问题，掌握第一手材料，提出可行性的意见和建议，为市委、市政府的重大决策提供科学依据。全年共进行专题调研4次，协助省工商联和有关单位调研3次，形成调研报告5篇。省委统战部副部长、省工商联党组书记孟令峰在市工商联上报的《郑州打造"中国裤业之都"研究报告》和《郑州市非公有制经济组织党建情况调研报告》上作了重要批示；《我为"畅通郑州"献一策》活动专题调研报告引起了省委常委、市委书记连维良和市长赵建才的高度重视，并做出重要批示。市工商联调研成果分别获得河南省工商联2009—2010年度优秀调研成果一、二、三等奖。

在2010年郑州市召开的"两会"上，组织会员中的人大代表、政协委员，提交各类议案、提案57件，其中，集体提案2件。《关于在郑州开展"便民自行车公共服务系统"项目》的集体提案在社会上引起强烈反响，《郑州日报》、《大河报》、《郑州晚报》、郑州人民广播电台等新闻媒体进行了专题报道，并被市政协列入主席重点督办提案。

【经济服务工作】 2010年，郑州市工商联创新模式和手段，扩大对外交流、深化经贸合作，积极实现"双赢"。一是大力发展商会经济，并为政府招商引资牵线搭桥。商会经济是指依托商会组织，以乡情、亲情、友情为纽带，凝聚会员力量，共享信息、共闯市场、共同投资、共创品牌、共谋发展，以此壮大会员企业的综合实力，并通过以商言商、以商招商、以商引资的引导和带动，实现群体扩张，推动经济发展的一种新型经济载体。郑州市通过积极推进商会经济运行模式，服装商会、钢贸商会、福州商会、泉州商会、温州商会、石材商会及中牟县的仓储业商会、汽车商会等实现了产值达百亿元的目标(指总产值或销售总收入达到100亿以上)。为贯彻落实省、市关于开展"大招商"活动精神，3月，市工商联发挥异地商会优势，由党组副书记、副主席闫玉明和泉州、福州、莆田、石材等商会会长，陪同宋璇涛副省长、薛云伟副市长赴福州、厦门、泉州等地的福建花冠针纺织有限公司、宝龙集团发展有限公司、特步集团、恒安国际集团有限公司、福建省东升石业股份有限公司等知名企业总部进行访问座谈，并就2009年"大招商"活动中签订的合作意向进行更深层次的回访与沟通。其中，正式签约的郑州国际石材工业园、锦艺国际花都城市综合体、特步集团等项目已落户郑州。二是抓住经济文化交流活动，促进郑州市经济发展。以庚寅年黄帝故里拜祖大典为契机，邀请世界贸促会、香港中小企业联合会、香港迅达投资顾问有限公司等海内外知名企业和企业家代表共167人来郑参观考察，达成意向6个，签约投资额7亿余元。同时，通过组织企业参加中韩经贸洽谈会、友好城市(南京)商会会长会议、山西侯马经贸文化艺术节、2010郑州台湾食品节等活动，帮助企业寻求经贸合作意向，扩大经贸合作领域。三是加强城市间商会的相互交流。市工商联先后接待了秦皇岛市、重庆市万盛区、长春市、漳州市、乐陵市等地工商联的来访，并签定了友好商会协议。组团访问了满洲里、南京、泉州、德州、曲阜等地工商联，建立了合作关系，促进了对外交流工作。

【三百工程】 2010年，郑州市着力抓好"三百工程"，成绩突出。一是"百商活郑州"取得新进展。福州、福清、泉州、莆田、温州、台州、石材、钢铁贸易、服装等商会，以商会为平台，发挥招商优势，引进项目12个，协议资金达263.1亿元。同时，先后成立了邵阳、许昌、宁波等异地商会，市直属行业商会、异地商会达到32家。二是"百企进郑州"取得新成效。全年全市各级工商联共引进企业197家、项目168个，投资金额达132.54亿元。三是"百企帮百村"作出新贡献。2010年在"百企帮百村"、"村企共建扶贫工程"活动中，全市工商联联系160家会员企业，与150个农村建立了帮扶关系，实施新农村建设项目173个，总投资约61.78亿元。市工商联副主席企业、河南鑫旺集团有限公司与巩义市小里河村结对共建，投资了423万元改善其基础设施。

【2010中原论建·郑州经济高层论坛】 2010年5月21—23日，由市委、市政府主办，市委统战部、市工商联、金鼎俱乐部承办的"承东启西创商机，聚焦中原话崛起"——2010中原论建·郑州经济高层论坛活动在郑东新区国际会展中心隆重举行。省、市领导曹维新、王文超、宋璇涛、赵建才等分别出席了论坛及相关活动。论坛以"后金融危机时期面临的机遇与挑战——坚持科学发展，加快民营企业发展方式转变"为主题，创新载体，精心组织筹备，共同探讨和研究了后金融危机时期全市民营企业面临的重大机遇、挑战及发展策略，为郑州乃至河南的发展出谋划策、献计献言。活动取得圆满成功，省、市主要领导给予了充分肯定。

(一)领导重视，周密部署。时任省委常委、市委书记王文超对论坛活动作了重要指示，市长赵建才亲自审定整体方案，听取论坛前期筹备工作情况的专题汇报，市委常委、统战部长王林贺，市人大副主任、市工商联主席王平等领导多次赴海南与海航集团董事长、金鼎俱乐部理事长陈峰协商论坛活动事宜，并赴北京、西安等地邀请嘉宾，就有关项目对接进行沟通。

(二)筹备充分，影响力大。在市委、市政府主要领导的督办下，成立了以市长赵建才为组长，统战部长王林贺为常务组长的活动领导小组，制定了总体工作方案。领导小组下设5个工作组，由各有关单位的工作人员组成，分工明确，通力合作。多家省、市媒体对论坛进行全程报道，引起了社会各界的广泛关注。

（三）项目对接，效果显著。郑州市市情推介会暨经贸洽谈会作为2010中原论建·郑州经济高层论坛活动之一，于5月23日在郑州国际会展中心成功举行，共达成投资意向4个，分别是西安海星投资控股（集团）有限公司与河南晨光实业有限公司签约的果汁饮料项目、北京星牌集团与航空港区管委会合作的体育休闲项目、金鼎俱乐部与郑东新区管委会合作建设的综合商业体项目、武汉百步亭集团与中牟产业园管委会签约的共建百步亭郑州新城项目，投资总额328亿元，涉及商业地产、食品加工和体育休闲等领域。

【光彩事业】 2010年，郑州市工商联及其会员企业积极响应党和政府的号召，创新形式，弘扬光彩精神，全市非公有制经济人士参加社会公益事业、回报社会的大爱善举蔚然成风。据不完全统计，全年全市工商联系统捐款捐物累计达2800余万元。

（一）积极参加慈善捐助活动。在“郑州慈善日”，市工商联副主席薛景霞捐款1000万元成立了“薛景霞教育慈善基金”，在郑州慈善史上创下个人单笔捐赠最高数额的新纪录；副主席张全利捐款100万元，副主席袁小杰、张淑云、温荣丽分别捐款10万元，副主席蒋继明和王凤山分别捐款3万元；副会长单位仲记集团在重阳节邀请200多位老人餐叙，宣扬中华民族尊老的传统美德。此外，副主席张歌伟向公交公司捐助价值65万元的公交车一台。

（二）积极开展助教助残活动。副主席陈南捐款150万元兴建希望小学，并向惠济公益基金会捐款200万元；副主席蒋继明为脑瘫儿患者捐款23万元，温州商会会员捐款20余万元资助50余名贫困大学生完成学业，巩义市蓝天冶金材料有限公司董事长张二周出资150余万元帮助200余名贫困学生完成学业。

（三）积极参加抗震救灾活动。玉树地震发生后，钢铁贸易商会第一时间通过郑州市红十字会向灾区捐款21.9万元，并成立了钢哥博爱基金会，注入启动资金30万元；副主席陈南捐款30万元、袁小杰捐款20万元、蒋继明和雒新代分别捐款5万元，全市工商联系统共捐款捐物达430余万元。

（四）组织帮扶贫困职工活动。副主席袁小杰向贫困群众捐款捐物26万余元，副主席雒新代在市总工会组织的帮扶贫困下岗职工活动中捐款5万元；市工商联福州商会和副会长单位仲记集团积极参与“民工专列连闽豫”爱心行动，分别捐赠火车票400张和1万元现金，帮助在福建务工的河南籍农民工返乡过节。

（五）为社会提供就业岗位。全年全市工商联系统为下岗职工提供就业岗位15000余个。如：管城区工商联联合区有关部门举办“2010年管城回族区民营企业招聘周”活动，提供就业岗位3200余个；市工商联钢铁贸易商会与华北水利水电学院合作，举办了“郑州钢贸企业校园招聘周”活动，提供就业岗位1000余个。

【队伍建设】 一是教育培训进一步加强。通过短期培训、专题讲座、参观学习等方式开展各项教育培训。4月份和10月份先后组织各县（市）、区工商联负责人参加了省工商联举办的县（市）、区工商联主席培训班；选派5名非公有制经济人士分别参加了郑州市党外骨干成员培训班和郑州市新阶层人士培训班；邀请太平洋董事局主席严介和来郑为50余家企业做了“民营企业诊断”活动；邀请企业精细管理专家栾润峰为非公有制企业做“民营企业精细管理”教学讲座；组织近200名会员参加了省工商联举办的“中原崛起与民营经济”论坛等。二七区工商联举办了世家文化论坛，并邀请央视《百家讲坛》主讲钱文忠教授和河南省作家协会名誉主席、国家一级作家张宇向民营企业家传授文化观和社会价值观。通过这些活动，扩大了非公有制经济人士的视野，提高了大家的科学管理水平。二是加强机关自身建设。开展了学习贯彻十七届五中全会精神和公务员岗位大练兵活动，并组织副县级干部参加省委组织部组织的干部自主选学课程，各处室负责人参加了全市处长执行能力提升专题培训班。通过学习培训，改进了机关工作作风，提升了机关服务水平，形成了团结和谐的工作氛围。

（高明灿）

第九篇 群众团体

工会工作

【概况】 2010年以来,郑州市各级工会按照“重在持续、重在提升、重在统筹、重在为民”的总体要求,坚持围绕中心、服务大局,以创先争优活动为载体,广泛开展群众性经济技术创新竞赛活动,大力推进和谐企业建设,提升工会履行职能、服务大局、服务职工的能力和水平,团结带领全市职工为加快经济发展方式转变、持续推进郑州跨越式发展作出了积极贡献。一是广泛深入开展群众性劳动竞赛,团结动员职工为加快经济发展方式转变建功立业。二是加强工会组织建设,夯实工会工作基础,激发基层工会组织活力。三是用社会主义核心价值体系教育引领职工,大力推进职工文化、企业文化建设。四是建立完善维权工作机制,在推动劳动关系和谐和社会稳定中发挥工会作用。五是以帮扶解困、促进就业创业为重点,在切实保障和改善民生工作中展现工会组织的积极作为。六是以创先争优活动为载体,加强工会自身建设,服务大局、服务职工能力不断提高。

【工会组织建设】 2010年,郑州市各级工会广泛开展“广普查、深组建、全覆盖”集中行动,完善“党工共建”机制,推广“双措并举,二次覆盖”经验,把建会的重点放在非公有制企业、外资企业和零散的小型企业上,并积极探索组建行业工会联合会、大型商业集团工会、街道工会联合会等建会形式,进一步扩大工作覆盖面,最广泛地把职工组织到工会中来。全年全市新建基层工会组织1551家,完成全年任务的101%;基层工会涵盖单位净增1873家,完成全年任务的100.3%;工会会员净增10.92万人,完成全年任务的100.1%。各级工会继续开展争创“六好”乡镇(街道)工会、创建模范职工之家和会员评议职工之家活动,不断增强工会组织的凝聚力和工作活力。

【职工维权机制建设】 2010年,市总工会与市政府举行了联席会议,就调整增加劳动竞赛、困难劳模救助专项资金以及帮扶资金、帮扶工作经费等议题达成一致意见。各级工会集中组织开展了“工资集体协商要约行动月”活动,全市52%的企业开展要约活动,签定工资协议3000份;全市70%的企业开展了劳动关系和谐企业创建活动。职代会制度和厂务公开制度得到坚持和完善。全市建立职代会的企事业单位4588家,其中200人以上的非公有制企业中,有2454家建立了职代会制度,建制率60%。全市推行厂务公开的单位共3019家。全市173个乡镇(街道)中,有147个建立了乡镇(街道)职代会制度,建制率85%,覆盖企业5661家。市总工会坚持领导接访制度,发挥“12351”职工维权热线作用,做好职工信访工作。以“安康杯”竞赛为切入点,加强班组安全建设,强化一线教育管理,维护职工生命健康权益。全市“安康杯”竞赛参赛单位达6862家,参赛职工89.9万人,均居全省首位。各级工会认真开展农民工援助、农民工双向维权行动以及推进女职工专项集体合同工作,维护农民工、女职工等特殊群体的合法权益。

【工资集体协商工作】 2010年,市总工会认真贯彻省委、省政府两办《关于全面推进企业工资集体协商工作的意见》,落实省推进工资集体协商工作会议精神,建议市委办公厅、市政府办公厅下发了《关于全面推进企业工资集体协商工作的意见》。市委、市政府两办《意见》提出,要进一步深化职工收入分配制度改革,建立企业工资正常增长机制,2012年全市实现工资集体协商制度全覆盖,确保劳动关系和谐稳定。市总工会通过召开全市全面推进企业工资集体协商工作推进会、下发实施意见,强化组织领导,落实专项经费,实行目标考核激励、加强培训指导和宣传引导等措施,全面推进企业工资集体协商工作。各级工会明确了推进工资集体协商工作的重点是:50%职工工资低于本地区职工平均工资50%的企业;领取最低工资人数超过30%的企业;实行计件工资、签订“简易劳动合同”,农民工较多的企业;外商投资、港澳台资、民营企业等非公有制的企业。市总工会在不同所有制企业中选择100家作为推进工资集体协商工作联系点。全市各级工会建立的联系点达到1000家以上。

【群众性劳动竞赛活动】 2010年,郑州市各级工会广泛深入开展群众性劳动竞赛,团结动员职工为加快经济发展方式转变建功立业。市总工会会同有关部门在全市重点工程和“畅通郑州”工程建设中广泛开展了“三保两讲”劳动竞赛、“四比四创”劳动竞赛、“五拼四保”劳动竞赛等各项建功立业竞赛活动，参赛重点建设项目300多个，参赛单位1000余家，参赛职工60余万人；继续开展“双比双降”节能减排竞赛活动，不断加强职工节能减排义务监督员队伍建设。全市参赛单位2828家，覆盖职工61.5万人，在重点行业和企业评聘职工节能减排义务监督员1520名；与有关局委联合开展郑州市职工优秀技术创新成果评选表彰活动，81项职工优秀技术创新成果受到表彰推广；成功举办了郑州市第七届“郑州日产杯”职工技术运动会，设置竞赛工种171个，参赛职工达35万人次；大力推行“首席员工”评聘制度，全市共有203个单位推行了该制度，评聘“首席员工”2041名；不断推进完善创建“工人先锋号”活动，“工人先锋号”创建活动覆盖全市2.3万多个车间（班组）。

【困难职工帮扶活动】 2010年，全市各级工会在全市范围内建立了60多家就业培训基地，对困难职工、下岗失业人员、农民工进行“零距离”培训，通过岗前培训、委托培训、订单式培训等形式培训3.1万余人。与有关部门联合开展“春风行动”、就业援助、“五一招聘”、民营企业招聘周等活动，把平时就业援助、职业介绍与重大招聘活动有机结合，全年为下岗失业人员、农民工、大学毕业生提供再就业服务2万多人次，帮助1.2万人实现创业或就业。各级困难职工帮扶中心不断拓展帮扶渠道、创新帮扶载体，先后接待困难职工4.9万人次，实施困难救助1.7万人次，发放帮扶款物760多万元。为困难职工、下岗失业人员和农民工提供职业介绍服务9000多人次。探索建立与发达地区劳动力转移培训、就业互助协作机制，先后为北京培训输送300名家政、物业服务人员，同泉州市签订7300人就业意向书。“双节”送温暖活动实现全覆盖，慰问困难企业557个，慰问困难职工（含农民工）2.12万人，发放款物价值1755万元，提供岗位1万多个，开展健康讲座56场次，发放药物、免费体检价值100多万元。“双节”期间为全国、省、市劳动模范发放“三金”744人次，发放金额137.29万元。打造工会“爱心助学”活动品牌，全市各级工会共筹措爱心助学资金1195万元，发放1096万元，5430名困难职工和农民工子女受到资助。强化就业指导和创业扶持，先后发放小额借贷款409万元，带动就业1452人。各级工会认真开展“我是工会会员，我有互助保障”活动，多方筹措资金为职工（工会会员）购买重大疾病、意外伤害、女职工特殊疾病等3项互助保障计划。

【职工素质教育】 2010年，全市各级工会用社会主义核心价值体系教育引领职工，大力推进职工文化、企业文化建设，促进了职工队伍整体素质的提升。贯彻落实全总、省总职工素质建设工程五年规划要求，制定了2010—2014年提高全市职工素质建设工程实施方案，建立健全了职工素质建设工程领导机构和工作机制。深入开展以社会主义核心价值体系建设为主线的主题教育活动。围绕郑州实际和市总重点工作，以先进模范人物评选表彰、建功立业竞赛活动、“创建学习型组织、争做知识型职工”活动、职业道德建设“双十佳”评选、“职工书屋”建设等为载体，强化对职工的职业技能教育培训，加强对基层企业文化、职工文化建设的指导，弘扬新时期劳模精神和工人阶级伟大品格，努力提升职工队伍整体素质，满足职工精神文化需求。全年共选树、推荐、表彰了16名全国劳模，9个省“五一”劳动奖状先进集体、19名省“五一”劳动奖章先进个人，117个郑州市“五一”劳动奖状先进集体、309名郑州市“五一”劳动奖章先进个人。

【机关自身建设】 2010年，郑州市各级工会加强自身建设，服务大局、服务职工能力不断提高。各级工会认真贯彻落实市创先争优活动领导小组和市总工会《关于在全市工会组织和广大职工中深入开展创先争优活动的意见》、市总工会《关于在全市工会系统开展以服务求地位、树形象、促发展活动的意见》，深入开展了创先争优、读书竞赛、岗位练兵、以服务求地位等主题教育活动，不断深化承诺、示诺、践诺活动，进一步加强队伍建设和作风建设，着力打造学习型机关、服务型机关、创新型机关、高效廉洁机关，着力提升服务大局、服务基层、服务职工的能力。按照市委主要领导的指示和市委的统一部署，市总工会做好了包括社区蔬菜便利店、便民快餐店建设调研督导，公交线路评议排序、医院车站暗访评议、居民家庭供热情况调研、交通状况值勤调研，以及群众最关心、反映最强烈的问题收集上报等评优评差和民生调研诸项工作的组织落实，组织情况和工作成效多次得到市委主要领导的批示肯定。工会干部队伍建设和培训工作得到加强，全年举办新任工会主席、工会干部上岗资格培训、适应性培训等20多期（场），全市各级工会组织通过多种形式累计培训工会干部4000人次。

（张昌付）

共青团工作

【概况】 2010年，全市各级团组织扎实工作，开拓进取，在服务大局中彰显价值，在服务青年中彰显力量，在服务社会中彰显作为，在强本固基中持续发展。全市团的工作特色鲜明，重点突出，成效显著，产生了广泛的社会影响。召开了市青（学）联换届会，进一步巩固和壮大了新时期全市青年爱国统一战线，市青企协服务青年企业家成长、提升素质取得新进展,少先队、青企协和市青少年宫等团属青少年校外阵地建设取得长足发展。全年全市团的工作被市级以上媒体报道468次,展示了一大批有特色、有声势、有成效的工作品牌。

【青少年思想教育】 2010年,全市各级团组织坚持不懈地用社会主义核心价值体系教育引导广大青年,利用重大节日和重要活动广泛开展“民族精神代代传”、“十八而志、责任以行”成人仪式等主题教育活动,唱响了热爱党、热爱祖国、热爱社会主义的主旋律,深化了“我与祖国共奋进”主题教育实践活动的内涵。坚持开展分类引导青年工作,找准不同青年群体思想意识的关键点和成长发展的需求点,广泛开展 “我的青春故事”征文、网络宣誓仪式、青少年动漫文化节等活动,帮助广大青少年坚定跟党走中国特色社会主义道路的理想信念。坚持实践育人,切实加强未成年人思想道德建设,积极开展争当“四好少年”活动,成立了全省首支少年国旗护卫队,通过实践体验,增强少年儿童对党和社会主义祖国的朴素感情。坚持发挥青年典型的示范带动作用,通过表彰“新长征突击手”、“杰出青年卫士”、“十大杰出青年志愿者”等典型,在全市青年中树立了一批可亲、可敬、可学的榜样。

【维护青少年合法权益】 2010年,团市委强化“12355”青少年服务台建设,全年共接到咨询电话8255个,接待来访3847人次,出访122次,维权20次。深化“共青团与人大代表、政协委员面对面”活动,在全市各级人大、政协相关部门建立青少年事务协调小组和青少年参与旁听机制,引导青年有序政治参入。不断深化优秀“青少年维权岗”创建活动,首次把优秀“青少年维权岗”评选表彰工作纳入政府表彰序列,并将评选活动延伸到教育行政部门和城市管理系统,营造全社会共同参与维护青少年合法权益的良好氛围。

【引领青少年投身经济社会发展】 2010年,团市委围绕跨越式发展新三年行动计划,在全市重点工程项目中持续开展“青年突击队建功竞赛”活动,4万余名青年突击队员奋战在建设一线。围绕生态环境建设,开展各类青年环保实践活动40余次,近3万名青年积极参与保护母亲河行动,植树4万余株。围绕节能减排建设,开展“倡导绿色生活构筑低碳未来,从自我做起”活动,60万名青年直接参与该活动,世界自然基金会向团市委发来感谢信。围绕“平安郑州”建设,4万名平安建设志愿者,全面参与治安防范、应急救援、矛盾调处等工作。围绕服务民生,充分发挥组织动员优势,投身畅通工程,组织各种服务畅通宣传2000余次,发放文明出行倡议书30万份。深化青年文明号创建活动,成立了136支“青年文明号市民监督队”,出台了《郑州市青年文明号市民监督队管理办法》。深化青年志愿服务,积极参与文明城市创建活动、应急志愿服务等重点工作,近万名志愿者参与了共青团关爱农民工子女志愿服务行动,与农民工子女结成帮扶对子6613对。进一步提升对第八届国际少林武术节和第十六届亚运会的志愿服务水平,打造具有郑州特色的志愿服务品牌,亚组委授予团市委“优秀组织单位”称号。全年共招募注册青年志愿者近两万人,全市注册志愿者总人数突破35万人。围绕市委交办的重点任务,先后开展“违章最多路口评比”、“百姓评公交”、“户外广告评议”、“两店建设”、“收集上报出租车问题”等工作,至年底,共上报各类问题110余个。

【团组织服务青少年成长成才】 2010年,郑州市大力推进青年就业创业培训工作,充分发挥共青团组织体系健全、联系广泛的优势,开展实用技能和劳动预备制培训,共培训农村青年13867名,落实培训资金133.5万元。团中原区委针对有创业意向的青年,举行了“十杰”青年创业报告会;团惠济区委依托农村劳动力定点培训机构,开展了“百日培训行动”。大力推进青年就业创业见习基地建设,通过社会化动员的方式,建立青年就业创业见习基地100家,筹措见习岗位7297个。大力推进青年小额贷款工作,联合市邮政储蓄银行、市农业银行,全年提供青年小额贷款6264万元,帮助1254名青年创业,直接带动就业5195人。大力推进“希望工程圆梦行动”、“关爱农民工子女系列活动”,全年筹集款物总价值230余万元,援建希望书屋41座,资助386名寒门学子圆梦大学。

【团的自身建设】 2010年,郑州市坚持党建带团建,加强农村、社区、学校、国有企业和机关事业单位团的建设,不断将各方面力量、资源向基层倾斜,全面活跃了团的基层组织。大力推进非公团建工作,召开了非公团建工作推进会。至年底,全市已建立非公团组织1268家,市委常委、组织部长姚待献先后3次作出批示,给予充分肯定。不断加强社区团建工作,在二七区进行试点,创新了“志愿者服务+社区团建”的模式,由郑州大学学生团干部兼任社区志愿者服务站副站长,郑州大学、郑州师范学院等高校的大学生志愿者定期到社区开展各类志愿活动,充实了社区团组织力量,扩大了志愿者服务的影响力,为社区团建提供了有效的抓手。深入开展党团共建创先争优活动,在共青团系统开展了以“创建先进团组织、争做优秀共青团员”为主题的创先争优活动,为团的基层组织建设提供制度保证,将团建列入了全市创先争优活动的考核体系。不断加强团干部培训力度,全年共举办团干部培训学习活动10余次,培训专(兼)职团干部600余人。

(董克伟)

妇联工作

【概况】 2010年，全市各级妇联组织紧紧围绕市委、市政府中心工作，坚持“三具两基一抓手”的工作方法，强力推进“五大工程”，切实突出“三个重点”，全面完成了“十一五”期间的各项任务，在为妇女群众谋实招、办实事、求实效上狠下工夫，努力使全市妇女群众得实惠、普受惠、长受惠。全国妇联、省妇联、郑州市四个班子领导先后十余次到市妇联机关视察或参加市妇联组织的重要活动，对市妇联的工作给予充分肯定。市妇联先后获得第二届中国（河南郑州）绿化博览会先进集体、全国城乡妇女岗位建功先进集体、全国妇女舆论宣传阵地建设先进单位、全国维护妇女儿童权益工作先进集体、河南省“三八”红旗集体、河南省妇联系统宣传工作先进单位、河南省妇女读书活动特别组织奖、郑州市思想政治工作先进单位、郑州市廉政文化“六进”活动组织工作先进单位、郑州市平安建设先进集体、法治郑州创建活动先进单位、郑州市信访工作先进单位等19项市级以上荣誉，郑州市被确定为全国创建学习型家庭示范城市。市妇联选送的代表队荣获全国家庭服务职业风采大赛总决赛亚军。郑州市“留守流动儿童之家”建设、女性素质教育、文明家庭创建、小额担保贷款等经验先后在《中国妇女报》、《中国妇女》、《河南日报》、《郑州日报》、《郑州工作》等重要报刊上刊登，全年市级以上媒体宣传报道有关郑州市妇女儿童工作的新闻近300条（次）。

【妇女教育培训】 2010年，全市各级妇联针对郑州市女性素质的现状，按照市妇女十五大提出的每年对30万中青年妇女进行培训、五年内对全市150万妇女轮训一遍的目标任务，通过举办培训班、报告会、流动课堂等多种形式大力开展妇女教育培训，全面提升妇女整体素质。市妇联先后举办了下岗失业妇女技能培训班、全国妇联人才培训中心天津基地郑州妇联系统干部培训班、上海交通大学郑州市妇联执委培训班、社区女党支部书记（社区居委会主任）培训班、农村妇女创业就业技能培训班和女大学生村官培训班。面向全市成功举办关爱女童家庭教育、女干部心理调适报告会和第22期《商都讲坛》，收到良好的社会效果。利用电视、网络、远程教育等平台，开展100场女性素质教育流动课堂进机关、进企业、进社区、进村镇活动，对广大妇女群众进行健康、心理、技能等培训，使这些没有围墙的学校成为成年女性继续教育培训的阵地。

【妇女参与经济建设】 2010年，市妇联成立了服务市委、市政府中心工作领导小组，组织1/3的机关干部参与，确保市委、市政府交办的7项具体任务落在实处。围绕“畅通郑州”工程，积极开展发放倡议书、组织安全教育讲座、慰问交警等系列活动。围绕绿博会的举办，开展了“争创巾帼文明岗优质服务迎绿博”以及少儿书画作品展、志愿者宣传教育广场活动等多项系列活动。为激励全市广大妇女创业就业，举办了妇女创业就业技能培训班，开展了庆“三八”春风送岗位行动。全年全市各级妇联共举办各类专场招聘会23场，提供适合女性就业的岗位23146个。同时，为扶持更多妇女创业就业，积极做好妇女小额担保贷款的文件制定、政策宣传、调查摸底、登记推荐等工作，共为1283名妇女发放小额担保贷款8206万元，为2431名妇女发放巾帼创业贷款3601万元。

【妇女参与精神文明创建】 2010年，郑州市坚持以家庭为主体、以活动为平台，大力开展妇女思想宣传教育及群众性精神文明建设，为提高城市文明程度、建设“和谐郑州”发挥了积极的作用。积极开展文明家庭创建调研活动，形成了《郑州市文明家庭创建活动调研报告》和《做好家文章建设新竹林》两个专题调研报告，完成了创建全国文明城市中市妇联承担的各项指标。联合郑州晚报、教育局等部门举办“女性创业和民办教育发展论坛”，授予一批在社会上具有较大影响力的女校长、女教师“郑州市民办教育十大女杰”荣誉称号。在全市开展“十大杰出女性”、“十佳母亲”、“‘三八’红旗手”、“‘三八’红旗集体”、“双学双比”先进个人（先进集体）、“巾帼建功”标兵、“巾帼文明岗”评比活动，并对在“为畅通工程做贡献，争创巾帼文明岗”活动中表现突出的先进集体和个人进行表彰。注重发挥志愿者队伍的作用，在全市招募家庭（巾帼）和维权志愿者2.4万余人。积极开展文明家庭、绿色环保家庭、平安家庭、学习型家庭、廉洁家庭等各类特色家庭创建及“邻居节”、“绿城读书节”、推广简化太极拳、“低碳家庭，时尚生活”系列主题宣传教育等丰富多彩的家庭文化实践活动，大力开展社会公德、职业道德、家庭美德教育，动员家庭成员积极参与和谐文明家庭创建，形成以德治家、文明立家、平安保家、勤俭持家、廉洁守家的家风，促进了社会的和谐文明。

【维护妇女儿童合法权益】 2010年，郑州市各级妇联认真履行妇联职能，以推动建设“平安郑州”为目标，努力完善社会化维权机制，使妇女儿童权益得到切实有效的维护。在做好日常维权工作的同时，注重建立妇女维权长效机制，开展系列维权活动，组建了郑州市妇联婚姻家庭调解委员会，联合市司法局、工会等相关部门利用节假日邀请律师和法律志愿者为广大妇女群众解惑答疑，在郑州人民广播电台“我爱我家”栏目播出普法节目80余期，提高广大妇女群众依法维权的意识和能力。在全市12个县（市）、区实现了“12338”妇女维权热线全覆盖。2010年，全市县市两级妇联共接待妇女群众来信来访877起1001人次、来电430起，结案率

98%以上。联合市公安局、综治办等25家单位积极开展以“反对拐卖,关爱妇女儿童,创建平安和谐郑州”为主题的“反拐”宣传活动及各类创建活动,通过多种形式全力推进“平安郑州”创建,维护社会大局稳定。

【关爱妇女儿童系列活动】 2010年,郑州市各级妇联以使全市妇女群众得实惠、普受惠、长受惠为目标,认真研究解决关系妇女儿童生存发展的实际问题,倾力为妇女儿童做好事、办实事、解难事,取得了良好的成效。认真做好“两癌”检查和补服叶酸工作,将对十万农村妇女进行免费“两癌”检查列入2010年市政府10件实事,全年共投入经费636万,对180868名妇女进行了“两癌”检查,超额完成目标任务;与市计生委合作,做好妇女孕前及孕早期补服叶酸工作,降低新生儿出生缺陷,提高出生人口素质。从关爱留守流动儿童入手,将新建30所留守流动儿童之家列入2010年市政府10件实事,体现党和政府对留守流动儿童的关爱,10月下旬举行了揭牌仪式。联合郑州市福彩中心开展“福彩资助百名优秀高中女生”行动;联合广东利海集团在2010—2014年度连续五届对全市低保家庭女高中生进行学费资助,做到应保尽保,总资助金额达1800万元。通过积极争取全国妇联和中国妇女发展基金会的支持,实施“母亲健康快车”项目,共配送健康快车7部,价值70万元。围绕参与社区帮扶,抽调工作组进驻到二七区长江路办事处长江路社区和航海中路社区开展社区帮扶工作,着力解决严重影响居民正常生活、久拖不决的居民吃水难等民生问题,其中长江路社区帮扶组协调120多万资金对亚细亚小区自来水管网进行改造。在充分调研的基础上积极向党委政府建言献策,对郑州市“十二五”规划及2011年市政府“十大实事”提出了有针对性的意见建议。认真开展第三期中国妇女社会地位调查,为更加全面地了解掌握郑州市妇女的基本情况、更好地为妇女群众办实事提供依据。

【重大节庆活动】 2010年,郑州市各级妇联充分利用各种节庆活动的有利契机,积极开展形式多样、富有特色、宣传效果好的系列活动,在全社会形成关注妇女儿童发展的浓厚氛围。紧紧抓住“三八”节100周年这一有利宣传时机,举办了“百年风采尽芳菲”电视晚会、“回眸百年尽展风采”第三届省会女书画家临摹作品展、《周末面对面》纪念“三八”节100周年特别节目《巾帼大爱》、“庆‘三八’关爱女性健康,万名医护送健康”大型义诊等一系列主题鲜明、重点突出、寓教于乐,宜于广大妇女群众参与的系列活动,营造了浓厚的节日氛围。母亲节前夕,在全市范围内开展了郑州市“十佳母亲”评选活动,营造了尊老爱亲的良好社会氛围。举办了“喜迎绿博会·环保伴我行”庆“六一”全市少年儿童绘画、书法、摄影、手工制作展示活动,全市少年儿童真切感受到绿博精神以及生态绿博、人文绿博的理念,充分展现了朝气蓬勃、健康向上的精神风貌。

【“两规划”实施工作】 2010年,郑州市加强各级妇儿工委成员单位的协调配合,积极推动“两规划”如期达标及新规划的编制工作,有力地促进了全市妇女儿童事业的持续健康发展。召开了郑州市妇儿工委工作会议,认真做好2009年妇女儿童“两规划”监测统计、河南省实施妇女儿童发展规划互查和联合国“受人口流动影响的儿童保护项目”等各项工作,推动2001—2010年妇女、儿童发展纲要规划全面如期达标,进一步改善了全市妇女儿童的生存、保护和发展环境。为做好新一轮“两规划”的编制工作,及时召开妇儿工委成员单位相关会议,广泛向社会各界征求意见,认真做好各项前期准备工作,为新规划编制奠定了坚实基础。

【妇联组织自身建设】 2010年,郑州市以建设“坚强阵地”和“温暖之家”为目标,不断加强妇联组织自身建设,夯实做好妇女工作的基础。指导各县(市)区、各乡(镇)、街道妇联按照妇联章程如期换届,并以“十百千”创建活动为载体,打造综合示范点,着力把第一批25个全国基层组织建设示范村(社区)打造成9条精品线路。按照组织共建、队伍共建、阵地共建的要求,加大基层妇联组织建设力度,在全市2287个村、616个社区实现了“妇女之家”的全覆盖。加强妇委会建设,不断提高机关、企事业单位及“两新”组织中妇委会的组建率,成立郑州市女企业家协会、郑州市女性民办教育联谊会和郑州市女经纪人协会,吸纳郑州市女子书画家协会、郑州市女检察官协会为郑州市妇联的团体会员,进一步夯实了做好妇联工作的组织基础。加强机关建设,在抓班子建设的同时,注重打造一支作风扎实、高效精干的妇联干部队伍。制定下发了《关于加强五型机关建设的意见》,以创先争优为契机,以岗位练兵活动为抓手,努力打造学习型、创新型、服务型、和谐型、开放型的妇联组织。通过举办“党建活动月”、“用身边事教育身边人”主题演讲会、选树妇联干部先进典型、到革命胜地进行革命传统教育、开展党员奉献日、知识讲座、主题征文等活动,引领党员干部牢固树立宗旨意识,使爱岗敬业、服务妇女群众成为妇联干部的自觉行动。加大干部人事制度改革力度,采用“两推一考一辩一票决”的方法,选任了8名副科级干部,对3名副科级干部进行岗位交流,树立了良好的选人用人导向。严把入口关,面向全市公开选拔了4名年纪轻、素质高、有基层工作经历的选调生进入机关,优化了妇联干部队伍。健全组织,对机关党总支、老干部支部、机关支部进行了换届。积极开展对外联络,全年共接待4个高层次访问团,组织2个对外访问团,达到了拓宽视野、增进友谊的目的。

(王玮玮　王利阁)

第十篇　人民武装

郑州警备区

【思想政治建设】　2010年,郑州警备区各级坚持用中国特色社会主义理论体系武装官兵,采取"3+1"学习模式和"双带联学、以考促学、检查督学"等方法,狠抓党委中心组理论学习、干部集中轮训和基层理论学习,创新理论武装质量明显提高。深入开展"自觉践行当代革命军人核心价值观,积极为建设全面过硬战略预备力量作贡献"主题教育活动,探索建立持续培育核心价值观长效机制,进一步激发广大官兵高举旗帜、听党指挥、忠诚使命的政治热忱。及时组织学习贯彻新修订的《政工条例》和《纪委工作条例》,编写学习条例《百问百答》并印发给官兵,增强学习培训的针对性、实效性。结合第10个"全民国防教育日",广泛开展宣传教育活动,在全社会强化"富国强军、共筑长城"的理念。积极搭建新平台、拓展新载体,高标准抓好政工网和国防教育网建、管、用工作,进一步提高政治工作信息化水平。紧紧围绕中心开展宣传报道工作,年度新闻报道成果丰硕。

【军事斗争准备】　2010年,郑州警备区坚持以五项任务为牵引,大力深化军事斗争准备。积极推动国防动员常态建设、融合发展,高标准完成国家发改委和总装备部赋予的军民通用装备动员试点演练任务,得到军地各级领导的充分肯定。深入贯彻省军区"焦作会议"精神和《民兵预备役部队应急队伍建设规范》,按照"三化四力"总要求和"一个形成、两个规范"工作思路,狠抓民兵应急队伍规范化建设,全年投入350余万元,购置11类专业、25支分队、9613件(套)装备器材,有力提升了民兵应急分队建设水平。9月,在新密市组织的试点观摩活动,受到省军区首长高度评价。年内组织出动民兵应急分队遂行各类急难险重任务9次,"拳头"作用发挥明显,受到地方党委政府和人民群众的广泛赞誉。坚持以军事训练为中心,认真组织参加"前卫-2010"单元合成演练,突出抓好重点分队训练,年度训练任务高质量落实。深度融合军地训练资源,牵头建立郑州地区军事训练协作区,推进区域协作训练的做法在军区作大会交流。警备区被省军区表彰为"军事训练先进单位"。稳步推进征兵工作改革,强化"全责"意识,严把关键环节,狠抓廉洁征兵,高标准完成征兵任务。坚持把军事设施维护管理纳入地方基础设施建设,统筹规划、协调发展,警备区被总部表彰为"全国军事设施维护管理先进单位"。

【组织建设】　2010年,郑州警备区认真贯彻党的十七届四中全会《决定》和军委、军区党委《意见》,以能力建设和先进性建设为重点,在围绕中心、服务大局中党建质量不断提升。着眼师团两级党委班子调整变动大的实际,狠抓民主集中制贯彻落实,班子成员自觉振奋精神、主动共事共心,班子团结质量和集体领导水平明显提高。大力推进学习型党组织建设,通过认识深化、领导带头、实践牵引、制度保障,收到了增识、强能、促建的扎实效果。集中开展"坚强党性、大兴四风"教育实践活动,党员干部特别是领导干部思想作风、工作作风进一步扎实,风气建设有了显著加强。突出抓好敬业奉献、政策纪律教育,崇尚"三种荣誉",保持"三个敬畏",广大党员干部履职尽责、遵规守纪的思想根基不断巩固。深入开展创先争优活动,以担负省军区赋予的机关试点任务为契机,引导基层党组织和党员围绕中心、立足岗位创先进、争优秀,战斗堡垒和先锋模范作用得到较好发挥。巩义市、新密市人武部党委被省军区表彰为"先进团级党委"。高度重视干休所班子建设,老干部工作进步明显。

【部队正规化建设】　2010年,郑州警备区以学习贯彻全军"开封集训"、军区"确山会议"精神为契机,按照抓安全"六三"工作思路,从机关抓起、严起,着力加强10项重点管理工作。深入学习贯彻新一代《共同条令》,持续深化"学法规、用法规、守法规"活动,管理理念从"确保不出问题"向提升人员素质、展示良好风貌转变,依法从严治军的质量层次明显提升。积极配合郑州市"畅通郑州"工程,组织官兵走上交通岗学习交通法规、体验"治堵"艰辛,下大力抓好驾驶员队伍教育整训,在军地产生强烈反响。广泛开展"崇尚军人荣誉,维护军队形象"专题教育,针对5种倾向性问题,认真对照检查、整改提高,抓机关、树形象成效显著。切实加强民兵武器装备仓库规范化建设和安全管理，年内圆满完成了131.153吨报废弹药转运上交和销毁工作，在省军区指导下完成了13700支轻武器试封存工作，消除了安全隐患。

【基层全面建设】 2010年，郑州警备区认真贯彻落实《军队基层建设纲要》和军区《三年规划》，坚持不懈抓基层、打基础。针对人武部建设中存在的内容不够规范、标准不够明确、工作随意性大、程序不够正规等问题，广泛开展"学规范、用规范"活动，狠抓了二七区、新密市人武部贯彻落实《人武部工作规范》试点和经验推广。通过常委联系帮抓、机关对口指导、分类试点先行、全面督导落实，人武部规范化建设水平全面提高，较好地形成了机关按《规范》指导、基层按《规范》运转的良好局面。注重将规范化建设向基层武装部拓展延伸，按照健全机构、配强人员、完善设施、保持稳定的工作思路，不断加强"一线阵地"建设，通过机关、人武部、基层武装部"三级联动"，夯实了民兵预备役建设基础。

【后勤服务保障】 2010年，郑州警备区突出"双应"保障能力建设，狠抓战备训练落实，后勤战备训练工作受到上级表彰。大力开展后勤按纲施训，高质量完成了民兵后勤专业保障分队训练试点，被省军区表彰为全区后勤按纲施训比武竞赛和成果展示活动优胜单位。挂牌成立了郑州市医疗、油料、工程机械和发电机组装备等动员中心，国民经济动员建设进一步拓展。深入开展"政策法规宣传年"活动，官兵职工政策法规意识不断强化。持续深化3项财务制度改革，规范综合预算编制及评审，开展"扣、节、开"活动，加大经费物资统筹统供统管力度，对8个团级单位主官进行了经济责任审计，预算管理和领导干部经济责任审计受到省军区表彰。扎实搞好长江路小区后期建设，稳步推进机关营院换建工作，高质量完成了营院局部整修。积极配合上级做好绿博会解放军展区建设及布展工作，为"八一园"获得组委会最高奖"特等奖"作出了积极贡献。

【双拥共建工作和全民国防教育】 2010年，郑州警备区围绕争创"全国双拥模范城"六连冠，坚持以"双四"活动为载体，积极协调军地双方互相支持、互办实事、互惠共赢。持续推进支援社会主义新农村建设"五个一"工程，全力配合南水北调移民迁安工作，捐款12万元资助郑州大学贫困学生。协调组织驻郑部队官兵和民兵预备役人员4000余人，实施"爱民生态林"第三期工程建设，植树造林约14公顷。组织12个县（市）、区领导班子集中过军事日，进一步增强了国防观念，密切了军政关系。二七区党委和登封市委书记王福松入选河南省第八届关心支持国防建设"十佳单位"和"十佳个人"。主动争取地方党委政府为驻军部队解难题、办实事，协调配合郑州市出台《功绩制量化积分考核办法》，拿出100多个副县级实职岗位安排正团职转业干部，走出了"岗位预留公开、功绩排名公开、自主择岗公开"的安置新路子。

（灏　森）

武警郑州市支队

【思想政治建设】 2010年，武警郑州市支队按照"三个求深入"要求，深入开展培育当代革命军人核心价值观主题教育，通过集中授课、下发简报、开辟网上论坛等形式，进一步坚定了官兵理想信念。针对不同工作阶段，先后组织"三真"、"珍爱生命"、"三个正确对待"教育，特别是"6·4"、"7·5"、世博会、涉日游行等敏感时期，适时进行职能使命和形势任务教育，确保了部队纯洁可靠。认真贯彻总部经常性思想工作电视会议精神，每季度下发指导意见，充分运用机制载体，定期组织思想摸排，扎实做好一人一事的思想工作，稳定了官兵思想。认真借鉴无锡经验，拓展团队文化建设内容，为部队建设增添了生机和活力。

【党委机关建设】 2010年，武警郑州市支队以"建设学习型党委机关，争做学习型领导干部"教育活动为契机，大力营造学习氛围，推动创新理论向深度延伸。认真贯彻《党委工作条例》、《民主集中制若干规定》，在事关部队建设方向、热点敏感问题、中心工作等重大问题上，坚持科学民主依法决策，党委驾驭全局、把关定向能力不断增强，核心作用发挥明显。严格落实《蹲点调研帮建工作规定》和《党委（支部）考察帮建实施意见》，每逢重大任务和特殊时期，组织领导深入一线蹲点指导，破解发展难题，提升了部队建设水平。认真贯彻总部党风廉政建设电视会议精神，扎实开展党委机关风气教育整顿，班子成员拒腐防变意识得到进一步加强。

【执勤处突与军事训练】 2010年，武警郑州市支队认真贯彻《武警法》暨中心工作网上集训精神，严格执勤制度落实，加大检查督导力度，组织勤务值班员、网络查勤员培训，扎实开展勤务检查鉴定，执勤秩序进一步规范。执勤分队成功处置暴力冲闯、群众上访、可疑人员翻墙进入警卫目标事件，得到总部首长和省市领导的好评。坚持从难、从严、从实战出发，严密组织特等射手、训练尖子比武和实弹射击考核，突出解救人质、抢险救灾、处置大规模群体事件战法研究和演练，遂行多样化任务能力进一步增强。先后圆满完成郑州市"两会"、绿博会、国际少林武术节、高考考点和阅卷点安保等重大临时勤务，树立了良好形象。依据《大纲》要求，认真组织专勤专训、专哨专训和勤训轮换，狠抓新兵教育训练、干部体能达标考核、参谋业务和"四会"教练员比武，通过评比竞赛、分批分训、考核验收、表彰奖励等手段，训练水平进一步提高。勤训轮换做法被总队转发，因新兵教育训练成绩突出被总队评为优秀单位，预提士官集训结业考核取得总队第一名，特战分队业务竞赛夺得总队第二名，参加总队实兵拉动演练和教练员考核分别被评为优胜单位；三中队董旭辉被总部评为优秀教练员。

【部队正规化建设】 2010年，武警郑州市支队认真贯彻总队安全工作讲评会精神，定期召开党委"四议"会议，下发《会议纪要》，不断加强对安全工作的领导和指导。严格落实安全教育、形势分析、骨干培训和安全警示活动，积极开展心理咨询和安全防护技能训练，官兵安防意识得到加强，技能水平得到提高。组织参观南阳军事工作试点，成功承办总队从严治警工作现场会，扎实开展条令学习活动，严格督导巡查机制，加强新兵"第二适应期"、"两会"、重大节日等重点部位、重要时段、重点人员管控，部队正规化建设水平进一步提高。严格《士官管理实施细则》，开展称职等级评定，推选优秀士官代理排长，士官作用有效发挥。深入开展"治'三松'、严纪律、保安全"和百日安全竞赛活动，收到较好效果。以总部保密检查为契机，严格落实保密制度，及时发现和整改问题，有效杜绝了失泄密问题发生。

【基层武警建设】 2010年，武警郑州市支队深入开展《纲要》和《三十条》学习，研究制定《落实〈纲要〉考评实施办法》，坚持季度考核和双向讲评，增强了各级按纲建队意识。研究制定《党支部帮建工作实施细则》，通过分类指导、集中帮建，"三个能力"不断提升。年初下发《党日活动指导意见》，通过政工例会专题学法规、常委集中上党课、督导组跟踪问效、包队领导列席民主生活会等形式，提高了七项组织生活制度落实质量。认真贯彻《全军和武警部队开展"创先争优"活动意见》，严格落实"一诺三评"，深入开展创先争优活动。9个基层党组织、38名党员分别受到总队、支队表彰。1个大队被总队评为基层建设先进大队，2个中队被总队评为基层建设标兵中队，7个中队被总队评为基层建设先进中队。

【后勤综合保障】 2010年，武警郑州市支队及时修订各类保障预案，补充应急保障物资器材，与地方签订运输保障协议，处突保障能力在各种演练中得到锻炼。在总队专业兵比武中，取得团体第二名、军械和卫生专业第三名、个人单项第一名的好成绩。积极推进"四项设施"建设，至年底，除个别待搬迁中队外，全部达到总队要求。严格执行财务各项制度，"四类经费"管理被总队评为先进单位。严格供应标准，加强伙食指导，组织技能培训，伙食满意率保持在98%以上。严格落实枪弹管理规定，确保了枪弹安全。计划生育工作受到全军"十一五"计划生育工作组检查表扬。对外有偿服务清理整顿工作得到总部、总队领导的一致好评。

（黄　捷）

人民防空

【概况】 2010年是实施"十一五"规划的最后一年，也是人民防空创立60周年。全市人防工作在省人防办和市委、市政府、郑州警备区的正确领导下，认真贯彻落实第六次全国人防工作会议精神，主动融入全市经济社会发展主旋律，进一步解放思想，大力推进人防改革，各项工作进展顺利，重点工作有序推进，全市人防建设跨越式发展态势良好，全面完成了全年责任目标和工作任务。同时，郑州市提前超额完成人防建设"十一五"规划各项目标任务，全市人防工程总面积约占全省的1/4，依法收取的人防易地建设费约占全省的1/3，警报器约占全省的1/5，特别是人均工程面积实现突破，处于全国先进水平。在第六次全国人防工作会议上，郑州市再获"全国人民防空先进城市"殊荣，实现了四连冠目标，副市长张建慧、市人防办主任张德印受到胡锦涛、温家宝等党和国家领导人的亲切接见。

【人防工程建设与管理】 一是加强结建防空地下室审批管理。落实人防工程建设审批委员会集体研究审批制度，制定《郑州市结建防空地下室审批暂行规定》，严格把关，规范审批，依法强化结建管理工作。二是落实人防建设专项规划编制工作。严格落实《郑州市中心城区人防工程建设规划》、《郑东新区人防工程建设专项规划》和《郑州火车站地区人防工程建设控制性详细规划》等人防规划。采取以奖代补措施，指导各县（市）、高新区、经开区等9个单位完成了人防工程建设规划，并通过省级专家评审。三是深入开展人防工程建设管理规范年活动。在巩固成果的基础上，推广市本级联合审批长效机制，坚持重在规范、依法查纠的原则，深入开展人防工程建设管理规范年活动。四是加强人防工程维护管理。印发了《关于加强人防工程维护使用管理的意见》，下放人防工程管理权限，推行办理《人民防空工程平时使用证》，坚持人防工程维护管理的定期检查和巡查；指导各县（市）、区搞好早期和结建工程的普查建档工作，启动人防工程挂牌公示制度，方便公众识别人防工程，接受社会监督；加大"7401"、秦岭路等人防工程维护管理力度，火车站广场人防工程实行大物业管理，推动了人防管理职能转变；积极协调，市政府先后两次召开会议，妥善解决了郑州火车站南北出站口连通工程建设遗留问题。五是加强人防工程防汛工作。在狠抓汛期值带班、隐患排查、汛情预警、快速应急、防汛督查、专家论证等制度落实的基础上,创新管理模式,市与各区、各区与工程管理使用单位逐级逐层签订人防防汛责任书,落实了防汛责任。迅速、科学、有效处置董砦、岗杜街、建中街、南关街、上街区北街等人防工程防汛险情,确保了人民群众生命财产安全。六是开放人防工程供市民纳凉。发挥人防工程平战结合、便民利民的功能,金水区、中原区、管城区、上街区等单位严密组织,首批开放32个、总面积约15万平方米的人防工程供休闲纳凉。这一转变职能、关注民生、服务民众的实际举措,受到广大人民群众的一致好评,新华网、人民网、大河报、河南电视台、郑州电视台等中央、省、市新闻媒体先后给予大量正面、积极的报道。

【地下空间开发】 一是明确地下空间开发的原则。地下空间开发建设,贯彻规划先行、政策引导、社会融资、商业运作、政府(轨道公司)入股的原则,坚持"一条主线"、把握"五个结合",即:以依托轨道交通建设开发利用地下空间为主线,开发地下空间与改善城市交通相结合、与缓解停车难相结合、与建设人防工程相结合、与轨道交通建设相结合、与商业开发相结合,使之成为发展势头迅猛的经济增长极。二是明确地下空间开发的行政主管单位。地下空间开发工作列入市委、市政府重大项目推进例会研究议题,并成立了郑州市轨道交通及人防工程建设项目推进协调服务领导小组,确定人防部门为地下空间开发的行政主管部门,形成了地下空间开发的工作合力。三是强力推进地下空间项目建设。坚持地下空间项目推进协调例会制度,协调督导相关单位,明确责任,倒排工期,强力推进秦岭路人防二期工程、动物园、中州大道(森林公园)地下通道、金中绿地等项目建设。

【人防指挥通信】 一是稳步推进"三网合一"信息系统建设。根据市政府办公厅部署,按照资源共享、信息整合、平战结合的原则,与市政府第一套视频会议系统相结合,采取以奖代补措施,指导各区建设人防"三网合一"信息系统建设,为全市应急救援、抢险救灾服务。二是全面整组训练人防专业队伍。根据省政府、省军区《关于贯彻国发〔2009〕17号文件精神,进一步规范国防后备力量队伍组建工作的意见》要求,按照精简、实用原则,增加应急合成、信息防护2个专业队,整组了9个专业队,打造战时应战、急时应急、平时服务的人防专业队伍。三是开发建设"两防一体化"综合信息系统。在充分调研论证的基础上,报经市政府同意,优化整合内部人防资源,初步建成"两防一体化"综合信息系统,实现工程建设、工程管理、组织指挥、通信警报、专业队建设等人防诸要素的综合集成、动态管理。四是开展人防实兵应急演练。第二届郑州绿博会开、闭幕式及活动期间的音频传输及现场指挥等通信保障任务出色完成,受到国家、省(部)、市各级领导的高度称赞;组织消防、卫生、治安等各人防专业队开展实兵演练和点验,检验了指挥效能,增强了协调配合能力。五是开展移动指挥通信车训练演练。严格要求,严格训练,不断提高移动指挥通信车应用操作水平,出色完成了全国第六次人防工作会议参展、济南军区联合防空"单元合成"演练、济南军区人防建设"十一五"规划调研考核、全省移动指挥通信车跨区演练,并参加了全市防灾减灾日广场宣传等大型活动。

【人防法制建设】 一是加强人防行政执法工作。市人防办成立了人防违法案件查处工作领导小组,建立并落实领导小组工作制度;编印了《市人防办行政执法文书样本汇编》,规范50余种执法文书,提高了行政执法和卷宗归档质量;加强执法培训,邀请法学专家、法律顾问开展行政法专题讲座,执法人员执法素养和执法经验普遍提高。二是严肃查纠人防工程建设违规违法案件。巩固三年清查成果,制定了《关于对违规建设的人防工程建设项目的质量认定办法》,严肃查纠三年清查中发现的未建人防工程、未申报质量监督、需要整改等三类59起违规违法案件,市本级立案21起,结案3起。三是加强人防法制建设。经认真调研、广泛征求意见,先后提出了《人防法》、《人防工程条例》、《河南省实施〈人防法〉办法》等法律法规的修订意见和建议;推动市政府出台了《郑州市地下空间开发利用管理的暂行办法》,有效解决好地下空间开发的土地使用权、产权界定、经营权等相关问题,为地下空间项目建设提供了有力支撑。

【人防宣传教育】 一是开展庆祝人防60周年宣传活动。在全市广泛开展庆祝人民防空60周年宣传活动,河南日报刊发了赵建才市长署名的题为《构筑具有郑州特色的现代人民防空体系》的文章,河南电视台播放了郑州市人防建设专题宣传片,河南《风景线》杂志出版了郑州市庆祝人防建设60周年摄影专刊,通过举办大型广场宣传活动、开辟"人防60周年"网络宣传专栏、召开人民防空60周年座谈会等形式多样、各具特色、生动活泼的宣传活动,在全市唱响人防工作的时代旋律,激发人民群众参与支持人防建设的积极性。二是扎实开展人防宣传教育。落实人防宣传教育"五进"工作标准,中学普及人民防空教育,20所大中专院校和各级党校、行政学院开展了人民防空教育。注重拓宽宣传教育形式,在全国防灾减灾日、全民国防教育日和抗日战争胜利65周年纪念日期间,全市采取开辟网络专栏、制作展板、广场集中宣传等形式,广泛宣传人防法律法规和防空防灾知识,提高了广大市民的国防观念和人防意识。三是突出重大举措的宣传报道。围绕人防中心工作任务,采取简报、信息、稿件、图片、影像等灵活形式,在报纸、网络、电台、电视台等新闻媒体上,大力宣传报道全市人防改革创新的新成果、新特点、新举措。地下空间开发、人防工程纳凉、人防工程挂牌仪式、公务员岗位练兵、社区帮扶、首席服务官等工作得到了媒体广泛宣传报道,营造了良好的社会舆论氛围。市人防办被表彰为全国人防宣传工作先进单位。

【全市人防工作会议】 2010年1月19日,在郑州国防会务中心召开全市人防工作会议。会议的主要任务是贯彻落实中央、省市经济工作会议和全省人防工作会议精神,总结2009年全市人防工作,部署2010年工作任务。省人防办副主任张太学、郑州市副市长张建慧、郑州警备区副司令员王金宇、市长助理赵武安、市政府副秘书长陈新等领导出席会议。各县(市)、区分管人防工作的副县(市)、区长,武装部长,人防办主任,以及市人防办机关、直属单位的150余人参加会议。会议由郑州警备区副司令员王金宇主持,市人防办主任张德印作工作报告,副市长张建慧、省人防办副主任张太学分别作重要讲话,会议书面传达了全国人防办主任会议、济南军区人防工程建设与管理工作会议和全省人防工作会议精神。

【防灾减灾宣传周活动】 2010年5月12日是全国第二个"防灾减灾日",市人防办机关和直属单位150余人参加了在绿城广场举行的防灾减灾宣传周活动启动仪式和集中宣传活动。活动现场,市人防办组织了人防移动指挥车演练,设置了咨询台和20余块人防宣传展板,现场发放宣传手册2000余册,广泛宣传了人防法律法规和防灾减灾知识,展示了人防部门的良好形象。集中宣传活动中,市委常务副书记马懿,市委常委、常务副市长胡荃,市人大常委会副主任周长松,副市长张建慧,市政协副主席岳喜忠,市长助理、市政府秘书长张学军等领导现场参观人防移动指挥车,并详细询问指挥车技术性能和使用情况,希望人防部门发挥应急指挥通信优势,在全市应急救援、防灾救灾中发挥积极作用。

【庆祝人民防空创立60周年活动】 2010年9月8日,市人防办在绿城广场成功举办了庆祝人民防空60周年暨全省人防机动指挥通信车跨区演练活动。省人防办副主任吕振海,郑州市人大常委会副主任周长松,郑州市政协副主席党普选,郑州警备区副司令员王金宇、参谋长李国记,郑州市人防办主任张德印等领导参加启动仪式,郑州市政府副秘书长陈新主持仪式,郑州警备区王金宇副司令员、河南省人防办吕振海副主任分别讲话。郑州市人防办机关、市辖各区人防办、各人防专业队、人防志愿者、各界群众代表、学生代表等共500余人参加了活动。省、市领导同广大群众一同参观了河南省和郑州市人防建设60周年成就图片展,观摩了各种人防指挥通信装备。活动现场,共出动人防机动指挥通信车、警报车、消防车等各种车辆20辆,展出人防建设60周年成就展板100余块,向群众发放《人民防空法》、《人防法律法规知识宣传册》及其他宣传材料千余份,展示和宣传了人防部门的良好形象,提高了广大群众的国防观念和人防意识。

【消防演练】 2010年9月28日,市人防办与中原区消防大队联合开展国防会务中心消防演习,省人防办指挥通信处处长马怀林和中原区消防大队的领导观摩演习。此次消防演习以市国防会务中心突发火灾隐情为背景,目的在于增强所内人员的消防安全意识和自我保护意识,提高全员对火灾等突发性事故的应变能力。演习历时40分钟,参演人员按照实战要求,实施了消防器材的操作和火灾扑救演练。市消防支队对此次联合演习非常重视,调派中原区消防大队参加活动,参演的3台消防车中,有1台是全省仅有的2台价值过百万的进口一七泡沫车。省人防办领导对此次演习给予高度评价。

【人防机关建设】 一是党的建设不断加强。深入学习贯彻党的十七届五中全会、省委八届十一次全会和市委九届二十一次全会精神;突出实践特色,扎实开展创先争优活动;落实党风廉政建设责任制,深入开展《廉政准则》宣传教育活动;广泛开展基层先进党组织和优秀党员评比活动,各级党组织的战斗力、凝聚力进一步增强,广大党员干部的责任意识、创新意识、党员意识普遍增强,为人防事业改革发展提供了组织保证和强大动力。二是机关"准军事化"建设不断加强。按照"准军事化"建设政治坚定、业务精湛、纪律严明、作风过硬、廉洁高效的要求,狠抓机关思想政治、战备训练、业务素质、作风纪律、办公秩序建设。检查指导各县(市)、区人防部门落实"准军事化"建设的标准和要求。三是帮扶(抽调)工作成效显著。参加市委、市政府新农村建设、联点共建、社区帮扶、煤炭安全、重点工程、重点路段治理、首席服务官、畅通郑州、联合执法等9个帮扶(抽调)工作组的同志,顾全大局,倾心投入,成效显著。尤其是管城区紫荆山南路办事处金城街社区帮扶组帮助康华小区居民解决了天然气、自来水等方面的实际困难,获得社区居民的一致好评,市委书记连维良专门批示提出表扬,《大河报》、《郑州日报》等媒体多次报道。四是机关全面建设得到加强。深入开展"五好和谐"机关建设活动,干事创业的氛围不断增聚。坚持围绕中心、服务大局,机关党建、纪检监察、组织人事、财务管理、综合保障、人防学会等工作特色鲜明。

【领导视察活动】 2010年1月14日,

国家人防办副主任李扬在河南省人防办主任刘军甫、副主任张太学，济南军区人防处处长吕文强等领导陪同下，视察郑州火车站地下连通暨大同路人防工程。李扬副主任等先后观看了郑州火车站地下连通暨大同路人防工程建设纪录片，观摩了大同路人防工程使用情况，听取了工程投融资、建设规模、施工组织、商业运营等情况汇报。

1月24日，济南军区干部部副部长杨东明，在济南军区人防处处长吕文强、河南省人防办副主任张太学等领导陪同下，视察郑州市人防工作。

2月3日，参加郑州市十三届人大二次会议的黄卿、戴春枝等人大代表视察郑州市人防工作。各位人大代表先后参观了郑州市国防会务中心、国防教育基地、人防基本指挥所和人防机动指挥车，并听取了人防工作情况汇报。

3月23日，郑州市政协副主席党普选组织召开市政协城市建设委员会座谈会，并视察市人防疏散基地。市政协副秘书长汤燕、市政协城市建设委员会主任朱建国，以及市交通委、建委、城市管理局、规划局、房管局、园林局、火车站管委会等单位负责同志参加座谈视察。

6月10日，由济南军区人防办副主任吕文强、山东省人防办副主任李百鸿、河南省人防办副主任王乐新等一行6人组成的济南军区人防建设"十一五"规划调研组，到郑州市专题调研人防建设"十一五"规划完成情况。郑州市政府副市长张建慧、郑州警备区参谋长李国记等领导陪同调研。军区调研组先后观摩了郑州人防建设成就图片展、人防机动指挥车和市人防基本指挥所，检阅了市人防通信应急分队、通信警报车辆分队，并在指挥所听取了郑州人防"十一五"建设情况汇报。

6月23日，郑州警备区司令员李恕海、政委刘贵新带领副司令员王金宇、韩世联和副政委司马武当、苏理明，以及参谋长李国记等新一届郑州警备区领导集体，专题视察郑州市人防工作。

7月8日，河南省人防办副主任王乐新、纪检书记朱雪生带领相关同志，到郑专题调研规范人防行政执法工作，检查指导了市人防行政执法文书工作，听取了市人防办规范人防行政执法工作汇报，并与各县(市)、区人防办主任进行了专题座谈。

(王　玮)

第十一篇　法制建设

政法工作

【概况】 2010年，在市委、市政府的正确领导下，全市政法系统围绕中心，服务大局，以深入推进社会矛盾化解、社会管理创新、公正廉洁执法三项重点工作为主线，创新工作机制，狠抓措施落实。一年来，没有发生有重大影响的群体性事件，没有发生有重大影响的刑事、治安案事件，没有发生群死群伤的重大安全事故，没有发生暴力恐怖袭击事件，没有发生危害国家安全和社会稳定的重大政治事件，世博会期间上海没有来自郑州的干扰，实现了“四个确保”和“两高两低一稳定”的工作目标，确保了全市社会大局持续稳定，为经济社会快速发展创造了良好的环境，被省委、省政府表彰为“河南省平安建设工作先进省辖市”。

【社会矛盾化解工作】 2010年，市委政法委以为期一年的“社会矛盾大排查、大化解、清积案、促和谐”活动为载体，督促各级、各部门进一步完善落实信访联席会议、领导接访下访、信访稳定一岗双责、信访稳定评估、矛盾纠纷排查和责任追究等六大矛盾化解机制。一是集中力量化解矛盾纠纷。针对企业改制、城市建设、涉法涉诉等敏感领域中涉及群众切身利益的重大不稳定问题，市委办公厅、市政府办公厅联合下文成立了由市级领导负责的6个重大不稳定问题专项工作组，由市维稳办和市信访局每个月排查出10个不稳定问题和10个信访突出问题，全部落实市级领导分工包案责任制。全年全市共排查一般性矛盾9120起，化解率98%以上，解决重大不稳定问题67起。各级民调组织切实发挥作用，共调处各类矛盾纠纷61587起，调成60106件，调成率98%。二是积极办理涉法涉诉信访案件。全年共办理各类涉法涉诉案件679件，办结622件，结案率为91.6%，涉法涉诉进京上访案件由上年同期的60人下降为18人，下降了70%，进京上访案件结案率和息诉率均为100%。共受理中央、省交办信访案件265件，按期办结率100%。三是进一步规范信访秩序。共实施信访评估178项，评估完成149项，其中4项因条件不成熟，要求调整完善后实施。依纪处理了17名信访工作失职渎职人员，依法处置了87名赴京非访人员，从源头上减少了赴京非正常上访案件的发生。四是有效预防和妥善处置群体性事件。对围堵党政机关、堵断交通、聚众械斗、非法游行示威等各类群体性事件，均制定了详细的处置工作预案，特别是针对新的利益群体制定了专项预案，进一步明确了组织领导、响应级别、处置措施和各部门责任，并按照预案进行了演练，提高实战能力和水平，全年成功处置了31起规模集访和3起群体性事件。2010年，全市赴京集访、赴京非访、到省集访和来市集访同比明显下降，信访案件按期办结率、群众满意率、矛盾排查化解率三项指标同比明显上升，郑州市信访稳定工作受到了上级部门的充分肯定。

【社会管理创新工作】 一是扎实推进流动人口管理服务。不断强化“以房管人、以业管人、以证管人”的工作模式，逐步确立了以旅栈业管理为主导的流动人口管理机制。全年累计采集实有人口信息近500万人，安装流动人口采集系统1761个。牢固确立管理与服务并重的理念，将公共服务延伸到暂住人口，实行流动人员办理暂住证、计生证、工商管理证、卫生许可证等“一站式”服务，推行流动人口“一证通”制度；实行流动人口子女就近入学制度，保障其受教育权，流动人口适龄子女入学率达100%。在流动人口聚居区，加大基础设施投资力度，推进小区道路、文化、医疗卫生等社区工程建设，不断改善流动人口的生活居住环境。二是扎实抓好刑释解教人员管理。通过摸底排查，将全市5年来2202名未衔接的刑释解教人员纳入台帐，建立了市、县、乡六类重点人员数据库，健全衔接管控和帮扶措施，核查重点人员1300余人。通过对刑释解教人员实施信息化管理，确保了基层帮教组织在刑释解教一个月前掌握其基本情况、职业技术及择业意向，有针对性地做好帮教安置工作。切实加强安置帮教基地和安置帮教实体建设，共建立安置帮教工作机构197个、安置帮教实体17个，安置帮教2045名刑释解教人员，安置帮教率达97.8%，重新犯罪率连续五年控制在3%以内，有效地维护了社会稳定。三是进一步加强网络管理。制定了《集中处置重大突发事件网上舆情工作预案》，建立了网评队伍，通过处置违法信息、关闭违法网站等，进一步净化了网络环境。全年全市共发现上报网上维稳线索33条，处置上报各类违法信息17069条，侦破网络赌博案件21起，刑事处罚68人，关闭违法网站15个。四是深入开展社会治安重点地区排查整治。认真贯彻中央、省会议精神，及时召开社会治安重点地区排查整治工作会议。以县(市)、区为单位，以城乡结合部、案件高发区域、重点行业、公众场所为重点，进行了深入细致的全面大排查。确定市级挂牌整治地区39个，县(市)、区级挂牌整治地区47个。对挂牌乱点，逐一制定整治方案，落实牵头部门、责任单位和责任人，明确整治目标、措施和期限，至年底，全部得到有效整治，治安面貌明显改观。同时，坚持边整治边建设，督促社会治安重点地区落实人防、物防、技防措施，建立有效的长治久安机制。截至年底，省综治委转发郑州市重点地区排查整治工作经验8篇，中央政法委转发郑州市重点地区排查整治和校园安全保卫工作经验各1篇。五是狠抓校园安全保卫工作。通过校园周边综合整治、安排民警进驻、招聘专职保安、高密度巡逻防范等措施，确保了全市校园及周边安全稳定。由于新郑市社会管理创新工作起步较早、成效显著，被列入全国首批社会管理创新试点县(市)区。六是依法严厉打击各类刑事犯罪。全市各级政法机关以"四严一创"活动为载体，深入开展"命案攻坚"、打黑除恶、打击"两抢一盗"、禁毒、打拐等专项行动，打击刑事犯罪工作取得明显成效，有效震慑了犯罪分子的嚣张气焰。全年全市共发现行命案93起，侦破率96.77%，继续保持全国省会城市和副省级城市领先；破获"两抢一盗"案件14995起，抓获嫌疑人6676人，抢劫、抢夺、盗窃发案率同比分别下降25.4%、10.1%、6.2%，百名民警起诉"两抢一盗"犯罪嫌疑人数量居全省第一；侦办涉黑案件22起、"涉恶"案件164起，判决恶势力团伙49个291人。检察机关共批准逮捕各类刑事犯罪嫌疑人6793人，提起公诉12540人。全市法院共审结各类刑事案件11860件，同时加大案件执行力度，共执结案件17816件，执结标的额16.8亿元。破获法轮功及各类邪教案件117起，依法处理涉案违法犯罪人员168人，无邪教乡(镇)办、村(社区)达标率均为95%，郑州市连续四年获"全国防范处理邪教问题工作先进城市"称号，社会治安秩序运行良好。七是进一步完善社会治安防控体系建设。进一步加大人防、物防、技防力度，2010年市政府出资3000万元投入技防建设，并纳入为民办理10件实事；由市政法委负责实施，发动社会投资1.58亿元。至年底，全市技防建设项目全部完工，共建成视频监控平台7168个，安装可视探头9.4万个，城市视频监控等技防设施安装覆盖率达到95%、农户实用技防设施安装接入率达到90%。同时新增治安巡防队员531名，全市专职治安巡防队员达到7108人，基层社会防控能力明显提升。

【执法规范化建设】 2010年，郑州市各级政法部门从抓队伍、抓教育、抓培训、建机制着力，深入开展"公正廉洁执法、求真务实为民"主题教育活动和"纠正执法行为，促进公正执法"专题教育活动，建立完善了公开听证、公开审查制度和执法公开投诉、定期考核、督查工作机制，有效地促进了执法规范化建设和公正廉洁执法。一是强化培训，提高干警素质。市委政法委制定下发了《关于在全市政法系统开展"公正廉洁执法、求真务实为民"主题教育活动的意见》，深化政法部门公开承诺为民办实事活动，开展"建机制、抓队伍、纠错案"活动，全市政法各部门迅速制定方案，加强以公平正义为核心的职业道德建设。认真贯彻落实《干部教育培训工作条例(试行)》的有关规定，在清华大学举办了郑州市政法领导干部提升领导力等多期研修班。在全市政法系统举办了5期"政法大讲堂"，邀请国内著名学者、专家开展高端讲座，对全市政法干部进行授课，深受广大干警的欢迎和好评。各县(市)区、政法各单位以多种形式开展干警培训，全面提高干警政治业务素质。在政法系统重点推动创先争优评选表彰工作，相继开展了向沈战东、蒙凡同志学习和向金水区人民检察院学习等活动，在全市政法系统评选出了20个先进基层党组织、80名优秀共产党员，推出了一批先进典型，树立了政法队伍的良好形象。二是强化监督，规范执法行为。进一步健全法官绩效考核、干警执法档案建设，建立科学的执法考核评价奖惩机制，提升队伍管理的规范化、科学化水平。认真开展"纠错案、抓队伍、建机制"主题活动，排查执法问题案件1071件、存在问题1400多条，建立和完善各类制度100余项，对存在执法问题的84名干警和领导依法依纪进行了处理。认真开展案件评查工作，全年共对305起案件进行了评查，发现有问题案件48件，责任查究10案27人。认真开展执法巡视工作，全年共对6案15人进行了责任查究，其中，党政纪处理5案11人、追究刑事责任1案4人。认真开展集中清理涉法涉诉信访积案活动，共督查办理各类涉法涉诉信访案件1827起，到期案件办结率为100%，息诉罢访率为97.7%。涉法涉诉进京上访量由上年的101人下降为24人，下降了76.2%，到期案件结案息诉率为100%；10万人案件比率0.32，重访2人，重访率为8.3%，圆满完成了2010年涉法涉诉进京上访量较上年下降20%、10万人案件比率低于1.1、重访率低于10%的平安建设工作目标任务，被省委政法委评为涉法涉诉工作先进单位。三是典型引路，加强正面宣传。在《河南法制报》开辟"省会政法"专版，在郑州电视台法制频道开辟"郑州政法"专栏，跟踪报道郑州市政法系统推进社会矛盾化解、社会管理创新、公正廉洁执法的创新举措，积极宣传政法队伍内强素质、外树形象的成效；宣传政法干警着力解决人民群众反映强烈的问题，着力维护人民群众的合法权益、社会公平正义，促进严格公正廉洁文明执法的典型经验；积极主动挖掘政法部门先进单位和典型模范人物，进行专题策划报道。全年市委政法委共收集各类政法信息6500条，在省级以上各类新闻媒体发稿8523篇。其中，新华社、《人民日报》、中央电视台、《法制日报》等中央级媒体刊播发郑州市稿件1782篇；《河南日报》、河南电视台、《河南法制报》等省级新闻媒体刊播发郑州市稿件6741篇；市级媒体刊播发稿件2427篇，产生了良好的社会效果。协助中央电视台《新闻联播》、《人民日报》、《中国青年报》、《法制日报》、《光明日报》、《人民公安报》、《河南日报》、《郑州日报》、《大河报》等近20家主流媒体对郑州市援疆特警沈战东、法官队伍调解能手朱梅的先进事迹进行宣传报道，其中沈战东先进事迹仅中央电视台《新闻联播》和《焦点访谈》就连播5期，强有力的正面宣传树立了政法干警的良好形象，提高了政法机关公信度。

【四个专项工作】　为进一步增强全市政法干警的为民意识和宗旨意识，密切干群、警民关系，2010年，在全市政法系统开展了四个专项工作，收到良好效果。

（一）市县两级党委政法委规范化建设工作。按照省委政法委《关于开展全省县级党委政法委规范化建设试点工作的意见》，两级政法委联动，从着眼于提高“六个能力”入手，切实加强“四项建设”，使县（市）、区委政法委组织机构进一步健全，工作机制进一步完善。郑州市成立了以市委常委、政法委书记高建慧任组长，市委政法委副书记牛扶劳任副组长，各县（市）、区委政法委书记任成员的县级党委政法委规范化建设试点工作领导小组，确保工作得到有效推进。按照上级的统一要求，试点单位从制度建设入手，先后制定完善了党委政法委员会全会制度、四长联席会议制度、重大事项通报制度，健全了协管干部、廉政勤政、请示汇报、内务管理等33项规章制度。通过加强制度建设，强化了党委政法委用制度管人、用制度管事的作用。试点单位在加大软件建设的同时，不断加大硬件建设的力度，将原来分散办公的稳定、综治、防邪办等部门集中办公，提高了工作效率。先后投资近15万余元，更新办公设备，改善办公条件，为规范化建设试点奠定了较好的物质基础。在抓好县级党委政法委规范化建设的同时，市委政法委突出抓好自身建设。在对30多个城市进行交流学习、调研了解的基础上，参照上级政法委机构设置，结合实际成立了郑州市委政法纪工委和法学会，分别设立两个处（室），进一步健全了机构，理顺了工作关系。

（二）市直政法部门机关干警下基层工作。2010年，按照省、市委政法委的统一部署和要求，郑州市市直政法各部门按照比例抽调193名机关干警到县（市）、区政法单位帮助工作，其中，市公安局抽调干警104人下派到基层7个分局、市检察院抽调干警37人下派到4个基层检察院、市中级人民法院抽调干警41人下派到8个基层法院、市司法局抽调干警11人下派到7个下属单位帮助工作。一是认真组织。根据政法各部门实际情况，分别制定抽调人员到基层帮助工作实施方案，对抽调人员的对象和比例、帮助工作时间、帮助工作的单位、帮助工作期间的职责任务，以及对帮助工作人员的管理作出了具体安排。二是严格管理。按照市委政法委要求，为确保工作实效，市直政法各部门加强对下派干警的管理工作。市公安局在建立健全警力下沉机制的同时，成立“万警进社区”专项办公室，对下派干警进行统一管理；市人民检察院对下派干警指定带队负责领导，定期向市院党委汇报工作进度；市中级人民法院在有下派干警的基层法院成立了临时党支部，纳入当地基层法院的管理；市司法局要求下派干警要服从帮助工作单位的领导和管理，并要求下派干警在帮助工作的单位参加年度考核。三是加强督查。3月下旬、6月上旬，市委政法委先后两次组织督查组到有关县（市）、区，通过实地考察、岗位抽查、走访群众等方式进行明查暗访。通过开展干警下基层、万警进社区、为民保平安活动，零距离服务群众，警民关系得到很大改善；解决了大量的矛盾问题，得到广大群众的一致好评。

（三）公开承诺办实事工作。一是结合实际，公开承诺。紧紧围绕群众最关心、最直接、最现实的利益问题，选准选好承诺的事项，增强为民服务承诺的针对性和实效性。组织市法、检、公、司四部门召开新闻发布会，通报2009年承诺事项落实情况，向社会公开发布2010年承诺事项36件。其中，市法院10件、市检察院10件、市公安局8件、市司法局8件。进一步明确责任目标，强化督促检查，确保承诺事项落到实处，真正让群众感受到更便捷、更文明、更和谐、更热情的服务。二是加强领导，抓好落实。全市各级政法部门“一把手”是第一责任人，对确定要办理的实事，制定出明确具体、切实可行的实施办法和细化量化、便于考核的工作标准。市公安局、市司法局严格实行领导责任制和部门单位责任制，合理调配资源，把承诺的各项内容和措施落实到具体单位、具体部门、具体领导和具体责任人。市检察院、市司法局建立工作台帐，对于不兑现承诺的单位，严格追究相关责任。活动开展以来，市委政法委分别在3月底、6月中旬两次组织督查组，对县（市）、区和政法各部门落实情况进行通报，对12个县（市）、区的工作进行了排名，对工作成绩突出的二七区、管城区给予表扬，对工作较差的登封市、中牟县、高新区给予批评。各县（市）、区委政法委和市直政法部门组织督查组，对下级单位开展服务承诺活动进行督促、检查和指导,加强活动情况汇报和信息交流工作。对各项工作的落实情况,市直政法各部门每季度向市委政法委书面报告,有力的促进了公开承诺活动的开展。三是工作扎实,措施具体。为真正把管理和服务结合起来,拉近与老百姓之间的距离,市公安局扎实开展了流动车管所进社区服务等活动。从2月底开始,建立了流动车管所入社区、入广场服务的长效机制,每逢双休日、节假日,流动车管所就进社区、进广场,为群众开展各项车驾管业务。4月2日,交警支队在绿城广场举行了流动车管所进社区大型宣传活动,确保该业务人尽皆知,家喻户晓,最大限度地为群众提供便利条件。至年底,先后在绿城广场、青少年宫、绿云社区、中牟管道局三公司举行服务活动18次,共为群众办理机动车入户527台,审验机动车1917辆,补、换驾驶证846本,深受社会各界群众好评。市司法局大力开展推进法律援助"应援尽援"工作,在市法律援助中心和12个县(市)、区法律援助中心开通法律援助咨询电话,提供免费法律咨询。在全市乡(镇)、街道办事处全部建立法律援助受理点,方便困难群众就近申请法律援助,全市40%的司法所已建立法律援助受理点。积极协助创办河南普法网,充分运用网络手段普及法律知识。

(四)企业法律服务专项工作。为进一步强化政法机关和政法干警服务经济建设的职能,为经济建设保驾护航,在往年工作的基础上,2010年制定下发了《全市政法系统开展企业法律服务专项工作方案》,积极和市大项目办、市经委等有关部门联系、沟通,重新从全市2000多家重点企业和重点工程中,推选出了100家重点企业、10家重点工程,分配到各县(市)、区,选派政法特派员进行直接的法律服务,取得了良好的社会效果,受到了企业的广泛欢迎。在活动中,政法部门公开向企业作出服务承诺,建立领导分包联系企业服务制度,全年全市各级政法机关共走访企业356家,发放调查问卷1000余份、联系卡750余张、宣传资料4200余份、普法书籍500余册,提供法律咨询500余人次,为企业诉讼立案144件次。公安部门共出动警力3000余人次,对企业周边的不安全因素进行清理清查,共清查流动人员5万余人次,清理娱乐场所及非法摊点2800余处,并对企业周边的废旧收购站点进行规范登记,取缔未向公安机关备案的收购站点17处。

【法学研究工作】 2010年,全市政法系统紧紧围绕政法工作大局和中心工作组织开展法学研究。年初起草和下发了《"三项重点工作"法学课题研究实施意见》,针对党委政府关注、人民群众关心、法制建设急需解决的问题,从法学理论和法律实践方面提出切实可行的对策建议。按照《意见》要求开展了"三项重点工作"法学课题研究优秀论文评选活动,共征集论文98篇,经专家评审,遴选出20篇优秀论文,评出了一、二、三等奖。全市各级法学会领导率先垂范,带头参与法学研究活动,亲自撰写学术研究文章。郑州市委常委、政法委书记高建慧亲自担任郑州市"社会管理创新"、"社会稳定风险评估"、"司法绩效考评研究"课题组组长,以上课题被列入2010年重点科研课题和郑州市社科规划项目。郑州市法学会全年共有166项法学研究课题被中国法学会、河南省法学会和郑州市委办公厅、市委研究室、市社科联、市科技局等单位及"中部六省法学论坛"列入重点课题和规划项目。

认真做好法学会会员的发展工作。继续争取各会员单位的支持,进一步发挥学会的统筹协调功能,有计划有步骤地进行发展会员工作,特别是把法律实务部门中有一定能力、热衷法学理论或法治实践研究的人员吸收到会员队伍中来,形成了法学研究的主力。对《中国法学会章程》进行广泛宣传,统一了法学会组织体系和全国会员的称谓,破除了制约会员发展的障碍。采取各种途径和手段发展会员,扩大会员队伍,改善会员结构,年内新发展个人会员数量突破2000人,团体会员数量突破150个。

积极开展法学研究对外交流工作。采取"走出去"与"请进来"相结合,坚持主动宣传与学习借鉴并重,提高对外法学交流的层次与质量,努力实现对外法学交流的新进展。2010年,先后接待新疆自治区委政法委、重庆市法学会、陕西省法学会、昆明市法学会等8批100余人次的学术交流团体。8月份,在省法学会组织召开的"弘扬法治精神、促进中原崛起"第二届河南法学家论坛上,市委政法委报送的18篇理论文章中3篇获得一等奖、5篇获得二等奖、2篇获得三等奖,在全省各省辖市法学会中排名第一。在8月份由中国社科联举办的全国大中城市社科联工作会议上,郑州市法学会被评为"全国先进学会"。

认真办好《郑州法学》和郑州平安网。市法学会认真做好《郑州法学》的编辑出版工作和郑州平安网的管理工作,促进法学研究的繁荣发展,推动法学研究成果的及时转化和应用。全年编辑出版发行《郑州法学》6期,共刊登法学论文160余篇;编发《政法视点》5期,向省法学网和平安网投稿15篇均被登载,较好地传播了法学会工作动态,达到了沟通信息、加强交流、增进合作的目的。按时更新郑州平安网,自开通以来,先后发布各类讯息和调研文章1500多篇,网站点击率突破两万人次,充分发挥了政法综治宣传和法学研究交流主阵地作用。

(艾　庆)

公安工作

【概况】 2010年,全市公安机关坚持

"四个重在"的指导思想，以"四个满意"为总体目标，以"四严一创"活动为主线，以"万警进社区"活动为载体，锐意进取，扎实工作，确保了省会政治稳定和治安大局持续平稳。刑事发案大幅下降，每日平均刑事类警情稳控在70起左右，远远低于周边省会城市，郑州成为全国最具安全感的3个城市之一；维稳能力实现突破，在全国群体性事件多样多发的大背景下，郑州连续五年没有发生影响社会稳定的案事件，没有发生造成重大影响的群体性事件；综合绩效全国领先，现行命案侦破率继续保持全国省会城市和副省级城市领先，百名民警起诉数、打掉涉黑犯罪团伙数和网上追逃、打击经济犯罪综合成绩继续保持全国领先；信息化效能逐步凸显，率先建成"大情报"系统，成为全国首批实现部、省、市三级联动的省会城市，处于全国领先水平；自主研发的电话端系统，成为流动人员动态管控的制胜法宝；执法办案水平全面提升，下辖的县级公安机关执法质量全部达到省厅优秀档次标准，是全省唯一达到全部优秀档次的省辖市公安局，郑东新区分局和二里岗派出所被评为全国公安机关执法示范单位；社区和农村警务建设、"三基"工程建设、大情报系统建设成为全省公安的新亮点、全国公安的聚焦点，第八期全国公安调研干部培训班、全国深入打击整治发票犯罪专项行动现场推进会在郑州召开；办事服务满意度在全市41个市直机关办事服务大厅满意度评比中排名第一。

【维护社会政治稳定】 2010年，郑州市公安局围绕全国"两会"、上海世博会、广州亚运会等敏感节点，加强情报信息收集，加大网上舆情控制，严密现实社会和虚拟社会控制。一是加大敌社情控制力度。全年共搜集情报信息32824条，比上年同期上升9.3%，其中，敌情2983条、政社情14329条；重要情报12426条，占总数的37.8%。上报市委、市政府等上级机关情报信息5346份，比上年同期上升16.8%；被省市等上级领导机关采用3806份，比上年同期上升22.1%；采用率达71.3%。发现、防范和处置各类闹事事件苗头531起，预警431起，预警率达81.2%。二是加大法轮功等邪教、非法组织打击力度。开展专案攻坚"砺剑2010行动"，部督"808"专案、"呼喊派"邪教组织向高校渗透专案，以及部、省督明慧系列地方版刊物专案和省督"707"专案取得重大进展。依托警综平台，把重点人管控和三级联动有机结合，形成了处置侦控类专案一大特色。全年共通过平台预警重点人活动250余人次，临控40余人次，发现、掌握非法活动20余次。三是加大网上斗争力度。共处置上报各类违法信息552168条，占全省网监处置违法信息总量的60%以上，其中，处置上报本地违法信息23410条、上报境外封堵202636条、落地查证440余人，有效遏制了违法信息传播，净化了网络环境。四是加强群体性事件处置机制建设。全面落实情报信息主导警务理念，建立完善不同层面的公安情报信息会商机制，强化群体性事件的稳控处置。完善应急预案，加强应急力量建设，强化实战训练，提高处突能力。先后成功防范和处置各类案事件苗头1300多起，成功处置十八里河镇回汉民械斗事件、反日游行示威活动等事件，群体性事件起数和参与人数同比分别下降69.12%和57.81%。五是加大信访稳定工作力度。截至11月30日，全市共发生赴京上访2起，较上年相比下降90%；接待群众来访509起、728人次，与上年相比减少255起、644人次；办理各类上级交办重点案件204起，督办来市信访事项318起；年内新发信访案件结案率达94%，信访积案结案率达97.7%，省信访领导小组办公室交办案件办结率达100%，涉法涉诉信访量较上年下降53.9%、重访量下降50%、息诉罢访率达95%。

【"四严一创"活动】 2010年，郑州市公安局始终坚持"以打开路，以打促防，打主动仗"的指导思想，把打击方向紧紧瞄准群众反映强烈的暴力犯罪、黑恶犯罪、侵财犯罪。一是深入开展命案攻坚。认真落实整体作战法，实行"一号班子上案法"，完善"九长必到"和多警联动机制，提升快速反应能力。截至11月30日，全市共发现行命案93起，破获90起，破案率96.77%。与上年同期相比，命案数下降16起，破案率上升3.1%。二是严厉打击"两抢一盗"犯罪。全市公安机关均成立专职打击入室盗窃专业队，每月筛选出一批案件，实行领导包案，专案专办。截至11月30日，共立"两抢一盗"案件14995起，其中抢劫、抢夺、盗窃案件数同比分别下降25.4%、10.1%、6.2%；共破获"两抢一盗"案件6868起，抓获"两抢一盗"犯罪嫌疑人6676人；百名民警起诉"两抢一盗"犯罪嫌疑人数居全省第一。三是深化打黑除恶等专项斗争。成立打黑专案组，采取异地用警等方式，严厉打击各类黑恶势力。截至11月30日，共立案侦办涉黑案件22起，侦办恶势力团伙164个，打黑除恶综合成绩、百名民警起诉数和打掉团伙数均居全省第一。四是强化追逃专项行动。积极开展信息追逃、专案追逃、大情报系统追逃，充分运用情报系统布控，发现逃犯线索。全年共抓获网上逃犯3379名，其中外省逃犯1225名、历年逃犯266名。与上年同期相比，抓获逃犯总数上升29.10%，抓获外省逃犯数上升37.5%，抓获历年逃犯数上升3.91%。五是严厉打击各类经济犯罪。加快打防控经济犯罪体系建设，开展打击整治发票犯罪和侵犯知识产权、传销、银行卡犯罪、假币犯罪等专项行动，严厉打击涉众型经济犯罪。全年共立案962起，破案685起，抓获犯罪嫌疑人938人，刑拘761人，逮捕314人，移送审查起诉390案、552人，挽回经济损失5.7亿元。

【社会治安管理】 一是全面加强流动人口管理。2010年，郑州市公安系统强化“旅栈式管理”，在全市826家宾馆酒店、283家大型洗浴中心全部安装了旅栈业管理系统；3220家小旅馆、小浴室和5万余户出租房屋全部安装了电话端上传系统，在全市设置了500多个“流动人口信息采集站”，全市流动人口信息登记率达到95%以上，城镇特种行业监管率达到95.8%，重点人口列管率达到100%。二是全面加强危险爆炸物品管理。全年共排查涉爆涉枪涉剧毒化学品从业单位2533家次，集中销毁非法枪支弹药、爆炸物品及废旧炸弹25次，确保了上海世博会、广州亚运会期间没有发生来自郑州的干扰，并成功举办了第九届中国安检排爆技术研讨会，郑州市公安局作了典型发言。参加全省查爆排爆比武竞赛活动，夺得团体和个人两项第一的好成绩。三是加强单位内部治安保卫。紧紧围绕“一确保三防止三提高”工作目标，突出加强校园安全大检查、不安定因素排查化解等10项措施，切实做好校园安保工作。深化银行营业场所安防设施建设达标活动，全面加强金融一线员工安防技能培训和管理。推动“三电”斗争向纵深开展，市公安局被评为2009—2010年度全省先进集体。四是开展社会治安重点地区整治。加强重点行业管控，与出租房屋、用工单位、小旅馆签订治安责任书11047份，监管率达到90%以上。加强治安乱点治理，拉网式清理清查都市村庄160个，共安装监控设施2309个、防盗门7963个、磁卡门锁1694个，整治合格率达到100%。严厉打击涉黄涉赌违法犯罪，共办理“黄赌毒”案件971起，抓获涉案人员3022人。发现治安隐患1800余处，责令当场整改1300余处，下发治安隐患整改通知书500余份。在全省2010年社会管理创新推进会上，郑州市公安局就治安管理工作作了典型发言。

【社会矛盾化解】 2010年，市公安局完善机制，化解社会矛盾，全年共排查不安定因素26725条，化解25390起，化解率为95.01%。一是积极推动矛盾化解主体多元化。设立“警民联动调解”工作室，共向城管、法院、劳动仲裁等部门引导分流6600余件，解答法律咨询3.1万件。二是积极推动社会矛盾化解手段复合化。综合运用法律、政策、经济、行政等手段和教育、协商、疏导等办法，坚持“调解优先”的原则，健全派出所与乡镇综治中心工作的对接机制，化解矛盾纠纷11万余次。三是积极推动社会矛盾化解基点社区化。坚持110警情回访机制，每天对全部刑事类警情进行回访，对治安、交通类警情进行抽样回访，征求群众意见和建议。推行刑事案件回告制度，当事人凭《接受刑事案件回执单》，可向案件承办单位查询案件进展情况及办理结果。两项制度实施以来，群众满意率上升了15.02%，一线民警投诉率下降了30.2%。四是积极推动社会矛盾化解机制长效化。全面保持人访、信访、话访、网访等“四访”渠道的畅通，通过积极接访、约访、下访、回访，化解信访问题。实行社会矛盾化解“一把手责任制”，严格落实包案责任制，包案领导要亲自与信访当事人见面，亲自审阅案卷、制定工作方案，并亲自做上访人的工作、到上访人家中回访。

【社区警务建设】 2010年，市公安局在完善社区警务建设机制方面，不图虚名、不走过场，扎实将社区警务建设推向深入。一是深化“一区多警、多警联动、社会联动”警务机制。整合警力资源，将市内社区警务室民警从1名增加至3名以上，使市区内社区民警总量在原有基础上提高260%；逐步建立以警务室专职社区民警为轴心，多部门、多警种的联动协调工作机制，实现由警务室民警独立作战向多警种合成作战的警务模式转变。二是不断丰富社区警务工作内涵。积极探索符合群众需求的社区警务新模式，采取社区民警委托办理、预约集中办理、简单业务直接办理等形式，不断拓展警务室为民服务项目和渠道。科学安排工作时间，随时接受群众问询、求助，做到“开门、亮灯、有人”。广泛开展“十进”、“五送”、“五带”、“五讲”活动，全面开展“警民相约警务室”活动，召开不同层面的“问策平安郑州”座谈会，实现了依托警务室零距离服务群众的目标。三是狠抓示范社区警务室建设。培养推出70个示范社区、15个精品社区，根据每个社区的不同特点，打造各有特色的高标准警务室，“种树育林”经验被中央多家媒体转载。将挖掘的80余名先进社区民警典型在大走访“群星璀灿”专栏刊登，引领全市社区民警深入学习，树立了标杆。

【交通安全管理】 2010年，全市共发生一般以上交通事故1093起，因交通事故死亡203人、受伤1320人，直接经济损失414.5263万元，与上年同期相比，四项指标分别下降17.45%、17.14%、10.27%、2.41%。交警部门开展“八个专项治理”活动，坚持每周确定一个重点、每周掀起一个整治高潮、每月定期开展1～2次集中统一行动，全年共查处交通违法行为72万余起，其中，公务车1025起、公交车2276起、出租车25869起、三轮车3244起，违法停车112613起，无证驾驶237起、酒后驾驶713起。开展“畅通郑州”交通综合整治活动，配合相关部门开展交通设施排查整治活动、路口交通综合改造工作，圆满完成“畅通郑州”综合整治工作任务。配合市政部门完成第一批20个路口交通设施的改造工程。组织“文明交通大家行”之“我参与”、“我建议”、“进社区”、“我体验”等系列活动，聘请公交车和出租车司机担任“文明交通志愿者”，发动全社会关注交通。同时，加强智能交通系统建设。智能交通信号控制系统完成安装、调试任务，实现了市区8条主干道的信号协调控制；强力推进道路评估系统、交通视频监控系统、高清数字视频监控系统建设，不断提升信息化交通水平。五是加强静态交通建设。市区全年建设11处公共停车场，市规划局院内等4处停车场（约1900个车位）立项审批等工作完成。研究出台《鼓励社会投资参与城市停车场建设的支持性政策的实施意见》和优惠政策，对全市挪用的24处停车场进行清理整顿，强化静态交通能力。

【消防安全管理】 2011年，全市消防工作共出警5458次，救援3131起，抢救遇险人员1873人，保护财产价值2亿多元。发生火灾2031起，与上年同期相比，火灾起数下降5.6%，直接经济损失下降9.8%。开展消防专项治理工作，共检查单位4.7万个次，下发责令改正通知书2.6万余份，督促整改隐患4.6万余处，处罚单位1638家、违法嫌疑人1082名，“三停”单位283家，拘留677人，收缴罚没款1735万元。始终坚持重大火灾隐患整改不放松，省政府挂牌的8家重大隐患全部销案，市级挂牌的346家整改率达90%。通过开展集中宣讲、执法干部分包单位驻点指导、技术服务队上门服务、以会代训等方式，培训单位4000余场次、员工10万余人次，免费检测单位660个次，帮助整改隐患1980处，全市建筑消防设施运行完好率达到80%以上。全市3976家消防安全重点单位“三会三化”建设达标率达到90%；在完成省消防总队140家样板单位建设任务的基础上，精心打造出210家示范单位。

2010年，全市基层防控力量共检查巡查单位11余万个次，整改隐患3万余处，扑救初起火灾307起，处置各类险情78起，发放粘贴消防瓷砖、提示牌等5.5万余块，派出所依法对17824个消防违法单位及个人进行了处罚。

【执法规范化建设】 一是围绕执法规范化建设的前提和基础，切实抓好执法主体的教育培训。2010年，全市公安机关开展了为期3个月的集中整治，提高教育培训的针对性和实用性；举办法制大讲坛、现场讲评、业务交流会等活动，构筑起法制理论研讨的阵地。二是围绕执法规范化建设的核心环节，切实抓好执法标准化建设。细化裁量标准，促进执法公正；严密执法程序，规范执法行为；总结推广各类“示范工作法”，不断规范执法行为。三是围绕执法规范化建设的保障措施，切实抓好执法监督体系建设。加大执法监督巡查工作力度，切实加强监督和管理；完善执法质量考评标准、创新考评方式、拓宽考评范围，提高考评的针对性；建立执法状况分析研判制度，实现执法监督常态化；畅通外部监督渠道，突出警务公开。四是完善机制，为公正执法提供制度保障。出台了《严格执法十条规定》，建立执法安全预警工作制度，完善《执法办案场所设置管理规范》，制定《执法安全管理评估制度》，确保执法公平正义。推出对群众投诉实行预警前置告知制度，从源头上预防和减少群众对公安机关执法办案的投诉。五是创新执法规范化建设载体，切实提升公安执法信息化水平。完善网上执法办案机制，规范执法流程管理；完善网上执法监督机制，提高执法监督效能。大力推进现场执法记录仪、电子笔录软件应用，提升公安执法规范化建设水平。市局执法监督巡查队通过上网调阅案件1300余起，督办案件122余起，纠正70余起。

【公安信息化建设】 2010年，全市公安机关强化信息主导警务理念，加大四大平台建设力度，将信息化建设不断推向深入。一是强力推进警务信息综合平台建设。整合原有的案事件等多个系统，多警种业务得到了有机融合，实现了110接警信息直接转入基层所队、签章签名电子化、各类信息全库关联搜索、网上考核、自动统计等多种功能。通过社区警务平台共录入人口信息5787987条、单位信息170629条，发送提醒消息10390条；通过警综平台共办理刑事、行政案件242468起，打击处理嫌疑人员79196人。二是强力推进情报平台建设。勇挑重担，承担全省试点任务，成为全国第一批实现部、省、市三级联动的省会城市。公安部副部长张新枫给予高度评价，并建议总结推广经验和做法。通过情报平台共比中七类重点人员预警信息224889条（日均913条），其中部级预警信息11945条（日均38条）；通过对重点人员预警信息的查证核实，发现重点高危人员123373名，抓获在逃人员1111名，纳入常规管控重点人员33654名。三是强力推进警用地理信息平台建设。突出特色，最大限度与警综平台等系统融合贯通，实现警用公共数据和专业数据“从警综中来、到警综中去”，使警综平台的综合能力和警用地理信息平台的空间分析、展示能力同步提升。四是强力推进视频监控平台建设。完成了市公安局视频监控中心平台的升级改造，建成网上流媒体并发浏览系统；完成视频监控摄像头数据库建设，共录入施工公司510家、摄像头64740个。建设视频监控治安卡口系统和手机视频系统，市区防控能力不断提升。五是强力推进业务信息系统建设。初步建成人口、案件、交管、治安管理、综合查询等35类网上应用系统，成功改造流动人口38项生物信息采集系统，自主研发监管系统和重点人员管控分析系统，不断提升业务部门信息化水平。

【警务机制改革】 2010年，郑州市公安局按照“四个重在”、“四个体现”的要求，依据“局所整合，强化社区；建立机动，完善督导；业绩挂钩，动态定级；区内竞争，提高效能；一警多岗，便民利民”的指导思想，将市区原有的124个局所整合为29个派出所，内设“四队一室”，围绕队伍稳定、警力下沉、快速反应、为民服务、打防犯罪、警务保障6个环节,确保队伍思想不松懈、警力下沉有效果、打击总量不下降、群众安全感和满意度有提升。一是提高服务群众的能力和水平。通过精简机关、下沉基层,社区民警增加到900多人,由以前一区一警变为一区多警、多警联动、社会联动。二是提高快速反应的能力和水平。新型警务机制运行后,派出所90%以上的警力直接上一线执法执勤,最大限度地屯警街面,实现扁平化指挥,增强了对社会治安的动态管控能力。三是提高交通管理的能力和水平。在派出所组建交管巡防大队,实行"条块结合",在巡逻过程中担负起维护交通秩序的职责,真正实现了"一警多能、综合执法",确保畅通有序。四是提高维护稳定的能力和水平。大量警力走上街头,走进社区,第一时间化解矛盾纠纷,打击违法犯罪,筑牢了维护稳定的第一道防线。

【公安队伍建设】 2010年,郑州市公安局坚持严格管理与从优待警相结合,全面加强公安队伍正规化建设,确保队伍纯洁性。一是深入开展创先争优活动。在公安网设立学习园地、理论之窗,组织读书竞赛,举办知识讲座,持续开展刑侦民警争当破案能手、交通民警争当交通指挥标兵、社区民警争当为民服务标兵、各执法服务窗口争当党员示范窗口等评比竞赛活动,树立了党员民警的标杆形象。二是认真抓好经常性思想政治工作。召开民警座谈会、思想分析会210余次,走访民警家庭1700余家,确保了民警思想稳定。三是从优待警落到实处。对150余名英烈家属及因公牺牲、伤残、患重大疾病民警家庭进行了走访慰问,帮助48户民警子女、家属解决了子女入托、入学和家属就业等问题。开通了郑州公安民警心理健康网站,坚持定期开通心理咨询热线,多方位为民警提供心理服务。四是"看德才、凭政绩用干部"。坚持提拔重用思想素质好、工作业绩突出的同志提拔重用,建立面向基层的选人用人机制,实行绩效挂钩、动态定级,能上能下,形成了良好的选人用人导向。五是教育培训工作持续深入。先后组织部分分县(市)局长参加了公安部培训,组织1500余人参加了省厅所队长培训和警衔晋升培训;开展送教下基层活动,对3000余名基层民警进行了业务培训。

(李淑贞 马 静)

检察工作

【概况】 2010年,全市检察机关紧紧围绕经济社会发展大局,持续落实检察工作总体思路,深入推进"三化三型"机关建设,以开展"创新发展年"活动为载体,创新工作思路、工作机制、工作举措,认真履行法律监督职责,狠抓自身建设,"四个领先、四个不能发生"的工作目标总体实现,各项工作取得了新的进展。各级检察机关涌现出一大批先进集体和先进个人。其中,获得国家级荣誉5项、省级荣誉7项,151名个人立功授奖。市院被评为"全市平安建设工作先进集体";金水区院荣获"全国模范检察院"称号,被市委政法委树为全市政法系统学习标兵;登封市院连续两年在全市绩效考核中排名第一,被高检院评为"全国先进检察院"。中原区院副检察长蒙凡荣获"全国模范检察官"称号,其先进事迹被周永康书记、曹建明检察长批示肯定,省院、市委分别作出向蒙凡同志学习的决定;管城区院干警王建安被授予全国侦查监督"十佳检察官"。2010年,郑州市检察工作的群众满意率从93.5%上升到94.5%,总体排名上升了5个位次。

【刑事检察工作】 2010年,全市检察系统自觉把检察工作放在全市经济社会发展大局中谋划和推进,充分发挥各项检察职能,将服务发展、保障民生、化解矛盾贯穿始终。

立足检察职能,积极服务大局。深入开展工程建设、商业贿赂、涉农、安全生产等专项治理和专项查案工作,依法严肃查办妨碍经济发展、侵害民生民利的职务犯罪案件151件、220人。围绕全市十大工程建设,全面推行招投标现场监督、廉洁准入等十项服务举措,向郑东新区、经济技术开发区、郑州轨道公司派驻专门检察人员。两级院领导多次带领干警到地铁建设工地调研走访,提供法律咨询和帮助。主动到郑煤机、宇通公司等大型企业参观学习,实地感受企业发展,增强服务经济意识。市院派驻轨道公司的检察特派员认真履职,对工程招投标活动进行同步监督,帮助企业协调解决实际问题,有力地服务了重点工程建设。

认真落实宽严相济刑事政策,坚持当严则严、该宽则宽,既有力打击了犯罪,又减少了社会对抗。全年共批捕各类犯罪嫌疑人6793人,提起公诉12540人,其中,批捕黑恶势力、严重暴力、多发性侵财犯罪4796人,起诉7873人。捕后轻刑判决率为20.9%,同比下降22个百分点。通过"严打",有效地震慑了犯罪,增强了群众的安全感。积极推行轻微刑事案件快速办理、刑事和解、非羁押诉讼等制度,对涉嫌犯罪但无逮捕必要的2964人作出不批捕决定,对犯罪情节轻微、社会危害性较小的215人作出不起诉决定。建立取保候审备案制度,由公安部门直接移送起诉4873人,占起诉总人数的36%。登封市院推行法制副校长参与维护校园安全的做法,被高检院曹建明检察长批示肯定;新密市院推行的刑事赔偿保证金、高新区院推行的非羁押诉讼随访、新郑市院推行的附条件不起诉等制度,取得了较好的法律效果和社会效果。

深入推进社会矛盾化解。充分发挥执法办案在化解矛盾中的基础作用，在确保依法办案的前提下，主动向化解矛盾延伸，严格落实执法办案风险评估、不起诉不抗诉案件答疑说理等制度，加强源头治理，积极开展矛盾排查化解工作，使执法办案的过程成为促进社会和谐稳定的过程。对2007年以来排查化解过的涉检信访人员进行逐户走访，对被检察机关处理过的涉案对象、高危人群进行重点帮扶。民事行政检察实行“检调对接”，化解民事纠纷，其做法得到高检院充分肯定，并在全国推广。制定实施《郑州市检察机关下访巡访实施意见》，对排查出的22件疑难复杂信访积案，按照“案结事了、息诉罢访、群众满意”的标准，全部化解息诉。深入推进社会管理创新。积极参加社会治安防控体系建设，落实检察环节的综合治理措施。制定实施《郑州市检察机关社区矫正检察监督工作办法》，配合公安、司法等部门加强对监外执行等特殊人群考察帮教和社区矫正工作。深入推进公正廉洁执法。在省、市委政法委统一组织下，牵头开展案件评查，共评查政法各部门重点案件101件，针对发现的案件质量不高、办案程序不规范等7个方面的问题，认真负责地提出查究违法违纪和整改建制的意见和建议。

【查办和预防职务犯罪工作】 2010年，全市检察系统认真落实市院党组提出“稳定数量、提高质量”的要求，把“党委满意、群众高兴、有利于优化发展环境”作为检验办案效果的基本标准，查办案件工作保持了良好态势。办案数量稳中有升。全年共立案侦查职务犯罪案件220件322人，其中，贪污贿赂案件155件218人，立案人数上升4.8%；渎职侵权案件65件104人，立案人数上升11.8%。案件结构进一步改善。贪污贿赂大案比例为94.8%，同比提高3.4个百分点；渎职侵权重特大案件比例为89.2%，同比提高20个百分点；查处县处级以上要案29人，同比上升20.8%。大案比例、要案人数居全省第一。案件质量明显提高。全年起诉的贪污贿赂、渎职侵权案件有罪判决率为95.5%和94.7%，同比分别提高24.7和18.6个百分点。预防工作深入推进。强化法制宣传和警示教育，两级院成立了预防职务犯罪宣讲团，开展宣讲活动200次，受教育人数10万人次。开展预防调查270次，提出预防检察建议395件。在人防系统开展查办和预防职务犯罪活动，督促有关部门收缴人防工程配套费1.6亿元。

【诉讼监督工作】 2010年，全市检察系统坚持把群众反映强烈的司法不公问题作为监督重点，不断加大监督力度。全年共依法监督立案144人，追加逮捕253人，追加起诉166人；提出刑事抗诉18件，全部被采纳；监督纠正监管活动中的违法问题55人次；民行检察提出抗诉63件，法院已审结58件，全部被采纳。8月，为有效解决当前法律监督缺乏手段、法律规定缺乏刚性等问题，主动争取市人大常委会支持，审议通过了《关于加强检察机关法律监督工作的决议》，为强化对侦查、审判和行政执法机关的法律监督提供了制度保障，受到了高检院、省院的肯定。在学习宣传的基础上，与市公安局会签文件，监督实施重死刑案件首次讯问同步录音录像制度；与市中级法院建立列席审委会制度，积极探索量刑建议改革；开展了行政执法案件信息共享平台的试点建设，诉讼监督机制进一步完善。

【长效机制建设】 为使郑州市检察工作获得持久的发展动力和活力，2010年，在全市检察系统认真组织开展了“创新发展年”主题实践活动，大力倡导工作思路创新、工作机制创新、工作举措创新。广大干警热情参与，积极实践，共提出优秀创新建议267条、创新项目72个。其中，在审查逮捕工作中尝试实行刑事赔偿保证金制度，建立公诉出庭质量保障机制、青少年案件特殊办理机制，探索在乡镇设立检察联络员、联系服务点，基层院精细化管理等都具有较强的实践意义。

创新案件质量管理机制成效明显。以其它地区发生的重大错案为反面教材，不失时机地警示教育全市干警牢固树立“办案质量重于泰山”的观念，组织深入剖析，开展了“纠正执法问题，促进执法公正”专题教育活动。对2008年以来的撤诉案件进行专项清理。在“案件质量年”活动中，对近3年来办理的8万起案件进行了自查，对查出的10类共性问题集中通报、限期整改。从落实办案质量责任终身制入手，建立健全案件质量评价体系，实施涉检有理访办案责任倒查机制，建立干警执法档案，多管齐下，努力促使干警对案件质量不想松懈、不能松懈、不敢松懈。

创新绩效考评长效机制初见成效。全市检察系统着眼于更大限度地调动各方面工作积极性，继续完善全方位绩效考评机制，以及与之相配套的竞争择优的用人机制、奖惩分明的激励机制、严格周密的监督制约机制。至年底，已建立起以“目标导向、量化考核、奖优罚劣、激励发展”为特点的长效工作机制，充分调动了全市检察干警干事创业的积极性，在两级院初步形成了创先争优、勇创一流的良好局面。

强力推进“三化三型”机关建设。专业化以人才建设为核心，组织两级院292名领导干部和优秀干警到清华大学分期进行脱产培训；开设“检察官大讲堂”，邀请汪中求、陈兴良、张熙怀等知名专家授课，举办了“细节决定成败”、“法庭质证难点及技巧”等5个专题讲座，听课干警4500余人次；组织了1次标准较高、要求严格的全员综合考试；举办岗位业务技能大赛，有15人获得郑州市职业技能“状元”、“能手”称号，8人在全省侦监、公诉业务技能竞赛中被评为“十佳”、“优秀”等。管城区院人才培养工作成效显著，1名同志获得“全国侦查监督十佳检察官”、1名同志获得“全省十佳公诉人”称号。二七区院引进8名具有司法资格的法律专业硕士研究生。市院首次选拔12名年轻干部到基层党政部门挂职,从基层院选拔15名优秀干警到市院锻炼,为今后发展培养、储备人才。规范化以制度建设为核心,按照“于法周延,于事简便,管用、够用,相对稳定”的原则,对原有的159项制度进行了废、改、立,整合为39项制度,初步形成了用制度管人、管案、管事的良好局面。信息化以技术应用为核心,推行网上办公、讯问职务犯罪嫌疑人同步录音录像、监管场所远程录像监控、案件信息快捷查询系统。

【检察队伍建设】 2010年,全市检察机关加强思想政治教育和领导班子建设。认真开展“恪守检察职业道德,促进公正廉洁执法”和“反特权思想、反霸道作风”等主题教育活动,强化忠诚履职信念。狠抓领导班子建设。主要抓领导班子的思想、作风和制度建设,不断增强班子的凝聚力、战斗力。组织两级院班子成员到国家浦东干部学院参加领导素能培训,到全国先进院考察,更新知识,开阔视野,感受差距,增强动力。建立市院党组成员与基层院定点联系制度,包院到人,加强对基层院领导班子建设的具体指导和管理。

狠抓内部管理监督。坚定不移地贯彻从严治检方针,坚持严格教育、严格管理、严格监督。认真落实党风廉政建设责任制,实行一岗双责制。把检务督察作为内部监督管理的重要抓手,对执法办案、控申接待、检风检纪等情况进行定期不定期明察暗访,发现问题及时处理。对实名举报检察干警的,实行限期答复。全年共受理举报线索39件,经调查,分别对10人给予批评教育、诫勉谈话和纪律处分。

【接受领导和监督】 2010年,全市检察系统坚持重大问题、事项和重要案件向党委、人大请示报告制度,对市委、人大做出的各项决议、决定,坚决贯彻执行。制定了《关于进一步加强同人大代表联系的意见》,建立了两级院联系服务人大代表工作机制。主动邀请人大代表、政协委员视察检察工作,虚心听取意见和建议。全年省人大常委会视察组及全市三级人大代表、政协委员500余人次先后到两级院视察工作。

从群众最关心、最直接、最现实的问题入手,向社会公开承诺重点办好“10件实事”,并公布办理结果。在互联网上开设案件查询系统。对18起拟作撤案、不起诉处理和犯罪嫌疑人不服逮捕决定的职务犯罪案件,全部交人民监督员监督。2010年“检察开放日”,两级院邀请1300名检察民意代表,与人大代表、政协委员、人民监督员一起,走进检察机关,实地考察检查,并请每位民意代表收集10条各方面群众的意见建议,两级院限期答复。

(李广建 李 丹)

法院工作

【概况】 2010年,全市法院在市委领导、市人大监督下,在市政府、市政协及社会各界支持下,坚持“三个至上”指导思想,践行“为大局服务,为人民司法”工作主题,紧紧围绕三项重点工作,深化内部管理,狠抓作风廉政建设,全面落实审判公开,扎实推进对外沟通交流等措施实施,不断加强和改进工作,取得了新的成效。全市法院全年共受理各类案件99065件,审(执)结95993件;市中院受理各类案件17537件,审(执)结16669件。

【刑事审判】 2010年,全市法院深入推进平安建设,准确把握社会治安形势,认真落实宽严相济刑事政策,全年共审结各类刑事案件(含自诉)11860件,判处犯罪分子14093人。在刑事审判工作中,积极开展打黑除恶、打击“两抢一盗”专项斗争,依法从重从快严惩严重暴力犯罪、黑恶势力犯罪和多发性侵财犯罪,共审结此类案件7144件,判处犯罪分子8659人,切实增强了人民群众安全感;审结贪污、贿赂等案件275件365人,深入推进了反腐败斗争;积极参与“打黄扫非”专项活动,审结组织卖淫、传播淫秽物品等案件172件261人,净化了社会环境;认真开展刑事涉煤矿难案件评查活动,对排查出的问题及时予以纠正,依法严惩黑心矿主违法开采和有关人员失职渎职、监管不力等犯罪行为。在案件审理中,对初犯、偶犯、未成年犯中一些罪行轻微人员,坚持教育、感化和挽救的方针,依法从轻减轻处理,最大限度地减少社会对抗,增加社会和谐因素。认真探索刑满释放人员社区矫正机制,与乡镇(街道)、村(社区)等基层机构相结合,通过建立民主法治示范点、设置警示教育基地等多种形式,加大对社区矫正对象的教育改造力度,全年全市法院共回访帮教刑满释放人员100余人次。进一步加强对未成年犯罪人的教育挽救工作,依法从轻判处未成年犯罪人759人,积极配合基层组织开展社区矫正和帮教工作,帮助他们回归家庭和社会,促进犯罪人教育改造。大力开展法制宣传,通过与新闻媒体联办法制栏目,选派79名优秀法官到中小学校担任法制副校长,到社区、学校现场开庭,提高了群众法律意识,受到社会各界好评。

【民事审判】 2010年,全市法院加大对涉及民生案件的审理力度,把保障和改善民生作为审判工作的根本出发点和落脚点,妥善审理涉及民生案件,切实维护人民群众的切身利益,全年共受理各类民事纠纷案件58843件,审结56998件。其中,及时审结农村土地承包、农产品买卖等涉农案件3859件,维护农民合法权益,促进现代化农业发展;妥善审理劳动争议、房产物业、教育医疗等城镇热点纠纷案件2651件，保障群众安居乐业，服务城镇现代化建设；妥善审理婚姻家庭、邻里纠纷等案件8890件，促进家庭和睦、邻里和谐；审结涉军案件18件，依法保护军人和军属的合法权益。开展“送法进军营活动”，组织200余名法官到军营讲授法律，增强广大官兵法律意识、维权意识。按照省法院的部署，全市法院开展“拖欠农民工工资案件集中办理”专项活动，出台保护意见，开辟维权绿色通道，与市工会、市法律援助中心等部门建立联动机制，先后两次开展“拖欠农民工工资案件集中办理”和“万名法官回访千企和万名当事人”活动，对排查出的172起涉农民工工资案件全部及时办结，为1842名农民工追回欠薪4107.07万元。全市法院开展“保护儿童妇女等人身安全及其他合法权益”专项活动，开辟绿色诉讼通道，加大审执力度，及时审结涉及儿童妇女人身安全及其他合法权益案件294件，金额439.38万元，切实维护了儿童妇女的合法权益。市中院民二庭制订的《关于维护农村离婚妇女、丧偶妇女合法权益的实施意见》，为农村妇女安居乐业提供了保障。

全市法院积极服务经济发展，充分发挥司法能动性，妥善审理与经济发展密切相关的案件，推进郑州市产业结构调整和经济发展方式转变。审理金融、商贸、物流等方面的纠纷案件23297件，保护交易安全，营造诚实守信的市场环境；审结知识产权案件757件，制裁侵权行为，促进创新型河南建设；审结涉外、涉港澳台案件92件，坚持平等保护原则，优化全市投资环境。建立走访企业长效机制，主动走访宇通重工、好想你枣业等141家企业，了解企业经营发展中遇到的困难，征求企业对法院工作的意见和建议，提供法律服务，促进企业健康发展。审慎审理企业破产产权转让、股权配置等案件85件，通过破产清算引导落后企业有序退出市场竞争，采取重整、和解措施帮助有发展前景企业恢复经营，共盘活国有企业资产3.4亿元，协助政府安置下岗职工1800余名，促进了企业结构优化升级。如研发“中华第一屏”的中原显示有限公司申请破产案，经多方努力，促使债权债务双方就1.3亿元债务达成和解，使企业重新焕发生机。

【诉讼调解】 2010年，全市法院积极开展“大调解”工作，创新和完善调解工作机制，把调解贯穿于矛盾化解全过程。全年民商案件调解、撤诉结案33213件，调撤率达69%。在各乡镇、社区、高校园区等建成160个社会法庭，选任2419名社会法官，成功调处3374起邻里争执、民间借贷等纠纷，有力促进了社会和谐，减轻了诉讼压力。健全完善“大调解”格局，建立以人民法庭为中心的基层民调网络。在人民法庭设立人民调解室，进一步强化诉前调解，把大量纠纷化解在立案前。积极引入工会、妇联、村民组织等社会力量参与诉讼调解，妥善调处62名出租车司机诉郑州方圆出租车公司等一大批群体纠纷。省法院院长张立勇对郑州市社会法庭工作给予充分肯定，全国人大法工委主任李适时对郑州市经验作出专门批示；全国在郑人大代表到市中院调研诉讼调解工作，调研报告呈送中央领导参阅。

【行政审判和国家赔偿】 2010年，全市法院充分发挥行政审判职能，依法维护公民、法人和其他组织的合法权益，支持和监督行政机关依法行政，为化解行政争议、促进官民和谐、维护社会稳定，提供了强有力的司法保障。全年共受理各类行政案件1630件，审结1603件。以清理涉诉行政信访积案为重点，深入开展“万起案件评查”、“集中清理涉法涉诉信访积案”、“纠正执法问题，促进执法公正专题教育”和“集中治理行政案件申诉上访难题活动”，对历年来全市法院办理的涉法申诉上访案件进行全面梳理，对案件办理中存在的问题进行评查纠正。在办案过程中，严格按照“案结事了、息诉罢访、群众满意”的标准，做好当事人思想疏导工作，采取稳控措施，化解不稳定因素；对当事人反映的案件层面之外的现实问题，采取积极措施，利用涉诉行政争议协调委员会等形式，与有关部门协调沟通，解决当事人的问题和困难。努力营造良好法治环境，妥善审理城市规划、房屋拆迁、环境保护等各类行政案件1603件，维护行政相对人合法权益，支持依法行政，全力保障市政改造、地铁工程及郑州新区建设等重点项目顺利推进。充分发挥行政争议协调委员会作用，促使723件行政纠纷达成和解，当事人主动撤诉。及时向有关部门发出54份司法建议书，主动为郑州市城镇规划、道路建设等项目提供意见，从源头上预防和减少争议，推进依法治市。

进一步完善国家赔偿案件的审理机制，建立赔偿案件联席会制度和拟确认违法告知制度，有效监督赔偿确认案件审理程序，及时督促义务机关履行赔偿义务，妥善化解矛盾冲突。全年共审结国家赔偿案件6件。

【审判监督和管理】 2010年，全市法院大力推进审判监督工作，充分发挥审判监督职能，依法纠正错案，维护司法公正，全年依法审结刑事、民事、行政再审案件429件。市中院在办理再审案件过程中，坚持依法纠错、依法解决矛盾和纠纷、依法维护社会和谐稳定的办案理念，尽可能为当事人提供优质的司法服务。积极开展巡回审判，对涉及相邻权纠纷案件，当事人居住地在同村或同社区的，在当地组织庭审，深入了解纠纷发生的背景，认真听取旁听群众对案件的评价，为正确裁判案件提供依据，为有效化解纠纷找准切入点。全年共巡回审判各类再审案件56件，为减少当事人诉累、化解社会矛盾起到了良好的社会效果。

市中院认真探索减刑、假释制度改革,积极推动人民陪审员参与审理减刑、假释案件和深化驻狱巡回法庭工作,促进减刑、假释工作制度创新和机制创新,提升司法民主水平。一是成立以院长王新生为组长的减刑、假释试点工作领导小组,加强督促与协调,下设试点工作办公室,具体负责工作的落实和开展。二是建章立制,促进试点工作规范化。从工作实际出发,立足制度创新,制订了《开展减刑假释试点工作实施方案》、《减刑假释案件听证细则》、《关于人民陪审员参加减刑假释案件审理的暂行规定》,为实现减刑假释规范化提供了制度保障。三是积极落实人民陪审员选任和培训工作。四是创新工作机制,设立驻狱巡回法庭,作为审理减刑假释案件的专门机构,通过巡回审判方式共审理减刑、假释案件288件。全年共办结减刑、假释案件5451件。

为完善案件评查规章制度、建立科学的评查体系,从制度上确保评查工作有章可循,市中院评查办先后开展了案件责任倒查制度调研活动和省院计分办法修正征求意见座谈会,按照"科学、有效、规范"的要求,结合省法院评查标准出台了《案件质量评查暂行规定》、《关于加强案件评查问责工作的意见》和评分细则,进一步明确了评查范围,规范了评查程序,制订了案件质量讲评、评查通报、落实奖惩等制度,形成了一套行之有效的评查问责工作机制。认真组织开展中央政法委部署的"万起案件大评查"活动,从法律适用、事实认定、文书质量等方面对1152件案件逐案评查,共追究办案责任60人,切实增强了法官责任心。

加大司法民主公开力度。全面落实公民自由旁听庭审制度,全年网上公开22652份裁判文书,网络直播案件庭审234件,把审判工作置于公众视野之下。认真开展公众开放日活动,5次邀请网友、学生、军人等3250人参观法院、观摩庭审,拉近法院与群众的距离。认真落实人民陪审员制度,全市人民陪审员参与审理案件4210件,有力促进司法公正。拓宽人民陪审工作思路,从选聘的77073名群众中随机抽取人员组成人民陪审团,共参与审理案件498件,列席庭审、评议案件,充分发挥其来自群众、熟悉民情的优势,增强法院裁判的社会认可度,社会效果良好。

【立案和信访工作】 2010年,全市法院以落实10件实事为重点,切实为群众诉讼提供便利。加强立案、信访窗口建设,配备必要的便民服务设施,实行"一站式"服务。加强诉讼引导、查询咨询、判后答疑等工作。加大对生活特别困难案件当事人的救助力度,对无力承担开庭、听证期间食宿费用的当事人免费提供食宿,全年共发放救助基金489万元,减缓免交诉讼费968万余元。市中院把坚持为当事人服务及为构建和谐社会作奉献作为自己工作的第一责任,要求大家在立案接待及"四裁"案件审理中,不分亲疏,平等对待每一位当事人。为提高服务水平,坚持搞好立案引导,以受案范围、民商事案件立案起诉条件、风险告知书、财产案件受理费计算办法、当事人诉讼权利和义务为主要内容,制作了展板,摆放在立案大厅,以增强立案工作透明度,自觉接受群众监督。同时,印制了《诉讼告知书》小册子,把应该告知当事人的所有事项在诉前以书面形式提供给每位当事人,为当事人提供了方便,保证了当事人诉讼权利的实现。为健全完善便民、利民工作机制,市中院制定了《诉讼引导员实施办法》,并在立案大厅设立诉讼引导员,根据当事人的需求协助当事人查询案件、指导当事人诉讼、进行必要的程序性法律解释及其他认为需要办理的事项,极大方便了人民群众正确行使诉讼权利。

全市法院把促进社会和谐作为重要政治任务抓紧抓实,下大力气解决涉诉信访突出问题,以"案结事了,群众满意"为标准,全力以赴解民困、化民怨。开展集中清理信访积案活动,站在群众立场,逐案查找症结,综合运用法理情等手段,坚持"边排查、边交办、边化解",认真解决群众合理诉求和实际困难,促使743件信访积案当事人息诉罢访。两次开展"法官回访当事人"活动,组织1200名法官主动回访当事人3607人次,当面听取意见,及时改进工作。认真落实院长接访制度,两级法院院长全年接待来访群众2569人次,及时解决反映的问题。进一步完善首问负责、快速处访和责任查究等制度,严格落实信访岗位责任,及时消除信访隐患。经过努力,全市法院信访总量持续下降,赴京非正常上访案件同比下降84%,市中院进京上访量退出全国前50名,全市基层法院全部退出全国前100名。

【执行工作】 2010年,全市法院不断创新执行工作新机制,全力破解执行难题,全年共执结各类案件17816件,执结标的额16.8亿元。大力开展"争创无执行积案先进法院"和"清理委托执行案件"活动,运用联动制约机制,采取挂牌督办、提级执行等多项措施,使执行工作再上新台阶。一是集中力量高标准完成法院拖欠农民工工资执行案件。按照省法院统一部署,全市法院统一进行了"集中清理拖欠农民工工资执行案件"活动,各级法院执行系统成立清理领导小组,认真排查案件,逐案制定执行方案、执行期限,落实责任人,采取多种形式和强有力措施,确保了67件拖欠农民工工资执行案件按期执结,执结标的额850万元。省法院在市中院组织召开了农民工工资发放现场会,张立勇院长对全市法院执行系统清欠活动给予充分肯定。二是全力以赴,积极开展"争创无执行积案先进"活动。按照最高法院和省法院的部署,市中院成立了活动领导小组及相应的办公室,并对全市法院进行动员部署,明确活动的任务、方法、步骤及时间安排，统一思想，多措并举，大大提高了案件执行质量和案件执结率，与上年同期相比提高了3.6个百分点。三是高度负责，积极开展委托执行案件清理活动。为解决执行工作中存在的委托案件得不到及时有效执行的难题，按照最高法院和省法院组织开展集中清理委托执行案件活动的要求部署，认真组织对全市两级法院受托、委托情况进行双向排查。通过排查，全市两级法院共有受托案件135件、委托执行案件836件。对受托案件，强化“一盘棋”思想，集中骨干力量，采取有力措施，优先进行执行，全年执结受托案件122件，执结率90.37%，在全省位居前列。市中院认真落实制度创新年的有关要求，针对执行工作热点问题再次进行认真研究，相继出台了《关于执行分权制约实施若干问题的规定》、《关于执行案件特困群体司法援助的规定》、《关于执行工作主动接受社会各界监督的规定》等规章制度，对各部门的职权进行了进一步明确细化，健全了执行权的科学配置制度，实现了执行权运行的相互制衡，进一步明确了执行救助金额，以及执行工作的重大情况和重点案件向人大、政协有关部门的报告、通报，并主动邀请人大和政协委员对执行工作进行监督，主动公开执行工作的信息和接受新闻媒体监督等内容，确保了执行工作更加公开、公正、有效进行。

【司法技术与法警工作】 2010年，全市法院司法技术部门始终把技术咨询、技术审核工作作为司法技术工作的重点，对审判工作中遇到的疑难技术问题，积极采取口头、电话、书面、召开专家论证会等灵活多样的形式，协助法官进行分析、审查、判断、鉴别。特别是遇到鉴定机构水平不高和鉴定结论不一的复杂情况时，司法技术人员密切配合法官，作好技术咨询和技术审核工作，保证案件的公平、公正、顺利审结。以“为审判和执行部门提供优质高效服务”为宗旨，紧紧抓住影响对外委托案件质量和效率的几个重点环节，努力提高服务水平。一是实行周会制，抓好案件督办。二是建立案件受理关口前移制度。在前期质证、调解过程中，当事人申请并经合议庭同意需对外委托鉴定的案件，司法技术人员提前介入，在当事人和法官都在场的情况下，组织双方提前选定鉴定机构和确定鉴定所需要的材料，随后合议庭补办案件移送表和移送鉴定材料。不仅省去当事人专门来法院选择鉴定机构的麻烦，而且大大缩短对外委托的时间，提高了委托效率，受到当事人的极大欢迎。三是加强对中介机构的动态管理。制定了《加强中介机构管理若干规定》，采取多种措施督促中介机构优质高效的完成受委托工作，根据完成案件的质量和效率，对名册内机构进行动态管理，对工作质量和效率不高的给予通报批评，仍不能有效整改的暂停委托，情节严重的从名册中除名。司法技术部门积极履行死刑执行中的工作职责，全年无差错。全省法院司法技术工作现场会在市中院召开，郑州市司法技术工作受到省高级法院的充分肯定和好评。

法警支队严格落实最高法院制定的值庭、押解、看管和安检有关规则，执行值庭、押解、看管任务时，按照规定配备警力、配带警械，确保审判环节不发生自伤、自残、脱逃等重大责任事故。同时，根据所承担的工作任务，结合实际，制定了《郑州市中级人民法院安全防范工作方案》、《郑州市中级人民法院应对伤害我院干警事件处置预案》，起草了《郑州市中级人民法院安全应对突发事件处置方案》。法警支队全年共执行押解值庭485次，押解被告人1200人次；配合民商案件值庭50余次；协助执行案件20次，派警3000余人次。执行最高法院远程视频提审、押解死刑犯出警40人次；完成省高院二审开庭保障任务43次，出警264人次。及时处置重大突发事件10余次；发送机要文件、卷宗材料9034件，收文件1062件、传票420封，圆满完成各类案件审理的警务保障任务。为保证法院良好的办公秩序和审判秩序，法警支队加强了院办公楼、审判法庭的值班巡逻，设置了本院干警遇到紧急情况求救电话。加大安全检查力度，对进入本院的外来人员和车辆进行严格检查，发现问题及时处理；上班时间由法警带领保安员对进入审判楼内的人员进行安检，对当事人所带的包经过X光检查、身份证刷卡识别登记，使法院安全防范工作做到了制度化、经常化，建立了长效机制。

【接受相关监督】 2010年，全市法院始终坚持党的领导，主动接受人大及其常委会监督，及时向党委、人大汇报重大工作部署，确保法院工作健康发展。认真接受省人大常委会视察组、市人大常委会视察组对全市法院民商执行工作、行政审判工作的专项视察，听取视察组意见、建议，制定落实措施，进一步改进执行、行政审判工作。高度重视人大代表、政协委员建议、提案办理工作，对14件代表建议和政协提案，认真研究，积极采纳，并及时组织有关人员进行答复。对人大代表关注的案件，不断加大督办工作力度，提高办案质量。全年共收到人大代表关注的案件37件，办结32件，到期办结率86.5%；对未办结的案件，及时做好沟通工作，取得人大代表的支持和理解。进一步加强与人大代表、政协委员的联系。认真落实向代表、委员的承诺，全市两级法院全部成立代表、委员联络之家，作为人大代表、政协委员监督法院工作、提出意见建议的专门场所，为代表、委员履行监督提供便利，全年共接待代表、委员1786人次。继续坚持邀请人大代表、政协委员旁听案件审理和监督审判执行制度，对有重大影响、社会反映强烈的案件，以及人大、政协、政法委和上级法院关注或交办、转办的案件等，定期邀请相关人员旁听庭审和监督审判执行工作。全年全市法院共组织开展旁听庭审、监督执行活动302次，完成了人大会上“选择200件案件邀请代表、委员旁听庭审和监督执行”的承诺。建立向代表、委员通报工作长效机制，市中院班子成员2次带队，到13个县(市)、区，召开座谈会，先后向520名三级代表、委员通报情况，征求意见，受到人大代表和政协委员的广泛好评。

【队伍建设】 2010年，全市法院以廉政建设为总抓手，从严管理，不断提高队伍素质、提升执法能力、促进司法公正、维护司法权威，树立了人民法院和法官的良好形象。一是以开展“人民法官为人民”主题实践活动为抓手，加强干警思想教育培训。积极组织全市法院开展“人民法官为人民”主题实践活动和创先争优活动，教育引导广大干警牢固树立社会主义法治理念，端正执法指导思想，规范执法行为，提高执法质量和执法公信力。认真开展为期一个月的“总结赵作海案件教训大讨论”活动，针对每个岗位、每名干警、每个环节进行大讨论、大反思、大排查、大整改，确保所办的每一起案件、所做的每一项工作都能经得起历史的考验。二是以开展“制度创新年”活动为抓手，加强审判管理。围绕审判管理的关键环节，健全完善40余项制度，着力推进审判管理的制度化建设。针对审判效率不高的问题，全市法院集中开展了治理超审限案件专项活动，通过建立台帐、限期办理、通报进度等措施，共清理超审限案件639件。全面推行刑事审判量刑规范化工作，制定交通损害赔偿案件指导意见，统一全市法院裁判标准，努力解决“同案不同判”问题。进一步完善法院整体工作、法官个人业绩量化考评体系，坚持定期通报排名，分析审判运行态势，推动审判工作科学均衡发展。2010年郑州市法院审判管理经验被最高法院推广。三是以加强党风廉政建设为抓手，加强队伍管理。全市法院把廉政建设作为生命线工程，贯穿法院工作全局，对廉政建设实行单独考核，凡廉政建设工作落后的法院，取消年度评先资格。加大廉政教育力度，通过承办“四会一课”廉政教育主题巡回宣讲、组织观看廉政教育片等，提高干警的廉洁意识；每季度通报分析廉政举报情况，及时掌握干警纪律作风方面的倾向性、苗头性问题，有针对性地制定教育整改措施。加大对关键环节的监督力度，与市纪委建立信访举报情况分析制度，共同分析法院工作的薄弱环节，完善20余项制度，及时堵塞管理漏洞。如针对司法拍卖环节容易滋生腐败的问题，积极推行司法拍卖市场化改革，全面公开司法拍卖过程，确保司法拍卖公开、公正。加大查处力度，强化“严管就是厚爱”观念，对当事人反映的案件逐一评查，对群众举报的线索逐一核实，对发现的问题一查到底，决不手软，全年共查处违法违纪人员6人，对8人进行戒勉谈话，向4个单位负责人发出整改通知；全市法院违法违纪举报信件明显减少，同比下降23%。全市法院涌现出全国执行工作先进单位、全省优秀法院等68个先进集体，全国优秀法官、全省十佳法官等212名先进个人，群众满意度排名位居全省法院前列。市中院在全省法院绩效考核中位居首位，被评为全省先进中院，并荣立集体二等功。

【调查研究工作】 2010年，市法院研究室以服务领导决策、服务审判工作、服务法院工作科学发展为抓手，不断强化职能作用，围绕审判工作，着力解决突出问题。一是加强审判动态分析，开展专题调研，创办《审判运行态势分析》专刊，每月编发一期，对全市法院收、结、存案件动态情况进行分析，及时研判工作中出现的新情况、新问题，提出针对性的意见建议，并直接向中院和基层法院领导进行反馈，提供决策参考，强化均衡结案观念，促进了收结案的动态平衡。二是高质量做好全国法院重点调研课题。针对制约执行工作的无财产可供执行案件问题，由市中院院长王新生任课题组组长，先后到13个基层法院和西安中院进行实地调研，撰写了8万余字的调研报告，并在此基础上制定了处理无财产可供执行案件的规范性意见。调研报告通过了最高法院组织的专家检查验收，给予充分肯定，市中院受邀在全国性会议上介绍经验。三是完善司法拍卖规范。为落实省法院推进司法拍卖社会化、市场化的司法拍卖工作改革思路，制定了《司法拍卖工作细则》，为促进司法拍卖公开、公正、公平、廉洁提供了制度保障。四是开展问题性调研。针对《民事诉讼法》修订后，审判实践中“对本院生效民事判决裁定启动再审程序规范缺失”问题，进行了深入调研，制定了《关于对本院生效民事判决裁定启动再审程序的意见》，对再审的提起主体、提起程序等进行了规范。主动调研，撰写了《关于绩效考核实施情况的调研报告》，对绩效考核中存在的问题进行了分析，提出了针对性建议，为领导决策提供依据。针对道路交通事故案件适用法律不统一问题，与省法院《公民与法》杂志社联合召开专题研讨会，依据研讨成果出台了《关于审理道路交通事故损害赔偿案件的指导意见》，规范了道路交通事故损害赔偿案件的法律适用。与市司法局联合召开律师值班座谈会，改进完善律师值班制度。五是开展专题统计调研。针对“两抢一盗”案件、财产保全引发涉诉信访问题进行统计分析，形成2篇专题统计分析报告，在全国性评比中均荣获三等奖，是全省法院系统在此次评比中仅有的获奖成果。

【后勤保障工作】 2010年，市中院办公室围绕全院中心工作和院党组的决策部署，进一步发挥以文辅政，督办落实和综合协调的职能作用，为全市法院各项工作的发展提供了良好的服务。一是充分发挥以文辅政的作用，增强出谋划策的能力。围绕中心工作，在服务领导决策上狠下工夫。围绕基层法院队伍稳定问题，积极组织有关人员进行调研，以翔实的数据，客观的反映了基层法院队伍面临的法官流失问题，编发的简报先后被市委、省法院、省委转发；围绕加强审判管理工作，及时总结全市法院经验，广泛收集资料，编写的《创新管理机制提升审判效能，努力实现"一平二降三提高"》简报先后被省法院、最高法院《工作简报》采用。不断健全信息考核机制，进一步提高信息报送质量。全年共编发各类信息反映、简报、领导批示、每周工作动态338期，其中，信息反映被最高法院采用5条，被省法院采用137条，被省委、市委和市委政法委采用115条，采用率达76%。大量信息引起省、市领导关注，先后被省法院院长张立勇等领导指示49条，信息工作继续保持在全省法院的领先地位。二是充分发挥督办落实作用，增强真抓实干的执行力。以三项重点工作为抓手，扎实推进平安建设工作。院党组成立了领导小组，并明确由办公室负责三项重点工作和平安建设工作的情况综合、经验总结、协调推进等工作。为抓好落实，逐项制定目标任务和工作措施，细化责任部门和人员，明确考核目标，不定期组织有关人员对各基层法院落实三项重点工作和平安创建工作情况进行明查暗访，并通报进展情况，形成了一级抓一级、层层抓落实的局面，确保了各项工作落到实处。狠抓案件督办工作，紧紧抓住督办案件较多的单位，加强督促指导，及时掌握案件具体情况，以此为突破点带动督办案件的办理进度。全年共接转各类督办案件296件，其中上级要结果督查件277件，共办结241件，未到期15件，到期办结率85.7%。三是充分发挥综合协调的作用，增强服务审判的保障力度。切实做好机要保密档案归档工作。严格按照文电管理规定，认真登记、及时送阅处理，全年共完成党内、政府三级文件5000余份的收发送阅工作。为提高档案卷宗质量，制定了《郑州市中级人民法院关于诉讼档案卷宗装订实施细则（试行）》，下发各业务庭，并对各业务部门的档案归档工作进行多次通报，通报情况与年终绩效考核挂钩。全年共归各类档案卷宗2989卷17096册、文书立卷808件，接待当事人和公安机关、检察院工作人员等3400多人，调卷5000余卷。全市法院档案管理工作均通过了省一级达标认证，其中登封市法院通过了省特级达标认证。

不断创新服务保障的方式和方法，树立人性化服务新理念，重点突出人文关怀，点面结合，贯穿生活、工作、学习、家庭方方面面。经多方协调、筹措资金，为审判一线业务庭、室配备更新电脑150余台，极大地改善了一线干警的办公条件；加强对车辆和驾驶员的管理教育，顺利完成了各项活动的车辆保障任务，全年共出动车辆6万余台次，行程200余万公里，无甲方责任事故。增加了干警伙食标准，澡堂、游泳池工作日天天开放，购置了文体器材，整修了体育活动场地，为全院干警发放凉茶6万余包；完成了院廉政文化建设100多幅书法、字画作品的装裱、张贴、悬挂任务；完成会议服务保障376次，节约经费50余万元。市中院被省住房和城乡建设厅评为省级园林单位，被郑州市爱委会评为2010年市直卫生先进单位。

（杨静波　卢新合）

司法行政工作

【概况】 2010年，全市司法行政系统在市委、市政府和省司法厅的正确领导下，深入贯彻落实科学发展观，紧紧围绕推进社会矛盾化解、社会管理创新、公正廉洁执法三项重点工作，发扬"忠诚、高效、创新、争先"的郑州司法行政精神，履行职能有新成效、推动工作有新亮点、基层建设有新加强、干部队伍有新风貌，圆满完成了省厅的各项目标任务和向社会公开承诺办理的8件实事，全市司法行政工作全面迈入省司法行政系统第一方阵，呈现出良好的发展趋势。

2010年，郑州市司法局被评为河南省平安建设先进单位、警务督察工作先进单位、监狱劳教人民警察法律知识竞赛优秀组织奖、维护妇女儿童权益先进集体和郑州市推行行政执法责任制工作先进单位等，郑州市监狱、白庙劳教所被评为全省警务督察工作先进单位，齐礼阎劳教所、白庙劳教所被省司法厅评为年度完成责任目标暨平安建设工作先进单位，郑州市律协党委先后被郑州市委、河南省委组织部评为"五好基层党组织"，郑州市法律援助中心被郑州市人民政府授予"职业道德十佳单位"称号，郑州市司法局法制处被司法部评为"全国司法行政机关行政复议工作先进单位"。全市司法行政系统5个集体、42人受到省市表彰，4人荣记三等功。

【普法宣传与依法治理】 2010年，郑州市司法行政系统围绕法治城市创建工作，普法和依法治理工作取得新成效。围绕建设郑州都市区、持续推进跨越式发展、打造中原经济区核心增长极，开展了"加强企业法制宣传教育、积极应对国际金融危机"主题宣传活动、建设新农村法制宣传教育、"劝阻违法行为"和服务"畅通郑州"工程主题宣传活动，增强了工作的实效性和针对性。以"三个重点"法制宣传教育为突破口，深入开展"法律六进"活动，做强做大"12·4"全国法制宣传日系列宣传活动，共组织司法行政工作者2000余人，深入到农村和社区约10万居民家中进行法律知识宣传。郑州市普法讲师团共授课1536场次，举办培训班120期，7万人次参加听讲，赠送"两法一条例"等法律书籍52万多册。组织全市10万余名公务人员参加了法律知识考试。

深化法治县(市)区、乡镇(街道办事处)创建活动，全市93个乡镇、76个街道办事处全部启动创建，形成了市、县(市)区、乡镇(街道办事处)、村(社区)四级创建格局。金水区、二七区荣获首批全国法治县(市)区创建活动先进单位；荥阳市高山村、中牟县白沙村被命名为“全国民主法治村”。郑州市监狱反腐倡廉警示教育基地等5个单位被省厅、省治省办命名表彰为首批“河南省优秀法制宣传教育基地”；中牟县白沙镇党委书记朱麦囤、管城区代书胡同社区人民调解员张春菊被评为首届“河南十大法治人物”。

2010年是“五五”普法检查验收年，河南省和全国检查验收组先后莅郑检查验收“五五”普法依法治理工作，给予充分肯定。10月20日，省委常委、省委政法委书记李新民和司法部副部长张苏军对郑州市“五五”普法依法治理工作检查验收后，给予高度评价。

【监狱劳教所安全稳定工作】 2010年，围绕服务大局和中心工作，监狱劳教所安全稳定工作再上新台阶。牢固树立安全稳定首位意识，加大人防、物防、技防工作“三防”力度，以防范保稳定。进一步完善劳教学员教育矫治质量评估体系，制定了《教育矫治质量评价考评细则》和《教育矫治质量评价评分标准》，研发了劳教系统教育评价体系软件，创新教育矫治工作新模式，实现了对劳教学员教育矫治工作的法制化、网络化、规范化作业和信息化管理。投资5011万元，建成了市监狱和3个劳教所建筑面积为2.5万平方米的习艺楼、管教综合楼。加强技防建设，投资近270万元，对狱所监控设施进行了升级改造，提高了人防、物防、技防的防范能力。

全面落实排查、防控、应急处置、领导责任、安全稳定研判“五项机制”和“两级督查”工作机制，全年开展狱所内突发事件演练30次，参与干警727人次；举办各类业务技能培训班10余期，300余名干警进行了封闭式训练；开展局领导带队巡查和监狱劳教处督查40余次、310人次；认真落实狱(所)长接待日制度，共受理各类咨询200余次。积极开展岗位大培训大练兵活动，组织干警参加了省市法律知识竞赛和五项警体大赛，并取得了优异成绩。

认真贯彻落实监管工作“首要标准”，全力提高教育改造质量，监狱、劳教所全部迈入全省监狱劳教系统第一方阵。全年完成政治、文化、技术教育3924课时，教育顽危犯转化率98%，劳教人员技能培训纳入全市技工岗前培训计划，免费学习谋生技能。法轮功类劳教学员转化率达100%，居全国领先水平。罪犯和劳教人员职业技能教育成果显著，236人通过国家职业技能鉴定考试，取得了全国统一的职业技能资格证书，有力地促进了刑释解教人员顺利融入社会。

【法律服务经济社会发展】 2010年，围绕社会管理创新，法律服务经济社会发展迈出新步伐。围绕市委、市政府中心工作，进一步整合律师、公证、司法鉴定、基层法律服务等职能，积极为各级政府运用法律手段加强和改善宏观调控提供法律服务，为社会稳定、经济建设、信访接待、民生工程提供优质法律服务。全市律师担任法律顾问1749家，代理各类案件8.7万件，办理公证2.7万件，办理司法鉴定2581起。深入开展法律服务工作者送法进乡村、进社区活动，加大对事关人民群众切身利益的法律法规、维权知识的宣传力度，积极介入矛盾易发多发的热点和难点领域，全年共组织686名律师、公证员走进132个社区、乡村联系点开展公益活动，接待群众咨询6788人次。组织律师参与涉法涉诉信访接待咨询，引导当事人理性表达利益诉求，参与处理信访案件375件。开展便民服务志愿者活动，为特殊人群、困难群众提供法律咨询、减免相关费用，全年律师、公证、司法鉴定共办理法律援助案件2709件。

进一步做好刑释解教人员安置帮教工作，认真开展服刑在教人员基本信息录入和刑释解教人员信息核查工作，全年共接收符合安置帮教条件的对象2045人，安置帮教率达98%，重新犯罪率连续五年控制在3%以内，做法在全国产生了良好的反响。建立郑州市育才刑释解教人员过渡性安置实体和4个刑释解教人员过渡性安置企业，有效地预防和减少了刑释解教人员的重新违法犯罪。郑州市作为全省首批社区矫正试点市之一，按照上级要求设立了社区矫正工作机构，制定出台了《社区矫正试点工作实施方案》、《社区矫正工作流程》、《矫正对象考核奖惩办法》等10个规范性文件，组建了社区矫正工作者和志愿者队伍，对符合社区矫正条件的五类犯罪人员进行了调查摸底，通过广泛宣传，使人民群众进一步了解社区矫正工作，为试点工作的开展奠定了坚实基础。

【法律援助工作】 2010年，围绕服务民生、凝聚民心，郑州市法律援助工作实现新突破。“三个纳入”实现新突破：法律援助工作正式列入2010年市委市政府十大民生工程和平安建设内容，法律援助工作经费全部列入财政预算，全市法律援助经费投入421万元，比2009年净增196万元，法律援助“三个纳入”全面落实，保障能力显著增强。“三项标准”实现新突破：建立了法律援助范围、经济困难标准和办案补贴标准的动态调整机制，降低了经济困难审查标准，扩大了受援范围，提高了案件补贴标准。服务网络建设实现新突破：建立了郑州市法律援助服务大厅，各县(市)、区建立了标准化接待室，在法院、公安机关设立了14个法律援助值班律师办公室，在基层司法所、律师事务所、共青妇等部门设立了276个法律援助受理点(站)，构建了“城区半小时、乡村1小时”法律援助服务圈，初步实现了法律援助网络全覆盖。全年办理法律援助案件4006件，接待咨询1.8万人次，分别比2009年增长37%和40%，为受援人挽回经济损失及取得利益1419万元，为农民工挽回经济损失或争得利益697万元，深受社会各界好评。

【基层司法行政工作】 2010年，围绕维护社会和谐稳定，郑州市司法系统基层基础建设有了新提高。大力开展矛盾纠纷调处工作，组织开展了“人民调解化解矛盾纠纷专项攻坚活动”、“社会矛盾化解百日竞赛活动”、“三项重点工作”等活动，集中化解了大量矛盾纠纷。健全完善人民调解与司法调解、行政调解联动工作机制，确立了三调联动工作模式，在全市13个人民法院、49个中心法庭、142个公安派出所及28个交警大队设立了人民调解室。郑州市人民政府出台了《郑州市医疗纠纷预防与处理办法》，成立了郑州市医疗纠纷调解委员会，全年成功调解6起医疗纠纷。以《人民调解法》的颁布实施为契机，开展一系列法律宣传活动。全年全市共调解民间纠纷6.1万件，调解成6万件，调解成功率98%；接受人民法院委托民事案件1179件，调解成功577件，调解成功率49%；接受公安部门委托治安及民事案件1369件，调成1341件，调解成功率98%，切实把矛盾纠纷化解在基层，消灭在萌芽状态。

继续加强司法所基础设施建设，全市171个司法所办公面积2.2万平方米，平均每所127平方米。利用第五批国债资金建设的28个司法所已建成25个；各县（市）、区自筹资金500多万元用于司法所建设，并将人民调解、安置帮教、司法所等专项业务经费列入财政预算。结合工作实际，制定出台了《郑州市司法所规范化建设实施方案》，力争三年之内把全市所有司法所建设成规范化司法所，为社会稳定提供了有力的法律保障。至年底，全市司法所全部实现立户列编，核定人员489名，为全国基层司法所的建设工作积累了经验、树立了榜样。

【司法行政队伍建设】 2010年，围绕公正廉洁执法，全市司法行政三支队伍建设呈现新气象。以建设学习型党组织为核心，认真落实党委中心组学习制度，积极开展“重在持续、重在提升、重在统筹、重在为民”主题党课活动、读书竞赛活动和业务知识讲学活动等，进一步提高了领导干部的政治业务素质。以加强领导班子整体合力为重点，认真执行党的民主集中制原则，树立了集体领导的理念，提高了党委的决策能力和水平。以干部选拔任用为契机，认真贯彻《干部选拔任用条例》，对狱所领导班子和局机关空缺职位进行了调整和充实，24名崇尚实干、清正廉洁的中青年干部走上领导岗位。以党风廉政建设为保障，认真落实党风廉政建设责任制，积极推行党务公开，严格落实党员干部信访谈话、廉政谈话、函询、质询、诫勉谈话等规定，加强惩防体系建设，大力开展反腐败斗争，维护党纪党规的严肃性。

以主题实践活动为抓手，推动公正廉洁执法。在全市司法行政系统广泛开展了“公正廉洁执法 加强作风建设年”活动和郑州司法行政精神大讨论。在监狱劳教人民警察中广泛开展了“执法大培训、岗位大练兵”和“纠正执法问题，促进执法公正”专题教育活动，监狱劳教人民警察公正廉洁执法的水平和能力显著提升。坚持把开展创先争优活动作为重要政治任务，在全市司法行政队伍中相继开展了围绕中心、承诺定责和点评推进工作，促进了创先争优活动深入开展。在律师、公证、司法鉴定行业相继开展了中国特色社会主义法律工作者主题教育实践活动、“纠正执业问题、促进诚信执业”和基层法律服务规范化建设等专项活动。在省委政法委组织的“千起案件评查”中，监狱劳教所最易发生徇私枉法、权钱交易的减刑、假释、保外就医等各个环节，未发现一起违法违纪问题。

以提升司法行政队伍综合素质为重点，加大教育培训力度。全年组织530名干警参加了省市专门业务、法律知识、警衔晋升等教育培训，1875名律师参加了全省网络继续教育培训，122名公证员参加了全省执业公证员教育培训，380名司法鉴定人员进行了司法鉴定综合知识、规范化执业学习培训，9700名人民调委会主任和调解员进行了业务知识培训。通过一系列的学习教育培训，进一步提升了三支队伍整体素质，为司法行政工作的创新发展奠定了坚实基础。精心组织国家司法考试工作，5424人参加考试，通过1286人。

以宣传报道工作为平台，助力队伍建设上台阶。坚持抓宣传就是抓队伍的指导思想，加强与新闻媒体的沟通联系，在策划上下工夫，在选题上做文章，形成了有规模、有特色、有成效的宣传局面，实现了在重要媒体、系列报道、重点报道的新突破。树立了梁同跃、王茹晖、张春菊等司法行政系统先进典型，进一步凝聚了人心，提升了士气。全年在省市新闻媒体发表稿件1513篇，受到省司法厅表彰。此外，干校教育、基层党建、信息调研、行财装备、精神文明建设和离退休干部工作都取得了新成绩。

（楚丽源）

仲裁工作

【概况】 2010年，郑州仲裁委员会坚持以“三个代表”重要思想为指导；以务实创新，科学运作，努力实现跨越式发展为主线；以培养两支队伍，全面提升综合素质为基础；以强力推行宣传仲裁法律制度，夯实发展基础为抓手；以服务市场、服务百姓，维护社会稳定为突破口；以公正高效办案，彰显仲裁优势为中心任务，着力抓方向、抓定位、抓管理、抓运作、抓落实、抓提升,较好地完成了年度工作目标和任务。全年受理案件1589件,比上年同期增长57%;标的额10.46亿元,比上年同期增长5.5%。积极开展对外交流,参加了中南片区湖北十堰仲裁工作会议、中国仲裁与司法论坛暨中国仲裁法学院研究会2010年年会等,及时了解全国仲裁事业发展动态,学习先进经验,促进郑州仲裁事业发展。在4月召开的全国仲裁工作北京座谈会上,对全国208个仲裁委员会进行了2009年工作排名,郑州仲裁委员会排名第12位。10月12日,经国家知识产权局研究决定,郑州仲裁委员会成为全国第二个被纳入专利保护重点联系机制的仲裁机构。

【仲裁宣传推行】 2010年,郑州仲裁委在深入调研的基础上,连续两次修订宣传工作实施方案,明确宣传内容、宣传渠道,调整宣传思路,创新宣传工作模式,宣传推行工作方向更加明确、针对性更强、方法形式更加灵活,实际效果明显增强。一是宣传推广的形式及内容更具广泛性。在注重《郑州日报》、郑州电视台等市级媒体宣传的同时,加强与河南电视台、《人民法院报》等省级、国家级新闻媒体的合作,组织内容充实、形式活泼的素材,进行全方位宣传和推广。为加强宣传推广效果,编印《郑州仲裁》杂志3期、《仲裁典型十大案例》1期、《仲裁工作简报》4期和《仲裁快讯》、《仲裁信息》各2期,加印5000余份,发至全市各个行业。二是选择典型性、趣味性、可读可听可看性较强的仲裁内容,变被动宣传为主动宣传。完善和修订《调解规则》,积极探索和规范仲裁确认程序,把仲裁工作的重点逐步延伸到普通社会大众,通过仲裁调解成功处理三星公司、河南某置业有限公司等一批特殊案件和集团纠纷案件,在社会上引起强烈反响,成为多家媒体争相报导宣传的典型实例;11月19日,仲裁委办公室与河南卫视法制频道"执法面对面"栏目组联合制作节目《迟到的房产证》,创下了较高收视率,许多观众致电电视台咨询仲裁事宜,为此,栏目组主动联系委办要求合作,12月17日再次录制节目《仲裁化纠纷》,以仲裁成功案例宣传仲裁法律制度的优势,并建立了长效宣传机制。三是变说教式宣传为实际指导式宣传。机关工作人员深入重点部门、重点行业100多家,召开大小座谈会、研讨会70余次,与金融业、保险业、建筑业、工商联协会、律师界、司法部门、省市法院、国土资源局、知识产权局等建立了长效联系机制,持之以恒地深入宣传仲裁法律制度。同时,根据行业特点,对仲裁条款引入的细节、技巧作具体指导,收到显著效果。12月,"华北水利水电学院法学院实习实训基地"挂牌仪式在郑州仲裁委举行,为双方交流合作、优势互补搭建了良好的平台。四是巧借优势,广泛参与。依靠和发动仲裁员、律师及社会各方面热心人士,借力于各行业组织和分会、中心、办事处等搭建平台、创造条件,进行深入的宣传推行。此外,出台了《关于网上事项办理工作实施意见》,划分了网上监控范围,明确了事项办理部门,规定了监控时段和事项办理程序,为及时有效办理媒体反映事项提供了保障。

【仲裁调解】 2010年,郑州仲裁委紧扣社会热点,积极参与到社会矛盾纠纷大调解社会格局中,彰显仲裁工作的社会公益性,为构建和谐郑州作出积极贡献。一是在运用仲裁调解化解社会矛盾纠纷方面进行了积极的探索和尝试,社会效果显著。仲裁调解是在仲裁程序之外,化解社会矛盾纠纷的又一有效途径和办法,全年利用此程序成功化解了多起集团房产纠纷案件。通过主动上门释法明理服务和多方走访协调的延伸跟踪服务,在化解积累时间长、当事人缺乏耐心或情绪波动大、协调难度大、细节要求严格的矛盾纠纷中探索出了成功经验,使仲裁的特点、优势充分发挥,受到社会好评。二是放大和提升仲裁调解功能。对《调解规则》进行了及时修订和完善,放宽了仲裁调解组织受理案件的门槛,扩展了受案范围,降低了收费标准等,极大地方便了当事人。同时,新修订的《调解规则》与中央司法制度改革精神和目的相一致,使仲裁调解在构建社会大调解中发挥越来越重要的作用。三是进一步构建仲裁服务网络,拓展仲裁服务渠道。为使仲裁走入寻常百姓中,服务社会各行业、各领域,通过深入细致的调研摸底,加大了服务网络构建工作。3月,省工商联民商事仲裁调解中心挂牌成立,为民营企业提供调解和仲裁服务;5月,郑州仲裁委员会正方圆联络室、知识产权联络室和公司证券业中心正式设立,为方便市场主体解决商事纠纷提供了良好条件;8月,郑州仲裁委员会金融仲裁院成立,与仲裁处合署办公,为郑州区域性金融中心建设提供了优质高效的仲裁服务和法律保障;此外,还设立了室内装饰业仲裁服务大厅。各分会、中心等机构充分发挥其直接贴近市场、贴近百姓的优势,调处各类矛盾纠纷1000余件,较好地体现了仲裁工作的社会功能。

【仲裁庭建设】 2010年,郑州仲裁委着力抓好仲裁庭履职能力建设,确保仲裁案件得到公正、优质、高效的处理,铸造仲裁公信力。一是坚持审案件日报制度与细化个案流程计划书相结合,并制作案件笔记,使每个案件进展情况明了清晰;二是坚持庭前告知与开庭程序电子版公告相结合,统筹安排,节约时间,提高工作效率;三是坚持对仲裁裁决书的审查和加强与仲裁庭的沟通相结合,保证裁决书的规范,准确;四是坚持办理领导批转案件与组织专家论证相结合,保证法律的适用和社会效果的统一;五是坚持开展仲裁员办案评价制度与仲裁员约谈警示相结合,加强对仲裁员、仲裁秘书的有效监督;六是坚持制度管理与日常工作管理相结合，规范仲裁员办案行为，严防违规、违法、违纪行为发生；七是坚持司法监督与内部自查自纠相结合，避免案件瑕疵，确保案件质量，维护仲裁信誉。通过“七个结合”，仲裁庭综合履职能力，尤其是驾驭庭审能力、应对复杂局面和突发事件能力、调解和解能力明显提升，办案效率和质量明显提高。全年新立案件审结224件，当年审结率64%。调解结案86件，68件当事人自动和解或撤案，调解和解率58.4%；当事人自动履行的119件，占审结案件的30.8%。简易程序平均审结期限为40天，普通程序审结期限为68天，大大低于规则规定的60天和120天的审限。同时，仲裁庭与办公室密切配合，在查清案件的基本事实、理清案件法律关系、适用法律的把握、对当事人做耐心细致的思想工作等方面下工夫，使部分矛盾较为激化、案情较为复杂特殊、涉案人数较多的疑难复杂案件得到妥善处理。全年办结的案件未有被法院撤销和不予执行的案件，质量得到有效保证。

【仲裁创新发展】 2010年，郑州仲裁委结合仲裁工作新形势、新情况、新需要，不断拓展发展领域，强力推进各项工作创新，取得明显成效。一是成功举办“推进仲裁工作与诉讼相衔接高端论坛”，作为国内多元纠纷解决机制研究及推行方面的一个创举，受到与会各方的高度关注与评价。二是拓展仲裁工作渠道，在多层次多领域推进发展。为破解仲裁受行业条框制约的难题，加大了对金融业、保险业、建筑业、非公企业等的仲裁融入工作。与郑州市金融办共同举办了《运用仲裁机制，优化金融发展环境》座谈会；与河南省保险行业协会联合首次召开全省保险仲裁工作会议，并举办保险专业仲裁员实务研讨会；与河南省银行业协会联合下发《关于加强银行业仲裁工作的若干意见》，提升了仲裁服务银行业的作用，确保了银行业仲裁工作稳步发展。三是与省高法联合下发了《诉讼与仲裁工作相衔接的规范性意见》（征求意见稿），为仲裁工作与诉讼实现无缝衔接提供操作性较强的指导意见。与市法院召开仲裁执行工作专题研讨会，针对执行工作中的热点、难点问题进行深入沟通，为规范仲裁案件执行提供了有力支持，并为改进仲裁工作获得了宝贵的意见和建议。

【仲裁队伍建设】 2010年，郑州仲裁委创造性地开展队伍素质训练，全面提升履职能力。按照市委要求，积极开展创先争优活动和“党员示范岗”创建活动，在处室设立“党员示范岗”，按照“党员五个表率”开展创建。出台了《仲裁办业务学习实施方案》，为创建学习型机关、增强全办工作人员综合素质提供了良好的组织保障。对仲裁工作人员进行业务素质培训，实行基础知识教育、理论知识教育、实践工作教育三层教育法，通过处长、专家教授和办公室领导授课，并在年底进行闭卷考试，实现了基础、理论、实践的贯通和融合，体现了由一般到具体、由理论到实践的学习。出台了新修订的《绩效考核办法》，每月按照《办法》设置内容对全办中层及其以下人员进行严格考核，对干部职工增强履职能力、调动工作积极性起到良好的促进作用。选派工作人员到上海、北京、杭州、重庆等地先进仲裁机构考察，到上海、青岛、天津、大连、济南参加各类仲裁法律研讨班学习，以开阔眼界、增长知识和才干，提高履职能力和水平。对仲裁员队伍建设，通过举办“仲裁员沙龙”、各类论坛、专题研讨、座谈会等活动，邀请国内外仲裁界知名专家教授和学者授课，使仲裁员及时了解和掌握商事仲裁的最新理论研究成果和发展动态，以及仲裁实践工作经验，从中不断接受新的知识，提高仲裁技巧。

为庆祝中国共产党成立89周年，组成诗歌朗诵团队，参加了机关工委举办的庆祝建党89周年诗歌散文朗诵比赛，获得优秀组织奖。委办党支部与二七区一马路街道陇海大院社区党支部签订了郑州市“服务城乡，联点共建”活动协议书，为构建城乡统筹的基层党建新格局打下了基础；出台党员志愿者服务活动实施方案，并组建了“党员志愿者服务队”，对共建社区8户困难家庭开展党支部志愿者服务活动。举行春节联谊会，委办和各分支机构工作人员、部分仲裁员300余人参加，通过座谈和演出，交流了思想，增进了感情，融洽了关系。

【推进仲裁工作与诉讼相衔接高端论坛】 为积极探索多元纠纷解决机制，郑州仲裁委经过科学分析和运作，于2010年10月22日，与河南省高级人民法院联合举办了“推进仲裁工作与诉讼相衔接高端论坛”。论坛由河南省高级人民法院副院长史小红主持，郑州市委常委、常务副市长胡荃致辞。最高人民法院、中央政法委综治办、全国人大法工委、国务院法制办、河南省工商联的有关领导和中国人民大学法学院、中国政法大学继续教育学院、中国仲裁法学院研究会、郑州大学法学院的专家学者到会并进行了精彩发言和点评，全省法院系统、全国仲裁机构及社会各方面200多人出席会议，就如何建立诉讼与仲裁工作相衔接的长效机制、最大程度地发挥仲裁在多元化纠纷解决机制中的作用进行探讨并达成共识。此次高端论坛的成功举办是国内多元纠纷解决机制研究及推行方面的一个创举，受到与会领导、专家及全国法院系统和仲裁界的高度关注与评价，不仅为郑州仲裁委利用仲裁法律制度化解社会矛盾纠纷、与诉讼进行有效衔接打下了坚实基础并提供了经验支持，也对在全国推进诉讼与仲裁工作相衔接起到了一定的指导和推动作用。《人民法院报》、《中国时报》、《河南日报》、《河南法制报》、大河网、大公网、河南法院网、河南电视台、郑州电视台、河南人民广播电台、郑州人民广播电台等媒体宣传报道了论坛盛况。

【仲裁员沙龙活动】 2010年6月19日，在嵩山饭店举办了主题为“调解的理论与实践”的仲裁员沙龙活动。上海大学法学院原院长沈四宝教授主讲《论仲裁与调解》，刘彤教授、李熙燕主任、刘家森律师分别交流了仲裁与调解的原则和技巧。300多名仲裁员、调解员和仲裁工作人员出席沙龙活动。9月9日，在嵩山饭店举办了主题为“谋良策、促发展”的仲裁员沙龙活动。采取互动方式交流，相互探讨，并进行了工作上的沟通，为加强仲裁员队伍和仲裁机构建设起到了很好的作用。12月29日，在嵩山饭店举办了第三期仲裁员沙龙活动。活动主题是“提高仲裁庭履职能力若干问题探讨”。委办主任张灵芝作活动致辞，中国国际经济贸易仲裁委员会华南分会秘书处副处长、研究室副主任林一飞博士主讲《仲裁庭功能建设》，程宝山教授作点评。委办全体成员、部分仲裁员和外地市仲裁机构共150人参加了沙龙活动。

(董曙雯　范炎昌　姚　红)

政法大事及典型案例

【平安郑州建设】 2010年初，召开了全市政法暨平安建设信访稳定工作会议，全面安排部署政法暨平安建设信访稳定工作，层层签订平安建设目标责任保证书，确保各项工作责任落实到位。深入开展“三大两提升一促进”(大宣传、大排查、大整治，提升公众安全感和执法满意度，促进平安郑州建设)活动，着力解决影响公众安全感和执法满意度的突出问题。为切实解决平安建设基层基础工作的体制性、机制性问题，从考核复核、分级管理、评价通报、考评奖惩和综治实绩档案建立运用5个方面进行创新，促进了平安建设向纵深发展。中央及省委两级政法委、综治委连续转发了郑州市校园周边治理、重点地区排查整治、巡防队伍建设等方面的经验做法。10月份，省委常委、政法委书记李新民考察郑州市平安建设工作，对全市综治基层基础工作取得的成效给予了充分肯定和高度评价。根据省统计局抽样调查数据显示，2010年郑州市群众安全感和执法满意度指数持续上升，分别达到了95.32%和93.95%，连续四年位居全省前列。继2007年、2009年受省委、省政府表彰后，2010年再次被省委、省政府表彰为“河南省平安建设工作先进省辖市”。

(艾　庆)

【侦破“2010·6·5”抢劫杀人案】 2010年6月5日凌晨1时许，郑州市公安局金水分局接到110指挥中心指令，金水区东风渠河畔发生一起抢劫案件，1名男子被刀捅伤。经初步查明，受害人周运全(男，21岁，周口市太康县人，暂住金水区大铺村)，6月5日凌晨1时30分许与其女友在金水区数码公园内东风渠北岸被1名陌生男青年抢走手机1部及现金40元。事发后不久，受害人和女友与嫌疑人再次在东风渠南岸相遇，双方发生厮打，在厮打过程中受害人被嫌疑人用水果刀刺中左胸，后嫌疑人扔掉凶器，沿绿化带向西逃走，受害人因伤势过重倒地，经抢救无效死亡。

根据被害人女友的描述及犯罪嫌疑人作案后的逃跑方向，在调查访问、摸底排查的同时，多策并举，利用网络查询、上网比对照片等方法，并经被害人女友对54个重点人员照片进行辨认，确定了犯罪嫌疑人为姚玉用。后通过对被抢手机的监控，迅速确定嫌疑人的大致落脚点，6月6日凌晨6时，在金水区庙李镇庙李村一出租房屋内将正在熟睡的犯罪嫌疑人姚玉用抓获归案。

经讯问，犯罪嫌疑人姚玉用(男，20岁，河南省封丘县人)对2010年6月5日凌晨1时30分许在金水区东风渠北岸抢劫一对情侣手机和现金，并将被抢男子刺死的犯罪事实供认不讳。

【侦破登封特大盗窃机动车案】 2010年10月7日郑州市公安局登封市局接到报案：7日凌晨，登封市嵩阳花园小区居民闻国营停放在小区内的豫A3N098黑色现代伊兰特轿车被盗。10月19日再次接到报案：19日凌晨，登封市少林路居民吴宏文停放在家门口的豫AQL265黑色现代伊兰特轿车被盗。

郑州市公安局登封市局经过分析研究，确定可能是系列性盗窃伊兰特轿车案件，立即成立专案组，迅速开展工作，并将登封市、新郑市本年度曾发生的3起伊兰特轿车被盗案件并案侦查。根据被盗车辆和作案车辆的车型、车灯等特征，依托周边路口的视频监控，初步确定豫C3F367伊兰特轿车为作案车辆。

经过大量艰苦细致的排查跟踪等工作，确定了本案3名主要犯罪嫌疑人分别为王乐清、李艳辉、卢胡党。

10月26日凌晨，根据群众提供的线索，在洛阳市洛龙区一洗浴会所门口将其中一名主要犯罪嫌疑人王乐清(男，29岁，洛阳市洛宁县涧西乡院西村人)抓获；27日，根据犯罪嫌疑人王乐清的供述，将李艳辉(男，30岁，洛阳市孟津县白鹤乡柒李村人)、卢胡党(男，27岁，洛阳市洛龙区古城乡小营村人)、魏小兵(男，28岁，洛宁县涧西乡院西村人)等其余9名犯罪嫌疑人全部抓获归案。经过讯问，该团伙成员分别供认了跨地区流窜作案，多次盗窃伊兰特轿车的经过。

郑州市公安局登封市局仅用10天时间，破获了此次特大系列盗窃案，将一个跨地区流窜作案的特大盗窃机动车团伙彻底打掉，共抓获团伙成员10人，带破郑州、许昌、济源等地发生的盗窃伊兰特轿车案件38起，追回被盗伊兰特轿车12辆。

【侦破于立平涉黑案】 2010年12月

24日,郑州市公安局成功侦破以于立平为首的黑社会性质组织犯罪案,经金水区人民法院一审判决,团伙首犯于立平因犯组织、领导黑社会性质组织罪、强奸罪、寻衅滋事罪、敲诈勒索罪、故意伤害罪、诈骗罪、强迫交易罪,数罪并罚被判处无期徒刑,于凤刚等其他6名组织成员分别被判处有期徒刑。

2010年5月,郑州市公安局主动出击,针对郑州市金水区北郊东北帮黑恶势力猖獗的局面,对金水区辖区内所有涉及东北籍人员的违法犯罪线索开展摸排,对其中的重点黑恶线索逐一进行筛选、甄别。此间,发生于2009年年底的一起重伤害案件被纳入视线:嫌疑人于立平由于不满被害人报警,短时间内纠集十余名马仔,待被害人报案离开派出所之际持械群殴,致被害人身中8刀,案发后仅有直接动手捅伤人的1名马仔被抓获归案。针对该案持械和组织性、暴力性突出等特点,将其列为重点涉黑线索迅速展开调查,很快发现该团伙恶行累累,团伙首犯于立平在金水区柳林、庙李、人民路等多个派出所辖区均有重伤害、强奸、寻衅滋事等恶性刑事犯罪案件的案底,该团伙马仔众多,大多为东北籍,其骨干成员均追随首犯于立平聚居于柳林村一带。

于立平,绰号大平,原籍吉林省舒兰市,现住郑州市金水区郑花路106号院2号楼78号,1983年因犯流氓罪、强奸罪被吉林省舒兰县人民法院判处有期徒刑。1997年提前释放后,只身来到郑州,从最低级的看场子做起,后转入娱乐业从事组织卖淫等,十余年聚敛了百万家财,被众多来郑闯荡黑道的"古惑仔"视为"偶像"。此后为攫取更大的财富,刻意网罗东北籍两劳释放人员充当马仔,借助东北帮大哥的"威名"在金水区北郊一带大肆组织出警站队插手民间纠纷、强揽工程,并高价向饭店、酒店、企业倾销劣质白酒,利用一般商贩的畏惧心理白吃白喝、强收保护费、敲诈勒索、强取豪夺;于立平还看准一些外来打工妹胆小怕事、爱面子的心理,通过诱骗、威胁等手段多次实施强奸犯罪活动。受害群众稍有不满,于立平即纠集数十名手下对群众进行恐吓、殴打。以于立平为首的东北帮横行郑州北郊多年,严重扰乱了当地人民群众的正常经济、生活秩序,民愤极大。

经过秘密侦查,于2010年5月27日将犯罪嫌疑人于立平(男,44岁)、韩万里(男,23岁)、王爱群(男,29岁)、于立宾(男,30岁)、周苗(男,19岁)5人抓获归案;6月18日将犯罪嫌疑人韩金良(男,23岁)抓获;7月20日将最后1名犯罪嫌疑人于凤刚(男,30岁)抓获归案。至此该涉黑犯罪团伙7名成员全部抓获归案。

经审讯,犯罪嫌疑人于立平等人对公安机关调查掌握的多起寻衅滋事、敲诈勒索、故意伤害、诈骗、强奸、强迫交易案件供认不讳。后对首犯于立平住宅、租住地、长包房进行彻底的搜查,意外发现日记中记载了强行与数十名女性发生过性关系并且记有姓名,经仔细询问并大量收集旁证材料后,最终认定其中7起为强奸案件。面对自己亲笔书写的"强奸日记"及大量证据,于立平不得不认罪服法。

(李淑贞　马　静)

第十二篇　非公有制经济

综　述

【民营经济主要指标完成情况】 2010年,郑州市认真贯彻落实国家各项宏观调控政策,着力深化改革、完善机制、优化结构、加快转变民营经济发展方式,同时突出招商引资、重大项目带动等重点措施,大力发展民营经济。全市民营经济实现平稳健康快速增长,并呈现出“总量扩大、运行稳定、结构趋优、贡献加大”的良好局面,成为支撑全市国民经济持续发展的中坚力量。至2010年底,全市民营经济累计完成增加值2832亿元,同比增长18.8%,约占GDP比重70.1%;规模以上工业完成增加值1245亿元,同比增长24.7%;完成产值6301亿元,同比增长16%;完成销售收入6156亿元,同比增长16.2%;实现利润603亿元,较上年同期增长18.9%;累计完成税收413亿元,同比增长32.7%,占全市入库税金总额78.5%,其中,上缴国税228亿元,同比增长27.3%,占国税入库税金的75.7%,上缴地税185亿元,同比增长40%,占地税入库税金的85.4%;民间投资完成1847亿元,同比增长30.1%;完成出口21.9亿美元,占全市出口总额74%;社会消费品零售额完成1406亿元,同比增长19.2%。民营企业总数达78721家,从业人员175.2万人。

2010年民营经济主要指标完成情况

单位:亿元、户

指标	2010年	2009年	同比%
增加值	2 832	2 268	18.8
其中:规模工业增加值	1 245	998	24.7
总产值	6 301	5 432	16
营业(销售)收入	6 156	5 175	16.2
实现利润	608	507	18.9
完成出口(亿美元)	21.9	14	56.4
上缴税金	413	311	32.7
民间投资	1 847	1 420	30.1
社会消费品零售额	1 406	1 180	19.2
企业数	78 721	74 315	5.9

【民营经济主要运行特点】 2010年,郑州市努力抓好各项政策措施的落实,着力增强发展民营经济的动力和活力,民营经济逐步摆脱金融危机的影响,企稳回升,并保持平稳健康快速增长的良好势头,占全市GDP比重较上年进一步提升,对全市经济社会贡献进一步加大。截至年底,全市民营经济累计完成增加值2832亿元,同比增长18.8%,占全市GDP比重70.1%,较2009年提升3.1个百分点。其中,第一产业完成61亿元,同比增长7%,第二产业完成增加值1535亿元,同比增长20.7%,第三产业完成增加值1236亿元,同比增长18.2%。

“十一五”期间民营经济增加值占GDP比重

单位:%

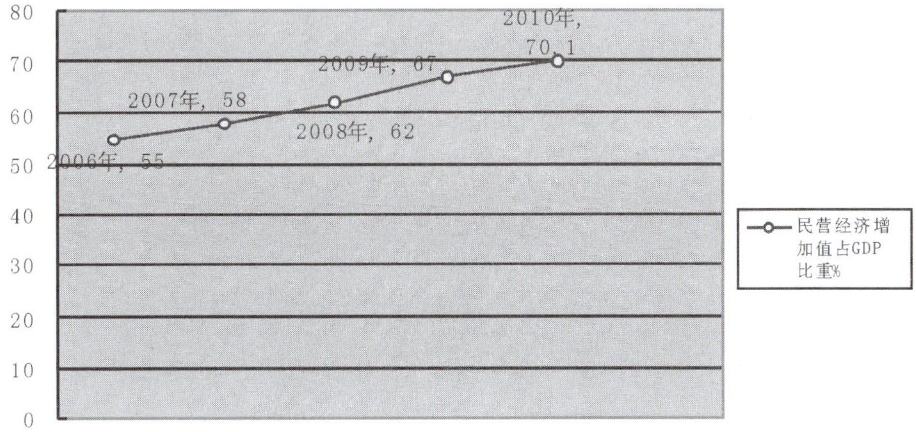

2010年民营经济增加值一、二、三产业构成情况

单位:亿元

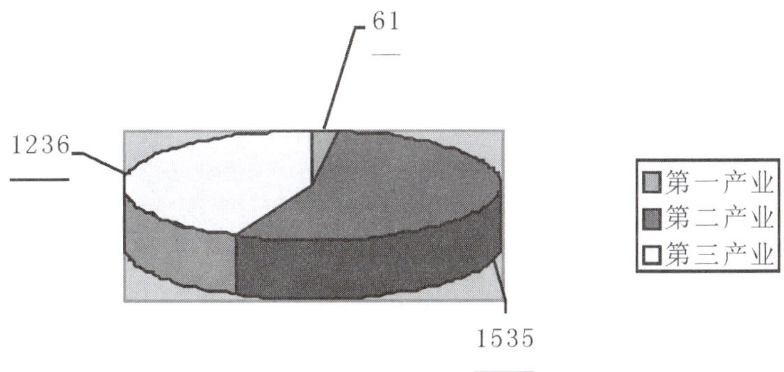

【规模以上工业经济保持较高增速】 截至2010年底，民营规模以上工业经济累计完成增加值1245亿元，同比增长24.7%，占全市规模以上工业经济增加值总量的78.8%，累计完成产值3642亿元，同比增长22.6%；实现销售收入3430亿元，同比增长26%；实现利润392亿元，同比增长25.6%。2010年，郑州市委、市政府大力开展“调结构，促转型”工作，全市民营工业经济结构调整以市场为导向，加快淘汰高耗能、高污染及低附加值的传统产业，大力发展以新能源、电子、生物等为代表的新兴产业，民营工业经济结构进一步优化，发展动力更足。同时，随着大批招商项目的建成投产，推动工业经济继续保持较高速度增长，对全市工业经济的拉动支撑作用更加明显。

“十一五”期间民营规模以上工业经济增加值完成额

单位:亿元

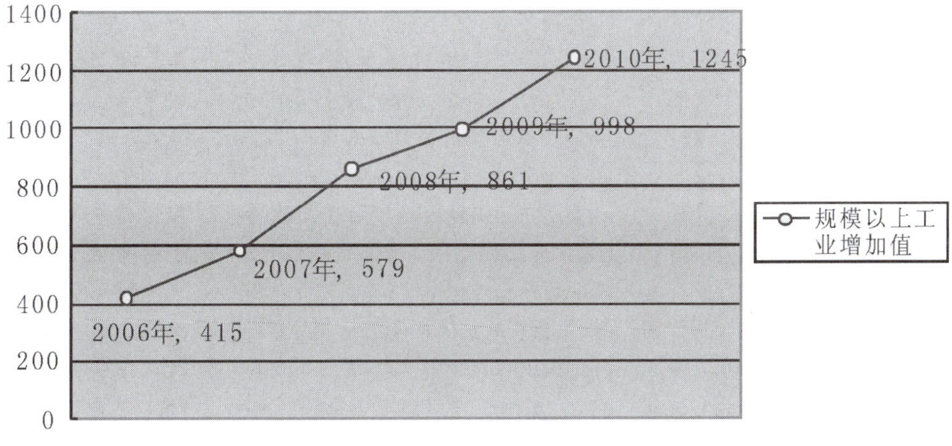

【民间投资总量高速增长】 2010年，郑州市招商引资硕果累累，其中民营企业投资占主要成分，民间投资总量保持高速增长，并继续成为全市城镇固定资产投资的主体。截至2010年底，民间投资累计完成1847亿元，同比增长30.1%，占全市城镇固定资产投资总额的80%。其中，工业投资完成849亿元，同比增长33%；房地产投资完成554亿元，同比增长46%。

"十一五"期间民间投资完成情况

单位：亿元

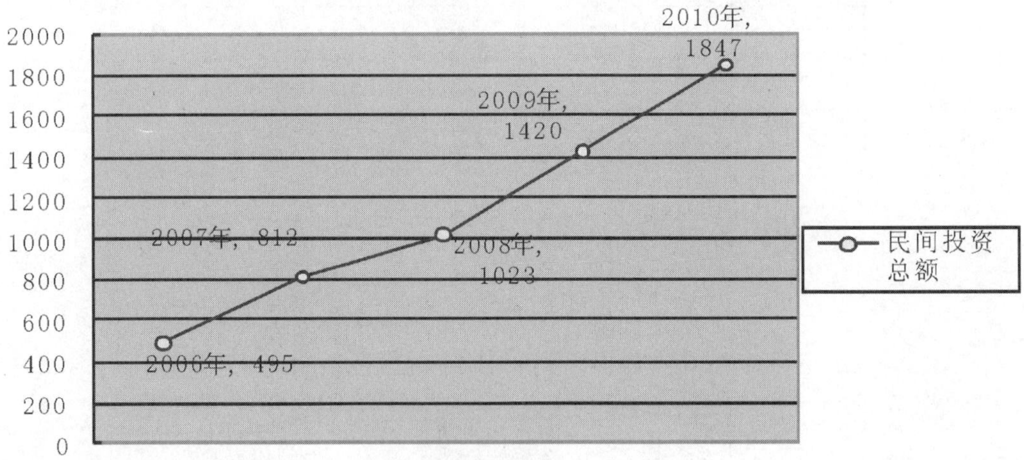

2010年，在《国务院关于鼓励和引导民间投资健康发展的若干意见》(新36条)的实施推动下，民营企业投资热情高涨，推动民间投资高速增长。巩义市2010年计划投资102个项目，投资总额达244亿元，新开工项目58项(超亿元项目32项)。登封市新上项目45个，其中投资超千万元企业16家。经济技术开发区建设推进40个投资超亿元的项目，其中新开工25个，续建15个；全力打造八大百亿园区，并把全面推进项目建设作为各项工作的重中之重。5月23日，在"2010中原论建郑州市市情推介会暨经贸洽谈会"中，签定意向投资总额达328亿元，投资领域涉及商业、地产、食品加工和体育休闲等行业。8月24日，在闽籍企业家项目签约仪式上，共有15个项目签约，投资总额245.3亿元，涉及装备制造、高新技术、商贸物流、动漫创意、纺织服装、商业地产等多个领域。8月26日，在第六届中国河南国际投资贸易洽谈会上，共签约33个项目，投资总额233亿元。9月26日，在南昌中博会上，郑州市共签下7个项目，投资总额近60亿元，项目涉及制造业、高新技术产业、基础设施、农业及农副产品深加工、现代服务业、旅游业、文化产业等。其中，经济技术开发区与东旭光电投资集团签订郑州旭飞光电科技有限公司液晶玻璃基板二期项目，总投资25亿元；郑州出口加工区与荷兰BU公司签订商务车、新型纯电动轻型载货汽车组装项目，总投资5亿元；高新区与深圳市中科诺数码科技有限公司签订中科诺手机生产基地建设项目，总投资1.6亿元。10月，在2010豫台经贸合作洽谈会上，郑州市共签下4个外资项目，投资总额达5.15亿美元；签订6个内资项目，投资总额为8.44亿元。在第八届中国国际农交会、第三届郑州农博会上，郑州市完成招商引资项目94个，预计投资额293.62亿元。同时，以纺织服装、食品、装备制造、有色金属、电子信息、新能源新材料等领域为承接产业转移的重点，积极组织参加中国郑州2010产业转移系列对接活动等大型招商引资活动。

【民营经济税收总额再创新高】 2010年，随着经济的逐步企稳回升，民营企业生产经营销售状况不断好转，带动增值税、营业税等实现较快增长，进一步加大了对全市税收的贡献力度，民营经济税收总额及贡献再创新高。截至2010年底，郑州市民营经济累计完成税收413亿元，同比增长32.7%，占全市入库税金总额的82%，是公有制经济的4.5倍。其中，上缴国税228亿元，同比增长27.3%，占国税入库税金的75.7%，是公有制经济的3.1倍；上缴地税185亿元，同比增长40%，占地税入库税金的85.4%，是公有制经济的5.8倍。

“十一五”期间民营经济税收完成情况

单位:亿元

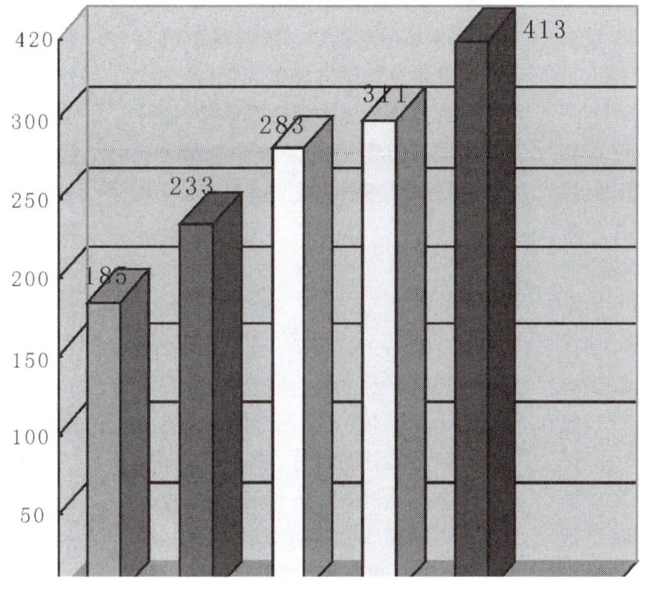

【消费品市场平稳较快发展】 截至2010年底,郑州市民营经济累计完成社会消费品零售额1406亿元,同比增长19.2%,占全市社会消费品零售总额的84%。其中,批发业完成153亿元,零售业完成1009亿元,住宿业完成20.3亿元,餐饮业完成208亿元。2010年,随着国家扩大内需政策继续实施,郑州市民营经济消费品市场实现平稳较快增长,对保持全市消费品市场繁荣稳定起着越来越重要的支撑作用。下半年,尤其是进入四季度后,部分商品价格水平出现不同程度上涨,导致居民消费价格上涨过快,消费品市场出现一定压力,随着政府宏观调控政策的实施,压力有所缓解。

【民营经济组织数量与就业规模加大】 2010年,郑州市民营经济逐步走出危机阴影,步入较快发展通道,带动创业环境及就业环境不断优化。截至2010年底,全市民营企业总数达78721家,较上年底新增4406家,注册资金总额接近千亿元。民营经济组织数量的稳步增加,尤其是大企业的快速入驻,为郑州市扩大就业创造了良好的条件。截至年底,全市民营经济从业人员总数达到175.2万人,较上年底新增8.2万人,民营经济已成为大学生就业、农民工进城务工及安置国有企业下岗职工就业的主渠道,对缓解就业压力和维护社会稳定起着越来越重要的作用。

【队伍建设】 认真开展创先争优活动。按照市委统一部署,郑州市中小企业局从5月份开始,深入开展以“创建先进党组织、争做优秀共产党员”为主题的创先争优活动。制定下发了活动方案,印发了“先进基层党组织和优秀共产党员标准”,购买下发了活动学习辅导读本。建立健全领导联系点、公开承诺等工作制度,在开展立足岗位比奉献、党员佩戴党徽、创建“党员示范岗”、“文明交通示范岗”等活动的基础上,把创先争优活动同开展“讲党性、重品行、作表率”活动相衔接,通过签订《个人承诺书》等方式,推动党员发挥示范表率作用。活动中,按照全市“下项目、下企业、下社区、下农村、联系交通路口”的工作要求,组建了“党员志愿者服务队”,以加强基层党组织建设为基石,强化党员干部作风建设。活动开展以来,创“五个好”先进基层党组织、争“五带头”优秀共产党员活动深入人心,有效促进了各项工作的顺利开展。

深入开展“党建活动月”。6月上旬至7月上旬,市中小企业局按照“主题鲜明、形式多样,隆重热烈、注重节俭,务求实效、推动发展”的原则,深入开展“党建活动月”活动。印发了《关于开展“党建活动月”的通知》,制定活动方案,成立活动领导小组,为党建活动月的扎实开展奠定了基础。积极开展红色教育活动,组织机关全体党员干部和“城乡共建”的社区党员干部到巩义市站街镇巴沟村现场听取张可山先进事迹报告,印发了《关于向张可山同志学习的通知》。组织观看《红色摇篮》、《决战南京》、《建国大业》等优秀红色影视剧,使广大党员干部受到教育和鼓舞。

开展丰富多彩的文体活动。积极组织机关党员干部开展各种文体活动,不断增强机关全体人员的责任感和集体荣誉感,有效提高干部队伍的的凝聚力和战斗力。先后组织全体党员干部开展赴江西进行革命传统教育、深入企业调研、读书竞赛、书法摄影比赛、领导干部讲党课等活动,参加了市直机关“迎绿博、健康行”、创建文明交通示范岗、“五一”羽毛球、乒乓球比赛等活动。同时，组织机关党员干部开展献爱心活动，向青海玉树地震灾区、甘肃舟曲泥石流灾区捐款，参加“郑州慈善日”等活动，共捐款1.53万元。

【帮扶工作】 2010年，市中小企业局积极组织开展慰问社区困难职工、帮扶困难党员，以及驻村帮扶工作。为扎实推进“服务城乡、结对共建”活动，3月，组织有关人员对结对共建的二七区淮河路齐礼阎开展调研，与村党总支负责人讨论开展联点共建规划，签订共建协议书，开展结对共建活动，促进城乡共建、资源共享、优势互补、共同提高。12月27日，局长杨虎臣带领重点帮扶工作组和联系帮扶工作队，深入重点帮扶的中原区五棉南社区和联系帮扶的西十里铺北社区慰问困难职工，察看帮扶工作开展情况，并为两个社区送去图书200余册，为16户贫困家庭发放了大米、食用油和面粉。

登封市石道乡王楼村是该局六年来一直坚持帮扶的省级贫困村。2010年，市中小企业局再次争取资金30万元用于村内道路硬化，并与市慈善总会联系金秋助学资金3.5万元，对村内7名贫困学子进行帮扶救助。2月8日，局长杨虎臣带领领导班子成员为村里的特困户送去大米、面粉、食用油和慰问金，为村小学、村委会和生产合作社送去20台计算机，把党和政府的关怀送到了王楼村。此次活动中，共慰问贫困户36户，送去大米72袋、食用油72桶、面粉72袋、棉被36床，捐助计算机20台、生产救助金22200元。为帮助该村脱贫致富，在帮助王楼村制定发展规划、协调帮扶资金300万元的基础上，帮助完成了千亩农田水利设施建设，制订了《王楼村苗木产业发展规划提纲》、《水利工程设计概要》、《农民专业合作社资料简编》等。截至年底，王楼村苗木种植产业已经初具规模，一期苗木种植20公顷的目标已经实现，当年新增产值100万元以上，实现农民增收60万元。农田水利建设也取得新突破，基础设施建设取得新进展，村容村貌发生了巨大变化。市中小企业局先后获得郑州市扶贫开发工作先进单位、河南省扶贫开发对口帮扶先进单位等称号，驻村工作队被市委、市政府表彰为郑州市新农村建设驻村帮扶先进工作队。

（耿朝阳）

非公经济管理

【民营经济运行监测】 2010年以来，全球金融危机的影响尚未完全消除，由于郑州市多数产业处在产业链前端、价值链低端，下游产品出口形势对郑州市的间接影响不容忽视，面临的经济形势仍然较为复杂。同时，国家取消高能耗企业优惠电价、强力淘汰落后产能、多次提高金融机构存款准备金率、不断压缩信贷规模等宏观调控措施，对郑州市民营经济发展影响较为突出。为抢抓机遇，根据经济发展新形势，郑州市科学、合理确定2010年全市及各县(市)区民营经济发展目标。同时，坚持运行动态监测机制，建立全市中小企业数据库，及时准确把握企业现状，逐月统计企业运行情况，发现问题及时协调解决，确保在新的、复杂的经济形势下圆满完成全年既定发展目标。

【拓宽中小企业融资渠道】 2010年，市中小企业局采取有效措施，破解中小企业融资难问题。发挥好企业与银行之间的桥梁纽带作用，组织召开政、银、担、企洽谈会，建立合作共赢的有效机制。1月26日，组织召开了全市银行、担保机构、中小企业合作暨授信签约会议，市委常委、秘书长孙金献出席会议并作重要讲话。集中推荐了208个符合国家产业政策的建设贷款项目和流动资金贷款项目，共需贷款资金74.2亿元。13家银行对市中小企业局授信总额达248亿元。银行、担保机构、企业共签约项目47个，签约金额达2.68亿元。11月，再次向银行、担保机构推荐贷款项目151个，所需贷款资金100.1亿元。同时，积极拓宽中小企业融资渠道，支持符合国家产业政策、成长性好的中小企业发行集合债券、集合中期票据、集合信托计划、集合短期融资券，由省、市级财政在债券、票据、信托计划存续期内给予1%的财政贴息。加快中小企业上市步伐，加强上市前的培训和辅导，对上市后备企业和成功上市的中小企业进行奖励，鼓励企业上市融资。

【中小企业发展专项资金管理】 2010年，市中小企业局按照《郑州市中小企业发展专项资金管理办法》规定，做好2010年中小企业发展专项资金的申报、评审、拨付工作，引导中小企业发展走“专、精、特、新”之路，增强核心竞争力，帮助企业实现快速发展。上半年拨付2000万元中小企业发展专项资金，涉及76个中小企业建设项目。11月，开展第二批专项资金补助项目申报，经过评审，共对60个中小企业发展项目补助资金1000万元。同时，组织推荐郑州中小企业担保有限公司、河南农开投资担保股份有限公司、郑州东方企业投资担保有限公司等3家担保公司申报国家2010年中小企业发展专项资金担保业务补助。

【完善全市中小企业信用担保体系】 2010年，为解决担保机构经营运作不规范、竞争机制不健全等问题，郑州市通过提高准入门槛、加大审查力度、严格备案程序、加强运行监测等手段，进一步规范担保机构的发展，维护了担保行业的健康和稳定。截至年底，全市经省工信厅审批设立的各类信用担保机构489家，占全省总数的44%。其中，政府参股的有15家，商业性或企业互助性担保机构474家，注册资本总额达到338

亿元。注册资本3亿元以上的担保机构有3家,1亿元以上的51家,5千万元以上的178家,5千万元以下的242家。经县(区)、市、省三级备案的担保机构262家,还有227家没有纳入备案和管理。2010年,全市有86家担保机构与13家银行合作为中小企业提供融资担保服务,共获银行授信556亿元,全市担保机构累计为4100多家中小企业提供贷款担保4600多笔,累计担保余额达150亿元,间接拉动投资203亿元,增加企业销售额512亿元,创造利润73.2亿元,增加税收30.6亿元,担保机构直接创造就业岗位9400多个。

为支持担保机构健康发展,市中小企业局积极做好担保行业发展专项资金发放工作。同时,认真做好2010年中小企业信用担保机构免征营业税申报工作。为规范中小企业信用担保机构的审批、登记注册和登记备案工作,促进信用担保行业健康有序发展,严格依照审批条件和程序,办理相关登记注册手续,对注册资本亿元以上(含亿元)的信用担保机构补办了审批手续。

【小额贷款公司管理】 2010年,郑州市加快推进小额贷款公司健康发展,在严格把关,加强管理的同时,还开展专题培训,组织20余名小额贷款公司相关负责人参加中国人民银行研究生部组织的"2010年小额贷款系列专题培训班",有效提高了小额贷款机构从业人员的业务水平。截至年底,郑州市已有郑州新大方小额贷款有限公司、郑州市金水区金水源小额贷款有限公司、郑州市惠济区宋基小额贷款有限公司等20家小额贷款公司获得省工信厅批准设立,注册资金总额11亿元,13家已开业,另外还有10家小额贷款公司材料正在审批过程中。小额贷款公司全年累计发放贷款总额97739万元,期末贷款余额74568万元。全市小额贷款公司从业人员150人,大部分人员来自各大银行,人员素质高,专业知识丰富,具有较强的风险把控能力。从贷款情况看,小额贷款质量高,无一笔不良记录,大力支持了中小企业和区域经济的发展。

【中小企业创业基地和服务平台建设】 2010年,郑州市不断推进中小企业创业基地和服务平台建设,引导中小企业集聚发展。抓住沿海省、市产业加速向内地转移的机遇,郑州市重新确立招商引资和发展中小企业的工作思路。按照布局合理、特色鲜明、用地集约、生态环保的原则,支持培育重点示范产业集群,推进创业基地、服务平台建设。组织编制了全市《中小企业创业基地建设方案》和《中小企业服务平台建设方案》,并于9月组织马寨工业园小企业创业基地和郑州西雅图创新产业园小企业创业基地申报省级小企业创业基地,组织河南金鹏实业有限公司申报省级中小企业公共服务平台。同时,开展各种活动,帮助产业集聚区完善服务体系,搭建融资桥梁,促进集群间的交流与协作,引导和推动中小企业向产业集聚区发展。

【教育培训】 2010年,郑州市在民营企业中开展各种培训活动,加大对民营企业的人才支持力度。为提高中小企业、民营企业管理人员素质,帮助企业开拓思路,提升营销水平,组织民营企业经营管理者参加各种培训讲座,培训内容涉及信息化、企业战略管理、人力资源管理、市场营销、宏观经济等方面。为促进中小企业和民营企业改善人才结构,缓解高校毕业生就业压力,促进毕业生充分就业,动员组织民营企业积极参加2010年中小企业网上百日招聘活动,253家企业在中小企业信息网上发布招聘信息,展示民营经济发展成果,同时搭建企业与人才的交流互动平台,促进中小企业改善人才结构。

【中小企业信息服务网络平台建设】 为推动中小企业尽快适应经济全球化、信息化的总趋势,利用信息化技术改造提升传统产业,以信息化带动工业化、产业化和市场化,帮助企业提高核心竞争力,郑州市针对中小企业信息化程度和电子商务应用水平不高的现状,按照《郑州市人民政府关于促进中小企业发展的意见》(郑政〔2009〕47号)要求,由市政府拿出600万元建设中小企业信息服务网络平台。信息服务网络平台设备通过政府采购公开招标采购到位,各项筹建工作稳步推进。信息网络平台可为中小企业提供政策法规、人才培训、网上融资担保、创业辅导、电子商务、网上展厅、人才招聘、网上咨询、SaaS软件租用等全方位信息服务。

【经贸交流】 2010年,郑州市积极做好郑州·江油产业项目对接,组织企业参加各种经贸交流活动,帮助企业"走出去"。组织多家企业到江油市开展调研对接,积极为企业牵线搭桥,与江油市政府达成5个项目的合作意向。4月初,再次组织郑州市新大方桥梁机械有限公司等9家企业到江油开展投资考察、项目对接。6月30日,组织有关企业参加在福州举办的第六届APEC中小企业技术交流暨展览会。9月15日至17日,组织好想你枣业股份有限公司、河南新天科技股份有限公司、河南金鹏实业有限公司等10家企业赴广州参加第七届中国国际中小企业博览会暨中澳中小企业博览会,帮助企业"走出去",开拓国际市场,多家企业达成合作意向,取得良好效果。

【成立中小企业专家服务团】 2010年,郑州市制订《郑州市中小企业专家服务团工作细则》、《郑州市中小企业专家服务组建方案》等文件,积极开展组建中小企业专家服务团的筹备工作。12月1日,市政府印发《郑州市人民政府关于成立郑州市中小企业专家服务团的通知》(郑政文〔2010〕316号),12月2日举办专家服务团启动仪式，专家服务团共邀请到15个行业的30名专家，副市长王跃华为服务团成员颁发聘书，并希望专家服务团增强服务意识，积极推进成果转化，主动当好参谋助手，发扬团队精神，勇挑重担，尽心尽职为中小企业服务。

【减轻企业负担】 2010年，郑州市不断加大宣传力度，减轻企业负担，为企业营造良好发展环境。为维护企业合法权益，对涉及全市中小企业、民营经济的地方条例、法律法规进行了全面清理。对《郑州市非公有制企业权益保障条列》等地方条例、政策措施进行分析梳理，提出具体建议和意见。1月份，围绕国家、省、市关于减轻企业负担、促进企业发展的各项优惠政策和收费减免政策落实情况等六项检查内容，对全市减轻企业负担工作进行抽查。为营造良好发展氛围，积极对民营经济、中小企业发展情况进行宣传报道。《郑州日报》、《郑州晚报》、郑州电视台等媒体先后多次刊登、播出郑州市民营经济发展报道。其中，《战危机，保增长，民营经济贡献突出；多举措，谋发展，确保实现"新跨越"——民营经济成为拉动郑州经济增长主力军》等新闻报道，成为公众关注的热点，在社会上取得了良好的宣传效果。

【担保行业管理】 截至2010年，郑州市已初步建立起以各级政府注资的政策性担保公司为引导、民营商业性担保公司为主体和企业互助性担保公司为补充的中小企业信用担保体系。信用担保机构积极、稳妥地开展担保业务，严格控制担保风险，运行情况总体良好，但是也存在一些亟待解决的问题。为加大对担保公司的监管力度，维护担保行业的健康和稳定发展，在深入调研、广泛征求意见的基础上，出台了《郑州市中小企业信用担保机构监督管理暂行办法》(郑政〔2010〕27号)。12月1日，市政府下发《郑州市人民政府关于建立郑州市中小企业信用担保体系建设联席会议制度的通知》(郑政文〔2010〕315号)，12月2日，郑州市召开全市担保行业工作会议，市中小企业信用担保体系建设联席会议成员单位、各县(市)区有关领导和主管部门负责人、信用担保机构和驻郑金融部门负责人、市属新闻媒体记者等500多人参加会议，副市长王跃华对担保行业发展作出全面安排部署。12月7日，召开全市担保行业监督管理县(市)、区工作会议，落实全市担保行业会议精神，并对下一步加强监管等有关工作进行安排部署，县(市)、区主管部门和20家担保机构负责人参加会议。同时，根据国家融资性担保业务监管部际联席会议关于融资性担保机构规范整顿工作的要求，按照省工业和信息化厅统一安排，从2010年12月1日起暂停担保机构的设立、变更和备案工作，并着手开展规范整顿工作，大力加强对担保行业的监督管理，切实防范化解风险，促进担保行业健康发展。

【召开全市信用担保行业工作会议】 12月2日，全市信用担保行业工作会议在黄河迎宾馆召开。会议主题是贯彻落实国家七部委《融资性担保公司管理暂行办法》和市政府《郑州市中小企业信用担保机构管理暂行办法》精神，对全市信用担保行业发展工作进行总结和部署。副市长王跃华和人民银行郑州中心支行的领导出席了会议。各县(市)区人民政府主管领导、中小企业管理部门负责人、市中小企业信用担保联席会议成员单位负责人、驻郑各金融机构负责人、以及全市500家信用担保机构董事长或总经理等参加了会议。市政府副秘书长张吉主持会议。

会上，王跃华对郑州市担保行业发展给予充分肯定，并客观指出了存在的问题。他指出，郑州市信用担保行业呈现出良好的发展态势，积极因素进一步积累，向上动力进一步增强。信用担保机构促进了中小企业的健康快速发展，化解了银行金融部门的贷款风险，有力推动了全市经济社会的持续快速发展。

王跃华强调，全市各家信用担保机构要着力落实两个《办法》。要抓落实，促规范，对照《办法》自查自纠；要抓总量，促增长，把为中小企业贷款担保作为主要业务，充分发挥担保机构的放大功能和杠杆效应；要抓规模，上水平，大力引入民营资本，增加担保贷款资金，提高担保贷款最高上限，鼓励和引导担保公司间合并、重组及整合；要抓产品，重创新，开发各类有自身特色的融资担保产品；要抓小微企业，拉长担保业务链条，重点扶持小微企业，挖掘一批有市场、有效益、有信用、有成长潜力的中小企业重点培育。

王跃华要求全市各级各部门凝聚合力，促进信用担保行业大发展大提升，要发挥市信用担保机构联席会议制度应有的作用，抓好规范整顿，相互联动，共同促进全市信用担保行业健康持续发展；各级中小企业管理部门要切实负起责任，加强日常监管和服务，严格把好准入关，严格进行登记备案管理，严格进行业务监管，全力做好重点服务；全社会要支持信用担保行业的发展，营造良好发展氛围，成立行业自律组织，建立定期巡查制度，加强银保合作，做好宣传引导。

会上，担保机构分别签署了《郑州市信用担保机构守法诚信承诺书》，10家有代表性的担保公司法人向王跃华递交了承诺书。人民银行郑州中心支行领导、郑州市担保机构代表河南邦成投资担保有限公司负责人也分别作发言。郑州市中小企业局局长杨虎臣在总结回顾郑州市信用担保行业发展情况后，就下一步贯彻落实《郑州市中小企业信用担保机构管理暂行办法》工作做了安排。

据统计，截至11月底，全市共有各类信用担保机构500家，占全省总数的44%，注册资金总额达到338亿元。1—11月，担保机构累计为全市

4300余家中小企业提供贷款担保5100多笔，累计担保余额达180亿元，间接拉动投资203亿元，增加企业销售额512亿元，创造利润73.2亿元，增加税收30.6亿元，担保机构直接创造就业岗位9400多个。

【召开信用担保行业监督管理县（市）区工作会议】 12月7日，郑州市召开信用担保行业监督管理县（市）区工作会议，落实《关于对全市信用担保机构违法违规经营进行排查处置的紧急通知》（郑中小企〔2010〕150号）和贯彻全市信用担保行业工作会议精神，部署担保行业紧急排查处置工作和下一步监督管理服务工作。市中小企业局局长杨虎臣出席会议，副局长侯国强主持会议。各县（市）区中小企业管理部门主要负责人、主管领导、科长和20家有代表性的担保公司负责人等参加了会议。

关于紧急排查处置工作，杨虎臣强调：一要实行主要领导负责制，成立几个排查小组，统一步调、统一排查内容、限定时间、集中精力，确保已备案的和未备案的担保公司数据准确无误；二要发现问题、及时解决问题。查注册资金实不实，查是否按现代企业制度要求规范管理，查是否按规定计提了“两金”，查是否有涉嫌“两非”问题行为，查是否有违规收取费用现象，做到边排查边处置。对存在有违法违规经营严重的问题，可联合工商部门、公安司法机关进行处置；三要按照文件要求的日期，排查处置到位，并报送排查处置工作报告。

关于下一步全市担保行业的监督管理服务工作，杨虎臣指出，一是各县（市）区要把信用担保行业发展作为中小企业部门的重要工作。一把手负总责，要明确主管领导，有专门的工作人员。信用担保机构数量在10家以下的县（市）区要有2—3名专门工作人员，50家左右的要有3—5名专门工作人员，100家左右的要有5—7名专门工作人员。二是要严格实施担保机构业务季报制度。从2011年元月份起，无论已备案还是尚未备案的担保公司，一律按照要求实行业务季报制度，各县（市）区要明确专人负责季报工作，定期督促所属辖区内的季报工作。三是做好调研摸底，稳妥推进规范整顿工作。要摸清底数、建立台帐，建立每一家担保公司的档案，要求各信用担保机构限期进行自查自纠，上报自查自纠报告。四是要加快建立健全信用担保行业的监管记分制度、定期巡查制度、业务季报制度、告诫谈话制度、重大事项报告制度、年度审查制度、信用评价制度、投诉举报制度等八项工作制度。各县（市）区要设立担保机构监管服务电话和人民群众投诉举报电话。

会上，各县（市）区中小企业管理部门和参会的担保机构代表分别发言，就下一步如何做好担保机构的监管和服务提出意见和建议。

【召开银行担保机构中小企业合作暨授信签约会议】 为搭建银行、担保机构和中小企业合作交流平台，缓解中小企业融资难、担保难问题，巩固全市经济企稳回升的良好态势，促进中小企业快速健康发展。1月26日，市政府召开全市银行担保机构中小企业合作暨授信签约会议，副市长孙金献，市政府办公厅调研员楚保国，市中小企业局局长杨虎臣，市非公有制经济工作领导小组成员单位负责人，各县（市）、区人民政府主管领导，部分中小企业、投资担保机构、驻郑金融机构负责人等300多人参加会议。会议由市政府副秘书长张吉主持。

会上，郑州银行、郑州正和投资担保有限公司、郑州市超尔电器有限公司负责人分别代表金融机构、担保公司和企业发言。

本次会议13家银行对市中小企业局共授信248亿元，银行、担保机构、企业共签约项目47个，签约金额达2.68亿元。同时集中推荐了一批符合国家产业政策的建设贷款项目和流动资金贷款项目，共推荐贷款项目208个，所需贷款资金74.2亿元。

最后，孙金献作了重要讲话。他强调了中小企业、民营经济的重要地位和作用，并向中小企业、银行、担保机构提出要求，一是中小企业要自强，做到资产明晰、法人治理结构完善、珍惜信用、提高自主创新能力、重视人才。二是银行要筛选出一批素质高、前景好的中小企业，有计划有重点开展金融服务，帮助中小企业做强做大。三是担保行业要研究建立行业和互助担保机构。最后就2010年的融资洽谈工作作出部署，重点为150家企业和银行、担保机构进行对接，促进中小企业、银行、担保机构大跨度发展。

【郑州·江油产业对接】 2010年，第二批郑州·江油产业对接顺利进行。3月31至4月1日，市中小企业局局长杨虎臣带领郑州市有关企业一行共20余人，赴江油进行考察对接。江油市政府副市长何思文、江油市工业园区管委会主任李林、江油市投资促进局局长李海等陪同参观考察、交流对接。

在郑州·江油产业对接座谈会上，江油市委副书记胡德兵代表江油市委、市政府致欢迎词并介绍市情、灾后重建情况和企业合作领域，李林详细解释了江油市人民政府印发的《河南投资商入驻江油工业园区优惠政策》中的相关内容。郑州市民营企业先后发言，两地企业负责人分别介绍各自公司的情况优势以及对接意向，在简单的沟通后，企业负责人又对各自感兴趣的项目进行了深入的交流。会后，相关企业留在江油，就有关具体问题进行更加深入的考察对接。

【中小企业系统创先争优活动】 5月25日，郑州市召开民营经济中小企业系统创先争优活动动员会，全面启动深入开展创先争优活动。局领导班子成员和机关全体党员干部参加了会议。党组书记、局长杨虎臣代表市局党组作动员讲话,党组成员、纪检组长王铁岭宣读《郑州市中小企业局党组关于在全局党员干部中深入开展创先争优活动的实施方案》。

杨虎臣在讲话中详细阐述了创先争优活动的重大意义,并要求全局上下要按照创先争优活动的总体要求,围绕中小企业中心工作,结合单位实际情况和党员的岗位特点,明确活动的目标任务,确定具体的争创主题,精心设计活动载体,把开展创先争优活动与"干部作风建设"有机结合起来,在全局形成创先争优的良好风气。

王铁岭对活动的贯彻落实提出了具体要求。

按照市委统一部署,创先争优活动开展以来,市中小企业局将"党建活动月"、"服务城乡、联点共建"活动与争创活动紧密结合起来,围绕"创建先进党组织、争做优秀共产党员"这个主题,不断将活动引向深入。6月25日,局领导班子带领局机关全体人员和淮河路街道办事处、联点共建社区有关负责人到巩义市站街镇巴沟村,实地参观学习巴沟村原党支部书记、村委会主任张可山的先进事迹。

多年来,张可山带领全村老少开垦荒山、兴修水利,兴办企业、修路建房,把一个脏、乱、差的村子打造成清新、美丽、和谐的新农村。但是,就在巴沟村被定为郑州市集聚型中心示范村之际,多年的操劳让张可山突发脑溢血不幸去世。他用行动和生命诠释了一个共产党员全心全意为人民服务的高尚情操。

(耿朝阳)

非公经济发展

【省人大领导在郑调研民营企业发展情况】 6月22日至23日,省人大常委会副主任刘新民率调研组在郑调研民营企业发展情况。市领导白红战、刘全心,市人大常委会秘书长刘焕成及市中小企业局局长杨虎臣和相关人员陪同调研。

刘新民一行首先深入巩义、中牟两地,实地考察河南恒星科技公司、郑州华德永佳公司、巩义通达中原耐火技术有限公司等民营企业,并听取郑州市多家民营企业发展情况的汇报,详细了解民营企业发展现状及存在的困难和问题。

在23日召开的座谈会上,副市长黄保卫代表市政府向调研组一行汇报郑州市民营企业发展状况。他指出,近几年来,郑州市民营经济快速发展,2009年,累计完成增加值2268亿元,同比增长18.5%,占GDP比重达到67%。2010年前5个月,民营经济累计完成增加值1061亿元,同比增长21.7%,约占GDP比重68.8%,预计到年底将突破70%。为加快民营经济发展,郑州市主要从以下几个方面开展工作:一是科学确定发展目标,加强运行监测;二是深入调查研究,出台有针对性的鼓励支持政策;三是培育龙头民营企业,发挥示范带动作用;四是采取有效措施,破解中小企业融资难问题;五是加大工作力度,推进中小企业担保体系建设;六是扩大中小企业发展资金规模,推进中小企业优化升级;七是增强自主创新能力,引导中小企业集聚发展;八是继续推进中小企业节能减排工作,加快循环经济发展;九是加大人才培训力度,加快中小企业信息化建设;十是完善中小企业专家顾问团工作机制,为企业提供高质量、全方位的服务;十一是优化经济发展环境,切实维护中小企业合法权益;十二是扎实服务基层,深入开展"企业服务年"活动。

刘新民针对调研情况作讲话。他指出,郑州市民营企业发展已位于全省首位,主要是有好的领导班子、有好的扶持政策、有发展民营经济的有效措施、有良好的经营环境。同时,他指出,郑州市民营经济仍然存在着总量少、规模小、结构不合理、产业层次低、融资难、人才匮乏、管理体制不健全、财政资金支持力度不够、经营环境需进一步放宽等问题,需要在工作中解决。他建议,郑州市要为民营企业发展创造良好环境,引导民营企业调整发展结构,转变发展方式,切实解决融资难问题,解决好民营企业改造升级、创新发展,帮助企业解决企业用地等方面的问题。同时,要切实注重培育、保护特色名牌,健全社会化服务体系,造就一大批民营企业家队伍,为企业发展解决难题。

【组织参加第六届APEC中小企业技术交流暨展览会】 2010年7月1日至3日,第六届APEC中小企业技术交流暨展览会在福州举办。本届技展会以"技术提升经济、合作创造未来"为主题,是目前亚太经合组织在中国举办的规模最大、层次最高的经贸盛会。技展会由中国工业和信息化部主办,工业和信息化部中小企业发展促进中心、中国中小企业国际合作协会和福州市人民政府共同承办。展会共设有1738个展位,展览范围涵盖环保、节能减排、节水产品,循环再生品等,共有境外APEC成员体的22个代表团和306家企业,境内33个省、市、自治区政府代表团和821家企业参展。

郑州市由市中小企业局局长杨虎臣带队组团参会,安图绿科、新天科技、三中收获、好想你、金鹏实业共5家企业参展。展会期间,参展企业在医药、电子、机械、食品等领域集中展示自己的名优特新产品,积极与中外客商进行现场洽谈和对接,杨虎臣代表郑州市展团与日本参展商就项目引进达成初步意向,金鹏实业与福建客商签订了代理协议,三中收获与加拿大客商签订了合作协议。本届展会郑州代表团展示了我市民营企业的良好形象,拓展了产品销售渠道,扩大了对外交流,获得了良好效果。

【组织参加第七届中国国际中小企业博览会暨中澳中小企业博览会】 9月15日至17日，第七届中国国际中小企业博览会暨中澳中小企业博览会在广州举办。本届博览会由工业和信息化部、广东省人民政府和澳大利亚贸易委员会等部门共同主办，共有3000多家中小企业和机构参展，参会客商超过20万人。郑州市由市中小企业局局长杨虎臣带队，10家企业共30余人参会。

郑州市好想你枣业股份有限公司、河南新天科技股份有限公司、河南金鹏实业有限公司等参展企业充分利用博览会“展示、交易、交流、合作”这一平台，在食品、机械等领域集中展示自己的名优特新产品，积极与中外客商进行现场洽谈和对接，受到中外客商的青睐和关注。本届博览会上，郑州代表团展示了郑州中小企业的良好形象，拓展了产品销售渠道，促进了对外交流，收到了良好的效果。

【王跃华调研民营经济发展情况】 10月14日，副市长王跃华先后到新大方重工科技有限公司、郑州万家食品有限公司和市中小企业局调研全市民营经济发展情况，并同部分中小企业、信用担保机构负责人进行座谈。市政府副秘书长张吉、市中小企业局局长杨虎臣陪同调研。

调研过程中，王跃华深入企业生产一线，认真听取企业负责人关于生产经营情况的汇报，详细了解当前存在的困难和问题，并勉励企业负责人继续努力，把企业做强做大。在市中小企业局，王跃华首先听取了杨虎臣关于全市民营经济发展情况的汇报。在同河南城邦投资担保有限公司、正和投资担保有限公司、中孚投资担保有限公司等中小企业信用担保机构负责人座谈后，张吉指出，市中小企业局积极采取措施，有效确保了全市民营经济健康良好发展。下步工作中，一是要继续抓好运行监测，对节能减排、宏观调控等影响因素及早观察、及早分析、及早采取应对措施，防止各项经济指标下滑；二是要做好融资难等问题的解决，关键是把资金落实到位；三是对座谈中反映出的担保行业存在的风险和问题，要引起关注，要有化解方案；四是要利用好各级出台的有利政策，把政策落实到位。

最后，王跃华对郑州市民营经济工作给予充分肯定。他指出，近几年来郑州市重点发展中小企业、民营经济，市中小企业局做了大量富有成效的工作。从调研情况来看，全市民营经济运行良好，发展迅速，成绩很大，经济总量、完成税收、增长速度尤为明显，成为全市经济的重中之重。在深入分析中小企业、民营经济发展中存在的融资难、人才缺乏、自主创新能力不足、规模小、抗风险能力差、企业发展环境有待改善等问题后，王跃华指出，市中小企业局要进一步发挥服务职能，一是尽快拿出意见，与有关部门做好衔接，筹备成立中小企业再担保中心、投诉维权中心和信息服务中心，大力改善中小企业、民营经济发展环境；二是做好与市人大的沟通配合，尽快出台中小企业发展条例；三是在落实好国家扶持中小企业、民营经济发展有关政策的同时，对郑州市中小企业、民营企业分门别类，提出服务重点，制定有针对性的扶持办法和措施，加大政策支持力度；四是中小企业、民营经济发展离不开核心技术的有力支撑，要对企业人才培养、自主创新能力提升给予重点支持；五是针对目前郑州市中小企业信用担保行业存在的经营业态较为混乱、缺乏行业监管、“两非”(非法集资、非法吸储)等问题，要抓紧出台《郑州市中小企业信用担保机构监督管理暂行办法》，研究做好应急预案，推动成立行业协会，加强行业监管，进行治理整顿，切实保障中小企业信用担保行业健康发展，为破解企业融资难问题、推动全市民营经济跨越式发展做出更大贡献。

(耿朝阳)

第十三篇　农业、水利

农业综述

【概况】　2010年,全市各级、各有关部门和农业战线广大干部群众在市委、市政府的正确领导下,把"保增长、保态势"作为首要任务,紧紧围绕促进农业稳定发展、农民持续增收的目标,加大投入力度,创新体制机制,大力发展现代农业,扎实推进新农村建设,全市"三农"工作呈现出良好的发展态势。2010年,全市财政用于"三农"的总支出达到80.5亿元,同比增长11.8%。发放粮食直补和综合直补资金3.1亿元,发放良种补贴7366.8万元、农机具购置补贴5910万元、奶牛和生猪生产的政策扶持资金等其他惠农补贴资金7033万元。全市农林牧渔业增加值达到124.6亿元,同比增长3%。农民人均纯收入达到9225元,增长13.6%。全年粮食总产量再创历史新高,达到166.7万吨,连续8年增产。蔬菜、水果等经济作物产量稳定增长,增幅分别为3.9%和7.4%。水产品总产量13.5万吨,增长2.3%。畜牧业发展势头良好,占农林牧渔业总产值的比重达到42.5%,比2009年提高1个百分点。农产品出口创汇额8000万美元,同比增长34.6%。

注重项目带动、对外开放,农业发展方式加快转变。积极实施项目带动战略,加大设施农业投入力度,认真开展农产品标准化示范基地、现代农业示范园区和沿黄现代畜牧业等一系列重点项目建设工作,全年完成100万元以上农业项目政府投资19.4亿元,占年度投资计划的95.8%。实施开放带动战略,成功举办第八届中国国际农产品交易会暨第三届中国郑州农业博览会和全国农机博览会。农交会期间郑州市签约贸易合作项目资金近30亿元。

农业现代化建设方面。大力推进农业现代化建设,农业产业化步伐加快,市级以上农业龙头企业达到334家,比上年增加45家。农民专业合作社发展到1100个,覆盖全市13个县(市)、区的117个乡(镇)。农产品质量安全监管体系建设进一步加强,农业科研和装备水平进一步提高,气象为"三农"服务能力进一步增强。

生态建设方面。继续推进林业生态城建设,圆满完成年度造林绿化工作目标,完成重点工程造林12.73千公顷,建成林业生态村100个、林业生态乡(镇)12个。成功举办第二届中国绿化博览会,建成永久性生态主题公园——绿博园。强力推进生态水系建设,生态水系工程累计调水9751万立方米,十七里河、十八里河9座橡胶坝、39座拦水堰已蓄水,东风渠、熊耳河、金水河清水长流,基本实现了郑州市生态水系"长流水、流清水"的目标。加强水资源保护工作,郑州市被评为全国节水型社会建设城市。黄河湿地生态保护工作有序推进。南水北调工程郑州2段和潮河段全面开工,丹江口库区移民安置工作稳步推进。

新农村建设方面。圆满完成了新农村建设土地利用总体规划、村镇体系规划;新型农村社区(中心村)规划编制工作进展顺利,完成比例已达82.4%。全年全市共完成127个新农村建设项目,涉及272个行政村,共6.8万户,完成投资50.9亿元。投资9.2亿元,对农村路容路貌进行了集中专项整治,各县(市)、区农村卫生管理长效机制基本建立。

农业农村基础建设方面。进一步加大农业综合开发和水利设施建设力度,全年改造中低产田8.67千公顷,治理中小型病险水库24座,完成8100眼机井改造升级任务、解决农村饮水安全51万人。新建户用沼气池1万个,大中型沼气工程60座。新网工程扎实推进,发展农村综合服务社764个,改扩建再生资源中转站353个。农村交通、电力、通讯、广播电视等基础设施明显改善,计划生育、科技、教育、卫生、文化、体育等社会事业全面发展,农村民主政治和精神文明建设深入开展,基层组织建设不断加强,党群、干群关系进一步密切,农村社会和谐稳定。

涉农诸项改革方面。建立健全土地承包经营权流转市场,加快推进农村土地规模经营。创新农村土地流转扶持措施,出台了《关于农村土地承包经营权流转实施财政奖补激励政策的意见》,推行土地承包经营权流转合同电子备案制度,促成农民专业合作社与农业龙头企业以土地流转形式成功对接、有机结合,全市农村家庭承包耕地流转14.2千公顷,占农村家庭承包耕地的6%。农村综合配套改革不断深化,集体林权制度改革主体任务基本完成,粮食保障体系进一步健全,统筹解决人口问题的长效机制日趋完善。农村金融、农业政策性保险等改革进展顺利。农民负担监管机制不断完善,各项惠农政策得到落实。

【农村土地承包与流转管理】 2010年,郑州市人民政府下发《关于农村土地承包经营权流转实施财政奖补激励政策的意见》(郑政〔2010〕8号),通过财政奖补激励政策的实施,着力培育规模经营主体,着力构建土地承包经营权流转服务保障体系,到2012年底,力争形成完善的“政府引导、市场调节、农民自愿、依法有偿、流转有序、管理规范”的农村土地承包经营权流转机制,力争使郑州市农村土地承包经营权流转面积达到33.33千公顷,土地流转率达到13%以上。

为推进土地规范有序流转,促进家庭经营向提高集约化水平转变,加快现代农业的发展,尽快建立健全土地流转市场,市农委下发了《关于建立健全土地承包经营权流转市场的意见》(郑农〔2010〕50号),主要内容为“一二三四五”市场建设工程,坚持一个指导思想即以搞好土地流转服务体系建设为抓手,以土地流转服务平台为载体,通过规范管理、强化服务、完善制度,建立健全土地快速、规范、有序流转的长效机制,促进郑州市土地流转市场的建立和发展;坚持两个基本原则,即既要坚持依法自愿,又要积极引导,既要坚持因地制宜,又要开拓创新;建立三个长效机制,即土地流转管理和服务机制、行为规范约束机制、投资保障机制;搞好四项管理,即土地承包管理、流转合同管理、流转动态管理、档案管理;开展五项服务,即政策宣传与流转咨询、信息收集与发布、合同签订与鉴证、纠纷调处和利益协调、中介和技术服务。

截至2010年底,全市新增土地流转面积3.3千公顷,其中流转家庭承包耕地面积2.75千公顷,涉及44个乡镇、办事处,1.26万户农户。耕地流转后进行规模经营的面积共2.7千公顷,其中开展规模经营达到13公顷以上的有2.3千公顷。

为进一步提高土地流转服务中心(站)管理与服务水平,市农委下发《关于对全市推行土地承包经营权流转合同电子备案制度进行检查的通知》(郑农办〔2010〕39号),对推行土地流转合同电子备案制度提出了具体要求。改变过去纸质流转合同只能在本地存查的档案管理方式,实现了异地查询功能,提高合同查询速度,延长合同存档时间。并组织人员对全市109个土地流转服务中心(站)就此项制度执行情况及有关工作开展情况进行检查,并对发现的问题提出了整改要求。截至2010年底,全市土地承包和流转管理平台共录入家庭承包合同83357份。流转合同14704份,占已签订流转合同份数的32.1%。2010年,市农委共接待24起土地承包信访案件,结案24起,结案率达到100%。

(安建新)

【农村财务管理】 为进一步巩固清理规范乡村财务工作成果,完善提高郑州市农村集体“三资”委托代理服务工作,深入推进农村基层党风廉政建设,2010年3月,郑州市纪委、监察局、农委、财政局下发了《全市巩固提高农村集体“三资”委托代理服务工作办法》(郑纪发〔2010〕5号),按照工作要求,郑州市农村基层党风廉政建设工作联席会议办公室下发了《关于对全市巩固提高农村集体“三资”管理进行督促检查和财务审计的通知》(郑农廉办〔2010〕2号),市农经站抽调县(市)、区农经站的财务骨干组成审计检查组,对全市31个乡(镇)、办事处的131个村(社区、村民组)进行了抽查审计,审计资金总额为11.9亿元,查出违纪资金8959万元,占审计资金总额的7.5%,平均每村68.39万元。其中,违反财务开支审批制度、程序支出2665.1万元,占违纪资金总额的29.75%;违规借款1841.4万元,占违纪资金总额的20.55%;违规发放干部补助福利等1016.6万元,占违纪资金总额的11.35%;公安部门、乡镇机关等摊派612.4万元,占违纪资金总额的6.83%;白条列支509.5万元,占违纪资金总额的5.68%;违规变卖固定资产403.1万元,占违纪资金总额的4.5%;违规购建固定资产306.7万元,占违纪资金总额的3.42%;招待费列支271.1万元,占违纪资金总额的3.02%;固定资产账实不符66.4万元,占违纪资金总额的0.74%;报刊超标49.2万元,占违纪资金总额的0.55%,其他违规资金1217.5万元。

(宿志鹏)

【农村经济与农民收入】 2010年,郑州市12个县(市)、区及经济技术开发区、高新技术开发区共有142个乡(镇)、办事处,2244个行政村,17002个村民组,110万农户,427万农业人口,232万个农村劳动力,239.33千公顷耕地。

全市农村经济总收入1825亿元,总费用1347亿元,净收入478亿元。其中,农村第一产业收入189亿元,同比增加10亿元,增长5.7%,占总收入比重10.4%,比上年降低0.6个百分点;第二产业收入1363亿元,同比增加190亿元,增长16.2%,占总收入比重74.7%,比上年提高2.7个百分点;第三产业收入274亿元,同比减少2亿元,占总收入比重15%,比上年降低2个百分点。

全市农村集体经济组织共有资产102亿元,负债33亿元,所有者权益69亿元。全年总收入23亿元,总支出16.5亿元,本年收益6.5亿元。

全市农村可分配收入总额550亿元,农民人均所得8270元,同比增长11.9%。

(马　良)

【农业科技服务】 2010年按照省农业厅关于万名科技人员包万村服务粮食生产科技行动计划的有关要求,

郑州市继续组织实施包村服务粮食生产科技行动。市农委派出农业科技人员70名,县、乡两级派出农业科技人员596名,与7名省派专家一起,共分包全市2115个行政村。包村科技人员围绕春耕春管、三夏和秋冬种三个关键季节,积极应对复杂异常的气候条件,进村、入社、到户,深入田间地头,集中开展全方位的技术服务,使包村行动的"组织、人员、岗位、任务"得到落实。全年共举办各类技术培训班1500余期,发放各种技术规程、手册、技术明白纸等培训资料600多万份,编发信息简报60多篇。专刊20期,培训农民近185万人次,解决农民遇到的实际问题200多个,为夺取粮食丰收做出了积极贡献。

继续在荥阳、新郑、中牟等地实施科技入户工程。以良种补贴为契机,扎实开展小麦、玉米高产创建活动,大力推广优良品种和主推技术,实现良种良法综合配套。2010年,郑州市豫麦49、豫麦49-198、矮抗58、周麦16号、新麦18等5个小麦主导品种种植面积达135.2千公顷,占麦播面积的71.9%。郑单958、浚单20、中科11、浚单22、中科4号等9个玉米优质高产品种种植面积达98.8千公顷,占玉米总种植面积的69.7%。经过培训指导,示范户良种利用率达100%,示范户主推技术利用率达100%,6万户辐射户主推技术利用率达到90%。

大力开展农业科研开发,农业科研取得新成果。2010年市农科所、蔬菜所等农业科研单位承担重大科研项目31项。其中国家级12项、省级14项、市级5项。选育农作物新品系8个、蔬菜新品系6个,引进蔬菜优良品种110个、蝴蝶兰等名贵花卉新品种16个、农作物新品种57个,引进农作物、林果、花卉、蔬菜等新成果、新技术 15项。鉴定优良新品种3个,鉴定科技成果10项,申请专利1项。其中"早熟优质辣椒新品种郑椒11号的选育"、"脱毒马铃薯种薯工厂化生产技术研究及应用"获得河南省农科系统科技成果一等奖,"豫马铃薯二号选育及产业化应用研究"获得河南省农科系统科技成果二等奖;马铃薯喷雾栽培营养液及其制备方法申请国家发明专利;"高油高产花生新品种郑农花7号选育与应用"获河南省科技进步二等奖、郑州市科技进步二等奖;"绿色食品葡萄简约栽培技术集成及应用"获得河南省科技进步三等奖、郑州市科技进步二等奖。

【农民教育培训】 农村劳动力转移培训"阳光工程"是市委、市政府确定的十件实事之一。2010年农村劳动力转移"阳光工程"培训政策有重大变化,培训重心由职业技能培训转向对农业或农村服务业从业人员的培训。在培训经验和管理经验欠缺的情况下,为了认真完成郑州市全年1.85万人的培训任务,市农委从加强组织、健全规章制度、严格资金管理等方面着手,精心组织,认真实施,挑选了17家熟悉农民教育培训特点,具有较好的农民培训基础和业绩、熟悉现代农业服务业、农产品加工业、农民创业等相关培训,教学设施设备、实训基地和师资条件良好的农广校、中高等职业院校等作为培训基地,对学员实行免费培训。通过培训,提高了农民就地就近就业能力、创业能力和辐射带动能力,极大提高了现代农业服务体系从业人员和农村社会管理人员的能力素质,把党的惠农政策真正惠及到农民。全年共完成培训18500人,占年度目标任务的100%。其中,农机手4100人、沼气工700人、村级动物防疫员900人、机防手700人、乡村旅游服务员1300人、农村建筑工匠200人、农民专业合作社负责人1500人、畜禽繁殖员900人、农村经纪人1000人、新上岗农民工岗位培训2000人、设施农业2500人、园艺1000人、规模养殖500人、农资经营600人、内检员600人,圆满完成培训任务。

(赵聪敏)

【农业产业化经营】 2010年,郑州市以促进农业增效、农民增收为目标,以扶持培育农业产业化经营重点龙头企业为突破口,不断提升全市农业产业化经营水平,取得了显著成效。

农业产业化经营规模不断壮大。截至2010年底,市级及市级以上农业产业化经营重点龙头企业总数达到334家,其中省级52家,国家级11家;市级和省级龙头企业总数比2009年分别增加15.6%、30%。全市重点龙头企业共建立各类农产品生产基地110千公顷,其中无公害种植基地面积90.67千公顷,直接带动本地农户98万户,有效地促进了农村经济的发展。

农产品加工业快速发展。2010年,郑州市积极扶持以农产品加工为主的农业产业化经营龙头企业,大力发展农产品精深加工,拉长农业产业链条,取得明显成效。市级农产品加工型重点龙头企业达到118家,占全市龙头企业总数的35.3%,2010年实现销售收入总计360亿元。其中销售收入突破20亿元的企业有4家。

产业布局日趋合理。各县(市)、区以市场为导向,科技为动力,效益为中心,积极发展特色优势产业,促进了产业布局向专业化、区域化、规模化、集约化发展,较好地发挥了产业的集聚效应。如金水区、惠济区的速冻食品,二七区马寨的方便面食品,新郑孟庄的大枣系列产品,中牟的大蒜系列产品等,已形成区域加工业的示范窗口。

农产品流通市场日益繁荣。郑州初步形成了多元化的市场主体、多层次的市场网络和多形式的交易方式相结合的农产品市场体系,已成为全国重要的农产品集散地和郑州农业走向国际市场的窗口和信息源。市场的繁荣,物流的畅通,扩展了农产品销售渠道,延长了产业链条,推进了农业结构调整,带动了农产品加工等产业的快速发展,提高了农产品附加值和综合效益。

(胡丹华)

【农业对外开放及创汇农业】 2010年，全市农业出口企业完成出口创汇额21485万美元，同比增长83.7%，占全省农产品出口总量的27.1%，名列第一。新增出口创汇企业3家，总数达到30家。新增农产品出口基地0.13千公顷，出口基地总面积达到1.2千公顷。积极开展农业对外经济技术合作与交流。全年组织参加“第十一届上海国际食品和饮料博览会”、“第107届进出口商品交易会”（广交会）、“第十九届乌洽会”、“第七届中国—东盟博览会”等经贸活动，对展示企业形象，扩大企业影响，寻找合作伙伴，增加销售渠道起到了积极作用。11月1日，应农业部邀请，联合国世界粮食计划署执行干事约塞特·施琳女士一行在省农业厅副厅长薛豫宛、市农委副主任马占军、新郑市副市长李志强等陪同下，到好想你枣业股份有限公司参观考察。

（胡小平）

【农民专业合作社】 2010年，郑州市按照中央和省市农村工作会议的安排部署和有关文件精神的要求，全面贯彻落实《农民专业合作社法》，以“发展、规范、巩固、提高”为指导，采取多种有效措施，大力推进农民专业合作社发展，取得良好成效。截止到2010年底，全市农民专业合作社总数达到1100个，合作社成员总数11.6万人，带动农户21.9万户。

郑州市围绕《农民专业合作社法》等法律政策的贯彻落实和农民专业合作社示范社建设等活动，继续加强对农民专业合作社的宣传。市农委配合《郑州日报》、郑州电视台等新闻媒体连续多次对农民专业合作社进行专题报道。各县（市）、区也积极行动，多途径、多种形式地宣传农民合作社的有关政策，报道介绍各地农民专业合作社发展的成功经验和好的做法，促进各项政策法律的贯彻落实，促进了农民专业合作社的发展。

郑州市加强农民专业合作社示范社建设工作，制定了“郑州市农民专业合作社示范社建设标准”，从运行情况较好、有发展潜力的合作社中筛选部分合作社进行培育，全年培育省级示范社39个、市级示范合作社102个。各县（市）、区也全面开展了农民专业合作社示范社建设工作，培育了一批县级示范合作社。依靠示范合作社的示范带动作用，郑州市加紧推进了合作社的规范化建设，出台郑州市农民专业合作社规范化建设标准，从制定完善各项制度，加强档案管理，做好各项记录入手，组织各县（市）、区大力开展合作社规范化建设活动，取得了较好的成效。

（赵大国）

【农产品质量监管】 2010年，郑州市积极探索农产品“生产管理全过程、检测检验全覆盖、监督检查全方位”的“三全管理”新途径，确保全市农产品质量安全检测合格率和监管工作保持全国先进水平。郑州市实行“四制”，严把“三关”，加强农产品质量安全监管，创建了“郑州模式”，在全国推广，先后有13个省会和80多个地级以上城市前来考察学习。郑州市继续加大投资力度，加强农业标准化示范基地建设和信息化监控体系建设，延长了监管链条，提升了监管能力。2010年中牟县被农业部确定为无公害示范县，荥阳、巩义被列为农产品质量监管标准化示范县。

【农产品质量安全整治】 2010年，按照河南省农业厅《关于印发2010年深化农产品质量安全整治方案的通知》（豫农质监〔2010〕3号），在2009年整治执法年活动的基础上，经过努力，使全市蔬菜、水产品、水果合格率分别达到99.94%、99.53%、99.97%，案件查处率100%，农产品质量安全监管水平和质量安全水平稳步提高，全年无重大农产品质量安全事故发生，2010年农业部对全国农产品质量安全进行4次例行监测结果表明，郑州市蔬菜合格率位居全国前列。

【农产品标准化生产】 全市农业标准化生产成效显著，全年制订郑州市无公害农产品生产技术规程110余项，建成标准化生产示范基地50个，面积2.33千公顷；累计认定无公害农产品生产基地236个，面积达到147.33千公顷；“三品”认证总数达到491个，其中无公害农产品381个，绿色食品88个，有机食品22个，居全省第一位。

【新农村建设】 “整村推进、综合达标”工程成效显著。2010年，郑州市坚持规划先行、分类指导，按照“中心村、新型农村社区、综合整治村”三种模式，整村推进全市新农村建设，重点实施新型农村社区（中心村）建设，引导农村人口向集中居住区和城镇聚集，并积极开展农村集体建设用地整理试点工作。2010年，全市共完成“整村推进、综合达标”工程建设项目127个，涉及272个行政村，超目标任务27%。共完成总投资50.87亿元，新建住房3.1万户，改造1.1万户；新修道路265.58万平方米、排水管网57.23万平方米；完成墙面粉刷77.19万平方米；建设公厕111所、垃圾箱4671个；购置垃圾车95辆；绿化面积131万平方米，安装路灯8384盏。“整村推进、综合达标”工程建设任务圆满完成，成效显著。（1）政策扶持资金拉动作用明显。2010年，市委、市政府按照总量持续增加、比例稳步提高的要求，进一步加大了新农村建设扶持力度，将新农村建设专项奖补资金增加到2亿元。通过“以奖代补”的形式对实施村的基础设施等建设项目进行奖补，有效地激发了农民群众自主建设新农村的积极性。2010年127个项目实施村完成总投资50.87亿元，是市级扶持资金的25.4倍；其中，农民新建住宅投资达38.7亿元，有效刺激了农村内需。（2）新农村主导产业培育有新发展。全市以新型农村社区（中心村）建设为纽带，积极引导农民结合本地资源优势，培育扶持主导产业。在依法依规的前提下，农民集中居住后节余的建设用地,采取招租、入股等多种形式大力发展非农产业,对旧村复耕后的土地实行规模经营,集中发展现代农业,切实解决搬迁农民的就业增收问题,使其“搬得出、稳得住、能致富”,同时也进一步壮大了集体经济,增强了新型农村社区(中心村)的可持续发展能力。2010年全市新农村建设共完成产业投资5.59亿元,占总投资的11%。其中,投资1000万元以上的有17家,超过3000万元以上的有5家。(3)新型农村社区(中心村)建设促进了土地集约节约利用。2010年,郑州市充分利用新一轮土地利用总体规划和村镇体系规划修编的契机,统筹安排新型农村社区(中心村)建设区、基础设施、公益事业和二、三产业发展用地,对城镇、中心村周边的基本农田进行合理调整,并严格履行农村建房审批制度和相关手续,引导农民集中建房、集中居住,从而促进了农村土地集约利用。2010年全市新建项目中,中心村和社区原村庄占地3.96千公顷,建新区占地3.7千公顷,可节约土地0.26千公顷。(4)通过新农村建设,项目实施村的公共服务设施配套齐全,村容村貌得到了明显改善。每个村主次干道、通户道路全面硬化,排水管道畅通,四旁绿树花草,夜晚路灯明亮,达到了“绿、亮、净、美”的要求,村庄面貌焕然一新;同时,按照建设内容要求,项目实施村还建起了标准化村卫生所、农民培训场所、村文化大院和小游园,配备了体育健身器材,增强了社区公益服务职能,使村民足不出村就能享受到社区化服务。

其它九大重点项目工程进展顺利。截至2010年底,全市农民专业合作社新增364家,超额完成300家年度目标任务。新建现代农业示范园区3家,超额完成50%。农产品加工型龙头企业实现销售收入320亿元,农产品和农业投入品市场交易额达到365亿元,分别完成年度目标的118%和91%,新增市级以上龙头企业42家,总数达到331家。沿黄现代畜牧业建设项目7个子项目已有6个完成建设任务,六大保障体系子项目完成建设任务。农产品安全体系建设项目20个农产品质量信息化监控点已完成95%,2个县级检测中心已经完成。农村基础设施建设项目中农村安全饮水工程共完成51万人,其中国家、省级26万人,市本级25万人,超额完成27%;农村沼气工程新建户用沼气10010户,完成计划的100%;新增大中型沼气工程54处,占计划的90%;新建沼气技术服务网点116个,占计划的89%。农业机械化生产项目已完成13.33千公顷机械化生产面积,万亩机械化示范园区项目的基础设施建设正在论证招标。新农村现代流通网络工程项目已完成100%。中低产田改造4千公顷国家项目已完成。10个整村推进村扶贫开发村和1800户、6500人的扶贫移民搬迁项目已全部完成。

(安建新)

扶贫开发

【概况】 2010年,郑州市共投入财政扶贫资金12444万元,其中省财政扶贫资金1565万元、市财政扶贫资金7400万元、县级配套资金3479万元,圆满完成了年度扶贫开发目标任务。全年有1.3万人实现脱贫,占目标任务的108.3%;完成了29个重点村的整村推进任务,比目标任务多完成19个;完成了21个移民搬迁安置点的规划建设,搬迁规模达1992户7295人,超省定目标任务192户795人;完成劳动力转移培训4345人,超省定目标任务395人,其中通过培训转移劳动力2751人。

【整村推进扶贫】 按照“五化一健全”的标准,全年下达省、市、县三级整村推进财政扶贫资金1998万元,其中省级685万元、市本级862万元、县级451万元,在29个重点村实施了整村推进。按照“道路硬化、街道绿化、庭院美化、村庄亮化、农业产业化及各类社会化服务组织健全”的“五化一健全”的标准,认真编制整村推进规划,抓好各类工程项目的实施。全年共新修乡村道路61公里,改善了25个贫困村的交通状况;新建人畜吃水工程9处,解决了5000多人的吃水困难问题;新建卫生院(所)3所,解决了1.5万人的就医难问题;同时对29个贫困村进行了村容村貌整治。通过整村推进,改善了贫困地区基本生产生活条件,推进了贫困地区新农村建设进程。

【搬迁扶贫】 按照《郑州市扶贫移民搬迁规划(2009—2013年)》提出的目标要求,市扶贫办认真编制《2010年扶贫移民搬迁实施计划》,全年下达省、市、县扶贫移民搬迁专项资金9029万元,其中省财政资金650万元、市本级资金5600万元、县配套资金2779万元,规划搬迁安置点21个,规划搬迁任务1992户7295人,比省定目标任务多出192户795人。

【产业扶贫】 2010年,郑州市出台《科技与产业扶贫工作意见》,对贫困地区调整产业结构,发展山区特色农业进行了安排部署。各县(市)按照郑州市统一安排,结合自身实际,加大科技与产业扶贫资金投入力度,培育区域性主导产业,示范引导贫困地区自主进行结构调整。全年共投入科技与产业扶贫资金100多万元。在科技产业化扶贫项目的带动下,登封市的养猪业、荥阳市的林下食用菌、新密市的高山蔬菜、新郑市的山区核桃已成为贫困农民增收的重要来源。

【培训扶贫】 2010年,郑州市按照“政府推动、学校举办、部门监管、农民受益”的原则,以市场需求为导向,以提高农民就业能力、改善农村劳动力就业结构为目的,积极实施扶贫培训“雨露计划”工程,完成劳动力转移培训4345人，超省定目标任务395人，其中通过培训转移劳动力2751人。在全省阳光工程"雨露计划"职业技能大赛上，郑州市代表队获得团体第一名。新密市举办的"40、50"人员就地转移培训、团市委开展的贫困青年创业培训等活动受到省扶贫办肯定，在全省进行推广。荥阳市开展的农村驾驶员培训、市妇联举办的妇女骨干培训、市机电工业技工学校开展的文艺科技下乡宣传活动和市工业学校采取的老师进村、设备入户、岗位上门活动，受到贫困地区群众的热烈欢迎，达到了"一次培训终身受益、一人务工全家脱贫"的效果。

【社会化扶贫】 坚持市四大班子领导联系贫困村制度和党政机关、企事业单位定点帮扶贫困村工作，对四大班子领导联系贫困村和党政机关、企事业单位定点帮扶贫困村进行重新明确。积极动员有关单位出台有利于加快贫困地区发展的政策措施，切实加大行业支持力度。支持和鼓励"希望工程"、"巾帼扶贫"、"扶贫助残"等社会活动与扶贫开发工作结合起来，支持和鼓励民营企业与贫困村结对子，不断提高社会帮扶的水平。

（谢鸿利）

【农业综合开发】 2010年度郑州市农业综合开发土地治理项目计划改造中低产田8.67千公顷，总投资12700万元，其中，中央财政3000万元，省财政1197.4万元，市财政配套4207.8万元，县(市)区配套1440.2万元，自筹资金2854.6万元。完成新建排灌站19座，新打配机电井585眼，修复配套机电井443眼，输变电线路配套249.25公里，开挖疏浚渠道75.3公里，衬砌渠道17公里，埋设管道429公里，建渠系建筑物222座，新修、整修机耕道路307.03公里，完善补植农田防护林0.29千公顷，培训农民技术员和农民7060人次，示范推广面积0.66千公顷。

为确保高标准、高质量完成2010年度农业综合开发工作任务，市农委确定了"抓管理、强机构，建工程、树形象，调结构、争效益"的工作思路。一是严格实施竞争开发的制度。郑州市把上一年度的检查验收结果和平时工作作为各县(市)、区安排项目的主要依据。各县(市)、区都设立一套切合本地实际的竞争开发制度，优中选优，多中选优，项目区选择在开发潜力大、与当地主导产业发展相适应，乡镇、村班子团结，群众积极性高的地区。二是对项目实施全方位的监督和监控，严格实施公示制、招投标制和工程监理制。从项目的立项、实施、竣工以及工程管护，市农委都采取定期检查、重点抽查、专项审查等方式进行全方位的、全过程的监督、监控，严格执行项目和资金公示制，在项目实施前、实施中和竣工后，以公告、公示栏、永久性固定公示牌和召开全体村民大会等形式进行公示，提高了农业综合开发透明度，调动了项目区群众投入农业综合开发的积极性，严格招投标程序，规范签订合同，明确权利义务，使施工单位消除后顾之忧，加快了工程进度。市农委统一组织选定监理单位，严把工程质量关，杜绝了弄虚作假和以旧充新现象，进一步提高了项目工程质量。三是狠抓资金的管理工作。坚持资金跟着项目走的原则，根据工程的进度，把资金按计划分批拨付到项目区，保证资金用于计划内项目。同时，对资金实行"三专五定"的管理办法，以确保资金支出、报账等科学规范，确保了当年工程当年完工。

（安建新）

种植业

【概况】 2010年，全市农作物播种总面积509.75千公顷，全年粮食平均亩产307.4公斤，比上年增加1.12公斤，再创历史新高。全年粮食作物播种面积361.8千公顷，比上年增加0.3千公顷，其中夏粮176.37千公顷，秋粮185.43千公顷。全年粮食总产166.69万吨，比上年增长0.38%，其中夏粮产量79.93万吨，秋粮产量86.75万吨。全年油料作物播种面积53.37千公顷；棉花播种面积4.7千公顷；蔬菜播种面积76.1千公顷。油料作物总产19.02万吨；棉花总产0.405万吨；蔬菜总产283.28万吨。

【夏粮生产】 全市夏粮播种面积176.4千公顷，总产79.9万吨，比上年增产0.3万吨，增0.04%；平均单产302.1公斤，比上年增产1.4公斤，增0.05%。从产量构成因素来看，全市各类型麦区平均亩成穗31.1万穗，较上年增加0.2万穗，平均穗粒数28.9粒，较上年增加0.1粒，千粒重39克，与上年持平。

气象条件利大于弊。一是降水量适中，小麦生长期间的"八、十、三"3场雨，基本保证了小麦播种期、冬前分蘖期和拔节孕穗期，3个需水关键时期土壤墒情。8月上旬至10月上旬降水量为351.9毫米，较常年同期202.9毫米多149.0毫米，较上年同期的201.4毫米，多150.5毫米。底墒较好，保证了小麦播种出苗的需要，大部分麦田达到了苗齐、苗匀，缺苗断垄少。11月中旬，郑州市普降大雪，降水量40.1毫米，为小麦冬春的生长发育提供了良好墒情。在小麦孕穗期，4月20—21日降水量54.1毫米，较常年同期偏多22.0毫米，该时期正值小麦穗分化的关键时期，也是小麦需水高峰期，有利于小麦穗大粒多，对丰收起到了关键作用。二是分蘖期两次强降温对小麦冬前生长不利。其中11月2日平均气温降幅达8.5℃，11月中旬平均气温降至-0.1℃，较上旬降幅达11.1℃。小麦越冬期较常年提前30天左右。播种量小、播种较晚的麦田，冬前群体小、个体发育较差。三是小麦返青拔节期气温基本正常。2月中旬至3月下旬0℃以上的有效积温为355.2℃，较常年同期多49.4℃，有利于麦苗巩固冬前分蘖，增加春季分蘖，促进苗情转化升级。截至3月底，全市一类苗占小麦播种总面积的38.1%，较年前增加5.6%；二类苗占总面积的49.7%，较年前减少0.2%；三类苗占总面积的12.2%，较年前减少5.8%。四是小麦拔节孕穗期部分地区出现了低温天气，对部分麦田造成了一定影响。其中，3月26日的低温天气造成小麦叶片冻害发黄。4月中旬的降温对郑州市部分小麦穗分化产生了一定影响，主要表现为上部小穗不育，特别是河滩地区如巩义夹津口河滩地以及黄河滩区受害较重。五是小麦中后期气温偏低，抽穗开花期较常年推迟7—10天，但是，由于小麦进入灌浆期后，没有遭遇干热风的危害，小麦灌浆基本正常，成熟期较常年推迟6—7天。

麦播基础扎实，播种基础整体较好。一是主导品种突出，布局更趋合理。高产优质品种种植面积占小麦总播种面积的84.2%。其中，豫麦49:30.67千公顷、豫麦49-198:32.27千公顷、矮抗58:30.4千公顷、周麦16:16.8千公顷、周麦18:11千公顷、郑麦9694:9.67千公顷、郑农17:9.13千公顷、郑麦9023:6.13千公顷。二是整地质量明显好于往年，测土配方施肥面积进一步扩大。各地按照“秸秆还田必须深耕，旋耕地块必须耙实”的要求，大力开展秸秆还田，努力扩大机械深耕面积，做到农机、农艺措施相结合，提高了整地质量。2010年全市玉米秸秆还田、深耕面积分别达到124.67千公顷、154.67千公顷，比上年增加8.89千公顷、4.93千公顷；测土配方施肥130.67千公顷，比上年增加6.67千公顷。三是播期适宜，精少量播种面积大。全市小麦播种主要集中在10月10日—20日之间，共播种132.73千公顷，占麦播面积的70%以上；精量半精量播种面积146.33千公顷，较上年增加20.4千公顷。四是麦播病虫害防治力度大。全市麦播药剂拌种、种子包衣、土壤处理面积分别达到101.53千公顷、66.27千公顷、65.4千公顷，其中种子包衣面积比上年增加8.07千公顷，防治质量有所提高。

高产创建活动发挥了明显的示范作用。根据农业部和省农业厅关于开展小麦高产创建活动的有关精神，按照市农委目标管理要求，郑州市农技站在全市开展了小麦高产创建活动。全年共承担农业部高产创建示范方6个；自行安排万亩示范方6个、千亩示范方21个、高产攻关田14个。承担农业部高产创建6个万亩方，平均单产514.4公斤，比上年增产10.2%。其中，荥阳高村镇12000亩矮抗58和周麦22，平均亩产596.9公斤；新郑市观音寺镇10400亩郑麦9694，平均亩产561.6公斤；新密市刘寨镇10000亩豫麦49和郑农17，平均亩产459公斤；登封市颍阳镇10050亩豫麦49—198，平均亩产405公斤；中牟县三官庙乡12000亩豫麦49、豫麦58、周麦18，平均亩产455.8公斤；巩义市鲁庄镇10000亩豫麦49—198，平均亩产608公斤。郑州市自建6个万亩方，平均单产500.8公斤，比上年增产10.1%。其中，荥阳广武镇11000亩矮抗58，平均亩产597.1公斤；新郑市梨河镇10000亩矮抗58，平均亩产568.7公斤；新密市岳村镇10000亩豫麦49，平均亩产462.2公斤；登封市大金店镇10010亩豫麦49—198，平均亩产412.3公斤；中牟县黄店乡10000亩豫麦49，平均亩产461.7公斤；巩义市回郭镇11000亩豫麦49—198，平均亩产502.5公斤。21个千亩方平均单产532.5公斤，比上年增产10.5%。其中，荥阳市高村镇1000亩矮抗58，平均亩产614.3公斤；巩义市西村镇1100亩豫麦49—198，平均亩产612公斤；新郑市观音寺镇王行庄1200亩矮抗58，平均亩产574.4公斤。14个高产攻关田平均单产562.2公斤。其中，新密市岳村镇赵寨村15亩矮抗58，平均亩产628公斤；新郑市观音寺镇冯沟村15亩周麦16，平均亩产598.2公斤；中牟县白沙镇堤刘村25亩豫麦49—198，平均亩产589.6公斤。

应变管理措施及时有效。根据2010年冬前降温早，小麦越冬苗情差、春季多次出现低温天气等特点，在组织有关专家和技术人员深入各县(市)、区，对作物长势和受灾情况进行摸底和评估的基础上，市农技站及时下发了《郑州市2010年春季麦田管理意见》、《关于加强受低温冷害小麦田间管理的紧急通知》、《关于切实做好春季麦田病虫害防治工作的通知》和《关于切实加强小麦中后期管理的紧急通知》等，通过广播、电视、报纸等新闻媒体广泛宣传麦苗抗灾、防虫关键措施和主要技术要点，印发100万份麦田管理明白纸，分发到农户。抽调了666名农业技术人员，分包全市2115个村，开展面对面的现场技术指导，确保各项技术措施的落实。针对冬季低温来得早，春季又持续低温，大部分麦田尤其是晚播地块小麦生长量不足，个体偏弱、群体偏小等问题，抓住3月中旬气温回升，土壤墒情较好的有利时机，普遍开展中耕、追肥，促苗早发。到4月下旬，全市小麦基本普遍中耕、追肥一遍，促进了麦苗转化升级。针对气温回升，小麦病虫害叠加发生，以及小麦抽穗开花期较常年推迟，后期容易遭遇干热风和高温逼熟的情况，强力推进以喷洒磷酸二氢钾和对路农药为主的“一喷三防”工作。截至5月19日，全市共实施小麦病虫害防治面积363.2千公顷，开展“一喷三防”面积70.2千公顷。

(孙国生)

【秋粮生产】 2010年，郑州市秋收粮食作物播种总面积为185.43千公顷，比上年增加0.30千公顷，增长0.16%；总产量86.75万吨，比上年增加0.23万吨，增长0.26%。其中，玉米播种总面积152.82千公顷，比上年增加1.32千公顷，增长0.87%；总产量73.77万吨，比上年减少0.58万吨，减少0.78%。豆类播种总面积15.14千公顷，比上年减少0.42千公顷，减少2.69%；总产量2.97万吨，比上年减少0.27万吨，减少8.3%。红薯播种总面积14.06千公顷，比上年减少0.45千公顷，减少3.10%；总产量8.60万吨，比上年增加1.19万吨，增长16.05%。

气候条件有利有弊。一是生育期推迟。由于受夏粮收获期推迟的影响，郑州市夏播秋作物的播种期普遍推迟5—10天。同时，由于6月中旬到7月中旬的高温、少雨，造成土壤墒情差、旱情重，使夏播秋作物前期生长量不足，个体发育推迟；二是玉米粗缩病。因5月中旬至6月上旬气温偏低，灰飞虱迁飞高峰期和早茬玉米的幼苗易感病期相遇，造成玉米粗缩病在蒜茬和早茬玉米田较重发生。全市玉米粗缩病发生面积20.67千公顷。其中有近0.67千公顷严重发生；三是洪涝灾害。8月份在郑州市部分地区出现大风暴雨天气，造成部分地块倒伏和田间积水。四是后期阴雨寡照。8月中旬以来，郑州市降雨较多，持续阴雨寡照天气，不利于秋作物籽粒形成和灌浆。

领导高度重视。面对因气候原因造成秋粮晚播5—10天的不利影响，郑州市高度重视秋季农业生产，连续召开了2次电视电话会议，下发一系列文件，安排部署秋季农业生产工作，要求全市各级各部门站在确保国家粮食安全、促进农民增收的高度，抓好秋田“五早”管理的措施落实，早管、精管、细管，切实管好秋作物，打一场秋粮丰收、农民增收的攻坚战。市委、市政府主要领导王文超、赵建才、马懿、王跃华等也多次深入县（市）督促指导秋作物田间管理工作，并经常过问秋田管理进展情况。农业、农机、气象等有关部门，充分发挥职能作用，积极围绕秋季农业生产搞好服务，有力推动了秋粮生产各项工作的顺利进行。

开展优质高产创建示范田活动。郑州市玉米优质高产创建活动共安排亩产700公斤以上万亩方6个，千亩方21个，以及示范面积10亩，展示品种20个的玉米优质高产品种展示示范田6个。6个万亩方分别设在新郑、荥阳、登封、中牟、巩义、新密等6个县（市）。21个玉米高产创建千亩方分别设置在各县（市）、区，其中登封、巩义、新密各1个，其他县（市）、区各2个。

进一步优化秋作物品种和品质结构，切实落实关键技术措施，种足种好秋作物。在秋季农作物生产过程中，通过实施良种补贴、推广优良品种，郑州市秋作物品种、品质结构进一步优化。2010年郑州市优质专用玉米播种面积84.53千公顷，比上年增加9.8千公顷，增长13%。优质水稻、优质专用脱毒红薯种植面积分别占到其总种植面积的91%、70.4%。以郑单958、浚单20、中科11等为主的9个玉米主导品种占玉米种植面积的70%左右。郑州市农业部门以玉米良种补贴和测土配方施肥等项目为重点，狠抓关键技术落实。并根据市委、市政府的要求，及时下发了《郑州市2010年良种工程及高产创建实施方案》和《2010年郑州市秋粮生产管理意见》。各县（市）、区按照“种子落地，管字上马”的要求，切实加强领导，落实责任，扎实有序地搞好秋田管理。做好秋作物高产栽培关键技术措施的落实，为秋粮生产提供强有力的技术保障。并通过“12316”三农服务热线，全方位提供信息技术服务，实行专家轮流值班，随时为农户提供信息技术服务。

开展秋粮生产技术培训与宣传。郑州市按照已制定的秋粮生产栽培技术规程，切实指导各地科学开展秋季农业生产。组织农业专家及各级农技人员进村入户，开展面对面的技术指导和服务。采取科技服务小分队、科技直通车、远程教育、专家讲座、示范带动等方式，利用报纸、电视、广播、网络、手机短信等手段，开展全方位、多层次的技术培训，确保一户有一个懂科技、会种田的明白人。2010年全市共举办技术培训班800余期，发放技术资料8万余份。

（王　震）

【花生生产】 花生是郑州市的主要油料作物。2010年花生种植面积40.92千公顷，总产17.3万吨，单产每公顷4227.7公斤。

（王勤波）

【棉花生产】 2010年，郑州市棉花种植面积4.61千公顷，总产40.5万吨。其中中牟2.77千公顷、巩义0.57千公顷、荥阳0.47千公顷、登封0.56千公顷、惠济区0.24千公顷。

主要技术措施：(1)大力推广两膜栽培，适时育苗移栽。全年共推广营养钵育苗移栽面积1.93千公顷，地膜直播3.33千公顷，同时有1.93千公顷采取了育苗移栽加地膜覆盖措施。(2)优化种植模式、合理密植。郑州市棉花生产遵循肥地宜稀，薄地宜密，偏早熟、紧凑型品种宜密，偏晚熟、松散型品种宜稀的原则，依据种植模式、肥水条件和品种特性合理密植。蒜瓜棉、蒜菜瓜棉套种以150-170cm间隔，每亩植棉2400-2800株；蒜棉套种以85-90cm间隔，每亩植棉3000-3200株。个别杂交棉或特殊品种以每亩1200-1500株为宜。(3)因地制宜，科学选用良种。各县（市）、区结合水、肥、土质、气候条件、种植模式等情况，选用抗虫、抗病、不早衰、脱落率低、结铃性强、节本省工、高产、优质品种。一般蒜棉间作、蒜菜瓜棉间作、瓜蒜棉间作，选用了杂交棉花品种，郑杂棉2号、郑杂棉3号、豫杂37、中棉所48、中棉所47等中早熟、杂交、抗虫棉类型品种；麦垄套选用了常规春棉郑农棉4号、中棉所46号、国欣棉3号等品种。(4)科学配方施肥。一般亩施优质农家肥3000-4000公斤，饼肥50公斤，纯氮10-15公斤，五氧化二磷5-6公斤，氧化钾7～8公斤。其中农家肥、磷肥全部作底肥，氮、钾60%作底肥，40%作追肥，同时每亩补施硼砂0.5～1公斤,硫酸铜0.5公斤,锌肥1公斤。

(赵正华)

【蔬菜生产】 2010年,全市蔬菜生产面积基本稳定,产量稳步提高,保护地栽培面积、比重略有扩大,蔬菜品种和质量进一步优化,种植方式不断创新。全年完成蔬菜总产量265.25万吨,较上年增长4.05%。其中中牟、荥阳、新郑、惠济等县(市)、区共完成蔬菜产量220.12万吨,占全市总产量的82.98%。生产面积较大的蔬菜品种主要有大蒜20.54千公顷、大白菜4.84千公顷、番茄4.15千公顷、黄瓜4.15千公顷、萝卜3.52千公顷、胡萝卜3.27千公顷、芹菜2.85千公顷、大葱2.82千公顷,其他生产面积在2千公顷以上的蔬菜品种还有菠菜、豇豆、莲藕、辣椒等。

《郑州市蔬菜产业发展规划(2010—2020)》编制完成,并顺利通过专家评审和市政府常务会议审议。规划以发展设施高效蔬菜生产为主线,充分发挥郑州市的资源、资金和技术优势,大力构建现代蔬菜产业体系。将郑州市蔬菜生产基地规划为郑州北部蔬菜主要产业带、郑州东南部蔬菜产业发展区和郑州西南部蔬菜产业辅助发展区,逐步形成以一带两区建设为重点、分散基地建设为补充的点面结合的蔬菜产业基地分布格局。计划经过10年发展,将郑州市建设成我国北方冬春设施蔬菜主要生产基地,全国无公害蔬菜重要生产基地,河南省现代蔬菜产业示范基地,全面保障郑州市场需求。努力做到基地规模化、栽培设施化、生产规范化、品种特色化、产品标准化、服务社会化、经营产业化,走出一条具有郑州特色的蔬菜产业发展之路。

(赵建波)

【水果生产】 2010年,郑州市继续推广与普及无公害水果标准化生产技术,水果品质、产量、效益持续稳定发展,产业结构进一步优化。全市水果生产面积15.46千公顷,年总产量29.00万吨。其中,苹果1.77千公顷,产量4.25万吨;桃3.33千公顷,产量5.16万吨;梨2.15千公顷,产量5.71万吨;葡萄1.73千公顷,产量3.14万吨;杏2.03千公顷,产量3.42万吨;石榴2.56千公顷,产量3.70万吨;樱桃1.89千公顷,产量1.10万吨。

(安　冕)

【花卉生产】 2010年,郑州市花卉产业持续稳定发展,产业结构进一步得到优化,名优高档花卉,特别是中高档年宵花和鲜切花的生产规模增长较快。全市花卉生产面积基本趋于稳定,生产技术、产品质量、品种数量、生产能力等方面都在不断改进和提高。2010年郑州市花卉苗木种植面积4.6千公顷,全年销售额达5.36亿元。其中,鲜切花生产面积0.08千公顷,年销售额3200万元;盆栽花卉生产面积0.13千公顷,年销售额11000万元;观赏苗木生产面积2.2千公顷,年销售额30000万元;食用与药用花卉生产面积2.07千公顷,年销售额8700万元;草坪生产面积0.12千公顷,年销售额670万元。

(张　洁)

【设施农业】 2010年,在市委、市政府的正确领导下,经过各级农业部门与建设单位的共同努力,全市设施农业建设取得了较快的发展,建设项目圆满完成。

为确保项目建设的顺利实施,市农委及时制定《郑州市2010年设施农业发展专项资金使用管理办法》,用于规范资金的使用与管理。在各县(市)、区上报的设施农业建设项目基础上,经过专家组初步筛选、现场答辩,集体评议、实地查勘和形成结论等程序,共下达两批设施农业建设项目,其中第一批计划补助温室新建改造项目23个,计划建设ZT-01型日光温室172座、ZG-01型日光温室526座、连栋温室24000平方米;第二批计划补助温室新建改造项目17个,计划建设ZG-01型日光温室321座、连栋温室26000平方米。在项目实施期间,市农委成立设施农业建设督导组,每周对全市设施农业建设情况进行一次全面的督导检查。12月底,市农委、市财政局组织专家对下达的温室新建改造项目进行验收,第一批设施农业建设项目,共新建日光温室737座,其中ZT-01型日光温室196座、ZG-01型日光温室541座,建设连栋温室24000平方米。各项目单位累计投入资金9787万元。有7家项目单位新建温室已经全部投入生产,个别项目区产品已经采摘上市。第二批追加项目中,已开工建设279座,墙体基本建成、骨架已安装完成252座,4家单位部分设施已经投入生产。

【现代农业示范园区建设】 2010年,全市26家市级以上现代农业示范园区占地规模达到2.54千公顷。各示范园区共拥有保护地生产设施0.18千公顷。建组培室5个、冷藏库10座,注册商标29个,认定无公害产品32个、绿色产品35个、有机食品17个,获得省级品牌认证4个。有5个园区被国家旅游局确定为全国工农业旅游示范点,丰乐农庄成为全国4A级景区。有3家园区取得了ISO9000或ISO9001质量管理体系认证。2010年度园区考核中,河南天邦蔬菜示范园等园区,经专家组考核评审,达到了郑州市现代农业示范园建设标准,被市政府确定为郑州市现代农业示范园。截至2010年底,全市已建成市级以上现代农业示范园区总数达到26家。

(赵建波)

【观光农业】 2010年,郑州市观光休闲农业发展势头良好,截至2010年底,全市不同类型观光休闲农业景点共接待游客约1490万人次,从业人员8500多人,年实现综合收入约6.73亿元。农家乐发展迅速,在2009年工作的基础上,进一步加大工作力度,充分挖掘资源,明确工作目标,集中打造亮点，成效显著，全年共完成农家乐示范户建设50户，农家乐项目经营户总数达到338家，直接从业人员达到3383人，年接待游客约850万人次，年收益8400多万元，已成为郑州市观光休闲农业十分重要的组成部分。

（王　峰）

【农作物病虫草害】 2010年，全市农作物主要病虫草鼠害为中度发生年份，发生面积1052.48千公顷次，开展防治面积1036.8千公顷次，占发生面积的98.51%，挽回粮食损失16289.55万公斤，挽回油料损失1206.97万公斤，挽回棉花损失72.35万公斤，挽回蔬菜损失5194.15万公斤，挽回水果损失1748.76万公斤。

主要农作物病虫草害发生情况。(1)小麦病虫草害为中度发生年份，略轻于常年，发生面积498.25千公顷次。其中，小麦白粉病发生面积61.4千公顷，中度发生，局部偏重发生，接近常年；麦蚜发生面积138.42千公顷，苗蚜轻发生，轻于常年，麦穗蚜中度偏重发生，局部重发生，重于常年；小麦纹枯病发生面积47.09千公顷，中度偏轻发生，局部偏重发生，轻于常年；麦蜘蛛发生面积63.33千公顷，中度偏轻发生，局部偏重发生，轻于常年；杂草中度偏轻发生，发生面积73.49千公顷。(2)玉米病虫害中度偏轻发生，发生面积229.73千公顷次。其中玉米粗缩病、玉米弯孢霉叶斑病，局部偏重发生，玉米螟、玉米蓟马中偏轻发生，局部中度发生，玉米蚜局部重发生，其它病虫害轻发生。(3)水稻病虫害中度偏轻发生，发生面积1.23千公顷次。其中水稻纹枯病、稻瘟病中度偏轻发生，局部中度，其它病虫轻发生。(4)花生病虫害中度发生，发生面积125.16千公顷次。其中，花生叶斑病中度发生，局部偏重发生；花生蚜虫中偏轻发生，局部中度；花生叶螨中偏轻发生，局部偏重发生，其它虫害偏轻发生。(5)棉花病虫害轻发生，发生面积9.79千公顷次。其中棉蚜、棉铃虫、棉盲蝽局部中偏轻发生，棉花枯黄萎病零星发生。(6)蔬菜病虫害中度发生，同常年，发生面积70.58千公顷次。其中，病害中度发生，同常年，白菜霜霉病中度发生，局部重发生；黄瓜霜霉病、番茄晚疫病、根结线虫病中度发生，局部偏重发生；番茄早疫病、多种蔬菜病毒病、辣椒疫病、保护地蔬菜灰霉病中度偏轻发生，局部中度；虫害中度发生，同常年。蚜虫、小菜蛾、美洲斑潜蝇中度发生；白粉虱中偏轻发生，局部重发生；菜青虫、甜菜夜蛾、棉铃虫、叶螨中度偏轻发生，局部偏重发生。(7)果树病虫害中度偏轻发生，发生面积24.50千公顷次。苹果炭疽病、苹果褐斑病、桃蚜中度发生；苹果轮纹病、苹果斑点落叶病、山楂叶螨、桃小食心虫、梨黑星病、梨锈病、葡萄炭疽病、葡萄霜霉病中度偏轻发生。

【农作物病虫草害防治】 2010年，全市农作物病虫草害发生面积1052.48千公顷次，开展防治面积1036.80千公顷次，占发生面积的98.51%，通过防治有效地控制了病虫危害。

领导重视，组织得力。2010年小麦病虫害防治工作受到各级政府的高度重视，得到了有力支持。省、市政府先后召开了春季麦田管理电视电话会议，会议要求各级政府要提高对小麦病虫害防治工作的认识，高度重视小麦病虫害的防治，实行责任制，强化督查，狠抓落实，搞好防治。4月8日全国农作物病虫害专业化防治示范县启动仪式在郑州市中牟县成功举办，积极地促进了郑州市机械化防治农作物病虫害工作。在病虫害防治关键时期，市植保站技术骨干组成专家组先后到各县(市)、区指导大面积防治。在市委、市政府的高度重视下，各地精心组织，狠抓落实，确保全市小麦病虫害防治的顺利进行。

搞好技术宣传，普及防治技术。在农作物病虫草害防治关键时期，积极组织开展病虫草害防治技术培训，并通过广播、电视等宣传媒体，普及小麦病虫害防治技术，市植保站与省、市电视台联合制作病虫害防治宣传节目5期，荥阳、新郑、登封、巩义、中牟等县(市)在本地电视台、广播电台多次播出农作物病虫害防治技术讲座，荥阳通过中国移动通信平台及时发送病虫害防治信息4000余条。全市利用广播、电视、报纸等媒体进行病虫害防治宣传140次，召开防治现场会70余场，举办县、乡、村各级培训150期，培训干部2116人次，培训农民19.8万人次，印发技术资料33.4余万份。

科学开展防治。在病虫害防治关键时期，植保技术人员多次深入田间，调查农作物病虫害发生情况，及时制定防治方案，科学指导群众开展防治。(1)搞好麦播期病虫害防治。根据地下害虫虫口密度和小麦根部病害的分布制定防治对策，大力推广种子包衣和药剂拌种技术，切实做好麦播期病虫害的防治，保证一播全苗。认真做好麦播期疫情控制，按照省政府的要求，加强小麦种子繁育田全蚀病的防治，并根据大田全蚀病的发生情况，有针对性推广了咯菌腈、苯醚甲环唑拌种防治小麦全蚀病技术，全市共防治13.8千公顷，有效控制了疫情蔓延，取得了良好效果。(2)分类指导，科学防治。在准确搞好小麦病虫害中长期预测预报的基础上，市植保站根据病虫的发生情况，及时制定病虫防治预案，组织农民适时开展防治。针对2010年麦蚜偏重发生，玉米粗缩病、玉米弯孢叶霉病、秋作物叶螨在局部地区偏重发生的情况，全市各级植保站抽调技术骨干深入田间指导农民科学防治，有效地控制了其为害。(3)切实抓好秋作物病虫害防治。根据秋作物病虫害发生动态，在搞好技术培训、技术宣传等基础上科学指导群众开展防治，及时有效控制病虫危害。

（李元杰）

【东亚飞蝗综合治理】 2010年，郑州市夏秋蝗中度发生,发生面积33.67千公顷,达到防治指标面积18.73千公顷,开展防治17.87千公顷。蝗虫防治工作措施:(1)进一步落实治蝗领导责任制。郑州市成立了以主管农业的副市长为指挥长的蝗虫防治指挥部,根据人员变化情况,各县(市)、区及时调整了治蝗领导组织,明确任务,责任到人,使治蝗工作有组织、有计划地开展。(2)强化了蝗情监测工作。各蝗区固定14个测报点、14个蝗虫侦察员,系统开展了越冬蝗卵、蝗蝻出土情况、蝗蝻发育进度调查及蝗蝻"拉网"普查,澄清了蝗虫分布情况,及时发出治蝗简报,并根据夏蝗发生情况,制定了防控预案。(3)积极争取财政支持。按照治蝗经费实行分级负担制的原则,积极筹措资金,确保治蝗经费及时到位,并加强资金管理,提高使用效率。2010年市县两级财政共筹集治蝗经费53万元。(4)进行技术培训,做好蝗虫防治工作。全市共培训治蝗人员760人次,印发资料6600份,出动治蝗人员544人,出动车辆36部,出动机动弥雾机240部,使用农药21.1吨。共开展飞机防治3.47千公顷,人工防治14.4千公顷,夏秋蝗防治面积共计17.87千公顷,占达标面积的95.37%,防治效果达85%以上,有效地控制了蝗虫为害,达到了"不起飞,不成灾"的目标。

(沙文乐)

【植物检疫】 2010年,郑州市积极宣传植物检疫法规,全市共进行植物检疫法规集中咨询38次,发放植物检疫法规宣传页4000份。市植保站按照《河南省农业植物检疫备案办法》的规定,对郑州市种子生产、加工、经营单位进行了认真的审查核实,对符合规定条件的核发《植物检疫备案证》和《植物检疫报检员证》,共发放两证220套。开展产地检疫和调运检疫。全市小麦产检面积6.78千公顷,占报检面积的100%,产检合格面积6.63千公顷,生产合格种子4196.8万公斤。下半年全市申报小麦制种田10.24千公顷,全部要求采用有效药剂进行除害处理。利用农业部植物检疫网络化管理工作平台签发调运检疫证书,省间调运检疫2094批次,省内调运检疫1830批次,共调运检疫合格种子1066.8118万公斤,花卉苗木646.5万株。通过检疫有效地防止了危险性病虫杂草的传播蔓延,保证了农业生产安全。加强检疫执法,严格市场管理。3月中旬到4月中旬和9月中旬到10月上旬,对郑州市农作物种子经营单位进行检查,共检查经营户220多户。对专职检疫员进行培训。市植保站邀请有关专家对全市专职检疫员进行了培训,并进行了相关知识测试,以保证培训效果,进一步加强了郑州市植物检疫队伍建设。

(柴　升)

【培肥地力】 2010年,全市共完成麦秸麦糠覆盖、小麦高留茬153.33千公顷,玉米秸秆还田113.33千公顷,有机肥积造1400万方。

【测土配方施肥】 2010年,全市推广测土配方施肥面积330千公顷。其中玉米107千公顷,冬小麦187千公顷,大蒜20千公顷,蔬菜、瓜果、花生等其他作物16千公顷。设计小麦施肥配方16个、玉米施肥配方13个,生产配方肥8.9万吨,配方肥施用面积129.33千公顷。采集土壤样品6200个,化验土样46000项次,分析植株样品990个。完成秋季作物肥料试验35个,三区校正试验70个,小麦、大蒜跨年度肥料试验35个。通过实施测土配方施肥,粮食作物单产水平提高明显,测土配方施肥项目区内小麦平均每亩增产25.5公斤,节约化肥1.52公斤(折纯),每亩可节本增效46元;玉米平均每亩增产36.2公斤,节肥1.6公斤(折纯),亩节本增效58元;花生平均每亩增产16.7公斤,节肥1.5公斤(折纯),亩节本增效70元左右。郑州市实施测土配方施肥共计减少化肥施用量6400余吨(折纯),可为农民增加收入近2亿元,同时由于减少了化肥施用量,减轻了对环境的污染,产生了巨大的生态效益。

(郭长江)

水产业

【概况】 2010年,全市水产养殖总面积达到9千公顷,较上年增加0.27千公顷,增长3%;水产品总产量13.5万吨,较上年增加0.3万吨,增长2.3%;深化水产品质量安全整治,水产品药物残留产地检测合格率达到100%;硝基呋喃类、孔雀石绿、氯霉素等违禁药物在水产苗种繁育和养殖生产环节的违法使用得到禁止;重点抓好良种繁育体系、技术推广体系建设,启动了良种繁育实验中心建设项目;保护渔业资源,向大中型水库放流黄河鲤、鲢、鳙等经济鱼类250万尾;渔业安全生产形势平稳,全年无渔业船舶重大事故发生;加强水生野生动物保护和渔业水域污染防治工作,相关违法案件查处率达到100%,全年办理水生野生动物驯养繁殖许可证1家,审查换证12家;加强渔业病害防治工作,提高渔业抗灾能力,组织水生动物疫病监测,全年没有重大水生动物疫病发生。

【沿黄滩区开发】 2010年,郑州市渔业生产大力发展规模养殖,沿黄渔业开发掀起新热潮。中牟县、荥阳市、惠济区等县(市)、区利用沿黄滩区得天独厚的条件,积极发挥沿黄水产资源优势,充分利用不适宜粮食种植的盐渍易涝荒地集中连片开发水产养殖规模基地,制定优惠政策招商引资,引进大型特种水产养殖企业。全年沿黄滩区开发面积超过0.33千公顷,沿黄渔业产业带逐步形成。

【水产养殖技术培训】 2010年,市水产局分别在郑州市渔场、荥阳市、金水区、惠济区、中牟县进行了以无公害水产技术、名优水产养殖技术以及鱼病防治等为主要内容的科技培训，共培训50多期（次），发放培训资料10000余册，培训人员10000余人次。

【水产品质量安全管理】 2010年，市水产局对全市的无公害水产养殖基地生产过程进行了全程监管监测，发放了无公害水产养殖技术手册和水产养殖记录簿。全市各县（市）、区加强现场检查，加强药物有害残留物抽检，加大水产安全生产宣传培训力度，推进健康养殖行动，强化生产自律，以确保郑州市水产品的质量安全。全年开展水产品安全执法检查10次，对全市所有无公害水产品基地、重点养殖场的水产品进行专项抽检，共抽检鲤鱼、草鱼、鲫鱼等样品100多个。加强对农资经营市场的检查，全市各级渔业行政执法机构积极行动，对鱼饲料和鱼药市场进行了4次大的检查，检查鱼药、饲料等农资经营门店200多个。

【渔政执法】 2010年，郑州市加强对《渔业法》等相关法律法规的宣传。进一步提高全社会对《渔业法》，《水生野生动物保护条例》的认识，印制了《渔业法》、《水生野生动物保护条例》等法制教育辅导材料1万册，下发到各县（市）、区。在绿城广场组织了渔业生产安全和法律宣传日活动。在日常工作检查中，市各级渔业执法部门注重对渔民、经营商户等服务对象的法律法规教育，对他们在经营和生产中遇到的问题及时给予帮助和解决。严格执法，打击破坏水生野生资源的违法行为。开展水生野生动物保护专项执法检查，配合省渔政部门查处了无证经营红珊瑚案件，对郑州市海洋馆、动物园、观赏鱼市场、郑州百顺酒店等经营利用水生野生动物的单位和个人进行了执法检查。取得了省水产局关于水生野生动物管理的执法权，为需申请办理经营利用许可证的单位和个人搞好初审执法服务工作。

【渔业安全生产】 渔业生产安全，是郑州市渔业工作的重中之重，市水产局始终坚持“安全第一、预防为主”的方针，把落实渔业生产安全贯穿到渔政工作的方方面面。每逢重大节日和上级安排的安全活动，及时召开安全会议，进行安全教育，防止重大案件和事故的发生。对渔民进行安全知识宣传培训，让渔民主动、正确了解安全知识，自觉提高安全意识。加强对黄河内渔船的检查，促进船主依法文明生产、安全生产。把安全生产提高到“讲政治、保稳定”的高度，黄河渔政站逐一对沿黄渔船上的电器、动力设备、渔船上护栏和船体进行检查，并对渔船上应该配备的“救生衣、救生圈、灭火器”等安全设施进行核对和清点，按照“边检查、边整改、边提高”的方针，认真抓好落实，对个别安全设施配备不齐的渔船均限定时间予以整改完善。制作渔船安全生产宣传条幅、渔船安全生产牌匾，悬挂在每条渔船上，起到了一定的宣传、警示作用。

【黄河禁渔工作】 为搞好黄河禁渔工作，黄河渔政站全体人员积极克服各种困难，下河张贴禁渔通告，向广大渔民大力宣传禁渔意义。查处违反禁渔期规定，非法捕捞黄河鱼类资源案件7起，收缴禁用捕鱼工具1个，拆除禁用捕鱼设施3处，当场销毁禁用渔网两张，查处电捕鱼器3台，劝退捕鱼游客68人次。

【《现代渔业发展规划》】 2010年，市水产局编制完成了《郑州市现代渔业发展规划》并经市政府常务会议审议通过。该规划明确了“十二五”期间郑州市渔业发展的指导思想、发展重点、发展目标和保障措施，提出了一带、三业、七大体系的战略框架，将在“十二五”期间实施七大体系、10个科技示范园区、20个健康养殖基地和20个重点龙头企业等一批重点项目，一个全面、系统、完整的以生产、加工、休闲为一体的产业链将逐步形成。

（胡金文）

畜牧业

【概况】 2010年，全市畜牧工作在市委、市政府的正确领导下，积极实施科技兴牧战略，坚定不移地走规模化、标准化、产业化发展道路，加快推进畜牧业发展方式转变，全力推进《郑州市沿黄现代畜牧业发展规划》实施，强化重大动物疫病防控和畜产品质量安全监管，全市畜牧业较好地实现了保供给、保安全、促增收的基本目标。2010年，全市肉、蛋产量分别达到23.77万吨、20.90万吨，同比分别增长3%、1.6%，鲜奶产量46.48万吨，同比减少0.6%；畜牧业产值81亿元，比2009年增长4%，与2005年的52.3亿元相比增长53%，年均增长10.5%；占农林牧渔业总产值的比重达到42.5%。其中，荥阳市畜牧业产值达到17.2亿元，占农业总产值的比重达到52%。巩义、新密、新郑畜牧业产值占农业总产值的比重均超过45%。2010年全市农民来自畜牧业的现金收入约占农民家庭总收入的2.5%。饲料、兽药产业发展加快。2010年全市饲料生产企业达到280家，占全省饲料生产企业的35%；饲料产量达到350万吨，占全省的40%；已通过兽药GMP认证的生产企业130家，占全省的64%。兽药种类涉及所有剂型，年生产总值达20亿元。

规模养殖发展迅速，畜牧产业化经营步伐不断加快。2010年，全市新建年出栏5000头以上标准化猪场33个，新建存栏500头以上标准化奶牛养殖小区21个、万只以上标准化养禽场15个。随着畜牧产业布局的进一步调整优化，郑州市畜牧产业化龙头企业不断增加。截至2010年底，全市具有一定规模辐射带动能力的畜牧产业化龙头企业97个，比2005年的33个增加了64个；畜牧业农民专业合作组织250多家，比2005年的52家增加了198家，增长4.8倍，年均增长76%。畜牧产业化、集团化经营加快推进，新郑雏鹰15万头生猪出口创汇示范园、登封书青38万套肉种鸡场、中牟万滩3000头标准化高产奶牛养殖示范园等一批高标准、大规模集约化养殖企业竞相发展，形势喜人。河南雏鹰农牧股份有限公司成功上市，成为全国畜牧行业第一家上市公司。

（张军峰　马朝阳）

【现代畜牧业发展】《郑州市现代畜牧业发展规划》的推出和实施是市委、市政府"十一五"期间支持和发展畜牧业的重要举措，是统筹城乡经济发展，实现牧业增效、农民增收，加快发展现代农业，推进新农村建设的新战略。2010年，市政府实施《郑州市现代畜牧业发展规划》，共投入财政资金5000万元，拉动社会投资6.1亿元左右，重点建设了沿黄绿色奶业示范带，生猪、家禽和种畜禽养殖基地，畜牧业保障体系，畜牧业科技示范园区，畜牧业环境污染治理，加工型龙头企业等6大工程、123个项目。这些项目建成正常运营后，年可新增产值5.1亿元，新增利润1.3亿元，同时，吸纳9000多名农村劳动力，直接增加农民收入1.35亿元以上。

（马朝阳　吕　彪）

【畜产品生产】 2010年，市畜牧局坚持以提高畜牧业综合生产能力和竞争力为核心，以增加农民收入为目标，强化服务措施，积极落实国家扶持政策，扎实做好畜牧业统计监测预警，不断提高全市畜牧业发展水平。

积极落实国家各项奖补和保险政策。奖补生猪出栏大户。按照省畜牧局要求，对30家年出栏5000头以上的生猪养殖大户进行奖补。根据上报情况，对2009年前没有奖补的33家生猪养殖大户的奖补申报资格进行验收，其中符合国家生猪养殖奖补标准的有23家，发放奖补资金230万元。奖补畜牧业环境治污项目。按照市政府的要求，对20家养殖场环境治污项目进行奖补。根据上报情况，对2009年前没有奖补的38家沼气治污项目进行验收，其中合格20家，发放环境治污补贴资金100万元。奖补2010年蛋鸡、肉鸡、肉牛、肉羊的标准化改造项目。按照省畜牧局要求，对50家自愿申报河南省标准化养殖场改造项目的企业进行筛选，其中上报15家，经省畜牧局专家评审后决定对12家进行标准化改造。能繁母猪保险。为贯彻落实国务院、省政府制定的促进生猪生产相关政策及市政府领导指示精神，市畜牧局切实推进能繁母猪保险工作，全年共承保能繁母猪60314头。

扎实做好畜牧业统计监测预警工作。2010年，市畜牧局认真做好畜牧业形势分析季度报告，并及时准确地上报省畜牧局和农业部，为各级领导宏观决策提供第一手参考数据。畜产品和饲料价格监测方面。实行周报制度，每周三进行市场价格采集、分析、统计和网络填报工作。全年通过网络平台上报生猪、家禽、牛羊、饲料等产品的集贸市场价格监测报告100次。做好畜禽生产村级监测。按照农业部审定的监测点范围，登封市作为农业部定点蛋鸡监测县，实行蛋鸡生产监测村级月报制度。确定专人负责，每月收集由村级防疫员采集的蛋鸡生产数据，计算相关生产和成本收效，形成检测报告上报农业部。全年共通过网络平台上报蛋鸡生产监测报告12次。做好蛋鸡和肉鸡定点企业监测。为了较好完成相关生产数据的采集工作，郑州市对72家蛋鸡和肉鸡生产定点监测企业进行了调整，并规定被监测企业每月5日前将蛋鸡和肉鸡生产数据通过信息采集软件平台报送全国畜牧总站，确保了上报数据的时效性。做好生猪信息监测与预警。每月对2个种猪场和2个规模生猪养殖场进行监测，共监测37次。

（于明钢　齐会贤）

【奶业生产】 2010年，郑州市奶业工作以提高奶产品质量安全、保障人民身体健康、增强市场竞争力、实现奶业的可持续发展为目标。认真落实国家和省、市政府关于促进奶业持续健康发展的意见，加快奶业升级改造步伐，以规模化带动标准化，以标准化提升质量效益，稳步推进全市现代奶业发展。2010年底，奶牛存栏6.4万头，其中成母牛3.6万头。奶牛存栏200头以上的规模场（小区）有86个，生鲜乳收购站91个。

强化执法监督确保乳制品安全。2010年，市畜牧局围绕生鲜乳生产、收购和运输三个关键环节，继续保持高压态势，规范生鲜乳收购秩序，严厉打击非法收购行为，加强生鲜乳质量安全监督监测，强化监测与执法联动，全面提高生鲜乳质量安全水平。对全市91个奶站实施质量监督管理员驻站监督、全程监管，每天要做到"五查"。即：查奶牛健康状况，查牛奶质量状况，查器具环境消毒状况，查冷链设施运转状况，查销售运输状况。7月24日到8月12日生鲜乳收购站和生鲜乳运输车辆集中检查期间，全市共出动执法人员224人次，检查生鲜乳收购站88个，检查生鲜乳运输车辆66台。从9月25日开始集中开展对奶牛养殖场问题乳粉的清缴工作，以奶牛养殖场、生鲜乳收购站和生鲜乳运输车辆为重点，开展拉网式集中清查。11月15日—24日，对全市符合生鲜乳生产条件的91个奶站进行了拉网式检查。

扎实抓好标准化奶牛小区（场）建设。按照《农业部关于加快推进畜禽标准化规模养殖的意见》及《奶牛标准化规模养殖技术规范（试行）》要求，深入开展奶牛小区（场）标准化示范创建活动，全年成功申报标准化示范奶牛小区(场)6家。加快推进奶牛小区(场)升级改造步伐,集合良种、饲草饲料、人才等各种资源,整合国家奶牛标准化规模养殖场(小区)建设资金、省畜牧业发展专项资金、市沿黄现代畜牧业发展规划建设资金,强力推进现有奶牛小区(场)升级改造步伐,积极培育和发展新建奶牛规模养殖场,着力培育存栏奶牛500头以上规模养殖场,引导现有的奶牛养殖场(小区)扩大养殖规模。

积极做好河南省世行贷款项目实施工作。2010年7月26日,河南省世行生态畜牧业建设项目,与世界银行签订《贷款协定》,项目开始实施。河南省世行黄河滩区生态畜牧业建设项目,涉及荥阳市、中牟县、新郑市和惠济区。项目总投资18206.59万元,其中利用世行贷款1185.39万美元。共安排建设项目50个,其中奶牛项目44个,肉牛项目6个。新建项目33个,改扩建项目17个。中牟县建设项目17个,其中肉牛项目3个;惠济区建设项目17个,其中肉牛项目2个;荥阳市建设项目11个,其中肉牛项目1个;新郑市建设项目4个。2010年底,共有7个建设项目的实施方案通过世行专家的前审,并开始实施。

(王选顺　刘宏亮)

【动物疫病防控】　在市委、市政府和省畜牧局的正确领导和大力支持下,郑州市动物疫病防控能力全面提升,圆满完成了各项工作任务。2010年组织申报的"鸡新城疫检测模型的研究与应用"科研项目通过了市科技局的鉴定验收,并在全市进行了推广应用,为鸡新城疫监测工作提供了科学依据,使监测结果既具有科学性、准确性、公正性、代表性,又能最大限度的节约监测成本。

重大动物疫情防控和动物强制免疫疫苗发放方面。2010年郑州市重大动物疫病及其它各类疫病均呈零星散发,基本趋于平稳。全市各有关部门积极配合,及时有效的处置了各种重大动物疫情,全年共扑杀猪393头、牛60头、鸡4200只、羊235头、犬2只,有效遏制了疫情的扩散和蔓延。2010年全市共发放口蹄疫疫苗1158万毫升、禽流感疫苗3918万毫升、猪瘟疫苗733万头份、高致病性猪蓝耳病灭活苗249万毫升、活苗338万头份,有效保证了全市重大动物疫病免疫率100%。

兽医体制改革和兽医基础设施建设方面。2010年,郑州市本级和所属的巩义市、新密市、登封市、新郑市、荥阳市、中牟县等6县(市)均成立了兽医行政管理、行政执法、技术支撑三类机构,落实了编制、人员和经费。按照《郑州市人民政府关于加强动物防控体系建设的意见》(郑政文〔2008〕196号)要求,各县(市)、区公开选聘790多名村级动物防疫员,统一配置了电动车、保温箱和防疫服装。防疫员劳务报酬由县、乡两级财政按6:4的比例承担。防疫基础设施建设方面。中央扩内需第3批预算内投资计划安排郑州市的50个新建和改扩建乡镇兽医站项目,6个改扩建兽医实验室项目,以及市畜牧局安排的30个新建动物检疫区域中心站建设项目已基本完成。截至2010年底,全市各农村乡(镇)办事处均建有乡镇兽医站1个。

重大动物疫情应急体系建设方面。2010年,郑州市修订完善突发重大动物疫情应急预案,制订下发了《郑州市法定节假日等重要时期突发重大动物疫情专项应急预案》、《郑州市口蹄疫防控专项应急预案》。成立高规格的重大动物疫情应急指挥部,由市长赵建才兼任指挥长,以进一步加强对重大动物疫病防控工作的组织领导。市、县两级分别成立了疫情应急预备队,预备队成员落实备案、培训制度。落实了疫情应急处置所需资金、技术、物资"三项储备"。市级落实应急资金50万元,县(市)、区落实应急资金10万元,乡(镇)、办事处落实应急资金2万元,均建立帐户,实施专款专用;及时更新补充应急物资,落实物资台帐管理制度;调整了重大动物疫情现场诊断专家。坚持24小时值班制度,确保疫情快速上报。严格疫情报告制度,市县两级畜牧部门均落实有疫情管理专职人员、专用电脑,制定有疫情报告相关制度。快速果断处置可疑动物疫情,及时排除疫情隐患。通过以上目标任务的落实,确保了上海"世博会"和广州"亚运会"期间不发生重大动物疫情,确保了全年重大动物疫情形势稳定,其他动物疫情稳中有降,畜牧业健康发展。

专项疫病监测。2010年,郑州市共监测高致病性禽流感、新城疫、口蹄疫、猪瘟、高致病性猪蓝耳病抗体63484份,其中高致病性禽流感抗体合格率为87%、新城疫为91%、口蹄疫为86%、猪瘟为85.5%、高致病性猪蓝耳病为89%;高致病性禽流感、新城疫、口蹄疫、猪瘟病原、高致病性猪蓝耳病病原1440份,病原学监测全部为阴性。共监测猪甲型H1N1抗体920份,病原240份,无阳性。监测布病抗体36268份,其中奶牛20517份、羊14781份、猪300份、犬87份,阳性病例341份。为全市动物防制效果分析、重大动物疫病风险评估,提出预警信息和防控对策提供了科学依据。

疫情测报网络建设及流行病学调查工作方面。2010年,郑州市动物疫情预警、预报及监测网络站点逐步完善为244个,形成以市、县、乡动物防疫机构为主干,以村级疫情观察员为支点的一、二、三级疫情测报网络。244个监测站点开展了认真细致的流行病学调查工作,采集各类棉拭子样品4096份,填写流行病学调查表1996份,抽检各类批次疫苗48瓶。

加强兽医实验室生物安全管理。2010年,郑州市对辖区内河南农业大学、郑州牧专、河南农科院、河南省出入境检验检疫局及乾元浩生物药厂等6家非畜牧系统兽医实验室进行了关于生物安全应急预案、生物安全制度及动物病原微生物菌(毒)

种的使用管理等方面的现场检查。要求各县(市)、区畜牧系统兽医实验室在改建新建过程中加强落实生物安全措施,健全制度,把生物安全责任制落实到单位及个人,务必要做到“及时发现安全隐患、及时报告安全隐患事件、及时处置安全隐患事件”。

(宋庆华 刘 炜)

【动物卫生监督管理】 切实加强动物检疫工作,确保郑州市安全畜产品的供应。2010年,全市动物产地检疫猪210.4178万头、牛13.2185万头、羊31.0154万只、禽4592.3581万羽、其它动物5.1566万头;屠宰检疫生猪47.2654万头、禽872.9698万羽;对定点屠宰场检测“瘦肉精”10500批次。出动车辆6228车次、人员33681人次,市场监督畜类11.2629万头、禽类82.5436万羽、生鲜动物产品26284.497吨、仓储冻品51897.35吨。全市动物卫生监督案件立案101件,结案101件,结案率100%。

实施动物卫生监督工作责任制和责任追究制。2010年,郑州市动物卫生监督所推行动物卫生监督所员工责任制和责任追究制,制定《郑州市动物卫生监督所内部员工岗位责任制和工作目标》,把全市动物卫生监督的各项工作进行明确分工,落实到个人。加强对小远单位的科学管理,要求市屠宰厂、外埠肉品查验点等从事生鲜肉屠宰、检验的企业和部门实施指纹打卡制度。同郑州市所辖县(市)、区动物卫生监督所长签订全年《动物卫生监督工作责任书》,落实责任制和责任追究制,确保动物卫生监督工作形成一级抓一级,层层抓落实的新局面。

落实郑州市猪肉准入制度。2010年,郑州市对外地入郑畜产品实施动物产品质量查验、换发动物产品检疫证明、可追溯性登记、运输车辆消毒和违禁药品抽检五项制度。全年共消毒车辆12700余辆、查验生猪胴体肉38万余头、分割肉品1.6万吨,冻肉产品2.8万吨,下发《“瘦肉精”工作整改通知》书28份,发送协助追溯调查函28份。召开两次外埠入郑28个生猪屠宰企业(厂)负责人会议和郑州市建成区内商场、超市、连锁店负责人会议,并同他们签定《郑州市畜产品质量安全承诺书》。起草发放《关于切实加强郑州市猪肉产品管理工作的通告》,在全市范围内粘贴5000份,进一步明确了养殖场、屠宰厂、流通环节、餐饮环节、监督部门的权利和义务,确保猪肉准入制度的顺利实施。

扎实推动“风险分级、量化监督”工作。2010年,郑州市商场超市连锁店、农贸市场初步形成了以日常两级监督制度、质量承诺书制度、质量公示制度、日常抽检制度为主要内容的动物卫生监督模式。加强郑州市建成区内动物产品流通环节的监管。6月8日—15日,市动物卫生监督所抽调市内五区精干力量对郑州市建成区内的动物产品流通环节进行了一次全面的监督检查,查处违法经营活动4起,全部予以依法处理。加强节日期间生猪定点加工企业的卫生监督,组成监管小组,在节日期间对市区内3个生猪定点屠宰场的生猪入场、待宰、屠宰、出证等实施全程监督,进一步规范和提高郑州市市区定点屠宰场的屠宰检疫工作。针对春、秋季动物疫病频发的流行特点,开展了针对大型冷库的监督检查活动。加强动物防疫监督检查站的管理,认真按照省创建文明检查站要求,进一步完善硬件设施建设和制度建设,积极发挥消毒站为全市畜牧业发展的保驾护航作用。确保郑州市动物卫生监督工作的重点放在问题突出、安全隐患较大的关键环节上。

动物卫生监督执法队伍建设方面。2010年4月中旬,郑州市完成现有动物卫生监督执法队伍“两员”摸底调查、清理、整顿以及身份确认工作。为全市300余名动物检疫员更换上岗证,对不符合检疫资格人员,取消检疫员资格,净化了全市检疫队伍,为全市检疫工作提供了人员保证。7月19日—21日在登封市举办“郑州市动物卫生监督执法骨干培训班”,围绕《动物检疫管理办法》、“动物卫生监督执法程序及文书的制作”、“动物卫生监督执法职务犯罪的预防”和“畜禽新疫病的鉴定检疫”等方面,对各县(市)、区主管副局长、动物卫生监督所所长、动物卫生监督执法办案的骨干共70余人进行培训,进一步提高了动物检疫和执法水平。11月16日开展了动物卫生监督系统法律知识竞赛活动,评出先进个人5名,先进集体6个。11月18日,邀请省动物卫生监督所、市法制局监督处等单位的领导和专家对郑州市的动物卫生监督机构办理的28个推荐兽医卫生案卷进行了案卷评析工作。

(彭志领 李超雷)

【兽医兽药管理】 2010年,市畜牧局按照市委、市政府和省畜牧局要求,不断加大兽医兽药管理力度,积极宣传兽药法律法规知识,认真履行监管服务职能,全市兽医兽药管理工作取得显著成效。

组织开展执业兽医资格考试工作。按照省畜牧局执业兽医资格考试工作安排部署,经考前宣传发动、现场资格审查、考场设置等前期准备工作,10月24日,2010年全国执业兽医资格考试在郑州市电子信息工程学校开考。考试分上午、下午两场进行,上午考试科目为基础预防,下午考试科目为临床综合应用。郑州、开封两地市889名考生参加了考试。考试期间,省畜牧局副局长宋虎振带领省执业兽医考试督导组一行对考点内30个考场考试情况进行了现场巡查。这次执业兽医资格考试是全国统一时间、统一要求组织实施的一次畜牧行业“国考”项目,这对规范郑州市兽医执业行为,提高全市执业兽医管理水平具有重要意义。

认真开展兽药经营规范年活动。按照《河南省畜牧局关于印发兽药经营规范年行动方案的通知》(豫牧医〔2010〕16号)要求,为进一步规范郑州市兽药经营行为,维护兽药经营秩序,市畜牧局制定下发了《郑州市兽药经营规范年行动方案》,要求县(市)、区畜牧部门要以推行兽药GSP为抓手,认真组织开展兽药经营资质的清理活动,依法查处和取缔无照经营、超范围经营疫苗等违法经营行为;严厉查处进货渠道混乱、购销渠道记录不完整等违规经营行为;对非法从事兽药经营活动的单位(个人)要依法严厉处理;对非法经营的兽药产品要实施清缴销毁,切实加强兽药经营监管和执法检查,确保检查覆盖率达100%。

强化兽药市场专项整治。2010年,市畜牧局安排部署省局下达的9项假兽药查处活动任务和4期兽药监督抽检情况通报,要求县(市)、区畜牧部门对涉及本辖区内的兽药生产、经营企业,开展全方位监督检查,凡发现有通报中涉及的兽药产品,要认真核查清缴,并对违法行为依法进行查处。县(市)、区畜牧部门共检查兽药生产企业132家、兽药经营企业750多家、畜禽养殖场15000家、动物诊疗机构200余家。查处违法、违规行为100余起,其中立案83起,结案83起。期间,局兽医处执法人员对20余家兽药生产经营企业进行了重点抽查,以巩固兽药市场整治活动成果。

加大对制假售假行为打击力度。为了稳定兽药市场经营秩序,市畜牧局加大了对制假售假行为打击力度。全年查处落实省局便函督办案件18起,件件有落实,件件有回复,立案18起,结案18起。配合市公安局经侦支队对2008年查获的假冒“江苏中渔健宝生物科技有限公司”制售假兽药重大案件进一步调查取证。在金水区新桑园兽药市场设置举报箱,公布举报电话,24小时受理举报线索,市畜牧局执法人员及时核查举报线索10余起,全部进行查处落实。

规范兽药行政许可行为。按照《兽药管理条例》和《行政许可法》规定,严格办证程序。兽药经营企业在申请办理兽药经营许可证时,市畜牧局兽医处受理后,要求申请者学习《兽药管理条例》等相关法律法规,然后派两名以上执法人员到现场实地审查,不但要审查企业办公场所,还要审查经营企业仓库及经营产品,检查组现场审查后,填写现场审查报告,经局领导签批后,方可办理《兽药经营许可证》。

(李　健　梁庆洲)

【畜产品质量安全监管】 组织开展多种形式的畜产品质量安全整治活动。2010年,郑州市继续深化畜产品质量安全整治活动,共检查各类生产经营企业9950家,出动执法人员43550人次,发放宣传资料35200份,监测场所358个,抽检样品6931批次,查处问题125起,责令整改121起,立案查处91起。开展春节“两会”、中秋国庆及世博会期间畜产品安全专项整治活动。活动期间成立了相应的领导组织,相继下发了活动方案,加大了执法力度和监管范围,同时实行24小时值班和领导带班制度,落实值班人员岗位责任制,对全市的养殖企业及兽药饲料生产经营企业进行了全面检查,确保了节日期间及世博会期间没有发生一起畜产品质量安全事故。开展猪肉质量安全专项整治活动。市畜牧局于9月25日—10月底在全市开展了为期一个月的猪肉质量安全整治活动,全市共检查猪场2631家,进行瘦肉精检测猪场631家,产地检疫生猪49204头,屠宰检疫生猪26226头,外埠入郑查验点查验畜产品2517347公斤,共检测生猪尿样3589批次,抽检畜产品63批次。

组织开展饲料专项整治活动。2010年,市畜牧局组织对全市15家蛋白饲料原料生产企业进行了全面检查,对3家不具备生产条件的企业上报省畜牧局给予注销;抽调骨干人员20余人,组成了6个检查组,对全市浓缩饲料和配合饲料生产企业进行拉网式检查,共检查企业190多家,对20家较差的企业限期整改,并在全市通报批评;对金水区部分企业改造和要求整改的企业进行了检查;在全市开展了非法制售皮革蛋白粉等皮革碎料制品清理整顿工作,检查饲料生产企业268家,饲料经营门市部425家,没有发现非法制售和使用皮革蛋白粉现象。2010年,全市共处理饲料违法案件7起,销毁、无害化处理问题饲料6.25吨,罚款14000元,并对2008年以来饲料产品出现问题的10家饲料企业进行了重点监督抽检。

进一步加强“瘦肉精”治理工作。元月份在荥阳市召开全市瘦肉精监管整治工作现场会,安排部署全市瘦肉精整治工作,并积极推广荥阳市以实施六个承诺,落实五个保证,明确四个责任,建立两项机制,建立一个台帐和一套完整的生产经营记录档案为主要内容的65421瘦肉精监管机制。春节期间,以中小型养殖场户、肉牛和肉羊养殖场、屠宰厂为监测重点,下达了3000批次的瘦肉精快速监测任务,活动期间共完成瘦肉精监测4468批次,其中养殖场(户)2610批次,屠宰场1736批次,查验点122批次。6月份,以供沪企业和屠宰厂为监测重点,下达了5000批次的瘦肉精快速监测任务,各县(市)、区按照1:1的比例配套,共完成检测10654批次;其中抽检外调生猪养殖场74个,市级屠宰场3个,县级屠宰场50个,中小型养猪场280个,抽检合格率为100%。

无公害畜产品产地认定和产品认证工作。2010年,郑州市开展无公害畜产品获证企业检查活动及无公害农产品标志检查活动。抽调专人组成检查组对全市65家无公害畜产品获证企业的标准化生产措施执行情况,投入品使用管理和无害化处理等情况进行了全面检查,下发了10份现场检查整改通知单,要求其限期整改到位。开展无公害农产品标志检查活动。依据《农产品包装和标识管理办法》和《农产品质量安全法》组织执法人员深入到大型超市和农贸市场进行检查，共检查超市98家，大型农贸市场36家，没有发现违法用标行为。积极开展郑州市无公害畜产品产地认定及产品认证工作。全市共有73家企业申报无公害畜产品产地认定及产品认证，通过省检查组的检查验收，最终有40家企业通过了现场检查验收，其中金水、惠济、二七、上街和管城区均实现了零突破。

（马淑玲　耿　飞）

【畜禽良种工程】 2010年，郑州市投入20万元，新建和升级改造畜禽良种改良站点10个。全市标准化基层畜禽良种改良站点和猪人工授精站点达到198个，占全市改良站点总数的93.5%。人工授精技术员持证人员309人，持证上岗率达到92.8%，均超过了省局下达的90%的目标任务。全市养殖小区(场)新建秸秆青贮池152个，其中100立方米以上105个，圆满完成年度目标任务105%。青贮氨化微贮农作物秸秆176万吨，新发展人工种草4.73千公顷，超额完成省畜牧局下达年度目标任务的1.73%和1.42%。完成奶牛改良2.3万头，完成肉牛改良14.9万头，肉羊改良20.8万只，分别超过年度目标任务的1.05%、1.06%和1.04%。完成改良奶牛后代产奶性能测定1000头。

积极落实补贴政策。新郑、中牟两个国家生猪人工授精重点基地县，共完成猪人工授精7.1万头，落实补贴284万元，技术培训2165人次，受益农户20622人。其它县(市)、区实施良种猪人工授精补贴，共补贴配种母猪5万头，落实补贴资金50万元。全市共推广良种冻精12万支，发放补贴资金18万元；下拨2010年地方优良畜禽品种资源保护和利用补助资金57万元，引进眉山黑猪32头。组织10家奶牛场引进奶牛性控冻精2000支，落实奶牛性控繁育补贴资金20万元。

先进技术的推广。2010年郑州市继续推广奶牛DHI检测技术，筛选确定22家奶牛场(小区)，测定了4000头奶牛。推广猪人工授精数量达到20.8万头，比上年增长3.48%。在全市160家养猪场推广实施生态环保养猪技术，每个环保猪场投入扶持资金15万元，共建成环保猪舍15万平方米，存栏生猪12.8万头。推进TMR饲喂技术的推广和普及，扶持推广8台TMR。推广2000支奶牛性控冻精，使奶牛母犊率由48%提高到92%。开展了良种奶牛后代生产性能跟踪测定工作。对2006年度的1497头良种奶牛后代开展了生产性能跟踪测定。组织县(市)、区畜牧部门和相关企业赴山东聊城考察养鸭合作社建设，赴四川考察蚯蚓养殖技术。

（宋云清　李华民）

林　业

【概况】 2010年，全市各级林业部门在市委、市政府的正确领导下，以科学发展观为统领，团结拼搏，锐意进取，奋力推进林业生态建设工作，实现新的跨越，全市林业发展呈现又好又快的良好局面。2010年，郑州市林业局被全国绿化委员会授予第二届中国绿化博览会特别贡献奖，被省委、省政府命名为省级文明单位，被郑州市委、市政府授予集体二等功，被省林业厅授予目标管理先进单位。

2010年，全市完成林业生态建设规模13.89千公顷，占年度建设任务13.84千公顷的100.3%。其中，完成重点工程造林12.75千公顷，森林抚育和改造工程1.14千公顷。建成100个林业生态村、12个林业生态乡镇。全市以各种形式参加义务植树的公民达355.6万人次，占应尽责人数的95.6%，义务植树1458.3万株，新建市级义务植树基地2个。

【第二届中国绿博会在郑举办】 2010年9月26日至10月5日，第二届中国绿化博览会在郑州市成功举办，达到了圆满、精彩、一流的预期效果，受到社会各界的广泛关注和一致好评。本届绿博会共有94个省、自治区、市、行业(系统)，港、澳、台地区，国际友好城市及国内、外企业参展，共129个代表团参加，正式代表和非正式代表达2000多人。作为绿博会核心成果的郑州绿化博览园如期建成开园，总面积200公顷，总投资约14亿元，由99个各具特色的展园组成，被誉为"百园之园"。园内主要建筑有观光塔、展览馆、综合服务中心、连栋温室等主体建筑和一些配套建筑；湖面、湿地等水系面积21.33公顷；各类绿化面积130万平方米，栽植各类乔灌木70余万株，地被花草80多万平方米，各类植物1000余种。展会期间，绿博园共接待500余个参观团、100万名游客。

【造林绿化】 2010年，郑州市完成林业生态建设规模13.89千公顷，占年度建设任务13.84千公顷的100.3%。为圆满完成造林绿化工作任务，郑州市先后召开了全市林业工作会议和2010年省会郑州全民义务植树暨造林绿化动员大会。对全市2010年春季植树造林及全民义务植树工作进行了部署动员。植树节期间，省市领导两次来到中牟林场和绿博园内参加义务植树活动，带动社会各界掀起了植树造林热潮。造林工作全面展开之前，及时组织召开了全市林业技术培训会，邀请河南农业大学有关专家授课，提高了造林技术人员的业务水平。在苗木选择和运输过程中，尽量多用当地苗，少用外地苗，不但节约了运输时间和费用，更重要的是减少了因运输过程中失水和机械损伤等造成的不利因素，提高了苗木成活率。在栽植过程中，普遍采用专业队伍施工，技术人员跟班作业，并积极推广应用根蘸泥浆、ABT生根粉、保水剂等先进造林技术。在苗木栽植后，加大浇水抗旱等后续管护力度，保证苗木发芽率。实行局领导包县（市）、区督导林业工作责任制，成立了8个督导组，长期深入各县（市）、区督查造林情况。造林关键时期局党委每周听取两次造林专题汇报，先后3次在《郑州日报》上通报全市造林进度，还经常组织新闻媒体进行跟踪报道。各县（市）、区也成立了相应的组织，抽调得力人员深入造林一线，督促工程建设进度和质量，着力推进植树造林工作。

【集体林权制度改革】 2010年，郑州市通过分山到户、联户承包、股份制、期权分山等多种形式，对自留山、家庭承包经营、集体统一经营等方式经营的集体林地进行产权落实。截至2010年底，已完成确权面积97.49千公顷，占任务123.67千公顷的79%。发放林权证8.14万本，发证面积69.13千公顷，占已确权面积97.49千公顷的71%。

【绿博园管理经营】 绿博会结束后，迅速组织展开了绿博园后续管理经营工作。积极与市编办沟通协调，成立了绿博园管理中心，全供事业单位，副县级规格，编制20人，另外，根据管理需要，向社会招聘人员160余人，初步建立了管理机构与队伍。为确保园区植物顺利越冬，对珍贵植物进行了统计，共有60多个品种2000多株植物被移植到温室，对难以移植的高大乔木，采取了就地搭建防冻大棚的措施。对园区99个展园和公共区域实行了划片包干，每天不间断巡查。针对展会期间出现的入厕难、配套设施少等突出问题，新增生态型公厕15座，休闲座椅300个，垃圾箱300个，指示标牌300块。成立了郑州市森林公安第三派出所，维护园区秩序与安全。制定了商户管理有关规定和制度，加强日常管理，规范经营行为。邀请了沈阳世博园、南京绿博园、开封清明上河园等园区负责人和国内知名专家来郑座谈，组织有关管理人员外出到同类景区进行现场考察调研，学习管理经营经验。积极与大专院校、科研院所合作，初步编制了《郑州绿博园旅游功能开发总体规划》，为今后管理经营提供基本思路。

【森林资源保护】 林业行政执法队伍与森林公安机关密切配合，不断提高自身建设，通过专项打击行动与日常执法相结合，对全市乱砍滥伐林木、乱侵滥占林地、乱捕滥猎野生动物等违法犯罪行为进行了严厉打击。2010年，全市林业执法机关共查处各类案件613起，查结531起。收缴野生动物6500余只（头），全年共检查木材过境车辆4000余台次。森林防火工作在坚持落实行政领导负责制，加大森林防火宣传力度，强化防火值班，严格火源管理的同时，重点加强了基础建设和队伍建设，有效增强了森林火灾的预防和扑救能力。2010年，全市共发生森林火灾7起，其中一般火灾5起，较大火灾2起，受害林地面积5.06公顷，无人员伤亡，受害率控制在0.1‰以下，远低于省定1‰的控制目标。及时准确预测森林病虫害的发生，开展了防治林业有害生物工作，防治林业有害生物31.53千公顷，有效地遏制了森林病虫害的蔓延，保护了生态建设成果。

【黄河湿地保护工作】 2010年，黄河湿地保护工作进展顺利，累计树立界桩365个、界碑25个、警示标牌60个、大型宣传标示牌4个，并对17块原生态湿地和7块候鸟栖息地进行了抢救性保护。救护、环志放飞了国家一级重点保护动物大鸨1只、国家二级保护动物灰鹤9只。在日常工作中，黄河湿地中心不断加大宣传工作力度，通过组织"湿地日"、座谈会、印发科普宣传页、观鸟摄鸟等活动不断提高湿地周边群众保护湿地的意识，呼吁社会各界更多的人认识湿地，保护鸟类，形成良好的舆论氛围，取得了良好的宣传效果。

【林业科技】 制订了《杨小舟蛾无公害防治技术规程》，对无公害防治杨小舟蛾，保障郑州市杨树健康成长，避免出现"夏树冬景"现象，维护生态环境安全有重要意义。新建省级林业科技示范园区1个，不断加强林业新品种引进推广，搞好科技服务，开展送科技下乡活动，2010年全市组织参与科技下乡活动的林业专家和技术人员共计307人次，举办各种培训班和技术讲座75场，培训林业职工1453人次，组织林农赶科技大集11场，服务咨询群众12861人次，发放技术资料3万余份，通过各种媒体发布林业科技信息200余条，为郑州市林业快速、健康、可持续发展和新农村建设做出了贡献。

【林业产业】 按照"近期得利，长期得林，以短养长，长短协调发展"的良性循环模式，全市各地大力发展林下种植、养殖业，有力地推进了新农村建设，实现了农民增收。以林果业为依托的森林旅游也逐渐成为一种品牌，有效促进了林区第三产业的蓬勃发展。2010年，全市完成林业总产值20.4亿元，全面完成省厅下达的年度目标任务。其中第一产业产值10.1亿元，第二产业产值5.8亿元，第三产业产值4.5亿元。全市有5家林业企业被评为河南省林业产业化重点龙头企业。

（陈振武）

农业机械

【概况】 2010年，郑州市共落实各级财政购机补贴资金5910万元，引导农民投入农机化发展资金超2亿元；新增农机具10740台（件）。机收小麦168.63千公顷，机收玉米71.95千公顷，小麦秸秆机械化综合利用率达到98%；全市主要粮食作物耕、种、收综合机械化水平达72%，高于全省平均水平9个百分点，高于全国平均水平20个百分点，小麦生产过程基本实现机械化，农业生产进入以机械作业为主的新时代。薄弱环节机械化取得重大突破，马铃薯、红薯、花生等根茎类作物机械化收获从无到有，机械作业面积突破20%。农业机械化作业领域由粮食作物向经济作物、由大田农业向设施农业、由种植业向养殖业、农产品加工业全面拓展。全市农机专业合作社达148家；实施机械化保护性耕作面积16.33千公顷，比上年增加48.85%；培训农机各类管理、技术人员4581人次，培训农机操作人员32216人次，实现全年农机安全生产。

截至2010年底，全市农业机械原值40.17亿元，比上年增加3.09亿元，增长8.33%。全市农机总动力达504.34万千瓦，比上年增加50.69万千瓦，增长11.17%。其中柴油发动机动力396.9万千瓦，比上年增加27.89万千瓦，增长7.56%，汽油发动机动力3.79万千瓦，比上年增加0.18万千瓦，增长4.98%，电动机动力103.56万千瓦，比上年增长22.53万千瓦，增长27.81%。各种农用拖拉机全面增长，拖拉机拥有量达12.5万台，比上年增加0.48万台，增长4%。

全市大中型拖拉机发展迅猛，达9981台，比上年增加1279台，增长14.7%，其中轮式拖拉机拥有量8889台，比上年增加964台，增长12.16%。小型拖拉机拥有量达11.5万台，比上年增加3528台，增长3.16%。拖拉机配套农具19.18万部，其中大中型拖拉机配套农具2.29万部，比上年增加0.2万部，增长9.4%，配套比1:2.3。小型拖拉机配套农具16.9万部，比上年增加0.25万部，增长1.49%，配套比1:1.47。耕整机从无到有，达到0.21万台(套)(1.03万千瓦)，机引犁8.03万台，机引耙7.24万台，旋耕机8224台，深松机211台。播种机达到2.43万台，其中免耕播种机0.15万台，精少量播种机2.04万台，化肥深施机2393台，地膜覆盖机1456台。

农用运输车拥有量达11.82万台(165.7万千瓦)，其中三轮汽车拥有量9.84万台(114.16万千瓦)，低速载货汽车拥有量1.98万台(51.54万千瓦)。联合收获机趋向大型化发展速度加快，保有量达5205台，比上年增加814台，增长18.54%。其中自走式联合收获机4627台，占联合收获机总量的88.9%，收获机械化科技含量逐年提高。机动脱粒机3.32万台，割晒机0.45万台。农用排灌动力机械达8.76万台(71.56万千瓦)；农用水泵、节水灌溉机械分别为9.98万台、0.42万套。设施农业设备有了新的发展且向系统化管理方向迈进，改变了以往只有温室，没有控制设施的局面，温室面积4128.58万平方米，田园管理机430台，滴灌机242台，控温湿机械88台，其它设施农业机械255台，形成了一条龙服务管理模式。

2010年，全市机耕面积231.91千公顷，占可耕地面积的81.51%；机播面积323.44千公顷，占总播种面积的63.54%，其中小麦机播面积176.21千公顷，玉米机播面积125.43千公顷；主要粮食作物机收面积243.33千公顷，占总收获面积的67.34%，其中小麦机收面积达96.8%，玉米机收面积达47.8%；机械脱粒粮食134.51万吨，免耕播种面积148.73千公顷，比上年增加6.69千公顷，增长4.71%，机械铺膜面积8.2千公顷；农机化新技术在农业生产中的广泛应用收到实效，推广效果明显，全年完成精播面积160千公顷，机械深施化肥面积114.45千公顷，机械化秸秆还田面积255.75千公顷。全市农机经营总收入17.38亿元，其中农户经营总收入17.3亿元，占农机经营总收入的99.56%。农机经营纯收入6.6亿元。

【三夏机收会战】 2010年三夏，面对气温低，小麦生长期延长，成熟相对集中的严峻形势，全市农机部门及早摸清底数，加强组织协调，认真做好信息、接待、技术、安全、物质、帮扶等各项服务。同时加强与公安、交通、气象、石油等相关部门的沟通与协作，为机收会战提供了有力保障。在三夏准备期间，共检修各类农业机械35万台(套)，培训农机具操作手5.3万人，签订作业合同20000份，合同面积100千公顷。其中，签订帮扶协议2000多份，合同面积7千公顷。免费发放联合收割机跨区作业证1000个，指挥车、服务车证40个。三夏期间，全市共投入各类农业机械35万台(套)。其中，大中型拖拉机8800台，小型拖拉机11.5万台，联合收割机5500台，割晒机1.5万台，玉米播种机2万台。机收小麦面积168.63千公顷，占麦播面积的96.8%以上，联合机收率达90%以上；玉米机播面积125.63千公顷，机播率77%以上。小麦秸秆还田面积158.67千公顷，还田率90%以上。

为了创造良好的三夏生产环境，郑州市农机局结合当前农机跨市作业形势，成立8个三夏跨区作业督导组及2个农机安全生产检查小组，对郑州市主要交通路口设立的38个三夏跨市作业服务网点进行了实地检查，网点引导联合收割机有序流动，为过往机手和机车免费提供技术维修及茶水、药品等服务。免费为他们提供机收期间的作业信息和天气预报信息，积极引导他们开展跨市作业，提高作业效益，增加机手收入。三夏期间，郑州市各级农机安全监理机构积极配合，做好农机安全宣传教育工作，广泛利用乡村广播、电视等新闻媒体，通过平安农机村、农机大户和农机专业合作组织等群众性组织，开展操作规程和麦收防火知识的宣传教育工作。在加大安全生产监管力度方面，认真开展以"严格落实、严格检查、严格整顿、严格管理"为重点的安全生产大检查活动，组织农机执法人员深入生产第一线，加大对拖拉机、联合收割机无牌无证、无防火罩和无灭火器等违章作业的整治力度，严肃查处无证、单人疲劳作业和违章载人、违章超载等违规行为。各县(市)、区农机安全监理机构采取有

农业机械年末拥有量

项目 单位	农业机械总动力(万千瓦)				其中:耕作机械						其中:收获机械				
	合计	柴油发动机动力	汽油发动机动力	电动机动力	大中型拖拉机		其中轮式拖拉机		小型拖拉机		联合收获机		割晒机		机动脱粒机
					万台	万千瓦	万台	万千瓦	万台	万千瓦	万台	万千瓦	万台	万千瓦	万台
合计	504.34108	396.89788	3.7909	103.5609	0.9981	43.502	0.8889	37.371	11.5002	110.9208	0.5205	25.53755	0.4474	1.4605	3.3183
中原区	2.7387	1.8596	0.0034	0.8757	0.0126	0.4745	0.0126	0.4745	0.0022	0.0257	0.0078	0.3037	0	0	0.0075
二七区	8.8131	6.8726	0.2139	1.7266	0.0086	0.3698	0	0	0.05	0.574	0.0035	0.1634	0	0	0.0376
管城区	7.75	5.51	0.03	2.21	0.016	0.66	0.017	0.66	0.038	0.42	0.0069	0.418	0.005	0.05	0.0058
金水区	10.31	8.3	0.01	2	0.012	0.375	0.012	0.446	0.025	0.17	0.0135	0.61	0	0	0.04
上街区	3.6942	2.7442	0.01	0.94	0.0263	1.0052	0.0263	1.0052	0.05	0.57	0.0048	0.2486	0	0	0.01
惠济区	11.6123	8.3208	0.2836	3.0079	0.029	1.4902	0.006	0.3968	0.0165	0.1394	0.0116	0.754	0	0	0.0022
巩义市	55.4041	43.4603	0.1611	11.7827	0.1384	5.3039	0.1384	5.3039	1.3838	11.4225	0.0562	1.8775	0.0043	0.0448	1.1
荥阳市	73.8418	58.5279	0.3904	14.9235	0.1233	4.2907	0.1233	4.2907	0.3322	4.1167	0.0746	3.4997	0.0098	0.0494	0.3061
新密市	87.0534	54.38	0.47	32.112	0.13	8.1378	0.13	8.1378	0.7227	9.2721	0.1126	7.9401	0.0054	0.0663	0.4256
新郑市	88.57308	73.34908	1.8579	13.3653	0.1703	7.9414	0.1466	6.5734	1.59	13.9653	0.1058	4.62195	0.0368	0	0.1103
登封市	56.23	42.15	0.27	13.81	0.06	3.14	0.06	2.83	2.16	23.98	0.05	1.91	0.2	1.25	1.14
中牟县	98.3204	91.4226	0.0906	6.8072	0.2716	10.3135	0.2167	7.2527	5.1298	46.2651	0.0732	3.1906	0.1861	0	0.1332

农业机械年末作业量

项目 单位	机耕面积	机播面积	机械植保面积	机收面积	其中小麦机收面积	其中玉米机收面积	机械脱粒粮食数量	机械初加工农产品数量	农机运输作业量
	千公顷	千公顷	千公顷	千公顷	千公顷	千公顷	万吨	万吨	亿吨/公里
合　计	237.915	323.443	133.547	246.419	168.627	71.946	134.5056	216.3259	19.06342
中原区	2.2	2.017	2.943	2.303	1.727	0.576	1.583	0.0824	0.1742
二七区	1.5	1.4	3.545	1.467	0.967	0.5	0.452	1.6327	0.65
管城区	2.53	2.82	2.32	3.38	2.37	1.01	1	10.37	0.00002
金水区	4.5	6.5	0.67	6	3.5	1.4	1.6	0.1	0.26
上街区	2.1	2.9	4.33	2.81	2.08	0.73	1.24	1.5	0.022
惠济区	6.508	4.546	2.519	4.02	2.54	0.8	1.832	1.4836	1.6055
巩义市	28	39.1	10.27	30.866	21.4	9.4	11.28	12.41	3.13
荥阳市	34.5	50.56	20.54	40.01	29.13	10.88	45.66	87.71	0.52
新密市	29.17	53.63	24.47	39.293	26.8	12.46	10.82	38.7	0.18
新郑市	38.3	60.7	61.28	42.9	29.9	10.07	36.82	33.6	4.8341
登封市	24.87	32.77	0.66	27.62	18.28	8.34	7.44	2.53	5.65
中牟县	63.737	66.5	0	45.75	29.933	15.78	14.7786	26.2072	2.0376

效措施,认真检查事故易发的重点场所、要害部位、关键环节,不留死角,不走过场。对机具的制动、转向、灯光系统及安全防护设施等部位进行了重点检查。对检查发现的隐患,能立即整改的立即整改;不能立即整改的,分不同情况限定不同期限进行整改、挂牌督办、跟踪落实。荥阳市农机技术人员在310主干道建立农机维修网点,配备2台维修车辆专门为跨市作业机械提供维修服务,在不断完善服务措施的同时,注重提高服务质量,保证了跨市作业机械作用的正常发挥。

三夏期间,为充分发挥农机在抢收抢种中的主力军作用,郑州市农机局制定五大措施力保三夏颗粒归仓。(1)强化信息引导。三夏期间向参加跨区作业的机手免费发送供求、天气、路况、价格等内容的手机短信,随时为用户提供信息咨询服务。(2)加快作业进度。针对2010年特殊的农时要求,进一步细化完善工作方案,动用35万台套机具参加抢收抢种。密切关注天气变化,防范大风雷暴、烂场雨等灾害天气,调配履带式联合收割机,随时准备加入抢收。加大跨区机播组织力度,扩大机械化作业面积。推行"一条龙"作业模式,成熟一亩,收获一亩,播种一亩,为秋粮生产赢得了宝贵农时。(3)提高作业质量。组织农机科技人员下乡服务,大力推广应用保护性耕作、化肥深施、机械深松、精量播种、秸秆还田、节水灌溉、高效施药等技术,促进农机农艺融合。把执行农机作业质量标准作为签订作业合同一项必备条款,重点控制收获留茬高度、秸秆切碎长度和播种深度、均匀度,切实提高了机械化收获和播种作业质量水平。(4)提高组织化程度。充分发挥农机专业合作社、农机大户在跨区作业中的骨干作用,引导零散机具加入跨区作业队,减少个体行为,推行合同订单作业,有组织地开展抢收抢种。16个跨区作业接待服务站向机手提供作业区分布图,协调供需双方尽早商定作业地块和收割播种时间,合理规划作业路线,实施连片作业,减少空车运行,提高机具利用率和标准化作业水平。积极开展帮扶活动,为困难农户提供优先、优惠和优质的抢收抢种服务。(5)强化应急保障。与公安、交通、石油等有关部门,制定应急预案,积极应对三夏期间可能出现的拦机截机、农机重大事故、油料供应紧张等突发事件,作好应急处置的各项工作。组织208名维修技术人员深入一线开展"三包"服务,及时提供零配件,排除机车故障,减少停机损失。协调供油企业开展流动加油服务,解决机手后顾之忧。

【三秋农机战役】 2010年,郑州市农机部门围绕市委、市政府"夏秋并重,稳夏增秋,积极推进玉米收获机械化"的要求,增强做好三秋工作的责任感和使命感,早计划、早动员、早部署,集中精力,精心组织35万台(套)农业机械积极投入三秋生产。其中,大中拖8680台,小型拖拉机10.5万台,秸秆还田机6300台,玉米收获机980台,旋耕机7860台,小麦播种机22261台,小麦免耕播种机924台,机具出勤率全部达到了90%以上。共完成玉米机收面积71.95千公顷,机收率47.8%,超过省要求近8个百分点;完成秸秆机械还田面积129.33千公顷，秸秆还田率83%；完成机耕面积170千公顷，其中深耕136千公顷，深耕率80%；完成机械播种面积176千公顷，机播率95%；小麦免耕播种面积14千公顷，比上年增加22.1%。

为切实打好三秋战役，郑州市农机系统做到了以下几个到位：(1)信息服务到位。2010年三秋期间郑州市各级农机部门组织人员深入乡村，对机具保有量、技术状况、分布情况、当地农作物种植区域布局以及适宜机收、机播面积和作业时间等信息进行摸底调查，对各项作业信息进行全面整理汇总，建立了农机户电子档案，并通过农机"110"指挥中心信息发布平台将天气信息、作业信息等传递给农民机手，使他们少跑冤枉路，提高了机械使用率，增加了机手收入。三秋期间共发布信息5万多条，接受群众咨询2100人次。(2)确保物资供应到位。通过协调油料供应部门，三秋期间，备足油料3.5万吨，在县城郊区、农村设立了100座"三秋农机供应站"，在辖区内所有供应站，张贴"农机专用"标识确保农机就近加油，敞开供应。各农机供应部门备足质量可靠的零配件，延长营业时间，实行送零配件和油料到田间地头服务，方便了农民需要。(3)确保农机技术服务到位。三秋前夕，全市农机部门抽调管理干部、组织技术人员深入到乡村农户，指导农民对参加三秋作业的机具状态进行了一次普遍检查、维修和保养，使机械以完好的状态投入三秋生产。通过集中辅导和分片定点相结合的方式对机手进行了技术培训，通过协调农机生产企业和销售供应商在搞好"三包"技术服务的基础上，开展上门修理、送修下乡和预约维修，备足常用易损维修配件，保证"三包"服务质量。三秋期间全市共检修各类农业机械15万台次，为完成三秋生产任务提供了装备保证。(4)确保农机帮扶措施到位。会同民政部门以乡为单位对军、烈、孤、困、寡、务工缺少劳力家庭进行摸底调查，建立档案，并根据本地区困难扶助对象的情况，制定三秋农机帮扶措施，将农机帮扶任务落实到机、责任到人。三秋期间，共成立农机帮扶队30多个，帮扶农户180多户，帮扶面积近千亩。对特殊的人群实行了优先服务和免、减作业费服务。(5)指挥调度服务到位。根据区域内作业时间差做好机械小范围流动作业调度方案和机械流向图，调整机械余缺，保证机械合理运用，保障农机作业秩序和机手效益。(6)农机专业合作社的主力军作用发挥到位。农机专业合作社是农业生产的重要力量，各县(市)区充分发挥他们的机具、技术力量、规模等优势，指导他们开展跨区作业、订单作业，开展技术服务。三秋期间，共签订作业合同2000余份，合同面积67.67千公顷。

2010年三秋工作呈现以下特点：(1)领导重视。省市三秋生产电视电话会议后，郑州市农机局领导高度重视，迅速成立了三秋农机生产会战指挥部，主要领导任指挥长，班子成员和处室包县(市)、区，并成立了综合办公室、宣传组、技术服务组、安全组4个专业组，深入基层，深入一线，了解情况，指导帮助工作。(2)各类农机现场演示会的组织扎实有效。三秋是农机推广新机具、新技术的黄金季节，市、县农机部门抓住这个有利时机，利用国家第二批购机补贴资金，召开各种不同类型的现场演示会，宣传农机、扩大影响，有效地加快了新机具、新技术的推广步伐。三秋期间全市共召开不同层次、不同类型的现场演示会40多场次，参加人员13100多人。共推广大中型拖拉机660台，小型拖拉机1680台，玉米收获机械420台，秸秆还田机400台，其他机械2000多台。加快了收种作业进度，有效地提高了农机装备水平。(3)玉米全程机械化步伐加快，玉米机收获得重大突破。为达到玉米机收率45%以上这一目标，全市各级农机部门充分利用现有的资源，挖掘潜力，通过搞好维修和技术服务，不断提高玉米收获机械的完好率、出勤率和作业效率。通过跨区作业，从焦作、驻马店等地引进玉米收获机械380台，有效地提高了全市玉米机械收获水平。为提高农民朋友用机的积极性，不少地方还利用财政资金，对使用玉米收获机械的用户，给予作业补贴，鼓励机械收获。三秋期间，全市共投入玉米收获机械980台，实现了近千台玉米收获机械会战郑州的局面，玉米机收率达到了47.8%。(4)农机市场监管力度加大，确保了三秋工作顺利进行。一是联合行动，集中整治，认真开展三秋农机打假。各级农机部门联合工商、技术监督、新闻等单位开展了农机零配件供应市场集中整治活动，对农机修理供应门市部进行拉网式检查，净化三秋农机修供市场，维护农民利益。二是加大工作力度，确保农机安全生产。农机监理部门按照农业部和国家安全生产监督管理部门的文件要求，下乡入户对拖拉机及其驾驶人员进行一次安全检查，加强对机手进行安全生产教育，不搞疲劳驾驶，不违章作业，努力消除一切不安全因素，把机械故障率和机车事故率降到最低限度，确保三秋农机工作顺利进行。三秋期间，共组织130个农机安全小分队，出动农机安全宣传车54辆，宣传群众上万人，纠正违章80多起，杜绝了安全隐患，保证了三秋生产的顺利进行。(5)宣传力度进一步加大。三秋生产宣传组配合电视台、电台、日报社等新闻部门对农民关心、社会关注的热点大力宣传，对三秋农机工作中涌现的先进典型和好的工作经验及时反馈，总结推广。实行了信息专报制度，加强信息反馈和交流，为领导正确决策提供依据。三秋期间，电视台播出三秋农机工作典型报道6次，日报和广播电台报道农机安全生产信息30多期，编印三秋农机信息28期，上传网络农机快报80余条。

【农机购置补贴】 2010年省、市政府把农机购置补贴列为"十件实事"之一，倍受社会各界关注。全市农机部门采取有效措施,精心组织实施,建立健全制度,严格规范操作,加大政策宣传,强化监督管理,与财政等有关部门通力合作,密切配合,各项补贴工作有序衔接,运转顺畅。

农机购置补贴专项资金的落实。2010年,上级共下达郑州市中央、省级财政购机补贴资金4720万元,市级财政安排购机补贴资金800万元,县级财政安排购机补贴资金390万元,总额5910万元,引导农民投入农机化发展资金超2亿元。郑州市2010年共新增享受补贴农机具10740台(件),其中动力机械2668台,收获机械882台,水产、畜牧、养殖及加工机械2741台,排灌机械124台,各类农具3647台,其他机械678台。直接受益合作社73个,受益农户5818户。为鼓励农机合作社发展市、县两级对73个合作社购置的2209台(件)机具进行了重复补贴。购机补贴政策的实施,掀起了新一轮购机高潮,有力地促进了郑州市农机装备整体水平的提升。

主要做法及措施。(1)加强组织领导,落实工作责任制。2010年农机购置补贴工作时间紧、任务重,郑州市农机局高度重视,专门成立了农机具购置补贴实施工作领导小组,行政一把手负总责,是农机购置补贴第一责任人,分管领导负直接领导责任,是第二责任人,亲自深入工作第一线,协调解决与农民切身利益相关的实际问题,针对补贴工作的各个环节制定切实可行的实施方案,明确职责,引入责任倒查机制,确保工作落实到位。(2)严格规范,务求实效。2010年郑州市农机购机补贴以提升农业技术装备水平、改善装备结构、增强农业综合生产能力为主线;以突出推广新型动力机械、玉米收获机械、免耕播种机械、微耕机械为重点;以农民差价购机(农民提机时就享受补贴)为基本方式;以补贴产品目录管理为手段。充分尊重农民购买农机自主权,最大限度地发挥财政补贴政策效应,进一步调动和保护农民发展机械化的积极性。(3)及时部署,坚持原则。4月初中央(省)第一批3350万农机购置补贴资金到位,郑州市农机局制定了详细的购置补贴实施工作方案。4月中旬召开由各县、区农机部门主要领导参加的工作部署会议,安排补贴实施工作细节,提出在执行2010年农机购置补贴政策中,各地必须坚持四项基本原则,即:因地制宜,分类指导原则;统筹兼顾,突出重点原则;充分尊重农民购机自主权原则;操作程序科学、简便、高效原则。全市实施十个统一,即:统一宣传口径、统一公示内容、统一报名程序、统一合同格式、统一备案材料、统一送货上门、统一归整建档、统一办喷号证、统一质量反馈、统一上报效益。(4)强化购机补贴政策宣传和服务工作。农机购置补贴工作涉及面广、操作环节多、直接面对千家万户、社会关注度高,工作好坏直接关系到党和政府的声望高低。为把好事办好、实事办实,不折不扣将农机购置补贴政策落实到位,全市通过多种形式做好宣传发动,扩大宣传覆盖面。一是通过各种立体、平面途径大力宣传补贴政策,让广大农民及时了解补贴条件、补贴办法、操作程序等信息,自主选择适合本地区农业生产需要的新型农机。二是抓住三夏、三秋关键农时季节和农村集会的时机,结合"科技下乡"、"新机具推广现场演示会"、"免耕试验示范现场会"等活动的开展,利用县(市)、区的宣传资源突出宣传农机在农业生产、农民增收、新农村建设中的作用。三是加强农机操作技能的培训服务,全方位开展新型农机操作专项培训。为确保农民真正受益,各级农机部门抽调专业技术人员602人次联合培训部门和推广部门,深入到乡镇、田间地头,开展现场技术培训。(5)加强补贴机具的质量监督,维护农民权益。发放《补贴机具用户调查表》,对列入农机购置补贴产品目录中的农机产品进行质量督导和质量跟踪调查。市农机部门设专人负责受理群众来信、来访及来电投诉,及时处理信访反映的问题,有力地维护了购机补贴工作秩序和广大农民群众的权益。(6)规范补贴机具档案管理,搞好督查工作。严格按照相关程序认真组织实施购置申报工作,对购买机具的个人和服务组织资格进行认真审查、公示。申报结束后,在大型机具入户核实的基础上,按照补贴资金额度和购置台数逐人进行核实确定,再次向社会公示。为加强购机补贴的后期管理,各级农机部门建立了补贴机具信息库,补贴机具到位后,及时对其进行核对、登记、编号,建立购机补贴档案。郑州市农机局成立了补贴督查工作组,下发了《2010年郑州市农机购置补贴政策落实监督检查方案》,制定每月督查重点,使督查工作常态化,固定每月下旬为一线督导旬,检查县、区级农机部门或农机供应商政策执行情况;进行政策宣传;解答群众反映的问题;督促进度;督查整改结果;交流好做法,发现好典型,确保这项强农惠农、利国利民的好政策不折不扣地落到实处。此做法已在全省农机系统推广。为加强督导,市农机局在5月中旬、8月下旬、11月上旬组织了3次由省、市有关人员参加的检查活动。

【秸秆禁烧工作】 2010年,全市农机部门高度重视秸秆禁烧工作,以"禁为先、疏为重、用为本"的思路,采取有效措施,从秸秆禁烧源头抓起,打造"生态郑州",还老百姓蓝天碧水。郑州市要求在郑作业的联合收割机,严格按照农业部颁发的技术标准,限制小麦留茬高度。小麦留茬高度不得超过15cm,从源头上杜绝焚烧现象发生。

【秸秆综合利用】 推广小麦秸秆粉碎抛撒技术。联合收割机安装小麦秸秆粉碎抛撒机,在收获进程中,将秸秆粉碎直接还田,既有利于环保,又增加土壤有机质含量,一举多得。农机部门引导未安装的联合收割机积极配置粉碎抛撒机,全年安装率达到100%。在新郑国际机场附近及高速公路两侧10公里内,实现小麦秸秆综合利用率达100%,全市综合利用水平达98%以上。推广免耕贴茬播种技术。玉米免耕贴茬播种是保护性耕作的重要过程,是现代科学耕作方式。也是防止秸秆焚烧的工作重点。以服务畜牧业发展秸秆青贮,以服务环保电厂为内容的秸秆压块。充分利用农机补贴政策,大力发展秸秆还田机械,扩大秸秆还田面积,利用机械化技术多渠道、多形式地促进农作物秸秆综合利用。2010年全市共投入秸秆还田机械7200台,完成秸秆还田面积255.75千公顷。

【三夏农机宣传】 2010年,郑州市三夏农机宣传内容包括三夏准备、三夏生产、接待服务、安全生产、帮扶、订单作业、合作社建设、维修保障、抢收抢种、山区特色、承包服务、夜战、保护性耕作等多个方面。全年涉及郑州市农机生产的新闻在中央电视台新闻频道播放3条;河南省电视台一套新闻1条,九套新闻3条;省"四媒联报"10条;中国农机化网、省农机网等网络报道121条次;郑州市电视台新闻播报17条,其中头条4次;《郑州日报》42条,其中头条2次,图片16幅;郑州人民广播电台现场连线21次。全方位、立体、透明的报道,真实的再现了郑州农机人服务三农的决心、力量和成效,进一步弘扬了"不甘小、不示弱"的农机精神。三夏的农机宣传报道坚持了正确的舆论导向,激发了农机人干事创业的热情,向社会及时汇报了郑州农机人为民服务,为国奉献的精神,使全社会对郑州农机有了一个全新的了解和认知。

【农机专业合作社建设】 2010年,郑州市农机局按照省农机局和郑州市政府关于加快农机专业合作社建设的要求,以创建省农机示范合作社为契机,把发展农机专业合作社作为发展农业机械化的主要组织形式和建设农机社会化服务体系的主攻方向,坚持农民自主、因地制宜、政府扶持、示范引导、规范发展的基本原则,坚持多样化创建、规范化运营、市场化服务、产业化经营的发展方向,落实政策措施,积极培育建设,加强指导服务,推动农机专业合作社加快发展。农机专业合作社数量有大幅度增加,发展质量有明显提升,机制更加灵活,制度更加规范,服务领域更加宽广,效益更加明显,社会化服务程度显著提高,在农业机械化发展中的主体作用明显增强,在农业社会化服务中的影响力、带动力充分显现。2010年,全市注册农机专业合作社达到148家,比上年增加41家。合作社社员2186人,注册资金14884万元,固定资产22766万元。拥有各类农业机械7197台(套),其中,大型拖拉机1344台,收割(获)机械1160台,配套农具3640部。承包经营土地面积2.94千公顷,年经营总收入9646.9万元,净利润3194.2万元,户均4.41万元。

积极争取农机合作社项目扶持资金。2010年全市农机专业合作社共投入建设资金718万元。其中,争取省农机合作社扶持资金168万元,县市投入70万元,合作社自筹480万元。申报省2010年合作社项目库扶持项目7个,申报省2010年土地深松项目库项目13个,申报省农机示范合作社21个。新密市洋林农机专业合作社被农业部批准为全国示范合作社。

以省农机示范合作社创建工作为契机,规范合作社内部管理。为较好的完成省农机示范合作社创建工作,郑州市农机局及时转发省农机局《农机示范合作社建设工作意见》,要求各县(市)、区对照标准对申报合作社检查,逐项查漏补缺,限期整改。7月份和11月份,市农机局专门成立工作组,由分管领导带队分两次对申报的示范合作社进行逐项检查和验收,并提出整改意见。为迎接省示范合作社的验收,各县(市)、区实行了主要领导负总责,成立工作组,深入农机专业合作社帮助开展工作,从基础设施建设和合作社的管理等方面严格规范,为顺利通过省农机局的验收打下了基础。

组织农机专业合作社积极投入三夏、三秋农业生产。三夏、三秋农忙季节,为发挥农机专业合作社的主力军作用,各县(市)、区农机管理部门以农机专业合作社为骨干,积极组织农机化生产,组织跨区作业,开展应急服务和帮扶服务,有效地加快了生产进度,保证了农时需要。为保证服务的及时性和有序性,管理部门统一印制了作业合同文本,组织农机合作社和农户签订作业合同,实行订单作业,保证服务质量。开展了作业信息服务、气象信息服务,帮助机手检查维修机械,保证机械的完好率和作业效率。为提高合作社的经营收入,在保证本地作业进度的前提下,组织农机合作社参加跨区作业,开展社会化服务,使合作社社员收入比一般农机户多增收1.5万元。积极组织农机专业合作社开展帮扶服务,为困难户和五保户提供免费和半费作业服务,解除了他们的后顾之忧。

【保护性耕作】 2010年,全市共投入保护性耕作资金391万元,其中,中央财政资金120.84万元,地方配套103.74万元,自筹及其它资金166.43万元。各类保护性耕作机具保有量达到8601台。其中,秸秆还田机6614台,秸秆粉碎机械7205台,免耕播种机913台,玉米联合收割机1074台。全年共推广各类保护性耕作机械2065台。其中,秸秆还田机1345台,免耕播种机276台,玉米联合收割机444台。全市新增保护性耕作面积5.36千公顷,16.33千公顷,玉米秸秆直接还田128千公顷,玉米免耕播种面积128.53千公顷,小麦免耕播种面积14.13千公顷,新增小麦免耕机230台,总数达到820台,新增玉米免耕机586台,总数达到6391台;除项目区外，自行开展保护性耕作面积达0.82千公顷，保护性耕作技术已覆盖了所辖的各县(市)、区。与传统耕作方式相比，保护性耕作具有抗旱性、节水性、节油性等特点，对改良土壤、保护环境、防止水土流失、抑制沙尘暴的发生、保持农业的可持续发展及造福后代具有重要的意义。全年可增收节支3677.91万元。

主要措施。(1)建立组织加强领导。为扎实推进保护性耕作项目的顺利实施，郑州市各级农机管理部门将该项工作列为全年工作重点进行特别布置。郑州市农机局积极组织项目实施县(市)的分管领导和科技单位负责人，参加省农机局保护性耕作技术培训会议，及时进行业务知识更新，更好的把握政策，切实保证项目较好的实施完成。三夏、三秋期间，市农机局成立技术专家组，深入一线，帮助农户解决问题。新密市成立了由政府、财政、农机、农业、乡镇共同组成的技术示范领导小组，负责项目的实施指导、协调监督工作。巩义市出台了《关于加快发展巩义市保护性耕作技术的实施意见》。(2)依托农机合作社开展专业培训。郑州市多个项目县依托农机合作社，建设教育培训中心或利用比较理想的现有场所，依托农机阳光培训，开展保护性耕作专题培训。新密市农机局在杨林农机合作社建设了农机教育培训中心，以会代训办班，推广站长亲自授课，播放光盘。新密还利用当地电视台播放保护性耕作宣传片30次，技术知识普及效果较好。荥阳市利用王村、高村等农机合作社厂院，深入到项目乡镇村委会开展送教下乡，办班培训。巩义市在4个项目重点乡镇下拨专项资金，用于宣传培训和机具演示，既密切了基层干群关系，又保证了项目的有力进行。新郑市利用农村古庙会乡村人员集中的热点，在项目重点乡镇播放影像资料，宣传技术要点、技术优势及机具操作规范，为搞好推广营造了浓厚的社会氛围。(3)发挥农机合作社典型带动和技术示范作用。农机合作社成员是新技术新机具的使用者，在农民群众中有很高的威信，有较强的影响力和号召力，郑州市各项目县(市)以农机合作组织为依托，把技术示范推广作为重点，对农机合作社购买保护性耕作机具政策倾斜，优先享有补贴政策，加强免耕播种技术指导服务，倡议社员优先示范新技术，从而保证了项目的顺利进展，推动项目区保护性耕作连片发展，整村推进作业。新密市、荥阳市全年小麦播种80%以上的免耕作业，由项目所在乡镇农机合作社承担完成。(4)农机叠加补贴。郑州市保护性耕作项目区把普遍推广与重点推进相结合，主抓100亩以上的连片作业示范区，给予优惠的奖励政策。新密市免耕施肥播种机每台享受三级财政补贴8270元，玉米联合收割机每台补贴9万元。巩义等地机具累计叠加补贴达到60%。除了机具补贴外，农户还可享受免耕作业补贴，对连片作业200亩以上或累计作业600亩以上农机合作社和农机大户给予2000元到5000元的奖励。新郑市对500亩以上连片作业的农机合作社和农机大户给予每亩20元补贴。

【郑州国际农机交易中心建设】 郑州国际农机交易中心项目建设被列为郑州市十二五规划项目、郑州市大项目库项目。按照初步设计要求，农机交易中心将建成集农机交易综合服务、农机展示、农机仓储、物流配送、农机租赁、农机交易、废旧农机回收、农机信息服务、农机培训推广、农机文化及科普教育、农机售后服务等十一大功能为一体的全国一流的农机贸易中心。截至2010年底，项目前期投资公司及5亿元项目启动资金已经到位。

【中国郑州第二届绿博会林业(园艺)机械展】 绿博会林业(园艺)机械展区，占地面积500平方米，展示了来自全国9个省市12家厂商携带的12大类，39个品牌，125个品种的林业(园林)机械6000多件(套)。展会期间2万人次在此参观、咨询、购买。据大会统计，参加展销的动力机、挖掘机、草坪机、割灌剂、喷灌机、施肥机、打药机、挖掘机、移栽机、节水滴灌设备、培养设备、修剪工具等12大类机械共销售1626件(套)，其中享受购机补贴机具117台(套)，补贴资金50万元。

【平安农机】 2010年，郑州市农机管理部门牢固树立"安全发展"理念，把安全生产工作放在第一位，以扎实推进"创建平安农机，促进新农村建设"活动为契机，规范农机安全监理工作，提高监理队伍依法行政能力和执法水平，广泛开展农机安全宣传教育，落实农机事故防范措施，严格按照农业部和国家安全监督管理部门的文件要求，下乡入户对拖拉机及其驾驶人员进行一次安全检查，加强对机手进行安全生产教育，不搞疲劳驾驶，不违章作业，努力消除一切不安全因素，把机械故障率和机车事故率降到最低限度，确保全市农机安全生产，构建和谐农机。农机安全生产管理网络进一步健全。坚持每季度召开由农机、安监、公安部门等部门参加的联席会议制度；首次农机安全生产预案演习圆满成功；市、县、乡三级农机监理员队伍成为监管农机安全生产的重要力量。农机安全生产责任制进一步落实。三夏期间，郑州市农机局与各县(市)区，各县(市)区与乡(镇)，乡(镇)与村，村与机手层层签订安全责任书2936份，形成一级抓一级、层层抓落实的安全防范体系。农机安全生产监督服务力度进一步加大。全市共出动农机监理人员4858人次深入到农村道路、场院、大田等巡回检查，加大源头治理，纠正各类违章4050台(人)次。边检查边服务，对农机保有量和使用情况进行拉网式调查，对查处的隐患做好书面记录，并将维修服务送到田间地头，为作业的机械保驾护航。

【农机阳光工程培训】 农机阳光工程培训是提高农机作业服务人员技能和素质、加强农机化人才队伍建设的重要举措。为不断完善农机安全生产长效机制，根据农业部、财政部、人力资源和社会保障部、教育部、住房和城乡建设部等六部办公厅《关于做好2010年农村劳动力转移培训阳光工程实施工作的通知》精神和2010年郑州市农村劳动力转移阳光工程培训实施方案要求，郑州市农业机械管理局积极承担培训任务，严格执行各项制度，完成阳光工程培训人数4458人，办班42期。其中，新郑市办班11期，培训1308人；新密市办班7期，培训农机手1050人；荥阳市办班18期，培训人员2000人；郑州市农机校办班1期，培训100人。

把握政策，抓住机遇，高度重视农民培训。开展"农机阳光工程"培训是党和政府解决"三农"问题的一项重要内容，是一项惠民工程、民心工程，为把这项工程做细做好做出成效，郑州市农机局党委高度重视，要求分管领导和有关处室负责人密切保持与市阳光办的联系和沟通并制定切实可行的实施方案，做到"四要"，即：组织落实要到位，要有专设机构、有制度、并有专人负责；制度执行要到位；要严格按照《阳光工程培训资金使用办法》使用资金，对学员实行免费培训，模范执行财务制度；要抓住农闲有力时机，认真组织学员开展培训。

积极探索实施"农机阳光工程"新思路、拓宽培训新模式。荥阳市实行理论授课、实地操作、经验交流"三级教学法"，即：理论知识由学校教师讲解，实地操作由专家指导，经验交流由农民与农民、农民与农机合作社之间相互交流。授课期间，除了老师正常讲课外，将新引进改良的新机具，摆放到学员们面前，聘请有资质的专家，现场讲授如何操作和使用新型机械，增强了培训的实效性。在上好理论课的基础上，注重实际操作演练，把培训班办到了各乡（镇）、村及农机合作社。在实际技能操作培训中，16家农机专业合作社成为了广大学员的实习基地，许多有实践经验的学员对农业机械使用和维修进行了现场交流，谈心得、讲技巧，有效地解决了产学脱节的问题，深受学员欢迎。

规范制度管理，确保培训质量。为提高阳光工程的培训效果，郑州市阳光工程办公室围绕增强农民就业技能，切实加强对培训教学的管理，提倡首课开办制度。新密市推行"第一节课"制度，每次开班第一节课，市阳光办领导亲自到场授课，让接受培训的农民了解什么是阳光工程，如何受益以及阳光工程的各项政策。建立公示制度，通过多种方式向社会公布学校名称、培训任务、培训专业、培训时间及补助标准，真实反映受训农民的补贴标准与就业去向。规范台账制度，认真及时做好学员登记工作，按照要求如实填写农民实际情况，建立健全培训台账。执行好月报制度，根据培训招生办班情况，及时向市阳光办上报培训人数。

【农机新机具、新技术推广】 2010年，郑州市农机推广部门紧紧围绕粮食增产、农业增效、农民增收的目标，认真策划农业机械化新技术、新机具的试验、示范和推广项目，大力推进农机推广服务社会化。以农机化科技创新示范为支撑，加快新型、先进、适用农业机械的推广步伐，促进农业城郊型产业带的建设。在全面提高粮食生产机械化水平的同时，发展重点逐步转向经济作物生产机械化；在发展产中机械化的同时，进一步向产前、产后延伸；由种植业机械化向农林牧副渔机械化拓展；由传统的农机技术向高、新、尖农机技术发展，围绕产业化生产，不断拓宽农机化发展空间。使全市农业机械装备水平和结构有了很大的提高与改善，各种新型农业机械和新技术有了较为广泛的推广应用和广阔的发展前景。

推进玉米收获机械化。市农机局按照省农机局下发《关于推进玉米收获机械化工作的意见》的要求，将购机补贴适当向玉米收获机械倾斜，提高资金补贴率，扩大玉米收割机试点补贴范围，促进农民购买使用。全年共推广各型玉米收获机349台，保有量达到1090台，玉米机械化收获实施面积71.95千公顷，机收率达47.8%，取得历史性突破。推进根茎收获机械化。2010年，郑州市新增块状根茎类挖掘机191台，总数达到1204台；河南省红薯机械化试验示范项目全市实施面积0.13千公顷，薯类收获机械保有量达到百余台。10月，河南省红薯机械化收获现场演示会在登封市告城镇召开，通过试验示范宣传，广大农户直观地看到红薯机械化收获技术的高效率作业。推进设施农业机械化。2010年，按照郑州市都市农业发展战略要求，市农机局加大设施农业机械示范力度，共举办卷帘、滴灌、微喷等现场会76场，参加群众23840人次。截至2010年底，全市拥有微耕机1230台套，滴灌、渗灌、微灌节水等配套设备623台套，为建设都市农业提供了保障。

【农机安全监理】 2010年，全市共受理各类农业机械入户登记1632台套，其中拖拉机入户登记1354台，联合收割机入户登记278台套；受理农机驾驶证申请1045人次，其中拖拉机驾驶员新增863人，收割机驾驶员新增182人。开展执法行动388次，排查各类安全生产隐患433项，整改率达100%；以农村群众和农机手作为农机安全教育的重点，共开展宣传教育活动403次，参与人数达9369人次。各县（市）、区农机安全监理机构与所辖乡镇和机手签订农机安全生产责任书5000余份。全年未发生农机重特大事故，农机行业的安全生产和农村道路交通环境得到了进一步改善，安全管理水平得到了进一步提升，安全法律意识、安全责任意识也得到了进一步的加强。

强化服务意识,从源头上抓好检审、检验工作。2010年面对保险公司拒保拖拉机交强险对全市拖拉机注册登记、检审验工作造成的不利的影响,全市农机安全监理部门对年检工作提前排查摸底,及时研究制定切实可行的应对措施。一是加强领导,成立组织。为保证农机检审工作的顺利开展,成立了"2010年度农机检、审验工作领导小组",负责督促各项工作的落实。二是集中检审与下乡服务相结合。在集中检审的基础上,农机监理员进村入户,在田间地头、施工场地为不能参加集中检审的农机户,现场实行技术检测、调试、验证、发放检验合格标志、代办交强险等"一条龙"服务。三是以农机购置补贴为契机,保证补贴车辆100%挂牌率。四是增强服务意识。在开展检审、检验工作的同时,农机监理人员主动帮助农机手做好农业机械的维修保养和故障排除工作,得到了农机手的一致好评。

强化"安全生产年"活动,打造良好农机安全生产环境。以科学发展观为指导,认真贯彻落实《农业机械安全监督管理条例》,制订切实可行的安全生产年活动实施方案,扎实开展农机安全生产执法、专项治理和宣传教育行动,完善农机安全生产体制机制,强化保障能力和监管队伍建设。通过深入开展安全生产年活动,加大农机安全执法力度,使拖拉机和联合收割机无牌行驶、无证驾驶等严重违法行为得到了有效监控;加大隐患排查治理力度,促进农机安全生产责任制落实,使农机事故得到了遏制;加大农机安全宣传教育力度,营造良好的舆论氛围,使安全发展理念得到增强。通过加强农机安全生产"三项建设",推进农机安全监督管理工作规范化,进一步完善农机安全法制机制,增强农机安全保障能力,提高安全监管队伍素质,使全市农机安全监管水平明显提升,促进农机安全生产形势进一步稳定好转。

全力以赴做好三夏、三秋农机安全生产工作,巩固农机安全生产形势。三夏、三秋是发挥农业机械作用的关键季节,是全年农机安全监理工作的重中之重,也是社会关注的焦点。为搞好2010年的三夏、三秋农机安全生产工作,市农机局专门成立了三夏、三秋农机安全督查小组,对全市农机生产进行安全督查,并适时下发了《关于做好2010"三夏"农机安全管理工作的通知》和《关于做好2010"三秋"农机安全管理工作的通知》,各县(市)、区农机监理机构也分别成立相应的组织机构,形成上下联动的领导机制,进行全面部署,层层制定并细化了农机事故应急预案,突出重点,确定目标,将任务层层分解,明确责任,落实到个人,严格执行24小时值班制度。有力保证了三夏、三秋工作的顺利开展。主要措施。一是在三夏、三秋期间,实行农机事故"零报告"制度。二是启动农机事故应急预案,一旦有事故发生,当地农机安全监理机构能够迅速赶赴现场救援,并在规定时间内上报上级领导部门。三是加强对各县(市)、区的三夏、三秋安全检查监督工作。三夏、三秋农业机械作业相对集中,也是易发生农机事故和火灾事故的关键时期。全市农机安全监理人员本着高度的责任感和使命感,认真总结经验教训,防患于未然,深入到农村第一线,进行安全教育和违章作业巡查,在田间地头、作业现场,对不符合操作规程、安全防护设施不齐全的作业机械严禁下田作业。加强对外来机手和本地机手安全知识方面的宣传教育,使其牢固树立"安全第一"的思想,充分认识到农机安全生产的重要性,采取各种防范措施,避免了重特大农机事故及火灾的发生。四是对每个车组实行随机安全员制度,保证每个车组有一名随机安全员,并制定相应的工作职责,负责本车组在田间作业和跨区行车中的安全生产工作。五是在全市范围内设立了34个固定,20余个活动的三夏、三秋跨区作业服务网点。大部分部署在各县(市)、区的主要交通要道和机车出入频繁的道口,为过往机手提供安全监管、信息咨询、矛盾调解、农机维护和过往休息等服务。六是抓好三夏、三秋期间农机安全监理宣传工作。

扎实推进平安农机创建工作。为了强化农机安全源头管理,促进社会主义新农村建设,2010年郑州市继续组织开展"创建平安农机、促进新农村建设"活动。建立并完善了相关人员分包县(市)、区制度,定期检查、抽查各个县(市)、区"平安农机"创建工作情况,实现市与县(市)、区,县(市)、区与乡(镇),乡(镇)与村组,村组与机手挂钩,层层落实责任,完善安全生产制度,依靠制度规范农机监理行业管理。狠抓了农机安全生产网络建设,实施以点带面,全面推进的工作模式,使平安农机创建基础愈加巩固。积极探索农机安全监理深入到各类农机合作专业组织中的工作模式。以农机合作社为依托,保障安全生产。"创建一个点,抓住一根线,带动整个面",用农机合作服务组织的力量,牢牢抓住安全生产这条主线,提高每位农机手对农机安全生产重要性的认识,变要我安全为我要安全,从而确保全市农机安全生产。2010年,郑州市申报的5个"平安农机"示范乡镇已获得省农机局批准,得到了上级单位的认可。

加大农机宣传力度,提高安全意识。宣传教育是搞好农机监理工作的基础。为了做好农机安全教育工作,市农机局坚持以人为本的指导思想,组织开展了形式多样、内容丰富、注重实效的宣传教育活动。投资数万元定制农机监理小黄帽和安全生产知识手册。定期或不定期在机手中宣传发放,提高机手自觉遵守农机法律法规的意识。开展社会宣传,利用广播、电视、报刊、网络等新闻媒体,广泛宣传农机安全知识和农机监理工作典型事例,加大了农机宣传力度,提高了机手的安全生产意识。各县(市)、区农机安全监理机构在制定的农机安全生产宣传提纲指导下,采取书写墙体固定标语、举办宣传专栏、发放宣传资料、悬挂横幅、张贴标语等多种形式,大力倡导农机安全生产工作。教育广大机手和农户严格遵守农机安全操作规程,正确使用农机具,为农机安全生产营造良好的舆论氛围。

(臧伟锋)

水利建设

【概况】 2010年,全市新增节水灌溉面积5.33千公顷,占任务的100%;新增旱涝保收田面积2.67千公顷,新增有效灌溉面积2.67千公顷,发展节水灌溉0.67千公顷,占年度目标任务的100%;建设集雨水窖5000个,占年度目标任务的100%;解决农村饮水安全人口51万人,占年度目标任务的127.5%;治理水土流失面积90平方公里,占任务的112%。连续11年荣获省“红旗渠精神杯”,为郑州市赢得了“全国节水型社会建设示范市”荣誉称号,水利发展实现了新的跨越。

【生态水系建设】 4月29日郑州市生态水系工程投入试运行。历时4年多,投资14.4亿元的生态水系工程,共治理河道14条(段),先后建设了贾鲁河上游、索须河一期、潮河治理工程和东风渠引黄补源灌溉工程、郑开大道防洪应急工程及七里河、魏河、十七里河、十八里河治理工程等,工程总长108.3公里。生态水系“防洪除涝、环境保护、生态宜居、引黄灌溉”等四大主体功能相继发挥效益,已初步实现以“水通水清”为标志的近期建设目标。河岸绿化工作同步全面展开,生态水系建设迈入人工生态新阶段。

【水资源管理】 2010年,郑州市计划管理范围内地下水开采总量为1719万立方米,其中自来水管网覆盖范围内地下水开采量为600万立方米,管网内开采量比上年下降了16.3%。自来水管网覆盖范围以外地下水开采量为1119万立方米,征收各类规费2746万元。9月20—21日,全国节水型社会建设经验交流会在郑州市召开,郑州市被水利部授予首批“全国节水型社会建设示范市”荣誉称号,并作为省会城市先进在大会上作典型发言。

【防汛抗旱】 2010年,市水务局面对郑州市天气干旱、雨雪偏少的严峻形势,及时组织召开了全市春季农田水利基本建设现场会,积极开展“红旗渠精神杯”、“中州杯”检查评比活动,迅速掀起春季农田水利基本建设新高潮。同时,加大抗旱经费的投入力度,加快抗旱水源工程建设,不断完善抗旱工程体系,进一步增强抗旱减灾应急能力。全年共建设5000处小型水源工程、15处节水增效工程、5处节水灌溉工程、9处旱涝保收田,极大地缓解了旱情,为实现全市夏粮总产量连续第八个增产年、连续第七个历史最高水平提供了强有力的水利保障。

【病险水库除险加固】 2010年是郑州市全面完成病险水库除险加固3年目标任务的最后一年。列入国家规划的6座中型水库和18座小型水库建设工程全部完工。编制完成了《郑州市小型病险水库除险加固规划》,全市共有30座小Ⅰ型水库纳入《全国重点小型病险水库除险加固规划》,19座小Ⅰ型病险水库纳入《郑州市2011年除险加固规划》。

【农村饮水安全】 全年完成农村饮水工程投资2.51亿元,共建成万人以上集中供水工程12处、联村供水工程23处、单村供水工程104处、管网延伸工程54处,解决51万农村人口饮水安全问题,占年度目标任务的127.5%。

【水土生态保持】 2010年,全市共投入水土生态保持资金1700万元,治理水土流失面积90平方公里。登封市刘泉、塔湾、逛河小流域综合治理工程及新郑市大槐树小流域综合治理工程全面完工,黄河水土保持生态工程郑州邙山生态园区建设项目竣工验收并顺利移交。新争取13个、投资3.13亿元水土保持小流域综合治理项目。水土保持监督执法实现新突破,审批、审查开发建设项目水土保持方案36个,验收开发建设项目水土保持设施4个,对217个开发建设项目开展350次水土保持监督检查,征缴水土保持补偿费430万元。加大对全市开发建设项目水土保持工作的预防监督执法管理,突出预防为主,变事后治理为事前保护,从源头上有效遏制因开发建设活动而造成的水土流失,获得黄河水利委员会授予的黄河流域“水土保持监督执法先进集体”荣誉称号。

【南水北调移民工作】 2010年,郑州市规划接收丹江口库区移民18764人,分别安置在中牟县、荥阳市、新郑市等22个安置点。按照省移民安置工作“四年任务、两年完成”的总体部署,丹江口库区移民安置工作分试点批、第一批、第二批实施。第一批于2010年8月21日全部完成搬迁,第二批移民新村建设工程于2010年5月份交叉启动。第二批移民9993人安置在12个安置点。安置点“三通一平”工作已完成,施工企业已全部进场施工。

(李　军)

黄河治理

【概况】 2010年,在郑州市委、市政

府和河南河务局的正确领导下,郑州黄河治理开发取得了新的成绩。圆满完成了黄河第十次调水调沙生产运行任务,确保了黄河防洪安全;黄河下游新一轮河道整治工程顺利推进,郑州黄河防洪工程体系得到进一步完善,防洪工程面貌得到大幅改善;基层黄河水利公安机构组建完成,与水政监察队伍联动执法,全面提高了水行政管理效能;稳步推进水资源精细化管理,切实保证了供水安全,为郑州沿黄经济社会发展提供了有力保障;各项管理的现代化、信息化水平进一步提高,"基层为本,民生为重"的理念得到全面落实。

【防汛工作】 受2010年特殊的天气形势影响,黄河防汛工作受到了上级和社会各界的高度关注。省、市主要领导以及黄委、河南河务局主要负责人多次亲临一线检查指导调水调沙和防汛工作。郑州市各级政府相继召开了防汛抗旱工作会议,逐级签订黄河防汛责任书,并在《郑州日报》专版对各级防汛职责和责任人进行了公示。郑州警备区、驻郑部队分别组织对黄河防汛责任段进行了现场勘查,进一步强化了"三位一体"军民联防体系。

汛前,郑州河务局扎实做好各项常规准备工作,强化了根石探测和加固、队伍组织和物资筹备、抢险技能演练等重点环节。采用新技术对191道坝垛472个断面进行了根石探测,据实进行了根石加固,并向枣树沟、桃花峪工程调整储备石料1.8万立方米;完成了国家常备料物、社会群众备料和大型机械设备的储备,按要求落实了群防队伍;广泛开展了防汛专业队伍技能培训,成功承办了河南黄河防汛技能竞赛和演练活动,郑州河务局获得优秀组织奖,组织参赛的2个项目分获集体第一名和第二名的好成绩。

6月19日起,黄河第十次调水调沙开始。郑州河务局全面启动调水调沙运行机制,全力以赴确保了各项任务的圆满完成。经过此次调水调沙,郑州河段河槽平均下切0.19米,桃花峪控导工程最大冲刷深度达到0.6米,平滩流量整体达到5500立方米每秒,全线过流能力较2009年明显增强。

为进一步强化防汛工作,争取工作主动,郑州河务局在狠抓防汛日常管理的同时,组织30个工作组,历时近20天,对辖区内共8类涉河安全问题进行了全面普查,并向地方政府提交了安全隐患普查报告,报告明确了各防汛责任单位的职责,对于《郑州市黄河沿岸公共管理条例》的起草工作起到了重要作用,为今后的规范管理奠定了基础。

2010年,黄河郑州辖区共有13处工程68道坝出险176次,抢险累计用石2.56万立方米、土方1794立方米,投资301万元。各类险情均得到了及时有效的抢护,切实保证了工程安全。郑州河务局及惠金、巩义、中牟河务局被评为河南河务局2010年度防汛工作先进单位;积极组织参与了黄河防总舟曲抢险救灾工作,受到河南河务局通令嘉奖。

【防汛工程建设】 2010年,郑州黄河防洪工程在建项目主要包括惠金堤顶道路工程、惠金河务局防汛指挥中心、巩义河务局生产基地建设以及金沟控导工程1—11坝项目。经过参建各方的共同努力,各项目得以顺利完成并通过上级相关验收;组织完成了金沟控导工程12—16坝的设计变更,争取上级追加投资1600多万元;积极配合上级完成了"十二五"可研项目编制等规划计划工作,防洪工程土地办证工作取得突破性进展;积极筹备,做好全国第一次水利普查准备工作;郑州河务局被黄委评为优秀项目法人和河南河务局建设管理先进集体。

【防汛工程管理】 2010年,郑州黄河防洪工程管理工作得到全面强化。各级河务部门通过进一步完善各项管理制度,严格推行"双岗联岗责任制"和绩效管理制度等保障措施,以全面提升花园口工程管理面貌为牵引,组织在全局工程管护职工中全面开展了工程管理劳动竞赛。全年完成工程维修养护投资2669.31万元,其中日常维修养护投资1538.48万元,专项维修养护工程14项,投资1130.83万元。在黄委"十一五"工程管理检查中,惠金河务局取得一级水管单位第一名,维修养护公司第二分公司被评为工程管理先进集体;惠金、巩义河务局被评为河南黄河工程管理先进水管单位,中牟河务局被评为"绿色工管、魅力工管、活力工管"显著进步水管单位,花园口、桃花峪和赵口3个闸管单位被评为水闸管理先进单位。

【水政水资源管理】 2010年,郑州河务局研究制定了《建立最严格的郑州黄河河道管理体系工作意见》,并配套出台了六项工作制度,初步构建了最严格的河道管理制度体系。进一步加大河道巡查和执法力度,完善了黄河公安与水政监察联动机制,组织开展了采砂、采淘铁砂和浮桥专项治理。全年累计开展河道巡查312次,查处水事违法案件11起、涉河治安案件63件,查处率100%;加强取水许可审批和监督管理,完成水行政许可审批项目2项、上报5项,并开展了取水情况普查;大力开展水法规宣传活动,"世界水日"、"中国水周"及"12·4"全国法制宣传日活动丰富多彩。郑州河务局被评为黄委"五五"普法工作先进单位。进一步完善了最严格的水资源管理制度体系,研究制订了抗旱应急、防淤减淤、水污染和水量调度等应急处置预案;开展了取水许可水量核定工作,协调开封、周口、许昌三市取水许可指标1.75亿立方米交付郑州,最终核定年许可水量6.14亿立方米,促进了郑州市经济社会发展;严格执行上级水量调度指令,努力做好调水调沙期间的引水控制和拉沙冲淤工作，加强涵闸工程管理和远程监控系统的维护，切实保证了供水安全。2010年，郑州黄河累计完成引水量为6.41亿立方米，其中农业用水1.32亿立方米，工业用水2.18亿立方米，其他用水2.91亿立方米。

【科技与创新】 2010年，郑州治黄科技管理取得丰硕成果。获得黄委科技进步奖2项，河南河务局科技进步奖4项、组织奖1项、火花奖10项。申报黄委“三新认定”项目16项，通过河南河务局科技项目立项2项；组织开展了科技论文交流活动，获得河南河务局科技论文交流一等奖2项、二等奖2项；加强电子政务系统和局域网的管理维护，建设完成了全局视频会议系统，组织开发了防汛信息化平台和郑州黄河外网，印制了新版郑州黄河防洪形势图；加大创新工作督查和项目推广力度，郑州河务局共完成应用技术类成果24项，“移动水务通”系统在全系统进行了推广。

【精神文明建设】 2010年3月30日，郑州河务局机关党委成立，为党建和精神文明建设工作提供了组织保障。机关党委围绕全局中心工作，以深入开展“创先争优”活动为契机，组织开展了“党建活动月”、“机关党建示范点”、“围绕中心，承诺定责”、“党员志愿者”服务等一系列主题活动，推进了党建工作的深入开展，促进了党员干部先进性的发挥。为全面改进干部职工工作作风，提高绩效水平，组织全局职工深入开展了“劳动竞赛促发展”活动。根据活动实施意见的要求，各单位、各部门定方案、抓落实，把“创先争优”的要求渗透到工作的每一环节，在全局营造了你追我赶、蓬勃向上的良好氛围。2010年，郑州河务局累计开展培训竞赛项目101项，1214名职工近3000人次参加了活动。深入开展机关文化和企业文化建设，修订完善了“机关干部职工学习制度”，局机关周五集中学习制度的落实得到进一步强化；积极参加地方党委、政府文明创建活动，先后获得郑州市“迎绿博，健康行”长走活动优秀组织奖、绿博会工作先进集体，组织党员干部参加了“畅通郑州”交通集中整治活动；积极参与社会公益事业，局机关职工累计向青海玉树、甘肃舟曲灾区等捐款4.25万元。文明单位创建成效显著。中牟河务局跨入省级文明单位行列，惠金、荥阳河务局和水电公司顺利通过省级文明单位复验，水电公司荣获河南省“五一劳动奖状”；积极开展文明工地创建活动，3处工地被评为河南河务局文明工地。

（蒋胜军）

第十四篇　工业经济

工业综述

【概况】 2010年,全市工业战线深入贯彻落实科学发展观,围绕加快建立现代工业体系,以"保增长、保态势、调结构、促转型"为主线,以开展"工业项目推进年"活动为载体,推进"两化"融合,加快转型升级,强化运行监测,深化企业服务,承接产业转移,狠抓节能降耗,实现了由"企稳回升"向"稳定增长"的平稳过渡,圆满完成了"十一五"规划的各项目标任务。2010年全市规模以上工业完成增加值1599.94亿元,增长18%,增幅较上年增加6.8个百分点;规模以上工业销售收入、利税总额和利润总额分别达到6101.92亿元、889.56亿元和592.59亿元,分别增长18.9%、27.2%和32.4%,为全市经济发展做出了重要贡献。

2010年,全市37个行业大类中有33个行业实现同比增长,有22个行业增长高于全市平均水平,增加值总量居前7位的行业中,除煤炭开采和洗选业下降0.6%外,其余均呈增长态势。利润总额超过亿元的行业有31个,超10亿元的行业14个。其中非金属矿物制品业239.2亿元,煤炭开采业75.7亿元,专用设备制造业53.5亿元,交通运输设备制造业36.7亿元,造纸及纸制品业30.4亿元,通用设备制造业26.7亿元,化学原料及化学制品业26.1亿元,食品制造业21.7亿元,农副食品加工业19.3亿元,有色金属冶炼及压延加工业18亿元,黑色金属冶炼及压延加工业15.6亿元,金属制品业12.7亿元,电气机械及器材制造业12亿元、医药制造业11.8亿元。实现利润同比增长的行业有32个,增幅超过100%的有4个。其中,通信设备、计算机及其他电子设备制造业增长529%,有色金属采矿业增长161%,石油加工,炼焦及核燃料加工业增长122%,非金属采矿业增长120%。全市规模以上工业累计完成主营业务收入5968.5亿元,同比增长25.2%,比2009年多增15.9个百分点;实现利税总额1009亿元,同比增长27.1%,比2009年多增16.7个百分点,其中利润674亿元,同比增长32.7%,比2009年多增20.3个百分点。有5户郑州市企业入选2010年中国企业500强。

县(市)、区盈利好转。2010年,14个县(市、区、开发区)中有13个实现利润增长,利润增幅超过全市平均水平的有7个,其中经开区增长444.4%,二七区增长141.4%。新密市利润总额超过130亿元,荥阳市、登封市、新郑市利润总额均超过100亿元。

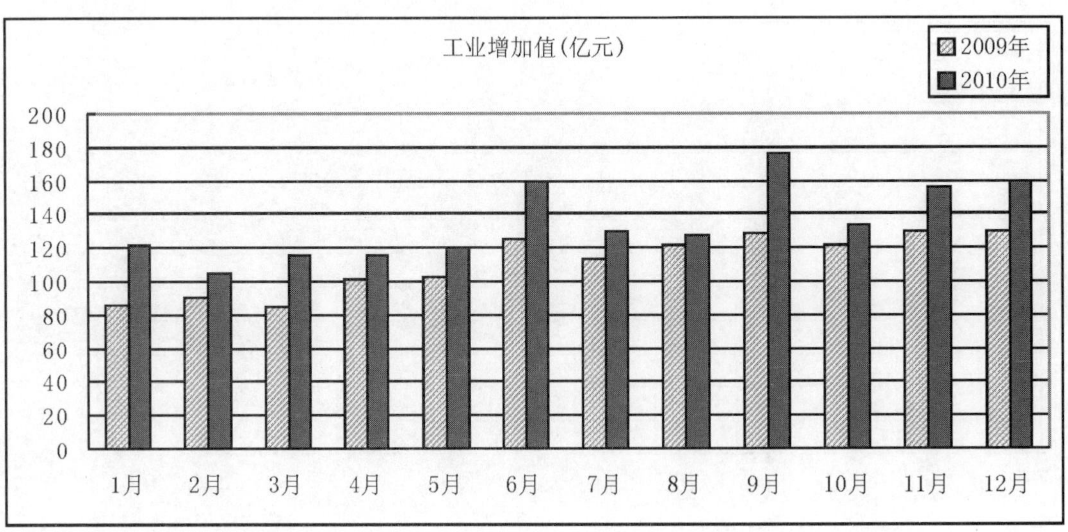

工业增加值
（止于2010年12月）

单位:万元

名 称	本月止累计	比2009年同期增长%	
		当 月	累 计
工业增加值总计	15999400	16.1	18.0
在总计中:1.轻工业	3532800	13.8	12.4
2.重工业	12466600	16.7	19.7
在总计中:国有控股企业	2980800	21.2	20.0
在总计中:1.国有企业	1893200	13.6	11.8
2.集体企业	302200	–4.5	7.1
3.股份合作企业	80000	35.2	16.6
4.股份制企业	8762000	10.7	17.7
5."三资"企业	1433900	28.7	20.6
6.其他	3528100	28.7	22.4
在总计中:1.公有制	3445500	18.8	17.7
2.非公有制	12553900	15.3	18.1
在总计中:大中型企业	7358300	11.3	12.0
其中:国有控股企业	2750800	14.6	18.3
在总计中:中小型企业	13541600	15.8	18.0
在总计中:高技术产业	438700	22.0	29.3

县(市)、区工业增加值

单位:万元

单位名称	2010年12月		2010年11月		2010年10月	
	本月实际	比2009年同月增长%	本月实际	比2009年同月增长%	本月实际	比2009年同月增长%
巩义市	248000	6.9	216100	6.7	201200	5.3
新密市	265200	18.4	246800	15	223500	1.8
登封市	214800	20.7	215400	25.6	139900	4.2
新郑市	177200	11.5	225200	21.8	222900	12.5
荥阳市	159100	5.1	167500	10.3	168400	16.4
中牟县	122800	26.6	117000	24.9	90000	21.5
金水区	32100	1	22900	–44.9	14100	–20.5
二七区	33400	1.8	45900	12.2	39500	10.9
管城区	65200	20.7	68400	32.1	58200	58.7
中原区	76000	23	69500	15.6	65500	21.7
惠济区	15600	23.3	21400	22.9	22400	21.8
上街区	65600	–20	48700	–16	34500	–19.0
经济技术开发区	58800	101.5	35800	71	36500	19.1
高新技术开发区	56100	31.4	56300	23.7	68000	31.6

增加值总量居前七位的行业情况

行业名称	1-12月增加值(亿元)	1-12月增速(%)	对全市工业贡献率(%)
非金属矿物制品	454.01	23.4	35.89
食品工业	183.46	9.0	6.24
煤炭开采和洗选业	167.99	-0.6	-0.38
专用设备制造业	104.20	28.6	10.13
有色金属冶炼及压延加工业	91.68	10.8	3.25
交通运输设备制造业	88.88	57	3.25
通用设备制造业	75.19	15.5	4.30
小计	1165.41	18.1	73.66

【工业结构调整】 积极贯彻落实国家、省十大产业振兴调整规划，出台《郑州市加快现代工业体系建设的实施意见》，实施"三五六六"发展战略，大力发展战略支撑产业，着力培育战略新兴产业，改造提升传统产业，对全市工业结构进行战略性调整。编制和组织实施汽车、装备制造、电子信息、食品、纺织服装等12个产业发展规划，引导行业加快优化升级。以企业技术中心为载体，着力提高企业创新能力。2010年新认定52家郑州市级企业技术中心，推荐45家企业申报省级企业技术中心。11户企业通过省资源综合利用评审认定。高新区以建设国家创新型科技园区为载体，进一步完善创新体系、搭建创新平台，企业创新能力不断增强，在科技部的综合排名中位居全国第15名。

继续实施战略性调整，推动工业结构转型。改造提升传统产业，注重技术进步，全面增强自主创新能力，提升产业整体技术水平。与城市空间布局调整紧密结合，调整和完善城市空间结构，统筹城乡工业产业的协调发展，促进和引导工业产业整合与集中发展，积极推动产业向新城市地区的转移和集中，加快形成五大产业板块。郑州新区板块。重点发展以汽车、装备制造业、电子信息产业为主的战略支撑产业，建设外资、出口导向型的先进制造业基地和拥有自主知识产权，在国际国内知名的高新技术企业聚集地。中心城区板块。重点发展战略新兴产业和纺织服装、食品产业，适度发展无污染、低能耗、高科技、高附加值的电子信息软件等创新、创意产业。西部工业发展区板块。由沿310国道的荥阳、上街、巩义的产业集聚区组成，重点发展铝工业和装备制造业。建设全国有影响的铝及铝精深加工、高档耐火材料、金属制品、净水材料、特钢生产基地和全省重要的能源、汽车及零配件、机械装备制造基地。西南工业发展区板块。由沿323省道的新密、登封的产业集聚区组成，重点发展煤炭电力、耐材和建材产业，建设绿色能源、绿色耐材、绿色造纸、食品和服装生产基地。南部工业发展区板块。主要由沿107国道的新郑市产业集聚区组成，重点发展食品工业、医药化工产业，做精做强洁净能源、纺织等产业，形成郑州南部经济核心支点。

坚持以科学发展观为总指导，以加快建设"三化两型"城市目标为总要求，以实施企业"退城进郊"为契机，着力推进传统工业企业搬迁升级，向产业集聚区集聚。逐步弱化中心城区工业生产功能，积极发展都市型产业，有效吸引企业总部、研发中心、销售中心、管理中心等入驻发展。

传统工业企业搬迁改造项目表

企业名称	项目名称	总投资(万元)	项目地点	备注
郑州纺织机械股份有限公司	新纺机工程，年产18000台纺织机械	9200	中原区纺织工业园	在建
郑州金阳电气公司	搬迁项目	120000	中原区国资工业园	前期
郑州勘察机械公司	搬迁改造项目		中原区国资工业园	前期
郑州拖拉机厂	搬迁改造项目		中原区国资工业园	前期
河南奥克集团	异地迁建，年产啤酒50万吨	85000	待定	前期
河南开普集团	异地搬迁项目	410000	巩义市	前期
郑州兰博尔科技有限公司	搬迁技术改造项目	98700	中牟县	在建
郑州水晶股份有限公司	在现有基础上，搬迁改造成30万吨/年联碱双产品	30200	荥阳市	在建
郑州一棉有限公司	搬迁项目二期建设20万锭和1500台无梭织机项目	82000	新郑市龙湖镇	在建

续表

企业名称	项目名称	总投资(万元)	项目地点	备注
郑州泰阳纺织有限公司	搬迁改造项目	59000	中原区纺织工业园	在建
郑州四棉纺织有限公司	搬迁改造项目	142000	中牟县	在建
豫欣公司(五棉)	搬迁改造项目	100000	中原区纺织工业园	前期
瑞龙公司(六棉)	搬迁改造项目(物流、轻纺、印染)	360000	中原区圆通纺织城	前期
郑州宇通重工有限公司	搬迁改造，年产30000台大型工程机械项目	450000	郑州经济技术开发区	前期
郑州铝厂(长城铝厂)	搬迁改造项目	30000	待定	前期
郑州煤矿机械集团有限责任公司	高端液压支架生产基地	120000	郑州经济技术开发区	在建
	煤炭洗选设备项目	70000	郑州经济技术开发区	前期
	液压支架、铸锻件项目	70000	荥阳市	前期
河南华泰特种电缆有限公司	特种电缆生产项目	46000	上街区	在建

【工业经济发展政策扶持】 市工信委认真落实国家、省、市促进工业经济发展的一系列政策措施，积极做好各项扶持政策的落实工作。全年落实产业集聚区扶持资金、项目贴息资金、经济运行调节资金、销售增长奖励资金等各项扶持资金近4亿元。重点解决企业的资金难题，协调解决新力电力等3家供热企业流动资金5000万元，组织22户重点服务企业参加全省2010年银企合作会，34个项目与驻郑金融机构签订贷款合同158.6亿元；与市邮政系统进行战略合作，帮助企业争取融资100亿元。在此基础上，积极完善工业经济发展的扶持政策，制定《郑州市2010年企业服务行动计划》，巩固企业服务年活动成效，指导各县(市)、区成立专项组织，落实领导分包联系企业制度，确定省、市、县三级重点服务企业对象1007家，坚持领导分包、派驻工作组、问题台账、督导等工作制度，新建了重点服务企业联络员制度，完善服务活动领导小组及办公室工作制度，实行首席服务官制度，形成服务企业的长效机制。通过政策扶持，为全市工业经济发展提供了强有力的政策支撑。

【重点工业项目建设】 积极开展“工业项目推进年”活动，大力推进海马郑州、中国汽车零部件产业基地、中航电动汽车郑飞高技术产业园、中国保绿能源非晶硅薄膜太阳能电池、生茂光电固态照明产业化应用示范基地等一批投资超20亿元的重大项目建设。通过落实项目分包责任制，实行首席服务官制度，及时协调解决项目推进难题；开展项目建设现场观摩活动，督促项目建设进度。全市年计划投入超过1000万元的253个重点项目中，河南格力电器郑州产业园、中铁隧道盾构研发制造基地等21个重大项目顺利开工；郑州日产年产55000台休闲旅游汽车、保绿能源500MW非晶硅薄膜太阳能电池等114个项目顺利竣工或已完成年度投资计划，宇通集团年产3万台悬架、海马汽车年产15万辆轿车等112个在建项目进展顺利。全年工业项目完成投资970亿元，增长4.5%。做好重大项目谋划工作，新谋划汽车、装备制造、电子信息等领域的重大产业项目32个，预计总投资超过1300亿元；加强央企对接，与东风汽车公司、中国恒天集团等20家在郑投资企业和5家在郑科研单位进行对接，谋划纳入央企“十二五”规划投资项目39个，总投资1360亿元。

主要工业产品产量

产品名称	计量单位	2010年12月		2010年11月		2010年10月	
		本月实际	比2009年同月增长%	本月实际	比2009年同月增长%	本月实际	比2009年同月增长%
原煤	吨	8082925	-2.1	6065088	-15.6	4626930	-26.8
发电量	万千瓦小时	277926	-1.8	257993	-1	235823	6.7
速冻米面食品	吨	126861	-1.7	99602	-31.7	79570	-7.4
方便面	吨	35838	15.9	37881	18.3	36072	11.4
啤酒	千升	22737	24.5	26530	6.1	32755	16.3
软饮料	吨	155842	99.3	139950	92.7	160703	45.6
卷烟	万支	364979	5	521313	-0.1	417952	14.3

续表

产品名称	计量单位	2010年12月		2010年11月		2010年10月	
		本月实际	比2009年同月增长%	本月实际	比2009年同月增长%	本月实际	比2009年同月增长%
布	万米	9542	95.4	13874	107.7	13087	101.2
服装	万件	1527	6.6	1556	13.8	1004	3.1
机械纸及纸板	吨	231489	12.1	250797	8	240261	0.6
水泥	吨	1699532	-19	1297614	-43.4	1078306	-47.8
耐火材料制品	吨	1494665	15	1634015	20.1	1529762	17.1
钢材	吨	323822	29.7	319189	33.7	279199	19.2
氧化铝	吨	170078	-13.8	137455	-30.6	136420	-27.8
原铝(电解铝)	吨	42811	-28.6	36113	-37.8	35686	-39.5
铝材	吨	193442	16.4	185980	31.7	193180	43.6
阀门	吨	75114	27.8	77909	37	73796	35.3
采矿专用设备	吨	69937	52.4	62730	24.9	55635	73.4
棉纺织设备	吨	8632	-11.7	9939	6.7	8890	0.9
汽车	辆	30613	60.4	24385	68.3	19653	76.8
改装汽车	辆	1697	1.7	1710	-7.4	1693	6.3

主要行业增加值

单位:万元

行业名称	2010年12月		2010年11月		2010年10月	
	本月实际	比2009年同月增长%	本月实际	比2009年同月增长%	本月实际	比2009年同月增长%
煤炭开采和洗选业	265600	9.5	201800	-4.4	143700	-22
农副食品加工业	41200	21.3	44400	18.6	38700	5.1
食品制造业	60900	-3.1	52500	-4.5	45000	-15.2
饮料制造业	9700	12.2	10300	19	11900	27.8
烟草制品业	41900	16.5	66800	15.6	45900	23.8
纺织业	11000	-29.1	11500	-14.9	10300	-10
造纸及纸制品业	41500	20.8	49200	37.5	44400	23.5
化学原料及化学制品制造业	47000	10.1	47200	13.1	41700	10.3
医药制造业	26600	14.6	28300	23.1	22900	16.1
塑料制品业	14300	10.7	15100	19.1	14100	11.8
非金属矿物制品业	390800	19.8	408000	21.6	363900	15.1
黑色金属冶炼及压延加工业	44200	16.5	37700	-1.9	31700	-9.9
有色金属冶炼及压延加工业	82500	10.6	80100	6.7	76400	6.5
金属制品业	28600	11	33500	30.9	30300	28.4
通用设备制造业	62500	6.4	62400	11.7	59100	11.6
专用设备制造业	94900	27.5	99300	32.8	87700	42.9
交通运输设备制造业	141100	46.8	119100	54.8	73900	55.8
电气机械及器材制造业	27600	1.2	31300	10.4	26500	7.2
工艺品及其他制造业	11500	7.5	11500	22.4	12200	24.7
电力、热力的生产和供应业	39800	-5	36400	-2.5	32400	10.3

2010年郑州市第一批重点工业投资项目表

单位：万元

序号	企业名称	项目名称	建设规模及主要内容	开工日期	投资日期	总投资	资金来源		截至2009年底累计完成投资	2010年计划投资	项目前期进展情况（填有无及备案号）				预计新增经济效益		项目所在地
							银行贷款	自筹			审批、核准、备案	环评	土地	规划	销售收入	利税	
	合计																
一	工业																
1	装备制造业																
1	恒星科技股份有限公司	4万吨钢帘线项目二期	年产4万吨高等级钢帘线	2009.12–	2010.12	45000			5000	30000	有	有	有	有	40000	3600	巩义市
2	恒星科技股份有限公司	10万镀锌钢绞线迁建	年产10万镀锌钢绞线	2009.7	2010.5	25000	5000		13000	12000	有	有	有	有	50000	5000	巩义市
3	郑州煤机综机设备有限公司锻造公司	年产4万吨锻造件生产线	年产4万吨锻造件	2010.7	2012.10	20000		20000		5000	正在办理				30000	2400	荥阳市
4	郑州四维机电设备制造有限公司	年产5万吨矿用液压支架生产线	年产5万吨矿用液压支架	2007.12	2010.12	27000		27000	20000	7000					150000	12000	荥阳市
5	荥阳市建设机械厂	年产50套复合肥成套设备生产线	年产复合肥成套设备50套	2009.11	2010.9	3000		3000	300	2700	有	有	正在办理	有	2000	200	荥阳市
6	河南郑矿机器制造有限公司	续建项目	年产矿山设备8000吨	2010.1	2010.7	3000		3000		3000	有	有	正在招拍挂	有	7000	800	荥阳市
7	郑州一帆机械设备有限公司	年产400台套高效智能建筑垃圾再生成套设备		2009.5	2010.12	12600			2150	7000							荥阳市

续表

序号	企业名称	项目名称	建设规模及主要内容	开工日期	投资日期	总投资	资金来源		截至2009年底累计完成投资	2010年计划投资	项目前期进展情况（填有无及备案号）				预计新增经济效益		项目所在地
							银行贷款	自筹			审批、核准、备案	环评	土地	规划	销售收入	利税	
8	河南省三力机械制造有限公司	年产全液压车载钻机40台建设项目		2009.9	2010.9	5000			2000	3000							荥阳市
9	河南少林汽车股份有限公司	少林汽车现代综合物流服务中心	建设一个汽车现代综合物流服务中心	2009.1	2010.12	7500	4000	3500	1000	6500	豫郑荥市贸【2009】00109	正在与相关部门商谈上报相关材料					荥阳市
10	河南少林汽车股份有限公司	年新增2000台高中档大客车生产线	年新增2000台高中档大客车产能	2009.1	2010.12	12000	4000	8000	6000	6000							荥阳市
11	河南飞翔电器有限公司	配电设备项目		2010.2	2010.12	3000		3000		3000					8000	300	新郑市
12	郑州格德格瑞机械有限公司	粮食机械项目		2009.11	2010.9	3500		3500	200	3300					8000	300	新郑市
13	郑州电力电缆有限公司	电缆制造项目		2009.11	2010.9	2000		2000		2000					6000	100	新郑市
14	河南亚华电缆有限公司	电缆制造项目		2009.11	2010.9	2000		2000		2000					6000	100	新郑市
15	郑州日产汽车有限公司	中牟工厂年产40000台多功能轻型商用车新车型		2009	2010	46000			7150	38000							中牟县

续表

序号	企业名称	项目名称	建设规模及主要内容	开工日期	投资日期	总投资	资金来源		截至2009年底累计完成投资	2010年计划投资	项目前期进展情况（填有无及备案号）				预计新增经济效益		项目所在地
							银行贷款	自筹			审批、核准、备案	环评	土地	规划	销售收入	利税	
16	郑州中博高科自控设备有限公司	煤化工成套技术装备和智能控制系统产业化		2008.5	2010.12	12479				12479							中牟县
17	郑州江东汽车零部件有限公司	年产20万台套汽车车桥和车架建设项目		2009	2010	11600			4505	7096							中牟县
18	郑州富岛机械设备有限公司	年产100台全液压旋挖钻机生产线建设项目		2009	2010	11000			4040	9960							中牟县
19	郑州华达汽车配件有限公司	年产21万套汽车油箱建设		2009.5	2010.4	10000	8000			10000					10500	824	中牟县
20	河南诚致汽配有限公司	年产50万辆电动自行车生产		2009.3	2010.12	23000				23000							中牟县
21	郑州超雄保鲜设备有限公司	制冷设备研发、生产工业基地建设		2009.7	2011.7	7100			2000	4000							中牟县
22	郑州凯特重合器有限公司	年产31200台（套/面）高压输变电成套设备		2008.6	2010.12	9900			1370	8530							中牟县

续表

序号	企业名称	项目名称	建设规模及主要内容	开工日期	投资日期	总投资	资金来源		截至2009年底累计完成投资	2010年计划投资	项目前期进展情况（填有无及备案号）				预计新增经济效益		项目所在地
							银行贷款	自筹			审批、核准、备案	环评	土地	规划	销售收入	利税	
23	郑州博大浓缩干燥设备有限公司	多效蒸发设备、管输干燥机		2010.1	2010.12	11190				11190							中牟县
24	郑州东工实业有限公司	汽车及零部件生产		2006.12	2010.12	100000			85000	15000							中牟县
25	河南欧帕工业机器人有限公司	年产600套码坯机械手设备		2010.1	2010.12	13000				13000							中牟县
26	郑州富健达有限公司	郑州富健达药品器械科研中心项目		2009.12	2010.6	9999			0	8399					15000	1500	二七区
27	二七祥恒机械加工厂	大方桥梁二七祥恒机械加工项目(新建、争取)		2010.2	2010.8	1000				1000					5000	800	二七区
28	郑州大方桥梁机械有限公司	年产20台大型风电安装专用吊机成套装备项目		2009.5	2010.5	11500	8000	3500	18000	5500					36000	6500	二七区
29	郑州纺织机械股份有限公司	新纺机工程	基建设备	2007.9		130000		130000		10000	正在办	正在办	正在办	正在办	300000	30000	中原区
30	郑州煤矿机械集团有限责任公司	年产2000架电液控高可靠性液压支架(6米以上)		2009	2010	20000			12975	8000	有	有			100000	17000	中原区

续表

序号	企业名称	项目名称	建设规模及主要内容	开工日期	投资日期	总投资	资金来源		截至2009年底累计完成投资	2010年计划投资	项目前期进展情况（填有无及备案号）				预计新增经济效益		项目所在地
							银行贷款	自筹			审批、核准、备案	环评	土地	规划	销售收入	利税	
31	郑州宇通企业集团	年产500台大型环卫专用机械设备		2009	2011	11000			3500						30000	5000	中原区
32	宇通集团	宇通2万台节能客车	总投资12亿元，预计年产2万辆节能客车，	2010	2012	120000				20000	无	无	无	无	560000	53000	管城区
33	河南华泰特种电缆有限公司	特种电缆生产项目	年产348000km特种电缆	2009.7	2011	46000				10000					50000	5000	上街区
34	林肯电气合力（郑州）焊材有限公司	10万吨焊丝、10万吨焊剂生产项目	年产10万吨焊剂焊丝	2009.8	2011	35000			14000	10000					110000	10000	上街区
35	郑州西芝路桥重工有限公司	年产1000台矿山机械、大型破碎、磨粉机械		2008.8	2010.12	11000			9000	2000					20000	2000	上街区
36	郑州郑控电气有限公司	年产5000台套电气设备项目		2009.12	2010.8	3060		3060	200	2860	豫郑市域工[2008]00075				40000	5200	惠济区
37	中铁大桥（郑州）缆索有限公司	年产1万吨桥梁悬索生产线项目	悬索项目	2009.7	2010.6	2000			1000						5000	500	惠济区

续表

序号	企业名称	项目名称	建设规模及主要内容	开工日期	投资日期	总投资	资金来源		截至2009年底累计完成投资	2010年计划投资	项目前期进展情况（填有无及备案号）				预计新增经济效益		项目所在地
							银行贷款	自筹			审批、核准、备案	环评	土地	规划	销售收入	利税	
38	河南索凌电气有限公司	年产3000套电力变配电综合自动化系统项目		2009.06	2010.06	12000	6500		8000	4000					38000	11500	金水区
39	河南辉瑞医疗器械有限公司	年产5000台数字化治疗型呼吸机		2009.04	2010.11	5630			3073	2557							金水区
40	郑州纺织机械股份有限公司	兆瓦级垂直式风电装备		2007.10	2012.12	32000			2010	5000							金水区
41	郑州纺织机械股份有限公司	重大纺机装备研发的企业信息化综合集成技术开发		2007.01	2011.12	15000			1260	2000							金水区
42	郑州纺织机械股份有限公司	高产节能水刺法非织布成套设备		2008.08	2010.12	7388			3860	2528							金水区
43	郑州科菲达机器有限公司	电力环保脱硫系统精制粉系统机械装备制造	项目计划生产厂房约25000平方米，研发中心、办公场所约20000平方米	2009.6	2011.12	26700		26700	2500	5000	豫郑市高工[2009]00041	郑高开建环[2009]21号	郑国用2009第0749号	郑高规证2009–004号	95000		高新区

续表

序号	企业名称	项目名称	建设规模及主要内容	开工日期	投资日期	总投资	资金来源		截至2009年底累计完成投资	2010年计划投资	项目前期进展情况（填有无及备案号）				预计新增经济效益		项目所在地
							银行贷款	自筹			审批、核准、备案	环评	土地	规划	销售收入	利税	
44	郑州拓普扎制技术有限公司	年产20台XGK型低能耗系列轧机		2009	2011	20000			12000								高新区
45	河南省九冶重工有限公司	年产60台套高速铁路造桥机、提梁机加工制造项目		2009		21000			8900	10000							高新区
46	上海世邦机器有限公司	电力环保脱硫系统精制粉系统机械装备制造		2009.6	2011.12	26700		26700	2500	5000	豫郑市高工［2009］00041	郑高开建环［2009］21号	郑国用2009第0749号	郑高规证2009–004号			高新区
47	郑州煤矿机械集团有限责任公司	年产6200架液压支架高端液压支架生产基地		2009	2012	135400			25500	70000							经开区
48	郑州宇通企业集团	年产3万台悬架、车桥及辅助设施建设		2009.11	2011.12	109410			7700								经开区
49	海马（郑州）汽车有限公司	年产15万辆车用节能高效发动机		2009	2010	60000			19855	20000							经开区

续表

序号	企业名称	项目名称	建设规模及主要内容	开工日期	投资日期	总投资	资金来源		截至2009年底累计完成投资	2010年计划投资	项目前期进展情况（填有无及备案号）				预计新增经济效益		项目所在地
							银行贷款	自筹			审批、核准、备案	环评	土地	规划	销售收入	利税	
50	海马（郑州）汽车有限公司	海马研发中心建设（含设计中心、试验中心、试制中心）		2009.4	2010.12	20000				10000							经开区
51	郑州日产汽车有限公司	年产55000辆休闲旅行车(NSV)		2009	2010	44000			19500	20000							经开区
52	郑州日产汽车有限公司	第二工厂建设，一期年产整车12万辆的汽车生产基地		2008.9	2010.12	130000			15000	30000							经开区
53	郑州信昌汽车部品有限公司	年产9万套冲压件		2009	2010	36881			9870	26000							经开区
54	郑州市钻石精密制造有限公司	年产100万把汽车发动机专用切割机刀具产品		2008.1	2010.9	30000				5000							经开区
55	深航航材及飞机维修中心(一期投资15亿元)	飞机维修车间、设备、零部件加工配送等	一期建成4条窄体机线，2条宽体机生产线。二期8条窄体机线和6条宽体机线。	2009.12	2012.12	450000		450000	1800	30000	已报省发改委立项	有	有	有	105000	10738	航空港区

续表

序号	企业名称	项目名称	建设规模及主要内容	开工日期	投资日期	总投资	资金来源		截至2009年底累计完成投资	2010年计划投资	项目前期进展情况（填有无及备案号）				预计新增经济效益		项目所在地
							银行贷款	自筹			审批、核准、备案	环评	土地	规划	销售收入	利税	
2	化工																
56	郑州正力聚合物科技有限公司	年产耐温耐油Ⅲ型聚丙烯酰胺28000吨、年产纳米聚合物7000吨		2009	2010	17500			7000	5000							新郑市
57	郑州众兴皂业有限公司	迁建项目	年产5万吨洗涤用品	2009.1	2010.12	10000		10000	6500	3500	豫郑荥市工【2008】00003	豫环审[2009]146	荥国用【2009】0064		16000	500	荥阳市
58	郑州裕昌建筑节能科技有限公司	中空玻璃材料和建筑密封材料的开发生产	年产300吨	2010.2	2010.12	8000		8000		8000					25400	6100	荥阳市
59	郑州天铸实业有限公司二期	冶金辅料生产线	年产10000吨	2010.3	2010.12	4000		4000		4000					15000	3600	荥阳市
60	河南中油压缩天然气有限公司郑州分公司	日处理压缩天然气30万方生产线	日处理压缩天然气30万方	2009.1	2010.12	5500		5500	2000	3500					8000	900	荥阳市
61	郑州永泰陶粒砂有限公司	5万吨陶粒砂循环窑技改项目	循环窑建设，配置，磨机，制粒机等设备	2010.1	2010.6	1200		1200		1200					1800	100	荥阳市

续表

序号	企业名称	项目名称	建设规模及主要内容	开工日期	投资日期	总投资	资金来源		截至2009年底累计完成投资	2010年计划投资	项目前期进展情况（填有无及备案号）				预计新增经济效益		项目所在地
							银行贷款	自筹			审批、核准、备案	环评	土地	规划	销售收入	利税	
62	河南金博士种业股份有限公司	年产精深加工种子5万吨，年产种子专用肥40万吨		2009	2011	70000			2600	40000							中牟县
63	郑州中大生物化工有限公司	年产50万吨化工醇及配套工程		2009.4	2010.12	99800											中牟县
64	沙隆达(郑州)农药有限公司	搬迁技术改造		2009.5	2010.12	98000				98000							中牟县
65	郑州水晶股份有限公司	在现有15万吨／年联碱双产品规模的基础上，搬迁改造成30万吨／年规模		2008.6	2010.12	30200				30200							中牟县
3	有色																
66	河南永通镍业有限公司	3万吨镍提纯及节能减排综合处理	计划年处理矿石300万吨	2010	2010	85000				54625	审批	有	有	有	600000	31000	巩义市
67	河南中孚实业股份有限公司	高性能铝合金特种铝材项目	高性能铝合金特种铝材生产线、年产30万吨规模	2010.1	2010.12	338199	240000	98199		100000	有		有		812750	80000	巩义市

续表

序号	企业名称	项目名称	建设规模及主要内容	开工日期	投资日期	总投资	资金来源		截至2009年底累计完成投资	2010年计划投资	项目前期进展情况（填有无及备案号）				预计新增经济效益		项目所在地
							银行贷款	自筹			审批、核准、备案	环评	土地	规划	销售收入	利税	
68	河南明泰铝业有限公司	年产10万吨CTP印刷版基材	年产10万吨CTP印刷版基材	2009.12	2011.8	65000	25000	40000		45000	有	有	有	有	250000	18000	巩义市
69	河南明泰铝业有限公司	年产5万吨铝合金预拉伸板	年产5万吨铝合金预拉伸板	2009.10	2010.8	10000	3000	7000		10000	有	有	有	有	120000	12000	巩义市
70	河南明泰铝业有限公司	电子铝箔项目	3万吨电子铝箔项目	2010.1	2010.11	12000	8000	4000		12000	有		有	有	130000	20000	巩义市
71	河南万达铝业有限公司	年产1(1+2)热轧续建项目	年产15万吨(1+2)热轧续建项目	2009.10	2011.5	100000	40000	60000		60000	有	有	有	有	360000	24000	巩义市
72	鑫泰铝业		辊涂彩板生产线	2010.3	2010.11	10000	3000	7000		10000	有	有	有	有	50000	5000	巩义市
73	力同铝业(河南)有限公司	年产3万吨铝箔扩建项目	新增3万吨产能	2007	2011.5	21000	10000	11000	15040	2000					80000	2400	荥阳市
74	河南辉龙铝业有限公司	3万吨铝材扩建项目	建筑及工业用铝合金型材生产销售	2007.12	2011.7	20000		20000	15000	1500					35000	2000	荥阳市
75	浙江天成建设工程有限公司	年产15万吨铝矾土项目	年产15万吨铝矾土	2010.1	2010.9	2300		2300		2300	郑安监管–【2008】LC设024号	有	有	有	3500	500	荥阳市
76	郑州隆华冶金材料有限公司	郑州隆华冶金材料有限公司项目(新建、争取)		2010.4	2010.10	1500				500					6000	500	二七区

续表

序号	企业名称	项目名称	建设规模及主要内容	开工日期	投资日期	总投资	资金来源		截至2009年底累计完成投资	2010年计划投资	项目前期进展情况（填有无及备案号）				预计新增经济效益		项目所在地
							银行贷款	自筹			审批、核准、备案	环评	土地	规划	销售收入	利税	
77	郑州铝业公司	年产12万吨高精复合铝箔及深加工		2009	2010.12	57000			11600	5000	有	有		有			中原区
78	中铝河南分公司	新建第五赤泥堆场。库容满足目前氧化铝生产10年外排赤泥量要求		2009.6	2010.12	86000			13000	20000							上街区
79	郑州明泰铝业股份有限公司	年产5万吨铝合金预拉伸板	年生产5万吨铝合金预拉伸板，主要生产设备为拥有企业自主知识产权的铝合金预拉伸生产线	2009.12	2011.12	10000	4000	6000	200	4000	豫郑市高工[2009]00075		郑国用[2007]第0728号		120000	25000	高新区
80	河南明泰铝业股份有限公司	年产5万吨铝合金轧制花纹板		2009.12	2011.12	20000	8000	12000	300	10000	豫郑市高工[2008]00167		郑国用[2007]第0728号		100000	17000	高新区

续表

序号	企业名称	项目名称	建设规模及主要内容	开工日期	投资日期	总投资	资金来源		截至2009年底累计完成投资	2010年计划投资	项目前期进展情况（填有无及备案号）				预计新增经济效益		项目所在地
							银行贷款	自筹			审批、核准、备案	环评	土地	规划	销售收入	利税	
81	郑州明泰实业有限公司	年产5万吨铝合金轧制镜面花纹板		2009.8	2010.12	25000	12000	13000	13000	12000	豫郑市高工[2009]00055	正在办理	郑国用[2007]第0728	原厂内建设			高新区
82	河南瑞能超微材料股份有限公司	年产5000吨超微粉项目（二期）	占地8.7亩，建设办公楼一栋、仓库两栋、生产车间两栋	2009.11	2010.08	5940		5940	3500	2440	豫郑新市（2007）00272	有	有	有	8000	2000	航空港区
4	食品																
83	山东六合集团	家禽屠宰年加工3000万只生产线		2009	2011	12000			8100	2000	有						登封市
84	郑州市新农源豆制品有限公司	年产1万吨豆制品生产线	占地30亩，年产1万吨豆制品	2010.1	2010.6	3000		3000		3000	豫郑荥市工[2009]00105				5000	160	荥阳市
85	中央储备粮河南公司	大豆油加工项目		2010.2	2011.6	50000	30000	20000		30000					200000	15000	新郑市
86	河南省新郑奥星实业有限公司	3000吨/年酶法制取大枣多糖		2008.5	2010.5	11500			870	8000							新郑市
87	河南正龙食品有限公司	年产3200万件非油炸方便食品及保健品		2008.3	2010.12	50000				35000							新郑市

续表

序号	企业名称	项目名称	建设规模及主要内容	开工日期	投资日期	总投资	资金来源		截至2009年底累计完成投资	2010年计划投资	项目前期进展情况（填有无及备案号）				预计新增经济效益		项目所在地
							银行贷款	自筹			审批、核准、备案	环评	土地	规划	销售收入	利税	
88	郑州市帅龙红枣食品有限公司	年产1万吨浓缩多维果蔬糕		2008.12	2010.12	11000											中牟县
89	郑州宴酒坊酒业有限公司	年产3万吨白酒项目(新建)			2010.9	10800				4200					60000	10818	二七区
90	郑州市龙威调味品有限公司	郑州市龙威调味品有限公司项目（新建、争取）		2010.3	2010.11	1000				1000					5000	1200	二七区
91	河南城开集团	城开集团·温州食品工业园（二期续建）				40000			1930	5000							二七区
92	郑州市万家福食品厂	郑州市二七区万家福年产1万吨粮食制品生产线项目(新建、必保)		2010.1	2010.12	4750.8				3000					6000	831	二七区
93	河南奥克集团	异地迁建，年产啤酒50万吨		2009.11	2011.12	85000			10000	5000							金水区

续表

序号	企业名称	项目名称	建设规模及主要内容	开工日期	投资日期	总投资	资金来源		截至2009年底累计完成投资	2010年计划投资	项目前期进展情况（填有无及备案号）				预计新增经济效益		项目所在地
							银行贷款	自筹			审批、核准、备案	环评	土地	规划	销售收入	利税	
94	郑州三全食品股份有限公司	综合基地	年产11.7万吨速冻食品生产车间及配套设施	2007.7	——	45000			37753	6000	有 郑发改产业函〔2005〕56号	有 郑环建函（2005）89日	有 郑国用（2007）第0081号	有（2007）郑城规建管许字（0159）号、（2008）郑城规建管许字（0006）号	150000	117600	惠济区
95	郑州思念食品有限公司	新工业园二期	总建筑面积48.1万平方米，包括速冻食品加工车间、原料库、低温冷库、综合管理用房、国家级食品技术研发中心及配套辅助建筑等	2009.11		81000			16000	20000	豫郑惠经工[2009]00004	郑环建（2008）502号	郑国用（2009）第0738 0739 0740号	郑规地字第410100200919204号	8000	500	惠济区
96	中粮集团	中粮海嘉郑州新工业园（一期）		2009.6	2010.12	28000											经开区

续表

序号	企业名称	项目名称	建设规模及主要内容	开工日期	投资日期	总投资	资金来源		截至2009年底累计完成投资	2010年计划投资	项目前期进展情况（填有无及备案号）				预计新增经济效益		项目所在地
							银行贷款	自筹			审批、核准、备案	环评	土地	规划	销售收入	利税	
97	百事可乐郑州灌装厂	建设百事可乐郑州灌装厂及配套吹瓶厂		2009.5	2010.12	18750				5000							经开区
98	益海嘉里(郑州)食品工业有限公司	日加工1350吨食用油、面粉、粮油等		2009.6	2010.12	21000				18000							经开区
99	河南省裕正农业科技有限公司	1万吨谷物营养早餐建设项目	总建筑面积20000平方米，年产1万吨谷物营养早餐的生产能力	2008.08	2010.08	15800		15800	6500	9300	豫郑市域工(2008)00232	无	有	有	21500	7500	航空港区
5	纺织																
100	郑州曲梁服装工业园	完成建设商住楼和标准化厂房等10家以上，完成园区污水处理厂建设，新修道路3公里		2007.3	2012.12	80000			15000	15000							新密市
101	郑州泛美服饰有限公司	年产310万件服装		2009.5	2010.5	12000	7000		4000	8000					4000	400	新密市

续表

序号	企业名称	项目名称	建设规模及主要内容	开工日期	投资日期	总投资	资金来源		截至2009年底累计完成投资	2010年计划投资	项目前期进展情况（填有无及备案号）				预计新增经济效益		项目所在地
							银行贷款	自筹			审批、核准、备案	环评	土地	规划	销售收入	利税	
102	郑州四棉纺织有限公司	年产高档服装面料8830万米和高档装饰面料2000万米		2007.11	2010.8	143000				50000							中牟县
103	河南豫发置业有限公司	二七服装工业园				5400			10180	5100							二七区
104	郑州纺织产业园	基础设施建设	道路设施建设	2006.3	2013.1	150000	150000			50000	有	有	有	有			中原区
105	郑州泰阳纺织有限公司	搬迁项目	基建设备	2006.4		100000	100000		40000	10000	有	有	有	有	180000	35000	中原区
106	郑州领秀服饰有限公司	新建	土建设备	2009.2	2009.5	15000	15000		12000	3000	有	有	有	有	30000	2000	中原区
107	郑州云顶服饰有限公司	年产200万条精品女裤项目		2009	2010	10100			6650	2000	有				10000	2200	中原区
108	郑州渡森服饰有限公司	年产500万件服装		2009.6	2010.5	4700	2000			4700	有	有	有	有	24605	717	中原区
109	河南纽伦钱塘服饰有限公司	年产1000万件女裤建设项目		2009	2010	12000			4900	2000	有				10000	1500	中原区
110	郑州领袖服饰有限公司	年产1500万条中高档女裤	年产1500万条中高档女裤	2008.12	2010.12	15361	5000	10361	8000	4000	豫郑市域工[2008]00334	郑环建[2009]188号	已办理	已办理	96145	10821	高新区
6	钢铁																
111	荥阳市闽港金属制品有限公司	年产10万吨钢铁生产线	年冶炼钢铁10万吨	2010.5	2011.5	7000		7000		4000					10000	950	荥阳市

续表

序号	企业名称	项目名称	建设规模及主要内容	开工日期	投资日期	总投资	资金来源		截至2009年底累计完成投资	2010年计划投资	项目前期进展情况（填有无及备案号）				预计新增经济效益		项目所在地
							银行贷款	自筹			审批、核准、备案	环评	土地	规划	销售收入	利税	
112	河南新亚实业有限公司	钢材加工		2008.3	2010.12	41000			10000	31000							中牟县
7	建材																
113	永安水泥	水泥生产线	年产熟料124万吨，水泥235万吨生产线	2009.3	2010.12	68000				20000	有	有	有	有	48500	19000	巩义市
114	郑州中泰瓷业	（中泰二期扩建）高档抛光砖生产线		2009.9	2010.4	6000		6000		6000							登封市
115	登封电厂集团有限公司	年产5万吨铝合金型材项目		2009.8	2010.5	27857	19500	8357	12000	15857	有	有	有				登封市
116	登封市荣华建材有限公司			2009.10	2010.6	5000	1000	4000	1000	4000	有	有	有				登封市
117	河南泰成节能建材有限公司	地铁管片生产线建设项目	年产1.8万环地铁管片	2009.1	2010.7	5700		5700	1500	4200	有	有		有	20000	1200	荥阳市
118	河南玛纳建筑模板有限公司	HMC钢结构住宅高品位多功能外围复合板生产线，建车间、购置机械设备（二期）		2009.1	2010.5	10000			650	9350							中牟县

续表

序号	企业名称	项目名称	建设规模及主要内容	开工日期	投资日期	总投资	资金来源		截至2009年底累计完成投资	2010年计划投资	项目前期进展情况（填有无及备案号）				预计新增经济效益		项目所在地
							银行贷款	自筹			审批、核准、备案	环评	土地	规划	销售收入	利税	
119	新蒲建设集团	建材构配件生产基地（续建）				11000			1350	6000							二七区
120	郑州中原应用技术研究开发有限公司	年产5万吨新型环保系列建筑密封胶		2007.6	2010.12	15000		15000	6000	4000	豫郑市域高[2007]00183	郑环建[2007]132	郑国用[2008]第0163号		10000	3000	高新区
8	耐材																
121	新密市汇特耐材有限公司	新密市汇特耐材有限公司年产10万吨镁质耐材生产线	完成年产10万吨镁质耐材生产线建设	2009.1	2011.12	15000				10000					27600	2220	新密市
122	河南瑞泰耐火材料科技有限公司	年产3.5万吨碱性耐火材料		2009	2010	15000			5560	8000							新郑市
123	郑州市鸿盛钢友冶金材料有限公司	耐火材料新产品的科研、开发（新建）		2010年初	2010年底	5000				5000					9000	1000	二七区
124	裕丰耐火材料有限公司	5万吨冶金辅料项目	5万吨冶金辅料	2009.12	2011	8000		8000		3000	已通过	已通过	已通过	已通过	10000	1000	上街区

续表

序号	企业名称	项目名称	建设规模及主要内容	开工日期	投资日期	总投资	资金来源		截至2009年底累计完成投资	2010年计划投资	项目前期进展情况（填有无及备案号）				预计新增经济效益		项目所在地
							银行贷款	自筹			审批、核准、备案	环评	土地	规划	销售收入	利税	
9	轻工																
125	郑州复兴纸业有限公司	（三叠网板纸生产线）箱板纸生产线		2009.5	2010.6	3000	500	2500	1000	2000	有	有	有				登封市
126	郑州盼盼门业有限公司	年产20万套加工防盗门实木门生产线	年产加工防盗门实木门20万套	2010.5	2011.3	5000		5000		3500	正在办理				25000	1500	荥阳市
127	郑州玉林木业有限公司	年加工1万立方米板材生产线	年加工板材1万立方米	2009.11	2010.12	3000		3000	500	2500					5000	600	荥阳市
128	河南省大信整体厨房科贸有限公司	年产4万套家用整体厨房厨柜，建车间购置机械设备项目		2008.2	2010.12	3500				3500							中牟县
129	郑州华英包装有限公司	食品、工业包装箱		2010.2	2010.12	35000			3000	32000							中牟县
130	河南中烟工业公司	年产150万箱卷烟生产基地		2009.8	2010.12	323000				30000							经开区
131	河南佳航印务有限公司	年产5000吨印刷制品项目	总建筑面积3.75万平方米	2009.10	2010.08	13238		5950	7500	5738	正在办理	无	有	无	15000	3000	航空港区

续表

序号	企业名称	项目名称	建设规模及主要内容	开工日期	投资日期	总投资	资金来源		截至2009年底累计完成投资	2010年计划投资	项目前期进展情况（填有无及备案号）				预计新增经济效益		项目所在地
							银行贷款	自筹			审批、核准、备案	环评	土地	规划	销售收入	利税	
132	郑州合兴包装有限公司	年产5000平方米纸箱项目	租用面积2万平方米	2009.10	2010.04	5600		5600	2500	3100	已核准	有	有	有	18000	4000	航空港区
133	郑州威尔森壁纸有限公司	年产2000万平方米PVC环保装饰壁纸项目	占地50亩，建筑面积15000平方米	2009.10	2010.09	10600		10600	1000	9600	豫郑市域工(2009)00312	无	有	无	18000	1890	航空港区
二	高技术																
1	医药																
134	郑州豫密药业股份有限公司	解郁丸品牌OTC市场开发建设，	覆盖三甲医院200家，三甲医院500家;完成解郁丸国家火炬计划立项;完成妇康丸国家级新产品报批工作，完成在城区新建研发中心;按照要求完成行业装备更新;新发展药材种植2000亩	2009.1	2011.8	55000			15000	10000					100000	6000	新密市
135	河南正昌生物科技有限公司	医药辅料–术尔康		2010.2	2010.12	9800				9800							中牟县

续表

序号	企业名称	项目名称	建设规模及主要内容	开工日期	投资日期	总投资	资金来源		截至2009年底累计完成投资	2010年计划投资	项目前期进展情况（填有无及备案号）				预计新增经济效益		项目所在地
							银行贷款	自筹			审批、核准、备案	环评	土地	规划	销售收入	利税	
136	郑州福瑞堂制药有限公司	现代中药景天祛斑片产业化项目	现代中药景天祛斑片产业化项目	2009.6	2011.5	6000	2000	3900	3400	2800	已备案	豫环注郑字[2009]第09273003	已办理	原厂区建设	8000	1700	高新区
137	郑州拓洋实业有限公司	绿色节能VC生产新技术产业化项目。形成年产2万吨VC生产能力		2008.6	2011.11	60000			245								高新区
138	郑州拓洋实业有限公司	利用现代色谱分离及连续结晶新技术，生产8万吨/年高纯度结晶果糖		2008.10	2010.10	40670			3980								高新区
139	郑州安图绿科生物工程有限公司	年产3亿人份体外诊断产品产业化		2009.1	2010.6	10180	3500								31000	8500	经开区
140	郑州后羿制药有限公司	年产200万瓶疫苗干扰素制剂建设项目	建筑面积30000平方米,主要建设冷库、疫苗车间、注射车间、动物房	2009.06	2010.09	9000	5500	3500	4230	4770	豫郑市域高(2009)00313	无	有	无	20000	3600	航空港区

续表

序号	企业名称	项目名称	建设规模及主要内容	开工日期	投资日期	总投资	资金来源		截至2009年底累计完成投资	2010年计划投资	项目前期进展情况（填有无及备案号）				预计新增经济效益		项目所在地
							银行贷款	自筹			审批、核准、备案	环评	土地	规划	销售收入	利税	
141	郑州联合利农作物保护有限公司	年产5000吨新型农药制剂建设项目	占地100亩，建设研发中心、针剂车间、粉剂车间	2007.06	2010.06	10000	3800	6200	9000	1000	新发改函(2006)166号	有	有	有	40000	7000	航空港区
2	电子信息产业																
142	河南紫光慧图信息系统有限公司	年产1000台新一代光纤存储安全交换机		2009.7	2010.7	30000		30000	11300	12000	豫郑惠经高【2009】00001号	惠环2009-024	土地手续正在办理中。（现有场地能满足项目需求。）	无	60000	18000	惠济区
143	郑州威科姆科技股份有限公司	年产130万套宽带多媒体系统及终端	建设研发测试中心、办公用房、生产车间及物流仓库共23550平方米，购置硬件设备及软件系统共993台套。建成年产100万套宽带多媒体机顶盒、年产30万套数字视频服务器的产能。	2008.11	2010.11	22907	14000	8907	16000	6907	豫郑市高高[2008]00062	郑高开建环字[2008]481	郑国用[2008]第0785	郑高规证2008-001	58000	13000	高新区

续表

序号	企业名称	项目名称	建设规模及主要内容	开工日期	投资日期	总投资	资金来源		截至2009年底累计完成投资	2010年计划投资	项目前期进展情况（填有无及备案号）				预计新增经济效益		项目所在地
							银行贷款	自筹			审批、核准、备案	环评	土地	规划	销售收入	利税	
144	郑州威科姆科技股份有限公司	郑州威科姆研发中心及产业化基地项目	项目占地54774.24平方米,总建筑面积86000平方米	2008.11	2015.11	58744	20000	38744	10000	15000	豫郑市高高[2008]00030	郑高开建环字[2008]070	郑国用[2008]第0785号	郑高规证2008-001	87000	22000	高新区
145	中国船舶重工集团公司第七一三研究所	智能屏蔽门及电梯生产开发	项目计划用地130亩（净地）；总建筑面积14万m²	2009.9	2012.12	31000	6000	5000	5000	5000	豫郑市高工[2009]00020	郑环建表[2009]143	郑国用[2009]第0732	郑高规郑[2009]-01			高新区
146	河南汉威电子股份有限公司	年产30万支电化学传感器及25万台电化学气体检测仪器仪表项目	年产30万支电化学传感器及25万台电化学气体检测仪器仪表项目	2009.1	2010.6	8548	0	8548	5000	3048	豫郑市高高[2009]00016	郑州市高新区建设环保局2005-063	郑国用（2008）第0481号	郑高现建2007-055	10700	3246	高新区
147	河南汉威电子股份有限公司	年产7.8万支红外气体传感器及7.3万台红外气体检测仪器仪表项目	年产7.8万支红外气体传感器及7.3万台红外气体检测仪器仪表项目	2009.1	2010.6	8082		8082	5000	3082	豫郑市高高[2009]00015	郑州市高新区建设环保局2005-063	郑国用（2008）第0481号	郑高现建2007-055	13000	4637	高新区
148	郑州新开普电子科技有限公司	智能卡与RFID支付与识别系统的产业化	扩大规模后，预计实现产能150万套的生产规模，达到40%左右的智能仪器仪表市场份额。	2008.12	2011.5	4500	3000	1500	1380	2200	豫郑市高高[2008]000150	2009-168	郑国用（2009）第0145号	郑高现建2006-062	15000	3400	高新区

续表

序号	企业名称	项目名称	建设规模及主要内容	开工日期	投资日期	总投资	资金来源		截至2009年底累计完成投资	2010年计划投资	项目前期进展情况（填有无及备案号）				预计新增经济效益		项目所在地
							银行贷款	自筹			审批、核准、备案	环评	土地	规划	销售收入	利税	
149	生茂光电科技股份有限	固态照明关键技术研发及产业化	通过购置固态照明研发及检测等设备，提升技术创新能力及水平，发展拥有自主知识产权的固态照明技术，加快功率型白光封装及应用产品产业化技术成果转化及生产线建设	2009.1	2010.6	12500	8500	4000	5500	7000	豫郑市高高[2009]00003	正在办理	郑国用（2006)第0581号	利用原有厂房	45000	5300	高新区
150	生茂光电科技股份有限	城市交通诱导系统	建设2条交通复合诱导屏屏体加工生产线，2条交通复合诱导屏装配生产线，形成年产1000套“城市交通诱导系统”的生产能力。	2009.1	2011.12	6500	2000	4500	600	3200	豫郑市高高[2008]00090	正在办理	郑国用（2006)第0581号	利用原有厂房	15000	3400	高新区

续表

序号	企业名称	项目名称	建设规模及主要内容	开工日期	投资日期	总投资	资金来源		截至2009年底累计完成投资	2010年计划投资	项目前期进展情况（填有无及备案号）				预计新增经济效益		项目所在地
							银行贷款	自筹			审批、核准、备案	环评	土地	规划	销售收入	利税	
151	河南辉煌科技股份有限公司	铁路信号微机监测系统的开发	该项目需建立能模拟一个车站的站级系统和一个管理系统的软硬件模拟实验测试中心，测试及检验中心，研发中心等，形成每年为铁路部门开通300个车站的信息平台系统的能力	2009.2	2010.9	7473	3050	4423	6288	1185	豫郑市域高[2008]00005	豫环函[2008]22	郑国用（2009）第0145号		14000	4376	高新区
152	郑州旭飞光电科技有限公司	年产55万片第五代液晶玻璃基板生产线		2009.6	2010.4	90000	60000			30000					33000	15633	经开区
153	河南万庄化肥交易市场有限公司	仓储物流和信息化服务平台项目	建设仓库30000平方米，办公楼4000平方米	2009.07	2010.08	5200	4000	1200	2750	2450	豫郑市域贸（2009）00055	有	有	有	37000	2600	航空港区

续表

序号	企业名称	项目名称	建设规模及主要内容	开工日期	投资日期	总投资	资金来源		截至2009年底累计完成投资	2010年计划投资	项目前期进展情况（填有无及备案号）				预计新增经济效益		项目所在地
							银行贷款	自筹			审批、核准、备案	环评	土地	规划	销售收入	利税	
3	生物产业																
154	郑州西雅图创新产业园置业有限公司	年产100万颗人工植牙种植体项目	年产100万颗人工植牙种植体	2010.7	2011.12	16000		16000		8500	有	有	荥国用（2008）第0011号	有	200000	15000	荥阳市
4	新材料																
155	河南省耕生耐火材料有限公司	2万吨微米级纳米级粉体材料第二生产线	新建	2010.03	2010.12	15000				15000	备案	有	有	有	50000	15000	巩义市
156	郑州中南杰特超硬材料有限公司	高性能超硬材料生产加工项目	高性能超硬材料生产加工项目	2008.6	2009.6	11500		11500	11500	5000	豫郑市高高[2007]00006	郑环建[2007]217	郑国用（2007）第1055号	郑高规证2007–041	15000	6000	高新区
157	河南四方超硬材料有限公司	超硬复合材料高技术产业化		2009	2011	20000			3462								经开区
5	高新技术领域的其他建设																
158	荥阳新能源生态工业基地	太阳能照明设备、新型节能灯具、太阳能集热器整机及配件、中小型风力发电机生产线	太阳能照明设备、新型节能灯具、太阳能集热器整机及配件、中小型风力发电机	2008.11	2011.9	7000		7000	2000	3000					20000	2000	荥阳市

续表

序号	企业名称	项目名称	建设规模及主要内容	开工日期	投资日期	总投资	资金来源		截至2009年底累计完成投资	2010年计划投资	项目前期进展情况(填有无及备案号)				预计新增经济效益		项目所在地
							银行贷款	自筹			审批、核准、备案	环评	土地	规划	销售收入	利税	
	能源																
1	电厂																
159	大唐巩义发电有限责任公司	1×100千瓦发电机组	1×100千瓦发电机组		2010–2011	438573				50000	已批				400000	80000	巩义市
160	华润电力登封有限公司	1*60万千瓦发电机组	1*60万千瓦发电机组	2009.7	2010.12	257000		257000	80000	177000	有	有	有	有			登封市
161	郑州裕中电力有限公司	二期2×100千瓦发电机组	完成国家发改委核准：完成#3机组主厂房主体结构，锅炉钢架吊装：#4机组且锅炉开始吊装	2009.8	2012.8	830000			106000	190000					80000	4000	新密市
162	国电荥阳煤电一体化有限公司	一期2×600MW机组	2×600MW超临界燃煤机组	2008.10	2010.9	468003	374726	93277	231000	57000	国家发改委文件:发改能源[2008]3391号	国家环境保护总局:环审[2006]239号，	国土部预审文件:国土预审字[2008]159号、国土部单体工程先行用地的复函:国土资厅函[2009]530号	河南省建设厅:选字第410000200800009，2008年6月2日	310000	30000	荥阳市

续表

序号	企业名称	项目名称	建设规模及主要内容	开工日期	投资日期	总投资	资金来源		截至2009年底累计完成投资	2010年计划投资	项目前期进展情况（填有无及备案号）				预计新增经济效益		项目所在地
							银行贷款	自筹			审批、核准、备案	环评	土地	规划	销售收入	利税	
163	天瑞集团郑州水泥有限公司	10000t/d熟料生产线配套建设18MW余热发电工程	8MW的补气凝气式汽轮余热发电机组，建设2套余热回收锅炉配1台额定功率为18MW的补气凝气式汽轮发电机组。所发电量，全部企业自用。	2009.11	2010.5	9987.16	6570.89	3416.27		7000	豫发改委工业【2008】1390号	环审【2008】300号			5774.91	4218.08	荥阳市
2	电网																
164	登电集团	纯低温余热发电		2010.2	2010.12	6000		6000			有	有	有	有			登封市
165	登封市嵩基集团有限公司	纯低温余热发电		2010.3	2010.12	6396		6396			有		有				登封市
3	煤矿																
166	登封市金星煤业有限公司	金星煤业技改项目（井筒及装备）	煤业技改项目	2009.10	2010.12	15098		15098	1500	13598		有	有	有			登封市
167	郑州煤炭工业（集团）有限责任公司	芦店东煤矿(45万吨/年)	45万吨/年	2009.12	2012.12	30600											登封市

续表

序号	企业名称	项目名称	建设规模及主要内容	开工日期	投资日期	总投资	资金来源		截至2009年底累计完成投资	2010年计划投资	项目前期进展情况（填有无及备案号）				预计新增经济效益		项目所在地
							银行贷款	自筹			审批、核准、备案	环评	土地	规划	销售收入	利税	
168	河南华猿煤业有限公司	煤炭开采项目	煤炭开采项目	2009.6	2012.6	210000	60000	150000	21000	120000					140000	8800	新郑市
169	新郑精煤有限公司	洗煤项目	洗煤项目	2010.3	2010.12	29000		29000		29000					60000	1500	新郑市
170	郑州煤炭工业(集团)有限责任公司	李粮店矿井(240万吨/年)	240万吨/年	2008.12	2012.12	208900			20650								新郑市
171	新密市恒业煤矿有限公司和成煤矿	建成年产45万吨原煤矿井和附属设施	年产45万吨原煤矿井	2009.1	2010.12	42000			12300	16000					20000	5000	新密市
172	郑州煤电股份有限公司高岭煤矿	完成主副井建设及地面配套设施建设	产原煤45万吨	2008.11	2010.12	31000			15000	15000					15000	6000	新密市
173	新密市超化煤矿有限公司大磨岭煤矿	完成原煤井巷工程及配套设施	年产60万吨	2006.3	2012.10	55000			15000	10000					30000	7000	新密市
174	郑州金信煤业有限公司水洗煤项目	完成厂房、办公楼、生产车间及道路配套建设	完成厂房、办公楼、生产车间及道路配套建设	2009.12	2010.12	32000			13000	19000					27000	6500	新密市
4	石油、天然气管道																
175	新密港华煤气有限公司	天然气利用项目	完成建设一个气源站及配套设施，完成部分管网工程建设	2010.1	2011.11	20000				10000							新密市

续表

序号	企业名称	项目名称	建设规模及主要内容	开工日期	投资日期	总投资	资金来源		截至2009年底累计完成投资	2010年计划投资	项目前期进展情况（填有无及备案号）				预计新增经济效益		项目所在地
							银行贷款	自筹			审批、核准、备案	环评	土地	规划	销售收入	利税	
5	其他																
176	荥阳市宏基炭素有限公司	年产3万吨煅后焦项目	新建24罐煅烧炉一座、厂房一座	2010.1	2010.6	1000		1000		1000	正在办理	正在办理	有		2000	120	荥阳市
177	荥阳市宏成炭素有限公司	新建年产2万吨炭阳极生产线一条	新建18室环式焙烧窑一座、厂房一座	2010.1	2010.5	1200		1200		1200	正在办理	正在办理	有		2500	200	荥阳市
178	郑州西雅图创新产业园置业有限公司	中国中部生物科技产业园—总部企业基地项目及景观公园配套项目	建设11000平方米总部企业基地项目及48亩景观公园配套项目	2010.1	2010.12	2700		2700		2700							荥阳市
179	郑州西雅图创新产业园置业有限公司	中国中部生物科技产业园—新兽药GLP研发综合楼	建设14000平方米新兽药GLP研发大楼一栋	2010.1	2010.12	3200		3200		3200							荥阳市
180	河南桑达能源环保有限公司	年产100万平方太阳能集热器产业化项目（一期投资5000万元）	总建筑面积6.7万平方米	2009.10	2012.12	9000		9000	1900	3100	豫郑市域高（2009）00125	有	有	无	48000	10000	航空港区

【信息化和工业化“两化”融合】 加快信息技术在汽车、装备制造、纺织服装、食品等重点行业和领域的应用和推广，加快企业电子商务发展，全面启动十大电子商务平台建设，着力提高重点行业和重点企业的信息化水平，推进信息化和工业化全面融合。加大信息化建设项目奖补力度，落实省、市信息化项目专项扶持资金4640万元。发布“数字郑州”建设总体规划，大力推进“数字郑州”一期工程建设。编制《郑州市国家级信息化和工业化融合试验区建设实施方案》和《郑州市信息化建设“十二五”发展规划》，努力争取列入国家级“两化”融合试验区。加强法规建设，为信息化建设提供更全面的法规依据。组织开展推进物联网产业发展的相关工作。工业经济信息情报中心对工信委网站群系统进行升级改造，努力建设一个中心、五大平台、十个子系统的数字化工业经济管理系统。2010年，移动、联通和电信三大运营商共完成投资超过50亿元。郑州市被评为2010中国城市信息化50强，并获2010中国城市信息化管理创新奖。

【战略支撑产业】 战略支撑产业也可称为“战略主导产业”，指在国民经济中具有战略地位，其对当地的GDP、就业、税收贡献较大，能够在现在和可预见的未来支撑当地经济社会发展的产业。根据郑州市工业经济发展现状和构建郑州现代工业体系的客观要求，汽车、装备制造业和电子信息产业为当前郑州市战略支撑产业。

(一)汽车产业。汽车工业是郑州着力发展的战略支撑产业之一。全市共有汽车整车、改装车和零部件企业80余家，资产总额158.33亿元，从业人数1.5万多人。主要生产大中型客车、运动型多用途汽车(SUV)、微型客车、皮卡、冷藏保温车、爆破器材运输车等汽车产品。宇通客车为亚洲生产规模最大、工艺技术最先进的大中型客车生产企业，生产的豪华客车、城市公交客车已占有全国30%左右的市场份额，产销量全国第一，并出口古巴、俄罗斯等国家。郑州日产占有国内高端皮卡54%左右的市场份额，占高档运动休闲车全国近40%的市场份额。少林汽车为国内客车行业知名企业，产量连续多年位居行业第五位。“红宇”防暴车占全国防暴车市场份额的80%。零部件生产企业70家，跃博汽车电器等企业生产的汽车电子产品畅销全国各大汽车集团，郑州景瑞公司生产的汽车板簧畅销美国市场。

郑州市汽车工业基础较好，具有快速做大、做强的基础和条件。2010年，全市汽车产量突破24万辆，比2009年净增10.8万辆，增长81.8%。其中，宇通公司完成销售收入134.6亿元，增长55%，产量4.19万辆，增长50.5%；郑州日产公司完成销售收入100.03亿元，增长83.1%；河南少林公司完成销售收入19.21亿元，增长5.38%。电动汽车“4451”工程进展顺利，国内最大的电动汽车充电站在郑东新区建成并投入使用；全市示范运营电动车辆从2009年的10辆增加到130辆，成功列入国家第二批“十城千辆”试点城市，推进了全市新能源汽车产业化进程。宇通客车、少林客车的压缩天然气(CNG)客车、混合动力大客车及郑州日产的自主品牌电动车已小批量投放市场；郑飞公司已自主研发出可供批量生产的纯电动轿车。

2010年，汽车工业累计完成增加值88.88亿元，同比增长57%，比2009年多增43.4个百分点；累计生产汽车225196辆，同比增长99.5%，其中12月份汽车单月产量30613辆，同比增长60.4%。2010年，海马公司累计汽车产量69991辆，同比增长162.4%，完成工业总产值19.6亿元，同比增长143.5%；宇通客车累计客车产量41894辆，同比增长50.5%，完成工业总产值134.6亿元，同比增长55.7%；少林公司累计汽车产量12356辆，同比增长7.3%，完成工业总产值19.3亿元，同比增长6%；日产公司累计汽车产量99090辆，同比增长75.7%，累计完成工业总产值100.3亿元，同比增加75%。

(二)装备制造业。装备制造业是郑州市的优势产业之一，近年来发展迅猛。全市规模以上装备制造业企业393户，全市规模以上装备制造业企业完成工业增加值204亿元(不含汽车)，占全市比重15.7%。初步形成了以纺织机械、煤矿机械、工程机械、农业机械为主导的专用设备制造业、以电线电缆为主导的电器机械及器材制造业、以玻壳玻锥、交换机为主导的通讯设备、计算机及其他电子设备制造业和以锅炉、阀门、泵为主导的通用设备制造业等四大特色产业。郑煤机公司的液压支架科研开发和设计手段国内第一，世界领先，液压支架生产装备整体水平国内第一，液压支架市场占有率国内第一。郑州纺织机械公司是国家级制造业信息化应用示范企业，我国纺机行业的龙头企业和主要出口基地，年出口交货值达3亿元以上，是世界三大清梳联设备制造商、世界三大涤纶设备制造商，全球最大的粘胶和浆纱设备供应商，全球唯一提供成套化纤装备、唯一提供各种非织造布工艺成套设备的纺机企业。郑州宇通重工有限公司是中国大型军用、民用轮式工程机械专业制造企业，产品广泛用于公路、铁路、水利、建筑、煤矿、石油、市政等系统，并出口美国、突尼斯等20多个国家和地区。郑州大方桥梁机械有限公司的产品和技术水平在特种施工装备行业处于国内领先水平，有的达到世界先进水平。公司完成了一系列拥有我国自主知识产权的重大施工装备的研制工作，已获得了30多项国家专利。正星科技有限公司主导产品电脑税控燃油加油机、加油站营业管理系统及IC卡结算管理系统其生产能力、生产规模已居亚洲前列，在世界范围内排前五名，国内市场占有率连续7年保持行业第一。

（三）电子信息产业。郑州市电子信息产业发展较快，全市各类电子信息产品制造业、软件与系统集成及相关企业已超过1000家，从业人员10多万人，销售收入156亿元，约占全省电子信息产业销售收入的40%，占全省软件产业的70%以上。初步形成了以应用电子为主导，信息安全产业为优势特色，软件和信息服务业、半导体照明、集成电路、平板显示器件产业快速发展的产业格局，其中，应用电子和信息安全产业在全国具有较强竞争优势。威科姆公司的北斗同步授时系列产品国内领先，思达科技的电子式电能表国内出口第一，炜盛电子的气体传感器国内市场占有率达到50%以上，思维自动化的列车运行监控记录装置国内市场占有率达60%以上，辉煌科技的铁路信号微机监测系统和智能电子负载系列产品居国内领先水平，市场占有率达到50%，形成了一大批业内的“单打冠军”。区域集中度不断提高，主要集中在高新区、经开区、出口加工区和金水区科技市场，形成了西中东3个产业发展相对集中的重点区域。3个区域协调、错位发展促进了全市电子信息产业的快速发展。河南科技市场作为国内中部地区开业最早的多功能、大规模、集科工贸为一体的大型电子信息产品交易市场，已成为中部地区电子信息产业技术产品集散地，其产品已辐射到全省及周边省份部分地区，辐射人口达1.2亿。

【传统优势产业】　经过建国后60年特别是改革开放30年的发展，郑州市形成了铝及铝加工、纺织服装、食品、煤电、建筑材料等传统优势产业。这些产业长期以来一直是支撑郑州市工业发展的重要支柱，在郑州经济发展中发挥了重要的作用，做出了重大的贡献。传统优势产业是郑州工业经济发展的基础和根基，构建郑州现代工业体系，必须继续发扬传统优势产业的竞争优势，用先进适用技术对传统优势产业进行改造升级，改进产业装备水平，优化产品结构，提高技术含量和产品附加值。通过技术改造和升级，焕发传统优势产业的生机和活力。

（一）铝工业。铝及铝加工产业是应用广泛、产业关联度高的基础性材料工业，也是郑州支柱产业之一。铝加工行业是郑州市铝工业的一大亮点，占河南省和全国的比重分别为52%和9%以上，在河南省具有举足轻重的地位，也是全国重要的铝板带箔供应基地。全市铝及铝加工企业共有52家，其中氧化铝企业2家，电解铝企业6家，铝加工企业44家。产品涉及氧化铝、电解铝、碳素制品、铝板、铝带、铝箔、罐体料、PS版基等，已经形成以煤、电、铝及铝加工为主线，以发电、炭素、氟化盐等为辅线的完整产业链，形成产业配套齐全的工业体系，形成了一批具有示范带头作用的重点企业。拥有中铝河南分公司、中美铝业、豫联集团、永登铝业、龙祥铝业、发祥铝业、河南明泰、河南万达、河南鑫泰、河南永顺、河南辉龙、中铝郑州冷轧厂、郑州铝业等一批知名的铝冶炼和加工企业。郑州市铝及铝加工企业主要分布在郑州市区、上街循环经济工业园、荥阳市五龙铝工业园、巩义市（回郭镇）铝工业园、巩义豫联铝工业园区和登封市循环经济工业园。

2010年，全市规模以上铝工业企业完成工业增加值91.68亿元，增长10.8%。年产氧化铝221.79万吨，增长32.6%；生产电解铝58.39万吨，下降2.8%；生产铝材192.78万吨，增长28.3%。

（二）食品工业。食品工业是郑州市支持发展的重点产业之一。近年来，保持了强劲的增长势头，整体实力显著增强，经济效益大幅度提高。全市共有各类食品企业1000余家，其中规模以上企业134家，从业人数35万人，主要产品有卷烟、啤酒、饮料、面粉、速冻食品、方便面、乳制品等。2010年，食品工业继续保持全面增长，全市规模以上食品工业累计完成工业增加值183.46亿元，同比增长9.04%，占全市工业增加值1599.94亿元的11.46%；规模以上食品企业实现主营业务收入549.31亿元，同比增长18.65%，占全市规模以上企业主营业务收入5968.46亿元的9.2%；规模以上食品企业实现利润总额56.83亿元，同比增长44.12%，占全市工业利润674.23亿元的12.6%，亏损企业亏损额0.68亿元，同比上升7.62%；规模以上食品企业全部从业人员数平均为53485人，同比增加2072人。饮料制造业完成增加值18.25亿元，同比增长22.4%，比2009年多增4.9个百分点；食品制造业完成增加值55.01亿元，同比增长7.4%，比2009年回落6.8个百分点；烟草制品业完成增加值67.97亿元，同比增长7%，比2009年多增7个百分点；农副食品加工业完成增加值42.23亿元，同比增长9.4%，比2009年回落1.3个百分点。方便面产量44.5万吨，同比增长48.8%；软饮料产量216.6万吨，同比增长53.8%；速冻食品产量100.6万吨，同比增长3.2%；饲料产量148.1万吨，同比增长12%。2010年，三全公司速冻食品累计产量20.2万吨，同比增长15.3%，累计完成工业总产值16.6亿元，同比增长12.8%。思念（集团）公司速冻食品累计产量33.8万吨，同比下降10.8%，累计完成工业总产值36.67亿元，同比下降8.5%。

企业研发能力进一步增强。食品行业目前拥有市级以上企业技术中心26家，其中，国家级2家，省级11家，市级13家。拥有“中国驰名商标”4个、“中国名牌”称号9个、“河南省著名商标”14个。三全、思念成为“中国500最具价值品牌”；河南中烟入选“中国工业企业1000大”排行榜；三全食品股份有限公司、思念食品有限公司、花花牛乳业有限公司荣获农业产业化国家重点龙头企业称号，三全、思念速冻食品产量分居全国速冻行业第一、二位。河南中烟集团生产的黄金叶、红旗渠牌卷烟销量进入全国名优卷烟前五位。金星集团啤酒产销量达150万吨，已连续6年居全国第四位。挂面生产企业博大公司和枣制品生产企业奥星公司产量均位居全国同行业第一位。方便面生产企业白象集团产量位居全国同行业第二位。产业集群初具规模，初步形成了中原食品工业园区、马寨食品园区、航空港区等四大食品工业集聚区。

(三)纺织服装。近年来，郑州纺织服装产业快速增长。据郑州市服装协会统计，郑州纺织服装企业从2004年到2008年分别实现销售收入60亿、80亿、110亿、135亿、156亿元，年均增长25%。2010年，全市共有各类纺织服装生产加工企业2000多家，规模以上92家(含鞋帽生产)，全年实现销售收入132亿元，增长28%，完成增加值34亿元，增长19%。从业人员35万人，其中纺织行业5万人，服装生产加工10万人，服装流通领域20万人。全市服装产量达到10117万件，增长44.1%。其中，新密市曲梁服装工业集群区服装年生产能力达到7000多万件，西裤和板裤的产销量占全国市场的六分之一，成为继广东、福建、江浙、东北、石家庄之后的第六大生产基地。梦舒雅、娅丽达、太可思、渡森、五朵云、纽纶、德亿斯顿、戈洛瑞丝、快乐屋、欧利·金盾等十大自主品牌年产均超过百万件。服装行业涌现出领秀、娅丽达、渡森、泛美、太可思等一批知名企业。纺织服装产业主要集中于郑州纺织产业园、二七服装加工中心和新密曲梁服装工业园区。

郑州服装产业已初步形成一条以棉纺业为基础，以裤业加工为核心，以服装商贸做带动，在纺织机械、服装物流、服装展会、服装媒体、服装教育等各个领域有一定基础的较为完整的服装产业链条。

【战略性新兴产业】 战略性新兴产业是以重大技术突破和重大发展需求为基础，对经济社会全局和长远发展具有重大引领带动作用，知识技术密集、物质资源消耗少、成长潜力大、综合效益好的产业。一般具有掌握关键核心技术、市场需求前景好，资源能耗低、带动系数大、就业机会多、综合效益好等特征。

(一)新能源产业。郑州新能源产业是最近几年才发展起来的。太阳能产业。主要有以下单位和项目：河南保绿能源有限公司由中国保绿能源有限公司与郑州高新区共同投资，于2010年1月20日成立，总投资40亿元，建设500MW非晶硅薄膜太阳能电池生产线，预计实现年产值超50亿元，主要产品为非晶硅薄膜太阳能电池。非晶硅薄膜太阳能电池是将太阳光能转化为电能的新型可再生能源产品，是未来代替石化能源最主要的技术手段。该产品具有工艺成熟、成本低、弱光性好、重量轻，且无原料瓶颈等优点，特别适合建设屋顶电站和大规模光伏电站使用。河南桑达能源环保有限公司(原郑州桑达能源环保电子有限公司)成立于1983年，是我国较早从事可再生能源的科、工、贸一体化企业，是农业部可再生能源重点开放实验室实验基地，中国太阳能与建筑一体化示范单位，主要从事沼气工程设计、施工、太阳能光热、光电及相关产品的研发、生产、销售以及大中型工程的设计、施工及推广。河南阿格斯新能源有限公司总投资46亿元，建设500MW非晶硅薄膜太阳能电池建设项目，全部达产后可实现年销售收入75亿元。保利协鑫太阳能硅材料深加工项目，一期投资9720万美元，建设年产300MW硅材料，二期投资建设700MW项目。郑州益丰高温材料公司项目，投资12.5亿元，建设20条25MW太阳能电池片生产线。河南桑乐数字化太阳能有限公司项目，总投资约2.5亿元，形成年产100万套热水器的生产能力。太阳能发电和智能电网示范工程。以郑州新区大规模建设为契机，组织房地产、市政工程、电网公司、太阳能电池和应用产品生产企业共同参加。

风电产业。重点推进总投资20亿元的龙源电力20万千瓦风力发电项目和投资8亿元的登电新建10万千瓦风力发电机项目等项目建设。

生物能源产业。重点发展生物柴油、燃料乙醇、生物质发电和供热、生物质致密成型燃料和生物制氢。以增加能源供应、改善能源结构、保护生态环境、实现循环利用为重点，积极发展能源林基地，加快推进原料非粮替代，着力实现产品多梯次开发和资源的最大化利用，稳步推进生物能源产业发展。突出区域特色和优势，推动秸秆转化，加快发展纤维乙醇等非粮原料燃料乙醇；加强产学研结合，逐步推进以能源植物为原料的生物柴油规模化生产。

煤清洁利用产业。以郑煤集团等大型煤电企业为依托，重点支持清洁煤发电技术，包括煤气化联产技术、整体煤气化联合循环发电技术(IGCC)，加强技术研发投入和力度，结合国外先进经验和技术，发展清洁煤电产业，充分利用郑州的煤炭资源优势，特别是在煤炭化工方面具有研发和技术优势，建立集合煤清洁利用研发、设计、设备、应用一体化的先进技术体系，促进煤炭资源的充分利用。以丰富的可再生能源和较为可靠的煤炭资源为基础，以清洁能源技术的日益发展为依托，以相关政策的制订完善为保障，使煤炭清洁高效利用在发展清洁能源，应对气候变化，实现可持续发展上体现出其重要价值。

移动智能电网产业。引导郑州电力企业及相关产业，跟踪研究国内外移动智能电网的技术和相关产品产业化的前沿，引进相关研究机构、技术和相关生产企业，鼓励郑州具有相关产品产业化能力的企业积极参与，重点发展与移动智能电网相关的成套输变电设备、成套电动客车停靠车站和充电设备、智能仪表和智能收费系统等电子信息和无线传输等器材,发展移动电网相关重点产业化产品,包括输变电环节中的柔性交流输电系统、超高压特高压设备、特高压控制保护设备、数字化变电站,用电环节中的智能电表、储能电池、超导带材、超导电缆、智能变电站、智能配电网与智能用户端等。同时大力推动智能变电站、智能用户端等关键技术逐步走向产业化,带动智能电网相关产业的发展。

(二)新材料产业。新材料是指新出现的或正在发展中的具有传统材料所不具备的优异性能和特殊功能的材料或者是在传统材料基础上通过新技术(工艺、装备)处理所获得的性能明显提高或产生了新功能的材料。与传统材料相比,新材料产业具有技术高度密集、研究与开发投入高、产品的附加值高、生产与市场的国际性强,以及应用范围广、发展前景好等特点。

新材料产业以超硬材料为主,郑州高新区是全国唯一的国家级超硬材料产业基地,主要企业有河南华晶、河南富耐克、亚龙超硬材料等企业。河南华晶超硬材料股份有限公司是国家火炬计划河南超硬材料产业基地的骨干企业,年产2亿克拉金刚石的生产规模,主要生产合成高品级金刚石专用新型复合介质、合成金刚石用超薄高纯石墨片等产品。河南富耐克超硬材料有限公司主要生产经营立方氮化硼(CBN)磨料系列产品,高品级立方氮化硼(CBN)晶体规模亚洲第一,产品国内市场份额占有达80%以上。近年来,随着河南耕生公司超细粉体材料、郑州合力焊材有限公司新型焊材等一批新项目的建设,郑州新材料产业向更广泛的方面延伸和发展。

超硬材料及制品业。河南华晶超硬材料股份有限公司超硬材料产业化项目,总投资22亿元,建设年产6.4亿克拉高品级人造金刚石和年产127万千米微米钻石线及金刚石微粉;河南四方达超硬材料有限公司复合超硬材料高技术产业化项目,总投资1.1亿元,建设年产50万片聚晶金刚石拉丝模片、16万片大尺寸刀具用聚晶金刚石复合片、8万片聚晶立方氮化硼整体片;河南省耕生耐火材料有限公司超细粉体材料及其制品项目,投资2.5亿元的年产3万吨纳米级超细粉体材料和投资1.6亿元的年产15万吨陶粒砂生产线;郑州钻石精密制造有限公司项目投资约1亿元,年产5.3万把汽车发动机关键零部件专用切割机刀具。

新型金属材料产业。中铝河南分公司特种氧化铝项目总投资2.2亿元,年产20万吨特种氧化铝;郑州光电科技应用材料有限公司微粉光电应用材料生产线项目,总投资5亿元,建设3条特种氧化铝生产线和15条石英生产线,预计年销售收入7亿元;国家电网郑州材料生产基地项目,计划投资15亿元。重点以河南华泰特种电缆有限公司、郑州华力电缆有限公司等生产企业为主,建设国家电网(郑州)特种电缆材料生产基地;中铝郑州研究院惰性电极项目,规划总投资100亿元,研发生产用于绿色铝电解工艺的惰性电极;上街区新型焊材产业园项目,由美国林肯电气公司与郑州合力焊材有限公司合作建设新型焊材产业园,计划总投资10亿元,建设年产10万吨烧结焊剂生产线、年产10万吨焊丝生产线;中国华电集团郑州机械研究所项目,总投资2.48亿元,建设新型钎焊材料国家重点实验室和产业化基地;年产3000吨锂离子动力电池关键材料—磷酸铁锂正极材料生产线项目。

新型耐火材料和建筑材料。中国建材研究院河南瑞泰高档环保耐材生产基地项目,总投资10亿元,生产能力将达到20万吨;圣戈班陶瓷材料(郑州)有限公司扩建项目,总投资3.6亿元,年产3万吨锆刚玉;河南天地人和实业有限公司新厂区迁建项目,总投资1.5亿元,生产环保节能的新型复合材料特大口径管材。

(三)生物及医药产业。生物及医药产业是郑州市高新技术产业的发展重点之一,近年来取得了较快发展。生物及医药产业集中在郑州高新区生物医药产业园和新郑医药化工产业园,主要生产中药产品、生物制品和基因工程药物等。新郑医药化工产业园主要生产化学药品、中成药、生物药品、原料药、针剂、片剂、胶囊等,水针剂年产量将近30亿支,是我国水针剂的主要生产基地之一。

郑州市部分生物及医药企业和产品在国内具有一定的影响力。河南太龙药业股份有限公司是集科研、种植、生产、销售于一体,以中药产品为主,拥有口服液、片剂、胶囊、输液、原料等多种剂型共100多个产品的现代化制药企业,是河南省医药行业首家上市公司,年产值约4亿元人民币。郑州安图生物工程有限公司是从事体外诊断试剂和仪器研发、生产、销售的高技术企业。主营业务涵盖体外诊断试剂、医学检验仪器、软件和临床医学检验服务领域。产品品种包括传染病检测系列等七大系列检测试剂,以及酶标仪、洗板机、发光仪、免疫自动化系统等四大系列检测仪器。天津药业集团新郑股份有限公司是一家生产制剂、中药、原料药的中型制药企业,拥有小容量注射剂等15个剂型,160多个品种,12条国内先进的医药制剂及化学原料药生产线。河南康泰制药集团公司是国家生产氟喹诺酮类原料药的重点企业,拥有自营进出口权。郑州瑞龙制药有限公司主要生产经营"瑞龙"牌系列中成药和中药饮片,也是目前国内最大的小容量注射液生产经营企业之一。

(四)物联网和节能环保产业。物联网是指把射频识别(RFID)装置、红外感应器、全球定位系统、激光扫描器等种种装置与互联网连接起来,实现智能化识别和管理。也就是把感应器嵌入和装备到电网、铁路、桥梁、隧道、公路、建筑、供水系统、大坝、油气管道各种物体中,将"物联网”与现有的互联网整合起来，实现人类社会与物理系统的整合。全面感知、可靠传送、智能处理是物联网的主要特征。加快企业电子商务发展，实施“十百千万工程”，建设十大企业电子商务服务平台，开展百户电子商务应用示范企业评选工作，带动千家企业提升电子商务应用水平，推动万户中小企业普及和发展电子商务。支持企业信息服务平台建设，提高企业信息化水平；加快引进国内外品牌优势企业，发展关键传感器件、装备、系统和服务。推进信息传感网、公共安全网和智能电网等三网融合，努力使郑州成为“国家传感网创新示范区”。

【扶优扶强工程】 围绕新一轮跨越式发展目标任务，推进扶优扶强工程。完善指挥长联系县(市)、区和重点项目等12项工作制度，加大工程企业和项目的协调服务。及时调整工程项目，健全责任落实、监测通报、问题解决、督导考核四大工作机制。指挥部办公室与组织部联合组成8个督导组，每月深入一线现场督导。2010年，共督导解决关键问题21项，编发各类月报、督查报告和工作信息115期；扶优扶强重点企业实现销售收入1450亿元，增长超过30%。河南中烟、宇通集团等5户企业进入2010年中国企业500强。全市销售收入超百亿元企业达8户，其中，超200亿元企业4户。

2010年，全市88个工程项目共计完成投资173.52亿元，占年度计划投资的95%。郑煤机年产2000架电液控高可靠性液压支架等13个项目已完工，完成投资27.45亿元；香港保绿500MW非晶硅薄膜太阳能电池等5个项目一期已完工，完成投资20.23亿元；新大方重工年产160台高铁及高速公路桥梁建设大型施工装备等16个项目超额完成年度投资计划，完成投资39.96亿元；41个在建项目进展顺利，累计完成投资99.6亿元，其中累计完成投资超5亿元项目有13个，累计投资10亿元以上项目6个。

大力实施品牌战略，鼓励食品、纺织服装等传统优势产业的企业参加国内外展览活动，按70%给予参展费用补贴；对其在中央一级媒体做广告，按照费用的1%给予补贴。11月1日《经济日报》用整版篇幅以《一座食品工业强市的实践：郑州描绘转型升级长卷》对郑州市食品工业进行了报道。

【产业集聚区建设】 按照“企业集中布局、产业集群发展、资源集约利用、

2010年完成投资超5亿元的13个项目

序号	企业名称	项目名称	所属行业	总投资（万元）	2010年计划投资（万元）	2010年累计投资（万元）
1	郑州裕中电力有限公司	二期2×100万发电机组项目	能源	830000	190000	218356
2	汽车工业园管委会	中国(郑州)国际汽车后市场产业园建设项目	装备制造	480000	200000	203000
3	华润电力登封有限公司	1X60万千瓦发电机组	能源	252000	177000	172073
4	河南华猿煤业有限公司	煤炭开采	能源	210000	120000	160622
5	河南万达铝业有限公司	年产15万吨(1+2)热轧续建项目	装备制造	100000	60000	113000
6	国电荥阳煤电一体化有限公司	一期2X600MW机组	能源	468003	57000	106591
7	香港(中国)保绿能源技术有限公司	非晶硅薄膜太阳能电池项目(一期)	能源	400000	80000	80000
8	河南明泰铝业有限公司	年产5万吨铝合金预拉伸板	装备制造	120000	70000	80000
9	郑州四维机电设备制造有限公司荥阳制造基地建设项目	年产液压支架及煤矿综采设备160台套	装备制造	100000	30000	75000
10	郑州煤炭机械集团有限责任公司	高端液压支架生产基地，年产6200架液压支架	能源	135400	70000	72500
11	海马(郑州)汽车有限公司	建设海马郑州中牟生产基地，年产5万辆微面,1万辆SUV和	装备制造	90420	64620	69000
12	豫联能源集团有限责任公司	年产10万吨再生铝合金锭	装备制造	62962	52962	54962
13	河南中孚实业股份有限公司	高性能铝合金特种铝材生产线、年产30万吨	装备制造	338199	100000	52500

功能集合构建”的发展思路，推进产业集聚区建设。研究出台了《郑州市人民政府关于进一步加快产业集聚区发展的意见》。2010年，15个省级产业集聚区完成规划编制，其中12个通过省组织的专家论证。《郑州市产业集聚区发展规划（2010—2020年）》完成论证工作。24个产业集聚区建立投融资平台，其中注册资本金亿元以上的6个。根据原有政策共为重点产业集聚区落实省、市财政扶持资金19980万元，38个重点产业集聚区完成工业增加值981.81亿元，同比增长26.95%，实现工业销售收入3872.38亿元，同比增长36.08%，分别占全年目标任务940亿元和3600亿元的104.4%和107.6%。全市超百亿元的产业集聚区达到18个，比2009年增加7个。

鼓励产业集聚区积极建立行业公共创新平台，为区内中小企业服务，提高企业研发水平。全市重点产业集聚区共有各类公共创新研发平台16个。经开区成功列入国家新型工业化示范产业基地，经开区、高新区、巩义市产业集聚区等3个园区被省工信厅列入省第一批新型工业化产业示范基地；马寨产业集聚区等一批园区被命名为市级特色产业园区；经开区和郑州纺织产业园被省工信厅确定为全省承接产业转移示范区试点。重点产业集聚区继续保持了跨越式发展的强劲态势。

【产业招商活动】 面对国际资本和产业加快向国内流动转移、沿海资本和产业加快向中西部地区流动转移的趋势，抢抓机遇，积极到北京、深圳、福州、杭州、宁波等地开展大招商活动，主动承接产业转移，成功引进了富士康、海马郑州、格力电器、海尔、台湾友旺手机、中铁隧道盾构研发制造基地等一批重大产业项目。经开区签约东风汽车、中国龙工等战略支撑产业项目；中原区签约香港金马凯旋家具产业园、罗蒙服装生产等重大项目，投资总额近400亿元。积极参与中国郑州2010产业转移系列对接活动，成功举办中国郑州先进装备业博览会和中国郑州家具产业转移高峰论坛，引进香港金马凯旋集团等23个重大产业项目，签约金额达到222.8亿元，居全省首位。

【中小企业和民营经济】 多渠道为中小企业解决融资困难。召开全市银行担保机构中小企业合作暨授信签约会议，13家银行对市中小企业局授信总额248亿元，银行、担保机构、企业共签约项目47个，签约金额达2.68亿元。发挥中小企业发展专项资金的引导作用。136个中小企业建设项目获得总额3000万元专项资金补助。规范中小企业信用担保机构的审批、登记注册和登记备案工作。2010年，全市共有各类信用担保机构500家，占全省总数的44%。有47家担保机构与驻郑15家银行合作为中小企业提供融资担保服务，共获银行授信256亿元，为全市4300多家中小企业提供贷款担保5100多笔，累计担保金额达180亿元。2010年前11个月，全市民营经济完成规模以上工业增加值1134亿元，占全市工业的比重达到78.7%，比2009年同期提高了0.6个百分点，全年完成规模以上工业增加值1250亿元，同比增长25%。

【淘汰落后产能和节能降耗】 市工信委把节能降耗作为转变企业发展方式的基础性工作来抓，加快淘汰落后产能，积极做好节能降耗工作。制定《郑州市淘汰落后产能工作实施方案》，圆满完成省政府下达的淘汰落后产能任务。节能监察中心积极履行工业节能执法职责，对郑州市辖区内年耗5000吨标准煤以上重点工业用能企业进行了节能监察，取得了良好的经济效益和社会效益。2010年，全市煤电铝、建材耐材等资源型产业完成增加值占全市的比重为50.5%，比2009年底的52.5%，降低2个百分点，列入省市考核的重点耗能企业累计完成节能量196.5万吨标准煤，占“十一五”目标的113.5%。全市规模以上工业企业万元增加值能耗降低率为10.5%，高于5.6%的年度任务目标，为GDP能耗降低做出了积极贡献。

【安全生产】 2010年，郑州市认真贯彻落实国家、省安全生产工作会议精神，坚持“安全第一，预防为主，综合治理”的基本方针，层层落实安全生产责任制，建立完善了“三级主体、五级网络”的安全责任体系，做到预案、人员、岗位、资金保障、应急演练五落实，有效地防止了较大事故的发生，安全生产形势实现了持续稳定。2010年，工业系统共发生死亡事故3起，死亡3人，伤1人，占年度控制指标的75%，没有发生较大及以上事故，事故隐患整改率达到99.5%，控制率100%。市工信委安全生产工作连续6年被市政府授予“先进单位”荣誉称号。

【信访稳定】 市工信委落实领导班子成员分包信访案件制度和24小时值班制度，加大了信访不稳定因素排查，先后对所属企业进行9次不稳定因素排查。积极申报解决特殊疑难信访问题专项资金7.33万元，对系统4名老上访户进行救助，实现了息访罢诉。妥善处理历史遗留问题，协调解决了陇东物业公司运营费问题，落实了该企业职工的工资来源；积极推进郑州创美纸制品公司的破产清算工作，有效地缓解了矛盾，保证了破产清算工作的正常开展；基本完成了中牟造纸厂职工全员分流工作的所有任务，确保了职工队伍稳定。2010年，集中精力处理了开普集团、中原制药厂、嵩岳集团等一批复杂重访问题，妥善处理集访99起、2112人次；个访224起、309人次，确保了“两会”、国庆等节日及敏感期间，未发生一起赴京上访事件，重大节日、重要会议及敏感时期系统内重大集访率为零，重大不稳定事件包案率为

100%,缠访稳定率为100%。

【思想政治建设】 市工信委紧紧围绕工业经济中心任务,以创先争优活动为载体,积极开展思想政治工作。一是抓好委党委中心组学习。结合学习实践科学发展观活动和领导干部读书竞赛活动,把学习十七届四中、五中全会精神和市委经济工作会议精神贯穿始终,及时丰富中心组学习的内容,规范学习方法,创新学习方式,提高学习效果。二是进一步规范党员干部队伍建设。积极指导各企业党组织开展"四好"班子建设,用制度规范领导干部的从业行为。坚持不懈地指导机关和企事业单位的基层党组织持续开展"五好基层党组织"创建活动,"七一"前夕,在各基层党组织自下而上推荐评选的基础上,召开庆"七一"暨表彰大会,对委系统"先进基层党组织"、"优秀共产党员"和"优秀党务工作者"进行表彰。广泛开展走访慰问活动,做好困难党员的帮扶工作。举办机关干部产业结构升级转型培训班,在全系统开展岗位练兵比赛,提升党员干部综合素质。三是落实党风廉政建设责任制,推进廉政文化建设。根据新形势、新任务和党风廉政建设的新要求,开展"四会一课"廉政教育深化年活动,全面贯彻《廉政准则》,进一步增强党员干部廉洁从政意识。落实领导班子成员岗位责任制,通过对党风廉政建设责任制目标分解、考核,保障党风廉政建设责任制的落实,确保了全体机关干部的廉洁自律。工信委机关党委被省委组织部授予"全省'五好'基层党组织"。

【队伍和作风建设】 以大力开展省级文明单位、平安建设先进单位创建活动为主线,进一步加强机关软、硬设施建设,建立健全了48项规章制度,积极开展"服务城乡、联点共建"、"文明交通志愿服务"和"畅通郑州"活动,加强机关文化建设,着力提高机关的运作力、执行力和工作效率,精神文明创建工作取得新成效,被省委、省政府命名为"省级文明单位"。建立健全了老干部管理体系,经常性开展离退休党员的思想教育宣传活动、文化娱乐活动,坚持开展党员骨干培训,举办了所属12个党支部共48名支部委员参加的离退休党支部建设培训班和70余名党员骨干参加的培训班,确保了离退休干部的思想稳定和服务保障到位。2010年青海玉树地震和甘肃舟曲特大泥石流发生后,离退休干部捐款4800元,体现了机关离退休干部对灾区人民的关切之情。

2010年销售收入超百亿元的8户企业

1.河南煤业化工集团有限责任公司

2.河南中烟工业有限责任公司

3.郑州煤炭工业(集团)有限责任公司

4.郑州宇通集团有限公司

5.郑州供电公司

6.登封电厂集团有限公司

7.河南豫联能源集团有限责任公司

8.郑州日产汽车有限公司

2010年销售收入超百亿的18个重点产业园区

1.经济技术开发区

2.郑州航空港区

3.高新技术开发区

4.惠济经济开发区

5.马寨工业园

6.管城区金岱工业园

7.宇通工业园

8.中牟汽车工业园

9.巩义市产业集聚区

10.巩义豫联产业集聚区

11.巩义市经济技术产业园

12.荥阳市五龙工业园

13.荥阳市产业集聚区

14.新密大隗清洁生产循环经济产业园

15.超化耐火材料工业集中区

16.新郑辛店煤炭建材产业园

17.新郑医药化工产业园

18.登封循环经济工业园

入选2010年中国企业500强的5户郑州市企业

1.河南中烟工业有限责任公司

2.郑州宇通集团有限公司

3.郑州煤炭工业(集团)有限责任公司

4.河南豫联能源集团有限责任公司

5.登封电厂集团有限公司

(邢清选)

电力工业

电力概述

【供电概况】 2010年,郑州供电公司主要指标完成情况:供电量367.83亿千瓦时,同比增长18.62%;售电量356.02亿千瓦时,同比增长18.61%;供电线损率3.21%,与省供电公司计划指标持平。局供最大负荷620.9万千瓦,同比增长16.89%;城市综合电压合格率99.753%,高出年计划指标0.322个百分点,其中A类99.858%;城市供电可靠率RS-1、RS-3均为99.9552%,同比提高0.033个百分点;市区供电营业总户数111.34万户,同比增加10.48万户。2010年电费回收率100%,全面实现电费回收"双结零";实现连续安全生产3500余天,安全记录继续位居国网公司系统省会供电企业首位;实现全国"安康杯"竞赛优胜企业"六连冠"。

六县(市)电业局完成供电量

121.37亿千瓦时，同比增长19.76%；售电量115.41亿千瓦时，同比增长20.44%。农网综合电压合格率98.65%，较年度计划提高0.01个百分点。农网供电可靠率RS-1为99.8562%，同比提高0.02个百分点。

【电网建设与改造】 2010年，郑州供电公司完成电网建设投资20.5亿元，全年新开工110千伏及以上项目13项；投产110千伏及以上输变电工程11项，变电容量277.3万千伏安，线路48.1公里。272项配网工程实现当年开工、当年投运，新增供电容量28.3万千伏安。智能电网和新能源发展取得重大突破，分布式光伏发电及微网运行控制试点项目顺利完成，为研究清洁能源的接入提供了技术支持；配电自动化试点正式开工，将为郑州新区建设提供可靠的电力支撑。积极支持市政府新能源开发战略，全省第一个大型示范运营电动汽车充电站正式建成。基本完成南水北调郑州段电力线路迁建任务，完成迁建工作132项。

【郑州地区全社会供用电情况】 2010年，郑州地区全社会用电量410.09亿千瓦时，同比提高12.10%。第一产业累计用电量7.05亿千瓦时，同比增长23.03%，占全社会用电量的1.72%；第二产业累计用电量295.28亿千瓦时，同比增长11.71%，占全社会用电量的72%，其中工业用电量293.10亿千瓦时，同比增长11.65%，占全社会用电量的71.47%；第三产业累计用电量56.82亿千瓦时，同比增长7.32%，占全社会用电量的13.85%。全市城乡居民生活用电量50.94亿千瓦时，同比增长18.93%。省网供电量343.38亿千瓦时，同比提高21.31%；地方电厂供电量66.71亿千瓦时，同比降低19.42%；截至12月登电集团外供电量17.39亿千瓦时，占地方电厂供电量的26.06%。

全社会用电量构成表

单位：万千瓦时

项　目	2010年12月			2010年1–12月累计		
	2010年	2009年	同比	2010年	2009年	同比
全社会用电量	358138	393326	–8.95%	4100913	3658422	12.10%
省网供电量	296240	318150	–6.89%	3433768	2830549	21.31%
地方电厂供电量	61898	75176	–17.66%	667076	827873	–19.42%
地方电厂上网	40503	71580	–43.42%	626446	499544	25.40%

【郑州供电区供用电情况】 2010年，郑州供电公司累计完成售电量300.17亿千瓦时，同比增加14.29亿千瓦时，增幅为5.00%。

2010年，郑州供电区局供最高负荷达到620.9万千瓦，比2009年最大528.4万千瓦增长17.51%，网供最大负荷551.1万千瓦，比上年同期447.8万千瓦增长23.07%，市区最大

2008—2010年分月售电走势图

单位：万千瓦时

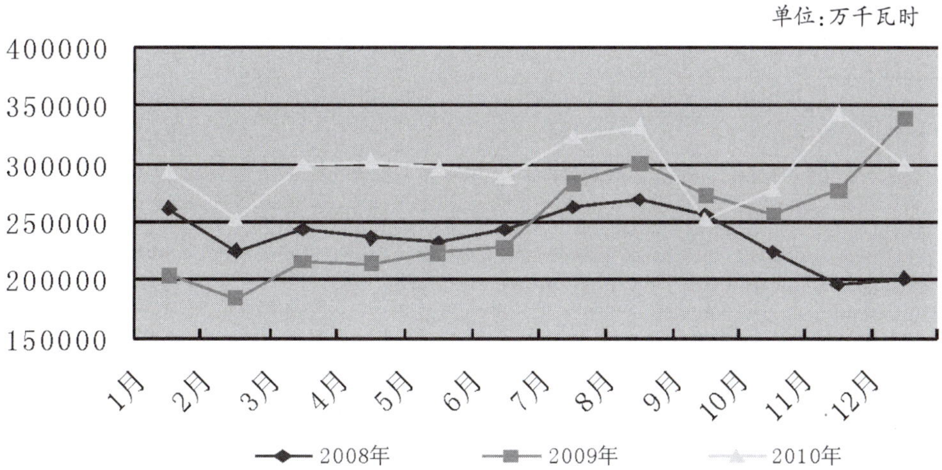

负荷287.3万千瓦,超过上年市区最大负荷213.2万千瓦,增长7.30%。供电区日最大用电量12939万千瓦时,同比增长17.21%。随着省会发展步伐的不断加快,商业、居民负荷发展迅猛,空调负荷受季节和温度影响明显,最高局供负荷(7月)与最低负荷(10月)相差近30%(如图所示)。

2010年各月最大负荷对比

单位:万千瓦

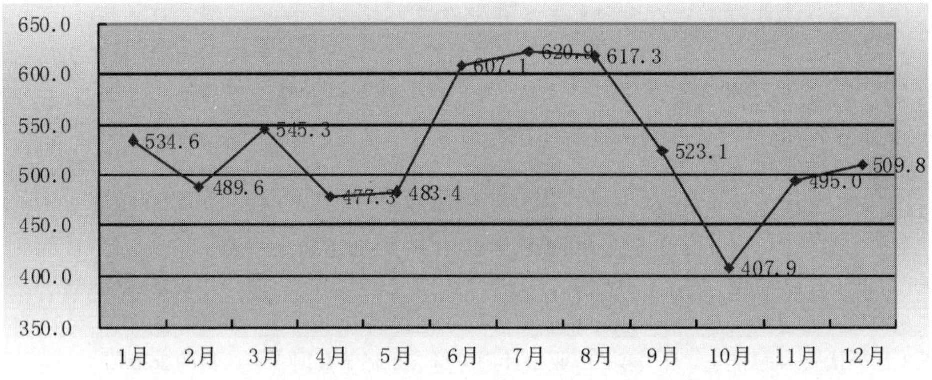

2009—2010年供电负荷对比

单位:兆瓦、万千瓦时

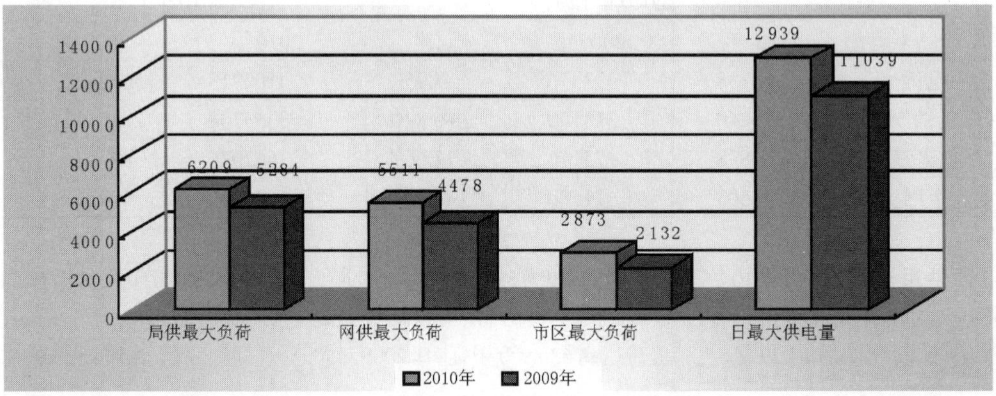

(施顺玉)

2010年分类售电量情况及结构表

单位:万千瓦时

项目	1月至12月				
	2010年	同期增加	同期比%	贡献率	结构
一、工业用电	1468731	253389	22.34%	48.61%	41.76%
直售电解铝	939541	177848	25.48%	34.75%	26.85%
其他大工业	529190	75541	17.06%	13.86%	14.92%
二、非普工业	180601	21883	13.79%	3.92%	5.07%
三、农业用电	30850	3304	11.99%	0.59%	0.87%
四、居民生活	348166	45414	15.00%	8.13%	9.78%
五、非居民照明	130652	6983	5.65%	1.25%	3.67%
六、商业	187922	26889	16.70%	4.81%	5.28%
七、直售合计	2346922	357863	17.99%	64.07%	65.92%
八、六县合计	1213285	200660	19.82%	35.93%	34.08%
九、总计	3560208	558523	18.61%	100.00%	100.00%

2010年电量及同期比走势图

单位:亿千瓦时

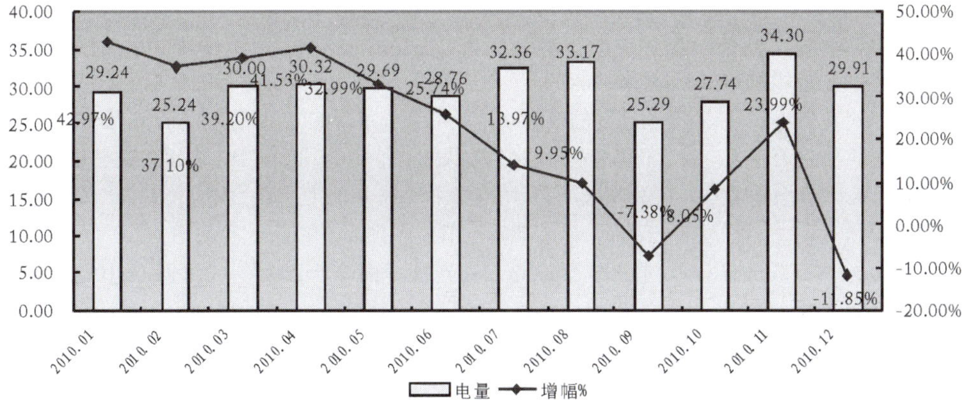

2010年1—12月分类售电结构

单位:万千瓦时

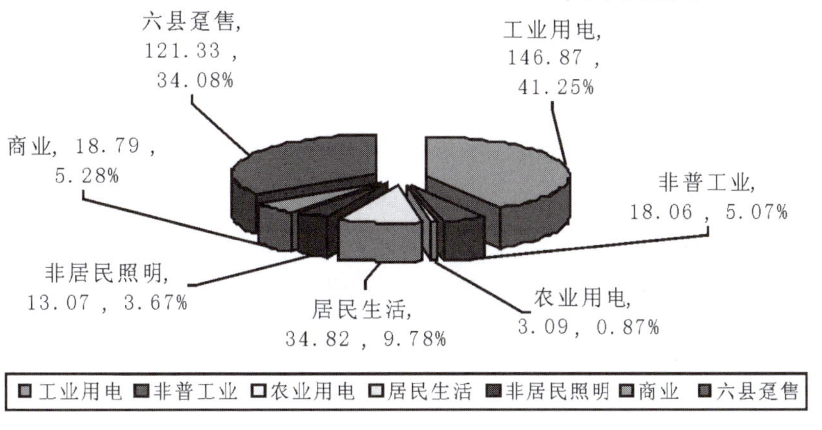

【行业用电量状况】 (一)趸售电量:2010年,郑州供电公司趸售电量121.33亿千瓦时,同比增长19.82%,占公司售电量结构的34.08%。对公司售电量贡献率为35.93%。

(二)工业用电:2010年,郑州供电公司完成工业售电量10.62亿千瓦时,较上年降低26.84%;1—12月,大工业电量完成146.88亿千瓦时,较上年增长22.34%,占公司总体增长电量的48.61%。其中电解铝电量增加17.78亿千瓦时,占公司总体增长电量的34.75%。

大工业电量增长点:公司直售4家电解铝企业年累计售电量93.95亿千瓦时,较上年增加17.79亿千瓦时,增长23.35%。中国铝业年度完成电量7.63亿万千瓦时,较上年增长21.53%。郑州矿务局累计完成电量5.3亿千瓦时,较上年增加0.905亿千瓦时,增长20.58%。郑州安飞电子玻璃有限公司累计完成电量1.149亿千瓦时,较上年增加0.36亿千瓦时,增长44.99%。中原制药厂累计完成电量7791万千瓦时,较上年增加4396万千瓦时,增长129.5%。顶新食品累计完成电量8448万千瓦时,

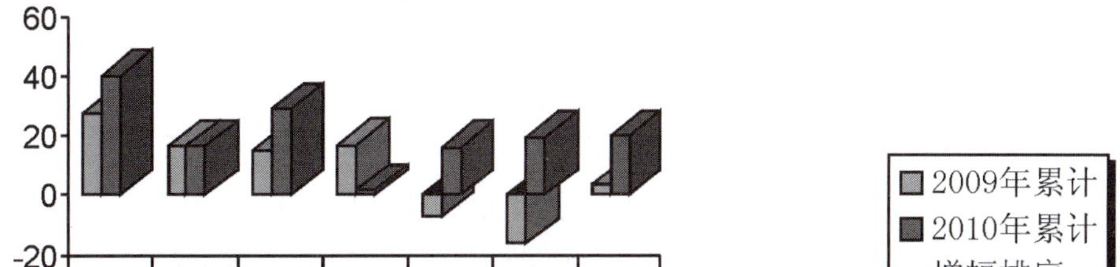

	荥阳	中牟	新郑	登封	新密	巩义	合计
2009年累计	27.88	16.54	14.97	17.17	-7.1	-16.3	3.67
2010年累计	40.18	16.38	29.27	2.14	16.33	19.62	19.82
增幅排序	4	5	3	6	2	1	

较上年增加3628万千瓦时，增长75.29%。新增用电大户方面。海马汽车累计增加电量1638万千瓦时。天利碳素集团累计增加电量1029万千瓦时。郑西客运专线累计增加电量951万千瓦时。郑州龙泰电厂生产恢复，累计新增电量5945万千瓦时。登封嵩基集团累计新增电量6415万千瓦时。

大工业电量降低点：水晶股份有限公司因搬迁停产，累计减少电量1665万千瓦时；七里岗水泥厂3月停产，同比减少电量4233万千瓦时，同比降低89.25%；金龙水泥因减产，电量同比下降2033万千瓦时，同比降低85.11%；永通特钢1月申请暂停生产，累计减少电量3546万千瓦时，同比降低35.87%。

从售电结构看，荥阳、新郑、登封、新密、巩义等五个县(市)电业局的大工业电量占到本地区用电结构比重的50%以上，分别为63.96%、56.21%、73.2%、54.13%和76.26%，与2009年度相比，比重发生了变化，荥阳上升了8.23个百分点，新郑上升了13.04个百分点，巩义上升了1.19个百分点，新密下降了1.95个百分点，登封和中牟所占比重与上年同期基本持平。

工业用电量受政策影响较大。2010年5月12日以后，国家全面取消对高耗能行业的优惠电价政策，对郑州地区的电解铝企业带来一定影响，尤其是登封冶炼、耐火材料企业纷纷停产、减产，月用电量平均减少1.2亿千瓦时；随着四季度节能减排政策的进一步落实，电解铝产能全面降低，郑州地区“两高”及过剩产能行业119家企业停产或减产，月减少电量2.1亿千瓦时。2010年底，受电煤供应紧张、煤质差影响，全省电力供应紧张，损失电量1.3亿千瓦时。

经济形势变化对地区工业企业的影响较大。2010年登封市取消定向电价政策，冶炼用户全部停产，10月份受节能减排政策影响，铁合金用户全部停产，部分水泥用户执行限产，下降趋势由1—5月的56.54%到四季度的7.52%，累计下滑幅度达49.02%，11月份由于减排政策放宽，部分水泥用户恢复生产，电量约增加1000万千瓦时。

受煤矿治理整顿影响，新密全年累计减少电量6154万千瓦时；水泥行业受节能降耗治理因素影响，电量减少约948万千瓦时。其电量增长点主要在耐材及冶炼行业，电量增长约6108万千瓦时；造纸行业电量增长约3741万千瓦时。

(三)非普工业用电：非普工业用电累计完成电量18.06亿千瓦时，同比增长13.79%，增速同比提高10.18个百分点。

(四)居民生活用电： 2010年，居民生活累计完成电量34.82亿千瓦时，同比增长15%，增速同比降低4.33个百分点。2010年冬季气温明显高于上年同期，居民生活用电取暖负荷没能完全体现，增速较上年同期降低64.39%。

(五)商业电：商业用电累计完成电量18.79亿千瓦时，同比增长16.70%，增速同比降低5.88个百分点。

(六)非居民照明用电：2010年非居民照明用电累计完成电量13.07亿千瓦时，同比增长5.65%，累计增加电量6983万千瓦时

(七)农业电量：农业用电累计完成电量3.09亿千瓦时，同比增长11.99%，增速同比降低4.22个百分点。

各县(市)购网电量完成情况明细表

单位：万千瓦时

	累计				
	2010年	2009年	同比增长	增减电量	贡献率
荥阳	210681.52	150294.96	40.18	60386.56	30.09
中牟	81571.12	70089.78	16.38	11481.34	5.72
新郑	219978.46	170170.22	29.27	49808.23	24.82
登封	222601.69	217932.49	2.14	4669.19	2.33
新密	176180.80	151445.83	16.33	24734.97	12.33
巩义	302271.54	252691.67	19.62	49579.87	24.71
合计	1213285.12	1012624.95	19.82	200660.2	100.00

【安全生产】 全面落实各项安全措施，逐级落实安全生产责任制，完善安全生产管理体系。扎实开展“安全管理年”活动和春秋季安全大检查，加大隐患排查治理力度。配合市政府加强对煤矿、机场等高危及重要用户的安全检查，切实督促整改，进一步夯实安全基础。加大应急系统建设投入，建立应急常用物资储备库和管理制度，加大应急演练力度，圆满完成了抗冰雪保供电、高考保电、世博保电、迎峰度夏度冬等重大活动、重要时段的保电任务。

【电力营销】 细化服务举措，全面实施供电优质服务提升工程，完善岗位责任挂牌服务机制，积极服务客户报装，新增容量273.3万千伏安，有效满

足了客户的用电需求。积极拓宽缴费渠道,新增各类缴费网点、终端252个。强化省会意识,圆满完成了"郑汴国际马拉松长跑比赛"、"第二届中国绿化博览会"等省、市重要活动、重要节假日保电工作206次,确保了电力供应万无一失。深入开展了"三农"服务月活动,累计出动服务人员1.16万人次、解决用电问题3053项。在2010年全市民主评议基层站所活动中,郑州供电公司120个参评站所的综合满意率位居公共服务行业第一名。

【农电工作】 2010年扩大内需电网建设工程通过省公司验收。完成了新一轮农网升级改造项目的储备、审查及物资上报。健全了农网升级工程标准化管理体系。完成了移民搬迁安置点的电力配套建设任务。完成11个新农村电气化乡镇、225个新农村电气化村的建设任务,六县(市)局全部通过了新农村电气化县(市)局验收。推进标准化供电所建设,67个标准化供电所通过省电力公司验收。积极开展国家电网公司标杆试点工作,荥阳局被命名为国家电网公司科技进步先进县供电企业,新郑局无功优化县建设试点项目顺利通过国家电网公司验收。

【科技创新】 编制了"十二五"科技信息发展规划。12个科技项目通过省电力公司鉴定,4项科技成果获地市级科技进步奖,1项获全国电力职工技术成果奖。科技论文质量和数量均实现大幅提升。申请受理专利129项,同比增长120%,获得专利授权105项,软件著作权4项。《小母线跨接器的研制》作为电力系统唯一代表在全国第32次质量管理会议上获得"发表最佳人气奖"。积极实施信息系统数据精梳理工程,各信息系统实用化水平大幅提升,ERP系统顺利通过省电力公司实用化验收。信息安全体系建设得到进一步完善。

【党建和精神文明建设】 扎实推进创先争优活动,积极打造以强基础、强素质、强机制,新作风、新服务、新贡献为主要内容的"三强三新"党建品牌。加强党建工作标准化建设,健全了党建工作制度。落实党风廉政建设责任制,加强了"三化三有"惩防体系建设,公司反腐倡廉制度体系不断完善。深入学习潘国富、赵金岭等先进事迹,大力弘扬劳模精神,营造了学典型、促和谐的浓厚氛围。郑州供电公司党委荣获中央企业先进基层党组织称号。积极开展群众性文明创建活动,公司顺利通过省级文明单位复验。

【廉政建设和信访工作】 以落实党风廉政建设责任制为主线,突出抓好领导干部廉洁自律工作。扎实开展了"廉洁文化建设巩固年"活动,组织开展了"学制度、促廉洁、保发展"主题教育活动,发放《党员领导干部廉洁从政若干准则》、《国有企业领导人员廉洁从业若干规定》及相关学习辅导材料1020余册,中层干部撰写心得体会248篇;举办了反腐倡廉警示教育讲座,组织观看了《污染的代价》等警示教育片,公司干部员工未发生违法违纪现象,队伍保持团结、和谐、稳定。

重视做好信访和案件查办工作,信访办结率达100%。全年共受理群众来信来访及上级转办信件18件(次),均按规定时限和要求进行了认真调查核实。

【民主管理和群团工作】 不断完善以职代会为基本形式的企业民主管理制度,规范民主建设程序,畅通多元沟通渠道,强化职工代表队伍建设,深化经理联络员会议制度和职工代表述职活动,加强职工提案管理和意见落实管理,企业民主管理氛围浓厚,员工共享企业和谐建设成果。郑州供电公司荣获河南省劳动和谐企业模范单位称号。开展"建设统一的优秀企业文化"主题活动,成功举办了第六届职工文化艺术节。圆满完成了六大企业文化宣传阵地建设项目。强化舆情监测和新闻宣传,营造了良好的舆论环境。

坚持党建带团建,开展了第二届"十大杰出青年"和"青年创新创效奖"评选、用电常识进校园等活动。郑州供电公司党委被授予省电力公司"党建带团建"先进单位,公司团委被授予省电力公司"五四"红旗团委;1个团支部荣获国家电网公司"五四"红旗团支部。

(施顺玉)

郑州新力电力有限公司

【发电概况】 2010年,郑新公司始终坚持以经济效益为中心,继续发扬"勤劳朴实、诚信和谐、爬坡不止、永志创新"的企业精神,强化细化管理,严格控制生产成本,充分发挥供热机组不可替代性的优势,克服了煤价持续上涨、热力成本倒挂、贷款困难、融资不易等严峻的经营压力,顺利实现了"环保型、花园式、一流供热电站"的三年规划目标,2号机组长周期连续安全运行233天,3号机组长周期连续运行226天,均创下省内同类机组较高安全运行记录。荣获了公司河南省"园林单位"称号。

2010年,完成发电量59.56亿千瓦时,供热量730万吉焦,超额完成年度计划,再创历史新高。综合厂用电率完成10.10%,比年度计划11%低0.90%;供电煤耗完成346.96克/千瓦时,较2009年降低16.40克/千瓦时,降幅明显;累计完成耗水量1813.8万吨,全年耗油量为626吨。

【安全生产】 认真贯彻落实安全生产责任制,始终坚持"安全就是生命、安全就是效益"的安全理念,不断完善安全监管八项机制,全年未发生人身重伤及以上伤亡事故、未发生重大及以上设备事故、未发生因本单位责任引起的重大电网事故、未发生负同等及以上责任的重大交通事故、未发生重大火灾事故、未发生重大环境污染事故,实现了全年安全生产责任目标。截止到2010年12月31日,公司连续安全生产688天。

2010年,公司呈现出“外委工程施工项目多、外委施工作业队伍多、外来施工作业人员多”的三多局面。公司严把外委施工队的资质准入关、外来人员安全培训教育关、外来施工人员的安全资质关、外来施工队的设备安全关、重点项目的安全监管关等,建立日巡察、周通报制度和现场违章通报栏,确保了外委工程的安全形势,全年无人身伤害事故的发生。

充分发挥安全监督体系作用,结合机组大小修开展了多种形式的“安康杯”系列活动,实现了全年机组大小修期间无严重违章、无人身伤害事件的发生,在省“安康杯”竞赛活动中,被评为优胜奖单位。深入开展电力行业“安全生产年”活动,获得省政府授予的“保电度冬百日会战”活动先进集体的光荣称号。

【设备运行管理】 严格执行“应修必修、修必修好”的质量方针,强化计划检修和状态检修的结合,合理安排机组检修和辅机设备检修工作,针对设备存在的问题,开展有针对性的治理,探索工作方法,不断提高设备安全可靠性。全年共组织完成了1号机组A级、C级检修,2号机C级检修,3号机组C级检修,4号机组B级检修和5号机组的C级检修工作;辅机检修完成412项。通过加强调整和设备巡检工作,做到小缺陷不过班,大缺陷不过天,杜绝因工作安排不当而影响机组带负荷运行现象的发生。

利用三级节能网,加强经济指标定标、定量、定人管理和分析工作,对每台机组都制定了经济指标标准并严格执行,以达到节能目的。修订了《节能降耗管理考核细则》中各相关指标参数,针对影响机组经济性的不合理部分和大的缺陷进行治理和改进。

由于老机组投运年限较长,“四管”爆破问题突出,全年共发生爆管事故4次,这也成为机组非计划停运的主要原因。为全面扼制爆管现象的发生,郑新公司一方面按照“逢停必查”的原则,认真组织受热面检查,实施受热面更换和防磨计划,严格控制炉本体检修质量。另一方面加强运行管理,按照相关要求进行机组加减负荷,控制好升降压速度及主要汽温参数,以免对锅炉产生隐性危害。三是加强对汽水品质的监督,利用机组检修机会,做好相关监督项目。经过有针对性的处理,爆管事故已得到了有效控制。

2010年,郑新公司共发生一类障碍事故7次,二类障碍事故7次,异常30次,人身轻伤1次。各项安全指标与2009年同期相比,一般事故减少1次;一类障碍事故减少2次,同比下降22%;二类障碍事故减少2次,同比下降22%;异常增加7次,同比上升30%;人身轻伤增加1次。

【节能环保】 积极采用成熟的节能设备,加大设备改造力度,严格执行各项节能措施,努力降低生产成本。郑新公司全年共制定节能项目6项,均实行项目负责制。1号炉送风机改造、4号炉吹灰器修理、干除灰系统改造等项目均已完成,取得了明显的节能效果。4号炉灰渣分离已经实现,单台炉每年可增加销渣收益约28万元,原水力除灰渣系统将全面退出运行,每年节电、节水效益明显。中水改造项目正在积极推进,该项目完成后,每年可替换自流水用水约1500万吨。

郑新公司于2008年初制定了“创建环保型、花园式、一流供热电站”的三年规划目标。三年来,郑新公司始终围绕着该目标,修改、补充、完善《公司环保设施监督管理考核制度》。2008年,5台机组相继实现了烟气脱硫,每年可减少二氧化硫排放量约1000吨,并通过了环评验收,取得了脱硫电价;2008年11月,顺利通过省环保局清洁生产审核;2009年6月,投资1800万元的3号炉电除尘器改造工作顺利通过了郑州市环保局监测验收,进一步提升了公司绿色环保的形象;2010年,加大对除尘、脱硫设施及在线监测设施的监督与管理,提高了除尘和脱硫设施的效率和投运率,顺利通过了国家环保部、审计署华北督查组、省市人大代表等上级领导对公司节能减排工作的多次检查和监测,大大提升了“环保型”企业的良好形象。

【电量营销】 在电量营销工作中,郑新公司充分利用公司地处省会的地域优势及供热优势,积极向政府及相关部门申请,加强与河南省电力交易中心、省发改委的沟通,2010年的电量营销工作取得了显著成效。获得基础组合电量43亿千瓦时,增发电量5亿千瓦时,调度奖励1.53亿千瓦时,共计49.53亿千瓦时,等效发电小时数在同区域同类型机组中排名第一。

【燃料管理】 燃煤管理继续实行集体决策,阳光采购,严格控制煤质,想方设法平抑煤价,公正公平采制化,实现燃煤立体化监督。坚持燃料领导小组、燃料核心领导小组和燃料监督领导小组会议制度,及时处理解决燃料管理工作中出现的情况和问题。加大与国有重点大矿的合作力度,郑煤、义煤合同兑现率分别为323%和99%。继续做好新煤源的开发,主动出击进行采购,扩大采购半径。全年采购原煤340万吨,其中采购统配煤192万吨,占总采购量的56.6%,为历年最高,并集中在公司煤源紧张、煤价高涨的时期发运,在保证了生产用煤的同时降低了燃煤成本。

【企业管理】 全年公司组织起草了《全面预算管理办法(试行)》,修订发布了《反习惯性违章考核细则》、《合同管理制度》、《班组建设与升级竞赛管理办法》等13项管理标准，促进了公司标准体系的有效运作。继续执行“节支增效”方案，严格控制好各项费用。重新修订了《日常督查制度》，检查落实督办项目，有效地促进了职工文明生产习惯的养成，进一步加强了公司长效执行机制建设。

在基础管理工作方面，结合现场实际，进行定岗定编工作，做好岗位统计，及时做好人员调配工作，所有空缺岗位一律实行公开竞聘上岗，全年共进行人员调配513人次，未发生一起劳动合同纠纷事件。进一步健全了固定资产管理体系，修订了《固定资产管理办法》，对新增的80项固定资产进行了登记，切实做到账物相符。对报废资产进行清理核算，办理固定资产报废净值合82.8万元。按照新的企业会计制度和上级单位有关要求，逐项分类测算变更了新建机组全部固定资产的折旧年限，缩减折旧费用约1360万元。修订了《废旧物资回收处理管理规定》并发布实施，对物资的采购、存放、领用、建卡、建账、实物等各个环节都进行了重新规范。燃料管理软件得到完善，并同时开发使用了后勤缺陷管理软件和合同管理系统。根据豫能公司要求，安装了以豫能总部为中心和各控股公司相联的视频会议系统。编写了MIS系统应急预案，对系统防火墙进行多次调整和优化，确保了数据传输的稳定性。公司各QC小组继续结合生产实际，认真开展活动，上报了2009年度QC小组成果共计54项。

公司工会在开展劳动竞赛、扶贫帮困送温暖活动、落实民主监督管理制度、丰富职工业余文化生活等方面工作突出，签订了公司第一份《工资专项集体合同》，出台了《郑新公司在职职工疗养基金管理办法》，召开了总经理联络员会议，为进一步维护公司的整体利益与职工的合法权益，实现公司和谐稳定的劳动关系起到积极作用，先后获得省直“模范职工之家”、河南省“六好”基层工会等荣誉称号。公司团委全力打造“青”字号品牌工程，以“青年突击队”、入党“推优”等活动为载体，实现了服务大局有新贡献、服务青年有新作为、团的建设有新发展。

【创新党建】 郑新公司党委深入贯彻落实党的十七大和十七届四中、五中全会精神，强化学习实践科学发展观活动长效机制，围绕公司生产经营中心工作，深入开展争创“四强”党组织、争做“四优”共产党员活动，组织开展了“立足岗位作贡献，我为郑新添光彩”活动，基层党组织战斗堡垒和党员先锋模范作用进一步加强。

扎实做好“社会矛盾化解年”的各项工作，开展了“扶贫帮困送温暖”、“医疗互助”、“金秋助学”等活动。通过编撰出版《郑新公司志》，结合创建“省级文明单位”、“模范职工之家”、“青年文明号”等活动，将企业文化建设和精神文明建设结合起来。积极为西南干旱和玉树地震灾区捐款共计90636元。

在党风廉政建设方面，按照“标本兼治、综合治理、惩防并举、注重预防”的方针，正确处理好党风廉政建设与经营发展的关系，把纪检监察工作融入到生产经营之中。郑新公司党委书记、总经理与各党总支、党支部签订了《2010年党风廉政建设责任书》，共同承担党风廉政建设的责任。按照投资集团“小金库”专项治理工作的部署，结合公司实际，制定了《郑新公司开展“小金库”专项治理工作实施方案》，分四个阶段开展工作，并按上级要求进行了自查自纠。

（陈新景）

食品工业

【概况】 2010年，全市规模以上食品工业完成增加值183.46亿元，同比增长9.04%，占全市工业增加值1599.94亿元的11.46%。其中，农副食品加工业完成42.23亿元，同比增长9.4%；食品制造业完成55.01亿元，同比增长7.4%；饮料制造业完成18.25亿元，同比增长22.4%；烟草制品业完成67.97亿元，同比增长7.0%。食品工业的发展对全市工业增长的贡献率为6.24%。

规模以上食品企业实现主营业务收入549.31亿元，同比增长18.65%。占全市规模以上工业企业主营业务收入5968.46亿元的9.2%。其中，农副食品加工业实现186.49亿元，同比增长20.9%；食品制造业实现203.38亿元，同比增长13.6%；饮料制造业实现66.18亿元，同比增长33.7%；烟草制品业实现93.26亿元，同比增长16.3%。

规模以上食品企业实现利润总额56.83亿元，同比增长44.12%，占全市工业利润674.23亿元的12.6%。其中农副食品加工业同比增长39.8%，食品制造业同比增长33.5%；饮料制造业同比增长53.8%；烟草制品业同比增长21.4%。实现利税127.31亿元，同比增长29.95%。亏损企业亏损额0.68亿元，同比上升7.62%。

主要产品产量：小麦粉完成167.96万吨，同比下降13.6%；饲料完成148.11万吨。同比增长12%；精制食物植物油完成35.25万吨，同比增长17.2%；速冻米面食品完成100.57万吨，同比增长3.2%；方便面完成44.48万吨，同比增长48.8%；啤酒完成56.04万升，同比增长14.4%；软饮料完成216.65万吨，同比增长53.8%；卷烟完成572.37亿支，同比增长2.3%。

【行业运行特点】 （1）企业实力进一步增强。三全、思念等企业速冻食品产量继续分居全国速冻行业前列；方便面生产企业白象集团生产规模居全国同行业第二位；河南阳光集团已成为中原地区最大食用油脂生产基地；河南中烟公司生产的“红旗渠”牌卷烟销量进入全国名优卷烟前五强。(2)结构调整步伐加快。为改变速食市场竞争格局,郑州市主要方便面生产企业加大结构调整力度,促进食品工业优化升级;郑州国华食品有限公司调整产品结构,推出了具有河南特色的袋装和盒装"方便烩面",出口到澳大利亚、俄罗斯、美国、日本等18个国家。2010年,全市出口方便面总量约100吨,创汇总额约合人民币180万元。(3)休闲旅游产品迅猛发展。2010年,全市红枣加工企业总数达到30家,年红枣加工产能10万吨以上。其中好想你公司加工规模位居全国第一,品牌叫响全国。小杂粮、芥丝(片)、果饮料等土特产品,特色鲜明,已初显规模。(4)品牌建设成效明显。进一步实施品牌战略,把发展优势重点食品企业与实施名牌战略有机结合起来,加速培育名牌产品、名牌企业,以优势促名牌,以名牌带优势,树立郑州食品的整体形象,提高市场竞争力。

【重点项目建设】 2010年,郑州市食品工业计划投资1000万元以上项目26项,计划投资1亿元以上项目23项。截至2010年底,完成重点项目建设投资17.9亿元,完工项目4项。分别是:郑州小二黑食品有限公司投资1亿元,年产4万吨陈醋、1万吨高档酱油项目;今麦郎饮品(郑州)公司投资3亿元,2条茶饮料和1条纯净水生产线项目;河南省新郑奥星实业有限公司投资1.15亿元,年产3000吨酶法制取大枣多糖高技术产业化项目;河南省晨光实业有限公司投资8000万元,年产5万吨PET包装养身饮料灌装生产线项目。

重点项目续建工程:(1)郑州思念食品有限公司思念新工业园项目。计划投资5.8亿元,占地总面积38.83公顷。2010年3月开工,项目建成投产后,将达到年产50万吨速冻食品的生产规模,预计可实现年产值38.3亿元,利税6.6亿元。截至2010年底,思念新工业园项目完成投资2亿元,其中投资1·6亿元的冷冻物流配送中心项目已建成并投入运行。(2)益海嘉里(郑州)食品工业有限公司粮油加工项目。一期总投资2.1亿元,日加工食用油、面粉等粮油产品1350吨。截至2010年底,已完成项目投资1.2亿元。(3)河南中烟工业公司郑州新建卷烟厂项目。总投资4.7亿元,建筑面积34.7万平方米,2010年2月开工,计划于2012年6月竣工。设计产能为年产卷烟130万箱,投产后预计可新增销售收入110亿元,利税80亿元。截至2010年底,已完成项目投资1.3亿元。(4)郑州百事饮料罐装厂项目。总投资2750万美元,占地面积8公顷,设计年产能6万吨软饮料生产线。2010年11月开工,建成后,预计可实现年销售收入15000万元,利税2000万元。(5)双汇集团年屠宰生猪200万头、年加工26万吨肉类产品项目,总投资15亿元。2010年5月开工,项目建成后,预计可实现年销售收入55亿元,利税4亿元。

【行业发展调研】 2010年,郑州食品工业办公室组织、参加了经济运行分析调研、重点企业调研、重点项目调研等多项调研活动,分行业、分区域进行分析,综合分析形成调研报告,为行业发展当好参谋。配合市有关部门完成《食品工业发展展望》、《郑州市农业发展报告》等。分别深入面粉、方便面、速冻食品、饮料等行业进行调研,并写出了相关调研报告,从不同角度对以上行业的现状、发展、存在问题进行了分析,为上级领导提供决策信息,并提出相关建议。

【实施品牌战略】 2010年,进一步实施品牌战略,提高企业市场竞争能力。采用政府支持、企业共同参与的方式,提高企业品牌知名度,树立郑州食品的整体宣传观念;安排5万元专项资金组织企业参加展会和开展宣传活动,把发展优势重点食品企业与实施名牌战略有机结合起来,加速培育名牌产品、名牌企业,以优势促名牌,以名牌带优势,树立郑州食品的整体形象,提高市场竞争力。全年,为三全、思念、白象3家公司补贴广告费52.05万元,

【食品安全体系建设】 2010年,郑州市加强食品安全管理,加大源头治理力度,规范行业行为,坚持全方位治理、全过程管理,并严格实行市场准入制度,逐步推行标准化生产、规范化经营。建立危机应急快速反应机制。加强食品安全生产重要性宣传,组织专人收集整理全国食品安全重大事件材料,吸取经验教训,帮助企业建立完善的安全生产制度,主动与新闻媒体联系,务求对食品企业的各项报道准确、客观。鼓励和支持企业积极研发和发展无污染、安全优质的无公害绿色食品。全年对春芝、天地人、博大面业等无公害食品生产企业发放奖励资金90万元。按照省工信厅统一部署,针对企业诚信基础薄弱,诚信制度不完善等问题,积极组织郑州市部分食品生产企业开展企业诚信体系建设。全年共推荐河南省首批食品安全诚信试点企业6家。为保障乳制品质量安全和行业健康发展,依照国务院、工信部和国家发改委的有关政策、文件精神,对郑州市6家乳制品生产企业逐一进行了产业政策监督检查并上报了相关资料、信息和总结。

【食品协会工作】 2010年,郑州市充分发挥食品工业协会在食品企业合作交流中的重要平台作用。在协会工作中,加大了信息服务量,做好组织食品企业参加展览的有关工作,郑州食品形象的整体宣传工作,积极帮助企业协调解决行业间、企业间的关系,做好协调服务工作。组织活动、为企业宣传创造条件。积极与多方合作,对企业进行宣传。争取各方面资金支持,减轻企业负担。积极组织食品生产企业参加了中国第八届(漯河)食品博览

会、第八届中国国际农产品交易会、2010中国(郑州)产业转移对接系列活动,进一步扩大了郑州市食品工业的影响,"河南烩面"、"胖哥食品"、"奥利福"牌食用油均得到大众的充分认可。全年共接待工信部、国家粮食局、西安、沙市等参观考察团来郑州市考察食品工业4批次、近40人(次)。2010年11月1日,《经济日报》用整版篇幅以《一座食品工业强市的实践:郑州描绘转型升级长卷》对郑州市食品工业进行了报道。

(薛 建)

煤炭工业

【概况】 2010年,全市煤炭行业深入贯彻落实科学发展观,按照省委、省政府关于煤炭企业兼并重组的安排部署,强力推进煤炭企业兼并重组工作,扎实做好煤矿安全生产,各项工作取得了较大进展。截至2010年底,全市保留地方煤矿210家,其中被兼并重组145家,列入退出关闭计划8家,两家原属地方小主体国投河南分公司煤矿和6家省属地方煤矿经省安监局批准比照省属骨干企业管理,地方保留小主体煤矿企业45家,国投河南分公司移交地方1家,单独保留3家。全市地方煤矿共生产原煤3737万吨,实现产值242亿元,同比增长21%。销售收入完成221亿元,同比增长16%。

【煤炭企业兼并重组】 煤炭企业兼并重组是省委、省政府为解决资源和安全问题,作出的战略性决策部署。2010年,郑州市委、市政府高度重视煤炭企业兼并重组工作,成立了以市委常委、常务副市长胡荃为组长,市发改委、煤炭局、国土局等20个市直部门为成员的兼并重组工作领导小组。市委、市政府主要领导亲自过问、亲自督导、亲自包矿、亲自动员,并在工作推进过程中及时把脉、具体指导。省委常委、市委书记连维良到任第一天就听取了煤矿安全生产及煤炭企业兼并重组工作汇报,并亲赴郑煤集团进行协调督导,提出了"三先、三承担"的工作思路,为兼并重组工作明确了方向。10月份,在原督导组的基础上,市政府专门抽调3名正县级干部,任督导协调组常务副组长。市督导协调组常驻产煤县(市),及时上报、协调、解决存在的突出问题。周密谋划,科学合理制订煤炭企业兼并重组方案。全年组织召开了省、市主体企业,各产煤县(市),市直有关部门,被兼并企业代表等参与的座谈会9次,征集各类意见与建议80多条。经过19次修改,最终形成了《郑州市煤炭企业兼并重组实施方案》,并经市政府常务会议研究通过。实行目标责任制,由各产煤县(市)政府向郑州市政府递交目标责任书,对完不成任务的从严追究责任。制定兼并重组工作推进台帐,对兼并重组各阶段任务进行细化,分解到每月、每旬,确定完成时间、责任单位和责任人。建立了"三组会商四方联动"的工作机制。市委、市政府成立由市级领导任组长,煤炭、监察、国土等部门参加的煤炭企业兼并重组工作督导协调组;各产煤县(市)成立由政府主要领导任组长的工作推进组;郑煤集团、省煤层气公司成立由公司副总以上领导任组长的工作推进组,分别派驻新密、登封和巩荥新(包括巩义市、荥阳市、新郑市)三个矿区,建立"三组会商"联席办公制度。各被兼并重组小煤矿成立由煤矿法人任组长的工作小组,从而在全市形成市、县、主体企业、被兼并重组小煤矿"四方联动"的工作格局,强力推进各项工作的开展。"三组会商四方联动"工作机制得到了省政府的充分肯定,并在全省推广。先后召开领导小组会议8次,现场办公会12次,并形成会议纪要,确保各项工作落到实处。市煤炭企业兼并重组领导小组办公室抽调精干力量,集中办公,加强督导,及时协调解决难题,充分发挥承上启下的作用。坚持日报和周协调会商制度。每天由市煤炭企业兼并重组领导小组办公室调度工作进度,并报告至市委、市政府和上级有关部门;市煤炭企业兼并重组领导小组办公室每周召开1次由市3个督导组和市直有关部门参加的协调会商会议,通报进度、分析情况、解决问题。按照郑州市主要领导的要求,市煤炭局成立了服务工作组,到两家主体企业上门服务,服务工作组6次在郑煤集团、2次在省煤层气公司召开现场办公会议,协商解决问题。

截至2010年底,全市第一批应参与兼并重组的145家煤矿中,除4家自动申请退出,7家存在法律纠纷外,其余134家煤矿中完成企业资产评估122家,完成率为91%;完成工商营业执照办理98家,完成率为73%;采矿许可证变更手续上报省重办94家,完成率为70%;采矿证已变更到位84家,完成率为63%。完成主体企业矿长派驻128家,占任务的96%。企业主体责任移交62家,占任务的46%。移交煤矿已开始隐患整改57家,占任务的43%。

【煤矿安全监管】 2010年,郑州市建立健全安全监管体制机制,积极构建全方位的监管体系。落实领导包矿驻矿制度,全市各级党委、政府领导全部参与分包煤矿。全部煤矿均有乡科级干部驻矿监管,实行了"一矿一站"监管模式,煤矿企业配备了大批一线监督员,四级监管体系得到完善和落实。市政府专门修改了《郑州市煤矿安全生产社会化监督举报奖励办法》,将举报奖励资金从最高5000元提高至2—10万元。对全市211家煤矿的包矿、驻矿领导名单,煤矿的基本情况、管理类型、安全监管措施、有关法律法规和政策规定等在郑州日报、晚报等新闻媒体上进行了公布,接受社会监督,调动了社会力量监督煤矿安全生产的积极性和主动性,全市上下初步形成了全社会齐抓共管煤矿安全生产的工作局面。

【煤矿安全生产管理】 针对兼并重组期间煤矿情况的特殊性和复杂性，郑州市分别对生产矿井、隐患整改矿井、技术改造矿井、停工停产矿井明确监管重点，采取不同的管理措施，实施分类管理方法。对地方小主体生产矿井，严格要求，以安全大检查为主，重点抓好瓦斯和水害防治；对兼并重组后已批准隐患整改的矿井，严明纪律，规定每班入井人数不得超过29人，井下作业地点不得超过3个，防止借隐患整改之名，实施生产活动；对继续停工停产整顿矿井，严厉制裁，加大督查力度，坚持督查、夜查不间断，落实“两到位”、“五控制”，发现偷生产，严厉处罚。对技改复工验收工作，严格把关，全部按照国有骨干煤矿的标准进行验收，提高准入门槛，不符合技改条件的，一律不予复工技改。通过严格要求、严明纪律、严厉制裁、严格把关的分类管理，使全市煤矿安全生产秩序得到有力规范。

【煤矿安全检查】 全年组织开展了煤矿瓦斯和水害治理、防治水和雨季“三防”、教育培训、机电运输等专项检查4次，开展安全大检查4次，共检查治理隐患2万多条。建立督查、夜查、暗访机制。市煤炭局成立9个督查组，对211家煤矿责任到人，分片对产煤县(市)驻矿包矿人员职责落实情况、煤矿安全生产情况、停工停产情况进行督查、夜查、暗访，全年共督查煤矿2200余矿次，有效地防止了偷生产等违法违规行为的发生。通过大检查和专项检查、督查，对新丰煤矿等一批高瓦斯、煤与瓦斯安全隐患问题突出的矿井深部区域瓦斯防治技术和巷道卸压增透技术进行课题公关，制订防止煤与瓦斯突出事故方案，降低了郑州市高瓦斯、煤与瓦斯安全问题突出矿井生产中存在的危险性。设备升级改造力度加大，全市煤矿新增改造TKD型绞车电控20多台套，改造主通风机电控电频节能系统10台套。

【煤矿事故】 2010年，全市地方煤矿共发生死亡事故6起，死亡33人。百万吨死亡率0.88，低于全省煤炭百万吨死亡率的41%。同比，事故起数上升1起，死亡人数增加15人，百万吨死亡率上升151%。

【从业人员教育培训】 全年共组织培训“五职”矿长304人，安全管理人员450人，特殊工种5994人，普通工种职工12482人次。根据郑州市煤矿入井人员实行持证上岗的要求，积极组织开展对煤矿入井人员的持证培训工作，全年共培训煤矿入井人员32607人。为进一步提高职工技能水平，分别在王行庄煤矿和巩义瑶岭煤业有限公司举办了全市煤炭系统第一届职工职业技能矿井通风工和矿山测量工比赛。获奖选手代表郑州市参加了2010年全省煤炭系统矿井通风工和矿山测量工职业技能比赛。其中通风工获全省通风工技能比武前15名，矿山测量工获全省矿山测量工比武第8名，并被授予全省煤炭系统技术能手称号。

【煤炭运销】 2010年，郑州市签定煤炭销售合同1452万吨，其中省内电煤合同906万吨，省外电煤合同546万吨。按照省、市政府关于强化电煤销售管理的要求，合理分配电煤调度，保障省内电煤供应，全年经过平衡审核汇总，上报煤炭运输计划1533.7万吨，其中上报河南电煤运输计划510.9万吨，省外电煤运输计划1022.8万吨。全市通过铁路运输完成电煤销售226万吨，其中供应河南电煤93.6万吨。根据《河南省煤炭经营资格证管理办法》的有关要求，按照分级审查、分级管理的原则，严格标准，严格程序，对55家申请办理《煤炭经营资格证》的企业申请材料进行了严格审查和现场复核，核准上报49家。对全市349家具有煤炭经营资格的企业进行了全面检查，经过审核认定合格企业228家，基本合格企业119家，不合格企业32家。

【应急救援体系建设】 一是深入开展预防性检查。2010年，全市各级矿山救护组织共进行煤矿防突事故预防检查780次，检查煤矿企业328家，查出隐患1156条。二是广泛开展技术练兵和综合演练活动。组织各救护中队分季度、有侧重点地抓好日常训练工作，开展了闻警出动、军事化队列、高泡灭火、创伤急救等救援技术操练，进一步提高了矿山救护队伍的技战术水平。三是着力实现安全救援。全市各级救护组织充分发挥在安全生产和事故救援中的尖兵作用，快速反应、沉着应战，做到科学施救、安全施救。2010年全市救护队共接警处理事故11起。

(李世伟)

烟草工业

【卷烟销售】 2010年，郑州烟草局主要经济指标再创新高，实现利税总额13.62亿元，同比增长33.15%；利润7.41亿元，同比增长19%。

“两烟”经营再上新台阶。坚持把稳增销量作为首要任务，加强货源组织，确保有效供应，全年购进卷烟34.03万箱，同比增长6.43%，其中省内21.9万箱，省外12.13万箱，满足了市场销售需求。加强需求预测，狠抓网络建设，突出市场调控，强化督查考核，促进销量持续增长，共销售卷烟33.96万箱，同比增长6.43%，增幅在全国36个重点城市中排第九位。坚持以品牌培育为抓手，紧密围绕国家局“532”、“461”品牌发展战略和省烟草局(公司)“2332”结构转型任务，突出骨干品牌培育，积极构建具有郑州特色的品牌体系，零售价100元/条以上重点价区卷烟销售比重达到38.86%，同比提高8.45个百分点；20+

10全国性重点骨干品牌销售比重达到53.92%，同比提高8.63个百分点。坚持以提升结构为主攻方向，突出抓好一、二类烟销售，大力扩销三类烟，扎实推进“四转三”、“三进二”，一、二类烟销售比重达到15.17%，同比增长5.97个百分点；三类烟销售比重达到31.69%，同比增长3.73个百分点，销售结构正在由“金字塔型”向“橄榄型”快速转变。单箱收入（不含税）达到17203元，同比增长19.66%，绝对值在全国36个重点城市中的排序由年初的24位前移到19位，增幅排第一位，实现了省局对郑州提出的“当好全省排头兵，进入全国二十名”的目标要求。加强卷烟配送，优化资源配置，提升物流水平，电子结算成功率98%，送货一致率100%，货款回收率100%。

【专卖管理】 2010年，郑州市烟草局认真落实“321”监管模式，加大市场巡查力度，持续开展市场专项整治和“精品街”、“示范户”创建活动，强化市场监管，取缔无证商户。继续开展打假破网斗争，充分发挥联合办案机制和“12313”打假平台作用，突出抓好关键部位、区域的市场治理，重点在破大案、办精品网络案件上下功夫，成功组织办结了北城“7.10”、南城“6.09”、西城“1.11”、荥阳“11.21”和新密“9.02”等5起较大的制售假烟网络案件，得到了公安部、国家局和省局、省公安厅的充分肯定。切实加强对互联网涉烟活动的监管，坚决取缔网上违法销售卷烟活动。深入开展“优秀县级局”创建和标准化所队建设，着力提升执法人员综合素质和办案能力。有效发挥内管职能，坚决治理各种不规范经营行为，保证生产经营管理规范有序运行。全年共查处各类烟草违法案件1995起，查获非法卷烟6170件，拘留24人，逮捕10人，判刑10人。

【烟叶生产】 2010年，郑州市烟草局把提高生产水平、促进烟农增收作为烟叶生产的经营思想，坚持合同种植，全市合同种植面积0.59千公顷，收购烟叶27505担；大力发展现代烟草农业，切实加强烟田基础建设，加大烟叶生产扶持投入，减少生产成本，提高烟农收益。全年累计投入704万元，为烟农建烟水配套设施14处、38个项目，建密集式烤房270座，购买烟草专用机械15台，建育苗工场1个；投入208万元，为烟农无偿供应化肥、农药和提供育苗、专业化服务补贴；向受灾烟农捐赠11.67万元，受到了广大烟农的称赞。

【企业管理】 2010年，郑州市烟草局强化资产监管，狠抓资金安全，确保资产保值增值，费用率保持在8.22%，同比下降1.12个百分点。推进质量管理体系建设，制定提升方案，完善体系文件，强化培训宣贯。健全考核体系，加强目标监控，考核的导向和激励作用更加明显。规范对“工程投资、物资采购、宣传促销”的项目管理，积极推进办事公开、民主管理工作，试点经验得到省局的肯定和推广。加强信息化建设，强化网络管理，提升运行效率，为经营管理提供了强力支撑。进一步加强审计监督，全年共审计工程项目59个，参与机关比价采购及招投标项目71个，完成了对5个直属单位的任期经济责任审计，促进增收节支252万元。深入开展“安全生产年”活动，落实安全责任，整改事故隐患，推进职业健康安全管理体系建设，连续10年实现安全无事故。机关服务保障更加有力，物业管理步入正常轨道，后勤工作更加规范有序。

【队伍建设】 认真开展“保持良好精神状态，努力开创‘卷烟上水平’新局面”教育活动，干部职工干事创业的热情明显提升。切实加强机关党建工作，扎实推进创先争优活动，基层组织功能和党员模范表率作用显著增强。深化企业文化建设，着力打造服务品牌，以“四进”为重点的“两个至上”长效机制建设取得新成效。大力加强职工教育培训，全年共举办各类培训班39个3560人次，为企业发展增添了新的活力。科技创新取得新进步，省烟草局批准2010年度科研项目8个，取得专利1项，鉴定成果2项，获得省局科技奖励2项，《烟草商业自动化立体仓库与传统平库综合调度解决方案》被中国物流与采供联合会授予2010年科技进步三等奖。按照“分类管理、科学设岗、明确职责、严格考核、落实报酬”的要求，完成了以“定编、定岗、定责、定薪”为主要内容的劳动用工分配制度改革任务。切实加强离退休工作，落实两项待遇，推行文化养老，使离退休人员老有所为、老有所养。狠抓信访稳定工作，保持了企业大局稳定。深化党风廉政建设和反腐倡廉制度建设，推进廉政文化“六个一”建设，营造风清气正的良好氛围。

（唐加强）

第十五篇 商贸流通

商业贸易

【招商引资】 2010年，郑州市强化招大商意识，全面加强与国内外500强企业和大型央企的合作，以港澳台为重点开展境外招商，锁定重点区域承接国内产业转移，围绕汽车与装备制造、电子信息、商贸物流、文化创意旅游四大支撑产业，着力引进现代装备制造、电子信息、新材料、生物医药等高新技术项目和大型、特大型企业，有力促进了郑州市的经济结构调整。2010年招商引资的一大特点是项目质量高、投资额度大，特别是富士康项目落地郑州，是郑州市改革开放以来招商引资的典范。全年全市招商引资总额847亿元，约占城镇固定资产投资比重的34.8%。全年组织各类大招商活动50多次，实际利用外资19亿美元，同比增长17%；引进市外境内资金721亿元，同比增长18%，其中省外资金459亿元，同比增长23.8%。全年新签约项目123个，投资额1527亿元。其中，亿元以上项目117个，投资额1423亿元；10亿元以上项目37个，投资额1157亿元；百亿元以上项目2个，投资额357亿元。全年已建成项目53个，投资额199亿元；新开工项目52个，投资额809亿元。日产、杜邦、汇丰等19家世界500强企业在郑投资，设立项目27个；国开投、东风、海马等101家国内500强企业已在郑投资，设立机构131个。

【对外贸易】 2010年，郑州市对外贸易回归“实质性增长”。面对新的国际市场环境，郑州市加大对优势产业的扶持力度，大力引进出口型企业，巩固传统市场，开拓新兴市场，民营企业出口继续领先，龙头企业带动作用更加明显，出口商品结构进一步优化。全年组织企业参加广交会、华交会、昆交会、高交会、软交会、东盟博览会等国内经贸活动以及台湾、东南亚、欧美等国际经贸交流活动20多次，推进外贸企业与国内外知名企业开展合作，增加出口企业数量，扩大出口规模。按照抓大扶优工作思路，引进包括富士康在内的出口型项目9个；加大对优势产业的扶持力度，重点支持和培育出口龙头企业，带动全市出口全面增长。全年进出口总额45.2亿美元，其中出口33亿美元，同比增长62.8%，提前3个月完成全年目标，居全省第一。机电和高新技术产品出口分别为10.94亿美元和3.47亿美元，同比分别增长48.5%和31.5%，合计占出口比重的44%，出口产品附加值大幅提升。全市有出口业绩企业1071家，其中超百万美元以上企业390家；超千万美元以上企业61家。宇通、明泰、中铝、海荣保税4家企业出口超亿美元，合计出口额5.3亿美元，占全市出口额的20.8%。一般贸易出口29.10亿美元，同比增长66.5%；加工贸易出口2.00亿美元，同比增长3.9%。

【对外经济技术合作】 2010年，郑州市对外承包工程合同额元月份即完成全年目标，全年达6.7亿美元，同比增长71.5%；承包工程营业额和境外投资均提前2个月完成全年目标，全年分别达到7.99亿美元和3.25亿美元，分别增长45.9%和212%。积极培育中铁七局、中机新能源、建总国际、一火电等重点承包工程企业参与国际竞争，其中中机新能源新签合同额4.5亿美元，中铁七局完成营业额2.6亿美元，占全市37.5%。至2010年底，已核准境外投资企业102家，中方投资额3.8亿美元，涉及美国、英国、印度、加拿大、俄罗斯、澳大利亚、墨西哥、印度尼西亚等42个国家和地区。对外承包工程企业49家，完成营业额38.6亿美元，涉及坦桑尼亚、越南、阿尔及利亚等14个国家。

【消费品市场建设与发展】 2010年，郑州市全年完成社会消费品零售总额1678亿元，同比增长19.0%，居全省首位。在消费品市场建设与发展方面，一是加快实施商贸城规划和建设。完成《郑州市现代化商贸城建设总体规划》、《郑州市城市商业网点规划》和《郑州市城区商业网点控制性详细规划全覆盖》，三个规划相互配套、一脉相承，分别从宏观、中观、微观上对郑州市商贸业未来发展的整体思路、商业网点设置及项目占地进行系统规划和布局，形成完整体系。二是培育和引进大型商贸流通项目。重点培育丹尼斯、大商、正道等拥有著名品牌、主业突出、辐射范围广、核心竞争力强的大型商业龙头企业做大做强。积极引进大连万达、华润、宝龙、名嘉、恒隆、升龙、香格里拉等多个超10万平方米商业综合体项目。三是扩大批发市场规模。培育规模化、专业化、现代化龙头市场，优化布局，完善功能，加快市区内大型专业批发市场向三环外迁移，形成有形市场和无形市场相结合、产地市场与销地市场相结合，门类较为齐全的多层次发展格局。郑州市市场规模已居中部六省省会城市前列，交易范围覆盖全国。四是强力推进重点工程和项目建设。实施“万村千乡市场”工程，新建配送中心1个、合格农家店426个，新增营业面积3.4万平方米，农家店市场覆盖率达95%以上，商品统一配送率超过60%，信息化建设水平全面提升。开展“家电下乡”工作，核准销售网点794个，形成遍及城乡的销售网络，全年销售家电下乡产品46.2万台（部），销售金额10.6亿元，是2009年销量的1.6倍；补贴家电下乡产品47.7万台（部），兑付补贴资金1.3亿元，是2009年兑付补贴量的1.9倍。全市累计销售家电下乡产品80.2万台（部），累计销售金额16.8亿元；补贴76.7万台（部），兑付补贴资金2亿元。做好汽车“以旧换新”工作，全年审核符合汽车以旧换新补贴范围车辆1396辆，换购新车1.53亿元，发放补贴1575万元，老旧汽车报废更新71辆，换购新车194万元，发放补贴70万元。开展家电“以旧换新”工作，销售新家电14.1万台，占全省的45.1%。实施“放心早餐工程”，建成并通过验收的龙头企业4家，城区销售网点436个，累计销售额1757万元，提供就业岗位750多个。开展夜市街建设，9条夜市街区正式运营，年客流量300万人，提供就业岗位近万个，安置“4050”人员700多人。五是加强流通业行业管理。强化市场运行监测，做好市场储备、节假日市场供应应急管理工作。加强生猪定点屠宰场病害猪无害化处理监管，严厉打击私屠滥宰及制售注水肉、病害肉等不法行为，全年定点屠宰厂屠宰生猪70.8万头，定点屠宰率96.8%，县城以上进点屠宰率100%；检疫检验率100%，病死、病害猪无害化处理率100%，储备猪肉2780吨，保障市场供应。规范特种行业管理，加强对成品油市场、典当、拍卖、二手车交易市场和报废汽车回收拆解企业的监督管理，全年销售各类成品油191万吨，增长2.2%；开展典当业务1.68万笔，典当额14.5亿元；举行拍卖400场，成交额27亿元；二手车交易车辆5.1万辆，交易额19.2亿元；回收拆解报废车辆1.2万辆，增长40%。

【现代物流业】 2010年，郑州市现代物流业持续发展，制定了物流发展详细规划，加快国际物流中心基础建设，培育本土物流企业，吸引国内外大型物流企业进驻物流园区，促进园区发展目标顺利实施。推进38个跨越式发展重点物流商贸项目顺利实施，2010年已建成项目6个，在建项目20个，累计完成投资71.6亿元，占全年计划总投资的156%。

【会展业】 2010年，郑州市共举办展览100场，增长19.5%，展览总面积132万平方米，增长6.5%。展会规模不断扩大，3万平方米以上大型展会9个，合计展览面积68万平方米，占展会总面积的52%。引进流动展数量增多，本土展会更加成熟，尤其是汽车后市场博览会在全国同行业中规模最大，展览规模已发展到10万平方米。12月23日，在由《中国会展》杂志社主办的“会展十年风尚大典”活动中，评出“会展十年风尚大奖”，郑州市会展工作管理办公室获“会展十年管理大奖”，郑州国际会展中心获“会展十年营销大奖”。

郑州市会展业近年来发展迅速，综合竞争力居中部地区首位。在培育自主品牌展会方面，郑州市政府设立了1500万会展业发展专项资金，出台了《关于对重点支持展会实行认证的意见》等政策措施，并采取结合郑州市产业优势、商贸市场优势，联合全国商协会办展的模式，取得显著效果。2010年全市新增展览种类6个，分别是首届华夏渔具及户外用品展销会、2010首届大河汽车博览会、2010首届中国（郑州）国际微型汽车配件博览会、中国（郑州）餐饮业供应与采购博览会、2010河南首届金融博览会、2010年全国（郑州）环保及给排水、水处理设备展览会。

【春节黄金周消费市场】 2010年春节黄金周期间，郑州市市场商品充足、繁荣活跃，价格总体稳定，消费热点突出，节日气氛浓烈。郑州市7家大型商业企业春节黄金周共实现销售额2.6亿元，同比增长20%。肉类、蔬菜、米、面、油、蛋等生活必需品价格基本稳定。

春节黄金周市场主要呈现以下特点：传统商业龙头企业继续引领消费增长。春节黄金周期间，传统大型商业企业凭借商品资源、经营管理资源和经营环境资源等优势，继续主导市场销售，吸引主流消费者，对市场的拉动效应明显。郑州传统商业零售龙头企业丹尼斯百货和大商新玛特继续保持强劲的销售势头，在服装、珠宝、首饰、食品等方面的销售额持续增长，丹尼斯百货和大商新玛特两家企业黄金周累计实现销售额2.2亿元，同比增长19.5%。郑州百货大楼、紫荆山百货大楼等几家百货店也紧随其后，共同推动了节日市场的繁荣发展。

促销活动形式多样。黄金周期间，各商家纷纷采取各种促销手段吸引顾客，精心策划一系列让利销售和回馈消费者活动，通过丰富多彩、形式多样的促销活动来吸引顾客，满足广大市民节日消费需求。丹尼斯百货、大商新玛特等商业零售企业推出包括商品打折、优惠让利、现场抽奖、赠送礼品等各项优惠活动，攒足了人气。同时，商家根据2010年“春节”、“情人节”恰逢一天的特点，纷纷调整销售策略，适时推出各种相关商品的让利活动，使得中国传统春节与情人节相融合，达到促销目的。

节日消费热点突出。春节黄金

周期间,居民消费更多集中在年货类商品上,主要集中在食品、副食品、名烟、名酒、服装、床上用品、化妆品、钟表、鞋包、工艺品等方面,各类名牌商品、优质商品备受消费者青睐。餐饮业持续火爆。春节期间,郑州市餐饮业市场仍然如往年一般火爆,各大餐饮企业均出现一桌难求情况。临近春节,各大酒店、饭店很难预定到包间,大厅也大多客满,根据对重点餐饮企业的监测,2010年春节期间的餐饮业实现较大增长。生活必需品市场供求平稳。据监测,春节期间生活必需品市场供应正常,粮食、食用油、蛋类等价格平稳,没有出现大的价格波动。家电销售额增长较快,各项促销手段激活节日市场,市商务局监测的几家家电零售企业销售额比上年春节增长近三成。

【"十一"黄金周消费市场】 2010年"十一"黄金周期间,郑州市市场商品充足、繁荣活跃,价格总体稳定,消费热点突出。"十一"黄金周,郑州市商业8家大型企业共实现销售额5.5亿元,同比增长31%。肉类、蔬菜、米、面、油、蛋等生活必需品价格基本稳定。

"十一"黄金周市场呈现以下特点:一是传统商业龙头企业继续引领消费增长。"十一"长假给消费者提供了充裕的购物时间,节日期间天气持续晴好,给消费者外出购物创造了良好的条件,各大商场客流量均有所增长。传统大型商业企业凭借商品资源、经营管理资源和经营环境资源等优势,继续主导市场销售,吸引主流消费者,对市场的拉动效应明显。郑州传统商业零售龙头企业丹尼斯百货继续保持强劲的销售势头,在服装、珠宝、首饰、食品等方面的销售额持续增长,黄金周销售额比上年同期增长超过20%。二是各项促销手段激活节日市场。黄金周期间,各商家纷纷采取各种促销手段吸引顾客,精心策划了一系列让利销售和回馈消费者活动,满足广大市民节日消费需求,通过推出丰富多彩、形式多样的促销活动吸引顾客。丹尼斯百货、大商新玛特等商业零售企业推出包括商品打折、优惠让利、现场抽奖、赠送礼品等各种促销方式,攒足了人气。家电零售企业竞争更加激烈,纷纷推出多种优惠促销活动,大幅下调彩电、空调、冰箱等家电价格,并通过各种优惠消费者的方式聚集人气。三是家电市场持续火爆。随着居民收入稳步提升,消费结构不断升级,家电类商品是近几年黄金周的畅销商品。2010年"十一"期间,家电市场依旧呈现火爆场面,家电类商品销售增长幅度较大。消费者利用"十一"假期厂家打折让利的时机,纷纷购买家电,彩电、空调、洗衣机、厨电等产品销售火爆。"十一"期间,永乐、国美实现销售额3.3亿元,同比增长高达63.7%,有力的推动了节日市场的繁荣发展。四是餐饮业平稳增长。餐饮业在每个黄金周期间都能取得良好的经营业绩,近几年黄金周期间,郑州市餐饮业均保持平稳增长的态势。2010年"十一"期间,郑州市餐饮业依旧火爆,婚庆宴、家庭宴、旅游宴成为餐饮市场的主导。据监测,3家餐饮企业销售额同比增长4.4%。婚庆宴历来是"十一"黄金周餐饮市场的主导,2010年仍是如此。随着自驾游的增多、家庭聚会形式的变化,在外就餐、聚餐的比例越来越大,家庭宴、旅游宴等消费形式有力的拉动了餐饮消费的增长,餐饮业的社会化程度正逐年提高。五是生活必需品市场供求平稳。"十一"期间生活必需品市场供应正常,粮食、食用油、蛋类等价格平稳,没有出现大的价格波动。

【物流商贸重点工程建设】 2006年,郑州市设立交通枢纽和物流重点工程指挥部,市人大主任白红战担任指挥长,办公室分设市交通局和市商务局,合署办公,其中商贸物流项目共有9个,总投资106.3亿元。2009年,市委、市政府决定实施跨越式发展新三年行动计划,把物流业列入现代服务业,设立现代服务业建设工程指挥部,市政府常务副市长胡荃担任指挥长,办公室设在市发改委。2010年,新调整成立物流商贸建设工程指挥部,市委统战部部长王林贺担任指挥长,副市长薛云伟担任第一副指挥长,人大副主任王平、政协副主席党普选任副指挥长,办公室设在市商务局,市商务局局长宋加利任办公室主任。责任单位有市发改委、市交通委、市工信委、市城建委、市财政局、市文广局、市旅游局、市邮政局、市三化两型办、市金融办、市会展办、郑州新区、郑东新区、高新区、经开区、航空港区、郑州国际物流园区、有关县(市)区。原由现代服务业建设工程指挥部负责的物流商贸建设工程项目转交物流商贸建设工程指挥部负责。并将列入新三年跨越式发展的工程项目由原29项调整为38项,调出项目3个,调入项目12个。38个项目计划总投资644.87亿元,已开工项目20个,2010年开工项目12个,其它6个项目进行前期准备。38个项目中物流项目17个,商贸项目16个,金融文化项目5个,其中投资10亿元以上项目16个。

【夜市街建设】 5月6日,郑州市夜市街建设工作动员会在市政府常务会议室召开,会议由副市长薛云伟召集,市商务局局长宋加利主持,市商务、财政、城市管理、食品药品、工商、公安、消防、地税等夜市街区建设管理工作领导小组成员单位和市内五区主管领导参加了动员会。会上首先宣读了《郑州市人民政府关于推进夜市街区建设发展的实施意见》,随后市内各区政府对辖区内夜市街建设工作开展情况作汇报。薛云伟安排部署了夜市街区建设发展下阶段的工作,强调夜市街区建设能够繁荣经济、扩大消费、促进就业,是一项利民惠民的好事,2010年市委、市政府将夜市街区建设列入为民办理的"十大实事"之一,各区、各有关部门要从大局出发,切实增强做好夜市街区建设发展工作的紧迫感和责任感，把实事办好，把好事办实。要按照实事求是、突出特色、灵活多样的原则，结合区情，认真谋划，满足需求，打造形式多样、各具特色的夜市街区。各区要建立组织，明确责任，制定方案，加快推进；市政府有关部门要按照职责分工，精心安排，全力配合，搞好管理，提供服务，共同做好夜市街区建设工作。

【中原西路农贸市场标准化升级改造工程】 2010年，郑州市继续在全市开展标准化菜市场建设（试点）工作，市商务局、市财政局联合下发了《关于继续开展标准化菜市场（试点）建设工作的通知》（郑商〔2010〕29号）。经中原区推荐，市商务局审核，确定中原西路农贸市场在首批申报试点菜市场中符合标准化升级改造条件。8月18日，该市场改造工程正式开工。

中原西路农贸市场位于华山路以西、西环路以东、交警二大队对面，南临五月天生活区，北临裕花园生活区，总建筑面积2800平方米。通过升级改造，该市场进一步提升服务品质，优化市场环境，提高管理效率。

【世界旅游城市市长论坛】 6月11日上午，由国家旅游局、省政府主办，郑州市政府等承办的2010中国（郑州）世界旅游城市市长论坛在郑州国际会展中心隆重开幕。来自国内外108个城市的市长及代表汇聚一堂，交流经验，深入探讨，共话旅游业美好未来。全国政协副主席李金华宣布论坛开幕。国家旅游局局长邵琪伟，联合国世界旅游组织特别代表桑德拉·卡吾奥，世界旅游业理事会总裁鲍姆加藤，亚太旅游协会副首席执行官约翰·张科德等出席论坛。省、市领导郭庚茂、王文超、张程锋、张亚忠、薛云伟等出席论坛。省委常委、宣传部长、副省长孔玉芳主持开幕式。

省长郭庚茂致辞。他首先代表省委、省政府和全省人民，向莅临论坛的海内外嘉宾表示热烈欢迎。他说，经过改革开放30多年特别是近年来的快速发展，河南已成为全国重要的经济大省、新兴工业大省和有影响的文化大省。近年来，省委、省政府高度重视旅游业发展，明确提出把旅游业摆在更加优先的位置，作为重要支柱产业进行培育，产业规模不断扩大，质量效益明显提升。河南旅游将以市场需求为导向，以转型升级为主线，以中心城市为依托，加快实现旅游从点线建设向板块发展、从观光旅游为主向观光休闲度假体验互动并重、从区域布局向集聚发展、从规模扩张向质量提升、从本体产业发展向各产业融合发展“五个转变”，把旅游业培育成为国民经济的战略性支柱产业和人民群众更加满意的现代服务业，努力打造全国一流、世界知名的旅游目的地，加快实现由旅游大省向旅游强省跨越。本届论坛的举办，必将有力推动河南旅游产业快速发展，开创世界城市旅游合作发展新局面。

邵琪伟在开幕式致辞中指出，改革开放30多年来，城市化进程有力推动了中国旅游业发展，尤其随着高铁时代的到来以及高速公路、民航体系的快速发展，使得中国出现旅游同城化效应，无论是京津冀还是环渤海等区域的旅游市场都在日益融为一体，旅游业已成为诸多城市提升综合实力、改善生态环境、打造城市品牌的重要抓手，并有力推动了文明发展和现代化进程。河南是中华民族和华夏文明重要的发祥地，随着近年来经济社会的快速发展和人民生活水平的不断提高，郑州、洛阳、开封等许多重要城市都已发展成为重要的旅游目的地，相信河南旅游业的明天一定会更加美好。

作为2010世界旅游城市市长论坛的一大亮点活动，6月12日上午，河南省情说明会暨旅游项目签约仪式在郑举行。会上，河南省共签约旅游项目18个，签约金额449.6亿元。其中，合同项目7个，签约金额95.9亿元，协议项目11个，签约金额353.7亿元。签约投资商分别来自美国、日本、新加坡、印度尼西亚、香港、澳门、台湾等国家和地区，以及其他兄弟省市。项目涉及旅游景区、星级酒店、旅游餐饮、旅游购物等旅游服务设施建设，以及汽车露营地等旅游新业态和旅游商品开发等多个方面。此外，为支持河南省旅游项目开发，省旅游局还与中国工商银行河南省分行签订授信额度200亿元的战略合作协议。

【中国（郑州）—东盟会展经济合作论坛】 8月5日，由中国—东盟商务理事会和郑州市人民政府联合主办的中国（郑州）—东盟会展经济合作论坛在郑州国际会展中心隆重开幕。中国—东盟商务理事会中方秘书处常务秘书长许宁宁，东盟北京委员会轮值主席、越南驻华大使馆大使阮文诗，柬埔寨驻华大使馆大使凯·西索达、马来西亚驻华大使馆公使衔参赞施志光、菲律宾驻华大使馆商务参赞希梅翁·赫尔南德斯、印尼驻华大使馆商务参赞马龙珞、文莱国家工商会会长拉扎里、越南工商会副会长段维姜、柬埔寨中国港澳侨商总会会长任瑞生、泰国工商会秘书长杨派乐，马来西亚中华工商联合会秘书长蔡国治以及东盟各国其他政界、工商会和企业界代表莅郑参会。副省长宋璇涛，省发改委副主任朱焕然、省贸易促进会副会长梁杰一等出席论坛。出席论坛的市领导有连维良、赵建才、薛云伟等。开幕式上，许宁宁、阮文诗、凯·西索达与省领导宋璇涛，市领导连维良、赵建才共同启动论坛。

郑州市市长赵建才介绍，郑州区位交通优势十分明显，是铁路公路双十字架的交汇处，因而物流和商贸发展非常迅猛。郑州市把会展业作为发展现代商贸第三产业的重要方面，商贸物流基础设施建设齐全，会展业已成为经济发展的重要导向，会展经济呈现出很强的带动作用，当前无论从国际经济背景还是亚洲地区区域经济发展来看,加强区域经济合作都十分重要。希望通过此次论坛进一步加强郑州与东盟国家之间的贸易与投资关系,以会展为切入点为双方搭建一个对话与合作的平台。宋璇涛代表省政府向论坛举办表示祝贺。他说,近年来,河南省积极推动城市化、工业化和农业现代化,正逐步实现由传统农业大省向新兴工业大省和有影响力的文化大省转变,踏上了建设经济强省、文化强省的新征程。河南与东盟的贸易往来近年来也快速发展,市场潜力巨大,此次论坛将为双方扩大开放、深化经贸往来创造新的机遇和空间。许宁宁在致辞中说,近年来,东盟—中国的战略伙伴关系取得了新的发展,合作领域不断深化。东盟—中国自由贸易区的启动,为一个拥有19亿多人口和6万多亿美元GDP规模的地区市场创造新的发展希望。2010年上半年,东盟—中国贸易总额达1365亿美元,增长54.7%,东盟已成为中国第三大贸易伙伴。相信这次论坛将对推动河南、郑州与东盟之间的发展,推动会展业的合作,增进双方的合作共赢起到积极的作用。阮文诗说,东盟已经成为中国第三大贸易伙伴,东盟与河南、与郑州有巨大的合作空间,此次论坛为郑州与东盟的交流合作提供了一个非常好的机会,东盟各国驻华大使及参赞愿意全力推动东盟与河南省和郑州市的互信合作。越南作为2010年东盟轮值主席国,自己作为东盟北京委员会轮值主席,将积极推动东盟与中国的合作,推动东盟与郑州的友好合作,加强相互信任和交流合作。

论坛期间,副市长薛云伟发表了题为"借东盟之力,促郑州会展"的演讲。菲律宾驻华大使馆商务参赞希梅翁·赫尔南德斯,文莱国家工商会会长拉扎里等就"郑州和东盟国家如何深化合作,实现互利共赢,促进两地会展业的快速发展"作演讲。郑州市人民政府与中国—东盟商务理事会签署建立战略合作伙伴关系框架协议,郑州市贸促会与文莱达鲁萨兰国家工商会签署合作协议。

【招商引资项目跟踪落实月活动】 11月15日,郑州市召开"全市开展招商引资项目跟踪落实月活动动员大会"。会上传达了省商务厅关于开展重大招商引资活动签约项目跟踪落实月活动的相关文件精神;通报了1—10月份各县(市)、区合同利用外资目标完成情况,对目标完成好的县(市)、区给予表扬,对尚未完成进度任务的县(市)、区提出了下一步的工作要求;通报了1—10月份各县(市)、区实际利用外资情况,对没有完成目标的县(市)、区要求11月份完成全年目标。最后,市商务局副局长张福清宣读全市招商引资项目跟踪落实月活动方案,对活动作出安排部署,并提出具体要求:一是要加强领导,提高认识,高度重视,指定专人负责,建立周报告制度。二是明确职责,狠抓落实。按照"谁承办、谁负责、谁跟踪"的原则,建立健全签约项目进展情况跟踪通报制度,确保跟踪工作有效扎实推进。三是建立台帐,加强基础工作,各县(市)、区要建立签约项目推进情况工作台帐,及时登记和掌握项目推进工作情况,为搞好项目推进打好基础。四是加强沟通,密切合作,各县(市)、区要按照市里要求及时上报项目推进中的新情况新问题,协调有关部门切实解决项目推进中的困难和问题。市、县两级联动,确保签约项目早落地、早建设、早投产、早见效。

【郑杭签署合作发展会展业备忘录】 在10月17日的第三届中国城市会展高峰论坛暨政府主导展会创新发展论坛上,郑州市与杭州市签署《关于建立长期合作关系的备忘录》,就两地在共享会展资源、共打会展品牌、共通会展信息等方面达成合作协议。双方会展业将全面对接、资源共享,充分利用各自宣传资源和渠道,对两地的重点会展、节庆活动进行积极宣传报道;双方将积极为对方会展节庆品牌推广创造条件,在领导参会、媒体报道、场地安排等方面给予积极协助;双方指定专门部门做好信息沟通交流,及时将本地会展业发展最新举措、发展动态告知对方;双方发挥各自优势,相互邀请参与重点活动,实现共同发展;双方于每年定期举办交流座谈活动。

【赴福建招商暨回访活动】 3月14—19日,副市长薛云伟带队,郑州新区、郑东新区、新郑市以及市商务局、工商联一行18人随省经贸代表团赴福州、泉州、厦门开展南下招商活动,参加经济合作交流洽谈会,回访2009年南下大招商签约项目企业,巩固南下北上活动成果。

薛云伟陪同省经贸团先后拜访了福州华冠针纺织品公司、泉州特步(中国)有限公司、厦门宝龙集团并与企业负责人举行座谈。华冠公司拟在郑州市建设建筑面积70万平方米的商业和住宅楼,并引入"第四代商业模式",打造西区商业中心。特步公司拟在郑州新区投资100亿元,建设新型物流和商业区。宝龙集团就西客站项目、中原区综合商业体项目进行洽谈对接。17日,郑州市代表团赴泉州南安市拜访连捷国际投资有限公司,赴水头镇拜访东升石业股份、鹏翔岗石有限公司等企业,就投资用地等问题进行沟通和洽谈。

活动期间,郑州市代表团参加了福州、泉州、厦门三场"经济合作交流洽谈会",重点推介郑州市、郑州新区规划和建设情况、投资环境、产业优势及合作商机,指出郑州交通发达、区位优势明显、人力资源丰富、消费潜力巨大,承接产业转移条件优越,与福建具有很强的优势互补性,合作前景广阔。会上,郑州市分别与中国美旗控股集团、历扬半导体科技公司、国脉中讯网络科技公司、中国软包装公司、强生春保健品公司、泉州绿谷建设公司、福建红桥创业投资管理公司、福建龙川集团、厦门恒兴集团、乔丹(中国)有限公司、福建食品公司、凤竹集团、恒泰集团、鸿星尔克公司以及福建商品交易会组委会等几十家单位建立联系。其中,中国美旗拟在郑州新区打造一个以供应链金融为核心模式,兼具国际现代物流信息化、智能化、集成化、自动化的电子商务平台,实现商品无障碍大跨度流通;福建红桥创业投资公司愿与郑州有潜质的企业在股权投资、培育上市等资本运作方面进行合作,共同发展壮大。

【赵建才带队赴浙皖苏三省招商】 5月31日—6月2日,市长赵建才率80余人的代表团,在杭州进行经济合作洽谈,赴芜湖、南京走访企业,深化郑州与长三角知名民营企业的战略合作。

5月31日下午,郑州市政府在杭州召开了"郑州—浙江经济合作洽谈会",有效促成浙江航空制造、电子信息、生物医药、现代物流和加工制造等项目来郑投资,成功推进郑州浙商产业园区建设。洽谈会由河南省工商局局长董光峰主持,浙江省政协主席李金明、副主席王玉娣和全国政协委员卢步东分别以长三角(浙江)民营经济研究会会长、副会长身份参加会议。万事利、杭钢、环宇、航民等50多个浙江知名民营企业的高管出席洽谈会。郑州市市长赵建才、市政协主席李秀奇、副市长薛云伟等市领导和郑州新区、郑东新区、高新区、经开区、航空港区、中牟产业园等园区负责人,以及金水区、二七区、中原区、管城区、惠济区、新郑市、巩义市政府和商务部门负责人,市商务局、工商局负责人及有关人员参加会议,参会代表近200人。王玉娣代表长三角(浙江)民营经济研究会发表致辞,愿积极推进浙江民营企业向内地转移,大力支持浙商赴郑投资、兴业和发展。赵建才致欢迎辞并推介郑州市情,介绍了浙江民营企业投资郑州市的有利形势和无限商机。航空港区专门就浙商产业园进行推介,郑州新区、高新区、经开区和中牟产业园也分别从园区规划、优惠政策和投资环境等方面作区情介绍。洽谈会上,各县(市)区、开发区及产业园区主要领导和招商人员与各民营企业家进行了深入对接。传化集团、万事利集团、嘉凯集团、恒生电子集团、台州商会、德利西集团、爱利芬集团、中南集团等40多家大型企业分别与中牟产业园及各县(市)区、开发区就具体项目进行洽谈,形成30多个投资线索及合作意向。

6月1—2日,赵建才率领市商务局、工信委以及郑州新区、经开区、中牟产业园、二七区、惠济区和荥阳市主要负责人和招商人员,组成小分队前往安徽、江苏两省,开展大规模、高规格的走访活动。代表团先后走访了芜湖市的奇瑞汽车股份有限公司、华强集团方特欢乐世界、安得物流股份有限公司和南京市的雨润集团,深入车间和项目现场考察,全面了解企业发展方向和投资动向。座谈会上,赵建才热情推介郑州,根据企业发展方向、条件和基础,全面分析企业在郑州的发展优势,多次表示将全力为企业来郑投资创造良好发展环境,以办成事、办好事为出发点,合法、合规、合情、合理,为企业提供全方位服务,让企业在郑州生根发芽、做大做强,以互利共赢为目标,实现地方发展、企业发展、百姓受益。

为期3天辗转3省3市的走访活动成果丰硕。一是奇瑞将在郑州布局,谋划建设汽车轮毂、发动机等零配件生产项目,为郑州市汽车和装备制造业再添新军。二是郑州华强文化科技产业基地一期项目在洽谈中大头落地,将于6月29日在中牟产业园开工奠基。三是安得物流初步确定在经开区投资建设郑州国际现代综合物流园项目。四是同雨润集团初步达成在郑州投资建设生猪初加工产业化项目、肉制品精深加工项目、农副产品采购中心项目和城市综合商业体项目。

此次活动特点:一是目标定位准。本次洽谈会和企业走访活动按照"积极承接、主动对接"的原则,以推介洽谈和项目落实为主要内容,以汽车装备与制造、电子信息、高新技术、现代物流、加工制造等领域为重点,围绕民营企业积极承接长三角地区产业转移。二是客商规格高。本次洽谈会邀请了浙江省政协主席、副主席,以及浙江广厦、娃哈哈、德力西等57家知名民营企业的企业家。走访的4家企业也分别是中国自主品牌销量冠军、国内500强企业、国内物流百强企业前10名、中国肉食品加工业第一名。三是领导深入透。市领导高度重视,市长赵建才,市政协主席李秀奇,副市长薛云伟、孙金献参与招商推介和项目洽谈,对接知名企业高管,加快项目进度、督促项目落实。四是活动影响深。此次招商活动进一步深化了与长三角民营企业的合作,形成了一大批投资线索,在强化与国内外500强、大型央企合作的基础上,更加注重与国内民营企业的合作。

【引进富士康项目】 7月9日,市长赵建才与富士康高层签订协议,成功引进富士康项目。富士康项目主要包含综保区手机整机项目、出口加工区手机零组件项目、国棉四厂IT插件及线缆项目三个工业项目,以及赛博数码广场、"万马奔腾"电子信息产品销售网络两个商业项目。为推进项目尽快落地,郑州市成立了由市长赵建才任组长的"富士康项目推进工作领导小组",全面统筹项目组织、推进、协调工作。领导小组办公室设在市商务局,副市长薛云伟兼任办公室主任,负责整体工作的计划、组织、协调、监督、信息、联络等。又分别成立了由市领导李柳身、胡荃、薛云伟任指挥长的基建、人资、商务关务三个指挥部,在深圳和郑州分别与富士康公司组建了联合办公室,建立沟通对话机制和高层会晤机制,定期召开联席办公会、周例会和每周三视频对接会,强力推进项目,创造了富士康投资项目的郑州速度。

【全市大招商暨重点项目建设工作会议】 2月25日,郑州市大招商暨重点项目建设工作会议在嵩山饭店召开。会议由市长助理、市政府秘书长张学军主持,市领导王文超、马懿、白红战、李秀奇、胡荃、孙金献、薛云伟、张建慧以及省发改委副主任裴志扬出席。各县(市、区)政府,郑州新区、郑东新区、经开区、高新区、航空港区、出口加工区管委会,各商务(招商)局和重点项目办,市政府驻外办事处,有关企业负责人等约350人参加会议。大会旨在总结成绩,表彰先进,全面部署2010年大招商、项目建设和对外开放工作,大力推进郑州市经济从"困难之年"向"关键之年"迈进。

副市长薛云伟以招商引资为重点,传达了全省大招商暨商务工作会议精神,对2009年大招商和对外开放工作进行全面总结并深入分析郑州市在招商引资和项目落实过程中存在的问题,明确部署2010年大招商和对外开放工作,提出再掀大招商活动新高潮。常务副市长胡荃围绕"重点项目建设年"活动,传达了省重点项目建设工作会议精神,对2010年全市重点项目建设工作进行详细安排。会上表彰了2009年度对外开放和重点项目建设先进单位和个人,省发改委副主任裴志扬对郑州市重点项目建设工作给予指导并提出要求和希望。

省委常委、中共郑州市委书记王文超最后在讲话中指出,2009年虽然受全球金融危机影响较大,郑州市对外开放和重点项目建设工作依然取得了重大成绩。在对成绩给予充分肯定的同时,王文超也提出了新的要求。他强调,要进一步认清形势,坚定大招商和重点项目建设的信心和决心,明确任务、把握重点,全力推进开放型经济发展,促进产业结构调整和发展方式转变,以大招商和重点项目推进中心城区改造和郑州新区建设,促进经济平稳较快增长,同时,还要求全市上下加强领导,狠抓落实,改进工作作风,增强服务意识,优化投资环境,促进项目落地。

【全市推进出口食品农产品质量安全示范区建设座谈会】 4月13日,郑州市在黄河饭店召开推进出口食品农产品质量安全示范区建设座谈会,传达贯彻国家、省相关会议精神,部署工作。河南出入境检验检疫局副局长丁美兰、动物检疫处处长赵宝才、市人民政府副秘书长宋柏松出席座谈会,市直相关委局和各县(市)区商务局的主管领导、以及2009年出口食品农产品业绩突出的11家外贸企业参加座谈会。

会上,市商务局副局长李宪德传达了国家质检总局和河南省人民政府关于促进河南食品农产品出口联席会议暨推进河南出口食品农产品质量安全示范区建设会议精神。丁美兰介绍了食品农产品质量安全示范区的有关政策及技术标准。她表示,下一步即将出台食品农产品质量安全示范区建设意见,在基地建设过程中要建立"政府主导、科学引导、部门联动、龙头带动、广泛参与"的机制,企业要按照"公司+基地+标准化"的要求建设食品农产品质量安全示范区,在建设过程中要逐步建立和完善"5大体系"、"6项要求"和"8项制度"。按照上述要求,郑州市的河南雏鹰农牧股份有限公司供港活猪养殖基地、郑州增保食品有限公司的芦笋种植基地被认定为河南省首批确定的30家食品农产品质量安全示范区。

最后,宋柏松提出针对性要求。一是要把握形势,高度重视食品农产品示范区的建设。近几年,郑州市食品农产品产业取得了快速发展,但是食品农产品出口基数较小,起点较低,示范区建设还存在很多问题,需要高度重视,扎实工作,迎头赶上。二是要突出重点,积极推进示范区的建设。由市商务局牵头,其他部门配合,编制示范区建设规划,制订支持示范区建设的政策,要搞好培训,制订标准,规范示范区的建设。三是要加强领导,切实保障食品农产品示范区的建设。要充分发挥县(市)、区政府在食品农产品质量安全示范区建设中的主导作用,成立专门领导机构,解决企业在建设中遇到的问题和困难,为示范区的建设提供保障,要支持和配合出入境检验检疫部门的工作,加快郑州市食品农产品出口。

【全市商务运行分析会】 7月22日,郑州市2010年上半年商务运行分析会在中牟县召开。郑州市政府副市长薛云伟、副秘书长宋柏松、市商务局局长宋加利出席会议。会议由市商务局常务副局长赵新民主持。

宋加利首先通报了郑州市及各县(市)、区商务指标完成情况,分析了全市商务运行的特点和存在的主要问题。各县(市)、区主管商务工作的领导分别就本地区上半年商务运行中存在的问题和发展潜力,以及下半年工作计划作汇报发言。会上,宋柏松指出,商务运行分析会是一个很好的平台,各县(市)、区要充分利用好这个平台,互相交流经验,共同推进全市的商务工作发展。

最后,薛云伟要求大家近期重点做好三项工作:第一,坚决贯彻市委书记连维良在最近几次会议上的一系列讲话精神,迅速掀起大招商和项目落地工作的高潮。连维良在全市项目建设会议上要求全市努力做好项目落地工作:一是要将全市力量向重大项目落地和招商引资倾斜,包括倾斜领导力量,倾斜机构编制,倾斜干部导向;二是要建立过硬的鞭策和激励机制;三是要完善联审联批联备制度;四是要建立和完善交叉推进、并联推进、三边推进机制。

第二,要迅速排查问题,突出重点,坚决堵住短板,提升各项指标,力争全年对外开放几项指标进入全省前三名。郑州市的硬件环境是长处,短板是软环境，郑州市的各项指标应该走在全省前列，否则就是工作的失职。郑州市重大项目落地工作推进不好，关键问题还是在落实工作抓的不紧，各县（市）、区要坚决落实连维良讲话精神，探索几个机制的建立工作。同时，要形成机制，每天汇报一个问题，每天发现一个问题。利用外资、引进内资、外贸出口等主要商务指标全年要确保在全省进入前三名，对落后的单位要进行通报。

第三，进一步优化环境，强化机制，落实责任，加快重大项目对接，提升全市对外开放水平。要充分发掘富士康项目的带动效应，对富士康项目可能带来的相关配套支持项目，各县（市）、区要积极做好对接，充分利用区位优势，争取促成更多的相关项目落地，近期，与富士康万马奔腾项目相关的单位要积极做好对接，努力促成项目落地。9月28日要举办台湾商品节活动，各县（市）、区要以此为契机，抓紧对接，争取更多的项目签约和落地。

【召开大招商高层研讨会】 5月26—27日，郑州市邀请国家商务部等有关部委、招商引资先进城市专家和国际大型跨国公司高管，在嵩山饭店召开“郑州市大招商高层研讨会”，为郑州招商引资把脉问计，掌握国际产业转移最新动向，全面有效开展大招商活动。省委常委、郑州市委书记王文超，市长赵建才，市委常委、统战部长王林贺，副市长薛云伟，市长助理、市政府秘书长张学军等出席会议。各县（市）区、郑州新区、郑东新区、高新区、经开区、航空港区、出口加工区，郑州市38个产业聚集区管委会主要负责人以及市直有关部门主要负责人约240人参加会议。研讨会由薛云伟主持。

赵建才在会上致辞，代表市委、市政府向出席研讨会的嘉宾表示欢迎和感谢，并从郑州市的历史文化、区位交通、资源环境、产业配套、发展商机和前景规划等方面，全面展示郑州市承接产业转移的优势和条件。各专家学者和跨国公司高管分别从政策理论、国际资本运作规则和惯例等发表演讲。惠普亚太区副总裁、新加坡国立大学客座教授周宏骐围绕“创新城市财富，赢得未来发展，城市营销与招商选资”等主题发表演讲。中国管理科学研究院终身研究员、昆山经济技术开发区政策研究室主任黄承圯重点探讨了“软环境建设及招商引资的机制、方法和路径”。商务部研究院外资研究部主任、高级研究员马宇全面分析了当前我国外商投资形势与投资促进最新动向，为新形势下郑州市如何进行科学招商指明路径。商务部投资促进事务局项目开发部主任孙万松为郑州市描绘了一幅完整的产业招商地图，全面探讨了科学招商和创新利用外资的最新模式。国际新能源合作组织副总干事兼秘书长、联合国工业发展组织中国投资与技术促进处项目主管、国际投资环境研究院院长黄静从招商资源整合方面解读郑州市如何实施科学有效招商。世界500强安永公司中国区执行总监王世文全面把脉国际资本投资趋势，为夯实郑州大招商竞争力提出有效思路。世界500强罗兰贝格大中华区副总裁丁杰提出郑州市如何借力大招商，实现郑州商贸城的腾飞。世界500强西门子中国区副总裁吴永新全面论述了郑州市如何以可持续发展理念引领郑州城市建设。最后王文超作讲话，对研讨会的成功举办给予充分肯定，并科学全面地分析了大招商工作的最新形势，进一步明确了郑州市大招商工作面临的新任务，要求全市上下认真汲取各位专家的箴言良策，并以此为起点，进一步解放思想、开拓思路，以非常之举、行非常之为，努力开创招商引资工作新局面，推动郑州经济社会又好又快发展。

【举办第十八届中原医疗器械展览会】 第十八届中原医疗器械展览会由全国医药技术市场协会、河南省医疗器械行业协会、河南省医疗器械工业公司主办，郑州好博塔苏斯展览有限公司承办，于3月10—12日在郑州国际会展中心举办。该展会创办于1999年，已经成功举办17届，展会规模由原来的160个展位逐步扩大到逾800个标准展位。本届展会展出面积超过1.3万平方米，参展展品达40多个门类，上万个品种，几乎涵盖了所有的医疗器械、医院设备、康复保健器材。

【举办第五届中部太阳能产业博览会】 第五届中部太阳能产业博览会由中原国际博览中心和大河报主办，于3月13—15日在中原国际博览中心举办。本次展会展览面积2.5万平方米，汇集太阳能产业最新技术、最新产品，展出了太阳能热水器、太阳能集热器、电热太阳管及其他相关产品以及采暖系统等工业、民用产品。展会期间，还举办了新品发布会及技术报告讲座、太阳能市场分析及营销讲座、环保节能高峰论坛等活动。

【举办中国中部国际装备制造业博览会】 3月18—20日，中国中部（郑州）国际装备制造业博览会在郑举办。博览会由中国机械工业联合会与好博塔苏斯展览公司在郑州国际会展中心共同举办，展览面积8000平方米。该展会创办于1999年，已举办11届，是河南省规模最大的机械工业展览会，其主办单位包括河南省机械工业联合会、河南省机械工程学会、河南省自动化学会。

【举办第十三届全国介入心脏病学论坛】 3月18—21日，第十三届全国介入心脏病学论坛在郑州国际会展中心举办。论坛由中国医师协会主办，中国医师协会心血管内科医师分会、中华医学会心血管病学分会承办，本次论坛以规范、推广、提高为主题，内容设置紧密围绕卫生部关于心血管介入诊疗培训教程，突出规范化。同时还举办了卫生部心血管介入诊疗资质认证、培训基地、质控中心和病例注册等相关会议,为中国心血管介入诊疗规范发展提供了交流平台。

【举办郑州医药保健品交易会】 3月16—18日,郑州医药保健品交易会在中原国际博览中心举办。交易会由内蒙古天下商务服务有限公司主办,展览面积8000平方米。该展会创办于2010年,是郑州及中原地区最大的医药保健品交易会,展览范围包括中西药品、保健品食品及用品、医疗器械等产品。

【举办2010中原住交会】 3月18—21日,2010中原住交会在紫荆山公园举办。住交会由河南日报报业集团主办,大河报承办,郑州电视台协办,已成功举办14届。此次住交会分人民会堂和紫荆山公园两个展区,河南省天伦房地产有限公司、河南乾宏置业有限公司、河南鑫苑置业有限公司等百余家房产企业项目参展。

【举办第七届中部厨卫家装家居家电博览会】 3月25—28日,第七届中部厨卫家装家居家电博览会在中原国际博览中心开幕,本届展会由大河报社和中原国际博览中心主办。本届展会的最大亮点是新产品、新技术,许多新产品、新技术都非常贴近生活。本届展会展览面积8000平方米,特装展位30个,标准展位209个,展览范围包括厨房精品设施、卫浴设施、家装精品设施、家庭采暖、门窗地板、家庭装饰公司等。

【举办深圳—郑州经贸洽谈采购会】 3月26日,深圳—郑州经贸洽谈采购会在郑州国际会展中心开幕。省市领导叶青纯、张大卫、王璋、薛云伟,深圳市委常委、副市长陈应春等出席开幕式。本次展会由深圳市人民政府、郑州市人民政府和河南省商务厅联合主办,由深圳市科工贸信委、宝安区人民政府、郑州市商务局共同承办,展览总面积1.5万平方米。

河南省副省长张大卫在开幕式上致辞,郑州市副市长薛云伟和深圳市宝安区区长李文龙在开幕式上分别作市情和区情介绍。此次展会,深圳市组织了50多家商贸企业,宝安区组织了近300家生产企业参展,河南省30多家生产企业和500家采购商、分销商、代理商进场洽谈采购。参展企业阵容强大,不仅有得润电子、成霖洁具、格林美3家上市公司,展品包括3个中国名牌产品、2个中国驰名商标、10个广东省名牌产品、18个广东省著名商标。参展企业涉及电子信息、装备制造、服装、家居、包装、五金等诸多行业。此外,组委会还邀请到中国工商银行深圳宝安支行、深圳中小企业信用担保中心、深圳高新技术投资担保公司等3家金融机构,为企业提供融资服务。

【举办首届渔具与户外用品展销会和首届有机肥展示会】 4月1日,2010年首届华夏渔具与户外用品展销会和首届华夏有机肥展示会同时在郑州国际会展中心举办,这两个展会都是2010年新创办的本土展会。

2010年首届华夏渔具及户外用品展销会由郑州国际会展有限责任公司主办,展览面积6000平方米,北京、上海、天津、福建、香港等20个省市及地区的300余家厂商参展,展品涵盖了钓竿、钓钩、钓线、钓饵以及延伸产品钓鱼专用服装、坐椅、充气船等。

首届华夏有机肥展示会由河南省农业厅、河南省供销合作总社主办,中原地区及周边23个省(市、区)的500多家肥料生产企业、300多个农技推广部门、200多个供销农资部门和5000多个经销商及经营大户参展。

【举办大河春季车展】 4月9日,由大河报主办的2010大河春季车展在郑州国际会展中心开幕。首次进驻室内展馆的大河春季车展展览面积达2万多平方米,无论是参展规模、场地面积还是参展商数量、布展规格等,均超越往届。

2005年以来,大河车展已举办10届,本届车展国内车坛主流品牌几乎无一缺席,从奔驰、凯迪拉克、雷克萨斯、奥迪、沃尔沃等高端豪华车品牌,到长安福特、一汽大众、上海大众、北京现代、广州本田、广汽丰田等国内著名合资品牌,再到奇瑞、吉利、比亚迪、长城等国内自主品牌,均以强大阵容参展。此外,本届大河车展的另一大亮点就是与汽车用品名品展的联袂,使车展链条首次延续到汽车后市场领域。

【举办"活力澳门推广周"活动】 4月16日,为期三天的"活力澳门推广周·河南郑州"在郑州国际会展中心举行。澳门特别行政区政府经济财政司司长谭伯源,中央人民政府驻澳门特别行政区联络办公室副主任高燕,省委常委、统战部长刘怀廉,副省长张大卫,省政协副主席邓永俭出席开幕式。

"活力澳门推广周"此前曾在上海、重庆、北京三城市举办,在郑州的推广是该活动首次移师省会城市。作为庚寅年拜祖大典系列活动的主要组成部分,"活力澳门推广周·河南郑州"展览面积6000平方米,展位220个。展区分设葡语国家产品馆、澳门特色手信馆和澳门特区10周年成就展等多个各具特色的展台,让与会者全面感受澳门独特的文化魅力,品尝澳门特有的精致美食。同时,主办方为河南省企业设置的"河南知名品牌企业展区"有十余家企业参展,豫澳企业零距离接触,洽谈交流。开幕式上,伊川县政府与澳门天地辉煌置业有限公司签订总投资13.5亿元的旅游度假项目,郑州宇通集团有限公司与中澳直通巴士服务有限公司签订100多辆巴士购销合同。

【举办河南—浙江投资合作项目洽谈会】 6月18日,河南—浙江投资合作项目洽谈会在郑州国际会展中心举办。郑州市合同签约项目11个，投资额86.96亿元；对接项目17个，达成合作项目3个，投资额106亿元，均居全省首位。

郑州市参加本次洽谈会主要特点：

积极承接浙江民营企业向郑州市转移。市主要领导带队，分3批先后赴浙江等地开展招商推介及大回访活动，先后走访了中国小商品城、传化集团、金恒德物流、奇瑞汽车、华强集团、安得物流和雨润集团等大型企业。5月31日，市政府邀请近60家浙江知名大企业，在杭州召开“郑州—浙江经济协作洽谈会”，主推郑州浙商产业园项目，与中南集团、广厦集团、万向集团、航民集团、嘉凯城集团、爱丽芬集团等一大批知名民营企业建立联系，有效促成浙江航空制造、电子信息、生物医药、现代物流和加工制造等项目来郑投资，为洽谈会的成功举办奠定了坚实的基础。

创新招商方式，注重邀商效果。市商务局、郑州新区、航空港区、高新区先后抽调近20位富有经验的招商人员在杭州驻地招商一个多月，采取登门拜访、亲送邀请函、电话联络等多种形式，加强与浙江知名企业的沟通联络，拜访大型民营企业150多家，送邀请函150多份、招商资料200余册。一是独立邀商与省直部门联合邀商相结合。赴浙驻地招商小组与河南省工商局、商务厅等省直部门合作，发挥整体优势，邀请娃哈哈集团、杉杉集团、广厦集团、杭钢集团、中南集团、人民电器等54家浙江知名企业高管参加河南—浙江投资合作项目洽谈会。二是整合县(市)、区力量，实施小分队招商。全市组成16个小分队先后赴浙江洽谈，加强与浙江企业的联络对接，邀请87家企业高管参会。三是发挥商协会优势，借力招商。加强与长三角(浙江)民营经济研究会、浙江省工商局、浙江河南商会、河南浙江商会等机构的联系，先后组织20余家浙江企业赴郑进行项目考察和实地对接。通过多形式联合招商，一大批超亿元项目落户郑州。中国人民电器投资60亿元在郑建立总部基地项目，广厦集团在浙商产业园投资16亿元进行基础设施项目建设，中南集团投资80亿元在惠济区建设动漫卡通城，航民集团投资3亿元在高新区建设汽车轮胎项目，浙江爱康集团投资4.5亿元在浙商产业园区建设塑料管道生产项目。

签约成果突出，位居全省首位。在项目签约仪式上，全省签约项目100个，签约总额344亿元，其中郑州市签约合同项目11个，签约金额86.96亿元，占全省签约总额的25%，居各省辖市第一位，主要涉及基础设施及公共服务业、装备制造业、汽车及零部件制造、电子及高新技术等多个行业。其中，中牟县签约3个项目，金额62.6亿元；航空港区签约4个项目，金额17.9亿元；高新区签约1个项目，金额3亿元；管城区签约1个项目，金额1.36亿元；二七区签约1个项目，金额1.2亿元；经开区签约1人项目，金额0.9亿元。

对接洽谈充分，效果突出。在浙江民营企业产业转移项目对接会上，郑州市组织各县(市)区及开发区的100多名工作人员上会对接，取得一大批新的项目线索，娃哈哈集团、爱丽芬集团在会后分赴项目相关县(市)区进行实地考察。郑州市积极推介浙商产业园项目，在4个对接洽谈区接待浙江客商近300人，发放各类招商资料2000多套。在全市17个对接项目中，达成3个合作项目，总投资106亿元，分别是80亿元的郑州?中南卡通城项目、16亿元的中原路邮局片区改造项目、10亿元的押砦村城中村改造项目，另有14个项目取得合作意向。

【举办第七届中国汽车用品(郑州)交易会】　6月30日，中国国际汽车后市场博览会暨第七届中国汽车用品(郑州)交易会在郑州国际会展中心开幕，省商务厅副厅长苏中金、市政府副市长刘东、市政府副秘书长宋柏松等领导出席开幕式。

该项展会由中国汽车用品联合会、中国汽车维修行业协会、郑州市人民政府主办，宏达国际车业广场、郑州鑫达实业有限公司承办，自2005年创办以来，已连续举办六届，是汽车用品城际营销、同行横向交流、产业链条整合、众多品牌比拼暨新产品发布、新理论传播、新信息集中释放的全国性权威平台。短短几年间展位数从2005年108个发展到2009年的3015个，专业观众从6000余人次增长到2009年的12万人次；成交额从1.5亿元飞涨到2009年的27亿元。此次展会规模进一步扩大，展会时间为6月30日至7月2日，展出面积近10万平方米，展位达到5015个，参展单位3000多家，专业观众达13万人次，展会规模和影响力迈上了一个新台阶。展会现场展出汽车用品产品种类多达10万余种，还有汽车贴膜大赛、汽车影音改装试听、电子导航功能体验、汽车改装欣赏试驾、车模秀场、精英挑战赛等一系列丰富多彩的车友互动活动。展会同期还举办了中国汽车后市场产业转移及发展研讨会、2010—2011中国汽车用品流行趋势发布会、中国汽车经理人俱乐部首届(全国)论坛、首届中国汽车用品(电子)行业品牌大会及颁奖典礼等活动。

【举办郑州会展业(上海)推介会】　7月15日，郑州市在上海召开郑州会展业(上海)推介会，进一步宣传推介郑州市会展业，引进新的展览企业和展会项目。上海市会展业协会会长吴承璘出席会议并致辞。日本贸易振兴机构、法兰克福(上海)展览有限公司等60多家展览机构参加会议。郑州市政府副市长薛云伟出席会议并讲话。

薛云伟在致辞中讲到，近年来郑州会展业发展硬件水平进入全国先进行列，公共服务体系基本确立。全国流动展会荟萃郑州，自主品牌展会迅速成长，展览队伍不断扩大。当前，郑州市正抓住扩大内需、承接产业转移的重大战略机遇，完善扶持会展业发展的政策体系，建立高效的工作机制，为办好各种展会活动提供坚实保证，全市会展业呈现出勃勃生机和巨大发展潜力。同时希望郑州和上海会展界，能够建立健全合作机制，加强两市全方位、多层次交流合作，不断取得更加丰硕的成果。郑州市会展办主任陈彦在会议上对郑州市优越的办展环境及办展政策作宣传推介，郑州香港会展管理公司董事长王礼仕宣传推介了郑州国际会展中心的优势。

【举办首届中国(郑州)国际微型汽车配件博览会】 8月18日，为期三天的2010首届中国(郑州)国际微型汽车配件博览会在郑州国际会展中心开幕。河南省政协副主席张亚忠，省委统战部副部长、工商联党组书记孟令峰，郑州市政府副秘书长商建东等领导出席开幕式。

本次博览会由中国工商业联合会汽车摩托车配件用品业商会和郑州市人民政府主办，河南泰祥汽车配件物流贸易有限公司、河南省汽车摩托车服务业商会、河南省会展业商会联合承办。该展会是把郑州产业优势和专业市场优势结合起来，联合全国行业商协会并利用其资源优势而创办的新展会，充分体现了市政府在培育自主品牌展会方面，整合多方资源，高起点创办展会的基本原则，也是一次成功的尝试。展会的创办填补了郑州市汽车类展会在微型汽车及配件方面的空白，汽车产业展览链条得到充实完善。本届展会规模突破1万平方米，参展客商来源广泛，较好的体现了展会的全国性，实现了以市养会、以会促市的有机结合。

【举办第六届中国河南国际投资贸易洽谈会】 8月16日，第六届中国河南国际投资贸易洽谈会开幕式在郑州国际会展中心广场举行，全国政协副主席张怀西，中国国际贸易促进委员会会长万季飞，中国人民对外友好协会党组书记、副会长李小林，省委书记、省人大常委会主任卢展工，省委副书记、省长郭庚茂，省政协主席王全书，中央人民政府驻香港联络办公室副主任郭莉，中央人民政府驻澳门联络办公室副主任高燕，省领导李克、叶冬松、孔玉芳、曹维新、刘怀廉、连维良、毛万春、王菊梅、史济春、张大卫、徐济超、刘满仓，省高级人民法院院长张立勇，省人民检察院检察长蔡宁出席开幕式。来自美国、日本、新加坡等80多个国家和地区的政府官员和代表；国家商务部、中国侨联、中央人民政府驻香港特别行政区联络办公室、中央人民政府驻澳门特别行政区联络办公室、香港特别行政区、澳门特别行政区负责人；广东、福建、河北、新疆建设兵团等21个兄弟省、市、自治区领导和代表团团长；中国美国商会、海峡两岸关系协会、香港福建社团联会等境内外知名商会协会负责人；世界500强、中国500强企业和知名跨国公司高管，以及境内外企业界、金融界嘉宾等出席了开幕式。省委常委、常务副省长李克主持开幕式。郭庚茂和万季飞分别致辞。

开幕式结束后，张怀西、卢展工等陪同嘉宾参观展馆。本届投洽会期间还举办了省情说明会暨项目签约仪式、战略性新兴产业发展高层论坛、澳大利亚—河南经济合作与投资项目说明会、文化产业发展高层论坛、“走出去”国际合作项目恳谈会、深圳—河南投资贸易洽谈会等一系列专题活动。市领导赵建才、薛云伟等出席开幕式并参加有关活动。

【举办第二十二届河南家禽交易会】 9月20—21日，由河南省畜牧局、河南省家禽业协会联合举办的“第二十二届河南家禽交易会”在郑州国际会展中心举办。河南省人大副主任铁代生、副省长刘满仓、省政协副主席李英杰等领导出席开幕式。

本届交易会展览面积3.3万平方米，特装展位150个，占展位总数的60%，比上年增加12%。展览范围涉及优良畜禽品种、饲料及添加剂、兽药及生物制品、机械和畜产品加工设备等上万个品种。来自美国、法国、英国、荷兰、德国、日本、韩国、泰国等16个国家和地区、全国30个省(市、自治区)的近1000家畜牧养殖、畜产品加工、饲料兽药、畜牧兽医机械等企业参展，美国汉德克集团、加拿大PIC集团、法国梅里亚公司、泰国正大集团等30多家国际大型企业集团，上海光明乳业集团、香港五丰会、哈药集团、广东温氏集团等40多家国内知名企业参会，河南双汇集团、大勇集团、华英集团、永达集团等80多家省内重点企业组团参展，参观人数10万人。本届家禽交易会期间举办了畜牧业招商引资项目签约仪式，中国兽药界顶级经销商高峰论坛，中盛集团华山论剑等活动。河南家禽交易洽谈会已经连续举办21届，为全国畜牧行业最大的A级交易会。

【举办郑州—台湾经贸旅游推介会】 9月28日，郑州—台湾经贸旅游推介会在郑州国际会展中心轩辕堂举行。郑州—台湾经贸旅游推介会作为2010河南台湾月暨郑州台湾产品节的重要活动之一，由郑州市人民政府主办，会议邀请到全国台企联会长郭山辉等160多位台湾嘉宾参加会议。郑州市政府副市长刘东出席推介会并致辞，市政府副秘书长宋柏松主持推介会。

【举办第八届中国国际农产品交易会·第三届中国郑州农业博览会】 10月18—22日，第八届中国国际农产品交易会、第三届中国郑州农业博览会在郑州国际会展中心举行。展会由农业部和河南省人民政府共同主办，国家发改委、财政部、商务部、海关总署、质检总局、全国供销合作总社和中国贸促会协办，全国农业展览馆、中国农业展览协会、中国农业贸促分会、河南省农业厅和郑州市人民政府承办。农交会自2003年以来已举办7届，在展示农业成就、推广农业新技术、推动农产品市场流通、促进贸易与合作等方面发挥了重要作用，是国内最具权威和影响力的国家级农业盛会。本届农交会展览面积10.3万平方米，其中室内6.5万平方米，全国31个省（区、市）、新疆生产建设兵团、台湾地区共33个展团参展，涵盖农业产业化行业十强龙头企业、境外参展企业以及河南省参展企业。室外广场3.8万平方米，主要为农业机械等农业装备生产企业。参展产品包括种植业、畜牧业、水产业、农业科技、农业装备以及金融、通讯等涉农服务项目。本届农交会展出内容在原有基础上增加三个部分：一是行业十强龙头企业展区、创意农业展区、农业装备展区等；二是农业示范园、科技园、生态园、一村一品和特色农产品等创意农业板块；三是农机板块展示方面，新增加了水利机械、畜牧机械、农产品加工机械、沼气设备等农业装备产品。第三届中国郑州农业博览会室内展区面积为3.2万平方米，展区分为综合展示交易区、国际展区交易区、河南展示交易区等六个板块。郑州市总展出面积5000多平方米，参展产品2000余种，参展企业92家。

【举办全国农机产品订货交易会】 10月30日，2010年全国农机产品订货交易会暨第十四届中国国际农业机械展览会在郑州国际会展中心开幕。中国物流与采购联合会会长、原国内贸易部副部长陆江及农业部、商务部、工信部有关负责人，省市领导叶冬松、铁代生、刘满仓、李英杰、马懿、刘全心、薛云伟、陈西川等出席开幕式。

全国农机产品订货交易会暨中国国际农机展览会是亚洲规模最大的农机展会，并已跻身世界知名农机展会前列。本届展览会由中国农机流通协会、郑州市人民政府和河南省农机局联合主办，参会的国内外企业达1600多家，各类展位2700多个，展览总面积超过16万平方米，参会人数超过10万人，展会规模、展览面积以及参会人数均创历届农机交易会之最。这也是全国农机会自2005年以来第三次在郑州市举办。

本届展览会参展的各类农机产品涵盖了农业生产的全过程，其中包括近年来最新研制成功的新机具和新技术。展会期间，还同时举办了第十届中国农机论坛暨第八届亚洲农机峰会、全国农机专业合作组织发展论坛、首届农机产业与资本对接会等20多场高规格会议、论坛和农机产品推介会、研讨会、技术讲座等。河南省企业生产的东方红、豪丰、三中等农业装备，全面展示豫企农机品牌新形象，这些产品以全新国际化外观和高新技术成为本届农机展的亮点，受到客商青睐。

【举办第十六届郑交会】 11月5日，第十六届郑州全国商品交易会暨消费品博览会在郑州国际会展中心开幕。商务部商贸服务管理司副司长张蜀东、中国商业联合会副书记安惠民，中国东盟商务理事会中方秘书处、部分东盟国家、友好城市和省辖市有关领导及国内外知名企业界嘉宾出席开幕式。省委常委、市委书记连维良，副省长刘满仓，省政协副主席梁静，省商务厅厅长李清树，市领导赵建才、孙金献、刘全心、薛云伟、张民服、张学军等出席开幕式。本届郑交会展览面积达8万平方米，越南、马来西亚、菲律宾、缅甸等东盟国家及国内30多个地区和城市的1500多家企业参展。同期举办的还有2010中国（郑州）文化艺术收藏品博览会。

市长赵建才在致辞中说，郑州全国商品交易会已成功举办15届，并发展成为辐射中部地区乃至全国的大型展会，为推动郑州市乃至河南省经济社会又好又快发展发挥了重要作用。随着国家促进中部崛起战略的深入实施，郑州建设面临着重大的历史机遇，显现出无限的商机，必将以其雄厚的产业基础、巨大的市场潜力和优良的投资环境，为众多商家在郑投资兴业提供更广阔的发展空间。安惠民表示，中国商业联合会将借助自己的资源积极支持郑交会的发展。张蜀东希望郑交会利用各种外部资源，创新办展模式，按照市场化、专业化、国际化的发展方向，发展成为不断深化中部地区经贸交流的重要舞台和推手。

【举办第三届郑州国际汽车展览会】 11月11日，由郑州市人民政府、中国汽车工业国际合作总公司联合主办，郑州市会展工作管理办公室、中汽尚格展览公司承办的第三届郑州国际汽车展览会在郑州国际会展中心开幕。副市长刘东、市政府副秘书长宋柏松、中国汽车工业国际合作总公司副总裁刘敬桢等领导出席开幕式。宋柏松致辞，刘东宣布大会开幕。宋柏松指出，郑州市委、市政府高度重视汽车产业发展，已培育形成了郑州宇通客车基地，郑州日产、海马乘用车基地。近几年，郑州市汽车销量以平均每年30%的速度递增，汽车保有量以平均每年11%的速度增长，预计郑州市机动车保有量2010年将达到150万辆，郑州汽车消费市场有着巨大的潜力。

本届郑州国际车展展出规模达到4.6万平方米，汇聚20余款世界顶级豪车，国内60多个知名汽车品牌厂商，近400家全国各地的经销商参展。展出各类车型约500种、展车800余辆。室内展区共设47个精装展台，总造价达9000万元，并设有豪车专区，霸气十足的迈巴赫、超级跑车兰博基尼、2011敞篷新系雷克萨斯以及奔驰加长房车、GMC等国际豪车携手亮相，豪华车展出面积8000平方米，占车展面积的17.4%，展出车辆200辆，占总数的25%。此外，2010第三届郑州国际车展汽车模特争霸赛、最受郑州市民喜爱的10大车型评选活动、2010第三届郑州国际车展暨宝马杯摄影大赛、2010第三届郑州国际车展暨"寻找汽车最美的角度"摄影大赛、"街拍靓生活 唯美尚车族"街拍活动等十余个汽车文化主题活动都在车展期间举办。

【举办全国种子信息交流暨产品交易会】 11月12—14日,第八届全国种子信息交流暨产品交易会在郑州国际会展中心举办。全国种子双交会由全国农技中心、中国种子协会主办,河南省种子站、河南省种子协会、凤凰创意会展有限公司承办。展览面积1.2万平方米,参展企业299家,全国种业五十强企业均到会,以河南、山东、北京、河北参展企业居多,其中河南种子企业在数量、规模、质量上备受关注。全国种子双交会到会参展和交易的玉米、水稻、棉花、大豆、花生、油菜、马铃薯及蔬菜等各类农作物新品种达700多个,各种优良农产品、新型农业机械、检验设备、种衣剂、农药、加工设备、防伪包装、植物生产调节剂等新技术(设备)达1000多种(项)。除新技术、新品种展示外,会议期间还举行2010—2011年度种子供求信息和新品种信息发布、种业论坛等专场活动。全国种子双交会2003年创办,其中,2005年、2008年在郑举办了两届,因其规模大、影响大、作用大,已成为种子行业最大的品牌展会。

【举办中国(郑州)国际装备制造业经济技术合作博览会】 11月12—14日,中国(郑州)国际装备制造业经济技术合作博览会在郑州国际会展中心举办。该博览会为河南省新创办的展会项目,由国家工信部、河南省人民政府主办,河南省工信厅、郑州中桓展览策划有限公司承办。展会规模1.8万平方米,分为序厅、重点装备制造业企业和产业集聚区(基地)展区、重点装备制造业展区、技术创新与产学研合作展区、节能环保技术展区、信息化推进展区、国防工业企业展区、新能源汽车展区、省外展区、各省辖市展区、室外展区共十大区域。展会同期举办中国(郑州)装备制造业暨河南省产业集聚区经济技术合作论坛和中国郑州2010产业转移系列对接等活动。

【举办中国(郑州)美食节暨餐饮业供应与采购博览会】 11月26日,由郑州市人民政府、河南省商务厅、中国烹饪协会、中国罐头工业协会共同主办的中国(郑州)美食节暨餐饮业供应与采购博览会在郑州国际会展中心开幕。本次美食节包括餐饮企业、供应商展览、供需交流研讨、创新产品展示、烹饪技艺表演、餐饮趋势论坛等活动,餐饮、食品包装等上万种产品参与展示,极具专业性、综合性和群众性。河南阿五美食、四季胖哥、肘子刘等餐饮品牌在本次美食节上集中亮相。此外,美食节上,中国烹饪协会还举办全国名厨烹饪综艺大赛、全国厨艺绝技演示暨鉴定等一系列活动。来自全国各省份的名厨,以及中共中央直属机关事务管理局、香港文汇报组团参加,120多位名厨一同比拼厨艺,交流经验。

【举办首届河南国际金融博览会暨中原国际金融论坛】 12月9日,首届河南国际金融博览会暨中原国际金融论坛在郑州国际会展中心开幕。来自国内外的著名金融机构、知名金融专家和企业界代表云集绿城,寻找中原经济区建设过程中的金融资本投资机会,共话金融改革与创新发展。十一届全国政协副主席厉无畏、中国国际贸易促进会贸易推广交流中心主任杨晓东、副省长刘满仓、市长赵建才、市政协主席李秀奇、副市长薛云伟,以及来自沙特、智利、哥斯达黎加等国家驻华使馆商务参赞,新加坡交易所、港澳台投资机构、中国投资协会、北京PE协会以及全国近300家产业投资基金的负责人出席。省贸促会会长谢增福主持开幕仪式。赵建才在致辞中说,河南省关于中原经济区的战略构想,为打造郑州金融中心、实现郑州金融业崛起,提供了前所未有的机遇,也提出了新的目标和任务。郑州将努力为金融业的发展营造优惠的政策和良好的环境,积极开拓金融业未来发展的空间,加快多层次的资本市场建设,努力扩大金融开放,加大金融改革和金融创新力度,加强金融市场软环境建设,把郑州建设成为中西部地区金融业最具活力的地区。刘满仓说,此次金博会既是河南金融业的一次集中展示,也是河南对外交流、合作的一个很好的平台。希望海内外朋友借助本次金博会的平台,深耕河南、注入中原、寻找商机、干事创业,河南将为海内外的朋友们、投资者在豫投资兴业创造良好的环境,提供优质的服务,努力实现双方的互利共赢、共同发展。杨晓东表示,此次展会搭建了一个国际化的高端高效平台,境内外的投资者可以花最少的时间和精力全面考察、了解河南的投资环境,直接获取最新的投资政策,有针对性地选择合适的投资项目。希望大家借此机会增加了解、增进友谊,深入探讨、务实合作。金博会上,200多家海内外投资机构与河南优势企业进行了深入对接,部分企业和机构现场签约,近8亿元资本签约注入豫企。

【参加第107届中国进出口商品交易会】 4月15日,第107届中国进出口商品交易会在广州正式开幕,继续分三期举办,5月5日在广州琶洲展馆落下帷幕。本届广交会是在世界经济开始出现复苏迹象,我国外贸出口呈现恢复性增长,外贸发展还面临诸多不确定因素的形势下召开的,到会采购商和出口成交额均比上届有所增长。本届广交会共有212个国家和地区的203996名境外采购商到会,比2009年秋交会增长8.4%。其中,来自美国的采购商明显增加,增加3.8%;新兴市场到会采购商增幅较大,与2009年秋交会相比,增幅最大的是大洋洲,增幅为23.6%。本届广交会出口成交额为343亿美元，比2009年秋交会增长12.6%。

郑州市参加本届广交会主要特点：一是参展企业和展位大幅增加。在经受国际金融危机的洗礼后，郑州市外贸企业参展积极性空前高涨，参展企业数达到110家，展位数达到269个，分别占全省参展企业和展位数的26.7%和39.4%。二是特装展位增加。为推进品牌建设，扶持企业自主创新，不断优化参展产品结构，郑州市为参展企业争得9个特装72个展位，特装参展企业达到9家。郑州鸿宾木艺有限公司和河南安华玻璃制品有限公司的展区，布展设计独特，产品展示新颖，细节间尽显精致，清新亮丽的形象受到与会客户的青睐，成为展会亮点。三是参展商品品种多，成交额较上届增加。郑州市参展商品共15大类近2000余种产品，主要有磨料磨具、食品机械、纺织服装、化工医药、工艺礼品、玻璃器皿、家具家纺和汽（客）车车辆等，出口成交额8760万美元，较上届增长13.1%。

【参加第十三届中国北京国际科技产业博览会】 5月27—31日，第十三届中国北京国际科技产业博览会在北京举办。郑州市科技局、商务局、工信委、县（市）、区科技局和相关企业的20多人组成郑州市代表团参加科博会。

第十三届科博会的主题是“增强自主创新能力，加快发展方式转变”。会议通过大型活动、展览展示、论坛会议、洽谈推介、网上推介以及主题报告会等活动，全方位、多层次、多视角展示我国在建设创新型国家进程中取得的丰硕成果，并为推动科技成果转化、促进技术创新和经贸技术合作，搭建国际化、专业化的交易交流平台。

本届科博会呈现五个方面的特点：一是集中展示我国自主创新的最新科技成果，体现科技创新引领产业技术变革、加快经济发展方式转变的强大作用，推动战略性新兴产业的培育和发展。二是把握低碳经济、生物多样性、世界城市、工业化信息化两化融合以及云计算、物联网、三网融合等全球性热门话题，创新活动内容。三是充分利用科博会国内外专家、企业家集聚，项目信息密集的资源优势和“展论谈”三位一体的活动特点，深化活动效果，推动产业合作和重大项目落地。四是以更加开放、更加广阔的视野，不断提高科博会的国际化程度和合作水平，充分利用全球科技资源，助推中国企业走向世界。五是进一步深化“北京搭台、服务全国”的办会宗旨，充分发挥首都的区位优势和资源优势，搭建服务平台，助推各地区经济发展。郑州市参会企业紧紧抓住这一难得的机遇，主动推介自己的新产品、新技术、新成果，积极寻求合作伙伴，取得了预期的效果。

【参加第八届中国国际软件和信息服务交易会】 6月22—25日，第八届中国国际软件和信息服务交易会在大连世界博览广场举行。本届软交会以“软件创造绿色增长”为主题，划分为国际合作、软件创新、行业应用、资金对接、人才交流、信誉保障六大板块，有展览、会议论坛、重要活动三个组成部分。本届软交会参展企业数量实现历史突破，国内外参展客商超过700家，内容丰富，亮彩纷呈。英特尔、SAP、IBM、思科、微软、惠普等世界500强IT企业参会。同时，国内30余家软件百强企业汇聚展会，东软、用友、方正、联想等知名企业悉数参展；中国移动、中国联通和中国电信三大运营商同台展示，推出最新3G应用和增值业务；国内50多个省市团组、十几位省市长、百余位厅局长率领近千名政府代表出席展会。郑州市部分县（市）区、相关软件和服务外包企业组成45人的代表团参会，并于6月23日在大连世界博览广场会议室举办了“郑州市软件与服务外包产业推介会”，会上郑州经济技术开发区、郑州高新技术产业开发区、河南省863软件孵化器有限公司借助软交会搭建的平台进行推介，广泛宣传郑州的投资环境以及郑州发展软件和服务外包产业的独特优势。郑州各参会企业紧抓机遇，主动出击，强力推介各自的新产品、新技术，与国内外客商广泛交流，初步达成一批合作意向。

【参加河南—上海经济技术合作暨旅游项目推介会】 7月13日，河南—上海经济技术合作暨旅游项目推介会在上海浦东举行，来自国内外的800多名嘉宾参加会议，河南省常务副省长李克、上海市副市长赵雯到会并讲话。郑州市政府副秘书长宋柏松带队，市商务局常务副局长赵新民、郑州新区副主任王哲、高新区和旅游局负责人及各县（市）区商务局（招商局）局长共80人参加了会议。会上，郑州市成功签约6个合作项目，合同总金额78亿元。上会对接项目9个，涉及高新技术、房地产、物流、装备制造等8个行业。

【参加第四届中国民族商品交易会】 7月16—18日，第四届中国民族商品交易会在内蒙古呼和浩特国际会展中心召开，来自国内外的51个代表团、290多家企业、1.3万名客商参加展会。郑州市组成代表团参会，市政府副秘书长宋柏松带队，市旅游局局长岳俊华、市商务局常务副局长赵新民参加，会展办、高新区光伏产业园以及好想你枣业股份有限公司等多家单位参会参展。郑州市还设立了综合形象特装展，以图片的形式展示郑州城市建设、产业发展、人文地貌、历史文化等风采。会议期间，郑州市代表团参加了民族地区旅游发展论坛、呼和浩特投资贸易洽谈会、第二届中国光伏发电研讨会、2010年全国内贸领域会展工作座谈会等多个经贸活动，就旅游资源开发、光伏产业、会展业发展等多层面与内蒙古自治区政府接触，深入洽谈,并邀请对方组团参加第十六届郑州全国商品交易会、考察郑州市的光伏产业发电等项目。会上郑州市代表团发放招商宣传资料1000多册,接待来访客商5000人次。

【参加第六届中国河南国际投资贸易洽谈会】 8月26日,由河南省人民政府、中国人民对外友好协会、中国国际贸易促进会共同主办的第六届中国河南国际投资贸易洽谈会在郑州国际会展中心正式开幕。全国政协第十届委员会副主席张怀西,中国国际贸易促进委员会会长万季飞,中国人民对外友好协会党组书记、副会长李小林,中共河南省委书记、省人大常委会主任卢展工,中共河南省委副书记、省长郭庚茂,河南省政协主席王全书等领导出席开幕式。

8月25日晚,郑州市在裕达国贸酒店举办欢迎晚宴,邀请世界500强、国内500强企业和重要客商团组等各界嘉宾300余人出席晚宴。市长赵建才致欢迎辞并介绍郑州市情,加深企业界对郑州的了解和认识,深化郑州与企业界的友谊与合作。8月25日、26日,市委书记连维良、市长赵建才等主要领导在裕达国贸酒店分别会见、宴请包括澳大利亚代表团、江苏雨润食品产业集团、大商集团、河北东旭集团有限公司、香港金茂国际投资集团等多个重要客商团组,市领导与客商针对投资项目深入交流意见,进一步增强了客商在郑投资的信心和决心。

大会期间,郑州市招商人员及企业负责人主动出击,积极参加省组织的各项专项活动,进行项目对接洽谈。郑州市领导和客商先后参加了战略性新型产业发展高端论坛、海峡两岸经济合作框架协议(ECFA)宣讲暨河南省台湾工业园推介会、豫商大会等一系列专项活动,通过参与活动结识了大批客商,达成了一批投资合作意向。

在8月26日举行的河南省情说明会暨合作项目签约仪式上,郑州市32个合作项目成功签约,投资总额237.112亿元人民币,合同外资和域外资金共211.35亿元人民币。其中外资项目12个,投资总额9.79亿美元,合同外资8.881亿美元;内资项目20个,投资总额171.43亿元人民币,合同域外资金151.05亿元人民币。签约项目中重大工业项目有龙源电力集团股份有限公司投资20亿元人民币建设新密市20万千瓦风能开发项目、广州东昇机械有限公司投资3000万美元建设汽车冲压、焊接件项目、美国创新科技有限公司投资2940万美元建设年产100万KW大功率LED节能灯项目。

在产业集聚区项目对接洽谈会上,郑州市各项目单位代表与荷兰TNT集团、德国圣西朗光电有限公司、中晶光伏产业科技有限公司、上海民峰实业有限公司等企业和自然人进行“一对一,面对面”的洽谈对接,通过洽谈对接,辅仁药业集团生物医药科技园项目、安得物流有限公司第三方物流项目等59个项目在会上达成初步合作意向,意向投资总额近两百亿元人民币。

【参加港澳深地区闽籍企业家访豫活动】 8月23—26日,港澳深地区闽籍企业家访豫活动在郑举行。郑州市紧紧围绕“交流、合作、发展、共赢”的主题,以承接产业转移、推进产业升级为主线,以项目合作洽谈为核心,积极开展工作,取得了丰硕的成果。

7月23日至26日,市长赵建才带队,赴香港开展港澳地区闽籍企业家走访活动。7月26日,赵建才参加港澳深闽籍企业家访豫活动香港高层见面会。会上,赵建才就郑州市的区位交通优势、综合资源优势、商贸物流优势、产业基础优势及广阔的市场空间作重点推介,与40多位港澳知名闽籍企业家进行广泛交流,深入洽谈,共商合作,并诚挚邀请企业家到郑州参观考察、投资兴业。会议期间,赵建才还通过重点拜会、个别走访、集中会面等多种形式,拜会多家企业,就重点项目进行专项对接,特步(中国)中部物流产业园、中原宝龙城市广场、锦艺国际轻纺城、兴业证券郑州营业部等4个重大项目达成合作意向,总投资83.5亿元人民币。7月28—30日,副市长薛云伟赴深圳走访企业并参加港澳深地区闽籍企业家访豫活动深圳对接会。郑州市各县(市、区)、新区、开发区共60多人参加了深圳对接会,与260多家客商进行了对接洽谈。7月29日,副市长张建慧针对南益实业(集团)有限公司拟在郑投资开发的意向,专程赴深圳与香港福建社团联会主席、南益实业(集团)有限公司董事长林树哲会晤磋商,达成考察洽谈意向。8月12日,林树哲赴郑实地考察。

8月22—26日,香港福建社团联会、澳门福建同乡总会、深圳市福建企业协会共479人来豫访问考察,其中8月23—24日,在郑参观考察。在郑期间,闽籍企业家们访问了少林塔沟武术学校并观看武术表演及万人操练表演;参观了千年古刹少林寺、河南省博物院;观看了《禅宗少林·音乐大典》实景演出。

在港澳深地区闽籍企业家河南访问团省情说明会暨项目签约仪式上,郑州市签约合同项目15个,总投资额245.3亿元人民币。其中外资项目7个,合同外资额197.8亿元;内资项目8个,合同省外境内资金额47.5亿元人民币。项目涉及装备制造、高新技术、商贸物流、动漫创意、纺织服装、商业地产等领域。

【参加第十八届广州博览会】 8月26—29日,第十八届广州博览会在广州中国进出口商品交易会展馆(综合馆)和保利世贸博览馆(专业展)举行,郑州市商务局、财政局、旅游局、市投资促进服务中心、郑州新区、惠济区、中原区、市政府驻广州办事处和郑州永泰磨具有限公司等部分企业代表一行20余人参展参会。惠济区与广东利海集团签约总投资15亿元的惠济区王寨城中村改造项目。在友好城市展馆，郑州市搭设的180平米的郑州形象特装展格外醒目，郑州现代化城市建设、郑州新区规划、会展商贸旅游图片以及郑州部分产品展示，吸引了大量中外客商前来咨询观看。展会期间共接待咨询5000人次，发放各类招商资料1000多份。此次参会，还参加了地区交流等专项活动，宣传了郑州形象、扩大了企业影响、促进了两地经贸交流。

【参加第十九届乌鲁木齐对外经济贸易洽谈会】　9月1—5日，由商务部、中国贸促会、新疆维吾尔自治区人民政府主办的第十九届乌鲁木齐对外经济贸易洽谈会在新疆国际博览中心举行。副省长宋璇涛带队，省商务厅、郑州市、洛阳市、许昌市、开封市、信阳市等地市政府和企业300多人组团参会。河南省展区有20多家企业参展。郑州市商务局、投资促进服务中心、会展办、市农委以及郑州新区、郑东新区、中牟县等单位和恒大实业等5家企业共40余人参会参展。洽谈会期间，郑州市代表团与伊朗等东亚国家展团进行接洽，并与新疆地区展团交流洽谈合作事宜。郑州市许多名牌产品已通过乌洽会平台在新疆地区形成销售网络。

【参加中国（大连）国际纺织服装博览会】　9月4日，2010中国（大连）国际服装纺织品博览会在大连世博广场开幕。国家商务部副部长崇泉以及意大利、西班牙、日本、韩国、香港、澳门、台湾等11个国家和地区相关协会官员出席开幕式。此次博览会有来自13个国家和地区以及国内20个省市、自治区的11624名贸易商参加，设置展位1700个，开展主题活动20多项，主要突出时尚浪漫风格。来自意大利的世界顶级服装品牌范思哲、法国女装品牌姬·龙雪等参加展演。郑州市商务局局长宋加利一行5人参会，并参观了海外时装展、民族自主品牌展等展区，观看了亚洲时装秀创意作品展演展示，参加了2010服装产业网商千人峰会等活动。宋加利与大连市外经贸局领导进行了深入交谈，为郑州市举办此类会展活动积累了经验。

【参加2010东莞虎门服装、电子信息名产品（郑州）展贸会】　9月10日，2010东莞虎门服装、电子信息名产品（郑州）展贸会在郑州国际会展中心开幕。东莞市政协主席刘树基、广东省经济和信息化委员会副主任蔡勇、郑州市人民政府副市长薛云伟、东莞市人民政府副市长邓志广等领导出席开幕式。本次展会由东莞市经济和信息化局、东莞市虎门镇人民政府联合主办，东莞市虎门镇人民政府承办，以展示和销售虎门镇服装、电子信息等行业的名优产品为主，展览面积1.05万平方米。本次展会是虎门产品第一次大规模异地办展。展销会期间，虎门、郑州两地20家企业实现成功对接，达成31亿元的项目合作意向投资。此外，除产品交易和业务洽谈外，展馆内每天还安排2—3场品牌时装发布会。

【参加河南台湾月活动】　为进一步深化豫台间经贸、文化、旅游、教育等领域的合作，国务院台办、省政府定于2010年9月至10月举办2010河南台湾月活动。本次活动主要由经贸洽谈、文化展示、旅游推介、农业合作、教育交流、台湾民情研讨、媒体互动7个部分16个项目组成。郑州市利用台湾月活动搭建的平台，积极开展招商引资活动。

9月20日—10月20日，按照省商务厅的安排部署，郑州市组织各有关县（市）区赴江苏、广东开展针对台资企业的驻地招商活动。活动期间，分别在昆山、广州、东莞、惠州举办推介会，邀请到一大批当地知名台企台商代表参会。活动期间，招商团拜访了昆山台商协会、台湾海峡两岸经贸文化交流协会、广州市台资企业协会、惠州市台商投资企业协会、深圳台商协会等机构，走访了钰富兴业塑胶（昆山）有限公司、优比（中国）有限公司、天津松江股份有限公司、深圳市梅江南投资发展有限公司等一批台资企业，积极进行项目洽谈，达成了项目合作意向。

10月15—22日，郑州市组织市台办、市商务局、市旅游局及有关县（市）区赴台湾开展招商活动，分别在台北市、南投县、阿里山风景区管理处、台东市举办郑州市经贸旅游推介会，邀请到100多名当地知名台企台商代表参会。通过市领导介绍市情、台商企业家发言和交流恳谈，推介会取得了良好效果，为台商到郑州投资考察奠定了基础。在台期间，招商团还走访了台湾旺来旺生技股份有限公司、台湾璨圆光电股份有限公司、台湾启英学校、台湾志平高中等一大批有意来郑投资的台商，积极进行项目洽谈，达成了项目合作意向，并对丹尼斯百货、富景生态园、正林瓜子、百脑汇等已在郑投资台商企业进行回访，加深了与在郑台商的感情，促进他们加大投资力度。

10月25日，2010豫台经贸合作洽谈会见面会在郑州国际会展中心举行。省委书记卢展工、省长郭庚茂会见了参会重要客商。市长赵建才代表郑州市出席见面会。26日上午，2010豫台经贸合作洽谈会暨项目签约仪式在郑州国际会展中心轩辕堂举行。郑州市邀请晶诚科技有限公司董事长陈泽亚、郑州益辉食品有限公司副总经理詹丽珠、台钻科技（郑州）有限公司董事长苑执中、统一集团台湾总部副总经理李华扬、河南畅泰服装有限公司董事长席林生等50余名知名台资企业高管参会。郑州市共签约10个项目，总投资额92.4亿元人民币。其中外资项目4个，总投资51500万美元；内资项目6个，总投资约57.4亿元人民币。投资领域涉及先进制造业、高新技术产业、现代农业、现代服务业等。分别为郑州百乐门国际名品广场项目，总投资20.4亿元人民币；郑州水业高新供水设备研发生产基地项目,总投资5.4亿元人民币;LED室内外照明产品项目,总投资5.1亿元人民币;电子市场及商业开发项目,总投资4亿元人民币;贝斯特幼儿教育中心项目,总投资10.2亿元人民币;优贤金属材料项目,总投资8.8亿元人民币;安佑高科技乳猪饲料生产项目,总投资5.4亿元人民币;美盈森(郑州)环保包装生产建设项目,总投资17.9亿元人民币;郑州日产配套生产非主线束、发动机线束项目(意向),总投资6.8亿元人民币;河南财经学院成功学院二期工程项目,总投资6.8亿元人民币。

【参加第108届中国进出口商品交易会】 10月15日,第108届中国进出口商品交易会在广州正式开幕,11月4日在广州琶洲展馆落下帷幕。本届广交会总体展览格局保持不变,继续分三期举办,到会采购商和出口成交额均比上届有所增长。

郑州市参加本届广交会主要特点:一是参展企业和展位有所增加。继春季广交会后,本届广交会郑州市参展企业数达到116家,展位数达到283个,分别占全省参展企业和展位数的27.6%和39.8%。二是特装展位充分展示企业形象。为推进品牌建设,扶持企业自主创新,不断优化参展产品结构,郑州市积极协调有关部门,为参展企业争得10个特装70个展位,使郑州市特装参展企业达到10家。郑州鸿宾木艺有限公司和河南安华玻璃制品有限公司的展区,布展设计独特,产品展示新颖,受到与会客户的青睐。三是参展商品品种多,成交额较上届增加。本届广交会郑州市参展商品共15大类约2000种产品,主要有:磨料磨具、食品机械、纺织服装、化工医药、工艺礼品、玻璃器皿、家具家纺和汽(客)车车辆等。初步统计,出口成交额9000万美元,较上届增长14.3%。

【商务部调研郑州服务外包工作】 7月6日,商务部驻郑州特派员办事处负责人刘永平一行6人在郑调研服务外包工作。刘永平一行参观考察了郑州向心力通信技术股份有限公司、河南锐之旗信息技术有限公司、景安互联网数据中心、郑州华拓数码科技公司、好的蛋糕网、河南天乐动画影视发展有限公司等企业,并在郑州经济技术开发区管委会召开座谈会。

会上,市商务局汇报了郑州市发展服务外包产业的优势和投资环境,介绍了郑州市软件和服务外包产业发展的现状以及创建国家服务外包基地城市工作的开展情况。郑州市3个省级服务外包示范园区——郑州经济技术开发区、郑州高新技术产业开发区、惠济区分别汇报了各区服务外包产业的发展概况、发展规划、扶持政策及创建服务外包示范园区等情况;郑州向心力通信技术股份有限公司、河南芝麻开门数码商务有限公司等企业分别介绍了服务外包业务的经营状况。刘永平对郑州市近年来开展服务外包工作和推动服务外包产业发展的各项政策、措施和做法给予了充分肯定,对郑州市下一步推动服务外包产业快速发展提出了更高的要求和期望。

【省督导组在郑督导招商项目推进工作】 11月下旬,省重大招商引资活动签约项目跟踪落实月活动豫北督导组对郑州市重大招商引资活动签约项目的推进工作进行督导。省督导组分别听取了郑州市和郑州新区签约项目推进情况汇报,并到中原区、高新区、郑东新区、航空港区、经开区、出口加工区、中牟产业园区、巩义市14个项目现场察看,对郑州市重大招商项目推进情况表示满意,督导组长、省商务厅厅长戴松军表示:看了郑州市的项目感到振奋和震撼,郑州市委、市政府高度重视项目建设工作,郑州市各县(市)都在争先恐后招大商、上项目,项目多、项目大、层次高;招商活动工作得力,工作规范化、采取大项目领导分包五个一、三级联动、周例会、跟踪督导等一套有效措施,项目履约率达到88.5%;同时积极参加省组织的活动,不断创新招商理念,创新招商方式方法,注重提供优质服务,尤其是富士康项目的引进和建设创造了郑州速度,成为行业典范。对郑州市以后工作,戴松军指出:一是要进一步加大签约项目的跟踪服务协调工作,进一步提高项目资金到位率、开工率;二是要抢抓机遇,把引进进出口型项目纳入招商引资的项目中来;三是提早谋划好明年的招商引资工作,为明年经济稳步发展打下良好基础。郑州市副市长、郑州新区管委会主任赵瑞东、郑州市副市长薛云伟、郑州新区管委会副主任王广灿向省督导组汇报了郑州市重大招商引资活动签约项目推进情况。郑州市商务局局长宋加利、郑州新区招商促进局局长张春喜以及中原区、高新区、巩义市、经开区、航空港区、出口加工区、郑东新区、中牟产业园等领导陪同省督导组到项目工地察看。

【会展业发展规划(2010–2020)专家评审会】 4月28日,郑州市会展业发展规划(2010–2020)专家评审会在郑州国际会展中心召开。《规划》由商务部国际贸易经济合作研究院编制。《规划》编制历时7个多月,在广泛调研和多次论证的基础上,从专业角度深入剖析了郑州市会展业发展现状及优劣势,结合国内外形势和郑州城市特色对郑州会展业进行完整而全面的规划,提出很多新颖独到且符合郑州市发展实际的观点和思路,将对郑州会展业发展提供积极的指导。此次评审会邀请的专家有国务院发展研究中心市场经济研究所所长任兴洲,国家商务部商贸服务司行业处处长张静,中国会展经济研究会秘书长陈泽炎,上海交通大学会展经济发展研究中心执行主任过聚荣,北京联合大学会展研究所所长李智玲,中国糖业酒类集团公司总经济师、全国糖酒商品交易会办公室主任何继红，河南省社科院副院长谷建全。出席会议的还有省商务厅副厅长耿建国，省商业经济研究所所长张进才。会议特别邀请了省发改委、省贸促会、省财经政法大学及科研院校，会展企业代表和市会展经济领导小组有关成员单位的领导参加。副市长薛云伟出席会议并致辞。

【郑交会被列为商务部内贸领域引导支持展会】 为进一步发挥会展业在拉动内需、搞活流通、促进经济发展以及在结构调整中的积极作用，商务部办公厅发布了《关于做好2010年内贸领域会展促消费工作的通知》，并将第十六届郑州全国商品交易会列为2010年商务部内贸领域引导支持展会。

经国内会展业专家委员会评审，商务部确定80个符合国家产业政策、专业特色鲜明、行业代表性强、影响力较大的展会作为2010年内贸领域引导支持展会，这些展会具有较好的成长性和发展潜力。郑交会是郑州市唯一被列入2010年商务部内贸领域引导支持的展会。郑交会自1995年以来已成功举办15届。从2005年，郑交会将主题命名为消费品博览会，展览面积8万平方米，具有鲜明的专业展会特色。

【郑州会展获年度大奖】 5月5—8日，在由亚洲财富论坛、新华网、国际商报等联合主办的第八届中国会展节事财富论坛和2009—2010年中国会展节事产业金手指奖年度颁奖盛典上，郑州市荣获“最佳会展城市管理奖”，郑州国际会展中心荣获“优秀展览场馆品牌奖”。本届论坛对2009年度中国会展产业的情况进行了盘点和梳理，并对2010年中国会展产业提出前瞻性、引领性的观点。大会同期举办多场城市会展业发展专项推介会，商务部首个中国会展业年度报告《中国会展业年度发展报告(2009)》亦同时发布。

（倪　永　赵晓丽）

供销合作

【概况】 2010年，郑州市供销系统紧紧围绕服务“三农”的办社宗旨，全面贯彻落实市政府82号文件，以新网工程建设为抓手，按照“保稳定、抓改制、促发展”的工作思路，统筹规划，突出重点，分步实施，强力推进，全系统保持了良好的发展势头。全年全系统共完成商品购销总额233.9亿元，占年计划的136%，同比增长49.3%；实现利润3218万元，占省供销总社下达年计划的141%，同比增长68%。全市新网工程建设总投资12亿元，其中供销社系统内部挖潜投入2亿元，撬动社会投资10亿元，新建、改造营业面积8.6万平方米；培育、规范龙头企业22个、配送中心19个；发展乡镇级超市69个、村级综合服务社764个，带动就业1.5万人，超额完成了市委、市政府下达的任务。

【新网工程建设】 2010年，市供销社党委及时向市委、市政府汇报全市“新农村现代流通服务网络工程”建设情况，并积极与相关部门沟通协调，争得理解支持。市政府进一步加大扶持力度，出台《郑州市人民政府关于进一步加快再生资源回收利用体系建设的实施意见》(郑政〔2010〕36号)，决定成立市再生资源回收利用管理办公室，隶属于市供销社，人员纳入事业编制，经费纳入财政预算，并对再生资源体系建设给予用地、资金等方面的支持；研究同意由供销系统农资经营企业承担淡季化肥储备任务，并给予财政补贴。郑州所辖六县(市)政府也根据需要进一步加强对新网工程建设的扶持。一是成立组织，加强领导。市供销社成立了推进新网工程建设领导小组，成立新网工程建设办公室，将下设的农资、农产品、农村日用消费品、再生资源4个网络建设办公室以及综合办公室、项目办公室、督导办公室统筹合并，统一协调新网工程建设。下达了新网工程建设目标分解意见，与各县(市)供销社、有关龙头企业、机关处室层层签订承诺书，明确目标任务、时间进度、奖罚措施，确保工作有序进行。二是科学规划，明确目标。结合郑州市经济发展水平、人口状况、经营网点、服务设施分布和2009年建设等情况，按照因地制宜、统筹规划、合理布局的原则，科学论证、完善修订《关于加快推进新网工程建设的实施方案》和农产品、农村日用消费品、再生资源、农业生产资料等一系列网络发展规划及实施方案。三是重点推进，龙头带动。新网工程建设确立了龙头带动、网点支撑的基本思路，选定了网络建设切入点。在培育龙头企业方面，坚持用现代企业制度规范龙头企业建设，树立典型，以点带面，充分发挥其在网络体系建设中的示范带动作用，促进工作有序开展。在网点建设方面，坚持以乡(镇)超市为骨干，以村级服务社为支撑，打牢根基，夯实框架。在网点布局方面，重点突出“四道一村一点”(国道、省道、县乡主干道、旅游专用道、新农村建设示范村、旅游景点)，大力发展村级综合服务社，增强服务功能，实现一网多用。四是联合合作取得新突破。从纵向看，系统上下的联合合作步伐明显加快并取得实质进展。一方面向上伸，积极响应省供销总社的号召，加入了省丰合集团，初步实现更高层次的联合合作。一方面向下延，由市供销社倡导、各县(市)供销社共同参股组建郑州供销总公司、金田农资公司、信息技术中心，实现了真正意义上的联合合作。从横向看，与社会资本的联合合作成效明显。与中石化、移动公司、联通公司等的合作，有的签订了协议，有的达成了意向，合作进展顺利。围绕产业整合、资源掌控、品牌提升、管理创新等战略目标，积极引进战略投资者，一批实力强、信誉好的企业纷纷参与新网工程建设，显著提升了企业资产质量和主业竞争力，实现了经营规模、经济总量的迅速扩张,为新网工程建设注入了新的活力。

2010年,新网工程建设成效显著,四大流通服务网络规模初显。日用消费品网络建设已具雏形,丰富了农村消费市场,改善了农村消费环境;农资流通网络建设初具规模,全年销售各类化肥45万吨,市场占有率稳步提高,有力地支持和服务了农业生产;再生资源回收利用网络建设取得新成效,提高了资源再利用率,促进了循环经济的发展;农产品流通体系建设有序推进,重点围绕中牟西瓜等季节性强的大宗农产品有序进城销售,通过行政推动,着力构建市、县、乡服务网络,建立起农产品从田间地头到市民餐桌的快速通道。

【社属企业改革】 2010年,郑州市供销社直属企业改革稳步有序推进。一是加强领导,成立组织。市供销社加强了企业改制工作力度,对人员进行高速补充,负责社属企业改制工作的协调推进,为企业改制有序进行提供组织保障。二是按照"一企一策,重点突破"的原则,加大推进力度,社属企业改革改制取得实质性进展。根据改制工作需要,把下属企业大体划分为三类:破产企业、整体改制企业和职工分流安置企业,并根据不同类型企业的实际状况,采取有针对性的改制方案,稳步推进改制进程。15家社属企业2家完成资产处置或人员安置,13家进入国资委批复的破产、整体改制程序,正在按既定目标推进。各县(市)供销社社属企业的改革改制工作也按当地政府的部署稳步推进。

【安全生产】 2010年,郑州市供销合作社采取多种措施加强安全生产管理,确保了全系统生产经营安全无事故。通过签订安全管理目标责任书、组织开展"安全生产月"、食品安全检查和消防安全培训班、不定期暗访等活动,狠抓安全生产检查、整治工作,提高了全系统的安全意识,增强了防范和处理安全事故的能力,确保了全系统生产经营安全无事故。2010年,市供销社被市政府安全生产委员会评为2010年安全生产隐患排查治理先进单位。

【农村合作经济组织建设】 2010年,郑州市供销合作社不断强化农村合作经济组织建设,积极领办农民专业合作社。重点在规范发展和培育典型专业合作社上下工夫,连续5年从体制创新专项资金中拿出40万元,规范了巩义新月专业合作社等一大批拥有自己注册商标、带动能力强的专业合作社,这些专业合作社都已成为当地带动一方产业发展的经济支柱。巩义新月专业合作社被郑州市外国专家局正式确定为郑州市"一村一品"引智示范基地。截至2010年底,全市建成各类农村合作经济组织2376个,其中,专业协会71个,农民专业合作社278个,村级综合服务社2027个。有种植、养殖、加工、流通等不同产业类型。专业合作社发展入社社员34436户,帮助农民实现收入11485万元;技术培训、咨询服务24690人次。在大力发展各类农民专业合作社的同时,充分发挥专业合作社职责和作用,宣传《专业合作社法》,传播合作社知识,传授办社经验,指导农民专业合作社依法规范,为农民专业合作社发展提供综合服务,成为农民专业合作社与政府联系的桥梁和纽带。

【党建工作】 2010年,郑州市供销合作社狠抓思想政治教育和精神文明建设,为顺利完成全年各项工作目标提供政治保障和智力支持。一是狠抓理论学习,促素质提高。重点抓好党委中心组、党员干部、职工三个层次的学习,认真学习中国特色社会主义理论、党的十七届三中、四中全会精神,积极开展"创先争优"、"公务员岗位练兵"等专项学习教育活动,不断提高干部职工的理论素养和综合素质,实现了学习、工作"两不误、两促进、两提高"。二是慎重发展党员,发挥其先锋模范作用。按照"坚持标准、保证质量、改善结构、慎重发展"的发展原则,积极做好组织发展工作。2010年市社机关和各直属单位共发展和转正党员32人,培养入党积极分子120人。三是关心职工生活,切实改善民生。突出以人为本,以困难职工、弱势群体和离退休老同志为重点,开展走访慰问,搞好帮扶解困,积极协调解决干部职工存在的实际困难和问题,让干部职工共享改革发展的成果,全系统凝聚力、向心力不断增强。四是加强党风廉政建设。加强党内监督,认真落实党风廉政建设责任制,积极开展反腐倡廉教育活动,严格执行领导干部重大事项报告、民主生活会、述职述廉民主评议等制度,有效地推进党风廉政建设,增强干部勤政廉政的自觉性,全系统没有发现违规违纪现象。同时,按照"标本兼治、纠建并举"的原则,切实转变作风,提高为"三农"服务的质量和水平,进一步优化经济发展环境。

(贾耀刚　李　培)

粮油购销

【概况】 2010年,全市粮食经济发展、经济效益和综合目标整体运行良好。国有粮食购销企业剔除历史包袱后实现利润7076万元,占市目标2450万元的288.8%;粮食收购量144224万公斤,占市目标60900万公斤的236.8%;粮食销售量178507万公斤,占市目标50224万公斤的355.4%;国有粮食购销企业净资产收益率5.33%,超额完成收益率≥0的目标任务;城镇连锁经营及农村服务网点增加108个,占市目标60个的180%;"四无粮油"率完成100%,超市目标2个百分点。

推进依法行政,执行粮食政策,加强党风廉政和政风行风建设,安全生产、信访稳定，平安建设、节能减排以及完成上级交办工作任务等定性目标稳步推进。郑州市粮食局首次被国家人力资源和社会保障部、国家粮食局授予“全国粮食系统先进集体”称号；获得全省粮食工作责任目标完成优秀单位、全省粮食流通监督检查工作先进单位、全省粮食行业招商引资暨全国性会展参展优秀单位、全省粮食行业统计暨粮油加工业普查组织工作先进单位、河南省粮食行业协会优秀会员单位等省级荣誉5项；获得郑州市安全生产工作先进单位、郑州市新农村建设驻村帮扶工作先进工作队、郑州市政府决策研究工作先进单位、郑州市第一批城区社区联系帮扶工作先进工作组、郑州市“服务城乡、联点共建”活动先进单位、第八届中国国际农产品交易会暨第三届中国郑州农业博览会最佳组织奖、第二届中国绿化博览会先进集体等9项市级荣誉。

【夏粮收购】 夏粮收购是2010年省、市政府确定的民生工程、十大实事的重要内容之一。为支持新农村建设，确保农民增产增收、保护农民种粮积极性，郑州市严格执行《2010年小麦最低收购价执行预案》，严格按照国家规定的质量和价格标准收购结算，优化为农服务措施，为农民卖粮提供便利条件。在粮食收购中实行“六公开”和“六个到位”，加大支农惠农力度。坚持“六个到位”：即政策宣传、准备工作、质量把关、资金发放、服务工作到位。由于准备充分，政策透明，操作规范，全市夏粮收购工作进展有序，顺利完成，没有出现给农民群众“打白条”现象，保证了农民手中余粮的及时变现。2010年，全市夏粮收购50万吨，按最低收购价比上年每斤提高3分钱计算，农民直接得实惠3000多万元，切实保护了种粮农民的利益。

【推进依法治粮】 2010年，郑州市粮食管理部门始终把依法行政、依法管粮作为转换行政职能、规范粮食流通、推动粮食工作的重要抓手，认真做好机构落实、人员落实、经费落实、职责落实。一是深入开展法制宣传。以《粮食流通管理条例》颁布实施6周年和世界粮食日为契机，充分利用墙体宣传广告、悬挂横幅、大屏幕等载体，积极开展形式多样的粮食法制宣传活动，形成全社会关心粮食，支持依法治粮的良好氛围。二是加强行政执法队伍建设。认真落实持证上岗，提高执法人员素质，加大行政执法制度的落实力度，努力推行文明、理性执法。2010年，全市举办培训及组织相关专题学习三次，参加法治培训150人次，参加法律知识竞赛活动500人次。全年没有发生一起行政不作为、乱作为和投诉案件。三是扎实有效的开展依法行政工作。在加强粮食流通各方面规章制度建设的同时，强力推动《郑州市粮食流通管理条例》立法工作进程。同时，做好规范性文件的审核备案工作，做到有件必备、有备必审、有错必纠，确保抽象行政行为的合法有效。

【粮油市场监测】 2010年，根据市场形势，郑州市启动粮油市场价格监测日报制度，粮食管理部门重点加强对市场的监测和分析，密切监测市场粮食供求和价格的变化，随时掌握和通报市场动向，准确判断形势，提前做出预判，全面、准确、真实地报送有关粮油信息数据，提高分析预测水平和信息质量，确保了全市粮油市场“保供稳价”措施应对有效。同时，加强社会管理，准确反映粮油市场流通实情。市粮食局认真做好面向全社会的粮食流通统计、粮食平衡专项调查、粮食仓储设施、粮油加工统计和粮食从业人员统计等五项统计工作，圆满完成了各项统计调查任务，为政府粮食宏观调控和指导粮食工作提供了决策依据。

【粮食市场监管】 2010年，郑州市强化了粮食市场监管。一是严格粮食收购资格审核。本着公开透明、优质服务、便民利民的原则，规范行政许可和具体行政行为。对申请入市收购的经营者的经营资格条件进行认真审核，严格把关；对符合条件的申请人，在法律规定的审核办理时限内及时办理相关手续。至年底，全市共办理粮食收购许可证240家，2010年新办证31家。年度审核粮食收购企业173家，其中，通过审核130家，未通过2家，暂缓通过18家，撤销资格23家。二是加强粮食流通领域监管。市粮食局结合实际制订《全市2010年粮食流通监督检查工作的意见》，确定监督检查工作的重点，对粮食流通监督检查工作任务、内容、时间进行分解，及时深入开展粮食流通监督检查工作。特别是在粮食收购季节以及重大节日期间，对粮食市场进行综合整治。2010年，全市共出动580人次，查处涉粮案件38起，其中责令整改36例，警告1例，罚款1例。一年来，全市先后开展了政策性粮食收购和销售出库专项检查、粮食库存大检查、粮食流通统计制度检查、粮食收购资格核查和执行粮食流通有关政策情况检查等，并认真做好涉粮案件查处等工作，严厉查处各种违法违规和违反政策的行为，有效维护和规范了粮食流通秩序。

【军粮供应保障】 2010年，郑州市适应新时期军粮供应工作的需要，推进规范管理，严格落实政策，继续完善军供管理各项制度，加强军粮供应、质量监管、财务管理、信息化建设和规范服务，努力构建“平时供应、急时应急、战时应战”的全天候军粮供应保障体系，并落实服务承诺，不断提升军粮供应保障能力。同时，及时与军供后勤部门协调沟通，组织到基层部队走访慰问，广泛听取意见。全年军粮供应未发生一起质量投诉，获得了驻军部队的好评。

【粮食安全】 2010年，郑州市政府与各县（市）、区政府分别签订了新一年的《粮食安全责任书》,以落实粮食安全行政首长负责制为抓手,着力构建符合市情、供给稳定、储备充足、调控有力、运转高效的粮食安全保障体系,确保全市粮食安全,促进经济平稳较快发展。

【粮食应急保障】 为积极有效应对新形势下突发事件和严重自然灾害引起的粮食市场异常波动,郑州市认真落实《郑州市粮食应急预案》和《郑州市粮食应急保障实施方案》,市粮食局积极申请应急演练资金,做好2011年实战各项准备工作。各县(市)区粮食局也都结合实际,不断完善粮食应急预案和落实粮食安全的各项保障措施,形成布局合理、运转高效协调的应急网络,进一步增强郑州市粮食应急保障能力。

【库存粮油安全管理】 按照国家粮食局《粮油储藏技术规范》的规定,郑州市粮食局重点实施了全市库存粮油的规范管理,提高国有粮食流通基础设施掌控能力,严格仓储设施的转让、改用、报废和拆除等审批手续,确保粮食仓储设施的性能完好和正常运行。全市各储粮单位严格执行储粮设施技术操作规程,全面落实储粮安全防范措施。提前安排夏季储粮安全度汛工作,立足于防大汛、抗大洪、抢大险,做好汛情预测和分析,完善防汛预案,坚持24小时值班和报告制度,并做好防震减灾、防火、防雷等工作,确保了全市粮食库存安全无事故。

【粮油储备管理】 2010年,郑州市继续加大粮油储备力度,进一步完善储备粮油体系,优化地方储备粮品种结构,保持储备库存比例和数量稳定,加强粮食储存安全管理。在新建市级成品粮储备3000吨、食用植物油储备已到位6000万吨的基础上,市粮食局与发改委、财政局、农发行等部门多次协调,报请市政府批准再新增小包装成品油储备4000吨,要求年底前全部落实到位,实现了郑州市地方粮油储备由单品种向多品种的转变,由常规储备向应急供应的转变。

认真做好中央、省级储备粮代储资格企业认定及管理工作,完成一年一度的全市地方储备粮轮换计划,确保政府储备粮数量真实、质量良好、存储安全。为提高仓储企业管理水平,积极引导国有粮食收储企业开展争创全国百佳、河南十佳粮库和规范化管理先进企业等活动。河南郑州中原国家粮食储备库被国家粮食局命名为“全国规范化管理先进企业”、被河南省粮食局命名为“十佳粮库”。

【粮食质量安全专项治理】 2010年,郑州市认真落实粮食质量管理责任制,层层签订目标考核责任书,切实加强粮食质量监管。健全粮油质量监管制度,加强宣传教育和技术培训,完善检验检测体系,实施专项治理,统筹规划和合理布点完成小麦的质量调查、品质测报,有效消除了各类安全隐患,取得了良好的成效。一年来,全市未发生一起坏粮事故。

【实施助农科学储粮工程】 2010年,郑州市积极实施助农科学储粮工程,落实惠农利农政策,充分利用粮食行业的技术和信息优势,调查了解农民储粮需求,积极指导农民开展科学储粮活动,减少农户储粮损失。2010年,郑州市粮食局首次在登封市举行了农户科学储粮小粮仓发放仪式,为郑州市全面推广农户科学储粮工程起到示范带头作用。截至年底,全市12000户农户小粮仓专项建设全部完成,并通过有关部门验收。

【实施“放心粮油”工程】 2010年,郑州市坚持以人为本,大力推进“放心粮油”工程,保障广大人民群众粮油消费安全,促进和谐社会构建。一是代拟了“郑州市人民政府关于开展放心粮油食品工程的意见”和“郑州市放心粮油食品工程实施方案”,并召开市内5个区粮食局和有关粮食加工企业负责人会议进行论证,及时征求有关部门意见。二是组织申报重点放心粮油龙头企业和放心粮油食品企业。郑州市16家企业被认定为“国家粮食局、中国农业发展银行重点支持的粮油产业化企业”,4家企业被中国粮食行业协会认定为“放心粮油工程示范企业”,5家企业被省行业协会认定为“省放心粮油示范企业”。三是充分利用市委、市政府关于加快“早餐店、蔬菜店”两店建设的政策,提出将“放心粮油食品工程”一并推进的方案,得到市领导的高度重视,市委书记连维良、市人大主任白红战、副市长薛云伟、王哲分别作出重要批示,进一步推动放心粮油工程的开展。

【行业管理】 2010年,郑州市粮食管理部门采取多种措施,提高行业管理水平。一是促进粮食市场健康发展。依法加强对全社会市场主体的指导、监督、检查和服务,增强其自律意识和守法经营观念,完善市场主体多元化体系。二是推进粮食企业技术创新。积极争取国家、省、市科技支持项目,建立粮食行业“产、学、研”相结合的机制,加速粮油食品工业高新技术成果产业化,增强企业自主创新能力和核心竞争力。三是开展经营管理创新活动。指导企业建立现代企业制度和新型用工制度,提高企业的竞争能力和抵御市场风险能力。四是加强国有资产监管。落实粮食财务政策,建立和完善各项制度,严把资金支付关,认真审核和监督各项资金安全有效地使用,做好财务审计工作,强化监管职能。同时,加强对企业扭亏增盈工作的指导,争取减免税政策,为企业排忧解难。五是处理好企业改制遗留问题。积极主动向市政府汇报,加强与市企改办等有关部门的沟通,认真搞好改制情况摸底调查分类工作,调整工作思路,积极组织论证,提出解决方案,抓紧组织实施。

【粮食产业集聚区建设】 2010年,郑州市积极贯彻落实国家促进中部地区崛起等相关政策措施,按照省、市现代物流发展规划要求,把粮食产业化提质增效作为粮食工作的重中之重,把项目建设作为粮食经济发展的生命线,创新体制机制,努力提高郑州粮食产业化发展和龙头企业拓展市场的水平,切实抓好郑州粮食产业集聚区项目建设,培育区域竞争新优势。同时,加强与国家粮食局、国粮协、省粮食局等有关部门的联系,争取多方支持和指导。郑州粮食产业集聚区建设规划项目得到市领导的高度重视,市粮食局积极申报立项,市长赵建才作重要批示,并经市政府推荐,争取纳入国家"十二五"规划重点项目。4月,郑州市粮食局成立项目部,抽调两名副局级干部分别担任项目部总经理和常务副总经理,加大对该项目的领导和协调工作,前期工作经费已拨付到位,各项准备工作正紧张有序的进行。

【维护行业安全稳定】 2010年以来,郑州市始终坚持把安全维稳作为做好工作的前提和基础,市粮食局在全行业逐级落实安全生产责任制和签订稳定信访责任书,构筑全市粮食系统安全维稳体系。全年共下达事故隐患整改通知书3份,口头通知20余次,均已整改到位,并有书面反馈结果,整改率100%,巩固了安全生产成果,较好地完成了市政府下达的消防、安全生产目标任务,实现了全年安全生产无事故。强化"经济发展是大局、平安稳定也是大局"的意识,把维护稳定作为重大责任、重大任务放在全局工作的重要位置,切实履行责任。全年共接待来访82批次433人次,有效处理和解决了信访问题,切实维护了社会和行业的发展稳定大局。

【优化发展环境】 一年来,郑州市粮食系统不断巩固行政服务窗口建设成果,策划组织各种宣传活动,彰显事业成效,扩大市场影响,使粮食宣传工作针对性、前瞻性、系统性、连续性增强,实现向主动策划、大戏连台的转变,向多部门联动、多媒体宣传并重的转变,树立了良好的社会形象。通过郑州市人民政府网站、郑州粮食经济信息网,实行"一个窗口对外"制度;公开行政事项、公示办事程序、公开承诺、公布申办须知,推行"一站式服务";畅通"局长信箱"和"投诉电话",自觉接受来自人大、政协和社会团体、人民群众的监督和建议;通过参加粮油展示会、编辑《粮食工作》宣传画册、制作粮食工作专题片、组织粮食法制宣传、开展广场主题活动等,扩大粮油信息宣传覆盖面和服务面,创建人民群众满意的粮食行政管理部门,粮食工作的地位和影响得到了提升。

【行业协会工作】 2010年,郑州市粮食行业协会、粮油食品行业学会(以下简称"两会")搭建起政府和企业沟通的平台,充分体现服务、沟通、协调、监督、促裁、组织和交流职能,极大提高了行业服务水平。一是2010年上半年,"两会"开通手机信息通平台,行业网站也于"两会"成立一周年之际正式上线运行;二是精心组织参加在驻马店、宁波、郑州等地举办的各类大型粮油展销会;三是开展评优创优活动,积极推荐"放心粮油"产品。其中,郑州金苑面业有限公司荣获中国粮食行业协会授予的"放心粮油示范加工企业"和"示范主食厨房"等荣誉;郑州海嘉食品有限公司、河南兴泰实业有限公司、郑州天地人面业有限公司等一批优秀的粮油食品加工企业获得"科学发展优秀企业"和"科学发展优秀民营企业"等称号;四是"两会"代表团多次参加中粮协和省粮协会议及活动,并在会议上作典型发言。

【队伍建设】 2010年,郑州市粮食系统切实加强机关建设和行风政风建设,加强基层党建工作,努力提高党员政治素质,推动机关党建工作走"前头"当"先行"。大力开展"创先争优"、"正行风、树形象"等活动,以创建国家级文明单位为目标,推进学习型干部和学习型组织建设,提倡"六种思想理念、六种思维方式和六种精神状态",全局上下形成了找事干、谋事干的良好风气,进一步提升了机关整体形象。

高度重视党风廉政建设,做到年初有安排,年中有检查,年底有考核。认真贯彻反腐倡廉战略方针,全面实施惩治和预防腐败体系纲要,坚持从严治党,维护党的纪律,保持遏制腐败的强劲势头,加大预防力度,狠抓任务落实,推动党风廉政建设和反腐败斗争的深入开展,努力保证党员队伍的纯洁和领导干部的廉政,并扎实做好厉行节约专项治理工作,加强对国有粮食企业领导人员的监督,完善企业集体决策制度,从体制、机制上健全对国有粮食企业领导人员廉洁从业的管理和监督,并深入开展企业效能监察,推进国有粮食企业反腐倡廉建设,促进企业健康发展。

【创建工作】 2010年,郑州市粮食局积极争创国家级文明单位,围绕创建目标,全局上下统一思想,明确责任,迅速行动,努力打造机关新形象,拓展创建新内涵,创建工作取得新进展。一是请文明办指导工作,到有关文明单位参观学习;二是通过各种形式广泛传递和倡导精神文明,丰富文化生活,感受文明气息;三是将2009年、2010年的文件资料全部按照创建国家级文明单位标准进行整理,并顺利通过市文明办验收;四是设立荣誉室,将郑州局近年获得的国家、省、市级荣誉集中展示,成为创建文明单位的一个重要窗口;五是组织开展学习文明创建知识活动,大力整治卫生环境;六是对局机关活动室、健身室、阅览室进行改造装修;七是做好郑州粮食宣传有关资料的收集整理工作。

(蒋郑英)

第十六篇 交通、邮电

铁 路

郑州铁路局

【概况】 郑州铁路局位于全国铁路网中心，是承东启西、连接南北的重要的铁路交通枢纽，担负着服务地方经济社会发展、推进中原崛起的重要职责。管内有京广、陇海、京九、焦柳、太焦、侯月、新兖、宁西、新焦等14条铁路干、支线在河南境内交汇，形成纵横交错、四通八达的铁路网。与北京、西安、武汉、太原、上海、济南局相邻，既是豫、晋、陕三省煤炭外运的主要通道，又是京广、焦柳铁路与长江、汉水水陆联运的集散地，对于沟通内地与沿海及全国各地区之间的旅客运输和物资交流起着重要作用，素有“中国铁路心脏”之称。管内郑州北站是亚洲最大的列车编组站之一。郑州站是全国最大的客运站之一。2010年，面对诸多挑战，全局上下克难攻坚，奋发进取，确保了郑西高铁的开通运营，积极做好春运工作，妥善应对百年难遇的水害侵袭，推进遍布全局的铁路建设，生产经营再攀高峰，实现了安全年。路局继续保持中国企业500强，获得全国安康杯竞赛优胜单位四连冠，被评为全国厂务公开民主管理先进单位。

2010年，郑州铁路局线路管辖范围：京广线北于柏庄、安阳间485.8公里处与北京局分界，南于小商桥、孟庙间807.0公里处与武汉局分界；陇海线东于虞城县、张阁庄间354.0公里处与上海局分界，西于太要、潼关间935.5公里处与西安局分界；焦柳线南于耿坡、郜营间474.1公里处与武汉局分界；新兖线东于箅王庄、菏泽南间148.0公里处与济南局分界；京九线北于曹县、梁堤头间650.3公里处与济南局分界，南于木兰、王楼间718.3公里处与上海局分界；太焦线北于夏店、大平间190.7公里处与太原局分界；邯长线东于长治北、北舍间215.5公里处与北京局分界；侯月线北于嘉峰、端氏间147.3公里处与太原局分界；宁西线西于商南、富水间248.3公里处与西安局分界，东于李家湾、小林间563.6公里处与武汉局分界；孟宝线东于平顶山西、余官营间98.0公里处与武汉局分界。郑西高铁西于灵宝西、华山北间950.6公里处与西安局分界。其他线路都在局管范围内。

全局管辖营业线路14条，线路营业里程2369.0公里；线路总延展长6902.175公里，其中：正线延展长4431.011公里，站段岔特线延展长2471.164公里；道口266处，其中有人看守道口22处。全局线路双线及以上区段1890.8公里，占营业长度的79.8%。正线无缝线路延展长3737.311公里，占正线延展长的84.3%。有桥梁3020座183298米，其中：特大桥43座，大桥239座；隧道157座101070米，其中3公里以上的长隧道5座；涵渠6797座179754米。桥隧总换算长221257米。

全局有合资铁路5条，分别为新密、安李、石林、郑西高铁、郑西高铁郑州联络线，线路营业里程469.5公里；线路总延展长872.004公里，其中：正线延展长768.852公里，站段岔特线延展长103.152公里；道口61处，其中有人看守道口17处。

全局有车站232个(含托管车站6个)，其中：特等站3个、一等站18个、二等站24个、三等站69个、四等站88个、五等站30个。

2010年末，按照铁道部确定的机构编制口径，郑州铁路局设置限额内职能部门22个，限额外职能机构5个，派出机构2个，学、协会办事机构3个，部控附属机构28个，其他附属机构11个。有各类基层单位(机构)67个，其中运输站段30个、非运输单位(机构)37个。

2010年11月18日，根据《郑州铁路局优化站段管理结构三年工程实施方案》(郑铁劳卫〔2009〕176号)、《关于深化专业技术人员岗位管理和在中层以下管理人员中实行岗位管理的实施意见》(郑铁人〔2010〕142号)和铁道部关于运输站段行政机构编制的有关规定，对全局30个运输站段的行政机构编制进行了重新核定。全局30个运输站段合计编制定员7475名，其中：行政管理人员4847名，服务人员697名，生产人员1931名。设置行政管理机构257个，辅助生产机构14个，生产车间427个。设置专业技术岗位3707个，其中：高级212个，占5.71%；中级1277个，占34.44%；初级2218个，占59.83%。同时，下达30个运输站段集体经济管理办公室以及旅行服务、洗涤、采石、焊轨等机构编制374名。

年末全局有职工123418人(含公

安局4170人、郑州通信段1913人,不含郑西客专36人)。其中,在岗职工111246人,非在岗职工12172人。全部职工年末人数比2009年末同口径减少2766人。在岗职工年末人数中:生产人员84455人,管理人员16845人,服务人员8853人,其他人员1093人。全部职工年末人数中,河南省境内120751人(含非在岗职工12012人)。在岗职工年末人数中,女职工20866人,占在岗职工人数的18.76%。技术工人91831人,其中,高级技师217人,技师3900人,高级工36802人,中级工24886人,初级工8361人,其他17665人。

【机构改革】 2010年11月24日,成立“郑州铁路局职工健康休养办公室”,为铁路局行政其他附属机构,由局劳动和卫生处归口管理。同日,成立“郑州铁路局洛阳职工疗养院”,与局洛阳职工培训基地实行一个机构两块牌子,承担职工健康休养接待服务任务。同日,成立“郑州铁路局黄河职工疗养院”,承担职工健康休养接待服务任务,日常管理工作由局郑州桥工段负责。

2010年3月18日,撤销“郑州铁路局直属通信段”和“郑州铁路局洛阳通信段”,并入郑州铁路局郑州通信段。

2010年6月7日,撤销“郑州铁路局房地产经营开发中心”,将“郑州铁路扶轮建设工程发展有限公司”(原局房地产经营开发中心下属机构)改为铁路局直接管理的多元经营单位,承担原局房地产经营开发中心的各项业务工作。同日,撤销“郑州铁路局郑州房屋修建中心”,将“郑州铁路建设有限公司”(原局郑州房屋修建中心下属机构)改为铁路局直接管理的多元经营单位,承担原局郑州房屋修建中心的各项业务。同日,撤销“郑州铁路局洛阳房屋修建中心”,将“洛阳铁路中伟建筑工程有限公司”(原局洛阳房屋修建中心下属机构)改为铁路局直接管理的多元经营单位,承担原局洛阳房屋修建中心的各项业务工作。

2010年12月1日,郑州铁路局土地管理所易名为“郑州铁路局土地管理办公室”(铁路局行政附属机构),与“河南省铁路土地管理局”实行一个机构两块牌子。

【列车运行图调整】 2010年,全路进行了两次客车图调整。郑州局增开客车17对(直通16对、管内1对)。其中,郑西高铁增开高速动车14对,由西安局担当;郑州局担当车增开了安阳—上海K1101/4/1、K1102/3/2次,南阳—上海K1108/5、K1106/7次直通2对和洛阳—南阳4708/5、4706/7次管内列车1对。

对现有客车进行优化。将洛阳—北京西K270次和南阳—北京西K184/3次互换经由,既照顾了北焦柳停站的旅客乘车时间,又压缩了K184/3次上、下行运行时间各2个半小时左右。将郑州—广州东K259次由下午始发改为晚上始发,下行压缩1小时58分钟,上行压缩54分钟,车底由3组压缩为2组。将哈尔滨—郑州K928/5次优化压缩运行时间58分钟。通过向铁道部争取,2010年郑州局担当的郑州—厦门K742/3、K744/1次,郑州—杭州2278/5、2276/7次2对直通绿皮车更换为空调车;郑州—昆明K337/8次,洛阳—广州K758/5、K756/7次,郑州—北京西1304/3、1488/7次,郑州—青岛1566/3、1564/5次,郑州—哈尔滨K926/7、K928/5次等6对直通客车更换为直供电车底;长治北—北京西2165/4、2163/6次提高等级,改为快速列车;安阳(新乡)—西安2611/2次改经由延长至银川。根据郑州局管内客流需求,积极向铁道部申请,将部分直通客车在局管内的32个技术停点开办客运业务。

【国务院副总理张德江视察石武客专郑州东站】 2010年8月14日上午,中共中央政治局委员、国务院副总理张德江在国家安监总局局长骆琳、国务院副秘书长肖亚庆、河南省委书记卢展工、省长郭庚茂、铁道部副部长卢春房、郑州市委书记连维良的陪同下,到路局石武(石家庄至武汉)客运专线郑州东站视察工程建设推进情况。路局局长张军邦、局党委书记杨建祥、局总工程师李会林等陪同视察调研。张德江一行先后参观了石武客运专线郑州东站的站场沙盘模型,观看了工程介绍专题片,并到施工现场实地察看了工程建设情况。在听取关于车站总体设计、施工管理、投资工期等方面的情况汇报后,张德江详细询问城市公交、城市地铁、长途客车、城际铁路等立体交通配套设施的建设推进情况,对工程建设给予了充分肯定。石武客运专线郑州东站位于郑州市郑东新区,规划用地240公顷,总建筑面积40.27万平方米,工程总投资74.6亿元,是国家规划“四纵四横”铁路快速客运网主骨架中石武和徐兰(徐州至兰州)客运专线的十字交会枢纽,是集铁路、公路、城际、地铁、公交等多种客运交通运输方式于一体的综合性大型工程。

【电话订票系统语音平台开通】 2010年1月23日8时起,郑州铁路局开通全局统一电话订票系统语音平台,使用统一的订票服务电话:95105105,订票咨询服务电话:95105688,24小时为旅客提供电话语音自动订票和信息查询服务。订票票种暂只能办理全票、儿童票和学生票,儿童票需和成人票同时办理,且不大于成人票数量。取票期限为开车前1天(24小时)至3天(72小时),订票单保留12小时,开车前3天(72小时)以上订票单保留36小时,超过预留时间,订票单自动取消。一个订票号内的车票须一次性取出,不允许分批取票。电话订票的车票预订期限与各车站窗口售票预售期一致,最短预订期为开车前1天。具体车票预订期:动车组车票为20天,其他各次列车车票为10天。如遇调整,以铁路部门公告为准。旅客订好票后可到就近的郑州铁路局管辖范围内火车票代售处取票。凡在河南省的郑州、洛阳、新乡、焦作、安阳、许昌、平顶山、开封、商丘、濮阳、鹤壁、南阳、济源、三门峡和山西省的晋城、长治等地市,用户在本地拨打该电话号码,只收取本地市话费,不收取长途话费。

【郑西高铁正式开通】 首发仪式在郑州车站举行。2010年2月6日11时25分,满载旅客的G2003次国产CRH2“和谐号”高速动车组列车从郑州车站开出,标志着中国中西部地区第一条高速铁路、全长505公里、跨越2省6市、运营时速达350公里、世界上首条修建在大面积湿陷性黄土地区的郑西高铁正式投入运营。河南省政协主席王全书,铁道部党组成员、纪委书记安立敏,河南省委常委、省委秘书长曹维新,河南省委常委、省人大常委会副主任、郑州市委书记王文超,河南省人大常委会副主任刘新民,河南省副省长史济春,路局领导张军邦、杨建祥等参加了首发仪式。郑州车站西出口同期启用。7对国产“和谐号”动车组列车往返于西安与郑州间,郑州局管内有巩义南、洛阳龙门、渑池南、三门峡南、灵宝西5个车站办理客运业务。

【石武客专郑州东站进入站房主体结构施工阶段】 2010年10月28日,石武客专郑州东站施工现场顺利完成站房主体钢结构吊装施工第一吊,重达28吨的钢架柱落入12/P轴,标志着整体施工进入二、三层站台层和候车层钢结构吊装施工阶段。郑州东站站房钢结构安装包括站台层、高架候车层、高架夹层和屋盖层。该阶段施工具有总体重量重(钢结构总重量达8.5万吨)、单件起重量大(最重起重量47吨)、吊装跨度大(最大跨度达78米)等特点,且钢桁架吊装需在空中对接,安装难度大,精度要求高,是目前郑州铁路局站房建设史上技术最为复杂的施工项目之一。

【全路高铁首次要点封锁施工顺利完成】 2010年10月29—30日,经过900多名干部职工奋战,郑西高铁上行线与陇海下行线交叉渡线6组道岔全部更换完毕,标志着郑州铁路局首次对郑西高铁进行更换道岔一级施工,全路高铁首次进行要点封锁施工顺利完成。针对郑西高铁设备复杂、站区空间狭小、进出料不便及更换道岔面临的诸多困难,路局积极组织技术人员深入现场,科学制订施工方案,对点前慢行距离、轨道车运行位置、挖掘机工作范围等细节一一绘图说明,同时抽调测量人员进行平面、纵断面测量,标注基准定位,全面做好施工前的各项准备工作,确保了安全万无一失。

【路局首个煤炭列车抑尘处理点启用】 根据路局《关于推进郑州局煤炭运输抑尘工作的会议纪要》(〔2010〕33号)精神,按照“统一规划、统一标准、统一建设、统一管理”的原则,依据路局煤炭运量以及货物流向情况,先易后难、分步实施。为达到2010年6月30日通过六大干线的煤炭运输全部实现抑尘目标,制订了分三批建设固定式煤炭抑尘点的实施方案。年初,路局首批3个煤炭抑尘基站在新郑北站、义马车站、临汝镇车站同时开工建设。4月2日,路局第一个煤炭抑尘基站在新郑北站正式投入使用。4月13日14时,一列装满煤炭的列车从新郑北站开出,沿京广线南下驶往华南地区,全列62节车厢全部运用国内最先进的煤炭运输抑尘技术,披上了“液体篷布”。煤炭抑尘喷淋装置安装在线路两侧,喷洒作业全部实现自动化。

【河南城际铁路郑焦线、郑开线进入施工阶段】 2010年9月17日,河南城际铁路有限公司举行郑焦线、郑开线施工和监理合同签字仪式暨施工动员大会,标志着河南城际铁路郑焦线、郑开线建设进入实质性施工阶段。会上,河南城际铁路有限公司与中标施工单位、监理单位代表签订合同,并与中国建设银行河南分行、施工单位签订了资金监管协议。河南省发改委副主任裴志扬,路局局长、河南城际铁路有限公司董事长张军邦,河南城际铁路有限公司总经理杨树新出席会议并讲话。郑州市政府、中铁七局集团有限公司、中铁十五局集团有限公司、中铁第四勘察设计院、中原铁道建设监理有限公司代表参建单位作了发言。按照设计,新建的郑州至焦作城际铁路全长约77.8公里,其中新建线路68.14公里,还包括郑州枢纽、焦作地区相关工程。全线设郑州、海棠寺、南阳寨、黄河景区、武陟东、修武西、焦作7个车站,建设15座特、大、中型桥梁,130余座小桥涵。郑州至开封城际铁路全长约50公里,全线设郑州东、郑信路、绿博园、运粮河、宋城路5个车站,建设郑州、开封2座特大桥。两条城际铁路建设周期分别为3年半和3年。

【郑州机场综合交通枢纽开工建设】 2010年12月20日上午,郑州机场综合交通枢纽开工动员大会在郑州新郑国际机场举行。河南省副省长张大卫、郑州市市长赵建才、河南城际铁路公司总经理杨树新、局总工程师李会林出席开工动员大会。郑州机场综合交通枢纽是河南省综合交通体系建设的重要组成部分,是郑州三大枢纽站之一,工程主要包括城际铁路机场站、综合交通换乘中心、郑州新郑国际机场二期扩建工程和地面交通系统。该枢纽工程的开工建设,标志着郑州机场将成为继上海虹桥机场之后,第二个将城际铁路、高速公路、高速铁路等多种交通方式引入机场的重大工程,帮助旅客实现航空、铁路、公交等各种交通方式的零换乘。

【洛阳龙门站开通运营】 2010年2月6日,郑西客专洛阳龙门站正式开通运营。洛阳龙门站位于郑西客专K692+343米处,东距巩义南站

43.025公里，西距渑池南站68公里。站房主体设计为三层，局部（中央部分）四层，采用钢筋混凝土框架配合钢网架结构，由铁道部第四勘察设计院设计，中铁二十五局承建（第三项目部）。在建筑设计和服务理念上向“航空港、机场化”方向发展，具有通透、节能、环保、大空间、大跨度、信息化、自动化的特征。规划设计面积31780平方米，站台4座（预留4站台及1.2万平方米的站房），站内正线2条，到发线5条，牵出线1条，安全线3条；共有道岔32付，其中18号道岔27付，12号道岔2付，9号道岔3付，是郑西客专最大的中间站；按照站棚一体化的要求，建造站台无立柱风雨棚39430平方米。

【路局志愿服务项目获全国最高荣誉奖】 2010年12月5日，在团中央召开的第八届中国青年志愿者优秀奖颁奖仪式暨中国青年志愿者协会第三次会员代表大会上，路局“铁路·社会青年志愿者与平安春运同行”志愿服务项目获“中国青年志愿者优秀项目奖”。路局优秀青年志愿者洛阳车务段马慧娟获“中国青年志愿者优秀个人奖”。路局团委书记李思博当选为中国青年志愿者协会第三届理事会理事。团中央书记处第一书记陆昊、书记处书记周长奎、人力资源与社会保障部副部长信长星和中央文明办、教育部、财政部、商务部等有关部委负责同志出席会议并向获奖代表颁奖。“中国青年志愿者优秀奖”是全国青年志愿者活动的最高荣誉奖，也是目前志愿服务领域唯一的全国性奖项。第八届“中国青年志愿者优秀奖”是经过组织推荐和社会推荐、评选委员会对参评对象评审、获奖建议名单向社会公示等环节后正式推荐出来的。

【路局成为全国厂务公开民主管理工作先进单位】 2010年11月4日，全国厂务公开民主管理工作经验交流暨先进单位表彰电视电话会议在北京召开。中共中央书记处书记、中央纪委副书记何勇出席会议并讲话。郑州铁路局局长张军邦代表路局作为全国国有企业和河南省唯一代表参会，并在会上作题为《深化厂务公开完善民主管理促进国有企业健康发展》的经验介绍。

以职代会为主要载体，逐步建立了路局、基层单位、车间三级评议领导干部、重要事项无记名表决、职工代表述职及质询等10项基本制度，建立了以网络公开为辅助载体的局厂务公开网站，开发“职工代表提案处理系统”，实现提案全过程网上处理和内容公开，并以其他形式为补充载体，通过职工代表参政议政提示卡、职工代表与企业对话会、职工代表持证查询、领导干部接待日等形式，吸引职工参与民主管理。

出台《路局、基层单位两级机关职能部门厂务公开与车间班组事务公开职责分工及程序》，健全路局、站段、车间、班组四级厂务公开责任分工体系，进一步明确和细化公开责任部门、内容及事项、程序及形式、时限、责任人、监督人和主管领导等7项内容。坚持厂务公开民主管理工作向改革发展的重点问题、向生产经营的难点问题、向干部管理的焦点问题、向民生建设的热点问题延伸，把职工最关心、最直接、最现实的利益问题，特别是收入、住房等问题纳入集体协商的议题，每年经协商确定办好职工最关注的“10件实事”。

【路局成为全国绿化模范单位】 继2009年路局被河南省命名为“绿化模范单位”后，2010年又获“全国绿化模范单位”称号。2007年，路局专门成立了以党委书记、局长为组长的局绿化造林活动领导小组，积极开展义务植树活动，对铁路沿线、单位庭院、站区、住宅小区进行绿化、美化。截至2010年底，累计投入资金1.5亿元，投入造林人力30余万人次，绿化线路798公里，栽植各类苗木420余万株，先后建成各类“示范林”点124处、30公里以上精品示范林带7处、示范林场2个、标准化林场2个。路局新造林成活率达95%以上。

【“铁道园”获第二届中国绿博会三项大奖】 2010年10月5日，在第二届中国绿化博览会闭幕式暨颁奖仪式上，受铁道部委托，由郑州铁路局具体承建的位于郑州市绿博园区东南部的“铁道园”获得博览会室外展银奖、组织奖和最具特色奖三项大奖。“铁道园”，占地4032平方米，设计绿化面积2700平方米。整个园区划分为入口、中心广场、绿色游路、名人园和认知区5个区域，诠释了中国铁路“科技发展创新、绿色生态和谐”的主题，展示了历代铁路人建设铁路绿色长廊、营造绿色出行环境所取得的丰硕成果，再现了铁路为推动城市发展、促进和谐社会和生态文明建设作出的重大贡献。

【开展向张磊同志学习活动】 张磊曾任郑州办事处副主任、局安监室副主任兼郑州办事处安监室主任，2010年5月17日改任局安监室正处级调研员。作为一名入路33年、有着近22年党龄的共产党员，他在安全监察一线奔波了20年。据郑州办事处统计，自2005年3月18日铁路管理体制改革以来，张磊平均每年下现场247天，下发《安全监察通知书》98份，撰写安全调研报告6篇，上报督查信息139条。他检查出的安全隐患比全室安全监察检查发现的平均数还要多3倍以上。5年多的时间内，他甚至没有休息过一个完整的节假日。退居二线后依然马不停蹄地在一线奔波，先后参与了宁西线、焦枝线和郑西高铁的防洪大检查。6月11日，突发心脏病，不幸去世。

7月16日，路局“2010安全功臣、服务明星、业务状元”评选委员会追授张磊同志为全局安全功臣。7月27日，路局《中原铁道报》推出长篇通讯《大德无碑》，详细介绍了路局优秀党员领导干部张磊的感人事迹。并连续推出"爱岗敬业当表率忘我工作为安全"、"奋发进取勇超越永不懈怠创佳绩"等系列评论文章。

2010年8月5日,局党委、路局召开大会,追授张磊同志"优秀党员领导干部"称号,并在全局开展了向张磊同志学习活动。铁道部安监司司长陈兰华出席会议。局领导杨建祥、张军邦等及局机关各部门、基层各单位700多名干部职工代表参加会议。局党委副书记、纪委书记宋强太主持会议。

8月10—11日,铁道部政治部副主任、宣传部部长王勇平,人民铁道报社总编辑李丹,铁通部政治部、宣传部、组织部和人民铁道报社、铁道影视音像中心有关人员专程到路局调研张磊同志的先进事迹。《人民铁道》报记者、通讯员相继撰写了"生命诠释的忠诚"、"无愧使命的召唤"等系列报道,以及"忠诚铁路写华章"、"把握规律保安全"等评论员文章。

9月6日,中共铁道部党组作出《关于开展向张磊同志学习活动的决定》,铁道部政治部作出《关于追授张磊同志"全国铁路优秀共产党员"称号的决定》。全局上下掀起了"学习张磊、岗位成才、实现价值、争创一流"的学习热潮。

【首次面向社会公开招募社会青年志愿者】 郑州铁路局团委联合共青团河南省委、省志愿者联合会,首次以"参与春运、体验春运、服务春运"为主题,采取社会化运作模式,在《河南日报》、《大河报》、中新网、中广网、共青团河南省委网站、河南志愿者网等媒体刊登招募公告,面向社会公开招募100名以在校大学生为主的铁路春运志愿者。2010年1月30日,"铁路·社会青年志愿者与平安春运同行"活动启动仪式在郑州车站举行,面向全省招募的100名社会青年志愿者宣誓上岗。路局局长张军邦、共青团河南省委副书记郭鹏,局党委副书记、纪委书记宋强太到现场慰问了青年志愿者。

100名志愿者中有不少人曾服务于北京奥运会、洛阳世界邮展等国际盛会。春运期间,他们同千名铁路青年志愿者一起以"我参与、我体验、我奉献、我快乐"为服务口号,积极投入到由路局团委与郑州车站协商后在8个候车厅、进站口等处所确定的9个志愿者服务岗,每天进行高峰期3个小时的站车服务。为避免因志愿者业务生疏引发路风不良反映,局团委还根据铁路春运工作规章和郑州车站各阶段的客流特点,制订志愿者服务内容及工作规范,并与铁路公安局、客运处、路风办联系,提前对志愿者进行以客运业务、人身安全、路风纪律、应急知识为内容的业务培训,并为志愿者配备相关装备、岗位标志,印制发放志愿者服务手册、旅客春运出行知识手册等。在此期间,路局团委还陆续开展了"百名志愿者走进郑州铁路局"、"当一日铁路工人"等一系列路地青年志愿者交流活动,营造了社会志愿者参与、体验、服务春运的浓厚氛围。

【《郑州铁路局志》(续志1992—2011)编修工作启动】 2010年4月初,路局下发《关于编纂〈郑州铁路局志〉(续志1992—2011)的通知》(郑铁办函〔2010〕181号),明确了续志编纂初步方案。5月6日,路局召开《郑州铁路局志》(续志1992—2011)编修工作启动暨编修业务培训会。路局副局长杨伟军出席会议,并代表路局与各参编单位负责人签订了承编责任状。河南省地方史志办公室主任霍宪章、铁道部档史中心副主任刘雅玲及局机关各部处室、各有关单位负责人和专兼职编纂人员共计113人参加会议。河南省、铁道部、铁路局有关专家对专兼职撰(组)稿人进行了业务培训。截至7月20日,经过反复讨论、调整、补充、完善,形成续志篇目设置讨论稿,完成第一阶段各篇目设置任务。9月8日,路局召开主要由机关参编部门撰(组)稿人参加的第二期编修业务培训会,标志着续志编写工作进入了以搜集资料为主的第二阶段。通过听取省、部史志专家和各承编单位参写人员意见和建议,在把握实质、严格体例的基础上,对篇目设置再次修改和完善,增删调整条目100余个,增加表格50余个,进一步明确了责任分工。11月18日,下发《关于印发<郑州铁路局志>(续志1992—2011)篇目设置(暂定稿)的通知》(郑办发〔2010〕21号)。暂定稿分13篇63章373节,计4万余字。为确保局属单位入志稿质量,分别于12月中下旬在新乡、洛阳、郑州组织召开参编局属单位办公室负责人及撰稿人参加的续志编修片会,推动了续志编修工作有序开展。

【纪念《铁路法》颁布20周年研讨会召开】 2010年8月26日,河南省铁路法学会召开纪念《铁路法》(1990年9月7日国家颁布,并于1991年5月1日起开始实施的建国以来第一部国家管理铁路的法律)颁布20周年研讨会。局党委副书记、纪委书记宋强太出席会议并讲话。河南省铁路法学会会长任雪芳主持会议。郑州铁路公检法机关、辖区各有关部门、基层站段和驻豫中铁十五局、中铁电气化局以及河南省地方铁路局等单位代表参会。为总结《铁路法》实施20年来对铁路运输、建设、改革、稳定和发展所起的保障作用,并积极探索随着实践的发展,《铁路法》需要修改的必要性以及如何修改的问题,由河南省铁路法学会发起并组织了关于纪念《铁路法》颁布20周年征文活动,在豫各铁路法学会组织干部职工、法学工作者、法律工作者和法学爱好者,认真学习科学发展观,结合贯彻实施《铁路法》等法律法规的实践,深入铁路运输一线调查研究,理论联系实际撰写了101篇论文。

【益海嘉里粮油食品项目开工建设】 2010年4月23日,路局服务地方经济的益海嘉里粮油食品项目暨铁路物流项目奠基仪式在郑州经济技术开发区举行。河南省人民政府省长郭庚茂、副省长宋璇涛，郑州市人民政府市长赵建才等省、市领导及路局局长张军邦出席奠基仪式。作为“河南新加坡物流产业园”启动项目之一，该项目主要从事农副产品加工、销售业务，设计日加工小麦2400吨，日灌装中小包装食用油350吨，预计2011年8月试车投产后，年产值将达到25亿元人民币，成为郑州一个新的粮油、食品集散地。该项目由路局中原铁道工程公司承建，建成后3条铁路专用线年吞吐能力将达到200万吨。

【圃田物流基地开通运营】 2010年6月30日，郑州铁路局圃田物流基地正式开通运营。路局领导张军邦、王俊吉、李会林、杨伟军及37家货主单位代表出席开通庆典仪式。圃田物流基地占地37.87公顷，依托107国道、310国道、京珠高速公路、京广铁路、陇海铁路和环城快速路，具有集公路、铁路、民航联运于一身的区位优势，不仅是郑州铁路局涉足现代物流业发展的重大投资项目，也是郑州市东部现代物流业圃田物流园区的重要组成部分。自2008年6月立项建设以来，按照“边建设、边规划、边运营”的经营思路，经国内专业物流规划设计团队评审，初步明确了“以钢材、建材、汽配和东站转移包装物为目标市场，以运输、装卸、交易、仓储、加工、配送、中转分拨、信息服务和物流金融为主要功能的基地定位”。

【打造中原高铁户外传媒新平台】 2010年9月14日，河南日报报业集团与郑州铁路局签署战略合作协议，河南日报报业集团取得“两站一线”高速铁路10年媒体资源经营权，合作金额达3亿元。省委常委、宣传部部长、副省长孔玉芳出席签字仪式。河南日报报业集团党委书记、董事长、社长朱夏炎与郑州铁路局局长张军邦分别代表合作双方在协议书上签字。河南日报报业集团和郑州铁路局这次牵手合作的“两站一线”是石武郑州东站、郑州火车站西出口和郑西高铁，沿线还包括荥阳站、巩义南站、洛阳龙门站、渑池南站、三门峡南站、灵宝西站，以及郑西高铁沿线40多座铁路桥梁广告媒体资源10年的整体租赁开发，对河南省实施重大文化产业项目带动战略，对推动河南省文化产业的进程，具有极大的现实意义。通过打造高铁广告传播平台，辅以阅报栏户外媒体和大河多媒体信息港，使河南日报报业集团形成一个以郑州为中心，以中原城市群为依托，以城市道路广告为主干，以火车站、高铁广告为补充的“大户外”媒体网络，将成为河南文化产业项目新图标，建设中原经济区的新亮点。

【月山工务段安全生产一万天】 截至2010年2月15日，月山工务段实现连续安全生产10000天。自1982年9月30日焦柳线跃店有人道口责任相撞事故发生后，月山工务段从制度管理入手，不断细化各类施工现场安全卡控标准和安全管理制度的落实。安全管理工作逐步做到了“严、细、实、早”。安全管理上推行“问题闭环管理制”，用有效的管理保安全；设备上创新理念，用一流的质量保安全；素质上坚持人才兴段，用良好的素质保安全；文化上坚持典型引领，用强大的合力保安全。

（翟丽敏）

郑州铁路办事处

【概况】 2010年，郑州铁路办事处安全检查监督职能区域范围为：京广线安阳北K485+800至小商桥南K807，陇海线张阁庄东K354公里至铁炉南K583，焦柳线月山站中心K0至九府坟西K4+635，太焦线夏店北K190+682至月山K381+616，新焦线新乡南203号岔尖至月山K76+710，安李线安阳133号岔尖至李珍K33+119，石林线石涧12号岔尖至林县K21+095，汤鹤线汤阴101号岔尖至鹤壁北K19+075，新密线新郑53号岔尖至密县西K40+756，新兖线新乡南206号岔前至算王庄东K148+241，京九线曹县南K650+273至木兰南K718+186，邯长线长治北J1号岔尖至长治北东K215+490，朱李矿线朱村1号岔尖至分支岔线分界点K3+363。办事处负责对辖区各基层单位的行车安全、施工安全、设备安全、职工人身安全以及路外安全进行监督检查，并负责行车单位的事故救援演练及培训工作。

2010年末，办事处设综合办公室、党群工作办公室、安全监察室、社会保险办公室、财务室、离退休管理办公室(老干部部)。直管机构：服务所。

2010年，办事处定员156人，其中干部88人。全部职工年末人数为339人，其中调研员138人，内设机构120人，直管机构77人，劳务输出及退养4人。

年末有干部105人(不含调研员)。在全部干部中：正处级8人，副处级11人，正科级34人，副科级34人，其他18人。从事专业技术专职干部78人，占74.3%；女干部13人，占12.4%。干部文化程度：大学本科39人，大学专科50人，中专中技5人，高中10人，初中及其以下1人。在全部专业技术干部中(含兼职)：技术职务高级11人(政工6人)，中级49人(政工17人)，初级26人(政工1人)。工程技术人员52人，其中：经济4人，会计5人，图书、档案、文博1人，政工专业职务24人。

年末有工人93人，占全部职工的27.43%。其中：共产党员32人，女工8人。文化程度：大专9人，中专5人，技校3人，高中50人，初中26人。

【安全督查工作】 (一)加强日常专业检查。按专业和业务能力以及辖区安全检查的需要，整合组建4个专业监察队、13个专业组和1个综合分析组。实行“计划式、蹲点式、暗访式、追踪式和拉网式”等检查方法，做到“四个不漏”。即：动车添乘检查每3天不漏趟；高铁和提速线路添乘检查每天不漏线；主要行车工种关键时段关键作业的抽查每周不漏次；主要行车设备养护维修情况的检查每周不漏项。2010年检查发现问题4398件，路局对话会采用435件，实现了对辖区安全全方位、全天候、不间断地检查监督。

（二）加强安全关键盯控。针对施工、防洪以及冬春运、暑运、秋检等安全关键和薄弱环节，组成联合监察组，实行全过程检查包保，逐项检查卡控，严格把关，使施工安全牢牢处于受控状态，消灭了施工造成的责任一般C类及以上事故。

（三）加强关键时期安全攻坚。对“两会”、全局实现安全百日和安全年等关键时期，及时组织开展安全攻坚活动，全面加强安全检查监督。在“12·5”全局实现安全生产900天的过程中，组织开展了向实现安全年冲刺活动。每周平均检查发现并解决问题达131件，与开展冲刺活动前周比上升21%；下发《安全监察通知书》60份，周比上升253%。

（四）主动加强与站段的联系沟通，针对郑州桥工段郑州线路车间在郑州站四个方向区间作业登记困难，造成区间线路设备不能及时养护维修的问题，不等不靠，深入郑州站站区检查调研，找出问题的症结，组织召开了由相关站段“天窗”负责人参加的协调会，帮助郑州桥工段解决了长期存在的实际问题。针对郑州北站区19座灯桥投入使用20多年，超大修期，线路老化，多数灯具出现不同程度的破损无法修复，照明长期处于时明时暗，严重影响作业安全和职工人身安全的问题，在全面了解，深入分析后，组织郑州供电段、郑州北站、郑州北车辆段等单位有关人员召开专题协调会，统一思想认识，明确责任和善后措施，彻底解决了这一老大难问题。

【提高安全监察效能】 推行监察人员与安全包保单位“安全责任同负、安全问题同抓、安全生产同保”的“三同”责任制，把安全检查包保的效果与安全责任挂钩，实行系统安全、事故责任和监察绩效挂钩考核，实现了由“严不起来、落不下去”向“求真务实、从严从细”工作作风的转变。在加强超前控制预防上，突出“五多五高”。即：深入现场发现安全问题多，质量要高；发现隐患下发《安全监察通知书》多，标准要高；撰写安全调研报告多，水平要高；帮助站段协调解决接合部和有难度的安全问题多，服务要高；问题整改复查要多，整改率要高。为确保事故或故障定性定责准确，在严格事故调查处理上，推行“六个必须”。即：调查人员在接到事故信息30分钟内必须迅速出动；发生“冲、脱、挤、火、爆”等行车事故以及严重影响提速、高速线路畅通的行车设备故障，主任、副主任必须带队进行调查；事故调查报告必须有专人审核把关；事故定责率必须达到规定要求；事故档案管理必须一事一档；每月必须对事故调查报告进行评比。2010年，月均检查发现问题520件，比2009年增加310件，上升148%；月均下发《安全监察通知书》120份，比2009年增加60份，上升100%。

【创新安全检查机制】 （一）创新问题整改落实机制。对部、局检查通报的问题、事故及设备故障暴露的问题、安全专项检查调研分析出的问题、《安全监察通知书》指出的问题等，实行百分之百现场复查，保证整改落实到位。明确问题整改到位的标准，行车设备、设施隐患消除，质量百分之百达标。建立办事处和站段两级复查工作机制，指定分析监察专人负责问题复查管理工作，并从各专业检查组抽调部分监察人员成立专门的复查组。同时，指导站段建立安全问题整改复查工作制度，规范复查工作程序，设置专门台账，明确考核办法。实行实名、实时、实地、实事反馈复查情况。安全突出问题四个百分之百追踪复查制度的推行，有效解决了“检查了就是完成了，会议布置了就是落实了，口头上、纸面上、网络上整改了就是解决了”等不良现象，实现了安全问题检查发现与整改销号的硬闭环。2010年，追踪复查安全突出问题1081件。

（二）创新安全分析管理机制。实行安全情况周分析通报制度，每周对安全检查发现的问题进行汇总分析，对辖区发生的事故和设备故障进行剖析。实行安全周例会制度，每周一组织安监室各专业负责人，通报安全情况，分析存在的关键性和倾向性问题，提出解决问题的意见和建议，明确本周安全重点工作和必须盯控的安全关键环节，对安全重点问题整改落实进行明确分工，落实责任。创建《周安全简报》。把《简报》作为周安全分析制度的载体，发至辖区各单位，呈报路局主要领导。及时通报每周安全检查情况，剖析影响安全的问题，对重点问题向有关单位和部门提出整改意见，向路局领导提出建议。局长、局党委书记先后10次对《周安全简报》作出批示。《周安全简报》已成为路局领导及时了解掌握安全情况，指导有关单位和部门解决安全突出问题，以及路局各专业部门和辖区各单位了解掌握安全动态，加强安全关键环节的管理和控制，有针对性地加强安全防范的重要信息渠道。

（三）创新安全调研思路。开展指导性调研，对事故、故障以及日常检查中暴露出的问题，盯住不放，攻其一点，带动一片。针对驼峰调车作业中暴露出的减速顶质量不良，推峰调车机轮缘磨耗和车轮踏面擦伤严重，驼峰道岔严重老化，轨道结构强度减弱等严重影响调车安全的问题，从全面检查辖区内减速顶、推峰调车机、驼峰道岔、轨道管理入手，对驼峰涉及的车务、工务、机务站段以及有关部门，进行较为全面的调研剖析。对安全管理、设备养护维修、接合部管理、人员素质、车间和班组建设等9个方面存在的430多个问题，提出14个方面的整改意见和23项建议，促进了驼峰调车作业安全管理和现场作业控制的全面加强，有效地防止了调车冲、脱、挤等惯性事故的发生。2010年，辖区调车事故比2009年下降30.5%。

开展防范性调研，针对生产力布局调整以及运输管理体制改革中可能出现的影响安全的问题，组织力量集中调研，超前会诊，提出解决问题的对策和建议，制定防范措施，防患于未然。先后组织力量对辖区内新密、汤鹤、安李3个支线公司的安全管理、现场作业控制、设备养护维修等情况进行了全面系统的检查调研，撰写调研报告7篇，提出了15个方面的整改意见和38项建议，有力促进了支线公司的安全工作。

开展探索性调研，对新设备新技术使用中出现和可能出现的安全问题及隐患进行调研，深挖问题原因，探索安全规律，摸索加强安全管理控制的有效方法和途径。如针对辖区内东陇海线多次发生提速道岔故障这一安全突出问题，组织对发生的故障进行了扩大分析，并组织对圃田、开封、开封运转场及谢集站等东陇海线管内安装有SC325型提速道岔的车站进行了全面检查和质量问题剖析，向有关部门提出了8项改进建议和意见。确保高铁安全是安全管理的前沿性课题，组织对郑州西站高铁与普铁接合部安全进行了专项检查剖析，发现非正常情况行车规章存在严重漏洞，高铁正线轨道电路分路不良等突出问题，影响高铁运行安全，并提出了建议和意见。2010年，组织安全专项检查调研和剖析126次，撰写调研报告105份。

【信访稳定工作】（一）加强领导、完善机构。充实健全了办事处信访稳定领导小组，要求各部门负责人、党支部书记作为信访稳定工作第一责任人，把信访稳定作为日常工作的重中之重，从讲政治、讲大局的高度，深刻认识这项工作的紧迫性、重要性，认真落实好路局和办事处各项工作要求，切实担负起维护稳定的重要政治责任。

（二）建立制度、规范管理。先后出台和完善了《郑州铁路办事处信访稳定工作制度汇编》、《关于对涉及职工利益的重大决策事项进行信访评估的意见》、《郑州铁路办事处信访稳定工作与各部门责任考核办法》、《郑州铁路办事处信访稳定工作领导接待日制度》、《郑州铁路办事处预防和处置信访稳定工作预案》等工作制度。

（三）抓好关键、确保"两会"。认真学习贯彻部党组、局党委对确保全国"两会"期间稳定的部署安排，通过党员大会、职工大会、交班会、专题部署等形式对稳定工作进行再宣传、再动员，全力以赴确保"两会"期间的安全生产和队伍稳定。对影响稳定工作的重点人、重点事进行逐人、逐项排查，把不稳定因素控制在萌芽状态。针对涉及职工切身利益等方面的热点、难点问题主动下访，采取上门入户、人对人、面对面进行政策宣讲，杜绝了各类群访、越访事件的发生。派专人参加"两会"期间局驻京工作组，及时处置各种问题，较好地完成了任务。

（四）突出重点、解决问题。针对管内部分离休老干部对铁道部49号文件关于养老金和待遇等产生疑问的情况，部门组织老干部代表参加路局专门会议，会后立即传达部、局领导有关指示，广泛宣传有关政策规定，逐一向离休干部发放了工资对帐单，并在郑州、新乡召开专题座谈会，通过沟通和交流化解了老同志们的疑虑。针对原郑州铁路分局和工程医院离退休职工管理社会职能移交工作，在时间紧、任务重、要求高的情况下，加班加点，通过集中开会、在家属区张贴通知、电话联系、信件沟通等方式，将有关政策规定告知每一位老同志，及时召集会议传达移交进展情况和宣讲、解释有关政策，确保了各项工作到位。要求办事处各党支部成立包保小组，对重点人员进行包保。

（五）上下协调、畅通信息。在全国"两会"、亚运会及重要节日期间，实行办事处稳定工作"零"报告制度，各部门于每天16点前将不稳定因素和苗头性、倾向性问题向办事处值班室报告，重点问题随时报告，使信访稳定工作信息进一步畅通。

【各项管理工作】（一）劳资管理。根据路局《关于下达郑州铁路局2010年各单位工资总额计划的通知》精神，及时对办事处2010年工资总额收支倒排计划进行预测，坚持工资基金收支核对制度，定期与财务工资基金收支情况核对，做到了月月有统计、季季有分析。按照《郑州铁路办事处月度经济责任制考核办法》，认真审核各部门月度经济责任制考核表，保证了月度经济责任制考核奖准确无误。对各类单项奖、一次性奖及路局下拨的各类奖励、罚款，进行分类分项登记、汇总，实行动态考核，及时兑现奖罚，发挥奖励的调节激励作用，真正做到了奖罚分明。

（二）社保管理。做好社保信息日常维护，审核养老保险、补充养老保险、医疗保险、失业保险、工伤保险数据信息。认真核准年度职工工资收入，由职工签字后向路局申报，并对局返回的职工工资收入申报数据进行核对，按照各项保险调整比例对全员进行了交费调整。按照在职职工、退休职工、职工家属的不同社保参保及待遇情况，分类做好社保工作。2010年，办理退休31人（其中：干部30人，工人1人；女职工13人），调转人员及新建养老金账户14人，职工死亡待遇结算1人。对退休职工养老金发放库进行信息核对与完善，对军转退休人员档案信息进行了核实申报，保证了退休职工养老待遇的调整发放。全年挂失补办医疗卡36人，对局审批下拨千余人次的医疗费报销、离休医疗费、离退休社会养老相关费用、遗属补助及丧葬费、补充养老保险退保、工伤费等进行核实发放。办理各项死亡待遇28人,遗属待遇申报11人,外诊就医报销32人次。做好职工家属自愿参加家属医疗保险工作,严把通知、交费、登记、上报各个环节,共办理参保家属114名。

(三)财务管理。针对资金紧张的实际情况,对单位银行账户实行动态监控,随时掌握银行账户资金结余,及时与路局有关部门汇报沟通,确保工资发放、物资采购等工作所需。加强资产管理,对原分局遗留的问题逐项进行核对、签认,清查工作共转出120项固定资产,涉及23个单位,价值1756.18万元,报废固定资产655项,价值2962.95万元。

(四)设备管理。做好设备改造检修,坚持大修与整修相结合,对路局批准的设备大修项目,盯质量、盯进度,对汽车、电梯、锅炉、管道、消防等日益老化的设备,坚持巡视与养护相结合,季节性检修与日常性检修相结合,确保设备安全运行、正常使用。全年完成设备更新改造30多万元。

(五)离退休工作。郑州办事处离退休管理办公室(老干部部)直接管理原郑州及新乡分局机关离退休干部职工950人,其中:离休干部97人、建国前退休干部33人、建国后退休副处级干部(含高职、副团职)186人,此外还担负着郑州老协支会日常工作机构和63名老战士的服务工作,同时负责郑州新乡两个活动中心、4个活动室以及老年大学的日常管理服务工作。落实好政治待遇,召开政策形势通报会,观摩郑州北站和郑州车站的"一流精品"创建成果,组织"庆国庆、爱党、爱祖国"百题答卷活动和"乘高铁、看发展、迎国庆"等主题活动,使广大老同志亲身感受建国60年来特别是改革开放以来国家的巨大变化和铁路的飞速发展。落实好节日福利待遇,组织专人对生活困难、住房紧张、因病因灾致困的老同志进行普查,及时上报路局和办事处,争取资金和政策进行救济帮扶,做好老同志医疗二次报销、住院探视,以及走访、慰问、救济老战士、老领导、老干部、长病老同志、特困老党员等工作。办事处老干部门球队在全国"黄河杯"门球比赛中获得了唯一的"精神文明奖"。

【创先争优活动】 下发《关于进一步深化创先争优活动的实施意见》,成立以党工委书记杨学禹为组长,班子成员为副组长,各党总支书记参加的活动领导小组,下设活动办公室,负责日常工作。明确领导班子、基层党支部和每个党员在活动中的重点任务;从推行公开承诺、开展领导点评、组织群众评议、大力表彰先进等四个方面规范了活动程序,并从联系包建制度、检查指导制度、建立例会制度、严格考核制度等方面,制定了保证措施。通过活动的开展,有力地推进了党的基层组织建设和共产党员先锋模范作用的发挥。

年初,对全年宣传典型工作进行部署,组织宣传骨干,及时挖掘办事处各项工作中涌现出的典型事迹、典型人物。积极开展争创"双十佳"活动,选树了安监室党总支、离退办王洪涛等一批路局及办事处先进集体和个人,引导干部职工学先进、赶先进、当先进。2010年,共表彰"四强"党支部3个、"四优"共产党员28名、优秀党务工作者5名。其中:向路局党委推荐表彰"四强"党支部1个、"四优"共产党员3名、优秀党务工作者1名。

【企业文化建设】 着力营造和谐向上的人文环境,按照干部职工对文化生活的不同需求,组建了书画、诗歌、钓鱼、羽毛球、乒乓球等多类文体活动小组,积极开展活动,寓教于文、寓教于乐。郑州办事处党工委、工会工委先后组织开展了春节、中秋、"五一"、"十一"等节假日系列活动,举办了乒乓球、拔河、钓鱼、双升、游泳比赛及书画摄影展等。加强文化体育设施建设,充分发挥办事处综合体育场的作用,定时开放、定期组织各类活动,不断满足职工群众日益增长的精神文化需求。始终坚持"热情关怀、办好实事、确保稳定"的工作思路,千方百计解决职工群众最关心、最直接的利益问题,先后解决职工住房6户,并先后投入资金15万元,开展了"送温暖"、"送清凉"、大病救助、"金秋助学"等活动。

(王和平)

郑州车站

【概况】 郑州车站地处京广、陇海两大铁路干线的交会处,始建于1904年,是一个有着百年历史的特等铁路客运站,是全国最大的铁路客运中转站之一。管辖范围包括郑州客站和11个中间站,管理跨度126.5公里,均为全路重要提速区段。其中:1个特等站(郑州客站),1个一等站(许昌站),1个二等站(新郑站),5个三等站(长葛、临颍、小李庄、薛店、郑州南站),4个四等站(谢庄、苏桥、官亭、小商桥站)。郑州客站中心里程为京广线676公里+153米,技术性质为区段站,业务性质为客运站。站管其他各站技术性质均为中间站,其中:3个客货运兼办营业站(许昌、长葛、临颍站),4个货运营业站(新郑、小李庄、薛店、郑州南站)。

郑州车站设行政科室9个:办公室、计财科、劳人科、安全室、技术设备科、客运科、货运科、收入科、教育科;二级机构5个:路风办、综治办、离退办、电算站、服务中心;郑州客站设生产车间5个:运货车间、客运车间、售票车间、供水车间、设备车间,生产班组72个;经营实体4个:郑州车站实业总公司、许昌实业总公司、郑州劳动服务公司(集经)、许昌劳动服务公司(集经);另有装卸作业管理所。

党群组织设党委、纪委、工会、团

委,下设党群工作室。党委下设18个党总支、支部(其中12个党总支、6个党支部),47个班组党支部,104个党小组,共有党员1469人,其中在岗1277人。车站工会下设16个车间工会,有工会小组71个,工会积极分子360人。车站团委直管团总支1个、团支部10个,共有团员125人。

2010年底,全站共有职工3712人,其中:干部349人、工人3363人;女职工1467人。在全站职工中,运输业2862人、辅业850人。文化程度:初中以下796人、高中1695人、中技400人、大专及其以上821人。技术等级:全站共有技术职务干部226人,其中高级8人、中级71人、初级147人。在技术干部中,工程系列高级6人、中级48人、初级122人。全站共有初级工287人、中级工1244人、高级工445人、工人技师52人。

2010年,郑州车站获全国"2010年春运立功竞赛活动先进集体"、2009年度全国"安康杯"竞赛优胜企业等称号,被全国铁道团委评为"全路五四红旗团委"。

【主要技术设备】 郑州客站包括郑州客站站区和郑州客整所场区。客站站区共有客车到发线13条(有效长分别为:1道633米,2道633米,3道776米,4道743米,5道727米,6道727米,7道700米,8道700米,9道774米,10道774米,11道699米,12道737米,13道749米)、道岔224组(其中:南岔区114组,融雪道岔56组;北岔区110组,融雪道岔53组。具体包括1/18道岔21组,1/12道岔93组,其余为1/9道岔)。零星车存车线5条,机车走行线2条。1、2道,3、4道,5、6道,7、8道,9、10道客车到发线间设23个双头上水栓,11、12道间设25个双头上水栓,13道设24个单头上水栓。郑州客整所场区(一场)共有11条到发线(其中11道未挂网),道岔29组。

郑州客站为站机合一单位,有4台DF7型调车机。全站共有轨道电路分路不良234处,其中:郑州客站站区22处,客整所17处,中间站195处。

郑州客站共有14个候车厅,其中:普通候车厅9个,软席母婴军人候车厅1个,贵宾候车厅1个,豪华休息厅1个,旅行休闲厅2个;共设有83个售票窗口,其中:东站房53个窗口,西站房30个窗口;代售点162个,其中:联网郑州车站代售点155个,联网许昌车站代售点7个。站台7座,1站台长565米、宽12米、高0.5米,面积6780平方米,2、3、4、5、6站台每座长565米、宽12米、高1.25米,每座面积6780平方米,7站台长560米、宽10.5米、高1.25米,面积5880平方米;售票大厅面积5201平方米,其中:东售票大厅3574平方米,西售票大厅1627平方米。三品检查仪18台,其中:郑州客站13台、管内中间站5台。微机自动化办公系统、售票系统、电话问讯订票系统、安全监控系统、客运导向系统、消防监控系统各1套。制冷机房1920平方米,电制冷机4台、溴化锂制冷机3台、400千瓦变压器6台、热交换器8台、热力交换泵11台、风柜43台、水泵31台及水、热力管网系统。

郑州车站安全监控系统,分为行车安全监控系统和客运安全监控系统两大部分。监控中心由183个摄像头、12台硬盘录像机、56个42英寸和2个65英寸的等离子电视机组成。其中:行车监控部分分布于郑州客站和所管辖的其余11个中间站,监控面积覆盖了12个行车室、外勤和部分中间站的咽喉区;客运监控部分覆盖了全站旅客聚集和各个通行通道,对全站各个候车厅、售票处、进站口、出站口、出站地道、站台和各旅客通道进行24小时全天候监控、录像,录像资料可以保存1个月以上,对事故的调查和分析起到了很大作用。

【运输安全】 2010年,郑州车站以路局1号文件精神为指导,始终坚持"安全第一、预防为主、综合治理"的工作方针,以提速安全保障体系建设为主线,针对管内区段列车运行速度高、密度大及各种施工作业点多、面广、期长等困难,积极探索提速区段安全管理规律,截止到2011年12月31日,顺利实现连续安全生产6291天,无职工重伤事故10581天,无职工轻伤事故6601天,无火灾事故7940天。

(一)强化预警分析,找准安全防范重点。运用"连续分析、动态分析、专项分析"等手段完善分析机制。引进录音录像及计算机技术收集处理数据,变单纯的安全定性分析为定性与定量相结合的综合分析,创新分析手段。制定《铁路安全监督管理信息系统管理办法》等,保证分析效果。

(二)强化机制建设,提升科学管理水平。分两个层次、七个系统、九个方面每季度对各项规章制度进行一次全面审核。2010年,共清理规章制度178个,确定有效文件115个。依托车站局域网、铁路安全监督管理信息系统和监控中心短信发布平台,实现了盯控情况日通报、生产信息班共享、重要信息时沟通,确保全站安全生产情况尽收眼底、随时掌握。修订下发《关于修订〈郑州车站安全监察通知书管理办法〉的通知》等考核办法,要求所有违章违纪和通知书必须注明定性定责依据,明确"两违"定性标准。

(三)强化隐患整治,不断夯实安全基础。扎实开展"十日攻坚"、春季、秋季设备大检查、安全大检查等活动,重点围绕12个方面抓好检查整治,即:营业线施工安全专项整治、非正常情况下行车安全专项整治、应急救援安全专项整治、轨道电路分路不良专项整治、车辆防溜安全专项整治、货物装载和危险品运输安全专项整治、劳动安全和道路交通安全专项整治、治安消防安全专项整治、调车作业安全专项整治、站台安全管理专项整治、接合部安全管理专项整治、产品质量和食品卫生专项整治等。

活动期间,全站召开安全大检查专题分析会19场次,下发安全大检查专题通报3期,共查处、解决各类安全问题570件。

(四)强化关键卡控,实现现场作业全面受控。抓准五大安全关键,落实“五个到位”,逐条对规审核,修订200多个安全关键点卡控措施,有效提高了检查效率和效果。车站领导、专业技术人员、包保干部采取日常检查、夜巡和添乘等方式,实行24小时驻站(车间)包保,有效解决了现场检查不到位、写实资料虚假等问题。对郑州客站和11个中间站的作业环境和作业特点逐一进行分析,找准各站安全关键,确保了现场作业安全不失控,闭环不断档。

(五)强化科学组织,确保重点工作安全实施。(1)强化高站台施工安全。细化施工应急预案,坚持“一协调、两巡视、三盯控”制度。在局域网开通专栏,明确施工计划、进度、方案、措施;在信号楼增设2套辅助决策系统。成立北平过道专业防护小组,配置防护设施,对平交道实施全天候不间断防护,确保了道口安全万无一失。(2)确保“集中修”施工安全。召开专题会议,在坚持“一案二簿三表”及实施分速联控法和建立运统—46登记模板基础上,制定施工安全措施编制模板,实现施工精细化管理。加强包保,车站领导、安技教等部门专业技术干部和包保干部到施工现场控制、包保、指导等共340多人次,共盯控限速列车1105列、非正常行车7次51列、限速联控1847次。制定施工“禁令”,明确施工准备“六杜绝”、盯岗干部“三必须”和现场作业“十严禁”,实现了“集中修”施工管理“有章可依、有章必依、违者必究”。2010年,郑州车站通过周密组织,确保了从3月5日起至4月25日共计362场次“集中修”施工的绝对安全。10月,郑州车站的“集中修施工‘一三五六’安全控制法”被路局命名为“建精品,创一流”亮点项目,并在全局进行了推广。(3)确保调图工作安全平稳过渡。“4·28”、“7·1”调图期间,车站提前着手,全员培训,成立多个专业检查组,深入各车间、中间站开展调图安全检查,安排包保干部实行24小时不间断驻站包保。特别是“4·28”调图,车站结合实际,各中间站根据新图,重新确定切割正线调车作业时机,确保了新图实施后的运输生产持续安全稳定。(4)确保春运、暑运、小长假及“世博会”期间运输安全。加强售票、行车、客运组织关键,卡控应急处置关键。(5)确保高铁运行安全。制定《郑州车站客运专线旅客运输组织管理办法(试行)》、《关于印发〈郑州车站郑西客运专线应急预案(试行)〉的通知》等高铁规章文电,指派专人在候车专厅把门验票,严格卡控放行时间,严防非高铁旅客进入站台,确保高铁安全正点。下发《关于做好高铁、动车组列车晚点及旅客滞留工作的通知》,强化应急处置,保持正常有序。(6)确保除雪畅通运行安全。车站以“突出一个重点、抓住两个核心、加强三项工作、实现四个目标”为原则,先后召开除雪准备工作部署会、包保及安全防护方案会等专题会议,按照“统一指挥、协同配合、分片包保、分岔到人、分级响应”的原则,确保各项除雪准备工作的快速、有序、扎实推进。下发《备品供应及后勤保障办法》、《郑州站区2010年冬季除雪预案》,明确分工包保责任、健全三色雪情预案,制定《冬季除雪人身安全防护措施》,绘制《站区除雪工作联络图》和《各岔区除雪分工包保责任区示意图》,组织专题培训、专题大型联合除雪演练,参加人数达到800余人,切实提高了突发情况下各站区联合除雪应急处理能力。

【运输生产】 2010年春运(1月30日至3月10日),面对旅客流量更大、安全责任更重、经营指标更高的严峻形势,车站党政工团和全体干部职工,牢固树立“以人为本”理念,开展“和谐春运”主题活动,经受住了西出口启用、高铁运营、除雪打冰、“两会”运输等重重考验,全面实现了“确保安全、满足重点、平稳有序、良好服务”的春运总体目标。春运40天,全站共完成旅客发送360.8万人、客票收入3.13亿元,同比分别增长8%和23.4%。特别是自正月初六开始,客流一直处于高位运行,连续18天日均发送旅客10万人以上,共完成旅客发送196.5万人,创造了郑州车站春运大客流持续时间最长、发送人数最多的历史最佳业绩。

国庆、中秋“双节”适逢上海世博会和郑州绿博会举办,旅客出行集中、方向密集,客流组成以探亲流、旅游流、学生流为主,方向主要为北京、上海、广州、西安、青岛、长春等大中型城市和旅游城市,再加上站台施工改造正值关键时期,旅客乘降组织安全压力极大。为确保旅客运输安全,车站采取多项措施为旅客提供咨询、引导、乘降服务,确保旅客“快进快出”。采取开足售票窗口、24小时不间断售票等措施,确保旅客“随到随走”。每天与河南省交通广播电台、郑州市电视台等媒体“连线”,实时公布列车票额及正晚点动态。“十一”黄金周期间,郑州车站发送旅客97.8万人,同比增长25.5%,客运收入实现6192万元。其中,10月1日发送旅客18.7万人,与上年同比增长30.8%,创下了自1904年建站以来单日旅客发送量最高记录。

在“清明”、“五一”、“端午”小长假及世博会期间,郑州车站根据客流情况,合理安排,开足售票窗口,申请加开各方向短途和上海临时列车,最大限度确保运能充足。加大增开临客车票、异地票、联程票和往返票的发售力度,全力挖潜提效。成立突击队,加强对侧廊、踏步、站台等关键部位引导、防护。5月1日当天,郑州车站发送旅客15万人,同比增长10%。其中,客站完成发送旅客142903人,同比增长11.3%,再创历史新高。

截止到11月30日,全站旅客发送人数为2949.8万人,旅客发送超日历进度119.6万人。

【营销服务】（一）运能利用"最大化"。(1)深度挖掘。建立客运、售票、计划"三位一体"的通过列车运能动态调整机制，售票部门每日统计各方向列车售票及需求情况，客运部门重点掌握通过列车超欠员和旅客乘降情况，并及时向计划部门反馈信息，由计划部门灵活调整票额，售票部门全力组织发售。(2)抓住重点。对所有列车能力运用情况进行重点分析，找准T197、1045次等最为关键的始发及重点通过列车50列，安排售票人员重点发售，实现了占总数8%的重点列车完成了全站46%的运输任务。(3)用好高铁。针对郑西高铁票额充足、收入率高的情况，加大高铁及动车组列车的宣传发售力度，进一步缓解运能紧张的压力。自高铁开行以来，共发送旅客112.8万人，平均上座率达到了77.9%。

（二）旅客购票"快捷化"。(1)敞开售票。西站房开通后，新增30个售票窗口、10台自动售票机，全站售票窗口达到263个，车站根据客流情况，实施24小时不间断售票，全力满足旅客购票需求。(2)弹性售票。按照"客流构成比例、当日和预售比例、列车种类比例"等情况科学制订窗口配置预案，灵活设立短途、农民工、学生及重点方向临客售票专口，均衡窗口客流。(3)科学分流。加强西站房票厅的宣传引导，弹性设置窗口功能，必要时开辟"绿色通道"，尽力均衡东、西售票厅人数。同时，做好电话订票及代售点工作，满足不同区域旅客购票需求，缓解车站售票厅压力。

1月14日，郑州火车站各售票窗口和车票代售点开始出售带有二维防伪条码的新版火车票。新版火车票分为红色普通票和蓝色磁卡票两种，可以实现机器直接检票。郑州火车站检票方式未改变，仍然是人工检票。机器识别系统安装在第七、第八候车厅，主要用于蓝色磁卡票自动检票。

（三）营销宣传"最优化"。(1)成立营销团队。抽调客运科、行办等精干人员，成立专门的营销智囊团队，设立客流调查、运能分析、营销策划、信息宣传、网络维护、营销考核6个小组，及时掌握客流动态，科学调整能力配置。(2)提供科学决策。每日安排专人对"郑西段高速动车组上车情况表"等多种报表进行统计，科学分析，为车站的客运组织、售票组织、领导决策提供了科学依据。(3)开展广播营销。在春运、"五一"、"十一"等客流高发期，按照"站外广播营销宣传方案"，监控中心每日早8点根据预售、客流分析情况，售票车间每一个小时根据客票系统查询情况，将有运能的列车信息及时反馈至广播室滚动宣传，避免票额虚糜。

（四）售票组织"科学化"。(1)建立客票管理平台。加强对席位复用、共用票额、主要客流趋势变化情况的监控。利用售票系统5·1版本"客运营销与辅助决策系统"中预售报表提供的数据，指导窗口有计划发售车票。(2)动态监控票额。利用票额复用、共用这一新的票额发售手段，通过积极试打发售复用、共用票额，大大缓解了运能压力。2010年，郑州车站复用、共用售出日均达到2.1万张。(3)强化异地票、往返票、联程票发售。针对车站运能运量矛盾突出的实际，加强营销宣传，在本站票额不足的情况下，积极向旅客推荐往返、联程车票，保证运能利用最大化。

（五）客运组织"灵活化"。(1)超前预想。制定《客运车间郑西客专列车组织办法》等一系列新措施、新预案，强化对除雪、大客流等重点预案的演练，做到明确职责、分工包保，保证特殊情况下干部会指挥、职工会干活。(2)科学调整候车区域。重点始发列车在原有的分向候车的基础上采取分区候车的方式，需充气的直供电列车按照卧铺、有座席、无坐席的放行顺序进行放行，调整第九候车厅、西站房广厅为大客流应急候车厅，使旅客放行、乘降组织更加合理化。(3)有效引导。经现场调查及时上报有关部门在南北侧廊各增加70个、各站台踏步口增加40个软隔离带用于分乘，有效避免了放行发生对流时旅客交叉行走及提前放行的重点旅客在站台上出现跟车奔跑的现象；对南北侧廊引导用广播机器进行更新，对临时客车的车次牌进行补充，确保了引导宣传及时到位。(4)优化非正常情况进出站速度。遇大客流时将进站口5个通道全部开启，同时启用贵宾室通道作为临时出站通道；遇大客流时重点旅客可由贵宾通道(临时出口)快速进站，并到服务台办理相关登记获得相应的服务；遇大客流南、北出站旅客队伍长度距检票出口积压超过20米时，南、北出站口均敞口出站。

【党群工作】以创建学习型领导班子为抓手，重点加强高铁新业务、新技术、新设备等知识的学习。在强化媒体定期沟通、邀请来站采访双向交流和"开门评站"活动的基础上，组建了网络舆情引导小组。车站宣传信息调研工作围绕春运、郑西高铁运行、西站房开通使用、"岗位成才、实现价值"主题教育活动等重点工作，精心策划，主动作为，2010年在中央、省部级等各级各类新闻媒体刊登、发表新闻稿件1359篇(幅)。

积极推行"双向进入，交叉任职"的任职模式和领导体制，推动党组织有效参与重大问题决策，组织党员在春运除雪、国庆安保等重点工作中开展突击建功活动，从干部包保、过程卡控、党员突击队等方面加强领导，严格考核，实现了运输生产的稳步增长和京广干线的安全畅通。

成立创先争优活动领导小组，下设办公室，提供专门办公场所，建立健全联络员定期通报制度。2010年，车站创先争优活动办公室编发活动信息136条。设立创先争优专题网站，建立手机飞信平台，编发《创先争优活动手机报》，截至年底，制作宣传图板16块,编发手机报26期,固定读者达1200余人。开展"三提一创"活动和"岗位践承诺、创先当表率、争优保安全"党内立功竞赛活动,全站党总支、党支部共完成公开承诺事项1200余项,各级党组织和广大党员为职工和旅客办实事、做好事1500多件。先后在客运车间、供水车间、售票车间、新郑车站等党总支、党支部进行现场点评30余次,提出整改意见70余条。

2010年,车站党委在全站范围内开展了"岗位成才、实现价值"主题实践活动。坚持每月召开一次协调会,制订并落实好活动的定期分析制度、问题补强制度、征求意见制度等。在2010年路局第三届技能大赛上,郑州车站夺得团体第一和5个单项中的4个第一,有5名选手进入前三名并获路局"技术能手"称号;在局运输系统业务技能大赛中,获行车组团体第一名。

严格执行《郑州车站落实干部责任制考核办法》,坚持定量考核与定性考核相结合、过程考核与效果考核相结合。规范干部选拔任用程序,把考察触角延伸到考察对象的"生活圈"、"社交圈",全面了解情况,综合评价干部。

下发《郑州车站2010年党风廉政建设和反腐败重点工作任务责任分工》,组织编辑《郑州车站党风廉政建设制度汇编》。在全站范围内聘请22名党风廉政监督员、21名党风廉政信息员,设置11个"党风廉政举报箱",公布举报电话,在车站局域网上设置"党风廉政网页",构建了覆盖全站的监督网络。依法监察执纪,2010年车站共立案3件,结案3件;接到群众来信2件、局纪委批转信2件。2010年,车站先后获得全国"安康杯"竞赛优胜企业、路局标杆领导班子、路局安全优质单位、路局党风廉政建设先进集体、路局创建劳动关系和谐企业活动暨厂务公开民主管理先进单位和全局宣传思想工作先进单位等称号。

【职工培训】 2010年共发生"新职、转岗、晋升"人员109人,岗前培训率达到100%;积极组织完成各类送外培训工作,累计送培356人次,其中,行车主要工种272人、学历教育58人;积极开展各项适时性培训,1月上、中旬对春运帮班的160名武警及200名兄弟站段职工组织进行了3次培训,做到全员持证上岗。印制《郑州车站2010年春运知识手册》,做到人手一册。5月上、中旬对相关岗位人员进行防洪防汛培训,培训人数932人;5月底至6月初对在岗职工1951人进行了持证上岗培训考试及验证工作。11月中、下旬进行了冬季除雪安全培训,培训职工2366人。制定"郑州车站"成才杯"职业技能竞赛实施办法,6月中旬组织开展车站首届"成才杯"职业技能竞赛,来自16个参赛队、涉及12个工种的260名裁判和选手参赛。此次竞赛新增设兼职教师和支部书记两个竞赛职名,并采取机考、实作演练及现场答辩三结合的新形式,保证了竞赛公开、公平、公正。10月中旬在全局第三届职业技能竞赛中,郑州车站选送的9名参赛选手参加了3个集体项目的竞赛,获得接发列车团体第一名、调车团体第二名、接发列车干部组第二名,有5名选手进入前三名并荣获郑州铁路局"技术能手"称号。

2010年共组织两场高职名资格考试,来自11个车间中间站的125名职工参加了考试,共涉及车站值班员、客运值班员等12个高职名工种,71名选手榜上有名。下半年高职名预备资格考试有9名选手获得免试资格。制定兼职教师管理办法,实行季度考核,制定专职管理干部每月深入现场指导工作不得少于两次、教员每月不得少于一次的管理制度。对全站职工培训开展情况实行双重考核,将"职工教育工作季度考核表"纳入车站安全生产进行评估。严格落实职工抽考制度,坚持在每次季度评估前后组织抽考,前三个季度共抽考361人,对抽考成绩优异的43名职工进行了奖励。

【路风建设】 健全完善路风工作机制,针对春运、小长假等关键时期,制定下发《关于加强春运期间路风工作的通知》、《关于加强2010年暑运路风工作的通知》。签订《郑州车站路风责任书》,将路风工作纳入生产经营业绩考核及党风廉政建设责任制、社会主义劳动竞赛和机关经济责任考核中。加大监督检查力度,使车站路风工作始终处于高压态势。车票发售环节采取日常检查与重点车次检查相结合的方式,严查车票来源及代售点乱收费、乱加价、囤票现象,共检查站区售票窗口68次,市内、郊县客票代售点110个(次),登乘列车15次,抽查旅客车票300余张,先后查处违规代售点6家,其中停业整顿4家。

坚持路风工作"周分析、月总结、季奖惩"制度,利用周一大交班会重点分析路风工作重点、存在问题和解决措施,每月对处理的路风投诉和发现的路风问题在全站进行通报;每季度对相关车间、部门、中间站进行考核。抓住货运计划、空车配置等关键环节,坚持公示制度和集体研究签认制度,对涉农物资、重点物资运输情况、空车调配、货运计划、运货五公示进行重点检查,对多经、物流经营项目、收费和服务等情况进行摸排检查和暗访。

在进站口、候车厅、售票厅等14处重点岗位的显著位置公布服务质量监督电话,并安排专人值守;充分发挥值班站长及铁行网"站长信箱"的作用,为旅客搭建倾诉平台,加强投诉受理和路风信访工作,确保旅客咨询和投诉事事有回音,件件有落实。7月,对车站管辖的站区公用电话乱加价行为进行了彻底清查;8月初,成立检查组对经营场所收费及服务情况进行明察暗访,对违反部门作出停业整顿的处罚;8月下旬,召开由省市有关单位领导和新闻媒体记者等40名代表参加的"开门评站"恳谈会,发放满意度调查问卷6000份,征集有利于车站发展的意见和建议,指定专人对旅客、货主提出的意见和建议进行统计、分类、归纳,并迅速整改、争取政策支持,提升旅客、货主的满意度。11月中旬,对车站存在的销售商品高价现象进行重点检查,根据其加价行为分别对责任人作出解除聘用合同和经济处罚等处理。

【确保郑西高铁安全运营】 2005年9月25日开工建设的郑州至西安高速铁路,是《中长期铁路网规划》"四纵四横"徐州至兰州高速铁路的重要组成部分。该线自郑州站引出,经河南荥阳、巩义、洛阳、渑池、三门峡、灵宝,陕西华山、渭南、临潼等地,终到西安站,线路全长505公里,工程概算353.1亿元。全线共设郑州、荥阳南、巩义南、洛阳南、渑池南、三门峡南、灵宝西、华山北、渭南北及西安等10个客运站,列车运营时速350公里。

2009年12月11日,郑西高速铁路国产CRH3"和谐号"高速动车组试运行最高时速达到394.2公里。2010年1月28日,郑西高速铁路国产CRH2"和谐号"试运行最高时速达352公里,从西安站至郑州站用时1小时48分。正式运营的国产"和谐号"高速动车组最高时速达350公里,每天开行7对动车组列车,郑州至西安间一等车票价为390元,二等车票价为240元,郑州至西安列车直达最短时间由6个多小时缩短至2小时以内。2010年2月6日11时25分,郑州开往西安的G2003次时速350公里国产"和谐号"动车组列车在郑州车站首发。这标志着中国中西部第一条高速铁路郑州至西安高速铁路正式投入运营。

2010年2月14日至3月15日,郑州市和西安市旅游部门联合推出了"郑西高铁一线牵,古都旅游新体验"的市民互游活动,景点门票凭车票最低可打折至5折,吸引了大量游客。

为了保证郑西高铁安全顺利开通,郑州车站组织高铁有关岗位人员进行集训,内容包括郑西高铁应急预案、列车运行图、作业服务标准、营销宣传技巧等,考试合格方可上岗。制订细化《郑州车站郑西客运专线应急预案》,完善既有各项应急措施。组织售票、客运、运转、电算、设备等部门开展大面积停电、火灾爆炸、大面积晚点等突发情况下应急售票、紧急疏散、快速恢复等科目的演练,确保郑西高铁顺利开通。将公安、武警和民兵统一纳入联防联控体系,确保各环节反应迅速,指挥通畅,联动协调。

加大营销宣传。广泛联系电视、广播、报刊、网络等媒体,积极宣传郑西高铁相关信息,引导媒体正面报道。设计制作宣传彩页,在大河报等报刊中插入10万份,内容涵盖郑西高铁简介、时刻表、开行日期、车站西出口、无站台柱风雨棚等。

做好客票营销。采取人工售票与自动售票相结合的方式,利用路局语音自动电话订票系统,发挥市内代售点辐射作用,在车站售票厅安装10台自动售票机,设置25个郑西高铁磁介质车票发售专口,方便旅客购票。做好票额管理,严格按照实际定员发售车票,将票额均匀分散在各车厢,方便旅客快速乘降。

加强安全防范。针对春运期间客流密度大、人员情况复杂等特点,组织青年志愿者、党员突击队加大对站台、地道、侧廊、候车厅和进出站口等重要部位巡视力度,加强大客流情况下的组织引导。对动车组候车厅实行专人看守,杜绝闲杂人员和非高铁旅客进入。配合公安干警做好进站口"三品"检查,严格执行不明物品开包检查有关规定,确保旅客平安旅行。

确保安全畅通。制定各项安全措施,重点检查列车限速、区间禁会、变更进路、邻线调车、客整所调车等关键环节。加强值班干部信号楼盯岗及现场检查巡视,严把命令的接收、校核、签认和发送等环节,加大动车组办理预告、进路准备、信号开放等情况的监督力度,确保郑西高铁动车组列车绝对安全。

【民生工作】 全站各级工会组织把落实"三不让"(不让一名职工家庭生活在贫困线以下、不让一名职工子女上不起学、不让一名职工看不起病)承诺作为解忧困、稳人心、得民意的民心工程。2010年,共支出"三不让"资金160.58万元,享受车站互助保险救助职工4271人次。助困人数2999人次,助困金额62.62万元。节日慰问2854人次,困难职工子女上学补助102人次。为1167名职工就医补助89.88万元。为确保暑期、冬运期间安全生产的持续稳定,2010年暑运下拨8.8万元经费用于车间工会"送清凉"活动,共发放饮料9000瓶、矿泉水28800瓶、菊花茶600袋,为各车间、中间站33个小药箱充实了28种防暑药品。车站、车间两级工会组织共下现场"送清凉"980余次,为职工发放冰糕近70000支,同时还发放西瓜、绿豆、白糖等,确保暑运期间职工的人身安全。2010年,为生产岗点新配置了10台电磁炉、5台微波炉,全站生产岗点集中撤除了煤炉,同时还配置了冰箱及冰柜共6台,热水器、空调各1台;对浴池进行太阳能改造,浴池由原来的动力蒸汽加热改造成为太阳能加热,只此一项每年为车站节约近80万元。在车站行政和路局工会的支持下,共筹资113万元,新建2个精品浴池、2个精品食堂、3个小菜园;在文化线建设中,新建成星级文化活动室5个,标准化篮球场1个。

【西站房】 郑州火车站西站房位于郑州市二七区中原路和京广路交会处向南400米左右,建筑面积12792平方米,站房南北长192米,东西宽40米,站房高度为23.3米。整个建筑形象中轴对称,方正稳重,坡屋顶及挑檐的运用彰显了传统文化特色。建筑细节的表现来源于河南省出土的司母后鼎中的灵感,将传统的文化符号抽象化表现出来,达到了传统与现代的有机结合。建筑两侧运用大量实墙面,古朴厚重;中部入口则利用玻璃幕墙,与两侧实墙形成强烈的虚实对比,体现了交通建筑的特征。

西站房的中部大空间为广厅,紧邻广厅北侧为售票厅及售票室,设有30个售票窗口、10台自动售票机、一个咨询导购台;南侧为商业厅,设有餐饮、服务、卫生间、残疾人无障碍电梯、三品检查仪等服务设备及多块引导屏、残疾人轮椅等服务设施,作为备用候车大厅,南站房共占地1317平方米,可容纳1197人候车。南、北两侧一至三层辅助用房均为办公及暖通、电力、通信等设备用房。地下一层布置为南、北出站厅及给水加压泵房、消防泵房等设备用房。

西站房于2010年春运期间启用,实现了春运期间旅客不露天候车,并分担了相当大的一部分客流。旅客通过3座封闭型天桥过道通往火车站东出站口,2个地下通道连接东西广场。通过中间通道,乘客可进入高架候车区。地下停车场、地面公交站、中层出租车停靠站将郑州车站西出口连接为"三位一体"的多功能空间。

(杨　瑛)

郑州东站

【概况】 郑州东站是全路综合型特等货运站和国家内陆铁路货运一类口岸。主要担负整车、零担、集装箱货物发送、到达及郑州铁路局货车的洗刷、除污任务,是郑州铁路枢纽的重要组成部分。

郑州东站设行政科室7个:办公室、安全技术科、货运统计科、计划财务科、收入科、劳动人事科、职工教育科;生产车间2个:运转车间、货运车间;生产辅助机构1个:电算中心;经营实体3个:中原物流第一分公司、劳动服务公司、储运贸易公司;中间站3个:中牟车站、圃田车站、占杨车站,共有班组18个。党群组织设党委、纪委、工会、团委。党委设党群办公室,下属党总支4个、党支部30个、党小组31个。工会下属工支会9个、工会小组41个。团委下属团支部4个。

2010年末职工总数1612人。其中,女职工315人;干部206人;共产党员695人、共青团员35人。文化程度:大专及其以上409人(其中干部162人),中专249人(其中干部6人),高中及其以下954人(其中干部38人)。干部技术职务:高级6人,中级39人,初级86人。工人技术等级:高级工389人、中级工612人、初级工196人,工人技师39人,其中高级技师1人。

【主要技术设备】 站场有股道53条(包括3个中间站),其中:到发线21条,调车线16条,专用线16条。配有东风7型内燃机4台。有旅客候车室1座、行包房1座、售票厅1座、旅客站台2座、地道1座。货运设施有货场4个、货物仓库13个、货物雨棚5座、货运营业大厅2座。有小型计算机2套、微机服务器13台、终端3台、打印机75台、微机170台、货票传输机1台、路由器5台、交换机32台。

【运输安全】 强化"问题意识、动车意识、高铁意识、天窗意识、高压意识、责任意识"六种意识,建立"五常"安全管理机制,确保运输生产长治久安。

安全生产常检查。站领导牵头成立5个检查组,深入基层和运输一线,对安全大检查活动发现的158个问题整改情况进行跟踪复查;建立车站、车间、班组定期安全巡查机制,加强对现场安全生产的检查;组织安全专业管理人员每月对现场安全生产进行一次平推检查,及时解决安全隐患。

现场作业常分析。完善车站定期安全反思机制,每月开展一次基层班组安全论坛活动,分析总结安全生产情况;建立安全生产旬分析制度,明确解决隐患问题的责任部门、责任单位,加强对问题整改情况的追踪检查、质量复查,确保隐患问题真正得到整改。

关键环节常盯控。严把现场作业非常情况应对、人身安全、调车安全、货运安全和货场消防五大安全关键环节,健全完善车站安全关键点控制体系和关键岗位安全"三提示"制度,严格落实各级干部包保责任制。

重点问题常落实。健全完善车站、车间两级"问题库"制度,将日常检查发现的隐患问题分级控制、分层管理、分类处置;严格"接班查询、当班查询、交班查询、紧盯突发情况和交清交班内容"的值班制度,提高各级干部值班卡控质量,确保安全生产。

干部作风常考核。实行"双连"(即"连票子、连位子")责任考核,明确各级干部下现场检查的数量和质量指标,各级干部每月填记岗效考核表,由车站考核组进行打分,并将考核结果在车站办公局域网上公布。

结合站场改造点多、线长、设备情况复杂、等级高的特点,组织人员绘制站场示意图,标明施工重点;严格执行施工前预备会、施工中协调会和施工后总结会的"三会"制度,提前汇总次日施工要点计划,积极协调各部门作业联系,明确施工、维修部门作业的注意事项和安全措施,确保施工计划落实及行车安全;坚持"施工不行车,行车不施工",加强对施工检查监督力度,严格执行《行车设备检查登记薄使用管理办法》,确保施工安全和正线畅通。

东站进一步加强中间站安全管理,有针对性地强化中间站接合部的关键作业控制,加强接发列车作业、切割正线调车作业、调度命令接发以及非正常情况下接发列车的监控。加强人员选配、现场监控、日常考核及管理、监控等方面工作,确保作业标准有效落实。截至5月22日,郑州东站中牟车站实现连续安全生产10000天。截至2010年底,郑州东站实现连续安全生产1405天，无责任货运重大事故11902天，无责任机械大事故12052天，无责任火灾事故10552天。

【运输生产】 2010年，郑州东站运输收入、装车数、发送吨3项主要运输指标分别完成44174.06万元、56452车和286.9万吨，分别提前30天、19天、18天完成年度计划，与上年同比分别增长24.1%、8.6%和7%，运输经营再攀新高峰。

面对集装箱业务迁移和"围城"现状，全站上下集思广益，创新经营思路，优化营销措施，做好"加减乘除"法，稳货源、抢市场、提效益。

做好"加法"造氛围。消除懈怠心理，积极应对形势，由东站主管领导牵头成立工作组，走访货主，召开货主专题会，对货运营销中存在的问题及时发现、及时落实、及时解决，防止货源流失，在全站营造了全员营销的有利格局。

做好"减法"提效率。成立专项检查小组，每季度对各部门运输纪律执行情况进行检查。加强各部门协调配合，紧盯停时、中时等任务指标，将指标完成与各部门主要领导岗效考核挂钩，强化各部门联劳协作。以装卸部门人员分流安置和岗位调整为契机，优化装卸劳力和机具组织，以卸保装、快取快送，优化组织提效率。

做好"乘法"建共享。建立全站统一的货主信息平台，实现各经营部门货主资源共享。密切关注大客户生产经营动态，及时捕捉货源运输信息。组织营销人员到周边货源吸引区进行调查摸底，扩大营销网络覆盖面。开展路企互动，签订运输协议，最大限度满足货主的运输需求。

做好"除法"严考核。健全完善车站货运营销工作考核办法，将全站任务层层分劈，加大奖惩力度，增强职工责任意识。抽调责任心强、业务精、素质高的职工，实行"一条龙"窗口引导服务措施，严格收费标准，规范服务行为，提高服务质量促营销。

【救灾物资运输】 2010年，面对青海玉树地震、甘肃舟曲泥石流突发等特大自然灾害，车站及时与省救灾中心有关人员取得联系，详细了解装运救灾物资的数量及品类，准确掌握装运需求，并及时向路局有关处室进行汇报，争取空车、去向优先配置。车站主要领导亲自到场指挥，带领运、货、装等部门干部职工，对装运现场以及进出站通道进行清理，认真做好装运前的各项准备工作。针对救灾物资装运时间要求紧的情况，车站迅速调整抢运重点物资应急预案，保证救灾物资的装运安全。全年抢运各类救灾物资共计106车、6360吨，为灾区恢复生产生活秩序和重建工作做出了贡献。

【节能管理】 东站以实现绿色发展为目标，进一步加强节能管理。按季度召开能耗统计、分析会；编制、组织实施车站节能工作规划、能源消耗计划和节支计划；每季度下达各部门能耗定额并在网上公布。指导各部门编制节能技改措施，推广应用节能新技术、新设备、新工艺、新材料，夯实节能工作基础。

积极开展节能降耗的宣传、培训工作，健全能源消耗设备和统计台帐，由专人定期检查全站能耗计划执行情况，掌握各项能源收、发、节、超数量及情况。及时联系供电、供水系统抄表人员，对全站水、电表进行对抄，确保水、电用量及缴费工作及时准确。

制定《郑州东站能源经济承包考核办法》，将能耗计划层层分解到班组，随时抽查能耗计划执行情况。把节能工作纳入经济责任制考核和月劳动竞赛评比考核，并作为奖罚条件之一。发现跑、冒、滴、漏及时报修，从源头上杜绝能源和水资源的浪费。组织各班组开展综合利用、修旧利废、节约能源活动，定期开展评比考核，提高了一线职工开展节支降耗的积极性。

【用工制度改革】 结合全站改革发展需要，健全完善全员竞争上岗机制，积极做好装卸、货运车间人员转岗安置工作。针对职工关心的焦点问题，制作了问答式宣传手册400余份，发到每一名职工手中，使职工思想有底、心中有数。坚持"公开、公平、公正"的原则，做到有情操作，确保稳定。大力推进货运车间全员竞争上岗，将近百名富裕人员按照实际需要调剂到3个中间站和输出到集装箱中心站、中铁快运公司、特货公司，进行转岗安置。进一步细化东站信访稳定工作制度，积极开展信访评估，完善信访稳定应急预案，确保队伍稳定。2010年，共转岗安置装卸职工275人、货运职工近百人，并实现了转岗安置期间"零上访"目标。

【自控型班组建设】 健全完善自控型星级班组及班组长考核机制，拿出10万元专项资金，以"作业零违章、安全零事故"为目标，完善班组和岗位等级建设标准、考核要求和实施办法，全面提升班组安全自控能力。

根据各班组现场作业和业务技能结构，开展由班组长组织以安全教育和业务技术为主要学习形式的班组自学，采取班前集中学习、班中提问、班后自学的方法，提高班组职工安全意识和业务素质，适应本岗位作业需要，提升了班组整体素质和应急处置能力。针对现场作业关键环节，强化标准化作业的推进、规章制度的约束和岗位达标考核的落实，加强职工作业行为的规范养成，重点控制班组接合部人员、设备、作业管理，保证班组一次作业过程自控、互控到位，提升了班组自控能力。

根据班组实际情况，制定《郑州东站星级班组考核办法》，严格按照考核标准、办法程序、评定职工作业达标和班组升级顺位，每月按班组岗位作业达标率、班组自控率和班组本月评定级别来评定班组长考核结果，实行月考核、季度评比,在年终排队促尾与经济责任联挂奖罚。结合现场实际,建立健全以班组长选拔、管理、考核、培训、后进班组包保、"两违"处罚为内容的管理机制,将班组长的管理贯穿始终,调动干部职工的责任心和积极性,形成了抓基础、抓班组、抓班组长考核的管理模式。

【路风建设】 强化组织领导,明确责任目标。成立路风管理长效机制建设领导小组,由车站党、政正职任组长,下设路风管理长效机制建设办公室。以坚持标本兼治、注重源头治理、强化检查监督、积极创新管理为主线,积极推进车站路风长效机制建设的有序开展。

实行"两卡一轮",提升服务质量。即:"运输过程质量控制卡"、"优质服务货主评议卡",将两卡的管理使用情况纳入部门工作考核;严格执行"重要岗位人员轮岗制度",通过个人述职、职工(货主)评议、车间评议提出意见,车站考核办公室组织审议,对重要岗位人员实行定期轮岗制度,切实提升对外窗口的服务意识和服务质量。

构建"三大体系",加强队伍建设。即:组织保障体系、岗位控制体系和内外监督体系,以此来确保路风管理长效机制有序有效运作,使"优质服务承诺制"、"首诉负责制"、"路风工作月检查、月通报"等制度和措施得到全面落实,确保了路风管理长效机制建设整体目标的实现。

开展主题活动,夯实管理基础。认真开展货运装车管理路风专项检查活动,制订活动方案,明确动员部署阶段、自查整改阶段、全站检查阶段等各阶段目标。组成由路风和货运部门人员参加的检查小组,通过落实工作安排和要求,深入现场、抓好关键,认真落实检查内容。进一步加强装车管理工作,提升货运服务质量。2010年,东站共获得货主表扬219件(次),新闻媒体表扬87件(篇),东站还获得了路局"路风建设先进单位"五连冠。

【民生工作】 加大民生工程投入力度。将年初制定的10件好事写入集体合同专章,由职工代表进行审议通过;对职工承诺的暑期午餐补助、为调车组职工购买人身保险等10件好事已经全部落实到位。想方设法提高职工收入,2010年全站(包括装卸及多经、物流公司)职工人均年收入比2009年增长8.95%。先后投入115万元,改善东站偏远中间站和苦脏累险的一线班组岗位生产环境,包括对货一至货五线照明设施进行改造,对占杨车站进行环境综合整治,新建了圃田车站、运转车间生产房,对中牟车站锅炉房进行改造。车站工会还先后投资19万元,为3个中间站及运转、货运车间配备了整体橱柜、冰柜、消毒柜、蒸饭箱等设备,改善了职工生活条件。

【职工培训】 抓网络、促规范。完善站段、车间、班组三级培训网络,做到分层管理,分级实施。建立由主要领导负总责、分管领导主抓、职教部门牵头、有关部门支持配合的职工教育培训工作机制;各车间、中间站确定一名站负责人分管职工教育,并选拔专职人员具体负责职工教育培训工作;基层班组长对本班组教育培训工作全面负责,并确定一名辅导员协助班组长抓好日常业务学习和实训,确保各级职教工作分工明确、责任到人。

抓领导、促管理。成立由东站主要领导任主任,各科室负责人任委员的职工教育委员会,充分发挥了党政工团齐抓共管协调配合作用。对各部门每月上报的职教工作计划进行分析指导,提出意见,确定学习重点,及时学习传达部、局、东站有关行车技术业务文电和规章、通报等,抓好新技术、新设备、动车组安全及非正常应急处理业务能力的培训考试,提高了行车主要岗位的应急应变能力。

抓演练、促一线。充分发挥"郑州东站在线培训考试管理系统"的作用,以东站局域网为平台,实现行车主要工种职工的远程网络考试和培训教学。完善东站一线行车岗位日常练兵办法,积极开展行车岗位模拟演练活动,每月每个行车班组不少于2次,每次不少于接发2趟车。组织职工进行电气化安全等专项考试,保证全员参与、人人过关,2010年共演练102场次。

抓考核、促氛围。建立职工教育培训督导制度,对职工教育培训管理工作进行定期的检查和督导。完善全站职工教育培训工作考核评价标准,每季度组织对各车间、中间站职教工作情况进行一次评估检查,并将检查结果在网上通报;年底组织对职工教育培训工作进行一次综合性考核评价,评选表彰职工教育先进车间和中间站。

【高铁介入】 2010年6月30日,路局组织召开石武客专提前介入工作动员会,明确路局介入时间和有关工作要求。会后,郑州东站迅速行动,按照路局关于介入工作的安排,制订规划、精心组织、狠抓落实,确保高铁介入工作有序开展。

建立工作机构,加强介入工作组织领导。成立石武客专介入工作领导小组,由东站党政正职任组长、其他班子成员任副组长,各相关部门负责人为组员,下设运输技术、设备管理、客运服务、经营开发4个专业组,分别由一名班子成员担任组长,负责具体领导工作。同时,为加强高铁介入工作力量,全站抽调精干人员成立高铁介入办公室,设立专门办公场所,配备专用办公设备,建立高铁介入工作每周碰头会制度,及时总结分析阶段工作。东站还先后印发《关于做好提前介入石武客专工作的通知》(郑东站办〔2010〕66号)等文件,对全站高铁介入工作分阶段、分系统、分层次地进行安排,提出具体工作要求。将高铁介入工作作为2010年的首要任务,在全年行政工作要点和每月月度行政工作安排中进行专项部署，确保各项工作有序进行。

积极宣传发动，营造介入工作有利氛围。引导职工统一思想、转变认识、集中精力，聚全站之力做好高铁介入工作。结合“岗位成才、实现价值”活动，加强对职工的思想教育，使职工认清在全路进入高铁时代后自己肩上的责任和个人发展的机遇，积极主动投身高铁介入工作。以东站党委先锋大讲坛活动为重要平台，向全站职工宣传高铁发展动态、技术知识和趋势走向，在全站形成了人人讲高铁、人人学高铁的浓厚氛围。举办“迈入新东站、展示新作为”专题座谈会，将参加铁道部高铁技术与管理培训的人员以及现场管理骨干组织起来，共同探讨如何做好高铁介入工作。在站局域网设立高铁时代专栏，及时编发高铁工作简报，加大宣传力度。

抓好教育培训，强化介入工作人才储备。认真制订高铁培训计划，先后下发《关于做好高铁知识培训工作的通知》(郑东站教函〔2010〕86号)等文件，对东站高铁介入培训工作进行统筹安排。东站、东站党委还先后派出10人次参加了铁道部在北京、石家庄、南昌和成都举办的客专培训班，为全站做好高铁介入工作储备人才。东站职教科积极组织全站职工参加高铁知识答卷活动，举办4期全站职工高铁脱产培训班，讲授高铁行车调度、客运服务、运输组织等内容，共培训职工96人。组织站领导班子成员、中层干部和参与高铁介入工作的人员到武汉高铁站参观学习，现场感受高铁的行车指挥、运输组织、车站管理等环节，为做好东站高铁介入工作奠定了基础。

加强联络沟通，紧盯介入工作重点任务。按照路局要求，郑州东站前期介入工作的重点任务主要是配合路局有关处室，对新郑州东站站房及旅客服务系统的设计图纸进行审核研究，从东站运营管理实际出发提出意见。东站指定一名班子成员专门负责，保持信息渠道畅通。全站先后派人参加铁道部组织的专题评审会2次，路局组织的客服系统设计图征求意见会2次、信息专业及机房设计交底会1次、客车给水设计方案交底会1次、静态标识梳理会3次、站房及旅客服务系统综合评审会1次。每次会后，全站都召开专题会议进行分析研究，结合实际需要，对站房功能、票务系统、综合显示系统等设备的布点、数量以及动静态标识的引导方式、安装位置等提出意见和建议，并及时上报路局。

(姜新宇)

郑州北站

【概况】 郑州北站位于京广、陇海两大干线的交会处，在河南省省会郑州市西北部，是贯通我国北方、华东、华南、西北和西南的主要铁路交通枢纽之一，是郑州铁路局管内唯一的路网性编组站。郑州北站下辖10个站区，站区南北长6.63公里，东西宽0.6公里，下行驼峰位于京广线669公里+526米以西710米，陇海线(陇客高线)574公里+625米以北2.4公里。按技术作业性质为编组站，按业务性质为货运站，按业务量为特等站，站型为双向纵列式三级八场。主要担负着南北京广、东西陇海四个方向行包列车、军用列车和货物列车的中转及货运检查作业，各专用线、段管线的取送和装卸作业，检修车的取送作业，机械保温车的加油作业，超限货物车辆的复检作业，货物的整理换装作业。以点多、线长、面大、调度指挥集中、车场分工明确、进路布置灵活、解编流水作业、有调比重大、折角车流多、作业复杂及综合自动化程度高等为其主要特点。

另外，还管辖京广、陇海以及郑州西北环线上的9个中间站。其中，三等站4个：郑州西、海棠寺、南阳寨、铁炉；四等站4个：广武、东双桥、马寨和黄河南岸车站；五等站为欢河车站。按作业性质分，有5个办理货运业务的装车站：郑州西、海棠寺、南阳寨、铁炉和广武车站；有6个多口站：郑州西、铁炉、海棠寺、东双桥、马寨和欢河车站，其中东双桥和欢河车站分别担当着西北环线不经郑州车站运行的直特快客车接发任务。

郑州北站行政科室有：技术科、货运科、劳人科、计财科、安全科、教育科、信息科、车站办公室。下属中间车站9个：马寨、郑州西、铁炉、海棠寺、南阳寨、东双桥、广武、黄河南岸、欢河车站；生产车间5个：上行运转车间、下行运转车间、调度车间、货运车间、货检车间；设备管理车间1个：信息设备车间。共有79个生产班组。党群组织有：党委、纪委、工会、团委。党委设党群办公室，下属党总支10个、党支部11个，班组(科室)党支部39个、党小组88个，在职党员878人。工会下属工支会16个、工会小组79个。团委下属团支部13个。

在职职工总数1988人。其中：女职工315人；干部249人(包括多元经营管理中心干部)；共产党员917人，共青团员92人。文化程度：大专及其以上550人，中专及技校282人，高中及其以下1156人。干部技术职务：高级7人、中级61人、初级117人。工人技术等级：高级技师1人，技师99人，高级工481人，中级工713人，初级工301人。主要工种：调度员37人，值班员124人，调车区长(含助理调度员)67人，助理值班员148人，调车长164人，连接员267人，车号员22人，货检员239人，货运员126人。

【主要技术设备】 郑州北站有电子计算机服务器10台，生产微机328台；自动化驼峰2座，非机械化驼峰1座；内燃调车机14台；道岔1026组，信号机835架；TDJ-302减速顶12076台；无能源液压停车器201台；挡车器11台；站场工业电视监视系统4套；各种线路228条(其中到发线61条，调车线91条，联络线及段管线等

76条),总延展长约454公里。

【运输生产】 2010年日均办理22677辆,比上年日均增加225辆;中时7.3小时,比上年压缩0.4小时,无调作业比为22.4%,比上年提高2.2个百分点;日均装车133.5车,日均卸车180.2车、比上年增加27车,开行远程技术直达列车计10706列;完成发送吨293.5万吨,超计划3.5万吨;完成保价收入236.74万元,超计划6.74万元。

2010年,因沙口路改造、集装箱关停等因素影响,郑州北站货运形势异常严峻。全站干部职工不等不靠,加强货源组织,加大任务考核力度,努力增加"两高一远"货物发送量;坚持日分析、月总结,大力实施以卸促装,最大限度地发挥编组站优势,整合运输、动力、空车资源配置。2010年累计完成收入40302万元,提前30天完成全年运输收入任务。

【岗位成才实现价值】 3月19日,郑州北站启动了"岗位成才作表率枢纽发展当先锋"主体教育实践活动,明确了39项子活动贯穿全年,做到月月有总结讲评、有推进设想、有效果鉴定。活动中,进行了"平凡岗位非凡业绩"巡回报告,收集干部职工学习张磊心得体会,出版了《感知感悟感动》一书,利用QQ、飞信、手机报、网络等手段,形成了一个全方位立体化的宣传平台。北站借机开展了"首席岗位"、"星级岗位"评选活动,全年产生了14个首席岗位和137个星级岗位。通过对先进典型大张旗鼓的选树表彰,营造了学习、进步的浓厚氛围。经过全局范围内的投票评选,郑州北站铁炉车站值班员冯建修当选为郑州铁路局"2010·安全功臣",信息设备车间信息系统维修电工张辛中的"一级供电双路互投箱"入选路局"以职工个人姓名命名发明项目、工作法",下行运转车间调车长李红亮当选为铁道部"百名标杆班组长"、路局"十大标杆班组长"。

【人才队伍建设】 2010年,郑州北站继续加大人才培养力度,以"211"人才培育工程为契机,狠抓人才队伍建设,落实专业技术带头人、青年科技拔尖人才等管理办法,建立一支适应铁路快速发展的人才队伍。大力开展"天天学、月月练、季度擂台赛、年度大比武"学技练功活动和岗位练兵活动,突出抓好自控型班组长、上道防护人员、郑西高铁值班员等关键岗位人员培训。2010年,共投入36万元用于职工培训,先后组织了接发列车、调车作业、货检作业和调度工作擂台挑战赛总计117场。投入62万元,实施成才激励政策,职工队伍素质普遍提高,学历层次明显提升,知识结构得到优化。2010年,全站已取得职业资格证书的职工达到1501人,占全站技术工总数的91.5%。在2009年新增工人技师27名的基础上,2010年又有50名职工被聘为技师,实现了工人技师两年翻两番,北站技师总数达到全站行车主要工种的7.5%。2010年底,全站取得部、局级青年科技拔尖人才、专业技术带头人称号的人数由2008年的2人增长为7人,有部级技术能手2人、局级技术能手23人,在路局车务系统基层站段中处于领先位置。

【民生工作】 2010年,郑州北站积极向路局反映职工住房困难实际,加强与上级部门沟通,争取七单房屋改造,为职工新分配房屋242套。扩大精品创建成果,全面推进生活线、文化线建设,投入资金13万多元,为51个生活生产点配置冰箱、冰柜、洗衣机、电视机等各类生活文化设施设备61台,改造修缮站区(中间站)生活房舍近1.1万平方米。千方百计维护职工切身利益,年初确定的10件实事得到兑现。全站人均工资达到45361元,比上年增长16.21%,连续3年保证了职工收入高于全局车务系统平均水平。全年支付"三不让"救助金69.37万元。其中,救助困难职工282人次,助困资金22.5万元;对314名患病职工给予医疗救助37.47万元;资助困难职工子女上学48人,救助金5.1万元;资助新考入大学本科职工子女22人,发放助学金2.2万元;为困难职工子女及新考入大学职工子女购置学习用品2.1万元。

【精品车间、自控型班组建设】 2010年4月,新的下行运转车间办公院在原钢窗厂厂房的基础上改建而成。新的下行车间集日常办公、会议学习、活动娱乐等功能于一体,还特别制作了体现人文精神的文化墙。2010年,北站先后完成了电算站办公楼整修改造、车站职工教育基地配套宿舍改造、海棠寺车站办公楼改造、上驼信号楼和货检车间外围墙改造等,精品建设进一步加强。

2010年,郑州北站深化自控型班组建设活动,注重细分单元,细化标准,加大动态管理和考核,促进了车间、班组长管理能力的提升。货检车间、海棠寺车站被路局命名为精品车间,下行二班行车组等16个班组被路局命名为精品班组,还有9个车间、28个班组被命名为路局车务系统标准化车间、自控型班组。2010年年底,郑州北站命名奖励了一批班组,上行三班调速组等4个班组被命名为"标杆班组",货检一班等5个班组被命名为"优秀班组",海棠寺运转二班等14个班组被命名为"先进班组",罗铁锋等21名班组长被命名为"优秀班组长"。北站分别给予了奖励,共计46500元。

【职业技能竞赛】 郑州北站职业技能竞赛历时一个月,涉及调度、行车、调车、货运、货检、设备维修六大工种。经过激烈角逐,集体项目产生站区行车组、平面调车组等8个团体一等奖,个人项目产生23个职名的一、二、三名,评出优秀组织奖3个。此次职业技能竞赛共计奖励36万余元。在10月举行的"全局车务系统建精品创一流工作推进会暨第三届职业技能竞赛"中,郑州北站"双线自动闭塞组”获团体项目第一名，获车站值班员、助理值班员、车号员、连接员、制动员5个个人项目第一名。

【技术设备升级改造】 2010年，代表中国铁路现代化最高水平的高铁列车途径管内郑州西站，在郑州至西安间安全优质开行，受到社会高度关注，产生了良好的经济效益和社会效益。具有全路一流水平的SMIS2.4系统的投入使用，使郑州北站的运输模式实现了“局站一体化、站区综合调度信息一体化、枢纽运输组织一体化和运输组织以及安全管理、货调组织、辅助决策一体化”四个一体化，掀开了全站调度运输组织的新篇章。使用新型的减速顶综合维修检测仪，精确检测减速顶维修各项参数，使减速顶设备的整体维修质量得到大大提高，全站技术装备智能化、信息化、现代化水平大幅提高。

【企业文化建设】 2010年，北站继续加大企业文化建设，制作了反应郑州北站科技成果的技术专题片《枢纽之光》和形象展示片《驼峰礼赞》。新片充分运用三维数码技术，对技术性强的科技部分进行了直观展示。通过唯美的画面，树立起郑州北站在科技、发展、进步的新形象。全站开通了新的“畅通网”，新网站采用最先进的ASP.NET3.5、Ajax和THML4.0网站制作技术，具有灵活的架构、严密的安全性和无限的扩展性，实现了数据库的全面升级，功能更加强大；按照各部门应用需求，实现了更加清晰的分类管理和维护。

2010年，站工会荣获了“全国模范职工之家”和“河南省六好基层工会”称号。1月11日至13日，全国铁路调度工作暨编组站现场会在郑州铁路局召开期间，来自铁道部运输局及哈尔滨南、武汉北等38个编组站站长等150余名领导到郑州北站，现场观摩了职工标准化作业模拟演练，参观了郑州北运输指挥中心。编组站会议推广了郑州北站“局站一体化”、“站区综合调度一体化”、“枢纽运输组织一体化”的生产模式。

【实现安全年】 2010年，郑州北站围绕安全，牢记精品站段建设必须以安全生产为核心，提高设备质量，完善规章制度，提升队伍素质，整治治安环境，促进了运输安全关键要素的整体优化。

积极探索高铁安全规律，开展高铁安全保障体系建设，明确提速安全重点，加强对高铁列车、动车、货运、施工安全等四大关键环节的全方位卡控，进一步提高了安全管理的针对性和实效性。实施安全问题检查现场追踪复查考核，形成了安全问题的“检查、提出、整改、反馈”闭环管理，有效解决了一大批问题和隐患。以强化班组现场作业控制为落脚点，加强班组日常管理，积极发挥班组长的前沿作用，不断增强班组内部的自我控制能力和现场作业卡控能力，进一步夯实了安全基础，巩固了运输安全持续稳定的良好局面，实现了安全生产1279天。

（刘　智）

郑州客运段

【概况】 郑州客运段是担当客运乘务和运转乘务的综合段，担当东到上海、厦门、青岛，西至乌鲁木齐、成都、重庆，北抵北京、哈尔滨，南达广州、深圳、湛江、昆明等方向的56.5对特快、快速各等级旅客列车及郑州至北京西、上海、武汉、太原、济南等方向10对动车组的乘务工作任务。担当的66.5对旅客列车形成了连接东西、贯通南北的旅客运输网络，乘务区段纵横4个直辖市、20个省、1个自治区，固定乘务里程达110818公里，年运输能力约6000万人，旅客运输规模和能力居全路前列，成为中原腹地沟通祖国四面八方的重要桥梁和纽带。

郑州客运段设置行政科室10个：办公室、安全科、乘务科、路风监察科、职工教育科、信息技术科、收入统计科、财务科、劳动人事科（党委干部科）、武装保卫科。下属客运车队21个：动车车队、北京一队、北京二队、北京三队、京九车队、上海车队、沪杭车队、广州一队、广州二队、昆明车队、哈尔滨车队、湛江车队、乌特车队、乌鲁木齐车队、重庆车队、深圳车队、成都车队、福州车队、银川车队、太原车队、杭合车队；车间5个：郑州运转车间、洛阳运转车间、后勤供应车间、旅行服务车间、洗涤车间；公司1个：劳动服务公司（集体经济管理办公室）。设置班组266个：客运乘务204个、运转乘务21个、车下班组41个。

因铁道部2011年调图需要，根据（郑客段劳人〔2010〕163号文件）要求，自2010年12月27日起，将原西安车队易名为银川车队，原福青车队易名为福州车队。

党群组织设党委、纪委、工会、团委，下设党群工作室。党委下属党总支30个、党支部215个、值乘党支部177个、党小组3个；工会下属工支会29个、工会小组232个；团委下属团总支10个、团支部44个。

年末职工总数8121人。其中：男职工5084人、女职工3037人；干部374人；列车长404人；共产党员2992人、共青团员202人。文化程度：初中及其以下1289人、高中3858人、中专及技校961人、大专1654人、本科341人、研究生18人。干部技术职务：初级100人、中级42人、高级4人。职工技术等级：初级工928人、中级工4521人、高级工914人、技师14人、高级技师1人。年末另有其他从业人员（集体工）1110人。

主要技术设备有：机械设备136台，其中剪冲设备2台；锅炉5台；装载机3台；洗涤设备83台；客货电梯7部；汽车40辆，其中生产用车28辆、乘用车12辆；电气设备598台。年固定资产总额11245.5万元。

【经营情况】 郑州客运段紧密围绕创建一流客运段，全面提高劳动生产效率,大力实施精细化管理,建立安全路风长效机制等工作重点,认真开展各项工作,实现了管理规范化、效益最大化,各项基础工作取得显著成效。

完成了旅客运输任务,2010年共运送旅客5965万人。超额完成了运输收入,2010年运输收入计划指标20135万元,实际完成22495万元,完成年计划的111.7%。旅行服务收入大幅增长,2010年旅行服务收入计划指标4500万元,实际完成5391万元,完成年计划的119.8%。综合能耗持续降低,2010年路局下达综合能耗计划指标为15162吨标煤,实际耗能14352吨标煤,比计划降低9%。超额完成了劳动生产率,2010年局计划指标为31579元/人,实际完成37047元/人,超额5468元/人。运输业职工人数得到有效控制,局计划为7059人,实际为6915人,比计划减少144人。

【客运安全】 郑州客运段坚持"负责、认真、主动"的作风建设不放松,秉承"严格管理+人文关怀"的理念,不断健全和完善安全管理机制,强化安全基础,确保了安全生产有序可控。截至2010年12月31日,消灭了D类及其以上事故,实现连续安全生产1344天。

"抓三防、把三关"(即:防火、防爆、防食物中毒,车门关、乘降关、应急事件处理关),卡控安全接合部、卡控列车关键部位和环节,盯死"两炉一灶一电"列车防火关键,确保旅客列车绝对安全。一丝不苟地开展"安全生产年"、"安全大检查"、"客车防火隐患排查整治"、"食品安全专项检查"等活动,扎实查摆整改安全工作存在的问题,不断增强安全工作的主动性。

主动破解安全难题,强化现场指导,实施"三卡"办法。安全提示卡明确车门管理等日常乘务5个方面的重点工作;应急指导卡系统提示遇到区间临时停车等10个典型安全突发问题应该怎么办;干部添乘写实卡细化了干部添乘时必须检查的10项重点工作。

完善应急处置措施,每半年组织一次有针对性的全员演练,制订完善各类应急预案14类28项,班组非正常情况处置能力显著提高。严格落实劳动安全保护措施,实施"劝导会",确保了职工劳动安全。

严格执行食品安全控制措施,杜绝了责任食物中毒事故的发生。强化现场控制,分线定向添乘机制做到常态化,班子带队暗访机制做到定期化,重点工作包保机制逐步规范化,现场监控力度得到不断加强。严抓严管严考核,落实"领导负责、逐级负责、分工负责、岗位负责"四个负责制。2010年,段先后处分干部45人,其中撤职降职5人,综合考核金额达到160万元。

【客运乘务】 认真贯彻部、局工作精神,以确保生产秩序为中心,以提高服务质量为重点,加强运输生产指挥、日常乘务管理、列车卫生质量、标准化作业等工作,充分发挥乘务组织作用,加大指导和管理力度,强化检查监督,全面完成了运输生产任务。

周密组织,全面完成春运各项任务。郑州客运段以春运工作为中心,结合临客开行情况,做到了"提前预想,合理调配,周密安排",抓好各个环节的衔接和细节安排,完成了部、局春运任务,实现了"确保安全、满足重点、平稳有序、良好服务"的春运工作目标。

全力以赴,顺利完成棉农专列运输工作。该段对棉农专列运输工作非常重视,命令传达、编组车次、注意事项等均做到万无一失。全段21个客运车队中,先后有19个车队涉及棉农运输,共开行棉农运输34趟,返程运输27趟,运送旅客153250人。

采取措施,提高服务质量。制定了《郑州客运段客运服务质量评价体系》,把列车卫生质量、乘务作业标准量化为分值,采取始发、终到及途中明察暗访以及静态、动态下的跟踪监督检查等方式,对各车次服务质量进行综合评价。同时,结合"岗位成才、实现价值"活动,在各客运车队间开展标准化竞赛评比活动。在年度跨局列车服务质量评比中,客运段得到上级的高度评价;在全局车务系统"创精品、建一流"推进会上,动车队进行了服务标准示范展示。

不断打造"窗口"形象。克服物价上涨、成本紧张的因素,精打细算、更换卧具,保证了在"两会"、"世博"等重大活动时期列车面貌焕然一新。结合世博会、亚运会、亚残会等,开展了特色服务。"和谐号"动车上首创"首席列车员"岗位,在动车组上开展了"陆地航班"、"阳光诚信"等服务;在优质优价列车、普通列车上推出了"重点服务"、"静悄悄服务"、"旅游服务"等,列车服务品位得到提升。

2010年,郑州客运段动车车队担当的郑州至北京西D131/2/3/4/5/6次,郑州至武汉至北京西D122/3次,郑州至上海D88/85/83/82次,首次被铁道部评为"红旗列车"。

【路风建设】 坚持"标本兼治、综合治理"的方针,围绕路风"五控"机制作用的发挥,盯源头、盯重点、盯热点、盯关键,路风自管意识明显增强,自检问题发现率提高50%。联控机制得到拓展,全路联控单位增加至22个。路风问题明显减少,路风不良反应下降60%。截至2010年12月31日,共收到锦旗64面、表扬信98封,实了现无路风事件2226天。

开展警示教育,不断强化路风管理意识。根据路风高发期特点,组织开展了"一对一"谈话活动,列车长、主列等重点岗位人员谈话覆盖率达100%,在职工思想上筑起了路风"高压线"。开展"遵纪守法,维护段誉"路风专项教育整顿活动,印制路风明白卡、路风警示卡,做到人手一份,并编发了典型案例。开展"提质量、强管理、树形象、降投诉"专项活动,有力促进了列车服务质量的提升。

完善机制，发挥联控作用和效力。召开全路兄弟站段参加的路风联控建设座谈会，实现路风监控网全面覆盖，远程区域控制得到明显改善，联控力度提高79%。重新修订了"旅客留言簿管理办法"、"团体人员上车补卧备案制度"等管理办法，充分发挥社会监督作用，有效防止了严重路风问题的发生。

严查严处，保持路风高压态势。盯重点，对路风管理基础薄弱的车队进行专项整顿；盯难点，强力推进"四卡一考核"制度的落实，"四卡"考核占到路风考核总量的40%；盯热点，世博会和广州亚运会期间，分别对进沪、进穗方向各趟列车进行检查，保证了服务质量。2010年，郑州客运段被评为"模范职工之家"。

【卧具洗涤】 郑州客运段洗涤车间下辖郑州、洛阳、新乡3个洗涤厂。三地厂房总面积3800平方米。2010年，洗涤车间洗涤卧具3917万件(标准件)，洗涤清算收入1371万元，洗涤成本支出1052.6万元(不含折旧费)，职工工资支出1325.5万元。

为了确保洗涤质量，在抓好职工标准化作业的同时，走出去、请进来，学习先进洗涤厂的洗涤经验，进行科学洗涤实验和洗涤技术攻关。以"创先争优"活动为载体，本着"岗位成才、实现价值、节能降耗"的原则，对在用即将报废卧具进行复洗，创新了洗涤方法，节约了成本。

在做好节能环保工作方面，一是循环水系统安装到位后，从改变职工节约意识入手，对职工进行科学用水教育，采取预洗、漂洗循环洗涤的方式，使节水工作取得实效，每件用水量下降6%；二是在洗涤材料方面采取规范洗涤，不同卧具使用不同洗涤方法，使洗涤原材料费用降低14%；三是采用设备难点问题攻关，对故障频发的烫平机变频器问题进行分析，针对湿度、温度、环境对变频器有较大影响的原因进行攻关，外迁了烫平机变频器，降低了烫平机的故障率，从而降低了维修成本。

【职工培训】 2010年，郑州客运段职教工作紧密围绕运输安全和铁路发展需要，以"创一流职工教育"为主线，结合"岗位成才、实现价值"主题活动，以深化全员练功比武为载体，充分发挥段三级教育网络作用，培训质量不断提高，职工队伍整体素质显著提升，为客运段的改革发展提供了强有力的素质保证。

培训任务全面完成。针对不同时期、不同工种工作特点，分别举办了暑期安全及防洪培训、防寒过冬培训、非正常情况应急救援培训、劳动安全专项培训及运转车长冬运安全及雾天行车办法培训。共举办脱产培训班782期、27802人次，举办业余培训班794期、27824人次。大力开展职业技能竞赛。2010年，郑州客运段职业技能竞赛共有21个车队、326名选手参加，进行了9个工种多个项目的竞赛。通过比赛，共有7个集体、53名个人受到了表彰奖励。

深入开展全员练功比武活动。2010年，进行了3次全员练功比武活动，每次比武历时1个月，考试200余场，全段所有工种、所有干部职工均参与。通过练功比武活动，有效地促进了全员业务素质的提升。

【旅行服务】 郑州客运段坚持"深化餐营改革，开拓餐营市场，谋求餐营发展，实现餐营健康、持续、快速发展"的整体工作思路，克服困难、锐意改革，实现了服务质量逐步提高、人员素质不断提升、市场竞争力不断加强、餐营收入稳步增长、职工收入不断增加、餐营销售收入全面完成的总体目标。

加强经营，深挖潜力，提高餐营效益。本着把握政策、调查研究、摸清情况、规范操作的原则，科学合理下达各车队每条线路的餐营任务指标。坚持主副兼顾、全面创收的经营理念，不断完善食品加工生产链，加快自制品开发。积极进行餐营改革，充分发挥客运车队管理效率高、营销意识强、监督有力的优势，将列车的餐营工作纳入列车乘务一体化管理，餐车任务完成情况纳入车队管理干部及列车长业绩考评，确保完成全年餐营任务。2010年，在一体化管理的基础上，为进一步提高旅服经济效益，8月实行了餐车商品对外承包经营，充分发挥市场优势，利用专业公司先进的管理模式，使餐营效益实现最大化。

强化培训，提高技能，提升职工素质。餐营一体化改革后，餐营职工培训成为旅服的重要职能之一。旅服车间建立了岗前培训、日常培训、脱产培训、委外培训、练功比武相结合的职工培训体系，全面提高餐营职工的文化素质和业务素质，提高餐营人员在市场经济条件下的竞争能力。2010年，岗前培训610人次，日常培训468人次，脱产培训94人次，练功比武1896人次；截止到2010年底，共有494名餐营职工取得职工职业资格证书，其中：高级烹饪技师1人、中级烹饪技师10人、服务技师11人。

(刘宏涛)

公　路

综　述

【概况】 2010年，全市交通运输系统广大干部职工深入贯彻落实科学发展观，锐意进取，扎实苦干，各项工作取得了新的成绩。以推进"十桥、十路、五场站、两中心"为重点，全年完成投资215.7亿元，同比增长28%。其中，国家项目完成投资98.5亿元；省管项目完成投资50.1亿元；市管项目完成投资67.1亿元，同比增长62%，再创历史新高。道路客货运输快速增长，服务国民经济能力显著增强。2010年，全市道路运输完成客运量2.68亿人次，客运周转量137.7亿人公里，货运量1.75亿吨，货物周转量279.8亿吨公里，同比分别增长16%、21%、25%、32.5%。四项指标完成情况在全省遥遥领先。全市交通基础设施建设、水上交通、消防安全连续5年保持“零亡人事故”，委系统道路运输事故亡人数继续下降，再创新低。

交通企业发展取得新的业绩。交建投公司全年获得贷款批复19.6亿元，到位8.5亿元，为市财政提供贷款担保3.8亿元，保障了交通基础设施建设需求。路桥集团积极发挥自身优势，运用BT模式推进交通基础设施建设，全年完成市场开发16亿元，创产值9.5亿元，实现利润1350万元，同比分别增长46%、119%、99%，企业呈现良好的发展态势。交运集团实现收入16亿元、利润2060万元，两项指标均同比增长14%。宇通公司年产客车4.18万辆、销售4.11万辆，同比分别增长46.4%和46.1%，成为国内首家年销量突破4万辆的客车企业。

交通战备工作水平不断提升。在服务部队军事训练、抢险救灾、处置突发事件等重大军事行动中，积极协调有关部门，完成了交通战备保障任务，被济南军区评为“交通战备工作先进单位”。

【安全生产】 始终坚持“安全第一、预防为主、综合治理”的方针，严格落实“四项机制”、“五项制度”，深入开展“安全生产年”活动，层层建立安全生产责任制，组织开展安全工作专项整治和专项检查，不断强化重点时段、重点地区、重点领域、重点环节的安全监管。全市交通基础设施建设、水上交通、消防安全连续5年保持“零亡人事故”，交通委系统道路运输事故亡人数比2009年下降30.8%，无重特大事故发生，事故亡人数继续下降，再创新低。

加强领导，健全组织，层层落实安全生产责任制。结合全市交通运输系统工作实际，按照“一岗双责”的原则，各单位、各部门安全生产责任目标逐级分解，主要负责人是安全生产工作的第一责任人，对本单位、本部门的安全生产工作负全责，其他领导对分管业务内的安全生产工作负责。各单位主管领导与所属单位、部门和监管的单位等层层签订了安全责任书。

加强安全监管，深入开展专项整治工作。建立安全生产监管信息化指挥系统，提升了安全监管信息化水平。认真吸取“2·28”事故教训，与市公安局联合在全市开展了公路客运交通安全教育整治活动。共检查登记客车16755辆次，按照条例处理驾驶员违章510起；查处客车超员286起、超速156起、疲劳驾驶24起、无证驾驶4起、醉酒驾驶1起，拘留5人；查处其他各类客车交通违法行为2543起。在市城管、水务、城建、安监等市直部门配合下，牵头开展了道路桥梁隧道安全专项整治活动，共排查桥梁2571座，隧道涵洞694座，发现存在一般安全隐患桥梁300座、重大安全隐患桥梁13座，完成隐患整改254座，整改率84.7%。加强水上交通安全监管，开展打击水上非法营运行动。市海事局对全市的9处重点库区、园林水域和11处黄河水域开展了全面的“打非”行动。现场查处非法营运船舶32艘。

深入开展安全生产督查，确保工作有序开展。(1)按照承包制的要求，委领导在节假日、重大活动期间带队深入车站、码头、工地、水库等重点部位和企业进行督查。(2)采取明察暗访的形式，对各单位工作开展情况进行督查，并以周报的形式对各单位安全生产工作开展情况进行通报。(3)联合市安监局对全市重点水域开展督查。(4)开展综合大检查，全年共下发安全隐患整改通知书28份，整改率达到100%。(5)委属各行业监管部门按照职责对重点企业和部位进行督查。市质监站对郑汴物流通道新建工程、西绕城改建工程等施工现场进行了专项安全检查，对存在安全隐患的标段要求现场整改，确保了施工安全。

强化应急管理工作，科学应对突发事件。(1)健全应急救援体系，修订完善了《郑州市交通运输系统突发事件(险情)应急救援预案》和12个涉及公路、道路交通、水上交通、重点工程、城市公交、长途客运的分预案，制订了《郑州市交通运输委员会反恐怖工作应急预案》。(2)建立交通运输应急网，加强动态管理，建立了应急队伍信息库、应急储备信息库、交通应急专家库。(3)组织各种应急演练活动。市运管局举行了突发性液氯泄露事故演练和汽油泄漏事故应急救援演练；公交总公司各分公司组织开展了各类突发事件应急演练活动；交运集团协调120、110等单位，组织开展了道路交通事故应急救援演练；建管中心组织了施工现场应急救援演练；地管处组织开展了农村公路系统防汛抢险演练。2010年，全系统近2000余名干部职工参加了应急演练活动，共出动油罐车、救护车、装载机、路政指挥车、保障车等共56辆。交通委被评为安全生产应急救援演练先进单位。郑州水运企业、民间救援组织的应急救援工作，受到了交通运输部的通报表彰，河南省副省长刘满仓对救援工作给予高度评价。

【行业文明创建活动】 以“创先争优”活动为载体，大力加强行业文明创建活动，市交通运输委被交通运输部评为“全国交通运输文化建设示范单位”和“全国交通运输行业文明单位”，是全国中心城市唯一获得双荣誉的单位。对委属单位18个基层党组织建设情况进行调查摸排，成立出租汽车行业联合党委和12个基层党支部，建立“红色的士家园”，进一步强化了党的领导。大力开展文明服务竞赛活动，表彰了郑州交通十大文明服务集体和十大服务明星、郑州交通十大标兵和十大先进集体，形成了“争一流、创品牌、树形象”的良好氛围。完善廉政监督制度，开展廉政文化进机关活动，市交通运输委机关被省纪委、省委宣传部等部门联合命名为“河南省级廉政文化进机关示范点”。“郑州交通讲坛”已成为郑州市交通运输委学习交流的一张名片。全年组织行业管理人员培训、专业技术人才培训、技能型人才培训、职业资格培训等363期，培训人员35336人次，极大地提升了交通系统工作人员的综合素质。

【为“畅通郑州”做贡献】 7月19日，市交通委联合省会新闻媒体，向全市公共交通行业、出租车行业、长途客运行业、交通重点工程建设领域和全系统广大干部职工发出了“积极为畅通郑州活动做贡献”的倡议。全市交通运输系统直属单位有数万名干部职工，5000辆长途客车，4402辆公交车，10607辆出租车；交通运输行业有30多万名从业人员，3154家维修企业，550家物流企业，33000辆货运车。市交通委号召全系统干部职工和全行业广大从业者，全力以赴投入到“畅通郑州”活动中。

(1)公共交通行业不开超速车，文明驾驶，保证车辆运行始终处于良好状态。优化线路结构，合理设置站点，为市民创造便捷、通畅的出行条件。打造公交优秀，吸引更多市民选择公共交通出行，提高了城市公交出行分担率。(2)出租车行业文明礼让，不闯红灯，不超速行驶，不闯禁行，不随意停车或调头，停靠路边上下乘客。不以任何借口在机场、车站、宾馆的循环通道内停留待客。不在停车场站外或其他禁止停车的地方兜圈、滞留载客。(3)长途客运行业按照入市通行证规定的路线和时间出入市区，不兜圈拉客，不违章调头，不闯红灯或逆行。按照核定的站点上下乘客，不阻碍市区城市道路畅通，自觉服从运管、公安部门和汽车站的管理。(4)交通重点工程建设领域加大了城市外围交通基础设施建设力度，改善交通通行条件，减轻过境车辆对城市交通的压力。强力推进交通场站建设，加快市内长途客运站外迁进度，缓解中心城区交通压力。全力做好拟建项目的前期工作，确保早开工、早建成，早日服务社会。(5)全系统广大干部职工自觉遵守交通规则，积极为“畅通郑州”做贡献。加大执法力度，加强运输市场管理，规范车辆运营秩序。保持公路路网标志、标牌齐全、规范、清晰。在“畅通郑州”工程任务没有完成前，全系统行政机关、管理部门不添置公务用车。

【机关建设】 2009年，市交通委着眼建设勤政廉政、求真务实的政府机关，委党委作出了加强开放型服务型机关建设的决定。经过两年的探索实践，逐步建立了行为规范、运转协调、公正透明、服务高效的机关管理体制，郑州交通为民、务实、清廉的行政形象得到了社会各界和广大市民的赞誉。2010年11月3日，市委副书记、市长赵建才对交通委开放型服务型机关建设进行调研，并给予了高度评价。11月15日，市政府办公厅下发了《关于在全市广泛学习市交通运输委员会机关作风建设经验的通知》，要求全市对交通委开放型服务型机关建设经验进行学习。

2010年，结合政府机构改革，市交通委进一步修改完善了公文处理、交办事项办理周督查周报告、工作作风和工作督查等机关管理制度，进一步规范了限时办结制、首问负责制和服务程序，机关工作进一步规范，工作效率不断提高。为扩大影响，交通委在BRT公交站设立开放型服务型机关建设宣传广告牌86个，在郑少高速服务区、长途汽车客运总站等处组织郑州交通96669服务热线和“市民开放日”宣传推介活动12次。为使机关文化展示系统更具观赏性和科普性，对郑州交通文化展示系统进行补充完善，新增模型14个、图片37张，修改及新增文字1.5万余字，展品类别更加全面。2010年，96669交通服务热线接听电话86587个，受理意见建议121个、投诉举报456个、市民寻物98起、表扬7起。“市民开放日”共接待参观团体733批次，参观人员13245人。机关电子大屏播发各类信息324条。

4月，交通委被省纪委、省委宣传部命名为全省首批廉政文化“六进”活动示范单位。9月，被交通运输部评为“全国交通运输文化建设示范单位”和“全国交通运输行业文明单位”。10月，被市委宣传部、市社科联命名为“郑州市社会科学普及教育基地”，委机关交通文化展示系统被共青团市委命名为“全市青少年文明教育基地”。交通委开放型服务型机关建设的社会影响力进一步扩大。

【交通信息化建设】 着眼提升指挥中心功能，2010年开发了交通重点工程现场视频监控系统，在重点工程施工现场的重要位置设置视频采集装置18个，实现了对郑州市交通重点工程的多角度监控。将公交BRT智能调度系统、公交客服系统、出租车运营调度系统和城市道路交通实时路况查询系统接入信息中心。利用GPS车辆定位对全市公交、出租车辆运营情况进行精确追踪和分析，对BRT站台进行视频监控，随时为市民提供较为准确的出行参考信息，提高了行业管理能力。

将重要出入市口、水运船舶码头视频监控系统接入信息中心，在重要出入市口设置视频监控设备，开发智能识别监控系统，实现对监控点周边道路、运营车辆和黄河游览区码头、气垫船的监控管理。开发车载移动视频监控系统，实现了信息中心和事故现场音、视频信号的采集和传输，为领导决策提供支持。健全完善《信息中心管理制度》、《信息中心应急预案》等，提高了应急处置能力。建立宏观、中观、微观三级联动的技术系统，通过建立机关指挥中心宏观管理、二级机构分控中心中观管理、一线监控现场微观管理三级响应的工作机制，为领导决策提供了信息支持。

建立郑州交通地理信息系统GIS基础数据库。按照市政府电子政务中心要求,积极开展基础数据源的收集工作,配合系统开发方搭建服务器并设计交通专题采集、录入工具,完成了基础数据库的录入工作。指导西绕城项目部进行西绕城公路监控中心和全线视频监控项目前期工作。参与花园口互通式立交监控与西绕城公路监控技术对接,以及花园口互通式立交电子警察、信号灯与交警部门的协调工作。印发了全市交通运输系统《关于加快推进信息化工作的意见》,进一步整合全系统信息化资源,初步搭建起全局性、基础性信息化体系构架。

与交通运输部科学研究院合作,结合郑州交通发展实际,编制了《郑州交通运输信息化"十二五"发展规划》,完成了《郑州交通信息中心新建工程可行性报告》的编制。与中机六院合作,编制完成了《郑州交通信息中心新建工程可行性报告》。向省厅申报的《郑州宇通客车股份有限公司无极灯改造项目》、《基于长途客车开发应用天然气(煤层气)技术研究》两个节能减排项目获科技成果奖。

【交通96669服务热线】 作为与社会沟通的重要形象窗口,交通服务热线始终坚持"为人民服务"的宗旨,紧紧围绕"回答任何人提出有关交通的任何问题,倾听任何人提出有关交通的意见建议"的工作目标,坚持"集中受理,分级分部门处理"的工作原则,全心全意地帮助群众解决问题。2010年,共接听群众来电86587个。其中,咨询类电话85726个,占来电总量的99.23%。受理举报投诉456件,占来电总量的0.49%。受理意见建议121件,占来电总量的0.1%。接听值班电话284件,占来电总量的0.17%。及时办结率达到98%以上,群众满意率达到99%以上。

【宇通公司概况】 2010年,宇通公司年产客车4.18万辆,销售4.11万辆,同比分别增长46.4%和46.1%,成为国内首家年销量突破4万辆的客车企业。宇通客车通过各体系的管理转型及企业文化建设,进一步提升企业的运营效率,降低成本,提高企业的核心竞争力,从而实现了业绩大幅增长。

同时,宇通也通过捐赠及发布企业责任公告的方式,履行其作为企业公民所应履行的义务。宇通公司首次发布2009年度社会责任报告,系统阐述了2009年公司在国家及社会全面发展、自然环境和资源、公益事业等方面的社会责任表现,希望社会各界能给予指导和支持。通过捐款或赠车的形式大力支持社会公益事业的建设。2010年7月28日,宇通客车等企业向河南省文艺院团捐赠签字仪式在中州宾馆举行。汤玉祥总经理代表集团向省文艺相关院团捐赠3000万元和8台宇通客车。省领导李克、孔玉芳、刘怀廉等出席捐赠签字仪式。

【宇通公司内部建设】 深入推进企业文化建设,改善组织风气和员工行为。2010年,公司按照"知、信、行"的总体策略,开展了系统的企业文化落地工作。通过企业文化评估、文化分要素管理、文化的制度匹配性审计、举办企业文化知行大赛、进行协同精神奖海选、举办宇通创新节、实行新员工文化"入模子"等各项举措,各部门深入查找不足,制定改进措施,真正把文化融入到相关管理和制度流程,进一步推进"崇德、协同、鼎新"价值观和"以客户为中心、以员工为中心"经营管理理念的落地。

提升各环节服务水平,提高客户的满意度,力争购车的每一个环节都能给客户带来最好的感受,以此赢得客户、赢得市场。对于大客户、批量车用户,宇通售后推出了车辆到达市场后主动上门拜访客户,及时了解客户需求,为车辆的正常运营进行前期诊断,同时针对客户的差异化需求提供定制化培训服务。

加强与供应商的合作,形成战略合作关系。培养宇通的核心供应商体系,建立长期的共赢互惠的合作关系,进一步提升外购件质量,降低采购成本。

推进精益生产模式,提高生产效率和生产质量。在2009年硬件升级及新技术引进后,宇通持续推进精益生产的模式,逐步完善和细化车间的管理方式,通过精益理念的深入推进,最终获得生产效率和生产质量的提升,从而提升公司的核心竞争力。2010年,宇通客车获"省长质量奖"。

进一步应用信息化工具,推动管理效率的提升。通过开发应用ERP/SAP平台中的新模块,促进技术研发、人力资源、销售营销等各个体系的管理转型,实现产品研发与市场更加切合,销售反应速度更加敏捷。2010年,在"第四届中国制造业CIO年会暨2009中国制造业信息化岁末盘点颁奖典礼"上,宇通公司获"2009制造业信息化优秀实践奖",网络信息总监被评为"2009年中国制造业杰出CIO"。

研发新能源环保客车,支持政府环保思路的落地。结合政府新的政策导向,依托国家级企业技术中心、博士后工作站、国家级试验中心、客车设计计算中心等优越的软硬件条件,宇通不断研发环保型客车。新产品不仅获得多个奖项,同时已有多款产品在市场上运行。2010年5月6日,在(第十届)世界客车博览亚洲展览会上,宇通客车以绝对优势一举夺得"BAAV2010年度最佳客车制造商奖"及"BAAV2010年度最佳创新客车奖"、"年度最佳客车安全装备奖"、"年度最佳环保巴士奖"、"年度最佳BRT巴士奖"、"年度最佳客车奖"等6项大奖。

(宋立新　闫从明)

交通基础设施建设

【概况】 在加快推进交通基础设施建设进程中,市委、市政府和市交通枢纽工程指挥部高度重视、加强领导，统筹协调、靠前指挥，定期召开会议听取项目建设情况汇报。市四大班子领导经常深入建设一线视察指导，协调矛盾，解决问题。市直有关部门和各县(市)区积极配合，全力支持。全系统各单位精心组织，狠抓落实，严格工程建设管理，广大干部职工和建设者不怕疲劳、连续作战，圆满完成了建设任务，在全市经济社会发展和“畅通郑州”建设中发挥了重要作用。

2010年，西绕城公路、铁魏公路、郑汴物流通道新建工程西段、G107线郑州段改建工程北段、黄河公铁两用桥公路段、京港澳高速公路郑州至漯河段改扩建、南四环与嵩山南路立交新建工程、花园口互通式立交、客运南站等一批项目投入使用。G107辅道至中信路新建工程、郑州综合交通枢纽公路客运站、花园路与连霍高速公路互通式立交、郑开大道与京港澳高速公路互通式立交、南出口暨郑新快速通道改建工程、郑少高速公路郑州市区航海路连接线、郑州市万洪公路新建工程、G107郑州境改线项目孟庄至龙湖连接线、中州大道与郑新快速通道互通式立交、郑汴路与G107新线互通式立交、东南四环连接线、石家庄至武汉高速铁路客运专线郑州站站房高架匝道桥工程、金水东路与G107新线分离式立交、客运北站等一批项目启动建设。

继续把农村公路建设作为市委、市政府为民承诺要办的“十大实事”之一，进一步加大工作力度，多方筹措资金，积极推动建设。2010年，在各级共同努力下，农村公路完成投资近4亿元，完成农村公路建设项目344个、578公里，改造危桥14座、774延米，超额完成了年度工作任务。完成了G107线新郑境小刘桥至芦家桥段中修等8项大中修工程，以及130条农村公路养护工程项目，路网综合服务能力得到提升。同时，认真做好国、省在郑交通建设项目的协调服务工作，为项目建设顺利进行提供了有力保障。

【重点工程建设】 2010年，以推进“十桥、十路、五场站、两中心”建设为重点，市管项目完成投资67.1亿元，同比增长62%，再创历史新高。

嵩山南路与南四环立交新建工程。3月29日正式开工，是2010年郑州市交通基础设施建设开工的第二项重点工程。位于嵩山南路与南四环交叉处，立交采用南四环上跨嵩山南路形式，按一级公路标准建设，建设里程约1.4公里，设计时速为80公里/小时，项目总投资估算为1.5亿元，计划工期8个月。12月27日，举行了通车仪式。累计完成投资13931万元，占总投资的100%。

南三环与机场高速贯通工程。5月30日，南三环与机场高速贯通工程主线正式开建。该工程全部完工后，南三环将实现全线贯通。南三环路向东延伸与机场高速互通式立交项目共占地约30.33公顷，工程投资预算为2.51亿元。该项目采取主线下穿机场高速设计，设互通式立交1座、连续梁桥2座。已完成了十七里河桥、集散车道桥、H匝道桥、H箱涵等工程。

S232线荥阳境改造工程。6月8日，S232线荥阳境桥北沟至新密交界段改建工程正式开工。工程由荥阳市政府组织实施，是荥阳市继马米公路之后第二个开工建设的郑州市跨越式发展三年行动计划交通重点工程建设项目。S232线荥阳境全长28.642公里，此次改建的桥北沟至新密交界段13.795公里，是整条道路中路况最差、条件最复杂的部分。起点位于荥阳侯庄，向南经槐树洼、杨庙、下杨庙、丁庄、王宗店、东脑等村，终点位于荥阳与新密交界处大红桥，为二级公路建设标准。设计路宽7.5米，其中需新建特大桥1座、中桥1座。2010年，挖土石方59.8694万立方米，填土石方61438立方米，完成涵洞12道、桥梁基桩43根、承台3个，完成投资2600万元。

G107下穿京港澳高速隧道工程。6月29日正式开挖，位于黄商村西北与京港澳高速公路交叉处，交叉处主线下穿京港澳高速，下穿采用挖开路基、新建桥梁方案，预计工期4个月。该工程为G107郑州段改建工程的重要节点之一，从下穿隧道以南，G107将由京港澳高速西侧平行改为东侧平行，延伸至新郑机场。

G107线郑州段改建工程下穿京港澳高速公路通行便道正式投入使用。为确保G107线郑州段改建工程下穿京港澳高速公路工程顺利进行，确保京港澳高速施工顺利进行，2010年4月G107线郑州段改建工程第6标段在京港澳高速K676+322处西侧修建完成通行便道，并顺利通过省交通运输厅验收。该通行便道为双向六车道，全长1004米，路基宽32米，车道宽度3.75米。经过郑州市交通路政管理支队与京珠高速公路新乡至郑州管理处、省公安厅高速交警总队圃田大队及时进行协调，6月28日京港澳高速公路通行便道正式投入使用，为确保G107线郑州段改建工程加紧推进奠定了坚实的基础。

郑开大道与京港澳高速互通式立交。8月30日，郑开大道与京港澳高速互通式立交新建工程正式开工。该项目位于郑开大道与京港澳高速交会处，采用半定向+单喇叭型互通式立交方案，交叉方式为主线上跨，工程估算投资约3.5亿元。计划工期为16个月，预计2011年12月底建成通车。2010年，已完成A匝道1#桥5#墩承台、A匝道1#桥2-1立柱混凝土浇注及AK0+636.8处箱型通道第1、3、5、7四节箱体底板混凝土浇注；完成基桩混凝土浇注36根，清表1.5万立方米，土方路基填筑2.1万立方米。累计完成投资12352万元，占总投资的35.48%。

花园路与连霍高速互通式立交。8月30日，花园路与连霍高速互通式立交新建工程正式开工。该项目位于花园路与连霍高速公路交叉口，项目主线全长1.5公里，匝道长约

7公里,投资估算为4.9亿元。计划工期16个月,预计2011年12月底建成通车。2010年,累计完成基桩混凝土浇筑57根,清表55000平方米,清运垃圾2300立方米,挖除树根2550根。累计完成投资16445万元,占总投资的39.15%。

万洪公路新建工程。11月30日正式开工,起点位于新安路与万三路交叉口,穿越规划的郑州日产产业集聚区,终点位于新庄东南的新省道S223上。设计时速100公里/小时,双向八车道一级公路,路基宽度44米,全长约13.118公里,总投资约50055.3万元。项目采用BT融资模式建设,承建单位为北京城建集团有限责任公司。工期14个月,计划于2012年2月底建成通车。正在进行项目部临建工作。

嵩山南路与南四环立交。12月27日正式通车。嵩山南路与南四环立交工程,东西连通郑州四环快速通道,南接郑尧高速,北连嵩山南路,是四环快速通道的重要节点工程。总投资1.39亿元。该项目自开工建设以来,项目部积极响应"畅通郑州"的号召,在确保工程质量的前提下科学安排,压缩工期,仅用半年多的时间就实现了当年建成、当年通车的目标。

郑汴路与G107新线互通式立交。12月30日,郑汴路与G107新线互通式立交新建工程正式开工。该项目位于郑汴路和京港澳高速公路圃田收费站处,北接G107线郑州段改建工程,南靠陇海铁路,西接郑汴路、陇海路。估算投资6.65亿元,计划工期17个月。项目建成后,可实现郑州市航空港、公路港、铁路港和信息港的"四港联动",形成封闭的四环线。

东南四环连接线工程。12月30日正式开工,起点位于郑州市东南曹古寺村北侧的G107辅道,终点位于G107郑州段改建工程,全长4.11公里。估算投资2.74亿元,计划工期12个月。该工程是响应市委、市政府"畅通郑州"的重要举措,是实现郑州跨越式发展的交通重点项目。项目建成后,可实现郑州市航空港、公路港、铁路港和信息港的"四港联动",形成封闭的四环线。

金水东路与G107新线分离式立交。12月30日,金水东路与G107新线分离式立交新建工程正式开工。该项目位于G107郑州段改建工程与金水东路相交处,采用G107主线跨越金水东路的高架形式,两侧设置地面平行匝道与金水东路形成平面交叉。估算投资1.9亿元,计划工期12个月。项目建成后,可实现郑州市航空港、公路港、铁路港和信息港的"四港联动",形成封闭的四环线。

【场站建设】 2010年,郑州市强力推进交通运输场站建设,加快中心城区老场站的搬迁和转型改造,完善县乡公路客运场站建设,客运场站等级和服务能力进一步增强。

郑州综合交通枢纽公路客运站。4月30日正式开工,是2010年全市"1152"交通重点工程中开工的又一重点工程。该项目地处郑东新区,位于G107辅道以东,七里河路以南,动力北路以北,圃田西路以西。项目总投资5.1亿元,建设工期24个月,预计2012年完工,与新火车站同步投入使用。车站按照一级客运站标准设计,设计每天发送旅客6.5万人次,总占地面积6.2万平方米,总建筑面积7.7万平方米。主要包括站房主体建筑、司乘公寓、商业用房等。该项目是交通运输部、河南省政府审定的《郑州国家公路运输枢纽总体规划》中郑州市8个公路客运站的重点项目之一,是石武客专和徐兰客专新郑州火车站的重要配套工程,是集铁路、地铁、城市公交、出租车等多种交通方式为一体的现代化综合交通枢纽。该项目正在进行主体站房区基坑开挖、临建设施建设等施工。其中,土方施工已完成开挖土方6万立方米。项目工可报告、主体站房区初步设计已获省发改委批复。

客运南站。郑州公路运输枢纽客运南站是交通运输部、河南省政府审定的《郑州国家公路运输枢纽总体规划》中郑州市8个公路客运站的重点项目之一,是总体规划中新建客运场站项目最早建成并投入使用的枢纽场站。该项目位于郑州市南三环与京广南路交叉口东南角,为部颁一级客运站,项目总投资11687万元。核定总建筑面积16738平方米,设计发车位24个,停车位113个,年度发送旅客量20000人次/日。2009年11月16日开工建设,2010年12月投入运营。主要承运市区南向、西南向和东南向的客流,开通线路有57条,覆盖黄河以南所有县市。新客运南站投入使用后,原陇海路上老客运南站、京广汽车站所有车辆、线路和班次均迁入新客运南站经营。

客运新北站。12月27日正式开工,位于郑花公路东侧、连霍高速公路南侧。总占地面积11.33公顷,总建筑面积45188平方米。项目总投资估算34026万元,总建设工期19个月。按照部颁标准一级客运站规划建设,设计年度日发送旅客32000人次/日,主要承运市区北向、西北向和东北向的客流,是集高速公路、地铁、公共汽车、出租车零距离换乘,车辆调度、维修和商业发展于一身的现代化客运枢纽中心。项目工可报告已上报省发改委、省交通运输厅。

【干线公路建设】 2010年,全市干线公路改建累计完成投资4574.1万元。其中,路线改建1项,即S232线荥阳境桥北沟至新密交界段改建工程,累计完成投资2600万元。2010年,G310线巩义两河口桥、G107线新郑秦楼桥改造、S323线新郑双洎河桥危桥改建、S323线新密观寨新桥拆除重建等4座桥梁全部完工,还有7座桥梁在建,全年累计完成投资2074.1万元。截止到2010年底,全市干线公路通车里程达到797.443公里。其中,一级公路达到73.255公里,二级公路达到643.21公里,三级公路达到

69.115公里，四级公路达到11.863公里。

【高速公路建设】 2010年，郑州市进一步加强对高速公路建设的组织领导，积极协调相关单位和部门认真做好高速公路建设的服务保障工作，确保了郑州市境高速公路建设顺利推进。

武（陟）西（峡）高速公路桃花峪黄河大桥。3月16日举行开钻仪式。该项目北起郑焦晋高速，南接郑州西南绕城高速，经焦作武陟县、郑州荥阳市。项目总投资39.95亿元，全长28.64公里（其中，北接线长8.92公里，南接线长12.02公里，黄河特大桥长7.69公里）。采用双向六车道高速公路标准设计，设计行车速度100公里/小时，主桥设计为主跨406米的双塔自锚式悬索桥，为世界同类桥梁之最。该项目建成通车后，将与京港澳高速、连霍高速等共同构成围绕郑州大都市圈的“日”字形高速大环线，使郑州与焦作的行车距离缩短30公里以上。2010年，累计完成路基土石方238.34万立方米，占总量的44.9%；涵洞通道22道，占总量的35.5%；基桩2010根，占总量的80.4%；墩柱397根，占总量的44.9%；系梁、承台287个，占总量的51.5%；盖梁、桥台34处，占总量的9.1%；预制箱梁16片，占总量的6.4%；预制梁板74片，占总量的5.7%。

京港澳高速郑州至漯河段扩建工程。2010年10月1日建成通车。四车道扩建为八车道，路基宽42米，扩建宽度为16米，起于新郑国际机场以南，止于新郑市与长葛市交界处。路线全长21.74公里，设计行车速度120公里/小时，桥涵设计荷载为公路—Ⅰ级。

连霍高速郑州至洛阳段扩建工程。起自郑州广武，接正在改扩建的连霍国道主干线刘江至广武高速公路和已建成的郑州西南绕城高速公路，经荥阳、上街、巩义、偃师，止于洛阳任庄，接已建成的连霍主干线洛阳至三门峡高速公路和洛阳西南绕城高速公路。全长106.391公里。其中，郑州市境长51.4公里，洛阳市境长55.0公里。全线采用双向八车道高速公路标准改扩建，采用单、双侧拓宽及部分路段分离路基的改扩建方案。全线共改扩建10处互通式立交（荥阳、上街、巩义东、偃师、孟津、朱家仓、洛阳东、洛阳西和任庄等），预留偃师东互通式立交。另建互通式立交连接线30.5公里。项目概算总投资504229万元。截止到2010年底，累计完成投资410392万元。累计完成路基土方1222.7万立方米，占总量的98%；桥梁基桩2704根，占总量的98.7%；立柱1402根，占总量的97%；涵洞通道276道，占总量的98.2%；预制梁板4785片，占总量的96.7%；梁板安装4114片，占总量的83.1%；盖梁644片，占总量的96.8%；路面底基层167.3万平方米，占总量的85.2%；路面基层167万平方米，占总量的85.2%；路面ATB层9.1万平方米，占总量的5.1%。

郑州至民权高速公路郑州段。郑州至民权高速公路郑州境段呈东西走向，起点位于中牟县九龙镇黄商附近京港澳高速与郑州西南绕城高速交会处，终点位于中牟县店李口村附近。路线全长32.746公里，路基宽度29米。按简易六车道高速公路标准设计，设计速度120公里/小时。项目初步设计批准概算14.06亿元，建设工期36个月。截止到2010年底，累计完成投资92470万元。累计完成路基土石方466.9万立方米，占总量的78.97%；涵洞通道66道，占总量的97.06%；桥梁基桩1185根，占总量的96.66%；桥梁立柱793根，占总量的75.89%；桥梁盖梁283片，占总量的74.47%；预制梁板1831片，占总量的75.85%；梁板安装156片，占总量的6.46%。防护工程完成667万元，占总投资的25.92%。

温县至巩义高速公路。北起焦作市温县，与焦作至温县高速公路相连，向南经温县，跨越黄河天堑，止于巩义市站街镇西北，与连霍国道主干线相连。设计速度为100公里/小时，双向四车道（除黄河桥加宽及垭口段限速80公里/小时），整体式路基宽26米（黄河桥高速为23米），分离式路基2×13米，路面结构采用沥青混凝土，桥梁荷载按公路—Ⅰ级标准。该项目正在进行前期工作，其中压矿地灾评估已完成，土地预审、环境评估工作正在进行。

登封至巩义高速公路。起点位于巩义市东北连霍高速公路巩义东互通式立交西侧约700米处，设站街枢纽互通式立交（K0+006.6）；路线向南与许昌至登封段高速公路和郑州至少林寺至洛阳高速公路相接。路线全长43.084公里，初步设计总概算为28.7783亿元。截止到2010年底，累计完成投资15.6942亿元。累计完成路基土石方548.3万立方米，占总量的48%；桩基1104根，占总量的61.6%；立柱682根，占总量的53.1%；盖梁163片，大梁210片，隧道掘进2551米；涵洞（含通道）83道，占总量的59.4%。

兰考至刘江高速公路改扩建工程。起自兰考西，接拟改扩建的商丘至兰考高速公路，止于郑州刘江，接刘江至广武高速公路。全长80.01公里，实际改扩建长度77公里。全线改扩建兰考西、开封东、开封、中牟4处互通式立交。沿线经开封北和中牟北，止于郑州市东北，路线先后穿越开封和郑州两个地市。郑州段长31.4公里。全线采用八车道高速公路标准改扩建，设计速度120公里/小时，路基宽42米，新建桥涵设计汽车荷载等级采用公路—Ⅰ级。该项目批复概算29.3982亿元。截止到2010年底，累计完成投资79266.83万元。

（宋立新　闫从明）

道路运输

【概况】 2010年，全市道路运输完成客运量2.68亿人次，客运周转量137.7亿人公里，货运量1.75亿吨，货物周转量279.8亿吨公里，同比分别增长16%、21%、25%、32.5%。四项指标完成情况在全省遥遥领先。不断优化车型结构，全市营运客货车辆达11.9万辆，运输装备水平得到新的提升。按照建设社会主义新农村的战略部署，坚持把解决农村地区出行难问题作为一项重点工作，积极实施城乡客运公司化改造，加快农村客运网络化建设。全面普及了"新农巴士"，客运线路公司化改造率达85%以上，实现了全市乡镇通客车率100%、行政村通客车率100%的目标，行政村通班线率达90%以上。加强运输组织协调，圆满完成了关乎国计民生的煤电油运、春运等满足经济社会发展和人民群众生活需要的运输任务。

【客货运经营】 深化客运"四个结构"调整。(1)深化运力结构调整。继续发展公车，深入推进公车承包和全额抵偿承包。(2)深化市场结构调整。巩固传统客运规模，提升城际公交服务，大力发展城乡公交和旅游客运，为客运业发展打造新的经济增长点。(3)深化车辆结构调整。重点在城乡公交线路上发展中小车型。(4)深化燃料结构调整。积极在城乡公交线路推广更新燃气车辆，在郑开城际公交线路上投放10台混合动力车，均取得良好效果。

深化站务资源调整。一是积极探索联网售票新途径，同郑州移动公司联合开通了手机订票业务；二是加强营销力度，推出了VIP贵宾充值卡业务。

深化物流结构调整。一是稳步推进金象商品车运输项目，先后与5家厂商签订商品车运输合同，并陆续开展运输工作；二是合资组建保税物流公司，打造物流业新的经济增长点；三是规范风电项目运作，积极推进与焦作未来铝业项目合作。

优化资源配置，提升资源效益。(1)优化生产资源配置。撤销信息传媒总公司，将汽贸维修总公司并入物流总公司，将实业开发总公司和物业总公司合并，将原稽查大队和原安全稽核公司整合为新的安全稽核公司，将站务摊点资源统一划归为商场公司管理，将客运十一公司、原旅游公司和欧亚旅行社整合为客运旅游公司。(2)优化人力资源配置。科学调配客运主业劳务派遣人员，在客运主业和集团机关进行定岗定编试点，深化干部跨行业交流，提高了人力核心资源效能。(3)优化场站资源管理。按照"畅通郑州"建设部署要求，外迁汽车中心站500个班次，客运新南站启用后，撤销了原老南站、京广站和万客来站3个汽车站。

强化企业管理，提高企业管理水平。在认真做好日常安全管理的同时，建立事故预控处理中心、安全警示教育中心和技术管理中心。深入开展"安全生产年"和"文明交通行动计划"活动，进一步提高了安管人员安全意识和管理水平。在抓好生产旺季增收增效，加强日常生产管理，开辟新线路的基础上，重点加强客运主业生产经营、维修管理，建立"96269"客服平台。加强物流利润考核、运输收入和仓储管理，特别是以金象物流为平台，积极发展现代物流业，进一步理顺了生产经营环节，规范了省内外网络布点和规划。其他经营板块以抓住管好大块资源、放开搞好小块资源为原则，充分利用自身优势，加强市场营销，发挥了资源最大效益。

【春运工作】 2010年春运自1月30日开始，至3月10日结束。春运40天，郑州公路发送班次52万个，运送旅客1253万人次，比上年同期增长6%。其中，交运集团共发送班次16.9万个，完成旅客发送量370万人次，货物运输安全有序。水路运输投入运力240艘次，运送旅客1720人次；浮桥通行各种车辆11760辆，运送货物约8万吨。整个春运期间，全市实现了旅客无滞留和农产品运输畅通以及电煤油运送不中断的目标。

在春运开始前10天，邀请河南电视台、郑州电视台、河南日报、大河报、郑州日报、郑州晚报、郑州人民广播电台等7家媒体参加全市2010年春运工作部署会，为顺利开展春运做好舆论宣传。深入开展春运送温暖活动，印发春运安全宣传单5000余份，督导客运企业开展创建优质服务文明车、文明岗和先进个人等优质服务竞赛活动。采取流动稽查和固定稽查方式，对出入市口、火车站地区及重点路段实施不间断检查，对违规车辆采取处罚与教育相结合的手段进行集中治理。驻站人员落实驻站监督职责，督导各汽车站认真执行"三不进站、五不出站"制度，实现了无重大安全责任事故的目标。

（宋立新　闫从明）

城市公共交通

【公交概况】 2010年，省、市领导对交通运输工作高度重视。6月22日，省委书记卢展工会见香港媒体，在谈起郑州交通和郑州公交时强调，政府部门必须要舍得为公共交通花钱。8月17日，卢展工书记亲自乘坐普通公交，体验郑州公共交通，并作出了"公交是为民、公交是形象，公交要优先、公交当自强"的重要指示，还动员省会14家企业向全市捐赠151台公交车辆，并就解决好公交公司"八难"问题作出批示。8月23日，市委书记连维良、市长赵建才等领导亲自主持省会企业捐赠公交车仪式，向企业颁发捐赠证书。

2010年，城市公交运营里程完成24154万公里，是计划的100.89%；客运总量完成82279万人次，是计划的100.65%；客运收入完成69530万元，是计划的91.15%，主要原因是自8月1日起空调车票价下调所致。车厢服务合格率为99.81%，较目标提高9.81%；车辆卫生整洁合格率为94.44%，较目标提高4.44%；车辆(设备)完好率为99%，较目标提高9%；工作车率为94.22%，较目标提高

4.22%。

【优化公交线网布局】　按照区域化管理要求，将原有的8个运营公司按照东、西、南、北4个区域整合为5个运营公司，对25条线路的运营管理权限进行了划并调整，同时将快速公交的1条主线和8条支线全部划归快速公交公司统一管理。在原来1条主线、8条支线的基础上，新增B10路、B20路、B21路3条支线，进一步扩大了快速公交线网的覆盖范围。快速公交线网日均客运量稳定在35万人次，最高达到42.18万人次。2010年，共调整线路64条，新开线路12条，撤并线路13条；由市财政投资和社会各界捐赠的651台空调公交车辆，已到位631台。随着这些新购车辆相继投入运营，293台老化车辆报废停运，车辆整体状况明显改善。运营公交车辆达到4788台，其中空调公交车辆为1633台，占34.12%。

【捐赠公交车辆活动】　2010年，省、市领导高度关注公交发展，多次乘坐公交车进行调研，解决实际问题，重新强调公交的公益性定位。7月16日，市委书记连维良在上任第4天即到公交总公司调研。市政府积极筹措资金，新购500辆空调公交车，用于车辆更新。

与此同时，省会各大企业也纷纷关心城市发展，关注民生工程，以捐赠公交车辆的实际行动落实省委书记卢展工讲话精神，支持城市公交事业的发展，掀起了公交优先和支持公交发展的热潮。8月23日，省会企业捐赠公交车辆仪式在绿城广场举行，郑州宇通集团有限公司、河南少林汽车股份有限公司、河南银基房地产开发有限公司、郑州日产汽车有限公司、郑州海马商务汽车有限公司、河南建业住宅集团、上海升龙投资集团有限公司、河南正商置业有限公司、河南天伦实业（集团）有限公司、郑州承誉德集团、河南美景置业有限公司、河南振兴房地产（集团）有限公司、郑州中油置业有限公司、郑州地产集团等省会14家企业，将151辆新型标准空调车捐赠给公交总公司。市委书记连维良向各企业负责人分别颁发捐赠证书。市委副书记、市长赵建才代表市委、市政府和全市人民对捐赠公交车辆的各企业表示感谢。各捐赠企业负责人及部分劳模代表、市民代表、网民代表等出席了捐赠仪式。

11月30日，“回报社会，奉献爱心”大型捐车仪式在郑东新区CBD国际会展中心轩辕堂举行。河南煤业化工集团、郑州银行等来自省会各辖区及全省地市共计89家企业慷慨解囊，捐赠了第二批公交车辆共计281台。河南省委常委、常务副省长李克莅临现场致辞，对各企业联合捐车善举给予了高度评价，省领导孔玉芳、李柏拴、秦玉海等为捐赠单位颁发了证书。至此，2010年省会企业捐赠公交车辆总数达到432台。这在全国都是绝无仅有的，创下了公交史上企业捐赠车辆台数、车辆档次标准、爱心企业奉献力度和范围等“多项第一”。

随着政府购置的500台空调公交车辆，以及432台社会捐赠车辆的相继到位，绿色环保、车辆状况好、舒适度高的空调车纷纷投放到市民群众最需要的线路中，使郑州公交的运力结构更加优化，市民乘车条件进一步改善，增强了城市公共交通的吸引力，发挥了城市公交在“畅通郑州”工程中的重要作用。

【公交票价调整】　6月22日，省委书记卢展工在会见香港商报总编辑陈锡添时谈到郑州市的交通拥堵问题，指出解决交通拥堵，一个是要加快建设，再一个是要组织疏导；作为政府部门，必须舍得为公共交通花钱。7月19日，市长赵建才主持召开第29次市政府常务会议，专题研究公交发展问题。根据省委书记卢展工增加城市公交、方便城市居民出行的要求，会议决定启动空调公交车价格调整程序，实行1元票价政策。并提出，公交运营中低于成本部分由市财政予以补贴。至此，空调公交车价格调整按法定程序进行。7月23日，调整空调公交车票价简易听证会召开，一致通过了调整方案。

2010年8月1日起，空调公交车票价由2元降至1元，实行与普通车相同票价，原有的学生2.5折、成人持IC卡月票5折、电子钱包8折等优惠政策不变，郑州城市公交从此进入“1元时代”，郑州市成为继北京之后城市公交票价最低的城市。自降价以后，公交客流量迅速增加，与上年同期相比，日均客流量增长近20%，日均减少收入50万元，政府惠民政策真正落到了实处。

8月1日是周日，新政策实行第一天，效果还不太明显；8月2日双休日后市民上班头一天，当天公交客运总量与7月公交日均客运总量相比增长了16.8万人次。其中，快速公交“一主八支”线网增长最为明显，7月快速公交主线65辆18米专用车辆平均日客运量为12万人次，8月2日日客流量达到了18.4万余人次；7月快速公交“一主八支”线网平均日客运量为20.82万人次，8月2日日客流量达到了29.02万余人次，增加量为8.2万人次，刷新了快速公交线网日客流量记录。

【公交场站建设】　委托东南大学、郑州市规划勘测设计研究院，对郑州市中心城区公交系统进行了近期建设规划。具体内容涉及公交线网近期建设方案规划、优化调整方案规划以及BRT、常规公交枢纽、场站用地控制性规划等方面。委托协议已签订。完成了科学大道—西三环立交桥、解放路立交桥、航海路—西三环立交桥、郑花公路立交桥公交枢纽站设计工作。其中，科学大道立交桥处已基本建设完成，其余三处公交场站用地选址已报规划局审批。加快落实南北区公交综合保养场建设用地，已完成金水区柳林镇杨金产业园区内10公顷、二七区盆刘村郑密公路北绕城公路西约11.33公顷两处公交建设用地的选址工作,均已同所在地村委会签订了征地协议,并已通过规划局审批。配合做好市综合交通枢纽(高客站项目)公交场站建设,郑州市综合交通枢纽公交场站建设项目的工程可行性研究报告已上报相关部门,选址工作正在审批过程中。加快公交港湾建设,一期规划34个,已开工25个,建成21个。

【公交运营生产】 空调车票价下调后,空调车客流明显增加,平均增幅达到34%。为应对客流变化,公交总公司一方面加大发车密度,所有空调车辆满负荷运营;另一方面,充分发挥公交智能调度作用,根据线路客流情况,采取加开“大站快车”、区间车、直达车等灵活作业模式以及安排摆渡车辆、跨线路支援等调度措施,保证了乘客出行需求。针对高校园区节假日和双休日学生出行集中,客流呈现单向、井喷趋势,通过GPS运营生产监控中心的实时监控、实时客流统计系统,了解各线路学生出行、返程的主要时段、主要客流断面、以及目的区域,实时调整运力保障。节假日期间,高校园区平均每天增加运营车次15.6%,切实保证了学生客流出行。

【公交规范服务】 积极开展无违章、无事故的文明交通竞赛活动。完善精品线路、品牌车组评选、奖励办法,对18条“精品线路”、37个“品牌车组”逐月进行奖励。完善车长星级考评体系,从三星级扩展到五星级,每月进行考评并给予相应奖励。加强督查考核,对运营行车遵章情况进行全过程、全天候、全方位督查,实行日检查、日反馈、周通报制度。对“闯信号灯、违章变道、并排停站上下人”等违章人员,严格执行下车培训三天、扣发当年文明奖等规定。完善站务设施,规范运营秩序。集中抽调20多人对各线路、站点进行调研,建立信息库,制定线路、站点整改实施办法,纠正不合理设置现象,对站区、站牌设置进行整合,在客流密集站点组织机关工作人员高峰时段疏导乘客。

【公交职工生产生活设施建设】 为稳定职工特别是一线车长队伍,克服重重困难,2010年9月对工资结构进行了适当调整。合理划分工资单元,人均增资439.7元/月。同时,进一步完善基础设施,改善职工生产、生活条件。新建调度室24间,为车间、调度室安装空调32台,为调度室及办公场所配置家具341件(套)。积极争取政府政策支持,与房地产开发商联系协商,组织经济适用房房源,在“启福花园”和“芳草园”小区为符合购房条件的职工解决经济适用房567套。

【出租车管理】 2010年,举行出租汽车驾驶员培训14期,培训驾驶员4305人(次)。其中,培训合格3447人,培训合格率80%;新入行驾驶员上岗培训率达100%。检查营运车辆4万余台次,现场整顿近5000起,纠正车容车貌等违章现象3000余台次,处理各类违章5146起,违章培训1750人次;因违章率超标处罚23家出租车公司。全年受理各类有效举报投诉共2099起。完成出租汽车退役车辆检查1735台,共审验车辆8649台次,合格8381台次,参检车辆合格率97%。办理各类业务手续31269份,业务量比上年增长5.3%。其中,办理资格证申办手续3172份,资格证变更手续7328份,资格证停业手续8480份;共办理退役车辆2121台,车辆歇业2120台,批准更新车辆2143台,办理更新车辆2163台(包括遗留问题);为2375台车辆变更了交接班指示牌。

强化制度建设,狠抓作风纪律养成。进一步树立“管理就是服务”的理念,强化内部管理。增强干部职工的作风纪律意识,加强对客运管理处全体人员的管理,整顿办公秩序,坚持上班签到制度,落实请销假制度;严格执法人员仪容仪表、文明用语,做到了依法执法、文明执法。

采取有力措施,保持行业稳定发展。(1)建立了信息员制度,完善信息快速反馈机制,时刻保持信息畅通,及时掌握第一手资料。(2)深入开展大排查、大调研活动,落实领导信访接待日制度。客运管理处每天有一位领导带班接访,每月处班子领导下公司及时了解情况,解决行业管理中存在的问题。(3)实行干部职工行业稳定包案制度。把客运管理处干部职工分成若干小组,有针对性地与司机开展面对面的思想工作,限时解决问题,力保行业稳定。(4)加强宣传教育。及时把上级政策及文件精神通过新闻媒体对外广泛宣传,在新闻媒体建立专栏,与广播电台及时连线答疑解惑。(5)针对全市出租车行业存在的加气难问题,协调天然气供气部门增加车用天然气供应;并按国家要求于6月、8月两次将共计6852万元油补全部发放到补贴对象手中。引导司机在加气困难时改加汽油营运,保障了营运市场秩序良好。

加强信息化建设,提升服务管理水平。在整合系统内部各种信息资源的基础上,建立郑州市出租汽车行业信息网、红色的士家园网,为公众提供准确、快捷、全面的社会公共服务体系。

加快基础设施建设,完善服务功能。客运管理处通过引进社会资金,在经三路建设完成了一座出租汽车专用加气站,与之配套的出租汽车综合服务区建设相关手续正在办理中,待手续完善后即可营运。

建立出租车行业联合党委,在全市出租车行业开展了“争创共产党员示范车”活动。年底评选出100台素质高、服务好的“共产党员示范车”,安装了醒目的“党员示范车”顶灯,带动行业树立文明、和谐的文化风尚。建立了集党员远程教育室、图书室、网络室、活动室等为一体的多功能活动场所——“红色的士家园”,增强了出租车行业党的凝聚力和号召力。

【出租车行业与媒体沟通机制】 建立、健全与媒体沟通机制，正确引导舆论导向。定期召开新闻通气会，与省会多家电台、电视台加强合作，及时参与到节目中去，对行业政策、法规、动态以及广大驾驶员关心的热点问题进行正面解读。遇有行业政策出台、大型活动举行等情况，及时邀请媒体记者参与，全面、客观报道行业中的重大举措，充分发挥舆论导向作用。自12月起，客运管理处分别在省、市广播电台“南方谈交通”、“711早餐可乐”、“百姓热线”、“你好TAXI”等栏目，就如何加强出租汽车行业管理、提升行业整体素质、强化行业岗前培训及在岗轮训、规范二手车交易及经营权出让、市场管理、综合服务区建设、加快计价器改造、加装车载摄像设施等问题进行了宣传。

【出租车行业创建活动】 开展创建活动，引领行业健康发展。(1)开展优质服务竞赛活动。启动了郑州市出租汽车行业“创优从我做起，文明与我同行”大型主题活动，开展了争创“十佳文明使者”、“十佳驾驶员”、“优秀共产党员示范车”及争创“星级文明车”等活动，并建立长效机制，收到了良好效果。(2)积极参与文明交通行动计划。制订了《郑州市出租汽车行业文明交通行动计划实施方案》，在全市12个出租汽车加气站、8个座套换洗点、飞机场、火车站管理站等22个宣传站点，向出租汽车驾驶员发放“创建全国文明城市宣传卡”和“畅通郑州倡议书”，激发了广大驾驶员参与文明交通行动计划的积极性。(3)协同郑州市出租汽车协会、省市交通广播电台、市交警支队、市特巡警支队等多家相关单位，组织“爱心送考”车队，凡持有高考准考证的考生及陪同家长均可免费乘坐，共有2000余台出租车参加活动。

【出租车市场管理】 加强市场管理，强化执法队伍建设。(1)规范行政执法行为。加大对执法人员的管理力度，组织开展了执法队伍培训，加强对《行政许可法》、《行政处罚法》、《行政复议法》、《郑州市客运出租汽车管理条例》、《交通行政执法禁令》等法律法规的学习，规范了行政执法行为。(2)坚持备勤制度。坚持每天由一名班子成员及一个稽查中队24小时备勤，随时处理突发事件。(3)严厉打击非法营运车辆。针对非法营运活动管理难度大、违章现象较为隐蔽、取证难等特点，建立健全了执法工作长效机制，对非法营运始终保持高压态势。

【出租车行业管理】 加强行业管理，保证行业健康发展。开展技术比武竞赛，举办了第二届“畅达杯”出租车司机技术比武竞赛活动。来自郑州市40余家出租车公司近千名出租车司机参加了活动，在出租汽车行业掀起了“学技术、比技能、创一流服务”的热潮。2月1日起，在行业中实行了“错时交接班”和“同向载客”制度，在人员较为集中的火车站、飞机场、大型商场等场所加大查处力度。对有拒载违章行为的驾驶员，在接受处罚的同时，必须停业参加为期15天的培训，经考试合格后方可上岗营运；对累计拒载两次的驾驶员注销其服务资格证，且5年内不得从事出租汽车营运。

建立出租汽车驾驶员诚信档案，凡有议价、私自改动计价器等违章行为的，一律记入个人诚信档案。违章次数累计达到3次的驾驶员，在严厉处罚的同时，将其从出租汽车驾驶员队伍中予以除名。

积极运用市场化运作方式，引入全国性出租汽车座套专业洗涤公司。在全市建立9个座套换洗站，为全市出租汽车司机配发纯白座套，并进行座套换洗、车辆消毒24小时服务，从根本上解决了出租汽车车内脏乱差的问题。

开展安全生产隐患排查活动，对有可能存在安全隐患的出租汽车燃气钢瓶进行检查。共检查车辆5489多台，发现问题车辆16台，均已现场整改或督促其更新。

【“红色的士家园”建设】 郑州市出租汽车行业拥有万余辆出租汽车、40余家出租汽车公司、近2万名从业人员，年运送乘客2.75亿人次，年上缴税费3200万元，行业规模位居全国第十，行业管理水平位居全国前列。在全行业48家公司中，建立党支部的只有8家。2010年初，出租汽车行业管理职能划归市交通委后，市委高度重视出租汽车行业发展和党的建设工作，市委书记连维良亲自批示，市委常委、组织部部长姚待献等多次到客运管理处和企业调研。市委组织部成立了驻交通委党建工作指导组，市交通委党委成立了出租汽车行业党建工作领导小组，并派驻党建指导员到企业，形成了出租汽车行业党建工作齐抓共管、责任明确的工作格局。

为全面扎实推进基层组织建设工作，按照市委要求，在不到20天的时间里，建设了一个总面积1000平方米，集党员培训室、电教室、网络室、图书室、健身区、棋牌室、谈心室、会议室等为一体的党员活动场所——“红色的士家园”。同时，还依托四个功能服务区，开辟了各区的党员活动室，形成了以“红色的士家园”为中心，各区党员活动室为网点的红色服务网路。

“红色的士家园”自2010年9月5日落成以来，已有48家出租汽车公司的党员司机、入党积极分子、出租车驾驶员等600多人前来参观、培训。兄弟城市等多家单位、团体共计60多批次、2000余人前来参观指导。“红色的士家园”作为行业党建的一大特色和“创先争优”活动的一大亮点，发挥了凝聚力量、共建共享、促进发展的党建平台作用。

（宋立新　闫从明）

行业管理

【概况】 以服务"畅通郑州"建设为重点,不断加强行业管理工作。(1)坚持依法治交。深入开展法制宣传,组织执法人员进行全员培训,交通行政执法人员的业务素质进一步提高。大力开展行政执法监督检查,组织清理了37件地方法规、规章和规范性文件,依法行政行为进一步规范。(2)整顿道路运输和机动车维修市场秩序。通过媒体宣传、教育培训等形式,引导道路运输和机动车维修企业及经营业户诚信经营、优质服务。加强企业质量信誉考核,评定AAA级企业61家、AA级企业245家、A级企业210家。开展道路运输市场秩序"百日整顿"及机动车维修行业专项治理活动,查处各类违法营运车辆1600余辆、违规机动车维修企业5家,取缔无证驾校5所、非法培训点23处,进一步规范了市场秩序。(3)加强出租汽车行业管理。以规范经营、提升服务、维护稳定为重点,完善营运管理制度。加强对出租汽车驾驶员教育培训,增强文明交通、优质服务意识。打击非法营运,加强正面宣传,营造良好的行业发展舆论氛围。(4)加强路政管理。强化联合治超、流动治超和源头监管,完成了3个超限站建设。与豫北五市联合开展23次区域联合执法行动,全年检测车辆190万余台,治理超限车辆11万余台,卸货6万余吨,超限超载率控制在4%以下。(5)加强水上交通管理。严把船舶适航、船员适任和船舶签证关口,营运船舶检验率、船员持证率、船舶签证率均达到100%。

【干线公路管养】 以迎接全国干线公路管养大检查为契机,深入开展"好路杯"竞赛评比活动,进一步提高了干线公路管理水平和服务水平。

公路养护。不断完善检查评比办法,制定了《郑州市公路小修保养管理考核办法》,坚持每月抽查、季度检查、半年初评、年终总评,每季度通报全市养护工作情况。建立市、县级数据库,公路技术状况、桥梁技术状况数据录入完整,评定准确,更新及时。按照《招投标法》以及省、市有关规定,严格组织招投标,确保建立统一开放、公平竞争、公开透明的养护市场秩序。G107线新郑境小刘桥至芦家桥段中修工程等8项大中修工程全部完工,工程质量合格率100%,优良率100%。强力抓好文明示范路养护工作,142公里文明示范路道路绿化成活率、保存率都超过95%,形成了乔灌结合、花草点缀的优美公路环境。2010年,养护公路工程投资共完成1.13亿元。

路政治超(超限超载)。先后5次组织路政治超人员进行培训,参训一线执法人员达到300余人次。组织编写了《郑州市干线公路路政治超执法手册》和《治超手册》。8月,组织全市干线公路一线执法人员进行了考试,考试不合格者调离执法岗位。积极探索治超工作新模式,与二桥管理处在郑州西南绕城高速超限超载检测站开展了联合治超工作。成立郑州市治理超限超载流动稽查大队,在郑州市及下属新郑、中牟、荥阳、新密等4个县(市)开展流动治超。加大督察力度,成立了郑州市公路局路政治超工作督察组。全年组织明察暗访30余次,下达整改通知书10余份,并督促整改到位。建立快速反应机制,96055信息平台实行24小时监控,通过GPS网络管理和现场录像定位等手段,实现了对市区干线公路定线、定段、定人、定岗、定责的"五定"管理。加快新建超限站工作进程,6月底S102线薛店超限站作为全省率先建成的前三个超限站之一正式投入运营,登封刘沟超限站、巩义南山口超限站也开站运营。与纠风、公安、新闻等多部门联合,定期召开联席会议,形成了公安配合、纠风督察、新闻监督的治超大格局。加大源头治理,实行倒查制度,严格按照《自由裁量标准》治理非法超限超载车辆,特别加大了对闯岗、闹事车辆的处罚力度,实行上限处罚。全年共审批和查处案件94起,挽回路产损失340万元,案件查处率达99%;国道过村路段综合整治率达到85%以上,省道达到70%以上。

通行费征收。2009年4月30日还贷性收费取消后,全面做好各项撤站后续工作,有针对性地对原收费人员进行转岗培训,实现了原收费员素质提高、人心不散、队伍不乱、平稳过渡的目标。郑州堤刘一个合资收费站,2010年完成通行费征收2346万元。

企业发展。公路局所属路桥集团按照调整、巩固、充实、提高的工作思路,突出抓好工程管理、资质升级、市场开发、人才培训和人才引进等工作。(1)采取BT合作模式,先后投资建设了花园路与连霍高速公路互通式立交和郑少高速航海路连接线项目,并充分利用自身实力和品牌优势积极谋求郑州航空港区二期工程的合作。继续密切跟踪邯郸马头工业园区项目、云南普洱项目和贵阳市盐沙线项目,加大对欠发达地区的开发力度,开始逐步涉足非洲市场,争取在省外市场取得突破,为公司的长远发展奠定基础。(2)加大融资力度,筹措到位资金2.2亿元;加大与银行的联系,先后向工行、浦发、招商、中信等银行申贷资金7亿元。(3)继续做好郑少高速运营管理工作,投入700多万元,进行了路面、护栏、养护、水毁、收费站整修等综合整治,郑少高速完成营业收入1.57亿元。集团公司完成市场开发额15.9亿元,完成生产产值8.67亿元,缴纳税金830.29万元。公路局所属路通公司积极参与外部市场竞争,在改革中不断提高生产经营效益。路通公司总收入达到1.76亿元,实现净利润185万元。该公司成为全省同行业公路管养机构改革中的成功者和受益者。

【农村公路管养】 2010年,省厅共下达郑州市农村公路建设预安排计划项目206个、374.56公里。其中，县乡道项目88个、255.8公里；村道项目118个、118.76公里。至年底已全部完工。2010年，省厅共下达郑州市农村公路危桥改造预安排计划项目13个，749.28延米，至年底已全部完工。

2010年是实施“农村公路建设质量年”活动的最后一年，在全市范围开展了农村公路建设质量“回头看”活动。共调查郑州市2008年、2009年农村公路计划项目519个、1311.9公里，危桥改造项目12个、953.05延米。调查结果显示，全市绝大部分项目路况良好，路面无明显病害。

为提高农村公路建设质量，加强农村公路试验检测工作，根据《河南省农村公路县级工程试验室建设指导意见》要求，郑州市积极推进农村公路工程试验室建设工作。登封市投资30万元添置试验仪器，注册成立了“登封市通达路桥工程质量检测有限公司”。新密市、新郑市、荥阳市由地管处中心试验室申办资质，作为以上3个县（市）工程试验室的母体试验室，中心试验室试验检测人员已全部到位，试验仪器设备也安装调试完毕并经有关部门检测校验合格。

在农村公路养护大中修工程上，2010年全市共安排养护工程项目130个。其中，省补资金用于大修养护工程的为27个项目、23.1公里，中修养护工程为26个项目、113.57公里，水毁防护为13个项目、64.4公里；市补资金用于大修养护工程的为13个项目、9.75公里，中修养护工程为27个项目、75.98公里，完善道路附属设施为24个项目。截至年底，以上项目已全部完工。在日常养护上，全市县道小修保养费用共投入1127万元。完成整修路肩边坡268万平方米，疏通边沟1566公里，处理塌方3万立方米，处理坑槽3.6万平方米，处理翻浆4万平方米、沉陷4.3万平方米，处理水毁塌方1.1万立方米、路基1.97万立方米、路面1.4万平方米、防护工程1139立方米，新培护路肩486公里，治理平面交叉12处，投入资金130余万元。为绿化美化公路，种植乔木15万株、灌木41万株，累计完成投资930余万元。集中整治危桥83座。2010年，共创建“文明示范路”10条、120公里，安保工程9条、62公里。继续在全市开展“文明服务竞赛”活动，评选出文明道班6个、文明养护站12个。

举办郑州市农村公路系统职工技术培训班，培训学员100名，进一步提高了全市农村公路的养护管理水平。9月，在全市各养护单位中开展了“农村公路道路技术状况评定现场量验比赛”活动，在广大养护职工中形成了“以赛促学、以学促进”的良好氛围。

2010年，全市农村公路路政人员共上路巡查2500余次；出动宣传车辆2300多台，悬挂宣传横幅120条，印发宣传材料13000多份，组织有线广播30多次，制作宣传板报20多块。清理违章标牌（非公路标志）2500多块；制止在公路打场晒粮及违章占道3200余处，清理加水点120余处，制止违章建筑110余处。对全市45座危桥进行集中整治，对限高、限宽、限吨标志以及对所有危桥、险桥警示标志共计1268块进行了检查。治理超载超限车辆2000多台次；路政案件查处率达95%以上，索赔率达100%。2010年，结案40余起路政案件无一例上访，没有发生公路“三乱”现象；征稽人员转岗农村公路路政管理工作已理顺体制，并完成交接工作。

及时编制、上报、下达了2010年农村公路预安排计划、省级和市级专项养护切块补助资金计划，高质量编制农村公路统计报表，认真做好“十二五”规划编制工作。组织开展了全市交通量一次性比重调查工作，并及时完成了2010年农村公路完工轨迹及数据库的上报工作，为农村公路的规划与发展提供了详实可靠的数据信息。

制定新的全市农村公路养护工程管理办法，对养护工程从报批程序到建设程序、设计文件要求、项目招投标、质量管理和监督、工程验收和质量要求、水毁养护工程及资金管理等，都进行了明确规定，增强了养护工程的合理性、可行性和科学性。出台了全市农村公路系统综合管理考核实施意见，对农村公路的建设、养护、路政管理、计划统计、财务管理工作实行综合考核，使考核工作规范化、制度化、经常化，充分调动了全系统人员干事创业的积极性。建立了县（市）区地管所长工作例会制度，由原来的纯生产例会改革为全面工作例会。

【运输市场管理】 2010年，全市道路运输工作进一步加强规范化建设，以“夺杯争先”活动为载体，创新发展举措，狠抓工作落实，较好地完成了年初制定的各项工作目标，道路运输业保持了平稳发展态势。全市获得经营许可的营运客车、营运货车、物流企业、驾驶员培训学校分别发展到3855辆（其中市域内跨县班车601辆）、30156辆、430家和106所。

农村网络化建设有序推进。为加快农村网络化建设，针对农村新型住宅社区、特色经济区和旅游景区开辟客运专线，按照省厅“一线一网一公司”标准，全面普及“新农巴士”。全市共开通农村客运班线98条。不断加大农村客运公交化改造力度，截止到2010年底，客运线路公司化改造率已达85%以上，全市行政村通车率达98.5%。新郑市、上街区已实现村村通客车目标；登封、新密、巩义、荥阳、上街、中牟区域内班线公司化改造进程进一步加快。

道路运输管理规范化有序推进。全面加强制度建设和机制创新，进一步建立和完善了以规范基础档案、规范行政执法和行政许可行为为重点的管理运行制度，建立了行业规范、高效、便民的新形象。市运管局将省厅运输局在全省运输系统开展的“夺杯争先”活动作为贯穿全年的一项中心工作来抓，建立了工作考评机制,对照考核标准查漏补缺,发现问题及时整改,"夺杯争先"活动取得显著成效。

运输市场秩序明显好转。先后开展了出入市口运输市场秩序、驾培市场和运输市场秩序"百日整顿"、旅游客运市场整顿、道路货运及物流市场整顿等5项专项治理活动,运输经营环境明显改善,运输市场秩序更加有序规范。

信息化水平大幅提高。多方筹措资金加大科技投入,先后在七里河、火车站地区、商都路、万客来等出入市口安装了视频监控系统,提升了运输市场监管的科技化水平。运管局还相继对自动化网络办公系统、货运即时调度系统、物流信息研究等多个科技项目进行研发,拓展完善了指挥中心功能,提高了道路运输公共服务能力,提升了行业管理形象。运管局《运政视频监控管理指挥中心》科技建设项目,荣获2009年度河南省交通运输科学技术奖励二等奖。

安全生产监管不断加强。始终坚持"安全第一,预防为主"的方针,突出运输企业安全主体责任,落实安全生产各项制度。2010年,共开展安全专项整治活动10起,印发安全宣传页1万份,悬挂宣传条幅30多幅;排查治理隐患企业263家,收回5台罐体不合格车辆的运输证,有力地促进了运输企业安全制度的落实。破解跨省长途客运、旅游客运、危险品货物运输、驾培市场和车站周边及出入市口等监管难点,加强安全动态监控。全市所有省、市际营运班车、旅游包车及危险品运输企业GPS安装率均达到100%。

加强制度建设,规范了以行政执法、行政许可为重点的权力运行制度。开展了"整肃作风纪律,提高行政效能,提升运管队伍整体形象"活动。组织以《道路运输管理工作规范》和道路运输法规、规章为主要内容的运管人员业务素质培训,培训人员126人。下发《交通行政许可事项工作规范》和《交通行政处罚事项工作规范》,开展了文书制作、卷宗展示等多种形式的评比活动。

开展"畅通郑州、从我做起"签名活动,市运管局与企业、企业与所有驾驶员签订了文明驾驶责任书。开展以创建"五个好"先进基层党组织、争做"五个表率"优秀共产党员和"三联两创"党建固本工程为主要内容的"创先争优"活动,树立了一批"叫得响、影响大、群众信服"的先进典型。

开展"一站式服务"及限时服务,普通货运经营许可证实行了当日办结制度,提高了办事效率。同时,还充分利用96520服务热线,及时提供全方位的服务。全年共接听热线电话10538个,其中投诉电话856个、咨询及其他类电话9500个,现场处理242件,方便了业户及群众办事。受理郑州交通96669服务热线转办件和信访件354件,回复率100%,满意率达98%以上。

【维修市场管理】 2010年,全市机动车维修工作坚持以促进行业规范有序发展为核心,牢固树立"为广大车主和维修行业提供优质服务"的理念,创新工作机制,提升服务水平,完成了全年各项工作目标任务。维修企业行政许可工作共受理新开业申请99份,勘验合格91家,变更备案83家。截至年底,全市共有维修业户3229家。其中,一类164家,二类453家,三类2374家,其他业户238家。郑州市区共有维修业户2050家。其中,一类126家,二类289家,三类1597家,其他业户38家。一、二类企业中,4S店为160家。通过质量信誉考核,确定AAA级企业46家,AA级企业117家,质量信誉考核定级准确率达到95%以上。对二维企业全面监督检查3次,下发整改通知书18份,二维合格率由上年的53.8%提高到62.3%。共受理维修质量咨询、投诉45起,结案率100%。

加强维修市场经营秩序管理工作,累计出动执法人员1000余人次,执法车辆500多台次,检查维修业户2000余家次;下发责令停业通知书174份、责令整改通知书196份,督促办证263家,取证36家,处罚5家。车辆技术管理工作共办理道路运输车辆评定检测备案42704台次,二级维护备案63695台次,新车入户备案10766台。客车类型等级复核3040台;办理达标车型新车(过户转籍)车辆入户备案5102台次。

3月初,按照省厅运输局要求,成功举办了"11号部令现场演示会",得到了参会部、省局和市交委各级领导的充分肯定和省内各地市同行的一致好评,演示会经验和做法受到交通运输部肯定,并在全国推广。

从业人员培训工作,共举办技术负责人、质量检验员、机修人员等培训班51期,培训人员2901人;考试合格2795人,考试合格率96.3%。维修行业协会工作,先后举办了"第二届轩辕杯中原汽车营销服务精英大赛"、"汽车售后客户满意度调研"、"3·15质量服务月"、"汽车维修工技能大赛"、"十佳修理工评选"等活动,对举办汽车后市场会展活动进行了积极深入的调研论证。组织130人次参加了集中培训,整理完善各类行政执法文书410余卷,对各种规范性文件、文书进行了认真清理和法制备案;整理执法文书130卷,执法案卷6000余份。

加强法制建设,制定出台了《郑州市机动车修配管理处行政执法监督工作规范》、《郑州市机动车修配管理处行政执法责任追究办法》、《机动车维修许可和行政处罚听证程序》等规章制度,编制了《机动车维修行业法律法规和规范性文件汇编》、《机动车维修行业行政执法常见问题100问》。

加强制度建设,编制了修管处《绩效考评管理手册》。加强机关作风整顿,坚持每天两次上班签到制度,每周两次随机点名制度,以及统一着装制度和挂牌上岗制度。坚持每周办公例会制度。通过严格的制度化管理,有效地促进了机关工作效率和服务质量的提高。

加强基础设施建设。在郑州西南筹建一座新的汽车综合性能检测站，为社会提供高标准、高质量、高效率的机动车检测服务。该站土地征迁、厂房设计已完成，即将开工建设。积极开展文明单位创建工作，在办公场所增设了宣传栏、监视器等，更新了办公车辆，增置了电脑、摄像机等设备，进一步提高了办公能力和效率。

重点把好维修企业市场准入关，实行业务流程传递单制度，加强内部职能部门的相互监督；实行申请人初审汇报制度，初审合格后进行现场勘验，否则继续整改完善。坚持日常动态监管制度，先后下发了《关于加强营运车辆二级维护管理工作的实施意见》、《进一步加强二维企业管理的通知》等文件，对二维企业作业范围、作业质量提出明确要求。整顿维修市场经营秩序，把维修市场特别是三类维修业户（包括洗车行）经营秩序整顿作为行业管理的重中之重，结合全市迎接国家卫生城市复审工作和“畅通郑州”工程，多次抽调人员组成检查组，加班加点开展维修市场治理工作。加强维修业户自律，引导督促维修业户自觉守法经营，与《郑州日报》、郑州电视台等多家媒体开展合作，跟踪报道市场治理行动，树立行业榜样。重点把好车辆技术安全关，与运输企业签订《车辆技术管理安全生产目标责任书》，督促建立健全车辆技术管理制度，主动消除安全事故隐患。发挥维修行业协会作用，支持协会举办形式多样的活动，受到了社会的普遍关注与好评。结合郑州市实际，协会积极对举办汽车后市场会展活动进行调研，探索了协会发展的新思路、新方向。抓好人员培训，把从业人员培训持证率作为维修企业开业许可的前置条件，对新开业户凡达不到要求的不准进入维修市场，对已取得许可的业户则通过质量信誉考核等手段督促其限期达标。

（宋立新　闫从明）

民　航

新郑国际机场

【航空运输】 2010年，郑州新郑国际机场共完成旅客吞吐量870.79万人次，同比增长18.59%；完成货邮吞吐量8.58万吨，同比增长21.64%。其中，国际和地区客运量23.44万人次，同比增长101.3%；国际和地区货运量4208吨，同比增长479.65%。航线总数达到84条，通航城市增至57个。新开通了“郑广快线”，加密了首尔、台北、天津等线路的航班密度，增开了南通、西双版纳、南昌、秦皇岛、哈密、太原、绵阳、吉隆坡等多条国内国际航线；呼和浩特经郑州至三亚、鄂尔多斯经郑州至三亚等中转航线已基本发展成熟，经停郑州机场的航班架次达到全部航班的44.1%。细分客源市场，提高市场营销针对性，相继推出“难忘河南行”、“百姓体验飞”、“暑期放松行”等专项营销活动，全年出港客座率达到80.2%，同比增长2.5%。引进俄罗斯空桥货运航空公司开通郑州—莫斯科—法兰克福货运航线，同时开通了北京、上海、天津、重庆等18个城市的地面卡车航班，极大增强了航空货运集散能力。

【安全生产】 2010年，始终坚持“安全第一，预防为主，综合治理”的方针，深入贯彻“持续安全”理念，扎实做好安全管理工作，共安全保障飞行84181架次，同比增长11.13%，未发生安全事故征候及以上不安全事件，成功实现了“安全年”。(1)严格落实主体责任。制订实施《2010年航空安全工作方案》，逐级签订《航空安全责任书》，将安全责任和任务落实到了各个单位、岗位和个人。(2)大力完善管理体系。积极构建安全管理体系（SMS），认真做好危险源辨识和风险管理工作，加快了体系建设。定期召开安全管理委员会联席会议，健全了安全保障长效协调机制。加强班组安全建设，强化安全管理基础，提升了安全运行管理水平。(3)不断加强教育培训。组织实施《2010年安全教育培训计划》，开展安全绩效管理、安全信息管理等系列安全培训。各单位结合生产实际，定期进行安全形势分析和员工教育，开展了形式多样的专项安全培训。(4)切实抓好监督检查。要求各级管理人员认真落实“一线工作法”，深入一线，靠前指挥，全面加强安全检查，做到了在一线发现问题、在一线解决问题。伊春8·24空难后，在全公司范围内进行了安全大检查，全年组织进行空防安全、不停航施工、机坪运行、飞行区鸟害防治、外来物防范治理等118项专项检查，累计落实19条整改项目，及时消除了安全隐患。(5)认真做好应急救援工作。加强与省市应急办、交战办、人防办等单位沟通协调，健全应急救援联动协调机制，组织开展应急救援演练，提高了应急保障能力。全年共出动航空器空中故障应急救援6次，圆满完成了保障任务。(6)积极做好专项安全工作。启用专用除冰坪，按照民航局“八个统一”的要求，有效整合除冰除雪资源，切实做好飞机集中除冰工作，受到了民航局的表扬。认真组织开展“平安大道”创建工作，被民航中南地区管理局评为先进单位。

【服务保障】 2010年，着力规范和提升服务标准，不断健全服务保障体系，切实提高了服务质量和保障效率。深入开展文明创建工作，顺利通过“全国文明单位”复验，巩固和提升了文明服务品牌。认真做好全国民航公安系统培训研讨会、民航局航班延误专项整治及航权航班时刻管理工作会议、黄帝故里拜祖大典等重要会议和活动的服务保障工作。(1)提高服务标准。按照高于行业标准的原则，进一步提高服务和保障标准，优化工作流程，全面提高服务质量和保障效率。(2)加强服务质量管理。

大力开展服务质量督导和专项整治工作，及时收集旅客和货主意见，督促有关单位严格落实服务规章，持续改善服务工作。(3)创新服务项目。陆续推出“一键通”贵宾服务、中转服务半日游、特殊旅客管家式服务、老弱病残孕安检专用通道、货运24小时托运等一系列新的服务项目，不断满足旅客和货主的多元化需求，深受旅客和货主欢迎。(4)改善服务设施。定期做好服务设施维护和保养工作，大力规范机场区域标识标牌，在候机楼出发厅增设服务引导问询台，精心改造中转流程，不断完善无障碍设施设备，为旅客出入机场增加了便利。(5)力保航班正常。大力开展航班延误专项整治工作，并与驻场各单位建立长效的航班保障协调机制，有效提高了航班放行正常率。不断完善大面积航班延误保障体系，健全各类预案，成立应急服务专项小组，并积极寻求省政府和有关厅局的支持和帮助，借助政府资源全方位做好航班大面积延误时滞留旅客的疏导、安置和服务工作，得到了社会各界的高度评价。郑州新郑国际机场航班延误专项整治中的扎实做法和明显成效，得到了民航局的充分肯定。民航局把全国航班延误专项整治工作会议放在郑州召开，大力推广了郑州新郑国际机场的做法和经验。

【工程建设】 2010年，按计划完成了郑州新郑国际机场重点配套项目。盲降系统改造、专用除冰坪建设、航空配餐中心扩建工程如期竣工投用；站坪及联络道扩建工程，已完成排水工程、沟塘淤泥处理、地基强夯、土方工程和水稳层施工；许昌异地候机楼项目规划、设计方案、手续审批均按时完成，正在进行主体施工。

快速推进郑州新郑国际机场二期工程前期工作。5月，成立机场二期工程建设指挥部，同步交叉推进规划设计、手续报批、资金筹措、项目征地等各项前期工作。(1)规划设计工作取得实质性进展。航站区规划及T2航站楼概念性设计方案已通过评审；预可研报告编制完成，已通过正式评审报国家发改委审批；用一个月时间完成了总体规划调整，为工程的实施赢得了宝贵时间。(2)大力推进军民航协调工作，空域规划和飞行程序设计取得重大突破，签订了《空域使用初步协议》，开辟了机场南部空域，为工程的总体快速推进全面打开了空间。(3)提前启动征地准备工作，密切联系国土和规划各主管部门，同信阳新县达成了土地异地补耕初步意向。(4)积极争取资金支持，在省、市政府的统筹和支持下，成立“河南民航机场建设开发管理有限责任公司”，融资方案正在完善。文物勘探和考古发掘工作已开始进行，完成了地质勘察招标和平庄水库报废论证，提前开展了核心区控制性详细规划编制、航站楼设计招标等工作，并于12月20日正式开工建设综合交通换乘中心(GTC)。

高效完成综合保税区申建工作。省委、省政府从加快中原经济区建设和中原崛起的高度出发，提出“举全省之力，建保税新区”的要求，明确了“三个月完成报批，六个月封关运行”的目标。按照省政府要求，郑州新郑国际机场积极承担郑州新郑综合保税区申建任务，在3个月内完成申报，创造了“郑州奇迹”，在全国已批准设立的综保区中是最快的。申报完成后，迅速开工建设综保区验收设施工程，报关大厅、卡口、围网、海关及国检监管库、熏蒸场地等主体工程已基本完工，正在进行收尾工作。预计2011年4月下旬全部竣工，5月通过国家十部委联合验收后将封关运行。

【履行社会责任】 国有大中型企业作为我国国民经济的支柱，担负着重要的政治责任和社会责任，郑州新郑国际机场作为河南省重要的公共基础设施，担负的责任更加重大。2010年，围绕落实社会责任和政治任务，郑州新郑国际机场做了大量卓有成效的工作。(1)全力维护社会稳定。世博会和亚运会期间，郑州新郑国际机场启动空防响应机制，提升安全防范等级，加强武装巡逻，切实维护了机场空防安全和社会稳定。认真做好综合治理和平安建设工作，帮助综合治理联系点汝州市改善社会治安情况，被省综治委评为“平安建设突出贡献单位”，并与汝州市同时荣获“综合治理先进单位”称号。(2)努力完成军交运输任务。配合解放军总后勤部大力推进航空应急投送保障基地建设，完成了青海玉树抗震救灾、甘肃舟曲抗洪抢险、援疆维稳航班、维和军运、济南军区大规模兵力航空运输投送军事演练等多项重要保障任务。(3)积极做好农村帮扶工作。连续第9年承担贫困村、艾滋病村及精神文明建设帮扶工作，采取有力措施帮助村民改善环境、科技兴农、劳动致富、提升文明素质，受到了上级部门和帮扶对象的一致好评。

(辛洪涛)

南航河南分公司

【概况】 2010年，南航河南分公司紧紧围绕“推进战略转型，确保安全盈利，全力增强南航综合竞争实力”的部署，扎实开展工作，全年呈现安全形势基本平稳，生产经营较快增长，运行保障能力增强，服务品质明显提升，内部管理日趋规范，企业发展稳步有序，班子和谐队伍稳定的良好态势。2010年，实现运输飞行38902架次，同比下降0.8%；完成运输总周转量49925.01万吨公里，同比增长7.1%；运送旅客417.52万人次、货邮4.47万吨，同比分别增长5.7%和10%；正班载运率75.3%、客座率79.8%，同比分别增长1.7和2.3个百分点。

【运营安全管理】 2010年，南航河南分公司共安全飞行6.6万小时，严重差错万时率为0.303。保证了飞行安全、空防安全、地面安全和消防安全，安全形势总体平稳，实现了第18个安全年。

始终坚持“安全第一”，积极应对多变的安全形势，多管齐下，综合治理，确保了安全万无一失。以六个“强化”为主线，全面确保完成安全任务目标。(1)强化完善规章和流程。全面增强员工的规章意识、安全意识和使命意识，进一步理顺了工作程序，规范了操作标准，分清了责任。(2)强化落实规章制度的执行力。组织运行安全检查10余次，违章必究，实施重奖重罚，对安全运行中违章违纪的责任人进行了严肃处理。(3)强化安全风险管控。结合分公司实际，细化“八防”安全工作措施；强化运行安全监察，启动内部不安全事件调查35次，整改各类安全隐患60条。不断推进SMS建设，可持续发展的SMS安全管理体系正在建立。(4)强化飞行技术培训。狠抓安全保障培训，全年组织专题业务培训共45次。(5)强化老旧机型预防性维修。对执管的9架B733开展专项普查维护，消除了故障隐患。同时，推进以5S为基础的精细化管理，建立单机化控制的飞机性能监控系统，实现了“五零”竞赛目标。在南航机务系统“五零”竞赛中排名第二。(6)积极应对多变的安全形势。河南分公司组织有针对性的安全教育和技术研讨，重申改进飞行作风的“五个进一步”要求，建立了复飞一票否决制度。同时，积极开展“防松懈、严规章、保安全”整顿和“八重八严”安全检查，查摆关闭隐患和风险137项，基本稳定了安全局面。

【运输生产与市场营销】 2010年是南航“战略转型落地年”，分公司对此高度重视，层层发动，统一思想认识，结合分公司现状，明确了努力方向和具体任务。全力配合南航“广州、北京、乌鲁木齐、重庆”四大枢纽建设，开通了郑州始发9条内部代码共享航班，对“涉澳及重点中转航班”保证计划执行率为100%。落实总部战略转型部署，全力推进枢纽中转产品销售和保障。

2010年，航空市场持续走强，河南分公司营销人员积极抢抓机遇，主动营销，实现了良好业绩。(1)精耕细作，提高收益水平。采用取消、拆分、新增等办法，对航班分类改造，争取收益最大化。(2)多管齐下，加强直销工作力度。重视营销人员的绩效激励，拉大收入差距，鼓励多劳多得。大力推进网上销售，进行了系列宣传活动。注重大客户开发和维护，2010年共签约中石化河南分公司、郑州日产等大客户13家；加强对老客户的巩固维护，通过定期回访，推介南航最新销售服务产品，认真听取客户意见和建议，不断优化服务措施，专门设置大客户服务经理，提供24小时全方位一条龙服务，确保大客户满意。分公司还重视高端客户维护，积极维护客户关系，6月成功举办了2010年南航(郑州)高端客户联谊会，加强与高端客户的沟通，增进了友谊。(3)抢抓市场机遇，积极应对突发事件，较好把握市场变化。在8·24空难后，河南航空、深航退出部分航线竞争，分公司迅速反应，使南航在郑州机场始发(国内航线)的市场份额由8月中旬的45%左右，升至50%以上。同时，采取W舱特别销售奖励等措施，极大地鼓舞了南航代理人的士气，进一步巩固和强化了南航在河南市场的主导地位。(4)全力推进高端经济舱。7月高端经济舱全面上线后，分公司在候机楼组织了现场宣传活动，并对所有航班W舱销售全面监控，确保符合条件的旅客都参加升舱体验活动。另一方面，通过与销售代理沟通、柜台推介、发放宣传品、客户经理上门拜访等方式，加大宣传和销售力度。W舱推出后，客座率达到90.04%。(5)货运方面通过适度运价舱位调控，确保对高值货源的控制。积极开辟郑州转香港、曼谷等国际中转渠道，实现国际货腹舱转货机业务零的突破。三季度国际货业务取得较大进展，国际货收入同比增幅208%。加强与邮局沟通，为其提供保障房及协助分拣、装卸、抢运邮件服务，使邮件运输量逐月扩大，市场份额稳定在80%左右，市场主导地位更加稳固。

【服务质量管理】 2010年，认真贯彻“两一”服务理念，以“品牌服务推广年”为契机，加强运行管理，推进品牌服务，公司品牌形象进一步得到提升。截至年底，收到旅客表扬161件，同比增幅为228.6%。值机员郁芳被誉为“服务110”，受到了司献民总经理的表扬。

(1)加强航班延误治理。完善航班不正常预案，进行多次演练，取得了很好的实战效果。首次建立了“航班正常性管理基金”，奖罚分明，实施奖罚15次，涉及金额2.2万余元，提高了各运行保障单位的积极性。严格细化航班保障措施，加大对负时间的控制，保证始发航班正常。同时，加强现场监控，使快速过站成功率同比提升49.27%，航班正常率89.07%。(2)强化制度建设，狠抓责任落实，注重培训提高，促使服务品质明显提升。完善《投诉管理规定》、《2010年服务质量考核办法》等，将服务考核结果与绩效挂钩，实施常态考核评估。在责任落实方面，通过工作推进表、季度任务清单等形式明确目标，层层传递压力，落实责任。在培训学习方面，以提升英语水平、提升两舱服务品质、对标SKYTRAX四星服务为突破口，组织开展了多次学习培训，并组织一线骨干人员多次向南航标杆单位学习取经，全面提升了服务人员业务素质，为服务提升打下坚实基础。(3)重点部门加强基础和服务管理，收效明显。客舱部建立动态乘务员晋升渠道，实现日常考核和业务考核相结合，对乘务长等不同等级的晋升，实行公开选聘。严格病事假管理，病事假人员明显减少。地服部以南航在郑州召开的经验交流会为契机，进一步加强班组建设，对全部班组长进行了优选，优化服务流程，完善高端服务细节，积极服务对标，地服部成为三季度南航地服系统唯一一家SKYTRAX四星级达标单位,受到了张子芳书记的表扬。销售部完善销售服务流程,大力推广95539短信呼叫一码通功能,加强一线员工礼仪和业务培训,改进硬件服务设施,得到客户好评。(4)突出重点,做好服务项目推广。完善了世博会、亚运会期间的服务流程、服务标准和服务预案。积极推进CBD服务项目,根据服务信息开展有针对性的精准服务,实现了服务升级。积极推进SKYTRAX四星级对标服务,从服务主动性、沟通技巧、服务一致性等6个方面进行对标提升。(5)积极履行央企社会责任。积极做好重要航班保障服务,圆满完成16次VVIP航班保障。积极参加玉树地震灾区救灾飞行和运输维和部队、保障军事演习运输等。周密的准备,良好的服务得到了各位领导、救灾人员和部队官兵的高度赞赏,为南航争得了荣誉。

【企业内部管理】 2010年,南航河南分公司注重加强企业内部管理,增强公司发展动力。争取各类资源,改善生产经营环境。积极争取政府支持,就居住及办公用地问题与郑州市进行有效沟通。争取总部支持,机库维修工程已完工,完成了市区综合办公大楼项目立项报批工作,空警训练中心已投入使用。积极加强与郑州机场公司沟通,对候机楼南航服务设施进行改造,包括增设高端旅客专用安检通道、专用值机柜台、设置综合问讯柜台等。

加强干部队伍建设,创新人力资源管理,提高劳动生产效率。摸索创新员工管理方式,加强对员工尤其是中层管理人员的绩效考核,从而达到传导压力、增强团队战斗力、提高公司执行力的目的。认真落实股份公司劳务工双总量管理政策,积极探索劳务工职业发展和绩效激励办法,调整劳务工工资结构。建立实习生用工储备机制,有效缓解旺季生产量突增导致的人力不足问题。

加强督办力度,强化工作执行力。按照历次总经理办公会形成的决议要求,对生产中亟待解决的事项进行限时督办。全年共下发《督办单》19件,件件有落实、有反馈,使工作在可控的范畴内有序推进。加强风险防控,开展了分公司合同管理自查自纠。审核各类合同1156份,未出现差错。严格清理"小金库",严明了纪律,加强了干部廉政教育。通过严密监控电子客票存量、大客户还款期限、包机保证金到位等措施,防范资金风险。

增强信息技术支持力度,完成各类系统网络维护任务4000多件,维护服务满意率达到85%以上。完成了南阳机场安检系统开发、分公司门户网和内网邮件系统升级、地服部考核系统开发、南航客舱系统优化与推广、劳务工管理开发等任务,为安全生产提供了有力的技术支持。

【党建和企业文化建设】 2010年,南航河南分公司进一步加强党建和企业文化建设,全力营造和谐稳定的企业氛围。(1)通过召开季度员工思想动态分析会、不定期思想调研和基层走访,掌握员工思想动态,适时化解矛盾,为安全生产打下良好基础。积极开展特色党建活动,激发了基层组织和党员干部队伍的活力。(2)加强宣传,树立公司良好形象。围绕奋战春运、支援玉树抗震救灾、世博会、亚运会等热点事件开展宣传,河南分公司的新闻稿件,比往年有较大增长;中央电视台播报新闻3篇,实现了历史突破。(3)加强企业文化建设,增强公司发展软实力。全年进行企业文化宣讲22场,听课人数2103人次,其中党委书记和总经理宣讲2场,使企业文化核心理念深入人心。(4)扎实推进惩防体系建设,为安全生产提供纪律保证。开展航材采购送修、车辆采购、礼遇优惠机票等专项效能监察,没有发现违规违纪问题。配合对货运部"小金库"问题信访举报进行调查核实,维护了党纪政纪严肃性。(5)充分发挥工会桥梁纽带作用。通过大力开展劳动竞赛和班组建设,办好"职工之家"等活动,保安全促生产。同时,开展了丰富多彩的文体活动,为公司实现安全生产目标保驾护航。

(王卫红)

蓝天河南分公司

【概况】 华南蓝天航空油料有限公司是由中国航空油料有限责任公司、英国BP石油公司和英国富地石油有限公司共同组建的国有控股、跨地区大型中外合资企业,主要负责华南五省区的广州、桂林、长沙、武汉、郑州等15个机场所需航空煤油的采购、储存、运输、销售和加注业务。河南分公司作为华南蓝天航空油料有限公司在河南的分支机构,位于郑州新郑机场,独立承担着新郑机场进出港航班的航油供应保障。

2010年,河南分公司在蓝天公司的正确领导和大力支持下,紧紧围绕"打基础、上台阶、出成果"的总体目标,加强规范管理,激发员工热情,促进科学发展,确保了在业务量迅速增长情况下的安全生产。全年共安全加注航煤20.6吨,加油架次达到42364架次,分别比上年增长18.04%和11%。实现了安全、效益、稳定三丰收,为河南省经济建设与发展做出了应有贡献。

2010年,河南分公司全面推进"三基"工作,夯实基础管理,确定标杆班组,建立健全班组建设台帐,开展班组建设达标活动,取得了全系统分机场达标四类机场综合指标排名第一的业绩。

【安全管理】 2010年,蓝天河南分公司在安全管理上完善制度、明确职责,下真功、抓实效,安全责任得到有效落实。安全工作思路清晰,将"构建四个体系(责任体系、队伍体系、制度体系、理念体系),达到三个控制(源头控制、过程控制、结果控制),实现两个提升(人员行为与培训的提升),形成一个氛围(持续安全氛围)",作为安全管理的核心工作。风险管控意识增强,分公司出台了《河南分公司安全隐患管理办法》,鼓励员工上报各类安全隐患。各单位员工踊跃上报安全隐患76条,与上年同期相比增长了100%,其中不安全行为类和管理缺陷类安全隐患数量上升较快。

安全检查范围不留死角。2010年,除坚持原有的四级安全检查制度外,进一步扩大安全检查的范围,将安保、办公室、宿舍、食堂等行政后勤安全、车辆安全纳入分公司月度安全检查范围,不留死角。明确分公司管理层参与库站月度检查,参加库站组织的专题安全会议,促进库站检查的有效性,引导员工参与讨论分析。

管理方式力求创新。分公司创新了季度安全分析会模式,在每个季度举行的安全分析会上,与会人员分成四个小组,各单位汇报完毕后,由其中一个单位对事先选定的安全议题进行分析,供与会人员研讨;在各小组讨论形成共识后,每一小组推选一名发言人进行汇报,供大家分享。

应急演练加大仿真力度。2010年3月,组织了模拟管线损坏抢修实战应急演练,进一步检验了人员的组织、器械的实用性等协调运作。11月10日,使用油库组织了油罐火灾的实战消防演练,作为"11·9"消防日防火宣传的活动之一,既检验了消防系统的有效性,又很好地向周边居民宣传了油库防火的重要性。全年共进行应急演练37项次,与上年同期相比增加3项次。

地面交通安全持续改进。认真落实车辆管理规定,充分发挥行政车辆GPS系统的检查工具作用,并通过参加"郑州机场创建平安大道活动",以及开展有效的教育和培训,提升了地面交通安全管理水平。因2010年港区持续在油库、机关附近进行道路改造与维修,路况较差,分公司及时识别路况变化带来的风险点变更,采取及时提醒与道路风险分析相结合的方式控制风险,取得了明显成效。同时,在每月的安全经营分析会上,及时总结通报全月地面交通情况,分析存在的问题,提出要求和注意事项,确保安全生产。

【财务管理】 2010年,蓝天河南分公司进一步加强财务管理,狠抓费用控制,加大应收款力度,开源节流,降本增效,确保了公司利益最大化。(1)加大对分公司月度、季度的短期数据分析,尤其是成本费用的控制分析。增强"非正常数据"的敏感性,制定了降本增效的措施与办法。(2)每月列出蓝天公司内部各机场评价指标情况进行比对,做到取长补短,分析成因。(3)利用降本增效上报的数据,对分公司以前年度的固定资产报酬率、吨油维修费、万元增加值等指标进行计算,分析与业务量增长的关系,制定相应的分解方式,鼓励降本增效。对分公司内部的相关费用进行分析,找出了可降低的费用项目。(4)将有关费用进行分解,强化分级管理,将相关吨油维修费等指标写入库站绩效合同,推动库站成本核算工作,提高了全员效益意识。(5)加强应收账款回收有力。2010年,分公司调配专人负责应收账款管理工作,并制定相应措施,按规定结算应收款的结算办理,保证结算次日办出。

【队伍建设】 2010年,蓝天河南分公司深入开展"创先争优"活动,发挥群团组织优势,做好员工思想工作,保持员工队伍思想稳定。以"创先争优"活动为龙头,加强四好班子建设,加强和改进基层党支部建设,增强了党组织的战斗力。分公司党委制订了《河南分公司党委"创先争优"活动实施方案》和《河南分公司"四好"领导班子创建活动实施方案》,使用油库党支部制订了创建红旗油库计划,在分公司内部形成了"创先争优"的良好氛围。

持续开展"五必访五必谈"、"为基层员工冬送温暖、夏送清凉"等活动,定期组织退休员工开展多项活动,实施多种形式的"关爱工程",有效促进了和谐氛围的建立。

(马晓祎)

邮　政

综　述

【概况】 2010年,郑州市邮政局充分发挥邮政行业优势和网络优势,不断推进基础设施能力建设和全员素质提升工程,各方面工作均取得了较好的成绩。2010年底,全市共有邮政局所269处、邮政储蓄网点126处;ATM自动柜员机292台;邮资机97台;城镇居民信报箱覆盖率达45%,信箱信筒485个;邮政车辆339辆,邮路总长6263公里。服务面积7446平方公里,服务人口735万人。年末邮政企业从业人员4317人,在岗职工1551人,其他用工2766人;大专以上学历1841人,专业技术职称人员401人。全年实现业务总量8.98亿元,比上年增长14.6%,保持了又快又好发展的良好态势。

2010年,郑州市邮政局被中华全国总工会授予全国"模范职工之家"称号。紫荆山路邮政营业处荣获"全国交通运输行业文明示范窗口"、河南省"三八红旗集体"称号。城东路邮政所获得省级"青年文明号"称号。市邮政局工会被郑州市总工会评为"工会工作先进单位"、"女职工工作先进单位",被省邮政工会评为"女职工工作先进单位"。市邮政局庞殿超《"企"字定律助推邮政腾飞》一文获得中国邮政思想政治工作优秀研究成果评选活动一等奖;张文静被评为河南省"三八红旗手";尤海瑛被省国防邮电工会评为"优秀工会工作者";杨凌云等7名女职工被省公司、省邮政工会授予"河南省邮政系统先进女职工"荣誉称号;投递员马娟先后获得“郑州市文明市民”、郑州市首届“道德模范”称号;市邮政局获“国家二级档案目标管理先进单位”称号。新密市大隗邮政支局被河南省纠风办评为2009年度“群众满意基层站所”;新密市邮政局连续5年被新密市委、市政府授予“公仆杯”荣誉。

2010年12月10日,市邮政局与郑州日报社友好合作签约仪式举行。此举标志着继上年郑州市郊县《郑州日报》、《郑州晚报》回归邮发后,市区的《郑州日报》全部移交邮发。

【基础管理】 (一)财务管理。2010年,加强了预算管理,基本实现了从全局、专业到部门的全面、全员、全程闭环管理。继续加大能力建设投资力度,加快支局所、网点和经营能力建设,直接提升了企业的核心竞争能力。完成了资产实物清查工作,运用信息技术实现了资产的动态管理,为专业快速持续发展夯实了基础。完成了全市邮政网点营收资金集中汇划工作,提高了营收资金运作水平。

(二)人力资源管理。(1)积极向省公司党组推荐培养了处级干部3名、局长助理2名,选拔科级干部7名,为企业发展做好人才支撑。(2)加强用工管理,不断推进“双定”工作,清退不规范用工20人,盘活营业员40人。(3)完善各级负责人绩效考核办法,建立全员绩效考核机制,开展了员工履岗考核,完成了岗位工资晋档调整。(4)加强劳动保护工作,先后为800余名外勤人员购买了意外伤害险,为2200余人换发了新款冬装,进一步保障了员工的切身利益。

(三)安全生产管理。加大安全防范设施建设力度,扎实抓好安全文化建设,组织开展了一系列安全检查和宣传教育活动,举办安全生产技术、操作规程及安全常识培训班,狠抓各项安全防范制度的落实。深化安全生产管理和隐患治理工作,对检查发现的各类隐患及时采取措施进行整改,有效保障了邮政车辆、资金、邮件以及员工的人身安全。充分利用车辆以旧换新政策,及时办理报废车辆23台,获得政府补贴24.3万元。严格执行各项要求,圆满完成了世博会、亚(残)运会期间邮政安全生产任务。

【邮政社会地位不断提高】 2010年,郑州邮政的发展得到了上级领导的充分肯定和好评。刘安东总经理等5位集团公司党组成员先后多次到郑州进行工作调研,充分肯定了郑州邮政局村邮站、示范田等方面取得的成绩。省委常委、郑州市委书记连维良,副省长张大卫,郑州市市长赵建才,市委常委、宣传部部长丁世显,副市长王跃华、张建慧等领导多次出席市邮政局举办的活动,听取相关工作汇报;郑州市委、市政府首次联合致信市邮政局全体干部职工庆贺世界邮政日,并对该局取得的成绩给予高度评价。市委、市政府下发一号文件加快村邮站建设。全市6个县(市)全部成立了主管副县(市)长负责协调的领导小组。新郑市委书记吴忠华批示要会同邮政企业,打造一流万亩示范田。巩义市河洛镇政府出资修路,开挖渠道,配齐水利设施。郑州市形成了各级党委政府共同关心邮政、支持邮政服务“三农”的大好局面。

市邮政局积极参与社会活动,赢得了社会各界的广泛好评。踊跃向玉树灾区捐款15万余元,还不间断地开展“爱心包裹”项目系列关爱行动,让灾区小学生在重返课堂的第一时间收到一件漂亮的爱心包裹,展示了邮政良好的公益形象。郑邮艺术团先后参加各类演出95场,文艺作品在全国大赛中获奖,进一步提升了邮政的品牌形象。

美国地平线投资公司多次考察市邮政局,高度评价该局村邮站、连锁超市的建设,并在荥阳、新郑、上街建成7个直营店作为首批试点,合力打造中国沃尔玛式连锁超市。2010年9月29日,中国邮政—美国地平线“百全”连锁超市全国首家直营店在新郑薛店镇开业。这标志着邮政进军农村商贸流通市场又迈出了一大步,进一步树立了邮政的品牌形象。

郑州邮政的发展成就得到了新闻媒体的广泛关注。省会主流媒体宣传报道郑州邮政的稿件有420余篇,其中《中国邮政报》刊登71篇,为企业改革发展营造了良好的舆论氛围。

【和谐企业建设】 2010年,郑州市邮政局继续开展为职工办实事活动,不断丰富和拓展送温暖工作内涵,帮扶重点由重大节日慰问救助向日常帮困、专项帮困、定期帮困和互助帮困方向发展,使送温暖工程成为邮政企业特色民心工程。深入贯彻落实省公司“三保证、三关爱、六落实”政策,兑付关爱资金41.3万元,受益员工及亲属达到581人次。组织开展“献爱心、做贡献、游世博”活动,有1515名员工赴上海世博会参观。积极开展一系列慰问活动,看望一线职工2000余名,慰问困难职工22人,送慰问金4.5万元。建立职工小家建设长效机制,丰富关爱员工活动内容。组织开展“送文化进小家”活动,为每位干部职工父母寄送月饼共庆佳节,为21名考上大学职工子女发放奖励金7.1万元,为1336名职工子女发放购书卡,为全局干部职工进行了健康体检,实现了企业与员工共谋发展、共享发展成果的双赢局面。

【员工队伍建设】 2010年,进一步加大员工培训力度,开展群众性合理化建议和技术改进活动,以“创建学习型组织,争做知识型员工”等活动为载体,组织开展了专题讲座、岗位练兵、技术比武等多种教育培训活动,促进了员工队伍素质的提升。全年共举办各类培训48期,累计培训人数达5000余人次。其中,邀请中国式团队训练创始人、中国教育培训界著名培训师于大城来郑,对全市邮政各级管理人员、专业专职营销人员、支局长、所主任等近300人进行了培训。积极开展邮政、储蓄营业员等8个工种的技能考核工作，过关率达到83%。市邮政局在全省邮政投递员职业技能竞赛中荣获团体二等奖；在全省邮政"康乃馨之星"大赛中，成功包揽了团体第一和4项个人第一，充分展示了郑邮职工的素质和风采。

（刘红战　彭文杰）

邮政基础设施建设

【基础设施建设】 2010年，全市邮政综合生产楼建设取得新进展，巩义、上街局综合生产楼相继投入使用，登封局综合生产楼完成主体施工，郑东新区综合生产楼即将开工，新密、新郑、中牟、航空城区综合生产楼正在加紧办理各项手续。网点建设改造步伐加快，全市邮政共完成建设改造24个网点，正在建设6个网点，购置2个网点，为企业长远发展储备了资源。按照省邮政公司党组提出的由经营产品向经营平台转变的要求，全力以赴，加快推进村邮站、连锁超市、直营店等基础设施建设。全年建成村邮站1000个、连锁超市1173个、直营店7个，完善了"连锁+配送+服务"的网络体系，有力推进了综合服务平台建设，为农村市场的大开发奠定了基础。2010年11月，全市邮政首个县局航空机票代售营业厅在荥阳开业。

【综合通信能力得到提高】 2010年，市邮政局完成了市区营业网点的网络改造工作，建成了生产网数据交换平台，提升了网络传输速度，降低了成本费用。全市邮政新增29台ATM机，安装44个LED电子屏，有效支撑了业务发展。

立足长远，坚持科技兴邮，不断加大信息技术投入力度，自主研发、维护能力进一步提升。先后开发函件综合管理、机要邮件处理、物流货运管理、劳保用品管理等20多个系统，有力提升了管理工作的信息化水平。扩大自主维修范围，设备自主维修全年节约维护成本费用12万元，确保了系统设备的安全高效运转。在全省运行维护巡检活动中，夺得豫东片区第一名。郑州市邮政局信息技术中心软件开发部自主开发的"机要生产作业管理系统"和"网上自制贺卡系统"两个项目，获得2009年省邮政公司科学技术奖三等奖；信息技术中心软件团队主持开发的"河南邮政函件作业支撑平台"和"中邮物流货运系统"被评定为2010年科技发展推荐项目。

投递能力不断增强，全年批准新增投递车辆26台、更新6台，先后为18个收投分局安装电子架格，普通给据邮件封发清单实现了无纸化，进一步优化了作业组织流程，提升了投递处理时限。

【省首个邮政万亩示范田建成】 2010年，市邮政局认真贯彻落实省邮政公司党组提出的开展省级万亩示范田、市级千亩示范田、县级百亩示范田建设，全力打造农村邮政"三农"服务体系的工作要求，全力推进省、市、县三级示范田建设。6月7日，河南邮政首个万亩示范田落户新郑龙王乡，成为社会各界关注的热点。截至年底，全市共建成4个"万亩示范田"和巩义河洛镇"千亩示范田"。河南邮政示范田统一使用全国知名厂家生产的优质高效的农资产品，依托省农业厅、省农科院和河南农大有关专家进行全面指导，在农作物生长过程中由农技专家对农作物生产情况及农资产品质量进行跟踪鉴定，帮助农民增产增收。

【省首家中国集邮专卖店开业】 6月1日，经中国集邮总公司特别批准，河南省首家中国集邮专卖店郑州花园店开业仪式暨《文彦博灌水浮球》首发仪式在郑州市花园路举行。省邮政管理局局长杨汉振与省邮政公司经理郭洪杰为专卖店的开业揭幕，杨汉振与省集邮协会副会长姚伦湘共同为《文彦博灌水浮球》特种邮票揭幕。中国集邮专卖店是中国邮政集团公司整合资源，面向社会搭建的高端集邮服务平台，突出了专属特供服务。河南首家中国集邮专卖店通过声、光、电等高科技手段，完美展现了以"邮"文化为核心的全新集邮理念。

（刘红战　彭文杰）

邮政业务发展

【专业经营与市场拓展】 2010年，不断完善省市合一的专业化经营模式，建立起更加贴近市场、反应灵敏、集约高效的专业化经营管理体制和专业队伍，各专业拓展市场能力和支撑发展能力得到了有效提升，市场竞争能力进一步增强，项目运作力度不断加大。各专业发展势头强劲，专业经营效益明显提升。7个专业的收差率超过全省平均水平，其中5个专业收差率居全省前五名。代理金融业务不断做大传统业务规模，积极拓展业务领域，提升服务品质，继续保持了健康快速发展的势头，邮储余额规模再创新高。2010年，企业邮储余额规模达114亿元，累计净增16亿元，净增邮银占比64%，新增活期比例62%，高于全省6个百分点。积极拓展农村市场，邮政服务"三农"品牌深入人心，全市邮政复合肥年销售量首次超万吨。

2010年，各专业拓展市场能力和支撑发展能力得到了有效提升，市场竞争能力进一步增强。(1)函件专业不断转变经营理念，积极引进专业人才，全面进入广告市场。(2)电子商务专业全市邮政累计销售航空机票、世博会门票数均居全省第一。(3)分销物流专业充分利用村邮站等平台优势，深挖节日市场，农资类项目业务收入比上年翻了一番。(4)报刊发行专业积极探索报刊发行经营新模式，加快推进创意转型。2011年度报刊大收订流转额实现1.57亿元，比上年增长13.8%。《郑州日报》时隔22年全部回归邮发，为应对发行体制改革积累了经验。(5)集邮专业积极实施文化创意项目,策划开发拜祖大典、世博集邮、登封申遗等项目,推动了集邮业务的发展。(6)代理金融专业积极调整业务结构,大力发展新业务,实现业务收入增幅11.5%。(7)代理保险专业不断加快发展速度,郑州银保市场占有率为39%,位居郑州银保市场第一。(8)机要通信保持质量全红。

【邮政服务】 2010年,市邮政局以满足群众用邮需求为目标,一切工作围绕客户需求,不断创新服务手段,丰富、叠加超出客户预期的服务功能,让客户"进一家门办多家事",在服务中赢得客户满意。同时,还重新修订了邮政业务三级视检体系监督制度和邮政通信服务质量监督管理办法,扎实开展各项检查活动和各类管理资料会审活动。认真开展窗口、投递服务等方面的评先活动,全面引入"神秘人"进行暗查暗访,稳步提高邮政基础管理水平,促进了全市邮政服务水平稳步提升。全年有116位用户写来表扬信,邮政用户有理由投诉明显下降,邮政服务质量用户评价满意度达到91.24分。

【首创"房屋专项维修基金告知"账单】 2010年,根据《郑州市房屋专项维修资金管理办法》规定,郑州市邮政函件局认真研究政府及业主相关情况,以市房管局物业维修基金管理中心提供数据、第三方支付发寄费用的形式,开发了"房屋专项维修基金告知账单",实现了政府部门、缴纳房屋专项维修基金的业主、邮政部门的三方共赢。据中国物业管理协会有关人士称,此举在全国维修资金管理行业中尚属首创。

【信报箱建设纳入房屋专项维修资金使用范畴】 2010年1月18日,郑州市下发由赵建才市长签发的第186号郑州市人民政府令,宣布自2010年3月1日起实行新的《郑州市房屋专项维修资金管理办法》。该办法明确规定,将郑州市居民住宅区信报箱纳入房屋共用设施设备中,今后房屋专项维修资金应当专项用于包括信报箱在内的房屋共用部位、共用设施设备保修期满后的维修和更新、改造,不得挪作他用。新办法的出台,为全市下一步开展住宅信报箱维修和更新、改造工作提供了充分依据,对推进住宅楼房信报箱建设,保障公民依法享受邮政普遍服务具有重要作用。特别是老居民住宅区今后改造陈旧信报箱设施,可依法使用房屋专项维修资金。

【校园包裹业务创新高】 2010年,为做好全市邮政校园包裹揽收工作,郑州市邮政局周密部署、提前安排,积极开展大中专院校摸排走访活动,详细掌握毕业生人数及离校时间,并广泛宣传邮政包裹价格、品牌、安全、便捷、服务等优势,提高了邮政校园包裹市场占有率。为切实服务好广大学生,邮政部门采取多设点、就近服务、在宿舍楼下收寄等措施,方便学生就近办理邮寄业务,主动帮助学生装包、封包,确保服务质量,得到了学校师生的一致好评。截至年底,全市邮政共收寄校园包裹51700件,创历史新高。

【秋季农资订货会】 2010年,市邮政局紧抓农肥销售旺季,制订了"组织预订会+淡季入户预订"的组合营销方案,早着手、早准备,确保抢得先机。(1)制定各种激励政策,充分调动农村支局长、村邮站负责人以及种粮大户的积极性。(2)全面进行市场摸排,明确各乡镇发展目标,在订货会前对预订效果做到心中有数。(3)充分发挥村邮站和村两委作用,通过抓大户确保增量,实现了下半年秋季底肥10000吨的目标,创历史新高。各县局订货量与上年同期相比都有较大增长,降低了企业经营风险。

【新邮品发行】 发行庚寅年黄帝故里拜祖大典个性化邮票。2010年4月14日,"庚寅年黄帝故里拜祖大典"个性化邮票首发仪式在郑州邮政大厦举行。郑州市市长赵建才,市委常委、宣传部部长丁世显,省邮政公司总经理杨海福,省邮政公司经理郭洪杰等领导出席了首发仪式。来自部分高校、机关、企事业单位和邮协成员单位的嘉宾及集邮爱好者近300人参加了发行仪式。省、市20余家新闻媒体对活动进行了现场报道。赵建才市长与杨海福总经理共同为"庚寅年黄帝故里拜祖大典"个性化邮票揭幕并签名。

开发《登封天地之中历史建筑群》系列邮品。2010年8月1日,登封"天地之中"历史建筑群申遗成功,郑州市邮政局紧抓社会热点,成功开发纪念登封"天地之中"历史建筑群申遗系列邮品,并于申遗成功当天举办了首发活动。集团公司副总经理冯新生,省委常委、郑州市委书记连维良共同为该套邮票揭幕。此次发行的系列邮品囊括了纪念封、连体极限明信片、邮折、邮册等,从不同角度展现了登封"天地之中"历史建筑群瑰丽风采及历史文化价值,是对申遗成功的永恒纪念。

发行《"三八"国际劳动妇女节一百周年》纪念邮票。3月8日,郑州市妇联、市邮政局、市集邮协会联合举办了《"三八"国际劳动妇女节一百周年》纪念邮票首发仪式。市妇联副主席于素云致辞,市政协副主席党普选和省邮政公司经理郭洪杰共同为纪念邮票发行揭幕并在揭幕板上签名留念。

绿博会首次登上"国家名片"。9月26日,"第二届中国绿化博览会"在郑州开幕,金水区邮政局以"国家名片"邮票为载体,开发的"生态城市绿色家园"个性化邮票正式亮相绿博会。这是绿博会开办以来首次登上"国家名片"。该套邮票采用八枚版式,以花开富贵为主图,附图为绿博会吉祥物和会徽。

(刘红战　彭文杰)

【县市邮政新业务】 包裹收寄到军营。2010年12月，新密、荥阳两局分别抽调业务能手组成军营包裹项目揽收小组，上门为退伍军人收寄包裹。在当地部队设置的临时收寄点，邮政工作人员耐心细致地帮助退伍战士填写包裹单、封装包裹，做到现场收寄、现场封装、现场分拣，缩短了包裹的寄递时限。工作人员还备齐了纸、笔、胶带和包裹箱，为退伍士兵们尽可能多地提供方便。优质高效的服务，受到了部队官兵的高度赞扬。

开发《惠民手册》实现三赢。2010年，巩义市邮政局按照“瞄准空间、做大函件”的思路，抓住当地农村人口占比大、农村地域广阔的特点，转换开发视角，以村邮站叠加广告业务为突破口，以农民为发布对象，以村邮站为平台，有针对性地策划开发了《惠民手册》项目，把实用的农业技术和最新市场信息送到了农民的家门口。该项目满足了农民对新资讯的需求，也帮助众多商家开发了农村的广阔市场，更进一步树立了村邮站服务农民生活和农村经济发展的良好形象，实现了“三赢”。

举办“商函助推企业发展”经济论坛。2010年，巩义市经委、市工商联组织举办数据库商函助推企业发展经济论坛，全市140多家中小企业的代表应邀参会。会上，巩义市工商联发出了“使用邮政商函，助推企业发展”的倡议。近年来，巩义市邮政商函为当地不少中小企业打开了销路，为巩义市创造直接经济效益5.3亿元，赢得了当地政府的高度评价。

开发电影票贺卡。2010年，巩义市邮政局与巩义市中影国际影城合作，成功运作了“幸运邮+电影票”项目，直接将电影票印制在幸运封上，实施“广告、幸运封、电影票”三位一体模式。还专门开办了《影视快讯》DM专刊，分期刊登新电影放映时间和企业广告，为影票销售宣传造势，取得了良好效果，受到了广大客户的欢迎。

《登封关注》正式发行。2010年9月，登封市邮政局正式发行《登封关注》(该局发行的唯一一份经济类报刊)，每周二、五发行，每月八期，每期10000份，为广大市民、商户提供了更便利的生活服务。该报具有价格优势和渠道优势，除在市区专人投送外，在乡镇还有13个邮政所、158个村邮站以及连锁超市作为服务支撑，并通过夹报进入居委会、政府机关以及企事业单位。

“情满人间·感恩有您”书信文化活动项目。为倡导中华民族书信文化，弘扬传统感恩“孝”文化，进一步提高学生的道德修养和写作水平，登封市邮政局与登封市关心下一代工作委员会、登封市教育局等部门多次协调联系，以“感恩双亲、感恩社会”为主题，成功策划开发了登封市首届“情满人间·感恩有您”书信文化活动，共有5万余名中小学生参加了此次活动。

(刘红战　彭文杰　杨聪俐)

电　信

郑州移动公司

【概况】 截止到2010年底，郑州移动公司客户总数达到710多万户，交换机总容量1300多万户，基站总数达到7800多个。实现了郑州市所有县、乡、村、交通干线和主要旅游景点的无缝覆盖，与全国及世界72个国家和地区的240家运营商开通了国际漫游业务。

经过多年来的运营发展，郑州移动的业务提供能力不断增强，业务门类丰富多彩。全球通、神州行、动感地带三大品牌文化受到客户喜爱和信赖；彩铃、彩信、飞信、手机报等数据业务满足了客户的个性化需求，引领了通信消费的新时尚；警务通、校信通、农信通等集团信息化产品实现了跨行业的业务合作。以“追求客户满意服务”为企业宗旨，不断完善社会服务体系，电子渠道实现了足不出户网上业务办理，自助服务尽显客户自我需求，全球通俱乐部彰显VIP尊贵形象。截至2010年底，已发展100多家自建营业厅，4000多家社会合作店，郑州移动服务无处不在，无所不能。

多年来，郑州移动积极开展精神文明创建活动，大力弘扬企业文化。截至2010年底，共荣获市级以上集体荣誉称号190多个，有50多名员工荣获市级以上荣誉称号。其中，有1个团支部荣获全国“五四红旗团支部”称号，2个生产班组荣获国家级“青年文明号”称号，7个生产班组荣获省级“青年文明号”称号，62个生产班组荣获市级“青年文明号”称号。郑州移动相继被评为市级文明单位、省级文明单位、中国移动集团“模范职工之家”等，荣获河南省“五一劳动奖状”、河南移动通讯最佳服务商等奖项。2005—2010年，连续5年被郑州市政府评为“政风行风建设先进单位”。2010年，郑州移动先后荣获“全国用户满意服务明星”、“全国模范职工之家”、“河南省劳动关系和谐模范企业”、“河南省‘六好’基层工会”、“郑州市‘五好’基层党组织”等多项荣誉，有4人荣获郑州市“五一劳动奖章”。

【市场营销】 2010年，市场发展态势良好。面对日益复杂和激烈的市场竞争形势，郑州移动全体员工以满足客户需求为导向，以延伸品牌内涵为抓手，以深化产品服务为手段，细分目标客户，深挖市场潜力，实行差异化、个性化品牌营销举措，不断巩固和拓展全球通、动感地带和神州行三大品牌的市场。推动品牌文化的不断延伸，持续提升品牌价值，不断创新经营举措，得到了广大客户的推崇和喜爱。在春秋季学生返校之际，积极开展校园迎新现场活动，做好春秋季返校学生市场开发工作。对于农村社区，利用电影下乡、庙会搭戏等手段拓展新增市场。2010年,“动力100”集团客户兴趣俱乐部成立。截至年底,已经成立了羽毛球、游泳、登山、摄影等俱乐部。同时,以对抗、邀请、联谊等主题举行各类比赛,密切了集团客户关系,市场领域得到进一步拓宽,企业综合实力进一步增强。

【信息化建设】 2010年,郑州移动信息化建设全面推进。积极参与和支持市政府“三化两型”城市建设,同时紧密结合重点行业需求,在金融、电力、教育等重要行业单位,积极开展全业务解决方案的推广实施,加大与政府部门合作共赢。配合政府下发了《关于政府机关及各区、县、局委开放楼顶资源的文件》,全方位启动无线城市应用运行,实现郑州市委、市政府及直属局委移动手机办公应用。加大与行业部门的合作,与金融系统信息化应用实现点、面协调发展,与电力、交通行业共同实现M2M业务应用规模发展。完成“电力采集数据卡”开发应用3万张,郑州公交公司车辆监控及BRT调度应用达到5000余张。“班班通”项目实现良好开端,2010年5月至年底,“班班通”项目争取到港区7所学校的线路接入。在2010年郑州市“两会”期间,通过声光电与信息手段的结合,将信息技术的运用充分展现于“两会”现场,郑州移动的移动信息化服务受到人大代表、政协委员表扬。

【无线城市建设】 紧紧围绕市委、市政府整体工作部署,按照“政府主导、市场运营、资源共享、以点带面、逐步推进”的工作思路,从TD无线通信网络建设、无线城市门户平台、无线电子政务建设、无线便民生活、无线旅游五大项目着手,不断加大工作力度,科学统筹信息资源,努力创新技术手段,取得了阶段性成果。2010年,郑州移动投资40亿元完善TD基础设施,完成了郑州市政府IDC机房建设,投入使用了市政府“手机一卡通”平台,开通了政府移动办公平台,无线城市综合门户基础运营平台正式上线,无线便民生活及无线旅游数字化体系全面运营,为数字郑州的早日实现奠定了基础。10月12日,郑州市人民政府与郑州移动召开郑州市无线城市新闻发布会,“无线郑州”系统门户平台的启用,标志着无线城市在郑州已初步实现,标志着河南省在城市信息化道路上又迈进了一大步。市民可以通过拨打**0371#或者登陆无线城市门户网站,下载无线城市客户端,体验郑州无线城市为市民提供的丰富的移动互联网服务。

【客户服务】 2010年,郑州移动服务质量持续改进。坚持“客户为根,服务为本”的理念,以客户需求为中心,以客户感知为导向,通过挖掘客户需求和精准服务,服务营销协同能力得到增强;通过服务流程优化和压力传递,服务督导能力得到有效提升;通过客户接触点管理和服务文化建设,前台服务能力不断提高;通过深入推进“便捷服务,满意100”服务主题活动,服务领先优势进一步巩固。严格执行“五条禁令”,加大垃圾短信治理力度,积极开展自有业务统一查询退订,运用经分系统加强投诉闭环管理,投诉处理质量持续提升。2010年,窗口服务成绩达到101.21分,比年初提升13.56分;客户评价满意度达到99.37%。

【网络建设与维护】 2010年,郑州移动网络质量稳中有升。紧紧围绕“三升三降一提高”的网络工作目标,以“2010年网络质量提升活动”为核心,大力开展多个专项整治与优化活动,网络质量稳步提升。紧抓网络安全,全年处理安全隐患点602个,8年来首次实现一干二干零阻断,无任何重大故障,告警整治形成常态化的处理机制。同时,积极处理分布系统告警,千载频告警量指标全省名列前茅,集团公司精品道路质量考评得到满分,掉话率、最坏小区、无线接入性指标持续改善。

进一步完善网络应急处理预案,建立指挥调度体系,积极开展应急演练。2010年,完成郑州市各类商务活动、公益活动等应急通信保障工作45次。全网应急通信保障能力大幅提升,为郑州市构建和谐稳定的内外部经济社会发展环境做出了积极贡献。

【企业内部管理】 2010年,科学管理不断深化。郑州移动持续完善财务基础管理和全面预算管理,财务服务水平不断提高。认真履行审计监督职能,强化萨班斯内控体系和法律风险管理,企业风险防范能力得到增强。围绕市场发展,按照“员工减压、流程减繁、指标减杂”的原则,优化明晰绩效考核制度,优化人力资源配置效率,加强人才队伍建设,内部管理效能得到有效提升。转变宣传思路,创新宣传模式,利用OA平台、手机报、移动通信报等多种渠道,大力宣传企业文化。围绕社会热点,郑州移动开展了“蓝色操场”大学生体育支教暨体育器材捐赠活动;发起郑州市盲聋哑学校教师“圆梦行动”,以参观学习团的形式,帮助工作在特殊教育一线的老师圆梦北京,得到了社会各界一致好评,彰显了社会责任,企业影响力进一步扩大。

【创建工作】 2010年,创建工作取得了显著成果。郑州移动结合企业发展实际,提出了“定标杆、争发展、保优势、做亮点”的工作思路,树立“引入是创新、模仿是创新、优化也是创新”的理念,引领员工围绕“提升企业运营水平、促进企业发展”开展创新工作。全年共申报创新提案612项,推广运用项目52项,员工在创新认识上不断加强,创新已经成为员工实现自我、提升自我的平台。QC课题完成率达到100%,完成了TD服务体系、个性化基站建设等36个高价值的创新成果,有效实现了创新生产力的转化,为企业健康发展提供了有力保障。惩治和预防腐败体系建设更加完善，行风建设工作取得优异成绩。通过班组建设，企业的基础管理和执行力得到增强，通过员工关爱、技能比武、人才工程、合作创新等举措，企业软实力得到大幅提升。

（丁广慧）

郑州市联通公司

【概况】 2010年，郑州市联通公司坚持在竞争中谋主动，在服务中树品牌，在改革中激活力，各项工作取得了新进展。全年通信服务收入同比增幅10.05%；实现利润同比增幅7.23%。

市场经营工作突出"3G领先与一体化创新"战略，围绕"农村市场要规模、城市市场要效益"主题，统筹资源、创新经营，3G业务、融合业务、宽带业务、2G业务发展热点纷呈，市场占有率进一步扩大，全业务运营优势更加突出。2010年，3G业务净增用户及通信服务收入均居北方十省省会城市和计划单列市第二位；宽带业务用户规模突破100万户，增长近40%，增幅居北方十省省会城市和计划单列市第三位。

大力推进精品网络建设。WCDMA网工程进度与质量成为全国标杆，县乡级以上实现100%覆盖，网络接通率达到99.68%，全国排名第三。G网郊县实现99%覆盖。大力推进"退铜进光"工程和"双畅双覆盖"工程，驻地网实现100%覆盖，市区实现了"随时随地、随心所欲使用联通宽带"。

多措并举提升服务工作。2010年，万人投诉率同比下降15%，升级投诉率同比下降16%，客服热线、社会渠道满意度等项目考核全省第一。开展了"降低固话、宽带障碍发生率，提高装移修及时率"专项活动，宽带、固定电话障碍修复及时率分别达到98%、97%。开展了"您为客户做了多少、您为客户经理做了多少"主题活动，征集客户及客户经理需求165个，解决率100%。郑州市联通公司中原路营业厅等3个窗口单位荣获河南省纠风办公室颁发的"群众满意基层站所"称号。

2010年，郑州市联通公司在加快电信业务发展、服务郑州信息化建设的同时，全面加强企业文化建设。公司先后获得"郑州市诚信经营单位"、"政风行风建设工作先进单位"等荣誉称号。无线网络维护优化中心获"中央企业红旗班组"荣誉称号，该中心的"建立郑州GSM网网络优化数据库系统"及"降低室内分布系统用户投诉量"项目，获全国通信行业优秀质量管理小组成果奖。

2010年9月25日，移动终端iPhone4在郑州正式发售。iPhone 4以合约计划方式进行销售，用户办理iPhone 4合约计划套餐，预存相应的话费，就可获一定金额的手机补贴。可使用超过250000个应用程序以及中国联通沃·3G门户提供的手机电视、手机上网等多项3G业务。

为进一步做好郑州航空港区的通信网络建设及服务工作，12月17日郑州市联通公司成立港区营业部，满足了辖区内客户办理联通全业务通信服务的需要，为郑州联通公司加速港区信息化建设、推进港区跨越式发展奠定了坚实的基础。

【助推餐饮行业信息化进程】 2010年，中国烹饪协会在郑州举办会员活动期间，郑州市联通公司成功举办了主题为"把握现在、放眼未来、助力餐饮行业发展"的餐饮信息化推介会。对招财宝、订餐宝、116114等餐饮行业的信息化应用进行重点展示，对iPhone4手机、3G上网卡等优势业务进行了推介展示。会上，河南阿五美食、特味村、解先生等多家连锁酒店与郑州联通达成试用合作协议。推介会的举行，使更多的餐饮客户了解了中国联通餐饮行业信息化应用产品及建设的进程，为餐饮行业信息化的快速发展奠定了基础。

【郑州PSTN网络优化】 2010年9月2日，郑州市联通公司完成了PSTN（公用交换电话）网络优化工作。此举达到了通信共享计费时长的要求，促进了移动电话网、固定电话网业务的深度融合。网络优化工作还整合了交换设备间的电路资源，使网络结构更加清晰、高效，实现了提升网络质量、推进节能降耗、降低运营成本的目的。同时，解决了传统PSTN汇接局在业务发展中的瓶颈，实现了传统PSTN网络向NGN（下一代通信网络）的优化转型。

【河南省首家实现DID用户】 2010年8月，郑州市联通公司成功为深圳富士康科技集团郑州厂区开通全国综合语音VPN集团网，成为河南省首家实现DID用户（即利用数字中继电路连接到客户专网交换机专网客户）。VPN集团网的开通，实现了富士康员工手机与小交换机固定电话分机之间的短号互拨功能，解决了富士康集团固定电话和移动电话在全国各地分支机构之间的长途通信，开通了富士康集团在全国9个省份长途定向优惠包，实现了富士康员工使用联通手机号可直拨台湾富士康总部电话分机的功能。

【助推中小学校信息化发展】 2010年3月，郑州市联通公司针对中小学、幼儿园校园研发推出新产品"优学通"。"优学通"业务是方便校园办公、学生学习、家校互动、家长之间沟通的一款操作简单、功能强大的互联网通讯软件。它将电话语音、视频、短信、网络融为一体，借助电脑、手机、互联网等通讯工具，实现学校、家长、老师三位一体的及时通讯。该业务以"免费提供办公软件，建设校园信息化"为切入点，针对校方、家长方、教师方不同的客户群设计推出了功能不同的相应产品，有力推动了校园信息化的发展。

【支援抗洪救灾】 2010年7月，因洛阳地区出现特大暴雨，洛阳市栾川、洛宁两县14个乡镇通讯和有线电视信号中断,5个乡镇断电。27日至31日,郑州市联通公司按照上级部署,组织抢险突击队(12人、6辆车),并紧急调用10台油机直接赶往灾区。抢险突击队分两队,一队7人4车3油机奔赴受灾严重的车村镇,在断桥断路的情况下,克服困难到达山区进行恢复通信保障工作;二队配合当地修复其它被毁的通信基站。队员们克服高温、道路塌方等困难,争分夺秒对断电站点进行发电、布放电力电缆200余米。在洛阳嵩县的抢险中,突击队共到达6个乡镇抢修了21个基站,架设1个山顶站点的电力电缆,并对1个模块局点发电,保障了通信畅通。

【推出“宝贝计划”】 “宝贝计划”是郑州市联通公司针对有儿童的家庭量身定制的集终端和功能于一体的新型产品,2010年4月向社会推出。该产品充分考虑了儿童的特性和需求,专用终端造型卡通、可爱,具有贴心、实用、安全等移动功能,具有较强的实用功能。(1)通讯功能针对性强。家长可预设10条短信、20个电话号码、5个群组,操作简易快捷,并可以屏蔽不良信息,免受侵扰。如遇到紧急情况,孩子长按SOS键,可自动接通手机里预置的亲情号码,而操作界面上不可见,无声无息实现救援。(2)具有定位功能。家长可以预先设定安全区域,孩子一旦超出预设区域,便会及时向家长发出短信告警;家长随时可查询孩子当前所在的位置与历史位置。(3)具有学习功能。采用语音合成和声控技术,让孩子可以随时随地练习儿歌、唐诗宋词、乘法口诀、英语单词;设有特定的课程表管理功能,定时屏蔽游戏、通讯等功能,保证孩子正常学习不被干扰。

【校园1+业务】 2010年4月,郑州市联通公司推出了校园市场融合产品——校园1+业务。“校园1+”是依据学生上网需求设计的手机和校园宽带相融合的产品,手机号码即是宽带号码,不仅能最大限度地满足客户语音通话、短信、宽带上网等多种通信需要,还能获得手机、宽带话费共享的优惠和便捷。该产品充分考虑学生放假因素,每年寒假和暑假期间将自动调整降低套餐标准。

【移动办公信息自动化】 “移动OA”(即办公信息自动化)产品是基于软硬件系统的整套服务。2010年6月,郑州市联通公司移动办公产品正式上线。用户通过GPRS/WCDMA网络接入,从而实现通过手机异地办公的功能。该服务可提供企业的办公门户、邮件管理、表单流程、公文管理、档案管理、会议管理、工作交流、其它个人事务、控制面板、服务器控制等操作。打开手机就可浏览单位的通告,可以阅读、审批公文。该产品开发了手机wap、客户端、虚拟桌面3种登陆方式;客户端形式采用的是目前较为先进的中间键技术开发;虚拟桌面形式将用户的PC机功能程序移入客户的手机中,实现了手机电脑的功能。

【通信终端共享时长】 2010年1月20日,郑州市联通公司推出通信终端共享时长(手机版“亲情1+”)业务。该业务可实现固定电话、移动电话、小灵通、宽带任意组合,共享时长。根据客户不同需求,联通公司提供3款套餐:一是固定电话+手机共享时长套餐,具有家庭成员通话全免,包打时长全家都能用,一人付费全家共享的特点;二是固定电话+宽带+手机共享时长套餐,突出4M高速宽带特有特色;三是宽带+多部固话+多部手机共享时长套餐,固话、手机一个号,多个终端一单缴费,并赠送企业悦铃。每款套餐根据客户的消费能力界定了不同的价格标准(共计6个品种)供客户选择。

【中标项目及共建协议】 2010年5月17日,郑州市联通公司以领先的技术、强大的网络、优质的服务等优势中标“郑州市2010年中小学班班通”工程。郑州市政府为该项目投资2亿元,是2010年市政府确定为民办好的“10件实事”之一。

6月8日,郑州市联通公司与河南经贸职业学院签署信息化校园合作共建协议,正式建立全面战略合作伙伴关系。校园信息网包含了校园基础网、校园信息平台、校园应用平台、手机一卡通、校园安全监控、校园多媒体中央控制等信息系统。“手机一卡通”项目在河南高校首开先河,是移动宽带互联网技术的充分应用。河南经贸职业学院信息化校园建成后,将实现从环境、资源到活动的全部信息化以及对各种资源的集成整合,实现资源的有效配置和充分利用。

9月8日,郑州市联通公司与郑州市供销合作社签订了战略合作协议。郑州联通公司拥有先进的移动网络、市区覆盖最广泛的宽带、固定电话和遍布城市乡村的光纤基础网络,郑州市供销合作社系统拥有全市最大的城乡流通服务体系,双方的战略合作不仅能加快推进供销合作社系统信息化建设进程,而且为联通公司信息产品服务向农村延伸提供了重要载体,对促进农业发展、繁荣农村经济有着十分重要的意义。

12月15日,郑州市联通公司与郑州市市郊农村信用合作联社签署信息化系统建设项目协议。该项目将实现农信社所有营业网点的监控图像资源接入、图像调用、存储以及报警系统等功能,满足农信社对各营业网点重点区域和部位治安状况的监控需求。在此项目中,郑州市联通公司主要负责郑州市市郊农村信用合作联社近180个网点至局端传输通道光路的开通及调测验收工作。

【“退铜进光”网络升级改造工程】 为优化网络结构,提升网络质量和客户满意度,2010年7月郑州市联通公司在全区范围内启动了"退铜进光(用光纤代替铜缆)"网络升级改造工程。该工程对全市城区(含县城)铜缆接入距离超过1公里以上的DSL用户实施FTTX网络升级改造;同时,大力推动农村地区光纤进村。此举将实现城市用户平均8M、农村用户平均2M宽带接入能力,商业楼宇用户基本实现100M宽带接入能力。

【3G视频监控(视界通)】 2010年6月23日,郑州市联通公司成功上线3G视频监控产品(视界通),真正实现了随时随地、自由掌控、无缝式全新监控的要求。3G视频监控产品(视界通),是利用宽带、3G WCDMA网络高速、稳定、安全的优势,以及手机的易携带性和易操作性,向个人及行业客户提供的综合视频监控系统集成服务。

该产品具有九大特点:一是系统具有可扩展性,具有支持互联网、WIFI、3G WCDMA等多种接入方式的技术以及超强的网络适用能力;二是运营级系统平台将众多分散、独立的采集点监控图像信息进行联网处理,实现跨区域的统一监控、统一管理及分级存储;三是具有智能视频分析识别技术以及高效的视频图像处理技术;四是满足多种远、近程监控实现方式,能实现监控终端移动化,提高灵活性、实时性;五是客户无需自建监控系统,仅以最小的投资代价就能快速部署应用新一代的网络数字视频监控系统;六是安全可靠、服务专业,系统通过加密方式传输、存储录像摄像数据,保障客户信息的绝对私密性;七是用户可通过3G手机随时随地观看监控点的实时监控图像;八是系统支持大多数主流3G智能手机,图像带宽在32K—2M范围内可调;九是支持多用户权限管理。

【"高校E通"业务】 2010年8月,郑州市联通公司推出了综合应用平台类产品——"高校E通"。"高校E通"是以"短信群"和门户网站为构建基础,针对高等院校师生间互通、交流及辅助办公所开发的一整套完整解决方案。"高校E通"业务分为门户网站和管理应用平台两部分。门户网站可展示高校平台的特点、功能,同时包括丰富的新闻资讯、学习内容、招聘就业和生活服务等信息。管理应用平台可实现师生间互动沟通、公文管理、教务管理、社团管理、数据统计等一系列功能应用。

【郑州联通苏宁沃品牌店开业】 2010年8月28日,由郑州市联通公司和苏宁电器联手打造的旗舰合作门店——郑州二七路营业厅开业。此举拉开了河南省联通和苏宁电器强强联手合作的序幕,双方在全省范围内合作的30家门店在9月1日前后相继开业。作为中国联通与苏宁电器战略合作的重要举措,苏宁电器将开放河南全省门店,设立中国联通的业务受理及终端销售专区,全面代理和销售中国联通3G、2G、宽带接入和固定电话等业务。

【开展电话用户实名登记】 自2010年9月1日起,郑州市联通公司全面实施新增用户实名登记工作。电话用户在办理移动电话(含无线上网用户)入网,固定电话(含无线接入方式)装机、移机、过户等业务时实行实名登记,同时将积极利用业务发展、资费优惠等方式,鼓励引导未实名登记的老用户进行补登。此前,郑州联通公司已完成了用户资料管理、营业受理等系统的改造,修改完善了用户入网协议和信息保护制度,建立了用户实名登记统计信息表,进一步健全了用户信息留存制度。

【在服务检查评比中获全省第一】 郑州市联通公司强化自有营业厅的基础管理,转变观念,以服务促发展。公司建立了"三级联动"服务机制,其中营业厅作为一级管理,抓好营业厅晨会、班会落实,强化培训管理和考核;营业部作为二级管理,做好信息上传下达,注重岗位创新,针对服务短板,组织整改;职能、支撑部门承包营业厅作为三级管理,督促二级管理部门通过每月自查、每季度互查等举措,分析、协调、解决问题。在河南联通公司2010年服务检查评比中,郑州市联通公司营业厅成绩为99.79分,全省排名第一。

【在全国网络综合评测中获第三】 自2009年5月郑州联通3G网络正式商用以来,经过不断的优化和精心的维护,网络结构日趋合理。公司采取日常优化与专项优化相结合的方式,测试里程近万公里。根据不同时期用户特点,启动了高校保障和农村专项优化。加大设备维护力度,加强基站巡检和减少故障历时,最大限度地保证设备完好率,降低断站率,全面保证了3G网络的运行质量。2010年,郑州市联通公司3G网络在集团全国网络综合评测中获得第三名。

【嫦娥2号保障工作】 在嫦娥2号卫星运行期间,郑州市联通公司承担了途经郑州市长途光缆和干线系统的重要通信保障任务。按照卫星运行期间对通信业务的需求,周密组织制订了详细的应急通信保障方案,对承载嫦娥2号通信的6个系统路由进行优化,临时加开通道系统主备用路由,在市区内均增加不同方向的线路保护,形成主备系统4纤保护。在重要保障期间,进一步加强了机房的技术力量,从卫星发射前至10月执行一级通信保障,为探月工程的通信网络提供坚实的安全保障,以高品质、零故障出色地完成了通信保障任务。

(曹兴建)

郑州市电信分公司

【概况】 2010年,郑州市电信分公司立足自身深挖潜力,通过完善网络建设,加强网络支撑,重点业务拉动,开发行业应用,以及增强营销队伍技能等措施,在激烈的市场竞争中取得了明显成效。公司全年累计收入同比增长率达到31.6%，网络覆盖率达到99.2%，企业整体实力不断增强。

全面实施品牌营销，不断完善天翼、我的E家、商务领航三大品牌架构，着力推动宽带、无线商话和E家移动业务等重点业务，持续开展各类主题营销活动，营销能力和市场效果得到大幅提升，在网用户规模持续增长，行业收入占比稳步提升。网络建设以加强基础网广度覆盖和移动网深度覆盖为最基本任务，特别是宽带网络的广覆盖，为郑州市信息化建设提供了良好支撑。此外，为提高用户对中国电信的服务满意度，在服务工作中注重加强基础服务管控力度，完善装维服务基础流程，发挥调度职能，确保响应速度和创新服务培训方式，有效缩短投诉处理时长，用户投诉率比上年下降13%。

通过一系列扎实有效的工作，郑州电信在市场营销、网络建设和优化、客户服务等方面取得了显著成绩，各项基础管理工作得到了较大提升。先后被郑州市政府纠风办授予"群众满意基层站所评创先进单位"、被河南省公安厅授予"2009年全国打击盗窃破坏电力电信广播电视设施违法犯罪专项斗争先进单位"、被中国电信集团公司党委授予"先进基层党组织"等荣誉称号，被郑州市国税局和地税局评为郑州市纳税先进单位。

【市场经营】 (一)网格化营销。2010年，郑州电信市场经营工作以提升精细营销能力为抓手，在"协调推进两个市场(固网市场和移动网市场)，做强三大客户品牌"的市场开发思想指导下，4月正式启动网格化营销工作。截至年底，公司网格化营销工作整体组织框架基本搭建完成，家客和商话业务全年收入分别得到10%和30%的提升。

(二)3G宽带专家。2010年，郑州电信全面加快品牌建设速度，以"3G宽带专家"为切入点，致力于打造同行业下差异化的服务形象。(1)以"中国电信，我的3G宽带专家"为主题，在全市范围内开展宽带专家上门服务活动。组建计算机专业、熟知电脑网络、掌握最新3G业务的专业化宽带专家团队，从专家坐席代表当场指导到专家上门免费服务"一体化"流程，秉承"用户至上，用心服务"的工作理念，为中国电信宽带客户提供免费上门服务。主要服务内容包括：电脑体检、查杀病毒、系统及软件数据备份、操作系统及常用软件安装、用户电脑操作系统及各种常用软件的使用指导、天翼无线上网卡安装指导、最新3G手机咨询等，真正做到"专家品质，专家服务；足不出户，高效服务"，方便了广大群众，提升了客户感知。(2)完善3G宽带专家上门义诊流程。在各住宅小区设立中国电信3G宽带专家义诊活动日，即时为小区用户提供电脑故障维修、电脑使用咨询、宽带故障维修、3G无线上网卡使用咨询等方面的现场服务；并结合营业厅窗口服务情况，在营业厅设立3G宽带专家坐诊日，为到营业厅办理业务的群众提供现场专家服务，全面解决客户电脑问题，受到了广大客户的好评。

(三)"旺铺助手"推动行业发展。"旺铺助手"是中国电信通过智能化终端，融合C网、固网等通信能力，以客户管理、进销存应用为主要切入点，为中小企业和普通聚类用户提供的集客户及订单管理、商品管理、来电弹屏、点击拨号、短信收发等功能于一体的综合应用服务，可帮助中小企业有效聚拢客户和开展针对性促销，是郑州电信关注中小企业信息化需求、减低信息化建设成本而推出的业务。主要适用于客户群比较固定，电话、短信等业务使用频繁的中小企业和普通聚类商户，如小型批发企业、具有配送性质的商铺、街头门户店、初创阶段的小企业，或者服务对象相对稳定的物业公司等。

(四)"翼机通"助力校园信息化建设。"翼机通"是中国电信面向高校客户，通过定制"翼机通"终端，实现门禁、考勤、小额消费(食堂、超市、水房、浴室、上机等)、图书借阅、校内就医和信息获取等多种功能，创造便捷校园生活学习环境、提升高校信息化水平的新产品。2010年5月，郑州电信联合全市多所高校借助"翼机通"业务，开启了校园信息化建设序幕。在推广校园"翼机通"的过程中，充分尊重校方的意见和学生的选择，校园"翼机通"已经成为郑州电信促进校园信息化建设的一个标杆工程。

(五)118114电话预约挂号。自2010年11月10日开始，全省三级医院118114电话预约挂号服务平台正式开通，标志着全省医疗健康服务工作已融入信息网络时代。电话预约诊疗服务平台是以中国电信118114健康号码百事通为依托，拨118114进入预约挂号平台，通过电话转接实现诊疗预约服务。截至年底，已有69家医疗机构和5119名副高级以上职称专家纳入了电话预约挂号网络，涉及专业达50多个。预约挂号，有利于患者提前咨询、提前安排就医计划，减少了患者的候诊时间，同时也有利于医院提升管理水平，提高工作效率和医疗质量，降低医疗安全风险。

(六)联合家电卖场，拓展全新渠道。2010年5月，郑州电信与苏宁、永乐、思达、亿派、众意、新语等各大家电连锁及手机连锁卖场进行了深入合作。手机消费者除了在中国电信营业厅购买天翼3G手机外，还可以在全市各大连锁家电卖场选购天翼产品，并现场办理手机入网业务。和家电连锁销售行业的联手，不仅为郑州电信拓展了新的社会渠道合作模式，也为今后开拓其他合作渠道起到了良好的示范效应。

【网络保障】 (一)网络覆盖率达到100%。2010年，郑州电信网络建设工作以"加强基础网广度覆盖、移动网深度覆盖"为最基本任务，全力推动"网络建设、网络优化"工作。加大基础网的广度覆盖，为基础网宽带发展保驾护航。提升网络接应能力，全面升级传输、数据网络。加强移动网的深度覆盖，提升电信3G网络质量。截至年底，郑州三环以内总宽带用户数突破百万户，网络覆盖率达到95%。移动网全年新建室外宏基站100余个，网络覆盖率达到100%。

（二）网络护航行动。为推动市场实现规模化发展，加强品牌建设，提升服务质量，2010年郑州电信组织开展了以“网络护航”为主题的网络优化活动。整治各种网络安全隐患，减少故障发生时对业务的影响，针对经常发生的故障区段、C网弱覆盖、业务密集区域、密集接入和长电缆路由不合理的区段进行优化，并结合传输网宽带网，对光缆网络进行优化，取得了良好效果，网络质量得到大幅提升。

【客户服务】 （一）宽带业务即装即通。为了提升用户对郑州电信宽带业务的服务感知，2010年9月郑州电信开始实施宽带即装即通工程。为每个业务单元提供一定数量的上网卡，在用户办理业务时，直接为用户提供一个无线宽带上网终端，保证用户在装机完成前可以正常使用公司宽带业务，得到了用户好评。

（二）实施用户实名登记。自2010年9月1日起，对全市范围内办理移动电话、固定电话、宽带、无线网卡用户的装机、移机和过户实施实名登记制度。为确保用户实名登记工作得到有效落实，郑州电信及时对用户入网协议和用户信息保密制度进行了修订，并对用户资料录入和营业受理系统进行完善，为用户实名登记工作顺利开展提供了保障。

（三）强化窗口服务，建设群众满意的基层服务窗口。(1)信息公开。围绕便民利民，认真履行公开责任，在资费标准、服务承诺、营业时间等方面做到信息公开，自觉接受群众监督评论。(2)改善服务环境。做到工作环境整洁，无脏、乱、差等现象；各类服务设施（包括自助设备、体验设备）齐全，便民设施明显；厅内悬挂明显的引导标识牌，做到指示清楚。(3)提升服务质量。根据公司年度服务工作安排，结合营业员工作特点和工作时间，开展“走出柜台、走向厅外、主动服务、提升效能”主题服务活动。及时整理营业厅客户意见簿，对用户提出的意见和建议及时予以回复，确保用户提出的每个问题和意见都有结果、有反馈，切实为群众办实事、办好事。(4)完善网点。建设全方位一体化的服务网络，新建营业厅，扩大便民店的服务范围，为群众提供便捷、全面的服务体系。

（四）VIP保障专项服务。开展VIP保障专项服务，建立健全VIP客户俱乐部、营业厅VIP专席和VIP客服代表制度，主动发现VIP客户潜在问题，将VIP保障工作提升到一个新的台阶。使用专属的“10000+9”VIP客户服务号码，建立快速响应通道，通过VIP客户服务平台，向客户提供费用查询、充值缴费、紧急停开复机，以及一般性技术咨询、紧急故障申告等服务。建立内部联动机制，形成多市场和网络多部门人员相互嵌入、支撑的模式，加强前后台合作，缩短工程建设和实施周期，创建真正的绿色通道。

【企业文化建设】 组织开展多种形式的劳动竞赛活动。2010年，以季度为单位，组织开展了“诚信经营、挑战一零，我为企业发展做贡献”、“天翼腾飞”和“百日会战，冲击六千”等多场劳动竞赛和劳动技能竞赛，充分调动了广大员工的生产积极性，增强了员工爱岗敬业的责任心，为公司各阶段生产经营任务的顺利完成奠定了基础。同时，也为员工学习和提升职业技能搭建了平台。在河南省通信管理局、河南省通信行业协会主办的“河南通信业纪念《中华人民共和国电信条例》公布实施十周年知识竞赛”中，郑州市电信分公司荣获团体二等奖；在市总工会第七届“郑州日产杯”职工技术运动会上，3人获得“郑州市五一劳动奖章”，12人获得“郑州市技术标兵”称号。

表彰先进、树立标杆。按照郑州电信对员工队伍建设的相关要求，公司工会连续两年组织开展了郑州电信风采人物和先进集体评选活动，对在日常工作中爱岗敬业、业务熟练、服务意识优良的员工予以表彰，在企业内部营造了团结奋斗、争先创优的积极氛围，为促进企业更好更快地发展提供了坚实的精神力量和良好环境。

（陈　静）

第十七篇　银行、保险

人民银行

【概况】　2010年,面对复杂多变的国内外经济形势,人民银行郑州中心支行认真执行货币信贷政策,“有扶有控”,不断夯实基础、突出重点、深入开展金融创新活动,全省货币信贷投放平稳增长,金融体系持续保持稳定,中央银行金融服务水平有效提升,外汇管理进一步改善,圆满完成各项工作任务,为河南省经济的平稳较快发展提供了有力的金融支撑。被河南省政府授予“金融支持经济发展优秀奖”;多项金融创新业务得到总行的充分肯定,“创新金融服务支持经济发展”业务竞赛活动荣获总行优秀组织奖,在总行4个竞赛项目中荣获3个团体奖项。

【金融运行状况】　2010年,郑州市金融机构认真贯彻落实中央和地方的各项宏观调控政策,在合理控制信贷规模的情况下,积极调整信贷结构。全年票据融资大量减少,存款活期化趋势增强,各项贷款增势趋缓。截至2010年12月末,郑州市金融机构人民币(下同)各项存款余额7990.9亿元,同比增长22.2%,较上年同期回落10.8个百分点,高出全省各项存款增速1.5个百分点;较年初增加1450.6亿元,同比少增175.7亿元。全年活期储蓄存款和企业活期存款增加640.8亿元,占两项存款增量的70.2%,同比提高8.8个百分点。各项存款余额占全省的34.5%,同比提高0.4个百分点;新增额占全省的36.5%,同比回落5个百分点。各项贷款余额5717.5亿元,较年初增加795.4亿元,同比少增514.5亿元,扣除票据融资较年初减少251.7亿元后,一般性贷款较年初增加1047.1亿元,同比少增14.8亿元;贷款余额占全省的36%,同比回落0.6个百分点;新增额占全省的32.7%,同比回落1个百分点。

【存款情况】　2010年,郑州市金融机构存款具有以下特点:

(一)各项存款增势趋缓,活期化现象明显。2010年12月末,郑州市金融机构储蓄存款余额2911亿元,同比增长15.9%,较上年同期回落5.6个百分点;较年初增加399.8亿元,同比少增45亿元。分期限结构看,活期储蓄存款较年初增加264.5亿元,同比多增51.7亿元;定期储蓄存款较年初增加135.4亿元,同比少增96.7亿元。储蓄存款活期化趋势不断增强,3、6、9、12月末,活期储蓄存款在储蓄存款中的余额占比分别为40%、40.4%、41.1%和43.1%,新增额占比分别为46.5%、47.9%、51.1%和66.1%。活期化趋势增强的主要原因:一是实际存款利率为负,通胀预期较高,居民储蓄意愿不高。二是居民投资股市、理财产品的热情较高,导致储蓄存款活期化现象加剧。三是房价涨势不减,居民购房需求较旺,活期账户存款增加较多。11月份,郑州市商品住宅均价为6176元/平方米,月环比上涨1.7%,同比上涨27.4%;二手住房交易均价为4340元/平方米,月环比上涨3.1%,同比上涨26.3%。

(二)企业存款增速持续回落,同比少增较多。2010年12月末,郑州市金融机构企业存款余额3105.8亿元,较年初增加513亿元,同比少增412.2亿元,增速由1月末57.3%的高位逐渐降至12月末的15.3%,回落42个百分点。分期限结构看,企业活期存款较年初增加376.3亿元,同比少增252.4亿元,占企业存款增量的73.4%,同比提高5.4个百分点。企业存款增速不断下滑的主要原因:一是2010年金融机构信贷投放控制较为严格,企业派生存款增加较少,而上年信贷大量投放产生的企业派生存款较多,基数较高。二是随着经济企稳回升,企业经营形势好转,生产、投资意愿增强,资金利用率提高。三是由于原材料等生产资料价格普遍上涨,企业购买原材料等资金占用量增加。

(三)保证金存款增加较多。2010年12月末,郑州市金融机构保证金存款余额863.9亿元,较年初增加217.1亿元,同比多增134.3亿元。受前三季度银行承兑汇票开办较多、第四季度到期较多影响,第一、二、三季度保证金存款分别增加34.5亿元、98.2亿元和88.8亿元,第四季度减少4.4亿元。

【贷款情况】　2010年,郑州市金融机构贷款具有以下特点:

(一)各项贷款增势回落,结构调整明显。2010年,郑州市金融机构各项贷款增速上半年明显回落,由1月末的31.5%回落至6月末的16.1%，下半年趋于稳定，12月末同比增长16.2%，较上年同期回落17.4个百分点，低于全省各项贷款增速1.9个百分点。分期限看，中长期贷款大量增加，短期贷款增加较多，票据融资大量减少。2010年12月末，中长期贷款余额3366.5亿元，较年初增加841亿元，同比少增102.8亿元，增速在前8个月持续回落，9月份以后稳定在33%左右，12月末同比增长33.4%，较上年同期回落25.4个百分点。中长期贷款持续增加，有力地支持了个人消费、企业投资和基础设施项目的建设。12月末，短期贷款余额1773.3亿元，同比增长8.7%，较上年同期提高6.3个百分点；较年初增加144亿元，同比多增45.4亿元，主要是短期个人贷款及透支增加较多。票据融资余额476.2亿元，同比下降34.6%；较年初减少251.7亿元，同比少增499.8亿元。

（二）住房、汽车消费贷款拉动个人贷款及透支大量增加，单位贷款及透支同比少增较多。受房地产、汽车等消费需求旺盛影响，个人消费贷款全年增加301.2亿元，同比多增69.9亿元，其中，个人住房贷款和汽车贷款分别增加213亿元和10.3亿元，同比分别多增38.2亿元和6.4亿元。受此拉动，个人贷款及透支全年增加391.8亿元，同比多增123.2亿元，12月末余额达到1195.8亿元，占各项贷款的20.9%。但4月份以来，房地产市场调控政策密集出台，个人住房贷款增速高位回落，12月末，同比增长41.4%，较4月末的高位64.8%回落23.4个百分点，余额达到731.1亿元，占个人消费贷款的79%，同比回落2.4个百分点。2010年12月末，单位贷款及透支余额3710.2亿元，占各项贷款的64.9%；较年初增加470.9亿元，同比少增275.3亿元。中长期单位贷款较年初增加472.9亿元，同比少增241.4亿元，其中，中长期单位经营贷款和固定资产贷款分别较年初增加328.8亿元和144.2亿元，分别占中长期单位贷款增量的69.5%和30.5%。

（三）贷款重点投向采矿业、交通运输仓储邮政业、制造业等行业。2010年，上述3个行业新增贷款（不含票据贴现）分别占全部新增贷款的18.4%、14.6%、10.6%，合计达到43.6%，租赁和商务服务业、房地产业、批发和零售业、建筑业新增贷款分别占全部新增贷款的5.2%、5.1%、3.9%和1.9%，电力燃气及水的生产供应业、农林牧渔业、公共管理和社会组织贷款减少较多。

（四）全国性大型银行、区域性中小型银行和财务公司新增贷款占比大幅提高。2010年，全国性大型银行仍是贷款投放的主体，全年贷款新增385亿元，同比少增99.2亿元，占各项贷款增量的48.4%，同比提高11.4个百分点；全国性中小型银行受自身原有较高的存贷比等因素制约，贷款压缩力度较大，全年贷款新增128.2亿元，同比少增477.5亿元，占各项贷款增量的16.1%，同比降低30.1个百分点；区域性中小型银行、财务公司贷款分别增加116.3亿元和140亿元，同比分别多增58.4亿元和73.3亿元，分别占各项贷款增量的14.6%和17.6%，同比分别提高10.2和12.5个百分点。工行、中行、城商行、交行、农行贷款增加较多，分别增加111.6亿元、97.1亿元、95.3亿元、67.2亿元和51.7亿元。

（五）受人民币升值影响，外汇存款有所减少，外汇贷款少量增加。2010年12月末，郑州市金融机构外汇存款余额7.5亿美元，较年初减少0.2亿美元，同比少增1.6亿美元；外汇贷款余额7.8亿美元，较年初增加0.7亿美元，同比少增2.7亿美元。

【货币信贷管理】 2010年，面对复杂多变的经济金融形势，人民银行郑州中心支行继续坚持“监测、分析、引导、管理和服务”的工作思路，以落实适度宽松货币政策、促进河南经济平稳较快发展为主线，以监测分析调研和创新金融业务为着力点，强化窗口指导，强化与政府相关部门的工作联动，强化规范管理和业务培训，增强货币信贷政策措施的针对性和灵活性，货币信贷政策执行水平进一步提高。

（一）认真贯彻适度宽松货币政策，支持地方经济平稳较快发展。

一是继续通过形势分析会，窗口指导会等形式，加强货币政策的宣传解释，引导金融机构按照“总量适度、节奏平稳、结构优化、风险防范”的原则，把握好信贷投放的力度和节奏，以贷款结构调整和优化，促进经济增长方式转型和经济结构调整，以信贷产品和制度创新，促进做好保障和改善民生金融服务工作。二是积极配合各级政府组织各类银企洽谈会，引导督促金融机构结合河南实际，挖掘新的贷款增长点，围绕省政府“一个载体、三个体系”建设，加大对产业聚集区、大招商活动等重点领域、重点项目的信贷支持，加大对涉农、中小企业等经济薄弱环节的信贷支持。三是多次针对金融机构贷款投放规划开展专项调查，建立完善法人金融机构贷款监测制度，随时掌握金融机构贷款动向，及时采取有针对性的指导措施。

（二）有效提升信贷政策的导向性和执行力，推动重点领域金融创新，促进信贷结构优化调整和改善民生金融服务。

（1）全面推动农村金融产品和服务方式创新工作，有效提升农村金融服务水平。在2009年试点的基础上，结合地方实际进一步细化落实总行政策，分别提请河南省、郑州市政府批转《关于在全省范围内推动农村金融产品和服务方式创新工作意见的通知》、《关于在郑州市全面开展农村金融创新工作的意见的通知》，将试点范围扩大至全省，并明确相应的组织领导机制、工作目标和原则、重点创新领域以及配套支持政策。组织实地观摩学习交流，加大创新产品的复制推广力度，涌现出农民专业合作社＋联保＋信贷、农户＋担保公司＋信贷、农民专业合作社＋担保公司+信贷等多种新的信贷产品,涉农贷款占比、覆盖面进一步扩大,满足了多层次多元化“三农”金融服务需求。河南的做法得到人民银行总行的充分肯定,多次在全国会议上作经验交流。1月,人民银行总行会同银监会在河南商丘联合召开“加快推进农村金融产品和服务创新试点工作座谈会”。5月,总行、中农办等九部委到河南商丘、开封调研农村信用合作组织。《金融时报》等媒体对河南省农村金融产品和服务创新工作进行宣传报道。

(2)创新金融支持方式方法,推进大学生村干部创业富民工作取得明显成效。一是细化落实金融支持大学生村干部创业的信贷政策。会同省委组织部制定下发《关于进一步做好支持大学生村干部创业富民金融服务工作的意见》,完善金融支持大学生村干部创业的工作机制和政策措施。二是推动设立大学生村干部创业扶持基金。推动省委组织部、团省委设立“河南省大学生村干部发展基金”,成立大学生村干部发展基金领导小组,采取借款、银行贷款贴息、股份投资和小额担保贷款等四种方式支持大学生村干部创业富民。三是推动完善大学生村干部的金融配套支持政策。会同人力资源、社会保障和财政部门将小额担保贷款对象扩大到大学生村干部创业,从事微利项目的,财政予以全额贴息。金融机构对大学生村干部创业的支持力度不断加大,有力地带动当地经济发展和农民致富。河南省金融支持大学生“村官”创业富民的做法得到人民银行总行的充分肯定。

(3)继续认真做好中小企业金融服务工作。一是会同省工商局制定下发《关于推动动产抵押股权质押商标专用权质押融资工作的指导意见》等政策文件,有效破解中小企业贷款担保难。二是及时转发并贯彻落实《关于进一步做好中小企业金融服务工作的若干意见》,推动辖区金融机构开展中小企业财务辅导、银企“一对一”对接、加强中小企业担保体系建设、开展担保模式创新等活动,进一步提升中小企业金融服务水平。

(4)积极推动“绿色信贷”机制,加大金融对节能减排和低碳经济的支持力度。会同省工信厅落实淘汰落后产能信贷政策,要求金融机构回收或压缩对过剩行业、落后产能和“两高一资”项目贷款。与省环保厅协调联动,引导金融机构加大对节能减排、绿色信贷项目的信贷支持,促进企业技术升级改造和新能源、新材料等新兴产业发展。6月份开展全省银行业金融机构支持节能减排和淘汰落后产能相关情况的摸底排查,并向总行报送调研报告。

(5)抓好“民生金融”,继续做好就业、助学、扶贫等金融服务。一是积极做好信贷扶贫工作,探索小额信贷扶贫长效机制。先后组织开展扶贫贴息贷款等调研,深入分析辖区信贷扶贫工作开展情况、信贷扶贫模式以及存在的问题,为下一阶段出台相关政策文件奠定基础。二是联合省扶贫办、财政厅开展河南省扶贫重点企业筛选工作,选择公布79家扶贫能力强、带动脱贫能力突出的企业,要求金融机构作为重点扶持和服务对象。三是继续协调配合省人力资源和社会保障厅完善小额担保贷款有关政策,探索促进小额担保贷款和商业创业贷款的有效衔接;会同省教育厅、国家开发银行河南省分行继续做好国家助学贷款的发放和管理工作,小额担保贷款和国家助学贷款发放量和发放金额均居全国前列。

(6)加强房地产金融管理与监测,促进房地产金融业务健康发展。一是进一步加强房地产市场和房地产金融运行情况监测,及时反映辖区房地产市场和房地产金融运行情况。二是按季召开河南省房地产金融季度联席会,及时传导房地产宏观调控政策,要求金融机构准确理解政策意图,全面贯彻落实差别化的房地产信贷政策。三是会同郑州市政府和市房管局出台《郑州市商品房预售款监管办法》、《郑州市存量房网上交易和结算资金管理办法》,加强商品房预售款监管和存量房网上交易监管,防范市场交易风险及房地产金融风险。四是制定下发《河南省金融机构房地产信贷政策执行效果评估暂行办法》,及时开展金融机构房地产信贷政策执行情况、市场预期变化快速调查,完成《金融机构房地产贷款压力测试》等6篇调研报告。

(7)创新信贷业务管理,加强信贷政策导向评估,进一步提高信贷政策执行力。一是在出台的《河南省新设金融机构金融管理与服务指引(试行)》中,明确要求设机构的金融机构须报备执行人民银行货币信贷政策情况。二是制定下发《关于开展河南省融资性担保机构担保贷款情况统计及信息披露的通知》,建立银行与融资性担保机构季度专项统计制度与信息披露平台,促进金融机构与融资性担保机构互信合作,缓解中小企业融资担保难的问题。三是制定下发《关于进一步促进全省小额贷款公司试点工作健康发展的指导意见》,加强对小额贷款公司的监测,明确小额贷款公司的开业前告知、报备管理、日常金融服务与管理、重大事项报备等有关制度以及相应的专项监测制度,将货币信贷政策的执行纳入报备管理。四是开展对银行业金融机构办理小额担保贷款业务的备案管理。制定下发《关于印发〈河南省小额担保贷款备案管理暂行办法〉的通知》,进一步规范小额担保贷款业务。五是组织完成2009年全省金融机构执行信贷政策情况的评估工作,评估结果作为政府对金融机构年度考核的重要参考依据。

(三)协调管理与运用货币政策工具,充分发挥货币政策工具的调控和引导作用。

(1)加强再贷款管理,充分发挥支农再贷款引导扩大“三农”信贷投放的杠杆作用。一是下发《中国人民银行郑州中心支行再贷款管理办法》、《中国人民银行郑州中心支行对农村信用社再贷款管理操作规程》、《中国人民银行郑州中心支行再贷款、再贴现账务核对办法》,对全省再贷款管理业务的工作内容、工作程序及工作要求作出明确规定,统一规范全省再贷款操作行为。二是组织开展全省再贷款管理情况检查,并对部分市中心支行及其所辖县支行进行现场抽查。加大支农再贷款调剂力度,重点支持涉农投放比例高,资金相对不足的法人金融机构,支持辖内村镇银行等农村新型金融机构增强支农资金实力,有效发挥支农再贷款引导扩大"三农"信贷投放的杠杆作用。三是做好金融稳定再贷款的债权维护工作,按季核对金融稳定再贷款限额及使用情况、核对政府借款使用及归还情况,及时与财政厅沟通,做好政府专项借款中央财政扣款的相关手续。

(2)加强再贴现管理,有效发挥再贴现引导信贷资金流向,促进信贷结构调整的作用。根据再贴现业务需求迅速增加的情况,重启再贴现工具操作,制定下发《中国人民银行郑州中心支行再贴现业务操作规程》,明确再贴现业务办理流程,规范再贴现业务操作,支持金融机构加大对"三农"和中小企业的资金投入,合理引导资金流向和信贷投放。2010年全省累计办理再贴现65.21亿元,余额达36.39亿元。

(3)加强存款准备金管理。一是加强对存款准备金政策执行情况的日常监督和管理。建立辖区法人金融机构流动性监测指标体系,实时跟踪流动性指标变化情况。加强对村镇银行等新型金融机构缴存法定存款准备金的管理和指导。二是加强金融创新对存款准备金政策的影响等问题研究,按季上报辖区存款准备金政策执行情况报告。三是组织全省对辖内法人金融机构存款准备金缴存管理和欠缴处罚情况进行检查,切实维护存款准备金制度的严肃性和有效性。

(4)加强利率监测、管理和宣传。认真做好利率报备工作,实时跟踪反馈利率政策的实施效应,为民族、民贸企业办理贴息贷款,支持全省民族、民贸企业发展。积极引导辖区金融机构完善利率定价机制,推动其内部定价逐步与shibor结合,全省金融机构中与shibor挂钩的金融产品范围进一步扩大。

(四)培育与管理并重,积极推动金融市场稳健发展。

一是加强银行间同业拆借市场及债券市场管理。对荥阳市农村信用联社等机构申请加入银行间债券市场进行备案管理;对许昌银行等执行银行间市场相关规定情况进行执法检查,下发执法检查通知书,责令其限期整改。二是加强商业票据市场管理。建立河南省票据业务联席会议制度,进一步推动票据转贴现和回购交易标准合同文本的推广工作,强化票据市场基础设施建设和规范化管理,完成《对河南省票据业务变动情况的调研》。三是加强黄金市场管理。协调省发改委、工信厅、财政厅、国税局、证监局及时联合转发《关于促进黄金市场发展的若干意见》,推动相关政策的贯彻落实。进一步完善黄金业务监测备案制度,强化黄金市场业务日常管理。四是加大政策和创新产品宣传推介力度,着力推动企业扩大从银行间市场融资。多次组织河南省金融市场业务区域交流会,配合银行间市场交易商协会在郑州举办中国银行间市场中小企业集合票据研讨班;配合交易商协会,完成对义马煤业集团等5家企业发行中期票据注册前相关情况的审核;推动省工信厅等组织开展中小企业集合票据的发行工作。五是加强金融市场监测分析和专题调研,按季对金融机构理财产品的发售情况进行统计分析,加强债券市场研究,对河南省银行间市场融资发展状况进行调研。截至2010年末,全省全国银行间同业拆借市场成员有16家,银行间债券市场成员达90家,累计银行间市场交易量26589亿元,发行企业短期融资券9支,金额46亿元;发行4期中期票据,金额33亿元。

(五)做好河南省跨境贸易人民币结算试点的相关准备工作。

一是加强与省政府、省商务厅等相关部门的沟通,宣传跨境贸易人民币结算试点相关政策。6月,向省政府提交《关于向国务院申请将我省列入跨境贸易人民币结算省市有关事项的请示》,建议省政府向国务院申请将河南省列入第三批开展跨境贸易人民币结算试点省份。二是起草《河南省跨境贸易人民币结算试点操作指引(草案)》和《河南省银行业金融机构开展跨境贸易人民币结算试点业务备案流程(草案)》等制度性文件,为在全省开展跨境贸易人民币结算初步构建起制度及操作框架。三是提前熟悉RCPMIS系统,拟定相关筛选标准,为商业银行系统接入做好准备。

【农村信用社改革】 2010年,人民银行郑州中心支行加强专项票据兑付后监测管理,推动农村信用社继续深化改革,增强支农服务功能。一是组织对全省82家农村信用联社进行检查,下发检查情况通报,提出整改意见,督促农村信用社抓好整改落实。二是强化专项票据兑付后续监测考核。初步制定《河南省农村信用社改革试点专项中央银行票据兑付后续监测考核实施办法》,对全省后续监测考核作出进一步安排。三是建立并及时更新维护法人金融机构财务及经营状况数据库,督促农村信用社进一步深化改革,逐步形成持续向好的经营机制,增强支农服务功能。

【金融稳定】 2010年,人民银行郑州中心支行以中小法人金融机构为重点,扎实开展金融风险监测分析和金融稳定评估工作。制定《河南省金融机构重大事项报告制度》,将全省新型农村金融机构纳入日常监测范围,建立多层次指标体系,对辖区金融稳定状况进行定量评估和实证分析。

探索建立银行、证券、保险和其他机构综合监管、一体化监管新模式，制定《河南省新设金融机构金融管理与服务指引(试行)》和《关于进一步促进全省小额贷款公司试点工作健康发展的指导意见》，将银行、证券、保险、小额贷款公司和其他非金融机构全部纳入管理与服务的范围，进一步整合金融管理与服务资源，提高履职能力，树立央行权威，取得较好效果。加强金融稳定再贷款管理，如期完成金融稳定再贷款的催收和展期工作，积极稳妥做好融资中心及自办经济实体清理收尾工作，切实维护中央银行债权。

【金融统计】 2010年，人民银行郑州中心支行紧紧围绕经济金融运行中的热点、难点问题，积极开展快速调查和专题调查，不断挖掘数据资源。针对农村劳动力转移中的新情况、新问题，组织开展河南省农民工省内转移情况调查，在总行宏观经济形势分析会上作交流发言。为便于全面掌握重点行业结构、区域分布及典型企业情况，建立了河南省重点行业及典型性企业信息资料数据库。创新分析方法和分析工具，增强宏观分析的前瞻性，加强时间序列分析，加大对主要经济金融指标的分析预测力度并在经济金融分析报告中加以运用，增加对未来经济主要指标的预测分析，这一做法被人民银行总行称为走在了全国分支行的前面。积极组织金融机构参与按标准化机构编码报送金融统计数据试点工作，对金融统计指标释义进行整理，做好金融机构编码规范、金融工具统计分类及编码标准等的推广工作。认真做好2010年河南省鼓励县域法人金融机构将新增存款一定比例用于当地贷款的考核审查相关工作。

【支付清算】 2010年，全省支付清算系统平稳运行，维护管理水平不断提升，全年支付系统安全运行率达到100%，有效提高了社会资金周转速度。积极推广非现金支付结算工具，全年全省农民工银行卡交易笔数达162万笔，金额达21亿元，同比增长42%，连续3年稳居全国首位。联合公安部门开展打击银行卡违法犯罪活动，为银行卡产业快速发展营造了良好环境。人民银行郑州中心支行被人民银行总行和公安部授予“打击银行卡犯罪专项行动成绩突出人民银行分支机构”荣誉称号。农村支付环境建设工作扎实推进，将银行账户管理系统延伸至乡镇，畅通农村支付汇路，不断改善农村地区支付清算服务。《金融时报》以“送便利下乡”为题对河南改善农村地区支付服务环境工作进行报道。

【反洗钱】 2010年，人民银行郑州中心支行不断加强金融业反洗钱现场检查和非现场监管分析，探索建立公开透明的反洗钱监管工作机制。充分发挥河南省反洗钱联席会议成员单位作用，加强与成员单位之间的协调配合。加大反洗钱监测分析、调查和案件协查力度，成功破获多起涉嫌洗钱案件。人民银行郑州中心支行被总行反洗钱局授予“破获‘9·18’特大地下钱庄案突出贡献奖”。

【人民币管理】 2010年，人民银行郑州中心支行科学编制发行基金调拨、销毁计划，保证全省合理现金供应。认真履行人民币流通和现金管理职责，加大反假货币宣传、检查力度，严厉打击制贩假币的违法犯罪活动。继续深化“一对一”服务工作，调剂券别结构、加速残损币回笼。郑州中心支行创新推出钞票处理“无缝交接”工作模式，最大限度发挥设备能力，提高了工作效率。清分、销毁实现“双达标”。在总行货币发行业务会计核算规范化竞赛活动中荣获一等奖。

【国库工作】 2010年，人民银行郑州中心支行进一步推动财税库银横向联网系统的推广，全省国税系统全部上线运行财税库银横向联网系统，国库公共服务效果明显增强。加快国库业务的创新步伐，国库涉民直接支付业务创新向纵深推进，服务领域不断扩大。全省国库共直接支付涉民补贴4.5亿元，40万人次受益。进一步做好“国债下乡”工作，全省共发售16期国债，金额达56.4亿元，拓宽了农民的理财渠道。

【信用体系建设】 2010年，人民银行郑州中心支行制定实施《河南省社会信用体系建设联席会议工作制度》，明确了联席会议各成员单位的职责，建立了信息交流机制。正向引导，稳步推进中小企业信用信息征集、农户电子信用档案建设和评价工作。正式启动河南省中小企业信用体系试验区建设。引导金融机构通过征信系统发掘优质客户。全年全省有8.6万户中小企业纳入中小企业档案库，办理贷款卡1.6万户；涉农金融机构共为589万户农户建立信用档案，340万户农户获得信贷支持。

【调查研究】 2010年，人民银行郑州中心支行在调查研究工作方面，一是继续推行“研究立行”的工作思路，大力开展调查研究工作。继续在全省人民银行系统开展重点课题研究活动，“以课题带队伍”。2010年，全省人民银行系统开展35项重点课题研究工作，在选题和研究方向上更注重实用性，在专业培训上更注重针对性，在课题结项时间安排上更注重时效性，积极主动进行研究转型，为上级行、地方政府和领导决策提供参考。二是坚持行级领导金融业务联系点制度，郑州中心支行各行级领导积极参与调查研究，先后形成多篇针对性较强的调研报告。《加快金融IC卡发展正当其时》等在《金融时报》、《分支行行长调研报告摘要》刊发，多篇调研文章分别被中办、国办、总行、河南省委、省政府采用，《关于河南省贷款增长乏力问题的调查》得到省政府常务副省长李克的重要批示，在全省大招商工作会上，李克结合此篇调研报告对全省产业结构调整工作进行点评。

【外汇管理】 2010年,人民银行郑州中心支行采取多种措施加强外汇管理工作。

(一)改进外汇管理方法措施,促进贸易投资便利化。一是改革外汇年检方式,制定《郑州出口加工区中资企业外汇登记证年检办法》,采用集中年检和外商投资企业联合年检的方式,进一步改善投资环境,促进贸易投资便利化。二是深入调研,了解企业面临的实际外汇业务难题,在有关法规的框架下,通过灵活运用政策,为受金融危机影响而不能及时和全额收汇的企业办理远期收汇备案,解决了部分企业不能退税还面临补税的难题。三是开展全省外汇投资企业大回访活动,了解企业对外汇管理政策的反馈,现场解答企业疑问,集中处理有关业务难题,提升外汇服务效能。

(二)强化外汇管理与服务并重,积极支持进出口贸易健康发展。一是全面推广实行外汇年检"代申报制度",提高直投系统外汇年检新模式的功能和效率,利用网络系统提高年检数据的质量。二是简化参检手续,降低企业参检成本,调整境内机构提供对外担保管理方式,支持境内机构参与国际经济金融合作,进一步改善投资环境。三是做好富士康等企业入驻河南的外汇服务工作。富士康进驻河南首先需要办理外汇业务,在外汇政策许可范围内,相关业务人员本着"急事急办、特事特办"的原则,加班加点,为富士康提供"一站式"服务,在较短的时间内办理完外汇登记、资本金账户开立、经常项目账户备案等外汇业务,得到政府有关领导和富士康河南公司的好评。

(三)适应形势新变化,有效提高国际收支业务水平。一是采取多种形式,积极开展外汇政策法规和外汇业务知识宣传,认真做好外汇违法信息披露及上报工作。二是进一步加强外汇监督检查,全面开展打击违法违规外汇资金流入专项检查及打击非法买卖外汇活动,该项工作得到国家外汇管理局副局长邓先宏的批示和表扬。三是开展国际收支申报和统计报表"零"差错活动,全面推广国际收支核查软件,对全省服务贸易项下涉外收入和境内非居民收付款申报数据进行全面核查。四是组织开展外汇统计执法自查和现场抽查,进一步强化对统计法和外汇统计制度的理解,促进统计质量的提高。五是强化分析预警,进一步提高外汇形势分析水平。密切关注国内外经济金融形势的变化及对河南省涉外经济的影响,综合利用各项数据进行监测预警,掌握河南省外向型经济形势,有针对性地开展相关工作。

(蒋靖亚)

工商银行

【概况】 2010年,工行河南省分行营业部认真贯彻省行"实施提升工程、构建优秀分行"发展战略,紧紧围绕"同业第一、系统进位"发展目标,加快结构优化和经营转型步伐,竞争发展能力和可持续盈利能力显著增强,经营效益创历史最好水平,主要经营目标均完成或超额完成省行预算计划。

截至2010年末,人民币各项存款(含同业)、贷款余额分别达800亿元和580亿元,分别较年初增加100亿元和71.55亿元,新增额在全国一级分行营业部分别排名第七和第八。其中,储蓄、对公(含保证金)和同业存款新增分别为40亿元、36亿元和10亿元,全国排名分别为第六、第七和第四,四大行第一,储蓄存款新增额较上年提升二个位次。公司、个人贷款新增分别为90亿元和30亿元,全国排名分别为第十和第九,四大行第一。

领先优势不断扩大。各项存款包括储蓄、对公、同业存款,各项贷款包括公司、个人贷款的余额和新增额均居同业第一。中间业务收入市场占比42.49%,保持同业第一,盈利能力明显领先同业。

系统进位稳步前移。2010年三季度末,在总行绩效考评等级B+,较上年上升二个等级;在全国一级分行营业部排名第五位,提升3个位次。EVA排名第九,提升一个位次。尤其是市场拓展能力提升明显,在总行2010年三季度综合绩效考评中,工行河南省分行营业部市场拓展能力类指标得分全国排名第一,合计得分高出平均分112分。

【中间业务】 2010年,工行河南省分行营业部实现中间业务收入5亿元,全省占比32.67%,同比增加2.31亿元,增幅48.79%;全国排名第七,较上年提升一个位次,增幅排名第三,较上年提升四个位次,较全国一级分行营业部平均水平高18.6个百分点。中间业务收入总额、同比增量郑州同业市场均排名第一,四大行占比42.49%,同业优势进一步扩大。

【新兴业务】 2010年,工行河南省分行营业部新兴业务发展迅速。全年销售各类理财产品1800亿元。其中,销售个人理财产品400亿元,销售公司理财产品1400亿元。实现销售基金、发售人民币理财产品、代理保险等主要指标市场第一,黄金业务交易量达到23.82万公斤。

全年新增信用卡发卡27.1万张,存量卡达到128.5万张,同业排名第一,全国排名第三。实现信用卡消费额80.8亿元,全国排名第三。牡丹灵通卡有效发卡量达到272万张,新增发卡70.68万张,超过建行位居同业第一。

新增企业电子银行客户7357户,总量达到2.34万户,企业证书版客户新增6994户。个人电子银行239万户,较年初增加81万户,新增个人网上银行31.2万户,个人证书版客户新增16.3万户。新增托管金额

292.32亿元。新增企业年金个人账户9566户,企业账户31户。

实现国际结算70571万美元,国际贸易融资累放16547.2万美元,外币对公存款余额801万美元。

【业务经营】 2010年,工行河南省分行营业部经营效益稳步提升。实现拨备前利润22.91亿元、拨备后利润21.75亿元、税后净利润16.34亿元,同比分别增加2.09亿元、1.99亿元和1.95亿元(剔除上年度应付未付利息入帐因素,同口径对比,拨备前、拨备后及净利润分别增加4.42亿元、4.32亿元和4.28亿元,增幅分别为23.9%、24.8%和35.5%)。实现经济增加值(EVA)12.09亿元,同比增加1.32亿元。拨备前、拨备后及净利润分别占全省的41.63%、43.57%和43.19%。

经营效率不断提高。成本收入比23.98%,同比增加2.05个百分点;人均拨备后利润62.98万元,同比增加3.68万元,增幅6.2%。资产利润率1.64%,同比下降0.11个百分点,减幅6.28%。人均中间业务收入20.41万元,同比提升6.2万元;网均中间业务收入485.98万元,同比增加159.47万元。

资产质量持续改善。全年压降总行锁定风险客户存量贷款15.7亿元,清收处置不良贷款3.9亿元,不良贷款余额4.1亿元和占比0.6%分别较年初下降2.79亿元和0.61个百分点,持续保持"双降"。

【网点建设】 2010年,工行河南省分行营业部服务能力不断提高。全年完成机构迁建14家,原址改扩建网点7家,原址装修的网点5家。完成分理处升格二级支行13家。二级支行数由年初的72家增加到85家。投产和在建自助银行62间,投产、更新设备275台。至2010年末,ATM单机日均交易量和交易金额分别达361笔和30.7万元,两项指标均位居全省系统内首位,较上年同期分别增加34笔和9.9万元。

【队伍建设】 2010年,工行河南省分行营业部通过深入开展"大讨论"活动,员工的经营理念实现了新转变,工作作风得到了新改进,行为方式发生了新变化,运行机制进行了新优化。全年共举办各级各类培训712期,全年累计培训26519人次,人均培训7.78天,超额完成总行人均1次和7天的培训目标,参加总省行培训的参训率达到100%,员工素质得到提升。

营业部积极改善员工收入,从2010年7月起,调高了员工岗位工资调节系数和岗位工资,工资增幅达到25.18%,向困难员工发放5000元临时性特困救助。分两批组织110名存款营销先进工作者去上海学习世博文化理念。通过举办职工运动会等文体活动,提升全行员工的凝聚力、战斗力,培育团结协作意识。

【社会形象显著提升】 2010年,工行河南省分行营业部荣获"全国精神文明建设先进单位"、"河南省五一劳动奖状"和"河南省职业道德建设十佳单位"等荣誉。全辖26家一级支行(含营业部本部)以上机构中,国家级文明单位1个(营业部),总行级文明单位2个(行政区、陇海路),省行级文明单位2个。辖属5家支行(营业厅)分别荣获全国"巾帼文明示范岗"、总行级"巾帼文明示范岗"、省行级"巾帼文明示范岗"称号。俞浩泳、夏青分别荣获"世博与亚运金融服务"先进个人和"河南省劳动模范"称号;孙爱平等3名员工荣获省行级"巾帼岗位标兵"称号。

(许　磊　武建选)

农业银行

【概况】 2010年,农业银行股份有限公司"A+H"IPO成功上市,农业银行河南省分行营业部顺利实现新老班子交替,五项主要经营指标均实现较快发展,在管理、改革和发展上都取得了显著成效。

2010年,营业部紧抓积极财政政策和适度宽松货币政策以及总行"46112"计划确定的重点城市行和省分行优先发展行的机遇,各项业务实现快速有效发展。一是负债业务持续增长。各项存款余额达450.5亿元,同比净增52.5亿元,占全省农行的16.7%,居全省首位;四大行增量市场份额占比17.3%,同比提高3.7个百分点,居第三位,同比前移一个位次。二是贷款投放有效推进。全年累计投放优质贷款125.9亿元,贷款余额达287亿元,同比净增59.8亿元,占全省农行的41.8%,同比提高12.5个百分点,居全省首位;四大行增量市场份额占比17.3%,同比提高3.2个百分点,居第三位,同比前移一个位次。三是中间业务稳步攀升。全年实现中间业务收入2.1亿元,同比多增0.6亿元,增幅达40%,完成省行年度计划的114.1%,收入总额占全省农行的17.1%,同比提高0.6个百分点;四大行市场份额占比14%,同比提高0.7个百分点。四是不良资产清收成效显著。累计清收不良资产1.9亿元,其中清收委托不良资产1.2亿元,完成省行年度计划的100.9%;清收自营不良贷款0.7亿元,完成省行年度计划的148.2%,委托、自营不良贷款清收额系统占比分别为12%、18.1%,均居全省首位。五是"三农"业务平稳推进。全年发放"惠农卡"10.4万张,完成省行年度计划的69.1%,授信2万户,完成省行年度计划的165.5%;发放农户小额贷款1.3亿元,完成省行年度计划的52%;发放涉农对公贷款3.8亿元,完成省行年度计划的103.3%。六是经营效益不断提升。

【对公业务】 2010年,营业部以"成为全省农行发展的旗帜、管理的榜样、服务的窗口"为目标,把握政策机遇，在控制风险的基础上，加快推进业务经营转型，提升竞争能力，提速发展各项业务，加快调整存款结构、信贷结构、客户结构和收入结构，努力提高市场占有率，做大做强对公业务。

强化优质客户营销。2010年，营业部以省、市十大重点工程以及211工程、省属等重点高校，省、市级医院项目为抓手，以招商引资项目落地为重点，通过整合营销资源、优化营销体系、创新营销模式、强化营销激励等措施，在郑州区域与其他商业银行就优质、高端、高价值大客户展开竞争，积极打造营业部核心客户群体。在对公业务营销中，营业部总经理和主管副总经理挂帅，相关部门密切配合，实施高层营销和对等营销策略，实行高层运作，高端介入，高效服务；实行客户名单制管理，瞄准区域内的目标客户，定期下发优质客户营销目录，召开客户营销推进会，研究解决营销中遇到的问题，及时调整营销策略和营销方法，重点难点强力攻坚，逐步做大做强目标客户群体，并成功营销了河南煤业化工集团有限责任公司、郑州万达广场投资有限公司、河南鑫苑置业有限公司、河南建业房地产开发有限公司、中平能化国际贸易有限公司等一批优质资产项目，实现营销工作新突破。

加快项目实施进度。营业部面对贷款投放工作诸多困难，在严格执行国家调控政策的同时，积极向上级行申报优质项目，用足用活信贷政策，通过增加授信额度、上门服务、产品组合服务等措施，把资金和规模投向省、市级政府确定支持的重点企业、高成长性企业和重大建设项目，优势行业中的龙头企业、还款来源有保障的城市基础设施建设项目等优质法人客户。同时，对已上报总、分行的项目，安排专人到总行和省分行逐环节盯进度、催速度，做到对所做的项目进展情况心中有数；加强与总、分行前后台的沟通，对于上级行反馈的问题及时沟通反馈和补充资料，使项目流程顺利运转；对总、分行已批复拟实施的项目，实行项目投放主责任人制度，认真分析影响贷款投放的原因，加大高层营销力度，加快投放的应对措施一户一策地落实。截至年底，营业部先后向郑州市地产集团、国电荥阳煤电一体化有限公司、郑州水务建设投资有限公司、河南老街坊置业有限公司、河南工业大学等发放贷款35笔，贷款金额169亿元。

抓好对公存款营销管理。营业部把提高对公存款在同业中的增量市场份额作为本年主攻目标。一是提高全行营销对公存款意识。组织开展了“二次创业”活动，使全行员工摒弃小进即满、小富即安的保守思想，树立“系统内作龙头，同业中争份额”的拼争意识，主动参与竞争，推动业务发展。二是实施高层营销和对等营销策略。由班子成员牵头，对区域内垄断性、系统性和企事业单位存款进行营销和维护，提高营销层次和营销力度，提升营销效率，增加客户的满意度，有效拉动对公存款的快速增长。三是强化产品联动营销。充分利用现金管理平台、网上银行等优势产品，加大与客户的合作范围，培养一批优质、稳定的对公客户群体。

【零售业务】 2010年，农业银行河南省分行营业部深化业务转型，做精做优零售业务。做好个贷中心建设、新产品推广和新系统上线工作。一是组织成立个贷中心，制定《营业部个贷中心岗位职责、操作流程及办理时限》、《营业部个贷中心2010年度岗位绩效考核办法》、《个贷中心人员工作责任与纪律》、《个贷中心档案管理办法》等办法，做到各项工作有据可依，促进个贷业务健康发展。同时，强化员工、个贷客户经理的培训力度，有效提升个贷业务办理效率。二是做好个人优质客户关系管理系统（PCRM）、储蓄国债、记账式国债系统、西联汇款KYC升级工作以及金钥匙专家理财支持系统（CFE）全面上线工作，并组织全辖支行主管行长、网点主管、操作柜员进行全面的系统培训。三是加快推动黄金业务发展，积极向上级行申报材料，准备赝品、展柜等业务开办必需品，并下发学习资料，逐一对各行黄金管理端人员进行操作系统培训，实现新增的12家黄金销售网点全部上线。

强化营销宣传，提升品牌形象。一是组织活动。按照总、分行统一部署，在全辖范围内积极开展“金钥匙春天行动”、“激情仲夏”、“爱在金秋、情系万家”、“真情以兑　款款相汇”和“信用卡百日竞赛”等一系列综合营销活动，掀起个人业务全年波浪式营销新高潮，提高农行产品的知名度，扩大社会影响，并推动储蓄存款、个贷、基金、借记卡和国债等个人业务的快速发展。二是加强宣传。充分利用电视、报刊、户外广告等多种渠道，深入学校、医院、高档社区进行个贷、理财产品、基金、信用卡和黄金等个人业务产品宣传，扩大宣传覆盖面；积极参与《大河报》的“卡博会”、银联的“安全用卡”宣传活动、“中国银行业公众教育日”以及“激情仲夏·球迷节”卡产品宣传活动，有力提升了农行产品知名度和社会形象；组织参加第六届河南省金融文化节及投资理财博览会农行参展项目，充分展示农行在企业文化、经营特色、品牌建设、产品创新等方面的整体形象。三是强化服务。组织推行白金卡、钻石卡贵宾客户“易登机”、道路救援、医疗保健等专享服务，增强高端客户归属感和满意度，促进了个金业务快速发展。

强化文明标准服务，提升网点竞争力。认真做好文明标准服务的培训工作，使每一位员工全面了解“客户识别、引导分流、营销服务、关系维护”四大流程，熟练掌握“客户价值判断、高效沟通、需求分析、产品组合营销、关系管理、价值提升”六大关键技巧和方法，全面提升网点的服务水平和营销能力。同时，出台《中国农业银行河南省分行营业部“神秘人”暗访检查管理试行办法》,聘请第三方公司每月对全辖网点进行“神秘人”暗访检查,有效改善前台人员服务质量。

【“三农”业务】 2010年,农业银行河南省分行营业部强力拓展“蓝海”市场,做实做好“三农”业务。完善构架,充实人员,“三农”事业部改革初见成效。一是理顺边界,明确职责。成立三农金融分部改革工作领导小组、三农金融分部管理委员会及办公室,并明确三农金融分部业务和职能边界,理顺了业务流程。同时,设立5个三农管理服务中心,为“三农”业务经营提供保障、支持、服务。二是多方协调,创造环境。营业部班子及各支行行长加强与各县(市)政府沟通联系,汇报“三农”工作取得的成绩、存在的困难以及需要解决的问题,取得当地政府的大力支持,为“三农”业务稳步推进创造良好的外部环境。三是因地制宜,确定重点。组织涉农支行相关人员到兄弟行学习“三农”业务先进的管理模式、营销策略、风险防范措施等先进经验,并将先进经验与自身区域的经济特点相结合,确定营销重点,细化营销措施,有效提升了服务水平和营销效率。四是多策并举,充实队伍。通过整合内设机构、清收人员转岗、网点人员挤压、其它岗位替换或兼职等多种方式,充实“三农”客户经理队伍,为“三农”业务发展提供了强有力的人力资源保障。

锁定重点,强化营销,县域“蓝海”战略顺利实施。一是创新工作模式,拓宽担保渠道。积极对有产业支撑的专业乡(镇)、专业村、农民专业合作社开展普查,在此基础上,依托特色村,建立“三农”服务工作站、成立流动客户经理组,深入农户,现场办公,实现惠农卡授信和农户小额贷款的集中发放和管理。与郑州联发水产养殖专业合作社、柳新水产养殖合作社、百万奶牛养殖合作社等多家专业合作社签订协议,专业合作社对入社农户实行担保,银行对入社农户审核后集中提供贷款支持。截至年底,营业部为70多户入社农户提供小额农户贷款300多万元,同时与20多户农户签订100多万元的小额农户贷款意向。二是简化贷款流程,提高工作效率。针对县域中小企业的经营特点,通过合理设置小企业贷款权限,简化小企业贷款流程,提高小企业贷款办理效率。三是突出县域重点,集中力量营销。对产业集聚区项目进行普查,并积极对接,共对接项目54个,金额104亿元。加大对县域支柱行业优良客户的信贷投放,重点对煤、电、铝等资源型行业进行扶持。

精细管理,防范风险,促进“三农”业务健康发展。一是强化培训,提高素质。通过集中培训的方式,对相关制度、操作流程及新业务、新办法进行专题授课,使客户经理能及时掌握相关业务知识;通过现场指导、跟班学习、观摩操作、一对一辅导等方式,提高客户经理业务熟练程度;通过交叉检查、经验交流等形式,提高各行对农户贷款的管理水平。二是规范操作,防范风险。规范“三农”业务流程,制定从目标客户的准入、入户调查的方式和内容、数据的采集、表格的填制和要求、信贷系统的录入、合同的签订到贷款的发放和贷后管理的操作流程模板,统一了操作标准,避免了实际操作中的随意性。与客户经理签订“四包一挂”协议,在“三包一挂”的基础上,增加“包赔偿”内容,将客户经理承担的工作量、贷款的质量和创造的效益与其绩效工资挂钩。三是严格检查,系统整改。建立健全贷后管理体系,通过实地检查、电话访谈、抽查惠农卡交易记录等方式开展贷后跟踪检查,监控资金使用情况,确保贷款真正到户,用途真实。同时,加强客户经理的行为管理,严防道德风险。

【队伍建设】 2010年,农业银行河南省分行营业部不断加强队伍建设,提升团队凝聚力,为全行业务快速有效发展提供强力支撑。加强班子建设。对辖内77名支行班子成员以及53名机关部室、直属机构正副经理(主任)进行年度考评,并加大对全辖科级干部的考核和监督。按照“公开、公平、公正”的原则,通过推荐、考试、公开竞聘的方式,公开选拔科级后备干部,54名品德好、业绩优、作风稳健、责任意识强、管理素质高、理论功底扎实,适应现代商业银行经营管理要求的优秀人才进入营业部后备人才库。

加强员工队伍建设。营业部根据现代商业银行的发展要求,加大对员工经营理念和业务技能的培训,不断提高全行员工的思想素质和道德水准。全年共举办各类讲座、培训班32场,参训人员5500多人次,并鼓励员工积极参加社会上的专业资格、职称考试,努力培育专家型人才。

完成营业部机关和支行组织架构改革。根据省分行《关于二级分行及支行组织架构调整的通知》和《关于省分行营业部组织机构调整的批复》文件精神,按照统一规范、精简高效、分类指导、平稳实施、动态调整的原则,营业部完成了机关和支行组织架构改革。对全辖特别是市区人力资源进行了合理的调配,使全辖人力资源的配备更加合理。

扎实开展送温暖活动。积极响应上级行及地方政府的号召,筹措资金15.35万元,对全辖310户特困户职工、16个大病员工以及总行级劳模进行慰问补助。同时,认真做好各支行尤其是县域支行农村网点“职工之家”的创建工作。

(张建伟　高东星)

建设银行

【概况】 2010年,郑州金水支行秉承“以客户为中心”的经营理念,以服务企业发展、回馈社会为历史使命,紧紧围绕“系统做强、同业领先”的经营目标，坚持“外抓机遇拼抢市场”、“内抓管理强化素质”的工作思路，全面落实科学发展观，深入推进战略转型和结构调整，强化基础管理，着力提升市场竞争能力和客户服务水平，综合竞争力和盈利能力显著提高。支行深入落实省分行总体工作思路和部署，结合实际，坚持“外拓市场、内抓管理、强化创新”的工作主线，以网点序列化管理为基础，紧抓“产品、效率、效益”，坚持产品带动和项目带动，在经济形势纷繁复杂、市场竞争异常激烈的情况下，主要业务仍保持稳健和较快发展，部分业务再创佳绩，重点项目和产品不断实现突破，实现了无重大违规、无案件，创建平安年的目标。

【业务经营】 2010年，郑州金水支行经营效益超额完成计划，实现考核利润8.23亿元，经济增加值4.39亿元。

存贷款业务平稳增长。全口径存款余额突破481亿元大关，居四大行第二位，个人存款新增排名四大行第二。各项贷款余额247亿元，较年初新增33亿元。其中公司类贷款170亿元，较年初新增22.6亿元。个人类贷款余额77亿元，较年初新增10.3亿元。

中间业务收入创历史新高。实现净收入3.18亿元，同比增加3883万元，增幅13.92%；中间业务净收入占主营业务收入24.42%，同比提升3.06个百分点。其中基金销售收入4700万元，同业占比60%，较上年上升10个百分点；连续三年稳居同业第一。代理保险累计销售9.4亿元，系统及郑州地区四大行排名均为第一。

战略性业务保持快速增长。个人住房贷款余额73亿元，较年初新增12.4亿元。实现电子银行收入2441万元，稳居全省第一。国际结算量达6.57亿美元。信用卡新增3.9万户，账户活动率51%，其中汽车卡净新增8000张。购车分期业务取得突破性进展，金额达7295万元。信用卡中间业务收入2718万元，较上年同期增加1068万元，增幅167%。理财产品累计销售249.3亿元。

重点客户营销取得突出成效。与河南铁路投资有限公司签订全面战略合作协议，出具120亿元的固定资产贷款意向书、年金服务和资金理财方案，成功营销8亿元贷款。牵头组建郑州公路枢纽项目法人客户银团贷款，首笔投放资金1亿元，实现中间业务收入1000万元。与河南农业大学实现全面合作，与郑州航空工业管理学院合作实现突破。发放首笔中长期流动资金贷款，实现中间业务收入120万元。向河南国合发放首笔工程类出口卖方信贷项下贷款，实现1000万美元国际结算量和结售汇、120万元利息收入和63万元中间业务收入。与郑州市轨道交通有限责任公司签署融资租赁协议，融资规模增加至16亿元。

群体性客户项目拓展取得新突破。针对高校类客户，以高校代收费产品为切入点，成功营销河南财税专科学校、河南商业高等专科学校、郑州师范学院3所高校，实现新增发卡3万张；针对城中村改造类客户，通过持续紧盯城中村改造项目营销，成功营销了高砦和尚庄村两个重点城中村改造项目，新增优质客户近2000人，新增个人存款1.5亿元；针对物流类客户，通过深入的市场调研，确定“优势组合的产品策略、灵活多变的价格策略、方便周到的服务策略”三方结合的营销服务方案，同时确定13家大型物流公司作为营销目标，深入挖掘物流行业上、下游关联客户综合潜力。

【创新转型】 2010年，郑州金水支行积极推进创新转型。创新推进序列化管理模式。针对全行网点多、“摊子”大的特点，以健全网点经营机制、优化配置网点资源、提高集约化水平为目标，根据业务规模和集约化经营程度，将全辖网点划分为8个序列，遵从效益性、标准化、差别化、动态化原则，创新推行基层机构序列化管理模式。

全面实施三级标杆管理。在全国范围内，对照确定的标杆行，学习先进经验，努力实现中心城市行排名位次前移和提升系统贡献度。系统内，加强对标杆行和先进兄弟行的学习研究，千方百计挖潜短板产品。金水支行全辖内在8个序列中树立标杆，通过持续的相互学习和赶超，全面提升网点均衡发展能力和集约化水平。

积极推动新业务和产品营销突破。小企业客户新增客户79户，较年初增长790%，余额新增3.62亿元。为宇通集团成功办理首笔内保外贷业务，开出1370万美元融资性备用信用证，使客户低成本获得建行海外机构800万美元外币贷款，实现中间业务、国际结算量、外汇存款等综合收益。成功营销宇通集团香港子公司NRA账户，实现该类账户开立零的突破。成功办理金额最大一笔国内信用证开证业务，开出差额国内信用证4800万元。办理首笔可议付国内信用证开证业务，实现资金结算业务品种的新突破。成功与生茂光电达成海外IPO上市合作意向，支行将作为该客户香港上市的保荐人和账户管理人，成为支行第一单IPO金融服务业务。办理首笔电子银行承兑汇票、账户监管项下外汇业务、贸易融资项下海外代付业务、国内服务保理业务。

网点一、二代转型工作系统内领先。2007年支行开始实施零售网点一代转型推广工作，支行已完成全部网点的项目推广工作。2010年支行成功实施26家网点的二代（VIP）转型推广项目，已实施转型网点共34家，占比达49%。在总行组织的现场验收中，支行参与现场验收的10家转型网点平均成绩排名全省第一。

【营销服务】 2010年，郑州金水支行系统上下盯项目盯进度，确保主要利润收入的实现。组建12个营销团队,明确目标,每周汇报项目推进情况,强力推进营销,取得较好成效。紧盯政策导向,积极转变经营思路,密切关注和营销符合国家产业政策、总行信贷政策的重点行业、重点客户,对其进行大规模的信贷资金投放,合理有效配置资源。明确河南城际铁路有限公司、郑州宇通集团有限公司、河南水利建设投资有限责任公司、河南农业大学等共计17个项目作为2010年营销重点,同时确定了资产、负债业务双高客户名单,为公司业务发展明确方向和目标。

紧盯重点项目,优化信贷资源配置,合理布局信贷资金,在巩固和提高与原有客户合作,建立并完善"一户一策"信贷营销方案的基础上,积极研制提供"一揽子"金融服务方案,并深入探寻客户个性化需求,及时配以支行对公产品营销,努力拓展新客户。2010年,先后为河南有线电视网络集团有限公司发放贷款3.63亿元、河南省交通厅京珠高速公路新乡至郑州管理处3亿元、郑州城建集团投资有限公司3亿元、郑州新力电力有限公司2.6亿元、河南铁路投资有限责任公司2亿元等;配合省行做好省高速公路发展有限公司12.18亿元、河南中烟公司7.8亿元的贷款投放工作。

关注"双百""双千"客户,优化客户群体。根据省政府确定的2010年度省重点服务"双百"企业,及固定资产投资领域实施转型升级的"双千"工程名单,筛选目标客户,确定营销目标,做好项目储备,壮大支行客户群体,夯实客户基础,优化客户结构。研究"十二五"规划及郑州新区重点项目,加强2011年项目储备。积极与发改委、金融办等相关部门联系项目信息,紧抓信息源头,做好项目银企对接工作。对于"十二五"规划项目、郑州新区重点项目等进行项目认领和营销。

梳理产品,加快创新,进一步提升中间业务竞争实力。一是认真梳理辖内央企分公司、省属及市属国有企业、大中型民营企业。一方面对以前梳理出来的有意向无计划的目标客户密切关注、积极营销。另一方面,继续加大新客户发掘力度,积极扩大支行目标客户群体,拓展收取渠道。二是加强金融租赁、国内保理业务等非信贷类产品营销,进一步提升客户贡献度。三是在营销金融产品同时,积极推介企业年金业务,深度挖掘年金客户,积极实现年金业务突破。

加快重点产品营销步伐。梳理国际业务结算量、结售汇、境外保函等国际业务产品,加大造价咨询、国内保理和见证保证等重点产品突破,总结营销特点、方式方法并下发各网点,有效引导网点拓宽中间业务收入渠道。同时,对财务顾问、项目融资性财务顾问、银团贷款等重点行重点产品采取重点督促、重点营销和引导,形成有效的中间业务收入来源。

为中小客户"量体裁衣",提升服务层次,夯实支行客户基础。2010年国际业务加大对中小企业客户授信覆盖度,对支行超200万美元以上结算量外汇客户实现授信全覆盖,并根据客户情况提供"量体裁衣"金融服务建议,将海外代付、远期售汇、信保贷款等产品运用在企业经营周转的各个环节,通过支行有竞争力的贸易融资产品拼抢市场、以真诚打动客户。

个人条线方面,紧盯重点产品、重点客户、重点时段,实现个人负债业务营销新跨越。紧抓重点产品,以产品特色促个人存款增长。以"通知存款一户通"为重点产品,以商贸类群体客户、CTS客户为载体,突出支行"通知存款一户通"的产品特点和功能亮点,促进个人存款快速增长。

紧抓重点客户,突出对群体性客户的营销拓展。一是以物流客户群体为目标客户,突出重点产品通知存款一户通及结算通、物流联名卡等新功能的营销和推广,发挥"固网金融"的联动营销推进作用,拓展优质群体客户。二是持续加大对郑州地区城中村改造项目营销信息的搜集、整理,做好该类项目的持续跟踪和推进工作,为个人负债业务拓展新的增长源。三是以"民本通达"、教育慧民、医疗健民项目为依托,在稳固现有群体性客户的基础上、拓展新的业务增长点。

【内控管理】 2010年,郑州金水支行基础管理指标取得持续提升。对账率达99.9%,稽核差错率万分之0.162,现金备付率控制在核定范围内。

认真落实案件防范工作责任制。按照省分行案件防范工作目标要求,结合支行实际,及时修订完善《2010年案件防范工作责任书》、《金水支行2010年党风廉政建设及案件防范工作责任书》。

继续实施案件防范全员参与责任制。组织签订《员工防范案件联保互保责任书》及《员工案件防范承诺书》。进一步健全和完善了案件防控长效机制和全员参与的"案防体系",有效防范了违规违纪违法案件风险的发生。组织员工签署《廉洁合规从业承诺书》,全行员工1731人,签订完成率100%。同时,采取日常督查和自查自纠相结合,督促员工认真践行承诺内容,自觉落实规章制度,严格规范操作行为,有效防范和化解各类案件、资金风险,促进支行合规文化氛围的良性发展。

积极组织开展案件专项治理活动。抓好"四个检查",坚持"四不放过"。一是抓好专项监督检查;二是抓好常规性监督检查;三是抓好滚动式监督检查;四是抓好重点时段监督检查。通过抓好"四个检查",进一步完善监督检查机制,坚持从严管理,强化依法合规经营的监督,促进各项业务稳健运营。同时,各类监督检查严格遵循谁检查,谁记录,谁签字,谁负责的原则,对各类监督检查中发现的问题,做到及时处理和跟踪整改。在检查及整改过程中,做到"四不放过":检查出的问题原因不明不放过,问题责任人认识不到位不放过,问题整改不彻底不放过,违规违纪人员不处理不放过。

【队伍建设】 2010年,郑州金水支行在全行深化培训,推进主题活动。继续开展"每会一课"培训制度,提升负责人产品知识能力和合规管理能力。举办四期"现代商业银行客户营销服务"高级研修班,强化客户和理财经理专业技能、社交礼仪等知识培训。围绕领导力和角色转变,举办八期新聘管理人员培训。举办兼职培训师培训,加强内部培训师队伍建设。加大新入行大学生岗前培训,促进角色顺利转变。

关爱员工,凝聚队伍士气。大力开展适合员工特点的文体活动,促进员工业余文化生活多样化。认真落实困难员工帮扶救助工作,两次开展对28名特困员工的慰问,发放慰问金6.16万元。抓住员工关心关注的购房、健康检查、员工子女高考等实事,妥善解决员工需求。

创先争优,形成良好风气。在郑州金融年度盛典活动中,金水支行获得2010年度最值得信赖理财品牌、中原最佳财富管理银行、中原最佳网上银行奖,国基路支行获得郑州地区最佳服务支行,航海东路理财中心团队获得中原卓越理财团队。副行长左金辉获得"2010年度中原理财领军人物"称号。11个"女职工文明示范岗"和41名"巾帼建功标兵"被表彰,其中文博支行被郑州市总工会授予"五一巾帼奖"和"五一劳动奖状"先进集体,桐中支行被授予郑州市学习型先进集体,营业部被省分行授予"女职工文明示范岗",马继文被评为"河南省金融工作劳动模范",康永生获总行级"条线总动员、业务全体验"联动营销活动"员工擂台赛销售明星"称号。

(张新乔　程宇洁)

中国银行

【概况】 2010年,中国银行股份有限公司郑州城区各直属支行全面贯彻落实总、分行发展战略,积极采取有效措施,应对复杂多变的国内外经济形势和经营管理形势,牢固树立"科学发展观"和"追求卓越"的经营理念,以大力"提高市场竞争力"为核心,不断加强内控建设,强化执行力,深化激励约束机制,建立健全绩效考核体系,服务国民经济发展,各项业务均取得良好成效。

负债业务:截至2010年底,郑州城区支行人民币各项存款余额518.57亿元,较上年末增长72.97亿元,增幅为16.38%。其中储蓄存款余额204.46亿元,较上年末增长17.82亿元,增幅为9.55%;公司存款余额314.11亿元,较上年新增55.15亿元,增幅为21.3%;人民币金融机构存款余额134.94亿元,较上年末增长29.05亿元,增幅为27.43%。

资产业务:截至2010年底,郑州城区支行人民币各项贷款余额381.95亿元,比上年末增长69.31亿元,增幅为22.17%。其中人民币公司贷款余额288.56亿元,比上年末增加70.32亿元,增幅为32.22%;人民币零售贷款余额90.21亿元,比上年末增加30.69亿元,增幅为51.56%。全年票据融资量35.9亿元,较上年末下降8.35亿元。贷款结构得到进一步优化。

中间业务:2010年,郑州城区支行抓住市场调整机遇,统筹传统和新兴业务发展,加快产品创新,推动了中间业务收入持续增长。成立中间业务委员会,指导中间业务健康、有序发展。改进专项费用奖励办法,建立与计划完成率、市场份额提升挂钩的专项激励机制。开展基层帮扶、调研和同业调研工作,组织开展沟通与经验交流活动,加快产品创新和推广步伐,深化产品带动发展战略。全年实现中间业务净收入24479万元,同比增长20.68%。

资产质量:2010年,郑州城区支行进一步加大对不良资产的处置力度,累计清收化解不良贷款本金9.75亿元,其中公司贷款5.74亿元,零售贷款4.01亿元。进一步优化了资产质量,服务优质重点客户。

【信贷投放】 2010年,中国银行加大对郑州经济建设信贷投放力度,积极支持地方经济发展。加强与市委、市政府及有关部门的联系,多途径获取客户授信需求与项目信息,并签订友好战略合作协议,确保重大项目建设资金需要。城区支行先后投放裕中能源、石武铁路及国电煤电等基础设施项目17亿元,支持中原高速、公路工程局、郑州煤炭、河南建业、万达广场、乐地置业、鑫苑、耀凯、联盟新城等重点项目共计21.71亿元;河南煤化工集团、河南工业大学、中铁七局集团有限公司、郑西铁路公司信贷投放共计33.60亿元;郑州大学、市中心医院及少林寺等公益项目3.6亿元;确保中烟、日产、海马、正商等客户信贷循环。截至年底,郑州地区支行人民币公司贷款余额308.75亿元,较年初增加78.64亿元,增幅34.17%。主要信贷投放:制造业32.4亿元,占比16.73%;采矿业32.2亿元,占比16.62%;交通运输业68.4亿元,占比35.31%;电力17.77亿元,占比9.17%;建筑业8.85亿元,占比4.57%。5个行业合计投放159.62亿元,占全年信贷投放193.70亿元的82.41%。

【风险管理】 2010年,郑州各城区支行不断加大风险管理工作力度,资产质量得到极大提升,完成不良贷款余额、不良率持续"双降"的工作目标。一是提升风险管理工作力度。建立风险预警机制,及时提示风险隐患苗头,采取措施防患于未然,执行差异化风险管理,推进优质资产拓展。二是优化新增授信结构。依据经济发展战略规划,合理布局授信资源,大力支持重点建设项目,加大向交通、教育、卫生及文化等基础设施和民生行业贷款投入;大力支持重点客户、龙头客户以及大集团客户。三是加大压力测试预警监控力度。开展客户系统性压力测试,排查潜在风险客户,建立重点监控台帐,提高风险化解主动性,提高科学量化管控水平。四是开展风险排查。开展产能过剩行业自查和现场检查工作;开展贷款资料真实性"排雷行动"核查,及时消除各类风险隐患。五是进一步推进全面风险管理。严格执行个人授信、中小企业、贸易融资及保函、票据融资、金融机构代理业务等风险管理办法,实时监控条线资产质量,全力支持条线业务快速健康发展。六是不断强化风险条线管理。支行"一把手"直接分管风险管理工作;强化绩效过程管理,按季开展绩效辅导;探索建立风险激励约束机制。

【内控管理】 2010年,郑州城区支行始终坚持依法合规经营,不断加强内控机制建设,结合实际,采取有效措施,消除各类风险隐患。一是各城区支行结合总、分行内控管理工作要求及本行工作实际,研究制定《2010年内控工作要点》和《2010年内控工作检查计划》。抓好每季度内控工作会议,及时通报全行内控工作存在的问题,协调各主管条线部门及时加以解决。同时,对发现的问题整改情况及时跟进和后评价,确保问题得到彻底整改。二是推进内控考核激励机制,提高内控管理的有效性。积极开展自查自纠活动,对于发现的问题及时采取有效措施进行整改。对条线检查、稽核检查中发现屡查屡犯问题加大对责任人的问责力度,形成激励约束机制。在IT蓝图上线期间,积极开展"IT蓝图新线系统缺陷问题梳理工作",及时消除上线前的各类风险隐患。加强上线后各条线培训和检查工作力度,注重培训实效,严格执行各项内控管理规定和要求,做到检查深入不留死角。三是强调基层调研,按季撰写内控合规报告、内部稽核分析报告。四是扎实做好每季条线业务检查,发挥条线监督职能。坚持每月不少于5个网点的突击查库和日常录像查看工作,及时下发通报,充分发挥日常合规督促和监督作用。五是开展全面的风险排查活动,严防案(事)件发生。适时制定检查计划,组织人员进行全面风险隐患排查,及时消除各类风险隐患。六是开展"内控执行年"活动,切实提高内控及案防工作实效。七是开展"教育宣传日"活动,树立良好外部形象。八是完成新资本协议学习,健全操作风险三大工具(RACA、KRI、LDC)建库工作。九是依法合规稳健经营,充分发挥条线管理职能,认真查找风险点,加强对全辖网点的内控检查辅导、重点业务和重要环节的内控管理,严格控制操作风险,加强资产业务的贷后管理、资金流向监控,加强对固定资产贷款业务、个人信用贷款等业务关键风险控制点管控力度,严格按照"三个办法一个指引"要求执行。十是加强思想道德建设,深入开展党风党纪教育和廉政文化建设,筑牢思想道德防线,贯穿层次管理,严防道德风险发生。十一是强化规章制度的学习、执行与测试工作。十二是通过录像监控、自查等形式,进一步加大条线检查力度,坚持周通报制度,将内控工作抓紧抓好,落到实处。十三是坚持突击检查,不走形式,确保检查效果。认真落实"六个严禁"、"双十禁",每月进行一次突击检查,每季度组织开展一次员工行为排查活动。十四是进一步强化网点应急预案演练,重点做好重大时期、重要场所、重要部位的安全检查,及时消除隐患,确保安全。

【金融服务】 2010年,郑州城区支行加大员工服务意识教育及监督检查工作,不断提升全员危机忧患意识,开展争创"四个一流"活动,打造一支综合素质过硬、服务一流的员工队伍。加强网点硬件建设步伐,2010年郑州城区自助网点79个,去年完成支行网点转型标准化改造62个;IT蓝图项目成功投产,网点业务操作流程实现质的提高,自助渠道服务功能得到提升,网点服务销售流程得到持续优化,服务效率和服务质量实现双提升。结合网点转型工作,教育全员牢固树立"以客户为中心"的服务理念,开展文明优质服务竞赛活动、"神秘人"检查等活动,促进服务进一步规范化、人性化,进一步提升郑州城区支行优质服务水平。

【IT蓝图项目投产】 IT蓝图上线工作是全面提升信息科技水平和核心竞争能力的重要举措,是实现战略目标的重要支撑。2010年,郑州城区支行认真做好IT蓝图上线各项准备工作,确保投产成功。一是做好宣传,统一思想。以大局为重,提高对IT蓝图上线工作重要性的认识,使全员在思想上行动上与IT蓝图上线各项工作保持步调一致。二是抓好细节,稳步推进。做好深入细致IT蓝图研究工作,认真抓好执行方案每个环节,确保IT蓝图上线工作顺利进行。三是做好人员配备、教室设置、电脑设备购买、兼职教师配置等。四是抓好统筹,科学规划,制定翔实的实施方案及IT蓝图组织架构,做到目标、职责明确,责任到人。五是抓好数据清理迁移,将客户信息采集工作纳入重点督办项目,既要速度,又要质量,建立台帐,并与绩效奖惩挂钩。六是做好蓝图队伍建设及培训,做到时间、设施、内容、人员、效果五落实。

【队伍建设】 2010年,郑州城区支行在队伍建设方面,一是加快干部队伍综合素质的提升,不断适应经济飞速发展需要。二是不断提高全员合规操作意识,适时开展业务、岗位及流程培训,进一步提升全员执行各项规章自觉性。三是加强思想教育,提高全员爱岗敬业度。四是深化经理队伍建设,充实客户经理队伍,以满足业务发展需要。五是以人为本,激发员工潜能。使全行上下拧成一股绳,全力以赴、聚精会神搞建设,一心一意谋发展。

【企业文化建设】 郑州城区支行在企业文化建设方面,一是大力推进企业文化建设，提炼“追求卓越”核心价值理念，不断改善工作环境，转变观念，将企业文化动能转变为业务发展的推动力。二是加强党风廉政建设，不断挖掘发展潜力，提升管理能力以及防范和化解风险能力。三是牢固树立全心全意为客户服务的思想。广泛开展岗位培训及练兵活动，倡导优质服务，提高工作技能和服务本领。不断改进工作作风，提升服务意识。四是进一步推进正负激励机制，充分调动全员奋发有为干事创业的工作热情和积极性。

（海全仙）

郑州银行

【概况】 2010年，是郑州银行更名后的第一年，也是实施《2006年—2010年战略规划》的最后一年，郑州银行不仅全面完成董事会、市国资委、银监局下达的各项指导性目标，而且也全面超额完成五年战略规划目标，在上半年就实现“资产规模突破500亿，存款突破400亿，储蓄突破100亿”目标。主要完成了以下几件大事：跨区域发展迈出坚实步伐；网银、理财、VIP卡、社保·市民卡等创新产品不断涌现；10月底，郑州银行总行由优胜北路迁入位于郑东新区的新的智能化大楼；新一代业务系统成功上线运行；增资扩股工作取得实质性进展，为2011年推进增资扩股工作创造了良好的条件。

2010年，郑州银行公司治理机制日臻完善，资产质量大幅提升，经济效益显著增加，实现质量、效益、规模协调发展。截至年末，郑州银行共有65家分支行，其中，59家市区支行，5家县域支行，1家异地分行；在职员工1725人，其中本科以上学历1058人，占总人数的61.33%；资产总额576.61亿元，较年初增长152.34亿元，增幅35.91%，超额完成2010年度500亿元的目标值；资本充足率11.53%，较年初14.67%下降3.14个百分点；不良贷款率0.51%，较年初1.51%下降1个百分点；拨备覆盖率425.29%，较年初185.97%增长239.26个百分点；各项存款余额452.11亿元（不含同业5.60亿元），较年初355.11亿元（不含同业4.32亿元）增长97.00亿元，增幅27.32%，完成2010年度目标值435亿元的103.93%；各项贷款余额268.43亿元，较年初202.02亿元增长66.41亿元，增幅32.87%，完成2010年度目标值252亿元的106.52%；实现利润总额9.30亿元，较2009年7.14亿元增长2.16亿元，增幅30.33%，完成2010年度目标值8亿元的116.24%。

【金融改革】 2010年，郑州银行持续对管理体制、运营机制、考核机制、用人机制等方面进行改革，各项经营效能不断提升。一是不断完善全风险管理体系。持续完善ISO9001质量和内控管理体系，对体系文件进行全面修订，共修改制度82项，废止制度5项，新增制度6项。新内控制度涵盖全行19个业务部门，共计322项制度、128项业务流程，基本覆盖所有业务风险点，为维护质量管理体系的有效运行，切实有效开展风险防控提供了坚实的制度保障。二是股权结构持续不断优化。完成6.9亿元次级债的后续分销工作；不断完善股权管理台帐，增资扩股方案取得新进展，为优化股权结构、有效处置资产奠定了基础。拟定了《郑州银行分行管理暂行办法（草案）》，完善了组织架构，加强了风险防范和管理，为分行业务的顺利开展提供保障。三是继续加强小额贷款体制改革。继2009年成立第一营销中心后，2010年又相继成立汽车金融中心、房产贷款中心、第二营销中心，设立专职客户经理，专业化服务小企业客户，逐步建立起“总行小企业金融事业部营销中心——支行客户经理团队”的二级营销管理模式，根据小企业各个成长阶段的特点，为小企业提供量身定制的金融服务解决方案，真正成为小企业的伙伴银行。四是继续亮化小企业金融品牌建设。实施“三个创新”，即“创新工作思路、创新业务品种、创新审批机制”，制定《2010年小企业和个人信贷指导意见》、《郑州银行小企业（个人）客户授信实施细则》，出台《关于规范汽车按揭贷款业务的通知》、《法人汽车按揭贷款操作规程》和《林权抵押贷款操作实施细则》，指导支行营销方向，实施业务持续创新，推出适合小企业的新产品。五是进一步改革完善绩效考核机制。根据异地设立分行的发展要求，拟定分行管理办法和绩效考核办法框架，健全完善制度考核体系；修订《支行行长星级管理办法》、《2010年度营业部主任考核内容及标准》，完成支行和总部经营部门的目标与绩效考核，以及支行行长、营业部主任的星级评定工作。

【理财创新】 2010年是郑州银行自营理财产品的创始年，4月成功发行首支理财产品“金梧桐鼎诚1号”，实现自营理财产品“零”的突破。截至2010年末，共发行自营理财产品4支，募集资金1.1亿元，首支理财产品“金梧桐鼎诚1号”已到期兑付完毕，尚有3支处于存续期。

2010年，郑州银行坚持以大胆创新赢得市场，以真诚服务赢得客户的经营理念，不断创新，营销能力显著增强。圆满实现新一代业务系统上线，大幅提升服务与管理能力；成立财富管理中心，自主开发5支理财产品，分别是金梧桐鼎诚1–4号和稳健1号，累计额度1.1亿元，填补了郑州银行理财领域的空白；开通网上银行、手机银行和固网支付功能，开启网络电子支付时代，开发了客户积分系统，改造和升级了银行卡管理和客服系统；推出集社会保险、金融服务应用等多项功能于一体的郑州社会保障·市民卡；发行“商鼎丽人卡”、“商鼎生肖卡”、“VIP卡”和“商鼎卧龙卡”新卡种；完善特惠商户网；将查询机系统升级为“缴费通”，开展了“缴付宝”系列营销活动，并在机场设立贵宾室;开展“精彩上海游,与您共分享”、“力促存款,喜迎乔迁”、“新机遇,新形象”和“郑州银行之夜”等主题营销活动,为存款的大幅度增长,发挥积极的引导作用。同时成立营销管理发展中心,加强对支行的营销指导。

【风险管理】 2010年,郑州银行一方面做好存量不良贷款清收,另一方面主动调整信贷结构,提高新增客户准入标准,确保新增贷款质量。截至2010年底,不良贷款余额1.37亿元,较年初下降1.68亿元,不良贷款率0.51%,较2010年初下降1个百分点,不良贷款实现持续双降,贷款质量稳步提升。一是继续加大对存量不良贷款的清收力度。2010年共清收化解不良贷款1.71亿元,其中收回次级类贷款14笔、可疑类贷款12笔、次级类上调为关注类贷款6笔。二是严格落实风险预警机制。2010年共发出信贷预警19份,涉及金额4.30亿元,收回潜在风险贷款4户0.65亿元,未新增1笔公司类不良贷款。三是通过检查、自查不断提高风险防范水平。通过外部检查、内部自查,认真改进经营管理中存在的薄弱环节,避免管理中存在的隐患形成实质性风险,切实提高规章制度执行力,提升信贷管理水平。对照检查中发现的具体问题,迅速制定整改措施积极整改,同时总结不足,举一反三,分析根源,避免同类问题再次发生,确保银行资产质量不断提高。五是将不良贷款指标与客户经理、支行、部门、绩效考核挂勾,不良贷款双降作为信贷部门绩效考核的“一票否决”指标,不良贷款额作为考核支行行长风险控制力的重要指标,直接与支行的绩效考核和支行行长五级评定挂勾。六是大力开展信贷风险文化建设,不断完善信贷系统审批流程。加强对信贷人员的思想教育,强化贷款管理,提高执行力,严格责任追究制度,筑起坚固的内控防线,谨防操作风险和道德风险,有效地遏制案件发生;通过双线审批,提升信贷业务管理水平,有效防止超授权、超授信、逆程序的现象发生。

【经营管理】 2010年,郑州银行各项经营管理工作取得可喜成绩。一是公司治理水平持续提升。不断完善公司治理机制,强化审计职责,突出监督职能,积极探索监事会、董事会内审办、风险管理委员会监督工作新方法;成立董事会薪酬与考核办公室,开展薪酬调研和设计工作;完成6.9亿元次级债的后续分销工作,并按照层级管理,完善授权体系;不断提升监管评级,由3C级提升至3B级。二是增资扩股工作取得新进展。经过多次讨论和完善,郑州银行增资扩股方案分别通过了郑州市政府常务会和内部董事会的审议,并得到监管部门的认可;同时,广泛接触上海宝钢、江苏阳光、河南建投、河南交建投、中原信托、河南煤化工集团、西班牙桑坦得银行、民生银行、新加坡银行、渣打银行、上海银行等企业集团和金融机构,并进行了初步筛选;确定九洲事务所、中信证券、正信嘉华、金杜事务所等机构,作为相关工作的合作伙伴。三是跨区域发展迈出新步伐。继2009年设立新郑、巩义县域支行后,2010年,又先后在新密、登封、荥阳设立支行,中牟支行已试营业,实现郑州周边县城的全覆盖。此外,2010年8月5日在南阳设立首家异地分行,迈出跨区域发展坚实的一步。在发起组建中牟郑银村镇银行的基础上,2010年又成功发起组建新密郑银村镇银行。四是风险防控力度进一步加大。组织开展了质量和内控管理体系外部和内部审核,对信用、市场、操作、合规、产品和信息科技风险等风险管理政策的实施情况进行修订和完善,并组织拟定了压力测试总方案和各类风险压力测试方案,开展道德风险排查工作,全面完善风险管理体系;实行《案件防控保证书》制度,不断加强全行员工法律观念、日常行为、道德诚信等方面的教育,倡导全员风险管理理念;上线运行事后监督及风险预警系统,通过风险预警系统设立40多个风险模型实行监控预警;在全行范围内持续推广“双标准”活动,并开展“前台操作风险控制月”活动;在全行下发《郑州银行全面风险管理排查方案》,逐步培育和形成良好的合规文化;制定《案件责任追究制度》,拟定“三重一大”决策制度,组织开展内控和案防制度执行年活动,每月组织案例分析教育,提升案防意识;成立法律事务部,将资产保全部职能和风险控制部的法律事务职能合并,负责全行的不良资产清收和法律事务,并对全员进行法律培训和考试,增强员工法律业务知识,提高法律意识。

【科技工作】 2010年,郑州银行进一步加大科技投入,各项工作有了全面提高。一是圆满实现新一代业务系统上线,并开通网上银行,新一代核心业务系统不仅能满足异地设立分行的技术要求,而且能加大对新产品开发以及提升有效管理的支撑力度。二是对支行的交换机、路由器、机柜及终端全部进行更新,完成支行网络的升级改造工作,提升了网点形象。三是完成卡系统改造、财税库银横向联网电子缴税系统上线、电子商业汇票系统的上线及绩效考核系统开发等工作,并与北京宇信公司签订协议,研发个人及小企业信贷系统,极大提高郑州银行金融服务创新能力。四是完成对大小额所用系统的小型机及操作系统全面升级。五是圆满完成新办公大楼机房建设及搬迁工作,并围绕着新机房建设,完成郑州银行信息系统架构的调整,形成“两地三中心”安全备灾模式。

【队伍建设】 2010年,郑州银行人力资源配置进一步优化。一是继续坚持多层次的培训和针对性强的岗位专业性培训,组织开展中层管理人员培训270人次;组织开展第三期MBA班结业仪式和第五期开班仪式;广泛开展技能比武和岗位练兵活动，全面提升员工素质。二是加强人力资源配置和队伍建设。面向社会公开招聘5名中层管理人员和8名IT科技人才；新招聘150名大学生充实人才队伍，并进行新员工上岗职业生涯规划培训；修订完善《后备人才管理办法（试行）》，吸收40名优秀员工补充后备人才库；对具有理财产品销售资格的109名员工进行系统培训，规范理财队伍。三是通过双向选择，为2009年底存款规模前10名的支行、4家总支副书记所在支行及5家县域支行配备副行长，加快人才锻炼和培养。四是出台《内部培训师管理办法》，招聘专兼职内部讲师11名；招聘20名外聘员工担任大堂副理职位，缓解大堂岗位人员紧缺状况。五是举办小企业及公司客户经理资格考试，其中，通过考试小企业客户经理124人、公司客户经理68人，充实了客户经理队伍。五是成立党群工作部，设立党务工作员，打造优秀党建文化。积极开展文体活动，丰富员工业余生活。组织开展健身腰鼓比赛、登山漂流活动和演讲比赛。确定“诚·立信　德·致远”企业文化宣传语、“源于你心，践于我行”、“聚财生财，共享未来”的品牌文化推广语、“牵手一生，信赖一生”的品牌沟通广告语，并制订《员工行为准则》。建立郑州银行行史展厅，并组织全行员工参观新大楼，开展行史教育，增强员工的使命感和自信心。建立行党委成员支行联系点，每个行党委领导负责5–7家支行，定期每月到对应联系点开展调研活动。成立离退休老干部活动服务中心，实现老有所养。完善制度建设，确保广大职工的权利。召开第二届工会委员会二次会员职工代表大会，通过了《奖惩制度（讨论稿）提案》、《案件责任追究制度（草案）的提案》、《郑州银行股份有限公司企业年金方案（草案）的提案》、《关于不再实施内部退养政策的提案》等与职工利益相关的规章制度。

（黄从璜）

中国人寿财产保险

【概况】 2010年，中国人寿财产保险股份有限公司郑州市中心支公司紧紧把握郑州市的政策优势和区域优势，按照科学发展观的要求，诚信为本，稳健经营。在发展过程中，坚持依法诚信合规经营，注重平衡“好”与“快”的关系，抢抓机遇科学发展。郑州中支充分利用经济发展和行业发展的大好形势，以承保利润为首要目标，更加注重发展方式转变、更加注重基础管理、更加注重管控模式完善、更加注重队伍和机构建设，努力保持并不断扩大公司开业以来的良好形势，保费收入突破4亿元，达到41918万元。截至2010年11月，郑州中支开业仅3年，即实现盈利，实现利润3090万元，在公司开业的第三个完整年度，郑州中支改变了财险行业新公司普遍存在的头三年亏损的局面，成为行业内的发展楷模，公司的行业地位和话语权以及市场美誉度同步提升，走出了一条国寿财险郑州特色的发展道路。

【客户服务】 郑州中支在经营中始终把提高消费者的满意度作为公司可持续发展的基础，不断完善客户服务体系，提升服务水平。在实际工作中始终坚持“优质、方便、规范、真诚”的客户服务方针，不断建立和完善承保和理赔服务制度，建立与业务发展基本匹配的理赔服务队伍和运行体系，不断加强各项服务措施，规范员工服务行为。依托中国人寿服务热线95519，设立客户投诉回访专线，通过开展“服务监督卡”活动进一步加强客户服务质量外部监督，邀请客户对公司的理赔服务进行评价并提出意见及建议。为了全面提升服务水平，郑州中支推出在交通高峰期骑行电动车进行现场查勘、在理赔大厅设置叫号机等个性化服务，在查勘定损完成后的24小时内完成80%以上的客户回访，极大的方便了广大客户查勘理赔。

【依法合规经营】 郑州中支始终将依法合规经营作为公司运营发展的生命线看待，坚持依法经营，筑牢经营安全的底线，积极引导各营销服务部切实树立“内控促进发展、规范保障发展”的意识，不断提高依法合规经营的主动性和自觉性。于2009年初设置审计监察部，先后开展了财务工作质量自查自纠、业务质量和合规经营自查自纠等工作，多次组成以审计监察部为主导，业务、财务等相关部门参加的联合检查组，到机构检查合规经营开展的情况。进一步建立完善风险管理体系，通过严格单证管理、机关部门实行包片督导、重要岗位权限上收、不断开展业务自查整改等措施，抓好风险分析、风险调控、风险监测、风险处理四个关键环节。突出防控重点，做好纳税、反洗钱、赔款、退保、费用结算等的监控，坚持不懈地做好打击“三假”和私设“小金库”等工作，增强依法合规意识，提高经营能力，加强风险防范。

【企业文化建设】 郑州中支的企业文化，既有艰苦创业、玉汝于成的原始文化，也有包括公司使命、愿景、核心价值观和企业精神的核心文化。公司倡导以人为本，促进广大干部员工的健康与快速成长，提升个人价值，推动公司队伍建设，特别是在人财物管理环节上做到公开透明，过滤掉行业中存在的暗箱操作、理赔过重徇私舞弊、数据信息弄虚作假等行为，有力推动以诚信、健康、积极为核心的企业文化不断完善，促进公司规范运营。

加强队伍融合和团结。充分发挥党组织的政治核心作用、战斗堡垒作用，通过广大党员的先锋模范作用，把党的思想政治优势、组织优势和群众工作优势转化为公司的创新优势、竞争优势和发展优势。郑州中支各支部每月召开一次民主生活会，围绕公司生产经营共商发展之计。4个支部之间形成"比、学、赶、超"的良好氛围,很好地实现了思想融合、文化融合、队伍融合。

改进机关作风,提升服务能力。加强机关队伍建设,实行依据岗位、绩效、工作表现等各项指标与薪酬挂钩的制度,激发员工的工作热情和动力。努力营造健康向上的工作氛围,杜绝各种不良风气滋生,倡导员工的主人翁责任感,大力推行"全员客服"理念,让"为客户服务"成为全体员工的自觉习惯和自发意识。组织开展"争创五型机关,提升服务能力"活动,创建内容包括:创建学习型机关、创建创新型机关、创建效能型机关、创建服务型机关、创建自律型机关。通过创建活动,牢固树立"内勤服务于外勤,全员服务于客户"的意识,进一步转变机关工作作风,提高机关员工整体素质,为基层机构及客户提供优质高效的服务。强化教育培训,结合经营管理需要制订一系列针对不同岗位的培训计划,每周组织安排系统内培训,包括技能培训和基本素质培训等多个方面。通过教育培训,使在岗人员不断提高自身素质,为公司的发展打下了坚实的基础。

(卢志娟)

太平洋人寿保险

【概况】 2010年,中国太平洋人寿保险股份有限公司郑州中心支公司(以下简称郑州中心支公司)以科学发展观为统领,以思想解放为动力,以改革创新为手段,以强化管理为保证,以服务客户为根本,认真贯彻落实集团公司、总公司"推动和实现价值持续增长"的发展战略,坚持分公司"优化结构、转变方式、科学管理、跨越发展"的年度经营指导思想,不断深化改革、完善体系、夯实基础、实现跨越,整体呈现出"各项业务快速健康发展,经营管理水平明显提高"的特点,开创了业务发展和经营管理、经济效益和社会效益"双丰收"的良好局面,实现了"超常规、跨越式发展"的总体目标。2010年,郑州中心支公司获得"中原最受信赖保险机构"称号,公司负责人被评为"中原金融十年领军人物"称号。

【业务发展】 2010年,郑州中心支公司各项业务均取得较快发展,呈现出以下特点:一是提速明显。保费总量快速提升,超常规、跨越式发展成效显著,在较高业务平台的基础上,全年累计实现规模保费收入77633.41万元,同比增长69.97%,系统内排名第一;实现标准保费收入50942.94万元,同比增长28.12%,系统内排名第二。市场份额由5.82%提升到7.49%,位居市场第四,市场地位更加稳固。二是条线更强。四个业务条线重点突出、追踪有力、措施得力、支持到位,从总量、位次、核心业务推动、基础工作加强等方面都取得良好的工作结果。三是基础牢固。在任务重、压力大、节奏快、要求高的情况下,各个单位、各级干部克服重重困难、结合自身实际、创造性开展工作,把增员培训、渠道沟通、项目公关、关键指标优化、管理KPI追踪等基础性工作与业务活动相结合,做到了"两不误、同提升"。四是费用好转。全面进行预算管理的改革创新,不断明确内涵,细化要求,强化各渠道费用管控,真实完整地核算各项损益,强力执行零现金推动工作,在市场竞争日趋激烈的形势下,四个业务条线和各职能部门均较好的实现了费用管控,公司整体费用状况呈良性发展态势。五是服务规范。积极推动标准化柜面建设和四级机构综合柜员集中授权复制的推广上线工作,客服大厅硬件设施和软件建设实现标准化,柜面服务礼仪、业务技能和服务时效得到了较大提升,圆满完成总、分公司验收。六是内控更优。各职能部门积极开展自查自纠工作,对发展中的薄弱环节查漏补缺,严格执行管理制度,严把内控关,防范经营风险。积极开展对市、县区综合内勤的业务管理和培训,理顺各环节工作流程,努力提升营运达标考核指标。

【经营管理】 2010年,郑州中心支公司经营管理水平再上新台阶。一是巩固树立了"超常规、跨越式发展"的工作主基调,公司不断深化全面财务预算管理和人力资源专业化建设,较好的实现了"四个匹配",即发展速度与质量、业务数量与品质、业务规模与人力、业务发展与财务相匹配,各项业务保持了良好的发展势头。二是增强投入产出意识,向优化业务结构、发展核心业务要效益,向深化"三项改革"(条线化管理、分渠道核算、前后台分离)和"三项集中管理"(营运、财务、人力资源)要效益,向加强内控建设、依法合规经营要效益,开源与节流并举,实现了可用费用的大幅度提升,总体实现了费用平衡。三是四个条线专业化管理水平提高,对业务发展牵引到位,基础管理工作得到加强。在推动业务发展上,通过综合运用组织推动、"基本法"推动、政策推动、"达标"推动、竞赛推动等措施,加强过程管控,加强追踪督导,加强帮扶指导,确保任务目标的全面达成;在队伍建设上,努力使队伍与业务相匹配,以队伍建设保证和促进业务发展;在发展核心业务上,四个条线都能坚定不移地执行公司发展策略,重点发展核心业务,追求价值持续增长。四是应对市场能力增强,自主经营水平提升。各支公司、各营销服务部坚决贯彻上级公司的经营指导思想和各项重大举措,联系当地实际制定面向市场、面向客户、针对性强、操作性强的政策措施,不断增强自我经营意识,不断增强核算意识、投入产出意识,积极拓展可用费用空间、有效控制经营成本,优化资源配置,推动业务与发展。

【客户服务】 2010年,郑州中心支公司服务水平不断提高。在公司发展过程中，公司始终坚持把植根中原大地、立足郑州发展，为郑州人民提供优质的保险服务作为一种责任，始终坚持将经济效益与社会效益有机结合，坚持正确的发展方向，勇于承担社会责任，不断提高服务品质和服务水平，积极履行企业公民的责任，努力把郑州中心支公司建设成为“经营效益良好、市场地位稳固、社会信誉优良、核心竞争力优于同业公司、在市场和系统内处于领先地位”的一流公司。公司持续开展“优质服务年”活动，不断规范作业流程，强化服务意识，提高服务时效，提升服务质量。一是提高理赔时效，破解理赔难。大力推行“即时理赔”、“异地理赔”服务，完善“绿色理赔”服务通道，完善小额理赔流程，推广一站式跟踪服务，加强各机构综合柜员的培训与指导，将“时效”作为考核第一要素，做到不惜赔、不滥赔，保证理赔质量。二是制定客户服务企划指导方案，深入开展各类服务活动。3月，郑州中心支公司进行了“关爱女性”金卡客户体检活动，筹备并开展了3·15消费者权益日宣传活动；4月，开展金卡客户体检活动；6月，举办“第五届太平洋未来之星总动员”少儿绘画、书法系列比赛；8月，举行“援建民工子弟小学（希望小学）大队部”活动；9月，开展为贫困山区儿童奉献爱心活动；全年持续开展客户信息资料确认、保险进社区服务、VIP客户增值服务等活动。三是建设以营运为龙头的后援保障体系。建立“四级管理、两级作业、扁平高效”的后援营运模式，构建起公司价值持续增长的运营基础；严格承保、核保、理赔、回访等各项运营管理，整合营运资源，提高营运管理水平；加强流程管理，确保整个运营工作的高效运转；按照“前后台分离”的原则，树立大后援、大服务观念、提高营运效率；加强理赔调查工作，提高理赔时效，积极探索短期险理赔集中的模式；加强新保回访管理，加强退保监控，发现有集中退保的苗头快速反应、快速处理；借助科技手段，进一步完善营运流程，降低营运风险；开展营运“双百佳”评比工作。

【队伍建设】 2010年，郑州中心支公司在干部培养、选拔和使用方面坚持“政治合格、业务精良”的基础上，又对各级队伍建设进行了重新规范，通过上级单位的持续牵引，通过人力资源专业化建设和干部培训体系的完善，干部员工和业务团队均发生了明显变化，较好实现了“组织架构、绩效考核、人员编制、员工管理”的“四个统一”，突出了倾向一线、倾向业务的人力资源发展导向，体现了“发展依靠员工、发展为了员工、发展成果让员工分享”的管理理念，最大限度的调动起员工的工作积极性，增强公司的凝聚力和向心力，公司核心竞争力得到显著提高，干部队伍不断成熟，各级干部讲政治、讲正气、比贡献、做表率，认真履行各自职责，较好的完成了各项工作任务，驾驭工作的能力和水平明显提高，逐步形成一支“政治合格、业务精良、梯次合理、优势互补、与整体经营管理状况相匹配”的干部队伍。内勤队伍素质提升，以分公司下发的《内勤员工绩效考核管理办法》为牵引，通过开展不间断的技能培训、岗位比武、集中授课活动，提升内勤队伍的综合素质和专业技术水平。外勤队伍发展壮大，通过基本法的牵引、各项基础管理项目的推进、制式化培训体系建设、荣誉体系的建立、各种竞赛的拉动，外勤队伍在结构优化的基础上不断发展壮大，产能不断提高。

（何志勇）

泰康人寿保险

【概况】 2010年，泰康人寿河南分公司锐意进取，坚持创新发展。在系统内，各项业务全面达成计划，经营品质稳步提高，在保单继续率、队伍定着率、理赔时效、保单差错率等品质指标上处于领先位置；在市场上，在竞争主体不断增加的情况下，依然保持稳定的市场份额，各项业务齐头并进、协调发展，各项经营指标均处在系统前列，逐步建立了稳定的业务平台。

在全年的发展中，公司始终坚持“专业化、规范化、国际化”发展战略，坚持“稳健经营，开拓创新”的发展方针，致力于提供专业化、高品质的寿险服务。公司成立以来，保险业务发展迅速，市场份额不断扩大，积累了246万优质客户，快速成长为河南保险市场上的一支主力军。公司机构已辐射到全省17个地市，建立了一个覆盖河南近亿人口的泰康寿险服务网络。

【业务发展】 2010年，泰康人寿河南分公司实现保费收入89.9亿元，同比增长26.16%，位居系统第一。其中，大个险11.12亿元，系统第一。银行保险保费共实现规模保费收入68.7亿元，同比增长36%，系统第一。团险保费收入3.03亿元，同比增长36%，系统第七。续期实现保费收入13.76亿元，同比增长22%，超收6632.93万元，系统第二；收展完成标保5345万元，系统第二。

2010年，泰康人寿河南分公司市场份额13.7%，继续保持市场第二。

【运营管理】 2010年，公司以价值为导向，不断加强管理，规范流程，提高效率，完善考核评价机制。

财务管理。一是整顿组织架构、明确岗位职责，持续加强制度建设，强化各项财务管理措施。二是转变财务职能，助力经营决策，防范化解各类财务风险，加强财务管理水平。三是夯实财务基础，加强财务人员考核，强化服务意识，提升财务管理水平。四是加强财务队伍建设，建立长效学习型组织，积极推进总公司财务共享项目试点上线。

人力资源管理。一是优化招聘

异动管理流程,提升机构招聘管理能力。5月,人力资源部制定文件,实施招聘管理自主化,提升招聘专业化水平。二是合理配置人力编制资源,全力支持业务发展。通过月度人力编制执行率动态把控编制,年度内根据业务发展需求,调整资源配置,有效的支持业务发展。三是顺利完成2010年度员工晋升工作。HAY改革拓宽员工晋升渠道,8—9月,根据员工晋升标准,通过网络测评、现场评审等方式,顺利完成年度职位晋升工作,使优秀人才脱颖而出。

【客户服务】 2010年,泰康人寿河南分公司以全面提升客户满意度为核心目标,以夯实基础服务和丰富增值服务为抓手,取得了一定成效。

全面推进新生活广场(门店)服务升级。结合《人身保险基本服务规定》和行风评议要求,推进新生活广场(门店)的软硬件升级,增配硬件设施、统一服装、设立公共标识牌、设计标识办公用品与服务工具等,对标准化服务流程的执行进行内部稽核,提升公司的金融企业服务形象。

全力推广电子化服务形式,提高客户办理的便捷与时效。借助客户大回访、客服节等增值活动,全力推广E站到家自助服务,成功实现高级密码注册量43863人,泰康在线注册用户10307人,网上自助交易量6493件。以柜面、电话和网络相结合的多渠道服务模式初步形成。

持续推进服务前置,拓宽扁平受理覆盖面。持续推进服务前置至县域服务部的工作,截至11月底,全省实现92家县域服务部的承保、理赔、保全作业前置,给农村客户办理业务提供了方便。

全面推进312标准化服务升级工程,提升客户满意度。持续开展“走进来”与“走出去”相结合的312标准化服务工程,内外勤员工接触客户时必须执行询问联系方式、地址、邮编是否有更新,核对续期缴费帐户是否仍有效,推荐E站到家自助服务和公司新产品、新服务内容的“三问一核二推荐”标准化服务。努力促成客户信息更新—反馈—再更新的闭环处理,保证后续与客户的联系与服务能够实现,最终提升客户满意度。

建立以“听取客户的真实声音,关注客户的瞬间感受”为目标的满意度管理体系。通过服务满意度评价问卷、服务回访电话、服务关心短信、客户权益提示牌等手段,推动外部监督与收集外部反馈,提升服务水平。

关注首访成功率,建设回访全流程队伍。全面推动与客户的首访接触,开展“第一声问侯来自泰康人寿”的客户首访接触,享受服务便利活动,加强客户配合与信息准确率的提升,为持续提供服务奠定坚实基础。

拓展增值服务领域,创新服务手段,丰富客户服务内容。5月至8月期间,举办以“低碳　爱家”为主题的第十届客服节,累计实现内外部宣传200余次,通过“我家的低碳生活”少儿书画大赛、“低碳中原行”万人环保公益活动、“健康有约　幸福同行”客户大回访和新生活大讲堂等活动,邀约22.4万客户、准客户直接参与,三四级机构覆盖率100%,五级机构覆盖率也达60%,为公司树立金融市场服务品牌提供了有力保障。四季度,针对县域客户举办“泰康进万家　健康你我他”服务进县域健康宣传月,通过专家义诊下乡、建设健康乐园、举办客户健康大回访等方式,以关注健康为出发点,服务县域,获得良好口碑。

持续关注公益事业,树立良好口碑。4月10日,由泰康人寿河南分公司捐资25万元修建的泰康希望小学在南阳市西峡县杜岗村落成。4月21日,泰康人寿河南分公司全体内勤伙伴举行特别早会,对玉树县地震受灾同胞进行援助,全省伙伴共募集善款13.7万元。6月,客服节“低碳中原行”万人环保公益活动累计举办现场活动132场,直接参与客户1.7万人,有效树立了河南泰康积极从事公益事业的社会公民形象。8月,以司庆为契机,开展关注聋儿公益活动,将新乡辉县盲聋哑学校作为泰康人寿河南分公司长期助学单位,开展“手牵手　心连心”泰康阳光助学计划,在履行公司捐助承诺的同时,进行定期图书馆升级和泰康家庭慰问联欢活动。11月,河南分公司向安阳上官、焦作五龙口、濮阳古城、许昌磨街、南阳沙堰等十个县域地区捐建“泰康健身园”,在当地乡镇政府广场、乡镇公立小学等地设立健身器材,改变居民的健身环境,美化群众的生活家园,彰显泰康人寿为民服务形象。

7月,在由河南经济视点报社主办的“2009—2010年度最佳低碳保险公司评选活动”中,当选最佳低碳保险公司;10月,在由河南省发展和改革委员会主办的“河南之星”最佳企业评选中,荣获河南之星最佳企业称号;12月底,荣获由大河报社评选的2010年度用户最满意(人寿)保险公司奖项,公司总经理王小平荣获2010年度中原金融行业风云人物奖项;在由河南商报社主办的“2010年度金融机构评选盛典”中,荣获2010年度最具社会责任保险机构荣誉称号;还荣获由河南电视台、东方今报联合举办的“中原传媒榜”之最佳理赔机构奖项。

(陈　婷)

第十八篇　旅游业

旅游管理

【概况】 2010年，郑州市旅游局按照市委市政府强力推进"旅游强市"发展战略，将"文化创意旅游业"作为战略性支撑产业重点发展的决策部署，以推动产业转型升级为目标，以重点项目和重大活动为抓手，精心谋划，扎实工作，全市旅游经济保持了平稳较快的增长。2010年，全市共接待国内游客4442.8万人次，同比增长17.2%；国内旅游收入458.7亿元人民币，同比增长16.9%。接待入境游客32.74万人次，同比增长11.3%；外汇收入1.2462亿美元，同比增长10.5%。实现国内旅游总收入467.42亿元人民币，同比增长16.7%。接待旅游者总数和旅游总收入均在全省排名第一位。立案旅游投诉率低于0.5‰；全年无重大旅游安全事故发生，实现了旅游产业速度、效益、秩序、安全"四统一"的目标。

7月30日，市旅游局召开全市旅游系统政风行风工作会议，通报了2009年市旅游系统民主评议政风行风结果，对郑州市旅游系统2010—2011年民主评议政风行风工作进行了安排部署。郑州市旅游局机关、直属单位全体干部职工，各县（市）区旅游局局长、纪检组长、旅游科长、质监所长，市属部分旅行社、旅游景区负责人以及导游员代表共200余人参加了会议。

9月29日，市旅游局召开勤政廉政暨加强作风建设工作会议，传达了市委、市政府《关于进一步严肃工作纪律的通知》，对加强郑州市旅游局系统作风建设，国庆期间党风廉政建设工作进行了安排部署，局系统全体干部职工参加了会议。

12月14日，省政府参事室参事赵国成、刘勇，省旅游局政策法规处处长李宗军到郑州市召开加快郑州城市旅游发展座谈会。河南科技学院副院长刘荣增博士、河南九鼎投资咨询公司总经理张保盈、市政府研究室主任海福军、市文物局局长阎铁成及有关局委、区政府领导、省市媒体记者和旅游企业代表参加了座谈会。

以第四届全国（深圳）文博会、市长论坛等为平台，积极开展旅游招商，环球美食城项目和锦鹏生态酒店项目正式签约，签约金额达20亿元人民币。认真做好深圳华侨城集团的考察接待、投资项目的沟通、衔接等工作，为项目落地做了大量的前期准备工作。认真开展省2010年重点上市后备企业申报工作，天人文化旅游有限责任公司入选省2010年重点上市后备企业名单。

重点项目建设成效显著。郑州宣言墙项目如期竣工，旅游交通标识牌设置项目、全市旅游厕所综合整治项目顺利完成；《郑州市旅游产业"十二五"发展规划》编制基本完成，《郑州市旅游产业发展规划》编制进入任务书编制阶段。旅游信息咨询服务中心、12301旅游服务热线正在筹备中。

【大型活动服务保障工作】 2010中国（郑州）世界旅游城市市长论坛于6月11日—14日在郑州市举办。按照市长论坛组委会的安排，市旅游局积极协助省组委会完成了贵宾邀请、票务保障、贵宾接待、会议组织等相关后勤保障工作。协助登封市对少林寺周边环境及常住院进行整修整治，为"天地之中"历史建筑群申遗成功做出了贡献。积极配合庚寅年黄帝故里拜祖大典和第二届绿博会组委会，先后培训170余名导游讲解员参与大会的讲解、接待服务，受到了与会嘉宾的赞扬。局属导游服务中心累计接待各级政务考察团55批，讲解服务累计450余天次，无一差错，多次受到来访领导的点名表扬。

【旅游市场营销】 2010年，抓住郑西高铁贯通运营之机，发起郑州·西安两地媒体互访、市民互游系列活动，受到中央、省、市媒体和社会各界的广泛关注和集中报道。先后赴北京、青岛、济南、石家庄等地开展旅游宣传促销活动，邀请冀、陕、晋、鲁等周边省市的近百名旅行商和新闻媒体前来考察踩线，扩大了郑州旅游的市场影响。借助2010年上海举办世博会的契机，拟定了上海世博年旅游推广计划，组织了"上海世博大篷车走进社区"、世博会旅游产品展示、上海旅游咨询点宣传品投放以及上海旅游节花车巡游表演等活动，提升了城市的整体形象。牵头成立了"郑汴洛焦"旅游推广联盟，并与广深珠旅游联合体签订合作协议，促进了区域旅游合作。积极参加台北两岸观光博览会、香港国际旅展、重庆国内旅交会和台北旅展等大型展会，向境内外旅行商推介了郑州市旅游产品。

【景区创建工作】 2010年,强力推进A级景区创建工作,丰乐农庄成功创建国家4A级旅游景区;黄河风景名胜区入选第七批国家级风景名胜区;巩义青龙山慈云寺等4家景区成功创建国家3A级旅游景区。杜甫故里、新密古城、黄河碑林等旅游项目建设扎实推进。深入开展农家乐星级评定和特色景观名镇(村)创建工作,星级农家乐队伍进一步壮大,全市旅游农家乐已达750余家。二七区樱桃沟等4个村(镇)入选河南省特色旅游名镇(村),并进入全国特色景观旅游名镇(村)预备名单,惠济区花园口村等12个村进入省"百村万户"旅游富民工程。

【规范旅游市场秩序】 2010年,严格落实《旅行社条例》,改进了旅行社审核流程,行业管理逐步规范。积极引导旅行社优化重组,河南省天之涯旅行社等4家单位组建了河南郑旅国际旅游集团有限公司。认真开展业务培训和服务技能大赛,在省、国家旅游饭店服务技能大赛上,郑州市取得2个全省单项第一名、1个全国第二名、1个全国第四名。以开展游客满意度模拟评价和分解整改任务为抓手,加强旅游市场综合整治。开展旅游市场检查行动126次,出动检查人员851人次,联合公安、工商等其他部门检查50次,参与单位78个,检查旅游企业442家。其中,对旅游社予以限期整改5家,取缔涉嫌无旅行社经营许可证而经营旅游业务的经营场所2处,查处无证导游9名,对违规导游人员实施扣分处理12名,市场秩序逐步规范。认真受理游客投诉,开展旅游维权行动,接到各类旅游咨询电话3000多个,受理各类旅游投诉和纠纷共51起,比上年同期下降12%。经调解处理,为旅游消费者挽回经济损失28200余元,结案率100%,对游客回访率100%,游客对处理结果满意率达98%以上。全年投诉率低于0.5‰,无重大恶性旅游投诉。

【举办导游大赛】 10月10日,由郑州市旅游局、郑州市总工会共同举办的"2010郑州市导游大赛决赛暨颁奖仪式"在郑州旅游职业学院举行。本届大赛共有13名中文导游员和3名讲解员进入决赛,决赛内容分为自我介绍、景区讲解、知识问答和才艺展示4个环节,对选手进行综合考核。经过激烈的角逐,12名选手脱颖而出,分别获得了郑州市"五一劳动奖章"、郑州市旅游服务技术能手、郑州市"十佳导游员"、"最佳讲解员"等荣誉。其中,来自河南旅游集团的导游员杨科远和河洛康家·康百万庄园的讲解员贺培培分别获得中文导游员组和景区讲解员组的第一名,并荣获郑州市"五一劳动奖章"。

大赛自8月启动以来,得到了省旅游局、郑州市人大、郑州市政府、郑州市政协、市总工会、市公务员局和郑州旅游职业学院的大力支持,受到了旅游业界的广泛关注。各县(市)区旅游局、旅行社、旅游景区、导游服务中心等200余家单位近千名导游员、讲解员参加了大赛。

本届导游大赛有两个显著特点:(1)范围广。参赛单位包括了郑州市属旅游企业和郑州市区的省管旅游企业,参赛选手从普通话导游员扩大到了景区讲解员和英语导游员,涵盖了郑州市所有从事旅游讲解工作的人员。(2)形式新。复赛采取选手室内比赛成绩和实地讲解成绩相结合的形式,选出大赛决赛选手;决赛现场在郑州旅游职业学院举办,彰显了大赛的榜样效应,激发了广大青年学生关注旅游发展、热爱旅游工作、贡献旅游事业的热情,调动了他们努力学习的积极性。

本届导游大赛的成功举办,是落实"旅游强市"发展战略,提升旅游服务质量的具体行动,是2010年郑州市"旅游服务质量提升年"活动的重要内容。对展示全市导游形象,提高导游服务质量,激发导游爱岗敬业热情,发掘储备导游后备人才,提升旅游企业知名度,增强企业竞争力,促进旅游业又快又好发展产生了积极的影响。

【星级旅行社评定】 12月初,市星评委组织召开工作会议,通报了全市旅行社星级标准推广情况,明确了2010年复核工作的重点。会后,市星评委办公室将市、县(市)区星评员组成5个检查组,对市区20家星级旅行社进行了集中复核检查。检查组按照听取企业负责人汇报、现场检查、现场评分、及时反馈的工作程序,严格对照星级标准,对旅行社的内部管理制度、旅游合同、旅游产品、安全生产、服务质量监督、员工管理等20个项目的内容进行了审核,全面了解企业的经营状况,肯定好的做法,指出存在的问题,并提出整改意见,促进企业整改提高。对于存在明显违规行为,且达不到相应标准的单位,给予警告、降星甚至摘星的处理。截至年底,各检查组已完成对20家星级旅行社的复核工作,并将复核意见提交市星评委办公室。

各县(市)和上街区星评机构高度重视复核工作,及时下发通知,全力安排部署此项工作。新密、登封、荥阳等地已完成对辖区星级旅行社的复核任务,其他县(市)和上街区的复核工作正在有序进行。

【旅游厕所综合整治】 为认真贯彻落实全市旅游产业发展大会精神,进一步改善旅游发展环境,提高旅游景区(点)厕所的建设和管理水平,2010年郑州市旅游局大力开展了旅游景区厕所综合整治工作。经过综合整治,共有92座厕所达到了相应的星级标准,有效提升了全市景区厕所的硬件标准和管理水平。

制订《郑州市旅游景区厕所综合整治工作方案》,下发到各县(市)区旅游局、各旅游景区,要求各单位按照工作方案要求,积极开展旅游厕所整治工作。开展全市景区厕所摸底排查工作。下发通知，要求各旅游景区报送景区厕所现状的数码照片，包括厕所远、近景各1张，从不同角度反映厕所内部硬件设施的照片至少2张。并标明厕所的位置、建筑面积、男女厕位数量、给水来源、排污处理方式等项内容，建立管理档案，详细掌握全市旅游厕所的现状和标准，为综合整治提升工程提供依据。

做好旅游厕所的设计规划。市旅游局委托郑州市建筑设计院，结合郑州旅游资源特色和景区现状等实际情况，以国家旅游厕所质量等级标准为基础，规划设计全市旅游景区厕所整治提升方案，促进全市景区厕所达标升级。组织召开由各县(市)区旅游局、重点景区负责人参加的会议，进行专门的安排部署。要求各景区以全市设计方案为基础，结合景区资源及地理状况，制订出具体的整改方案和设计方案。为确保这项工作落实到位，各县(市)区旅游管理部门分工明确，责任到人，认真做好辖区内旅游厕所新建、改建设计、施工的审查把关和督促检查工作。各旅游景区结合景观资源特色、周边环境等情况，按照改造时间、改造数量、改造标准等内容，倒排工期，集中人力、物力、财力，积极主动进行厕所的新建、改建设计和施工。

制定旅游厕所综合整治奖补政策。积极开展调研工作，借鉴先进地区的做法，联合市财政局，研究制定了全市旅游厕所达标升级奖补措施。通过适当的奖补政策，提高景区在旅游厕所建设、改造方面的积极性，推动全市旅游景区厕所的整体升级。由各县(市)区旅游局与所辖景区签订目标责任书，明确整改时限、整改标准和责任人等，督促各县(市)区、各景区按照工作方案，抓紧进行厕所的改造施工。

严格验收。10月底，在各景区申报的基础上，经县(市)区旅游局初验后，郑州市旅游局与市财政局一起，严格对照《旅游厕所质量等级的划分与评定》(GB/T18973—2003)国家标准，进行了实地检查。经过验收，新建、改建厕所均达到了国家标准。纳入综合整治范围的全市31家景区，共整治旅游厕所92座(新建旅游厕所43座，改建旅游厕所20座，星级提升29座)。其中，五星级厕所5座，四星级厕所17座，三星级厕所39座，二星级厕所29座，一星级厕所1座，新建环保厕所1座。郑州市旅游厕所正向着配套设施完善、布局结构合理、管理服务规范的方向稳步发展。

【旅游交通标识牌设置】 全市旅游交通标识牌设置工程是2010年市委、市政府为民办理十大实事之一。其设置对象为全市A级景区和部分重点旅游景区，设置范围主要包括高速公路下路口、国道、省道、环城快速路、干线公路、城区主干道及其通往重要景区的道路，共设置旅游交通标示牌354块。这些标识牌的设置，有效改善了全市的旅游环境，完善了公共旅游服务设施，对方便市民出游、树立郑州市旅游良好形象具有重要意义。

制订旅游交通标识牌设置工作方案。市旅游局参照国家标准，结合郑州实际，制订了《全市公路及城区主干道旅游交通标识牌设置工作方案》。该方案对郑州市旅游交通标识牌设置工作的指导思想和设置原则，标识牌的规格、规划编制和评审及审批、施工招投标及进度、日常维护和内容信息更新等进行了详尽的规定和安排，并按照市政府领导的指示精神及相关局委提出的建议，对工作方案进行了认真修改和完善。

做好标识牌设置的规划设计工作。进一步细化旅游交通标识牌设置工作方案，要求标识牌设置尽可能与现有其它标识牌结合进行布局和使用，并做到与周围环境相协调，在视觉效果上以自驾游游客感到美观舒适为原则。委托郑州市公路勘察设计院、郑州市市政工程勘测设计院开展《郑州市旅游交通标识牌规划设计施工图》编制工作，重点做好标识牌的规划布点工作。市旅游局和规划单位利用一个多月的时间，实地勘察了所有标识的景区(点)应到达的捷径线路。通过实地勘察，标识牌的数量、位置和方向逐一得到了确定。组织召开各县(市)区旅游局、重点景区(点)参加的征求意见会，就规划中涉及到的景区名称、设置内容、设置原则、标牌布局等内容，征求相关单位的意见，对规划设计进行补充、修改和完善。4月9日、5月7日，副市长薛云伟等领导先后主持召开项目协调会和规划设计评审会，市政府办公厅、市财政局、市公安局、市交通委、市城市管理局、市规划局、市旅游局等相关单位参加，研究讨论项目推进工作，对规划设计、招投标、项目组织、工程施工、后续维护等工作进行了安排部署。

做好工程施工和监理的招投标工作，由郑州市政府采购中心代理，负责施工和监理两项工程的招投标。通过发布投标公告、资格预审、专家评审、社会公示等程序，确定施工中标单位为郑州大发交通设施有限公司，工程监理中标单位为郑州恒基建设监理有限公司。

严密组织施工。因涉及到第二届全国绿博会在郑州市举办，这次设置的旅游交通标识牌还有为绿博会进行导引服务的任务。在时间紧、任务重的情况下，市旅游局积极协调，日夜施工，先期完成了中牟和市区主干道通往绿博园32块标识牌的设置安装。其它旅游标识牌设置工程，在市旅游局和各县(市)区旅游部门、监理单位的督导下也全面铺开。针对施工中出现的阻工问题，市旅游局和各县(市)区旅游部门及时协调市直、县(市)区等相关部门，采取上门协调、召开现场办公会、发函协调等多种方式予以解决，确保了整个工程的顺利推进。

(刘晓飞)

旅游活动

【春节黄金周旅游】 2010年春节黄金周,郑州市以实现旅游惠民和活跃旅游市场为目标,采取多项保障措施,丰富文化旅游产品,积极引导市民出游,刺激旅游消费。在全市旅游行业的共同努力下,扎实推进春节黄金周各项工作,确保了春节黄金周旅游市场平稳有序地发展。

(一)旅游接待人数稳中有升,全市景区接待情况好于往年。

2010年春节黄金周,郑州市积极应对金融危机等各种不利因素的影响,开展多种促销活动,千方百计提振旅游消费信心,繁荣春节旅游市场。嵩山少林、黄帝故里、康百万庄园、嵩阳书院、世纪欢乐园等品牌景区接待稳步增长,有效拉动了春节旅游市场,实现了旅游接待人数和收入的稳步增长。据重点统计和抽样调查测算,黄金周期间全市共接待游客167.9万人次,同比增长5.7%;实现旅游收入9.11亿元人民币,同比增长4.4%。其中,嵩山少林景区接待游客8.48万人次,同比增长32.85%,门票收入220.75万元,同比下降22.51%;黄帝故里景区接待游客13.82万人次,同比增长10.64%;康百万庄园接待游客4.75万人次,同比下降4.5%,门票收入80.95万元,同比增长35.07%;郑州世纪欢乐园接待游客5.11万人次,同比增长19.08%,门票收入214.85万元,同比增长22.61%。但由于受雨雪、阴冷等气侯变化的影响,郑州市部分景区的游客接待量和门票收入出现了下滑趋势。纳入全市统计信息预报的14个重点景区,共接待旅游者45.58万人次,同比下降3.43%;门票收入794.56万元,同比下降2.07%。

(二)近郊游、自驾游成为春节黄金周旅游市场主力军。

春节黄金周期间,短线游、自驾车游继续成为旅游市场的主体。据抽样调查测算,郑州市环城旅游带上的景区游客比例达到40%以上。省内游客的比重占全市接待总量的70%以上。省内客源地前10位依次为:郑州、开封、洛阳、许昌、新乡、焦作、安阳、漯河、平顶山、南阳。随着私家车数量大幅增加,自驾游比例继续上升,游客比例达到51%,比上年同期增长2个百分点;自助游游客比例达到65%,比上年同期增长3个百分点;市民合家出游的比例超过50%。

近几年来,郑州市乡村旅游发展迅速,接待服务质量逐年提升,农家乐活跃了春节旅游市场。春节期间,丰乐农庄、咱家小院、生态特味村等餐饮业生意兴隆。黄河花园口接待游客1.27万人次,同比增长21.18%;假日前5天,生态特味村接待游客7500人,收入达到30余万元;中原区咱家小院接待游客超过1000人。

(三)"民俗文化"成为春节旅游市场营销活动的主题。

春节期间,全市各景区围绕传统节日气氛,纷纷推出丰富多彩的民俗文化活动与游客分享,吸引了大批游客的注意力,取得了良好效果。少林寺从农历的正月初一到十六期间,举行"福祉中岳、虎跃嵩山、祈福少林"等系列新春活动,同时还有"佛教与虎文化"的主题展览;郑州世纪欢乐园推出"天下第一灯"大型艺术灯会;康百万庄园推出"财神祭拜大典"、"情人同祈共天地"等紧贴群众需求的文化活动;浮戏山雪花洞举办以"闹新春送祝福"为主题的"智力灯谜竞猜"、"脑筋急转弯"等活动。商都民俗庙会开展了陕北腰鼓、东北踩高翘等民俗体验互动活动,吸引了众多游客参与。正月初一郑州市举办的"民间文艺大巡游"活动,受到了市民好评;大众生态健身园举办的商都民俗庙会、郑州城隍庙一文庙举办的新春文化庙会等,都深受广大市民和游客喜爱。据统计,商都民俗庙会每天的游客接待量达到2万人以上,同比增长10%以上。

(四)适合大众需求的休闲、度假旅游产品市场火爆。

假日期间,郑州市城乡互动休闲、度假等时尚旅游产品依然高温不减。滑雪、温泉、康体、运动等都已成为广大游客的主要休闲方式,旅游者对个性化、精品化的休闲度假产品也更为关注。节日期间,荥阳桃花峪滑雪场、江南春温泉度假区、丰乐农庄、国香茶城、黄河大观四季温泉度假区等城郊乡村度假地,以良好的自然环境和休闲方式,吸引了大量市民和游客休闲度假,景区游客接待量再创新高。桃花峪滑雪场游客接待量比上年同期增长了20%以上;江南春温泉度假区优美的环境、健康休闲的温泉项目,每天都有1000多人前去消费;丰乐农庄温泉别墅入住率达90%以上;到国香茶城品茗休闲度假的市民也比上年同期增加了两成以上。休闲、度假旅游产品日益成为假日旅游产品的重头戏。

(五)高铁体验之旅成为春节旅游市场的一大亮点。

随着2月6日郑州到西安高铁的通车,从西安到郑州只要2个小时的时间,"早出晚归"、"两地互游"不再是两地游客的梦想,高铁旅游时代已经走进百姓生活。郑州、西安两地旅游合作更为紧密,两地旅游部门先后开展了系列宣传活动,共同召开郑西高铁旅游说明会,签订具体的合作协议,组织两地媒体进行互访,推出了针对高铁游客的景区门票特惠活动。其中,郑州市15个3A以上的景区,在农历正月期间,针对持高铁票的陕西游客实施了2.5~8折不等的门票优惠。2月17日(农历大年初四),郑州、西安互游活动达到高潮,郑州、西安各200名首发团游客分别乘高铁抵达异地旅游,两地都对首游团举行了热烈喜庆的欢迎仪式。"郑西高铁一线牵,古都旅游新体验"成为春节旅游市场的一大亮点。据统计,郑州世纪欢乐园接待游客中来自西安的游客占将近10%。黄金周期间,郑州各景区的优惠措施和丰富的节日文化活动，吸引了广大高铁沿线的游客，看杂技、吃烩面、品特色小吃、逛地方庙会，给高铁沿线的游客带来了立体全方位的视听美味感受。据抽样调查测算，西安、三门峡、洛阳等地来郑游客比上年同期增长了20%以上。

（六）旅游市场安全有序。

黄金周期间，全市旅游市场秩序井然。由于景区节前的一些冰雪尚未融化，许多景区对安全工作高度重视，例如黄河风景名胜区、世纪欢乐园景区根据天气情况及时暂停了气垫船、过山车等游乐项目，保障了游客安全。假日期间，全市没有发生一起旅游安全事故，郑州旅游质监所共接到各类咨询电话300余个，涉及旅游纠纷的5起，均已处理完毕，无一起立案投诉。据抽样调查，游客对郑州市旅游服务的满意率为98%。

【郑州西安开展旅游合作】　为进一步联手西安，吸引国内远程市场和境外游客由西安中转到郑旅游，2010年由市政府副秘书长宋柏松带队的70人的郑州旅游推介团，再次赴西安开展了系列旅游促销活动。

（一）参加2010中国西安旅游交易会。3月9日—11日，推介团参加了交易会组织的系列活动。在中国旅游产品采购与分销会议上，郑州市被授予"泛西安三日游好去处"和"优秀中原线最佳旅游城市"称号。郑州市旅游局还在展馆设置"欢乐郑州行"推介专区，举办了郑州旅游产品说明会。交易会上，主办方专门设置了特色旅游演艺板块。来自登封塔沟武校的30多名"少林小子"向观众展示了精彩的少林功夫，成为人们关注的亮点。

（二）召开郑州西安旅游合作两地旅行社座谈会。3月12日，郑州市旅游局组织西安主要往河南输送客源的20家重点旅行社和郑州市重点景区、主要地接旅行社进行了面对面交流与座谈。会上，西安康辉、西安中信国旅、西安腾龙旅行社分别与河南康辉国旅、河南中信国旅、河南美好假期旅行社签订了互送游客协议。按照协议，2010年西安三家旅行社向郑州输送1万多名游客。

（三）举办面向公众的"2010郑州旅游产品春季推广活动"。3日13日—14日，在西安大雁塔北广场举办了面向公众的广场活动。舞台上有少林功夫的精彩表演，舞台下工作人员向西安市民发放宣传材料，推介郑州旅游线路。共发放郑州旅游折页、光盘等5万余份，有效地提高了西安市民对郑州旅游的认知度。

为抓住郑西高铁开通机遇，2010年郑州市旅游局联合西安市旅游局策划组织了"郑西高铁一线牵，古都互游新体验"系列旅游推广活动。包括：共同召开郑州旅游产品暨郑西高铁旅游合作说明会，签订郑西高铁旅游合作协议；组织两地媒体互访采风；春节前夕，两地旅游局协调当地景区，推出了针对郑西高铁散客的景区优惠措施；春节期间，组织古都互游过大年旅游团队开展两地市民的互游活动。活动受到了社会各界的广泛关注和好评。中央电视台先后两次派出记者进行采访，各大媒体进行了广泛和深入的报道。据统计，春节期间，西安、三门峡、洛阳等地的来郑游客比上年同期增长了20%以上。

【世博旅游大篷车走进郑州】　2010年3月25日，由国家旅游局主办，郑州市人民政府承办，市旅游局具体组织的"少林海宝相聚郑州——走进世博旅游大篷车和谐社区宣传推广活动"在全国文明社区金水区鑫苑社区启动。河南省省长助理卢大伟、省旅游局局长苏福功、副局长何琳，郑州市副市长王哲等参加了启动仪式。

启动仪式上，锣鼓喧天、鼓乐阵阵，海宝等20多个卡通偶穿梭其间。世博旅游大篷车宣传推广团副总指挥、副主任李其国向鑫苑社区赠送了50张世博会门票。全国绿色家庭的代表、鑫苑社区业主李海棠女士宣布活动启动。随后，由郑州市金水区、中原区、管城区、二七区选送的具有中原特色的文化表演陆续登场，赢得居民阵阵掌声。少林功夫表演将演出推至高潮。在社区广场上，20多个展台有序展开，既有上海市、江苏省、安徽省的世博宣传推广展台，还有郑州市的少林景区、黄河生态旅游风景区、康百万庄园、海洋馆、世纪欢乐园等景区和河南旅游集团、省中旅等旅行社的展台。展台前，挤满了前来索取宣传资料或咨询世博精品线路的市民。据统计，活动当天发放各类宣传资料3万余份。

此次"走进世博——旅游大篷车宣传推广活动"3月18日在上海启动，途经江苏、安徽、河南、山东、河北、天津等地，4月3日抵达北京，沿途面向公众和业界举办世博旅游推广活动。抵达北京后，在奥林匹克中心鸟巢举行全国百城世博旅游宣传推广周启动仪式，在大篷车活动结束的同时，拉开全国百城世博旅游宣传周的序幕，进一步为上海世博会开幕预热升温。

在世博旅游推广期间，郑州市重点推出了全市旅游的王牌产品——少林。在世博会举办的184天，每天都有8个场次的少林功夫大型展示；52集的动画片《少林海宝》世博会期间在央视播出；市旅游局围绕世博会，在上海推出了系列宣传活动，在浦东国际机场等重要公共场所投放大批旅游宣传品，进行花车和少林功夫的巡游展演，从而让少林牵手海宝，吸引海内外宾客"观世博，游郑州"。

【"文明旅游、理性消费"公益宣传进社区活动】　4月11日，由河南省旅游局、郑州市旅发委主办，郑州市旅游局、中原区人民政府承办，中原区文化旅游局、金水区文化旅游局和二七区文化旅游局协办的河南（郑州）"文明旅游、理性消费"公益宣传进社区活动在中原区风和日丽社区启动。省旅游局副局长李亚白、郑州市副市长王跃华、市政府副秘书长宋柏松、市旅游局局长岳俊华、中原区区长王东亮等,以及各县(市)区旅游行政主管部门的负责人、中原区部分社区的居民代表共1000余人参加了活动。

"文明旅游、理性消费"公益宣传进社区活动,以"品质旅游、理性消费和文明旅游"为主题,旨在通过宣传活动和现场咨询交流,宣传推广文明旅游公约,增进旅游行政主管部门、旅游企业和市民游客之间的相互了解,让广大市民更加了解旅游常识,提升自身文明素质和维权意识,真正享受到旅游的快乐;让旅游企业更准确地掌握市场需求,不断提升经营水平,自觉诚信经营、优质服务。

在启动仪式上,副市长王跃华诚邀广大市民积极参与到活动中来,坚持做文明游客,做到明明白白消费,快快乐乐出游。市旅游协会旅行社分会副会长孙燕向全市旅行社发出了诚信经营、优质服务的倡议;风和日丽社区居民代表邢建军呼吁广大市民积极参加到活动中来,理性消费,做文明游客。省旅游局副局长李亚白宣布活动启动。

全市主要景区和旅行社共30多家旅游企业在活动现场设置了宣传展台,为社区居民提供旅游服务咨询。郑州市旅游质监部门安排了旅游消费维权现场咨询活动。活动现场还组织了富有中原文化特色、深受社区居民欢迎的文艺节目表演,活跃了现场的气氛。

此次活动针对性强、组织得力、内容丰富,受到了社区居民的普遍赞扬。4月11日—16日,全市各县(市)、区也陆续开展了此项活动。

【"五一"假日旅游】 "五一"假日期间,天气晴好,适宜出游,全市游客接待量稳步攀升,旅游质量明显改善。

(一)旅游接待人数稳步增长,重点景区经营稳健。

随着旅游市场的日益成熟,郑州市旅游经济逐步由数量规模型向质量效益型转变。据重点统计和抽样调查测算,3天假期全市共接待游客316.78万人次,同比增长3.5%;实现旅游收入20.23亿元人民币,同比增长5.1%。纳入全市统计信息预报的15个重点景区,共接待游客76.82万人次,同比下降6.48%;实现门票收入1549.03万元,同比增长1.33%。其中,嵩山少林景区接待游客6.79万人次,门票收入503.8万元;黄河风景名胜区接待游客4.42万人次,门票收入223.62万元;黄帝故里接待游客13.14万人次,同比增长0.15%;康百万庄园接待游客2.95万人次,同比增长5.81%,门票收入79.55万元,同比增长43.39%;郑州世纪欢乐园接待游客5.9万人次,同比增长17.16%,门票收入254万元,同比增长23.52%。

(二)近郊旅游市场持续繁荣,新兴业态受到青睐。

"五一"期间,郑州市部分环境优美的城市公园、功能齐全的城郊休闲度假地、特色鲜明的人文历史景点等免费公益性景区,成为市场新热点。郑东新区、沿黄河旅游带,以及河南博物院、河南地质博物馆、郑州博物馆、郑州城隍庙、郑州植物园等景点,以浓郁的文化氛围和良好的自然环境,吸引了大量市民和游客旅游休闲。郑州丰乐农庄黄河谷·马拉湾海浪浴场、江南春温泉、思念果岭、点点梦想城等休闲度假产品集聚区,成为假日旅游的亮点,新兴业态受到了广大游客的青睐。5月1日,江南春温泉接待游客2500人次,思念果岭接待游客4000人次。5月2日,惠济区南裹头景点接待游客10000多人次,收入20万元。3天假日,丰乐农庄共接待游客9.8万人次,同比增长5.3%,门票收入83万元,同比增长295%。郑州市惠济区、二七区、中原区等地农家乐生意异常火爆,黄河人家、咱家小院、龙源水乡、生态特味村、豫王富苑等知名星级农家乐接待量均大幅增长。

(三)短线游、合家游、自驾车旅游比例稳步增长。

2010年"五一"天气晴好,为市民出游提供了便利条件,人们举家出游、结伴出游、多次重复出游,旅游活动已成为市民节假日放松身心的重要方式。假日期间,全市合家出游现象非常明显,据抽样调查测算,比例达到55%以上。随着私家车拥有量的不断增多和全省高速公路网络的日趋完善,以自驾车旅游为代表的自助游趋势更为明显。据抽样调查,游客自驾车比例占58%,与上年同期相比增长1个百分点;自助游游客比例达到67%,比上年同期增长2个百分点。据抽样调查,短途旅游快速增长,省内游客比重占全市接待总量的80%以上。省内客源地前10位依次为:郑州、开封、洛阳、许昌、焦作、新乡、平顶山、漯河、南阳、商丘。

环城游憩带景区亦成为市民假日旅游的首选,游客比例达到50%以上。假日期间,河南金鹭鸵鸟游乐园接待游客10.42万人次,同比增长1.96%,门票收入98.28万元,同比增长1.81%;浮戏山雪花洞接待游客6.057万人次,同比增长26.23%,门票收入67.644万元,同比增长26.69%;郑州海洋馆接待游客2.14万人次,同比增长31.29%,门票收入159.7万元,同比增长35.22%。

(四)假日旅游产品花样翻新,文化创意旅游魅力初显。

"五一"期间,康百万庄园推出了"舞动十指,演绎七彩"石膏彩绘、"凝心聚力齐向前"综合竞赛和"豫商先驱魅力庄园"大型摄影展等系列活动;长寿山景区举办了篝火晚会、大型鸟展、登山比赛等活动;浮戏山雪花洞举办了"加油快乐向前冲"等健身竞技比赛;世纪欢乐园新增了疯狂大摆锤、漂流冲浪、魔域巅峰、移动冰雪城等大型项目;郑州海洋馆新推出的极地海洋动物表演,让游客与海洋动物零距离接触;新郑黄帝故里每天举行两次拜祖仪式;郑州丰乐农庄黄河谷·马拉湾海浪浴场于"五一"开门迎客,吸引了众多游客前往体验惊险刺激的冲浪感受。《禅宗少林·音乐大典》大型实景演出倍受游客青睐，场场爆满。

（五）旅游服务质量稳步提升。

2010年“五一”假期，全市旅游市场形势安全平稳，服务质量稳步提升。节日期间，全市共接到各类旅游咨询电话270余个，无正式立案投诉。郑州旅游质监所对嵩山少林等重点景区进行了旅游服务现场检查，共对110名导游进行了核查，查处无证带团导游7名，并对3名违反《导游人员管理条例》的导游作出扣分处理。据抽样调查，游客对郑州市旅游服务的满意率为98.2%，比上年增长0.1个百分点。

【参加香港国际旅展】 2010年6月10日—13日，第24届香港国际旅游展览会在香港会展中心举行，来自世界各地46个国家和地区的600多个参展商及30多个官方展团参展，展出面积达15000平方米，12000名业内人士参加。香港国际旅展是香港唯一的国际旅游展览会，已成功举办超过20年，成为向香港业界和亚洲区内买家推广和洽商的重要平台。

经郑州市旅游局与西安市旅游局共同向国家旅游局提出申请，国家旅游局将两市旅游局展位安排在一起，这是继郑西高铁两地成功合作后，又一次联合在境外进行促销。

郑州市旅游局工作人员和西安市旅游局工作人员共同接待了前来咨询的旅游界人士，介绍了“少林+兵马俑”经典线路，同时也重点推介了乘郑西高铁，游西安和郑州的旅游产品，并推出了郑州市少林寺、康百万庄园、黄河风景名胜区、河南博物院、郑东新区等景区。在旅行社专区，香港港中旅、康泰、永安等旅行社推出了包括郑州市旅游线路的产品，可以提供现场报团优惠。河南旅游集团、中信国旅等国际社在展区内约见了当地旅行社负责人，进行了广泛的洽谈。中国展团还首次安排了旅游推介主题演讲区，郑州市旅游局配合河南省旅游局在会场内举办了一场旅游推介主题演讲，取得了很好的宣传推介效果。展会期间，郑州市共派发了2000余份精美折页、DVD等宣传资料，向旅游界人士以及香港市民展示了郑州数量丰富且禀赋一流的旅游产品。

【赴京冀地区旅游推介】 为进一步开拓、巩固京冀地区及北方旅游客源市场，2010年6月23日—29日，市旅游局局长岳俊华率领由郑州市旅游局、登封市旅游局、登封少林管理局、港中旅（登封）少林文化旅游有限公司以及郑州市黄河风景名胜区、康百万庄园等重点景区负责人、部分旅行社负责人、少林武僧表演队等组成的推介团一行80人余人，分别走进石家庄、北京、邯郸等京冀地区，进行了为期8天的“体验少林功夫，感悟古都郑州”系列宣传推介活动。

本次推介活动开展了3场推介会，包括专场推介、武术表演、宣传品及产品线路展示等内容，进一步巩固了京冀地区及北方旅游客源市场。据统计，3场推介会到会旅行商300余人，推介团发放各类宣传品6000余份。京冀地区一直是郑州市的重要国内旅游客源市场，根据旅游抽样调查统计，近几年，到嵩山少林旅游观光的京冀地区游客正以每年20%的速度递增，该地区已成为国内六大旅游客源地之一。而位于河北南端的邯郸市人口达943万人，人口基数大，距郑州市仅3小时车程，市民出游率高，是郑州市重点的客源城市之一。在本次推介会现场，刚刚结束在郑州考察工作的邯郸市旅游局局长房延生指出，郑州旅游的知名度和美誉度正日益提升，两地旅游部门要进入密切合作期，不断拓宽合作领域，让更多的邯郸游客走进郑州。

与国内各大知名旅行商开展了多方会谈，进一步拓宽了郑州旅游的专业销售渠道。本次推介活动期间，郑州旅游推介团分别与驻京的中旅总社、中信总社等国内各大知名旅行商进行了交流与洽谈，详细介绍了郑州市新出台的相关优惠政策措施、新落户的旅游项目、新增添的旅游配套设施、新改造升级的旅游景区（点）等情况。通过反复交换意见，初步达成了联手打造郑州旅游品牌、联合开展促销郑州旅游产品的合作意向。

【参加北方旅游交易会】 2010年6月24日—27日，郑州赴京冀地区旅游推介团参加了由北京旅游局主办的北京国际旅游博览会暨北方旅游交易会，进一步扩大了郑州旅游的影响。本届博览会展出面积达到23700平方米，参展商和买家来自82个国家和地区，国内25个省、市、自治区参展，是我国北方地区规模最大的旅游专项展览。

6月24日，在人民大会堂举行的交易会开幕式上，少林功夫作为开场的第一个节目，赢得了满堂彩。此外，正在筹拍电视剧的康百万庄园景区也受到了极大关注，不少游客纷纷在展台前询问交通通行方式和索要宣传手册。据统计，郑州市交易会展场共吸引了400余家旅行商前来咨询洽谈，发放各类宣传资料2万余份。

【“郑汴洛焦”旅游推广联盟成立】 2010年7月29日，“郑汴洛焦”旅游推广联盟成立仪式在郑州市黄河饭店举行。省旅游局副局长何琳，郑州、开封、洛阳、焦作四城市旅游局局长、重点景区负责人、主要旅行社负责人和省会主流媒体60余人出席了成立仪式。四城市旅游局长共同签署了合作协议，由郑州旅游局发起的“郑汴洛焦”旅游推广联盟正式宣告成立。

郑州、开封、洛阳、焦作四城市是中原城市群的核心城市，也是河南旅游的最重要的目的地城市。四市拥有国家5A级景区3个、4A级景区33个，在全省旅游格局中占有重要的地位。据统计，2010年春节黄金周期间，四市接待游客305万人次，占全省游客总数的48.2%。

根据所签协议规定,旅游推广联盟的组织活动由轮值主席城市旅游局长及下设秘书处承担,负责召开"郑汴洛焦"旅游联盟联席会议,协商确定联合促销计划,组织赴国内外主要客源地开展1~2次联合促销,组织主要客源地旅行商、媒体踩线采风活动。四市还将共同塑造区域旅游品牌,编制精品旅游线路,将少林寺、龙门石窟、云台山、开封大宋文化旅游区等旅游景区串联成线,打造历史文化游、自然生态游、休闲保健游、寻根朝觐游等新旅游产品并推向市场。旅游推广联盟的成立,将有效地整合旅游资源和旅游线路,强化在国内外旅游市场的影响力和推介力度。

【省外周边城市旅行商来郑踩线】 为进一步巩固省外周边市场,打造以郑州为中心五百公里旅游圈,8月26日—29日,郑州市旅游局邀请河北、山西、山东、陕西四省的邯郸、晋城、运城、济宁、聊城、西安、渭南、咸阳八城市旅游局、百家旅行商和20家媒体在郑州市进行了为期4天的旅游踩线活动。此次踩线活动,主要围绕郑州市刚刚获批的世界文化遗产登封"天地之中"历史建筑群进行了深度考察。此外,还考察了黄河风景名胜区、康百万庄园、郑东新区等重点景区。

上述八城市与郑州地域相近,互为重要的客源地和目的地。此次踩线活动邀请的部分城市及媒体,曾参加过2008年"欢乐郑州行"踩线活动。为增加本次活动亮点,给客商们加深印象,郑州市旅游局针对此次活动设计了新的宣传推广模式。在踩线活动开始前,为大家专题推出了"天地之中,大美郑州"旅游推介活动,向旅行商全面系统推介了郑州的旅游产品和旅游新形象,并重点深度推介登封"天地之中"历史建筑群。在推介会上,郑州市旅游局局长岳俊华提出了切实可行的合作建议;郑州市各主要地接旅行社也以舞蹈、歌曲等表演形式纷纷亮相,或发放礼品,或主动对接,使推介会充满了交流与合作的气氛。在为期4天的实地踩线考察交流中,客商们集中参观了登封观星台、中岳庙、嵩阳书院、嵩岳寺塔、会善寺、少林寺等景区,以及河南博物院、黄河风景区、康百万庄园等重点景区,还观看了嵩山大型实景演出——《禅宗少林·音乐大典》。

踩线活动结束后,郑州市旅游局专门召开了座谈会。八城市旅游局、旅行社及媒体代表畅所欲言,大家一致认为郑州旅游资源丰富,登封"天地之中"历史建筑群文化底蕴深厚,将根据本次考察体验的郑州旅游资源重新设计线路。本次踩线活动的开展,加强了业界的沟通与合作,为郑州旅游产品的推广打下了良好的基础。

【参加上海旅游节】 郑州旅游花车首次走进上海旅游节。9月12日,以"走进美好与欢乐"为主旨的上海旅游节在上海开幕。开幕式花车巡游是上海旅游节的一大亮点,也是传统品牌项目之一,具有广泛的影响力和极强的群众参与性。由郑州市旅游局选送的"天地之中,大美郑州"花车首次参加上海旅游节,向海内外游客展示了郑州旅游。这也是"天地之中"历史建筑群申遗成功后首次在国内重大旅游活动中亮相。

当晚,共有境内外18台花车、28支表演团队参加了上海旅游节花车巡游,40余万市民游客欣赏了花车巡游。郑州市旅游局选送的"天地之中,大美郑州"花车,以嵩山少林为背景,以少林"禅"、"武"为主题,运用时尚的动漫卡通表现手法,向受众表达了少林寺"禅"、"武"结合的独特文化内涵。花车在制作上大量采用内发光工艺,整车通体透亮,车头的卡通少林小子活泼可爱又不乏英武姿态,微笑着向观众招手,中间的一组三座佛像点出了禅宗少林的主题,由LED屏幕组成的造型也演绎了郑州其它特色景区。分布在花车上下身着LED灯光服装的少林小子的功夫表演,吸引了众多的观众,赢得阵阵喝彩。9月13日—29日,花车前往上海11个区县以及世博园进行了展示巡游,少林武术队员继续随车表演,并面向上海市民发放了4万余份郑州旅游折页和"天地之中"历史建筑群专题折页。9月30日—10月6日,花车停放在上海著名景点东方绿舟供市民游客观赏。

这是郑州市首次组团参加上海旅游节巡游活动,旨在借助上海旅游节和上海世博会的平台,把郑州旅游精品线路推介给上海市民和国内外游客,进一步扩大品牌影响。

【赴鲁苏五市进行旅游推介】 为巩固郑州与江苏、山东重要旅游城市的双边合作关系,树立精品旅游形象,9月14日—21日,郑州市旅游局组织以"天地之中,大美郑州"为主题的推介团,先后赴徐州、济南、烟台、青岛、枣庄五市开展了旅游促销活动。

山东、江苏两省皆为郑州市重要的旅游客源地。据统计,在2009年郑州市接待各省游客总量中,山东、江苏均位居前列,其中山东更是河南省第一大客源省。此次推介由港中旅(登封)嵩山少林文化旅游有限公司、黄帝故里在内的7家4A级重要景区共同参加。在为期8天的5场推介会上,共吸引当地旅行社近400家、当地主要媒体40多家,发放宣传资料500余份。

在徐州,郑州市旅游局与徐州市旅游局签署了合作协议,利用郑徐客运专线即将开通之际,开发"寻华夏之根,探大汉之源"旅游产品。在烟台,康百万庄园景区与烟台牟氏庄园联合成立"康牟庄园"旅游推广联盟,以互换广告等形式开展深层次协作。在青岛,港中旅(登封)嵩山少林文化旅游有限公司与港中旅(山东)旅游社有限公司签订了互惠协议,将联合在山东主要城市开设少林景区直营店。

为突出郑州旅游的新形象、新定位,此次推介以"天地之中,大美郑州”为主题，围绕登封“天地之中”历史建筑群世界遗产之旅和郑州绿博园推出了多条新线路，深受两地旅游业界重视和欢迎。

五城市旅游局领导对与郑州的双边旅游合作前景给予肯定。央视网、山东旅游网等媒体第一时间报道或转载了本次推介活动，并以“不断转型升级”、“趋于精品化”、“成为旅游新宠”评价郑州旅游。在徐州推介会结束不久，徐州国旅就组织了200多人的旅游团到郑州市观光旅游。

【“十一”黄金周旅游】 2010年“十一”黄金周，秋高气爽，适宜出游。登封“天地之中”历史建筑群申遗成功，带动了郑州市传统热点景区倍受青睐；郑州绿博园建成开放、台湾产品月活动的举办，吸引了更广范围更大规模的游客到来。整个假日期间，郑州市旅游市场呈现出了火爆、平稳、安全和有序的局面。

（一）旅游接待人数和经济效益再创新高。

2010年“十一”黄金周，各种出游条件良好，游客的旅游意愿得到集中释放，全市旅游接待人数和收入与上年同期相比大幅攀升，再创新高。据重点统计和抽样调查测算，黄金周期间，郑州市共接待游客763万人次，同比增长18.3%；实现旅游收入38.98亿元人民币，同比增长15.6%。纳入全市统计信息预报的15个重点景区，共接待游客129.74万人次，同比增长12.02%；实现门票收入2582.48万元，同比增长14.23%。

（二）重点品牌景区魅力依旧，新景区和公益性景区异军突起。

黄金周期间，郑州市重点景区特别是大部分4A级以上品牌景区，游客接待量稳步上升。(1)成功申报世界文化遗产后，登封市主要景区游客量大幅增加。其中，嵩山少林景区共接待游客16.74万人次，同比增长7.74%，门票收入1181.53万元，同比增长5.06%；嵩阳书院接待游客1.3万人次；中岳庙接待游客2万人次。1—6日，《禅宗少林·音乐大典》实景演出共接待游客1.26万人次，实现收入162.5万元。(2)黄河风景名胜区共接待游客4.34万人次，同比增长18.85%，门票收入221.32万元，同比增长549.99%；巩义康百万庄园接待游客5.85万人次，同比增长16.07%，门票收入112.82万元，同比增长13.37%；郑州世纪欢乐园接待游客8.21万人次，同比增长14.03%，门票收入422.39万元，同比增长21.55%；郑州海洋馆接待游客3.6万人次，同比增长52.68%，门票收入268.22万元，同比增长54.15%。

“十一”期间，郑州市以绿博园为代表的新景区和部分环境优美的城市公园、功能齐全的城郊休闲度假地、特色鲜明的人文历史景点等免费景区，成为市场新热点。绿博园自节前开园以来，游客人数居高不下，节日期间日游客最大接待量超过10万人次；1—6日，共接待游客54.4万人次，门票收入655.7万元。黄帝故里、城隍庙—文庙、河南博物院、郑州博物馆、河南省地质博物馆等人文类景点以浓郁的文化氛围，让游客在游玩的同时增长了知识。其中，黄帝故里景区接待游客11.56万人次，同比增长0.04%。黄河花园口景区从2010年“十一”开始免收门票，吸引了众多游客，共接待游客19.2万人次，同比增长149.35%。紫荆山公园、碧沙岗公园、古树苑、思念果岭山水、郑东新区、黄河旅游带等自然类免费景区（点），以清新的空气、优美的环境吸引了大量市民和游客前来游览、休闲。

（三）中短线旅游呈现快速增长态势，长线游客稳中有升。

公共假期数量增多、部分假期时间缩短，以及近两年郑州市对周边省市旅游市场的重点开拓，使中短途旅游市场迅猛攀升。据抽样调查，方圆500公里左右的范围、行程在两三天以内，已经成为郑州市主要的假日旅游客源市场。随着郑西高铁等动车组的不断增多，这一客源市场范围有进一步扩大的趋势。环城游憩带景区景点成为假日旅游的首选，游客比例达到40%以上。郑州市省内游客比重占全市接待总量的80%以上。省内客源地前10位依次为：郑州、洛阳、许昌、新乡、焦作、周口、南阳、安阳、驻马店、开封。长线游客接待量稳步增长，主要客源地集中在与河南省交界的山东、山西、安徽、陕西、河北、湖北等周边省市及北京、江苏、广东等经济发达地区。

（四）城乡休闲游渐成趋势，自助游比例增长。

假日期间，城乡休闲游成为郑州市旅游的一大亮点。城市购物、乡村采摘、森林探幽、高山览胜、运动健身、野营等，都已成为广大旅游者的休闲方式。旅游者对个性化、精致化的休闲度假产品更为关注。农民生活更加富裕，闲暇时间不断增加，假日出行旅游的比例显著增长。新兴业态受到游客青睐，丰乐农庄温泉别墅入住率达到90%以上，江南春温泉日接待量超过700人。假日期间，郑州市郑东新区和城市公园内游客如织。金鹭鸵鸟园接待游客16.87万人次，同比增长8.91%，门票收入191.2万元，同比增长15.15%。浮戏山雪花洞景区接待游客6.02万人次，同比增长5.14%，门票收入81.26万元，同比增长2.76%。黄河花园口景区的免收门票措施，使沿黄旅游带交通线路顺畅，极大地方便了沿线农家乐、渔家乐的旅游经营，经营额大幅增长。据统计，1—6日，惠济区农家乐共接待游客36.69万人次，营业收入623.4万元，人数和收入的增幅均在30%以上。惠济区黄河人家、中原区咱家小院、二七区樱桃沟、管城区生态特味村、巩义市杨树沟、中牟县雁鸣湖等农家乐生意红火。

随着私家车的增多和全省高速公路网络的完善，居民对假日旅游的需求更加注重个性化和多样化，以自驾车旅游为代表的自助游比例逐年上升。据抽样调查，游客自驾车比例占60%，比上年同期增长5个百分点;自助游游客比例达70%,比上年同期增长3个百分点。2010年"十一"黄金周期间,全家出游的现象非常普遍,比例超过50%。

(五)餐饮、住宿和购物营业收入大幅攀升。

由于2010年"十一"黄金周的国庆与中秋"双节"时间相距很近,加上"夜经济"的带动作用,郑州市餐饮、住宿和购物场所经营情况持续走高。各星级饭店纷纷推出促销措施,加大营销力度,取得了良好效果。据抽样调查,星级饭店平均客房入住率达70%左右,与上年同期相比增长2个百分点。热点景区所在的宾馆饭店入住率较高,登封市星级饭店入住率达到95%以上。"十一"黄金周期间,郑州市多家饭店举行了各种不同主题的美食节和主题营销活动,使黄金周的产品更加丰富多彩。婚宴、亲朋好友聚会,使得餐饮市场生意红火。萧记烩面等特色餐饮企业生意兴隆,酒吧等娱乐场所异常火爆。全市各大商场、超市人气兴旺,营业额均大幅增长。

(六)旅游市场安全有序。

"十一"黄金周期间,全市旅游安全形势平稳,没有发生旅游安全事故。截止到10月6日,郑州市旅游质监所共接到各类旅游咨询电话300余个,处理旅游纠纷5起。从投诉内容分类看,涉及旅行社3起,涉及景区1起,涉及其它1起,均已得到解决,投诉件数比上年同期下降58%。抽样调查结果显示,绝大部分游客对郑州市的旅游产品、旅游设施、旅游服务等较为满意,游客满意率为96%,与上年同期持平。

【"魅力郑州畅冬游"惠民旅游活动启动】 2010年12月18日,"魅力郑州畅冬游"惠民旅游活动启动仪式在金鹭鸵鸟园举行。本次活动由河南省旅游局、省供销社、郑州市人民政府主办,郑州市旅游局、金鹭鸵鸟园承办,经开区文教体局、管城区旅游局协办。河南省旅游局副局长王玉宝、省供销合作总社副主任王国锁、郑州市人大副主任李元法、郑州市旅游局局长岳俊华等出席了活动启动仪式。参加启动仪式的还有郑州市各县(市)区旅游局领导,100家省会重点旅行社负责人,22家A级景区代表,书法家、摄影爱好者、游客代表和省会主要新闻媒体记者等共计约1000人。

省旅游局副局长王玉宝在启动仪式上致辞,市人大副主任李元法宣布"魅力郑州畅冬游"惠民旅游活动正式启动。启动仪式上,郑州市旅游局向全市重点景区赠送了爱心轮椅。其中,少林寺景区(5A)20辆;黄河风景名胜区、黄帝故里、中岳庙、嵩阳书院、康百万庄园、郑州世纪欢乐园、丰乐农庄等8家4A级景区各10辆;金鹭鸵鸟园、新郑始祖山风景区、荥阳环翠峪风景名胜区、巩义浮戏山—雪花洞、新密神仙洞森林公园等13家3A级景区各5辆。这些轮椅交由各景区日常管理使用,方便老年游客和残障朋友在景区内观光游览。

"魅力郑州畅冬游"惠民旅游活动时间为2010年12月18日—2011年3月10日。活动期间共推出3项内容:(1)全市29家主要景区推出了不同程度的打折让利优惠活动。其中,5A级景区1家,即少林寺景区;4A级景区7家,即黄帝故里景区、郑州黄河风景名胜区、嵩阳书院、中岳庙、巩义康百万庄园景区、世纪欢乐园、丰乐农庄;3A级景区10家,即金鹭鸵鸟园、始祖山景区、浮戏山雪花洞风景名胜区、石窟寺、巩义竹林景区、青龙山慈云寺、神仙洞森林公园、富景生态世界、黄河花园口旅游区、郑州城隍庙—文庙;2A级景区2家,即新郑市博物馆、樱桃沟景区;除A级景区外,还有江南春温泉酒店、青龙山温泉疗养院等旅游经营单位。(2)向全市3A级及其以上景区赠送爱心轮椅。(3)陆续推出"五个一百"免费游郑州活动,即"百名出租车司机免费游郑州"、"百名环卫工人免费游郑州"、"百名公交车司机免费游郑州"、"百名交警免费游郑州"、"百名小记者免费游郑州"。

(刘晓飞)

郑州市司法局

司法部副部长张苏军率司法部检查验收组对郑州市“五五”普法和依法治市工作进行检查验收

郑州市监狱“文化阳光”启动仪式暨市图书馆监狱分馆开馆剪彩仪式

郑州市首家法律援助值班律师办公室在郑州市公安局交警一大队举行揭牌仪式

召开全市律师工作会议

河南省“加强法制宣传教育、促进社会矛盾化解”主题宣传活动

根据司法部的统一部署，郑州市监狱、郑州市属各劳教所开展为期一年的监狱劳教人民警察执法大培训、岗位大练兵活动

召开全市人民调解工作会议

郑州市公证处

获省厅先进单位称号

郑州市城乡

2010年1月26日，郑州市城乡建设委员会挂牌

主任郭庆宽视察富士康工地

市建委组织清扫门前雪

市建委接待群众诉求窗口揭牌仪式

建设委员会

第二届城市发展论坛（郑州）

委领导到帮扶对象——新密来集镇杨家门村视察

京广路沙口路快速通道工程动土仪式

郑州市城乡建设委员会

向青海玉树地震灾区捐款献爱心活动

郑州市20条道路打通暨积水点改造工程开工仪式现场

“四课一讲”演讲活动

市建委“河南省群众满意基层站所评创”先进单位授牌仪式

郑州市城乡建设委员会

市建委工作会议

召开领导干部廉政谈话会

召开郑州市建设行业会议

举办郑州市道德模范先进事迹报告会

市建委系统公务员岗位大练兵基础知识初赛

召开机关作风建设会议

郑 州 市 人

检察长杨祖伟到武警医院慰问

检察长杨祖伟到登封慰问群众

市院检察长杨祖伟与基层院检察长签定廉政责任书

市院领导和干警到宇通公司参观调研

市院领导和干警到郑煤机参观调研

市检察院设立清廉书屋

郑州市检察院派驻轨道公司特派员参加盾构始发典礼

驻村工作组

民 检 察 院

全员考试

全市检察长会

迎新春大合唱

机关“十佳创新项目”评比

创新发展年动员会

郑州市检察机关廉政教育大会

郑州市文物局

国家文物局局长单霁翔视察大河村遗址保护工作

国家文物局局长单霁翔等领导与郑州市文物局领导班子成员合影

省委常委、市委书记连维良、副省长张大卫、市长赵建才视察商城遗址保护工作

郑州市文物局成立及揭牌仪式

以塑造品牌为核心，强力推进博物馆建设。2010年郑州博物馆的“古都郑州”陈列展获得全国博物馆十大精品陈列奖

经过50年的辛勤耕耘，郑州市文物考古研究院在考古发掘、学术研究和人才培养等方面硕果累累

开展文物保护修复工程，城市历史文化和古都风貌得以延续。图为整修后的崇福宫

举办各种活动，增进公民文化遗产保护意识，营造共同参与文化遗产保护的良好氛围

博物馆、纪念馆积极发挥爱国主义教育基地作用，与部队、学校、社区共创新时期精神文明

各级政府加大资金投入，珍贵文化遗产得以修复和保护。图为整修后的会善寺

加大文化遗产的宣传力度，进一步提升文化遗产的国际知名度

加强交流，不断拓展博物馆公共服务领域

深入挖掘本土文化资源，倾力打造充满活力的文化名城

郑州市一批考古新发现被列入全国重大考古发现，彰显郑州古都群文化深厚的底蕴

郑州市

市委书记连维良视察园林绿化建设工作

市长赵建才视察中州大道北段园林绿化工程

市政协委员视察园林工作

园林绿化管理现场会在巩义召开

郑州市园林局成为郑州市政府组成部门。图为揭牌仪式

升级改造后的动物园动物馆舍新貌

在香港花展上，郑州市园艺作品“虎虎生威”获最佳景点金奖

改建后的人民公园大门

园林局

市领导参加植树节城区义务植树活动

郑州市首届牡丹芍药花展4月26日在郑州植物园开幕

组织园林执法培训

组织诗歌朗诵比赛

“五一”期间郑州街头布满鲜花

写意郁金香

花儿流瀑

舞动的春天

郑州市水务局

市委书记连维良带领市直相关部门负责人调研防汛和生态水系建设工作

市委书记连维良调研西流湖、常庄水库、索须河防汛工作

市委书记连维良视察新郑市后胡水库

市长赵建才视察防汛工作

市委常委、常务副市长胡荃、副市长张建慧、郑州警备区参谋长李国记察看城市防汛工作

副市长王跃华视察登封市朝阳沟水库

全国节水型社会建设试点经验交流会在郑州市召开，水利部副部长胡四一出席会议

水利厅副厅长李孟顺视察新密云岩宫水库

全国节水经验会代表在郑参观

郑州水务局揭牌仪式

印山—张定邦骨干坝

黄河苑

东区湿地工程，解决生态用水净化问题

郑州太古可乐公司中水处理设施，全年节水15万立方米

郑 州 市

省委书记卢展工、省长郭庚茂等省市领导视察绿博园建设情况

国家林业局原副局长李育才参观视察郑州绿博园

第二届中国绿化博览会倒计时100天启动

局长姜现刍等领导研究绿博园建设工作

第二届中国绿化博览会开幕式

绿博园北大门

林 业 局

省委常委、市委书记连维良到绿博园视察调研

副省长刘满仓在副市长王跃华陪同下视察绿博园建设

召开第二届中国绿化博览会新闻发布会

绿博会会徽吉祥物主题口号颁奖晚会

观光塔

绿博园奠基仪式

郑州·中国绿化博览园

郑 州 市

局 长 王顺生

国家粮食局局长聂振邦、副省长刘满仓到中原库检查工作

农业部副部长陈晓华带队抽查郑州市粮食清仓查库情况

副省长刘满仓到新郑视察粮食工作

粮食局

副市长王跃华视察夏粮收购工作

郑州市粮食局荣获全国粮食系统先进集体荣誉称号

全市粮食工作暨夏粮收购动员大会

郑州市粮油食品行业协会、郑州市粮油食品经济学会成立暨第一届会员代表大会

郑州市人民

中共中央总书记胡锦涛等党和国家领导人亲切接见参加第六次全国人民防空会议代表并合影，郑州市副市长张建慧代表郑州市参会

市委书记连维良一行在绿博会期间视察人防指挥通信车保障工作

市人大常委会主任白红战视察人防防汛工作

市人防办领导赴新农村帮扶点慰问困难群众

人防工程挂牌仪式

防空办公室

人防办组织参加全省防空防灾疏散演练

快速反应及时处置因下雨造成塌陷的上世纪60年代建设的防空洞

郑州市第四次获得“全国人民防空先进城市”殊荣

郑州市开放人防工程供市民休闲纳凉

组织优秀党员赴西柏坡参观学习重温入党誓词

郑州市在绿城广场成功举办了庆祝人民防空60周年暨全省人防机动指挥通信车跨区演练活动

郑州市公安

副省长秦玉海检查指导消防安全工作

消防官兵营救被河水围困的村民，副省长刘满仓、郑州市副市长王跃华等领导相继赶到现场，看望慰问在一线救援的消防官兵和被困的31名村民

市长赵建才带队检查消防安全

副市长黄保卫带队检查二七商业圈消防安全工作

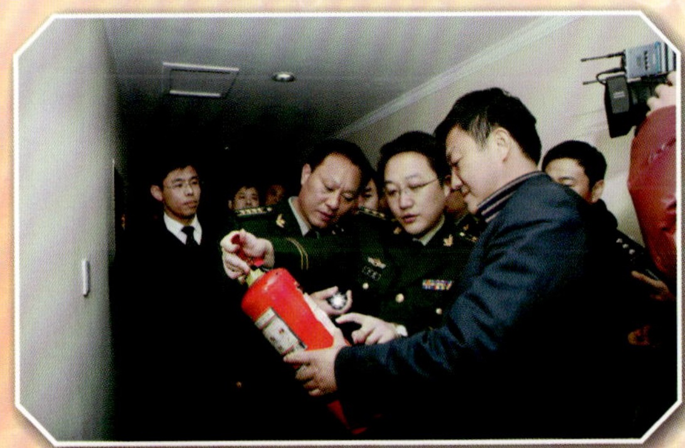

市政府副秘书长李杰带队夜查消防安全

灭火救援工作，参战官兵鏖战火魔

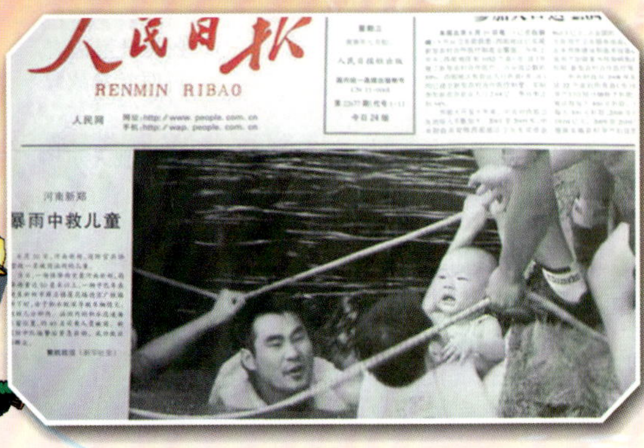
人民日报

RENMIN RIBAO

暴雨中救儿童

《人民日报》报道新郑消防暴雨救援行动

河南省举行安全生产应急救援实战演练

消防支队

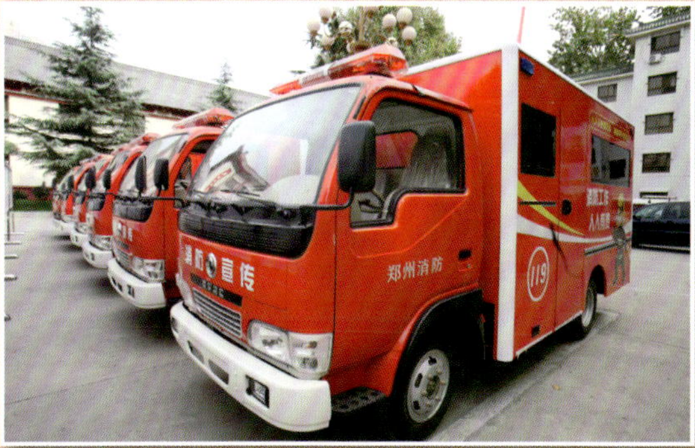

消防车

消防警官宣传消防知识

郑州市多警联合召开办公会议，研究部署“城中村”消防安全工作

郑州市应急救援支队成立大会在嵩山饭店举行

郑州市召开“平安中原”消防安全清查整治会议

郑州市召开构筑社会消防安全“防火墙”工程动员大会

郑州消防官兵赶赴四川抗震救灾

郑州支队召开全市人员密集场所消防安全“三会二化”现场推进会

郑州市南水

省长郭庚茂调研第二批移民安置

国务院南水北调办主任鄂竟平视察南水北调工作

原国务院南水北调办主任张基尧视察南水北调工作

省长郭庚茂，省委常委、郑州市委书记连维良视察南水北调工作

国调办副主任蒋旭光视察南水北调工作

南水北调郑州段开工仪式

移民入驻新村现场

移民搬迁欢迎仪式

第一批岗周移民新村

北调办公室

原省委常委、市委书记王文超视察荥阳移民新村

副省长刘满仓视察南水北调工作

省南水北调办主任王树山视察南水北调工作

市长赵建才视察南水北调工作

郑州市委常务副书记马懿视察新郑市第一批移民新村

副市长王哲视察南水北调工作

副市长王跃华视察南水北调工作

南水北调干渠征迁暨丹江口库区移民安置动员大会

第二批移民安置区建设

移民搬迁动员

施工现场

郑州市轨道

中央组织部副部长张纪南在公司视察

市委书记连维良在公司视察

原市委书记王文超视察轨道交通

市长赵建才在公司视察

省纪委副书记、省监察厅长王流章在公司视察

副市长赵瑞东在公司调研

副市长张建慧在公司视察

公司网站开通

2号线总承包合同签约

交通有限公司

1号线贯通倒计时揭牌

隧道贯通仪式

2号线一期开工

与上海工程技术大学举行产学研合作协议签约仪式

盾构接收

区间右线盾构始发

中国移动通信集团河南

总经理贾大春陪同市领导在公司指导工作

总经理贾大春在营销一线

郑州移动携手郑州晚报走进郑州市盲聋哑学校，和工作在特殊教育一线的老师共庆教师节

基站施工现场

移动光纤施工

参加应急通信

有限公司郑州分公司

总经理贾大春荣获十大年度经济人物

郑州市人民政府与郑州移动召开郑州无线城市启动仪式暨新闻发布会，常务副市长胡荃同河南移动公司总经理董昕共同启动水晶球，宣布无线城市正式启动

党委书记李莉在员工运动会上

服务大型企业打造无线城市

打造整洁的营业场所

中国电信集团公司河

“风采人物”颁奖现场

到郑州市武警支队开展拥军活动

定期组织安全生产宣传教育活动

公司全体员工自发为玉树灾区捐款

关爱女员工，组织开展内容丰富，形式多样的学习娱乐活动，丰富员工业余生活

南省郑州市电信分公司

组织员工参与各类岗位技能竞赛活动，提升员工职业技能

开展新党员培训活动

郑州电信与二七区人民政府举行枢纽项目签约仪式

启动“春耕行动”，召开动员会

中国人寿财产保险股份有

员工拓展培训

参加交警系统一口清活动

禁止酒后驾车宣传

参加郑州市第十届运动会

参加郑州市第十届运动会入场式

“七一”期间组织到焦裕禄纪念馆参观学习

举办“七一”演讲比赛

参加爱心送考活动

限公司郑州市中心支公司

客户节服务社区

参与环中赛服务

党员示范岗

郑州中支服务礼仪大型培训

郑州中支职场

郑州中支年终总结大会

获中国人寿创先争优先进基层党组织

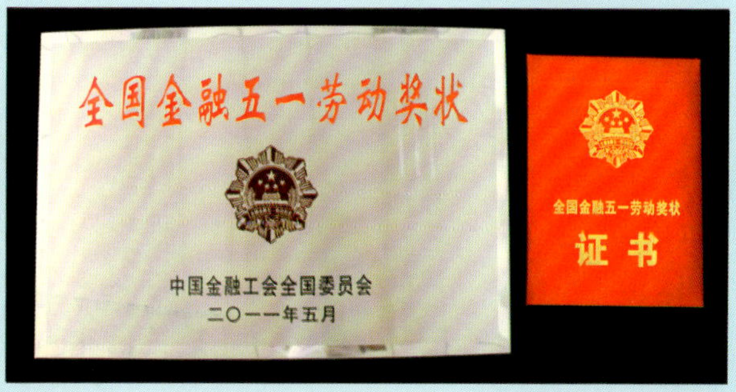

获全国金融五一劳动奖状

郑州市卫生局

全国人大常委会副委员长桑国卫院士考察郑州市国家基本药物制度落实情况

市委书记连维良等领导参加郑州宜居健康城战略咨询方案评审会

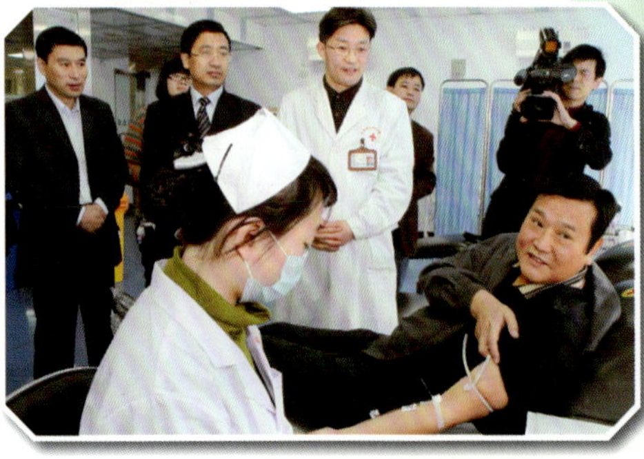

市长赵建才参加无偿献血活动

副市长刘东视察郑州市基本药物制度落实情况

市人大副主任雷志和人大代表视察郑州市食品安全工作

郑州市“大学生预防艾滋病宣传教育活动”

市卫生系统第六届“天使杯”职工运动会

郑州市“片医负责制”服务模式交流大会

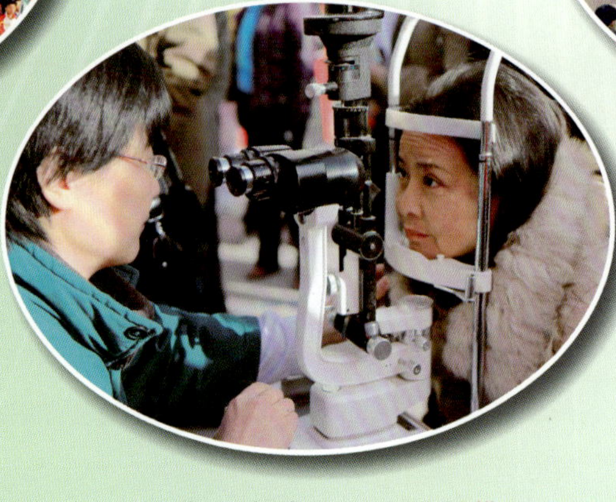

市卫生系统万名医护送健康义诊服务活动

郑州市体育局

团结求实开拓创新的市体育局党组班子

第八届中国郑州国际少林武术节开幕式

出席第十八届中日韩青少年运动会的嘉宾

第十八届中日韩青少年运动会三国代表团团长

郑州市运动员李雪英获得广州亚运会女子举重冠军

局长李庆山欢迎郑州市亚运冠军运动员载誉归来

参加河南省第十一届运动会的郑州市代表团

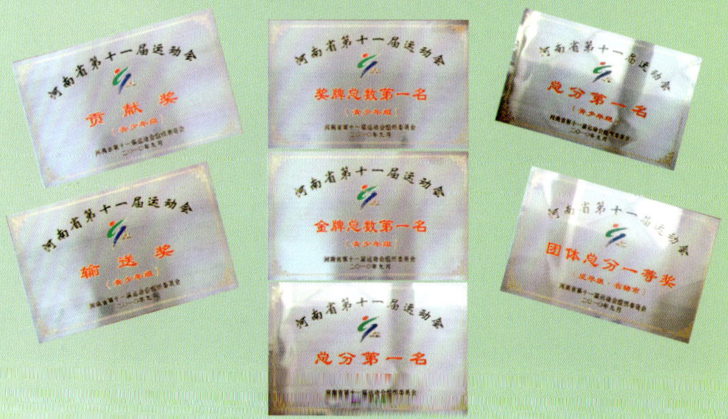

郑州市代表团囊括河南省第十一届运动会全部七项大奖

郑州市物价局

国家发改委价格司司长张满英在郑州市调研价格工作

局长陈军安陪同市人大视察组检查郑州市粮油批发市场

开展价格服务进社区活动，接受群众咨询投诉

价格举报电话12358开通五周年

组队参加郑州市第五届“百万妇女健身活动”太极拳比赛获得一等奖

获得的荣誉

物价执法人员进行执法宣誓

郑 州 市 旅 游 局

局领导班子工作座谈会

省长助理卢大伟参加世博旅游大篷车和谐社区宣传推广活动

郑州市与奥地利因斯布鲁克市签订建立友好城市备忘录

西双版纳旅游推介会

召开郑州市优化旅游发展环境工作会议

郑州市导游大赛决赛暨颁奖典礼

郑州市旅游信息咨询服务中心成立

二七区社区旅游启动仪式

河南黄河河务局
郑州黄河河务局

市委书记连维良检查黄河防汛工作

黄河防总副总指挥、黄委会主任李国英检查郑州黄河防汛

局长刘培中察看雨毁工程

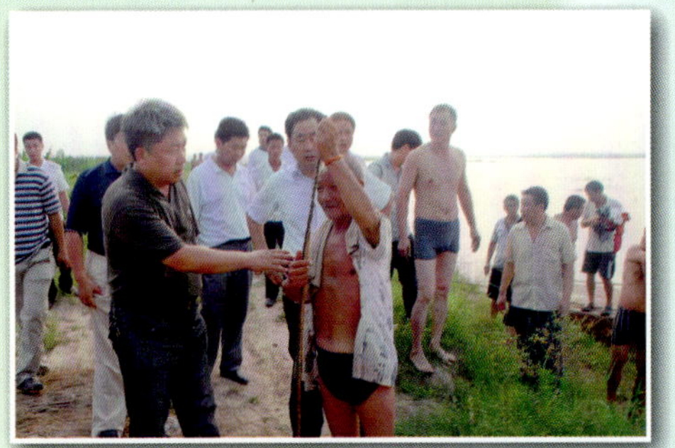

河务、政府联动解救滩区被困群众

组织开展声势浩大的水法规宣传活动

参加“迎绿博、健康行”长走活动

机关党委成立大会

开展防汛抢险技能竞赛

开展防汛抢险技能竞赛

荥阳桃花峪险情抢护

河南省电力公司
郑州供电公司

国家电监会主席王旭东在副省长史济春陪同下到郑州供电公司视察指导工作

郑州市人民政府与河南省电力公司签署《共同推进郑州电网发展合作框架协议》

河南省首个大型电动汽车充电站建设项目奠基仪式

郑州供电公司积极服务重点工程建设，加紧石武客专线路迁移改造

郑州市首个首席服务官小组进驻郑州供电公司，专题协调解决电网建设难题

郑州供电公司对变电站进行设备改造，确保迎峰度夏期间电力安全可靠供应

河南省首家打防涉电犯罪专业队在郑州供电公司成立

[illegible]大桥发生交通事故，郑州供电公司工作人员紧急出动协助抢险

中国联合通信集团公司郑州市分公司

总经理王宜科在“三八”节文艺汇演上为获奖单位颁奖

总经理王宜科在郑州联通一届二次职工（会员）代表大会上与各单位签订安全责任书

郑州联通与郑州市供销社签订战略合作协议

郑州联通与河南经贸职业学院签订校企合作共建协议

郑州联通“沃3G”走进校园

郑州银行股份有限公司

省会公交车爱心捐赠活动，郑州银行捐款1300万元，董事长王天宇受到省委书记卢展工亲切接见

省人大副主任王文超莅临郑州银行指导工作

2010年6月底，郑州银行资产突破500亿元、存款突破400亿元、储蓄突破100亿元。时任行长王天宇接受媒体采访

市人大常委会主任白红战带领省人大代表莅临郑州银行指导工作

郑州新区党工委书记李柳身莅临郑州银行检查指导工作

市委常委、常务副市长胡荃到郑州银行进行慰问

郑州银行召开第三届董事会第二十九次会议，新老董事长顺利交接

时任郑州银行行长王天宇被评为2010郑州年度经济人物

2010年11月25日，郑州银行总部正式搬迁入驻郑东新区CBD

2010年11月19日，郑州银行新核心业务系统正式上线

2010年8月5日，郑州银行首家省内异地分行南阳分行开业

郑州银行为灾区捐款50万元

中国太平洋人寿保险股份有限公司郑州中心支公司

大额理赔现场

召开客户答谢会

援建希望小学

“三八”妇女节慰问重疾女客户

党支部开展党员教育活动

组织召开中层干部会议

第十九篇 城乡建设与管理

建设行业管理

城建综述

【市政工程建设】 2010年,郑州市建设行业坚持将完成市政工程建设作为"畅通郑州"工程的首要任务,在工程建设中采取"月计划、周安排、日落实"和"昼夜督查"等有效措施,建立市建委领导班子成员负责制和"小业主、大监理"等工作模式,强力推进市政工程建设。全年共安排市政道路(立交)项目34项,完工25项,在建9项,累计完成投资76亿元,全年投资计划顺利完成。先后完成了科学大道—西三环立交、东风路—文化路下穿隧道、中州大道北段综合整治、嵩山路、金水路下穿铁路隧道等项目。京沙快速通道工程全线开工,其中,京广路(南三环—航海路)段,全长2388米;京广路北延沙口路与北三环衔接(建设路—北三环)段,全长7331米,项目建设费用概算约20.1亿元,拆迁概算约25.74亿元。至年底,航海路—南三环段正在进行高压线杆侧移,部分路段已开始隧道土方开挖;二环支路—北三环段正在进行高架桥桩基、承台和桥墩柱施工;中原路至康复前街段路面设计工期提前4个月通车。按计划完成市委、市政府确定的2010年为民办理十大实事任务之一的20条断头路打通任务,这20条断头路分别是:汝河路(兑周路—大学路)、寒山路(郑平公路—南溪路)、保全街(京广路—熊儿河桥)、丰乐路(宋寨北路—北三环)、福利路(防汛路—惠民路)、郑大南路(政通路—陇海路)、朱屯路(董寨路—桐柏路)、生产路(丰乐路—天明路)、白庙路(文化路—文博西路)、前进路(陇海路—颍河路)、永清路(汝河路—陇海西路)、文博西路(农业路—东风路)、西陈庄西街(西陈庄前街—沿河路)、代庄街(南三环—佛岗西路)、龙门路(索凌路—文化路)、杭州路(索凌路—洛阳路)、凌云路(城北路—司家庄西街)、数码路(农科路－东风路)、寒山东路(冯庄路—花寨路)、石柱路(南三环—佛岗东路)。在此基础上,于下半年又提前开工26条断头路,具体项目进展情况:北三环辅道、黄河路下穿铁路编组站工程和承建的6座人行天桥开工建设;航海路下穿铁路隧道主体工程完工;刘砦路积水点改造工程施工招标(不含下穿铁路箱涵部分)完成;西三环北延工程正在抓紧完善前期工作;年初确定的西三环—航海路立交、北三环—索凌路—丰庆路跨线桥、南三环—冯庄路—花寨路—新郑路跨线桥工程、南三环—长江路立交前期工作基本完成;三环快速路高架桥方案按市委、市政府的要求正在进行调整;陇海路高架快速通道工程初步设计单位招标工作完成;107辅道下穿工程前期工作全面展开,计划2011年春节后开工建设。

【城市拆迁工作】 2010年,郑州市加强拆迁补偿安置资金的监管,完善了拆迁听证和信访评估制度,及时调解处理拆迁安置补偿纠纷。郑州市搬迁补助费和临时安置补助费调整标准,由市政府常务会议审议通过,并于1月1日起正式实施。全年共核发《房屋拆迁许可证》15个,拆迁总建筑面积40.4万平方米,腾地面积107.73公顷,拆迁户数2477户,监管拆迁补偿安置资金4.5亿元;办理拆迁期限延期及拆迁范围内暂停事项延期批准手续9项,返还拆迁补偿安置监管资金4850万元,举行裁决前的调解会3次共38户,依法裁决案件2起10户,办理信息公开查询16项;接受投诉50余次,查处违法拆迁10余起;受理交办转办信访事函15件,发现信访隐患和苗头9起,督促、协调拆迁人召开拆迁信访征询会12次,为保障全市重点项目建设、维护社会维定做出了努力。

【城乡一体化建设】 2010年,郑州市城乡建设委员会认真开展了"十二五"规划现代城镇体系建设专项研究,完成了阶段研究报告。召开了全市城乡规划建设管理现场会,结合对39个重点乡镇的考核情况,发放奖补奖金936万元。

加快小城镇建设方面,主要是扩大重点镇的示范带动作用,确定新增巩义市大峪沟镇、登封市告成镇等6个镇为重点镇,进一步扩展了重点镇的示范范围。全年全市39个重点(乡)镇完成基础设施项目共计193项,总投资10.2亿元。重点乡镇管理机构健全,职责明确,人员到位;镇区清洁,市政、环卫及绿化设施基本齐全,功能基本完善;基础设施项目建设程序符合国家有关法律、法规规定。

城乡一体化建设工作。按照城市建设“大、中、小”协调发展、齐头并进的原则，认真抓好惠济区城乡一体化试点和二七区马寨镇马寨村人工湿地试点工作。加强督促检查，对全市已建成垃圾中转站和配备运输设备的93个建制镇(乡)，指导其进一步完善了功能；认真贯彻省政府《关于加强农村生活垃圾收集处理工作的意见》、《关于加强县(市、区)域生活垃圾收集处理体系建设及运营管理工作的意见》精神，积极谋划了市域范围内统筹城乡的生活垃圾收集处理体系建设政策措施，督促所辖县(市)、区出台贯彻省、市文件的具体措施，确保省政府配装的后装式垃圾压缩车到位后充分发挥作用，尽快形成“村组保洁、乡镇收集、县(市、区)运输、集中处理”或“村组收集、乡镇运输、县(市、区)处理”生活垃圾收集处理运行机制。

【行业执法监察】 2010年，郑州市建设行业认真组织执法人员培训，进一步提高依法行政水平。以监察支队、质监站、安全站、市政站4个部门为示范单位，深化行政执法责任制。对在工程建设中规避招投标、违反法定建设程序、不执行强制性技术标准等违法、违规行为进行了坚决打击；加强对各类施工合同、施工企业、项目经理资质的查验，解决转包挂靠、违法分包和不规范分包等问题。全年共监察工程总面积1247万平方米，工程总造价154.09亿元；对70项违法工程依法进行了处罚，罚款金额1000多万元；建筑违法案件审理率达100%，在建工程监察率达到95%以上。

(王正田)

建筑业管理

【概况】 2010年，郑州市建筑业围绕“保增长、保民生、保稳定、促发展”的决策部署，坚持“优化环境、完善服务、加强管理、扶优助强”的原则，培育和扶持建筑业企业健康发展。全年全市完成建筑业企业施工总产值685亿元，同比增长23.6%；累计施工工程4587项，施工面积13722万平方米；从业人数85万余人，同比增长24%。采取分工负责、邀请专家论证、汇总研究等方法，编制上报了郑州市建筑业“十二五”发展规划。针对现行的工程担保和农民工工资保障金制度存在交叉实际，将工程担保调整为在房地产领域不再强制实施，选择工程担保的工程，不用存储农民工工资保障金，不实施工程担保的工程按正常程序和额度预存农民工工资保障金。适时调整工程担保制度，减轻了企业负担，支持了企业发展。

【企业服务活动】 2010年，郑州市在建筑业管理中实行行政审批即时办结制和限时办结制，简化办事程序，提高工作效率。加大对建筑业骨干企业扶持力度，对全市50家骨干企业，在市场准入、资质申报、评先评优、开拓市场、外出施工等方面给予重点支持，开通“绿色通道”，提供便利服务，鼓励骨干总承包企业发挥带头作用，做大做强；专业承包企业大力发展，做精做专。全年退付农民工工资保障金近900余万元；为45家开发建设单位、72家施工企业减轻、减免资金5000万元。

【建筑市场秩序整顿】 2010年，郑州市强力整顿和规范建筑市场秩序。稳步推进劳务用工管理体系建设，建立了建筑工地实名制管理、施工现场劳资员登记、建筑劳务分包合同备案、劳务信息网络化管理等制度，劳务用工管理进一步规范。在全市招标代理机构和建筑业企业中开展了在建项目目标后履约专项检查，加强在建工程项目的管理。严密组织对全市2158家和外地在郑200家建筑企业实施动态考核，加强动态管理。

【清欠工作】 2010年，郑州市加大了清理拖欠工程款和农民工工资工作力度。细化农民工工资保障金差别化管理，与人社局联合印发了《关于对农民工工资保障金实行动态化管理的通知》，将农民工工资保障金缴存额度、方式与企业信用记录、工程款支付、农民工工资管理挂钩，实行动态管理。及时受理投诉、协调处理上级转办案件33起。至年底，共清理工程款及民工工资131起，涉及工程款12491.21万元，受理投诉电话1200余个，接待民工投诉80余起，处理突发事件23起，清理拖欠农民工工资2843余万元，为促进和维护社会稳定起到了积极的作用。

【工程质量安全管理】 2010年，郑州市深入开展“质量兴市”和“安全生产年”活动，全面推广施工现场安全质量标准化管理，深化住宅工程分户验收制度，严格落实工程企业主体责任和政府监管责任。全年共监管市政工程203项、人行天桥8座、房屋建筑工程3883项，监督到位率、竣工工程合格率、施工现场安全达标合格率、重大事故隐患整改率均达到100%。中州大道综合整治工程荣获全国市政金杯示范工程奖，20项获市级优良工程奖；创省“中州杯”工程24项、省“优质结构”工程74项、市“优质结构”工程122项、市“商鼎杯”工程38项。坚持“安全第一、预防为主、综合治理”的方针，做到日常监管与竣工验收相结合、严格行政执法与不良行为记录相结合、教育引导与规范管理相结合、定期考核与随机抽检相结合，管教相辅，知行统一，增强安全监管针对性。全年建筑安全形势平稳，监管工程发生生产安全事故3起，死亡3人，与上年同期相比事故发生率和死亡率均下降33%。持续开展专项检查、安全隐患排查和文明施工大检查活动，在历年专项整治的基础上，继续加大以预防高大模板及各类坍塌、高空坠落、起重机械伤害等易发生事故为重点的专项整治工作力度。深入开展消防安全隐患专项治理，认真吸取上海“11·15”特别重大火灾事故和郑州市工地火灾事故教训，组成7个检查组专门开展了消防火灾隐患排查活动，排查治理各类安全隐患1380起，采取限期整改、约谈和定期通报等形式，促进问题整改。采取开展“安全生产月”及应急救援示范演练，推出高标准、高起点的安全文明样板工地供全市1000多个施工项目观摩学习，免费发放工程安全质量、安全生产常识电视讲座DVD光碟等措施强化安全意识，提高安全防护能力。坚持“职责清晰、责任落实、科学考核”的原则，加强市政、地铁重点工程等质量安全管理。全年共正常监督建设工程547项(新开工建筑工程376项，其中立交6项、地铁12项、市政83项)，建筑面积约3800万平方米，查出各类事故隐患及施工问题12383条，下发安全事故隐患整改通知书1795份，下达停工整改指令48份。创省级文明工地16项、市级安全文明标准化工程116项，安全质量标准化示范工程25项。

【工程造价管理】 2010年，郑州市坚持以提速保质、务实创新、进位争先为中心，加强工程造价管理。在加大标准化工作方面，成立了郑州市建设工程标准化领导小组对全市建设标准工作进行统管；为加速全市工程造价改革的进程，出台了《郑州市建设工程造价管理规定》，于6月1日起正式施行；为合理确定轨道交通工程造价，组织专家开展轨道交通工程单位估价表的编制工作，估价表涉及材料3017种，其中机械台班528种，涵盖了隧道、桥涵、轨道、供电、通信、机电设备安装、智能与控制系统安装等多个专业，子目达4248个；建立健全建筑业劳动用工和社会保障体系，全年共收缴监管资金3.4亿元，保障了建筑市场的公平竞争。

(王正田)

建筑节能

【概况】 2010年，郑州市贯彻落实国家和省市有关政策法规、技术标准和规范性要求，以行业科技进步为动力，发展应用新型墙材，建筑节能、利废稳步提升。全年实现建筑节能节约标准煤达到25.56万吨；城区新建建筑竣工量1020.10万平方米，实现建筑设计节能标准执行率、施工节能标准实施率100%；可再生能源应用的建筑得到规模化、规范化推广，全市新型墙材总量56亿块标砖，完成年度总产量的101%，新型墙材生产比例和城区新材应用比例达98%以上。按照市政府的工作要求，完成了《郑州市建筑节能“十二五”规划》、《郑州市既有建筑节能改造“十二五”规划》、《郑州市墙材革新“十二五”规划》征求意见稿。进一步开展了民用建筑能效测评标识工作，确定河南省建科院为郑州市建筑能效测评机构，按照郑州市能效测评标识技术导则和能效测评标识管理办法，积极开展民用建筑能效测评标识，至年底，已完成郑州大学教师公寓、郑州新力电力有限公司家属楼节能改造项目等的能效测评，其中郑州市肿瘤医院门诊楼获得二星级标识。大力开展既有居住建筑供热计量及节能改造工作，积极落实政策，实施科学指导，组成3个督导组，监督改造质量和进度，全年完成了22.57万平方米的既有居住建筑供热计量及节能改造任务，并全部通过省厅验收。加大市场监管力度，下发《关于加强混凝土类新型墙体材料管理的通知》，对混凝土类制品的生产规模、工艺装备、质量控制、化验设施加以进一步规范，有效巩固了2009年小型“免烧砖厂”整治成果。

【建筑节能监管】 2010年，郑州市城市建设委员会下发了《关于进一步加强建筑节能闭合式监管工作的通知》(郑建〔2010〕67号)，进一步加强了新建建筑节能的闭合式监管，将建筑节能监管贯穿于规划、设计、图审、施工、监理和节能验收全过程。组织实施了0.48万平方米绿色工业建筑示范项目，将绿色建筑向工业建筑领域拓展，“四节二环保”效果明显，对于推动全市绿色工业建筑的发展具有示范带动作用。推广的2项太阳能光电建筑被定为部级应用示范项目，全年新增可再生能源建筑面积240.88万平方米；完成了对675栋公共建筑室内温度控制监察、388栋国家机关办公建筑和146栋大型公共建筑的分项用电量统计报送工作，以及2326.28万平方米建筑的基本信息统计和1111栋建筑的能耗信息统计。

【新型墙材确认管理】 2010年，郑州市加强新型墙材企业的产品确认管理工作。严格落实河南省新型墙体材料确认管理制度，下发了《郑州市建设委员会关于转发河南省住房和城乡建设厅关于印发河南省新型墙体材料确认管理办法的通知》，并从三个方面进一步加强确认工作。一是强化县(市)建设局的作用。按照属地管理原则，安排县(市)建设局对辖区申请确认的产品初审把关。二是加强换证管理。对申请换证的产品必须质量抽检合格。三是积极推进产品标识制度，探索远程监控管理路子，规范新型墙材确认管理工作。全年为48家企业办理复检换证手续，为13家新建新型墙材企业办理确认手续，累计有89家企业通过了新型墙材确认，获得了《河南省新型墙材确认书》。

【新型墙材专项资金管理】 为促进墙材革新工作跨越式发展，2010年，郑州市严格按照国家财政部、国家发改委关于印发《新型墙体材料专项基金征收使用与管理办法》(财综〔2007〕77号)精神，完善《郑州市建筑节能与新型墙体材料专项资金扶持管理办法》，进一步对新型墙材专项资金的使用进行细化和规范，强化扶持奖励机制。同时，结合郑州市实际，专项资金的使用向新型墙材应用领域倾斜。全年共扶持了6项建筑节能示范项目，落实奖励资金95万元；对既有居住建筑供热计量及节能改造项目，市财政按照20元/平方米的标准予以补贴；投入550万元新型墙材专项资金，用于《节能砌块夹芯复合墙设计图集编制与研究》等4项科研课题，以及对郑州郑兴建材有限公司等25家新型墙材企业进行贴息、补贴，促进全市新型墙体材料产业升级，淘汰落后产能，确保了郑州亚西新型建材有限公司等16家生产企业、河南省和信新型建材有限公司的烧结煤矸石砖等6条生产线成为全省新型墙体材料骨干企业和示范生产线。与郑州市新时代墙材有限公司共同研发的K-SA纤维石轻质隔墙条板生产技术，得到了业内的好评，并被邀请到全国节能利废墙体材料新产品新技术推介会上介绍经验。

【"禁粘"和"禁实"工作】 2010年，郑州市认真开展"禁粘"试点城市专项工作。在市建委《关于促进新型墙体材料发展全面禁用粘土类墙体材料的通知》和市政府第191号令的基础上，市政府办公厅发布了《关于加强"禁粘"工作的实施方案》(郑政明电〔2010〕75号)，成立"领导禁粘"工作小组，制定"禁粘"工作方案，并组织会议发动，将"禁粘"纳入目标管理，签订目标责任书，落实部门责任。坚持联席会议制度，落实"禁粘"闭合式监管制度，利用数字化城市管理指挥中心的视频监控设备对辖区"禁粘"动态监控。成立督导组，坚持日常的督导检查和暗访，采取下发整改通知和督办通知等措施，确保郑州市"禁粘"试点城市工作通过验收。

发挥试点示范的引导辐射作用，带动农村乡镇"禁实"工作。在2009年两个"禁实"试点乡镇的基础上，加强农村乡镇"禁实"的政策宣传和技术培训，指导各县(市)、区实施开展农村乡镇"禁实"工作。通过调研，登封市所有乡镇具备"禁实"和"禁粘"条件，其它县(市)有4个乡镇申请跨入"禁实"乡镇行列，加快了全市城区"禁实"向农村"禁实"推进的工作进程。为巩固全市的"禁实"成果，防止粘土砖反弹，开展了粘土实心砖整治"春季大行动"，印发了《关于进一步加强"禁实"工作防止粘土砖反弹的通知》，转发了《河南省住房和城乡建设厅关于落实"禁实"闭合管理制度有关事项的通知》，就施工图设计、审查，以及工程施工、施工监理、竣工验收和备案等各环节，进一步落实"禁实"规定的相关事项。

【专项基金征管】 2010年，郑州市建筑节能专项基金征管工作以服务社会为主线，开展"一站式"便民服务，优化工作流程，强化工作措施，提高办事效率，完善管理制度。严格执行新型墙材使用施工现场核查制度和专项基金征收管理规定，建立了现场核查电子档案。全年专项基金征收率达到104%，比上年同期增长43个百分点；完成补缴专项基金494万元、新型墙体材料专项基金解缴额550万元。进一步完善和规范新型墙体材料专项基金返退流程，核查工地267个，工程总面积1419万平方米，返退墙改专项基金7000万元。

【散装水泥推广】 2010年，郑州市不断发展散装水泥、预拌混凝土、预拌砂浆，加强建材备案管理工作。全市生产企业备案98家；依法征收散装水泥专项资金1794万元，推广使用散装水泥913万吨、预拌混凝土865万立方、预拌砂浆34万吨，分别比上年净增293万吨、225万立方和12万吨。市区现场搅拌混凝土达90%以上，为节约资源和保护环境创综合效益4.1亿元；节约标煤21万吨，减少粉尘污染9.2万吨，减少二氧化碳排放55万吨。在做好推散工作的同时，加大对企业的扶持力度，积极做好预拌砂浆产品的研发工作。联合河南宏光新型建材有限公司共同研发的"生活垃圾无土覆盖材料"取得重大突破，产品已经研制完成，并获得国家专利，9月份在登封市垃圾无害化处理厂进行了前期封闭实验，实验效果良好，后经市发改委和市政部门协调又进行了多次实验，并进入环保测评阶段。该项目的研发成功，极大地提高了垃圾填埋场的使用年限，有效地改善垃圾填埋场周边环境，降低垃圾填埋成本，减少因为垃圾处理产生的社会矛盾，从而创造巨大的社会和经济效益。郑州筑邦建材有限公司研发的"高速铁路水泥乳化沥青砂浆混合材料"与中石化联合中标了京沪高铁工程，在京沪高铁工程中广泛使用；高铁修补材料在京广客运专线多个标段规模应用，高速公路快速修补材料、地铁工程专用灌浆料等产品质量处于国内领先地位。郑州筑邦建材有限公司实验室被郑州市科技局授予"郑州市预拌干粉建筑材料工程技术研究中心"。

积极探索农村推散工作的新思路，农村推散网点建设再上新台阶。在抓好城市"禁现"工作的同时，积极探索农村推散工作的新思路。采取"政府扶持、企业投资、市场运作"的发展模式，统筹规划、因地制宜，积极引导社会资金参与到农村推散工作中；同时，对起点高、基础好的农村推散网点进行重点扶持，帮助网点进行设备更新、改造，进一步推动了农村推散工作。2010年，新郑市、荥阳市和中牟县水泥储运库顺利通过河南省散装水泥办公室的考核验收，被省商务厅评为"河南省农村发展散装水泥示范县(市)"和"河南省农村推广使用散装水泥示范点"；新密市来集镇新农村建设网点全部使用散装水泥和预拌混凝土，受到了河南省农村推广散装水泥验收组的高度评价。4月21日，在中牟散装水泥储运库召开了全省农村推广散装水泥工作现场会，对中牟农村推散工作的成功模式和先进经验给予了充分肯定，有力地促进了郑州市节能减排和社会主义新农村建设。

(王正田)

勘察设计业管理

【概况】 2010年，郑州市通过采取对企业进行动态考核、加强资质和从业人员资格管理等有效措施，提升行业整体素质。全年共完成工程勘察合同额6亿元、工程设计合同额27亿元，营业收入45亿元，分别是上年同期的107%、104%、107%。至年底，全市共有勘察设计、装饰设计企业200家，从业人员2.3万人，其中19家大型企业被定为省政府重点扶持的骨干企业。在市政府领导下，坚持抓动员、抓培训、抓准备、抓检查、抓指导，较好地完成了国家四部委对郑州市无障碍建设城市的检查验收工作。

【施工图审查】 2010年，郑州市在建筑节能和施工图审查工作方面取得了良好成效。严格要求设计企业、施工图审查机构认真执行河南省居住建筑节能65%、公共建筑节能50%的标准，并通过施工图审查对节能标准实施进行监管。全年共对1590项、累计1950万平方米的备案公共建筑和住宅工程进行了建筑节能设计审查；对全市7家施工图审查机构进行了审查，共审查建筑工程1870项，累计2140万平方米，总投资额258亿元；审查市政工程项目59项，总投资额13亿元。

【规范勘察设计市场秩序】 2010年，郑州市加强了勘察设计企业动态考核和从业人员资格管理，全年完成126家企业、审查机构资质转正、升级、增项和申请审核上报工作；完成666名注册建筑师和勘察设计注册工程师的延续注册和报名考试。对郑州大桥医院病房楼违反规定建设有关设计单位、施工图审查机构予以经济处罚，并责令其整改。扎实开展全省工程建设综合执法检查和勘察质量监督执法专项检查活动，对工程勘察质量问题企业进行了通报批评，进一步规范了勘察设计市场秩序。引导企业积极改革，加大科技创新，改善经营管理，提高质量水平。

（王正田）

城市规划与管理

规划设计

【概况】 2010年，郑州市城乡规划系统紧紧围绕市委、市政府工作部署，以编制好规划、管理好规划为己任，为更好地引领郑州市经济社会又好又快发展做出了贡献。一是圆满完成《郑州市城市总体规划（2010—2020年）》批复工作。为充分发挥城市总体规划对城市经济发展及城市建设所起的调控和引领作用，郑州市于“十一五”初期适时启动了新一轮总体规划修编工作。2010年8月19日，郑州市新一轮总体规划得到国务院批复。二是省会城市综合交通规划取得重大突破。为提升省会城市交通的综合承载力，结合国家铁路网规划和中原城市群城际铁路的规划建设，按照“一极两圈三层”的空间布局，加快航空、高速铁路、城际轨道、高速公路、管道运输等重大区域性交通基础设施规划，完成轨道交通线网规划，并开展轨道交通一号线、二号线的建设，优化交通资源配置，强化交通运输枢纽地位，进一步完善城市综合交通规划，形成内外衔接有序，与郑州市综合交通枢纽地位相匹配的交通服务体系。三是重点规划取得新成绩。按照“保护改造老城区，加快建设郑东新区，积极推进中小城市发展”的思路，在抓好新区规划建设的同时，实施老城区更新改造，继续实施“退二进三”，不断完善城市功能，提升城市品位，改善人居环境，提升城市综合承载能力。编制完成沿黄文化旅游生态产业带战略规划、商城遗址保护规划、航空港区规划、市政管网规划。完成了一大批旧城、城中村、棚户区改造规划和精品街、出入市口整治规划等共计1430余项。

【郑州市城市总体规划（2010—2020年）】 为呼应国家中部崛起战略和建设中原城市群的战略部署，强化国家交通枢纽地位，适应河南省域人口城市化发展的要求，推进郑州政治经济社会又好又快发展，特别是在郑州上版城市总体规划部分目标已提前实现的基础上，需要新的规划指导城市发展。根据2005年3月建设部《关于同意对郑州市城市总体规划修编的批复》（建规函〔2005〕52号），郑州市人民政府组织编制了《郑州市城市总体规划（2009—2020年）》。本次规划市域范围界定仍为郑州市行政辖区，总面积7446.2平方千米；中心城区规划范围为中原、金水、二七、管城、惠济五区范围，面积为989.6平方千米，等同于郑州市市区。规划期限为2009—2020年，其中近期为2009—2010年、远期为2011—2020年，远景展望至本世纪中叶。规划编制重点一是从国家战略和区域发展的角度确立郑州的城市发展目标与职能；二是在城市与区域发展的同时注重生态与社会的和谐；三是构筑弹性灵活的空间结构代替简单的用地规模扩张，实现集约发展。

2010年8月19日，郑州市新一轮总体规划得到国务院批复，为郑州市城市未来发展确立了新的目标和定位，即：“河南省省会和政治、经济、文化中心，中部地区重要的中心城市，国家重要的综合交通、通讯枢纽和现代物流、商贸中心，国家历史文化名城。”国务院在批复中要求，一要重视城乡统筹发展。二要合理控制城市规模。到2020年，中心城区城市人口控制在450万人以内，城市建设用地控制在400平方公里以内。三要完善城市基础设施体系。四要建设资源节约型和环境友好型城市。五要创造良好的人居环境。六要重视历史文化和风貌特色保护。七要严格实施《总体规划》，加强公众和社会监督。

【"城市六线"规划控制导则】 依据国家和省市相关法规规定,结合郑州市城市规划管理的有关要求,规划局组织编制完成了控制性详细规划(以下简称控规)的第一部分成果,即"城市六线"规划控制导则。在深入研究和广泛调研的基础上,从便于城市管理的角度,将40个专项规划整合为"城市六线"规划控制导则,其内容几乎涵盖了城市所有重要的公共空间,包括法定的道路红线、城市蓝线、城市绿线、城市紫线、城市黄线,对全市主要道路、河流、绿地、历史文化保护及重要的公共交通设施、市政公用设施、城市防灾减灾设施用地进行统一规划;同时,根据郑州市规划管理的实际情况,增加了城市橙线规划,重点对中小学、医疗卫生和福利设施等公益性公共服务设施用地进行控制。具体内容包括:城市红线规划明确控制道路3442公里,立交156座;城市蓝线规划对中心城区13条河流、5条明沟、2条输水干渠和5个湖泊等城市地表水体进行保护和控制;城市紫线规划确定对历史文化街区3个、历史建筑33处和文物保护单位35处进行重点保护;城市绿线规划控制全市性公园10个、区域性公园和专类公园各21个、居住区级公园113个,包括带状公园和生产防护绿地面积共约162平方公里;城市黄线规划控制各类公共交通设施414处,市政防灾设施792处;城市橙线规划确定中小学599个,医院91所,市区级社会福利机构31处。2010年2月23日,市政府联审联批会原则通过,并于8月26日对六线中红线、蓝线、绿线、紫线、黄线等"城市五线"进行了批复。

【控制性规划全覆盖】 按照市委、市政府对郑州市控制性详细规划全覆盖的工作部署,市规划局将控规全覆盖250平方公里(去除郑东新区、高新技术产业开发区、经济技术开发区)的地域空间划分为20个片区,分别由局各业务处室与规划分局担任责任单位,聘请9家国内一线甲级设计院担纲设计。在汲取国内先进城市的控制性详细规划审批与编制经验的基础上,确定了"空间上分层次,时间上分阶段,公共利益法制化,重大基础设施明确化,管理维护动态化"的编制思路,并明确了编制各行业专项规划,优先安排道路、河流、历史文化遗产、绿地、城市市政基础设施和公共服务设施等用地,将公益设施用地纳入城市"六线"进行控制。2010年3月,开始制定《郑州市控制性详细规划工作方案》、《郑州市控制性详细规划技术导则》(试行稿)、《郑州市中心城区用地建设强度管理技术规定》(试行)等技术文件和相关管理规定。在20个片区中,A5和B5片区编制完成,其余18个片区编制完成控规导则,5月经过初步审查,成果基本满足控规编制要求;8月底前完成社会公示,对各区和公共意见进行统一收集;11月,对较为成熟的B1、B6、B7三个片区控规进行专家评审。

【商城遗址公园概念规划】 为了合理保护开发郑州商城遗址及其周边地区,按照市委、市政府大区域、高定位规划建设商城遗址公园的统一部署,2009年底,市规划局会同管城区政府,委托北京清华城市规划设计研究院编制商城遗址公园概念规划。在充分研究相关上位规划,以及对商城遗址及其周边区域详细调研的基础上,提出了沿郑州商城遗址东南城垣的L形区域规划为商城遗址公园,沿东西大街将商城遗址公园划分为南北两个片区,先重点规划待改造用地较集中的南片区的思路。2010年3月,规划初步方案得到市领导的肯定,并要求北京清华规划设计研究院抓紧深化郑州商城遗址公园(南片区)修建性详细规划,以指导该区域改造建设。至年底,修建性规划初步方案已基本完成,规划编制单位联合土地储备中心等相关单位对区域现状进行摸排并完善了经济技术指标,以确保规划的可实施性,推动该区域的改造建设。

【二七广场商业中心区城市设计】 郑州二七广场商业中心区城市设计规划范围为北至东西太康路、东至顺城街南延至南关街、南至陇海东路、西至京广铁路,片区内现有德化大厦、万博商城二期等多个旧改项目,总用地规模2.12平方公里。为更好地推动项目实施,市规划局委托上海同济城市规划设计研究院对本片区进行整体城市设计。在深入研究二七区、管城区改造情况的基础上,结合相关上位规划,同济城市规划设计研究院进行了交通专项研究,并做出城市设计方案,通过了专家评审。2010年4月24—25日,在二七广场、绿城广场和紫荆广场进行现场公示,并通过报纸(4月23日《郑州日报》、《大河报》)和网站进行了为期30天的公示,得到市民的积极响应和支持。至年底,城市设计方案已报市政府审批。该规划对有效引导本区域建设、结合改造项目疏解交通、发挥二七商圈的区位优势有着积极作用。

【西流湖片区城市设计】 西流湖片区城市设计范围为北至科学大道,东至西三环路,南至南水北调中线工程,化工路以北西至京广铁路、陇海铁路西连线,化工路以南西至凯旋路,总面积15.34平方公里。城市设计将有效引导西流湖区域的无序开发,同时完善西流湖地区城市生态绿廊的功能,增强郑州西部的城市功能及标识性。其中的西流湖公园项目的建设对优化郑州绿化景观风貌、建设生态郑州更有着重要意义。市规划局委托泛亚景观(上海)有限公司对本片区进行整体城市设计,在深入分析现状的基础上,结合国内外经典案例,迅速拿出设计方案并通过了专家评审。至年底,城市设计方案基本完成。

【航空城空间战略规划及城市设计】 为更好地发挥郑州国际航空枢

纽集散效应，服务富士康的发展要求，深入研究航空城在全市未来经济产业发展中所扮演的角色定位，建设一个“三化合一”的示范新区——航空港区，2010年8月5日，组织开展了郑州航空城概念性总体规划及城市设计方案国际征集活动。航空城规划范围西起京广铁路、东至规划G107，南北两侧与南水北调干渠平齐，总规划面积约为186平方公里。11月30日至12月1日，组织召开了“郑州航空城概念性总体规划暨城市设计国际征集方案评审会”，之后，由上海同济城市规划设计研究院综合其他4家规划方案优点，整合规划方案，完善规划成果。

【交通规划】 2010年，郑州市强力推进“畅通郑州”工程，加强规划先导作用，有效改善了城市交通服务水平。

（一）精心做好“畅通郑州”工程规划。强化城市内外快速联系通道，突出做好城市出入口交通功能完善工作，完成了增设16处高速公路出入口及相关配套工程规划，对22条城市道路出入口进行综合整治，提升景观和交通服务能力，实现城市对外交通主干道和城市快速路与区域高速公路网的互联互通。组织开展郑州市立体交通体系规划，完成都市区快速路网体系和中心城区快速路网提升改造规划研究，并针对主要交通拥堵、瓶颈点开展了交通疏堵研究，完成黄河路下穿铁路编组站、北三环下穿北编组站隧道工程，金水路下穿未来大道、城东路隧道规划等交通改善规划；为完善主城区道路交通网络，完成了京广路—沙口路、陇海快速路、农业路高架桥、北三环东延规划成果，结合三环快速路升级改造，对三环快速路进行了整体的规划研究，形成系统性好、通行效率高的道路规划体系；完成建设北三环—中州大道和经三路立交等9项立交工程规划，为实现市委、市政府提出的三环快速畅通目标提供了科学的规划支撑。结合郑州市都市区发展需要，开展新一轮的轨道线网修编工作，对原有的6条线“三横两纵一环”全长202.53公里的市区线路网络进行优化，2020年规划13条城市轨道线路；远期规划覆盖郑州都市发展区17条线路，总长度约580公里，将有力支持郑州都市区的发展。结合轨道交通一号线、二号线的建设，开展了轨道交通施工期交通组织、出入口优化、轨道交通站点周边区域人行过街设施、轨道交通车站出入口建筑景观、站点综合开发等项目规划研究。按照“中心东移、功能外迁，降低密度、组团发展”的思路，调整优化城市空间布局，加强中心区部分功能外迁研究，并提出对迁出后土地进行功能再植、交通重组、时序选择等发展策略。积极开展停车场、公共交通、加油加气站、出租车服务中心、步行系统规划等规划研究和邮政报刊亭规划，完成二七广场、火车站地区交通专项规划、火车站西出口、新郑州站地区的相关规划研究，为交通枢纽地区的功能发挥提供了较好的交通条件。

（二）圆满完成城建项目交通规划任务。完成了“畅通郑州”180余项规划建设项目的规划方案编制和审批工作；四港联动大道、郑新快速通道、郑少高速衔接线等对外交通工程和西三环北延长线等14条主干道路，以及龙门路等14条次干路、西北环延伸线等8条出入市口连接道路管线综合规划；中心区70条断头路规划、30条道路改造规划、4座跨东风渠桥、10条背街小巷改造规划。进行了31个道路交叉口渠化，编制了42个公交港湾规划。

（三）精心做好综合交通规划工作。积极开展公交优化线路和BRT二期的规划研究，推动开通城际公交。积极完善静态停车系统，认真做好停车场规划，完成《郑州市中心区停车场专项规划》成果，构建“以配建停车为主、路外公共停车为辅、路内停车为补充”的停车场格局。完成二七广场及火车站地区交通专项规划，进行了金水路、花园路交通疏解研究，已完成金水路交通拥堵疏解方案。

（四）进一步巩固了交通枢纽地位。提升郑州“国家重要的综合交通枢纽”定位，积极做好强化交通枢纽地位的交通规划。支持国家重点工程在郑州市的规划建设，做好配套服务，完成了《郑徐客专铁路与城市道路配套衔接规划》、《石武客专郑州站站房高架匝道（桥）工程调整规划》，完善了该区域道路系统，保证了客运专线及郑州东站项目的顺利实施；加快推进新郑州铁路客运枢纽的建设。根据郑开、郑焦、郑州—机场、机场—洛阳等城际铁路的建设要求，会同铁路沿线相关单位，就线路的规划走向、站点设置、用地使用、道路穿越等各个方面进行规划研究，在服务国家铁路工程建设的同时，减少铁路工程建设对城市的分割影响，为国家重点工程的建设提供优质服务。

【城市基础设施规划】 2010年，郑州市更加重视市政基础设施的规划，以提高城市基础设施承载力。

科学编制市政规划。按照市政府年度工作部署，着力市政基础设施规划的编制工作。组织完成了城建计划部署的凯旋路等140余条道路、汝河路等70条断头路、市雨污水管网改造项目中47条市政道路管线综合规划的编制工作；组织进行了A6片区控规市政设施编制工作，完成了河医立交周边地区城市设计与碧沙岗周边地区城市设计市政设施初步方案；组织编制了轨道交通一号线20个站点和二号线一期5个站点的管线迁改规划，并组织各管线单位到地铁站点现场办公，协调解决管线迁改施工过程中遇到的各种问题。配合旧城改造，组织完成了中州大道与北三环交叉口积水区等63个积水区改造方案的编制工作，并对已报送施工图的14个积水区发放了建设工程规划许可证。坚持市政规划的前瞻性，开展中长期线网规划，认真梳理基础设施规划成果，四环范围内编制高压线入地规划，三环内督促推进高压线入地工作。督促编制中心城区外围给水、排水、中水利用、雨水利用、防洪及水系、电力、燃气、热力、通信等专项规划，以确保中心城区外围市政基础设施合理布局。

加大规划协调统管力度。在市委、市政府的领导下，充分发挥郑州市工程管线迁改工作协调领导小组办公室和郑州市工程管线规划建设管理领导小组办公室设在规划局的优势，通过周例会、规划设计方案审查会、协调会、对接会、现场指导等形式，加大了规划对全市管线建设的协调统管力度，有力保障了轨道交通、京沙快速通道、四港联动大道等重大项目、重点工程的顺利实施，确保了管网建设的安全有序发展。针对京沙快速通道的现场实际情况，多次组织专家及各管线单位到现场调研，修编管线综合规划，制定安全保护措施，确保各类市政管线工程随主体工程同步实施、竣工。

严密组织管网普查。为确保地下管线建设科学有序、安全运行，组织各有关管线单位开展地下管线现状的资料收集、整理工作，制定了郑州市地下管线普查工作方案，并选择5家有实力的管线探测单位，完成了金水路等5条试验段道路地下管线普查工作，探测管线总长度218.27公里。结合各项市政专项规划及道路管线综合规划，着手对中心城区400平方公里内所有道路排水管网进行排查，以尽快完善中心城区排水系统。

【中心城区改造规划】 2010年，郑州市坚持把旧城区改造、城中村改造和棚户区改造作为建设“民生工程”的大事来抓，紧紧把上级要求与郑州市的实际结合起来，充分发挥工作主动性，采取有力措施，强力推进。重视保障性住房规划，坚持在用地规划上给予支持，在规划选址和项目落地上优先。对年度的保障性住房用地进行认真审核，主动与市房管局和建设单位联系，并建立了用地预审制度和有关部门确认制度、发放“路条”制度、限时办结制度，动态跟踪项目进度，确保全市保障性用房顺利建设。全年为经济适用房、拆迁安置房项目办理选址意见书19项，发放用地规划许可证15项；发放经适房建筑规划许可证13项；列入2010年城市棚户区改造计划和郑州铁路局棚户区改造计划的32个项目，在规划上都得到了快速推进。城中村改造成效显著。对全市城中村改造工作统筹安排，积极协调，加快规划编制和报批工作。认真解决已经拆迁村(组)的城中村改造等原有遗留问题，至年底，控规(含不需要编制控规的)已经批准的村(组)有31个；积极实施2009年要求改造的需委托编制规划的村(组)的城中村改造，控规初步方案已全部编制完成。

【县(市)、区规划】 一是管理机构得到加强。各县(市)、区相继成立了规划管理机构，人员得到充实，技术力量和管理水平得到明显提高，城乡规划队伍不断得到加强。二是各级领导高度重视规划。党委、政府主要领导亲自抓规划，对重大规划项目要求高水平的单位编制，坚持科学决策。三是规划成效显著。各县(市)、区总体规划和小城镇总体规划、产业集聚区总体规划已全部完成；同时，认真落实省委《关于在第三批学习实践科学发展观活动中搞好村镇规划编制工作的意见》精神，村镇规划编制工作得到了加快推进，走在了全省前列。巩义市、新密市、登封市、新郑市、荥阳市和中牟县等6个扩权县(市)高标准编制完成了市域村镇体系规划，巩义市、新密市、登封市、新郑市、荥阳市、上街区完成了乡镇总体规划编制工作，巩义市、荥阳市和上街区提前完成了中心村规划。

(李同现)

规划管理

【概况】 2010年，郑州市规划系统主动适应“项目建设年”形势，以跨越式发展“十大工程”重点项目为抓手，以推进招商引资和重点、重大项目落地为重点，注重运作，优化城乡规划环境，加强城乡规划管理。为适应新的城乡规划形势，依据《城乡规划法》，制定了《郑州市城乡规划管理条例》，并于2010年2月1日正式实施，掀开了郑州市城乡规划管理新的一页。同时，制定了《郑州市建设工程管理技术规定》、《郑州市中小学幼儿园技术规定》等10项技术规定，建立了比较完善的郑州市城乡规划管理法律法规体系。在实际工作中，进一步提高省会意识、服务意识，深入调查研究，转变作风，廉洁高效。为提高规划服务效能，对审批程序进行优化，建立健全了城乡规划审批各类服务措施，大力加强政风行风建设，城乡规划服务能力明显提升，规划办事大厅被省优化办评为“优质服务窗口”。认真落实首问责任制，坚持一次性告知制，严格限时办结制，贯彻督办制，努力优化审批环节，提高了工作效率。为提高审批效率，建立健全项目联审联批制度，提高了项目审批进度。全年发放“一书两证”1337个。主动协调规划编制单位，深入现场，针对规划中的难点、关键点出主意、想办法，全力推进规划编制工作。为提高执法水平，切实维护郑州城乡建设的良好形象，不断壮大规划监察支队力量，使之成为郑州市打击违法建设的一支主要力量，经过努力，支队执法业务水平显著提高、执法装备得到加强、执法效能持续增强。为支持市“畅通郑州”工程，在城市建设指挥部、交通指挥部派出现场工作人员，及时解决开工设计变更的问题，及时对管线、管网等进行现场验收。高度重视市委、市政府的工作部署和要求，建立了落实市委部署和督办响应机制。至年底，市委工作部署45项81个问题都按时得到了解决，市委、市政府督察件338项做到了件件有回音、项项有落实。在规划编制和审批中更加关注城市整体利益，注重以人为本，更加突出公益性，将学校、医院、绿地、幼儿园、垃圾收集点、停车场甚至菜市场等设施作为控规硬指标，把满足日照等作为控规的硬条件，并将其作为主要内容贯彻于控规编制和实施管理全过程，切实保障了人民群众的根本利益。加强"郑州市城乡规划信息系统"建设，使之达到上线运行条件，推进了网上审批进程。

【服务重点项目】 一是千方百计推进重点项目落地。为实求现郑州跨越式发展，规划局以推进今年省市重点建设项目尽快尽早落地为抓手，充分发挥规划的服务保障作用，千方百计为企业排忧解难。制订了推进措施，从制度层面为确保加快重点项目规划审批工作提供了坚强的保证。为加快审批步伐，对重点项目、省直项目、部队项目和关系国计民生项目，在符合法律法规的前提下，开设规划审批"绿色通道"，实行特事特办，快速审批；分管领导加大协调，各有关单位加强"无缝"衔接。为加快推进步伐，将规划审批工作"关口"前移，由局主要领导主持召开项目推进会，与建设单位进行及时沟通，进行平行作业，实行"路条制"等。二是加大用地规划和规划选址力度。局领导和工作人员深入重点工程现场进行服务，认真落实省市重大项目规划选址。经常深入现场、踏勘调研、分析论证，加强多方沟通、密切联系协调，对宜居教育城、宜居健康城、郑州市垃圾分拣场、国际会议中心、郑大健康城、回民公墓、市第三人民医院、第十人民医院、金水区总医院、郑州北50万千伏变电站、马头岗污水处理厂、南三环污水处理厂、防空兵指挥学院靶场选址等13个重大项目，提出多种规划方案，尽快使项目落地。积极配合市轨道公司，落实地铁一号和二号线站场、站点选址用地，编制了地铁一号线、二号线周围用地控制规划。及时办理二号线一期工程选址意见书和用地规划许可证。支持市政工程和建设，及时核发规划条件，办理用地规划许可。全年共召开医疗卫生、文化教育、招商引资项目、工业项目、省直项目和经适房项目等重大项目推进会7次，并多次召开局长办公会研究重点项目事宜。为支持招商引资和经适房项目，分别召开了两次项目推进会。联审联批省市重点工程项目179项，截至11月底，中心城区办结率98%。三是认真落实上级部署要求。高度重视市委、市政府、市领导的工作部署和要求，建立了落实市委部署和督办响应机制。思念食品城规划、加油加气站规划、中小学规划和职业学校、爱馨阳光公寓、郑州市会议中心、宜居健康城、宜居教育城、宜居商贸城、北环公园、中原博物馆（河南博物院二期工程）、省曲剧团改扩建等得到了快速推进，规划展示馆完成了选址工作。

【规划执法】 2010年，郑州市在规划工作中为加强批后管理，下发了《关于开展验线和规划核实工作的通知》，并依照相关规定对规划许可的程序进行了改革，与建设项目单位签订建设项目管理合同，对已批项目先下发建设工程规划许可通知书，待验线合格后再核发建设工程许可证，促进了项目健康有序建设。全年共完成80余项地下管线工程项目的验线工作；办理建筑项目规划核实163件，其中验线147项、竣工核实16项。为打击违法建设特别是新增违法建设，起草了《关于加强违法建设查处相关工作的通知》（郑办文〔2010〕45号），并从2010年9月起，开展了严厉打击违法建设专项治理活动。按照"上下联动、媒体曝光、联合执法"的原则，建立了多部门协调联动机制，在加强对市内五区国有土地上违法建设查处工作的基础上，对市内五区集体土地上违法建设的查处权和郑东新区、高新区、经开区、航空港区各自辖区内所有违法建设的查处工作进行了委托。受委托的各区人民政府高度重视对新增违法建设的查处工作，张贴了制止违法建设告知书，对新增违法建设严防死守，有效制止了新增违法建设的发生。在集中整治活动中，全市共发现违法建设8511起，拆除违法建设面积20余万平方米。规划监察支队充分发挥在打击违法建设中的主力军、突击队作用，从9月初至年底，立案查处违法建设109起，强制拆除或回填违法建筑26处；调查小产权房建设项目65个，占地约320公顷，建筑面积约550万平方米。支队全年共发现违法建设案件501起，立案查处违法建设310余起，违法建设面积173多万平方米；拆除（强制拆除、督促拆除）违法建设7.6万平方米，上缴罚款3800多万元。

【规划监督与备案工作】 2010年，郑州市规划系统高度重视监督部门、社会各界和人民群众对规划局行政执法工作的监督，对媒体上涉及规划方面的报道，做到及时进行回应。特别是认真对待网民留言，高效办理网民在ZZIC（市委、市政府媒体网络事项督办中心）上反映的规划问题。为及时对监督工作做出快速反应，出台了《规划效能监察办法》。认真做好控规备案工作，对2009年以来已批的建设项目控规和城中村改造的控规、交通等重大设施的控规、"六线"的调整、单项工程的审批资料等，做到自觉向人大、检察院进行备案，主动接受职能部门的监督。全年72项已批控规，均向人大、检察院进行了备案。

【《郑州市城乡规划管理条例》实施宣传】 为加强城乡规划管理，促进城乡经济社会全面协调可持续发展，根据《中华人民共和国城乡规划法》等有关法律、法规，郑州市城乡规划局牵头修订了《郑州市城乡规划管理条例》（以下简称《条例》），自2010年2

月1日起施行。以《条例》实施为契机,市规划系统组织开展了系列宣传活动。在绿城广场的举行了大型宣传活动,并进行电台直播,发放宣传资料上万份;5月1日至9月1日,通过新闻媒体报道、领导宣讲、公益广告等形式,深入开展《条例》进机关、进社区、进工地和进县(市)、区等活动,营造了浓厚的学《条例》、用《条例》氛围。

(李同现)

行政后勤管理

【所属单位建设】 2010年,郑州市加强了规划监察支队领导力量,配齐了中层,充实了执法队伍,进行经常性业务培训和文明执法教育,执法能力得到进一步提高,成为郑州市打击违法建设的主要力量。各分局注重内部建设,充分发挥规划局与各区的桥梁作用,业务素质得到进一步增强,审批效率得到进一步提高,协助执法水平进一步加强,协调作用得到进一步发挥。规划院充分发挥技术优势,勇于承担艰难繁重的规划编制任务,规划任务完成圆满。城建档案馆注重挖掘潜力,努力提高服务水平,全年接待查询9600人次。环艺所升格为设计院,已上报市勘察设计单位体制改革领导小组办公室;效益明显提高,合同产值达300余万元。城乡规划协会充分发挥服务城乡规划的特有优势,通过参加项目评审会,广泛开展学术交流,组织会员单位参观考察世博会,进一步拓展了服务工作领域,增强了影响力。

【队伍建设】 2010年,郑州市规划系统不断加强队伍建设。加强领导班子建设。以党委中心组学习为主要形式,深入开展读书竞赛活动,党委班子理论素质和管理水平得到进一步增强,领导规划的能力水平得到进一步提高。人事、财务等重大问题,坚持按照"集体领导、民主集中、个别酝酿、会议决定"的十六字方针进行议事和决策,科学决策水平进一步得到提升,驾驭全局的能力进一步增强。以"立足本职,做好城乡规划工作"为载体,以加强基层组织建设和健全各项组织制度为抓手,严密组织"创先争优"活动。以机关党委换届工作为契机,严密组织基层支部换届,在原有的基础上,增加了15个基层支部。加紧新的"十定"方案的落编工作,适应城乡规划更高的工作要求。开展"党员示范岗"活动,充分发挥党员的先锋模范作用。重视干部工作,对局机关12名实职、直属分局3名实职采取竞争上岗的方式进行了选拔;对局机关6名非领导职务采取"三推荐一考察一评议"的方法进行了调整;严密组织"郑州市综合交通规划研究中心"人员招录工作,缓解了交通人才短缺的局面。

【党风廉政建设】 2010年,郑州市规划系统认真贯彻落实《建立健全惩治预防腐败体系2008—2012年工作规划》,狠抓党风廉政建设责任制的落实,营造了"个个有责任、人人有目标"的氛围。深入开展反腐败宣传,认真抓好《廉政准则》学习教育,切实筑牢广大党员干部拒腐防变的思想防线。坚持"四会一课"制度的落实,严抓党员领导干部的廉洁自律,做好经常性的警示教育,保持警钟常鸣。认真抓好各类案件的办理,努力做好优化经济发展环境工作。同时,严抓厉行节约专项治理,堵绝了跑、漏、滴等浪费现象。

【精神文明建设】 2010年,郑州市规划局动员全局广大党员干部积极参与"文明交通志愿服务百日行动"和"服务畅通工程,争当文明表率"活动,积极解决联系帮扶点社区群众反映的问题,开展对精神文明建设试点村送温暖活动,并组织各种文体活动,通过展板、报纸、网络等,积极宣传规划局全面建设等,陶冶了广大干部职工的情操,展示了规划局的良好形象。严密组织广大干部职工向青海玉树地震灾区、甘肃舟曲灾区、郑州慈善日等捐款活动,先后捐款171154万元,用以扶贫济困;筹措资金10900元,在春节前看望慰问局系统老党员、困难党员,开展了"领导干部'一对一'帮扶工作"和行风评议活动,促进了规划局精神文明建设。

(李同现)

市政建设与管理

综　　述

【概况】 2010年是郑州市深入推进"畅通郑州"工程的关键一年和新一轮全国文明城市的创建之年。市城市管理局贯彻市委、市政府的决策部署,紧紧围绕"加强城市管理"的主题,全面落实"城市管理精细化、行政执法人性化、公共服务家政化"的管理理念,努力探索新的管理手段和运行机制。召开全市城市管理工作会议,出台了《关于进一步加强城市管理的意见》、《关于加强环卫基础设施建设的意见》等一系列政策性文件,进一步确立城区政府在城市管理中的主体地位。对《郑州市城市供水管理条例》、《郑州市清除冰雪管理办法》进行了修订完善,制订了《郑州市数字化城市管理实施办法》、《郑州市临时性户外广告设置管理办法》、《城市霓虹灯和门头牌匾设置标准》,为提升城市管理标准化、精细化水平奠定了基础。将道路清扫保洁经费标准提高到5元/平方米·年,加大市政设施维护经费和城市管理应急资金的投入力度,争取专项资金对各区环卫设施建设、背街小巷改造等项工作进行奖补,极大地调动了各区、各部门参与城市管理的积极性,城市管理各项工作保持了良好的发展态势。

【公用事业】 2010年,各公用事业企业坚持以确保公共产品优质、安全供应为中心,大力推进技术更新改造和工程项目建设，全面加强安全生产和规范服务，公共服务水平持续提升。

城市供水：全年完成供水量2.49亿立方米、售水量2.06亿立方米，管网水质综合合格率99.81%，新增管网长度44.49千米，完成户表改造5293户。完成了东周水厂水源井改造、柿园水厂石佛沉砂池泵站改造，水质监测中心顺利通过ISO9001：2008质量管理体系认证。加大供水突发事件演练，11月，柿园水厂、中法原水公司供水干管先后出现爆管险情，广大干部职工夜以继日进行抢险，在最短时间内恢复了正常供水，将爆管造成的影响减少到最低限度。积极开展供水管网安全隐患排查、整改活动，对超期服役、严重老化的供水管网进行了统计汇总，制定了更新改造计划。

燃气供应：加大气源协调力度，千方百计争取更多气源指标，全年外购天然气5.22亿立方米，销售天然气4.94亿立方米，发展民用户14.2万户，全市天然气用户超过百万户。积极完善燃气输配系统，投资1.85亿元，新改建市区管网121.6公里，大力推进四港联动大道高压管线建设，建成郑州市第一座加气母站，结束了CNG外购历史。全力推进安飞等5座高中压调压站、西二线郑州支线等工程建设，为全市居民安全平稳供气提供了坚实的保障。

集中供热：南郊热源厂、航空港区热源厂两个集中供热项目按计划稳步推进，南郊热源厂基本达到供热条件。加快供热管网建设，全年新建改造供热管网34.6公里，建设热力站60座，新增供热面积400万平方米。积极实施技术进步与管理创新，加大信息网络、在线监测等先进生产技术与设备的推广力度，供热质量和服务水平进一步提高，室温合格率达99.8%，设备完好率、抢修及时率、热线服务合格率均为100%。积极推进供热计量改革，完成了15家（16栋）大型公共建筑供热计量改造工程的设计、预算编制以及与用户对接工作，完成了新芒果写字楼、郑东新区管理服务中心（省政府）、省交通厅等约19万平方米的大型公建供热计量改造工程热表购置和安装工作。

【市政建设】 2010年，郑州市市政工程建设步伐持续加快。中心区铁路跨线桥于12月26日建成通车，为缓解城区交通拥堵问题发挥了积极作用；火车站西广场轨道交通以南广场及地下停车场主体工程全部完成，并投入使用。建立了市领导分包积水点改造工作机制，全年完成积水点改造26处。贾鲁河截污、魏河上游整治、金水河下游景观建设按计划有序实施，金水河上游综合整治工程全段通水。五龙口污水处理厂二期扩建、马头岗污水处理厂一期升级改造、南三环污水处理厂等项目积极推进。各区完成背街小巷改造106条。对22个道路交叉口进行了渠化改造，完成了20个拥堵路口的综合整治，建设公交港湾23处，9座人行天桥项目进场施工。完成了《郑州市中心区铁路跨线桥浮雕》、《举重》等24件雕塑创作，建成雕塑10件。

【市容环境卫生管理】 2010年，郑州市市容环境卫生管理工作落实延时保洁制度和四类地区分类管理标准，成立专职督查队伍，对城区内道路清扫保洁和设施管理实施全方位、全时段督查，提高道路清扫保洁质量。积极开展“清洁家园”竞赛活动，加强对县（市）环卫工作的行业管理，全面提升各县（市）市容环卫管理水平。加强生活垃圾管理，严格执行垃圾进场双向登记制度，对积存垃圾实行有偿清运，全年共处理生活垃圾103.58万吨、垃圾渗沥液22.5万吨。加班加点对市区35条道路进行洒水降尘，城区环境卫生质量保持了较高标准。紧紧围绕全市中心工作和重大活动，集中力量开展占道经营、户外广告、垃圾运输车辆、二七广场区域等专项整治活动，市、区两级城市管理部门全年出动执法人员67.8万余人次、执法车辆3.9万台次，清理违章占道经营27.4万起、突出店外经营11.1万起，说服教育各类违章人员22.1万人次；查处违法户外广告27.4万平方米，拆除8万平方米，人行天桥过街广告全部拆除，拆除高速公路两侧违章广告塔550余处，清理条幅广告1.1万条，有效遏制了户外广告私搭乱建的势头；查处违章垃圾运输车1020台次，暂扣289台，查处收缴违法、流浪犬只1357只，确保了国家卫生城市复审、全国文明城市创建顺利进行。

【市政设施管理】 2010年，郑州市进一步提高市政设施养护、维修、管理水平，基本实现了“道路平整、排水畅通、桥梁稳固”的行业管理标准。对金水西路、迎宾路等路段进行了大修、复浇，完成车行道维修41.9万平方米、人行道维修16.1万平方米，市区10条精品街、主要干道车行道完好状况基本实现“零病害”的养护工作目标。完成管道疏挖979公里，完成检查井和进水井疏挖9.7万座，泵站污雨水抽升完成1327万吨。完成“四桥一路”清洗、涂刷125万平方米。继续实施中心城区雨污水管网改造工程，铺设雨污水管道29.1公里，城市道路汛期防汛抗灾能力显著提高。认真执行新建道路五年不许开挖、大修道路三年不许开挖的规定，办理破路手续150份、占道手续1429份。

坚持城市照明精细化管理为主线，建立三级巡视监察机制，每周按计划对照明设施进行巡视巡查。成立郑州市霓虹灯综合整治督查组，为全市44426处霓虹灯建立电子档案，实行了日查日报月评比工作制度，对霓虹灯进行全面持续整治，全市主干道霓虹灯完好率98%以上，次干道和背街小巷霓虹灯完好率均在90%以上。实施了《路灯设施管理养护检查考核办法》，全年维修路灯3.36万盏，路灯明灯率98.86%，城区亮化水平明显提升。

进一步完善河区景观,补充乔灌木1.03万株,更新、改造草坪9.9万平方米,补栽草坪斑秃3.7万平方米,形成了滨河公园独具特色的绿化风格;加大清扫保洁力度,延长重点地段保洁时间,确保了园容园貌干净有序;在"两河一渠"(金水河、熊儿河、东风渠)的橡胶坝两侧和入河踏步处加装护网4206米,安装警示牌483块,改造、安装、维修护栏1528米;对城区河道污水源进行全面排查,及时封堵排污口,金水河、熊儿河、东风渠水质均达到了功能水质标准。

认真抓好城市防汛工作,针对建设项目多、对排水管网扰动严重的实际情况,对轨道交通、道路桥梁建设等施工现场进行拉网式排查,制订了应急排水方案;进入汛期后,坚持24小时值班和领导带班包区巡查制度,实施有效的指挥调度,及时抢险排险,确保了城区安全度汛。

【数字化城市管理系统建设】 在借鉴先进城市经验的基础上,2010年,郑州市在市一级设置了隶属市政府的数字化城市管理监督中心和隶属市城市管理局的数字化城市管理指挥中心,区一级设置了隶属于各区城市管理执法局的区指挥中心,25个市级职能部门终端并入数字城管平台,形成了市、市直部门、区、街道、社区、网格单元所在单位的多级网络,统一的数字城管网络体系基本形成。全年共受理案件41.5万件,派遣38.5万件,解决了大量事关群众切身利益的热点难点问题,初步形成了发现及时、处置快速、解决有效、监督有力的城市管理运行机制,数字城管考评分数占综合考评分值的50%,在城市管理考评工作中发挥了重要的作用。

【城市管理考核工作】 2010年,按照郑州市城市管理工作考核办法要求,市城市管理局进一步完善考核方案和实施细则,针对市容市貌和园林管理、社区环境和规划建设管理、公路养护和环境保护管理、施工工地和"五小"门店管理、交通秩序和机动车停放管理等多项管理内容,确定了集贸市场、城市出入市口、铁路沿线、延时保洁、错时执法、机动车乱停乱放、占道经营、突出店外经营、线杆、缆线、施工工地、拆迁工地文明施工整治等作为检查考核工作重点。按照每月考核、季度讲评、半年小结、全年总评的方式进行综合考评,定期公布各区和职能部门的考评成绩,分析点评长效综合管理中存在的问题,安排城市管理综合考评专项奖励资金对各区进行奖励,有效地增强了各方面加强城市管理的紧迫感和责任感。全年共抽查办事处137个,累计涉及道路1594条次,社区679个,批发市场、集贸市场268个次,都市村庄257个次,建筑工地493个次,沿街门店1946个,公园、游园139个次,下达整改通知书1063份;对城市管理相关的11个市直局委进行了6次公开互评联合考核,开展日常检查92次,下发整改通知书793份。

(秦永纪)

市政建设

【市政设计】 2010年,郑州市市政工程勘测设计研究院取得了压力管道GA1级(长输管道)设计资格;完成了市政工程(道路、桥梁、城市隧道、给水、排水、城市燃气、热力)专业甲级、测绘工程甲级资质和建筑工程乙级资质的延续工作。全年共完成勘测设计项目470余项,完成勘测设计收入2500余万元,工程项目涉及道路桥隧、给水排水、环境卫生、燃气、热力等专业;共获各类勘察设计奖49项,其中国家级奖10项、省优秀工程一等奖5项。由于诚信经营、业绩突出,郑州市市政工程勘测设计研究院被评为"河南省勘察设计行业先进企业"、"河南省工程勘察设计行业精神文明先进单位"、"郑州市科技咨询工作先进单位",顺利完成"全国勘察行业AAA级诚信单位"、"河南省设计行业AAA级诚信单位"的换证认证工作。

【中心区铁路跨线桥工程】 该工程西起河医立交,向东沿建设路跨过金水河、京广路、京广陇海铁路后,再沿解放路跨越二马路、铭功路、福寿街,在民主路落地,全长1710米,工程投资约3.34亿元,主要包括跨铁路桥、东西引桥、上下匝道、地面桥等。其中跨铁路主桥为双塔单索面三跨预应力混凝土斜拉桥,全长460米,宽度为33~42.07米,主桥最大跨度248米,双向六车道,双塔高度为64.5米。西引桥长724.2米,宽度为16.25~43.4米,29跨,跨径为20~32米不等。东引桥长377米,15跨,跨径为23~26米不等。匝道桥共四道,全长1182米,桥宽8~9米。建设路跨金水河桥1座,桥长37米、宽50米。2007年12月25日工程开工奠基;2010年10月25日主桥实现合龙,主体工程完成;12月26日顺利通车,对于加强郑州东西部交通、完善城市路网、缓解交通拥堵起到了积极的作用。

【郑州火车站西出口站前广场工程】 该工程包括站前广场和地下停车场两部分,总占地面积11.1万平方米。其中,站前集散广场4.6万平方米,北侧为公交站及郊县车停车场2.9万平方米,南侧为社会大型车辆和出租车地面上下客区停车场3万平方米,站南街道路长182米,站北街道路长172米;地下停车场总建筑面积6.07万平方米,包括地下停车库2.63万平方米,地下环形车道及出租车候车区1.63万平方米,地下换乘大厅0.46万平方米,通道及商业、配套用房1.35万平方米。2008年6月20日工程开工,截至2010年底,地铁以南部分已按期完工,并投入使用,完成投资24667万元。

【背街小巷整治】 为完善城市道路功能,改善城市人居环境,提高城市品味,2010年,郑州市对市区106条背街小巷进行整治，改造道路总长度79.24公里，总投资9128.89万元。其中，二七区改造20条，改造道路总长度9834米，整治车行道15.13万平方米、人行道2.29万平方米；金水区改造24条，改造道路总长度20078米，整治车行道84.95万平方米、人行道8.38万平方米；中原区改造14条，改造道路总长度8394米，整治车行道5万平方米、人行道0.43万平方米；管城区改造20条，改造道路总长度5229米，整治车行道2.95万平方米、人行道2.15万平方米；惠济区改造4条，改造道路总长度3300米，面积26400平方米；经济技术开发区改造10条，改造道路总长度22500米，整治车行道1340平方米、人行道830平方米；高新技术产业开发区改造14条，改造道路总长度9905米，整治车行道13万平方米、人行道7.34万平方米。

（杨玉平　刘庆宇）

市政设施养护

【概况】 2010年，郑州市市政工程管理处牢固树立“以人为本”和“可持续发展”的城市建设管理理念，紧紧围绕“树立新理念、提升执行力”这一主题，坚持以社会效益为市政设施养护工作的第一要务，切实提高市政设施养护、维修、管理水平，基本实现了“道路平整、排水畅通、桥梁稳固”的行业管理标准。2010年，共完成总产值2.27亿元，其中，养护维修产值0.87亿元、建安工程产值1.24亿元、其他产值0.16亿元。道路养护方面，完成车行道维修41.9万平方米（含稀浆封层），人行道维修16.1万平方米，市区10条精品街、主要干道车行道完好状况基本实现主要路病“零病害”的养护工作目标。桥梁维护方面，完成“四桥一路”清洗、涂刷125万平方米，维修、更换桥梁护栏900余米。排水设施养护方面，完成管道疏挖979公里，完成检查井和进水井疏挖9.7万座，泵站污雨水抽升完成1327万吨。道路掘动管理方面，全年办理破路手续150份，破路面积7.88万平方米；办理占道手续1429份，占道面积3.4万平方米。窗口服务及为民服务方面，全年各级“立刻办”共受理来电、来访3707起，属市政管辖范围的1445件全部办结完毕，办结率达100%，群众回访满意率达90%以上。

【城市道路大修改造（复浇）】 2010年，郑州市市政工程管理处对市区部分道路（路段）进行了大修复浇，完成道路大修复浇38.8万平方米。在施工中，认真贯彻ISO9001质量体系标准，严格执行施工技术规范，确定创优目标，从工程开工准备到工程竣工验收，密切监控、严格管理，对工程施工进行事前、事中、事后质量控制。全年工程交验合格率100%，优良品率达50%。

金水西路综合整治工程（建设路至文化路）：2008年7月1日开工。共铺设人行道5766.89平方米、侧平石6850米，安装护栏988米，铺设沥青路面7644.58平方米。完成工程投资1139.73万元。

铭功路道路大修工程（金水河—太康路）：2010年10月26日开工。至年底，共铺设人行道3953平方米，安装侧石975米、平石650米，铺设沥青路面1287.5平方米，完成工程投资105.78万元。

兴华街道路整修工程：2009年11月1日开工。共铺设沥青路面9899.5平方米。完成工程投资101.71万元。

二马路道路整修工程（解放路—兴隆街）：2010年6月19日开工，6月29日竣工。共铺设沥青路面11948.54平方米，完成工程投资127.96万元。

迎宾路道路整修工程（黄河迎宾馆—中州大道）：2010年10月25开工。共铺设沥青路面27807平方米，完成工程投资1362.13万元。

沙门路道路大修工程（花园路—中州大道）：2010年5月19日开工，10月25日竣工。共铺设沥青路面4830平方米、侧平石4160米、人行道16924.94平方米，完成工程投资729.5万元。

新郑路道路整修工程（航海路—陇海路）：2010年5月2日开工，5月14日竣工。共铺设沥青路面20637平方米，完成工程投资176万元。

城东路道路整修工程（城北路—金水路）：2010年5月19日开工，5月30日竣工。共铺设沥青路面18176.7平方米，完成工程投资164.18万元。

中原路道路整修工程：2010年3月26日开工，3月28日竣工。共铺设沥青路面6157平方米，完成工程投资53.22万元。

西站路道路整修工程（桐柏路—嵩山路）：2010年4月1日开工。共铺设沥青路面23441平方米，完成工程投资255.81万元。

丰庆路道路整修工程（支农路—北三环）：2010年4月13日开工，4月24日竣工。共铺设沥青路面22161.94平方米，完成工程投资254.32万元。

五龙口南路道路工程：2010年7月16日开工，7月30日竣工。共铺设沥青路面7228平方米、侧平石649.7米、人行道417.57平方米，完成工程投资130.26万元。

秦岭路注浆加固工程：2010年4月27日开工，8月15日竣工。共钻孔11897米、注浆1145.2立方米，完成工程投资245.89万元。

【市政排水管网改造】 2010年，郑州市中心城区雨污水管网改造工程继续实施，工作重点是积水点改造。全年共铺设雨污水管道29.1公里，完成工程产值2.31亿元，为实现市委、市政府“2011年底市区无严重积水区”目标打下了坚实基础。

国基路积水点改造工程：2009年11月5日开工，2010年4月15竣工。共铺设管涵1500米，完成工程投资794万元。

航海路与郑密路交叉口以西积水区工程:2010年1月11日开工,3月10日竣工。共铺设管涵326米,完成工程投资50.27万元。

文化路魏河桥以南积水区工程:2010年1月19日开工,3月10日竣工。共铺设管涵140米,完成工程投资18万元。

淮河路金水河两侧积水区工程:2010年1月20日开工,2月5日竣工。共铺设管涵173米,完成工程投资25万元。

渠东路(北环—新柳路)积水区工程:2010年1月21日开工,4月10日竣工。共铺设管涵1513米,完成工程投资246万元。

长江路东段积水区工程:2010年1月25日开工,2月6日竣工。共铺设管涵40米,完成工程投资7万元。

东明路与顺河路交叉口积水区工程:2010年2月5日开工,3月25日竣工。共铺设管涵30米,完成工程投资5.5万元。

航海路(713所墙外)积水区工程:2010年2月28日开工,4月10日竣工。共铺设管涵28米,完成工程投资16.5万元。

南三环大学路以东积水区工:2010年4月22日开工,6月11日竣工。共铺设管涵80米,完成工程投资13万元。

中原路市人大门口慢车道积水区工程:2010年4月29日开工,5月3日竣工。共铺设管涵145米,完成工程投资26万元。

石化路与中州大道交叉口积水点改造工程:2010年5月25日开工,8月25日竣工。共铺设管涵691米,完成工程投资797万元。

高新区科学大道下穿陇海铁路立交积水区改造工程:2010年5月初开工,9月底竣工。共进行明沟改造2.85千米,完成工程投资500万元。

G107小刘桥积水点改造工程:2010年9月1日开工,10月28日竣工。共铺设管道1000米,完成工程投资366.6万元。

中心城区21处小积水点改造工程:2010年7月底开工,9月初竣工。累计完成工程投资191.98万元。

姚寨路雨污水工程(黄河路—丰产路):2009年8月26日开工,2010年1月15日竣工。共铺设管涵2009米,完成工程投资466万元。

028公路雨污水工程(西三环—周垌村):2009年10月15日开工,2010年2月5日竣工。共铺设管道2185米,完成工程投资194.5万元。

沙门路雨污水工程(花园路—中州大道):2009年11月3日开工,2010年3月28日竣工。共铺设管道1260米,完成工程投资652万元。

嵩山路立交雨水泵站改造工程:2009年11月10日开工,2010年4月25日竣工。共完成工程投资204.5万元。

兴隆铺路立交雨水泵站改造工程:2009年11月10日开工,2010年4月25日竣工。共完成工程投资445.6万元。

熊儿河生态水系输水工程:2009年11月15日开工,2010年3月10日竣工。共铺设管道1100米,完成工程投资470万元。

背街小巷排水设施改造工程:2010年1月1日开工,4月1日竣工。共完成工程投资1205万元。

华山路雨污水工程(建设西路—中原路):2010年3月1日开工,6月20日竣工。共铺设管道1045米,完成工程投资256万元。

黄家庵雨污水工程(北三环—畜牧路):2010年3月8日开工,5月30日竣工。共铺设管道1592米,完成工程投资504万元。

交通路雨污水改造工程:2010年1月17日开工,3月10日竣工。共铺设管道893米,完成工程投资168万元。

西站东街雨污水工程(西站路—朱屯东路):2010年3月10日开工,5月30日竣工。共铺设管道1099米,完成工程投资200万元。

中原西路雨水管道工程:2009年11月20日开工,2010年3月15日竣工。共铺设管道2074米,完成工程投资1948万元。

汝河路雨污水工程(西三环—华山路):2010年3月18日开工,5月12日竣工。共铺设管道760米,完成工程投资157万元。

红旗路雨污水工程(经三路—姚寨路):2010年3月20日开工,6月30日竣工。共铺设管道1077米,完成工程投资181万元。

董砦路雨污水工程(西站路—煤仓北街):2010年3月20日开工,5月16日竣工。共铺设管道1167米,完成工程投资227万元。

海滩南街雨污水工程(南阳路—卫生路):2010年3月28日开工,5月3日竣工。共铺设管道680米,完成工程投资92万元。

百花路污水工程(建设路—棉纺路):2010年3月29日开工,4月30日竣工。共铺设管道288米,完成工程投资69万元。

东风路污水工程(天明路—丰庆路):2010年8月30日开工,11月20日竣工。共铺设管道556米,完成工程投资132万元。

天河路污水泵站污水出路工程:2010年10月1日开工,11月15日竣工。共完成工程投资800万元。

【市政设施防汛】 2010年,郑州市市政设施防汛工作继续实行以行政首长负责制为核心的各级防汛责任制,立足于防大汛、抢大险、抗大灾,进一步完善了市政设施应急处置预案,加大了防灾、减灾、救灾专业队伍建设力度,着力为实施桥梁突出事故、污水干管事故、泵站事故等应急处置提供人员和物资保障,确保市政设施安全运行。2010年汛期,特别是7月19日、8月10日的大暴雨中,郑州市市政工程管理处共出动抢险人员4500余人(次)、抢险车辆及设备900余(台/次),较好地完成了排水抢险任务,为中心城区实现安全度汛做出了应有的贡献。

【城市照明设施】 2010年，郑州市城市照明灯饰管理处共维修路灯33643盏项，设施整修32158处，处理低压故障2267处、高压故障137处，补装灯具1507个、井盖1134块，路灯综合明灯率98.86%，设施完好率95.28%。认真实施节能减排调控，大力推广使用节能新产品，加强城市公共景观照明管理，除重要节假日和重大活动期间外，全市公共设施景观灯、已纳入管理的社会楼体景观灯不再开启。完成路灯监控系统升级改造，采用先进的GPRS电台和UPS后备电源，使监控数据信号质量有了更好的保证。

【城区河道管理】 2010年，郑州市在城区河道管理工作中完善管养制度，细化养护管理标准，在滨河公园补充完善栽植乔木403株、灌木9942平方米，更新、改造草坪99003平方米，补栽草坪斑秃37012平方米，使河区绿化种植结构更加科学合理，形成了滨河公园独具特色的绿化风格。适时对乔灌木、模纹图案、草坪等整形修剪，保持植物外形整齐美观；开展病虫害防治工作，病虫害防治率达到100%，确保了河区草坪返青早、长势良好。对金水河"隋河宋肆"、"杜岭"景区和东风渠"花园路至经三路南岸"、"国基路至新柳路"景区进行了升级改造。防汛工作扎实有效推进，进一步明确了"安全第一、常备不懈、以防为主、全力抢险"的防汛指导思想，制定防汛工作方案，建立完善的防汛机构，组建了200人的防汛抢险队伍。对沿河闸坝等防汛设施进行了全面检修，并及时修复河道塌方、清挖河道淤泥，确保了雨季排水畅通。落实责任制和24小时值班制度，时刻监视汛情，确保了河道安全度汛。加大清扫保洁力度，坚持春、夏、秋三季早6:00和冬季早6:30前完成清扫工作，并进行全天候、全方位保洁；加强水面管理，及时打捞漂浮物，保持水面清洁，做到随脏随捞，垃圾日产日清，全年清运垃圾19937立方米，为广大市民群众提供了一个洁净优美的环境。在"两河一渠"的橡胶坝两侧和入河踏步处加装护网4206米，安装警示牌483块；改造、安装、维修护栏1528米；维修供水设施232处(次)、供电设施995处(次)，其他基础设施271处(次)，确保设施完好率100%；及时更换各类灯泡，并按要求正常开启，明灯率达到了100%。

（许　磊　秦东凯）

数字化城市管理

【管理体制建设】 2010年，按照数字城管监督和指挥职能相分离的原则，郑州市委、市政府进一步明晰了市数字化城市管理监督中心和指挥中心的职能，对原有数字城管机构设置进行改革，设置了"市数字化城市管理监督中心"(隶属于市政府直接管理)和"市数字化城市管理指挥中心"(市城市管理局负责管理)，市内各区明确设立了由各区城市管理执法局负责的数字化城市管理指挥中心。机构的完善强化了一级监督、高位监督，尤其是数字城管监督中心将市、区发现城市管理问题的能力，整合到一个平台上，监督权、评价考核权统一到了市监督中心。通过市、区两级指挥和市、区两级平台的有机互动，进一步强化了市、区两级政府及相关责任单位的管理责任，做到了监督管理集中，指挥调度协调，保证了数字城管工作健康有序开展。

【规范化管理工作】 2010年4月，全市城市管理工作大会召开，对数字城管工作提出了新的要求；之后，在监督中心召开了数字化城市管理全面运行现场会，市内5区、3个管委会及21个职能部门的负责人参加会议，极大地推动了数字化城管工作全市域、全方位运行。同时，《郑州市数字化城市管理实施办法》、《郑州市数字化城市管理考评办法》及《郑州市数字化城市管理信息采集、立案、处置与结案标准》等一系列文件的出台，为数字城管管理、信息采集、监督考评等工作的科学、规范运行和相关管理工作的顺利实施提供了制度保障。5月，纳入全市数字化城管系统管理的28个终端单位、部门实现了与市监督中心、指挥中心的全面连通和正常运行，为数字城管深入化、规范化管理奠定了良好基础。

【监督考评工作】 2010年，在建立完善对市内5区规范考评体系的基础上，郑东新区、高新区、经开区及21个市级职能部门也相继纳入统一的数字城管考评体系。同时，为提高工作效率，突出解决城市管理局职责范围内的问题，监督中心对系统进行了优化，单独对市城管局下属的13个二级机构进行任务派遣和考核。在日量化统计、周汇总情况、月综合考评的基础上，考评范围进一步扩大，逐步建立完善了更科学的数字化城市管理考评工作规范。将"占道经营、店外经营、无证游商"三类案件列入长效治理案件，制定了《长效治理案件考评细则》和《督办案件考评细则》，实行日检查、月环比考核的办法，着重解决案件反复、反弹的问题，取得了较好的管理成效。

【信息采集工作】 2010年，郑州市数字城管信息采集工作中严格规范化要求，对信息管理规范及考核办法进行了修订完善，先后出台了《郑州市数字化城市管理信息采集监督员工作规范简明手册》、《郑州市数字化城市管理监督员证使用管理规定》、《关于加强对繁华区域实行延时上下班的通知》等规章制度。以抓信息上报质量、信息上报的及时度和准确度、人员上岗情况为工作重点，不断加强对各信息采集公司的日常管理、考核及监督员队伍的管理，较好的完成了各项工作指标。积极稳妥推进信息采集市场化运作工作，根据信息采集工作的连续性，9月顺利组织完成了2011—2012年度信息采集招投标工作，新选定了三家单位参与数字城管信息采集。

【呼叫中心建设】 2010年,郑州市数字城管信息平台及12319热线秉承第一时间受理、第一时间派遣、第一时间催办、第一时间反馈的工作要求,及时做好上报各类信息核实、任务派遣协调、案卷审核立案等各项基本工作,并认真做好各项转交工作的协调跟踪督办落实工作。经过努力,本年度,数字城管信息的立案率从最初不足45%稳定至95%左右,派遣率从最初不足45%上升至100%,12319热线的问题结案率上升至96%以上。全年共上报《郑州数字城管》考评通报58期,受理案件496742件,立案466333件,立案率93.39%;派遣案件450130件,派遣率96.53%;处置结案214336件,全市平均结案率45.96%。

【数字城管应用系统建设】 随着城市管理内容的不断增加、管理标准的日益提升,建于2006年的郑州市数字化城管软件系统在应用上已不适应于当前实际工作,相关功能急需拓展完善。2010年,经过广泛听取专家意见、组织技术人员开展研究攻关,先后对业务短信子系统、监督评价子系统、无线数据采集子系统、应用维护子系统、12319城建服务热线子系统等进行了全面升级。同时,开发了城市道路掘动在线监管、中心办公自动化系统。10月,郑州市数字化城市管理监督中心网站正式运行。各项系统软件的不断升级与功能的完善,为数字化城管作用的更好发挥提供了有力的技术保障。

(翟国辉)

集中供热

【概况】 2010年,郑州市热力总公司全年完成供热销售收入3.026亿元,完成供热量600.321万吉焦(同比增长19.82%),新增供热面积350万平方米,实现供热总面积1650万平方米(不含中原环保),实现综合节能量7000多吨标煤,室温合格率99.8%,设备完好率、抢修及时率、热线服务合格率均为100%。全年新建改造供热管网32个路段共计34.6公里,完成投资3.24亿元,建设热力站60座。同时,公司扭亏为盈,实现利润60万元。中原环保股份有限公司全年供热面积均值668万平方米,同比增长67万平方米,供热增加面积是前三年增加面积总和的近4.8倍,发展入网面积达到596.8万平方米,各项运行参数基本达到要求,实现销售收入13973万元。郑州市热力总公司荣获2010年度全国交通建设系统工人先锋号、2009年度河南省建设系统女职工工作先进单位和2010年度河南省建设职工职业技能竞赛团体第一名、优秀组织单位等荣誉,热力总公司客服中心、枣庄供热分公司经营科外网班被共青团郑州市委命名为2010年度“市级青年文明号”荣誉称号;中原环保股份有限公司获得郑州市人民政府颁发的“郑州市环境友好企业”荣誉称号。

【工程建设】 2010年,热力总公司进一步扩大集中供热规模,加快实现热力总公司跨越式发展。南郊热源厂、航空港区热源厂两个集中供热项目按计划稳步推进,项目建设规模、建设速度均实现历史性突破;同时,按照年度城建计划,管网建设规模再上新台阶。

南郊热源厂:工程估算总投资20361.99万元,建设地点为市南郊绕城公路以南、郑石高速路以东,建设用地5.33公顷。一期工程建设规模为2×116MW循环硫化床锅炉,供热能力232MW,建成后可解决郑州市西南地区航海路以南、绕城公路(南四环)以北、机场高速公路以西,约37平方公里的城市供热,可供采暖面积515万平方米。工程于2009年10月10日开工建设,2010年7月底主厂房实现结顶;8月中旬,隔压站临建设施完成,隔压站施工图开始设计;9月初,烟囱、输煤栈桥施工完毕;9月底,顺利完成水压试验并通过市锅检院验收,筑炉工程完成;10月底,具备了烘炉煮炉试运行条件;至2010年底,具备了供热条件,并组建起南区供热分公司,开始进行用户资料汇总、换热站接收等运行准备工作。

航空港区热源厂:工程建设地点位于四港联动大道以西、盛祥路以北,西临航城环路(规划道路),总占地面积近7.3公顷。规划总容量380T/H(4×20T/H+4×75T/H),主要为郑州航空港区IT产业园生产区及配套生活区供热,以富士康生产区及配套生活区为主,一期工程热源规模80T/H。2010年热力总公司根据省市政府的要求,积极履行国企社会责任,配合富士康项目进度投建航空港区热源厂。7月成立了航空港区热源厂筹建处,坚持特事特办、打破常规的原则,加快工程建设进度,年内项目可研报告通过专家评审,完成了名称核准、国资委批复,并着手办理立项等手续。11月22日,土建工程正式开工,全年完成总投资1973万元,敷设供热管网1.4公里,完成征地7.2公顷。

供热管网建设:根据郑州市三年管网全覆盖的相关要求,热力总公司综合考虑热源分布和供热需求状况,制定了《郑州市建成区集中供热管网(全覆盖)扩建工程(2010—2012年)》的滚动发展规划。2010年是规划实施的第一年,为加快供热管网建设,提高供热覆盖率,热力总公司结合管网建设工程量逐年攀升的实际情况,对工程建设部门进行了调整,坚持设计、招标、报批工作提前进行,达到开工条件立即进场开工,全年无休,紧赶工程进度,共新建改造供热管网34.6公里,合计32个路段,完成投资3.24亿元,建设热力站60座。

【安全生产】 2010年,热力总公司在供热生产上积极实施技术进步与管理创新,加大信息网络、在线监测等先进生产技术与设备的推广力度,确保了供热生产安全高效，供热主业迅猛发展，供热质量和服务水平进一步提高。全年完成供热量600.321万吉焦，同比增长19.82%，实现供热总面积1650万平方米（不含中原环保），年内无重大责任事故，无责任投诉和重大媒体曝光事件发生，集中供热大局稳定。

严格执行用户室温达到18±2摄氏度的行业标准，全年共投入570多万元，实施了54项大修技改项目，涵盖锅炉、辅机、管网及附属设施等各个方面，使热源产出率和热网运行效益有了很大提高，确保了供热质量；加强煤炭管理，提前储备、增加购进高发热量、高挥发份煤炭，严把煤炭质量关，搞好煤配比，确保供热正常运行用煤；投资建设热网远程检测系统，为热力站加装远程监测设备，促进热网监控与调节自动化，全面提高热网调控水平；制定管网冲洗监督制度，杜绝因冲洗不彻底影响供热质量的问题；统一购置14辆供热抢修车辆和抢险专用工具，组织16支抢险小分队，进一步提高了集中供热抢险的规范化与效率化；开展声势浩大的三级劳动技能竞赛，在河南省职工技能大赛中包揽了前5名，并夺得省级竞赛团体奖第一名的成绩，大大提升了一线职工的操作服务水平。10月，总公司提前组织各供热分公司对供热管网进行冷态初调节，11月初具备了运行条件，保证了2010—2011采暖期供热开局良好、运行平稳。

为确保安全生产，热力总公司层层签订安全、消防责任书，明确各级安全责任；积极开展“安全生产”竞赛活动，确定重点安全岗位，明确岗位安全责任制，进一步完善操作规程；加强施工安全管理，完善施工现场管理制度，实行24小时不间断施工和夜间巡视施工制度；建立健全治安防范、消防安全、突发事件处置制度和预案，组织平安建设、安全生产培训；严格消防安全管理，落实安全生产和逐级防火安全责任制，实施“三级”值班，坚持夜间巡查制度，及时发现、消除了各种不安全隐患；积极开展平安建设宣传月及“三大两提升一促进”活动，通过组织专题讲座、制作展板等形式开展各项安全防范工作，全年无重大安全事故发生。

【供热服务】 2010年，热力总公司对内继续加大对客服窗口的资金与技术投入，努力打造现代化客服中心，实行规范化服务。全年共投入50余万元建立了专业化的客服系统，开通了移动、联通短信平台，使总公司、分公司两级客服中心达到6个，阳光服务热线15条，客服接线员56人，阳光服务小分队26支，阳光服务专管员189名，服务队伍进一步充实；全年有110余座热力站纳入公司统一管理范围，初步建立起了“管理到站、收费到户、服务到家”的管理模式。在管理上，进一步明确供热服务的程序和岗位职责，制定了“三声三清”、“五要五不要”等服务标准，健全了“三级客服四档管理五层服务”的供热服务体系；进一步丰富“阳光服务”品牌的内涵，建立了“组织科学化、管理规范化、程序简便化、工作标准化”的阳光服务模式；做好市长热线、城市管理局立刻办等上级热线单位的转办，做好数字化城市管理派遣案件和街长制巡查问题的处理与反馈工作。全年共接听热线电话14867个，答复率、处理率100%，热线服务合格率100%。

【市场开拓】 为进一步建立健全发展规划的长效机制，2010年3月，热力总公司完成了《三年滚动发展规划（2010—2012年）》的编制；同时，根据郑州市城市发展建设规划的调整，对《郑州市城市集中供热规划（2009—2020）》进行了进一步优化。

以三年滚动发展规划为指导，以年度综合计划为行动纲领，热力总公司树立超常规的发展意识，积极主动开拓市场，大力发展供热面积，加快现有供热能力的饱和。成功实现了银企联网、银行代收热费，热费收缴方式由传统的手工收费向科学、高效、精准的信息化收费管理模式转变，至年底，112个小区实现了直接管理，对60个小区、近5万户实现了收费到户、服务到家；在充分发挥经开区热源厂生产能力的基础上，根据市政府的要求和富士康航空港区建设项目的进度，投资建设航空港区热源厂，工业热负荷规模进一步扩大。在大力发展郑州供热市场的同时，积极推进跨区域发展战略的实施，集中供热主业的核心地位进一步巩固。加强对外投资的合作与监管，年内获得格林期货投资收益618万元，并探索对中原环保股份实施动态管理，公司整体实力大幅增强。

对供热工程市场化进行有益尝试，组建了德润市政工程公司，对用户工程建设实施统一管理。由于供热管网工程大多位于市区主干道，须随市政打通断头路同步施工，德润市政工程公司坚持文明施工与安全施工，进一步完善工程管理机制，严格按照郑州市“畅通工程”的相关要求，规范工程施工围挡、悬挂宣传标语、统一施工人员着装、保持现场整洁无垃圾。为确保工程质量，争创优质工程，加强施工安全管理，完善施工现场管理制度，实行24小时不间断施工和夜间巡视施工制度，年内工程建设项目无因公司管理不规范被新闻媒体曝光事件，未发生施工安全责任事故。德润市政工程公司全年建设供热主干管网工程26个路段，累计26.97公里；建设换热站52座，安装蒸汽热计量站2座，改造分户计量站2座。

【科技创新】 2010年，热力总公司高度重视“科技兴企”，充分发挥自主创新、科技进步在保证供热质量、节能减排、提升企业核心竞争力方面的重要作用，加大在供热计量、在线监测、信息化方面的科技投入，注重实效的各项科研工作，为促进集中供热主业的快速发展提供了动力，进一步提高了企业运营管理效率。

供热计量改革:供热计量改造实施工作取得了实质性进展。完成了热力总公司所辖集中供热区域内15家(16栋)大型公共建筑供热计量改造工程的设计和预算编制工作,以及与用户对接工作;完成新芒果写字楼、郑东新区管理服务中心(省政府)、省交通厅等共计约19万平方米的大型公建供热计量改造工程热表购置和安装工作;配合市墙改办既有建筑供热计量改造项目,完成省建材院、绿文广场管理处两个既有建筑供热计量改造小区热表安装工程的设计和预算工作;完成省新闻出版局家属院、祥和花园(审计署)和广源建设专家公寓楼等3个基本符合供热计量收费条件小区的调查工作;积极与物价局沟通,配合做好听证会的各项工作,11月颁布了郑州市居民及公共建筑供热计量价格的相关文件;完成了热力总公司《2010年供热计量工作实施方案》、《郑州市热力总公司供热计量工作规划(2010—2012年)》等文件的编制工作;起草完成《郑州市民用建筑供热计量管理实施细则》及配套政策文件。

热网远程监测系统:热力总公司投资1400余万元启动了热网远程监测系统项目,为东区、北区和枣庄供热分公司的150座热力站加装远程监测设备,使热力总公司具有远程监测能力的热力站增加到301座,占所辖热力站的50%。同时,为实现供热系统的节能降耗,对重点支线、热力站加装了自力式流量平衡阀和远程调控的电动调节阀,对各分公司原有系统进一步升级整合,实现了热负荷统一调配,进一步提升了热网运行技术管理水平。

银企联网收费系统:11月1日,热力总公司投资80余万元建设的银企联网收费系统正式运行,实现了银企联网、银行代收热费,在传统的柜台现金缴费和储卡代扣的基础上,还同时开通了网络银行、电话银行、ATM自助银行等缴费方式;采用国内外金融界广泛使用的基于TCP/IP协议的数据包交换技术,并实现系统数据交换的跨行操作系统平台;公司客服系统同步投用,实现了总公司与分公司两级热线网络的联网操作,大大提高了业务电话的接听、受理和转办效率。经营收费系统和客服系统的投用,使热力总公司信息化系统的推广应用工作向前迈进了一大步。

(王力艰)

城市燃气

【概况】 2010年是郑州华润燃气有限公司加盟华润后的第一年,也是与华润燃气集团“管理接轨、文化融合”的关键一年,公司以“强化管理、加快发展”为重点,紧紧抓住“安全、服务、发展”的管理主题,深化改革,改制后续工作全面完成,生产经营局面持续保持了好的发展态势,实现了在管理接轨中融合创新、在改制转型中科学发展。编制完成三年商业计划及“十二五”规划,为公司发展指明了目标和方向。全年购进天然气5.22亿方,销售天然气4.94亿方,发展民用户14.2万户;服务民用户户数突破百万大关,成为公司发展的里程碑;工程、设计等公司在工程及设计中中标承接多个燃气施工、设计项目,业务范围依托华润平台逐渐走向全国。至年底,公司有员工1799人,拥有市政行业(城镇燃气工程)专业甲级设计资质及市政公用工程(燃气热力、给排水)丙级咨询资质,是省内唯一同时具有市政工程建设GA、GB、GC资质的企业。

2010年,公司获得全国和河南省燃气行业技术比武团体第一名、省能源系统先进单位、郑州市廉政文化先进创新企业等多项荣誉称号,并连续第三年被评为“郑州市职业道德建设十佳单位”、“郑州市最具文化魅力十大企业”,成为全市100多家企事业单位中唯一连续获此两项殊荣的企业。

【改制合作】 依据市委、市政府与华润集团合作的总体部署,2010年,公司积极办理与华润燃气合资合作的股权转让、员工安置等改制审批工作。资产过户方面,通过与国家和省政府部门的多次沟通,分别取得了省人民政府、国务院国资委及商务部、省商务厅、香港交易所的批复,顺利完成了股权变更登记,并于6月底完成了上市公司股权转让。员工安置方面,公司明确了两千余名不同人员的安置方法和补偿标准,完成了国企改制后的员工经济补偿、新公司劳动合同签订、离退休人员安置、养老保险等问题,确保了公司大局稳定。遗留问题处理方面,公司密切配合市委、市政府,完成了参保转移手续办理、费用测算与提留等相关工作,彻底解决了十年未解决的事业单位养老统筹转企业统筹难题,实现了离退休人员和在岗人员社会保险平稳过渡,并将国有企业退休人员移交给社区,顺利实现了离退休人员的社会化管理。

【气源建设】 2010年,郑州市气源供应继续保持了平稳增长的良好局面,全年购气总量达到5.22亿方。其中,中石油西气东输一线供气量达到4.18亿方,超合同供应1.19亿方。积极完善公司输配系统,投资1.85亿元,新改建市区管网121.6公里;大力推进四港联动大道高压管线建设,为保障省重点项目富士康用气打下了良好的基础;自主建成郑州市第一座加气母站,结束了CNG外购历史,保障了思念果岭、登封、港区等管道未敷设区域的用气。全力推进安飞等5座高中压调压站、西二线郑州支线等工程建设,为全市居民安全平稳供气提供了坚实的保障。

【安全管理】 2010年,公司持续推动安全管理向纵深、精细化推进,全方位打造安全防御体系。按照国际先进的管理标准OHSAS18001:2007标准建立职业健康安全管理体系,梳理和分析安全管理工作中的不足。通过全员动员，辨识出危险源3000余条，其中重大风险11项，形成了公司的《危险源清单》、《重大风险清单》，以及风险评价、风险控制策划、制定管理方针、目标和管理方案，编写和实施了1套管理手册、31项程序文件，200余个作业指导书和操作规程，累计达19万字，构建了系统化的安全标准体系。12月，OHSAS体系顺利通过英标管理体系认证（北京）有限公司专家审核并取得了认证证书，公司的安全管理步入了科学化、规范化、标准化的轨道。

在全面落实华润管理指引中，公司认真对照华润安全管理指引的603项规定，全面系统地评估整改燃气生产供应环节中存在的隐患，通过了华润集团的安全考核审核，开展了“一入户、六到位”（安全检查到位、隐患整改到位、维修到位、安全宣传到位、用户详细信息收集到位、用户计量表工作状况是否异常检查到位）安检模式试点工作，安全隐患查处率和安全用气告知率分别提高了700%和705%；大力开展违章占压执法整治，共联合执法整治违章占压99处，完成管网巡视6.3万公里，检测管网313公里，保障了燃气管网的安全运行；共投入80万元用于对广大用户的安全用气常识宣传，并于2010年冬季—2011年春节冬季用气高峰期间，增加安全宣传投入40万元，开展为期4个月的不间断宣传，有效维护了城市安全和人民群众生命财产安全。

【规范服务】 2010年，公司建立了客户服务委员会，为城市发展和百姓生活提供更加安全、高效、亲切的清洁能源服务。在媒体公布6大类13项服务承诺，服务品质从“规范服务”向“科学服务”、“优质服务”提升；推行了“一站式”服务和个性化服务举措，总结出了“多问一句，多看一眼，多查一遍”的贴心服务方式。

以创先争优为契机，先后开展了“1+3”牛师傅结对子客户亲情服务活动（“1”即免费为用户加装管箍，加“3”是指加一次安检、加一次安全用气宣传、加送一份安全用气手册），全年共对1127户结对子客户服务1660次；定期为全市有需求的低保客户家庭免费更换胶管，在各小区每个单元门口安装了2万块“居民用户便民服务牌”；组织开展“巾帼安检伴你行”活动，为燃气出租车提供免费安检服务；深入郑州市130个居民社区、2200家工商业客户单位、7个加气站点进行客户满意度调查，听取客户意见和建议，并逐条分析改进；编印《牛师傅的故事》、电视记录片《牛师傅》等系列党员形象教育宣传片，将“牛师傅”精神带出了郑州，走向华润全国80家城市燃气企业和整个华润集团。

2010年，公司累计组织社区活动83次，服务客户22026人次，检查和维修灶具、热水器1660台，入户安检5166户，现场接待咨询7278人次，树立了企业良好的社会形象，得到了广大客户和社会公众的认可，企业客户满意度持续提升。11月，郑州市政府组织的“网评窗口”活动中，公司获得第一名；在2010年国际咨询机构盖洛普公司对华润燃气全国31个成员企业的客户满意度调查中，郑州华润燃气取得96分，名列第一。

（栗晓峰）

城市供水

【概况】 2010年，经郑州市国资委批复同意，郑州市自来水总公司整体改制为郑州自来水投资控股有限公司。全年完成供水量24903.66万立方米，同比上升3.18%；售水量20683.90万立方米，同比上升5.5%；水费回收率97.86%，销售收入36509万元，同比上升6%；亏损15337万元，增亏1541.73万元；供水产销差率16.94%，同比下降1.82个百分点。出厂水质综合合格率100%，管网水质综合合格率99.81%，管网修漏及时率100%。新增供水管网44.49千米，累计长度达到2436.49千米。完成户表改造5293户。

【供水安全】 2010年，公司认真做好《郑州市城市供水管理条例》的修订工作，新条例于2010年6月25日经郑州市人大常委会第11次会议研究通过，2010年11月28日河南省人大常委会第18次会议批准颁布，自2011年1月1日起施行。完善质量管理体系，水质监测中心顺利通过ISO9001:2008质量管理体系认证；开创性完成全省城市公共供水水质评价，编写了全国首部《饮用水水质评价标准》。针对渭河柴油泄漏、东周水厂原水输水干管被人为施工顶爆、邙山输水明渠因突发沉降和柿园水厂、白庙水厂出厂水干管爆管等突发事件，完善突发事故应急预案，采取应急措施，建立健全组织、充实装备、突击抢险，不断增强突发事故应急处置能力，全力保障城市供水。成立供水管网安全隐患排查整改指挥部，对城市旧管网进行统计汇总，制定管网更新改造计划。积极推进维修基地建设、抢修流程规范、机械材料管理等工作，完善基础管理，不断提高抢修速度和作业标准，全年完成修漏4288处，阀门、排气阀检（维）修2615台，检修消火栓5200台，有效降低因爆管和抢修给市民造成的影响。针对都市村庄、个别新建在建小区、洗车行、大型洗浴等偷盗水严重的经营性场所，联合公安部门，加大打击偷盗水及破坏供水设施行为力度。加大污水处理费的收缴力度，共收回自备井污水处理费1029万元。

【供水工程建设】 2010年，公司配合市政重点工程建设，完成了建设西路改造工程、京沙快速通道工程和地铁一号线建设工程等配套供水管道工程，以及断头路打通新建给水改造工程和花园路互通式立交给水改造工程。同时，加快了航空港供水项目建设及新郑第三污水处理厂项目建设；完成了东周水厂水源井改造、柿园水厂石佛沉砂池泵站改造，铺设600米

DN2000输水管道，增强了城市供水源水保障。

【供水服务】 2010年，公司完成了《河南省供水行业客服职业鉴定标准》、《河南省城镇公共供水行业服务规范》的制订，其中《河南省城镇公共供水行业服务规范》作为河南省工程建设标准被河南省住房和城乡建设厅发布实施。完成了宋庄村3000余户一户一表装表和白庄村188户居民水表改造、装表计量，结束其长期无表用水历史。

积极开展郑州第十六届供水服务春暖万家活动和冬季抗冻抢修活动。针对户外管道或裸露供水设施，全面部署抗冻工作，主动对市区部分供水管网和水表进行防冻处理，增强冬季供水安全保障系数；加大便民服务活动，利用周末假日走进社区，现场接受用户咨询、水费缴纳，义务维修供水设施，为用户解决供水实际困难；供水热线24小时开通，派出26支应急抢修分队，针对预防和解决水管、水表凝冻、冻裂问题开展专项行动。

（朱　林）

市容环境卫生

【市容管理】 2010年，郑州市市容管理工作以迎接国家卫生城市复审工作为主线，以创建全国文明城市、国家环保模范城市和“畅通郑州”工程为契机，以20条精品道路户外广告综合整治为重点，以市容督察和队伍建设为促进，不断加大执法力度，全年累计出动执法人员52760人次、车辆19300台次，下达责令改正通知书2459份，立案651起，结案704起，执罚86.8万余元。

户外广告治理成效显著。全年共普查全市四环以内83条道路沿线户外广告975处，面积174682平方米，普查机场、京珠高速及航空港区户外广告458处；共下达责令改正通知书1451份、限期拆除通知书1376份，立案296起，结案276起，结案率93%。查处违章户外广告274128平方米，拆除违章广告80452平方米，清理破损广告14044平方米、软体条幅5571条；查处新建广告188处、19958平方米，拆除165处、16761平方米。与上年同期相比，户外广告拆除数量增长120%，新建广告数量降低70%。特别是在认真落实市委市政府要求，全面开展过街人行天桥和跨街广告专项整治活动中，成功完成了全市21处过街人行天桥和28处跨街广告的拆除任务，进一步净化了城市空间。

燃气管理明显进步。在液化气管理上，突出重点时段和重点部位，坚持源头治理，深入开展专项整治活动，努力切断无证液化气来源渠道。同时，积极创新执法理念，统一协调公安、安监等部门联合行动，提高了工作效率。12月，集中开展占压燃气管线专项整治活动，依法对全市69处违章占压燃气管网的行为进行了查处。全年共查处违章供气站（点）1245处，下达责令改正通知书607份、暂扣通知书466份，立案14起、结案18起，暂扣钢瓶3851个、经营物品8件，较好地消除了燃气安全隐患。

建筑垃圾清运管理取得明显成效。坚持以夜间查处违章车辆、白天巡查建筑工地为主要方式，全面查处违章清运和沿途遗撒行为，较好地完成了西流湖垃圾填湖事件的查处，顺利完成了全市建筑工地和垃圾场的普查摸底工作，并于8月份组织了全系统建筑垃圾清运专项整治。全年共检查建筑工地和违章清运车辆3770台次，下达责令改正通知书401份，暂扣违章清运车辆265台次，立案341起、结案410起，执罚68万元，进一步规范了渣土清运管理秩序。

积极协调各区做好市容管理工作。全年共组织召开执法系统督察工作例会24次，集中组织督导检查53次，组织专项督导检查11次，上报城考督察资料1800余份、图片资料13000余份，督察占道经营3826起、突出店外经营900起、早夜市1600起，对各区下达督察整改通知书472份、1728处；督察各类违章广告1119处、破损广告266处。不定期对全市主要广场、商场周边私搭乱建现象进行检查督导，督促拆除违章设施，提升了城市形象。定期组织开展丹尼斯周边、二环支路果品市场、绿城广场等重点区域市容集中整治，共暂扣手推车、烧烤炉等经营物品3624件，较好地规范了市容秩序。配合郑开大道管理处、二七广场管理处、自来水公司等单位开展专项整治活动，共清理占道经营4506起、突出店外经营1083起、商业促销1524起，清理私搭乱建88处，有效改善了城市环境。

【环境卫生管理】 2010年，郑州市环境卫生处以组织开展“环卫双竞赛”活动、环卫日常考评工作和做好积存垃圾清理工作为抓手，以“让上级领导放心、让市民群众满意、方便协调相关单位”为原则，建立环境卫生督查组，配强督查人员，不断加大对市容环卫督查力度，保证了检查工作的成效性；积极克服人员、车辆紧张等困难，扩大督导检查范围，进一步消除督查工作中的盲区，做好积存垃圾清理工作。根据郑政文〔2010〕213号文件精神，督查组自2010年10月起组织队伍对全市积存垃圾进行清理；11月，按照“十大严重违法违规区域、点位”整治工作的要求，督查组加强了对全市各大商场、医院、批发市场、二七商圈周边道路和老代庄路的检查力度，严格按照上级领导批示，一日一查、两日一报、一周汇总；根据《沁河路市容环境卫生综合整治方案》，坚持对沁河路实施每日早、中、晚三查，并及时上报查处情况。全年共检查市区道路14507条（段）、公厕4954座（次）、垃圾中转站1369座（次）、城中村220个、出入市口及城乡结合部93个、清理垃圾积存点130处；检查县（市）道路1028条（段）、公厕330座（次）、垃圾中转站209座（次）；及时发现问题4017处，督促各区解决问题4006处，对界限不清、管理交叉、推诿扯皮的难点、热点问题下发了88份限期整改通知书，编发“环卫双竞赛”工作简报23期，确保了环卫基础设施正常运转、服务市民，市区环境卫生管理水平稳步提升。

【垃圾收集处理】 2010年，郑州市加强城市垃圾管理，不断提高城市生活垃圾无害化处理水平。一是加大市综合垃圾处理场建设投入力度。6月，市政府专门成立了垃圾场建设管理领导小组，投资3000万元(已投资1300万元)，由二七区负责建设垃圾厂周边防护林带；投资600万元，建设了垃圾厂沼气收集系统；投资600万元，升级改造了污水处理设施；投资200万元，完善了雨污水分流系统；投资200万元，清运处理了积存的20余万吨垃圾渗滤液；缩小填埋作业面，严格遵守垃圾填埋操作规范，加大黄土覆盖量，缩短了作业周期。二是加大建筑垃圾运输行业的管理力度。11月，市政府成立了郑州市建筑垃圾运输行业综合治理领导小组，各区也成立相应组织，制订了《郑州市建筑垃圾运输行业综合治理工作方案》，对建筑垃圾整治内容及标准、责任区分及工作安排进行了明确；出台了《郑州市建筑垃圾运输行业管理绩效考核办法》，发布了《关于对建筑垃圾运输行业进行综合治理的通告》，建立了日查、周报、月评、季小结、年表彰制度，坚持每月进行一次综合评比，将建筑垃圾管理按照绩效考核办法进行综合排名，以工作简报的形式下发各区，送市、区管理部门，并纳入城市考评和“环卫双竞赛”评比内容，建筑垃圾运输市场混乱局面得到改观，私拉乱倒、无证经营、沿途遗洒污染环境现象明显减少。三是规范收运程序。为提高道路清扫保洁质量，规范垃圾收集程序，会同各区拟制了《关于进一步加强城区环境卫生管理工作的通知》；根据划分的地区实行了不同的保洁标准和收集要求，将定时上门收集垃圾的时间、要求、法规依据等印制成宣传单发放到沿街门店；利用市容环卫宣传车、行政执法车联合宣传，在宣传过程中对乱倒垃圾的沿街单位给予批评教育和罚款；购置了小型垃圾收集车，对市区生活垃圾实行机械化收集。至年底，各区的部分主干道实施用垃圾收集车定时、定点收集沿街单位(门店)垃圾，其它道路由保洁工人定时上门收集，沿街单位(门店)随意乱倒垃圾的问题逐步得到解决。

【环卫设施建设】 2010年，市委、市政府高度重视环卫设施建设，在政策上给予倾斜，在经费上给予支持并优先安排。市、区两级政府不断加大投入力度，市财政专门安排环卫清扫保洁奖补经费、环卫设施建设奖补经费、城市管理奖补资金，各区(管委会)安排了专项资金用于环卫设施建设。全年全市新建公厕50座、压缩式中转站30座，对吊装式中转站进行压缩式改造50座，维修更新36条主要道路的果皮箱，更新改造垃圾收集、转运车4000余辆，购置了36台道路洗扫车，创建了14条示范路、29座示范公厕、17座示范中转站。

【环境卫生综合整治】 2010年，按照郑州市迎接国家卫生城市复审工作的要求，结合郑州市城市管理工作的特点，印发了《迎接国家卫生城市复审工作综合整治方案》、《开展重点地区及大商场周边集中治理活动实施方案》、《市容市貌集中整治工作方案》。按照市迎检办的要求，结合自身职能工作，狠抓了市容市貌、垃圾收集清运、河渠整治、铁路沿线治理、临街建筑物立面整治、人行道板修复等项工作，通过加大督查力度、定期排名评比，以及对突出问题挂牌督办、现场督促整改等措施，取得了较好的效果，全面提升了城市管理水平。

(薛芳礼　潘春瑞)

污水处理

【概况】 2010年，全市共处理城市污水32072万立方米，生产回用水2480.95万吨，削减BOD536273吨、COD67175吨、SS67849吨、NH3-N5364吨、TP1004吨。王新庄、马头岗、五龙口污水处理厂安全稳定运行，出水水质稳定达标。八岗污泥处置厂全年共处置污泥33817吨；桥南新区污水泵站稳定运行，全年提升污水306万吨。五龙口污水处理厂二期扩建工程全年完成投资885.66万元，累计完成投资35925.66万元。五龙口污水处理厂至新力电力公司中水管线工程完成了选线规划、施工图设计及总投资估算等工作。马头岗污水处理厂工程全年完成投资7896万元，完成了各标段建设任务，并进入试通水阶段，为郑州市城区生态水系治理奠定了坚实基础。五龙口污水处理厂(一期)、马头岗污水处理厂升级改造工程完成了各系列生物池的改造，全年分别完成投资1435.1万元、1639.2万元，两厂生物池改造完成通水运行以来，良好效果初步显现。在2010年度全省城镇污水处理运行绩效考核中，马头岗污水处理厂获得第一名、五龙口污水处理厂获得第三名。在2010年度河南省污水、污泥处理工技术比武中，市污水净化公司荣获“河南省劳动竞赛团体第一名”。

【污泥处理处置项目】 污泥处置利用工程建设总规模为日处理污泥600吨，生产辅助设施按总规模一次建设，生产线分步实施。工程二期剩余200吨能力生产线于2010年1月13日开工，8月31日投入试运行。二期剩余300吨能力生产线于2010年6月初开工，预计2011年9月底投入试生产。至年底，污泥处置工程完成了300吨生产线的建设，并投入使用，剩余300吨规模堆肥车间主体框架顺利完成。工程全年完成投资4955万元,累计完成投资18115万元。

【化验中心检验检测】 2010年,郑州市污水净化公司化验中心继续对郑州市各污水处理厂及其他排水设施进出水质指标和运行工艺指标进行检验检测。全年共接收并检测污水厂样品24945个,其中王新庄污水厂9676个、五龙口污水厂6797个、马头岗污水厂7232个、八岗污泥处置厂906个;完成了对科学大道及泵站水样的采集及检测,对南三环水质、水量的前期调查,对五龙口、马头岗污水处理厂脱氮除磷升级改造前期水质调查和试运行水质检测,对西开发区水质的检验监测等工作,并根据市政府的要求对新力电厂、永和制药厂等排放口污水水质进行了检验和监测。依据《实验室资质认定评审准则》,进行了两次质量体系内部审核,对两次内审发现的次要不符合项,深入进行原因分析,并采取有效措施,进行跟踪验证并及时更正。2010年,郑州排水监测站通过了国家计量认证供排水水质评审,取得了国家计量认证资质认定证书,具备了国家有关法律、行政法规规定的基本条件,可以向社会出具公证数据和结果,为郑州市及河南省排水监测奠定了基础,从而更好地行使排水监测站检验和监测的双重职能。

【行业交流】 2010年4月,郑州市污水净化公司作为省城镇污水处理分会理事长单位,承办了中国水协排水专业委员会2010年度工作会议,就污水处理行业发展状况进行沟通和交流。9月,承办了河南省市政公用业协会污水处理分会理事扩大会议暨河南省污水处理运行管理工作会议,并在11月份参加了河南省市政公用业协会二届三次理事会扩大会。深层次、全方位的行业交流,进一步提高了公司的管理水平和战略认识,有效地促进了污水处理行业整体发展。

2010年7月,中原环保股份有限公司与沃能公司合作开发的沼气利用项目成功实现将沼气转化为洁净的燃气能源,投运5个月效果显著,不仅取得良好的经济效益,更在节能环保领域取得了巨大的社会效益。中原环保股份有限公司获得河南省人民政府颁发的"河南省污水垃圾处理设施运营管理工作先进集体"荣誉称号。

(李建超　刘翠翠)

城市环境雕塑建设

【城市雕塑创作与建设】 2010年,郑州市环境雕塑建设研究所坚持以雕塑科研创作为基础,积极推动城市雕塑发展。全年完成雕塑作品创作设计方案24件(项),超额完成年度创作目标任务。其中《举重》、《举小麦的女人》等6件雕塑作品入选了省美协举办的河南省首届雕塑成果展。继续抽调专业力量,积极配合郑州市城区雕塑建设项目部工作,完成了2010年度城市雕塑建设项目的作品征集评审、雕塑建设位置考察、方案设计、雕塑制作招标及建设指导等工作,配合完成城市雕塑建设10件。

【《焦裕禄》雕塑】 《焦裕禄》雕塑由郑州市环境雕塑建设研究所于2009年5月开始创作,历时15个月,自发组织、集体创作制作完成,并无偿捐赠给兰考县焦裕禄纪念馆,于8月16日(焦裕禄诞辰88周年纪念日)在焦裕禄纪念馆门前落成。作品以焦裕禄同志带领兰考人民顶风沙、种泡桐的事迹为背景,歌颂了焦裕禄同志在困难面前不退缩、不畏惧,从实际出发,用科学的方法带领人民群众战天斗地,战胜自然灾害的大无畏精神。

【郑州市中心区铁路跨线桥浮雕】 郑州市中心区铁路跨线桥项目是郑州市2010年重点工程项目,主桥塔柱浮雕是项目的一个组成部分,由郑州市环境雕塑建设研究所设计的《郑州市中心区铁路跨线桥浮雕方案》在众多方案中脱颖而出,成为最终方案,并由该所负责完成了浮雕泥稿制作翻制及制作安装艺术监制工作。浮雕组共由8幅浮雕组成,分为"成长"、"盛开"、"升腾"、"飞翔"四个主题,在整体上展现了郑州科学发展、高速发展的历程与光明前景。第一部分主题——"成长":以郑州市市树为背景,展示了绿城大地上城市建设正热火朝天进行的画面,高厦出平原,长虹贯红日。深厚的文化底蕴放缓不了绿城成长的脚步,绿城大地生机盎然,中原明珠大放异彩。第二部分主题——"盛开":以郑州市花月季为背景,阳光下花簇攒动,姑娘们载歌载舞,盛开的月季像一张张郑州人民热情洋溢的笑脸,省会郑州以包容的自信和开放的姿态,笑纳八方宾客,喜纳四海朋友,文明的郑州是一支盛开的中原奇葩。第三部分主题——"升腾":展现了郑东新区朝气蓬勃的图景,在党的科学发展观的指引下,郑州正结出累累硕果,悠久的历史积淀阻止不了商城吹响升腾的号角,城市面貌日新月异。第四部分主题——"飞翔":以高铁为中心,展现了郑州交通枢纽的城市地理位置,纵横相连的铁路网沟通东西南北,科技与速度结晶的高铁呼啸而过,一桥横跨黄河波涛,通达的交通为古老而青春的城市展开飞翔的翅膀。这四个部分既相互联系又相互贯通,整体反映了省会城市跨越式发展的光辉历程和美好远景。

【城市雕塑科研】 2010年,郑州市环境雕塑建设研究所进一步加强科研工作,确立了《城市陶塑材料研究与示范》、《对不同材质城市雕塑维修与保养技术措施的研究》两项科研项目,根据项目研究要求,成立了相关项目课题组,分别开展研究工作。至年底,完成了《城市陶塑材料研究与示范》课题的研究,形成了结题研究报告,并组织专家进行了课题成果鉴定。

【城市雕塑管理】 2010年8月，郑州市环境雕塑建设研究所承担了近年建设的40座城市雕塑的管理维护工作。为加强管理，及时组建了维护队伍，开展日常巡视维护工作，对部分雕塑表面乱贴乱画、脏污及破损情况进了及时治理，对部分破损雕塑进行了修复，维护了郑州市城市文化形象。

（周宏昶）

园林绿化建设与管理

【概况】 2010年，郑州市园林绿化工作以邓小平理论和“三个代表”重要思想为指导，以科学发展观为统领，认真贯彻党的十七大和十七届四中、五中全会精神，按照生态文明的要求，以建设生态郑州、宜居郑州和创建国家生态园林城市为目标，以完善绿地系统生态功能为主线，以公园绿地建设为载体，以规范化、数字化、精细化管理为手段，不断创新发展理念，圆满完成全年各项工作任务，城市园林绿化建设管理水平进一步提高，景观品位和人居环境质量显著改善。全年市区共新建绿地635万平方米，其中公园绿地315万平方米、附属绿地320万平方米；新植乔木56.27万株、月季105万株，新建公园3个、游园14个；完成立体绿化23万株，基础栽植5万平方米。市区建成区绿化覆盖率、绿地率和人均公共绿地面积分别达到36%、31.3%和10平方米，全市新创建市级园林单位、园林小区75个。

【公园绿地建设】 2010年，市委、市政府继续把“市区新增绿地500万平方米”作为为民办的“十大实事”之一。市园林部门按照市委、市政府工作部署，采取一系列有效措施，积极推进公园游园等绿地建设。

西流湖生态园区建设项目。该项目近期规划为西三环以西、瑞达路以东、中原西路以北、科学大道以南约15.4平方公里。年初，完成了对化工路以南、西流湖以西、引黄干渠以东、陇海铁路以北，面积约33.33公顷土地上临时建筑物、构筑物的普查清算和拆迁工作，共拆除各类建筑物近17万平方米，并于3月12日，在此区域组织开展了城区义务植树活动，种植各类树木3000余株；完成了化工路以南、郑上路以北、西三环以西、规划的湖西路以东208.55公顷和中原路以北、规划的凯旋路以东、规划的湖东路以西、郑上路以南137.99公顷两块土地的建设项目选址意见书办理工作，并对以上两区域进行了选址定界；完成了以上两区域建设用地的初审、项目规划区域（化工路以南、西流湖以东、西三环路以西、陇海铁路以北）地上附着物普查清算工作和中原路以北、规划的凯旋路以东、规划的湖东路以西、郑上路以南137.99公顷区域地上附着物清查汇总工作。

雕塑园建设项目。该项目为西流湖生态园区子项目，位于西三环以西、化工路以北、宏达路以东，用地面积35公顷，总投资12521万元，其中一期工程位于雕塑园西侧，占地4.5476公顷。2010年，完成了一期规划范围内附属物的拆迁和文物发掘、雕塑艺术馆4.53公顷土地征地安置补偿计划和设计方案评审工作，共完成投资6521万元。

江连绿地建设项目。该项目位于连霍高速惠济站与江山路交叉口四周，占地面积21.634公顷，总投资3276万元。截至12月底基本完工，共完成投资2000万元，新植乔木9800株、月季1.86万株、其他花灌木10.96万株、地被16.07万平方米。

各区公园游园等绿地建设。2010年，各区在抓好公园游园建设任务的同时，充分调动市民群众建绿、植绿的积极性，单位、居住区附属绿地建设成效明显。各区共新续建（改建）公园3个，进行公园选址3个；新建游园14个；新增绿地518万余平方米（不含上街区）；新植乔木51.34万株、月季99.78万株；完成立体绿化22.9万株；完成屋顶绿化2.69万平方米；新建改造林阴道路11条（段）；迎接拜祖大典、国家卫生城市复审和“十一”期间摆放草花597万盆（株）。其中，中原区新增绿地 57.6万平方米，新植乔木6.1万余株、月季11.57万株、其他花灌木50.25万余株，完成立体绿化3.1万余株、屋顶绿化3108平方米，规划新建公园1个（郑上路与西四环交叉口西北角，面积5万平方米），建成游园2个（郑煤集团家属院游园，面积1万平方米；西四环汪庄新村游园，面积8700平方米）；二七区新建绿地56.7万平方米，新植乔木5万株、月季10.14万株、其他花灌木38.42万株，完成立体绿化3万株、屋顶绿化4900平方米，新建游园2个（康泰园，位于金水路与合作路交叉口，面积约6640平方米；祥云游园二期，位于长江路与红云路交叉口金盾小区西侧，面积约2000平方米）；金水区新建绿地45.42万平方米，新植乔木5.63万株、月季10.57万株、花灌木40.73万株，完成立体绿化3.45万株、屋顶绿化4985平方米，新建游园1个（花园路与连霍高速东北角，面积5.4万平方米）；管城回族区新增绿地45.6万平方米， 新植乔木5.03万株、月季10.21万株、其它花灌木30.2万株，完成立体绿化3万株、屋顶绿化3000平方米，新建游园2个（紫荆山路下穿铁路立交东北角，面积2000平方米；中州大道与尚庄交叉口南，面积约6000平方米）；惠济区新增绿地面积48.49万平方米，新植乔木5.94万株，月季10.59万株，其他花灌木52.19万株，完成立体绿化2.01万株、屋顶绿化3018平方米，改建公园1个（黄河大堤南侧林间休闲公园，面积13.57万平方米），新建游园2个（北四环青寨村青寨游园，面积4000平方米；北四环东赵社区游园，面积4100平方米）；上街区新增绿地45.5万平方米，新增乔木5万余株、月季10万株，完成立体绿化2万株、屋顶绿化3000平方米，新建游园1个（登封路游园，位于登封路与310国道交叉口，面积1000平方米）；郑东新区新增绿地141.25万平方米，新植乔木8.5万株、月季15.7万株、灌木13.82万株，完成垂直绿化2万株、立体绿化4000平方米，续建公园2处（东风渠滨河公园，位于天时路金水东路交叉口，面积11.7万平方米；七里河滨河公园，位于东风东路至陇海铁路，面积14万平方米）；新建游园2个（商务外环与祭城路南北各一个，面积各为7000平方米）；郑州高新技术产业开发区新建绿地74.25万平方米，新植乔木5.14万株、月季11万株、其他花灌木323.18万株，完成垂直绿化2.4万株，新选址公园1个（位于科学大道北、立交桥西、铁路桥东，面积20万平方米），新建游园1个（翠竹街A区游园，面积8760平方米）；郑州经济技术开发区新建绿地41.15万平方米，新植乔木5万株、月季10万株，完成垂直绿化2.04万株，续建游园1处（第十五大街以东海马游园东段，面积4000平方米）；郑州航空港区新建绿地8.17万平方米。

【道路绿化建设】 2010年，郑州市加大道路建设改造力度，在农业路、中原路、嵩山路、大学路、工人路等道路补植法桐、国槐、白腊等行道树1876株，在分车带花坛、花带补植花灌木49.38万株、地被5.40万平方米，消除了市区主要道路的黄土裸露现象，提升了道路景观水平。根据林阴道建设工作方案和道路立地条件，选择石柱路、石化路、紫东路、丰庆路、文化路、开元路、秦岭路等20条道路完善栽植了双排行道树，进一步提升了城市道路绿化景观品位和生态功能。

航海路绿化改造项目。该项目东起中州大道，西至西三环，全长10.6公里，绿化面积4.6万平方米，总投资799万元，于5月30日前全部完工。共清运垃圾111立方米，更换土方2022立方米，平整土地3.8万平方米，铺装上水管道1.8万米，栽植法桐、红叶李等乔木427株，金钟、红叶石楠、龙柏、金叶女贞等花灌木40.53万株，月季1.6万株，葱兰、鸢尾等地被植物2800平方米。

中州大道北段景观建设项目。该项目是中州大道北段（北三环—黄河大桥）道路改造工程的配套景观绿化工程，全长11.6公里，总投资24715万元，道路红线100米，两侧绿化带宽50米，其中分车带面积约32万平方米，景观绿化面积约148万平方米。截至12月底，共栽植乔木6.3万株、地被植物9万平方米，占可施工区域内工程总量的90%，完成投资1.3亿元。

大学南路绿化改造项目。该项目北起南三环，南至南四环，总投资3596万元，道路全长3940米，两侧景观绿化带宽30米，绿化总面积21.69万平方米，3月开工，11月建成。共拆除各类建筑物6万余平方米，清运垃圾106148立方米，回填种植土45868立方米，栽植乔木7779株、花灌木6898株、模纹植物21200平方米、竹子14973平方米20.59万株、地被43984平方米。

【单位及居住区绿化建设】 2010年，郑州市继续巩固国家园林城市建设成果，组织市区单位及居住区进行绿化达标升级，开展省、市级园林单位、园林小区创建工作。全市新创建市级园林单位42个：郑州市儿童福利院、河南省首旅兴亚（国际）酒店有限公司、河南高速公路发展有限公司、郑州铁路局物资供应站总段、郑州市公路管理局直属分局、管城回族区港湾路小学、管城回族区陇海马路街道办事处、郑州市第七十九中学、花园口镇人民政府、郑州农业高新技术产业示范区管理委员会、郑州市市政工程勘测设计研究院、郑州市第八十六中学、中铁隧道股份有限公司、郑州交通技术学院、河南牧翔动物药业有限公司、郑州后羿制药有限公司、河南新正好生物工程有限公司、郑州威尔森壁纸有限公司、巩义市水务有限公司南山口水厂、巩义市国土资源局、巩义市林业局、中共巩义市委党校、河南豫联能源集团有限责任公司、河南占奎藏獒发展有限公司、河南省铁生沟煤矿、登封市嵩阳街道办事处、中共登封市委老干部局、荥阳市工商行政管理局高山工商所、荥阳市高山镇第一初级中学、荥阳市高山镇高山村村民委员会、荥阳市高山镇中心幼儿园、郑州市人民警察学校、荥阳市殡仪馆、新密市新华路街道办事处、新密市人民武装部、新密市电业局、郑州市中牟外国语学校、河南省中牟县国家税务局、中牟0132河南省粮食储备库、河南省中牟县地方税务局雁鸣湖中心税务所、中牟县郑庵镇敬老院。新创建市级园林小区33个：琴海花苑（小区）（秦岭路166号）、华瑞·紫光苑（小区）（陇海西路333号）、启福中原（小区）（昆仑路1号）、湖光新苑（小区）（中原西路139号院）、怡心苑（小区）（桐柏路180号）、瑞祥花园（小区）（索凌路10号）、省直机关事务管理局家属院（金水区纬五路8号院）、非常国际（小区）（林科路8号）、紫金城（小区）（紫荆山路与东里路交叉口）、建业森林半岛（小区）（天明路66号）、河南高速公路发展有限公司家属院、鑫苑·国际城市花园（小区）（棉纺东路66号）、橡树玫瑰城（小区）、滨河花园（小区）、紫藤小区、建业·香槟圣园（小区）、九郡·弘别墅（小区）（迎宾路16号）、大河龙城（小区）（迎宾路9号）、怡丰·森林湖（小区）（天河路北段6号）、东方明珠（小区）（安东路69号院）、盛世新城（小区）（孟津路78号院）、建业森林半岛（小区）（上街区许昌路6号）、新世家·翠竹苑（小区）（枫杨街12号）、永威·翰林居（小区）（九如东路）、绿城·百合公寓（小区）（地润路8号）、联盟新城（小区）（农业东路28号）、巩义市华树世家（小区）（货场路与建设路交口）、荥阳市中森意墅蓝山（小区）（唐王路东康泰路南）、荥阳市海龙·香槟大道（小区）

（唐王路与凌霄路交口西北角）、荥阳市桃花园（小区）（京城南路17号）、新郑市庆都首府小区（人民路与玉前路交口）、新郑市月季新城（小区）（陶文路）、新郑市富源花都（小区）（纬一路北滨河路西）。

【县（市）园林绿化建设】 2010年，各县、市进一步加强园林绿化工作，大力开展园林城市创建活动，认真抓好公园游园等公共绿地建设，努力改善城区景观环境。全年六县（市）共新建公园2个、游园11个，新绿化道路20条（段），新增绿地189.15万平方米，新植乔木9.8万株、花灌木139.31万株。

中牟县以创建省级园林城市为目标，不断提高园林绿化建设管理水平，全年投资500余万元，新建游园1个，新绿化道路3条（段），改造完善广场、游园8个，完成了城区现管绿地、道路的补植补栽，新建绿地22.83万平方米，新植乔木1.13万株、花灌木18万株；巩义市年初被命名为"国家园林城市"之后，在六县（市）中率先提出了创建国家生态园林城市的目标，加快生态建设步伐，实施精细化管理，全年共投资1000余万元，对杜甫故里、文化艺术中心进行了绿化建设，新建游园2个、改造建设观花公园游园8个，新建绿地54.24万平方米，新植乔木2.21万株、花灌木40.59万株；荥阳市以建设郑州市"西花园"为定位，新建游园1个，高标准实施了庄南公路、中原西路2条道路绿化工程，完成了文博中心两侧绿化和市区10处休闲林地建设，新建绿地26.6万平方米，新植乔木2.67万株、花灌木14.38万株；登封市依托厚重的人文和自然基础，以建设生态登封、和谐登封为目标，加大园林绿化建设管理力度，完成了洧河路、谷路街、福佑路绿化，新建了中岳庙广场绿地，启动了棋盘山公园建设项目（面积约26.87公顷），新建绿地31.8万平方米，新植乔木1.1万株、花灌木11.08万株；新密市以资源型城市转型为原则，加大园林绿化建设力度，加快园林绿化步伐，修编完善了城市绿地系统规划，编制了新密中心城区绿化建设方案，全年投资4800万元，新建东森花园等6个游园，新绿化道路8条（段），新建绿地面积43万平方米，新植乔木1.22万株、花灌木28万株；新郑市以打造黄帝故里靓丽景观为目标，全年新建游园1个，新绿化道路3条（段），新建绿地10.68万平方米，新植乔木1.47万株、花灌木27.26万株。

【城区美化和氛围营造】 2010年，市园林部门按照市委、市政府的要求，着重在提升城市景观品位上下工夫，城市园林绿化美化和氛围营造工作富有特色。在市区公园广场先后组织开展了系列特色鲜明的主题花展活动，3月份碧沙岗公园举办了郑州市第二届海棠文化节、紫荆山公园举办了2010郑州市紫荆花展，4月份人民公园举办了郑州市第十三届郁金香展、绿城广场举办了郑州市第二届鸢尾花展、植物园举办了郑州市首届牡丹芍药展，5月份月季公园举办了郑州市第十六届月季花展，7月份紫荆山公园举办了荷花展，10月份人民公园举办了菊花展和大丽花展，各类花展共展出花卉2060个品种60.5万（盆）株，吸引游客近550万人次。举办花展的同时，市园林部门还广泛开展绿化美化城市的宣传活动，共制作各类宣传展板200余幅，展示了全市园林绿化建设的成果，宣传了相关园林绿化法律法规及养花知识，受到广大市民群众的普遍欢迎。

为给庚寅年黄帝故里拜祖大典、第二届中国（郑州）绿博会等重要活动和"五一"、"十一"等重大节日营造良好的景观环境和氛围，给参加活动的海内外嘉宾留下美好的印象，市园林局组织全市各级园林绿化部门和单位，在市区各公园、广场、游园和主要道路及节点摆放鲜花累计900余万盆（株），制作立体花坛40余个，营造了良好的城市景观氛围，有效提升了城市景观氛围，受到各级领导和各方来宾的称赞。

【园林绿化整治】 2010年初，市各级园林部门和专业单位以迎接国家卫生城市复审为契机，对市区各公园、广场、游园、道路绿化、街头绿地、出入市口绿地内的病残植物、黄土裸露、缺株断垄、设施损毁等现象进行了集中清理和整治。据统计，市区共清理死、病、残、老化树木10417株，修剪整形植物133.8万株、整治树穴22.7万个、修缮侧石8831米、更换或维修园林设施995处、清运垃圾近3万立方米，补植补栽乔木11.7万株、花灌木197万余株、草坪和地被植物76.5万平方米，消灭了行道树缺株、绿篱断垄、死树枯枝等现象，同时在全市所有公园、游园、广场设置健康教育专栏，增设垃圾箱和文明指示牌等设施，城区绿化景观环境得到了明显改善。

11月份以后，根据市委、市政府工作部署，市园林部门组织在全市开展园林绿化景观整治提升工作，各级园林绿化部门和专业单位积极行动，对市区道路绿化带进行补植补栽，治理黄土裸露。截至12月底，市管各公园广场和道路补植补栽乔木2297株、花灌木29万株、草坪及地被植物17.5万平方米，美化树穴6.9万个；各区、各有关单位管辖区域道路补植补栽乔木3644株、花灌木6.5万株，以及绿篱、草坪和地被植物6.88万平方米，美化树穴5.71万个。积极做好市区道路、重要节点景观提升工作和立交桥、下穿隧道桥体垂直绿化工作，完成了市区园林绿化景观提升方案施工图设计工作。完成了汝河路等20条支线路网新建道路的设计、招标工作。

【园林绿化执法与监督】 2010年，市园林部门不断加大全市园林绿化行政执法监察工作力度，突出提升行政执法业务和正规化管理能力，进一步提高了依法行政和文明服务水平。

全年共出动人员6320人次、车辆1620台次,巡查道路9400条次,清理违章5626处、勘验现场42次180处,复查许可证284处;受理举报、转办件84起,回复84起,回复率100%,下达责令改正通知书141份;查处无证砍伐案件95起、擅自占用绿地案件865起,挽回经济损失760万余元,有效遏制了损绿、毁绿、占绿等违法行为,有力维护了城市园林绿化建设成果。

【园林绿化规划设计与监理】 2010年,郑州市园林绿化规划设计工作以优化人居环境、增强城市功能、打造精品靓点、提升文化品位为目标,不断提高城市园林规划设计和园林工程监理的专业技术水准,圆满完成了各项设计和监理任务。完成了第八届中国(重庆)国际园林花卉博览园郑州展园方案设计、香港花展郑州展区"虎虎生威"设计方案及施工图设计、中国第十届菊花展室外景点布置艺术"绿城崛起"设计方案及施工图设计、第四届中国月季常州博览会郑州园"古城新韵"方案及施工图设计、中州大道(北三环—黄河收费站)道路景观工程施工图设计、嵩山南路两侧30米绿化景观施工图设计、西流湖公园规划定界图设计、雕塑园种植施工图及其他景观小品设计、大学南路两侧30米绿化带施工图设计、航海路道路绿化设计方案及施工图设计、出入市口现状调查报告、入市口7条道路综合整治景观规划设计、三环路绿化改造设计方案、31条道路绿化建设方案及施工图设计、西流湖公园(北区)选址坐标定位图绘制、青铜器公园设计方案、金水路中州大道西北角绿地方案及施工图设计,以及建设西路综合整治工程一、二期和建设东路积水点改造工程监理工作。

【植物病虫害防治】 2010年,市园林部门继续坚持园林植物病虫害预测预报机制,制定辖区植物病虫害联防联治工作方案,每月汇总分析病虫害发生信息,指导有关单位进行有效防治。根据气候特点,4月在全市范围内开展园林植物病虫害联治工作,对全市主要道路的行道树和其他植物统一喷施药物,取得了良好效果。7月组织有关植保专家,对三环快速路道路绿化和市区主要道路绿化的病虫害情况进行了现场查看和诊断,提出防治意见和解决措施,各园林专业单位积极行动,有效杜绝了植物病虫害大面积发生。在检疫性害虫——美国白蛾可能发生的季节,市园林部门及早制定预防措施,组织人员编写防控报告,下发至全市园林绿化管理单位,做到早发现、早警报、早防治。

【动物管养与繁育】 2010年,市园林部门按照"打造生态型精品文化园区、促进动物园跨越式发展"的思路,采取有效措施,加强动物种群建设,积极推进动物管养与繁育工作。认真做好动物的日常饲养、管理、防暑降温、保暖避寒、饲草购置及谱系信息处理等工作。全年共繁殖东北虎、非洲狮、金钱豹等野生动物39个品种531余头(只),其中国家Ⅰ级保护动物8个品种36头(只),引进白犀牛、美洲虎等国家Ⅰ、Ⅱ级野生保护动物7个品种18头(只),展出动物品种达到193个品种2449头(只)。

【参加全国性展览交流活动】 2010年,市园林部门代表郑州市积极参加各类全国性园林花卉展览活动。在第七届中国(济南)国际园林花卉博览会上,由市园林规划设计院设计的郑州参展园荣获综合奖、设计奖、施工奖、建筑小品奖等4项大奖,是郑州市参加历届园林花卉博览会获奖最多、档次最高的一次。2月,参加了由香港康乐及文化事务署主办的2010年香港花卉展览,制作的主题景点"虎虎生威"荣获最佳景点金奖,受到各界的高度赞誉,是郑州市在境外参加活动获得的又一项金奖。参加第四届中国(常州)月季花展暨2010世界月季联合会区域性大会,获得6个金奖、5个银奖、4个铜奖,其中室外街景、展台布置、盆栽月季、月季新品种均获金奖。参加在开封举办的第十届中国菊花展,获得2个金奖、5个银奖、6个铜奖和1个特等奖。参加第十届中原花博会,获得2项特殊贡献奖、1项特等奖和2项金奖、2项银奖、1项铜奖。

(强文科)

住房保障和房地产管理

【保障性住房建设】 2010年,郑州市不断加大住房保障力度,初步建立了以廉租住房、经济适用住房、公共租赁住房为主,以棚户区改造为补充的住房保障体系。一是转变建管模式。针对保障性住房计划落地难、手续办理难、房源控制难、监督管理难等问题,草拟了《郑州市人民政府关于进一步加强保障性住房建设管理的意见》,并于10月29日经市政府常务会议研究通过。《意见》提出要转变保障性住房建设模式,实施土地储备供应制度和项目法人招标投标制度,并建立商品住房项目配建保障性住房制度。同时,理顺廉租住房管理模式,由区级政府根据各自的保障任务,自行建设或回购辖区内配建的廉租住房并实施管理,市财政根据建设成本或回购价格给予一定比例的补贴。《意见》的出台,对转变建设模式、完善管理机制、进一步提高保障性住房建设管理水平具有重要意义。二是扩大保障范围。《郑州市公共租赁住房暂行管理办法》于9月1日正式实施,将中等偏下收入、新就业职工和来郑务工人员等纳入了住房保障范围。印发了《关于进一步扩大廉租住房保障覆盖面的通知》,将人均月收入低于低保标准2.5倍的住房困难家庭纳入保障范围,并将租赁补贴标准由每人每月每平方米5元提高到6元，进一步提高了保障对象租赁住房的支付能力。印发了《郑州市人民政府办公厅关于解决公交和环卫行业一线职工住房困难有关问题的通知》，并以此为突破点，加大公共租赁住房推进力度。三是创新供应方式。新修订的《郑州市经济适用住房管理办法》于4月15日正式实施，实现了供应方式由“摇号”销售到“轮候”供应的转变和以定向开发、拆迁安置为主到面向社会为主的转变。至年底，已有61937户家庭领取了《郑州市经济适用住房申请审批表》，正在复审29920户、已经公示17080户、已经核发购房资格证14617户。四是加大供应力度。3月16日，举行了第二批新建廉租住房入住仪式，共安排415套实物配租房源。为确保廉租住房实物配租工作的公开、公平和公正，将房源位置、轮候人员名单、选房配租结果在郑州房地产网、郑州市人民政府网及申请家庭所在地的区房管局分别进行了公示。9月，最后一次通过摇号方式向社会公开供应4118套经济适用住房。五是启动公共租赁住房试点工作。成立了郑州市公共租赁住房试点建设领导小组，并将10万平方米试点建设任务以目标责任书的形式向郑东新区、高新区和经开区进行了分解。至年底，航空港区已开工建设公共租赁住房38.4万平方米，经济技术开发区已完成3块土地的选址工作，交运集团2.4万平方米建设项目的“控规”编制完毕。

至2010年底，全市经济适用住房累计新开工166.2万平方米，竣工112.08万平方米，向社会提供房源11135套，累计完成投资18.82亿元。全市廉租住房累计保障30824户，累计发放租赁住房补贴9796.88万元，其中2010年发放3300.14万元；在建项目29个，在建面积达到44.47万平方米。

【房地产开发管理】 2010年，郑州市房地产开发管理工作深入贯彻落实《郑州市城市房地产开发经营管理条例》，在加强房地产开发企业管理的同时，创新服务理念，解决企业面临的实际困难，促进开发投资和市场投放。一是提高服务水平。认真落实企业服务行动计划，对省、市确定的重点项目和具备一定规模的项目实行全程跟踪、监管和服务，建立专人受理、审核、审批的绿色通道并设立首席服务官，全力为企业提供及时、高效、方便、快捷的服务。二是加强动态管理。认真开展了2010年度资质动态考核工作，并建立和完善了房地产企业综合管理信息系统。三是加强全程管理。印发了《关于进一步加强<房地产开发项目手册>管理的通知》，对房地产开发项目实施全过程动态管理与服务。四是加强信用管理。初步拟定了《郑州市房地产开发企业信用分级评定管理办法》，对开发企业诚信度进行综合评定并实施分级管理，规范开发企业经营行为，维护房地产市场秩序。五是加强交付管理。初步拟定了《郑州市新建商品房交付使用管理办法》，防范开发遗留问题，保障交易双方合法权益。

2010年，全市房地产开发累计完成投资775.2亿元，同比增长50.9%。商品房新开工面积1811.77万平米，同比增长25.47%；竣工944.6万平米，同比增长46.9%。全年新成立房地产开发企业284家、核定和晋升资质等级79家。

【房地产市场宏观调控】 2010年，郑州市在坚持房地产市场宏观调控政策稳定性、持续性的前提下，积极创新调控措施，不断提高调控政策的针对性、灵活性，坚持有保有压，增加住房供应，抑制投资投机，改善供求关系，稳定住房价格，确保房地产业健康发展。按照国家相关文件精神，结合郑州市房地产业发展和市场运行的实际情况，出台了《关于贯彻落实国发〔2010〕10号和国办发〔2010〕4号文件有关问题的通知》、《关于进一步贯彻落实房地产市场宏观调控政策的补充通知》，贯彻落实国家、省一系列宏观调控政策，建立稳定房价和住房保障政策落实考核问责机制；采取切合郑州市实际的商品住房限购措施，抑制投机和投资性需求；执行契税优惠政策，鼓励和支持家庭自住性需求；延长部分项目行政事业性收费和政府性基金缓缴政策执行期，继续支持中小套型普通商品住房和保障性住房建设；进一步加大用地供应、加快住房项目审批，推进保障性住房和中小套型普通商品住房建设。同时，初步完成了房地产业“十二五”规划的编制工作，合理确定了年度开发总量、开发时序和区域布局等，并将县域房地产规划纳入全市总体规划，引导房地产企业积极参与县域开发，以推进新农村建设，提高城镇化水平，促进县域经济快速发展，形成新的经济增长点。

【房地产市场交易】 2010年，全市商品房批准预售1430.15万平方米，同比增长37.37%；合同备案1533.59万平方米，同比增长5.05%；销售额813.22亿元，同比增长23.99%。商品住房批准预售1164.72万平方米，同比增长31.11%；合同备案1327万平方米，同比增长3.98%；销售额633.49亿元，同比增长18.85%。二手房交易370.9万平方米，同比增长13.98%。郑州市区商品房批准预售1043.56万平方米，同比增长40.69%；合同备案1151.06万平方米，同比下降0.87%；销售额706.54亿元，同比增长23.91%。商品住房批准预售836.56万平方米，同比增长29.98%；合同备案969.91万平方米，同比下降2.87%；销售额536.92亿元，同比增长17.4%。二手房交易277.87万平方米，同比增长4.55%。非住宅租赁管理面积512.3万平方米，私房租赁管理达到58266户，完成税费征收总额2970.3万元。

【房屋权属管理】 2010年，郑州市房地产管理部门针对房屋权属管理的新形势和新课题,组织人员对2003年出台的《郑州市房屋权属登记条例》进行了修订和完善;初步拟定了《郑州市集体土地上房屋登记暂行办法》,经市法制部门审核后,按程序上报市政府研究。加快解决历史遗留问题,全年共办理商品房、拆迁安置房、房改售房等各类房屋登记历史遗留问题5021件,有效化解了社会矛盾,维护了群众利益。认真做好房屋登记官资格认定工作,全市经住建部首次批准认定房屋登记官51人,为郑州市房屋登记工作的发展奠定了坚实基础。

2010年,市内五区完成各类房屋登记确权面积1983.78万平方米,同比增长18.39%;累计核发房屋所有权证126374本,比上年同期增长35.97%;完成各类房地产抵押登记面积1448.69万平方米,同比增长3.9%;抵押贷款金额518.59亿元,同比增长23.1%。

【物业管理】 2010年,郑州市根据物业管理行业面临的新问题和出现的新情况,以"重心下移、强化监管、规范市场"为重点,努力规范物业管理,创新管理机制,提高行业服务水平。一是启动了住宅小区物业管理全覆盖工作,并将物业管理纳入社区建设,建立市、区、街道"三级联动"管理模式和社区居委会、业主委员会、物业服务企业"三位一体"的工作平台。《郑州市物业管理纳入社区建设工作意见》和《郑州市住宅小区物业管理全覆盖工作实施方案》经市政府常务会议研究通过。二是不断完善物业管理相关配套政策。先后下发了《郑州市配套建设物业管理用房问题的通知》、《郑州市物业管理区域划分办法》、《郑州市物业管理招投标专家管理办法》,起草了《郑州市物业服务企业退出项目管理规定》、《郑州市住宅物业接管验收暂行办法》、《郑州市物业资质管理办法》、《郑州市物业服务收费管理办法》。三是在全市范围内开展了物业管理政策法规进社区宣传活动,全年共进社区230余个、进小区500余个,发放《郑州市业主大会工作指导手册》1000余册,《郑州物业》8万余份,促进了业主对物业管理政策法规的掌握和了解。四是对全市3843个建成住宅小区进行全面排查,对存在问题的物业小区就解决业主委员会组建、协调物业矛盾纠纷等问题提出了意见和建议。五是认真落实《郑州市物业管理招标投标办法》和《郑州市物业管理专家管理办法》,不断规范物业管理招投标,严格新建住房物业项目接管。六是强化房屋安全管理,全年共排查直管公房危旧房屋238处、23万平方米,鉴定房屋7.9万平方米。

2010年,全市新增物业服务企业166家,新增物业管理面积1002.92万平方米。新成立业委会46个,全年共归集维修资金9.04亿元。

【房地产市场监管】 针对房地产市场快速发展的形势,2010年,郑州市大力整顿和规范房地产市场开发经营行为。一是完善商品房预售款监管制度,强化房地产广告发布行为监督,不断加强商品房预售许可管理和后续跟踪管理,维护房地产市场秩序稳定。二是进一步加强存量房交易市场管理,出台了《郑州市存量房经纪合同网上备案及交易资金监管办法》和《郑州市存量房网上交易和结算资金管理实施细则》,实施资金监管,防范交易风险,维护买卖双方合法权益。三是认真贯彻落实国家宏观调控政策,印发了《关于进一步规范商品房预(销)售行为的通知》,会同市物价局出台了《关于进一步规范商品住房销售价格行为的通知》,进一步规范商品房预(销)售行为和商品住房销售价格行为。四是开展了一系列房地产市场秩序检查整顿活动,彻底清查捂盘惜售、囤积房源、无证售房、广告欺诈和散布虚假消息等违法违规行为,规范了房地产市场秩序。

【房改工作】 2010年,郑州市创新棚改模式,深化住房制度改革。出台了《关于加快推进棚户区改造的意见》,建立了市场化运作、政府运作和产权单位自行改造的模式。至年底,已拆迁棚户区43.53万平方米,新开工建设5426套、48.83万平方米,完成投资11.92亿元。继续加大住房货币化补贴发放力度,加快已到位资金的分解工作,2008年12月31日前申报并符合政策规定的无房老职工住房货币化补贴全部发放到位。同时,进一步加强对集资建房的监督管理力度,对13家已批集资建房项目进行了集中检查,切实维护职工利益。

2010年,全市完成公有住房出售审批6852套、55.56万平方米,归集售房款5786万元;产权过渡审批162套、1.54万平方米,补缴售房款239.98万元;住房货币化补贴支取1420人,资金近2867万元。

【信息化建设】 2010年,郑州市以"打造一流数字房产,搭建优质服务平台"为目标,创新技术保障,加强信息化建设工作。一是稳步推进房地产市场信息系统和预警预报体系建设,个人住房信息系统建设工作全面启动,房地产企业综合管理信息系统初步建立,存量房网上备案与资金监管系统按期启用,政务网与商业网成功分离并升级改版,市、县信息联网和管理一体化工作进一步推进。二是保障性住房管理系统得到有效整合,完成了经济适用住房和廉租住房管理子系统的开发和调试工作,部分软件已投入使用。三是房地产管理相关业务系统逐步得到完善,先后升级了住房置业担保系统,开发了住房公积金、担保公司等单位之间的信息共享系统。四是配合完成了中央媒体记者团到郑州市住房保障和房地产管理局进行的"数字城市中国行"采访报道活动。

(文保成)

国土资源管理

【概况】 2010年,郑州市国土资源管理工作以"保增长、保红线"为重心,按照"依法依规、突出重点、节约集约、优质高效"的原则,采取有效措施,积极主动服务,严格规范管理,确保各项工作稳步推进、卓有成效:耕地特别是基本农田得到有效保护,连续12年保持了耕地的占补平衡;5月全市12个县(市)、区和114个乡(镇)土地利用总体规划得到省政府、市政府批准,8月郑州市新一轮土地利用总体规划得到国务院批准;不断优化用地报批程序,实行服务承诺,一大批国家、省市重点项目用地得到较好保障;积极构建土地执法长效机制,加大日常监管力度,违法占用耕地面积占新增建设用地占用耕地面积的比例下降至9.58%(扣除省级重点工程后比例仅为2.61%);矿政管理不断加强,矿产资源开发秩序进一步规范;信访稳定、平安建设、地质灾害防治工作成效显著,多次受到上级表彰;土地收购储备、市场交易、地籍管理、二次土地调查、砖瓦窑整治等各项基础工作稳步推进,并取得明显成果。郑州市国土资源局先后获得省级文明单位、省南水北调丹江口库区移民安置包县包乡工作组先进集体、省厅"保增长、保红线"工作先进单位、市政府国土资源保护工作先进集体、跨越式发展综合服务先进单位、城中村改造先进单位、交通重点工程建设先进集体、规范化矿政管理国土资源所建设工作先进集体、信访工作先进单位、平安建设先进单位等20多项荣誉。

【重点建设项目用地保障】 2010年,郑州市按照"有限指标保重点、一般项目靠挖潜"和"区别对待、有保有压"的原则,统筹安排新增建设用地计划,优先保障国家、省级重点项目用地。成立重点项目用地保障推进办公室,实行服务承诺制,加快土地审批速度。全年全市上报149个批次(含单独选址),涉及用地面积8498.7868公顷,其中,市本级22批次,报批面积2541.3043公顷;县(市)、区上报127个批次,报批面积5957.4825公顷。单独选址上报面积1763.0191公顷;经市政府批准农用地转用13批,面积174.1143公顷。全市已经国务院、省政府批准66个批次(含单独选址),批准总面积3662.3769公顷(不含国家批准未实施的1286.3107公顷);共完成新征建设用地征收82宗,面积为2051.3224公顷。保障了107国道改扩建、郑汴物流通道、郑州至民权高速公路、石武铁路动车组运用所、富士康、宇通客车等一大批国家和省市的重点项目用地。

【耕地和基本农田保护】 2010年,郑州市耕地和基本农田保护工作中严格落实省政府与市政府签订的耕地保护目标责任,层层分解耕地保护目标任务,适时开展检查考核。认真落实基本农田补划制度,并按规定进行听证和补划,确保全市基本农田数量不减少、质量不降低,耕地保护面积稳定在32.78万公顷、基本农田面积稳定在28.29公顷,耕地保有量和基本农田保护面积不低于省政府下达的耕地保护责任目标,顺利通过了国家、省政府对耕地保护责任目标履行情况的检查。认真做好耕地占补平衡工作,全年共占用耕地4300余公顷,其中,自行补充耕地2300余公顷、易地补充耕地近2000公顷,连续12年实现耕地占补平衡。大力实施土地综合开发整理,有16个土地整理项目通过了验收。

【保障性住房供地】 2010年,郑州市认真落实房地产调控政策,加大住房供地尤其是保障性住房供地力度,切实加强房地产土地供应管理和监管,抑制房价、地价上涨,促进地产市场健康持续发展,进一步加强政府对地价、房价的宏观调控,结合实际,编制了2010年住房供地计划。全市住房供地计划已超额完成,总供地1242公顷,完成率129.42%;市本级保障性住房用地供应85公顷,完成率104.87%。

【节约集约用地】 一是严格建设项目用地预审,控制建设用地规模。依据国家《促进产业结构调整暂行规定》和有关用地标准、用地控制指标,严格对建设项目用地预审。对于新上项目,严格按照国家产业政策、环保政策和土地供应政策,从供地总量、结构、布局和时序上把好土地供应关,对受理的每宗用地进行综合审核,有效控制用地规模,实现节约集约用地。全年共受理建设项目用地预审171宗,其中,通过预(初)审163宗、退卷8宗。二是加大存量土地盘活力度。为做好节约集约利用土地,盘活存量建设用地,缓解当前建设用地供应趋紧的局面,保障全市重点项目建设用地,市政府下发了《郑州市人民政府关于开展土地利用情况清查工作的通知》,并抽调发改、工信、监察、财政、国土、规划等部门组成7个检查组,分别到各县(市)、区对批而未用、低效利用和闲置土地及重点项目进行专项清查。全年共清查出低效利用土地共42宗,面积96.5958公顷。积极推进黏土砖瓦窑整治,全市拆除砖瓦窑96座,其中,拆除中牟县黄河滩区黏土砖瓦窑90座。三是以开展国土资源节约集约模范县(市)创建活动为契机,推进节约集约用地。市政府成立了以张建慧副市长为组长,市发改委、工信委和规划局、国土局等16个局委为成员的郑州市国土资源集约节约模范县创建活动领导小组,下发了《关于开展国土资源节约集约模范县市创建活动的通知》,推选4个基础条件比较好的县(市)和产业聚集区作为试点,先行开展模范创建试点工作。在创建活动中,坚持与清查批而未供、闲置土地行动有机结合起来,把供地率和闲置土地处理情况列入考核指标,实行奖优罚劣。大力推广标准厂房,严格限制单层厂房,鼓励建造多层、高层厂房。四是积极推进城乡建设用地增减挂钩工作。为缓解土地供需矛盾,在认真借鉴外地经验的基础上,结合郑州市实际,研究制定了《郑州市城乡建设用地增减挂钩工作管理暂行办法》。全年共上报城乡建设用地增减挂钩项目14个,涉及建新区面积316公顷、拆旧区面积365公顷,有效缓解了用地供需矛盾。

【国土资源市场建设】 2010年,郑州市加大土地收购、储备力度,全年共完成土地储备192.2公顷,收购国有土地72.33公顷,征收土地119.87公顷,完成融资19.37亿元。挂牌出让国有土地使用权54宗,面积461.8908公顷,成交金额73.4494亿元。受理土地转让卷15宗,涉及土地转让面积22.2109公顷。完成市本级国土资源征收89.28亿元。

【矿产资源管理】 2010年,郑州市积极推进矿产资源勘查开发整合工作,下发了《郑州市人民政府办公厅关于进一步推进矿产资源开发整合工作的意见》和《郑州市矿产资源勘查开发整合总体方案》,完成了《郑州市省定重点矿种资源整合实施方案》的编制和报批,积极开展矿产资源整合和煤矿兼并重组工作。全年共完成557家矿山企业采矿权人年检工作,实地年检矿山330家。完成了矿山储量动态检测报告评审验收工作,并顺利通过了省厅的检查,甲类矿产矿山储量动态检测率100%。受理15宗压覆矿产资源储量初审工作,全部在规定时限内办结,办结率100%。不断加强和完善矿产资源勘查开采监督管理的各项制度和措施,矿产资源勘查开采秩序得到了有效维护,违法采矿行为得到了有效遏制。全年共督察矿山企业126家,发现问题98个,纠正、解决或完善90个;追缴矿产资源补偿费250余万元,催缴采矿权价款80余万元。

【国土资源执法监察】 一是认真落实动态巡查制度。强化巡查工作责任制,推进执法关口前移和重心下移,做到及时发现、及时制止、及时处理,有效遏制土地违法行为。全年共发现土地违法案件145件,立案查处145件,立案率100%,涉及土地面积82.09公顷,其中耕地面积32.13公顷,较上年同期相比宗数下降5.84%、面积下降32.4%,至年底,已结案128件,结案率88.27%。矿产资源违法案件共立案45件,至年底,已结案21件,罚没款21.96万元。接省厅12336转办案件134件,已向省厅回复处理结果134件,回复率100%。接省厅交办案件39件,回复处理结果39件,回复率100%。受理群众举报案件共138件,全部向各县(市)、区进行了批转,转办率100%。二是认真做好迎接国家土地例行督察和2009年度卫片执法检查工作。6月2—29日,国家土地督察济南局对郑州市2009年度的土地利用和管理情况进行了例行督察。对督察组提出的整改建议,市国土资源局高度重视,召开专题会议部署,制定有效措施,切实进行整改,并于12月底通过了检查验收。全市卫片执法共发现土地违法案件242宗,全部立案查处,立案率100%,结案率96%;拆除违法建筑6.85万平方米,没收违法建筑物133.2万平方米,罚没款1246万元。移送公安机关追究刑事责任6人,落实2人;建议党政纪处分12人,落实6人。违法占用耕地面积占新增建设用地占用耕地面积的比例为9.58%(扣除省级重点工程后比例仅为2.61%)。国家土地督察济南局对郑州市十次卫片执法检查工作给予了高度评价。三是健全完善国土资源执法监察长效机制。出台了《郑州市违反土地管理规定行为警示约谈办法(试行)》,市国土资源局分别与市公安局联合出台了《关于在查处国土资源违法犯罪工作中加强协作配合的意见》、与市财政局联合出台了《关于对依法没收违法用地上的建筑物及其他设施移交处置暂行办法》,对进一步落实土地执法共同责任,以及初步解决土地违法案件移送、移交难问题起到了重要作用。出台了《郑州市耕地破坏鉴定暂行办法》,对耕地破坏鉴定的标准、流程等提出了明确要求。

【土地调查和登记】 2010年,郑州市农村土地调查成果经国家审核通过,城镇土地调查工作全面完成。11月,省土地调查办组织有关专家,对郑州市第二次土地调查成果进行了全面预检,并给予高度评价。严格依法按程序做好土地登记发证,保证宗地发证权属清楚、面积准确、程序合法、资料完备。全年共核发国有土地使用证539本、土地他项权利证书542本、注销抵押登记452件、国有土地预登记90宗、受理法院查封解封业务154件,受理业务办结率不低于95%。

【维护群众权益】 一是被征地农民的合法权益得到维护。认真实施郑州市征地区片综合地价实施办法,落实青苗费及地上附着物补偿新标准,确保被征地农民补偿到位。二是地质灾害防治工作成效明显。与河南省地质环境监测院、郑州市气象局等专业单位协作,开展了郑州市汛期地质灾害预报预警工作,建立了手机短信平台,对极端天气可能引发的地质灾害进行预警。全年共发布三级以上预警预报信息9次、各类降雨提醒41次,有效避免了3起地质灾害。不断完善地质灾害应急体系,成立了汛期地质灾害防治应急分队,举办应急管理专题培训11场次,培训人员3346人。三是平安建设和信访稳定工作成效明显。紧紧围绕"建设平安郑州、创建和谐国土"这条主线,坚持把平安建设作为建设和谐社会的一项重要内容纳入党组议事日程,从加强组织领导、严格落实工作责任制、经常督促检查等方面入手,扎实推进平安建设工作,被市政府评为平安建设先进单位。全年共接待群众来访

71起155人次，与上年同期相比下降了48%；处理群众来信12封、网上信箱26件。共排查出矛盾纠纷345起，有效化解矛盾纠纷312起。共处理省、市交办信访件11起、转办件41起，上级交办件结案率100%。共复查复核信访事项60起，案件维持率100%。

【依法行政和政风行风建设】 一是深入开展行政审批项目清理。按照行政许可法的要求，对现有的行政审批项目进行全面清理，从审批依据、审批内容、审批程序等方面进行了梳理和规范。二是强化窗口规范化服务。出台《郑州市国土资源局行政服务规定》，对受理事项、受理程序、业务办理、业务办结、业务送达、监督措施、责任追究等方面的内容进行了规范，实现了一个窗口对外和窗口规范化服务。三是大力推进规范化行政执法。研究出台《行政执法责任制考核办法》、《执法职权分解及其执法责任》、《行政执法标准》、《行政执法行为规范》等文件，强化责任落实，分解执法职责，量化考核目标，规范行政执法行为。四是全面推进政务公开。对土地登记、土地变更调查统计资料、土地供应计划、土地出让方案，以及探矿权、采矿权申请登记等信息在市国土资源局门户网站上进行公告；对行政许可事项的依据、条件、数量、程序、期限等向社会公示，提高了审批工作的透明度和公信力。郑州市连续5年被评为国土资源部国土资源政务信息网上公开工作示范城市，国土资源工作"一张图"工程框架初步建成。

【"两整治一改革"专项行动】 2010年，郑州市国土资源管理部门牢牢把握"两整治一改革"专项行动总的指导思想和目标任务，坚持与工程建设领域突出问题专项治理、重大工作任务、纠正损害群众利益的不正之风相结合，确保专项治理工作稳步推进、扎实有效。一是领导带头，示范引路。坚持把专项行动摆上重要议事日程，多次召开专题会议安排部署，作为一项政治任务抓紧抓好。二是全员参与，全面覆盖。在广泛发动、层层动员、大力宣传的基础上，点、面、线有机结合，全员参与、全面覆盖。三是突出重点，排查风险。在单位、个人全面排查的基础上，突出土地出让和矿业权审批、土地开发整理、征地补偿、执法监察、干部选拔任用等重要方面，力求把风险点查深、查透、查准、查实、查全。全年共查找出单位岗位廉政风险点450个、个人风险点评定等级数1200个；清理规范性文件107个，修订完善40个，废止12个；复审2003年以来的各类土地、矿业、执法等卷宗20080宗，发现问题36个，及时予以纠正。四是建章立制，注重防控。从自我防控、部门防控、单位综合防控和组织防控四个层面，研究制定教育、制度、监督等方面的具体防控措施，筑牢拒腐防变思想防线。活动开展过程中，郑州市国土资源系统的做法，被国家、省市媒体宣传报道50余次，在全省系统综合量化计分排名第三。

【国土资源队伍建设】 2010年，郑州市国土资源管理部门坚持以各级领导班子建设为核心，以干部队伍建设为抓手，努力打造一支政治过硬、求真务实、开拓创新、勤政廉政、团结协作的领导班子和干部职工队伍，为圆满完成各项工作任务提供了有力的智力支撑和组织保证。一是强化领导班子建设，充分发挥各级党组（党委）的核心领导作用。认真落实党组（党委）中心组学习制度，并坚持理论联系实际，把学习成果不断转化为工作实践，进一步提高了班子成员理论政策水平和实际工作能力。坚持党组集体领导和党组成员分工负责相结合，认真落实领导班子例会、集体会审、局长办公会等制度，完善了《局党组议事规则》、《局工作规则》等制度，保证党组决策的科学性和正确性。二是强化党员干部教育管理，提高依法行政水平。通过集中教育、专题培训、岗位练兵、服务承诺等方式，把政治学习、思想教育与日常业务结合起来，不断转变干部职工的工作作风，提高政策理论水平和业务技能。先后选派48名中层以上干部外出参加各类培训学习。坚持用制度管理干部、约束言行。认真做好机构编制调整，经过反复沟通和修改，完成了"十定"方案的修订工作；制定了《工作目标责任制》、《执法过错责任追究制度》、《服务承诺制度》、《日常监管制度》等规章制度，进一步规范干部从政行为，确保各项业务办理依法依规。三是严格干部选拔任用程序，做好干部调配工作。积极推行干部竞争上岗和岗位交流制度，把好选人用人关，按照德才兼备、注重实绩、民主推选、群众公认的原则，建立科学的干部选拔任用和管理监督机制，维护干部职工对选拔任用工作的知情权、参与权、选择权和监督权，实现干部选拔任用公开透明、群众公认。全年共调整干部43人，其中，提拔40人，转任3人。四是进一步加强党风廉政建设。坚持"预防为先、教育为主、保护为本"的方针，始终把党风廉政建设和反腐败工作作为一项主线，贯穿于国土资源管理工作的始终，加强对党员领导干部的教育，采取多种形式，增强学习效果。每逢重大节日，及时开展警示教育、廉政谈话、发送廉政短信，防止出现不正之风，增强党员干部拒腐防变的能力。严格执行领导干部廉洁自律各项规定，全面落实党中央、国务院加强廉政建设的各项要求，遵守国土资源系统"五项禁令"，积极构建惩防并举的拒腐防变体系。结合实际，研究出台了《中共郑州市国土资源局党组巡视工作暂行办法》，强化对各级领导班子和领导干部的监督和约束，为反腐倡廉工作提供了新的手段。加强节约型机关建设，出台了《厉行节约专项治理工作实施方案》。认真解决公务活动中存在的追求豪华、过度消费、奢侈浪费等问题，严格落实公务卡结算、招标采购等制度，进一步规范党员领导干部廉洁从政行为。高度重视纪检信访工作,严格办理程序,确保事事有落实,件件有回音。

(姜海涛)

城乡环境保护

【概况】 2010年,郑州市环保工作坚持以科学发展观为指导,紧紧围绕"两强化、两提升、两确保"的总体目标,全面开展"三深化、三推进"环境综合整治,着力解决危害群众健康和影响可持续发展的突出环境问题,较好地完成了省、市政府下达的各项环保目标任务,全市环境形势继续保持稳定,环境质量得到持续改善。城区环境空气质量优良天数达到318天,达标率为87.1%。市属4个省控河流断面达标情况分别为:颍河登封白沙水库断面和伊洛河巩义七里铺断面COD、氨氮达标率均为100%;贾鲁河中牟陈桥断面COD、氨氮达标率分别为88.5%和80.8%;双洎河新郑黄甫寨断面水质进一步改善。全市饮用水源地水质达标率保持100%;城考工作连续16年稳居全省首位。

【主要污染物减排】 2010年,郑州市通过突出抓好"五个落实",全力推进节能减排和生态环境工程建设,紧紧依靠工程减排、结构减排和监管减排等措施,深挖减排潜力,进一步完善倒逼、约束和激励机制,制定污染物总量控制预警方案,污染减排工作不断取得新的进展。根据国家和省现场核查情况,2010年全市COD、二氧化硫排放总量分别控制在5.21万吨和14.4万吨以内,确保完成了年度和"十一五"减排目标任务。

【环境综合整治】 2010年,郑州市环保系统以"三深化、三推进"为重点,不断把环境综合整治推向深入。完成贾鲁河、双洎河流域治理工程7项。全市拆除废弃烟囱739根。市区拆除和改制10蒸吨以下燃煤锅炉34台,建设餐饮业油烟治理示范工程35家,新建无燃煤区8.5平方公里、噪达区14.7平方公里。年检机动车辆46.4万台次,查处超标车辆5.2万辆,尾气排放达标率为88.8%,淘汰老旧车辆1400余台;稳步推进机动车简易工况检测站建设,使全市机动车污染检测水平得到进一步提升。在全省率先开建乡镇污水处理厂,已建成6处。积极开展郑西高铁沿线环境综合整治,共治理污染企业174家,绿化生态恢复项目3处,整治道路7条,绿化裸露地面30处,拆除清理废弃厂房、堆场6处。加快重点流域规划项目建设,完成了3项年度建设任务。切实加强饮用水源地保护,对辖区内28个饮用水源地进行了专项治理,对排查出的违法建设项目依法进行了调查处理,有效保障了全市人民的饮水安全。

【工业污染防治】 2010年,郑州市对热电、水泥、碳素行业实施提标治理,共治理企业38家;被列入省综合整治任务的9家电解铝企业,除3家长期停产外,其余6家完成治理工作;巩义市关闭铝石窑企业393家。认真贯彻落实《规划环评条例》,《郑州市电子信息产业发展规划(2010年—2015年)》等两个行业指导性规划编制完成环保篇章,13个省级产业集聚区规划环评全部完成,5个市级专业园区规划环评通过审查。不断加强建设项目环境管理,全市共审批项目2620余家,全部执行环评制度;验收项目810余家,全部执行"三同时"制度。积极推进清洁生产审核和生态工业园区创建工作,31家企业通过清洁生产审核。圆满完成全市环境自动监控系统建设任务,使全市环境监测和监管水平得到大幅度提升。

【农村环境保护】 2010年,郑州市大力推进中央和省农村环境综合整治项目,新密市超化镇东店村等3个环境综合整治项目基本完成。按照国家和省有关要求,郑州市制订了《关于贯彻落实国家以奖促治政策加快解决农村突出环境问题的实施方案》、《关于加强农村环境保护工作的意见》,建立起了市、县两级"以奖促治"工作机制;制订并实施了《郑州市畜禽养殖禁养区和限养区划定方案》,科学规划畜禽养殖业布局,合理划定了禁养区和限养区。生态创建成效明显,全市创建成国家级生态村1个、省级生态乡镇9个、省级生态村50个、市级生态村60个,巩义、中牟、惠济等生态县(市、区)创建工作扎实推进。圆满完成夏秋两季农作物秸秆禁烧和综合利用工作,全市基本杜绝了秸秆大面积焚烧现象。

【危险废物和辐射环境管理】 2010年,郑州市加强危险废物管理,对化学原料及化学制品制造业等5类重点行业、从事危险废物利用及处置经营等4类重点单位,组织开展了危险废物专项排查行动;集中处置医疗废物5900多吨,处置率达100%。加强辐射环境监管,全年收贮废旧放射源84枚、放射性废物5.6吨,安全处置率均达100%。加快堆存铬渣无害化处置工作,新密市铬渣处理设施已建成并试运行,巩义市铬渣处置项目正在加快建设。污水处理厂污泥处置规划已编制完成,示范工程一期建成使用,二期正在试运行,三期正在加快建设。省危险废物集中处置中心建设基本完工。

【环境应急能力建设】 2010年,郑州市不断完善环境应急工作机制,加强应急物资储备、应急培训和应急演练,切实提高环境应急实战能力。市环保局与市安监局签署了《应急联动协调机制协议》,形成了长期、稳定、可靠的安全生产和突发环境事件应急联动机制,大大提高了突发环境事件的防范和处置能力。

【环境监察】 2010年,郑州市环保部门以"整治违法排污企业,保障群众健康环保专项行动”为抓手，先后开展了饮用水源地排查、企业环境风险、化学品检查和沿江沿河化工石化企业环境隐患排查整治等专项行动，严肃查处各种环境违法行为，切实维护人民群众的环境合法权益。全市共出动环境执法人员1.9万余人次，检查企业8800余家次，查处环境违法企业110余家，有力地震慑了环境违法行为；12369环保热线受理来电1.5万多个，受理率、查处率、回访率、结案率均为100%。

【环境监测】 2010年，郑州市环保部门加快推进污染减排监测体系建设，完成了国控、省控企业污染源自动监测数据有效性审核工作。认真履行环境监测职能，圆满完成环境质量监测、重点污染源监测、监督性监测和应急监测等各项任务。不断拓宽环境空气监测领域，积极开展沙尘暴和温室气体连续自动监测工作。市环境监测中心站顺利通过省实验室资质认定复评审和国家实验室认可复评审。成功举办全市首届环境监测技能竞赛，环境监测人员的业务素质得到整体提升。

【环境信访和法制建设】 2010年，郑州市环保部门以开展平安创建活动为契机，狠抓环境信访工作，市本级共受理群众来信来访202件，接待群众来访45起155人次，信访案件领导阅批率、办结率、按时回复率均为100%，做到了件件有着落，事事有回音，全市环境信访形势总体保持平稳。办理人大建议、政协提案20件，代表委员满意率为100%。扎实推进环保法制建设，《郑州市机动车排气污染防治管理办法》即将出台；加快推进《郑州市环境噪声污染防治办法》的修订工作，该办法被列为2011年立法评估项目。加强环境经济政策研究，在全市范围开展了水环境生态补偿工作，运用环境经济政策促进水环境质量的进一步改善。

【环保宣传教育】 2010年，郑州市全方位、多层面地开展环保宣传教育活动，在《中国环境报》、《郑州日报》等新闻媒体开设专栏，刊登宣传专版11期、新闻稿件300余篇；坚持环境新闻发布会制度，充分保障公众的环境知情权；持续开展“郑州环保世纪行”活动，借助媒体力量加强舆论监督，推动环保重点工作。以“六·五”世界环境日为契机，开展了“低碳减排·绿色生活”宣传月活动，以及其他形式多样的社会化宣传活动；持续开展绿色系列创建、“污染减排明星”评选等活动，调动了各方参与环境保护的积极性。通过多种形式的宣传教育，环保意识逐渐深入人心，公众环境满意率明显提高。

【创先争优活动】 2010年，郑州市环保部门按照市委、市政府关于开展“创先争优”活动的总体部署，以巩固和拓展学习实践活动成果为主线，以创建“五个好”先进基层党组织、争做“五个表率”优秀共产党员为主要内容，紧紧围绕“服务中心建设队伍，创先争优走在前头”这一主题，结合全市环保工作实际，统筹安排，精心组织，抓党风、促政风、带行风，扎实推进“创先争优”活动深入开展，取得了阶段性成果。

一是周密安排部署，积极营造良好氛围。市环保局党组成立了“创先争优”活动领导小组，并及时召开动员大会，制订并印发了活动实施方案，对活动进行具体安排，形成了主要领导亲自抓、分管领导具体抓、各单位共同抓的工作格局，为教育活动的顺利开展奠定了坚实的组织基础。同时，充分利用新闻媒体、局域网、展板、简报、宣传栏等宣传阵地，大力开展宣传教育活动，制作专题宣传板面50余块，编发教育活动简报130余期，极大地调动了广大党员干部参与活动的积极性和主动性。

二是创新学习方法，切实提高学习效果。始终把党员干部的学习教育作为一项基础工程常抓不懈，坚持以教育活动促进工作开展，以工作开展深化教育活动，确保了学习教育与日常工作“两促进、两不误、两提高”。采取中心组学习、上党课、读书竞赛、召开交流会和座谈会等多种形式学习理论知识，集中开展“四个重在”党性教育活动，并不断加强理论学习制度化、规范化建设。通过学习教育，全局党员干部的综合素质得到了明显提升，服务中心意识得到了明显增强。

三是扎实开展活动，不断强化服务意识。积极开展“围绕环保中心·公开承诺定责”活动，在全局设立了30个党员示范岗，党员干部坚持做到亮牌示范、积极承诺、认真践诺；积极开展“服务城乡·联点共建”活动，成立了14个党员志愿者突击队，与丰产路办事处14个共建社区对口联系，做到每名党员与社区的一户居民一对一结对，切实帮助居民解决实际困难；积极开展选树先进典型活动，在认真组织开展“向张可山同志学习活动”的同时，注重在系统内挖掘先进典型，组建了“创先争优先进事迹报告团”，在全市环保系统巡回演讲7场次，受教育人数达到2000多人次，弘扬了郑州环保正气，使广大党员干部更加坚定了立党为公、执政为民和廉洁从政的信念。

【党风廉政和队伍建设】 2010年，郑州市环保局始终把党风廉政建设纳入局重点工作通盘考虑，一起研究部署、检查考核。大力开展反腐倡廉教育活动，以《廉政准则》学习为重点，多形式、多渠道地传播环保廉政文化，使廉政理念逐步深入人心。局班子成员认真履行“一岗双责”，带头遵守各项廉政规定，成立了党风廉政建设责任制工作领导小组，并逐级签订党风廉政建设目标责任书，有力推动了党风廉政建设工作的有序开展。不断加强廉政机制建设，积极探索反腐倡廉工作新方式、新举措，先后建立了建设项目审批服务情况回访、环保系统廉政约谈等制度，特别是被市惩防办确定为2010年度反腐倡廉建设检查考核试点单位后，及时对新的反腐倡廉考核评价指标体系进行了学习，制订了《关于完善机制体制，提高效能效率，服务郑州都市区建设的若干意见》，对全市环保系统提出"十强化、十提升"的具体要求，为各项工作的高效落实提供了有力保障。

【政风行风和精神文明建设】 一是狠抓政风行风建设。严格落实政风行风建设责任制，逐级签订目标责任书，并制订了《机关效能建设责任追究暂行办法》，加大对执行情况的查纠力度，对发现的问题一律严肃处理。不断完善承诺服务、首问负责、跟踪回访、窗口服务和阳光操作等制度，大力推行政府信息公开和办事公开；广泛征询并认真办理群众提出的意见和建议，不断扩大民主评议范围；持续深入开展环境大接访活动，现场接访群众3万余人次，在全社会树立了环保部门以人为本、关注民生、服务民生、改善民生的良好形象。

二是切实提高服务意识。深入开展项目服务年活动，对省、市重点项目采取开通绿色通道、提前介入、每周调度、跟踪督办、联审联批、分包负责、下放权限、限时办结等一系列举措，全力服务项目建设，在11月份市政府组织的考评中，市环保局名列第一，受到市政府的通报表扬；积极开展对口帮扶工作，千方百计为帮扶村和帮扶社区解难题、办实事，受到帮扶群众的一致好评；认真做好网络舆情办理工作，共办理网民留言77件，及时解决了一批人民群众反映强烈的突出环境问题。积极开展"畅通郑州"活动，出动人员800余人次，参与路口交通执勤，为"畅通郑州"工作做出了应有的贡献。

三是扎实推进精神文明建设。认真开展读书竞赛活动，不断提高干部职工学习积极性；结合春节、"六五"、"七一"等重大节日，组织开展丰富多彩的文体活动，不断陶冶干部职工情操；大力营造健康文明的工作氛围，省级精神文明单位建设成果得到进一步巩固。

(蒋国良)

第二十篇　经济监督与管理

发展计划管理

【国民经济和社会发展计划执行情况】 2010年，郑州市严格执行国家宏观调控政策，按照"四个重在"要求，认真实施市第十三届人大二次会议批准的国民经济和社会发展计划，多措并举，奋力拼搏，克难攻坚，发展方式不断转变，产业结构日趋合理，改革开放深入推进，社会民生显著改善，经济社会保持了平稳较快发展态势，有力确保了"十一五"主要目标任务的顺利完成。全市生产总值达到4000亿元，增长13%，较好完成了年初确定的主要目标任务，计划执行情况总体上是好的。

（一）第二产业平稳较快增长，内部结构日趋合理。全年全部工业增加值完成1996.4亿元，增长15.6%。其中规模以上工业增加值完成1756.1亿元，增长18%。汽车、装备制造、电子信息产业增加值达到360亿元，增速超过30%。年销售收入超100亿元企业达到7家，其中郑煤、宇通、中烟等3家企业销售收入超200亿元。38个产业集聚区基础设施投入累计完成172亿元，增长30.1%。全市建筑业完成增加值273.5亿元，增长11.1%。

（二）第三产业发展态势良好，现代服务业快速增长。全市第三产业完成增加值1605.5亿元，增长10.5%。全社会消费品零售总额完成1678亿元，增长19%。城镇居民消费价格上涨3%。全市金融保险业完成增加值238.2亿元，增长15%。河南保税物流中心（B型）顺利通过国家验收，郑州新郑综合保税区获国务院批准，物流业完成增加值190亿元，增长20%。全年举办大型展会100余场，面积达到132万平方米。全市共接待国内外游客4832.2万人次，实现旅游总收入509亿元。中介咨询、动漫创意、服务外包等新兴业态日益繁荣。

（三）农村经济稳步发展，新农村建设强力推进。全年粮食总产量达到166.7万吨，增长0.4%，连续八年增产丰收。新建3个现代农业示范园区，总数达到25个。新增市级以上农业产业化重点龙头企业45家，总数达到334家。新增农民专业合作社428个，总数达到1100个。解决农村饮水安全人口51万人，新建农村户用沼气1万座、大中型沼气60座，新改建农村公路578公里。建成新型农村社区98个、综合整治村19个。

（四）固定资产投资平稳增长，城市功能日益完善。全社会固定资产投资达到2757亿元，增长20.8%，其中城镇投资达到2432.5亿元，增长21.9%。转型升级"双千"工程完成投资457.5亿元。郑州黄河公铁两用桥主体、中心城区铁路跨线桥、火车站西广场等重点工程完工。石武客专、郑州轨道交通1号线一期、京沙快速通道等在建重点项目进程加快。230个省市重点项目完成投资1340亿元，其中95个省重点在郑项目完成投资834.6亿元。各类政府融资平台完成融资160亿元，争取上级各类资金44亿元，其中中央预算内投资10.6亿元。畅通工程强力推进，科学大道—西三环立交、东风路—文化路下穿隧道等工程相继建成通车；轨道交通1号线一期工程全线站点除光大广场站外全部开工，2号线监理及土建施工招标工作已完成。王新庄、五龙口等污水处理厂实现不间断达标运行；垃圾中转站新建26座、改造28座。完成背街小巷道路改造106条、总长74公里；完成雨污水改造工程33项、疏挖雨水管道731公里。城中村和棚户区改造步伐不断加快，开工建设村民安置房304万平方米；编制完成《郑州市城市和国有工矿棚户区改造规划和年度计划》，开工建设14个项目。城镇化率达到66.4%。

（五）节能减排力度加大，生态环境不断改善。全年万元生产总值能耗下降3.17%，化学需氧量和二氧化硫排放量分别控制在5.21万吨和14.4万吨以内，完成"十一五"节能减排目标。全年推广节能灯91.5万只，超出省定目标34.5万只。十七里河、熊耳河、金水河等主要河道全线通水，完成造林面积1.3万公顷，建成12个林业生态乡（镇）、100个林业生态村。中心城区人均绿地面积达到10平方米，林木覆盖率达到33.16%。市区空气质量优良天数达到318天，生态环境明显改善。

（六）财税收支快速增长，金融行业稳健运行。财政总收入完成643亿元，增长23.2%，其中一般预算收入达到386.8亿元，增长28.1%。税收收入完成313.1亿元，增长31.7%。一般预算支出426.8亿元，增长20.9%。金融机构各项存款余额7990.9亿元，比年初增加1450.6亿元；各项贷款余额5717.5亿元，比年初增加795.4亿元，省政府下达郑州市全年新增1015亿元贷款的目标顺利完成。

（七）重点领域改革稳步推进，对外开放步伐不断加快。郑州银行成立多家县域支行；登封农村商业银行建成开业。企业投资项目备案权限全部下放至县（市）、区和大部分产业集聚区。登封文化改革发展试验区规划获省政府批准。市属及以下企业进出口总额45.2亿美元，增长51.9%；实际利用外商直接投资19亿美元，增长17.4%。富士康郑州首条生产线正式投产，郑州新加坡国际物流产业园项目列入中新双边合作联委会议题。

（八）郑州新区建设全面加快，积聚示范效应逐步显现。新区全年实现生产总值413.5亿元，增长15.6%。郑汴新区总体规划经省人大常委会审议通过。龙湖地区、高校和职教园区、汽车及装备制造产业园区等八大重点区域开发建设步伐加快，富士康、龙湖开发等项目顺利推进。引进项目101个，合同金额635亿元。出台了《关于加快推进郑州新区重点领域改革的若干意见》，着力打造新区融资、土地和人才三大要素支撑平台。

（九）社会事业取得新进步，人民生活水平继续提高。十大实事民生工程成效显著。市区新、改、扩建中小学累计开工建设面积13.45万平方米。新开工建设4家县级医院、5家乡镇中心卫生院。新农合人均筹资标准提高至150元，参合率提高至98%。郑州市图书馆新馆建设进展顺利。全年实现13.4万名城镇求职人员就业再就业，农村劳动力转移就业11.2万人；年末城镇登记失业率2.8%。经济适用住房竣工面积112万平方米；开工建设公共租赁房38.4万平方米；开工建设廉租住房15.4万平方米。城镇居民人均可支配收入18897元，实际增长7.2%；农民人均纯收入9225元，实际增长10%。人口自然增长率为5.2‰。

（娄源钊　欧阳春晖）

【郑州新区建设情况】 2010年，郑州新区经济呈现出快速发展的良好态势，实现生产总值413.5亿元，增长15.6%；全社会固定资产投资完成586亿元，增长35%；地方财政总收入完成86.4亿元，增长49.6%，其中，地方财政一般预算收入43.3亿元，增长73.4%；规模以上工业增加值达到144.3亿元，增长26.7%；社会消费品零售额完成153.4亿元，增长20.4%。

规划编制全面推进。郑汴新区总体规划经省人大常委会审议通过，完成了综合交通、城镇体系、产业发展战略、抗震减灾、现代农业等30多项规划的编制工作。组织了郑州新区概念性城市设计方案国际征集、路名规划、基础设施布局规划等工作，完成了郑州航空城概念性总体规划暨城市设计方案评审工作。基本形成新区“十二五”经济社会发展规划，各区县“十二五”规划同步推进。

基础设施建设加快推进。坚持以交通建设为先导，大力推进基础设施配套建设。确定72个重点基础设施建设项目，完成投资512.7亿元。着力打造郑州高速铁路和郑州机场两个综合交通枢纽，郑州至机场、郑州至开封城际铁路相继开工建设，机场二期改扩建工程已进行设计招标。完善骨干交通网络建设，郑州公铁两用大桥公路段顺利通车，郑汴物流通道、四港联动大道局部通车。同步加快新区内部水、电、气、热、通讯等基础设施配套建设，各个组团支撑与保障能力得到不断加强。

重点项目建设强力推进。确定重点产业项目141个，完成投资169.2亿元。汽车和装备制造业取得长足进步，郑州日产第二工厂正式投产，海马轿车生产基地全部建成，恒天集团郑州载货汽车项目、海马汽车零部件工业园、中航电动汽车总成项目顺利推进。电子信息业取得重大突破，富士康出口加工区IT零部件项目、中牟四棉厂区IT插件及线缆生产项目正式投产，旭飞第五代液晶玻璃基板生产线等项目进展顺利。食品工业、现代物流业发展迅猛，中粮郑州产业园开工建设，中烟、双汇、益海嘉里、百事等项目加快推进。现代物流业蓬勃发展，国家干线公路物流港、豫鑫物流等项目进展顺利。现代服务业取得新突破，总投资75亿元的郑州华强文化科技产业基地正式开工，绿博园顺利建成并成功举办第二届绿博会。

招商引资工作取得新成效。充分借助河南—浙江投资合作项目洽谈会、央企洽谈会、庚寅年黄帝故里拜祖大典、第六届中国河南国际投资贸易洽谈会等一系列活动，广泛开展招商引资工作。2010年，新签约项目111个，签约总金额约907亿元。引进市外境内资金约110亿元，增长20.4%；实际利用外商直接投资约5.6亿美元，增长13.3%；出口总额8.1亿美元，增长113.2%。

综合配套改革稳步推进。进一步理顺重点区域开发的管理体制，成立了郑州国际物流园区党委、管委会；理顺郑东新区管理体制，将东区规划范围内115平方公里区域的乡镇和街道办事处移交郑东新区代管。强化支撑平台建设，成立郑州新区建设投资总公司、土地储备中心和人才服务中心，初步打造了新区融资、土地和人才的三大要素支撑平台。大力开展投融资体制创新，成立了河南新高地控股有限公司、河南东龙控股有限公司等国有投融资企业，通过土地一级开发整理、发行债券、BT、BOT等方式进行融资。不断完善工作机制，研究出台了《关于加强郑州新区土地规划管理工作的通知》、《关于加强建设项目审核管理工作的通知》、《关于加快推进郑州新区重点领域改革的若干意见》等一系列规范性文件,明确了新区在管理体制、城乡统筹、土地、投融资等方面改革的方向和内容。

(罗书森)

【产业集聚区建设发展情况】 2010年,郑州市按照省委、省政府提出的“一个载体、三个体系”总体思路,积极完善产业集聚区领导机制和建设推进机制,制定落实扶持政策,深入推进项目建设,强力实施招商引资,促进了全市产业集聚区持续健康发展。全市产业集聚区企业主营业务收入完成3878亿元,同比增长36%;税收完成73.4亿元,同比增长38%;固定资产投资完成809.5亿元,同比增长40%;期末从业人员达到66.5万人,其中工业企业从业人员28万人;企业个数达到5278个,其中规模工业个数1142个;省级产业集聚区建成区面积达到128平方公里。

(一)科学规划,优化布局。郑州市把产业集聚区发展规划同城镇总体规划、土地利用总体规划有机结合起来,做到“三规合一”、同步推进。启动了《郑州市产业集聚区发展专项规划》编制工作,以此指导全市产业集聚区合理布局,明晰产业定位,加快整合步伐,力求迅速做大做优。出台了规划编制资金补助政策,对保质保量按时完成编制的,市财政分别给予30万元的资金补助,较好地促进了各产业集聚区发展规划和控制性详规的编制工作。

(二)加强领导,形成合力。为加快推进产业集聚区发展,郑州市成立了以市长赵建才为组长的产业集聚区建设和发展工作领导小组,制定并下发了《2010年郑州市产业集聚区建设工作要点》等指导性文件,进一步建立健全了目标管理、现场办公、督导落实等9项工作制度,形成了推进工作的新机制,落实了目标责任,确保各项工作顺利实施。市发改、规划、环保、土地、财政、工信、科技等部门围绕产业集聚区建设,简化工作程序,提高办事效率,积极主动推进各项工作,形成了推进产业集聚区发展的强大合力。

(三)完善政策,创新机制。2010年,郑州市积极落实省政府出台的各项政策,对全市产业集聚区2009年目标和工作情况进行考核评价,落实产业集聚区各项奖励和扶持资金2亿元。为进一步加快产业集聚区发展,郑州市又相继出台了《产业集聚区项目会审机制》、《产业集聚区发展考核办法》、《建立完善产业集聚区推进工作机制》、《进一步加快产业集聚区发展的意见》等四项政策措施。

(四)狠抓项目,强力招商。2010年,郑州市将产业集聚区项目建设作为年度中心工作常抓不懈。为有力地推进项目落地、项目建设、项目投产,市政府从市直相关部门抽调人员组成首席服务官小组,到项目单位跟踪服务,有力地解决了项目建设和企业生产经营中存在的问题。全年全市产业集聚区工业项目完成投资590亿元,1000万元以上开工项目达到300个,投产项目达到180个。同时,以提升产业集聚为重点,立足大招商,招大商,招优商,促进优势产业发展,全市产业集聚区累计招商引资总额360亿元,新入驻企业500家。为了确保富士康郑州科技园项目顺利、高效推进,市政府把富士康项目作为“一号工程”,成立了强有力的项目推进领导小组和工程指挥部,促进了中部首个综合保税区落户郑州,保证了富士康公司在郑注册1个月后开工生产,创造了“郑州速度”,继而带来了富士康“五五专案”项目的加速推进。

(五)夯实基础,搭建平台。进一步加快产业集聚区供排水、道路等基础设施建设,不断完善社会化服务体系。郑州市对产业集聚区投融资平台补充资本金8000万元,通过成立信用担保公司、采用BT、BOT等建设方式,着力放大投融资平台杠杆能力。全市产业集聚区投融资公司29家,注册资本金31亿元,融资能力130亿元,实际到位资金92亿元。同时通过抢抓企业上市,提高企业融资能力,拓宽产业集聚区融资渠道,2010年产业集聚区上市4家企业,融资52.2亿元,上市企业总数达到30家。公共创新平台建设不断加快,市政府对产业集聚区行业技术研发中心、检测中心所购设备按照投资额20%进行补助。产业集聚区新增企业技术中心80家,国家高新技术开发区与IBM合作的IT产业公共技术服务平台已投入使用,无线网络覆盖达10平方公里,软件公共服务平台、动漫公共技术平台、超硬材料和生物医药平台正在加紧建设,已成为国家创新型科技园区和国家海外高层次人才创新创业基地。

(六)突出特色,加快集聚。郑州市积极按照产业集聚区“四集一转”的要求,实施主导产业引导相关产业集聚发展的战略,采取有效措施,促进新上项目向产业集聚区集中。全市已形成国家经济技术开发区汽车及装备制造、国家高新技术开发区IT产业和超硬材料、航空港区电子信息及临空产业、巩义市铝及铝精深加工、马寨产业集聚区食品制造、新密市产业集聚区纺织服装等六大特色产业集群。其中:国家经济技术开发区全力推进日产产能提升、海马第三工厂、宇通专用车、恒天重型载货汽车等项目建设,汽车产业集群发展势头迅猛;巩义市产业集聚区进一步优化产业布局和资源配置,推动产业、企业集群化发展,铝加工主导产业已占集聚区产值的85%以上,铝板带箔精深加工能力达100万吨,产量已占全省铝板箔产量的45%,占全国铝板箔产量的21%。

(王世洪)

【设计审批管理】 2010年,项目设计审批管理以初步设计审批和管理为重点,规范审批程序,提高办事效率,积极协调解决项目在审批过程中出现的相关问题和困难,努力为项目单位提供优质服务。全年共组织召开项目初步设计审查会议35次,项目设计批复完成37项,其中,初步设计34项,设计变更3项,共批复项目概

附件:

2010年度郑州市本级重点建设项目完成情况一览表

单位:万元

分类	项目名称及所在地	建设单位	建设规模及内容	总投资	1－12月份完成投资	累计完成投资	完成投资百分比	至年底项目进展情况
工业及高科技项目	小计(69个)			6342139	1303128	2270588	35.8%	
	国电荥阳煤电一体化有限公司2×60万千瓦发电机组,荥阳市、高新区、惠济区、金水区、中牟县	国电荥阳煤电一体化有限公司	2×60万千瓦发电机组	468000	92276	456080	97.5%	已竣工。
	华润电力登封有限公司1×60万千瓦发电机组,登封市	华润电力登封有限公司	1×60万千瓦发电机组	240000	152047	252073	105.0%	项目已经国家发改委核准。3号汽机主厂房施工完成;锅炉受热面焊口完成13104道;烟囱外筒结顶,钢内筒已制作45%;冷却塔筒壁浇筑到142米;脱硫电控室及综合楼砌体完成90%,吸收塔制作完成。部分设备已定货。
	新密电厂二期2×100万千瓦发电机组,新密市	郑州裕中能源有限责任公司	2×100万千瓦发电机组	838403	172205	292074	34.8%	项目已经国家发改委核准;主厂房施工完成50%;烟囱外筒结顶;3号机组安装完成18%,4号机组安装完成5%;部分设备已定货;厂外中水工程施工完成82%。
	大唐巩义发电有限责任公司1×100万千瓦发电机组,巩义市	大唐巩义发电有限责任公司	1×100万千瓦发电机组	400000	8051	21043	5.3%	由于国家政策调整,该项目审批手续受到影响,拟改建2×60万千瓦机组项目。
	110千伏图强输变电工程,中原区	河南郑州供电公司	变电容量6.3万千伏安,线路长度2.4千米	3841	3720	3720	96.8%	已竣工。
	110千伏政通输变电工程,二七区	河南郑州供电公司	变电容量6.3万千伏安,线路长度1.1千米	5157	3572	3572	69.3%	正在进行集控楼主体施工。设备已订货。
	110千伏紫竹输变电工程,中原区	河南郑州供电公司	变电容量12.6万千伏安,线路长度6.6千米	5425	2000	2000	36.9%	正在进行集控楼主体施工。
	110千伏河芦输变电工程,中原区	河南郑州供电公司	主变:6.3万千伏安,线路:2千米	5676	4680	5675	100.0%	已竣工。

分类	项目名称及所在地	建设单位	建设规模及内容	总投资	1-12月份完成投资	累计完成投资	完成投资百分比	至年底项目进展情况
工业及高科技项目	郑州日产汽车有限公司第二工厂建设,经开区	郑州日产汽车有限公司	年产20万辆整车	307620	48604	149036	48.4%	一期已完工。
	海马(郑州)15万台发动机项目,经开区	海马(郑州)汽车有限公司	年产15万台发动机	60000	18594	38594	64.3%	进入样机试制阶段,完成了部分发动机的装机,公用管网和道路施工基本完毕,设备陆续进厂安装调试。
	郑州宇通客车股份有限公司客车技术改造项目,管城回族区	郑州宇通客车股份有限公司	年产20000辆客车生产线	400000	47567	47567	11.9%	正在办理土地手续。
	郑州威尔森壁纸有限公司PVC环保装饰壁纸项目,航空港区	郑州威尔森壁纸有限公司	年产2000万平方米PVC环保装饰壁纸	10600	4605	5475	51.7%	第三条生产线正在安装。
	郑州信昌汽车部品有限公司新技改项目,经开区	郑州信昌汽车部品有限公司	年产9万件汽车冲压件	36881	7473	24142	65.5%	综合办公楼主体完工,一期建设已经基本完工。
	河南桑达能源环保有限公司太阳能集热器产业化项目,航空港区	河南桑达能源环保有限公司	年产100万平方米太阳能集热器	9000	3340	4200	46.7%	开始试生产。
	中铝河南分公司新建第五赤泥堆场,上街区	中铝河南分公司	新建1座湿法堆存赤泥库	72407	42726	49426	68.3%	2号坝完成80%,3号坝建成,中库区具备待料试车条件。
	河南中孚实业股份有限公司高性能铝合金特种铝材项目,巩义市	河南中孚实业股份有限公司	年产30万吨高性能铝合金特种铝材	338199	15000	15000	4.4%	熔铸车间桩基工程开始施工,部分设备已定购
	河南华泰特种电缆有限公司特种电缆生产项目,上街区	河南华泰特种电缆有限公司	年产34.8万千米特种电缆	46000	23470	23470	51.0%	一期建设完成,正在办理二期土地手续。
	郑州永佳电子有限公司电视机主板项目,中牟县	郑州永佳电子有限公司	年产电视机主板110万块	8600	4000	8600	100.0%	已竣工。
	河南新飞小家电科技有限公司集成厨房生产基地,中牟县	河南新飞小家电科技有限公司	年生产加工集成厨房5万套	7395	6095	7395	100.0%	已竣工。

分类	项目名称及所在地	建设单位	建设规模及内容	总投资	1－12月份完成投资	累计完成投资	完成投资百分比	至年底项目进展情况
工业及高科技项目	中国铝业国际(集团)有限公司铝合金型材项目,登封市	中国铝业国际(集团)有限公司	年产10万吨铝合金型材	55000	15000	30000	54.5%	一期工程已完工。
	河南恒星科技股份有限公司高等级钢帘线扩产项目,巩义市	河南恒星科技股份有限公司	年产2万吨高等级钢帘线	25000	25000	25000	100.0%	已竣工。
	河南恒星科技股份有限公司年产10万吨钢绞线迁建项目,巩义市	河南恒星科技股份有限公司	年产10万吨钢绞线	17800	5800	17800	100.0%	已竣工。
	郑州四维机电设备制造有限公司荥阳制造基地建设项目,荥阳市	郑州四维机电设备制造有限公司	年产液压支架及煤矿综采设备160台套	100000	75000	87000	87.0%	办公楼主体已建至三层,1、2、3、4号车间主次钢构吊装完毕;8、9号车间已完成90%;11、12号车间已建成投产;15号车间主钢构吊装完成40%;16、17号车间主钢构吊装70%。
	郑煤集团新郑精煤有限公司选煤厂项目,新郑市	郑煤集团新郑精煤有限公司	年洗选原煤300万吨	29999	30045	30045	100.2%	已竣工。
	郑州三全食品股份有限公司综合基地工程,惠济区	郑州三全食品股份有限公司	年产15万吨速冻食品	62932	6016	47904	76.1%	冷库、汤圆、水饺车间开始试运行;办公楼正在j进行室内装修,办公区大门、道路正在施工。
	中粮(郑州)工业园一期海嘉搬迁工程,经开区	中粮集团有限公司	日产小麦专用粉2000吨、仓储20万吨	45000				正在进行土地招拍挂的准备工作。
	海马商务汽车有限公司15万辆汽车技术改造,经开区	海马商务汽车有限公司	年产15万辆汽车	238850	40000	40000	16.7%	12月11日开工,计划2013年底达产。目前海马公司正在优化项目工艺方案和工程施工图。
	中国恒天集团公司郑州载货汽车项目,经开区	恒天重工股份有限公司	年产3万辆卡车	180000	19000	19000	10.6%	项目一期已立项批复,批准投资15.5亿元,备案号为豫工信备字(2010)0017号。正在进行实施方案的设计工作,工艺设计已基本完成,项目物探已结束,地探准备已开始,总平面图已报区规划局,控规公示已完成。

分类	项目名称及所在地	建设单位	建设规模及内容	总投资	1－12月份完成投资	累计完成投资	完成投资百分比	至年底项目进展情况
工业及高科技项目	宇通专用车，经开区	郑州宇通集团有限公司	年产5000台房车、救援指挥车、机场摆渡车、校车、医疗车等客车专用车	120000				正在办理用地手续。
	上海派斯汽车车身模具项目，中牟县	上海派斯汽车车身模具有限公司	建设7条冲压生产线	10000				正在办理用地手续。
	郑州江东汽车零部件有限公司二期建设项目，中牟县	郑州江东汽车零部件有限公司	年产20万台汽车车桥及车架	6600	50	50	0.8%	已完成厂房设计。
	郑州东工实业有限公司四期建设项目，中牟县	郑州东工实业有限公司	年产20万台套塑料件和7万台车体涂装生产线	10000	4100	4100	41.0%	部分厂房已建成，设备已订购，污水处理站建成。
	双汇食品工业园，经开区	河南漯河双汇集团有限公司	年屠宰加工200万头生猪，年产6600吨生鲜调理及面制品、6600吨低温肉制品加工项目	104345	50000	50000	47.9%	待宰车间、屠宰车间、冷却车间、分割车间、冷藏车间、高架冷藏库、制冷车间、动力车间、污水处理、候工楼、职工食堂等14个单体正在进行主体建设。
	河南牧鹤饲料公司高端饲料生产基地项目，经开区	河南牧鹤实业集团	年产120万吨饲料	80000				正在办理用地手续。
	河南恒丰钢缆有限公司预应力钢绞线扩建项目，巩义市	河南恒丰钢缆有限公司	年产15万吨预应力钢绞线	12000	12000	12000	100.0%	已竣工。
	今麦郎饮品(郑州)有限公司生产非碳酸饮料项目，巩义市	今麦郎饮品(郑州)有限公司	年产果蔬、茶饮料26万吨	30000	30000	30000	100.0%	已竣工。

分类	项目名称及所在地	建设单位	建设规模及内容	总投资	1－12月份完成投资	累计完成投资	完成投资百分比	至年底项目进展情况
工业及高科技项目	河南卓利瓷业有限公司中铝瓷球及均化料生产线项目，巩义市	河南卓利瓷业有限公司	年产7万吨中铝瓷球，3万吨均化料	13000	5000	5000	38.5%	主车间钢架正在施工。
	河南省艾米克特种陶瓷有限公司中铝瓷球生产线项目，巩义市	河南省艾米克特种陶瓷有限公司	年产15万吨中铝瓷球	12573	9200	9200	73.2%	场地土方工程已完成，正在进行厂房和职工宿舍施工，机器设备已订购。
	郑州市裕丰冶金炉料有限公司冶金辅料项目，上街区	郑州市裕丰冶金炉料有限公司	年产5万吨冶金辅料	8000	4200	4200	8.8%	一期土建已完成，部分设备已到位，正在安装。
	郑州国际石材工业园建设项目，新郑市	郑州众和投资有限公司	年生产加工石材800万平方米	150000	7000	7000	4.7%	已完成立项和土地勘测定界、环评及地面附属物清查兑付，土地手续已组卷上报郑州市国土资源局。
	河南六盛实业有限公司钢材市场建设项目，新郑市	河南六盛实业有限公司	总建筑面积10.7万平方米	26000	26000	26000	100.0%	已竣工。
	河南桑乐数字化太阳能有限公司太阳能热水器项目，新郑市	河南桑乐数字化太阳能有限公司	年产100万台太阳能热水器	25000				完成项目备案、平面设计、地形勘测、地面附属物普查、控规设计。
	山东龙泉管道河南分公司管道项目，新郑市	山东龙泉管道工程有限公司河南分公司	年产管道120公里	30000	20000	20000	66.7%	一条生产线已基本建成，试生产。
	郑州达世通石油有限公司成品油存储库建设项目，荥阳市	郑州达世通石油有限公司	新建储油罐8座共15万立方米，总储存能力19.8万立方米	15100	3000	3000	19.9%	大型储存罐安装到位，铁路专用线有关手续正在加紧办理。
	河南龙工中部基地项目，经开区	中国龙工控股有限公司	年产1.5万台装载机、叉车，2万台小型工程机械和零部件	240000				正在办理用地手续。

分类	项目名称及所在地	建设单位	建设规模及内容	总投资	1－12月份完成投资	累计完成投资	完成投资百分比	至年底项目进展情况
工业及高科技项目	郑州市帅龙红枣食品有限公司深加工项目，中牟县	郑州市帅龙红枣食品有限公司	年产1.5万吨红枣及果蔬	11400	500	500	4.4%	6栋厂房开工建设，其中2栋即将封顶。
	河南鑫泰铝业30万吨铝深加工项目，巩义市	河南鑫泰铝业有限公司	年产20万吨型材，5万吨PS版，5万吨彩涂卷材	150000				正在办理土地手续。
	河南明泰铝业铝板箔生产线技术改造项目，巩义市	河南明泰铝业股份有限公司	年产10万吨铝板箔	70290	20000	20000	28.5%	基础建设已开始，部分设备已订购。
	郑州盛世联合实业投资有限公司服装标准化厂房项目，荥阳市	郑州盛世联合实业投资有限公司	总建筑面积108万平方米	100000	20000	20000	20.0%	办公楼主体完工，内部装饰正在进行；4栋标准化厂房完工。
	郑煤机综采设备生产基地，荥阳市	郑州煤机综机设备有限公司	年产液压支架4400架	50220	10500	10500	20.9%	3.5万平方米厂房钢结构正在吊装，设备已订购。
	格力电器郑州产业园项目，高新区	格力电器（郑州）有限公司	总建筑面积60万平方米，年产250万台空调、200万台压缩机	200000	70900	70900	35.5%	第一标段15万平方米已完成基础开挖，基础垫层完成25%；第二标段和第三标段总装等厂房40多万平方米已开工建设；第四标段压缩机10万平方米招标公告已发布，共计开工面积65万平方米。
	河南逸阳服饰有限公司精品服饰项目，荥阳市	河南逸阳服饰有限公司	年加工90万套服饰	26872	5100	5100	19.0%	厂房基础混凝土浇筑完成，设备已订购。
	郑州市少林特种玻璃有限公司玻璃生产线项目，上街区	郑州市少林特种玻璃有限公司	年产80万辆轿车玻璃	15000	8500	8500	56.7%	设备已安装，准备试生产。
	郑州科丰纸业有限公司特种卷烟纸项目，新密市	郑州科丰纸业有限公司	年产1万吨特种卷烟纸	28000				正在办理前期手续。
	郑州中鼎锅炉公司循环流化床锅炉制造基地项目，航空港区	郑州中鼎锅炉股份有限公司航空港区	年产循环流化床锅炉7500蒸吨	47469	8000	8000	16.9%	一期已竣工。

分类	项目名称及所在地	建设单位	建设规模及内容	总投资	1－12月份完成投资	累计完成投资	完成投资百分比	至年底项目进展情况
工业及高科技项目	登封电厂集团第一煤矿有限公司马鸣寺煤矿,登封市	登封电厂集团有限公司	年产45万吨原煤	43643	7200	7200	16.5%	主井掘进141米、正在注浆;副井掘进87米;风井掘进94米;变电站主体完工,正在安装机电设备。
	河南佳航印务有限公司印刷品项目,航空港区	河南佳航印务有限公司航空港区	年产5000吨印刷品	13238	13238	13238	100.0%	已竣工。
	郑州市固态照明产业化应用示范基地,高新区	生茂光电科技股份有限公司	年产LED照明光源3000万只,年封装大功率LED器件5亿只,年产大功率芯片5亿粒、标准高亮芯片52亿粒等	201021	30345	43435	21.6%	共5个单项工程。照明车间、检测中心、宿舍楼土建工程完成,正在进行内部装修;动力车间已完工。
	郑州威科姆国际软件生态园,高新区	郑州威科姆电子科技有限公司	总建筑面积12.8万平方米	25000	8658	19858	79.4%	共分4个区建设。A区三层正在建设;B区产业化基地、C区产学研基地及国际合作区、D区专家公寓正在进行装饰施工。
	郑州磨料磨具磨削研究所高效精密超硬材料制品产业化基地项目,高新区	郑州磨料磨具磨削研究所	建筑面积3万平方米,新建8条生产线及配套设施	10683	2448	8878	83.1%	已竣工。
	河南华晶超硬材料股份有限公司金刚石择优取向分布新型工具高技术产业化项目,高新区	河南华晶超硬材料股份有限公司	年产1000万件金刚石择优取向分布新型工具	45000	5040	45040	100.1%	厂房已完工,共15条线生产已生产。
	郑州威科姆电子科技有限公司北斗高精度时频应用系统,高新区	郑州威科姆电子科技有限公司	北斗二代卫星接收机、运控系统授时测试终端等产品的研制	8000	543	7454	93.2%	已竣工。

分类	项目名称及所在地	建设单位	建设规模及内容	总投资	1－12月份完成投资	累计完成投资	完成投资百分比	至年底项目进展情况
工业及高科技项目	生茂光电科技股份有限公司半导体照明光源产业化项目，高新区	生茂光电科技股份有限公司	年产半导体照明光源芯片2700万只，光源器件360万只，应用灯具6万套	37700	14278	38882	103.1%	已竣工。
	西雅图生物科技产业园，荥阳市	西雅图惠美(郑州)置业有限公司	总建筑面积22万平方米	58200	5030	25250	43.4%	园区管理服务中心已经正式启用；GSP总部企业基地4栋楼1、2、3、4号楼主体完工；GLP实验大楼已封顶。
	河南煤化集团高新技术产业园基地，经开区	河南煤业化工集团有限责任公司	总建筑面积27万平方米	175000				框架协议已签订。
	中国移动河南公司郑州分公司高新区通信枢纽楼项目，高新区	中国移动通信集团河南有限公司郑州分公司	总建筑面积7.3万平方米	50000	13400	28400	56.8%	主体已完工。
	河南义鑫威新能源科技有限公司晶体硅太阳能电池片项目，巩义市	河南义鑫威新能源科技有限公司	年产100兆瓦晶体硅太阳能电池片	30000	10000	10000	33.3%	车间已建成。
	河南省亚乐生物科技股份有限公司苦参碱项目，新密市	河南省亚乐生物科技股份有限公司	年产1.5万吨苦参碱	20000	3012	3012	15.1%	立项已完成，正在进行设备定购。
	郑州拜纳佛生物工程股份有限公司天然生物保鲜剂及复配制剂产业化项目，新密市	郑州拜纳佛生物工程股份有限公司	年产10吨ε-聚赖氨酸、200吨复配制剂	15000				环评已批复。
	小计(15个)			1948568	720397	1676864	86.1%	
交通项目	郑汴路互通立交，管城回族区	郑州交通重点工程建设管理中心	新建互通立交1座，全长2.5公里	47428	8040	8040	17.0%	工可报告已完成修编，省发改委、省交通厅已组织专家进行了审查，省交通厅已出具审查意见，环评已批复，土地预审已批复，项目选址意见书已办理，勘察设计招标工作已完成。

分类	项目名称及所在地	建设单位	建设规模及内容	总投资	1－12月份完成投资	累计完成投资	完成投资百分比	至年底项目进展情况
交通项目	郑汴物流通道(郑州段),管城回族区、中牟县	郑州交通重点工程建设管理中心	公路32.1公里	177690	82860	115860	65.2%	绿博园西段主体工程已建成通车。路基挖方完成87%;路基填方完成40.3%;换填碎石完成59.7%,回填碎石完成38.7%;碎石桩完成100%;水泥搅拌桩完成100%;基桩完成92.1%;系梁完成53.1%;盖梁完成60.4%;墩身完成82.3%;空心板预制完成68.2%;梁板安装完成56.6%;桥面铺装完成64.4%;雨水管道完成35.6%;污水管道完成9.4%;基础浇筑完成75.5%;台身、台帽完成35.9%;盖板安装完成53.8%,路面底基层完成34.1%,路面下基层完成37.5%;路面上基层完成38%;路面下面层完成35.1%;路面中面层完成38%;路面上面层完成34.2%;侧平石完成29%。
	南三环-机场高速立交工程,管城区、经开区	郑州交通重点工程建设管理中心	全长1.5公里	24753	13439	22159	89.5%	完成路基土方231389立方米,占73.3%;桩基122根,占100%;立柱95根,占90%;预制梁254片,占100%;桥台盖梁32片,占100%,浆砌片石5144.49立方米,占79%;立交桥架梁56片;桥面水泥铺装5520平方米,占100%;桥面防水层处理5520平方米;伸缩缝安装106米,桥面排水设施安装156米护栏560米;雨水管道铺设665米,占100%;检查井6个,占42%;检查井6个,占42%;灌注C30砼673m³,占80%;钢筋168.82吨,占100%,顶板连续梁C30梁板58.32立方米;泵站完成井壁防水砂浆内粉879.38立方米;钢吊车梁1.353吨;外墙外粉457.01平方米。
	西南绕城高速与科学大道立交,荥阳市	郑州交通重点工程建设管理中心	新建分离式立交1座,主线全长1.7公里	12898	2226	2226	17.3%	工程预可研报告已编制完成。
	郑州市花园口互通式立交新建工程,惠济区	郑州市花园口互通式立交新建工程建设项目部	主线长2.4公里,匝道长8.6公里	68080	46565	67065	98.5%	已通车。

分类	项目名称及所在地	建设单位	建设规模及内容	总投资	1－12月份完成投资	累计完成投资	完成投资百分比	至年底项目进展情况
交通项目	郑少高速至郑州市区航海路连接线，二七区	郑州交通重点工程建设管理中心	全长5.3公里，一级公路兼具城市快速路	39046	13300	13300	34.1%	初步设计已经省发改委批复。全线便道已基本贯通，路基清表已基本完成，累计清运垃圾16.7万方，开挖土方17.9万方，填筑方85962立方；灰土完成0.5万方；基桩累计完成51根。
	连霍高速郑州至洛阳段改扩建工程，荥阳市、巩义市	河南省高速公路发展有限责任公司	高速公路106.4公里	504230	85062	411164	81.5%	累计完成路基土方1222.7万立方，占98%；桥梁基桩2704根，占99.7%；立柱1402根，占97%；涵洞、通道276道，占98.2%；盖梁644片，占96.8%；路面底基层167.3万平方米，占85.2%；基层167万平方米，占85.2%。
	连霍高速兰考至刘江段改扩建工程，中牟县、金水区	河南德郑高速公路有限公司	高速公路80公里	257888	115019	186556	72.3%	商兰段：便道完成103.4公里，清表95.2公里，桥梁开工54座，灌桩462根，涵洞通道开工188座。兰刘段：便道完成6.1公里，清表6.4公里，桥梁开工12座，灌桩112根，涵洞通道开工4座。
	京珠高速郑州至漯河段改扩建工程，新郑市	河南中原高速公路股份有限公司	扩建高速公路120公里	332403	153188	417149	123.4%	已通车。
	郑州市西绕城公路改建工程，高新区、中原区、二七区、惠济区、管城回族区	郑州西绕城公路建设发展公司	一级公路50.2公里	159314	50105	179083	112.4%	已通车。
	国道107线郑州段改建工程，金水区、惠济区、郑东新区、经开区、管城回族区、中牟县、新郑市、航空港区	郑州交通重点工程建设管理中心	全长41.9公里	224435	115358	198358	88.4%	黄河公路大桥至金水路段已通车。
	郑州市铁魏公路新建工程(化工路西段)，高新区、荥阳市	郑州西绕城公路建设发展公司	全长40.5公里	18922	15045	22714	120.0%	已竣工。
	郑州综合交通枢纽公路客运站，郑东新区	郑州公路枢纽置业有限公司	总建筑面积5.8万平方米	51534	11010	13010	25.2%	桩基工程已完成。主体施工单位已进场，三通一平、场区临建、道路和土方开挖已完成。

分类	项目名称及所在地	建设单位	建设规模及内容	总投资	1－12月份完成投资	累计完成投资	完成投资百分比	至年底项目进展情况
	郑州公路主枢纽客运南站，二七区	郑州交通运输集团有限责任公司	客运一级场站1座	11678	6180	11680	100.0%	已竣工。
	郑州公路主枢纽客运北站，金水区	郑州交通运输集团有限责任公司	客运一级场站1座	18269	3000	8500	46.5%	于12月27日举行了开工仪式。
物流项目	小计(7个)			401185	65434	190623	47.5%	
	国药配送物流中心，经开区	国药控股河南股份有限公司	总建筑面积2.5万平方米	25000	6367	6367	25.5%	已开工建设仓库1座、6层配套1栋，正在进行基础施工。
	郑州国家干线公路物流项目，郑东新区	郑州国家干线公路物流港建设开发投资有限公司	总建筑面积94.4万平方米	110000	28870	151359	137.6%	已竣工。
	河南万庄化肥交易市场现代物流配送项目，航空港区	河南万庄化肥交易市场有限公司	建设仓库面积3万平方米、综合楼0.4万平方米	5200	985	3685	70.9%	1、2号仓库已完成建设，投入试运行使用。信息化完成了物流仓储运行系统，正在试运行。
	河南格力电器市场营销有限公司格力电器仓储建设项目，惠济区	河南格力电器市场营销有限公司	总建筑面积26.8万平方米	29985	15212	15212	50.7%	共23座仓库，1号、2号库基础结构完成，4号施工至地上1层，5号正在进行屋顶施工，10号、11号、12号库基础土方开挖完成。
	河南阳光油脂油料交易中心项目，荥阳市	河南阳光油脂油料交易中心	总建筑面积2.4万平方米	50000	2000	2000	4.0%	备案手续办理完毕，申请用地指标已上报省国土资源厅。
	河南新亚钢铁物流园，中牟县	河南新亚实业有限公司	年钢材吞吐量200万吨，年加工量20万吨	41000	12000	12000	29.3%	完成商务中心、1栋厂房17000平方米的室内库区和30000平方米的室外库区。

分类	项目名称及所在地	建设单位	建设规模及内容	总投资	1－12月份完成投资	累计完成投资	完成投资百分比	至年底项目进展情况
	华丰钢铁延伸加工项目，中牟县	中牟县华丰钢铁有限公司	年销售热轧板材95万吨、不锈钢板材5万吨及年加工钢材50万吨	140000				已备案；正在编制环评报告；青苗、附属物补偿款已发放，正在建围墙。
	小计(4个)			11214723	1813896	5144999	45.9%	
铁路项目	石家庄至武汉铁路客运专线河南段，惠济区、郑东新区、中牟县、经开区、管城回族区、新郑市、金水区、中原区、二七区	京广铁路客运专线河南有限责任公司	河南段546公里(含郑西联络线39公里、黄河公铁两用桥14.89公里)	6574000	1354095	3984095	60.6%	钻孔桩、路基土石方、承台、墩身、预制梁、隧道、现浇梁、架梁、轨道板预制已完成，架设完成100%，桥面栏杆安装64.9%。铺轨完成51.6%。
	郑州至徐州铁路客运专线(河南段)，郑东新区、管城回族区、中牟县	郑徐铁路客运专线公司	全长240公里	3200000	18500	18500	0.6%	线路走向基本确定，项目建议书国家发改委已批复。地质勘察完成，正在签订用地协议。
	郑州综合交通枢纽高速铁路客运站项目，郑东新区	京广铁路客运专线河南有限责任公司	站台16座，34条股道，站房15万平方米	944023	335718	542000	57.4%	共建设站台16座，铁轨正线4条，编组线28条。主站房正在主体三层施工，承台、联络线土方和制梁已完成100%，架梁完成100%。
	郑州黄河公铁两用大桥，惠济区、金水区	京广铁路客运专线河南有限责任公司大桥指挥部、河南中原高速公路股份有限公司中原大桥分公司	特大桥1座	496700	105583	600404	120.9%	铁路及共建部分已完工。
城建项目	小计(26个)			3325768	873872	1697254	51.0%	

分类	项目名称及所在地	建设单位	建设规模及内容	总投资	1－12月份完成投资	累计完成投资	完成投资百分比	至年底项目进展情况
城建项目	河南黄河巩义供水工程,巩义市	河南黄河巩义供水有限责任公司	沉沙池、蓄水池、扬水泵站等工程。日供水20万吨	18000	8384	8384	46.6%	共3个单项工程。目前供电线路架设、变压器安装、土方工程已全部完工。石方工程完成98%,砂石料采购完成98%,泵站工程完成95%,泵站设备已到位。防护林带土方平整已完工。
	郑州航空港区第一污水处理厂,航空港区	郑州航空港区格威特污水净化有限公司	日处理污水能力5万吨	14900	2178	2178	14.6%	共8个单项工程。氧化沟、二沉池、变配电间、加药间、机修间、污泥脱水间、粗细格栅、转盘滤池间主体工程已完成;絮凝反应池、紫外消毒渠、储泥池墙体钢筋安装完成;设备开始安装。
	郑州市五龙口污水处理厂一期升级改造工程,高新区	郑州市污水净化有限公司	日处理污水10万吨,出水升级改造为1级B标准	1932	1435	1435	74.3%	2号和3号生物池已完成改造,1号生物池已经完成混凝土浇筑、设备安装、曝气头更换,月底通水。
	五龙口污水处理厂至新力电力有限公司中水管线建设工程,高新区、中原区	郑州市污水净化有限公司	中水管线4公里	2000				环评已批复,中水管线选线方案已完成,初步设计待发改委批复。
	五龙口污水处理厂二期扩建工程,惠济区、高新区	郑州市污水净化有限公司	日处理污水10万吨	36648	886	34647	94.5%	排水监测站检测中心砌体工程、外墙保温和屋面工程全部完工;内外墙装修和内安装工程基本完工;室外雨水、污水、给水、热力管网基本完成。
	郑州市马头岗污水处理工程,惠济区、金水区	郑州污水净化有限公司	日处理污水30万吨、回用水4000吨及污水收集管网13.7公里	58553	7450	58610	100.1%	滨河路污水干管:全长7236米,共40个井,完成所有沉井制作及下沉工作,该标段工程已完工;新龙路污水干管工程:全长1708米,共9个井,该标段工程已完成,进入试通水阶段。
	马头岗污水处理厂一期升级改造工程,惠济区	郑州污水净化有限公司	日处理污水30万吨,出水标准升级改造为1级B标准	2975	1640	1640	55.1%	2号、3号、4号生物池已完成改造。
	新郑市第三污水处理厂,新郑市	新郑市龙湖镇政府	2.5万吨/日,29公里管网	8650	5650	5650	65.3%	共13个单项工程。土建施工和设备安装已完工,污水处理工程试运行。

分类	项目名称及所在地	建设单位	建设规模及内容	总投资	1－12月份完成投资	累计完成投资	完成投资百分比	至年底项目进展情况
城建项目	城市雨污水管网改造项目,金水区、管城回族区、中原区、二七区、惠济区	郑州市雨污水管网建设项目部	铺设雨污水管道174.6公里	107580	17135	71269	66.2%	本月完成5563米,1—12月完成29.3公里,占年度工程量的147%;积水点改造共7个,其中石化路—中州大道已基本完工,其余正在施工,已完成60%。
	中牟县白沙组团污水处理项目,中牟县	郑州市郑汴水务有限公司	日处理污水4万吨,铺设管网41公里	14959	3010	10810	72.3%	共12个单项工程,进水泵房及滤池正在施工,厂区回填土工程已完工;污水厂设备开始安装,厂区综合管线已完成,正在绿化。
	郑州市污泥处置利用工程(二期),中牟县	郑州市污水净化有限公司	日处理污泥600吨	25746	4955	18115	70.4%	共5个单项工程。好氧堆肥车间:基础及室内土方回填完成90%,框架柱、梁混凝土浇筑全部完成;生物滤池:循环水池混凝土浇注完成,土建施工已完成;混料车间:西墙和女儿墙施工已完成,屋面采光带支撑墙施工完成。生物滤池:秸秆车间:秸秆车间砖砌体施工完成,地坪施工完成;风机房:屋面女儿墙砌体施工完成。
	贾鲁河截污工程,高新区、中原区、惠济区	郑州市市政局	化工路—中州大道全长15.5公里	2725	286	598	21.9%	共6个标段,4、5、6标基本已完工;1、2、3标段暂停施工。河道工程征地拆迁完成后,截污工程开始施工。
	省危险废物集中处置中心,新郑市	河南天辰环保科技有限公司	年处理危险废物5.8万吨	19815	5886	17689	89.3%	已完工。
	文化路—东风路下穿式隧道工程,金水区	郑州市政工程建设中心	全长676米(勤工路—文博西路),隧道长286米,立交引坡长390米	12583	12063	14000	111.3%	已竣工。
	京广路拓宽改造及地下隧道工程(航海路—建设路),二七区	郑州城建集团投资有限公司	全长3866米,陇海路—中原路地下隧道1815米,淮河路隧道505米	260685	218613	219013	84.0%	道路工程:中原路—陇海路隧道施工完成60%;淮河路下穿隧道已基本完工;永安街—航海路段计划明年2月初实现路面通车。 拆迁工程:拆迁总户数1625户,已签约户数1613户,签约率99%;拆迁面积20万平方米,已拆除面积约为17.6万平方米,拆除率88%。

分类	项目名称及所在地	建设单位	建设规模及内容	总投资	1－12月份完成投资	累计完成投资	完成投资百分比	至年底项目进展情况
城建项目	京广路北延沙口路及沙口路道路工程,二七区、金水区、惠济区	郑州城建集团投资有限公司	建设路一连霍高速全长17.3公里,红线60米	434898	258363	258363	59.4%	道路工程:航海路—长江路隧道进行土方开挖,建设路—北三环段正在进行工程桩、承台、墩柱、箱梁混凝土结构施工。完成工程和支护桩2864根,承台199个,桥墩柱178根,占总量的25%。 拆迁工程:拆迁总户数1458户,已签约1435户,总签约率98.4%,总拆迁面积29.9万平方米,已拆除25.9万平方米,拆除率86.7%。
	建设西路拓宽改造工程,中原区	建设路综合整治工程项目部	伏牛路一西三环全长2公里,控制红线56米宽	41639	6387	36953	88.7%	已竣工。
	科学大道—西三环立交工程,高新区、中原区、惠济区	郑州市市政工程建设中心	占地205亩,建设互通式立交1座	33465	13956	31000	92.6%	已竣工。
	郑州市中心区铁路跨线桥,二七区	郑州"一站一桥一路"指挥部	河医立交-民主路,全长1.7公里,红线45-60米	59439	31465	74505	125.3%	已竣工。
	郑州火车站西出口项目广场工程,二七区	郑州"一站一桥一路"指挥部	广场总面积11.1万平方米,地下停车场总建筑面积16.1万平方米	167000	2861	151961	91.0%	除轨道交通重叠施工部分外,其他部分已完工,广场已交付使用。
	青铜器公园建设项目,二七区	市园林局	总占地500亩	20000	2000	2000	10.0%	控规编制已经完成,设计、环评手续、可行性报告正在编制中;公园用地拆迁正在进行。
	荥阳市四库一河治理生态建设项目,荥阳市	荥阳市住房和城乡建设局	对三仙、丁店、楚楼、河王水库和索河进行治理	400000				正在进行项目的规划设计、立项、环评等工作。
	郑州邙山提灌站水源地及林区防火安全监控系统,惠济区	黄河生态旅游风景区管委会	建设全数字型远程综合监控系统	336	56	56	16.7%	施工队伍已进场,线路沟槽已开挖。

分类	项目名称及所在地	建设单位	建设规模及内容	总投资	1－12月份完成投资	累计完成投资	完成投资百分比	至年底项目进展情况
	郑州燃气股份有限公司天然气输配系统改、扩建续建工程，惠济区、管城区、金水区、中牟县、航空港区	郑州市天燃气股份有限公司	高压管线50公里，中压管线80公里，3个高中压调压站及相关配套设施	14000	8000	14000	92.9%	高压管线正在施工，中压管线、调压站已全部完成。
	郑州市德化街人防工程，二七区	郑州市二七区人民防空办公室	总建筑面积6万平方米	47240	1080	1080	2.0%	正在办理建设工程规划许可证。
	郑州市城市快速轨道交通一号线，高新区、中原区、二七区、管城回族区、金水区、郑东新区	郑州市轨道交通有限公司	总长36.3公里	1520000	260133	663298	43.6%	共设20个站点，已开工19个站点。18个站点正在进行主体结构施工，民航路站正在进行主围护连续墙施工；东明路站正在进行拆迁工作。
商贸项目	小计(12个)			2006067	259248	333469	16.6%	
	河南省农产品信息服务中心，金水区	郑州贸易中心栈	总建筑面积5万平方米	9800				正在进行方案设计。
	河南丰凯置业有限公司快乐之门项目，金水区	河南丰凯置业有限公司	总建筑面积12万平方米	40000	6300	6300	15.8%	正在办理建设工程规划许可证。
	华润万象城，二七区	华润置业(北京)股份有限公司	总建筑面积约38.8万平米	400000	58640	58640	14.7%	已办理建设用地规划许可证，土地款已支付，正在办理施工用电手续。
	郑州中原万达广场项目，中原区	郑州万达投资有限公司	总建筑面积53.3万平方米	270000	90950	90950	33.7%	住宅1、2、6号楼主体结构8层施工完成；3、4、5号楼二层主体结构施工；大商业西区地上四层主体结构施工，东区二层主体结构施工；U型外街铺主体施工完成。
	郑州正道花园购物中心，金水区	河南省正道实业有限公司	总建筑面积10.2万平方米	53600	0	5500	10.3%	正在编制初步设计，拆迁补偿方案完成。
	郑州市会展宾馆，郑东新区	河南绿地中原置业有限公司	总建筑面积24万平方米	220000	61100	116702	53.0%	共56层，施工至51层。

分类	项目名称及所在地	建设单位	建设规模及内容	总投资	1－12月份完成投资	累计完成投资	完成投资百分比	至年底项目进展情况
商贸项目	郑州丹尼斯百货有限公司梦幻世界项目,二七区	郑州丹尼斯百货有限公司	总建筑面积22万平方米	160000	0	11894	7.4%	正在办理建设工程规划许可证,桩基施工完成。
	郑州佳裕置业有限公司商都电子商贸城,二七区	郑州佳裕置业有限公司	建筑面积17万平方米	102667	5507	6607	6.4%	房管所土地的拆迁协议已签订;二七市政局、交运集团的拆迁安置补偿款已付;拆迁工作已基本完成。已办理建设用地规划许可证。
	中储粮河南公司新郑直属库扩建项目,新郑市	中储粮河南公司	日产食用油5000吨,仓容60万吨	100000	10751	10876	10.9%	一期共建6个油罐。隔油池已全部完工,油罐基础已完成,土建完成94%,罐体制作安装完成。
	二七万达广场,二七区	郑州万达广场投资有限公司	总建设面积60.6万平方米	400000				正在进行施工、监理招标工作。
	百年德化二期,二七区	宇通不动产(河南)有限公司	总建筑面积约18万平方米	150000	15000	15000	10.0%	正在办理建设用地规划许可证。
	金博大城扩建项目,二七区	郑州信达金博大投资有限公司	总建筑面积9.7万平方米	100000	11000	11000	11.0%	正在办理拆迁证。
	小计(40个)			743955	161561	268123	36.0%	
社会事业项目	河南省旅游服务中心,郑东新区	河南省旅游局	总建筑面积2.26万平方米	17570	10100	12853	73.2%	正在进行基础施工。
	国家广电总局西新工程第四期第二阶段郑州293台项目,新郑市	国家广电总局	总建筑面积5550平方米	6494	5361	5361	82.6%	共4栋单体。机房及办公楼、综合楼、宿舍楼主体完工,武警营房未开工。
	嵩山少林武术职业学院新校区,登封市	嵩山少林武术职业学院	总建筑面积26.6万平方米	113987	10600	10600	9.3%	共14个单项工程,全部开工。
	《禅宗少林·音乐大典》二期,登封市	郑州市天人文化旅游有限责任公司	总占地423亩	20000	2477	2477	12.4%	游客中心1号楼、2号楼主体完工,停车场土建完工。
	郑州大学第一附属医院临床教学楼项目,二七区	郑州大学第一附属医院	总建筑面积8910平方米	4160	3500	3500	84.1%	已竣工。

分类	项目名称及所在地	建设单位	建设规模及内容	总投资	1－12月份完成投资	累计完成投资	完成投资百分比	至年底项目进展情况
社会事业项目	郑州市第二人民医院新建病房楼项目，中原区	郑州市第二人民医院	总建筑面积61097平方米	22664	1871	1871	8.3%	临建已完成。
	郑州市第七人民医院迁建工程，经开区	郑州市第七人民医院	总建筑面积5.2万平米，病床800张	17731	844	17629	99.4%	工程基本完工。
	郑州市第八人民医院迁建项目	郑州市第八人民医院	总建筑面积4.4万平方米					正在办理项目选址意见书。
	郑州市第九人民医院老年关爱病房楼，金水区	郑州市第九人民医院	总建筑面积2.8万平米，病床480张	9811	1443	1743	17.8%	施工和监理招标已完成。
	郑州市儿童医院，郑东新区	郑州市儿童医院	总建筑面积12万平方米，床位1000张	58094	5200	17200	29.6%	内土方已开挖50%，临建已经完成。
	中牟县人民医院，中牟县	中牟县人民医院	总建筑面积4万平方米，床位400张	15000	5543	6043	40.3%	共3个单项工程，门诊楼、医技楼主体已结顶；病房楼施工至11层。
	巩义市东区高中，巩义市	巩义市东区高中	总建筑面积8万平方米，60个教学班	13500	13500	13500	100.0%	已竣工。
	新密中学，新密市	新密中学	总建筑面积4.6万平方米，72个教学班	14953	14953	14953	100.0%	已竣工。
	郑州市第101中学新校区，郑东新区	郑州市第101中学	总建筑面积5万平方米，60个教学班	14902	3589	3589	24.1%	可研市发改委已批准，土地、环评、用地规划许可证已办理。附属物清理、文物勘探、地质勘探、抗震评估已完成，初步设计、施工图设计招投标工作完成。校区围墙已建成。

分类	项目名称及所在地	建设单位	建设规模及内容	总投资	1－12月份完成投资	累计完成投资	完成投资百分比	至年底项目进展情况
	郑州市第12中学教学综合楼,惠济区	郑州市第12中学	总建筑面积5499平方米	876	470	470	53.7%	共5层,施工至4层。
	郑州市第二中学南校区改造项目,二七区	郑州市第二中学	总建筑面积2.2万平方米	4584	3750	3870	84.4%	共有2个单项工程,教学综合楼共5层正在进行室内外装饰施工;风雨操场共2层,正在进行2层主体施工。
社会事业项目	郑州市第106中学高中部迁建工程,郑东新区	郑州市第106中学	总建筑面积4.4万平方米	8713	0	200	2.3%	初步设计市发改委已批准,施工图设计审查完成,环评、土地证已办理,现正在办理建设工程规划许可证。
	郑州市实验高中,惠济区	郑州市实验高中	总建筑面积8.5万平方米,60个教学班	12800	1560	1560	11.7%	可研已批,环评、用地规划许可证已办理,土地2次补偿方案已批正在公示,初步设计已论证并修改,准备上报发改委审批。
	郑州经贸职业学院新校区迁建项目,惠济区	郑州经贸职业学院	总建筑面积29.8万平方米	47097	27000	27000	57.3%	共有23项单体工程,教学楼、实验楼、办公楼、图书馆、学生餐厅及学生宿舍已全部封顶,正在进行室内装饰和安装工程。
	郑州市委党校新校区二期工程,中原区	郑州市委党校	总建筑面积2万平方米	7658	59	59	0.8%	可研、环评已批,规划局审查了规划方案。初步设计基本完成,已召开初步设计专家论证会。
	郑州师专(郑州文理学院)升本项目,惠济区	郑州师范高等专科学校	总建筑面积23.9万平方米	59155	9012	27512	46.5%	已开工7个单项工程,公共教学楼、学生宿舍楼、食堂已投入使用,外语学院楼工程完工,经管学院楼内外装饰完成98%。
	黄河科技学院扩建工程,管城区	黄河科技学院	总建筑面积32.8万平方米	37000	4400	16210	43.8%	正在建设的共12个单项工程,经济适用房1-4号楼和学生宿舍9-12号楼已完工;学生宿舍13-16号楼主体共6层现已封顶。
	河南省电力工业学校教学实训楼项目,中原区	河南省电力工业学校	总建筑面积8830平方米	2870	1781	2770	96.5%	共6层,正在进行尾工施工。
	郑州市卫生学校实验综合楼,二七区	郑州市卫生学校	总建筑面积9000平方米	1363	1000	1160	85.1%	共6层,正在进行尾工施工。
	郑州市职业技能公共实训基地项目,荥阳市	郑州市商业技师学院	总建筑面积约9.1万平方米	18272	380	380	2.1%	可研、环评已批复,土地手续已报国土资源厅,规划选址意见书已办理,设计、地勘招标工作已完成,地面附属物清点工作已结束。

分类	项目名称及所在地	建设单位	建设规模及内容	总投资	1－12月份完成投资	累计完成投资	完成投资百分比	至年底项目进展情况
	郑州市图书馆新馆,郑东新区	郑州市图书馆	总建筑面积7.2万平方米	60989	13723	35723	58.6%	共5层,已结顶。正在进行外墙粉刷。
	郑州市档案馆新馆,中原区	郑州市档案馆	总建筑面积2.4万平方米	12918	3860	11610	89.9%	共10层,已结顶。正在进行外墙粉刷。
	郑州市妇女儿童活动中心旧楼改造项目,二七区	郑州市妇女联合会	总建筑面积5969平方米	1475	167	167	11.3%	1到5层改造工程已开工,一层柱包钢加固完成80%;板、梁碳纤布加固完成90%。
社会事业项目	郑州市森林公安通讯指挥中心	郑州市森林公安分局	建筑面积5810平方米	2521	2508	2508	99.5%	共7层,已结顶。正在进行室外工程施工。
	新密古城(县衙)旅游开发项目,新密市	新密市文化旅游局	占地60亩	50000	3330	3830	7.7%	一期修复工程一标段施工已结束;二标段工程正在施工;二期修复工程正在招标。
	郑州市流浪未成年人救助保护设施,二七区	郑州市救助管理站	建筑面积0.9万平方米,床位400张	1360	840	840	61.8%	共6层,已施工至3层。
	郑州市疾病预防控制中心整体迁建工程,中原区	郑州市疾病预防控制中心	总建筑面积2.2万平方米	9986	1864	9984	100.0%	已完工。
	郑州市殡仪馆迁建项目,二七区	郑州市殡仪馆	总建筑面积2.3万平方米	15091	6223	10098	66.9%	主体工程已完工,正在进行室内外装修。
	郑州烈士陵园改扩建工程,二七区	郑州烈士陵园	总建筑面积9580平方米	7185	153	353	4.9%	正在进行试桩和临建。
	郑州市第三人民医院迁建工程项目,惠济区	郑州市第三人民医院	总建筑面积13.1万平方米,床位1000张	36500				正在办理建设工程规划许可证。
	郑州市第九人民医院精神心理病房楼,金水区	郑州市第九人民医院	总建筑面积7562平方米,设计床位160张	1629				正在办理安全监督手续。
	河南省射击运动员餐厅,管城区	河南省体育设施管理中心	总建筑面积2500平方米	1200				正在办理建设工程规划许可证。

分类	项目名称及所在地	建设单位	建设规模及内容	总投资	1－12月份完成投资	累计完成投资	完成投资百分比	至年底项目进展情况
社会事业项目	河南省体育场业训综合楼,金水区	河南省体育设施管理中心	总建筑面积7000平方米	2100				正在办理建设工程规划许可证。
	郑州市儿童福利院二期工程,中原区	郑州市儿童福利院	总建筑面积1.97万平方米	5622	500	500	8.9%	正在办理建设工程规划许可证。
	郑州人力资源东市场项目,经开区	郑州市职业介绍中心	总建筑面积2.3万平方米	6119				初步设计已批复。
公共设施项目	小计(8个)			38709	7909	11390	29.4%	
	郑州市公安局刑侦技术科研楼项目,郑东新区	郑州市公安局	总建筑面积1.5万平方米	8213	1634	1975	24.0%	地上9层地下1层,施工至5层。
	郑州市公安局交警支队指挥中心项目,郑东新区	郑州市公安局	总建筑面积1.7万平方米	10098	1075	1481	14.7%	地上7层地下1层,施工至1层。
	郑州市监狱罪犯劳动技能培训楼,中原区	郑州市监狱	总建筑面积0.6万平方米	1227	327	1227	100.0%	已竣工。
	郑州市齐礼阎劳动教养管理所劳教学员习艺楼,二七区	郑州市齐礼阎劳动教养管理所	总建筑面积0.5万平方米	881	551	881	100.0%	已竣工。
	郑州市石佛劳教所劳教学员监舍综合楼,高新区	郑州市石佛劳教所	总建筑面积0.8万平方米	1574	467	1574	100.0%	已竣工。
	郑州市白庙劳教所管教综合楼及食堂,金水区	郑州市白庙劳教所	总建筑面积0.6万平方米	1329	1055	1452	109.3%	已竣工。
	郑州市食品药品监督检验中心,郑东新区	郑州市食品药品监督管理局	总建筑面积2万平方米					项目建议书发改委已批复;选址意见书、规划设计条件已办理;环评已批,可研已报发改委待批,土地预审正在办理。
	郑州市人民检察院技术通讯大楼及郑州市预防职务犯罪警示教育基地,郑东新区	郑州市人民检察院	总建筑面积4.5万平方米	15387	2800	2800	3.9%	正在进行施工、监理招投标工作。

分类	项目名称及所在地	建设单位	建设规模及内容	总投资	1－12月份完成投资	累计完成投资	完成投资百分比	至年底项目进展情况
农林水项目	小计(8个)			212612	40706	45036	21.2%	
	双洎河上游段治理工程,新密市	新密市水利局	治理长度3.72公里	2753	2690	2690	97.7%	已竣工。
	郑州航空港区河道治理项目,航空港区	郑州航空港区建设投资有限公司	全长10公里	56200	2711	2711	4.8%	郑港四街大桥完工,正在进行河流沟治理工程施工。
	郑州市贾鲁河生态治理工程,金水区、惠济区	郑州市水务局	中州大道至中牟县陈桥断面全长58.1公里	70000				可研报告、初步设计已批复。
农林水项目	郑州森林生态城建设项目,各县市区	郑州市林业局	完成森林资源及保障体系建设	46000	32268	32268	70.1%	工程造林和林业生态村建设已完成,正在进行幼林抚育和林区管护基础设施建设、维修工作。市森林资源保护及保障体系建设项目正在施工图设计。
	河南金博士种业建设项目,中牟县	河南金博士种业股份有限公司	年加工5万吨种子、年产40万吨种子专用肥	30000	1300	2500	8.3%	土方工程和围墙已完成,正在进行施工图审查。
	荥阳市唐岗水库除险加固工程,荥阳市	荥阳市唐岗水库除险加固工程建设管理局	总库容量2798万立方	2759	1259	2759	100.0%	已竣工。
	荥阳市楚楼水库除险加固工程,荥阳市	荥阳市楚楼水库除险加固工程建设管理局	总库容量1885万立方	2050	478	2108	102.8%	已竣工。
	郑州市动物疫病预防控制和优质畜禽良种繁育中心,	郑州市畜牧局	总建筑面积1.3万平方米	2850				正在编制可研报告。
合计(共189项)				26233726	5246151	11638346	44.4%	

（项　茜）

算65.5亿元。

(1)上报省发改委批复的建设项目13项。包括郑州市G107辅道至中信路(南三环东段)新建工程,嵩山国家风景名胜区禅宗少林音乐大典景点整治工程,巩义市晨发牧业有限公司和郑州昌源乳业有限公司利用亚洲开发银行贷款农村能源生态建设项目,郑州引黄灌溉龙湖调蓄工程,郑州市南出口暨郑州至新郑快速通道改建工程,郑少高速公路郑州市区航海路连接线新建工程,郑州市郑开大道与京港澳高速公路互通式立交新建工程,G107线新郑境改造工程,G107线郑州境改线工程孟庄至龙湖连接线,G310线巩义境小訾殿至巩偃界段一级公路改造工程以及登封市券门水库除险加固工程设计变更,郑州市西绕城公路改建工程设计变更等。

(2)批复市本级投资项目初步设计和方案设计34项,包括郑州市京广路—沙口路快速通道工程(南三环—航海路、建设路—北三环),荥阳市中医院急救综合楼,新密市中医院异地新建项目一期,惠济区人民医院异地新建项目一期,郑州市绿博园,郑州市儿童医院(东区),郑州市南三环—机场高速公路郑州南收费站迁建工程,郑州市第六十二中学综合楼,郑州市北三环—索凌路、丰庆路跨线工程,郑州市五龙口污水处理厂(一期)升级改造工程,郑州市马头岗污水处理厂升级改造工程,郑州市嵩山路与南四环立交新建工程,郑州航空港区第一污水处理厂(一期)工程厂区部分,郑州市第十二中学综合楼,郑州烈士陵园改扩建工程,郑州市森林资源保护及保障体系建设项目,郑州市儿童福利院二期,郑州市第二人民医院新建病房楼,贾鲁河中牟县界至陈桥断面段生态治理,贾鲁河中州大道至中牟县界生态治理,郑州幼儿师范学校新校区,郑州市公安局二七分局拘留所,郑州人力资源东市场,郑州市人民检察院技术通讯大楼及市预防职务犯罪警示教育基地,郑州市第三十一中学学生宿舍楼,郑州市第三十九中学教学楼,郑州市第七中学(老校区)教学楼,郑州市第五十一中学综合教学楼,郑州市雕塑公园项目雕塑艺术馆,郑州市第四中学改扩建工程,郑州市第六十一中学实验楼,郑州市第102中学综合楼,郑州市图书馆新馆(市民文化中心)项目采用节能减排环保技术实施方案,郑州市第六人民医院呼吸道传染病病房楼深化使用功能建设方案,累计概算投资约65.5457亿元。

(3)项目设计变更3项,包括省烟草郑州市公司经营业务用房、市疾病预防控制中心迁建项目、齐礼阎劳教所劳教人员习艺楼。

(4)项目竣工验收批复1项,包括郑州市公安干校迁建项目。

(5)项目审查汇报7项;重大问题日报2期;出台了《郑州市政府投资项目工程质量永久公示牌规定(暂行)》。

(王　丽)

【设计招标投标管理】 2010年,市发展和改革委员会依据《中华人民共和国招标投标法》和《河南省实施〈中华人民共和国招标投标法〉办法》等法律法规,在市政府投资建设项目招标投标监督管理工作中结合项目批复实际情况和项目单位的使用要求,建设项目基础设施条件、场地现状、规划条件、周边环境、布局特点、交通组织、景观绿化、节能减排、环境保护等要素,对招标文件、评标办法以及相关的合同条款等提供指导,提出注意事项,最大限度的维护建设单位利益,保证政府投资项目的设计招标投标工作健康、有序进行。全年共对政府投资建设项目勘察设计招标活动实施监督49次。

(耿　沛)

财政管理

【概况】 2010年,全市各级财政部门深入贯彻落实科学发展观,坚持“四个重在”实践要领,抢抓机遇,克难攻坚,圆满完成了各项目标任务,郑州市财政局被国家人力资源和社会保障部、财政部授予“全国财政系统先进集体”荣誉称号。

财政收入完成情况。2010年,全市地方财政总收入完成643.0亿元,同比增长23.2%。其中,中央级收入238.6亿元,同比增长18.4%。地方一般预算收入386.8亿元,同比增长28.1%。

从收入规模看:全市地方财政总收入规模占全省比重28.0%,比上年提高1个百分点。全年一般预算收入占全省比重28.0%,比上年提高1.2个百分点,比2005年提高2.7个百分点。

从增长幅度看:一般预算收入28.1%的增幅在全省排名第一位,高出全省平均增幅5.5个百分点。

从收入质量看:税收收入占一般预算收入比重81.0%,在全省排名第二,高出全省平均数7.4个百分点。

县(市)区及开发区收入规模继续扩大。8个县(市)区、开发区收入规模超过15亿元,5个县(市)进入全省县级收入前10位,6个区全部进入全省区级收入前10位。

财政支出完成情况。2010年全市一般预算支出完成426.8亿元,为预算的97.8%,同比增长20.9%。

从支出规模看:全年一般预算支出占全省比重12.5%,比上年提高0.4个百分点,比2005年提高0.3个百分点。

从支出进度看:全年97.8%的支出进度是“十一五”期间最高进度,高出全省平均进度0.7个百分点,比省定95%的目标提高2.8个百分点。

从支出均衡性看:12月份一般预算支出占全年比重14.3%,比上年下降10.9个百分点,比省定20.2%的目标低5.9个百分点,全市支出更趋均衡。

从中部六省省会城市看:2010年郑州市一般预算收入规模排名第

二。一般预算收入比排名第一的武汉少3亿元(武汉390亿),比排名第三的长沙高出73亿元(长沙314亿)。

基金预算收支完成情况。2010年,全市基金预算收入完成203.5亿元,为预算的141.6%,同比增长37.2%。其中,国有土地使用权出让金收入167.3亿元,同比增长29.0%。

全市基金预算支出完成198.9亿元,为预算的87.1%,同比增长48.5%。其中,国有土地使用权出让金支出167.9亿元,同比增长42.4%。

城建资金收支完成情况。2010年,市本级组织城建资金95.5亿元,同比增长22.3%,其中,城建收入完成37.2亿元,同比增长68.2%;融资58.3亿元,同比增长4.1%。全年市本级城建支出完成182.2亿元,同比增长17.1%,其中,一般城建支出173.7亿元,同比增长17.8%;专项城建支出8.5亿元,同比增长3.9%。

【财政职能发挥】 2010年,国际金融危机的影响仍在继续,国家宏观调控力度不断加大,节能减排任务艰巨,加快经济发展和发展方式转变尤为迫切。各级财政坚持发展第一要务,准确领会和把握国家实施宏观调控的政策要点,全面落实积极的财政政策,围绕郑州市"一二三四五"工作思路,大力争取上级资金支持,全市净争取上级资金40亿元,努力扩大政府公共投资,引导居民消费,促进国民经济实现较快增长,结构调整积极推进,经济社会向好势头进一步巩固。

全市财政部门综合运用财政贴息、奖补、减税让利、政府采购等多种政策工具,加强对重点行业、重点企业、重点项目、重点工程的帮扶,支持项目建设,支持招商引资,增强经济发展后劲。促进产业集聚区建设。全市财政投入资金7.5亿元,支持产业集聚区基础设施建设、投融资平台建设,兑现激励奖补政策,增强可持续发展能力。2010年,全市38个产业集聚区规模以上企业销售收入达到2786亿元,增长34%。促进汽车产业快速发展。市级财政投入资金3.2亿元,继续落实郑州市激励汽车生产销售的产业政策,对列入汽车下乡目录的产品实行再补贴,兑现税收优惠,支持汽车产业发展壮大。促进高新技术产业发展。全市财政投入资金9.5亿元,重点支持七个领域重大科技专项、六个重大科技工程、三个产业技术创新联盟,加快自主创新体系建设,助推高新技术产业迅猛发展。2010年,全市高新技术产业产值达到2270亿元,较上年增长36.3%。促进中小企业发展。全市财政投入资金3.2亿元,通过促进中小企业融资担保体系建设,助推中小企业融资发展。全市担保机构累计为中小企业提供融资担保180亿元,带动企业投资203亿元,增加销售额512亿元,创造就业岗位9400多人。促进工业技改与技术创新。市级财政投入资金1亿元,落实财政奖补政策,将郑州市工业技改补助标准由原设备投资的3%提高到5%,推进高耗能企业实施节能技改,淘汰落后产能。对企业研发中心实施财政奖补,鼓励企业技术创新。支持"大招商、招大商"活动。全市财政投入资金1.4亿元,支持对外开放和招商引资项目建设。积极承接产业转移,成功引进富士康、格力电器等境外、市外知名企业来郑投资兴业。2010年,全市实际利用外商直接投资达19亿美元,增长17%。引进市外资金710亿元,增长16.6%。

【财政保障和改善民生】 2010年,郑州财政保障和改善民生投入大幅增加。坚持以人为本,调整优化支出结构,着力解决群众最关心最直接最现实的利益问题。全年全市财政用于教育、社保、就业、医疗卫生和文化体育等改善民生的总投入达到186.5亿元,增长9.5%,占一般预算支出43.7%。其中,全市投入47.4亿元,保障市"十大实事"顺利完成,有力推进了全市城乡统筹发展和民生改善。支持教育优先发展,促进教育公平。全市财政教育投入67亿元,落实了农村义务教育经费保障机制改革政策,农村办学条件明显改善,教师工资按时足额发放,教育经费保障有力,生均公用经费达到小学生均430元/年,初中生均630元/年,处于我国中西部领先水平。落实了免除城市义务教育阶段学生学杂费政策,中等职业学校学生和涉农专业学生免学费政策,国家助学金补助政策。市区新建、改扩建15所中小学校加快建设。中小学校舍安全工程加快推进。现代远程教育"班班通"工程顺利完工。落实社会保障政策,提高社会保障水平。全市财政社会保障和就业支出43.5亿元,保障城乡低保对象基本生活,按时足额发放企业离退休人员基本养老金,开展社会救助、抚恤和福利事业,推进城乡居民养老保险,推进保障性住房建设,推进就业再就业工作。企业退休人员基本养老金标准人均月增加148元。城市和农村低保标准人均月增加15元、10元。保障性住房建设步伐加快,廉租住房新开工15.4万平方米,经济适用住房新开工166万平方米,竣工112万平方米。缓解物价上涨对低收入群体的生活压力,市级财政拨付1500万元用于临时物价补贴。落实财税扶持政策,实施就业扶持政策,支持就业困难群体的帮扶工作,新增城镇就业人员13.4万人,农村劳动力转移就业11.8万人。支持医疗卫生改革,提高医疗保障水平。全市财政医疗卫生事业支出27.6亿元,加快推进基本医疗保障制度建设,提升新型农村合作医疗、城镇居民基本医疗、城镇职工基本医疗水平。建立完善基层医疗卫生服务体系,提升疾病预防控制水平、公共卫生服务水平。新农合财政补助标准提高到每人每年120元,参合率达到98%以上。新增片医负责制单位27个,覆盖人口达到280万人,基本实现了中心城区的全覆盖。796所标准化村卫生所建设全面完成,实现每个行政村都有一所标准化卫生所。实施居民健康档案、传染病防治、慢性病管理等九项基本公共卫生服务项目。支持文化体育事业，丰富城乡居民文化生活。全市财政文化体育支出9.4亿元，支持城乡文化体育基础设施建设，支持文化惠民工程和全民健身工程，推进文化体制改革，推进重大文化产业项目建设。全市新建改建农村文化大院500个、社区文化活动中心100个，培训基层文化骨干1000名，举办"周末戏曲大舞台"演出100场，"舞台艺术送农民"演出98场，放映公益电影27000场次，丰富了城乡文化生活。登封"天地之中"历史建筑群成功列入世界遗产名录。

【财政服务"三农"】 2010年，郑州市财政服务"三农"力度明显加大，坚持把服务"三农"作为各项工作的重中之重，认真落实各项强农惠农政策，有力地促进了粮食增产、农业增效和农民增收。2010年，全市财政用于"三农"的总支出达到74.2亿元，保证了各项支农惠农强农政策落实，推进了农村经济社会发展。增加惠农补贴。全市共发放粮食直补、综合直补、农机具购置补贴、小麦玉米良种补贴等各类补贴7亿元，农业人口人均补贴160元。支持搞活农村流通市场，促进家电、汽车、摩托车下乡和以旧换新，补贴家电产品48万台、汽车摩托车4.4万辆、家电以旧换新15万台。推进社会主义新农村建设。按照"中心村、新型农村社区、综合整治村"三种建设模式，完成127个新农村建设项目，共涉及272个行政村，6.8万农户，带动社会投资51亿元。支持都市型现代农业发展，新增市级以上农业龙头企业42家，新建现代农业示范园区3个。支持农田基本建设和农村基础设施建设，改造中低产田8700公顷，建成农村沼气1万户，新建、改建农村公路500公里。推进扶贫开发工作。加大扶贫资金投入力度，实施整村推进扶贫、搬迁扶贫、产业扶贫、劳动力转移就业扶贫、社会化扶贫等五大扶贫工程，完成整村推进项目29个，搬迁农户2000户7300人，贫困地区劳动力转移培训4300人，全市1.3万农民实现脱贫。加大对农村社会事业发展投入，提升农村教育、社保、就业、医疗卫生和文化体育的服务水平，推进城乡公共服务均等化，保障和改善农村民生。

【城市建设的资金保障】 2010年，郑州市财政推进城市建设的资金保障力度进一步加大。面对国家从严管理政府融资、银行严格审批政府信贷的局面，认真研究政策，创新融资方式，调动各方积极因素，开辟新的融资渠道，多渠道多方式筹措城建资金，确保城建重点工程资金需要。按照跨越式发展要求，全年市、区两级实际完成城市建成区基础设施建设投资412亿元。其中，市本级财政完成投融资182亿元。加快建设郑州新区的水、电、气、热、通讯、桥梁、道路，加快中心城区保护改造，完善市政公共设施配套，改善人居环境，提升城市综合承载力，推进区域性中心城市建设。年内，开工和建成了一批提升城市品位的市政工程。轨道交通一号线、京沙快速通道、郑汴物流通道、郑新快速通道等重大市政工程加快推进。火车站西广场、中心区铁路跨线桥、花园口互通式立交工程、东风路—文化路下穿式隧道、科学大道—西三环立交工程、嵩山南路—南四环立交工程等交通畅通工程顺利建成。全程80公里的"郑州四环快速通道"建成通车，郑州成为中部六省唯一步入"四环时代"的省会城市。中心城区保护改造力度不断加大。打通20条断头路，新开工26条断头路打通工程。完成雨污水改造工程33项、背街小巷道路改造100条。新增公交车辆661台，公交线路达到225条。王新庄、五龙口、马头岗等污水处理厂实现不间断达标运行。市区新建一批公园、小游园。郑州绿博园竣工开园。森林生态城工程造林6.7万公顷的目标提前完成。生态水系输水工程正式开闸通水，河道生态治理总长度达108公里，"水通、水清、水美"的目标初步实现。

【财政科学化精细化管理】 2010年，全市财政部门按照科学化精细化管理的要求，创新机制，完善制度，深化改革，强化监督，积极采取措施，强化预算管理，着力提高财政管理水平，财政保障能力进一步增强。严格控制一般性支出增长。市财政年初印发了《关于厉行节约严格控制一般性支出增长的通知》，明确要求严格控制"人、车、会、网和招待"等一般性支出增长，机关运转、文件、通信等办公费用实行零增长。大力推进政府采购。全市完成政府采购支出69.7亿元，同比增长29%，增加15.7亿元。节约资金8.6亿元，节约率为10.9%。政府采购支出占财政一般预算支出的比例达16.3%。严格控制经费追加。追加经费原则上先从部门预算项目中调剂解决，然后由财政部门将追加的项目登记备案，年末视部门预算支出进度和财力状况研究酌情追加。加快财政支出进度。要求预算单位对于上年结转资金，6月底前要完成支出；对于当年部门预算安排的专项资金，无特殊情况的要在11月底前完成支出，逾期未支出的，由财政统筹安排用于民生支出和经济发展支出。全市财政一般预算支出完成98%，为历史最高比例，高出省定目标约3个百分点。科学调度项目建设资金。对于需特事特办的事项和重大项目建设所需资金，履行有关手续后，先由市财政从掌握的城建资金中借给项目单位部分资金以启动项目，后决定资金筹措的责任单位和还款责任。通过加强资金调度，盘活了存量资金，拓宽了资金来源，确保了项目建设顺利进行。财政监督检查成效明显。在全市范围内组织开展了会计信息质量、"小金库"等重点检查，开展了"十大实事"等重点资金专项检查，强化了对重点领域、重点部门、重大投资项目的财政监督。依法理财工作全面推进。精心组织完成全市财政系统执法人员换证培训考试及资格审查工作,深入开展财政法制宣传教育工作,全面推行财政行政执法责任制,积极推进财政政务公开,财政工作法治化水平进一步提高。

【队伍建设】 2010年,郑州市财政系统扎实开展创先争优活动,积极改进和加强机关党的建设,党组织和党员干部的凝聚力、战斗力进一步增强,打造了一支业务精、素质高的财政干部队伍,树立了高效、务实、廉洁、为民的财政形象。加强领导班子自身建设。加强和改进中心组理论学习,领导班子成员深入基层开展调查研究。坚持民主集中制,定期召开民主生活会和组织生活会,坚持重大问题集中讨论、集体决定,各项重大决策都能充分发扬民主,广泛听取意见,形成工作合力,推进工作开展。深化干部人事制度改革。按照公开、公正、公平、竞争的原则,对局机关、局属单位科级干部进行公开选拔。积极开展教育培训工作。把教育培训与岗位训练有机结合起来,开展业务技能培训、举办岗位技能竞赛比武、举办各种讲座,以培养能力、提高素质为着眼点,不断开展新形式的教育培训。深化机关作风建设。深入开展作风建设教育周活动,开展作风建设大讨论,认真制定整改措施,把直接对群众和企业服务的窗口单位列为活动重点,重点治理,重点整改。采取召开座谈会、发放征求意见表、开设网上征求意见栏和"局长信箱"等多种形式,广泛听取群众意见,提出整改措施,限时整改。调整局办公楼布局,将直接对外服务任务较多的处室调整到低楼层,方便服务对象。修建办事大厅,将原来分散的各"服务窗口"集中起来,为社会群众提供一站式服务。积极开展创先争优、文明创建活动。按照中央和省、市委统一部署,精心制定方案、深入思想发动,在全局12个基层党组织409名党员中开展创先争优活动,不断增强基层组织的战斗堡垒作用和党员的先锋模范作用。局党委被中共河南省委组织部和郑州市委表彰为全省"五好"基层党组织和全市"五好"机关党组织。认真落实党风廉政建设责任制。坚持把反腐倡廉建设有机融入财政管理之中,努力拓展从源头上防治腐败的工作领域,着力完善反腐倡廉工作的长效机制,推动党风廉政建设深入开展。加强廉政学习教育。组织观看《算一算七笔账,常思贪欲之害》、《廉政治家警示录》等教育专题片,深入学习市委书记连维良《自尊尊人、自爱爱人、率先垂范、廉政勤政》的重要讲话,教育各级党员干部严格执行廉洁从政各项要求,杜绝违反《廉政准则》等廉洁从政法规制度行为的发生。

(王五星　杨　莉　王红军)

国税管理

【概况】 2010年,郑州市各级国税部门围绕市委、市政府中心工作,充分发挥筹集财力、调节经济两项职能,强化管理促收入,推行"五化"提质效,培植税源支持发展,落实政策促转型,规范执法降风险,以人为本构和谐,转变作风求实效,税收服务大局效能明显增强。市局连续8年被表彰为全市优化经济发展环境工作先进集体、连续6年荣获全市纪检监察工作和纠风工作先进单位称号,市政府多次以简报形式报道市国税局培植税源,支持地方经济、支持企业发展的做法,"两基"建设、信访稳定、教育培训、财务管理等工作也成绩显著,在全省国税系统交流了经验。市领导连维良、赵建才、胡荃13次对郑州市国税工作批示肯定。

【组织收入】 2010年,郑州市各级国税部门坚持依法征税、应收尽收,税收收入持续较快增长。各级国税部门严格执行收入原则和纪律,以企业所得税汇算、"四整治一推进"、部分行业为重点,强化评估辅导、税务稽查促收入,税收专项整治入库7.39亿元。全年入库国税收入301.71亿元,突破300亿元。其中,入库增值税134.92亿元,突破100亿元,为重大项目建设、改善民生,经济社会跨越式发展提供了财力保障。

【税收征管】 2010年,郑州市各级国税部门坚持"五化"管理,税收征管质量稳步提升。积极探索以专业化为重点、信息化为手段、一体化为依托、社会化为保障、扁平化为架构的税收征管模式。按照职责分工专业化、人员配置专业化、管理方式专业化的思路,根据税源规模,分别实行大企业"驻厂+团队"管理、个体零散税源社会化管理、一般税源以行业管理为主导的流程化管理;组建了和税源特点相适应的大企业管理、专业化稽查团队,以及市局、县(市)区、税务分局三级评估体系。对商业、金融保险、房地产、烟草、煤炭、电力、非金属矿制品、交运设备制造、专用设备制造、有色金属等10大支柱行业分行业建立精细化管理模型。完善以数据采集、分析、发布、落实、考核为主要内容的信息管税机制。对组织收入、税收征管、重点税源、出口退税等工作,按季或按月深入开展预测预警、经济税收、政策效应、管理风险"四大"分析,使税收工作更具预见性、针对性、实效性。

借助社会资源,推行个体零散税源、车购税委托代征,健全数据共享机制,非居民税收协作控管机制,国地税、公安联合办案机制。全年累计查处发票违法案件195起,打掉团伙22个,捣毁窝点74个,抓获犯罪嫌疑人132人。坚持机关基层、政工业务、国地税、管查、税种一体化,市局成立8个组,业务处处长带队,分包基层,上下协同,累计辅导入库税款5890万元。市稽查局组成12个小组,到基层局互帮互促,形成系统合力。压缩层级,减少环节,重心下移,对大企业,市局直接管理;对涉税业务,机关科室直接办理,提高了工作效率。

【税收服务】 2010年,郑州市各级国税部门坚持培植税源,支持发展,纳税人满意度明显提高。转变观念、转变方式,树立税收经济观、税收社会观、诚信服务观、现代服务观,积极推进纳税服务从态度型服务向效率型服务的转变,从事务繁杂型向程序简约型的转变,从粗放服务向个性化服务的转变,从手工服务向电子服务的转变,从内部评价型向社会评价型的转变,从关注办税人员需求向关注地方经济、关注企业效益的转变。围绕招商引资,经济转型,企业做大做强,企业上市,降低风险,企业个性化诉求等六方面培植税源。围绕政府大招商、产业大转移,对重点项目跟踪服务,1天内为富士康办完税务登记、资格认证事项。为支持重点产业集聚区发展,专门出台了支持经开区、高新区跨越式发展的意见。深入实施网络化、简约化、规范化、电子化、社会化、个性化"六化"服务,完善网络服务、大厅服务、短信服务、自助服务"四大"平台。网上在线办税运行平稳,纳税申报一体化软件全面上线,TAM自助办税机投入试运行。建立了涵盖9大类、5万余户纳税人的市局、县(市)区局和税务分局三级短信平台信息库,适时为纳税人提供专用发票认定、税收政策变动、出口退税逾期申报温馨提醒服务。完善门户网站"局长在线"、"处室面对面"和"税官在线"模块,增设"纳税人之声"、"满意度调查评价"栏目,网站点击量突破23万人次。市局网站被市政府表彰为2009年度郑州市政府系统部门优秀建设指标优秀单位和郑州市政府系统特色网站与特色栏目。

研究制定"优化流程、支持企业发展的15条意见",简化了个体双定户和一般纳税人注销、个体定税、发票验旧、票税核定、辅导期一般纳税人专用发票领购、重点税源发票领购、工业一般纳税人认定、税收优惠政策审批程序。推行无纸化纳税申报,减少报表6大类75种,减轻纳税人负担60余万元。按照市政府"企业服务年"的要求,对150户重点企业重点联系服务。结合纳税人特点,编印《大企业分户税收优惠目录》和《税收优惠政策经典汇编》,进行分户个性化宣传。组织业务精英到企业一对一辅导,帮助企业查找风险点,补缴入库税款1592.46万元,有效化解了企业税收风险。举办"百日大走访","把您的难处告诉我"在线访谈暨网上局长接待日等活动,了解纳税人诉求,解决纳税人遇到的疑难问题135个。采取电话回访,第三方调查、聘请"纳税服务特邀监督员"相结合的方式,完善纳税服务质效评价机制,按月通报、按季排序。依托网络,在全省率先评选"纳税人最满意税官",充分调动了税务人员纳税服务的积极性。在总局对全国35个省会城市的国地税满意度调查中,郑州市国税局列国税系统第13位,较上次提高5个位次,综合满意度达到81.28%。

【税收支持经济发展】 2010年,郑州市各级国税部门坚持服务大局、落实政策,支持经济发展方式转变力度加大。以"税收·发展·民生"为主题,举办了发票打假及发票换版、税眼看郑州、人大代表政协委员谈税收、"税收大讲堂"等税收宣传系列活动,向纳税人宣传税收政策。认真执行固定资产增值税抵扣政策、1.6升以下车型车购税优惠税率,落实出口退税政策,引导经济从投资拉动,向投资、消费、出口"三驾马车"共同拉动的转变。全年全市累计减免退税54.5亿元,其中,执行1.6升以下车型优惠政策,减免税1.5亿元;执行出口退税政策,退(免)税14.97亿元。支持新能源、新技术、新材料等战略性新兴产业发展,减免企业所得税9446万元;鼓励企业节能减排、综合利用资源,减免企业所得税131万元、增值税4949万元。鼓励高新技术企业发展,对软件企业退税4347万元;执行高新技术企业优惠税率,减免税1235.6万元。落实固定资产进项税抵扣政策,抵税15.68亿元。落实下岗职工再就业优惠政策,对下岗职工从事个体经营减免税务登记证工本费6.34万元;落实残疾人就业税收优惠政策,减免税2.68亿元。围绕政府大招商、产业大转移,对重大项目跟踪服务,特事特办,解决了富士康税务登记,一般纳税人资格、出口退税资格认定事宜。为支持重点产业集聚区发展,专门出台了支持经开区、高新区跨越式发展的意见。

【规范执法行为】 2010年,郑州市各级国税部门坚持规范执法、降低风险,法治观念切实加强。以执法风险管理为重点,对执法风险的概念、表现形式、产生原因进行系统分析,并在登封局基层分局试点。针对执法风险点,建立重大事项集体研究制度、集体管户制度及执法业务内审复核制度,从制度上防范执法风险。在此基础上,"人机结合",实施税收执法风险预警及疑点核查。以省局提取的疑点数据、普通发票管理、税额核定、稽查案件等为重点,按季开展3次执法执纪检查,追缴入库税款318万元。完成了对2008、2009年税收规范性文件的清理,涉及文件72件。

【队伍建设】 2010年,郑州市各级国税部门坚持以人为本,提能力、激活力,队伍和谐稳定。按照省局机构改革精神,2009年12月至2010年1月,郑州市国税系统完成干部选拔、交流轮岗,提拔科级干部231名,对新提拔的科级领导、分局长和副处级单位中层正职、基层局股级和一般干部轮岗面分别达到55%、85%、30%。全面开展学习型组织创建活动,建立了教育培训激励约束机制,采取以会代训、脱产培训、网络培训等形式,完成了处科级领导执政能力培训、分局长集训、业务精英培训、一线岗位轮训。按照建立健全惩治和预防腐败体系的要求，建立了干部选拔、财务管理、基本建设、减免税款、税务稽查、发票管理、一般纳税人认定、税款核定、纳税评估、巡查巡管等十大内控机制，从制度上预防腐败。狠抓作风建设，以问题为切入点抓具体，以基础和基层工作为着力点打基础，以项目为抓手求实效。围绕制约郑州国税科学发展的难题，确定十大项目，以责任促落实、以创新求突破，截至11月底，执法风险管理、内控机制建设、学习型组织建设等项目进展顺利。全面加强"两基"建设，明确"八个规范"、"八个统一"、"十个凡是"要求，全面开展学习型、服务型、法治型、效能型、廉洁型"五型"机关建设；制定了"两基"建设问责办法，成立督导组，巡回检查，问责追究，强力推进。建立纳税服务、信息管税、税收法制、机关日常绩效评价办法，按月考核，形成了以绩效评价为抓手，持续抓落实的机制，有力促进了各项工作。

（邢　军）

地税管理

【概况】 2010年，郑州市地税局抓住经济回升向好和郑州市加大跨越式发展步伐的有利时机，以组织收入为中心，务实创新，精细管理，狠抓依法治税、科技征管、纳税服务、队伍建设和党风廉政建设，圆满完成全年各项地税工作任务。全年累计组织各项收入208.92亿元，同比增长31.0%，增收49.40亿元。其中，税收完成201.36亿元，同比增长31.4%，增收48.06亿元，创历史新高，位居全省首位；地方级税收完成165.35亿元，占年计划147.57亿元的117.6%，同比增长31.4%，增收39.56亿元。税收运行呈现"进度快、增幅高、运行稳"的态势，地税工作多次得到市四大班子主要领导的批示和肯定。

【税收征管】 2010年，郑州市地税系统多措并举，征管质效得到进一步提升。

夯实征管基础。建立楼宇状态平面图、楼宇税源管理电子台账、大型集贸市场管理办法，管住管好成长性税源；加大税务登记信息准确性校验力度，核查处理4698条问题数据，引入公安部门身份证验证业务，有效杜绝使用虚假身份证件骗取税务登记行为的发生，奠定信息管税良好基础；从税务登记、税源划分、纳税申报等方面对出租车行业涉税问题进行规范，提高管理针对性；加强教育、培训机构税源管理，明确办理税务登记、纳税申报、发票使用等管理意见；积极做好总局第二次经济普查数据应用试点工作，得到总局和省局领导的充分肯定。全年新办税务登记4.7万户，同比增长8.8%，总户数达到20.04万户。

深化纳税评估。充分利用郑州市政府经济税源共享平台，加强对纳税人房产、土地、车辆等信息的分析比对，科学筛选评估对象；以房地产、建筑、餐饮、洗浴业纳税人和市区内大中型集贸市场为纳税评估重点，通过同行业纳税人微观税负比较、纳税人财务数据与申报征收数据横向比对、不同时期纳税数额纵向比对等方法，加强分行业、分税种的税负监控分析与评估。共评估纳税人2.9万户，评估入库税款4.8亿元。

加强重点税源管理。建立重点税源监控网络，加强对亿元以上建设项目税收服务，对月税收增减变化超过500万元的企业实施重点调研，市级以上重点税源实现税收95.3亿元，占税收总量的47.33%。每月对排名前30名的个体工商大户和排名前20名的洗浴、娱乐、美容美发业纳税人的纳税情况进行分析比对，发布预警、关注、防范提示，指导基层有针对性地进行核实和监控。全市11.6万个体工商户完成税收收入11亿元，同比增长28.8%。

【流转税管理】 2010年，郑州市地税系统推行"五项制度、三化管理"，房地产税收一体化管理的整体效能得到较大发挥，房地产税收（含建筑业）全年入库税收106.76亿元，占税收总量的53.02%，成为税收高速增长的重要支柱。精心组织开展土地增值税清算工作，完成土地增值税15.54亿元，同比增长68.8%，成为全年各税增幅最高的税种。利用GPS测量技术圆满完成土地使用税税源普查工作，新增应税土地面积985万平方米，郑州市地税局该项工作在省局财产行为税工作会议上作典型发言。采用扣缴和代征两种途径，全面加强车船税管理，形成新车入户国税局代征、旧车审验公安局代征、保险扣缴、重点路查和地税自主集中征收"五位一体"的管理模式。

【所得税管理】 2010年，郑州市地税局出台所得税"双二十"管理制度，做好企业所得税汇算清缴工作，汇算1.9万户，同比增长21.43%，补征税款9.36亿元。督促企业建帐建制，规范核算，引导纳税人按查账征收方式申报缴纳企业所得税。对个人所得税重点扣缴义务人和购买豪车豪宅个人信息进行比对分析，对新出现的高收入个人跟踪管理。研发推广年所得12万元自行纳税申报软件，自行申报纳税人达1万余户，自行申报人数和税款均居全省首位。

【发票管理】 2010年，郑州市地税系统在交通运输、代理咨询、旅店、旅游、租赁、广告、餐饮、仓储、文化体育、其它服务等10个行业全面推行网络发票，简化程序，优化软件，解决餐饮、住宿实时在线开具发票线路拥堵问题，自2009年在全省首家推开网络发票以来，9465户纳税人已开具网络发票250万份，开具金额达200亿元。周密组织，完成发票换版工作;继续做好发票“二次摇奖”、推行有奖发票活动,共兑付价值580万元的奖品,兑付奖金460万元,较好地推动了广大消费者索要发票的积极性。开展税收票证、税款缴库、发票兑奖资金管理专项检查,自查、抽查完税证205万余份,票证资金管理秩序得到进一步规范。

【整顿规范税收秩序】 2010年,郑州市地税系统对房地产业及建筑安装业、药品经销行业、汽车销售行业、交通运输业、营利性医疗以及教育培训等行业开展了专项检查,全年共查处税收违法案件634件,查补税款、罚款、滞纳金合计1.82亿元,其中检查百万元以上大要案25件,查补税款7726万元,受理举报案件440件,立案查处375件,较好地规范了行业税收秩序。联合公安机关开展“猎鹰”等发票打假行动,查处发票违法案件316起,打掉团伙12个,捣毁窝点29个,收缴作案工具31台,起获假发票700余万份,抓获犯罪嫌疑人58人,假发票泛滥势头得到有效遏制。

【税法宣传】 2010年,郑州市地税局加强与省会主流媒体合作,开展“回眸十一五,展望十二五”、“和谐地税”等专题宣传,全年刊发稿件、播发报道1200余条,在省局和省、市委、政府刊发地税信息3000余条,使各级领导和社会各界及时了解、理解地税工作。以“个十百千万”系列宣传活动为主线,认真组织开展第19个全国税收宣传月活动。完善“12366”纳税服务系统,全年人工坐席共受理电话咨询1.9万个,答复郑税官信箱咨询2216个,及时解决纳税人疑难问题,总话务量和人均话务量名列全省第一,被郑州市市长电话室授予“优秀热线”。

【规范税收执法】 2010年,郑州市地税系统全力做好法制宣传工作,进一步提高依法行政水平。认真开展法制宣传培训,提高全系统依法行政意识;深入研究执法风险管理机制,分析制作12个执法风险评估分析模板,积极消除执法风险隐患;以“两法衔接”(行政执法和刑事司法)和规范处罚裁量权情况为检查重点,以交叉检查方式开展税收执法检查,有效促进了全系统执法规范性,其做法得到省局肯定;创办《郑州政策法规工作情况反映》,构建法制工作沟通载体,促进法制工作深入开展。市地税局荣获郑州市推行行政执法责任制工作先进单位、河南省地税系统“五五”普法和依法治税工作先进单位、全省平安建设优秀单位。

【企业服务年活动】 2010年,郑州市地税系统深入开展企业服务活动,不断提升纳税服务水平。优化纳税服务。及时推出网上办税、同城通办、个体税务登记免填单等服务,大力推进办税公开,办税服务厅、地税网站、新闻媒体等成为公开的主场所,市局外部网站被评为郑州市优秀网站与特色网站。在市区各征收点安装POS机112台,解决纳税人携带现金缴税不便的问题,已实现业务34万笔,缴税28亿元,占现金缴税总额的50%。实现网上申报同城开票,网上申报户数从2008年的1.8万户增长到6.1万户,占非个体户数的71.93%。优化“税务通”短信平台,向税务干部、纳税人、社会大众发送收集进度查询、值班、会议通知、未纳税申报、发票真伪查询等提醒短信35万余条。

落实优惠政策服务经济转型发展。全年为近9000户企业减免流转税、企业所得税2.05亿元,抵减企业应纳所得税额5.41亿元,有力扶持了科技创新、节能减排、新农村建设、文化体制改革和服务业发展,增加了潜力企业的竞争力;为1.2万户符合下岗再就业优惠政策条件的纳税人减免税款3200余万元,积极落实营业税起征点调整政策,全市2万多个体工商户免税2000余万元,支持了弱势群体创业脱困,有效体现了国家民生政策。市地税局被评为郑州市企业服务年活动先进单位。

【税收信息化建设】 2010年,郑州市地税系统深入探索实践,信息管税能力进一步加强,主要有以下四个方面:充分运用信息分析成果。完善通用查询统计分析系统,实现多个业务系统数据大融合,大幅度提高数据利用层次,满足基层、管理层、决策层及计财、征管、稽查、税政等多个业务部门的工作需求。推行“票表比对”,预警提示比对异常信息,强化以票控税。

做好信息技术增值应用。对网络发票系统进行升级,将其使用范围覆盖到个体工商户,并确保新旧版网络发票的顺利交接使用;做好二手房转让代开程序升级工作,满足营业税政策调整后的业务需求;做好“公路内河货物运输”系统更换、升级工作,提升管理效能。全年解决涉及网络发票、税务登记、房地产税收一体化管理、申报征收、发票业务等方面业务需求7000余个。

全面推行税库银横向联网。扎实做好税库银横向联网的开发、整体测试方案编写和联调测试等基础工作,在4个试点试运行的基础上,9月份向全市推广。系统成功推行,极大地提高了工作人员效率,保证了税款及时、足额、安全入库,为纳税人提供了更加便捷的申报纳税方式。至年底,纳入税库银联网的银行共15家,系统运行平稳,验证成功的1.5万个纳税人已通过该系统发生业务1.6万笔,缴纳税款7亿余元。

推行7×24小时自助办税服务。在全市推广安装自助办税设备40台,满足纳税人随时办理涉税事项的需要。穿墙式自助办税终端、税务银行二合一自助办税银行服务厅、穿墙式网上申报自助终端、国地税联办24小时自助办税服务厅均属全国首创。至年底,共开出转账完税证112万余份,金额达135.79亿元,票证成本节省12.73万元。

【机构改革】 2010年，郑州市地税系统根据省局党组的统一安排和部署，圆满完成了机构改革任务，理顺了职责关系、优化了组织结构、完善了体制机制、提高了行政效能、激发了队伍活力。郑州市地税局机关调整增加3个处室，解决了电子税务管理中心公务员身份问题，增配了基层单位班子职数，基层单位机关增设了政策法规科，直属单位设置了稽查分局，提高了纳税服务厅规格，理顺了征管、纳税服务、监察、审计等工作职责关系，做好新设机构工作衔接，保持地税各项工作的正常运转，受到省局领导的充分肯定，得到广大干部职工的认可。

【基层所和办税服务厅建设】 2010年，郑州市地税系统把基层所和办税服务厅规范化建设作为基础工程和重点工程来抓，各基层单位实行任务分解、责任到人、倒排工期和包点领导现场督导等措施，保证73个规范所、23个修缮所和11个新建所按期完成建设任务。制定《加强基层所软件建设与管理工作方案》，编印《如何建设好基层税务所》论文集，组织税务所长轮训，全面提高基层所软件建设水平。全省纳税服务工作会议组织到郑州局两家全省试点单位进行现场观摩，与会代表给予一致好评。为基层所和办税服务厅配备63辆流动征收车，实现移动办税功能。基层所和办税服务厅建设已顺利通过省地税局验收。

【队伍建设】 2010年，郑州市地税系统把强化组织建设、提高决策水平、增强执行能力作为班子建设的核心内容，党组中心组定期组织集中学习，开展领导班子建设征文活动，召开民主生活会，开展批评与自我批评，全面加强各级领导班子的思想、组织、作风建设，有效增强了领导班子的凝聚力、创造力和执行力。制定《关于进一步加强干部队伍建设的意见》，安置78名交通规费征稽人员，做好契税和耕地占用税划转接收工作，进一步壮大了地税队伍。加强对老干部的管理和帮助，组织老干部开展集体活动，较好地激发了老干部发挥参谋、顾问作用的热情。

积极开展教育培训。深入开展“创先争优”、“党员示范岗”创建活动，发挥先进典型的示范带动作用，2个单位和2名个人获市委创先争优先进单位、个人荣誉；改善电算化教室硬件设施，延展培训内容，开办精品课程，组织开展土地增值税清算、房地产税收审计、交通规费人员初任培训、纳税服务礼仪等16期业务培训，参训人员达1100余人次，有效提高了干部队伍的综合能力；组织4次政治业务学习抽考，与市总工会联合开展“六员知识竞赛”，组织全系统1700余名干部职工参加政治业务考试，建立干部教育培训电子档案，有效激发了全系统“学业务、比技能”的积极性，6名业务标兵获郑州市五一劳动奖章。

【地税文化建设】 2010年，郑州市地税系统组织开展了省、市地税系统先进事迹演讲活动，组织向陈军等3位身边的先进典型学习；开展“红色读书月”活动，5篇征文分获省局“做时代女性　创税收新业绩”征文活动优秀奖项；开展向青海玉树、甘肃舟曲灾区献爱心捐款，“服务城乡、联点共建”、“送温暖、献爱心”救助活动，全系统共捐款22万余元；打造和谐、健康、向上的地税文化，组织开展游泳比赛、羽毛球比赛、“迎绿博、健康行”长走等活动，组织党员志愿者积极参与“畅通郑州”活动，积极参与“中国郑开国际马拉松赛”活动，参加省局“和谐杯”乒乓球赛并囊括正式比赛项目所有冠军，充分展示了郑州地税良好的精神风貌。

【机关效能建设】 2010年，郑州市地税局修订完善了规章制度汇编，严格公文审核把关，为机关规范化办公提供了指导。严格执行机关值班、安全、保密、考勤、公文、着装制度，做好后勤保障工作，提高机关办事效率和服务水平。畅通信访渠道，实行领导接访制度，做好接访和下访工作，及时化解矛盾，解决问题。完善固定资产信息系统数据信息，及时做好固定资产处置工作，被省财政厅评为国有资产管理先进单位。加强与医保部门沟通协调，争取优惠政策，全面推行医保制度。加强经费管理，认真组织政府公开招标采购，被评为部门决算编审工作先进单位。

【党风廉政建设】 2010年，郑州市地税系统丰富教育防范载体，党风廉政建设成果进一步巩固提高。认真开展教育整顿活动。全面贯彻落实“四会一课”廉政教育制度，每季度开展一次反腐倡廉专题教育课；开展历时一个月的思想作风纪律教育整顿专项活动，进一步转变了工作作风，严格了组织纪律；丰富廉政文化载体，举办“金秋十月”廉政书画摄影作品展，“名节源于党性，腐败止于正气”等作品警示教育作用明显；开展廉政公益广告创作活动，在郑州市纪委等三部门联合组织开展的“阳光绿城、和谐郑州”廉政公益广告创作大赛活动中获得第一名。

加强领导干部廉洁自律工作。深入学习贯彻落实《廉政准则》，开展节假日廉洁自律治理工作，对新提拔、交流的科级干部进行廉政谈话，认真办理信访举报案件，加大对领导干部廉洁自律和作风方面突出问题的整顿力度，促进领导干部廉洁从政。制定下发《党风廉政建设预警提醒暂行办法》，全年收集廉政风险信息200余条，发出黄、橙、红“三色”预警43份，向相关单位提出整改措施70余条，有效化解了廉政风险，减少了违纪案件的发生。郑州市地税局被省地税局评为2009年度党风廉政建设目标考核优秀单位。

扎实做好督察内审工作。推行

主审负责制，严格审计程序和审计纪律，保证审计质量；开展领导干部任期经济责任审计项目30个，分类整理审计内容，提高审计结果的利用效能；开展基本建设审计项目17个，审减基建资金41万余元，规范了基建工程管理，提高了基建资金的使用效益。64名优秀税干进入首批督察内审人才库，3篇审计论文分获全省内审论文评选二、三等奖。

加强政风行风建设。坚持"抓教育促养成，抓养成促行风"，把行风建设任务明确到责任部门和责任人，形成齐抓共管的工作局面。组织开展"群众满意的基层站所"和"纳税人满意的税务人员"双十佳评比活动，促进政风行风建设有效开展；组织社会第三方力量对基层所、纳税服务厅进行暗访，把暗访情况向各基层单位反馈，督促相关单位整改提升纳税服务水平。郑州市地税局被省地税局、市政府评为政风行风建设优秀单位。

（雷　琨）

工商行政管理

【保护消费者权益】 2010年，郑州市工商管理部门认真贯彻落实全国工商系统食品安全监管暨消费者权益保护工作会议和全省工商行政管理工作会议精神，按照"四个转变"和"四高目标"的要求，牢固树立"立足工商抓工商，跳出工商抓工商"的工作理念，大力弘扬科学监管、服务发展、勇于创新、图强争先、廉洁高效、和谐共建的新时期河南工商精神，深入贯彻落实《食品安全法》及配套法规，以保障流通环节食品安全和流通领域商品消费安全为目标，以流通环节食品安全和农村商品市场专项整治为重点，切实履行流通环节食品安全监管、流通领域商品质量监管、服务领域维权法定职责，进一步强化和规范日常监管，努力提高服务科学发展的能力。

【产品质量和食品安全监管】 2010年，郑州市工商管理部门加强领导，落实责任，强化流通环节产品质量和食品安全监管。郑州市工商管理部门从市局到各单位都成立了一把手负总责的食品质量安全监管工作领导小组，召开了全市流通环节产品质量和食品安全专题工作会议，对2010年产品质量和食品安全工作、打假治劣工作、消费者权益保护工作进行周密部署，精心安排。市局与各单位签定《2010年产品质量和食品安全监管工作目标责任书》，下达打假治劣工作目标，明确各县(市)工商局、分局和基层工商所一把手为产品质量和食品质量安全监管工作第一责任人。各工商所按照"两图一书"的要求，分片包干，落实监管区域；以"六查六看"为内容，强化日常监管；督促行业自律，强化诚信经营；严格执行流通环节食品质量安全监管责任制和责任追究制，一级抓一级，层层抓落实，进一步健全完善了专管员巡查、工商所检查、县(区)局抽查、市局督查的"四查"机制，确保监管工作全覆盖。

【食品(商品)安全专项整治】 2010年，郑州市工商管理部门深入开展食品(商品)安全专项整治，严厉打击制售假冒伪劣食品(商品)违法行为。一是深入开展食品安全专项整治活动。根据不同季节、不同时节的特点以及国家工商总局、省工商局和市政府的有关安排，开展不同形式的食品质量安全专项整治和专项检查。特别是面对外省少量问题奶粉重新流入食品市场的情况，郑州市工商局进一步强化流通环节食品安全监管工作，组织开展了关于"元旦、春节、两会"期间食品安全专项整治、农村食品市场专项整治、食用油市场专项整治、学校周边及校园内流通环节食品安全专项整治、夏季食品安全专项整治、水产品市场与"傍名牌"食品专项执法检查和世博会期间食品安全检查、乳品和含乳食品专项整顿、夏季冷饮食品专项检查、彻查问题乳粉、地沟油专项整治、"中秋、国庆"节期间食品安全专项整治、农村集贸市场专项整治、万客来食品城专项整治、打击流通环节违法添加非食用物质和滥用食品添加剂专项整治、医院周边食品专项整治、调味品城食品专项整治及贯穿全年的流通环节食品安全整顿工作等20余次食品安全专项整治或检查。截至年底，全局共出动执法人员130133人次，检查流通环节各类食品经营者264285户次，检查批发市场、集贸市场等各类食品市场1089个，取缔无照经营企业、个体工商户731家，查获各类假冒伪劣食品8691.45公斤，查处食品违法案件1373件，涉案总货值155.82万元，严厉打击了制售假冒伪劣食品违法行为。同时，受理和处理消费者申诉和举报630件，为消费者挽回经济损失10.09万元。特别是年初以来开展的问题乳粉清查工作中，局领导高度重视，多次开会、下发通知进行安排部署，在监督经营者开展全面集中清查的同时，工商人员对乳品市场进行拉网式清查。市局与各县(市)局、分局签订了流通环节问题乳粉清缴责任状，并要求各县(市)局、分局与工商所、工商所与监管员也要签订问题乳粉清缴责任状，食品经营者要与工商所签订不存有不销售问题乳粉承诺书，层层明确、落实责任，强化食品安全责任意识。全市流通环节共有乳品经营户8229户，其中农村3019户。经清查，郑州市流通环节没有发现尚未销毁的2008年问题乳粉和2008年9月14日之前生产的未经批批检验的乳粉。同时，市工商局把"地沟油"的清查整治当成当前乃至长期食品安全监管工作的重中之重，开展了对流通环节销售"地沟油"的专项执法检查。检查以集贸市场、食品批发市场、粮油批发市场、小粮油店、农村、城乡结合部、都市村庄等为重点区域，加强对食品集散地的监管；以食用油经营者的主体资格是否合法为检查重点，严把食品市场经营主体准入关；以落实食品进货查验制度为检查重点，严把食用油的进货关，确保进货渠道合法，质量合格；以食用油的质量检查为重点，严把食用油质量关；加大对食用油安全的宣传教育，提高群众食用食用油的安全意识。2010年，全市检查食用油经营户11567户次，其中农村食用油经营户3862户次，在郑州市流通环节没有发现销售“地沟油”和来源不明的食用油。二是深入开展除食品以外的其它商品安全专项整治活动。2010年，工商管理部门还开展了农村家电、家电下乡、摩托车下乡等商品市场专项整治和检查。共查处各类不合格商品案件1107件，案值516余万元。

【食品（商品）质量监测】 2010年，郑州市工商管理部门加强食品（商品）质量监测，强化监管手段。在市食品安全办公室没有安排流通环节食品安全监管年度检测计划的情况下，市工商局根据郑州食品市场的实际情况和监管工作情况，委托法定质检部门对郑州市流通环节销售的糕点、水发制品进行抽样监测，共抽取样品40个批次，不合格4个批次，合格36个批次。配合省局和国家局对郑州市流通环节食品安全开展抽样监测工作4次，包括含乳食品、月饼和白酒等食品，共抽取样品75个批次，不合格3个批次，合格72个批次。两次抽检合格率93.91%。依据监测结果，工商执法人员对判定为不合格的食品及时采取了暂扣、暂停销售、退市等措施，并依法进行了处理，同时将不合格食品的检测结果送达至生产单位主管部门，强化了监管工作的前瞻性和主动性，有效遏制了不合格食品的流通。在加强对流通环节食品质量安全监测的同时，还对流通环节其它商品的质量进行了监测。2010年，对手机电池、一次性筷子、保暖内衣、白乳胶、油漆、小家电、人造板、童车等商品进行质量检测，以及配合国家工商总局、省工商局进行的商品质量检测，共抽检商品样品183个批次，较好地完成了国家工商总局、省工商局在郑州市的商品质量监测任务。

【食品质量安全督查】 2010年，郑州市工商管理部门充分发挥食品质量安全三级督查作用，促进食品质量安全监管和整治工作的落实。为了确保日常监管工作落实到位，在具体监管人员定期分类巡查的基础上，市工商局要求基层工商所对监管人员的工作每半月至少检查一次，县、区局对工商所每个月至少抽查一次，市局每季度至少督查一次，确保把监管工作做在平常，落到实处。2010年，市局共组织23个检查组，以城乡结合部、都市村庄和农村食品经营户、批发市场、集贸市场为重点，采取明查暗访的形式对各单位食品安全监管工作进行6次检查，检查食品经营户602家次、食品批发市场13个次。特别是对城区5个食品批发市场进行专项检查。对检查中发现的进货时未查验许可证和相关证明文件等问题进行了通报。

【食品安全宣传教育】 2010年，郑州市工商管理部门加强食品安全宣传教育工作，提高消费者安全意识。一手抓监管，一手抓宣传，通过各种形式，大力宣传有关法律法规和安全消费知识。2010年“3·15”期间，围绕“消费与服务”年主题，市工商管理部门开展了声势浩大的广场宣传咨询和真假商品对比展示活动，共发放各种宣传材料18万余份，设置展板160块，悬挂宣传条幅198条，受理咨询6余万人次。报刊、电视、广播等媒体报道167次。同时，深入贯彻《食品安全法》等有关食品安全监管法律、法规，开展多种形式的送法下乡入厂进店活动，并利用“3·15”活动，向中小学生宣讲食品安全知识，促进消费安全意识的提高，形成了支持食品安全监管工作的良好社会环境。

【食品安全信用体系建设】 2010年，郑州市工商管理部门不断推进食品安全信用体系建设，增强经营者自律意识。一是对食品经营者实行分级分类监管，按照不同信用状况分为A、B、C、D四种等级，分类巡查，并实行“一户一档”管理。二是推行责任制，由各工商所与辖区食品经营者签订责任书，明确双方责任义务，并统一印制自律制度和购销台账，实行规范管理。三是深入开展“12315”进市场、进景区、进社区、进学校、进农村活动，共设立“12135”投诉联络站、消费者投诉站2829个，对食品安全实行群防群控、零距离受理投诉和举报。充分发挥网上受理、网上指挥调度、网上发布信息等优势，加强网上监管，简化工作程序，提高监管效率。四是开展食品安全示范店建设和争创“百城万店无假货示范街”活动，特别是深入开展农村安全示范店创建活动。至年底，建成食品安全示范店2412家，其中农村食品安全示范店1858家，基本实现每一个行政村建成一个食品安全示范店；巩固了北二七路、德化商业步行街“百城万店无假货示范街”称号。2010年以来，国家工商总局、省政府、市人大、市政府、市政协对郑州市多次检查和视察，对全市流通环节食品安全监管工作给与充分肯定和积极评价，对郑州市工商局的工作给予了充分的肯定。

【12315维权工作】 2010年，12315消费者申诉举报指挥中心充分发挥12315消费者申诉举报网络作用，加强消费维权工作。根据全年工作部署，以开展“打假维权”活动为主线，围绕“消费与发展”年主题，以贯彻落实《消费者权益保护法》、《产品质量法》等法律、法规为己任，以廉洁、公正、文明、高效为服务宗旨，充分发挥12315指挥中心相对集中受理、分工协作办理、应急指挥调度、信息汇总分析、进行消费提示的五大功能，在打击制售假冒伪劣商品行为、对流通领域商品监督管理和受理处理消费

者申诉等方面开展了大量的工作,取得了显著成绩。一是充分发挥12315职能,切实维护消费者的合法权益。2010年,12315网络共接到消费者电话、来信、网上、现场申诉、咨询、举报73843起,其中受理消费者申诉3470件,解决3429起,结案率为99%,为消费者挽回经济损失521.97万元。二是加强信息化建设,升级改造12315工作软件,形成与省局统一的12315工作平台,进一步强化了统计汇总、数据分析、报表生成等功能,完善了12315网络对日常投诉受理、处理、分流、转办、督办等网上处理的功能。三是加强业务培训,提高维权质量。分批次、分类别对210名工作人员微机操作和法律知识的培训,特别是强化了对新的12315受理系统操作应用的培训。四是以"3·15"为契机,突出主题,开展消费者权益保护宣传活动。首先,公布了2009年打假维权"十大典型案例",倡导诚实信用,引领行业自律。其次,开展了大型广场咨询、现场受理申诉举报活动。五是认真开展"数据质量建设年"活动,对2009年以来的申诉举报数据库的数据进行检查、校对,完善数据库建设,提高数据的准确性和完整性。六是与消协积极配合,认真开展"消费者投诉站、12315联络站""五进"工程建设。

【消费者协会维权工作】 2010年,郑州市消费者协会认真履行《消法》赋予的七项职能,围绕中消协确定的"消费与服务"年主题,以创建和谐消费环境为主线,积极开展维权工作。(1)围绕"消费与服务"年主题,深入开展宣传活动。一是认真做好重大宣传和日常宣传工作。二是举行纪念3·15大型广场宣传咨询活动,宣传年主题的意义,发放宣传资料,现场接受消费者的咨询和投诉。省会30多家新闻单位进行了全方位、多角度的报道。三是公布15个典型案例,震慑侵权行为。四是与多家新闻媒体联办节目或开辟专栏,宣传"消费与服务"年主题,普及推广《消法》等法律法规,反映消协工作动态。如《今日消费》、《河南商报》"天天3·15"专栏,郑州电视台的"绿城对话"专题节目及省市电视台、电台、报刊的专访。五是积极推进消费维权工作站进市场、进景区、进社区、进学校、进农村"五进"工作。至年底,全市共设立消费维权"五进"工作站2829个,其中经营企业和市场555个,城市社区和农村行政村2129个,学校105个,景区40个,覆盖范围达到规定的50%目标以上,"五进"推广工作取得了显著成效。(2)加强投诉受理工作,推动消费者权益保护事业不断深化。2010年,全系统共接到消费者电话、来信、网上、现场申诉、咨询、举报73843起,其中受理消费者申诉3470件,解决3429起,结案率为99%,为消费者挽回经济损失521.97万元,收到感谢信27封。(3)加强对商品和服务的监督,为消费者提供消费信息,指导消费。一是针对消费者反映强烈的热点、难点问题,及时发布消费警示,使消费者免受劣质商品和不良服务之害。2010年,先后发布了《谨慎预定年夜饭》、《细心挑选人造板商品》、《现场加工制作食品慎入口》、《谨慎选购"时尚口罩"》等4篇消费警示,指导消费者进行安全、健康、科学、理性的消费。二是开展信息咨询服务。市消协进一步完善软、硬件,招聘专职人员接听咨询电话,通过热线服务电话,每天为500多人(次)提供信息咨询服务,指导消费者科学、合理消费。三是开展行业服务质量消费调查。2010年,市消协开展了邮政营业窗口服务质量情况消费者满意度调查,获得调查报告210份,为有关部门提供了决策、监管信息,进一步促进了消费维权工作的深化。

【企业登记注册】 2010年,郑州市企业登记注册情况如下:一是内资企业登记注册情况。全市共注册登记内资企业17807户,注册资本(金)10976462.16万元。其中,国有企业2505户;集体企业4309户;股份合作制企业523户;有限公司10374户;其他企业96户。全年新开业内资企业1575户,注册资本(金)1080605.46万元;注销企业598户。二是全市私营企业及个体工商户登记注册情况。全市登记注册私营企业98148户,注册资金24619478.92万元,投资人数223898人,雇工人数526251人。其中,全年开业企业16891户,注销企业1890户;个体工商户261212户,其中新开业64387户,从业人员525568人,资金数额844543.85万元;注销个体工商户50931户。三是外商投资企业登记注册情况。全市实有外商投资企业1484户;投资总额为798391.46万美元,注册资本为464674.10万美元,外方认缴361842.47万美元。全年共登记外商投资企业158户;投资总额为106113.46万美元,注册资本为54847.10万美元,外方认缴44578.28万美元。

【市场合同监督管理】 2010年,郑州市工商局按照"四个统一"的要求,探索市场合同监管新模式,加大合同行政执法力度,不断提高市场合同监管水平。加强对农业订单、农资购销、加工承揽、旅游、重要生产资料等合同的行政监管,严厉打击利用合同实施诈骗、骗取合同保证金以及利用合同进行商业贿赂等违法行为。积极开展合同行政调解工作,及时解决涉农合同纠纷,切实维护农民利益。截至12月底,郑州市工商局对全市191家商品交易市场进行登记造册和信用分类,全部建立6套书式档案;查处合同欺诈案件23起,帮助调解合同纠纷500件,挽回经济损失610万元;对全市320家品牌汽车销售企业进行了登记备案。

【农资市场监管】 2010年,郑州市大力开展"红盾护农"行动,强化农资市场监管力度,切实维护广大农民合法权益。(1)领导重视,精心组织,层层落实。市工商局多次组织相关工作人员学习中央一号文件、《农业生产资料市场监督管理办法》(国家工商行政管理总局令第45号),传达农资市场专项整治电视电话会议精神。成立了"农资商品市场监管工作领导小组",局长赵中祥任组长,副局长赵小林任副组长,相关处室负责人为成员,为农资打假"红盾护农"行动的深入开展提供组织保证。年初,市工商局和各单位签订《农业生产资料市场监督管理工作目标责任书》,进一步确定工作重点,明确工作责任,各单位和工商所、所和专管员、专管员和农资生产经营者也层层签订责任书,明确各自义务,实现农资商品市场监管的无缝链接。(2)规范农资商品生产经营主体,严把市场准入关。工商管理部门对全市所有农资生产经营的市场主体,进行一次全面核查,核对主体资格,摸清底数,登记造册,核查结果纳入信用等级分类管理体系,对信用等级较低的农资生产经营主体,提出预警,实行重点监管。结合企业注册、年检工作,严格审查前置审批证件是否齐全,对缺少前置许可的,随即取消经营项目,对超范围经营、无证经营行为,立即依法予以取缔。(3)落实农业生产资料市场监督管理办法,建立农资商品市场监管长效机制。通过发传单、张贴通告等形式向农资经营者宣传管理办法精神,增加他们的诚信意识和行业自律意识。引导帮助他们建立健全内部产品质量管理制度,全面推行"两账两票一卡一书",不合格农资召回制度,种子留样备查制度,农资经营者进货时必须要求供货商提供经营资格证明、产品合格证明、同种农资进货批次检验报告复印件以及产品销售发票或凭证,要建立进销货台账,详细记录名称、规格、数量、进货时间等内容,要求农资经营者必须向消费者提供产品信誉卡,明确责任和义务。农资经营者要签订《农资产品质量承诺书》,保证销售的产品质量,并对自己经营的产品承担责任。在农资市场监管中,始终把培育农资市场信用体系建设作为重要环节来抓,建立信用等级分类动态管理体系,辖区工商所每半年将日常巡查、办理案件、处理纠纷等信息,按照标准综合考核,量化为分数,把经营户划分A、B、C、D四个等级,把信用等级较低的经营户列入预警名单,警告其规范自身经营行为,同时对他们进行重点巡查,实施重点监管。(4)创新农资市场监管新模式,保证农民用上放心农资商品。新郑市工商局建立健全农资代理品牌备案制度,从源头管理,不使假冒产品流入市场,对生产代理产品的厂家营业执照、生产许可证、质检报告等有关手续进行严格核查,手续合格有效的予以备案,以掌握了解市场动态信息,了解市场经营情况。至12月底,新郑市共有18家代理商代理的49个品牌88种含量批次复合肥及15家代理商代理的110个玉米种子在新郑局登记备案。中牟县工商局和新密市工商局扶持农资经营龙头企业,推行农资连锁经营新模式,实现农资商品的统一配送。至年底,全市确定的龙头企业共5家,开设连锁经营网点175家,有效地从源头上规范了农资经营行为,遏制了假冒伪劣农资流入市场。(5)加大市场巡查力度,拓宽消费投诉渠道,严厉打击销售伪劣假冒农资违法行为。农资商品市场实行属地管理原则,管理责任到人,工商管理部门要求对辖区内农资经营者进行日常巡查,对重点地区、重点商品、重点经营者,日常巡查每周不少于2次,并要有巡查记录,巡查中发现的问题,记入企业信用档案。不断拓宽消费投诉举报渠道,建立12315消费者投诉举报网络、村级消费投诉联络点,做到有报必接、有诉必应、有案必查、件件有回音、事事有着落,通过认真梳理案件线索,深挖案件来源,和技术监督、公安等部门协同作战,依法查处农资大案要案。市局全年组织抽检各类农资商品种类58种,其中不合格农资12个;受理农资投诉168起,调解156起,为农民挽回经济损失686万元;立案查处涉农案件88起(其中万元以上28起),端掉制售假农资窝点5个,收缴造假工具22台、假化肥6000公斤、假农药1800袋(小包装)、塑料包装袋43000余个。二七分局在开展"红盾护农"专项检查行动中,与公安、安监办等部门联合行动,一次端掉制售假农资窝点3个,收缴造假工具6台、假农药1500袋(小包装)、塑料包装袋23000余个,此案已移交公安部门处理。根据北京联创种业有限公司投诉举报,新密市工商局迅速行动,端掉一个销售假冒玉米种的窝点。查缴涉嫌假冒"联创"牌中科4号玉米种11.4公斤。没收未经许可审批超范围经营的三唑酮、氧乐果、金农宝、敌敌畏、溴敌隆(杀鼠剂)、麦达达、润极等农药9个品种、1493瓶。(6)开展流通领域农资商品质量定向监测工作。按照省局统一部署,市工商局根据春耕、夏收及秋冬种生产特点和本地实际生产需要,组织开展流通领域肥料质量定向监测活动,委托质量监测专业机构对四县(市)一区市场上正在销售的复混肥品种进行随机抽样,防止不合格农资商品流入市场,保障农业生产正常开展。(7)落实农资商品市场监管责任追究制度和农资市场督查通报制度。市工商局重新修订了农资市场监管责任追究制度,对10种违法违纪行为根据其情节轻重,按照有关规定对责任人予以责令书面检查、通报批评、闭门思过、党政纪处分等处理;涉嫌犯罪的,移交司法机关处理。建立农资市场监管工作督查和通报机制,每月对各单位农资市场监管工作进行全面督促检查,并对检查中发现的不足和成绩,进行全面点评,务求农资市场监管各项工作落到实处。

【商品交易市场监管】 2010年,郑州市加强商品交易市场监管,营造安全、有序、文明诚信的市场交易环境。(1)大力弘扬文明示范市场标兵精神,培育高水平、标准化市场。树立省级文明示范市场榜样,指导市场主办方参与到学习和创建中来,不断提高市场管理水平。(2)认真落实市场监管制度。把市场日常巡查作为市场管理的重要举措,常抓不懈;把商品准入作为市场安全的主要关口,紧抓不放;把不合格商品退市作为市场管理的补充,落实到位;把“打假”作为市场监管的重心,一抓到底。(3)扎实抓好市场专项执法工作。在春节、五一、国庆及中秋节期间,深入开展节日市场专项执法行动,严厉打击销售伪劣假冒旅游商品,损害消费者权益的行为;重点检查饮料、肉制品、麻辣小食品、农副产品等节日食品;加强市场内食品和节日其他商品质量监管,坚决依法取缔市场内无照经营行为。(4)建立专业市场监管长效机制,促进专业市场健康发展。一是明确监管人员监管责任。各单位和辖区工商所签订目标责任书,工商所对专业市场的监管实行专人专管,同时,工商所长和市场专管员签订目标责任书,明确监管责任和义务,确保各项监管任务全面落实。二是市场内商户持证率100%,亮照经营率100%。严把市场主体准入,坚决杜绝无照经营、不能亮照经营和证照不齐行为,依法查处无照经营、证照不齐、证照过期、超范围经营等市场主体违法违规行为。三是加强市场巡查,及时发现问题。在商品交易市场信用等级分类的基础上,确定市场巡查级别,对市场内C、D级商户,进行重点巡查,对巡查中发现的违反国家有关法律法规的行为,及时发现、及时纠正、及时依法查处,杜绝不合格商品在市场上销售。对有多次违法行为记录的经营者,造成后果的,依法从重处罚,直至吊销其营业执照。四是规范商品交易市场信用等级分类书式档案,按照商品交易市场信用等级分类工作的要求,分别建立:市场内经营者基本信息档案、经营者信用等级分类档案、市场日常监管机制档案、消费者权益保护档案、违法案件查处档案、市场巡查档案等。五是督促指导经营者建立和执行进货检查验收制度,建立进销货台账制度。场内经营者必须对供货商的经营资格、产品合格证明和产品标识进行审验备案,按照产品生产批次索要符合法定条件的检验机构出具的检验报告或由供货商签字或者盖章的检验报告复印件。督促指导经营者建立商品进货台账,如实记录商品名称、规格、供货商及联系方式、进货时间等内容;,建立产品销售台账,如实记录批发的商品品种、规格、数量、流向(购买者基本信息和联系方式)等内容。六是落实专业市场消费警示制度。在市场内的显著位置定期公示曝光市场内查处的各类经济违法行为、消费领域中可能对消费者造成人身、财产伤害的隐患和危机信息,为消费者提供消费信息和有关的咨询服务,引导市场内商户诚信守法经营,营造放心消费、绿色消费的良好消费环境。七是组织各种形式宣传教育活动,强化市场内商户的法律法规意识,不断提高其自身素质,提高其遵法守法的主动性和自觉性。八是落实经营者和开办方的责任与义务。督促市场内所有商户签订《销售商品质量承诺书》,保证在国家规定的有关法律法规规定的范围内从事经营活动,不经营销售伪劣假冒、“三无商品”、以次充好以及国家明令禁止销售的其它商品等,不对自己经营的商品做虚假宣传、夸大功效宣传等。督促市场开办方签订保证书,对开发经营的市场要切实负起责任,积极配合工商部门加强市场管理,监督市场内商户文明守法经营,发现商户违法经营行为要及时报告工商部门,积极配合工商部门组织查处。九是落实责任追究制度。按照属地监管和谁监管谁负责的原则,进一步强化监管责任和义务,监管中出现失察、失职、渎职等行为,造成重大事件和负面影响的,市工商局将根据其情节轻重,追究相关人员的责任。

【重要商品市场监管】 2010年,郑州市进一步加强了对重要商品市场监管。(1)进一步加强粮食市场的监管。积极支持国有粮食购销企业在粮食收购中发挥主渠道作用,鼓励和扶持多元化粮食收购主体,切实维护粮食市场秩序。(2)进一步加强对汽车市场的监管。通过严格市场准入、加强市场巡查、打击虚假宣传、合同欺诈等多种方式,切实加强汽车市场监管。严格按照《汽车品牌销售管理实施办法》的规定,规范汽车总经销商、品牌经销商的经营行为。鼓励、支持汽车经销企业开展二手车经营,促进汽车消费。(3)进一步加强成品油市场监管。三夏、秋冬种期间,对成品油加油站重点是对农村加油站点,进行全面检查,严厉打击证照不全、经营假冒伪劣、质量不合格、标号、标识不符的成品油等违法行为。(4)进一步规范猪肉市场经营行为,加强猪肉市场监管。市工商局制定了《生猪肉市场专项整治工作实施方案》,对全市的销售白板肉、注水肉等违法违规经营行为进行全面整治。一是完善手续,严把市场准入关。认真落实市场主体准入制度,所有经营猪肉批发和零售的企业以及个体工商户,必须取得营业执照方可经营。对无证经营行为,坚决予以取缔。二是专项检查和日常市场巡查相结合,对上市销售的猪肉进行重点检查,着重检查“两章两票”执行情况。凡市场上发现销售注水肉、有病有害猪肉、未经检疫或检疫不合格的猪肉等立即强制退市,并责令经营者进行整改。三是加强群众监督,落实挂牌经营。要求经营者在经营场所显著位置悬挂营业执照、卫生许可证、检验检疫合格证、从业人员健康证明等,指导并规范经营者在公示牌中如实标明猪肉的产地来源、进货时间等信息。四是落实质量承诺制度。督促经营者和市场开办方签订书面的质量承诺书,市场开办方和辖区工商所签订质量保证书,承诺不销售注水肉、有病有害猪肉、未经检疫或检疫不合格的猪肉等。对经营者加强管理和教育，提高其自觉守法、文明经商的良好意识。

【旅游市场监管】 2010年，郑州市开展了旅游市场专项整治。一是严把旅游市场主体准入。开展旅游市场主体专项检查，严格依法登记，确保主体资格合法有效，严厉查处超范围经营、证照不齐、无照经营等违法经营行为。二是进一步规范旅行社、旅游景点等经营行为。加大旅游广告监管力度，严厉打击非法经营旅游业务、商业贿赂、合同欺诈等损害消费者权益的行为。三是对重点区域、重点商品，进行重点巡查、重点监管。对旅游景区、机场、车站及周边地区的商场、超市、集贸市场、食品批发市场、城乡结合部食品店，旅游商品特别是旅游工艺品、纪念品、农副土特产等，实行重点巡查、重点监管，严厉打击制售假冒伪劣商品的违法行为。四是认真受理解决消费者投诉，维护消费者合法权益。发挥12315投诉举报网络作用，做到有诉必应、有诉必速、有诉必解。

【企业年检验照】 2010年年初，市工商局根据国家、省、市有关文件精神，改革创新年检方式，将年检作为服务企业发展的一个平台，加强对年检验照工作的监督指导，年检验照工作顺利有序进行。(1)年检验照基本情况。截至7月31日，市局登记应参加2009年度年检的内资企业15830户，已检11265户，年检率71%；应参检的外资企业1582户，已检815户，年检率52%；应参加验照的个体工商户243815户，已验照184924户，验照率75%，基本完成全年的年检验照任务。(2)立足职能，改革创新。继续推行“网上年检”和授权基层工商所年检，并要求各县(市)局、各分局将年检职能委托基层工商所行使。通过开通“网上年检”和委托年检，减少了企业路途奔波，缩短了年检的办理时间，年检效率大幅提高。(3)转变观念，促进服务。把年检验照与为企业服务活动有机结合起来，进一步简化年检程序，缩短年检时间，减轻企业负担。在年检期间，开设3个年检窗口为企业服务。在年检高峰期间，工作人员实行提前半个小时上班，推迟半个小时下班的工作措施，尽可能地为企业提供便捷服务。与此同时，还积极开展主动上门年检和企业聚集区域集中办理年检等多项服务，对分支机构较多的大型企业如银行、移动公司、邮政局、思达连锁、双凤鞋业等进行上门年检和预约年检，先后上门为1000余家公司及分支机构办理了年检手续。(4)加强监督，规范市场主体行为。在年检期间，要求工作人员加强对重点企业的年检力度，加大对重点行业特别是涉及公共安全、人身健康、生命财产安全等行业的监管力度。重点审查企业的前置审批手续是否齐全、有效，对前置审批手续不全的企业一律不予通过年检；对后置审批手续不到位的企业责令其限期变更经营范围；对煤矿、燃气等涉及人民群众生命财产安全的重点企业进行严格的审查，发现问题责令其限期整改；对涉嫌抽逃资金、虚假出资行为的企业，由工商执法单位依法查处。通过以上措施，提高了企业年检的质量，规范了主体经营行为，确保了国家各项政策落到实处。

【查处取缔无照经营专项活动】 年初，市工商局对无照经营查处取缔工作的重点行业、重点区域进行安排与部署，制定了《安全生产重点整治行业和查处取缔无照经营工作管理目标责任书》，进一步明确责任，加强监管。根据省局《关于在“双节”期间开展查处取缔无照经营专项活动的通知》精神，市工商局在春节期间组织全系统开展了春节期间无照经营查处取缔专项活动，重点查处涉及人身健康、公共安全、安全生产、环境保护以及自然资源开发利用等行业的无照经营行为，包括从事网吧、娱乐服务、食品、出版物、危险化学品、烟花爆竹等生产经营活动的无照经营行为，以及学校及周边、农村乡镇、集贸市场等地的无照经营行为。10月18日至22日，市工商局组成5个检查组，分组对全系统各单位无照经营查处取缔工作进行检查。至12月底，全市工商系统共查处取缔无照经营810户，案件总值91.84万元，罚没款53.77万元，引导办照2301户。

【“黑网吧”专项治理行动】 2010年春节期间，根据省局《关于春节前后开展查处取缔黑网吧专项行动的通知》精神，市工商局在全系统组织开展了春节期间“黑网吧”专项治理行动。7月15日至10月31日，组织开展了规范校园周边经营秩序和查处取缔黑网吧专项整治行动，严肃查处各种类型的“黑网吧”。一是集中巡查力量，强化日常巡查。按照日常巡查监管和“八小时”外监管相结合的方式，结合12315举报情况对辖区的网吧经营情况进行明查暗访，对无照经营网吧的分布情况进行摸底排查。二是明确工作重点，重点整治无照无证、证照不全或超过有效期限、以电脑学校、职业技术培训等名义从事上网服务、在学校200米范围内和居民住宅楼(院)内设立的网吧，以及出租、出借、转让营业执照或许可证的网吧。三是整合执法力量，加大执法力度，从严查处。对查处的“黑网吧”，查封其从事违法经营活动的场所，没收违法所得，扣押从事违法活动的专用工具、设备，并依法予以罚款处理。四是加强后续管理，遏制死灰复燃。将查处取缔的主要集中在城中村、城乡结合部和农村乡镇的“黑网吧”名单，以行政文件的形式通知中国网通(集团)有限公司郑州分公司，切断“黑网吧”的接入信号，终止互联网接入服务，做到源头治理，不留后患。在专项整治行动中，全系统共出动执法人员9422人次，车辆1430台次，排查网吧927户，查处取缔“黑网吧”143户，暂扣电脑主机1094台、显示器286台、服务器25台，向有关部门通报违法经营户数89

户,罚款金额7.6万元。

【人力资源市场秩序专项整治行动】 为严厉打击非法职业介绍活动,维护人力资源市场秩序,市工商局组织对人力资源市场秩序进行了全面清理整顿。各县(市)局、各分局按照市局的统一部署,对辖区内职业中介机构经营情况进行一次全面排查,摸清了清理整顿的对象和情况。结合无照经营查处取缔工作,加大日常巡查力度,对未取得营业执照或者职业介绍许可证、非法从事职业介绍活动的职业介绍机构依法予以取缔;对虽有职业介绍许可证和营业执照,但在职业介绍活动中违反国家法律法规、破坏劳动力市场正常秩序的职业介绍机构依法进行严厉查处,规范劳动力市场经营秩序,确保专项行动取得预期效果。专项行动期间,工商部门充分发挥职能,严格执行法律,发现一户,查处一户。整个专项整治行动,全市各级工商部门共出动工商执法人员2544人次,车辆813台次,检查职业中介机构223户,查处取缔非法职业中介机构7户,罚款6000元,没收非法宣传材料1200余份。

【废旧物品市场管理】 2010年,郑州市加强了废旧物品市场管理,开展了打击盗窃破坏电力电信广播电视设施违法犯罪专项行动。一是全市各级工商行政管理机关依照新颁布的《再生资源回收管理办法》的规定,严格审查登记材料,严把市场准入关,切实做好再生资源回收站点的登记工作。对在铁路沿线、矿区、油田、港口、机场、施工工地、军事禁区和金属冶炼加工企业附近申请设立收购废旧金属站点的,一律不予批准。对个体工商户收购废旧物资的申请,不得核准其收购生产性废旧金属。二是对辖区内从事废旧物资回收站点进行全面调查摸排,摸清废旧物资收购站点的户数,登记造册,建立专门的监管档案,全面摸清相关市场主体数。三是组织开展废旧物品市场专项清查行动。各单位对辖区废旧物品收购站点进行拉网式清查,加强市场巡查力度,对违法违规收购废旧金属的按照相关法律法规进行处理,对无照收购生产性废旧金属的予以查处取缔,对有违法记录的废旧物资收购回收站点,列入"黑名单",实行重点监控,并通报公安部门,确保专项斗争工作取得实效。

【整顿规范小型"免烧砖"厂专项行动】 一是认真组织学习有关文件精神,充分认识不合格"免烧砖"产品给建筑工程带来的安全隐患,认真履行工商行政管理职能。二是立足本职,积极发挥工商部门的职能作用。组织精干力量,采取摸底排查和实地巡查相结合的方式,对全市范围内"免烧砖"生产、加工企业进行检查。在检查过程中,对属于无照经营的,坚决依法予以取缔;对符合生产条件但缺少相关营业手续的,立即下达限期整改通知书,责令补办相关证照;逾期不办的,责令企业依法办理变更或注销手续,并将排查结果登记造册。三是加强部门配合,形成治理合力。在整顿规范过程中,加强与建设、环保等部门沟通、配合。本次整顿规范,共检查小型"免烧砖"厂35户,其中33户证照齐全,2户无任何手续,已依法责令停业。

【广告监督管理】 2010年,市工商局围绕工商行政管理中心工作,履行广告监督管理职责,以打击虚假医疗、药品、保健食品广告为重心,以行风评议为动力,进一步整顿和规范广告市场经济秩序。全年全系统共查处广告违法违规案件201起,罚没款139万元;接受广告投诉386条,接受广告方面咨询788条,答复省、市人大建议、政协提案6件。

加强广告经营许可证的登记管理,严把市场准入关。至12月底,郑州市审批登记、注册、年检、更换《广告经营许可证》的主要媒介单位69户,利用主要媒体发布广告的经营单位220家,广告经营单位从业人员32000人。

户外广告登记审批。全市经营设置发布户外广告的单位198户,工商管理部门全年登记各类户外广告1987件。开展户外广告综合集中整治,拆除高速公路两侧广告塔300多块,积极配合市政府做好报刊亭整治工作,市邮政报亭共计700多个,有占道证300多个,对邮政报亭重新设计规划,做到统一标准,统一设置,统一管理,同时,规范邮政报亭的广告行为。

【虚假违法广告专项整治】 2010年,市工商局会同市委宣传部、市政府纠风办等部门将专项整治工作纳入到市政府规范和整顿市场经济秩序的工作之中,联合下发《2010年虚假违法广告专项整治工作实施意见》,实行整治行动联席会议制度,对整治工作中发现的薄弱环节和突出问题,研究具体应对措施,提出治理对策以及有关政策、法规建议。明确工作职责、责任划分,实行目标管理制,有关部门协调配合,在全市范围内对涉及保健食品、药品、医疗广告,危害未成年人身心健康的非法涉性、低俗不良广告,以及扰乱公共秩序,影响社会稳定的严重虚假违法广告重点整治,持续深入推进专项整治,促进广告业诚信建设,推动广告市场健康发展。在专项整治工作中,市工商系统出动执法人员18760人次,出动执法车辆1730次,立案查处了一批违法违规广告,对继续顶风违规发布违法广告的广告主、广告经营者、广告发布者依法严厉查处。对郑州电视台发布的"阿波罗活性肽"保健食品广告、"脑心安胶囊"药品广告、"东格尔石榴健胃胶囊"药品广告、"鸿茅药酒"药品广告、"比尔洁因美"消毒用品广告、"驰誉药磁医疗保健鞋"医疗器械广告,郑州教育电视台发布的"黄金火灸被"广告,郑州市上街电视台发布的"溶栓脑通胶囊、黑金丸、美国V6、芯脑泰二十味沉香丸、冠心保软胶囊、银朵兰”药品广告，巩义电视台发布的“大风消透骨贴、蛇毒皮癣王、透骨肽、伸筋活络丸、金茶洗肾胶囊、西格玛海蛇透骨贴、清眩降压片、清血八味胶囊、白花蛇透骨贴、养肾活血酒”等食品、药品广告，荥阳市有线电视台发布的“荥阳市现代生殖医疗门诊部等”医疗广告，荥阳电视广告信息中心发布的“上街同仁医院男科、妇科等”医疗广告，登封电视台、登封有线电视台等发布的医疗广告，河南电视台新农村频道发布的“陈李济舒筋健腰丸”药品广告，《河南商报》发布的“碧萝芷片”保健食品广告、“威龙牌蚂蚁粉胶囊”药品广告，《大河报》发布的“罗补甫克比日丸”药品广告，郑州茂业广告文化传播有限公司代理发布的“云南黑药御喘膏”药品广告，“东方女子医院”、“郑州天伦医院”医疗广告等违法广告，进行了立案查处。以大众媒体为突破口，加大广告经营单位的监管，对广告经营单位负责人及广告经营单位的广告审查员进行强化培训，以医疗，药品、保健食品为重点，加强管理，督促大众媒体建立违法广告发布责任追究制，非法发布违法广告公示制，特种商品广告发布保证不违法制度等一系列广告内部监管措施。

治理整顿网上非法“性药品”广告和性病医疗广告，规范固定形式印刷品广告。根据国家工商总局、省局《2010年虚假违法广告专项整治工作实施意见》，利用互联网和手机媒体传播淫秽色情及低俗信息等专项整治工作的文件要求。郑州市工商管理系统深入开展专项整治。全市通过监测互联网，共发现有关非法“性药品”广告316条；责令停止发布183条；查处案件12件；监测存在问题网站12家；通知有关部门关闭6家；责令停业整顿6家。专项检查郑州市固定形式印刷品广告单位137家。其中，固定形式印刷品广告发布单位15家，未从事广告业务的7家，已不在原地点经营的115家，全年固定形式印刷品广告经营额84万元。工商部门共出动执法人员2320人次，查处虚假违法广告1件，罚没款2000元。

【商标监督管理】 2010年，郑州市工商局大力推进商标战略的实施，深入开展“商标强企富农”工程，鼓励和引导企业争创著名商标和驰名商标，不断增强企业的创新能力，培育了一批有竞争优势和带动能力强的商标品牌。

大力开展保护注册商标专用权专项行动，加大商标案件执法力度，打击商标侵权行为。元旦春节期间，集中力量对市场进行全面检查，对侵犯注册商标专用权行为进行查处，重点查处食品、药品商标假冒侵权案件。2010年，全系统共办理商标违法案件1079件，罚款538.74万元，案值1290.41万元，没收销毁侵权商标标识40615件，没收销毁侵权商品26050件，捣毁制假售假窝点9个。

加强宣传，增强全社会的商标法律意识。3·15期间，组织商标监管执法人员参与宣传咨询活动，曝光典型案件，举办真假商品对比活动。利用“4·26”世界知识产权保护日，制作展板，广泛宣传商标法律知识，为群众提供商标法律法规咨询服务，增强群众的商标法制观念，提高全社会的商标保护意识，营造良好的商标保护环境。

【实施商标战略】 截至2010年底，郑州市驰名商标达16件，省著名商标达159件，并被列入国家商标战略实施示范城市。一是实施商标战略，开展“商标强企”工程，注重企业主体、市场运作、政府推动相结合，使商标战略为调整和优化产业结构服务。按照普遍指导、重点培育的原则，以优势品牌和龙头企业为重点，切实加强对企业商标注册的指导和服务。在优势品牌方面，以金星、三全、思念、宇通、少林、梦舒雅，荥阳河阴石榴、广武蔬菜、禽类、生猪，新郑红枣、莲藕，中牟西瓜、大蒜等为重点。在龙头企业方面，以三全食品、宇通客车、思念食品、天方集团、正龙食品、双凤皮鞋、金星啤酒、梦舒雅女裤、新郑好想你红枣等为重点。建立工商联络员制度，对争创驰名商标、著名商标的企业，指定专人进行定点帮扶，实行全程跟踪指导服务。二是市工商局与服装行业协会联合，多次组织女裤生产企业举办“商标战略”讲座、论坛、商标培训，通过宣传指导，充分调动郑州女裤行业实施商标战略的积极性和主动性。至2010年底，郑州市女裤生产企业拥有著名商标11件，“梦舒雅”女裤被认定为驰名商标，女裤行业年销售额超百亿元，占全国市场份额30%以上。三是继续实施“兴农富民”工程，建立运用地理标志商标和农副产品商标促进农民增收的长效机制，扎实推进社会主义新农村建设。进一步健全和完善“商标富农机制”，积极指导帮助农村经济组织、农民专业合作社、涉农企业申请注册地理标志、证明商标、集体商标和农副产品商标，促进农村经济发展。重点扶持发展具有当地特色的农产品产业和农业产业化重点龙头企业。适时召开运用农产品商标和地理标志促进农民增收经验交流会，推动商标“兴农富民”工作再上新台阶。

【保护驰名商标和著名商标】 2010年，郑州市创新措施，加大对驰名商标和著名商标的保护。一是对获得驰名商标和著名商标的企业实行重点保护，工商、检察院、法院、质检、公安等部门发挥职能作用，重点打击假冒、侵犯商标专用权的违法行为，及时受理、及时查办各类商标侵权案件。对郑州市企业商标被外地侵权的，帮助企业联系当地有关执法部门予以打击，为企业保驾护航。发现并及时纠正企业商标使用中的不当行为，指导企业在广告宣传、产品包装、服务场所和贸易活动中正确使用商标、加强自我保护。二是在辖区工商所建立企业商标档案。对已注册、已申请和准备申请的商标统一登记、建档,经常查询,及时掌握情况,适时提出对策和建议。三是加强市场巡查,及时查处侵权行为。各工商所定期对辖区市场、印刷企业、有关企业进行巡查,及时发现和查处违法经营行为。四是进一步畅通举报渠道,保持12315举报受理渠道,还建立工商所与企业的双向联系制度,对重点企业优先提供咨询,对侵犯重点企业合法权益的案件快速查处。

强化农产品商标和地理标志保护工作,促进"三农"发展。郑州市依托农业资源,大力推进农副产品品牌战略,深入开展"商标富农"工程,重点抓好新郑大枣、莲藕,中牟西瓜、大蒜,荥阳河阴石榴等特色农产品,走品牌化、产业化发展之路。先后制定了《郑州市农副产品商标战略实施意见》、《郑州市工商行政管理局"商标富农"工程实施方案》等,建立实施培育、指导、培优、保护的农产品商标和地理标志发展机制。尤其是对形成一定规模和有一定知名度的农副产品和涉农企业的商标注册、使用和保护进行重点指导、培育和扶持,明确专人定期上门指导服务,帮助制定商标发展战略,增强品牌意识,大力扶持农业产业化龙头企业争创驰名、著名商标,形成了新郑红枣、河阴石榴等一批品牌,以及"三全"、"思念"、"白象"、"好想你"、"河阴石榴"、"方欣"、"金苑"等一批知名涉农产品商标。新郑大枣、新郑灰枣、新郑鸡心枣、新郑小枣作为我国枣产品中特有的地理标志证明商标注册成功,带动新郑发展枣加工规模企业180多家,涌现出河南好想你枣业股份有限公司,郑州顶真食品有限公司等枣产业著名企业。在品牌带动下,好想你公司已注册商标152件,"好想你"商标被认定为驰名商标。好想你公司被农业部等八部委评定为"农业产业化国家重点龙头企业"。国务院副总理王岐山、国家工商总局局长周伯华等领导在视察好想你公司时对公司发展给予了高度评价。

【反不正当竞争】 2010年以来,郑州市组织开展了公平交易各项执法活动,全市工商系统共查处各类违法违章经济案件9938起,案值4665.37万元,罚没金额2198.61万元,其中罚没款万元以上案件85起。

以治理商业贿赂为重点,深入开展反不正当竞争执法活动。共查处各类不正当竞争案件83起,其中,商业贿赂案件9起,虚假宣传案件29起,商标侵权、仿冒知名商品包装装潢及虚假质量表示案件32起,其他13起。(1)大力开展商业贿赂专项治理。一是把治理商业贿赂专项工作作为公平交易执法工作的重中之重进行安排部署。二是定期召开治理商业贿赂工作会议,通报全系统各单位查办商业贿赂案件情况,分析形势,研究对策,并结合各单位的实际制订出查办商业贿赂案件的目标。三是除国家明确的易发生商业贿赂的重点行业和重点领域,又把中介服务以及制假售假、产品质量和食品安全事件背后的商业贿赂行为作为查办商业贿赂案件的重点。四是把查办商业贿赂案件的情况纳入年度绩效考核。五是强化业务培训,提高执法人员查处商业贿赂案件的能力和水平。六是建立大要案指定管辖制度,对涉案金额大、案情复杂、危害严重、影响大的商业贿赂案件,由市局指定办案力量强、业务素质高、办案经验丰富的单位进行查处,并全程督办。七是明确奖惩制度。依据《郑州市工商行政管理局关于对治理商业贿赂专项工作有功人员实施奖励的办法》,对在工作中表现突出的单位和个人进行表彰,有效调动执法人员的积极性。八是结合信用体制建设,把近年来查处的实施商业贿赂行为的企业,列入企业信用"黑名单",上网公布。九是开展督导检查和经验交流。十是在局域网开辟治理商业贿赂专题,进行案例评析,解难答疑,交流体会,介绍经验等。(2)深入开展打击"傍名牌"不正当竞争行为专项执法行动。2010年以来,市工商局根据投诉和市场巡查中发现的线索,多次组织查处侵犯知名品牌商标专用权和仿冒知名商品包装装潢违法行为专项行动,共出动执法人员8630余人次,执法车辆2300多台次,检查企业商户11358户次。至12月底,共办结"傍名牌"案件20起、案值7.3万元、罚没金额6.1万元,涉及服装、食品、酒、电器等多个行业和耐克、阿迪达斯、梦特娇、茅台、五粮液、飘柔、海飞丝等几十个品牌。(3)以办理大案要案为抓手,严厉查处其他违法经营行为。先后查处了郑州中小企业担保有限公司未取得《金融机构法人许可证》和《金融机构营业许可证》,向中牟鑫源公司出借人民币500万元牟取非法利益的行为,罚没135万余元;查处了河南省中小企业投资担保股份有限公司超出核准登记的经营范围从事金融借贷业务的行为,罚没101万余元;查处了河南省金地矿业权交易中心有限公司未取得资质证书,擅自对出让的采矿权进行价值评估的违法行为,罚没50.57万元。

【打击传销】 2010年,郑州市加大了打击传销的工作力度。一是按照国家工商总局、公安部和省工商局、公安厅部署,市工商局会同市公安局以市政府的名义制定了《郑州市打击传销联合执法行动实施方案》,安排全市打击传销工作。严惩传销活动的组织者、领导者和骨干分子;严厉打击在传销活动中非法限制人身自由的行为;严查利用互联网进行传销的违法犯罪行为。确保通过联合执法行动进一步提高群众识别防范传销的意识和能力,坚决遏制传销违法犯罪活动的发展蔓延势头。同时,及时妥善处置不安定因素,最大限度地排除各种隐患,积极探索、建立健全打击传销的长效机制。二是加大宣传力度,提高群众识别抵制传销能力。5月,市工商局根据国家工商总局《关于开展"打击传销宣传月"活动的通知》精神和省工商局的部署,组织了打击传销"宣传月"活动。5月12日,组织辖区直销及相关企业负责人召开座谈会，学习总局、省局和郑州市人民政府的有关文件，对打击传销规范直销的相关工作进行安排，督促辖区直销及相关企业严格自律，依法开展经营活动；5月14日，市工商局、公安局联手，利用移动通信网络向辖区群众发布了“传销是一种严重违法犯罪行为，工商、公安机关提醒您：为了您和家人的安全，请警惕传销陷阱，拒绝传销，远离传销”的警示短信。5月15日，市工商局、公安局联合在阳光广场举行打击预防传销大型广场宣传活动。共接待群众咨询1000余人次，发放宣传材料5000余（册）份。公安部、省公安厅和省工商局有关领导视察了宣传活动现场，并给予了充分肯定。“宣传月”活动期间，市工商局共出动执法人员1500人次，宣传车辆500台次，举办宣传活动20次，组织张贴宣传图片2000余份，发公开信800封，张贴标语300条，悬挂宣传横幅150条，制作宣传板报3期25块，散发宣传材料15000份，组织进大学宣传活动2次，解答群众咨询2300次，发放联系卡2100个，走访重点商户178户，直接受教育群众达12000人。同时继续做好“五进”宣传活动。2010年以来，市工商局多次组织人员进社区、进农村、进校园、进车站、进超市，采用散发、张贴宣传材料、曝光典型案例，组织大学生，社区居民开展讲座等形式，教育辖区广大农民工、居民、大学生、退伍军人、下岗失业人员认清传销的本质，远离传销。三是严格执行各项打击传销工作制度。组织全系统执法人员学习《禁止传销条例》和相关政策规定，提高执法人员打击传销的业务水平和工作能力。认真执行日常巡查和失察责任追究制度。结合辖区实际，不断完善和加强“打传”日常巡查制度。切实执行《郑州市工商行政管理局打击传销长效监管机制》和《郑州市工商行政管理局查处传销重大案件和突发事件应急处置预案》，要求各单位结合辖区实际，认真贯彻落实，确保辖区稳定。严格执行《郑州市工商行政管理局打击传销工作责任制及过错责任追究规定》，对监管不力或者失察导致辖区出现传销事件，造成严重后果和不良影响的，取消责任单位年度评先资格，并严格追究单位领导、监管人员的失职责任，构成犯罪的，坚决移交相关部门依法处理。四是建立有效的情报信息系统，严密监控传销活动。市工商局创新监管方式，构建群防群治机制，发动广大群众参与打击防范传销活动，公开向社会招募有强烈正义感和社会责任心的群众做打击传销志愿者。经审核，在全市范围内招募志愿人员200名。他们中有离退休干部、职工、社区工作人员、村委会干部及个体工商户等。对来自市区的135名志愿者进行了集中培训，为志愿者颁发了聘书，向他们发放了《禁止传销条例》和《直销管理条例》等法律法规书籍。各县（市）工商局也陆续对招募的志愿者进行了培训。五是严厉打击传销活动，积极查处传销案件。2010年以来，市工商局共接到涉嫌传销举报32个，组织出动执法人员1667人次，执法车辆421台次，组织查处行动47次，开展宣传活动20次，检查重点场所、村庄、居民户400个（处），张贴、散发宣传材料16580份，端掉传销窝点12个（2009年21个），教育遣散传销人员409人（2009年遣散630人），收缴传销物品120件，办理传销案件7起，罚款15.8万元；移交公安机关处理案件1起。

【直销企业监管】 2010年，郑州市加强了对直销企业的监管。一是建立约谈和学习制度。市工商局定期召集辖区从事直销经营和拟从事直销经营的企业负责人集中学习国务院、国家工商总局、省市政府、省工商局有关打击传销、规范直销的法规和文件，听取企业有关经营情况汇报，要求已经取得直销许可的企业必须严格按照《直销管理条例》规定从事直销经营活动；在其他省、市、区取得直销许可的企业，不得在郑州市从事直销活动；企业必须在每月5日前将当月的业务培训计划上报市工商局备案。2010年以来，市工商局受理并监管直销及相关企业会议备案205场，监督直销及相关企业会议活动205场。二是认真组织开展直销市场检查。按照省局《关于开展直销市场检查的通知》的部署，市工商局开展了对辖区直销市场的检查活动。截至12月底，对辖区直销及相关企业先后进行了检查，共出动执法人员360人次，检查位于郑州市的直销及相关企业河南分公司13家，检查直销及相关企业的服务网点（店铺、授权店等）180户次，发出提示20次，有效规范了辖区直销市场经营秩序，为促进辖区直销市场繁荣和社会稳定打下了基础。三是依据《直销管理条例》和国家工商总局《关于加强直销监督管理工作的意见》及省局的部署，进一步建立健全日常监管机制。要求所属各单位进一步落实“五个一”监管模式：切实建立一张辖区直销市场主体分布及监管责任划分图，将监管责任落实到人；签订一份监管责任书，明确双方责任义务；建立一套辖区直销市场主体的管理档案，实行分级分类监管；明确一名信息管理员，负责禁止传销规范直销信息系统的日常管理工作；完善一套监管制度。同时，逐步建立完善日常巡查制度、定期例会制度、警示提示制度、培训授课监督制度等，杜绝出现“拉人头”、“高额回报”、“收取入门费”等形式的传销行为。

【扫黄打非】 2010年以来，郑州市工商局配合有关部门开展查缴政治性非法出版物、淫秽色情出版物、打击侵权盗版活动、查处利用互联网传播有害信息等违法行为，先后组织开展了以打击政治性非法出版物为重点、以整治印刷、复制环节为重点和以清理出版物市场为重点的专项行动、“扫黄打非集中行动”、查缴政治性非法出版物、查缴低俗音像制品、“六四文化衫”清理等专项执法行动，共出动执法人员2723人次，检查出版物市场、店档摊点1483个，检查印刷复制企业534家。查缴非法出版物831本(册)、盗版音像制品139件，取缔无照经营摊点3个，检查网吧460家，查扣电脑417台，依法取缔“黑网吧”51家，有力地规范了文化市场秩序，净化了出版物市场。

【推进“企业服务年”活动】 2010年，郑州市工商局按照省局“企业服务年”活动的要求，建立重点企业跟踪服务机制，扎实开展企业服务年活动。创新服务模式，加强队伍建设，推动文明执法和优质服务，积极优化经济发展环境和服务地方经济。(1)“企业服务年”活动稳步推进。市工商局围绕省局的“企业服务年”活动要求，结合郑州地区实际，采取积极有效的措施，加大监管和帮扶力度，热心服务企业，把“企业服务年”活动抓紧抓好，保证活动措施贯彻落实。(2)政银联合，破解中小企业和农村融资难题。为贯彻落实河南省工商局和中国邮政储蓄银行河南省分行关于开展战略合作持续实施“百亿送贷行动”活动，郑州市工商局成立领导小组，制订实施方案，加大宣传力度，与邮政储蓄银行郑州市分行多次对接，商谈合作框架，政银合作服务地方经济，有效解决了中小企业和农村融资难题，助推经济发展和新农村建设。3月5日，在裕达国贸酒店召开郑州市百亿送贷行动部署动员大会。市工商局局长赵中祥在会上指出，全市工商系统要充分发挥市场主体基础信息和信用信息的资源优势，积极为邮储银行提供各类市场主体登记信息，为企业商户牵线搭桥。要形成市局重点抓督导、抓协调、抓示范，县(市、区)局、直属单位重点抓“送贷进企业、进市场”，基层工商所重点抓“送贷进农村”的上下联动工作格局，坚持推进解决融资难题与解决企业商户生产经营中的其它困难相结合，使“服务送贷行动”产生更大的经济效益和社会效益。8月13日，在省人民大会堂召开郑州市百亿送贷行动成果展示会，对全市“服务送贷行动”工作开展情况进行考核与督促，会上共签订“服务送贷行动”目标责任书20份。2010年，郑州市工商局共召开“百亿送贷”产品推介会30余场，制作宣传横幅218条，展架305个，免费发放宣传彩页19700余份，参会商户达到22309户，核实客户信息17960多条，放款额度8个亿，全系统圆满完成本年度“百亿送贷”工作。(3)积极赴浙回访，加快浙商落地步伐。郑州市工商局按照省局的招商工作安排，成立了以局长赵中祥为组长的招商工作领导小组，深入企业实地回访，了解项目企业在落地过程中亟待解决的问题，帮助企业协调项目用地、环境评估、园区规划以及电力供应等难题，推进项目进展和落地步伐。9月4—6日，赵中祥带队对豫浙洽谈会的签约项目进行回访，到项目建设现场实地调研，到一线了解企业在建设和发展中遇到的困难和问题。(4)注重研究分析企业登记案件，提高登记质量。2010年，市工商局召开10余次登记案件分析会，对河南兴业天成环保有限公司、中科华飞管业(东莞)有限公司郑州分公司、新密七里岗杨砦煤矿、河南兴和置业有限公司等10多起因登记引起的诉讼案件进行专题研究，与当事人面对面答疑，听取有关登记机关对案件的汇报分析，并对登记程序、提交文书要件进行缜密梳理。通过对案件的探讨，规范了窗口人员的登记行为，提高了登记质量，减少类似登记诉讼案件的发生。(5)进一步规范和完善登记数据。在河南省工商系统“数据质量建设年”活动中，郑州市工商局按照省局的要求，精心组织，合理部署，采取有力措施，扎实开展数据质量建设工作。截至12月底，市工商局共发布关于《市场主体完整性、准确性专项数据检查的情况通报》十五版，对错误数据进行修改和补录，准确率达99.9%以上，保证了登记数据的完整和准确。(6)加强对全系统企业登记工作指导，规范企业登记工作。对登记工作中出现或发现的问题，坚持集体研究，及时准确地答复各登记机关提出的业务问题。如：健身场所的登记、婴幼儿教育咨询、国有独资企业投资办一人有限公司的企业类型的认定、二手车交易、在开发区享受免交登记费后迁出企业如何登记等。对于共性问题，在内网上发文进行业务指导，规范企业登记工作。

【法治工商建设】 2010年，郑州市工商局圆满完成法治工商各项任务，被国家工商总局授予2010年全国工商系统法制工作先进集体，被郑州市政府授予2010年郑州市十个最佳文明执法单位。

完善组织，为做好依法行政工作建立基础。按照省政府法制办要求，将原郑州市工商行政管理局推行行政执法责任制工作领导小组更名为郑州市工商行政管理局依法行政工作领导小组，并调整了职责，对全市工商系统依法行政工作进行全面部署。

加强行政执法监督检查，规范执法行为。(1)开展执法检查。根据省局和市政府法制办的工作部署，市工商局从全系统各单位随机抽取行政处罚案卷148卷、规范性文件63件、行政许可案卷(包括企业登记、户外广告许可、展销会登记等)146卷进行评审，下发《关于全市工商系统2009年度行政执法责任目标考评情况的通报》，指出案卷中存在的5类28个具体问题，并督促有关单位整改，确保工商执法进一步标准化、规范化。(2)组织开展依法行政工作责任目标考核。市工商局制定了全系统的《依法行政工作责任目标考核方案》，将行政决策、信息公开、规范性文件审核、复议诉讼等8类42项行政行为列入考核内容，详细规定了考核方法、评分原则以及考核结果的认定和运用。(3)组织开展规范行政处罚自由裁量权工作监督检查。市工商局制发了《全市工商系统2010年规范行政处罚裁量权工作监督检查实施方案》，对全系统加强指导，纠正不执行、不当执行行政处罚裁量标准、适用规则、内部制约制度和监督检查制度的问题，对21个执法单位2009年9月1日以来所办案件进行抽查，检查案件执行行政处罚裁量标准以及案件执行率100%、责罚相当、同案同罚等要求贯彻落实情况。

坚持五项制度，加强规范性文件监督管理。(1)按照"有件必审、有审必备、有错必纠"的原则，严格执行规范性文件5项管理制度。2010年，对各处室制发的16份规范性文件，严格进行法制审核，保证文件内容无违反法律、法规、规章的相关规定，并按要求上报市政府备案。(2)开展规范性文件清理。按照市政府部署，对2010年5月31日前现行有效的206份规范性文件进行清理。经清理继续有效108件，废止98件。2010年10月20日下发了《郑州市工商行政管理局规范性文件清理结果》，并在市局网站上向社会公布。

依法参加行政复议。将行政复议工作纳入单位目标考核，督促各单位重视并做好行政复议工作。2010年，市工商局被市政府和省工商局复议的案件共19起，市局有关处室和直属单位，认真做好行政复议答辩，并积极协调复议机关，做好沟通、解释工作。

依法参加行政诉讼。按照《郑州市行政应诉工作规则》的规定，建立行政诉讼案件登记簿、应诉登记表，进一步完善行政应诉制度。2010年，市局应诉行政诉讼案件29起，没有一起败诉。同时，做好因集中审理引起的行政应讼案件的配合等试点相关工作。

加强法制宣传教育。认真做好"五五"普法宣传，积极组织自查，准备了2006年—2010年的各种法制宣传资料，圆满完成了市依法治市办及省工商行政管理系统的"五五"普法检查验收。加强法制学习培训，努力营造依法行政氛围。制定了《郑州市工商行政管理局2010年学法计划》，继续坚持和完善领导干部中心组学习制度。5月31日，组织市局领导班子成员及系统县处级领导干部参加了全市"领导干部法制讲座"，学习《中华人民共和国侵权责任法》。6月1日，按照郑州市依法治市办公室的要求，参加"河南省'加强法制宣传教育、促进社会矛盾化解'主题宣传活动"，制作了展板，印制并发放了大量的宣传材料。

做好具体行政行为法制审核工作。(1)对上报核审的行政处罚案件坚持依法从严把关。严格执行《河南省工商行政管理局行使行政处罚自由裁量权规则》和《河南省工商行政管理局行政处罚自由裁量权执行基准》，对存在各类问题的，均按规定退卷。全年共核审各单位报送罚没款金额5万元以上重大疑难行政处罚案卷13件，罚没款总额达300多万元。(2)加强行政机关行政合同管理。建立行政合同逐级负责的法制审核制度和备案制度，加强合同审查监督，确保行政机关合同的合法性，维护行政机关的合法权益和良好形象。

加强执法证管理。2010年，根据省政府、省局的文件要求，市工商局下发了《关于做好全市工商系统行政执法人员培训考试和〈河南省行政执法证〉换发工作的通知》，按要求在全系统开展了执法人员综合法律和专业法律知识培训。9月16日，组织全系统统一进行了执法证换证考试，全员合格。在与河南省政府法制网执法人员公示信息全面核查后，共换发执法证2499人、执法监督证97人。

全面推行行政指导，服务经济社会发展。2010年以来，市工商局全面深入推行行政指导工作，以提高执法效能、服务经济社会发展为主线，把推行行政指导与规范监管行为、提高执法效能、构建和谐社会融合起来。一是加强领导，明确职责。成立市、县(市、分局)两级行政指导工作领导小组，负责行政指导工作的组织、领导、协调、监督。制定实施方案，明确工作步骤与分工，形成主要领导亲自抓，班子成员具体抓，法制机构牵头抓，各业务处(科)室配合抓，层层抓落实，一级对一级负责的工作格局。二是把行政指导工作作为年度绩效考核的一项重要内容，把行政指导工作摆上重要位置。三是重点围绕市场主体准入、市场竞争行为、市场交易秩序、企业信用建设、知识产权保护、食品安全和消费者权益保护等开展行政指导，为各类市场经济主体营造宽松、和谐、公平、有序的发展环境。四是规范执法行为，为推进行政指导奠定基础。探索行政指导与行政执法的有机结合，以规范行政执法行为促进行政指导的实施。在严格执法、文明执法的同时，进一步规范行政执法的每一个环节，切实提高执法水平。

【案件查办工作】 2010年，郑州市工商管理部门高度重视案件查办工作，把查办违纪违法案件作为加强队伍管理、惩治执法腐败的重要手段，不断加大查办案件力度。坚持把解决吃拿卡要、涉企四乱、以权谋私、违法办案等违纪问题作为政风行风建设工作重点，严厉查处违规违纪行为，纠正存在的问题和不足，维护党纪政纪的严肃性。同时加强对企业、商户来访、信访举报以及上级督办案件的分析研究，及时了解、掌握工作中容易产生违法违纪行为的关键环节和重点部位，增强监督的时效性和针对性。全年受理群众来信来访和电话举报46件次，对32件次署名的举报件，根据举报线索按照"一案一查一报"的原则进行初核，做到逐件查清、逐件落实，并将处理意见及时反馈给举报人。全年投诉、举报、申诉处理率95%以上，立案结案率100%，上级要结果案件按时结报率100%，批评教育违纪人员14人，通报批评7人，"闭门思过"5人。

【基层建设】 2010年,郑州市全面完成乡镇中心工商所硬件建设任务,市工商局荣获全省工商所建设先进单位。

进一步加强规范化制度建设,加强内部管理。学习贯彻《工商行政管理所业务工作指南》、《河南省工商行政管理系统基层工商所规范化建设实施方案》、《河南省工商行政管理所工作规范》和《河南省工商行政管理所业务工作指南》,通过建章立制、规范管理,逐步建立结构合理、管理科学、运转协调、行为规范、廉洁高效的管理体制和运行机制,增强基层干部依法履职能力和服务发展水平,把工商所各项工作纳入规范化轨道。

做好全国工商行政管理系统标识统一规范工作。一是按照国家局、省局有关要求,及时召开工作会议,周密部署,迅速行动。二是下发《关于做好统一规范基层工商所标识有关工作的通知》,确定系统各单位2010年需要统一规范标识的工商所和2011年起逐步统一规范的工商所范围。三是做好各工商所统一规范标识电子图纸的审核把关,对各单位规范进度及时督促,对完成任务的工商所,做好检查验收。至12月底,中原分局航海西路工商所、建材分局东建材工商所通过验收,二七分局大学路工商所、嵩山路工商所已完工,待验收。中原分局航海西路工商所、经济技术开发区分局明湖工商所、二七分局大学路工商所等一批标准化工商所高标准规划设计,高标准建设施工,明湖工商所被确立为省局试点样板。

【宣传报道工作】 2010年,全市工商行政管理系统在各级各类媒体发稿1286篇,其中,中央级媒体39篇,省级媒体775篇,市级媒体472篇;市局共计接待新闻单位采访263人次。宣传报道工作实现了电视台、电台、报纸联动,形成了全方位、多媒体、滚动式宣传报道氛围,提升了工商机关的整体形象。

明确目标任务,加强督查指导。制定印发宣传报道实施方案,明确2010年全系统各单位宣传报道任务,纳入年度考核指标进行督查落实。下发了关于进一步加强宣传报道工作的紧急通知,对系统各单位与新闻媒体的联系及时予以帮助指导,采取措施督促相关单位改进工作,树立良好工商形象。参加《中国工商报》组织的第四届全国工商系统"工商新闻百星"先进集体申报活动,撰写报送了大量材料。编纂《红盾之光耀绿城》大型综合画册,通过丰富的图片、翔实的解说,全面展示了新时期郑州工商科学监管、服务发展的红盾风采。

【精神文明建设】 2010年,郑州市工商局对全系统精神文明建设认真安排部署,做好创建督导。印发《关于进一步深化精神文明创建工作的通知》,明确创建目标和任务,督促指导符合创建省级文明单位条件的单位扎实做好创建工作。2010年,全系统新创建省级文明单位7家。

开展评先活动,营造争先创优氛围。开展争创全市杰出(优秀)青年卫士、优秀青少年维权岗、月评文明市民等活动,推荐杰出(优秀)青年卫士3名、优秀青少年维权岗2家,文明市民候选人3名。

做好迎接全国城市公共文明指数测评工作。7—8月,中央文明办对郑州市进行第二次全国城市公共文明指数测评。市工商局按照市文明办的要求,结合所承担的指标任务,做好迎检工作。一是切实履行职责,确保职能到位。制定了《郑州市工商行政管理局迎接全国城市公共文明指数测评工作方案》和《郑州市工商局2010年迎接全国文明指数测评重点任务分解表》,明确测评内容和责任单位,尤其是将"窗口"部位作为迎检重点,对照"窗口"行业规范化服务要求,逐项检查,一一落实。对于列入测评重点的未成年人保护工作高度重视,加强校园周边环境治理、食品安全监管、文化市场整治及黑网吧查处等项工作,受到市创建办的充分肯定和高度评价。二是广泛宣传,营造氛围。印发了《关于做好创建全国文明城市宣传工作的通知》,在市局机关、市内各单位、辖区批发市场和集贸市场制作设立了创建文明城市的宣传牌、宣传栏及标语口号,营造创建文明城市浓厚氛围。三是做好相关材料报送工作。按照市创建办要求,整理报送了2009至2010年7月份前形成的有关文件、计划、总结、简报、图片、新闻报道等材料300余份。

【教育培训工作】 2010年,郑州市工商局认真落实《全省工商行政管理系统2008—2012年大规模培训干部工作的实施意见》,有计划、有步骤、有重点地开展各类培训。

制定《郑州市工商行政管理局2010年度教育培训方案》、《郑州市工商行政管理局2010年度基层巡回培训方案》和《基层巡回培训安排意见》,确立培训目标、对象和内容,对全系统实行统一管理、巡回培训,做好基层监管执法人员的思想引导和工作引导。在全系统推荐选拔兼职教师,确定郑皓、王益民、范宏涛3人为省局兼职教师,参加全省基层业务骨干巡回培训。印发《关于组织参加全国工商系统第一(二)期县工商局领导班子副职网络培训及第一(二)期基层工商所长网络培训的通知》,对网络培训的方式、方法及流程进行了明确要求,对学员参训情况进行督导检查,并按照省局要求做好相关情况的收集汇总上报。举办全系统12315业务工作视频培训、打击传销工作专题讲座、食品安全监管工作专题讲座,并做好相关教学质量评估问卷发放、收集、汇总、上报工作。组织举办全市工商系统《廉政准则》等反腐倡廉法规制度知识竞赛,21支代表队参赛,铁路分局代表队获得一等奖,经济技术开发区分局、登封市局代表队获得二等奖,金水分局、新郑市局和中牟县局代表队获得三等奖，其他15支代表队获得优秀奖。

【党风廉政建设】 2010年，郑州市工商局认真落实党风廉政建设责任制，完善反腐倡廉工作机制。一是完善党风廉政建设责任目标工作机制。研究制定了《郑州市工商局2010年度党风廉政建设责任目标》，按照“一把手负总责，班子成员对职责范围的廉政目标负主要责任”的要求，把反腐倡廉工作细化分解为7个方面48项具体任务，逐项落实到分管领导和处（室）负责人，形成了“领导班子为核心、领导干部为主体、人人有责任、项项有措施”的党风廉政建设工作格局。二是狠抓党风廉政建设责任目标的具体落实，对22个下属单位及市局相关处（室）制定、落实责任目标情况进行检查，督促各单位及时传达部署，分解责任目标，建立目标明确、职责清晰的党风廉政建设工作机制。三是强化责任，加强督查和考核。市局党组坚持党风廉政建设责任制与各业务工作同部署、同落实、同检查、同考核，党组成员带队对所属单位领导班子及科级干部履行工作职责和落实党风廉政建设责任制情况进行督促检查、考核测评。四是严格责任追究。凡发生违纪行为，不论涉及到谁，都一查到底。尤其是对党风廉政建设和反腐败工作思想不重视，措施不到位，责任不落实，造成失职渎职的，坚决追究有关领导和责任人的责任。

切实抓好领导干部的廉洁自律工作，进一步规范党员领导干部的从政行为。认真贯彻落实《中央纪委关于严格禁止利用职务上的便利谋取不正当利益若干规定》和省委廉洁从政十二条规定，围绕领导干部违反规定收钱送钱、纵容配偶子女及身边工作人员谋取非法利益、借婚丧喜庆收钱敛财、参与赌博等问题，组织全系统党员干部自查自纠。按照《郑州市工商局领导干部个人重大事项报告规定》，全系统274名副科级以上干部及时如实报告了个人重大事项。节日期间，全系统抽调54人，组成23个检查组，围绕收送现金、有价证券、支付凭证、公款旅游、公车私用、高消费娱乐活动等重点问题开展明察暗访，检查景点、文娱场所213个（次），封存公务用车300多辆，有效防止了不廉洁行为的发生。

从源头抓起，建立反腐倡廉长效机制。一是严格财务监督管理。积极探索资金集中统一管理、有效监控的新机制，加大内审力度，聘请会计师事务所，对全系统22个独立核算单位进行全面审计，依法查处违规违纪问题；对基本建设一律面向社会公开招标；积极推行政府采购制度和大额资金支出集体研究制度。二是坚持正确的用人导向，规范干部管理权。认真贯彻《党政领导干部选拔任用工作条例》，制订《科级和副科级干部竞争上岗工作方案》，坚持公开、平等、竞争、择优的原则，全年选拔新任、转任科级干部50名，选拔推荐副县级干部两名。对新任、转任科级干部，党组研究前，干部联席会议进行审核，任前进行廉政谈话。三是进一步健全完善县（市）分局局长向市局述职述廉、基层工商所长面向社区和企业、个体工商户述职述廉制度。8名单位主要负责人在市局大会上述职述廉，86名科级以上领导干部在党组（支部）民主生活会上述职述廉，139个工商所所长全部向辖区企业商户述职述廉，自查自纠问题49条，收到良好的效果。四是认真贯彻落实中央和省委、省政府有关厉行节约的八条要求，推进节约型机关建设。2010年，全市工商机关公务接待费用支出、公务车辆购置及运行费用、因公出国（境）经费支出等“六项费用”消减、压缩10%。

【政风行风建设】 2010年，郑州市工商管理系统加强了政风行风建设，切实纠正损害群众利益的不正之风。一是先后3次召开动员会对政风行风建设工作进行安排部署。要求系统各单位建立健全评议工作领导小组和工作机构，制定工作方案，把各项评议工作落到实处。二是加强行政服务大厅建设。要求系统所有服务大厅进一步改进硬件建设，创造更加良好的办事环境；进一步完善措施，规范管理，落实承诺，改进工作，提供更加便捷、高效的服务。三是开展政风行风建设宣传活动。通过“政风行风热线”、新闻媒体、征求意见书、组织专题活动，以及设立评议意见箱、值班电话、电子信箱等多种形式，向社会各界广泛征求意见建议，宣传工商职能，公布服务承诺及便民措施，主动接受群众监督，争取社会各界的理解和支持。四是开展自查自纠。组织各工商所重点结合社会主义核心价值理论教育活动的要求，进行“六查六看”，即：查思想观念，看是否存在因循守旧、墨守成规的问题；查体制机制，看是否存在关系不顺、运行不畅的问题；查精神状态，看是否存在安于现状、不思进取的问题；查工作规范，看是否存在规范化制度不健全、规范化建设推动无力的问题；查自身素质，看是否存在能力不强、水平不高的问题；查工作作风，看是否存在效率不高、执行不力的问题。通过“六查六看”，查找问题，剖析原因，对症下药、逐一整改。同时，深入企业商户，采取问卷调查、明查暗访、召开座谈会等多种方式，广泛征求意见，查找群众反映强烈的热点问题，进行整改。

（李振南）

审计监督

【概况】 2010年，郑州市审计机关紧紧围绕经济工作中心，认真履行审计监督职责。全市共审计单位682个，审计调查项目52个，经审计处理，上缴财政资金22129万元，追回挤占挪用资金6191万元，节约政府投资5.5亿元，减少财政拨款和补贴7739万元,挽回经济损失7208万元,移送有关部门处理事项17项,提交的专题报告、审计信息被批示采用208篇。

【预算执行审计】 2010年,郑州市审计局以规范管理、促进机制和制度的建设与完善为目标,以预算编制和执行为重点,加大了对有关经济政策落实情况的审计力度,共涉及19个部门、单位和8个政府投资项目,并对6个专项资金进行了专项审计或调查,查出挤占挪用专项资金1022万元、滞拨专项资金187万元等各类违规问题,提出了许多加强预算管理和完善制度等方面的建议,审计工作报告在市十三届人大常委会第十三次会议上得到好评。惠济区关注预算执行中的薄弱环节,中原区延伸审计覆盖面广,金水区在审计方法上进行了探索和创新,其他县(市)、区预算执行审计也不断深化,在当地人大、政府加强预算管理和监督的过程中发挥了积极作用。

【财政决算审计】 2010年,全市共对39个县、乡两级政府进行了财政决算审计,审计查出违规征收、缴纳财政收入9316万元,收入核算不实4.5亿元,虚报冒领182万元。市审计局重点对经济技术开发区和中原区财政决算进行了审计,提出的改进财政管理的建议得到积极落实。荥阳市、新密市、登封市、管城区、中原区等审计局的决算审计范围广、力度大、效果好,促进了乡镇财务管理和廉政建设,提高了财政资金的使用效益。

【投资审计】 2010年,全市共对103个建设投资项目开展了审计,审减工程造价,为市、县两级政府节约建设资金5.5亿元。市局对快速公交首期建设工程、七中高中部建设工程、植物园建设工程等8个建设项目进行了竣工决算审计,审减工程造价2.2亿元,审减率达15%。组织审计人员赴四川省江油市,对援建项目进行跟踪审计,出色完成了审计任务,受到省审计厅的高度赞誉。二七区形成了政府投资项目全过程监督体系,审减工程资金总额8726万元,审计成效显著。新郑市对53个政府投资项目的审计结果进行公告,金水区完善政府投资相关制度规定,荥阳市、登封市、中牟县、新密市、惠济区投资审计审减造价均在2000万元以上,巩义市、中原区、管城区投资审计也为地方政府节约了大量建设资金。

【重点行业审计】 2010年,郑州市对10个重点行业进行了重点审计。一是围绕民生问题,组织开展了农村劳动力“阳光、雨露”培训资金、城镇职工和居民医疗保险基金、中小学校舍安全工程资金、青海玉树地震救灾款物等专项审计。二是围绕防范风险,完成了对荥阳、新密农信社审计,对形成不良贷款的责任单位和人员进行了相应处理。三是围绕促进国有资产保值增值,完成了对市热力总公司、公交总公司等4家重点国有企业的审计,向企业及政府提出了切实的纠正措施和改进建议。四是围绕规范运用外资,完成5个国外贷、援款项目审计,2份审计报告被政府领导批示,并促进相关部门制定了《政府外债统计备案制度》、《结核病药品管理制度》等规范性制度措施,有效发挥了服务促进作用。

【经济责任审计】 2010年,全市共对174个单位215名领导干部进行了经济责任审计,查出违规资金11410万元、管理不规范资金37927万元、损失浪费114万元,移送有关部门处理事项12项,上报的审计情况反映,受到各级主要领导的高度重视。市委书记连维良对市审计局的审计综合报告批示:“各单位对审计出的问题要认真纠正,不能纠正或短期纠正不到位的要专题向市委、市政府报告;严重问题被审计对象要主动承担责任,纪检委和组织部根据纠正情况和本人态度提出处理意见。”市长赵建才批示:“坚持依法依规办事,该纠正的要纠正,严重违法违规的要追究责任。”各县(市)、区在经济责任审计方面也采取了有效措施,金水区制定了《规范经济责任审计评价　细化责任界定的暂行规定》,登封市审计结果得到了较好地运用,二七区全面开展任中审计,基本做到了任内必审、离职必审。

【专项审计调查】 2010年,全市共对涉及400家单位的10项专项资金进行了审计调查,查出损失浪费1180万元,促进增收节支1569万元,避免或挽回损失6936万元,提出合理化建议46条。围绕重要政策措施和民生问题,市审计局在开展廉租房建管用、文化事业建设费、国有企业对外投资、南水北调移民征迁安置情况等4项调查工作的同时,组织全市开展了地方政府债务、家电下乡、农村公路建设、中等职业学校建设、进一步加大教育投入政策、乡镇文化站建设等6项行业审计调查,促进了相关领域政策措施的贯彻落实和制度的完善。

【审计质量建设】 2010年,郑州市在审计质量建设方面,一是强化精品意识,带动审计质量的整体提升。对精品工程建设作了新的部署和安排,修改完善了精品审计项目、精品审计调查项目、精品计算机辅助审计项目的考评标准,使之更具操作性和科学性。多次举办各类审计业务专题讲座,召开业务交流专题会议,对审计文书格式和公文质量进行规范。通过这些措施的实施,不断将“三个一”精品工程活动推向深入。二是注重宏观分析,深化审计成果的有效运用。广大审计干部不断摆脱“就审计论审计”的狭隘认识,把查处问题与服务决策、促进改革、完善制度、强化管理结合起来,深化审计成果的运用,提高了审计成果的层次和水平。市局一年来向市政府提交的情况反映、专题报告等领导参阅材料,多篇被批转批示,发挥了积极建设性作用。提交的《廉租住房保障资金审计调查报告》，市长赵建才、常务副市长胡荃高度重视，市委书记连维良批示："一定要将此事办好。该领域的任何腐败和不正之风都要从严从重问责。问题要抓紧研究解决，制度要抓紧规范完善。"提交的《公交总公司经济运营状况审计调查报告》，得到常务副市长胡荃批示，要求相关部门逐一落实整改。提交的情况反映《国有资产移交需及时办理所有权移交手续》，市政府据此专门成立了移交清查领导小组。新郑市、登封市也不断拓宽审计成果的利用渠道，提交的领导参阅材料数量多、层次高，得到了地方党委、政府主要领导的肯定和赞扬。三是创新审计方法，强化审计的质量效率控制。第一，创新审计程序管理。市局党组高度重视审前调查和实施方案的质量，并严格实行分级审核把关和集体研究审议，强化了审前调查和实施方案的指导性，使审计思路更加清晰，重点更加突出，切入点更加准确，起到了事半功倍的效果。第二，创新审计制度。加强现场审计质量控制，建立了审计组长责任制和处长负责制；加强分级审核把关，建立了审计项目法制处复核、总审计师审核、审计业务会议审定的工作制度；加强业绩考评，形成了以系统目标责任综合考评为主线，以基础工作、业务质量、精品工程、信息化运用、"三项建设"等为主要内容的综合考评体系；加强执法行为约束，完善了审计时效管理、廉政回访督查、执法责任落实、审计整改、案件线索移交登记等制度。第三，创新审计手段。OA网上办公的覆盖面明显扩大，市局90%的公文实现了纸质公文和OA流程同步运行。AO的利用率进一步提高，大部分项目都利用了计算机辅助审计，金融、外资、大型国有企业、重点专项审计等，在审计质量和效率上都取得了突破性的应用效果。市审计局向省厅报送的AO应用实例中，有9篇被推荐到审计署参评。四是突出审计重点，展现审计工作的新特色。一年来，围绕全市"保增长、调结构、惠民生、保稳定"这一中心任务，在全面审计的同时，着力抓关键、抓要害，重点突破，从而使整个审计工作显出了亮点和特色。在工作整体布局上，突出主要任务。重点抓预算执行审计、投资审计、专项审计和调查、经济责任审计四大审计工作重点任务。在计划安排上，突出热点问题。重点抓住政府最关心的事情、群众最切身的利益、社会最关注的问题进行选题立项，使审计项目更贴近党委政府的中心工作、贴近宏观时事政策的落实、贴近民生和社会公共利益。在组织实施上，突出重要线索。克服人员少、任务重的矛盾，采取灵活多样、注重实效的审计方法，集中力量，重点突破，抓住关键线索查深、查透，提高了审计的针对性和实效性。

【审计队伍建设】 在思想政治方面，通过深入开展社会主义核心价值体系教育、创建学习型党组织、进行经常性形势政策教育等方式，不断凝聚思想，增进团结，振奋精神，促进工作。在专业培训方面，以专业技术、现代科学、宏观经济管理为重点内容，综合运用岗前教育、专项培训、以会代训、继续教育、竞争上岗、轮岗交流等措施，分层次、多形式地组织全员培训，全面提高了审计人员的整体素质。在作风建设方面，严格执行"八不准"规定、审前承诺、审后回访和年终考核一票否决等制度，有针对性地加强重点人员、重点岗位和关键环节的纪律约束，出台了《郑州市审计局关于加强对审计组监督的规定》，并以党员干部为重点对象，开展了"四会一课"廉政教育深化年活动，促进了政风行风建设。在精神文明建设方面，进一步加强组织领导，采取有效措施，深化创建内容，巩固创建成果，全市审计机关精神文明建设整体推进，继续保持着蓬勃发展的强劲势头。

（白　虹）

物价管理

【概况】 2010年，郑州市价格工作紧紧围绕保持价格总水平基本稳定，促进经济平稳较快发展这一主线，充分发挥价格杠杆作用，促进经济发展和结构调整。元至12月，郑州市居民消费价格总水平同比增长3.0%，呈现两大特点：一是物价总水平基本稳定，总体呈上涨态势。全年涨幅为3.0%。二是以农产品为主的生活必需品价格上涨幅度较大，价格总水平逐月攀升。

【价格调控】 2010年，受国际金融危机后续影响和国内多种因素制约，以农产品为主的生活必需品价格上涨幅度较大，价格总水平逐月攀升，总体呈上涨态势。物价部门始终把保持价格总水平基本稳定作为首要任务，多措并举，积极应对。一是加大监测工作力度，提高预测分析能力。强化重点行业监测，着力开展与群众生活密切相关的民生热点价格监测，直接监测品种654个，监测点62个，处理各种报表32种。全年共完成《郑州价格监测》65期，报送分析报告120余篇。下半年，针对价格总水平逐月攀升的情况，及时启动应急价格监测日报制度，并新增28个监测品种和1个监测点，编印《郑州农副产品价格监测日报》，报送至省发改委和市委、市政府，为领导决策和稳定价格总水平提供详实可靠的监测数据。二是积极开展涉农产品生产情况调查和成本监测，认真做好定期和调定价成本监审。重点开展了农户存售粮、农资购买、农户种植意向、冬小麦成本预测等四大项专项调查，全年共组织专项调查12次，市场成本监测24次，先后756人次到调查点调研，收集汇总126份成本资料，给各级领导上报576份市场成本监测材料，掌握了第一手农副产品成本变化情况，为政府决策提供了全面的成本

2010年1-12月郑州居民消费价格总水平

（以上年同期为100）

	1月	2月	3月	4月	5月	6月	7月	8月	9月	10月	11月	12月	累计
消费价格指数	102.0	103.2	101.9	102.4	101.8	101.9	102.4	103.2	103.6	104.5	105.2	104.0	103.0

郑州八大类价格指数对比表

名　称	1月	2月	3月	4月	5月	6月	7月	8月	9月	10月	11月	12月	累计比
一、食品	105.5	108.5	105.7	106.7	104.6	105.1	106.1	108.5	109.3	110.7	111.8	107.2	107.5
肉禽及其制品	98.9	100.3	99.0	98.6	100.8	102.3	104.0	106.5	105.8	107.0	110.0	110.7	103.6
蛋	103.1	104.2	96.5	93.6	96.5	100.5	107.5	108.2	113.6	115.2	123.1	125.9	107.4
菜	120.9	128.9	114.7	126.5	110.8	106.3	113.6	124.6	123.6	134.1	120.0	87.6	117.1
二、烟酒及用品	100.3	100.6	100.9	101.2	101.3	101.3	101.3	101.0	101.0	100.7	101.1	101.4	101.0
三、衣着	100.1	100.1	100.1	100.0	100.0	100.0	100.0	100.0	100.3	100.4	100.5	100.5	100.2
四、家庭设备用品及维修服务	99.7	99.8	99.9	99.9	99.2	99.2	99.0	99.1	99.0	99.0	99.8	101.2	99.6
五、医疗保健和个人用品	101.4	101.6	101.9	102.4	102.7	102.5	102.3	102.4	102.2	102.8	103.2	103.1	102.4
六、交通和通讯	99.8	100.5	100.0	100.3	100.3	100.2	99.8	99.8	99.7	99.8	99.8	99.7	100.0
七、娱乐教育文化用品及服务	99.8	102.3	99.0	99.5	99.6	99.4	99.7	100.5	101.2	101.1	100.6	100.6	100.3
八、居住	101.4	100.4	100.2	100.6	100.6	100.7	102.5	102.4	102.7	105.4	107.9	108.4	102.8

信息。全面推进国家发改委42号令的贯彻实施，认真开展了政府定价和服务价格的定期和调定价监审工作。全年共完成监审项目44项，涉及成本总额60.38亿元，核减不合理成本20.87亿元，为科学制定价格和收费标准提供了准确依据，维护了国家、企业和群众的利益。

【价格管理】 加大差别电价政策实施力度，促进经济发展方式转变和经济结构调整。继续对电解铝、铁合金、电石、烧碱、水泥、钢铁、黄磷、锌冶炼8个行业实行差别电价政策，进一步提高差别电价加价标准，将限制类企业执行的电价加价标准由现行每千瓦时0.05元提高到0.10元，淘汰类企业执行的电价加价标准由现行每千瓦时0.20元提高到0.30元；同时，高耗能企业也执行限制类电价。这项政策的实施，为优化产业结构，淘汰落后产能，促进节能减排提供了有力的支持。

积极推进供热计量改革，出台了郑州市供热计量价格。确定供热计量两部制热价的原则；测算出两部制热价的标准，并合理确定基本热价比例及建筑物耗热量指标；组织召开郑州市居民供热计量价格（试行）简易听证会及公共建筑供热计量价格测算座谈会。在此基础上，出台了供热计量价格政策，即居民两部制热价为：基本热价：9.12元/m²·采暖季，计量热价：0.186元/kwh；公共建筑两部制热价为：基本热价：13.44元/m²·采暖季，计量热价：0.275元/kwh。两部制热价的实行，不仅促进了节能减排，而且有利于群众节省费用，得到了社会的普遍支持和认可。

理顺结构，合理调整天然气价格。对非民用天然气价格进行调整，工业用气由每立方米2.50元调整到2.86元；，商业用气由每立方米2.80元调整到3.16元；同时理顺了车用天然气与汽油等可替代能源的比价关系，按照车用天然气价格与90#汽油零售基准价格0.6∶1的比价关系进行调整，车用天然气价格由每立方米3.32元调整到3.60元。

关注民生，加大基本药物零差率制度的监管。根据郑州市实施国家基本药物制度工作实施方案的要求，全市208家基层医疗机构的307种基本药物全部实行了零差率制度。在执行政策的同时，加强了对基本药物价格的监测工作，加大了对落实基本药物零差率的价格监督检查力度；并对6家大型连锁医药商店宣传基本药物价格政策，认真落实降价政策，保证了国家民生政策落实到位。

【价格监督检查】 2010年，郑州市物价管理部门以促进经济社会发展、服务群众为宗旨，先后开展了行业协会收费、涉农收费、农机服务收费、涉企收费、电力价格、药品和医疗服务收费、教育收费、成品油价格等专项检查，大力加强市场价格监管，整顿和规范各类市场价格秩序，全年共查处各类价格违法案件267件，涉及违价金额上亿元，实施经济制裁2933.62万元，其中退还用户441.35万元，上缴财政2492.27万元。12358价格举报热线全年共接听来电咨询、投诉电话24989次，群众来访318次，立案687件，办结658件，为消费者退款300余万元，有效地化解了价格矛盾。

【价格调节基金】 2010年，郑州市运用价格调节基金，扶持生产，稳定市场，妥善安排低收入群体生活。全市各级物价部门共使用价格调节基金3550万元，服务于价格调控工作。使用价格调节基金577.97万元，用于生猪储备补贴，确保市场供应；市区用于对低保户水价补贴89.15万元，缓解了低保户的生活压力；安排价格调节基金486.76万元对市属高校、高职、中职、技校家庭经济困难学生发放临时价格补贴；安排1483万元资金对困难群体特别是优抚对象、低保对象和农村五保户发放临时价格补贴。

2010年，全市共征收价格调节基金3.11亿元（煤炭价格调节基金1.95亿元），其中，市本级征收1.15亿元，圆满完成了全年征收目标。

【价格服务】 降低公交票价，让利于民。在广泛听取社会各界意见和建议基础上，召开了调整空调公交车价格简易听证会，决定从8月1日起，全面下调市内空调车票价，由原来的2元/人次下调为1元/人次（不含旅游专线、城乡公交线路），大大降低了群众的出行成本，受到社会各界的一致好评。

认真审核换发收费许可证，全面清理和规范收费项目。开展了以贯彻国家、省减费、降费政策为重点的2010年度行政事业《收费许可证》审验工作。共审验行政事业性《收费许可证》738个，涉及金额42.47亿元（其中行政事业性收费24.17亿元）；经营服务性《收费许可证》54个，变更《收费许可证》171个，注销35个，规范收费公示牌46块，发整改通知书15份，移交市物价检查所查处74个单位。认真落实省《关于开展2009年减轻企业负担检查工作的通知》精神，全面对涉企收费进行清理，年审统计数据显示，2009年郑州市涉企收费16.3亿元，比上年减少12.79亿元，降幅达44%，通过清理，企业负担大幅降低，进一步优化了企业生产经营环境。针对价格总水平逐月攀升的情况，集中对重要农产品生产、运输、销售过程中的各种行政事业性收费进行清理，共清理出25大项122小项收费项目，并上报省发改委和市政府，提出合理的意见建议，取缔不合理收费项目、降低过高的收费标准，不断规范政府机关、市场监管机构、检验检疫机构和路桥站的收费行为，切实减轻企业和经营者的负担，降低经营成本，确保农副产品市场价格的基本稳定。

开展旅游景区价格信用等级认证工作，推进价格诚信体系建设。结合郑州市实际情况，制定下发《郑州市价格信用体系建设规划》，制定旅游景区价格诚信单位认证评选标准，启动旅游景区价格信用认证工作。通过逐项实地考核验收，从中评选出价格诚信优秀单位，并参加河南省价格诚信优秀单位的评选。10月1日起，又对花园口旅游景区实行了免票政策，有效地促进了郑州市旅游业的发展。

加强医疗服务价格管理，完善按病种付费制度。确定郑州市中心医院等7家医院为郑州市按病种付费试点单位，积极与各试点单位沟通，召开座谈会，了解试点单位在试行过程中存在的问题，掌握推行进度，协调试点工作运行中遇到的问题，推进试点工作，完善按病种付费制度。截至12月中旬，试点医院共计从100个病种中，根据各自的实际情况，临床应用其中的11个病种，合计患者118人次按病种付费结算出院。

规范各类教育收费行为，整顿学校收费秩序。2010年，重点开展了整顿学校收费秩序、规范教育收费行为，完善教育收费公示制度，指导学校建立健全内部监督管理机制。一是规范民办教育收费，加大力度督促学校落实收费公示制度，办理民办非学历教育收费备案单位34个。二是进一步严格规范改制学校和分校的办学行为，对已改制的学校和各类分校继续进行清理整顿，凡达不到"四独立"办学条件的，停止其招生和收费。三是对高中教育阶段中外合作办学收费实行备案管理，对中外合作办学国际班的收费标准进行了逐步的统一和规范。四是开展中小学服务性收费和代收费的调研工作，对国家出台相关规定措施提出合理化意见和建议。

完善和规范《物业服务收费管理办法》，努力做好物业服务收费管理工作。起草了新的《物业服务收费管理办法》征求意见稿，并多次与市房管部门沟通，召开各种形式的座谈会，充分征求意见，为下一步出台《郑州市物业服务收费管理办法》打下扎实的基础；严把政策审批关，切实维护业主利益，对新申报的一、二级物业小区，做到成熟一个审批一个，全年共审批一、二级物业小区24个；大力推行物业服务收费公示制度，审核一家、公示一家，公示率达到98%以上，增加了收费政策的透明度；针对居民小区地下车库停车收费热点问题，开展专题调研，对全市有地下车库的141个住宅小区进行调查摸底。

制定停车场服务收费标准，用价格手段引导静态交通秩序，促进畅通工程建设。为规范车辆存放服务收费行为，市物价局联合市公安、财政、税务等部门制定《郑州市车辆存放服务收费管理办法》。扩大了免费停车的范围，延长了免费停车时间；增加了分区域计时收费的原则；修改了白天、夜间停车叠加收费的计算办法；规范了停车场管理人员收费行为；加大了收费公示的监管力度。

加大保障性住房价格管理力度,规范商品住房销售价格行为,努力维护房价基本稳定。对每一个政府保障性住房项目价格都认真审核,严格把关,全年共审核经济适用住房项目16个,建筑面积141万平方米,其中多层37万平方米,销售基准价格平均每平方米为1993元,高层104万平方米,销售基准价格平均每平方米2615元,确保了经济适用住房价格的基本稳定;为规范商品房销售市场环境,保护交易双方的合法权益,市物价局与市房管局联合下发了《关于进一步规范商品住房销售价格行为的通知》,明确了商品住房价格构成,严格实行商品住房销售价格明码标价制度,规范了商品住房销售价格行为。

(庞瑾嫚)

质量技术监督管理

【质量兴市工作】 2010年,郑州市实施质量战略会议召开以来,全市质监系统以质量兴市工作为载体,大力开展活动,倾力服务地方经济发展,开创齐抓共管的大质量工作格局。一是领导重视,组织有力。市政府成立了实施质量兴市工作领导小组,印发了《关于深化质量兴市战略工作的意见》,将质量工作纳入各级政府和部门的目标考核体系,为质量兴市工作的顺利实施提供了组织保障。全市所有县(市)、区都召开了动员会议,出台了配套文件,成立了领导机构。二是制定政策,完善激励机制。设立了郑州市"市长质量奖",并纳入郑州市人民政府市长奖评选表彰实行办法。各县(市)、区也全部建立了质量奖励政策,奖励额度在10万元到50万元之间。三是严格考评,示范带动。市政府启动了首届"市长质量奖"评选表彰工作,按照《市长质量奖评审实施细则》,经过严格评审和市政府常务会议研究,授予正星科技等5家企业市长质量奖。12月,市政府组织召开了郑州市质量兴市暨市长质量奖表彰大会,对5家获得市长质量奖的企业及标准化先进企业、先进单位、获得省名牌产品的企业给予奖励,奖金总额达到1470万元,对每家获得市长质量奖企业奖励100万元,奖金总额和单项质量奖奖励金额居全省首位。同年,宇通客车获得首届省长质量奖。市政府坚持将质量兴市战略和标准化战略一起实施,一起奖励,连续两年质量兴市会议共拿出2000多万元的资金奖励质量兴市和标准化战略实施工作先进组织。各县(市)、区建立了以领导小组办公室为平台,协调各级各部门的工作体系,以争创省长质量奖、市长质量奖调动各级政府、各级与质量管理工作有关部门的积极性,形成了多层次、多部门联动齐抓共管的大质量工作格局。

【名牌培育】 2010年,郑州市质监系统以名牌战略实施工作为抓手,调动企业创名牌的积极性。本年度对82家企业进行了申报培育,推荐51家企业52个产品参加省名牌产品的认定。郑州市政府明确了对获得中国名牌的企业给予50万元的奖励,对获得省名牌的企业给予10万元的奖励,对能够拉动郑州市服装产业园建设,并获得省名牌的服装企业给予40万元的奖励。有7个县(市)、区对获得中国名牌、省名牌、省优质的企业分别明确了相应的奖励额度。2010年郑州市有47种产品获得河南省名牌产品荣誉,市政府对生产企业给予通报表彰和奖励。

【实施标准化战略】 2010年,市质监局以创建国家级标准化示范区为重点,进一步提升标准化在服务经济建设中的作用。郑州高新区创建"国家高新技术产业标准化示范区"获得成功。12月14日,国家标准化委员会批准郑州高新区为"国家高新技术产业标准化示范区"。郑州高新区成为中部第一个被国家标准委批准的示范区,也是全国177个国家级开发区中第14个示范区,不仅填补了河南省的空白,而且奠定了郑州高新区在中部地区标准化的带动辐射地位。2010年,郑州市创建国家级农业标准化示范区3个,荥阳广武大葱获得国家地理标志保护产品称号。两家企业通过AAA级标准化良好行为企业合格确认,8家企业通过复审;7个单位通过省级服务标准化示范单位复查考核;5家企业获得采标标志证书。市政府对2009年度郑州市在农业标准化、工业标准化工作方面取得突出成绩的单位给予了总额为410万元的奖励。

【质监服务民生】 2010年,郑州市质监局以保民生、保安全为己任,响应市政府构建"安全郑州"的号召,在推广特种设备安全监管"金水新模式"的基础上,市质监局建立了郑州市电梯救援网络,20家电梯维保单位的70个维保站参与,既联合又分区实施电梯救援,改变了过去电梯救援分散管理各自为战的局面,形成了覆盖化、网络化、专业化、社会化的电梯应急救援机制。关注民生,全市质监系统开展了"5.20世界计量日"、"计量惠民"、"加油站计量整治百日专项行动"、"光明工程进校园、进社区"等活动。为提高市民食品安全消费意识,组织开展了"食品安全进我家"、"质监邀您看企业"、"质监大讲堂进企业、进校园、进社区"等活动,得到了市民的欢迎。多措并举,服务经济,关注民生,创新工作方法,营造了质监工作和谐发展的外部环境。在市本级54个行政执法部门执法责任制评议考核中,市质监局位列第七名,被郑州市人民政府授予"2009年度行政执法责任制评议考核优秀单位"。

【质量安全监管】 2010年,市质监局组织开展了"质量提升年"、"质量提升服务进万企"、"质监邀您看企业"、

“检测机构整顿”等活动，并取得了预期效果。计量工作完成计量标准考核复查22项，社会公用计量标准考核复查率达100%，社会公用计量标准器具按规定周期进行溯源，溯源率达100%。强制检定计量器具137.2833万台件。32家企业通过计量合格确认，13家企业获得“河南省商业、服务业诚信计量示范单位”称号。定量包装商品净含量监督检查合格率达到96.3%。检查集贸市场210个，在用计量器具共5464台件，计量器具检定率达87%，合格率84.7%。质量监督工作完成年度定检计划，共抽检1214家企业的1325个批次产品，合格批次1239个，批次合格率93.5%。14类工业产品许可证的受理工作进展顺利，受理企业71家。食品和特种设备安全监管做到守土有责，特别是食品小作坊监管职责进一步得到明确。全年受理347家企业申报的432种产品的生产许可，发放证书365个；建立企业档案1522个，建档率100%；企业主体责任监督检查覆盖率达到100%；完成了对314家企业生产的40种337个批次市级监督抽查任务，监督抽查不合格整改率、整改复查率、复查合格率均达到100%；食品质量安全整治力度进一步加大，全年开展了56次食品安全专项整治及检查，检查食品生产企业2559家次、查处各类食品违法案件42件，吊销食品生产许可证企业2家；食品质量安全应急机制进一步完善，应急能力得到提高，全年组织开展了11次食品生产质量安全突发事件应急处理及溯源演练。特种设备安全监管集中开展了特种设备安全“三项行动”，即：执法行动，治理行动，宣传教育行动。截至11月底，郑州市共检查各类特种设备6274台，其中，锅炉878台、压力容器1079台、起重设备502台、厂车166辆、电梯3544台、大型游乐设施110台。监管总量为45769台(套)的特种设备，本年度仅发生一起事故，事故率远低于总局规定的标准。

【服务基层工作】 2010年，郑州市质监局坚持服务基层，实现市、县两级质监事业和谐发展。主要体现在：帮助困难单位解决实际问题，维护基层的稳定和谐。重点帮助全省系统内事业超编最多、包袱较重的新密市局解决实际困难，郑州市局3次派工作组进驻新密局调研，形成调查报告并积极向省局反映报告，争取省局对新密局的支持。加大对基层工作的支持力度，市局积极帮助基层协调与地方的关系，为基层创造良好的工作环境。在市局的大力协调与推动下，质量兴市工作得以全面推进，各级政府给予了不同程度的政策和经费支持。协调高新区管委会推动争创国家级高新技术产业标准化示范区工作。协调荥阳市政府加快荥阳市建筑机械省级检测中心的建设进度。给予基层更大的干部使用权限。坚持为基层选好一把手，在基层班子的配备上，市局坚持充分信任基层党组，以基层党组的意见为基础决定对基层干部的选拔和使用，从源头上防止了基层班子内部矛盾的产生，调动了基层干部的工作积极性。

【执法和检测体系建设】 2010年，郑州市质监局狠抓执法和检测两个体系建设，实现了市、县两级执法和检测工作的和谐共赢。在执法和谐方面，一是指导基层局办理执法案件。市局通过“成立督查组，指导基层执法”、“派驻执法队，服务基层执法”、“明确工作职能，落实督、帮、查”三项举措的施行，确保服务基层执法工作落到实处。本年度督查组和派驻中队较好地完成了各项工作职责，帮助基层局共查办各类案件36起，密切了市、区两级执法人员的协作办案关系，强化了沟通与协作意识。二是帮助基层局解决执法中的实际困难，为部分基层执法单位购置了电脑等执法工作急需的装备。三是主动化解与基层局的矛盾。上下两级执法机构发生矛盾时，市局主动与基层沟通，协调立场，使得执法工作能够得以正常开展。在构建和谐检测工作关系方面，统筹市、县两级检测机构的发展，6个县级检测中心新增投入71.77万元，检测能力进一步提高。两个省级检测中心的建设工作正在加紧进行。河南省建筑机械检测中心落户荥阳后，荥阳市政府为中心建设划拨建设用地1公顷，提供建设资金250万元，并特批事业编制30个。郑州市并存的省级、市级、县级三级中心实现有序发展。

【和谐机关建设】 2010年，郑州市质监局和谐机关建设的主要内容为：加强学习型组织建设，构建和谐的人才成长环境；加强团结，营造和谐的干群关系；建立健全惩防腐败工作体系，形成良好的廉政建设风气；开展文明创建活动，促进物质、精神、政治三个文明建设和谐发展；加强思想政治工作，永葆质监发展活力；加强质监文化建设，增强发展软实力；加强机关建设，关心职工疾苦。

进一步加强各级领导班子建设。坚持干部“四化”方针和德才兼备的标准，调整充实基层领导班子。加强对各级领导班子的政治业务培训，坚持党组理论学习制度，积极参加省局组织的县级局长培训班，有计划有目标地组织基层干部外出学习交流，开阔视野。贯彻民主集中制原则，进一步完善各级党组议事规则和决策程序，按时召开年度民主生活会，民主氛围更加浓厚。加强各级领导班子的团结，及时发现和解决个别班子中存在的问题和矛盾，优化班子组合，创造基层班子和谐共处、团结协作的工作环境。加强对各级领导班子的监督，开展民主谈心活动，促进各级领导干部思想、作风的转变。

坚持以人为本，大力加强质监队伍建设。积极开展技术工人岗位练兵活动，提高职工的业务技能。在省人事厅举办的第六届全省机关事业单位技术工人技能竞赛活动中，郑州市获得衡器计量检定工种团体第一名、包揽个人前三名。开展了多种形式的业务培训工作,全年举办业务培训28期,培训人员1863人(次)。

深入贯彻落实党风廉政建设责任制,党风廉政建设取得新成绩。坚持把党风廉政建设作为立局之本,从业之规,狠抓政风行风建设,不断完善预防和惩治腐败工作体系,促进党员干部廉洁自律、克己奉公,保持了队伍稳定、系统稳定的良好局面,维护了质监部门的外在形象,得到了企业和群众的欢迎,受到省局和地方表彰。一是加强组织领导,将反腐倡廉工作和各项业务工作一起部署、一起落实、一起检查、一起考核、一起推进。局党组每季度听取党风廉政建设有关工作的情况汇报,指导全市系统党风廉政建设和纪检监察工作的开展。实行纪检监察例会制度,检查、督促纪检监察工作的落实。二是明确目标责任,年初与各单位一把手签订《党风廉政建设责任书》、《政风行风建设责任书》,明确"一把手"在落实党风廉政建设责任制领导体系中第一责任人的地位,强调"一把手"抓和抓"一把手",有效地发挥了"一把手"在落实党风廉政建设工作中的作用。三是建立全市质监系统领导干部廉政档案库,充分发挥领导干部廉政档案信息管理在干部监督工作中的重要作用。四是严格责任追究,明确"六个一票否决"。五是大力推进廉政文化建设。制订了廉政文化进机关、进家庭方案、措施,以创建廉政文化示范点活动为抓手,积极推进廉政文化建设。六是开展"七项活动"助推机关深入学习《廉政准则》,促进了党员领导干部的廉洁自律。全年对9名干部进行了廉政谈话,对15个单位进行了年度收支审计,达到总数的100%。重大节日及时对各级干部进行诫勉谈话,防止了节日病的发生。市质监局被省局评为2009年度党风廉政建设工作优秀单位,被郑州市评为2009年度郑州市政风行风建设工作先进集体、郑州市优化经济发展环境先进集体。

进一步加大全系统精神文明建设力度。在2008年和2009年全市系统集体开展创建省级文明单位活动的基础上,2010年,11个单位通过"省级文明单位"到期复评,2个单位申报"省级文明单位"。在全市精神文明会议上,市质监局荣获2009年度精神文明先进单位。

加强党组织和机关文化建设。开展了"建设学习型党组织"活动,市局机关党委荣获郑州市"优秀基层党组织",3个支部荣获"党员管理先进单位"、"学习型党组织"等称号。全年共培养入党积极分子5名,发展预备党员9名。全年举办各种文体活动和比赛13次,在市直机关诗歌朗诵比赛中荣获一等奖。在全系统推广机关行政管理标准化,各级机关的管理水平和行政效能得到提升。厉行节约,勤俭办公,实现节能10%的目标。关心群众疾苦,走访慰问了建国前老党员、生活困难党员和职工,机关管理更趋人性化。开展了献爱心活动,"慈善日"组织捐款1.7万元,为青海玉树地震灾区、甘肃舟曲特大泥石流灾区捐款6万余元。

(刘焱中)

安全生产监督管理

【概况】 2010年,郑州市安全生产监督管理部门认真贯彻落实国家和省市关于安全生产工作的一系列安排部署,以"实现安全发展、构建和谐郑州"为目标,以开展"安全生产年"活动为主线,以"安全郑州"创建活动为抓手,深入开展安全生产大检查、重点领域隐患排查和专项整治活动,较好地完成了各项目标任务,全市安全生产形势总体平稳。全年全市共发生各类生产安全事故2895起、死亡285人、受伤1450人,直接经济损失3590.1万元。各类事故死亡人数占省政府下达郑州市年度控制指标296人的96.3%。生产安全事故死亡人数同比实现"三下降",即各类事故死亡总人数同比下降2.1%,工矿商贸企业事故死亡人数同比下降5%,道路交通事故死亡人数同比下降3%。

工矿商贸企业事故情况:全市工矿商贸企业共发生事故28起、死亡57人、受伤22人,直接经济损失2419.2万元,分别占各类事故总起数的0.97%、死亡总人数的20%、受伤总人数的1.5%、直接经济损失的67.4%。与上年相比,事故起数下降31.7%、死亡人数下降5%、受伤人数上升15.8%,直接经济损失上升2.3%。死亡人数占省政府下达郑州市工矿商贸控制指标58人的98.3%。道路交通事故情况:全市共发生道路交通事故1236起、死亡223人、受伤1424人,直接经济损失391.9万元,分别占各类事故总起数的42.7%、死亡总人数的78.3%、受伤总人数的98.2%、直接经济损失的10.9%。与上年相比,事故起数下降2.6%、死亡人数下降3%、受伤人数持平,直接经济损失上升17.3%。火灾事故情况:全市共发生火灾事故1631起、死亡5人、受伤4人,直接经济损失779万元,分别占各类事故总起数的56.3%、死亡总人数的1.8%、受伤总人数的0.3%、直接经济损失的21.7%。与上年相比,事故起数上升61.6%、死亡人数上升400%、受伤人数上年无、直接经济损失上升25%。

【安全生产责任制落实】 2010年,全市各级各部门进一步落实安全生产监管主体责任。一是加强安全生产法制建设。市人大研究通过了《关于进一步加强全市安全生产工作的决议》,对安全专项整治、安全基础建设、安全工作体制机制、安全责任追究等作出明确规定。市委书记连维良、市长赵建才多次听取安全生产工作汇报,全年召开15次全市安全生产工作会议和3次政府常务会议,专题研究部署安全生产工作。市委、市政府相继修订和出台了《安全生产党政同责制度》、《安全生产隐患失察失治责任调查制度》、《安全生产暗访制度》、《安全郑州2010年行动方案》、《关于进一步加强化工行业安全生产工作的若干意见》、《重大危险源监督管理制度》等，对安全生产工作进行规范和指导。二是进一步理顺安全生产工作体制。注重加强安全监管机构建设，市、县、乡三级安监机构已全部建立，全市共有市、县、乡安全监管人员1077人，行政村（社区）专（兼）职安全员4453名，初步构建了安全生产全方位监管网络。各县（市）、区实行了安全生产党政同责和一岗双责。登封市在成立安全生产委员会的基础上，新增设了旅游（景区）、文化娱乐、体育等8个专业安全生产委员会，促进了安全生产“一岗双责”的落实。新郑市出台了《关于在全市推行“一岗双责”进一步加强安全生产工作的意见》，完善了党委、政府领导班子安全生产责任制。三是扎实开展“安全郑州”行动。印发了《安全郑州2010年行动方案》，各县（市）、区政府和各部门结合实际制定切实可行的落实方案和行动措施，确保各项活动有序展开。坚持每月对各县（市）、区及安委会成员单位开展创建活动和目标完成情况按考核内容设置进行评分，排出名次在市安全生产信息网上公布，推动全市安全生产工作的开展。四是加强安全生产目标管理与奖惩。市政府与各县（市）、区和35个市直部门签订安全生产目标责任书，层层落实安全生产责任，对超出事故控制指标的县（市）、区和部门，定期向单位的行政“一把手”发出《预警告知书》，共向新密市政府等9个单位发出了安全生产《预警告知书》。同时，郑州市政府拿出264万元对上年度全市安全生产工作先进单位和先进个人进行表彰奖励，调动全市各级各部门抓好安全生产工作的积极性和创造性。五是加强安全生产基层基础工作。扎实开展城市社区和农村安全工作，截至2010年底，全市累计达标社区592个，达标村1955个，占社区（行政村）总数的89%。推行网格化安全管理模式，印发了《乡（镇、街道办）、社区（行政村）安全生产“三分六定”网格化管理工作标准和考核细则》，进一步对“三分六定”网格化管理工作进行细化、标准化和规范化，同时推广巩义市小关镇、金水区花园路街道办事处开展网格化管理的试点经验，促进“三分六定”网格化管理在基层的普及推广。

【企业安全生产主体责任落实】《国务院关于进一步加强企业安全生产工作的通知》下发后，市政府按照国务院副总理张德江8·19讲话精神和省政府的通知要求，紧密结合郑州安全生产工作实际，认真抓好贯彻落实。一是加大学习宣传力度。组织全市各级各部门分管安全工作的领导收听收看国务院关于对《进一步加强企业安全生产工作的通知》的解读视频，进行为期3天的集中学习，使大家充分认识《通知》出台的重大意义，进一步增强做好安全生产工作的紧迫感、责任感和使命感。同时，通过宣传展板、橱窗、知识竞赛等多种途径，不断加大宣传力度、拓展宣传广度、延伸宣传深度。二是加大安全生产事故查处力度。2010年，全市共查处事故30起，已批复17起，追究刑事责任2人，党政纪处分19人，其他处分54人，起到了警示作用，促进了企业主体责任的落实。三是突出企业主体责任落实。航空港区在郑州后羿制药、河南亚卫动物药业等公司开展安全演讲活动，受教育职工500余人。经开区组织富士康、河南龙工、祥和电力、双凤鞋业等企业建立健全企业安全管理组织机构，开展隐患自查整改、隐患辨识活动，把安全生产纳入企业生产经营常态化、规范化、制度化管理。四是围绕重点领域抓落实。煤矿、非煤矿山严格执行领导干部包矿驻矿和矿领导与工人同时下井、同时升井制度。交通运输、建筑施工、危险化学品、烟花爆竹、民用爆炸物品、消防、冶金等重点领域企业也严格按照《通知》要求，落实主要负责人和领导班子成员轮流现场带班制度。

【安全生产宣传教育】 2010年，郑州市紧紧围绕“安全发展、预防为主”的安全生产月活动主题，突出抓好“安全生产月宣传咨询日”和“安全生产应急救援演练”两项全市性大型活动，坚持面向基层、面向企业、面向职工、面向社会，扎实开展了贴近实际、贴近生活、贴近群众、内容丰富、形式多样的宣传教育活动，普及了安全生产法律法规和安全知识，弘扬了安全文化，提高了全民安全素质。6月13日安全生产月宣传咨询日活动当天，市直各部门、市属企业共230多个单位参加了活动，共展出安全宣传版面327块，布置咨询台151个，悬挂宣传条幅（标语）153条，发放安全宣传资料186000份，现场参与群众1万余名。“安全生产月”期间，全市共展出展板9400块，发放宣传资料130万份，悬挂标语2.9万条，出动文艺宣传队60支，约有280万群众受到安全教育。郑州市被全国安全生产月活动组委会评为“优秀组织单位”。市安监局副调研员安春茂安全宣传工作先进事迹被《中国安全生产报》大篇幅报道并向全国推广。同时，积极组织开展“安康杯”竞赛活动，全市有6862家单位参加竞赛，参赛职工达89.9万余人。广泛开展安全教育培训活动，全市共培训各类人员7.6万余人，其中企业负责人和安全管理人员1.1万人，特种作业人员1.2万人。

【安全生产大检查】 2010年，郑州市紧密结合安全生产形势，先后组织开展了元旦、春节及“两会”、“五一”、汛期、“十一”期间等5次安全生产大检查活动。全市共成立督查、检查组438个，出动检查人员3800余人次，车辆1930多台次，检查各类企业8000多家，排查整改各类隐患1.6万余处。从12月初起，全市深入开展了安全生产“大检查大整治大督查”活动。这项活动由省委常委、市委书记连维良安排开展,市长赵建才挂帅,市委组织部抽调重点行业领域的专业人员和人大代表共112人组成16个督查组,深入各县(市)、区进行督查检查,促进了隐患排查治理等重点工作的开展。在活动中,上街区将排查出来的41项安全隐患实行领导包案挂牌督办,并建立了区委、区政府领导分包联系重大隐患整改制度。中牟县建立了县、乡两级安全生产督查制度。二七区出台了《安全生产长效机制实施办法》。巩义市建立了网格化管理模式和联席会议制度、党政分包责任制、联合执法制度、严格奖惩制度。新郑市、中原区建立了安全生产联合执法工作机制。管城区建立了排查隐患与应急演练互动机制。金水区建立了"城中村"消防安全治理制度,全区10073户"城中村"居民户灭火器、应急照明设备等消防器材配备入户达到100%。郑州市在安全生产大检查过程中,建立健全了政府统一领导、相关部门共同参与的打击非法生产经营联合工作机制,深入开展了煤矿、金属非金属矿山、危险化学品、烟花爆竹等重点领域"打非治违"专项执法行动,共打击取缔非法违法生产经营单位2536个。市国土资源局组织关闭取缔无证矿山29个,市质监局组织拆除存在严重隐患锅炉9台,市交通运输委组织查扣各类非法车辆349台。巩义市共取缔无证矿坑65个。金水区关停不具备安全生产条件的小农药、小油漆等小化工企业14家。惠济区共取缔无证生产经营企业186家。高新区取缔非法乙炔气生产点6个。

【隐患排查治理】 2010年,郑州市加强对隐患排查治理工作的领导,成立了以市政府主要领导挂帅、各相关部门负责人参与的隐患排查治理工作领导小组,进一步完善了《安全生产事故隐患排查治理十项制度》,对隐患排查治理的分级分类、治理责任、保障措施等提出了明确要求。市政府分别于7月和9月两次下发《关于排查上报安全生产重大事故隐患的通知》,各级各部门按照"政府领导、部门督导、各方联动"工作模式,不断创新排查治理工作机制,全面开展隐患排查治理。荥阳市建立了科级干部分包企业管安全、分包隐患促整改工作机制。新郑市建立了生产经营单位安全隐患排查台账、整改台账、监管台账、关停台账"四本台账"。高新区将每月的5日定为"安全生产日",全面排查治理安全隐患。全年全市共排查隐患7.1万余处,至年底,整改到位6.94万余处,整改率达到98.15%。对全市范围内排查出的48处重大事故隐患,全部实行了市委、市政府挂牌督办、市领导包案和市政府安委会挂牌督办,限期整改。已按期整改到位38处,按期整改率达到100%。

【安全生产专项整治】 2010年,郑州市集中开展了煤矿、非煤矿山、危险化学品、烟花爆竹、交通、消防、建筑施工等安全专项整治。在煤矿专项整治中,按照省政府统一部署,强力推进煤炭企业兼并重组工作。全市第一批应参与兼并重组的145家煤矿中,除12家存在法律纠纷或自动退出外,其余133家已完成资产评估122家,完成工商执照变更98家,完成采矿证变更88家,完成主体企业矿长派驻130家,企业主体责任移交63家。加强煤矿整合重组期间安全监管监控,组织监察、煤炭、国土、工会等有关部门成立4个专项督导组,对兼并重组期间各产煤县(市)落实煤矿停工停产工作进行督导,进一步完善了市领导包县(市)、县(市)领导包矿、乡镇领导驻矿、煤矿配备一线监督员的四级监管制度,确保了煤矿兼并重组期间的安全。在非煤矿山专项整治中,共检查各类矿山企业353家,关闭非法采矿点36个。在危险化学品专项整治中,针对危化品生产、储存、运输、经营各主要环节开展隐患治理,开展了上海世博会、广州亚运会期间石油库和加油加气站专项整治。在烟花爆竹专项整治中,加强春节期间烟花爆竹安全监管,市区内7家烟花爆竹批发企业和548家零售网点实现安全经营零事故。在特种设备专项整治中,检查特种设备使用单位540余家,检查特种设备3300余台,督促整改隐患350处。在建筑施工专项整治中,着力开展了文明施工、建筑消防安全隐患治理和起重机械设备整治,创建了5个国家级安全质量标准化工地。同时,进一步加强对重大危险源的监管监控力度,对全市普查出的357个重大危险源进行登记,建立重大危险源信息管理数据库和预警机制,形成市、县、乡、企业四级动态监管网络,有效加强了对重大危险源的监控。

【安全生产许可】 2010年,郑州市严格规范安全生产许可工作,"公开透明一站式办理"制度化。进一步理顺了许可程序和工作方法,方便办事群众,提高办事效率,将所有行政许可事项转移到办事大厅,对外实行"一个窗口"办结,并积极修订完善办事指南。按照安全、便民、按时办结的原则,严格审查危险化学品和烟花爆竹生产经营单位行政许可事项,严格落实建设项目"三同时"审查制度,严把企业准入关。为确保安全许可质量,成立了总工程师办公室,并由分管领导任组长,组成由纪检监察室、政策法规处、总工办等处室负责人参加的危险化学品、烟花爆竹、非煤矿山行政许可审查小组。在审查过程中,突出评价机构、安全专家和各级安监部门的职责,严格按照标准,认真审查企业安全生产条件,督促企业落实隐患整改,对不符合基本安全生产条件的企业坚决不予上报或许可,从根本上改善了郑州市化工、非煤、烟花爆竹企业安全生产状况。2010年,市安监局共审查上报省局颁发危险化学品安全生产许可证173份(首次申请17家、延期138家、变更18家),烟花爆竹经营(批发)许可证1份;颁发危险化学品建设项目"三同时”审查意见书79份；审查颁发危险化学品经营许可证（乙种）63份（首次申请23家、延期及变更申请40家）；颁发非药品类易制毒化学品备案证明7份（生产企业6份、经营企业1份），对62家非药品类易制毒化学品生产经营单位在综合管理信息系统进行网上同步登记公示。全年对提出安全生产许可的32家非煤矿山企业进行审查，按时上报，并取得安全生产许可证，企业合格上报及取证率达100%。督促全市8家建筑企业开展了安全生产“三同时”预评价工作，督促1家重点工程建设项目完成了竣工验收工作。

【安全生产标准化】 2010年，市安监局把安全生产分级管理、安全生产“三同时”、安全生产标准化工作结合起来，指导企业加强安全生产标准化工作，提高了企业的本质安全度。一是大力推进非煤矿山安全标准化工作。下发了《郑州市非煤矿山安全标准化工作实施方案》、《推进郑州市非煤矿山安全标准化工作的通知》，确定8家企业作为省级试点，10家企业作为市级试点，试点企业基本具备了申报标准。二是积极推进危险化学品企业安全标准化工作。将化工行业安全生产标准化建设纳入年度安全管理工作计划，41家涉及危险工艺的生产企业年底前达到安全标准化三级以上水平。完善化工企业安全设施设计，对85家未经正规设计的危险化学品生产单位和专用储存仓库进行安全设施设计改造。推进危险化工工艺自动化控制改造工作。对照国家公布的首批15种危险化工工艺目录，对全市36家涉及危险化工工艺的生产企业、可能发生有毒和易燃易爆气体泄漏的危险化学品生产储存场所进行自动化控制改造，确保事故状态下能自动报警和联锁、控制及紧急停车、紧急处置、安全泄放。5月中旬，召开自动化控制改造现场观摩会，采取“试点引路”的方法，积极推进重点工作。同时，按照企业的危险程度、安全生产条件和管理水平分为四个级别，针对不同级别制定年度执法监察计划，确定检查频次，按照不同的频次和要求对全市已取证的132家化工生产企业进行分级监管。为充分发挥专家技术支撑作用，全市132家生产企业与聘请的专家签订检查协议，建立专家定期检查制度和检查台帐。三是积极开展机械制造行业安全质量标准化达标活动。郑州日产汽车制造公司、郑州飞机装备制造公司、郑州宇通客车公司等8家企业通过国家一级、二级复评，2家企业通过省级复评。

【职业健康监督检查】 3月25日，市政府对职业卫生监督管理职责作出调整，市安监部门按照要求加强了作业场所职业卫生监督检查工作。一是开展了职业健康检查和治理工作。先后开展了劳动防护用品生产经营单位和使用单位大检查、建筑工地和加油站使用劳动防护用品情况检查、木质家具制造企业高毒物质危害治理、粉尘与高毒物品危害治理专项行动等工作，下发了《郑州市粉尘与高毒物品危害治理专项行动实施方案》，安监局、卫生局、劳动和社会保障局、总工会等部门成立联合督察组对全市存在粉尘与高毒危害治理情况进行督查，加强了对劳动防护用品生产、经营企业的管理，规范了市场管理秩序，保障了从业人员的安全与健康。二是摸清了职业健康安全工作底数。先后开展了全市作业场所职业危害调查摸底、劳动防护用品检查普查登记、石棉开采和石棉制品制造企业职业危害状况调查、石英砂加工企业粉尘治理和统计、职业危害申报等工作。经调查摸底，全市纳入职业健康监管的存在职业病危害因素的用人单位共有1656家，其中，存在粉尘危害的企业1238家；化学毒物危害432家；物理因素危害256家；其他行业21家。从业人员112353人，接触有毒有害物品人数31938人。职业危害较重的生产企业主要集中在矿山开采、冶金、建材、水泥制造、木质家具制造、机械、化工等行业。其中粉尘、化学毒物、噪声等职业危害因素分布广，接触有害因素人员特别多。截至年底，全市已进行职业危害申报141家，其中7家企业通过安监部门备案。三是加强安全监管人员职业安全健康培训。7月，对全市安监部门负责人和安全管理人员近90人进行了职业安全健康知识业务培训。加强对企业负责人职业安全健康培训，共培训厂长经理、安全管理人员500余人，强化了企业管理层职业安全健康观念和保障劳动者健康意识。

【安全生产应急救援】 2010年，郑州市在安全生产应急救援方面，一是修订完善了《郑州市事故灾难应急救援总体预案》、《郑州市公共突发事件应急救援预案》和16个专项应急救援预案。重点监管的8512家企业共制定应急预案1.2万多个，全市“横向到边、纵向到底”的应急预案体系基本形成。二是组织开展应急救援演练活动，有效增强了应对突发重特大事故（险情）的能力。安全生产月“应急预案演练周”期间，以煤矿、非煤矿山、危险化学品、道路交通、城市燃气、人员密集场所消防等为重点，市、县两级和有关部门设置演练科目共30个大类，进行综合性演练76次，其他企业和单位举办较大规模的专项应急演练1000余次，直接参加演练人数达1.5万余人，投入演练经费400余万元。三是成功举办河南省安全生产应急救援演练活动。6月26日，在郑州市组织了河南省安全生产应急救援演练，演练活动由省政府安委会主办，市政府承办，组织参演单位15个，参演人员600余人，参演车辆70余台，观摩人员达1000余人，直升机、无人机、云梯消防车、环境监测车、气象监测车、应急通信车、高清电视录播车等具有高科技含量的应急装备器材投入演练使用，是河南省近年来规模最大的一次由政府主导、多部门联动的安全生产应急救援演练,受到国家安监总局和省政府领导的充分肯定。

(贾　辉)

国有资产监督管理

【概况】 2010年,郑州市国资监管工作全面贯彻落实全国、全省国资监管工作会议及市委经济工作会议精神,坚持发展第一要务,进一步转变作风,创新思路,抓改革促发展,抓监管保发展,抓党建助发展,不断提升国有经济的活力、控制力和影响力,各项工作取得新的突破,圆满完成年度及"十一五"时期各项目标任务。

截至2010年底,全市国有企业资产总额1650亿元,与上年相比增长24.3%,其中市管企业资产总额1108亿元,同比增长28.2%。市管企业全年实现营业收入84.26亿元,同比增长7.1%;盈亏相抵后实现利润总额10.13亿元,同比增长220.6%;上缴税金8.85亿元,同比增长40%;完成固定资产投资额39.28亿元,同比增长134.1%;完成增加值32.24亿元,同比增长26.8%。

引进战略投资者对6户企业实施改制和战略重组。筹建国资工业园,对3户工业企业实施改制搬迁。新增19个投资项目,总投资74.72亿元,其中新成立7家公司,注册资本金29.71亿元。完成市重点项目投资3.78亿元。为投融资平台公司注入资产及授予相关权限以规范运作,融资平台公司实现融资65.42亿元。完成百瑞信托、中小担保公司增资扩股和郑州银行增资扩股准备工作。以财务检查为切入点开展企业年度集中检查,规范企业经营管理行为。创新开展企业党的建设,调整优化企业领导班子。在全省国资监管及国企改革工作会议上,市国资委作为市级国资监管机构代表发言。委机关全年荣获市以上集体荣誉17项。

(胡　鹏)

【优化国有经济布局和结构】 一是启动和开展"十二五"专项规划的编制工作。根据市政府"十二五"规划编制工作意见和十二五规划办通知,市国资委在总结"十一五"专项规划执行情况的基础上,结合郑州市国有企业的实际情况,编制了《郑州市国资国企发展和改革"十二五"专项规划纲要》(讨论稿),并正式纳入市政府拟定的郑州市"十二五"规划体系。11月2日,在省国资委召开的全省国资国企规划发展会上,市国资委常务副主任秦晓辉、规划发展处处长卢伟被评为"十一五"期间全省国资国企规划发展先进工作者。

二是为企业注入相关资产和授予权限,促进规范运作和健康发展。按照市政府要求,市国资委在向12家投融资平台公司和19个局委征求意见基础上,拟文报送市政府,经市政府第26次常务会议通过,下发了《郑州市人民政府关于为我市投融资平台公司注入资产和授予权限的通知》(郑政文〔2010〕186号),涉及注资企业及资产9家37项,其中,首批完成注入资产6家企业20项,已下发无偿划拨等正式通知,另有3家企业3项正在办理。市国资委还按市政府有关要求,向城建集团划入市本级财政投资的部分市政基础设施(道路、桥梁共110项)合计40.27亿元的资产。

三是完成接收郑州市郑东新区水务有限公司国有股权无偿划转相关工作,接受资产总额39028万元,促进了公用事业规模壮大和环保产业的持续发展。

【企业发展战略规划审核监管】 一是修订完善市属企业规划发展考核目标,市国资委与企业签订《目标责任书》,加强企业发展战略和规划工作,建立重大投资事项报告制度,并将节能减排目标责任制和年度总结汇报制度、提高企业科技进步和自主创新能力等项制度纳入对企业的考核体系。

二是坚持和完善市属企业发展规划滚动调整制度,推动企业持续调整结构,增强核心竞争力。市国资委下发通知,安排市属企业2010—2012年发展战略和规划编制工作,对24家企业上报的规划逐一进行审核,并拟定下发了《关于郑州市属企业(2010—2012年)发展规划的审核意见》。

【重大投资事项审核监管】 一是审核企业年度投资计划,把握企业投资方向。下发了《关于报送2009年度投资完成情况和2010年投资计划的通知》,建立了企业年度投资计划和年度投资情况报告审核制度。11家企业上报的投资计划,涉及2010年固定资产投资项目40个,投资总额293.81亿元,年度计划投资80.2亿元。2010年企业投资方向主要集中在关系公共利益和城市公用基础设施建设及相关企业的主业。涉及轨道交通、供水、供热、污水及污泥处理、工业企业整体搬迁、技术改造、公共住宅、道路、客运场站、生态水系、文化产业及其他公益事业等项目。

二是加强对企业报送投资事项的审核,由处室提出书面意见后,提交委主任办公会议研究,重大事项报请市政府。全年受理企业投资事项22个,已批准19个,正在办理投资事项3个。批准19个投资项目总投资34.23亿元,争取市政府资金33.8亿元,引进市属以外企业资金1405万元。投资项目涉及交通、水务、投资、自来水、污水、旅游、轨道、供热等行业和领域。其中投资控股公司参股投资郑州旭飞公司二期项目(总投资25亿元,新增注册资本金8亿元,建设一条五代液晶玻璃基板生产线和两条六代液晶玻璃基板生产线),增资注册资本金2.4亿元,对郑州旭飞公司的注册资本金由一期的9000万元增加到3.3亿元;参与海马集团有限公司定向增发约9980万股,以特定资产收益权融资参与海马汽车经开区扩大产能项目。批准成立新公司7家,其中,市国资委直管企业2家,即郑州市建设投资集团有限公司、郑州地产集团有限公司,注册资本金分别为15亿元和5亿元;批准市管企业成立二级企业包括郑州股权登记托管服务中心、河南省金象保税物流有限公司、郑州百川水系建设工程有限公司、中国旅行社总社河南分公司、郑州热力航空港供热有限公司等5家公司。为市城建集团办理增资9亿元,累计注册资本金为29.71亿元。

三是开展对市属企业重大投资事项的专项检查。集中对市国资委审批的2008年以来市属企业重大投资事项有关工商注册、产权登记、企业运营和项目进展情况进行排查摸底,加强对企业重大投资事项的监督管理。

【重点项目建设推进管理】 一是加强市国资系统重点建设项目的领导,建立并不断完善工作机制。市国资委成立由常务副主任秦晓辉任组长的市国资系统重点项目推进工作领导小组办公室,同时明确19个重点项目推进工作的责任领导和责任人,进一步加强重点项目推进管理。

二是较好地完成重点建设项目进度。年初,市国资委与市政府签订《2010年郑州市重点项目建设目标责任书》,涉及污水净化、交运集团、交通建投等3家企业的9个重点建设项目,累计总投资20.9亿元,年度计划投资3.1亿元,全年已完成投资3.78亿元,占全年目标的122%。市国资委被市政府评为2009年度郑州市重点项目建设先进集体。

三是按照省、市要求,加强市属企业"十二五"规划重点项目的谋划工作。"十二五"期间,22家市属国有企业计划项目总投资约1692亿元,计划投资1166亿元,完成总投资1166.2亿元。建设和改造重点项目81个,共涉及农林水利、工业、交通物流、基础设施、商贸物流6个方面重大建设项目。按时间分,包括新开工项目53个,续建项目29个。按投资额分,项目总投资约1692亿元,其中总投资亿元以下项目7个,1—10亿元项目40个,10—100亿元项目27个,超百亿元项目7个。按类别分,农林水利项目7个、工业项目15个,包括汽车和装备制造业5个、电子信息产业6个、农产品深加工2个、化工项目2个、其他项目7个;商贸服务业项目8个;交通、物流项目16个;南水北调配套和城市供水项目13个;城市集中供热项目共14个;城市污水处理项目8个。

【对外开放和招商引资】 一是加强与央企合作项目的推进工作。3月,市长赵建才赴京对东旭集团、中粮集团有限公司和国家开发投资公司3家央企拜访,市国资委参与活动组织、联络和协调,推进了郑州旭飞光电科技项目、中粮(郑州)食品工业园项目等合作项目的进展。8月,参与了河南省与央企战略合作洽谈会,郑燃集团与华润燃气、郑州医药股份与中国医药集团的合作也取得相应进展。

二是组织中原环保、嵩岳集团、第二面粉厂、奥星实业有限公司等4家企业参加省援疆办与省国资委组织的赴新疆哈密地区考察洽谈产业合作活动。

三是根据第二届中国绿化博览会执委会安排,开展对香港东方之子国际集团有限公司在绿博园建设项目的一对一服务,双方密切合作,按时完成玫瑰山庄文化园的建设工作。

四是组织参加了河南省第五届中部贸易投资博览会,金阳电气、城建集团、投资控股公司、自来水总公司4家企业参加此次中博会举办的各省与央企对接会。

五是组织参加在郑州举办的首届河南国际金融博览会,自来水公司和欧丽集团项目入库,并参加了项目对接会。

【节能减排】 2010年,郑州市推出多项有力措施,落实国务院国资委《关于积极发挥国有企业表率作用全力做好节能减排工作的通知》(国资发综字〔2010〕99号)、省国资委《关于进一步加强省管企业节能减排工作的意见》(豫国资文〔2010〕73号)和郑州市人民政府《关于打好节能减排攻坚战确保实现十一五节能减排工作目标的意见》(郑政〔2010〕16号)等文件精神,推进市国资系统节能减排工作,促进"十一五"节能工作目标实现。一是年初,市国资委与市属企业签订节能降耗工作责任目标,强化重点耗能企业的节能管理,要求企业提高能源利用效率。二是10月,省节能减排工作领导小组办公室对郑州市"十一五"以来节能减排工作情况进行督导,市国资委根据市节能减排工作领导小组办公室的要求,完成了委系统企业"十一五"期间节能减排工作总结,并进行了交流。三是下发《关于对"十一五"期间节能减排工作情况进行调查和总结的通知》(郑国资〔2010〕276号),市管企业都按要求明确了节能减排工作责任领导、目标、制度、措施及责任处(部)室和责任人,回顾总结了"十一五"以来节能减排工作情况、主要经验和存在问题,谋划"十二五"节能减排的主要思路,按照国家、省、市关于节能减排统计和监测工作的有关规定,填报《郑州市管企业"十一五"节能减排统计监测表》、《郑州市管企业"十一五"淘汰落后产能情况调查表》、《郑州市管企业"十一五"节能减排重点项目建设情况调查表》等相关表格。

(卢　伟)

【产权登记】 2010年,郑州市国资委完成2009年度企业产权登记年度检查及数据汇总工作。2009年度,郑州市(含各县市区)出资企业及各级子企业办理产权登记共计125户,其中,办理占有登记102户,变动登记22户,注销登记1户。登记的124户企业中,国家资本349811万元,法人资本329304万元,国有法人资本238196万元,外商资本85825万元,个人资本25465万元,注销国家资本1500万元。

【国有资产评估项目汇总】 2010年,郑州市国资委完成对2009年度国有资产评估备案项目汇总和上报工作。2009年度,经市国资委备案的企业国有资产评估项目共计16个,资产调整后账面价值440593.18万元,资产评估价值471434.54万元,评估增值30841.36万元,增值率为7%。

【金阳电气、郑州勘机、郑州拖拉机厂搬迁升级】 在郑州机械制造(加工)产业园建设的国资工业园,被列为郑州市"十二五"规划重点项目,国资工业园预计建设总投资12亿元。金阳电气、勘察机械有限公司和郑州拖拉机厂实施搬迁改造,入驻国资工业园。3家企业入驻园区是国企发展升级的有益尝试,有利于实现由企业改制退出向做大做强现有企业的工作重心转变。金阳电气完成征地签约,支付首期征地款6000万元。勘机职工安置方案经职代会通过,内部公示,出具专项审计报告。拖拉机厂所属3家集体企业的分流安置工作顺利推进,为搬迁升级创造了条件。

【改制企业非经营性资产管理】 针对企业生活区资产的复杂性和当前移交面临困难多的实际,结合控股公司正在办理的企业改制、破产、重组等剥离资产中出现的操作程序和税费等问题,经多次讨论研究,郑州市国资委明确了改制企业非经营性资产管理体制。即嵩岳集团仍然负责监督协调和管理其所属7家企业未进入改制的非经营性及生活性资产;其他企业有关资产在权属未实际转移前,仍由原权属所有人或改制企业继续承担相关职能。

【投融资管理】 根据"郑政文〔2010〕186号"有关精神,郑州市国资委分两批下文对控股公司、公共住宅、交建投和城建集团无偿划入的股权进行批准;批复同意将市本级财政投资建设的部分市政基础设施(道路、桥梁共110项),共计40.27亿元资产注入城建集团;批复同意控股公司和城建集团分别增加注册资本金至8亿元和10亿元人民币。

(赵　雷)

【产权登记及国企改制】 2010年,市国资委严格产权登记管理制度,认真审核,先后为12家企业办理占有、变动、注销等产权登记。

在国有企业改制方面,一是9月30日,郑州市中级人民法院下达"(2010)郑民四破字第03号"《民事裁定书》,依法裁定商业大厦破产。商业大厦破产资产审计评估工作已经结束,职工经济补偿金及职工内债审计工作已基本结束,将在企业内部公示。二是在郑荣集团2008年完成职工分流安置工作的基础上,市改革办同意郑荣集团整体国有产权退出,完成了审计、评估、进场公示交易、拍卖、签订国有产权转让合同等工作,企业改制实施方案上报市政府等待批复。三是郑州百货大楼国有股权退出工作,该企业财务审计、资产评估基本结束,审计评估报告在审核中。四是郑州市缝纫机专业店改制工作,该企业审计评估工作完成,进入产权交易程序。五是郑州辛硕面业有限公司40.59%的国有股权,经审计评估后,在郑州产权交易市场挂牌公示。

【中粮(郑州)食品工业园项目】 郑州海嘉搬迁项目作为中粮(郑州)工业园项目一期工程,按照中粮(郑州)食品工业园项目的整体工作进度,开工前期准备工作基本完成,于2010年12月29日举行了奠基仪式。

【南郊热源厂项目】 南郊热源厂项目建设地点位于二七区侯寨乡南四环南、郑石高速东,建设用地总面积约5.3公顷。已建成2台116兆瓦循环硫化床热水锅炉,主厂房、煤库、烟囱、输煤栈桥及辅机均安装完毕,锅炉本体也安装完毕,并顺利完成水压试验,通过了市锅检院验收,基本具备供热条件。该项目已完成投资约1.5亿元,供热能力为232兆瓦,可新增供热面积500万平方米。

【金融机构增资扩股】 一是经市政府常务会议同意后,郑州中小企业担保公司完成注册资金从3亿元增资至4亿元的工作。二是百瑞信托的增资扩股工作稳步进行。百瑞信托注册资本由6.05亿元增资至12亿元,并拟引进一家境外投资者受让国有股东持有的百瑞信托19.99%股份。增资完成后中电投持股50.24%,市政府持股29.77%,境外投资者持股19.99%。三是为解决郑州银行43亿元资产置换问题,确定了郑州银行的增资扩股方案,已进行财务审计和资产评估。

(冯生炬)

【行政资产监管】 2010年,市国资委办理行政资产处置9宗,总价值3937万元;办理抵押贷款3宗,8100万元;办理产权登记6户。拨付建设补偿资金一宗,70万元。

【重大资产处置】 一是市国资委于上半年下发《关于郑州大酒店有限公司申请变现新郑土地的批复》(郑国资〔2010〕70号)文件,对郑州大酒店位于新郑市一块3.3公顷土地的作出处置。二是处置郑州日报社位于工人路的0.8公顷土地。郑州日报社老院因迁建新厂原因,需进行土地置换开发利用,处置工作顺利进行。三是郑州市老干部活动中心由原址迁往市委党校,对其资产变动进行处置。

【郑州市酿酒厂整体移交】 2010年,按照市委、市政府的工作要求,办理了郑州市酿酒厂资产、档案、人事全部移交工作，郑州市酿酒厂全部资产(含土地资产26671万元)整体移交给郑东新区建设投资开发公司。同时继续做好郑州市酿酒厂改制后续工作：一是为职工兑付以前年度欠发的医药费，共计33人次、221800元。二是办理郑州市酿酒厂外欠债务诉讼案件6起，共计清偿债务352.76万元。三是协调解决职工信访诉讼案件3起，接待来访职工50余人次，并耐心做好有关政策的解释工作。四是积极协调解决郑州市酿酒厂在职职工欠缴统筹、失业金等问题，并为职工补缴两金共计40多万元。五是经过缜密计算，争取各有关部门的大力支持，解决欠发职工的各种款项共计210万元。六是经过多方努力，为职工办理了大病医疗保险。七是协调办理郑州市酿酒厂职工进入失业中心的有关事宜，争取职工全部进入失业中心。八是会同郑东新区处理遗留的大河实业拆迁补偿有关事宜。

(邱　林)

【事业资产监管】 2010年，市国资委严格遵照国有资产处置程序，坚持依法办事的原则，认真做好国有资产处置审批工作，完成了郑州市白庙劳教所和规划勘测设计院等5家单位总价值580.55万元国有资产增减变动审批工作。

【产权登记审核】 2010年，根据省国资委《做好2009年度产权登记检查的通知》精神，市国资委对12家进行了企业产权登记的事业单位及所出资举办的企业合计55732万元的国家出资进行了审核，并作产权登记检查及数据汇总。郑州市建设投资总公司下属的河南户外广告网络传媒有限公司、郑州市蓝天机动车尾气检测有限公司、郑州筑邦建材有限公司、河南康晖水泥制品有限公司、安彩液晶等5家企业共计注册资本11492.16万元，为其及时办理了企业国有资产产权登记证。

(宗　杰)

【国有资产统计分析和市管企业财务决算】 一是及时召开全市国有资产统计暨企业财务决算工作会议，组织有关单位和企业参加会议。二是安排专门工作人员，认真解答报表编报过程中的疑难问题。三是想方设法解决报表上报困难的问题。四是根据最终审核通过的报表数字，进行分析和研究，完成《2009年度郑州市企业国有资产经营情况分析报告》。国有资产统计结果显示，截至2009年末，全市国有企业共258户，其中，市属企业107户，市管企业41户；全市国有企业资产总额1327亿元，其中，市属企业958亿元，市管企业864亿元；合并国有资产总量237亿元，其中，市属企业182亿元，市管企业105亿元。五是完成了市管企业2009年度财务决算审计工作。2010年初，在建立中介机构信息库的基础上，对需变更财务决算审计机构的市管企业，采取邀请招标的方式，确定8家市管企业2009年度财务决算的审计机构。

【市管企业目标管理】 一是依据与市管企业签订的2009年度目标管理责任书的内容，于元月7日至15日，组成10个考核组，分别对41家市管企业进行年度目标考核。二是根据市管企业2009年度目标考核综合评分情况，评出郑州银行等10家目标管理先进单位，并在全市国资监管暨国企党建工作会议上，对上述目标管理先进单位进行了表彰。三是召开郑州市2010年度市管企业目标管理工作会议，与市管企业签订2010年度目标管理责任书。四是参考学习《河南省省管企业领导班子和领导人员年度考核评价办法》，以"郑国资〔2010〕143号文"印发了《郑州市市管企业目标管理暂行办法》，进一步完善了市管企业目标管理工作。

【市管企业负责人经营业绩考核】 一是修订印发了《郑州市市属企业负责人经营业绩考核暂行办法》，实行分类考核、限制加分和锁定等级等方法，把企业分为产业经营类、城市公用类、投融资类、改制停产类，并制订相应的考核指标进行分类考核，公平合理地反映企业负责人的经营业绩。二是依据经审计的年度财务决算数据，按照市管企业2009年度目标值，对市管企业经营业绩完成情况进行全面考核，根据考核得分情况确定并公布考核等级。三是确定2010年度经营业绩考核目标值。要求企业合理预报目标值，目标值要与"十一五"规划中郑州市经济发展速度相适应。对企业提出的预报目标值，市国资委依据掌握的数据和资料进行整理、分类、汇总和审核，并与企业进行充分的沟通，最终以目标管理责任书的形式确定2010年度考核目标值。

【市管企业财务预算】 2010年，市国资委参照《河南省省属企业财务预算管理暂行办法》等相关规定，制订印发了《郑州市市属企业财务预算管理暂行办法》。2010年度，在郑州银行、白鸽磨料磨具有限公司、郑州市轨道交通有限公司、中原环保股份有限公司、郑州交通运输集团有限公司5家企业中开展了财务预算试点工作。5家企业通过建立财务预算制度，有效地分配和运用企业整体资源，控制各项成本费用支出的规模，对各类经营行为起到了引导、控制和监督的作用。

【市管企业财务动态监测】 2010年，在认真总结前几年工作的基础上，进一步加强了对市管企业财务状况的动态监测。通过规范快报编报口径，提高编报时效性，增强快报分析的透彻性，发挥了财务动态监测体系的预警作用。每月编写的《市管企业财务快报分析》有情况、有问题、有建议，及时分析市管企业生产经营状况和财务状况,反映经营中存在的问题,预测生产经营走势,并上报市委、市政府主要领导和委领导,为领导决策提供了数据支撑。

【融资平台公司建设】 市国资委多次与行业主管部门沟通,认真研究政策和政府融资平台公司运行情况,在此基础上,向市政府进行专题汇报,并代市政府拟文,印发了《郑州市人民政府关于为我市投融资平台公司注入资产和授予权限的通知》,为11家融资平台公司注入37项资产,并赋予相关特许经营权。二是努力促进融资平台公司健康发展。赴重庆、长沙考察学习,在学习先进经验的基础上,结合郑州市融资平台建设情况,提出了加强融资平台公司建设的意见。三是对郑州市建设投资总公司、郑州市地产集团进行重组,学习借鉴外地先进经验,经过多次的研究论证,组织市建投和地产集团制订了切实可行的重组方案。

(张　晟)

【国企工资分配指导管理】 2010年,市国资委指导企业按年度填报国企收入分配情况统计备案表,调查统计2009年度38户市管国企工资总额、班子成员工资发放标准及职工工资分配情况等,将2005—2009年度工资报表统计数据整理汇编成册,并撰写分析报告,为有关工作的实施提供了依据。

加强对市管国企收入分配总体水平的指导调控管理,印发了《关于进一步规范市属国有企业薪酬管理的通知》,再次明确了国家有关国企及负责人薪酬管理的规定要求;草拟了《郑州市国有企业工资总额预算管理试行办法》初稿,待修改完善并征求相关部门意见后印发试行;学习调研相关地市国企工资分配经验做法,结合郑州市实际及国企现状,撰写调研报告,探索建立国企收入分配调控监管机制。

拟文制表印发到各市管国企,调查统计2009年度及历年职工工资拖欠情况,“4050”人员就业、农民工用工及“十一五”期间大中专毕业生就业等情况,及时将统计结果汇总报有关部门,并充实有关基础资料。

【国企薪酬管理】 2010年,市国资委对2009年度已报批实行负责人年薪制的7户企业进行了年薪审算,审算结果报市政府同意后,逐户对企业进行了批复,并对企业其他班子成员薪酬发放标准进行审核备案;同时,对申报2010年度继续实行负责人年薪制的6户企业(即自来水、公交、商行、污水净化、中原环保、热力,原实行负责人年薪制的燃气集团退出,无新增报批企业)进行审核。

进一步规范市管国企薪酬管理。研究拟订了《郑州市年薪制企业负责人任期(离任)责任风险金综合审算兑付方案》,印发到各年薪制企业组织实施。重点对执行“郑政〔2007〕2号文”的各年薪制企业负责人的年薪发放、责任风险金储存等进行逐户监督核查,指导企业规范负责人责任风险金的专户管理。研究草拟了《郑州市国有企业试行年金制的指导意见》初稿,待研究修改完善并征求有关部门意见后印发试行。

【健全职工福利保障】 2010年,市国资委拟文通知市管国企认真贯彻落实《中共河南省委办公厅　河南省人民政府办公厅关于全面推进企业工资集体协商工作的意见》,要求各企业排查开展工资集体协商工作的现状并制定实施方案,指导督促企业2011年尽快建立健全工资集体协商制度。草拟了《关于建立健全国企职工福利保障体系工作方案》、《关于规范市管企业负责人职务消费工作方案》,待研究修改完善。

【完成政府专项工作】 2010年,市国资委完成了对2010年度9个企业主管部门、56户市属国有困难企业的审核报批发放工作,8415名困难职工和1000多名特困职工享受到政府财政“双节”补助金477.58万元。

完成了对2010年度市属部分国有、集体困难企业退休人员专项补贴的受理审核报批工作,市属国有、集体困难企业的96354名退休职工享受到财政借款补贴5781.24万元。

完成了对2010年度市属国有破产(困难)企业退休人员基本医保统筹(原大病医保统筹)的审核工作,117户市属国有破产(困难)企业、4家经办机构(社保局、职介中心、侨办、人才交流中心),共计38939名退休人员享受到财政全额及差额借款8568.1万元,参加城镇职工基本医保统筹。

(王惠琦)

【安全生产管理】 一是及时成立市国资委安全生产工作领导小组和办公室。二是学习和借鉴外地国资部门抓安全生产管理工作好的经验和做法,结合郑州市国资监管实际出台了《郑州市国资委监管企业安全生产监督管理暂行办法》。三是召开市管企业安全生产工作会议,组织开展安全生产大检查。四是组织市管企业参加全国第九个“安全生产月”活动,通过设置咨询台、悬挂宣传标语、制作展板、发放宣传页等活动,宣传安全生产的政策和法律法规,提高了广大干部职工和群众对安全生产工作的认识,增强了广大干部职工和群众的自我防范意识和自我保护意识。组织市管企业和委机关全体人员参加第二届“安全河南杯”安全生产知识竞赛,市国资委被省安委会授予“优秀组织奖”。

(任予东)

【商业企业改制】 2010年,市国资委强力推进商业大厦、百货大楼、百文集团、郑荣集团等商业企业改制重组。在确定商业大厦破产重组的基本思路以后,市国资委依法按照破产程序积极推动其破产重组。市领导多次召开包括中级法院、规划、房管等相关部门参加的协调会，并对具体工作研究部署，商业大厦破产重组工作取得重大进展。破产工作由中级法院主持实施，重组工作已与郑州正道花园百货股份有限公司签订了《重组协议》，印发了《关于郑州商业大厦破产重组有关问题的会议纪要》。2010年10月，市政府批复郑州商业大厦破产重组实施方案。至此，郑州商业大厦企业改制的老大难问题得以彻底解决。百货大楼和百文集体重组工作取得积极进展，已初步选定重组合作方，正进行洽谈。郑荣集团在上一年完成职工安置的基础上，2010年把重点放在资产转让、国有资本退出上。经过审计评估、市场挂牌转让等改制程序，顺利完成退出国有。成功实践了先安置职工，再处置资产的分步改制模式。

【工业企业改制】 2010年，市国资委积极推进开普集团重组、中牟造纸厂破产和金阳电器、勘察机械有限公司和拖拉机厂的搬迁改造工作。开普集团与沈阳丰收农药有限公司坚定了战略重组框架协议，各项重组前期工作按程序快步推进，取得了合作互信合作共识。虽因客观原因没能实现合作重组，但前期工作是很有成效的。中牟造纸厂破产问题，经过多次努力，终于年底前开启了破产的第一个闸门。金阳电器、勘机等3企业搬迁工作，经过近一年的督促协调和努力，10月份完成了征地签约工作，共征地230余亩，产区规划初步形成。目前，各项工作积极推进。勘察机械有限公司职工身份置换安置方案获得职代会通过，企业改制迈出艰难而卓有成效的一步，为下一步实现产权多元化铺平了道路。另外，我们还加强了对市建委所属的两个企业改制的指导和督促推进。郑州建材实业总公司即将在产权市场挂牌，河南省建材厂正抓紧完成审计评估，计划明年初在产权市场挂牌。

【现代企业制度建设】 2010年，郑州市自来水总公司、公交总公司、热力总公司3家企业的公司制改建方案经市改革办批复后，郑州市自来水总公司已完成方案审批，工商注册，新成立的郑州水务投资控股有限公司已挂牌成立；郑州市公共交通总公司已完成方案审批，正在进行工商注册的准备工作；郑州市热力总公司正在制订公司制改建的相关方案。

（李雁林）

【监事工作业务培训】 5月13—15日，郑州市国资委在新密市组织举办了国有企业监事会工作培训班，郑州市国有企业监事会成员、市管国有企业职工监事及企业财会人员等107人参加了培训。

【监事会监督检查】 5月27日起，监事会开始对郑州市盐业公司等5家企业进行集中检查，共检查子（分）公司78个，检查资产总额431.60亿元，检查出企业存在的问题62个，提出检查建议34条。

监事会创新监督方式，拓宽监督领域，于11月组成2个检查组对市管企业外埠投资情况开展专项检查，共检查投资项目12个，涉及资产总额6843.4万元，根据检查情况提出加强监管的建议5条。

【监事会制度建设】 健全监督检查成果运用机制。通过与企业交流和下发处理意见书两种形式，督促企业深刻分析产生问题的根源，制定和落实整改措施，促进企业规范经营管理，推动企业又好又快地发展。

健全监事会工作制度体系，建立了监事会工作专报制度，进一步完善了监事会主席联席会议制度。4月16日，出台《郑州市市管企业支持配合监事会依法开展监督工作规则（试行）》，进一步落实派出监事会的知情权和监督权，为监事会监督工作提供制度保证。

（王长旗）

【产权、股权交易】 2010年，在产权、股权交易方面，郑州市产权交易市场继续修订完善产权、股权交易托管的各项制度和流程，严格按照国务院国资委、财政部3号令及《河南省企业国有产权转让监督管理办法》的要求进行规范交易，并对每一户进场企业进行严格的初审、复审和评审，确保产权交易公开、公正、公平，国有资产不流失，职工及债权人的合法权益不受侵害。及时向委托方报送挂牌企业的报名受让情况，并在委托方的协调支持下，解决产权交易过程中出现的涉及财务、法律等方面的问题，对产权交易过程实施有效监督。组建成立了郑州股权登记托管中心，完善了股权登记托管工作的各项内部制度建设和工作一体化、程序化、标准化的要求。完成了《关于规范开展股权托管解决中小企业融资难的调研报告》。

2010年，郑州市产权交易市场发布产权转让公告18宗，其中二次公告4宗，涉及资产总额92亿元。国有企业产权交易22宗，涉及资产总额19.76亿元，交易额35.26亿元。郑州股权托管服务中心办理柜台内股权转让6家、成交额6133.7万元。受理法院委托涉讼资产7宗，组织拍卖完结3宗。组织拍卖会10场，拍卖成交额26166.35万元。

（郭立民）

【“五五”普法宣传教育】 2010年，市国资委加强普法宣传教育，荣获法治郑州创建活动先进单位。一是制定委机关中心组及干部职工学法用法计划，并下发《郑州市国资委2010年法制宣传教育和依法治理工作要点》。二是协助省国资委做好2010年度企业法律顾问执业资格考试摸底工作。市国资系统51人参加企业法律顾问执业资格考试。三是制定下发《郑州市国资系统深入开展“加强法制宣传教育，促进社会矛盾化解”主题宣传活动方案》，并参加全省“加强法制宣传教育,促进社会矛盾化解”主题宣传活动启动仪式。四是制定下发《郑州市国资委关于开展“五五”普法总结验收工作的通知》,总结工作,查找问题,形成自查报告。五是组织国资系统开展“六五”普法依法治理规划理论与实践研究征文活动,从25篇征文中选出两篇参加全省评选,均获优秀奖。六是订购《中华人民共和国侵权责任法》,发至委机关各处室、产权市场和控股公司,做到人手一册,及时普及新的法律知识。七是组织国资系统240余人参加全市统一组织的“三法一条例”学习考试活动。

【制定或参与制定委属企业章程】 2010年,市国资委共制定或参与制定了郑州市中信中原实业有限公司、郑州白鸽磨料磨具有限公司等9家企业章程。市国资委依法履行了监管职责,促使企业依法运营国有资产。

【规范性文件审核备案】 2010年,市国资委对《郑州市市管企业国有资产租赁管理办法》、《郑州市市管企业合同管理暂行办法》等8份规范性文件,按照市政府法制局的要求进行审核并报市法制局备案,文件审核率及报备率达到100%。根据《郑州市人民政府办公厅关于认真做好政府规章的规范性文件清理工作的通知》(郑政办〔2010〕62号)要求,从7月开始,清理市国资委成立以来的规范性文件共33件,其中,继续有效28件,宣布失效5件。

【企业重大合同审核管理】 一是研究制定《郑州市市管企业国有资产租赁管理办法》以及《郑州市市管企业合同管理暂行办法》。二是审核《郑东水务公司股权无偿划转协议》等法律文本共10件,并出具书面修改意见。对珠海市斗门井岸镇联营模具材料厂国有股权转让等9份法律意见书及郑州电缆与天上人间餐饮有限公司租赁合同纠纷等5起涉讼民事案件进行了备案。

(郭全红)

【企业领导班子调整】 2010年国资监管工作会议对市管企业领导班子建设提出新目标、新要求,市国资委根据部分市管企业领导班子建设需要,对23家企业领导班子进行调整,共涉及108名企业领导干部。在干部调整配备中,坚持公开、公平、公正原则,实行考察公告,确保选人用人的准确度和公信度,为市管企业改革发展稳定提供了强有力的组织保证和人才支持。

【企业领导干部教育管理】 2010年,市国资委把企业领导班子思想政治建设与近年来在企业开展的“四好”领导班子创建活动结合起来,以理论建设为根本,促进干部教育工作的落实。全年共举办2期“国资讲坛”学习活动,500多人次参加学习,举办后备干部培训班1期,50名企业中青年干部接受培训。在出入国(境)管理方面,严格按规定程序办理出入境手续,全年共办理企业领导干部因公和因私出国(境)49人次,没有出现违规违纪事件。

【企业人才队伍建设】 根据省委组织部和市委组织部安排部署,市国资委对市管企业在企业党组织选人用人上的职责权限、工作程序和工作机制的现状、问题等相关情况进行调研,形成课题调研报告上报省委组织部,为上级党委决策提供详实可靠依据。按照相关程序,组织对市管企业1978年至2009年期间为河南省改革开放和经济社会发展做出突出贡献的企业主要负责人进行推选表彰。做好郑州市第十批专业技术拔尖人才推荐选拔工作和2010年省市学术、技术带头人推荐工作,并组织市管企业进行首届“河南经济年度人物”大型评选活动。通过调研,进一步掌握了市管企业人才状况,大力表彰人才,调动了人才参与企业改革发展的积极性,为企业改革发展提供强有力人才支撑。

(范兴辉)

【国企党建】 2010年,郑州市国企党建工作明确“搭建一个党员手机信息平台,倡导每位党员通读一本好书;推出十个党建示范点抓手,开展十大党建活动;创建百个共产党员示范岗,培训百名基层支部书记,宣讲百场企业党课;培养千名入党积极分子,宣展千块优质宣传板报;帮扶万名国企困难党员与群众;提升十万名国企干部职工队伍科学文化素质”等“六个一批”党建目标。并将“六个一批”党建目标层层分解,明确责任部门、责任人和完成时限。实行一企一策,推动各企业紧密结合实际落实目标任务。通过召开座谈交流会、加强调研督导等形式,交流推广经验,确保活动健康深入开展。全年全市各企业党员手机信息平台发送信息66599条次,为党员发放书籍24143册,党员撰写读书心得6361篇。创建党员示范岗243个,培训基层党支部书记460人,宣讲党课551场。培养入党积极分子975人,发展新党员343人,其中发展一线党员293人,党员培养成业务技术骨干732人,业务技术骨干发展成党员327人,宣展优质宣传展板1499块。帮扶困难党员群众4701人,党员“一对一”结对帮扶困难党员群众3251对,投入帮扶资金173.07万元。培训国企干部职工447场29563人次。集中组织企业和谐文化建设活动349场次,参加56225人次,投入资金503.04万元。

开展党建十个示范点建设,典型引领,强力推进国企党建。“十个示范点”即领导班子思想道德建设暨“四强”党组织创建示范点,党组织参与企业重大问题决策示范点,党员培训与素质提高示范点,党员先进性主题实践活动示范点,“双培”工程建设暨生产一线党员培养发展工作示范点,基层党组织创先争优活动示范点,和谐企业文化建设示范点,形象宣传与行风建设示范点,"阳光党建"暨基层组织公推直选示范点,践行科学发展观示范点。确定郑州市自来水总公司党委等12家企业为党建示范单位,督促示范企业在示范点建设过程中,从不同角度加强党建工作,及时发现并帮助示范企业总结好的做法、好的经验、好的典型,召开现场观摩会,树立典型,交流经验,宣扬先进,推动工作。

总结整合企业党建,着力把企业党建打造成发展工程、创新工程、实效工程、满意工程、特色工程、靓丽工程,提升国企党建。扎实开展党委书记述职党建活动、基层党支部书记党务培训活动、发展一线党员暨"双培"工程建设活动、基层党组织"阳光党建"活动、国企践行科学发展观活动、党的三项机制建设活动、共产党员先锋岗活动、基层党组织创先争优活动、国企党建"六大工程"活动、国企和谐文化建设活动等十大党建活动。深入贯彻全国、全省国有企业党的建设工作会议精神,召开全市国有企业党的建设工作会议,制定《关于进一步加强和改进新形势下国有企业党的建设的意见》等文件,对企业党建工作专门机构、专门人员、专门经费作出明确规定。市国资系统两次举办大型党务干部培训班,组织国企庆"七一"新党员集中入党宣誓暨"共产党员在平凡岗位上闪光"演讲比赛活动,对国企党建提出"一、三、十、百"、"有奖必争、有杯必夺"等具体标准、措施。在国有企业深入实施党员素质工程、党建工程、创建工程、宣传工程、文化建设工程、反腐倡廉工程等党建"六大工程",使企业党建工作全面覆盖、科学有序、紧贴实际。2010年,集中组织党员培训478场次,参加党课教育37998人次。集中组织党建活动183场,参加24856人次。集中组织企业和谐文化建设活动349场次,参加56225人次,投入资金503.04万元。制定行风整改措施345个,集中组织活动170场,参加18667人次,领导干部撰写调研报告174篇。巩固和创建省级文明单位4个,市级文明单位11个,区级文明单位13个,投入资金1252.79万元。办实事555件,涉及金额2192.593万元。发生好人好事11563件,收到锦旗(表扬信)等1631面(件)。被省级以上新闻媒体报道2503篇次,市级以上新闻媒体报道2953篇次。获国家级表彰4次,省(部)级表彰39次,市级表彰85次。梳理总结国企党建经验,与河南电视台"新国企"栏目组联合摄制8集纪实片《崛起的脊梁》和专题纪实片《创新国企党建、促进科学发展》,在省电视台和系统内部播放,产生了较大的社会影响。郑州市国企党建工作经验在全省国企党建工作会议上进行经验交流。

【企业创先争优活动】 2010年,郑州市国资委以"争创先进党组织、争做优秀共产党员、推动科学发展"为主题,在企业开展争创政治引领力强、推动发展力强、改革创新力强、凝聚保障力强"四强"党组织和争当政治素质优、岗位技能优、工作业绩优、群众评价优"四优"共产党员活动。各企业根据市国资委党委制定的争创标准,结合生产工作实际和党员岗位职责制定具体争创标准,明确目标,细化标准,增强活动的可操作性。把争创活动纳入党委工作年度考核体系,明确党组织书记为争创活动第一责任人,通过现场考察、领导层层点评、召开经验交流会等方式,强化督导,落实责任,指导活动健康开展。组织迎"七一"系列活动,策划大型党建活动,营造浓厚争创活动氛围。把争创活动与党建活动有机结合起来,拓展争创活动的途径。各级党组织书记带头承诺践诺,建立公开承诺内容台账工作机制、践诺信息报送机制、督导考评机制,制定考核方案,推动活动向纵深发展。市国资系统创先争优活动经验被省电视台、《郑州日报》等新闻媒体专题报道。

(王金奎)

【党风廉政建设】 2010年,市国资委党委分别与有关责任单位签订领导班子成员党风廉政建设责任书、监事会党风廉政建设责任书、各处室党风廉政建设责任书。向市属国有企业传达中共中央、国务院重新印发的《关于实行党风廉政建设责任制的规定》,并提出贯彻落实的要求。召开国资委系统春节廉政谈话会,参加会议的有国资委机关全体人员和市属国有企业的领导班子成员。会上观看了警示教育片《廉洁治家警示录》。

全面贯彻落实《中国共产党党员领导干部廉洁从政若干准则》,加强反腐倡廉建设。一是抓好宣传教育。根据实际情况,采用多种形式,组织有关人员认真学习,充分发挥厂报、内部网络、宣传栏等媒介的作用,广泛宣传《准则》,形成学习贯彻《准则》的良好氛围。二是抓好制度建设。对照《准则》和《国有企业领导人员廉洁从业若干规定》,查找存在的突出问题和薄弱环节,加强企业经营管理关键环节的制度建设,使廉政工作贯穿企业决策、管理和生产经营活动的全过程。三是抓好监督检查。把反腐倡廉建设情况纳入企业领导班子年度考核范围,纳入企业领导干部述职述廉的主要内容。

加大廉政文化进企业活动的力度,与市纪委、市监察局、市总工会联合制定下发《2010年郑州市廉政文化进企业活动实施方案》,安排部署各企业大力开展廉政文化进企业活动,努力营造诚信廉洁、依法经营的企业文化氛围。

【工程建设领域突出问题专项治理】 按照中央、省、市关于开展工程建设领域突出问题专项治理活动的统一部署,市国资委成立了专项治理工作领导小组,制定工作方案,召开专题工作会议。经过企业自查,市国资委纪委抽查,中央、省、市检查组重点检查,对发现的国有企业工程建设领域存在的问题,认真进行了整改。

【工程建设招标监督】 2010年，市国资委参与了轨道建设一号线防水工程、二号线土建监理工程招标活动；参加了多家市管国有企业的工程建设招标监督，履行了监督职能。

(薛灵国)

【机关创先争优活动】 2010年，市国资委以"争创先进党组织、争做优秀共产党员、推动科学发展"为主题，以提高党员干部素质为重点，深入开展创先争优、党建活动月活动，推进了机关党组织建设。强化理论学习，以开展活动为载体，精心组织，把活动落到实处。

一是组织参加"迎绿博、健康行"长走活动，宣传绿博，倡导健康。二是组织春季拔河比赛，营造机关团结向上的文化氛围。三是举行"迎七一"诗歌散文朗诵比赛，大力弘扬爱党、爱国精神。四是开展"党员示范岗"创建工作，在机关各处室开展党员示范岗创建活动，制定了党员示范岗岗位职责、示范岗公开承诺内容及标准，要求在岗人员佩戴党徽上岗。五是组织开展党员志愿者服务活动。按照市直机关工委要求，组建6个志愿者服务队，积极弘扬"奉献、友爱、互助、进步"的志愿者精神。六是组织召开专题组织生活会，认真贯彻落实市委、市政府会议精神，转变作风、适应形势，从思想上与市委保持高度一致。七是组织开展"服务畅通工程、争当文明表率"活动。委机关党员干部响应市委、市直机关工委号召，先后组织3批人员到交通路口，体察交通状况，劝阻不文明行为，切实提高自觉遵守交通法规意识，带头做文明表率，带头倡导绿色低碳生活方式，带头服务畅通工程。同时，结合"服务城乡、联点共建"活动，委机关与联点社区——商城花园社区向社区居民发放千余份文明交通倡议书，共同倡导文明交通。八是开展"围绕中心、承诺定责"选树先进典型等活动。在机关各支部广泛开展党员公开承诺，争创"五好"先进党组织、争当"五个表率"优秀共产党员。

【建设学习型党组织活动】 2010年，市国资委在机关党组织中开展"争创学习型党组织、争当学习型党员"活动，努力打造学习型机关。参加市直工委4月份开展的感恩母亲节征文，委机关选送作品十余篇。组织干部党员参加《谈体会、议收获》征文活动，收到100余篇文章，并编撰成册。

制定年度理论学习计划和季度学习安排意见。重点组织学习了党的十七届四中、五中全会、中纪委五次全会精神，《廉洁从政准则》、干部任用政策法规，以及中央、省委、市直工委有关机关党建工作会议精神，中央和省市经济工作会议精神，中央领导和省市领导在各个阶段重要讲话。充分发挥网络等宣传阵地作用，在市直工委《机关党的工作》上发布工作动态性报道4篇，出宣传专栏5期。

【解难帮扶活动】 元月28日，市国资委慰问组到帮扶村——登封市大金店镇金西村，慰问贫困村民和计划生育困难家庭。共计慰问18户困难家庭，救助物资及现金折合人民币近万元。"七一"前，对联点共建社区的老党员、生活困难党员进行走访慰问，送出价值500元的生活用品。在玉树、舟曲、郑州慈善日捐助活动中，委机关、产权市场、控股公司、市属企业捐助资金共计350余万元。

在"服务城乡、联点共建"中，市国资委对承担的管城区城东路办事处商城花园社区帮扶工作进行分解细化，逐项落实。深入社区体察民情，同社区"两委"班子进行座谈，征求对机关工作的意见建议，对社区老党员和困难党员进行慰问帮扶，发动机关干部职工为社区捐书共计2000余册。在共建中建立联系群众、服务群众的长效机制，使机关和社区党建工作水平得到共同提升。

(张新芳)

【信访接待】 2010年，市国资委共接待来访群众91起1464人次，接省、市信访部门转办各类信访件30件，均已按期办结；全年共组织国资系统开展矛盾纠纷排查20余次，确保了重大节日、重要会议及敏感时期国资系统的稳定，全年未发生涉及市国资委职责范围内的赴京、去省、到市的非正常上访和越级上访。

一是把信访工作列入委领导和处室负责人岗位责任制，实行信访工作一票否决制。并把信访工作纳入目标管理考核，抓好落实。二是建立信访工作分析报告制度。定期不定期地召开信访工作情况分析会，对全市国资系统的信访工作形势及时进行通报，分析矛盾纠纷隐患，排查梳理，找出本系统中存在的突出矛盾纠纷，研究化解措施。三是坚持县级领导干部定期接访制度。每个工作日都安排县级领导干部在信访接待场所接待来访群众，现场解答来访群众反映的疑难问题，使一些比较突出的信访问题得到及时处理，重信重访得到妥善解决，非正常上访得到有效遏制。

【社会矛盾化解】 市国资委高度重视社会矛盾化解工作，认真贯彻落实省、市有关指示精神，在全市国资系统深入开展"社会矛盾大排查、大化解、清积案、促和谐"活动，扎实推进社会矛盾化解工作。一是积极向省国资委化解办、市化解办汇报郑州市市管企业的管理现状和国资委开展社会矛盾化解工作的思路和想法。二是成立市国资系统社会矛盾化解工作办公室，制定工作方案。三是将社会矛盾化解工作同信访稳定工作结合，借用信访工作网络平台，发挥信访工作队伍的作用。四是对市管企业社会矛盾排查范围进行细化，对重大矛盾和问题，实行领导包案、专人负责、限期化解。五是建立矛盾排查工作台账和电子档案，每月及时登记、汇总、上报排查情况。不仅提高了市管企业化解社会矛盾的能力和防范社会矛盾的水平，也使市管企业各类社会矛盾、重大社会矛盾隐患及各类群体性事件明显减少。在全省开展的“社会矛盾化解百日竞赛活动”中，市国资委被省三项重点工作领导小组表彰为“全省社会矛盾化解百日竞赛活动先进单位”。

（任予东）

食品药品监督管理

【概况】 2010年，郑州市食品药品监督管理部门在机构改革和职能调整的关键时期，紧紧围绕年初确定的工作目标和任务，狠抓体制调整、狠抓队伍素质、狠抓食品安全、狠抓药械监管、狠抓基础建设和狠抓干部作风，有力保障了公众饮食用药安全，助推了医药经济健康快速发展。2010年，全市75家药品批发企业销售收入215亿元，连续三年位居全省第一，比2008年（102亿元）翻了一番。

【食品药品监管体制调整】 2010年，郑州市食品药品监督管理系统稳中求进，狠抓体制调整。

一是强化调研协调。首先，摸清底数。对郑州市监管对象进行全面调查，摸底分析，做到心中有数。其次，外出考察。由主管市长带队，市政府办公厅、编制、财政、人事、卫生等部门主要负责人参加，前往成都、武汉、沈阳、深圳等地，考察学习体制调整和机构改革经验。其三，多次汇报。利用各种机会，向市委、市人大、市政府主要领导汇报外省（市）体制调整的经验和模式。其四，加强领导。成立郑州市食品监管机构人员和资产划转工作领导小组。由主管市长任组长，政府副秘书长和市组织、编制、财政、人事、药监、卫生等部门主要领导为成员，协调推进划转工作各项事宜。

二是强化分步实施。结合地方行政编制比较紧张，市以下体制暂未明确的实际，确定“先调整编制、后组建机构，先组建行政机构、后组建事业机构，先城区人员划转、后县（市）人员划转”的思路。4月，在机构改革实施前，对六县一区41名行政编制进行调整，用于市区监管工作。7月，为保证机构改革平稳顺利，从六县一区局抽调科员以下人员进入分局。10月，任命7个分局领导班子，宣布工作人员名单。11月开始，进行相关人员划转，组建食品药品监督所。

三是“三定”特色鲜明。新“三定方案”主要内容为：第一，市内五区及高新区、经开区设立食品药品监督管理分局，平均每个分局公务员编制7名，由市局垂直管理。第二，市局药品稽查大队更名为市食品药品稽查支队，副县级规格不变，总编制40名；其中，行政编制20名，全供事业编制20名；除保留3个正科级药品稽查队外，还下设正科级全供事业编制的食品稽查大队。第三，市局机关内设机构数不变，中层领导职数增加2名，其中总药剂师1名。

四是职能稳步交接。9月8日，郑州市食品药品监督管理局与市卫生局进行职能交接，正式将食品安全综合协调、组织查处食品安全重大事故的职责移交市卫生局，同时承担起餐饮服务许可、餐饮业、学校食堂等消费环节食品安全监管和保健食品、化妆品卫生监督管理职责。按照市食品监管机构人员和资产划转工作安排，年底前在市内新设7个食品药品监督管理部门，作为市局派出机构。同时从卫生部门划转卫生监督员（原从事餐饮环节食品安全监管工作），组建食品监督所，开展食品安全监管工作，实现监管重心进一步下移，以适应餐饮服务环节食品安全监管工作的需求。11月，市政府召开全市食品监管机构人员和资产划转工作会议，安排部署各区食品监管人员、资产、经费的划转工作。拟从各区卫生监督机构划转50%的编制、人员、资产和经费，上解到市级财政，组建副科级的食品药品监督所，作为各分局直属机构。上街、金水、惠济、高新区已初步确定拟划转人员名单。中原、二七、管城、郑州新区划转工作正在推进中。各分局坚持边筹建、边工作的原则，选定办公用房，并开展了相关工作。市局申请财政专项资金185万元，为分局配备了办公设备。

【食品安全监管】 2010年，郑州市食品药品监督管理部门细中求实，狠抓食品安全。

一是整治市场秩序，解决食品安全方面存在的阶段性突出问题。开展了“三个重点”食品安全专项整治，即春节“两会”期间、夏季、中招高考期间等重点时段专项整治；奶制品等重点品种专项整治；学校食堂、学校周边地区及建筑工地食堂等重点区域专项整治。

二是处置安全事件。针对年初部分省、市问题奶粉卷土重来的严峻形势，组成6个督查组，赴各县（市）、区深入排查。针对地沟油危害公众健康的严峻形势，组织有关部门成立联合调查组和执法队，以城乡结合部、农村为重点，开展专项治理。另外，组织开展了“有毒”烤鸭油专项排查和“蜂胶”专项检查，净化餐饮服务和保健食品市场秩序。

三是履行抓手职能。组织外出考察，反复研究论证，下发正式文件，对现场制售食品企业、商户及流动摊贩监管主体予以明确。组织有关部门到兰州、成都考察，学习餐厨垃圾处置经验，提出意见和建议。组织开展2010年河南省暨省会餐饮服务食品安全宣传周活动，副省长宋璇涛出席启动仪式并讲话。

四是探索餐饮安全监管。以集贸市场、食杂店、小吃店外卖、快餐店外卖、集中用餐配送单位为重点，开展一次性塑料餐盒专项检查。承担第八届中国国际农产品交易会、第八届中国郑州国际少林武术节、省委第八届十一次全会等9次大型活动餐饮食品安全保障工作，没有发生食品安全事故。

【药械监管】 2010年，郑州市食品药品监督管理部门严中求序，狠抓药械监管。

一是监管重点环节。强化生产环节监管。深化实施药品GMP管理，通过完善文件体系、深化处方工艺核查和强化验证三项工作，达到工艺规程、SOP、批生产记录三者一致的目标。推进药品生产企业质量受权人制度，监督药品生产企业对常年生产品种生产工艺控制参数进行验证。组织开展《药品生产许可证》、《医疗机构制剂许可证》换证检查，对监督检查中发现的3家严重违反《药品生产质量管理规范》的企业，建议省局收回GMP证书。强化流通环节监管。加强日常监管，对597家经营企业下达《责令整改通知书》，取缔无证经营行为为21起。持续整治部分药品批发企业"挂靠"、"走票"，药品连锁企业未统一采购、统一配送、统一质量管理，药品零售店出租、出借柜台等违法违规行为。利用换发《药品经营许可证》的契机，抽调人员，组成13个检查组，对市区需要换证的1105家药品经营企业进行"拉网式"检查，淘汰132家不达标企业，核减65家企业的经营范围。2010底，在全省系统目标任务考核中，郑州市食品药品监督管理局安监工作与流通工作取得全省"双第一"。

二是整顿重点品种。加强对特殊药品生产经营企业、原料药使用企业和蛋白同化制剂、肽类激素定点批发企业的监督检查。在基本药物生产环节，建立健全目录品种监管档案，加大工艺处方核查力度，对每个品规每年抽验2个批次以上，全年抽验625个批次，全部合格。对12家中标批发公司抽验国家基本药物品种1677批次，不合格2批次，合格率99.9%。同时，积极做好郑州市增补的200种基本药物非目录品种抽验工作，抽验256批次。基本药物抽验数量位居全省系统第一名，占全省系统抽验数量的67%。全年提交药品不良反应报告10252份、医疗器械不良事件报告358份、药物滥用报告524份。药械不良反应(事件)报告数连续3年位居全省系统第一名。

三是规范器械市场。4月，抽调30余人，组成14个检查组，对全市医疗器械经营企业进行"拉网式"大检查。对156家企业下达整改通知；对8家企业立案查处；对未在其注册地址开展经营活动的329家企业网上公示。上报省局建议注销或缴销61家企业的《医疗器械经营许可证》。加强对生产企业的监督检查，对22家企业责令整改。完成755家医疗器械经营企业的市场准入审查。对1685家医疗器械生产经营企业进行了安全信用等级评定。

四是持续打假治劣。全年共立案906起，结案900起，执行罚没款327万元，比2009年增加69万元，增幅达27%。继续强化药监、公安执法联动机制，互通情况，分析案情，部署行动，形成合力，先后查办了李某邮寄销售假药案、刘某生产销售假药案、许某无证生产避孕套案等大要案28起，移送犯罪嫌疑人48人，刑拘26人，涉案金额1266万元。

【基础建设】 2010年，郑州市食品药品监督管理部门好中求精，狠抓基础建设。

一是推进基本建设。争取建设用地1公顷用于建设市食品药品监督检验中心，并被市政府列入市重点建设项目，已办理好选址意见书、规划设计条件、定界图、航测图，通过了环境影响评价，可行性研究报告在审理中。同时，大力开展市药检所基础建设，争取市财政资金185万元，购置大型仪器设备；筹资近20万元，新建无菌实验室。2010年12月，市药检所顺利通过省质监局组织的计量认证，检验项目由18项扩大到128项。

二是抓好机关管理。加强预算和国有资产管理；公文运转及时、准确；顺利完成市局办公场所搬迁；安全保卫、车辆管理、用品发放、信访稳定、后勤保障等工作规范有序；老干部政治、生活待遇得到较好落实；坚持定期检查机关卫生，公布检查结果和名次；坚持不定期检查考勤。

三是促进团结和谐。继续开展"一人喜大家同欢喜，一人忧大家共分忧"活动，对每个过生日的同志赠送小礼品；干部职工婚丧嫁娶，倡导尽可能参加；7月份，邀请考上大学的4名干部子女座谈，赠送礼品，提出希望。

四是注重对外宣传。全年共编发《郑州食品药品监督管理信息》75期，上报信息被省局采用45条，完成目标任务的150%；被当地党委、政府采用25条，完成目标任务的100%。在市级以上报刊发稿80篇，完成目标任务的133%。《中国医药报》5次报道了郑州市局的监管工作(4次头版，1次2版)，其中，12月7日头版头条对郑州市食品药品监管体制和职能调整工作进行了报道。

【队伍建设】 2010年，郑州市食品药品监督管理部门强化学习培训，狠抓队伍素质建设。

一是坚持集中学习。实施"请进来、走出去"工程。一方面，邀请知名专家授课，全年开展大型讲座8次，努力提高公务员综合素质；另一方面，组织干部职工前往上海、西安、江西等地考察学习，开阔视野，进行革命传统教育。

二是实施人才战略。坚持年轻同志上挂下派，培养锻炼。选送2人到国家局借调工作；各选派2人到省局和县局锻炼；选调县局10余人到市局锻炼。向市编办推荐年轻高学历干部1名。促成河南大学药学院在市局设函授站，举办专科升本科、本科升研究生学历学位教育。全系统攻读专升本报名75人，攻读研究生报名24人。

三是组织比武练兵。制定比赛方案，严格比赛规程，经过理论考试、模拟执法、案卷评比等环节角逐，以比武促学习，以学习强素质，以素质促监管。邀请省局稽查局、洛阳市局、开封市局、省药检所专家作为比赛评委，邀请省局、市总工会、市公务员局、市文明办等部门有关领导观摩指导。省局印发通报，对郑州市局大比武、大练兵活动充分肯定。

四是开展读书竞赛。为每位科级干部配发了《领导科学概论》、《公共危机管理》、《国情备忘录》、《中国大趋势》等十几本书籍，配发了专用学习笔记本，不定期检查笔记，在全系统形成了浓厚的学习氛围。

【政风行风建设】 2010年，郑州市食品药品监督管理部门防中求廉，狠抓干部作风建设。

一是强化法制监督。完成全系统执法人员执法证换证工作，顺利通过省局、市法制办组织的3次执法检查和考核。向市政府和省局报备规范性文件14件，对3年来局机关印发的规范性文件进行了清理，市法制办对该局的规范性文件管理工作予以表扬。严格执行案件审核制度，审核行政许可案卷725件，行政处罚案卷200件。办理行政复议、诉讼各1件。办理人大代表建议、政协委员提案25件，答复满意率100%。

二是搞好社会服务。继续对药品、医疗器械经营企业的负责人和质量负责人测试，及格率由最初不足10%提高到50%以上。发布消费警示11期，曝光违法发布广告的33个产品，并列入“黑名单”，提醒广大市民警惕非药品冒充药品对欺骗行为。积极引导企业开展“结对子、一帮一”活动，组织张仲景大药房公司的质量负责人、门店负责人和优秀营业员，到紫阁医药连锁公司对其工作人员进行管理培训。规定全局干部职工手机24小时开通，确保突发事件得到有效处置。

三是改进政风行风。成立了民主评议政风行风工作领导小组。把政风行风评议结果作为考核各单位落实党风廉政建设责任制的一项重要指标，作为考核单位及其主要领导工作绩效的重要依据，督促大家重视评议，改进工作。2010年4月，市局被市纠风工作领导小组评为政风行风建设工作先进集体，被省局评为政风行风建设先进单位。

四是重视党风廉政建设。坚持将党风廉政建设与中心工作同部署、同检查、同考核；制定党风廉政建设目标和考核细则、纪检监察工作要点等，明确任务，细化责任。每月对干部职工进行一次廉政教育，警示大家廉洁从政、坚守底线。实施构筑“廉政长廊”工程，通过制作宣传展板、发放廉政手册、张贴廉政建设与廉洁自律格言警句、节假日群发廉洁自律警示短信等形式，强化自律意识。纪检监察部门坚持不定期抽查、暗访，了解案件办理情况，了解监管相对人的意见，加强对全系统执法人员的监督。

（杨　鑫）

统计工作

【概况】 2010年，全市统计部门贯彻“三个提高”要求，努力服务科学发展，着力提升统计服务水平，深化统计改革和基础建设，全面执行国家统计制度，精心组织第六次全国人口普查等大型普查和专项调查。勇于创新，构建科学统计新格局，常规统计调查任务圆满完成，重点领域统计工作实现新的突破。

各项常规统计调查任务圆满完成。把提高统计数据质量作为统计调查工作的立足点，组织实施好各项统计调查。强化数据质量意识，严格执行《河南省统计数据质量控制办法》，全面落实数据质量责任制，层层把关，各个专业规范工作流程，修订完善数据审核评估控制办法。充分运用部门行政纪录和相关数据，强化主要指标之间协调性和匹配性的审核，科学评估统计数据，高质量完成了2009年年报和2010年定报工作，客观反映了全市及各县（市）、区经济社会发展态势和结构的变化。

服务业统计实现新突破。一是建立完善并实施了《郑州市服务业部门统计制度》和《郑州市服务业统计调查制度》，构建了政府综合统计和部门行业统计职责明确、分工协作的大服务业统计格局，服务业统计实现了全覆盖。二是坚持服务业统计联席会议制度，加大对部门统计的督查指导力度，政府统计与部门统计数据的协调性、匹配性进一步增强，数据共享机制初步形成。

能源统计取得新成效。一是突出重点监测，对于重点耗能的规模以上工业企业，自10月起增加了每月能源报表。二是突出质量控制，修订完善能源数据质量控制办法和评估方法等各项制度，规范能源统计工作，完善能源统计和监测体系。三是突出监测服务，围绕年度和“十一五”节能降耗目标，制定实施节能目标预警调控方案。定期联合市发改委、市工信委发布全市和各县（市）、区及重点行业的能源利用情况。

特殊区域统计管理初步理顺。一是对城市新区、产业集聚区、专业园区（以下简称“三区”）内所有调查单位及投资项目进行全面清查，摸清了底数，建立了“三区”统计调查单位名录库。二是成立了由市统计局牵头，发改、工信、财政、国土、环保、科技、建设、税务等部门组成的全市“三区”统计调查办公室，建立实施了“三区”统计监测制度。三是制定《郑州市产业集聚区统计监测考核评价体系》，并以市政府办公厅文件下发实施。四是制定郑州新区、郑东新区、航空港区GDP核算方案，从6月起整理公布了郑州新区的主要统计数据。五是理顺了航空港区统计管理体制。

【统计服务】 2010年，全市统计部门在统计服务方面，统计服务时效进一步超前。一是提高统计效率,每月第一时间为市委、市政府领导提供主要统计数据,按月编印《郑州经济动态》、《郑州工业快报》等,及时报送给市四大班子领导和有关部门、各县(市)区主要领导。二是加强对月度和季度经济运行的监测分析,为市委经济工作会、全市季度经济形势讲评会等重要会议整理提供全市及各县(市)区、各省辖市、省会城市、大中城市主要经济指标数据。配合"十二五"规划编制开展主要经济社会指标分析预测工作。为人大、政协"两会"提供统计服务。三是加强分析研究。广泛深入开展经济运行监测分析和城市间对比分析研究,为各级党委政府宏观调控、科学决策提供依据。全年市、县两级统计局共撰写统计分析、信息、调查研究报告2000多篇,得到各级领导批示68篇,400多篇被市级以上新闻媒体采用。

统计服务层次进一步提升。不断完善评价考核指标体系和评价办法,进一步提升统计服务科学发展的能力。继续做好全市乡镇经济社会发展评价监测、全市及各县(市)区节能降耗统计监测、城区及街道办事处经济社会发展评价、民生福利评价、社会主义新农村建设等评价监测。特别是三季度对节能降耗形势提出预警,引起市领导关注并及时采取措施,为完成全市"十一五"节能降耗目标发挥了作用。

统计服务平台进一步丰富。不断完善《郑州统计年鉴》、《郑州农村发展报告》、《郑州物流业发展报告》、《郑州统计概要》等,客观反映和记录全市经济社会发展取得的成就。通过郑州统计网和市政府门户网站及时发布统计信息,采取多种形式为社会公众提供统计信息服务,全年接待社会统计查询2000多人次。

统计服务领域进一步拓宽。围绕市委、市政府中心工作,不断拓宽统计服务科学发展的新领域,积极参与全市"十二五"规划、郑州新区"十二五"专题规划、郑州都市区规划和全市妇女儿童2011-2020年两纲规划的研究制定工作。组织开展居民住房供给及需求专项调查、消费者喜爱的消费品牌调查。协助有关部门开展组织工作满意度调查、创建文明城市调查测评、郑州市区交通流量调查等,受到市委、市政府主管领导的表扬与好评。

【统计科研】 2010年,郑州市市县两级统计部门建立完善课题研究的奖励激励机制,强化统计科学研究,成效显著。全年市县两级统计局完成立项课题51项,数量和质量全面提升。其中:《郑州市区域自主创新能力评价监测体系研究》、《郑州市民生福利评价监测体系研究》获河南省统计科学技术进步奖二等奖。市局组织撰写的《郑州市固定资产投资适度规模研究》、登封市的《关于如何实现我市产业集聚区以考核促发展的思考》、中原区的《只争朝夕谋发展 狠抓落实保增长》获得市统计科研成果一等奖。

【统计调查】 2010年,郑州市统计部门精心组织,扎实推进,大型普查及专项调查进展顺利。

第六次全国人口普查取得阶段性成果。按照国家和全省统一部署,人口普查工作稳步实施,扎实推进,国务院和省政府督导组对郑州市普查工作给予充分肯定。一是组织领导有力。市县乡三级政府层层签订人口普查责任书,强化领导,落实责任。全市普查队伍达5.7万人,工作经费得到较好落实。二是广泛宣传深入动员。启动了第六次全国人口普查宣传月活动,通过多种形式广而告之,做到人人皆知,争取公众配合支持;创新利用主流网络载体,公布联系电话接受社会监督,以便及时发现问题,解决问题,在普查登记阶段发挥了较好的作用,得到市政府有关部门的好评。三是坚持数据质量为核心。学习借鉴外地市经验,成功组织开展了综合试点,制定了一系列的工作制度和质量控制办法,加强培训和督查,高质量地完成了全市340多万户的普查摸底和入户登记工作。截至年底,普查数据录入工作基本完成。

第二次经济普查工作全面完成。普查公报如期发布,编印了普查资料汇编,开展了专题分析,普查总结表彰工作圆满完成。

全社会R&D资源清查数据处理培训、清查数据收集整理、会审审核、上报查询、数据质量抽查圆满完成,在国家局和省局检查中受到表扬。

组织开展全市城镇和农村住户大样本调查轮换工作。建立完善了对县(市)、区有代表性的城乡住户调查体系。

【统计名录库管理】 郑州市成立了基本单位名录库工作领导小组及办公室,圆满完成了27000多家名录库单位的比对、核实工作。完整、统一的规模以上工业企业、限额以上批发零售住宿餐饮企业、资质以内的建筑业企业和房地产开发企业等"三上企业"名录库基本形成。市统计局在全省基本单位名录库工作会议上作经验介绍,受到表彰。

【统计基础建设】 按照《郑州市统计基础建设三年发展规划》要求,组织完成了对全市8个县(市)区、72个乡镇、街道办事处两级统计基础建设的考核验收。通过考核验收,县乡两级统计基础建设的长效机制逐步建立,统计工作日益受到基层党委政府的重视和支持,工作条件不断改善。基层统计业务工作日趋规范化,依法统计、科学统计的基础日趋牢固。郑州市5个乡镇、街道办事处被评为全省乡级政府统计先进单位,登封市大冶镇作为全省先进乡级政府统计基础建设代表在会上作典型发言。巩义市、登封市采取以奖代补等措施推动了基层基础建设的长足发展。

【统计执法】 按照全国统计执法大

检查统一部署，市统计局与市监察局、市司法局、国家统计局郑州调查队精心部署全市自查工作，4000余家单位认真开展统计数据质量自查。在此基础上，对金水区、新郑市、新密市、高新区和市人社局、市文广新局及130余家基层企业进行重点抽查。根据抽查结果，对存在数据质量问题及拒绝检查的30家单位立案查处，有效地维护了统计法的尊严，净化了统计工作环境。管城区依法查处并强制执行一起违法案件，开全市区级统计执法强制执行之先河。

【统计法制建设】 2010年，市人大常委会将《统计法》和《河南省统计管理条例》贯彻落实情况，列为年度检查监督的内容之一。市统计局以扎实的工作为支撑，通过多种形式将工作向市人大常委会领导及部分人大代表进行了展示，市政府向市十三届人大常委会第十六次主任会议作专题汇报，得到了肯定。市人大常委会反馈意见认为全市统计法制建设措施得力、成效显著。

【统计信息化建设】 2010年，郑州市统计信息化建设水平全面提升。一是率先在全省完成了拥有12个县(市)区分会场的全市视频会议系统，减轻了基层负担，提高了工作效率。二是市县两级统计部门投入专项经费，对网络升级改造，对网络管理实施监控，保证网络安全稳定高速运行。三是积极推进网上报送，县乡联网直报率达到95%以上，“三上”企业联网直报率达到90%以上，减轻了企业负担，减少了环境干扰，保证了源头数据质量。

【队伍建设】 2010年，全市统计队伍建设进一步加强，学教活动呈现新气象。按照市委、市政府的统一部署，全市统计部门认真组织“创先争优”、“两转两提”等主题教育活动。市局开展了“十个一”党建月活动，组织公务人员开展“一对一”帮扶困难群众，在全市统计系统树立“巾帼标兵”，以党员示范岗为载体，比学赶帮超，干事创业的氛围进一步增强。

队伍建设再现新亮点。一是以第六次人口普查、专项调查等工作部署为契机，开展跨级培训，全市政府统计系统业务骨干人员基本轮训一遍。二是开展统计从业资格专项检查，培训基层统计调查单位从业人员1500多人。三是继续开展调查分析师继续教育培训工作，全年培训500多人，郑州市统计局2010年再次荣获全国统计系统继续教育培训工作先进单位。

干部教育形式多样化。一是加大干部教育培训力度，以业务讲座、集中培训、外出学习交流等多种方式推进干部培训工作的开展。二是邀请国家统计局新闻发言人盛来运、省统计局总统计师王作成等专家开展专题讲座，组织市县两级统计人员听取省局第一届先进事迹巡回报告团专场报告。惠济区邀请统计专家为区四大班子领导作专题讲座。三是在全市统计系统开展岗位练兵大比武。

党风廉政建设取得新成果。一是加强廉政学习教育，认真贯彻落实中纪委五次全会和省、市纪委全会精神，结合统计工作实际，认真落实党风廉政建设责任制。二是加大考核力度，落实惩治和预防腐败体系实施纲要和工作规划。三是切实加强政风行风建设，转变工作作风。2010年，市局再次荣获全省统计系统政风行风建设先进单位，连续四年荣获市委、市政府优化经济发展环境先进单位。

（李　辉）

海关工作

【概况】 2010年，郑州海关认真贯彻党的十七大及十七届三中、四中、五中全会精神和中央经济工作会议、全国海关关长会议精神，积极践行“小关大作为”工作理念，以“规范管理年”为契机，重点围绕“五个坚持谋发展”，注重“五个建设抓规范”，着力优化海关监管和服务，全面履行把关服务职责，大力支持促进河南开放型经济建设和发展，关区税收、监管货运量等主要业务指标均创历史新高，省政府下发《河南省人民政府关于表彰郑州海关的通报》(豫政〔2010〕19号)，对郑州海关为河南省开放型经济发展做出的积极贡献予以表彰。

【海关监管】 2010年，郑州海关进一步加强物流监控，不断完善对进出境货物、物品、运输工具和海关监管场所的管理，在各业务现场启用纸质运抵报告，着力加强对出口货物的申报管理；加强与乌鲁木齐等兄弟海关的合作交流，使“属地申报、口岸验放”区域通关拓展到8个直属海关，所占货运量达到总货运量的近70%；着力优化审单作业机制，努力提高报关质量，专人负责报关单批量复审；调整完成郑州机场海关的通关业务流程、岗位、职责设置，进一步完善了业务现场的监管服务水平。支持机场拓展新航线，新开通郑州—上海—吉隆坡和郑州—广州—曼谷等联程监管航班，成功引进俄罗斯空桥货运航空公司，开通了郑州—莫斯科—法兰克福航线。全年，共监管进出口货运量862.6万吨，与上年相比增长8.3%，进出口货值53.7亿美元，增长21.8%，监管进出境航班3106架次，验放进出境人员26.1万人次，分别增长172.5%和103%。监管汽车1.1万辆，增长35.5%，火车3.8万节，增长18.1%。监管邮递物品、印刷音像制品、邮政快件分别为9.2万件、93.7万件、16.2万件，分别增长12.5%、下降2.3%、增长11%。

【海关税收征管】 2010年，郑州海关进一步加强税收征管，不断完善和优化综合治税运行机制，顺畅联系配合，形成工作合力，切实将综合治税措施制度化、机制化、长效化,并狠抓督促落实,确保应收尽收;制定完善了《郑州海关审定公式定价进口货物工作规程》等业务规范,进一步夯实了业务基础;依托关税分析监控等系统,全方位、多角度开展税收征管及保税监管业务监控,并邀请兄弟海关业务专家开展"规范管理、强化基础"专项检查,查找出21项风险点,并针对性提出3个方面的9项整改措施,取得较好效果;扎实做好减免税审批工作,在总署考核的项目备案、征免意见和商品归类方面正确率均达到100%。全年,关区"两税"实际入库45.87亿元,增长27%,再创历史新高。全年共审批各类减免税1643笔,审批货值6.58亿美元,增长63%,累计减免税款5.96亿元人民币,增长57%。

【海关缉私】 2010年,郑州海关坚持理性、平和、文明、规范的执法理念,不断深化关警融合,优化执法联动机制,积极推进反走私综合治理。综合运用刑事执法、行政执法、稽查后续管理3种手段,以严厉打击羊皮进口走私违法犯罪行为为重点,全力推进打击重点商品、重点渠道走私专项行动和打击矿渣走私专项行动、打击出口骗退税百日专项整治活动以及打击侵犯知识产权和制售假冒伪劣商品专项行动;加强执法过程控制,提高执法质量和执法水平,连续4年实现批捕率、起诉率、有罪判决率3个100%,所有行政执法案件均做到零复议、零诉讼、零赔偿。2010年,共立案走私犯罪案件5起,增长66.7%,抓获犯罪嫌疑人9名,立案的走私案件中走私毒品犯罪案1起,实现关区侦办毒品走私案件零突破,也是河南省查获的首起外国人涉毒犯罪案件,缴获毒品四氢大麻氛5.05千克;立案行政执法案件34起,增长70%,实现罚没收入464万元。

【海关统计】 2010年,郑州海关创新工作模式及手段,加大对海关统计数据质量的及时管理和监控。全年共审核各类进出口报关单3.34万份,同比增长29%;上报进出口贸易数据8.5万余条,同比增长32.8%;上报业务统计数据11万条,按时高质量完成业务统计和贸易统计报送12次,撰写业务统计分析21篇、统计监督11篇,CSD报告2篇被总署采用。各类统计数据实现连续90个月上报数据无差错。每季度为河南省18个地市量身定做《统计监测预警专报》,获得各地市的普遍认同;进一步强化风险意识,认真开展统计执法评估,就关区保税业务、价格管理和重点敏感商品等进行有效的专题评估分析;统计咨询服务工作稳步推进,为外经贸部门提供协议数据60次、约400万条,接受各类数据咨询100多人次,合计数据8万条。

【海关稽查和风险管理】 2010年,郑州海关进一步健全完善风险管理和分析工作机制,积极开展直属海关风险平台的系统测试,有针对性地加大通关布控力度,提高关区风险管理综合效能。全年关区风险布控率为4.91%,布控有效率为17.85%;继续加大政策宣传,完善企业管理和升级评定机制,扎实推进A类、AA类企业的审批力度,助推河南省进出口企业充分享受海关通关便利。截至2010年底,关区AA类、A类企业达346家,其进出口占全省进出口总值约80%;认真做好关区报关员管理,组织完成2010年度报关员资格全国统一考试河南考区工作,网上报名4446人,现场确认3520名,考试通过率达21%,高出全国平均通过率7个百分点,也是郑州关区报关员考试历史上通过率最高的一年;以抓规范、抓重点为突破口,深入开展稽查工作,稽查企业数量、稽查质量和发现问题企业数均有新突破,并开展了对进口大宗散货商品、数控机床等多次专项行动,充分发挥了企业稽查监督企业进出口活动、发现企业存在的问题、验证企业守法状况和完善海关内部管理的核心作用;引入中介机构开展验证稽查工作尝试,取得良好效果。2010年,关区共开展稽查作业74家,稽查其他作业9家,办结稽查作业75家,稽查补税980万元,稽查有效率达到34%。

【电子口岸建设】 2010年,郑州海关在改善通关环境、推进加工贸易转型升级、为企业提供优质高效服务等方面开展电子口岸建设。全年为1024家进出口企业办理了电子口岸入网手续;制发IC卡3903张、IC卡证书更新1873张、解锁252张;为849企业办理了海关备案手续;与21家进出口企业签订网上支付协议29份,关区进出口企业通过电子口岸网上支付系统支付税款13560票,合计金额18.67亿元,占关区入库税款的40.7%。

【海关大监管体系建设】 2010年,郑州海关部署开展大监管体系建设和分类通关改革、"三查合一"等工作,提升监管效能。坚持把大监管体系建设作为优化海关整体功能的核心工作,成立关区大监管体系建设领导小组和各专业小组,细化工作方案,明确任务分工,研究出台《郑州海关大监管体系建设实施方案》,上报的《郑州海关"以点带面"统筹推进大监管体系建设》一文被总署《综合信息呈报》全文刊载;制定《郑州海关分类通关改革实施方案》,并于8月11日在郑州机场海关启动出口分类通关改革试点,风险管理部门加载风险参数10488条,截至年底,机场海关分类通关报关单1779票,其中低快放1526票、占85.7%,单证审81票、占4.6%,高风险172票、占9.7%,高风险和低风险报关单布控有效率分别为10.26%和0,试点工作进展顺利;及时传达贯彻全国海关深入推进大监管体系建设暨"三查合一"工作会议精神,并组织人员开展深入调研,全面摸底关区企业稽查、减免税核查和保税中后期核查的管理现状,探索

"三查合一"归口管理办法，关区"三查合一"工作稳步推进。

【海关机构和特殊监管区建设】 2010年，郑州海关认真落实省委、省政府关于综合保税区申报工作的指示精神，鼎力支持河南申建郑州新郑综合保税区和引进富士康项目，积极提供政策方面的支持和工作建议，为10月24日郑州新郑综合保税区的正式获批打下坚实基础，并参加了省政府于11月3日召开的新闻发布会，向有关新闻媒体介绍了综合保税区的功能、作用等有关情况；协助省、市政府做好与富士康的会谈，主动为富士康（郑州）项目提供海关政策引导和支持；推进河南保税物流中心建设，全程指导各项筹建工作，确保河南保税物流中心建设的高起点、高标准，并于12月8日顺利通过国家四部委的正式验收；努力解决郑州铁路东站一类口岸监管区不规范的历史遗留问题，积极促进郑州铁路集装箱中心站监管场所规范建设，得到省领导的高度重视和支持；主动沟通河南省邮政速递物流有限公司做好郑州国际邮件互换局过渡期间的场站改造及新址规划建设；在进一步完善航空机场和铁路东站口岸的监管场所和设施的同时，根据全省物流走向，经认真调研分析，提出合理布局海关监管场所（查验平台）的规划方案，确保海关实际监管到位；郑州经济技术开发区办事处、焦作海关筹建和南阳海关迁建工作进展顺利，新乡海关、信阳海关先后获国务院批准设立，邮局办事处升格为副处级机构；郑州出口加工区通过土地置换续建B区、洛阳设立出口加工区、安阳办事处调整为安阳海关和申请设立三门峡海关、许昌海关等工作稳步推进。

【签署署省合作备忘录】 7月15日，海关总署署长盛光祖和河南省省长郭庚茂在郑州签署《海关总署 河南省人民政府合作备忘录》。盛光祖在签署仪式上表示支持和促进河南省进一步扩大开放，加快转变经济发展方式，在促进中部地区崛起中发挥更大作用是海关义不容辞的责任，并要求郑州海关积极主动地为河南省经济社会发展服务，把握重点，切实增强海关工作的针对性，要进一步加强对双方合作备忘录确定事项的推进和落实，加大工作力度，确保备忘录各项内容落到实处。

【总署领导视察郑州海关】 2010年，先后有4位海关总署领导视察郑州海关工作。7月15日，海关总署署长盛光祖参加总署与河南省政府在郑州举行的《海关总署 河南省人民政府合作备忘录》签字仪式并视察郑州海关；8月3日，驻署纪检组组长胡玉敏出席郑州海关新任纪检组长任职仪式并视察郑州海关；10月19日，副署长鲁培军出席第八届中国国际农产品交易会开幕式并视察郑州海关；11月19日，副署长孙毅彪视察郑州海关，听取郑州海关党组工作汇报，并在河南省副省长张大卫陪同下视察海关特殊监管区。

【党风廉政建设】 2010年，郑州海关进一步规范各项制度，落实长效机制，强化廉政建设责任。及时调整惩治和预防腐败体系建设工作领导小组、党风廉政建设和反腐败工作领导小组、行风建设和纠风工作领导小组和内控工作领导小组，先后制定下发了各类工作制度等，进一步健全了关区反腐倡廉、内控、纠风等工作机制；严格执行落实党风廉政建设责任制。确定9个方面63项党风廉政建设责任目标，并组织关、处、科级领导干部签订三级目标管理领导责任书，每半年进行汇报总结，落实责任，强化监督。在河南省委、省政府对2009年度党风廉政建设责任制量化考核中，郑州海关成绩优秀，名列前茅。开展多种形式反腐倡廉警示教育，通过发放廉政宣传学习教育读本，组织参加专项知识竞赛等，努力营造廉洁从政的良好氛围。深入推广应用海关廉政风险预警处置系统（HL2008系统），积极开展执法监察和专项及常规督察，加强对政府采购、基建项目和财物管理等常规审计，认真做好群众信访举报件受理和核查工作。

【党建和思想政治工作】 2010年，郑州海关深入扎实推进创先争优活动，有效发挥党建服务保障作用。研究制定了《郑州海关党组开展创先争优活动实施方案》，建立了关党组、机关党委、党支部（党总支）三级联创带动和每半年关党组点评、每季度机关党委述评、每月党支部（党总支）群评机制，认真落实公开承诺，在业务现场、报关大厅等醒目位置设置专题板报、展板和宣传框，在办公网开设"创先争优活动"专栏；大力推进学习型党组织建设，努力提高党员干部综合素质；切实加强改进基层党建工作，不断提高党建科学化水平。印发《郑州海关2010年机关党建工作要点》，分解目标，落实责任，进一步加大基层党建工作力度；认真组织召开关、处两级领导干部"贯彻落实廉政准则加强作风建设"专题民主生活会，加强群众监督，推进党内民主；坚持主旋律，增强创新性，有序推动落实关区各基层党支部书记上党课和主题党日活动。制定下发《郑州海关关于贯彻〈海关文化建设纲要〉加强关区文化建设的实施方案》；组织筹建郑州海关文艺体育协会，举办迎新春文艺汇演、郑州海关第一届智力运动会和冬季文化体育健身活动等，实行工间操制度，丰富关员的业余文化生活；深入开展核心价值观主题教育，确定"规范管理抓落实，关兴我荣比奉献"教育活动主题，组织了"身边的感动"故事征集和演讲竞赛活动，邀请王百姓举行"感动中国人物走进郑州海关"活动（第二期），组织开展了"传承·发展"主题教育实践活动，强化正面激励教育引导。

【基层基础建设】 2010年，郑州海关组建成立了政治部，坚持内务规范和业务规范"两手抓",以合理调配办公用房为契机,规范办公秩序,严肃工作纪律,扎实推进准军事化纪律部队建设;推广应用《海关业务标准化规范》,编写印发了《郑州海关岗位操作手册》,并在全体关员中开展了为期5个月的"学手册、用手册,抓规范、强素质"活动,成功组织关区科以下干部开展岗位达标考试,经3次集中测试,测试率、达标率均达100%;加大电子考勤管理,修改完善《郑州海关请休假管理办法》;规范有序开展教育培训,年内共组织102人参加各类培训,关区自办各类培训班26次,累计培训人员400余人次;积极做好政务事务等工作,顺利通过总署网络保密安全检查并获通报表扬,档案管理工作通过档案署特级评估并被授予"海关档案综合管理复查评估特级单位"称号,实现关警合署值班,开通"12360"服务热线;积极开展信息系统等级保护,建立关区信息系统安全风险分析和月度通报制度;开发固定资产管理信息系统,规范资产管理;加强采购管理,规范采购程序,实行"阳光"采购;加强节能减排,完成节能降耗5%任务;完善后勤服务保障,加强物业管理,办好职工食堂;积极发挥学会和工会、妇委会、团委作用,机关团委获评河南省"五四"红旗团委。

2010年郑州海关主要业务统计指标

序号	业务指标	计量单位	2010年1~12月	2009年1~12月	同比增减±%
1	进出口货运量合计	万吨	862.6	796.5	8.3
2	#1、进口	万吨	819.3	767.7	6.7
3	2、出口	万吨	43.3	28.9	49.9
4	进出口货值合计	亿美元	53.7	44.06	21.8
5	#1、进口	亿美元	41.4	34.93	18.5
6	2、出口	亿美元	12.3	9.12	34.9
7	海关税收(实际入库)	亿元	45.87	36.03	27.3
8	#1、关税	亿元	5.12	4.72	8.5
9	2、代征税	亿元	40.75	31.31	30.2
10	审批减免税	亿元	5.96	3.8	56.8
11	统计报关单	万份	3.34	2.59	29.0
12	监管集装箱	箱次	47805	44968	6.3
13	集装箱载货量	万吨	67.20	65.70	2.3
14	监管汽车	辆	10722	7915	35.5
15	监管火车	节	37767	31968	18.1
16	监管飞机	架次	3106	1140	172.5
17	监管进出境人员	万人次	26.1	12.86	103.0
18	备案加工贸易合同数	份	827	735	12.5
19	加工合同备案金额	亿美元	4.45	4.07	9.3
20	缉私局立案走私罪案件数	件	5	3	66.7
21	缉私局立案走私罪案值	万元	2143.29	1878	14.1
22	缉私局结案走私罪案件数	件	4	3	33.3
23	缉私局结案走私罪案值	万元	4326.37	346	1150.4
24	缉私局立案违规案件数	件	34	20	70.0
25	缉私局立案违规案值	万元	4939.33	7505	-34.2
26	缉私局结案违规案件数	件	27	14	92.9
27	缉私局结案违规案值	万元	11491.46	17840	-35.6
28	罚没收入	万元	464	119	289.9
29	内销征税	万元	6137	6462	-5.0

(张　维)

第二十一篇　科学技术

科技综述

【概况】 2010年，郑州市科技局认真贯彻落实市委、市政府的工作部署，围绕中心工作，抓住发展主线，大力发展高新技术产业，建立健全自主创新体系，着重抓好自主创新工程，全面提升自主创新能力，推动了科技事业的快速发展，大幅度提升了科技工作在全市经济社会跨越式发展中的地位和作用。

科技创新的实力、地位和影响力日益彰显。郑州市先后跻身"中国城市综合创新力50强"、"全国科技进步示范市"、"国家知识产权示范市"、"十城万盏半导体照明应用工程试点市"、"国家节能与新能源汽车示范推广试点市"、"国家创新型试点城市"行列，被国家科技部评为"全国科技管理系统先进集体"，连续两届被省委、省政府命名为"省级文明单位"。

科技创新政策体系不断完善。"十一五"期间，郑州市委、市政府在全省率先制定出台了《郑州市知识产权战略纲要》、《郑州市专利促进与保护条例》、《郑州市自主创新体系建设与发展规划(2010—2020年)》、《关于发挥科技支撑作用促进主导产业发展的意见》、《郑州市企业研究开发费用认定管理实施意见》等一系列促进自主创新的政策和措施。自实施企业研究开发费用所得税加计扣除政策以来，共有33家企业165个项目享受3.15亿元税收抵扣，使企业得到了创新政策的实惠。

研发中心建设取得重大突破。2010年市本级科技经费投入1.92亿元，全社会R&D投入44.83亿元。争取国家、省各项科技资金达到2亿多元，超过了市本级科技经费投入。截至2010年底，全市已建立市级工程技术研究中心178个、重点实验室31个、院士工作站27个；省级工程技术研究中心72个、重点实验室26个、院士工作站17个；国家级工程技术研究中心5个、国家级重点实验室3个。郑州机械研究所"新型钎焊材料国家重点实验室"。建设地址位于郑州高新区科学大道南，水杉路西，总面积约为5.09公顷，项目建设周期预计1年2个月，计划2011年4月份开工，2012年2月份主体完工，2012年6月投入使用，项目总投资约3亿元(不包括土地费用)。中铁隧道股份有限公司"盾构及掘进技术国家重点实验室"。建设地址位于郑州高新区科学大道99号腊梅路与玉兰街交叉口(隧道股份办公大楼院后)，计划占地面积36175m^2，总建筑面积17084m^2。投资总额9804.85万元。实验室计划于2011年12月底交付使用。中国农业科学院棉花研究所"棉花生物学国家重点实验室"。该实验室依托中棉种业有限公司在郑州高新区组建，是河南省唯一的公益性国家级重点实验室。项目建设内容包括棉花遗传多样性研究与种质创新、棉花纤维品质性状形成机理研究、棉花超高产分子机理与品种设计、棉花抗逆机理与环境调控研究。项目占地0.71公顷，新建重点实验室8427平方米，项目总投资2868.57万元。

科技自主创新能力不断增强。2010年，全市专利申请量、授权量实现新突破，分别达到8203件、5677件，较上年同期分别增长了24%和49.2%。其中发明专利占申请专利总数的比重达到30%，科技进步贡献率达到了55%。"十一五"期间，郑州市共产生科技成果843项。其中，95项达到国际领先和先进水平，674项达到国内领先和先进水平，29项成果获得国家科技进步奖，144项成果获得省科技进步奖，381项科技成果获市科技进步奖。河南辉煌科技股份有限公司在国内铁路通信信号领域市场占有率居行业之首。郑州新大方重工科技有限公司完成的"重型成套桥梁施工装备关键技术、产品开发及工程应用"项目荣获河南省科技进步奖一等奖。郑州市企业、驻郑高校和科研院所承担的5个项目顺利通过了河南省轨道交通重大科技专项专家组的论证。

创新服务平台建设取得明显成效。组织建设了包括科技信息综合平台、小麦产业技术创新平台、大型科学仪器共享平台、科学数据共享平台、节能减排(郑州)科技支撑信息平台、科技成果转化交易平台、专利信息平台、科技企业孵化平台、制造业信息化综合平台、科普传播综合平台等十大平台，构建了比较完善的科技共享服务体系，走在全国地市前列。依托解放军信息工程大学组织开展了"基于云计算和SOA架构的科技资源共享平台"项目，进一步整合各类科技资源，建立了科技服务支撑环境和应用服务新模式，促进了科技管理向科技服务的全面转变。其中,大型仪器共享平台入网台数达到1805台(套),利用不到20万元的投入,撬动盘活了郑州市总价值14亿元的大型仪器设备,已为会员单位提供检测试验服务17000多次。全市科技企业孵化器总数达到30家,在孵化企业达到2300家。

【高新技术产业】 2010年,全市高新技术产业产值达到2095.4亿元,比上年增长25.8%,比2005年增长282%;高新技术工业增加值达到665.6亿元,占规模以上工业增加值的比重达到37.9%,比上年增长26.6%,比2005年增长321%。全市有高新技术企业223家,占全省高新技术企业总数的43.1%。已培育出销售收入超亿元高新技术企业92家,超5亿元高新技术企业34家,超10亿元高新技术企业19家;培育出市级创新型试点企业107家,省级创新型试点企业15家,省级创新型企业31家;重点支持科技型中小企业创新基金项目突破170项,其中,国家级71项、省级49项、市级50项。辉煌科技、汉威电子、郑州华晶、四方达4家工程企业实现上市,威科姆、生茂光电等16家工程企业已列入省重点上市后备企业。好想你枣业已通过中国证券会首发申请。汉威电子、安图生物等企业迅速发展壮大,成为行业龙头企业。郑州锅炉的"节能型循环琉化床发电技术装备研究与开发"项目,技术突破了一般CFB技术的框架,达到国际先进水平,打破了国外对CFB技术理论的垄断。威科姆公司通过对NGB广电高清双向全业务终端关键技术的研究,形成一套能够支撑NGB广电高清双向全业务的终端解决方案,开发出国际先进水平、拥有自主知识产权的系列电信级机顶盒终端产品。富耐克公司通过科技创新和发展,实现了高品级立方氮化硼晶体产能、产量国内位居第一,该产品国内市场占有率80%,全球市场占有率高达35%,雄踞全球市场份额榜首。

【实施重大科技专项】 截至2010年底,郑州市共组织实施26个重大科技专项101个项目,市本级科技经费支持达1.2亿元,每个项目支持额度都在100万元以上,最高的600万元,带动项目承担单位近50亿元的创新投入。绝大多数项目已由研发阶段进入小试或中试阶段,部分项目已进入产业化准备阶段。已完成新产品、新技术、新工艺开发320项;申报专利290项,其中发明专利60项,授权专利45项;成果奖30项,发表论文100篇;引进专业技术开发人才和项目管理人才315人,培育创新人才620人;建立生产线15条。项目研发成果均具有国内先进水平,部分项目成果达到国内领先或国际先进水平。郑州煤矿机械集团股份有限公司"重型液压支架试验系统研制"项目,在国内外率先研制了最大试验载荷达到30000kN的液压支架整架试验台,解决了6米以上大工作阻力液压支架无法试验的难题,填补了国内外空白。郑州新大方重工科技有限公司承担的"大型风电安装成套技术与装备研制及应用"项目,其技术性能上达到了国际领先水平,填补了全世界尚未有风电安装专用吊机的空白,该项目拥有核心自主知识产权,已获3项实用新型专利。宇通公司承担的"新能源城市客车研发及产业化"重大专项,形成4个节能环保客车关键技术平台,整车能量消耗比同类型车降低20%以上,比现有客车减少污染排放20—30%,年新增销售收入11亿元,实现利税2.6亿元。郑州旭飞光电填补了河南没有平板显示产业科研队伍和团队的空缺,研制的G5TFT-LCD液晶玻璃基板在技术研发方面,走在了国内对玻璃基板技术研究及产业化的前列,特别是在无砷料方的研发、池炉控制融化能力及水平的优化、溢流成型工艺的稳定、铂金通道改善玻璃液性能等方面,都居于国内前列,全年订单达33万片。郑州侨联生物能源有限公司依托省内外科研院所的技术优势,在中国工程院能源专家闵恩泽院士、中国海军石油研究所高永健博士及郑州大学化工学院马晓建教授的指导下,吸纳了国内外先进生产工艺技术,在生物能源及衍生品加工等方面技术水平居国内先进行列,"一种微乳化生物柴油及其制备方法"、"一种-10号调合型生物柴油及其制备方法"和"一种生物质燃料助剂及其制备方法"等三项技术获国家发明专利。已建成年产5万吨生物柴油生产线。公司在荥阳高山拥有面积近6.67千公顷的油料树木基地和33公顷的育苗基地,可作为生物柴油生产的原料保障。还有500万株文冠果、黄连木、乌桕等树苗对外销售,发展目标是建成大型的林油一体化新型生物能源企业。

【实施重大科技工程】 科技自主创新工程。列入工程的62家企业68个项目已于2010年底全部实现开工。68个项目累计投资达92.9亿元,占三年总投资计划96.1亿元的96.7%,竣工项目达到52个。62家企业销售收入实现了30%以上的年增长率,河南华昌、新天科技等多家企业增长实现了翻番。全市实施跨越式发展行动计划期间,科技自主创新工程组织实施高新技术产业化项目118个,5年累计完成投资123亿元,实现销售收入650亿元,圆满完成各年度各项目标任务。作为科技自主创新工程主要责任单位,郑州市科技局被市委、市政府评为跨越式发展工作先进单位。

"十城万盏"半导体照明示范工程。已在市内20多条主要道路、部分社区,郑州市辖的新密市、新郑市、郑州高新区、经开区、航空港区安装应用半导体照明灯具22000余盏。主要包括LED路灯、隧道灯、庭院灯等。已安装的半导体照明灯,运行正常,节能效果均在60%以上。新视野光电(郑州)有限公司承担的"室内大空间、高光通亮LED照明灯具开发"

项目顺利通过了国家科技部组织的专家论证。

“十城千辆”新能源汽车示范工程。全市已示范推广320辆新能源汽车在线运行。其中主要有：40辆混合动力公交车和纯电动公交车在郑州市区运行；郑州日产已交付32辆纯电动汽车在郑州市机关、移动、联通、国家电网郑州供电公司等示范运行；有20多辆混合动力和纯电动公交车在荥阳、登封少林景区示范运行；中航电动汽车的100辆纯电动车在郑州航空港区试运行。此外，还有400余辆新能源汽车计划在公交、出租等公共交通领域示范推广。郑州市承担的“郑州市新能源汽车关键应用技术研究与配套装备”项目顺利通过了国家科技部组织的专家论证。

【产学研结合工作】 郑州市产学研结合工作力度不断加大，市政府先后与郑州大学、解放军信息工程大学、武汉理工大学和西安交通大学等知名大学建立起了产学研战略合作关系，进行产学研对接活动32次，组织实施产学研项目283项，签定产学研合作协议458项，支持经费总额达到5083万元，引导和带动企业科技投入3.6亿元，先后建立产学研基地60家，解决企业技术难题1420余项，实现科技成果转化1450项，新增产值达5.3亿元。2010年，实施了郑州市耐火材料产业技术创新联盟、现代中药产业技术创新联盟和智能仪器仪表产业技术创新联盟。项目研发技术大多达到国内先进水平，部分达到国际先进水平。河南瑞泰开发的产品解决了水泥工业生产过程中存在的铬污染等环境问题，摆脱了依赖镁铬砖的局面，为从根本上解决铬公害问题提供了典范，同时，解决了大型水泥窑烧成带用耐火材料对国外进口耐火材料的依赖，使我国拥有了具有自主知识产权的大型水泥窑配套耐火材料的制造能力。豫密药业总投资3亿元的解郁丸扩建项目的动工，标志着国内最大的抗抑郁症现代中药研发基地正式启动，河南在抗抑郁症中药领域研发能力达到国内顶尖水平。

【实施“113”创新人才培育计划】 实施“113”创新人才培育计划，已培育科技创新团队65个，科技领军人才62名，科技创新骨干2327名，给予经费支持共计3100万元。每个创新团队和领军人才，都下达有具体的科研计划和明确的目标任务。两批计划共下达科研课题448个。预期目标是获得科研成果569项，获专利827项，发表论文1278篇。2010年底，郑州市科技局对首批人才培育计划执行情况进行了中期评估。首批30个创新团队和27个领军人才已实施科研项目278项，其中，国家级课题66项，省部级课题129项。已获科研成果奖173项，其中，国家级8项，省部级72项。获得知识产权327项，发表论文887篇。大多数培育对象已提前完成了科研计划。建立了郑州市高级人才信息库，共收录20646名高级人才信息。其中，院士11名，博士2222名（无职称171人），正高级职称人员5253名，副高级职称人员15222名。全市共有高等院校49所，拥有高级人才6159名；科研院所129家，高级人才1400名。出台了《郑州市院士工作站管理办法》，新认定了27个专业技术领域院士工作站。

2010年度郑州市科学技术进步奖获奖项目名单

一、一等奖

序号	项目名称	主要完成单位	主要完成人
1	煤矿综采液压支架电液控制系统研制	郑州煤矿机械集团股份有限公司 华中科技大学 中国矿业大学	焦承尧、向家雨、高有进、周建中、伍小杰、王永强、崔建民、穆健勇、于月森、杨建国、陈长河、刘　博、吕西臣、刘小霞、罗开成
2	YTR260旋挖钻机	郑州宇通重工有限公司	李　勇、史秀云、谢英奋、郑家敏、程　伟、刘振坤、赵运平、李春明、叶安平、张凌志、杨海燕、李立敏、梁世平、尹志红、白浩伟
3	多功能纯电动乘用车开发	郑州日产汽车有限公司	郭振甫、王冬成、王玉民、徐战林、杨河洲、高　嘉、余达太、宋向阳、袁伟涛、潘海涛、钟晓芳、孟甲凡、王亚南、周玉森、李　博
4	高产优质广适棉花新品种郑农棉4号选育与应用	郑州市农林科学研究所	贾新合、刘书梅、赵国栋、刘长青、王振宇、雒　峰、柴利粉、赵香梅、傅德义、樊红超、黄立新、刘　毅、赵天玉、邱元福、韩艳丽

5	镁铬复合尖晶石砖	郑州华威耐火材料股份有限公司	王慧洲、郑化轸、慕松林、王建营、郑宏伟、黄　昕、王新超、郑　藏、李　伟、宋福龙、李爱功、周玉新
6	ZK6126MGQA9混合动力城市客车开发	郑州宇通客车股份有限公司	赵登峰、高建平、阎备战、马春新、高　戈、赵军奎、张长庚、董社森、王国峰、彭能岭、贾志伟、于春宽、陈　红、朱光海、张宝锋
7	手机互联网色情图像、视频及不良内容检测监管系统	郑州金惠计算机系统工程有限公司	周　瞿、张晨民、孙晓峰、左　军、乔大力、齐　伟、曹　闻、赵慧琴、汤怀礼、李晓贺、张大盈、崔鹏飞、董　娟、李书进、杜同生

二、二等奖

序号	项目名称	主要完成单位	主要完成人
1	脱毒马铃薯种薯工厂化生产技术研究及应用	郑州市蔬菜研究所	庞淑敏、王从亭、方贯娜、李建欣、金梅香、周建华、别志伟、郑军伟、白桂芬、郑明燕
2	绿色食品葡萄简约栽培技术集成及应用	郑州市农林科学研究所	杨巧云、段罗顺、刘崇怀、王　俊、马庆州、孙海生、肖英杰、赵郑华、赵颖瑞、袁小伟
3	院前急救空车率分析及对策	郑州市第二人民医院、郑州市紧急救援中心、郑州市红十字会	穆　强、乔伍营、司迎朝、原树云、宋令瑄、潘孟玲、金　瑾、韩孝坤
4	豫马铃薯二号选育及产业化应用研究	郑州市蔬菜研究所	靳　福、吴焕章、崔杏春、郭赵娟、陈焕丽、时小红、庞淑敏、祝　洁、赵郑华、刘冬霞
5	优质高产花生新品种郑农花7号	郑州市农林科学研究所、漯河市农业科学院、驻马店市农业科学研究所、河南天存种业科技有限公司、新乡市经济作物站	杨海棠、陈　华、周彦忠、王晓林、张保亮、张建华、甄志高、王　超、方道云、黄长志
6	高产多抗优质玉米新品种郑韩358选育	河南郑韩种业科技有限公司	刘华伟、马伟芳、杨　杰、时运岭、郭进涛、崔艳丽、马东波、周保林、王军社、卢振学
7	郑州市区域医疗机构信息导向及应用的研究	郑州人民医院	王大忠、顾建钦、周玉东、吴予红、王大慰、刘伟平、郭　强、赵学勇、张珂佳、周民强
8	郑州市切花月季栽培技术与产业化研究	郑州花楼现代农业科技园有限公司、郑州市花卉组培萃取工程研究中心	凌公朋、张　晖、刘　震、郑代平、李永华、栗　燕、曹福俊、臧新昌、吴　迪、郭智英
9	不同降血压药物方案的效价分析	郑州市中心医院	赵智琛、张　琳、李　梅、董春学、孙慧灵、任宇超、李海洲、郭玉梅、苏　茌
10	核桃新品种"绿苑1号"选育及应用	郑州绿苑园林绿化工程有限公司、禹州市园林绿化管理局、平顶山市城市绿化管理队、河南省许昌林业科学研究所、鹤壁市淇滨区园林处	薛金国、李运成、邵玉春、李　鸽、徐亚丽、常　娟、王曼丽、康凌霄、朱聪慧、张秋菊
11	微创经皮钢板内固定术治疗跟骨骨折的临床研究	郑州市骨科医院	樊　洁、连鸿凯、刘　斌、白　玉、赵先玲、王　龙、冯春琴、贾冬梅、陈姿余、陈义君
12	酶解复合中草药预混料的研究	河南广安生物科技股份有限公司	高天增、张彩云、高鹏飞、廖　晖、薛万水、刘　珍、任时成、于田青、赵普林、郑卫宽

13	甘薯中提取高活力β-淀粉酶的研究开发	郑州市福源生物科技有限公司、河南科技学院	卢强福、孙俊良、李　刚、钟　华、付素芳、张安国、岳顺岭、王　磊、刘　洋、王　莉
14	洛阳牡丹根皮药用价值的开发研究利用	河南中医学院	王宪龄、程　玲、李玉贤、夏寒星、冯国清、王春丽、李连珍、宋　宁、曹明卓、薛　鑫
15	黑米健身黄酒酿造技术及成果转化	河南茗轩食品科技有限公司	刘全喜、李　磊、张广超、冯金萍、高彩萍、黄开勋、周升升、刘红梅、郅洋军、白春雷
16	舒缓疲劳营养奶的研制与开发	河南花花牛乳业有限公司、河南省乳品工程技术研究中心	李文献、王少武、杨起恒、李　红、马伟华、周　霞、刘　燕、刘　萍、李永军、冯利青
17	环磷酸腺苷对脊髓损伤后神经再生的作用	解放军第153中心医院 南方医科大学第三附属医院 南方医科大学附属南方医院	陈向荣、金大地、刘文德、蒋　晖、王和平、郭　江、王　燕、周　辉、李秦一、侯瑞睿
18	多链路远程控制复合数据采集平台	河南省蓝影数字技术有限公司	安　宁、郭祥伟、郭红英、郭保林、张　岩、沙　洲、胡警卫、李　强、刘晓雷、孙　明
19	智能高清多功能电子警察	河南省联大通信技术有限公司	魏　刚、张玉阳、刘合星、杨　兵、孔国才、张　帆、杨玉凯、郭敬东、李建辉、邢彦雷
20	创新感言集	郑州市科学技术局	王济昌、岳朝辉、范秋菊、方振乾、谢　辉、靳　蕾、陈　军、贾晓静
21	无机非金属材料文献信息数据库的开发	河南工业大学	华　丽、杨　勇、李宝膺、吴国年、魏发灿、李昊华、温　波、赵振军、孟祥宏、刘　方
22	新密市电子政务短信平台系统	新密市信息化工作办公室	周世彬、郑伟峰、杨晓辉、孟　晗、刘晓辉、郑东亚、刘业瀚、慎韶华、杨青霞、郭龙威
23	股骨远端锁定钢板翻转治疗股骨转子周围骨折的临床研究	郑州市骨科医院	李兴华、王天旭、张　毅、白　玉、王嵩峰、徐俊峰、崔　杰、牛培君
24	HP-9030配网接地及短路故障隔离保护装置	郑州海派电气技术有限公司、河南省电力公司郑州供电公司、郑州祥宇科技开发有限公司	付迎拴、杜利民、刘发展、刘树德、吕利敏、杨凤民、陈正鸣、张延辉、董　锐、熊卿府
25	科学思维与科学方法的应用及范例	郑州市科学技术局	王济昌
26	GPS/GSM/110卫星定位报警通信监控系统	河南宇通信息技术有限公司、河南省宇通信息技术研究院	连红运、刘　伟、李功网、冼树雄、王庆国、郑裕正、付晓丽、庞国荣、周连根、范永胜
27	汽车衡防作弊无人值守智能管理系统	河南万力衡器设备制造有限公司、郑州大学、河南省高技术创业服务中心	史东明、祝安均、冯冬青、苏国平、王东署、罗　勇、史东生、马凌云、史湘玉、李沣晓
28	郑州地区冠心病中医证型分布状况及其相关因素研究	郑州市中医院	徐学功、王丽萍、罗清菊、杨晓正、刘艳霞、吉金荣、鲁文涛、吕静静
29	网络化节能型路灯箱式变电站	郑州金泰尔电气有限公司	邱　洪、王德生、葛新兵、王德安、党成兵、杨位杰、石　艳、袁　敏、刘玉霞、翟英俊
30	多份人脐血单个核细胞静脉输注对老年期血管性痴呆的临床观察	郑州市第二人民医院	满　勇、李建斌、尹卫伟、马　冀、范　萍、单　泓、买文洁、张　彤、焦红亮、王继明
31	不同方法对提高胶囊内镜检查结果的临床研究	郑州市第三人民医院	仇连峰、白　云、孙世龙、赵伟利、李占营、郭新芬、陈国均、侯振山、黄书亮、孙趁意
32	平面型环境监测气敏元件	郑州炜盛电子科技有限公司	范子亮、王利利、祁明锋、钟克创、张小水、王三良、彤建娜、娄巧云、贾欣琦、刘凤行
33	PLC智能显示器	友利华(河南)高科技开发有限公司	刘文敬、徐　凯、徐　锐、韩宇星、仝战营、苏志远、贾西贝、吕俊智、朱颜军、吴小莉
34	三相口服避孕药在人工流产后的应用	郑州人民医院	孟晓燕、常　青、任　芳、周蕊敏、张顺建、黄　华、武　红、翟　军

35	铝合金导体挤包绝缘电力电缆	郑州电缆有限公司	张 弘、王 丽、钟 苏、高顺林、裴耀武、卢 宇、王 豫、赵晓明、代占勇、柴晓东
36	FS系列智能IC卡水表	河南新天科技有限公司	王 均、焦晓军、徐西亚、潘明辉、刘宇超、杨雨萍、田明欣、丰春霞、刘建超、王松涛
37	愈骨胶囊Ⅰ、Ⅱ、Ⅲ号序贯疗法促进胫骨中下段骨折愈合的疗效及愈后研究	郑州市骨科医院	李飞霞、赵明宇、白 玉、郑世军、杨 萌、李东生、张国勇、樊艳君
38	环保型专用运动射击飞碟靶	河南省阳光体育器材有限公司	苏 彬、李 倩、乔利稳、苏 楠、陈晓玲、张 路、王海斌、王大智、沈松钦、周 政
39	S(B)H15-M-30～500/10系列三相油浸式非晶合金铁芯全密封配电变压器	郑州华能变压器制造有限公司	冯喜军、张建波、朱皓伟、王金龙、陈利霞、马媛媛、张超磊、刘 伟、李亚军、何 震
40	健康体检人群亚健康状况调查及中医体质分类研究	郑州市中医院	虞 婕、徐学功、朱桂萍、张 宏、张 燕、张 乐、王爱兰、冯 艳、陈俊东、梁红霞
41	"客户宝"企业网络服务平台	信息工程大学、郑州月太软件有限公司	沈建京、刘亚非、尹祖伟、玉培华、姚世军、陈 刚、吴善明、冯新扬、郭晓峰、魏 鑫
42	环保型文物修复工作台	郑州枫华实业有限公司	王秀杰、李 勇、钟家让、刘树林、楼朋竹、马笑然、王秀强、李 婵、王妍岩、王 超
43	居家养老服务信息管理系统	郑州众易软件开发有限公司、郑州市二七区民政局	杨建民、丁 燕、刘朝华、陈 峰、温 波、秦志杰、付兴中、李晓晓、何芳芸、袁娟娟
44	KYN61-40.5铠装移开式交流金属封闭开关设备	河南索凌电气有限公司	毛慧勇、左 军、薛 冰、李高峰、曹和平、张剑峰、李新生、孙晓娜、吕 达、杨海霞
45	NKG2D介导CIK细胞对食管癌EC9706细胞杀伤活性的研究	郑州人民医院	梅家转、刘桂举、李玉华、王 黎、李 鑫、栗 敏、李瑞君
46	药品零库存管理的研究与应用	郑州市第七人民医院、国药控股河南股份有限公司、河南中爱华胜软件技术有限、郑州市儿童医院	陈忠东、杨玉玲、魏 艳、张俊伟、杜 江、安秀丽、崔战菊、李 忠
47	GLW2100型智能在线溶解氧分析仪	河南省日立信股份有限公司、郑州大学	汪献忠、赵红梅、李永富、赫树开、宋跃锋、晏云昌、孔德培、谢 锋、田增国、王传志
48	二次供水安全智能管理系统	郑州水业科技发展股份有限公司	施东文、陈方亮、郑齐辉、吴文君、宗保东、张 帆、韩晓峰、陈 鹏、牛树敏、张建煜
49	A5智能调色系统	郑州三华科技实业有限公司	黄 松、刘 鹏、王 莉、徐田均、任 锋、赵玉霞、张龙杰、江龙耀、周纪鹏、任家宏
50	新型高效棉型精梳机的研制	中原工学院、郑州昊昌纺织成套设备有限公司、河南工程学院	任家智、马 驰、周庆泉、贾国欣、原建国、任 毅、程 晓、马会芳、王怡文、李宝成
51	常见遗传病无创产前基因诊断技术平台的建立	郑州大学第一附属医院	史惠蓉、孔祥东、孟晓燕、吴庆华、赵先兰、常 青、魏振玲
52	联合种植肌成纤维细胞和内皮细胞构建组织工程心脏瓣膜的实验研究	郑州大学第二附属医院	法宪恩、余海彬、朱晓明、杨书强、黄真锋、张望鑫、李 伟、弓胜凯、郝树明
53	异维生素C钠合成新工艺	郑州拓洋生物工程有限公司	王敬臣、崔凤霞、曹林青、陈 黎、张建国、苏筱渲、赵 璧、黄惠英、杨文宇、秦天仓
54	食品冷冻冷藏工程技术研究	河南工业大学	张国治、于学军、田少君、温纪平、李 果、王云光、范 璐、莫重文、袁 媛、郝伶伶

55	直接检眼镜、间接检眼镜及显微镜下视网膜脱离复位手术的临床对比研究	郑州市第二人民医院	王瑞峰、高雪霞、王 骞、陈 梅、杜 敏、周欣欣、李伟利
56	NSG20型恩德炉灰水处理专用高效浓缩机	郑州市黄河机电设备厂	孙忠良、王本亮、李玉生、王化国、张 震、郭永红、李瑞珍、张麟红、葛汉春、苏全卫
57	FD341X-10Q系列防腐蚀蝶阀	河南上蝶阀门股份有限公司	刘振华、陈 静、王 舸、李 纪、赵亚宾、程双领、李红丽、李 鹏、孙金才、焦文平
58	新三王4YZ-4型自走式玉米联合收获机	郑州三中收获实业有限公司、河南三中通用机械有限公司	弓永红、李鲁予、王 勇、朱纪春、弓金川、张新军、弓 勋、张军明、李文星、弓胜军
59	DFU150型旋挖钻机	郑州新大方重工科技有限公司	王慧基、张红军、陈献征、王利英、康其东、刘 剑、张艳丽、吴国梅、周治国、贾志娟
60	多功能城市MPV乘用车的自主研发及产业化	郑州日产汽车有限公司	方 驰、王冬成、孙 稳、赵 宁、毛 勇、郭 昕、雷明星、孙延伟、卢良清、高 嘉
61	铝电解碳渣综合开发与利用	河南省登封铝业有限公司	李西中、宋乃春、王金涛、刘炎森、罗 锐、李章存、王朝阳、郑振亚、朱先进、高国卿
62	端粒酶活性与恶性骨肿瘤关系的生物学研究	郑州市骨科医院	李 玲、郭历琛、连鸿凯、白 玉、蔡朝阳、苗凤台、陈留生、马俊芬、丁 聪
63	Si改性低蠕变高铝浇注料	河南省耕生耐火材料有限公司	周安宏、石 凯、胡 波、张顺庆、毕振勇、赵喜芳、张 诚、史耀伟、刘青春、张光普
64	骶髓上损伤后逼尿肌兴奋收缩功能改变	中国人民解放军第153中心医院、第三军医大学第一附属医院	邱功阔、张治国、宋 波、周 健、孙文功、彭万岭、金锡御、管淑萍
65	高耐磨聚晶立方氮化硼刀片	河南富耐克超硬材料有限公司	李和鑫、朱亚辉、范 林、张太和、李 剑、杜 帅、董永芬、吴晓龙、陈富田、李 慧
66	食物中毒应急检测与快速处置关键技术研究与推广	郑州市疾病预防控制中心	李永香、王松强、宗上纲、胡君平、赵维华、龚建苗、李庆志、杨如璞、宋泽民、张国利
67	IC硅片高效超精密磨削用金刚石磨具的研究	郑州磨料磨具磨削研究所	邱丽花、田书跃、李克华、鲁 涛、赵延军、闫 宁、李学文、史冬丽、郭凤英、彭筱星
68	高档优质聚晶金刚石拉丝模坯开发研究	河南四方达超硬材料股份有限公司	方海江、张迎九、付玉霞、杨国栋、杨爱勇、罗宗举、方春凤、贾许民、李宏利、张卫印
69	郑州市科技服务业现状调查及发展对策研究	郑州轻工业学院	刘洪民、刘 珂、张卫宾、毛艳芬、姜黎辉、张晓霞、陈章美、王东东、陈要立、时军鸽
70	T型聚硫氨酯密封胶	河南永丽化工有限公司	黄正强、张宪利、杨宏生、宋秋灵、张林娜、万红云、郭步钦、刘海超、李方超、王玉广
71	复配溶剂改性液体聚硫橡胶合成及工艺研究	郑州裕昌有机硅化工有限公司、郑州大学、郑州轻工业学院	刘绍文、王敏灿、刘应凡、王国庆、赵 敏、袁铁英、陈春峰、张光辉、赵利民、兰立恒
72	ITP患儿与HPVB19感染及其细胞因子的相关性研究	郑州市第二人民医院	原树云、宋令瑄、张亚琴、刘丽平、张 楠、罗 燕、王 珂、徐灵敏、张露霜
73	河南柔性基层沥青路面非线性结构设计研究	郑州市西绕城公路建设发展有限公司、重庆交通大学	曾建民、梁乃兴、曹源文、王保定、向阳开、周崇辉、李志勇、姚国宁、梅迎军、陈 猛
74	再生混凝土宏细观力学性能与耐久性研究	华北水利水电学院、河海大学	陈爱玖、章 青、霍洪媛、李树山、盖占方、王 静、潘丽云、李敏芝、丁立杰、孙 恒
75	经椎间孔入路治疗退变性腰椎疾病的临床研究	郑州市骨科医院	翟明玉、王春萍、张 芳、郭润栋、白 玉、许少刚、翟雪雁、刘玉强
76	GLZ10.16型水浸式大型刮板捞渣机	郑州市黄河机电设备厂	王化国、张 震、李玉生、张黎燕、沈志平、杨利明、黄守平、佟满河、魏新华、张勋荣

77	沥青冷再生水泥碎石就地拌和列车开发研究	河南通和高速公路养护工程有限责任公司、郑州市豫中轻金属机械有限公司	王　辉、郭敬业、姚　斌、李　君、张俊花、陈剑波、韩　民、王东方、刘　伟、曹晓新
78	双白健脾胶囊治疗脾虚型溃疡性结肠炎的临床研究	郑州市大肠肛门病医院、新郑市红十字会肛肠医院、沈阳市肛肠医院	巩跃生、宋太平、魏淑娥、郑南方、王　勇、安书卷、张　威、冯秋霞、郭孝然、王玉芳
79	塑砼（PMC）多功能新型沼气发生器	河南省博思现代农业技术研究所	郑振洋、王书莲、王　翔、李宝娜、梁合祥、余慧慧、卢新社、李鹏鹏、刘彦昌、王艳锦
80	中年脑梗死患者疾病不确定感相关因素分析与干预研究	郑州市第二人民医院	楚金亭、李生建、刘建国、要建华、周裕晓、陈　妍、王　敏、丁攀峰、黄　黛、孟　姗
81	SD-KR-3型太阳能空气集热器	河南桑达能源环保有限公司	陈开碇、李宝娜、赵庆阳、关树义、姚建军、郭会娟、付帮升、王艳锦、侯中兰、袁　培
82	荥阳市1949—2009年农业技术推广项目研究与分析	郑州市农业农村工作委员会、荥阳市农业局、荥阳市农业办公室、荥阳市科学技术局	韩绍林、石闺阁、田　野、曹惠莉、任政委、张朝阳、张建义、陈黎明、吴新辉、王晓静
83	中原地区计算机软件产业发展战略研究	华北水利水电学院	庄晋林、布　辉、张　帆、刘　琴、朱国仲、刘　冉、杨　彬、常呈果、董海祥、白　娟
84	“好7”健康早餐五加二——预混保健枣果食粮制备技术	好想你枣业股份有限公司	石聚彬、石聚领、张　琪、崔　敏、穆丽静、谢　磊、熊朝霞、王永斌、张俊娜、石　勇
85	大樱桃绿色高效及富钙栽培技术研究与推广	郑州市二七区科技创业中心、河南科技学院、郑州樱桃沟樱田农业有限公司	冯春叶、杨立峰、连艳鲜、王　婷、杨卉卉、王国全、李　骁、周朝军、赵志红、尚　柯
86	210MW机组电动给水泵改汽动给水泵技术研究	郑州荥奇热电能源有限公司	李西中、郭　学、王英磊、王金涛、李晓峰、李新峰、孟超锋、韩财旺、朱建锋、王朝阳

三、三等奖

序号	项目名称	主要完成单位	等级	联系人
1	重型成套桥梁施工装备关键技术、产品开发及工程应用	郑州新大方重工科技有限公司	1	刘　剑
2	优质高产花生新品种郑农花7号	郑州市农林科学研究所	2	杨海棠
3	核桃新品种“绿苑1号”选育及应用	郑州绿苑园林绿化工程有限公司	2	薛金国 李运成
4	酶解复合中草药预混料的研究	河南广安生物科技股份有限公司	2	廖　晖
5	河南柔性基层沥青路面非线性结构设计研究	郑州市西绕城公路建设发展有限公司、重庆交通大学	2	曾建民
6	甘薯中提取高活力β-淀粉酶的研究开发	郑州市福源生物科技有限公司、河南科技学院	2	钟　华
7	多功能纯电动乘用车开发	郑州日产汽车有限公司	2	高　嘉
8	“客户宝”企业网络服务平台	信息工程大学、郑州月太软件有限公司	2	李存宝
9	环磷酸腺苷对脊髓损伤后神经再生的作用	解放军第153中心医院	2	陈向荣
10	常见遗传病无创产前基因诊断技术平台的建立	郑州大学第一附属医院	2	史惠蓉
11	食物中毒应急检测与快速处置关键技术研究与推广	郑州市疾病预防控制中心	2	李永香
12	高产优质广适棉花新品种郑农棉4号选育与应用	郑州市农林科学研究所	3	贾新合
13	豫马铃薯二号选育及产业化应用研究	郑州市蔬菜研究所	3	吴焕章

14	高产多抗优质玉米新品种郑韩358选育	河南郑韩种业科技有限公司	3	马东波
15	绿色食品葡萄简约栽培技术集成及应用	郑州市农林科学研究所	3	王慧瑜
16	再生混凝土宏细观力学性能与耐久性研究	华北水利水电学院、河海大学	3	陈爱玖
17	脱毒马铃薯种薯工厂化生产技术研究及应用	郑州市蔬菜研究所	3	庞淑敏
18	环保型专用运动射击飞碟靶	河南省阳光体育器材有限公司	3	乔利稳
19	汽车衡防作弊无人值守智能管理系统	河南万力衡器设备制造有限公司、郑州大学	3	祝安均
20	股骨远端锁定钢板翻转治疗股骨转子周围骨折的临床研究	郑州市骨科医院	3	白　玉
21	骶髓上损伤后逼尿肌兴奋收缩功能改变	中国人民解放军第153中心医院、	3	邱功阔
22	人脐血单个核细胞静脉输注对老年血管性痴呆的临床观察	郑州市第二人民医院	3	满　勇
23	经椎间孔入路治疗退变性腰椎疾病的临床研究	郑州市骨科医院	3	翟明玉
24	城市供水"一户一表"管道工程水力检测技术研究与应用		3	韩　珀
25	CDL-1型不平衡牵引电流测量分析记录仪	郑州铁路局	3	王民湘
26	新型无公害猪饲料添加剂的研究与开发	河南海润实业总公司		胡迎利
27	烟草香味成分特征评价研究及应用	中国烟草总公司郑州烟草研究院	2	李炎强 王瑞华
28	第三磨牙萌出、阻生与缺失的临床研究	中国人民解放军第153中心医院	2	马江敏
29	槲皮素等分化诱导剂及wt-polβ转染对肿瘤增变基因表型改变的研究	中国人民解放军第一五三中心医院	3	宫璀璀
30	新型水泥企业集团ERP技术研发与应用	河南同力水泥股份有限公司	2	张浩云 李建军
31	特异性造血干细胞输注诱导肾移植免疫耐受临床研究	郑州市第三人民医院	2	王志余 陶　兴

（肖　建）

科技活动

【院士工作站建设】　为凝聚高端智力，增强郑州市科技自主创新能力，市科协在全市高等院校、科研院所、大中型企业、县（市）区积极推进院士工作站建设工作。全年新成立院士工作站7家，院士专家工作站总数达到31家，柔性引进院士70名。郑州市建立院士工作站，柔性引进高端人才服务地方的作法受到中央领导肯定。

【院士专家企业行活动】　为促进企业自主创新，加快经济发展方式转变，市科协围绕"创新优化结构升级　科技支撑产业发展"这一主题成功举办了"2010郑州市院士专家企业行"活动。这次活动邀请9位院士和6位全国知名专家到郑州市10余家大中型骨干企业开展科技咨询、技术指导和技术合作活动。中国科学院院士都有为和同济大学教授诸大建分别作了题为"创新是科学的灵魂"和"低碳经济与可持续发展"的主场报告。院士专家企业行活动历时一个多月，组织开展了10场专项技术研讨会、21场专题报告和30余场咨询服务活动，有效搭建了科技成果转化平台，增强了企业自主创新的核心竞争力，为郑州市工业经济又好又快发展起到较大推动作用。

【科技服务大型论坛活动】　围绕郑州市中心工作、重点产业组织了系列大型论坛活动，为市委、市政府决策和产业发展提供了有力的咨询服务。为解决郑州市电动汽车产业亟需解决的一系列科技和发展难题，市科协成功举办了"电动汽车技术及产业发展论坛"，邀请世界电动车学会主席、中国工程院院士、英国皇家工程院院士、香港大学教授陈清泉，国家863计划节能与新能源汽车重大项目专家组副组长、中国汽车技术研究中心副主任张进华作论坛主题报告。院士专家深入宇通客车、郑州日产等企业考察调研，现场解决企业技术难题30余项，形成了《电动汽车技术及产业发展专家建议》,为郑州市电动汽车产业发展提供了有力的智力支持。围绕畅通工程,市科协组织了"省会专家畅通郑州专题论谈"活动,与会专家围绕大交通机构设置、立交桥规划建设、停车场规划管理、城市道路功能分类、城市背街小巷交通管理等提出了宝贵的意见建议,形成《科技专家建议》上报市委、市政府。

【技术服务活动】 围绕郑州市经济发展方式转变和产业结构调整,市科协针对企业技术创新要求,在全市开展了以"讲科学、讲创新、讲道德、比贡献"为内容的"三讲一比"群众性科技创新活动,引导广大科技工作者深入企业开展技术攻关、科技协作、技术咨询等科技创新服务,促进了经济社会发展。全市有163家企业、4093名科技人员参加了"三讲一比"活动,共开展科技项目606项,其中"节能降耗、减排增效"项目211项,提出合理化建议1055条。为促使创新要素向企业聚集,市科协联合高新技术开发区组织高新区的200多家骨干企业与中科院、清华大学等12家大学和科研院所召开了"郑州市高新区第一届产学研合作暨科技成果转化项目对接大会",签订合作协议和达成合作意向130余项。为促进科技成果转化,市科协共办理各类技术合同认定登记1178项,实现技术交易额2.2亿元。

【科普惠农兴村计划】 "科普惠农兴村计划"是科协组织紧密结合农村实际,切实转变农村发展方式,促进社会主义新农村建设的有效载体。为加强农村科技的普及与推广,市科协联合市财政局继续开展了"三创一带"活动评选表彰工作。评选奖补了10个先进农村专业技术协会、10个先进农村科普示范基地和10个农村科普带头人。全市有9个先进单位和4个先进个人获得全国和省级表彰,获奖项目总数和奖补资金居全省首位。

【农村科普基础设施建设】 为壮大科普工作队伍,加强科普基础设施建设,市科协采取纳入年度目标考核、通过实地检查、日常督促等办法,促使基层科协加大投入建设科普宣传栏、配备科普宣传员。2010年,全市新建科普活动室100个、科普宣传栏200个,成立农村科技网络书屋79个,新配备科普宣传员260名。截至2010年底,全市共有科普活动站(室)1154个、科普宣传栏2302个、科普宣传员1775名。荥阳市积极创新农村科普形式,创办了农村科普大学,王村镇留村农村科普大学分校被中国科协命名为"全国科普活动站建设示范试点"单位。

【科技下乡】 为帮助解决农业生产中急需解决的问题,提供农民脱贫致富需要的生产技术等,2010年市科协组织开展各类培训班、科普报告会、科普知识现场咨询等400余场(次),受益农民达50万人次,有效推动了社会主义新农村建设。

【全民科学素质工作】 2010年,市科协认真履行全民科学素质工作职责,以省政府督查郑州市《全民科学素质行动计划纲要》实施情况为契机,有力地推进了《全民科学素质行动计划纲要》的实施。在广泛征求各成员单位意见基础上,调整充实了全民科学素质工作领导小组,并多次协调动员20个成员单位共同推动全民科学素质工作的落实。由于工作扎实、特点突出,省政府督查组对郑州市全面督查后给予了高度评价。郑州市社区科普大学荣获全国公民科学素质工作优秀案例,中国科协专门来郑制作了优秀案例专题片;全市有6个项目获得河南省公民科学素质工作优秀案例,获奖数量居全省第一。中原区完成了全国青少年校外科普场所共建共享试点建设任务。

【城区科普工作】 为探索城市科普新途径,市科协按照市、区两级科协共建共管社区科普大学的办学思路,社区科普大学工作取得了新成效。2010年,郑州市社区科普大学新建分校20所,总数达到91所,公开招聘社区科普大学教师300多名,开设科普课程8门,受到社区居民的广泛欢迎。郑州市社区科普大学办学经验在全国科普工作座谈会上作了典型发言,受到中国科协和其它省市科协的高度重视和关注。为推动开展城区科普工作,郑州市广泛开展科普示范社区创建工作。截至2010年底,全市有市级科普示范社区120个,省级科普示范社区52个。

【青少年科普活动】 为推进青少年科学素质教育,市科协联合市教育局组织了第十六届郑州市青少年科技创新大赛,参加大赛的学生达6万多人,评选出科幻画一等奖87项,科学DV一等奖5项,实践活动一等奖11项,科技辅导员创新成果和优秀科技教师活动方案14项。优秀项目被推荐参加了河南省第二十四届青少年科技创新大赛和全国青少年科技创新大赛并获得优异成绩。在河南省第届青少年科技创新大赛中获得省级科技创新大赛奖127项;在全国大赛中获得全国青少年科技创新大赛奖32项、专项奖8项,获奖总数位居全省之首。为激发全市中小学生学科学、爱科学的兴趣,培养少年数学人才,市科协举办了第十五届全国"华罗庚金杯"郑州赛区预决赛。本次比赛吸引了郑州地区1.5万名中小学生参加比赛,通过预赛选拔出7116名学生参加郑州赛区的决赛,决出一等奖447名、二等奖843名,三等奖1327名,其中6名学生代表河南省参加了全国总决赛。为探索新的青少年科普形式,邀请北京"索尼探梦"科技馆的科普剧在郑州公益巡演,1万余名青少年受到科普教育。

【社会化科普活动】 为进一步发挥科协人才荟萃、学科齐全的团体优势，市科协组织开展了一系列内容丰富、形式新颖的科普教育活动，取得了良好的社会效果。2010年，全市共开展科普活动586次，参加人数47万人次，发放科普资料55万余册。为整合全市科普教育资源，进一步推动全市科普教育社会化，郑州市科协组织开展了科普教育基地评选命名工作，命名郑州黄河湿地自然保护区等11个单位为市级科普教育基地，全市科普教育基地总数达到38个。

【全国科普日活动】 2010年，省、市科协联合举办了以“坚持科学发展，走近低碳生活”为主题的河南省暨郑州市“全国科普日”系列活动，省委常委、郑州市委书记连维良、副省长徐济超等省市领导参加了启动仪式并观看了科普展览。此次科普展览开办了“我的低碳生活”作品展、低碳生活创意展、3G与低碳生活展、低碳科普知识竞答、“节能减排，人人共参与”等活动。各县(市)区科协、市级学会及科普教育基地等单位，围绕“节约能源资源、保护生态环境、保障安全健康”主题，分别举办了科普校园行、科普知识讲座、科普电影放映、实用技术培训、咨询义诊等内容丰富的科普宣传教育活动230项，发放科普图书30万份，展出科普展板1000多块，咨询服务6万人次，取得了良好的科普宣传效果。

【科普场馆展教科普】 郑州科技馆坚持以人为本的服务理念，充分发挥科普教育阵地作用，全年共接待观众30余万人(次)，举办了“小学生健康教育专题展”、“走近机器人”、“未来新能源—太阳能光伏发电展”等展览。编辑出版《少年儿童不得不做科学小实验200例》科普丛书，在48个中小学开展了“科学小实验竞赛”，近3万名中小学生接受科普教育。郑州科技馆被评为“全国科技馆活动进校园工作先进单位”。

【学术交流活动】 为充分发挥学术交流的创新导向作用，活跃学术思想，推动自主创新，培养创新型人才，服务经济社会发展，市科协努力搭建高水平的学术技术交流平台，扩大民间科技交流与合作，构建与学科发展趋势相适应的学术技术交流服务体系，有力推动了郑州市科技进步和自主创新。

围绕推动行业科技进步和经济社会发展，2010年市科协组织全市各学会、协会、研究会开展专业高层论坛63次，开展各项学术交流活动400多次，参加学术活动的科技工作者达2.5万人，举办各类业务培训班300余期，培训科技人员8万余人。郑州市城市科学研究会等单位联合承办了“2010城市发展(郑州)论坛”，来自海内外的专家学者以“城市创新与可持续发展”为主题进行了广泛的交流与研讨，为郑州市可持续发展提供了高端理论支撑和智力推动。

积极开展国际和地区间学术交流。市科协积极探索拓宽对外民间科技交流与合作的渠道，举办国际间、地区间学术活动20多次。郑州市机械工程学会邀请韩国泰林株式会社会长马弘培等专家到郑州宇通、郑州机械研究所、郑纺机集团、郑州日产等企业进行学术交流和技术合作。台湾农业专家廖树宏教授一行4人应邀到新郑市进行技术交流，为促进海峡两岸民间农业交流与合作起到了积极的推动作用。

【宣传表彰举荐优秀科技人才】 为激励全市广大科技工作者积极投身科技自主创新和经济社会发展主战场，市科协联合市委组织部、市人社局组织开展了第五届青年科技奖的评选工作，30人被授予郑州市青年科技奖；联合市人社局等8个局委组织评比了30个“三讲一比”先进集体、50个先进个人，20个优秀组织工作者。市科协还利用各种形式，大力宣传科技工作者中的先进人物、先进事迹和精神风貌，积极营造尊重知识、尊重人才的社会氛围。

【科协自身建设】 科协组织网络进一步健全。在市科协指导下，郑州市气象学会等4个学会成功完成了换届选举；新批准成立了郑州市潜能开发协会等3个学会，郑州市自然科学学会达到了66个。全市12个县(市)、区全部成立了反邪教协会，在全国省会城市中县(市)、区反邪教协会覆盖率达到100%。新成立企事业科协12个。农村专业技术协会迅速发展，农村专业技术协会数字化入库达到340个。

机关自身建设进一步加强。为进一步增强科协活力，全面提升科协干部队伍整体素质，提升科协工作的质量和效率，市科协以学习型组织建设为抓手，在全市科协系统深入开展了“深化提升年”活动，有效提升了科协干部的政治素质、思想素质、业务素质、作风素质，增强了服务能力、协调能力、调研能力、宣传能力、整合能力，有力促进了重点工作深入开展。

科协社会形象进一步提升。为增强科协的知名度和影响力，使社会各界更加支持科协工作，郑州市科协网站完成了升级改版工作。《郑州科协信息》、郑州科协网站、《郑州科协》杂志已成为各级科协组织交流工作的重要平台。2010年，市级以上新闻媒体报道科协工作300余次，郑州电视台全年播发“科普大篷车”专题节目52期；《郑州日报》、《郑州晚报》刊发“科普知识”专栏48期；郑州电视台“周末面对面”栏目以“建在家门口的大学”为题对全市社区科普大学创办情况进行了专题访谈。郑州市全国科普日活动受到全国30多家媒体关注。

(李俊峰)

气象服务

【基本气候特征】 2010年,全市年平均气温正常或偏高,其中夏、秋季偏高或显著偏高,春、冬季正常;全市年降水量正常,各季降水也基本正常;全市年日照时数正常或偏少,各季日照正常或偏少。年内相继出现暴雨、高温、雷电、干旱、大风、大雾、扬沙、结冰等灾害性天气。总体而言,本年度各类气象灾害性天气均有发生,2010年11月上旬至2010年12月底基本无有效降水,干旱仍在继续。

气温。全市年平均气温14.3—15.5度,其中荥阳、郑州偏高,其余县(市)正常。年内极端最高气温39.9度,7月6日出现在郑州;年内极端最低气温为零下10.7度,1月13日出现在中牟。郑州站终霜日出现在4月2日,比常年晚3天;初霜日出现在10月28日,比常年推迟5天;全年无霜期日数208天。日平均气温稳定通过10度初日出现在3月15日,较常年提前16天;日平均气温稳定通过10度终日出现在11月11日,比常年推迟7天。

降水。年降水量为546.1—687.0毫米,其中新密市年降水量687.0毫米,较常年偏多38.5毫米,郑州及其余县(市)较常年同期偏少16.1—54.4毫米。一日最大降水量141.7毫米,7月19日出现在新密;最长连续降水日数为9天,8月18—26日出现在中牟,过程降水量为139.4毫米;最长连续无降水日数为59天,11月3日—12月31日出现在郑州、荥阳、巩义、中牟。

日照。年日照时数为1576.3—2036.3小时,较常年同期偏少80.0—597.3小时,除新密正常外,其余县(市)偏少或显著偏少。

【主要气象灾害】 大雾。2010年1月18日中牟出现大雾,能见度小于100米;1月19日新密、巩义,1月20日中牟出现大雾。2月7日郑州、登封、巩义,2月8日郑州、新郑、中牟,2月9日和28日登封出现大雾。3月4日巩义,3月15日新密,3月19日和30日巩义,3月31日中牟、新郑出现大雾,最小能见度为50米。7月22日中牟、新郑,7月26日郑州出现大雾。8月13日巩义,8月21日郑州出现大雾。9月1日、3日和21日巩义,9月10日中牟,9月15日新郑,9月17日荥阳,9月26日、27日郑州出现大雾,9月27日郑州最小能见度60米。10月9日巩义、荥阳、中牟、新密,10月10日新密,10月14日中牟,10月22日巩义、郑州、中牟、新密,10月23日巩义出现大雾,10月22日巩义、新密、中牟和10月23日巩义最小能见度为100米或以下。大雾天气引发车祸增多,给人们出行带来极大不便。

大风。2009年12月4日郑州、新郑、中牟出现大风,新郑最大风速达20.0米/秒。2010年1月12日郑州、中牟,1月20日新郑出现大风,1月12日郑州最大风速达20.3米/秒。2月10日登封,2月17日新密、新郑出现大风,2月17日新密最大风速达20.6米/秒。3月5日登封,3月9日新郑,3月20日登封、中牟、新密、新郑,3月22日登封出现大风,3月20日登封最大风速达29.2米/秒、中牟为21.7米/秒。4月6日登封、中牟,4月26日登封出现大风。8月5日中牟,8月13日新密出现雷雨大风。10月25日新郑、中牟出现大风。11月7日新郑、登封,11月11日新郑、登封、新密,11月21日新郑出现大风,11月7日、11日登封极大风速分别达21.5米/秒、20.0米/秒。12月7日登封,12月16日新密、登封,12月27日登封,12月29日新郑、登封、中牟,12月30日中牟、登封出现大风,12月16日、30日登封极大风速分别为24.1米/秒、20.6米/秒,12月29日中牟极大风速达20.5米/秒。

扬沙。3月12日巩义出现扬沙;3月20日郑州、巩义、荥阳、登封、新密、新郑和中牟出现扬沙。4月6日郑州出现扬沙;4月26日巩义、郑州、新密出现扬沙;4月28日郑州出现扬沙。5月9日巩义出现扬沙。6月22日郑州、巩义出现扬沙。11月7日郑州出现扬沙;11月11日巩义、登封、郑州、新密、新郑出现扬沙;11月21日郑州出现扬沙。12月5日新郑出现扬沙;12月15日郑州出现扬沙;12月29日郑州、荥阳、中牟、新郑出现扬沙。

干旱。进入10月份以来,郑州市区及各县(市)基本无有效降水,11月3日—12月31日郑州、荥阳、巩义、中牟连续无降水日数为59天,旱情较为明显。从12月28日测墒结果来看,个别地区出现重旱如下图。

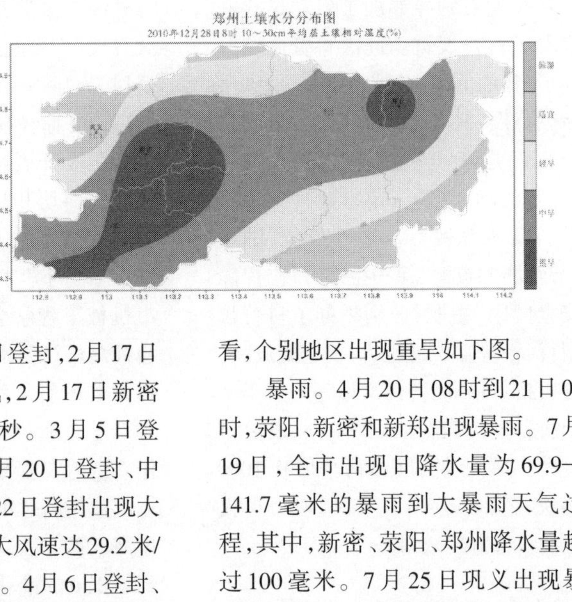

暴雨。4月20日08时到21日08时,荥阳、新密和新郑出现暴雨。7月19日,全市出现日降水量为69.9—141.7毫米的暴雨到大暴雨天气过程,其中,新密、荥阳、郑州降水量超过100毫米。7月25日巩义出现暴雨。8月24日,郑州、新郑、中牟、新密出现暴雨天气过程。9月5—6日全市出现暴雨天气过程。

高温。6月17日巩义、荥阳、新密、新郑市,6月21日巩义市,6月22日郑州、巩义、荥阳市,6月28日荥阳市,6月29日巩义市,6月30日巩义市,7月6日郑州、巩义、登封、新郑、新密市和中牟县,8月4日郑州、荥阳、新密市均出现38度以上的高温天气。

【气候影响评价】 2010年光、温、水三要素对全市农业生产总体影响:温度、日照对各种作物各个生育期均较适宜,但8月下旬的阴雨天气影响了玉米后期的灌浆速度,9月阴雨日数较多,日照时数偏少,对秋作物的收获晾晒较为不利,但充足的降水为小麦播种打下了良好的墒情基础。对其它行业的影响亦是利弊皆存。

气候与小麦生产。2010年度郑州市冬小麦全生育期光温水条件基本适宜,正积温2212.0度,比常年同期偏多158.9度;降水量158.8毫米,较常年同期偏少48.5毫米;日照时数1142.4小时,偏少170.2小时。小麦播种期,底墒适宜,出苗状况良好;分蘖期口墒较差,降温早,对小麦分蘖生长稍有不利,之后出现的暴雪天气过程,有效地补充了土壤水分;越冬期光温水条件正常,小麦安全越冬;返青后气温回升迅速,热量条件充足,有利于小麦拔节、孕穗;抽穗、开花期光温条件适宜,墒情良好,对小麦开花、授粉非常有利,4月中旬出现的低温天气过程未对小麦造成大面积灾害;灌浆期墒情适宜,光温充足,灌浆速度较快,千粒重高于常年。整个生育期没有大的自然灾害发生。

气候与玉米生产。2010年夏玉米生育期间,≥10度积温为2576.3—2766.0度,能够满足玉米生长发育所需热量条件;降水量为405.3—546.1毫米,总量较充足;日照时数为370.6—566.2小时,中早熟玉米品种的日照需求量600小时,亏缺33.2—229.4小时,日照时数不足。夏玉米播种期间,除少数旱地墒情较差外,大部分地区土壤墒情适宜,基本保证了夏玉米一播全苗;苗期气温偏高,降水偏少,部分旱地墒情较差,使作物生长受到一定影响;拔节期光照充足、温度适宜略偏高,墒情良好,有利于秋作物的旺盛生长;灌浆期出现了连阴雨天气,不利于光合作用、干物质的积累,造成灌浆速度减慢、强度减弱和发育期延迟,对产量形成造成一定影响。

气候与其他。初冬降水异常偏少,造成流感频发;4月中下旬、5月中旬气温明显偏低,对人体健康有影响;6月下旬和7月上旬气温持续偏高,给人们工作和生活带来不利影响;11月温度异常偏高,空气干燥,造成感冒等疾病多发。2月中旬,因降雪和低温出现道路结冰,对交通造成一定影响;夏季暴雨和8月中下旬连阴天气及9月阴雨日数较多,对交通运输业、建筑施工、野外作业及人们日常生活造成不利影响。

【气象业务建设】 2010年,郑州市加强现代气象业务体系建设。完善省—市—县气象宽带通信网络、省—市电视天气会商系统、DVBS(数据视频广播)系统,完成信息系统安全等级定级备案工作。L波段探空雷达、新一代天气雷达、134个区域自动气象站、7个实景监控系统、农试站省重点试验室和一套移动应急气象服务系统等气象监测网络运行和装备保障能力迅速提升。5月20日,开始承担郑州城镇预报业务。研制开发了《郑州市城市暴雨内涝仿真系统》,安装应用了短时临近预报系统,建立了灾害性天气过程预报总结分析工作流程,完善了预警信号制作发布流程和管理办法,优化了与市防汛抗旱指挥部的视频会商和数据共享系统、与移动公司的决策服务预警信号发布系统;初步建成了比较完备的现代气象业务体系。基础业务稳定运行,地面、高空、农气、通讯传输等业务质量全面达标,年内验收通过测报250班13个、百班44个。

【气象服务】 坚持"以人为本,无微不至,无所不在"的服务理念,严密监视天气变化,增强气象服务的敏感性、针对性和主动性,气象服务成效显著。(1)决策气象服务。下发《2010年郑州市气象局决策气象服务年度方案》,适时制作服务材料,及时为领导提供决策气象服务。4月12日报送的低温天气过程专题服务材料和12月9日报送的旱情专题气象服务材料,获得相关部门领导的高度重视,副市长王跃华和市委书记连维良分别作出批示。郑州市气象局成立农业气象服务中心,积极开展农业气象服务,发布各类农用天气预报168期,专题服务材料31期,周报52期,月报12期。六县(市)全部建立了现代农业气象科技示范园,开展关键气象要素和特色农业气象服务,深受农民欢迎。(2)是汛期气象服务。汛期启动暴雨Ⅳ级应急响应4次。发布汛期专题气象服务材料6期,发布高温、雷电、暴雨等各类预警29期,多渠道、多手段地向地方政府、防汛抗旱指挥部等部门和人民群众提供服务,确保了全市安全度汛。(3)旅游气象服务。完善嵩山历史建筑群申遗项目气象监测系统,在市区旅游景点、主要街区建设气象信息显示屏,通过各种媒体发布各类旅游气象服务产品。与旅游、交通、航运等部门联合与协作,开展旅游气象灾害防御服务工作。(4)重大社会活动气象保障服务。完成春运、拜祖大典、高考、元宵节、南水北调移民搬迁、第八届中国国际农产品交易会、第二届中国绿博会等重大节日、重大社会活动的气象保障服务,保障了各项活动的顺利开展。(5)应急气象服务。建立政府主导、部门联动的气象灾害应急管理机制,参加了5.12市政府组织的防灾减灾应急演练和河南省政府组织的"安全河南2010"应急救援演练活动,完成预备役野外气象站实战演练、军事演习等活动。

【气象重点项目建设】 以现代农业气象业务服务试点工作及"两个体系"建设为抓手,及早谋划运作气象为农服务项目,得到市委、市政府和有关部门的高度重视和支持,"两个体系"建设项目写入市委、市政府一号文件并相继发文督办落实。一是郑州市气象服务区域中心站建设项目。以政府主导为关键点,以农业部门基层农业技术推广服务区域中心站建设为切入点,以"两个体系"建设为结合点,把集区域气象观测站、自动土壤水分观测站、现代农业气象科技示范园、人工影响天气作业标准化固定炮站和农村气象信息服务站等为一体的40个郑州市气象服务区域中心站,建在郑州市基层农业技术推广区域中心站,列入郑州市农业技术推广服务体系建设平台,推动了气象工作进一步融入政府公共服务和社会管理体系。市发改委已下达25个气象服务区域中心站的气象监测设备采购费1400万元,该项目建设方案已经过省局专家评审论证,正在建设。中牟姚家气象服务区域中心站已建成。二是郑州气象科普苑建设项目。市发改委已批复《郑州气象科普苑建设项目建议书》,下达启动资金100万元。三是人工影响天气系统建设项目。积极开展人工影响天气作业基地建设的前期准备工作。进行人工影响天气装备系统更新和升级,计划2012年之前在全市布设100套远程控制碘化银地面催化系统,建设西部山区以远程控制碘化银地面催化系统(燃烧炉)、固定化炮站,东部平原以火箭发射架为主的新的人工影响天气火力网,实现全天候适时开展人工增雨作业。按照《郑州市人工增雨远程控制碘化银地面催化系统建设方案》,在嵩山安装了两套DL20-1型地面燃烧炉,作业手段更加丰富,人工影响天气火力网建设有序进行。

【气象灾害防御"两个体系"建设】 深入贯彻全国、全省气象为农服务工作会议精神,按照"豫政办〔2010〕106号"文件要求,全面加强"两个体系"建设,着力提高现代农业气象服务和农村气象灾害防御能力,项目建设稳步推进,气象为农服务工作取得初步成效。一是政府主导,部门联动,全社会共同参与的气象为农服务工作机制初步形成。气象为农服务多个建设项目及早写入市委、市政府一号文件,并相继立项、投资、建设,开创了政府主导、多部门协调落实项目工作进度的新局面。农村气象灾害防御体系建设列入《郑州市农业投资保障条例》。6月8日,郑州市政府主持召开了全市气象防灾减灾暨人工影响天气工作会议,明确提出"十二五"期间,要建立起比较完备的、与郑州省会城市地位、经济社会发展相匹配的气象防灾减灾体系。加强合作,依托农业部门基层农业技术推广服务区域中心站建设气象服务区域中心站;与市林业局签订合作协议,联合发布林业病虫害预报;与市国土资源局联合开展地质灾害等级预报;与郑东新区、航空港区、上街区、惠济区等开展了对口联系。积极推进气象灾害防御示范乡、村创建工作。新郑市气象灾害应急准备认证工作试点和农村气象灾害防御试点建设完成,《中牟县气象灾害防御规划》正式颁布实施。二是农村气象监测系统不断完善。新建四要素自动站8个,区域自动气象站7个、集约多功能乡镇气象站6个、土壤水分观测站5个,对20个自动站进行了换型升级。三是农村气象预报预警信息发布渠道得到拓宽。六县(市)局全部建设了农村气象信息服务站,安装了乡村手机大喇叭和电子显示屏。在国务院领导视察荥阳吴村时,当地手机大喇叭进行了气象信息广播。郑州市气象局统一制作了《气象信息员手册》和《气象灾害防御明白卡》,对全市气象信息员数据库进行了更新和规范。加强气象信息员队伍培训,及时收集、上报气象灾情,为各级党委和政府提供防灾减灾科学信息。四是人工增雨作业效益充分发挥。市政府办公厅发文调整了郑州市人工影响天气工作领导小组。积极开发人影指挥系统。加入伏牛山人影作业协作区。适时组织人影作业3次,有效地缓解了全市旱情。

【气象科技进步】 2010年,郑州市气象局全面推进气象人才体系建设,抓好学科带头人、业务科研骨干人才队伍建设。加大科技支撑保障。完成市科技局、省局下达的重点课题的科技攻关开发和结题上报工作。下发《2010年郑州市气象局气象科技创新指南》,结题验收2009年郑州市气象局自立课题2项,审定下达2010年自立课题4项。多渠道开展气象科技服务,新开展的气象电子显示屏业务初见成效。

【气象法制建设】 贯彻学习《河南省气象灾害预警信号发布与传播办法》和《气象灾害防御条例》;完成"五五"普法自查和宣传月活动;组织公务员学习法律知识;落实探测环境保护责任制和探测环境变化及时报告制度,气象探测环境保护纳入郑州市政府联审联批内容,参加了"十里铺村改造项目"、"盛都房地产公司开发项目"、"二七区高砦村城中村改造项目"控规方案的评审;与市安监局联合下发《关于进一步做好防雷安全隐患排查治理工作的通知》,开展防雷安全隐患排查治理工作。在郑东新区行政审批中心设立气象行政审批窗口,防雷设计和竣工验收纳入郑东新区建设类项目办事流程。

【气象文化建设】 强化和夯实宣传工作基础,加强科普资源共享平台建设。优化门户网站,郑州气象网被评为郑州市政府部门优秀网站。郑州大学水文与水资源工程本科专业实习教学基地在郑州市气象局挂牌。围绕3.23世界气象日、气象法规宣传月、防灾减灾宣传周和安全生产月等,广泛进行气象科普宣传活动,发放各类宣传资料6000余份,向全市气象信息员发放《气象知识》等,努力推进气象科普知识进学校、进农村、进社区、进企业,把气象科普活动和知识融入到经济社会生活的方方面面,不断提高全社会防御气象灾害的意识和能力,提高气象的社会影响力。以创先争优活动为契机，进一步完善竞争激励约束机制。积极开展岗位技能培训与竞赛活动，充分调动干部职工的积极性、主动性、创造性。定期对全市气象技术装备和用电、制氢、车辆运行情况进行检查，及时排查治理安全隐患。

【“十二五”规划编制】 紧扣“三个”围绕（围绕省会城市区位优势，围绕国家局、省局重点工作部署，围绕郑州市气象局长远发展目标），抓好“三个”衔接（与“十一五”规划的衔接，与国家局、省局重点规划方向、重大工程项目、重要工作任务的衔接，与郑州市“十二五”规划的衔接），科学论证、积极运作，认真做好“十二五”气象规划编制工作。郑州气象事业“十二五”发展规划定稿，五大重点建设项目（农村气象灾害防御体系建设项目、人工影响天气系统建设项目、城市气象灾害防御体系建设项目、气象突发事件应急体系建设项目、郑州气象科普苑建设项目）全部列入《郑州市国民经济和社会发展第十二个五年规划纲要》。

【党风廉政建设】 始终把党风廉政建设作为改革发展和党的建设的重要内容，坚持一手抓气象事业发展，一手抓反腐倡廉建设，以党风廉政建设推动气象事业的发展。一是完善领导体制和工作机制。郑州市气象局一把手和全市系统各单位负责人签订了党风廉政建设责任书，认真履行“一岗双责”，坚持党风廉政建设与业务工作同部署、同检查、同落实。完善县（市）局“三人决策”机制，六县（市）局均配备了纪检监察员，开展季度运行检查。二是典型引路，重点突出，廉政文化欣欣向荣。以廉政文化活动为载体，深入开展群众性精神文明创建工作，不断提高创建质量。召开民主生活会，征求全体干部职工意见、建议并认真落实。做好老干部管理和解难帮困工作。积极开展政务公开，新郑局被评为“河南省气象局政务公开示范单位”。三是严肃财经纪律，严格清查“小金库”。加强政府采购执行管理，以“三重一大”为重点，深入开展“小金库”和工程建设领域突出问题专项治理工作，对2008—2010年郑州市气象局和六县（市）局的财务情况进行了全面审计与整改。四是积极开展廉政文化学习与警示教育活动。党组一把手上党课，组织学习廉政准则，每月发廉政警示信息。组织干部职工参观河南女子监狱，观看警示教育片等。

（闫惠芳）

地震预防

【概况】 2010年，郑州市防震减灾工作在市委、市政府的正确领导下，以科学发展观为指导，围绕全省防震减灾2020年奋斗目标，紧密结合郑州市防震减灾工作实际，坚持以人为本，坚持预防为主、防御与救助相结合的工作方针，加大工作力度，细化工作措施，大力推进监测预报、震害防御、地震应急救援三大工作体系建设，着力增强郑州市防震减灾综合能力。

【监测预报体系建设】 密切关注震情，加强震情短临跟踪。根据郑州市的震情形势，下发了《郑州市2010年震情短临跟踪方案》。市地震局与省地震局，各县（市）、区地震局与市地震局分别签订了《震情短临跟踪目标责任书》。根据中国地震局对豫鲁冀交界区的震情会商意见，及时下发了《进一步做好地震短临跟踪及有关工作的紧急通知》。不断对县（市）、区短临跟踪工作进行指导和督查。坚持24小时行政值班和领导带班制度，实行市地震局机关和防震减灾中心24小时双值班制度。严格执行异常情况日报告和零报告制度。按照地震前兆异常落实工作规定，迅速分析落实，及时报告和反馈落实异常结果，确保震情短临跟踪各项工作落到实处。

扎实做好地震监测台网和台站的建设与管理。完善监测台网和台站的管理制度，细化工作流程，强化责任意识，加强网络巡视和运行维护。定期对尖山地震台、航海地震台、惠济地震台、各县（市）测震仪器和前兆观测仪器进行全面认真的检查、维护和性能评估，确保台网正常运行和监测资料连续可靠，监测数据的质量和时效明显提高。按照省地震局的要求，购置了地震流动观测仪等应急监测设备。

加强群测群防工作，规范宏观测报站的建设与管理。积极推进“三网一员”建设。加强宏观测报站管理，制定了本年度的岗位职责，坚持实行重大宏观异常及时报告制度。定期或不定期对宏观测报站观测手段、观测环境和联系方式进行检查。确保县（市）区、乡、镇观测人员24小时在岗和不出现漏登漏报情况，并保持通信畅通。

依法保护地震监测设施和观测环境。全市25个宏观测报站、7个电磁波站和4个断层气监测站，经过检查，没有发生影响监测设施和观测环境的现象，监测设施运转正常，观测环境良好。

坚持周、月、季和紧急地震趋势会商及联防会议制度。牢固树立震情第一的观念，按时召开郑州市周、月、季地震趋势会商会和及时召开紧急地震趋势会商会，分析判定震情趋势，提出郑州市的地震趋势意见。组织技术人员完成了本年度地震趋势研究任务，编写了《地震趋势研究报告》。在河南省地震趋势会商会上，郑州市地震监测预报工作获河南省地震监测预报工作统评第二名，两篇专题论文分别获优秀专题论文二、三等奖，尖山测震、航海测震、航海水位、航海水温等地震观测资料获全省年度地震观测资料优秀奖。积极应对4月30日登封ML2.7级地震和10月24日周口太康4.7级地震，迅速会商研判震情趋势,准确做出郑州市地震趋势判断,并及时向市四大班子报送震情快报。参加了在开封市召开的第40次和邯郸市召开的第41次晋冀鲁豫四省交界区十五市地震联防会议,实现了资源共享,为联防区共同应对地震灾害奠定了基础。

【震害防御体系建设】 2010年,市地震局精心编制郑州市防震减灾"十二五"规划和抗震防灾规划。成立了"十二五"防震减灾规划编制工作领导小组,切实加强领导,精心组织、明确目标、制定方案,抽调骨干力量负责规划编制工作。确保"十二五"规划成为科学指导郑州市未来5年防震减灾事业发展的纲领;2010年市政府投资600余万元组织编制《郑州新区城镇规划建设区域抗震防灾规划(2010—2020年)》。市地震局认真研究部署,明确分工,责任到人,确保规划编制工作落实到位。该规划成果已完成,并通过专家评审;根据《郑州市人民政府办公厅关于编制郑州市区专项规划及城市"六线"工作的通知》的要求,市地震局组织编制了包括郑州市中心城区(450平方公里)和郑州市中心城区外围(550平方公里)共计990平方公里的抗震专项规划。

加大建设工程抗震设防监督管理。2010年,继续把建设工程抗震设防要求审批作为重点,进一步提高全市建设工程的抗震设防能力。截至2010年底,上街区、新郑市、登封市、新密市、郑东新区、经济技术开发区和高新技术开发区,已将建设工程抗震设防要求纳入了基本建设审批程序。完成了市地震局办事大厅和郑东新区、高新技术开发区办事大厅窗口的建设工程抗震设防项目日常审批工作。全年共审批工程项目160项,比上年增加176%。

进一步加大全市建设工程抗震设防执法检查力度。认真贯彻落实《郑州市行政执法人员文明执法若干规定》,依法执法,文明执法。全年共检查建设工地213个,比2009年增加24.6%。对违法行为下达责令整改通知书,其中多数建设单位按照要求进行了改正。

大力开展防震减灾科普宣传,全民防震减灾普及率大幅提升。以"5.12"全国防灾减灾日宣传周和"7.28"唐山大地震34周年等重大时节为契机,全面开展防震减灾知识宣传工作。5月12日,在绿城广场举办了郑州市"5.12"防灾减灾日宣传周活动启动仪式和集中宣传活动。市地震局采取了群众喜闻乐见、寓教于乐的方式,包括制作展板、发放宣传单和图书、制作地震科普动画片、举办防震减灾科普知识竞赛活动等,走进社区、企业、学校和家庭,多题材、多角度、有针对性地开展了防灾减灾宣传,确保防灾减灾宣传周活动取得实效。组织专家在中原区学校开展了正确认识地震、科学防震减灾、努力提高防御地震灾害能力的专题讲座活动。在纪念"7.28"唐山大地震34周年之际,市地震局与二七区共同组织开展了防震减灾科普宣传周活动。组织地震应急救援队队员、社区地震应急救援志愿者、地震宏观观测员、防震减灾科普示范学校教师等群众代表千余人观看电影《唐山大地震》。同时,组织防震减灾知识宣讲团,采取走出去、送上门,服务群众、服务社会的方式和方法,分别深入中小学、高校和企事业单位进行防震减灾知识宣讲,共计20余场次,受教育人数达4万余人。

继续推进防震减灾科普示范学校建设。完成了第三批省、市级科普示范学校验收及挂牌工作。二七区长江东路小学等3所学校被评为2009年河南省防震减灾科普示范学校。2月,与市科技局、教育局联合对全市14所申请创建防震减灾科普示范的学校进行了检查验收,管城区五里堡小学等11所学校被评为2009年郑州市防震减灾科普示范学校。11月份对5所2010年省级科普示范学校进行了验收。

大力推进农村民居地震安全工程。继续坚持把防震减灾工作纳入新农村建设,积极推进农村民居地震安全工程示范点建设。2010年建成了二七区马寨镇马寨村和新密市来集镇陈沟村两所农村民居地震安全工程示范点。

【应急救援体系建设】 2010年,根据国务院、省、市防震减灾工作会议精神,以及《河南省地震局2010年地震重点区应急准备工作方案》的要求,市地震局下发了《郑州市2010年地震应急准备工作方案》,安排部署全市的地震应急救援工作。

2010年,在市应急办和市有关职能部门的组织配合下,成立了郑州市应急救援总队。二七区成立了地震应急救援分队和志愿者分队。由市地震局、团市委、市红十字会联合下发《郑州市地震救援志愿者行动实施办法》,宣布成立郑州市地震救援志愿者行动指导委员会和郑州市地震救援志愿者服务总队。上街区和二七区分别成立了地震救援志愿者服务大队,人数近千人。并对部分志愿者进行了地震应急救援培训。为了提高应急队伍的素质,检验地震应急预案的科学性、可操作性和实效性,市地震局积极组织和参加地震应急演练。全年,以模拟在郑州市某区发生M4.0级地震为背景,分别组织了多次市地震局应急预案、后勤保障、现场工作队、平息地震谣传、市防震减灾中心等预案的演练;10月份,成功组织了全市防震减灾系统及乡(镇)和街道办事处防震减灾助理员参加的2010年度地震应急演练和专业知识培训;市地震局还积极参加豫北地震快速应急联队应急演练和省地震局地震现场应急演练活动。5月份,市地震局在相关部门和单位的配合下,在全市中小学校(幼儿园)开展了以地震为背景的防灾避险演练活动。全市共计2000余所中小学校(幼儿园),122万多名师生参加了演练,增强了安全防范意识和自我保护能力。

完善设施，充实物资，为地震应急工作提供物力保障。2010年，市地震局继续大力推进地震应急避难场所建设。全市建设地震应急避难场所共9个。根据《河南省地震局关于印发〈市县地震现场工作队装备配置意见〉的通知》要求，为进一步加强应对突发地震事件的能力，2010年市政府投入地震应急工作资金166.9万元，其中新增加的费用155.9万元。主要用于采购地震现场指挥部、地震现场工作队装备。截至2010年底，市地震局已经完成了地震应急指挥通信车辆和300多个品种、近2000余件的应急物资采购工作。

快速响应，有效应对，妥善处置有感地震。2010年10月24日，周口市太康县、扶沟县、西华县交界发生M4.7级地震，郑州市部分地区有感。地震发生后，市地震局立即启动了地震应急预案，工作人员迅速到岗到位，紧张有序地开展应急工作。组织紧急会商，对地震趋势进行判定，迅速向市委、市政府汇报；同时安排部署全市应急工作，耐心向市民答询并宣传防震减灾知识，并充分利用“三网一员”做好消除群众恐慌和维护社会稳定工作；迅速派出地震快速应急分队，携带流动监测仪器和现场工作装备，赶赴地震现场开展地震应急工作。

（陈启佳）

社会科学

【重大课题调研】 2010年，根据市委、市政府工作总体部署，市社科联确定了一批重点研究课题，其中重点调研课题2项，一般课题8项，经过专家评审，《加快郑州城乡一体化发展研究》等2项重点课题和《郑州市承接产业转移示范区建设研究》等4项一般课题中标，已调研制作完毕，经专家跟踪指导，实施了严格的初评、中评和终评，12月份已全部完成结项。承担并完成了市政府重点课题《区域科学发展的载体和模式建设研究》。这些课题的一些观点、数据和提出的对策建议，为市委、市政府实施科学决策，提供了理论服务和智力支持。

积极做好省级社科规划课题申报和调研制作工作。7月份郑州市社科联（院）收到通知：《城乡统筹视野下的新型农村社区建设研究》和《促进河南文化遗产保护利用的对策研究》两项课题中标，经调研制作，年底完成并呈送省有关部门。完成了2009年省政府发展研究中心立项的《河南特色文化创意产业发展对策研究》和《中心城市经济集聚效应与中原城市群发展模式研究》课题的调研制作工作，并已结项。

拓展研究领域，整合有效资源，加强横向联合课题的集中攻关。主动参与完成了市委组织部、市人事局牵头的《郑州市人才队伍建设中长期规划编制工作方案》和《人才环境研究》课题的调研制作；参与完成了市纪委《真正实现人民群众监督的突破点在哪里——如何保障权利监督权力》的研究文章。

【2010城市发展（郑州）论坛】 根据市委、市政府关于组织举办“2010城市发展（郑州）论坛”的总体部署，市社科联（院）负责做好论坛学术研究工作。主要包括与中国社会科学院签订课题合作协议、论坛学术委员会的筹备、协助中国社科院专家在郑州15天的调研工作等。论坛上，中国社会科学院常务副院长王伟光担任论坛主报告《中原经济区核心城市发展战略研究》课题研究组组长，中国科学院博士生导师毛汉英、中国社会科学院城市和环境研究所副所长魏后凯、国家住房和城乡建设部政策研究中心主任陈淮、中国城市科学研究会秘书长李迅等知名专家、学者对城市创新与可持续发展进行广泛深入研讨，并对中原经济区建设进行充分展望。借助论坛这一平台，市社科联安排了针对郑州城市发展战略的专题研讨和现场考察活动，展示了郑州建设的新成就，发布郑州建设新战略，与会专家踊跃为郑州的城市发展建言献策。

【社科知识普及活动】 10月30日，由省社科联、郑州市社科联联合举办的“学习贯彻十七届五中全会精神，加快中原经济区建设”广场宣传咨询活动在在市绿城广场举行。省政协副主席靳绥东、省社科联主席王耀、副市长刘东、市委宣传部副部长李淑荣等参加宣传活动。86个省市学会、高校的咨询台前，广大市民踊跃参与，就各自感兴趣的问题进行咨询。此次广场宣传咨询活动，重在学习贯彻十七届五中全会精神，宣传中原经济区，解读中原经济区，使社会各界对中原经济区多一份了解、关注和支持。各学会、省会高校围绕活动主题，展出宣传展板300多块，组织省会社科界专家学者近200人，设立了97个咨询台，就群众提出的问题解疑释惑。现场接受咨询的专家表示，这种普及形式能把党的方针政策及时送进基层、宣传给群众，使社会科学走向群众、走向实际、走向生活，对群众了解党的方针政策、理解中原经济区建设有很大的帮助。活动期间，组织了社科知识“大篷车”和郑州“大讲堂”，深入工厂、学校、社区等基层单位普及社科知识，作理论宣讲10余场。命名并挂牌成立了“郑州二七纪念馆”、“巩义康百万庄园”、“郑州青少年宫”等10个首批社会科学普及教育基地，在郑州市社科史上尚属首创，为广大市民提升社科素质，提供了又一活动场所和受教育平台。

【社科成果及转化】 根据《郑州市哲学社会科学优秀成果评奖办法》文件要求，市社科联（院）及时拟定呈报郑州市哲学社会科学优秀成果奖评审委员会成员名单，进行了社科优秀成果的申报征集工作，各县市（区）、省（市）属各大专院校、各社科学会和有关局委踊跃征集,共征集到初审成果2300多项,经各呈报单位和评奖办公室严格甄别筛选,截至12月5日,合计有效征集成果1200多项,从初审情况看其数量是以往的4—5倍,发表的层次也比较高,质量也明显优于往年,有效成果正送交评审委员会进行评审。

【社科调研课题征集、评审】 2009年度,郑州市社会科学优秀成果评奖委员会、郑州市社会科学联合会通过公开招标方式择优确定了498项课题为立项课题。截止到2010年3月底,通过专家审核,405项课题结项。结项课题经郑州市社会科学优秀成果评奖委员会评定,共评出社科调研课题一等奖38项,二等奖69项,三等奖96项。同时,完成了2010年度郑州市社会科学调研课题申报,经专家评审,对579项郑州市2010年度社会科学调研课题予以立项,已调研制作完成,计划于2011年第一季度实施评审。

【郑州经济社会发展蓝皮书、文化发展蓝皮书】 与市委宣传部在总结2008、2009文化蓝皮书编撰经验的基础上,对《郑州文化发展蓝皮书(2010)》进行了编纂。收集整理2010年度重点招标课题、重点委托课题和全市一般性调研课题,编写《郑州经济社会发展蓝皮书》,这在郑州市历史上还是首次尝试。两部蓝皮书计划2011年初出版发行。

【社科学术活动】 市社科联把搭建学术活动的公共平台,促进各类学术活动的开展,增强学术团体的活力,营造社会科学的良好氛围,扩大社科联和学会在社会上的影响力,作为重要工作来抓,取得了较为明显的进步。

召开了学会秘书长暨科研处长业务研讨会。上半年市社科联召集各学会秘书长召开学会秘书长会议,就2010年学会工作进行了部署安排。为了创新工作思路,进一步激励各学会工作,创新争优,对各学会下发了《学会评先年度考核表》,2010年将从"学会建设、内部管理、材料报送、活动开展、工作奖励"五个方面对各学会进行百分考核,促使学会各项工作再上新台阶。

召开了"中原经济区形势下郑州发展思路与对策"理论研讨会。8月5日由市委宣传部、市社科联、郑州日报社主办的"中原经济区形势下郑州发展思路与对策"专家座谈会在市社科联(院)会议室举行。省会社科界和市直部门有关专家学者围绕"建设中原经济区,郑州贡献什么"这一主题,纷纷建言献策,市委常委、市委秘书长孙金献出席座谈会,郑州日报第一版刊登了座谈会消息,第三版以"郑州为'中原经济区'建设贡献什什么"为题,整版刊登了8位专家的发言,从不同侧面分析解读了郑州在中原经济区中的重要地位和作用。

加强学会管理,出台学会管理工作意见。为进一步加强学会管理,促进社科类学会健康有序发展,实现学会管理工作的制度化、规范化。我们结合上级有关精神,出台了《学会管理工作意见》,对学会的成立、变更、活动开展、年检、注销等方面从市社科联的职责范围内加强管理,使各学会工作开展更加规范化。

指导各学会开展丰富多彩的学术活动。上半年在指导好各学会做好本职工作的同时,还积极参与指导各学会开展丰富多彩的学术活动。年初心理学会召开了一届三次常务理事扩大会议,增补了学会新成员,对下步工作做了部署要求。心理学会义务组织心理讲座到单位、到企业,开展心理咨询活动,受到各单位欢迎。人防、财会、审计、统计、创新教育等学会均组织开展了课题调研、学术报告、理论讲座、咨询宣传等活动,收到了良好的效果。

【《社科内参》】 针对郑州市经济社会发展中遇到的热点、难点和亟待解决的问题,市社科联调研编印了"低炭郑州,迫在眉睫"、"部分领导干部和专家学者对"六个一百"提出五点建议"等多期《社科内参》,把专家学者提出的新思路、新观点、新措施等,及时呈送市领导决策参考,受到了各级领导的关注和好评。

【《2009年度优秀调研课题选编》】 2009年度的结项课题中,不乏一些对郑州市经济社会发展有较高参考价值的优秀课题,市社科联精选了部分优秀课题将内容进行了提要摘编,编辑出版了《2009年度优秀调研课题选编》,供各级领导和有关部门参考,为郑州市经济社会发展服务。

【创先争优活动】 按照市委统一部署,市社科联高度重视,精心部署,科学实施,积极投身创先争优活动,实现组织和党员全覆盖。各支部坚持服务中心、建设队伍,把创先争优活动与加强机关作风建设和"讲党性、重品行、作表率"活动有机结合起来,通过服务城乡、联点共建,创党建示范单位,争创"五好"基层党组织,争当"五好"优秀党员,争当优秀党务工作者,设立党员示范窗口等形式,促进机关作风转变,引导广大党员干部立足岗位和工作实际,干一流工作,创一流佳绩。并结合工作实际,客观总结社科联(院)成立以来的实践成果,深入分析检查不符合科学发展观要求的突出问题,理清发展思路,明确改进方向,制定改进措施。

【党风廉政建设】 郑州市社科联(院)始终坚持贯彻落实党风廉政建设方针政策,严格按照党风廉政建设的各项要求,做到分工明确,责任到人,把党风廉政建设的宣传教育贯穿于平时的各项业务工作中,坚持民主集中制,扎实推进党风廉政教育,讲正气,树新风,倡廉政。对照贯彻落实《党员领导干部廉洁从政若干准则》,切实改变领导干部作风建设,工作抓具体、抓落实。班子成员结合自身思想和工作情况，深刻剖析了自身和领导班子存在的问题与不足，同时结合征求到的对党员领导干部和领导班子的意见及建议，认真开展批评和自我批评，查找问题根源，进一步明确了努力方向。对多年来出台的文件和制度进一步进行了全面分析和梳理，对其中已不符合科学发展观要求的予以废止或修改完善，并规范社科联（院）各部室的职能。健全完善有利于科学发展、有利于哲学社会科学发展的规章制度，充分发挥制度的内部制约作用，以进一步规范管理程序，健全监督制约机制，实施科学管理，规范管理，做到用制度管人、用制度管事。

（张丽新）

第二十二篇　教育事业

综　述

【概况】 2010年,郑州市有地方高等学校15所,高等学历教育高校在校生144333人。有各级各类中初等教育学校1532所,在校生135.21万人。其中,普通高(完)中104所,在校生169751人;普通初中262所,在校生268783人;中等职业学校127所,在校生302556人,其中全日制在校生292303人;小学1027所,在校生609846人;特殊教育学校11所,在校生994人;工读学校1所,在校生151人。全市各级各类中初等教育学校有教职工89158人,其中专任教师75209人。

【教育经费投入与支出】 2010年,全市教育部门总投入为697684万元,其中,预算内教育经费577421万元(教育事业费453284万元,教育基建28797万元,社会保障费95340万元),教育费附加77319万元,预算外事业等经费收入42944万元。总投入比上年的60576万元增长15.17%,预算内教育经费比上年的518912万元增长11.28%,预算内教育事业费比上年的406417万元增长11.53%。全市经常性财政收入增长26%,预算内教育经费增长21.61%比经常性财政收入增长高5.26个百分点。

全市教育部门总支出为695574万元,比上年的596941万元增长16.52%,其中预算内教育事业费支出为443577万元,比上年的398707万元增长11.25%。预算内教育事业费支出中人员经费为299243万元,占67.46%;公用经费为144334万元,占32.54%。

全市教育部门生均预算内教育事业费为4340.50元,比上年的3941077元增长10.12%。生均预算内公用经费为1412.34元,比上年的1180.44元增长19.64%。

【市本级教育经费投入与支出】 市本级教育部门总投入185589万元,其中,预算内教育经费133648万元(教育事业费97357万元,教育基建13683万元,社会保障费22608万元),教育费附加35545万元,预算外等经费收入16396万元。总投入比上年的136386万元增长36.08%,预算内教育经费比上年的124807万元增长17.09%,预算内教育事业费比上年的109898万元增长21.61%。市本级经常性财政收入增长16.35%,预算内教育经费增长21.61%比经常性财政收入增长高5.26个百分点。

市本级教育部门总支出为184104万元,比上年的135066万元增长36.31%,其中预算内教育事业费93526万元比上年的82565万元增长13.28%。预算内教育事业费支出中人员经费为51436万元,占55%;公用经费为42090万元,占45%。

市本级教育部门生均预算内教育事业费为7035.26元,比上年的6473.13元增长8.68%。生均预算内教育事业费公用经费为3166.12元,比上年的2368.33元增长33.68%。

(孙　耿)

义务教育

【义务教育规模】 全市共有小学748所,比上年减少7所;毕业生74542人,比上年增加2510人,增长3.48%;招生91502人,比上年增加5206人,增长6.03%;在校生496362人,比上年增加21616人,增长4.55%;小学平均规模663.59人,比上年增加34.79人;平均班额48.04人,比上年增加1.8人。全市共有普通初中196所,比上年减少7所,毕业生74652人,比上年减少3544人,下降4.53%;招生75959人,比上年增加2629人,增长3.59%;在校生216258人,比上年减少2032人,下降0.93%;普通初中平均规模1103.35人,比上年增加28.03人;平均班额53.6人,比上年增加0.81人。

【义务教育经费保障】 2010年,郑州市公用经费基准定额按照小学年生均330元、初中年生均530元。所需资金由中央、省、市级财政按照6:2:2的比例负担。全年共下达中央、省、市级财政公用经费补助资金11318万元。同时,要求各县(市)、区必须按照规定用途使用公用经费,不得用于人员经费和偿还债务等,严禁以任何理由、任何方式截留、滞留、挤占、挪用,严禁抵顶应由县级财政安排的寄宿生生活费等教育经费或者用于平衡财政预算。继续免除农村义务教育阶段课本费和作业本费。按照国家对农村义务教育免费提供教科书和教科书循环使用的文件要求，对农村义务教育阶段学生免费提供教科书，其中，国家课程由中央财政负担，地方课程由省级财政负担。除免费教科书外，郑州市继续实行免费提供作业本，其费用由县级财政负担。2010年共下达中央、省级教科书资金3428.7万元。同时，要求各县（市）、区财政部门结合教科书循环使用的相关政策，按照政府采购确定的结算价格据实结算，直接拨付到教科书供应商账户，确保学生及时用上免费的教科书和作业本。贫困寄宿生补助标准进一步提高。按照省财政厅、教育厅相关文件精神，2010年，郑州市在小学生2元/天、初中生3元/天的生活补助标准基础上提高1元/天，按照在校时间250天计算，即小学生750元/年、初中生1000元/年。全年共下达生活费补助资金3486.2万元，全市享受生活费补助政策的贫困寄宿生达到37966人。

（孙　耿）

普通高中教育

【普通高中教育规模】　全市共有普通高（完）中90所，比上年减少1所；毕业生51036人，比上年增加2763人，增加5.72%；招生45076人，比上年减少1063人，减少2.3%；在校生138537人，比上年减少6054人，减少4.19%；普通高中平均规模1539.3人，比上年减少49.61人，平均班额57.99人，比上年增加1.56人。

【省级示范性高中招生改革】　为充分发挥政策的导向作用，逐步实现校际间生源的均衡，提高了省级示范性高中招收分配生的比例，由2009年占省级示范性高中统招计划的45%提高到60%。同时扩大了享受分配生政策初中学校范围，将享受分配生政策的学校由“接收市区就近分配的学校”扩大到“市区所有初中学校”。2010年，全市省级示范性高中计划招收分配生3772人，实际录取2823人，录取率为74.8%。

【通用技术实验室装备工作】　2010年，市教育局在充分调研的基础上，制订了《郑州市普通高中通用技术装备标准》，按照省教育厅“优先为省级示范性高中和高中课程改革样本校装备通用技术教室”的要求，确定了拟装备通用技术实验室的16所普通高中，其中有4所学校完成了装备任务。将郑州科技工业学校确定为普通高中通用技术选修课实训基地，利用其资源优势和专业优势，开设通用技术选修课。

（孙　耿）

职业教育

【中等职业教育规模】　全市共有中等职业学校113所，比上年增加1所；毕业生91372人，比上年增加8538人，增加10.31%；招生109746人，比上年增加7678人，增加7.52%；在校生287226人，比上年增加861人，增长0.3%。

【职业教育教学改革】　试行学分制，不断深化教学改革。2010年6月，市教育局下发通知，在全市中等职业学校中遴选试点，推行学分制，试点成熟后在全市全面铺开。在广泛征求意见、试点经验总结、专家论证的基础上，8月印发了《郑州市中等职业学校试行学分制指导意见》，在全市试行学分制，推动职业教育改革不断创新。全面推行校企结合、工学结合的人才培养模式，进一步完善顶岗实习、半工半读制度。开展“订单式培养”，逐步引导企业招聘人才由“被动选择”，转变为“量身打造”，直接介入学校人才培养过程，共同抓好学生实践能力和职业技能培养，努力做到学校教育和就业“零距离”对接。2010年，建立校企订单培养合作单位50个。狠抓技能竞赛，促进教育教学质量的提高。结合郑州市的教学实际，设置了数控、电工电子、汽车运用等10个专业共24个项目进行了竞赛。2010年郑州市是河南省唯一在全国、省职业技能竞赛开赛前将市级竞赛工作圆满完成的地市。截至2010年底，郑州市42个职业技能代表队共参加全省职业技能竞赛项目37个，获得个人奖一等奖21个，二等奖19个，三等奖24个；团体奖一等奖6个，二等奖3个，三等奖2个。

【职业教育基础能力建设】　（1）围绕产业发展，高标准建设郑州市职业教育园区。郑州市职业教育园区建设立项工作已经完成。确定了职教园区建设在郑开大道以北，前程路以东，豫兴大道以南，雁鸣路以西区域内选址建设。项目占地69.07公顷，其中建设用地58.27公顷。西依龙阳路、南靠豫兴大道，东临雁鸣路，北联市政规划路。截至2010年底，累计完成项目投入1.35亿元，编制完成了《园区建设控制性详细规划》，获得环评批复、建设项目可行性研究报告批复以及建设工程规划许可证等。（2）成立职业教育集团，推动园区建设步伐。2010年3月9日，召开了“郑州职业教育集团”成立会议，郑州旅游职业学院与郑州市艺术工程学校、郑州市经济贸易学校、郑州市信息技术学校、郑州市商贸管理学校、郑州市科技工业学校等5所学校组成“郑州职业职业教育集团”，并在招生、培养、就业等方面实行联合，探索新形式下职业教育集团化办学模式，创新职业教育发展机制，促进办学体制改革。充分发挥中职专业优势，利用高职教育资源，形成中、高职相衔接的人才培养梯次，提高郑州市人才培养水平。通过集团化办学，建立郑州旅游职业学院长线培养机制，增强郑州市艺术工程学校等5所学校人才培养能力,形成招生、培养、就业等方面实质性联合体。(3)整合教育资源,搞好布局调整。修订完善了《郑州市中等职业学校布局调整方案》。全市各县(市)、区全部按照要求对所属中职学校进行整合,重点办好1—2所规模在3000人左右的中等职业学校。在市区职业教育资源整合方面,对地处老城区,校园面积小、周边环境差,形不成规模办学,办学效益低的职业学校实施外迁,入驻职业教育园区。截至2010年底,郑州市所属县(市)的职业学校布局调整均已到位,登封市保持2所,新郑市由原来的3所学校调整为2所,荥阳市由原来的4所学校调整为2所,新密市由原来的6所学校调整为2所。市区教育部门所属学校,郑州市经济贸易学校、郑州市信息技术学校、郑州市科技工业学校、郑州市商贸管理学校、郑州市艺术工程学校等5所学校,资源整合入驻职教园区。人社部门所属学校,郑州市技师学院、郑州市交通技师学院与郑州市总工会技工学校联合提高办学层次。其他部门办职业学校,郑州市艺术学校与中州大学合作,提高办学层次;郑州市卫生学校与郑州市广播电视大学合作,提高办学层次。(4)以项目建设为突破口,努力改善职业学校办学条件。大力实施示范性职业院校建设、职业教育实训基地建设、薄弱中等职业学校建设等三项工程,增强职业学校培养高素质劳动者和技能型人才的能力。同时继续加大重点学校和重点专业的建设力度,促进办学能力和办学水平的提高。2010年,5所中等职业学校被评为省级重点,全市国省级以上重点中职学校总数达到33所。重点项目建设方面,2010年,全市共投入项目建设资金1000万元,分别对郑州市电子信息工程学校、郑州市财贸学校、郑州市国防科技学校、郑州市金融学校、郑州市商贸管理学校、郑州旅游职业学院等6所学校的重点专业实训基地给予支持。

【职业教育攻坚计划】 2010年4月13日,组织召开了郑州市教育局职业教育工作现场会,安排部署2010年工作。省教育厅、市教育局等有关领导出席会议。市教育局机关相关处室、各县(市)区教(育)体局、全市中等职业学校负责人参加会议。会上表彰了郑州市2009年度职成教工作先进单位和先进个人,并向20所规范性乡(镇)成人学校和示范性办事处社区学校颁发奖金100万元。荥阳市教体局、郑州市商贸管理学校等在会议上进行了经验介绍。2010年12月2日,郑州市委、市政府召开全市人才暨教育工作会议,出台了一系列发展教育的政策规定。其中《郑州市人民政府关于加强职业教育校企合作的若干意见》,明确指出要建立由政府相关职能部门、企业负责人、行业协会和职业学校组成的校企合作指导委员会。进一步强化了政府职能,明确了校企双方责任义务,促进职业教育校企合作全面开展。《意见》还要求一要建立校企互派人员挂职制度;二要实行校企联合办学;三要实行"订单式"人才培养;四要建立校企合作顶岗实习制度;五要校企共建实习实训基地。

(孙 耿)

高等教育

【地方高等教育规模】 2010年,郑州市15所地方高校学历教育招生43677人,教职工9947人。高等学历教育高校在校生144333人增长1.6%;教学科研仪器设备值74995.16万元,较上年增长5.2%;一般图书1085.37万册,较上年增长11.7%。

【大学生思想政治教育】 2010年,郑州市继续在地方高校中开展了学生管理示范性建设活动,促进地方高校学生管理工作不断迈上新台阶。加大了对学生的救助,通过捐款、补助等方式资助生活上有困难的学生。同时切实推进维护校园稳定和落实社会综合治理工作,加强安全检查督导工作,督促地方高校全面履行综治职责。6月份组成维护稳定和综合治理检查小组深入地方高校开展安全检查,并针对发现的薄弱环节,提出整改要求,责成学校消除隐患,确保安全。根据社会动态,关注学生所关注的,积极引导学生正确表达爱国情感。从全年情况来看,地方高校维稳和综治工作有效开展,安全方面措施得力,成效明显。

【教育教学质量建设】 开展了2010年市级重点(示范)专业、重点实验室评审工作。按照《郑州市教育局关于印发郑州地方高校市级重点专业示范专业评审标准(试行)的通知》(郑教高〔2005〕66号)要求,组织2个专家组,于10月26日至29日对各地方高校申报的市级重点(示范)专业及重点实验室进行了实地评审,按照"公平、公正、择优"的原则,遴选出市级重点建设的示范专业5个、重点专业8个、实验室5个。同时,确定郑州职业技术学院机电一体化为拟建设示范专业,郑州师范学院地理教育、郑州旅游职业学院数控设备应用与维护、郑州科技学院计算机科学与技术为拟建设重点专业,黄河科技学院数控技术为拟建设重点实验室。

组织进行了2010年度郑州地方高校精品课程建设项目。经学校申报、网上初评、专家评议等程序,确定了中州大学的化工生产技术等8门课程入选2010年度市级精品课程建设项目,郑州旅游职业学院景区管理实务等5门课程为拟建设项目。2010年组织召开了2次全市地方高校教育教学工作会议和1次研讨会。会议上,各学校领导交流思想,共谋未来,统一了思想认识,坚定不移地按照科学发展观的要求,以质量建设为中心,促进郑州市地方高等教育健康协调发展;确定了高等教育工作思路和工作重点，为确保各项工作的顺利完成提供了保障。

【地方高校人才队伍建设工程】 开展了郑州地方高校首届杰出教师评审工作。根据郑州市教育局关于《郑州市第三届名师和郑州市首届杰出教师评选方案》(郑教师〔2010〕30号)精神，严格工作程序，严格评审，确保公正，聘请省属高校知名专家对由各学校评审委员会推荐上报的9名参评人员，经过书面评审与演讲答辩相结合的方式进行评审。根据专家评审结果，确定了中州大学李靖靖为郑州地方高校首届杰出教师，郑州师范学院于启新、中州大学薛培军、中州大学孟繁玲、郑州师范学院夏丽华为郑州市名师。

顺利完成了郑州地方高校第4批特聘高层次人才评审工作。根据《郑州地方高校高层次人才特聘岗位实施意见》要求，开展了对第4批特聘高层次人才的选拔和评审工作，2010年各地方高校根据设定的岗位申请特聘高层次人才候选人共计27人，经过专家组对候选人资格审查、书面评审、综合素质测评等程序，确定刘冬敏等17人为专职特聘高层次人才，秦东晨等2人为兼职特聘高层次人才。圆满完成了对郑州地方高校优秀中青年骨干教师培养工作。根据《郑州地方高校优秀中青年骨干教师选拔与培养办法》(试行)的要求，组织考核组于2010年9月21日、26日和27日对马灿玲等28名首届郑州地方高校优秀中青年骨干教师培养对象进行了培养期届满综合性考核，杜学霞等9名教师为优秀等次，马灿玲等19名教师为合格等次。并颁发"郑州地方高校优秀中青年骨干教师"荣誉证书。

【地方高校日常管理】 (1)规范地方民办高校办学行为。督促地方高等学历和非学历学校做好招生宣传工作，对民办非学历教育学校的校名不规范、进行虚假宣传等违规行为进行查处，从而保障学生的合法权益，净化地方民办高等教育的育人环境。(2)认真做好大中专学生医保工作。把市属大中专院校学生参加郑州市城镇居民基本医疗保险纳入目标管理，把"参保率"和"门诊医疗统筹基金的专项管理使用"两个指标作为院校年度考核的重要指标。各院校也采取了得力措施，并积极与医保中心、医疗机构做好沟通与配合，认真细致地做好登记学生参加医保信息等项工作。(3)积极做好龙湖高校园区首席服务官领导小组服务工作。深入高校，了解高校在发展中存在的困难，积极协调，促进有关问题的解决；优化驻郑高校周边环境，积极参与构建校地合作平台，提出工作建议。

(孙　耿)

成人教育和社区教育

【概况】 认真贯彻执行《郑州市成人教育和社区教育发展规划》(2009—2012年)，加大投入力度，巩固成人社区教育阵地，继续开展规范性乡(镇)成人学校和示范性办事处社区学校评估认定工作。下发了《郑州市教育局关于开展2010年规范性乡(镇)成人学校和示范性办事处社区学校评估认定工作的通知》(郑教明电〔2010〕416号)，于11月29日—12月2日组织人员对各县(市)、区推荐的申报学校进行了评审，通过实地查看、座谈等方式，对照《郑州市规范性乡(镇)成人学校评估指标体系》、《郑州市示范性办事处社区学校评估指标体系》标准，命名了第二批规范性乡(镇)成人学校和示范性办事处社区学校，共20所，并给予每所学校5万元奖励。

民办教育

【民办教育规模】 全市共有各级各类民办学校(教育机构)1587所，在校生59万余人，专兼职教职工35629人，占地面积1.73千公顷，校舍建筑面积1045万平方米，图书2119.5万册，拥有固定资产78.8亿元。

【民办教育政策制定】 2010年，郑州市政府出台了《进一步扶持民办教育发展的意见》，该政策的出台将对郑州市民办教育的发展起到突破性推动作用。市教育局针对民办教育工作实际，先后出台了有关民办教育属地管理、招生管理、公示制度等政策性措施，保证了全市民办教育的健康发展。

【民办学校日常管理】 2010年，郑州市设立100万元的郑州市民办教育专项资金，用于奖励民办教育突出贡献的先进集体、先进个人，以及校长队伍培训。举办民办学校校长任职资格培训班，全年共有923名民办学校校长(不含民办幼儿园)参加了任职资格培训，为培训学员人均免除培训费1200元，全市民办学校校长任职资格培训率达到100%。举办民办幼儿园园长任职资格培训班，有264名民办幼儿园园长参加培训，为培训学员人均免除培训费1400元，全市民办幼儿园园长任职资格培训率达到72.6%。成立了高等、中等、基础教育三个层次的郑州市民办教育评估专家库。同时在加强学校经常性管理方面，按时完成了全市1489个民办学校(教育机构)的年检和换发新的办学许可证工作，指导民办学校高标准完成安全、招生、教育教学等日常性工作。

【民办学校发展】 按照《民办教育促进法》的要求，2010年郑州市在检查评比、安全督查、评先表优、职称评定、学籍管理、经费落实、各种培训等方面,做到了民办教育与公办教育一视同仁。通过新闻媒体多次对民办教育校长会议、颁证仪式等大型活动进行宣传报道,形成了全社会关注民办教育、了解民办教育、宣传民办教育的氛围。建立了郑州市民办学校查询系统,900多所民办学校(教育机构)的基本信息全部刊载在查询系统上,便于社会了解民办教育、选择民办教育。设立了2010年民办教育广告专项经费,在主要媒体上对郑州市民办教育办学情况进行了社会公示。

【民办义务教育阶段免杂费】 2010年,郑州市为市管25所义务教育阶段民办学校符合条件的17251名在校生兑付了2010年学杂费250.37万元;并为符合条件的11所义务教育阶段民办学校兑付了216.87万元的生均公用经费。

(孙　耿)

教育设施

【校舍建筑面积】 全市中初等教育校舍建筑面积1283.67万平方米。其中,普通中学校舍建筑面积491.32万平方米,中等职业学校校舍建筑面积358.74万平方米,小学校舍建筑面积308.91万平方米,幼儿教育校舍建筑面积121.53万平方米,特殊教育学校校舍建筑面积3.17万平方米。生均校舍建筑面积:普通高中19.78平方米,普通初中10.05平方米,中等职业学校12.49平方米,小学6.22平方米,幼儿园6.72平方米,特殊教育学校38.07平方米。

【图书资料情况】 全市中初等学校藏书2673.75万册,其中,普通高中415.77万册,生均30.01册;普通初中472.97万册,生均21.87册;中等职业学校866.6万册,生均30.17册;普通小学918.41万册,生均18.5册。

【学校基本建设】 2010年,除市区新建、改扩建15所中小学外,市级教育系统基本建设项目51项,分为校舍安全工程项目、民族班建设项目、4所高中建设项目、职业学校建设项目、常规项目等5个类型。

市区15所中小学建设项目方面。2010年,市区新建、改扩建15所中小学校再次列入市委、市政府承诺为民办的“十大实事”之一。2010年初,市政府召开了落实2010年市区“十大实事”加快市区中小学建设工作会议,与相关各区签订了目标责任书,强化责任意识,并出台了对每年区建初中、小学,每增加一个班分别给予50万元、10万元的补助政策。截至2010年底,15所学校建设工程全部开工建设,部分项目已经验收并投入使用,圆满完成了工作任务,兑现了市政府的承诺。

校舍安全工程方面。2010年,全市校舍安全工程工作进入规划实施阶段,全市完成校舍加固面积9.6万平方米、新建校舍13.23万平方米。其中,使用2009年中央及省政府校安资金的99个校舍安全项目全部完工。使用2010年中央及省政府校安资金的58个项目中已有2个项目竣工、33个在建项目,另外23个项目正在办理前期手续。市本级方面,郑州市市财政年初预算安排校安资金1.4亿元用于市属学校校舍的加固和新建工作,市直15所学校26栋建筑的加固工作已完成,加固面积47450平方米。

拆除、新建项目分两批进行,第一批拆除建筑面积33401平方米,新建项目10个,可研批复建筑面积67915平方米,总投资10876万元。其中,教育部门直管学校拆除24025平方米,新建项目8个,建筑面积52142平方米;其他部门所属学校拆除9376平方米,新建项目2个,新建校舍15773平方米。11月7日,国家校安办主任、教育部副部长鲁昕到郑州市视察校舍安全工作并对校舍安全工程工作给予充分肯定。

常规建设项目方面。出台了《郑州市教育局基本建设项目管理办法(施行)》,内容包括项目的申报及确定、项目前期、施工管理、竣工验收、竣工结(决)算、资金管理、档案管理、奖罚等9个方面,明确了市教育局和项目学校在基本建设中的职责,并对项目学校提出了具体的要求,使学校基本建设行为有章可依。在项目实施过程中,认真落实项目法人负责制、招投标制、工程项目监理制、合同制等制度,具体抓好项目确定、招标投标、项目施工质量与安全、竣工验收等重点环节,促进了项目建设规范运行,加快了项目推进的速度。(1)职业学校建设项目。郑州旅游职业学院新校区(郑州市职业教育园区)项目已经启动,郑州市幼儿师范学校新校区项目已征地29.29公顷。(2)4所高中建设项目。第二中学南校区整体改造项目主体完工;第106中学新建高中部项目进入施工、监理招标;郑州市第101中学新校区和新建郑州市实验高中项目计划2011年2月底开工建设。(3)民族班建设项目。项目有3个,项目总建筑面积41444.9平方米,总投资7025.61万元。

(孙　耿)

教育队伍

【教职工队伍规模】 全市各类中初等教育学校教职工总数72977人,其中专任教师60467人。普通中学教职工28398人,普通高中专任教师8491人,普通初中专任教师14997人。小学教职工28302人,专任教师25880人。中等职业学校教职工15941人,专任教师10811人。特殊教育学校教职工312人,专任教师267人。工读学校教职工24人,专任教师21人。另有幼儿教育教职工18292人,专任教师11089人。

【专任教师学历达标情况】 2010年，郑州市专任职教师学历达标情况如下：普通高中97.79%，普通初中99.54%，小学99.98%，幼儿园（含学前班）96.83%，中等职业学校84.79%。普通初中专任教师本科以上的比率为71.37%，小学专任教师专科以上比率为90.06%。

【教育人事制度改革】 2010年，教育系统人事制度改革进入了具体实施阶段。义务教育阶段教师实行绩效工资制。市教育局在反复听取基层学校意见的基础上，核拨了绩效工资总量，制定了市直学校绩效工资考核方案，指导学校内部的考核与分配办法，实现了基础性绩效工资和奖励性绩效工资双落实。市直39所义务教育学校教师的2010年绩效工资已落实到位。39所义务教育学校相对应的离退休人员得到了生活补助。缓解了代课教师入编难的矛盾。市教育局积极同有关部门沟通，制定了既符合当前事业单位进人政策，又符合教育实际的《公开招聘教师方案》，并认真组织招聘教师的报名、资格审查、笔试、面试、考核等工作。近900名拟入编人员已分别报市编制、人事部门。组织评选了33名河南省特级教师和46名河南省学术带头人、27名郑州市学术技术带头人；表彰了550名市级优秀教师和优秀教育工作者；组织了2726名教师专业技术职务评审工作。

【师德师风建设】 2010年，郑州市继续深入开展师德师风先进校创建活动。创建工作分宣传动员、组织实施、学校自评、市级评估、省级评估5个阶段进行。在全市开展了师德先进个人和师德标兵评选工作。经单位推荐、专家评审和公示，授予陈超杰等20名人为"郑州市2010年度中小学师德标兵"荣誉称号；授予朱海霞等272名人为"郑州市2010年度中小学师德先进个人"荣誉称号。王玉花等8名人分别被授予河南省2010年度中小学师德标兵"、河南省2010年度中小学师德先进个人"荣誉称号。出台了《郑州市中初等学校、幼儿园教师职业道德考核办法》。进一步完善了师德日常管理工作。建立教师师德档案，完善师德投诉程序，及时处理师德投诉事件，对存在的问题深入学校狠抓整改落实。2010年共接到师德投诉12件，做到件件有调查、有落实。

【教师选拔培训工作】 市级农村中学骨干教师培训。开展了两期市级农村骨干教师培养对象初中历史、初中地理、小学语文、小学数学、小学英语三个专业的培训，共有423名教师参加了培训。农村幼儿园骨干教师培养对象选拔和培训。选拔出100名农村幼儿园骨干教师培养对象，并于7月份在郑州幼师进行为期1个月的培训。省、市级中小学、幼儿园骨干教师培养对象培训。组织市级初中历史、初中地理、初中语文、初中数学、初中外语共计355人，幼儿园骨干教师培养对象147人参加了暑期培训；113名中小学幼儿园骨干教师培养对象参加省级培训和省级名师的选定工作，经培训合格并经省教育厅评定，有49名省级骨干教师当选省级名师（中学22人、小学14人、幼儿园13人）。国家级中小学教师培训。教育部、财政部从2010年起实施"中小学教师国家级培训计划"。"国培计划"共包括中小学骨干教师研修项目、置换脱产研修项目、短期集中培训、远程培训、远程管理者培训、中小学教师培训管理者短期集中培训、中小学骨干班主任教师培训、幼儿园骨干教师培训等系列子项目。2010年整体项目实施顺利，得到省教育厅的表扬。

【特岗教师工作】 2010年招聘特岗教师176人。市政府专门召开了由教育、财政、人事、编办4家相关单位主管领导参加的协调会，明确了2010年全市特岗教师招聘各相关单位承担的工作。在参加面试人员调剂录取工作中，严格依照《郑州市"特岗计划"招聘工作面试人选确定办法》，对按志愿筛选后面试人选达不到1∶1.2比例的，在同意调剂志愿的考生中，按照全市范围内相同学段相同学科高分到低分的顺序进行调剂。对符合上述条件的考生，逐一打电话，征得本人同意后再予确定；对不同意调剂的考生，要求其发电子邮件或发手机短信予以确认并作为凭证。在签订协议前有4人放弃聘任资格，郑州市各设岗县（市）共与176人签订了特岗聘用协议。在特岗教师管理工作方面，各设岗县制订了具体管理办法。全市各设岗县教育局深入到每个特岗教师所在学校进行调研，通过调查问卷等方式，了解特岗教师的工作、学习、生活的实际情况，帮助他们解决实际困难和问题。同时举办郑州市第四届农村中小学青年教师技能竞赛，农村广大教师得到实际的教学训练，在省级决赛中获得好成绩，其中一等奖54名，二等奖172名，三等奖148名。

（孙　耿）

教育管理

【教育督导与评估】 县级政府教育工作督导评估方面，组建2010年郑州市县级政府教育工作督导评估团，对全市12个县（市）、区政府和郑东新区管委会、郑州高新区、郑州经济开发区教育工作进行了督导评估。2010年的"督县"工作以义务教育均衡发展为核心，将河南省义务教育均衡发展先进县（市）、区创建评比内容和郑州市推进教育均衡发展2010年行动计划有关内容纳入"督县"工作进行评估。各县（市）、区政府、管委会切实把教育工作放在了优先发展的战略地位，采取有力措施，加大教育投入，教育经费基本实现了"三个增长"，"以县为主"的教育管理体制得到了较好落实。教育改革不断深化,素质教育稳步推进,学校管理水平和教育教学质量有了新的提高,教育事业有了新的发展。同时,2010年进一步丰富和完善了“督县”整改制度,加强了“督县”整改督导检查的力度。各县(市)、区政府按照“督县”整改要求,上报“督县”整改方案并积极进行整改。督学工作方面。修订了《郑州市普通中学教育现代化督导评估实施细则(试行)》和《郑州市小学教育现代化督导评估实施细则(试行)》。同时对《郑州市幼儿园督导评估方案实施细则》进行较大的修改,计划2011年在幼儿园、小学、初中、高中的评估中全面铺开。督导评估组对申报市级示范性高中的郑州市107中学和申报标准化高中的郑州市29中学进行了督导评估。认定这两所学校已经达标。在督导责任区方面,构建了“责任区教育督导郑州工作模式”,即“三进·三联·二化解·一交流”。三进:一是进班。二是进组(教研组)。三是进宿舍和食堂。三联:一是联系学生。二是联系家长。三是联系教师。二化解:一是化解师生间的矛盾;二是化解家长与学校间的矛盾。一交流:在督导责任区内各学校间建立起一种新的交流渠道,使好的经验和做法得到及时的交流、学习、推广。郑州市13个市级督导责任区26名责任区督学通过多种方式深入市区和农村学校,共随访督导学校140所,听课280节,与校长、师生及学生家长座谈交流200多人次。

【教育法制建设】 2010年,市教育局认真细致开展法律法规清理和依法行政责任制检查工作。参加了《出入境管理办法》和《未成年人保护条例》的修改调研会,对涉及郑州教育的《郑州市中小学校学生人身伤害事故预防与处理条例》、《郑州市教育督导条例》、《郑州市中小学幼儿园建设规范管理条例》3个地方性法规进行了审定。下发了《郑州市教育局依法行政责任制实施方案》、《市教育局2010年教育法制工作要点》、《郑州市教育局2010年行政执法责任制目标考评实施方案》将依法行政责任制的各项任务分解到各处室。建立局机关内部行政执法人员考评表。强化培训,不断提高机关行政人员依法行政能力。制定领导干部学法计划,安排集中学习4次。按市政府要求配合市法制局做好县处级领导干部的法制学习工作。建立行政执法人员信息台账登记册。共有37人通过郑州市法制局组织的行政执法人员资格考试,杜绝了无证执法行为的发生。按照依法行政责任制的要求,对2007年以来行政执法资格证进行收集整理,建立了行政执法人员信息台账登记册。推行行政执法责任制。制定了《郑州市教育局教育行政处罚裁量权制度》,对教育违法行为、处罚依据、适用情形、自由裁量标准进行了规范。同时制定了《郑州市教育局行政处罚事先告知书》、《郑州市教育局行政处罚决定书》、《郑州市教育局行政处罚结案报告》等规范性文书。按照市法制局的要求,对执法案卷进行了一次集中评查。在评查中发现了诸如资料不全、告知书不统一、装订不够规范等问题。编写市教育局内部规范性文件汇编。做好规范性文件的清理、规范工作。共审查了546件文件,其中确认为规范性文件112件,继续有效70件,失效12件,废止30件。在规范性文件管理方面,制定了《郑州市教育局规范性文件审查备案制度》、《郑州市教育局合同管理办法》、《郑州市教育局机关违法案件责任追究制度》、《郑州市教育局重大行政决策程序规定》等规范性文件,以上文件均已收录到市教育局的《规范性文件汇编》中。大力开展“依法治校示范校”创建活动。全年确定“依法治校示范学校”30所。积极参加“五五”普法检查验收和推优工作。评选出7个先进集体和多名先进个人,受到省教育厅和市直局委的好评。组织全市30所中小学行政校长参加省教育厅组织的法制培训班,系统学习了《校园意外伤害事故处理办法》等法律知识。还组织承办了“郑州市未成年人法制宣传活动启动仪式”、“促进社会和谐,化解社会矛盾”、“法治河南中原行”等大型宣传活动。

【中小学生社会实践活动】 2010年,郑州市教育局组织召开郑州市校外教育工作县(市)、区座谈会及市直学校分区座谈会,深入探讨研究全市中小学校校外实践活动的发展现状和存在的问题,进一步改进和完善郑州市校外教育工作机制。联合河南省图书馆开展“外文原版少儿图书进校园”活动,免费将外文原版少儿图书送进学校以开阔学生的视野,方便学生浏览阅读;联合河南奥斯卡电影院线有限公司,在部分市直学校开展“奥斯卡高中生金秋电影月”活动,开展“奥斯卡金秋高中生金秋电影月”优秀影评评比活动;会同河南省地质博物馆开展“李四光杯”观赏石知识进校园活动,均收到预期的活动效果。进一步完善郑州市校外教育工作机制,每季度通报1次市直学校开展校外实践活动情况;学年前排定时间、排定地点全面安排部署全市校外教育工作;学年末全面评估1次郑州市校外教育开展情况;持续办好郑州市中小学校外教育网站,为广大师生提供广阔的交流平台。

【体育、艺术、科技教育工作】 体育方面,组织开展了郑州市第四届中小学生体育节11项学生比赛以及4项教工比赛等活动。全市有95%的中小学生参与体育节的各项活动,8000余名中小学生和3000余名教职工参加了体育节的各项比赛。开展了优秀体育教研组评选、特色体育项目展示、“阳光体育与我同行”征文等主题活动。圆满完成中招、小升初体育特长生的报名测试工作,全年共有697名小学应届毕业生、614名初中应届毕业生报名参加体育特长生招生考试。其中321名小学特长生、367名初中特长生升入高一级学校。开展阳光体育校园足球活动。郑州市教育局、郑州市体育局联合成立了郑州市校园足球领导小组,办公室设在郑州市足球协会。通过全市30所小学、16所中学在历时8个月的时间里展开主客场双循环近500多场比赛,使全市参与足球运动的人口得以进一步增加。完成高中毕业生体育与健康学业水平考试。根据省教育厅统一部署,郑州市2011届高中毕业生50146人顺利完成体育与健康学业水平考试,整体合格率为99.2%。合格考生中A等(优秀)比例达到29.3%。超2010届2.1个百分点。学校卫生及爱国卫生工作方面。认真完善了学校传染病防控措施及应急预案,圆满完成了手足口病的防控、麻疹疫苗的接种等工作。加强了学校食品卫生安全管理。开展了郑州市中小学校食堂等级量化评定工作,对学校食堂的规范化管理进行了全面检查,对学校周边食品安全进行了全面整治。从小处找问题,以细节求质量,多次组织食品卫生安全检查。继续开展了针对学生和家长的“防近”知识培训。组织教育系统各单位,积极开展第22个爱国卫生月活动。活动期间,市教育系统有2篇稿件被教育信息网采用,有5320人参加社区义务劳动人,向市民发放宣传品3464份,受教育人数达7464人。学校艺术教育工作方面。参加了全国第三届中小学生艺术展演活动。选拔出21个优秀节目参加省教育厅组织的评选,其中有3个节目入围参加教育部组织的全国第三届中小学生艺术展演活动的现场评比,郑州回民中学、郑州14中分别取得全国第三届中小学生艺术展演活动的器乐类节目一等奖,郑州102中获舞蹈类节目一等奖。举办了郑州市中小学合唱指挥、国画创作培训班。组织郑州市小学毕业生、初中毕业生艺术特长生测试。确定小升初艺术特长生227人,初升高艺术特长生616人。

【招生考试工作】 全年共组织各类考试24次,考生数高居全省首位。学历教育方面,普通高招考生总数为93220人,录取65822人,研究生考试考生41016人;自学考试考生115516人,毕业6284人;成人高招考生37880人,录取27770人;社会考试方面,全国大学英语四、六级考试考生451780人,全国计算机等级考试考生83775人;小中专、剑桥少儿英语及其他证书类考试考生近2万人。

初步完成国家教育考试考务管理和服务平台二期工程建设。在全市建成16个标准化考点和480个标准化考场,视频监控系统覆盖所有高招体育、艺术类考生考场,视频监控与省招办、教育部联网,通过市、县、考点三级视频监控系统,可对全市高招体育、艺术类考生考场进行全程监控,初步建立了全市网上巡考体系。建成了全市国家教育类考试指挥中心。指挥中心与标准化考点网上巡考系统为一体化工程,可对全市装有视频监控系统的考点考场进行实时监控,统一指挥全市招生考试工作。指挥中心与省招办、教育部联网,可随时上报有关考试进展情况,妥善处理突发应急事件。建成了全市招生考试信息中心。与省招办数据专网联通,加强了数据传输、网络监控、考生信息管理等工作,实现了全市考生信息电子化管理,有效提升了市招办信息化建设的进程,提高了郑州市招生考试信息化管理水平。建成了市招生考试试卷保密室。采用报警系统、电子密码锁等多重先进防范措施,人防技防相结合,大大提升了试卷保密室的安全系数。完善了全市考点规范化建设工作。对参与国家教育考试的所有考点统一配发展板展架、横幅标语、警戒线、温馨提示牌、喷涂模板等物品,设置考生物品存放处用于规范考点考场的规范化布置。建成了招生考试综合服务大厅。综合服务大厅设立大型电子屏幕,动态播放当前最新考试信息,完善了综合服务大厅软硬件建设,实行了诸多便民利民措施,5月,市招办顺利通过市文明办检查验收,获得市级文明单位称号。

【治理教育乱收费】 为加强对治理教育乱收费工作的领导,郑州市重新建立了由市政府副秘书长牵头,市教育局、纠风办、监察局、物价局、财政局、审计局、新闻出版局等部门负责人参加的郑州市治理教育乱收费工作联席会议制度,在市教育局设立了办公室,定期召开会议,研究治理工作。并制定了《2010年全市规范教育收费治理教育乱收费工作实施意见》,对全市治理工作进行了安排部署。全面实行教育收费公示。为了规范教育收费行为,督促学校依法收费,制止教育乱收费,全市各学校在校内显要位置设立了收费公示栏、公示牌、公示墙,将收费项目、收费标准、收费范围和收费依据等内容——公布清楚,实行“阳光作业”,增加了工作透明度,使教育收费做到学校明明白白收费,家长明明白白交费,社会明明白白监督。狠抓督导检查,务求治理教育乱收费工作实效。春、秋两季开学后,市教育局直属各学校、各县(市)区所辖学校都对本校收费工作进行了认真的自查,各县(市)、区教育行政部门还成立了检查组,对所辖学校进行了检查。作为此项工作的重点,市纠风办、教育局牵头,2次组成联合检查组,通过发放问卷、找学生和教师调查询问、随机打电话访问、实地查看、查阅帐表等方法对全市部分中小学进行了重点检查。通过检查,发现各学校办学行为、收费行为基本规范。对存在问题的学校要求限期整改到位。

【安全稳定工作】 2010年,全市教育系统信访稳定工作总体情况较好。全年共接待来访120多起,接待上访人员150余人次,95%以上的案件都在初访得到解决,少数问题出现了本级重访和越级上访。上级交办案件6起,结案率100%。代市复查案件1起。坚持信访工作领导责任制和责任追究制，强化安全稳定责任，认真做好全年学校安全稳定工作部署。4月初，信访处组织召开了全市教育系统安全稳定工作会，对2010年全年教育系统安全稳定工作做了全面安排部署，下发了《2010年社会综合治理暨平安建设工作要点》及《2010年学校安全工作要点》，会上与各县(市)、区教育局(教体局)签订了《郑州市教育系统平安建设目标责任书》，与市属各学校、幼儿园负责人签订了《郑州市教育系统安全及消防工作目标责任书》、《学校(单位)社会治安综合治理及信访工作目标》，各学校、幼儿园负责人向市教育局递交了《郑州市平安校园建设目标责任保证书》，从而使学校安全稳定工作目标和责任制得到进一步强化，认真落实"一把手"负总责、谁主管谁负责和"一岗双责"的安全责任制。有效地做好校园安全稳定工作。下发专门的整治及检查通知提出具体要求。共下发关于校园安全工作方面的通知18个。同时配合做好上级各种检查工作，查找漏洞促进安全工作。先后配合国家教育督导团国家校园安全防范督导检查组、省教育厅、市综治委等上级部门检查组，对全市中小学及幼儿园安全工作进行了6次大的检查活动。认真自查自纠，把校园安全隐患排查工作做到实处。实行局机关干部校园安全工作包校督查制度，局机关全体干部分别下到对口联络学校进行了一对一专项检查，对于各学校(幼儿园)发现的问题隐患制定整改措施，限定整改时间，监督整改结果。冬季安全工作则根据现阶段的实际情况，汲取上海"11.15"火灾教训，组织教育系统各学校全面自查，并就消防安全工作上交《消防安全自查整改承诺书》，把安全责任制落到实处。切实开展好平安宣传活动，加强教育，提高广大师生知晓率和满意度。开展"平安家庭"和"平安校园"创建活动，积极参与"预防青少年违法犯罪"、"校园周边治理"、"打击拐卖妇女儿童"等专项斗争，围绕七个方面主题开展法制宣传教育。5月份组织的防灾减灾宣传周活动，组织教育系统200人参加绿城广场宣传活动，为群众提供防灾减灾咨询服务62人次，向群众免费发放安全教育手册980册、防震减灾宣传资料1980套。开展了安全生产月宣传咨询日活动，共有10所中小学参加，设置安全咨询台5个，免费发放各类安全宣传资料3000份。先后配合省教育厅和市综治办对公众安全感和满意度进行测评，参评学生和家长达2528人。大力做实人防技防工作，从根本上加强"平安校园"基础设施建设。加大力度进行专门排查，彻底摸清全市学校安保情况底数。全市现有学校(含部分民办学校)1753所，已配保安学校1174所，已安装监控学校872所，配防暴器材学校1165所。市教育局直属学校全部配备了保安、防暴器材，全部安装监控设施。将校园技防建设列入全市教育系统10件实事之一，全力落实、推进。大力化解社会矛盾，严格落实社会管理创新工作。认真落实市政法委关于在全市开展"社会矛盾大排查、大化解、清积案、促和谐"活动的会议精神，成立了以局长翟幸福为组长的"社会矛盾大排查、大化解、清积案、促和谐"活动领导小组，并制定和下发了实施方案。认真开展领导干部接访、约访、下访、回访"四访促和谐"活动，积极探索"有访接访、无访研究信访案件"机制，坚持每个工作日有一位局领导接访群众，明确首问负责制度，坚持领导包案和重大信访案件交办、督办制度，确保信访问题件件有人抓，有人管。同时制定了局领导到各学校挂职制度，兼任校长助理，参与学校管理，保证学校的教育教学工作的正常进行。

【弱势群体教育】 在做好市教育局直属中小学校贫困生助学金落实工作和低保家庭子女考取高中、高校进行一次性经济补助的基础上，为了保障弱势群体接受高中、大学教育的权利，市教育局结合全市实际情况，将低收入家庭子女纳入郑州市学生资助体系，制发了《关于印发郑州市低保和低收入家庭人员考取高中高校一次性救助实施方案的通知》。按照资助政策，全市共资助考取高中贫困生910人，考取大学贫困生921人，共发放资金1141万元。

【城区基础教育学校实行"学区制"】 2010年，郑州市在城区基础教育学校实行"学区制"。根据郑州市市区基础教育阶段学校的实际情况，按照"相对就近、优势互补、分步推进、整体提高"的原则，将市区84所中学划分13个学区。为推动学区制的实施，市教育局成立了以局长翟幸福为组长，各有关职能处室负责人为成员的领导小组，成立了专门的基础教育学区办公室，统一领导和协调学区制工作。学区实行教育资源共同享用和教育教学统一管理的运行模式。各学区按照《郑州市市区普通中学学区制工作实施方案》的要求，结合各自实际，拟订了各自的实施方案，在教学设施、优秀教师和优质教学资源方面实现了共享，在课程计划、教学进度、教研活动、考试和评价、校本培训方面实现了统一。学区制实行以来，13个学区共开展集体活动86项。郑州外国语学校学区的"同课异构聚焦课堂活动"、郑州七中学区、郑州市四十七中学区的"名师送课活动"、郑州五十七中学区的"青年教师展课活动"和郑州回中学区的"课博会"等，为学区内、校际间的教师业务交流搭建了平台，促进了教师业务水平的提高。市区较为合理的教育资源配置、教师流动、教学管理、教师研训、考核评价等机制正逐步形成，学区内成员学校的办学积极性不断提高，区域内有效合作，相互促进，共同发展的格局正在形成。

【特色学校评审】 实施特色兴校战略，制订了《郑州市特色学校创建工作标准》，建立了特色学校申报、评估、命名和奖励机制。在学校自愿申报的基础上，开展特色学校评审工作。2010年，全市共有37所学校自愿申报，市教育局成立了专家组，通过材料审核、实地考察等程序，严格评审，评选出5所特色学校、13所特色项目学校。通过特色学校评审，引领学校走个性化、特色化的内涵发展道路，进一步打造优秀的教育品牌和办学成果，有效提升了郑州市教育品质和整体实力，促进均衡发展。

【郑州市第二届教育服务大会】 5月13日至16日，郑州市第二届郑州教育服务大会在郑州国际会展中心举行。此次教育服务大会以郑州教育的"优质、均衡、公平、为民"为主题，分为宣传推介、主题活动、教育咨询、集中展示、延续服务5个阶段，时间从2010年3月至6月底。参加展会的单位共有365家，开设标准展位701个，特装展位24个，展区面积2.7万平方米。4天的展会共接待市民群众近15万人次，接待市民咨询达6380人次，接受市民的建议和意见共4000多条，同时在会展广场举办了8个时段42小时的学生才艺展示。新密、荥阳、中牟、登封和新郑等5县(市)以分会场形式举办了各自的服务大会。郑州教育服务大会在省会乃至全省范围内的辐射力和影响力进一步扩大，以服务为特色的教育品牌逐渐形成。

【教育对外交流与合作】 组织了2010年教育线新闻媒体座谈会，听取媒体对市教育局2011年外宣工作的意见和建议；年初与郑州日报合作联合开展郑州日报"十佳校园记者站"、"十佳校园记者"、"十佳辅导老师"评选活动并进行了表彰，使校园小记者的写作水平和综合能力得到全面提高；4月，市教育局与青年导报社联合组织中小学校长赴江苏考察交流活动；10月，与郑州市文化广电新闻出版局、海燕出版社有限公司精心组织了郑州市第七届绿城读书节中小学生现场作文大赛。

【学校党建工作】 扎实开展创先争优活动。市教育局党委以党的十七大和十七届四中全会精神为指导，落实市委"四看四比两争"的活动要求，紧密围绕全市教育教学中心工作任务，以巩固深化学习实践科学发展观活动成果为基础，以"讲党性提升师德师风，抓改革提高教育教学质量"为主线，以培养"学习优、作风优、素质优"的教师队伍为重点，以"工作争先、服务争先、业绩争先"为抓手，以学习引领、意见征询、整改落实、典型示范、营造氛围为主要方式，在教育系统68个党组织5800余名党员中深入开展创先争优活动。整个创先争优活动体现了宣传"广"、承诺"明"、载体"新"、效果"实"的特点，凸显了"创先争优促党建，科学发展惠民生"的目标。

着力加强基层党的组织建设。市教育局在教育系统全体党员干部中广泛开展"读书活动"，开展"重在持续、重在提升、重在统筹、重在为民"主题党课活动，开展"学党章、讲党性、守党纪"活动，认真指导49个基层党组织开展换届工作，开展庆祝党成立89周年"党建活动月"活动，以及红色教育、帮扶社区、走访慰问等活动。"七一"期间，全市教育系统有8个先进基层党组织、144名优秀党员受到了郑州市集中表彰。

着力加强党员队伍建设。市教育局按照"坚持标准，保证质量、改善结构，慎重发展"的方针扎实做好党员发展工作。通过网上党校、讲党课等多种形式对入党积极分子进行党性教育。4月份，举办了有400人参加的党员发展对象培训班。2010年，全市教育系统共确定党员发展培养对象1741人，发展对象621人，有600人被批准加入中国共产党，160名预备期满党员办理转正审批手续。

【党风廉政建设】 一是继续落实党风廉政建设责任制工作。制定了《2010年郑州市教育局党风廉政建设责任制工作意见》，并把目标和工作任务分解到市教育局领导班子成员及机关各处室，纳入党政领导班子、领导干部目标管理任务之中，与精神文明建设和业务工作紧密结合，一起部署，一起落实，一起检查，一起考核，较好的完成了全年工作目标。二是切实抓好领导干部廉洁自律工作。2010年，市教育局认真落实领导干部专题民主生活会、廉政谈话、诫勉谈话、述职述廉、廉政公开承诺、公车备案等制度。在重大节日前，对教育系统领导干部廉洁自律工作进行部署，并狠抓工作落实，有效地促进了节日期间党风廉政建设。组织局县处级领导干部和局属单位领导班子成员填写廉政档案。三是认真贯彻落实《郑州市领导干部"四会一课"廉政教育暂行办法》。向局机关党员领导干部和局直属单位班子成员发放了355册《钟声鸣响正当时》一书和70部廉政教育片，并创新岗位廉政教育和主题教育形式，开展形式多样的反腐倡廉教育活动，提高教育的针对性和有效性，切实增强领导干部廉洁从政意识，规范廉洁从政行为。认真学习《廉政准则》，组织广大党员干部原原本本、逐句逐条地学习，熟记《廉政准则》各项条文，切实领会和把握好《廉政准则》的精神实质和要求，明确廉洁从政行为规范。市教育局局长翟幸福以《认真学习、深刻领会、狠抓落实》为题为全市教育系统党员领导干部上了一堂《廉政准则》辅导党课。四是认真组织参加河南省"中原清风杯"廉洁从政法规制度知识竞赛。下发了《郑州市教育局关于参加河南省"中原清风杯"廉洁从政法规制度知识竞赛的通知》,组织市教育局机关党员干部、二级机构和局直属学校党员领导干部有467人参加了答题考试,巩固了前期学习效果。五是严肃查处各类违纪案件。2010年初,市教育局拓宽信访举报渠道,重新公布举报电话、举报电子邮箱,并设专人处理群众来电来信来访,对于所有反映的问题,及时调查核实,妥善处理,做到了件件有着落,事事有回音。共查处违规教育乱收费案件8起,查处并清退违规乱收费195.2万元。

(孙　耿)

第二十三篇　文化事业

社会文化

【郑州市文化广电新闻出版局成立】 2010年1月20日，根据《中共郑州市委郑州市人民政府关于印发〈郑州市人民政府机构改革实施意见〉的通知》精神，郑州市委、市政府决定组建成立郑州市文化广电新闻出版局。原市文化局（不含原文物管理局）、原市广播电视局、原市新闻出版局、原市"扫黄打非"工作领导小组办公室的职责整体划入新组建的市文化广电新闻出版局、负责监管全市新闻出版活动（包括出版物的出版、印刷、复制、发行）；组织查处违规出版物和违法违纪出版活动等。2010年2月10日，郑州市文化广电新闻出版局在郑东新区新办公地址举行了揭牌仪式。5月底，局机关干部职工定职定岗工作全部完成，局机关及郑州广播电台、郑州电视台的整体搬迁工作顺利完成，并实现了新局机关的有机融合和两台的安全播出。

【文化系统事业单位改革】 2010年，郑州市文化广电新闻出版局逐步改革和完善局属电台、电视台、群艺馆、图书馆等文化事业单位内部管理体制、机制，激发了事业单位的生机和活力。郑州美术馆、郑州市广播电视后勤服务处2家事业单位为岗位设置试点单位，在此基础上，逐步推进郑州歌舞剧院等其他12家事业单位岗位设置工作。截至2010年底，共有14家事业单位完成岗位设置方案。

【十大文化惠民工程】 2010年4月27日，郑州市文化广电新闻出版局与市委宣传部、市财政局联合召开全市文化惠民工作会议，对2010年全市文化惠民工作进行安排部署。在文化惠民工程实施中，各县（市）、区实行了分工负责制，县（市）、区文化部门主要领导亲自抓，分管领导具体抓，工作落实到人，一级抓一级，层层抓落实。普遍采取定期检查制度，要求各项工作具体负责人，每半月下去轮流检查一遍，有力推进了各项工作开展。为掌握全市文化惠民工程的进展情况，7月20日至9月10日，市文化广电新闻出版局组织9个督查组，每组由1名局领导带队，赴各县（市）、区对项目建设情况进行实地督导检查。截至2010年底，十大文化惠民工程累计完成项目投资4494.6万元，全市新建改建农村文化大院500个，新建改建社区文化活动中心100个，免费培训基层文化骨干1000名，新建5个文化信息共享工程县级支中心，新建乡镇文化站24个，升级改造文化信息共享工程基层村级点633个，新建农家书屋299个。继续实施农村公益电影放映工程，每月为每个行政村免费放映一场公益电影已演出22118场，观众44万余人。"周末戏曲大舞台"全年演出100场工作已完成。"舞台艺术进乡村送农民活动"全年演出98场。郑州市图书馆新馆（市民文化中心）主体建设工程已完工。

【文化产业园区建设】 2010年，登封嵩山文化产业园区建设总体规划完成，规划项目陆续开工建设。国家动漫产业发展基地河南基地入驻动漫企业总数达到36家，计划年内开工项目36个，总投资额9690万元，实际到位资金达4234万元；郑州动漫产业园区建设稳步推进，11家动漫企业于年底入驻；华强文化创意产业园区总投资达200亿元，已开工建设。

【文化产业项目招商】 2010年，郑州市文化广电新闻出版局先后组织参加了第六届中国国际动漫节、中国第九届艺术节演出交易会和第六届中国深圳文化产业博览会，集中向外推介郑州市知名文化品牌和文化重点项目，与90多家国内外著名文化企业现场签约，签约额达4.1亿元。

【"我的书屋我的家"农家书屋阅读讲演活动】 2010年7月，郑州市文化广电新闻出版局组织全市各级文化部门参加河南省"我的书屋，我的家"农家书屋阅读讲演活动取得了优异成绩。其中，巩义市选送的《一本书的故事》和新密市选送的《借书》获得河南省农家书屋阅读讲演活动一等奖，并被推荐到国家新闻出版总署参加比赛；中原区《我的书屋我的家》和金水区《书香农家墨飘香》获得二等奖，荥阳市《农家书屋好事多》、中牟县《书屋让生活更美好》、惠济区《点亮心中的灯》、管城区《农家书屋颂》和中原区《留守》获得河南省农家书屋阅读讲演活动三等奖。郑州市文化广电新闻出版局、金水区文化旅游局分别获得了河南省农家书屋阅读讲演活动组织奖。

【海峡两岸戏曲名家演唱会】 2010年9月9日晚，由河南省文化厅、中共郑州市委宣传部主办，郑州市文化广电新闻出版局、郑州人民广播电台承办的“2010海峡两岸戏曲名家中秋演唱会”在郑州国际会展中心隆重举行。河南省文化厅副厅长李霞、黄东升，副巡视员康洁，中共郑州市委常委、统战部长王林贺，市委副秘书长李玉辉，市委宣传部副部长龚首鹏、潘新红等领导以及驻郑部队首长、在郑州工作生活的台商代表等观看演唱会。

【第八届中国郑州少林武术节开幕式】 2010年10月22日，郑州市文化广电新闻出版局组织承办的第八届中国郑州国际少林武术节开幕式暨文艺晚会获得成功。整台晚会隆重、热烈，着重突出“少林”、“武术”、“国际”的概念。以“世界因你而不同”为主题，分为序、大河情、嵩山志、英雄会四个篇章。晚会演职员阵容庞大，星光璀璨，孙燕姿、谭晶、周华健、飞儿乐团等演艺界明星相继为全场23000余名观众激情奉献了精彩的文艺演出。舞台设计形式新颖，高66米、宽26米、有12层平台的仿金字塔3D舞台大气精美，灯光、音乐、舞美、焰火完美结合，以强烈的视觉冲击力，充分展示了中华武术的魅力和深厚的中原文化底蕴。

【《水月洛神》河南省艺术中心成功首演】 2010年12月7日—9日，郑州市文化广电新闻出版局倾心打造的艺术精品《水月洛神》在河南省艺术中心首演成功，卢展工、郭庚茂、王全书、李克、孔玉芳、曹维新、连维良、赵建才等省市领导观看演出并给予了高度评价，省会各大媒体均以大幅版面、显著位置、黄金时间段报道演出盛况。

【台湾豫剧团演员签约郑州人民广播电台文娱广播】 2010年6月25日，郑州人民广播电台“叱咤中原—河南戏剧演员排行榜”节目组在高雄的台湾豫剧团与台湾豫剧团7名优秀演员举行正式签约仪式。台湾豫剧团团长陈兆虎致欢迎辞，郑州人民广播电台台长丁国宇、副台长许敏学参加签约仪式。郑州人民广播电台文娱广播总监徐侠主持签约仪式。丁国宇分别与萧扬玲、谢文琪、孙仪婷、张瑄庭、刘建华、林原茂、林文玮等7名演员正式签署加盟协议。

【河南省第六届青年戏剧演员大赛】 2010年7月25日，河南省第六届青年戏剧演员大赛在河南电视台“梨园春”晚会现场隆重举行。郑州市选送的3名青年演员曹会敏、曹会芳、刘秋萍荣获一等奖，郑州市文化广电新闻出版局获得大赛优秀组织奖。双胞胎姐妹曹会芳和曹会敏成为本届大赛观众注目的焦点，被观众亲切地称为“梨园姊妹花”。

【郑州市庆祝建国61周年暨郑州市艺术创作研究院建院十周年文艺晚会】 2010年9月28日晚，由中共郑州市委宣传部、郑州市文化广电新闻出版局主办，郑州市艺术创作研究院承办的“庆祝建国61周年暨郑州市艺术创作研究院建院十周年文艺晚会”在郑州艺术宫隆重举行。河南省文化厅副厅长李霞，中共郑州市委常委、宣传部长丁世显，郑州市政协副主席王薇等领导观看演出。

【第23届全国省会城市、计划单列市广播电视社会管理工作年会】 第23届全国省会城市、计划单列市广播电视社会管理工作年会于2010年9月24日—28日在郑州召开。国家广电总局传媒机构管理司副司长潘晓闻，中共郑州市委常委、宣传部部长丁世显，河南省广电局传媒机构与电视剧管理处处长孔健应邀出席会议。来自全国15个省会城市、计划单列市的38名文化广电新闻出版局的领导和社会管理处的负责人参加会议。

【海南慰问演出活动】 2010年10月26日—30日，按照河南省文化厅安排，郑州市文化广电新闻出版局组织郑州市豫剧团一行53人赴海南省澄迈县、海口市、文昌市、琼海市、万宁市五地进行“河南豫剧名家名段折子戏”专场慰问演出，到场观众达2万余人，加深了河南人民和海南人民的深厚情谊。

【郑州市第七届绿城读书节】 2010年11月1日，以“读好书·创文明·促和谐”为主题的郑州市第七届绿城读书节成功完成各项活动议程，圆满落下帷幕。本届读书节充分吸取往届读书节的成熟经验，通过不断丰富活动内容，创新活动形式，业已成为一项政府倡导、社会支持、广大市民热情参与的大型综合性、公益性群众读书文化活动，成为一年一度吸引绿城百万市民积极参与的读书文化盛会。

绿城读书节坚持“热心公益，关爱基层”的传统，开展向农家书屋、社区书屋和偏远山区学校捐赠图书活动，为新农村建设和创建全国文明城市提供智力支持。全市图书发行单位热心社会公益事业，积极响应读书节组委会号召，捐献各类图书总码洋共计15万元，分别捐赠给巩义市芝田镇羽林庄小学、二七区马寨镇湾刘村农家书屋、惠济区长兴路街道办事处王寨村农家书屋等6家单位，努力让知识之光照亮求知心灵，让关爱之心温暖偏僻乡村。绿城读书节秉承“因势利导，培育市场”的办会方针，搭建图书购销平台，积极为读书者、爱书者、藏书者提供丰富的图书品种、便利的购书机会，为图书出版、发行经营者搭建起精品展示的平台和贸易洽谈的渠道，努力实现社会效益和经济效益双丰收。作为本届读书节重头戏的2010郑州图书展销会，规模之大、参展图书品种之多、持续时间之长都创出了历届之最。据统计，参加图书展销的出版社达103家，展出优秀图书2万多个品种，共设展位260个，15天的展销共销售图书近20万册，码洋价300多万元。绿城读书节名家荟萃，百家讲坛主讲人、河南大学教授王立群莅临“绿城读书讲座”，围绕“读书明理、读书明智”这一主题作了精彩演讲；中央党校教务部主任王东京作了“中国宏观经济走向分析”专题讲座；国防大学战略教研部战略研究所教授孟祥青为全市县(处)级以上领导干部和妇联系统干部360余人作了“我国安全环境与国家安全战略”的专题报告。名人名家签名售书为爱书的市民提供了“一睹名家尊容，聆听教诲”的难得机会。通过精心筹划和积极努力，钱文忠、郭敬明、沈石溪、郁雨君等知名作家、学者一时云集郑州，引起绿城市民文化热情骤然高涨，尤其是郭敬明郑州签售活动可谓火爆异常，定于下午1:30开始的签售活动，凌晨1:00就有群众开始排队，2个小时的活动签售图书2000多册。

读书节分项活动按照“贴近群众，贴近基层”的总体思路，充分发挥组委会成员单位的作用，力求寓教于乐，寓学于乐，努力做到涵盖面广、参与性强，充分调动不同层次、不同年龄段市民的参与兴趣，努力营造读书求知的良好氛围。由市图书馆等单位组织的“我读书、我快乐”少儿现场创意绘画大赛，举办时间恰逢“十·一”长假期间，400多名4—14岁的少年儿童在游人如织的绿城广场席地而坐，挥五彩画笔，画缤纷世界，吸引数千名学生家长、市民群众现场围观，气氛热烈，场面壮观；由海燕出版社有限公司、市教育局组织开展的“中小学现场作文大赛”吸引近千名优秀学生积极参与，雏凤声清，佳作迭出；市图书馆通过组织开展“郑州市十佳书香家庭”评选活动，对家庭读书学习氛围浓厚、读书成才效果突出的家庭进行宣传报道和表彰，树立读书学习先进典型，达到以点带面，推广全民阅读的目的。此外，由市总工会组织开展的“读书与创业”征文比赛、市新华书店组织开展的读书博客大赛等活动，也从多渠道激发了市民读书热情，有效促进了全民阅读活动的开展。

【“十佳书香家庭”颁奖仪式】 2010年12月24日，2010年度“十佳书香家庭”颁奖仪式在黄河饭店隆重举行。颁奖仪式由郑州市文化广电新闻出版局局长李宪敏主持。中共市委常委、宣传部长丁世显，郑州市政协副主席王薇等领导出席颁奖仪式。颁奖仪式上，市委宣传部副部长李淑荣宣读了表彰决定，与会领导为“十佳书香家庭”颁发了奖杯、证书、奖品，“十佳书香家庭”代表赵亚山结合读书感悟进行了发言，市委常委、宣传部长、丁世显作重要讲话。

【舞台艺术精品工程】 2010年，郑州歌舞剧院创作的大型原创舞剧《风中少林》荣获国家舞台艺术十大精品剧目，先后在深圳、重庆、武汉、镇江等9省15个城市巡演26场，成为郑州一张流动的文化名片。中国舞蹈家协会党组书记冯双白编剧，中国歌剧舞剧院一级导演佟睿睿导演的大型原创舞剧《水月洛神》，12月7日在郑首演，省市领导卢展工、郭庚茂、王全书、李克、孔玉芳、曹维新、连维良、李柏拴、龚立群等观看演出，演出获得巨大成功，《河南日报》、《大河报》、《郑州日报》、河南电视台、郑州广播电台等媒体均以大幅版面、显著位置、黄金时间段报道了演出盛况。郑州艺术创作研究院创作的反腐倡廉教育题材大型现代豫剧《清风茶社》，由市豫剧院进行后期排演，将参与全国“五个一”工程奖项的角逐。新编豫剧《曹公外传》先后在台湾台北、新竹、台中、凤山等地巡回演出，受到台湾民众的热烈欢迎。9月10日晚，作为“两岸戏曲展演周”重要活动的豫剧《曹公外传》在省人民会堂成功上演，豫台两地豫剧演员联袂演出获得成功，成为郑州市的又一知名文化品牌。

【文化艺术创作】 2010年，郑州市艺术创作研究院推出的《山村小伙》和市群艺馆创作的双人舞《母爱同行》，在第十五届全国“群星奖”比赛中喜获“群星奖”。该院创作的《新年真好》、《一件西服》、《祖国的生日》、《一路铿锵》、《母校，我永远的爱》、《美哩吧》、《十里桃花九里杏》、《城市即景》、《矿区班前会》、《当代中国乡村变迁原生态记录》等影视、歌曲、绘画、文学评论作品在国内外大赛中均取得优异成绩。郑州市曲剧团创作改编的大型古装剧《秋月》在郑州首演获得成功。

【春节民间文艺大巡游活动】 为丰富广大人民群众春节期间的文化生活，营造欢乐、喜庆、祥和的节日氛围，郑州市于2010年2月14日(大年初一)举办了“龙腾虎跃闹新春”——2010年春节民间文艺大巡游活动。活动期间，来自全市各县(市)、区的62支民间文艺表演队伍、8000余名参演者从二七塔南广场东出口出发，沿东西大街到紫荆山路进行集体表演，然后从紫荆山路开始分成三条表演路线。第一条线路由中牟县、经济技术开发区、体育局组成的队伍继续东走至城东路结束。第二条线路由新郑市、登封市、新密市、二七区、管城区、中原区组成的队伍南拐前行至城南路结束。第三条线路由巩义市、荥阳市、金水区、高新技术开发区、上街区、惠济区组成的队伍北拐至商城路结束。巡游队伍精彩的表演，吸引了众多市民驻足观看，为市民送上了一份丰富、精彩的春节文化大餐。

【元宵节民族交响音乐会】 2月25日，郑州人民广播电台联合河南歌舞演艺集团在河南省歌舞剧院共同主办了“郑州广播之春—河南省2010年元宵节民族交响音乐会”。省市领导李新民、王文超、张亚忠、王璋、雷志、刘东、王薇与受邀的中科院院士钟香崇等社会各界代表800人聆听了音乐会。此次音乐会的一大特色是将民乐经典与相声艺术相结合,邀请中国广播艺术团知名相声演员王彤与郑州人民广播电台“十佳”主持人张明、林夕共同担纲主持。以相声艺术独特的幽默元素结构经典民乐曲目,拉近观众与高雅民乐之间的距离。音乐会特邀中国广播乐团、中国广播艺术团、中央音乐学院的艺术家与河南民族乐团共同演奏《将军令》、《中州韵》、《正月十五闹雪灯》、《上元节》、《中国节日》序曲、《花木兰》、《算盘回旋曲》等十多曲民乐经典。

【郑州市图书馆建设】 2010年,郑州市图书馆引进“二十四小时城市街区图书馆自助借还系统”,提前跨入全国公共图书馆自动化建设先进行列,该馆开展的“郑州市图书馆文化阳光进高墙活动”荣获第十五届“群星奖”,先后荣获文化部及国家古籍保护中心授予的“国家一级图书馆”和“全国古籍重点保护单位”称号,郑州图书馆学会被评为“全国大中城市社科联先进社会科学团体”。

【郑州群众艺术馆文化建设】 2010年,郑州市群众艺术馆共组织、策划、承办、参加各类大型文艺演展活动30余项;在各级艺术赛事中荣获全国和省级集体、个人奖项100余个;举办各类成人及少儿艺术培训班30余期(班),培训人员近千人次;深入基层开展各类艺术辅导培训,辅导人员数万人次;艺术宫承接各类演出、会议、电影、展览共计200余场次,接待观众近30万人次。

(王玉林　薛　特)

文物管理

【郑州市文物局成立】 2010年,根据《中共郑州市委郑州市人民政府关于印发〈郑州市人民政府机构改革实施意见〉的通知》(郑文〔2009〕179号),组建郑州市文物局,为主管全市文物和博物馆事业的市政府工作部门,将原郑州市文化局承担的文物管理职责划入郑州市文物局。2010年1月,根据市委组织部《关于市直机构改革中党组织设置问题的通知》(郑组通〔2010〕1号),设立中共郑州市文物局委员会及纪律检查委员会,同时市委等有关部门明确郑州市文物局领导班子组成人员。2010年2月,《郑州市人民政府办公厅关于印发郑州市文物局主要职责内设机构和人员编制规定的通知》(郑政办〔2010〕12号),明确郑州市文物局职责范围,内设办公室、计划财务处、文物考古科研处、文化遗产保护处(文物安全处)、博物馆处、纪委监察室、机关党支部7个处室,行政编制25名、工勤人员事业编制3名。根据《关于明确郑州市文物局所属事业单位的通知》(郑编〔2010〕17号),明确隶属郑州市文物局的9家单位:郑州二七纪念馆、郑州博物馆、郑州市文物稽查大队、郑州市文物考古研究院、郑州市大河村遗址博物馆、郑州嵩山文明研究院、郑州市商城遗址保护管理处、郑州市古荥汉代冶铁遗址保护管理所(郑州市古荥汉文化遗址保护管理所)、郑州市嵩山历史建筑群保护管理办公室(郑州市嵩山历史建筑群申报世界文化遗产委员会办公室)。2010年2月4日,举行了郑州市文物局成立揭牌仪式,至此,郑州市文物局行政、组织机构建设基本完成。

【“天地之中”申遗】 2010年8月1日,登封“天地之中”历史建筑群项目全票通过了联合国教科文组织第34届世界遗产大会评审,被正式列入《世界遗产名录》,成为郑州市第1处、全国第39处世界遗产。登封“天地之中”历史建筑群申报世界文化遗产工作于2006年正式启动,先后完成了申遗文本编写、文物维修、环境整治、档案管理、专家现场验收评估等工作。2010年2月,申遗补充文本正式递交世界遗产中心并通过审定。7月25日至8月3日,郑州市委常委、宣传部长丁世显,郑州市文物局局长阎铁成、常务副局长任伟作为登封“天地之中”历史建筑群遗产地代表赴巴西参加第34届世界遗产大会,在会上积极协助国家文物局、外交部开展外交宣传工作。申遗成功当天,在郑东新区举办了“中国郑州·登封‘天地之中’历史建筑群申报世界文化遗产成功庆祝大会暨邮票首发仪式”,省、市领导,新闻媒体及各界市民数千人参加了庆典活动,8月初本地媒体进行了系列宣传报道,掀起舆论高潮。8月7日、8月12日郑州电视台“周末面对面”、河南省电视台“对话中原”栏目分别就登封“天地之中”历史建筑群申遗采访了市委宣传部部长丁世显、市文物局局长阎铁成及相关专家。11月,中央电视台科教频道播出了专题纪录片《嵩山秘笈》。

9月9日,省委常委、郑州市委书记连维良,省文物局局长陈爱兰,郑州市委常委、宣传部长丁世显,郑州市文物局局长阎铁成、常务副局长任伟,登封市委书记王福松前往北京拜会国家文物局局长单霁翔,答谢国家文物局在登封“天地之中”历史建筑群申遗过程中对郑州的支持。市委书记连维良代表郑州市委、市政府对国家文物局在登封“天地之中”历史建筑群成功申报世界文化遗产工作中给予的关心和支持表示衷心感谢。国家文物局局长单霁翔对郑州文物工作尤其是郑州商城保护、管理展示力度给予了充分认可,并表示:郑州作为中华文明的发源地,是国家级历史文化名城、文物资源大市,在全国文化遗产保护工作中有着十分重要的地位,特别是商城遗址公园建设对于我国大遗址保护工作有着极强的借鉴和指导意义,国家文物局将始终如一地支持郑州市的文化遗产保护工作。

【全市文物普查】 2010年,郑州市第三次全国文物普查实地调查阶段工作先后接受了市级初验、省级验收及国家整体验收，均顺利通过。郑州市第三次全国文物普查实地调查阶段历经两年多，共计登录各类不可移动文物10315处，是之前的7倍多，大批新文物点的发现，极大地丰富了郑州市的历史文化资源。2010年3月20日，郑州市第三次全国文物普查领导小组办公室向省普查办提出了省级验收申请。省普查办对郑州市的初验结果进行审核后，派验收专家于3月28日至4月12日对郑州市五县(市)六区进行了文物普查实地调查阶段的省级验收。验收专家对郑州市文物普查工作给予高度评价，认为郑州市文物普查工作实现了领导机构、人员、经费、设备、宣传五到位，不可移动文物登记表填写规范，文物定名准确、计量符合标准、地理位置翔实可靠，GPS测点准确、内容简介全面、保护建议符合实际，位置图和平面图绘制规范、照片能清晰表现文物点特征、采集标本质量较高。郑州市文物普查数据已进入国家三普数据库并通过国家验收，文物普查质量位居全省第一。郑州市第三次全国文物普查9391处新发现中，有4项列入全国100项文物普查新发现，居全省第一。郑州市第三次全国文物普查实地调查工作多次受到国家、省级表彰，获得"河南省第三次全国文物普查2009年度先进集体"、"河南省第三次全国文物普查实地调查阶段组织奖"、"第三次全国文物普查实地调查突出贡献先进集体"等荣誉称号。

【文化遗产保护】 郑州市对243处郑州市第二批市级文物保护单位的保护范围、建设控制地带进行了划定。完成了70处第七批国家级文物保护单位的申报工作。郑州市拥有世界文化遗产1处，国家级重点文物保护单位38处43项，省级重点文物保护单位128处，市级文物保护单位269处，无论是文物古迹总量，还是全国重点文物保护单位数量，都位于全国地级市前三甲之列。认真开展文物保护工程调研，完成了涉及到二七纪念塔、工人夜校、二七纪念堂等文保单位的3个市重点项目调研工作。积极组织实施郑州商代都城西南城垣违章建筑拆迁整治和环境绿化、古荥城隍庙维修、新密县衙维修、新密城隍庙维修、康百万庄园修复、张祜庄园修复、刘振华庄园修复、杜甫故里景区建设、刘碑寺修复、崇福宫修复、南岳庙修复等多项本体维护及环境整治工作，使大遗址和周边县(市)文物得到科学、有效保护。完成了《郑州商代都城遗址保护规划》、《郑韩故城文物保护规划》、《宋陵保护规划》、《古城寨保护规划》、《郑州商代都城城垣遗址保护展示方案》、《大河村考古遗址公园规划》、《郑州新区文物保护总体规划》等，启动了郑州市中心城区周边区域(540平方公里)文物保护专项规划的编制工作，积极协助市城乡规划局做好历史文化名城保护规划的修编工作和郑州市近现代优秀建筑的保护工作。

【文物勘探发掘】 制定了《郑州市文物勘探工作质量检查验收办法(试行)》，建立了文物考古工作周例会制度等，进一步完善了工作程序、规范了工作行为。围绕国家和省、市重点建设项目，大力倡导服务意识，在做好重点项目服务工作的同时，文物勘探和考古发掘工作取得可喜成绩。共签订勘探协议231个，协议勘探面积1030.2万平方米，实际完成勘探项目238个，勘探面积1346.95万平方米(含富士康项目285.7万平方米)，比上年同期增长103.3%；基本建设项目中进行考古发掘的项目共84项，发掘古文化遗址面积67687平方米，处理各类遗迹1755处，出土文物2055件(套)。新增南水北调考古发掘项目8个，完成3个，主动勘探与发掘项目4项。新密李家沟考古发现获全国十大考古发现。望京楼遗址考古发掘发现了夏代、商代两座城址，规划宏大，保存完整，对于探讨夏、商更替及中国早期城池建设具有重大意义，在文物界和考古界引起广泛关注。

【望京楼遗址考古】 望京楼遗址位于新郑市区北6公里的新村镇望京楼水库东。该遗址于20世纪60年代中期发现，1965年春及1974年冬出土一批青铜器和玉器。2006年6月，被公布为河南省文物保护单位，并被列入待公布的第七批国保名单。为配合郑州市南出口暨郑新快速通道建设，郑州市文物考古研究院于2010年9月始对遗址进行全面调查、钻探及道路占压遗址区域的抢救性发掘，共调查面积300万平方米、钻探200万平方米、发掘近4000平方米，经钻探发掘发现了二里头文化、二里岗文化城墙、护城河及二城址的外廓城墙及护城河，总面积达168万平方米。其它重要遗迹有二里岗文化城门及道路、大型夯土建筑、房基、墓葬和二里头文化房基等，出土遗物有二里岗文化及二里头文化铜器、原始瓷器、陶器、石器、蚌器、骨器等大量精美文物。同时发现二里头文化、二里岗文化两座早期城址，面积之大，在同期聚落中是极为罕见的，其意义十分重大，是我国夏商考古研究的重大突破。望京楼二里头文化城址和二里岗文化城址位于同一地点，为国内首次发现，对于探讨夏代晚期文化与商代早期文化更替及中国早期城池建设等问题都具有重要意义，是非常重要的考古新发现。

在发掘过程中充分利用了现代科技，如利用全站仪布方、全站仪及GPS相结合对遗址周边地区进行测绘；利用三维激光扫描仪扫描城墙解剖沟；利用水波浮选仪对采集的土样标本进行浮选，且下步要对浮选的标本进行化验并进行C14测年分析；对采集的夯土标本进行专业加固，夯土及遗址周边土样采样并送至专业机构进行土壤结构分析等。

【李家沟遗址获2009年度全国十大

考古新发现】 李家沟遗址位于新密市岳村镇李家沟村西，2009年秋季，北京大学考古文博学院与郑州市文物考古研究院合作对其进行了考古发掘。该遗址发现了距今10500年至8600年左右连续的史前文化堆积。堆积下部出土有属旧石器时代末期的细石核、细石叶等典型细石器文化遗存，上部则出土粗夹砂陶、石磨盘等新石器时代文化遗存。这一新发现清楚地展示了中原地区从旧石器时代之末向新石器时代发展的历史进程，填补了河南省旧石器时代晚期文化与新石器时代早期裴李岗文化之间的缺环，同时也是全国已发现的少数几个新石器时代早期遗址之一，为认识中原地区乃至整个中国旧石器—新石器时代过渡等学术课题提供了十分重要的考古学证据。2010年6月11日，新密李家沟遗址被评选为2009年度“全国十大考古新发现”。

【西施旧石器遗址考古发掘】 2010年5月至7月，北京大学考古文博学院与郑州市文物考古研究院合作，对位于河南省登封市大冶镇西施村的一处旧石器时代晚期的遗址进行了系统的田野发掘。西施旧石器遗址坐落在洧水河上游左岸的二级阶地上。在现代耕土层之下发现了3米厚的从全新世至晚更新世的地层堆积，其中属于马兰黄土堆积的②C层偏下部发现了厚度约60厘米的密集的旧石器文化遗存，根据同层位出土的碳粒样品测定该文化层的年代为距今约22000年(未校正)。西施旧石器遗址出土了石锤、石核、石片、石叶、细石叶、工具、断块和残片等各类石制品共计8500余件，石制品的原料以燧石为主，还有零星的石英、玛瑙和石英砂岩。通过对西施旧石器遗址出土石制品的观察、测量和初步分析，确定了典型的石叶石核、石叶及石叶生产过程中产生的各类石制品，西施旧石器遗址是一处以石叶技术为主导的旧石器时代晚期的石器制造场。

截至2010年底，中国境内已报道的经正式发掘的典型的石叶工业遗址仅有宁夏灵武的水洞沟遗址一处。在西北和东北边疆地区有石叶技术因素的零星发现。西施旧石器遗址是首次在中国及东亚大陆中部地区发现的以石叶工业为核心的旧石器时代晚期遗址，这一发现为研究中国旧石器时代晚期人类行为特征提供了非常重要的证据，将改写已有的对中国及东亚地区旧石器时代晚期文化发展的传统认识，为这一地区现代人类行为的出现等史前考古的重大课题的研究提供全新的视角。西施遗址新发现的石叶工业，以其丰富的文化内涵、清楚的年代学与古环境材料和证据，为了解古人类在最后冰期最盛期来临之际，如何适应中原地区，特别是开发遗址附近丰富的燧石资源，系统生产石叶的行为与活动特点提供了非常重要的新信息，进一步扩展了对于中国腹地及东亚地区旧石器时代晚期人类发展历史的认识。

【文博公共服务】 2010年，在郑州市文物部门登记注册的博物馆总数达15家，其中国有博物馆11家，民办博物馆4家。2010年8月，由于“古都郑州”陈列荣获第八届全国博物馆十大陈列精品奖，市政府对郑州博物馆集体嘉奖。下半年，郑州二七纪念塔、郑州二七纪念堂相关维修工程正式启动，郑州市大河村遗址博物馆基本陈列改造工程完成陈列大纲编制和形式设计招标等工作，市政府批准了郑州市世界客属文化中心博物馆、郑州纺织工业遗址博物馆、郑州北伐战争纪念馆等建设项目。2010年，郑州市各博物馆按照“三贴近”原则，深入推进博物馆免费开放工作，在做好基本陈列同时，坚持精品理念办展，共计举办临时展览22个，巡展60余场，接待观众70万余人次，取得显著的社会效益。

【重点项目工程】 古荥荥泽县城隍庙大殿保护维修工程完工。2010年3月26日，举行古荥荥泽县城隍庙大殿保护维修工程开工典礼，丁世显、刘东、孙英民等领导出席开工典礼并为工程剪彩。同年12月31日工程完工。古荥城隍庙始建于明洪武初年，是郑州市现存最早的古代建筑之一。现建筑构架、后檐廊损毁严重，角柱下沉，后墙坍塌，斗拱构件有不同程度的佚失，梁架有不同程度的糟朽和劈裂，为保护建筑的历史信息，特对城隍庙大殿进行落架大修。

李诫故里纪念碑落成。2010年11月21日，李诫故里纪念碑落成并举行了隆重的揭碑仪式，包括罗哲文、谢辰生等文物界、建筑界的30多名著名专家、学者出席了此次活动。郑州市委常委、宣传部长丁世显出席活动并致辞。李诫是北宋时期郑州管城人，卒于宋徽宗大观四年(公元1110年)。他通晓建筑及书画、地理，博学多能，主持营建了许多规模巨大的宫殿、王邸、太庙等工程，在建筑工程规划、组织、管理等方面积累了丰富的实践经验。其编写的《营造法式》一书，是我国历史上第一部关于古代建筑规范的专著，标志着我国古代建筑技术已发展到一个新的水平。它不仅是研究我国建筑学发展的最详尽、最全面、最系统的科学宝库，也是当今世界上最重要的建筑学著作之一。

大河村遗址博物馆二期改造项目启动。2010年12月27日，郑州市大河村遗址博物馆二期改造项目之仰韶文化房基施工防护工程举行启动仪式。市委常委、宣传部长丁世显，市政府副秘书长龙同胜，省文物局博物馆处处长付玉林，郑东新区管委会主任助理苏西刚等参加启动仪式。大河村遗址是我国黄河流域最为重要的史前文化遗址之一，面积约43万平方米，包含了以仰韶文化为主体，涵盖仰韶、龙山、夏、商等多个历史时期的文化遗存，文化内涵丰富，历史极其悠久，被列为全国“十二五”

150处重点保护大遗址。

商城遗址公园项目。郑州商城遗址公园是国家“十二五”规划重点支持项目之一。2010年以来,省市领导和社会各界对郑州商代遗址公园的建设进展给予了充分的关注。2010年4月26日,成立了郑州市商城遗址保护改造指挥部,由市委副书记、市长赵建才任指挥长,负责加大遗址保护改造力度,加快商城遗址保护改造工作。截至2010年底,商城遗址公园一期工程正在进行,主要内容是对商城遗址内城南城垣西段进行本体保护及外侧20米区域绿化。绿化工程于2010年12月9日发布招标公告。

【文物安全】 完善文物安全管理的规章制度,层层签订年度文物安全目标责任书;出台了规范、统一的郑州市文博系统应急预案和文物保护单位安全档案范本,全市国家级文物保护单位完成了应急预案和安全档案的建立。坚持抓好文物安全检查和安全隐患排查,组织开展重大节假日安全检查、“安全生产月”、夏季防汛、馆藏文物安全专项督察、秋冬季田野文物安全大检查、“守护中原”冬季消防百日决战等专项检查活动,每季度对全市的全国、省级重点文保单位突击检查,对市级文保单位重点抽查。对存在安全隐患的单位及时提出整改意见。全年共计检查单位87家,下达整改意见书19份,提出整改意见42条,具备整改条件的整改率达100%,实现了“文物安全年”。2010年完成年度文物安全责任目标被河南省文物局通报表彰,被郑州市安全生产委员会评为2010年度安全生产责任目标完成先进单位,被郑州市防火委员会评为2010年度全市消防安全工作先进单位。

【文物行政执法案卷获奖】 2010年12月,第三届全国文物行政处罚案卷评比结果揭晓。郑州市报送的“水利部黄河水利委员会、黄河服务中心在全国重点文物保护单位郑州商代遗址的保护范围内,未经河南省人民政府批准,擅自建设黄委会幼儿园2号教学楼案”和“河南捷宏置业有限公司在凤凰台城中村改造中,未经文物考古调查和文物勘探,擅自下挖基槽,致使商代文化遗产遭到破坏案”分获一等奖和三等奖。这是郑州市继在前两届评比活动中取得优异成绩后再次获此殊荣。

此次案卷评比工作主要是对全国文物行政机构和执法人员依法行使执法职权和履行法定义务的情况进行评审,也是对全国文物行政执法水平的大检阅。北京、山西、内蒙、上海、江苏、浙江、山东、河南、湖南、重庆、陕西等地参加了此次评比活动。此次案卷评比采取专家封闭阅卷、集中评议、现场调研等方式进行,最终确定了评比结果以及获奖案卷和制作单位名单,共评出一等奖5名、二等奖8名、三等奖10名。

【郑州中华之源与嵩山文明研究会成立暨郑州嵩山文明研究院揭牌】 2010年5月23日,郑州中华之源与嵩山文明研究会成立暨郑州嵩山文明研究院揭牌大会在嵩山饭店隆重召开。原国家文物局局长张文彬,原省委常委、郑州市委书记王文超,郑州市市长赵建才以及国家、省专家学者近200人参加大会。大会通过了《郑州中华之源与嵩山文明研究会章程》和研究会组成人员名单,并为郑州嵩山文明研究院揭牌。原河南省委书记徐光春、中国古都学会等10家团体和个人为大会发来贺信(电),北京大学教授严文明等7位专家学者即兴发言,《河南日报》等10多家新闻媒体给予报道,原国家文物局局长张文彬等10多位专家学者为大会挥毫题词。这次大会是郑州市文物事业的盛会,标志着中华之源与嵩山文明研究进入系统、综合、科学的轨道。

郑州嵩山文明研究院是郑州中华之源与嵩山文明研究会的日常办事机构,主要工作宗旨是:开展嵩山文明研究,探索中华文明起源。主要职能是:围绕嵩山文明研究之核心,开展人类学、历史学、考古学、民俗学与中华文明起源的发展研究和学术交流;承办《古都郑州》、《嵩山文明研究通讯》刊物的编印及发行,搭建交流平台,以载体传播古都文明和中华文明。

【郑州城隍庙新春文化庙会】 为丰富城乡居民节日文化生活,全面展示郑州市文化建设和文化遗产保护取得的突出成就,传承和弘扬我国优秀的传统民俗文化,打造河南民俗文化庙会品牌,拓展省会民俗文化旅游市场,促进郑州市精神文明建设,从2010年2月14日开始,举办庚寅年郑州城隍庙民俗文化庙会,历时16天。城隍庙庙会形成已有1000多年的历史,是古代传统文化与当地民俗文化相互交融、互为作用的产物。这次民俗文化庙会主要内容有戏曲演唱、秧歌及盘鼓表演、唢呐演奏、满清艺术舞蹈,还有孩子们喜欢的转风车、猴戏、杂耍、魔术等表演以及历代青铜器、钱币、紫砂精品各大系列展销活动,民间艺术除南阳烙画、吹糖人、捏面人外,还有郭秀丽的剪纸、周素珍的泥塑、周和林的葫芦烙画、王君玲的布艺和张艳的蛋雕等精彩纷呈的民间工艺绝活,活动为城隍庙增添了勃勃生机和活力。与以往不同的是,郑州商都文化街也加入到活动中,以书画经营为特色的商都文化一条街在庙会期间免费向广大观众、游客传授展示我国古字画欣赏、鉴别、装裱知识和技能,使本次文化庙会内容更丰富、全面。此次庙会得到了社会各界的好评,《大河报》、《郑州日报》、《郑州晚报》、《东方今报》及省、市电视台等都给予了全方位的报道。

【纪念二七纪念塔建塔四十周年系列活动】 围绕二七纪念塔建塔四十周年暨郑州二七纪念馆建馆四十周年,郑州二七纪念馆策划组织了“辉煌40年——我与二七塔的故事”征文活动、"在河之南"端午节灯光诗会、"情系希望小学　弘扬二七革命精神"李灵希望小学暑期夏令营、"河南著名艺术家重走二七革命路"等活动,为广大市民接受爱国主义教育及革命传统教育提供平台,同时也更大程度地弘扬了二七革命精神。

【郑州商代遗址发现60周年座谈会】 2010年12月10日,由河南省文物考古研究所和郑州市文物局联合举办的"纪念郑州商代遗址发现60周年座谈会"在郑州举行。著名考古学家严文明、李伯谦、王巍、许顺湛等出席座谈会。座谈会回顾总结了郑州商代遗址60年来考古发掘、文物保护等方面的工作,并对郑州商城外廓城走向考古发现进行了汇报。

以1950年郑州二里岗遗址的发现为开端,郑州商代遗址经几代考古人的辛勤耕耘,使郑州这座规模宏大、规划科学的商代前期都城,在沉寂了3600年之后揭开了神秘的面纱。以安金槐先生和邹衡先生为代表的几代学者对郑州商代遗址的发掘和研究,使殷墟之前的商文明这个不解之谜经由郑州商代遗址的发现找到了答案,使这一关乎中国文明进程的重大学术课题得以解决,商文明的文化发展链条得以基本完整。

郑州商代遗址的学术研究、保护和利用得到郑州市委、市政府的高度重视和社会各界的大力支持与帮助,取得显著成绩。商城遗址的保护和利用进入了"整体保护、整体利用"的崭新阶段,先后编制了《郑州商城遗址总体保护规划》、《郑州商城遗址东南城垣保护方案》、《郑州商城遗址文物本体保护展示方案》、《郑州商城遗址公园建设规划》等。

【纪念建筑宗师李诫系列活动】 2010年11月19日至21日,由中国文化遗产研究院、河南省文物局、郑州市人民政府主办,中国民族建筑风格艺术专业委员会、郑州市文物局承办的纪念中国建筑宗师李诫系列活动在郑州隆重举行。来自国家文物局、河南省文物局、郑州市委、郑州市市文物局等单位的专家学者、各级领导共50余人参加了此次活动。11月19日上午,在中油花园酒店会议室举行了纪念李诫逝世900周年学术研讨会,各位专家畅所欲言,现场气氛十分活跃。20日上午,与会的各位专家、领导拜谒了位于新郑的李诫墓园,到管城区商韵园为李诫故里揭碑。这次活动的成功举办对提升建筑宗师李诫的知名度,提升古都郑州的文化底蕴有重要意义。

(尚红林)

新闻出版

【概况】 2010年,郑州市新闻出版业采取"优化产业布局,开展横向联合,实施区域性连锁"等举措,实现了出版、印刷、发行等产业的快速发展。2010年度,郑州市印刷业总产值45亿元,利润总额达到3.76亿元,从业人员2.77万人,报刊用纸量34万吨。出版物经营单位1277家,其中批发及区域性连锁单位245家,占全省的62%,从业人员7311人,注册资本金11.09亿元,年度销售数量达6.48亿册(张、盘),销售总额达25.5亿元,上缴税金6003.7万元,实现利润7098.6万元。

【全国集中销毁和"绿书签行动2010"系列宣传活动】 2010年4月22日,全国集中销毁和"绿书签行动2010"系列宣传河南省分会场活动在郑州市科技馆广场举行,该活动由河南省扫黄打非领导小组办公室和郑州市扫黄打非领导小组办公室联合承办。现场销毁非法图书、音像制品等非法出版物82万册(张)、盘,其中非法图书45万册,非法报刊18万份、非法盗版电子出版物、音像制品17万(张)盘,淫秽光盘2万张。

【扫黄打非集中行动】 2010年,郑州市文化广电新闻出版局、郑州市扫黄打非领导小组办公室、公安局、工商局及市交通运输委员会等七部门,在全市范围内组织开展文化市场集中整治、印刷复制企业整治、严厉打击手机网站制作传播淫秽色情信息、打击网络侵权盗版"剑网行动"、"创建全国文明城市暨文化市场集中整治行动"、"迎亚运扫黄打非秋季集中行动"等扫黄打非集中行动9次。共出动文化市场行政执法人员9148人次,出动车辆1760余台次,检查各类文化经营场所3765家次,其中检查网吧1048家,歌舞厅251家,音像门店350家,图书门店575家,印刷厂525家,先后查缴非法出版物23.38万册(张)、盘,关闭涉嫌低俗内容的SP单位12家,不良信息WAP网站10批次,进一步净化了省会文化市场环境。

【"2010年中部印刷包装产业"博览会】 2010年9月5日,由郑州市印刷行业协会主办,郑州天天会展服务有限公司承办的"2010中部印刷包装产业博览会"在郑州中原国际博览中心隆重举行。郑州市文化广电新闻出版局局长李宪敏、省市相关部门的负责人以及参展企业代表出席开幕式。郑州人民广播台、郑州电视台、《郑州日报》等媒体报道了开幕式盛况,科印网、中国包装网、中华印刷机械网、中国中部印刷网等十多家专业网络媒体进行了跟踪报道。本届展会展出面积达5000平方米,吸引了来自全国各地200多家印刷设备企业参展,现场展示千余种印刷包装生产设备、相关辅助设备及耗材等产品。据统计,开展当天成交贸易额达2300万元,签订协议金额3000多万元。2010中部印刷包装产业博览会不仅为印刷包装设备制造企业搭建了产品展示的舞台,还为中部地区印刷企业提供了设备选购的平台,同时也成为业界人士探讨、学习和交流的媒介。本次博览会的成功举办,将为促进中部地区乃至全国印刷包装产业的发展，加快中部地区印刷基地的建设奠定良好基础。

（王玉林　薛　特）

广播电视

【市委、市政府中心工作宣传报道】 郑州市文化广电新闻出版局高度重视市委、市政府中心工作的及时宣传报道。郑州电视台将社会新闻部与新闻评论部整合成立了新的社会新闻部，投入近300万元添置设备，对新闻综合频道栏目进行调整和改版，开设“政务直通车”、“民生政务”和“项目建设要闻”三档时政新闻栏目，增强新闻节目的时效性和权威性。郑州电视台开辟“学习实践科学发展观，推进郑州跨越式发展”、“畅通郑州活动”专栏，采制播发有关新闻报道310多条，策划播出的十期大型系列报道“新世纪—郑州十年”引起社会各界强烈反响。郑州人民广播电台推出“以具体求跨越”系列宣传，开设“辉煌十一五”、“帮扶小组进社区”、“我承诺，你监督”、“首席服务官在企业”、“项目倒计时　每日新项目”、“热爱郑州、投资郑州”、“郑州新制造、郑州新创造”、“服务业排行榜”等9个专栏，收到良好的宣传效果。郑州广播电台累计向市领导报送“市容市貌内参专报”10期，“民生摘报”18期，强化舆论监督功能，为政府科学决策提供第一手资料，得到市委书记连维良、市长赵建才等领导的充分肯定。

【重要会议宣传报道】 2010年“两会”期间，郑州人民广播电台推出《话民生、振民心——百名市民直播对话人大会》特别节目，专门设立人大、政协直播室，邀请人大代表和政协委员走进直播室，畅谈代表委员心声，实现了跨空间直面对话和交流。郑州电视台提前制定市“两会”和市委九届二十次全会等重要会议的宣传报道方案，展开全面细致的前期宣传，用消息、专题、联播、系列报道、现场直播等多种形式进行现场和跟踪报道，收到较好效果。

【对外宣传工作】 2010年，郑州市文化广电新闻出版系统各媒体在省级以上媒体播发稿件745条（篇）。其中郑州人民广播电台自2010年1月至10月，在中央人民广播电台中国之声节目播发稿件267条，时长达1585分钟；郑州广播在线《图片新闻》共上传图片331组，注册会员达44136名，发布主题数29946个，跟帖发布440911个，留言板访问58万多人（次），广播在线网络影响力进一步扩大。

【大型主题活动宣传报道】 2010年度，郑州市文化广电新闻出版局精心组织了“庚寅年黄帝故里拜祖大典”、第二届中国绿化博览会、天地之中历史建筑群申遗、2010中原论剑——郑州经济高层论坛等大型主题宣传活动，并取得了良好的宣传效果。郑州人民广播电台推出的黄帝故里拜祖大典国际大联播，吸引了中央人民广播电台华夏之声、澳大利亚3CW中文电台、美国时代华语广播电台等全球110家华语电台同时传递拜祖、嵩山申遗成功和绿博会盛况。郑州电视台开辟“走进世博会”、“走进绿博园”等专栏，先后播发110余条相关新闻报道。

【登封“天地之中”建筑群申遗宣传报道】 2010年8月1日，“登封‘天地之中’历史建筑群”成功列入《世界遗产名录》，郑州市文化广电新闻出版局、郑州人民广播电台、郑州电视台经过周密策划、认真筹备，全方位、多角度、及时播发大量鲜活的新闻稿件，做到了第一时间播发胜利消息、全方位展示成功喜悦、深度解读世界遗产价值，圆满完成了报道任务。

【《快乐星球》新疆播出】 2010年9月16日，大型少儿科幻电视连续剧《快乐星球》少数民族语言译制播出权启动仪式在新疆电视台举行，中共郑州市委常委、宣传部部长丁世显代表市委、市政府把郑州电视台自制的这部电视剧第4部50集译制播出权无偿赠送给新疆电视台。《快乐星球》少数民族语言版的译制播出，除能满足新疆各民族少儿的精神文化需求，还能够向周边国家展示我国的先进文化。

【广播电视创优工作】 2010年，郑州市文化广电新闻出版局按照“思想精深、技术精湛、制作精良”的工作思路，强化精品意识，推进精品工程，创优工作喜获丰收。其中郑州人民广播电台荣获中国播音主持“金话筒奖”1个；中国新闻奖1件；第十届四川国际电影节国际“金熊猫”、最佳自然与环境类纪录片大奖1件；第25届中国电视金鹰奖电视论文奖1件，省十佳新闻工作者1人。荣获河南省新闻奖37件，其中，一等奖12件。郑州人民广播电台、郑州电视台连续四年获得全省省辖市广播电视创优第一名的好成绩。郑州人民广播电台荣获“2010年度中国百强品牌媒体，全国十强广播电台”，其制作的广播剧《城市媳妇乡下婆》荣获中国广播电视学会专家奖银奖，葛阳获得全国“金话筒”提名奖。郑州电视台“红绿灯”栏目获中国广播电视协会栏目创新一等奖，该台有16件作品分别获省电视新闻奖、播音与主持作品奖、新闻理论作品奖，其中一等奖7件。

（王玉林　薛　特）

市属媒体

【郑州日报】 2010年，郑州日报社坚持服从、服务于全市经济社会跨越式发展这个大局，牢牢把握正确的舆论导向,大力宣传市委、市政府跨越式发展的决策部署和建设“三化两型”城市的战略举措,积极推进全国文明城市创建工作,为郑州市在中原经济区中发挥好龙头作用、重心作用和示范带头作用提供了精神动力和舆论支持。

(一)新闻宣传。

(1)“新世纪·郑州十年”系列报道。2010年4月23日至5月19日,“三报一网”携手市属媒体同步推出了“新世纪·郑州十年”系列报道,全景、立体式地回顾了2001—2010十年间郑州市经济社会的发展历程。本次报道持续近1个月,日报抽调10多名骨干记者,晚报总编辑带头写评论,20多名记者参与采写稿件,中原网成立专题报道小组,报道规范宏大、内容丰富、立意深刻,是破解“正面宣传难”的一次成功尝试,社会各界好评如潮。省新闻阅评组专家进行了3次专题阅评,高度评价本次系列报道。

(2)重要会议、重大活动的宣传。全国、省市“两会”及中央十七届五中全会期间,“三报一网”抽调精干力量,提早准备,精心策划,制定详尽的报道方案,全方位展开报道,为“十二五”规划鸣锣开道。第二届中国绿化博览会于9月26日在郑州举办,报社倾力做好邀展、建园服务工作,同时,自郑州成功申办绿博会之日起,从绿博会的筹备到建设,“三报一网”都进行了详尽报道。拜祖大典、郑州国际少林武术节的报道也有新亮点和看点,向海内外展示了河南、郑州的良好形象。

(3)围绕热点、民生问题,重点策划推出有影响力的报道。“三报一网”坚持“三贴近”原则,关注社会生活中的热点、焦点,立足民生视角,通达社情民意,策划推出了一系列有影响力的报道。《郑州日报》按市委主要领导要求,刊发专题稿件上百篇,充分展示了党报对主流舆论的影响力,有力地配合了全市的这一中心工作。在交通整治期间,中原网刊发“畅通郑州”新闻稿件741篇,将畅通郑州的声势宣传到了全国,稿件被新浪、搜狐、腾讯等各大门户网站大量转载。郑州特警沈战东先进事迹被胡锦涛总书记批示后,郑州晚报率先派记者到新疆和沈战东家乡采访,第一时间刊发了落地新闻。晚报率先报道、长期关注的最美乡村女教师李灵,不但当选了全国劳模,她的形象还进入《国家形象片——人物篇》,于1月18日至21日在美国播放。《最美乡村女教师李灵》的报道,为晚报捧回了“河南省好新闻一等奖”和“中国好新闻二等奖”两项荣誉。2010年,晚报在配合市委“媒体助郑”方面,做出突出成绩。如五龙口、机场高速路广告牌治理等方面都产生了广泛的社会影响,得到郑州市委书记连维良高度评价。

(4)抓住时机改进政务报道,采编一体化试点取得突破。为改变政务新闻和会议报道的老面孔,《郑州日报》以贯彻落实市委“关于改进和规范市领导政务活动报道”的要求为契机,研究如何改进政务报道,设立“双月好新闻奖”,鼓励记者提炼新闻点,收效明显。从8月初到11月上旬,一版96个头题,会议报道和市主要领导活动比例明显减少,而事关全局的经济社会发展重大项目、重大工程以及民生新闻上头题接近60%。

《郑州晚报》在改版8年的发展节点上,实行了采编一体化的调整与转型。采编中层干部岗位前移,在新闻一线协调、指挥;以编辑为主导,采编互动,协同作战,新闻报道更贴近生活,更有服务性和可读性,并且新增了许多新栏目、新版面。尤其下半年,市委、市政府专项交办晚报的一些重要督查评比工作,《郑州晚报》严格按照既定的流程、方法、标准实施,多次获得市委书记连维良的重要批示表杨。

(5)《内参》专报工作。2010年,根据市委主要领导的要求,《郑州日报》把市容市貌的整治以《内参》专报的形式直送市委、市政府主要领导,简化审批环节,促进了问题的有效解决,产生了积极的社会效果,得到市委领导肯定,为树立报社权威主流媒体形象起到积极作用。如《移民村村民十二年坚持上访的背后》、《移动7根电线杆花了44万元》、《一次引发回族群众群体上访的“联合执法”》、《“西流湖垃圾问题”亟待解决》等,都引起了市委领导的高度重视,市委书记连维良和市长赵建才批示要求有关部门抓紧解决。全年市领导对内参稿件的批示达到19件,其中市委书记连维良批示12件。

(二)围绕中心履职履责,争做政府“第一督查室、第一传达室、第一监察室”。

2010年,省委及市委领导班子做出调整,郑州日报社紧紧围绕工作大局,快速转变工作方向,紧跟领导思路、要求、任务。2010年,报社紧紧围绕市委、市政府的中心工作和交办的重点工作,履职履责,认真落实好领导交办专项工作。市委书记连维良9月24日在市级新闻媒体负责人会议上强调:“新闻媒体绝不仅是舆论工具,实际上是党委和政府非常重要的职能部门,是政府的第一督查室、第一传达室、第一监察室”。郑州日报社紧紧围绕这一要求,积极推动工作进展,得到各级领导的肯定。根据市委书记连维良批示,《郑州日报》在一版显著位置开设“市直部门在社区”和“机关干部在社区”专栏,对市直机关帮扶组在社区帮扶行动进行集中报道,社会反响较好。10月份按市领导要求,《郑州晚报》推出“最优区、最差区”评选。市委书记连维良批示:“如今的媒体确实可以做许多党政机关做不到、做不了、做不好但应该做的事。请《郑州晚报》再接再厉,持续评差,敢于评差,扩大领域评差,以更好发挥媒体促进工作的作用。”中原网落实市委主要领导关于最差街道、市区违章停车、建筑工地评优评差等报道都受到领导批示表扬。

(三)报业经营。

2010年,面对广告市场的下滑态

势,《郑州日报》广告经营适时调整策略,狠抓队伍建设,经营收入止跌回升。《郑州晚报》严格落实合同管理,严把“入口关”,广告中心各经营部门分别以本行业为根据地,大量组织策划一系列商业促销活动,确保了全年广告市场份额同比、环比增长的同时,妥善解决了一些广告遗留问题,基本达到了年初预期的目标。印刷厂在做好两报印刷和原有客户维护的同时,努力探索培育新的经济增长点,提出了以教辅类书刊、报纸印刷发行为发展方向的工作思路,吸引到一些新的客源。物业管理中心围绕2010年度目标责任书,在郑煤集团提前退租的不利情况下,积极联系客户,引入药监局、卫生局、房地产公司等到大厦办公,增加了收入。中原网在做好宣传报道和一期项目建设的同时,以活动带动网站经营和推广工作,收入比2009年增长34%。《郑州手机报》推出了一系列的特刊,创新栏目,策划各种活动,用户群高速增长,基本达到预期目标。同时,还积极寻求政策支持,争取到市文化产业重点项目资金100多万元。郑州日报置业公司成功引入战略合作伙伴,缓解报社资金压力。下半年,经过公开招标,在程序公开、公正、透明的条件下,经过报社监督小组、考察小组及置业公司艰苦细致地工作,年底前,郑报置业公司成功引入战略合作伙伴,报社老院开发将正式进入实施阶段,使报社资金压力得到进一步缓解。

(四)重点项目建设和内部管理工作。

2010年,中原网项目一期工程接近尾声,中心机房和采编大厅前已建成并投入试运行。郑州日报置业公司成功引入战略合作伙伴,为下步老院开发和市场化运营打下坚实基础。党报多媒体信息港荥阳试点项目进入实质性运营阶段,已建成电子显示屏4个,阅报栏40个,售报亭15个,各系统运行平稳。

内部管理更趋科学,夯实了发展基础。2010年,报社总编辑办公室继续强化对“两报一网”舆论导向的规范和流程监管,并根据实际情况与两报编辑部和印刷厂进行多次沟通和协调,进一步规范出版流程,报纸出版时效明显增强;为进一步防范经营风险,加强内部控制,报社结合实际情况,制订下发了《郑州日报社经济合同管理制度》及《郑州日报社合同管理制度实施办法》,将合同签订备案情况与业绩考核挂钩,有效地将郑州日报社2010年经营工作重点由出口管理转变为入口管理,把好报社进口管理的第一关;借助上级部门“三定”方案的要求,以完善岗位管理体系为重点,报社积极做好事业单位“定编定岗定责”的岗位设置工作方案并上报;经过近3年的摸索,郑州日报社的考核体系框架虽已基本形成,但仍有待完善,下半年,市里出台了《郑州市县(市)区、市直单位绩效考核试行》,以此为契机,郑州日报社起草了《郑州日报社年度绩效考核工作意见(征求意见稿)》,结合郑州市的绩效考核细则,进一步完善了全社考核办法。

(卢士海)

【郑州广播电视报社】 2010年,《郑州广播电视报》牢牢把握正确舆论导向,狠抓办报质量、创收创优等工作,深化内部机制改革,加强党的建设和职工队伍建设,认真做好新办公用房搬迁工作,促进事业和谐、持续发展,较好的完成了各项工作任务。

(一)重大活动宣传报道。

“庚寅年拜祖大典”活动期间,为营造浓重、热烈的舆论环境,郑州广播电视报社制定专刊报道方案,派出精兵强将,组成特别报道小组,深入拜祖大典的现场和幕后对“拜祖大典活动”进行了细致、扎实的采访报道。为配合10月份“第八届郑州国际少林武术节”宣传活动,郑州广播电视报社派出两名记者服务于组委会,推出武术节特刊,使报纸品牌地位在读者心得到提升。

(二)精心策划打造精品版面和栏目,努力提高报纸质量。

2010年《生活》、《情商学堂》、《影史》、《纪录片》等版面成为《郑州广播电视报》最受读者好评及能引起读者共鸣的版面。为了让读者能更好地参与讨论,《郑州广播电视报》设立《关注》版,从市民的角度,更深层次地解读读者受益及热议的事件;为了提高报纸实用性及扩大读者群,在《情商学堂》版开辟“寻婚记”互动栏目,参与互动的读者年龄段分布在20岁到60岁之间,深受读者欢迎。报社成立编委会,每周一对前期报纸进行质量评审,找差距、挑毛病,同时对下期报纸提出积极建议。实行版面会签制度,在每期报纸签印前,要求编委会成员在其负责版面审核签字,以求将差错及不足控制在最小范围内。

(三)报业经营。

2010年,郑州广播电视报社经过深入的市场调研,提出了“到有鱼的地方捞”的经营策略,广告部重点优化匹配广告客源结构,对优质的广告客户下足功夫,如通讯、金融、地产、商场等行业,经济实力雄厚,广告投放力度大,持续时间长,读者阅读率也高,是报社广告创收的支柱客源。在受季节性影响大,淡、旺季分明,缺乏持续发展后劲的问题上下功夫。做好周期性和非周期性行业的广告客源的合理匹配,例如在广告创收淡季,主攻医疗、教育等消费服务行业,收到很明显的效果。

发行部在服务意识的提高,发行渠道的开拓,服务手段的多样化等方面下功夫,收到了明显效果。2010年在原有发行工作站的基础上新开辟了新密市、中牟县发行工作站,使报纸的发行辐射范围进一步扩大。3月份开展了为期1个月的“郑州广播电视报征订春风行动”,扩大了报纸的影响力。发行部利用金融、医疗、商业等服务行业的VIP制度,与其建立互赢的密切关系,开发为这些行业高端客户发行报纸的渠道,在稳定和扩大报纸发行量的同时,也为报纸广告受众素质和质量的提升打下一个良好的基础,取得了一举多得的效果,全年发行量稳定在期均2万份。

(宋庆文)

【郑州人民广播电台】 2010年,郑州电台按照全市宣传工作会议部署和要求,牢牢把握正确的舆论导向,突出"三贴近"原则,狠抓节目质量、创新创优、经营创收、安全播出及东区广播中心建设,推进事业全面发展,圆满完成了各项工作任务,被国家广电总局评为"技术维护先进台站",并在11月份召开的第三届中国品牌媒体高峰论坛大会上荣获"2010年度中国百强品牌媒体,全国十强广播电台"称号,在中央电台发稿总量连续11年位居全国省会电台第一,在2010年度中国传媒大会上获"全国十大电台"称号。

(一)新闻宣传报道。

2010年,郑州电台牢牢把握正确的舆论导向,按照市委宣传工作部署,在新闻节目中先后推出了《反腐倡廉郑州行》、《党委书记谈党建》、《瞩目郑州新区》等多个主题报道。同时充分发挥主流媒体的舆论影响力,推出了"以具体求跨越"系列宣传,在生产、生活一线发现新闻,发现典型;开设了"辉煌十一五"、"帮扶小组进社区"、"我承诺,你监督"、"首席服务官在企业"、"项目倒计时 每日新项目"、"热爱郑州、投资郑州"、"郑州新制造、郑州新创造"、"服务业排行榜"等近16个栏目,产生了较强的社会反响。按照市委宣传部的统一部署,推出了《新世纪 郑州十年》10集大型系列报道,从郑州市交通大动脉十年发展变迁,工、农业发展,城市建设,居民生活等方面,充分展示郑州新世纪10年来的发展历程,受到市委宣传部表彰。

两会期间,创新"两会"报道形式,在设立了人大直播室的同时,首次设立了政协直播室,并推出了"话民生、振民心——百名市民直播对话人大会"特别节目,邀请人大代表和政协委员走进直播室,畅谈代表委员心声,首次利用网络视频技术,使人大代表和市民代表在相距十几公里的两个直播室内,通过电波和网络视频,进行跨空间的直面对话和交流,丰富了节目内容,受到市人大领导的充分肯定。

为进一步扩大黄帝故里拜祖大典活动的影响力,郑州电台携手中央人民广播电台、中国国际广播电台、澳大利亚3CW中文电台、美国时代华语广播电台等国内外近50家电台,成立了拜祖大典华语广播联盟,并对拜祖大典活动进行了国际大联播,郑州市委常委、宣传部长丁世显参加了广播联盟签约仪式,广播联盟的成立,又打开了一扇郑州走向世界,世界了解郑州的窗口。在8月1日"天地之中"历史建筑群申请世界文化遗产成功和9月26日第二届中国绿化博览会开幕等重大活动的宣传中,郑州电台在报道庆祝活动盛况的同时,充分利用广播联盟这一宣传平台,将嵩山申遗成功和第二届中国绿化博览会在郑州隆重开幕的盛况传向了世界。

走出国门报道亚冠联赛,展示郑州广播实力。2010年,河南建业足球队获得参加亚冠联赛资格,电台及时推出"亚冠之声"专题节目,并派出3个报道组分别前往日本大阪、韩国水原、新加坡直播建业队的客场比赛,电台也成为国内第一家走出国门全程报道中超球队比赛的市级广播电台。此次走出国门的采访直播,展示了郑州人民广播电台作为主流媒体的形象,积累了国外采访报道的经验,达到了丰富节目、开阔视野、提高水平、锻炼队伍的目的。

(二)节目创优工作。

根据《郑州人民广播电台关于加强品牌节目和名牌节目建设的意见》,按照能上能下的原则,郑州电台对电台各档节目进行全面考评,各项考评指标达到品牌节目标准的"百姓热线"节目晋升为电台品牌节目。截至2010年底,郑州电台拥有"早餐可乐"、"今夜不寂寞"、"549早间新闻"、"百姓热线"4个品牌节目及各频率重点打造的名牌节目13个。成立了节目听评委员会,对全台七套频率所有节目进行集中听评,通过对节目的听评,寻找节目中存在的差距和不足,及时对节目内容进行创新改进,提升节目质量,满足听众需求,电台节目整体质量保持平稳发展。2010年,郑州电台共整理上报近百件作品参加全国、省、市级优秀作品评奖,共有71件作品分别荣获省级、市级作品奖,其中省级奖33件,市级奖37件。在省级创优评先中,郑州电台连续四年获得全省省辖市创优第一名的好成绩。郑州电台制作的广播剧《城市媳妇乡下婆》荣获中国广播电视学会和中国广播剧研究会专家奖银奖、郑州市"五个一"工程奖。郑州电台技术创优喜报频传,有两件作品荣获国家广电总局广播节目技术质量奖(金鹿奖),这是中国广播节目技术质量最高奖,郑州电台录制的节目《郑州人民广播电台新闻综合频道》荣获金鹿奖播出技术二等奖,《杉杉西服》荣获金鹿奖录制技术三等奖。

(三)宣传活动精彩纷呈上档次。

努力打造品牌活动。为了庆贺郑州人民广播电台荣获"金长城奖·2009中国十大广播电台"荣誉称号暨中央人民广播电台发稿量连续十年位居全国省会电台第一名,郑州人民广播电台和河南歌舞演艺集团在河南省艺术中心音乐厅联合主办了"郑州广播之春·河南省2010年元宵节民族交响音乐会"。省市领导李新民、王文超、张亚忠、王璋、雷志、刘东、王薇与受邀而来的中科院院士钟香崇以及解放郑州老战士、优秀公安干警、环卫工人、地铁建设者等社会各界代表近800人一起聆听了音乐会,音乐会既弘扬了民族文化,又宣传了郑州广播过去一年取得的成绩,塑造了郑州广播的社会公益形象。

强化宣传提升活动影响力。在

举办活动的同时，更加注重利用各种媒体进行活动宣传，提升活动影响力。2010年的“黄帝故里拜祖大典国际大联播”和“郑州广播之春·河南省2010年元宵节民族交响音乐会”等大型活动，在活动筹备阶段，电台就在《大河报》、《省电视台》、《东方今报》、《河南商报》等省内媒体以及新浪、商都等网络媒体上进行广泛宣传，并制作大型的户外宣传海报，收到了良好的宣传效果。一年一度的“叱咤中原——河南戏剧演员排行榜颁奖盛典”是郑州电台的一个品牌活动，郑州电台努力扩大2009年度戏曲演员排行榜颁奖盛典影响，强化与外省的合作，分别邀请了中央电视台、广州南方生活广播、杭州新闻谈话台、陕西戏曲广播、江苏文艺广播等媒体的著名戏曲主持人和当地代表剧种的著名表演艺术家参加颁奖盛典并担任颁奖嘉宾，进一步扩大了排行榜在全国的知名度和影响力。《魅力中国》杂志、《中国广播报》、香港《戏曲品味》杂志、广州《声报》等媒体对活动进行了全方位报道，同时，省内的电视、报纸等媒体也对活动进行了全面报道。每年一度的戏曲演员排行榜颁奖盛典已经成为河南戏曲界乃至中国戏曲界最受关注的事件之一。

(四)外宣工作。

通过不断强化节目质量建设，下气力、花功夫，做好外宣工作，使外宣工作依然保持在全国省会电台和全省的领先地位。2010年，郑州电台在中央电台发稿量再次位居全国省会电台第一，取得了连续11年在中央台发稿位居全国省会电台第一的好成绩。电台制作的《郑州尝试聘请农户当专家》、《郑州养老问题迫在眉睫　半数养老机构亏损》、《软欠薪成为拖欠农民工工资新趋势》等一批重点关注的稿件在中央台播出后，受到中央台的高度赞扬。

(四)全面实行广告代理，经营创收效果显著。

2010年，郑州电台在各套频率全面实行了广告代理经营。通过引入实力较强的广告公司代理经营各套频率的广告业务，优化了广告结构，拓宽了创收渠道，开创了电台经营创收的新局面，圆满完成了全年创收目标。通过与各家广告代理公司将近一年的合作，整体来看效果显著，基本实现了双赢的目标，广告收入与上年同期相比保持了增长势头，广告结构更趋合理，房产、汽车、餐饮等品牌广告所占比例有了较大幅度提升，其中音乐广播、都市广播全部是品牌广告。截至2010年底，全台7套频率都与广告公司签订了代理合同，整体运行态势良好。

(五)新广播中心整体搬迁和后续建设工作。

搬迁至郑东新区新广电中心是电台事业发展史上的一件大事，郑州电台在经过科学、周密的准备之后，仅用了5天的时间，就完成了电台整体搬迁工作，翻开了电台事业发展新的一页。

实现安全、顺利搬迁。台党委对搬迁工作提出了“进行全面资产清查登记，确保国有资产不流失，不损坏；技术设备精心调试准备到位，确保无缝对接，安全播出；组织严密，确保整个搬迁安全有序”的要求。为实现“三个确保”的目标，成立了搬迁工作领导小组，在经过科学论证和反复推演的基础上制定了《郑州人民广播电台整体搬迁方案》和《安全播出保障方案》。3月25日，搬迁工作正式启动，3月26日上午，电台7套节目在郑东新区新广播中心试播成功，截止到3月29日24时，整个搬迁工作全部到位，5天时间里，共搬运办公家具和技术设备等物资56车(次)，行程1400多公里，没有发生任何差错和纰漏，真正做到了无缝对接、平稳过渡，比计划提前两天完成搬迁任务，实现了台党委提出的“三个确保”的搬迁目标。

完善新广播中心设施建设。搬迁东区新广播中心后，对电台原有的老旧的办公家具进行了更新。对新广播中心的办公环境、直播间、导播间、总控室进行了绿化、美化，为职工提供一个舒适优美的工作环境。入驻新广播中心以来，各项技术设备运行良好，达到了播出数字化，传输光纤化，管理自动化，办公智能化的设计水平，这标志着电台事业发展水平又迈上了一个新的台阶。

强化培训熟练掌握新技术。新广播中心的制作、播出系统设备都是国内一流的，为尽快让全台工作人员尽快熟练掌握播出、制作等技术设备的使用方法，先后对135名播音员、180名编辑记者、广告上单人员、50名技术人员进行了全方位的培训，使专业人员都达到了快速掌握新技术，熟练操控新设备，极大地降低了人为事故发生的几率。

加大建设投入，为事业发展添动力。搬迁新广播中心后，在做好各项基础工作的同时，电台把后续建设作为重点工作之一，认真研究制定工程建设方案，解决施工中的疑难问题，顺利完成了240平方米多功能录制演播厅、150平方米音乐录制间、广播剧录制室等后续设施的建设，这些配套设施已经陆续投入使用。筹措资金完成了804发射台中波1008地网改造工程和文娱广播调频91.8的同频覆盖工程，改善了电台节目覆盖问题。投资120多万元，购置了摄像机、高清视频切换台、飞线编辑系统等设备，进一步强化郑州广播在线网站的视频采编能力，完善了网站功能。新购置了移动直播车，在2010年的拜祖大典、庆祝嵩山申遗成功、绿博会开幕式等大型活动的报道中发挥了良好作用，收到了显著效果。同时，为改善职工的文化活动条件，自筹资金建立了羽毛球室、乒乓球室、活动室和职工健身房等设施。

(六)强化学习，队伍建设展新姿。

采取有效措施，加大教育管理力度，全面提高队伍的综合素质，有力促进了年度各项工作任务的圆满完成。

开展建设学习型电台教育活动。为全面贯彻落实党的十七大和十七届四中全会精神，加强电台全面建设，按照中央、省、市委关于建设学习型政党和学习型党组织，开展创先争优活动的要求，结合电台搬迁新广播中心后所面临的新情况、新任务，台党委研究决定，在全台范围内开展“建设学习型电台，树立创先争优之风，推进创新式发展”教育活动。活动中，采取自查互查的方法，对照教育活动方案中列举的三个大方面的问题和33条具体表现，逐条逐项进行对照检查，查找问题根源，开展批评与自我批评。针对学习教育中查摆出来的问题，制定整改措施，修改完善规章制度，使电台各项建设逐步走向制度化、规范化。学习教育活动开展以来，全台职工以极大的热情投入到学习教育活动中去，并初步树立起了崇尚学习、创优争先、创新发展的良好风尚。

强化业务学习和培训。为了提高电台专业技术人员的综合素质，提升人才竞争力，电台选出8名业务水平较高的专业人员作为授课老师，以集中授课的形式开展内部教育培训。全年先后组织各类培训11场，参加学习培训人员达到了2178人(次)，培训工作形式多样、内容广泛，授课的有台长也有中层干部还有部门业务骨干，他们通过讲课把自己的经验与专长与大家一起分享。为检验培训成果，还组织了培训效果测试，台党委对成绩突出的部门和个人进行了表彰，教育培训工作取得了较好成效，并呈现出良好的发展态势。

(赵岩军)

【郑州电视台】 2010年，在市委宣传部、市文广新局的正确领导下，郑州电视台坚持以邓小平理论和“三个代表”重要思想为指导，深入贯彻落实科学发展观，紧紧围绕市委、市政府中心工作，高举旗帜、改革创新、服务人民，按照年初确定的总体目标，在统一思想、鼓舞干劲、增强实力上下功夫，节目质量有所提高，核心竞争力有所提升，党组织建设和队伍建设进一步加强，安全播出、东区新办公大楼建设、经营管理等方面工作取得新进展，为郑州市跨越式发展、建设“三化两型”城市营造了良好的舆论氛围。

(一)新闻宣传报道。

重大主题宣传广泛深入。2010年，郑州电视台组织各频道、各栏目通力合作，形成合力，紧紧围绕市委、市政府中心工作，以丰富多彩的节目形态，开辟专栏，采用言论、综述、专题等多种形式，集中宣传郑州市跨越式发展和“三化两型”城市建设、新世纪——郑州十年、畅通郑州重大主题宣传报道。为宣传好郑州市跨越式发展和“三化两型”城市建设，郑州电视台开辟了“学习实践科学发展观，推进郑州跨越式发展”专栏，围绕确定的十大工程，先后播发150余条各类新闻专题，为推进郑州市跨越式发展起营造了良好的舆论氛围；为宣传好郑州市发生翻天覆地变化的十年，郑州电视台精心组织、精心策划，紧紧围绕工业、农业、民生、文化、“三化两型”城市建设等郑州市经济社会发展的10个方面，精心编辑制作了10期大型系列报道《新世纪——郑州十年》，系统回顾总结十年来郑州市经济社会发展的成就和经验，进一步鼓舞了人心、统一了思想、凝聚了力量，全景式的表达方式、权威性的报道，采访的人与事的典型性、报道的生动性，受到中央台驻河南记者站站长代纪玲的称赞；为宣传好郑州市开展以交通综合整治工程建设和提升交通管理水平为主题的畅通郑州活动，郑州电视台开辟《畅通郑州活动》等专栏，紧紧围绕交通建设工程、建立长效管理机制等内容，先后采制播发了有关新闻报道近150条，为全市畅通郑州活动的扎实开展营造了浓厚的舆论氛围。其中，《东风路天桥变成桥脆脆》、《秦岭路：雨后见大坑　谁来把俺修》等报道引起了省委常委、市委书记连维良的高度重视，连维良分别作出批示或到现场办公，促进了问题的有力解决。

重大活动宣传卓有成效。2010年，郑州电视台认真组织，精心策划，扎实做好市人大、政协两会、郑州市“龙腾虎跃闹新春”春节民间文艺大巡游活动、深圳——郑州经贸洽谈采购会、“庚寅年新郑黄帝故里拜祖大典”、省会郑州各界踊跃向玉树地震灾区捐款捐物奉献爱心活动、2010中原论建—郑州经济高层论坛、2010年中国郑州旅游城市市长论坛、市长赵建才率团到浙江、江苏、安徽考察招商、第八届中国郑州国际少林武术节等重大活动的宣传报道，开辟了“贯彻落实市委经济工作会议专题报道”、“反腐倡廉郑州行系列报道”、“党建活动月活动专题报道”、“创先争优活动专题报道”、“聚焦三夏”等专栏，播发各类重大活动相关新闻500余条。

重大事件报道及时有效。2010年5月1日，举世瞩目的上海世博会在上海黄浦江畔盛装开幕，为宣传报道好世博会，显示省会城市台自己的声音、自己的形象，根据市委宣传部的要求，4月28日至5月9日，郑州电视台派出记者组，在人员少、时间紧、任务重的情况下，克服异地拍摄、网络传输、交通食宿等多种困难，实现当天采访、当天编辑、当天回传、当天播出。“走进世博会”专栏先后播发20余条新闻报道，向省会郑州的广大观众现场报道世博会的情况，受到观众喜爱；为加大对绿博会和绿博园建设的宣传报道力度，扩大其影响力和知名度，营造浓厚的舆论氛围，从3月初开始，郑州电视台开辟了《走进绿博园》专栏，成立专题报道组，在积极做好绿博会筹备工作进展报道的同时，对国内80多个参展园区的规划设计、特点特色分别进行了报道，播发相关新闻140多条。对此市委常务副书记马懿、副市长王跃华给予充分肯定，并作为经验做法之一向全国绿化委员会领导进行汇报。为配合好市委、市政府中心工作和重大主题、重大活动的宣传工作，郑州电视台拍摄制作播出了《拜祖回眸》、《和美郑州》、《牛师傅》、《清正廉明，纠不正之风》等专题片和“大河地产”中部论坛、第八届中国郑州国际少林武术节形象宣传片，很好地烘托了舆论宣传氛围。

（三）突出抓好节目质量，核心竞争力有新提升。

2010年，郑州电视台大力加强频道建设力度，狠抓节目质量，强化内容为王理念，重点打造品牌栏目，利用各种活动提升节目影响力，树立频道形象，不断提高栏目质量。

郑州电视台对新闻综合频道栏目进行调整和改版，增强新闻节目的时效性和权威性，提高可视性，保持对全天新闻事件的关注持续度、事件新鲜度不减，形成良性互动，整体收效明显。根据省委常委、市委书记连维良的指示精神，郑州电视台党委召开专题扩大会议，对新栏目的内容、框架、播出时段进行详细论证，克服时间紧、任务重、人员少等困难，调集骨干力量，投入近300万元添置设备，开设“政务直通车”、“民生政务”和“项目建设要闻”三档时政新闻栏目，由新闻部具体负责栏目的筹备运作，于10月20日在一套晚间黄金时间段开播；4月份，郑州电视台将社会新闻部与新闻评论部整合成立了新的社会新闻部，“郑州大民生”的品质得到有效提升。一套节目部筹备了“健康郑州”、“跟我走吧”两个栏目。根据调研，郑州电视台在商都频道筹备开办了“商都地产”和“商都家居”两个栏目，改版民生新闻“有啥说啥”为“商都报道”，进一步拔高“今夜我心动”栏目内容的道德标准和人格追求，注重“天天美食”知识性、趣味性、服务性、娱乐性为一体。商都频道保持郑州电视台各频道平均收视率和市场份额的领先地位，广告承载量比上年同期有大幅度提高。对文体频道收视效果不佳的“好戏共赏”栏目进行了末位淘汰，9月份先后新上了两档节目“豫乐剧场”和“综艺荟萃”，“谁是赢家”栏目实现了直播，“笑啥咧笑”依托丰富的文娱节目资源优势进行节目资源整合，结合观众喜好，量体裁衣设计栏目。加强与与深圳广电集团的合作力度，对四频道加大节目引进力度，引进了一批优秀影视据，增购100多部全版权港产电影；注重节假日节目编排，精心编排播出一批独具港澳台特色的综艺节目；与深圳方共同制作了综艺栏目“快乐营地”；针对各时期的收视热点，及时对频道栏目、版面进行调整，不断增加收视亮点。对政法频道进行改版和编排调整，新开播“法制编辑部”栏目，调整“法治时空”栏目的播出时间并对内容进行重新组合，开通“红绿灯”节目的路况直播晚间版；“郑州法制报道”从大处着眼，从小处着手，加强典型宣传，重视打造新防控治安体系报道；突出“红绿灯”节目的现场感，打造“警花行动”板块，增设和改进交通曝光台。增加影视频道的电视剧投入，一批经典的二轮剧、重播剧取得了良好的收视表现；在研究收视数据的基础上，强化影视频道编排，针对节假日和寒暑假进行特殊编排，频道节目编排有过多次微调和两次大的调整；对收视表现差的电视剧，及时调整到非黄金剧场；从11月1日开始，晚间黄金剧场从3集连播调整为4集连播。

（四）对外宣传工作。

2010年，郑州电视台不断拓宽外宣渠道，紧紧围绕市委、市政府中心工作，选择跨越式发展、拜祖大典、春节民俗活动等重大主题、重要活动、重大事件，积极策划，精心选题，突出特色，先后在中央台多个频道播出新闻、专题118篇，其中消息类新闻96篇、专题类新闻22篇，在省卫视发稿360篇，比上年同期有所增加，为宣传郑州市、扩大郑州市知名度起到了重要作用。

（五）节目及作品创优工作。

2010年，郑州电视台在落实创优工作制度的基础上，加大创优力度，促进了创优工作的扎实开展，取得了显著成效。有16件作品分别获省电视新闻奖、播音与主持作品奖、新闻理论作品奖，其中一等奖7件、二等奖4件、三等奖5件。

在郑州市第十四届精神文明建设“五个一工程”入选作品暨第十一届文学艺术优秀成果评比中，郑州电视台共有12件作品获奖，获奖作品涵盖电视文学艺术的电视剧（片）类、舞蹈类、歌曲类、大型文艺活动类等四个门类，其中“五个一工程”入选作品4件，8件作品获郑州市第十一届文学艺术优秀成果奖。纪录片《巢》荣获四川电视节国际金熊猫奖，“最佳自然与环境类”纪录片大奖；剧情片《牛师傅》荣获中广协会“生命　生存　生活”全国影像大赛最佳导演奖和评委会特别奖；论文《用剧情片的思维做纪录片》荣获第25届中国电视金鹰奖暨第八届中国金鹰电视艺术节艺术论文奖。

（六）广告经营工作。

2010年，郑州电视台克服几个大客户公司经营策略调整、政策性变化和经济形势复杂化以及民营医院自身原因等因素，加大了对4A广告公司、新客户、新品牌、新行业和栏目广告的开发力度，全年广告收入较2009年略有增长。

（七）加强技术保障和新广电大楼搬迁工作。

2010年，郑州电视台技术保障工作保证了新广电大楼搬迁、节目改版、节目生产、重大活动现场直播、重要安全播出期等工作的顺利进行。根据上级规定的台内停播率每百小时20秒的停播率标准，狠抓规章制度落实，细化责任制，确保了安全播出。截止到2010年11月10日，安全优质播出电视节目共计39823小时，其中一套节目播出6454小时，二套节目播出6562小时，三套节目播出7018小时，四套节目播出6552小时，五套节目播出6978小时，六套节目播出6259小时，1—6套停播率每百小时0秒。全年录制和转播各类晚会、大型活动、专题类节目累计223场次；完成对高清卫星转播车的验收和磨合调试工作；完成6个演播室各栏目背景的制作和各类晚会、栏目外景装置工作；完成600平方米演播室背景、灯光、音响等工程的施工监督、验收和运行使用工作。

郑州电视台经过技术委员会数次讨论,根据实际情况,按照既达到设计要求,又节约资金的原则,完成高清新闻网、高清制作网、办公网、Ioffer节目传输平台和网络电视台的搭建工作。按照新办公大楼搬迁计划,搬迁工作已顺利完成。截止到9月底,6个频道已搬迁完毕,实现不停播安全对接高标清播出。2010年,郑州电视台3次获得河南省优秀科普作品二等奖,多次获得河南省广播电影电视局二、三等科技创新奖。其中,郑州市2009春节文艺晚会《春天的祝福》片头获得了河南省技术质量奖片头类一等奖。

(李　明)

文学艺术

【文艺活动】 2010年,郑州市文联及各团体会员在郑州市委、市政府和市委宣传部的领导下,在省文联的指导下,深入学习贯彻党的十七大、十七届四中、五中全会精神,坚持"二为"方向和"双百"方针,按照"三贴近"的要求,团结全市广大文艺工作者,以紧扣发展主题为第一要务,以构建"和谐郑州"、发展先进文化、建设和谐文化为第一抓手,以出作品、出人才、出效益、出局面为第一任务,积极发挥文联组织的凝聚力和服务、协调、引导的功能,发挥文艺工作者在建设先进文化中的积极作用,创造性地开展工作,为推动郑州市文艺事业繁荣发展和社会进步,弘扬民族精神和时代精神,彰显中原魅力、推动郑州文化建设做出了积极贡献。市文联和各文艺家协会紧紧围绕"坚持科学发展,构建和谐郑州"这一主题,广泛开展各类文艺活动,为建设和谐文化、构建和谐社会提供精神动力和智力支持。

2月7日,郑州市文学艺术界迎春联欢会在嵩山饭店二楼多功能厅成功举行。市四大班子有关领导出席了联欢会,来自全市的文学艺术家近300人欢聚一堂,喜迎新春佳节,充分展现了全市文艺界的大团结、大繁荣、大发展。

市文联及相关协会分别组织戏剧家、书画家等文艺工作者上百人次深入基层开展丰富多彩的惠民文化活动,相继组织开展了"送文化、送欢乐"文艺助推新农村建设活动、赴郑州锦艺集团纺织公司、郑州市白庙劳教所开展"送欢乐、下基层"、新农村建设书画帮扶笔会活动等一系列慰问演出。通过形式多样、生动活泼的文艺演出等活动,传达市委、市政府对基层人民的亲切关怀和深情厚谊,丰富和活跃了基层群众节日文化生活,为进一步促进社会和谐做出了努力。

4月17日,借每年一度的拜祖大典之际在郑州商都艺馆举办了庚寅年黄帝拜祖"水墨故乡情"全国中国画名家作品邀请展。省市有关领导应邀出席了画展,中国美协主席刘大为,美协副主席、中国国家画院院长杨晓阳、副院长张江舟、河南省文联及河南省美协主席马国强等二十多名全国著名画家参展。整个画展以"构建和谐家园、和谐文化"为主题,充分展示了"同根同祖同源、和平和睦和谐"的拜祖主题,突出体现了黄帝故里作为中华民族精神家园、祖根圣地的地域和风土人情特征,表达了华夏儿女对全世界和平、和睦、和谐的美好祝福。这次展览对郑州人民的视觉具有强烈冲击力,并且也是河南美术展览史上的一次标高。

5月10日,由中国作协创研部、解放军出版社、郑州市委、市政府主办,市委办公厅、市委宣传部、市文联承办的长篇报告文学《风雅大郑州》首发式暨研讨会在嵩山饭店新闻发布厅成功举行。中国作协报告文学学会副会长李炳银,中国作协创研部副主任何向阳及郑州市有关领导和北京以及河南著名作家参加首发式并进行理论研讨。该书由我国著名作家、鲁迅优秀文学奖获得者刑军纪先生执笔创作,邢军纪在郑为期3个月的专题采访期间,先后深入到县(市)、区机关、工厂、农村、社区以及郑州著名历史文化景点,对几十个单位近300人进行了深度采访,对郑州30年来政治、经济、文化及社会建设成就进行了全方位地了解,该书是对郑州改革开放30周年的一次全面总结和盘点,对进一步宣传郑州、提升郑州的文化品位将起到重要作用。目前,该书已由解放军文艺出版社(昆仑出版社)出版发行。

5月27日,"中国著名画家画嵩山"活动开笔仪式在嵩山地质公园隆重举行。该活动由中国文化部青联美术委员会、《国画家》杂志社、郑州市委宣传部、市文联、登封市委、市政府、嵩管委主办,郑州市美协、省美协山水画艺委会、登封市委宣传部、登封市文联承办。全国著名画家李宝林、张龙新、杨振熙、李明等20多名画家参加活动并创作嵩山写生作品近百幅。中岳嵩山拥有地质上"五代同堂"之称,通过画家朋友对嵩山文化的宣传推荐,进一步提升登封的对外知名度和文化感召力,传承和弘扬中华优秀传统文化,为推动郑州文化旅游产业的发展和郑州经济社会跨越式发展,建设"三化两型"城市做出积极贡献。11月27日,文联成立60周年纪念会议上,在郑州当代艺术馆举办"神逸嵩山"全国著名画家走进嵩山写生作品展,并出版画集。

10月29日,由市委宣传部、市文联、韩国美术协会晋州支部主办、市书协、市美协承办的中国郑州·韩国晋州书画交流展在郑州市博物馆隆重开展。此次展览正值中韩两国建交18周年,也是郑州晋州建立"友好城市"10周年,为进一步促进中韩两国文化交流,增进中韩两国人民的友谊而举办的专项交流展。市文联主席钟海涛主持开幕式,岳修武、丁世显、宋华平、雷志、龙同胜、李陶然、李明等领导,及韩国一行18人参加了书画交流活动，共展出两国艺术家的作品160件。

11月27日，在嵩山饭店隆重召开郑州市文学艺术界联合会成立60周年纪念会议。马国强、岳修武、夏挽群、王力建、雷志、李元法、张民服、龙同胜以及河南省各文艺家协会副主席、秘书长、各人民团体负责人及有关单位领导出席会议。会上市文联主席钟海涛作了题为《扎实推动文化大发展大繁荣、不断开创全市文艺工作新局面》的报告，省文联主席马国强发表讲话，市政府副秘书长龙同胜代表市委常委、宣传部长丁世显发表了重要讲话。会后举行了庆祝文联60周年文艺演出和神逸嵩山——全国著名画家画嵩山画展。

文学方面，在巩义市举行了郑州市第21届文学创作“巩义观察”主题笔会。市文联主席钟海涛、副主席马素芳、市作协主席原非、河南大学教授耿占春等莅临笔会，巩义市委常委、宣传部部长朱军，巩义市文联主席王建设及郑州六县(市)、上街区等市县的作家70多人参加了采风笔会。百花园杂志社坚持正确的办刊方向，全年出版发行《小小说选刊》、《百花园》各24期，《小小说出版》2期。

戏剧曲艺方面，坚持地方特色，锐意创新，组织形式多样的戏剧曲艺演出、比赛和创作活动。市剧协在荥阳市汜水镇口子村隆重举行了“纪念中国豫剧教育家、艺术家周海水大师诞辰120周年”活动，继续开展戏曲走进校园活动，与中原工学院师生共同联欢。郑州老艺术家协会艺术团为丰富群众的文化生活，推动和谐社会建设，在重阳节来临之际，联合市委宣传部、市文联在郑州艺术宫共同主办了金色重阳豫剧、曲剧名家名段戏曲晚会。省会戏曲名家虎美玲、贾庭聚、胡希华、汪荃珍等名角为老年朋友们送上了一场精彩演出。市曲协主席赵薇莉、常务副主席张守振勇挑大梁，积极组织演员排练群众喜闻乐见的评书、河南坠子、戏曲小品等节目，并带头参加创作、演出，扩大了郑州曲艺知名度。

美术书法界振兴繁荣，专业展览、比赛与群众性活动两手抓，创作和研究起头并举，国画、油画等画种的创作水平和艺术水平在全国影响越来越大，郑州美术书法在全国的地位迅速提高。市书协分别组织开展了以吴栋梁、唐玉润、黄居正、周济人、海丙离、岳修武、孙永茂等郑州市书法界的老一辈著名书法家为主的商都七子书法展、以毛鸿雁、王蒲青、谭俐侠、许广丽、王暄玲、李晓燕、刘启红、刘芳、陈玉莲九位女士书法家为首的“商都墨韵第二回郑州女子书法展”、“商都墨韵第七回郑州青少年书法展”、“商都墨韵第九回韩湘人张允汉书法作品展”、以李健、王晨、唐毅、张晓红、王建国五位青年书法家为首的“商都墨韵之五鼠戏墨汇中秋书法展”等一系列书法展览。郑州市著名书法家王富强受上海世博会国际信息发展网馆和“世界工艺美术精品鉴赏日”组委会邀请，在上海世博会成功举办了个人书法艺术展。王富强也是上海世博会开幕以来，中国书法界唯一受邀来此作个人展览的书法家，这也是中国书法走向世界的一次宝贵尝试。

摄影界以“和谐人居环境和百姓安居乐业的生活状态”为主题，成功举办第一届“郑州楼市·正商杯”和谐人居摄影大赛颁奖暨优秀作品展，共有5000多幅影摄作品参与遴选，真实地再现了郑州市百姓居住环境所发生的翻天覆地的变化。评选出特等奖收藏作品一幅，一级收藏作品一幅，二级收藏2幅，三级收藏3幅，优秀作品50幅，共有300幅作品在绿城广场展出。组织庆祝郑州市文联成立60周年“市摄协会员历年摄影作品回顾展”，从不同层面展现郑州市的摄影水平。由市摄协承办编撰的《郑州记忆》一书已交出版社审阅。

音乐舞蹈界创作、演唱、演奏、演出空前繁荣，成绩斐然。市音协合唱团团应邀参加了上海世博会宣传片的录制，成功演出两场该团成立近三年来首次举办的合唱专场音乐会，受到了省市领导，专家和广大群众的充分肯定和一致好评。组织参加由市民政局、市电视台民生频道联合举办的“迎三八、送欢乐”大型广场文艺演出、省文化厅在郑东新区如意湖广场举办的“纪念中国人民抗日战争胜利65周年——省会群众大合唱”演出活动以及纪念文联成立60周年大型文艺演出。市音协还多次应邀或选派专家担任省市音乐活动及赛事的指导和评委。

民间文艺成果丰硕，开展非物质文化遗产抢救工程卓有成效，市民协组织参加在新密举办的中国羲皇文化之乡艺术界活动，观众达上万人次，对羲皇文化保护进行了有益探索。并初步完成“河南贡品”普查工作。

影视方面，市影协配合市纪委、市委宣传部共同举办了“阳光绿城、廉洁郑州”廉政公益广告大赛，已开始在电视台展播。配合市委宣传部举办了“咏商都”朗诵活动。完成电视纪录片《商之都》新十集的拍摄及后期制作。

【各协会获奖情况】 市作协组织参加郑州市委宣传部开展的“写郑州”征文活动，初步完成作品收集、评选和300多万字的优秀作品编辑出版工作。组织开展本年度“五个一工程”和优秀文学艺术成果奖，对30多部作品进行了初评。在市宣传部组织的“写郑州”征文活动中，刘峰晖的长篇小说《篡唐》、王刚的长篇小说《烩面》、孙振魁、侯巧红的长篇小说《梦春秋》、付金宝的长篇小说《绝音》、陈铁军的小说集《红泥》、李建森的小说集《冬天的花朵》、王艳的散文集《声音低低说生命》、邓万鹏的诗集《嵩山、黄河》分别获特别奖。

市曲协常务副主席张守振坚持创作曲艺作品，一年来共创作10余篇河南坠子、曲艺说唱、唱词、小品等艺术形式作品，并大多搬上舞台演出。常务理事尚继业创作出多篇河洛大鼓并在舞台演出。会员赵宝献组建了“少儿曲艺培训班,结合形势编演山东快书、快板书、相声、曲艺小品等群众喜闻乐见的节目,深受群众欢迎。在活动中发现人才,把一部分热爱曲艺、乐于奉献、具有一定才干的人才及时吸收到协会中来,迅速扩大了曲协队伍。市曲协正式会员已达88人,为郑州市的曲艺发展起到了极大的推动作用。市曲协的常务理事陈红旭编剧、导演、表演的小品《笑比哭难》2010年荣获4个一等奖,有全国武警部队一等奖,中国文化部“群星奖”,全国幽默艺术节金奖,中国曲艺最高奖“牡丹奖”。常务副主席张守振曲艺作品河南坠子《司马迁》获中国曲协一等奖,河南坠子《大老薛开店》获中国曲协、中纪委三等奖,河洛大鼓《长江美》获中国曲协“长江赞”曲艺大赛三等奖。河南坠子《借夫》获中国文化部二等奖。史不凡的《品相声》获广州第九届中国艺术节“群星奖”。

市美协组织参加“河南省著名画家南阳行”写生、创作活动。王威、杨振熙、李明、林玮、罗治安、张守健等20人创作出作品60多幅,在南阳师范学院美术馆展览并出版画集。市美协组织会员参加全国美协所安排的各种展事活动。会员徐明跃的两幅作品藏书票和小版画入选13届全国藏书票小版画艺术展暨国际藏书票名家邀请展。组织会员参加河南省美协11个艺术委员会所安排的各画种展览,参展及获奖作品近百件。

为喜迎国庆和纪念抗日战争胜利65周年,市音协于9月底结集出版了《郑州市少儿歌剧团声乐作品选集》CD光盘(一套两盘),并再版了少儿歌剧《鸡毛信》(DVD)光盘。结集出版了《朱金键音乐作品选集》(第一集)CD光盘。朱金键作曲的《河南的孩子爱河南》被教育部选编入我国《小学音乐》课本。

市舞协副主席赵力民编导的舞蹈作品《母爱同行》参加由文化部主办的第十五届全国“群星奖”评比,获得最高奖“群星奖”,舞蹈作品《我家就在岸上住》参加由中国舞蹈家协会主办的第二届全国“荷花奖”校园舞蹈比赛,获得“十佳作品奖”,创作的杂技作品《龙门跃》参加由文化部主办的第八届全国杂技比赛,获得铜奖,赵力民获得由河南省政府颁发的“助残先进个人”光荣称号。副主席周玲娣创作的杂技《弹跳跷》荣获郑州市第十一届文学艺术优秀成果一等奖。副主席毛宝杰撰写的论文《舞蹈表演的情感体验》在《大家》杂志上发表,指导的作品《古扎丽古力》参加河南省大学生艺术节获得一等奖,本人获得河南省校园文化先进工作者称号。副主席张春和创作的舞蹈作品《梦香瓜趣》参加由国家教育部主办的“全国中小学艺术展演”获得二等奖,并获得河南省教育厅二等奖,创作的舞蹈作品《牡丹红了》参加由国家教育部主办的“全国中小学艺术展演”获得二等奖和河南省教育厅二等奖,舞蹈作品《幸福一家》参加中国国家教育电视台“六一晚会”获得金奖,撰写论文《和谐社会背景下发展舞蹈教育初探》在《河南教育》杂志发表。

市剧协由张娜、张来峰主演的曲剧剧目《麻疯女》荣获郑州市第十四届精神文明建设“五个一工程”入选作品奖和河南省第四届黄河戏剧节大赛银奖。

市摄协分别于2月份和7月份组织3批共60余人赴福建、安徽、青海、甘肃、内蒙古采风创作,使会员又有了新的收获,创作了一批好的作品,其中赵亚洲的《大地溢彩》入选第三届“摄像亚洲·济南国际摄影双年展”。

市音协合唱团在音协主席朱金健的带领下,喜获中国第九届艺术节之第十五届全国“群星奖”合唱决赛“群星奖”。协会副主席孙树森创作的歌曲《我是小小一朵云》在第十届中国民族歌曲大赛中,荣获“中国民歌十大金曲”金奖,《山村小伙》荣获2010年全国歌曲创作“群星奖”。协会副主席刘成甲创作的《根脉郑州》在“唱郑州—全国网络征歌大赛”中获第一名。协会副主席孙树森创作的歌曲《郑州之恋》在“唱郑州——全国网络征歌大赛”中获一等奖。协会常务理事阮志斌创作的歌曲《画开封》在中国音协和开封市委联合举办的美丽开封歌曲大赛中获优秀奖,《母校我的爱》《美哩吧》两首歌曲获郑州市“五个一工程”奖。协会会员吕天松自创的歌曲作品《扬起未来的希望》,参加了由国内较有影响的数家社会艺术机构(中国音乐文学学会等)联合举办的“二十一世纪华人音乐奖”音乐展示评选活动,并荣获了词曲一等奖。

市民协在河南省民间文化抢救工作总结会上被评为河南省民间文化抢救工程先进单位,秘书长赵昕炜被评为先进工作者。5月份组织民间艺术家王玲(澄泥砚)、赵恩民(泥塑)参加中国民协在烟台举办的中国民间工艺博览会分别获金奖。

市影视协组织郑州市影视作品参加第八届中国金鹰电视艺术节暨第二十五届中国电视金鹰奖评比,分别有3部作品入围并获奖,由郑州电视台报送的张惠民执导的电视剧《快乐星球》获电视剧三等奖、乔乔评论《用剧情片的思维做纪录片—纪录片〈巢〉创作谈》获得电视艺术论文评选三等奖、由郑州小樱桃卡通艺术有限公司制作的动画片《小樱桃》获青少节目三等奖。此次参赛填补了郑州市影视作品金鹰奖评选的空白。

郑州市杂技团与郑州星光演出有限公司合作创编杂技节目《龙门跃—荡圈钻圈》参加文化部在广州举办的第八届全国杂技(魔术)比赛并荣获文化奖铜奖。

(徐向阳)

档案工作

【档案馆库建设】 2010年，郑州市档案馆库基础和功能建设取得了新突破。市档案馆新馆建设项目土建工程全部结束，设备安装工程完成80%，内外装修工作全面展开。各县(市)、区馆库建设也有一定进展。投资900万元、面积5000平方米的荥阳档案新馆已经奠基；金水区、新郑市档案新馆建设被列入当地"十二五"发展规划；二七区档案新馆建设被列入当地建设规划；管城区档案馆库房调整优化方案已基本确定；登封市档案馆正在准备向过渡用房搬迁；新密市、荥阳市档案局、馆克服不利因素，完善设施设备，强化工作措施，顺利通过了国家二级档案馆验收；巩义市档案馆正在加紧筹备国家一级档案馆的争创工作。

【档案资源建设】 2010年，全市各级国家档案馆加大了对不同门类、不同载体档案的接收、征集和整合力度。市档案局、馆以筹办"郑州记忆"展览为契机，组织骨干力量走进全市机关企事业单位，远赴北京寻访老领导、老前辈，深入第一历史档案馆、铁道部档案馆、解放军档案馆、省档案馆、黄委会档案馆及波兰驻华使馆等机构，先后征集了包括郑州第一任市长宋致和、第一任革委会主任王辉、新中国建立以来郑州市四大班子主要领导的个人档案；反映一百年前河南地区风土人情的珍贵图片档案；郑州地区不同时期、不同行业的老器具、老设备、老书籍、老票证等实物档案；郑州籍知名画家、作家、解放郑州老战士的名人档案；嵩岳集团、日产公司、郑煤集团、燃气公司等名企档案；拜祖大典、少林武术节等重大活动档案；社保医保、污染源普查等新门类档案；市新闻出版局、原国棉二厂等撤并机关和破产、改制企业档案；党和国家领导人在郑视察档案等等，合计约3万卷(件)、册。各县(市)、区档案馆档案资源建设也取得了可喜成果。在全省档案资源整合现场会上，中牟县档案局交流了经验材料，市档案局、金水区档案局介绍了工作措施，受到了与会同仁的好评；管城区档案馆征集了全国首届城市民族区发展论坛档案；惠济区征集了清乾隆年间的地契档案；中原区档案馆与区两办、每周中原编辑部等部门加强合作，建立了信息资源共享机制，征集各类图片、声像、影像档案4000多件。

【档案信息化建设】 2010年，市档案馆、金水区档案馆被选为全省档案信息化建设试点。全市档案网站功能建设不断加强。郑州档案信息网围绕中心工作，配合"创先争优"、"纪念建党89周年"等活动，及时增设了专栏。金水、中牟、荥阳档案信息网纷纷增加了功能，充实了信息，网站的宣教和查阅功能大幅提升。档案数字化建设步伐加快。二七区档案馆投资50余万元对电子文件中心管理软、硬件进行升级，实现了电子政务和电子档案一体化。截至2010年底，全市各级档案馆共录入条目414万余条，数字化扫描92万余份。数字档案馆建设扎实推进，市档案局多次组织专家对郑州市数字档案馆项目进行座谈、论证，总投资额近1200万元。中牟县档案局经过努力，已经建成了以数字档案馆为主体，以全县各单位数字档案室为基础的档案数字化网络。

【档案安全体系建设】 2010年，全市各级档案部门狠抓安全体系建设各项措施的贯彻落实，把档案安全体系建设工作纳入到年度重点工作中；把档案安全体系建设工作纳入到各级档案部门"十二五"档案事业发展规划中，并提出了具体的实施目标与措施；把档案安全体系建设工作纳入到全市各级档案部门"一把手"职责中，形成全市上下贯通的档案安全工作领导体系；把档案安全体系建设工作纳入到单位目标管理考核中，实行"一票否决"。市档案局争取国家重点档案抢救经费23万元，加大了重点档案抢救力度，印发了《关于加强汛期档案安全保管的通知》，组织人员到各级档案馆进行了巡查。各级国家档案馆积极贯彻全市档案安全体系建设动员会精神，采取建立消防应急组织机构、完善应急处置预案、开展消防演练等措施，加强档案安全管理，圆满完成了重要档案异地异质备份工作。金水区档案馆投资50多万元，安装了变频中央空调和自动监控系统，提高了档案保管安全指数；登封市档案馆投资15万元安装了库房智能温湿度管理系统，实现了不间断智能化管理。

【档案法制宣传工作】 全市各级档案部门不断提高依法管档、依法治档能力，不同形式地开展了执法检查活动，取得了良好效果。市档案局建立了规范性文件审核制度，加强了对新问题、新情况的研究，组织制定了《郑州市行政复议档案管理办法》等文件，有效地促进了档案中介服务与行政复议的标准化和规范化。金水区档案局采取档案法制宣传与业务工作结合、与法制实践结合、与道德教育结合、与利用服务结合、与档案管理结合的"五结合"工作方法，有力推动了法制宣传工作的开展。中原区档案局制作了宣传栏、宣传版面，开展了法规知识宣传周活动。全市各级档案部门积极利用各类媒体宣传档案工作。2010年，全市档案工作者发表文章656篇，较2009年增长162%。

【档案规范化管理认证工作】 根据国家局、省局的总体要求，全市各级档案部门积极推动档案工作规范化管理认证工作。市档案局采取以会代训、签订责任目标、指导创建最佳系统、加强县(市)区认证工作等一系列举措，组织人员先后到市法院系统、国税系统、园林系统、地税系统、司法系统、电业系统、联通系统、郑煤集团、郑州卷烟厂、市邮政局等机关、企事业单位开展认证工作。各县(市)、区档案局狠抓示范社区和示范村档案室规范化认证工作,推动档案管理水平有效提升。2010年,全市共有123家机关、企事业单位、66个社区、58个行政村通过规范化管理认证,圆满完成了认证数量年递增8%,“十一五”期间认证通过40%的工作目标。

【档案事业发展综合评估工作】 按照国家局、省局《关于开展档案事业发展综合评估工作的通知》要求,市档案局统筹安排,精心指导全市档案事业发展综合评估工作。继2009年二七区通过档案事业发展综合评估之后,2010年,登封、新郑、中原、金水、上街5个县(市)、区档案局按照《郑州市档案事业发展综合评估指标及评分细则(试行)》认真查漏补缺,积极改进工作,顺利通过了综合评估验收。

【档案管理与服务】 全市各级档案部门不断完善管理措施,提高服务水平,紧紧围绕党委、政府的中心工作,积极为经济社会建设服务,积极为改善民生服务。2010年,全市各级档案部门大胆创新服务机制,积极探索档案工作服务民生的新途径、新方法。金水区档案馆在建立照片档案、多媒体档案数据库的基础上,利用档案管理网络平台,对婚姻、介绍信、干部任免等事关民生的档案优先数字化处理,建立了8万多条目录、12万多页全文的民生档案数据库,方便了群众查阅,获得了广泛好评。登封市档案馆多方努力,征集了1985年以来的婚姻档案15万多件,并优先数字化处理,丰富了馆藏,凸显了档案服务民生的社会价值。二七区档案局成立了行政服务科,实施档案服务便民利民无假日服务措施,被《郑州日报》报道。

【重点建设项目档案工作】 2010年,市档案局从抓制度规范入手,不断加强重点建设项目档案工作,组织人员对《郑州市档案局关于建立郑州市重大建设项目档案专项验收通知制度》进行了修改,制发了《郑州市档案局关于核发郑州市重大建设项目档案验收意见书的通知》,建立了重点建设项目档案登记制度,派员深入重点建设项目工程,对有关的内容和具体操作方法现场讲解指导,相继指导了郑州市快速公交一期工程、市儿童福利院、郑大一附院实验室工程、建设西路综合整治项目、航空港区迎宾大道工程等市重点项目工程,有力促进了重点工程档案专项验收工作的顺利开展。新密、上街、金水、中原、二七等县(市)、区档案部门采取不同措施,大力开展重点建设项目档案工作。截至2010年底,新密市所有重点建设项目均已在档案局登记备案。

【农业农村档案工作】 2010年,郑州市新农村建设档案工作步伐加快。各县(市)、区档案局馆和农村基层档案工作人员拓宽工作思路,积极行动,深入贯彻《关于加强社会主义新农村建设档案工作的意见》,以“示范化档案室”和“规范化档案室”建设工作为抓手,进一步深化新农村建设档案工作。上街区以整理村级财务档案和文书档案为突破口,带动其他门类档案的整理,不断规范了村级建档工作;金水区采取“召开会议、组织培训、深入调研,严格检查”的做法,促使新农村建设档案工作走上科学化、规范化、制度化轨道,建立村级综合档案室31个,建档率达95%。中牟县在通过“河南省社会主义新农村建设档案工作示范县”验收的基础上,全力抓好“农村档案资源共享工程”,全县每个行政村均建立了村级档案数据库,实现了网络化管理,村民足不出户就可以查到档案资料,在2010年10月28日全国农村档案信息资源共享工作会议上,国家档案局杨冬权局长对中牟的农村档案信息资源共享工作给予了充分肯定。

【政治思想建设】 2010年,全市档案系统以“勇当科学发展先锋队,争做无私奉献兰台人”为主题,以开展“创先争优”活动为载体,深入开展了一系列教育活动,取得了良好成效。市档案局组织召开了“学习刘义权、奉献在兰台”座谈会,倡导全市档案系统向刘义权学习,深入挖掘了刘义权的精神内涵,积极指导工作实践;组织人员积极参加市“畅通工程”文明交通服务活动和“服务城乡、联点共建”活动,《郑州日报》专门就市档案局负责的东关南里社区帮扶工作进行了报道。各县(市)、区档案局不同形式地开展了“双承诺双联系”、“三联三创”、“双比双争”等活动,充分发挥了党组织的战斗堡垒和共产党员的先锋模范作用,在服务人民群众、推动科学发展、促进社会和谐的实践中做出了积极贡献。

【档案人才队伍建设】 2010年,为了营造人才辈出、人尽其才、尊重知识、尊重人才的工作氛围,促进档案工作队伍整体素质提高,市档案局组织制定了《郑州市档案局关于实施人才强档战略的意见》,启动了“163人才强档战略”,对中高级档案人才现状进行摸底,建立了档案从业人才数据库。分两期举办了主旨为“弘扬档案文化、传播科学知识、交流工作经验、传递人生感悟”的郑州兰台论坛。各级档案部门结合工作实际,多种形式地开展了读书竞赛、建设学习型机关、组织岗位练兵等活动,选派工作业务骨干参加上级组织的业务培训,赴先进地区考察学习,拓展了视野,启发了思路,培养了能力,提升了素质。

(郑明伟　孙超峰　崔　迎)

地方史志工作

【《郑州市志(1991—2000)》印刷出

版】　2010年3月，第二轮《郑州市志(1991—2000)》6个分册44卷近500万字印刷任务圆满完成。内容涵盖经济、政治、军事、社会、文化、教育、科技、自然等多个方面，全面系统、客观准确地记述了20世纪90年代郑州的发展变化。是郑州市各级领导决策，社会各界了解郑州、认识和研究郑州、开发和建设郑州不可多得的参考资料，具有重要的存史价值和资治、教化作用。

【《河南省对口支援江油市灾后恢复重建志(郑州篇)》资料收集完成】　2010年上半年，郑州市地方史志办公室按照市政府安排承担了《河南省对口支援江油市灾后恢复重建志(郑州篇)》的资料收集及向省地方志供稿工作。接受任务后，郑州市地方史志办公室迅速制定工作方案，抽调业务骨干到市援江办集中开展资料长编工作3个月。截至2010年底，资料收集工作基本完成。

【指导县(市)、区修志工作】　2010年，郑州市地方史志办公室坚持实行督查制度，定期对县(市)、区落实"一纳入、五到位"和志鉴进展情况，有针对性地进行专项督查，加大指导督促力度。截至2010年底，新修的10部县(市)、区志中，已有8部志书进行了省市县三级评审；6部县(市)、区志修改完毕，并通过了省市史志办审核批准，5部已正式出版，1部计划2011年上半年出版；其他2部已评审的县(市)、区志正在按方案修改，可望于2011年内出书；未评审的2部志书，计划2011年上半年安排评审。

【基层志编修工作】　2010年，郑州市地方史志办公室在抓好市、县两级志书编修的同时，努力做好部门志、专业志、乡镇志编修指导工作。在郑州市地方史志办公室的指导下，《郑州军事志》、《郑州经济技术开发区志》、《新郑烟厂志》、《郑州烟厂志》、《郑州煤矿机械厂志》、《祭城镇志》、《关虎屯村志》、《庙李镇志》、《马寨镇志》、《广武镇志》等一批部门志、专业志、乡镇志、村志编修进展顺利，其中部分志书已经编修完成。

【2010年版《郑州年鉴》出版】　10月，《郑州年鉴》2010卷由中州古籍出版社出版，全书共计150万字，大16开精装印刷。采用条目体和分类编辑法、辑录内容按篇目、类目、条目三个层次排列。全书共设特载、大事记、市情概要等29篇，除文字内容外，还收录了反映领导活动、部门工作、行业发展、城乡新貌、重要成绩等方面的彩色图片。11月份，在全国地方志系统第二届年鉴评奖中，《郑州年鉴(2010)》荣获一等奖。

【县(市)、区综合年鉴编纂工作】　全市12个县(市)、区已有11个县(市)、区编辑出版了年鉴。其中，新郑市、新密市、巩义市、荥阳市、中牟县、管城区、中原区、二七区、金水区、惠济区、上街区等县(市)、区史志办，切实将编辑出版年鉴作为经常性工作来抓，坚持逐年出版、规范出版。《中原区年鉴》、《中牟年鉴》在2010年全国地方志系统第二届年鉴评奖中，分别获得二、三等奖。

【广泛开展用志工作】　郑州市地方史志办公室注重发挥地方志公共服务作用，充分利用所掌握的地情信息资源，为政府、公民、法人、社会团体提供多种形式的信息服务。先后为全市纪念建党89周年、《大郑州都市圈发展战略研究》、《郑州市市域城镇体系规划(2010—2030年)》、《郑州市建设创新型城市总体规划》、《郑州市哲学社会科学发展"十二五"(2011—2015年)规划纲要》、《郑州记忆》、《河南红色旅游图志》等提供了系列地情信息服务，并为各级各类新闻媒体和文艺作品、影视剧创作提供了大量资料；全年接待社会各界查阅资料200余人次。

【《郑州历史上的今天》编辑工作】　2010年，郑州市地方史志办公室为进一步开发利用所掌握的丰富史志资料，充分发挥资治、存史、教化服务功能，开始着手编纂《郑州历史上的今天》丛书，逐月记载郑州区域内1840年至2000年发生的大事要事。

【拓展培训活动】　10月12日至16日，郑州市地方史志办公室组织全体机关人员、各县(市)、区史志办主任及业务骨干40余人在河南丰乐农庄进行了拓展培训。通过拓展训练，使大家进一步认识到自身潜力，磨炼自己战胜困难的毅力，培养团队合作精神，培养主动沟通、主动配合的工作方式，提高自我的控制能力，从容应对压力与挑战，完善人格，磨练个人意志，培养毅力、勇气、责任心、荣誉感以及积极的价值观，强化探索精神与创新意识等。

【创先评优活动】　2010年，郑州市地方史志办公室及时启动了全市史志系统评先工作。11月25日，郑州市人力资源和社会保障局与郑州市地方史志办公室联合下发《关于评选全市第二轮志书编纂工作先进集体和先进个人的通知》(郑人社奖〔2010〕48号)，对在全市第二轮修志工作中做出突出成绩和贡献的30个先进集体、90名先进个人予以表彰奖励，进一步在全市史志工作者中树立先进榜样，营造人人争当先进的工作氛围。

【地情信息化建设】　2011年，郑州市地方史志办公室大力推进地情信息数字化、网络化建设工作。组织有关人员先后到省内外5个史志办进行实地学习考察，完成了《关于山东省史志系统史志工作暨信息化建设的考察报告》。在充分咨询、论证基础上，制定了《郑州市地情资料信息库建设方案》、《郑州市地情信息管理系统项目方案计划书》上报市政府。同时，进一步重视地情数据库和史志资料馆(室)建设，全面整合、充分开发、有效利用地方史志信息资料,努力实现地方志广泛、深入、便捷地为经济建设和社会发展服务。年内,对郑州市地方史志办公室网页及时进行更新维护,及时将有关志鉴信息和地情资料在网上发布,实现信息共享,方便社会各界查阅。

【《郑州市地方志工作"十二五"发展规划》编制工作完成】 按照郑州市政府《关于组织开展我市"十二五"规划编制工作的意见》要求,郑州市地方史志办公室及时启动了《郑州市地方志工作"十二五"发展规划》编制工作。在做好规划前期课题研究工作的基础上,结合单位和工作实际,认真开展了规划的编制、衔接、论证等工作。郑州市地方志"十二五"规划充分体现了科学发展观,依据《条例》,遵循史志发展客观规律,明确了全市史志工作"十二五"期间的指导思想和基本原则、总体目标、主要任务、基本措施等,为全面推进郑州市史志事业协调可持续发展提供了纲领性保障。通过"十二五"规划的编制,达到了理清思路、明确目标,凝聚智慧、形成共识,鼓舞干劲、振奋精神的目的。

【机关文化建设】 2010年,郑州市地方史志办公室根据机关发展需要,将机关文化建设作为重要工作切实抓紧抓好,着力在机关营造工作人员普遍认同和遵循的、具有郑州市地方史志办公室特色的机关文化,为史志工作提供强大精神动力。一是总结提炼了体现史志部门职能使命和核心价值的关键词:"博采、精修、存史、立鉴";体现史志部门传统作风和机关精神的关键词:"砺志识行止,善鉴明得失"。二是积极营造文明和谐、团结奋进的机关文化环境。在单位门口、走廊、办公室、会议室等场所,设计布置了体现机关精神理念、历史传统、工作目标、规章制度等内容的专栏、牌匾、图片等。通过机关文化建设,使干部职工在时时处处的耳濡目染中,受到潜移默化的影响和熏陶,形成了健康向上、催人奋进的机关文化氛围。

【民国六年《河阴县志》校注本出版】 荥阳市地方史志办公室整理的民国六年《河阴县志》校注本22卷,50万字,正式印刷出版,至此,荥阳历史上荥阳、汜水、河阴三县旧志全部整理完毕,为改革开放、经济发展、新志编修等提供了一套完整的地方历史资料。

【第一轮《新密市志》再版印刷】 新密市于1995年编纂出版了《新密市志》。由于当时印量小,存数少,到本世纪初已经无存。为服务新密经济建设,向社会各界人士提供资料,2010年新密市地方史志办公室与郑州市地方史志办公室合作,再版了《新密市志》。

【新密编纂新密市委书记、市长工作大事记】 2010年,新密市地方史志办公室创新工作思路,努力打造史志工作新亮点,首创了《2009年新密市委书记工作大事记》和《2009年新密市市长工作大事记》。两本书均分为"活动掠影、重要讲话、调研文章、工作大事"等部分,共计60万字,收录照片64幅。新密市委书记和市长大事记作为全面、系统记载和反映新密市历史发展轨迹的一个载体,出版后收到了良好效果。

【《中岳庙志》编修工作】 中岳庙是嵩山历史最悠久的庙宇,有近3000年历史,且知名度高、文化价值大,并入选世界文化遗产,但从古到今,中岳庙尚无志书。2010年登封市地方史志办公室组织人员开始编纂《中岳庙志》,已完成80万字的评审稿,预计2011年出版发行。

【《管城名人录》出版】 《管城名人录》作为对外宣传管城的一张名片,于2010年3月出版发行。全书收集汇编了历代200多名管城名人资料,分管城概况、区情介绍、管城古代名人、管城近代名人、管城现代名人和展望未来5部分。

【上街区史志办开展志书下乡和进社区活动】 2010年,为扩大史志知识宣传,上街区史志办积极开展让史志知识进学堂、进机关、进乡村活动,向全区行政村和社区赠送了《上街区志》。联合区委宣传部、教体局、工会等单位,在六一儿童节广场联欢晚会上,向全区所有中小学校捐赠了志书。

【郑州市金水区《祭城镇志》出版】 8月,郑州市金水区《祭城镇志》由中州古籍出版社正式出版。全书共计93万字,大16开精装本。全志上限不等高,大事记、人物等内容最早可追溯到商朝末西周初期,以新中国成立后为主,下限一般断至2006年撤镇建办。村落记述以2000年镇辖范围为准,郑东新区建设延伸到2008年。首设总述,采用史志结合体,次为大事记,以编年体为主,兼用记事本末体裁,之后,依据横排竖写的原则,按先自然社会,先经济后政治,再教育、科技、卫生和人物等排列。为突出时代特色,专设《综合经济》、《社会新风》两章,为突出地方特色,专设《郑东新区征迁安置》、《郑州东建材商业圈》两章,同时,浓墨重写村落概况、非物质文化遗产等事物,增强存史价值和可读性。

(刘长春)

图书发行

【概况】 2010年,郑州市新华书店以党的十七大、十七届四中、五中全会精神为指导,以经济效益为中心,以打造发行网点为重点,实行精细化管理,不断提高应对市场能力和经营管理水平,不断提高员工整体素质和企业创新能力，不断开拓多元化产业和店外销售渠道，整体销售达到2.27亿元，同比增长13%，圆满完成了各项工作任务。2010年，市新华书店党委被中共郑州市委评为“五好”基层党组织，郑州购书中心先后被中共郑州市委宣传部、郑州市社会科学院命名为郑州市社会科学普及教育基地，被郑州市精神文明建设指导委员会评为2010年郑州市未成年人思想道德建设工作先进单位。

【重点图书和教材发行】 市新华书店牢固树立政治责任意识，坚持发行工作的宣传导向作用，认真做好党和国家重要会议、相关法律法规书籍的发行。及时组织并重点做好《中国共产党党员领导干部廉洁从政若干准则》、《求真务实》、《划清四个界限》、十七届五中全会相关文件等征订发行工作，并配合郑州市开展的领导干部读书竞赛活动，深入单位开展征订，有效满足了机关团体、企事业单位的学习需求。同时，市新华书店坚持将教材征订发行作为经营工作的重点，深入学校宣传相关政策，掌握教材市场具体情况，坚持做好回访工作，并积极督促货款回收，保证国家政策落到实处和教材征订总量不下降。

【网点建设】 2010年，市新华书店加快购书中心改扩建工程进度，截至年底已基本完成主体工程，预计2011年10月将扩建完工。同时，市新华书店积极进行网点调研，先后对政通路升龙广场商铺、郑东新区丹尼斯商铺、市青少年宫青少年育乐中心等网点组织专人进行了多次考察调研，收集相关资料，分析网点发展趋势，认真研究讨论可行性方案，并在贷款、政策等方面积极争取上级部门支持。市人大常委会副主任雷志，市文化创意旅游工程指挥部副组长、市委宣传部副部长潘新红也分别对市新华书店网点进行了视察，为合理规划新华书店网点布局，提供了新思路和新办法。

【图书营销活动】 2010年，市新华书店继续总结“新华讲堂”经验，不断丰富讲师库，关注社会民生，加大宣传力度，成功举办了庚寅年黄帝故里拜祖大典“黄帝文化系列讲座”；邀请中国“地产三剑客”曹建海、时寒冰和牛刀与广大读者共同探讨“高房价的拐点是否来临?”热门话题，引起市民共鸣，搭建了市民分享思想和交流体会的平台。8月份，由市新华书店创办的第5届“河南创意市集”，以“创意回归，低碳友情”为主题，举办了郑州地区第一届“新华杯桌游公开赛”，并展示了众多独立创意人的个性产品，其相关报道在央视新闻频道播出，受到了社会各界的广泛关注和好评。

【开展大型图书展销活动】 2010年，市新华书店下属各门市在各大节假日期间，纷纷开展相关主题图书展销，对重点图书和畅销图书进行集中备货和展示，并联合出版社和卖场周边商户开展购书赠礼活动，有效吸引读者眼球，拉动一般图书销售。特别是“郑州市第七届绿城读书节”期间，市新华书店协助市委宣传部、组织部做好相关工作，在绿城广场举办为期半个月的大型图书展销会，精选全国百家优秀出版社一万多个品种的图书，以最优惠的价格回馈广大市民，为广大市民奉上了一场书香盛宴，同时也为构建和谐郑州、书香郑州做出积极贡献。

【员工培训】 2010年，市新华书店在全店范围内以层层推荐和综合评定的形式，选拔出一批在公文写作、电脑运用、业务技能、英语口语等方面有着丰富经验的人员，组成了员工讲师团队，为书店改革发展提供了人才资源保障。同时市新华书店通过课前抽查提问、开展知识竞赛和演讲等方式，巩固培训内容，并在内部刊物《郑州新华动态》上开辟专栏，开展了以“我是读者，我需要这样的服务”为主题的征文活动，进一步提高了全体员工的学习自觉性，使员工培训真正转化成了提高技能的加油站。

【基层党组织建设】 2010年，市新华书店在全体党员干部中开展了“创先争优”活动和以“党建活动月”为主题的纪念中国共产党成立89周年系列活动。活动中，市新华书店以深入学习河南省委书记卢展工提出的“三平”精神为重点，结合自身实际，在党员中开展了以“一次基层上党课、一次价值观大讨论、深入基层服务一日、服务社会流动售书一次、解决支部一个实际问题”为主要内容的“五个一”活动，组织党员观看了《铁道游击队》等优秀红色影视剧，参观了革命传统教育基地，并撰写了心得体会，进一步强化党员的大局意识、服务意识、奉献意识，充分发挥党员的先锋模范作用。

（李国枝）

第二十四篇　卫生、体育

卫　生

【疾病防控】 积极推进疾控机构基础建设,郑州市疾控中心工程建设已经全部完成,正在进行内部装修和办公室设备招标采购,2011年可正式投入使用;二七区疾病预防控制中心已顺利实施搬迁,新址建筑面积3200平方米,实验室占地面积1375平方米;登封市疾控中心建设项目进展顺利,新址占地约1.67公顷,总建筑面积17074.25平方米,已完成土方开挖、桩基浇灌及地下车库等工程,2011年7月份前可完成全部施工任务。

甲类传染病防控方面。全市无甲类传染病发生,全年法定传染病报告总数56809例,与上年同期发病数66981例相比下降10172例,发病率为831.62/10万,与上年同期发病率980.92/10万相比下降15.2%。

有效巩固扩大免疫规划成果。狠抓预防接种宣传活动,利用“4.25全国预防接种宣传日”、“卫生健康大讲堂”等各种活动,大力宣传预防接种知识。2010年全市组织开展免疫规划培训104次,累计培训人数8652人,累计投入资金69.1万元。印制下发免疫规划宣传资料273.855万份(册),总价值94.5万元。狠抓了全市甲型H1N1流感疫苗接种、15岁以下儿童的乙肝疫苗补种工作以及8月龄-14岁儿童麻疹疫苗强化免疫活动。全年,分批次对全市约55万余名群众进行甲型H1N1流感疫苗接种;对全市约80万名15岁以下儿童进行摸底调查,确定补种乙肝疫苗对象137247人,累计353832针次,实际接种325839针次,接种率为92.09%;对全市1551702名8月龄-14岁儿童开展麻疹疫苗强化免疫活动,各级政府累计投入专项经费405万元,发放麻疹强化接种劳务补助近200万元。各级疾控机构培训参加麻疹强化免疫活动人员12629人,教育、办事处(乡镇政府)等相关部门抽调5112人参与郑州市麻疹强化免疫活动,卫生行政部门组织3137名医务人员充实到各个预防接种门诊,支持麻疹疫苗强化免疫活动的开展。截至9月30日,全市累计完成麻疹疫苗接种1525074人,接种率为98.28%,圆满完成郑州市麻疹强化免疫工作。2010年郑州市麻疹发病率与2009同期相比,下降近60%,国家免疫规划11种疫苗整体接种率保持在95%以上,有效的降低了疫苗可预防传染病的发病率。

【新农合实施情况】 门诊统筹全面开展,新农合保障水平显著提升。2010年1月1日门诊统筹在全市正式启动,提前两年完成全覆盖。人均筹资标准提高到了150元,大病住院报销封顶线由5万元提高到6万元。同时,在对参合农民异地就医情况详细调查摸底的基础上,积极指导新密市等县(市)、区在洛阳市等地开通异地就医直补工作。

积极推进农村儿童重大疾病医疗保障试点和新农合直补工作。2010年,郑州市在新郑市启动提高农村儿童重大疾病医疗保障水平试点工作,患病农村儿童90%的医疗费用可以通过保障制度解决,患者家庭只需承担10%的治疗费用。截至2010年底,共有746.23万人次享受了新农合补偿,累计补偿医疗费用5.3亿元,享受到1万元以上补偿的有5538人,达到封顶线6万元补偿的有39人,住院统筹基金支付率为92.69%;门诊补偿717.14万人次,补助金额8578.56万元。

积极推进新农合支付方式改革工作。2010年上半年,市卫生局会同市财政、发改委、编办等部门进行了专题考察调研。下半年,国家卫生部副部长刘谦以及农卫司副司长聂春雷、农卫司合作医疗处主任刘桂生先后来郑州市调研新农合医疗补助支付方式改革工作进展情况,为全市新农合支付方式改革工作理清了思路,提出了希望,指明了方向。

【城市社区卫生服务】 继续扩大“片医负责制”工作成果,完成27所社区卫生服务中心的片医启动工作,实行“片医负责制”的单位达到50个,组建了588个片医小组,服务居民总数达到280.8万人。制定《进单位、门店建立居民健康档案活动实施方案》,在各县(市)、区分别召开居民建档工作会议,各办事处设置卫生专干,协助社区卫生服务机构对辖区的居民楼院、门店、单位进行摸底排查,为居民建立健康档案;统一健康档案电子管理软件。全年共为郑州市居民建立健康档案1900746份,建档率达到62.52%,管理高血压病人78628人,糖尿病人24616人，重性精神病898人。

【卫生健康服务活动】 2010年，郑州市在全市范围内开展“卫生健康大讲堂”活动。市卫生局全年印制50万份《2010年卫生健康大讲堂讲座服务指南》免费向群众发放，定期对各县（市）、区卫生局、市属医疗卫生单位“卫生健康大讲堂”开展情况进行督导和通报，确保了活动有序开展。全市实际开展“卫生健康大讲堂”活动1218场次，出动医务人员5310名，印发宣传资料60.47万册，累计投入经费109.6万元，受益群众达25万人次。持续开展“万名医护送健康”活动，郑州市卫生系统各单位全年共深入社区、农村、学校、机关、军营、幼儿园、交巡警执勤岗开展义诊服务和宣传活动2000余次，出动医护人员2.5万余人次，出动义诊车辆2600台次，悬挂宣传条幅、宣传板面（栏）5000余个，发放宣传资料120万余份（册），服务群众达百万余人次，免费发放药品、慰问品等价值450万余元，媒体宣传报道1700余次（篇）。开展“卫生局长和群众面对面”活动，倡导主动服务，上门服务，走出去服务，到基层服务。

【卫生执法监督】 2010年，郑州市在全省范围内率先推行卫生监督检测信息公示与发布制度，组织3次新闻发布会，发布涉及9类15项500余条卫生监督检测信息，取得良好社会效应。全面推行公共场所卫生监督量化分级管理制度，全市5921家公共单位已实施量化分级管理3879家。严厉打击无证行医，净化医疗服务市场环境，共查处无证行医案件1790起，行政处罚案件455起，依法移送涉嫌非法行医案件92起。着力整顿“五小”门店，全市7638家小饭店、2703家小理发店、627家小旅店整治达标率达98%，确保了卫生城市创建复审成果。职业卫生、精神卫生和放射卫生监督管理趋于规范，劳动者权益得到保障。开展卫生监督工作进农村、进社区活动，丰富延伸服务内容。实施卫生监督系统内部执法稽查，完善培训和监督考评机制，规范卫生监督执法行为。

【医药卫生体制改革】 2月10日，市人民政府召开会议，全面启动实施国家基本药物制度。从3月1日起，包括104家乡镇卫生院和9家社区卫生服务中心在内的113家政府举办的基层医疗机构对国家基本药物实行零差率销售，配备使用的基本药物包括307种国家基本药物和郑州市按照省卫生厅要求增补的200种非目录药品。基层医疗机构实施国家基本药物制度以来，总体运行情况良好，收效初步显现。新农合基本药物（包括非目录药品）报销比例比其他药物提高10个百分点，基层医疗机构出现门诊次均费用下降，就诊人次上升的良好局面，药占比同比下降4.54个百分点，让利城乡居民1700余万元。患者用药负担明显减轻，就医群众享受到了药品零差价带来的实惠。

【医疗服务管理】 紧抓项目建设，实现量的扩增。占地8公顷、建筑面积5.2万平方米、总投资1.77亿元的市七院顺利搬迁，填补了东区无公立医院的空白。市疾控中心迁建工程完工，市儿童医院东区医院、市二院眼科病房楼、市九院老年关爱和精神心理病房楼、中牟县人民医院新建、新密市中医院等项目相继开工建设。市三院、市十院整体迁建工程完成立项。强化规范管理，实现质量提升。深入开展“医疗质量万里行活动”，强化“三基”与“十大指标”监管，实施“优质护理服务示范工程”，提升医疗技术水平和整体业务素能。积极开展无偿献血宣传，加强血液管理，郑州市连续6年荣获“全国无偿献血先进城市”称号，临床用血连续12年100%来自无偿献血。做好医疗机构、技术、人员准入工作，开展医疗服务大会诊活动，坚持“四不放过”，切实抓好医疗安全。完善中医网络，推广适宜技术。注重中医药保护、传承与培养，加快编撰《郑州市中医良医、良方手册》，培育21世纪中医高端人才。推广中医药适宜技术，实施中医“三名三进”和“治未病”健康工程，拓展中医药服务领域。

【中医药工作】 开展《郑州市中医良医、良方手册》编纂工作，已基本形成40余万字的初稿。全年争取到国家补助地方中医药公共卫生建设资金项目17项，累计建设资金617万元，为全市10余家中医医疗机构配备了一批诊疗设备，培养了一批人才。争取县级中医院升级改造项目两项、累计争取国家和省级建设资金4690万元，新密市中医院异地新建、荥阳市中医院急救综合楼等项目分别开工建设。深入开展了“以病人为中心、以发挥中医药特色优势为主题”的中医医院管理年活动，荥阳市中医院作为河南省两所县级中医院的代表之一，通过了国家中医药管理局检查，成为国家级县级中医医院管理年先进典型。县级以上中医医院全面展开中医“治未病”工作，建立“治未病”健康中心，推广中医养生保健方法、技术。组织郑州市中心医院、郑州人民医院、郑州市第二人民医院、郑州市第六人民医院等单位积极申报“河南省综合医院示范中医科”，其中郑州人民医院被省中医药管理局推荐，接受了国家级示范中医科的评估检查。按照培养大纲及培养方案对“21世纪中医人才”培养对象进行严格的结业考核。坚持开展岗位练兵，郑州市卫生局与郑州市总工会联合开展全市中医药知识竞赛，省、市各级各类医疗机构近700人参加了竞赛，通过理论考试、技能操作，共产生获奖选手78名，其中特等奖6名，按程序申报“郑州市五一劳动奖章”。

【食品安全综合协调工作】 2010年，郑州市卫生局成立食品安全综合协调办公室，出台相关文件，明确政府各部门职责。建立了食品安全隐患排查、经常性督查和专项治理工作进展情况周报制度。集中开展食品安全专项整治,共查处食品违法案件90起,依法取缔无照经营户168家。加大对食品添加剂和食品原料的整顿力度,开展食品安全风险监测,提升食品安全保障水平,全年共组织抽检粮食、肉制品、豆制品、乳制品、冷饮等16类食品3361批次,抽检果蔬、水产品134.4万批次,合格率为99.92%,完成了承办的省十大民生工程相关工作,全年无重大食品安全事件发生,全市食品安全状况有了明显好转。

【卫生系统人才培养和引进】 2010年,郑州市卫生系统引进硕士361名、博士24名、副高级职称以上人才81名。截至2010年底,全市卫生系统拥有博士54人、硕士987人,占18个省辖市卫生系统硕士以上人才总数的三分之一,3家医院获郑州市科技创新团队,3人获郑州市科技领军人才称号,431人成为郑州市科技创新骨干,11人获得河南省卫生科技中青年创新人才称号。5家医院院士工作站获得认定批准,5个实验室被批准为市重点实验室。开展市级以上医学科技攻关计划项目236项,获市级以上科技成果奖励156项。"三项基金"发挥作用,10项博士创业和高端人才培养项目得到基金支持,总计88万元。

【科技兴医】 2010年,郑州市卫生系统申报河南省卫生厅医学科技进步奖22项,获河南省医学新技术引进奖6项、郑州市科技进步二等奖19项。设立医学博士创业基金项目10项,拨付资助资金63万元。郑州市儿童医院、郑州市三院获郑州市第二批科技创新团队称号。

【卫生文化和行风建设】 一是以"创建先进基层党组织·卫生先锋岗,争做优秀共产党员·人民健康好卫士"为主题,在全系统133个基层党组织、4900余名党员中扎实开展创先争优活动,创新活动内容与载体,服务群众,推动发展。选树了一批以张褒佳、李新荣、刘恒亮、周国平为代表的先进典型,引领了行业正风正气。二是着力提高领导干部素能,组织领导干部"五个一"读书竞赛及自主选学活动;开展高端培训,组织核心管理团队集中学习10次,组织98名护理管理人员赴香港学习,7期卫生管理、疾病控制、医政管理、应急处置等专业近300名管理人员赴北京、上海、成都等地培训。三是加强干部队伍建设,组织推荐了74名县处级后备干部,调整配备17名副县级单位班子成员和卫生局机关17名科级干部;探索选人用人机制,市属单位1144人通过"四推荐、两考试、六公开、一票决"的办法走上中层岗位。四是加强新生经济机构党组织建设,指导河南弘大心血管病医院、郑州晚晴老年病医院等5家民营医院建立党支部,促进民营医院健康发展。五是深化"六型"机关创建,推行绩效考核,落实"三具两基一抓手"、"两个不允许"等要求,提高机关服务意识和服务效率,省政府优化办对郑州市卫生局的做法给予充分肯定并专题表彰。六是进一步规范医疗设备采购和工程招标。2010年,招标涉及总金额2.24亿元,共压减节资5646.72万元,节资率25.24%。七是积极开展群众文化体育活动。成功举办2000余人参加的第六届"天使杯"职工运动会,成立卫生系统文化协会,筹办春节文艺晚会。八是加大宣传工作力度,对基层卫生建设,片医负责制模式,卫生政风行风成效,白衣天使先进典型广泛宣传、学习推广。与郑州电视台合作,制播《健康郑州》162期,服务人民群众健康,提升郑州卫生品牌形象。九是加强党风廉政及行风建设。开展"大教育、大自查、大讲评、大督查"活动,治理医药购销领域商业贿赂,卫生部就郑州做法开展专题调研,并向全国推广。创新"万名医护送健康"系列便民惠民服务,在省、市组织的政风行风民主综合评议中,连续3年保持前位。

(杨建华)

体 育

【概况】 2010年,郑州市体育事业在市委、市政府的正确领导下,坚持以邓小平理论和"三个代表"重要思想为指针,全面贯彻落实科学发展观,认真贯彻市委、市政府各项工作部署,鼓足干劲,振奋精神,锐意进取,扎实工作,促进了全市体育事业全面健康持续发展,促进了经济社会的协调发展,为"十一五"收官之年画上了圆满的句号。

社会体育,以深入全面贯彻落实《全民健身条例》为主线,以第八届中国郑州少林武术节、首届环中国自行车赛为牵引,以元旦长跑、全民健身月、第四界郑开马拉松比赛等大型活动为平台、紧紧抓住亚运会、河南省第十一届运动会的辐射效应,利用各种有利时间节点,在围绕巩固发展郑州市传统体育特色基础上,注重赋予鲜明的时代特征,大力组织开展多层次、上规模、有影响的群众体育活动,使全市社会体育呈现出勃勃生机。

竞技体育,以广州亚运会为牵引,以参加河南省第十一届运动会为契机,以承办第十八届中日韩青少年运动会为平台,注重夯实基础、发现人才、培养人才,着力科技创新,强化队伍管理,提高保障能力,有力地提升了全市竞技体育的整体水平。郑州籍运动员全年共获得世界冠军5个、亚洲冠军15个、全国冠军29个。

【学校体育】 以推进阳光体育、快乐体育为宗旨,着力抓普及、打基础、有特色,有力地促进了全市学校体育的新发展。2010年郑州市中招体育考试全市初中毕业生人数为33129人,其中病免考生128人，占全部毕业生的0.39%；残免考生29人，占全部毕业生的0.09%；参加考试的考生为32972人，占全部毕业生的99.5%。全年共有697名小学应届毕业生、614名初中应届毕业生报名参加体育特长生招生考试，其中321名小学特长生、367名初中特长生升入高一级学校。启动配足了农村中小学校体育教师工作，出台了《郑州市教育局关于进一步加强农村中小学体音美教师队伍建设的通知》，力争在3—5年内配齐配足体育教师队伍。按照新课改的要求，加快提升专、兼职教师的业务水平，缩小城乡教育师资水平的差距，顺利完成对近千名农村中小学体育兼职教师的培训。组织了郑州市第四届中小学生体育节活动，体育节共设田径、游泳、乒乓球、足球、篮球、排球、毽球、羽毛球、大众广播操、健身操、集体项目竞赛等11项学生比赛以及排球、乒乓球、羽毛球、大众广播体操等4项教工比赛。同时还开展了优秀体育教研组评选、特色体育项目展示、“阳光体育与我同行”征文等主题活动。全市有95%的中小学生参与体育节的各项活动，8000余名中小学生和3000余名教职工参加体育节的各项比赛。真正达到了体育节“校校重视、班班活动、人人参与”的活动目的。大力开展阳光体育校园足球活动，根据教育部、国家体育总局的统一部署，2009至2010年阳光体育校园足球联赛在全市46所中小学校园内拉开帷幕。通过全市30所小学、16所中学在历时8个月的时间里展开主客场双循环近500多场比赛，使全市参与足球运动的人口得以进一步增加，受到了国家体育总局的表彰。完成了高中毕业生体育与健康学业水平考试，郑州市2011届高中毕业生50146人顺利完成体育与健康学业水平考试，通过考试，整体合格率达99.2%。合格考生中A等（优秀）比例达到29.3%。超2010届2.1个百分点。高中毕业生身体素质状况逐年提高。

【第八届中国郑州国际少林武术节】 第八届中国郑州国际少林武术节由国家体育总局、河南省人民政府主办，中国武术协会、河南省体育局、郑州市人民政府承办，于2010年10月22日至26日在郑州市举行。来自56个国家和地区的1160名运动员参加了套路比赛和散打比赛。作为东道主，郑州市也组团参加本届武术节，在86个项目的比赛中，共获得23个一等奖、10个二等奖和6个三等奖，展示了郑州的精神面貌，体现出武术之乡的风尚。国家体育总局领导对本届武术节给予高度评价，认为再一次谱写了世界武术运动史新的篇章，进一步增进了各国、各地区武术运动员的了解和友谊。

【第十八届中日韩青少年运动会】 第十八届中日韩青少年运动会由国家体育总局、中华全国体育总会主办，河南省体育局、郑州市人民政府承办，于2010年8月23日至29日在郑州市举行。8月24日晚8时，开幕式在河南电视台8号演播厅举行，国家体育总局、省市有关领导和三国代表团团长出席。本届运动会是郑州市历史上第一次承办的国际性、综合性青少年运动会，共设11个大项、55个小项，中国、日本、韩国和郑州4个代表团、40个代表队、708名运动员、232名官员和教练员参加。中、日、韩三国对本届运动会的比赛都给予了高度重视，选派出本国具有发展潜力、水平较高的青少年选手参赛，使其真正成为3个国家青少年后备力量检阅的舞台。作为本届运动会的东道主，郑州市也派出代表团，参加了11个比赛项目中的7个项目，共夺得17个第一名，为今后参加其它比赛积累了宝贵的经验，进一步促进了后备人才培养。本届运动会的成功举办，展示了郑州良好的城市形象，进一步提升了知名度和影响力，国家体育总局给予肯定和赞扬，并专门给市委、市政府致信表示感谢。

【参加省运会、广州亚运会】 河南省第十一届运动会于9月19日至28日在洛阳举行。郑州市代表团有130名领队、教练，748名运动员参加了所有项目的比赛，共获177枚金牌、108.5枚银牌、104枚铜牌，奖牌总数389.5枚，总分3892分，圆满完成金牌总数、奖牌总数、总分三个第一的目标。同时，还荣获体育道德风尚奖、青少年组贡献奖、输送奖等运动会所设7项全部大奖，实现了比赛成绩和精神文明双丰收，圆满完成市委、市政府交给的任务，市政府为此对郑州市体育局进行通报表彰。

2010年11月，第十六届亚运会在广州举行。在代表亚洲最高竞技水平的赛场上，河南省运动员共获得9枚金牌，其中郑州市培养、输送的运动员获得7枚，分别为：李昀琦获男子4×200米自由泳接力金牌，李雪英获女子举重58公斤级金牌，李新杰获男子散打56公斤级金牌，郭耘菲获女子跆拳道67公斤级金牌，以张国龙为主力队员的中国女子龙舟队包揽了1000米直道竞速、500米直道竞速、250米直道竞速等龙舟女子项目的3枚金牌。他们在为国争光的同时，也树立了郑州儿女的良好形象。市委、市政府连续发去贺电，赞扬郑州市体育健儿在本届亚运会上充分展现了良好的精神面貌和高超的竞技水平。郑州市体育健儿在亚运会上的优异成绩，为“十一五”竞技体育收官之年画上了完美的一笔。

【业余训练和青少年体育】 为充分调动郑州市各级业余训练单位的积极性，培养、输送高质量体育后备人才，市体育局制定了针对县（市）学校训练、输送后获得成绩的跟踪奖励办法，加强了对苗子运动员的管理。抓好传统项目学校和市级训练点的网络建设和管理工作。强化青少年比赛的组织和管理，严抓赛风赛纪，净化了赛场风气，调动了各学校参赛的积极性,保证了全年各项比赛的参赛规模和实际效果。加大对教练员和传统学校骨干体育教师的培训,全年共组织各类培训8次。在省十一运会周期结束后,及时总结经验教训,对郑州市项目进行合理布局,为下一周期再创辉煌打下了基础。

青少年体育进一步加强。"少林拳进课堂"活动在全面普及的基础上,进一步向纵深发展,举办两期楷模学校体育教师技术提高班,对全市争创"少林拳进课堂"活动楷模学校进行了检查验收,初步评出楷模学校96所。深入开展青少年校园足球活动,对相关人员进行了培训,建立科学的考核评估体系,认真组织校园足球联赛活动,推动了全市青少年足球水平的长足进步。

【圆满完成2010年市委、市政府"十大实事"工作任务】 2010年,市委、市政府将公共体育设施建设列入"十大实事"之中,主要内容为:继续实施全民健身工程,开工建设奥体中心体育馆;为500个行政村建设一场两台,一场两台建设任务全面完成;加强对全市健身园(含健身路径)健身器材的维护,更新885件、维修1763件。奥体中心主要由市建委负责,市体育局积极配合做好相关工作。在农民体育健身工程建设上,努力克服场地全部为新建、各种成本价格上涨、部分县(市)配套费落实困难等不利因素的影响,使全市2358个行政村全部建成农民健身工程,在全省率先实现农民健身工程普及率100%。明确了全民健身器材维护的具体实施办法,按计划完成了对全市健身园、健身路径的器材维护、更新工作。公共体育设施建设是名副其实的民生工程,受到了广大群众的欢迎和称赞,被地称作"民心工程"和"德政工程"。

【体育产业和体育法制工作】 2010年,按照"政府支持、市场运作、社会参与"的思路,加强对体育市场的规范管理,引导体育产业良性发展,既满足群众的体育文化需求,又为扩大内需作出贡献。充分发挥体育部门的资源优势,重点抓住场馆经营、体育赛事、体育培训等环节,做好自身经营,增加造血功能。体育彩票销售保持良好态势,全年完成销售6.93亿元。高度重视法制宣传和依法行政工作,认真搞好国务院《全民健身条例》、《彩票管理条例》,《河南省体育发展条例》等新颁布的法规、规章的学习、贯彻和宣传。严格执行行政执法责任制,加大依法行政力度,为郑州市体育事业的持续发展提供了法律保障。

2010年郑州籍运动员参加世界比赛获奖情况

项目	姓名	性别	赛事名称	时间	地点	名次
散打男子+90kg	陈彦召	男	第五届散打世界杯	12.15–18	重庆	1
空手道 女子50kg以下级	李　红	女	2010年世界锦标赛	9.12–20	日本	1
拳击男子+91kg	张志磊	男	2010年国际拳击公开赛	4月	贵州	1
拳击男子+91kg	张志磊	男	世界武术搏击大会	9月	海口	1
套路女子长拳	马　岚	女	第一届世界武博运动会	8.24–9.4	北京	1

2010年郑州籍运动员参加洲际比赛获奖情况

项目	姓名	性别	赛事名称	时间	地点	名次
女子举重58kg	李雪英	女	第十六届广州亚运会	11.15	广东东莞	1
男子400×200m自由泳接力	李昀琦	男	第十六届广州亚运会	11.15	广州	1
龙舟 女子1000直道竞速	张国龙	女	第十六届广州亚运会	11.20	广东增城	1
龙舟 女子500直道竞速	张国龙	女	第十六届广州亚运会	11.21	广东增城	1

续表

项目	姓名	性别	赛事名称	时间	地点	名次
龙舟 女子250直道竞速	张国龙	女	第十六届广州亚运会	11.22	广东增城	1
散打 男子56kg	李新杰	男	第十六届广州亚运会	11.24	广州南海	1
跆拳道 女子67kg以下级	郭耘菲	女	第十六届广州亚运会	11.23	广州	1
空手道 女子50kg以下级	李　红	女	第十六届广州亚运会	11.21	广州	1
拳击 男子+91kg	张志磊	男	第十六届广州亚运会	11.25	广东佛山	1
龙舟 混合组200米	张国龙	女	第九届亚洲龙舟锦标赛	8月	广东肇庆	1
龙舟 混合组500米	张国龙	女	第九届亚洲龙舟锦标赛	8月	广东肇庆	1
龙舟 女子组500米	张国龙	女	第九届亚洲龙舟锦标赛	8月	广东肇庆	1
龙舟 女子组5公里环绕赛	张国龙	女	第九届亚洲龙舟锦标赛	8月	广东肇庆	1
龙舟 女子组200米	张国龙	女	第九届亚洲龙舟锦标赛	8月	广东肇庆	1
男子蹦床	董　栋	男	第十六届亚运会	10月	广州	1

2010年郑州籍运动员参加全国比赛获奖情况

项目	姓名	性别	赛事名称	时间	地点	名次
跆拳道 男子87kg	尹智猛	男	2010年全国跆拳道锦标赛	4.22–24	广东	1
跆拳道 女子73kg	郭耘菲	女	2010年全国跆拳道锦标赛	4.22–24	广东	1
跆拳道 男子甲组45kg	程元宇	男	2010年全国青少年跆拳道锦标赛	8月	许昌	3
跆拳道 男子甲组55kg	王林超	男	2010年全国青少年跆拳道锦标赛	8月	许昌	3

续表

项目	姓名	性别	赛事名称	时间	地点	名次
跆拳道 女子甲组63kg	郭世华	女	2010年全国青少年跆拳道锦标赛	8月	许昌	2
拳击 男子+91kg	张志磊	男	2010年全国男子拳击锦标赛	3.17–3.23	海南	1
拳击 54公斤级	程　茂	男	2010年全国男子拳击锦标赛	2010. 3	海口	3
拳击 +91公斤	田　硕	男	2010年全国青年男子拳击锦标赛	2010.7	河南	1
拳击 91公斤	陈留飞	男	2010年全国青年男子拳击锦标赛	2010.7	河南	3
举重 77公斤	常学闯	男	2010年全国举重冠军赛	2010.10	北京	3
散打 男子56KG	李新杰	男	2010年全国武术散打冠军赛	8.4–8.8	宝鸡	1
散打 女子70KG	崔海霞	女	2010年全国武术散打冠军赛	8.4–8.8	宝鸡	1
散打 男子90KG+	陈彦召	男	2010年全国武术散打冠军赛	8.4–8.8	宝鸡	1
马拉松	何　平	男	全国马拉松锦标赛	10月	北京	1
自行车 女子全能赛	敬亚莉	女	全国场地自行车锦标赛	2010.6	北京	1
自行车 女子3km团体追逐赛	敬亚莉	女	2010年全国自行车冠军赛	2010.7	北京	1
自行车 女子3km团体追逐赛	李青玉	女	2010年全国自行车冠军赛	2010.7	北京	1
女子50米步枪 3种姿势	汤介一	女	全国射击锦标赛(步枪)	6.10–6.23	青海 多巴	1
女子10米气步枪	汤介一	女	全国射击锦标赛(步枪)	6.10–6.23	青海 多巴	1
男子单人划艇激流 回旋团体赛	陈怡楚 时天仁 姚守磊	男	2010年全国激流锦标赛	9.5–9.8	日照	1
赛艇男子双人双桨 2000米	刘　航	男	2010年全国赛艇锦标赛	9.5–9.8	日照	1

续表

项目	姓名	性别	赛事名称	时间	地点	名次
赛艇男子双人单桨2000米	郭书敏 侯中伟	男	2010年全国赛艇锦标赛	9.5–8	日照	1
赛艇男子轻量级四人单桨2000米	李亚俊 杨全保 李忠华 魏雷雷	男	2010年全国赛艇锦标赛	9.5–8	日照	1
赛艇男子八单单桨有舵手	郭书敏 侯中伟 郑　兵 李　杰 吕书亮 夏　厦 杨通海 曹明磊 叶旭东	男	2010年全国赛艇锦标赛	9.5–8	日照	1
皮划艇静水男子双人划艇200M	刘广生 王龙奎	男	2010年全国皮划艇锦标赛	9.5–8	日照	1
皮划艇静水男子四人划艇200M	刘广生 王龙奎 殷效辉 李　凌	男	2010年全国皮划艇锦标赛	9.5–8	日照	1
男子200米自由泳	李昀琦	男	全国水上运动会暨2010年全国游泳锦标赛（广州亚运会选拔赛）	2010.8	山东日照	1
男子400米自由泳	李昀琦	男	全国水上运动会暨2010年全国游泳锦标赛（广州亚运会选拔赛）	2010.8	山东日照	3
女子青年足球（全运会增设项目）	杨　微 陈　晨 李　田 夏卢育 崔亚珍 蒋亭亭 雷佳慧 代冰月 董佳宝 张　喆 毛一帆 付　鑫 李梦雨 崔静文 周方方	女	2010年全国女子足球U20锦标赛	10.16–27	四川	1

续表

项目	姓名	性别	赛事名称	时间	地点	名次
女子青年足球（全运会增设项目）	李亚楠 刘　旭 孙洋洋 王　莹 马　丽 崔　鹏 马淑婷 王　玉 李亚婷 李冰冰 高韩文菁 刘笑言 曹莹琪 乌日汉 道日娜 姚　越 张　楠 吴陈禹 王志宇 等34人	女	2010年全国女子足球U20锦标赛	10.16–27	四川	1

2010年郑州籍运动员参加河南省比赛获奖情况

项目	姓名	性别	赛事名称	时间	地点	名次
武术散打 女子甲组48kg+52kg	王　妍	女	河南省第十一届运动会	9月	洛阳	1
武术散打 男子乙组48kg	王小刚	男	河南省第十一届运动会	9月	洛阳	1
武术散打 男子乙组56kg	杨　光	男	河南省第十一届运动会	9月	洛阳	1
武术散打 男子乙组60kg	巩持玉	男	河南省第十一届运动会	9月	洛阳	1
武术散打 男子乙组65kg	吴佳男	男	河南省第十一届运动会	9月	洛阳	1
武术散打 男子乙组+70kg	孔垂宇	男	河南省第十一届运动会	9月	洛阳	1
武术散打 男子甲组56kg	赵闫明	男	河南省第十一届运动会	9月	洛阳	1

续表

项目	姓名	性别	赛事名称	时间	地点	名次
武术散打 男子甲组+80kg	张　扬	男	河南省第十一届运动会	9月	洛阳	1
武术散打 男子甲组80kg	丁光耀	男	河南省第十一届运动会	9月	洛阳	2
武术散打 男子甲组48kg	丁林超	男	河南省第十一届运动会	9月	洛阳	3
武术散打 男子甲组52kg	曹炜信	男	河南省第十一届运动会	9月	洛阳	3
武术散打 男子甲组70kg	汪　洋	男	河南省第十一届运动会	9月	洛阳	3
武术套路 男子乙组剑术	曹勇敢	男	河南省第十一届运动会	9月	洛阳	1
武术套路 男子甲组枪术	林佳圳	男	河南省第十一届运动会	9月	洛阳	1
武术套路 女子甲组少林拳	胡明明	女	河南省第十一届运动会	9月	洛阳	1
武术套路 男子甲组少林拳	王铁梁	男	河南省第十一届运动会	9月	洛阳	1
武术套路 男子乙组刀术	王亚超	男	河南省第十一届运动会	9月	洛阳	1
武术套路 女子甲组棍术	郭锡宇	女	河南省第十一届运动会	9月	洛阳	1
武术套路 男子甲组棍术	王铁梁	男	河南省第十一届运动会	9月	洛阳	1
武术套路 乙组集体基本功	杨子玉 黄　妮 梁晃臣 李一博 王亚超 曹勇敢		河南省第十一届运动会	9月	洛阳	1
武术套路 男子乙组太极拳	徐靖宣	男	河南省第十一届运动会	9月	洛阳	2
武术套路 男子甲组太极拳	高晨东	男	河南省第十一届运动会	9月	洛阳	2

续表

项目	姓名	性别	赛事名称	时间	地点	名次
武术套路 男子乙组枪术	曹勇敢	男	河南省第十一届运动会	9月	洛阳	2
武术套路 男子甲组枪术	周秀东	男	河南省第十一届运动会	9月	洛阳	2
武术套路 女子甲组少林拳	戚雨波	女	河南省第十一届运动会	9月	洛阳	2
武术套路 女子甲组长拳	郭锡宇	女	河南省第十一届运动会	9月	洛阳	2
武术套路 男子乙组南拳	李一博	男	河南省第十一届运动会	9月	洛阳	2
武术套路 女子甲组刀术	胡明明	女	河南省第十一届运动会	9月	洛阳	2
武术套路 男子乙组棍术	李一博	男	河南省第十一届运动会	9月	洛阳	2
武术套路 女子乙组剑术	黄　妮	女	河南省第十一届运动会	9月	洛阳	3
武术套路 女子乙组枪术	梁晃臣	女	河南省第十一届运动会	9月	洛阳	3
武术套路 女子甲组枪术	罗晓旋	女	河南省第十一届运动会	9月	洛阳	3
武术套路 女子乙组长拳	梁晃臣	女	河南省第十一届运动会	9月	洛阳	3
武术套路 女子甲组长拳	徐惠莹	女	河南省第十一届运动会	9月	洛阳	3
武术套路 女子乙组刀术	高　敏	女	河南省第十一届运动会	9月	洛阳	3
武术套路 女子甲组刀术	戚雨波	女	河南省第十一届运动会	9月	洛阳	3
武术套路 甲组集体基本功	郭锡宇 胡明明 罗晓旋 戚雨波 王铁梁 卓泽亚 周秀东	男	河南省第十一届运动会	9月	洛阳	3

续表

项目	姓名	性别	赛事名称	时间	地点	名次
武术套路 女子甲组对练	罗晓旋	女	河南省第十一届运动会	9月	洛阳	3
单人赛艇　12000米	董卫星	男	河南省第十一届运动会	9月	洛阳	1
单人赛艇　2000米	董卫星	男	河南省第十一届运动会	9月	洛阳	2
单人赛艇　12000米	宋银玲	女	河南省第十一届运动会	9月	洛阳	1
单人赛艇　2000米	宋银玲	女	河南省第十一届运动会	9月	洛阳	1
单人赛艇　12000米	张洪贵	男	河南省第十一届运动会	9月	洛阳	2
单人赛艇　2000米	张洪贵	男	河南省第十一届运动会	9月	洛阳	2
单人赛艇　12000米	吕珍珍	女	河南省第十一届运动会	9月	洛阳	3
单人赛艇　2000米	吕珍珍	女	河南省第十一届运动会	9月	洛阳	3
单人皮艇　12000米	孙洪山	男	河南省第十一届运动会	9月	洛阳	1
单人皮艇　2000米	孙洪山	男	河南省第十一届运动会	9月	洛阳	1
单人皮艇　12000米	张　旗	男	河南省第十一届运动会	9月	洛阳	1
单人皮艇　12000米	康　威	男	河南省第十一届运动会	9月	洛阳	1
单人皮艇　12000米	张豆豆	女	河南省第十一届运动会	9月	洛阳	1
单人皮艇　12000米	李　兵	男	河南省第十一届运动会	9月	洛阳	2
单人皮艇　12000米	程楠楠	女	河南省第十一届运动会	9月	洛阳	3
单人皮艇　2000米	程楠楠	女	河南省第十一届运动会	9月	洛阳	3
单人皮艇　2000米	黄译慧	女	河南省第十一届运动会	9月	洛阳	3
单人划艇　12000米	张　镇	男	河南省第十一届运动会	9月	洛阳	2
单人皮艇　2000米	张　镇	男	河南省第十一届运动会	9月	洛阳	2
跆拳道女子乙组67Kg	刑竹青	女	河南省第十一届运动会	7.12	洛阳	1
跆拳道男子乙组78Kg	刘宇升	男	河南省第十一届运动会	7.12	洛阳	1
跆拳道男子甲组80Kg	王棒棒	男	河南省第十一届运动会	7.12	洛阳	1
跆拳道女子乙组57Kg	毋娇娇	女	河南省第十一届运动会	7.14	洛阳	1
跆拳道男子甲组80Kg	曹怀洲	男	河南省第十一届运动会	7.15	洛阳	1
跆拳道男子乙组66Kg	张　贺	男	河南省第十一届运动会	7.16	洛阳	1
跆拳道男子甲组72Kg	王　超	男	河南省第十一届运动会	7.13	洛阳	2

续表

项目	姓名	性别	赛事名称	时间	地点	名次
跆拳道男子甲组80Kg	李明智	男	河南省第十一届运动会	7.13	洛阳	2
跆拳道男子乙组78Kg	陈大冲	男	河南省第十一届运动会	7.14	洛阳	2
跆拳道女子甲组49Kg	曲晏宁	女	河南省第十一届运动会	7.15	洛阳	2
跆拳道男子乙组78Kg	张柳堃	男	河南省第十一届运动会	7.13	洛阳	3
跆拳道男子甲组58Kg	柴浩严	男	河南省第十一届运动会	7.15	洛阳	3
跆拳道男子乙组54Kg	卓星行	男	河南省第十一届运动会	7.16	洛阳	3
跆拳道男子乙组50Kg	初　光	男	河南省第十一届运动会	7.16	洛阳	3
跆拳道男甲62kg	苗冬冬	男	河南省第十一届运动会	2010.7	洛阳	1
跆拳道男乙50kg	李　洋	男	河南省第十一届运动会	2010.7	洛阳	1
跆拳道男乙60kg	苑红卫	男	河南省第十一届运动会	2010.7	洛阳	1
跆拳道女乙62kg	曹　炎	女	河南省第十一届运动会	2010.7	洛阳	2
跆拳道男乙54kg	王　斌	男	河南省第十一届运动会	2010.7	洛阳	2
跆拳道女甲67kg	郭少妍	女	河南省第十一届运动会	2010.7	洛阳	2
跆拳道男甲58kg	徐　恒	男	河南省第十一届运动会	2010.7	洛阳	2
跆拳道男甲62kg	赵明远	男	河南省第十一届运动会	2010.7	洛阳	2
跆拳道女乙43kg	倪翠宏	女	河南省第十一届运动会	2010.7	洛阳	2
跆拳道女乙52kg	吕　雪	女	河南省第十一届运动会	2010.7	洛阳	2
跆拳道男乙72kg	孙锟明	男	河南省第十一届运动会	2010.7	洛阳	2
跆拳道女甲53kg	赵翔铭	女	河南省第十一届运动会	2010.7	洛阳	3
跆拳道男甲72kg	于江龙	男	河南省第十一届运动会	2010.7	洛阳	3
跆拳道男乙60kg	曹宏泰	男	河南省第十一届运动会	2010.7	洛阳	3
跆拳道女乙62kg	付文静	女	河南省第十一届运动会	2010.7	洛阳	3
跆拳道男乙78kg	窦　磊	男	河南省第十一届运动会	2010.7	洛阳	3
体操青年女子全能	林　迪	女	河南省第十一届运动会	2010.7	洛阳	1
体操男子乙组单杠	张庆周	男	河南省第十一届运动会	2010.7	洛阳	1
体操男子乙组吊环	张庆周	男	河南省第十一届运动会	2010.7	洛阳	1
体操q男子乙组双杠	张庆周	男	河南省第十一届运动会	2010.7	洛阳	1
体操男子乙组跳马	张庆周	男	河南省第十一届运动会	2010.7	洛阳	1

续表

项目	姓名	性别	赛事名称	时间	地点	名次
体操女子甲组自由体操	王珍珠	女	河南省第十一届运动会	2010.7	洛阳	1
体操女子甲组高低杠	王珍珠	女	河南省第十一届运动会	2010.7	洛阳	1
体操女子甲组平衡木	王珍珠	女	河南省第十一届运动会	2010.7	洛阳	1
体操男子乙组单杠	许志文	男	河南省第十一届运动会	2010.7	洛阳	2
体操男子乙组自由体操	张庆周	男	河南省第十一届运动会	2010.7	洛阳	2
体操男子乙组双杠	丁泽润	男	河南省第十一届运动会	2010.7	洛阳	2
体操女子甲组自由体操	吴艺凡	女	河南省第十一届运动会	2010.7	洛阳	2
体操女子甲组高低杠	吴艺凡	女	河南省第十一届运动会	2010.7	洛阳	2
体操女子甲组跳马	吴艺凡	女	河南省第十一届运动会	2010.7	洛阳	2
体操女子甲组平衡木	吴艺凡	女	河南省第十一届运动会	2010.7	洛阳	2
体操青年男子全能	张　润	男	河南省第十一届运动会	2010.7	洛阳	3
体操男子乙组自由体操	丁泽润	男	河南省第十一届运动会	2010.7	洛阳	3
体操男子乙组单杠	丁泽润	男	河南省第十一届运动会	2010.7	洛阳	3
体操男子乙组鞍马	张庆周	男	河南省第十一届运动会	2010.7	洛阳	3
体操女子甲组跳马	王珍珠	妇	河南省第十一届运动会	2010.7	洛阳	3
体操女子甲组自由体操	吴迪迪	女	河南省第十一届运动会	2010.7	洛阳	3
体操女子甲组高低杠	孙嘉欣	女	河南省第十一届运动会	2010.7	洛阳	3
体操女子甲组平衡木	吴迪迪	女	河南省第十一届运动会	2010.9	洛阳	3
乒乓球女子丙组团体	薛逸冰 谢文慧 任致娴 朱文涵	女	河南省第十一届运动会	2010.9	洛阳	1
乒乓球男子甲组团体	姚元森 耿梓皓 刘宸旭	男	河南省第十一届运动会	2010.9	洛阳	1
乒乓球男子丙组团体	金子博 吴　镝 吴伯男 薛俊明	男	河南省第十一届运动会	2010.9	洛阳	1
乒乓球男子甲组单打	姚元森	男	河南省第十一届运动会	2010.9	洛阳	2

续表

项目	姓名	性别	赛事名称	时间	地点	名次
乒乓球女子甲组团体	唐　瑶 郭雅馨 王默苒	女	河南省第十一届运动会	2010.9	洛阳	3
田径女子乙组1500米	王玉洁	女	河南省第十一届运动会	2010.9	洛阳	1
田径男子乙组400米	马文超	男	河南省第十一届运动会	2010.9	洛阳	1
田径男子乙组800米	马文超	男	河南省第十一届运动会	2010.9	洛阳	1
田径男子乙组铅球	李　强	男	河南省第十一届运动会	2010.9	洛阳	1
田径男子乙组三级跳远	孙　鼎	男	河南省第十一届运动会	2010.9	洛阳	1
田径女子甲组5000米	刘瑞环	女	河南省第十一届运动会	2010.9	洛阳	1
田径女子甲组10000米	刘瑞环	女	河南省第十一届运动会	2010.9	洛阳	1
田径男子乙组5000米	桑海亮	男	河南省第十一届运动会	2010.9	洛阳	1
田径男子乙组10000米	桑海亮	男	河南省第十一届运动会	2010.9	洛阳	1
田径男子甲组100米	李　帆	男	河南省第十一届运动会	2010.9	洛阳	1
田径男子甲组10000米	罗四维	男	河南省第十一届运动会	2010.9	洛阳	1
田径女子甲组跳高	薛　熙	女	河南省第十一届运动会	2010.9	洛阳	1
田径女子乙组5000米	端木亚培	女	河南省第十一届运动会	2010.9	洛阳	1
田径男子甲组跳高	李　越	男	河南省第十一届运动会	2010.9	洛阳	1
田径男子乙组4×100米接力	孙一鸣 吴　景 马文超 孙　鼎	男	河南省第十一届运动会	2010.9	洛阳	1
田径男子甲组4×100米接力	姚立清 王　宁 沈　迪 李　帆	男	河南省第十一届运动会	2010.9	洛阳	1
田径男子甲组200米	李　帆	男	河南省第十一届运动会	2010.9	洛阳	2
田径男子乙组铁饼	李　强	男	河南省第十一届运动会	2010.9	洛阳	2
田径男子甲组5000米	周栋屏	男	河南省第十一届运动会	2010.9	洛阳	2
田径男子乙组200米	吴　景	男	河南省第十一届运动会	2010.9	洛阳	2
田径女子甲组100米	张　敏	女	河南省第十一届运动会	2010.9	洛阳	2
田径男子甲组标枪	王大磊	男	河南省第十一届运动会	2010.9	洛阳	2

续表

项目	姓名	性别	赛事名称	时间	地点	名次
田径男子乙组4×400米接力	吴　景 桑海亮 杨　洋 马文超	男	河南省第十一届运动会	2010.9	洛阳	2
田径男子乙组1500米	孙成功	男	河南省第十一届运动会	2010.9	洛阳	3
田径男子乙组400米	吴　景	男	河南省第十一届运动会	2010.9	洛阳	3
田径男子甲组5000米	罗四维	男	河南省第十一届运动会	2010.9	洛阳	3
田径男子甲组10000米	周栋屏	男	河南省第十一届运动会	2010.9	洛阳	3
田径男子乙组跳远	孙　鼎	男	河南省第十一届运动会	2010.9	洛阳	3
田径女子甲组铅球	王　蔓	女	河南省第十一届运动会	2010.9	洛阳	3
田径男子乙组5000米	孙成功	男	河南省第十一届运动会	2010.9	洛阳	3
田径男子甲组400米	王　东	男	河南省第十一届运动会	2010.9	洛阳	3
田径男子甲组4×400米接力	牟　男 韦强飞 周朋飞 王　东	男	河南省第十一届运动会	2010.9	洛阳	3
女子甲组4×100米接力	张　敏 周静静 王　雪 蔡文瑞	女	河南省第十一届运动会	2010.9	洛阳	3
田径女子乙组10000米	李　雪	女	河南省第十一届运动会	2010.9	洛阳	3
田径女子乙组三级跳远	王巾巾	女	河南省第十一届运动会	2010.9	洛阳	3
田径女子乙组100米栏	王巾巾	女	河南省第十一届运动会	2010.9	洛阳	3
足球女子甲组		女	河南省第十一届运动会	2010.9	洛阳	1
足球女乙		女	河南省第十一届运动会	2010.9	洛阳	3
排球女甲		女	河南省第十一届运动会	2010.9	洛阳	1
排球男甲		男	河南省第十一届运动会	2010.9	洛阳	1
排球男子乙组		男	河南省第十一届运动会	2010.9	洛阳	3
拳击甲组54kg	王立迅	男	河南省第十一届运动会	6.18	洛阳	1
拳击甲组60kg	李齐鹏	男	河南省第十一届运动会	6.18	洛阳	1
拳击甲组60kg	李　纲	男	河南省第十一届运动会	6.18	洛阳	3

续表

项目	姓名	性别	赛事名称	时间	地点	名次
拳击甲组64kg	夏聪聪	男	河南省第十一届运动会	6.18	洛阳	2
拳击甲组69kg	胡　烨	男	河南省第十一届运动会	6.18	洛阳	1
拳击甲组75kg	徐　程	男	河南省第十一届运动会	6.18	洛阳	3
拳击甲组81kg	潘灯灯	男	河南省第十一届运动会	6.18	洛阳	1
拳击甲组86kg	陈留飞	男	河南省第十一届运动会	6.18	洛阳	1
拳击甲组86kg	张敬华	男	河南省第十一届运动会	6.18	洛阳	3
拳击甲组91kg	刘胜伟	男	河南省第十一届运动会	6.18	洛阳	1
拳击甲组91+kg	田　硕	男	河南省第十一届运动会	6.18	洛阳	1
拳击乙组45kg	张　鹏	男	河南省第十一届运动会	6.18	洛阳	3
拳击乙组48kg	李　准	男	河南省第十一届运动会	6.18	洛阳	1
拳击乙组51kg	李亚州	男	河南省第十一届运动会	6.18	洛阳	1
拳击乙组51kg	李腾腾	男	河南省第十一届运动会	6.18	洛阳	2
拳击乙组54kg	刘　松	男	河南省第十一届运动会	6.18	洛阳	3
拳击乙组57kg	陈荣强	男	河南省第十一届运动会	6.18	洛阳	1
拳击乙组57kg	权　迪	男	河南省第十一届运动会	6.18	洛阳	2
拳击乙组64kg	张　猛	男	河南省第十一届运动会	6.18	洛阳	1
拳击乙组64kg	任　鹏	男	河南省第十一届运动会	6.18	洛阳	2
拳击乙组86kg	刘　方	男	河南省第十一届运动会	6.18	洛阳	3
拳击乙组86kg	刘　丁	男	河南省第十一届运动会	6.18	洛阳	3
拳击乙组91kg	张金鹏	男	河南省第十一届运动会	6.18	洛阳	2
女子飞碟双向75靶	王婷婷	女	河南省第十一届运动会	7.7	洛阳	1
女子飞碟双向75靶	刘　琛	女	河南省第十一届运动会	7.7	洛阳	2
男女混合飞碟双多向150靶	刘润涛		河南省第十一届运动会	7.7	洛阳	1
射箭女子乙组团体淘汰赛	沙昱昕 方圆圆 乔刘凡	女	河南省第十一届运动会	8.24	洛阳	2
射击女子甲组气步枪40发（团体）	杨　莉 邹　欣 尚安文	女	河南省第十一届运动会	9.20	洛阳	3

续表

项目	姓名	性别	赛事名称	时间	地点	名次
射击男子甲组小口径自选步枪卧射60发	高　悦	男	河南省第十一届运动会	9.20	洛阳	2
射击男子甲组标准手枪速射30发(4″)	吴泓毅	男	河南省第十一届运动会	9.20	洛阳	2
射击女子甲组10米移动靶20+20(团体)	马颖赋 马莉娜 石芳馨	女	河南省第十一届运动会	9.20	洛阳	2
射击男子乙组小口径自选步枪卧射60发	肖金鸣	男	河南省第十一届运动会	9.20	洛阳	2
射击男子乙组小口径自选步枪卧射60发	王　磊	男	河南省第十一届运动会	9.20	洛阳	3
射击女子乙组气步枪40发(团体)	陈　思 李　享 野馨月	女	河南省第十一届运动会	9.21	洛阳	2
射击女子乙组气步枪40发	李　享	女	河南省第十一届运动会	9.21	洛阳	2
射击男子乙组10米移动靶30+30(团体)	李俊良 王奕博 芦　鑫	男	河南省第十一届运动会	9.21	洛阳	2
射击男子甲组自选手枪慢射60发	袁雪伟	男	河南省第十一届运动会	9.21	洛阳	1
射击男子甲组自选手枪慢射60发	袁　超	男	河南省第十一届运动会	9.21	洛阳	2
射击男子甲组标准手枪速射60发(8"6"4")	吴泓毅	男	河南省第十一届运动会	9.21	洛阳	2
射击男子甲组标准手枪速射60发(8"6"4")	朱智攀	男	河南省第十一届运动会	9.21	洛阳	3
射击女子乙组气手枪40发(团)	董晓霞 马思雨 孙嘉慧	女	河南省第十一届运动会	9.21	洛阳	3
射击女子乙组气手枪40发	马思雨	女	河南省第十一届运动会	9.21	洛阳	3
射击女子乙组10米移动靶20+20	赵　艺	女	河南省第十一届运动会	9.22	洛阳	2
射击男子乙组标准手枪速射60发(8"6"4")	肖金鸣	男	河南省第十一届运动会	9.22	洛阳	1

续表

项目	姓名	性别	赛事名称	时间	地点	名次
射击男子乙组标准手枪速射60发(8"6"4")	王　磊	男	河南省第十一届运动会	9.22	洛阳	3
射击男子甲组自选手枪慢射30发	袁　超	男	河南省第十一届运动会	9.22	洛阳	1
射击男子甲组自选手枪慢射30发	曹紫阳	男	河南省第十一届运动会	9.22	洛阳	2
射击男子甲组自选手枪慢射30发	丰富明	男	河南省第十一届运动会	9.22	洛阳	3
射击男子甲组气手枪60发(团)	曹紫阳 袁雪伟 袁　超	男	河南省第十一届运动会	9.23	洛阳	1
射击男子甲组10米移动靶30+30(团)	孙瑞亮 赵　航 邢意豪	男	河南省第十一届运动会	9.23	洛阳	1
射击男子甲组小口径自选步枪3×20	高　悦	男	河南省第十一届运动会	9.23	洛阳	1
射击男子甲组小口径自选步枪3×20	张明洋	男	河南省第十一届运动会	9.23	洛阳	3
射击男子甲组气手枪60发	袁雪伟	男	河南省第十一届运动会	9.23	洛阳	1
射击男子甲组气手枪60发	刘正扬	男	河南省第十一届运动会	9.23	洛阳	2
射击男子甲组气手枪60发	曹紫阳	男	河南省第十一届运动会	9.23	洛阳	3
射击男子甲组10米移动靶30+30	孙瑞亮	男	河南省第十一届运动会	9.23	洛阳	1
射击男子甲组10米移动靶30+30	赵　航	男	河南省第十一届运动会	9.23	洛阳	2
射击男子乙组小口径自选步枪3×20	孟庆伟	男	河南省第十一届运动会	9.23	洛阳	2
射击男子乙组气手枪60发(团)	杨何奥林 郭瑞杰 田泽龙	男	河南省第十一届运动会	9.24	洛阳	3
射击女子乙组小口径运动步枪3×20	野馨月	男	河南省第十一届运动会	9.24	洛阳	3
中国式摔跤男子组55kg	乔东阳	男	河南省第十一届运动会	7.16	洛阳	3
中国式摔跤女子组55kg	宋超楠	女	河南省第十一届运动会	7.16	洛阳	3

续表

项目	姓名	性别	赛事名称	时间	地点	名次
自由式摔跤男子乙组76kg	王振朝	男	河南省第十一届运动会	8.19	洛阳	3
自由式摔跤女子甲组55kg	常　翠	女	河南省第十一届运动会	8.20	洛阳	3
自由式摔跤女子甲组73kg	孙丹丹	女	河南省第十一届运动会	8.20	洛阳	3
柔道男子甲组100KG	冯　晓	男	河南省第十一届运动会	9.23	洛阳	1
柔道男子乙组55KG	张　凯	男	河南省第十一届运动会	9.23	洛阳	2
柔道男子乙组66KG	韩少雷	男	河南省第十一届运动会	9.24	洛阳	1
柔道男子甲组73KG	张厚冲	男	河南省第十一届运动会	9.24	洛阳	1
柔道男子甲组81KG	孟旷野	男	河南省第十一届运动会	9.24	洛阳	1
自行车男子甲组3000米计时赛	王丰年	男	河南省第十一届运动会	8.20	洛阳	1
自行车男子甲组3000米计时赛	李　超	男	河南省第十一届运动会	8.20	洛阳	2
自行车女子甲组500米计时赛	敬笑迎	女	河南省第十一届运动会	8.20	洛阳	1
自行车男子甲组500米计时赛	魏保信	男	河南省第十一届运动会	8.20	洛阳	2
自行车女子乙组3000米计时赛	赵宝芳	女	河南省第十一届运动会	8.20	洛阳	1
自行车男子乙组3000米计时赛	张艳涛	男	河南省第十一届运动会	8.20	洛阳	1
自行车女子甲组3000米计时赛	马亚楠	女	河南省第十一届运动会	8.20	洛阳	2
自行车男子甲组500米计时赛	徐　帅	男	河南省第十一届运动会	8.20	洛阳	3
自行车女子甲组3000米计时赛	时　森	女	河南省第十一届运动会	8.20	洛阳	1
自行车男子甲组500米计时赛	李龙飞	男	河南省第十一届运动会	8.20	洛阳	1
自行车女子乙组争先赛（200米行进出发）	王　雪	女	河南省第十一届运动会	8.20	洛阳	3
自行车男子乙组争先赛（200米行进出发）	王圣崴	男	河南省第十一届运动会	8.20	洛阳	1

续表

项目	姓名	性别	赛事名称	时间	地点	名次
自行车男子甲组3000米计时赛	岐小远	男	河南省第十一届运动会	8.20	洛阳	3
自行车女子乙组3000米计时赛	徐玲玲	女	河南省第十一届运动会	8.20	洛阳	3
自行车男子乙组3000米计时赛	李　飞	男	河南省第十一届运动会	8.20	洛阳	2
自行车男子乙组争先赛（200米行进出发）	胥玉龙	男	河南省第十一届运动会	8.20	洛阳	2
自行车女子甲组争先赛（200米行进出发）	敬笑迎	女	河南省第十一届运动会	8.21	洛阳	1
自行车男子甲组争先赛（200米行进出发）	岳　昊	男	河南省第十一届运动会	8.21	洛阳	2
自行车女子乙组2000米计时赛	赵宝芳	女	河南省第十一届运动会	8.21	洛阳	1
自行车男子乙组2000米计时赛	张艳涛	男	河南省第十一届运动会	8.21	洛阳	1
自行车男子甲组2000米计时赛	王丰年	男	河南省第十一届运动会	8.21	洛阳	1
自行车男子甲组2000米计时赛	李　超	男	河南省第十一届运动会	8.21	洛阳	2
自行车男子甲组争先赛（200米行进出发）	李飞龙	男	河南省第十一届运动会	8.21	洛阳	1
自行车女子乙组2000米计时赛	魏　亭	女	河南省第十一届运动会	8.21	洛阳	3
自行车女子甲组2000米计时赛	赵利萍	女	河南省第十一届运动会	8.21	洛阳	1
自行车男子甲组争先赛（200米行进出发）	徐　帅	男	河南省第十一届运动会	8.21	洛阳	3
自行车男子乙组500米计时赛	胥玉龙	男	河南省第十一届运动会	8.21	洛阳	2
自行车男子乙组2000米计时赛	李　朋	男	河南省第十一届运动会	8.21	洛阳	2
自行车女子乙组500米计时赛	王　雪	女	河南省第十一届运动会	8.21	洛阳	1

续表

项目	姓名	性别	赛事名称	时间	地点	名次
自行车女子乙组500米计时赛	杨　留	女	河南省第十一届运动会	8.21	洛阳	2
自行车男子乙组500米计时赛	王圣崴	男	河南省第十一届运动会	8.21	洛阳	1
自行车女子乙组1000米计时赛	刘恒岳	女	河南省第十一届运动会	8.22	洛阳	3
自行车男子乙组1000米计时赛	高远静	男	河南省第十一届运动会	8.22	洛阳	2
自行车男子甲组4000米团体计时赛	李　超 王丰年 赵一鸣 魏保信	男	河南省第十一届运动会	8.22	洛阳	1
自行车男子甲组1000米计时赛	岳　昊	男	河南省第十一届运动会	8.22	洛阳	1
自行车男子甲组团体竞速赛	王飞龙 赵一鸣 魏保信	男	河南省第十一届运动会	8.22	洛阳	1
自行车女子甲组4000米计时赛	时　森	女	河南省第十一届运动会	8.22	洛阳	1
自行车女子甲组团体竞速赛	赵利萍	女	河南省第十一届运动会	8.22	洛阳	2
自行车男子甲组团体竞速赛	李龙飞	男	河南省第十一届运动会	8.22	洛阳	3
自行车女子甲组4000米计时赛	马亚楠	女	河南省第十一届运动会	8.22	洛阳	2
自行车女子甲组团体竞速赛	马亚楠	女	河南省第十一届运动会	8.22	洛阳	1
自行车男子甲组团体竞速赛	徐　帅	男	河南省第十一届运动会	8.22	洛阳	1
自行车女子乙组1000米计时赛	杨　留	女	河南省第十一届运动会	8.22	洛阳	1
自行车男子乙组1000米计时赛	李飞龙	男	河南省第十一届运动会	8.22	洛阳	1
自行车男子乙组1000米计时赛	刘坤邦	男	河南省第十一届运动会	8.22	洛阳	3
自行车女子甲组4000米计时赛	吴英姿	女	河南省第十一届运动会	8.22	洛阳	3

续表

项目	姓名	性别	赛事名称	时间	地点	名次
自行车男子甲组4000米团体计时赛	张　成	男	河南省第十一届运动会	8.22	洛阳	2
自行车女子甲组1000米计时赛	赵利萍	女	河南省第十一届运动会	8.22	洛阳	1
自行车女子乙组5公里个人计时赛	赵宝芳	女	河南省第十一届运动会	8.24	洛阳	1
自行车女子甲组10公里个人计时赛	敬笑迎	女	河南省第十一届运动会	8.24	洛阳	1
自行车女子甲组10公里个人计时赛	时　森	女	河南省第十一届运动会	8.24	洛阳	1
自行车女子乙组5公里个人计时赛	徐玲玲	女	河南省第十一届运动会	8.24	洛阳	3
自行车男子乙组10公里个人计时赛	李　飞	男	河南省第十一届运动会	8.24	洛阳	3
自行车女子甲组10公里个人计时赛	吴英姿	女	河南省第十一届运动会	8.24	洛阳	2
自行车男子甲组20公里个人计时赛	赵一鸣	男	河南省第十一届运动会	8.24	洛阳	1
自行车男子甲组20公里个人计时赛	李　超	男	河南省第十一届运动会	8.24	洛阳	2
自行车男子乙组1公里个人计时赛	胥玉龙	男	河南省第十一届运动会	8.24	洛阳	2
自行车女子乙组1公里个人计时赛	杨　留	女	河南省第十一届运动会	8.24	洛阳	1
自行车女子乙组1公里个人计时赛	王　雪	女	河南省第十一届运动会	8.24	洛阳	2
自行车男子乙组1公里个人计时赛	王圣崴	男	河南省第十一届运动会	8.24	洛阳	1
自行车男子甲组20公里个人计时赛	岐小远	男	河南省第十一届运动会	8.24	洛阳	3
自行车女子甲组25公里团体计时赛	马亚楠	女	河南省第十一届运动会	8.25	洛阳	2
自行车女子甲组25公里团体计时赛	赵利萍 时　森	女	河南省第十一届运动会	8.25	洛阳	1

续表

项目	姓名	性别	赛事名称	时间	地点	名次
自行车男子甲组50公里团体计时赛	李　超 王丰年 赵一鸣 魏保信	男	河南省第十一届运动会	8.25	洛阳	1
自行车男子甲组50公里团体计时赛	张　成	男	河南省第十一届运动会	8.25	洛阳	2
自行车男子甲组50公里团体计时赛	李龙飞	男	河南省第十一届运动会	8.25	洛阳	3
自行车女子乙组20公里团体计时赛	魏　婷	女	河南省第十一届运动会	8.25	洛阳	1
自行车女子乙组20公里团体计时赛	王　雪 杨　留 徐玲玲	女	河南省第十一届运动会	8.25	洛阳	2
自行车男子乙组30公里团体计时赛	宋子华 张艳涛 邵　帅 高远静	男	河南省第十一届运动会	8.25	洛阳	3
自行车男子乙组30公里团体计时赛	刘坤邦	男	河南省第十一届运动会	8.25	洛阳	1
自行车女子甲组60公里个人计时赛	敬笑迎	女	河南省第十一届运动会	8.25	洛阳	1
自行车女子甲组60公里个人计时赛	时　森	女	河南省第十一届运动会	8.25	洛阳	2
自行车男子乙组60公里个人赛	胥玉龙	男	河南省第十一届运动会	8.26	洛阳	1
自行车女子乙组40公里个人赛	魏　燕	女	河南省第十一届运动会	8.26	洛阳	3
自行车女子乙组40公里个人赛	杨　留	女	河南省第十一届运动会	8.26	洛阳	1
自行车男子甲组80公里个人赛	岐小远	男	河南省第十一届运动会	8.26	洛阳	1
自行车男子甲组80公里个人赛	王晓航	男	河南省第十一届运动会	8.26	洛阳	3
游泳男子甲A组100米自由泳	李宇森	男	河南省第十一届运动会	9.6	洛阳	3

续表

项目	姓名	性别	赛事名称	时间	地点	名次
游泳女子甲B组 200米个人混合泳	李　岳	女	河南省第十一届运动会	9.6	洛阳	2
游泳男子甲组 200米个人混合泳	贾海涛	男	河南省第十一届运动会	9.6	洛阳	3
游泳男子甲A组200米蛙泳	王聚龙	男	河南省第十一届运动会	9.6	洛阳	1
游泳男子甲A组200米蛙泳	宁泽涛	男	河南省第十一届运动会	9.6	洛阳	3
游泳女子甲A组100米蝶泳	郭佳鑫	女	河南省第十一届运动会	9.7	洛阳	2
游泳男子甲B组100米 自由泳	石江昊	男	河南省第十一届运动会	9.7	洛阳	2
游泳男子甲A组200米仰泳	李昀琦	男	河南省第十一届运动会	9.7	洛阳	1
游泳女子甲A组200米仰泳	郭家瑞	女	河南省第十一届运动会	9.7	洛阳	1
游泳女子甲A组200米仰泳	葛金琰	女	河南省第十一届运动会	9.7	洛阳	2
游泳男子乙组4×50米 自由泳接力	高孟琛 曹法根 张鹏飞 韩星雨	男	河南省第十一届运动会	9.7	洛阳	1
游泳男子甲组4×100米 自由泳接力	侯天华 郑宇钦 曹耀东 贾海涛	男	河南省第十一届运动会	9.7	洛阳	2
游泳女子甲组4×100米 自由泳接力	孙　正 李一凡 陈佳悦 郑心蕊	女	河南省第十一届运动会	9.7	洛阳	3
游泳男子甲A组100米蛙泳	王聚龙	男	河南省第十一届运动会	9.8	洛阳	1
游泳女子甲A组100米蛙泳	索　冉	女	河南省第十一届运动会	9.8	洛阳	2
游泳女子甲组100米自由泳	郑心蕊	女	河南省第十一届运动会	9.8	洛阳	3
游泳男子甲B组100米仰泳	任　浩	男	河南省第十一届运动会	9.8	洛阳	3
游泳女子甲B组100米仰泳	娄格格	女	河南省第十一届运动会	9.8	洛阳	2
游泳女子甲A组200米蝶泳	郭佳鑫	女	河南省第十一届运动会	9.8	洛阳	1
游泳男子乙组蝶泳全能	曹法根	男	河南省第十一届运动会	9.9	洛阳	2
游泳男子乙组蛙泳全能	高孟琛	男	河南省第十一届运动会	9.9	洛阳	1

续表

项目	姓名	性别	赛事名称	时间	地点	名次
游泳男子乙组仰泳全能	云　龙	男	河南省第十一届运动会	9.9	洛阳	3
游泳男子乙组自由泳全能	韩星雨	男	河南省第十一届运动会	9.9	洛阳	1
游泳女子乙组仰泳全能	袁　馨	女	河南省第十一届运动会	9.9	洛阳	1
游泳女子乙组自由泳全能	石若冰	女	河南省第十一届运动会	9.9	洛阳	2
游泳男子甲A组100米仰泳	宁泽涛	男	河南省第十一届运动会	9.9	洛阳	1
游泳男子甲组400米自由泳	师蕴哲	男	河南省第十一届运动会	9.9	洛阳	2
游泳男子乙组4X50米混合泳接力	云　龙 任有健 杨　烁 李一同	男	河南省第十一届运动会	9.9	洛阳	2
游泳女子甲A组100米仰泳	郭家瑞	女	河南省第十一届运动会	9.9	洛阳	1
游泳女子甲A组100米仰泳	葛金琰	女	河南省第十一届运动会	9.9	洛阳	2
游泳女子甲组100米蛙泳	郑心蕊	女	河南省第十一届运动会	9.9	洛阳	2
游泳女子乙组4×50米混合泳接力	袁　馨 李婉玥 梅雪妍 石若冰	女	河南省第十一届运动会	9.9	洛阳	2
游泳男子乙组200米个人混合泳	高孟琛	男	河南省第十一届运动会	9.10	洛阳	2
游泳女子乙组200米个人混合泳	袁　馨	女	河南省第十一届运动会	9.10	洛阳	2
游泳男子甲A组200米自由泳	李昀琦	男	河南省第十一届运动会	9.10	洛阳	1
游泳男子甲A组200米自由泳	李宇森	男	河南省第十一届运动会	9.10	洛阳	2
游泳男子甲B组100米蛙泳	黄靖昊	男	河南省第十一届运动会	9.10	洛阳	3
游泳女子甲B组100米蛙泳	赵瑞丽	女	河南省第十一届运动会	9.10	洛阳	3
游泳女子甲B组400米自由泳	李　岳	女	河南省第十一届运动会	9.10	洛阳	1
游泳女子甲B组400米自由泳	梁　琦	女	河南省第十一届运动会	9.10	洛阳	3
举重女子甲组75KG	王婷婷	女	河南省第十一届运动会	9.18	洛阳	1

续表

项目	姓名	性别	赛事名称	时间	地点	名次
举重女子甲组+75KG	李小钰	女	河南省第十一届运动会	9.18	洛阳	2
举重女子乙组69KG	王亚敏	女	河南省第十一届运动会	9.18	洛阳	2
举重男子甲组69KG	陈　阳	男	河南省第十一届运动会	9.19	洛阳	3
举重男子甲组77KG	陈见康	男	河南省第十一届运动会	9.19	洛阳	3
网球女子乙组团体		女	河南省第十一届运动会	9.21	洛阳	2
网球男子乙组团体		男	河南省第十一届运动会	9.21	洛阳	2
网球男子甲组单打	马伯文	男	河南省第十一届运动会	9.22	洛阳	1
短网男子双打	宋泽昱 孙立文	男	河南省第十一届运动会	9.22	洛阳	1
短网男子双打	刘林溢 张子龙	男	河南省第十一届运动会	9.22	洛阳	3
短网女子单打	李筱易	女	河南省第十一届运动会	9.22	洛阳	3
短网女子双打	侯佳睿 李筱易	女	河南省第十一届运动会	9.22	洛阳	2
短网男子单打	宋泽昱	男	河南省第十一届运动会	9.23	洛阳	2
网球男子乙组单打	王　乐	男	河南省第十一届运动会	9.24	洛阳	2
网球男子乙组单打	纪　昂	男	河南省第十一届运动会	9.24	洛阳	3
网球男子甲组双打	施舜天 马伯文	男	河南省第十一届运动会	9.25	洛阳	1
网球男子乙组双打	周升浩 王　乐	男	河南省第十一届运动会	9.25	洛阳	1
柔道男子乙组100KG以上	刘　爽	男	河南省第十一届运动会	9.25	洛阳	1
柔道女子乙组63KG	郭一曼	女	河南省第十一届运动会	9.26	洛阳	3
柔道女子乙组78KG	李洁洁	女	河南省第十一届运动会	9.26	洛阳	2
柔道女子乙组78KG以上	陈　雪	女	河南省第十一届运动会	9.26	洛阳	3
柔道女子甲组63KG	朱亚君	女	河南省第十一届运动会	9.27	洛阳	1

（赵转折）

第二十五篇　社会生活

城乡居民生活

【城镇居民收入】 2010年,郑州市经济持续较快增长,城市居民人均可支配收入总体保持快速增长势头。市区城镇居民人均可支配收入为19594元,比上年增长11.1%;人均消费性支出为13009元,比上年增长19.9%。

(一)工资性收入是家庭的主要稳定性经济来源。

2010年,郑州市区城镇居民人均工资性收入为12172元,比上年增长8.8%,占可支配收入的62.1%。其中,工资及补贴收入为12016元,增长8.3%;其他劳动收入为156.26元,增长3.6%。郑州市区城镇居民20%的低收入家庭人均工资性收入为6611元,占其(20%的低收入家庭分组,下同)可支配收入的68.6%;20%的高收入家庭人均工资性收入为18624元,占其分组可支配收入的53.1%。20%的高收入家庭和20%的低收入家庭的工资性收入之比为2.82:1。

(二)经营性净收入迅速增长。

2010年,郑州市区城镇居民人均经营性净收入为2047元,比上年增长49.8%。郑州市区城镇居民20%的低收入家庭人均经营性净收入为1213元,占其可支配收入的12.6%;20%的高收入家庭人均经营性净收入为4533元,占其总收入的12.9%。20%的高收入家庭和20%的低收入家庭的经营性净收入之比为3.74:1。

(三)财产性收入进入居民家庭逐步增值。

2010年,郑州市区城镇居民人均财产性收入为174元,比上年增长4.8%。郑州市区城镇居民20%的低收入家庭人均财产性收入为41元,20%的高收入家庭人均财产性收入为3922元。20%的高收入家庭和20%的低收入家庭的财产性收入之比为9.47:1。

(四)转移性收入是家庭收入的重要组成部分。

2010年,郑州市区城镇居民人均转移性收入为6772元,比上年增长8.1%。主要是养老金或离退休金6102元,增长8.0%。20%的低收入家庭人均转移性收入为2802元,20%的高收入家庭人均转移性收入为13712元。20%的高收入家庭和20%的低收入家庭的转移性收入之比为4.89:1。

【城镇居民消费】 2010年,郑州市区城镇居民人均消费性支出为13009元,比上年增长19.9%。其中,人均食品支出为4330元,比上年增长12.2%,恩格尔系数为33.3%;衣着支出为1901元,比上年增长21.2%;居住支出为1021元,比上年下降3.6%;家庭设备用品及服务支出为1198元,比上年增长56.5%;医疗保健支出为1080元,比上年增长29.5%;交通和通讯支出为1624元,比上年增长39.6%;教育文化娱乐服务支出为1320元,比上年增长7.6%;其它商品和服务支出为536元,比上年增长44.1%。

2010年,郑州市区城镇居民消费支出呈现以下特点:

(一)城镇居民恩格尔系数比上年下降2.8个百分点,居民生活质量进一步提高。2010年,郑州市区城镇居民食品支出占总消费支出的比重(恩格尔系数)为33.0%,比2009年35.8%低2.8个百分点,表明在食品价格上涨较快的情况下,市委市政府及时采取有效措施,保证了郑州市区城镇居民日常生活没有受到太大影响。

(二)家用耐用消费品拥有量继续增加,生活条件进一步改善。2010年,郑州市区城镇居民家庭平均每百户拥有彩色电视机123.28台,比上年增长3.9%;电冰箱97.46台,比上年增长2.4%;洗衣机97.46台,比上年增长0.9%;空调器134.94台,比上年增长4.7%;微波炉62.56台,比上年增长1.8%;移动电话162.51部,比上年增长5.2%。调查数据表明,为了提高生活质量,郑州市区城镇居民把更多的钱花在添置或更换新型家用电器上,改善生活条件。

(三)"大件消费"购车成为城镇居民消费热点。随着城镇居民家庭财产的不断增加,人们对交通便捷有了更高的需求。2010年,郑州市区城镇居民每百户家庭拥有汽车数量已达10.48辆,同比增长47.4%。在2010年每400户家庭就新购家用轿车5辆。

(四)交通、通信消费增长强劲。随着家用轿车购买量的增加、燃油价格上涨及通讯产品的升级换代,相关消费明显增多。2010年,郑州市区城镇居民人均交通和通信消费支出为1592元,比上年增长40.4%。其中,通信消费667.22元,增长5.3%;人均车辆用燃料及零配件支出为103.66元,增长1.8倍。

(五)居民家庭信息化进程加快。2010年,郑州市区城镇居民每百户家庭拥有家用电脑68.38台,比上年增长9.1%。每百户拥有移动电话162.51部,比上年增长5.2%。每百户拥有接入互联网的计算机43.92台。人均上网费用86.52元,同比增长1.5倍。

【农村居民收入】 2010年,郑州市认真贯彻落实中央一系列农村政策,以增加农民收入为中心,通过大力调整农业产业结构,引导和发展农村劳务经济,实现了农民收入的平稳快速增长。全市农民人均纯收入为9225元,比上年增加1104元,增长13.6%,增幅提高6个百分点。

(一)工资性收入拉动农民增收。

农民通过各种渠道务工所获得的工资性收入增长加快,成为农民收入增加的重要来源。2010年,农民工资性收入人均为4076元,比上年增加526元,增长14.8%。农民人均纯收入中工资性收入的比重由上年的43.7%提高到44.2%,工资性收入对纯收入增长的贡献率已经达到47.6%,拉动农民人均纯收入增长6.5%。

工资性收入较快增长的原因:(1)在本乡(镇)地域内得到的收入稳步增长。2010年,农民人均在本乡(镇)地域内得到的收入比上年增长14.1%,占工资性收入的比重为75.7%。(2)外出务工得到的收入高速增长。随着引资力度加大和产业结构步伐加快,中小企业吸纳农村劳动力就业的能力明显增强。2010年,农民外出就业劳动力人数比上年增长14.1%。(3)农民工工资水平提高。以上因素共同作用,使得农民人均外出从业得到工资性收入增幅为21.2%,比上年提高14.6个百分点。

(二)农业生产的发展拉动农民增收。

2010年,郑州市农业生产获得稳定发展,农产品价格持续上扬,呈现出量价齐升的可喜局面,有力地推动了农民家庭经营第一产业收入的平稳增长。2010年,来自第一产业的人均纯收入为2605元,比上年增长10.5%,占农民人均纯收入的比重为28.2%,对农民人均纯收入增长的贡献率为22.5%,拉动农民人均纯收入增长3.0%。

增长因素:(1)农民从种植业生产中得到的收入继续增加。2010年,农业生产形势较好,粮食丰收,农产量增加,使得农民手中可供出售的农产品数量比较充裕。同时,粮食价格上涨、蔬菜价格高位运行,农民来自种植业的人均纯收入比上年增长12.2%。(2)农民从畜牧业得到的收入增加。2010年,郑州市坚持通过发展规模养殖,兴办养殖小区,引进畜禽良种,强化动物疫病防控等工作,使畜牧业生产由徘徊向平稳发展转变。全市肉类、禽蛋和奶类等畜产品产量继续增长,使农民出售产品的数量增加,收入增长加快,农民来自畜牧业的人均纯收入增长7.8%。

(三)家庭经营二、三产业拉动农民增收。

2010年,郑州市大力推进民营个体经济发展,农民家庭经营二、三产业蓬勃发展,扩大了农民增收渠道,成为带动农民增收的主要因素。农民人均家庭经营中二、三产业纯收入为1523元,比上年增长13.8%,对农民人均纯收入增长的贡献率为16.8%,拉动农民人均纯收入增长2.3%。其中,第二产业人均纯收入为528元,增长15.1%;第三产业人均纯收入为995元,增长13.2%。

(四)非生产性纯收入快速增长拉动农民增收。

2010年,非生产性纯收入人均为1021元,比上年增加145元,增长16.6%,占农民人均纯收入的比重为11.1%,对农民人均纯收入增长的贡献率为13.1%,拉动农民人均纯收入增长1.8%。其中,财产性纯收入人均644元,增长13.5%;转移性纯收入人均377元,增长22.2%。

土地征用补偿和出租房屋得到的租金是财产性纯收入增长的主要因素。由于郑州都市村庄改造步伐加快及重点交通工程的推进实施,占地较多,土地征用补偿款增加,比上年增长20.1%。另外,都市村庄房屋租金普遍上涨,租金收入比上年增长20.8%。

转移性纯收入增长主要得益于各项惠农政策支持力度的加大,社会保障体系的不断完善,退休金、养老金标准持续提高,以及新型农村合作医疗保险覆盖面的扩大。

【农村居民消费】 2010年,郑州市农民人均纯收入为9225元,比上年增长13.6%。收入的增加使得郑州市农民生活消费支出全面增长,消费质量稳步提高。

(一)消费支出全面增长,消费水平显著提高。

郑州市农村社会经济持续、稳定、快速、健康发展,农民收入大幅增加,农民生活消费水平得到显著提高。2010年,农民人均生活消费支出达到6254元,比2009年增加882元,增长16.4%。在生活消费支出中,食品消费支出1889元,比上年增长22.6%;衣着消费支出426元,增长15.9%;居住消费支出2066元,增长12.7%;家庭设备及用品支出358元,增长36.2%;交通通讯消费支出641元,增长9.8%;文教娱乐用品及服务消费支出382元,增长8.0%;医疗保健消费支出366元,增长12.5%;其他商品和服务消费支出125元,增长20.3%。

(二)消费结构进一步优化,消费领域日益拓宽。

随着农户经济实力的增强和消费水平的不断提高,农民的消费结构逐渐发生了变化,传统的衣、食、住、行为主的消费慢慢向宽裕型、享受型的消费发展。农村居民用于衣、食、住、行的消费支出比重下降,用于家庭用品的消费比重上升。2010年,农村居民衣、食、住、行消费支出占生活消费支出的比重为80.3%，比上年下降0.2个百分点，家庭用品消费支出占生活消费支出的比重为5.7%，比上年上升0.8个百分点。以上表明郑州市农民在衣、食、住、行得到改善后，越来越注重对家庭生活质量的改善。

（三）消费质量稳步改善，传统习惯悄然变化。

农村居民消费水平的提高和消费结构的变化，最终体现为消费质量的提高。

（1）食品消费质量提高，肉蛋奶消费显著增长。农村居民主要生活消费品中肉蛋奶消费量明显增加，2010年农村居民人均消费肉蛋奶的消费支出为363元，比上年增长32.1%。从消费数量上看，肉禽及制品人均消费13.9公斤，比上年增长26.1%；蛋类及蛋制品人均消费8.6公斤，增长3.4%；奶及奶制品人均消费8.9公斤，增长69.9%；水产品人均消费1.3公斤，增长14.2%；蔬菜人均消费89.1公斤，增长1.8%。肉蛋奶和水产品等动物性食品的增长，表明广大农民开始注重吃好，农民从食物中摄取的蛋白质、脂肪尤其是动物蛋白和脂肪显著增加。

（2）衣着消费水平提高，城市化趋势不断增强。随着收入水平的不断提高和生活的不断改善，衣着消费已发展到追求“牌子亮、款式新、质量好”，西装、休闲装、运动装等在农村广泛流行，农民衣着消费从过去耐用型向高档、时髦、城市化转变。同时，由于衣着服饰品种、规格更加齐全，农民愿意采取更省时、方便、直接的消费方式，衣着消费进入以成衣消费为主的新阶段，个性化、成衣化、城市化趋势不断增强。2010年，农民人均衣着消费支出达到426元，比上年增长15.9%，其中成衣消费占99.8%。

（3）住房宽敞漂亮，居住环境明显改善。宽敞舒适的住房一直是农民家庭向往的目标，也是生活质量改善的重要标志。近年来，郑州市农村最显著、最直观的变化之一就是广大农民的住房条件得到明显改善，房屋质量明显提高，追求房屋内部装饰已成时尚，部分率先富裕起来的农户住房向楼房式、庭院式、花园式发展，房屋内部装饰、布置等一系列配套设施逐步趋向现代化。2010年，农户用于房屋装修人均支出为258元，比上年增长57.5%。在住房面积增加和房屋质量提高的同时，农民的居住环境和卫生设施也得到进一步改善，使用暖气、液化器、沼气等洁净能源的农户从无到有逐渐增多，绝大部分农户都用上了安全饮用水。

（4）新潮耐用消费品大量进入农村居民家庭。随着农村消费环境的改善及农民购买能力的增强，特别是家电下乡政策的落实，刺激了农民对大件商品的消费。电冰箱、洗衣机、移动电话、电脑、摩托车等新潮耐用消费品大量进入农家，购买各种高档家用物品成为农民生活质量显著提高的又一重要标志。2010年末，每百户农村居民家庭拥有彩色电视机130台，摩托车64辆，电冰箱73台，洗衣机108台，移动电话207部。

（5）交通和通讯消费快速增长。交通和通讯消费是近年来农民生活消费的一大亮点，也是生活消费八大项中增长最快的。随着市场经济的发展，农民经济活动的区域不断扩大，对交通和通讯的依赖程度加深。特别是农民外出务工人数增加，带动了农民交通和通讯开支的大量增加。2010年，农民家庭交通通讯费支出人均为641元。其特点，一是通讯器材类增长最快，2010年每百户农民家庭拥有移动电话207部；二是交通工具发生了变革，2010年每百户农民家庭拥有生活用汽车10辆。以上变化，一方面是农民的消费观念随着时代的发展而逐渐改变，另一方面也反映了农民收入的增加以及国家对交通、通讯基础设施的大规模建设，使越来越多的农民家庭有条件享受现代交通、通讯的方便与快捷。

（黄　飞）

精神文明建设

【创建全国文明城市工作】 2010年，郑州市对照《全国文明城市测评体系》（省会/副省级）要求，狠抓薄弱环节，突出解决重点难点问题，掀起了创建全国文明城市新高潮。

认真理清思路。年初提出了“55431”的工作思路，即开展“五项教育”：大力开展创建全国文明城市知识宣传教育、文明礼仪宣传教育、全民阅读教育、道德模范事迹宣传教育、未成年人思想道德教育；把握“五个关键”：要把科学发展观贯穿创建文明城市的始终，要把改善民生问题作为创建文明城市的重中之重，要把薄弱环节作为创建文明城市的主攻方向，要把提高市民素质作为创建文明城市的根本任务，要把基层作为创建文明城市的着力点；建立“四个体系”：建立健全一把手负总责的组织领导体系、全民参与的社会动员体系、常态高效的督导巡查体系、渠道畅通的社会监督体系；坚持“三项原则”：统筹协调原则、以人为本原则、长效管理原则；抓住“一个重点”：认真做好2010年全国城市公共文明指数测评工作。先后组织召开了郑州市文明委主任会议、省会创建全国文明城市电视电话动员大会、创建全国文明城市工作会议进行部署，在全市范围掀起了创建全国文明城市活动新高潮。

明确责任分工。根据市领导职务变动情况，及时报请市委调整了《省会创建全国文明城市领导小组人员名单》。根据《全国文明城市测评体系》要求，结合实际情况，制定《省会创建全国文明城市工作领导责任分工》，对创建全国文明城市工作的领导、责任分包进行了再明确。制定《郑州市创建全国文明城市目标任务分解明细表》，对文明创建工作任务进行具体分解，明确了工作标准、完成时限，责任具体到每个单位。

狠抓薄弱环节。会同市调查队制订《城市公共文明指数材料审核评分表》、《城市公共文明调查问卷》,在全市范围先后两次开展公共文明指数测评模拟自测和教育。积极开展"名博"解读文明城市工作,邀请专家学者以社会视角关注郑州创建全国文明城市工作,撰写博文宣传郑州文明创建工作。成立"郑州市市民文明巡访团",对文明创建工作进行宣传和挑刺,协调央视《讲述》栏目进行集中报道。打造"文明交通"和"经典诵读"等工作亮点,引起了中央和省市媒体的关注。

突出解决重点难点问题。针对郑州市正在进行大规模基础建设的实际情况,根据市委主要领导的指示精神,以"大力整治市容环境、深化文明城市创建"为主题,大规模地开展文明交通整治和社区集中整治。此外,对照《全国文明城市测评体系》(2010版)实地考察的主要内容,把过街天桥、绿地游园、医疗机构、公交站点、机场车站、小区楼院、窗口单位、路口路段、出入市口等作为文明创建工作的重点,采取多种形式,实施不间断的督促检查,建立并逐步完善了"创建全国文明城市督查日报"制度,变集中突击为日常运作,促进了文明创建工作长效开展。截至2010年底,市文明办共上报督查日报40期,反映问题500余个,其中85%已得到圆满解决,其他问题有关部门正在积极研究、整改中。

在全省公共文明指数测评排名中,郑州市由上年的第8位上升到第4位,在全国城市公共文明指数测评和全国未成年人思想道德建设工作测评中,郑州市分列省会(副省级)城市第8、第9名。

【群众性精神文明创建活动】 深入开展各类群众性精神文明创建活动,把创建的重心下移,打牢创建全国文明城市的根基。

文明城区(县、市)创建活动成效显著。动员、指导所辖县(市)区积极开展文明城区(县、市)创建活动,全面提升城区(市)文明程度,奠定了郑州市创建全国文明城市的工作基础。金水区、惠济区、巩义市全面深化文明创建,狠抓工作落实,精神文明建设工作扎实推进、稳步提高,被省文明委命名为"省级文明城区(市)"。荥阳市大力发展慈善事业,弘扬传统美德,积极打造慈善城市。二七区立足传统特色,培育社会救助体系新模式,实施"爱老助老"工程,荣获"中国最具爱心城区"荣誉称号,成为迄今为止全国唯一荣膺"中国爱心城区"的县(区)级单位。

文明和谐社区创建活动深入开展。制定完善了《文明和谐社区创建标准》、《文明和谐社区考核标准》,把文明和谐社区创建和关爱空巢老人、加强未成年人思想道德建设等工作紧密结合起来,把文明社区、文明家庭等创建工作作为文明细胞工程来抓。扩大改善人居环境工作覆盖面,在巩义等六县市启动了人居环境改善工作。市财政拿出1900万元,对2008—2009年度改善人居环境工作进行了以奖代补。进一步加大对全市破产企业楼院、无主管庭院的整治力度,有效提升了市民群众对党和政府的满意度。

文明单位管理水平得到提升。加大文明单位创建管理工作力度,2010年全市共创建成省级文明单位79个。制定《文明单位管理和文明奖发放规范意见》,加强了文明单位动态管理。对创建工作滑坡的河南饭店等单位给予撤销荣誉称号、警告等处理,保持了文明单位的先进性。开展文明单位结对帮扶工作,印发了《文明单位结对帮扶补充通知》,对新命名的省、市级文明单位明确了帮扶对象。2010年底,郑州市科技局等15家在届文明单位被省文明办命名为"全省文明单位结对帮扶工作先进单位"。

文明景区创建活动稳步推进。制订了《郑州市2010年文明景区创建方案》,深入推进文明景区创建活动。积极参与"提升郑州旅游形象"工作,号召各文明景区以提高旅游服务质量为目标,积极推行文明开发、文明经营、文明服务、文明管理,努力把旅游景区建成展示文明形象的窗口。与市旅游局、市城乡建设委员会联合发文,对郑州市第二批文明景区进行了表彰。

市民文明巡访团作用得到充分发挥。为了让更多热爱公益事业的市民参与到文明创建活动中来,为城市的精神文明建设建言献策,指导成立了"郑州市市民文明巡访团"。40余名来自全市各行各业的巡访团员深入城市的各个角落,积极开展文明宣传教育、巡访监督、志愿服务等一系列活动,主动帮扶弱势群体排忧解难,争当发掘不文明现象的"啄木鸟"、文明志愿服务的"先锋队"、城市文明建设的"智囊团",共查找各类不文明行为460余条,受理不文明行为举报20余次,提出合理化建议30余条,有力促进了城市文明建设的进程。

"家庭文明代表制"经验向全省推广。针对如何有效提高市民素质,如何快速提高创建全国文明城市的知晓率、支持率和满意率,在全市推广实施了惠济区首创的"家庭文明代表制",在全市营造了"城市文明家庭先行,家庭文明代表先行"的浓厚氛围,形成了"人人知晓创建、人人参与创建"的生动局面。2010年12月,省文明办在惠济区召开河南省"家庭文明代表制"现场观摩暨座谈会,向全省推广了"家庭文明代表制"的经验和做法。

【道德模范评选宣传活动】 坚持面向基层,吸引群众参与,大力开展文明市民和道德模范评选活动,引导人们见贤思齐,崇德向善,形成良好的社会风尚。

"月评文明市民"活动深入开展。印发了《关于在全市开展"月评文明市民"活动的实施意见》。坚持月评比、季表彰,2010年共评选出郑州市文明市民137余人。在此基础上，按照好中选优的原则，从文明市民中评选出20名文明市民标兵。为增强宣传教育效果，在《郑州日报》上刊发了60名文明市民的典型事迹，号召广大市民在学习中参与评选，共收到市民邮寄投票近2万张，短信投票5万余条。

"我推荐、我评议身边好人"活动扎实推进。按照中央文明办、省文明办的有关工作要求，积极安排部署，认真开展"身边好人"评选推荐活动。经自下而上选拔和郑州市文明办审核，2010年郑州市先后推荐40人（集体）为"身边好人"评选候选对象。其中，沈战东、张可山等7人、陇海大院和巩义三农民见义勇为群体2个集体先后荣登"中国好人榜"。

道德模范的示范带动作用得到充分发挥。开展郑州市首届道德模范评选活动，经过群众投票和组委会评审，从全市203名先进人物中评出罗文彬等10名同志为郑州市首届道德模范，徐全新等20名同志获郑州市首届道德模范提名奖。12月8日，市文明委召开首届道德模范表彰大会，省委常委、市委书记连维良和市长赵建才发来贺信。积极开展学习宣传道德模范先进事迹活动，邀请全国道德模范提名奖获得者李隆、河南省道德模范冯会军、感动中国人物"当代孝子"张尚匀等道德模范，组成郑州市"道德模范巡讲团"，走进机关、社区、部队、农村、企业、景区、武校、监狱、工地、中学、高校等地，以报告会、座谈会的形式开展巡讲31场，在社会各界群众中引起了强烈反响。

【未成年人思想道德建设】 以"做一个有道德的人"为主题，精心设计活动载体，创新工作方式方法，营造良好的社会环境，扎实推动未成年人思想道德建设工作不断深化。

深入开展"做一个有道德的人"主题活动。组织开展了青少年爱国主义教育、中华经典诵读、"道德模范校园行"、"传唱优秀童谣"、"迎世博、迎亚运、讲文明、树新风"主题教育、"做一个有道德的人"主题征文等系列活动。同时，积极培育各类未成年人道德典型，先后开展了"绿城美德少年"、百佳"孝老敬长好少年"、"见义勇为好少年"评选活动，涌现出了"孝老敬长好少年"于荣阳等一批未成年人道德典型。针对未成年人思维活跃的特点，组织开展德育教学改革试验，开设道德论坛，开辟校园网BBS论坛思想教育版块，建立中小学生"道德档案"，把每位学生的"道德考核"真正列入学期考评内容，推动了"做一个有道德的人"主题活动不断深化。

精心组织未成年人法制教育宣传活动。为不断扩大未成年人思想道德建设的覆盖面和影响力，在全市未成年人中深入开展了法制教育宣传活动。5月20日，在河南省未成年人劳动教养人员管理所举行了郑州市未成年人法制教育启动仪式暨首场法制教育报告会。各县（市）区通过采取"请进来"、"走出去"相结合的方式，组织中小学生分37批次到未成年人法制教育基地参观学习，组织法律教育专家到学校作巡回报告22场，举办法制教育图片展15次，受教育未成年人达10万余人次。

狠抓净化社会文化环境工作。把严厉打击"黑网吧"作为净化社会文化环境工作的重点，积极安排部署，多次开展查处治理黑网吧专项行动，全市各有关部门共出动执法人员2630次、车辆530台次，查处取缔黑网吧110余家，暂扣电脑主机3000多台，依法拘留10余人，进一步规范了文化市场服务运营秩序，有力威慑了违法违规经营行为，为未成年人健康成长创造了文明安全的社会文化环境，受到省文明办的肯定。

【农村精神文明建设】 以"乡风文明、村容整洁"为重点，注重城乡共建，加大帮扶力度，广泛动员群众参与，狠抓环境卫生整治和农民素质教育，着力提升农村文明程度。

乡风文明教育深入开展。持续开展以"五进农家"（道德规范、政策法纪、科技知识、健康卫生、文化活动进农家）为主要内容的"文明新风进农家"活动，全面提升农民素质。制定《文明村评比标准》，积极组织开展了移风易俗、破除陈规陋习、反对邪教和封建迷信等活动，加强环境保护，倡导健康文明的生活方式。组织各村结合实际开展了十星级文明户、文明信用户、"五好家庭"、"好公婆"、"好媳妇"等评选活动，推动形成遵纪守法、诚实守信、尊老爱幼、夫妻和睦、勤俭持家的文明乡风。

"清洁家园行动"成效显著。制订了《郑州市2010年农村"清洁家园行动"实施方案》，对全市清洁家园行动进行全面安排部署。组织开展了郑州市"百万农民清洁家园集中行动周"活动；5月、9月两次开展"清洁家园行动"集中巡查观摩活动，对全市"清洁家园行动"开展情况进行了集中督促检查，促进了工作落实。组织开展了郑州市农村村容村貌、路容路貌集中整治活动，抓好督促检查，助推"清洁家园行动"深入开展。中牟县、巩义市等把"清洁家园行动"当做一把手工程来抓，实施主要领导负责制、定期观摩制，设立曝光台，"清洁家园行动"取得显著成效。2010年底，巩义市被河南省文明办命名为全省"清洁家园行动"先进市，巩义市竹林镇长寿山村、新郑市辛店镇北靳楼村被命名为全省"清洁家园行动"先进村镇。

文明村镇创建活动不断深化。大力推进文明村镇创建活动，制定了《郑州市文明村镇评选管理办法》，参照文明单位奖励办法，把全市文明村镇纳入财政奖励范围，市级文明村由市财政一次性奖励2万元，市级文明乡镇参照市级文明单位每人每月260元，由当地财政自行筹措，进一步调动了文明村镇创建活动的积极性。配合工商部门，大力开展以"四化两场一畅通"为主要内容的文明集市创建活动。2010年是郑州市接收丹江口库区移民安置任务最重的一年,荥阳市、新郑市、中牟县按照省文明委确定的标准,结合当地实际,积极开展了创建“迁安移民文明村”和“移民迎送亲人文明县乡”活动,有力推动了移民和谐文明迁安。

认真抓好文化科技卫生“三下乡”工作。为动员社会各方面力量更好地支持农村,促进农村改革发展,推动社会主义新农村建设,市文明办与科技局、卫生局等有关部门联合印发了《关于做好2010年文化科技卫生“三下乡”工作的通知》,在新郑市举行了郑州市2010年“三下乡”活动启动仪式,积极调动社会力量和各种资源参与“三下乡”活动,形成了全社会支持“三下乡”活动的局面。据统计,2010年,郑州市市区两级各有关部门先后开展“三下乡”活动80余次,直接受惠群众达60余万人次。

【社会志愿服务活动】 结合全市实际,以重大活动为契机,以服务创建全国文明城市等中心工作为重点,组织动员社会各界积极参与,深入开展志愿服务活动,引导人们以志愿服务形式普及文明新风。

积极开展文明交通志愿引导服务活动。为引导广大市民群众文明出行,营造省会郑州畅通有序的交通环境,2010年3月,市文明办、共青团郑州市委、郑州日报联合开展了“文明过街,请走天桥”志愿引导服务活动,组织志愿者向过往行人发放《文明过街走天桥倡议书》20000余份,引导行人走过街天桥,养成文明出行的好习惯。5月,由万名文明交通志愿者参与的“文明交通大家行”活动之“文明交通我参与”活动启动仪式在郑东新区如意湖广场举行,在全市营造了文明交通、人人参与的浓厚氛围。6月,郑州市文明办、市公安局、团市委、市交通运输委员会在绿城广场举行了“‘文明交通我先行,共创全国文明城’——郑州市各级文明单位交通志愿服务百日行动启动仪式”。截至2010年底,省会各级文明单位先后安排工作人员约5万人次走上街头,开展了文明交通志愿服务活动。

从解决“空巢老人”实际困难入手,广泛开展多种形式的“关爱空巢老人志愿服务行动”,全市上下掀起了关爱“空巢老人“志愿服务的热潮。4月27日,在二七区亚星社区组织开展了郑州市“关爱空巢老人志愿服务行动”启动仪式,现场募集志愿服务基金300万元。中国志愿服务基金会理事长甘英烈、副秘书长彭敏安、省文明办专职副主任郭守占等出席启动仪式。管城回族区开通了文明市民关爱“空巢老人”热线电话,安排辖区文明市民轮流值班接听,当好老人的忠实听众和心理护士,走进家庭进行跟踪服务、解决问题60余次。二七区积极开展领导干部“爱心1+1”认助“空巢老人”活动,43名县处级领导和247名科级干部与辖区“空巢老人”进行了“认亲”,慰问辖区“空巢老人”300多人次,发放各类慰问金与生活用品价值5万余元,为“空巢老人”解决实际问题200余件。金水区采用“类家庭”关爱模式,将每3名成年志愿者和1名儿童志愿者、1名空巢老人共同组合为一个结对帮扶小组,先后帮扶“空巢老人”80多人。

在未成年人中开展“争当小文明志愿者”活动。在全市未成年人中积极开展志愿服务教育,通过“文明交通”、“关爱空巢老人”、“雷锋号爱心顺风车”、“文明小使者”、“小手拉大手”、“爱心联盟”、“关爱农民工子女”等一系列志愿者活动,积极宣传志愿服务精神,引导全市未成年人争做有爱心、有道德、对社会有责任的人。

【传统节日文化教育】 在清明节、端午节、中秋节、重阳节等传统佳节来临之际,积极组织丰富多彩的群众性节庆活动,努力挖掘传统节日的精神文化内涵,运用多种形式展示中华优秀传统文化,引导人们认知、继承、弘扬优秀传统文化。清明节期间,市文明办与市民政局联合举办了第二届“清明雨·绿色风·文明行”树葬活动,在全市倡导了文明、环保的殡葬方式;二七区、高新技术产业开发区组织开展了网上祭拜、浏览革命纪念馆、学习英雄人物先进事迹、知识竞赛、文艺演出等群众性活动。端午节期间,市教育部门积极组织开展了端午节主题教育活动,各中小学校相继开展了经典诵读、文艺演出等活动;金水区组织开展了“端午粽飘香、邻里齐欢聚”文化活动,新密市开展了端午节文化知识宣传活动。中秋节、重阳节期间,金水区举办了“迎中秋群众汇演”、“感受中秋团圆、弘扬曲艺文化”、“2010中秋同欢乐”等多场演出活动;中原区举行了“月是故乡明”中秋节百户家庭集体赏月活动;中牟县以“团结、团圆、庆丰收”及“孝老敬亲”为主题,举办了大型广场文化活动;登封市突出地方特色,以保护民间文化遗产为重点,开展了“天地之中”民俗展演活动,举办庙会、集会,营造了喜庆和谐的节日氛围。

(汤理科)

爱国卫生工作

【被重新命名为国家卫生城市】 2010年,市爱卫办以迎接国家卫生城市届满复审、农村卫生基础设施建设为重点,积极开展城乡环境卫生集中整治,探索除害防病新方式,建立健全卫生管理长效机制,各项工作均取得了显著成绩。新创建成国家卫生镇4个,省级卫生镇3个、卫生村69个、卫生单位46个;新命名市级卫生镇7个、卫生村62个、卫生先进居民小区25个、卫生单位45个,健康单位12个,无烟单位15个。

郑州市2006年创建成国家卫生城市,2010年面临三年届满复审。市爱卫办以国家卫生城市复审迎检工作为抓手,以给市民创造良好的工作和生活环境为出发点和落脚点，积极开展市容环境卫生综合整治和督导检查工作，充分调动各级各部门的积极性，进一步提升了市容环境卫生质量，巩固和保持了国家卫生城市创建成果。据统计，全市累计投资8.55亿元，卫生面貌明显改善，各项工作均达到国家卫生城市标准，总体达标率为93.7%。由于组织得力，措施到位，效果明显，12月全国爱卫会正式发文重新确认郑州市为国家卫生城市。

【营造浓厚迎检氛围】 3月初，成立了主要市领导任组长，有关市领导任副组长，市直各部门、市内各区和驻郑单位主要领导任成员的市迎接国家卫生城市届满复审工作领导小组，领导小组在市爱卫办设立办公室，负责迎检工作的组织、协调和监督检查。3月5日，市委、市政府召开动员大会，向全市发出了“人人积极参与，共建美好家园”的倡议。4月7日，在绿城广场举行了郑州市第二十二个爱国卫生月暨迎接国家卫生城市复审集中整治启动仪式，对整治工作进行了再动员、再部署。各区(管委会)、各部门相继召开不同层面的动员会、工作推进会和协调会，明确了任务，落实了责任。

市爱卫办牵头，充分利用各种载体和平台，进行广泛宣传、讲解和动员。先后组织开展了“人人积极参与、扮美城市家园”有奖征文活动、“健康教育画廊”竞赛活动，以及“千个城市、千人故事”、“让爱国卫生运动走进社区、走进楼院、走进家庭”、“健康与您同行”等多项主题宣传活动。并在市属新闻媒体上固定时间，指定版面，及时、全面地报道整治工作动态，形成声势。同时，注重利用现代传播手段，对市爱国卫生网站升级改版，设立了曝光台、投诉台和领奖台，对问题进行曝光，接受建议和投诉，宣传典型，交流信息，沟通大众。据统计，仅市爱卫办就向市民代表免费赠阅《郑州市民健康生活读本(二)》10万册，从收到的700余篇稿件中评出获奖征文36篇，重点对9个“健康教育画廊”获奖单位给予表彰奖励资金5万元。通过形式多样的宣传发动，全市上下形成了领导重视、全民参与、部门联动、机制健全的浓厚复审迎检氛围，为推动各项整治活动的开展奠定了良好的基础。

【重点开展十项整治】 通过国家卫生城市复审，重点开展十项整治，着重解决“五小”单位(指中小饭店、小熟食店、小副食〈冷饮〉店、小旅店〈浴池〉、小理发〈美容〉店等)，游园绿地，窗口单位，社区单位，交通秩序，市区街道、河道和铁路沿线，建筑工地，城中村，出入市口，城乡接合部等十个方面存在的脏乱差问题，全面提升市容水平。为此，郑州市专门成立了十个专项整治指挥部，由有关市领导任指挥长，按照市委、市政府确定的整治方案和标准，大力开展市容环境卫生综合整治工作。市内各区、各部门对照市里的组织机构，均成立了相应的领导组织和专项整治指挥部。

为保证十项市容环境卫生综合整治落到实处，市爱卫办严格按照国家卫生城市标准，多措并举，全力以赴开展对十项整治的督导。首先，成立了十个整治工作督导组，按照各自职责分工和标准要求，坚持多层次、多方位地开展督导、检查和评比活动。其次，建立联席例会制度、台账销号制度、督查通报制度、考评奖惩制度、新闻曝光制度等一系列制度，深入细致地开展督导，确保市容整治效果。如：每两周召开一次由各区、各指挥部和责任单位参加的联席会议，通报工作情况，协调解决问题，安排部署任务；建立台账销号制度，对存在的市容环境问题进行摸底排查，“整治一个、销号一个、巩固一个”，确保不留空档；定期编发《工作情况通报》，及时将各区、各指挥部工作情况通过《简报》形式发送全市，推进工作的开展和落实；把各项迎检和整治工作的考评结果纳入“爱卫杯”评比中。由于组织得力，督导到位，4月，全市掀起了春季市容环境卫生整治的热潮，不少市容难点问题得到解决，重点区域市容环境卫生面貌显著改善，十项市容环境卫生达标率显著提高，并于5月底顺利通过了国家卫生城市省级复查。

【实施四个专项整治】 在巩固提高十项整治成果的基础上，针对市容薄弱环节，6—7月，市爱卫办又组织开展了以道路和人行道板修复、沿街建筑物立面清理、积存垃圾清运和施工工地治理等为内容的四个专项整治活动，使城市卫生面貌明显改善。四个专项整治活动中，共修复道路26.7万平方米、人行道板7.5万平方米；清理橱窗广告和乱贴乱画26万处，治理门头牌匾1.1万处，规范架空线缆398处，清洗楼体131万平方米；清运铁路沿线、城中村、城乡接合部和出入市口垃圾89.4万立方米；清运建筑、生活垃圾93.2万立方米，建设围挡2.7万米。

【查漏补缺集中评差】 8月，进入国家卫生城市复审迎检的关键阶段，按照市委书记连维良的批示要求，市爱卫办进一步查漏补缺，开展评差活动，促进遗漏、疑难市容问题的解决，掀起了第二次市容整治高潮。市爱卫办出台了《关于加强市容环境卫生日常督查检查深入开展评差、排序、评比工作的通知》，先后组织人员集中进行了两次市容最差单位评比，并将两批共297个市容较差单位、35个经媒体曝光后整改不及时的单位及责任单位名单在郑州日报、郑州晚报公布，要求责任单位限期整改，对于整改不及时的再次曝光。此举在市直各单位和各区、办事处中产生了强烈反响，引起了上榜最差单位负责人的高度重视，纷纷想方设法，投入人力、物力、财力，迅速开展市容环境整治，促进了一批市容老大难问题的解决。如建了上世纪50年代的郑州厂、三厂社区,院内杂草丛生、垃圾遍地、蚊蝇滋生、占道经营堵得道路水泄不通,上榜“最差”之后,所在办事处设法筹措资金帮助整治,清理占道、清除杂草、配备必要的垃圾收容设施,在一定程度上改善了困难企业老社区的环境卫生面貌。

【坚持日常评差评比】 坚持日常评差评比,巩固保持整治成果。9月,国家卫生城市暗访组对郑州市进行了检查。为进一步保持和巩固市容整治成果,坚持环境卫生管理常态化、制度化,从9月15日起,市爱卫办着力开展了市容环境卫生评优评差排序活动,以市爱卫会名义下发了《关于加强市容环境卫生日常督查检查深入开展评差排序评比工作的通知》、《关于深入开展评差排序评比工作的补充通知》和《城区市容环境专项评差实施办法》,探索了“日常评差、突击检查和专项整治”三位一体的评差新方式。

针对个性问题、难点问题,结合各区各部门自查、市爱卫办日常督查以及市民投诉、新闻媒体曝光等,开展日常评差。每个工作日评出市容环境卫生较差部位(项目)至少10个。据统计,自9月15日开始,共评差72批次、曝光730个问题。经督查,大部分问题如期解决。

针对市容动态性问题,开展突击检查。9月,市爱卫办对市内各区(管委会)占道经营、疏堵结合点和清扫保洁情况进行了两次突击检查,并及时向有关单位下发了限期整改通知书,对发现问题较多的城区13个办事处进行了通报批评。

针对市容存在的共性问题,开展专项评差。11月评出13个最差单位,12月21日在中原网、郑州市人民政府门户网、商都网和市爱卫办网站等四网同时开通了网络投诉评差系统,拓展了群众投诉渠道,市民网络投诉踊跃。截至12月30日,共收到投诉520条。根据市民网络投诉和投票结果,结合日常督查和实地核查,确定15个单位(路段)为最差单位(路段),促进了一批市容老大难问题的解决。

继续开展“爱国卫生杯”流动红旗评比等日常评比工作,并扩大至各县(市)和上街区。城区共评出“爱国卫生杯”流动红旗单位100个,并对每个红旗单位给予了1万元的资金奖励。

【农村爱国卫生工作】 2010年,农村爱国卫生工作以创建卫生镇(村)和新农村建设为载体,以农村卫生环境综合整治、改厕和垃圾中转站建设为重点,有计划、有步骤地稳步推进,成效显著。

积极开展农村环境集中整治工作。分两次利用3个月的时间,开展“清洁家园、美化乡村”活动,受到了省、市领导和新闻媒体表扬。9月下旬,全国爱卫会领导考察了荥阳市农村卫生环境整治工作,并给予充分肯定。2010年,全市有62个村创建成“郑州市卫生村”,22个村创建成“省级卫生村”,47个村通过省级复验,被重新命名。

以农村改厕和垃圾中转站建设为重点,完善了农村卫生基础设施建设。2010年,市爱卫办继续坚持整村推进的原则,优先安排省、市级卫生村和乡镇政府所在地的村,并逐步向偏远村推进。全年实际超额完成农村改厕86784户、垃圾中转站建设487座,居全省第一。作为配套设施,先期将郑州市建制乡和有农业村的办事处配备的79台后装式垃圾压缩车发放到位,乡镇垃圾收集运输工作再上新台阶。省爱卫会连续两次召开现场会,推广了郑州市的经验和做法。

狠抓卫生城镇日常监督管理。为了促进城区卫生长效保洁机制形成,把各县(市)爱卫办对城区的自查情况、出入市口和集贸市场的管理作为督导的重点,纳入季度考核成绩,坚持每个月定期检查一次、通报一次,并将检查结果通报各县(市)主管县(市)长。重大问题和连续两个月检查问题较多的单位把通报直接寄到县(市)主要领导,激发了各县(市)爱卫办的主观能动性。认真落实《郑州市卫生镇(乡)管理办法》,将农村环境集中整治情况和改厕质量、数量相结合,坚持卫生镇(乡)每季度定期检查通报制度,评出了季度流动红旗。由于措施得力,卫生城镇创建工作取得了显著成绩,新密市来集镇、苟堂镇、岳村镇、米村镇,中牟县刘集镇,登封市君召乡、大冶镇等7个乡镇被命名为郑州市卫生乡镇;巩义市新中镇、荥阳市崔庙镇、中牟县白沙镇3个镇创建成省级卫生乡镇;中牟县城、卢店镇、米河镇、大峪沟镇等4个县(镇)通过全国爱卫会暗访,被重新命名。

【病媒生物防治】 2010年,针对病媒生物季节性消长的特点,市爱卫办开展了春季灭鼠、灭蟑螂和夏秋季防治蚊蝇、蟑螂等专项防治活动。共投入资金约259万元,发放各类消杀药品近30吨,清除四害孳生地10万余处,完善各类四害防治设施3万余套(个)。按照市场化、规范化、社会化、专业化的原则,以环境卫生作业、病媒生物防治等为试点,推进市场化管理。全市有3条河渠(金水河、东风渠、熊儿河)、27个游(公)园、广场(人民公园、二七广场等)、106条市管道路(金水路、花园路等)开展了病媒生物防治市场化运作,市政府投资181万元对外购买服务。市爱卫办负责每个月督导检查一次,结合密度监测每季度考核一次,并将考核结果与服务费支付挂钩,保证了市场化工作的质量,取得了一定成效。经监测,四害密度全年均控制在国家卫生城市标准之内。

【全民控烟工作】 在2010年5月31日世界无烟日,以“性别与烟草——抵制针对女性的市场营销”为主题,市爱卫会相关委员单位及各县(市)、区爱卫办开展了丰富多彩的宣传活动。据统计，仅当天就制作教育宣传版面360余块，设立义诊台40余个，发放各类宣传材料16000余份，劝阻不卫生不文明行为千余人次，受教育群众达万余人次。落实《郑州市公共场所禁止吸烟条例》，以区为单位，健全禁止吸烟的公共场所管理档案，制订控烟实施方案，落实了辖区内公共场所的禁烟标志和吸烟劝阻员。积极开创控烟工作新局面，将控烟工作纳入市文广新局、市交通委、市卫生局和市商务局等职能委局的年度爱国卫生工作目标责任书，利用月检查对车站、医院、学校、网吧及金融部门的营业厅等禁止吸烟的公共场所进行检查，将问题及时反馈到职能部门，并督促其整改。全市900多家网吧设立了健康教育专栏和禁烟标志，市属医院增设了"控烟门诊"。抽查暗访50个禁止吸烟公共场所，基本无吸烟现象。

（张士东）

人口和计划生育

【概况】 2010年，市人口计生工作紧紧围绕"稳定低生育水平、统筹解决人口问题，促进人的全面发展"的目标任务，启动实施了"提高出生人口素质、提高家庭发展能力"工程（即"双提高"工程）和"综合改革年"活动，突出抓好宣传倡导、利益引导、优质服务、优生促进、流动人口服务管理等重点工作，有力推进了人口计生工作的创新发展，出生人口性别比偏高的势头得到了有效遏制。坚持就地及时解决信访问题，做到了"六个快"（即快登记、快呈批、快调查、快分流、快处理、快反馈），确保了信访安全稳定。2010年，全市人口和计划生育信访共受理群众来信来访（来电）4595件次，个人访632件次，集体访33件次，电子访45件。市人口计生委受理各类群众信访2760件次（含省人口计生委受理转入），全市共立案74件，到期应结案件56件，已结案件56件，结案率为100%。积极修订和规范村规民约，从政策制度上解决男女不平等问题，有效推动了基层群众自治工作的健康开展，实现了人口计生工作重心下移。全市共建立各类企业协会332个，流动人口协会183个，村级（社区）协会2784个（占行政村总数的98%），其中39%的行政村已开展了《村规民约》的修订和完善工作。2010年12月，郑州市应邀参加全国加强村民自治推进性别平等高层论坛并介绍了经验。

2010年，全市人口出生率为10.48‰，低于省定目标0.87个千分点，保持了低生育水平的持续稳定。创建成12个省级以上优质服务先进县（市）区（其中，6个国优，6个省优），在全省率先实现了优质服务先进县（市）区全覆盖。全市人口和计划生育整体工作受到了国家和省人口计生委的充分肯定，先后被评为全国人口和计划生育工作先进集体、全国人口和计划生育综合改革示范市、全国"婚育新风进万家"活动先进单位和第四阶段示范市、全国流动人口均等化服务综合改革试点市、全省人口和计划生育工作优秀单位等。

【加强组织领导】 市委、市政府先后召开了人口计生领导小组会、市委常委会、政府常务会、全市人口计生工作会和人口形势分析会，安排部署人口计生工作，研究确立了深化人口和计划生育综合改革、在全市启动"双提高"工程、提高优秀县（市）区人口计生委主任待遇、出台《郑州市城乡居民基本养老保险计划生育补贴办法》、稳定人口计生工作机构和队伍、将流动人口的计划生育信息采集纳入公安部门招录的暂住人口协管员工作职责等重大政策措施，出台了《关于实施人口和计划生育工作综合改革的意见》、《提高出生人口素质提高家庭发展能力工程实施方案》、《关于深入开展关爱女孩行动综合治理出生人口性别比偏高问题的实施意见》、《关于进一步做好流动人口计划生育工作的通知》、《郑州市城乡居民基本养老保险计划生育补贴办法》、《郑州市流动人口基本公共服务均等化实施方案》等一系列政策性文件，并将免费推行出生缺陷一级干预、落实独生子女父母奖励费、对计生家庭实施奖励扶助和特别扶助等三项工作列入了2010年市委、市政府为民办理"十大实事"内容，纳入重大督查事项。省委常委、市委书记连维良，市委副书记、市长赵建才在市委全会、政府全会等综合性会议上都对人口和计划生育工作进行了重点安排。市委、市政府分管领导市委常务副书记马懿、副市长王哲多次深入基层亲解难题。2010年，市、县、乡三级共投入人口计生事业费3.5亿元，超过省定人均计生事业费标准，为各项管理服务措施的落实提供了稳固的财力保障。

【为民办实事项目】 为确保市委、市政府为民办理"十大实事"项目的顺利实施，市人口计生委成立了以党组书记、主任杨传文为组长的领导小组，实行副县级以上领导分包责任制和月报告制度，层层明确责任，定期组织督查，并纳入年度目标考核内容，有力地推动了为民办理"十大实事"项目的顺利完成。全市共为独生子女父母50.33万人发放奖励费1.23亿元，为奖励扶助对象7921人发放奖励扶助金79.21万元，为1018名特别扶助对象（其中伤残家庭人数为423人，死亡家庭人数为595人）发放特别扶助金112.008万元，此外还为2010年考入大学的农村计划生育家庭子女648人发放奖励助学金132.06万元；全年共开展免费婚（孕）前培训127953人次，孕前风险评估65872人，开展孕前优生筛查77173例，提供复合营养素补充76150人，广大育龄群众优生优育的知识及能力得到了普遍提高。

【启动实施"双提高"工程】 围绕新

时期统筹解决人口问题的目标任务，下发了《中共郑州市委郑州市人民政府关于印发〈郑州市“提高出生人口素质提高家庭发展能力”工程实施方案〉的通知》(郑发〔2010〕10号)，5月12日召开了全市人口计生工作会暨“双提高”工程动员会。为确保“双提高”工程的有序推进，市人口计生委邀请省内专家、学者进行座谈，制订了“双提高”工程推进计划并召开了工作促进会，实行副县级以上领导分包责任制，层层督查抓落实。全市各级以开展“婚育新风、优质服务、优惠政策、幸福行动、生育关怀、优生优育”六进家庭活动和修订村规民约为主要内容，稳步推进“双提高”工程的顺利实施，有力推动了人口计生工作提质升级。

【不断强化宣传教育】 注重发挥宣传教育的先导作用，大力传播婚育新风尚。制定了“品牌+内容+服务”的一体化原则，提出了找准“四点”(婚育文化与企业文化的共赢点、与传统文化的相融点、与新农村建设的结合点、与精神文明建设的促进点)、做好“六进”(婚育新风进家庭、进学校、进乡村、进社区、进企业、进军营)的工作要求，认真组织开展“婚育新风进万家”活动、婚育文明城市四级联创、计生家庭“全家福”及“人口喜信进万家”等教育活动，大力倡导健康和谐的婚育新风尚，共为全市117012户农村计划生育家庭送去了“全家福”。同时，依托重大节日组织开展了送宣传、送温暖、送技能、送关爱、送服务等活动。举行纪念9·25《公开信》发表30周年活动启动仪式，现场为全市评选出的10户计生光荣家庭颁发了光荣匾牌，为10户计生困难家庭发放扶助金每户1000元，收到了良好的社会效果。

【流动人口计划生育工作】 认真贯彻落实《郑州市人民政府办公厅关于进一步做好流动人口计划生育工作的通知》(郑政办〔2010〕43号)和郑州市人口计生委、公安局联合下发的《关于将流动人口计划生育信息采集纳入暂住人口协管员工作职责的通知》，围绕深化综合改革、实施“双提高”工程，着力解决城区和流动人口服务管理问题。

探索建立并积极推行“46865”工作模式。全面落实流动人口管理的4个及时、6个清楚的工作要求，即对辖区流动人口及时登记、及时建档、对流动人口中的重点对象及时访视、及时跟踪，对辖区流动人口做到常住人口所在地清楚、流入时间清楚、婚育状况清楚、节育情况清楚、现居住地址清楚和从业地址清楚。积极开展8项免费服务，即在社区居委会、大型厂矿、企事业单位等流动人口聚居地建立流动人口计划生育协会组织，实行流动人口的自我服务；通过流动人口计划生育政策法规“进社区、进家庭、进企业、进商场、进工地”活动，认真做好宣传教育和咨询服务；免费为流动人口提供避孕药具服务；免费为流动人口定期开展生殖健康检查服务；免费为流动人口已婚育龄妇女每两年开展一次妇科病普查，免费向实行计划生育的流动人口育龄夫妻提供基本项目的计划生育技术服务；免费为流动人口办理和查验《流动人口婚育证明》服务；整合社会公共资源，免费为流动人口提供空房、空岗信息服务；依法公开服务项目，开通维权热线，免费为流动人口提供法律咨询和法律援助服务。推行6种服务管理新模式，即根据居住、从业区域不同，在封闭式物业小区实行社区为主、物业配合、业主参与的一站式服务管理工作模式；在杂居居民小区实行社区为主、楼院长、门栋长、门卫信息通报服务管理工作模式；在都市村庄、城乡接合部实行警育结合服务管理模式和旅栈式服务管理工作模式；在商(市)场实行法人为主、协会参与的服务管理工作模式；在各类经济组织和社会组织实行法人负责、群团参与的服务管理工作模式；对流出人口实行市督导、乡为主、村负责的服务管理工作模式。同时，在城区大力开展5种类型示范化创建工作，即创建示范化社区、示范化商(市)场、示范化单位、示范化都市村庄、示范化封闭式住宅小区，积极打造城区计生服务品牌。先后与省内外31个省辖市、290个市县区签订了《联合加强流动人口计划生育工作协议书》，建立了流动人口协作联系制度，全市流动人口管理覆盖率达93.65%，其中流入人口管理率93.42%，流出人口管理率93.88%，被国家人口计生委列为流动人口基本公共服务均等化试点城市。

【完善计划生育利益导向机制】 立足改善民生，计划生育利益导向力度不断加大。在规范奖扶资金发放渠道、落实现有利益导向政策的基础上，按照“兼容性、长效性、多元性”的原则，出台了《郑州市城乡居民基本养老保险计划生育补贴办法》，对自愿参加郑州市城乡居民基本养老保险的年龄在45～59周岁的独生子女父母和农村计生双女父母，在按照规定标准缴费的基础上，给予每人每年100元的缴费补贴；对年满60周岁、符合养老金待遇领取条件的独生子女父母和农村计划生育双女父母，在按照规定领取基础养老金之外，再给予每人每月40元的计划生育养老补贴，使符合条件的计划生育家庭父母每人每月的养老保险金达到105元。同时明确规定，城乡居民基本养老保险计划生育补贴列入财政预算，由市和县(市、区)两级财政各负担50%。截至2010年底，全市共出台利益导向政策15项，形成了一套完整的集“奖、优、免、扶、保、助”为一体的利益导向政策体系，在受益对象和受益时限上，实现了人口和计划生育利益导向政策的全覆盖，受到了省人口计生委的充分肯定，并在全省推广。2010年，全市共投入利益导向资金21960.96万元，惠及计划生育家庭84.93万人次，有212对符合条件的夫妇自愿放弃了二孩生育指标，群众实行计划生育的自觉性进一步提高。

【人口和计生工作综合改革】 根据经济转轨、社会转型、人口转变的新形势，按照统筹的要求和信息共享、责任共担、政策兼容的原则，积极转变工作理念，调整工作思路，创新工作措施和工作方法，对科学化、规范化和长效性的工作机制进行了积极探索，坚持用良好的机制推动人口计生工作的科学决策、统筹推进和可持续发展。制订下发了综合改革推进计划，实施项目运作，着力构建八大工作机制。2010年，在全市人口计生系统开展了"综合改革年"活动，宣传教育、优质服务、利益导向、科学管理、群众自治、考核评估机制已在实践中成熟，统筹协调、人财保障机制正在工作实践中进一步完善。郑州市被授予"全国人口和计划生育综合改革示范市"称号。

【计划生育优质服务能力建设】 按照"服务理念人性化、服务网络标准化、队伍建设职业化、优质服务精细化"的目标，在全市人口计生系统继续开展"优质服务年"活动，扎实开展幸福新婚、健康宝宝、和谐家庭、弱势关怀、亲民维权五大系列服务。大力加强基层服务网络建设，全市共投入5480余万元，新、改建县级服务站1个、乡级服务中心19个、村级服务室252个，9个县级服务站全部获得了《医疗机构执业许可证》、"新农合"定点单位资格和"城镇职工(居民)医疗保险"定点单位资格，巩义、登封、二七、惠济4个县级服务站获得了"母婴保健许可证"定点单位资格，109个乡级服务中心全部获得《医疗机构执业许可证》。围绕澄清已婚育龄妇女底数、落实避孕措施，组织开展了春、秋季生殖健康进家庭服务活动，确保了人口控制目标的顺利完成。

【推进计划生育依法行政】 在大力开展法律法规普及教育的基础上，分宣传培训、查摆问题、分析原因、建章立制四个阶段组织开展了基层文明执法专项活动，进一步建立健全各项行政执法制度，规范办事程序，提高工作效能，提升文明执法水平。组织开展全员法律培训和违法生育三项治理，强力推行行政处罚裁量标准制度，出台了《郑州市人口和计划生育行政处罚裁量标准》、《郑州市人口和计划生育行政处罚裁量标准适用规则》、《郑州市人口和计划生育行政处罚预先法律审核制度》、《郑州市人口和计划生育行政处罚案例指导制度》、《郑州市人口和计划生育行政处罚案件主办人制度》等工作制度，并将细化后的处罚标准、执行情况以及群众的投诉及反馈情况向社会公布，加强了对自由裁量权行使的监督，实现了责罚相当、同案同罚。推广启用了全省"计划生育行政执法管理系统"与"人口和计划生育利益导向管理信息系统"，实行人口和计划生育行政执法案件网上审批办理，依法行政工作进一步规范。

【信息化建设】 坚持以需求为导向，以应用促发展，在不断完善软、硬件设施的基础上，积极开展信息交流和资源共享，利用自主开发的部门联动信息共享平台软件，将人口计生委的PFP-MIS系统信息同各相关部门的人口信息进行分析比对，并将比对结果自动反馈到对应的乡(镇)、办事处，各乡(镇)、办事处根据比对结果及上级反馈结果，对各条比对不一致的人口信息进行核对确认，经核对确认后对MIS数据库对应信息进行更新，大幅度提升了MIS数据库质量。开发了《郑州市台账管理应用系统软件》，实现了台账的市、县、乡、村四级网络化应用，为全面提升人口计生整体工作水平提供了有力的信息支撑。

【人口计生干部队伍建设】 以"两转两提"为目标，坚持"内强素质、外树形象"，全面加强各级人口计生干部思想、作风和能力建设。认真落实每周一、五学习日制度，在全市人口计生系统深入开展了"五型机关"创建和岗位练兵、技术比武活动。组织市、县、乡三级600多名人口计生干部分5期在南京人口干部管理学院举办郑州市人口计生系统业务素能培训班，提高了队伍的整体素能。制定完善了督查反馈、问责问效、领导干部下基层调研、媒体舆情处理及廉洁从政等9项工作制度，在全市人口计生系统大力推行工作暗访机制、限时办结机制、长效监督机制，严格落实问责规定，进一步转变作风，提升了效能。郑州市代表队在全省技术比武活动中获得第2名，市人口计生委被评为省级文明单位和全省人口计生系统"五型机关"创建活动先进单位，被市委授予"五好"基层党组织称号。

【政风行风建设】 以群众满意为标准，开展了"阳光计生"行动和群众满意基层站所创建活动，各县(市)、区全部开通了12356阳光服务热线，开办了人口计生政务信息网站，建起了规范、标准的便民服务大厅，全系统70%的基层站所达到了省定群众满意基层站所标准。广泛征求社会各界和人民群众对人口计生工作的意见及建议，积极开展"下评上"、"请农民兄弟姐妹评计生"和"请流动人口农民工评计生"等活动，对群众提出的意见及建议及时答复解决。积极开展党风廉政教育，认真落实党风廉政责任制，加强对重点问题、重点环节的监督，共受理并查办各类案件11件，处理8人，结案率达到100%。

(高坤华　信启余　王振宇)

民族与宗教

【概况】 2010年，市民委(宗教局)紧紧围绕全市中心工作，坚持以党的十七大、十七届三中、四中、五中全会精神和胡锦涛总书记在国务院第五次全国民族团结进步表彰大会上的重要讲话精神为指导,围绕中心、服务大局、主动担当,不断健全工作机制,强化工作措施,以“三进六争创”活动和“和谐寺观教堂”创建活动为抓手,积极开展“大宣传、大培训、大表彰、大督查、大排查”活动,全面贯彻党的民族政策和宗教工作基本方针,依法加强对民族宗教事务的管理,确保了全市民族宗教领域的团结稳定。市民委先后被评为全省民族宗教工作先进单位、全省民族宗教信息工作先进单位、全省民族宗教创新工作先进单位,被省委、省政府命名为省级文明单位。

加大宣传教育,夯实民族团结宗教和谐的思想基础。为适应民族宗教工作新形势的发展和需要,以提高各级、各层次民族宗教工作干部和骨干群众的工作能力、思想素质为重点,不断探索和建立健全宣传教育机制,广泛持续地开展了大宣传、大培训活动。5月26日,市民委举办了全市清真寺阿訇、寺管会负责人培训班,市民委主任、党组书记杨郑安亲自授课,引导全市穆斯林群众树立“七种意识”,争当“五个典范”,为促进经济发展和社会和谐做贡献。这是全市伊斯兰教界培训规模最大的一次,全市民族宗教系统干部、市伊斯兰教协会负责人及全市110多座清真寺阿訇、寺管会负责人共计600人参加培训,取得了良好效果。

举办全市民族政策法规培训班。6月4日,组织全市12个县(市)区和2个开发区民族宗教工作负责人,民族村所在乡(镇)办的分管领导,全市69个民族村的党支部书记、村委主任、治保主任以及周边100多个汉族村的党支部书记、村委主任等共计500人,进行了民族政策法规的集中学习培训,增强了基层干部的责任意识和工作能力,进一步推动了党和国家民族政策在基层的贯彻落实。

积极开展民族宗教政策法规宣传活动。指导各县(市)区深入开展了“民族政策法规宣传月”活动,依托主流媒体和基层文化阵地,拓宽宣传渠道,加大宣传力度,深入广泛宣传党的民族政策和国家的法律法规,宣传民族团结的重要性以及“三个离不开”思想和“四个维护”原则。指导各县(市)区以党校、少数民族聚居的乡(镇)办、民族村、清真寺、民族学校、大中专院校等重点部位为宣传主阵地,积极组织举办了民族工作干部政策法规培训、乡(镇)办统战委员培训、大中专院校民族宗教形势和政策培训、中小学民族常识专题讲座、清真食品生产经营负责人培训等等。

编写民族宗教政策法规宣传材料。针对基层民族工作干部在民族政策法规方面的薄弱环节,组织编印了《民族团结宣传教育学习资料》,陆续发放到少数民族干部群众手中,为做好全市基层民族工作提供了理论指导。为更好地宣传党的宗教政策和国家法律法规,指导宗教工作干部了解掌握宗教政策、依法管理宗教事务,组织精干力量,结合宗教工作实际,针对工作中经常用到的政策法规及可能遇到的问题,汇集120多道题目,编写了《宗教政策法规问答》,为基层干部做好民族宗教工作提供了可靠依据。

【民族宗教工作创建活动】 积极开展民族宗教工作创建活动,着力构建和谐的民族宗教关系。坚持牢固树立和谐理念,通过开展创建抓好引导,通过贯彻条例加强管理,通过化解矛盾促进团结,努力构建和谐的民族宗教关系。

在全市深入开展“三进六争创”活动。为全面促进民族团结进步事业向前发展,根据省委、省政府和市委、市政府《关于进一步加强新形势下民族工作的意见》精神,2010年3月,市政府办公厅下发了《关于在全市深入开展三进六争创活动实施方案的通知》(郑政办〔2010〕18号),号召在全市范围内深入开展“三进六争创”活动,即:民族工作进社区(村)、进企业、进学校,争创民族团结进步模范县(市、区)、模范乡(镇、办)、模范村(社区)、模范单位、模范家庭和模范个人。积极组织开展对各县(市)区“三进六争创”活动的督导工作,各县(市)区结合自身实际,认真贯彻落实文件精神及要求,成立组织,下发文件,积极行动,扎实推进,“三进六争创”活动取得了突出成效。

深入开展创建“和谐寺观教堂”活动。为更好地推动创建活动的开展,使各创建单位进一步深入理解、把握、落实“和谐寺观教堂”八项标准,研究制订了《郑州市创建“和谐寺观教堂”活动考核方案》,将“和谐寺观教堂”八项标准细化为48个小项内容,并赋予相关分值,使各创建单位进一步明确任务,落实目标。同时,加强对创建活动的督促指导,确定了各县(市)区拟于2010年验收达标的场所名单,使创建活动力争抓住重点,取得实效。7月29日,在惠济区组织召开了“和谐寺观教堂”创建活动经验交流会,进一步推动创建活动走向深入。11月,结合年终考核工作,对各县(市)区创建活动进行了检查验收。

【少数民族经济和社会事业】 采取有效措施,努力加快少数民族和民族聚居地区经济和社会事业发展。把促进少数民族和民族聚居地区经济和社会事业发展作为民族工作的一项中心任务常抓不懈,千方百计为少数民族经济社会的发展创造条件,注入新的活力。

加强协调沟通,争取项目资金。为进一步改善少数民族聚居地区基础设施建设,促进少数民族经济和社会事业发展,2010年,对全市民族聚居村基础设施情况进行了专门调研,经过实地考察论证,向省财政厅和省民委争取少数民族发展资金150万元。市民委本级积极下拨少数民族发展资金130万元,帮助荥阳市乔楼镇东郭回民小学建新校舍、荥阳市金寨回族乡中心小学更换电教室电脑、新郑市辛店镇欧阳寺村修路等,解决了部分民族聚居地区交通、饮水、教育等亟需解决的难题。

开展技术培训，增强致富能力。积极指导、协助各县(市)区为民族村少数民族群众举办养殖种植、园艺机修、食品烹饪等实用技术培训班。积极组织推荐郑州市部分少数民族贫困村“两委”班子负责人和广大青年少数民族群众参加县(市)区民族工作部门联合有关单位举办的劳动就业、科技养殖、果树栽培、农业种植等各类实用技术培训班20期，培训人员1400人次，进一步开阔了民族村少数民族干部群众的眼界，拓宽了就业渠道，增强了致富创业的能力和本领。

积极促进少数民族社会事业快速发展。认真做好河南省第六届少数民族体育运动会参赛工作。在9月11日至14日召开的省第六届民运会比赛中，郑州市代表团参加了毽球、武术竞技和武术表演等3大项16个小项的比赛，共荣获金牌9枚、银牌5枚，金牌总数位居全省第一，3名运动员荣获个人体育道德风尚奖，郑州代表团荣获集体体育道德风尚奖。在同期举办的省第二届文化艺术展上，郑州市选送的书法国画作品总数位列第一，共取得书法类二等奖2人、三等奖5人、优秀奖5人，国画类三等奖1人。集中反映郑州近年来民族工作和民族团结进步事业优秀成果的14块展板均被陈设于布展区域的显著位置，受到了国家、省、市领导、专家和参会广大干部群众的好评，被省民委授予“全省第二届少数民族文化艺术展优秀组织奖”。

【清真食品管理】 依法加强对清真食品的管理，切实维护少数民族合法权益。把清真食品管理工作作为民族工作的重点来抓，坚持创新思路，健全机制，加强管理，严格执法，取得了显著成效。

抓好宣传教育。通过举办培训班、展出宣传版面、发放宣传资料等多种形式，加大对省、市清真食品管理办法的宣传力度，市、县两级共举办各类清真食品政策法规培训班10期，培训人员1400人次。

抓好部门协作。进一步巩固了与市工商、公安、卫生、食品安全、教育等部门良好的协调工作机制，共同参与全市清真食品市场的监督和管理工作，提高了清真食品的监管水平。

抓好执法检查。2010年，对全市清真食品市场开展了4次全面检查，对重点部位进行集中整治，有效规范了清真食品市场经营秩序，增强了清真食品经营者依法经营的自觉性和积极性。

抓好源头整治。为规范县(市)区清真牌证发放，要求各县(市)区每月5日前上报上月清真标牌的核发(核销)实际情况，逐步将此项工作纳入规范化管理的轨道。

抓好动态管理。加强对来郑务工经商的少数民族流动人员管理，及时处理清真食品问题举报。主动教育引导来郑务工经商少数民族人员合法经营，并妥善处理了登封四中回民食堂和市电力职业技术学院清真食堂违规经营清真食品的举报。

抓好机制建设。经过认真研究，下发了《关于加强我市清真食品管理工作的通知》，进一步完善了清真食品的管理机制，力促清真食品管理工作实现制度化、规范化。

通过清真食品检查整顿工作的开展，有效规范了清真食品市场的生产经营秩序，切实维护了少数民族的合法权益，受到了广大少数民族群众的普遍好评，维护了全市民族团结、社会稳定的良好局面。

【宗教事务管理】 全面贯彻党的宗教信仰自由政策，依法加强对宗教事务的管理。做好宗教调研工作，掌握宗教工作基础资料。开展调查统计，掌握了全市五大宗教信教群众数量，宗教活动场所主要负责人、教职人员基本情况等资料，进一步掌握了全市宗教工作的基础资料，为领导决策和开展工作提供了最新的基础性资料。

认真落实《宗教活动场所财务管理办法(试行)》。国家宗教局《宗教活动场所财务监督管理办法(试行)》颁布施行后，市民委(宗教局)积极宣传贯彻《办法》，指导场所依照《办法》规范财务管理。以嵩山少林寺为试点，引导场所委托专业机构实行财务代理，此举得到国家宗教局、省宗教局的肯定，并在中国宗教网上予以刊登。该项工作正在逐步开展。认真开展对宗教团体“小金库”的治理工作。组织各宗教团体认真学习“小金库”治理工作的有关政策精神，安排部署各宗教团体开展自查自纠工作。经过自查和检查，未发现各宗教团体存在“小金库”等问题。

积极协调解决宗教教职人员社保问题。与市人力资源和社会保障局等五部门联合转发了省宗教局《关于转发〈关于妥善解决宗教教职人员社会保障问题的意见〉的通知》，指导各县(市)区民族宗教工作部门迅速行动，积极协调，贯彻落实通知精神。部分县(市)区积极采取措施，协调当地政府、宗教团体或宗教活动场所对教职人员参保予以一定补贴。

加强与宗教界感情联系，积极指导、帮助宗教团体开展工作。加强与宗教界上层人士的联系和沟通。认真组织每季度一次的宗教界上层人士座谈会，定期与宗教界人士进行餐叙，与宗教界人士广交朋友，真心帮助宗教界人士解决实际困难和问题，拉近了与宗教界人士的距离，极大地团结争取了宗教界人士，较好地发挥了桥梁纽带作用。安排做好斋月及开斋节有关工作。斋月期间，走访慰问北大寺等6坊清真寺，送去慰问品，并帮助解决实际问题。开斋节期间，组织做好开斋节贺节及慰问工作，在北大清真寺举行了隆重的贺节活动。

【依法行政工作】 全面推进依法行政，加快法治政府建设。加强行政执法工作。对机构改革后市民委(宗教局)行政执法主体、行政执法依据、行政审批项目进行了梳理,规范了行政处罚裁量标准和行政审批流程。组织行政执法人员进行换证培训、考试,签订文明执法承诺书并及时在网上进行了公布。严格规范公民民族成份变更办理流程,随时接待、接听前来办理民族成份变更手续和电话咨询的各民族群众,对于符合规定可以办理的及时告知;对于不符合规定的耐心说服教育,受到了群众的一致好评。截止到2010年底,共受理民族成份变更申请并出具《郑州市民族成份变更证明书》123份。

加强规范性文件的管理工作。完善规范性文件法制审核制度,事先审核率较往年大大提高。2010年共制发规范性文件9件,全部向市政府法制局进行了备案审核,备案率达到100%。认真做好规范性文件清理工作。在2008年9月开展的规范性文件清理工作的基础上,对2010年5月31日前制发的规范性文件进行了全面清理,决定保留继续有效的规范性文件15件,废止和失效35件。

积极推进政务公开。认真做好电子监察系统建设调研、行政审批事项梳理、政务信息资源整理等工作,积极推进行政效能电子监察系统建设。对郑州市民委(宗教局)政府网站进行了及时更新和维护,全年共更新发布各类信息50余条,丰富了网站内容,扩大了民族宗教政策宣传的辐射范围,为社会各界人士了解郑州民族宗教工作提供了平台。网站开通以来,累计访问量已达34万人次。根据《中华人民共和国政府信息公开条例》的要求,认真做好信息公开等有关工作,全年共公开各类信息30余条,受理市政府网站部门信箱咨询类意见建议及举报共12条,已全部按要求进行答复。根据市委ZZIC工作总体部署,认真监控网上涉及民族宗教方面的舆情信息,积极做好网民诉求办理工作。认真做好信息安全及保密日常管理和检查工作。严格按照《市民委计算机信息系统安全和保密管理实施细则》等保密制度,加强保密管理,每季度对全委计算机进行一次保密安全检查。2010年7月,省、市保密工作专项检查小组对市民委(宗教局)保密工作进行了检查,并给予充分肯定。

(丁红献)

民政工作

【城乡社会救助】 提高保障标准。从2010年1月1日开始,城市低保标准市区由每人每月285元提高到300元,六县(市)由每人每月230元提高到245元;六县(市)农村低保标准由每人每月130元提高到140元。按照农村低保标准的2倍和1.2倍,提高了五保供养标准,集中供养标准达到了每人每年3120元,分散供养标准达到了每人每年1872元。截止到2010年底,全市城市低保21245户、45245人,年累计发放低保资金9378万元;农村低保76195户、127440人,年累计发放低保资金1.29亿元;全市五保供养11971户、12383人,年累计发放供养资金3163万元。中原区、二七区集中供养标准每人每年达7200元。

完善保障制度建设。制定实施了《郑州市城市居民最低生活保障工作规范》、《郑州市农村居民最低生活保障工作规范》和《郑州市农村敬老院管理规范》,科学界定保障对象,规范各项操作规程,确保了动态管理下的应保尽保。

保障内容得到延伸。将全市所有城乡低保对象、农村五保对象纳入城镇居民基本医疗保险和农村新型合作医疗体系,发放医疗救助资金1650万元。从2010年7月1日开始,医疗救助标准由每人每年最高救助5000元提高到1万元。积极配合做好低收入家庭廉租住房工作,做好困难家庭子女上学救助工作,保障内容和涵盖范围进一步拓展。

及时发放物价补助。为缓解物价上涨给困难群众带来的生活压力,协调市财政、物价部门,组织向全市20.75万名城乡低保对象、农村五保对象和享受国家抚恤补助的优抚对象等城乡困难群众,发放3个月物价补助1483万元。其中,城市低保对象、农村五保对象和优抚对象每人90元,农村低保对象每人60元。

积极协调用水补贴、教育救助、廉租房救助资金共计2881万元,并按时足额发放,保障了困难群众基本生活。

【救灾救济工作】 进一步完善灾害救助工作体系,切实增强抗灾救灾组织协调和应急反应能力,有力保障了受灾群众的基本生活。全市下拨春荒期间生活救济金807.1万元;口粮救助10.78万人,衣被救助2.16万人,伤病救助7999人,并按要求完成了2009年雪灾倒房恢复重建工作,恢复倒塌房屋63间。下拨汛期倒房重建资金294万元,并要求县级匹配147万元,帮助解决灾民因灾倒塌住房问题,完成汛期倒房重建420户、980间。建立冬春灾民生活救助台账,拨付冬春生活救助资金513万元。筹措资金134万元,购置棉被1万床,帮助受灾群众安全过冬。

大力开展“防灾减灾”宣传,启动了“防灾减灾”宣传周活动,县(市)区民政系统围绕“减灾从社区做起”的主题,开展了形式多样的宣传活动。全市民政系统共出动236人,制作宣传板报、横幅、标语207条,发放科普宣传单1万余张,接受群众咨询8000人次,增强了群众社会灾害风险防范意识,普及了灾害应急知识,提高了自救互救能力。

完成了汛期防灾救灾工作。进入汛期后,郑州市多次遭受强降雨等自然灾害,为最大限度减少自然灾害带来的损失,及时成立了汛期救灾指挥部,修订方案,明确任务,建立救灾工作运行机制,加强汛期值班和物资储备等工作,积极指导抗灾救灾,做好查灾、报灾、核灾工作,争取救灾资金,下拨救灾物资,确保了灾区稳定和群众生活。

【双拥优抚安置工作】 注重提高服务驻军质量。以"双四"活动为平台,以落实各项优抚政策为重点,采取走访慰问和军民联欢等多种形式,在全市开展了拥军优属、拥政爱民活动。全市走访慰问驻军380余次,慰问驻军伤病员、优抚对象4万余人次,发放各类慰问品价值2940余万元。2010年,协调随军家属就业121人,累计发放未就业随军家属生活补助1277人次、255.78万元;审核了驻郑部队现役军人子女"初升高"有关材料,187名现役军人子女得到加分照顾。

争创全国双拥模范城工作顺利推进。在建章立制上,转发修订了《双拥模范城(县)创建命名管理办法》,制定了《全国双拥模范城(县)考评标准》,印发了《创建全国双拥模范城(县)工作目标分解表》。在工作落实上,指导各县(市)区双拥工作领导小组、市双拥工作指挥部成员单位学习标准、明确目标、细化责任、加强培训、靠前督导,为迎接新一轮全国双拥模范城(县)检查考核、争创全国双拥模范城"六连冠"奠定了坚实基础。

进一步完善抚恤补助标准自然增长机制,提高了优抚对象抚恤和生活补助标准,各项增长标准一次达到提标要求,各类优抚款全部足额实行"一折通"发放。认真落实参战、涉核退役人员政策,制定了残疾军人备案、取资、升级管理办法,规范了工作程序,及时将符合条件的残疾军人纳入救助范围,配发助听器、轮椅等器材900余件(套),组织全市600余名涉核退役人员进行了体检。

全市退役士兵安置工作顺利推进。继续执行政府指令性安置与自谋职业相结合的退役士兵安置改革办法,加大自谋职业政策宣传和扶持力度,提高了自谋职业一次性补助标准,将两年兵补助标准由3.9万元增加到4.4万元。全市共接收退役士兵4300人,安置城镇退役士兵2680人,安置率为98%。其中,自谋职业1686人,自谋职业率达到61%。

认真落实军休干部的"两个待遇",注重做好管理和服务工作。完成了2190名军休干部生活费调整,全年发放离退休生活费1.4亿元。进一步规范了接收安置办法和程序,实行集中移交与分散移交、上门服务与正常办理相结合的方法,提高了工作效率,全年共接收军休干部118人。严格落实复退军人各项政策,畅通诉求反映渠道,努力化解各种矛盾。广泛开展"五个帮扶活动",帮助解决生活困难,将矛盾解决在基层,全市复退军人保持了整体稳定,军政军民团结和谐关系进一步增进和改善。在年度"双和谐"创建工作中,军干一所、军干四所、军干七所、军干八所、军干九所、新密市军休所、荥阳市军休所、金水区军休所等8个军休服务管理单位被评为"和谐军休家园"。

【基层民主政治建设】 全市农村村民自治工作进一步加强。采取培训、现场指导等形式,进一步提高了村"两委"成员、家庭代表、联户代表、村务监督员的综合素质和工作能力。按照"4+2"工作法要求,严格实行民主决策、民主管理、民主监督,党领导下的村民自治制度不断完善。按照推行村务监督委员会制度和建立健全"四议两公开一监督"工作机制的要求,协助市纪委对各县(市)区建立完善村务监督委员会情况进行了检查督导,为推进基层民主政治建设,巩固基层政权提供了有力的制度和组织保证。围绕保证村民知情权、参与权、决策权、监督权的落实,组织开展了村务公开民主管理27个"难点村"治理工作。

【社区建设与管理】 农村社区建设深入开展。按照分层推进、分批解决的原则,依据《郑州市城乡社区建设"双百工程"实施方案》(郑办〔2009〕10号)标准要求,全年指导各县(市)区建成第二批100余个农村社区示范点,会同市财政局联合组织了检查验收,并对成效较好的90个农村社区示范点给予了奖补。荥阳市、金水区作为全国农村社区建设实验区,开展了"农村社区建设实验全覆盖"创建活动。金水区实现了社区建设组织协调、建设规划、服务设施、服务项目和综合管理的全覆盖,为全市农村社区建设提供了经验。

城市社区基础设施不断改善。督促市内六区和高新区、经开区、郑东新区社区综合用房(未达到400平方米的)进行了改扩建。并会同市财政局联合检查验收,对达标的18个社区给予了奖补。截止到2010年底,市财政下拨奖补资金250万元,全市建成了90个农村示范社区,改扩建社区服务用房17个,建成了26个社区老年人、儿童服务点。

社区管理和服务工作成效明显。完善了"开放式办公、一站式服务"工作机制,指导市内各区抓好社区居委会办事大厅的设立和规范化管理,全市城区80%的社区设立了办事大厅,普遍开设了社保、就业、计生、司法调解、离退休管理等服务项目。督促市内各社区设立了"社区志愿服务工作站",基本做到了有办公地点、有专人负责、有志愿队伍、有工作制度、有活动记录。按照村务监督委员会制度和"四议两公开一监督"工作机制要求,指导各县(市)区在城市社区建立了居务监督委员会。建立城市社区建设激励机制,将社区按照不同的标准划分为一、二、三类社区进行管理。全面启动城区重点社区集中帮扶工作,成立了帮扶工作组,在全市各城区建立了市直、区直部门联系帮扶社区的长效工作机制,实现了联系帮扶社区工作全覆盖,着力帮助解决社区建设管理和社区服务工作中存在的困难和问题。截止到2010年底,全市480个社区排查出涉及群众切身利益的突出问题6大类2500多个,全市投入资金2800多万元,解决问题1800多个,为群众办了一批实事、好事,受到了社会各界的好评。加强城乡接合部、城中村、新建住宅区、流动人口聚居地的社区自治组织组建工作,健全以基层党组织为核心的城乡社区组织体系,实现“无缝隙”管理,消除了社区管理上的空白区域。

加强社区干部队伍建设。为进一步提高社区干部的业务素质和工作能力,推进全市和谐社区建设,按照市委要求,联合市委组织部、市妇联等部门,采取业务交流、专家授课和参观考察的方法,分三期对全市616个社区的1100名社区党支部书记、居委会主任和分管社区建设的县(市)区民政部门、街道办事处领导进行了轮训。为提高社区工作人员的工作积极性,组织召开了由各区民政局和市社会保险部门相关负责人参加的协调会,印发了《关于社区居委会成员参加社会保险有关问题的通知》(郑政办文〔2010〕44号),受到社区干部的欢迎。

【社会福利】 采取农村低保救助、城镇低保救助和五保救助的方式,对全市1996名城乡孤残儿童实施救助全覆盖,整体救助水平大幅度提高。继续支持鼓励有条件的县(市)区探索孤儿救助工作的新机制,荥阳市散居孤儿救助标准达到每人每月700元。深入开展孤儿助学活动,对考入大学的孤儿一次性资助5000元,对考入高中(中专、职校)的孤儿3年资助4500元,全年共资助了26名考入大学和23名考入高中的孤儿。稳步开展县级社会福利机构建设试点工作,新郑市社会福利服务中心建设主体工程已完工,建成后将成为一所集儿童福利院、社会福利院、救助管理站、少儿保护中心等职能为一体的具有示范效应的县级社会福利服务机构。

认真做好流浪乞讨人员社会救助工作,净化城市环境,提高城市管理水平。与“晨露国际”公益性组织合作,建成了国内第一个免费为服刑人员未成年子女提供园内小家庭照料服务的“晨露国际郑州爱童园”,收养服刑人员子女35名,被民政部和中华慈善总会授予2010年“最具影响力”的慈善项目。

巩固和完善了流浪乞讨救助“郑州模式”,对流浪乞讨人员及时进行食宿、疾病救治、通讯、返乡等救助,全市共救助流浪乞讨人员1.6415万人。认真做好弃婴和“三无人员”(指由民政部门收养的无生活来源、无劳动能力、无法定抚养义务人的公民)的安置工作。市儿童福利院收养孤残儿童470名,市社会福利院收养332名,市救助管理站儿保中心(爱童园、类家庭)入住儿童52名;市第八人民医院收治“三无精神病人”(指无生活劳动能力、无生活来源、无赡养或抚养人的精神病人)364人。全年共投入艾滋病致困救助资金403.33万元,救助艾滋病患者3059人次。

福利彩票发行成绩显著。采取抓宣传、抓销售增长点、抓管理培训、抓服务质量和抓安全稳定的方法,引入竞争机制,增设新站点,进一步扩大了市场规模,提高了管理和服务水平。2010年,福彩站点数量增加了255个。销售中,注重推广先进经验,调整票种结构,创新投注方法,激发了彩民的购买热情。2010年,全市共销售福利彩票7.56亿元,比上年销量增长了2.5亿元,增幅达41.28%,筹集公益金2.6亿多元。

【老龄工作】 养老服务业持续发展。认真贯彻市政府《关于加快郑州市养老服务业发展的意见》(郑政〔2010〕7号),研究制定了具体的优惠政策和财政补贴细则,进一步完善了老年社会福利服务体系,提高了养老服务业的整体发展水平。重阳节期间,市领导走访慰问了部分养老机构,给全市200余名100岁以上的老人每人发放500元节日慰问金;组织市内五区300名老年人代表,到登封“天地之中”世界文化遗产历史建筑群秋游赏景、登高健身。为全市200余名100岁以上的老人发放高龄补贴50万元;为全市老年人办理《老年优待证》近5万本;市区1000多名孤寡、空巢老人享受到了居家养老服务。金水区被民政部表彰为“第三批全国养老示范单位”。二七区被省民政厅表彰为“养老服务示范区”。新郑市民政局被评为“全国五保供养工作先进单位”,该市和庄镇敬老院被评为“国家级模范敬老院”。荥阳市五保供养幸福园先后荣获国家民政部社会工作人才队伍建设试点单位、河南省民政工作先进集体、河南省干部教学现场培训基地、郑州市花园式单位、郑州市“光荣之家”、全国优秀敬老院等荣誉称号,该园集中供养五保老人近700人。

【社会专项事务管理】 建立健全新社会组织学习实践科学发展观活动长效机制,完成了社会组织登记管理和社区社会组织的登记备案工作。进一步完善社会组织扶持政策,构建系统化监管体系,加强社会组织监督管理,促进社会组织更好地服务全市经济社会发展。2010年,共办理行政许可审批104项。其中,新注册社会团体15家,变更登记17家,注销2家;民办非企业单位32家,变更登记33家,注销5家。强化服务意识,加强了社会组织的年度检查工作,已年检495家,合法率100%。审查了社会组织的活动开展、涉企收费、接受捐赠、票据使用等情况,共查处违规社会组织27家。跟踪报道了200余家社会组织在经济建设中好的经验和做法,使群众更多地了解了社会组织。市民管办被国家表彰为“社会组织深入学习实践科学发展观活动指导工作先进单位”,被省民政厅评为“全省社会组织管理工作先进单位”。

完成了区划资料的研究梳理,对各县(市)区的行政区划基本情况和相关数据进行了收集、整理和分析研究。会同有关市直单位梳理了郑东新区新规划范围内涉及的乡、办、村(居)及规划边界上涉及村(居)的土地、人口、面积等基本情况，提出了代管意见和建议。完成了金水区、中原区部分街道办事处的行政区划调整。

勘界办在机构撤销、工作交接的情况下，坚持站好最后一班岗，勘界业务工作继续开展。分别协助解决了中原惠济线、凤凰苑小区、沁河路3号院有关界线争议问题。开展资料分类整理和档案归档立卷工作，完成了全市6条地（市）界线、21条县（区）界线、120棵界桩的边界管理数据资料和界桩数据资料的汇总入库工作。

从源头上加强地名管理工作，严格落实《郑州市地名管理规定》，协商市城乡规划局联合出台了《郑州市城镇道路、公园、广场、立交桥等命名管理工作的通知》，进一步明确了地名申报审批程序、部门衔接配合、名称管理使用等事项。加强与数字郑州项目建设的合作，完成了郑州市1:500矢量地图信息点的标注和审核工作，开发了郑州市地名应用管理系统，实现了新增地名与地图更新的衔接。完成了新修建的86条道路实地调查、方案制订、意见征求等程序。全年共审批居住区、建筑物名称105个，道路名称86个。实地踏勘道路、小区190人次，在《郑州日报》上发布地名公告、公示各一期，郑州地名网资料更新156次，答复人大政协提案4个，回复ZZIC舆情及市民来信等9次。加大地名工作宣传力度，注重邀请市民参与，提高了地名工作的社会透明度，促进了地名管理的规范化和社会化。

积极开展婚姻登记规范化建设活动，对未达标的县（市）区婚姻登记部门加强督促检查，指导其争创省级“婚姻登记规范化建设窗口单位”。充分发挥婚介行业协会作用，进一步完善约束机制，加强对婚介机构的监管，联合有关部门对全市婚介市场进行检查和整顿，整治不规范广告6家，查处非法婚介20家，接受投诉、解决纠纷46起，净化了婚介市场。

【殡葬改革】 殡葬改革有序推进，围绕提高火化率，倡导绿色殡葬方式，开展了骨灰多样化处理，完善了树葬、花葬、草坪葬等形式。组织了“清明雨·绿色风·文明行”第三次骨灰植树活动，141个家庭的390名家属参加，175具骨灰回归大自然。2010年，全市共火化遗体3.3987万具，火化率达到92.8%，比上年提高了1.9%。

健全完善农村公益性公墓、骨灰堂管理制度，着力提高使用效益。全市已建成公益性骨灰堂或公墓1308个，其中骨灰堂1053个，公墓255个，市财政累计拨付资助建设资金2996.1万元，为推进全市农村殡葬改革、保护土地资源奠定了坚实基础。

郑州市殡仪殡葬服务中心正式开业，群众治丧更加方便规范。按照国家和省民政厅公墓管理的政策规

2010年度郑州市婚姻登记情况统计表

	结婚数			离婚数			单身证明	
单位	结婚(对)	补结(对)	小计(对)	离婚(对)	补离(份)	小计(对)	合计(对)	
郑州市	34	1	35	5	0	5	40	0
中原区	7237	1868	9105	1953	112	2065	11170	19905
二七区	5289	1419	6708	2014	113	2127	8835	9200
管城区	3604	1185	4789	1083	73	1156	5945	6424
金水区	12819	3277	16096	3607	309	3916	20012	24147
惠济区	2277	511	2788	463	13	476	3264	1300
高新区	1324	177	1501	275	0	275	1776	700
经开区	785	104	889	111	6	117	1006	339
上街区	983	131	1114	292	2	294	1408	576
航港区	748	8	756	33	0	33	789	48
小计：	35100	8681	43781	9836	628	10464	54245	65639
巩义市	8319	887	9206	1289	0	1289	10495	1262
荥阳市	6108	1368	7476	857	35	892	8368	1965
新密市	10016	1141	11157	1590	0	1590	12747	1176
登封市	8043	464	8507	1119	6	1125	9632	960
新郑市	8009	515	8524	987	0	987	9511	1102
中牟县	8040	933	8973	806	1	807	9780	1100
小计：	48535	5308	53843	6648	42	6690	60533	7565
合计	83635	13989	97624	16484	670	17154	114743	73204

定,对22家经营性公墓进行了年检。组织开展了殡葬改革政策法规宣传活动,广泛征求群众意见和建议,及时整改有关问题,实现了“优质服务、阳光殡葬”。中牟县民政局被国家民政部表彰为“全国殡葬工作先进单位”。

【民政公共服务项目建设】 充分利用各级加大社会公共事业投入的良好机遇,积极争取项目建设,着力促进民政事业可持续发展。继续加大敬老院建设力度,全市累计完成敬老院建设投资5977万元,新建敬老院6所,扩建敬老院10所。市殡仪馆迁建累计完成投资1.2亿元,迁建项目一期工程火化间已全部完工并投入使用。市流浪未成年人救助保护设施项目已开工建设。第一按摩医院危楼改造项目后病房楼装修已完工,前楼装修正在进行。郑州烈士陵园改扩建工程,总建筑面积核定为9580平方米,项目总概算核定为7185万元,已于12月16日开工。郑州军供保障综合楼规划已获准立项,总投资5262.17万元,建筑面积达1.988万平方米。市社会福利院改扩建项目,总体设计规模1200张床位,建筑面积5.0796万平方米,已取得“项目选址意见书”,通过了环保部门的评审,“可行性研究报告”已经提交市发改委。市儿童福利院项目,总体设计规模430张床位,建筑面积1.974万平方米,总投资5622万元,审批、规划、土地等前期手续已办理完毕,完成了勘察设计单位、代建单位的招标及施工图设计。市第八人民医院扩建项目已在荥阳市选址。

(司红军)

慈善事业

【概况】 2010年,郑州市慈善事业在社会各界的参与和支持下,坚持“党委领导、政府推动、社会参与、慈善组织运作”的指导方针,围绕“安老、扶孤、助学、济困”的宗旨,以“关注民生、关爱弱势群体”为出发点和落脚点,立足改善民生、服务社会,多方筹措慈善资金,认真实施救助项目,努力提升慈善募捐工作水平。截止到2010年底,全市举行各类募捐、救助活动百余次,共接收善款1.8404亿元。其中,接收公交车价值1.2155亿元,为玉树地震灾区募集善款2367.7万元,为舟曲泥石流灾区募集善款141.2万元,慈善日活动募集善款2153.1万元,日常募集善款1587.6万元。

2010年,郑州慈善总会在安老、抚孤、助学、济困、助医等方面捐赠支出1.387亿元。其中,捐赠玉树灾区2354万元,送温暖及日常救助1977万元,捐赠四川灾区113万元,捐赠公交车9425万元。救助困难群众约10万人次。弘扬了中华民族乐善好施、扶贫济困的传统美德,在社会保障体系中发挥了重要作用。

拓展工作思路,创建慈善品牌项目。2010年,郑州慈善总会从募集善款中拿出1000万元,与14家单位签订了20个慈善项目。20个签约项目涉及安老、抚孤、助学、助残、助困、助医、精神扶贫等多个方面,极大地扩大了慈善救助面。此次活动,投入资金大,救助范围广,填补了国内慈善项目的空白,加强了国际合作。截至年底,20个慈善项目已全面启动,在社会上引起了强烈反响。

2010年3月,由郑州慈善总会推荐的“荥阳全民慈善”项目、“晨露国际郑州爱童园”——关爱服刑人员未成年子女项目,获得了慈善项目政府最高奖“中华慈善奖”。同时,“荥阳全民慈善”活动入选全国“十大公益新闻事件”。

【慈善宣传】 创新宣传渠道,营造良好的慈善氛围。2010年,慈善总会加强与新闻媒体的协调和合作,着力打造自己的宣传平台。在郑州人民广播电台建立慈善广播频道,报道48期;在《郑州日报》、《郑州晚报》开辟12个慈善专版,报道24期;召集志愿者张贴慈善海报10000份,在86个快速公交车站台、车内电子屏发布了慈善公益广告;围绕“用心点燃希望·将爱撒播人间”为主题,宣传慈善理念,营造了关心慈善、支持慈善、参与慈善的社会氛围。在总会举行的各类慈善活动中,新闻媒体都及时报道,将社会捐赠款物、数量在媒体上公示10余次。全年共编辑印发郑州慈善总会简报68期。加强郑州慈善网站宣传工作,把慈善活动内容、捐赠情况及图片及时上网,受到了社会各界的关注。

【创新募捐方式】 2010年,慈善总会积极创新募捐方式,不断提高募集资金水平。为了发展慈善事业,更好地宣传慈善理念,为广大市民提供更广泛、便捷的捐赠平台,总会在全市范围内投放募捐箱千余个,方便了广大市民就近奉献爱心。

郑州日产汽车有限公司捐赠1500万元设立“牵手工程”项目,全部用于对郑州市贫困大学生和孤儿的救助。

河南康利达集团董事长薛景霞女士捐助1000万元,建立郑州市首个以个人名字命名的“薛景霞教育慈善基金”,用于助学济困、资助贫困大学生、赈灾扶贫,市委书记连维良高度评价了薛景霞女士的善举。“薛景霞教育慈善基金”的建立,标志着郑州市一种全新的慈善理念和模式的诞生。

市煤炭局在全市建立了第一个行业基金——“郑州市煤炭系统慈善基金”,所捐资金用于救助郑州市煤炭系统家庭困难职工、贫困群众及支持全市公益事业建设。

【“郑州慈善日”活动】 2007年11月,郑州市人大常委会通过议案,确定每年10月16日为“郑州慈善日”。2010年,郑州慈善总会精心安排、周密部署“郑州慈善日”活动。市委办公厅、市政府办公厅、郑州警备区政治部联合下发了《关于开展2010年“郑州慈善日”活动的通知》。各行业企业主管部门分别组织召开行业企业动员会，动员、发动企业家奉献爱心、回报社会，采取捐资、留本捐息等形式开展“企业冠名慈善基金”捐赠活动。

10月15日，在市青少年宫举行了2010年“郑州慈善日”捐赠仪式，省市领导、各县(市)区、市直机关、企业、部队官兵及社会各界人士等现场进行了捐赠。全市共捐赠7595万元，比上年“慈善日”活动捐赠增加3000余万元，创历年“慈善日”捐赠最高记录。

【加强自身建设】 加强自身建设，夯实慈善事业发展基础。经市民政局党委批准，成立了中共郑州慈善总会党支部委员会。慈善总会党支部在市民政局党委的领导下，深入开展创先争优活动，充分发挥党员在慈善工作中的先锋模范作用，着力规范内部管理，激发组织活力，提升服务水平，合理规划部门设置，明确部门职能、岗位职责，制定了绩效考核、信息公开、财务管理等规章制度，推进了规范化、制度化建设。通过开展“学、议、讲”活动，统一了思想，明确了目标，形成了共识，制订了具体实施方案，增强了做好慈善工作的使命感和责任感。召开全市慈善工作经验交流现场会，传达了省慈善工作经验交流会精神和省委书记卢展工、市委书记连维良对慈善工作的重要批示，总结各县(市)区慈善组织在履行职能中创造的新经验和新成果，研究探索加强和改进慈善工作的新思路、新途径，进一步推进慈善事业的持续快速健康发展。

【慈善项目】 加强管理，用好善款，把政府关爱、社会关爱及时送到最需要帮助的群众手中。

(一)开展慈善助困活动。(1)开展2010年慈善情暖万家活动，为全市近万户低保家庭发放慰问品价值300多万元。(2)举行2010年春节“送温暖献爱心”慈善救助活动，对全市城乡特困群众6000余人进行救助，发放款物共266万元。(3)举行“迎五一·爱心献劳模”慈善活动，对市级以上贫困劳模624人每人发放体检卡一张、爱心超市物品救助卡一张价值500元，并对市级以上特困大病劳模91人及老企业家16人共发放慰问金28.4万元。(4)成立郑州慈善总会就业培训基地，采取变输血为造血的救助模式，对困难农民工、困难职工、失业人员等进行技能培训，从根本上帮助困难群体摆脱困境，走上致富之路。(5)救助下岗职工朱东升等个案。朱东升一家因燃气中毒，造成三死一伤，其妻子重度昏迷，此次事故对其家庭造成了难以承受的打击。郑州慈善总会送去40000元救助金，解决了其燃眉之急。(6)为全市市区内10000多户低保家庭每户免费赠送一年的《郑州晚报》，让低保群众及时了解市情、社情，为他们主动脱困打开一扇窗户，让智力扶贫和精神扶贫深入人心。

(二)开展慈善助警活动。向全市公安英模、烈士、因公牺牲民警及特困民警(职工)家庭发放慰问金94万元。其中，英模民警23人，烈士家属12人，因公牺牲民警家属20人，特困民警176人。

(三)开展慈善助学活动。(1)投入70万元在荥阳捐建了两所希望小学。(2)在登封建立了首家慈善文化教育基地。(3)举行“牵手工程——金秋助学”、“关爱贫困学子，相伴健康成长——青少年心理援助”及救助贫困初、高中生活动，共计资助326万元。

(四)开展慈善助孤、助残活动。(1)捐赠50万元专项资金，用于郑州市儿童福利院“家庭养育楼”建设。(2)捐助62万元，向全市300名家庭困难的盲人捐赠了上网读屏软件，向2000名家庭困难的聋人捐赠了闪光门铃。(3)慰问市儿童福利院、市社会福利院、晨露国际郑州爱童园、郑州市盲聋哑学校的孤、残儿童，为他们送去了10万元慰问金和慰问品。

(五)开展慈善助医活动。(1)成立“郑州市慈善医院”，并捐助50万元开展“慈善健康行”大型公益活动，解决了全市弱势群体的就医看病问题。(2)联合郑州市第二人民医院、郑州市第八人民医院、郑州市第一按摩医院、郑州涵博心理咨询有限公司举办2010“郑州慈善日”大型慈善义诊活动，邀请50名专家为1000余名群众进行了医疗诊断。(3)开展慈善大病救助项目，共发放救助金26.7万元，有53人获得救助。

(六)开展慈善助老活动。郑州慈善总会捐赠200万元，启动了郑州市“关爱空巢老人志愿服务行动”。通过动员社会力量广泛开展多种形式的志愿服务，向“空巢老人”倾注更多的人文关怀，提高他们的生活质量，努力创造和谐、稳定的良好社会环境。

(七)开展慈善文化下乡活动。投入70万元在全市贫困山区建立了10个“慈善书屋”和2个“慈善文化大院”，为当地群众提供了种植、养殖等科普知识，增添了精神食粮，丰富了农村文化生活。

(八)开展慈善救灾活动。积极和社会各界联系，开展各类为玉树灾区募捐活动，为玉树灾区共募捐善款2367.7万元。启动应急机制，为舟曲受灾群众募捐善款141.2万元。

(九)开展慈善畅通工程。为落实市委书记连维良关于解决全市交通拥堵、保障畅通的指示精神，郑州慈善总会通过在《郑州日报》、《郑州晚报》刊登倡仪书，在电视台播放公益广告等形式，动员全市多家爱心企业通过郑州慈善总会捐赠400多辆公交车。

(赵娅慧)

红十字事业

【红十字会组织建设】 6月6—7日，

郑州市红十字会第五次全市会员代表大会召开。制订了《郑州市红十字事业2010—2015年发展规划》。市委、市政府主要领导和四大班子领导亲自担任本届理事会名誉会长和名誉副会长。3月,郑州市理顺红十字会管理体制专题促进会召开,二七区、惠济区、新郑市、登封市编制部门相继下文,将红十字会从卫生局划出,实现了真正意义的独立,落实了"机构、编制、人员、场所、经费"五到位,为今后依法开展人道主义救助工作提供了强有力的组织保障。成立宇通公司红十字会,为基层红十字事业发展提供了经验。

【救灾工作】 在郑州市对口援建的四川省江油市,开工建设江油市青莲博爱公共卫生服务中心,对当地的公共卫生事业发展和红十字事业发展起到了推动作用。在西南旱灾、玉树地震、舟曲泥石流等自然灾害发生后,郑州市红十字会在第一时间积极行动起来,联合市直机关工委,及时向全市发出募捐倡议,有效凝聚了郑州市人民的人道力量。截至2010年底,已接收为西南旱灾捐款合计100.87万元,接收为玉树地震灾区募捐款物合计1778.53万元(其中物资价值500万元),接收为舟曲泥石流灾区捐款213.15万元,共计2092.55万元。联合郑州宇通客车股份有限公司举办"我们在一起"关爱灾区儿童主题夏令营,使来自四川江油和青海玉树地震灾区的38位孩子感受到了社会的关爱,拓展了视野,增长了见识。

【救助工作】 2010年累计募集救助款382万元。(1)开展"红十字博爱送温暖"活动,帮助贫困户欢度春节,共筹集款物价值20余万元。为方便困难群众,定制了专用包装箱和包装袋。共发放包括米、面、油、棉被等物资的暖包1000个;发放救助金39500元;共有1000多户困难群众受益。(2)专项救助基金为众多弱势群体雪中送炭。"青少年大病救助基金"、"的士一元博爱救助基金"、"圆方救助基金"等专项基金累计发放救助金349581.2元。儿童节开展专项救助。(3)"六一"儿童节期间,募集生活用品、学习用具等物资,为近100名孩子送去了社会的温暖和红十字会的关爱。(4)根据捐赠者意愿开展定向救助工作。按照定向捐赠者意愿,及时做好各项服务工作,切实开展好一对一的定向救助服务,使贫困女童、二七区郭寨小学、崇信双语学校、灾区贫困学子得到及时救助。(5)高温时节关爱一线环卫工人。对一线环卫工人进行慰问,为他们送去了价值1.5万元的防暑降温药品和价值8000元的水杯、遮阳伞、雨衣等慰问品。(6)金水区红十字会开展了重阳节关爱孤老的敬老慰问活动,主管副区长亲自带队,志愿者广泛参与,取得了显著成效。

【募捐筹资工作】 联合市委宣传部,在市群艺宫举办了《生命的红十字》——郑州市纪念5·8世界红十字日公益募捐晚会。市四大班子有关领导观看了演出,并为获奖单位颁发了奖牌,为"红十字形象大使"、"红十字爱心大使"颁发了聘书。通过举办晚会,成立了"郑州市儿童医院博爱基金"等25个红十字博爱基金,共募集捐款1100余万元。对一直以来支持红十字事业的13家医院授予"红十字爱心医院"荣誉称号,20家单位获"红十字募捐工作优秀组织奖",19家企业获"爱心企业特殊贡献奖";著名青年表演艺术家范军被聘为郑州市红十字会"形象大使",国家网球运动员孙甜甜等8人被聘为郑州市红十字会"爱心大使"。

【卫生救护培训工作】 2010年,郑州市红十字会取得了全省卫生救护培训技能大赛第一名,并代表河南省参加了全国救护技能大赛。深入社区、学校和机关组织开展以心肺复苏和创伤救护4项技术为主要内容的群众性自救互救知识和技能培训。二七区红十字会为该区财政局70余名干部职工进行了初级卫生救护知识和技能培训。2010年郑州市红十字会共举办42期救护知识培训班和讲座,12690余名群众和学生掌握了初级卫生救护知识和技能,其中420名群众取得了救护员资格证。

【造血干细胞捐献工作】 2010年,郑州市造血干细胞血样采集量居全省第一,成功捐献者人数为历年之最,累计成功捐献者人数连续5年在全国省会城市中排名第一,而且远超23个省、自治区、直辖市。2010年初,省红十字会下达血样采集任务1500人份,至年底实际采集造血干细胞血样2369份,超额完成任务,采集量居全省第一。截至2010年底,累计采集造血干细胞血样25500余份,成功捐献22人,累计成功捐献者达到76人。造血干细胞捐献工作已成为郑州市红十字会的一项品牌工程。

【社区帮扶工作】 根据市委、市政府安排部署,郑州市红十字会、二七区红十字会、大学路街道办事处三家单位联合成立帮扶工作组,联系帮扶二七区大学路街道办事处学苑社区。通过召开座谈会,发放调查问卷的形式,摸清了该社区存在的问题,按照先易后难的顺序逐项解决了存在的问题。同时,结合社区的实际情况,为社区居民进行了卫生救护培训,提高了居民自救互救能力。

【项目建设】 (1)围绕学校素质教育,开展"红十字工作进课堂"活动。市红十字会积极主动争取,经总会和省红十字会批准,中国红十字会《探索人道法》项目于11月在郑州全面启动,近60所初中、高中德育老师接受了《探索人道法》师资培训,20所局属中学将作为项目试点接受国际人道法教育,带动了学校红十字会工作的开展。(2)成立"天明博爱助学基金",寒门学子得到了资助。市红十字会与天明集团有限公司合作，成立“天明博爱助学基金”，天明集团捐资5000万元，连续5年对全市贫困儿童、孤儿在教育、医疗等方面提供保障。(3)中国红十字基金会“小天使基金”定点医院落户郑州人民医院。2010年，中国红十字基金会“小天使基金”资助全市白血病患儿12人，拨付资助款36万元。(4)登封市首个红十字博爱卫生站建成使用。该卫生站将基本解决登封市郭沟村及周边6000余名群众的基本医疗保健问题，同时也将成为基层农村红十字工作的重要阵地。(5)钢哥博爱基金(由郑州市工商联钢铁贸易商会和郑州市红十字会共同发起，于2010年5月5日成立)项目积极主动救助贫困人员。中国红十字会拨付给郑州市红十字会价值18万元的贝因美奶粉，已全部捐赠给了郑州市儿童福利院。

【红十字宣传工作】 加强与各级媒体合作，创新宣传报道方式，构建包括网络在内的全方位宣传格局。2010年在市级报刊刊发宣传稿件51篇，省级报刊28篇，国家级报刊10篇，网络报道26篇，电视报道11次，广播报道32次，累计报道158篇次。编发郑州市红十字会简报16期，播发各类信息200余篇次，发放宣传折页9万份。通过多渠道、多层次、全方位的宣传报道，有力地提升了红十字会的公信力。

（李祥新）

残疾人事业

【概况】 2010年，郑州市残联全面贯彻落实中央、省关于残疾人事业发展的重大部署，按照郑州市残疾人事业“十一五”发展规划要求，以残疾人社会保障体系和服务体系建设为核心，扎实推动残疾人事业再上新台阶。

2010年9月，市编办、市残联等五单位联合下发了《关于进一步加强和规范基层残疾人组织建设的实施意见》，巩固完善了县(市、区)、乡镇(街道)、村(社区)三级基层残疾人组织。全市选拔配备优秀残疾人干部460名，实现了乡镇(街道)残联配备专职理事长，村(社区)配备残疾人专职委员的目标。依托市残疾人康复教育中心，建立基层残疾人工作者培训基地，先后对全市168个乡镇(街道)残联理事长和3008名残疾人专职委员进行了轮训。进一步完善了岗位责任制、服务承诺制、限时办结制、首问负责制、群众评议制等效能建设工作制度。

认真贯彻落实市“畅通渠道、解决问题、治理重访”集中活动动员大会要求，进一步完善了残疾人维权体系和信访工作机制，积极协调有关方面将残疾人权益保护纳入相关政策法规范围，加强残疾人法律援助和法律服务平台建设，做好大接访活动。全年共接待(收)残疾人来访(电)1208人(次)，其中来信28件次，接待重访13次，逐一进行了妥善处理。

继续做好残疾人二代证换发、核发和卷宗整理、归档工作，办证工作采取公布热线电话、上门服务、下乡集中办证等便民措施，全年审核换发残疾人证4万余本，残疾人证卷宗全部打印并装订成册，做到了分类存档、分区存放、目录清晰、装订规范。

在市残联的领导下，市残疾人各专门协会开展了丰富多彩的助残活动。盲人节期间，市盲人协会为残疾小朋友王怡文精心筹备的个人演唱音乐会在郑州大学逸夫楼演播厅举行。“八一”建军节前夕，市残疾人拥军服务队积极开展慰问部队活动，并与中原区公安消防大队签订了《军民共建协议书》。7月至年底，为全市190名残疾人过生日时，都免费赠送了生日蛋糕，送上生日的美好祝福。

2010年，市残疾人综合服务设施逐步完善。金水区新建标准化残疾人综合服务中心全面竣工，并于12月2日挂牌投入使用；新密市和新郑市残疾人综合服务中心正在紧张建设中，将于2011年年底前竣工。

【承担政府“民生工程”】 2010年度，郑州市残联承担了省、市政府“民生工程”中的“三件实事”。

(一)康复进社区进农村工程。市残联联合市卫生局等有关单位，组织2000多人(次)深入社区、农村进行实地考察和调研，联合下发《郑州市残疾人康复进社区进农村工程实施方案》，对全市1591名乡镇(街道)、村(社区)康复协调员，先后进行了15期康复业务知识培训，建立了纵到底、横到边的康复服务队伍。各级残联分别采取印制宣传彩页、悬挂宣传标语等形式，向社会广泛宣传康复知识。11月26日，残疾人康复进社区进农村工程配发康复器材启动仪式在市科技馆举行，省、市领导出席了活动仪式。截至年底，康复训练器材全部配发到位，总计投入1268万元，惠及全市30多万名有康复需求的残疾人。

(二)“阳光家园计划”项目。起草下发了《郑州市“阳光家园计划”项目实施方案》，明确了工作任务、托养资助范围和标准以及申请资助的资格。根据残疾人和基层残联的申请，对22家托养机构进行了完善和改建，同时采取民办公助的办法建立了10家托养机构，实现居家托养1031人，机构托养408人，完成年度托养任务的108.2%。托养服务机构的残疾人每人每年给予3000元补助，居家托养的残疾人每人每年给予1000元补助，全年共补助托养资金225.5万元。11月初，国务院残工委领导到郑州市视察工作，对郑州市的托养工作给予了高度评价。

(三)残疾人就业、培训工作。年初，对16～59岁残疾人就业培训状况进行了调查，并录入就业普查系统155543人。新开设玉雕、泥塑、速录、电脑广告设计、电脑组装与维护、面塑等15个专业，2010年各级残联共免费培训7212人，完成全年任务的106%；实现就业创业5113人，完成全年任务的146%。通过举办残疾人就业招聘会、开展免费中介服务等方式,向多家福利企业集中安置500人,实现个体稳定就业345人,全年各项培训和就业任务均超额完成。

【残疾人"两个体系"工作】 郑州市残疾人社会保障体系和服务体系(以下简称"两个体系")建设稳步推进。市残联充分挖掘残疾人生产生活中存在的共性难题,制定出台相应的社会保障政策,建立健全残疾人事业发展长效机制,有针对性地开展工作,力求使残疾人获得实实在在的利益,在普惠上见实效。在构建两个体系建设上力求"全参与、普实惠"。坚持"政府主导、残联牵头、部门配合、社会参与、残疾人受益"的工作思路,采用"大合唱"方式解决残疾人相关问题。在职能部门的大力支持下,在全市建立了120个残疾人扶贫基地,全市所有医院、车站、公园等服务单位制定相应的优惠措施,向社会承诺优先为残疾人服务,营造了社会广泛参与、残疾人切实受益的浓厚氛围。

在构建社会保障体系中力求"低门槛、广覆盖"。全市近3万名残疾人享受低保,基本实现了贫困残疾人家庭应保尽保。低保家庭精神病患者每人每月享受医疗救助100元,残疾职工养老保险参保率由过去的不足50%提升到90%以上。城镇重度残疾人在享受低保的同时,每人每月增发100元的生活补贴,"三无"(无劳动能力、无生活来源、无法定赡养或抚养人)残疾人每人每月享受300元的生活救助。全年共补助"三无"残疾人466人,补助资金41.82万元。

在构建社会服务体系中力求"高投入、强服务"。在全市所有乡镇(街道)、村(社区)建立残疾人康复服务站(室),基本实现了所有有康复需求的残疾人不出社区甚至不出家门即可享受康复服务的目标。加大了对特殊教育的投入力度,投入5万元开展扶残助学活动,全市共建特教机构12处,有特教教职员工400余人,在校学生1900余人,资助残疾学生330名。全市1.3万名6~14岁学龄残疾儿童,入学率保持在95%以上,高中教育入学率达90%。

【残疾人康复工作】 积极落实0~6岁贫困残疾儿童抢救性康复计划。2010年3月,市政府出台了《郑州市0~6岁贫困残疾儿童抢救性康复项目实施方案》及配套《实施办法》。在市残联的统一部署下,各县(市)区残联积极配合,严格按照筛选标准和工作流程,确定脑瘫(肢体残疾)儿童、智残儿童、贫困聋儿、孤独症儿童等定点康复机构6家,确定189名残疾儿童为救助对象,为每人平均提供1万元经费,为50名聋儿免费配戴助听器,共投入康复经费214万元。

继续组织实施国家彩票公益金康复项目。在普惠的基础上,严格遵循国家彩票公益金项目救助标准,为38名患者提供了免费住院补贴,为49名贫困聋儿提供了康复训练经费,为贫困残疾人配发用品用具832件。

认真开展长江新里程普及型假肢安装项目。2010年,省残联分配给郑州市110例普及型假肢装配任务。市残联下拨专项配套经费12万余元,累计为全市贫困残疾人免费安装普及型假肢183例,完成全年任务的166.3%;供应用品用具2684件,完成全年任务的129%。

严格落实低保家庭精神病患者医疗救助政策。为确保政府的惠民政策落到实处,市残联下发了《关于做好2010年低保家庭精神病患者医疗救助工作的通知》。组织各县(市)区残联严格按照筛选标准和工作流程,对精神病患者进行了摸底调查。市残联层层把关、严格审核,确定1508户低保家庭精神病患者为救助对象,共提供医疗专项补助162.42万元。

在精神病防治救助工作中,为全市400名患者提供了免费服药补助,为10000多名精神病患者、重症精神病患者提供了康复服务。扎实开展爱心助视、助听、助行活动。为96名低视力残疾人配发了助视器,培训低视力儿童家长51名,盲人定向行走训练34名;新收训聋儿132名,培训聋儿家长132名;肢残儿童机构训练77名,肢残人康复训练497名,为5名肢残儿童免费实施了矫治手术。智残儿童康复训练121名,培训智残儿童家长121名。

【扶残助残活动】 5月,郑州市残联在市群众艺术馆展览厅举办了助残义展、义卖活动,省会30多位书画名家创作了100余幅作品,募集善款219000元。13日,市残联在市博物馆举行了庆祝第20次全国助残日暨1200辆轮椅现场发放仪式大型公益活动,省、市领导出席活动仪式,并为贫困肢体残疾人免费赠送了1200辆轮椅,掀起了社会各界关爱、扶助残疾人的热潮。巩义市为100户残疾人发放了危房补助金;新密市筹集10余万元爱心款,走访慰问了300多户残疾人家庭;管城区为9户残疾人家庭送去了价值万元的致富羊,帮助其发展养殖业;二七区把100辆轮椅送到了残疾人手中。

6月中旬,市残联积极协调奥斯卡影城组织亲子活动,部分智障儿童和父亲同看电影、感受父爱,度过了一个愉快、温馨的父亲节。

9月26日全国第53个"国际聋人节"期间,市残联在人民公园手语岛举办了"用手搭起有声世界与无声世界的桥梁"活动,向社会各界宣传手语知识。2010年,共举办涉及接待、公安、信访、公交等多个部门和行业的手语培训班30多期。

10月,市残联与俄罗斯萨马拉州进行"一对一"服务活动,组织60多名残疾人和残疾人志愿者代表与客人一起到郑州市绿博园参观交流,受到了国外友人的好评。市残联积极参与绿博园的建设工作,被郑州市委、市政府评为第二届中国绿化博览会先进集体。

12月初,郑州航院等5所高校

300多名志愿者与河南省奇色花福利幼儿园在绿城广场联合举办了“关爱特殊朋友，你我共同参与”大型助残活动。

12月，郑州市盲人协会启动了“圆梦行动”——盲人援助项目，为视力残疾者发放了300套读屏软件，全市300个盲人朋友及家庭受益。开展“爱的光芒”——聋人援助项目，为残疾人发放了2000套闪光门铃。另外，还为肢残者发放了500辆轮椅。

【残疾人文化体育活动】 积极组织参加省、市2010年度残疾人事业好新闻评选活动，郑州市残联推荐参选的60篇(部)优秀作品中，共有21个作品获奖。其中，一等奖1个，二等奖2个，其它奖项18个。成功举办了第三届全国盲人歌手及器乐独奏大赛郑州赛区选拔赛。8月26日，举办了“绽放生命，共享阳光”残疾人文化周启动仪式。60名残疾人现场表演了声乐、器乐、舞蹈和诗朗诵等节目，展出了100多名残疾人创作的书画、工艺美术、摄影图片等作品。

9月中旬，在福州举办的第五届全国特奥运动会上，郑州市参赛的14名特奥队员取得了19金6银6铜的优异成绩。12月12日—19日，在第一届亚洲残疾人运动会上，郑州市残疾人运动员张岩、任桂香、李满洲、田平广代表国家队参赛，取得了3金2银1铜的佳绩，为祖国赢得了荣誉，展示了郑州市残疾人的风采。其中，举重运动员田平广打破了世界青年举重锦标赛记录。

（高　涵）

第二十六篇　开发区建设

郑州新区

【概况】 为贯彻落实科学发展观、加快推进中原崛起,省委、省政府作出重大战略决策,提出建设“一极两圈三层”的中原城市群总体框架。其中的“一极”,就是构建带动全省经济社会发展的核心增长极——“郑汴新区”,包括“郑州新区”和“开封新区”。郑州新区是其主要空间区域,西起中州大道、东至开封边界、北起黄河南岸、南至航空港区,下辖郑东新区、郑州经济技术开发区、中牟产业园区、郑州航空港区、郑州国际物流园区和中牟县等“五区一县”,规划面积约1840平方公里,占郑汴新区规划面积的87%。

作为省、市的“一号工程”,郑州新区的开发建设得到了各级领导的高度重视。2009年2月,省政府成立了以省长郭庚茂为组长的郑汴新区规划建设领导小组,郑州市也成立了以市委书记和市长为组长的郑州新区开发建设工作领导小组,分别作为省、市两级决策和组织协调机构,统一领导省级层面和市级层面的新区规划建设工作。6月19日,省编委正式批复成立郑州新区工委、管委会,分别作为郑州市委、市政府的派出机构,负责党的思想、组织、作风建设;负责纪检监察、宣传、精神文明和群团等工作;负责编制新区总体规划、经济社会发展规划和土地利用规划;负责重大项目建设、招商引资和环境保护;负责搭建融资、土地、人才等要素平台;负责推进统筹城乡综合配套改革试验等。郑州新区内设工委办公室(综合办公室)、组织人事局、发展改革和国土规划局、建设环保局、财政局、招商促进局等“五局一办”,主要负责新区的经济建设工作;教育、卫生、人口、社会治安等社会事务管理职责,仍由辖区内原有行政管理机构承担。2009年7月18日,郑州新区工委、管委会正式揭牌成立。8月7日,市委、市政府召开郑州新区开发建设动员大会,郑州新区开发建设正式开始。

在省、市党委政府的正确领导和有关部门的大力支持下,郑州新区自成立以来,组织机构逐步健全,规划编制有序推进,基础设施和产业项目建设步伐加快,招商引资扎实开展,综合配套改革稳步推进。2010年,郑州新区紧紧围绕“开发建设(龙湖地区、高校和职教园区、汽车及装备制造产业园区、文化创意与休闲旅游区、综合交通枢纽地区、国际物流园区、临空产业园区、现代农业示范区等)八大重点区域,积极培育(汽车及装备制造、物流商贸、电子信息、文化旅游、食品加工、都市型现代农业等)六大支柱产业,开展(土地管理制度、投融资体制、人才支撑体系、行政管理体制等)四项改革创新,完成20平方公里开发任务”的工作思路,全年实现生产总值413.4亿元,比上年增长15.6%;全社会固定资产投资完成586.2亿元,比上年增长35%;地方财政一般预算收入完成43.3亿元,比上年增长73.4%;规模以上工业增加值完成144.3亿元,比上年增长26.7%;社会消费品零售总额完成153.4亿元,比上年增长20.4%。经济社会呈现出快速发展的良好态势,为“十二五”规划的实施奠定了较为坚实的基础。

【规划编制】 根据省委、省政府的战略部署,郑州新区的功能定位是:中原城市群新型工业化、城镇化、农业现代化“三化”协调科学发展先导示范区;国家综合交通枢纽、物流中心;区域服务中心;全省经济社会发展的核心增长极。发展目标是:科学发展先导示范区、现代产业集聚区、现代复合型新区、对外开放示范区、环境优美宜居区和区域服务中心,即“五区一中心”。郑州新区按照“复合城区”的核心理念,坚持高起点规划、高品位设计,采取国际征集的方式组织规划编制。规划编制突出了四大特色:一是实现了“三规合一”,即实现了新区总体规划、土地利用规划和产业发展规划的统一,从而最大限度保证了规划的可实施性; 二是实现了“五大复合”,即规划吸收了现代城市规划建设的最新成果,实现了功能、产业、生态、体制、空间等“五大复合”;三是实现了“城乡统筹”,即新区规划坚持城乡一体化发展,努力促进一、二、三产业协同发展,确立了城乡公共服务设施共建共享、公共服务均等化的发展模式;四是采取了“组团发展,廊道分隔”的模式,有效避免了城市“摊大饼”式发展和简单功能分区所造成的产业孤立、城乡分割、交通拥堵和能源耗费等问题。

新区成立以来,不断完善各类规划,初步形成了较为完善的规划体系。2010年,《郑汴新区总体规划》通过省人大常委会审议。顺利完成综合交通、城镇体系、产业发展战略、抗震减灾、现代农业等30余项规划的编制工作。组织开展郑州新区概念性城市设计方案国际征集工作,路名规划、基础设施布局规划等工作,初步形成城乡规划体系。完成了郑州航空城概念性总体规划暨城市设计方案评审工作。基本形成新区"十二五"经济社会发展规划,同步推进各区县"十二五"规划。新区空间发展战略规划以可持续及低碳的城乡区域发展理念,赢得第46届国际规划大会2010年度国际城市与区域规划师学会、城市规划类别卓越奖(最高奖),同时赢得香港2010年度"环保建筑大奖"研究及规划类别唯一大奖。

【重点区域开发】 2010年,郑州新区坚持集聚优势、重点突破、以点带面、协调发展原则,积极推进郑州航空城、龙湖地区、郑州国际物流园区等重点区域的开发建设。航空港区富士康IT产业园全面开工建设,郑州新郑综合保税区获国务院批准,出口加工区续建申建工作积极推进,河南保税物流中心(B型)顺利通过国家验收。郑州引黄灌溉龙湖调蓄工程正式启动。郑州国际物流园区市政基础设施规划、新加坡物流园控规导则基本编制完成,丰树物流等多家企业确定入驻意向,园区建设正式启动。龙子湖高校园区、白沙职教园区配套设施不断完善,入住师生达15万人。

【基础设施建设】 2010年,郑州新区确定72个重点基础设施建设项目,完成投资512.7亿元。坚持以交通建设为先导,大力推进基础设施配套建设。着力打造郑州高速铁路和郑州机场两个综合交通枢纽,郑州至机场、郑州至开封城际铁路相继开工建设,机场二期改扩建工程已进行设计招标。完善骨干交通网络建设,郑州公铁两用大桥公路段顺利通车,郑汴物流通道、四港联动大道局部通车。同步加快新区内部水、电、气、热、通讯等基础设施配套建设,各个组团支撑与保障能力得到不断加强。

【产业项目建设】 2010年,新区确定重点产业项目141个,完成投资169.2亿元。汽车和装备制造业主导地位日益突出,郑州日产第二工厂正式投产,海马轿车生产基地全部建成,恒天集团郑州载货汽车项目、海马汽车零部件工业园、中航电动汽车总成项目顺利推进,为郑州打造百万辆汽车生产基地打下坚实基础。电子信息业取得重大突破,富士康出口加工区IT零部件项目、中牟四棉厂区IT插件及线缆生产项目正式投产,旭飞第五代液晶玻璃基板生产线等项目进展顺利。食品工业、现代物流业发展迅猛,中粮郑州产业园开工建设,中烟、双汇、益海嘉里、百事等项目加快推进。现代物流业蓬勃发展,国家干线公路物流港、豫鑫物流等项目进展顺利。现代服务业取得新突破,总投资75亿元的郑州华强文化科技产业基地正式开工,绿博园顺利建成并成功举办了第二届绿博会。

【招商引资】 郑州新区坚持"大招商、招大商、选好商"的工作思路,以产业集聚区建设为载体,充分借助国家、省、市组织的系列招商活动,不断创新招商方式,广泛开展招商工作。2010年,新签约项目111个,签约总金额约907亿元。其中,引进市外境内资金增长20.4%,实际利用外商直接投资增长13.3%,出口总额增长113.3%。成功引进富士康IT产业园项目及其配套厂商。依托郑州日产、海马等汽车产业项目,集聚汽车整车、零配件及装备制造业的产业优势,引进了东风日产年产50万台汽车发动机项目、宇通汽车工业园项目等,促进了新区主导产业做大做强。加强与央企等大型企业集团的战略合作,中铁盾构设备制造投产运营,中粮集团等重大项目开工奠基,与中建集团达成了合作意向。

【综合配套改革】 郑州新区深入研究行政体制、财税体制、投融资体制等方面的改革措施,拟订了《郑州新区综合配套改革实施方案(2010—2012年)》。(1)进一步理顺管理体制。成立了郑州国际物流园区党委、管委会,为郑州国际物流园区的开发建设提供了组织保障;完成了中州大道以东、京港澳高速以西、连霍高速以南、陇海铁路以北115平方公里区域的乡镇和街道办事处移交郑东新区代管工作,为龙湖区域的拆迁安置和开发建设奠定了基础。(2)强化土地、资金和人才支撑平台建设。成立郑州新区建设开发投资总公司、河南新高地控股有限公司、河南东龙控股有限公司等国有投融资企业,统一负责新区范围内重大基础设施、市政公用设施的投资、融资和运营,并负责新区范围内的土地整理和开发。成立土地储备交易中心,研究出台了《关于加强郑州新区土地规划管理工作的通知》等规范性文件,加强对新区土地的规范管理;成立人才服务中心,为新区发展提供人才与人力资源支撑。(3)逐步启动重点领域改革,根据市委、市政府《关于加快推进郑州新区重点领域改革的若干意见》,加快推进新区管理体制、城乡统筹、土地、投融资等方面的改革。(4)不断完善工作推进机制,先后成立富士康IT产业园等各类重大项目建设指挥部,制定招商引资和项目建设领导分包责任制,坚持周报、月报和周例会、月调度会等工作制度,建立完善了项目建设督查工作制度等。

【机关自身建设】 加强机关党的建设。郑州新区管委会成立机关党委,各局办成立党支部,健全了机关党组织,制定新区管委会2010年机关党的建设工作要点,增强了党建工作的科学性、计划性;重视党员学习教育,提高党性修养,建立和完善机关党员学习制度,印发了推进学习型党组织建设实施意见,建立郑州新区党工委中心组学习制度,多次组织工委中心组(扩大)集中学习;以“双先双优”活动为载体,深入开展“创先争优”活动,充分发挥共产党员先锋模范作用,增强了新区的凝聚力、向心力。

加强干部管理工作。配合上级组织部门做好新区省管、市管干部年度考核工作,对管委会机关科级以下干部进行年度考核,完成试用期满干部考核工作;做好干部调整、任免备案工作,配合市委组织部对新区拟任县处级领导干部进行考察,实施新区科级领导干部备案制度;选派机关干部参加省、市组织的学习活动,与清华大学合作举办“区域经济发展与城市建设”高级研修班,努力提升干部领导水平和业务素质。

加强党风廉政建设。完善党风廉政建设责任制体系,加强廉政监督,规范财务报销、政府采购、招投标、工程建设等方面的管理制度;围绕党风廉政建设和抓落实的主题,通过民主生活会、报告会等多种形式开展廉政教育,提高了党员干部的拒腐防变能力。

(张向辉)

郑东新区

【概况】 2010年,东区管委会全面贯彻党的十七大和十七届三中、四中、五中全会精神,深入贯彻落实科学发展观,按照建设、繁荣和管理并重的工作思路,更新发展理念,创新发展方式,破解发展难题,较好地完成了各项目标任务。

2010年,东区固定资产投资完成220.36亿元,同比增长47.97%,占年度目标的104.93%。完成地方财政收入81.91亿元,同比增长154.61%,占年度目标的240.49%;其中,一般预算收入完成22.09亿元,同比增长112.64%,占年度目标任务的183.13%。出口总值3.34亿美元,同比增长201.7%。社会消费品零售总额34.9亿元,同比增长24.5%。新开工项目62个,同比增长近2倍。固定资产投资、地方财政收入、地方一般预算收入和出口总值4项指标增幅居全市第一,固定资产投资和财政收入绝对值、增幅创历史最好成绩;新开工项目数和增幅达到历史新高。对25项基础设施建设项目进行结算审计,审减率达20%。开展了《郑东新区国民经济和社会发展第十二个五年规划纲要》编制工作,东区正处在历史上最好的发展时期。

【固定资产投资大幅提升】 2010年,东区固定资产投资首次突破200亿元,固定资产投资累计完成近1000亿元(累计987亿元,不包括安置区)。采取一系列措施,不断优化东区的投资环境,固定资产投资大幅提升。认真践行“三具两基一抓手”,实施项目带动,狠抓制度的完善和落实。(1)深化项目分包制。将203个在建和未开工项目分包给班子成员,并逐级分解,做到人人头上有项目、人人身上有担子。(2)健全项目推进机制。每两周召开一次项目推进会,集中解决制约项目推进的突出问题。同时,按项目所处环节分类管理,明确职责,加快项目推进。(3)实施督查问责制度。对项目推进不力的单位和个人,由督查室负责考核,追踪问责。(4)靠前指挥、抓好落实。班子成员坚持半数工作时间深入工地,及时发现问题、处理问题。各局办做到上门服务、主动服务。

【财政总收入突破百亿】 2010年,东区财政总收入首次突破100亿元(上缴中央、省、市19亿元,土地出让金收入61亿元)。坚持优化发展环境,拓展增收渠道,提高发展质量。(1)增强发展后劲。实施招大引强,提高了招商质量。注重政策引导,修改完善了《郑东新区促进经济繁荣和加快产业发展的若干规定》。依法兑现政策,对符合条件的43家入区企业给予1600余万元的奖励和补贴,提振了企业信心。全年新增工商注册单位数近900家。(2)严格税收征管。建立了财政、招商、工商、土地和税务等部门联合排查机制,对重点税源、重点行业实施有效监控,全年国税、地税登记数分别增长43.9%和76.6%。(3)规范土地出让。严控划拨供地范围,全面推行供地区片价格评估,规范土地的市场化运作。全年供应土地85宗合772.47公顷,同比增长85%,成交总额超过61亿元,同比增长109%。

【龙湖地区开发建设】 2010年,龙湖地区的开发建设正式启动。(1)郑州引黄调蓄龙湖灌溉工程(以下简称龙湖工程)开工建设。8月12日市委书记连维良到东区调研,8月13日省发改委批复可研报告,9月22日开始招标,10月10日结束招标。在省、市有关部门的大力支持下,10月16日龙湖工程开工建设。集中精力、全力以赴,拉开了龙湖地区大开发大建设的序幕。(2)土地报批保障有力。龙湖地区批回土地192.2公顷,新上报待批的175.73公顷土地已编入郑州市2010年第二批城市建设用地批次。创新思路,与其他城市就耕地占补平衡指标达成协议并落实到位。(3)其他工作有序推进。推动龙湖地区市场化运作,东龙控股有限公司融资工作进展顺利;龙湖地区规划设计深化工作进展顺利;完成龙湖地区道路规划和部分道路施工图设计,施工准备工作进展顺利;完成霍庄、小营2个自然村的拆迁工作,涉及龙湖水面施工的村庄拆迁也已启动;确定了采取市场化方式建设安置区的工作思路。

【龙子湖高校园区建设】 2010年,龙子湖高校园区建设取得阶段性成果。(1)再掀高校建设高潮。截至2010年底,第一批入驻的7所高校一期建设基本完成,第二批入驻的6所高校中有4所实现招生,入驻学生总数12万人。(2)人才优势初步显现。园区各高校现有教授965人，副教授2615人，博士1358人，国家级专家166人，省部级专家221人，成为郑州市的又一人才高地。(3)园区环境不断改善。拆除违章建筑12000平方米，规划建设2处集中商业网点，园区脏、乱、差的现象明显扭转。园区100万平方米景观绿化建设取得阶段性进展。(4)规划设计逐渐完善。公共设施布局得到优化，龙子湖湖心岛城市设计获郑州新区批复，土地指标已经批回，部分项目正在选址。

【郑州综合交通枢纽地区建设】 2010年，郑州综合交通枢纽地区掀起建设高潮。(1)做好服务配合。完成了石武客运专线、郑州轨道交通1号线一期和郑开城际铁路等项目相关拆迁工作，对影响地铁1号线和石武客运专线的金水东路管线进行了改迁。(2)基础设施建设全面铺开。区域内所有道路和东西广场7条地下人行通道均完成设计并部分开始施工。(3)完成了综合交通枢纽地区多个相关规划的编制、上报和上网公示等工作。(4)西广场开发步伐进一步加快。上海升龙西广场项目和上海绿地之窗项目加快建设，上海绿地集团投资约100亿元建设的300米双子高塔项目顺利开工。

【项目建设】 2010年，项目建设加快推进。年初共有在建项目126个，全年新开工项目62个，新开工建筑面积239.03万平方米；新竣工项目24个。主要项目取得重大进展，如CBD丹尼斯商业步行街部分建成开业，会展宾馆核心结构施工建至52层，外框结构建至42层，期货大厦施工至11层，物流港综合大楼幕墙施工进入收尾阶段。

(1)做好项目建设基础性工作。加快用地报批，全年上报土地规模指标1091.73公顷，完成土地报批1003.33公顷，已批回313.33公顷，完成集体土地征收约713.33公顷。坚持规划评审制度，完成了58个项目规划设计方案评审。完成52个项目的拆迁任务，拆除各类建筑物20余万平方米。(2)加快解决遗留问题。历时7年的天鹅皮鞋厂和历时4年的航天建筑工程公司完成拆迁，停工多年的海文实验幼儿园科研楼和行署广场项目进展顺利，十七中搬迁、十九师相关拆迁和禁毒中心项目等工作取得重大突破。(3)建设质量不断提升。全年获各类建筑工程奖20余项，累计获奖400余项，其中省级以上140项。

【产业发展后劲增强】 2010年，东区立足于培育重点，注重多元，提高可持续发展能力，产业发展后劲不断增强。(1)金融集聚区建设卓有成效。中央商务区新引进各类金融机构24家，已确定入驻各类金融机构73家，实际入驻办公68家。(2)总部经济不断壮大。全年新引进国内外500强地区总部或分支机构10家，累计入驻日本日立、美国强生等世界500强企业25家，国内500强企业47家。(3)高端酒店业发展迅速。喜达屋、万豪等国际一线酒店品牌相继落户东区，累计引进四星级以上酒店13家，其中五星级酒店7家。(4)商贸服务业势头良好。大商千盛生活广场、横店影视电影城等知名商家入驻宝龙城市广场，丹尼斯商业步行街“七天地”、宏信“天下收藏文化街”顺利开业。居然之家、红星美凯龙等商家营业额同比增长超过100%。(5)物流业发展平台逐渐搭建。国家干线公路物流港项目、福蒙特物流项目加快建设，华丰钢铁物流园正式开业，豫鑫日立物流配送中心、中南邮政物流集散中心开工建设。(6)构建多元化产业格局。新引进文化企业19家，中国旅行社河南分公司、河南省中国旅行社等知名旅游企业相继入驻。会展业、信息产业不断发展。

【城市功能不断提升】 2010年，东区城市功能不断提升。(1)交通基础设施日益完善。全年新通车道路10条(段)，新开工道路16条(段)，打通断头路8条(段)，东风渠9座桥梁的装饰装修工程全面完工，金水东路与通泰路人行天桥竣工投用。中央商务区7个公共停车场竣工，新增停车位4631个。(2)市政配套设施更加完善。新建开闭所80余座，220KV腾飞变电站建设完成，完成水、电、气、暖等投资约1.7亿元。陈三桥污水处理厂实现运行并顺利移交。(3)生态景观建设不断加强。东区范围内金水河、熊儿河、七里河实现同时蓄水，新增景观水域面积75万平方米。湿地公园获得全省首家“全国节水教育基地”称号。《郑东新区夜景照明专项规划》编制完成。开展“绿叶杯”绿化竞赛活动，新增公共绿地面积57万平方米。新建邮政所4个，安装信报箱3万户。

【民生工作】 民生建设稳步推进，坚持以人为本，不断改善人居环境。(1)教育工作扎实开展。完成了众意路小学扩建工程，昆丽河小学、实验幼儿园、青少年校外活动中心开工建设，郑州市第九十六中学实现招生。做好代管乡镇(办事处)管辖学校接管工作。(2)医疗设施不断完善。省直三院、颐和医院基本建成，郑大一附院、洛阳正骨医院和市儿童医院开工建设。中都皮肤病医院、圣玛医院投入使用，新增民营社区医疗网点5个。(3)社区管理工作进一步加强。落实社区综合用房1.2万余平方米。新成立正弘山社区等6个社区居委会。(4)其他民生工作有效推进。做好新农合参保工作，受惠农民7.5万人。全年新增就业1757人，新增医保参保人员1855人、养老保险参保人员389人。

【城市管理】 2010年，城市管理日益加强，在媒体开展的市民投票中，东区被评为郑州市城市管理的最佳城区。(1)加强精细化管理。对中央商务区内公厕提升管理标准，打造了批标准化公厕。在中央商务区和龙湖南区道路路口安装隔离墩1700余个,解决了机动车占用人行道问题。安装道路交通标志牌326块,为54个路口安装了交通信号灯。将龙子湖区和安置区纳入市政统一管养,实现了东区市政管养的全覆盖。新购置9台洗扫车辆,实现了机械化清扫零的突破。(2)加大市容环境整治力度。严格执法,拆除私搭乱建临时构筑物14000平方米。加强整治,取缔无证占道流动商贩4600余起。完善门头店招专项规划,拆除大型户外违章广告塔62处。商都路和黄河东路专项整治活动成效显著。(3)积极开展创建工作。以创建全国文明城市和迎接国家卫生城市复检为契机,开展了"十个方面整治"、"四个专项行动"等一系列活动,顺利通过了国家复检验收。(4)加快数字城管建设。完成了"数字城管"和"平安东区"的融合对接,综合执法局和建设环保局2个终端建设完成。

【优化体制机制】 2010年,东区采取多项措施,不断优化体制机制。(1)认真做好金水、管城两区代管乡镇移交工作。共接收移交人员1733人,实现了人、财、物的平稳过渡,理顺了管理体制。(2)加强基层管理。在原有3个管理处的基础上,新成立5个党工委和办事处,各项工作已逐步展开。(3)推进机构改革。新设立监察审计局、教育文体局等10个内设机构,成立郑东新区综合执法局,强化了管委会的管理和服务职能。(4)积极做好网络舆情处理工作,形成了发现问题、解决问题的新渠道。

【机关党建工作】 机关建设取得进展。(1)机关干部综合素养不断提升。积极鼓励在职学习,累计培训628人次。分三批组织管委会机关科级以上干部参观世博会,进一步开阔了视野。(2)加强机关作风建设。认真落实各项管理制度,强化作风纪律考核,大大改善了工作作风。(3)做好干部管理工作。推荐提拔副县级干部1名,任用科级干部120名,交流科级领导干部11名,充实了基层领导力量,调动了工作积极性。管委会第四批驻村帮扶工作队赴中牟县帮扶工作、乌鲁木齐市米东区赴郑州市郑东新区干部挂职工作顺利进行。(4)管委会机关顺利完成办公场所搬迁,大大改善了办公环境和机关形象。

党的建设深入推进。(1)认真组织第三批学习实践活动,积极进行整改,确保了活动实效。开展"创先争优"活动,3个基层党支部获"五好基层党组织"称号。(2)全面落实党风廉政建设责任制,以"四会一课"廉政教育为载体,筑牢党员干部思想道德防线,促进了廉洁从政。认真开展工程建设领域突出问题整治工作,完成了上级交办的各项工作任务。(3)新建、改建基层党组织42个,进一步提升了组织凝聚力和战斗力。

(孙思含)

郑州高新技术产业开发区

【概况】 2010年,是全面完成"十一五"规划的最后一年,也是实现2008—2010"三年在经济总量上再造一个高新区"的关键之年。高新区管委会深入贯彻落实科学发展观,按照"大力发展高新技术产业,加快建设郑州高新城"的要求,紧扣国家高新的本质特性,发展高端产业,实施"一区多园"战略,坚定不移地走自主创新之路,紧紧围绕"项目攻坚年"这一工作主线,强力实施"五抓五打造",经济社会发展实现新的跨越。

2010年,全区生产总值(GDP)完成103.5亿元,比上年增长16.8%。地方财政一般预算收入完成9.2亿元,比上年增长35.7%。规模以上工业增加值完成57.5亿元,比上年增长21.5%。实现城镇固定资产投资98.2亿元,比上年增长41.4%。利用域外资金43.6亿元,比上年增长21.9%;实际利用外资11548万美元,比上年增长39.1%。实现出口创汇25856万美元,比上年增长46.9%。万元GDP能耗下降1.2%。实现产业集聚区营业收入480亿元,比上年增长30%。

2010年实现的目标,不仅超额完成了年度计划,而且超额完成了"十一五"既定目标。2010年GDP、地方财政一般预算收入、规模以上工业增加值、城镇固定资产投资分别是2005年的3.8倍、3.76倍、3.3倍、3.5倍。高新区加快发展的经济基础更加坚实,提供公共服务、改善民生的能力进一步增强。同时,经济运行质量进一步提高,经济增长的内生机制进一步形成。"十一五"期间,万元GDP能耗累计下降16.5%,可持续发展水平不断提高。

【项目建设】 2010年,高新区重点实施了"五大项目攻坚",突出"五抓五打造",经济社会各个方面实现了较大突破,向"高新城"升级跨越的基础更加坚实。

为进一步突出高和新的本质特性,加快经济结构调整,促进发展方式转变,将2010年确定为"项目攻坚年",实施十大开工项目和十大创新项目,着力壮大前沿和规模产业。全年新引进亿元以上工业项目27个,开工建设亿元以上项目18个,20亿元以上项目6个。格力、保绿、固态照明等3个项目,被列为对郑州市经济社会发展和产业结构调整产生重大影响的十大工业项目。

项目引进实现突破。投资30亿元的格力电器郑州产业园项目,投产后可形成年产600万套空调、600万台压缩机、50万台商用空调的产能,形成200亿元的销售收入,该项目已全面开工;总投资20亿元的友旺科技手机产业园项目、总投资20亿元的联强国际与汉威电子——河南物联网科技产业园、投资3.7亿元的怡亚通运营基地、投资3.2亿元的新天科技智能能源仪表产业园、投资5.6

亿元的信大捷安信息安全产业园等一批科技领先、市场前景好的项目纷纷落地，对高新区调整产业结构，转变发展方式，引领全省产业发展发挥了积极作用。

项目建设推进有力。总投资40亿元的保绿能源500MW非晶硅薄膜太阳能电池项目，一期于2010年10月15日正式投产，其350KW的屋顶电站是目前国内最大的非晶硅薄膜太阳能屋顶电站；总投资20亿元的郑州固态照明产业化应用示范基地项目，一期于2010年12月30日投产试运行；友旺科技手机产业园项目，1号、2号厂房已实现主体结顶，2011年6月一期就可形成年产400万只手机的规模；总投资12亿元的国家动漫产业发展基地（河南基地）项目建设已出正负零。一批科技含量高的大项目快速建设，并迅速形成生产力。主导产业——电子信息产业产值达到200亿元，软件产业聚集了河南省70%以上的骨干软件企业，动漫创意企业总数达到52家，占全省总数的80%。

【园区建设】 2010年，高新区按照“一区多园”战略和专业化聚集、集群化推进、园区化承载的模式，进一步加快园区建设，加快打造销售收入超100亿元园区。总投资70亿元的河南省国家大学科技园东区，一期8万平方米研发楼主体已经完工，签约入园企业30家；总投资20亿元的河南省国家大学科技园西区，25万平方米的科研生产区和三磨研究所已建成，新引进企业65家，园内投资2.3亿元的瑞邦能源孵化楼2号基地项目已开工建设；投资5.9亿元的威科姆国际软件生态园，14栋研发楼主体已封顶；863中部软件产业园二期已完工，新引进软件类企业20家。

【企业上市工作】 2010年，高新区企业上市工作继续在全市、全省保持领先地位。（1）新推2家企业上市。抓住国家建设多层次资本市场的有利时机，结合高新区科技型中小企业聚集的特点，出台政策，实行领导分包和“一对一”服务，努力构建企业上市服务体系，全力打造高新区竞争新优势。继2009年成功助推辉煌科技和汉威电子上市后，2010年3月26日华晶金刚石在深圳登陆创业板，7月24日四维机电在香港创业板借壳上市，两家上市企业共募集资金12.5亿元。（2）完善企业上市梯次队伍。截至2010年底，高新区的上市（挂牌）后备企业已达70家。其中，14家已跻身省重点上市后备企业。新开普、新天科技正接受河南省证监局辅导；日立信、光力科技等公司已经与证券公司、中介机构签订协议，正式启动上市工作；郑州锅炉、农科院种业、邦和药业等一批企业正在积极开展上市前的准备工作。同时，抓好上市（挂牌）后备企业改制工作，2010年共有15家企业完成股份制改造或新成立股份公司，高新区改制企业总数达到49家。（3）申报“新三板”稳步推进。正在全力争取“新三板”（非上市股份有限公司股权代办转让系统）试点园区资格，全区已有20余家企业开展了相关工作。

【基础设施建设】 2010年，为实现由“区”到“城”的转变，高新区进一步拉大城市框架，完善城市功能。（1）城区承载力得到提升。组织开展高新区控制性详细规划（导则）编制工作，完成了高新区村镇体系规划、村庄布局规划，《沟赵乡总体规划》已获市政府审批，全区城乡规划进一步完善，为高新区在较长时间内科学、持续发展提供了依据。土地报批工作成效显著，完成实际报批385.27公顷，全年征收土地317.73公顷，完成了国家、省、市重点项目的土地征收任务。土地供应共计123.4公顷，重点项目建设用地得到有力保障。（2）城中村改造实现突破。总投资约35亿元的洼刘村城中村改造，8月已整村拆迁完毕，30万平方米安置房和开发房已开工建设。这是高新区首个整建制规范改造的城中村拆迁项目。（3）城区改造力度加大。配合市雕塑公园和常西湖公园建设，顺利完成了化工路入区段南北两侧近43.33公顷破旧建筑的拆除，完成了西四环6公里两侧各50米的拆迁和绿化。在瑞达路和连霍高速入口，分别新建了“合作共赢”、“礼仪之门”大型雕塑。完成14条道路共计约13.5公里的新建改造，实现了金菊街东西贯通，石楠路、雪松路南北局部贯通。完成了科学大道与瑞达路交叉口、莲花街、玉兰街等处积水点的改造。（4）创建工作扎实开展。深入开展严厉查处违法建设专项整治活动。对全区39个行政村和所有道路实施了全覆盖管理，新增480名环卫保洁人员，建立了“五小”单位和集贸市场的长效管理机制。完成了市下达各项创卫目标任务，总体达标率为99.9%。（5）生态环境质量得到改善。索须河截污工程已全部完工，贾鲁河截污工程进展顺利。全年新增绿地74万平方米。加强工业污染防治，严格执行《环境影响评价法》，环评执行率100%。创建国家生态工业示范园区工作已正式启动。

【科技创新】 2010年，以加快建设国家创新型科技园区为引领，着力打造区域科技创新新优势。（1）产学研合作不断深化。搭建企业与高校、科研院所的合作平台，组织召开了高新区第一届产学研合作对接暨科技成果转化项目对接大会，与信息工程大学签订了科技合作协议，达成130余项产学研合作意向，促进了技术、资本、人才的有效结合。（2）区域创新优势进一步提升。中铁隧道、郑州机械研究所2个国家重点实验室获批组建，实现了郑州市国家级重点实验室零的突破。2010年12月，高新区获批成为中原经济区中首家“国家高新技术产业标准化示范区”。海外高层次创新创业人才基地建设不断加快，全年引进院士专家10人，其中院士4名，建立院士工作站5家。引进8名符合国家"千人计划"和省"百人计划"条件的人才,引进15名其他优秀海外人才,聚集15家海外人才创办的科技企业。新增22家市级以上工程技术研究中心,新增10家省级创新型企业,新增6家省级创新型试点企业。(3)创新项目产业化步伐加快。不断加大对企业创新扶持力度,积极争取各级政府部门的资金扶持。2010年,全区共有150个项目获得上级资金支持,共计6604万元。"十大创新项目"中共有9家企业的项目获得上级790万元科技资金支持,现已有8家进入产业化阶段。建立重大科技专项项目库,加大对省级重大科技专项项目的申报和协调力度,辉煌科技承担的"智能化地铁信号系统维护关键技术研究与应用"项目,已通过专家论证。(4)公共技术服务平台建设日益完善。四大公共技术平台的规划建设,使高新区在公共服务方面走在了中部前列。与IBM合作一期投资3000万元的IT产业公共技术服务平台——"郑州高新信息港"已投入使用,无线网络覆盖达10平方公里。同时,软件公共服务平台、动漫公共技术平台、生物工程中试平台已基本建成,超硬材料公共技术服务平台建设将尽快启动。

【社会事业】 2010年,高新区坚持把"保障和改善民生"作为发展的根本出发点,着力民生、着力民心,惠民措施逐项落实,完成了省、市"十大实事"和区"十大实事",办成了一批覆盖面大、受益面广的实事、好事。(1)"教育一条街"初步形成。大力实施优质教育资源倍增工程,满足更多家长和学生上好学的需求。郑州大学实验小学、高新区第一幼儿园、郑州中学体育馆、立才实验学校新校区等已全面开工建设,枫杨外国语学校新校区开工前各项准备工作已经就绪。不断加大城乡中小学基础设施改善的投入力度,教育资源配置更加合理。郑州五十八中、郑州中学附属小学、郑州中学第二附属小学、西连河小学教学楼等已完工投入使用。已顺利开展PGA中美国际课程的郑州中学,被美国大学考试委员会批准为ACT考试中心。(2)医疗和计划生育工作进一步加强。引进郑州市中心医院并即将开工建设。全区39个行政村实现了标准化卫生所全覆盖。高标准深入实施新型农村合作医疗制度,新农合参保率达到97.2%。建立健全突发公共卫生事件应急机制,制订完善应急预案,开展应急培训和演练。全年人口出生率为10.33‰,完成了市政府下达的目标任务。(3)就业工作扎实推进。2010年,全区实现城镇新增就业1921人,完成目标任务的107%;完成公益性岗位就业113人,农村劳动力转移就业2250人;对就业困难人员进行"一对一"就业帮扶,实现了"零就业家庭"动态为零,城镇登记失业率控制在4%以内。(4)社会保障体系更加健全。养老保障体系逐步完善,2010年新增城乡居民基本养老保险参保人员7307人。城镇居民基本医疗保险覆盖面进一步扩大,实现居民医疗保险参保人数7.2万人。全方位多层次住房保障体系初步形成,公共租赁住房和廉租房建设快速推进,完成了市政府下达的目标任务。认真落实自然灾害救助、民政优抚、农村低保、五保户供养、失地农民补贴等各项社会保障政策,慰问城乡低保、五保对象和建国前的老党员618户。

【组织建设和廉政建设】 2010年,通过开展学习实践科学发展观、"创先争优"等活动,进一步加强各级党员队伍建设,为经济社会平稳健康发展提供了坚强保障。(1)党的思想政治建设进一步加强。通过深入开展"创先争优"、"项目攻坚"等主题教育活动,在全区干部群众中起到了统一思想、凝聚共识、明确方向、推动发展的作用,有力推动了"项目攻坚"各项措施的贯彻落实。(2)基层党组织战斗力进一步提高。以推进基层党建"全覆盖、新跃升"工程为重点,突出抓好农村基层组织、非公企业党建,新成立基层党组织6个,基层组织战斗力不断增强。(3)干部作风进一步转变。开展主题教育活动和作风纪律整顿,深化了"项目至上"的服务理念,广大干部进一步转变工作作风,在一定程度上解决了项目落地难、限时办结难、部门棚架、自由散漫、执行不力等突出问题。(4)党风廉政建设进一步加强。利用高新区政务信息网、《郑州高新报》、《村情民意》小报等开辟廉政教育宣传专栏,宣传廉政文化建设的重要意义和先进经验,实行责任目标管理创新,在全区推广党风廉政建设责任制目标承诺书。全面加强审计审核监督,深入推进工程领域治理等专项检查。突出农村基层廉政建设,进一步巩固农村集体"三资"清理结果,在全区营造了风清气正的政务环境。

(刘　洁)

郑州经济技术开发区

【概况】 郑州经济技术开发区规划控制面积86.7平方公里,区内常住人口、产业工人及从业人员12万余人。截至2010年底,经开区基础设施覆盖面积41平方公里,累计完成固定资产投资430亿元,其中基础设施投资超过50亿元。全区聚集各类工业企业1500多家,其中外商投资企业205家,上市公司直接投资项目31个;拥有规模以上工业企业102家,世界500强企业中已有22家在经开区投资建厂。

2010年,郑州经开区紧紧围绕"新型工业化龙头、对外开放窗口、现代化新城区"的发展定位,坚持"工业立区、科技兴区"发展战略,狠抓"项目建设、招商引资和环境优化"三大重点,进一步创新举措,狠抓落实,推动全区经济实现了新跨越。全年地区生产总值完成69.9亿元,同比增长

28.7%。工业总产值完成130亿元，同比增长50%。规模以上工业增加值完成30.1亿元，同比增长51.5%。全社会固定资产投资完成92.3亿元，同比增长40.3%。财政总收入完成23.2亿元，同比增长28%；财政一般预算收入完成7.4亿元，同比增长53.8%。实际利用外资2.8亿美元，同比增长18.7%。完成出口创汇3.06亿美元，同比增长65.1%。社会消费品零售总额完成43.2亿元，同比增长19.3%。

【项目建设】 2010年是经开区确定的"开工建设年"，全年新开工超亿元项目25个，续建项目15个，总投资330亿元。全区以项目建设为核心，以打造八个超百亿产业园区为目标，严格落实重点项目协调推进机制，全力抓好项目落地开工、建成投产，项目建设整体呈现大、好、优、快等特点，奠基和开工的一批重大项目成为全市亮点。郑煤机、中铁盾构、恒天重工、旭飞二期、双汇工业园、富泰华精密电子、宇通特种车、河南保税中心、海马第三工厂、百事可乐、露露、中粮工业园等一批超亿元、超十亿元的重大项目开工建设。截至2010年底，全区已累计引进超亿元以上工业项目62个，总投资423亿元，是"十五"期间全部项目投资的9倍，结束了经开区没有重大工业项目的历史。

总投资80亿元的海马郑州基地项目，总投资50亿元的中国恒天重工项目，总投资34亿元的旭飞光电项目，总投资30亿元的中粮工业园项目，总投资32亿元的郑州日产新工厂项目，总投资28亿元的郑煤机高端产品生产园区项目，总投资15.6亿元的双汇食品工业园项目等一批超10亿元重大项目已经开工建设。总投资138亿元的郑州宇通工业园项目，总投资100亿元的龙工中原工程机械生产基地项目已于2010年正式签约，2011年上半年将开工建设。旭飞光电一期、郑州日产第二工厂已经竣工投产；出口加工区富士康项目30天内建成投产，创造了被称为奇迹的"郑州速度"。经开区项目建设呈现出"正在集聚、正在开工、正在建设、正在跨越"的良好态势。

【产业培育】 工业主体地位进一步凸显，全区规模以上工业企业由2005年的不足60家增加到2010年的102家，规模以上工业利润是2005年的23倍。八大园区建设全面启动，汽车及零部件、装备制造、食品加工、电子信息、现代物流五大主导产业基本形成。汽车产业实现零的突破，2010年，汽车产业产值占到工业总产值的33.6%。海马福仕达稳居全国同类车型销量前五名；日产"奇骏"、"逍客"实现量产，第二工厂已成为日产在中国继花都工厂之后的第二大生产基地。装备制造业已经形成了以郑煤机、中国龙工、中铁盾构、中科英华、恒天重工为核心的产业集群。食品工业园吸引了中粮、益海嘉里、百事可乐、杜邦等世界500强企业和跨国公司入驻。医药物流业汇集了国药、华润、九州通三大行业龙头。高新技术产业快速发展，高新技术产业产值占规模以上工业总产值的比重由2005年的15.6%上升到2010年的32%。积极创新融资方式，加快企业上市步伐，实现了郑煤机、四方达等企业成功上市，金博士种业等4家企业被列为全省首发上市重点后备企业。

【招商引资】 围绕汽车及零部件制造、装备制造、食品加工、电子信息、现代物流五大主导产业，先后参加河南省与央企战略合作洽谈会、港澳深闽商访豫活动等重大招商活动，集中攻坚龙头型、基地型、综合型、研发型以及后发优势型项目。2010年，新批进区项目75个，总投资77亿元，同比增长162%。其中，外商投资项目12个，合同利用外资4.23亿美元。成功签约项目27个，协议投资总额214亿元。其中，亿元以上项目16个，10亿元以上项目6个。新签约项目中95%以上为五大主导产业项目。同时，还跟踪洽谈日产电动汽车、顶新国际、伊利饮料、台一电缆、丰树物流等90多个项目，拟投资总额近500亿元。全区合同利用外资、实际利用外资两项指标连续5年位居全市第一，占全市比重提高到15%以上。

【对外贸易】 充分发挥出口加工区和保税物流中心对外贸易主平台作用，努力拓展外向型经济发展空间。2010年，经开区实现进出口总额6.6亿美元，同比增长85.9%。其中，出口加工区实现进出口总额5.5亿美元，同比增长85%；实现工业总产值8.5亿元，同比增长31%；实现工业增加值2.3亿元，同比增长31%。出口加工区富士康项目从公司注册、设备安装到首条生产线的如期投产，仅用了30天时间，创造了把全球最大代工企业引进河南的"奇迹"，被富士康集团誉为"郑州速度"。河南保税物流中心正式通过国家四部委封关验收，为经开区打造中西部地区功能完备、物流通畅、业务集中的内陆"保税无水港"打下了良好基础。

【科技创新】 2010年，全区新申报各级研发中心24家，获批16家；申报专利247项，授权113项；申报各类科技资金项目111个，实际到位资金3439万元；申报高新技术企业7家，获批5家。经开区荣获"河南省知识产权优势区域"称号，被确定为省创新型产业集聚区（试点）。两家企业参与制定了11项国家行业标准，两人入选中组部"千人计划"。培育出钻石精密、安图生物、金博士种业、联合磨料磨具等一批创新能力强的龙头企业。旭飞光电公司成功突破了液晶玻璃基板制造核心技术，彻底打破了国外玻璃基板长期垄断的局面。中铁盾构将成为拥有自主产权的中国最大的盾构机生产基地。

【城区建设】 2010年，全面启动滨水商务区建设，完成了滨水区景观设计终期评审工作和滨水区内主要道路施工图设计。投资2.5亿元,新修道路20.5公里,新增绿化面积7.2万平方米。采取BT模式对全区近33公里的道路照明设施进行LED改造,安装路灯2600多盏,建成道路全部实现了路通灯明目标。建成梁湖变电站和郑州日产热力管网,保证了重点项目顺利进行。注重集约用地,建成标准化厂房17.5万平方米,在建和拟开工建设74.8万平方米。以创建全国文明城市为契机,全面实施社区、城中村及背街小巷改造,组织开展了街道景观、园林绿化、夜景照明、交通秩序、"五小"行业等10项集中整治活动,城区面貌和人居环境明显改善。

【社会事业】 2010年,全区财政性民生投入达到1.7亿元,占全年财政支出的21.4%,同比增长120%。不断加大教育投入,经开区第二中学新校区和实验小学二期扩建已基本完工。优先足额拨付教育经费,完善了教师工资发放保障机制,全区一次性补发教师2009年以来的奖励性绩效工资,人月均1040元,远高于市内各区人月均800元的水平。区八十五中学在中招考试中再创佳绩,升入省级示范性高中人数连续3年翻番,教学质量稳居郑州市东部地区先进学校行列。医疗卫生事业快速发展,新建标准化卫生所12个,基本实现了全区医疗卫生服务体系全覆盖。市第七人民医院新院区已整体搬迁开诊营业。辖区新农合报销比例提高,农村参合率达到96.2%。

惠农政策得到落实,全年发放惠农补贴资金1113万元,涉及粮食直补、家电下乡、两免一补等7个项目,惠及农村5938户、22816人。扶贫济困力度进一步加大,重点保障全区低保、孤寡老人等弱势群体,实现了农村低保对象的应保尽保。就业再就业工作扎实推进,全年实现城镇就业1860人,农村劳动力转移就业779人。社会保险覆盖面进一步扩大,征迁安置群众基本生活得到有效保障。积极开展平安建设活动,平安村达到95%以上,"四严一创"活动位列全市第二。进一步加强社会治安综合治理,扎实做好信访稳定和安全生产工作,社会大局保持和谐稳定。

【组织建设和廉政建设】 2010年,按照省委、市q委统一部署,在全区启动开展了以"当跨越发展排头兵、做干事创业带头人"为主题的"创先争优"活动。《郑州日报》3期刊发了经开区"创先争优"活动的主要做法。

坚持正确的用人导向,严格按照《党政领导干部选拔任用工作条例》规定的程序和条件选用干部,对办事处和区直部门领导班子进行了调整。建立健全"阳光招聘"制度,面向社会先后为出口加工区、教文体局、建投公司招聘了4名业务人员、65名优秀教师和9名专业技术人员。积极开展非公党建"两带一争"活动,辖区5家企业党支部受到省委、市委的表彰。继续深化"三级联创"活动和农村强基工程,农村基层组织的凝聚力、战斗力进一步增强。切实做好人才工作,紧紧围绕经济发展需求,为区内500多家企业提供各类人才1.6万多人。积极开展"企业帮扶年"活动和"优化环境工作满意度"评议活动,各级各部门的全局观念、服务意识、工作效率、精神状态有了进一步提升。深入开展反腐倡廉宣传教育活动,认真落实党风廉政建设责任制,加大源头治理工作力度,抓好廉洁自律有关规定的落实,在全区营造了风清气正的良好氛围。

(王　永)

郑州航空港区

【概况】 2010年,航空港区党委、管委会紧紧围绕"二三五"工作思路,围绕招商引资,不断完善规划,科学利用土地,狠抓基础设施建设,注重环境整治,全区整体形象有了明显改观。

2010年,航空港区经济实力不断增强。实现地区生产总值27.6亿元,同比增长14.9%;规模以上工业增加值达到12.7亿元,同比增长23.9%;城镇固定资产投资达到49.6亿元,同比增长114.7%;第三产业增加值9.4亿元,同比增长8.7%;地方财政一般预算收入1.6亿元,同比增长58.7%。

【规划编制】 (1)根据富士康项目入驻后对航空港区社会经济发展带来的重大影响,对总体规划用地布局进行了适时调整和完善。(2)按照打造国际一流航空城的理念,组织了《郑州航空城概念性总体规划暨城市设计》国际征集活动,在航空港区现有用地布局的基础上,提前开展了跨南水北调干渠向东扩区的用地布局研究。(3)抓好落实,保障重点项目的入驻,做好重大项目的规划编制工作。航空港区土地利用总体规划修编工作已完成,港区IT产业园控制性详细规划已通过郑州市政府审批,富士康配套生活区概念性详细规划、蓝领公寓区修建性详细规划与绿地系统专项规划等已通过专家评审并陆续实施,已完成环境影响评价规划及富士康项目入驻后北区规划环评调整报告。(4)做好保障,全面落实市政基础设施与公共服务设施选址与规划工作。

【招商引资】 2010年,全区共新签约项目19个,合同金额144亿元。(1)成功引进富士康项目。从2010年上半年开始,管委会领导和相关工作人员积极参与郑州市对富士康的招商工作,多次前往深圳参观考察富士康企业运营、管理等工作,并与富士康高层领导进行长期深入细致的谈判,终于在激烈的竞争中成功引进了富士康项目。(2)针对富士康协理厂商积极开展产业配套招商。截至年底,已有10多家协理厂商在洽谈入区。(3)围绕浙商产业园、台湾工业园,积极开展定向招商，完成了台湾科技园、贰仟家汽车物流、中原国际医药物流、北海冷链物流等项目的入驻或签约。(4)围绕机场做大做强的目标，加快建设航空物流园，积极引进航空物流项目，成功引进了UPS、俄罗斯空桥、顺丰速递等大型物流企业。

【项目建设】 (1)富士康项目快速推进。从2010年9月16日富士康项目动土奠基仪式开始，航空港区坚持“五加二”、“白加黑”工作机制，用了仅仅3—4个月的时间，创造出富士康项目建设的“郑州速度”。截至年底，生产区一期约70万平方米厂房主体基本竣工，部分厂房已经投产或正在安装生产线；130万平方米的二期厂房和中央厨房建设已全面展开；74万平方米的豫康新城，计划到2011年3月底局部满足住宿需求；10万平方米的锦绣枣园小区，可安置富士康蓝领员工约16000人。(2)综合保税区建设顺利推进。郑州新郑综合保税区为中部地区唯一的综合保税区，10月24日获国务院批准设立，从申报到获批仅用3个月的时间。保税区内基础设施建设正在有序推进，监管查验设施、综合信息平台、报关大厅、围网工程等设施建设进展顺利，巡逻通道已基本完工，正在按照省政府2011年3月底前满足封关验收的要求加快准备。(3)机场配套项目进展顺利。总后空投基地项目已完成主体工程，机场除冰坪项目已投入使用。站坪联络道扩建、航站楼中转流程改造、航空物流信息平台等项目正在按照时间节点顺利推进。总投资146亿元的机场二期扩建项目预可研评审已完毕。(4)产业项目建设进一步提速。全年共新开、续建和竣工项目67个，年度计划投资56.5亿元，实际完成59.6亿元，同比增长104%。(5)为提高港区基础设施和公用设施的配套能力，特别是为了保障富士康项目的顺利施工，2010年下半年以来，港区的道路、水、电、气、暖、污雨水等基础配套工程都在快速推进。其中，四港联动大道(港区段)已基本建成，振兴路和郑韩路已完成升级改造，日处理规模2.5万吨的港区第一污水处理厂已投入使用，北区110KV康贵变电站计划于2011年1月底建成。

【完善管理体制】 (1)理顺财政管理体制。通过深化财政改革，大力争取上级财政支持，航空港区成功设立了一级国库，实现了全区税收移交和财税体制转换。(2)理顺行政执法体制。与市编办、市法制办、新区组织人事部门和市直相关业务部门对接，完成了与建设、规划、城市管理、环保、工商、园林等市直单位的执法授权委托工作。(3)第二批代管村移交工作顺利完成。经多方协商、多次争取，已接收500多名第二批代管村人员，对移交人员的工资已经核准完毕；第一批代管村移交人员的工资补发工作已完成。(4)理顺统计体制。成立专门的统计机构，计划从2011年1月开始，将原来实行的双轨制报送转变为全面的在地统计。

【民生工程】 (1)进一步提高教育、卫生等社会事业的管理服务水平。航空港区成功引进郑州一中分校、第一人民医院、港区实验幼儿园，通过改进管理服务能力，进一步提高了港区教育和医疗水平。(2)做好就业及培训工作。2010年，港区共实现农村剩余劳动力转移就业1035人，提供就业岗位425个。为富士康招聘和输送员工3批，共336人。(3)落实养老保险政策。认真落实城乡居民基本养老保险各项政策要求，全年实现参保缴费11007人，超额完成目标任务。(4)做好安置小区建设工作。为满足富士康员工和寺东高村村民的入住需求，第一安置小区锦绣枣园计划于2011年1月中旬完工。

【城市管理】 (1)为迎接国家卫生城市复审，认真开展环境卫生专项整治，对沿街楼体统一更换门窗和门头标牌，并对墙体进行粉刷。对“五小单位”门店进行7个月的集中整治，有效改善了购物、食宿卫生环境，港区获市“五小单位”综合整治工作优秀组织奖。(2)大力整治违法广告。邀请郑州市相关单位与航空港区行政执法局、市政管理局等单位联合执法，对高速公路两侧和区内户外广告进行集中整治，拆除了违法广告。(3)加大村容村貌整治工作力度，改善村民居住环境。将南街村、枣岗村、姬庄村等行政村作为试点村进行整治，截至年底，南街村道路改造已全部结束。

【组织建设】 (1)坚持党委中心组学习制度，进一步发挥党委中心组在建设学习型党组织中的示范带动作用。(2)积极组织跨越式发展讲坛，以“现代公务礼仪”讲座为起点，全年共组织9期内容丰富的专题讲座，营造了浓厚的学习氛围，干部职工整体素质不断提高。(3)积极开展建设学习型机关活动。举行了全体干部职工参加的业务知识考试，组织各单位捐赠图书，并购买发放创文明单位学习书籍4000余册。

(李瑞霞)

第二十七篇　县(市)区概况

巩义市

【概况】 2010年,巩义市总面积1041平方公里。辖15个镇、5个街道办事处、2个园区管委会,33个居民委员会,292个村民委员会。全市总人口808239人。人口出生率为9.64‰,死亡率为5.60‰,自然增长率为4.04‰。

2010年,巩义市生产总值完成413.1亿元,比上年增长13.7%。其中,第一产业增加值完成6.9亿元,增长3.1%;第二产业增加值完成314.3亿元,增长14.5%;第三产业增加值完成91.9亿元,增长10.2%。三次产业结构为1.7∶76.1∶22.2。全年地方一般预算收入18.1亿元,比上年增长14.1%。一般预算支出27.5亿元,比上年增长12.9%;一般公共服务费用支出2.7亿元,比上年增长12.4%;社会保障和就业支出2.1亿元,比上年下降8.3%;医疗卫生费用支出1.9亿元,比上年增长68.3%;教育费用支出4.9亿元,比上年增长17.5%;城乡社区事务费用支出2.4亿元,比上年下降1.6%。年末金融机构各项存款余额204.6亿元,比年初增加28.9亿元,增长11.6%;各项贷款余额121.6亿元,比年初增加30.7亿元,增长33.8%。城乡居民储蓄存款余额133亿元,比年初增加13.3亿元,增长11.1%。

全市建筑业完成增加值13.7亿元,比上年增长3.8%。全市资质建筑企业施工面积179.2万平方米,比上年增加54.2万平方米。完成房屋竣工面积54.2万平方米;实现营业利润4561.6万元。

2010年,全社会固定资产投资完成254.3亿元,比上年增长17.8%。城镇完成投资214.5亿元,比上年增长16.3%。其中,第一产业投资占0.1%,第二产业投资占73%,第三产业投资占26.9%。农村固定资产投资完成39.8亿元,比上年增长26.2%。

深入开展项目建设年活动,全市在建超亿元项目达到73个,完成投资106.5亿元。其中,工业项目48个,完成投资86.2亿元。投资6.3亿元的豫联集团再生铝合金锭项目,投资4.5亿元的恒星科技钢帘线扩建项目等建成投产;总投资45亿元的豫联集团30万吨高性能铝合金特种铝材项目,总投资15亿元的万达铝业铝深加工项目等进展顺利。

全年社会消费品零售总额完成123.7亿元,比上年增长17.9%。分地区看:城镇零售额114.1亿元,增长18.1%;乡村零售额9.6亿元,增长15.8%。分行业看:批发零售贸易业零售额100.2亿元,增长16.9%;住宿和餐饮业零售额23.4亿元,增长22.5%。

深入开展大招商活动,狠抓产业集聚区招商、战略重组招商、服务业招商、以商招商等,取得良好成效。全市引进内资65.2亿元,实际利用外资完成1.04亿美元。全年出口总值2.1亿美元,比上年增长156.8%。巩义市被评为中原最具投资价值县(市)和郑州市对外开放工作先进单位。

【机构与领导】 中共巩义市市委:书记李公乐;副书记张春阳、李国强;市委常委:李公乐、张春阳、李国强、乔耸、杨彦峰、赵惠玲、武拥军、冯献峰、朱军、周国堂、杨朝阳、卢书选、李明桢(1月免)、谈得胜(1月任)。

市委工作部门:市委办公室主任武拥军;组织部长冯献峰;宣传部长朱军;统战部长卢书选(1月免)、谈得胜(1月任);政法委书记李明桢(1月免)、卢书选(1月任);市直工委书记袁现桃;群工部长孙现升;党史办主任刘翠霞;老干部局长徐彦龙;新闻宣传中心主任袁玉通(4月免)、范谡进(4月任);党校常务副校长田本学;档案局长李县令;目标考评办主任崔炳伟(4月免)、吴建禄(4月任)。

市四届人大常委会:主任刘公林(1月免)、李明桢(1月任);副主任王香典、吴松福、薄长水、申新中、王根宪(1月免)、韩石头(1月免)、闫红涛(1月任)、范志武(1月任)。

市人大常委会工作部门:市人大办公室主任张东杰;选工委主任吴喜玲(女);财经工委主任(空缺);法工委主任曲富卷;教科文卫工委主任刘俊山;农工委主任孙炳栓(4月免)、张文超(4月任);来信来访办主任刘文勇。

市人民政府:市长张春阳;副市长乔耸、杨彦峰、杨朝阳、梁险峰、李刚、贺传伟、肖荣军、李凤芝、彭长星(1月任)、袁斌(1月任)、谈得胜(1月免)、武志亮(1月免)、卢书选(7月免)。

市政府工作部门:市政府办公室

主任王向阳；发改委主任崔志强；统计局长崔炳伟(4月免)、周占龙(4月任)；人力资源和社保局长钟西军；财政局长王政；审计局长张全忠；国税局长曹永桢；地税局长陈伟强(3月免)、李明珠(3月任)；工商局长赵现钊(11月免)、张红旗(11月任)；质监局长李海陆(8月免)、祖世泉(8月任)；监察局长郑占国；审批中心主任刘秦峰；农委主任祖振坤；林业局长张清海；水务局长张世欣；烟草局长曹占岭；气象局长王稼民；住建局长韩建鹏；国土资源局长马振杰；执法局长张丰海；交通局长乔万章；环保局长马学红；电业局长张建波；园林绿化中心主任王元茂；教体局长常成军；人口计生委主任李钦周；卫生局长韩石曾；药监局长周国生；史志办主任郅笃威；爱卫办主任梁广旭；科工信委主任王向党；城集联社主任杨武宪；安监局长白利亚；煤炭局长崔俊理；文广电新闻局长逯熙鹏；商务局长王保康；供销社主任魏建中；盐业局长张鹏飞；文物旅游局长赵新海；公安局长武志亮(1月免)、刘耀增(1月任)；司法局长张文超(4月免)、贾孟杰(4月任)；民政局长张亚晓；信访局长孙现升；机关事务局长崔国强；邮政局长孙贵松(8月免)、梅建宏(8月任)。

政协市四届委员会：主席魏新潮(1月免)、王双圈(1月任)；副主席王志恩、徐鸿钊、焦天伟、冯元光、王红生、焦振福。

市政协工作部门：市政协办公室主任李继锋；经济科技委主任任幸福；提案委主任王同欣(4月任)；社会法制委主任(空缺)；文教卫生委主任冯德宏(4月免)、张相中(4月任)；文史委主任曲复振。

中共市纪律检查委员会书记：赵惠玲(女)。

市人民武装部部长：杨旗；政委：周国堂。

市人民法院院长：周建峡(1月免)、王季(1月任)。

市人民检察院检察长：耿红(女)。

市群团工作部门：工会主席孙国世；妇联主席张文红(女)；团市委书记焦成举；科协主席杨秀芬(女)；文联主席王建设；工商联党组书记王少辉；残联理事长孙占国。

街道办事处、镇、管委会机关：新华街道办事处党工委书记李立新，主任马海山；孝义街道办事处党工委书记焦平安，主任王震平；永安街道办事处党工委书记马录克，主任许学辉；杜甫街道办事处书记韩利敏，主任庞国栋；紫荆街道办事处书记魏文红，主任贾国庆；米河镇书记闫红涛(4月免)、陈晓辉(4月任)，镇长陈晓辉；新中镇书记张庆福，镇长景秀香(女)；小关镇书记李太平，镇长袁海昌；竹林镇书记赵明恩，镇长李书转(女)；大峪沟镇书记刘冠勋，镇长柴春晓(女)；河洛镇书记赵现才，镇长逯雨林；站街镇书记王继锋，镇长闫龙涛；康店镇书记赵寿涛，镇长王延涛；北山口镇书记王元洪，镇长陈冠彬；西村镇书记肖现军，镇长席新渠；芝田镇书记范钦伟，镇长王耀伟；回郭镇书记张会录，镇长庞冠峰；鲁庄镇书记姜占元，镇长王乾玺；夹津口镇书记李易(女)，镇长王国锋；涉村镇书记雷俊卿，镇长杨红伟；豫联工业园区管委会主任兼党委书记牛自力。

【农业与农村经济】 2010年，全市农业增加值完成6.9亿元，比上年增长3.1%。全年粮食总产量15.7万吨，比上年增长0.83%。其中，夏粮产量7.9万吨，比上年增长1%；秋粮产量7.8万吨，比上年增长0.65%。油料、蔬菜等经济作物生产进一步发展。水果产量24416吨，比上年增长11%。蔬菜总产量46183吨，比上年增长9.3%。油料产量4959吨，比上年增长4.4%。棉花产量461吨，比上年下降29.3%。

认真落实强农惠农政策，大力推进农业产业化经营，全市农业龙头企业发展到76家。其中，郑州市级农业龙头企业12家，省级农业龙头企业2家。新申报认定省级示范合作社3个、郑州市级6个；新发展农民专业合作组织15个，农民专业合作社达到100个。

全年成片造林面积2390.6公顷，比上年下降31%；成林抚育面积6598公顷，比上年下降10.6%；幼林抚育作业面积8592公顷/次；当年新育苗面积145.8公顷，四旁植树101万株。

全年肉类产量23105吨，比上年增长2%。其中，猪牛羊肉产量19794吨，比上年增长4%。禽蛋产量9359吨，比上年增长2%。奶类总产量5019吨，比上年增长0.9%。水产品产量980吨，比上年下降15.4%。

年末全市农业机械总动力55.4万千瓦，比上年增长2.8%。农用拖拉机达到15222台，比上年增长2.2%；农用运输车达到5467辆，与上年持平。全年农村用电量132569万千瓦小时，比上年增长5%。

【工业经济】 2010年，全市完成工业增加值300.6亿元，比上年增长15.8%。规模以上工业企业完成工业增加值258.9亿元，比上年增长17.8%。其中，轻工业完成12.8亿元，比上年增长13%；重工业完成246.1亿元，比上年增长18.1%。分行业看，非金属矿物制品业完成111.3亿元，比上年增长16.2%；有色金属冶炼及压延加工业完成51.5亿元，比上年增长8.5%；金属制品业完成9.2亿元，比上年增长37.7%；专用设备制造业完成12.8亿元，比上年增长35.9%；电气机械及器材制造业完成12.9亿元，比上年增长13.8%。

全市规模以上工业企业实现产品销售收入986.9亿元，比上年增长34.2%；实现利税总额120.7亿元，比上年增长34.5%。工业产品产销率达96.8%。全市规模工业企业应收账款净额37亿元，比上年增长16.1%。受各种因素影响，亏损企业9家，亏损面为2.3%，亏损企业亏损额1.9亿元,比上年下降12.9%。

【第三产业】 交通运输业:2010年运输旅客9662万人,比上年增长5.9%;运输货物8086万吨,比上年增长9.4%。全年共完成旅客周转量476708万人公里,比上年增长15.4%;完成货物周转量590198万吨公里,比上年增长24.5%。邮电通信业:全年共完成邮电业务总量168721万元(按2000年可比价计算),比上年增长9.4%。其中,邮政业务总量6513万元,比上年增长21.1%;电信业务总量162209万元,比上年增长9%;本地电话用户期末数144523户,比上年下降4%;移动电话用户达到58.13万户,比上年增长21%;互联网用户达到80846户,比上年增长3.8%。全市电话普及率为89.1部/百人(按2009年人口数据计算)。旅游业:全市共有旅游景点11个,风景名胜区1个,全年景区景点共接待游客233.7万人次,比上年增长30%;旅游收入1.79亿元,比上年增长30%。继续推进旅游发展新三年行动计划,总投资9.5亿元的11项旅游重点工程进展顺利。杜甫故里主体工程、青龙山慈云寺祖林主体工程、长寿山景区游客接待中心相继完工,投资3500万元的南部山区旅游通道启动建设。

【科学技术】 科技事业进一步发展。2010年末,全市国有企事业单位共有各类专业技术人员23535人,全年科学技术费用支出4509万元,比上年增长15.2%。全市科技人员积极开展科技活动,2010年取得郑州市科技进步二等奖1项。全年共实施科技攻关计划项目33项。其中,国家级4项,省级7项,郑州市级22项。2010年末,有国家级高新技术企业7家。2010年,申请专利技术292项。其中,发明专利56项,实用新型专利162项,外观设计专利74项。综合技术服务进一步改善。2010年底,全市技术监督系统共有103人,质量检验机构1个,计量监测机构1个,全年共监督抽查各类产品842批次。

【社会事业】 2010年,投资1.2亿元的二中东校区顺利招生。总投资7280万元的中小学校舍安全工程扎实推进,已完成投资5800多万元,竣工项目103个。教育教学质量进一步提高,2010年全市普通高招本科上线人数达到2551人,被重点大学录取381人。2010年,全市共有高中(含职专)16所,在校学生22324人;初中38所,在校学生24697人;小学校95所,在校学生49779人;幼儿园在园幼儿21146人。全市教职工人数达到10163人,其中专任教师9157人。小学和初中入学率均达100%。职业技能培训发展迅速,全市共有25个镇(办)农村劳动力实用技术培训基地,19个农村劳动力定点培训机构,2010年有51797人参加了农村劳动力实用技术培训。

2010年,巩义市继续实施达标文化站、文化大院创建工程,全市达标文化站达到12个,达标文化大院达到250个。2010年末,全市共有艺术表演团体1个,博物馆1个,文化馆1个,公共图书馆1个。共有广播电台1座,电视台1座,有线电视台1座,有线电视用户达到8万户。群众文艺活动更加活跃,全年共举办广场文艺活动154场次,观众达30万人次。在中央文明办主办的"我推荐、我评议身边好人"活动中,巩义市站街镇巴沟村原党支部书记张可山入选"中国好人榜"。

2010年,全市新建成47所标准化村卫生所,建立规范化健康档案57万多人。全年改造镇卫生院3所,新建达标化村卫生室48个。2010年末,全市共有卫生机构121个(包含社区服务站及诊所)。其中,医院、卫生院26个,卫生防疫机构1个,妇幼保健机构1个。卫生机构有床位数2117张,卫生技术人员2879人。2010年,全市共组织群体性竞赛活动14次,其中大型比赛3次。全民健身活动蓬勃开展,学校体育更加活跃,有86%以上的在校学生达到了国家体质健康标准。

【城市建设】 2010年,巩义市中心城区建设全面加快。以完善城市功能、优化人居环境为重点,加速推进东区建设和老城改造,不断加大基础设施和配套设施建设力度。投资2亿元的市民文化艺术中心暨图书馆工程,投资1亿元的东区集中供热工程建成投入使用;东区绿化、惠民北路、瑞阶路、和平路中段等工程全面竣工;河大大厦、东部供水一期等工程进展顺利。顺利创成国家园林城市和省级文明城市。

2010年末,全市环保系统共有工作人员280人,环境监测站1个,监理站1个,危险废弃物和辐射管理中心1个,污水处理厂1个。环保法制建设得到加强,执法力度继续加大,全市共完成限期治理污染企业58家,至2010年有952家企业实现达标排放。全市建成烟控区1个,面积19.3平方公里,噪声达标区15.7平方公里。

【人民生活】 2010年,全市城镇居民人均可支配收入15893元,比上年增长10.3%;人均消费支出9193元,比上年增长10.3%;城镇居民恩格尔系数达到31%。全市农村居民人均纯收入9514元,比上年增长12.2%;人均生活消费支出5131元,比上年增长10.3%;农村居民恩格尔系数达到33.4%。

居住条件有所改善。2010年,城镇居民人均住房建筑面积36.4平方米,比上年增加1.28平方米。农村居民人均住房使用面积43.98平方米,比上年增加1.98平方米。

【社会保障】 2010年,巩义市社会保障体系不断完善。企业职工基本养老保险、医疗保险、失业保险和工伤保险深入推进。城镇居民基本医疗保险和城乡居民基本养老保险覆盖面不断扩大。全市城乡居民基本养老保险总人数达到149585人,企业职工参保达到52042人,机关事业单位参保达到18599人;离退休人员社会统筹人数中,企业离退休达到13306人,机关事业单位达到5586人;全市失业保险人数中,企业单位达到39185人,机关事业单位达到16613人。职工医疗保险人数达到51550人;城镇居民基本医疗保险制度全面启动,参保人数达到43583人,参保率达到71.8%;新型农村合作医疗制度深入推进,门诊补偿比例和住院补偿比例继续提高,全年补偿金额8046万元,农民参合率达到95%,比上年提高2.5个百分点。

2010年,全市共有福利院20个,床位970张,收养人数达到585人。全市各种救济对象得到国家救济2.4万人次。全市进入城镇低保达到1824户,总计4359人;农村低保达到10061户,总计23939人。

全市全年共实现保费收入38016万元,比上年增长76.3%。其中,人身保险费收入17376万元,比上年增长1.4%;财产保险费收入20640万元,比上年增长3.7倍。人身保险赔款金额728万元,比上年下降87%;财产保险赔款金额4686万元,比上年增长99%。

【巩义黄河湿地鸟类丰富】 2010年12月15日,郑州市黄河湿地中心主任王恒瑞带队到巩义市开展湿地鸟类资源调查。此次调查监测到国家一级保护鸟类大鸨两群,共计94只。世界现存大鸨总数29700只左右,我国仅有1800至2700只。此次还监测到其他保护鸟类18种,其中种群比较大的有豆雁、赤麻鸭、苍鹭、白鹭、鸬鹚等野生鸟类。开展湿地鸟类调查的目的在于了解巩义市黄河湿地保护区湿地鸟类的种类、数量、分布,以便于监测鸟类群落的动态变化,建立保护区鸟类资源档案,为申报国家级保护区提供科学依据。

【"开山书记"成为全国劳动模范】 为解决全村群众吃水问题,巩义市新中镇杨树沟村党支部书记张金保带领广大干群历尽千辛万苦,发扬愚公移山精神,从2001年11月开始,历时22个月,打通了712米长的引水隧洞,引来了响泉河水,并进行配套工程建设,彻底改变了杨树沟村吃水难的历史。该工程也创造了不用测绘仪器,不请专家设计,不绘施工图纸,不用专业人员施工和工程零死亡等多项奇迹。张金保由此被誉为"开山书记"。2010年"五一"前夕,张金保被评为全国劳动模范。

(曲玉霞 魏小艳)

新密市

【概况】 2010年,新密市总面积1001平方公里,其中耕地面积46829.46公顷。辖13个乡镇、4个街道办事处、1个风景区管委会,303个行政村、46个居委会。总人口792360人。人口出生率为10.63‰,死亡率为4.43‰,自然增长率为6.2‰。

2010年,全市完成生产总值391.5亿元,比上年增长12.4%。其中,第一产业增加值12.9亿元,比上年增长3.2%;第二产业增加值286.6亿元,比上年增长13.0%;第三产业增加值92亿元,比上年增长11.0%。规模工业增加值累计完成230亿元,同比增长14.9%。规模工业产品销售收入累计完成686.1亿元,同比增长17.5%。财政总收入完成29.8亿元,同比增长17.8%。地方财政一般预算收入完成15.1亿元,同比增长17.8%。税收收入完成26亿元,同比增长21.6%。全社会固定资产投资完成261.2亿元,同比增长16.2%。城镇固定资产投资累计完成214.6亿元,同比增长17.5%。社会消费品零售总额累计完成113.4亿元,同比增长18.4%。金融机构存款余额204.9亿元,比上年增长6.4%。金融机构贷款余额77.8亿元,比上年增长43.8%。城乡居民储蓄存款余额168.5亿元,比上年增长3.8%。城镇居民人均可支配收入15890元,同比增长10.3%。农民人均纯收入9003元,同比增长13.7%。直接出口总值55362万美元,同比增长4.7%。实际利用外资8890万美元,同比增长21.1%。

2010年,新密市严格落实耕地保护制度,保证全市耕地保有量在4.75万公顷上动态稳定,基本农田在4.03万公顷以上,实现了基本农田数量不减少、质量不降低。

【机构与领导】 中共新密市市委:书记王铁良;副书记谢霜云、蒿铁群;市委常委:王铁良、谢霜云、蒿铁群、薛晓军、朱河顺、刘超峰、李金勇、付建峰、王微(1月免)、刘月楼(女)、袁加军、张红伟、桑萌莉(女)、连书平(1月任)。

市委工作部门:市委办公室主任李金勇;组织部长张红伟;宣传部长付建峰;政法委书记薛晓军(1月免)、连书平(1月任);统战部长刘月楼;市委群工部长苏莹玺(1月免)、王建峰(1月任);史志办主任王西林;外宣办主任李绍光;保密局长赵清江;党校常务副校长段连成(4月免)、王宗福(4月任);老干部局长杨彦秋;档案局长周建军;机要局长李三妹(女)。

市三届人大常委会:主任朱永森(1月免)、王玉枝(1月任);副主任程新建、张玉娇(女)、梁建忠、曹智富、许东凡、郭占鳌(1月任)、秦耀堂(1月任)。

市人大常委会工作部门:市人大办公室主任陈国敏;代表工委主任秦红霞(女);法工委主任范超峰;教工委主任侯丽君(女);农工委主任刘群岭;财工委主任马爱荣(女);城工委主任周晓丹。

市人民政府:市长谢霜云;副市长王微(1月免)、朱河顺(1月任)、王明安、赵高翔、徐操志、桑萌莉(女)、郭占鳌(1月免)、苏莹玺(1月任,4月免)、姚志伟。

市政府工作部门:市政府办公室主任闫长松;发改委主任岳玲(女,6月免)、王钊铭(6月任);科技和工信局长陈贺平;爱卫创建办主任杨兴顺;接待办主任梁宏彬(8月免)、寇海荣(女,8月任);工农办主任杨书军;机关事务局长张志强(8月免)、梁宏彬(8月任);文广电旅游局长张银灿;农委主任李毅敏(4月任);行政服务中心主任王建华;教体局长李霞(女);公安局长张元明;民族宗教局长郭福珍(女);民政局长冯伟东;司法局长裴矿成;财政局长刘发来;人力资源和社保局长苏建忠;社会保险局长王建彬;国土资源局长邓振举(5月免)、张志强(5月任);煤炭局长杨春杰(3月免)、杨建敏(3月任);安监局长王瑞林(3月免)、刘进宝(3月任);建管局长丁国仁;房管局长王树森;园林局长张海俊;规划局长宋卫敏;拆迁办主任李天星;交通局长尚建华;环保局长徐桂林;林业局长魏映洋;水利局长徐绍敏;畜牧局长赵天龙;气象局长闫立荣(2月免)、郭世民(2月任);卫生局长魏金山;审计局长刘建军;人口和计生委主任冯嵩懿;统计局长田建勋;行政执法局长刘金法(6月免)、谷宝山(6月任);商务局长张超峰;盐业局长张春旺;物价局长刘海法;农机局长郑路明;粮食局长吴欣甫;质监局长丁福星;食品药监局长申新生;供销社主任张建军;烟草专卖局(分公司)局长(经理)刘志伟;国税局长李宏德;地税局长刘志松;工商局长付智敏;电业局长吴建民(3月免)、李新有(3月任);联通公司总经理程超峰;邮政局长刘剑锋。

政协市三届委员会:主席卢国旗;副主席杨元朝、王敬梅(女)、刘春喜、刘保立、高永森、岳慧玲(女,6月任)。

市政协工作部门:市政协办公室主任赵明晓;提案委主任王浩洲;社会法制委主任吴俊武;教科文卫委主任孟晓红(女);经济委主任郭俊涛;学习文史委主任于祥萍;农村委主任樊建松。

中共市纪律检查委员会书记:朱河顺(1月免)、薛晓军(1月任)。

市人民武装部部长:王彦国(4月免)、吴明勇(4月任);政委:袁加军。

市人民法院院长:杨相峰。

市人民检察院检察长:司长宪(2月免)、王青(2月任)。

市群团工作部门:总工会主席申惠萍(女);团市委书记张丽祥(女);妇联主席张艳艳(女);科协主席刘广军;工商联主席陈中建;文联主席张延祥(6月免)、王镜宾(6月任);残联理事长许天祥。

乡镇、街道办事处、管委会机关:袁庄乡书记郑二卿,乡长刘振敏;米村镇书记虎伟东、镇长陈俊强;牛店镇书记崔皓哲(4月免)、王旭康(8月任),镇长樊瑞辉(3月免)、裴晨翔(8月任);平陌镇书记马卫东,镇长袁金伟(1月免)、李晓峰(1月任);超化镇书记王建锋(1月免)、屈国强(1月任),镇长屈国强(1月免)、袁金伟(1月任);大隗镇书记周建凯,镇长朱丽华(女);苟堂镇书记李宏伟,镇长李雅(女);刘寨镇书记申宏恩,镇长陈钊利;曲梁乡书记尤国军,乡长刘军;白寨镇书记尚学振,镇长陈志刚;岳村镇书记杜怀峰,镇长杨志强;来集镇书记桑洪涛,镇长陈晓伟;城关镇书记祖君(女),镇长冯玉玺;西大街办事处党工委书记魏建朝,主任刘彦伟;青屏办事处党工委书记任莉(女),主任牛新灿;新华路办事处党工委书记卢长水,主任李春阳;矿区办事处党工委书记孙宏伟(女),主任李鹏;尖山风景区管委书记尚文法,主任裴晨翔(8月免)、李忠敏(8月任)。

【工业经济】 2010年,新密市出台重点项目建设周例会、联审联批等7项服务制度,加快推进重点项目建设。全市确定的105个重点建设项目,完成投资66.9亿元,有83个项目建成投产或完成年度投资计划。裕中电厂二期扩建工程正式通过国家发改委核准,至年底已完成投资30亿元;港华燃气作为香港中华煤气在河南投资的首个项目已完成投资1.6亿元,至年底供气企业达30家;县衙修复中轴线主体工程即将完工;中原环保城市供热、真型输变电试验基地等项目进展顺利。深入开展大招商活动,全年合同利用外资9322万美元,实际利用外资8890万美元,引进郑州市外境内资金60.9亿元,争取国债及政府专项资金1.6亿元。支持产业集聚发展,西区生物环保科技产业园、曲梁产业集聚区基础设施建设投入加大,企业入驻条件不断完善。煤炭企业兼并重组扎实推进,至年底已有60家煤矿换发了营业执照,54家完成采矿许可证变更,43家煤矿主体责任已移交郑煤集团,6家已批准复产,40家开始进行隐患整改。狠抓节能减排,关闭取缔污染严重的企业73家。进一步理顺城市生活污水处理厂和造纸群工业污水处理厂运营管理体制,7个乡镇污水处理厂正在建设,大隗镇五里堡铬渣无害化处置工作全面启动。“十一五”节能减排目标圆满完成。

【农业与农村经济】 2010年,全市粮食总产量20.8万吨,比上年增长0.8%。其中,夏粮产量10.1万吨,比上年增长0.9%;秋粮产量10.7万吨,比上年增长0.6%。油料产量1.03万吨,比上年增长7.6%。蔬菜产量20.5吨,比上年增长4.3%。肉类总产量1.9万吨,比上年增长4.4%。禽蛋产量2.5万吨,比上年增长2.2%。牛奶产量2.3万吨,比上年增长4.7%。

2010年,新密市按照“突出特色、发展优势、培育龙头、强化带动”的工作思路,以农业产业化经营为突破口,大力发展现代农业。(1)大力发展设施农业,建成日光温室166座、蔬菜标准园2个、蔬菜集约化育苗示范区(点)2个,进一步优化了种植结构,促进了农民增收。(2)加快建设示范园区。加快推进郑州群乐现代农业示范园区、郑州市裕康现代农业示范园区建设,至2010年底,已发展农业示范园区12个。白寨镇油坊庄村种植密香杏166.67公顷,成为新密市“一村一品”示范村。全年新建规模养殖场138个、各类养殖小区22个、专业养殖村10个,畜牧业发展呈现良好势头。(3)积极推进农村土地流转和规模经营。至2010年底,土地流转总面积达到3933.33公顷,涉及11个乡镇62个行政村1.5万个农户。其中,规模经营面积3466.67公顷。(4)扶持壮大涉农龙头企业。2010年,扶持发展年销售收入超过500万元的龙头企业3家,新发展农产品出口创汇企业1家,农产品出口创汇基地面积达到6.67公顷,实现农产品出口创汇74.968万美元。至年底,全市已扶持发展郑州市级以上农业产业化经营重点龙头企业19家,全市加工型龙头企业销售收入达到3.1亿元,进一步增强了产品市场竞争力和龙头带动能力。通过农业园区建设、设施农业发展和龙头企业带动,推进了优势农产品区域布局,提升了现代农业产业升级和效益。

至年底,全市新发展农民专业合作社44家,新增成员264个。全市合作社达到151家,吸纳成员4584个,辐射带动农户31880户。新培育郑州市级示范合作社6家、省级示范合作社2家。争取郑州市合作社财政资金补助项目5个,到位资金40万元;争取郑州市新建合作社资金补助项目23个,到位资金11.5万元。

【城区基础设施建设】 2010年,新密市城区基础设施建设持续推进。市政道路建设改造工程方面:新修了溱水路东段路桥、水上乐园路网、曲梁产业集聚区路网等6条道路。对府东一府后街、新惠街、青屏大街等3条道路进行升级改造。完成了密新路北段、青屏街西段、友爱路续建工程。累计新增道路5132米,改造道路1222米,完成投资7000余万元。

城市道路维修管理工程方面:对城区65公里的主次干道进行全面普查,投资490余万元,修补市区主车道及人行道花砖6.5万平方米,清理下水道淤泥2830立方米。

城市集中供热工程方面:由中原环保股份有限公司计划投资2.976亿元建设的城市集中供热工程,主要包括热源厂、热力管网及其服务系统,供热范围为密州大道以西、嵩山大道以北、屏阳路以南、荥密路以东区域。一期建设供热面积约330万平方米,远期总规模将达到500万平方米。热源厂厂址位于金凤路与嵩山大道交叉口西南角,总占地6.27公顷,建设用地5.74公顷。该工程于7月7日开工,已铺设管道9000余米,完成投资约1.6亿元。

供气工程方面:全年投资1802万元,铺设城区天然气管网32.4公里,安装用户2000余户。至年底,共投入资金7812万元,铺设中低压供气管网91.99公里,覆盖城区20平方公里,用户达1.9万户,其中商业用户50余户。

城市生活垃圾处理方面:采用垃圾渗滤液处理设备,日处理渗滤液28吨,全年共处理城乡生活垃圾8.5万吨。

城区环卫设施建设工程方面:根据市政府2010年度环卫工程建设计划安排,由市财政直接投资建设6座公厕、2座垃圾中转站;采取市场化运作方式建设5座公厕、4座垃圾中转站。截止12月底,改造城区二类公厕15座,投资600余万元;新建公厕、垃圾中转站9座。

【城市西区开发建设】 2010年2月,新密市城市西区控制性详细规划通过专家评审。截至7月底,金凤路、祥和街社区拆迁工作完成,涉及拆迁居民410户、1728人,拆除房屋建筑面积188046.27平方米;制订完成了产业集聚区内马鞍河3个居民组拆迁安置方案,涉及拆迁居民(商户)409户,待拆迁面积128598.52平方米;完成了郑州农机检测中心项目涉及米村镇慎窑村地面附属物清理工作;完成了森林公园边界划分、附属物普查及前期筹备工作。未来路安置小区共建安置房面积10.3万平方米,安置人口1450人;祥和街安置小区共建安置房面积2.5万平方米,安置人口478人。

2010年,新密市城市建设部门先后完成了青屏大街西段、荥密路、洧水路、友爱路等主干道工程建设任务;报恩街、金凤路等7条道路工程施工图设计已完成。西区内供水主管网已铺设到位;投资2.9亿元的中原环保城市供热项目城区主干道管网铺设任务已经完成,年底实现了向首批具备条件的用户、企业集中供热;影响西区开发建设的郑煤集团3.5万伏高压走廊改线工程已初步完成规划设计。

2010年,进驻西区的各类项目顺利实施。其中,投资1.5亿元的新密市第二高级中学已经竣工并投入使用;河南亚乐苦参碱项目总投资2.5亿元,分三期5年建成,一期工程已于8月中旬建成并点火投产;河南华昌高新技术有限公司技改投资4000万元,已完成并投入生产;投资2.9亿元的中原环保城市供热项目进展顺利,厂区锅炉、办公楼建设加速推进,已向首批具备条件的用户集中供热;郑州建文特材高性能混凝土膨胀剂项目总投资1亿元,已投资2700万元,完成基建工程的70%,已建成原料储存罐11个;总投资1500万元的残疾人康复中心工程于9月完成奠基,年底已完成主体工程建设;总投资1.3亿元的中医院迁建项目于9月开工建设;投资3.5亿元的中强国际御金湾一期工程8栋住宅楼共计5万平方米已全部竣工,二期工程8栋住宅楼正在施工;投资3亿元的河南嘉园金域华府、投资7亿元的金域蓝湾、投资3亿元的荣域福湾等地产项目,以及投资1.5亿元的祥和街安置区建设项目、投资1.2亿元的金凤路安置区建设项目,按照已定工作目标正在有序推进;总投资8000万元的河南输变电试验高压工区(基地)项目,主车间钢构已完成;总投资1100万元的郑州市农机检测考试中心工程已开工建设;总投资3亿元的郑州豫密药业股份有限公司扩建工程,已经奠基开工。

【煤炭企业兼并重组】 2010年,根据河南省、郑州市煤炭企业兼并重组领导小组要求及郑州市"三方联动,四方协商"工作机制要求,郑州市、郑煤集团公司同时向新密市派驻了督导组和工作组。新密市政府积极与三方工作组沟通配合,做好与煤矿的协调和对郑煤集团的协商工作。至2010底,全市103家煤矿中,除3家地方主体企业的12家煤矿和政策性关闭1家外,新密市有90家煤矿被列入郑煤集团兼并重组名单。90家煤矿中,申请退出4家,事故关闭退出1家,83家煤矿进行了现场资产评估,对79家煤矿出具了评估报告并完成企业名称预核准,62家换发了营业执照,55家煤矿完成采矿许可证变更,80家煤矿派驻了矿长,68家煤矿派驻了"四职"矿长,总派驻人数352人。完成了省政府下达的兼并重组任务,兼并重组工作走在全省前列。

【新农村建设】 2010年,新密市以产业发展为支撑,以新型农村社区(中心村)建设为重点,全市新农村建设取得了阶段性成效。至年底,全市27个项目村完成投资11.09亿元,占计划投资的100%。其中,郑州市奖补5432万元,市、乡财政投资6455万元,部门投资4022万元,村集体投资1.91亿元,农民投资7.08亿元,社会帮扶5091万元。共建成农民新居6636户,占任务的100%;新修道路120公里,占任务的100%;铺设排水管网21万米,占任务的100%;建造绿地34万平方米,占任务的100%;完成农户"四改"4610户,占任务的100%。全市27个项目村全部通过郑州市检查验收。省委书记卢展工、郑州市委书记连维良调研后给予了充分肯定,郑州电视台、《郑州日报》等媒体进行了专题报道,新密市新农村建设继续在郑州市保持领先地位。

2010年,新密市共承担实施河南省示范中心村建设任务3个。其中,牛店镇张湾村计划建设690户,建设工期两年,2010年建设任务32户;牛店镇高村计划建设680户,建设工期两年,2010年建设任务450户;来集镇郭岗村计划建设200户,建设工期一年。至年底,3个村均已完成年度建设任务,并通过郑州市验收,共争取郑州市新农村建设资金325万元。

【农村环境综合整治】 2010年,新密市按照"洁净、亮绿、通畅、有序、美观"的总体目标要求,坚持"清拆并进,建整并举"的推动原则,全面开展道路、村庄、镇区、集市综合整治工作。在农村环境卫生整洁行动和村容村貌、路容路貌综合整治工作中,全市乡镇、办事处和交通运输局共清理垃圾杂物19633立方米,清理杂草秸秆12220平方米,清理乱堆乱放389处;清理占道经营117处,清理马路市场20处,清理各类小广告44579条;拆除乱搭乱建130处,拆除违章建筑60处;拆除残垣断壁78处,清除杂乱废旧线杆87根;栽植行道树46770棵,涂白树木1242000棵;建造绿化带26处、179460平方米,建造游园50个、约30万平方米;硬化道路665750平方米,维修破损路面45910平方米,铺设路沿石1200米,粉饰和刷新墙体立面528700平方米;整理路肩、边坡90400平方米,漆划道路分道线4000平方米;修建下水道44500米,更换下水道盖板534块,垒砌道路护坡5处、10余万平方米;安装路灯1522盏;全市配备垃圾清运车383台;规范车辆停放1081台次,规范洗、修车行62个;建造垃圾中转站82座,设置垃圾填埋场129个。全市配备环卫工人7400名。其中,镇区配备环卫工人414名,道路配备环卫工人1948名,村组配备环卫工人4938名,其它配备环卫工人100名。投资1.1亿元,整治道路778.5公里。其中,省道98.2公里,市道120.6公里,乡道559.7公里。全市村容村貌、路容路貌、镇区集市卫生环境大为改观,树立了"车行新密无垃圾、条条道路洁净绿、村村户户讲卫生、环境面貌日月新"的新形象。

【民生保障】 2010年,新密市认真办好10件实事,让人民群众得到更多实惠。加大教育投入力度,投资3100多万元,改造中小学校舍3.4万平方米,配备一批多媒体教学设备、图书和消防器材,通过了河南省义务教育均衡发展先进县(市)评估验收;优化高中教育资源配置,新密新二高秋季顺利招生。成功举办新密市第五届运动会。积极发展卫生事业,新建标准化卫生所108所,实现农村标准化卫生所全覆盖;新型农村合作医疗参合率达到98.7%,报销封顶线提高至6万元;完成农村妇女"两癌"检查5.4万人,建立居民健康档案74万份。

完善社会保障体系,全年企事业单位新增参保3501人,缴费总数达到39126人。全年为1.4万名企事业单位离退休人员发放养老金2.62亿元。失业保险参保人数39139人,失业保险费共征缴1767万元。城镇职工基本医疗保险费征缴完成8160万元,参保54500人。城镇居民医疗保险费完成845万元,参保83726人。工伤参保总人数达到34489人,工伤保险费共征缴797万元。生育保险参保23356人,生育保险费共征缴181万元。全年共为488名工伤事故受伤职工支付工伤保险金906万元;为85名生育女工支付生育保险金63万元。不断加快保障性住房建设,新密市首个保障性住房项目美景世家小区正在陆续交付使用。廉租住房保障工作不断扩大保障覆盖面,全年累计发放租赁补贴202万元。截至12月底,全市享受廉租住房租赁补贴的家庭达到1301户,占应完成任务的107.34%,实现了申请家庭应保尽保。

【新密古城(县衙)开发建设】 2010

年，为全面展示清代密县县衙的原有格局，新密市政府对新密古城和县衙修复建设进行了规划设计。在多方听取文物和古建专家意见的基础上，对县衙内的基址进行了认真清理，先后找出六曹房、八班房、寅宾馆、内书房、退思堂等房舍原有基址；发掘出县衙门前的碑座龟趺（赑屃）和碑首，清理出不同时期的碑刻9通；发现了高于地面的甬道及大堂前甬道两侧的舆图基础，找到了水井、暗道。这些发现，对研究衙署文化具有较高的历史文化价值，如从仪门墙北面清理出来的民国十八年的渑阳谷振翔题记，就对大堂月台前和甬道两侧的舆图进行了具体注解。

2010年6月23日，县衙中轴线修复工程开工。6月25日，北京、河南的8位历史、古建和文物保护专家，对密县县衙进行实地考察，并在青屏宾馆召开密县县衙文物保护研讨会，确定了密县县衙的历史价值、修复原则及文物保护等具体问题。在基址清理和专家论证的基础上，依据专家意见，按照清代中晚期的衙署规制、建筑风格和县衙修复总体规划，对县衙进行了修复建设。在修复过程中，从图纸设计、施工招投标、修复建设、监理等多个环节严格把关，确保县衙修复建设的质量和进度。至2010年底，县衙中轴线主要建筑大门、仪门、八班房、六曹房、大仙楼、莲池等主体修复工程完工；卷棚、大堂、二堂、三堂、赞政厅、架阁库等正在维修。钟鼓楼广场至南城门和县衙后花园的施工设计已经完成。

【李家沟遗址入选国家十大考古新发现】　新密市李家沟遗址被国家定为2010年十大考古新发现。北京大学考古文博学院与郑州市文物考古研究院合作发掘郑州市新密李家沟遗址，发现距今10500年至8600年左右连续的史前文化堆积，填补了中原地区旧石器时代晚期文化和新石器时代裴李岗文化之间的缺环与空白。

专家认为，李家沟遗址的发现，从地层堆积、工具组合、栖居形态到生计方式等多角度提供了中原地区旧、新石器时代过渡进程的重要信息。较清楚地揭示了该地区史前居民从流动性较强、以狩猎大型食草类动物为主要对象的旧石器时代，逐渐过渡到具有相对稳定的栖居形态、以植物性食物与狩猎并重的新石器时代的演化历史，展示了该地区这一阶段历史发展的特殊性。

据介绍，这一遗址的史前文化堆积下部出土有细石核与细石叶等典型的细石器遗存，上部则含绳纹及刻划纹等装饰的粗夹砂陶及石磨盘等。旧石器阶段在发现典型细石器文化的同时，也有反映相对稳定栖居形态的大型石制品及人工搬运石块。

细石器的发现显示该遗址早期居民拥有十分精湛的石器加工技术。所用原料多是不见于本地的优质燧石，是远距离采集运输所得。数量较多的大型石制品加工简单，器物形态亦不稳定。除有明确人工打制痕迹的石制品以外，还有数量较多的人工搬运石块。这种情况并不见于时代较早、流动性更强的旧石器遗址，而与稍晚的新石器时代的发现比较接近，应该是过渡阶段新出现的有标志性意义的文化现象。

在早期新石器遗存方面，主要发现是较成熟的制陶技术的突然出现，以及细石器技术的明显变化。在发掘区域的北部仅10平方米的发掘区内，就发现100多片陶片，这一情况说明当时人类就在发掘区原地或附近使用陶器了。

（朱中华）

登封市

【概况】　2010年，登封市总面积1220平方公里，其中耕地面积3.32万公顷。辖5个乡、7个镇、3个街道办事处、1个工业区和1个矿区管委会，298个行政村，20个居民委员会，2532个村民小组。总人口65.52万人，其中农业人口45.16万人。人口出生率为9.55‰，死亡率为5.16‰，自然增长率为4.39‰。

2010年，登封市生产总值完成309.98亿元，比上年增长14.1%；地方财政收入完成20.72亿元，比上年增长16.6%；全社会固定资产投资214亿元，比上年增长16%；社会消费品零售总额87.42亿元，比上年增长18.2%；金融机构各项存款余额163.43亿元，比上年增长12.2%；城镇居民人均可支配收入15365元，比上年增长10.5%；农民人均纯收入8136元，比上年增长14%；万元生产总值能耗比上年下降7%。

【机构与领导】　中共登封市市委：书记王福松；副书记郑福林、杨昆峰；市委常委：王福松、郑福林、杨昆峰、魏诗礼、崔世英、李长义、王效光、裴松宪、邵春雨、饶泽寿、翟晓宾、王书军、赵华敏、白宇宙、李诺民（12月任）。

市委工作部门：市委办公室主任王效光；组织部长李长义；宣传部长崔世英；统战部长王书军；政法委书记白宇宙；群工部长刘爱芳；信访局长崔东飞；机关事务局长郑凤鸣；党校常务副校长郭年凯；市直工委书记杨军辉；老干部局长王玉存；档案局长范涛。

市二届人大常委会：主任董焕德；副主任谢奇、阎新生、范全生、吴万通、曼国永、杨建勋（1月任）、董喜年（1月任）。

市人大常委会工作部门：市人大办公室主任张克彬；财经工委主任孙晓玲；农工委主任尚学阁；人事任免工委主任杨意华；代表联络信访工委主任王淑新；法工委主任吴彦军。

市人民政府：市长郑福林；副市长翟晓宾、赵华敏、李诺民（12月任）、杨成超、李伟光、朱耀辉、黄卫东、张宏伟（1月任）、张治怀（12月任）。

市政府工作部门：市政府办公室主任李献武；嵩管委主任吴福民；监察局长岳耀争；人防办主任卢怀乔；

法制局长席遂兴;市志办主任吕宏军;外侨办主任孙书峰;农开办主任袁松乾;发展计划委主任顾建党;物价局长刘效克;粮食局长徐臣义;经贸委主任任永立;安监局长高建森;计生委主任马炎治;财政局长王建永;公安局长马会强;民政局长范新杰;人劳和社保局长冯玉安;建设局长高宏伟;环保局长郭更森;农业局长段国群;林业局长宋银涛;水利局长刘超杰;国土资源局长高玉杰;煤炭局长杨占伟;交通局长甄少杰;教体局长李成林;文物局长靳银东;卫生局长景淑真;爱卫办主任吴进卿;统计局长冯颖灿;审计局长郑炎华;司法局长何延木;文广新局长王彩虹(6月任);宗教局长白金永;旅游局长钱桂玲;少林管理局长王少锋;林场场长王亚飞;农机服务中心主任吴英敏;商务局长赵应杰;供销社主任陈兰宏;医药公司经理冉永套。

政协市二届委员会:主席孟永瑞(1月任)、吴聚财(1月离);副主席吴顺卿(1月离)、王章武、张书凯、常兴文、刘白雪(1月任)、孟占江(1月任)、释永信。

市政协工作部门:市政协办公室主任董辉;提案委主任刘春萍;经济科技委主任赵占敏;文教卫体委主任孙建敏;台港澳侨联络委主任王丽。

中共市纪律检查委员会书记:魏诗礼。

市人民武装部部长:杨国强;政委:饶泽寿。

市人民法院院长:赵永纯。

市人民检察院检察长:马玉东。

市群团工作部门:总工会主席张书凯;团市委书记宋少丹;妇联主席吴桂荣;侨联主席赵爱娟;文联主席钟清敏(1月任);工商联主席王文浩;科协主席燕英超。

乡镇、办事处、区工委机关:颍阳镇书记焦春生,镇长武建伟;君召乡书记王向民,乡长马宗仁;石道乡书记陈再文,乡长杨飞剑;大金店镇书记李发敏,镇长郭建刚;东华镇书记荣二平,镇长申卫保;白坪乡书记姜献勇,乡长程彦宏;卢店镇书记曹红斌,镇长周华芳;唐庄乡书记李剑玮,乡长段世民;告成镇书记郭朝宏,镇长何聪道;徐庄镇书记宋剑,镇长董剑飞;大冶镇书记许跃森,镇长陈丙坤;宣化镇书记李云峰,乡长薛少龙;嵩阳办事处书记王学杰,主任孙玉生;少林办事处书记王红伟,主任孙利峰;中岳办事处书记袁鹏飞,主任赵春营;阳城区书记李云敬,主任孙卫杰;送表矿区管委会书记阎文定,主任李金成。

【农业与农村经济】 2010年,登封市继续稳定粮食生产,全年粮食产量达到23万吨,同比增长4.9%。大力发展特色现代农业。把核桃产业作为特色现代农业主导产业,按照工业项目建设方式制订核桃产业发展四年规划,出台切实可行的扶持政策,受到农民普遍欢迎。全年种植核桃1333.33公顷,中灵山万亩核桃示范基地获农业部无公害农产品认证。芥菜、红薯、金银花等特色种植同步发展。枣益迪蜂产品获国家有机食品认证。茶亭沟红薯通过农业部农产品地理标志登记,实现了“零”的突破。《现代林业产业发展总体规划》通过专家评审。加快推进农业产业化,新申报郑州市农业产业化龙头企业3家,新发展农民专业合作社29个,新上规模养殖项目83个。畜牧业产值达7亿元。书青牧业有限公司获省农业产业化重点龙头企业称号。

不断加强农业基础设施建设。编制完成《农田水利基本建设十年规划》,完成4座水库除险加固工程,改造中低产田1333.33公顷,治理水土流失15平方公里。扎实推进新农村建设,各级投入资金7亿元,新修农村公路155公里,新建住房66万平方米、农村户用沼气池1690座。建立健全土地流转服务体系,新流转土地378公顷。大力培养新型农民,开展实用技术培训2.1万人,“阳光工程”培训1150人,绿色证书培训3500人。

【工业经济】 2010年,登封规模以上工业增加值完成200亿元,比上年增长18%;实现销售收入650亿元,比上年增长20%。加快传统产业改造升级,累计投资26.8亿元,实施技改项目40个,实现了产业链延伸和生产工艺、装备水平的优化升级。强力推进工业转型,培育发展加工制造、电子电器等新产业。恒美铝业5万吨型材、宏鑫无镍不锈钢材等项目建成投产;嵩阳煤机煤矿综采设备生产线、天地之中福德汽车零部件等项目开工建设。着力解决融资难问题,博奥、银融、弘鑫3家投资担保公司为84家中小企业、54家商户提供担保贷款3.2亿元。扎实做好节能减排工作,启动节能减排预警机制,对“两高”行业及产能过剩企业严格落实上级调控措施,顺利完成“十一五”节能减排目标任务。设立市长质量奖,开展“创名牌、创企业”活动,产品质量安全水平得到提升。鼓励企业自主创新,新增河南省和郑州市级企业技术中心6家。

【旅游业】 2010年,登封市文化旅游产业发展迅猛。港中旅(登封)嵩山少林文化旅游公司顺利完成机制转变、人员过渡,建立了嵩山少林风景区经营管理新机制;接待团队游客比上年增长116%,境外游客增长156%,景区收入增长60%。启动了旅游小镇、叠石山庄苑等重大项目建设,为今后发展奠定了坚实基础。编制完成《旅游产业发展规划》和《嵩山文化产业园总体规划》,加快推进文化旅游景区向文化旅游产业集聚区的转变,积极谋划总投资360亿元的登封天地之中文化旅游产业园,掀开了登封文化旅游产业发展的新篇章。音乐大典二期、嵩山少林武术职业学院、夕阳红文化产业园、锦鹏生态酒店等项目顺利推进。深入开展提升旅游形象工作,切实规范旅游行业秩序,景区品位和服务水平进一步提升。第八届中国郑州国际少林武术节迎宾活动取得成功。塔沟教育集团在广州亚运会开幕式上表演的《白云之帆》获得巨大成功，展现了嵩山文化、少林功夫的独特魅力。2010年，全市旅游接待人数710万人次，比上年增长8.4%。

【项目建设】 2010年，登封市坚持以投资促发展、以开放添活力，推行联审联批和政府集中办公日制度。成立了投资项目(免费)代办中心，对投资500万元以上项目的审批手续实行全程代办，着力解决手续办理环节多、障碍多、审批慢的问题。首次采用BT代建融资模式，引入中国太平洋建设集团、北京天道公司投资登封产业集聚区、城市基础设施和棋盘山公园的建设，有效解决了建设资金问题。登封市跨越式发展重点项目完成年度投资78.6亿元，新开项目112个，已竣工64个。扎实开展"大招商、招大商"活动，在第八届中国郑州国际少林武术节期间，成功举办登封市情说明会暨项目签约仪式，共签约项目27个，总投资173亿元。其中，超10亿元项目5个，超亿元项目18个。全年合同利用外资7000万美元，实际利用外资9734万美元，出口创汇3700万美元。登封市被省政府授予"河南省对外开放工作先进县(市)"荣誉称号。

【产业集聚区建设】 2010年，登封市坚持周例会、联审联批、项目代办等制度，全力推进产业集聚区建设。产业集聚区总体发展规划、控制性详细规划、区域环评、供水、供电等专项规划已经完成并通过专家评审。投资4.5亿元，收储起步区土地47.4公顷，"三横两纵"5条道路开工建设，建成搬迁安置房1.3万平方米；新入驻项目12个，全部开工建设，实际投资额达15亿元；大冶、三里庄、阳城等专业园区基础设施不断加强，累计投资2600多万元，新修、改造园区道路13公里。登封市循环经济工业园区通过了省循环经济试点园区验收。

【城乡建设与管理】 2010年，登封市强化城乡规划和管理，完成市域村镇体系规划、10个乡镇总体规划、201个村庄规划和9个乡镇区、20个地块控制性详细规划编制工作，城乡规划体系日趋完善。高标准编制《登封市城乡总体规划(2011—2030年)》，东部登封新区、中部中心城区、西部旅游新城的城市总体框架基本确定。加大城市基础设施建设力度，累计投资4500万元，完成市区"五纵一横"道路及其它61条道路整修工程，还完成了嵩山南路、嵩阳南路、南环一路建设以及垃圾中转站、公厕、道路绿化等工程，城市功能不断完善。城建重点项目顺利实施，棋盘山公园开工建设；博物馆、文化馆、图书馆等"场馆"建设一期拆迁基本完成；会议中心前期各项工作扎实推进；登封新区商住区建设、中岳文化苑筹建全面启动。学习借鉴外地城市建设经验，创造出适合登封市实际的BT代建方式，拓宽了融资渠道，为城市建设增添了新的活力。

推进城乡精细化管理，深入实施"靓化城市、整洁乡村"活动和村容村貌、路容路貌专项综合整治活动，新建农村垃圾中转站81个、垃圾填埋场150个，完成农村1.6万户改厕任务，城乡人居环境显著改善。集中开展违法建设专项整治行动，私搭乱建、侵占人行道等违法行为得到有效遏制。加强国土资源管理，集中治理嵩山地质公园内非法采砂、采石和登封市非煤矿山私采乱挖行为，逐步建立堵疏结合、开发与保护并重的长效管理机制，各种破坏资源、违法开采行为得到遏制。持续加强环境保护工作，城区空气质量一、二级以上标准天数达到340天。

【民生工作】 2010年，登封市财政筹集1.7亿元，为民办好10件实事。新建车辆管理所、提高全民医疗健康水平、60周岁以上老人免费乘坐公交车等9件已落实，少林污水处理厂建设正在加紧推进。就业再就业工作得到加强，发放小额担保贷款5200万元，新增就业再就业4100人，农村劳动力转移就业1.3万人。改变农村传统养老方式，建立全民养老保险制度，登封市被列入全国第二批新农保试点县(市)。国家每年向登封市支付5000多万元养老保险补贴，6.2万名60岁以上农村老人每月可领到65元基础保险金。认真落实各项社会保障政策，累计发放城乡居民最低生活保障、五保供养、百岁老人补助、大病救助等资金3700万元。保障性住房扩大覆盖面有序实施，新建廉租房7万平方米。完成13个贫困村整村推进项目，解决了7万人的安全饮水问题。

【社会事业】 2010年，登封市教育投入不断加大，落实义务教育免补资金3600万元，滨河路小学、书院河路小学建成并投入使用。大力推进职业教育，登封市荣获河南省职教强市荣誉称号，获省政府专项奖励100万元。鼓励科技创新，全年投入科技资金1000万元，申请专利560件，被认定为"河南省知识产权优势区域"。不断完善公共文化服务体系，完成77个农村文化大院、33个农家书屋建设。着力提高全民医疗卫生服务水平，全面实施新农合医疗门诊统筹，在乡镇卫生院实施基本药物零差率销售，新建115个标准化村卫生所。在全国率先开展"国家药品安全示范县(市)"创建工作，药品质量监管得到加强。广泛开展全民健身活动，实现全市行政村"一场两台"全覆盖。扎实推进"抓民生、促计生、建新制、树新风"活动，人口计生服务水平全面提升。"登封市慈善总会"挂牌成立，首批募集爱心捐款1400多万元。

【登封"天地之中"历史建筑群申遗成功】 2010年7月25日至8月3日，在巴西首都巴西利亚召开的第34届世界遗产大会上，经联合国教科文组织世界遗产委员会批准，郑州登封"天地之中"历史建筑群被正式列入《世界遗产名录》,成为河南省继洛阳龙门石窟、安阳殷墟之后的第三处世界文化遗产。至此,中国进入《世界遗产名录》的数量达到39处,居世界第三位。

在中国传统的宇宙观中,中国是位居天地中央之国,而天地中心在中原,中原的核心则在郑州登封,因而这里成为中国早期王朝建都之地和文化荟萃的中心,中国几大主流文明——儒、佛、道都在这里建立了弘扬传播本流派文化的核心基地,这里也成为人们测天量地的中心。这一历史文化背景使登封汇聚和留存了大量珍贵的文化纪念建筑,其精华即是登封"天地之中"历史建筑群。该历史建筑群集中体现了中国自秦至清多个朝代礼制、宗教、科技和建筑学成就,在国内国际建筑史上具有极高的历史、科学和艺术价值,在中华文明乃至人类文明发展史上占有不可替代的地位。登封"天地之中"历史建筑群为已逐渐消失的传统文化提供了宝贵的实物见证,是中国时代跨度最长、建筑种类最多、文化内涵最丰富的古代建筑群,是中国先民独特宇宙观和审美观的真实体现。

登封"天地之中"历史建筑群包括观星台、嵩岳寺塔、太室阙和中岳庙、少室阙、启母阙、嵩阳书院、会善寺、少林寺建筑群(包括常住院、塔林和初祖庵)等8处11项优秀历史建筑。

【少林武术节登封迎宾活动】 2010年10月23日,第八届中国郑州国际少林武术节迎宾活动在登封市举行。国家体育总局副局长冯建中,中国武术协会主席高小军,中共河南省委常委、郑州市委书记连维良,参加武术节活动的国内外运动员、教练员、裁判员及来宾2000多人和数万名观众一起观看了表演。此次迎宾活动表演从市标东转盘开始,沿阳城路、大禹路、207国道至少林寺山门,全长约16公里。在表演公路沿线两侧,以嵩山为背景,15所武校的6万多名武术队员和1000名其他演员组成了500多个方阵,山坡上、沟壑间、丛林里,少林拳法、刀、枪、剑、棍等十八般兵器以及各种少林绝技轮番上演,向中外来宾展示了少林武术之乡宏大的武术文化和气势。在少林寺山门前举行的"九合天下"迎宾仪式,再次把迎宾活动推向了高潮。此次迎宾活动参演人数之多、表演距离之长、表演内容之丰富均创世界之最。

【少林武术节招商活动】 2010年10月23日,在禅武大酒店举行了登封市情说明会暨项目签约仪式。此次活动邀请客商300余人,发放《登封市对外经济技术合作项目册》、《登封市投资指南》等宣传材料、光盘800余份,共签约项目27个,总投资达173亿元。

在签约项目中,协议、合同14个,总投资147.5亿元。主要有河南晨光实业有限公司投资60亿元的登封产业新城综合开发项目,河南兰德置业有限公司投资32亿元的禅武文化苑项目,中国铝业国际(集团)有限公司投资11.7亿元的高档节能铝型材加工生产线项目,河南银基商贸有限公司投资10亿元的中岳文化苑项目,河南天地之中福德汽车零部件有限公司与洛阳一拖集团有限公司投资8亿元的福德汽车零部件生产线项目等。意向13个,总投资25.5亿元。主要有中亚太平洋国际投资有限公司投资10亿元、年产9.9万吨稻(麦)草清洁制浆绿色造纸厂项目,河南丰麟实业有限公司投资3亿元的100万吨洗煤项目,丰泰达郑州新型材料有限公司投资3亿元的高新纳米导光材料项目,上海松江礼品城有限公司投资1.8亿元的天地之中大型购物广场建设项目,福建省南安市梅山宏炜技术陶瓷厂投资1亿元建设的大功率LED厚膜电路生产项目等。

招商引资活动中还发布了37个招商项目,总投资近828亿元人民币。其中,园区类项目6个;工业类项目10个,总投资68亿元人民币;城市建设、基础设施建设项目7个,总投资625亿元;文化旅游类项目9个,总投资124.6亿元;农业、食品加工类项目5个,总投资10.66亿元人民币。活动中,重点推介了11个招商项目,主要有登封市产业集聚区招商项目、旅游新城招商项目、登封新区招商项目、白沙湖综合休闲度假中心项目、星级酒店群建设项目、天地之中公园规划建设项目、老城区历史风貌保护与修复工程、旅游纪念品开发加工项目等。

(吕宏军)

新郑市

【概况】 2010年,新郑市总面积873平方公里,其中耕地面积48371.79公顷。辖9个镇、3个乡、3个街道办事处、3个管委会,327个行政村,27个居委会。总人口63.03万人,其中乡村人口50.79万人。人口出生率为9.84‰,死亡率为5.19‰,自然增长率为4.65‰。

2010年,全市完成地区生产总值388.8亿元,同比增长13.1%。其中,第一产业增加值18.1亿元,同比增长3.2%;第二产业增加值275.7亿元,同比增长15.2%;第三产业增加值95亿元,同比增长9.2%。全市财政总收入43.4亿元,其中地方财政一般预算收入16.2亿元,比上年增长27.5%。全社会固定资产投资完成287.3亿元,比上年增长16%。社会消费品零售总额实现106.5亿元,比上年增长18.4%。金融机构存款余额135.9亿元,比年初增长26%;其中,城乡居民储蓄余额87.8亿元,比年初增长18.6%。农民人均纯收入达到9458元,比上年增长13.7%。城镇居民人均可支配收入达到15892元,比上年增长10.4%。地方财政一般预算收入跃至全省第四位;连续4年跻身全国县域经济基本竞争力百强县(市)

行列，再次跻身全国科学发展和最具区域带动力中小城市百强县(市)行列。

着力培育强乡强镇，镇域经济不断壮大。辛店镇财政收入突破2亿元；辛店镇等5个乡镇进入全省综合经济实力百强乡镇行列；薛店镇等4个乡镇跻身郑州市乡镇综合经济实力20强行列。全市城镇化率达到54%。

【机构与领导】 中共新郑市市委：书记吴忠华；副书记王广国、刘仲利；市委常委：吴忠华、王广国、刘仲利、孟永瑞(1月免)、马国亮、孙淑芳(女)、张国宏、刘同杰(9月免)、李占龙、王俊杰、付桂荣(女)、刘德金、李志强(1月任)、杨流(9月任)。

市委工作部门：市委办公室主任马国亮；组织部长孟永瑞(1月免)、刘德金(1月任)；宣传部长付桂荣(女)；统战部长李占龙；政法委书记孙淑芳；老干部局长刘德铭；信访局长赵志健；档案局长秦成伟；党校校长王向阳。

市三届人大常委会：主任高林华(女)；副主任张石磙(12月免)、郭连召(12月免)、冯西乾、孙阔、王军生、彭德成。

市人大常委会工作部门：市人大办公室主任王金灿；法工委主任周宏伟；农工委主任李俊卿；代表工委主任歹华民；老干部科长冯丽娜(女)；教科文工委主任刘宏战；人事任免科长白春芳(女)；信访室主任歹银花；财经工委主任刘德智(11月免)、贺立军(12月任)。

市人民政府：市长王广国；副市长张国宏、李志强、刘五一、马少军(1月任)、李颖军、景雪萍、王保军、赵建武(1月任)、关民安(12月任)、缑云峰(12月任)。

市政府工作部门：市政府办公室主任张书谦；监察局长敬跃离；机关事务局长鲁鹏程；市志办主任马宏军；法制办主任张建鸿(4月任，机构改革新成立单位)；[illegible]监督局长宋雪峰；住房和城乡建设局长邱学峰(4月任，机构改革新成立单位)；交通运输局长赵金离(4月任，机构改革新成立单位)；农业农村工作委员会主任杨献珍(4月任，机构改革新成立单位)；林业局长贾桂芬(女)；水务局长赵富贵(4月任，机构改革新成立单位)；商贸公司总经理肖喜亮(9月免)、赵锋申(9月任)；粮食局长李书灿；财政局长张全民；工商局长吴建伟(11月免)、郭建军(11月任)；审计局长周宏超；供销社主任王墨松；人口和计生委主任李建国(1月免)、唐宏伟(4月任)；文化广电新闻出版局长刘学敏(4月任，机构改革新成立单位)；环保局长岳新峰；卫生局长齐新民(9月免)、李长发(9月任)；旅游文物局长张向东(9月任，机构改革新成立单位)；发改委主任刘宏军；商务局长韩东伟；统计局长赵海峰(11月免)、刘德智(11月任)；国土资源局长李天才(11月免)、赵海峰(11月任)；人力资源和社会保障局长左建新(4月任，机构改革新成立单位)；社会保险事业管理局长赵明(7月任，机构改革新成立单位)；编委办主任郭建岭；公安局长赵建武；司法局长朱秋国；民政局长刘彤彬(4月免)、赵子剑(4月任)；科技和工信委主任付建峰(4月任，机构改革新成立单位)；气象局长闫伟杰；邮政局长张道；烟草局长王保军；安全生产监管局长王国良；轻工公司经理毛红军；供电公司经理李新有(3月免)、滑道衡(3月任)；食品药品监管局长张五超；物资公司经理石贵现；城乡规划和城市管理局长王忠贺(4月任，机构改革新成立单位)；黄帝故里景区管委会主任秦洪源；具茨山国家级森林公园管委会主任贾桂芬(女，5月任，新成立单位)；中心城区新区管委会主任关民安(12月任，新成立单位)；法制局长张建鸿(4月免，机构改革单位撤销)；行政执法局长许发民(4月免，机构改革单位撤销)；经委主任刘清杰(4月免，机构改革单位撤销)；交通局长赵金离(4月免，机构改革单位撤销)；农业局局长(空缺，4月机构改革单位撤销)；农机局长史耀东(4月免，机构改革单位撤销)；水利局长赵富贵(4月免，机构改革单位撤销)；文化局长唐宏伟(4月免，机构改革单位撤销)；文物管理局长赵子剑(4月免，机构改革单位撤销)；广电局长刘学敏(4月免，机构改革单位撤销)；旅游局长张向东(4月免，机构改革单位撤销)；物价局长张全周(4月免，机构改革单位撤销)；科技局长付建峰(4月免，机构改革单位撤销)；规划局长王忠贺(4月免，机构改革单位撤销)；房管局长姚勇(4月免，机构改革单位撤销)。

政协市三届委员会：主席陈莉(女)；副主席靳瑞生、戴宇林、苏铁林、王海民、李中俊、李建国(1月任)。

市政协工作部门：市政协办公室主任安义刚；科教文卫委主任李富湛；经济委主任王学敏；文史委主任马林清；老干部科长白宵僡(女)；社会法制委主任苏留欣；港澳台侨委主任王艳；农委主任贾连卿；提案委主任吕宪宝。

中共市纪律检查委员会书记：王俊杰。

市人民武装部部长：缑云峰(4月免)、王海亮(4月任)；政委：刘同杰(9月免)、杨流(9月任)。

市人民法院院长：靳四梅(女)。

市人民检察院检察长：翁波。

市群团工作部门：工会主席赵志新；妇联主席陈玲莉(女，4月免)、郑彩霞(女，4月任)；团市委书记马聪锋(9月免)、张磊(12月任)；工商联主席王海民。

街道办事处、乡镇机关：新建路街道办事处工委书记王宏坤，主任闫建军；新烟街道办事处工委书记胡凯军，主任敬伟民；新华路街道办事处工委书记王秀业(9月免)、连合群(9月任)，主任连合群(9月免)、李宗元(9月任)；城关乡党委书记赵根旺，乡长许林山；辛店镇党委书记周书明，镇长戴茂松；观音寺镇党委书记李俊鹏，镇长田延辉；梨河镇党委书记贾晓建，镇长刘[illegible]；和庄镇党委书记乔建伟,镇长齐光辉;八千乡党委书记林俊伟,乡长周树军;龙王乡党委书记吴顺祥,乡长常志谦(4月免)、左超伟(4月任);薛店镇党委书记郭伟斌,镇长赵东伟;孟庄镇党委书记马书强,镇长靳大勇;龙湖镇党委书记杨春峰,镇长李炎宏;郭店镇党委书记沈宝峰,镇长高红伟;新村镇党委书记荆新发,镇长赵淑梅。

【工业经济】 2010年,新郑市新增规模以上企业43家,总数达到321家。实现主要工业增加值217.86亿元,比上年增长18.6%,占地区生产总值的比重达56%,比上年提高4.5个百分点。项目建设步伐加快,赵家寨煤矿洗煤厂、瑞泰科技二期等57个工业项目建成投产;华辕煤业、中储粮油脂仓储加工、达利食品等一批在建项目快速推进。重点企业加速发展,河南中烟新郑卷烟厂销售收入突破40亿元;全市销售收入超10亿元企业达到9家;超5亿元企业达到22家。深入开展"定区域、定协会(商会)、定人员、定企业"专业招商活动,全年新招项目112个,到位资金63.8亿元,比上年增长16%;实际利用外资1.16亿美元,比上年增长14.9%;实现外贸出口2077万美元,比上年增长25.1%。科技创新成效显著,新转化科技成果20项,申请专利310件,"好想你"成为中国驰名商标。全民创业蓬勃开展,新增个体私营企业322家、个体工商户2162户,非公有制经济完成增加值280亿元,比上年增长14.2%。企业上市再传捷报,雏鹰农牧成为全市第二家上市企业。产业集聚区建设步伐加快,新港产业集聚区、煤炭循环经济产业园、龙湖科教产业园基础设施不断完善,产业日益集聚,构筑了对外开放新优势。

【农业与农村经济】 2010年,新郑市继续加大对农业的投入,共投入"三农"资金8.1亿元,比上年增长7%。全年粮食总产量达29.1万吨,比上年增长0.46%。畜禽养殖总量达到4200万头(只),畜牧业增加值占第一产业增加值的比重达39%。加强农田水利基本建设,新钻配机井400眼,综合配套升级改造农用机井3000眼,连续14年夺得省"红旗渠精神杯",连续15年夺得郑州市"中州杯"。现代农业发展迅速,新增农民专业合作社22家、郑州市级农业龙头企业6家、无公害农产品生产基地5个。正龙公司、好想你公司荣获"全国农业产业化行业十强龙头企业"称号。对百年以上古枣树进行挂牌保护,新郑红枣获得国家地理标志保护产品认证。全市新造林1720公顷,占目标任务的103%,造林成活率达到90%以上。截至年底,全市林地面积已达到2.53万公顷,林木覆盖率达到34.39%。农田林网控制率达到98%,村庄绿化率达到48%,廊道绿化率达到100%,城镇绿化率达到51.13%;新建成林业生态村15个,创建林业生态乡镇2个。2011年3月,新郑市被河南省政府授予"林业生态县(市)"荣誉称号。

【城乡建设与管理】 新郑市坚持规划先行,在全省率先完成了城乡总体规划修编,中心城区新区、新港产业集聚区控制性详细规划,12个乡镇总体规划和146个村庄规划全部编制完成。加快新区建设,中华北路南段、解放北路南段、神州路南段、人民路东段和京珠高速东入市口拓宽改造工程完成;学院路、中兴路、阳光港湾社区、华信学院新校区等工程快速推进;第一新型社区、一中新校区、郑韩湿地文化园建设全面启动,新区框架基本形成。

加快旧城改造,新建人民路、新华路4座人行天桥;对文化南路、玉前路等5条道路和小高庄大街、新园胡同等17条背街小巷进行高标准改造;完成了茨山路至轩辕路拜祖沿线精品街整治,城市面貌明显改善。开展违法建设集中整治,拆除违法广告牌180座、违法建设4万平方米。对供热锅炉及配套设施进行维修改造,确保供热需求,新增供热用户1010户、供气用户2700户。小乔、常刘、草场沟、城关示范社区等新型社区建设快速推进,完成了史垌村扶贫移民搬迁工作,新农村建设顺利通过郑州市验收。农村生产生活条件明显改善,新建改建乡村公路107公里;在全市60个行政村推行了"村收集、乡清运、市处理"的垃圾规范化管理模式;完成了第一水厂改扩建和孟庄水厂建设工程,新解决了11万人饮水安全问题,基本实现了村村通自来水。

加大城乡基础设施建设力度,S323溱水路口至大高庄段、郑新路五里口至冯庄段改造,双湖大道扩建,以及秦楼桥、山后杜桥改造等工程相继完成。环卫设施不断完善,第一污水处理厂改扩建和龙湖污水处理厂一期工程建成运营;启动了第二污水处理厂二期工程建设;城区垃圾清运率和无害化处理率均达100%。强力推进节能减排,超额完成了"十一五"节能减排目标。城区大气环境质量达到或优于国家二级标准的天数达89%,城市环境综合整治定量考核再次位居全省县级市第一名。

【第三产业】 2010年,成功举办了庚寅年黄帝故里拜祖大典、第四届黄帝文化国际论坛等活动,成立了具茨山岩画研究中心。黄帝故里拜祖大典被评为最具国际影响力的祭拜大典,黄帝文化国际论坛荣获"2010年度中国十大影响力会议"称号。2010年,新郑市共接待游客388万人次,实现旅游总收入8.5亿元。房地产业健康发展,全年竣工商品房39.7万平方米,市场交易额17.2亿元。商贸物流业快速发展,郑州国际石材工业园开工建设,河南六盛钢材交易市场投入运营;"家电下乡"销售各类家电6.52万台。2010年,全市完成第三产业增加值95亿元,比上年增长9.2%。

【社会事业】 2010年,新郑市大力实施"双免"工程,新增农村富余劳动力转移就业1.76万人,新增城镇就业岗位8768个，被评为全国农村劳动力转移就业示范县。社会保险覆盖面不断扩大，新增城乡居民基本养老保险参保12.02万人，城镇居民基本医疗保险参保登记9.3万人，新型农村合作医疗参合率达99.6%。困难群体保障力度加大，为低保对象发放低保金2316万元；提高大病救助标准，率先在全省将儿童白血病、先天性心脏病补助比例提高至90%。市老年活动中心建成投用，社会福利中心主体工程完工，新建、改造敬老院7所，荣获“全国五保供养工作先进单位”称号。新建经济适用房8.2万平方米、廉租房1.8万平方米，对1007户符合廉租住房条件家庭全部落实了住房补贴。

教育教学水平持续提升。新建4所乡镇公办幼儿园。从2010年秋季开始，免除普通高中三年级学生学费；2011年秋季免除高中二、三年级学生学费；2012年将实现高中3个年级学费全免。高考成绩连续19年位居郑州六县(市)首位。成功举办全国首届少儿小版画作品展，荣获宋庆龄基金会“生命彩虹奖”。

公共卫生服务能力显著增强，新建2个社区卫生服务中心、110个标准化村级卫生所，在新烟街道办事处推行了片医试点工作。全面实施基本药物制度，为患者节约费用309万元。公共文化体育设施不断完善，市图书馆被评为国家一级图书馆。新建2个乡镇综合文化站、70个村级文化大院、4个社区文化活动中心和25个村级篮球场。深入开展“周末大家乐”和“百场演出送农民”活动，丰富了群众精神文化生活。群众性精神文明创建活动成效显著，全市省级文明单位达到16个。

社会管理不断创新。认真落实领导接访、干部下访制度，积极推行“三调联动”机制，充分发挥疑难信访问题救助专项基金的作用，化解了一批社会矛盾，社会大局保持稳定。严格落实安全生产责任制，坚持安全生产月例会制度，深入开展安全生产专项整治活动，安全生产形势持续好转。不断完善食品药品监管网络，食品药品监管水平明显提升。健全社会防控网络和公共突发事件应急处置机制，群众安全指数达97%，位居郑州县(市)区之首，被确定为全国社会管理创新综合试点市。

【中心城区新区建设】 为对接郑州、服务郑州，对接机场、服务机场，进一步拉大城市框架，拓展城市发展空间，2009年新郑市委、市政府作出建设中心城区新区的重大战略部署。此部署将中心城区北部东临京广铁路、西临郑新快速通道、南起郑韩故城—新密铁路、北至南水北调总干渠的总面积为21.56平方公里的区域规划建设为中心城区新区。新区一期规划面积16.3平方公里，规划总人口18万人，总建筑面积1800万平方米。新区区位优越，毗邻京广铁路、京珠高速、郑尧高速和石武高铁等重要交通干线，北到郑州30分钟车程，东到机场15分钟车程，地处郑州都市区黄金半小时经济圈。

新区建设工程启动后，坚持高标准规划，聘请上海同济大学规划研究院编制完成了新区概念性规划和建设性详规，明确了“创建生态城市、打造精美新区”的总体建设目标，“亲水、亲绿、生态、低碳、宜居”的新区功能定位，以及“六园一中心”的发展布局。“六园一中心”，即创业服务园、文化教育园、生态居住园、湿地生态园、体育休闲园、物流配送园、商务中心。在规划指导下，按照“两年打基础、四年出形象、六年成规模、八到十年建新城”的总体要求，投入巨资完善基础设施。先后修建完成了郑新快速通道市区段、中华北路、新村大道、中兴路等道路工程，构筑了“四纵四横”的新区框架。建设了集防洪、灌溉、景观于一体的轩辕湖湿地公园；老年活动中心、华信学院新校区等工程已建成投用；西亚斯国际学院二期、华信金融大厦、一中新校区、第社区等项目正在加紧推进，新区建设全面进入加速阶段。

【成为全国社会管理创新综合试点市】 近年来，新郑市委、市政府始终坚持以科学发展观为统领，以人民幸福评价发展，以平安建设保障发展，标本兼治、治本为主，全面推进社会管理创新，取得了显著成绩。2010年，研究制订了《关于加快推进全市社会管理创新工作的若干意见》，成立了以市委书记任组长的社会管理创新工作领导小组和“一办五中心”(社会管理创新工作领导小组办公室、应急服务指挥中心、矛盾纠纷大调解中心、社会群体困难救助中心、预防青少年违法犯罪教育培训中心、老年人服务中心)工作机构，为社会管理创新工作顺利开展提供了有力的组织保障。

围绕社区管理，积极推行城市网格化管理模式。以每个社区、居委会或城中村为单元，建立点线面结合的社会服务管理网格，实现社会服务管理的规范化、有序化。围绕社会治安防控，积极推进视频监控系统建设，实现市区技防全覆盖和乡镇主要道路监控全覆盖。同时，把公安110指挥中心拓展成为应急服务指挥中心，有力地推动了社会治安持续好转。2010年，新郑市群众安全指数达97%，位居郑州县(市)区之首，跃居全省县市第5名。

围绕信访稳定，不断创新矛盾化解机制。变群众上访为领导定期下访和接访，积极推行人民调解、行政调解和司法调解“三调联动”工作机制，在全省率先设立300万元的特殊疑难信访问题救助专项基金，有力地推动了信访难题的化解。

围绕农村设施管理，按照“公益事业大家办，公共设施大家管，一岗多职、一员多能”的思路，对农村井渠、道路、林木、村庄、土地、电力设施等实施公益化管护，组织了护井渠、护道路、护林木、护村庄、护土地、护电力设施的“六护员”队伍，使农村基层社会事务时时有人管、处处有人管、事事有人管。

围绕完善社区功能,积极推进城市新型社区、城镇新型社区建设,确保社区公益设施达到“五有”(有办公用房、有学校、有幼儿园、有医疗卫生室、有警务室),配套设施达到“五全”(公厕、垃圾中转站、停车场、小游园、社区广场等一应俱全)。2010年12月7日,在全国社会管理创新综合试点工作推进会上,新郑市作为河南省唯一一个县级市,成功入选全国35个社会管理创新试点城市。

【成为全省南水北调移民迁安工作优秀单位】 南水北调丹江口库区移民安置工作启动以来,新郑市紧紧围绕“四年任务、两年完成”的目标,紧扣节点,强力推进,移民安置工作取得突出成绩。2010年,第一批移民安置工作全部结束,2个移民安置点安置移民414户、1684人。第二批移民安置工作扎实推进,3个移民安置点房屋主体工程全部完工,另外1个安置点成功对接。

在移民安置工作中,新郑市成立了市委书记任政委、市长任指挥长的移民安置指挥部,为安置工作顺利推进提供了坚强的组织保障。同时,在全省率先实施移民安置“迎亲之旅”,实现安置地与迁出地主动对接,为移民工程顺利实施打下坚实基础。

在移民房屋建设中,按照新农村试点村、样板村和城乡一体化典型村的标准规划建设移民新村,确保达到“五通五有五确保”标准,为移民群众提供良好的生活环境。“五通”即户户通柏油路、水泥路,户户通干净卫生的自来水,户户通有线电视,户户通电话、宽带网,户户通节能型燃气;“五有”即村村有致富龙头企业,村村有休闲、文化娱乐场所,村村有骨灰堂,村村有规范化的村务管理制度,家家有增收致富的门路;“五确保”即确保农民人人参加医保,确保适龄儿童都能享受免费义务教育,确保困难群体享受最低生活保障,确保青壮年人人具备科技致富本领,确保集体、人均收入实现两位数增长。

在移民生产就业上,实施免费职业技能培训、免费推荐就业“双免”优惠政策,推荐移民群众到白象、瑞泰、雏鹰等知名企业就业,引导群众自主创业,真正实现移民安置后稳定发展、持续发展。2010年10月,在省南水北调丹江口库区第一批移民总结表彰暨第二批移民安置再动员电视电话会议上,新郑市荣获“第一批移民迁安工作优秀单位”荣誉称号。

【政府网站获中国县级政府网站优秀奖】 近年来,新郑市政府始终坚持以“开放、包容、高效”的理念,全力打造黄帝故里·中国新郑政府网站品牌。不断创新信息发布页面,探索形成了独具特色的“1355”网站架构体系,即:以信息公开、网上办事、公众交流基本功能为主线的3个功能页面;以市民、企业、客商、三农、游客为服务对象的5个频道页面;以走进新郑、新闻中心、红枣专页、科学发展、文化名城为展现地方特色的5个特色页面。

不断强化网站服务功能。2010年,网站共发布各类新闻近5万条次,精心策划了聚焦两会、项目建设等政务专题37个;制作市民大讲堂、拜祖大典等服务专题14个;民意征集栏目先后开展“给书记市长建言”、“龙湖教育城问卷调查”等互动主题20多个,获得网友留言8000多条。有针对性地呈报领导签批50多条,为扩大新闻宣传、方便机关办公、为民提供服务做出了积极贡献。同时,网站不断加强工作人员技能学习和培训,推动网站改版升级、丰富内容、增强功能、提升形象,促使网站建设更加人性化、规范化、科学化,努力把政府网站打造成为公众全方位感知新郑、接纳新郑,让新郑走向世界、融入世界的桥梁。2006年以来,新郑政府网站连续4年荣获“全国优秀政府门户网站”称号,连续3年荣获“中国县级政府网站优秀奖”;在2010年第五届特色政府网站评比中荣获“特色提名奖”,并被郑州市授予“优秀政府网站”、“十佳政府网站”等荣誉称号。

(王　昱)

荥阳市

【概况】 2010年,荥阳市总面积908平方公里。辖9个镇、3个乡、2个街道办事处、1个风景名胜区,287个村民委员会,2265个村民组。总人口613761人。

2010年,全市生产总值完成358.8亿元,比上年增长13%。其中,第一产业增加值19.5亿元,增长3.0%;第二产业增加值254.1亿元,增长14.7%;第三产业增加值85.2亿元,增长10.8%。财政收入完成18.6亿元,比上年增长22.8%;财政支出25.9亿元,比上年增长12.7%。全社会固定资产投资完成261.2亿元,比上年增长4.0%。年末全市金融机构各项存款余额123.7亿元,比年初增长17.0%;金融机构各项贷款余额76.1亿元,比年初增长42.2%。城乡居民储蓄存款余额88.3亿元,比年初增长15.7%。社会消费品零售总额100.7亿元,比上年增长18.1%。城镇居民人均可支配收入15892元,比上年增长10.4%。农民人均纯收入9050元,比上年增长13.5%。在全国县域经济基本竞争力排序中位居第64位。

2010年,全市组团参加大型招商活动12次,新引进项目60个,合同投资额161.4亿元,其中亿元以上项目28个。引进域外境内资金50.6亿元,比上年增长16%;实际利用外资8611万美元,比上年增长22.8%。稳步发展对外贸易,出口总额达5800万美元,比上年增长13%。2010年,荥阳市争取上三级项目76个、资金1.01亿元。全年新建、续建50万元以上项目598个;75个市定重点项目进展顺利,62个项目全面开工建设,累计完成投资42.9亿元。中原利达二期、郑矿机械等32个项目竣工投产。

2010年,荥阳市完成了政府机构改革。煤炭行业整合实现重大突破,11家煤炭企业分别与河南煤层气公司、郑煤集团签订股权转让协议。医药卫生体制改革走在全省前列,13家乡镇卫生院和2家社区卫生服务中心全部实行国家基本药物制度和财务“收支两条线”管理。农村综合改革成果得到巩固,累计流转土地2766.67公顷,完成集体林权改革1.1万公顷。

【机构与领导】 中共荥阳市市委:书记杨福平(10月免)、舒庆(10月任);副书记袁三军、冯明杰;市委常委:杨福平、袁三军、冯明杰、付东菊(女,1月免)、车建伟、王伟(9月免)、路红卫、李文岭、马炳林、腾飞、康宁、宋建伟、曹广琦、任元仓(1月任)、王殿玉(9月任)。

市委工作部门:市委办公室主任李文岭;组织部长马炳林;宣传部长付东菊(女,1月免)、康宁(1月任);统战部长康宁(1月免)、任元仓(1月任);政法委书记车建伟;群工部长何国玺;老干部局长楚天遂;市直机关工委书记朱玉霞(女);党校常务副校长苌松华;档案局长任春林(4月免)、杨柳(女,4月任);党史研究室主任何醒民;信访局长田军。

市二届人大常委会:主任张淑霞(女);副主任张志安、马建克、王海林、宋金贵(1月任)、许其明(1月任)、李伟(1月任)。

市人大常委会工作部门:市人大办公室主任王建周;法工委主任吕世杰(5月免)、黑东亮(9月任);代表联络人事工委主任苏晖;教科文工委主任王向东;农工委主任赵福六(5月免)、刘仪(5月任);财工委主任苏静(女,4月免);信访室主任李凯(女)。

市人民政府:市长袁三军;副市长路红卫、腾飞、曹广琦、任元仓(1月免)、王和祥、孙建功、刘建峰、马军、王春晓(1月任)。

市政府工作部门:市政府办公室主任耿元奇;农办(3月更名为农开中心)主任安保兴;发改委主任陈新力;经委(3月组建为科技和工业信息化委员会)主任吴仲信;中小企业局(3月更名为中心企业服务中心)局长马绍斌;统计局长李贵希;交通局(3月组建为交通运输局)局长张骅;电业局长张建波(3月免)、苏合明(3月任);轻工联社主任丁铁柱;安监局(3月组建为安全生产监督和煤炭管理局)局长张宗文(4月免)、李建业(4月任);煤炭管理局(3月撤)局长张振海;财政局长王友伦;国税局长任世军;地税局长张冠军;工商局长朱金松(11月免)、李珉(11月任);市场发展服务中心主任李怀根;供销社主任张卫山;商业总公司经理赵宝平;物资总公司经理帖国录;外贸总公司经理(空缺);粮食局(3月职责划入发展改革委)局长李彦军;审计局长吴喜林;国资中心主任王晓哲;人事劳动和社会保障局(3月更名为人力资源和社会保障局)局长许其明(4月免)、李为民(4月任);建设管理局(3月组建为住房和城乡建设局)局长孙德林;国土资源局长李伟;规划管理局(3月更名为城乡规划局)局长张保中;行政执法局(3月组建为城市管理局)局长陈晓瑞;房地产管理局(3月更名为住房保障和房地产中心)局长孙保国;环保局长李振宇(4月免)、宋秋忠(4月任);民族宗教局(3月归统战部管理)局长张大仓(4月免)、杨凤英(女,4月任);民政局长李为民(4月免)、杨赵莉(女,4月任);商务局长王相山;旅游局(3月更名为旅游和文物局)局长常维华;农业局(3月组建为农业农村工作委员会)局长李本栋;林业局长李伟(4月免)、张宗文(4月任);水利局(3月更名为水务局)局长苏金和(4月免)、张振海(4月任);畜牧局长王雨;农机站长王永钦;移民局长张舒春(4月任);气象局长杜光伟(4月免)、王玉岗(4月任);烟草局长武延华;河务局长李长群;科技局(3月更名为科技服务中心)局长马新民(4月免)、王志强(4月任);质监局长耿明燕;教体局长王景战;文化局(3月组建为文化广播电视新闻出版局)局长王志中;卫生局长王玉荣(女);爱卫办主任李向阳;人口计生委主任黑东亮(9月免)、周红武(9月任);广电局(3月更名为新闻中心)局长张夫荷(4月免)、付春明(4月任);食品药品监管局长李福明;行政审批中心主任魏惠英(女);公安局长巴西振;司法局长杨赵莉(女,4月免)、马新民(4月任);监察局长谢天然。

政协市二届委员会:主席李建东;副主席阎红举、韦庆华、赵炎利、邓宝山、范胜利、张国增、刘阳。

市政协工作部门:市政协办公室主任张喜成;民主法制委主任李志军(5月免)、马立新(5月任);提案委主任石永强;文教卫生委主任陈万卿;经济科技委主任许新建(5月免);学习文史委主任杨俊岭;农工委主任陈建勇(5月免)、郑灵君(女,5月任)。

中共市纪律检查委员会书记:宋建伟。

市人民武装部部长:吕文;政委:王伟(3月免)、王殿玉(3月任)。

市人民法院院长:杨发群(1月免)、余剑锋(1月任)。

市人民检察院检察长:张中立(1月免)、丁铁梅(女,1月任)。

市群团工作部门:总工会主席王海林;团委书记朱桓霈(女);妇联主席郭玉霞(女);文联主席宋新建;科协主席陈天祥;工商联主席周聚民;侨联主席刘阳。

街道办事处、乡镇机关:索河街道办事处书记吴吉昌,主任李麦玲(女);京城路街道办事处书记许培荣(女),主任王锡周;城关乡书记朱天柱,乡长黄凯歌;乔楼镇书记马宏伟(1月免)、范喜昌(4月任),镇长范喜昌(4月免)、李继锋(4月任);豫龙镇书记王智明,镇长李慧芳(女);广武镇书记袁斌(1月免)、马朝阳(4月任),镇长陈玉乐(4月免)、周培山(4月任);高村乡书记任宏宙,乡长李占国;王村镇书记马朝阳(4月免)、陈玉乐(4月任),镇长许元甲;汜水镇书记陈耀宗,镇长王凤琴(女);高山镇书记周进良,镇长袁廷选;刘河镇书记赵国君,镇长方亚平;环翠峪风景区书记樊宏斌,主任金振邦;崔庙镇书记任延华,镇长郭明举;贾峪镇书记李武,镇长付书敏;金寨回族乡书记李向亭,乡长马占鳌。

【工业经济】 2010年,荥阳市工业经济恢复性增长继续加快,经济效益持续好转。全部工业增加值达到240亿元,比上年增长15%。规模以上工业企业达到369家,完成工业增加值198亿元,比上年增长18.5%;完成销售收入818亿元,比上年增长20%;实现利税147.7亿元,比上年增长22.7%。规模以上工业中,七成行业保持增长,13个行业增速高于全市平均水平。企业自主创新能力建设和品牌建设持续加强,建成郑州市级以上研发中心11家,新增省级名牌产品5个,少林汽车荣获郑州市首届市长质量奖。产业集聚区建设步伐加快,荥阳产业集聚区空间发展规划和控制性详规通过专家评审,道北工业园总体规划通过初审;完成基础设施投入10.2亿元,新入驻项目40个,园区经济占全市工业经济比重达到75%。

【农业与农村经济】 2010年,荥阳市积极调整农业结构,新增农业产业化经营组织58家、郑州市级以上龙头企业10家,粮经比例优化为79:21。大力发展设施农业,新发展食用菌大棚110座、日光温室200座,新增无公害农产品7个、绿色食品4个,广武大葱成功申报国家地理标志保护产品。全面落实支农惠农政策,发放各类补贴1.7亿元,粮食总产达32.5万吨,连续7年创历史新高。畜牧业发展加快,实施标准化规模养殖项目22个,新增国家标准化示范养殖场2个、无公害畜产品认证14个,畜牧业产值占农业总产值比重达52.8%。农业生产条件不断改善,完成7座中小型水库除险加固工程,升级改造农用机井500眼,新增有效灌溉面积233.33公顷、旱涝保收田200公顷。节约集约利用土地,新增耕地476.13公顷,盘活存量土地14.67公顷,争取建设用地360公顷。

近年来,荥阳市把绿色农业示范区建设作为农业的发展方向,通过政策扶持,强力认证,加强监测,全力发展绿色农业。2009年11月被中国绿色发展中心、绿色食品协会等4家单位确定为"国家绿色农业示范区建设单位"。2010年被农业部评为"全国无公害农产品标志推广与监管示范(县)市",被中国果菜业发展论坛组委会评为"中国果菜标准化建设十强(县)市"、"中国石榴无公害科技创新示范(县)市"。12月11—13日,全国绿色农业示范区(基地)建设经验交流会在荥阳召开,荥阳市在会上介绍了经验,参会领导及代表对荥阳市绿色农业示范区建设的经验和做法给予充分肯定。

【第三产业】 2010年,荥阳市策划了"杏花节"、"桃花节"等促销活动,近郊游和乡村游蓄势升温。全年接待游客370万人次,旅游总收入达4430万元,分别比上年增长32.4%和36.6%。环翠峪二郎庙村、高村乡刘沟村、广武镇桃花峪村入选全省旅游特色村。清华城市综合体、江南春温泉度假区二期、郑州万和大酒店等项目加快推进。

优化金融生态环境,新引进商业银行2家,新成立民营担保公司7家,金融机构存贷比达61.5%,首次突破60%。在北京举行的第五届中国金融市长年会暨中国金融生态城市发展论坛上,经对申报参评城市的城市投融资环境、经济环境、金融环境、诚信体系以及法治环境等10余项指标进行综合评审,荥阳市荣膺"中国金融生态城市"称号,是郑州地区唯一获此殊荣的城市。

规范房地产业发展,新开工商品房42.9万平方米,销售金额12亿元。健全商贸流通体系,新建、改造各类乡级超市12家、村级超市75家,农村超市覆盖率达80%以上。

【城乡建设与管理】 2010年,荥阳市加快城市基础设施建设。市文博中心建成;荥泽大道路段建设完工、排水工程基本完工、跨陇海铁路高架桥设计完成;科学大道(荥阳段)部分路段完工;索河路升级改造结束;东入市口综合整治工程开工建设;郑西客运专线荥阳站完成附属物调查。

扎实推进新农村建设。完成220个村庄规划和9个乡镇控制性详规编制,实现了市、乡、村三级规划全覆盖。贾峪镇洞林湖五村联建项目进展顺利,1600户、6000余人入住新村;崔庙镇郑岗村、环翠峪景区环翠峪村整村推进工程完工;豫龙镇槐西新村和广武镇唐垌、崔庙镇郑庄中心村建设加快推进;8个示范村通过了郑州市验收。改善农村生产生活条件。S314(广武—古荥段)改建、连霍高速王村出入口南侧道路改造工程结束,改造农村公路102公里;升级改造农用机井500眼,解决了6.8万人的饮水安全问题,7座中小型水库除险加固工程竣工投用;建成A类电气化村120个、电气化乡镇9个。扎实做好移民工作。试点移民村保持稳定,完成了第一批移民472户共1932人搬迁安置任务;第二批移民安置点房屋主体工程也已完工。开展违法建设专项治理,拆除违法建筑1.1万平方米。以村容村貌、路容路貌为重点,深入开展城乡环境卫生综合整治,投入各类资金3亿元,新建垃圾中转站338座,购置垃圾运输车566辆,安装垃圾桶2240个,整治道路1100公里,城乡面貌焕然一新。

【节能减排】 2010年,荥阳市节能和循环经济工作取得新进展。推广国家财政补贴高效照明产品3.5万只;对40多家"两高"和产能过剩行业企业实施节能调控;天瑞水泥余热发电项目竣工并网;龙祥铝业节能技术获2010年度"中国有色金属工业科学技术奖”一等奖;天瑞水泥和三泰饲料被命名为省第三批循环经济试点单位。继续保持河南省循环经济试点市称号。万元生产总值能耗下降2%。推进林业生态市建设,完成林业生态建设工程1933.33公顷,新增特色经济林133.6公顷,创建林业生态镇2个、林业生态村14个。环境保护进一步加强,二氧化硫排放量、化学需氧量分别控制在1.25万吨和2774吨以内,空气优良天数达到94%,城市环境综合整治定量考核位居全省县(市)首位。

【社会事业】 2010年,荥阳市实施文化惠民工程,完成党报多媒体信息港建设,建成农村文化大院81个、社区文化活动中心10个、农家书屋30个。推进城乡教育均衡发展,6个乡镇实行了“一校制”,新聘用教师83人;改扩建中小学校舍22所,荣获“河南省推进义务教育均衡发展成效显著单位”称号。提升公共卫生服务水平,建成147家标准化村级卫生所。健全计划生育利益导向机制,兑现计生家庭各项优惠政策资金1169万元。打击各类刑事犯罪,刑事案件发案率下降16%,治安整治达标率达100%,公众安全感指数达95%。探索实施信访评估机制,强化信访和人民调解工作,全市赴上三级访次数、人数分别下降51.6%和47.9%,全年无重特大安全生产事故发生,社会大局保持稳定。

着力提高社会保障水平,城乡低保实现“扩面提标”。“五保”集中供养率达70%,走在全省前列;孤儿救助标准每人每月700元,走在全国前列。“新农保”、城镇居民基本医疗保险参保率分别达到87%、100%,“新农合”基本实现农业人口全覆盖。以创业带就业,发放小额贷款5375万元,实现城镇居民就业再就业4817人,农村劳动力转移就业1.6万人。扶残助残工作深入开展,积极开展慈善救助活动,发放各类救助金455万元,救助困难群众6000余人次,荣获“中华慈善奖”。

【廉政建设】 荥阳市推行廉政风险三星评估四级防范工作机制,以廉政风险易发多发的关键领域和薄弱环节为重点,将单位和岗位职责廉政风险从无形变有形,科学评估,分级防范,每年度进行一次工作循环,以此促进全市各级各单位和广大党员干部正确履行职责。

对廉政风险进行三星级评估。根据各级各单位和各个工作岗位的职责,科学分析评估存在廉政风险的表现形式、发生几率、危害程度等,采取各级自评、综合评议、上级审定的方式,将各级各单位和各个岗位的廉政风险分别由低到高评估为“一星、二星、三星”3个等级。全市93个实施单位的568名领导班子成员共排查出廉政风险点1815个。其中,“三星级岗位”197个,“二星级岗位”241个,“一星级岗位”130个;“三星级岗位职责廉政风险点”735个,“二星级岗位职责廉政风险点”683个,“一星级岗位廉政风险点”397个。根据信访举报、社会评议、案件查办、电子监察、优化经济发展环境督查督导等情况,对廉政风险等级进行动态管理,对廉政风险进行预警。

对廉政风险进行四级防范。市廉政风险三星评估四级防范工作机制建设领导小组、市直各单位(乡镇、街道)、市直单位内设科室和二级机构(乡镇街道各站所、各行政村)、一般工作人员岗位作为四级工作主体,根据廉政风险三星评估结果,分别制定本级防范措施,形成一级抓一级、层层抓防范的工作局面。

按照有关标准,通过自查自纠、重点抽查、信息监测、走访检查、社会评议等方式,对廉政风险防范各项措施的落实情况进行监督和考核,逐步建立廉政风险三星评估四级防范长效机制。将三星评估结果和四级防范措施与机关单位、乡镇村组各项工作职责有效融合,完善和健全了关于行政审批、执法检查、财务监管等一系列服务群众、优化环境的制度和规定,预防和减少了党员干部不廉洁行为的发生。中国马克思主义研究基金会副理事长、中央党校原教育长郝时晋等人对荥阳市开展的廉政风险三星评估四级防范机制建设工作进行调研,给予了高度评价。

【组织营救黄河滩区被困群众】 2010年7月5日凌晨5点,黄河滩区水位突然上涨,在荥阳市王村镇黄河滩区承包土地的31名群众被困水中。当时水流湍急,流速达到每秒4000立方米,其间还夹杂着大量的树枝和泥沙,将被困人员所在的高地围成一个孤岛。

当地110接到报警电话后,迅速反馈给荥阳市消防大队和荥阳市政府办公室。荥阳市委书记立即要求“先救人,后救物。不惜一切代价救人,一定把群众生命财产的损失降到最低限度!”市长第一时间赶往事发现场。在救援现场,荥阳市紧急协调成立了营救指挥部,并初步形成了三套救援方案。荥阳市政府组织全市公安和当地政府工作人员共300多人,赶到现场组织营救。

为方便搜救,紧急从周边村庄调集农用船只,从郑州黄河游览区调来一艘气垫船。郑州市公安局也出动直升机,在涨水的水域上空进行搜索。经过3个小时的紧急救援,31名被困群众被救出,又用气垫船将被困群众的物资运到岸上。营救工作结束后,当地还组织气垫船和直升机在现场往返巡查5遍,没有发现其他被困人员。

10时40分,河南省副省长刘满仓赶到现场,慰问营救人员和被救群众,要求确保被困群众能够得到安全转移,确保营救人员的安全,不发生次生安全事故。有关部门在荥阳王村镇召开紧急会议,总结成功营救的经验,提出应对措施。7月13日,省政府对荥阳市予以通报表彰。

【荥阳好人李春凤】 李春凤,女,53

岁,荥阳市贾峪镇石硼村农民。她30年如一日,坚持为贫困乡邻办好事,不图回报。1980年刚嫁到自然条件较差的石硼村时,看到村里的残疾人生活困难,她就拿出旧衣服甚至自己结婚时的新被子送给他们。有时候谁家做饭没了火柴,有了小病没钱拿药也都来找她,家境并不富裕的她却从没有拒绝过。1981年李春凤家承包了村里的大型拖拉机,帮助困难的村民犁地、碾场,不收取任何费用。1983年至1987年搞运输期间,看到村里的道路坑坑洼洼,村民们进出很困难,她与丈夫出钱出力从郑州拉回废弃石砖130多车用来修路。1999年,石硼村打机井,她再次出钱出力拉材料。她长年累月蹬着三轮车,到郑州等地收集旧衣服,多达2万多件。这些旧衣服经过修改、清洗后,送给本村残疾人、智障人和重病人,以及其他需要帮助的人们。目前,她重点帮扶的特困户有26户、80多人。2008年,李春凤的善行义举传开后,郑州亚星社区的居民、二七区民政局等单位都想办法为她募捐衣服。2010年5月,她投资3000多元,借用村委40多平方米办公房,建起荥阳市第一家村级110慈善爱心超市。同年8月,为帮助更多的贫困群众,李春凤在荥阳慈善总会冠名设立"革命老区李春凤爱心基金"。李春凤累年善行,被誉为"荥阳好人"。

【"广武大葱"成为国家地理标志产品】 2010年7月,国家质量监督检验检疫总局发布第71号公告,批准对"广武大葱"实施地理标志产品保护。这是荥阳市继"河阴石榴"之后,又一特色农产品成为国家地理标志产品,保护范围为荥阳市广武镇、高村乡、王村镇、城关乡等4个乡镇现辖行政区域。

"广武大葱"产地北临黄河。凭借着空气湿度、土壤湿度和邙岭独特的白沙土质,"广武大葱"呈现出葱白长、肉质细腻、清脆无丝、味辣微甜、沁出芳香等特点,倍受消费者青睐。经农业部农产品质量监督检验测试中心(郑州)检测,"广武大葱"维生素C含量为29.4mg/kg,粗脂肪含量为1.87%,膳食纤维含量为2.28%,钙含量为483mg/kg,铁含量为8.89mg/kg,是普通大葱含量的近2倍。

近年来,荥阳市为加快特色农业发展,加大科技投入,推行标准化生产,努力保护和提高大葱的产量和品质。市质量技术监督局会同农业、林业等部门,组织编写了《广武大葱种植技术标准》。该标准涉及大葱种子的品种、规格、质量要求,试验、包装、储存、运输方法,以及生产技术、管理技术等各个方面。为推广该标准,又在广武镇建立了大葱标准化示范基地。至2009年,荥阳市大葱种植面积达到5000多公顷,年实现经济效益5亿多元。

【12件实事】 2010年,荥阳市承诺的12件13项实事得到落实,6项已完成,6项进展顺利,1项难度较大。(1)共为8478名职工支付基本医疗保险统筹基金1887.48万元。(2)为2047名退休职工支付个人账户资金12万元,共支付351人次基本医疗保险统筹基金59.5万元。(3)共免除4978名符合条件在校学生学杂费463.18万元。另外,3所职业学校还对565名非郑州户籍贫困生,免除学杂费53.675万元。(4)扩大市区供热管网,新增供热用户3860户、供热面积38.8万平方米。(5)建设147家标准化卫生所已竣工。(6)全年共实现农村劳动力转移就业16026人,城镇居民就业再就业4796人。(7)扎实开展新型农村社会养老保险试点工作,全市已参保登记、缴费166096人,发放养老金6614万元。(8)为经济困难或特殊案件的公民提供免费法律援助,乔楼镇等10个新建的法律援助受理点已开展工作。全市已办理援助案件304件,其中结案242件。(9)继续实施农村安全饮用水工程,5个集中供水厂中的4个正在施工;25个单村供水工程中的19眼机井已经打成,6个村已通水,受益群众7490人。(10)向全市已婚待孕夫妇提供免费出生缺陷一级干预服务,共为3712名待孕和已孕对象免费发放叶酸营养素,叶酸增补率为61.9%;为7424名已婚妇女提供了免费宫内感染监测服务,监测率61.9%;举办培训班122期,参训夫妇4103对,培训覆盖率达到68.4%。(11)实施中小学校舍安全工程,加固、改扩建学校中的12所已竣工,1所即将竣工,5所正在建设;3所即将开工建设,2所将进行招投标。(12)改造农村危旧房,全市确定符合条件家庭134户,改建、修缮房屋面积7540平方米。已建成、购买和修缮54户、3220平方米,在建80户、4320平方米。50%的危房改造补助资金115.95万元已拨付到134户农民种粮补贴一卡通存折上,另外50%的资金待全部工程结束并验收后拨付。(13)建成"南苑春光"经济适用房二期工程共7栋楼245套房3.53万平方米,至年底,多层1栋正进行四层圈梁钢筋绑扎,1栋正进行构造柱模板支设,1栋正进行主体构造柱钢筋绑扎。

(李建民)

中牟县

【概况】 2010年,中牟县总面积1416.67平方公里,其中耕地面积6.1万公顷。辖2个街道办事处、13个镇、3个乡,423个行政村。常住人口(含港区)727389人。

2010年,全县生产总值完成263.9亿元,比上年增长13.0%。其中,第一产业增加值完成45.8亿元,比上年增长3.4%;第二产业增加值完成150.3亿元,比上年增长17.8%;第三产业增加值完成67.7亿元,比上年增长10.1%。三次产业结构由上年的16.5∶56.5∶27.0调整为17.3∶57.0∶25.7。全年居民消费价格总水平比上年上升3.3%。全社会固定资产投资完成284.8亿元,比上年增长

14.9%。其中,城镇以上固定资产投资完成231.5亿元,比上年增长17.5%。社会消费品零售总额完成73.9亿元,比上年增长19.2%。引进市外境内资金36亿元,实际利用外资7200万美元,全年出口总值10419万美元,分别比上年增长16%、17.6%、84.7%。地方财政总收入完成19.5亿元,比上年增长35.4%。其中,一般预算收入完成12.2亿元,位居全省第9位,比上年增长34.3%。财政一般预算支出22.6亿元,比上年增长27.5%。年末,金融机构各项存款余额115.9亿元,其中城乡居民储蓄存款余额73.9亿元,分别比年初增长46.3%和34.4%;各项贷款余额62.4亿元,比年初增长49.0%。城镇居民人均可支配收入达到14509元,比上年增长10.4%;人均消费性支出9668元,比上年增长8.2%。农村居民人均纯收入达到8489元,比上年增长14.0%;人均生活消费支出6222元,比上年增长16.7%。单位工业增加值能耗下降13.3%。

2010年,重点项目建设加快推进。47个省市重点项目完成投资37.2亿元,是年度计划投资的147%;四港联动大道、新飞小家电等项目如期竣工,郑民高速、紫光科技园等跨年度项目顺利推进。93个县级重点项目完成投资87.7亿元,是年度计划投资的102%;河南水泵厂、浩森照明等项目建成投产,金博士种业、华英包装等项目正在建设。

2010年,发挥产业集聚区招商平台作用,新签约项目56个,协议投资500亿元。中牟产业园签约辅仁药业、庞大汽贸等项目30个,协议投资310亿元;汽车工业园签约汽车后市场、零部件产业基地等项目11个,协议投资135亿元。招商质量不断提高,富士康集团富鼎项目顺利入驻,一期、二期建成投产;华丰钢铁、万邦物流等12个超10亿元项目落户中牟。

完成了政府机构改革,行政效能持续提升。白沙镇"村治在线"网络平台成为全国首家电子政务向村级延伸的网站。继被省发改委评为2009年度全省价格成本调查工作先进集体后,中牟县价格成本监测所被国家发改委评为2009—2010年度全国农产品成本调查工作优秀集体,是河南省唯一获此殊荣的县级成本调查机构。

【机构与领导】 中共中牟县县委:书记崔绍营(10月免)、杨福平(10月任);副书记马锁文、王竹强;县委常委:崔绍营(10月免)、杨福平(10月任)、马锁文、王竹强、周亚民(1月免)、张永宪、樊惠林(1月免)、李延中、李雪生、李红乐、杨书立(9月免)、徐相锋、张书勤、杨金军、崔巍、王兴林(1月任)、程伟刚(9月任)。

县委工作部门:县委办公室主任张书勤;政法委书记张永宪;组织部长徐相锋;宣传部长李红乐;统战部长杨金军(1月免)、王兴林(1月任);群工部长安红山;信访局长马国昌;机要局长李其瑞;县直机关工委书记高林广(4月免);文明办主任陈德振;台办主任周爱松;老干部局长岳秋(女);档案局长潘海枝(女);党校常务副校长李虎群;党史研究室主任孙书杰。

县十二届人大常委会:主任刘玉玲(女);副主任冯成忠、张锡铖、郭礼印、段长兴、李鸿欣、李五群。

县人大常委会工作部门:县人大办公室主任张海军;财工委主任曹顺国;法工委主任王文胜;农工委主任邵广欣;教工委主任董云岭(4月免);选工委主任吴晓莉(女);信访室主任朱长珊。

县人民政府:县长马锁文;副县长李雪生、杨金军、崔巍(1月免)、王兴林(1月免)、马少军(1月免)、王洪波(女)、任程伟、张建峰(1月任)、李芳(1月任)、杨书立(12月任)。

县政府工作部门:县政府办公室主任任卫东;人防办主任聂松山(7月免)、张海献(7月任);外侨办主任张海献(4月免);信息办主任衡志学(4月免);法制局长苏营周(4月免),法制办主任苏营周(4月任);监察局长白由祥;发改委主任郑建军(4月免)、仇向阳(4月任);经委主任仇向阳(4月免);教体局长田金锁;科技局长赵树平(4月免);科技和工信局长任文利(4月任);公安局长牛健;民政局长尚德祥;司法局长张书增;财政局长郭连喜;人力资源和社保局长申宏尧(4月免)、耿鲜明(4月任);建设局长黄德鑫(4月免);城建管理局长黄德鑫(4月任);交通局长耿鲜明(4月免);交通运输局长李季扬(4月任);环保局长冉章献(4月免),环保和安全生产局长冉章献(4月任);农业局长曹西平(4月免);农业农村工委主任曹西平(4月任);水利局长黄刘建(4月免);水务局长黄刘建(4月任);林业局长姚保林;粮食局长张书钦;文化局长王玉忠(4月免);文广电和旅游局长王玉忠(4月任);卫生局长刘卫国;人口和计生委主任李海;审计局长陈赞枝(女);统计局长李振;农综办主任孔新柳(女,4月免);安监局长贾守民(4月免);物价局长陈建中(4月免);民族宗教局长钱晓坤(回);广电局长王占军(4月免);旅游局长马合喜(4月免);机关事务局长刘须峰;商务局长魏定奇;城市规划局长张伍发(4月免);城乡规划局长张伍发(4月任);供销社主任肖广奇;畜牧局长尚会军;农机局长马建民;接待办主任席俊杰;农场场长张长军;林场场长钱晓林(回);市场中心主任荀建军;爱卫办主任段文周;市容管理局长李长松(4月免);行政执法局长马合喜(4月任,7月免);综合执法局长马合喜(7月任);行政审批中心主任王建智;商业总公司总经理蒋新岭;外贸总公司总经理宋君建;雁鸣湖景区管委会主任韩发旺;中小企业创业园管委会主任梁建军;民兵训练基地主任李国强;汽车产业园管委会主任袁志坚;气象局长李敏(女);电业局长苏合明(3月免)、魏国强(3月任);邮政局长金霞(女);国税局长牛鲁珉;地税局长王大卫;工商局长李建伟(11月免)、孟文建(11月任);质监局长李义柱;烟草局长阎文瀑;药监局长张全义;河务局长张汝印;国土局长陈贵生。

政协县八届委员会:主席王根成;副主席冯富军(1月免)、黄卫中、刘海燕、石小书、朱怀召、王连宇、申宏尧(1月任)。

县政协工作部门:县政协秘书长于善亮;文史委主任霍银群;提案委主任王伟;经科委主任马振坤;台港澳委主任朱光明;法制委主任王瑞芳(女);文教卫体委主任杨凯(女)。

中共县纪律检查委员会书记:李延中。

县人民武装部部长:杨书立(4月免)、朱清伟(4月任);政委:程伟刚。

县人民法院院长:刘宏建。

县人民检察院检察长:张捍卫。

县群团工作部门:总工会主席孙玉霞(女);团县委书记李记勤(女);妇联主席姬素萍(女);科协主席李春增;残联理事长宋羊群;文联主席刘海玲(女,4月免);工商联主席石小书。

乡镇机关:城关镇书记张明科(4月免),镇长张明科(4月免);青年路街道党工委书记王国恩(4月任),办事处主任宋健(4月任);东风路街道党工委书记张明科(4月任),办事处主任陈国岭(4月任);韩寺镇书记乔琳(女),镇长董胜军;官渡镇书记姬贤杰,镇长王国恩(4月免)、乔进京(4月任);狼城岗镇书记张胜利,镇长马爱国;雁鸣湖乡书记李晓莉(女,4月免),乡长李绍然(4月免);雁鸣湖镇书记李晓莉(女,4月任),镇长李绍然(4月任);大孟镇书记吕鹏亮,镇长罗振华;万滩镇书记段连增,镇长段连增(4月免)、於红太(4月任);刘集镇书记卢志刚,镇长马国彦;白沙镇书记朱麦囤,镇长闫志强;郑庵镇书记魏凤林,镇长梁辉;九龙镇书记冯炜,镇长孙彦彬;张庄镇书记李放,镇长魏木林;八岗镇书记李庆中,镇长王志强;刁家乡书记樊守峰,乡长谷金福;黄店镇书记兰伟(回),镇长刘聚宝;三官庙乡书记任文利(4月免)、梁松周(4月任),乡长梁松周(4月免)、孙高俊(4月任);姚家乡书记骆照顺,乡长刘永强。

【工业经济】 2010年,中牟县工业经济持续增长。全年全部工业完成增加值131.2亿元,比上年增长18.0%。规模以上工业企业完成增加值100.1亿元,比上年增长24.2%。新增规模以上工业企业19家。深入实施企业服务行动计划,成立企业联合会、企业家协会,审批中心成为全省首家县级行政服务标准化示范单位。投入扶优扶强、转型升级项目资金57亿元,汽车及零部件制造、新型装备制造、食品加工、高新技术等主导产业初步形成。推动企业自主创新,建成省、市级技术中心4家,中南科莱、海马商务成为全省高新技术企业。深入实施质量兴县和名牌战略,郑州日产荣获市长质量奖,帅龙红枣、红革幕墙成为全省名牌产品。

【农业与农村经济】 2010年,中牟县现代农业加快发展。粮食稳步增产,西瓜、大蒜、蔬菜等主导农产品经营效益持续增加。农产品质量安全水平不断提高,新认定无公害农产品生产基地466.67公顷,天邦蔬菜基地成为国家蔬菜标准园。农业产业化经营水平持续提升,新增市级以上龙头企业8家,培育市级示范合作社8家。设施农业加快发展,新建日光温室、大中拱棚1765座。农业技术服务体系不断完善,6个区域中心站投入运行。现代畜牧业稳步发展,新建、改建标准化养殖小区10个,无公害畜产品企业达到35家。完成造林面积2066.67公顷,建成市级林业生态乡镇2个、生态村14个,创建省市级绿化模范乡镇2个、市级绿化模范单位1个。新增有效灌溉面积1490公顷,比上年增长122.4%。农业机械总动力98.3万千瓦,农业机械化水平达到65%,完成作业面积10.6万公顷。

【现代服务业】 2010年,中牟县现代服务业更具活力。全力配合绿博园建设,保障了第二届中国绿化博览会成功举办。组建雁鸣湖城市开发投资公司,编制完成了雁鸣湖生态文明示范区控制性详细规划。成功举办第六届西瓜节暨大蒜贸易洽谈会、第十届大闸蟹美食节。全年接待游客350万人次,比上年增长26.8%;实现旅游总收入28.9亿元,比上年增长27.3%。稳步发展房地产业,一批高品位房地产项目相继建成,住宅小区物业管理逐步规范。实施农村现代流通网络工程,新增村级综合服务社150个。落实家电下乡政策,补贴农民购买家电5.9万台。

【产业集聚区建设】 2010年,中牟县产业集聚区建设成效明显。中牟产业园区新开工道路17条,人文路、通商路、杨桥东路、郑汴物流通道西段建成通车;污水处理厂、天然气门站投入使用。省委党校、华强文化产业基地、中原文化艺术学院等29个项目开工建设;万方科技学院、新联学院、河南财专实现招生。汽车工业园总体规划、产业发展规划编制完成;建设路南延工程、园区"一纵两横"骨干道路建成通车。新开工项目8个,东工三期、华达汽配等项目建成投产。全年汽车产量14.1万台,比上年增长66.7%;完成销售收入120亿元,比上年增长50%。郑州国际物流园区规划范围覆盖中小企业创业园,新亚钢铁等项目建成投产。

【城乡建设与管理】 2010年,中牟县城市基础设施不断完善。万胜路、西二环南段建成通车。青年路、东风路西段、解放路中段、人民路南段、荟萃路西段等主次干道升级改造工程顺利完成。解放路、陇海路垃圾中转站改造工程投入使用。荟萃路、府前街等道路行道树补植工程如期完成。29条背街小巷实现绿化硬化。工会、农校、汽车站等3个街心花园完成升级改造。

农村基础设施建设继续加强。新农村建设投入1.63亿元,7个村、1个社区顺利通过市级验收。首批2710名移民顺利入住,第二批5个移民新村建设加快推进。新建农村公路74.5公里,改造县道2条、危桥12座。建成集中供水厂4座,解决了10万人的饮水安全问题。完成农村改厕1.5万座,建成垃圾中转站26座。实施八岗、古城变电站改造工程,建成电气化村10个。杨桥灌区3333.33公顷现代灌区示范区建设顺利推进,改造机井3000眼、中低产田666.67公顷,连续20年荣获河南省红旗渠精神杯。

城乡管理逐步规范。对接郑州新区总体规划,调整县域村镇体系规划,修编完善县城总体规划,启动编制县城控制性详细规划,编制完成了县域村庄布局规划和16个乡镇总体规划、55个中心村规划,基本实现城乡规划全覆盖。加强城市环境综合整治,强力开展村容村貌、路容路貌专项整治,顺利通过国家卫生县城复核验收。严格土地管理,依法拆除违法建筑6.2万平方米、违章广告塔(牌)75个。完成47个批次、1698公顷的用地报批工作,有效保障了经济社会发展用地。

【社会事业】 2010年,中牟县社会事业协调发展。加强科技创新、推广工作,建成市级新农村建设科技示范村2个,县奶业协会成为全国"科普惠农"先进集体,九龙镇成为全省科普示范镇,青少年活动中心成为全市科普教育基地。更新教师办公桌椅5000套、学生课桌椅1.5万套,标准化中小学比例分别达到89.3%和90.6%。普通高招成绩位居全市第二,职业学校对口高招成绩连续8年稳居全市第一,被省政府授予"河南省义务教育均衡发展先进县(市)区"称号。

为213个村建成了"一场两台",成功举办了中牟县第二届运动会和第三届农民篮球赛,连续两年荣获"全国全民健身活动先进县"称号。新建乡镇文化站2个、村文化大院85个、新农村书屋96个,发展农村有线电视7400户,举行广场文化活动400余场,放映公益电影5172场,文化信息资源共享工程实现全覆盖,群众文化生活健康丰富。2010年11月,在中国地方志指导小组办公室和中国地方志协会主办的全国地方志系统第二届年鉴评奖活动中,《中牟年鉴》(2009)获三等奖。这次获奖的《中牟年鉴》(2009)是中牟县编纂出版的第一部地方综合年鉴。

认真落实国家基本药物制度,乡镇医疗机构药品实现零差率销售,"村村都有标准化卫生所"的目标圆满完成。加强生态环境建设,建成省级生态镇2个、省市级生态村19个。加强就业技能培训,新增城镇就业3724人,引导农村劳动力转移就业16494人。鼓励自主创业,发放小额担保贷款3872万元。扩大养老保险覆盖面,新增城乡居民养老保险9.2万人,成为国家新型农村社会养老保险试点县。设立道路交通事故社会救助基金,发放城乡低保金2800万元,为全县敬老院安装了取暖设备,残疾人康复站覆盖率达到90%。强化住房保障,建成经济适用房440套、廉租房190套,发放廉租房补贴140万元。

平安建设扎实推进。建成警务室39个,实现了县城技术监控全覆盖,有效防范了各类案件的发生。建立医疗纠纷预防与处理机制,加大法律援助力度,积极化解矛盾纠纷,信访形势总体平稳。落实安全生产"一岗双责",及时排查消除事故隐患,保障了人民群众生命财产的安全。

【第二届绿博会在中牟举办】 2008年12月5日,全国绿化委员会正式确定郑州市为2010年第二届中国绿化博览会(以下简称绿博会)举办城市。第二届中国绿博会确定由全国绿化委员会、国家林业局和河南省人民政府共同主办,河南省绿化委员会、河南省林业厅和郑州市政府共同承办。

举办第二届绿博会得到全国绿委、国家林业局和河南省委省政府的高度重视。国家林业局局长贾治邦亲自安排部署,省委书记卢展工、省长郭庚茂多次听取汇报、召开专题会议研究部署,并到绿博园施工一线视察指导。郑州市委市政府主要领导投入大量时间和精力,全市积极进行筹备。第二届绿博园选址所占土地涉及中牟县国有林场和刘集镇的5个村庄,总占地面积195.93公顷。中牟县委县政府全力配合,经过一年多的精心施工,到2010年9月初绿博园工程建设全部完成。

2010年9月26日,为期10天,主题为"以人为本,共建绿色家园"的第二届绿博会开幕。河南省副省长刘满仓主持开幕式,全国政协副主席罗富和宣布第二届中国绿化博览会开幕。全国绿化委员会副主任、解放军总后勤部副部长谷俊山宣读中共中央政治局委员、国务院副总理回良玉为第二届中国绿化博览会发来的贺信。郑州市委副书记、市长赵建才致辞。中共河南省委副书记、河南省省长郭庚茂向各位来宾表示热烈欢迎。全国政协副主席罗富和,国家林业局局长贾治邦,河南省委副书记、省长郭庚茂以及中央和省市各级领导出席开幕式。来自北京市朝阳区等32个全国绿化模范城市及省会城市的代表参加了开幕式。人民日报、新华社、光明日报、人民网、新华网等境内外数十家新闻媒体对活动进行了报道。

第二届绿博会的成功举办,对促进郑州市城市建设、国土绿化和生态文明具有重要作用,对于提高城市综合实力和竞争力,促进中原崛起,实现"三化两型"国家区域性中心城市战略目标具有深远的意义,也带动了周边地区,尤其是郑汴一体化快速发展。举办绿博会不仅会给郑州市人民留下一个值得永久保存的园林精品,更重要的是作为城市发展规划中的一个重要组成部分,对于提高城市品位、增加知名度,促进社会经济又好又快发展具有重要的现实意义。

【郑州·中国绿化博览园】 郑州绿博园面积195.93公顷,相当于郑州城区内碧沙岗公园、人民公园、紫荆山公园的总面积。该园位于郑州市区以东郑汴产业带白沙组团与官渡组团之间的生态绿化防护带内,万三路以东,郑汴物流通道以南,人文路两侧。

郑州绿博园规划设计立足生态性,注重示范性,拓展休闲性,彰显文化性和科技性;融入了绿色生命、绿色生活、绿色经济、绿色家园和绿色科技的理念,充分体现了“让绿色融入我们的生活”的主题。

郑州绿博园绿化景观结构分为“一湖、二轴、三环、八区、十六景”。(1)一湖即中心湖区“枫湖”,水面面积17.33公顷。(2)二轴为“绿色宣言”景观轴和“山水中原”景观轴。二轴线交汇于枫湖,形成全园视觉中心。(3)三环为3个景观环。内景观环体现湖光山色的“绿博”美景;中间景观环主要为各类展园,为“绿博园”精华荟萃带;外景观环为背景森林带,是整个园区的绿色大背景。(4)八区即全园分为入口区、枫湖区、展园区、湿地区、背景森林区、绿色生活体验区、休闲娱乐区和苗木花卉交易区八区。(5)十六景指外八景和环湖八景。外八景是指内环以外八景,包括挹秀亭、桃花源、多彩大地、果林花溪、森林剧场、科普园、北入口、东入口;环湖八景包括枫湖半岛、阳光沙滩、生态浮岛、观景台、演艺中心、东码头、西码头、南码头。

郑州绿博园于2009年8月26日开工兴建,历时一年多建成,累计完成投资12亿元。园区共栽植各类灌木1000余种、63.6万株,绿化面积130万平方米;构筑湖面、湿地等水系21.33公顷;修建道路11公里,架设桥梁7座;工程土方总量450多万立方米。

全国各省、自治区、直辖市,港澳台地区,计划单列市,全国绿化模范城市,国内大型企业和部门,河南省古都城市等86个国内单位,以及河南省和郑州市的8个国际友好城市分别应邀在绿博园建设了体现各自特色的精品园林景观。除国际友好城市及国内各单位修建的永久性展园外,园区内还建有观光塔、展览馆、音乐喷泉、综合服务中心等多项主体建筑工程和餐饮购物网点、景观灯具、标识系统、小品雕塑等配套设施。

(徐　园)

金水区

【概况】 2010年,金水区总面积146.89平方公里,其中城区面积70.65平方公里。辖2个镇、14个街道办事处。常住人口138.4万人。人口出生率为7.34‰,死亡率为3.02‰,自然增长率为4.33‰。

2010年10月区划调整,金水区撤消了龙子湖街道办事处、祭城路街道办事处,成立了兴达路街道办事处。

2010年,全区地区生产总值达到605亿元,比上年增长13%。综合经济实力跃居中部六省城区第一。全年完成财政总收入96.1亿元,比上年增长10.9%;地方财政一般预算收入28.27亿元,增长28.6%,继续位居中部六省城区首位。完成全社会固定资产投资270亿元,比上年增长33%。社会消费品零售总额466亿元,比上年增长18.6%。城镇居民人均可支配收入22287元,比上年增长9%。农村居民人均纯收入11191元,比上年增长10%。实际利用外资2.2亿美元,比上年增长10%。外贸出口9亿美元,比上年增长35%。

【机构与领导】 中共金水区区委:书记赵新中;副书记赵书贤、王克勤;区委常委:赵新中、赵书贤、王克勤、李建政、牛晓萌、丁胜全、许广佑、翟政、郑长林、赵德武、李建国、李峰、王爱辉(女)。

区委工作部门:区委办公室主任丁胜全;群工部长曹可艳;组织部长李建国;宣传部长李峰;统战部长李建政;政法委书记翟政。

区人大常委会:主任薛燕(女);副主任李贻忠、吴学军、常新河、孙郑生、许贵舟、燕建华、刘营敏、冯景义、贾刚、鲁老斗;办公室主任冯虎林。

区人民政府:区长赵书贤;副区长许广佑、王爱辉(女)、王红梅(女)、姚方海、张华、樊安民、张士先。

区政府工作部门:区政府办公室主任方本选;法制办主任段亚丽(女);监察局长王双;外侨办主任陶建莉(女,回族);信息网络中心主任胡冰(女);地方史志办主任(空缺);督查室主任(空缺);接待办主任赵蔚(女);民族宗教局长巴姝靖(女,回族);人防办主任崔兴周;行政审批中心主任吴红梅(女);财政局长竞新宇;人劳局长鞠卫;教体局长王珂;民政局长刘健;卫生局长曲燕鸣(女);审计局长司金涛;发改局长崔文修;市政局长刘建伟;国土局长梁新生;工信局长胡景帅;农经委主任许银欣;科技局长(空缺);计生委主任张沛(女);建设局长彭英(女);环保局长薛文平;交通局长王丽(女);司法局长常超美;安监局长王国安;信访局长张红梅(女);房管局长孙华民;商务局长刘军;文化旅游局长吴兆强;物价局长陈玉清;事管局长张岚(女);拆迁办主任周玉梅(女);科技市场管委会主任张双喜;爱卫办主任李新田;数字化中心主任周保民;考评办主任钱锐;项目办主任杨晓学;审批中心主任吴红梅;评审中心主任库晓;采购中心主任刘琴;粮管中心主任高学峰。

区政协委员会:主席刘建峰;副主席王庆豪、孙鲜龙、王居良、赵海叶、宋红霞、张建民、李永福;办公室主任张书林。

中共区纪律检查委员会书记:牛晓萌。

区人民武装部部长:张涛;政委:赵德武。

区人民法院院长:杨发群。

区人民检察院检察长:宁建海。

总工会主席李劲松(女);残联主席陈玉新。

镇、街道办事处机关:庙李镇书记毛国安,镇长王金城;柳林镇书记李政,镇长沈建忠;经八路街道办事处书记江永辉,主任叶齐科;文化路街道办事处书记段庆洲,主任王延军;人民路街道办事处书记齐智慧,主任王静(女);花园路街道办事处书记李婷(女,回族),主任李东;杜岭街道办事处书记郭文博,主任秦历源(女);南阳路街道办事处书记江涛,主任李俊勇;大石桥街道办事处书记郭峰,主任连卿;南阳新村街道办事处书记刘运泽,主任姚霞(女);丰产路街道办事处书记杨金泉,主任马爱玲(女);东风路街道办事处书记史战胜,主任李华(女);未来路街道办事处书记杨振玉,主任李长虹;北林路街道办事处书记陶宏智,主任唐成山;凤凰台街道办事处书记许忠,主任赵伟峰;兴达路街道办事处书记刘楠,主任王文彬。

【产业发展】　2010年,金水区战略产业发展格局基本确立,产业特色更趋清晰。坚持"现代服务业强区"战略,全年完成服务业增加值515.4亿元,比上年增长13.3%;规模以上工业完成增加值26.6亿元,比上年下降2.8%;三次产业结构比调整为0.5∶14.3∶85.2,三产主体地位进一步巩固。

以房地产、酒店餐饮、现代商贸为主的战略主导产业持续壮大。其中,完成房地产投资225亿元,商品房销售面积320万平方米;酒店餐饮业实现营业额96亿元,现代商贸业销售额948亿元,辖区年交易额超亿元的商贸市场和购物中心增至21个,三星级以上酒店44家。

以金融服务、文化创意、科技信息、总部经济为重点的战略新兴产业快速发展。辖区银行、证券、保险、担保、小额贷款和其他金融机构达到610余家,实现金融业增加值107亿元。文化创意产业逐步兴起,其中金水文化创意园完成投资400万元,入驻企业28家。全区实现高新技术产业增加值8.5亿元、科技信息产业销售额110亿元,新增科技孵化企业19家,"电子信息孵化平台"项目通过中期评估。引进台湾华信航空、上海三菱电器等总部企业近30家,辖区总部企业总数已达120余家。

【发展方式转变】　2010年,金水区发展方式转变取得新成效,发展活力加速释放。以实施城中村和旧城区改造为突破口,盘活存量土地。全区14个已拆迁城中村项目控规均已完成,并全部开工建设,累计腾出土地451.53公顷,吸引投资600亿元。

以发展楼宇经济为突破口,拓展立体空间。全区商务楼宇面积达到447.3万平方米,入驻企业1.2万家,缴纳区级税收突破8亿元。其中,纳税额百万元以上楼宇达到72幢。

以产业集聚区建设为突破口,推动集约发展。杨金产业园基础设施建设全面启动,起步区内永兴路、马林东路、马林西路竣工通车,签约项目20个。其中,亿元以上项目7个。金水北区规划编制、地形测绘等工作大头落地,概念性设计方案通过初审,招商引资全面展开。工业设计创意园筹建工作开始启动,滨水产业带城市概念性设计通过专家评审。河南科技园区入驻企业2470家,实现技工贸交易额42.5亿元。

以发展商圈经济为突破口,激发消费活力。白庙、西关虎屯、曼哈顿和北二七路、紫荆山五大商圈稳步发展,经营面积达到425.9万平方米,年营业额突破150亿元。赴杭州成功举办了区情说明暨重点项目推介会,签约重点项目10个,签约总金额近100亿元。

【城市建设与管理】　2010年,金水区城市改造深入推进。加快实施以城中村和旧城区改造、特色街区建设为主要内容的城市更新计划。其中,以沈庄、十二里屯为代表的城中村改造项目强力推进,姚砦、凤凰台等12个项目土地顺利摘牌;王庄、琉璃寺等5个项目安置房已交付使用,大孟砦、寺坡等6个项目和黄河北街12号院、郑州化纤纺织厂等2个旧城改造项目开始启动。新建郑州国贸、传媒大道等特色街区3条,特色街新增就业人员1368人,年缴区级税金3205万元。金水日用百货夜市被评为"郑州市规范化夜市街区"。

城市功能日益完善。投入资金3431万元,对同乐路、政七街等9条(段)道路进行了精品街改造,对丰乐路、林科路等12条(段)道路车行道进行了复浇,新建、改建垃圾中转站17座、公厕13座,新增绿地面积46万平方米。围绕"畅通郑州"和"畅通金水"建设,完成了金基路等28条支线路网建设,京沙快速通道、107国道郑州段改建、郑州动车组运用所、郑开大道与京港澳高速互通式立交、花园路与连霍高速互通式立交、郑汴物流通道等工程建设所涉及的拆迁任务均已完成,累计拆迁面积48.7万平方米,有力保障了省、市重点工程建设的顺利推进。

城市管理不断创新。深入开展以治理占道经营、乱贴乱画、乱停乱放等为重点的集中行动,大力推进市容市貌、出入市口、户外广告、"五小行业"专项整治,推行道路清扫物业外包服务,全区市容管理秩序不断好转。重视保护和合理利用土地,积极开展违法建设集中查处活动,依法拆除违章建筑5.9万平方米,全区土地管理秩序逐步规范。认真做好节能减排工作,拆除燃煤大锅炉14台,审验建设项目554家。完成了魏河、七里河等生态水系建设附属物拆迁工作,全区生态环境质量进一步提升。

【民生工作】　2010年,金水区民生工作取得显著成效。实现城镇就业28656人,农村劳动力转移就业2537

人。新增城镇居民基本医疗保险2.1万人、养老保险9840人,发放各类低保资金1022万元,涉及困难群众4147人。组建"片医"团队250个,建立居民健康档案51万余份,签订家庭保健协议2.2万份。在4所乡镇卫生院实行了国家基本药物制度,药品价格平均降幅达到16%。监督检查食品生产经营单位5.2万户次,立案处罚违法单位122家,没收、销毁不合格食品1227.8公斤、不合格农产品6186公斤。新增廉租住房保障家庭1039户,发放住房租赁补贴469.8万元,审核经济适用房轮候家庭4646户。四月天等4所学校新(改)建工程稳步推进,七十一中等3所学校校舍安全工程顺利竣工。成功吸引3家企业参与居家养老服务,创新了养老服务模式,荣获"全国养老服务示范城区"称号。积极开展"平安金水"创建活动,新建监控平台76个,新增监控探头2672个,辖区刑事案件发案率比上年同期大幅下降,在全省群众安全感满意度测评中,金水区名列全市城区第一。

【社会事业】 2010年,金水区社会各项事业长足发展。以创建全国计划生育先进区为目标,以提高出生人口素质为抓手,不断健全利益导向机制,加强出生人口性别比治理,全区人口出生率控制在8.85‰。深入开展普法宣传,举办各类法制讲座337场,受教育群众2.2万人。大力发展基层文化体育事业,新建乡镇文化站2个、农村文化大院16个、社区文化活动室15个,举办各类公益性群众文化活动68场,参与群众达3万多人次。辖区旅游景点接待游客196.3万人次,实现旅游收入4.7亿元。建立了区级非物质文化遗产名录,确定区级非物质文化遗产5类13项、传承人4人。其中,"朱氏彩绘"、"沈少三中国式摔跤"入选"河南省非物质文化遗产普查十大新发现"。

【各项改革】 2010年,金水区重点领域和关键环节改革取得新的突破。城市管理体制改革全面推开。以节约成本、提高效率、增强效果为重点,深入推进城市管理体制改革,全区15个镇办的道路清扫保洁全部推向市场。围绕减少管理层级、明晰责任主体、降低管理成本,将区市政管理局、行政执法局合并为区城市管理执法局,管理效率明显提升。围绕转变执法理念、构筑城管品牌,深入开展"文明执法、和谐城管"主题宣传月活动,全区执法人员执法水平得到提高,服务意识进一步增强。

投融资体制改革稳步推进。以盘活国有资产、缓解财政压力为目标,对区属国有资产进行普查摸底,制订了国有资产管理改革方案。强化与金融机构的合作,杨金产业园采取市场化手段成功融资基建资金8000万元,为8家入园企业提供担保资金2500万元。推行重大投资项目免费全程代办制度,全年免费代办项目12个,并联审批项目19个。

农村集体经济股份合作制改革实现阶段性目标。以明晰农村产权关系、发展农民长远利益、加快推进城市化进程为方向,完成了87个村组改制任务。率先在全市启动撤村并城试点,全面开展了村庄基本情况普查活动,确定了周庄、大贺庄等4个试点村庄,同时积极探索了加快农民身份转化的新途径。

【平安建设】 2010年,金水区社会潜在矛盾得到有效化解。认真落实领导接访及包案制度,正确对待和妥善处理群众反映的热点难点问题,辖区社会大局保持稳定。高度重视安全生产责任制的落实,不断强化隐患整改,开展大型隐患排查7次,消除安全隐患5174处,停产停业整顿违规企业32家,辖区安全生产形势明显好转。深入开展城中村消防安全"大排查、大整治、大督查"活动,重点对城中村电瓶车存放和使用、消防设施配置等进行规范,共设置电瓶车存放、充电专用房间2077间,城中村出租户消防器材配备率达到100%。

【政府自身建设】 2010年,金水区政府执行力和公信力进一步提升,行政效能不断提高。按照"大部门制"设置方针,完成了政府机构改革。全面推行目标管理责任制,将政府重点工作分解为100项,分别明确了责任领导、承办人和完成时限,实行严格的目标管理和全过程监督,执行力得到有效提高。深化行政审批制度改革,建成了网上审批和电子监察系统,22个职能部门96项审批事项实现了网上审批。建立"ZZIC"督办机制,办结群众反映的热点难点问题225件。以提升"十种能力"为目标,注重培育政府团队文化,团队向心力和凝聚力明显提升。

民主法制不断健全。进一步完善了政府决策机制,深入推进涉及群众切身利益的重大决策事项信访评估制度、公开听证制度和定期回访制度,增强了政务透明度和政府公信力。全年共办理省、市、区三级人大代表建议和政协委员提案130件,办结率100%。主动接受社会监督,法治城区建设取得新的成效。

【精神文明建设】 2010年,金水区文明程度不断提升。深入开展"我为畅通郑州做贡献"活动,大力提倡领导干部乘坐公交车或骑自行车上下班,对50%的公务用车进行了封存;抽调300余名机关干部,深入交通拥堵路段设置交通文明岗,公务用车违章现象明显减少,辖区群众文明出行意识日益增强。加强未成年人思想道德教育,先后举办各类宣教活动25场,学校、家庭、社会"三位一体"教育体系不断完善。大力弘扬以爱国主义为核心的民族精神和以改革创新为核心的时代精神,深入开展"三平"精神教育实践活动,辖区居民归属感和荣誉感不断提升。认真做好人才工作,制定人才发展五年规划,开展首届"优秀人才、杰出人才和优秀自主创新企业"评选活动,营造了尊重人才、善用人才、爱护人才的浓厚氛围。强化社会诚信体系建设,深入开展“文明社区、文明村镇、文明单位”创建活动,荣获“河南省文明城区”称号,区地税局等12家单位被命名为省级文明单位。

【廉政建设】 2010年,金水区廉政建设不断加强。健全反腐倡廉制度,进一步完善政府决策、政府投资、政府执法等各个领域的制度体系,初步建立了权力运行长效监控机制。规范财政资金管理,全年评审政府投资项目122个,审减资金9595万元。加大对重点行业、重点资金、重点项目的审计和对重大经济案件的查处力度,完成审计项目77个,查纠违规资金4.4亿元,查纠管理不规范资金2.3亿元。深入推进机关效能建设和作风纪律整顿,查处违纪案件19件。

【“十一五”成就】 2010年是实施“十一五”规划的最后一年。金水区牢牢把握中部崛起、中原崛起等重大战略机遇,坚持用科学发展观统领经济社会全局,灵活应对宏观形势变化和区划调整带来的诸多考验,有效化解国际金融危机产生的不利影响,圆满完成了“十一五”规划确定的主要发展目标。与“十五”末相比,全区生产总值净增361亿元,年均增长13.5%。地方财政一般预算收入净增19.6亿元,年均增长26.6%。全社会固定资产投资净增194亿元,年均增长30.8%。社会消费品零售总额净增271亿元,年均增长19.1%。城镇居民人均可支配收入净增9400元,年均增长11.5%。农村居民人均纯收入净增3042元,年均增长12.3%。实际利用外资净增1.6亿美元,年均增长30.7%。出口创汇净增7.3亿美元,年均增长39.6%。“十一五”时期成为金水区历史上名副其实的“发展黄金期”,综合实力跻身中部六省城区最前列,为全区改革、发展、稳定奠定了坚实基础。

(赵 阳)

二七区

【概况】 2010年,二七区总面积156.2平方公里,其中城区面积34.1平方公里。辖13个街道办事处,92个社区居民委员会,39个社区居民管理委员会;1个乡、1个镇,14个行政村,176个自然村。总人口670566人,其中城镇人口612227人。人口出生率为8.75‰,死亡率为3.91‰,自然增长率为4.84‰。

2010年,全区地区生产总值完成300亿元,比上年增长12.4%。其中,第一产业增加值0.7亿元,下降3.1%;第二产业增加值73万元,增长15.8%;第三产业增加值226亿元,增长11.3%。工业增加值完成44亿元,比上年增长17.7%。粮食总产量5227吨,比上年增长15.3%。财政一般预算收入完成15亿元,财政一般预算支出13亿元。全社会固定资产投资完成157亿元。社会消费品零售总额完成197亿元。商品出口总额8900万美元。实际利用外资10800万美元。城镇居民人均可支配收入完成18127元,人均消费性支出11265.66元。农民人均纯收入完成10970元,人均生活消费现金2822.5元。城镇居民人均可支配收入和农民人均纯收入分别比上年增长11.4%、15.7%,均超额完成“十一五”预定目标。

2010年,全区规模工业增加值完成448300万元,同比增长18.6%。建立国家、省、市级技术中心企业17家,工程研究中心5家。二七区被授予“中国服装商贸名城”称号。马寨工业园区总体规划、控股方案已获市政府批准,新大方年产20台大型风电安装专用吊机成套装备项目、康师傅4条饮品生产线已竣工投产,宴酒坊、城开工业园等项目扎实推进。马寨食品工业园区总产值首次突破100亿元,被列入省级示范基地重点培养对象,园区集聚效应不断增强。

坚持把“三农”工作放在突出位置,加大农村基础设施建设投入,狠抓生态旅游农业,不断加快新农村建设步伐。2010年,农村居民人均纯收入完成10970元,同比增长15.7%。新、改建农村道路(桥梁)11条,合计里程23.4公里,总投资8138万元。实施农村安全饮水工程,新解决辖区西南部2000名群众安全饮水问题。成功举办首届郑州·娄河油菜花节、“2010春季浪漫赏花游”、“2010第四届郑州樱桃节”和“2010郑州市第六届葡萄文化节”,实现旅游收入4300万元,特色休闲旅游农业发展成效进一步展现。

【机构与领导】 中共二七区区委:书记朱是西;副书记王鹏、张杰锋;区委常委:朱是西、王鹏、张杰锋、李章坤(1月免)、程广民(11月免)、陈爱萍、张丽英(女)、张全金、魏建民(1月任,11月免)、彭立、杨明军、牛瑞华(11月任)、楚惠东、曲连文、王玉红(女,11月任)、王鲁明。

区委工作部门:区委办公室主任楚惠东;组织部长张丽英(女);宣传部长王鲁明;统战部长曲连文;政法委书记李章坤(1月免)、张全金(1月任);群工部长张新云(女,1月免)、曹宪武(1月任);机关党工委书记魏素芳(女);编办主任潘丽霞(女,5月免)、董跃武(5月任);区委党校常务副校长冯晶丽(女);老干部局长薛燕(女,4月免)、徐建宇(女,9月任);信访局长周彪;档案局长张艳玲(女)。

区十四届人大常委会:主任赵炳林;副主任范武成(1月免)、赵田、李刚、周国建、陈庭新(1月免)、郭穆顺、柳建华(1月任)、武志亮(1月任)、张忠民(1月任)。

区人大常委会工作部门:区人大办公室主任冯保强;法工委主任李玲(女);财经工委主任赵建堂;教科文卫工委主任马郑武;城建工委主任王云;代表联络工委主任刘德斌;来信

来访工作室主任杨录生。

区人民政府:区长王鹏;副区长程广民(11月免)、魏建民(1月任,11月免)、张全金(1月免)、牛瑞华(11月任)、王玉红(女,11月任)、姚实、王素梅(女,11月免)、于珊(女)、彭长星(1月免)、辛绍河(1月任)、袁新生(11月任)。

区政府工作部门:区政府办公室主任赵国玺(9月免)、马世锋(9月任);地方志办主任郭法章;接待办主任刘长海;法制办主任吕峰卫;人防办主任高发林;民族宗教局长帖建军(12月免);监察局长李鹏飞(9月免)、张军((9月任);行政服务中心主任王峰;商务局长杨杰;工信局长张建中;人口和计生委主任任书庆;人力资源和社保局长潘丽霞(女);社保管理局长董跃武(4月免)、薛燕(女,4月任);财政局长张建森;发改和统计局长王永利;教体局长刘子科;民政局长苏连成;农业农村工委主任陈卫东(1月免)、马遂鑫(1月任,9月免)、杨东起(9月任);粮食局长付阳光;卫生局长王章正;审计局长李新亮;城管执法局长牛军领;科技局长胡爱民(9月免)、田培红(女,9月任);建设局长秦玉凤(女);环保局长徐笑康;司法局长王淑真(女);交通局长田培红(女,9月免)、张文奇(9月任);爱卫办主任马本义(5月免);土地储备中心主任贾利强(10月免)、张超(10月任);建设投资公司总经理李晓慧(女,10月免)、王晓东(10月任);数字化城管指挥中心主任王启树(5月免)、陈庆(4月任);投资促进服务中心主任刘丽红(女);文化旅游局长牛志宏(女);安监局长杨东起(9月免)、汤孝轩(9月任);机关事务局长高武汉;物价局长张爱云(女,1月免)、刘敬军(女,1月任);住房保障中心主任翟振峰(9月免)、兰海(9月任);拆迁办主任徐力夫;南水北调办主任闫宗汉;马寨工业园区管委会主任王鲁明(2月免)、魏建民(1月任);国资局长王波(女);公安分局长彭长星(1月免)、王天福(1月任);工商分局长刘勇(4月免)、王建修(11月任);技监分局长潘亚力;国税局长陈鸿俊;地税局长王继恒(6月免)、刘伟红(6月任);规划分局长葛咏;市场管理处主任房广明。

政协区七届委员会:主席汪爱英(女);副主席姚友谊、谢林(女)、李琳、吴书文、陈旭儒、李东亮、王同超(1月任)。

区政协工作部门:区政协办公室主任刘栋(女);社会法制委主任黄晓江(1月免)、牧秋君(女,1月任);宣教文卫体史委主任李银良(1月任);经济科技委主任邓界平(1月免)、张福兑(1月任);民族宗教港澳台侨委主任张占军;联络委主任刘来群(1月任);提案委主任田留锁;农业委主任刘来群(1月免)、鲁香敏(女,1月任);机关老干部科长刘芳(女,4月免);城建环保委主任黄晓江(1月任)。

中共区纪律检查委员会书记:陈爱萍。

区人民武装部部长:杨明军;政委:董治会。

区人民法院院长:靳凤英。

区人民检察院检察长:梁平。

区群团工作部门:总工会主席张忠民(1月免)、张新云(女,1月任);团区委书记王晓东(9月免);妇联主席李素佩(女,1月任);残联理事长荆淑增(女);科协主席栗汾涛(女);工商联主席韩军(9月免)、卢学俊(10月任)。

街道办事处、乡镇机关:大学路街道办事处书记赵阳(1月免)、海鸥(1月任),主任阴小强;五里堡街道办事处书记朱松山(1月免)、陈卫东(1月任),主任张祎(3月任);福华街街道办事处书记司文一(9月免)、黄新宏(9月任),主任南中洋(1月任);建中街街道办事处书记邵剑勇,主任肖锋;蜜蜂张街道办事处书记张振国,主任杨志华;铭功路街道办事处书记张伟新,主任刘利(1月免)、梅斌(1月任,9月免);一马路街道办事处书记马建,主任王笑梅(女,1月免)、徐建(1月任);解放路街道办事处书记辛绍河(1月免)、朱松山(1月任),主任李景光;德化街街道办事处书记王玉卿(9月免)、马遂鑫(9月任),主任汪艳玲(女);淮河路街道办事处书记李华民,主任兰海(9月免)、赵红林(9月任);嵩山路街道办事处书记胡仲泰,主任海鸥(1月免)、张勋(1月任);长江路街道办事处书记李国立,主任刘钰(女,1月免)、王笑梅(女,1月任,9月免)、党春立(9月任);京广路街道办事处书记谭清录,主任鲁林林(女,1月任);侯寨乡书记张文奇,乡长崔工作;马寨镇书记刘增杰(9月免)、胡爱民(9月任),镇长马世锋(9月免)、梅斌(9月任)。

【城乡建设和管理】 2010年,二七区土地利用总体规划、二七广场商业中心区城市设计、龙西湖休闲产业集聚区概念性总体规划、火车站西广场周边地区改造规划、医疗服务商圈规划、马寨镇控规、村镇体系规划、四环沿线城市设计等10余项重大规划已完成或基本完成,为指导全区城乡统筹发展提供了科学依据。

路网建设完成了京沙快速通道、郑少高速连接线、南四环—嵩山路立交桥等省市重点项目拆迁工作。以实施“畅通郑州”工程为契机,筹措资金1.4亿元,建成人和路(陇海路至政通路)、汝河路、石柱路、啟福大道、凤鸣路等20余条城乡道路,修建里程29.7公里。京广南路(万客来段)、人和路(航海路-长江路)、政通路、峨眉路等17条道路已完成拆迁工作。全区城乡道路总投资额和建成数量、里程均创历年之最。

以改善城区环境面貌、打造宜居二七为目标,城市基础设施进一步完善。2010年,全区共完成各类项目拆迁575万平方米,是过去10年的总和,是上年拆迁量的近9倍,拆迁面积位列全市第一,且未出现重大不稳定因素。项目建成后总建筑面积将达2000万平方米以上,是上年全区房地产销售面积的近16倍。城中村改造项目顺利推进,小李庄、佛岗、菜王村民顺利回迁;荆胡、齐礼闫、冯庄等城中村改造拆迁、控规报批工作基本完成;区城中村土地招拍挂面积、安置房建设总量等主要指标均居全市第一。强力开展违法建设综合整治,查处违法建设779起,拆除1.4万平方米,十次卫片执法检查顺利通过,张寨"湖畔假日小区"违法建设拆除工作完成,基本实现了违法建设、违法占地、小产权房"三个零增长"。新建改造环卫中转站12座,新建公厕7座;西绕城公路、大学南路绿化带建设和嵩山南路绿化带拆迁顺利完成,新栽乔木5万株、花灌木38万株,新增绿地55万平方米。发动市容整治"夏季攻势"、"秋季攻势",开展"从我做起、清洁家园、美化二七"万名志愿者行动,以优异成绩通过了国家卫生城市复审和全国文明城市指数测评。

【运河新区开发】　二七区境内规划面积28平方公里、核心区12平方公里、总投资近1000亿元、基础设施投资超过120亿元的运河新区建设得到市政府正式批准。该新区的覆盖范围:北起南三环,西北接郑密路,南抵新郑,西起绕城公路,东至管城区。其核心区域是京广南路、嵩山南路、南三环、南四环所围合的12平方公里。新区总体规划已获通过、控规方案正在编制,土地一级整理模式已初步确定,框架性开发合作协议即将签订。新区开发建设序幕将全面拉开,未来新区将建成3至5家五星级酒店、120万平方米高品质商业用房、120万平方米高档写字楼、700万平方米高端生态宜居住宅。运河新区将成为二七区重要的经济增长点。

【招商引资】　2010年,二七区签约项目38个,其中超10亿元项目10个,完成招商引资161.5亿元。吸引5家国内500强企业前来投资,投资50亿元的雨润项目、投资30亿元的恒隆广场项目、投资4亿元的苏宁物流园项目已签约;投资50亿元的万达广场项目土地招拍挂已完成;投资60亿元的华润万象城项目已开工。金智万博二期、二马路机电市场、二七时代广场、百年德化二期、威尼斯水世界等一批大项目也取得重大进展。万科、绿城、绿地、保利、恒大等国内前十强房地产开发企业,纷纷到二七区考察洽谈。全区形成了储备项目、洽谈项目、签约项目、开工项目竞相推进的格局,为跨越式发展提供了强力支撑。2010年,全区完成招商引资161.5亿元,引进域外境内资金77.6亿元,实际利用外资1.1亿美元。

【项目建设】　2010年,二七区坚定不移地实施"项目带动"战略,并把大抓项目、抓大项目作为打造"财富二七、商贸旺地"的关键之举。调整成立10个跨越式发展工作指挥部,建立完善了"六个一"项目推进机制,采取领导分包重点项目、约定奖惩、冠军争夺赛等措施,纳入重点管理的172个项目,完工70个、在建65个,完成投资113.5亿元,实现税收4亿元。项目的顺利建设,带动了产业结构持续优化,新增商业面积463万平方米,培育商务楼宇3栋,引进总部企业50家,第三产业增加值达226亿元,比上年增长11%。

【社会事业】　2010年,二七区向民生事业投入7.01亿元,占财政总支出的57%,为历年来投入最多、群众得实惠最多的一年。大力推进就业再就业工程,完成就业再就业2.3万人、农村劳动力转移就业1528人。将参合农民门诊医疗纳入统筹范围,报销封顶线提高到6万元;城镇居民基本医疗保险参保人数达17万人,城镇职工基本养老保险、城乡居民基本养老保险分别新增8191人、1.2万人,离退休人员养老金社会化按时足额发放率100%。对首批14名符合享受国家奖励扶助政策的计生困难家庭老人参照五保老人供养标准,实施了免费集中供养。

春晖小学、幸福路小学等9所学校新建改扩建项目进展顺利,为10万余人次中小学生减免、补助费用1900万元,义务教育阶段适龄儿童入学率达到100%。全年新建标准化村卫生所9家,新建社区卫生服务中心2家,对甲型H1N1及手足口病等重大传染病进行了有效防控。

积极做好便民快餐店和蔬菜便利店进社区工作,新增标准化示范点7个。在建经济适用房61万平方米、廉租房5.8万平方米。抓好节能减排和环保工作,拆除改制燃煤大锅炉10台,推广节能灯具9.8万只。殡仪馆搬迁进展顺利。认真落实信访工作"七大体系",妥善处置了八卦庙村小产权房、华东技校农民工工资、嵩山路32号院等信访问题。

举办"中华传统文化公益论坛暨河南省首届传统文化论坛"、"学习中华优秀传统文化,做有道德的二七人"、"礼乐中国'二七杯'中华优秀传统文化歌曲大赛"等一系列活动,弘扬了优秀传统文化,受到海内外媒体普遍关注,得到社会各界高度评价。新建乡镇综合文化站、农村文化大院、社区文化活动中心14个。举办了首届全区职工运动会。

【政府自身建设】　2010年,二七区办理人大代表议案1件、建议46件和政协委员提案74件,办复率100%。扎实开展"创先争优"活动,全面推进"4+2"工作法和"全覆盖、新跃升"工程,全面推进党风廉政建设,党建工作科学化水平逐步提升。"行动迅速、善抓落实、创新创效、廉政为民"的工作准则已成为二七区广大干部职工的自觉行动,累计培训干部职工2万余人次,机关效能得到提升,干部作风明显转变。

实施政府机构改革,推行政府信息公开,政府运转更加高效透明。严格执行厉行节约各项规定,强化审计监督,杜绝商业贿赂和工程建设领域的腐败行为,政府廉政建设得到加强。2010年,二七区获得国家级计划生育优质服务先进单位、中国最具爱心城区、中国承接产业转移投资环境十佳县(市)区、全国科技进步先进区、全国法治县(市、区)创建活动先进单位、中国服装商贸名城、全省信访稳定工作一类县(市)区、河南省残疾人工作先进区、河南省企业服务年知识产权专项行动先进单位、郑州市优化经济发展环境工作先进单位等多项荣誉称号。

【10件实事】 (1)加大教育投入,王胡砦小学已开始进行基础工程建设,完成投资约1000万元;幸福路小学完成项目建设任务,完成投资额500万元;春晖小学完成投资额200万元;马寨一中建设工程竣工,完成投资约800万元;郑州四十八中完成投资约1200万元。(2)为全区3203名一线教师配发了笔记本电脑。(3)新建9家标准化村卫生所,实现了辖区标准化村卫生所全覆盖。(4)投资4000万元,新修了凤鸣路等6条农村道路。(5)搭建大学生创业平台,实施创业带动就业工程,康桥华城大学生创业园、中原采博城大学生创业园正式挂牌。(6)强化平安校园建设,投资180万元为全区73所公办中小学和幼儿园安装了监控设备。(7)为城乡居民提供基本医疗卫生服务保障,将参合农民门诊医疗费用纳入统筹范围,新农合报销封顶线提高到6万元。(8)参照五保老人供养标准,将农村5类享受奖励扶助的计生家庭老人纳入区政府集中供养,首批入住符合条件的14人。(9)加强农村安全饮用水工程建设,解决了农村1万人饮水安全问题。(10)实施农村环境卫生综合整治,投资300万元完善农村环卫清洁队伍与基础设施,区农村垃圾清扫保洁机制正式启动。

【成为国家级计生优质服务先进区】 2010年10月,二七区顺利通过"国家级计划生育优质服务先进区"验收。近年来,二七区以"稳定低生育水平,统筹解决人口问题"为抓手,创新工作机制,先后成功探索出计划生育"商户自治"、人口文化进商场、"计生120"、社区"一家亲"、流动人口"6+1管理"等管理服务模式。

坚持把人口计生工作纳入全区经济社会发展总体目标,作为"一把手工程"常抓不懈。优先保障计生经费,2008年投入1137万元,2009年投入1946万元,2010年投入2000万余元。提供人才保障,打造职业化、专业化的计生干部队伍。在区、乡两级计生干部中推行"竞争上岗、双向选择",村级计生管理员全部实行"区管乡聘村用"管理机制。全区按省定标准配备村(社区)级计生管理员185名,100%达到了中专以上学历教育。全区组建基层文艺队60支,建成星级人口文化大院40个,打造计生宣传街5条,建成村(社区)级"新家庭文化屋"80个。大力开展婚育新风与生殖健康进家庭、进学校、进乡村、进社区、进企业、进军营的"六进"活动。将人口文化与企业文化、商业文化有机结合,创造了人口文化进商场、进餐饮的成功范例,其先进经验还走上了清华大学的人口论坛。

高标准打造人口信息网络,人口信息数据库实现省级集中管理,建成1个区级计生服务站、2个示范化乡所和52个规范化村室及87个规范化服务管理社区。配备了B超、妇科病治疗仪、乳腺诊断仪等高端技术服务设备;选配了25名技术服务人员,其中具有执业资格的技术人员24人。在全市率先启动出生缺陷干预工程,并被河南省列入试点单位。区政府每年拨款100万元,用于优生优育知识培训、"优生四项"筛查及复合叶酸营养素发放及产前、产中、产后跟踪随访服务等工作。全面推行"计生120"工程,深入开展幸福新婚、健康宝宝、和谐家庭、弱势关怀、亲民维权等"五大系列"优质服务活动。创新药具发放模式,拓宽发放渠道,免费发放药具"一卡通",并设置255个免费发放点,方便群众就近获取药具。

在省、市率先启动了农村计生家庭养老奖励扶助工程和农村计生困难家庭老人免费集中供养工程,区级出台了对计生家庭的生活补贴、特困救助、升学奖励、安康保险等14项奖励政策。近三年来,二七区累计投入奖励资金1577.3万元。建立信息、服务、管理、监督四位一体的流动人口"一盘棋"工作格局,先后承办了省、市流动人口"一盘棋"工作现场会。逐步形成了"党政主导、部门配合、群众参与、标本兼治"的性别比综合治理机制。在全省率先启动了出生实名制信息登记管理工作。

【成为"中国爱心城区"】 2010年10月19日,在陕西省榆林市召开的"中国首届爱心城市"大会上,二七区获得"中国爱心城市(区)"荣誉称号,是唯一获得该荣誉的县级城区。

整合救助资源,凝聚社会救助合力。建立公共财政向民生领域倾斜机制,把社会救助工作纳入区委工作目标和为民承诺的"10件实事",进行重点督查落实。加快推进辅读学校、残疾人康复中心、残疾人托养中心等一批社会救助项目建设。成立二七慈善总会,建立16个慈善工作站,聘任326个慈善联络员,形成了上下联动、城乡互动的慈善救助机制。

鼓励企业和个人向社会救助机构捐款捐物,对参与慈善捐助的企业给予税收减免等优惠。定期举办慈善募捐、义卖、义演等活动,搭建慈善募捐平台。近年来,共募集款物折合人民币3200余万元,救助困难群众60000余人次。深入开展"学习中华优秀传统文化,做有道德的二七人"主题教育活动,建立"道德银行储蓄"、"手拉手传帮带"等邻里互助帮扶机制。先后涌现出"陇海大院爱心集体"、"活雷锋"谷殿明等一批先进典型,全区形成了"我为人人,人人为我"的良好社会风尚。

扩大救助范围,建立边缘救助机制。在落实低保困难群众应保尽保的同时,加大对未纳入城乡低保范围的边缘困难家庭的救助力度。先后投入500余万元,对因患危重疾病、遭遇突发性事故导致生活困难的1000余名群众进行了及时救助。成立二七区民工之家,设立外来务工人员困难救助基金,出台了《外来务工人员困难救助办法》,积极开展讨薪法律援助等活动,实现了困难救助对辖区外来务工人员的全覆盖。建立了"四个一"动态救助模式,即:开通一条24小时救助工作热线,构筑一张覆盖城乡的捐赠救助网,壮大一支技能多样的志愿者队伍,建立一个捐赠救助"回音壁"。

积极参与全国"仁爱行动",对口认助云南省西盟县、广西壮族自治区金秀县、青海省达日县等3个国家级贫困县。建立二七爱心基金,广泛开展爱心奉献"1元活动",号召全区所有干部职工每人每月捐出1元钱。在"5·12"汶川大地震、西南特大旱灾、"4·14"玉树地震等救灾援助活动中,该区共捐赠款物达1100余万元。

实现生存型救助向发展型救助转变。投入500余万元购买社区卫生服务,提高了困难群众医药费报销比例。成立二七区学生资助管理中心,先后为4000余名贫困学生发放助学金400余万元。免费为困难群众开展技能培训,共帮扶6500余名困难群众实现就业。积极推进廉租房建设,在建廉租住房5万平方米,8000余人获得廉租住房补贴保障。积极开展"心理救助",成立社区心理咨询服务站,聘请20余名心理辅导专家,加强对困难群众的心理疏导。组织43名县处级领导和247名科级干部深入困难群众家中,开展"一对一"结对帮扶和谈心活动。出台了《二七区促进全民创业的意见》,每年拨出300万元设立创业基金。成立二七区投资担保公司,为55名困难群众发放小额担保贷款275万元。建立长城康桥创业园、中原采博城创业园等创业基地,启动"零房租创业计划",实行"三免两支持"(免租、免费、免税和创业基金支持、创业辅导支持)。共有1万余名困难群众实现自主创业。

(宋艳霞)

管城回族区

【概况】 2010年,管城回族区总面积143.43平方公里,其中城区面积32.6平方公里。辖9个街道办事处,71个社区居委会;1个镇、2个乡,35个行政村。总人口359059人(含圃田乡),其中回族人口21590人,占全区人口的6%。人口出生率为13.9‰,死亡率为4.7‰,自然增长率为8.6‰。

2010年,全区生产总值完成203.1亿元,同比增长14.1%。一产增加值完成0.9亿元,增长1.6%;二产增加值完成82.8亿元,增长21%;三产增加值完成119.4亿元,增长9.4%。财政收入完成55.81亿元,比上年增长40.52%。全社会固定资产投资完成141.9亿元,比上年增长35.6%。全区规模以上工业增加值完成65.8亿元,比上年增长24.3%。社会消费品零售总额完成173.3亿元,比上年增长19%。城镇居民人均可支配收入17361元,比上年增长11.4%;农民人均纯收入11676元,比上年增长15.4%。

【机构与领导】 中共管城回族区区委:书记法建强(回族);副书记岳希荣(女)、徐西平;区委常委:法建强(回族)、岳希荣(女)、徐西平、郜松章(11月免)、周顺杰(回族)、张平安、王彬彬、高天翼、高建军、杜敏生(回族)、魏建国、王晓军(12月任)、王鸿勋、罗国军(9月免)、刘同杰(9月任)。

区委工作部门:区委办公室主任魏建国;组织部长王彬彬;宣传部长杜敏生(回族);统战部长高天翼;政法委书记周顺杰(回族,12月免)、王晓军(12月任);群工部长邹鹏飞(1月免)、郭剑锋(1月任);机关党工委书记郑银铃(女,1月免)、李青(女,3月任);党校常务副校长郭宝生;老干部局长巴丽霞(女,回族);档案局长朱红亚。

区十四届人大常委会:主任姚辉;副主任杨信梅(女)、何洲萍(女,1月免)、姚文学、王宏武、李蝴蝶(女)、闫德本、刘三修(1月任)、高和平(1月任)、康天果(1月任)。

区人大常委会工作部门:区人大办公室主任王开凡;教科文卫工委主任王富民;财经工委主任耿新华(女);城建农村工委主任李建伟;法工委主任李敬业;代表民族工委主任张红(女,10月免)、孙雪琴(女,10月任);信访工作室主任(空缺)。

区人民政府:区长岳希荣(女);副区长高建军、王鸿勋、郭万全、安惠萍(女)、王晓军(12月免)、马欢。

区政府工作部门:区政府办公室主任杨国华(3月免)、张平(3月任);人劳和社保局长马伟(回族,2月免)、杨国华(3月任);财政局长孙梅(女);工信局长乔希望(3月任);农经委主任张海军;人口和计生委主任唐晓慧(女,3月免)、邢惠君(女,3月任);发改和统计局长冯麟(女,3月任);教文体局长卢新建;信访局长单书欣;民政局长徐长发;民族宗教局长巴晓娟(女,回族);国资局长张有峰;城建和交通运输局长朱宣合;环保局长张红(女,11月任);卫生局长赵秋霞(女);司法局长周满堂;审计局长贾宝蕴(女);城管行政执法局长赵晨阳;科技局长吴俊斐(女);粮食局长耿景安(8月免)、张志强(9月任);机关事务局长毛松峰;住房保障中心主任雷金亮(3月免)、李行义(3月任);商务局长王芳(回族,女);安监局长崔研(3月免)、马晓红(女,回族,3月任);文化旅游新闻出版局长张平(3月免)、李静(女,3月任);人防办主任耿景义(9月免)、李惠萍(女,回族,9月任);爱卫办主任翟建平;拆迁办主任马万锋(回族);南水北调办主任巴忠义(回族);建设综合开发总公司总经理周红卫;物资总公司经理李中方;公安分局长王晓军(兼);工商局长沙庆祥(回族,11月免)、杨葆(11月任);国税局长马华庆;地税局长李志生;质监局长侯明臻(女);规划分局长韩杰。

政协区七届委员会:主席郭桂琴(女);副主席韩宏伟、陈彦军(回族)、陈兵、李雪宁(女)、杨爱荣(女,回族)、邹鹏飞(1月任)、雷金亮(1月任)、吴玉江(2月免)、白福来(回族,2月免)。

区政协工作部门:区政协办公室主任邢惠君(女,2月免))、郑银玲(女,2月任);民族宗教港澳台侨委主任马新爱(女,回族,4月免)、;科教文卫委主任王云霞(女,4月免)、张红军(9月任);提案委主任冯雅丽(女);经济委主任刘子明;城建社会法制委主任赵炳贤;学习宣传文史资料委主任陈孝明;农业人口环境资源委主任王平;联络委主任郭海涛(9月任)。

中共区纪律检查委员会书记:郜松章(11月免)、周顺杰(回族,11月任)。

区人民武装部部长:史伟;政委:罗国君(4月免)、刘同杰(4月任)。

区人民法院院长:吴景禹(满族,1月免)、王耀世(1月任)。

区人民检察院检察长:康天果(1月免)、吴景禹(满族,1月任)。

区群团工作部门:总工会主席盛伟;团区委书记李静(女,3月免)、张川(女,回族,9月任);妇联主席魏金英(女,回族);科协主席李慧萍(女,回族,9月免)、陈宏安(9月任);残联理事长宋春霞(女,12月免),游东梅(女,12月任);工商联党组书记刘栓。

街道办事处、乡镇机关:北下街街道办事处书记姚志刚,主任巴姝芳(女,回族);南关街道办事处书记李振涛(8月免)、高建峰(10月任),主任高建峰(10月免)、秦新东(10月任);陇海马路街道办事处书记白刘军,主任孔艳玲(女,);二里岗街道办事处书记闫凯,主任滕方炜;城东路街道办事处书记邵会文,主任王永善;东大街街道办事处书记谷合群,主任曹广凤(女);西大街街道办事处书记虎金治(回族),主任侯春雷;紫荆山南路街道办事处书记王遂其,主任穆培华(9月免)、王立磊;(10月任);航海东路街道办事处书记那磊(满族),主任唐莉军(女);南曹乡书记周福利,乡长赵栓来;圃田乡书记虎强(回族),乡长杨立衡(12月免)、宋春霞(女,12月任);十八里河镇书记朱占通,镇长李阳东。

【工业经济】 2010年,管城区以规划为引领,以土地为保障,以项目为抓手,大力建设产业集聚区。金岱工业园区累计投资2.3亿元,省内首座110千伏数字化变电站投入使用,水、电、路、气等基础设施实现“八通一平”;新签约项目15个,计划总投资28.2亿元,累计入驻企业42家。宇通客车不断巩固优势、突出特色,完成了混合动力客车研发及产业化投资,全年销售客车40653台,实现主营业务收入133.8亿元,成为世界上单厂规模最大、工艺技术条件最先进的大中型客车生产基地;宇通2万台客车产能提升项目进展顺利,一期53.33公顷土地征迁任务按期完成,二期80公顷土地征迁工作正在统筹推进,征迁范围内各类市场的搬迁安置有序开展。计划总投资50亿元、占地约333.33公顷的商都物流园启动实施,一期工程规划编制、土地报批、附着物兑付等工作基本就绪。

【农业与农村经济】 2010年,管城区认真落实强农惠农政策,共发放粮食直补、农资综合补贴、良种补贴、家电下乡等各类资金1998.1万元。农业产业化、标准化水平不断提高,华益、金星等龙头企业实现出口创汇484万美元。农业特色化、专业化发展较快,南曹现代农业产业园完成投资1000万元,大湖生态农业园成为新亮点。十八里河镇和南曹乡总体规划编制完成。新农村建设全面加强,刘南岗新型农村社区顺利通过市级验收,荣获“郑州市新农村建设先进集体”称号。投资1400余万元,对村容村貌、路容路貌进行专项整治,清理垃圾11.9万立方米,整修道路239.7公里,农村面貌明显改观。农田水利基本建设进一步加强,新增节水灌溉面积73.33公顷、新打机电井8眼。继续实施农村安全饮水工程,新打配安全饮水井5眼,解决了5000人的饮水安全问题。南水北调中线工程管城段建设进展顺利,累计移交工程用地359.13公顷,移民安置和行政村连接道路复建工程有序开展。高度重视粮食安全,拨付补贴资金348万元,完成地方储备粮任务2000万公斤。

【商贸服务业】 2010年,管城区把抓好商贸服务业作为调整产业结构、壮大城区经济的重要措施,进一步发挥三产对经济增长的拉动作用。商圈发展势头良好。加大了紫荆商圈、航东商圈周边基础设施建设力度,着重在打造特色、引进名企、丰富业态上下功夫。大商千盛广场、世贸三期、长城康桥建成开业。投资9亿元的郑州“一站广场”部分商业区域已经运营。投资6亿元的香港新世界百货即将开业。福建新华都购物广场和美国万豪酒店开工建设。总面积20万平方米的正商国际广场和总面积10万平方米的兴达国贸建设进展顺利。

四种经济全面推进。楼宇总部经济快速发展,引进了台湾大润发、上海哲纳思等一批知名企业在辖区设立总部或办事机构,新增楼宇企业268家。特色街区辐射力增强,国香茶城被评为全省首家“绿色市场”,成为省内外特色商贸、休闲旅游的示范街区。现代物流业优化提升,交运海马汽车、万里等一批功能齐全、规模较大的物流企业建成运营。专业市场经济培育壮大,大中原钢材、齐晖摩配等专业市场升级改造有序进行,天元钢材城二期、十八里河百姓购物广场顺利开业。

【招商引资】 2010年,管城区转变招商观念,创新招商方式,积极承接产业转移。先后参加中博会、闽商大会、河南"台湾月"等重大招商活动24次。成功举办河南第二届紫砂艺术节、龙脉伊斯兰总商会经贸合作对接会、航东商圈专题推介会等活动,签约项目18个,总投资100亿元。新增境内域外资金44亿元,比上年增长18.2%;实际利用外资1.1亿美元,比上年增长25.6%。特别是在厦洽会和闽商大会上获悉福耀集团投资信息后,区四大班子领导齐心协力、全力以赴,经过三次赴闽商谈和积极争取,终于使行业排名世界第三、国内第一的福耀玻璃落户辖区,成为继宇通之后的又一龙头工业企业。入驻项目占地面积23.8公顷,年生产汽车玻璃300万套以上,预计建设周期9个月,全产能营业额约10亿元,年税收可达1.5亿元以上,并将带动一批上下游企业和相关产业进驻,从而推动汽车制造及零配件产业的加速发展。

深入开展"项目建设年"活动,全年竣工重点项目56个,开工和在建项目59个,实施亿元以上重大项目33个,累计投资120亿元。争取上级财政资金7600万元,创近年来争取资金数量之最。开工一批、储备一批、争取一批的梯次推进模式已经形成;实施联审联批、重点项目台账等制度,加强协调服务,帮助企业做好立项报批、征地拆迁等工作,环境优化取得新突破。

【城市建设与管理】 2010年,管城区城中村改造稳步进行。刘南岗、芦邢庄、七里河、弓庄等项目进展顺利;尚庄一、二组已完成土地挂牌;安徐庄、陇海村、西堡、耿庄控规完成批复,十里铺村控规已公示。全区城中村改造累计投资47.3亿元,拆迁建筑物314.5万平方米,建设商品房119万平方米、安置房67.6万平方米,904户村民喜获回迁。总投资200亿元、占地面积100公顷的大商城遗址保护工程全面实施。其中,商城遗址公园二期拆迁摸底调查已经完成。投资56亿元的天荣时装城升级改造已经启动,住宅部分已拆迁240户,商业部分的拆迁正在稳步推进。投资20亿元的郑汴路商业中心控规已获批准,拆迁户基本搬迁完毕。

完成鸿基路等6条支路路网以及郑汴物流通道、郑新快速通道、轨道交通1号线等工程建设涉及的征迁任务,共拆迁面积115.1万平方米,有力保障了省市重点工程建设的快速推进。石化路、城东路、管城西街等积水点改造按期完工。

理顺管理体制,整合管理资源,加大环境整治力度,形成了城市管理的多部门联动机制。投资1233万元的西绕城公路绿化带建设顺利完成,全年新增绿地51.6万平方米,新植树木45.4万株。依法拆除违章建筑4.5万平方米,违法建设得到有效遏制。认真开展市容环境、火车站银基周边、二七广场地区综合整治活动,完成了国家卫生城市届满复审工作。

【社会事业】 2010年,管城区免除城乡义务教育阶段学生"两免一补"资金1416万元,惠及学生46719人。投资7262万元,新(改)建腾飞路小学、第二实验小学、柴郭小学、管城二中等16所学校,面积5.1万平方米。投资422.6万元,为全区558个教室安装了现代远程教育"班班通"设备。投资300万元,为城区中小学安装监控系统,配备专职保安,营造了安全和谐的教育教学环境。科技创新成效显著,争取市级以上科技资金1019万元,全社会研发投入超过2.35亿元。城乡救助稳步推进,最低生活保障标准提高到300元,共为4564名群众发放低保金941万元;为170人次实施医疗和慈善救助,发放救助资金63.8万元。残疾人事业加快发展,捐赠轮椅及康复器材134件,被评为"全国白内障无障碍区"。公共卫生服务体系进一步完善,投资1770万元的十八里河镇卫生院建成使用,社区卫生服务中心和标准化村卫生所分别达到7家和20家。新农合参保78301人,参合率达99.9%,补助资金1660万元。着力解决困难群众住房问题,为3069户困难家庭发放廉租住房补贴500万元。文化事业蓬勃发展,建成9个社区文化活动中心、5个农村文化大院、15个农家书屋和36个文化信息资源共享基层服务点。人口计生政策得到有效落实,低生育水平进一步稳定,国香茶城流动人口计生协会荣获"全国计划生育协会先进单位"称号。节能减排目标全部实现,被评为"河南省全国第一次污染源普查先进单位"。积极开展普法工作,被评为全国工会系统"五五普法"工作先进单位。

【10件实事】 (1)2010年,管城区新增城镇就业再就业11827人,农村劳动力转移就业1532人,超额完成目标任务。(2)投入资金1216万元,新建工二村小学运动场、魏河小学教学综合楼、南小李庄小学教学综合楼、小刘东小学教学楼,改建了工二村小学北教学楼。(3)通过政策引导和资金扶持,改善商城遗址周边居民和水利机械厂职工住房条件,惠及居民675户。(4)对符合条件的南关街29号院、货栈街123号院等老旧小区实行专业化物业管理,惠及居民3111户。(5)投入资金623万元,高标准、高质量完成白堤路、城北路等13条背街小巷整治任务,超计划7条。(6)投资881万元,升级改造垃圾中转站10座、公厕4座、游园1个。(7)投资400万元,完成了十八里河镇消防站主体工程建设。(8)为辖区1017名下岗、特困妇女进行了"两癌"筛查。(9)郑平公路至小刘西公路改造任务已经完成。(10)新建国香茶城文化夜市街,并顺利通过市级验收。

【成为全国白内障无障碍区】 管城回族区位于郑州市商务中心区,系全国5个城市民族区之一。全区总人口34万人,有各类残疾人21587人。

其中,视力残疾3207人,白内障为致盲的首要原因。辖区白内障患者约有2500余人,手术适应症患者2387人,已免费实施复明手术2387例,无一例重大并发症,人工晶体植入率99.6%,脱盲率100%,脱残率95.28%,圆满完成了年度任务。2010年,被评为“全国白内障无障碍区”。

区委、区政府把争创白内障无障碍区活动作为一项民心工程来抓。2008年、2009年,区政府连续两年将免费实施复明手术列为为民承诺的10件实事之一。成立了由区长助理任组长,政府办副主任、残联理事长任副组长,各成员单位主管副职为成员的管城回族区争创白内障无障碍市活动领导小组,制订了《郑州市开展争创白内障无障碍市活动管城回族区实施方案》,并设立了区争创活动办公室,由区残联具体负责,形成领导齐抓共管、部门各负其责的工作机制。各乡(镇)、街道办事处及定点医院高度重视创建工作,有力地推进了全区白内障无障碍区创建工作的开展。

严格筛查,掌握创建工作基础数据。为了使普查筛查工作更彻底,专门印制了普查告示在村、社区进行张贴,公布区争创办及定点医院的咨询电话,通知未到现场筛查的患者,持本人身份证直接到郑州市第三人民医院进行眼科检查。深入宣传,营造创建工作良好氛围。通过制作宣传版面、宣传画、社区墙报,张贴通知、海报,悬挂条幅,发放宣传资料,以及电视、报纸、网络等资源进行宣传,利用社区健康教育开展白内障知识讲座,开通了白内障免费复明手术宣传车。强化管理,确保创建工作顺利进行。医院成立了由科室主任、护士长、技术骨干参加的手术医疗组,对初选患者严格复筛,确定手术对象和合适的手术方案,在医院眼科开通绿色通道,设置争创活动宣传栏,宣传白内障相关知识及白内障患者术后须知等。同时,区争创办还通过对术后白内障患者回访及查阅医院患者病历档案资料等方式,对定点医院——郑州市第三人民医院“曙光行动”开展情况进行督查,确保“曙光行动”健康稳步发展。

【国香茶城计生协会成为全国先进】 位于管城区境内的国香茶城是中西部地区最大的茶叶批发及零售集散地,入驻商户600家左右。国香茶城的从业人员来自全国16个省、69个地市,总计1242人。其中,已婚育龄妇女104人,未婚育龄女性217人。为做好茶城流动人口计生工作,在市场茶叶商会、党支部的基础上,又成立了国香茶城流动人口计生协会。依托计生协会网络健全、联系面广的优势,国香茶城积极探索流动人口计生服务管理的新机制和新模式,取得了明显成效,流动人口避孕措施落实率100%,合同签订率100%,康检率100%,持证率92%。2010年,国香茶城计生协会被评为“全国计划生育协会先进单位”。

在创新计生工作机制方面,国香茶城根据市场从业人员主要来自福建安溪和河南信阳两地的特点,积极吸纳安溪籍、信阳籍且在市场内有一定影响力、号召力的人担任协会分会会长,通过“老乡管老乡”的形式,率先建立两个流动人口计生协会分会,将就业、生殖健康、扶贫帮困、维权等融为一体,切实为广大流动人口开展服务。充分发挥协会会员网络作用,开展“五送”(即送岗位、送技术、送知识、送关爱、送健康)活动。协会会员商户优先提供就业岗位给外来务工人员,解决了流动人口的就业问题;协会在每周二、四上午免费组织有关茶艺方面的技能培训,提高了外来务工人员的技能;每月在活动室开展计生法律法规、营养保健等方面的知识讲座;协会会员定期走访商户,为流动人口维权提供信息和服务;整合辖区资源,成立了一支“医疗服务队”定期下市场为流动人口开展免费咨询和义诊活动。

在推进流动人口双向管理方面,为更好地为流动人口服务,并进一步提高管理效率,国香茶城与福建安溪县建立了流动人口点对点区域协作机制,明确了流出地和流入地的责任和工作要求。结合现代化的网络沟通方式,加入到福建安溪QQ交流群,在第一时间和流出地进行流动人口信息的确认和交流。利用电子采集手段向流出地反馈流入人员基本信息,信息准确后由流出地为相关人员办理《流动人口婚育证明》,提高了持证率。茶城协会在网上建立了“QQ交流群”、“新市民飞信”,将相关的法律法规、计生知识、活动通知等发送到商户的手机上,在交流群中为其答疑解惑。

【南曹乡调委会成为全国先进】 管城区南曹乡调委会充分发挥人民调解预防纠纷、化解矛盾、法制教育三大功能,为维护全乡经济发展和社会和谐稳定发挥了积极作用。2010年,获“全国模范人民调解委员会”称号。

争取党委政府重视支持,为人民调解工作提供了强大动力和物质保障。乡党委政府始终把人民调解工作纳入重要议事日程,明确将乡人民调解工作经费确定为每年10万元,并列入2008、2009、2010年财政预算。同时,根据工作需要和人事变动,及时调整乡人民调解委员会成员,乡主管政法的副书记任调委会主任,乡司法所所长任副主任,抽调乡司法所、综治办、信访办、农办、安全办等部门业务骨干等为乡兼职调解员,从各村选出素质高、群众威信高、文化水平高的“三高”人员进入乡人民调解委员会担任专职人民调解员。在办公用房比较紧张的情况下,腾出三间办公室用于乡人民调解工作,并投入资金进行了重新装修,添置了电话、空调、电脑、调解专用桌椅、档案柜等办公设施。设立规范化的人民调解庭,实现了调解工作“五有”、“四落实”、“六统一”的标准,并做到制度上墙公开、明示,为乡调委会工作的顺利开展奠定了坚实的基础。

完善调解机制,强化培训,促进解调工作规范化、制度化。全乡共有村调委会14个,调解小组73个,调解员53人,义务调解员82人,形成了上下协调,覆盖乡、村、组的三级人民调解工作网络。同时,采取以会代训、举办培训班等形式,对乡、村、组三级调解员进行培训,重点培训《宪法》、《民法通则》、《婚姻法》、《合同法》、《农村土地承包法》、《治安管理处罚法》、《民间纠纷调解方法和技巧》等内容,进一步提高了人民调解员的业务素质。另外,乡调委会还通过每月两次的人民调解例会加强业务学习,交流调解经验,提高了调解工作水平。健全并完善了矛盾纠纷排查、调处、回访、信息上报等各项工作制度。经党委、政府同意,制定了《南曹乡人民调解工作目标考核办法》,规范全乡人民调解工作。乡政府从人民调解经费中拿出专项资金,对调解员实行案件补贴,每成功调解一起纠纷补助30元(必须达成书面调解协议),同时将人民调解工作纳入乡政府年度目标考核管理,调解工作突出的先进调委会年终由乡党委政府给予表彰奖励。每月15日前,出一期《人民调解》简报,报送乡党委书记、乡长、主管副书记及区司法局,并下发至各村调委会。

规范调处程序,构建有序调处机制。在调处程序上坚持"三级联动",逐步形成了组、村、乡三级调解组织网络各负其责、运转协调的调解格局。在调处手段上坚持"三调联动",规范工作流程,促进三种调解手段相互衔接。坚持"调防结合,以防为主,多种手段,协同作战"的方针,坚持早排查、早介入、早调处,有力维护了全乡社会和谐稳定。3年来,南曹乡乡村调委会共排查调处各类矛盾纠纷1486起,调成1465起,调成率96%,防止民事转刑事案件38起,有效预防集体上访18起,没有发生一起因调解不成而导致的民转刑案件及集体械斗等事件。

(王　忠)

中原区

【概况】 2010年,中原区总面积97.1平方公里。辖1个镇、10个街道办事处,46个行政村,243个村民小组,100个社区。总人口约70万人。

2010年,全区生产总值完成235亿元,同比增长13%。其中,第一产业增加值完成1亿元,同比增长2%;第二产业增加值完成104亿元,同比增长14%;第三产业增加值完成130亿元,同比增长12%。全社会固定资产投资完成105亿元,同比增长35%。规模以上工业企业增加值完成71.6亿元,同比增长16.2%。财政一般预算收入完成15.16亿元,同比增长40.66%;财政一般预算支出11.97亿元,同比增长14.82%。社会消费品零售总额完成115亿元,同比增长18.9%。城镇居民人均可支配收入达到17000元,同比增长9%;农村居民人均纯收入达到9790元,同比增长10%。

【机构与领导】 中共中原区区委:书记王贵欣;副书记王东亮、陈纪忠;区委常委:王贵欣、王东亮、陈纪忠、王正轩、周海立(1月免)、李玉卿、李幸福、陈宏伟、袁聚平、吴铁路、赵红军、王有社、杨洁(女,1月任)。

区委工作部门:区委办公室主任李玉卿;组织部长赵红军;宣传部长吴铁路;统战部长周海立(1月免),杨洁(女,1月任);政法委书记王正轩;群工部长徐卫东;信访局长冯铁生;综治办主任魏东一;文明办主任谢辉;老干部局长王建明;党校常务副校长杨文毅;机要局长张勇;保密局长宋盼峰;目标考评办主任吴孝刚;档案局长曹永祥;编办主任宋文广。

区十四届人大常委会:主任贾成义;副主任何进平、周海立(1月任)、张永国、李喜安、庄华(女)、郭明立、靳爱菊(女)、王建业、姚金玉(1月任)。

区人大常委会工作部门:区人大办公室主任黄涛;法工委主任王卫红(女);城建工委主任任德福;财经工委主任楚瑞超;代表联络工委主任张学勤;教科文卫工委主任韩宝亮(5月任);老干部科长郑秀琴(女)。

区人民政府:区长王东亮;副区长陈宏伟、袁聚平、姚金玉(1月免)、杨洁(女,1月免)、成小波、王宏军(1月任)、陈春梅(女,1月任)、王泰峰(12月任)。

区政府工作部门:区政府办公室主任崔浩;法制办主任樊文立;教体局长张云峰;民族宗教局长景明;机关事务局长罗云;人力资源和社保局长宋文广;科技局长王国民;发改和统计局长樊志锋;商务局长郭宏力;工信局长王德隆;卫生局长马德岭;农委主任刘季科;人防办主任闫荣彦;司法局长李文智;民政局长康青山;城管执法局长杨盘山;人口和计生委主任邢辉(女);财政局长孟金池;审计局长刘岚(女);爱卫办(创建办)主任杜虎城;粮食局长宋鹏飞;监察局长黑书亮;安监局长刘志伟;文化旅游局长徐君伟;城建局书记孙国伟(主持工作);环保局长李海亮;交通运输局长乔宏伟;房管局长朱永建;物价局长吴建国;城建拆迁办主任申红孜;南水北调建管局长闫超群;地方史志办主任王冬梅(女)。

政协区七届委员会:主席乔秀花(女);副主席韩根有、张遂亮、韩世昉(女)、苏振文、钟文明(1月任)、黄乃林(1月任)、王泰峰(1月任,12月免)、张冠军(1月任)。

区政协工作部门:区政协办公室主任刘专民;社会法制委主任徐进兴;经济科技委主任余国成;宣教文卫体委主任张红军;提案委主任张丽娜(女);港澳台侨民族宗教委主任李默涵;委员联络委主任刘专民。

中共区纪律检查委员会书记:李幸福。

区人民武装部部长:余泽军;政委:王有社。

区人民法院院长:徐薇(女)。

区人民检察院检察长:李伟杰。

区群团工作部门:工会主席李艳玲(女);团区委书记李嵘(女);妇联主席李建华(女);科协主席楚菊芬(女);工商联主席钟波;残联理事长任莉(女)。

镇、街道办事处、管委会机关:须水镇书记海宪岭,镇长师河龙;航海西路街道办事处书记李卫林,主任李红信;中原西路街道办事处书记王伟宏,主任王新权;林山寨街道办事处书记齐永先,主任王东甫;桐柏路街道办事处书记王海滨,主任韩中亮;绿东村街道办事处书记李景川,主任李平涛;棉纺路街道办事处书记张宏伟,主任赵启恒;三官庙街道办事处书记常建明,主任苏宝民;建设路街道办事处书记焦健,主任程浩;秦岭路街道办事处书记秦云鹏,主任王政英(女);汝河路街道办事处书记孙玉忠,主任刘淑霞(女);郑州纺织产业园管委会书记张智勇,主任刘新生;郑州机械制造(加工)产业园管委会书记李斌,主任赵保兴。

【"十一五"成就】 中原区顺利实现"十一五"规划目标,综合经济实力显著增强。2010年,中原区生产总值完成235亿元,与"十五"末相比(下同)增长77.4%,年均(下同)增长13.1%。财政一般预算收入达到15.16亿元,是"十五"末的3.5倍,年均增长28.9%。规模以上工业增加值完成71.6亿元,增长102.3%,年均增长16.5%。社会消费品零售总额达到115亿元,增长129.1%,年均增长19.2%。全社会固定资产投资5年累计完成298.5亿元,年均增长38.1%。三次产业结构调整为0.5∶44.2∶55.3。万元生产总值能耗下降20%。郑州纺织产业园建设从无到有、从小到大,艰难起步、渐成规模,累计入驻项目34个,完成投入60多亿元,一期开发已完成,开发面积达5平方公里;郑州机械制造(加工)产业园进一步发展壮大。

城乡环境明显改善。城中村、旧城改造加速推进,以中原新城、中原万达广场、锦艺国际华都等为代表的一大批改造项目陆续开工建设。广泛开展"四城联创"活动,加强市容环境综合治理,打通、拓宽、改造道路40余条,新建公园、游园8个,新增绿地211.8万平方米。突出抓好孙庄、二砂村、赵仙垌新农村示范村和卅里铺等一批综合整治村建设,农村基础设施日益完善,城乡统筹有效推进。

稳步推进企业改制,深化财政体制和行政审批制度改革,完成了政府机构改革,政府工作效率和服务水平显著提高。对外开放成绩突出,共引进超亿元项目88个,实际利用外资累计完成3.36亿美元,年均增长28.9%。进出口总额累计完成9亿美元,年均增长10%,成为中原区历史上招商引资和项目建设最好的时期。

大力实施"教育强区"战略,新建、改扩建中小学校7所,基础教育优势进一步巩固。加强科技创新,中原区蝉联"全国科技进步先进区"称号。完善基层文化、卫生基础设施,医疗卫生服务体系和文化服务体系初步建立。深入开展计划生育优质服务,中原区被评为"河南省计划生育优质服务先进区"。坚持每年办好10件实事,一大批关系群众切身利益的实际问题得到妥善解决,民生质量持续改善。加强平安中原建设,社会大局保持稳定。

【园区建设】 2010年,中原区郑州纺织产业园完成销售收入及交易额53.8亿元、工业增加值2.1亿元。全年入驻纺织产业园企业5家,累计入驻企业34家。新开工项目4个,新投产(运营)项目12个,累计投产(运营)项目23个。入驻的16家服装加工企业中,14家已正式投产,新丝路主体已建成,迪尔服饰正在建设。投资50亿元的锦艺国际轻纺城项目,占地附属物拆迁工作基本完成;投资13亿元的恒天重工新纺机项目已开工建设;国家棉花及纺织服装产品质量监督检验中心综合楼项目主体已建成。汪庄新村建设工作全部完成,村民已回迁到位。污水处理厂、晨博热力"一期"运营正常。铁魏路等11条道路建成通车,梧桐街正在加紧建设,紫竹变电站主体工程已完工。基础设施建设与企业建设同步跟进,累计完成基础设施及公用设施投入10多亿元。成功举办了首次在内地城市召开的全国服装行业工作会议,园区影响力和吸引力进一步增强。抓住"中国新兴纺织产业基地"的影响力,不断加大园区宣传和推介力度,新引进了河南隆威皮革、金地无纺布等一批纺织服装品牌项目。园区被命名为全国纺织服装产业十大转移热地、全国纺织服装产业集群试点。

2010年,郑州机械制造(加工)产业园完成销售收入65亿元、工业增加值13亿元、工业投入2.8亿元。园区调整后的总体规划已得到市政府批准,并通过省环保厅的环评,园区控制性详规正在积极推进中。完成了苏州路拓宽建设和富贵路复修工程。园区先后与26家企业达成了合作意向,引进了投资超亿元的郑州国资工业园项目,并被列入郑州市"十二五"规划重大推进项目。郑煤集团CL建材项目控规通过市联审联批,中机六院项目通过环评,郑州水业项目完成了前期准备工作。同时,利用闲置厂院引进了郑州曙光重型机器等4家企业。

【项目建设】 2010年,中原区坚持项目带动战略,深入开展"项目攻坚年"和项目建设"四比两看一落实"(比投资、比进度、比干劲、比服务,看作风、看实效,抓落实)活动,严格实行"一个项目、一位领导、一套班子、一个方案、一抓到底"和"半月例会、季度观摩、半年小结、年底总评"的"5+4"工作机制,明确项目推进责任,优化项目建设环境,促进项目建设全面提速。2010年,全社会固定资产投资完成105亿元,同比增长35%。其中,城镇固定资产投资完成100亿元,同比增长35%。

中原区辖区有省、市重点项目20项(其中省级9项、市级11项),总投资2400亿元,年度计划投资435.2亿元。涉及考核的项目9项,总投资90.4亿元,年度计划投资4.4亿元,全年完成11.5亿元,完成年度投资计划的261%。35项区级重点项目中,超10亿元项目17个,商业物流项目达18个,截至年底已建成项目2个、在建项目20个、正在积极推进项目13个。总投资70亿元的中原万达广场项目,20天内完成了周新庄200多户村(居)民搬迁和18万平方米的住宅拆除任务,2个月内实现了项目区域土地挂牌出让,截至年底已完成投入9亿元,大商业建设超过两层,住宅开盘销售火爆;投资70亿元的锦艺国际华都项目,一期销售完毕,二期全面开盘;投资30亿元的啓福尚都项目、投资6.5亿元的西元国际广场项目均已开工建设;投资50亿元的朱屯村改造项目拆迁即将完成;投资300亿元的中国家居CBD郑州产业园项目完成了总体规划设计。

【招商引资】 2010年,中原区完善招商引资优惠政策和考核体系,加强客商资源库建设,切实提高招商引资的针对性和实效性。积极参加了中博会、厦洽会、豫浙投资合作洽谈会等重大招商活动。全年实际利用外资1.02亿美元,同比增长93.8%;引进内资67亿元,增长33%。外贸出口完成2.04亿美元,增长54.8%。全年签约项目38个,总金额1360亿元。投资40亿元的李江沟村改造、投资38亿元的密垌村改造、投资30亿元的宝龙城市广场、投资27亿元的东石羊寺村改造、投资22亿元的北卧龙岗村改造等项目成功签约,各项手续办理进展顺利。

【工业经济】 2010年,中原区工业企业共完成增加值77亿元,同比增长14%。其中,规模以上工业企业完成增加值71.6亿元,同比增长16.2%;实现销售收入240亿元,同比增长20%。大力实施扶优扶强工程,加大对50家重点企业的扶持和服务力度,投入科研与开发经费1239万元,增强了企业技术改造和科技创新能力,企业的竞争力不断提高。神阳公司在美国纳斯达克主板成功上市;郑煤机在中国上海证券交易所成功上市,并被认定为国家级企业技术中心,荣获首届市长质量奖。郑州水工机械厂等13家企业被认定为市级企业技术中心,娅丽达等14家企业被认定为省级企业技术中心,郑州市中南电缆有限公司成为郑州市第一个通过国家级采用国际标准的企业。

【第三产业】 2010年,中原区强力实施"三产兴区"战略。(1)加快发展传统服务业,秦岭路餐饮一条街、前进路餐饮一条街等特色街区的集聚效应进一步显现,早餐工程、夜市街区和绿色生态餐饮业得到进一步发展。(2)积极实施服务业发展规划,扩大引进现代服务业规模,重点发展现代商贸流通业、物流业、房地产业、总部经济等产业。大中原果品物流港、明宇国际汽贸城等建成开业;中原汽配大世界正在加紧建设;投资70亿元的中原万达广场、投资12亿元的中原文化广场、投资6.5亿元的西元国际广场和投资3.5亿元的裕达国际会展中心等商业项目正在有序推进。桐柏路街道风和日丽社区被评为"全国社区商业示范社区"。非公有制经济快速发展,非公有制经济增加值占地区生产总值的比例达46%。

【城乡建设与管理】 2010年,中原区城中村、旧城改造稳步推进,全区有17个村被纳入市改造计划,13个村完成规划编制,9个村完成拆迁并开工建设;村镇体系规划、村庄布局规划全面完成;有13个项目被列入市旧城(棚户区)改造计划,3个已开工建设。基础设施日益完善,打通了福利路、朱屯路、永清路、前进路等6条断头路,对友爱路、互助路、文化宫路等11条道路进行了综合整治;新建一类公厕7座,大修公厕15座,新建、大修、升级改造垃圾中转站21座,为三类居民区新建垃圾收集箱495个,配备垃圾运转车100辆。积极做好重点工程的征地拆迁和服务工作,南水北调工程辖区段完成227.4公顷永久用地、58.73公顷临时用地的土地移交工作,郑州II段全面施工,郑州I段已具备开工条件;西四环绿化带拆迁10.2万平方米,绿化17.6万平方米,一期建设完成,二期全面推进;轨道交通1号线、嵩山路下穿隧道拓宽、金水河上游综合整治、郑州雕塑公园、郑少高速航海路连接线等工程的拆迁任务均已完成。

紧紧围绕创卫复审,建立区领导牵头专项整治和分包联系机制,实行工作擂台赛、红黑旗和奖惩制度。全面开展市容环境卫生、集贸市场、"五小"单位、出入市口及城乡接合部等综合整治,加强城区环境日常管理,为郑州市顺利通过国家卫生城市复审做出了贡献。中原区荣获市"环卫优胜杯"和市"爱卫杯"金杯。园林绿化成效显著,新建游园2个,申报园林单位(小区)7个,新增绿地57.6万平方米,荣获市"月季花杯"金杯。完成了区级土地利用总体规划修编工作。加强耕地保护,集中开展违法用地、违法建设专项治理,加大查处力度,城乡建设秩序进一步规范。加强环境保护,深入开展区域环境综合整治,严格控制污染物排放,"环评"、"三同时"执行率100%。须水镇卅里铺村创建成为市级生态文明村。加快节能技术的应用与推广,大力支持企业进行节能降耗技术改造,在公用设施和居民中推广使用节能产品。投资837万元,对区机关大院和辖区各镇(街道)公共办公场所进行了节电节能改造。

【新农村建设】 中原区以提高农民收入为目的,以发展主导产业为重点,加大农村基础设施建设投入,不断加快新农村建设步伐。加强对付庄奶牛养殖、常庄桃树种植等6家农民专业合作社经营和管理的指导，注重提高农业产业化龙头企业对农户的带动作用。发展壮大了生态特味村、四季同达生态园等一批具有规模和带动作用的生态餐饮企业。加强无公害农产品生产基地管理，强化动物检疫监督。完成了13.33公顷造林绿化任务。建成卅里铺、天王寺、桐树王3个林业生态村。积极落实各项支农、惠农政策，发放农机具和良种补贴128.22万元。

不断巩固和扩大新农村建设试点成果，重点抓好赵仙垌新型农村社区后续建设。投资2000多万元，高标准完成了卅里铺村综合整治，硬化道路近4万平方米，祥和老年公寓建成开业，村内路灯、排水管网等配套设施完备，并顺利通过市级验收。

广泛开展村容村貌、路容路貌综合整治，实行区直部门对口分包和驻村帮扶，整治道路120公里，清理垃圾、杂物6万立方米，农村面貌焕然一新。加大农村基础设施投入，改建了杭州路—庙王、庙王—中原路2条农村道路，建成垃圾收集房102个，6座垃圾中转站投入使用。新打配安全饮水井3眼，解决了6000人的饮水安全问题。

加强卫生、文化等设施建设，环道外26个行政村的卫生所和农村文化大院、46个村的农家书屋和须水镇综合文化站全部建成并投入使用；新农合参合率99.46%，农村五保对象集中供养率100%。加大对农民实用技术培训，全年培训5300人，全区农村劳动力转移就业1010人。

【社会事业】 2010年，中原区积极推进教育协作区建设，以互助路小学、伊河路小学、伏牛路小学为试点，对13所学校实施“强校+新校”等模式，探索“教育联盟”、“强校托管”、“强校兼并”的试点运作及“强校+民校”的发展模式。在七十三中学与郑州师范学院联合创办了郑州师范学院第二附属中学。投资1500余万元实施校舍安全工程，改造教学楼危房6900平方米，初步建立了全区中小学校舍安全档案和危房改造长效机制。完善教育基础设施，绿都城小学、帝湖小学建成投入使用，中原新城中学主楼开工建设，须水镇寄宿制中心中学宿舍楼和食堂主体已竣工。实施“班班通”工程，28所学校完成网络改造并测试通畅。2010年，新选聘中小学教师89名。实施名师培养工程，4名教师被评为“河南省名师”，5名教师被评为“郑州市名师”，2名教师荣获“郑州市首届杰出教师”称号。

2010年，中原区以扶助三大就业困难群体(“4050”人员、农民工、高校毕业生)为重点，深入开展就业再就业工作。新增城镇居民就业再就业21741人。其中，“4050”人员3445人；农村劳动力转移就业1010人。开展农村劳动力转移就业培训5300人。建设路街道协作路社区被评为“全国充分就业示范社区”。

2010年，中原区社会保障范围进一步扩大，城镇职工基本养老保险和医疗保险参加人数分别为26028人、23867人，工伤保险、失业保险参保人数有较大幅度提升，企业离退休人员社会化管理率100%。自主研发出“社保待遇查询进社区”软件、企业离退休待遇核算软件、薪酬管理系统等系列实用软件，社会保障服务水平不断提高。城镇职工基本医疗保险首例实现跨省转移。切实加强劳动关系协调和权益保障工作，设立了全市区级首家标准化劳动争议仲裁庭。加大对困难群体救助力度，累计为1812户、3887人发放城乡低保金822万元，实现了动态下的应保尽保；五保供养标准提高至每月420元，55名农村五保对象全部实现集中供养。中原区荣获“河南省养老服务社会化示范区”称号。

推进“阳光家园“计划，224名残疾人享受到托养服务，为393名精神病患者提供了医疗救助。有5529户家庭被纳入廉租住房保障体系，累计发放补贴783万元，为233户家庭提供了实物配租，符合条件家庭廉租住房覆盖率100%。全区有7860户申报了经济适用房。全面落实城乡救助配套政策，全年发放医疗救助资金28万余元，发放慈善救助资金39.1万元。

完善城乡医疗卫生服务体系，区公共卫生服务中心选址初步确定，须水镇卫生院门诊楼建成投入使用，11家社区卫生服务中心全部推行了“片医负责制”。严厉打击非法行医，扎实做好手足口病、甲型H1N1流感等传染病的防控工作，不断提高应对突发公共卫生事件的能力。认真落实计划生育奖励扶助政策，继续稳定低生育水平，全年人口出生率7.98‰。基层文化建设得到加强，全区新建10个社区文化活动中心，46个行政村建立了文化信息资源共享网络。广泛开展形式多样的群众性文化活动，群众文化生活更加丰富多彩。

【平安建设】 2010年，中原区先后修订了《重特大校园安全事故应急救援预案》、《地震应急救援预案》等应急处置预案，印发了《中原区教育系统学校安全事故责任追究制度》。加强校园安全防范，为区属中小学校配备专职保安120名，营造了安全和谐的教育教学环境。

加强综合治理工作中心规范化建设。全区11个镇(街道)建成了由党(工)委副书记任主任的综合治理工作中心，146个村(社区)建成了由村(社区)党支部书记任主任的综合治理工作站。建立了矛盾纠纷排查调处等10项工作台帐，严格落实检查考核等7项工作制度，建立了矛盾纠纷“联调”、社会治安“联防”、重点工作“联动”、突出问题“联治”、基层平安“联创”的工作机制。全区已有7个镇(街道)达到了“一级平安镇(街道)”标准、4个达到了“二级平安镇(街道)”标准，118个村(社区)达到了“五无”标准。

积极推进技术防范建设，密织社会治安防范网络。市、区两级政府共同投资，在全区100个社区安装监控探头820个，并开始试运行。7000个家庭“居家卫士”防盗报警电话已安装完毕。截至年底，全区有监控平台352个、探头6315个，遍布全区主次干道、公共复杂场所、社区楼院、易发案地区等部位，各监控平台24小时有专人值守，遏制了严重影响群众安全的多发性、侵财性案件的发生。先后组织开展打黑除恶、打击“两抢一盗”犯罪等专项斗争，增强了人民群众的安全感。全年立刑事案件2771起，破598起。其中，“两抢一盗”案件1173起，破284起；发生命案6起，破6起；打掉恶势力团伙4个。全年零发案社区达到48个，抓获各类现行违法犯罪嫌疑人117名，有效预防可防性案件230起，追缴和保管各类未锁车辆500余辆，辖区居民群众满意率显著提高。全年发生重大不稳定问题39起，有效化解35起，化解率90%；辖区发生群体性事件62起，全部得到妥善处置；有效化解不稳定问题200余起，维护了社会和谐稳定。

【创建文明城市工作】　2010年7月23日，全国城市公共文明指数测评组对中原区进行了暗访和入户问卷调查，中原区创建文明城市工作得到全国测评组的认可和郑州市的肯定。

6月9日省会创建全国文明城市电视电话动员大会后，中原区迅速行动，安排部署测评迎检工作，在全区掀起了创建文明城市工作的高潮。继续实行区四大班子领导、区直部门包街道、包社区、包村庄、包路段“四包”工作责任制，分包领导每天到工作一线现场督导，督促工作落实和问题整改。建立协调运行机制，健全完善日督查、日例会、日通报制度，定期听取各单位汇报，督促和掌握工作进度，协调研究存在的问题，形成了工作合力。建立目标管理机制，将“创文”工作列入全年目标考核内容。建立奖惩机制，开展日评流动红黑旗活动，并制定了奖惩办法。建立督查机制，实行区委区政府督查室、区创文办、区创建办、镇(街道)“四位一体”督查制度，坚持定期督查和不定期督查相结合、明查与暗访相结合，严格责任追究。

在创建活动中，实行部门联动，局委分包社区、路段制度。区直单位抽调机关干部充实到一线，协助做好分包社区、路段的日常创建工作；街道、社区与辖区楼院、“五小”门店、窗口单位、集贸市场等重点单位签订责任书，明确专人盯守，确保整治到位。开展文明单位与社区结对帮扶活动，在辖区行政执法部门、管理职能部门、社会服务部门等窗口单位，开展“争创文明服务示范窗口，争当文明优质服务标兵”活动，提高了行业和窗口单位的服务质量。

全民参与，开展志愿者服务活动。向广大市民发放《致辖区居民的倡议书》5万份、宣传彩页8万份、公民基本道德规范小卡片1万张以及创建文明城市调查问卷10万份，有效提高了辖区群众对“创文”工作的知晓率和支持率。成立“红领巾志愿者小分队”，积极参与劝阻交通不文明行为。继续开展百场广场文化活动，全区100多支文艺队伍2000余人充分利用街心公园、户外广场等场所，开展了数十场次丰富多彩的文艺活动，吸引了十多万群众广泛参与。辖区文明单位积极参与创建活动，共制作220余块户外公益广告和墙体宣传标语，劝阻交通等不文明行为上千起，发放宣传手册、扇子、手绢等创建文明城市宣传品8000份，为创建活动营造了浓厚氛围。

【中原万达广场项目】　位于中原区的中原万达广场项目(周新庄城中村改造项目)，是市委、市政府长期跟踪引进的重点项目，也是中原区2010年的“一号工程”。

中原万达广场项目是大连万达集团在郑州开发的首个万达广场，位于中原路与秦岭路交会处，总投资额50亿元(不含安置区)，总建筑面积约53万平方米，包括购物中心、SOHO、室外步行街、住宅等。其中，商业面积约25万平方米。购物中心涵盖高级连锁百货、多厅连锁影城、大型连锁超市、国际运动品超市、电器超市、KTV、电玩娱乐等多元业态，能“一站式”满足消费者购物、休闲、餐饮、娱乐等多种需求。

该项目于2010年2月4日签约，50多天就完成了项目规划的全部手续，3个月内完成了项目土地挂牌，2个月实现了土地摘牌。8月3日举行奠基仪式，正式开工建设。

针对项目建设涉及的周新庄、罗庄城中村改造项目，区指挥部按照“统筹考虑、统一规划，整体推进、分步实施”的思路，科学筹划、严密组织。从全区抽调30余名科级干部、200余名机关干部，分成8个大组和若干入户组、业务组，明确任务，健全制度，形成了协调配合、上下联动的工作格局。从4月7日拆迁动员大会开始，不足2个月共完成村(居)民搬迁700多户，拆除地面建筑物、构筑物60多万平方米，创造了“中原奇迹”、“郑州速度”。周新庄200余户村民22天完成搬迁，罗庄250余户村民12天完成搬迁，230余户小产权房住户7天完成搬迁。

(赵志平)

惠济区

【概况】　2010年，惠济区总面积232.8平方公里，其中城区面积26.8平方公里。辖6个街道办事处、2个镇，9个社区，54个行政村。总人口27.2万人。人口出生率为11.3‰，死亡率为3.14‰，自然增长率为8.16‰。

2010年，全区生产总值(GDP)完成69.9亿元，比上年增长13.0%。社会消费品零售总额完成43.3亿元，比上年增长19.0%。全社会固定资产投资完成85.3亿元，比上年增长28.0%。规模以上工业增加值完成

17.2亿元,比上年增长23.1%。地方财政收入完成7.6亿元,比上年增长10.7%。城镇居民人均可支配收入达到14810元,比上年增长11.3%;农民人均纯收入达到11270元,比上年增长15.4%。

2010年,全区规模以上工业企业实现销售收入63.27亿元,同比增长41.2%。实现利税3.33亿元,同比增长38.8%。其中,利润总额2.18亿元,占目标任务的152.6%,增长64.8%,超市定目标52.8个百分点。非公有制工业企业完成增加值15.46亿元,比上年增长24.0%,占全区规模以上工业增加值的90.1%。

民主法治建设持续加强,办理人大代表议案、建议和政协委员提案222件,办结率100%。加强民生建设,民生事业支出达到3.1亿元,比上年增长7.4%,年初承诺的10件实事全部完成。

【机构与领导】 中共惠济区区委:书记张俊峰;副书记常继红(女)、蔡玉奇;区委常委:张俊峰、常继红(女)、蔡玉奇、肖国俊、陈红民、申任玉、宋洁(女)、万永生、李文哲、王雅伟、张卫民、崔平、杨林、李文建(9月免)、华新定(9月任)。

区委工作部门:区委办公室主任崔平;保密局长侯哲峰(5月免);组织部长宋洁(女);机关工委书记王浩瞻;宣传部长万永生,文明办主任丁建国;统战部长张卫民,台办主任高歌(女),宗教局长侯永革;政法委书记杨林,综治办主任陈学民;编办主任赵会勇(5月任),事业单位登记管理局长张留红(女,5月任);监察局长张根旺;党校常务副校长刘培军;群工部长贺政华(女);老干部局长张惠;档案局长李彦涛。

区一届人大常委会:主任禹舜;副主任陈建峰、刘宝庆、梁国强、司占中(12月免)、刘满仓、宋国彦、杨勇(1月任,12月免)、李清海、王晋嵩(1月任,12月免)。

区人大常委会工作部门:区人大办公室主任刘勇;老干部科长贾兴起;教科文卫工委主任孙正伟(1月任);财经工委主任刘季召(1月任);代表联络工委主任师挺(1月任);法制工委主任陈英伟。

区人民政府:区长常继红(女);副区长李文哲、王雅伟、杨智威、高春声、王升建、祖应军(1月任)、郭耀伟(1月免)、杨勇(12月任)、李文建(12月任)、陈智勇。

区政府工作部门:区政府办公室主任张艳敏(女,5月免)、罗黎明(5月任);法制局长宋梅英(女,6月免),法制办主任宋梅英(6月任);地方史志办主任李果(女);人防办主任肖新;外侨办主任王锋(6月免);发改和统计局长李睿彬;地震局长孙书文(6月免);物价局长李远顺(6月免);科技局长刘群(6月免),李保国(6月任);经委主任弓永光(5月免);工信局长弓永光(5月任);人口和计生委主任耿建伟;教文体局长青华山(5月免);教体局长青华山(5月任);民政局长马学才;财政局长张红(女);人劳和社保局长王卫东(5月免);人力资源和社保局长王卫东(5月任);司法局宋保平;审计局长冯艳霞(女);建设局长马志勇(5月免);城建局长王维翔(5月任);国资局长唐岩(女);交通局长何景强(5月免);交通运输局长何景强(5月任);卫生局长刘博;农经委主任李瑞(5月免);农业农村委主任李瑞(5月任);城管行政执法局长赵鸿年(副县级,5月免);城市管理执法局长赵鸿年(副县级,5月任);机关事务局长徐麦成;旅游局长罗黎明(6月免);文化旅游局长胡俊丽(5月任);房管局长吴俊杰(6月免);住房保障中心主任吴俊杰(6月任);商务局长黄国彦;行政审批中心主任张克文;爱卫办主任李保国(6月免);林业局长温学生;安监局长弓继军;环保局长李炳发;接待办主任李喜云(女);社保局长赵钰锋(女);高新农业试验区管委会主任常继红(女);河南惠济经开区管委会主任常继红(女);邮政局长张海燕;公安分局长王天福;国税分局长史越;地税分局长孙春良(11月离任)、王宇(11月任);技监分局长赵树人;工商分局长徐成立。

政协区一届委员会:主席梁守海;副主席毛长福、赵景春(女)、李新安、姜玲(女)、宋金堂、谢和平、闫学林、李建国。

区政协工作部门:区政协办公室主任孙平安;经济委主任禹金丽(女);提案委主任魏涛;教文卫体委主任陈百胜;社会法制委主任李巧平(女);老干部科长张新芝(女)。

中共区纪律检查委员会书记:肖国俊。

区人民武装部部长:戴玉镇;政委:李文建(9月免)、华新定(9月任)。

区人民法院院长:王晋嵩(1月免)、蔡理亮(1月任)。

区人民检察院检察长:裴文典。

区群团工作部门:总工会主席劳建新;团区委书记王凯;妇联主席杨敏(女);科协主席姜玲(女);工商联主席宋国彦;残联理事长王润香(女)。

街道办事处、镇机关:刘寨街道办事处党工委书记郭佩军,主任牛鸿飞;长兴路街道办事处党工委书记赵成群,主任耿志国;老鸦陈街道办事处党工委书记申慧(女),主任付广喜;新城街道办事处党工委书记孙学文,主任朱光明;迎宾路街道办事处党工委书记弓永超,主任杨军;桥南新区党委书记弓永超,管委会主任杨军;大河路街道办事处党工委书记刘军杰(6月免)、王国周(6月任),主任王国周(6月免)、侯哲峰(6月任);古荥镇党委书记郑建明(6月免)、李振江(6月任),镇长李振江(6月免)、胡斌(6月任);花园口镇党委书记郭相洲,镇长王东亮。

【农业与农村经济】 2010年,惠济区完成粮食总产量2.73万吨。其中,夏粮产量1.46万吨,秋粮产量1.26万吨。无公害蔬菜复播面积达到

8333.33公顷,产量达25万吨。其中,叶菜类占郑州市叶菜类蔬菜总产的70%。特色花卉种植面积达153.33公顷。其中,高档花卉蝴蝶兰年生产能力达100余万支,主导郑州市场。奶牛存栏1.1万头,奶牛存栏和牛奶产量居全市第二。水产养殖面积达1013.33公顷,水产品总产达到2.46万吨,渔业综合排名居全市第二。全区农民人均收入达到10550元,比上年增长8%。两个新农村建设示范村顺利通过市级验收。生态水系建设进展顺利,索须河二期综合治理工程全面完工。

【城乡建设】 2010年,惠济区项目建设成效明显,53项重大项目累计完成投资34.2亿元。三全食品生产基地二期全面启动。郑州经贸职业学院、郑州实验高中等8个项目被列入省"双千工程"。西绕城公路、科学大道西三环立交、中州大道北段综合整治、黄河公铁两用桥等省市重点工程陆续竣工。丰乐北路、生产路建成通车。花园口互通式立交、京沙快速通道、北三环下穿铁路编组站、郑焦城际铁路等工程加快建设。辖区基础设施更加优化,城镇化进程全面加快。确立了"三点一线"的新型社区建设格局,不断加快城中村改造步伐。刘砦、王岗、毛庄、王砦启动拆迁;兴隆铺、下坡杨控规已经市政府批准;老鸦陈、弓庄等6个村启动控规编制;金洼村土地即将进入"招拍挂"程序。实施了北四环沿线整体城市设计,村镇体系规划编制完成。大河路和花园口镇两个"合村并城"试点加快运作。

【园区建设】 河南惠济经开区引进各类投资项目28家,2010年完成投资22亿元,比上年增长121%;实现税收收入1.3亿元,比上年增长55%。思念食品新工业园1万吨冷库投入使用,省规划设计园主体工程完工,麦普软件园开工建设。郑州动漫基地被列入"全市2010年度重大科技工程计划",研发大楼主体建成,4部作品取得国产电视动画片发行许可证,占全省年度播出计划的三分之二;《公路Q车吧》、《少年司马光》在央视少儿频道黄金档成功播出,《雪孩子系列之拯救家园》、《虫虫计划》在伊朗、印度等境外电视台播出,惠济动漫品牌的知名度和影响力持续扩大。大河工业园引进企业18家,产值突破20亿元。郑州农业高新区引进高新农业项目12家,总投资1.3亿元。盘活滩地100公顷,新增高效观光农业基地80公顷,实现收入800万元。郑州农业高新园区、黄河生态盆景主题公园等项目建设进展顺利。花园农业观光园二期建成蔬菜基地133.33公顷,蔬菜年产量达到1万吨。郑州市水产苗种中心等水产项目加快建设,无公害水产养殖基地达到200公顷。

【生态建设】 2010年,惠济区完成了总投资1.5亿元的索须河二期综合治理工程;整治金洼干沟3公里;完成了58个生态水系排污口整治任务。江连绿地、黄河大堤南侧林间休闲步道一期工程完工,成为休闲观光的新亮点;西绕城公路生态绿化带、中州大道绿化工程建设打造了道路绿化的新景观。建成省、市级生态文明村各2个,完成了创建国家环保模范城区各项任务。首创了"旅游日"宣传促销模式。成功举办了"春溢郑州·悠然惠济"休闲游及2010"尽享丰收·感恩湿地"惠济采摘节等大型活动。启动了"全国休闲农业与乡村旅游示范县"创建工作,促成了花园口游览区免费向公众开放。全年共接待游客514万人次,实现旅游收入1.8亿元,均比上年增长16.0%。

【改革开放】 2010年,惠济区体制改革扎实推进,顺利完成了政府机构改革,实现了力量整合、职能转变、效率提升的目标。财政体制改革不断深化,调整镇办财政管理体制,推进国库集中支付,政府投资评审行为的改革,完善政府投资监管体系,强化工程管理各环节的审计监督,改进采购程序和操作规范,促进了财政资金使用效益的不断提高。全年累计节约采购资金4078万元,节约率达20%。

招商引资成效显著。深化大招商行动,全区新引进各类项目48个。其中,超亿元项目12个,5000万元以上项目18个。计划总投资133.9亿元,已完成投资57.7亿元。奥特莱斯现代服务产业园、中南文化创意园、河南煤化集团物流和销售公司3个"百亿元项目"正在加速推进。新建成楼宇载体6个,引进楼宇企业91家,实现区级收入8482.6万元。全年引进境内域外资金42.7亿元、省外资金34.1亿元,实际利用外资1.3亿美元,外贸出口额达到5800万美元,分别比上年增长18.0%、33.6%、25.0%和13.5%。

【社会事业】 2010年,惠济区教育系统"三名工程"初见成效。惠济一中中招成绩连年名列全市区属初中第一,郑州二十中连续4年荣获"郑州市高中教育教学先进单位"称号,郑州市科技中专进入省级重点中等职业学校行列。市三院迁建项目、与省煤化集团合作建设的惠济医院进展顺利;新农合参合人数达13万人,补偿23.9万人次、2574.9万元。社会保险覆盖面进一步扩大,全区参保人数突破13万人次,城乡居民养老保险工作位居全市前列。完成农村劳动力转移就业1986人,城镇新增就业2757人。累计发放小额担保贷款8557万元,受益企业71家。发放城乡低保、五保资金277.3万元,442名优抚对象享受到医疗保障一站式服务。惠济区连续5届荣膺"郑州市双拥模范区"称号。创新完善了"四议、两公开、一监督"工作法,53个行政村、7个社区分别成立了村务(居务)监督委员会,基层自治更加完善。精神文明建设深入开展,举办了第二届"惠济区家庭文明代表节",创新实行了"未成年人教育导师制"。在全国文明城市创建中，惠济区文明指数测评综合成绩位居全市第一。

【天园循环农业园区】 位于惠济区牛庄村北黄河滩区内的郑州市天园农业生态循环有限公司，成立于2006年6月，占地13.33公顷，是以肉牛养殖为主，以果树、蔬菜、食用菌栽培及淡水养殖为辅的农牧渔综合园区。园区采取以肉牛养殖为主，以沼气建设、生态发展为纽带的复合型经济工程模式，将养殖场、沼气工程与无公害农业作为一个整体，使各个环节产生的废物得以充分综合利用，变废为宝。2010年，园区进一步扩大规模，新增沼液水养殖项目，循环链进一步丰富，经济效益得到有效提高，并成功实现废弃物无害化、资源化、生态化，达到了污染零排放的目标。园区生产的猪、鸡、鸡蛋3种畜产品获得了有机认证机构的认证，成为郑州市首家获得有机畜产品认证的企业。

【黄河生态盆景主题公园】 2010年初，河南绿普园林科技有限公司实施以盆景产业为主题，集生态观光、休闲旅游为一体的高效观光农业项目——黄河生态盆景主题公园建设。该项目位于惠济区境内郑州农业高新区黄河滩区中，占地面积13.67公顷，2010年底完工，总投资5000万元。该项目通过精品化、个性化和自然化设计，采取中国古典园林与区式园林相结合的新中式园林风格，以水、路为两轴，打造景观环带、展览环带、水景环带等三环景观带，建设有入口景观区、盆景展示区、休闲度假区、观光植物区、珍稀树木花卉区等五大功能分区，配置了数千盆精品盆景，正在逐步打造成中南六省最大的综合性精品盆景园。

【花园农业观光园】 该园于2005年由郑州农业高新区黄河农牧场投资建设，规划面积133.33公顷，已完成投资2800万元。园内建有日光温室160座，主要开展绿色食品蔬菜标准化生产，并通过生产示范、科技服务、促进就业等，辐射带动周边蔬菜产业健康发展，为惠济区沿黄村组新农村建设构筑产业支撑。园区先后获郑州市农业产业化经营重点龙头企业、郑州蔬菜研究所"郑研无公害蔬菜生产基地"、河南省无公害农产品产地、郑州市科普示范基地、河南思达超市绿色蔬菜供应基地等称号，受到了中央、省、市、区各级领导、各部门的关注和支持。立足黄河滩区空气清新、水源丰富的自然环境优势，对园区进行了充分绿化、美化，并严格按照绿色食品蔬菜标准化生产规程，实行"五统一"的绿色经营。园区已成为黄河滩区生态工程建设的重要组成部分。生产的番茄、黄瓜、苦瓜、茄子、西兰花、彩椒、结球生菜、辣椒、西葫芦、紫甘兰等10种优质蔬菜获得国家绿色食品证书，并申请注册了"蔬情苑"商标。

【"十一五"成就】 "十一五"期间，惠济区地区生产总值、财政一般预算收入、规模以上工业增加值、全社会固定资产投资(城镇固定资产投资)、社会消费品零售总额、城镇居民人均可支配收入、农民人均纯收入7项主要经济指标，始终保持了两位数的增长速度，总量分别达到2005年的2.3倍、3.2倍、2.6倍、3.1倍、2.7倍、1.8倍和1.8倍。

城镇化步伐全面加快。城镇化率达到64.6%，与"十五"末相比(下同)增长了4.6个百分点；建成区面积达到26.8平方公里，扩大了10倍。14个村被批准实施城中村改造，28个村的新农村建设通过了市级验收，6个新型社区建设加快推进。坚持规划先行，编制了行政中心地区、村镇体系、生态文明建设等一系列重要规划，覆盖全区的"12341"规划体系基本形成。天河北路等11条道路先后建成通车，构建了以西绕城公路、连霍高速下道口、花园口互通式立交为支撑的"八纵、八横"大交通框架；投资7440万元，修建县乡道路71条、103.4公里，改造危桥5座。城乡管理水平明显提高，建成了区、镇(街道)两级数字化城乡监控系统。市场化清扫保洁成功运作，"村收集、镇办集中、区外运"的农村生活垃圾管理体系运行顺畅。

现代服务业蓬勃发展。3A级以上景区、国家工(农)业旅游示范点、农家乐分别达到5家、4家和120家，5年累计接待游客1850万人次，实现旅游收入6.5亿元；年均接待大型会议1000场以上，会议中心、休闲中心地位日益凸显。3家市场被列入商务部"双百市场工程"，年交易额超亿元市场达到9家。农业产业化进程继续保持全市领先地位。蔬菜、牛奶、水产品产量逐年增长，淡水鱼产量占全市总量的20%，牛奶产量居全市第二，部分名优农副产品直接供应香港市场。生态型工业快速壮大，三全食品综合基地、思念食品新工业园相继开工并投入运营，全国最大的速冻食品生产基地的地位日益巩固。中铁大桥缆索等企业快速成长，现代制造业基础更加坚实。产业集聚效应凸显，郑州农业高新区汇集绿色蔬菜、花卉苗木等六大产业为一体，叫响了都市农业、高新农业两大品牌，打造了30家国家、省、市级农业产业化重点龙头企业，20个农产品通过了无公害、绿色、有机食品认证。河南惠济经开区文化创意、食品加工、信息技术产业快速发展，先后被确定为省级国际服务外包园区、服务业特色园区、创新成果奖开发区，市级重点产业集聚区、国际服务外包示范园区、郑州动漫产业基地。

坚持"生态立区"理念，5年累计植树590万株，造林2133.33公顷，森林覆盖率达35%。建成林间休闲步道15.5公里；新增国家级绿色社区1个、省市级生态文明村12个、省市级绿色社区7个、市级林业生态镇2个，建成公园、游园18个，人均占有绿地9.6平方米，全区生态价值达到40多亿元。生态水系治理成效显著，累计投入4亿元，实施了贾鲁河、索须河、魏河、东风渠综合治理工程，治理河道50公里，全长18.5公里的索须河生态水系廊道构筑成型。新建项目“环评”和“三同时”执行率达100%。创建无燃煤区2.9平方公里、噪声达标区5平方公里、饮用水水源地保护区93.4平方公里。单位生产总值能耗下降了35%，降幅居全市第一，提前两年完成了市定节能减排目标。

坚持每年为群众兴办10件实事，5年累计投入11.6亿元。建成了省内一流的农民就业培训中心、爱康服务中心、养老中心；新建了区实验小学、实验幼儿园，完成了6所学校的改扩建工程；在全市率先建成了区级文化馆、图书馆；实施了古荥镇卫生院等3家区属医疗单位的改扩建工程；建成标准化村卫生所46个、社区卫生服务中心4家，成功防控了甲型H1N1流感、手足口病等疫情。新农合参合率达99.89%，高于全国平均水平。投资3000万元，解决了6.3万人的饮水安全问题。发放资金6105.9万元，全面落实了各项惠农政策。政府投资231.9万元，帮助149户特困危房户建成了新房，发放廉租住房补贴390万元，发放低保资金、五保供养资金871万元。实现农村劳动力转移就业1.9万余人，新增城镇就业1.8万人。城镇居民医疗保险实现全覆盖，农村养老保险全面推行，各类参保人数超过13万人，年均增长近60%。

开创性地举办了首届中国(郑州)国际动漫论坛暨2009国际动画节目交流会、第三届全国职工职业技能大赛速录师决赛等重大节会活动，提升了惠济区在国内外的影响力。先后获得绿色农业示范区、生态示范区、科普示范区、科技进步考核先进区、全面小康生态文明县(市)、县级政务公开示范点6项国家级荣誉，以及省首届文明城区、可持续发展实验区、平原绿化高级达标区、基层组织建设先进区、平安建设先进区、计生优质服务先进区、信访工作先进单位等多项省级荣誉称号。

（李　果　张路燕　徐玲玲）

上街区

【概况】 2010年，上街区总面积61.727平方公里，其中城区面积26.66平方公里。辖1个镇、5个街道办事处，24个社区居民委员会，30个村民委员会。总人口144065人，常住人口115425人，其中农业人口43097万人。人口出生率为7.17‰，死亡率为5.14‰，自然增长率为2.03‰。

2010年，上街区生产总值完成89亿元，比上年增长16.5%。规模以上工业增加值完成60亿元，比上年增长20%。全社会固定资产投资完成58.4亿元，比上年增长30%。社会消费品零售总额完成26亿元，比上年增长18%。地方财政一般预算收入完成5.85亿元，比上年增长8.3%。城镇居民人均可支配收入达到21800元，比上年增长9%；农民人均纯收入达到9630元，比上年增长9%。城镇居民和农民人均住房面积分别达到35平方米和65平方米。

2010年，重点围绕主导产业招商，成功引进欧凯龙国际家居中心、广源铝业10万吨铝板带等8个超亿元项目。全年实际引进市外资金27.66亿元，比上年增长17.2%；实际利用外资5208万美元，比上年增长23.45%。全年新增对外贸易备案登记企业5家、获权企业3家；完成外贸出口额2.1亿美元，对外经济技术合作合同额、营业额双双超过1500万美元。

2010年，全力实施“两加快一维护”战略，加快产业集聚区建设，加快城乡一体化进程，维护社会大局和谐稳定。全区承担涉上项目18项，其中涉及市10个重点工程指挥部的项目有7个。18项涉上项目分别为：扶优扶强工程2项，产业集聚区建设工程3项，新农村建设项目工程7项，节能减排和生态环境工程2项，文化创意旅游工程1项，民生工程2项，城乡建设和管理工程1项。2010年底，以上项目已全部完成。

2010年，全区共办理人大代表建议70件、政协委员提案76件，满意率分别达99%、100%。继续加强电子政务建设，成功举办了区长在线访谈，区政府门户网站荣获“市政府十佳网站”称号。积极打造“一站式”办公平台，全面开展项目代理服务工作，全年为企业和群众办理各类审批服务事项21万余件。深入开展“创先争优”活动，狠抓机关效能和作风建设，梳理、规范各项制度225项，作出公开承诺421项，工作标准和效率进一步提高。区政府机构改革后，设置工作部门22个。

【机构与领导】 中共上街区区委：书记黄卿；副书记戴春枝(女)、李建伟；区委常委：黄卿、戴春枝(女)、李建伟、魏建民(11月任)、邓书安(12月免)、张旭华(1月免)、黄钫、牛瑞华(11月免)、周为国、钱世哲、宋双兴、翟国防、王玉红(女，11免)、王素梅(女，11月任)、乔德宁。

区委工作部门：区委办公室主任钱世哲；组织部长牛瑞华(11月免)、魏建明(11月任)；宣传部长宋双兴；统战部长周为国；政法委书记翟国防；群工部长王继正；保密局长田军宝；机要局长马风威；督查室主任冯惠强；机关工委书记李广久；档案局长时永莲(女)；监察局长马垣威；党校常务副校长刘玉贞(女，3月免)、李杰(3月任)；信访局长张俊超；老干部局长张魁伟；文明办主任杨晓东；外宣办主任部锋；台办主任胡爱敏(女)；综治办主任张保成；民族宗教局长虎新伟(回族)。

区十一届人大常委会：主任巨宝志；副主任张振威、张旭华(1月任)、钟明、邢艳丽(女)、李华道、陈炜、袁春明(1月任，12月免)、王家伦(1月任)。

区人大常委会工作部门:区人大办公室主任王振宇;法制工委主任魏志强;财经工委主任郭秀萍(女);城建工委主任安璨;教科文卫工委主任马丽平(女);代表信访联络工委主任张松茂;人事任免科长张玉红(女,7月任)。

区人民政府:区长戴春枝(女);副区长黄钫、王玉红(女,11月免)、王素梅(女,11月任)、赵风军、赵敏、郝国防(科技副区长)、朱选伟、徐勇、袁春明(12月任)。

区政府工作部门:区政府办公室主任刘敏(女);法制办主任张海涛;督查室主任秦永娜(女);目标办主任马玉兰(女,回族);地方史志办主任朱昌伟;机关事务局长刘毅;外事侨务办主任安宏学;接待办主任祁亚;人防办主任席金长(3月免)、曹铁信(3月任);发改委主任李春发(3月免)、林虎(3月任);教体局长李杰(3月免)、刘玉贞(女,3月任);科技局长韩中秋;工信局长张华君(3任);公安局长杜惠斌;民政局长姚德欣;司法局长张富贵;财政局长牛志甫;人力资源和社保局长宋继兵;国土资源局长禹秉臻;安监局长邢永桥(3月免)、赵振乾(3月任);住房和城乡规划建设局长张振;交通运输局长丁志杰(3月免)、王胜利(3月任);城管执法局长王兢;环保局长周伟杰(3月免)、张海涛(3月任);农业农村工委主任吴留柱;商务局长赵振乾(3月免)、周伟杰(3月任);文广电新闻出版局长冯立新;卫生局长石卫军;审计局长杜爱功;人口和计生委主任何乃玲(女);房管中心主任吕保良;统计局长程建新(7月免)、王玉洁(女,7月任);地震局长赵志强;工业集聚区管委主任李春发(3月任);城乡一体化办主任朱书民(3月任);服务业集聚区管委主任孙喜忠(3月任);行政服务中心主任许发成;土地储备中心主任张华君(3月免),刘铁强(3月任);爱卫办主任安建华;工商局长王建修(11月免)、成江北(11月任);国税局长焦豫安;地税局长王建忠;质监局长杨泽;药监局长曹冠伟;烟草局长邓子阳;邮政局长冯珂。

政协区七届委员会:主席张福祥(12月免),邓书安(12月任);副主席武家寅、卢裕华(女)、薛景霞(女)、李新廷、梁红松、吕现州(1月任)、岳斌(1月任)。

区政协工作部门:区政协办公室主任闫光甫;专门委员会主任杨保军;提案委主任何奇志(女);经济委主任闫荡西;社会法制委主任陈俊杰;教科文卫体委主任张保荣(女);学习文史委主任代振岭;港澳台侨和民族宗教委主任张松国。

中共区纪律检查委员会书记:邓书安(12月免)。

区人民武装部部长:王振慧;政委:乔德宁。

区人民法院院长:王家伦(1月免)、彭连城(1月任)。

区人民检察院检察长:程振胜。

区群团工作部门:区总工会主席袁家伟;妇联主任苏建华(女);团区委书记张东辉(3月免)、赵鹏(8月任);科协主席王淑勤(女);侨联主席李长新(俄罗斯族);工商联主席薛景霞(女);残联理事长王敬群(女)。

镇、街道办事处机关:峡窝镇书记吴新勇(3月免)、张立宏(3月任),镇长赵永军;济源路街道办事处书记李立,主任李金保(3月免)、房玉雯(女,3月任);新安路街道办事处书记乔文轩,主任李超;中心路街道办事处书记马松宝(3月免)、李金保(3月任),主任秦清宇;工业路街道办事处书记张广舟,主任王百峰(女);矿山街道办事处书记杨满坡,主任房玉雯(女,3月免)、张东辉(3月任)。

【园区建设】 2010年,上街区完成了工业集聚区总体发展规划和装备产业、绿色新材料、铝工业3个园区专项规划的编制工作,初步形成了"一区三园"的工业发展格局,全年整合建设用地268.2公顷。完善园区配套设施,投资4260万元的金屏变电站开工建设;10万平方米示范性标准化厂房项目开工建设,全年完成基础设施投资4.4亿元。现代服务业园区全年新增服务业经营单位1815家,实现营业收入32亿元,完成固定资产投资25亿元,累计实现税收2.48亿元。生态农业园区完成了汜水河花卉产业和五云山观光生态农业发展规划编制工作。启动"万亩花海"建设,全年实现土地流转138.6公顷,建成日光花卉温室106座,新增双羽实业等3家专业合作社。双羽实业有限公司首批20万株鲜切菊花已出口日本。

【项目建设】 2010年,上街区新开工、续扩建项目44个,总投资46亿元。华泰特种电缆一期建成投产,二期完成投资5000万元,全年可实现销售收入6亿元,上缴利税1500万元;林肯合力焊丝焊剂项目4条生产线投入运行,全年可实现销售收入1亿元,上缴利税1100万元;少林特玻80万辆轿车玻璃和裕丰冶金辅料项目进入设备安装调试阶段;郑州向日葵锂离子动力电池、博大盛塬铝板带箔等项目顺利推进。嘉盛之星商务酒店等7个餐饮项目实现营业,聂寨商务中心等4个商贸项目进展顺利,明珠公馆等4个房地产项目完成建设任务,郑州华通物流等3个物流项目已投入营运。

【重要产业】 2010年,上街区全力支持企业做大做强,区属工业占全区工业比重的62.1%,阀门装备制造产业、电线电缆行业成为新兴主导产业。全年新开工重点工业项目15个,总投资28.45亿元。2010年,铝工业、装备制造、新材料3个工业集聚区分别实现销售收入65.8亿元、56.5亿元、22.6亿元。全区服务业投资1000万元以上在建重点项目16个;已建成重点项目2个,累计投资3200万元;新注册服务业经营单位1406家,实现营业收入32亿元,完成固定资产投资25亿元。2010年,第三产业增加值完成18亿元,比上年增长

10%。

【城乡建设与管理】 2010年,上街区科学修编土地利用总体规划、城市总体规划、产业集聚区规划和村庄布局规划,实现了"四规合一"。先后出台《上街区城乡一体化实施方案(2010—2015)》等文件,形成了推进城乡一体化的政策保障体系。统筹城乡公共资源分配,稳步推进新农村和新型农村社区试点工作的建设。加大资金扶持力度,全年争取上级项目资金和农业奖补资金3470万元,下发农资综合等各项补贴455万元。南部山区生态开发初具形象,全年共完成投资4亿元。南部山区扶贫搬迁的东林子、营坡顶320户村民已整体搬迁。沙固等8个新农村示范村通过了市级验收。新型社区建设试点上街村一期搬迁补偿工作全部完成,安置小区已开工建设。积极改善农村生产生活条件,新修农村道路14.2公里,新建大中型沼气工程3处,解决了农村3300人的饮水安全问题;新造林46.67公顷,建成林业生态村2个,市级以上生态文明村3个。

2010年,上街区投资850万元的新安西路实现全线通车。公交发展加快,公交场站建成并投入使用。昆仑路陇海铁路桥北引线已经完工。完成了中心路、济源路绿化升级和铝城公园升级改造工程。许昌路西段集中供暖工程基本完工。加快推进铝厂旧街坊改造工作,十四街坊和三十二街坊拆迁面积达2.2万平方米,新建6栋高层住宅楼。积极开展"五小单位"综合整治,进一步提升了城市形象。扎实推进生态城市建设,建成了机动车尾气排放环保监测站。城区饮用水质达标率为100%。全区空气质量二级以上天数超过310天。

【科技创新】 2010年,上街区郑蝶超高温耐磨金属密封球阀等5个项目被列入市级以上科技计划。天马微粉专用氧化铝等3个项目获得国家科技型中小企业技术创新基金扶持。华中建机被认定为高新技术企业,制梁机工程技术研究中心顺利通过市级评审。华泰、郑蝶、上蝶3家企业产品荣获省级以上名牌产品称号。31人被认定为郑州市科技创新骨干人才。全年完成专利申报123件,比上年增长10%。全区重点耗能企业共投入节能技术改造资金2亿元,全年可节约标准煤2万吨,二氧化硫和化学需氧量排放量分别下降5.2%和20%。

【民生保障】 2010年,上街区共安排用于民生的财政资金2.6亿元,比上年增加2000余万元。全年新增城镇就业2616人,农村劳动力转移就业835人,完成职业技能培训1331人,发放小额担保贷款1227万元,实现了全区零就业家庭动态为零。进一步健全社会保障体系,新增城乡居民养老保险6341人、城镇居民医疗保险1719人、城镇职工基本医疗保险1173人。免费为农村妇女进行宫颈癌筛查3012人、乳腺癌筛查1077人。新农合门诊统筹人均筹资总额提高到210元,大病住院报销封顶线提高了1万元,财政补偿资金达922万元,75476人次受益。城市低保人均补差标准达到170元。将廉租住房补贴发放标准提高到每月每平方米6元,实现了应保尽保。积极实施"家电下乡",全年发放补贴资金达427万元。深入开展食品药品安全专项整治,全年食品抽验合格率达93.59%,比上年提高1.28个百分点;药品评价性抽验合格率达到100%;蔬菜监测合格率高出郑州市平均水平3个百分点。

【社会事业】 2010年,上街区投入资金703万元用于校舍安全改造,夏侯小学一期工程投入使用,二期工程正在加紧施工。免除义务教育阶段学生学杂费、课本费480万元,实现上街户籍中职生免费教育。成功引进郑州铁路技师学院。完成了紧急救援中心升级改造工程。启动实施国家基本药物制度,让利群众134万元。实施全民健康普查,居民建档率达100%。成立上街区首家民乐团,新建社区文化活动中心5个,全年举办广场文化活动35场,免费在农村放映电影360场。广泛开展"六项文明和谐"创评活动,推进了省级文明城区创建工作。

2010年,制订了《关于开展创建河南省计划生育优质服务先进区活动的实施方案》,成立上街区创建河南省计划生育优质服务先进区领导小组,与相关单位建立联动机制。广泛征求群众意见,积极扩宽服务项目,丰富服务载体,开展系列服务,形成了以宣传、管理、服务为一体的人口和计划生育优质服务工作新格局。2010年,上街区荣获"全省计划生育优质服务先进县(市)区"称号。

【10件实事】 2010年初,上街区委、区政府承诺为民办的10件实事,至年底已完成9件,1件因南水北调工程而未完成。(1)新改建农村道路9公里。解决了农村33000人的饮水安全问题。粮食直补和农资综合直补已全部发放到位,补贴面积2024.11公顷,补贴金额262.81万元,发放农机具购置补贴136.24万元。(2)新增城镇就业人员2616人,完成区定目标的105%。实现农村劳动力转移就业835人,完成区定目标的556%。完成职业技能培训2089人,完成区定目标的104%。(3)自7月8日起,在峡窝镇卫生院开展了"两癌(乳腺癌、宫颈癌)"筛查工作。截至9月25日,乳腺癌检查1077人,宫颈癌检查3012人,超额完成了乳腺癌、宫颈癌筛查任务(区定目标各500人)。(4)新建2座一类公厕,改造5座公厕。升级改造了铝城公园。由于南水北调主干线工程未能按期推进,造成水厂设计方案无法与其对接,因此该项工作暂停。(5)实施"阳光家园计划",对符合居家托养残疾人家庭条件的和残疾人托养服务机构的按全市统一标准给予资助。省政府承

担的每人每年500元的资金已全部发放到位，市残联承担的每人每年1000元的资金也已全部下拨并发放到位。新增法律援助受理点(站)12个，法律援助服务实现应援尽援。(6)实施中小学校舍安全三年工程，2010年完成加固改造中小学校舍23093平方米。加大教育投入力度，2010年郑州户籍学生免费163人，区财政支出6.517万元，已全部落实到位。8—11月，集中培训区属农村中小学体音美专业教师27名。(7)12月，正在享受廉租住房保障家庭316户、633人。已累计发放廉租住房补贴14.1万元，实现了应保尽保。廉租住房补贴发放标准已调整到每月每平方米6元。(8)建成林业生态村2个，新造林20公顷。加大环境保护力度，城区空气质量优良天数达315天。(9)建立2个慈善书屋。新建或改建5个社区文化活动中心，培训基层文化骨干近600人。按照“一个行政村一月一场农村公益电影”的目标，全年放映360场。(10)加大对食品药品安全监管和蔬菜监测力度。截止到2010年底，进行156批次评价性抽验，共有10批次食品不合格，比上年抽验合格率提高了1.28%。检查全区涉药单位210家次，药品抽验合格率100%。区农委每天派出工作人员对农贸市场、超市的蔬菜进行抽查检测，蔬菜监测合格达98%以上。

【上街高速引线工程】 连霍高速出入口上街段整治工程是市委2010年重点督察项目，是上街区实施“两加快一维护”战略重点工程。该工程南起工业路，北至上街区界，全段长400米，宽140米，总投资约1877万元。道路规划是在原有15米宽路面的基础上，加宽改造为城市主干道，双向4车道。其中，快车道宽15米，两侧慢车道宽共14米，两侧绿化隔离带宽共14米，两侧人行道宽共6米，两侧绿化带宽共91米。2010年8月28日，成立上街区连霍高速出入口上街段综合整治领导小组。8月29日，工程开始，12月底已全部完工。共拆迁企业、商户等25家，拆迁面积3.45万平方米，拆迁补偿费用760万元。安装路灯20盏，新增绿化带3.45万平方米，新修慢车道4210平方米。

【荣获中原平安杯】 2010年，上街区实现了“全省平安建设先进区”三连冠，成为全市首获“中原平安杯”殊荣的县区。在全省公众安全感调查中，上街区安全感指数为95.8%。

强化安全生产隐患排查整治，重大隐患整改率达100%，全年无较大以上安全事故发生。深入开展重复信访问题专项治理和涉法涉诉案件集中处理活动。2010年，共接待群众来访212批次1735人次；共发生“上三级”群众信访30批次202人次，按期结案率均达100%。建立以公安、巡防为主体的防范打击体系，完善以治安志愿者为主体的群防群治体系，充分挤压犯罪分子活动空间。相继开展了“四严一创”、命案攻坚、打黑除恶、打击“两抢一盗”犯罪专项斗争和大规模清理清查行动。侦破“8·25”杀人案、“9·8”特大氧化铝粉盗窃案，为国家挽回损失近600余万元，打掉重特大犯罪团伙10余个、抓获各类违法犯罪嫌疑人300余名，侦破“两抢一盗”及诈骗现行案件100余起，占全部现行刑事案件的55%。

把“平安上街”创建活动作为民生工程来抓。抽调全区机关干部，组织开展了“百名干部下基层促发展保稳定”活动。巡防队实行全天24小时不间断巡逻。全区54个村(社区)建立了集综合治理、维稳、警务、治保、调解、治安志愿者、流动人口服务管理等功能为一体的村(社区)综治工作服务站。创新提出将大排查、大调处、大联防机制延伸到村(社区)，在全市率先建立了以治安志愿者为主体的群防群治体系。通过近12000名治安志愿者的言传身教，吸引、带动更多群众参与到维护社会治安工作中来。形成了治安科技“大防控”体系，先后投入资金2800万元，为4000户家庭安装了“居家卫士”报警电话，建立监控室28个、三级监控平台216个，安装监控探头3962个，全区重点繁华地段、案件高发区、重点单位、公共场所技防覆盖率达到100%，商场、超市、集贸市场技防覆盖率达到90%，居民小区技防覆盖率达到100%，行政村技防覆盖率达到98%。全区一镇五办100%达到平安镇(办)标准。投入210万元升级校园安全设施，在全市率先实现了校园人防、技防、物防全覆盖。

【聂寨村成为全国农村先进信息服务站点】 上街区致力于信息化建设，积极搭建农村信息化平台，为群众提供信息化服务。按照“管理信息化，村务公开信息化，三产服务信息化”的要求，加强信息技术在各项工作中的广泛应用，提高社会主义新农村信息化的服务水平。2009年，投资3万余元，对聂寨村办公电脑进行更新换代，组建了局域网，建立电子阅览室，实现了办公无纸化、自动化和信息化。将全村辖区内1130户、4418人的信息输入计算机，建立聂寨村人口信息数据库，实现了农村人口管理信息化。依托上街区政务网络平台建立信息化网站。通过网站信息发布系统实现村务公开和财务公开，促进了农村管理的民主化、科学化、规范化和高效化，实现了三产服务信息发布、村属企业信息发布、村组动态信息发布、惠民利民信息发布等四大类涉农信息发布。通过党员远程教育系统和涉农信息网站等形式，大力开展劳动力培训，提高了农民务农技能、信息化技能和转产转岗就业能力。先后投资200余万元，安装电子监控设备8套、电子摄像头235个，建成了以技防为主，人防、物防为辅的多层次防范体系。2010年，聂寨村获得“全国农村先进信息服务站点”荣誉称号。

(朱昌伟　周昱宏)

第二十八篇　荣誉榜

2010年全国劳动模范和先进工作者

董炬洪，男，汉族，山西洪洞人，1962年3月出生，1982年8月参加工作，本科文化，高级工程师，中铁七局集团有限公司副总工程师、一级技术专家。

董炬洪先后被评为市级建筑企业优秀项目经理和省级建筑企业优秀总工程师。2006年被中铁七局集团有限公司、中国中铁股份有限公司评为劳动模范，被河南省国资委评为优秀共产党员；2009年被评为中央企业劳动模范。2010年，董炬洪被评为全国劳动模范。

参加工作28年来，先后参与了郑武电化、京九铁路、武九扩能、武汉天兴洲大桥北引桥、武康二线、武汉轻轨等10余个重点工程的建设，逐步成长为一名专家型技术带头人和复合型工程施工管理人员。

在洛张电气化工程梅溪河大桥施工时，他发现防护桩间隔5m的距离太大，会危及行车安全，就在现场进行了认真的测算，最终将防护桩间隔设置为3m，并严格要求现场人员立即整改，确保了施工和行车安全。2005年4月，中铁七局天兴洲大桥北岸引桥工程由地下基础转入地面墩身施工，当时董炬洪任中铁七局武汉公司总工程师，同时又兼任项目部经理，他带领攻关小组设计出了一套便于施工操作的循环冷却水施工工艺，成功解决了大体积混凝土浇筑裂纹。同年11月，该工程谌家矶大桥开始进入河滩泛洪区内的深水墩施工。董炬洪带领攻关小组查阅了大量的技术资料，并多次深入实地调查，经过反复研究、精心测算和方案比选，最终决定实施钢板桩围堰结合旋喷桩加固地基的施工方案，此工艺在全线得到大力推广和应用。

他曾主持多项国家、省部级重点工程的技术工作。他参与研究的CFG桩施工中“长螺旋干成孔压灌混凝土桩施工工艺及其钢筋振动送笼器”科技成果，获国家知识产权局专利。他主持京九线20km新线施工技术工作，写出了《对用套箱法进行深水桥基础施工的探讨》论文，其QC攻关成果获当年铁道部第一名。他独立编写了由国家铁道京九办主持编写的《京九铁路工程总结》中的第三篇桥涵篇的第十七章滠水大桥和第十九章跨京广立交桥。在武蒲电化之江岸西站场改造中，他组织技术人员编制了D型梁架空方案架空驼峰线路，攻克了软土地基深基坑的施工难题和驼峰线路架空加固难题，该工程被铁道部评为Ⅰ级优质工程。他主持襄石复线4站三区线的技术工作，其中襄樊机务段联合修车库工程、育溪（站）—小烟墩工程获铁路局Ⅰ级优质工程，特别是襄樊车站高架候车厅工程采用的长螺旋钻孔桩新技术新工艺达到了全路一流水平。他主持武汉市轻轨A标项目技术工作，组织中心试验室攻克了C50高性能混凝土配合比难关，采用Ⅰ级全站仪完成了精密导线测量，攻克了首次在中南地区，在铁路上使用的型钢混凝土梁新结构的施工难题，特别是型钢梁14Mnbq的焊接制作工艺、涂装工艺等达到了国内一流水平。该工程被评为铁道部优质工程，被湖北省评为应用推广建设部十项新技术先进工程。他组织技术骨干攻克了上跨京广铁路的50m大跨度公路桥梁架梁技术难关，以及200km/h时速路基膨胀土的改良施工难题；利用悬臂挂篮施工35m+60m+35m双线铁路连续梁，取得圆满成功。在天兴洲大桥北岸引桥施工中，他完成了铁道部科研项目扩底桩、试桩的施工、静载试验及试验报告。该项目经铁道部科技司审定通过后在工程中使用。

樊海风,女,汉族,河南新密人,1952年4月出生,1970年1月参加工作,中共党员,中专文化,河南省新密市超化镇黄固寺村党总支书记。

樊海风是全国妇女“双学双比”活动女能手,河南省劳动模范,河南省优秀共产党员,河南省巾帼科技致富带头人,郑州市劳动模范,郑州市“三八红旗手”,郑州市十大杰出女性,郑州市优秀村党支部书记,郑州市优秀共产党员。2010年,樊海风被评为全国劳动模范。

她1990年担任支部书记时,黄固寺村吃粮靠救济,花钱靠贷款。她毅然担起改变黄固寺村面貌的重担,带领全体群众,艰苦奋斗,顽强拼搏,一干就是30多年,使黄固寺村发生了翻天覆地的变化,走上了村强民富的道路。2009年年底全村工农业总产值完成1.6亿元,比1990年90万元增长了177倍;2009年税收完成1100万元,比1990年5万元增长了220倍;2009年底人均纯收入10541元,比1990年前400元增长了26倍。综合经济实力由新密市“后进村”跃入“30强村”。

为解决村民住宅沉陷、居无定所这一突出问题,她带领村两委深入群众,关注民生,了解民情民意,认真倾听群众心声,以超前的意识,审时度势,率先建设新农村。先后投资8000余万元,精心组织,削岭填沟,科学规划,建成农民花园式住宅500处,使村民住上了梦寐以求的小洋楼。

为改善村民居住环境,更好地服务村民,方便村民,投资4000余万元,建学校,修公路,架设路灯,建万人安全水厂、新农合诊所、老龄公寓、游乐广场、农村超市、农村绿色酒店、污水处理厂等公共设施。经过努力,黄固寺村变得交通便利,村容整洁,路灯成行,绿树成荫,成为郑州市新农村建设的一道靓丽风景线。

在樊海风的带领下,黄固寺村先后荣获河南省先进“五好”村党支部、新农村建设先进单位、生态文明村、康居示范村、巾帼示范村、奔小康科普示范村,郑州市先进“五好”村党支部、先进基层党组织、新农村建设重点示范村、文明村、小康村、生态文明村、林业生态村等荣誉。中央政治局常委、原河南省委书记李长春,原河南省委副书记、省长李成玉,原河南省委常委、郑州市委书记王文超,河南省纪委副书记、监察厅厅长王流章,郑州市委副书记、市长赵建才,郑州市委常务副书记马懿,郑州市副市长王林贺等领导来村视察后,都对该村的成就给予高度评价。

郭振甫,男,汉族,河南郑州人,1967年11月出生,1989年7月参加工作,中共党员,硕士研究生学历,高级经济师,郑州日产汽车有限公司总经理。

2001年、2002年获得郑州市“五一劳动奖章”;2004年获得河南省“五一劳动奖章”和郑州市“十大杰出青年”称号;2005年当选为河南省汽车行业协会会长;2006年获得日产全球海外工厂(NISSANMC—GOM)金奖、东风汽车公司优秀经营管理者、中国十大创新企业家荣誉;2008年当选为第十一届全国人大代表。2010年,郭振甫被评为全国劳动模范。

郭振甫自2001年出任郑州日产总经理以来,注重提高企业的核心竞争力和可持续发展能力,为多年徘徊不前的郑州日产找到了跨越式发展的道路,为汽车工业发展作出了贡献。他提出双品牌发展战略,成为合资企业成功的战略案例;他用达喀尔世界越野赛开创了体育营销的典范,用帕拉丁诠释了真正的SUV内涵,创造了一种SUV文化;他坚持用NISSAN标准不断修炼企业的内功,逐渐锤炼了一支能力结构科学化、观念意识国际化的员工队伍。

成功打造了LCV(轻型商用车)领军型企业。2005年,成功完成与东风公司的重组,企业定位为日产、东风双品牌LCV基地,并正式确立了“双品牌”的发展战略。5年来,销售量以年平均45%的速度递增,LCV产品序列由2个快速扩大到8个,帕拉丁、皮卡等主要车型连续6年在细分市场保持份额第一。郑州日产成功打造了LCV专家形象。

致力于企业整体实力的增强。2009年，郑州日产被认定为“国家级企业技术中心”和“河南省高新技术企业”；通过了国家“新能源汽车生产资质”审核，并获得3C认证。第二工厂于2008年9月获批并开工建设，2010年9月建成量产，企业产能由此扩大到20万台。销售网络由“大宗”延伸到“大宗+大众”，一二级网点覆盖到所有地级市和百强县。强化成本管理，建立了战略供应商队伍，实施供应商近地化策略，从研发、采购、物流优化、制造等多环节强化成本管理。

用理念和产品引导人们注重环保和安全。提出创造“人、车、与自然共存”的环保理念和“安全是追求一切的基础”的安全理念，专注于低污染、高安全、高效能的车型引进、研发及推广。2009年，郑州日产上市的高端轻卡凯普斯达和城市多功能商用车，都是这一类车的代表车型。为了引导消费者对安全、环保车型的重视，他在媒体上发起了一场CDV(从轿车平台延伸的厢式车)车型大讨论，并率先推出NV200作为此类车型的代表，让用户亲身感受CDV的安全、舒适和环保。

为企业规划了清晰可行的长期事业计划。基于自身成长的需要和已经形成的实力，郑州日产确立了“小众做专、大众增量”的发展思路，提出了未来3年的事业计划——挑战“10·20”，即：2010年销售汽车10万辆，2012年销售汽车20万辆，企业盈利能力达到业界先进水平。制订了40万辆的长期事业计划，设定了“LCV双品牌+PV差异化”的商品路线。

郭振甫坚持身体力行，践行“回报社会”的理念。公司先后捐助近千万元，并多次提供帕拉丁、御轩等车辆作为抢险救灾专用车辆或会务接待用车。倡导建立“金秋助学基金”和“爱心救助基金”。联合郑州慈善总会，拟用5年时间，投入1000万元，设立专项基金帮扶特困大学生和重大疾病患者。

康相涛，男，汉族，1962年8月出生，河南南阳人，1985年参加工作，中共党员，在读博士，教授，河南农业大学院长。

2009年，康相涛主持的“中国地方鸡种质资源优异性状发掘创新与应用”项目获得国家技术发明二等奖，受到了胡锦涛等党和国家领导人的亲切接见。该成果实现了国内家禽学科该奖项零的突破，也是1992年以来16年内全省唯一一个以高校为主持单位获得的国家技术发明二等奖，还被评为纪念改革开放30周年河南省十项重大科技成果之一。

1985年他毕业留校后进校畜牧站，开始了以实践为主的24年教学科研生涯。2000年，他和固始三高集团签订了长达20年的技术合作合同，带领团队与三高集团合作，主持培育出了8个新品系。三高集团入选全国农业产业化国家重点龙头企业，并成为全国最大的地方优质鸡繁育供种企业。康相涛主持包括国家“863”项目在内的科研项目12项，1项成果获得国家技术发明奖二等奖，1项获得国家教学成果二等奖；申请了18项技术发明专利；发表论文120余篇，出版著作6部。创建了河南省家禽种质资源创新工程研究中心，并兼任中心主任。他还是省学术技术带头人，省创新型科技团队带头人，省管优秀专家，中国优质禽育种与生产研究会副理事长。曾被评为河南省科普先进工作者、河南省劳动模范，2006年荣获“感动中国畜牧兽医科技创新青年才俊”奖，　2008年被遴选为国家农业科技支撑体系行业科学家。2010年，被评为全国先进工作者。

20多年来，他辛勤耕耘在教学一线。他指导过的17名硕士研究生有12名分别被中国农大等重点院校的名师录取为博士研究生。

他经常深入农村基层，帮助农民增收致富，指导不少农民实现了科技脱贫的梦想。为更好地服务“三农”和地方经济发展，康相涛正在着手建立全国最大的优质鸡资源场和基因库，研究培育更具市场前景的新配套系，为促进农民增收和全面实现小康作出新的贡献。

雷勇，男，汉族，1972年9月出生，陕西人，本科学历，主任设计师，1995年7月参加工作，郑州宇通客车股份有限公司工程师。

2001年—2003年，他负责郑州宇通客车10米以上客车底盘产品开发工作，开发底盘40多种。他主持开发的六气囊客车空气悬架系统开创了国内产品品牌的先河，为零部件厂空气悬架产品取得良好效益打下坚实基础。2003年4月，雷勇被任命为公司零部件厂副厂长，主管客车空气悬架、车架、车桥的开发工作，先后主持开发多种空气悬架产品，大大增强了宇通客车的核心竞争力。2005年，宇通零部件厂的空气悬架产品产量在国内排名第二位，为公司创造净利润3000多万元。2005年上半年开始制造客车车架,从生产布局到工艺开发,在半年时间内,客车车架产品开始批量投产,成为宇通所有车架供应商学习的质量典范,车架产品已经发展到30多种。2006年,开发出系列盘式车桥产品,已累计产销500多套,产值850多万元。2007年,主持完成ZK6127系列客车底盘,整车销售已近90台,产值逾6000万元。

雷勇主持宇通集团零部件厂和宇通客车开发处底盘室技术开发和管理工作,取得了很大成绩。2003年大客车空气悬架取得国家专利,获得2002年度河南省优秀新产品设计二等奖。他曾被评为宇通公司2004年度"青年岗位能手",多次获得宇通公司科技创新成果奖:2002年度获一等奖、2003年度获三等奖、2004年度获四等奖、2005年度获四等奖、2007年度获一等奖。2008年被评为郑州市劳动模范,2009年被评为河南省劳动模范,2010年被评为全国劳动模范。

李光宇,男,汉族,1963年7月出生,河北赤城人,中共党员,硕士研究生学历,1979年8月参加工作,北京大学附属中学河南分校(含中学、小学、幼儿园)校长。

李光宇是河南省劳动模范,河南省第十届、第十一届人大代表,新郑市第二届人大常委,中国民办教育十大杰出人物,中国十大杰出民办教育家,中国民办教育协会常务理事,河南省民办教育协会副会长。其兴办的学校涵盖从幼儿园到高中学历教育,形成了一个拥有完整教育产业链的大型教育集团,被誉为"河南民办教育界的旗舰"。

北京大学附属中学河南分校是河南省政府与北京大学省校合作协议中的重点项目,现有中学、小学两个校区,在校师生8000余人,94人考入北大、清华及香港大学,培养出5名省、市高考状元,被誉为"河南的北大清华梦工厂",高考成绩、办学规模、社会声誉均在国内同类学校中名列前茅,其小学部(含幼儿园)是河南省规模最大、口碑最好、校本课程最丰富、办学成果最突出的小学和幼儿园之一。

办学9年来,北京大学附属中学河南分校以其完形教育、素质教育、艺术教育、国际教育多元统一的教育体系,成功实现了素质教育与应试教育的"双丰收",赢得了学生与家长的广泛认可。共获得"河南省示范性普通高中"、"全国先进办学单位"、"中国民办十大知名品牌学校"等40余项荣誉。原中央宣传部常务副部长徐惟诚、北京大学常务副校长林建华、河南省四大班子领导、郑州市党政主要领导都曾到学校实地视察工作,并给予了高度评价。作为全国同类民办学校中规模最大、声誉最高的名校之一,学校吸引了全国各地数千名教育工作者前来参观学习。中央电视台、《光明日报》、《中国教育报》、《中国青年报》、《河南日报》等多家主流媒体对其进行了报道。

李光宇积极投身公益事业,2005年与河南报业集团联合举办了大河宏志学校,共为500余名"大河宏志生"提供了1500余万元的学费资助,为考入名校的贫困生发放助学金近400万元。汶川地震后,李光宇从重灾区接收50余名孤儿和失学学生到大河宏志学校免费读书、生活。中央电视台、《光明日报》等媒体均作了报道,省委四大班子领导亲临学校慰问,在全国引起了广泛关注。

作为河南省第十届、第十一届人大代表,李光宇领衔提出的多项关于促进教育公平、提升河南文化形象的议案得到落实,产生了广泛的社会影响,被评为河南省第十届人民代表大会优秀代表。2010年,被评为全国先进工作者。

刘勇强,男,汉族,河南郑州人,1968年7月出生,中共党员,硕士研究生学历,1991年9月参加工作,高级工程师,郑州市公安局行动技术支队总工程师。

2006年5月被评为全国公安技侦科技工作先进个人,

2006年11月荣立个人一等功，2007年3月被评为2006年度全省公安机关“十大杰出中原卫士”，2007年4月被提拔为支队总工程师，2008年9月被评为技术侦察专业高级工程师，2009年12月被评为全国公安技侦一级侦察员，2010年被评为全国先进工作者。

刘勇强分管大队的凝聚力和战斗力得到明显提高，为支队侦察办案、情报信息工作提供了强大支撑，得到了上级领导和同志们的一致好评，分管大队被评为全国优秀人民警察1人、市级优秀人民警察1人、立三等功5人次、获绿城卫士称号1人。

在科研方面，作为技术带头人，他充分发挥技术专长，潜心钻研，组织带领支队技术人员进行技术研发与攻关。2002年，个人研发项目在全省首届技侦科研与技术革新会上荣获一等奖，并且在实战中发挥了重要作用；2006年，在全省第二届技侦科研与技术革新会上，支队荣获8个奖项，实现全省第一。近两年，支队承担的2个涉密科研项目顺利通过公安部组织的专家组验收或鉴定，并在实战中得到了推广应用，项目成果被公安部列为全国公安技侦装备器材。他先后在公安部和省公安厅独立著作发表了12篇技术性理论调研文章，为全国公安技侦技术的提高起到了推动作用。

在关系协调和技术建设方面，作为协调电信运营商的主要责任人，在缺乏技侦有关政策和立法的困难局面下，他想方设法协调各方工作关系，积极建立应急机制，承担并全力保障支队所有信息查询任务。作为技术建设主要责任人，全程参与支队近10年来的技术装备建设，确保各局域网的安全稳定运行，有力推动了支队警务信息化建设和应用工作，为支队开展全国公安技侦信息化试点、开展首家加密网应用试点以及荣获全国“正规化、现代化建设”一级达标先进单位称号，提供了坚强的技术支撑。

在侦察办案方面，作为幕后技术保障和攻坚人员，近5年来他共参与侦破各类重特大刑事犯罪案件1226起，抓获各类犯罪嫌疑人2275名。利用自身的技术优势，先后参与侦办了震惊全国的“雷霆三号”专案、“5·14”李庆成特大绑架案、“7·10”温东升特大贩毒案等一大批中央事权和重特大案件，在确定侦查方向、犯罪嫌疑人身份并直接抓捕的过程中发挥了关键作用，为案件成功告破奠定了坚实的基础，为维护郑州市社会政治、治安大局稳定作出了突出贡献。

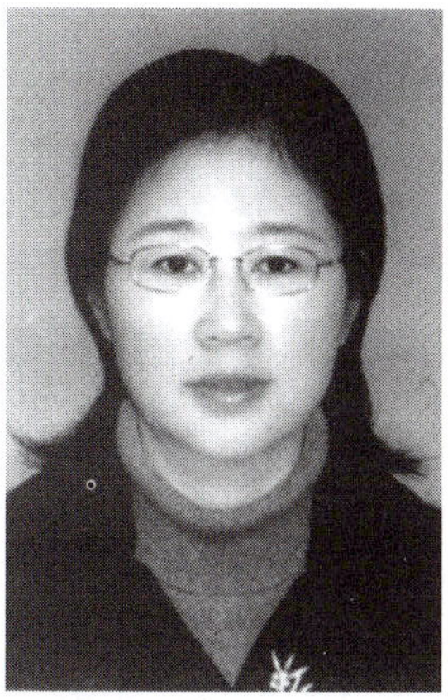

毛杰，女，汉族，河南柘城人，1968年10月出生，1990年7月参加工作，中共党员，在职研究生学历，教育学硕士，中学高级教师，郑州外国语学校校长。

参加工作20年来，她全身心地投入教育事业，为郑州外国语学校的发展做出了不懈的努力。毛杰具有较强的教学能力和教科研管理能力，先后被评为郑州市优秀教师、郑州市首批跨世纪学术技术带头人、河南省中小学百千万工程首批百名“教育专家”、河南省教育厅学术技术带头人、河南省地理学科特级教师。在河南省高中地理优质课大赛中，荣获省级一等奖第一名。已发表学术论文20余篇，并出版论著17本。

在人本化、民主化现代教育思想的指导下，她大胆创新，以先进的教育观、学生观、教师观、知识观和学习观指导教育教学及学校的各项工作，坚持把抓教育教学质量放在第一位。她坚持深入早操、深入学生、深入课堂、深入食堂、深入寝室，及时了解和听取教职工和学生的意见和建议。坚持抓教师备课、上课、作业批改、辅导、讲评等基本环节，努力提升名校水准。学校初中部连续20多年中招考试荣获郑州市第一名。学校每年被保送及提前录取到清华大学、北京大学等国内重点大学人数占河南省保送生人数近2/3，另外还有几十名学生被美国耶鲁大学、康奈尔大学、新加坡国立大学等国外名牌大学录取。毕业生以其知识面宽、思维活跃、表达沟通能力强、发展潜能大而受到高校的普遍欢迎。高招一本、二本升学率均居郑州市第一。学校先后被评为首批河南省示范性高中、河南省教育系统先进单位、河南省文明学校、河南省安全管理先进学校、国家级绿色学校等荣誉称号;被武汉大学、南开大学、山东大学、哈尔滨工业大学、西安交通大学、西北农林科技大学、华北水利水电学院等高校授予优秀生源基地学校称号。毛杰曾荣获郑州市巾帼成才奖、郑州市十大杰出女性特别奖、河南省"五一劳动奖章"、河南省师德标兵、河南省青年"五四奖章"标兵、河南省优秀专家、全国优秀教育工作者、全国德育工作先进个人等荣誉。2010年,被评为全国先进工作者。

作为一名全国人大代表,毛杰认真履行代表的职责,针对河南考生多、录取率低等情况,每次在两会上都积极建言献策,较好地履行了自己的职责。2004年她当选为郑州市第八次党代会代表和郑州市第十二届人大代表,2006年9月当选为河南省第八次党代会代表,2007年当选为河南省第十一届人大代表,2008年当选为第十一届全国人大代表。

沈严,男,汉族,河南泌阳人,1972年7月出生,中共党员,硕士研究生,1995年7月参加工作,中国电子科技集团公司第二十七研究所高级工程师。

自1995年参加工作以来,他一直致力于激光测距设备、激光终端、激光雷达等领域的科研工作,先后参加了多个国家重点工程项目的研制和开发,取得了丰硕的科研成果。先后完成了星载激光雷达小型化设计、生产和试验,主持星载激光测距仪方案与技术设计,完成了空间交会激光雷达关键技术课题的研制和生产。这些技术的实现为激光雷达进入航天领域奠定了基础,同时获得了航天领域相关专家的一致好评。

在某星载激光武器项目中,他先后摸索了不同航天材料在不同参数激光作用下的性能改变,进而寻找出空间飞行器的薄弱环节,为空间平台的防护提供基础技术数据,为国防重要领域开展科研工作打下了坚实的基础。

在某空间激光雷达关键技术攻关与研发中,他担任副总设计师,负责系统设计。完成了信道设计、信号处理部件设计及系统联调工作,组织研究试验规划和检测检验方案,组织并实施了内外场试验,得到了充分的数据。

在某空间自主跟踪与测量激光雷达项目中,沈严担任主任设计师,负责项目难题。他优化处理算法、传输网格和设备总体布局,提高了设备可靠性,保证设备连续8年无故障。陆续完成的课题取得了良好的经济效益和社会效益,获得了不同级别的多种奖励。

他兢兢业业,全力以赴,为我国国防事业作出了突出贡献。2010年,被评为全国劳动模范。

石聚彬,男,汉族,1961年9月出生,河南新郑人,1987年参加工作,中共党员,本科文化,河南省新郑奥星实业有限公司经济师。

他积极带领广大人民群众共同致富,促进了当地经济发展,为建设小康社会作出了积极贡献,被誉为"民间红枣专家"、"枣乡小康领跑人"。

2000年,石聚彬投资300万元,开发荒地33.33公顷,建设红枣科技示范基地,引进培育红枣优良品种41个,普及推广了红枣的标准化生产管理。2004年,实施以"公司+农户+基地"的经营模式,把已经成型的红枣科技示范园返包给农民,并以保底价收购红枣,推动红枣的科学化种植,带动农民真正致富,当地承包的农民每年人均增加收入2000多元。就地取材,就地用工,努力实现农业增效,农民增收,提高农产品附加值,促进农村经济大发展是石聚彬和奥星公司发展的根本宗旨。他锁定新郑独有的1.4万公顷红枣资源优势,力争改变枣农丰产不丰收,卖枣难、望天收的历史难题。公司通过合同订购、资金支持、技术帮扶等,与1000家农户建立了3333.33公顷绿色红枣生产基地,统一管理、统一施肥、统一采收，大大提高了红枣的品质。

2008年，石聚彬提出了新的科技创新要求，在原材料、加工工艺、包装材料、包装规格、产品价格、产品形式、产品科技、激励机制等方面进行创新。他带领公司联合中国农业大学正在筹建国家级红枣实验室，总投资1200万元。实验室将融科研、试验、检测功能为一体，对红枣成长不同周期进行实验、研发跟踪，使红枣深加工链条不断拉长拉大，确保红枣整个过程食品安全和科技投入不断提高，确保枣农丰产丰收，进一步提高农产品科技竞争力。

石聚彬富裕之后不忘回报社会，冠名支持CCTV聚焦三农栏目，支持公益事业和光彩事业，相继被评为河南省光彩事业先进个人和郑州市光彩事业先进个人。2003年4月，被市政府评为郑州市劳动模范。2004年4月，被省政府评为河南省劳动模范，同年12月被评为第九届中国十大杰出青年农民。2006年，被评为中国三农人物。2008年，荣获2007年度中国三农人物创新奖，同年5月被评为全国青年群英会模范，7月被选为“2008北京奥运火炬传递郑州站”火炬手，9月被评为“首届中国枣业十大影响人物”，河南省改革开放30年民营经济领袖人物。2010年，被评为全国劳动模范。

宋丰强，男，汉族，河南郑州人，1964年1月26日出生，1989年7月毕业于北京商学院企业管理专业，1989年8月参加工作，北大光华管理学院F.MBA研究生，高级经济师，河南绿色中原现代农业集团有限公司董事长。

自创办绿色中原现代农业集团有限公司以来，在农业科技推广、带动周边农户致富、促进企业和农村和谐等方面，作出了突出贡献。

为了让更多农民受益，宋丰强带领集团公司在农产品基地建设上采取“统租返包”的办法，通过当地村委会把土地集中到想种田、会种田的种田能手手中，对承包农户实行“统一种苗供应、统一肥料供给、统一植保管理、统一收贮加工、统一品牌销售”五统一的新型基地运作模式，实现了标准化、规模化、集约化经营，形成了“公司品牌拓市场、农民精心搞生产”的双赢模式。绿色中原现代农业集团优质农业新品种推广辐射周边地区，在省内外有很大影响。通过各种形式共培训农民和农业科技人员万余人次，每年转移农村剩余劳动力近1500人。2006年9月16—18日，“2006首届中国·郑州农业博览会”在集团旗下园区丰乐农庄举行。全国人大、全国政协、国家发改委、财政部、农业部、国家环保总局、国务院扶贫办、国家旅游局及省、市领导先后多次来园区视察指导，给予了很大关怀和鼓励。2008年，宋丰强受全国政协副主席厉无畏的邀请，做客人民网和全国网友畅谈分享创意农业的发展模式和显著效果。

2010年3月4日全国政协会议期间，宋丰强受到温家宝总理的亲切接见。会见结束后，新华社面向全国媒体播发新闻通稿，中央电视台、中国网、中国经济网、新浪网、腾讯网等全国各大媒体争相报道了此次对话。

宋丰强所带领的绿色中原现代农业集团有限公司受到国家、省、市有关部门和社会各界的好评和赞誉，先后被命名为国家级农业产业化重点龙头企业，被中国农学会命名为全国农业科普示范基地，被河南省发改委立项为省级生态农业重点项目，被省商务厅授予进出口权，并荣获“中国最佳创意产业园区奖”等荣誉。

宋丰强是第十一届全国政协委员，全国政协经济委员会委员，郑州市农业产业化龙头企业协会会长。2004年，被河南省委、省政府评为劳动模范。2006年，被中华全国总工会授予“全国五一劳动奖章”，被中国光彩事业促进会授予“中国光彩事业奖”，被郑州市委、市政府授予“优秀民营企业家”称号。2008年，被省委、省政府授予“农业产业化优秀企业家”称号。2010年，被评为全国劳动模范。

孙梅，女，汉族，河南襄城人，1964年12月出生，1983

年7月参加工作，中共党员，在职研究生，郑州市管城回族区财政局局长兼党组书记。

作为一名少数民族女干部，她始终坚持以科学发展观统领民族区财政工作全局，以民族区经济的繁荣发展和群众的幸福安康为己任，努力开创管城回族区财政工作的新局面。2009年，该区完成财政收入10.4亿元，比2005年净增6.3855亿元，用5年时间超额完成了财政收入翻一番的目标，提前两年超额完成了“十一五”规划确定的财政收入目标。

孙梅始终把创新作为工作的出发点和着力点，因势利导，准确把握政策导向，及时调整工作思路。尤其是在国际金融危机的大背景下，她把变监管为服务、全身心服务企业作为财政工作的主线，要求全局干部职工，凡是企业的事情，必须做到“三个应该”：在职权范围内的事情应该立即办好、在职权范围内但有困难的事情应该想方设法办好、在职权范围内有困难的事情想尽办法仍没有办好的应该做好解释工作。

近年来，她和同事们一道，先后帮助企业协调解决各种问题500余个，争取民族经济扶持资金近亿元，充分发挥了财政的宏观调控职能，实现了财政工作的跨越式发展。孙梅坚持以人为本，心系群众冷暖，牢记财政工作“为人民理财、为群众办事”的宗旨，大力倡导和践行了“财政工作事关民生民本、必须取之于民用之于民”的承诺，着力打造“民生财政”。2009年，管城回族区用于民生事业的投入占到全区财政收入的三分之一，涉及就业、教育、卫生、社会保障、环境保护等多个民生领域，相继建成了一批群众最关心、最受益的民生工程，解决了一大批关乎群众切身利益的民生问题。

她坚持在单位大力推进干部能上能下、竞争上岗制度，努力建设学习型机关，将管城区财政局锻造成了一支“顾全大局、善于学习、雷厉风行、敢于负责”的优秀团队。管城区财政局先后荣获河南省“优质服务窗口”、河南省农村义务教育“两免一补”工作先进集体、郑州市“五一劳动奖状”、郑州市文明单位等多项荣誉。2006年—2009年，连续4年荣获管城回族区人民政府目标管理一等奖并被荣记集体三等功。

孙梅先后被评为全国“三八”红旗手、河南省劳动模范、河南省巾帼建功标兵、郑州市民族团结进步模范个人、郑州市社会治安综合治理工作先进个人，荣获郑州市“十大杰出女性特别奖”，连续4年被管城回族区人民政府荣记个人三等功，2009年2月，当选为郑州市十三届人大代表。2010年，被评为全国先进工作者。

杨红雷，男，汉族，1970年8月出生，河南禹州人，1987年参加工作，中共党员，初中文化，中国长城铝业公司建设公司焊工。

杨红雷是长铝建管道公司的一名电焊工，在普通的岗位上，兢兢业业，任劳任怨，为公司发展和建设作出了突出贡献。刚参加工作时，为了学好电焊技术，他常常把自己关在闷热的工作室里勤学苦练，还利用工闲时间翻看各种电焊技术书籍，遇到不懂的问题，虚心请教老师。仅用一年时间，就取得了6项锅炉压力容器合格证。他把自己的聪明才智贡献到了企业的发展中。他成功地利用直流焊机二次线缠绕法对管道进行消磁，使工程提前完工，这项技术在管道焊接过程中得到广泛推广运用。在公司组织的43名焊工培训中，他担任技能教师，使学员的技术有了较大提高，在第三、四管道化工程中，合格率超过96%，并在多次竞赛中获得优异成绩，在中铝郑州企业同行中享有很高的声誉。

1998年，他被授予“郑州技术能手”称号。2001年，被授予“青工技术能手标兵”称号。2005年10月，被评为第二届“中铝郑州企业十大杰出青年”。2006年，被评为中国长城铝业公司劳动模范。2007年4月，被授予中国长城铝业公司“十佳知识型职工”称号。2007年9月，获得“铝业杯”首届全国有色金属行业职工技能竞赛第一名。2007年，被评为中国长城铝业公司劳动模范。2008年，获得河南省“五一劳动奖章”。2009年，获得全国“五一劳动奖章”。2010年，被评为全国劳动模范。

姚忠良，男，汉族，河南平舆人，1962年9月出生，1983年参加工作，中共党员，博士研究生学历，高级经济师，白象食品集团董事长。

打造学习型企业，构建新的经营管理平台。姚忠良把培育以市场为导向的优秀的企业文化作为核心竞争力，建立以市场为导向高效的经营管理平台。2009年，集团启动实施了企业文化深耕项目，全面实施品牌战略，建立利润中心机制，同时还启动了营销系统优化项目、制度流程优化项目、全面信息化管理项目等。

落实"质量是企业生命"，积极应对金融危机。白象食品集团从产品设计、原料采购、供应商管理、生产管理、质量检测等各个环节均采用最严格标准，产品质量高于同期国家标准。公司的质量系统严格按照食品工业的世界质量控制体系运作，确保了产品品质和安全。在2008年、2009年全球金融危机的冲击下，白象食品集团依然保持高速发展。

建立并完善人才培养、晋升、引进机制。白象食品集团坚持以"内部培养为主，外部引进为辅"的人才发展机制，完善人才培养机制，与国内一流的商学院——惠商学院合作，开展象舞计划培训班。打通人才晋升机制，为素质高、能力强的员工提供施展才华的平台。在大力培养内部人才的同时，积极外聘海内外知名职业经理人。人才机制的不断完善为集团的发展提供了强力的智力支持和保障。

积极投身社会公益事业。白象食品集团积极参与并推动全国社会公益和慈善活动。在"爱心工程"中捐建了"希望小学"，在"春蕾"计划中资助失学儿童，在"大爱无疆"活动中向宋庆龄基金会捐赠了1000万元，承担了企业法人的社会责任。在2008年抗雪救灾活动中，白象食品集团湖南公司的正龙人始终奋斗在救灾一线，因为表现突出，湖南白象的厂长被湖南省岳阳市人民政府记三等功。在四川抗震救灾中，白象食品集团通过各种方式捐资捐物500万元，"白象"方便面也是最早抵达灾区的食品。

2001年，姚忠良被评为河南省粮食系统劳动模范。2002年，被评为河南省企业界十大经济人物。2003年，当选为第十届全国人大代表。2004年，被评为河南省劳动模范。2005年，担任河南方便面制品专业协会会长。2007年，被中国社会科学院评为中国方便面行业最具竞争力领袖人物。2009年，获得全国"五一劳动奖章"。2010年，被评为全国劳动模范。

张金保，男，汉族，河南巩义人，1958年3月出生，1972年7月参加工作，中共党员，大专文化，河南省巩义市新中镇杨树沟村党支部书记。

凿洞引水拔穷根。他带领党员、群众实施开山引水工程，克服重重困难，历经22个月，在浮戏山腹部开凿出一条700多米的山洞，截流响泉河，引水入村，解决了杨树沟人的吃水难问题，并惠及临近4个村的村民。

开山修路谋发展。在他的带领下，全村家家出工，人人修路，原来60万元的预算造价，仅仅花费3万元钱，就修成了一条宽8米、长2.1公里的出山大道。经过几年的艰苦努力，杨树沟修筑村组道路10多公里，方便了群众出行，打通了致富的道路。

调整结构促增收。杨树沟人均耕地极少，而且大多贫瘠，依靠发展传统农业没有出路。为此，张金保拓宽思路，调整农村产业结构，在333.33公顷的宜林宜草山坡上引进、种植了8万棵美国薄皮核桃和日本斤柿，初步形成了无公害柿子、核桃生产基地。投资30余万元，建起了与此相配套的农副产品加工公司，无公害柿子醋、小杂粮已经上市。与此同时，张金保经过多方努力，引资80余万元，建起了服装加工厂，由此将安排100多名家庭妇女就业。

开发旅游共致富。依托丰富的自然景观资源和保存完好的森林植被，张金保确立了发展生态旅游农业的总体思路。2007年6月，杨树沟村和郑州公交总公司签订了投资3000万元的旅游开发项目。全村发展了70户农家宾馆，总接待能力达到1100张床位。初步估算，从2008年6月至今，接待游客有10余万人次。仅此一项，每户年收入均在3万元以上。

齐心共建新农村。杨树沟村是郑州市新农村建设100个示范村中唯一一个贫困村。张金保带领党员干部不等不靠，积极努力，村里修建了6000平方米农民活动广场和三层楼的文化中心，组建了农民秧歌队、盘鼓队、篮球队；

村里安装了30套健身器材，架起了2公里高杆路灯；建成了农民超市和标准卫生所，完成了300个户厕改造工程，100个户用沼气池建成投入使用。30户群众得到集中搬迁，300户群众住房统一进行了色彩改造。2008年10月上旬，杨树沟村首批顺利通过了郑州市新农村建设工程指挥部的检查验收，成为郑州市新农村建设的先进村和样板村。

2003年，张金保当选为郑州市“双强”党支部书记。2004年6月，被评为河南省优秀共产党员。2006年1月，被评为全国农村基层十大新闻人物。2007年2月，入选“首届河南省新农村建设十大名人”。2008年7月，担任奥运火炬传递郑州站火炬手。2009年4月，被评为河南省劳动模范。2009年8月，获“全国扶贫开发典型人物”称号，9月入选郑州市“感动中原——60年60事60人”。2010年1月，荣获2009年度河南三农新闻人物公益奖，同年被评为全国劳动模范。

周劳动，男，汉族，1957年10月出生，安徽霍邱人，1975年参加工作，中共党员，研究生文化，高级工程师，河南省第五建筑安装工程(集团)有限公司项目经理。

周劳动有较高的业务水平及施工现场管理能力。他狠抓工程安全质量管理，努力创建精品工程，做到高标准、高起点、严要求、严管理，建立健全各项安全质量管理制度、安全质量控制体系，对特殊工序、关键部位的施工成立QC小组，组织技术攻关，从而确保每项工程一次验收成功。由于措施到位，管理严格，作为项目经理的他所负责的工程多次获奖：郑州市污水处理厂一期工程，获2002年河南省建设工程“中州杯”奖及国家银质奖；郑州绿城大厦工程(郑州市人大办公楼)，获2003年国家优质工程“鲁班奖”、河南省“中州平安杯”奖，2004年获“全国建筑工程装饰奖”；河南日报报业集团印务中心联合厂房工程，获2004年河南省建设工程“中州杯”奖、河南省“中州平安杯”奖；河南省外商高级管理人员培训楼工程，获2005年河南省“优质结构中州杯”奖；河南移动通信高知住宅小区3号、4号、6号楼工程，被评为2006年河南省工程建设“优质工程”；河南日报报业集团印务中心综合楼工程，获2007年河南省“优质结构中州杯”奖，被评为河南省级“文明工地”、郑州市级“安全文明标准化工地”；郑州颐和医院住院部A座工程，被评为2008年省级“文明工地”。

从事管理工作30余年，他一直奋战在施工管理的第一线。在担任项目经理期间，累计完成竣工面积60余万平方米，施工产值约12亿元，工程合格率100%，合同履约率100%，安全生产管理评价合格率100%，创优良工程20余项，获省、市QC成果一等奖、二等奖、工法奖等共10余项。

周劳动曾荣获全国建设工程项目管理优秀工作者、全国建筑业企业优秀项目经理、全国优秀建筑装饰工程项目经理、河南省重点项目建设优秀项目经理、河南省工程建设优秀项目经理、郑州市重点工程建设先进个人、郑州市建筑业优秀共产党员、中国建筑业“建筑骄子”等荣誉。2007年，荣获“全国创鲁班奖工程项目经理”称号。2008年，被评为郑州市劳动模范。2009年，被评为河南省劳动模范。2010年，被评为全国劳动模范。

(华　颖)

2010年河南省“五一劳动奖章”获得者名单

沈战东　郑州市公安局特巡警支队特警四大队
陈　华　河南第一火电建设公司
雒新代　正建物业管理有限公司
王　新　郑州人民医院眼科
李会东　恒天重工股份有限公司
彭学敏(女)　郑州宇通客车股份有限公司
赵志新　新郑市总工会
张允久(女)　郑州郑荣集团有限责任公司
张代瑾(女)　中国人民政治协商会议郑州市委员会
张云峰　郑州市中原区教育体育局
雷　鸣(女)　郑州市优化经济发展环境办公室
刘桉银　郑州市人大常委会信访室
宋智辉　郑州弘润华夏大酒店有限公司
马玉东　登封市人民检察院
赵三忠　河南省忠澜实业有限公司
吕子剑　中国铝业股份有限公司河南分公司
许文峰　郑州市郑东新区水务有限公司
常　超　国电荥阳煤电一体化有限公司
王海林　荥阳市总工会
赵丽娟(女)　郑州银行股份有限公司
刘　静(女)　河南省电力公司郑州供电公司

陈建平　河南第一火电建设公司
徐　岚(女)　中国建设银行郑州金水支行
丁　凡　郑州银行安全保卫部
朱　梅(女)　郑州市中级人民法院
王政涛　河南省电力公司郑州供电公司
王志强　河南新华建国饭店
李中灵　金誉(河南)包装有限公司
肖于波　东方粤海大酒店
赵喜新　河南中医学院
汪红卫　郑州市第一建筑工程集团有限公司
刘迎春　河南省新密市恒泰煤业有限责任公司
崔晓芙(女)　中国人民银行郑州中心支行
王国强　中铁七局集团有限公司电务公司
郑予红(女)　郑州市市政工程总公司
张　洋　河南省电力公司郑州供电公司
宋晓磊　河南电网建设管理公司
张红涛　河南送变电建设公司
李　瑛(女)　郑州轻金属研究院
杜燕萍(女)　河南省高级人民法院
邹山旺　郑州煤炭工业(集团)有限责任公司大平煤矿
王杰中　郑州煤炭工业(集团)有限责任公司工会
赵国彬　河南万合机械有限公司
贾安年　郑州飞机装备有限责任公司
王　强　中铁七局三公司
张新忠　中铁七局武汉工程有限公司
张登科　郑州市自来水总公司营业处
李　震　郑州邮区中心局
胡焕英(女)　郑州邮区中心局
孙　明　河南省郑州市电信分公司
王　荔　河南联通郑州分公司
上官红松　郑州飞机装备有限责任公司
张震华　郑州新生印务有限公司
孟先霞(女)　金星啤酒集团有限公司
刘玉香(女)　郑州饭店
朱　茜(女)　郑州旅游职业学院
李　梅(女)　中信中原汽车有限公司医院
胡永华(女)　郑州市第八中学
王新绍　郑州外国语学校
钟　波　郑州市神阳科技有限公司
王新顺　郑州市第十一中学
宋毛平　郑州大学
曹红玺　河南郑州中原国家粮食储备库
谢　薇(女)　郑州大学第一附属医院
李　沛(女)　郑州大学
王金凤(女)　郑州大学
任嫣嫣(女)　郑州大学第一附属医院
段金锋　中国船舶重工集团公司第七一三研究所
陈华伟　三普石油工程公司20504井队
李　鸿　郑州日产汽车有限公司

2010年河南省“五一劳动奖状”获得单位名单

中国船舶重工集团公司第七一三研究所
郑州交通运输集团有限责任公司
郑州黄河水电工程有限公司
郑州市交通运输委员会
中国铝业股份有限公司郑州研究院
郑州市供水节水办公室
郑州市污水净化有限公司
河南省第一建筑工程集团有限责任公司郑州市图书馆项目部
郑州大学第三附属医院
郑州市黄河风景名胜区管理委员会
郑州市自来水总公司
郑州邮区中心局
河南省郑州女子监狱
中国电子科技集团公司第二十七研究所
河南第一火电建设公司
荥阳市电业局

（华　颖）

先进单位

郑州市南水北调办公室

2010年，全市南水北调、移民系统紧紧围绕“一个中心”(服务工程建设)，强化“两个抓手”(一手抓干渠征迁，一手抓移民安置)，南水北调各项工作成效明显，全年共完成投资30亿元，圆满完成了省办确定的目标任务。

(一)郑州段征迁安置工作完成情况。

(1)工程整体概况及任务。南水北调中线工程从河南境内穿过，全长731公里，郑州市129公里，途经新郑、航空港区、中牟、管城区、二七区、中原区、高新区、荥阳三县(市)五区，分为新郑南段、双洎河段、潮河段、郑州2段、郑州1段、荥阳段和穿黄工程7个设计单元，涉及22个乡(镇、办事处)、119个行政村。工程总投资约135亿元，其中征迁安置投资49.98亿元。

国务院南水北调建委会第三次会议要求，南水北调中线工程2013年主体工程完工，2014年汛后通水。根据要求,穿黄工程、郑州2段和潮河段3个设计单元已经全部开工,其它4个设计单元征迁工作已经结束,开工在即。

(2)2010年工作进展情况。穿黄工程穿黄双隧洞已全部贯通,南岸明渠土方开挖已完成,全部进入渠道衬砌阶段;干渠内施工通道已全线贯通,4246.67公顷建设用地(永久用地2046.67公顷,临时用地2200公顷)于元月15日全部移交,比省办规定的时间提前15天;累计拆迁各类房屋面积80万平方米,搬迁居民5748人;拆迁企事业单位、农副业451家,军事设施29家,迁建电力设施、通信、广电线路及各类管道等1008条。在实施规划评审阶段,主动同设计部门沟通和协调,在规划内为沿线县(市、区)调整建设用地指标近100公顷;在临时用地选址时,坚持以填沟造地为主,为沿线县(市、区)造地近633公顷、上缴永久用地耕地占用税6.18亿元、上缴施工营业税3500万元。按照省办要求,郑州市提前7天完成居民点搬迁工作,按时完成了专项迁建工作,省南水北调办专门向市政府发了贺电。在征迁过程中,市、县征迁机构主动工作,坚持公开、公正的原则和刚性政策、亲情操作的方法,实现了文明、和谐的征迁目标,没有群体上访、越级上访事件发生,受到国调办、省领导的充分肯定。郑州市被省政府评为"南水北调中线工程干线征迁工作先进省辖市",中原区、新郑市、中牟县被评为"征迁工作先进县(市、区)",郑州2段征迁工作机制被省南水北调办作为经验在黄河南4个地市推广。

(二)移民安置工作情况。

(1)整体规划及任务。郑州市共接收丹江口库区移民18640人,分别安置在中牟县、荥阳市、新郑市,共22个安置点(其中包括3个社区安置点)。根据国务院南水北调建委会第三次会议提出的"丹江口库区移民必须在2013年前全部搬迁完毕,确保2014年汛后中线工程顺利通水"的总体要求,省委、省政府制定了丹江口移民安置"四年任务、两年完成"的总体目标,移民安置分试点、第一批、第二批实施。试点移民2008年11月启动,2009年8月完成搬迁;第一批移民安置2009年10月启动,2010年8月完成搬迁;第二批移民安置2010年5月启动,2011年8月完成搬迁。

(2)2010年工作进展情况。在认真总结丹江口库区试点移民安置工作经验的基础上,按照省办要求,2009年10月20日及时启动了第一批移民6192人的新村建设工作。到2010年7月底,用9个多月时间完成了第一批7个移民新村(包括学校、村委、卫生室、超市等公益设施及基础设施)的建设任务;到2010年8月22日,用12天时间圆满完成了第一批移民集中搬迁任务,顺利实现了"和谐、平安、文明搬迁"和"不伤、不亡、不漏一人"的目标。2010年5月,启动了第二批9993人、12个安置点(9个农村、3个社区)的新村建设工作。截至2010年底,试点和第一批8771个已迁移民总体上比较稳定,第二批9个农村安置点房屋主体建设及公益设施建设已经完工,正在抓紧进行基础设施建设;3个社区安置点已对接成功,设计部门正在进行新村建设规划,按省办要求,10月底完成搬迁。第二批移民新村的整体布局更加合理、户型选择更加适用、外形更加美观。郑州市被省委、省政府评为"河南省南水北调丹江口库区第一批移民迁安工作优秀(先进)单位",荥阳市、中牟县被评为"第一批移民迁安工作优秀(先进)县(市)",国务院南水北调办主任鄂竟平等领导来郑州调研时,都给予了充分肯定。

同时,以中央惠民政策为准则,移民后期扶持工作稳步进行。郑州市大中型水库移民后期扶持结余资金项目通过专家评审,筛选出27个建设开发项目,申请资金1086万元,其中村庄道路项目16个,农田水利建设5个,生态建设2个,环境保护2个,种、养殖、林、畜牧、渔、旅游、加工、服务业等生产开发项目2个。确定小型水库项目16个,申请资金共计445万元(不含巩义市),其中农田水利建设项目2个,人畜饮水项目5个,村庄道路项目9个。

(三)供水配套工程工作情况。

(1)整体规划及任务。南水北调供水配套工程涉及郑州市供水目标6个,分别为郑州市区,新郑市、荥阳市、中牟县城区,新郑航空港区和上街区。郑州市境内规划配套工程管线长130公里,开设分水口门7处,输水管线13条,规划调蓄工程7座,建提水泵站7座,新建和改造配套水厂11座,工程建设用地681.136公顷,静态投资约13亿元,分配郑州市年总调水量5.17亿立方米。

(2)前期工作进展情况。按照国务院第四次建委会关于总干渠和配套工程"同步建设、同步达效"的要求,郑州市南水北调配套工程可行性研究报告已经完成,进入初设阶段。同时,结合郑州市分配水量多、受水量大、建设支线长等特点,为保障郑州都市区发展和用水需要,已向省办反映,建议提高跨渠建筑物规划标准,加大郑州市供水规模,加快相关水厂及管网的建设和改造工作。

(四)机关内部建设工作情况。

(1)加强学习,进一步提高广大干部职工的政治素质和业务水平。坚持集中学习和个人学习相结合,坚持每周学习和每季度考试制度。业务学习由各主管领导和各处处长组织讲评。坚持理论联系实际,采取专题培训、集中辅导、实地考察等形式,多次组织广大职工干部深入实际调查研究,全面客观地掌握第一手资料。

(2)规范制度,进一步加强党风廉政建设。制定党风廉政建设责任制,明确办(局)领导班子成员党风廉政建设岗位职责;进一步完善《郑州市南水北调工程建设管理领导小组(市移民局)工作规则》、信访工作制度、学习制度、车辆管理制度、财务管理制度、值班制度等多项工作制度,做到用制度管权、管事、管人,不断推进党风廉政建设和反腐败工作的制度化、规范化;在工程建设和移民安置工作中,严格执行省调水办和移民办的要求,进一步加强内部审计,从源头上遏制腐败现象,确保工程安全、资金安全、干部安全。

(3)转变作风，进一步加强机关队伍建设。开展“创先争优”活动，成立领导小组，制订活动方案，采取不同形式的活动载体，开展读书学习、爱国主义教育、警示教育和基层党组织、优秀党员先进事迹宣传等活动。同时，宣传、计生、档案、信访、安全、稳定、驻村等各项工作也都取得了显著成绩，精神文明建设再上新台阶。

（景建国）

郑州市中牟产业园区管理委员会

2006年11月19日，郑开大道全线建成通车，省委、省政府规划建设郑汴产业带，集中省、市、县三级力量成立郑汴产业带建设协调指挥部，负责先期开发建设。2007年8月成立郑州市郑汴产业带管委会，严格执行省政府批准实施的《郑汴产业带总体规划》，集中管理、开发、建设郑汴产业带郑州段。2009年，省委、省政府作出建设郑汴新区的战略举措，全面铺开郑州新区和汴西新区两大板块，并于2009年10月将郑州市郑汴产业带更名为郑州市中牟产业园区，成为郑州新区下辖5个开发区(郑东新区、经开区、中牟产业园区、航空港区、国际物流园区)之一，顺延承接原郑汴产业带开发建设任务。

(一)区域范围。依据《郑汴新区总体规划》，中牟产业园区西起京港澳高速，东至中牟东县界，北起连霍高速，南至310国道，总面积约300平方公里，区域涉及郑开大道沿线中牟县白沙镇、刘集镇、大孟镇、官渡镇4镇。重点建设郑州新区规划的白沙组团、刘集组团及官渡工业园区。

(二)发展理念及主导产业。发展理念即按照复合型、生态型、创新型、高品位城市新区定位，严格执行《郑汴新区总体规划》，坚持高起点规划、高标准建设、高质量管理，打造一、二、三产业复合，经济、人居、生态功能复合的现代复合型新区，最终成为郑州新区未来城市发展的主要拓展空间。

主导产业即依托独特的区位优势，重点培育文化创意和现代服务业两大主导产业。文化创意产业以职教园区、绿博园、华强文化产业基地、环球美食城为支撑，打造中部地区最大的文化产业集群。现代服务业以企业总部、金融机构结算中心、电子商务外包、信息技术研发中心及配套商业设施为重点，努力打造郑州新区现代服务新高地。

(三)特色区域。按照郑州市及郑州新区战略部署，重点布局白沙组团职业教育园区和刘集组团文化创意产业基地两大特色区域。

(1)职业教育园区。位于白沙组团，由A、B两个组团构成，建设用地756.4公顷，计划招生20万人。园区以打造中国中西部地区区域性职业教育培训基地和现代职业教育综合试验区为主题，根据“独立、共享”的理念，体现集约节约用地的原则，在园区实施统一有效的社会化管理，实现创办主体多元化、教育资源共享最大化，建成一[illegible]国家级重点职业学校。职教园区已签约入驻学校22所、省教育厅实训基地1个，总投资97亿元。已开工建设河南省委党校、中原文化艺术学院、河南理工大学万方科技学院、河南财专、河师大新联学院、郑州幼师7所学校。其中，万方科技学院、新联学院已分别于2009年9月、2010年9月实现招生；2010年10月，河南财专整体搬迁至职教园区新校区，园区入住师生总数达到2万人。

(2)文化创意产业基地。位于刘集组团，主要包括绿博园、华强文化产业基地、建业环球美食城、配套大型商住综合体等项目组成的核心区及周边区域，面积约10平方公里。该区域抢抓郑州绿博园建设的契机，布局文化创意、科技研发、休闲旅游等产业项目，着力打造河南省都市后花园和新兴文化产业聚集区。2010年9月26日—10月5日，成功举办中国第二届绿博会，累计接待游客数百万人次。投资50亿元的华强文化产业基地于2010年10月正式开工建设，预计2012年底建成开业，届时可具备500万人次的年接待能力。环球美食城等项目正在进行前期准备工作。

(四)主要工作成效。(1)克难攻坚，率先推进基础设施建设。先后开工基建项目39个，总投资37亿元，建成通车道路16条，水、电、气等各种管网一次入地，建成1座供水厂、1座污水处理厂、4座变电站，在建道路、消防站等项目17个，累计完成投资23亿元。积极配合郑汴物流通道、郑开城际铁路等省、市重大工程建设，白沙组团重点区域路网架构成形，管网基本形成闭合系统。

(2)提档升级，全力推进招商引资和项目建设。已签约和引进项目81个，协议总投资668亿元，投资50亿元以上项目4个，10亿元以上项目8个。累计开工29个项目，实际到位资金102亿元，其中，职教园区入驻学校22所，总投资97亿元，全面开工7所，建成招生3所，入住师生2万人；文化创意产业基地顺利建成绿博园，成功举办第二届中国绿博会，华强文化产业基地项目景观湖面开挖完毕，完成投资5亿元；地质科技园、有色地矿局、优德等总部项目全面开工，形象初具；欧帕机器人、华英包装、博大机械等项目已具备投产条件，区域内产业集聚态势加速显现。

(3)以人为本，平稳启动村庄整合安置。成立村庄整合安置建设指挥部，实行管委会领导下的乡镇负责制，扎实推进村庄整合安置工作。对规划区村庄进行摸底统计，制定《安置小区建设实施细则》；组织白沙、刘集首批安置村庄村组干部和联户代表350人进行集中培训。管委会已拨付安置小区启动资金4000万元，累计发放临时过渡拆迁安置费79万元。

(4)强化保障，有序展开建设工程管理与综合执法。严格在建项目的工程质量和安全报监管理；加强工程核算管理；不定期进行安全生产大检查，及时排解工程安全隐患；成立市政有限公司，加强建成区域市政管理。2008年以来，先后3次召开园区优化环境动员大会，在四镇分别成立优化环境指挥部,每年深入镇村集中开展宣教活动。成立综合执法局,重点治理乱搭乱建、占道经营等违法行为。同时,联合纪检、公安部门依法打击堵门堵路、强揽工程等不法行为,为项目建设营造良好宽松的发展环境。

(5)夯实基础,扎实推进规划、土地和融资工作。坚持规划先行。积极做好新老规划顺承衔接,已编制完成园区控规导则、市政基础设施专项规划等,正在编制重点区域城市设计规划。规范"一书三证"管理,严把设计关。加快土地整理开发。配合完成《中牟县土地利用总体规划》编制,为土地报批打下坚实基础。已累计组卷上报土地1533.3公顷,获省政府批复1066.7公顷,顺利展开黄河滩区土地整理,为园区可持续发展提供土地支撑。广开融资渠道。运用BT、BOT等模式,与多家投资集团建立合作关系,已投入资金8亿元。积极对接银行直接融资,国家开发银行2亿元先期融资已到位,8亿元中长期融资到位1亿元。抓住机遇争取到中央预算内资金3550万元。累计完成融资约20亿元。

(李汤波)

郑州市轨道交通有限公司

2008年2月22日,国有独资的郑州市轨道交通有限公司成立,公司注册资本金10亿元,经政府授权负责轨道交通项目的工程投资、建设、运营,轨道交通的广告、通讯、周边的土地开发利用及其它特许经营权的经营、投融资业务等。

郑州市城市快速轨道交通规划线网由6条线路组成,呈"三横两纵一环"的棋盘放射状结构,总长202.53公里。计划在2013年建成1号线,2015年建成2号线一期工程,初步形成"十"字形骨架。郑州市轨道交通网形成后,将承担城市核心地区公交客运量的60%以上,形成轨道交通的主体地位;在市区其他功能片区达30%以上,形成轨道交通的骨干地位。以郑州二七广场为中心,乘坐轨道交通出行30分钟可达各功能片区中心,40分钟可达近郊组团中心。

公司成立以来,按照"一年打基础,两年大起步,三年出精品,五年投运营"的工作目标,扎实工作,轨道交通建设工作得到又好又快发展。1号线一期工程全线20个站点已有19个站点全面开工,14个站点主体结构已完工或基本完工。按照施工组织需要,全线13台盾构已全部下井掘进,2010年底前贯通4个区间隧道,区间隧道累计掘进总长度超过8公里。2010年底,完成全线车站主体工作总量的70%,完成全线隧道工作总量的32%,工程完成投资26亿元。1号线二期工程计划2011年上半年开工建设,工程预可研、可研均已编制完q成,初步设计等前期工作已展开。2号线一期土建工程初步设计及概算编制工作已基本完成,施工图设计同步展开,债务资金已筹措并落实,已于2010年12月28日开工建设。为尽量减少轨道交通建设对地面交通的影响,节约征迁成本,拟对4号线提前建设,现在公司已展开对4号线设计的前期工作。5号线为环线,起于南阳路与农业路交叉口的南阳路站,沿农业路—中兴路—航海路—桐柏路布置。全长41.8公里,共设站31座,平均站间距1.348公里,总投资估算243.88亿元,经济指标为5.8亿元/公里。5号线正在编制可行性研究报告。

郑州至焦作、郑州至开封、郑州至机场城际铁路建设。郑州市财政局已向公司拨付城际铁路资本金4亿元,公司按照河南铁路投资有限责任公司提供的郑州至焦作、郑州至开封、郑州至机场城际铁路2010年度投资计划及拨款通知,拨付3条城际线项目资金2亿元。

由于地铁工程建设规模大、地质情况复杂、技术要求高、作业难度大、施工队伍多,管理难度大。对质量安全工作,公司始终坚持"决策依据科学,指挥符合规律"、"质量第一、安全先行"、"时间服从质量、进度确保安全"、"质量决定生存、安全决定命运"的四项基本原则。在工程施工过程中,公司把好六个关口:一是设计关,二是材料关,三是工序关,四是工艺关,五是查验关,六是验收关;在安全管理实施上,公司主要控制五个方面:一是风险预控,二是完善应急机制,三是专家评审制,四是条件验收制,五是检查考核制。公司严格落实各项安全管理措施并按工程技术标准施工,1号线一期工程自开工以来,未发生质量安全事故,实现工程质量安全控制目标的要求,有效地保证了轨道交通工程的顺利开展。

(刘天星)

郑州澍青医学高等专科学校

该校始建于1984年,2002年经教育部批准,在原郑州树青医学院(前身为郑州医药进修学校、郑州医学专科学校、郑州医学专修学院)的基础上建立,是河南省唯一的一所全日制医学类民办普通高等专科学校。

学校占地44.38公顷,总建筑面积22.4192万平方米,在校生7381人,教学设备总值4696万元,各项基础设施完善。学校有隶属附属医院2所、非隶属附属医院4所,并与省内各地60余所二级甲等以上医院建立了校外教学实习基地。学校人体陈列馆、数码互动显微镜实验室等,其规模及台套数均已达到国内一流水平,学校医学博物馆(该馆由医德教育、药物标本、生命科学、人体奥秘、临床基础等组成)即将建成,它将成为学校一个新的特色工程,为学生学习提供形象直观的条件。

自建校以来,学校始终遵循"尚品德、尊知识、比贡献、贱浮华"的校训,秉承"德育为先、医德为魂、德术双馨"的办学理念,坚持以教学为中心、德育为基础,培养高素质高技能的应用型人才的办学思路。

学校坚持“专家治校、名师任教”的办学方针，现有专兼职教师487人（其中，专任教师415人，兼职教师72人），具有研究生学历的136人，具有副高级以上专业技术职务的138人。形成了一支爱岗敬业、结构合理、业务精湛、治学严谨的教师和教学管理队伍。

学校坚持立足郑州、面向河南，培养服务基层医疗卫生事业应用型人才的办学定位。办学20多年来，为社会培养医学人才3万余名。

学校专业特色鲜明，坚持面向市场需求和社会发展需要设置专业。设有两部四系，即公共学科部、基础医学部、临床医学系、护理系、相关医学系和药学系。开设有临床医学、护理学、中医学、药学、康复治疗技术、医疗美容技术、口腔医疗技术和计算机应用（医学方向）8个专业。其中临床医学为河南省特色专业和郑州市示范专业，康复治疗技术、护理为郑州市重点专业。学校有各类专业实训基地、实验室200多个，其中护理实训基地为省级示范基地、解剖实验室为市级重点实验室。

医德教育是学校的教育特色。学校创办人王树青的题词“必须有高尚之医德，才能悟化出精湛之医术”已成为千万莘青学子的座右铭。学校对医德教育进行了系统的研究、归纳和发展，把为基层培养德术双馨的高技能人才作为学校的办学目标，在校内建立了医德教育体系和学生医德培养规划，设立科研基金和专项资金开展德育环境建设，为新时期医德教育赋予了新的内涵，教育历届学子要“以德学医、以德行医、以术救人、以术慰人”，并编写了《医德学》，成为我国第一部医德专著。

学校先后荣获“河南省职业教育先进单位”、“河南省民办教育先进单位”“郑州市民办教育先进单位”、“河南省考生最满意的院校”等荣誉称号，2007年在河南省高职高专人才培养工作水平评估中，被评定为“优秀”等级。

（陈燕芳）

河南省传染病医院
郑州市第六人民医院

医院始建于1953年，2006年经省卫生厅批准为“河南省传染病医院(郑州市结核病防治所)”，是河南省唯一一家集医疗、教学、科研、预防保健、康复为一体的现代化三级综合性传染病医院，是全省传染病医疗、教学、科研的中心。

医院是国家肝炎防治教育基地、郑州市肝病诊治中心、郑州市肝病研究所；是河南省开展最早的结核病防治专业机构；是我市唯一收治艾滋病病人的专业机构，被卫生部指定为“国家艾滋病临床培训基地”，是河南省艾滋病临床治疗中心；2010年被省卫生厅确定为“河南省恶性疟疾救治中心”；医院承担全省传染病救治、结核病预防控制及项目管理、全省艾滋病救治及医务人员培训工作。专业收治各类传染性杂病，为应对传染病突发事件、控制甲型H1N1流感、手足口病、麻疹疫情发挥了重要作用。

医院占地65000平方米，全院在职职工606人，高级职称60人，中级职称101人，硕士研究生51人。国家级专家2人，省级知名专家10人，特聘国内知名专家4人。医院开设临床医技科室25个，核定床位600张，主要有多排螺旋CT、DR、C型臂、全自动细菌培养仪、病毒载量仪，全自动PCR仪、生化分析仪、彩超、BD960分枝杆菌快速培养检测系统、普通人工肝等先进的医疗设备。

院长刘宝琴曾获郑州市科技拔尖人才，郑州市优秀青年科技专家，郑州市第四届“十大科技女杰”，郑州市“三八”红旗手。发表论文30余篇，撰写专著6部，9项科研项目分获不同奖项。

（黄　增）

郑州市第十人民医院

该院位于郑州市陇海中路13号，是市属综合性医院，郑州市卫生学校附属医院，郑州市人民政府高校毕业生见习基地，郑州市保健委基地医院，全民医保、市医保、铁路医保、新农合定点医院。医院原名郑州铁路分局郑州医院，2005年9月30日移交郑州市人民政府实行属地化管理，确定为享受政府财政差供的行政事业性单位。

医院现有职工304人，其中，中高级技术人员70人。实际开放床位208张，设置16个临床、医技科室，领办陇海中路社区卫生服务中心，下设3个社区卫生服务站。口腔、腹腔镜、康复科是医院重点专科。能够提供以医疗为主，兼顾预防、保健和康复医疗服务，并承担一定教学和科研任务。

2009年12月31日，郑州市发改委批复同意医院实施异地迁建。根据郑州市中心城区医疗卫生设施布局规划，按照郑州市优质医疗资源发展倍增计划，未来3年，医院将在郑州市东南部城区新建一所建筑面积3.2万平方米，床位400张，集医疗、预防、教学、科研于一体的二级综合性医院。能够满足东南部城区周围辐射10公里，覆盖40万城乡居民医疗服务需要。

医院实行属地化管理以来，通过强化基础管理，提高医疗质量，改进医疗服务，依托社区为居民提供价廉、安全、便捷、有效、优质的基本医疗服务，实现工作量、业务收入倍增，医院连续4年获得市卫生局医院管理年先进单位。

2010年，医院以“一改、二提、一降”为抓手，推进医院科学发展。即改革医院绩效分配制度，把质量、服务、药品比例控制纳入绩效考核，提高医疗质量，提高服务满意度，降低药品比例。同时结合“医疗质量万里行”、“全员全岗全程优质医疗服务　让群众放心满意”、“创先争优”、药品购销、使用监督“大教育、大自查、大讲评、大督查”等活动，紧紧围绕“加强学习、改革创新、重视人才、廉洁行医、爱岗敬业、团结和谐”等六个方面开展活动,提升医院员工整体素质。

(张　林)

郑州市人民公园

郑州市人民公园始建于1951年,1952年8月1日正式开放,是新中国成立后郑州市兴建的第一个综合性公园。公园总面积28.36公顷,其中水面面积3.96公顷,绿地面积24.14公顷,占总面积的83.2%,绿化覆盖率92.5%。公园内景区功能分明,集休闲、娱乐、学习于一体,分为安静休闲、娱乐活动和办公管理三大功能区。各功能区又由若干个特色小景区组成。每个小景区各具特色,又相互联系,构成了公园的综合主题。其中,盆景园、玉兰园、海棠园、牡丹园、欧风园、樱花园、怡情园、竹园、游乐园、胡公祠、彭公祠等特色突出,构成了人民公园独特景致。公园先后荣获全国重点公园、河南省五星级公园、河南省文明单位、河南省劳动关系和谐模范企业、河南省绿化达标公园、省建设劳动奖状、省尊老爱老先进集体、郑州市五一文明号等荣誉称号,年接待中外游客达400余万人次。

(一)规划设计。公园的规划运用了传统的中国园林设计手法,结合丰厚的历史文化底蕴,因地制宜,在布局上利用地形的起伏,遇低挖湖,遇高堆山,理水架桥,近水建榭,配置植物、园林建筑,使景、物、水融为一体,再现自然之美。

(二)园区建设。近年来,公园在创建和谐游园环境的同时,努力改造园内景观,提高品位,成效显著。如:莲花池广场的坦荡大气、盆景园的优雅娴静、牡丹园的自然绚丽。

(三)景观保护。“胡公祠”作为人民公园最古老的建筑之一,始建于上世纪二十年代,经2008年彻底大修后,风采再现,正是它的存在,人民公园于2009年被郑州市命名为“市级文物保护单位”。“胡公祠”大殿南侧,当年种植的一株老国槐,树龄已达167年,冠幅达20余米,经过园林工人长期的复壮养护,依然长势喜人,浓荫华盖,引人驻足。为进一步保护和改善水资源,公园在34000平方米的青年湖内投放了12万尾鲢鱼苗,并栽植水生植物,有效保障了景观水质,青年湖两岸多年来种植的碧桃垂柳已呈现出最佳的观赏效果。

(四)绿地管养。公园园林专业队伍有80余人,所有人员分工明确,责任到人,严格按照园林局系统“绿地精细化管理标准”,对草坪、乔木、灌木、花卉及古树名木进行科学管养,保障了公园绿地景观的不断提升。

(五)管理服务。人民公园作为园林专业单位,为了最大限度拓展公园服务功能,每年定期举办各类花展、灯展、书画展、科普展等公益性展览活动,如春季的“郁金香花展”已连续举办13届,“樱花展”、“牡丹展”及多届“金秋菊花展”吸引了无数游客进园观光。特别是每年的元宵灯会已成为市民春节活动的首选品牌,多次被中央新闻媒体报道。公园秉承“一切为了游客,为了游客的一切”的服务理念,加强对特殊人群的服务项目,公园内“扶残助残”蔚然成风,为聋哑人开辟省内首座“手语岛”,公园门口配备“便民服务箱”和残疾人应急轮椅。

(计　燕)

河南雪中王皮业服饰有限公司

河南雪中王皮业服饰有限公司(郑州市皮革服装厂)位于郑州市二环支路15号,始建于1964年。公司是一家以生产皮革服装、裘皮服装及各类服装服饰为主导产品的股份制企业,拥有10000多平方米的厂房和200台专业设备,采用先进的CAD电脑技术进行产品的设计和开发,年产各类高档皮装10万套及其它各类服装,是河南规模最大的皮装专业生产厂家。多年来,“雪中王”牌系列皮装,两度荣获国家金奖,并入选中国皮革商品十大名牌,多次被郑州市质量技术监督局评为产品质量、售后服务“双优”产品,被郑州市人民政府评为“郑州名牌”。“雪中王”商标于2001年、2005年、2008年连续被河南省工商行政管理局评为河南省著名商标。公司于2001年被全国皮革行业生产力促进中心评为中国皮革服装优等品企业,是中国皮革工业协会常务理事单位、中国皮革工业协会皮衣服专业委员会成员单位、河南省皮革工业协会副理事长单位、河南皮衣皮件专业委员会主任单位。

公司在几十年的发展中,始终坚持质量第一,顾客第一的经营宗旨,以市场为导向,不断的开拓进取,务实创新,使企业得到了长足发展。随着企业的不断发展、壮大,公司开始实施名牌战略方针,在质量管理方面制定了严格的质量管理制度,形成了规范化、制度化、现代化的管理模式。深化和强化内部管理,狠抓产品质量,将原材料供应、各道生产工序、产品销售以及新产品设计开发等各个环节全部纳入质量管理体系,产品通过ISO9001国际质量体系认证。适时调整产品结构,扩大产品的经营范围,使“雪中王”品牌从生产皮装、皮手套等为主导拓展到生产裘皮服装、羽绒服、休闲装、西裤、西服、各类纺织品服装及各类服装服饰等系列产品。在提高产品质量、丰富产品花色的同时,公司还积极做好“雪中王”产品的售后服务,成立专业的皮装保养中心,对“雪中王”系列产品的售后服务采取一系列优惠政策,对“雪中王”皮装实施终身保养、维修等服务项目,解除消费者的后顾之忧。紧随市场需求变化开发新产品,产品的市场竞争力明显增强,企业的知名度日趋扩大,“雪中王”系列产品的年产销量达到3万多件,在河南省各地市及周边的山东、山西等省的各大中城市都占有很大的市场份额。公司董事长杨明亮2008年被二七区人民政府评为“改革开放三十年特殊功臣”。

(王巧红)

郑州经纬商品混凝土有限公司

郑州经纬商品混凝土有限公司成立于2003年9月，地处郑州市南三环与京广路交叉口向东1500米处，交通便利，占地面积3.53公顷。是一家集研制、开发、生产、销售为一体的混凝土有限公司，主要从事混凝土工程施工。

该公司为股份制企业，注册资金3000万元人民币，现有员工300多人，拥有工程技术人员和中级以上职称的专业技术管理人员48人，大中专以上学历人员占职工总人数的40%。公司拥有两套"海诺"120搅拌站，两套"中联重科"180搅拌站，日生产能力达10000立方米砼，砼运输车辆百部，37米48米汽车泵数台，一座国内较为先进的检测实验室，各种硬件设施齐全。

公司自创立以来，一直在"重视人才，鼓励创新，服务为本，进取不断"的企业精神指导下，本着用户第一，信誉至上的宗旨和求真、务实的工作作风，努力提高办事效率，积极参与市场竞争。几年来不断进行技术改造，在生产过程中采用配置先进设备的硬件，以扎实的技术基础，精益求精的现代化管理方式，完善的质量监督系统而发展成为一家现代化企业，公司以先进的检测技术，完善的检测设备通过了ISO9001-2008国际质量体系认证，严格实施质量管理全过程控制及优秀的系统售后服务，并制定了"出一流产品，造万代工程"的质量方针，生产高品质的商品砼回报客户，树立企业形象，满足客户需求，在日益激烈的市场竞争中发展壮大。

（陈燕芳）

管城回族区南曹乡

2010年，南曹乡圆满完成各项目标任务，实现经济和社会各项事业的健康快速发展，全乡呈现出经济持续增长、各项社会事业稳步推进、民生显著改善的良好态势。2010年全乡国民生产总值（GDP）完成8.03亿元，同比增长11%，五年平均增速13.55%；固定资产投资完成11.5亿元，同比增长30%，五年平均增速37.88%；社会消费品零售总额完成5.89亿元，同比增长13%，；规模以下工业增加值完成0.241亿元，同比增长13.4%，五年平均增速5.58%；规模以上工业增加值完成0.1894亿元，同比增长20%，五年平均增速0.12%；农民人均现金收入10800元，同比增长8%，五年平均增速11.45%；财政收入1.05亿元，同比增长90%，五年平均增速50.45%。

（一）农业结构进一步优化，质量和效益明显提高。以农业增效、农民增收、农村稳定为核心，以农业结构调整为主线，以草莓、蔬菜、鲜桃、养殖等为主导产品和优势产业，着力发展高附加值、高科技含量、高产出率、高商品化的品牌农业和无公害农业，从而带动全乡经济发展。突出抓了农田水利基本建设、中低产田改造，林业生态工程和农业示范园区建设，农产品质量和效益明显提高。

张华楼高效农业示范园和潮湖生态观光园集科技推广、休闲农业、农产品加工于一体，开展园区规划和建设。张华楼高效农业示范园获得"郑州市现代农业示范园建设三等奖"，潮湖生态观光园被定为"市级森林公园"。

（二）依托区位优势，积极发展工业和服务业。完成金岱工业园区一期、二期的征迁工作，依法拆除了华侨学校等违章建筑。依托金岱工业园区和临近城市的优势，不断加大招商引资的力度，进一步优化经济发展环境。入驻企业由2006年的200多家发展到2010年的近700家。国产汽配、河南汽配、一德电器、豫通客车服务中心、北京裕兴电动车厂、长通物流园区、商都物流园区、摩托车配件市场、厨卫市场等有影响的企业陆续入驻。

（三）建立安全生产长效机制，安全工作常抓不懈。重点加强对"五小"单位、道路交通、在建工程和学校周边环境的专项治理。坚持"耐心做宣传、铁腕治隐患、制度保安全"的工作思路，建立安全工作长效机制，乡、村和辖区各单位都成立了安全生产领导小组，签订了安全生产目标责任书，进一步加大安全和消防隐患排查整改力度，五年来，全乡未发生重特大事故。

（四）人口与计划生育工作整体水平有了进一步提高。以控制出生婴儿性别比为突破口，以计划生育协会和"关爱女孩行动"为载体，以优质服务为纽带，发挥人口学校的作用，严格控制人口增长，较好的完成了工作目标。全乡符合政策生育率93%，顺利通过省、市、区三级检查验收。

（五）加强领导，全力推进新农村建设。认真贯彻《公民道德建设实施纲要》，积极开展"改陋习、树新风"活动，大力推进基层精神文明建设。按照省级示范文化站标准，投入117余万元建设完成设施、功能齐全的乡文化站，投资100多万元在全乡14个村全部建立了村级文化活动中心。社会治安综合治理坚持以群防群治为重点，依法打击"黄赌毒"等社会丑恶现象。开展多种形式的"平安南曹"、"和谐南曹"创建活动。全乡矛盾化解率达到98%，80%以上的行政村达到平安创建标准。圆满完成第五届、第六届村委会换届选举工作。以创建卫生村镇为载体，积极开展"文明卫生户"的评比活动。以改水改厕、除"四害"为重点，加强基础设施和卫生保洁队伍建设，投资100多万元完成张华楼、南曹、金岱李等14个垃圾中转站建设并投入使用。环保工作力度加大，脏、乱、差状况得到根本改变，农村面貌不断更新。基础设施建设力度加大，五年来完成了乡级大道、郑尉公路、圃生路的改造升级。新修南曹—耿庄和南曹—曹古寺道路；新修野曹—张华楼、大湖—小魏庄道路，"村村通"工程全面完工。完成了郑尉公路、南曹村和管城三中排水工程，修建了大魏河村十七里河桥，消除了安全隐患，方便了群众出行。铺设了席村、郎庄、野曹等村的村内道路。农村安全饮用水工程全面启动，解决了苏庄、南曹、野曹、李马庄、席村、张华楼、大湖、郎庄、姚庄等行政村的饮水安全问题,全乡90%以上的老百姓吃上了清洁、卫生、方便的自来水。新建12个标准化卫生所,南曹乡卫生院建成并投入使用。新建了管城三中、六中宿舍楼、南曹小学、郎庄小学和张华楼小学。完成了野曹小学新校迁址和三中、六中、席村等学校的布局改造。完成了张华楼、大湖、李马庄新农村建设和刘南岗新型社区(投建设任务。投资47万元对全乡进行地形图测绘,完成南曹乡乡镇规划。

(六)民政、社保和文教卫生工作取得突破。420户低保户的795人做到应保尽保,42名五保对象全部集中供养,集中供养率达到100%。获得市"民政系统行风评议先进单位"、市民政局"救灾救济工作先进单位"及市"民政工作先进单位"等称号。就业和再就业工作抓住沿海等发达地区农民工紧缺的契机,加大跨省劳务输出力度。开办多种培训班,帮助农民学习技术,提高就业能力。落实强农惠农政策,粮食直补、综合补贴、农机具购置补贴、生猪和奶业生产奖补资金、汽车和家电下乡补贴等支农惠农政策全部落实到位。

2006年秋季新学期开始,对全乡享受九年义务教育的中小学生免收学杂费及书费,学生入学率达到100%。获得"郑州市基础教育工作先进单位"、"郑州市教研先进单位"、"郑州市教育工作先进集体"等称号。全乡新型农村合作医疗参合人数33452人,参合率达99.3%。五年来,乡政府为参加新农合的农民累计补贴350多万元。

(七)基层组织建设得到完善。一是加强村级组织建设。村党支部的核心作用得到了强化。二是积极推广应用"4+2"工作法和家庭联户代表制度工作。解决了农民关心的焦点、难点问题,保障了群众的知情权、参与权、表决权和监督权,有效化解了矛盾,维护了农村稳定。

(八)城中村改造工作取得新进展。七里河村于2006年被市政府批准实施城中村改造,2009年2月18日完成土地使用权公开出让,并于2009年开工。安置区完成17.3万平方米,开发区完成15.6万平方米,合计完成建筑面积32.9万平方米。累计完成投资6.2亿元。

尚庄三组(刘南岗村)城中村改造项目进展顺利,安置房21.23万平方米主体已全部封顶,交付使用18万多平方米,商品房规划面积42.4万平方米,已建成33万平方米。群众已全部回迁安置,配建小学13000平方米,主体已基本竣工。累计完成投资16.9亿元。被郑州市确定为示范性城中村改造项目。

尚庄村第一、第二村民组国有建设用地使用权于2010年由郑州鼎盛置业有限公司竞得。村民安置补偿方案经"4+2"工作法通过并予以公示。群众搬迁率92%,已拆迁34万平方米。尚庄村第五、六村民组于2008年被纳入郑州市城中村改造计划。

(刘常伟)

新密市曲梁镇

曲梁镇位于新密市东部,总面积102平方公里,耕地面积4667余公顷。辖29个行政村,317个村民组,户籍户数18562户,户籍人口75412人,其中非农业人口1765人。境内有黄帝古都轩辕丘、黄帝先祖都邑有熊之墟、黄帝后裔都邑祝融之墟、郐国古城、古郑城、郑庄公墓、郑昭公墓、京都城隍庙等文化遗址和众多名胜古迹。

2010年,完成生产总值(GDP)34.2亿元,同比增长14.6%;财政收入4715万元,同比增长37.1%;规模工业增加值24.6亿元,同比增长16.8%;规模工业销售收入85.4亿元,同比增长22.4%;全社会固定资产投资完成18.4亿元,同比增长50.1%;农民人均纯收入8265元,同比增长14.7%。各项社会事业都呈现出稳定、健康、快速发展的良好势头,顺利实现撤乡建镇,综合经济实力进一步增强,在省百强乡镇位次从70位上升到48位。

2010年新建、扩建、续建工业项目15个,共投入资金29.5亿元。其中,总投资83.84亿元的省重点项目裕中电厂二期2×100万千瓦发电机组建设项目,获得国家发改委核准,2010年完成19亿元的投资计划,各项建设工程进展顺利。郑州曲梁服装工业园内的标准化厂房、道路和污水处理厂等基础设施建设有序推进。和成煤矿、居易商砼、润宝公司、万力公司、长兴公司等投资在1000万元以上的新建、续建项目建设进展顺利。投资2亿美元的香港产业园、亨瑞达公司、中陶公司等重大项目成功签约,即将入驻。2010年引进郑州市外资金13亿元,出口创汇680万美元。安耐克公司、振东公司上市筹备工作正在进行。重点项目建设进展顺利。

郑州裕中能源有限公司二期2×100万千瓦发电机组建设项目:计划总投资83.84亿元,2010年计划投资19亿元,已完成投资19.1亿元,厂区内五通一平已完成。

郑州曲梁服装工业园建设项目:计划总投资8亿元,2010年计划投资1亿元,已完成投资10400万元,标准化厂房、商住楼、道路和污水处理厂等设施建设有序推进。新引进企业18家,有12家公司正在园区办理入驻前期工作。

和成煤矿建设项目:计划总投资7.8亿元,2010年计划投资1亿元,已完成投资10890万元,瓦斯抽救系统投入运行,井下主泵房已安装结束,通风行人巷正在施工,井下设备正在安装,地面辅助设施建设正在进行。

郑州东方玫瑰谷生物科技有限公司建设项目:计划总投资1亿元,建设玫瑰系列产品生产线一条,已完成投资2680万元。土地手续已办理,规划证已通过初审。在新密市区设立的产品形象店已开业。

河南居易商砼有限公司新密分公司建设项目:该项目占地2.4公顷,3月开始筹建,8月上旬建成投入运行,总投资2500万元,日产混凝土3600立方米。

新福源公司年产6500万块粉煤灰加气增氧砖生产线,

安耐克公司年产10万吨铁水预处理及钢水精炼耐火材料生产线，振东公司、润宝公司、万力公司、长兴公司、国华公司等投资在1000万元以上的扩建、技改项目建设进展顺利。

不断巩固农业基础地位，“三农”问题得到有效改善，农业基础设施建设不断完善，农业基础地位不断巩固。2010年累计发放各类惠农补贴1001.98万元，其中，粮种补贴65.2万元，粮食直补597.78万元，家电、汽车、农业机械补贴339万元。投资600万元完成田庄、尚庄330余公顷农业综合开发项目，新打机井22眼，配套维修机井4眼，架设管道31公里，增设变压器4台套，维修道路15公里，植树8000余株。投资400万元建设全庄安全水厂一座，解决8000人饮水问题。大力开展农业技术宣传，对全镇4000公顷农田进行科学种植，全面实施农机耕作，秸秆还田率达到98%以上，黄台村正式通过郑州市林业生态村验收。

以创建省级卫生乡镇为目标，大力整治环境卫生。投入资金400多万元，对下牛老市场进行升级改造，进行墙体改造3800平方米，完成道路修补任务1500米，下水道建设1800米；对全镇101公里道路两侧树木进行补种涂白，补栽树木1600余棵；新建垃圾中转站4座，拆除违章建设23处。进一步完善环境卫生整治长效机制，人居环境得到明显改善，顺利通过省级卫生乡镇验收。

计划生育工作以稳定低生育水平为重点，以抓好单月孕检为突破口，强化育龄人群的严格管理，不断完善各项工作机制，并投资260多万元新建了省级标准化计划生育服务中心，推进了计划生育工作的顺利开展。

进一步完善信访工作机制，扎实开展矛盾纠纷的排查调处工作，加强社会治安综合治理。深入开展“平安曲梁、和谐曲梁”建设活动，成立15人的专职巡防队伍，投资80万元安装技防设备，安装摄像头83个，建立村级巡防制度，群众安全感满意度得到明显提升。

教育工作继续落实“两免一补”政策，投资400多万元的曲梁一初中教学楼改造工程正在施工，镇公办幼儿园建设顺利完成并投入使用，全镇办学条件得到进一步改善。新建11所标准化村级卫生所全部竣工并投入使用，新型农村合作医疗工作顺利开展，扎实做好居民健康档案建立、两癌筛查防治和各种疾病防控工作。

社会保障工作共完成就业再就业279人，农村劳动力转移1950人，城乡居民养老保险参保2000人，城镇居民医疗保险新参保和续保1900人，完成企业劳动保障诚信评价63户，处理农民工投诉及纠纷案件16起，依法追讨工资和补助近90万元，有效保障了职工的合法权益。进一步完善农村特困户救助机制，全镇1805户，2550人享受到农村低保，对290名五保老人进行统一管理，集中供养145人，面积2500平方米的新敬老院正在建设之中。

（周国军）

登封市大冶镇

大冶镇位于登封市区东南25公里处，总面积98.7平方公里，辖34个行政村，341个村民组，总人口7.8万。煤炭、石灰石、铝钒土、白云石、蓝矸石等矿产品储量大，品位高，为工业发展奠定了良好基础。全镇规模以上企业57家，支柱产业有煤炭、电力、磨料磨具、耐火材料、水泥等；永登高速公路和省道S323线、登封矿区铁路穿境而过；是享誉全国、被亿万民众广为传唱的传统曲剧《卷席筒》和现代豫剧《朝阳沟》的故事发源地；是全国发展乡镇企业先进乡镇、中国乡镇综合实力500强、中国乡镇投资潜力500强、中国二十佳和谐小城镇、中国最佳新农村建设示范名镇、全国生态文明先进镇、全国创先争优示范单位、河南乡镇之星。

2010年，全镇地区生产总值完成47.25亿元，规模工业增加值完成31.85亿元，固定资产投资完成23.96亿元，财政收入完成1.76亿元，农民人均纯现金收入达到9923元。

工业化建设。截至2010年年底，全镇拥有工业企业4000多家，骨干企业107家，其中煤炭企业15家，全镇共完成重点工程项目建设投资19亿元，完成了阳光碳化硅公司、110KV变电站等36个重点工程项目建设。

城镇化建设。全镇煤矿塌陷区居民安置工程共投入资金4.58亿元，开工建设了老井、冯家沟和火石岭3个居民安置组团。安置区已入住居民2万人。

生态化建设。以生态镇为目标，以建设香山省级森林公园和朝阳沟郑州市级森林公园为依托，加快全镇生态化建设进程。两个森林公园共投资5200余万元，栽植观赏树和各种果树200余种，80多万株。

民生建设。“十一五”期间，全镇为农村低保户、五保户、伤残军人和军烈属提供了基本的生产生活保障资金839.3万元；投资200万元对敬老院进行了全面绿化，安装了文体设施，改善了老人的生活居住环境；筹措资金200万元，开展“金秋助学”活动，救助贫困学生500余名；投入资金1914.5万元，新建了大冶中心小学、大冶二中教学楼等；投资2700万元完成了新登封六中建设；完成了25个村的文化大院、“一场两台”和标准卫生室建设；投资2830万元改建镇村道路90余公里；投资540万元，完成了第二水厂建设；投资310万元用于农村安全饮用水工程等。

（刘二超）

登封市白坪乡

白坪乡位于登封市南部山区，距市区约19公里，面积42平方公里，辖12个行政村，79个村民组，人口15623人，是全国著名的革命老区之一。境内矿产资源丰富，已探明的矿产资源达30余种，主要有煤炭、石灰石、铝钒土、硅石等。白坪交通以公路为主，向西约5公里至新新煤矿与207国道相连，向东北至登封矿区与铁路白坪站相接。

2010年,白坪乡地区生产总值完成12亿元,占目标任务10亿元的120%。全年一般预算收入(财政收入)6200万元,占目标任务6100万元101%。乡规模工业增加值完成7.5亿元,占目标任务7.2亿元的103%。社会固定资产投资完成13亿元,占目标任务12.5亿元的104%。全乡人均纯收入达到9300元,占目标任务9610元的96%。综合实力位于登封市第二,并荣获郑州市经济社会发展"二十强"乡镇第十七位。先后荣获"郑州市安全生产工作先进单位"、"郑州市信访工作先进乡"、"郑州市新农村建设工作先进集体"、"河南省精神文明创建工作先进村镇"等称号,已跨入郑州市经济发展20强乡镇行列。

新农村建设扎实推进,乡村卫生治理初见成效。投资250万元完成白坪苇园河至寨西公路建设工程。市乡两级投资近30万元,新建三元、寨东等3个村级标准卫生室。投资约1.5亿元的白坪新区一、二期建设工程已经完工,大部分搬迁户已经搬入新区居住,较好地解决了煤炭沉陷区群众的居住问题。累计投入资金180多万元,向遭受山体滑坡自然灾害的群众发放居住及生活补助,保证了灾区大局稳定。投入资金170多万元,解决因灾群众的居住问题。累计投入资金200多万元,建成3个小型垃圾中转站,新增大型垃圾运输车2辆,新配垃圾车20辆,新增环卫工人30名,硬化地面5000多平方米,建设文明墙20000多平方米,全乡刷白墙体近2万平方米。建成石门村郑州市林业生态村。

安全生产警钟长鸣,工业经济提速增效。按照国家资源整合政策要求,全乡11家煤炭企业中,有8家已并入郑煤,3家正在办理整合手续。认真吸取郑煤集团三元东矿事故教训,从严执行国家、省、市安全生产政策,时刻保持安全生产高压态势,做到安全生产警钟长鸣,常抓不懈。非煤矿山强化资源整合,规范铝矾土、硅石的开采秩序,基本实现了安全生产。

"三农"工作扎实推进,农村经济持续发展。全面贯彻落实党的惠农政策。全年累计发放粮食补贴和综合补贴约47万元,良种补贴约14万元。认真执行国家退耕还林政策。先后发放退耕还林补助款139万元。完成生态廊道建设工程,发放生态廊道耕地补偿费8万多元。全面加强水利工作。争取水库移民项目扶持资金35万元,完成沙锅窑村3公里公路改造工程。投资40多万元,完成煤窑沟村深水井工程,解决1400多人的用水问题。做好第六次全国人口普查工作,先后普查农户4344户,登记16435人。大力发展种植业和养殖业。种植业方面,成立登封市宏鑫种植专业合作社,注册"嵩山宝"绿色商标,产品已通过河南省无公害农产品认证。在合作社的带动下,2010年新增种植户18户,共种植350多棚,仅种植香菇一项,年可净增经济收入近60万元。以寨东村为重点,建设万亩经济林,已投资600多万元,打通小洪寨水泥公路,解决了小洪寨群众的出行难问题;开挖树坑十几万个,带动了全乡林果业的发展。养殖业方面,投资1200万元的郑州隆赫牧业有限公司现代化养猪厂继续扩大规模,存栏生猪1000多头,经济效益良好。二期工程以沼渣为原料生产化肥工作正在加紧进行。

民生建设全面加强,百姓得到更多实惠。全年落实并发放各种惠农补贴70多万元。完成下岗失业职工再就业116人,农村劳动力转移就业611人。全面加强城乡居民基本养老保险工作,先后办理城乡居民基本养老保险120多人,农村高龄老人生活补助400多人。加强城镇、农村两个低保工作,全年累计发放低保资金近100万元。加强五保供养工作,累计投入五保生活补助资金约80万元,较好地保证了困难群众的基本生活。

社会建设不断深化,和谐氛围更加浓厚。加强信访稳定工作。以建设平安白坪为目标,充分发挥后备干部下基层开展群众工作的作用,深入排查矛盾,化解矛盾纠纷,一年来调处信访问题36起,立案10起,结案10起,按期结案率100%。重视综合治理工作。共受理案件35起,其中治安案件25起,刑事案件10起,从严打击了各种犯罪活动。计生工作稳中求进。2010年全乡出生人口158人,人口自然增长率4‰。教育工作快速发展。义务教育普及率100%。认真执行国家"两免一补"政策,2010年落实"两免一补"资金30多万元。卫生医疗事业再上台阶。投资近30多万元新建标准村级卫生室3个,改善农村医疗环境。投资45万元为全乡群众办理新型农村合作医疗,参保率100%,缓解了农村居民看病难问题。

(张铁撬)

新郑市八千乡

八千乡位于新郑市东南部,是河南省新港产业集聚区的一部分,面积67平方公里,下辖27个行政村,54个自然村,178个村民组,4.5万人,耕地面积3600公顷。

近年来,八千乡基本形成了以北大附中河南分校、郑州机电工业学校为主的教育文化产业园区;以河南晶锐超硬材料有限公司、郑州华驰薄板科技有限公司、郑州华威焊业有限公司、山东龙泉管道有限公司河南分公司、郑州市华容电气科技有限公司等高科技企业为龙头的工业产业园区;以河南农大无公害反季节大棚蔬菜教学实习基地,沙张、花园为轴心的养鸡基地,湾左、双楼为中心的养猪基地,李久昌、香炉朱、河南王沿线的双万亩生态林、经济林基地等为主体的农业产业园区。

2010年,八千乡以强乡富民为抓手、以加快发展为主题,以构建和谐社会为目标,狠抓乡村干部、基层党员两支队伍,做实做好项目建设、民生改善、基层党建三大工程,力促农民增收、财政增效、实力增强、社会和谐,全力打造平安八千、和谐八千、生态八千、活力八千,八千乡经济社会呈现出又好又快的发展局面。工业方面通过大力实施招商引资、项目建设工程，确保了郑州市华驰薄板科技有限公司二号冷轧机组项目、山东龙泉管道工程股份有限公司等项目工程的顺利建设。农业方面投资4860万元全面完成1333余公顷中低产田升级示范工程和1069眼农用机井综合配套升级改造工程；投资754万元完成11个村安全饮水工程，实现了村村通自来水的目标；投资191万元建成22个村的文化大院和村级组织活动阵地。社会管理方面乡村民调、治安巡逻员、农村“六护员”、乡村级环卫员等十只队伍配备齐全，作用发挥明显，受到省、市领导的多次肯定和群众的充分认可。

2010年，八千乡实现地区生产总值8.55亿元，完成财政收入764万元，全社会固定资产投资完成10.4亿元，主要工业增加值达到1.43亿元，农民人均纯收入达到8737元，招商引资到位资金15.6万元，全乡经济实力正稳步增强。先后荣获河南省先进文化乡镇、河南省污染源普查先进单位、郑州市社会保险工作先进单位、郑州市农田水利基本建设“中州杯”竞赛活动先进单位、郑州市五好乡镇党委、新郑市造林绿化先进乡镇、新郑市农田水利基本建设“红旗渠”精神杯竞赛活动获杯乡镇、新郑市一类公路乡镇等荣誉称号。

（沈　冉）

荥阳市广武镇

广武镇位于郑州市西北30公里，荥阳市东北15公里。总面积154平方公里，下辖42个行政村，107个自然村，280个村民组，人口9.4万，是郑州市第一大镇，是荥阳市“一心两翼”发展格局中的重要一“翼”。2010年，实现生产总值23.2亿元，财政收入3330万元，全社会固定资产投资30亿元，规模以上工业增加值6亿元，农民人均纯收入9080元。该镇近年来先后荣获中州名镇、国家级卫生镇、省级生态镇、郑州市文明镇、郑州市思想政治工作先进单位和河南省南水北调丹江口库区第二批移民新村工程建设先进单位等荣誉称号，镇党委连年被上级党委评为“五好”乡镇党委和先进党组织。

区位交通优势明显。广武镇南邻陇海铁路、310国道和郑西高铁，314省道、连霍高速贯穿东西，在镇域设有出入口的武西高速贯穿南北。

历史文化积淀深厚。广武镇地处黄河中下游分界线，是中国象棋文化的发源地和兵家必争之地。镇内有国家级文物保护单位“大师姑夏代城址”，有5000多年历史的青台仰韶文化遗址，有2200多年历史的汉霸二王城遗址和点军台、三皇山、桃花峪、平陶故城等30余处名胜古迹。

生态环境适宜人居。镇党委、政府始终坚持走绿色发展道路，先后建成郑州市级生态村6个、省级森林公园1个、国家3A级景区1个，建设生态林2400公顷、河阴石榴种质资源区小区1330余公顷。黄河、索河、旃然河穿境而过，800公顷的黄河湿地和河王水库、唐岗水库成为全镇生态之源。

农业经济独具特色。良种培育产业走在全省前列，小麦、玉米等优质粮种销往全国各地。万亩优质粮生产基地、无公害蔬菜种植基地和优质林果基地使广武成为郑州乃至河南省的粮袋子、菜篮子和果盘子。河阴石榴久负盛名。“鸿沟”牌大葱品质独特，已成为国家地理标志性保护产品。北陈沟的“七彩红薯”和陈垌的“红薯粉条”作为地方特产供不应求。广武萝卜、韭菜、豆角等亮地蔬菜占据省会蔬菜市场的半壁江山。

工业和旅游产业发展迅速。以招商引资为抓手，大力实施“引进一个项目、带动一片发展、培育一个产业”的项目带动战略，高标准规划建设了四维工业产业集聚区、河王工业园区、中小企业园区和“温泉·古镇”文化旅游产业园区。园区内公路网络发达、基础设施完善、电力供应充沛。其中工业园区总规划建设面积3平方公里，先后招引企业30多家，涉及金属、机械、建材、食品、科研、职业教育等多个行业，总投资达50亿元。2010年，镇中小企业园区签约投资8000万元以上企业7家。广武镇“温泉·古镇”文化旅游产业园区核心区域规划面积60平方公里，是河南省首批30个特色服务园区之一，以“郑州市民近郊休闲娱乐集合空间”、“河南省旅游新业态园区”、“黄河沿线生态游示范区”为定位，计划至2020年投资超过20亿元。现已入驻投资超10亿元项目1个，已签约拟投资超亿元项目1个，超千万元项目10余个。

（丁建宏）

第二十九篇　附　录

统　计　资　料

国民经济和社会发展总量及速度指标

指　标	单位	1990	1995	2000	2005	2009	2010	2010比2009±%
人口与面积								
人口	万人	557.8	600.3	665.9	716.0	752.1	866.1	15.2
建城区面积	平方公里	112.0	108.3	133.2	262.0	310.0	316.1	2.0
就业								
年末从业人员	万人	317.8	309.9	356.4	407.9	445.2	469.3	5.4
#城镇从业人员	万人	87.3	118.5	112.7	153.4	184.2	198.1	7.5
宏观经济								
国民经济核算								
地区生产总值	亿元	116.4	386.4	728.4	1660.6	3308.5	4040.9	13.0
第一产业	亿元	14.4	28.5	42.4	72.4	103.1	124.6	3.0
第二产业	亿元	62.5	203.5	343.3	872.8	1786.5	2269.9	15.1
第三产业	亿元	39.5	154.3	342.7	715.4	1418.9	1646.4	10.8
固定资产投资								
全社会固定资产投资额	亿元	26.9	165.6	258.4	820.0	2289.1	2757	20.4
城镇投资	亿元	20.0	132.4	159.4	610.2	2002.2	2432.5	21.5
财政								
地方财政一般预算收入	亿元	10.5	17.1	43.6	136.1	301.9	386.8	28.1
地方财政一般预算支出	亿元	6.5	17.8	49.0	136.7	353.1	426.8	20.9
价格总指数								
商品零售价格指数	以上年为100	100.8	110.4	99.1	101.2	100.3	102.7	2.7
居民消费价格指数	以上年为100	101.8	114.5	99.0	102.4	99.8	103	3.0
外商投资								
利用外资								
合同利用外资额	万美元	1132	21086	12860	63766	188896	191632	1.4
实际利用外资额	万美元	768	15020	9211	33549	162400	190015	17.0
产业								
农业								
农林牧渔业总产值	亿元	24.6	51.5	73.2	126.2	184.1	221.4	3.1
粮食总产量	万吨	154.2	140.1	158.7	153.0	166.1	166.7	0.4

续表 1

指　　标	单位	1990	1995	2000	2005	2009	2010	2010 比 2009±%
工业								
工业总产值	亿元	174.4	647.9	1005.3	2411.5	4395.3	5913.8	18.7
工业增加值	亿元	39.8	87.1	187.5	569.7	1298.5	1599.9	18.0
规模以上工业								
资产总计	亿元	142.3	470.3	749.8	1473.6	3185.0	3898.8	14.4
负债合计	亿元	89.6	328.6	477.5	946.3	1747.9	2134.9	12.5
主营业务收入	亿元	104.6	307.8	530.9	1673.0	4726.6	5942.3	19.2
利税总额	亿元	18.0	37.9	67.2	230.2	780.4	1058.1	25.0
建筑业								
建筑业总产值	亿元	12.7	45.5	106.0	299.4	1126.0	1352.3	20.1
施工房屋面积	万平方米	325	805	1217	2937	7106.6	8876.9	24.9
竣工房屋面积	万平方米	148	306	440	765	2277.8	2601.7	14.2
交通运输								
旅客周转量	亿人公里	69.3	92.0	125.1	189.6	263.4	301.4	14.4
#铁路	亿人公里	46.0	53.0	60.0	80.0	103.2	113.9	10.4
公路	亿人公里	23.3	32.1	56.3	82.7	113.5	137.7	21.3
航空	亿人公里	1.0	6.8	8.8	26.9	46.7	49.8	6.6
货物周转量	亿吨公里	196.2	212.9	226.5	287.7	404.2	479.8	18.7
#铁路	亿吨公里	181.6	181.9	156.2	187.9	192.8	199.4	3.4
公路	亿吨公里	14.7	30.9	70.1	99.4	210.9	279.8	32.7
航空	万吨公里	150	574	1281	3385	5034	5641	12.1
邮电通讯								
邮电业务总量	万元	1.2	8.5	42	108.2	256.2	296.3	15.7
国内商业								
社会消费品零售总额	亿元	47.4	164.1	381.8	706.7	1434.8	1702.1	18.6
批零贸易企业销售额	亿元	44.9	401.0	437.4	1274.3	2311.7	2339.1	1.2
对外贸易和旅游								

续表 2

指　　标	单位	1990	1995	2000	2005	2009	2010	2010 比 2009±%
直接进出口总值	万美元		16129	19216	110193	297863	452442	51.9
#直接出口总值	万美元	1119	13072	12313	75659	200166	331272	62.8
旅游外汇收入	万美元			4653	7769	12279	13384	11.5
金融								
金融机构各项存款	亿元	86.3	464.4	1215.4	3116.1	6540.3	7990.9	22.2
金融机构各项贷款	亿元	87.0	373.7	881.9	2428.1	4922.2	5717.5	16.2
教育								
在校学生数	万人	84.4	114.9	139.7	191.3	217.4	222.3	2.3
专任教师数	万人	6.2	5.9	7.1	9.4	12.0	12.5	4.2
人民生活								
市区城镇居民人均可支配收入	元	1496	4535	6458	10977	17417	19376	11.2
农村居民人均纯收入	元	692	1555	2912	4774	8121	9225	13.6
城市居民人均居住建筑面积	平方米			19.8	23.0	26.6	28.2	6.0
农村居民人均居住面积	平方米	21.5	23.8	35.4	43.7	49.7	56.0	12.7
城乡居民储蓄余额	亿元	56.1	254.2	565.8	1436.1	2511.2	2911.0	15.9
工资								
在岗职工年平均工资	元	2126.0	5226.0	9017	16694	29837	32779	9.9
卫生								
医疗机构数	个	935	879	688	1637	1437	1347	-6.3
卫生技术人员	个	28410	30590	31137	33568	47004	49519	5.4
医疗床位数	张	20937	22122	24472	29295	42971	47094	9.6
市政建设								
自来水供水量	万吨	23037	32506	28783	30448	35475	37724	6.3
城市集中供热面积	万平方米		851	1383	1777	2051	2261	10.2
用气人口	万人	59.5	107.9	149.2	230	386	439	13.7
城市道路长度	公里	428	563	684	1131	1304	1338	2.6
公共汽(电)车总数	辆	404	728	1342	3077	4427	4788	8.2

注:1、1990 年城市居民人均可支配收入以人均生活费收入代替;2、直接进出口总值、直接出口总值统计范围不包括国家部委及省属进出口公司,1995 年、1990 年为业务统计数,2000 年和 2003 年以来为海关数;3、2001 年以后邮电业务总量按 2000 年可比价格计算,2000 年按 1990 年可比价格计算。

农村基本情况及从业人员

（2010 年）

指　　标	单位	总计	中原区	二七区	管城区	金水区	上街区	惠济区
农村基层组织情况								
乡镇个数	个	92		2	3	2	1	2
#镇个数	个	73		1	1	2	1	2
村民委员会个数	个	2237	46	14	35	62	30	54
乡村人口从业人员								
乡村户数	万户	106.00	2.35	0.61	1.98	3.35	1.39	3.83
乡村人口数	万人	408.05	9.04	2.84	7.82	13.06	4.53	13.78
乡村从业人员数	万人	233.24	4.06	2.39	3.69	7.15	2.37	7.93
按性别分								
#男劳动力	万人	126.08	2.20	1.26	1.95	3.64	1.20	4.30
女劳动力	万人	107.16	1.87	1.13	1.75	3.51	1.17	3.64
按行业分								
农业从业人员	万人	99.04	0.62	0.69	1.51	3.05	0.59	4.28
工业从业人员	万人	60.41	1.66	0.31	0.66	0.42	0.82	0.88
建筑业从业人员	万人	21.28	0.31	0.19	0.29	0.65	0.27	0.63
交通仓储邮电运输业人员	万人	13.82	0.22	0.21	0.27	0.45	0.12	0.32
信息传输计算机软件业	万人	1.83	0.04	0.01	0.06	0.13	0.01	0.08
批发零售业从业人员	万人	14.23	0.26	0.15	0.19	0.51	0.19	0.51
住宿餐饮业从业人员	万人	8.63	0.58	0.12	0.13	0.73	0.17	0.44
其它行业从业人员	万人	14.01	0.38	0.71	0.58	1.20	0.20	0.79

注：乡镇数不包括县(市)所在地的城关镇。

续表

指　　标	单位	中牟县	巩义市	荥阳市	新密市	新郑市	登封市	经济开发区	高新开发区
农村基层组织情况									
乡镇个数	个	16	15	12	12	12	13		2
#镇个数	个	13	15	9	10	9	9		1
村民委员会个数	个	429	292	287	303	327	303	16	39
乡村人口从业人员									
乡村户数	万户	15.38	17.25	13.27	15.81	13.43	13.94	1.12	2.28
乡村人口数	万人	63.30	64.43	48.40	61.22	50.79	55.49	4.65	8.69
乡村从业人员数	万人	39.21	31.37	31.16	31.22	32.41	33.40	2.42	4.45
按性别分									
#男劳动力	万人	20.76	17.48	16.49	17.20	17.53	18.40	1.28	2.38
女劳动力	万人	18.44	13.89	14.66	14.02	14.88	14.99	1.14	2.07
按行业分									
农业从业人员	万人	24.35	8.10	13.00	8.75	16.55	14.04	1.39	2.13
工业从业人员	万人	3.94	14.18	8.68	11.08	6.15	10.59	0.26	0.77
建筑业从业人员	万人	3.86	2.44	3.30	2.95	3.36	2.29	0.29	0.45
交通仓储邮电运输业人员	万人	1.86	1.89	1.68	2.76	2.04	1.63	0.12	0.26
信息传输计算机软件业	万人	0.29	0.15	0.14	0.32	0.17	0.34	0.02	0.05
批发零售业从业人员	万人	2.62	1.85	1.93	2.08	1.92	1.69	0.10	0.23
住宿餐饮业从业人员	万人	1.16	1.04	0.91	1.16	0.78	1.21	0.05	0.15
其它行业从业人员	万人	1.15	1.72	1.52	2.12	1.46	1.60	0.18	0.40

注：乡镇数不包括县(市)所在地的城关镇。

农林牧

(2010 年)

指　　标	全　市	中原区	二七区	管城区	金水区	上街区
农林牧渔业总产值	**2214329**	**20676**	**16126**	**16961**	**54605**	**9824**
农业	**1248865**	**12203**	**6083**	**10575**	**10578**	**5313**
谷物及其他作物	519701	3893	1433	3386	7188	4088
谷物	281919	2754	944	2313	6539	3576
#小麦	149478	1521	455	1417	3473	1358
稻谷	1815				25	
玉米	129103	1233	489	895	3038	1378
薯类	45354	8	6	30	48	66
油料	97941	894	356	762	50	173
#花生	89482	665	277	708	37	95
油菜籽	6292	224	71	54	14	11
豆类	12349	23	55	84	508	25
棉花	12364	3			21	3
烟草	3053					
其他农作物	66721	211	72	197	21	245
蔬菜园艺作物	592268	7883	931	5494	2908	637
蔬菜(含菜用瓜)	579308	7883	931	5415	1935	591
花卉	7774			71		
水果、坚果、饮料和香料作物	134046	427	3719	1695	482	588
水果(含果用瓜)	125378	427	3549	1695	482	588
#苹果	10135	17	24	21	72	84
梨	6297	1	225	105	123	319
坚果	6666		170			
香料作物	2002					
中草药材	2850					
林业	**27927**	**808**	**295**	**153**	**1517**	**489**
林木的培育和种植	21873	777	295	80	1418	453
竹木采运	6054	31		73	99	36
牧业	**798091**	**7054**	**8823**	**5952**	**23979**	**4022**
牲畜饲养	280087	2528	1530	1579	18830	258
牛的饲养	84788	328	164	527	640	26
羊的饲养	29267	92	33	174	130	13
其他牲畜饲养	3333		3			
奶产品	158059	2108	1076	657	18061	219
猪的饲养	252718	3445	1863	3108	4907	464
家禽饲养	199979	1081	5424	1076	241	3300
肉禽	54514	471	732	399	120	156
禽蛋	145465	610	4692	677	121	3144
狩猎和捕捉动物	9208					
其他畜牧业	56099		6	189		
渔业	**111403**	**98**	**85**	**113**	**18381**	
鱼类	110509	98	85	113	18381	
虾蟹类	276					
其他	614					
农林牧渔服务业	28043	513	840	168	150	

渔业总产值

单位：万元

惠济区	中牟县	巩义市	荥阳市	新密市	新郑市	登封市	经济开发区	高新开发区
87156	**803365**	**119309**	**341745**	**226347**	**322496**	**170222**	**11698**	**12948**
39454	**484888**	**52539**	**139634**	**115879**	**179919**	**69742**	**5839**	**8687**
7639	132000	37163	72564	51971	91899	47283	3379	6700
4857	58038	27609	55875	35910	50970	25502	1945	5903
2715	29196	14816	31004	18785	27717	12642	1182	3201
271	1267		252					
1871	27575	12373	24069	17052	23066	12598	763	2702
73	7644	1242	3762	1731	2209	7720	145	
920	50691	2723	7024	5275	25302	2281	1122	368
853	48420	2048	5296	3889	24109	1604	1122	360
36	2124	269	953	1061	937	530		8
71	2830	629	1302	1626	1134	4052		14
394	7281	1407	440	103	583	1407		
						3053		
1324	5516	3553	4161	7326	11701	3268	167	415
30150	301128	6985	55799	47677	45885	13696	103	1867
30108	301128	5323	53637	35585	45804	11955	103	1867
		255	1219	1361		1095		
891	51760	7903	8421	8631	42135	8411	2357	120
891	51760	6151	6200	5042	42135	5086	2357	120
43	2638	2224	1197	865	1356	1557	39	
192	2607	457	508	504	614	576	66	
		1670	2151	2669		2935		
		82	70	920		390		
774		488	2850	7600		352		
4394	**7572**	**4514**	**3292**	**10329**	**6617**	**8455**		
4345	5615	2485	3164	9836	6583	3586		
49	1957	729	128	493	34	129		
24984	**244561**	**58811**	**184311**	**88415**	**132448**	**83927**	**5838**	**4195**
12326	114472	7512	70107	28231	33747	24453	1106	1002
1824	37264	3935	15720	5472	4001	14940	591	436
154	17429	1271	3006	1204	2807	2887	138	30
	2496	258	106	5479	53	2036	37	
10348	57119	1737	41433	8983	15499	1644	340	536
4776	61781	30261	46480	22804	44514	24541	4476	2663
7865	30653	8306	57430	24354	50569	31721	256	530
3848	10588	1808	9895	6686	17840	3978	194	434
4017	20065	6498	47535	17668	32729	17743	62	96
			2982	6286				
17	37655	12732	7312	6740	3618	3212		
17924	**59464**	**1146**	**10211**	**1074**	**572**	**2098**		
17907	59391	903	10153	703	572	1775		
5	73	9		6		16		
12		234	58	365		307		
400	6880	2300	4297	10650	2940	6000	21	66

牧业主要产品产量

（2010 年）

指　　标	单位	合计	中原区	二七区	管城区	金水区	上街区	惠济区	中牟县	巩义市	荥阳市	新密市	新郑市	登封市	经济开发区	高新开发区
猪当年出栏头数	万头	201.88	2.86	1.51	2.67	4.17	0.54	4.03	47.42	23.92	38.31	15.75	36.59	18.61	3.71	1.80
牛当年出栏头数	万头	14.00	0.08	0.03	0.10	0.12	0.03	0.31	5.55	0.72	2.73	0.94	0.71	2.50	0.11	0.07
羊当年出栏只数	万只	54.49	0.19	0.06	0.34	0.25	0.02	0.31	32.98	2.25	4.76	2.23	5.49	5.29	0.26	0.05
禽当年出栏只数	万只	4220.87	46.50	55.41	32.55	8.86	16.31	270.90	750.92	194.14	776.08	398.79	1386.52	243.11	15.50	25.28
肉类总产量	吨	237772	2646	1889	2445	3291	841	6593	62442	23105	43013	18946	44399	22742	3310	2110
#猪肉产量	吨	154500	2106	1139	1900	3000	393	2920	37770	18500	28416	11577	27214	15003	2934	1628
牛肉产量	吨	21197	82	41	132	160	40	420	9316	988	3930	1100	1001	3730	148	109
羊肉产量	吨	7048	22	8	42	31	1	37	4197	306	724	269	676	695	33	7
禽肉产量	吨	48983	436	700	370	99	192	3206	9435	2351	9038	4528	15319	2764	180	365
兔肉产量	吨	3136			1	1		10	542	524	580	1052	132	294		
奶类总产量	吨	464879	6200	3166	1900	52200	625	30397	165084	5019	121863	26420	44796	4632	1000	1577
#牛奶产量	吨	423000	6200	2913	1900	52120	625	29907	165084	5019	84489	22838	44696	4632	1000	1577
山羊毛产量	公斤	59436								7000		34000	3133	15303		
绵羊毛产量	公斤	235541							82175	4000	5000	100000	4887	39479		
蜂蜜产量	公斤	706931							353	61000	318000	325000	1111	1467		
禽蛋产量	吨	209000	870	6759	975	174	4202	5788	28772	9359	68379	25466	38105	19923	90	138

林业生产情况

（2010年）

单位：公顷

县（市）区	当年造林面积	用材林	经济林	四旁植树（万株）	育苗面积	幼林抚育实际面积	成林抚育面积
总计	**11725**	**1273**	**1727**	**658.5**	**1654**	**38723**	**23060**
中原区	6	6		45	120		
二七区	7				80		
管城区	13	13		20	7		
金水区					204	1000	
上街区	36			6	10		
惠济区	76				287	76	
中牟县	1970	144	513	186	260	11074	21745
巩义市	1806	900	100		56	573	
荥阳市	1748		364		214	16667	
新密市	1351		111	25	158	5333	842
新郑市	1187			16.5	178	4000	
登封市	3525	210	639	360	80		473

邮电通信行业基本情况

（2010年）

指　标　名　称	计量单位	本年实际	指　标　名　称	计量单位	本年实际
局所及通信网络			**本地网内区间电话通话量**	**万次**	**6965**
营业网点	处	415	本地网内区内电话通话量	万次	441597
#邮政局所	处	261	本地网内拨号上网通话量	万次	3110
邮政信筒信箱	个	600	固定传统长途电话通话时长	万分钟	46908
邮路条数	条	103	移动电话通话时长合计（含本地）	万分钟	3967386
邮路总长度	公里	67948	IP 电话通话时长	万分钟	28245
#汽车邮路	公里	27679	移动短信业务量	亿条	20
铁路邮路	公里	7545	移动电话年末用户	万户	872
航空邮路		32724	#3G 移动电话用户	万户	40
农村投递线路总长度	公里	13416	本年移动电话新增用户	万户	255
通信业务量			**固定本地电话年末用户**	**万户**	**265**
邮电业务总量（2000 年不变价）	万元	2963194	#公用电话用户	万户	27
邮政业务总量	万元	89832	城市电话用户	万户	224
电信业务总量	万元	2873362	其中住宅电话用户	万户	152
函件	万件	5827	农村电话用户	万户	40
包裹	万件	65	#住宅电话用户	万户	32
汇票	万笔	206	互联网宽带接入用户	万户	145
快递	万件	600	**电信主要通信能力**		
订销报刊期发数	万份	111	光缆线路长度	公里	24436
#期刊数	万份	45	固定长途电话交换机容量	万门	4800
订销报刊累计数	万份	15312	局用电话交换机容量	万门	158
#期刊数	万份	803	移动电话交换机容量	万门	1672

注：邮政业务总量不包括邮政储蓄银行数据，和上年不可比。

全部工业总产出、总产值及增加值

(2010年)

项　　目	单位数（个）	工业总产出（万元）	工业总产值（万元）	工业增加值（万元）
总　　计	**64927**	**82268627**	**79582882**	**19960165**
按轻重工业分				
轻工业	13406	17113678	16536735	5398929
重工业	51521	65154949	63046147	14561236
按登记注册类型分				
国有及国有控股	1396	20580117	20032441	4554930
集体工业	925	1216745	1161956	320004
城乡个体工业	54649	6351282	6351282	1730357
其他各种经济类型	7957	54120483	52037203	13354874
年主营业务收入500万元以上工业	**2720**	**73388706**	**70776611**	**17560965**
按轻重工业分				
轻工业	661	14516737	13956858	4704341
重工业	2059	58871969	56819753	12856624
按登记注册类型分				
国有及国有控股	131	20532786	19986488	4542353
集体工业	92	1148072	1095284	302194
其他各种经济类型	2497	51707848	49694839	12716418
年主营业务收入500万元以下工业	**62207**	**8879921**	**8806271**	**2399200**
按轻重工业分				
轻工业	12745	2596941	2579877	694588
重工业	49462	6282980	6226394	1704612
按登记注册类型分				
国有及国有控股	1265	47331	45953	12577
集体工业	833	68673	66672	17810
城乡个体工业	54649	6351282	6351282	1730357
其他各种经济类型	5460	2412635	2342364	638456

注:本表工业总产出、总产值、增加值包含河南中烟工业公司和河南电力公司的全口径统计数据。

全社会固定资产投资

（2010年）

单位：万元、万平方米

指　　标	总　计	城镇投资	房地产开发	农村投资	农户投资	非农户投资
总　计	**27569763**	**24325289**	**7751607**	**3244474**	**965003**	**2279471**
#住宅投资	6455639	5722909	5557452	732730	660790	71940
按经济类型分						
内资	**25508781**	**22322158**	**6934067**	**3186623**	**965002**	**2221621**
国有经济	4962906	4518390	279958	444516		444516
集体经济	1521830	711660	6625	810170		810170
股份合作	247153	243453	10200	3700		3700
国有联营	17679	17679				
集体联营	8984	8984				
国有与集体联营	1535	1535				
其他联营	41541	17075		24466		24466
国有独资	326460	326460	49319			
其他有限责任公司	8232852	8232852	4180448			
股份有限公司	1590595	1590595	285882			
私营	6010619	5469017	2066966	541602		541602
其他内资	1435352	1184458	54669	250894		250894
港澳台商投资	**934424**	**932424**	**310452**	**2000**		**2000**
合资经营	297059	297059	126955			
合作经营	49314	47314	43714	2000		2000
独　　资	584551	584551	139873			
股份有限	3500	3500				
外商投资	**912988**	**912988**	**507088**			
合资经营	452168	452168	170555			
合作经营	27533	27533	13600			
独　　资	402880	402880	296167			
股份有限	30407	30407	26766			
个体经营	**1178572**	**157719**		**1020853**	**965003**	**55850**
本年新增固定资产	**15591259**	**12648286**	**2328863**	**2942973**	**965003**	**1977970**
本年施工房屋面积	**11870**	**9869**	**6255**	**2001**	**1468**	**533**
#住宅	6379	4858	4583	1521	1379	142
本年竣工房屋面积	**3372**	**1737**	**945**	**1635**	**1488**	**147**
#住宅	2059	819	752	1240	1198	42
本年竣工房屋价值	**1862544**	**1115891**	**1994718**	**746653**	**587520**	**159133**
#住宅	760438	138298	1553385	622140	586045	36095

城市建设用地情况

指　　标	计量单位	2009 年	2010 年
城市市区面积	平方公里	1010.3	1010.3
建成区面积	平方公里	336.7	342.7
#城市建设用地面积	平方公里	296.4	315.7
#工业	平方公里	42.3	35.7
仓库	平方公里	13.5	13.6
对外交通	平方公里	21.4	12.8
居住	平方公里	74.8	79.7
公共设施	平方公里	42.9	55.7
道路广场	平方公里	36.5	39.1
市政公共设施	平方公里	13.2	13.3
绿地	平方公里	50.1	64.1
特殊用地	平方公里	1.7	1.7
本年征用土地面积	平方公里	7.0	19.4

市政设施及公共交通

指　　标	计量单位	2009 年	2010 年
实有铺装道路长度	公里	1304	1338
实有铺装道路面积	万平方米	3052	3158
人行道面积	万平方米	668	687
实有桥梁数	座	175	179
#立交桥	座	44	44
路灯盏数	盏	63660	64459
排水管道长度	公里	2880	2939
污水年排放量	万立方米	31031	32065
污水处理厂	座	4	4
处理能力	万立方米/日	84	94
污水年处理量	万立方米	30155	31167
防洪堤长度	公里	58	58
公共汽、电车运营车数	辆	4427	4788
公共汽车数	辆	4242	4684
无轨电车数	辆	81	
标准运营车数	标台	5264	5748
运营线路网长度	公里	1314	1305.7
全年客运总量	万人次	78282	82610
实有出租汽车数	辆	10607	10607

城市供水、供电情况

指　　标	计量单位	2009 年	2010 年
供水			
水厂数	个	6	6
自来水综合生产能力	万立方米/日	124	124
#地下水	万立方米/日	51	51
供水管道长度	公里	2516	2568
全年供水总量	万立方米	35475	37724
#生产用水	万立方米	8999	10455
生活用水	万立方米	18508	18965
#家庭用量	万立方米	12521	12971
用水人口	万人	442	500
节约用水			
取水量	万立方米	24297	28356
生产用水重复利用量	万立方米	73542	83600
节约用水量	万立方米	3200	3300
供电			
公用配电线路长度	公里	12773	13266
全年销售总量	亿千瓦时	300.2	356
#生活用电	亿千瓦时	27	32
售给居民每千度电售价	元	498.9	499.5

城市燃气及供热

指　　标	计量单位	2009 年	2010 年
液化石油气			
储气能力	吨	970	970
外购气量	吨	65100	65900
供气总量	吨	64800	65700
#家庭用量	吨	47120	47310
用气家庭户数	户	330000	242980
用气人口数	万人	55	71
天然气			
储气能力	万立方米	240	240
供气总量	万立方米	47610	52171
#家庭用量	万立方米	14638	16592
用气家庭户数	户	874149	1000180
用气人口数	万人	331	368
输送管道长度	公里	3155	3339
供热能力			
蒸汽	吨/小时	868	868
热水	兆瓦	1296	1296
供热总量			
蒸汽	万吉焦	215	216
热水	万吉焦	683	724
管道长度			
蒸汽	公里	199	199
热水	公里	930	964
集中供热面积	万平方米	2051	2261
#住宅	万平方米	1445	1679

社会消费品零售总额

（2010年）

单位：万元

类　别	合　计	贸易餐饮企业	贸易餐饮个体	其　他
社会消费品零售总额	**17021009**	**8655410**	**8124929**	**240670**
按销售单位所在地分				
城镇	15524324	8477079	6888872	158373
乡村	1496685	178331	1236057	82297
按行业分				
批发业	1660231	1085261	574970	
零售业	12417508	7133791	5283717	
住宿业	187135	134373	52762	
餐饮业	2515465	301985	2213480	
其他	240670			240670

注：2010 年社会消费品零售总额定报数据为 16780339 万元。

对外经济贸易

单位：万美元

项　　目	2009 年	2010 年	2010 年比 2009 年+-%
全市直接进出口总值（含省直公司）	**359965**	**515743**	**43.3**
#全市直接进口总值（含省直公司）	140111	170086	21.4
全市直接出口总值（含省直公司）	219854	345657	57.2
市属及以下直接进出口总值	**297863**	**452442**	**51.9**
#直接进口总值	97697	121170	31.5
直接出口总值	200166	331272	62.8
#国内企业	172154	287126	66.8
外资企业	28012	44146	57.4
新批外资企业	90	91	1.1
合同外资额	188896	191632	1.4
实际利用外商直接投资	162400	190015	17.0
国外经济合作合同金额	39069	67022	71.5
国外经济合作营业额	54810	79941	45.9
派出人员（人次）	8552	10178	19.0

财　政

(2010 年)

指　　标	全市	市本级	中原区	二七区	管城区	金水区	上街区
一般预算收入	**3868040**	**1690713**	**151571**	**155627**	**149313**	**282672**	**58502**
税收收入	**3131475**	**1315590**	**148249**	**141470**	**132874**	**272129**	**50598**
增值税	316819	93283	16789	8338	12177	15014	10464
国内增值税	316819	93283	16789	8338	12177	15014	10464
国有企业增值税	35592	11197	6760	497	226	893	149
集体企业增值税	6770	937	39	181	406	193	120
股份制企业增值税	207805	53053	8109	4750	9322	10872	7896
联营企业增值税	18	2			1	1	
港澳台和外商投资企业增值税	40749	20112	1585	1408	898	1608	699
私营企业增值税	5526	398	25	35	25	30	1025
其他增值税	30246	9615	581	1929	1430	3034	865
增值税税款滞纳金、罚款收入	482	49	7	8	5	14	5
福利企业增值税退税	-10095	-2079	-247	-338	-83	-1346	-241
营业税	1192792	657483	49997	54974	41091	115940	12045
金融保险业营业税(地方)	249266	239454		190			517
一般营业税	941565	417160	49986	54540	41077	115576	11521
企业所得税	467219	242193	18103	17799	14772	31431	5158
个人所得税(款)	150327	85651	6582	7493	4310	9146	1942
个人所得税(项)	149926	85382	6580	7482	4309	9133	1939
利息所得税	992	739					14
其他个人所得税	148934	84643	6580	7482	4309	9133	1925
资源税	33465			112	1	4	723
城市维护建设税	169356	33798	12738	10613	12929	21975	4707
房产税	66805	11816	4266	12568	6531	13191	2353
印花税	45937	6799	4116	3400	2905	7134	1158
城镇土地使用税	89091	5473	4363	6302	7696	9652	5913
土地增值税	182696	1535	16818	16999	19288	47319	1267
车船税(款)	21240	16370					271
耕地占用税(款)	95266		14477	2872	11174	1323	1056
契税(款)	300067	161189					3541
烟叶税(款)	395						
非税收入	**736565**	**375123**	**3322**	**14157**	**16439**	**10543**	**7904**
专项收入	100248	50254		48			4369
排污费收入(项)	9443	2483					612
水资源费收入	8828	2222					1696
教育费附加收入(项)	77556	45475					2061
矿产资源补偿费收入	4200	74		21			

收　入

单位：万元

惠济区	经济开发区	高新开发区	郑东新区	航空港区	中牟县	巩义市	荥阳市	新密市	新郑市	登封市
76174	**74019**	**91744**	**220857**	**16008**	**121666**	**180916**	**116219**	**150857**	**161849**	**169333**
62728	**67026**	**80542**	**219049**	**12403**	**85430**	**139023**	**80134**	**107771**	**101453**	**115006**
2715	4827	13507	2080	1043	4940	32074	10772	37085	17068	34643
2715	4827	13507	2080	1043	4940	32074	10772	37085	17068	34643
382	62	342			569	3598	1687	5323	1074	2833
69	15	33	2		24	1421	530	1447	421	932
1028	3254	9413	308	174	3607	21709	5530	29451	14555	24774
						2	3	3		6
732	1280	2702	170	811	267	2304	1181	231	848	3913
50		9	224		220	3037	132	124	27	165
514	265	238	1384	56	340	3062	1736	1744	1075	2378
2	1	6	1	2	6	198	10	126	8	34
-62	-2	-2			-45	-3132	-271	-1309	-546	-392
19706	11519	12304	55422	6987	35110	31131	23055	23442	24826	17760
					605	2607	1463	1646	1508	1276
19526	11519	12304	55368	6986	34465	28468	21591	21783	23283	16412
5768	8746	14938	15871	1030	6679	20920	7608	14624	15575	26004
1725	1556	4409	2455	747	2689	6321	2616	4110	3589	4986
1724	1552	4384	2455	747	2678	6298	2608	4102	3576	4977
					21	34	29	66	32	57
1724	1552	4384	2455	747	2657	6264	2579	4036	3544	4920
					965	7630	2685	5013	1722	14610
3715	6214	7951	7533	479	2716	9639	3405	7461	16760	6723
1706	1669	3329	2596	96	667	2359	989	1187	943	539
2591	3016	1769	3127	184	1102	4506	988	1082	1086	974
4169	3039	5010	3375	1233	5226	14040	3574	2280	6327	1419
7618	4056	3822	47432	114	4567	2992	2250	1631	3670	1318
					790	1011	635	1181	438	544
13015	13096	6313	2700	291	11916	1609	6030	3404	3731	2259
	9288	7190	76458	199	8063	4791	15527	5271	5718	2832
										395
13446	**6993**	**11202**	**1808**	**3605**	**36236**	**41893**	**36085**	**43086**	**60396**	**54327**
	1456	3368		218	2274	8714	2572	9055	9588	8332
					349	1203	558	1848	551	1839
					234	2047	223	1201	643	562
	1456	3368		218	1691	4436	1791	4798	7728	4534
						1021		1135	650	1299

续表1 (2010年)

指　　标	全市	市本级	中原区	二七区	管城区	金水区	上街区
行政事业性收费收入	213373	119267	2287	2093	2579	8133	1424
公安行政事业性收费收入	23775	22823					43
法院行政事业性收费收入	12300	4748	228	800	695	2220	61
司法行政事业性收费收入	1727	1150	61		89		
财政行政事业性收费收入	1749	1171	54	3	2		24
人口和计划生育行政事业性收费收入	12347		120	438	772	2971	7
安全生产行政事业性收费收入	1757	257					
档案行政事业性收费收入	86	14		4		13	
人防办行政事业性收费收入	36403	28644					624
文化行政事业性收费收入	123	14			51		
教育行政事业性收费收入	46940	31653	135	4			
发展与改革(物价)行政事业性收费收入	244					1	
统计行政事业性收费收入	49	45					
国土资源行政事业性收费收入	30507	2422	1547	329	736	237	466
建设行政事业性收费收入	27261	19922		99	2	769	145
环保行政事业性收费收入	696	7					4
交通运输行政事业性收费收入	815	326	16				
工业和信息产业行政事业性收费收入	619	183				3	
农业行政事业性收费收入	952	139	2	9	5	217	7
林业行政事业性收费收入	1501	766	1		76	63	
水利行政事业性收费收入	429						
卫生行政事业性收费收入	4549	733	97	180	106	855	38
民政行政事业性收费收入	841	148	2	8	6	75	5
人力资源和社会保障行政事业性收费收入	3519	2850	8	17			
其他行政事业性收费收入	3052	272	16	202	34	709	
罚没收入	66076	25576	889	1170	2254	1290	684
公安罚没收入	29884	14949					366
检察院罚没收入	2610		495	185		73	81
法院罚没收入	2780	71	79	238	375	228	109
新闻出版罚没收入	89	26				61	2
海关罚没收入	116	116					
卫生罚没收入	180	33	1	1	41	18	
检验检疫罚没收入	22						
交通罚没收入	3013	337				51	4
审计罚没收入	803		4	3		66	
其他一般罚没收入	26527	10044	310	743	1838	793	110
国有资本经营收入	244954	176409		159			155
利润收入	15018						

单位:万元

惠济区	经济开发区	高新开发区	郑东新区	航空港区	中牟县	巩义市	荥阳市	新密市	新郑市	登封市
4989	4441	577	505	204	16900	10644	15381	10267	8388	5294
					60	117	36	333	154	209
363	1116	90			284	329	217	495	329	325
211					56	32	41	8	51	28
1		2		1	32	32	325	14	57	31
619	818	151		147	3090	502	304	690	996	722
						91	748	661		
11		37				6			1	
	2109	114			436	667	1461	101	1571	676
							9	38	11	
					3	3183	4735	3857	1580	1790
						24	213		6	
							2			2
3620					11889	3082	4230	356	1272	321
	134	125	504	41	605	1132	848	650	1846	439
					37	135		366	18	129
					17	16	9	417	14	
						433				
3				15	108	97	98	64	115	73
35					96	120	58	152	36	98
					6	3	120	139		161
99	263	10			111	142	1380	221	72	242
3	1	2			8	320	103	49	84	27
24		8	1		19	142	311	34	84	21
		38			41	39		1622	79	
1736	791	1093	102	456	2668	3970	6983	6474	4595	5345
					1010	1011	5960	2274	1903	2411
233		692				5	6	549	105	186
111	231	25			132	264	160	411	160	186
4			2		1	1	50	4	20	4
						13	9			
15					274	153	122	176	1629	252
9				3	39	57	196	303	3	120
1364	560	336	100	453	1212	2466	480	2757	775	2186
5506		1222			2608	15903	10518	952	15270	16252
										15018

续表2 (2010年)

指　　标	全市	市本级	中原区	二七区	管城区	金水区	上街区
其他企业利润收入	15018						
股利、股息收入	1250	28					
其他股利、股息收入	1250	28					
产权转让收入	186189	176381					155
其他产权转让收入	186189	176381					155
其他国有资本经营收入	42497			159			
国有资源(资产)有偿使用收入	70156	955	146	10687	11572	1120	1260
利息收入	3538	696	129	19	35	109	123
国库存款利息收入	1917	676	42	19	35	86	25
财政专户存款利息收入	970		30			23	
其他利息收入	651	20	57				98
非经营性国有资产收入	12000	71	17	1365		1011	1133
其他国有资源(资产)有偿使用收入	54618	188		9303	11537		4
其他收入(款)	41758	2662			34		12
捐赠收入	1893				23		
国内捐赠收入	1893				23		
其他收入(项)	39865	2662			11		12
政府性基金收入	**2035129**	**925491**	**253**	**193**	**110**	**886**	**21114**
文化事业建设费收入	2570	662	253	191	107	886	13
残疾人就业保障金收入	4844	2853					379
政府住房基金收入	7764	7763					
上缴管理费用	2580	2580					
计提廉租住房资金	3593	3593					
其他政府住房基金收入	1590	1590					
国有土地使用权出让金收入	1672523	683359					20154
土地出让总价款	1257439	544459					20154
补缴的土地价款	176150	118000					
划拨土地收入	118181	18700					
其他土地出让金收入	120753	2200					
城市公用事业附加收入	18866	14361					
国有土地收益基金收入	42314	9652					
农业土地开发资金收入	8365	4354					
城市基础设施配套费收入	271419	201751					394
育林基金收入	720	7		2	3		2
森林植被恢复费	258						
地方水利建设基金收入	79						
散装水泥专项资金收入	1003	563					20
新型墙体材料专项基金收入	1597	166					152
其他政府性基金收入	2807						

单位:万元

惠济区	经济开发区	高新开发区	郑东新区	航空港区	中牟县	巩义市	荥阳市	新密市	新郑市	登封市
										15018
		1222								
		1222								
					2608	3980	1315	512	4	1234
					2608	3980	1315	512	4	1234
5506						11923	9203	440	15266	
928	305	4942	742	2679	11169	2662	232	236	8109	12412
23	54	102	375	75	661	587	129	136	159	126
23	54	17	375	11	143	264	36	24	20	67
		85		64	307	209	42	75	134	1
					211	114	51	37	5	58
	251	4840	367	2604				100	142	99
905					10508	2075	103		7808	12187
287			459	48	617		399	16102	14446	6692
				48				434	1222	166
				48				434	1222	166
287			459		617		399	15668	13224	6526
63	**82787**	**60941**	**598268**	**17089**	**92447**	**45221**	**70268**	**55838**	**26293**	**37867**
36	101	138	50		22	25	22	9	32	23
					82	424	192	304	367	243
						1				
	72230	58154	545877	17089	89366	43638	38851	52149	17589	34067
	72230		510279	17089	13275	2056	38851		9404	29642
			16100			39100			1333	1617
			19498		76091	344			1002	2546
		58154				2138		52149	5850	262
					283	859	415	850	1726	372
					964	42	26378	708	3880	690
					1325	116	1557	759		254
	10456	2649	52303				2285			1581
19					210	82	70	108	70	147
8					1		56	85	10	98
							30			49
			13		147	6	72	11	93	78
			25		47	28	340	43	531	265
								812	1995	

财　政

(2010 年)

指　标	全市	市本级	中原区	二七区	管城区	金水区	上街区
一般预算支出	**4267968**	**1638877**	**120702**	**135672**	**142977**	**239718**	**69624**
一般公共服务	548379	87947	33355	30038	36046	64535	15381
人大事务	9983	2630	498	487	568	1181	471
政协事务	8381	2666	397	669	599	623	415
政府办公厅(室)及相关机构事务	240842	19116	19057	16564	13739	26807	8666
发展与改革事务	11125	4422	179	577	737	250	310
统计信息事务	8563	1886	537	512	380	642	85
财政事务	26751	4372	1616	1011	732	2041	708
税收事务	4959	845					907
审计事务	5836	2011	178	503	154	366	103
人力资源事务	17781	6760	504	1222	652	1392	19
纪检监察事务	8514	1795	396	397	491	835	228
人口与计划生育事务	45857	2151	3226	2252	1646	6541	837
商贸事务	28998	6167	404	594	10472	528	669
知识产权事务	962	921					1
工商行政管理事务	934	441					
质量技术监督与检验检疫事务	199	30					
民族事务	645	445	40	13	38		18
宗教事务	794	130	3	57	68	136	10
港澳台侨事务	246	116					20
档案事务	5865	4472	52	132	97	133	68
共产党事务	60720	17686	3019	3942	5073	6791	1590
民主党派及工商联事务	1495	790		93	62	64	51
群众团体事务	8761	3646	297	343	538	971	205
其他一般公共服务支出(款)	50168	4449	2952	670		15234	
国防	4762	1232	352		214		
预备役部队	1242	415	94				
民兵	1511		188				
国防动员	368	117	16				
其他国防支出	1641	700	54		214		
公共安全	252158	136856	4755	4484	6375	6716	4683
武装警察	9503	5608	155			329	159
公安	154923	97378	92			1645	3216
国家安全	760	760					
检察	28509	8727	1552	1352	2419	1766	451
法院	34009	9786	2180	2694	2828	2151	574
司法	13818	4219	776	438	1128	825	283
监狱	2948	2948					
劳教	6580	6580					
其他公共安全支出	1108	850					

支　出

单位:万元

惠济区	经济开发区	高新开发区	郑东新区	航空港区	中牟县	巩义市	荥阳市	新密市	新郑市	登封市
88070	**90904**	**128690**	**196613**	**20200**	**225991**	**274991**	**183853**	**236536**	**218463**	**234238**
19040	16097	17442	24189	4133	40717	26705	24693	34800	32072	33340
484					550	521	623	930	545	495
367					493	393	411	437	375	536
7918	11451	8874	18845	1462	21112	12848	9330	14806	6760	16938
201	108	547		178	516	434	625	527	758	756
499	663		264	63	306	598	569	425	757	377
936	252	491	1	316	3231	1948	3135	2591	1675	1695
46	490		347	264		15	30	2015		
179	13			3	249	252	434	585	451	355
187	105	530		142	321	1349	1372	334	1314	278
525	161	251		81	465	471	942	493	537	446
2108	825	837	50	155	4950	3673	3849	4111	3982	4664
1006	1059	3066	1701	164	241	883	432	703	388	521
		4				34		2		
			50				132			311
	98						71			
32							59			
42		2			87		5	59	58	137
					4		55	12	39	
90					89	122	136	161	176	137
3831	27	331		85	2704	2688	2209	3019	3726	3999
53					2	54	30	133	130	33
536	34	30	45	31	338	241	231	301	425	549
	811	2479	2886	1189	5059	181	13	3156	9976	1113
267	85				152	395	287	863	556	359
186	85					80	113	4	148	117
60					114		48	859		242
21					22	66	126			
					16	249			408	
3571	4427	1670	1960	585	11241	13181	12321	12132	13065	14136
75	464		481	380		238	416	379	495	324
217	1531		1379	151	7762	7948	7916	7943	7871	9874
901	870	949			953	2298	1482	1589	1919	1281
1329	1562	721	70		1646	1773	1689	1404	1715	1887
1049				54	819	857	730	817	1065	758
			30		61	67	88			12

续表 1 (2010 年)

指　　标	全市	市本级	中原区	二七区	管城区	金水区	上街区
教育	673169	239659	24470	24799	17360	35302	12357
教育管理事务	9752	3450	289	63	420	407	200
普通教育	469624	113894	22106	21870	15020	31537	9352
学前教育	7207	808	401	270	470	321	185
小学教育	159752	635	9551	14244	11244	23507	4434
初中教育	127825	17010	3757	4830	2727	5273	2508
高中教育	91717	50230	314	1191	279	302	1807
高等教育	32171	32171					
化解农村义务教育债务支出	3380		11				
其他普通教育支出	47572	13040	8072	1335	300	2134	418
职业教育	87034	68560	5	138	299	20	356
中专教育	34612	29323					200
技校教育	18272	18133					6
职业高中教育	9860	54		133	299		
高等职业教育	17349	17349					
其他职业教育支出	6941	3701	5	5		20	150
成人教育	554						
广播电视教育	2644	2403					
特殊教育	3533	1111		693	118	125	
教师进修及干部继续教育	9061	3163	134	73	20	113	83
教育费附加支出	78279	36476	1931	1962	1483	2777	2062
其他教育支出	12688	10602	5			323	304
科学技术	95047	45279	1390	2139	2181	3942	1111
科学技术管理事务	3268	1319	90	119	230	223	93
基础研究	1162	1057					100
应用研究	90	90					
技术研究与开发	68503	41597	1271	1961	1927	3132	762
机构运行	198						
应用技术研究与开发	6900	2109		917			
产业技术研究与开发	42622	36142			1927		
科技成果转化与扩散	2426	992					2
其他技术研究与开发支出	16357	2354	1271	1044		3132	760
科技条件与服务	218	24					
科技条件专项	210	20					
其他科技条件与服务支出	6	4					
社会科学	418	86					
科学技术普及	2118	1004	29	59	24	95	41
机构运行	491	161	13	30		46	
科普活动	535	159	11	29	2	15	5
青少年科技活动	12	10					2
学术交流活动	20	20					
科技馆站	582	582					

单位:万元

惠济区	经济开发区	高新开发区	郑东新区	航空港区	中牟县	巩义市	荥阳市	新密市	新郑市	登封市
11985	11504	12381	10282	5373	40772	48789	38516	54289	41809	43522
340	236	215		8	412	195	186	1715	729	887
9661	9813	8960	10246	5115	34403	40620	31443	41558	29354	34672
			10		601	479	785	1097	619	1161
5522	3779	5062	1696	656	14151	16624	10927	12063	10918	14739
3319	6034	3098	7510	4038	12963	15886	8736	10333	9926	9877
573		800			4380	5859	6937	7498	5691	5856
64					511	496	341	459	1300	198
183			1030	421	1797	1276	3717	10108	900	2841
714					2141	2246	3623	3774	2814	2344
270					6	2246	717	3	339	1508
					10				123	
170					2125		2062	2699	1653	665
274							844	1072	699	171
101						166	5		282	
							241			
					104	79	293	175	418	417
199		6			2171	544	603	999	483	470
816	1455	3200		218	1449	4436	1547	6046	7728	4693
154			36	32	92	503	575	22	1	39
1195	2431	18762		514	1679	4509	2588	2091	2894	2342
90	7	110		43	97	168	137	106	339	97
						5				
1068	2086	3047		231	1470	4027	2170	1885	2	1867
							198			
1068					624	40	1920			222
		1095				2300	12	1146		
	175	400			382	60	40			375
	1911	1552		231	464	1627		739	2	1270
	190						2		2	
	190									
									2	
					3			6	323	
37	17			14	107	112	219	60	32	268
					12	61	49	52		67
25	17				20	51	108			93

续表2　　　　　　　　　　　　　　　　　　　　　　　　　　　　　　　　(2010年)

指　　标	全市	市本级	中原区	二七区	管城区	金水区	上街区
其他科学技术普及支出	478	72	5		22	34	34
其他科学技术支出(款)	19270	102				492	115
其他科学技术支出(项)	19000	60				492	115
文化体育与传媒	92285	49358	495	674	845	1260	526
文化	42704	19329	243	619	730	805	260
图书馆	14305	9399				48	10
文化展示及纪念机构	5663	663					
艺术表演场所	885	793			6		
艺术表演团体	4273	3690					
文化活动	3239	2168			24		
群众文化	3280	603	126	139	9	14	76
文化创作与保护	595	401					
文化市场管理	1090	325	1	67			71
其他文化支出	6073	918	108	101	143	520	26
文物	12621	3330			73		3
文物保护	6475	1099			5		
博物馆	2271	1956					
体育	6041	3628		35	35	40	20
体育场馆	2169	1604					
群众体育	1492	353		15		20	20
广播影视	17890	13263	65	6		141	164
广播	1992	1503	65				
电视	10433	9403					
电影	460			6		10	
新闻出版	2557	1280	187	14	7	231	29
其他文化体育与传媒支出(款)	10472	8528				43	50
社会保障和就业	435633	221366	13808	19472	13928	22812	6098
人力资源和社会保障管理事务	29404	20253	409	650	895	1026	1063
综合业务管理	34			12			
劳动保障监察	1453	880		167	172		75
就业管理事务	1877	1740		10			51
社会保险业务管理事务	1						
金保工程	320	319					1
社会保险经办机构	8477	4322	319	457	412	492	203
劳动关系和维权	156	144					12
公共就业服务和职业技能鉴定机构	237	222					13
其他人力资源和社会保障管理事务支出	11779	11069	70			28	12
民政管理事务	17875	5927	1316	2429	1704	1895	318
行政运行	4490	1368	209	95	545	605	105
一般行政管理事务	432	171					48
机关服务	865			357			
拥军优属	775	178	69	40	32	52	35

单位:万元

惠济区	经济开发区	高新开发区	郑东新区	航空港区	中牟县	巩义市	荥阳市	新密市	新郑市	登封市
12				14	75		62	8	32	108
	131	15605		226	2	197	60	34	2196	110
	131	15605				197	60	34	2196	110
593	178	169	5073	50	2545	12310	2946	2834	4569	7860
549	118	119	5073	42	1225	5813	1558	1609	1670	2942
					122	4549	11	10	116	40
			5000							
									86	
					40	71	22	183	252	15
						29	83	8		927
157	82	40			463	639	165	250	223	294
						100		32		62
					12	123	150		242	99
107	10	79	73	42	505	248	546	1031	222	1394
					72	4697	179	193	494	3580
					30	4405	42	48	170	676
					20	170			125	
12	50	45			460	161	703	477	156	219
						115	450			
2	50	45			445	21	57	330	15	119
10	4	5			313	1322	345	433	1041	778
						161	106		68	89
					5	575	30			420
10	4	5			144	105	48		78	50
22	6			8	335	70	79	62	168	59
					140	247	82	60	1040	282
8987	345	3370	1179	1055	19421	21098	21459	21009	18616	21610
1081	55	115		2	549	505	161	1165	461	1014
	22									
13	10				104		22	10		
32	23									21
1										
161					443	502	121	584	22	439
							2			
1				2				491	47	59
675	13	25	138		509	326	834	564	766	436
319					308	96	145	85	392	218
186	4								8	15
							466	42		
72	4				50	43	79		73	48

续表 3　　(2010 年)

指　　标	全市	市本级	中原区	二七区	管城区	金水区	上街区
老龄事务	246	19			28	30	40
民间组织管理	316	301			5	10	
行政区划和地名管理	212	100	12	8	10	59	
基层政权和社区建设	4973	49	937	1855	1040	834	30
部队供应	1072	1053					
其他民政管理事务支出	4494	2688	89	74	44	305	60
财政对社会保险基金的补助	82661	73479			4122	160	
财政对基本养老保险基金的补助	73250	68241			4122	160	
财政对失业保险基金的补助	234	1					
财政对基本医疗保险基金的补助	392						
财政对生育保险基金的补助	220						
财政对其他社会保险基金的补助	1958	1900					
行政事业单位离退休	166056	63787	9546	12314	3715	9127	3631
企业改革补助	1637						
就业补助	26065	13124	230	274	339	4954	299
扶持公共就业服务	103		60				
职业培训补贴	540			140			90
职业介绍补贴	13						
社会保险补贴	275						
公益性岗位补贴	359						
小额担保贷款贴息	2621	2144					130
补充小额贷款担保基金	1173						27
其他就业补助支出	20976	10980	170	134	339	4954	52
抚恤	15453	1922	917	630	371	1704	154
退役安置	27261	21687	339	569	423	1361	17
社会福利	12549	6744	65	91	91	15	34
残疾人事业	2060	516	154	94	191	154	74
城市居民最低生活保障	10047		733	1919	969	1292	402
其他城镇社会救济	1796	1330	5	98	4	86	13
自然灾害生活救助	1985	130	16	28	25	17	12
红十字事业	713	430		37	53	30	
农村最低生活保障	13231					12	14
其他农村社会救济	7633	60	41	117	92	74	43
其他社会保障和就业支出	19207	11977	37	222	934	905	24
医疗卫生	275857	111567	6748	8404	7311	16014	3002
医疗卫生管理事务	5342	928	280	333	575	399	192
公立医院	60455	41637	49	53	10	6171	
基层医疗卫生机构	25656	6091	538	388	1532	845	102
公共卫生	35353	9813	1490	1479	948	2606	513
疾病预防控制机构	7076	2556	148	369	226	654	161
妇幼保健机构	2391	309	33	27	8	193	47
医疗保障	140063	45382	4340	6098	4215	5862	1978

单位:万元

惠济区	经济开发区	高新开发区	郑东新区	航空港区	中牟县	巩义市	荥阳市	新密市	新郑市	登封市
51					8	12	18		10	30
					16			2	5	
8	4	25	63		16		16	24	56	16
						19				
39	1		75		111	156	110	411	222	109
83				759	851	17	1612	340		1238
				606	1		120			
83					90			60		
				153		17		222		
							78			142
								58		
5709		1518		15	6242	10007	11365	9375	10318	9387
		14			532	147	295	349		300
88	81	39	371	23	916	1581	1138	489	753	1366
				3	40					
	61				90					159
								13		
					228			7		40
					294			5		60
					170	112		22	43	
					50				300	796
88	20	39	371	20	39	1469	1138	442	410	311
340	60	130	37	46	1914	1718	1030	1824	1510	1146
12		3			179	611	771	441	225	623
264		11		51	1874	659	587	676	747	640
118	34	7			82	204	95	84	197	56
380		98	3	2	774	753	395	753	700	874
7					139	54		10	31	19
13	11	16		38	116	138	113	237	249	826
31	1				6	8	15	56	41	5
16	38	126		95	1986	2286	1951	2797	1631	2279
160	19	96		24	2645	656	825	1129	773	879
10	33	1172	630		107	1428	272	720	214	522
5877	938	3328	310	964	20078	18704	18579	16721	19673	17639
236	15	261		11	465	240	238	173	617	379
149				38	2551	2554	2090	13	4157	983
649	144	386	54	178	3221	1088	2929	2730	2385	2396
660	88	253	72	40	2379	5109	2038	2806	2037	3022
168					55	1669	200	489	64	317
36					29	1360	185	80	5	79
4104	683	2428	170	691	11422	9587	11207	10876	10362	10649

续表 4 （2010 年）

指　　标	全市	市本级	中原区	二七区	管城区	金水区	上街区
新型农村合作医疗	53685		1074	1814	1352	2305	684
农村医疗救助	1582		4	1	2	51	13
中医药	870	443	34	34	31	34	92
食品和药品监督管理事务	1648	1181	17	19		40	29
其他医疗卫生支出	6470	6092				57	96
环境保护	85452	36230	484	984	859	1005	1452
环境保护管理事务	9817	4611	215	100	88	523	232
环境监测与监察	563	41	92				
污染防治	37733	19603	2	20	4	2	990
自然生态保护	919						
退耕还林	4342						53
已垦草原退耕还草							
能源节约利用	11946	1821		806	762	67	1
污染减排	10715	2450	175	58	5	116	176
可再生能源	5785	5704					
资源综合利用	2800	2000					
城乡社区事务	625887	184622	17605	17767	10832	59681	11722
城乡社区管理事务	62012	14636	3142	6439	7228	5865	3718
城乡社区规划与管理	7700	347	130	40	422	210	194
城乡社区公共设施	320677	16991	573	1269	885	37109	549
城乡社区环境卫生	70802	18401	6861	5752	2266	10846	1783
建设市场管理与监督	1366	396		23		100	
其他城乡社区事务支出	163330	133851	6899	4244	31	5551	5478
农林水事务	303461	86706	3386	7325	3387	6762	6204
农业	150175	21188	2074	4512	2943	4796	2999
技术推广	6247	1243	3	522	27	215	105
技能培训	3107	452		82	48	110	100
病虫害控制	1836	515	51	12	17	33	19
农产品质量安全	3164	2118	11	10	21	152	21
耕地地力保护	590	159					
农业结构调整补贴	3209	287		200	80	90	200
农业生产资料补贴	11162	1125	53	18	206	298	62
农业生产保险补贴	590	33				1	
农民合作经济组织	1311	44	9	16	16	8	
农产品加工与促销	1147	71			20	340	
农村公益事业	6681	262	5	25			140
农业产业化	4726	168	10	65	200	646	
农村能源综合建设	1720						
农村人畜饮水	17585	1080	228	368	385		
农村道路建设	13087			2054	289		17
对村集体经济组织的补助	929				255		29
林业	55312	34797	76	179	61	853	146

单位：万元

惠济区	经济开发区	高新开发区	郑东新区	航空港区	中牟县	巩义市	荥阳市	新密市	新郑市	登封市
2381	675	1755	161	495	8033	7676	6669	6660	6199	5752
1	7	87		15	174	220		401	296	310
35						48	8			111
44	8				33	53	39	29	107	49
			8	3	7	25	30	94	8	50
519	247	648		615	4260	10008	5566	8742	5498	8335
151	29	190		61	81	714	655	412	743	1012
3	25			2	20	301	20	9		50
11		2		552	2387	4574	877	5106	2203	1400
35						53	800			31
50					467	1128	302	244	570	1528
6	177	446			377	2106	614	2392	691	1680
263	6				928	47	2298	579	1291	2323
										81
						800				
8805	34791	32110	150429	1284	22071	24169	7620	21707	13691	6981
3454	316	4137		433	1306	2203	2828	1720	4098	489
1110	415	20		169	520	514	490	1710	282	1127
1935	31901	21340	150000	354	17354	15767	1175	13737	7197	2541
2304	2103	3343	429	328	2474	4129	2633	4540	528	2082
						159				688
2	56	3270			417	1397	494		1586	54
8516	1413	2448	2676	716	30950	26034	22960	35531	30179	28268
5834	1141	2252	22	504	17700	16348	12589	24353	17011	13909
115	50	120			1358	150	661	355	289	1034
166	27				936	45	640	291	128	82
123	14	9		15	434	142	123	98	101	130
58					155	20	237	44	270	47
					88	30	131	50	49	83
300	120	388			80		974	210	280	
179	95	191			2679	1244	1410	920	1612	1070
				2	309	30			172	43
44					72	25	94	874	42	67
15	30		15		35			10	457	154
47		8		98	1024	3496	292	457	489	338
920	10	285		70	766	2	820	108	579	77
					577	239	357	85	223	239
152	170	213			1280	1905	2344	3300	3655	2505
		154			300	4248	700	3646		1679
117					70	458				
1184	229	162	2649	34	2656	3418	1511	1968	1538	3851

续表 5 （2010 年）

指　　标	全市	市本级	中原区	二七区	管城区	金水区	上街区
森林培育	7663	546	2	60	2	288	6
林业技术推广	45	10					
森林生态效益补偿	722	37					
林业自然保护区	45	45					
森林防火	412	90		6			6
林业有害生物防治	334	74					
林业工程与项目管理	186	120					
林业贷款贴息	360			40		120	
水利	50982	15582	112	861	247	282	1897
水利行业业务管理	640	148		10			
水利工程建设	8383	2087				95	
水利工程运行与维护	5183	4058					
防汛	1132	648	5	39	37	10	21
抗旱	313	45					
农田水利	14420	768	20	648	173	10	97
水资源费支出	7486	2001	28	113	19	16	1696
南水北调	13689	10121	833	584	30		30
扶贫	10796	1735	4	97			1042
农业综合开发	6983	1065		115	106	380	66
农村综合改革	12076	10	287	559		451	24
其他农林水事务支出	3448	2208		418			
交通运输	97925	52317	411	1055	152	2393	1012
公路水路运输	63059	21505	411	1055	152	2164	879
公路新建	1843					1654	
公路改建	11417	5809		191			239
公路养护	10394	5108	62	297	33	237	83
公路运输管理	2521	40	78	134		122	
车辆购置税支出	11636	1145	26	274	50	30	148
其他公路水路运输支出	19949	7960	43	36		36	159
石油价格改革对交通运输的补贴	21307	17823					133
对城市公交的补贴	11524	10928					33
对农村道路客运的补贴	1856	29					26
对出租车的补贴	7867	6854					72
石油价格改革补贴其他支出	60	12					2
其他交通运输支出(款)	13459	12989				229	
资源勘探电力信息等事务	302951	190098	4086	6097	2089	5280	2663
资源勘探开发和服务支出	5423	890					
制造业	11961	1477	727	80	60	460	
建筑业	184	154					
工业和信息产业监管支出	62503	55004	121	429	400	1738	58
安全生产监管	9474	2095	296	300	412	610	103
国有资产监管	3863	2739					348

单位:万元

惠济区	经济开发区	高新开发区	郑东新区	航空港区	中牟县	巩义市	荥阳市	新密市	新郑市	登封市
149	39	20			1121	1640	545	756	378	2111
10					5					20
17					14	132	97	26	19	380
32					20	128	1	50	2	77
17					60	31	24	10	28	90
6			60							
200										
882	36	19	5	7	6756	4099	2028	5296	7822	5051
					106	32		235	107	2
	8				1710	522	90	1329	1143	1399
41	25				20	15	40	316	520	148
84	3			7	65	26	70	40	20	57
28						5	20	95	55	65
380					3707	519	700	2031	3430	1937
39		19			207	2048	200		643	457
					707		726		658	
					347	260	2175	1711	316	3109
405		15			763	137	1786	132	1172	841
211	7			171	1513	1772	1897	2053	1614	1507
					508		248	18	48	
728	34	41			8133	6253	5695	4091	9811	5799
688	34	41			7691	5477	5178	3304	9188	5292
						189				
35					1271	561	685	286	913	1427
190	34	41			1104	364	1281	392	626	542
26					1118		40	225		738
96					3276	1711	1791	739	1243	1107
27					767	2200	941	1075	6006	699
					362	595	477	787	623	507
					95	144	116	133		75
					147	211	218	481	473	271
					115	235	137	167	142	145
					5	5	6	6	8	16
					20	181	40			
9077	15131	15283	315	1649	1791	12922	2685	5087	4672	14026
	30					886	674	2427		516
	8470	633							54	
									30	
300	825	1490		241	342	459	471	100	159	366
457	25	110		14	196	2272	493	385	511	1195
	21						162	498		95

续表 6　　(2010 年)

指　　标	全市	市本级	中原区	二七区	管城区	金水区	上街区
支持中小企业发展和管理支出	51887	9565	664	1369	485	1660	1964
其他资源勘探电力信息等事务支出(款)	157656	118174	2278	3919	732	812	190
商业服务业等事务	97765	36442	1275	1065	1917	2779	751
商业流通事务	45679	11580	1248	1044	1257	2299	741
其他商业流通事务支出	44064	10676	1248	1044	1257	2299	741
旅游业管理与服务支出	22454	3400	1			50	
涉外发展服务支出	9551	8446	26	21		30	10
其他商业服务业等事务支出(款)	20081	13016			660	400	
金融监管等事务支出	24357	23459					
粮油物资储备管理事务	13988	6781	623	653	593	750	190
粮油事务	13835	6781	623	653	536	750	190
物资储备	153				57		
国债还本付息支出	39443	10292		33		33	
国内债务付息	24565	8582					
国外债务付息	353	353					
补充还贷准备金	12800						
其他支出(类)	163222	67111	2409	5966	34822	1220	540
其他支出(款)	163222	67111	2409	5966	34822	1220	540
政府性基金支出	**1985422**	**1314108**	**80055**	**49676**	**80427**	**87849**	**21603**
一般公共服务							
文化体育与传媒	2279	561	177	155	2	1214	1
文化事业建设费支出	2279	561	177	155	2	1214	1
社会保障和就业	11453	2286	74	59	33	59	567
残疾人事业	4531	1587	62	59	2	59	554
城乡社区事务	1950002	1305087	79683	48917	80313	85916	20877
政府住房基金支出	5856	5800					18
国有土地使用权出让金支出	1672690	1075908	79683	48907	80293	85916	20226
城市公用事业附加支出	15202	11511					
国有土地收益基金支出	32733	60					
农业土地开发资金支出	3317	410		10			160
新增建设用地土地有偿使用费支出	7266	2022			20		79
城市基础设施配套费支出	212938	209376					394
农林水事务	9230	644	107	435	53	386	10
林业	8202	584	107	415	53	386	
水利	1028	60		20			10
资源勘探电力信息等事务	2779	1358					
制造业	737	409					
建筑业	2042	949					
其他支出	9679	4172	14	110	26	274	148
彩票事务	7538	4151	14	110	26	274	148
其他政府性基金支出	2141	21					

单位：万元

惠济区	经济开发区	高新开发区	郑东新区	航空港区	中牟县	巩义市	荥阳市	新密市	新郑市	登封市
5977	4419	1690	255	1244	1103	8995	405	1557	2955	1580
2343	1341	11360	60	150	150	310	480	120	963	10274
1562	3137	516	200	299	5797	8977	4514	4982	5035	14517
1061	1026	516		199	5573	3516	3627	4736	3788	3468
1061	1026	516		199	5505	3318	3389	4674	3788	3323
501	92				141	5087	887	34	1242	11019
	519				83	374		12		30
	1500		200	100				200	5	
					40	222	68		249	319
112	11				526	885	462	622	669	1111
112	11				526	885	462	622	584	1100
									85	11
3560		17419		33		83	4	51	7886	49
3526		4619					4		7834	
		12800								
266				2488	11031	26549	7351	2657	211	601
266				2488	11031	26549	7351	2657	211	601
1173	**82688**	**60375**	**569839**	**17089**	**99092**	**46619**	**74946**	**56774**	**29746**	**43354**
39					1	40	18	28	35	8
39					1	40	18	28	35	8
38	3	10			496	926	1598	1851	680	2786
38	3	10			93	304	163	1019	405	186
643	82685	60365	569839	17089	94681	44398	72441	51240	27214	38592
						1	37			
95	72232	57306	526000	17089	92088	43233	40941	50030	19464	35906
					283		460	850	1726	372
					958	762	26367		3880	706
548		410			60	191	1550	320	68	
					1292	211	805	40	2076	721
	10453	2649	43839				2281			887
358					3380	576	99	806	839	1537
358					3230	576	29	558	399	1507
					150		70	248	440	30
					147	20	545		624	85
					115		107		93	13
					32	20	438		531	72
95					387	659	245	2849	354	346
95					376	619	225	800	354	346
					11	40	20	2049		

金融机构信贷收支

（2010年底）

单位:万元

项　　目	合计	2010年比年初±%	市　区	中牟县	巩义市	荥阳市	新密市	新郑市	登封市	上街区
各项存款	**79908532**	**22.2**	**69699391**	**1189006**	**2046247**	**1236610**	**2049192**	**1359430**	**1634332**	**694324**
企业存款	31057774	19.8	29394290	274388	374940	175638	215739	227159	227395	168225
活期存款	22520275	20.1	21150750	231756	260987	153129	195055	192065	197830	138703
定期存款	8537499	19.1	8243540	42632	113953	22508	20685	35094	29565	29523
财政存款	2320717	73.6	2187177	34054	54718	21517	1729	7714	11885	1922
机关团体存款	3974564	13.7	3595376	42441	72309	76707	50736	66227	61280	9487
储蓄存款	29110048	15.9	21849948	739026	1330365	883024	1685164	878366	1264119	480036
活期储蓄	12538247	26.7	9520890	390871	526064	373145	705456	413720	445218	162882
定期储蓄	16571802	8.9	12329057	348155	804301	509879	979708	464646	818901	317154
农业存款	1054221	43.0	607393	72969	73146	55970	59182	148891	27252	9417
委托存款	1639415	63.0	1639149		35	4	14		4	209
其他存款	10751792	38.1	10426060	26128	140732	23750	36627	31072	42396	25026
各项贷款	**57175464**	**16.2**	**52127222**	**624253**	**1215609**	**760838**	**778110**	**852192**	**668999**	**148241**
短期贷款	17733467	8.8	14860677	356661	704261	401953	449361	454636	410613	95306
个人贷款及透支	2784980	58.5	1943438	198098	62184	143220	141321	157093	130570	9055
#个人消费贷款	937870	89.4	883424	9626	3513	5598	4491	18999	11459	761
单位贷款及透支	14072054	-0.1	12198598	115255	590203	254784	302659	295342	255773	59440
#经营贷款	13542751	1.2	11782406	115255	570203	199784	295209	295342	241335	43217
固定资产贷款	369187	-39.9	256076		20000	55000	7450		14438	16223
银团贷款	44978		44978							
贸易融资	788647	77.4	673664	500	51874	3948	5380	2200	24270	26811
中长期贷款	33664572	33.3	32124205	162523	362262	302640	271624	263430	124953	52935
个人贷款	9172549	46.0	8720213	93377	47084	113517	47291	88234	20752	42080
#个人消费贷款	8320657	44.7	7946380	72098	39514	96699	33632	77362	16052	38921
单位贷款	23029414	25.8	21966083	69146	315178	189122	199633	175196	104201	10855
#经营贷款	10839760	43.5	10578458	16666	77108	6228	59348	26496	74601	855
固定资产贷款	12185654	13.4	11383625	52480	238070	182894	140285	148700	29600	10000
普通并购贷款	32020		32020							
银团贷款	1420407	112.6	1395707				24700			
贸易融资	10182	204.3	10182							
委托贷款	995773	171.5	995773							
票据融资	4761726	-34.6	4127910	105069	147817	56246	57125	134126	133433	
#贴现	4761726	-34.6	4127910	105069	147817	56246	57125	134126	133433	
各项垫款	19927	-30.2	18657		1270					

金融机构现金收支

（2010年底）

单位：万元

项　　目	合　计	2010年比2009年±%	市　区	中牟县	巩义市	荥阳市	新密市	新郑市	登封市	上街区
收入合计	**11967648**	**16.0**	**9692246**	**358671**	**271837**	**313549**	**450493**	**405673**	**338526**	**136653**
商品销售收入	893399	39.6	751724	28270	19038	38006	14121	24779	11831	5630
服务业收入	240942	44.7	193424	7299	5613	8545	9598	6176	8116	2171
税款收入	30986	11.9	12743	3049	2583	427	7297	1462	3127	298
城乡个体经营收入	246747	33.9	139123	4409	5606	13340	17573	61654	2521	2522
储蓄存款收入	8959532	13.2	7193503	291920	228792	224057	388184	235779	294629	102669
其他金融机构收入	2976	-19.4	-6058	40		1876	30	6825	177	85
居民归还贷款收入	100785	0.8	32398	21352		18213		20366	8247	209
汇兑收入	67621	11.6	65861	5		8	1617	64		66
有价证券及其他投资性收入	14431	-44.1	4285	9			540	104	50	9444
其他收入	1410228	10.5	1305242	2319	10205	9077	11534	48464	9828	13559
支出合计	**11804829**	**16.8**	**9537082**	**355492**	**269000**	**314265**	**449088**	**405708**	**337371**	**136824**
工资性及个人其他支出	258485	11.6	202410	11609	4560	7447	8386	11767	10482	1824
农副产品采购支出	112690	6.1	71582	2279	36	9830	6106	18839	3811	208
工矿及其他产品采购支出	138809	18.3	53163	2095	2106	21336	28110	10593	6362	15045
行政企事业管理费支出	495250	33.5	391250	16496	24032	8377	15379	10442	16110	13165
城乡个体经营支出	452231	28.1	271362	26369	12559	31995	20996	75979	1021	11950
储蓄存款支出	9063438	14.4	7186876	312017	269747	236485	395719	234377	323722	104494
其他金融机构支出	15350	-25.7	14376	421		476		3		74
居民提取贷款支出	55504	-20.0	8007	448		9921		37128		
汇兑支出	72515	104.7	71782	1	2	10	514		205	
有价证券支出	12429	-41.6	9020	72	5	25	212	44	11	3039
其他支出	1128129	33.1	1257252	-16314	-44047	-11636	-26333	6535	-24353	-12975
投放(+)回笼(-)	**-162818**	**-9.1**	**-155164**	**-3179**	**-2837**	**716**	**-1405**	**35**	**-1155**	**170**

教育事业主要综合指标

(2010年)

单位:所、人

指　　标	数　值	指　　标	数　值
平均每万人拥有各类学校数(所)	2.00	**小学五年巩固率(%)**	**100.03**
高等学校	0.07	**小学学生辍学率(%)**	**-0.27**
中等职业学校	0.16	**初中学生毛入学率(%)**	**117.24**
技工学校	0.03	**初中三年巩固率(%)**	**92.68**
普通中学	0.45	**初中学生辍学率(%)**	**1.47**
普通小学	1.27	**初中毕业生升学率(%)**	**150.31**
平均每万人各类学校在校生数(人)	**2753.55**	**平均每万人各类学校教职工数(人)**	**203.21**
高等学校	991.32	#专任教师	154.30
中等职业学校	374.73	#高等学校	63.86
技工学校	87.62	中等职业学校	14.76
普通中学	543.14	技工学校	2.51
普通小学	755.32	普通中学	37.90
小学适龄儿童净入学率(%)	**100.00**	普通小学	40.09

医疗卫生机构基本情况

（2010 年））

指　　标	机构数（个）	实有床位数（个）	人员数（人）	卫生技术人员	执业（助理）医师	执业医师	注册护士	药师（士）	技师（士）	其他	其他技术人员	管理人员	工勤人员
总　　计	**1347**	**47094**	**60233**	**49519**	**19503**	**17040**	**19449**	**2623**	**2964**	**4980**	**2567**	**3323**	**4824**
市区	853	34344	42459	34697	14049	13016	14254	1703	2064	2627	1734	2470	3558
六县（市）	494	12750	17774	14822	5454	4024	5195	920	900	2353	833	853	1266
中牟县	58	1836	2339	1892	812	549	605	150	134	191	167	117	163
巩义市	121	2117	3409	2879	1002	800	1038	203	196	440	127	98	305
荥阳市	87	1644	2703	2268	768	540	794	111	135	460	106	119	210
新密市	75	2685	3484	2969	1123	880	1095	214	193	344	83	222	210
新郑市	44	1738	2325	1871	777	532	663	98	89	244	139	124	191
登封市	109	2730	3514	2943	972	723	1000	144	153	674	211	173	187
医院	**164**	**40035**	**42819**	**34899**	**13343**	**12194**	**14955**	**1872**	**2013**	**2716**	**1729**	**2502**	**3689**
综合医院	97	26905	27456	22554	8699	8027	9899	1120	1278	1558	1035	1468	2399
中医医院	30	6050	8232	6720	2724	2416	2550	507	381	558	340	447	725
中西医结合医院	1	65	78	63	33	27	17	6	7		6	6	3
专科医院	36	7015	7053	5562	1887	1724	2489	239	347	600	348	581	562
口腔医院	1	25	171	126	78	63	32	3	2	11	26	9	10
眼科医院	2	140	154	100	31	23	42	9	6	12	16	13	25
肿瘤医院	2	1929	1704	1502	419	419	720	35	65	263	96	27	79
心血管病医院	3	425	767	591	172	159	302	31	31	55	32	58	86
胸科医院	1	650	461	344	134	134	138	14	17	41	35	51	31
妇产（科）医院	3	97	255	200	62	52	100	12	19	7	11	17	27
儿童医院	2	1229	938	698	329	317	286	23	48	12	56	82	102
精神病医院	2	556	322	222	81	62	106	17	17	1	13	38	49
传染病医院	2	567	579	458	159	149	221	26	50	2	3	76	42
皮肤病医院	1	20	13	10	1	1		1	1	7	1	1	1
骨科医院	6	869	1014	813	261	222	325	38	51	138	24	142	35
康复医院	2	194	228	168	49	38	70	11	13	25	9	17	34
整形外科医院	1	45	80	46	15	13	22	2	3	4	8	12	14
其他专科医院	8	269	367	284	96	72	125	17	24	22	18	38	27
社区卫生服务中心（站）	**161**	**317**	**1882**	**1677**	**760**	**659**	**689**	**91**	**69**	**68**	**43**	**82**	**80**
卫生院	**107**	**4147**	**5202**	**4448**	**1639**	**875**	**1223**	**311**	**270**	**1005**	**264**	**175**	**315**
门诊部	**30**	**323**	**917**	**712**	**366**	**326**	**212**	**34**	**60**	**40**	**44**	**96**	**65**
诊所、卫生所、医务室	**825**		**2737**	**2635**	**1509**	**1332**	**812**	**146**	**43**	**125**			**102**
采供血机构	**1**		**217**	**105**	**16**	**14**	**30**		**30**	**29**	**35**	**40**	**37**
妇幼保健院（所、站）	**14**	**2185**	**3044**	**2572**	**947**	**835**	**1158**	**86**	**131**	**250**	**133**	**129**	**210**
专科疾病防治院（所、站）	**2**	**87**	**214**	**152**	**49**	**49**	**9**	**2**	**27**	**65**	**21**	**10**	**31**
疾病预防控制中心	**16**		**1778**	**1320**	**589**	**499**	**97**	**39**	**283**	**312**	**128**	**162**	**168**
卫生监督所（中心）	**11**		**442**	**296**						**296**	**32**	**72**	**42**
医学科学研究机构	**5**		**668**	**513**	**212**	**207**	**197**	**33**	**30**	**41**	**88**	**18**	**49**
医学在职培训机构	**5**		**187**	**106**	**51**	**38**	**22**	**6**	**7**	**20**	**46**	**16**	**19**
健康教育所（站、中心）	**3**		**26**	**11**	**4**	**3**	**3**	**1**		**3**	**3**	**6**	**6**
其他卫生机构	**3**		**100**	**73**	**18**	**9**	**42**	**2**	**1**	**10**	**1**	**15**	**11**

注：数据来源于市卫生局。

全市及县(市)城镇居民家庭基本情况

(2010年)

指　　标	单位	全市	市区	中牟县	巩义市	荥阳市	新密市	新郑市	登封市
现住房总建筑面积	平方米/人	29.29	27.46	33.1	36.4	37.75	36.94	55.38	59.24
家庭人口数	**人**	**2.93**	**29.10**	**3.17**	**2.93**	**3.1**	**3.35**	**2.84**	**3.26**
有收入者人数	人	2.17	2.16	1.99	2.04	2.16	2.25	2.1	2.08
就业人口数	人	1.46	1.43	1.49	1.76	1.9	1.66	1.73	1.72
国有经济单位职工人数	人	0.76	0.74	1.03	0.77	1.06	0.45	0.37	0.48
城镇集体经济单位职工人数	人	0.07	0.05	0.09	0.14	0.07	0.24	0.23	0.14
其它经济类型单位职工人数	人	0.12	0.12	0.04	0.23	0.21	0.2	0.25	0.18
城镇个体或私营企业主人数	人	0.16	0.17	0.13	0.15	0.24	0.25	0.29	0.34
城镇个体或私营企业被雇人数	人	0.21	0.20	0.09	0.29	0.2	0.31	0.38	0.58
离退休再就业人数	人	0.04	0.04	0.04	0.01	0.06	0.01	0.01	
其它就业人数	人	0.1	0.11	0.07	0.17	0.06	0.2	0.2	0.01
离退休人数	人	0.69	0.71	0.4	0.25	0.22	0.53	0.31	0.3
其它有收入者人数	人	0.02	0.02	0.09	0.03	0.04	0.07	0.07	0.06
无收入者人数	人	0.76	0.75	1.18	0.89	0.93	1.1	0.74	1.18
在外就学人数	人	0.04	0.02	0.39	0.1	0.16	0.02	0.27	0.34
非家庭人口在家用餐	人次	1.39	0.53	3.75	3.39	5.86	7.46	3.25	5.56
家庭人口在外用餐	人次	3.46	2.13	4.07	10.86	14.23	7.65	7.59	12.27
家庭总收入	**元**	**20641.25**	**20929.96**	**15652.56**	**17332.72**	**17353.38**	**17020.46**	**17061.14**	**15849.05**
#可支配收入	元	18897.00	19375.81	14509.26	15893.24	15892.42	15890	15892.9	15364.91
家庭总支出	**元**	**15565.49**	**15234.6**	**12654.55**	**12167.57**	**16391.13**	**15197.76**	**16345.41**	**11828.4**
消费支出	**元**	**12789.7**	**12587.76**	**9668.3**	**9193.1**	**11901.00**	**12997.34**	**12665.32**	**10195.25**
#服务性消费支出	元	2724.65	2641.14	1902.83	2386.22	3074.65	3348.64	2577.68	2066.64
通过互联网购买商品或服务支出	元	5.44	5.11	0.63	10.45	30.73	14.65		
旅游人次	人次	0.99	1.01	0.8	1.03	1.47	2.45	0.77	1.32
旅游花费总额	元	263.86	304.04	141.01	253.68	245.14	597.81	186.17	180.1
恩格尔系数	**%**	**33.02**	**33.00**	**30.35**	**30.97**	**29.44**	**31.78**	**29.61**	**33.15**

重要文件目录

中共郑州市委文件

中共郑州市委、郑州市人民政府关于加大统筹城乡发展力度进一步夯实农业农村发展基础的实施意见
郑发〔2010〕1号
2010年3月7日

中共郑州市委关于印发《中共郑州市委2010年工作要点》的通知
郑发〔2010〕2号
2010年2月12日

中共郑州市委关于在全市开展向沈战东同志学习活动的决定
郑发〔2010〕3号
2010年2月23日

中共郑州市委、郑州市人民政府关于做好迎接国家卫生城市复审工作的意见
郑发〔2010〕4号
2010年3月4日

中共郑州市委、郑州市人民政府关于深化医药卫生体制改革的实施意见
郑发〔2010〕5号
2010年1月11日

中共郑州市委、郑州市人民政府关于印发《郑州市高层次专家决策咨询顾问团工作规则》的通知
郑发〔2010〕6号
2010年3月3日

中共郑州市委、郑州市人民政府关于加快发展战略支撑产业的意见
郑发〔2010〕7号
2010年3月31日

中共郑州市委关于在全市基层党组织和共产党员中深入开展创先争优活动的实施意见
郑发〔2010〕8号
2010年5月7日

中共郑州市委、郑州市人民政府关于2010年优化经济发展环境工作的意见
郑发〔2010〕9号
2010年5月13日

中共郑州市委、郑州市人民政府关于印发《郑州市"提高出生人口素质提高家庭发展能力"工程实施方案》的通知
郑发〔2010〕10号
2010年5月11日

中共郑州市委关于党纪处分批准权限和其他机关中工作人员的行政处分办理及批准权限的规定
郑发〔2010〕11号
2010年5月28日

中共郑州市委关于在全市开展向张可山同志学习活动的决定
郑发〔2010〕12号
2010年6月23日

中共郑州市委关于认真学习贯彻干部选拔任用工作四项监督制度的实施意见
郑发〔2010〕13号
2010年6月30日

中共郑州市委关于认真学习贯彻胡锦涛总书记在河南考察工作时重要讲话精神的通知
郑发〔2010〕14号
2010年7月15日

中共郑州市委、郑州市人民政府、郑州警备区关于认真做好"八一"期间拥军优属拥政爱民工作的通知
郑发〔2010〕15号
2010年7月19日

中共郑州市委、郑州市人民政府关于认真学习贯彻落实卢展工书记在郑州调研工作时重要讲话精神的通知
郑发〔2010〕16号
2010年8月26日

中共郑州市委、郑州市人民政府关于加快推进郑州新区重点领域改革的若干意见
郑发〔2010〕17号
2010年9月1日

中共郑州市委、郑州市人民政府关于印发《省委常委、省委政法委书记李新民在郑州市"五五"法制宣传教育和依法治理检查验收工作汇报会上的讲话》的通知
郑发〔2010〕19号
2011年11月19

中共郑州市委关于认真学习贯彻省委八届十一次全会精神的通知
郑发〔2010〕20号
2011年11月21

中共郑州市委关于贯彻落实中央《2010—2020年干部教育培训改革纲要》的实施意见
郑发〔2010〕21号
2010年11月26日

中共郑州市委、郑州市人民政府关于贯彻国家、省中长期人才发展规划纲要(2010—2020年)的实施意见
郑发〔2010〕23号
2010年12月20日

中共郑州市委关于进一步深化干部人事制度改革的意见
郑发〔2010〕24号
2010年12月31日

(宋建国　李伟革　程嵩峰　胡　坤　司现仓　祖武斌　郑宏杰　李松贵　陈　锋)

郑州市人大常委会文件

郑州市十三届人大常委会第七次会议对市政府关于扶贫开发情况的报告的审议意见
郑人常〔2010〕1号
2010年1月4日

郑州市人民代表大会常务委员会关于接受马书喜辞去河南省第十一届人民代表大会代表职务的决定
郑人常〔2010〕2号
2010年1月4日

郑州市十三届人大常委会第七次会议对市政府关于郑州新区规划建设

情况的报告的审议意见

郑人常〔2010〕4号

2010年1月8日

郑州市十三届人大常委会第七次会议对关于2008年度市本级预算执行审计工作报告中反映问题整改落实情况的报告的审议意见

郑人常〔2010〕5号

2010年1月8日

郑州市十三届人大常委会第七次会议对郑州市地方税务局税收征管情况报告的审议意见

郑人常〔2010〕6号

2010年1月8日

郑州市十三届人大常委会第七次会议对郑州市国家税务局税收征管情况报告的审议意见

郑人常〔2010〕7号

2010年1月8日

郑州市十三届人大常委会第七次会议对市政府关于2009年为民承诺“十大实事”工作完成情况的报告的审议意见

郑人常〔2010〕8号

2010年1月11日

郑州市人民代表大会常务委员会关于批准郑州市人民政府关于提请审议郑州新区基础设施建设企业债券信用增级有关事项的议案的决议

郑人常〔2010〕9号

2010年1月20日

郑州市人民代表大会常务委员会关于批准《郑州市国家科技进步示范建设与发展规划(2009—2011年)》的决定

郑人常〔2010〕10号

2010年3月11日

郑州市人民代表大会常务委员会关于扎实推进我市城市社区医疗卫生服务工作的决议

郑人常〔2010〕16号

2010年4月27日

郑州市人民代表大会常务委员会关于批准郑州市2010年度政府投资项目计划的决议

郑人常〔2010〕17号

2010年4月27日

郑州市人民代表大会常务委员会关于接受孙金献辞去郑州市人民政府副市长职务的决定

郑人常〔2010〕18号

2010年6月25日

郑州市人民代表大会常务委员会关于许可对郑州市第十三届人大代表王皓采取强制措施的决定

郑人常〔2010〕19号

2010年6月25日

郑州市十三届人大常委会第十一次会议对市政府关于我市贯彻实施《中华人民共和国台湾同胞投资保护法》等法律法规情况的报告的审议意见

郑人常〔2010〕21号

2010年7月26日

郑州市十三届人大常委会第十一次会议对市政府关于推进“畅通郑州”交通综合整治的决议

郑人常〔2010〕22号

2010年7月26日

郑州市十三届人大常委会第十一次会议对市人民检察院关于我市检察机关法律监督工作情况的报告的审议意见

郑人常〔2010〕23号

2010年8月11日

郑州市人民代表大会常务委员会关于批准2009年市级财政决算的决议

郑人常〔2010〕27号

2010年8月30日

郑州市人民代表大会常务委员会关于加强检察机关法律监督工作的决议

郑人常〔2010〕28号

2010年9月1日

郑州市十三届人大常委会第十三次会议对市政府关于我市生态水系规划实施情况的报告的审议意见

郑人常〔2010〕31号

2010年9月8日

郑州市十三届人大常委会第十三次会议对市政府2010年上半年国民经济和社会发展计划执行情况的报告的审议意见

郑人常〔2010〕32号

2010年9月8日

郑州市十三届人大常委会第十三次会议对市政府关于《中华人民共和国专利法》、《河南省专利保护条例》和《郑州市专利促进和保护条例》实施情况的报告的审议意见

郑人常〔2010〕33号

2010年9月8日

郑州市十三届人大常委会第十三次会议对市政府关于《郑州市城市中小学校幼儿园规划建设管理条例》、《郑州市市区中小学布局规划》实施情况的报告的审议意见

郑人常〔2010〕34号

2010年9月8日

郑州市十三届人大常委会第十四次会议关于对郑州市中级人民法院关于行政审判工作开展情况的报告的审议意见

郑人常〔2010〕38号

2010年11月1日

郑州市十三届人大常委会第十四次会议对市政府关于绿博园建设及绿博会情况的报告的审议意见

郑人常〔2010〕39号

2010年11月1日

郑州市十三届人大常委会第十四次会议对市政府关于畅通郑州交通综合整治工作情况的报告的审议意见

郑人常〔2010〕40号

2010年11月2日

郑州市十三届人大常委会第十四次会议对市政府关于2009年度非税收入收支决算及2010年1—9月份非税收入收支预算执行情况的报告的审议意见

郑人常〔2010〕41号

2010年11月2日

郑州市十三届人大常委会第十四次会议对市政府关于实施《中华人民共和国食品安全法》情况的报告的审议意见

郑人常〔2010〕42号

2010年11月4日

郑州市十三届人大常委会第十四次会议对市政府关于全市大招商工作情况的报告的审议意见

郑人常〔2010〕43号

2010年11月8日

郑州市人民代表大会常务委员会关于罢免花二军的河南省第十一届人大代表职务的决定

郑人常〔2010〕53号

2010年12月23日

郑州市人民代表大会常务委员会关于罢免张湛军的河南省第十一届人大代表职务的决定

郑人常〔2010〕54号

2010年12月23日

郑州市人民代表大会常务委员会关于进一步加强全市安全生产工作的决议

郑人常〔2010〕56号

2010年12月27日

郑州市十三届人大常委会第十五次会议对市政府关于全市产业集聚区发展和工业经济结构调整情况的报告的审议意见

郑人常〔2010〕57号

2010年12月27日

郑州市十三届人大常委会第十五次会议对市政府关于我市物业管理工作情况的报告的审议意见

郑人常〔2010〕58号

2010年12月27日

郑州市十三届人大常委会第十五次会议对市政府关于我市新农村建设情况的报告的审议意见

郑人常〔2010〕59号

2010年12月29日

郑州市十三届人大常委会第十五次会议对市政府关于2009年度市本级预算执行审计工作报告中反映问题整改落实情况的报告的审议意见

郑人常〔2010〕60号

2010年12月30日

（司久贵　牛志熳）

郑州市人民政府文件

郑州市人民政府关于下达2010年度郑州市第一批重点建设项目的通知

郑政〔2010〕1号

2010年1月7日

郑州市人民政府关于加快现代工业体系建设的实施意见

郑政〔2010〕2号

2010年1月17日

郑州市人民政府关于加快电动汽车产业发展的意见

郑政〔2010〕3号

2010年1月17日

郑州市人民政府关于印发郑州市汽车产业发展专项规划的通知

郑政〔2010〕4号

2010年1月17日

郑州市人民政府关于印发郑州市纺织服装产业发展规划的通知

郑政〔2010〕5号

2010年1月17日

郑州市人民政府关于印发郑州经济适用住房购买轮候办法的通知

郑政〔2010〕6号

2010年3月4日

郑州市人民政府关于加快郑州市养老服务业发展的意见

郑政〔2010〕7号

2010年3月4日

郑州市人民政府关于农村土地承包经营权流转实施财政奖补激励政策的意见

郑政〔2010〕8号

2010年3月8日

郑州市人民政府关于创新农业投入保障机制拓宽农业投资渠道的意见（试行）

郑政〔2010〕9号

2010年3月8日

郑州市人民政府关于印发郑州市电子商务发展规划纲要的通知

郑政〔2010〕10号

2010年3月10日

郑州市人民政府关于印发郑州市国家科技进步示范市建设与发展规划（2009-2011年）的通知

郑政〔2010〕11号

2010年3月31日

郑州市人民政府关于印发郑州市数字化城市管理实施办法的通知

郑政〔2010〕12号

2010年4月6日

郑州市人民政府关于印发郑州市人民政府行政处分批准权限和程序规定的通知

郑政〔2010〕13号

2010年4月30日

郑州市人民政府关于印发2010年度政府目标管理工作方案的通知

郑政〔2010〕14号

2010年6月25日

郑州市人民政府关于统筹推进新一轮菜篮子工程建设的意见

郑政〔2010〕15号

2010年8月12日

郑州市人民政府关于打好节能减排攻坚战确保实现十一五节能减排目标的意见

郑政〔2010〕16号

2010年8月19日

郑州市人民政府关于批转郑州市煤炭企业兼并重组年度行动计划的通知

郑政〔2010〕17号

2010年9月1日

郑州市人民政府关于推进农村土地综合整治促进城乡统筹协调发展的若干意见

郑政〔2010〕18号

2010年9月19日

郑州市人民政府关于印发郑州市畜禽养殖禁养区和限养区划定方案的通知

郑政〔2010〕19号

2010年10月9日

郑州市人民政府关于转发河南省人民政府关于加强建筑节能工作的通知的通知

郑政〔2010〕20号

2010年10月22日

郑州市人民政府关于下达2010年度郑州市第二批重点建设项目的通知

郑政〔2010〕21号

2010年11月3日

郑州市人民政府关于印发郑州市行政败诉案件过错责任追究暂行办法的通知

郑政〔2010〕22号

2010年11月4日

郑州市人民政府关于印发郑州市人

民政府公益奖表彰暂行办法的通知

郑政〔2010〕23号

2010年11月4日

郑州市人民政府关于进一步加快产业集聚区发展的意见

郑政〔2010〕24号

2010年11月3日

郑州市人民政府关于印发郑州市城市无障碍设施建设和管理暂行办法的通知

郑政〔2010〕25号

2010年11月8日

郑州市人民政府关于强化饮用水水源地环境保护专项整治的通知

郑政〔2010〕26号

2010年11月11日

郑州市人民政府关于印发郑州市中小企业信用担保机构管理暂行办法的通知

郑政〔2010〕27号

2010年11月15日

郑州市人民政府转发河南省人民政府关于贯彻落实国发〔2010〕23号文件进一步加强企业安全生产工作的意见的通知

郑政〔2010〕28号

2010年11月24日

郑州市人民政府关于稳定市场物价保障群众生产生活的通知

郑政〔2010〕29号

2010年11月29日

郑州市人民政府关于印发郑州市退出煤矿关闭工作实施方案的通知

郑政〔2010〕30号

2010年11月30日

郑州市人民政府转发河南省人民政府关于加强劳动保障监察工作的意见的通知

郑政〔2010〕31号

2010年12月3日

郑州市人民政府关于印发郑州市职工生育保险办法的通知

郑政〔2010〕32号

2010年12月13日

郑州市人民政府关于印发郑州市城市地下空间开发利用管理暂行办法的通知

郑政〔2010〕33号

2010年12月21日

郑州市人民政府关于在全市开展创建优质市政工程活动的通知

郑政〔2010〕34号

2010年12月30日

(王永平)

索 引

说明：

本索引为综合性主题索引。索引标目按汉语拼音音序排列。标目后数字为页码，页码后a、b、c分别表示为该页的左、中、右栏。

D

E

F

G

H

J

k

l

S

T

W

郑州市热力总公司

市委书记连维良到热力公司视察集中供热工作

市长赵建才到热力公司视察热源工程建设情况

市热力总公司深入社区服务宣传

在绿城广场举行大型广场宣传活动

南郊热源厂初现规模

建设中的经开区热源厂

建设中的南区热源厂

建设中的航空港区热源厂

管城回族区圃

全国人大常委会副委员长、农工民主党中央主席桑国卫到圃田乡卫生院调研国家基本药物制度落实情况

市委书记连维良到圃田乡卫生院调研国家基本药物制度落实情况

区委书记法建强、区武装部部长史伟在穆庄村指挥抗洪抢险

区政协主席郭桂琴到圃田乡视察工作

开展为清洁工人送温暖活动

举办党员青年志愿者服务空巢老人活动

圃田乡五州汇富社区举办五州文化艺术节

田乡人民政府

省水利厅副厅长李孟顺到圃田乡穆庄村视察水利设施建设情况

副市长王哲到圃田乡穆庄村视察商鼎路项目建设情况

区人大主席团到圃田乡视察工作

圃田乡举办优化环境专题会并与项目方签订承诺书

召开“七一”文艺汇演并表彰优秀党员

乡党委书记现场对郑汴物流通道拆迁群众做工作

圃田乡新装修敬老院的明亮宜人的走廊

圃田乡颂列湖重建揭碑庆典

管城回族区十八

镇党委书记、镇长　李阳东

市长赵建才视察生态水系十八里河段工程进展情况

市委常委、组织部长姚待献视察宇通扩园拆迁工程进度

区委书记法建强到十八里河镇调研

举办第七届农民艺术节

镇领导开斋节慰问群众

里河镇人民政府

“七一”前夕为全镇老党员体检

社会法庭调解现场

十八里河消防站工程奠基仪式

十八里河生态水系通水仪式

通水后的十八里河河道分水口

辖区内在建的石武铁路工程

管城回族区南

省委巡视组巡视员高颖照到南曹乡大湖村视察新农村建设工作

市人大常委会副主任周长松、副市长张建慧视察南曹乡刘南岗橡树玫瑰城城中村改造项目

区长岳喜荣到南曹乡调研

区委组织部长王彬彬参加南曹乡第十五届农民艺术节

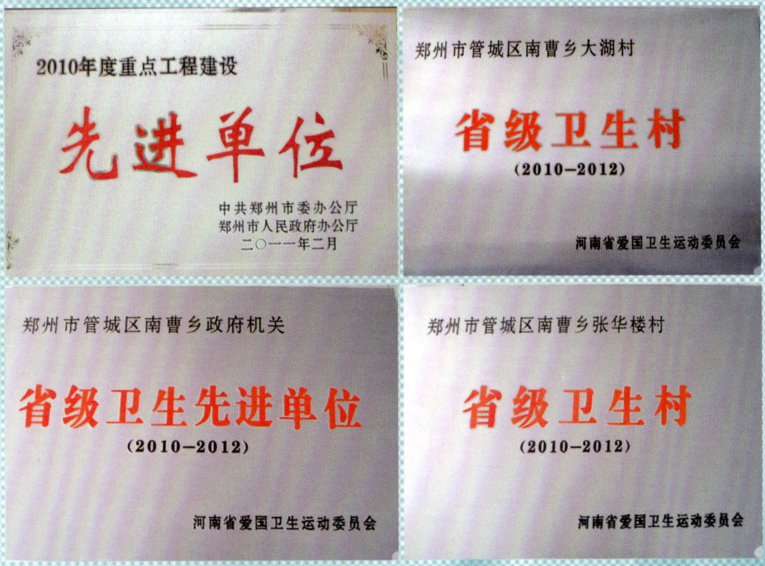

荣誉奖状

曹乡人民政府

区委书记法建强参加南曹乡第十五届农民艺术节

省计生委副主任谢李广、市计生委主任杨传文参加南曹乡"百万健康基金 温暖计生家庭活动"启动仪式

植树造林

南曹乡第十五届农民艺术节

区文化馆走进南曹乡敬老院慰问演出

新密市曲梁

镇党委书记　尤国军

镇 长 刘 军

省委书记卢展工在裕中电厂调研

省委书记卢展工视察郑州裕中电厂二期工程

省委常委、郑州市委书记连维良在产业集聚区视察

副省长刘满仓到曲梁镇视察抗旱和农业综合开发工作

郑州市市长赵建才在曲梁镇视察农业综合开发

新密市委书记王铁良和曲梁镇党委书记尤国军为撤乡建镇揭牌

镇人民政府

曲梁镇12月16日撤乡建镇揭牌仪式

曲梁镇镇区溱洧大街

曲梁镇举行新春书画作品展

投资1.5亿元的郑州渡森服饰有限公司

投资1.8亿元的郑州国华食品有限公司

郑州曲梁服装工业园区

投资3.8亿元的郑州安彩耐材有限公司

投资8000万元的泛美制衣

即将上市的郑州振东耐磨材料有限公司

投资28.6亿元的郑州裕中电力有限公司（一期工程）

登封市大冶

镇党委书记　郑振武

镇　长　王志斌

郑州市政协副主席王薇率团观摩大冶镇政协“委员之家”建设工作

大冶镇领导干部能力建设高级研修班结业典礼

大冶镇“十二五”规划编制工作会

大冶镇靓化乡村美化家园环卫车辆发放仪式

大冶镇庆“七一”表彰大会

大冶镇日处理5000吨污水处理厂项目开工奠基仪式

镇人民政府

大冶镇信访事项听证会

大冶镇正月初七文艺汇演

登电集团马鸣寺煤矿奠基仪式

工作总结暨目标签订大会

在第二十次全国助残日开展捐赠轮椅活动

周山村《村规民约》宣传学习誓师大会

新郑市八千乡

乡党委书记　周树军

乡　长　曾海林

山东龙泉管道公司河南分公司在八千乡新港大道西侧落地，原国家水利部副部长周文智、原省人大常委会副主任王明义、郑州市副市长王跃华及新郑市市长王广国、纪委书记王俊杰等领导参加奠基仪式

新郑市委常委、组织部长刘德金在八千乡郑州华驰薄板科技有限公司调研

郑州市妇联领导到八千乡全国第一批基层组织示范村座谈

在八千乡当年投产、当年见效的郑州百瑞动物药业有限公司

人　民　政　府

省长郭庚茂、省委常委、市委书记连维良、副省长徐济超、市长赵建才等省市领导到八千乡第一公办幼儿园看望孩子们

省人大常委会副主任刘新民、省人大常委会副秘书长李民庆、省农业厅厅长李孟洲一行在新郑市市委书记吴忠华的陪同下到八千乡视察农业综合开发项目的万亩示范田

乡机关干部职工踊跃为希望工程捐款

重温入党誓词

乡机关春节联欢晚会

荣获红旗渠精神杯

荣获的部分荣誉

巩义市人口和

国家人口计生委主任李斌到巩义市调研，对巩义市人口和计生工作给予高度评价

国家人口计生委副主任江帆到巩义视察指导工作

郑州市委常委、巩义市委书记李公乐视察市计划生育服务站

巩义市市长张春阳在镇计划生育服务中心调研

郑州市人口计生委主任杨传文调研巩义市人口计生工作

争创全国计划生育优质服务先进市动员大会

团结奋进、务实重干的领导班子

计划生育委员会

省人口计生委党组书记鲍常勇调研巩义市村级人口计生工作

省人口计生委原主任孟宪臣在巩义市调研

巩义市委常委、纪委书记赵惠玲视察村级计生服务室.

巩义市人大常委会副主任闫红涛、副市长李凤芝调研基层计生服务机构

巩义市被授予"全国计划生育系统信息化建设先进单位"

巩义市被评为全国计划生育优质服务先进县（市）

巩义市人口计生委连续八年荣获巩义市"公仆杯"

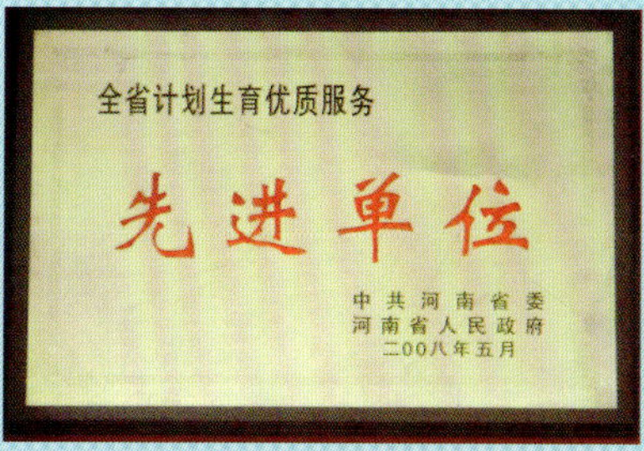

巩义市被评为全省计划生育优质服务先进县（市）

鸟瞰图

概况

中国·中部生物科技产业园，是按照国际化、产业化、生态化标准，遵循“共创、共享、共荣”的运营理念，以21世纪最有发展前景的生物科技产业为核心，重点培育的生物高技术产业集聚项目。规划总用地2000亩，一期占地470亩，总建筑面积25万平方米，计划总投资5.82亿元。项目规划有GMP生产基地、GSP总部基地、GLP研发基地、GTP产业服务基地四大板块。

交通

本项目处在郑州西区。距郑州西三环12.6公里；距环城快速入口5分钟车程。正在兴建的科学大道延伸线和化工西路穿越园区而过。项目距快速铁路郑州西客站5分钟车程，郑州国际机场30分钟车程。

百年产业　荣耀中原

- ★ 郑州国家生物高技术产业基地项目
- ★ 郑州市2010年重点工程
- ★ 郑州新三年跨越式发展自主创新工程
- ★ 中国最具投资价值的产业园区
- ★ 全国百佳科学发展示范园区
- ★ 郑州GSP试点产业园区

前景

据《郑州市城市总体规划（2008—2020）》，本项目处在郑州新城区发展第一组团，紧邻郑州高新技术开发区。郑州生物高技术产业基地、省国家大学创业园、郑州新材料产业园、郑州光机电产业园、中部软件产业园，周边产业集聚，发展空间广阔。

园区厂房实景照片

企业总部办公基地效果图

GLP研发中楼效果图

河南雪中王座

董事长　杨明亮

董事长杨明亮曾获省"五一"劳动奖章，受到时任省委书记李长春的接见

原市长陈义初在公司视察

常务副市长胡荃在公司指导工作

二七区区长王鹏到公司指导工作

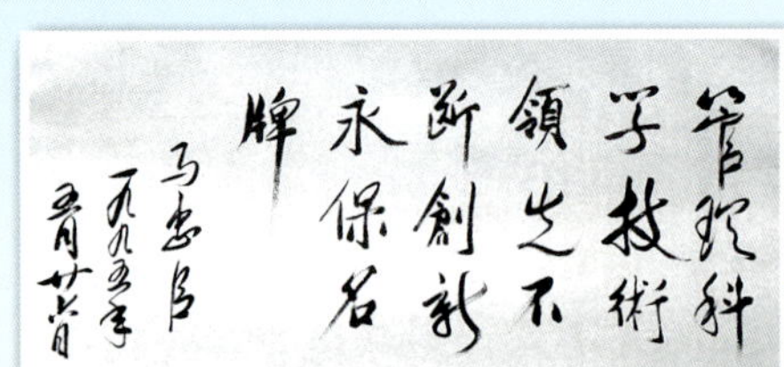

原省长马忠臣为公司题词

原二七区区长张春阳在公司视察

业服饰有限公司

中国皮革协会秘书长张淑华到公司视察

总经理杨艳萍与韩国客商交流

皮装展销厅

新款皮装

生产车间

女装展示

新建科研办公楼

郑州德亿重工机

董事长卫振中陪同国家建材局规划发展司司长陈福广参观生产现场

郑州德亿重工机器制造有限公司是联合国家级研究院共同设立的一家大型现代化高新技术企业。公司位于河南省郑州国家级经济技术开发区，公司占地面积52000平方米，固定资产3600多万元，现有职工600多人，工程技术人员占全体员工的20%。公司已通过了ISO9001:2000质量体系认证，系国家级质量管理达标企业，公司是中国砖瓦协会会员单位、中国加气混凝土协会会员单位，中国砂石协会会员单位。2006年公司获得机械产品进出口自

DY1100型全自动液压砖机鉴定会

关于德亿

ABOUT US

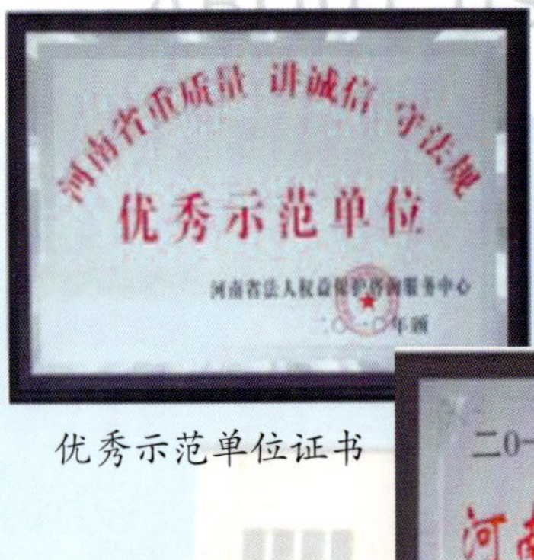

优秀示范单位证书

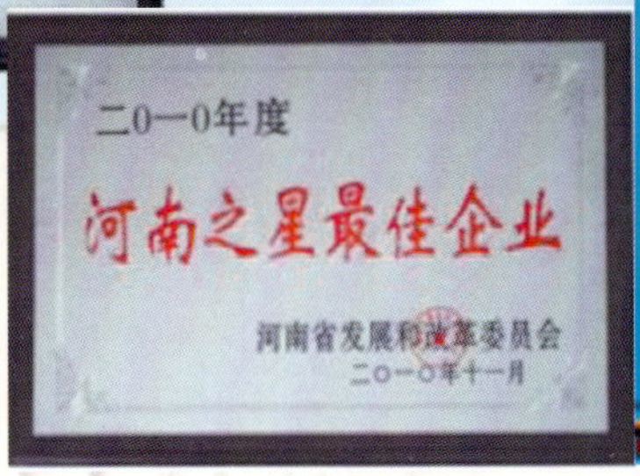

河南之星最佳企业证书

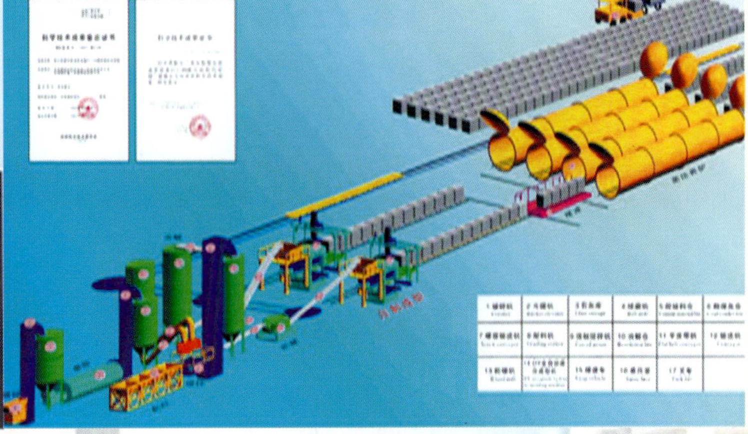

全自动液压砖机生产线

器制造有限公司

主经营权。产品荣获国家“实用新型专利证书”、“科学技术成果鉴定证书”、河南省“十佳砖机品牌”“消费者信得过单位”、“质量稳定，售后服务满意单位”等十几项荣誉。

多年来，公司以新型墙材设备为基点，把新型墙材装备现代化作为战略定位，研制并生产出DY1250、DY1100、DYS850、DYS430等多种类型的压砖机和加气混凝土砌块空翻全自动生产线等设备。产品销往国内20多个省、市、自治区，并出口马来西亚、埃及、俄罗斯、哈萨克斯坦、阿塞拜疆、土耳其、科威特、南非、越南、印度、澳大利亚、朝鲜、加拿大和欧盟等国家和地区。

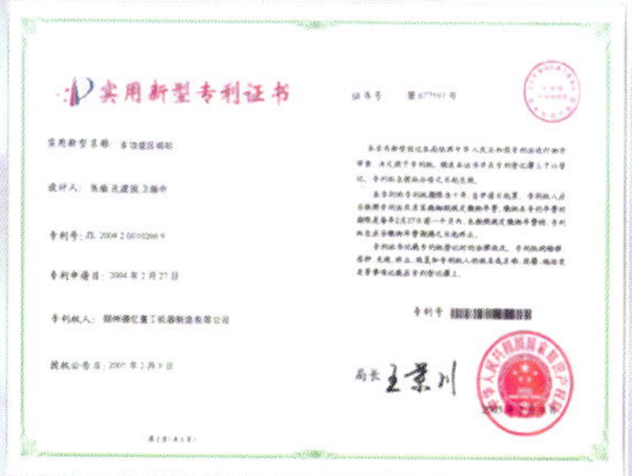

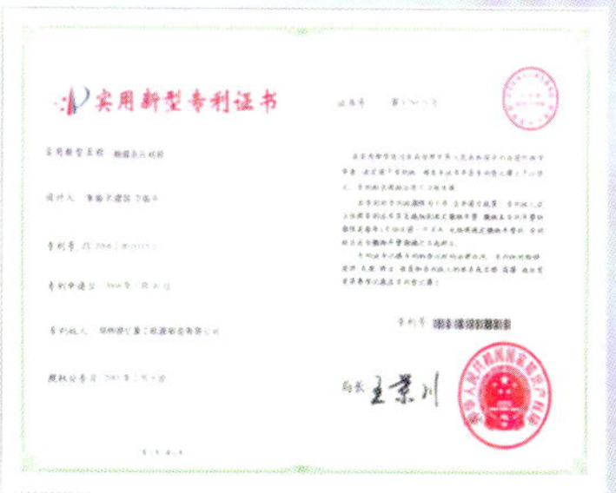

质量管理体系认证证书

兹证明

郑州德亿重工机器制造有限公司

ISO9001：2000

DY850、DY1100型多功能液压压砖机，全自动码坯机，YMZ160-8型八孔压砖机，DHL1600型混合轮碾机，LX连续式消解仓，QT500型强制搅拌机，冲击式破碎机（制砂机）的生产和服务

签发：

荣誉证书

DY1100型全自动液压砖机

DYS850型全自动液压砖机

搅拌浇注机

DYKF切割机纵向

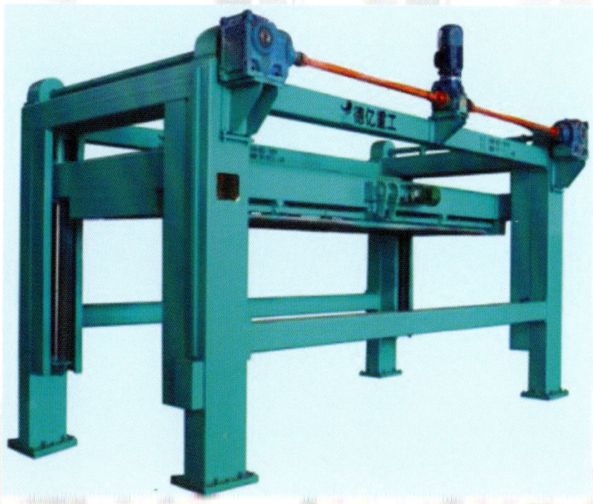

DYKF切割机横向

郑州经纬商品

董事长　黄战中

公司参与建设的嵩山路立交桥

运输车队

搅拌站

检测设备

料场

混凝土有限公司

公司参与建设的康桥华城商业街

公司组织职工开展拔河比赛

公司参与建设的郑州市雷达气象站

公司参与建设的新芒果大厦

公司参与建设的电力大厦

获红十字会荣誉证书

混凝土百强企业

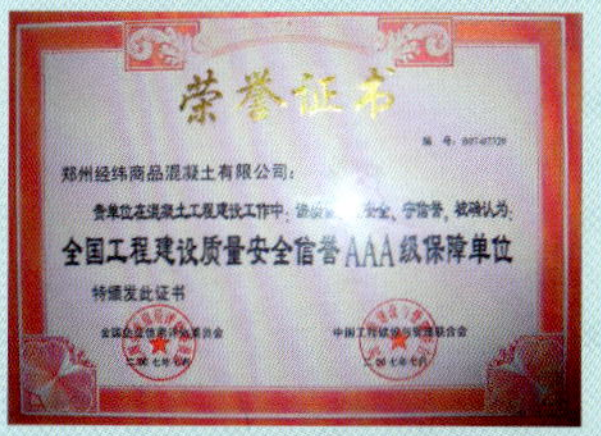

质量安全信誉AAA

福利企业证书

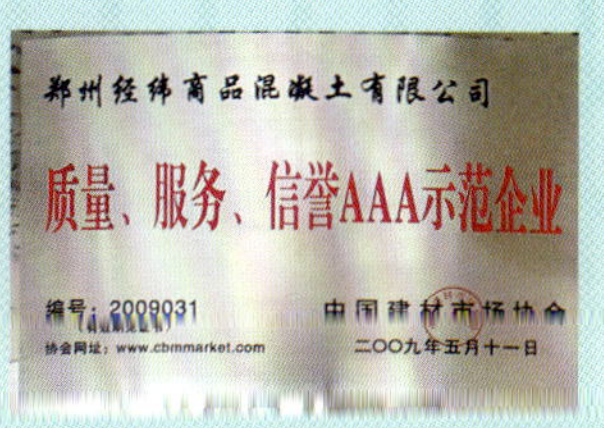

质量服务信誉AAA单位

荥阳市广武镇人民政府

镇党委书记　马朝阳

镇　长　周培山

江南春温泉

郑州大众汽车中等专业学校

楚河汉界古战场风景区

郑州赛科粮油机械有限公司

获郑州市文明镇

荣获国家卫生镇

登封市白坪乡人民政府

乡党委书记　程彦宏

乡　长　李俊峰

登封市委书记王福松一行指导白坪乡抗灾救灾工作

登封市委常委、市人武部政委饶泽寿在白坪乡进行春节慰问

登封市教育局驻白坪乡后备干部为贫困学生送去助学金

郑煤集团缸沟一矿领导春节到乡敬老院进行慰问

白坪乡荣获郑州经济发展20强乡镇等荣誉称号

白坪新区

白坪乡荣获登封市2010年度跨越式发展目标综合考评奖杯

郑州市人民公园

中国公园协会会长郑坤生参观人民公园

市政法委书记高建慧参观花展

自娱自乐的游园群众

新建的东大门

河南省唯一的手语岛

人民公园俯瞰

公园举办的金秋菊展

胡公祠夏景

统一着装的服务人员

每年一度的郁金香花展

湖滨茶社

郑州市紫荆山公园

原市委书记王文超在公园视察

市政协主席李秀奇在公园调研

副市长张建慧在公园调研建设情况

新春送春联活动

第二届绿博会倒计时100天启动仪式

娇艳的紫荆花迎春绽放

深受市民喜爱的荷花园

碧波荡漾——公园东湖

山清水秀——紫荆山

郑州市第六人民医院
河南省传染病医院

院 长 刘宝琴

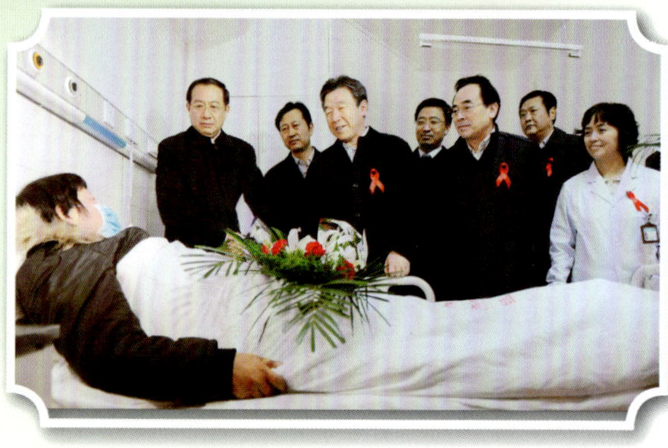

省委书记卢展工等省市领导到第六人民医院慰问艾滋病住院患者

团结务实、开拓进取的领导班子

医院门诊大厅

医院精神

医院服务理念

医院门诊楼

河南省传染病医院

释义：此标志以“6”字变形而成，由弧形形成箭头代表六院在改进之后的一种奋发向上的积极心态，而箭头中的留白形成一个心型的图地效果代表六院会用心地服务好每一位患者。

医院标志

郑州市第十人民医院

市卫生局纪委书记许迎喜在市十院调研

团结奋进的领导班子

为玉树灾区奉献爱心

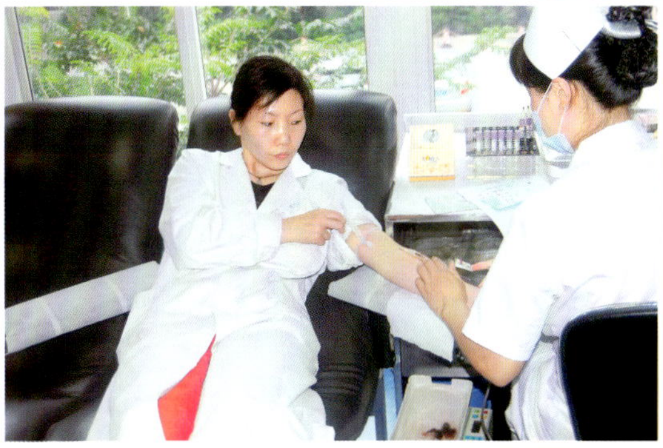

组织职工为舟曲同胞义务献血

医院自行车运动爱好者参加ucc自行车联赛

春节联欢活动

市十院代表卫生系统参加第五届"百万妇女健身"展示大赛，参加24式简易太极拳比赛

参加郑开马拉松赛

参加卫生系统春节联欢晚会的节目"洗刷刷"

郑州澍青医学高等专科学校

董事长　王左生

校　长　左铁锷

学校校庆

领导关怀

多媒体显微镜数码互动系统

腊叶标本

人体断层标本展示

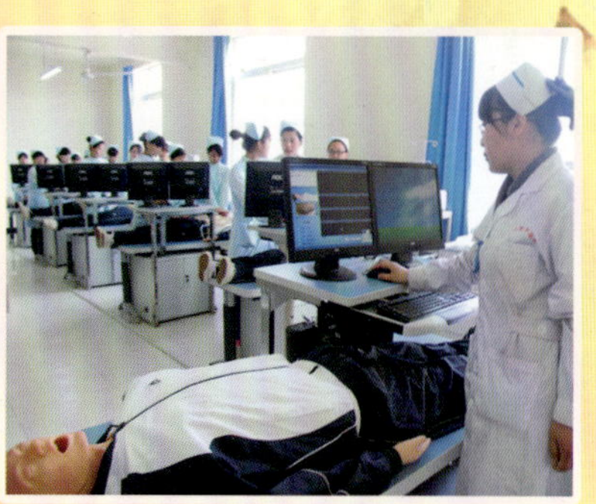

智能化网络护理急救系统

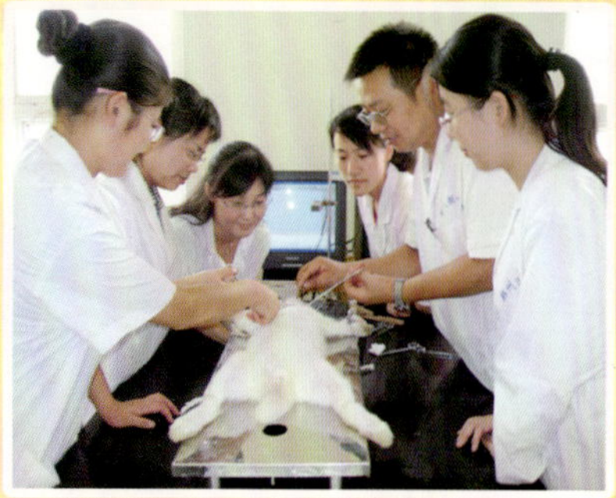

药理学实验

学校荣誉

郑州鸿达电缆有限公司

总经理　李艳瑞

郑州鸿达电缆有限公司，创建于1999年3月，拥有资产5600多万元，占地面积96000平方米，建筑面积36000平方米，职工人数356人，各类工程技术人员96人。

公司拥有主要生产设备180多台（套），计量检测设备50台（套），并具备先进的工艺装备和一流的工艺水平，检测设备完善。

公司生产的主要产品有：硅烷交联聚乙烯绝缘体电力电缆、聚氯乙烯绝缘电力电缆、控制电缆、各种规格阻燃、耐火电缆、铝绞线及钢铝绞线、架空绝缘电缆。目前生产的电缆最大导体截面为500mm^2，高电压等级为10KV，年生产能力为20000公里。

公司产品均按国标标准生产，通过了ISO9001：2000质量体系认证，电线电缆取得了全国工业产品生产许可证，同时还获得出口许可证。

公司坚持以科技为先导，现代化管理为基础，产品生产、销售都以较快速度发展。

荣誉证书

公司产品展示

公司外景

公司产品

产品生产车间

图书在版编目（CIP）数据

郑州年鉴.2011 / 郑州市人民政府，郑州市地方史志办公室编.—郑州：中州古籍出版社，2011.10
ISBN 978 - 7 - 5348 - 3689 - 3

Ⅰ. ①郑… Ⅱ. ①郑… ②郑… Ⅲ. ①郑州市—2011—年鉴 Ⅳ. ①Z526.11

中国版本图书馆CIP数据核字（2011）第209899号

责任编辑： 王小方
责任校对： 范鹏飞
出 版 社： 中州古籍出版社
（地址：郑州市经五路66号 邮政编码：450002）
承印单位： 河南省瑞光印务股份有限公司
开 本： 889mm × 1194mm 1/16
印 张： 47.75
字 数： 1 600千字
印 数： 1—2 000册
版 次： 2011年10月第1版
印 次： 2011年10月第1次印刷
定 价： 220.00元

本书如有印装质量问题，由承印厂负责调换。